KB041815

제27판

노동법

김형배

박영사

제27판 머리말

1) 제26판이 2018년 9월에 출간된 지 3년 만에 전면 개성·증보한 제27판을 내게 되었다. 예상했던 것보다 오랜 기간이 걸렸다. 개정판에서는 우선 독자들이 읽기 쉽고 내용을 충분히 이해할 수 있도록 문맥(文脈)을 다듬었다. 중요하거나 상세한 설명이 필요한 부분에 관해서는 이론적 내지 법리(法理)적 고찰을 심도 있게 전개하였다. 이 판에서는 많은 부분을 다시 쓰거나 새로 썼으며, 새로운 내용을 증보(增補)하였고, 절(節)을 추가하거나 상당한 부분을 떼어내기도 하였다. 「안전과 보건」([57])은 축약하여 개정된 법을 중심으로 그 골격만을 새로 썼다. 그러나 산업안전보건법과 불법행위 및 근로계약과의 관계는 보완하였다. 특히 노동위원회법에 관한 제7장은 아예 삭제하였다. 부당해고와 부당노동행위에 대한 구제명령 및 노동쟁의조정에 관한 사항을 설명하면서 노동위원회의 실질적 기능과 권한에 관하여 충분히 고찰했기 때문이다.

2018년 중반 이후부터 최근까지의 중요한 대법원판례는 두루 반영하였다. 그 이전의 판례들 중에서 인용(引用)될 가치가 있는 판례들은 추가로 보완하였으며, 하급심판결(주로 원심판결)들도 제한적이긴 하지만, 독자적 의미를 가진 것들은 참고·인용하였다. 특히 대법원판결 중에 학설상 논란이 되고 있는 판례에 관해서는 저자의 견해를 밝히는 데 주저하지 않았다.

2019년 이후에 제정·개정된 노동관계법령은 노동법의 연혁 부분([14a])에서 일괄적으로 설명하였으며, 근로기준법과 노조및조정법의 개정 내용은 해당 장절(章節)에서 비교적 상세히 언급하였다. 특히 2021년 1월 5일에 개정된 노조및조정법의 내용에 관해서 저자는 대체로 비판적 입장을 취하였다.

2) 지난 수년 동안에 우리나라에서도 노동법의 중요성에 대한 사회적 인식이 향상되었으며, 또한 새로운 법령의 제정·개정과 각종의 노동분쟁 및 다양한 판례를 통하여 많은 변화를 경험하면서 노동법이 국민의 사회·경제 생활에 직접 영향을 미치고 있음을 모두가 실감하게 되었다. 이에 따라 노동법에 관한 논의의 폭이 확대되었고, 판사·변호사·노무사 등 전문 법조 인력이 증가하면서 노동법에 대한 실무적 이론적 연구와 수준이 높아지고 있다. 따라서 노동법에 관한 교재나 참고서도 대학생(또는 법전원생)을 위한 개론서 외에 전문적이고 상세한 체계서가 필요한 상황이 되었다. 저자는 이번 기회에 「노동법」(제27판)을 후자의 류(類)에 속하는 책으로 만들 생각으로 개정작업에 임하였다.

개정 내용의 특징을 요약하면 다음과 같다.

i) 전체적으로 개념적 서술에 그친 부분들은 법리적 쟁점(爭點)과 연계하여 설명하였고, 부수적 문제도 함께 지적하였다. 해당 장이나 절 중에서 기본이 되거나 줄기가 되는 항목에 관해서는 심도 있게 논술하였다. 예를 들면 노동법원(法源)의 계위적 효력, 노동보호법의 구성과 다원적 효과, 취업규칙의 불이익변경, 배치전환, 저성과자에 대한 해고의 요건과 효과, 업무상 재해로 인한 태아건강손상과 출산 후의 요양급여청구권, 노동조합의 활동(조합활동), 노조및조정법상의 근로자의 개념, 노동조합의 조직 변동과 해산, 복수노조제도 하에서의 union shop, 근로시간면제와 사용자에 의한 급여지급 및 노동조합의 운영비 지원 등(〈새로 쓰거나 보강된 항목〉 참고)이 그 예들이다. 이 부분들은 일반적 서술과 구분될 수 있도록 소문자로 쓰거나 보론(補論)의 형식을 빌어 앞뒤에 겹꺾쇠표(《 》) 속에 제목을 붙여 독립된 항목으로 삼은 것도 있다. 이 부분에서는 저자 자신의 견해가 반영된 것이 적지 않으므로 독자들은 다른 관점의 견해 내지 법리와 비교하여 이해하면 좋을 것이다.

헌법은 자유민주주의와 인간의 존엄성을 그 기본가치로 전제하고 있다. 우리 노동법에서도 근로자의 인간의 존엄성과 결정의 자유를 그 기본가치로 보장하고 있다. 저자는 이 책에서 이와 같은 합헌법(合憲法)적 체계를 존중하는 입장을 일관해서 유지하였다.

ii) 우리나라의 노동법은 주지하는 바와 같이 이른바 노동4법(근로기준법, 노동조합법, 노동쟁의조정법, 노동위원회법)이 처음으로 제정될 때(1953년)부터 외국법을 수용하면서 출발하였다. 그 후에도 외국의 법제도, 법이론, 판례, 학설 등이 우리 노동관계법의 제정·개정, 법해석, 판례, 학설에 계속 영향을 미치고 있는 것이 사실이다. 우리 노동법은 일본이나 독일과 마찬가지로 개별적 근로관계법, 집단적 노사관계법을 노동법의 기본구조로 하면서 각종 특별법들을 포괄하고 있다. 다만 우리나라와 일본은 일반해고와 집단적 노사관계에서 발생하는 분쟁인 부당노동행위(노동3권 보장질서를 침해하는 사용자의 여러 가지 부당한 행위)를 노동위원회에서 행정구제명령을 통하여 해결하는 법제도를 가지고 있다(캐나다와 호주도 노동위원회 제도를 가지고 있다). 이 제도는 미국 노동법의 영향을 받은 것으로서 독일에는 존재하지 않는다. 그런 의미에서 우리 노동법과 일본의 노동법은 제도적으로 유사성을 지니고 있다. 그러나 세부 분야에서는 서로 상이한 발전과정을 걸어 왔다. 처음 입법과정에서 시발된 제도의 유사성에도 불구하고 우리나라는 각종 법률의 개정과 제정으로 새로운 제도를 마련하여 고유한 노동법 질서를 형성해가고 있으며, 또한 우리 판례는 외국의 판례와 법이론을 참고하면서도 독자적인 법리를 전개하고 있다. 저자는 이러한 배경을 염두에 두면서, 일본의 법이론, 판례를 비교법적인 관점에서 활용할 수 있도록 참고·인용하였다.

iii) 노동법은 근로계약론과 단체협약론을 2개의 큰 기둥으로 하여 구성되어 있다고 요약할 수 있다. 독일은 이 분야에서 이론적으로나 제도적으로 가장 우수한 법권(法圈)에 속하는 나라이다. 왜냐하면 독일 노동법은 근로계약과 단체협약을 엄격히 구별하면서도 그 유기적 상호관계를 명확하게 규율하고 있기 때문이다. 독일의 협약자치이론은 근로조건의 집단적 개선이라는 궁극적 목적을 실현하기 위하여 단체협약을 중심으로 조합활동과 근로계약과의 관계를 규율하는 노동법의 중추(中樞)적 기본이론이라고 해도 과언이 아니다. 또한 독일에는 근로기준법과 같은 포괄적 개별근로자보호법이 없으나 각종의 특별보호법들이 마련되어 있어 근로계약관계에서 발생하는 근로자의 권리를 다각(多角)적으로 상세히 규정하고 있다. 그 중에서 가장 중요한 법이 해고제한법이다. 이와 같이 해고제한법과 단체협약법은 독일 노동법의 2개의 기둥이라고 볼 수 있다.

독일은 해고분쟁을 포함하여 근로관계에서 발생하는 민사상의 (권리)분쟁과 단체협약을 둘러싸고 발생하는 각종의 민사상 분쟁들을 노동법원(勞動法院)의 전속관할로 하여 판결절차에 따라 해결하고 있다(독일 노동법원법 제1조, 제2조 참조). 따라서 독일은 노동관계법에서 발생하는 민사상 (권리)분쟁에 관한 한 노동실체법과 노동절차법 사이에 어긋남이 없이 일관된 체계를 이루고 있다. 우리나라는 대륙법체계를 갖추고 있으면서도 민사상의 권리분쟁(해고분쟁, 단체협약상의 민사적 권리분쟁 등)을 사법(司法)기관이 아닌 노동위원회의 행정구제를 통하여 해결할 수 있도록 하고 있다(근기법 제28조 이하, 노조및조정법 제82조 이하 참조). 따라서 중앙노동위원회의 재심판정에 대하여 불복하는 경우에 사용자 또는 근로자가 중앙노동위원회위원장을 피고로 하여 행정소송을 제기하여야 한다(근기법 제30조 Ⅱ 참조). 해고에 관한 민사상의 권리분쟁에서는 근로자와 사용자가 그 분쟁의 당사자인데 행정소송을 제기하는 경우 분쟁당사자의 일방인 사용자 또는 근로자가 중앙노동위원회위원장을 피고로 하여 다투게 되므로 이는 노동실체법과 노동절차법 사이에 괴리(乖離)를 발생시키는 모순된 결과라고 볼 수밖에 없다([129] 《부당노동행위 구제절차의 문제점》 참고). 일본은 勞働審判法을 제정(2004. 4, 시행 2006. 4.)하여 기업과 개개 근로자 사이의 권리·의무에 관한 분쟁(개별 노동관계 민사분쟁)을 동법의 기본적 적용대상으로 삼으면서, 개개 근로자의 개별 근로관계상의 권리주장에 해당하면 단체협약에 기한 청구, 부당노동행위금지규정(일본 노조법 제7조, 우리 노조및조정법 제81조)을 근거로 하는 권리주장(해고무효, 손해배상 등), 그리고 남녀차별, 근로조건제도의 변경, 정리해고와 같은 다수 근로자에 관한 집단적 분쟁도 이에 포함시키고 있다. 그리고 노동심판위원회의 심판(審判)에 대하여 적법한 이의신청이 있으면 노동심판절차의 신청시에 그 신청에 따른 청구에 관하여 당해 노동심판이 행하여진 때에 노동심판절차가 계속(繫屬)하고 있던 지방재판소에 소송을 제기한 것으로 간주한다(소송으로의 이행(移行)). 일본의 노동심판법은 독일의 노동법원법을 기본적 모델로 하면서 노동심판위원회의 구성에서는 노동위원회 제도를 절충한 것이라고 볼 수 있다.

저자가 독일 노동법원법과 일본의 노동심판법을 대비하여 언급하는 것은 비교법(比較法)을 통하여 우리 법의 구조와 체계를 명확하고 바르게 이해할 수 있는 하나의 예를 제시하기 위해서이다. 노동시장뿐 아니라 일반거래시장도 하나의 국제시장으로 열려있는 현재의 상황에서 노동관계법도 국제적으로 개방되어 있어야 한다고 생각한다. 그러므로 비교법적 연구는 자국의 노동법의 개선과 발전을 위하여 중요한 역할을 한다고 보아야 한다.

3) 이 개정판이 완성되기까지는 많은 문헌을 참고하면서 여러 가지 견해와 사고방법 등을 함께 검토하는 과정을 거쳤다. 그리고 여러분들의 지원을 받아 이 책을 up-date하였고 정돈하였으며 새로운 관점의 시사를 받기도 하였다. 이번 개정작업에서도 박지순 교수(고려대학교 법학전문대학원, 노동대학원 원장)는 바쁜 연구생활과 노동대학원 원장 업무에 쫓기면서도 아무 말 없이 많은 귀중한 도움을 주었다. 박교수에게 감사한다.

또한 지난 수 년 동안 내 곁에서 원고 교정 등 복잡한 일들을 잘 마무리해 준 조교들에게도 고맙다는 뜻을 전한다.

나는 정년 고별사에서 몇 년만 더 일을 하고, 그동안 수십 년간 홀로 육아와 가사에 묶여있던 아내와 많은 시간을 같이 보내겠다고 약속하였다. 그 약속을 나는 지금까지도 지키지 못하였다. 이 책의 집필도 아내의 내조가 없었다면 어려웠을 것이다. 이 자리를 빌어 아내에게 진심으로 감사의 마음을 전한다.

2021년 8월 23일

仁壽峰이 보이는 연구실에서

金　亨　培

Kim, Hyung-Bae

〈새로 쓰거나 보강된 항목〉

개별적 근로관계법

1) 2019년 이후의 노동관계법의 개정([14a])
2) 노동보호법의 개념, 체계 및 효력([29] 2.)
3) 직장 내 괴롭힘의 금지([38] 3.)
4) 계약체결의 교섭과 사용자의 질의·조회 및 근로자의 응답과 진실고지의무([39] 5.)
5) 취업규칙 불이익변경의 효력([46] 4.)
6) 보호의무의 사법(私法)적 성질과 효력([49] 3. (2))
7) 사용자의 취업기회부여의무(근로자의 취업청구권)([49] 3. (3))
8) 최저임금과 최저임금법(전부 재집필: [50a])
9) 복지포인트가 통상임금에 해당하는가([50] 6. (2) c))
10) 법정수당 추가지급과 신의칙 적용([50] 6. (2) f))
11) 출근하지 않은 날의 출근일 산입여부([54] 4. (3) c))
12) 근로자의 가족돌봄 등을 위한 지원([56] 5. (5))
13) 산재보험법의 적용범위와 적용대상의 특례([58] 1. (5), (6))
14) 업무상 재해로 인한 태아의 건강손상과 출산 후의 요양급여청구권(大判 2020. 4. 29, 2016 두 41041)([58] 4. (2))
15) 산재보험과 근로자재해보장보험과의 관계([58] 5. (5))
16) 배치전환권의 근거, 법적 성질, 직종·근무지 합의, 제한, 업무상의 필요성과 근로자의 불이익, 부당한 배치전환의 효과([61] 2. (1) ~ (6))
17) 해고가 무효로 판정되어 임금 소급지급시 해고예고수당이 이에 산입되어야 하는지? ([71] 5. (1))
18) 저성과자에 대한 해고 ([72] 3. e.)
19) 근로기준법 제25조(우선재고용)에 관한 판례비판([73] a))
20) 근기법 제25조(재고용의무)에 대한 해석([73] 7.)
21) (부당)해고의 효력 중 근로계약기간 만료시 소(訴)의 이익 존부([75] 5. (3))
22) 정년연장에 따른 임금체계 개편([76] 6.)
23) 플랫폼노동([78] g), [93a])
24) 기간제근로계약관계([80])
25) 기간제근로계약의 반복 체결([81] 2. c))
26) 기간제및단시간법 제4조 제2항의 유추적용([81] 2. d))
27) 《일본의 「파트타임·유기고용노동법」의 비교고찰》([83] 3. 끝부분)
28) 파견근로관계에 관한 판례([89] ~ [90])

집단적 근로관계법

1) 노조및조정법상의 근로자 개념에 대한 비판([96] 2.)
2) 노조설립 후 결격사유발생과 '노조 아님 통보'의 효력([99] 2. (2) c))
3) 《노동조합의 전임자에 관한 노조및조정법 제24조의 개정》 ([101], [127] 5. (1))
4) 조합비 징수방법에 관한 검토([101] 6.)
5) 노동조합 가입([102] 1. (2))
6) 노동조합활동의 비교법적 고찰 및 조합활동의 근거([104])
7) 조합활동의 효과([104] 3. (2))
8) 조합활동으로서의 벽보 부착([104] 6. (2) b))
9) 노동조합의 조직변동과 해산([105] 새로 씀)
10) 노동조합의 분열, 해산([105] 2. (3), [105] 3. 새로 씀)
11) 노동조합의 분할([105] 2. (1) b) 새로 씀)
12) 공정대표의무와 판례([107] 1. (2) e))
13) 단체교섭 응낙의 소(교섭이행의 소와 교섭거부에 대한 손해배상청구([108] 2. d))
14) 단체협약의 편면(片面) 적용적 해석([108] 2. (3) a))
15) 단체협약의 양면적용설 비판과 판례의 태도([111] 2. (3) a))
16) 유리성 비교 대상의 구별([111] 2. 3) b))
17) 협약자치의 구체적 의미([111] 2. (6))
18) 단체협약위반(평화의무위반)의 사법(私法)상의 효과([111] 4. (1))
19) 평화의무위반의 쟁의행위([111] 4. (4))
20) 강행법규위반 및 사회질서 위반의 단체협약([111] 7. (9))
21) 단체협약 불이익변경에 대한 사법적 심사([111] 2. (2))
22) 비조합원에 대해서도 직장폐쇄를 할 수 있는가? [116] 3. (2) a))
23) 《쟁의행위의 주체에 관한 정당성 관련 판례》 ([118] 2. (1) b))
24) 파업결정에 대한 사용자에 대한 통지([118] 2. (3) b))
25) 평화의무·평화조항 위반([118] 2. (3) c))
26) 노조및조정법 제37조 3항의 해석([118] 2., 3. (6))
27) 노동쟁의 중 신분보장([119] 3. (1))
28) 쟁의행위 중 대체(代替)노동의 한계([120] 1/ c))
29) 일본에서의 일부파업과 부분파업의 구별과 임금청구권의 가부([121] 2. (2))
30) 사용자는 조합원에 대해서만 직장폐쇄 할 수 있는가?(([116] 3. (2))
31) 부당노동행위에 있어서 원입경합에 관한 일본의 학설·판례([127] 6. (3) d))
32) 노조및조정법 제81조 1항 4호 본문의 개정과 노조전임자 급여지급에 관한 비판([127] 5. (1))
33) 보존작업(노조및조정법 제38조Ⅱ)과 근로관계([118] 2. (4) d))
34) 쟁의행위와 비조합원의 지위(이른바 통일의 원칙)([118] 4. (6))
35) 쟁의행위와 위력에 의한 업무방해죄([119] 4. (4))

36) 근로자들의 쟁의행위와 형사상 면책의 인적 한계([119] 4. (4) e))
37) 「부분파업」시의 직장폐쇄와 임금지급(일본의 경우)([121] 2. (2) c))
38) 부당노동행위 불이익취급의 원인 경합(일본의 학설·판례)([127] 3. (3) d))
39) union shop 조항과 부당노동행위([127] 3. d))
40) 노동조합의 지원과 자주성을 침해할 위험의 판단(노조및조정법 제81조 Ⅰ ④ 단서, Ⅱ) ([127] 5. (4) b) c) d))

제26판 머리말

이 책 제25판은 2016년 8월에 출간되었다. 예년대로라면 2017년 3월 초에 제26판을 펴냈어야 하는데 6개월 만에 개정판을 새로 제작하는 것은 현실적으로 가능한 일이 아니어서 2017년 2월 말에 새로 보완할 내용과 그때까지의 최신 판례들을 반영한 32면 분량의 추록을 별쇄본(別刷本)으로 만들어 제25판에 추가하였다. 따라서 이번에 출간되는 제26판은 2017년과 2018년에 개정된 또는 시행되는 여러 노동관계법률과 새 판례들을 반영해 2년 만에 새판을 내는 셈이 된다.

저자는 1970년도 초에 이 책을 처음 저술할 때에 각종의 법률들로 구성된 노동법의 통일적 체계를 중요시하면서 노동법 고유의 제도들을 명확히 설명하는데 많은 노력을 기울였다. 그 당시 외국문헌을 통한 비교법적 연구가 저자에게 이론적 체계를 세우는데 크게 도움이 되었다. 우리나라가 산업화시대로 접어들면서 새로운 노동관계법들이 제정되고 노동법의 범위와 내용이 빠르게 다양한 모습으로 발전하며 진보된 노사관계질서가 생성되기에 이르렀다. 저자는 2000년대 초에 산업의 구조적 변화와 노동현실이 노동법에 미치는 영향을 중심으로 노동시장과 노동법의 관계, 거꾸로는 노동법이 시장경제에 미치는 영향관계 등을 이 책의 서론 부분에서 비교적 자세히 다루었다(특히 신판 노동법, 2004, 참고). 오늘날 많은 선진 학자들이 노동법의 규범구조와 제도가 노동시장에 역행할 수 없다는 사실, 경제적 상황 속에서 노동법 규범의 운신의 폭은 제한되어 있다는 점을 강조하는 것은 주지의 사실이다. 선진산업국가들이 보다 실효적인 우수한 노동관계제도를 마련하기 위하여 경쟁하고 있는 것은 산업의 지속가능한 발전과 함께 근로자 지위의 안정과 개선을 도모하려는데 있다.

저자는 우리 노동법의 현재의 모습을 제대로 이해하기 위해서는 노동법사적 배경을 충분히 파악해야 한다고 생각한다. 현재의 노동관계법을 갖추게 되기까지의 역사적 과정은 그 동안의 산업화과정과 함께 우리 노동법이 지닌 문제점과 개선방향을 그 속에 안고 있기 때문이다. 그런 뜻에서 저자는 이 책에서 노동법사적으로 중요한 의미를 가지는 논제들은 소문자로 표기하여 그대로 남겨두었다.

이번 제26판에서는 우선 2017년과 2018년 초반에 개정·시행된 각종 법률들의 내용과 제25판 이후 2018년 7월까지 새로 나온 대법원 판례와 중요하다고 생각되는 여러 개의 하급심 판례들을 충실하게 반영하였다. 대법원 판례들 중에서 처음 나온 판결이거나 기존의 판례에 비해 법리적으로 세밀하고 구체적인 판단을 하고 있는 판결들은 보다 자세히 소개하였다. 특히 새로운 판례나 논의의 여지가 있다고 생각되는 판결에 대해서는 저자 자신의 의견을 밝혔다. 더러 여러 지면에 걸쳐 자신의 견해를 피력한 것은 학자적 관점에서 다른 사고방법을 제시함으로써 독자들의 비판적 안목을 넓혀 주면서 판례의 견해를 재음미할 수 있는 계기를 마련하기 위해서이다. 그 동안 우리나라의 노동판례는 쟁점별로 학계의 비판을 받는 사안들이 없지 않지만 많은 발전을 거듭해 온 것이 사실이다. 산업화의 진전에 따라 복잡한 노동문제와 새로운 사건들이 속출하고 있으며 시대 상황의 변화와 함께 기존의 법적 판단이 보완·수정되거나 새로운 상황인식과 가치관이 설득력을 얻어가는 것은 자연스러운 일이다.

그 동안 산업안전보건법, 최저임금법, 남녀고용평등법, 산재보험법, 근로기준법 등이 새로 개정되었다. 산업안전보건법은 전면 개정을 위하여 입법 예고가 되어있는 상태이기도 하다. 이번 노동관계법 개정 중에서 근로기준법은 1주를 휴일을 포함한 7일로 하고, 1주의 최대근로시간을 휴일근로 포함 52시간으로 못 박으며, 휴일근로와 연장근로의 중복을 종래처럼 인정하지 아니함으로써 가산임금의 중복지급을 금지한 것, 산재보험법에서는 출퇴근 재해를 업무상 사고 및 업무상 질병과 나란히 업무상 재해의 한 유형으로 규정한 것, 남녀고용평등법에서는 직장 내 성희롱의 예방과 금지조치 등에 관하여 자세한 규정을 둔 것, 산업안전보건법에서는 고객응대근로자의 건강보호에 관한 규정을 신설한 것, 등 주목해야 할 개정을 단행하였다. 그 밖의 다른 법률의 개정내용에 대해서는 해당 부분에서 자세히 설명하였다.

이번 개정판에서는 상당한 부분들을 삭제하거나 너무 자세한 부분은 압축하여 축약한 부분도 적지 않다. 그리고 순서를 바꾸어 체계상의 정돈을 함으로써 독자들의 이해에 도움이 되도록 한 곳도 여럿 있다. 그러나 전반적으로 이론적 설명과 판례를 고르게 반영하면서 균형이 유지되도록 하였다. 심층적 설명이 필요한 곳에서는 충분한 검토를 할 수 있도록 이론적 쟁점을 지적하였다. 제26판에서 새로 썼거나 보강한 중요 항목들은 머리말 다음에 부록으로 첨부하였다. 이번 판에서는 새로 쓰거나 보완·개정된 부분이 많았음에도 대체되거나 축약 또는 삭제된 부분이 적지 않아 결과적으로 크게 증면되지 않았다. 이 책은 아래한글체로 새로 편집·조판되었다.

저자는 지금까지의 집필 수준을 유지하였으며, 다만 새로 부각되는 노동법상의 문제들을 반영하는 노력을 게을리 하지 않았다. 이 책의 원고를 마치기까지는 비교적 오랜 시일이 걸렸으나 독자들의 이해력과 학습수준이 높아지고 있음을 감안하여 이에 부응할 수 있도록 각별히 노력하였다. 저자는 이 책을 완성하기까지 여러분들의 도움을 받았다.

내 곁에서 조교 역할을 해준 분들에게 우선 감사한다. 특히 금년 초부터 판례 검색, 원고의 교정과 타이핑 등의 일을 맡아 충실하게 수행해 준 이원준 군에게 감사한다. 이 군이 하는 일에 좋은 소식이 함께하길 빈다. 그리고 늘 학문적 대화의 상대가 되어준 박지순 교수에게도 감사의 뜻을 전하고 싶다. 끝으로 이 책의 편집·교정 등에 많은 수고를 해 주신 박영사 김선민 부장님과 복잡한 원고를 깔끔하게 정리해 준 전수연 씨에게 이 자리를 빌어 고마운 마음을 전한다.

2018년 8월 21일
仁壽峰이 보이는 연구실에서
金 亨 培
Kim, Hyung-Bae

〈새로 쓰거나 보강된 항목〉

1. 2012년 이후의 노동관계법의 개정([14] 10)
2. 임원의 근로자성([32] 2 h))
3. 현행 근로기준법의 내용과 기능([33] c))
4. '근로계약'과 '근로계약관계'의 용어 사용([34] a))
5. 직장 내 성희롱과 괴롭힘의 규제([38])
6. 경력사칭(기망행위)과 근로계약 취소의 소급효([39] 6 (2) b))
7. 기업의 영업비밀 보호와 전직금지약정([49] 1 (2) b) 2))
8. 결손책임([49] 2 (4))
9. 최저임금의 결정([50] 3 (1) d))
10. 통상임금 규정의 강행성과 협약자치([50] 6 (2) f))
11. 숙직경비원, 버스운전기사의 대기시간 및 휴게시간([53] 2 a))
12. 「1주」의 의미([53] 6 (2))
13. 연장근로시간([53] 6 (2))
14. 가산임금 중복지급([53] 6 (4) b), [54] 3 (7)·(8))
15. 연차유급휴가(수당)의 발생·소멸을 제한하는 단체협약 효력([54] 4 (8) b))
16. 연차유급휴가청구권과 연차유급휴가수당의 동시소멸([54] 4 (8) b) 각주 7))
17. 여성에 대한 특별보호([56] 4 (2))
18. 감정노동([57] 3 (2) d))
19. 배달대행업체 배달원([58] 1 (5) 1) 각주1))
20. 업무수행성과 업무기인성의 의의·상관관계·인과관계와 증명([58] 2 (2)·(3)·(4))
21. 업무상재해의 인정기준 조항([58] 2 (5))
22. 출퇴근 재해([58] 2 (5) c))
23. 태아의 산재보험 수급권([58] 4 (2) 2))
24. 협력회사 설립 후 비전문 인력의 전적([63] 2 a))
25. 대기처분 후 자동해임처분([64] 8 (4))
26. 도급계약을 체결하면서 영업양도계약의 성립을 인정한 판례([67] 1 (3))
27. 기간제근로자 사용제한 위반 중 예외사유 있는 기간과 예외사유 없는 기간이 연속된 경우 '2년 초과' 판단 방법([81] 2 b))
28. 갱신기대권([81] 2 g) 이하)
29. 파견근로관계에서의 제3자와 묵시적 근로관계([89] 1 (2))
30. 파견사업주와 사용사업주에 대한 근로기준법의 적용관계([89] 1 (3))
31. 학습지교사의 노조법상 근로자성([96] 2 e))
32. 노조전임자와 근로시간 면제한도의 초과급여([101] 3 (7) d))
33. 노조의 조직형태 변경([105] 2 (2) e))
34. 사용자의 교섭거부의 정당한 이유 판단([106] 3 (2))

35. 단체협약 체결 전 총회의결 거치지 않은 노조대표자의 노동조합원에 대한 손해배상책임([107] 1 (1) b) 4))
36. 공정대표의무([107] 1 (2) e))
37. 노동조합이 지방고용노동청에 쟁의행위 철회신고서 제출 후 계속 유지된 직장폐쇄의 정당성([120] 2 (3) b))
38. 노동조합 운영비 원조의 부당노동행위에 대한 헌법재판소 결정([127] 6 (3) b))
39. 청원경찰에 대한 노동3권의 일률적 제한이 헌법에 불합치한다는 헌재 결정([130] 1 c))
40. 육아휴직급여([144] 4 (2) c))
41. 구직자에 대한 채용절차상의 보호([39] 앞의 전문(前文))

제25판(전면개정판) 머리말

이번 개정판은 처음부터 책을 다시 쓴다는 마음으로 집필했다. 1년 반의 시간이 소요되었다.

우선 책의 체계, 분류, 서술 순서를 상당 부분 새로 구성하였다. 비전형 근로관계(제4장)를 개별적 근로관계법과 연결되도록 장을 바꾸었고, 그 밖의 절 이하의 분류도 새로 정비하였다. 기존의 분류와 서술 순서를 바꾸어 쓴 것은 노동법의 체계를 바르게 이해하는 데 도움을 주기 위한 것이며, 또한 저자로서 노동관계법의 구성과 이론을 일관성 있게 설명하려는 데 있다. 이에 따라 설명 방법과 내용도 바뀌었다. 평소에 다시 쓰거나 새로 써서 내용을 보다 신선하게 업데이트하려고 마음먹었던 부분들을 이번 기회에 실현하려고 최대한 노력하였다. 그 결과 기존 판의 서술 내용이 상당 부분 삭제되거나, 수정 또는 보완되었으며, 새로운 항목들이 추가되었다. 이러한 항목 중에는 현실을 앞서가는 이슈들도 있지만 대부분 조만간 우리 주변에 다가올 문제들이다. 다시 썼거나 새로 쓴 항목들은 선별해서 머리말 뒤에 별첨 목록으로 표기하였다. 결과적으로 기존 판(제24판)의 면수(面數)에 비해 책 부피가 크게 늘어나지 않아 다행으로 생각한다. 이번 판부터 한글 사용으로 통일한다.

판례는 2016년 6월까지의 대법원 판례를 거의 모두 인용하였다. 중요 판례에 대해서는 그 요지와 함께 저자의 견해를 붙였다. 기존의 판례 중에 누락된 것들은 다시 반영하였고, 판례번호나 선고 연월일의 오식은 이 기회에 바로 잡았다. 중복되거나 새로운 판례에 의하여 대체될 수 있는 과거의 판례는 삭제하였다. 판례의 견해에 대해서는 대체로 그 입장을 존중하는 태도를 취했으나 법해석론상 저자의 견해를 밝힐 필요가 있는 곳에서는 소견을 피력했다.

저자는 이 책을 처음 썼을 당시부터 외국의 법제도와 이론을 참고하여, 우리 법에 부족한 부분을 보완하면서 노동법 체계를 세우는 데 노력하였다. 이와 같은 필요성은 우리나라의 경제가 성장하고 노사관계가 선진화하면서 더욱 증대하게 되었다. 노동관계법의 동화(同化) 현상은 노동시장의 세계화 현상의 당연한 결과로서 오늘날 산업국가에서의 노동문제는 세계적으로 공통적인 성질을 가지고 있으며, 각국은 보다 우수한 노동관계법의 제정을 위한 경쟁을 하고 있는 것이 사실이다. 저자는 이 개정판에서 외국문헌의 인용 부분을 그대로 유지하면서 새로 첨가하기도 하였다.

그동안 제19대 국회 회기 중에 정부와 여당은 근로기준법(통상임금의 개념, 연장 근로시간 단축 등), 근로자파견법(파견 허용 업무 확대, 파견·도급 기준 명확화 등), 기간제및단시간법(기간제계약 반복 갱신 횟수 제한, 기간제근로자 사용기간 예외적 연장, 기간의 정함이 없는 근로자의 간주 등), 산재보험법(통상적 출퇴근 재해의 업무상 재해 인정 기준 및 보험급여·사용자 책임 제한 등), 고용보험법(구직급여 지급 수준 인상 및 구직급여 지급 기간 확대, 65세 이상 도급근로자 실업급여 적용 확대 등) 등의 개정을 내용으로 하는 노동개혁법안의 입법을 추진하였으나, 야당의 반대로 성사되지 못하였다. 이는 매우 유감스러운 일이 아닐 수 없다. 이 책에서는 법령 개정과 관련하여, 채용절차의 공정화에 관한 법률(채용과정에서 구직자가 제출한 서류의 반환, 거짓 채용광고 등의 금지)과 퇴직급여보장법 시행령(제3조: 퇴직금의 중간정산 사유)을 반영하는 정도에 그칠 수밖에 없게 되었다.

그동안 개정판의 체제에 대하여 좋은 의견을 제시하면서 상당 부분의 새 원고를 읽어준 박 지순 교수(고려대학교 법학전문대학원)에게 감사한다. 박 원아 석사(고용노동부 사무관(변호사))는 고용보험법 분야의 원고를 말끔하게 수정·보완해 주었다. 감사의 뜻을 전한다. 이 개정 작업을 시작할 때부터 마무리할 때까지 원고 정리, 판례·문헌 검색, 교정, 색인 작성 작업을 열심히 도와준 김 주연 조교(고려대학교 석사과정 사회법 전공)에게 특히 고맙다는 말을 전하고 싶다. 앞으로 뜻하는 분야에서 크게 성공하기를 빈다. 짧은 기간이었지만 원고 교정 작업에 참여했던 박 하윤 석사(고려대학교 박사과정 법철학 전공)에게도 감사한다.

이번 개정 작업의 성질상 복잡하게 작성된 원고를 산뜻한 스타일로 편집해준 박영사 배우리 대리의 노고에 심심(深甚)한 사의를 표한다. 이 책의 출간에 대하여 많은 관심과 지원을 해주신 안종만 회장님과 조성호 이사님에게 감사한다.

2016년 8월 20일
仁壽峰이 보이는 연구실에서
金 亨 培
Kim, Hyung-Bae

제24판(전면개정판) 머리말

금년에도 개정판을 낸다. 작년에 이어 올해에도 새로 개정·시행되었거나 시행될 노동관계법령들이 적지 않으며, 중요한 새 판례들도 계속 나오고 있다. 이러한 법령과 판례들을 반영하여 새로운 변화에 부응한 개고(改稿)와 설명을 하는 것이 이 책 개정의 첫째 목적이다. 우선 2014년 중에 시행된 노동관계법령의 주요내용을 살펴보면, i) 해고사유와 해고시기를 명시한 해고예고 서면통지시 해고서면통지의무 면제, 다태아 임신시 출산전후휴가 기간 및 급여 확대, 임신시 근로시간단축청구권 등에 관한 근로기준법의 개정, ii) 육아휴직신청 대상 확대, 직장내 성희롱 예방교육 대상자 확대(사업주도 포함)에 관한 남녀고용평등법의 개정, iii) 단시간근로자의 초과근로 할증임금 도입에 관한 기간제및단시간법의 개정과 iv) 파견근로자 차별 인정시 차별시정명령의 효력확대 및 징벌적 손해배상명령에 관한 근로자파견법(개정된 기간제및단시간법의 준용) 등의 개정, 채용절차의 공정화에 관한 법률의 제정과 시행 등을 그 예로 들 수 있다. 또한 산업안전보건법이 개정되어 안전보건교육 적용범위 확대, 도급사업시 안전·보건조치 적용범위 확대, 안전보건관리체계 등 적용범위 확대, 5명 미만 사업장에 대한 일정 제도 적용 확대 등이 시행됨으로써 안전·보건 및 위험방지에 대한 예방과 조치가 대폭 강화되었다. 또한 임금채권보장법도 일부 개정되었다. 그리고 2015년에는 i) 최저임금액을 인상하고, 감시 또는 단속적 근로에 종사하는 자의 최저임금을 100퍼센트 적용하기로 하는 최저임금법의 개정, ii) 육아기 근로시간 단축 기간 연장 및 분할횟수 확대와 적극적 고용개선 조치 미이행 기업명단 공표에 관한 남녀고용평등법의 개정규정이 이미 시행되었거나 시행될 것이다. 2016년에는 특히 60세 정년 의무화에 관한 고용차별금지법의 개정규정이 시행된다. 위의 법률개정과 관련된 시행령(예: 고용보험법 시행령 등)들도 개정되어 시행되고 있거나 앞으로 시행된다. 저자는 이상의 내용들을 이 개정판에 반영하면서 필요한 범위 안에서 해설하였다.

저자는 평소에 보정(補訂)과 정돈할 필요가 있다고 생각하고 있던 몇몇 쟁점 사항들과 분류상의 서술 순서의 변경에 관한 부분들을 이번 기회에 보필(補筆)·정비하였다. 이와 함께 다시 고쳐 써야 할 항목이나 새로 집필하여 추가할 부분도 적지 않아 이에 대한 작업도 이번 기회에 마무리하였다. 이 책을 개정한 두 번째 이유이다. 수정·보완하였거나, 다시 썼거나, 추가로 새로 집필한 주요 내용은 다음과 같다. 우선 수정·보완한 부분은 취업규칙 변경 동의를 해야 할 근로자, 통상임금, 임금채권보장법의 개정 내용, 근로기준법 개정에 따른 모성보호의 강화, 쟁의행위의 제한·금지에 관한 노조및조정법의 규정, 업무방해죄, 항운노동조합의 단체교섭(권) 등이고, 다시 쓰거나 분류체계를 바꾼 부분은 연차유급휴가, 쟁의행위의 수단·방법의 정당성, 직장내 성희롱·괴롭힘과 그 구제방법 등이며, 새로 집필하여 추가한 부분은 현행법상 노동조합의 지위와 해석, 노조및조정법상의 근로자와 사용자 및 사용자단체 등이다. 이외에도 설명의 순서를 바꾸거나 설명을 보충 또는 수정한 곳이 적지 않다.

새로 반영한 2014년도의 판례들도 상당수에 이른다. 주요한 판례들은 본문 속에 엮어 넣었으며, 특히 약간의 주석이 필요하다고 생각되는 판례에 대해서는 저자의 견해를 밝히기도 하였다. 과거의 판례들 중에서 미처 인용하지 못했던 주요 판례들은 추가로 반영하였고, 중복되는 판례들 중 빼도 무방한 것들은 삭제하였다. 2014년 판례들은 11월 말까지 공시된 것들을 반영하였다.

2014년에 한국노동법학회는 그동안 축적되어 왔던 대법원 노동판례들 중에서 '역사성'과 '시의성'이 있는 중요판례 100개를 정선하여 '노동판례백선'을 출간하였다. 이 책은 노동법을 전공하는 현직 전임교수들이 참여하여 집필한 것으로 우리 노동법사에 하나의 뜻있는 이정표를 찍은 성과물이라고 해도 좋을 것이다. 이 노동판례백선은 노동관계법(개별적 근로관계법 및 집단적 노사관계법)에 대한 대법원의 해석·적용의 실제와 함께 우리 노동법제의 구체적 모습과 문제점을 개관하는 데 길잡이 역할을 하는 양서(良書)라고 생각한다. 이 개정판에는 노동판례백선에 실려 있는 판례들이 모두 반영되어 있다.

제24판의 개정 작업에서도 여러 분들로부터 자료 수집, 중요 판례 검색과 귀중한 의견제시 등의 많은 도움을 받았다. 여느 때와 마찬가지로 박지순 교수(고려대 법학전문대학원)는 특정 전문 분야에 대하여 귀중한 지원을 해주어 저자의 부담을 덜어주었다. 박 교수에게 감사한다. 금년 2월 초부터 나의 조교로서 자료수집, 판례검색, 원고정리와 교정, 색인 작업의 보조 등 까다로운 일들을 빠르고 정확하게 수행해준 정성윤 학사와 박수진 학사에게도 감사한다. 앞으로 뜻하는 분야에서 계속 발전하는 지도자가 되길 기원한다.

금년에 내 책의 편집을 맡아 복잡한 원고를 말끔하게 정리해준 박영사 배우리 씨의 성실성과 인내심에 대하여 진심으로 감사하다는 말씀을 전하고 싶다.

2015년 1월 26일
仁壽峰이 보이는 연구실에서
金 亨 培
Kim, Hyung-Bae

제23판(전면개정판) 머리말

다시 전면개정판을 내게 되었다. 제22판이 출간된 이후에 특기할 만한 노동관계법령의 개정은 없었으나, 판례 중에는 통상임금관련 대법원 전원합의체 판결을 위시하여 주목할 만한 새로운 판례들이 적지 않았다.

우선 법령개정과 관련해서는 다태아를 임신한 여성근로자 지원 확대(2014.7.1. 시행)를 위하여 출산전후휴가기간을 120일까지 늘렸으며(근로기준법 제74조 1항, 2항), 출산전후휴가급여도 15일을 늘려 75일을 유급으로 지급하도록 하였다(근로기준법 개정안 제74조 4항). 또한 육아휴직 신청대상 아동연령을 기존 만6세 이하에서 만8세 이하 또는 초등학교 2학년 이하의 자녀로 확대하였다(남녀고평법 개정안 제19조 1항 본문. 2014.1.14. 시행). 그 밖에도 출산육아기 고용안정지원금 지원확대, 고용형태 공시제 도입 등이 시행될 예정이다.

대법원은 그동안 논란의 대상이 되었던 통상임금의 범위와 그 판단기준에 관한 2개의 전원합의체 판결을 통해서 대법원의 견해를 종합적으로 정돈함으로써 일단의 마무리를 지었다. 이에 따라 통상임금에 관한 법적 분쟁이나 행정상의 지도와 노사 사이의 임금지급상의 현실적 관행에 대해서 사법(司法)상의 기준이 마련된 셈이다. 그러나 정기상여금의 통상임금 해당성에 관한 판례(2012 다 89399)에 대해서는 여러 가지 비판적 견해가 제기되고 있는 것이 사실이다. 위의 판결 이외에도 2013년에는 참신한 여러 판례들이 나왔다. 이번 개정판에서는 2013년 12월 말까지의 중요 판례들을 모두 반영하였다.

저자는 제23판에서도 책의 내용을 전면 검토하면서 부분적으로 서술의 순서를 바꾸어 분류를 정비하였다. 그 밖에 불필요한 설명들은 삭제하기도 하고, 더러는 명확성을 기하기 위하여 고쳐쓰기도 하였다. 특히 이 판에서 새로 집필하거나 추가한 중요 항목들은 대략 다음과 같다. 통상임금, 직위해제와 대기발령, 경영악화의 방지를 위한 사업양도, 사직의 의사표시와 변태적 해고, 복수노조와 교섭창구단일화, 부분파업으로서의 지명(指名)파업, 조합결의를 얻은 위법쟁의행위에 대한 단체책임과 개인책임의 관계, 단체협약에 대한 노동조합의 인준절차, 권리분쟁사항, 인사에 관한 사항(단체교섭대상 여부), 인사처분에 관한 협약조항, 협약자치와 단체협약 등이 그것들이다.

이 책에는 어떤 항목에 관한 설명이 반복되는 경우가 더러 있다. 이는 각 해당 분야의 체계적 이해를 위한 서술상의 방편이었으므로 독자들의 양해를 구하고 싶다.

저자는 개정 작업을 하면서 여러 분들로부터 많은 도움을 받았다. 이번에도 박지순 교수(고려대학교 법학전문대학원)는 바쁜 연구생활 중에서도 여러 가지 의견을 제시해 주었다. 박 교수의 귀중한 도움에 감사한다. 특히 조교 생활을 자청해 문헌·법령·판례의 검색과 확인, 원고의 교정, 색인 작성 등의 작업을 성실히 그리고 훌륭하게 수행해 준 박진현 변호사(고려대학교 졸업)에게 감사한다. 앞으로 덕망을 갖춘 실력있는 법조인이 되기를 바란다. 이다해 전 조교(현재 동부생명 근무)는 개정 작업 초반에 많은 수고를 해 주었다. 이 학사에게도 감사한다.

여러 해 전부터 이 책의 편집을 맡아 문장 오자뿐만 아니라 판례번호의 오류까지도 지적해 준 박영사 엄주양 대리는 이 책의 원고를 2교(校)까지 꼼꼼하게 챙겨주었다. 그리고 나경선 차장님은 2교 때부터 이 책의 원고가 마무리 될 때까지 편집과 교정을 맡아 수고를 해 주었다. 이 분들에게 감사의 뜻을 전하고 싶다.

2014년 1월 27일
仁壽峰이 보이는 연구실에서
金　亨　培
Kim, Hyung-Bae

제22판(전면개정판) 머리말

금년에도 개정판을 내게 되었다. 그동안 근로기준법과 고용보험법은 법률과 시행령이, 근로자퇴직급여보장법 및 산업재해보상보험법은 시행령이 각각 개정되었으며, 주목할 만한 노동판례가 적지 않게 새로 등장하였다. 학계에서도 그간의 법령개정과 새 판례에 관한 중요문제들에 대하여 다양한 글들이 발표되었다. 특히 도급과 파견의 구별과 상여금이 통상임금에 포함될 수 있는지의 여부에 관해서는 많은 관심이 집중되었고, 다양한 견해들이 제시되었다. 저자는 이번에 출간되는 제22판에서 개정된 법령들과 새 판례 및 중요 쟁점사항들을 업데이트하여 반영하는 한편 책 전반에 대한 개정을 목표로 하였다.

최근에 개정된 근로기준법은 임금체불사업주에 대한 명단공개와 체불자료의 제공 등 임금체불자에 대한 새로운 규제규정을 신설하였고, 동법 시행령에서는 도급사업에 있어서 근로자들의 임금지급보호를 위하여 귀책사유 있는 수급인의 범위를 확대하였다. 고용보험법은 휴업이나 휴직 등 고용안정을 위한 조치로 근로자의 임금이 감소할 때는 해당 근로자에게 직접 필요한 지원을 할 수 있도록 하였다. 근로자퇴직급여보장법 시행령은 퇴직금의 중간정산사유를 명문화하여 퇴직금의 중간정산을 제한하였다. 그리고 산업재해보상보험법 시행령에서는 동법의 특례적용자의 범위를 다시 확대하여 예술활동의 대가로 보수를 받을 목적으로 체결된 계약에 따라 활동하는 예술인을 추가하였다. 위 법령들의 개정내용에 대해서는 해당 항목에서 자세히 설명하였다.

제22판에서는 2013년 초까지의 판례들을 모두 참고하여 중요한 것들을 반영하였다. 판례 중에는 기존의 태도를 부분적으로 바꾸거나, 새로운 입장을 취하거나, 내용을 보완하여 변화하는 현실에 대응한 것들이 적지 않다. 독자들이 판례의 변화된 내용을 보다 쉽게 알 수 있도록 저자는 판례를 인용할 때에 필요에 따라 최신 판례를 우선적으로 배치하기도 하였다. 또한 기존 판례 중에서 누락된 기본 판례들을 재검색하여 반영하였다.

저자는 이번 개정작업에서도 중요항목을 중심으로 전반적인 개고를 하였다. 서술내용이나 이론적 순리에 따라 분류순서를 바꾸기도 하였다. 또한 필요하지 않은 부분은 과감히 삭제하였다. 새로 집필하거나 추가·보완한 주요항목들을 추려보면 다음과 같다.

중간착취, 취업규칙의 불이익변경, 작업중의 근로자의 책임제한, 통상임금의 개념 및 상여금이 통상임금에 포함될 수 있는지 여부, 포괄임금, 연차유급휴가의 해석, 경력사칭과 징계, 부당해고기간중의 임금청구, 퇴직금 중간정산, 업무상의 재해 여부에 대한 판단, 복수노조체제하의 노조 이중가입, 복수노조체제하에서의 union shop 조항, 단체협약의 효력, 단체협약의 해석, 쟁의행위와 형사책임의 귀속, 쟁의행위로 인한 손해배상책임의 귀속, 쟁의행위시의 임금지급, 노동조합의 지도와 책임, 직장폐쇄의 개념과 정당성 판단기준, 부당노동행위의사 등이 그것들이다.

이번 개정작업에서도 여러 분들의 도움을 받았다. 여러 가지 쟁점사항에 대하여 늘 상담역을 맡아준 박지순 교수(고려대학교 법학전문대학원)는 언제나처럼 특수분야의 개고작업에 귀중한 지원을 해주었다. 항상 바쁜 연구생활에 쫓기면서도 소리 없이 도와주는 박 교수에게 늘 감사하고 있다. 그리고 나의 조교로 있었던 이유미 학사(서울대학교 법학전문대학원)와 김상훈 학사(중앙대학교 법학전문대학원), 현재 조교로 있는 박상우 군(고려대학교 법과대학)은 원고의 정리, 법령·판례·문헌의 검색과 확인, 원고교정, 색인교정에 이르는 복잡하고 번잡한 일들을 맡아 잘 마무리 해주었다. 이들에게도 감사의 뜻을 전하며, 앞으로 훌륭한 법조인이 되기를 이 자리를 빌어 축원한다.

여러 해 전부터 이 책의 편집을 맡아 문장의 내용뿐만 아니라, 판례번호의 오류까지도 지적해 준 박영사 엄주양 대리님에게 진심으로 감사하다는 말씀을 전하고 싶다.

2013년 3월 5일

仁壽峰이 보이는 연구실에서

金 亨 培

Kim, Hyung-Bae

제21판(전면개정판) 머리말

제20판이 출간된 후 금년(2012년) 2월까지 상당수의 노동관계법령과 고용보험법 등이 개정되었다. 전체적으로 근로자들의 보호를 개선하거나 내실화하는 개정이라는 점에서 고무적인 일이 아닐 수 없다. 이번에 개정된 법령들의 중요 내용은 필요한 설명을 붙여 해당되는 장소에 모두 반영하였다. 개정된 법령들의 명칭·개정일 및 시행일은 표로 만들어 머리말 다음에 첨부하였다.

저자는 이번 개정작업에서 구판(제20판)을 각주를 포함하여 처음부터 꼼꼼히 읽으면서 개고(改稿)하였다. 문장을 다듬거나 서술방법이나 순서를 바꾸는 것을 비롯하여 필요하지 않은 설명이나 적절하지 않은 부분은 과감히 삭제하기도 하였다. 기존의 설명에 추가하여 새로운 내용을 보완·추가하거나, 다시 집필한 부분도 상당수에 이르며 새로운 항목을 신설하여 써넣은 내용들도 적지 않다. 그 항목들을 살펴보면 다음과 같다.

단체행동권, 취업규칙의 성질, 근로조건의 명시, 평균임금, 통상임금, 균등대우, 시용기간, 휴일, 휴업수당, 업무상 재해, 징계권의 근거, 도급사업에 있어서의 임금채권의 보호, 경영상의 이유에 의한 해고, 퇴직금 중간정산, 변경해지, 복수노조 제도, 임의적 교섭사항, 쟁의위험부담, 불이익취급의 경합, 계속되는 차별처우, 고용보험법의 적용범위 등에 관해서는 내용을 보완하거나 일부 수정하였다. 그리고 위약금예정의 금지, 취업규칙의 근거(전반적 재구성), 보상휴가제, 근로시간 계산의 특례, 사업주의 민법상의 손해배상과 산재보험법상의 특별급여, 기간의 정함이 있는 근로관계, 노조및조정법상의 노동조합이 아닌 단체(법외노조), union shop 제도(복수노조와 관련), 고용안정협약, 사업장 단위의 일반적 구속력, 쟁의행위에 관한 노조및조정법상의 규정 개관, 쟁의행위와 업무방해죄, 쟁의행위시의 노동조합의 책임, 위장폐업, 자영업자에 대한 실업급여의 특례, 육아기 근로시간 단축급여 등은 새로 썼거나 설명내용을 바꾸었다.

근년에 와서 노동법 분야의 판례는 주목할 만한 변화를 하고 있는 것으로 생각된다. 먼저 노동관계사건이 다양해지고 세분화되면서 판결이유가 정치해지고 세밀해졌다는 점을 지적하지 않을 수 없다. 그리고 법원(특히 대법원)이 노동관계법률의 해석·적용을 함에 있어서 보다 적극적인 태도를 취함으로써 판례의 입장을 명확히 하고 있는 것으로 보인다. 노동법 판례가 전반적으로 증가하고 있는 상황에서 이와 같은 현상은 노동관계법에 대하여 판례가 차지하는 중요성이 커지고 있음을 의미한다. 노동관계법이 시대적·사회적 요청에 따라 꾸준히 제정 또는 개정되는 가운데 판례도 이에 맞추어 각종 법률의 규범적 내용과 취지를 구체화하면서 사건의 해결방향을 찾아가는 것은 당연한 일이라고 생각한다. 다른 법분야와는 달리 노동관계법은 경제적·사회적·정치적·국제적 환경변화에 예민하게 적응해가는 특성을 가지고 있어 판례도 이러한 흐름에 영향을 받지 않을 수 없다. 우리가 새로운 판례의 경향에 관심을 기울여야 하는 이유 중의 하나도 여기에 있다고 생각한다.

제21판에서는 2012년 2월 초까지의 중요 대법원 판례를 모두 반영하였으며, 참고할 가치가 있는 하급심 판례도 더러 인용하였다. 특히 중요시되는 전원합의체 판례 등에 관해서는 평석을 겸해 저자의 견해를 붙이기도 하였다. 특히 이번 판에서는 과거의 중요 판례 중에서 빠져있던 것들을 새로 찾아 인용함으로써 판례의 흐름을 살필 수 있도록 하였다. 같은 취지의 판례이더라도 최근의 판례가 보다 자세하거나 새로운 내용을 담고 있는 경우가 적지 않으므로 이 점에도 유의하면서 판례를 인용하였다. 그동안 참고하였던 중요 외국문헌도 최신판으로 바꾸었다.

제20판의 내용에 대한 독자들의 여러 가지 지적과 비판은 저자가 이 책을 펴나가는 데 많은 도움을 주었다. 앞으로도 E-mail(hyungbae@hanafos.com)을 통하여 허물없는 지적과 의견을 보내주시기 바란다.

이번 개정은 오랜 기간의 작업을 통해서 이루어졌음을 실토하지 않을 수 없다. 전면적인 검토를 했기 때문이다. 저자는 오랜 개정작업 중에 여러 분들의 지원과 도움을 받았다. 우선 박지순 교수(고려대학교 법학전문대학원)가 지난번과 마찬가지로 몇 개의 특수분야에 대하여 원고를 보완해 주었다. 바쁜 일정의 연구생활에도 불구하고 귀중한 도움을 준 박 교수에게 감사한다. 그리고 이진규 학사(고려대학교 법학전문대학원 재학), 안지영 학사(고려대학교 법학전문대학원 재학), 김지섭 학사(고려대학교 법학전문대학원 재학)는 나의 조교로서 원고 정리, 법령·판례·문헌 확인, 원고내용 검토, 문장의 교정에 이르기까지 개정작업의 까다로운 일들을 성의를 가지고 완수해 주었다. 이 분들의 그간의 노고에 감사하며, 앞으로 훌륭한 법조인이 되기를 이 자리를 빌어 축원한다.

제21판의 편집을 맡아 여러번 수정된 복잡한 원고를 세밀하게 말끔히 정리해 준 박영사 엄주양 씨에게 진심으로 감사하다는 말씀을 드리고 싶다.

2012년 2월 28일

仁壽峰이 보이는 연구실에서

金 亨 培

Kim, Hyung-Bae

〈노동관계법률 등 개정 일람표〉

법령명	개정일	시행일
근로기준법(법률 제11270호)	2012. 2. 1	2012. 8. 2
최저임금법(법률 제11278호)	2012. 2. 1	2012. 7. 1
남녀고용평등과 일·가정양립지원에 관한 법률 (법률 제11274호)	2012. 2. 1	2012. 8. 2
임금채권보장법(법률 제11277호)	2012. 2. 1	2012. 8. 2
산업안전보건법(법률 제10968호)	2011. 7. 25	2012. 1. 26
기간제 및 단시간근로자 보호 등에 관한 법률 (법률 제11273호)	2012. 2. 1	2012. 8. 2
파견근로자보호 등에 관한 법률(법률 제11279호)	2012. 2. 1	2012. 8. 2
근로자퇴직급여보장법(법률 제10967호)	2011. 7. 25	2012. 7. 26
공무원의 노동조합 설립 및 운영 등에 관한 법률 (법률 제10133호)	2010. 3. 17	2010. 3. 17
외국인근로자의 고용등에 관한 법률(법률 제11276호)	2012. 2. 1	2012. 7. 2
고용보험법(법률 제10895호)	2011. 7. 21	2012. 1. 22
고용보험 및 산업재해보상보험의 보험료징수 등에 관한 법률(법률 제11269호)	2012. 2. 1	2012. 2. 1
근로복지기본법(법률 제11271호)	2012. 2. 1	2012. 8. 2
근로자직업능력개발법(법률 제11272호)	2012. 2. 1	2012. 7. 2
영유아보육법(법률 제11144호)	2011. 12. 31	2012. 7. 1

제20판(전면개정증보판) 머리말

저자는 지난 제19판에서 그간의 노동관계법의 개정에 관하여는 이미 언급하였으며, 해당 부분을 반영하였다. 특히 노사관계의 새로운 지평을 맞이하게 될 전임자 급여지급의 금지는 이미 시행되고 있으며 복수노조의 허용과 교섭창구단일화는 금년 7월 1일부터 시행된다. 그리고 노동부의 기능과 책무를 균형있게 확대하기 위한 정책에 맞추어 정부조직법의 개정으로 노동부의 명칭이 명실상부하게 고용노동부로 바뀌었다.

저자는 이번 개정에 있어서도 이 책을 보다 정돈된 체계와 내용으로 보완한다는 의도에서 비교적 큰 폭의 개정·수정을 하였다.

우선 새로운 항목을 신설하여 보완하였는가 하면, 서술의 순서에 일관성이 부족한 부분을 바로잡았으며, 교재의 내용으로 불필요한 부분은 삭제하였다. 특히 근년에 와서 새로운 판례들이 계속 등장하고 있으며 판시내용도 구체적으로 제시되고 있어서 중요한 판례들을 비교적 광범하게 반영하였다. 그리고 필요한 곳에서는 해당 판례에 대한 저자의 견해를 붙였다. 판례는 2010년 12월 말까지의 중요한 것들을 참고·반영하였다. 저자는 특히 노동법의 중요한 쟁점에 관해서는 개념적 또는 추상적 설명에 만족하지 않고 가능한 한 구체적 판단과 해결에 접근할 수 있는 서술태도를 견지하려고 노력하였다.

제20판에서 중점적으로 개정·보완된 부분들은 다음과 같다.

i) 우선 노동법 서설부분에서 노동현실과 노동문제(제1장 제1절)의 내용을 독자들이 보다 쉽게 읽을 수 있도록 다듬었다. ii) 균등대우에 관한 부분을 새로 분류하여 다시 썼으며 그 분량을 줄였다. iii) 기존의 변경「해지」의 표제를 변경「해고」로 고치고 재집필하였다. 이 부분은 실제적으로나 이론적으로 중요한 항목이라고 생각된다. iv) 안전과 보건의 부분도 다시 썼으며 특히 산업안전보건법의 위반과 불법행위책임 및 채무불이행책임(보호의무위반)에 관하여 새로 서술하였다. v) 그 이외에 개별적 근로관계법에 속하는 항목으로 근로시간변경제도, 전직명령의 유효요건 및 그 후의 관계, 전적(轉籍), 휴업 및 휴직, 퇴직금의 우선변제, 퇴직금의 사전분할지급(또한 판례평석)에 관하여 새로 집필하거나 보완·개필하였다. vi) 집단적 노사관계법에 속하는 항목 중 노조전임자와 근로시간면제자에 관한 설명을 수정·보완하였으며, 복수노조 및 교섭창구단일화에 관한 부분도 새로 정리하였다. 그리고 협약자치의 한계의 항목을 신설하여 새로 썼으며, 단체

교섭의 위임에 관해서도 보다 자세히 서술하였다. 성실교섭, 단체협약의 여후효에 관한 설명도 개필하였다. 특히 부당노동행위의 종류인 불이익취급, 비열계약, 단체교섭거부, 지배·개입 및 경비원조에 관한 노동위원회의 판정을 가능한 범위 내에서 법원의 판례로 대체하였다.

저자는 이상과 같은 개정을 앞으로도 계속할 계획이다. 독자 여러분들의 지적과 비판이나 의견을 환영한다.

이 책을 개정하는 동안 여러 분들이 저자를 도와주었다. 특히 박지순 교수(고려대 법학전문대학원)가 몇몇 특수분야에 대하여 원고를 보완해 주었고, 전윤구 교수(경기대 법과대학)는 균등대우 분야를 정리해 주었다. 두 분 교수에게 감사한다. 그리고 개정 작업이 진행되는 동안 판례검색·원고정리 및 교정작업을 훌륭하게 마무리해 준 경수현 학사(고려대 법과대학 사법시험 제52회 합격)와 사항색인을 만들어준 추유선 석사(고려대 대학원 노동법전공 박사학위과정)가 많은 수고를 해 주었다. 이 두 젊은 영재분들에게 감사한다. 그리고 복잡하게 개고·수정된 내용과 새로 추가된 원고를 잘 정리해 준 박영사 노 현 부장님과 엄주양 씨에게도 감사의 뜻을 전한다.

2011년 2월 14일
仁壽峰이 보이는 연구실에서
金 亨 培
Kim, Hyung-Bae

제19판(전면개정증보판) 머리말

작년 초부터 노동법의 새로운 변화에 맞추어 1년여에 걸쳐 이 책의 전면적인 개정·증보작업을 하였다. 그 동안 부분적인 개정 또는 보완을 해 왔기 때문에 전체적인 체계에서 각 부분의 내용과 서술이 매끄럽지 못한 점이 없지 않았으며, 더러는 불필요한 부분이 발견되기도 하였다. 이번 개정작업에서는 모든 분야를 연결하여 종합적으로 검토하면서 새로운 항목을 추가하거나, 보완하거나, 개필하였다. 체계상 절과 항의 위치를 바꾸는 것이 바람직한 곳은 재편(再編)하였다. 그리고 될 수 있는 한 간결하고 명료한 표현으로 설명하려고 노력하였으며, 본문은 한글만을 사용하였다.

이번에 새로 개정·증보한 주요항목들은,

i) 노동기본권과 생존권, ii) 법원(法源), iii) union shop과 단결강제 및 union shop 조항, iv) 균등대우의 원칙(새로 집필), v) 근로관계의 당사자, vi) 근로조건의 변경, vii) 취업규칙, viii) 근로자와 사용자의 책임, ix) 평균임금과 통상임금, x) 연봉제의 문제점, xi) 소년과 여성의 보호 및 모성보호, xii) 일·가정의 양립지원(새로 집필), xiii) 재해보상의 실시, xiv) 인사이동, xv) 기업질서와 징계, xvi) 해고, 변경해지, xvii) 퇴직금중간정산, xviii) 노동조합의 실질적 요건, xix) 복수노조의 설립(새로 집필), xx) 노동조합의 활동과 그 정당성, xxi) 노동조합의 조직변경, xxii) 노조전임자의 급여, 근로시간면제제도(새로 집필), xxiii) 단체교섭당사자(연합노조)(새로 집필), xxiv) 복수노조와 교섭창구 단일화 제도(새로 집필), xxv) 유리한 조건 우선의 원칙, 해소의 원칙, 개방조항(새로 집필), xxvi) 자동연장규정(새로 집필), xxvii) 직장점거의 태양(새로 집필), xxviii) 쟁의행위와 형사책임, xxix) 직장폐쇄의 정당성, xxx) 부당노동행위의사, xxxi) 공무원과 교원의 근로3권 등이다. 새로 집필한 균등대우의 원칙은 그 분량이 40면에 이르며, 그 동안 학계나 판례에서 언급되지 않았던 균등대우위반의 사법상의 효과에 관하여 저자 자신의 견해를 밝혔다. 공무원과 교원의 근로3권, 근로관계의 기본원칙, 기업질서와 징계, 휴직에 관한 항목 부분은 목차상 자리를 옮겨 설명하였다.

금년 1월 1일 노동조합 및 노동관계조정법이 일부 개정되어 오랫동안 노·사·정의 숙제였던 전임자급여금지와 복수노조의 설립 및 교섭창구 단일화 문제가 결말을 보게 되었다. 이에 따라 동 시행령도 개정되었다. 그 밖에 남녀고용평등과 일·가정 양립 지원에 관한 법률(공포일 2010년 2월 4일, 시행일 2010년 2월 4일 제9998호), 임금채권보장법(공포일 2010년 1월 27일, 시행일 2011년 1월 1일 제9991호), 고용상 연령차별금지 및 고령자고용촉진에 관한 법률(공포일 2010년 2월 4일, 시행일 2010년 5월 5일 제9997호), 산업재해보상보험법(공포일 2010년 1월 27일, 시행일 2010년 1월 27일 제9988호), 고용보험법(공포일 2010년 2월 4일, 시행일 2011년 2월 5일 제9999호), 기간제 및 단시간근로자 보호 등에 관한 법률 시행령(공포일 2010년 2월 4일, 시행일 2010년 2월 4일 대통령령 제22018호)이 일부 개정되었다. 이 중에서 노조및조정법과 동 시행령의 개정내용에 대해서는 비교적 자세한 설명을 하였으며, 산재보험법과 남녀고평법의 개정부분에 대해서도 서술하였다. 2011년부터 시행되는 고용보험법과 임금채권보장법의 개정내용은 다음 판에서 반영하기로 하였다.

이번 개정작업에서는 노동법 이론이나 법제도가 우리의 것과 유사성을 지니고 있는 독일 및 일본의 새 문헌들을 고루 참고하였다. 기존에 인용된 구판은 새 문헌으로 바꾸었다. 오늘날 세계화 내지 국제화의 현상은 모든 분야에 걸쳐 확산되고 있는 일반적 현상이며, 선진화를 지향하는 노동법제에 있어서도 그 예외가 아니다. 노사관계제도, 고용제도, 사회보장제도가 국가경쟁력에 커다란 영향을 미치는 법 분야라는 것이 산업국가들의 공통된 인식이다. 따라서 우리 법제도가 개방화와 동화(同化)하는 것은 자연스럽고 필요한 일이라고 생각된다. 그런 뜻에서 저자는 기본적인 범위 내에서 외국문헌을 참고·인용하였으며, 우리 법의 해석에 있어서 수용가능한 외국법제와 이론을 원용하였다. 최근 우리 노동법의 개정은 외국법제도를 부분적으로 수용한 경우가 적지 않은 것으로 보이며, 이와 같은 경향은 앞으로 더 확대될 것으로 생각된다.

그러나 우리 노동법은 우리 법 나름대로의 제도와 법리 및 판례를 기초로 고유한 체계를 구성하고 있다. 저자는 오래 전부터 우리나라의 노동현실과 법의 연혁 및 입법배경을 고려하면서 우리 노동법의 체계와 제도의 취지에 합당한 해석을 시도하면서 필요한 곳에서는 비판적 견해를 취하기도 하였다. 근래에 와서 판례의 내용이 다양화·구체화·전문화하면서 노동법의 해석과 적용에 있어서 안정적 역할을 하고 있는 것이 사실이다. 판례이론 내지 판례에 의한 법형성이 법적 안정에 미치는 영향은 매우 크다고 생각하며, 훌륭한 판결의 출현은 학계에도 적지 않은 자극을 주는 것인 만큼 환영해야 할 일이다. 이번 개정작업에 있어서는 2009년 말까지의 중요한 판례들을 검토·분석하여 이 책의 구조에 적합한 곳에 반영하였다.

저자는 이 책이 노동법을 배우는 학생과 연구자에게는 물론 실무자들에게도 이론적 체계서로서 활용될 수 있기를 바라는 마음 간절하다.

오랜 개정작업을 하는 동안 여러 분들의 도움이 있었다. 우선 부분적인 특수분야에서 박종희 교수(고려대 법학전문대학원)와 박지순 교수(고려대 법학전문대학원)가 저자를 지원해 주었다. 두 분에게 감사한다. 그리고 이 작업을 시작할 때부터 판례검색과 원고 정리 및 교정작업을 훌륭히 마쳐 준 추유선 학사(고려대 대학원 노동법전공)와 교정작업을 함께 해 준 최홍기 학사(고려대 대학원 노동법전공)의 노고는 나의 짐을 가볍게 덜어 주었다. 또한 복잡하게 수정·개고된 교정지와 새로 추가·보완된 원고를 말끔하게 정리해 준 박영사 노 현 부장님은 이번에도 많은 애를 써 주셨다. 이 분들에게 감사의 뜻을 전한다.

2010년 2월 8일
仁壽峰이 보이는 연구실에서
金 亨 培
Kim, Hyung-Bae

제18판(신판 제5판) 머리말

근래에 와서 노동관계법은 많은 변화를 하고 있다. 이는 우리나라에 있어서뿐만이 아니라 모든 산업국가들에 있어서의 공통적 현상이라고 볼 수 있다. 경제현실과 국제거래환경이 변화함에 따라 근로자에 대한 각종의 보호와 그 범위가 다양해지고 있기 때문일 것이다. 이에 따라 노사관계제도도 내용적으로나 법기술적으로 그 모습을 달리해 가고 있다. 우리나라에 있어서는 이러한 현상이 2007년도부터 두드러지게 나타나고 있다. 그동안의 법개정과 제정 내용을 대략 살펴보면 다음과 같다.

근로기준법에서는 동법 적용의 기준이 되는 상시 사용근로자 수의 산정방법을 시행령으로 정하도록 하였고, 임산부의 휴가후 직무복귀와 태아검진시간에 관한 보호규정을 신설했으며, 재해보상의 내용을 부분적으로 개선하였다. 그리고 남녀고용평등법을 남녀고용평등과 일·가정 양립 지원에 관한 법률로 바꾸어 근로자의 일과 가정의 양립을 지원함으로써 모든 국민의 삶의 질 향상에 이바지할 수 있도록 하였다. 배우자도 출산휴가를 청구할 수 있도록 하였고, 육아기 근로시간 단축, 일·가정의 양립을 위한 지원 등에 관한 여러 보호 조항들을 신설하였다.

최저임금법, 임금채권보장법, 파견근로자보호 등에 관한 법률, 고용상 연령차별금지 및 고령자 고용촉진에 관한 법률(종래의 고령자고용촉진법), 외국인근로자의 고용 등에 관한 법률, 근로자참여 및 협력증진에 관한 법률 등이 부분적으로 개정되었으며, 장애인차별금지 및 권리구제 등에 관한 법률이 새로 제정되었다. 이와 같은 법률개정 및 제정의 큰 흐름은 국가에 의한 근로자의 보호를 개선·확대하는 것이라는 점에서 매우 주목해야 할 일이다. 국가적 배려를 필요로 하는 취약 근로자 층에 대한 사회적 보호입법이라는 관점에서 고무적인 시책이라고 생각된다.

산업재해보상보험법과 고용보험법은 사회보장법의 성질을 가지는 것이므로 엄격한 의미에서는 노동법의 영역에 속하는 분야는 아니다. 그러나 이들 법률은 보험가입자인 사용자와 수급권자인 근로자의 근로관계를 매개로 보험관계가 성립되는 형식을 취하면서 노동법과 밀접한 관계를 가지고 있다. 전자의 산업재해보상보험법은 근로기준법상의 재해보상을 실질적으로 대체·보완하는 기능을 하고 있다. 특히 최근의 법개정으로 동법에 의한 보험급여를 받을 수 있는 「근로자」의 특례(근로자의 의제: 근로자개념의 확대) 규정들이 신설되었고, 보험급여의 내용이 충실해졌으며, 보험급여 신청·이의 절차가 개선되었다. 고용보험법도 내실을 기하는 개정이 단행되었다. 보험법의 법기술을 빌어 개별적 근로관계의 내용을 보완하는 것은 이제 보편화된 입법추세가 되었다.

이번 개정판에서는 i) 개정된 법령을 비교적 소상하게 반영하면서 개정내용에 대한 저자의 견해를 붙이기도 하였다. 특히 근기법상의 재해보상과 산재보험법상의 산재보험급여에 관해서는 상호 이를 대비하면서 기존의 서술내용을 재구성하였다. ii) 노동법의 이론적 부분과 관련해서는 특히 근로3권 보장의 법적효과, 양심의 자유, 채용내정, 사용자의 질의·조회(권)과 근로자의 고지의무, 균등대우에 관한 종합적 고찰, 당연퇴직사유 등에 관하여 새로 집필하거나 그 내용을 보완·수정하였다. iii) 최신 판례에 대해서는 2008년 말까지의 중요 대법원 판례를 거의 모두 반영하였으며, 하급심판례 중 행정법원의 주목할 판례도 나름대로 선정하여 인용하였다. 중요판례에 대해서는 저자의 간단한 평석을 붙이기도 하였다. iv) 법제도의 세계화·국제화의 추세에 따라 선진외국의 제도나 이론을 필요한 한도 내에서 비교·검토하면서 우리 법의 해석이나 이해에 도움이 되도록 하였다.

이 책에 인용된 문헌들 중에는 새 저술서나 논문 등으로 교체되어야 할 것이 없지 않다. 이번에는 그 계획이 부분적으로 이루어진 데 그쳐 아쉽게 생각한다. 그리고 법령의 약술인용도 더러는 통일되지 않은 곳이 남아 있다. 이러한 부분에 대해서는 독자들의 양해를 구한다.

이 책의 개정에는 비교적 오랜 시일이 걸렸다. 이번 개정작업에 있어서도 朴志淳 교수(고려대학교 법학전문대학원)가 부분적으로 귀중한 도움을 주었다. 이 자리를 빌어 감사의 뜻을 전한다. 그리고 원고의 정리와 교정, 색인의 정리와 판례 검색작업에서 조교 申多惠 학사(고려대학교 대학원 민법전공)는 꾸준히 나를 도와주었다. 늘 고맙게 생각하고 있다. 특히 이번에도 원고가 늦게 완성되어 출간작업에 쫓기면서도 편집을 맡아 판례색인까지 만들어 준 盧 賢 부장님에게 사의를 표한다.

新版 第5版은 初版부터 세면 第18版에 해당한다. 이 책의 역사를 살리는 것이 좋다는 여러 분들의 권유에 따라 이 책이 「第18版」임을 책표지에 표시하기로 했다.

2009년 3월 11일

仁壽峰이 보이는 연구실에서

金　亨　培

Kim, Hyung-Bae

신판 제4판 머리말

최근에 와서 특히 고용형태 및 사회보험에 관한 문제들이 활발히 논의되면서 이에 따른 법 개정이 꾸준히 전개되고 있다. 이와 같은 현상은 현대적 산업사회에 있어서 하나의 특징이라고 할 수 있으며, 선진화된 산업사회의 공통적 현상이기도 하다. 우리나라도 이와 같은 세계적 추세에 있어서 예외일 수는 없다. 근년의 노동관계법의 제정 및 개정의 방향을 보아도 이를 미루어 짐작할 수 있다.

이번 新版 第4版에서는 정부의 법령 한글화 작업에 맞추어 각종 용어를 새롭게 개정된 한글화 법령과 일치시켰으며, 법조문이 전부 개정된 법률(근로기준법, 산업재해보상보험법, 고용보험법)의 경우 구 법조문을 새 법조문으로 모두 대체하였다. 이 이외에 개정된 내용들은 다음과 같다.

근로기준법, 노동조합 및 노동관계조정법, 기간제 및 단시간근로자 보호 등에 관한 법률, 남녀고용평등법, 산업재해보상보험법 등 2007년에 새로 제정 및 개정된 법률들과 그 시행령, 시행규칙 등의 내용을 2007년 10월을 기준으로 모두 반영하였다.

대법원을 포함한 각급 법원의 새 판례와 노동위원회 판정례, 정부의 중요 행정해석을 2007년 10월을 기준으로 반영하였으며, 필요한 곳에서는 저자의 설명이나 견해를 추가하였다.

국내 문헌 중에서 2007년에 새로 개정된 저서들은 해당 면수를 바꾸어 씀으로써 참고의 편의를 도모하였다.

기간제 및 단시간근로자, 파견근로자 등 비전형근로자의 특별한 보호에 관한 사회적 논의, 산별노조의 확산에 관한 문제, 필수공익사업의 범위에 관한 논의, 항만하역근로자의 상용화에 관한 문제 등 최근의 노사관계를 둘러싸고 전개되는 새로운 동향을 해당분야에서 그 법적 이슈들에 관하여 필요한 한도에서 언급하였다.

이 이외에 여러 곳에서 종전의 설명을 보완하였으며, 새로운 해설을 추가하거나 내용을 수정 또는 교체하였다.

이번 개정작업에 있어서는 朴志淳 박사(고려대학교 법대 조교수)가 많은 도움을 주었다. 朴교수에게 감사한다. 또한 李準熙 학사(고려대학교 대학원 노동법 전공)는 원고의 내용과 개정법률 및 판례들을 세밀히 검토·확인하는 일을 맡아 주었다. 그 노고에 감사한다. 그리고 언제나처럼 한결같이「新版 第4版」의 출간에 있어서도 세밀한 편집과 교정 일을 맡아 준 박영사 盧 賢 부장님에게 사의를 표한다.

2007년 11월 1일
仁壽峰이 보이는 연구실에서
金 亨 培
Kim, Hyung-Bae

신판 제3판(증보 · 전면개정) 머리말

I

이번에 「新版 第2版」을 전면 증보·수정하여 개정판을 낸다.

그 동안 「비정규직보호입법」과 「노사관계선진화입법」이 오랜 시일에 걸쳐 많은 논란과 어려운 産苦 끝에 2006년 11월과 12월에 국회에서 의결되었으며, 2007년 7월 1일부터 시행될 예정이다. 그 이외에도 상당수의 노동관련법령이 개정되었으며, 새로운 판례들이 등장하였고, 저자 자신도 이 책의 개정을 계획하고 있었다.

II

우선 「新版 第3版」에서 개정작업의 중심적 대상이었던 것은 「비정규직보호입법」과 「노사관계선진화입법」이다. 비정규직보호를 위한 입법으로는 「기간제및단시간근로자의보호등에관한법률」(기간및단시간법)이 새로 제정되었고, 기존의 「파견근로자보호등에관한법률」(근로자파견법)이 개정되었다. 이 법률들은 기간제근로자, 단시간근로자 및 파견근로자에 대한 불합리한 차별을 시정하는 것을 목적으로 하고 있다. 특히 기간제근로자의 기본적 사용원칙을 명확히 규정하였다는 점과 파견근로자의 불법파견에 대하여 제재를 강화한 것은 중요한 입법이라고 지적할 수 있다. 또한 절차적으로 이들 근로자에 대한 차별시정을 현실적으로 확보하기 위하여 그 실무를 담당할 노동위원회의 조직체계와 임무가 새로 정해짐으로써 동법이 함께 개정되었다.

「노사관계선진화입법」은 우리나라 노동관계법의 기본 골격이 되는 「근로기준법」·「노동조합및노동관계조정법」과 「근로자참여및협력증진에관한법률」의 개정을 통하여 실현되었다. 근로기준법에서는 부당해고구제제도를 개선한다는 취지에서 금전보상제도를 도입했는가 하면, 부당해고에 대한 벌칙규정을 삭제하는 한편 노동위원회의 구제명령 불이행에 대한 이행강제금제도를 신설했으며, 해고의 서면통지제도를 도입하였고, 경영상의 이유에 의한 해고시 사전통보기간을 단축하고, 사용자의 우선재고용의무규정을 개정하였다. 노동조합및노동관계조정법에서는 필수공익사업에 대한 직권중재를 폐지하면서 필수유지업무제도를 도입하였고, 대체근로규정을 수정하였다. 그리고 제3자 지원신고제도를 폐지하였다. 그 이외에 조정제도의 활성화 등 비교적 많은 내용의 개정이 단행되었다. 특히 노사간에 논란의 대상이 되어 왔던 복수노조의 인정과 노조전임자에 대한 급여지원금금지에 대한 유예규정에 대해서는 다시 3년간 그 시행을 유보하였다. 근로자참여및협력증진에관한법률에서는 노사협의회의 협의사항을 일부 조정하고, 기타 운용상의 문제점과 미비점을 부분적으로 개선하였다

위에서 언급한「비정규직보호입법」과「노사관계선진화입법」이외에도 여러 가지 법률들이 개정되었다. 그 중에서도 산업안전보건법이 다시 개정되었으며, 발명진흥법은 근로자의 직무발명에 대한 권리귀속 및 그에 따른 보상기준을 정하는 새로운 규정을 마련하였다.

Ⅲ

금번에 단행된 노동관계법의 제정과 개정은 우리나라의 勞動法史에 있어서 하나의 큰 변화라고 할 수 있을 것이다. 기존의 제도들이 개폐되기도 하고 새로운 제도가 도입·마련되면서, 노동법의 중요한 주제들과 연관된 부분 또는 문제점 등에 관해서 새로운 체계적 정리와 해석이 필요하게 되었기 때문이다. 저자는 노동법에 대한 기존의 기본적 태도를 유지하면서 저자 자신의 체계적 이해하에 필요한 한도 내에서 저자의 견해를 제시하였다.

이「新版 第3版」에서 중요한 내용으로 다루어진 개정부분은 다음과 같다.

먼저「노동법의 연혁」에 관한 절에서, 노동관계법령의 개정을 중심으로 한 기존의 서술을 바꾸어 시대구분을 새로이 하면서 연혁의 배경과 내용을 쉽게 이해할 수 있도록 고쳐 썼다. 이에 따라 그 분량이 축소되었다.

근로기준법상의 해고에 관한 규정의 개정과 기간제및단시간근로자의보호등에관한법률의 제정에 맞추어「근로관계의 종료」에 관한 절도 상당부분 다시 썼다. 특히 노동위원회의 구제명령 불이행에 대한 이행강제금제도에 관해서는 비판적 견해를 취하였다.

쟁의행위와 관련하여 필수유지업무제도를 새로 설명했으며 노동쟁의의 조정편도 개정된 법의 내용을 반영하여 부분적으로 재구성하였다.

부당노동행위에 관한 부분은 최근의 판례를 참고·인용하면서 그 내용을 보다 세분하여 구체적으로 서술하였고 주요 쟁점에 관해서는 논평을 가하기도 하였다.

「新版 第3版」에서 가장 크게 개정된 부분은 비전형근로관계에 관한 장이다. 기간제 근로관계와 단시간 근로관계에 관한 서술에서는 새로 제정된 법률에 따라 그 체계를 바꾸었으며, 파견근로관계의 서술도 개정법률의 내용을 반영하여 부분적으로 재구성하였다.

최근까지의 새로운 중요한 판례들을 가능한 한 모두 반영하였으며 필요한 곳에서

는 저자의 견해를 밝히거나 평석을 붙였다.

Ⅳ

「新版 第3版」의 개정은 비교적 짧은 기간 내에 이루어졌다. 그만큼 힘들고 집중적인 작업을 하지 않을 수 없었다. 특히 이번 개정작업에 있어서 朴志淳 박사(성균관대학교 연구교수)의 지원이 컸으며 그의 도움이 없었더라면 이러한 모습의 책이 탄생하기 어려웠을 것이다. 이 자리를 빌어 朴 교수에게 감사한다. 또한 밤늦게까지 연구실에 남아 목차와 판례색인을 작성해 준 成大圭 조교(고려대학교 대학원 민법전공)에게도 감사한다. 그리고 하루라도 일찍「新版 第3版」이 출간될 수 있도록 설 휴가를 희생하면서 편집일을 맡아 준 박영사 盧 賢 부장님에게도 심심한 사의를 표한다.

2007년 3월 5일
仁壽峰이 보이는 연구실에서
金 亨 培
Kim, Hyung-Bae

신판 제2판 머리말

I

노동법처럼 경제·사회적 변화에 예민하게 반응하는 분야는 드물 것이다. 우리나라에서도 사정은 마찬가지여서 노동법을 학문적으로 접근하는 방법이나 노사관계에 대한 기본적 시각이 크게 변하고 있다. 이러한 시대적 변화에 맞추어 새롭게 쓰여진 것이 「新版 勞動法」이었다.

II

이번에 다시 「新版 第2版」을 내게 된 것은 최근에 비교적 많은 법률들이 제정 또는 개정되었으며, 새로운 판례가 속출하고 있기 때문이다. 또한 노동법의 일반이론도 전반적인 손질을 하지 않을 수 없게 되었다.

우선 제정 또는 개정법률을 시기별로 살펴보면 다음과 같다.

첫째, 공무원의노동조합설립및운영등에관한법률(신규제정 2005. 1. 27, 법률 제7380호, 시행 2006. 1. 27)

둘째, 근로자퇴직급여보장법(신규제정 2005. 1. 27, 법률 제7379호; 법제명변경 및 일부개정 2005. 7. 29, 법률 제7636호, 시행 2005. 12. 1)

셋째, 근로기준법(근로자퇴직급여보장법의 제정에 따라 일부개정 2005. 3. 31, 법률 제7465호, 시행 2005. 7. 1; 법제명변경 및 일부개정 2005. 5. 31, 법률 제7566호, 시행 2006. 1. 1)

넷째, 임금채권보장법(근로자퇴직급여보장법의 제정에 따라 일부개정 2005. 3. 31, 법률 제7466호, 시행 2005. 7. 1)

다섯째, 남녀고용평등법(일부개정 2005. 5. 31, 법률 제7564호, 시행 2006. 1. 1)

III

이상과 같은 법률의 제정과 개정에 따라 해당 내용을 새로 해설하거나 기존의 내용들을 개정하였다. 특히 공무원의 단결권과 단체교섭권이 입법적으로 인정되었다는 사실과 근로자퇴직급여보장법의 제정으로 퇴직급여제도(퇴직금·퇴직연금제도)가 동법에 통합되었다는 것은 중요한 변화라고 할 수 있다. 법률의 제정 또는 개정 이외에 저자는 많은 내용의 증보를 단행하였다. 소극적 단결권의 성질에 관한 헌법재판소의 결정을 기초로 이에 관련된 부분을 보완하였다. 근로관계의 종료와 관련해서는 그 동안 상당수의 판례가 축적되어 왔으므로 자원퇴직·합의해지·명예퇴직과 비진의의사표시(非眞意意思表示)에 관한 문제를 체계적으로 정리하여 새로 집필하였다. 또한 집단적 노사관계법과 협동적 노사관계법의 체계를 이론적으로 보다 명확히 구별하면서, 우리나라의 여러 가지 참가제도를 실정법을 중심으로 구체적으로 설명하였다. 앞으로 협동적 노사관계가 더욱 중요시될 것으로 전망되는 차제에 이 분야에 대한 연구가 보다 구체화되는 것이 바람직하기 때문이다. 비전형근로관계에 있어서는 해결해야 할 문제들이 산적해 있다고 해도 과언이 아니다. 노동법의 보호를 받아야 할 「근로자」의 성질과 범위를 어떻게 정립해야 할 것인가 그리고 평등대우원칙의 현실적 적용의 한계를 어떻게 정당화할 것인지가 원천적으로 문제되고 있다. 산업사회의 변화에 따라 필요한 노동력의 질적 변화, 노동의 형태, 노동력의 수요공급의 단기화, 노동시장의 국제적 개방화 등이 그 근본원인으로 지적되고 있으며, 이는 현대산업사회의 불가피한 현상이라고 할 수 있다. 따라서 현대의 노동문제는 단순히 규범적 규제 또는 입법적 규율에 의해서 해결될 수 없는 한계상황을 내포하고 있다. 다시 말하면 사회보장적 새로운 입법과 함께 국가적 또는 산업적 차원의 새로운 정책이 수반되지 않으면 안 되게 되었다. 이러한 현실적 인식을 통해서 노동법의 위치와 기능도 재정립되어야 한다고 생각한다.

최근까지의 판례도 거의 빠짐없이 반영하였다. 근년에 와서 판례의 태도는 상당한 변화를 하고 있다. 노동현실과 노동법규범 사이에서 판례가 차지하는 역할은 매우 중요하다고 아니할 수 없다.

Ⅳ

이번 개정작업에서도 金熙聲 전임강사(영산대학교 법률학부)와 朴志淳 박사(고려대학교 법과대학)가 많은 도움을 주었다. 두 분에게 감사한다. 그리고 조교 朴美暎 석사(고려대학교 대학원 민법전공)는 원고의 정리·교정과 색인작성을 만족스럽게 마쳐 주었다. 朴조교에게도 감사의 뜻을 전한다. 그리고 박영사 盧 賢 부장님에게 특히 감사하고 싶다. 이번에도 늦게 완성된 복잡한 원고를 말끔히 편집하여 단시일 내에 출간될 수 있도록 해 주셨다. 언제나 말없이 협조적이신 宋逸根 주간님에게도 감사의 말씀을 드린다.

2006년 2월 15일
仁壽峰이 보이는 연구실에서
金　亨　培
Kim, Hyung-Bae

신판(보정판) 머리말

I

2004년 8월 말에 新版이 출간된 지 6개월 만에 다시 補訂版을 내게 되었다. 기존의 「勞動法」(第13版까지)을 집필했던 관점들을 새로운 時代的 變化에 맞추어 수정·보완한 것이 新版 「勞動法」이다. 이미 우리나라에서도 노동법의 패러다임 변화의 필요성과 노동시장적 시각의 중요성 등이 강조되어왔던 차제에 新版 「勞動法」에 대한 독자들의 반응은 낯설지 않았던 것으로 생각된다. 앞으로 새로운 산업화·정보화 시대에 대비하여 연구해야 할 노동법의 과제는 끊임없이 발생할 것으로 예상된다.

II

이 補訂版에서는 대체로 다음과 같은 보완·수정을 하였다.

첫째, 현행 노동법의 구조에 관한 설명을 보완했으며([4] II 1), 단체협약의 법적 성질([110] I 3)에 관한 설명을 체계적으로 정리하면서 새로운 이론에 기초하여 저자의 견해를 보다 명백히 하였다.

둘째, 新版의 출간을 전후한 때부터 최근까지의 중요 판례들을 참고·반영하였다. 판결요지를 인용하면서 이에 대한 주해를 붙이기도 하였다.

셋째, 개정되었던 법령 중에서 新版 집필 중 누락되었던 것들을 반영하거나 고쳐잡았다.

넷째, 新版을 전면적으로 다시 읽으면서 오탈자는 물론 표현이 부적절한 곳, 보충설명이 필요한 곳, 설명의 순서가 순리적이지 못한 곳 등을 고치거나 보완하였다.

III

이번 補訂作業에 있어서도 金熙聲 박사(고려대 법대 강사)와 朴志淳 박사(고려대 법대 강사)가 귀중한 도움을 주었다. 이 분들에게 감사한다. 그리고 助教 朴美暎 석사(고려대 대학원 민법전공)는 교정·색인 등의 일을 보아주었다. 朴 助教에게도 감사의 뜻을 전한다.

끝으로 新版때와 마찬가지로 이번에도 편집을 맡아준 盧 賢 차장님은 개정원고가 늦어졌음에도 불구하고 신학기에 맞추어 출간이 가능하도록 애써주었다. 다시 한번 고맙다는 말씀을 드린다. 언제나 협조적이신 宋逸根 主幹님에게도 감사한다.

2005년 2월 9일 설날에
仁壽峯이 보이는 연구실에서
金 亨 培
Kim, Hyung-Bae

신판 머리말

I

저자는 오래 전부터 「노동법」을 새로 써야 한다는 생각을 가지고 있었다. 그동안 여러 가지 構想을 해 오다가 약 일 년 전부터 이 일에 착수하였으며, 일단 마무리를 지었다. 산업의 고도화·국제화·정보화시대가 급속하게 진전하면서 산업 및 기업구조와 노동시장에 커다란 변화가 발생하고 있으며, 이에 따라 노무제공의 종류와 그 모습도 달라지고 있다. 누가 근로자인가 그리고 노동법이 적용될 범위를 어떻게 정할 것인가 하는 근본적인 문제가 노동법의 체계와 패러다임의 변화를 시대적 과제로 제기하고 있다. 다시 말하면 기존 노동법체계의 단순한 개선의 범주를 넘어 새로운 산업화시대에 맞는 노동관계법을 재정립해야 할 필요성이 강조되고 있다. 이와 같은 요청은 비단 우리나라에 국한된 문제가 아니며, 세계의 모든 산업국가들이 당면하고 있는 중대한 과제이기도 하다. 노동정책·노동입법·노동법의 해석은 새로운 산업사회의 현실 및 근로자의 노동실태를 고려하지 않고서는 그 합리성과 실효성을 보장할 수 없게 되었다. 저자는 노동법의 목적·기능·효율성 등의 문제가 이러한 관점에서 재조명되어야 할 시점에 도달했다고 생각하고 있다.

II

이 책은 위에서 제기한 문제의식을 가지고 기존의 「노동법」(제13판)을 기초로 하면서 완전히 다시 집필된 것이다. 그 주요 구성과 내용을 간단히 지적하면 다음과 같다. 첫째 근로자의 보호와 경제현실과의 관계, 현대 산업사회가 노동법에 미치는 영향 등을 고찰하면서 현행 노동법과 노동시장과의 유기적 관련성을 밝힘으로써 우리나라 노동법의 구조와 기능을 보다 객관적으로 바라볼 수 있도록 하였다(제1장 제2절). 둘째 노동법의 중요한 쟁점 또는 항목을 독립시켜 부각시켰으며 이에 관해서 보다 자세한 설명을 하였다. 셋째 산업 및 기업구조의 변화와 함께 새로운 과제로 등장하고 있는 현안 문제들에 관해서는 새 항목을 신설하여 비교적 자세한 해석론적·입법론적 고찰을 하였다. 예컨대 유사근로자의 노무제공관계, 기업변동과 근로관계의 이전, 연봉제, 단체협약의 불이익변경, 경영권의 헌법상의 보장과 단체교섭의 대상 등이 이에 속한다. 이 외에도 새로 집필된 세부항목들이 적지 않다. 넷째 노동법의 해석 및 실제적 적용을 통하여 우리나라의 노동현실을 반영하고 있는 판례들을 최근의 것에 이르기까지 고루 참고·반영하였다. 그러나 저자는 판례의 견해를 수동적으로 수용하는 태도를 취하고 있지는 않으며, 필요한 곳에서는 노동법의 합리적 해석을 위하여 비판적 견해를 제시하기도 하였다. 다섯째 국내외의 중요한 문헌들을 보다 광범하게 반영하는 데 노력하였다. 오늘날 국내외적으로 문헌의 수가 폭주하는 상황에서 모든 문헌들을 참고하는 것은 불가능한 일일 것이다. 특히 외국의 노동법이론과 학설은 그동안 주목할 만한 발전을 하고 있으므로 우리법의 해석과 입법에 도움이 될 수 있는 내용들은 두루 참고·반영하였다. 다만, 저자 자신의 견해를 유지하면서 다른 입장을 취하고 있는 문헌들도 함께 참고하였다. 집필과정에서 저자의 견해가 부분적으로 보완·수정된 곳에서는 이를 지적해 두었다.

이 책은 기존의「노동법」(제13판)을 기초로 하였으나, 그 構想과 內容에 있어서는 다른 책이라고 보아야 할 것이다. 그런 이유에서 이 책을「新版」이라고 이름하였다. 이 신판에서는 舊著에 실린 단순한 외국제도의 소개 등은 과감히 삭제하였다.

Ⅲ

이 책이 나오기까지는 여러 분들의 도움이 있었다. 먼저 金熙聲 박사(고려대 법대 강사)와 朴志淳 박사(고려대 법대 강사)는 이 책의 내용과 특수문제에 대하여 저자와의 토론을 통해서 좋은 의견을 제시해 주었으며, 부분적으로는 초고 작성에도 도움을 주었다. 그리고 金湘鎬 박사(경상대 법대 교수)는 일부 새로운 판례를 검색해 주면서 몇몇 항목에 그의 의견을 제시해 주었고, 孫熙三 노무사는 새로운 판례와 행정해석을 검색하여 원고의 보완을 도와주었다. 특히 朴美暎 석사(고려대 대학원 박사학위과정 민법전공)는 원고정리, 교정, 판례의 검색·확인, 체제의 통일, 인용된 문헌의 확인 등 복잡하고 어려운 일을 시종일관 성실하게 수행해 주었다. 위의 모든 분들에게 이 자리를 빌어 감사의 뜻을 전한다.

끝으로 이 책의 편집을 맡아준 박영사 盧 賢 차장님은 책의 출간이 늦어지지 않도록 주말휴일까지 희생하며 작업을 진행해 주었다. 다시 한번 사의를 표한다.

저자는 이 책이 우리나라의 노동법학의 발전을 위해서 하나의 새로운 視覺을 제공해 줄 수 있다면 커다란 영광으로 생각한다. 독자들의 기탄없는 지적과 비판을 바란다.

2004년 8월 17일
仁壽峯이 보이는 연구실에서
金 亨 培
Kim, Hyung-Bae

주요목차

제1장 노동법 서론

제1절 노동현실과 문제제기

제2절 노동법의 개념과 기능

제3절 노동법의 연혁

제4절 노동법의 구조와 법원(法源)

제2장 노동기본권

제1절 서 설

제2절 근로의 권리

제3절 근로3권

제3장 개별적 근로관계법

제1절 서 설

제2절 근로관계의 개념과 균등대우

제3절 근로관계의 성립

제4절 취 업 규 칙

제5절 근로관계의 내용

제6절 인사이동, 휴직, 징계

제7절 사업변동과 근로관계의 이전

제8절 근로관계의 종료

제4장 비전형근로관계

제1절 서　설

제2절 기간제 근로관계

제3절 단시간 근로관계

제4절 파견근로관계

제5절 특수형태근로종사자의 노무제공관계

제6절 플랫폼노동과 노동법

제5장 집단적 노사관계법

제1절 서 설

제2절 노 동 조 합

제3절 단 체 교 섭

제4절 단 체 협 약

제5절 쟁 의 행 위

제6절 노동쟁의의 조정

제7절 부당노동행위

제8절 공무원과 교원의 집단적 노사관계

제6장 협동적 노사관계법

제1절 총 설

제2절 우리나라의 노사협의제도

제7장 고용의 안정·촉진 및 보험

세부목차

제1장 노동법 서론

제1절 노동현실과 문제제기

제2절 노동법의 개념과 기능

제3절 노동법의 연혁

제4절 노동법의 구조와 법원(法源)

제2장 노동기본권

제1절 서 설

제2절 근로의 권리

제3절 근로3권

제3장 개별적 근로관계법

제1절 서 설

제2절 근로관계의 개념과 균등대우

제3절 근로관계의 성립

제4절 취 업 규 칙

제5절　근로관계의 내용

제6절　인사이동, 휴직, 징계

제7절 사업변동과 근로관계의 이전

제8절　근로관계의 종료

제4장 비전형근로관계

제1절 서 설

제2절 기간제 근로관계

제3절 단시간 근로관계

제4절 파견근로관계

제5절 특수형태근로종사자의 노무제공관계

제6절 플랫폼노동과 노동법

제5장 집단적 노사관계법

제1절 서 설

제2절 노 동 조 합

제3절 단 체 교 섭

제4절 단 체 협 약

제5절 쟁 의 행 위

제6절 노동쟁의의 조정

제7절 부당노동행위

제8절 공무원과 교원의 집단적 노사관계

제6장 협동적 노사관계법

제1절 총 설

제2절 우리나라의 노사협의제도

제7장 고용의 안정·촉진 및 보험

보론목차

법령명 약어표

국가공무원법 ······ 국공법
고용상 연령차별 금지 및 고령자 고용촉진에 관한 법률
('연령차별금지법'으로 약칭) ······ 연령차별금지법
고용보험법 ······ 고보법
고용보험 및 산업재해보상보험의 보험료징수 등에 관한 법률
('보험료징수법'으로 약칭) ······ 징수법
공무원의 노동조합 설립 및 운영 등에 관한 법률('공무원노조법'으로 약칭) ······ 공노조법
교원의 노동조합 설립 및 운영 등에 관한 법률('교원노조법'으로 약칭) ······ 교노조법
근로기준법 ······ 근기법
근로자 직업능력개발법('직능개발법'으로 약칭) ······ 직능법
근로자참여 및 협력증진에 관한 법률('근로자참여협력법'으로 약칭) ······ 근참법
근로자 퇴직급여보장법('퇴직급여보장법'으로 약칭) ······ 근퇴법
기간제 및 단시간근로자 보호 등에 관한 법률('기간제및단시간법'으로 약칭) ······ 기단법
남녀고용평등과 일·가정 양립 지원에 관한 법률('남녀고용평등법'으로 약칭) ······ 남녀고평법
노동위원회법 ······ 노위법
노동조합 및 노동관계조정법 ······ 노조및조정법
구 노동쟁의조정법 ······ 구 노쟁법
노사협의회법 ······ 노협법
민법 ······ 민법
민사소송법 ······ 민소법
민사집행법 ······ 민집법
부동산등기특별조치법 ······ 부등법
비송사건절차법 ······ 비송법
산업안전보건법 ······ 산안법
산업재해보상보험법('산재보험법'으로 약칭) ······ 산재법
선원법 ······ 선원법
약관의 규제에 관한 법률 ······ 약관규제법
외국인근로자의 고용 등에 관한 법률('외국인근로자고용법'으로 약칭) ······ 외국근고법

임금채권보장법 ········ 임채법
장애인 고용촉진 및 직업재활법('장애인고용촉진법'으로 약칭) ········ 장애인고용법
장애인차별금지 및 권리구제 등에 관한 법률('장애인차별금지법'으로 약칭) ······· 장차금지법
지방공무원법 ········ 지공법
직업안정법 ········ 직안법
진폐의 예방과 진폐근로자의 보호 등에 관한 법률 ········ 진폐근로자보호법
채용절차의 공정화에 관한 법률('채용절차공정화법'으로 약칭) ········ 채공법
최저임금법 ········ 최임법
파견근로자보호 등에 관한 법률('근로자파견법'으로 약칭) ········ 파견법
행정소송법 ········ 행소법
형사소송법 ········ 형소법

시행령 ········ 시령
시행규칙 ········ 규칙
노동위원회규칙 ········ 노위칙
1항 ········ Ⅰ
1호 ········ ①

[판례]
헌법재판소 ········ 헌재
대법원 ········ 대판
고등법원 ········ 고판
지방법원 ········ 지판
민사지방법원 ········ 민지판
형사지방법원 ········ 형지판
행정법원 ········ 행판
법률명 제5조 제4항 제2호 나 ········ 제5조 Ⅳ ② 나목

주요참고문헌 및 인용약어

[한국문헌]

계희열, 「헌법학(중)」, 2002 ··· 계희열, 「헌법학(중)」

권영성, 「헌법학원론」(2004년판), 2004 ··· 권영성, 「헌법학원론」

김유성, 「노동법 Ⅰ」, 2005 ··· 김유성, 「노동법 Ⅰ」

김유성, 「노동법 Ⅱ」(전정판), 1999 ··· 김유성, 「노동법 Ⅱ」

김철수, 「헌법학개론」(제16전정신판), 2004 ··· 김철수, 「헌법학개론」

김치선, 「노동법총설」, 1978 ··· 김치선, 「총설」

김치선, 「노동법강의」, 1994 ··· 김치선, 「강의」

김형배, 「근로기준법」(제8판), 2002 ··· 김형배, 「근로기준법」

김형배, 「노동법연구」, 1991 ··· 김형배, 「노동법연구」

김형배·윤성천·임종률·하경효, 「집단적 노사자치에 관한 법률 — 시안과 입법이유 —」, 1992 ··· 김형배 외, 「집단적 노사자치에 관한 법률 — 시안과 입법이유 —」

박상필, 「한국노동법」, 1989 ··· 박상필, 「노동법」

박홍규, 「노동법론」, 1995 ··· 박홍규, 「노동법론」

심태식, 「노동법개론」, 1989 ··· 심태식, 「개론」

심태식, 「축조근로기준법해설」(제2전정판), 1975 ··· 심태식, 「해설」

이병태, 「최신 노동법」(제9전정판), 2008 ··· 이병태, 「노동법」

이상윤, 「노동법」(제5판), 2003 ··· 이상윤, 「노동법」

임종률, 「노동법」(제19판), 2021 ··· 임종률, 「노동법」

하갑래, 「근로기준법」(제28판), 2016 ··· 하갑래, 「근로기준법」

하갑래, 「집단적 노동관계법」(제5판), 2018 ··· 하갑래, 「집단적 노동관계법」

하경효, 「노동법사례연습」(제3판), 2017 ··· 하경효, 「노동법연습」

허 영, 「한국헌법론」, 2007 ··· 허영, 「한국헌법론」

김치선, 「근로자의 단결권」, 1970 ··· 김치선, 「단결권」

임종률, 「쟁의행위와 형사책임」, 1982

노동법실무연구회, 「근로기준법주해 Ⅰ, Ⅱ, Ⅲ」(제2판), 2020 ··· 노동법실무연구회, 「근로기준법주해 Ⅰ, Ⅱ, Ⅲ」(필자)

노동법실무연구회, 「노동조합및노동관계조정법 주해 Ⅰ, Ⅱ, Ⅲ」, 2015 ································
······························ 노동법실무연구회, 「노동조합및노동관계조정법 주해 Ⅰ, Ⅱ, Ⅲ」(필자)
중앙노동위원회, 「노동위원회 판례집」·· 노동위원회판례집

[일본문헌]

菅野和夫, 「勞働法」(第11版補正版), 2018 ·· 菅野, 「勞働法」
石井照久, 「勞働法總論」, 1957 ··· 石井, 「總論」
石井照久, 「第2版 勞働法」, 1972 ·· 石井, 「勞働法」
石井照久, 「勞働法の硏究」Ⅰ(1967), Ⅱ(1967), Ⅲ(1970)
外尾健一, 「勞働團體法」, 1975 ·· 外尾, 「勞働團體法」
下井隆史, 「勞働基準法」(第4版), 2007 ·· 下井, 「勞働基準法」
塚本重賴, 「勞働委員會制度と手續」, 1977
片岡曻(村中孝史補訂), 「勞働法(1)」(第5版), 2009 ·· 片岡, 「勞働法(1)」
青木宗也·片岡曻 編, 「勞働基準法 Ⅰ」, 1994 ···························· 青木·片岡, 「勞働基準法 Ⅰ」
青木宗也·片岡曻 編, 「勞働基準法 Ⅱ」, 1995 ···························· 青木·片岡, 「勞働基準法 Ⅱ」
勞働旬報社, 「勞働判例大系」(全20卷), 1992
東京大勞働法硏究會, 「注釋 勞働組合法」 上(1980), 下(1982) ···
··· 東大勞硏, 「注釋 勞働組合法」(上), (下)
荒木尙志, 「勞働法」(第3版), 2017 ·· 荒木, 「勞働法」
土田道夫, 「勞働契約法」(第2版), 2016 ·· 土田, 「勞働契約法」
西谷敏, 「勞働法」(第2版), 2013 ·· 西谷, 「勞働法」
西谷敏, 「勞働組合法」(第3版), 2012 ·· 西谷, 「勞働組合法」
盛誠吾, 「勞働法總論·勞使關係法」, 2000 ···························· 盛誠吾, 「勞働法總論·勞使關係法」
荒木尙志·菅野和夫·山川隆一, 「詳說 勞働契約法」, 2008 ··
·· 荒木·菅野·山川, 「勞働契約法」
厚生勞働省勞働基準局 編, 「勞働基準法(上)」(改訂新版), 2005 ··
·· 厚生勞働省勞働基準局 編, 「勞働基準法(上)」
安枝英訷·西村健一郎, 「勞働法」(第10版), 2009 ······································ 安枝·西村, 「勞働法」

[독일문헌]

Annuß/Thüsing, *Teilzeit- und Befristungsgesetz*(*Kommentar*), 2002 ································
·· Annuß·Thüsing/Bearbeiter, *Teilzeit- und BefristungsG*
Berkowsky, *Die betriebsbedingte Kündigung*, 5. Aufl., 2002 ··

…… Berkowsky, *Die betriebsb. Kündigung*

Birk, *Europäisches Arbeitsrecht*, 1990 …… Birk, *Europ. ArbR*

Birk/Konzen/Löwisch/Raiser/Seiter, *Entwurf zur Regelung kollektiver Arbeitskonflikte*, 1988(역서: 김형배 역, 집단적 노사분쟁의 규율에 관한 법률, 1990) …… Birk 외(김형배 역), 「집단적 노사분쟁의 규율에 관한 법률」

Brox/Rüthers, *Arbeitskampfrecht-Einhandbuch für die Praxis*, 2. Aufl., 1982 …… Brox/Rüthers, *Arbeitskampfrecht*

Brox/Rüthers/Henssler, *Arbeitsrecht*, 18. Aufl., 2011 …… Brox/Rüthers/Henssler, *ArbR*

Däubler(Hrsg.), *Kommentar zum Tarifvertragsgesetz*, 2003 …… Däubler(Hrsg.)/Bearbeiter, *Kommentar zum TarifvertragsG*

Dütz/Thüsing, *Arbeitsrecht*, 25. Aufl., 2020 …… Dütz/Thüsing, *ArbR*

Erfurter Kommentar zum Arbeitsrecht, 19. Aufl., 2019 …… *ErfK*/Bearbeiter

Gamillscheg, *Arbeitsrecht*, Bd. Ⅰ, 8. Aufl., 2000 …… Gamillscheg, *ArbR* Ⅰ

Gamillscheg, *Arbeitsrecht*, Bd. Ⅱ, 6. Aufl., 1984 …… Gamillscheg, *ArbR* Ⅱ

Gamillscheg, *Kollektives Arbeitsrecht*, Band Ⅰ, 1997 …… Gamillscheg, *Kollektives ArbR*, Bd. Ⅰ

Hanau/Adomeit, *Arbeitsrecht*, 14. Aufl., 2007 …… Hanau/Adomeit, *ArbR*

Henssler/Preis, Diskussionsentwurf eines Arbeitsvertragsgesetzes(ArbVG), Stand Oktober, 2007 …… Henssler/Preis, 독일근로계약법토의안

Hesse, *Grundzüge des Verfassungsrechts der Bundesrepublik Deutschland*, 15. Aufl., 1987 …… Hesse, *Grundzüge*

v. Hoyningen-Huene, *Betriebsverfassungsrecht*, 5. Aufl., 2002 …… v. Hoyningen-Huene, *BetriebsverfassungsR*

Hromadka/Mashmann, *Arbeitsrecht* Bd. 1, 7. Aufl., 2018 …… Hromadka/Mashmann, *Arbeitsrecht* Bd. 1

Hromadka/Mashmann, *Arbeitsrecht* Bd. 2, 7. Aufl., 2017 …… Hromadka/Mashmann, *Arbeitsrecht* Bd. 2

Hueck/Nipperdey, *Grundriß des Arbeitsrechts*, 5. Aufl., 1970 …… Hueck/Nipperdey, *Grundriß*

Hueck/Nipperdey, *Lehrbuch des Arbeitsrechts*, Bd. Ⅰ, 7. Aufl., 1963 …… Hueck/Nipperdey, *Lehrbuch*, Bd. Ⅰ

Hueck/Nipperdey, *Lehrbuch des Arbeitsrechts*, Bd. Ⅱ, Halb. 1, 7. Aufl., 1967 ……

·································· Hueck/Nipperdey, *Lehrbuch*, Bd. Ⅱ/1

Hueck/Nipperdey, *Lehrbuch des Arbeitsrechts*, Bd. Ⅱ, Halb. 2, 7. Aufl., 1970 ··································· Hueck/Nipperdey, *Lehrbuch*, Bd. Ⅱ/2

Jacobs/Krause/Oetker/Schubert, *Tarifvertragsrecht*, 2. Aufl., 2013 ··································· JKOS/Bearbeiter, *TarifvertragsR*

Jauernig/Mansel/Schlechtriem/Stadler/Stürner/Teichmann/Vollkommer, *BGB Bürgerliches Gesetzbuch Kommentar*, 11. Aufl., 2004 ··································· Jauernig/Bearbeiter, *BGB*

Junker, *Grundkurs Arbeitsrecht*, 18. Aufl., 2019 ··················· Junker, *Grundkurs ArbR*

Kim, *Streikpostenstehen als rechtmäßiges oder rechtswidriges Verhalten gegenüber dem bestreikten Arbeitgeber*, 1969 ··································· Kim, *Streikpostenstehen*

Kissel, *Arbeitskampfrecht*, 2002 ··································· Kissel, *ArbeitskampfR*

Lieb/Jacobs, *Arbeitsrecht*, 9. Aufl., 2006 ··································· Lieb/Jacobs, *ArbR*

Linck/Krause/Bayreuther, *Kündigungsschutzgesetz(Kommentar)*, 16. Aufl., 2019 ··································· Linck/Krause/Bayreuther/Bearbeiter, *KündigungsschutzG*

Löwisch/Caspers/Klumpp, *Arbeitsrecht*, 12. Aufl., 2019 ··································· Löwisch/Caspers/Klumpp, *ArbR*

Löwisch/Spinner, *Kommentar zum Kündigungsschutzgesetz*, 9. Aufl., 2004 ··································· Löwisch/Spinner, *KSchG(Kommentar)*

Löwisch/Rieble, *Tarifvertragsgesetz(Kommentar)*, 4. Aufl., 2017 ··································· Löwisch/Rieble, *TarifvertragsG(Kommentar)*

Münchener Handbuch zum Arbeitsrecht, Bd. Ⅰ, *Individualarbeitsrecht*, 3. Aufl., 2009 ··································· *MünchArbR*/Bearbeiter, Bd. Ⅰ

Münchener Handbuch zum Arbeitsrecht, Bd. Ⅱ, *Kollektivarbeitsrecht/Sonderformen*, 3. Aufl., 2009 ··································· *MünchArbR*/Bearbeiter, Bd. Ⅱ

Münchener Kommentar zum Bürgerlichen Gesetzbuch, Bd. 4, §§ 611–704, EFZG · TzBfG. KSchG 5. Aufl., 2007 ··································· *MünchKomm*/Bearbeiter

Nikisch, *Arbeitsrecht*, Bd. Ⅰ, 3. Aufl., 1961 ··································· Nikisch, *ArbR*, Bd. Ⅰ

Nikisch, *Arbeitsrecht*, Bd. Ⅱ, 2. Aufl., 1959 ··································· Nikisch, *ArbR*, Bd. Ⅱ

Nikisch, *Arbeitsrecht*, Bd. Ⅲ, 2. Aufl., 1966 ··································· Nikisch, *ArbR*, Bd. Ⅲ

Otto, *Arbeitsrecht*, 4. Aufl., 2008 ··································· Otto, *ArbR*

Preis, *Individualarbeitsrecht*, 5. Aufl., 2017 ··································· Preis, *IndividualArbR*

Preis, *Kollektivarbeitsrecht*, 4. Aufl., 2017 ··································· Preis, *KollektivArbR*

Rieble, *Arbeitsmarkt und Wettbewerb — Der Schutz von Vertrags- und Wettbewerbsfreiheit im Arbeitsrecht* —, 1996 ································· Rieble, *Arbeitsmarkt*

Schaub, *Arbeitsrechts-Handbuch*, 17. Aufl., 2017 ·········· Schaub/Bearbeiter, *ArbRHandb*

Schüren(Hersg.), *Arbeitnehmerüberlassungsgesetz(Kommentar)*, 4. Aufl., 2011 ································ Schüren/Bearbeiter, *AÜG(Kommentar)*

Sinzheimer, *Grundzüge des Arbeitsrechts*, 2. Aufl., 1927 ································ Sinzheimer, *Grundzüge*

Stahlhacke/Preis/Vossen, *Kündigung und Kündigungsschutz im Arbeitsverhältnis (Handbuch)*, 9. Aufl., 2005 ································ Stahlhacke/Preis/Vossen/Bearbeiter, *Kündigungsschutz(Handb)*

Staudinger, *Kommentar zum bürgerlichen Gesetzbuch*, 2.Buch(§611－615), 13. Aufl., 1999 ································ Staudinger/Bearbeiter

Thüsing, *Arbeitsrechtlicher Diskriminierungsschutz*, 2007 ································ Thüsing, *Diskriminierungsschutz*

Waltermann, *Arbeitsrecht*, 18. Aufl., 2016 ································ Waltermann, *ArbR*

Wiedemann, *Tarifvertragsgesetz(Kommentar)*, 8. Aufl., 2019 ································ Wiedemann/Bearbeiter, *TarifvertragsG(Kommentar)*

Zöllner/Loritz/Hergenröder, *Arbeitsrecht*, 7. Aufl., 2015 ································ Zöllner/Loritz/Hergenröder, *ArbR*

[오스트리아문헌]

Floretta/Spielbüchler/Strasser, *Arbeitsrecht* Ⅰ *Individualarbeitsrecht* (Spielbüchler/Grillberger), 4. Aufl., 1998 ································ Floretta/Spielbüchler/Strasser, *ArbR* Ⅰ

Floretta/Spielbüchler/Strasser, *Arbeitsrecht* Ⅱ *Kollektives Arbeitsrecht*, 1976 ································ Floretta/Spielbüchler/Strasser, *ArbR* Ⅱ

Tomandl/Schrammel, *Arbeitsrecht* Ⅰ *Gestalter und Gestaltungsmittel*, 6. Aufl., 2008 ································ Tomandl/Schrammel, *ArbR*, Bd. Ⅰ

Tomandl, *Arbeitsrecht* Ⅱ *Sachprobleme*, 6. Aufl., 2008 ································ Tomandl, *ArbR*, Bd. Ⅱ

[프랑스문헌]

Lyon-Caen et Pélissier, *Droit du travail*, 16e éd., 1992 ………… Lyon-Caen et Pélissier, *Droit du travail*

Rivero et Savatier, *Droit du travail*, 6e éd., 1975 ………… Rivero et Savatier, *Droit du travail*

[영국문헌]

Kahn-Freund, *Labour and the Law*, 2. ed., 1977 ………… Kahn-Freund, *Labour and the Law*

Smith & Wood, *Industrial Law*, 4. ed., 1989 ………… Smith & Wood, *Industrial Law*

[미국문헌]

Cox/Box/Gorman/Finkin, *Labor Law Cases and Materials*, 14. ed., 2006 ………… Cox/Box/Gorman/Finkin, *Labor Law*

Gorman/Finkin, *Basic Text on Labor Law Unionization and collective Bargaining*, 2. ed., 2004 ………… Gorman/Finkin, *Labor Law*

Ray/Sharpe/Strassfeld, *Understanding Labor Law*, 5 ed., 2019 ………… Ray/Sharpe/Strassfeld, *Understanding Labor Law*

Rothstein/Craver/Schroeder/Shoben, *Employment Law*, 3. ed., 2004 ………… Rothstein/Craver/Schroeder/Shoben, *Employment Law*

[세계각국의 노동법제에 관한 종합적 문헌]

R. Blanpain(editor in chief), *International Encyclopaedia for Labour Law and Industrial Relations*, 12 Vols., 1982-1995, Kluwer The Netherlands ………… R. Blanpain/author, *International Encyclopaedia*

R. Blanpain, *European Labour Law*, 11. ed., 2008

제1장 노동법 서론

제1장 노동법 서론

제1절 노동현실과 문제제기

[1] Ⅰ. 근로자의 보호필요성과 경제와의 관계

1. 근로자의 보호필요성

a) 노동법은 사용자에게 노무를 제공하고 그 대가를 받아 생활하는 근로자를 위한 보호법이다. 원래 노무제공과 보수지급의 대가관계는 민법의 고용계약법(Dienstvertrags-recht)에 의하여 규율되어 왔다. 그러나 고용계약법은 계약의 자유를 기초로 근로자(노무자)와 사용자가 평등한 관계에서 계약관계를 형성하는 것을 기본으로 하고 있기 때문에 근로자(노무자)의 이익을 충분히 보호할 법적 장치를 갖추고 있지 못하다. 즉, 근로자와 사용자 사이에는 실질적인 평등관계가 성립할 수 없는 것이 사회적 현실이며, 따라서 개인의 계약자유를 통해서는 평등한 근로관계의 형성을 기대할 수 없다. 이런 의미에서 계약의 자유는 근로계약관계에서 제대로 기능하지 못하고 있다.[1] (현대)산업사회에서 대부분의 국민들은 근로계약관계하에서 각종의 노무를 제공하면서 생활재원(임금)을 얻고 있다. 노무제공을 유일한 생존수단으로 하는 근로자들에게는 다른 선택의 가능성이 실제로 존재하지 않으므로, 국가는 노무제공과 그 대가가 적절한 관계에서 형성될 수 있도록 개입하지 않을 수 없다. 이와 같이 근로자보호를 목적으로 하는 노동법은 근로자에 대한 특별보호법이라고 할 수 있다. 다음에서는 근로자와 사용자 사이의「자유로운」계약형식만으로는 양당사자 사이의 관계가 적절히 규율될 수 없는 현실적 이유에 대하여 간단히 설명하기로 한다.

b) 첫째로 기업주는 생산원가의 가장 큰 부분을 차지하는 임금을 가능한 한 낮게 정하여 저가로 노동력을 얻으려고 한다. 기업주가 많은 이득을 얻으면서 상품시장에서 경쟁에 이기기 위해서는 어쩔 수 없는 일일 것이다. 그것은 하나의 경제적 논리라고 할 수 있다. 이와 같은 상황에서 계약의 자유는 개별적 교섭에 관한 한 근로자에게 불리하

1) Zöllner/Loritz/Hergenröder, *ArbR* § 1 Rn. 3; Zöllner, *Privatautonomie und Arbeitsverhältnis*, AcP 176(1976), 221; ders., *Regelungsspielräume in Schuldvertragsrecht*, AcP 196(1996), 1.

게 작용할 수밖에 없다. 따라서 국가는 근로계약보다 우선하는 강행적 규범(최임법, 근기법 또는 단체협약)을 통하여 근로자의 임금을 일정수준으로 유지하고 그 개선을 도모할 수 있는 제도를 마련하고 있다. 이와 같이 노동보호법은 경제 전체의 관점에서 볼 때 기업이 임금의 절감 또는 억제를 통해서 이윤을 추구하는 이기적 기업활동을 조절해 주는 기능을 한다. 즉, 노동법은 근로자의 지위개선을 위한 보호적 기능을 할 뿐만 아니라, 근로자의 임금을 희생물로 하는 기업간의 경쟁을 막기 위한 카르텔형성의 기능을 담당한다고 볼 수 있다.[1]

둘째로 수많은 동종의 근로자를 고용하고 있는 사용자는 근로자들의 근로조건을 개별적인 계약을 통해서 각각 달리 정하는 것이 비합리적일 뿐만 아니라, 공평성의 원리에도 어긋난다. 그런 뜻에서 근로자들의 임금은 보수규정(취업규칙 또는 단체협약)에 의하여 통일적으로 규율되고 있다. 따라서 각 근로자를 상대로 개별적 계약을 통해서 근로조건을 정하는 것은 일반적 현실이 아니다. 그러나 현대산업사회에서 기술·기능이 발전하고 세분화하면서 분업현상이 급속하게 진전되고 있으며, 특수인력의 필요성에 의한 노동력의 질적 차이가 나타나고 있다. 이에 따라 노동력의 질에 따른 연봉제가 실시되고 있고, 개별적인 계약을 통한 보수결정의 현상이 점차 확대되고 있다(이에 관해서는 [4] c) 참고). 이와 같이 개별적 계약의 자유는 고용형태의 다양화와 더불어 부분적으로 부활하고 있으나 노사관계의 형성에 관한 일반적 지배원리는 아니다.

2. 노동법과 경제와의 관계

a) 노동법은 경제적 현실을 무시하고 노동법의 고유법칙에 의하여 독자적으로 발전·개발될 수 있는 질서규범은 아니다.[2] 경기가 좋은 경제적 상황하에서는 근로자의 고용확대·임금개선 기타 급여 및 복지향상은 순조롭게 성취될 수 있다. 그러나 경기가 불황인 경우에는 기업의 수익이 감소하게 되어 생산을 감소시켜야 하거나 고용을 축소하거나 생산방법을 개선·합리화하고 업종을 바꾸어야 한다. 이 경우에는 근로자의 고용·임금 기타 대우의 유지·개선은 어렵게 될 것이다. 왜냐하면 기업의 수익성(Rentabilität)이 악화되면 생산원가에 영향을 주는 근로조건의 유지·개선은 어려워지기 때문이다. 여기서 노동법질서는 경제법칙을 무시하고 그 실효성과 타당성을 일방적으로 정당화할 수 없는 한계를 지니고 있다. 노동법질서는 경제구조와의 조화 속에서 그 실현이 가능한 경제질서의 한 부분으로 이해되지 않으면 안 될 것이다.[3]

---

1) Zöllner/Loritz/Hergenröder, *ArbR* §1 Rn. 4.

2) 김형배, '한국에 있어서의 노동법 패러다임의 전환', 「노동법학」(제28호), 2008, 1면 이하.

3) 노동법과 시장경제에 관해서는 Zöllner/Loritz/Hergenröder, *ArbR* §1 Rn. 20 f. 참고.

b) 원래 노동법은 역사적으로 산업혁명 이후에 「노동착취」의 대상이 되었던 근로자들을 보호하기 위하여 생성·발전되었다. 그러므로 노동법이 근로자의 보호를 일차적 목적으로 한다는 점은 부인될 수 없다.

그러나 오늘날의 노동법은 근로자의 보호를 유일한 목적으로 한다고 해석되어서는 안 된다. 노동법은 국민경제의 이익을 위하여(근기법 제1조; 노조및조정법 제1조; 근참법 제1조 참조) 가능한 한도 내에서 양질의 상품생산과 노동의 기회를 마찰 없이 효과적으로 창출해 내는 방향으로 전개되어야 한다. 특히 노동법은—뒤에서 설명하는 바와 같이—실업을 줄이고 고용을 늘리는 데 함께 이바지하여야 한다. 그렇게 함으로써 노동법은 간접적으로 모든 국민의 생활개선에 공헌할 수 있는 자유민주적 국가질서의 일익을 담당할 수 있다.[1]

c) 노동법과 경제가 불가분적 관계에 있다는 점은 산업화가 진전될수록 더욱 강조되고 있다. 따라서 노동법과 경제의 연관성을 무시하고 노동법의 규범목적을 이념적 차원에서 일방적으로 해석하는 태도는 비현실적이라는 비판을 면할 수 없다.[2] 경제적 상관관계를 전혀 무시한 상태에서 규범논리만을 추구하는 경우 결과적으로 경제의 흐름은 저해될 수 있으며, 공공의 이익은 물론이거니와 근로자들의 이익을 해치는 결과를 가져올 수 있다는 것이 오늘날의 일반적 인식이다. 그러나 경제적 측면만이 1차적 고려의 대상이 될 수 없음은 더 말할 나위가 없다. 경제적 이익에 앞서 평등의 원리, 인간의 존엄성보호의 원리, 공공이익을 위한 안정의 원리 등을 고려하면서 이들 사이에 균형과 조화가 이루어질 수 있도록 해야 할 것이다.

d) 법률가들은 경제질서와 관련이 있는 법규범의 제정과 그 규범의 적용이 가져오는 실제적 효과를 정확하게 인식하고 있지 않으면 안 된다. 특히 노동법학자들 중에는 노동법의 적용·해석이나 판례법의 형성에 의하여 경제의 흐름을 조정할 수 있다고 생각하는 사람들이 적지 않다. 노동법의 어떤 규정들은 경제적으로 긍정적인 방향으로 작용할 수도 있으나, 부정적 역작용을 초래할 수도 있다. 노동법이 순기능을 발휘하기 위해서는 노동법이 추구하는 근로자의 보호규정들이 경제질서의 원활한 유지와 조화를 이룰 수 있어야 한다. 노동법의 근로자보호규정이 경제질서에 대하여 부정적 영향을 미치게 되어 기업의 수익성이 저하되거나 고용의 기회가 축소된다면 이는 국민경제적 관점에서뿐만 아니라, 전체근로자에 대하여 불이익한 결과를 가져오게 된다. 오늘날 경제적 환경

1) Brox/Rüthers/Henssler, *ArbR* § 1 Rn. 13 ff. 참고; Franz/Rüthers, *Arbeitsrecht und Ökonomie*, RdA 1999, 32.

2) 기업의 관점에서 보면 근로조건은 원가에 해당하는 경제조건인 동시에 기업의 활동내용 및 조직관계를 결정하는 경제적 요소이다(Zöllner/Loritz/Hergenröder, *ArbR* § 1 Rn. 17).

은 크게 변화하고 있으며, 기존의 노동법의 패러다임에 대한 수정 내지 개정론이 대두되는 것도 이 때문이다.

[2] Ⅱ. 노동법의 특수성

노동법은 근로자의 근로관계를 그 규율대상으로 하며 근로자에게 그의 생존을 확보해 주는 것을 목적으로 하는 법규의 총체이다. 노동법은 그 규율목적과 규율대상 및 내용이 종래의 시민법체계에 속하는 제법규와 구별되는 특성을 가지고 있으며, 그런 점에서 노동법이 독자적인 법영역으로서 인식될 수 있다. 노동은 객관적으로는 상품으로서의 성질을 가지면서 주관적으로는 지성 있는 인간의 노무제공행위이다. 따라서 근로자에 대한 특별한 배려가 필요한 것이며, 근로자로 하여금 인간으로서의 생존을 확보하도록 할 것이 요청된다.

a) 노동은 자본주의경제질서하에서 추상적으로는 상품처럼 거래의 대상이 되지만 일반상품과는 달리 저장할 수가 없다. 일반 상품은 가격의 변동에 따라 이를 저장해 둔다든가 또는 일시에 판매함으로써 수급관계(需給關係)의 조절을 통하여 그 교환가치를 적절히 조정할 수 있지만, 인간노동은 저장하여 축적할 수 없다. 노동의 제공을 유일한 생활의 수단으로 삼고 있는 근로자에게 「노동의 저장」은 곧 실업, 즉 생존의 위협을 의미할 뿐이다. 그러므로 근로자들은 노동력의 대가가 많건 적건 간에 일을 하지 않을 수 없다. 이와 같은 인간노동의 성격으로 인하여 최소한도의 노동인격이 확보되려면 일정 기준의 노동의 대가와 기타 근로조건의 보장이 요청된다. 여기에 국가에 의한 후견적 배려로서의 특별법(예: 노동보호법)[1]에 의한 규율이 필요하며, 또한 노사간의 거래관계를 실질적으로 평등하게 유지하기 위하여 근로자의 단결·단체교섭·단체행동 등 집단적 노사관계의 전개를 승인하지 않을 수 없게 된다. 이러한 이유에서 근로자의 생활관계를 규율하는 노동법의 영역에는 공·사법이 교착(交錯)하게 된다.[2]

b) 노동은 상품으로서의 성질을 가지고 있으나 근로계약에 의하여 사용자(사업주)에게 제공되어야 한다는 점에서 다른 상품과 다르다. 그리고 노동력은 인간인 근로자와

---

1) Zöllner/Loritz/Hergenröder, *ArbR* §8, 12, §32 Rn. 1 ff. 참고.

2) 石井, 「勞動法」, 13面; Waltermann, *ArbR* Rn. 4 참고. 공법적 성질을 가진 규정은 주로 노동보호법 내에 많으나 이러한 규정들의 효력은 근로관계에 미치는 사법상의 효력이 그 주축을 이루고 있다. 노동법이 각종의 개별적 법률로 산재(散在)해 있기 때문에 통합법전(Gesamtkodifikation)을 만든다는 것은 현실적으로나 이론적으로 어렵다는 점을 학자들은 지적하고 있다(Löwisch/Caspers/Klumpp, *ArbR* §3 Rn. 91 ff. 참고).

분리해서 사용자의 지시·감독 밑에 둘 수 있는 것이 아니다. 다시 말하면 사용자의 지시·감독은 노동력을 제공하는 근로자 자신에 대한 지배관계를 가져오게 된다. 이상과 같은 인간노동의 성질 때문에 근로자는 그 직장 내에서 상하관계의 구속을 받게 된다.[1)]

c) 노동은 인간노동이라는 성질로 인하여 근로자가 근로계약상의 의무에 위반하지 않는 한 스스로 그 능률발휘의 양적 또는 질적 한도를 결정하게 마련이다. 따라서 사용자는 적극적으로는 노무관리를 통하여 가능한 한 좋은 근로자를 장기간 확보하려고 하며, 소극적으로는 노동의 혹사를 방지하려고 한다. 그리고 근로자측에서는 특히 생산이윤의 증가와 성과배분에 관심을 갖게 되며, 그 결과 노동의 대가인 임금인상을 주장하거나 혹은 복지시설의 확충을 요구하거나 경영참가를 주장하게 된다. 이러한 문제에 대한 법적 규율의 구체적 양상은 나라와 시대에 따라 다르기는 하지만, 여기에 다른 법영역에서 볼 수 없는 노동법의 특수성이 있다.

d) 노동법은 재화(財貨)가 아닌 노동력을 제공하여 생활하는 근로자를 위한 보호법이므로 노동 자체는 사소유물과 나란히 생존을 확보하는 하나의 중요한 수단이다. 여기에 노동(자)에 대한 시민법질서의 수정이 요청된다.[2)] 노동은 근로자의 생존을 확보하는 수단으로서 하나의 보호법익으로 이해되어야 한다. 또한 대부분의 국민이 근로자의 지위에 있는 산업국가에서 노동의 보호는 공공의 이익에도 부합하는 것으로 보아야 한다. 따라서 생산수단 내지 기업의 사적 소유로부터 오는 기업주의 우월적 지위는 어떠한 형태로든 제한을 받는다. 노동법은 종래의 시민법질서를 수정하면서도 자본주의질서의 조직 속에 함께 존재할 것을 예정하고 있다. 다시 말하면 기업주의 지배적 지위가 노동보

1) 근로자가 사용자의 지시·명령을 받는 것은 근로계약의 범위 내에 국한되는 것임은 말할 필요가 없다. 그러므로 일반시민으로서의 근로자는 사용자와 평등한 관계에 있으며, 또 근로계약당사자로서도 법률적으로는 사용자와 평등하다. 근로자가 사용자에게 종속의식을 갖게 되는 것은 인간노동의 성질에서 오는 것에 불과한 것이며, 이와 같은 경향은 근대적인 민주주의사상의 발달이 늦은 나라에 있어서는 더욱 강하게 나타나고 있다. 그러나 취업형태가 다양해지고 개인의 노동이 특화 또는 전문화되면서 근로자의 종속의식은 상대적으로 둔화되고 있다.

2) 생산수단과 노동력, 즉 기업주와 근로자가 결합하는 방법에는 전통적으로 두 가지 방식이 가능하다. 첫째는 조합계약을 체결하여 각자가 출자의 내용에 따라 수익을 얻고 위험을 부담하며 의결에 참가하는 방식이고, 둘째는 고용계약을 기초로 당사자의 일방(기업주=사용자)이 경영·전체수익 및 위험을 떠맡고 타방(근로자)을 고용하여 임금을 지급하는 방법이다. 노·사의 결합방식이 조합계약으로 규율되지 않고 있는 것은 역사적인 우연한 사실에 지나지 않는다는 견해도 있다(Zippelius, *Einführung in das Recht*, 2. Aufl., 1980, S. 105=김형배 역, 「법학입문」, 1990, 153면 이하). 그러나 노동력의 사용은 역사적으로 고용과 관련되어 왔다. 로마법에서는 근로자(대주)는 자기 자신과 자신의 노무를 물화(物化)하여 대여하는 형식의 노무의 임대차: 고용(locatio conductio operarum)이라는 제도가 활용되었다(Kaser, *Römisches Privatrecht*, 16. Aufl., 1992, § 42 Ⅲ; 현승종·조규창, 「로마법」, 1996, 759면 이하 참고).

호법에 의하여 조정 또는 제한을 받지만, 다른 한편으로는 근로자를 위한 보호입법이 사유재산제도에 의하여 제약을 받는 것이 사실이다.[1] 노동법은 자본주의체제 내의 노사의 대립관계를 완전히 제거할 수 있는 것은 아니며, 이와 같은 대립을 합체제적(合體制的)으로 제도화(systemkonforme Institutionalisierung) 또는 조화하는 법체계라고 보아야 한다. 왜냐하면 대립부정적(對立否定的) 사회는 민주부정적(民主否定的) 사회가 될 위험이 있기 때문이다.[2]

[3] Ⅲ. 노동법의 구조와 문제점

1. 현행 노동법의 구조

a) 현행 노동법은 근로관계의 당사자인 근로자의 보호를 그 목적으로 한다. 근로관계는 근로자와 사용자간의 근로계약의 체결을 통하여 성립하는 법률관계(권리·의무관계)이며, 정년퇴직, 의원사직, 해고, 계약기간의 만료 등의 사유에 의하여 종료하게 된다. 따라서 근로관계의 당사자가 아닌 자(직장을 구하고 있으나 현재로서는 취업자가 아닌 실업자는 물론 실질적으로 위임 또는 도급관계에 있는 수임인·수급인)는 노동법의 규율대상이 되지 않는다. 노동법은 근로자의 보호, 즉 근로조건의 유지·개선을 통하여 근로자들의 사회적·경제적 지위를 향상시키는 것을 목적으로 하고 있으므로, 근로자가 사용자에 대하여 가지는 권리(임금 기타 대우에 관한 권리)와 기타 노동력유지에 필요한 사항(작업환경의 보호, 재해보상 등)을 규율의 대상으로 한다. 따라서 사용자에 대한 근로자의 의무(노무제공의무, 충실의무, 사업장의 비밀유지의무 등)에 대해서는 직접 규율하지 않는 태도를 취하고 있다. 이에 대해서는 민법이나 기타 법률이 적용된다(다만, 취업규칙이나 단체협약으로 근로자의 의무에 관하여 규정할 수 있음은 물론이다).[3]

---

1) Brox/Rüthers/Henssler, *ArbR* Rn. 11. 大判 2003. 7. 22, 2002 도 7225; 大判(전합) 2003. 11. 13, 2003 도 687; 大判 1994. 9. 30, 94 다 4042; 大判 2003. 12. 26, 2003 두 8906 등 참조. 노동법은 시민법의 체계 내지 이론을 법기술적으로 수정하는 것이긴 하지만 시민법을 정면으로 부정하는 것은 아니다. 따라서 노동관계제법규(勞動關係諸法規)는 그 특색을 살리면서 전체로서의 법질서 속에서 조화를 이루며 구성되어야 한다. 시민법이론을 부정하는 노동법이론은 궁극적으로는 인간의 전체적인 자유를 부인하는 유물론적 사회질서를 긍정하는 결과를 초래하기 쉽다.

2) Rüthers, *Arbeitsrecht und politisches System*, 1973, S. 26.

3) 그러나 앞으로 근로계약법[예: 일본의 노동계약법(2008. 3. 1 시행)이나 독일의 근로계약법토의안(2007. 10) 참고]이 제정될 경우 여기에는 근로자보호에 관한 규정뿐 아니라 근로자의 의무·책임에 관한 규정도 포함된다. 근로계약법은 근로기준법과는 구별되며, 기본적으로 계약의 자유를 기초로 한 민법과 근로기준법의 중간에 위치한 법이라고 할 수 있다.

b) 현행 노동법은 크게 3층 구조로 구성되어 있다. 첫째는 국가가 근로조건의 최저 기준을 정한 강행법률체계이다. 여기에는 근로기준법, 남녀고용평등법, 최저임금법, 기간제및단시간법, 근로자파견법, 산업안전보건법 등이 속한다.[1] 그중에서 근로기준법이 가장 중요하고 대표적인 법률이다. 둘째로 근로3권(단결권·단체교섭권·단체행동권)의 보장을 기초로 제정된 노조및조정법이다. 이 법률은 근로자들이 자주적으로 결성·조직한 노동조합에 대하여 사용자와의 단체교섭권을 인정하고 단체협약체결을 통해서 근로조건을 개선하는 것을 그 중요내용으로 하고 있다. 단체협약은 근로자들이 단결의 힘과 쟁의행위를 바탕으로 하여 사용자와 「대등한」 지위에서 체결되는 것이기 때문에 단체협약제도(또는 협약자치제도)는 근로자의 지위개선에 막강한 힘을 발휘한다. 노조및조정법은 노사 사이에 체결된 단체협약에 대하여 기준적 내지 강행적 효력(노조및조정법 제33조)을 부여함으로써 단체협약은 취업규칙이나 근로계약에 우선하여 적용된다. 다시 말하면 단체협약에 위반하는 취업규칙이나 근로계약은 그 부분에 있어서 효력이 없다. 또한 단체협약은 노동조합의 구성원인 조합원에 대하여 자동적으로 적용된다([111] 2. 참고). 따라서 노동조합의 조직형태가 기업별이냐, 지역별이냐, 산업별이냐에 따라 단체협약의 구속력범위는 상이하게 된다. 우리나라의 노동조합은 대체로 기업별 조직형태를 취하고 있으나, 지역별 또는 산업별 형태로 그 조직이 변화·확대되는 추세이다. 셋째는 노사의 관계를 사업장 중심으로 협조적 차원에서 규율하는 근로자참여협력법이다. 이 법률은 근로기준법이나 노조및조정법과는 달리 국가의 강제력이나 근로자들의 집단적 압력을 기초로 근로조건의 개선을 직접 실현하려는 것이 아니라, 오히려 종업원과 기업주간의 협력적 조직을 효율화 내지 강화함으로써 공동적 기업목적을 달성할 것을 내용으로 하고 있다. 따라서 근로자대표는 사용자대표와 함께 일정한 사업운영상의 사항에 관하여 협의하고, 사용자대표는 사업의 경영 및 재정 등의 상황에 관하여 설명·보고하며, 노·사가 합의한 사항에 대해서는 근로자와 사용자가 이를 준수하면서 경영상의 생산성향상을 도모하는 가운데 간접적으로 근로자의 지위를 유지·개선하려는 것이 동법의 기본적 목적이라고 할 수 있다. 이 법은 종래 「노사협의회법」이라 불렀다.

법제사적으로 고찰하면 각국의 노동법은 1층구조인 근로기준법을, 그 다음으로 2층구조인 노동조합법을 입법화하였으며, 이른바 노사협력관계에 관한 3층구조는 20세기 후반부터 제도적으로 정착되었다고 볼 수 있다. 우리나라는 이와 같은 선진산업국과는 다른 법제사적 배경을 가지고 있다([10] 이하 참고).

1) 산재보험법은 사회보장법의 범주에 속하므로 엄격한 의미에서 노동법에 속하는 법률은 아니다. 그러나 이 법률은 근로기준법상의 근로자를 전제로 하고 있으며, 동법의 재해보상의 기능을 보완·대체하고 있으므로 일반적으로 개별적 근로관계법의 체계 속에 편입되어 설명되고 있다.

2. 현행 노동법의 문제점

a) 노동법은 일반적으로 종속적 노동(abhängige Arbeit)을 제공하는 근로자에 대한 보호법이라고 정의되고 있다.[1] 종속노동의 의미 내지 유형에는 여러 가지가 있다.[2] 인적 종속성(persönliche Abhängigkeit), 경제적 종속성(wirtschaftliche Abhängigkeit), 법적 종속성(dépendance juridique) 또는 계급적 종속성이 그것이다. 그러나 오늘날 종속성 개념은 사용자가 근로자의 노동력의 사용을 구체적으로 지배·결정한다는 의미의 인적 종속성 내지 타인결정성(Fremdbestimmheit)을 중심으로 구성되고 있다.[3] 근로계약상 근로자는 그의 노무제공과 관련하여 사용자의 지시권에 복종해야 할 법률상의 의무를 부담한다. 이는 노무제공을 채무의 내용으로 하는 민법상 고용계약에 있어서도 마찬가지이다.[4] 그러나 근로자가 특수한 기능이나 기술 또는 전문지식을 가지고 있는 경우에는 노무의 타인결정성 내지 노동의 종속성은 상대적으로 감소되는 것이 사실이다.[5] 초기 노동법의 생성과정에서 노동법의 보호대상이 되었던 근로자들은 기능이 없는 그리고 빈곤한 단순근로자들이었음은 역사가 잘 말해 주고 있다. 따라서 이러한 근로자들은 인적·경제적으로 종속되어 있을 뿐만 아니라, 사용자의 지시에 절대적으로 복종해야 하는 지위에 있었다. 이와 같은 상황은 근로자로 하여금 자기가 고용되어 있는 기업주(사용자)를 떠나서는 그의 생활을 유지할 수 없는 경제적 종속상태를 심화시켰고, 이로 인해서 고용관계는 인적으로도 지배·종속상태를 벗어날 수 없었다. 다시 말하면, 근로자들은 그들의 노동력을 사용자의 처분에 맡기고 그의 생존을 기간의 정함이 없이 사용자에게 위탁하는 경제적·인적 종속관계[6]를 벗어날 수 없었다. 따라서 노동법사적 관점에서 볼 때 기능과 경제력을 보유하지 못한 단순근로자의 고용은 종신고용을 전제로 하는 인적 종속성을 가져오는 원인이 되었다고 볼 수 있다.[7] 노동법은 이와 같은 종속적 노동을 제공하는 근로자들의 보호를 위하여 19세기 초반부터 19세기 말에 이르는 약 100년 사이에 생성된 것이다. 역사적으로 볼 때 노동법은 국가에 의한 강행법률로서 먼저 생성되었

---

1) 이병태, 「노동법」, 7면; 임종률, 「노동법」, 3면. 종속노동에 기한 보호필요성에 관하여 비판적 견해로는 Zöllner/Loritz/Hergenröder, *ArbR* § 5 Rn. 26 참고.

2) Otto, *ArbR* Rn. 85 ff. 참고.

3) Otto, *ArbR* Rn. 85, 87; Zöllner/Loritz/Hergenröder, *ArbR* § 5 Rn. 27; Lieb/Jacobs, *ArbR* Rn. 1, 7.

4) 김형배, 「채권각론(계약법)」, 2001, 580면 참고.

5) Zöllner/Loritz/Hergenröder, *ArbR* § 5 Rn. 29 참고.

6) 大判 2006. 12. 7, 2004 다 29736; 大判 2013. 6. 27, 2011 다 44276 등 참고.

7) Europäische Kommission, *Veränderung der Arbeit und Wandel des Arbeitsrechts in Europa (Schlußbericht)*, 1998, S. 2 ff. 참고.

으며, 노조및조정법은 근로자들 사이에 공동·연대의식이 생기면서 그 후에 탄생하였다.

b) 현행법은 위에서 설명한 바와 같이 19세기에 형성된 노동법의 체계를 그 기본골격으로 하고 있다. 그러나 오늘날의 근로자들은 19세기에 노동법이 보호의 대상으로 삼았던 근로자와는 그 모습(勤勞者像)을 달리하고 있다. 오늘의 근로자들은 그 교육의 정도, 기능·기술, 경제력에 있어서 근대산업사회 초기의 단순근로자들과는 비교될 수 없으며, 19세기의 근로자들로부터는 기대할 수 없는 높은 수준의 기능과 기술을 제공하고 있다.[1] 단순노동력을 제공하는 근로자들이 사용자에게 어쩔 수 없이 종속될 수밖에 없다면, 고도의 기능과 기술 및 창의력을 가진 근로자들은 그만큼 사용자의 지배로부터 벗어나 독립적인 노무를 제공할 수 있게 된다.[2] 오늘날 기능·기술노동을 제공하는 근로자의 수는 급격히 증가하고 있으며, 앞으로 정보사회에서 요구되는 지적 고급근로자들의 활동범위는 확대될 것이다. 이와 같은 상황에서 19세기적 유형에 속하는 현행 노동법이 과연 현대의 노사관계에 적합한 것인가에 관하여 많은 의문과 비판이 제기되기도 한다.[3] 기계화·정보화되어 가는 현대산업사회에서 근로자의 역할이나 기능은 과거의 단순근로자들이 담당했던 기능과는 비교될 수 없을 정도로 크게 변화하였으며, 이에 따라 근로자의 보호 필요성과 내용도 달라지고 있다. 또한 세계화 내지 국제화 현상으로 인한 시장의 개방 내지 치열한 기업간의 경쟁은 기존의 노동법체계에 대하여 이른바 유연화 내지 탈규제화를 요구하고 있다. 특히 기간의 정함이 없는 통상(full-time)근로자의 보호를 중심으로 하는 노동법체제에 대하여 비판이 가해지고 있다.[4] 다시 말하면 기간의 정함이 없는 통상근로자의 보호를 노동법의 중심에 두었던 체제는 수정되어야 한다는 견해가 계속 대두되고 있다.[5] 위에서 지적한 상황변화에 부응해서 현대산업사회에서는 노동법의 기능과 실효성에 대한 새로운 연구가 날로 활발해지고 있다.[6] 이른바 노동법의

1) 고용노동부, 「2020년판 고용노동백서」, 2020, 424면 참고. 노동의 종속성은 근로자가 제공하는 급부(노동)의 내용에 따라 그 존부 내지 정도가 좌우된다고 볼 수 있다. 높은 수준의 기술과 기능을 제공하는 근로자일수록 종속성의 정도는 약화된다(*Staudinger*/Richardi, §611 ff. Vorbem. 178 참고).

2) Europäische Kommission, *Veränderung der Arbeit und Wandel des Arbeitsrechts in Europa (Schlußbericht)*, 1998, S. 2 f.

3) 그러나 아무리 전문적 지식과 기능·기술을 가지고 있다 하더라도 근로자는 사용자의 지시권을 벗어날 수는 없다. 따라서 사용자의 지시권이 배제되지 않는 한 종속적 근로계약관계는 존재하는 것으로 보아야 한다(Zöllner/Loritz/Hergenröder, *ArbR* §5 Rn. 29).

4) Kommission der europäischen Gemeinschaften, "Ein moderneres Arbeitsrecht für die Heraus-forderungen des 21. Jahrhunderts"(Grünbuch der EG v. 22. 11. 2006). 김형배, '한국에 있어서의 노동법 패러다임의 전환', 「노동법학」(제28호), 2008, 1면 이하 참고.

5) Rieble, *Arbeitsmarkt und Wettbewerb — Der Schutz von Vertrags- und Wettbewerbsfreiheit im Arbeitsrecht*, 1996; Moschel, BB 2002, 1314 ff.

6) Europäische Kommission, *Veränderung der Arbeit und Wandel des Arbeitsrechts in Europa*

패러다임 전환은 모든 산업국가들이 풀어야 할 공통의 과제로 등장하고 있다. 노동시장의 유연화라는 이름하에서 논의되고 있는 연공서열제의 수정, 업무능력에 따른 연봉제의 확대, 해고제도의 신축적 운영, 기업성과의 공개와 임금인상의 합리적 운영, 노사협조적 경영조직의 개선과 경영성과에 대한 노사공동책임의 수용 등은 우리 노동법의 발전을 좌우할 수 있는 기본적 숙제들이라고 볼 수 있다.

[4] Ⅳ. 현대산업사회와 노동현실의 변화

a) 현대산업사회는 기술변화와 지식 및 경험을 기반으로 하는 정보사회로 전환하면서 전통적으로 경제발전을 견인하였던 제조업이 둔화하고 서비스산업으로 산업구조의 중심이 이동하고 있다. 정보화와 서비스산업의 확대는 노동현실에 대해서도 직접적인 영향을 미친다. 같은 시간대에 같은 장소에 모여 집단적으로 수행되는 작업방식은 상대적으로 감소하고 있으며, 시간과 장소에 구속받지 않으며 개인의 재량을 활용하는 업무가 증가하고 있다. 그뿐만이 아니다. 기술화, 복잡한 생산공정, 지식·연구 및 정보통신기술의 발전은 근로자들로 하여금 변화된 현실에 적응해 나갈 것을 요구한다. 따라서 새로운 지식의 습득과 기술의 연마는 직장유지 내지 승진·승급에 결정적 요인이 된다. 직업의 종류는 세분화되고 업무의 내용도 지식정보사회에 걸맞게 근로자의 전문성과 창의성을 요구하고 있다. 이와 같은 변화과정은 근로자들 자신의 의식변화를 함께 촉구하고 있다. 다시 말하면 단순근로자들이 가지고 있었던 종래의 종속적 의식은 감소하게 되며, 적어도 인적 종속과 관련해서 근로자들은 단순히 사용자의 지시에 따라 그들의 노동을 제공하는 지배·복종의 형식에서 벗어나 노동의 과정을 함께 형성해 가는 자율과 참여의식을 가지게 된다. 따라서 작업과정 내지 노무제공과정에서 그들의 협동적 기능은 증가하게 되며, 이러한 현상은 노동현장에서 새로운 노동환경으로 수용되고 있다. 그런 의미에서 현대산업사회에서의 근로자의 상(Arbeitnehmerbild)은 19세기의 근로자상과는 구별된다. 따라서 인력편제는 직무 중심의 조직체계로 빠르게 변모하고 있다.

b) 노동재해로부터의 근로자의 보호도 크게 변화하고 있다.[1] 우선 법정근로시간이 주 48시간에서 44시간으로 다시 40시간으로 단축되었으며, 주 40시간의 법정근로시간의 채택으로 주 5일제 근무가 사실상 실현되고 있다. 또한 작업환경도 계속 개선되고 있다. 따라서 건강상의 위험 또는 과중한 노동으로부터 발생되는 재해는—선진국에 비하면 아

(Schlußbericht), 1998, S. 78 ff., 90 ff. 참고.

1) 근년의 산재보험법(2009. 1. 7)의 급여내용의 개선과 동법의 적용확대는 주목해야 할 일이다.

직 후진성을 면하지 못하고 있으나[1]—과거에 비해서 상대적으로 감소하고 있다.[2] 그러나 기술의 발달로 인한 새로운 소재의 활용, 작업장소의 변화, 전자기기의 사용 등으로 방사선 기타 유해물질의 위험으로부터 근로자를 보호해야 할 새로운 과제가 발생하고 있다. 신기술과 기계의 활용, 작업방법 및 정확을 기해야 할 작업질서는 새로운 재해예방대책을 요구하고 있다. 이에 따라 노동과학(Arbeitswissenschaft) 및 직업의학분야에 대한 새로운 연구가 행해져야 한다. 산업안전보건법, 산재보험법[3]도 현대산업사회의 노동환경에 적합하게 개선되어야 한다. 특히 전자기계의 사용증가로 방사선에 노출되는 근로자의 보호가 새로운 문제로 제기되고 있다.[4]

c) 산업구조 및 기술환경의 변화로 노동인력수요의 측면에서도 뚜렷한 변화가 발생하고 있다. 생산과 서비스제공의 기술화 및 복잡화로 인하여 능력과 경험을 갖춘 고급인력의 수요가 증가하는 반면에 질적 수준이 떨어지는 인력 및 단순노동력의 수요는 감소되고 있다.[5] 이러한 현상은 필연적으로 임금격차를 가져오게 되고, 연봉제를 실시하는 원인이 되고 있으며, 또한 단순근로자의 실업률을 증가시키는 원인이 되고 있다. 새로운 기술, 작업방법, 조직형태의 변화는 단순근로자의 노동을 기술노동으로 대체케하거나 불필요하게 만들기 때문이다. 특히 서비스업에서는 과거에 존재하지 않았던 새로운 업종들이 계속 발생하고 있으며 이 분야에 종사할 전문인력의 수요가 증가하고 있다.[6] 그리고 서비스업에서의 분업화현상은 새로운 취업형태를 탄생시키고 있다. 이에 따라 단시간근로라든가 소규모의 작업단위가 구성되기도 한다. 또한 대규모의 기업이 핵심사업만을 직접 경영함으로써 나머지 분야는 아웃소싱 또는 프랜차이즈사업체로 분해되는 결과가 발생하고 있다.

노동인력의 수급과 관련하여 산업화과정에서 가장 중요시되는 문제는 기계화 내지 자동화의 발전으로 인한 노동력의 수요감소와 고용창출 사이의 불균형을 어떻게 효과적으로 대처·극복하느냐 하는 것이다. 이것은 노동관계법의 영역에 속하는 문제는 아니며, 산업구조의 합리적 편성과 함께 고용정책·직업훈련·고용보험 등과 관련된 일련의 정부의 경제 및 노동정책과 밀접히 관련된 종합적 문제이다. 노동법은 근로계약관계의

1) 고용노동부, 「2020년판 고용노동백서」, 2020, 642면 이하 참고.
2) 그러나 5인 미만 사업장에서의 재해는 감소되지 않고 있다(고용노동부, 「2020년판 고용노동백서」, 2020, 643면).
3) 동법은 2007년 이후 보호내용과 적용대상범위를 계속 개선·확대하여 왔다([58] 참고).
4) 大判 2017. 8. 29, 2015 두 3867; 大判 2017. 11. 14, 2016 두 1066 등 참고. 또한 大判 2004. 4. 9, 2003 두 12530 참고.
5) 기획재정부, 「2018 경제백서」, 2020, 42면 이하.
6) 기획재정부, 「2018 경제백서」, 2020, 148면.

내용인 근로자의 근로조건을 유지·개선하는 것을 주된 목적으로 하는 법이지만, 노동법을 체계적으로 이해하기 위해서는 그 배경이 되고 있는 경제구조 및 노동정책과의 관계를 유기적으로 검토하지 않으면 안 된다.[1)]

[5] V. 산업구조의 변화 및 노동현실이 노동법에 미치는 영향

산업구조 및 노동현실의 변화는 노동법에 많은 영향을 미치고 있다. 노동법이 산업사회의 근로자보호를 그 목적으로 하는 특별법인 만큼 서비스산업의 확대, 작업환경의 변화, 근로자의 기능·기술의 향상, 치열한 대내외적 경쟁관계는 노동법에 직·간접적인 영향을 미친다. 경제체제와 노동현실에 부합하지 않는 노동관계법은 현실적으로 실효성이 없을 뿐 아니라, 비합리적이기 때문이다. 다음에서는 i) 근로자의 건강 및 근로시간에 대한 보호, ii) 근로계약관계를 중심으로 한 종속성, 근로관계의 내용형성, 해고보호, iii) 집단적 노사관계에 있어서의 단체협약제도에 관하여 언급하기로 한다.

1. 노동력의 보호

a) 기술의 발달에 의한 신소재 및 신기술의 출현으로 전파 및 화학물질로 인한 피해가 새로운 재해로서 발생하고 있다. 특히 영상화기계에 의한 전파의 발생과 신물질의 방사선 및 기타 유해물질의 유출은 근로자의 건강을 위협하고 있으며, 따라서 이에 대한 새로운 보호규정이 절실히 필요하게 되었다. 새로운 기계사용과 취업형태로 인하여 근로자의 안전·건강이 위협받는 경우도 적지 않다. 이에 대처하여 노동환경의 개선으로 노동과정에서 발생되는 위험이 제거되었거나 무해한 재료와 소재의 사용으로 더 이상 위험이 존재하지 않게 된 경우도 적지 않다(이와 관련해서는 산안법의 합리적 개선이 문제될 것이다).

특히 안전·건강과 관련해서 일반 노동법의 적용이 배제되고 있는 유사근로자 내지 특수형태근로종사자에 대한 보호법의 확대적용이 마련되어야 한다(산재법 제125조; 동 시령 제125조 이하 참조).

1) 다른 한편 노동법은 국가의 정치체제에 의하여 영향을 받고 있다는 점도 무시될 수 없다(Brox/Rüthers/Henssler, *ArbR* Rn. 14 f.). 특히 우리나라에서는 정권이 바뀔 때마다 노동관계법의 내용이 크게 개정되었다. 제1, 제3, 제4, 제5, 제6공화국하에서 노동법은 많은 변화를 거듭했다. 그런 의미에서 비정치적 노동법은 존재할 수 없다고 말할 수 있을 것이다([11] 이하의 한국노동법사 참고)(이에 관해서는 Rüthers, *Arbeitsrecht und politisches System*, 1973 참고). 그러나 노동법과 정치의 관계는 노동법과 경제의 관계와 구별되지 않으면 안 된다. 노동법과 정치의 관계가 이데올로기적·규범적 관계라고 한다면, 노동법과 경제의 관계는 즉물적(卽物的)·실질적 관계라고 이해되어야 하기 때문이다.

b) 노동환경의 변화로 인하여 근로시간에 대한 국가적 규제도 현실화되어야 할 필요가 발생하고 있다. 서비스업의 증가로 발생되는 근로시간의 합리화 내지 차별화 문제를 해결하기 위하여 근로시간의 신축적 운영방안도 연구되어야 할 것이다. 특히 작업부서 및 개별사업장의 특수한 사정을 고려하여 근로시간과 자유시간의 구성을 근로자들 스스로가 자유롭게 선택할 수 있는 가능성도 마련되어야 한다. 근로시간의 규제는 그동안 근로기준법 제50조 이하의 규정들이 개정됨으로써 산업구조의 변화에 수반되는 기업환경 및 노동환경의 변화에 따라 합리화되었으나, 앞으로도 계속 개선될 필요가 있다고 생각된다.

2. 근로계약법

a) 근로자의 개념 산업화 과정에서 기술화·분업화로 인하여 발생되는 각종의 새로운 근로형태는 근로자들의 종속성을 상대적으로 약화시키고 있다. 다시 말하면 근로자개념의 본질적 표지(標識)로 이해되는 전통적 종속노동을 제공하는 근로자의 수는 감소하고 있다. 이에 따라 이른바 「비」종속취업자에 대한 노동법의 적용여부가 현대산업사회에서 커다란 문제로 대두되고 있다. 이 문제는 근본적으로 근로자개념을 확대하여 이에 따라 노동법의 적용대상도 함께 확대할 것인가, 그렇지 않으면 전통적인 종속노동의 개념을 고수하면서 「비」종속취업자를 노동법의 적용범위에서 배제할 것인가 하는 논의로 요약될 수 있다. 근로자의 개념을 확대하여 노동법적용의 대상범위를 넓히려는 견해는 인적 종속관계에 있는 근로자들뿐만 아니라, 경제적 종속관계에 있는 자도 근로자의 개념 속에 포함시켜야 한다고 한다.[1] 그러나 노동법의 생성과정이나 보호목적에 비추어 경제적 종속관계를 무제한으로 넓게 해석하여 노동법의 적용을 확대하는 것은 의문이 아닐 수 없다.[2] 비록 경제적 측면에서는 종속적 관계에 있더라도 자기 자신의 기업활동에 대하여 스스로 독립적 결정권한을 가지고 있는 자에게 노동법을 적용한다는 것은 옳지 않다고 생각되기 때문이다.[3] 전통적 근로자의 종속성개념을 근본적으로 바꾸면서 노동법적용의 대상범위를 확대하는 것은 노동법의 특별법으로서의 성격 내지 보충

1) Wank, *Arbeitnehmer und Selbständige*, 1988, passim.; ders., Die *"neue Selbständigkeit,"* DB 1992, 90, 91 f. 大判 2018. 6. 15, 2014 두 12598·12604(병합) 참고.

2) 근로관계에 있어서는 다른 법률관계와는 달리 근로자의 비자주성(종속성)으로 인하여 보호필요성이 인정되고, 따라서 비자주적 근로자는 노동법의 적용대상이 되는 것이지만, 근로자의 비자주성이 반드시 또는 언제나 보호필요성의 표지(標識: 기준)가 되는 것은 아니다. 비자주성과 보호필요성은 상호비례적 관계에 있는 것은 아니라는 비판적 견해가 있다(Zöllner/Loritz/Hergenröder, *ArbR* § 5 Rn. 26 f. 참고). 근로자의 종속개념을 부인하는 견해로는, 박종희, '근로기준법상의 근로자개념', 「노동법학」(제16호), 2003, 69면 이하 참고. 이 견해는 결과적으로 근로자개념을 확대하는 결과를 가져온다.

3) Rieble, *Die relative Verselbständigung von Arbeitnehmern – Bewegung in den Randzonen des Arbeitsrechts?*, ZfA 1998, 327 ff.; Brox/Rüthers/Henssler, *ArbR* Rn. 52; Otto, *ArbR* Rn. 90.

적 역할을 부인하는 결과를 가져올 것이며, 이에 따라 기존의 노동법체계와 구조는 지각변동을 면할 수 없게 될 것이다. 그러나 현대산업사회의 노사관계에 적합한 「근로자개념」의 정립이 필요하다는 것은 긴 설명을 요하지 않는다. 즉, 사용종속성과 보호필요성이라는 양 측면을 모두 고려하여 근로자성을 이해해야 할 것으로 생각된다.[1] 근년에 특수형태근로종사자에게 산재보험제도를 적용하도록 법이 개정된 것은 이와 연관된 새로운 변화라고 할 수 있다(산재법 제125조 Ⅲ, 벌칙 제129조Ⅱ⑤); 동 시령 제125조 이하 참조).

b) **근로관계의 내용형성** 노동법의 규율대상인 근로관계는 기본적으로 근로자와 사용자 사이의 사법상의 계약관계이다. 따라서 근로계약관계는 근로계약당사자인 사용자와 근로자의 사적자치를 기초로 형성되는 것이 원칙이다. 그리고 사용자와 근로자 사이의 사적자치는 노동시장에서의 자유로운 노동력의 거래를 전제로 그 실현이 가능한 것이다. 그러나 노동법은 노사 사이의 사적자치에 개입하여 근로계약의 체결·내용 및 존립(해고)에 대해서 근로자들을 보호하고 있다. 다른 한편 과거의 보호규정들의 정당성이 오늘날 더 이상 인정될 수 없는 경우가 있는가 하면, 새로운 법의 보호를 필요로 하는 경우가 발생할 수도 있다.[2] 이와 같은 문제는 단지 해석론적 검토에 국한되는 것은 아니다. 경제적 환경, 국제적 경쟁 및 근로자상(像)의 급속한 변화를 고려할 때 노동법의 규율대상에는 입법론적으로 그 내용과 구성을 재검토해야 할 사안이 적지 않다. 일차적 검토대상이 될 수 있는 것은 개별적 근로계약법(특히 근로기준법) 중 어떤 내용을 강행규정으로 엄격하게 해석하고 어떤 사항을 완화하여 규정하거나 새로 규정할 것인지가 문제될 수 있다. 그동안 대법원의 판례는 근로기준법의 강행규정에 대하여 그 엄격성의 완급을 조절해 온 것이 사실이다. 1990년대 초의 불경기상황에서 경영상의 긴박한 이유에 의한 해고(정리해고)[3] 와 취업규칙의 불이익변경[4]에 관한 판례는 종래의 태도를 바꾸어 엄격성의 완화 내지 유연화의 방향을 취한 대표적 예라고 볼 수 있다(이런 의미에서 대법원은 정책적 결정을 할 수 있는 판단의 폭을 가지고 있다). 통상임금의 정의, 주당 근로시간의 상한 제한 등도 입법적으로 해결해야 할 과제로 논의되어 왔는데, 1주 근로시간의 상한 제한에 관해서는 2018년 초에 법개정이 이루어졌다.

c) **근로관계의 종료**(해고) 기술의 발달과 기업간의 경쟁은 노동인력의 양적·질적 수요의 조절, 그리고 새로운 기계와 생산공정의 도입을 필요로 하게 된다. 이에 대하

1) Zöllner/Loritz/Hergenröder, *ArbR* § 5 Rn. 26 f. 참고. 근로기준법상의 근로자개념에 관한 판례: 大判 2006. 12. 7, 2004 다 29736; 大判 2008. 5. 15, 2008 두 1566 등 참고([32] 2. 참고).
2) Löwisch, *Arbeitsrecht und wirtschaftlicher Wandel*, RdA 1999, 74 참고.
3) 大判 1991. 12. 10, 91 다 8647 등.
4) 大判(전합) 1992. 12. 22, 91 다 45165 등.

여 사용자(기업주)는 신속한 그리고 적절한 대응과 조치를 취하지 않으면 안 된다. 기업주에게는 기업운영상의 결정권(unternehmerische Entscheidungen, 헌법 제119조, 제15조, 제23조 참조)이 보장되어 있으며,[1] 기업의 존립과 합리화에 대한 기업주의 결정은 이러한 경영권을 기초로 하는 것이라고 할 수 있다. 우리나라의 판례는 특히 경영상의 긴박한 해고와 관련해서 1990년까지는 매우 엄격하게 해고를 제한해 오다가 그 후부터 계속 그 기준을 완화하고 있다.[2] 해고제한에서 무엇보다도 중요한 것은 사용자의 기업경영상의 결단이 어느 정도로 노동법의 규제를 받느냐 하는 문제이다. 또한 기간의 정함이 있는 근로계약[3] 이른바 기간제근로계약이 제도화되고 있는 것은 종신근로관계에서 오는 부담을 덜어주기 위한 것이지만, 기간제및단시간법의 제정 취지는 기간제근로자에 대한 불합리한 차별과 기간제 남용을 방지하는 데 있다([80] 이하 참고). 거시적으로 보면 노동인력수급의 조절과 유연화 문제는 고용보험법과 밀접한 관련을 가지고 있다.

3. 단체협약제도

노동조합은 사용자에 대하여 단체교섭을 요구하고 단체협약을 체결할 권한을 가지고 있으며, 단체협약은 법률에 의하여 강행적 효력을 가진다(노조및조정법 제33조). 우리나라의 노동조합은 대부분 기업별로 조직되어 있기 때문에 기업별 단체협약은 해당 기업의 특수성과 지급능력을 반영하여 체결됨으로써 이론상으로는 기업현실에 어긋나는 근로조건의 개선은 발생하지 않는다고 생각될 수도 있다(이른바 기업별 단체협약의 경영협정적 성격). 그러나 현실은 반드시 그렇지는 않다. 기업별 노동조합이더라도 지역별 내지 산업별 조직과 연계되어 있는 경우가 적지 않다. 산별조직은 근로자의 강력한 단결력을 바탕으로 교섭력을 높이고, 보다 개선된 근로조건을 쟁취할 수 있다는 점에서 근로자들에게 유리한 조직유형이라고 할 수 있다. 산별체제하에서는 그 산별에 속하는 다수 구성원(기업체)에 적용될 근로조건을 정하여 일률적으로 규율하게 된다. 그러나 산별조직의 산하에 있는 각 기업체는 업무내용과 지급능력에서 차이가 있을 뿐만 아니라, 생산과 서비스의 전문화 및 자본의 수준 격차에 따라 근로조건의 개선잠재력에 있어서 차이가 있다. 이와 같은 상황에서 각 기업체의 특성과 능력을 고려하지 않고 일률적으로 산업전체

---

1) 大判 2003. 7. 22, 2002 도 7225; 大判 2003. 11. 13, 2003 도 687. 김형배, '단체교섭권과 경영권 — 단체교섭대상에 관한 재론', 「노동법학」(제18호), 2004, 84면 이하 참고.

2) 이른바 정리해고의 요건의 완화 및 각 요건 충족의 유연화를 인정한 판례들: 大判 1995. 12. 5, 94 누 15783; 大判 1999. 5. 11, 99 두 1809; 大判 2002. 7. 9, 2000 두 9373; 大判 2006. 1. 26, 2003 다 69393 등 참고.

3) 菅野, 「勞働法」, 304面 이하 참고.

에 대하여 단체협약상의 근로조건을 통일적으로 적용하는 것은 기업현실에는 물론 근로자의 이익에도 합치하지 않을 수 있다. 오늘날 국제화 내지 세계화에 의하여 시장이 개방되면서 외국기업과의 경쟁은 날이 갈수록 치열해지고 있다. 경쟁의 대상이 되는 상대방은 같은 업종의 개별기업체들이기 때문에 이러한 업체들과의 경쟁에서 이겨 내기 위해서는 이에 대한 각 기업체의 유연한 대처가능성이 마련되지 않으면 안 된다. 이와 같은 현실을 도외시하거나 무시하는 산별단체협약은 기업체들의 경쟁력을 약화시키는 하나의 원인으로 작용할 수 있다. 노동조합의 산별조직체제를 유지하고 있는 독일에서 이에 대한 구체적 개선방안이 제시되고 있다는 점을 우리는 주목할 필요가 있다.[1)]

[6] Ⅵ. 현행 노동법이 노동시장에 미치는 영향

1. 현행 노동법과 근로자의 보호

a) 현행 노동법은 근로계약관계의 당사자인 근로자를 그 보호의 대상으로 한다. 근로기준법은 근로조건의 최저기준을 정하여 계약당사자인 근로자의 지위를 유지·개선한다. 그러나 노조및조정법에 의하면 노동조합의 구성원인 조합원, 즉 근로계약관계 당사자인 근로자 중에서 노동조합에 가입한 조합원에 대해서만 단체협약이 적용된다(노조및조정법 제29조 Ⅰ, 제35조 및 제36조의 반대해석). 노동관계법의 이와 같은 규정은 당연한 것으로 생각될 수 있다. 왜냐하면 사용자와 근로계약관계가 없는 실업중의 근로자에게는 근로조건의 유지·개선이 문제되지 않기 때문이다. 노동법이 근로관계에 있는 근로자를 특별히 보호하는 이유는 노동력을 제공하고 임금을 받는 근로자는 사용자에 대한 관계에서 인적으로 종속되어 있기 때문에 이러한 종속관계에 있는 근로자들을 보호하기 위해서이다. 다시 말하면 노동법에서의 종속성 관념은 근로관계에 있지 않은 실업자(失業者) 내지 취업희망자에 대해서는 전혀 문제되지 않고 있다. 그러나 오늘날 근로자의 종속성의 문제를 근로계약관계에 있는 근로자뿐만 아니라 취업희망자를 포괄하는 노동시장에서의 노동인력 전체에 대해서 확대하여 이해해야 한다는 견해가 대두되고 있다. 전자의 인적 종속관계에 있는 근로자들에게는 각종의 노동관계법이 적용되고 있으나, 근로계약관계에 있지 않은 실업자(근로희망자)들에게는 국가에 의한 적절한 보호가 마련되어 있지 않다는 것이다. 실업중인 근로희망자도 국민경제적 관점에서 보면 국가의 보호

---

1) 여러 가지 문제점에 관해서는, Zöllner/Loritz/Hergenröder, *ArbR* § 39 Rn. 20; Löwisch, *Tarif-öffnung bei Unternehmens- und Arbeitsplatzgefährdung*, NJW 1997, 905 참고.

대상이 되는 노동인력임에 틀림없다. 따라서 노동인력을 공급하는 노동시장을 중심으로 고찰할 때 취업근로자는 노동관계법의 보호를 두텁게 받는 데 반해서, 미취업상태에 있는 노동인력에 대해서는 적절한 보호가 주어지고 있지 않다. 이는 종래 근로자의 종속성 개념이 대사용자관계(對使用者關係)에서 고용계약을 중심으로 협의로 파악되어 왔기 때문일 것이다. 근로자와 취업희망자에 대한 보호의 차별은 단순히 직장을 가진 자와 갖지 못한 자에 대한 국가적 보호의 유무만으로 그치는 것이 아니다. 예컨대 근로계약관계에 있는 근로자들은 휴업수당(근기법 제46조 참조), 유급휴가(근기법 제60조) 등 노무의 제공 없이 임금을 받는다. 또한 근속연수에 따라 승급되는 연공서열제하에서는 노동력의 질과 양에 관계없이 장기근속자에 대한 대우가 단기근속자에 비하여 유리하다. 뿐만 아니라 일단 근로계약이 체결되어 근로관계가 성립되면 사용자는 정당한 이유없이(근기법 제23조, 제24조 참조) 근로자를 해고할 수 없다. 이와 같은 노동법의 보호규정들은 노동시장의 자유로운 노동력수급원리에 비추어 보면 기업에 대해서 무거운 부담을 부과하는 것이 될 뿐만 아니라 취업희망자 측에서 볼 때는 취업근로자에게 일종의 특혜를 주는 것이라고 판단할 수도 있다.[1] 능력 있고 비교적 싼 노동력(취업희망자)을 공급받을 수 있는 가능성이 있음에도 불구하고 해고를 제한하는 법률의 규정으로 인하여 기존의 근로자들을 대체하지 못하고 계속 비싼 임금을 지급해야 하는 것은 노동「시장」의 원리에 비추어 보면 모순이 아닐 수 없다. 노동법의 이와 같은 근로자보호규정들은 노동시장에서 적정하고 공정한 대가를 지급하고 노동력을 활용(거래)할 수 있는 가능성에 대하여 걸림돌이 되는 것이 틀림없다. 이러한 현상은 취업근로자의 보호를 목적으로 하는 노동법의 (역사적) 기능상 어쩔 수 없는 일이라고 할 수 있을 것이다. 그러나 자유로운 경쟁에 의하여 형성되어야 할 노동시장의 수급원리(노동력의 제공과 그 대가관계의 형성)에 비추어 볼 때, 사용자와 근로관계를 가지고 있는 근로자, 즉 내부자(insider)와 근로계약관계 밖에 있는 취업희망자, 즉 외부자(outsider)를 법률이 차별하는 것이라고 볼 수도 있다. 오늘날 내부근로자의 보호를 목적으로 하는 노동법이 효율적이고 합리적인 노동력의 활용을 저해하는 원인으로 작용한다는 점에서 비판을 받고 있다.[2]

---

1) 예컨대 노동시장에서 자유롭게 형성되는 노동의 대가보다 높게 책정되는 단체협약의 임금협정은 미취업근로자들의 고용을 저해하는 원인으로 작용한다(Zöllner/Loritz/Hergenröder, *ArbR* §1 Rn. 25; Otto, *ArbR* Rn. 11 참고).

2) Reuter, *Grundlagen des Kündigungsschutzes – Bestandsaufnahme und Kritik*, in: FS 25 Jahre Bundesarbeitsgericht, hrsg. von Gamillscheg/Hueck/Wiedemann, 1979, S. 405, 410, 420(Reuter, Das Arbeitsreht in der deutschen Rechts– und Wirtschaftsordnung, 2013, S. 241 ff.); Lindbeck and Snower, *The insider-outsider Theory of Employment and Unemployment*, Mass.: MIT Press, 1988; 채호일, '고용에 대한 노동법의 영향관계', 고려대 박사학위논문, 2000, 119

b) 위에서도 언급한 바와 같이 근로기준법상의 해고 규정은 보다 낮은 대가를 지급하면서 보다 능력 있는 근로자를 채용할 수 있는 가능성을 저해할 수 있다. 장기근속과 단체협약에 의한 임금개선으로 고임금을 받는 근로자가 그 임금에 상응하는 노동생산성을 유지하지 못하는 경우에 해당 근로자를 해고하고 상대적으로 저임금의 능력 있는 취업희망자로 대체하는 것은 법률이 정한 정당한 해고이유(근기법 제23조 참조)가 존재하지 않는 한 불가능하다. 이러한 어려움을 회피하기 위하여 사용자는 정규근로자의 채용을 꺼리게 되고, 해고제한의 대상이 되지 않는 비정규근로자(기간제근로자, 계약직근로자)를 채용하는 변칙적 방법을 사용함으로써 실질적으로 평등대우의 원칙이 무너지는 부작용이 발생되기도 한다. 따라서 이에 대한 해결책으로는 해고제한을 완화하는 유연화방법이 유력하게 주장되기도 한다.

2. 「취업근로자(insider)」와 「취업희망자(outsider)」를 위한 노동법

a) 이른바 근로계약관계의 보호지대에서 노동법의 보호(직장보호, 임금개선보호, 기타 유급휴가, 휴업지급, 재해보상 등)를 받는 취업근로자와 실업상태 또는 불완전고용상태에서 (완전한) 노동법의 보호를 받지 못하는 취업희망자 사이에는 장벽이 형성되고 있으며, 취업근로자들은 이기적인 이익추구를 함으로써 사용자로 하여금 취업희망자의 고용을 더욱 어렵게 하고 있다. 취업근로자들은 노동조합을 통한 사용자와의 교섭을 통하여 그들 자신이 취업상태를 유지할 수 있는 상한선에 이르기까지 임금인상의 압력을 가함으로써 사용자에게 외부의 취업희망자를 고용할 여유를 주지 않는 것이 현실이다(청년실업의 문제는 이런 관점에서 반성해 볼 필요가 있다). 그러나 현실적으로 사용자가 고용을 확대할 수 있도록 노동조합이 임금인상의 폭을 줄이거나 양보하는 일은 기대할 수 없다.[1] 동일한 노동을 제공하면서 낮은 임금을 받는 비정규근로자의 정규근로자로의 전환을 노동조합이 진정으로 원하지 않는 것도 이러한 맥락에서 이해할 수 있다. 바로 여기에 이른바 insider와 outsider 사이에 갈등관계 내지 이해대립관계가 존재한다. 이와 같은 대립과 모순은 근로계약관계에 있는 근로자의 보호만을 그 목적으로 하고 있는 기존 노동법의 규율태도가 초래한 하나의 역설적 결과(Ironie)라고 할 수 있다. 이런 상황이 발생하게 된 것은 기존의 노동법 체계가 노동시장에서 노동력의 대가를 얻어 생존을 영위하는 노무제공자의 범위를 넓게 파악하지 못했기 때문이며, 또한 취업근로자의 일방적 보호가 취업희망자 및 기업주에게 어떤 불이익을 주는지를 거시적 관점에서 제대로 검토하지 못했기

면 이하 참고.

1) 자세한 설명은 Franz, *Arbeitsmarktökonomie*, 3. Aufl., 1996 참고.

때문이다. 많은 학자들은 노동시장의 효율적 기능이 왜곡됨으로써 기업의 부담이 늘어나고, 이로 인하여 기업의 생산성과 경쟁력이 약화될 수 있다는 점을 지적하고 있다.[1]

b) 노동조합에 의한 취업근로자의 일방적 보호에 의해 취업희망자의 고용이 현저히 저해받는 경우 또는 경영악화로 인해 근로자의 고용유지가 어려워지는 경우, 이에 대처하기 위한 방법으로 단체협약의 해지·변경의 가능성이 논의되기도 한다.[2] 과거에는 이에 대한 이론적 논의가 거의 행하여지지 않았다. insider인 취업근로자에게 불이익한 단체협약의 변경이나 해지에 관한 논의는 금기시되었기 때문이다. 좁은 의미의 협약변경은 경기가 악화되어 사용자에게 기존 단체협약의 준수를 더 이상 기대할 수 없게 된 경우에 기업의 존립을 유지하기 위하여 실현되는 것이라고 할 수 있지만, 넓은 의미에서는 노동시장에 있어서 노무제공자들의 고용과 취업가능성을 고루 보존하기 위한 조치로서 이해할 수도 있을 것이다. 협약당사자들은 기업의 존립과 근로자들의 보호를 동시에 유지·도모하는 것을 그 사명으로 해야 하기 때문이다.[3]

3. 헌법 제32조 1항과 제32조 3항 내지 5항 및 제33조

a) 과거의 노동법체계에 의하면 헌법 제32조 1항이 보장한 근로의 권리는 — 그 법적 성질을 어떻게 파악할 것이냐와는 관계없이 — 노동법에 직접 관련된 헌법규정으로 이해하지 않았다.[4] 근로의 권리의 향유주체(享有主體)는 근로관계를 가지고 있는 근로자가 아닌, 즉 근로(계약)관계를 가지고 있지 않은 자로서 근로의 기회를 국가에 대하여 요구할 수 있는 모든 일반국민이기 때문이다.[5] 따라서 종래 노동법의 체계는 근로관계의 성립(근로계약체결)부터 근로관계의 종료(해고, 퇴직)에 이르기까지의 근로자의 보호(주로 사용자에 대한 근로자의 권리)를 중심으로 구성되었다. 다시 말하면 직장을 구하는 취업희망자를 위한 헌법 제32조 1항과 근로자의 근로조건의 유지 개선을 위한 헌법 제32조 3항 내지 5항 및 제33조는 그 체계상 완전히 구별되는 것으로 이해되었다. 즉, 제32조 1항을 기초로 한 직업안정법·고용정책기본법·장애인고용촉진법·연령차별금지법·고용

1) Zöllner/Loritz/Hergenröder, *ArbR* §1 Rn. 25; Rüthers, *Über die Zweckverfehlung arbeitsrechtlichen Sozialschutzes*, FS Ernst Wolf, 1985, S. 565 이하 참고.

2) Löwisch, RdA 1999, 77; BAG AP Nr.1 zu §1 TVG Kündigung 참고. 노동조합은 기업의 위기를 극복하기 위한 기업친화적 협약을 자주적으로 체결할 수도 있을 것이다([113]: 단체협약의 불이익변경 참고).

3) Löwisch, RdA 1999, 76 참고.

4) 과거의 문헌으로는 Rath, *Die Garantie des Rechts auf Arbeit*, 1974 참고. Nikisch, *ArbR*, Bd. I, 43 f.

5) 계희열, 「헌법학(중)」, 671면.

보험법 등은 사회보장법으로, 제32조 3항 내지 5항과 제33조를 기초로 한 근로기준법·남녀고용평등법(현행 남녀고용평등과 일·가정 양립 지원에 관한 법률)·산업안전보건법·노조및조정법 등은 노동법의 범주로 파악하였다.

그리나 오늘날 종신고용제와 같은 평생직장개념은 그 의미를 상실해 가고 있으며, 경기불황으로 기업이 도산하거나 구조조정을 겪게 되는 사태가 빈번히 발생하고 있다. 또한 기술·기능의 발달과 노동의 분화 내지 전문화(취업형태의 다양화)로 인하여 직장의 이동과 퇴직 및 해고가 일반화되고 있다. 다시 말하면 「하나의 직장」을 평생직장으로 보장받는 상황은 크게 바뀌고 있으며, 직장을 잃고 다시 고용의 기회를 찾아야 하는 이른바 「재취업」이 반복되는 상황이 현실화되고 있다. 현재 직장을 유지하고 있는 근로자는 언제라도 직장을 잃고 실업자가 될 수 있으며, 다시 직장을 구하여 근로자로서의 지위를 회복해야 하는 잠재적 가능성을 가지고 있는 것이다. 고용상태에서 실업자가 되었다가 다시 고용되는 상황이 반복되는 것이 현대 산업사회의 한 특징이다. 노무제공자의 고용·실업·재취업은 연속적으로 반복되는 것이다. 따라서 헌법 제32조 1항과 제32조 3항 내지 5항 및 제33조는 개념상 구별되는 것이지만, 거시적 관점에서 본다면 노동력을 제공하여 생활하는 노동자(근로자와 취업희망자) 모두에게는 똑같은 중요성을 가진다. 다시 말하면 동 헌법규정들은 유기적인 관계에서 이해되어야 한다. 노동시장을 중심으로 이를 살펴보면 취업근로자를 중심으로 한 내부노동시장과 취업희망자를 중심으로 한 외부노동시장이 효율적으로 기능하기 위해서는 동 헌법규정을 기초로 한 법률의 패러다임이 합리적으로 구성되지 않으면 안 될 것이다. 직장을 잃은 취업희망자는 다시 직장을 얻어 근로자로서 활동할 수 있도록 실업수당뿐만 아니라 재취업을 위한 직업능력개발훈련을 받을 수 있도록 해야 할 것이다(고보법 제1조 참조). 그렇게 함으로써 그들에게 다시 노동의 기회가 주어질 수 있고 노동시장에서의 노동력의 질과 수준은 개선될 수 있으며, 산업사회에서 요구되는 양질의 노동력이 공급될 수 있을 것이다. 이와 같이 헌법 제32조 1항이 「국가는 사회적·경제적 방법으로 근로자의 고용의 증진 …」에 노력하여야 한다고 규정하고 있는 것은 단순히 실업자에게 고용의 기회를 마련해 준다는 의미에 그치는 것이 아니라, 앞으로 노동의 기회를 상실하게 될 근로자의 재취업을 가능하게 하는 것을 모두 포괄하는 내용으로 이해해야 할 것이다. 이러한 관점에서 보면 취업과 구직은 순환관계에 있으며, 내부적 노동시장과 외부적 노동시장은 서로 유기적으로 연결되어 있는 것이다.

b) 현행 고용보험법은 동법 제1조가 규정하고 있는 바와 같이 취업근로자와 취업희망자를 그 규율대상으로 포괄하고 있다. 동법은 근로관계의 유지와 실업의 예방을 꾀하면서 근로자가 실업한 경우 구직급여 및 취업촉진수당 등을 지급함으로써 취업을 촉

진하는 법률이다. 이 법률은 단순히 헌법 제32조 1항을 기초로 실업자를 부조하는 사회보장법에 그치는 것은 아니다. 고용보험법은 근로자들의 직업능력개발훈련을 지원하고, 육아휴직급여·산전후휴가급여 등을 지급하면서 근로자가 근로계약관계를 계속 유지할 수 있도록 하고 있다. 또한 근로자는 취업중에 보험료의 지급의무를 함께 부담한다. 따라서 이 법률은 근로자와 사용자 사이의 권리·의무관계를 직접 규율하는 것은 아니지만, 근로관계의 성립과 유지를 위한 법으로서 노동법과 밀접한 관계를 가진 법분야로 이해하는 것이 옳을 것이다.[1]

c) 이상의 내용을 종합해 보면, 노동법은 단순히 근로계약관계의 당사자인 근로자만을 그 보호의 대상으로 하는 이기적 목적에서 벗어나야 할 필요가 있다. 노동법은 근로관계의 외곽에 있는 취업희망자의 취업가능성, 기업의 효율적 노동인력의 수급관계 등을 함께 고려하여야 하고, 이에 대해 저해요인으로 작용하는 제도는 가능한 한 수용하지 않는 것이 옳다. 그렇게 함으로써 노동법은 전체 근로자의 지위개선을 추구하면서 동시에 기업의 경쟁력을 함께 도모할 수 있는 내용으로 발전할 수 있을 것이다. 오늘날의 노동법은 노동시장의 합리적 운영, 즉 노동인력의 효율적 활용을 저해해서는 안 될 것이다. 다시 말하면 노동법은 근로자의 보호와 노동시장의 유연화 및 기업경쟁력이 서로 조화될 수 있는 기초 위에서 구성되어야 한다. 그렇게 함으로써 노동법은 현존하는 제반질서체계에서 발생하는 사회적 문제를 풀어가는 순기능을 다할 수 있을 것이다.[2]

위에서 지적한 바와 같이 사회(보장)법 및 사회보험법은 노동법과 서로 밀접한 관련을 가지고 있으나, 노동법 자체와는 구별되는 고유한 법분야를 이룬다. 노동법은 근로자와 사용자 사이의 근로관계를 중심으로 전개되는 사법질서(私法秩序) 위에 구축되어 있으나, 사회보장법과 사회보험법은 공법체계에 속한다. 그러나 이 두 법역은 국가에 의한 통합적 사회정책의 기초 위에서 효율적으로 발전할 수 있다는 점에서 그 적용대상을 같이할 수 있다.[3]

[7] Ⅶ. 노동법과 공공의 이익

노동법은 근로자와 사용자, 노동조합과 사용자 또는 사용자단체 사이의 관계를 규율하는 근로자를 위한 법으로 이해되고 있다. 그러나 노동관계법이 국민경제에 미치는 영향은 적지 않으며, 또한 일반국민의 생활과 관련된 공익에 미치는 영향도 과소평가될

1) Löwisch, *Arbeitsrecht und wirtschaftlicher Wandel*, RdA 1999, 80 참고.
2) Zöllner/Loritz/Hergenröder, *ArbR* § 1 Rn. 28.
3) Zöllner/Loritz/Hergenröder, *ArbR* § 4 Rn. 10 f. 참고.

수 없다. 다음에서는 특히 쟁의행위와 공익, 노동시장 및 경제상황과 관련하여 국민생활 및 국가의 이익에 대한 영향을 종합적으로 살펴보기로 한다.

1. 쟁의행위와 공익

a) 쟁의행위는 헌법이 보장한 노사간의 집단적 교섭방법 중의 하나이지만, 일반국민이나 국민경제에 대하여 여러 가지 영향을 미칠 수 있다. 그러나 쟁의행위가 정당성([118] 참고)을 갖추는 한 일반국민과 국민경제에 어느 정도의 피해를 주더라도 이는 감수해야 할 것이다. 단체행동권의 행사를 헌법과 노조및조정법이 정당한 행위로서 보장하고 있는 한, 1차적으로 손해를 입는 사용자(기업주)는 물론 그 여파로서 발생되는 제3자에 대한 불편이나 피해는 어쩔 수 없는 일이기 때문이다(과잉금지의 원칙의 적용). 다시 말하면 제3자인 일반국민은 그들이 입은 손해에 대하여 배상을 청구할 수 없다. 그러나 수도·전기·가스 또는 의료사업에서와 같이 일반국민의 생존에 필수적인 급부가 파업에 의하여 중단되는 경우에는 국민의 일상생활이 큰 타격을 입거나 불가능해지며, 경우에 따라서는 일반국민의 건강 또는 생명이 위협을 받을 수도 있다. 이와 같이 필수적 공익사업에 있어서는 쟁의행위권의 행사를 통하여 보호를 받을 근로자의 이익과 일반국민의 생존권이 서로 충돌될 수 있다(이에 관해서는 [122], [125] 참고).[1] 예컨대 지하철이나 철도운행이 중단되는 경우와 어느 특정일간신문이 정간되는 경우에 일반국민이 입게 되는 피해는 큰 차이가 있다. 전자의 경우에는 출퇴근·물자(생필품 등)운송 등이 마비되어 국민의 일상생활이 위협받게 되나, 후자의 경우에는 다른 신문이나 라디오·TV를 통해서 일반시민들은 그들이 필요로 하는 정보를 충분히 얻을 수 있다. 따라서 국민의 알 권리(정보의 자유, 헌법 제21조 참조)는 침해된다고 볼 수 없다.

b) 노동조합이 요구하는 주장에 대하여 우리가 동조하건 하지 않건, 근로자측 또는 사용자측이 취하는 입장에 대해서 찬성하건 또는 반대하건 간에 쟁의행위를 통하여 단체협약을 체결할 수 있는 근로자의 권리는 의심의 여지없이 헌법상 보장되어 있다. 그러나 국민의 필수적 기본생활이 기업에 의하여 생산·제공되는 물건이나 급부(서비스: 교통, 방송·통신, 금융 등)에 의존하고 있으며, 그 의존범위가 확대되어 가는 현대사회에서 쟁의행위의 정당성요건 내지 한계는 보다 구체적으로 규명되어야 할 필요가 있다. 다만, 쟁의행위가 사전적으로 제한되는 경우에 단체행동권을 행사할 수 없게 되는 데서 오는 불이익(근로조건개선을 위한 투쟁적 수단을 행사할 수 없는데서 오는 불이익)은 다른 방법에 의하

1) 김형배, 「필수적 공익사업과 직권중재제도」, 2002, 33면 이하, 42면 이하; 憲裁 2003. 5. 15, 2001헌가 31 참고.

여 보상되어야 할 것이다.1)

2. 고용과 노동시장

위에서도 언급한 바와 같이([6] 참고) 현행 노동법은 취업근로자를 위한 보호법이므로 근로계약관계에 있는 근로자(정규근로자)는 실업자인 취업희망자에 비해서 두터운 보호를 받고 있다. 따라서 직장을 보유한 근로자와 실업자 사이에는 하나의 경계가 형성되어 있다. 그러나 국가전체 또는 공익의 차원에서 이와 같은 차별된 근로자의 보호가 과연 타당한 것인가 하는 의문이 제기되고 있다.2) 직장을 갖지 못하고 법의 보호권 밖에 있었던 실업자가 일단 근로계약체결에 성공하면 노동법상의 각종 보호법규의 혜택을 누릴 수 있게 된다. 취업근로자는 무엇보다도 해고보호를 받으며, 봉급근로자의 경우 단순히 불경기란 이유로 급여삭감의 불이익을 받지 않을 뿐만 아니라, 유급휴가·휴업수당 등의 보호를 받음으로써 많은 혜택을 누린다. 이와 같은 노동법상의 「보호」에서 오는 부담은 사용자가 지게 된다. 따라서 신규로 근로자를 채용하려는 사용자는 임금액 및 부대비용에 대한 총체적 고려를 하지 않을 수 없으며, 또한 장래에 불필요하게 될 근로자의 감축(해고)과 그 시기 및 조건 등을 숙고하지 않으면 안 된다. 오늘날 기간의 정함이 없는 장기고용(Normalarbeitsverhältnis)제도는 예견할 수 없는 경제상황의 변화로 위협을 받고 있다([78] 이하 참고). 이러한 사정은 기존의 노동관계법인 근로기준법과 노조및조정법의 개정을 필요로 하는 새로운 징후로 이해되고 있다. 우리나라에 있어서도 비전형근로라는 새로운 고용형태와 이른바 아웃소싱을 통한 고용억제정책은 엄격한 해고제한 또는 높은 수준의 단체협약의 적용 등이 가져다 준 새로운 현상이라고 생각할 수도 있다. 대부분의 국민이 근로자로서 직장에서 얻는 소득을 가지고 생활하는 산업국가에서 직장을 가진 근로자의 보호에 못지않게 직장을 갖지 못한 실업자에 대한 보호(구직보호, 직업능력개발보호, 실업급여보호)도 중요한 것임을 인식해야 한다. 따라서 노동시장의 운영은 국민전체의 이익에 합치하는 국가적 차원에서 이루어져야 마땅하다. 다시 말하면 직장근로자, 기업주, 실업자의 이익이 조화를 이루면서 모든 국민에게 유익한 방향으로 노동시장은 유연화 내지 활성화되어야 할 것이다. 고용의 비용과 고용창출은 서로 밀접한 관계에 있다는 것도 이와 연관된 문제이다.3) 고용의 안정과 취업의 창출은 선순환 관계에 있어야 한다.

---

1) 김형배, 「필수적 공익사업과 직권중재제도」, 2002, 105면 이하 참고.

2) 이에 관한 자세한 논의에 대해서는 Reuter, *Grundlagen des Kündigungsschutzes – Bestandsaufnahme und Kritik*, in: FS 25 Jahre Bundesarbeitsgericht, hrsg. von Gamillscheg/Hueck/Wiedemann, 1979, S. 405, 401, 420 참고.

3) Zöllner/Loritz/Hergenröder, *ArbR* § 2 Rn. 44 참고.

제2절 노동법의 개념과 기능

이상에서 우리는 노동법이 추구하는 목적과 경제와의 관계 그리고 노동법이 노동시장에 미치는 영향과 공공이익과의 관계에 대해서 살펴보았다. 노동법은 근로자의 보호를 목적으로 하는 법률이지만, 다른 한편 경제질서, 공공이익 및 노동시장과 마찰을 일으킬 수 있는 잠재성을 가지고 있음을 지적하였다. 따라서 노동법의 목적과 기능을 최대화하면서 노동법이 지니고 있는 부정적 영향을 최소화하는 것이 새로운 노동법이 추구하는 패러다임의 기본방향이라고 할 수 있다. 노동법이 거시적 관점에서 경제질서의 한 부분을 구성한다는 것도 이와 같은 이해를 기초로 하는 것이다.[1] 다음에서는 노동법의 법학적 개념과 이에 수반되는 법적 문제들을 살펴보기로 한다. 노동관계법의 규범들은 근로계약관계당사자(본래적인 의미의 근로자)의 권리 · 의무를 규율하는 것을 기초적 출발점으로 하여 생성되었으나, 오늘날 그 규율범위는 확대되고 있다. 따라서 누가 근로자인가(근로자의 개념)하는 문제는 노동법의 개념과 불가분적 관계에 있다.

[8] Ⅰ. 노동법과 근로자

1. 노동법상 근로자의 정의

a) 노동법은 「근로자의 보호」를 목적으로 하는 법이다.[2] 따라서 누가 근로자인가

1) Zöllner/Loritz/Hergenröder, *ArbR* § 1 Rn. 1, 20 ff. 참고; Reuter, *Die Rolle des Arbeitsrechts im marktwirtschaftlichen System*, Eine Skizze, Ordo Bd. 36, 1985, S. 51 ff.; Rieble, *Arbeitsmarkt*, S. 24 f.; Otto, *ArbR* Rn. 51.

2) 노동법의 개념은 다양하게 정의되고 있는데, 일반적으로는 종속적 관계에서 제공되는 근로자의 노무를 규율하는 법규범의 총체라는 견해가 지배적이다(Schaub/Linck, *ArbRHandb*, § 1 Rn. 1). 한편 근로자와 사용자 사이의 근로관계를 중심으로 노동법을 정의하는 견해도 있다(기본적으로 Zöllner/Loritz/Hergenröder, *ArbR* § 4 Rn. 1 ff.). 과거에는 노동법을 근로자를 위한 특별법(Sonderrecht der Arbeitnehmer)이라고 이해하는 견해가 지배적이었다(Hueck-Nipperdey, *Lehrbuch*, Bd. Ⅰ § 1 Ⅰ). 이러한 견해는 개별적 근로관계를 중심으로 근로자의 보호를 노동법의 목적으로 전제하고 있다. 그러나 노동법 내에는 집단적 노사관계를 직접 규율하거나 사용자를 대상으로 하는 규정들도 포함되어 있다. 따라서 노조및조정법 내의 단체교섭, 단체협약에 관한 규정들을 근로자의 특별법이라고만 이해하는 것은 — 비록 노조및조정법이 넓은 의미에서 근로자의 보호를 위한 법이긴 하지만 — 반드시 정확하다고 볼 수는 없을 것이다. 노동법을 어떤 한 측면에서만 정의하는 것은 노동관계법의 다양성에 비추어 적절하지 않다(Zöllner/Loritz/Hergenröder, *ArbR* § 1 Rn. 2 ff.; Otto, *ArbR* Rn. 70 참고). 그러나 노동법을 근로자의 보호라는 큰 틀 속에서 다른 법영역과 한계를 짓는 것은 일반적으로 수긍할 수 있다.

를 먼저 규명하지 않고는 노동법의 성질은 정확하게 파악할 수 없다.

노동법의 성격을 이해하기 위해서는 먼저 현행 노동법이 규정하고 있는 근로자의 정의를 살펴보아야 한다. 근로기준법(제2조 I ①)은 「직업의 종류와 관계없이 임금을 목적으로 사업이나 사업장에 근로를 제공하는 자」, 노조및조정법(제2조 ①)은 「직업의 종류를 불문하고 임금·급료 기타 이에 준하는 수입에 의하여 생활하는 자」라고 규정하고 있다. 근로기준법에서는 「사업 또는 사업장에서」 근로를 제공하는 취업근로자를 지목하고 있으므로 「사업 또는 사업장에서」 현실적으로 근로를 제공하고 있는 자만이 근로자에 해당되지만, 노조및조정법은 「임금·급료 기타 이에 준하는 수입에 의하여 생활하는 자」라고 규정함으로써 사업장에서 노무를 제공하고 있는 근로자뿐만 아니라, 임금에 준하는 수입에 의하여 생활하는 자이거나 취업근로자가 아닌 자(실업자, 취업희망자)라 하더라도 노동운동의 주체가 될 수 있는 근로자, 즉 노동조합(실질적으로 기업별노조가 아닌 초기업적 노조)에 가입할 수 있는 자는 근로자로 인정하고 있다(자세히는 [96] 2. 참고).[1]·[2] 따라서 근로기준법과 노조및조정법이 규정하고 있는 근로자의 정의[3]는 구별되고 있다(자세한 것은 [98] 2. (2) d) 참고).

b) 여기서 다음과 같은 두 개의 문제점이 제기된다. 첫째는 사업장에서 임금을 목적으로 근로를 제공하는 노무자를 모두 노동법의 적용대상으로 볼 것인가, 둘째는 실업자도 근로자로 파악해야 할 것인가 하는 문제이다. 원래 전통적 노동법이론과 실무상의 견해에 의하면 근로자란 사용자와 근로관계에 있는 근로계약당사자를 의미한다.[4] 근로

1) 관련판례: 大判 2004. 2. 27, 2001 두 8568(서울여성노조 사건). 취업희망자인 실업자가 기업별노조에 가입하는 것은 무의미하다고 생각된다. 사용자와 근로계약관계가 없는 근로자, 즉 그 사업장의 종업원이 아닌 자가 기업별노조의 구성원이 된다는 것은 아무 실익이 없다. 왜냐하면 근로자가 노동조합에 가입하는 것은 단체협약의 적용을 받음으로써 근로조건개선의 혜택을 받기 위한 것인데 근로계약관계의 당사자가 아닌 자에게는 이러한 목적이 실현될 수 없기 때문이다. 다시 말해서 노동조합에 가입하는 것은 단체협약에 의한 유리한 근로조건의 적용을 받기 위한 것이라고 한다면 실업자가 기업별노조에 가입하는 것은 아무 의미가 없는 일이다(기업별노조가 직원을 채용하는 것은 노동조합의 가입과는 별개의 문제이다). 우리나라의 노동조합은 대부분 기업별로 조직되어 있다. 그러나 기업별 조직의 상급단체인 연맹조직이나 산별노조에서도 일정 사업장에 소속된 근로자가 조합원이 되는 것이 원칙이지만, 연맹조직은 직접 자기의 이름으로 단체협약을 체결하지 않으며([107] 1. (1) d) 참고), 또한 산별노조는 특정사업장에 적용될 단체협약을 직접 체결하지 않으므로 기업별노조의 가입자격과 그 요건을 반드시 같이할 필요가 없을 것이다(산별단체협약의 경우에도 근로계약관계가 없는 근로자에게는 단체협약의 규범적 부분이 적용될 여지가 없음은 물론이다).

2) 기업별 단체협약에는 그 사업장의 종업원에 대해서만 노동조합에 가입할 수 있도록 가입자격을 제한하고 있다(한국경총, 「표준단체협약(안)」 제4조 II 참고).

3) 근로기준법상의 근로자에 해당하는지의 판단기준: 大判 2006. 12. 7, 2004 다 29736; 大判 2012. 1. 12, 2010 다 50601 참고.

4) 大判 1993. 11. 23, 92 누 13011; 大判 1997. 9. 5, 97 누 3644 등.

계약관계를 기초로 노무제공의무를 부담하는 자가 아니고서는 임금, 근로시간, 재해보상, 해고 등의 보호를 받을 대상이 되지 않기 때문이다. 따라서 현재 직장(「사업」 또는 「사업장」에서 근무)을 가지고 있는 취업근로자만이 노동법의 보호대상이 된다. 그러나 다른 한편 취업희망자(실업사)도 노동조합에 가입(산업별 또는 지역별 노조 가입)할 수 있고, 사회보험법의 적용대상[1]이 될 수 있으며 또한 노동시장에서 장래 노동력을 제공할 (잠재적) 당사자라는 관점에서 보면 근로관계가 없더라도 근로자라고 볼 수 있을 것이다. 그러나 이와 같은 문제는 엄밀한 의미에서 근로자 개념의 문제라기보다는 각종의 노동관계법의 적용여부를 판단하는 기준이라고 판단할 수 있을 것이다.[2] 원래 노동법은 근로관계당사자인 근로자의 근로조건의 유지와 개선을 목적으로 하는 법이라는 점을 고려하면 취업근로자와 취업희망자는 개념상 구별되지 않으면 안 된다. 그리고 고유한 의미의 노동법은 취업근로자를 그 대상으로 한다고 보아야 한다. 따라서 다음에서는 먼저 취업근로자(내지 근로기준법상의 근로자)에 관해서 설명하기로 한다.

2. 근로자의 종속성과 근로계약

(1) 근로자의 종속성

a) 교섭력의 불평등 근로기준법(제2조 I ①)은 임금을 목적으로 근로를 제공하는 자를 근로자라고 규정하고 있으나, 노동법의 적용을 받기 위해서는 사용자와 근로자의 관계 내지 근로자의 노무제공의 성질 및 모습이 보다 구체적으로 규정되지 않으면 안 된다. 노무를 제공하는 자가 사용자와 대등한 독립적 관계에서 노동력을 제공하고 임금이나 보수를 받는 대등한 지위에 있는 경우에는 근로자보호법은 적용될 여지가 없다고 보아야 하기 때문이다. 대등한 당사자관계에서는 계약의 내용인 급부(노무제공)와 반대급부(보수지급)의 결정에서 대등한 교섭력을 가지게 되고, 어느 일방당사자가 상대방에 대하여 우월적 지위에 있지 않기 때문에 약자에 대한 특별보호는 문제되지 않는다. 이와 같은 당사자들은 계약자유의 원칙에 의하여 그들의 권리·의무의 내용을 스스로 자유롭게 결정할 수 있으며, 그렇게 하더라도 급부와 반대급부 사이에 실질적 공정성이 유지될 수 있기 때문이다. 따라서 여기서는 법이론상 계약자유의 원칙을 기초로 한 민법의 규정이 지배할 뿐, 노동법은 원칙적으로 적용될 여지가 없다. 노동법이 적용되는 근로관계는 근로자가 종속적 근로를 제공하는 경우에 인정된다. 이 경우에 이른바 근로자와 사용자

---

1) 고용보험법과 산재보험법은 사회보장법의 범주에 속하는 법률이지만, 동법의 피보험자 또는 수급권자는 근로기준법에 따른 근로자를 말한다(고보법 제2조 ①; 산재법 제5조 ②; 징수법 제2조 ② 참조). 그러나 산재보험법 제125조와 동법 시행령 제125조는 이에 대한 특례를 규정하고 있다.

2) Löwisch/Caspers/Klumpp, *ArbR* § 1 Rn. 4 ff. 참고.

의 계약관계가 형식상 고용계약·위임계약·도급계약 또는 조합계약이냐 하는 것은 크게 문제되지 않는다.[1] 이에 관해서는 다음에서 자세히 언급한다(다음의 b) 참고).

b) 인적 종속성 근로자가 사용자의 지시와 지배를 받으며 노무를 제공하는 지위에 있을 때에는 이들 사이에 대등한 계약관계가 성립할 수 없는 것이 일반적이다. 근로자는 사용자와의 계속적 채권관계를 유지하면서, 사용자의 지배영역인 사업장 조직에 편입되어 노무를 제공하고, 사용자가 노무제공의 구체적 내용을 결정하거나 그 완급을 결정하면 이에 따라야 한다. 따라서 근로계약관계에 있는 근로자의 노무제공은 다음과 같은 특성을 지니고 있다. 첫째, 근로자의 노무제공은 그의 인신과 분리하여 제공될 수 없으므로 근로자의 신체·건강·노동력 유지의 보호가 요청되며, 둘째, 사용자의 지배영역인 사업장 조직에서 그의 지시하에 노무를 제공하므로 근로자는 인격적으로 보호되어야 하고, 셋째, 사용자는 노동력의 수급을 결정·조절할 수 있으므로 노동의 대가인 임금이나 해고로부터 근로자를 보호할 필요가 있다. 특히 근로자가 사용자의 지시·명령에 복종해야 하는 지위에 있다는 점에서 인적 종속성[2]이, 그리고 노동력의 수급과 단절을 사용자가 정할 수 있다는 점에서 경제적 종속성이 문제된다.[3]·[4] 여기서 인적 종속성은 우선 근로자가 부담하는 노무의 내용에 따라 달라질 수 있다. 그러나 근로자의 노무는

1) 도급계약의 형식을 빌렸더라도 그 계약내용이 사용종속관계를 유지하고 있다면 노무제공을 하는 자는 근로기준법상의 근로자에 해당한다(大判 1987. 5. 26, 87 도 604. 또한 大判 2006. 12. 7, 2004 다 29736; 大判 2013. 6. 27, 2011 다 44276 등 참고).

2) 종속성개념을 종합적으로 판단하고 있는 판례: 大判 2006. 12. 7, 2004 다 29736 참고.

3) Otto, *ArbR* Rn. 80 참고. Hromadka/Maschmann(Arbeitsrecht Bd. 1 § Rn. 28)은 인적 종속성과 사용자의 지시권에 대한 복종을 동일한 내용으로 이해한다. 한편 인적 종속성, 사용자의 지시권에 대한 복종, 노무의 타인결정성을 근로자 개념의 중요 표지(標識)로 인정하면서 경제적 종속성은 인적 종속성에 포함되지 않는다는 견해가 있다. 이 견해에 따르면 인적 종속성이 없으면 경제적 종속성이 있더라도 근로자로 볼 수 없다고 한다. 독일에서는 이러한 근로자들을 유사근로자로 파악하고 있으며 이들에 대하여 노동법원법, 일반평등취급법, 연방휴가법, 돌봄시간법, 단체협약법(근로자와 유사하게 고용계약 또는 도급계약을 체결하고 어느 한 사람을 위하여 일을 하며, 그 사람으로부터 평균하여 수입의 과반을 보수로서 받는 경우)의 규정이 적용된다(Löwisch/Caspers/Klumpp, *ArbR* § 1 Rn. 4 ff. 참고).

4) 예컨대 박종희('근로기준법상의 근로자개념', 「노동법학」(제16호), 2003, 특히 98면 이하) 교수는 궁극적으로 종속성 개념을 부인한다(같은 논문 76면 이하 참고). 특히 인적 종속성은 근로자가 사용자의 지시권에 따라야 할 일종의 구속성을 의미하는 것인데, 이를 복종의무 또는 명령에 대한 구속성으로 이해하여 근로자가 지시권에 따른 노무급부를 이행하지 않으면 사용자가 마치 그 실행을 강제할 수 있는 지위에 있는 것처럼 설명되는 것은 잘못이라는 견해가 있다. 근로자는 근로계약상의 채무를 사용자의 지시에 따라 구체적으로 이행할 채무를 부담할 뿐이고 근로자가 이를 제대로 이행하지 않을 경우에는 채무불이행 책임을 부담하지만, 그렇다고 하여 사용자는 이행을 강제할 권리를 가지는 것은 아니다. 도급이나 위임계약에서와 마찬가지로 고용계약(근로계약)에서도 사용자의 지시권에 기한 근로의 인적 종속성은 성립할 여지가 없다는 유력한 견해가 있다(E. Wolf, Lehrbuch des Schuldrechts, 2. Band: BT, 1978, S. 181). 이 견해는 근로계약관계에서의 노동의 종속성을 부인한다.

대부분의 경우 처음부터 그 내용이 확정되어 근로자가 독립적 또는 자의적으로 실현할 수 있는 것은 아니다. 그런 의미에서 근로자(민법상의 노무자의 경우도 마찬가지로)의 노무제공채무는 종류채무이고, 사용자는 근로자가 제공하는 노동력을 그의 구체적인 경제적 목적에 활용하기 위하여 지시권을 행사하게 된다.[1] 그리고 일반적으로 근로자의 노무제공은 그 시간과 장소 및 구체적 내용이 사용자의 사업장 조직 속에서 사용자의 지배하에 결정된다. 이와 같은 노무제공의 타인결정성(Fremdbestimmtheit)(노무제공의 시간과 장소의 타인결정, 노무급부에 대한 지시, 타인의 노동조직에의 편입)을 일반적으로 노무의 비독립성 내지 인적 종속성이라고 이해한다.[2] 다시 말하면 근로자의 인적 종속성은 노무의 내용이나 대상에서 규명되는 것이 아니라 노무의 실현방법에서 찾아야 한다. 노무자의 노동이 육체적인 것이건, 정신적 또는 예술적인 것이건 간에 노무제공은 타인(사용자)의 사업 조직체(사업 또는 사업장)에서 종속관계하에 이루어지게 된다. 따라서 인적 종속성은 근로자가 사용자의 조직 내에 편입되어 노동분업적으로 짜여진 생산과정의 틀 속에서 사용자의 지배로부터 벗어날 수 없음을 의미한다.[3]·[4] 그러나 오늘날 근로자들의 기술·기능·전문지식의 향상 및 발전 등으로 사용자의 지시권의 폭은 축소되고 있으며, 회사의 컴퓨터 단말기와 연결된 컴퓨터만을 사용하거나 기타 재택근무가 가능한 경우 또는 이동형 사무(mobile office)의 경우에는 인적 종속의 의미가 상대적으로 감소하고 있다. 따라서 현대산업사회에서, 업종 또는 업무내용 및 그 실현방법에 따라 지시권행사의 정도는 차이를 보이고 있다. 이와 같이 사용자의 지시권 행사는 업무의 내용과 수행방법에 따라 상대적인 것이지만, 근로자는 노무제공과 관련하여 법적으로는 사용자의 지시권의 지배를 벗어날 수 없다. 근로자와 사용자 사이의 계약에 의하여 사용자의 지시권이

---

1) E. Wolf, *Lehrbuch des Schuldrechts*, 2 Band: BT, 1978, S. 179. 근로자의 노무제공의무는 그 종류 내지 업종(Gattungsmerkmale)에 의하여 정하여지는 것이며, 처음부터 구체화·특정된 노무로서 결정되지 않는다. 따라서 사용자의 지시권(Weisungsbefugnis)은 근로자가 부담하는 종류채무를 일방적 의사표시에 의하여 구체화할 수 있는 일종의 형성적 권한이라고 할 수 있다(E. Wolf, *a.a.O.*, S. 180). 그러므로 사용자의 지시권행사에 근로자가 복종해야 하는 것을 법적 의미에서 인적 종속으로 파악하는 것은 정확한 것이라고 볼 수 없을 것이다(E. Wolf, *a.a.O.*, S. 182).

2) 근로자가 사용자의 경영조직에 편입되어 노무를 제공한다는 것은 근로의 시간과 장소가 사용자에 의하여 정하여지며(이른바 타인결정성) 노무제공의 내용에 대하여 사용자의 지시를 받는다는 것(이른바 지시권에의 복종)을 뜻한다(Otto, *ArbR* Rn. 87 참고).

3) ErfK/Preis, BGB §611a Rn. 32 참고.

4) 독일의 일부 견해는 구체적인 개별적 급부를 정하지 않은 채 일정기간의 노무제공(zeitbestimmte Arbeitsleistung)을 노사가 약정한다는 점에서 종속성 개념이 이해되어야 한다고 한다. 다시 말하면 근로자의 인적 종속성은 선험적으로 존재하는 것이 아니라, 계속적 노무급부계약에서 발생하는 것이라고 주장한다. 그러나 이와 같은 견해는 근로자보호를 목적으로 하는 노동법의 규율대상인 근로자개념의 특성을 설명하는 데는 불충분한 것으로 생각된다.

배제되어 있지 않는 한 근로자는 종속적 근로관계에 있게 된다.[1)]

c) **경제적 종속성** 근로자의 종속성과 관련해서 중요시되고 있는 또다른 하나의 내용은 이른바 경제적 종속성이다. 오늘날 경제적 종속성의 개념은 인적 종속성의 개념과 함께 근로계약관계에 있는 근로자의 개념표지로서 고유한 의미를 가지고 있다. 즉, 인적 종속성이 사용자의 사업(장) 내에 편입되어 사용자의 지시에 따라 조직적인 노무를 제공하여야 하는 데 있다면, 경제적 종속성은 근로자가 자신의 노동력 전부를 타인(사용자)의 처분에 맡김으로써 그와 같은 취업관계가 계속되고 있는 동안은 다른 소득을 얻을 수 없다는 데 있다. 다시 말하면 근로자는 자신의 생계유지활동을 타인의 처분에 맡김으로써 그 결과 경제적으로 종속적인 지위에 서게 된다.[2)] 따라서 근로자의 노무급부에 대한 사용자의 반대급부는 근로자의 노동력처분권한에 근거한 것이라고 볼 수 있으며, 이와 같은 근거에서 노동법의 보호규정과 사회보장적 조치는 마땅히 경제적으로 종속된 자에게 적용되지 않을 수 없다.[3)] 이러한 사고를 기초로 Lieb 교수는 경제적 종속성을 다음과 같이 설명한다. 근로관계에 있어서는 근로자가 자신의 노동력을 포괄적으로 사용자의 처분에 맡김으로써, 독자적인 사업자로서 자기노동력을 사용하는 것이 불가능하게 된다. 즉, 근로자의 지위는 스스로 자기노동력을 자신의 자유로운 결정에 따라 일정한 영업목적에 투입할 수 있는 자영사업자와 구별된다. 노무를 제공하면서도 자신의 노동력에 대한 자율적인 가치실현권을 가지고 그로부터 발생되는 이익과 위험을 부담하는 사업자와 근로자는 구별된다.[4)] 이 경우의 경제적 종속성은 인적 종속성에 부수되는 추가적 요소라고 할 수 있다.[5)] 종래 인적 종속성 개념만이 근로자 개념의 중심적 표지로서 인정되어 왔으나, 근래에 와서는 경제적 종속성이 인적 종속성과 함께 근로자 개념 내지 근로자의 보호필요성의 근거로서 인정되고 있다.[6)]

그러나 다음에서((3) 참고) 살피는 바와 같이 인적으로는 종속되어 있지 않으나, 경제적으로는 종속관계에 있기 때문에 보호받을 필요가 있는, 이른바 유사근로자가 보호대상자로서 논의의 대상이 되고 있다. 이들은 추상적으로는 자기노동력의 경제적 처분가능성을 유지하고 있으나, 실제적으로는 타인(사용자)에게 경제적으로 종속되어 있기

---

1) Zöllner/Loritz/Hergenröder, *ArbR* § 5 Rn. 29 참고.
2) Wiedemann, *Das Arbeitsverhältnis als Austausch- und Gemeinschaftsverhältnis*, 1966, S. 14 ff.; 같은 취지로 Martens, RdA 1979, 439.
3) Wiedemann, *a.a.O.*, S. 16.
4) Lieb, RdA 1977, 210, 215 f.; Lieb/Jacobs, *ArbR* Rn. 11 ff.
5) Lieb/Jacobs, *ArbR* Rn. 12; Otto, *ArbR* Rn. 94.
6) 大判 2016. 3. 24, 2011 다 1880; 大判 2016. 8. 24, 2015 다 253986 참고.

때문에 완전한 자영업자라고는 볼 수 없는 자들이다.[1] 따라서 인적 종속관계에 있는 고유한 의미의 근로자의 경제적 종속성과 사업자로서의 지위를 가지면서 현실적으로는 경제적으로 종속되어 있는 유사근로자의 경제적 종속성은 구별되어야 한다(다음의 (3) 참고).[2]

(2) 비종속적 노무급부자

a) 민법 제655조와 근로기준법 제2조 1항 4호 민법 제655조는 「고용(계약)은 당사자 일방이 상대방에 대하여 노무를 제공할 것을 약정하고 상대방이 이에 대하여 보수를 지급할 것을 약정함으로써 그 효력이 생긴다」라고 규정하고 있다. 그리고 근로기준법 제2조 1항 4호는 「"근로계약"이란 근로자가 사용자에게 근로를 제공하고 사용자는 이에 대하여 임금을 지급하는 것을 목적으로 체결된 계약」이라고 정의하고 있다. 민법은 노무제공(노무자의 채무의 내용)과 보수지급(사용자의 채무의 내용(반대급부))이라는 쌍무적 관계를 중심으로 하면서 노무자를 고용계약의 「채무자」로서 규정하고 있다. 이에 반해서 근로기준법은 기본적으로 사용자에 대한 근로자의 권리 및 이익을 보호하기 위하여 마련된 것이므로 법률의 특별보호를 받는 「근로자」와 사용자 사이의 법률관계를 규정한 것이다. 동법 제2조 1항 4호의 규정도 같은 맥락에서 근로관계를 정의하고 있는 것이다. 그러나 민법 제655조의 규정과 근로기준법 제2조 1항 4호의 규정은 형식적으로는 노무제공과 보수(임금)지급을 급부와 반대급부로 하는 쌍무적 채권관계를 정한 것이라는 점에서는 다를 바가 없다. 다만, 민법의 고용규정은 사용자(채권자)가 노무자(채무자)의 노무급부를 확보하기 위하여 마련된 규정이므로 고용계약상의 기본적 채무자는 노무자이다. 따라서 노무자가 노무급부의무를 제대로 이행하지 않은 경우에는 채무불이행책임을 부담해야 한다. 그리고 기간의 약정이 없는 고용관계에 관한 한 양당사자는 「언제든지」(정당한 이유가 없더라도) 계약해지의 통고를 할 수 있다. 따라서 민법의 고용관계는 노무자의 채무확보를 중심으로 그리고 당사자 평등주의를 기초로 구성되어 있다고 볼 수 있다. 그러나 근로기준법은 근로자 권익의 유지·개선을 목적으로 마련된 것(근기법 제1조 참조)이고 근로기준법상의 보호를 받는 근로자와 사용자의 계약관계를 「근로관계」로 규정하고 있기 때문에 근로기준법 제2조 1항 4호의 규정은 민법 제655조의 규정과는 그 취지를 달리 한다고 보아야 한다.

b) 근로계약과 고용계약의 관계 민법은 노무자에 관하여 정의규정을 두고 있지 않다. 이와는 달리 근로기준법 제2조 1항 1호는 직업의 종류를 불문하고 「사업 또는 사

1) Lieb/Jacobs, *ArbR* Rn. 13.
2) Lieb/Jacobs, *ArbR* Rn. 12 f.

업장」에서 임금을 목적으로 근로를 제공하는 자를 근로자로 정의하고 있다. 이는 적어도 민법상의 노무자와 근로기준법상의 근로자(보호대상자)가 개념상 구별되어야 하는 근거로서 이해될 수 있다. 왜냐하면 위에서도((1) b) 참고) 설명한 바와 같이 노무를 제공하는 자가 타인(사용자)의 경영조직인 사업 또는 사업장에 편입되는 것은 사용자의 지배하에서 그의 노무를 제공해야 한다는 것을 의미하기 때문이다. 다시 말하면 근로자는 인적으로 사용자의 지배·종속하에 사용자(타인)를 위하여 노무를 제공해야 한다. 따라서 민법 제655조와 근로기준법 제2조 1항 4호의 규정내용이 형식상 동일한 것이라 하더라도 근로기준법상의 「근로계약관계」는 민법의 고용관계와 일단 구별되어야 할 것이다. 다시 말하면 근로기준법 제2조 1항 4호의 근로계약은 민법의 고용계약의 범주에 속하는 것이지만 노동법의 보호대상이 된다는 점에서 고유한 성질을 가지고 있다.

c) **자유고용계약노무자**(자유노무자) 민법의 고용계약은 모두 근로계약에 해당한다고 볼 수 있는 것인가? 이를 긍정하는 견해(이른바 동일설)가 있는가 하면,[1] 고용계약과 근로계약을 실질적으로 구별하는 견해도 있다.[2] 대부분의 고용계약이 실질적으로 근로계약에 해당되어 근로기준법과 같은 노동관계법의 보호를 받는 것이 일반적 사실이다.[3] 또한 근로계약은 넓은 의미의 고용계약의 범주에 속하기 때문에 고용계약에 관한 일반규정이 근로계약에 대해서도 적용된다. 그리고 형식적으로는 고용계약관계에 있는 노무자라 하더라도 현실적으로는 사회적 약자로서 사용자의 지배·종속하에 있기 때문에 고용계약이 양당사자의 자유와 평등을 전제로 마련된 계약유형이라는 이론적 설명은 별 의미가 없는 것이 사실이다.[4] 그러나 여기서 우리가 유의하지 않으면 안 될 것은 사용자의 지배·종속하에 있지 않은 순수한 민법상의 자유고용계약관계가 존재할 수 있느냐 하는 점이다. 이러한 자유로운 계약이 인정되는 한 민법의 고용계약과 노동법의 근로계약은 실질적으로 구별될 수 있다. 예컨대 프리랜서, 근로자의 건강관리를 업무로 하는 산업보건의(산안보법 제17조), 긴급한 때 의료행위를 제공하거나 호텔투숙객의 보호 및 진료를 위한 의사, 지속적인 자문을 위한 변호사, 법률고문, 자유로운 취재활동을 하며

1) 이은영, 「채권각론」, 2004, 498면; 남효순, 「민법주해(15)」, 1997, 310면.

2) 김형배, 「채권각론(계약법)」, 2001, 561면 이하(563면).

3) 판례는 근로계약·도급계약·위임계약이라는 형식에 구애됨이 없이 근로자가 「사업 또는 사업장에서 임금을 목적으로 종속적인 관계에서 사용자에게 근로를 제공하였는지 여부에 따라」 근로관계의 존부를 판단한다(大判 1996. 7. 30, 96 도 732; 大判 1998. 5. 8, 98 다 6084; 大判 2006. 12. 7, 2004 다 29736 등).

4) 곽윤직, 「채권각론」(신정 수정판), 2000, 286면 참고. 스위스 채무법은 1972년에 종래의 고용계약(Dienstvertrag)을 근로계약(Arbeitsvertrag)으로 개정하여 근로관계에 적용되는 노동법적 규정을 이에 포함시키고 있다.

신문기고를 하는 기자, 그래픽화가(프리랜서), 여행객을 그의 재량에 의해서 일정한 목적지에서 안내하는 단체여행책임자(재량근로자), 수임연구원 등은 자유로운 고용관계의 노무자라고 할 수도 있다.[1] 말할 것도 없이 위에 예시된 계약관계가 위임, 도급 또는 혼합계약으로서 파악될 수도 있다. 노무제공과 관련해서 위의 당사자가 인적 종속적 지배를 받지 않는 한 원칙적으로 보호법규는 적용될 수 없다고 보는 것이 타당할 것이다.[2] 종속적 근로자의 보호에 있어서 보호필요성(Schutzbedürftigkeit)이라는 사실적 측면을 내세우게 되면 노동보호법의 규정이 과도하게 확대 적용될 염려가 있다는 견해가 있다.[3] 실제로 우리나라에서 최근의 판례는 보호의 필요성을 내세워 노동법의 적용을 확대하는 경향을 보이고 있다.[4]

독일민법은 위임계약을 무상계약으로 규정(제662조)하고 있다. 따라서 예컨대 자문변호사나 자유로운 시간에 진료행위를 하는 사업장의 의사들은 위임받은 일을 처리하면서 대가를 받기 때문에 수임인이 아니고 노무자(Dienstnehmer)라고 해석되고 있다. 다만, 위의 기업자문변호사나 의사들은 인적 종속성의 지배를 받지 않는 근로자라고 설명된다. 이와 같은 사정은 독일민법이 무상위임만을 인정하는 로마법의 태도를 수용한데서 오는 특수한 사정이라고 볼 수 있다. 그러므로 유상위임을 함께 인정하고 있는 우리 민법(제686조 Ⅰ 참조)은 자문변호사나 기업의사를 유상수임인으로 볼 수 있기 때문에 독일민법에서와 같이 구태여 노무자로 분류한 다음 다시 종속성이 없는 자유로운 고용계약(freier Dienstvertrag)을 기초로 한 노무자로 파악할 필요가 없다고 한다.[5] 다시 말하면 우리 민법에서는 처음부터 인적 종속성이 없는 노무자는 고용계약상의 노무자로 인정되지 않으며, 따라서 민법의 고용계약당사자인 노무자와 노동법의 근로자는 구별되지 않는다고 한다. 그러나 우리 민법이 유상위임규정을 두고 있다고 해서 자유고용계약

1) Floretta/Spielbüchler/Strasser, *ArbR* Ⅰ, S. 54 및 동면에 인용된 오스트리아 대법원 판례 참고. E. Wolf, Lehrbuch des Schuldrechts, 2. Band: BT, 1978, S. 181.

2) Floretta/Spielbüchler/Strasser, *ArbR* Ⅰ, S. 54; Koziol/Welser, *Grundriß AT und SchR*, S. 398. 노무제공의 자주성을 기준으로 판단하는 견해: Zöllner/Loritz/Hergenröder, *ArbR* § 5 Rn. 26. 개별적 단편적 노무제공의 연속과 계속적 노무제공을 구별하여 자유노무자 여부를 판단하려는 견해: Lieb/Jacobs, *ArbR* Rn. 17 ff. 참고.

3) Zöllner/Loritz/Hergenröder, ArbR § 5 Rn. 26, 59 ff. 참고.

4) 大判 2018. 6. 15, 2004 두 12598, 12604(병합) 등 참고. '보호필요성'에 관한 비판으로는 [96] 2. e) 3) 참고.

5) 무상위임만을 인정하는 독일민법에서는 자문변호사나 기업의사의 노무공급계약은 고용계약이라고 볼 수밖에 없고 이로 인하여 자유고용계약(freier Dienstvertrag)이 생기게 된 것이고 유상위임을 인정하고 있는 우리 민법에 있어서는 이러한 법리가 불필요한 것이므로 자유고용계약은 성립할 여지가 없으며, 따라서 모든 고용계약은 근로계약이라고 하는 견해가 있다(곽윤직, 「채권각론」(신정판), 1995, 411면 이하; 김상용, 「채권각론(상)」, 1999, 404면; 이은영, 「채권각론」, 2004, 498면).

이 부인되어야 할 것은 아니라고 생각된다.[1] 다만, 이에 대해서는 구체적·유형적 판단이 행하여져야 할 것이다. 예컨대 오스트리아민법(제1004조)은 유상위임을 규정하고 있으면서 자유로운 고용계약관계를 인정하고 있다.[2]

근로기준법 제11조에 의하면 「상시 5명 이상의 근로자를 사용하는 사업 또는 사업장」에 대해서는 동법이 적용되지 않는다. 여기서 근로기준법이 적용되지 않는 이른바 영세사업장에서 노무제공을 하는 근로자의 법률관계도 역시 근로계약임에는 틀림없다. 다만 영세사업장의 사용자에 대하여 근로기준법의 적용으로 발생되는 부담을 덜어 주기 위하여 동법의 적용 예외를 인정한 것이다. 따라서 근로기준법의 적용이 배제된다고 하여 그 사업장의 근로자들의 법률관계가 근로관계가 될 수 없고, 단순한 민법상의 고용임에 지나지 않는다는 견해[3]는 옳지 않다. 자유고용계약상의 노무자냐 근로계약상의 근로자냐 하는 것은 근로자의 종속성에 따른 보호필요성에 의하여 결정되어야 하기 때문이다. 위의 견해는 근로자의 종속성과 노동법의 적용범위를 혼동하는 것이다.

(3) 유사근로자와 노동법의 적용확대

a) 서 설 근로자의 개념을 정의하는 새로운 견해들은 경제적 관점을 중요시한다. 그 이론적 기초를 제공한 학자가 Wiedemann이다. 그에 의하면 근로자는 자신의 노동력의 전부를 사용자의 처분에 맡김으로써 그의 취업기간중에는 자신의 노동력에 대한 처분가능성을 잃게 된다고 한다. 그는 근로관계의 본질적 요소는 근로자가 그의 노동력의 처분가능성을 상실하게 되는 경제적 측면에서 구하고 있다.[4] 이로 인해서 근로자는 경제적으로 사용자에게 종속되고, 사용자는 근로자의 보호를 위한 여러 가지 법률상의 의무를 부담해야 한다는 것이다.[5] 그리고 사용자에 대한 근로자의 포괄적 노동력의 처분과 노동법의 보호규정의 준수는 근로계약의 쌍무적 구조를 이루게 된다고 파악한다. 예컨대 경영위험(Betriebsrisiko)(예컨대 경기불황으로 인한 휴업. [50] 7. (2) 참고)이 발생한 때에 사용자가 임금지급위험을 부담하는 것도 이와 같은 쌍무적 견련관계에서 이해한다. 결론적으로 Wiedemann은 사용자가 근로자의 노무를 포괄적·독점적으로 활용한다는 데 근로계약의 본질적 요소가 있다고 한다.[6]

---

1) 同旨: 김주수, 「채권각론」, 1997, 344면. 독일에 있어서도 무상위임과 관계없이 자유고용관계를 인정하는 예로서는 Brox/Rüthers/Henssler, *ArbR* Rn. 51 참고.

2) Koziol/Welser, *Grundriß AT und SchR*, S. 398 f.; Floretta/Spielbüchler/Strasser, *ArbR* Ⅰ, S. 54; Tomandl/Schrammel, *ArbR*, Bd. Ⅰ, S. 93.

3) 곽윤직, 「채권각론」(신정 수정판), 2000, 287면.

4) Wiedemann, *Das Arbeitsverhältnis als Austausch- und Gemeinschaftsverhältnis*, 1966, S. 14 ff.; 같은 취지로 Martens, RdA 1979, 439.

5) 또한 Beuthien/Wehler, RdA 1978, 5.

6) Wiedemann, *a.a.O.*, S. 14 ff.; Lieb/Jacobs, *ArbR* Rn. 11.

이와 같은 Wiedemann의 이론을 한층 더 심화한 학자가 Lieb이다. 그에 의하면 모든 사람의 생계유지수단은 크게 두 가지로 분류될 수 있다고 한다. 첫째는 그의 노동력을 포괄적으로 사용자의 처분에 맡김으로써 독자적인 자유사업가로서의 활동을 포기하는 경우이고, 둘째는 자기 노동력을 자영업자로서 자유로운 그리고 독립된 사업에 투입하는 경우이다. 근로자는 전자의 생활방법을 택함으로써 사용자에게 경제적으로 종속되고 이로 인해서 사회적 보호를 받아야 할 지위에 놓이게 된다.[1] 이에 반해서 자영업자는 자본의 투자를 통하여 또는 자본의 투자 없이 그의 노동력(노동자본)의 투입만으로 독립적인 사업자로서 노무를 제공함으로써(자유로운 고용계약, 위임 또는 도급) 자율적으로 이익을 실현할 수 있다고 한다. 그리고 이로부터 발생하는 이윤과 위험은 사업자가 스스로 부담하는 것이므로 사회적 보호를 받을 지위에 있지 않다.[2]

최근에 와서 Wank는 종전의 근로자개념의 요건은 목적론적 관점에서 적절하지 않다고 비판한다. 즉, 근로자의 개념을 정하는 것은 사회적 보호, 다시 말하면 노동법의 적용이라는 법적 효과를 발생케 하는 법적 요건을 정하는 것이라고 한다. 종래의 지배설에 의하면 근로자는 근로관계의 당사자로서 근무장소·근무시간·노무제공의 내용과 관련해서 사용자의 지시에 복종해야 하고, 사용자의 경영조직에 편입되어 이른바 인적 종속관계에 있어야 한다고 한다. 이에 반해서 Wank는 노무제공상대방에 대해서 일정기간 동안 자기 자신 이외의 보조자를 사용·개입시키지 않으면서 자기의 자본투자나 고유한 조직을 투입함이 없이 자신의 노동력을 제공하는 자를 근로자의 개념표지(概念標識)로 제시하고 있다. 그에 의하면 경제적으로 종속관계에 있더라도, 자신의 자본을 투자하여 피용인들을 사용하면서 자기의 경영조직을 가지고 있는 자는 기업주(Unternehmer)라고 한다. 이들은 기업주이기 때문에 설령 경제적 약자라 하더라도 상법과 경제법의 보호를 받는 주체라고 한다.[3] 경제적으로 종속적 지위에 있더라도 기업주의 지위에 있는 자에게 독립성을 인정하는 것은 기업의 위험을 자발적으로 수용하면서 시장에 참여함으로써 기업경영에서 오는 이윤취득과 위험을 스스로 조절할 수 있기 때문이다.[4] 그러므로 기업주로서 사용자와 위험을 함께 나누더라도 사용자의 지시에 (엄격한) 지배를 받으면서 기

1) 다시 말하면 기업주(사용자)는 타인(근로자)의 노동력을 활용하여 그의 기업활동을 확장하면서 경제적 이익을 추구할 수 있는 반면에 근로자는 그의 노동력을 완전히 기업주의 처분에 맡김으로써 경제적 종속관계에 매이게 된다. 근로자에 대한 경제적 보호필요성은 이로 인해 정당화된다(Lieb, RdA 1977, 210, 215 f.; Lieb/Jacobs, *ArbR* Rn. 11).

2) Lieb, RdA 1977, 210, 215. 유사근로자의 개념과 그 표지(標識)를 자세히 정리한 문헌으로는 Schaub/Vogelsang, *ArbRHandb* § 10 Rn. 1 ff. 참고.

3) Wank, *Arbeitnehmer und Selbständige*, 1988, S. 121 ff.

4) Wank, *a.a.O.*, S. 249 ff.; ders., *Die "neue Selbständigkeit"*, DB 1992, 91.

업의 이윤취득에 참여하지 못하는 자는 근로자라고 보아야 한다. 반면에 사용자의 (약한) 지시를 받더라도 기업경영차원에서 시장에 참여하면서 이윤취득을 할 수 있는 자는 자영업자(Selbständiger)라고 할 수 있다.[1] 따라서 판단의 기준이 되는 것은 i) 일을 제공하는 자(Auftraggeber: 근로계약관계의 사용자의 개념보다 넓은 개념으로서 법률적으로는 위임인 또는 도급인으로서의 성격을 가질 수도 있는 자를 뜻함)가 스스로 시장에 참여하여 이윤취득과 위험을 동시에 향유·부담하면서 그가 고용한 취업자들에게는 시장으로부터 발생하는 위험을 귀속시키지 않는 경우에 그 취업자들은 근로자(Arbeitnehmer)이다. ii) 반면에 일을 제공하는 자가 취업자들에게 시장의 위험과 더불어 자신의 기업활동에 대한 가능성(이익)을 부여하는 경우에 그 취업자들은 자영업자라고 볼 수 있다. iii) 그리고 일을 제공하는 자가 취업자들에게 고객확보와 관련된 시장위험을 부담시키면서 그에 상응한 기업운영상의 가능성을 부여하지 않은 경우에는 외관상의 자영업자(Scheinselbständiger),[2] 즉 실질적 근로자에 지나지 않는다(예컨대 프랜차이즈 제공자가 일정비율의 이윤을 배분받는 경우가 아니고 매상고의 일정부분을 프랜차이즈 인수자로부터 징수하는 경우 인수자는 판매물건의 가격을 마음대로 결정할 수 없다).

b) Wank의 견해와 이에 대한 비판 Wank는 구성요건과 법률효과가 의미적 관련성을 가져야 한다는 전제하에 근로자에게 적용되는 규범과 자영업자에게 적용되는 규범의 분석을 통하여 근로자와 자영업자의 개념적 특징을 도출하려고 한다. 그에 의하면 근로자는 직업상 내지 생존상의 보호를 향유하는 데 반하여 자영업자는 직업상의 위험 및 기업존립상의 위험을 부담한다. 이는 자영업자의 경우 시장위험을 부담하면서 이윤취득기회를 가지고 기업가적 활동을 수행하고, 근로자는 그와 같은 위험을 부담하거나 기회를 누리지 못하면서 단순히 노동력을 제공하는 자에 지나지 않기 때문이라고 한다. Wank에 의하면 시장위험과 이윤추구의 기회를 가지면서 이를 위하여 자기 사업의 실현요소(고유한 사업조직, 자본 그리고 독립적인 시장에서의 활동가능성)를 갖추고 있다면 자영업자이고 그렇지 않으면 근로자가 된다. 따라서 진정한 자영업자로서의 표지를 갖추지 못한 외관자영업자는 기본적으로 근로자로 보는 태도를 취한다. 그런 의미에서 Wank는 근로자와 자영업자를 대칭적으로 이해하고 위에서 말한 자영업자의 성상을 갖지 않는 노무제공자는 근로자가 된다는 이원론을 취한다. 그러나 Wank의 견해는 경제적 종속성이 바로 업무수행상의 종속성, 비독립성을 의미하는 것이 아니라는 비판을 받는다. 시장의 조건에 관련된 경제적 종속성의 문제는 노동법이 풀어야 할 과제가 아니라 오히려

---

1) Wank, *Arbeitnehmer und Selbständige*, 1988, S. 125 ff.
2) Lieb/Jacobs, *ArbR* Rn. 22 ff. 참고.

경제법이 일차적으로 적용되는 분야라는 점[1]이 간과되고 있다. 노동법의 목적은 계약상 불평등한 시장위험의 분배를 시정하는 데 있는 것이 아니므로, Wank가 경제적 종속성의 표지로 삼는 시장관련 요소들을 노동법의 보호를 받는 법률관계와 그 밖의 법률관계를 구별하는 본질적인 표지로 삼는 것은 타당하지 않다.[2]

c) 노동법의 적용대상의 확대 노동법의 적용대상이 되는 계약유형은 원칙적으로 근로계약관계이다. 그리고 근로계약과 다른 유형의 노무급부계약은 그 급부대상인 노무의 실현방법에 의하여 구별된다(다음의 d) 참고). 근로관계(고용계약관계)에서 노무급부의 대상은 처음부터 정해져 있지 않거나 적어도 포괄적으로만 정해져 있다. 위임 또는 도급에서처럼 특정업무가 구체적으로 명시되어 있는 경우에도 업무의 구체적 처리방법이나 수행방법 또는 업무처리시간이 상대방의 결정에 의존하도록 되어 있는 경우에는 보충적으로 근로계약관계의 존재를 인정해야 할 것이다.[3] 반대로 근로자는 자신이 수행하는 노무와 관련해서 그 내용 및 방법에 대하여 높은 수준의 자율성과 책임을 가지고 있는 경우가 있다. 근로자의 능력과 기술이 향상될수록 노무 자체는 점점 더 과제중심적으로 되어 가고, 이러한 경향은 인적 종속성이라는 근로관계에서의 보편적 성격이 희석되어 가고 있음을 의미한다. 따라서 근로계약관계를 고용계약이라는 유형의 채권계약만을 가지고 그 전체적 또는 구체적 모습을 설명하는 것은 어렵게 되었다. 마찬가지로 근로자의 경제적 종속성도 근로계약이라는 계약유형만을 가지고 설명하는 것은 현실에 부합하지 않게 되었으며, 노동시장에서의 근로자의 지위를 함께 고려하는 복합적 시각이 필요하게 되었다. 일반적으로 근로관계에는 경제적 종속성이 수반되는 것이 보통이다. 사용자에 대한 근로자의 (인적) 종속성이 크면 클수록 경제적 종속성 또한 커지는 것이 일반적이다. 그러나 다른 한편 노동법의 적용에 있어서 경제적 종속성이 개념 필수적 요건은 아니다. 근로계약관계의 당사자로서 사용자에게 노동을 제공하는 일반근로자에게는 인적 종속성과 함께 경제적 종속성도 인정되며, 이들에게는 노동관계법과 사회보장

---

1) Wank, DB 1992, 92; *ders., Arbeitnehmer und Selbständige*, S. 12, 127 참고. 독일연방법원도 이와 같은 취지의 판결을 하는 경향을 보이고 있다(BAG AP Nr. 37 zu §611 BGB Abhängigkeit 참고). 사진모델의 근로자성에 대해서 연방사회법원도 기업의 위험을 같이 나눈다는 것만으로는 자영업자라 할 수 없고, 보다 광범위한 자유와 소득가능성이 부여될 경우 자영업자로서의 지위를 갖는다고 판시하고 있다(BSG NZA 1991, 908 참고).

2) Rieble, ZfA 1998, 327, 341 ff.; Hromadka, NZA 1997, 569, 575.

3) Rieble, ZfA 1998, 327, 340 f. Wank의 견해에 대해서는 다음과 같은 보다 구체적인 비판이 있다. 즉, 독립적인 자영업자라 하더라도 별도의 종업원을 채용하지 않고 혼자서 업무를 수행하면서 자신의 고유한 사업장을 가지지 않거나 또는 자본투자를 하지 않는 경우도 있다. 반대로 인적 종속성하에서 노무를 제공하는 근로자라 하더라도 자신의 장비를 투입하는 경우도 존재한다. 따라서 근로자이냐의 여부는 업무의 종류와 업무실행의 실태에 따라 결정되어야 한다(Buchner, NZA 1998, 1144, 1147).

법(예컨대 산재법, 고보법 등)이 전면 적용된다. 또한 자영업자로서 기업활동을 하고 있는 자라 하더라도 다른 특정 기업주에 대하여 경제적 종속관계에 있을 수 있다. 여기서 전자의 인적 종속관계에 있는 근로자의 종속성은 후자의 종속성에 비하여 그 강도가 강하다고 볼 수 있다. 왜냐하면 전자는 그의 노동력을 기한의 정함이 없이(계속적으로) 사용자에게 처분하고 있는 상태에 있지만, 후자의 자영업자는 자신의 사업목적을 위하여 그의 노동력을 처분할 수 있는 자유와 가능성을 여전히 가지고 있기 때문이다. 여기서 사회적 보호필요성의 지표로서 종속성의 강도에 따라 노동법의 적용과 그 범위가 달라질 수 있음을 알 수 있다. 일반적으로 인적 종속상태에 있는 근로자(예컨대 정규직 일반근로자. [8] I 2 (1) b) 참고)는 근로관계의 유형적 특성상 자기 노동력에 대한 자유로운 처분권이 없기 때문에 통상의 시장적 약자로서의 사업자, 다시 말해서 경제적 종속성(만)이 인정되는 사업자에 비하여 그 경제적 의존성이 한층 더 크다고 볼 수 있다. 따라서 이들에 대해서는 보다 두터운 보호가 주어지지 않으면 안 될 것이다.[1] 즉, 인적 종속관계에 있는 일반근로자에게는 노동관계법이 전반적으로 적용되지만, 후자의 경제적 종속관계에 있는 자영업자(사업자)에 대해서는 사회적 약자보호를 위한 필요한 한도 내에서만 일부 규정만이 적용된다. 이들은 일반적으로 유사근로자로 호칭되고 있으며, 본래적인 근로자와 자영업자 사이에 위치하는 중간적 유형에 속하는 보호대상자로 분류되고 있다(다음의 d) 참고).[2] 따라서 경제적 종속성만을 가지고 근로자의 개념의 표지(標識)로 삼는 것은 타당하지 않다.

d) 유사근로자에 관한 이론 사회적 약자 내지 경제적 약자에 대한 보호제도로서는 소비자보호를 위한 약관의 규제에 관한 법률, 시장에 있어서 경제적 약자의 지위에 있는 자영업자를 위한 경제법이 존재한다. 특히 자영업자로서 한 사업주만을 상대로 노무를 제공하는 자는 그 의존도가 절대적이어서 그의 경제적 활동은 상대방에 의하여 제약되며 부당한 위험까지도 감수해야 하는 경우가 적지 않다. 경제법은 이에 개입하여 경제적 활동의 자유와 공정한 경쟁에 기초한 거래의 가능성을 보장한다. 그러면 근로자개념을 이러한 영역에까지 확장하여 시장에서의 지위가 약한(시장에서의 경제적 의존성이 많은) 노무제공자들을 노동법의 보호범위 내에 포함시킬 수 있을 것인가? 이에 대해서는 두 가지의 기본적 태도가 있을 수 있다. 첫째는 이들에 대하여 노동법의 적용을 배제함으로써 근로관계를 기초로 한 근로자만을 노동법의 보호대상으로 인정하는 견해이고,[3]

1) Buchner, NZA 1998, 1144, 1151 참고. 일반근로자의 경제적 종속성과 시장에서의 약자인 사업자의 경제적 종속성은 내용상 구별되어야 한다(Lieb/Jacobs, *ArbR* Rn. 11 ff. 참고).

2) Otto, *ArbR* Rn. 98 f. 유사근로자의 정의(定義)에 관해서는 Henssler/Preis, 독일근로계약법토의안, 제3조 2항 전단 참고.

3) 근로계약관계를 전제로 하는 노동법 규정은 원칙적으로 유사근로자에게는 적용될 수 없다는 견해:

둘째는 본래적인 근로자와 자영업자 사이에 이른바 유사근로자 개념을 (조심스럽게) 인정하는 견해이다. 후자의 견해에 의하면 자유로운 노무공급계약(예컨대 위임 또는 도급)에 따라 인적 종속관계는 성립하지 않으나 실질적으로는 경제적 종속성이 매우 현저하여 사실상 근로자라고 볼 수 있을 때에는 이에 상응하는 노동법상의 보호규정을 제한적으로 적용하자는 것이다. 이들은 형식적으로는 자유로운 노무공급자라고 할 수 있으므로 자영업자로서의 법률관계에 있더라도 시장에서의 약자의 지위에 따른 경제적 종속성을 고려하여 경제법적 보호와 함께 제한적으로 노동법적 보호를 받을 수 있도록 하는 것이 타당하다는 것이다. 따라서 이들에게는 경제법적 보호와 한정된 노동법의 보호가 하나의 체계를 이루면서 적용될 수 있는 것이다.[1] 그러나 이들은 진정한 의미의 근로자의 범주에 포함될 수는 없다.[2] 이 견해에 의하면 노동법의 규율대상으로는 근로자 · 유사근로자 및 사용자가 존재하게 되며, 이를 주장하는 학설을 3주체론이라고 부를 수 있다.

그러면 자영업자이면서 경제적으로 근로자에 준하는 유사근로자를 근로자와 일반 자영업자의 중간에 존재하는 보호대상자로 인정하려는 이유는 무엇인가?[3] 적어도 현행 법상으로는 다양한 보호내용을 가진 노동법과 공정한 경쟁의 유지를 그 내용으로 하는 경제법은 서로 그 역할을 달리하기 때문에 경제적인 약자로서 근로자에 유사한 자영업자에게 경제법상의 보호만을 부여하는 것은 사회적 보호로서 미흡하다고 볼 수 있다. 한편으로는 경제법상의 보호를 필요로 하면서 동시에 다른 한편으로는 제한된 노동법의 보호를 받아야 할 중간적 지위에 있는 유사근로자의 범주를 인정하는 것은 현대산업구조에서의 현실적 요청에 근거한 것이다. 직업활동에 종사하는 취업자가 구체적인 사회적 보호필요성의 내용과 그 정도에 따라 노동법의 보호영역에 포섭될 수 있도록 하는 것은 노동인력구성의 다양화현상에도 탄력적으로 적응하는 조치가 될 것이다.[4] 경제법과 노동법의 적용범위는 그 개념상 엄격히 구별되지만 그 적용을 받는 수혜자들은 흑백논리적으로 확연히 구별되어 존재하는 것은 아니기 때문이다.[5] 그러면 어떠한 노동법 규정들이 이들에게 적용되어야 하는가? 이는 개별보호규정들의 보호목적을 고려하여 유

Schaub/Vogelsang, *ArbRHandb* § 10 Rn. 7; ErfK/Preis *BGB* 611a Rn. 83.

1) 이에 관해서는 Buchner, NZA 1998, 1151; Schaub/Vogelsang, *ArbRHandb* § 10 Rn. 7 ff.

2) Lieb/Jacobs, *ArbR* Rn. 13; Otto, *ArbR* Rn. 99.

3) Heinze, NZA 1997, 1 ff. 참고.

4) Otto, *ArbR* Rn. 71.

5) 이와 같은 사고는 우리나라에서는 해석론적 제안 내지 견해에 지나지 않는 것으로 판단되지만, 독일에 있어서는 각종의 노동법률에서 유사근로자(arbeitnehmerähnliche Personen)를 명문으로 인정함으로써 이들의 지위에 상응하는 보호규정을 두고 있다. 예컨대, 1926년의 노동법원법 제5조 1항 2문 및 3항, 1963년의 연방국가법 제2조 2문, 1974년의 단체협약법 제12조a, 상법 제92조a, 사회보험법 제4권 제7조 4항, 사회보험법 제6권 제2조 9호가 유사근로자에 관하여 규정하고 있다.

사근로자의 각 유형에 따라 판단해야 할 것이다.1) 이에 관해서는 다음에서([91] 이하 참고) 우리나라의 사례를 중심으로 살펴보기로 한다.

[9] Ⅱ. 노동법의 기능

1. 근로자의 보호기능

노동법도 모든 법질서가 가지고 있는 속성을 가지고 있다. 다시 말하면 노사간에 존재하는 전형적인 불평등과 불균형을 해결하고 그들간의 분쟁을 조정·해결하는 기능, 이른바 법적 평화를 유지하는 기능을 가지고 있다. 다른 법영역에서와 마찬가지로 노동법도 대립적인 이해의 조절을 그 실질적 목적으로 하고 있다. 다만, 현재의 전형적인 사회적 상황을 고려할 때 노사간의 이해조정은 종속근로자의 보호라는 기본방향을 그 근간으로 하고 있다. 근로자의 보호필요성은 근원적으로 사회·경제구조에서 비롯된 것이라고 볼 수 있다.2) 그런 관점에서 근로자들을 위해서 국가에 의한 각종의 보호법(근기법, 산재법 등)과 집단적 제도(근로3권에 의한 협약자치제도)가 마련되어 있다. 당사자들 사이의 법률관계는 기본적으로 사적자치에 의해서 형성되는 것이 원칙이지만, 노동법의 규정들은 이른바 사회적 약자인 근로자의 보호를 위하여 사용자에 대해서 강행적 효력을 가지며, 이 규정에 반하는 당사자 사이의 약정(그 내용이 근로자에게 불리한 경우)은 효력을 가질 수 없다.

2. 사회적 안정을 도모하는 기능

노동법은 전체 사회질서를 위하여 평화유지적 기능을 한다. 노동법은 국민의 다수를 차지하는 근로자들의 이해관계와 주장을 흡수하면서 이를 구체적으로 반영시키는 기능을 한다. 노동문제는 일부 국민의 이해관계에 한정되는 분야가 아니므로 노동법은 적어도 국가적 차원에서 기능하지 않으면 안 된다. 다시 말하면 노동법은 전체국민의 이익을 함께 고려하면서 근로자 보호와의 조화를 이룰 수 있는 질서를 창출하여야 한다.3) 노동법을 근로자집단이라는 사회적 「계급」에 대한 법으로서 현재의 자본주의 경제체제를 유지하기 위한 수단으로 이해하는 것은 정당하지 않다. 다시 말하면 노동법을 가진

---

1) 예컨대 특수형태근로자에 대한 산재보험법의 적용(산재법 제125조; 동법 시행령 제125조). 독일의 경우 유사근로자에게 적용되는 법규에 관해서는 Löwisch/Caspers/Klumpp, *ArbR* §1 Rn. 5 f. 참고.

2) Otto, *ArbR* Rn. 41.

3) Otto, *ArbR* Rn. 42.

자와 노동자계급 사이의 휴전협정으로 또는 대립관계에 있는 노사의 행동규칙으로 파악하는 것은 타당하지 않다. 이러한 견해에 의하면 노동법은 근로자들이 그 상대방인 사용자에 대항하여 그들의 이익을 관철하기 위해서 행동할 수 있는 한계로서의 의미를 가질 뿐이다.[1] 노동법은 임금·근로시간·해고 기타 노사 사이의 현안문제 등에 관하여 개방적 협의와 교섭을 통해서 평화적 기능을 수행하는 사회적·경제적 질서의 한 부분을 이루는 법역으로 이해되어야 한다.

우리나라와 같은 산업국가에서 노동법이 적용되는 범위는 어느 일부 계층에 한정되어 있다고 볼 수 없다. 노동법은 1,800만 근로자들과 그들의 가족에 대해 직·간접적으로 적용 또는 영향을 주는 법이다. 이들은 국민의 과반수를 훨씬 초과하는 유권자에 해당할 것이다.[2] 그런 의미에서 근로자들을 일반시민과 구별되는 하나의 노동자계층으로 이해하는 것은 잘못이다. 정신적·물질적·교육적 차이에서 오는 획일적인 사회적 계층화는 오늘날 그 의미를 상실해 가고 있다. 근로자들은 그들의 노동력의 투입 내지 처분을 생활수단으로 하고 있으므로, 기업경영의 주체적 활동을 하는 경영자가 아님은 더 말할 필요가 없다. 그러나 고도의 전문기술과 교육의 배경을 가지고 기업 내에서 상당한 조직상의 권한을 가진 전문기술자와 관리자들도 근로자이며, 이들은 결코 무산계층으로 분류될 수 없다. 그러므로 우리나라에서 노동법을 계급법(Klassenrecht)인 것처럼 규정짓는 것은 옳지 않다.[3] 노동법을 계급법으로 이해하는 경우에는 근로조건(예컨대 근로시간, 해고보호, 각종수당지급, 휴가제도 등), 집단적 노사관계, 공공이익 등의 구체적 문제들을 법정책적 관점에서 개방적으로 논하는 것은 매우 어렵게 될 것이다. 노동문제에 대한 논의가 성과를 거두기 위해서는 각종의 정책적 입장과 경험들이 함께 고려되지 않으면 안 된다. 노동법이 국가전체의 이익을 고려하면서 근로자의 지위개선을 추구할 수 있는 기능을 발휘할 수 있기 위해서는 노동법의 해석과 입법에 영향을 줄 수 있는 기관(행정부, 국회, 법원, 노동위원회, 노사정위원회 등)에서 노동법에 대한 사회적 기능을 올바로 이해·실천하는 것이 필요할 것이다.

3. 분배적 기능

노동법의 분배적 기능은 넓은 의미에서 근로자의 보호기능에 속하는 것으로 볼 수

---

1) Däubler, *ArbR* Ⅰ, Rn. 54.

2) 고용노동부, 「고용노동백서」, 2020, 4면 이하 참고.

3) Otto, *ArbR* Rn. 42; 또한 Reuter, *Die Stellung des Arbeitgebers in der Privatrechtsordnung*, 1989, S. 77 ff. Reuter는 종래 종속성은 첫째, 근로의 내용에 따라, 둘째, 인적 지배에 따라, 셋째, 종속적인 근로자의 계급적 귀속에 따라 이해되었다고 하면서 이를 비판하고 있다.

있지만, 여기서 분배적 기능이란 경제구조와 관련해서 생산을 통하여 발생된 재화의 분배에 노동법이 중요한 기능을 담당함을 뜻한다. 경제적 관점에서 고찰할 때 노동법은 기업집단과 근로자집단 사이 그리고 근로자집단의 내부에 대하여 중요한 분배지수(分配指數)를 정하는 기능을 한다. 특히 단체협약을 통하여 마련된 임금협정은 하나의 좋은 예라고 할 수 있다(이와 같은 분배적 기능은 노동조합과 사용자가 산별 또는 지역적 단체협약을 체결하는 경우에 더욱 두드러지게 나타난다). 그러나 현대적인 산업생산사회에서 기계화 내지 기술화라는 시설개선의 필연성으로 인하여 임금분배의 폭이 제한되는 경우가 적지 않다. 즉, 제품생산으로부터 발생된 이득을 임금인상에 반영할 수 있는 폭이 적어지는 반면에 생산시설의 개선이나 현대화에 지출되는 투자의 비중이 상대적으로 커지고 있다. 특히 기업간의 경쟁이 심화될수록 생산성을 높이기 위하여 이와 같은 요청은 그만큼 증가될 수밖에 없다. 여기서 생산과정에서 노동에 의하여 창출된 가치의 상당부분이 기업에 투자되고 임금지급이라는 형식으로 배분되지 않는 분배상의 문제가 제기된다. 임금을 마음대로 인상하지 못하는 것처럼 기업주의 이윤참여율도 임의로 조정할 수 있는 것은 아니다. 또한 생산의 증가를 상회하는 임금인상은 인플레를 유발할 수 있고, 이로 인하여 실질임금의 상승에 부정적 결과가 발생하게 되며, 또한 과도한 임금인상은 고용을 둔화시키는 효과를 가져오게 마련이다. 이로 인하여 발생하는 실업은 다시 분배과정을 교란하게 될 것이다.

그러나 여기서 우리는 다음과 같은 사실에 유의할 필요가 있다. 즉, 생산성증가 내지 시설확장을 목적으로 투자된 재산(토지·건물·시설·기계·장비 등 부동산·동산·지적재산)은 생산소유자 일방에게 귀속된다는 점이다. 생산과정을 통해서 노동에 의하여 창출된 가치 중 마땅히 임금으로 분배되어야 할 부분까지 기업에 대한 재투자의 형식으로 기업주에게 귀속된다는 것은 모순이 아닐 수 없다.[1] 따라서 근로자에 의하여 창출된 기업재산에 대하여 근로자들이 참여할 수 있는 방안이 강구되지 않으면 안 된다.[2] 이에 대해서는 종업원인 근로자들을 위하여 예컨대 노동주제도, 종업원지주제, 주식회사에 있어서의 일정한 배당금지급 등 각종의 근로자재산형성정책을 강구할 수 있을 것이다. 그러나 근로자들이 기업재산에 참여함으로써 근로자의 종속성을 기초로 하는 노동법의 여러 규

1) 1960년대 초에 경제5개년계획을 시행하면서 국내자본의 육성이라는 명목으로 선성장·후분배의 정책을 실행하면서 국내기업이 크게 성장할 수 있었으나, 근로자들의 임금이나 기타 재산형성은 진전되지 못하였다. 기업에서 번 돈을 임금개선을 억제하면서 기업에 재투자하고 투자된 재산이 기업주의 사유재산화되는 것은 근본적인 모순이라고 지적될 수 있다(Zöllner/Loritz/Hergenröder, *ArbR* § 1 Rn. 19 참고).

2) Zöllner/Loritz/Hergenröder, *ArbR* § 1 Rn. 19.

정과의 마찰이 예상될 수 있다. 또한 근로자들이 기업재산으로부터 얻는 소득과 임금이 합산되어 이에 대한 종합소득을 지급해야 하는 부담이 생길 것이다. 이에 대해서는 근로자의 재산형성이라는 관점에서 국가에 의한 정책적 개입이 필요할 것이다.[1)]

1) Zöllner/Loritz/Hergenröder, *ArbR* § 2 Rn. 15 f., § 18 Rn. 70 f. 참고.

제3절 노동법의 연혁

1948년 대한민국 정부가 수립되면서 헌법과 각종 법률의 제정으로 현재와 같은 노동입법의 기본틀이 처음 마련되었다. 그 이후 노동관계법령의 제정 및 개정은 매우 빈번하게 이루어졌다. 이는 다른 법분야와 비교해 볼 때 특히 노동입법이 갖는 특징이라고 할 수 있다. 이 절에서는 현대적인 노동관계법령의 역사적 전개과정을 큰 방향과 기본관점을 중심으로 크게 다섯 개의 시대로 구분하여 중요한 법령의 제정 및 개정내용을 간단히 소개하기로 한다.[1)]

[10] Ⅰ. 노동입법의 성립

1. 대한민국정부수립과 노동입법

1948년 7월 17일 대한민국헌법이 공포되면서 한국의 노동운동과 노동법사에 새로운 전환점이 마련되었다. 즉, 제헌헌법 제17조에 의하여 근로조건의 기준은 법률로 정하도록 되었으며, 여성과 소년의 근로는 특별한 보호대상이 되었다. 그리고 제18조에 의하여 단결권·단체교섭권 및 단체행동권(동조 Ⅰ)과 근로자의 이익균점권(동조 Ⅱ: 「영리를 목적으로 하는 사기업에 있어서는 근로자는 법률의 정하는 바에 의하여 이익의 분배에 균점할 권리가 있다」)이 보장되었다. 다시 말하면 근로조건의 최저기준은 국가가 이를 법률로 정하고, 그 이상의 기준은 근로자들이 스스로 단결하여 쟁취할 것을 내용으로 하는 국가의 기본틀이 마련된 것이다. 특히 영리를 목적으로 하는 사기업에 대하여 근로자의 이익균점권(利益均霑權)을 규정한 것은 근대적인 의미의 재산권보장 내지 사유재산권제에 커다란 제한을 가한 것으로서, 노사관계를 통한 사회적 복지국가를 지향하는 현대적인 의미의 기본권보장이었다. 제헌헌법을 기초로 최초의 노동입법이 행하여진 것은 헌법이 제정된 지 5년이 경과한 후의 일이다. 즉, 1953년 3월 8일 동시에 공포·시행하게 된 노동조합법·노동쟁의조정법·노동위원회법과 1953년 5월 10일자로 공포되어 공포일로부터 90일 후에 시행하게 된 근로기준법의 탄생이 그것이다. 노동조합법은 근로자들의 자주적 단결권과 단체교섭권의 구체적인 보장에 의하여 노동조합운동을 보호·육성함으로써

1) 2005년까지 행하여진 각 시기의 구체적인 법령의 제정 및 개정내용은 김형배, 「노동법」(신판 제2판), 71-117면 참고.

근로자들의 경제적·사회적 지위향상을 도모할 것을 목적으로 하는 법률이고, 노동쟁의조정법은 근로자의 단체행동권을 구체적으로 보장하는 동시에 노동쟁의해결절차를 규정한 법률이며, 노동위원회법은 국민경제의 발전과 노동행정의 민주화를 기하며 노사관계의 공정한 조정을 위하여 노동위원회를 설치할 것을 목적으로 한 법률이다. 그리고 근로기준법은 근로조건의 최저기준을 정함으로써 근로자들의 기본적 생활을 보장하고 향상시키는 것을 목적으로 하는 법률로서 특별한 감독제도와 벌칙(벌금)으로써 위반행위를 규제하고 있다.

1953년의 노동제법(勞動諸法)은 전후(戰後) 맥아더 군정의 노동정책에 의하여 이루어진 일본노동법의 영향을 받은 것이다.[1] 따라서 일본노동법이나 한국노동법은 전체적인 법체계와 특히 근로계약 및 단체협약에 대한 법이론에 있어서는 대륙법적 기초 위에 서 있으면서 미국노동법상의 제도를 받아들인 혼합적인 법제가 되었다. 구체적으로 말하면 근로기준법은 근로계약을 중심으로 하여 구성되어 있고, 노동조합법의 단체협약에 관한 부분 또한 대륙법적 기본이론 위에 서 있으나, 노동조합법의 부당노동행위제도, 노동쟁의조정법의 냉각기간제도, 노동위원회에 의한 조정(1963년의 법개정으로 긴급조정제도를 신설함), 노동위원회법에 의한 노동위원회제도 등은 미국의 제도를 계수한 것이다. 1953년에 마련된 근로기준법의 기준은 그 당시의 우리나라의 현실에 비추어 볼 때 비교적 높은 수준의 것이라는 견해가 지배적이었다. 집단적 노사관계법인 노동조합법과 노동쟁의조정법은 노동조합의 자유설립주의, 노동조합의 대내적 민주성과 대외적 자주성의 확보, 협약자율, 자주적 조정의 원칙, 자유로운 쟁의권행사 등을 내용으로 하는 자유주의적 노사자치주의를 그 기반으로 하였다. 그러나 집단적 노사자치의 경험과 역사를 가지고 있지 못했던 당시의 우리나라 상황(산업화 전단계)하에서 진정한 의미의 노동운동과 노동조합법의 기능은 기대할 수 없었다.

2. 제3공화국의 노동입법

1953년 3월과 5월에 이상의 노동관계제법(勞動關係諸法)이 제정·실시되었으나, 그 후 노동법은 약 10년 동안 아무 수정이나 변화도 경험하지 못하였다. 그 기간 동안 산업화의 진전이 없었던 것이 그 주된 원인이다. 1961년 5월 16일 군사쿠데타의 발생 후 군사정부는 노동정책의 중요성을 인식하고, 장기경제계획의 성안과 더불어 노동문제를 진

1) 이와 같은 노동관계제법의 제정은 근로관계의 본질이라든가 우리나라의 노사관계의 현실 또는 외국법제에 관한 면밀한 조사·연구에 의하여 이루어진 것이 아니라, 당시의 일본의 노동관계제법을 그대로 모방한 것에 불과하다(김진웅, '입법상으로 본 건국이후의 노동정책의 변화－우리나라 행정정책에 관한 연구', 고려대 법률행정연구소, 1970, 45면 참고).

지하게 다루려고 노력하였다. 그리하여 1961년 12월 4일에는 처음으로 근로기준법이 일부 개정되었으며, 제3공화국이 수립된 후 1963년 4월 17일과 1963년 12월 7일에는 노동조합법이, 1963년 4월 17일과 1963년 12월 7일 및 1963년 12월 16일에는 노동쟁의조정법이, 1963년 4월 17일과 1963년 12월 7일 및 1963년 12월 16일에는 노동위원회법이 각각 개정되었다. 이외에 1961년 12월 6일에는 직업안정법이, 1962년 1월 10일에는 선원법이, 1963년 11월 5일에는 산재보험법이 각각 제정되었다.

1963년 4월과 12월의 노동제법의 개정에 있어서 그 주요 내용을 살펴보면 다음과 같다. 우선 노동조합법은 「조직이 기존 노동조합의 정상적인 운영을 방해하는 것을 목적으로 하는 경우」를 노동조합의 결격사유로 한 것, 노사협의회의 설치에 관한 규정을 둔 것, 노동조합의 정치활동금지에 관한 규정을 강화한 것, 노동조합 임시총회의 소집권자를 행정관청이 지명할 수 있도록 한 것, 단체협약의 여후효(餘後效)를 인정하는 규정을 신설한 것, 사용자의 부당노동행위에 대하여 구법의 처벌주의(예방주의)와 달리 구제주의(원상회복주의)를 채택한 것, 노동조합의 조직형태에 관하여 구법이 아무 규정을 두지 않은 데 반하여 전국적 규모의 단일조직형태를 지향 내지 전제하는 규정들을 신설한 것 등을 그 개정 내용으로 하고 있다. 노동쟁의조정법의 개정 내용은 공익사업의 범위를 확대한 것, 노동쟁의발생신고가 있은 후 노동위원회로 하여금 적법여부심사를 하도록 한 것, 알선서(斡旋書)·조정서(調停書) 및 중재재정(仲裁裁定)의 효력은 단체협약과 동일한 효력을 갖도록 한 것, 노동쟁의의 긴급조정제도에 관한 규정을 신설한 것 등이다.

근로기준법은 평균임금을 산정하여야 할 사유가 발생하였을 때, 그 평균임금이 통상임금보다 적을 경우 통상임금을 평균임금으로 하기로 한 것, 퇴직금제도를 개정한 것, 여성의 산후유급보호휴가의 확보에 관한 규정을 둔 것, 18세 미만자를 사용하는 자에 대한 교육시설의무에 갈음하여 장학금을 지급할 수 있도록 한 것 등을 그 주요 개정 내용으로 하고 있다.

이상의 노동제법의 개정과 제정에서 알 수 있듯이 이 시기의 노동입법의 변모 양상은 국가의 개입 강화, 공익 중심의 노동행정, 노동쟁의의 제한, 부당노동행위에 대한 구제책의 마련, 노사협의제의 도입, 노동보호입법의 강화 등으로 요약될 수 있다.[1)]

---

1) 김진웅, 앞의 논문, 53면 이하 참고; 신두범, 「한국노동정책론」, 1970, 22면 이하 참고.

[11] Ⅱ. 국가안보우선주의와 노동입법

1. 유신헌법과 노동법의 개정

우리나라는 1960년대에 국가의 근대화를 달성하기 위하여 경제제일주의를 표방하고 고도경제성장을 꾀하였다. 그러나 1971년 12월 6일 비상사태선언 이래 정부시책은 국가안보우선주의로 전환되어 1971년 12월 27일에는 국가보위에 관한 특별조치법[1]이 공포·시행되었는가 하면, 1972년 10월에는 유신체제로의 개혁이 단행되었고, 이를 제도적으로 구현하기 위하여 1972년 12월 27일 유신헌법이 공포되기에 이르렀다. 이에 따라 노동기본권을 보장한 헌법 제29조의 내용도 개정되어 단결권·단체교섭권 및 단체행동권은 법률이 정하는 범위 안에서 보장받게 되었고(동조 Ⅰ), 또 공무원과 국가·지방자치단체·국영기업체·공익사업체 또는 국민경제에 중대한 영향을 미치는 사업체에 종사하는 근로자들의 단체행동권은 법률이 정하는 바에 의하여 이를 제한하거나 인정하지 아니할 수 있게 되었다(동조 Ⅲ). 이에 따라 1973년 3월 13일에는 노동조합법·노동쟁의조정법·노동위원회법·산재보험법 및 직업훈련법이 개정되었다.

각 법령의 개정 이유와 개정 내용의 주요 골자를 살펴보면 다음과 같다.

노동조합법에서는 첫째, 노사협의회의 기능을 노동조합의 기능과 분리하여 노사협의회에서 근로자대표와 사용자가 생산성 증강과 불만처리 등에 관하여 협의·협조하도록 함으로써 생산성 향상을 기하고, 둘째, 노동쟁의의 제기를 총회의 결의사항으로 하여 쟁의제기 여부를 조합원의 의사에 따라 결정하도록 하며, 셋째, 조합원 2백명 미만의 노동조합이라도 대의원 제도를 두어 조합운영의 능률화를 기하고, 넷째, 노동조합 조직에 관하여 「전국적인 규모를 가진 노동조합」과 「산하 노동단체」라는 표현을 삭제함으로써 지금까지 노동조합법이 산별 체제를 전제 내지 지향하고 있던 규정을 삭제한 것이다.

노동쟁의조정법에서는 첫째, 헌법 제29조 3항이 신설됨에 따라 국가·지방자치단체 또는 국영기업체가 행하는 사업 또는 국민경제에 중대한 영향을 미치는 사업으로서 대통령령으로 정하는 사업 또는 사업체에 대하여는 공익사업에 준하여 노동쟁의를 처리할 수 있도록 하고, 둘째, 노동위원회가 하던 쟁의적법여부심사를 행정관청으로 이관하였으며, 노동쟁의의 해결절차인 노동위원회의 알선·조정·중재 중 알선을 행정관청으로 이관하였고, 셋째, 알선절차에 있어서 행정관청의 조사권을 새로 규정하였다.

그리고 산재보험법에서는 이 법의 적용대상을 확대하는 동시에 기업의 부담을 경

1) 동법 제9조(단체교섭 및 단체행동에 관한 규제) 참조.

감시키는 시책을 도모하며 근로자의 요양관리와 보험급여의 적정을 기하기 위하여, 첫째, 산재보험의 적용대상을 상시 30명 이상의 근로자를 사용하는 사업장에서 16인 이상의 사업장 또는 연간 연인원 4천 2백명 이상의 근로자를 사용하는 사업장에까지 확대·실시하도록 하고,[1] 둘째, 근로자가 요양중 정당한 지시를 위반하여 상병(傷病)을 악화시킨 때에는 보험급여의 지급을 제한할 수 있도록 하였으며, 셋째, 보험급여를 받은 자가 보고 등의 의무를 이행하지 아니한 때에는 지급을 일시 중지할 수 있도록 하였고, 넷째, 보험급여의 수령 전에 수령권자가 사망한 때에는 그 유족이 청구·수령할 수 있도록 명문화하였다.

이상에서 유신헌법의 제정 이후의 제반 노동관계법령의 개정 내용을 개관하였는데, 그 중요한 방향을 간추려 보면 노동조합의 산별 체제의 지양, 노사협의제의 구체화, 공익사업범위의 확대 및 노동쟁의의 규제강화, 국가에 의한 노동행정의 강화, 산재보험의 적용대상범위의 확대 및 기업주부담의 경감 등이라고 요약할 수 있다.[2]

2. 세계경제의 불황과 노동법의 개정

1973년 후반기에 들어서면서 이른바 오일쇼크로 인한 세계적인 경제불황과 국내경제의 경기침체 및 고용불안정 등은 노사관계에 커다란 충격을 주었다. 이에 따라 부당해고·임금체불 등 근로기준법의 위반행위가 속출하였으며, 단체협약의 불준수와 부당노동행위가 빈번하게 발생함에 따라 노사관계의 질서는 혼란과 악순환을 거듭하였다. 더욱이 「기업은 죽어도 기업인은 산다」고 하는 부조리한 현실은 당시의 기업풍토가 지닌 병적 내면을 잘 표현하는 것이었다. 따라서 이와 같은 사회적 불안을 제거하고 노사관계의 질서를 바로잡기 위하여 1974년 1월 14일에 공포·시행된 「국민생활의 안정을 위한 대통령긴급조치」(제19조 내지 제23조)는 임금채권의 우선변제, 근로기준법상의 벌칙강화, 단체협약불준수자에 대한 처벌 및 부당노동행위에 대한 처벌강화를 규정하였다. 이 「1. 14조치」의 시행으로 노사관계의 무질서한 상태는 상당히 정돈되었다. 그러나 이 조치는 원래 1년 후의 해제를 예정한 한시적 조치였으므로 1974년 12월에 이 조치의 해제를 얼마 앞두고 이 조치 내의 근로자보호규정들을 해당 노동법 속에 편입하는 개정작업이 이루어졌다. 이를 계기로 하여 1974년 12월 24일에는 「1. 14조치」의 내용 이외에 근로기준법·노동조합법·노동쟁의조정법 및 직업훈련법이 부분적으로 개정되었다. 1974년 12월과 1975년 4월 및 5월의 노동법령 개정에 의하여 근로기준법은 그 보호 내용과 적용

1) 산재보험법은 1994년 12월 22일 전면개정되었으나, 이하의 조항은 당시의 조항을 그대로 사용하기로 한다.

2) 허성준, '노동법이 어떻게 개정되었는가?', 「경영과 노동」, 1973. 5, 11면 이하 참고.

범위를 확대하고 벌칙을 강화하는 방향을 취하였고, 집단적 노사관계법은 단체협약 불이행과 부당노동행위에 대하여 벌칙을 강화함으로써 정부주도적 노동입법으로의 전환을 두드러지게 하였다. 가장 특기할 만한 개정 내용으로는 근로기준법상의 안전·보건 및 재해보상에 관한 보호규정을 1976년 1월 1일부터 5명 이상 16명 미만의 근로자를 사용하는 사업 또는 사업장에 확대적용한 것과 노동조합법상의 노사협의제도가 보다 구체화되었다는 점이다.

3. 제5공화국의 노동입법

(1) 서 설

a) 1960년대는 경제제일주의의 시대이고 1970년대는 안보우선주의의 시대로 요약되지만, 60년대나 70년대에도 계속 「선성장·후분배」정책이 추진되었다. 그리하여 경제성장은 큰 차질 없이 이루어졌으나, 성과분배의 면에 있어서는 소득과 부의 편재현상(偏在現象)이 심화되었다. 특히 70년대 후반에 들어와서 분배구조상의 모순은 노사관계의 안정과 국가안보에 대해서도 불안요인으로 작용하게 되었다. 정부는 1970년대에 노사문제의 조절을 위하여 적극적으로 개입함으로써 노사관계는 외형상 비교적 안정되었으나 근로자들의 근로조건은 실질적으로 개선되지 못했다. 한편 노동조합은 70년대를 통하여 꾸준히 그 조직이 확장되어 왔다. 그렇다고 하여 노동조합의 조직 확대가 곧 노동조합주의의 신장을 의미하는 것은 아니었으며, 오히려 노동조합은 내부적·외부적 요인에 의하여 그 신뢰를 잃어가고 있었다. 그것은 국가가 노사관계에 개입하면서 노사 사이의 균형이 깨진 데서 기인하는 것으로 볼 수 있다. 다시 말하면 노동조합의 자주성과 민주성이 약화되었기 때문이다. 이와 같은 상황하에서 일부 종교계 인사 및 정치인들이 노동운동에 관여하게 되었으며, 1979년에 발생되었던 이른바 「YH사건」은 그 대표적 예라고 할 수 있다.

따라서 우리나라의 노사관계의 정상화를 위하여 해결해야 할 당면과제는 관주도적 노동정책을 지양하고 노동조합 본래의 기능을 제도적으로 보장함으로써 노사자치를 확립하는 일이었다.

b) 1980년 10월 22일에 국민투표에 의하여 개정된 제5공화국 헌법은 노동기본권을 헌법 제30조 및 제31조에 구체화하였다. 우선 제30조에서 근로자의 고용의 증진과 적정임금의 보장에 노력할 것(동조 Ⅰ), 근로조건의 기준은 '인간의 존엄성'을 보장하도록 법률로 정할 것(동조 Ⅲ), 여자와 소년의 근로에 대해서는 특별한 보호를 할 것(동조 Ⅳ), 국가유공자·상이군경 및 전몰군경의 유가족에 대해서는 법률이 정하는 바에 의하여 우선

적으로 근로의 기회를 부여할 것(동조 Ⅴ)을 정하였다. 이 조항의 노동법적 의의는 개정 전의 헌법조항(제4공화국 헌법 제28조)과 마찬가지로 근로조건의 최저기준을 법률로 정한다는 것이지만, 근로자의 「인간의 존엄성」 보장을 명백히 한 것은 앞으로의 노동보호입법의 방향과 해석기준을 제시한 것이라 할 수 있다. 이외에 적정임금의 보장에 노력할 것을 정한 것은 근로기준법 제34조와 관련하여 임금액의 보장에 관한 입법을 예정한 것이며, 국가유공자·상이군경 및 전몰군경의 유가족에게 우선적으로 근로의 기회를 부여한 것은 이들에 대한 근로계약체결상의 특별보호를 부여하는 입법을 예정한 것이다(국가유공자예우 등에 관한 법률 참조). 제31조는 근로자를 위하여 근로3권을 보장하고 단체행동권의 행사는 법률이 정하는 바에 의하도록 하였으며(동조 Ⅰ), 「국가·지방자치단체·국공영기업체·방위산업체·공익사업체 또는 국민경제에 중대한 영향을 미치는 사업체에 종사하는 근로자의 단체행동권은 법률이 정하는 바에 의하여 이를 제한하거나 인정하지 아니할 수 있다」(동조 Ⅲ)고 하여 개정 전의 조항을 그대로 두면서 방위산업체를 추가하였다.

이상과 같은 헌법개정을 토대로 1980년 12월 30일에 국가보위입법회의에서 근로기준법·노동조합법·노동쟁의조정법 및 노동위원회법의 개정안과 노사협의회법안을 의결·통과시킴으로써 새로운 노동법의 체제가 탄생되었다.

(2) 제5공화국 전반기의 노동법 개정

a) 우선 경제사정과 노사관계의 변화에 대처하기 위하여 현실적 타당성이 없는 규정을 개정할 것과 노사 당사자의 공동이익을 도모할 수 있는 사항을 보완하여 사업장에 있어서의 노무관리를 합리화하고 근로자의 보호와 기업발전에 기여할 것을 그 제안이유로 근로기준법이 개정되었다. 그 중요한 개정 내용은, i) 하나의 사업 내에 직종별로 퇴직금지급률이 달라 근로자 사이에 불만이 발생되고 있으므로 차등제도를 금지하는 규정을 신설한 것, ii) 임금채권의 우선변제의 보장을 위하여 구법이 변제순위를 질권·저당권·조세·공과금·임금의 순위로 정하였던 것을 질권·저당권·임금의 순위로 상향하여 규정한 것, iii) 도급사업의 경우에 하수급인의 근로자들에 대한 임금보장을 위하여 직상수급인(直上受給人)에게 연대책임을 부과하는 규정을 신설한 것, iv) 임금을 체불한 사용자에 대하여 신체형을 과할 수 있도록 한 것 등이다.

b) 단위노동조합의 자율성 저해, 노사관계에의 제3자의 부당개입, 비위근로자(非違勤勞者)에 의한 노동조합운영 등으로 노동조합이 본연의 임무수행을 다하지 못했던 현실을 바로잡기 위하여 관련조항을 개정·신설·보완하여 건전한 노동조합을 육성할 것을 그 제안 이유로 노동조합법이 개정되었다. 그 중요한 개정 내용은, i) 노동조합법과 노동

조합의 목적에 「근로자의 복지증진」을 추가하여 노동조합의 활동을 근로자의 복지후생에도 기여하도록 한 것, ii) 조합원의 복지후생사업에 사용할 조합비의 비율을 정한 것, iii) 노동조합활동에 있어서 근로관계의 당사자와 정당한 권한을 가진 자를 제외하고는 노동문제에 개입할 수 없도록 하여 모든 노사문제는 노사 당사자가 자율적으로 해결할 수 있도록 한 것, iv) 기업단위의 노동조합체제를 확립하고 단위노동조합은 30인 이상 또는 전체 근로자의 5분의 1 이상의 근로자들의 찬성으로 설립할 수 있도록 함으로써 근로자의 의사에 반하는 노동조합의 설립을 억제할 수 있도록 한 것, v) 특수한 작업환경에서의 근로로 인하여 사업장단위의 노동조합설립이 부적합한 근로자들의 단위노동조합의 설립범위를 하역운송업·외국인선박 및 연해어업 또는 내항해상운송사업(內航海上運送事業)에 종사하는 근로자들로 정한 것, vi) 노동조합의 운영상황을 매 회계연도마다 전 조합원에게 공개하도록 의무화하여 조직운영의 민주화를 기할 수 있도록 한 것, vii) 노동조합의 단체교섭권을 제3자에게 위임할 수 있었던 구법의 규정을 개정하여 노사 당사자만이 단체교섭을 할 수 있도록 하고, 행정관청은 단체협약의 내용 중에서 위법·부당한 사항을 노동위원회의 의결을 얻어 취소·변경할 수 있도록 한 것, viii) 단체협약의 최장유효기간을 임금에 관한 사항을 제외하고 1년에서 3년으로 연장한 것, ix) 「노동조합이 당해 사업장에 종사하는 근로자의 3분의 2 이상을 대표하고 있을 때에는 근로자가 그 노동조합의 조합원이 될 것을 고용조건으로 하는 단체협약의 체결은 부당노동행위로부터 제외한다」는 규정을 삭제한 것 등이다.

c) 헌법 제31조 1항 단서 및 3항의 개정에 의하여 단체행동권의 행사범위를 새로 규정할 것을 제안 이유로 하는 노동쟁의조정법의 중요한 개정 내용은, i) 공익사업의 정의를 다시 규정한 것, ii) 국가·지방자치단체·국공영기업체 및 방위산업체의 쟁의행위를 금지시킨 것, iii) 쟁의행위는 당해 사업장 이외의 다른 장소에서는 행사할 수 없도록 한 것, iv) 쟁의행위에 관계당사자나 법령에 의하여 정당한 권한을 가진 자가 아닌 제3자가 개입하여 조종·방해 또는 선동하는 행위를 금지한 것, v) 쟁의행위의 냉각기간을 구법에서는 일반사업에 있어서 20일, 공익사업에 있어서 30일로 했던 것을 일반사업에 있어서 30일, 공익사업에 있어서 40일로 규정한 것, vi) 중재개시에 있어서 구법에서는 공익사업의 노동쟁의에 대해서만 직권회부를 할 수 있었던 것을 일반사업의 노동쟁의에 대해서까지도 직권에 의한 중재회부를 할 수 있도록 한 것 등이다.

d) 1981년에 우리나라에서 처음으로 노사협의회「법」이 새로 제정되었다(1981. 4. 8, 법률 제3442호). 이 법이 제정되기 전까지는 노동조합법 제6조에서 노사협의회에 관하여 규정하고 있었으나 이 법이 제정됨으로써 노동조합법 제6조는 삭제되었다. 노사협의회

에 관한 규정은 1963년에 처음으로 노동조합법 내에 신설된 이래 1973년 및 1974년에 두 차례의 개정을 거쳤다. 노사협의회에 관한 규정을 노동조합법으로부터 분리시켜 독립된 입법으로 발전시켰다는 것은 협동적 노사관계의 수립을 위하여 새로운 전기를 마련한 것이라고 평가된다. 노사협의회법의 제정으로 근로자와 사용자 쌍방의 협조를 통하여 노사공동의 이익을 증진하는 새로운 차원의 노사관계법이 탄생한 것이다. 이 법은 근로기준법과 노동조합법과는 그 성격을 달리하는 노동관계법의 제3의 구조로 이해될 수 있다. 그러나 이 법률의 제정 배경이 되는 노동정책적(내지 정치적) 의도가 투쟁적 노동조합의 활동을 약화시키기 위한 것이라는 점에서 비판이 가해지기도 하였다.

e) 1981년 4월 8일 정부조직법이 개정·공포됨으로써 노동청이 보건사회부에서 독립하여 노동부로 승격·개편되었다. 산업의 급속한 발전에 따른 노동문제의 양적 팽창과 질적 변화에 효율적으로 대처할 수 있는 노동행정을 펴기 위한 기구의 개편이었다.

⑶ 제5공화국 후반기의 노동법 개정

1984년 말부터 1986년까지의 기간 중에 여러 가지 노사관계법률 또는 시행령들이 개정 또는 제정되었다.

a) 법령개정에서 나타나는 두드러진 현상은 개별적 근로관계법의 진보적 발전이라고 할 수 있다. 먼저 산업안전보건법의 개정으로 사업장에서의 근로자의 안전과 보호를 위한 제반조치가 강화되었다. 또한 산재보험법의 개정에서는 이 법이 적용되는 일반사업의 범위가 상시 10명에서 상시 5명 이상 근로자를 사용하는 사업장으로 확대되었고, 이 법의 목적에 근로복지사업이 추가되어 피재근로자(被災勤勞者)의 사회복귀촉진·원호사업·재해예방지원사업이 실시되게 되었다. 그리고 최저임금법의 제정을 통하여 근로자 임금의 최저수준을 법적으로 보장함으로써 저임금근로자의 생활안정을 도모하도록 하였다. 특히 최저임금법의 제정은 저임금근로자의 보호 및 인력관리와 근로자들의 기능·기술의 개발이라는 측면에서 중요한 의의를 가지고 있다.

b) 제5공화국 초기(1980년 말)에 개정된 집단적 노사관계법은 노사자치를 침해하는 내용들(예컨대 노동조합의 조직유형의 강제, 행정관청의 개입, 제3자개입금지, 조합기금 사용목적에 대한 제한, union shop 제도의 부인, 단체교섭위임의 제한, 쟁의행위의 제한과 금지, 냉각기간의 연장, 일반사업에 대한 강제중재 등)로 인하여 각계각층으로부터 많은 비판을 받았으며, 이에 대한 시정요구의 소리가 높았다. 그리하여 1986년 말에는 노동조합법과 노동쟁의조정법이 대폭 개정되었다. 개정된 노동조합법의 내용은 i) 제3자의 개념에서 상급노동조합연합단체를 제외하였고, ii) 노동조합비 중 일정률 이상을 조합원의 복지후생사업에 사용토록 하는 의무규정을 노동조합의 자율성제고를 위하여 삭제하였으며, iii) 노동조합

에 대한 해산명령은 규약과 총회결의사항에 대한 시정명령 이후가 아니면 행할 수 없도록 하고, iv) 상급노동조합연합단체에게 교섭권한을 위임하는 경우에 행정관청의 승인을 받도록 한 제도를 폐지하고 단위노동조합의 조합원 과반수의 동의가 있는 때는 행정관청에 신고하는 것으로 바꾸었으며, v) 부당노동행위를 예방하기 위하여 부당노동행위를 행한 사용자에 대하여 처벌할 수 있도록 하되, 근로자의 명시적 의사에 반하여 논할 수 없도록 하였다. 노동쟁의조정법에서는 i) 공익사업의 개념을 엄격하게 규정(사업의 정지 또는 폐지가 국민경제를 위태롭게 하거나 국민의 일상생활을 위협한다고 인정되는 사업)함과 동시에 그 대상범위에 석탄광업·산업용연료사업 및 방송·통신사업을 추가하였고, ii) 노동쟁의의 신속한 해결을 위하여 공익사업 및 일반사업에 대한 냉각기간을 40일 및 30일에서 각각 30일 및 20일로 단축(사실상 1980년 전의 구법규정으로의 환원임)함과 동시에 행정관청에 의한 알선기간도 공익사업의 경우 20일, 일반사업의 경우 15일을 각각 15일, 10일로 단축(사실상 1980년 전의 구법규정으로의 환원임)하였고, iii) 노동쟁의 발생신고를 당사자 쌍방이 하도록 하던 것을 당사자 일방이 신고하고 이를 상대방에게 통지하는 것으로 하였으며, iv) 직장폐쇄를 방어적인 경우에만 한하여 허용하도록 하였다.

[12] Ⅲ. 민주화시대와 노동법 개정

1. 서 설

a) 1987년 6월 29일의 이른바 「민주화 선언」은 정치적·사회적 제도의 개혁뿐만 아니라 경제적 분배제도의 민주화에 대해서도 많은 영향을 미쳤다. 이로 인하여 노사관계제도의 개혁과 임금을 포함한 각종 근로조건의 개선을 위한 노사분규가 폭발적으로 발생되어 경제가 마비상태에 이르게 되었으며, 노동관계법규 및 기타 관련 법규가 총체적으로 무시되는 가운데 노동쟁의는 과격한 양상을 띠었다. 그 결과 사회질서는 혼란에 빠졌으며, 경기는 짧은 기간 내에 후퇴하였다. 6월 29일 이후부터 10월 말까지의 노사분규의 총수는 3,250건에 달했으며, 이 중에서 업종별로는 제조업 분야가 가장 많고(54%), 사업·규모별로는 대규모 사업장일수록 분규발생비율이 높게 나타났다. 6.29선언 이후 발생한 미증유의 폭발적 노사분규의 원인에 관해서는 여러 가지 판단이 가능할 것이지만, 1960년대 이후 계속적 경제성장에도 불구하고 이에 상응하는 적극적 분배정책이 실시되지 못했다는 데서 그 근본적 원인을 찾아야 할 것으로 생각된다. 그런 의미에서 6.29선언 이후의 사태를 계기로 노동법의 개정도 분배제도의 개선이라는 차원에서 논의

되기 시작하였다. 앞에서도 지적한 바와 같이 1963년 이후에 단행된 여러 번의 노동법 개정은 경제성장을 뒷받침하기 위하여 또는 국가안보와 정치적 안정을 유지하기 위하여 주로 근로자의 근로3권을 제약하는 방향으로 이루어졌다. 다시 말하면 노동조합의 설립과 조직, 단체교섭권과 단체행동권 행사의 제한은 경제적 또는 정치적 이유에서 계속 유지되어 왔다. 그러나 1인당 국민소득(1965년: 105불, 1970년: 254불, 1975년: 602불, 1980년: 1,645불, 1985년: 2,309불, 1994년: 9,459불)(한국통계연감)의 증가에도 불구하고 이에 상응하는 소득과 부의 분배제도 개선은 이루어지지 않았으며, 노사자치제도의 마비로 인하여 노사간의 대화는 실질적으로 단절된 상태로 계속되었다. 그리하여 노사 사이에는 불신과 위화감이 지배하여 상호 비협조적인 경향이 나타났다. 이와 같은 상황은 특히 1980년 말의 노동법 개정 이후에 외부로 표출되었다. 산업화 과정에서 자연적으로 생성되는 근로자들의 사회적·경제적 요구는 국가적 차원에서 제도적으로 수용되어야 함에도 불구하고 이를 계속 외면·억제해 온 정부의 노동정책과 기업주의 전근대적 노사관계관이 문제의 근본적 원인을 제공하였다고 보아야 한다. 6.29선언 이후의 노사분규는 그러한 시각에서 파악되어야 한다.

b) 새로 개정된 헌법(1987. 10. 29)은 제32조와 제33조에 근로의 권리 및 근로3권에 관한 규정을 두고 있다. 제32조에서는 근로자의 고용의 증진과 적정임금의 보장에 노력할 것(동조 Ⅰ 2문 전단), 근로조건의 기준을 인간의 존엄성을 보장하도록 법률로 정함과 아울러 최저임금제를 시행할 것(동조 Ⅲ, Ⅰ 2문 후단), 여성근로자는 특별한 보호를 받으며 고용·임금 및 근로조건에 있어서 부당한 차별을 받지 않도록 할 것(동조 Ⅳ), 연소자의 근로에 대해서는 특별한 보호를 할 것(동조 Ⅴ), 국가유공자·상이군경 및 전몰군경의 유가족에 대해서는 법률이 정하는 바에 의하여 우선적으로 근로의 기회를 부여할 것(동조 Ⅵ)을 규정하였다. 이 조항의 기본골격은 개정 전의 헌법조항과 마찬가지로 근로조건의 기준은 「인간의 존엄성」을 보장할 수 있도록 하는 것이 그 기본 목적임을 명백히 함과 동시에 1986년 말에 제정된 최저임금법과 관련하여 국가의 최저임금제의 시행의무를 규정하고 있다. 또한 여성에 대하여는 특별한 보호를 보장하고, 부당한 차별대우를 금지케 함으로써 노동관계에 있어서 남녀평등원칙을 재천명하였다(남녀고평법 참조). 제33조는 근로자의 근로3권을 법률의 유보 없이 보장하고 있다(동조 Ⅰ). 다만 단체행동권에 관하여는 「법률이 정하는 주요방위산업체에 종사하는 근로자」의 경우에 이를 제한하거나 인정하지 아니할 수 있도록 하여(동조 Ⅲ) 개정 전의 규정과 비교할 때에 그 제한의 폭은 크게 완화되었다.

2. 주요노동관계법령의 제정 및 개정 내용

1987년 10월에 헌법이 전면 개정됨에 따라 중요한 노동관계법령의 개정이 이에 맞추어 이루어졌는데 각 법령의 주요 개정 내용을 살펴보면 다음과 같다.

a) 근로기준법 이 시기(1987년과 1989년)의 근로기준법의 주요 개정 내용은 다음과 같다. 첫째, 근로기준법의 적용범위를 상시 5명 이상의 근로자를 사용하는 모든 사업장에까지 확대하였으며, 이에 따라 부분적용을 받는 사업장의 규모는 4명 이하로 조정되었다. 둘째, 근로자를 즉시해고함에 있어서 천재·사변 기타 부득이한 사유로 인한 경우는 물론 근로자의 귀책사유로 인한 경우를 법률에 명시하여 이를 제한하였으며 후자에 대해서는 노동부장관의 승인을 받도록 하였다. 또한 정당한 이유 없이 해고 등의 불이익 처우를 받은 근로자는 노동위원회에 권리구제를 신청할 수 있도록 하였다. 셋째, 기업이 도산하는 경우 근로자의 최종 3개월분의 임금과 퇴직금·재해보상금에 대해서는 최우선변제를 받도록 하여 임금지급보장을 강화하였다. 넷째, 휴업수당을 평균임금의 100분의 70 이상으로 상향 조정하면서 부득이한 사유로 사업계속이 불가능한 경우에는 그 범위 이하의 휴업지급을 할 수 있도록 하였다. 다섯째, 1주 법정근로시간을 44시간으로 단축하고, 연차유급휴가일수를 10일로 상향조정하였으며, 여성근로자에 대한 생리휴가를 청구에 관계없이 부여하도록 보장하였다.

b) 노동조합법과 노동쟁의조정법 1987년 11월에 노동조합법은 근로자의 자유의사에 의한 노동조합의 설립과 조직유형의 선택을 보장하고 노동조합의 자율성 제고와 기능의 활성화를 통한 노사간의 균형을 유지하는 한편, 노사문제의 원만한 해결을 유도하여 산업평화를 추구한다는 취지하에서 다음과 같이 개정되었다. 첫째, 기업별조직인 단위노동조합의 설립만을 허용하던 규정(조직유형강제규정)을 삭제하여 노동조합의 조직유형과 설립형태를 근로자의 자유의사에 맡겨 자율화함으로써 헌법상의 단결권의 내용에 합치하는 노동조합의 조직과 설립을 보장하였고(노동조합조직선택·설립의 자유), 둘째, 노동조합의 자율성을 확보하기 위하여 규약·결의의 취소·변경명령은 법령에 위반했을 경우로 국한하고 노동조합임원의 자격제한규정과 행정관청의 노동조합해산 및 임원개선명령권(任員改選命令權)을 삭제하였으며, 셋째, 노동조합의 재정집행을 공정하게 하기 위하여 회계감사를 강화하고 그 결과를 공개토록 하였고, 넷째, 노동조합의 단체교섭권위임을 자유롭게 함과 동시에 위임신고제도를 통보제도로 개선하고 위임절차도 총회 또는 대의원회의 의결사항으로 하였으며, 다섯째, 단체협약의 유효기간을 3년에서 2년으로 단축하고, 여섯째, 노동조합이 당해 사업장의 근로자 3분의 2 이상을 대표하고 있는 경

우 union shop 조항을 체결할 수 있도록 하였다.

마찬가지로 노동쟁의조정법은 노동쟁의를 신속히 해결하기 위하여 노동쟁의의 절차를 합리적으로 개선하고 근로자의 단체행동권 행사의 제한을 완화하여 정상적인 쟁의행위를 제도적으로 보장함으로써 노사문제의 자율적인 해결을 도모할 수 있도록 개정되었다. 주요 개정 내용을 보면 다음과 같다. 첫째, 공익사업의 범위에서 증권거래·석탄광업 및 산업용 연료사업을 삭제하고 운수사업의 범위를 공중운수사업으로 축소하였으며, 둘째, 임의조정제도에 관한 규정을 두어 자주적 조정절차를 권장하고, 셋째, 쟁의행위가 금지되는 국공영기업체와 방위산업체의 범위를 축소하였으며, 넷째, 냉각기간을 일반사업과 공익사업의 경우 각각 10일과 15일로 단축하였고, 다섯째, 노동쟁의에 대한 행정관청의 알선기능을 노동위원회로 이관하고, 여섯째, 직권중재회부에 관한 결정은 노동위원회만이 할 수 있도록 하였으며, 일곱째, 중재시 쟁의행위 금지기간을 현행 20일에서 15일로 단축하였다.

c) 남녀고용평등법의 제정 새로 제정된 남녀고용평등법(1988년 4월 1일부터 시행)은 헌법의 평등이념에 기초하여 고용에 있어서 남녀의 평등한 기회 및 대우를 보장하는 한편 모성보호와 근로여성의 지위향상을 목적으로 모집과 채용시, 교육·배치 및 승진시, 정년·퇴직 및 해고시 차별을 금지함과 동시에 영아를 가진 근로여성의 경우에는 1자녀에 대하여 1회 1년 이내의 육아휴직을 인정하고, 계속 취업을 지원하기 위하여 수유·탁아 등 육아에 필요한 시설의 제공의무를 사용자에게 부과하였다. 또한 동일노동·동일임금의 원칙을 규정하고, 동일노동의 기준으로 기술·노력·책임 및 작업조건을 예시하였으며, 1년간의 육아휴직기간을 근속연수에 포함시키도록 하였고 사업주와 근로여성 사이의 분쟁해결에 노동조합의 관여를 허용하고, 분쟁과 관련한 모든 입증책임은 사업주가 부담하도록 하였다.

d) 산업안전보건법과 산재보험법의 전면개정 1990년 1월 13일에는 근로기준법과 산업안전보건법의 개정이 이루어졌는데, 이 개정으로 산업안전보건법은 안전과 보건에 관한 근로기준법의 내용을 흡수·통합하여 산업재해예방과 관련한 모법(母法)으로서의 지위를 갖게 되었다. 이에 따라 근로기준법상의 관련조항들에 대한 개정도 이루어졌다. 유해·위험작업의 근로시간에 관한 규정을 삭제하고 이를 산업안전보건법 내에 규정하였으며, 근로기준법 제6장의 안전과 보건에 관한 규정은 같은 법 제64조를 「근로자의 안전과 보건에 관하여는 산업안전보건법이 정하는 바에 의한다」고 개정함으로써 산업안전보건법에 의하여 대체되었다. 그러나 산업안전보건법상의 사업주의 안전·보건 조치의무가 근로계약관계에서 사용자가 근로자에게 이행해야 할 의무로서 규정된 것은 아니며

([57] 6. 참고), 공법상의 의무로 규정된 것이다.

산재보험법은 1963년 11월 5일 제정·공포된 이래 1994년 12월 22일 전면 개정에 이르기까지 13차례에 걸친 개정을 통하여 피재근로자(被災勤勞者)에 대한 실질적 보상수준의 향상, 사업주의 공평부담 그리고 보험료징수업무의 간소화 등을 꾀하고 있다. 1994년의 전면개정시에는 그동안 정부에서 직접 관리·운영하던 산업재해보상보험에 관한 일선업무를 노동부 산하의 근로복지공사에 위탁하게 됨에 따라 이 기관의 운영체제를 비수익적 성격의 복지공단조직으로 개편하여 산업재해보상보험업무의 전문성과 효율성을 확보하고, 산업재해보상보험특별회계법과 산업재해보상보험업무 및 심사에 관한 법률을 산재보험법 내에 통합·정비함으로써 산업재해보상업무의 효율화를 기하였다.

3. 고용관련법령의 입법

1990년대 초반의 가장 두드러진 입법은 고용관련법령이라고 할 수 있다. 즉, 고도경제성장에 따른 산업구조의 조정과 계속되는 경기변동의 여파로 고용사정이 더욱 악화되어 가는 추세에 있었기 때문에 이로 인한 대량의 실업에 대비하고 양질의 노동력의 수급균형을 유지하기 위하여 정부는 고용관련법령들을 새로 제정하거나 정비하였다. 고용정책기본법(1993. 12. 27 제정)과 고용보험법(1993. 12. 27 제정)이 새로 제정되었으며, 구 직업안정및고용촉진에관한법률이 전면개정되면서 고용촉진에 관한 사항들은 새로 제정된 고용정책기본법(1993. 12. 27 제정)에 흡수되었고, 직업안정업무의 합리성과 전문성 제고를 주된 목적으로 하는 새 직업안정법(1994. 1. 7 전면개정)이 전면개정 형식으로 구법에 이어 탄생하였다.

먼저 고용정책기본법은 국가가 고용에 관한 정책을 종합적으로 수립·시행함으로써 국민 개개인이 그 능력을 최대한 개발·발휘할 수 있도록 하고, 노동시장의 효율성 제고와 노동력의 수급균형을 도모함을 목적으로 하며, 이를 위하여 국가가 수립·시행해야 할 시책과 근로자 및 사업주 등의 책무 등을 규정하고 있다. 국가가 담당해야 할 주요 시책의 내용으로는 먼저 중장기적인 고용정책의 기본계획을 수립·시행하고, 고용정보 등을 수집·제공함으로써 구인과 구직에 도움을 주어야 하며, 구직자나 고령자 또는 여성과 청소년 등에 대한 고용촉진을 지원하고 이를 위하여 고용촉진훈련을 실시하거나 해당 시설을 설치·운영할 수 있도록 하고 있다. 그 밖에도 국가는 특히 중소기업 사업주의 노동력 확보를 지원하고, 사업주의 고용조정을 지원하거나 실업대책을 수립·시행한다. 국가는 이와 같은 임무를 수행할 기관으로 고용정책심의회와 직업안정기관을 설치·운영하여야 한다.

고용보험법은 실업의 예방, 고용의 촉진 및 근로자의 직업능력의 개발·향상을 도모하고 국가의 직업지도·직업소개 기능을 강화하기 위하여, 고용안정사업·직업능력개발 및 실업급여사업을 실시할 것을 목적으로 한다. 이와 같은 고용보험법은 모든 사업 또는 사업장에 적용하되, 사업의 규모를 고려하여 대통령령이 정하는 사업에 대해서는 적용을 제외하도록 하고 있고, 제10조(현행)는 고용보험의 적용이 제외되는 근로자를 열거하였다.

[13] Ⅳ. 경제위기시대와 노동입법

1. 노동관계법령의 구조변화

(1) 서　설

1993년 문민정부의 출범 이후 우리 정부는 WTO(World Trade Organisation: 세계무역기구) 체제로 대표되는 세계경제의 무한경쟁시대의 개막과 OECD(Organisation for Economic Cooperation and Development: 경제협력개발기구) 가입이라는 경제환경의 변화에 대처하고, 다른 한편으로는 우리 경제가 처하고 있는 경제적 위기상황(예컨대 성장률둔화·수출부진·국제수지적자의 증가·중소기업의 대량도산 사태 등)을 극복하기 위하여 이른바 「고비용·저효율구조」의 체질을 변화시키고 기업의 경쟁력을 강화하기 위한 여러 정책을 추진하기 시작하였다. 이와 같은 배경하에서 기업의 경쟁력 강화를 위한 지원을 하고 동시에 근로자의 삶의 질을 향상시킴으로써 노사공영의 제도적 기반을 갖춘다는 취지하에 노사의 「자율과 책임」을 강화하고 민주적 노사관계를 지향하며, 국제적 규범을 우리 노동현실과 조화되는 한 수용하는 방향으로 노동관계법의 대폭적인 제·개정이 단행되었다(1996. 12. 31 및 1997. 3. 13). 정부는 이러한 과제를 달성하기 위하여 노동관계법의 주요 개정방향을 i) 노동시장의 규제완화와 유연성제고, ii) 노사자율교섭기반의 정비와 쟁의행위 및 분쟁조정의 합리화, iii) 불합리한 제도·관행의 개선, iv) 노동행정의 합리적 개편, v) 참여와 협력적 노사관계기반의 조성 등에 두고, 현행 노동관계법의 체계와 내용에 광범위한 수정을 가하였다. 특히 해고와 근로시간을 중심으로 한 근로기준법의 대폭적인 개정을 비롯하여, 종래의 노동조합법과 노동쟁의조정법을 통합하여 개별적 근로관계에서의 일반법인 근로기준법에 대응하는 집단적 노사관계의 일반법으로서 노조및조정법(노동조합 및 노동관계조정법)을 제정하였고,[1] 기존의 노사협의회법을 근로자참여협

1) 노조법과 조정법의 통합을 위한 개정법안의 제시에 관한 연구서로는 김형배·윤성천·임종률·하경

력법(근로자참여 및 협력증진에 관한 법률)으로 개정하면서 협의사항과 보고사항 외에 합의사항을 추가하는 등 근로자의 참여의 범위와 정도를 확대하였으며, 노동위원회의 독립성·공정성·전문성을 제고하는 방향으로 노동위원회법을 개정하였다.

그러나 이렇게 개정된 노동관계법은 그 법률안이 성안되는 과정에서 주요 선진적 조항을 중심으로 노사관계개혁위원회가 작성한 본안과는 다소 거리가 있는 방향으로 변경된 것이다.[1] 또한 법안들은 절차적인 측면에서도 국회에서 여야간에 충분한 토의와 협의를 거치지 못한 채, 여당의원의 참여만으로 기습통과되면서 국민적 합의에 큰 흠을 남기게 되었다. 그 결과 노동관계법의 변칙처리에 항의하는 노동계의 총파업이 장기간 계속되었으며, 전국적으로 비판적 여론이 확산되면서 경제적·사회적 혼란이 크게 가중되었다. 따라서 정부와 국회는 동 노동관계법의 재개정방침을 결정하고, 1997년 3월 10일 여야합의로 새 노동관계법을 통과시켰으며, 같은 해 3월 13일 동 법률이 공포·시행되기에 이르렀다. 이로써 1996년 12월 31일 공포되고 1997년 3월 1일 시행된 노동관계법은 12일간 효력을 발휘한 단명한 법률이 되었다. 그리고 같은 해 3월 13일 공포된 노동관계법은 그 전 해 12월 31일 공포된 기존 노동관계법을 폐지하고 새로 제정되는 형식을 취하였으나, 실질적으로는 주요 쟁점사항을 중심으로 부분적인 개정이 이루어졌을 뿐이며, 일부 법률에 한해 조문의 배열을 새로 하는 데 그쳤다. 기존법률을 폐지하고 새로 제정하게 된 노동관계법은 근로기준법(법률 제5309호), 노조및조정법(법률 제5310호), 근로자참여협력법(법률 제5312호), 노동위원회법(법률 제5311호)이다.

⑵ 노동관계법의 주요 제정 및 개정 내용

a) 먼저 근로기준법의 주요 개정 내용은 다음과 같다. i) 통상의 근로자에 비하여 짧은 시간을 근로하는 단시간근로자의 보호를 위해서 그 근로조건을 동종업무에 종사하는 통상근로자의 근로시간에 비례하여 결정하도록 하였다. ii) 경영상의 이유에 의한 해고제도를 기존의 해고제한규정(제27조)과는 별도로 규율하고, 경영상의 이유에 의한 해

효,「集團的 勞使自治에 관한 法律 — 試案과 立法理由 —」, 1992 참고. 이 책은 노동조합법 및 노동쟁의조정법을 단행법(노동조합 및 노동관계조정법)으로 만드는 데 결정적 기초가 되었다.

1) 노사관계개혁위원회 편,「'96 노동관계법·제도 개혁안」, 1996. 11, 6면 참고. 이 시기의 노동관계법의 개정과정을 요약하면 다음과 같다. 정부는 1996년 4월 24일 참여와 협력을 기반으로 하는 새로운 노사관계의 구축을 주창한 "대통령의 신노사관계구상"을 발표하였고, 같은 해 5월 9일 노·사·공익을 대표하는 30인의 위원으로 구성된 "노사관계개혁위원회(노개위)"를 대통령직속자문기구로 발족하여 노동관계법의 개정방안을 논의하도록 하였다. 노사관계개혁위원회는 약 6개월에 걸친 논의와 토론을 통하여 같은 해 11월 7일에 몇 가지 중요 쟁점에 대한 합의를 보류한 채 노동관계법 개정요강을 확정하고, 같은 달 12일 그 결과를 대통령에게 보고하였다. 한편 정부는 노개위와는 별도로 국무총리를 위원장으로 하고 노동부 등 14개부처의 장관이 위원으로 참여한 "노사관계개혁추진위원회"를 구성하고 "노개위"의 논의 내용을 참고로 하여 별도의 정부안을 마련하였다.

고의 요건과 절차를 상세히 규정하였다.[1] iii) 퇴직금제도를 기업실정에 맞게 탄력적으로 운영할 수 있도록 하기 위하여 퇴직 전에도 퇴직금을 받을 수 있는 퇴직금중간정산제를 실시할 수 있도록 하고, 법정 퇴직금액을 하회하지 아니하는 범위 내에서 퇴직연금보험제도 등을 도입할 수 있는 근거를 마련하였다. iv) 근로시간의 신축적인 운영이 가능하도록 탄력적 근로시간제, 선택적 근로시간제 그리고 재량근로시간제의 도입근거를 마련하였다. v) 운수업·병원 등 공공의 편의나 업무의 특성에 따라 근로시간을 연장할 필요가 있는 업종에 대하여는 노·사간 서면합의를 요건으로 주 12시간의 연장근로시간을 초과하여 근로하게 할 수 있도록 하였다. vi) 휴가의 실제사용을 촉진하기 위하여 사용자가 노·사간 서면합의를 요건으로 연·월차휴가일에 갈음하여 특정근로일에 근로자를 휴무시킬 수 있도록 하는 연·월차휴가의 대체제도를 도입하였다. vii) 의무교육과정이 중학교까지 확대되고 있는 추세를 감안하여 최저취업연령을 13세에서 15세로 상향조정하였다.

b) 노동조합 및 노동관계조정법은 종래의 노동조합법과 노동쟁의조정법을 통합하여 총칙(목적, 정의, 민·형사면책), 노동조합(통칙, 설립, 관리, 해산), 단체교섭 및 단체협약(교섭 및 체결권한, 교섭원칙, 협약의 작성·유효기간, 해석, 구속력확장 등), 쟁의행위(쟁의행위의 기본원칙, 제한·금지, 조정의 전치 등), 노동쟁의의 조정(통칙, 조정(調停), 중재, 공익사업 등의 조정(調整)에 관한 특칙, 긴급조정(緊急調整)), 부당노동행위 등의 장(章)을 기본체계로 하여 제정되었다.[2] 그 주요 내용은 다음과 같다. i) 노동조합의 정치활동금지규정을 삭제하여 다른 사회단체와 같이 정치관계법령의 규정에 따라 규율하도록 하되, 주로 정치운동 또는 사회운동을 목적으로 하는 단체는 노동조합으로 보지 아니하도록 하였다. ii) 복수노조의 설립을 허용하되 상급단체는 2000년부터, 단위사업장의 노동조합은 2002년부터 허용하며 교섭창구의 단일화 등 단체교섭의 방법·절차는 2001년 말까지 강구하도록 하였

1) 동 규정에 따르면, 사용자가 경영상의 이유로 근로자를 해고할 수 있기 위해서는 (i) 계속되는 경영의 악화, 생산성향상을 위한 구조조정과 기술혁신 또는 업종전환 그리고 계속되는 경영의 악화로 인한 사업의 양도·합병·인수 등의 긴박한 경영상의 필요가 있어야 하고(제27조의2 Ⅰ·Ⅱ), (ii) 사용자의 해고회피노력과 합리적이고 공정한 해고기준에 의한 대상자의 선정이 행해져야 하며(제27조의2 Ⅲ), (iii) 해고일 60일 전까지 당해 사업장의 노동조합과 근로자에게 해고사실을 통지하여야 하고(제27조의3 Ⅰ), (iv) 해고사실을 알린 뒤 근로자대표와 해고회피방안 및 피해고자선발기준에 관하여 성실히 협의하여야 하며(제27조의3 Ⅱ), (v) 일정규모 이상의 인원을 해고하고자 하는 경우에는 노동위원회의 승인을 얻도록 하였다(제27조의2 Ⅳ). 그리고 위의 규정에 의하여 근로자를 해고한 사용자가 해고사실을 알린 뒤 2년 이내에 근로자를 채용하고자 할 때에는 피해고근로자를 우선적으로 고용하도록 노력하여야 한다(제27조의4).

2) 노조법과 조정법의 입법적 통합의 기초가 되었던 「집단적 노사자치에 관한 법률 ―시안과 입법이유―」(김형배·윤성천·임종률·하경효), 1992 참고.

다. iii) 노동조합 관련업무의 전문적·효율적인 수행을 위하여 노동조합의 설립신고 등에 관한 업무의 관할 행정관청을 종전의 노동부장관 또는 시·도지사에서 노동부장관으로 일원화하였다. iv) 사용자가 노동조합 전임자에게 급여를 지원하는 행위를 부당노동행위로 규정하되 이 법의 시행 당시 이미 사용자가 전임자의 급여를 지원하고 있는 사업 또는 사업장에 한해서는 2001년 말까지 이를 합법시하도록 하였다. v) 노동조합의 대표자에게 단체협약의 체결권한이 있음을 확인하고 노동조합과 사용자가 성실히 교섭하여야 할 것을 규정함으로써 단체교섭이 지나치게 지연되는 것을 방지하였다. vi) 임금에 관한 단체협약의 최장유효기간을 종전의 1년에서 2년으로 하고 단체협약의 해석 또는 이행방법에 관하여 의견의 불일치가 있는 때에는 노동위원회가 판정하도록 하는 제도를 도입하여 단체협약의 잦은 체결과 해석에서 발생되는 노사간의 분쟁을 방지하였다. vii) 노동조합의 쟁의행위는 그 목적·방법 및 절차에 있어서 법령 기타 사회질서에 위반되어서는 아니 되도록 하는 등 쟁의행위의 기본원칙과 노동조합의 준수사항을 정하였다. viii) 제3자개입금지 규정을 삭제하되 노사당사자가 단체교섭 또는 쟁의행위에 있어서 지원을 받을 수 있는 자를 명시하고, 그 외의 자는 이에 간여하거나 조종·선동하는 것을 금지하였다. ix) 사용자는 쟁의행위기간 중에 쟁의행위로 중단된 업무수행을 위하여 일부 예외적인 경우를 제외하고는 당해 사업과 관련이 없는 자를 채용 또는 대체할 수 없도록 하였다. x) 사용자는 쟁의행위에 참여한 근로자에 대하여는 그 기간에 대한 임금을 지급하여서는 아니 되며, 노동조합은 임금지급을 요구하거나 이를 관철할 목적으로 쟁의행위를 할 수 없도록 하였다. xi) 노동쟁의의 조정을 위하여 구법에서는 알선과 조정(調停)을 거치도록 하던 것을 조정(調停)으로 일원화하고, 쟁의행위는 일정한 기간을 정하여 반드시 조정 또는 중재 등의 조정절차를 거친 후에만 할 수 있도록 하였다. xii) 구법에서는 모든 공익사업에 대하여 직권중재를 할 수 있도록 하였으나 노사자율에 의한 노동쟁의 해결을 촉진하기 위하여 개정법에서는 수도·전기·가스·통신 등 필수공익사업의 경우에만 직권중재를 할 수 있도록 하였다.

c) 종래의 노사협의회법은 그 명칭이 근로자참여 및 협력증진에 관한 법률로 변경·개정되었다. 주요 개정 내용은 다음과 같다. i) 노사협의회의 근로자위원 위촉에 있어서 종전에는 노동조합이 조직되어 있는 경우에는 노동조합이 근로자위원을 위촉하도록 하였으나, 개정법에서는 노동조합이 근로자의 과반수를 대표할 때에 한하여 근로자위원을 위촉하도록 하고 그 외의 경우에는 근로자가 직접 근로자대표를 선출하도록 함으로써 근로자위원의 대표성을 확보하게 하였다. ii) 노사협의회에서 노사가 협의하여야 할 사항에 성과배분, 고용조정에 관한 사항, 신기계·기술의 도입 또는 작업공정의 개선 등에

관한 사항을 추가하였다. iii) 노사협의회에서 처리하여야 할 사항으로서 협의사항 외에 합의사항을 추가하여 근로자의 교육훈련 및 능력개발을 위한 기본계획의 수립, 복지시설의 설치와 관리, 사내근로복지기금의 설치 등에 관한 사항은 노사협의회의 의결을 거쳐 결정하도록 하였다. iv) 사용자가 기업의 경제적·재정적 상황 등에 관하여 노사협의회에 보고 및 설명을 하지 아니하는 경우에는 근로자위원이 당해 사항에 관한 자료의 제출을 요구할 수 있도록 하였다. v) 노사협의회의 합의사항에 관하여 의결이 성립되지 아니하거나 노사협의회에서 의결된 사항의 해석·이행에 관하여 다툼이 있는 경우에는 노사합의로 협의회 내에 중재기구를 두어 해결하거나 노동위원회 등의 중재를 통하여 해결할 수 있도록 하였다. vi) 중앙노사협의회를 중앙노사정협의회로 명칭을 변경하고 동 위원회에 정부대표를 참여시킴으로써 국가의 산업·경제·사회정책과 관련된 주요 노동문제에 관한 노·사·정의 협의기능을 강화하였다.

d) 불안정한 고용환경과 열악한 근로조건하에서 근무하는 건설근로자의 고용안정과 직업능력의 개발·향상을 위하여 필요한 지원을 하고, 건설근로자에게 퇴직공제금을 지급하는 퇴직공제사업을 실시함으로써 건설근로자의 고용개선과 복지증진을 촉진하고 건설산업의 발전을 도모하기 위해서 건설근로자의 고용개선 등에 관한 법률이 제정되었다. 그 주요 골자는 다음과 같다. i) 노동부장관은 건설근로자의 고용관리개선, 고용안정, 직업능력의 개발·향상 및 복지증진 등을 지원하기 위한 시책을 종합적·체계적으로 추진하기 위하여 건설근로자 고용개선 기본계획을 수립·시행하도록 하였다. ii) 건설근로자를 고용하는 사업주는 건설근로자의 모집·고용·배치업무와 기능향상을 위한 교육훈련 및 작업환경개선 등의 업무를 담당할 고용관리책임자를 사업장별로 지정하도록 하였다. iii) 노동부장관은 건설근로자의 고용안정 및 직업능력의 개발·향상을 위하여 필요한 직업훈련·교육훈련 등을 실시하거나 건설근로자의 취업·고용문제에 대한 상담시설을 설치·운영하는 자에 대하여 필요한 비용을 지원할 수 있도록 하였다. iv) 건설관련 공제조합 및 사업주단체는 건설근로자 퇴직공제회를 설립하도록 하고, 동 공제회는 건설근로자를 고용하는 사업주로부터 당해 근로자를 피공제자로 하는 공제부금을 납부받고 피공제자인 근로자가 건설업을 퇴직하는 경우 퇴직공제금을 지급하는 건설근로자 퇴직공제사업을 실시하도록 하였다. v) 근로기준법에 의한 퇴직금을 지급할 의무가 있는 사업주는 이미 납부한 공제부금의 범위 안에서 그가 고용한 건설근로자에 대한 퇴직금의 지급의무를 면제하도록 하여 사업주의 이중부담을 방지하였다. vi) 건설근로자 퇴직공제사업에 대한 참여를 촉진하기 위하여 동 사업에 참여하는 사업주에 대하여는 시공능력평가 등 건설시책의 시행에 있어 우대할 수 있도록 하였다.

2. 외환위기와 노동법의 제정·개정

(1) 서 설

1997년 초반부터 대기업들의 부도사태 등(한보와 기아그룹 등의 부도)으로 심각해진 경제적 위기상황(특히 금융·외환위기)은 급기야 우리 경제주체들의 자체 노력만으로는 극복될 수 없는 상태에 도달하였다. 따라서 우리 정부는 이러한 위기를 해소하기 위하여 1997년 11월 21일 국제통화기금(이하 IMF라 약칭한다)에 구제금융지원을 요청하게 되었으며, 동년 12월 3일 우리 정부와 IMF간에 구제금융지원조건에 대한 합의가 이루어짐으로써 우리 경제에 대한 「IMF관리체제」가 시작되었다. IMF측은 구제금융을 지원해 주는 조건으로 금융산업을 비롯한 전체 산업에 걸친 구조조정 등을 요구하고, 노동부문에서는 노동시장의 유연성 제고 및 고용보험제도의 강화를 요구하였다. 이와 같은 배경하에서 당면한 경제위기의 타파를 위한 방안(특히 노동부문)을 모색하기 위하여 근로자대표·사용자 대표·정부 대표로 구성된 「노사정위원회」가 1998년 1월 15일 발족하여 동년 2월 7일 「경제위기극복을 위한 사회협약」[1]을 체결하였고, 1998년 2월 14일에 동 협약의 후속조치의 일환으로 노동관계법의 개정 및 제정이 이루어졌다. 이러한 노동관계법의 개정 및 제정의 취지는 한 마디로 기업의 구조조정을 원활히 하기 위하여 노동시장의 유연성을 제고하고, 이로 인하여 발생되는 사태에 대처하려는 것이었다. 그 주요 내용을 살펴보면, 첫째, 근로기준법에서는 고용시(근로계약 체결시)의 보호요건을 보다 명확히 하였으며 그 시행시기도 공포 즉시 가능하도록 하였고, 둘째, 새로 제정된 근로자파견법에서는 기업이 노동인력을 탄력적으로 활용할 수 있도록 함과 동시에 파견근로자의 권익을 보호하는 태도를 명확히 하였으며, 셋째, 기업의 구조조정 과정에서 수반되는 대량실업에 적극 대처하고 종합적인 고용안정사업을 실시하기 위하여 고용보험법과 고용정책기본법을 개정하였으며, 넷째, 기업의 도산시 근로자의 생활안정 및 임금채권의 보장을 위하여 임금채권보장법을 제정하였고, 다섯째, 노동조합관련업무를 노동부장관으로부터 지방자치단체장에게 이관하기 위하여 노조및조정법을 개정하였다.

(2) 새로 제정된 노동관계법의 개관

a) 근로자파견법(1998. 2. 20, 법률 제5512호)의 주요 내용을 살펴보면 다음과 같다. i) 파견사업의 허용 내지 금지범위를 규정하였다. ii) 근로자파견사업은 노동부장관의 허가를 얻도록 하였다. iii) 파견사업주와 사용사업주 간에 근로자파견계약을 서면으로 체

1) 사회협약은 국민대통합을 위한 건의 등 총 10개 과제로 되어 있으며, 각 과제별로 구체적인 추진 방향에 따른 합의 내용 및 일부 내용과 관련하여 추가적인 과제를 담은 2차 과제 내용을 포괄하고 있다.

결하도록 하였다. iv) 파견근로자의 권익을 보호하기 위해 근로기준법 및 산업안전보건법의 적용 특례규정을 두었다. v) 파견사업주와 사용사업주가 강구해야 할 조치를 구체적으로 규정함으로써 근로계약관계와 사용·취업관계를 중심으로 파견근로자의 법률관계를 명확히 구별하고, 이에 대한 보호규정을 두었다.

b) 임금채권보장법(1998. 2. 20, 법률 제5513호)의 주요 내용은 다음과 같다. i) 동법의 적용범위를 산재보험적용 5명 이상 사업장으로 하였다. ii) 사업주가 파산 등의 사유로 임금을 체불하는 경우 최종 3개월분의 임금 및 최종 3년간의 퇴직금을 지급하도록 하였다. iii) 노동부장관이 미지급임금과 퇴직금을 대신 지급하는 데 소요되는 비용충당금을 사업주부담으로 하였다. iv) 노동부장관이 미지급임금을 지급한 경우 이에 대한 근로자의 임금청구권을 대위하도록 하였다. v) 임금채권보장기금의 설치·운영규정을 두었다.

c) 공무원의 근무환경개선·업무능률향상 및 고충처리 등을 위하여 직장협의회의 설치·운영에 관한 기본사항을 정한 법률(공무원직장협의회의설립운영에관한법률. 1998. 2. 24, 법률 제5516호, 1991. 1. 1 시행)이 제정되었다. 이 법률은 직장협의회의 구성, 가입범위, 협의회의 기능, 기관장의 의무에 관하여 규정하고 있다(전문 7개조). 이 법률은 국가기관·지방자치단체 및 그 하부기관에 근무하는 공무원간의 평화적 협의를 활성화하고 근무여건을 개선하기 위하여 제정된 것이므로 일반근로자들에게 적용되는 근로자참여협력법과 유사한 것이라고 볼 수 있다.

d) 1998년 2월에 체결된 「경제위기극복을 위한 사회협약」의 후속조치의 일환으로 같은 해 10월 31일 노사정위원회에서 교원의 노동조합결성권을 보장하기로 합의하였고, 이에 따라 1999년 1월 29일 교원노조법(법률 제5717호)이 제정되었다. 그 주요 내용은 다음과 같다. i) 단결권 및 단체교섭권을 인정하되, 법령·조례 및 예산 등에 의해 규정되는 내용과 법령 또는 조례에 의한 위임을 받아 규정되는 내용에 대해서는 단체협약으로서의 효력을 가질 수 없도록 하였다. ii) 교원노조의 가입자격을 초·중등교육법 제19조에서 규정하고 있는 교원으로 한정하였다. iii) 특별시·광역시·도단위 또는 전국단위에 한하여 노동조합을 설립할 수 있도록 하였다. iv) 단체교섭구조를 살펴보면, 국·공립의 경우 전국적 교섭은 교육부장관과, 광역시·도단위교섭은 교육감과 교섭하고, 사립학교의 경우 사학재단(사립학교를 설립·경영하는 자)이 전국 또는 시·도단위로 연합하여 교섭에 응하며, 단체교섭사항은 조합원의 임금·근로조건·복지후생 등 경제적·사회적 지위 향상에 관한 사항으로 한정하고 있다. v) 노동조합과 조합원의 쟁의행위는 일체 금지된다. vi) 노동쟁의의 조정 및 중재와 관련된 여러 규정들을 마련하였다. vii) 교원노조의 정치활동은 금지된다.

[14] V. 사회적 합의모델과 노동입법

1. 서 설

2000년대에 들어서면서 노동법의 개정논의는 1999년 법률상의 기구로 설립된 노사정위원회를 중심으로 전개되었다.1) 노사정위원회를 중심으로 한 노동관계법의 개정논의의 주된 내용은 다음과 같다. 근로기준법에서는 i) 주 5일(40시간) 근무제, ii) 비정규근로자의 보호, iii) 산전·산후 휴가와 육아휴직대상근로자의 확대, iv) 정리해고의 제한완화, v) 연·월차휴가의 축소, vi) 생리휴가무급제 등이 문제가 되었고, 노조및조정법에서는 i) 실업자들의 노조설립과 가입, ii) 노조전임간부에 대한 급여지원금의 지급규제, iii) 복수노조의 교섭창구 단일화 내지 자율화, iv) 단체협약불이행 및 부당노동행위에 대한 처벌, v) 필수공익사업에 대한 직권중재 등이 쟁점이 되었으며, 이 이외에 공무원노조의 인정이 커다란 이슈로 등장하였다.

그러나 위의 쟁점들을 입법화하기 위하여 논의하는 과정에서 노사관계의 직접 당사자가 그들의 이해에 직결되는 제도에 합의하여 객관적이고 합리적인 초안을 만든다는 것은 실제로 불가능한 일에 가깝다는 것을 보여 주기도 하였다. 즉 노사정위원회제도는 노동관계법의 입법안 마련에 있어서 한계성을 드러내기도 하였다.

이와 같은 상황에서 여러 가지 우여곡절 끝에 2006년 11월과 12월에는 우리 노동법에 있어서 매우 의미 있는 두 분야의 중요한 입법이 이루어졌다. 그 하나는 이른바 비정규직 보호법률(기간제및단시간법의 제정 및 근로자파견법의 개정)2)이고, 다른 하나는 노사관계 선진화입법(근로기준법, 노조및조정법, 근로자참여협력법)3)으로 불리는 것이다. 두 분야의 입법 모두 오랜 시간의 토의를 거쳐 어렵게 성안되고 의결되었다.4)

---

1) 1999년 5월 24일 제정된 노사정위원회의 설치 및 운영 등에 관한 법률에 의하여 경제위기의 극복과 국민경제의 균형 있는 발전을 위한 노사정협력방안을 협의하는 기구로서 대통령령에 의하여 1998년 설치된 노사정위원회를 법률상의 기구로 격상하였다.

2) 기간제및단시간법은 2006년 12월 21일 제정, 2007년 7월 1일부터 사업장규모별로 순차적으로 시행. 근로자파견법은 2006년 12월 21일 개정, 2007년 7월 1일부터 순차적으로 시행.

3) 근로기준법은 2007년 1월 26일 개정, 2007년 7월 1일 시행. 노조및조정법은 2006년 12월 30일 개정, 2007년 7월 1일 시행. 근로자참여협력법은 2007년 1월 26일 개정, 2007년 7월 1일 시행.

4) 두 입법 모두 노사정위원회에서 논의를 시작하였으나 사실상 노사간의 이견이 커 논의가 진전되지 못한 채 결렬되거나 단절되었다. 이로 인하여 노사정위원회의 기능과 역할에 대한 심각한 비판이 제기되기도 하였다.

2. 노사관계선진화 입법 이전의 주요 개정법률의 내용

a) 근로기준법 2001년의 개정에서는 주로 여성과 소년에 관한 규정이 개정되었으며, 2003년의 개정에서는 근로시간을 중심으로 크게 개정되었다.[1] 특히 1주 법정근로시간은 40시간으로 단축되었는데 이는 우리 노동법사에 있어서 획기적인 일이라 할 수 있다. 이와 함께 휴가제도를 국제기준에 맞추어 조정하였으며, 휴가사용을 촉진함으로써 실근로시간을 단축하였다. 또한 생리휴가를 무급화하고, 탄력적 근로시간제의 단위기간을 확대하였다.

또한 2005년 1월에는 퇴직급여보장법이 제정되었다. 그에 따라 근로기준법상의 퇴직금급여제도가 이 법으로 흡수되었다.

b) 남녀고용평등법 2001년 개정된 남녀고용평등법은 직장과 가정생활의 양립을 지원할 수 있는 육아휴직제도를 개선하고 직장 내 성차별과 성희롱을 해소하기 위하여 성희롱예방교육 및 그 구제절차를 규정하였다. 또한 남녀고용평등에 관한 분쟁의 예방과 조정을 위하여 고용평등상담실의 설치·운영 및 명예고용평등감독관제도를 도입하는 등 실질적인 모성보호 및 남녀고용평등을 구현하기 위하여 제도적 기틀을 마련하였다.

c) 노조및조정법 2001년에 개정된 동법은 노동조합과 사용자간에 체결되는 단체협약의 실효성을 확보하기 위하여 단체협약의 내용 중 그 중요한 부분을 구체적으로 명시하여 이를 위반한 자에 대하여는 1천만원 이하의 벌금에 처하도록 하고, 사업 또는 사업장 단위의 복수노조허용에 관한 규정, 노동조합전임자에 대한 급여지급금지에 관한 규정 및 노조전임자에 대한 급여지원이 부당노동행위에 해당한다는 규정의 시행을 2001년 12월 31일에서 2006년 12월 31일로 5년간 유예하는 개정을 하였다.

3. 비정규직 보호입법

(1) 서 설

비정규 보호법률은 비정규직근로(기간제, 단시간 그리고 파견근로자)의 남용과 그 근로자에 대한 차별을 현실적으로 방지하고 기업의 합리적 고용관행을 정착시키기 위하여 입법되었다. 비정규직 보호를 위한 법률은 새로 제정된 기간제 및 단시간근로자 보호 등에 관한 법률(이하 기간제및단시간법)과 개정된 파견근로자보호 등에 관한 법률(이하 근로자파견법) 그리고 비정규직근로의 보호와 관련하여 개정된 노동위원회법[2] 등으로 구성

1) 개정내용은 김형배, 「노동법」(신판 제2판), 110면 이하, 114면 이하 참고.
2) 2006년 12월 21일 개정, 2007년 7월 1일 시행.

된다.

⑵ **비정규직 보호법률의 주요 내용**

a) 비정규직 보호법률은 우선 기간제근로자와 단시간근로자 그리고 파견근로자를 가리키는 비정규직에 대한 불합리한 차별처우를 금지하고(기단법 제8조; 파견법 제21조; 벌칙 제43조의2), 노동위원회에 차별시정절차를 마련하였다. 또한 기간제 및 단시간근로의 남용을 제한하기 위하여 기간제근로자의 총사용기간을 2년으로 제한하고, 2년을 초과하여 계속 고용한 경우 기간의 정함이 없는 근로자로 의제하였다. 단시간근로자에 대한 과다한 초과근로를 방지하기 위하여 초과근로시간을 1주 12시간으로 제한하였다. 그 밖에 기간제근로자의 사용기간을 2년으로 제한함에 따라 현행 근로기준법상의 근로계약기간의 상한 규정(제16조)을 삭제하였다(기단법 부칙 Ⅲ).

b) 근로자파견법은 파견업무를 부분적으로 현실화하고, 불법파견에 대한 규율상 흠결을 보충하며 파견근로자의 보호를 강화하였다. 우선 파견업무는 현행 대상업무열거방식(이른바 포지티브 방식)을 유지하되, 요건을 일부 수정·보완함으로써 현실에 맞게 확대 및 조정할 수 있도록 하였다. 현행법상 2년의 파견기간(제6조 Ⅱ; 벌칙 제43조 ①, ②)을 초과하여 파견근로자를 계속 사용하는 경우 파견근로자에 대한 사용자의 직접고용을 의제한다는 규정을 직접고용의무로 변경하면서, 합법적 파견뿐만 아니라 모든 불법파견에 대해서도 동 규정이 적용되도록 하였다(제6조의2). 그 밖에 불법파견시 사용사업주에 대한 벌칙을 강화하였다(제43조 ①).

c) 비정규직 근로자에 대한 차별처우가 있는 경우 당해 근로자는 노동위원회에 그 시정을 신청할 수 있다(기단법 제8조; 파견법 제21조 Ⅱ). 그에 따라 노동위원회법은 차별시정절차를 운영하기 위하여 노동위원회에 차별시정위원회를 신설하고 차별시정을 담당하는 공익위원을 위촉하는 근거규정을 마련하는 등 관련 규정을 정비하였다(노위법 제15조 Ⅳ).

4. 노사관계선진화 입법

⑴ **서 설**

노사관계선진화 입법위원회는 노동기본권을 국제규범에 부합하도록 신장하고 불합리한 노사관행을 개선하며, 보호의 사각지대에 놓여 있는 근로자의 보호와 노동시장의 유연성을 제고함으로써 그 균형을 갖추도록 한다는 취지로 광범위한 주제를 선정하여(모두 34개의 의제) 논의를 진행시켰으나, 결국 기업단위 복수노조금지규정과 노조전임자 급여지원 금지규정의 시행을 3년간 유예한다는 조건으로 일부 사항에 대하여 합의를 도출하는 데 그치고 말았다. 결과적으로 「노사관계의 선진화」라는 본래의 취지보다는 노사의 이해관계의 대립을 조절·타협하는 법개정이 이루어졌을 뿐이라는 평가를 면하기 어려운 「입법」이 되고 말았다. 선진화 입법에 포함된 주요 내용은 직권중재의 폐지와 제3자 지원신고제도의 폐지, 부당해고시 벌칙삭제, 정리해고 후 재고용의무, 근로계약 및 해고통지의 서면화 등으로 요약된다.

(2) **선진화입법의 주요 내용**

선진화 입법으로 근로기준법과 노조및조정법 그리고 근로자참여협력법의 일부규정이 개정되었다.

a) 먼저 근로기준법(2007. 1. 26, 법률 제8293호)의 경우 부당해고에 대한 형사처벌을 삭제하되, 노동위원회의 구제명령에 대한 이행강제금 및 확정된 구제명령에 대한 처벌조항을 신설하였다(제33조의6). 또한 부당해고시 근로자가 원직복직을 원하지 아니하는 경우에 노동위원회는 원직복직을 명하는 대신에 금전보상을 명할 수 있도록 금전보상제를 도입하였다(제33조의3 Ⅳ). 경영상 해고에 있어서 사전협의를 위한 통보기간을 종전 60일에서 50일로 단축하였으며(제31조 Ⅲ), 경영상 해고 후 소정 기간 내에 근로자를 새로 채용할 경우 사용자에게 해고된 근로자를 재고용하도록 노력할 의무만을 부과하였던 것을 3년 이내에 해고된 근로자와 동일 업무에 근로자를 채용하고자 하는 경우에는 해고된 근로자를 우선적으로 고용하도록 의무화하였다(제31조의2). 그 밖에 사용자는 근로자를 해고할 경우 해고사유와 시기를 서면으로 통지할 것을 해고의 효력요건으로 규정하고(제32조의2), 근로조건의 서면명시 항목을 추가하여 근로조건에 관한 분쟁을 예방함으로써 근로자의 근로조건보호에 기여하도록 하였다(제24조).

b) 노조및조정법(2006. 12. 30, 법률 제8158호)의 개정은 상대적으로 광범위하게 이루어졌다. 먼저 가장 쟁점이 되었던 기업단위의 복수노조설립의 시행시기 및 노조전임자에 대한 급여지원금지의 시행시기를 2009년 12월 31일까지 3년 연장하였다. 필수공익사업에 대하여 필수유지업무제도를 도입하고(제42조의2 이하; 벌칙 제89조 ①), 쟁의행위시 대체근로를 부분적으로 허용하였다(제43조 Ⅲ 및 Ⅳ; 4항에 대한 벌칙 제91조). 그리고 종래 노동조합 규약의 필수적 기재사항인 '쟁의에 관한 사항'을 개정하여 쟁의행위의 찬반투표의 공정성과 투명성을 제고하기 위하여 '쟁의행위와 관련된 찬반투표 결과의 공개, 투표자 명부 및 투표용지 등의 보존·열람에 관한 사항'으로 수정 및 보완하였다(제11조 ⑫). 노조및조정법 제40조를 삭제하여 노사가 제3자로부터 자유롭게 지원을 받을 수 있도록 하였으며, 안전보호시설에 대한 쟁의행위시 이를 중지하도록 하는 중지명령제도(제42조 Ⅲ)는 유지하되 중지명령위반에 따른 처벌조항은 삭제하였다. 그 밖에 유니온숍 규

정을 정비하여 다른 노동조합에 가입하거나 가입하기 위하여 탈퇴하는 근로자에게 해고 등의 불이익을 금지하였다(제81조 ② 단서; 벌칙 제90조).

c) 근로자참여협력법(2007. 1. 26, 법률 제8295호)에서는 우선 근로자위원의 활동을 촉진하기 위하여 노사협의회의 출석뿐만 아니라 이와 직접 관련된 시간도 근로한 것으로 인정하고(제9조 Ⅲ), 근로자위원은 협의 및 의결사항에 관련된 자료를 사전에 요구할 수 있도록 하였다(제13조의2). 그리고 노사협의회의 협의사항 중에서 노동쟁의예방관련 사항은 제외하고 사업장내 근로자 감시설비의 설치를 추가하였다(제19조 Ⅰ).

5. 알기 쉬운 법령 만들기를 위한 노동관계법 개정

정부는 "알기 쉬운 법령 만들기"를 목적으로 법률 개정 작업을 추진해 왔다. 그 결과 2007년 4월 11일 근로기준법, 산재보험법, 진폐의 예방과 진폐근로자의 보호 등에 관한 법률 등의 전부개정법률이 공포되었고, 2007년 5월 11일에는 고용보험법, 2007년 12월 27일에는 근로자참여협력법 등이 개정되어 공포되었다. 법률의 내용은 변함이 없으나 일본식 한자 어투와 맞춤법에 맞지 않는 표현을 바로잡고 조문 번호를 새로 부여하여 법률 전체를 정비하였다.

6. 2007년 7월 27일의 근로기준법 개정

근로기준법 제44조의2와 제44조의3을 신설하여 건설공사가 하도급을 통해 수행될 경우의 직상수급인의 임금지급 책임에 대하여 규정하였다. 이 규정 등에 의하여 불법하도급의 경우에도 직상수급인은 연대책임을 부담하게 되었으며, 하수급인이 사용한 근로자의 직상수급인에 대한 임금청구권이 인정될 수 있는 특례들이 마련되었다. 원수급인이 하도급 업체 근로자의 임금지급 요구에 응해야 할 범위는 그 근로자가 민법 제404조에 따라 채권자대위권을 행사할 수 있는 금액의 범위에 한정된다. 동 규정은 2008년 1월 28일부터 시행되었다.

7. 2007년 12월 이후의 노동관계법 개정

최근에 와서 근로자의 보호범위를 확대하고 그 내용을 다양화하는 각종 법률들이 개정되었다. 대표적인 법률로는 근로기준법(2012. 2. 1), 임금채권보장법(2012. 2. 1), 남녀고용평등법(2012. 6. 1), 근로자파견법(2013. 3. 22), 최저임금법(2012. 2. 1), 산재보험법(2012. 12. 18), 고용보험법(2013. 6. 4) 등이 그것들이다. 기타의 법률들과 각 시행령들도 개정되었다.

8. 노조전임자 및 복수노조에 관한 2010년 1월 1일의 노동법 개정

1997년 3월 13일 여야의 합의로 개정된 노조및조정법에서 전임자에 대한 급여 지급을 금지하고(제24조 Ⅱ) 전임자 급여 지급을 부당노동행위로 규정하였으며(제81조 ④ 후단), 하나의 사업 또는 사업장 단위의 복수 노동조합설립의 자유를 보장하고 복수노조의 교섭창구단일화 방안을 강구하도록 하면서(부칙 〈1993. 3. 13, 제5310호〉 제5조 참조) 2002년 1월 1일부터 시행하도록 하였다. 그러나 2001년 3월 28일 및 2006년 12월 30일에 두 차례 법을 개정하여 그 시행을 2009년 12월 31일까지 연기하였다(부칙 제5조). 이에 따라 2010년 1월 1일에 노조및조정법이 개정되어 전임자에 대한 급여가 금지되고 근로시간면제제도가 도입되었으나, 다시 그 시행은 2010년 6월 30일까지 미루어졌다. 다만, 근로시간면제심의위원회에 관한 규정(제24조의2)은 2010년 1월 1일부터 시행되었다(부칙 〈2010. 1. 1, 제9930호〉 제1조). 그리고 복수노조의 설립 및 창구단일화 절차에 관한 규정(특히 제29조의2부터 제29조의5까지)은 2011년 7월 1일부터 시행되었지만(부칙 제1조), '2009년 12월 31일 현재 하나의 사업 또는 사업장에 조직형태를 불문하고 근로자가 설립하거나 가입한 노동조합이 2개 이상 있는 경우'에는 2012년 7월 1일부터 시행되도록 하였다(부칙 제6조). 우여곡절 끝에 법률이 개정되었으나, 근로시간면제제도의 운영과 관련해서는 아직 논란의 여지를 남겨놓고 있다.

9. 퇴직금 중간정산의 제한(2011년 7월 25일의 근로자 퇴직급여보장법의 제한)

퇴직급여보장법 제8조 2항은 주택구입 등 대통령령으로 정하는 사유(동법 시령 제3조)로 근로자가 요구하는 경우에만 퇴직금을 정산지급할 수 있도록 퇴직금 중간정산을 제한하였다.

10. 2012년 이후의 노동관계법의 개정

2012년 이후에 노동시장 및 노동관계의 능률화 및 합리화를 위하여 각종 노동법률의 개정 제안이 있었다. 지난 정부와 여당이 주축이 되어 추진하였던 이른바 노동개혁법안의 입법안 등이 그것이다. 즉, 근로기준법(연장근로의 한도 축소, 근로시간특례연장 업종의 제한 축소 등), 산재보험법(통상적 통근재해를 업무상 재해로 인정 등), 근로자파견법(고령자, 전문직 종사자 및 이른바 뿌리종사업무에 대한 파견 대상 업무의 확대 등), 고용보험법(구직급여 지급액의 인상 및 지급기간 확대 등) 등의 개정이 그 주된 것들이다. 그러나 위 법률안들에 대해서는 노동계와 당시 야당의 반대로 2015년에 국회통과가 무산되었다.

최근에 특히 2016년과 2017년에 와서 근로기준법, 최저임금법, 남녀고용평등법, 산재보험법, 산업안전보건법 등이 개정되어 그동안 미루어져왔던 법 개정이 부분적으로나마 이루어졌다. 노사관계의 현대화 추세에 부응하여 선진 산업국가의 입법 동향을 감안하면서 우리 법제의 내실화를 기하는 것은 여전히 앞으로 풀어야 할 과제로 남아있다. 다음에서는 그동안의 법 개정 중에서 중요한 내용만을 간단히 언급하기로 한다.

a) **근로기준법의 개정**(2017. 11. 28.) 근로기준법의 개정에서는 그동안 논란의 대상이 되었으며 판례에서도 그 견해가 한결같지 않았던 문제들이 법 개정을 통하여 일단 매듭을 짓게 되었다. 개정법은 i) 근로시간 산정의 기준이 되는 '1주란 휴일을 포함한 7일을 말한다'(근기법 제2조 ⑦)는 정의 규정을 두어 1주가 토요일과 일요일을 제외한 5일이라는 종래의 해석에 따른 장시간 연장근로(주 68시간)의 관행을 저지하였다. ii) 따라서 당사자 간의 합의에 의한 1주간 연장근로시간의 한도는 휴일근로를 포함 52시간(40시간 + 합의에 의한 12시간)으로 분명하게 되었다(근기법 제53조 I; 벌칙 제110조). 이 원칙은 2018년 7월 1일부터 사업장규모별(300명 이상 사업장부터)로 시간차를 두고 시행된다(부칙 제1조 II 참조). 다만, 상시 30명 미만의 근로자를 사용하는 사업장에 대해서는 1주 52시간에 더하여 8시간을 초과하지 아니하는 범위에서 한시적으로(2022년 12월 31일까지 부칙 제2조) 근로시간을 연장할 수 있도록 하였다(근기법 제53조 III)(시행일: 부칙 제1조 III 참조). iii) 또한 일반근로자에 대해서도 공무원과 마찬가지로 법정휴일을 유급휴일로 하였으며(근기법 제55조 II; 벌칙 제110조)(시행일: 부칙 제1조 IV 참조), 휴일근로와 연장근로가 중복되는 경우에 종래와는 달리 명문의 규정으로 중복 가산 지급되던 임금을 제한하였다(근기법 제56조 II, III; 벌칙 제109조)(공포일부터 시행). iv) 근로시간 및 휴게시간의 특례를 규정하였던 제59조를 개정하여 적용대상 업종을 5개의 업종으로 대폭 축소하였다. v) 15세 이상 18세 미만자의 1주 근로시간을 35시간으로, 1주 연장근로시간 한도를 5시간으로 줄였다(근기법 제69조; 벌칙 제110조). vi) 주 연장근로시간과 관련된 탄력적 근로시간제 개선은 실질적으로 2022년 말 이후로 미루었다.

b) **남녀고용평등법의 개정**(2017. 11. 28.) 이 법의 개정에서는 직장 내 성희롱의 금지와 예방교육 및 벌칙 등이 강화되었다. 이와 같은 법 개정의 취지는 근년의 남녀 성차별과 직장 내 성희롱 사건의 증가 현상 및 이에 대한 사회적 비판에 부응하는 입법적 조치로 이해된다. 그 중요 내용으로는 i) 직장 내 성희롱 예방교육(남녀고평법 제13조; 과태료 제39조 ②, ③)(2018. 5. 29 시행), 직장 내 성희롱 발생 시 조치(남녀고평법 제14조; 과태료 제39조 ②, ③)(2018. 5. 29 시행), 고객 등에 의한 성희롱 방지(남녀고평법 제14조의2; 과태료 제39조 ②, ③) 등과 벌칙을 강화한 것들이다.

c) **산재보험법의 개정**(2017. 12. 19.) 이 법의 개정에서는 i) 출퇴근을 '취업과 관련하여 주거와 취업장소 사이의 이동 또는 한 취업장소에서 다른 취업장소로의 이동'이라고 정의하고(산재법 제5조 ⑧), 출퇴근 재해를 업무상 사고, 업무상 질병과 나란히 독자적인 업무상 재해로 규정하였다(산재법 제37조 I ①, ②, ③ 참조). 이에 따라 동 시행령 제35조와 제35조의2는 출퇴근 중의 사고와 출퇴근 재해 적용 제외 직종에 관하여 자세히 규정하고 있다. 출퇴근 재해를 통상적인 출퇴근으로 인한 재해로 넓게 인정하게 된 배경에는 대법원 전원합의체 판결(2007. 9. 28, 2005 두 12572: 이 판결은 사용자의 지배·관리라는 요소를 출퇴근 재해의 인정여부를 판단하는 기준으로 삼았다)과 헌법재판소 결정(2016. 9. 29, 2014 헌바 254)이 직·간접적인 영향을 준 것으로 볼 수 있다. 위 헌재 결정과 대법원 판결(반대의견)은 개정 전의 법 규정이 균등대우의 원칙에 어긋난다고 판단하였다.

[14a] Ⅵ. 이른바 노동존중사회와 노동관계법의 개정

1. 서 설

2017년 5월 현직 대통령의 탄핵이라는 초유의 사태를 맞아 이른바 양대 노총 등 노동계와 진보적 시민단체를 주요 지지기반으로 집권한 문재인 정부는 노동관계법의 개정에 대해서도 노동계의 의견을 상당부분 반영하는 등 진보적 경향을 유지하였다. 이 정부의 노동정책을 드러내는 핵심용어는 소득주도성장 및 노동존중사회의 실현이라고 할 수 있다. 즉, 이 정부는 특히 저임금 노동영역의 확대가 그동안 경제적으로 내수위축에 의한 경기침체로 이어져 경제성장을 가로 막고 있다는 인식 아래, 저임금근로자의 소득보장(최저임금인상)이 경제활성화의 중요한 요소이며, 성장과 정의로운 분배의 선순환 경제를 구축하는 데 중요한 목표라는 점을 강조하였다.[1] 나아가 개인적 차원에서뿐만 아니라 집단적 차원에서 상대적으로 약화된 노동권을 강화하여 근로자들의 삶의 질을 높이는 데 기여하는 것이 노동존중사회의 목적이라고 설명하고 있다.[2]

문재인 정부의 대표적인 노동정책으로는 먼저 공공부문에서 사용 중인 비정규직 근로자를 정규직화하는 이른바 '비정규직 제로' 정책을 필두로, 최저임금을 소득주도 성

1) 조성재 외 8인, '노동존중사회 어떻게 실현할 것인가?', 「고용·노동브리프」(제75호), 한국노동연구원, 2017. 8, 3~4면 참고.

2) 노동존중사회의 개념과 이론적 논의에 대해서는 신광영, '노동존중 사회와 균형적 사회성장', 「노동존중사회: 노동과 균형적 사회성장」, 학술연구용역보고서, 경제사회발전노사정위원회, 2018. 3, 19면 이하; 조성재, '노동존중사회 실현의 의의와 정책방향', 「월간 노동리뷰」, 한국노동연구원, 2017. 8, 41면 이하 등 참고.

장과 공정경제 실현의 출발점으로 접근하면서 대폭적인 인상을 추진하였다. 또한 주 최대 근로시간을 52시간으로 제한하는 실근로시간 단축을 정착하여 일과 생활의 균형을 실현하고, 산업재해 감축을 위하여 원청책임 강화 및 유해·위험작업 도급 금지를 확대하는 산업안전보건법 개정을 추진하였다. 그리고 노동존중사회 실현 및 노동기본권 보장을 위하여 직장 내 괴롭힘 금지 규정의 도입과 함께 국제노동기구(ILO)의 결사의 자유에 관한 협약을 비롯한 아직 비준하지 못한 4개의 핵심협약 비준을 위하여 집단적 노사관계법(특히 노조및조정법)의 개정을 핵심정책과제로 제시하였으며, 그에 따라 일부 노동관계법의 개정이 이뤄졌다.

2. 근로기준법의 주요 개정내용

(1) 직장 내 괴롭힘의 금지 신설 등(2019. 1. 15. 개정)

a) 직장 내에서의 괴롭힘으로 동료를 사망에 이르게 하는 사고가 발생하는 등 직장 내 괴롭힘으로 인한 문제가 심각해지고 있다. 직장 내 괴롭힘은 근로자의 정신적·신체적 건강에 악영향을 끼칠뿐 아니라 기업에도 막대한 비용부담을 초래하게 되므로 근로기준법은 사용자 또는 근로자가 직장에서의 지위 또는 관계 등의 우위를 이용하여 업무상 적정범위를 넘어 다른 근로자에게 신체적·정신적 고통을 주거나 근무환경을 악화시키는 직장 내 괴롭힘을 해서는 안 되고, 누구든지 직장 내 괴롭힘 발생 사실을 알게 된 경우 그 사실을 사용자에게 신고할 수 있도록 하는 규정을 신설하였다. 또한 취업규칙에 포함되어야 할 내용에 직장 내 괴롭힘의 예방 및 발생 시 조치 등에 관한 사항을 추가하였다.

한편, 외국인근로자의 노동인권개선을 위하여 사용자는 부속 기숙사를 설치·운영할 때 기숙사의 구조와 설비, 기숙사의 설치 장소, 기숙사의 주거 환경 조성 등에 관하여 대통령령으로 정하는 기준을 충족해야 하며, 부속 기숙사에 대하여 근로자의 건강 유지, 사생활 보호 등을 위한 조치를 마련할 의무를 신설하였다.

b) 헌법재판소는 '월급근로자로서 6개월이 되지 못한 자'를 해고예고의 적용 예외로 규정하고 있는 조항이 근무기간이 6개월 미만인 월급근로자의 근로의 권리를 침해하며, 근무기간이 6개월 이상인 월급근로자나 월급제 이외의 형태로 보수를 받는 근로자와 합리적 근거 없이 차별취급을 하여 평등원칙을 위반한다는 이유로 위헌결정을 하였다.[1] 또한 해고예고의 적용 예외 규정에 대하여는 적용 예외 대상 사유들 간에 일관된 체계적인 기준이 결여되었다는 문제점 등이 여러 차례 지적된 바가 있었다. 그에 따라

---

1) 憲裁 2015. 12. 23, 2014 헌바 3.

해고예고 적용 예외 규정을 새로 정비하였다.

⑵ **연차유급휴가제도의 개정 등**(2020. 3. 31. 개정)

현행법은 사업이 여러 차례의 도급에 따라 행하여지는 경우에 하수급인이 직상 수급인의 귀책사유로 임금을 지급하지 못하는 경우 그 직상 수급인과 연대하여 임금 지급의 책임을 지도록 하고 있는데, 사업이 한 차례의 도급으로 행하여지는 경우도 이에 해당하는지에 대한 해석상 논란이 있을 수 있는바, 그 의미를 명확히 규정하였다.

연차휴가가 임금보전의 수단으로 이용되는 상황을 개선함으로써 근로자가 적극적으로 연차유급휴가를 사용할 수 있도록 관련 제도를 정비하였다. 구체적으로 계속하여 근로한 기간이 1년 미만인 근로자의 연차유급휴가는 최초 1년의 근로가 끝날 때까지 행사하지 아니하면 소멸되도록 하고, 계속하여 근로한 기간이 1년 미만인 근로자의 연차유급휴가 및 1년간 80퍼센트 미만 출근자의 연차유급휴가에도 연차휴가 사용촉진 제도를 적용하였다.

⑶ **유연근무제 개선 등**(2020. 12. 9. 개정)

2018. 3. 20. 개정 근로기준법이 주 최대 근로시간을 52시간으로 명확히 하고 특례업종을 축소한 가운데, 산업현장의 근로시간 운영상 애로 해소를 위한 보완책으로 탄력적 근로시간제 제도개선을 위한 방안을 준비하도록 부칙에 정한 바 있다. 이에 따라 3개월 초과 6개월 이내의 탄력적 근로시간제를 도입함과 아울러 근로시간의 탄력적 운영 및 근로자의 시간선택권이 중요한 연구개발 업무에 한해 선택적 근로시간제의 정산기간을 3개월로 확대하는 내용의 개정이 단행되었다. 또한 예외적으로 주 12시간을 초과하여 연장근로를 할 수 있도록 하는 이른바 특별연장근로에 대한 근로자 건강보호 조치 의무를 추가로 규정하였다.

3. 최저임금법의 개정(2018. 6. 12. 개정)

문재인 정부에서 최저임금이 대폭 인상됨에 따라 국민의 생활에 직접적인 영향을 미치는 최저임금 산입범위를 법률에 직접 규정하면서, 그 범위를 합리적으로 조정하고자 하였다. 즉, 매월 정기적으로 지급되는 상여금과 현금으로 지급하는 복리후생적 임금은 각각 해당 연도 시간급 최저임금액을 월단위로 환산한 금액의 25%와 7%를 초과하는 부분을 최저임금 산입범위에 포함하되, 연차별로 그 비율을 단계적으로 축소하여 2024년 이후에는 모두 포함되도록 하였다. 또한 최저임금으로 산입되는 임금에 포함시키기 위해 1개월을 초과하는 주기로 지급하는 임금을 총액의 변동 없이 매월 지급하는 것으로 취업규칙을 변경할 경우, 과반수 노동조합 또는 과반수 근로자의 의견을 듣도록 하였다.

4. 남녀고용평등과 일 · 가정 양립 지원에 관한 법률

a) 남녀근로자의 고용형태 및 임금현황 보고의무(2019. 1. 15. 개정) 2017년 2월 발표한 '여성경제활동 지수 2017' 보고서(PwC)에 따르면, 한국의 남녀임금격차는 36.7%로 OECD 회원 국가 중 최고치를 보이고 있다. 또한 한국노동연구원의 '2016년 비정규직 노동통계'에 따르면, 남성 임금노동자 중 비정규직이 차지하는 비중은 2003년 27.6%에서 2016년 26.4%로 소폭 줄었지만, 여성 비정규직 비중은 2003년 39.6%에서 2016년 41.0%로 증가하였다. 즉, 전체 노동자 가운데 비정규직이 차지하는 비중은 큰 변화가 없는 가운데 여성과 남성 간 비정규직 비율 격차가 커진 것이다. 그에 따라 남녀고용평등법의 '적극적 고용개선조치' 제도 대상인 공공기관과 500명 이상 사업장에 대하여 직종 · 직급뿐 아니라, 남녀 근로자의 고용형태와 임금 현황까지 보고하게 함으로써 실질적 고용평등을 실현하고자 하였다.

b) 일 · 가정 양립 활성화를 위한 개정(2019. 8. 27. 개정) 배우자 출산휴가 급여의 지급 근거를 마련하고, 배우자 출산휴가 기간을 확대하며, 육아기 근로시간 단축 제도의 기간 및 분할 사용 횟수 등을 개편하여 근로자 모성보호 제도를 강화하는 한편, 가족돌봄휴직의 요건이 되는 가족의 범위를 확대하고, 가족돌봄을 위하여 긴급한 경우 사용할 수 있도록 가족돌봄휴가를 신설하는 등 현행 제도의 운영상 나타난 일부 미비점을 개선 · 보완함으로써 일 · 가정 양립의 활성화에 기여할 수 있도록 개정하였다.

c) 재난시 가족돌봄 지원 강화(2020. 9. 8. 개정) 감염병 확산 등 재난 상황 시 가족이 감염병 확진환자 등으로 분류되거나 자녀가 소속된 학교 · 유치원 등의 휴업 · 휴교 · 휴원 또는 자녀의 등교 · 등원 중지 조치가 장기화되는 경우 연간 최장 10일로 규정되어 있는 현행 가족돌봄휴가 기간은 근로자의 돌봄 공백을 최소화하기에는 한계가 있었다. 이에 감염병 확산 등으로 심각단계의 위기경보가 발령되거나 이에 준하는 대규모 재난이 발생한 경우로서 근로자에게 가족을 돌보기 위한 특별한 조치가 필요하다고 인정되는 경우 가족돌봄휴가 기간을 연장할 수 있도록 함으로써 근로자의 가족돌봄 지원을 강화하였다.

5. 산업안전보건법의 주요 개정내용

a) 산업안전보건법 전부개정(2019. 1. 15. 개정) 산업재해로 인한 사고사망자 수가 연간 천 여명에 이르고 있는 상황에서 산업재해를 획기적으로 줄이고 안전하고 건강하게 일할 수 있는 여건을 조성하기 위하여 산업안전보건법을 전부개정하였다. 구체적으

로는 산업안전보건법의 보호대상을 다양한 고용형태의 노무제공자가 포함될 수 있도록 넓히고, 근로자가 작업을 중지하고 긴급대피할 수 있음을 명확히 규정하여 근로자의 작업중지권 행사를 실효적으로 뒷받침하고자 하였다. 또한 근로자의 산업안전 및 보건 증진을 위하여 도금작업 등 유해·위험성이 매우 높은 작업에 대해서는 원칙적으로 도급을 금지하고, 도급인의 관계수급인 근로자에 대한 산업재해 예방 책임을 강화하며, 근로자의 안전 및 건강에 유해하거나 위험한 화학물질을 국가가 직접 관리할 수 있도록 하였다. 그 밖에 전부개정의 취지를 살리기 위해 산업안전보건법의 장·절을 새롭게 구분하며 법 조문을 체계적으로 재배치하였다.

b) 현장실습생 지위 개선 등(2020. 3. 31. 개정) 국가전문자격증을 대여·알선 등을 통해 돈벌이 수단으로 악용하는 것을 방지하기 위하여 산업안전지도사와 산업보건지도사의 자격증의 대여·알선 등을 한 자에 대한 제재를 강화하고, 산업체에서 현장실습을 받고 있는 현장실습생의 안전도 근로자와 같은 수준으로 보호하기 위하여 「산업안전보건법」상의 안전·보호 관련 주요 규정을 현장실습생에 적용하도록 하였다.

6. 산재보험법의 주요 개정내용

a) 업무상 질병 기준 개정(2019. 1. 15. 개정) 산업재해의 대부분은 사고성 재해가 차지하고 있고 업무상 질병에 기인하여 인정된 비율은 9%이며 직무스트레스를 원인으로 하는 것은 1%에 불과하다. 그 배경에는 현행법의 업무상 질병 인정기준에 업무상 정신적 스트레스가 원인이 되어 발생한 질병이 명시되어 있지 않아 근로자가 업무로 인한 정신적 스트레스가 원인이 되어 질병이 발생한 경우 산업재해로 인정받기 어렵다는 인식이 작용하고 있다. 따라서 업무상 질병의 인정기준에 직장 내 괴롭힘, 고객의 폭언 등 업무상 정신적 스트레스가 원인이 되어 발생한 질병을 추가함으로써 업무상 재해를 폭넓게 인정할 수 있는 제도적 장치를 보완하였다.

b) 헌법불합치 규정의 개정(2020. 6. 9. 개정) 헌법재판소는 헌법재판소의 헌법불합치 결정[1]의 취지에 따라 업무상 재해에 통상의 출퇴근 재해를 포함하도록 개정한 새 법조항은 적어도 헌법불합치 결정일인 2016년 9월 29일 이후에 출퇴근 사고를 당한 근로자에 대하여 소급적용하도록 해야 한다고 판시하였다.[2] 이를 반영하여 업무상 재해에 통상의 출퇴근 재해를 포함하도록 개정한 조항은 2016년 9월 29일 이후 발생한 재해부터 적용하도록 개정하였다(산재법 부칙).

---

1) 憲裁 2016. 9. 29, 2014 헌바 254.
2) 憲裁 2019. 9. 26, 2018 헌바 218.

c) **특수형태근로종사자 적용 개선**(2020. 12. 9. 개정) 현행 산재보험법은 특수형태근로종사자에 대하여 산재보험의 적용을 받을 수 있도록 특례제도를 도입하여 시행하고 있으나, 적용제외를 제한 없이 허용하고 있어 특수형태근로종사자의 84%가 적용제외를 신청하여 실 적용자는 소수에 불과한 것으로 나타났다. 이와 같이 실적용률이 저조한 주요 원인으로 특수형태근로종사자의 자발적 적용제외보다 사업주의 유도 또는 강요에 의한 적용제외가 지적되었다. 이에 따라 이번 개정에서는 특수형태근로종사자의 산재보험 적용률을 높이기 위해 적용제외 사유를 개선하는데 목적을 두었다.

7. 노조및조정법의 주요 개정내용

a) **헌법불합치 규정의 개정**(2020. 6. 9. 개정) 사용자가 노동조합의 운영비를 원조하는 행위를 부당노동행위로 금지하는 규정에 대하여 헌법재판소가 헌법불합치 결정[1]을 내리고, 법인의 대리인·사용인 기타의 종업원이 그 법인의 업무에 관하여 근로자가 노동조합을 조직 또는 운영하는 것을 지배하거나 이에 개입하는 행위를 한 때에는 그 법인에 대하여도 벌금형을 과하도록 한 규정에 대하여 헌법재판소가 헌법불합치 결정[2]을 내림에 따라 2020. 6. 9. 개정을 통해 헌법재판소의 결정 취지를 반영하여 관련 규정을 정비하였다.

b) **ILO 핵심협약 비준을 위한 노조및조정법 개정**(2020. 12. 9. 개정) 우리나라는 '91년 ILO 가입 이후 국제사회에 핵심협약 비준을 수차례 약속하였으나 아직 "결사의 자유(제87호·제98호)"와 "강제노동 금지(제29호·제105호)"에 관한 4개 핵심협약을 비준하지 않고 있는 상황이다. 결사의 자유 협약 비준의 중요성과 시급성을 감안하여 ILO 핵심협약 비준은 노동인권의 향상에 기여할 뿐만 아니라 우리나라의 국제적 위상과 법제 수준에 맞추기 위해서라도 반드시 필요한 과정이다. 근로자의 노동기본권 보호 및 자율과 상생의 노사관계를 형성하기 위하여 노동조합 가입과 활동 주체는 근로자임을 명시하고, 노동조합의 임원 자격을 규약으로 정하는 등 노동조합 및 노동관계조정법 중 관련 조항의 개정을 추진하였다. 다만 우리나라에서는 기업별 노동조합의 조직형태를 취하고 있으므로 산업별 노동조합 조직에서처럼 결사의 자유를 인정하는 데에는 한계가 있다. 개정법은 이를 충분히 고려하지 않고 있다.

c) 특히 **노조및조정법의 개정 내용**이 중요한 사항임에도 충분한 사전 논의와 검토없이 최근(2021. 1. 5.)에 이르러 마무리 되었으므로 전체적인 개정 방향을 다음에서 개관

1) 憲裁 2018. 5. 31, 2012 헌바 90.
2) 憲裁 2019. 4. 11, 2017 헌가 30.

(槪觀)한다.

i) 노동조합의 정의규정(제2조 4호 라목) 중 단서 규정을 삭제하였다. 이를 보완하기 위하여 노동조합의 조직·가입·활동에 관한 제5조에 3항을 신설하였다. ii) 사업 또는 사업장의 종사근로자(종래 사업장 종업원)가 아닌 노동조합 조합원의 사업 또는 사업장 내에서의 노동조합 활동을 허용하였다(제5조 2항). iii) 하나의 사업 또는 사업장을 대상으로 조직된 노동조합의 대의원은 그 사업 또는 사업장에 종사하는 조합원 중에서 선출하여야 한다(제17조 3항). iv) 노동조합의 임원자격은 규약으로 정하고, 하나의 사업 또는 사업장을 대상으로 조직된 노동조합의 임원은 그 사업 또는 사업장에 종사하는 조합원 중에서 선출하도록 정한다(제23조 1항). v) 개정 전의 제24조(노동조합의 전임자)의 전임자의 정의 규정, 전임자에 대한 급여지급 금지 규정, 전임자의 정당한 노동조합 활동 제한금지 규정, 전임자가 급여지급 또는 근로시간 면제한도 지급을 요구하고 이를 관철할 목적으로 쟁의행위를 하여서는 아니 된다는 규정들(1항 내지 5항)을 삭제하고, '근로시간 면제 등'의 제목으로 일반 근로자의 근로시간 면제를 중심으로 규정하고 있다. 즉 ① 근로자는 단체협약으로 정하거나 사용자의 동의가 있는 경우에는 사용자 또는 사용조합으로부터 급여를 받으면서 근로계약 소정의 근로를 제공하지 아니하고 노동조합의 업무에 종사할 수 있다(동조 1항). ② 제1항에 따라 사용자로부터 급여를 받는 근로자(근로시간면제자)는 사업 또는 사업장별로 종사근로자인 조합원 수 등을 고려하여 제24조의2에 따라 결정된 근로시간 면제 한도를 초과하지 아니하는 범위에서 임금의 손실 없이 사용자와의 협의·교섭, 고충처리, 산업안전활동 등 이 법 또는 다른 법률에서 정하는 업무와 건전한 노사관계 발전을 위한 노동조합의 유지·관리업무를 할 수 있다(동조 2항). ③ 사용자는 제1항에 따라 사용자 또는 노동조합으로부터 급여를 받으면서 노동조합의 업무에 종사하는 근로자의 정당한 노동조합 활동을 제한해서는 아니 된다(동조 3항). ④ 제2항을 위반하여 근로시간 면제 한도를 초과하는 내용을 정한 단체협약 또는 사용자의 동의는 그 부분에 한정하여 무효로 한다(동조 4항). 개정 전의 동조 5항(노동조합은 제2항·제4항을 위반하는 급여 지급을 요구하고 이를 관철할 목적으로 쟁의행위를 하여서는 아니 된다)은 삭제되었다. 동조 개정으로 사용자로부터 급여를 받으면서 노동조합의 유지·관리업무를 수행하면서 사용자와 단체교섭을 할 수 있는 근로시간 면제자는 실질적으로 노동조합 전임자에 해당하며, 이들은 노동조합 활동과 쟁의행위를 할 수 있게 되었다. 그러나 이와 같은 법 개정으로 노동조합의 자주성이 손상(損傷)을 입게 되었다는 비판을 면할 수 없을 것이다. vi) 제29조의2에 따라 복수의 노동조합이 개별교섭을 하기로 한 경우에 사용자는 교섭을 요구한 모든 노동조합과 성실히 교섭하여야 하고, 차별적으로 대우해서

는 아니 된다(제29조의2 2항. 2021. 1. 5. 신설). vii) 단체협약의 유효기간은 3년을 초과하지 않는 범위에서 노사가 합의하여 정할 수 있고(제32조 1항), 그 유효기간을 정하지 아니한 경우 또는 3년을 초과하여 유효기간을 정한 경우에 그 유효기간은 3년으로 한다(동조 2항). viii) 노동조합은 사용자의 점유를 배제하여 조업을 방해하는 형태로 쟁의행위를 해서는 아니 된다(제37조 3항, 2021. 1. 5. 신설). ix) 노동조합의 쟁의행위는 그 조합원(제29조의 2에 따라 교섭대표노동조합이 결정된 경우에는 그 절차에 참여한 노동조합의 전체 조합원)의 직접·비밀·무기명투표에 의한 조합원 과반수의 찬성으로 결정하지 아니하면 이를 행할 수 없다. 이 경우에 조합원 산정은 종사근로자인 조합원을 기준으로 한다(제41조 1항). x) 개정 전의 제81조(부당노동행위)를 1항과 2항으로 나누어 1항은 기존의 1호 내지 4호의 부당노동행위를 금지하는 규정으로, 2항은 1항 4호 단서에 따른 "노동조합의 자주적 운영 또는 활동을 침해할 위험"여부를 판단할 때 고려해야 할 사항을 규정하였다. 그리고 제81조 1항 4호의 규정을 개정하였다. 근로자가 노동조합을 조직 또는 운영하는 것을 지배하거나 이에 개입하는 행위와 근로시간 면제한도를 초과하여 급여를 지급하거나 노동조합의 운영비를 원조하는 행위. 다만, 근로시간 중에 제24조 제2항에 따른 활동을 하는 것을 사용자가 허용함은 무방하며, 또한 근로자의 후생자금 또는 경제상의 불행 그 밖에 재해의 방지와 구제 등을 위한 기금의 기부와 최소한의 규모의 노동조합사무소의 제공 및 그 밖에 이에 준하여 노동조합의 자주적인 운영 또는 활동을 침해할 위험이 없는 범위에서의 운영비 원조행위는 예외로 한다(2021. 1. 5. 개정). 신설된 제81조 2항은 제1항 4호 단서에 따른 "노동조합의 자주적 운영 또는 활동을 침해할 위험" 여부를 판단할 때에는 1. 운영비 원조의 목적과 경위, 2. 원조된 운영비 횟수와 기간, 3. 원조된 운영비 금액과 원조방법, 4. 원조된 운영비가 노동조합의 총수입에서 차지하는 비율, 5. 원조된 운영비의 관리방법 및 사용처 등을 고려하여야 한다고 규정하고 있다(2020. 6. 9. 신설). 운영비 원조가 구체적으로 어느 수준에 이르렀을 때 사용자의 부당노동행위로 인정할 것인지는 객관적으로 판단하기 어려울 것이다. 또한 노동조합측에서 상당한 운영비 원조를 받고도 자주성 침해를 받지 않는다고 주장하면 이를 인정할 것인지에 관해서는 명확하게 판단할 수 있는 기준이 존재하지 않는다. 사용자의 부당노동행위는 노동조합측에서 노동위원회에 부당노동행위 구제신청을 하는 경우에 문제가 되는 것인데 사용자로부터 운영비 원조를 받으면서도 노동조합이 부당노동행위 구제신청을 하지 않는다면 이 제도는 실효성을 거둘 수 없다. 노동조합의 운영비 지원이나 그 밖의 원조행위를 개방하는 것은 노동조합의 자주성을 흔들리게 하는 위험을 초래할 가능성이 있다.

8. 교원노조법의 개정(2020. 6. 9. 개정)

이 법은 적용대상을 「초·중등교육법」에 따른 교원으로 규정함으로써 「고등교육법」에서 규율하는 대학교원들의 단결권을 인정하지 않은 것에 대하여 헌법재판소가 헌법불합치 결정[1)]을 함에 따라 그 취지를 반영하여 관련 규정을 정비하는 등 현행 제도의 운영상 나타난 일부 미비점을 개선·보완하였다. 즉, 교원의 범위에 「유아교육법」에 따른 교원, 「고등교육법」에 따른 교원(강사는 제외)을 포함시키고, 「유아교육법」에 따른 교원은 시·도 단위 또는 전국 단위로만 노동조합을 설립할 수 있도록 하였다(제4조 1항). 이에 비하여 「고등교육법」에 따른 교원은 개별학교 단위, 시·도 단위 또는 전국 단위로 노동조합을 설립할 수 있도록 하였다.

9. 공무원노조법의 개정(2020. 12. 9. 개정)

국제노동기구(ILO)의 핵심협약인 「결사의 자유에 관한 협약」의 비준을 추진하면서 해당 협약에 부합하는 내용으로 법률을 개정하기 위하여, 공무원 노동조합의 가입 기준 중 공무원의 직급 제한을 폐지하고, 퇴직공무원 및 소방공무원의 공무원 노동조합 가입을 허용하는 등 공무원의 단결권 보장의 범위를 확대하였다.

10. 고용보험법의 주요 개정내용

a) 고령자 및 외국인근로자 적용범위의 확대 등(2019. 1. 15. 개정) 실업급여의 보장성을 강화하기 위하여 65세 전부터 피보험자격을 유지하던 사람이 65세 이후에 계속하여 고용된 경우는 실업급여를 적용하고, 외국인근로자 직업능력개발을 위하여 외국인고용법의 적용을 받는 외국인근로자에게는 고용안정·직업능력개발 사업을 실시·적용하며, 건설일용근로자가 보다 신속하게 구직급여를 받을 수 있도록 구직급여 수급 요건을 완화하고, 육아휴직 기간 중에 취업한 경우에는 취업한 이후의 모든 기간에 대하여 육아휴직 급여를 지급하지 않던 것을 취업한 기간에 대해서만 육아휴직 급여를 지급하지 않도록 개선하였다.

b) 단시간근로자 적용 개선 등(2019. 8. 27. 개정) 외환위기 이후 고용보험의 적용범위, 지원수준 등이 지속적으로 확대되어 왔으나 고용보험 제도의 사각지대는 여전히 광범위하게 존재하고 있고, 까다로운 수급조건, 낮은 소득대체율 등으로 인하여 실업이라는 사회적 위험에 제대로 대처하지 못하고 있는 사례도 적지 않다. 이에 따라 일정한

---

1) 憲裁 2018. 8. 30, 2015 헌가 38.

요건을 갖춘 단시간근로자에 대한 구직급여 수급 기준기간을 완화하고, 구직급여액을 상향하며, 구직급여 소정급여일수를 연장하는 등 고용보험 제도를 개선하였다. 한편, 구직급여를 반복적으로 또는 사업주와 공모하여 부정수급하는 행위를 예방하기 위하여 10년 동안 3회 이상 구직급여를 부정수급한 경우 3년의 범위에서 구직급여를 지급하지 않도록 하고, 사업주와 공모하여 부정수급을 한 경우에 대한 벌칙을 신설하였다.

c) 예술인 적용 확대(2020. 6. 9. 개정) 현재 예술인은 수입이 불규칙하고 소득이 있는 기간 이외에 사실상 실업상태인 예술 활동 준비기간이 많아 해당 기간 동안 생활안정을 기할 필요가 있으나 고용보험법이 적용되지 않아 이 기간 동안 구직급여를 받을 수 있는 근거가 없으므로 예술인이 실업 상태에 있는 경우 생활 안정을 기할 수 있도록 특례를 신설하고, 예술인의 출산에 따른 경제적 부담을 덜어주기 위하여 예술인이 출산 또는 유산·사산을 이유로 노무를 제공할 수 없는 경우에 출산전후급여 등을 지급하도록 하였다.

d) 특수형태근로종사자 적용 확대 등(2020. 12. 9. 개정) 이번 개정에서는 코로나19의 확산으로 사회적 취약계층에 대한 보호의 필요성이 커지고 있는 상황에서 실업의 위험에 노출되어 있는 특수형태근로종사자 등 노무제공자의 생활 안정과 조기 재취업 기회를 확대하기 위하여 고용보험의 피보험자격 및 구직급여 등에 관한 규정을 일정한 직종의 노무제공자에게도 적용하였다.

노무제공자가 출산 또는 유산·사산으로 노무를 제공할 수 없는 경우에는 출산전후급여 등을 지급하도록 함으로써 고용보험의 사각지대를 해소하는 내용을 담고 있다. 기간제근로자 또는 파견근로자가 출산전후휴가기간 중 근로계약기간이 끝나는 경우, 고용노동부장관은 근로계약 종료일부터 해당 출산전후휴가 종료일까지의 기간에 대한 출산전후휴가 급여 등에 상당하는 금액 전부를 기간제근로자 또는 파견근로자에게 지급하도록 하는 규정을 신설하였다. 노무제공자가 이직일 이전 노무제공기간 24개월 동안 고용보험에 가입된 기간의 합계가 12개월 이상이고, 근로 또는 노무제공의 의사와 능력이 있음에도 불구하고 취업하지 못한 상태에 있는 등의 요건을 갖춘 경우에는 구직급여를 지급하도록 하였으며, 노무제공자가 출산 또는 유산·사산을 이유로 노무를 제공할 수 없는 경우에는 출산전후급여 등을 지급하도록 하였다. 근로자가 아니면서 자신이 아닌 다른 사람의 사업을 위하여 자신이 직접 노무를 제공하고 해당 사업주 또는 노무수령자로부터 일정한 대가를 지급받기로 하는 노무제공계약을 체결한 사람 중 일정한 직종에 종사하는 노무제공자를 고용보험 적용 대상으로 편입하되, 대통령령으로 정하는 소득기준을 충족하지 못하는 경우 등에는 고용보험의 적용 대상에서 제외하였다. 고용노동부장관은 노무제공자에 관한 보험사무의 효율적 처리를 위하여 노무제공자와 노무제공사업의 사업주에 관련된 자료 등을 수집·관리하는 노무제공플랫폼을 구축·운영하는 사업자에게 피보험자격 신고의무와 해당 노무제공플랫폼의 이용 및 보험관계의 확인에 필요한 자료 등의 제공을 요청할 수 있도록 하였다.

11. 채용절차의 공정화에 관한 법률의 개정(2019. 4. 16. 개정)

공정한 취업기회를 박탈하고 건전한 고용질서와 사회통합을 저해하는 채용비리 등을 방지하기 위하여 채용에 관한 부당한 청탁, 압력, 강요 등의 행위와 채용과 관련하여 금전, 물품 등을 제공하거나 수수하는 행위를 금지하고 이를 위반할 경우 3천만원 이하의 과태료를 부과하도록 하는 한편, 직무 중심의 채용을 유도하기 위하여 구직자 본인의 용모·키 등의 신체적 조건, 출신지역, 혼인 여부, 직계존비속의 학력·직업 등 직무수행에 필요하지 아니한 정보를 기초심사자료에 기재하도록 요구하거나 입증자료로 수집하지 못하도록 개정하였다.

12. 구직자 취업촉진 및 생활안정에 관한 법률의 제정(2020. 6. 9. 제정)

고용보험의 보호영역 밖에 있으면서 근로능력과 구직의사가 있음에도 취업을 하지 못한 국민에게 2009년부터 구직기간 동안 취업지원 서비스와 수당을 지급하는 사업(이른바 취업성공패키지 지원사업)을 실시하고 있으나, 이 사업은 법적 근거가 없었기 때문에 체계적이고 제도적인 지원이 어려운 한계가 있었다. 이에 따라 국가가 고용보험 사각지대에 놓여 있는 국민에게 취업지원서비스를 제공하고 특히 저소득 가구의 구직자에 대해서는 구직기간 동안의 생활안정을 위하여 구직촉진수당을 제공할 수 있는 법적인 근거를 마련하기 위해 동 법률을 제정하였다. 이 법률은 유럽의 실업부조제도에서 발전한 고용연계형 실업급여제도라고 할 수 있다.

동법의 주요 내용은 다음과 같다. ⅰ) 근로능력과 구직의사가 있음에도 취업하지 못한 상태에 있는 15세 이상 64세 이하의 사람으로서 가구 단위의 월평균 총소득이 기준 중위소득의 100분의 100 이하(18세 이상 34세 이하인 사람은 100분의 120 이하)인 사람에 대하여 취업지원서비스 수급자격을 부여하였다(제6조). ⅱ) 취업지원서비스 수급자격을 갖춘 사람으로서 가구단위의 월평균 총소득과 가구원 소유 재산의 합계액이 소정 수준 이하일 것, 일정 기간 취업 사실이 있을 것 등을 요건으로 구직촉진수당의 수급자격이 인정된다(제7조, 제18조). ⅲ) 취업지원서비스 수급자격 인정 절차는 고용노동부가 관장한다(제8조 내지 제10조). ⅳ) 고용노동부장관은 수급자격자와 협의하여 해당 수급자격자에게 필요한 취업지원 프로그램 또는 구직활동지원 프로그램 등에 관한 사항을 포함하여 개인별 취업활동계획을 수립한다(제12조). ⅴ) 수급자가 취업지원서비스를 받을 수 있는 기간은 수급자격자 인정결정 통지를 받은 날부터 1년이 되는 날까지로 하되, 고용노동부장관은 취업지원서비스기간이 종료된 후에도 수급자가 취업지원 프로그램에 계속 참여할 필요가 있다고 인정되면 6개월 이내의 범위에서 그 기간을 연장할 수 있다(제15조).

제4절 노동법의 구조와 법원(法源)

[15] Ⅰ. 노동법의 구조([3] 1. 참고)

1. 개별적 근로관계법(Individualarbeitsrecht)

노동법은 근로자의 근로관계를 규율함으로써 그의 생존을 확보하는 것을 목적으로 한다. 그런데 근로자의 근로관계는 사용자에 의한 고용을 전제하고 있는 것이므로 근로자와 사용자간의 근로계약이 없이는 생각할 수 없는 일이다. 그러므로 개개 근로자와 사용자간의 근로계약(Arbeitsvertrag)의 체결을 통하여 성립되는 근로관계(Arbeitsverhältnis)[1]가 개별적 근로관계의 중심을 이루는 것이다. 따라서 근로계약의 체결, 근로관계 당사자의 권리·의무(특히 민법의 일반규정에 대한 수정 적용), 근로관계에 있어서의 불이행, 근로관계의 이전과 소멸 등에 관한 문제들이 개별적 근로관계법의 주된 내용이 된다. 즉, 개별적 근로관계법은 개개 근로자와 사용자 사이의 관계에 대하여 적용되는 법규의 총체를 의미하는 것이 보통이다. 따라서 개별적 근로관계를 규율하는 법률로는 근로기준법, 선원법(선원의 직업안정 및 교육훈련 제외), 최저임금법, 남녀고용평등법, 퇴직급여보장법, 근로자파견법, 기간제및단시간법 등이 있다. 그러나 고용보험법, 산재보험법, 직능개발법, 고용정책기본법, 직업안정법 등은 개별적 근로관계를 전제로 하거나(예: 고용보험법, 산재보험법) 이를 예상하고는 있으나(예: 직업안정법), 근로자와 사용자 사이의 권리·의무관계를 직접 그 규율 대상으로 하지 않으므로 엄격한 의미에서 개별적 근로(계약)관계법의 범주에 속한다고 볼 수 없다. 예컨대 사용자가 산재보험에 가입하여 근로자로 하여금 국가(공단)로부터 산재급여를 받을 수 있도록 하는 산재보험법은 사용자가 직접 근로자에 대하여 — 자신의 지출로 — 재해보상의무를 부담하도록 하는 근로기준법과 구별된다. 마찬가지로 고용보험법에 있어서도(고용보험법에 있어서는 사용자와 근로자가 모두 보험가입자이다)(징수법 제5조) 피보험자인 근로자는 국가에 대하여 직업능력개발비용, 실업급여 등을 청구한다. 이상의 산재보험법과 고용보험법은 보험제도를 통하여 수급권자 또는 피보험자인 근로자에게 국가로 하여금 일정한 급여의 지급의무를 부담하도록 하는 사회보장적 성질을 가진 법률이고, 근로계약관계의 내용이 되는 사용자의 의무를 규정한 개별적 근로관계법이라고 말할 수는 없다. 다만, 사회보장법은 근로관계를 매개로(예:

---

1) 여기서 말하는 근로관계는 엄격한 의미의 개별적인 법률관계를 말한다. 따라서 사실관계 내지 집단적 관계까지도 포함하는 노사관계와는 개념상 구별되어야 한다.

산재보험법, 고용보험법 등) 또는 근로관계의 성립을 지원함으로써(예: 직업안정법), 근로자 또는 취업희망자를 보호한다는 점에서 개별적 근로관계법을 직·간접적으로 보완하는[1] 기능을 한다고 볼 수 있다([6] 2. 참고).[2]

2. 집단적 노사관계법(Kollektives Arbeitsrecht)

a) 개인근로자가 사용자에 대하여 실질적으로 불평등한 지위에 있다는 것은 이미 지적한 바와 같다([8] 2. (1) 참고). 즉, 개인근로자가 사용자와의 관계에서 그의 지위를 스스로 개선·향상시킨다는 것은 사실상 어려운 일이다. 따라서 국가는 근로자에 대하여 후견적 보호를 하게 되었으며(노동보호법=근로기준법의 제정을 생각하라), 또 근로자들이 그들의 수적 우세를 기초로 단결함으로써 사용자에 대하여 실질적 평등을 쟁취하는 것을 용인 내지 보장하기에 이른 것이다. 그 결과 노동조합이 탄생하게 되었으며, 노사간의 자주적인 법규범의 설정을 위해 단체교섭 및 단체협약체결이 승인되었고, 또 노동쟁의 내지 쟁의행위가 법적으로 인정되기에 이른 것이다. 따라서 집단적 노사관계법은 근로자들의 단결을 중심으로 전개되는 노사간의 집단적 관계에 관한 법규를 총괄하는 개념이라고 할 수 있다. 집단적 노사관계법도 근로자들의 지위향상을 목적으로 하는 것이므로 개별적 근로관계법과 전혀 다른 독자적 목적을 추구하는 것은 아니며, 오히려 개별적 근로관계법을 보강하는 역할을 하는 법제도이다. 개별적 근로관계법이 개별적 고용관계의 시민법적 규율에 대하여 수정을 가함으로써 생성된 것이라면, 집단적 노사관계법은 그와 같은 범위를 벗어나서 집단적 평면에서 근로자들의 생존을 확보하려는 고유한 법적 규율방법을 취하고 있다. 그러므로 집단적 노사관계법이야말로 노동법의 특유성을 뚜렷하게 나타내는 분야라고 할 수 있다. 현행 노동법 중에서 집단적 노사관계법에 속하는 것으로는 종래의 노동조합법과 노동쟁의조정법을 통합한 노조및조정법이 있다. 집단적 노사관계법은 사용자와의 관계에서 근로자들의 이익을 대표하는 근로자단체의 조직·존립·운영 및 활동, 근로자단체와 단체구성원(조합원)의 관계 및 근로자단체와 사용자 사이의 교섭 및 단체협약, 쟁의행위, 부당노동행위 등을 중심으로 한 제반관계를 규율하는 법이다. 근로자참여협력법도 넓은 의미의 집단적 노사관계법에 속한다고 할 수 있다. 그러나 근로자참여협력법은 노조및조정법과는 달리 헌법 제33조 1항을 그 입법적 기초로 하지 않으며, 노·사의 참여와 협력을 통한 공동이익의 증진에 그 제정 목적을 두고 있다. 따라서 이 법은 노조및조정법과는 그 입법취지를 달리하는 독립된 별개

---

1) 산재보험법은 근로기준법상의 사용자의 보상의무를 대체한다.

2) 개별적 근로관계법을 넓게 해석한 종래의 견해를 수정한다.

의 법역(法域), 즉 협동적 노사관계법으로 이해해야 한다.

b) 집단적 노사관계법과 개별적 근로관계법은 상호 아무 연결 없이 병존하는 것이 아니다. 노동법에서는 개별적 근로관계법이 그 기초를 이룬다는 점에서는 이론(異論)의 여지가 없을 것이다. 그러나 개별적 근로관계법인 근로기준법은 집단적 노사관계법인 노조및조정법상의 단체협약제도에 의하여 보완되고 있다(노조및조정법 제33조; 근기법 제96조, 제97조 참조).[1] 그런 의미에서 개별적 근로관계법과 집단적 노사관계법은 하나의 불가분적 총체를 이루는 것으로 이해해야 할 것이다.[2]

3. 협동적 노사관계법

현행 노동법을 다층 구조로 이해하는 경우([3] 1. 참고)에 근로자참여협력법을 하나의 독자적 법영역으로 볼 것인지 집단적 노사관계법 속에 포함시킬 것인지에 대해서는 견해가 갈릴 수 있다. 노조및조정법이 헌법 제33조의 노동3권을 기초로 집단적 투쟁을 할 수 있는 단체행동권을 함께 보장한 법이고 그 규율목적이 주로 근로조건개선에 관한 것이라고 한다면, 근로자참여협력법은 헌법에 그 기초를 둔 법률이 아니며 또한 투쟁적 교섭을 허용하지 않으면서 「참여와 협력을 통하여」 노사공동의 이익을 증진하는 것을 그 주된 목적으로 하는 법이라는 점에서 두 법률은 서로 구별될 수 있다. 그러나 다른 한편 이 법률들은 근로관계의 내용, 노사간의 문제 및 경영상의 제반사항을 집단적으로 규율한다는 점에서 공통점을 가지고 있다. 즉, 노조및조정법과 근로자참여협력법에서는 각각 단체교섭과 노사협의를 통해서 노사에 관한 제반 사항을 집단적으로(kollektiv) 규율한다. 이런 점에서 위의 두 법역을 집단적 노사관계법으로 묶어서 이해할 수도 있을 것이다. 그러나 노조및조정법과 근로자참여협력법은 그 목적과 기능을 전혀 달리하기 때문에 이를 하나의 집단적 노사관계법 내에서 통일적으로 파악한다는 것은 노동법체계의 구성상 옳지 않다고 생각된다. 노조및조정법상의 단체교섭과 근로자참여협력법상의 노사협의는 그 성격을 근본적으로 달리한다.

---

1) 예컨대 단체협약에서 정한 임금규정은 개별적 근로계약의 내용을 형성하는 효력을 가진다(노조및조정법 제33조 참조. Zöllner/Loritz/Hergenröder, *ArbR* §7 Rn. 51 참고).

2) Tomandl/Schrammel, *ArbR*, Bd. Ⅰ, S. 2 ff., 20; Gamillscheg, *Kollektives ArbR*, Bd. Ⅰ, S. 2.

[16] Ⅱ. 노동법의 법원(法源)[1]

1. 법원의 개념과 법원이론

a) 법원(法源, Rechtsquelle)의 정의에 대해서는 여러 가지 견해가 있으나 이곳에서는 법원을 재판규범으로서의 법의 존재형식이라고 이해하고자 한다. 법원으로서 가장 중요한 기능을 하는 실정법(positives Recht)은 법의 목적이나 이념을 새로 창조해 내는 것이 아니라 오히려 규범내용을 확인하는 수단에 지나지 않으므로, 이와 같은 법학방법론의 입장에 설 때에는 법원의 개념은 현행법의 존재형식으로서 그 규범적 의미내용(normativer Sinngehalt)을 인식하는 매개체라고 정의되어야 한다.[2] 노동법의 법원을 이와 같이 파악할 때 우리는 실정법뿐만 아니라 근로계약, 이른바 노사자치규범(단체협약·노사협정), 노동관행[3]등을 법원과 관련하여 논의할 수 있고 또한 이에 대하여 규범적 법원성을 인정할 수 있다. 실정법의 자기완결성을 고집하는 개념법학적 실증주의는 실정법을 근거로 하지 않은 어떠한 법원도 인정하지 않으려고 하므로 노동법의 법원도 축소시키는 결과를 가져온다. 이러한 법원론(法源論)은 역사적·경제적·사회적 변천에 따라 생성되는 노동법의 실천적 기능을 충족시키지 못하게 된다.[4] 즉 개념법학적 실증주의에 기초한 법원론은 단체협약·취업규칙·노동조합의 규약·노동관행 등의 법원성을 제대로 설명할 수 없다. 노동법의 법원은 근로자와 사용자에게 권리·의무를 발생시킬 수 있는 규범의 여러 가지 존재형식이라고 이해하여야 한다.

b) 법원은 법적 분쟁을 해결하기 위하여 법관이 기준으로 삼아야 할 재판규범의 존재형식이다. 따라서 법원을 재판규범의 존재형식이라고 인식할 때에 사법상의 협정 또는 계약도 훌륭한 법원이 될 수 있다. 그러나 많은 학자들은 법원의 개념표지(Begriffsmerkmal)로서 「일반성」을 요구하고 있기 때문에 불특정다수인의 수규자(受規者, Normadressat)들에게 적용되는 객관적 규범으로서의 성질을 가지지 않는 사법(私法)상의 협정이나 계약(법률행위)은 법원이 될 수 없다고 한다.[5] 이와 같이 객관적 규범성 내지

---

1) 노동법의 체계와 연관하여 법원의 문제를 근로조건규제 체계라는 측면에서 근로조건규제 규범으로 이해하는 견해로는 荒木, 「勞働法」, 33面 이하 참고.

2) Vgl. Zippelius, *Einführung in die juristische Methodenlehre*, 1971, S. 21 ff.

3) Bydlinski, *Juristische Methodenlehre und Rechtsbegriffe*, 2. Aufl., 1991, S. 217 참고. 노동관행에 대하여 법원성(法源性)을 인정한 판례: 大判 2001. 10. 23, 2001 다 53950; 大判 2002. 4. 23, 2000 다 50701; 大判 2002. 10. 17, 2002 다 8025.

4) Bydlinski, *a.a.O.*, S. 215 참고.

5) 곽윤직, 「민법총칙」(신정판), 1995, 19면 이하.

「일반성」을 법원의 필수적 개념표지라고 한다면 법원은 객관적 법(objektives Recht)과 동일시되어, 법원(Rechtsquelle)은 곧 법(Recht)이라고 해야 한다. 그 결과 노동법에 있어서 근로계약은 법원이 될 수 없음은 말할 것도 없고 취업규칙이나 단체협약의 법원성—취업규칙이나 단체협약의 법적 성질을 계약적으로 파악할 때—도 인정할 수 없게 될 것이다. 그러나 법원의 실천적 의의는 권리·의무의 원천으로서의 각종 규범의 존재형식을 근거로 당사자 사이의 분쟁을 해결하는 데 있으므로 위와 같은 견해는 받아들일 수 없다. 노동법에서는 근로관계(Arbeitsverhältnis)와 기타 노사관계를 규율하는 모든 규율근거들(Bestimmungsgründe)이 노동법의 법원이 된다. 따라서 헌법·법률·관습법뿐만 아니라, 단체협약·취업규칙·근로계약[1]·노동관행·사용자의 지시권 등도 법원에 포함된다고 할 수 있다.[2] 특히 노동법에 있어서 법원의 종류가 매우 다양하기 때문에[3] 각 법원의 기능과 그 효력 상호 간의 관계는 구체적 사건을 해결하는 데 중요한 의의를 가진다. 따라서 여기에서는 노동법상의 분쟁에 있어서 법관에 대하여 재판의 규준(規準, Maßstab)이 되는 모든 규범의 형태를 법원으로 이해하고자 한다.[4]

2. 법원의 종류

노동법의 법원에는 성문노동법·단체협약·노동조합규약·취업규칙·근로계약·사용자의 지시권·노동관습법·노동관행 등이 있다.

(1) 성문노동법

성문노동법으로는 헌법의 관계조항(제32조, 제33조)과 근로관계에 관한 제법령이 있다. 성문노동법이 법원이 된다는 것은 더 말할 필요가 없다.

a) 헌 법 헌법상의 법원으로는 근로자의 노동기본권을 보장한 제32조 및 제33조가 있으며, 이 조항들은 노사관계질서의 기본유형을 규정한 것으로 노동법의 해석·적

1) 同旨: 이은영, 「민법총칙」, 2004, 31면.

2) Adomeit, *Rechtsquellenfragen*, S. 70 f.; Hanau/Adomeit, *ArbR* Rn. 46 참고. 종래 노동법학에서 법원의 개념은 통일되지 않은 채 사용되고 있다. 예컨대 노동법의 법원을 노동법에 속하는 객관적 규범("objektive" Normen)의 발생근거(Entstehungsgründe)라고 이해하는 견해(Hueck/Nipperdey, *Lehrbuch*, Bd. Ⅰ, S. 145; Nipperdey, in Enneccerus/Nipperdey, *Allg. Teil des bürgerl.* Rechts, Bd. Ⅰ, 15. Aufl., 1959, S. 240 ff.)가 있는가 하면, 근로관계의 규율근거(Bestimmungsgründe des Arbeitsverhältnisses)라고 파악하는 견해(Staudinger/Nipperdey/Mohnen, Der Dienstvertrag, *Recht der Schuldverhältnisse*, Bd. Ⅱ, 3. Teil, 11. Aufl., 1958, Vorbem. 372 vor §611 BGB; Kaskel/Dersch, *ArbR*, 5. Aufl., S. 117)가 있다.

3) Hanau/Adomeit, *ArbR* Rn. 45 ff.; Zöllner/Loritz/Hergenröder, *ArbR* §7 Rn. 1; *MünchArbR*/Richardi, Bd. Ⅰ, §5 Rn. 6 ff.

4) 실제에 있어서도 법률과 계약은 재판규범의 존재형식으로서 작용하는 기능과 국가의 강제집행에 의하여 그 효력이 보장되어 있다는 점에 있어서는 서로 구별되지 않는다.

용시 종국적 기준으로서의 효력을 가진다. 개별적 근로관계를 중심으로 하여 근로자들의 근로조건을 보호할 것을 그 내용으로 하는 근로기준법·선원법·남녀고용평등법·기간제및단시간법·최저임금법(또한 헌법 제32조 I 2문 후단) 등은 헌법 제32조 3항 내지 5항을 기초로 하고 있으며, 집단적 노사관계에 관한 노조및조정법은 헌법 제33조 1항을 기초로 하고 있다. 국가유공자 등 예우 및 지원에 관한 법률은 근로관계의 성립을 위한 고용보장에 관한 법률로서 헌법 제32조 6항을 근거로 하고 있다. 노동법의 여러 가지 법원 중에서 헌법은 피라미드의 정점(頂點)과도 같이 최상위에 존재한다. 그러므로 헌법 제32조 3항의 「인간의 존엄성」은 근로조건의 기준을 규정한 근로기준법이나 선원법과 남녀고용평등법에 대하여 그 상위에서 규범적으로 기준적 보호기능을 담당한다. 또한 헌법 제33조 1항의 근로3권도 집단적 노사관계법의 해석·적용과 관련하여 상위규범으로 작용한다. 특히 노동관계법령에 대하여 헌법규정이 중요한 의의를 가지는 것은 근로자의 종속적 지위를 개선하여 노사 사이의 실질적 평등을 확보하는 노동관계법의 구조적 틀을 규정하고 있기 때문이다. 따라서 헌법의 노동기본권 규정은 예컨대 일반 민사법관계에 있어서와는 달리 국가의 적극적 개입을 요청하게 된다. 그리하여 근로관계에 대하여는 헌법 제32조와 제33조에 의해서뿐만 아니라 제10조(기본적 인권의 보장), 제11조(법 앞에서의 평등), 제15조(직업선택의 자유), 제21조(언론·출판·집회·결사의 자유)를 통하여 국가의 적극적 보호가 요청된다.[1]

헌법 제33조 1항은 노동조합·단체교섭 및 단체행동과 노사분쟁의 조정에 관한 법률(노조및조정법)을 통하여 근로자와 사용자의 관계를 (간접적으로) 규율하는 효력을 미치는 것이 원칙이다. 근로3권을 실현하기 위한 법률이 미비한 경우에 사인(私人)간의 관계(근로자와 사용자 사이의 근로관계)에 대하여 동 헌법조항이 직접적으로 효력을 미칠 수 있는지는 의문이다. 저자는 부정설의 태도를 취한다.[2] 예컨대 노조에 가입하지 않을 것을 내용으로 하는 비열계약(또는 황견계약(黃犬契約): yellow dog contract; 반조합(反組合)계약)은 헌법 제33조 1항에 의해서가 아니라 노조및조정법 제81조 2호에 의하여 부당노동행위가 되고 해당근로자는 노동위원회에 구제신청을 하여 구제를 받게 된다(노조및조정법 제82조).

b) 조 약 헌법에 의하여 체결·공포된 조약은 국내법과 같은 효력을 가진다

1) Zöllner/Loritz/Hergenröder, *ArbR* § 7 Rn. 3.

2) 독일기본법 제9조 3항 2문은 직접적 효력을 명문으로 규정하고 있다. 이와 같은 명문규정이 없는 우리 헌법 제33조 1항의 해석에 있어서는 견해가 대립한다. 同旨(부정설): 허영, 「한국헌법론」, 498면. 긍정설: 권영성, 「헌법학원론」, 679면; 계희열, 「헌법학(중)」, 691면; 김철수, 「헌법학신론」, 557면; 이병태, 「노동법」, 74면; 임종률, 「노동법」, 18면; 김유성, 「노동법 Ⅱ」, 125면.

(헌법 제6조 Ⅰ). 즉 합헌적 절차에 따라 성립되고 그 내용이 헌법에 위배되지 않는 조약은 국내법과 같은 효력을 가진다.[1) 그러나 조약은 체결에 의하여 효력을 발생하는 것이 아니고 국회의 비준을 받아 공포되어야 한다. 특히 노동관계법에 있어서 ILO의 국제조약은 법원으로서의 지위를 점차 확대해 가고 있다. 이는 산업화·개방화 시대에 인적·물적 교류가 활발해지고 있는 데서 오는 세계적 현상이라고 할 수 있다. 그런데 조약이 국내법과 같은 효력을 갖는다는 의미에 대해서는 조약우위설과 헌법우위설이 대립한다. 조약의 체결은 헌법에 의하여 인정되며, 국회의 비준을 받아야 하고, 조약은 국민주권에 위배될 수 없으며, 헌법은 국가의 최고규범성을 가지고 있다는 점을 감안하면 조약은 원칙적으로 국내법의 법률과 동일한 효력을 갖는다고 보아야 한다.[2) 현재 ILO협약은 2019년 6월에 채택된 폭력과 괴롭힘 협약을 포함하여 190개에 달한다. 우리나라는 2021년 4월 현재까지 32개의 협약을 비준하였다.[3)

c) 법 률 근로기준법·노조및조정법·근로자참여협력법·남녀고용평등법 등은 근로관계 또는 노사관계를 직접 또는 간접으로 규율하는 재판규범임은 의심할 여지가 없다. 다만 근로기준법·선원법 등은 개별적 근로관계에 관한 법원임에 반하여 노조및조정법 등은 집단적 노사관계에 관한 법원이다.[4)

노동법은 일반법인 민법에 대하여 특별법의 지위에 있으며 원칙적으로 강행적 효력

1) 계희열, 「헌법학(상)」, 2001, 172면 이하 참고.

2) 계희열, 「헌법학(상)」, 2001, 173면; 허영, 「한국헌법론」, 2007, 174면.

3) ILO는 4개 분야(차별금지, 아동노동금지, 강제노동금지, 결사의 자유)의 8개 협약을 핵심협약으로 분류하고 그 비준을 촉구하고 있다. 우리나라는 이중 차별금지에 관한 2개의 협약(제100호 남녀 동등임금 협약, 제111호 고용·직업상 차별금지협약), 아동노동금지에 관한 2개의 협약(제138호 취업상 최저연령 협약, 제182호 가혹한 형태의 아동노동 철폐 협약)을 먼저 비준하였고, 강제노동금지에 관한 1개의 협약(제29호 강제노동에 관한 협약)과 결사의 자유에 관한 2개의 협약(제87호 결사의 자유 및 단결권 보호 협약, 제98호 단결권 및 단체교섭권 협약)이 최근 2021. 2. 6.에 비준된 바 있다. 강제노동금지와 관련된 제105호 협약은 아직 비준되지 않았는데, 제105호 협약비준과 관련해서는 파업참가자 등에 대한 제재로서 노역이 포함된 징역형을 부과할 수 있도록 규정한 현행 형법의 개선이 선결될 필요가 있다.

4) 법률의 해석방법에 관한 판례: 大判(전합) 2013. 1. 17, 2011 다 83431(법은 원칙적으로 불특정 다수인에 대하여 동일한 구속력을 갖는 사회의 보편타당한 규범이므로 이를 해석할 때에는 법의 표준적 의미를 밝혀 객관적 타당성이 있도록 하여야 하고, 일관성을 유지하므로써 법적 안정성이 손상되지 않도록 하여야 한다. 법률은 보편적이고 전형적인 사안을 염두에 두고 마련된 것이므로 사회현실에서 발생하는 다양한 사안에서 그 법률을 적용할 때에는 구체적 사안에 맞는 가장 타당한 해결방안이 될 수 있도록 해석할 것도 요구된다. 요컨대 법해석의 목표는 어디까지나 법적 안정성을 저해하지 않는 범위 내에서 구체적 타당성을 찾는 데 두어야 한다. 그러기 위해서는 가능한 한 법률에서 사용된 문언의 통상적 의미에 충실하게 해석하는 것을 원칙으로 하면서, 해당 법률의 입법취지와 목적, 입법 연혁, 법질서 전체와의 조화, 다른 법령과의 관계 등을 고려하여 체계적·논리적 해석방법을 동원함으로써, 위와 같은 법해석의 요청에 부응하는 타당한 해석을 하여야 한다).

을 가지고 있다. 노동법의 강행성은 특히 근로자보호법인 근로기준법에서 두드러지게 나타난다. 그러나 노동법규의 강행적 효력은 절대적인 것이 아니다. 즉 노동법규의 입법취지는 근로관계의 내용을 일정한 수준까지 확보하고 근로조건을 계속해서 향상·개선하는데 있으므로 단체협약·취업규칙·근로계약으로 보다 유리한 약정을 하는 것은 강행법규성에 위배되지 않는다(근기법 제3조, 제15조, 제96조 Ⅰ; 노조및조정법 제33조 참조). 이 경우에는 법원 자체의 효력상의 계위(階位)에 앞서서 「유리한 조건 우선의 원칙」이 적용된다.[1] 그러나 어느 법원의 규정이 근로자들에게 더 유리한 것인지를 판단하는 것은 용이한 일이 아니므로 해당 규정의 내용을 종합적으로 검토해야 한다.[2]

노동보호법률이 강행적 효력을 가지며 일반법(예컨대 민법)에 대하여 우선적 효력을 가지는 것은 개별근로자의 교섭력의 취약성 때문일 것이다. 개별적 근로자와 사용자는 현실적으로 대등한 교섭당사자의 지위에 있지 않다. 그러나 대등한 교섭력을 가지는 노동조합과 사용자가 체결한 단체협약에 대해서는 노동보호법률의 강행적 효력을 — 개별적 근로자의 경우와 같이 — 인정할 필요가 없다고 볼 수도 있다. 따라서 독일의 몇몇 노동관계법규는 단체협약에 대하여 강행성을 양보하고 있다(Tarifvertragsdispositivität). 다시 말하면 노동관계법규의 내용보다 불리한 개별적 계약을 체결하는 것은 적법하지 않지만 — 그런 의미에서 법률은 강행적 효력을 갖는다 — 단체협약 당사자들은 법률의 내용보다 근로자에게 불리한 협약을 체결할 수도 있다(예로서, 임금계속지급법(EFortzG) 제4조 Ⅳ; 민법(BGB) 제622조 Ⅳ; 연방휴가법(BUrlG) 제13조; 근로시간법(ArbZG) 제7조 등 참고).[3] 다만, 단체협약에 의하여 법률의 강행적 효력이 후퇴하는 경우는 충분한 이유와 합리적 범위에 한정되는 것이므로 노동보호법이 구축하고 있는 근로조건의 최저한도 보장이라는 보호벽이 손상되어서는 아니 된다.[4] 따라서 노동보호법의 기준에 미치지 못하는 단체협약상의 약정이 체결되는 때에는 그 약정이 진정한 의미의 노사자치의 산물로서 합리적이고 현실적으로 필요한 경우에만 인정되어야 할 것이다.[5] 법적 근

1) 유리한 조건 우선의 원칙에 관해서는 [16] 3. ⑵, [111] 2. ⑶ 참고. Zöllner/Loritz/Hergenröder, *ArbR* §7 Rn. 11, §39 Rn. 5; *MünchArbR*/Rieble/Klumpp, Bd. Ⅱ, §183 Rn. 16 ff.; Otto, *ArbR* Rn. 724 ff.; Lieb/Jacobs, *ArbR* Rn. 484 ff.; 박종희, '유리한 조건 우선의 원칙에 대한 법이론적 검토와 체계상 재구성 시론', 「노동법학」(제8호), 1998, 479면 이하 참고.

2) *ErfK*/Franzen, *TVG* 600 §4 Rn. 35 ff. 참고(적용범위, 적용대상, 적용기준, 비교시점 등).

3) Löwisch/Rieble, *TarifvertragsG(Kommentar)* §1 Rn. 1068 ff.; Wiedemann/Jacobs, *TarifvertragsG (Kommentar)* Einl. Rn. 589 f. 참고.

4) 독일법에 있어서 국가의 강행법률과 단체협약의 관계 및 그 의의에 관해서는, Wiedemann/Jacobs, *TarifvertragsG(Kommentar)* Einl. Rn. 595 ff. 참고(이 견해는 변화된 경제적 상황에의 신축적 적응과 협약자율을 그 근거로 들고 있다).

5) Zöllner/Loritz/Hergenröder, *ArbR* §7 Rn. 6.

거없이 법률에 대하여 단체협약의 우선적·강행적 지위를 인정할 경우에는 근로조건의 최저기준을 정한 국가의 규범이 끊임없이 노동조합과의 관계에서 조정의 대상이 되는 위험성을 자초할 수 있으며, 헌법 제33조 1항('근로조건의 향상을 위하여')의 입법취지에도 부합하지 않는다.[1] 특히 우리나라에서 노동조합은 일반적으로 기업별 유형을 취하고 있기 때문에 노동조합의 어용화가 우려되는 상황에서 법률의 기준을 하회하는 단체협약을 인정한다는 것은 더욱 곤란한 일이다. 노동조합이 산별체제로 되어 있는 독일의 경우와는 노사관계의 기본상황이 다르다는 점에 유의해야 할 것이다. 우리나라의 판례는 단체협약에 대한 근로기준법의 강행적 효력을 인정하고 있다.[2]

d) 시 행 령　　노동관계법의 시행령이 개별적 근로관계 또는 집단적 노사관계를 규율하는 재판규범의 존재형식임은 의심할 여지가 없다. 시행령은 그 효력의 계위(階位)상 법률에 반할 수 없다. 특히 사회적·경제적 약자인 근로자의 보호를 목적으로 하는 노동법에서 헌법→법률→시행령간의 효력상의 계위는 매우 중요한 의미를 가진다. 왜냐하면 노동기본권에 반하는 법률의 제정 또는 모법(母法)인 법률에 반하는 시행령의 제정은 곧 근로자들의 보호라는 법의 기능을 파괴할 수 있기 때문이다. 그러므로 특히 노동법에서는 법률에 반하는 시행령의 효력을 무효로 하는 절차가 중요시된다. 다른 한편 노사관계가 매우 유동적이고 복잡하며, 그 규율에 신축성과 기술성을 요하는 분야에서는 행정기관에 의한 명령이 적절히 활용되는 경우도 있다. 그러나 이 경우에도 모법의 입법취지에 손상을 주어서는 안 된다.

(2) **단체협약**

a) 단체협약은 노동조합과 사용자 사이에 체결되는 규범계약이다. 단체협약 내에는 개별적 근로관계에 대하여 이른바 기준적 효력(노조및조정법 제33조)을 미치는 규범적 부분과 협약체결당사자인 노동조합과 사용자 사이의 권리·의무를 규율하는 채무적 부분이 포함되어 있다. 채무적 부분은 협약당사자 간의 계약이론에 의하여 그 법원성이 설명될 수 있겠으나, 조합원들의 근로관계의 내용을 규율하는 규범적 부분에 대해서는 규율의 근거가 어디에 있는지가 문제된다.

단체협약의 효력과 관련해서 우리는 두 가지의 측면을 구별하지 않으면 안 된다. 첫째는 단체협약은 노동조합과 사용자 또는 사용자단체가 체결하는 (규범)계약인데, 그

---

1) Gamillscheg, *Kollektives ArbR*, Bd. Ⅰ, S. 698; Däubler, *Tarifvertragsrecht*, 3. Aufl., 1993, Rn. 375 f.; Zöllner/Loritz/Hergenröder, *ArbR* §7 Rn. 6; Wiedemann/Jacobs, *TarifvertragsG(Kommentar)*, Einl. Rn. 597 ff. 참고

2) 大判 1990. 12. 21, 90 다카 24496; 大判 1993. 5. 27, 92 다 24509(근로기준법 소정에 미달하는 근로조건이 단체협약에 의한 것이라 하여 유효로 볼 수 없다).

체결당사자가 아닌 근로자(조합원)에게 효력이 미치는 근거가 무엇이냐 하는 점이다. 둘째는 근로자의 근로조건 내지 근로관계를 형성(변경 · 개선 또는 창설)할 수 있는 법원은 여러 가지가 있을 수 있는데 각종의 법원들 중에서 단체협약은 어떤 지위를 차지하느냐 하는 점이다. 첫째의 문제가 순수한 의미의 법원론이고, 둘째의 것은 단체협약 효력상의 계위(Rang der Wirksamkeit)에 관한 문제이다.

b) 첫째로 단체협약이 조합원에게 효력을 미치며 법원으로서 작용(즉, 조합원이 근로조건의 내용을 정한 단체협약의 규정을 사용자에 대한 청구권의 기초로 삼을 수 있는 것)하는 근거에 대해서는 i) 노동조합이 조합원의 대리인의 지위에 있다는 견해(대리설), ii) 국가가 입법권의 일부를 협약관계당사자에게 부여했다는 견해(수권설), iii) 단체협약의 직률적 효력을 부여하는 조합구성원의 사적 위임을 기초한다는 견해(조합원승복위임설)가 있다.[1] 단체협약의 효력이 직접 조합원인 근로자에게 미치는 근거를 설명하는 데는 대리설과 조합원승복위임설이 적절하지만, 단체협약의 근로자보호규범으로서의 성질을 밝혀주는 데 있어서는 수권설이 보다 명료한 견해라고 할 수 있다. 그러나 단체협약의 구조적 성질과 법원으로서의 성질을 종합적으로 이해하기 위해서는 위의 견해들을 복합적으로 절충하는 태도가 타당할 것이다([109] 3. 참고).

c) 단체협약의 효력상의 계위(階位)는 법률(노동관계법)보다 하위에 있지만 취업규칙과 근로계약에 대해서는 상위에 있다(노조및조정법 제33조; 근기법 제96조 I 참조). 단체협약의 효력을 취업규칙이나 근로계약보다 상위에 둔 것은 단체협약체결을 목적으로 노동조합이 사용자와 교섭을 할 때 대등성을 유지할 수 있기 때문이다. 이와 같은 교섭대등성으로 인하여 단체협약의 내용은 취업규칙이나 근로계약의 내용보다 근로자에게 유리하게 형성될 수 있다. 따라서 단체협약의 효력을 취업규칙이나 근로계약의 상위에 둔 것은 노동법의 근로자보호이념에 합치한다. 이러한 점에서 단체협약의 근로조건에 관한 부분(근로관계의 체결 · 내용 · 종료에 관한 부분)은 조합원(근로계약당사자)과 사용자 사이에 직접적 · 강행적 효력(직률적 효력)을 가진다(노조및조정법 제33조 참조).

d) 단체협약과 기타의 법원, 즉, 취업규칙 · 근로계약 사이에는 이른바 유리한 조건 우선의 원칙(Günstigkeitsprinzip)이 지배한다. 단체협약 자체는 일반적 효력상의 계위에 있어서 취업규칙이나 근로계약보다 상위에 있지만, 취업규칙이나 근로계약 내의 특정 규정이 단체협약 내의 기준보다 유리한 근로조건을 정하고 있을 때에는 단체협약의 기준은 적용되지 않는다. 그런 의미에서 단체협약의 기준은 최저기준을 정한 것으로 이해

---

1) 단체협약의 법원론에 관해서는 Adomeit, *Rechtsquellenfragen*, S. 127; Waltermann, *ArbR* Rn. 538 ff. 참고.

된다.[1] 노조및조정법 제33조 1항의 「단체협약에 정한 … 기준에 위반하는 취업규칙 또는 근로계약의 부분은 무효로 한다」라는 규정은 단체협약의 기준보다 불리한 부분은 효력이 없다는 뜻이다(이른바 편면적용(片面適用): 다음의 3. ⑵ 참고). 이와 같은 유리한 조건 우선의 원칙은 단체협약에 의해서도 포기되거나 배제될 수 없다.[2]

e) 유리한 조건의 여부는 단체협약규정의 규범내용을 기준으로 합리적으로 판단해야 할 것이다. 즉, 협약규범이 개별근로자의 보호를 목적으로 하는 때에는 그 근로자를 위해서 해당 규범이 유리한 것인지를 판단해야 할 것이다. 오늘날 유리한 조건 우선의 원칙은 단체협약의 강행적 효력이 근로자의 보호를 위하여 필요하지 않은 경우에 개별근로자의 사적자치를 존중하는 원칙으로 이해되고 있다. 따라서 유리한 조건 우선의 원칙은 단체협약의 기준을 근로조건의 최저기준으로 해석하는 기초가 될 수 있다.[3]

f) 단체협약은 원칙적으로 노동조합의 조합원에 대해서만 적용된다(단체협약의 구속력범위: [111] 3. 참고). 비조합원에게는 단체협약이 직접 적용되지 않으므로, 단체협약은 비조합원에게는 법원이 될 수 없다. 그러나 비조합원에 대해서도 사용자는 협약상의 급부를 하는 것이 현실이다. 다만, 노조및조정법이 규정하고 있는 일반적 구속력 또는 지역적 구속력의 요건이 갖추어진 때에는 비조합원도 해당 단체협약의 적용을 요구할 수 있다. 그러나 이 경우 단체협약상의 급부를 청구할 수 있는 기초(Anspruchsgrundlage)는 노조및조정법 제35조 내지 제36조이다. 비조합원은 조합원의 자격이 없기 때문에 해당 협약 자체를 그들의 청구권의 기초로 삼을 수 없다([112] 2. 참고).

⑶ 노동조합규약

노동조합은 법인격의 유무와는 관계없이 노조및조정법이 요구하는 자주성과 민주성을 갖추고 사단(社團)으로서의 조직적 통일성을 유지하고 있으면 합법적으로 노동조합의 운영, 조합원의 권리·의무, 조합재산의 운영 등을 조합규약 내에 규율할 수 있다. 그런 의미에서 조합규약의 법원성은 인정될 수 있다.[4] 그러나 노동조합규약의 규율대상은 노·사간의 근로관계는 아니다. 그러므로 노동조합규약 자체는 근로관계를 직접 규율하는 법원은 아니라고 할 수 있다. 다만, 다음과 같은 경우에는 법원성이 문제될 수 있다. 즉, 노동조합의 지시에 의한 조합원의 행위가 조합규약에 따른 정당한 조합활동인 경우

1) Zöllner/Loritz/Hergenröder, *ArbR* §7 Rn. 11.

2) Zöllner/Loritz/Hergenröder, *ArbR* §7 Rn. 11; Löwisch/Rieble, *TarifvertragsG(Kommentar)* §4 Rn. 557. 따라서 사용자가 단체협약으로 정한 근로조건을 상회하는 지급(예컨대 임금, 상여금, 그 밖의 각종 수당의 지급)을 하더라도 이를 단체협약으로 달리 막을 수 없다. 단체협약의 기능구조에 반하기 때문이다(위의 Löwisch/Rieble, *a.a.O*, §4 Rn. 558).

3) *ErfK*/Franzen, *TVG* §4 Rn. 31.

4) 外尾, 「勞働團體法」, 67面 이하; 菅野, 「勞働法」, 795面 참고.

에는 설령 그 행위가 근로계약상의 의무에 반한다 하더라도 그 근로자의 행위를 계약에 위반하는 행위라고 할 수는 없다. 왜냐하면 적어도 조합규약은 근로자의 단결권을 기초로 대(對)사용자관계에서 단체활동을 할 수 있는 근로자단체의 조직과 운영을 정한 자치적 규범이므로 근로계약당사자인 사용자는 조합규약에 의한 정당한 권리행사에 대하여 계약상의 책임을 물을 수 없기 때문이다. 그러나 조합규약의 법원성은 궁극적으로는 단체협약제도가 인정되는 범위 내에서 긍정될 수 있으므로 조합규약의 규약자율(Satzungs-autonomie)의 한계도 바로 여기서 찾아야 한다. 다시 말하면 헌법 제33조의 단결권의 보호범위를 넘는 조합규약은 효력을 가질 수 없으며, 따라서 그 법원성은 부인된다고 보아야 한다.

(4) **취업규칙**

취업규칙은 일정한 사업장에서 근로관계와 경영질서를 규율하는 역할을 담당하고 있다. 그러나 취업규칙이 어떤 근거에서 어떤 법적 성질을 가지고 근로관계와 기업질서를 규율하느냐에 관해서는 학설상 그 견해가 일치되어 있지 않다([43] 2, [65] 1. (2) 참고).

노사관계의 현실에 있어서 취업규칙은 실제로 사용자에 의하여 일방적으로 작성·변경되는 것이며, 다수 근로자의 근로관계의 내용을 정한 것이므로 민법상의 일반약관(보통약관)에 대비될 수 있다.[1] 다시 말하면 공통적인 근로관계의 내용을 개별근로자와의 교섭을 거치지 않고 미리 작성된 취업규칙을 근로자에게 제시 내지 알림으로써 근로조건이 정해지거나 변경된다. 다만 근로기준법 제94조 1항 본문은 사용자에 의하여 작성 또는 변경된 취업규칙에 대해서 근로자의 과반수로 조직된 노동조합이 있는 경우에는 그 노동조합, 근로자의 과반수로 조직된 노동조합이 없는 경우에는 근로자 과반수의 「의견」을 듣도록 하고 있다. 여기서 의견을 듣는다는 것은 합의를 얻는다는 뜻이 아니므로 그 성립에 있어서 취업규칙이 곧 계약이라고 말할 수는 없다. 그러나 동조항 단서는 취업규칙을 근로자에게 불이익하게 변경하는 경우에는 「동의」를 얻어야 한다고 규정하고 있으므로, 그러한 한도 내에서 취업규칙은 계약적 성질을 가진다. 다만, 이와 같은 동의는 근로자의 보호를 위하여 취업규칙의 악화를 방지하기 위한 하나의 수단으로 이해될 수 있다. 또한 취업규칙은 고용노동부장관에게 신고해야 하고(근기법 제93조), 법령이나 단체협약에 반할 수 없으므로(근기법 제96조; 벌칙 제114조 ②) 법률에 의한 내용통제를 받는 일반약관에 유사한 것으로서 계약적 성질을 가지는 것이라고 볼 수 있다. 취업규칙은 다수 근로자의 근로관계의 내용을 형성하는 것이므로 노동법상의 법원이다.

취업규칙의 효력상의 계위(階位)는 근로기준법과 그 시행령 및 단체협약에 대해서

---

1) Lieb/Jacobs, *ArbR* Rn. 52; Otto, *ArbR* Rn. 161; 水町, 「勞働法」(第3版), 2010, 100面 참고.

는 하위이고(근기법 제96조; 벌칙 제114조 ②) 근로계약에 대해서는 상위이다(근기법 제97조). 취업규칙에도 유리한 조건 우선의 원칙이 적용된다. 오늘날 취업규칙이 차지하는 근로조건형성기능은 매우 크다. 고용노동부의 감독행정이 부실하거나 단체교섭이 원활하지 않거나 전무한 사업장에 있어서 근로조건은 실질적으로 사용자 일방에 의하여 결정될 우려가 있다.

(5) **근로계약**

근로계약은 근로자와 사용자의 의사표시에 의하여 「근로관계를 성립시키는 법률행위」로서 근로자와 사용자 사이의 중요한 권리·의무를 규정한다. 근로계약이 근로자와 사용자 사이의 근로관계를 규율하는 근거는 사적자치에 기초한 자유로운 의사에 있다.[1] 따라서 근로계약이 근로관계에 대한 직접적 법원이 된다는 것은 더 말할 것도 없다.

근로조건의 세부적 내용은 법률(특히 근로기준법)·단체협약·취업규칙 등에 의하여 정하여지는 것이 일반적이므로, 근로계약체결시에 근로자와 사용자 사이에서 개별적 교섭대상이 되는 근로조건은 임금·소정의 근로시간·고용기간·휴일·연차유급휴가·업무내용·취업장소 등이다(근기법 제17조; 벌칙 제114조 ①; 근기법 시령 제8조 참조).[2] 그리고 단체협약의 적용이 없거나(노동조합이 설립되어 있지 않거나 근로자가 노동조합에 가입하고 있지 않은 경우), 취업규칙이 없는 경우(상용근로자가 10명 이하인 사업장의 경우: 근기법 제93조 참조)에는 근로조건의 변경(예컨대 임금인상, 근로시간의 단축, 상여금지급의 개선, 근무 내용 또는 근무장소의 변경 등)에 있어서 근로계약이 거의 유일한 법적 기초가 된다.

근로관계는 일반적으로 단체협약이나 취업규칙에 의하여 집단적으로 규율되기 때문에 근로계약은 단체협약이나 취업규칙 내에 규정되어 있지 않은 부가적 근로조건을 규율하거나, 또는 유리한 조건 우선의 원칙에 의하여 단체협약이나 취업규칙에서 보다 유리한 내용을 정할 수 있다. 그리고 간부급 종업원(과장·부장)들의 근로관계는 주로 근로계약에 의하여 개별적으로 규율되는 것이 상례일 것이다.

그러나 오늘날 중견간부 종업원들을 제외하고는 대부분의 근로자들의 근로계약의 내용은 거의 통일되어 있다고 볼 수 있다. 이러한 계약의 형태를 학자들은 표본계약(Mustervertrag)이라고 한다. 표본계약과 취업규칙은 근로조건의 통일을 기한다는 기능적 측면에서는 유사하나 표본계약은 어디까지나 근로자와 사용자의 개별적 계약체결을 통하여 성립하는 것이며, 취업규칙은 사용자가 일방적으로 작성할 수 있지만, 근로자들의 「의견」을 듣거나 「동의」를 얻어야 하는(근기법 제94조 I 참조; 벌칙 제114조 ①) 집단적 성

1) Adomeit, *Rechtsquellenfragen*, S. 91 f.
2) Otto, *ArbR* Rn. 160 참고.

질을 가진 일반약관과 유사하다([42] 참고).

사용자가 회사의 게시판에 또는 회람을 통하여 근로자 전체에 대하여 일정한 급여(예컨대, 휴가금의 지급, 회사창립기념축하금)를 일방적으로 약속한 경우에 이는 계약적 성질을 가진 노동법원을 형성할 수 있는가? 학설[1]은 그러한 약속 자체만으로는 사용자를 직접 구속할 수는 없고, 그 약속에 대한 근로자들의 묵시적 승낙(실질적으로 이에 반대하는 근로자는 없을 것이다)이 인정될 수 있는 경우에 근로조건을 형성하는 법률행위가 될 수 있다고 한다. 다시 말하면 근로자 전체에 대한 사용자의 일방적 약속이 근로관계의 법원이 되려면 청약과 승낙의 합치라고 하는 법률행위의 모습을 갖추어야 한다. 그러나 근로자의 승낙의 의사표시가 거래칙상 필요하지 않거나, 청약자가 승낙의 의사표시를 기대하지 않는 경우(예컨대 사용자가 근로자에게 일정액의 특별성과금을 약속하는 경우)에는 승낙의 의사표시의 도달 없이 계약은 성립될 수 있으므로(독일민법 제151조 1문 참조. 근로자의 승낙은 추단될 수 있음) 근로자 전체에 대한 사용자의 약속(Gesamtzusage)은 그것 자체로서 근로관계의 법원이 될 수 있다.[2] 그러나 사용자가 근로자에게 불리한 내용의 고시를 하거나 회람을 돌린 경우에는 근로자의 명시적 승낙의 의사표시가 사용자에게 도달한 때에만 그 효력이 발생하는 것으로 보아야 한다.[3]

(6) 노동관행

a) 우리나라에는 노사의 법적 확신을 기초로 한 전국적 규모의 노동관습법은 존재하지 않는다. 그러나 특정한 기업체 내지 사업장에서 그 경영 내의 근로관계 내지 노사관계를 규율하고 있는 노동관행은 드물지 않게 존재하고 있다. 예컨대 작업 후에 근로자가 작업시설과 작업장소를 정비·청소한다든가, 추석 때 사용자가 「추석위로금」을 지급하는 등과 같은 관행은 이에 속한다.[4] 그러면 노동관행은 어떤 형식의 법원인가?

노동관행은 보통 경영 내에서 동일한 행태 내지 급부가 사실적으로 여러 차례 아무 유보 없이 반복되는 경우에 인정된다. 학설은 이와 같은 노동관행에 대하여 청구권부여

---

1) Zöllner/Loritz/Hergenröder, *ArbR* §7 Rn. 23; Lieb/Jacobs, *ArbR* Rn. 51; Otto, *ArbR* Rn. 164.

2) Zöllner/Loritz/Hergenröder, *ArbR* §7 Rn. 23; Lieb/Jacobs, *ArbR* Rn. 51; Otto, *ArbR* Rn. 164. 근로자 전체에 대한 약속은 개별근로자의 승낙의 의사표시 없이 표의자인 사용자가 스스로 의무를 부담하는 일방적 행위(의무형성행위)라고 보는 견해도 있다(Gamillscheg, *ArbR*, Ⅰ, S. 43).

3) Zöllner/Loritz/Hergenröder, *ArbR* §7 Rn. 23.

4) 예컨대 독일의 연방노동법원(BAG)의 판례는 크리스마스상여금(Weihnachtsgratifikation)을 아무 유보 없이 연속해서 3년간 지급하면 근로자들에게 상여금 지급청구권을 발생케 한다고 한다(BAG vom 17. 4. 1957, AP Nr. 5 zu §611 BGB Gratifikation). 계약설에 의하면 사용자가 아무 유보 없이 3회 계속 상여금을 지급하면 지급의무를 지겠다는 내용의 의사(청약)가 있는 것으로 보며, 근로자의 승낙은 상여금의 수령에 의하여 추단된다. 그러나 근로자에게 유리한 노동관행만이 인정되는 것은 아니다(Zöllner/Loritz/Hergenröder, *ArbR* §7 Rn. 25 참고).

적 효력(anspruchsbegründende Wirkung)을 인정하는 데 관해서는 대체로 견해를 같이 하고 있으나,[1] 이에 대한 법리구성에 있어서는 입장을 달리한다. 전통적 학설에 의하면 계약상의 합의라는 전제하에, 또는 그러한 의제하에 노동관행의 효력을 인정하려고 한다. 다시 말하면 일정한 경영상의 행태가 반복되면 그러한 행태 내지 급부에 대하여 의무를 부담하겠다는 의사가 추단(推斷, konkludent)되거나 묵시적 의사가 인정된다고 한다.[2]

오늘날의 지배적 학설에 의하면 일정한 사실적 급부가 반복되는 경우에 근로자들은 앞으로도 그와 동일한 급부를 받게 될 것이라는 신뢰를 하게 되고, 이러한 신뢰는 보호되어야 한다고 한다. 따라서 근로자의 신뢰보호가 청구권의 근거로서 작용하게 된다. 다시 말하면 사용자는 그의 행위에 의하여 발생된 근로자의 기대에 대해서 신뢰책임(Vertrauenshaftung)을 부담한다.[3] 신뢰책임설에 따르면 노동관행은 사용자의 의무부담의사를 전제로 하지 않는다. 이 설은 노동관행이 신규채용된 근로자에게도 적용될 수 있다는 점과 근로자의 승낙의사를 필요로 하지 않는다는 점을 순리적으로 설명할 수 있는 장점을 가지고 있다.[4] 판례는 「기업의 내부에 존재하는 특정의 관행이 근로계약의 내용을 이루고 있다고 하기 위해서는 그러한 관행이 기업 사회에서 일반적으로 근로관계를 규율하는 규범적인 사실로서 명확히 승인되거나 기업의 구성원에 의하여 일반적으로 아무도 이의를 제기하지 아니한 채 당연한 것으로 받아들여져서 기업 내에서 사실상의 제도로서 확립되어 있다고 할 수 있을 정도의 규범의식에 의하여 지지되고 있어야 한다」고 한다(규범적 관행설).[5]

청구권의 기초로서 성립된 노동관행은 사용자 일방의 의사표시(철회)에 의해서 아

---

1) Zöllner/Loritz/Hergenröder, *ArbR* §7 Rn. 26; Otto, *ArbR* Rn. 165 f.

2) Hueck/Nipperdey, *Lehrbuch*, Bd. I, S. 150 f. 오늘날에도 묵시적 합의를 노동관행의 법적 기초로 보는 견해가 있다. 이 설에 의하면 법적 의무를 부담하지 않는다는 유보적 의사를 명확히 한 때에는 노동관행은 성립하지 않는다(Brox/Rüthers/Henssler, *ArbR* Rn. 137); 片岡, 「勞働法(1)」, 73面(片岡 교수는 당사자 간의 합의에 의하여 노동관행이 효력을 가진다는 견해를 취하면서도 근로자를 당연히 구속하는 법원은 아니라고 한다).

3) Seiter, *Die Betriebsübung*, 1967, S. 92 ff.; Canaris, *Die Vertrauenshaftung in deutschem Privatrecht*, 1971, S. 387 ff.; Zöllner/Loritz/Hergenröder, *ArbR* §7 Rn. 28; Lieb/Jacobs, *ArbR* Rn. 56 f.; Otto, *ArbR* Rn. 166. 신뢰책임설은 근로자에게 불리한 관행의 효력을 설명하는 데는 적절하지 않다(Brox/Rüthers/Henssler, *ArbR* Rn. 137).

4) Otto, *ArbR* Rn. 166. 사용자의 동일한 반복적 행위로부터 사용자의 계속적 급부 또는 특별급여에 대한 구체적 의무를 근로자가 도출할 수 있으므로 결과적으로 계약적 연계(konkludente Vertragsbindung)추단된다는 유력한 견해가 있다(ErfK/Preis, BGB §611a Rn. 220).

5) 大判 2014. 2. 27, 2011 다 109531; 大判 2002. 4. 23, 2000 다 50701; 大判 2001. 10. 23, 2001 다 53950; 大判 1995. 2. 14, 94 다 21818; 大判 1993. 1. 26, 92 다 11695 등.

무 이유 없이 제거될 수 없다.[1] 판례는 노동관행을 중단시키려면 취업규칙의 변경에 준하여 근로자 과반수로 조직된 노동조합의 동의를 얻는 등의 절차를 거쳐야 한다고 한다.[2]

b) 노동관행은 근로자의 보호를 그 기본관념으로 하는 근로기준법·단체협약 및 취업규칙에 반할 수 없다. 판례에 따르면 노동관행은 규범의식에 의하여 지지되고 있는 「사실」을 의미하는 것이므로 노동관행 자체가 규범적 효력을 가지는 것이라고는 볼 수 없다.[3] 따라서 노동관행은 그 효력상 근로계약의 상위에 있는 것으로 볼 수는 없을 것이다.[4] 그렇다고 하여 사용자와 근로자가 개별적으로 노동관행의 적용을 배제하는 특약을 용납해서는 안 될 것이다. 기업내부에서 집단적 성질을 가지고 존재하는 노동관행의 특성에 비추어 타당하지 않기 때문이다. 판례에 따르면 노동관행은 취업규칙의 불이익 변경의 경우와 마찬가지로 「근로자의 과반수로 조직된 노동조합, 근로자의 과반수로 조직된 노동조합이 없는 경우에는 근로자의 과반수의 동의」를 받아 근로자에게 불이익하게 변경 또는 소멸시킬 수 있다고 한다(근기법 제94조 Ⅰ 단서; 벌칙 제114조 ①).[5]

c) 사용자가 착오로 법률·단체협약 또는 계약상의 급부의무가 있는 것으로 잘못 알고 일정한 지급을 반복적으로 계속한 경우(이른바 착오에 의한 노동관행)에 사용자가 그와 같은 의무의 부존재를 모르고 있는 한(선의인 한) 구속력을 가지는 노동관행은 성립할 수 없다. 이 경우에 근로자들이 동일한 급부가 계속될 것이라고 믿는다(신뢰) 하더라도 그와 같은 근로자의 신뢰는 신의칙상 보호받을 수 없다. 왜냐하면 노동관행은 사용자의 자발적 급부를 그 요건으로 하기 때문이다.[6]

(7) **사용자의 지시권**

a) 근로계약 체결시에 근로자가 급부해야 할 노무가 처음부터 구체적으로 정하여지는 것은 아니다. 다시 말하면 근로자의 작업과정에서 사용자의 지시를 통하여 작업시간, 작업장 또는 구체적 근무장소 및 작업방법이 정하여질 수 있다(예컨대 건설근로자의 경우). 사용자의 지시권(Direktionsrecht)은 근로자의 노무급부의무를 사용자가 구체화하는 권리이다. 지배적 견해에 의하면 사용자의 지시권은 채권자인 사용자에게 근로계약상 내재

1) Otto, *ArbR* Rn. 167; Lieb/Jacobs, *ArbR* Rn. 64. 同旨: 서울高判 2000. 8. 10, 2000 나 8009.

2) 서울高判 2000. 8. 10, 2000 나 8009(이 판례는 노동관행이 집단적 성질을 가지는 것으로 이해하는 것으로 보인다).

3) Zöllner/Loritz/Hergenröder, *ArbR* § 7 Rn. 25; Lieb/Jacobs, *ArbR* Rn. 58: 異見(관습법으로서 규범적 효력을 가지는 것으로 보거나 고유한 제도로 보는 견해): Gamillscheg, FS Hilger/Stumpf, 1983, S. 277; Hromadka, NZA 2011, 65 참고.

4) Zöllner/Loritz/Hergenröder, *ArbR* § 7 Rn. 25.

5) 大判 2002. 4. 23, 2000 다 50701의 원심판결: 서울高判 2000. 8. 10, 2000 나 8009; Gamillscheg, *ArbR* Ⅰ, S. 42 참고.

6) Lieb/Jacobs, *ArbR* Rn. 61; Zöllner/Loritz/Hergenröder, *ArbR* § 7 Rn. 34.

적으로 주어진 권한이라고 한다.[1] 따라서 사용자는 계약의 범위 내에서 업무의 필요한 지시권을 행사할 수 있는 재량권을 갖는다고 보아야 한다.[2] 이와 같이 사용자의 지시권은 근로자의 노무급부의무를 구체적으로 결정할 수 있는 권한으로 법원이 될 수 있다. 그러나 이러한 사용자의 지시권은 여러 측면에서 제한을 받는다.[3] 우선 사용자는 지시권을 이유로 계약의 약정에 반하여 급부의무의 내용이나 범위를 확대하거나 변경할 수 없다. 계약 내에 근로자의 의무에 관하여 자세한 규정을 두고 있으면 그만큼 사용자의 지시권의 폭은 좁아진다. 또한 지시권이 일정한 한도 내에서만 관행적으로 행사되어 온 경우에는 지시권이 제한될 수도 있다. 특히 사용자의 지시권은 법률의 규정(특히 근기법, 남녀고평법, 선원법, 산안보법), 단체협약, 취업규칙, 근로자참여협력법에 반하여 행사될 수 없음은 물론이다(다음에 언급한 독일 영업령 제106조 I 1문 참조). 근로자참여협력법 제20조는 사용자의 일방적 지시권이 노사의 협의에 의하여 제한되는 경우라고 이해할 수 있다.

사업장 내의 위급사태가 발생한 경우와 같이 근로자의 협력이나 노무제공이 신의칙상 필요한 때에는 명목상의 계약범위를 벗어나더라도 사용자의 일시적 지시권의 행사는 정당화될 수 있다.[4]

b) 법령을 위반하거나 계약에 반하는 지시권의 행사는 효력이 없다고 보아야 하고,[5] 따라서 근로자는 이에 따르지 않더라도 지시권 위반으로 인한 불이행책임을 부담하지 않는다.[6] 특히 양심의 자유(헌법 제19조)를 이유로 노무지시를 거부하는 경우(예컨대 전쟁이나 인종차별에 찬동하는 기사를 인쇄하는 작업을 거부하는 경우)에도 근로자의 거부행위는 일정한 상황하에서는 정당하다고 보아야 할 것이다.[7] 이 경우에 사용자는 근로계

1) Zöllner/Loritz/Hergenröder, *ArbR* §7 Rn. 35; Lieb/Jacobs, *ArbR* Rn. 70. 지시권이 근로계약에 내재한다는 의미는 지시권을 실질적으로 행사하는 사용자가 해당근로자에 대하여 근로계약관계의 당사자의 지위에 있음을 추론하는 근거가 된다는 뜻이다. 예컨대 외형상으로는 사내도급의 형태를 띠고 있지만, 도급인이 수급인의 근로자에 대하여 실질적인 지시권(지휘·감독권)을 행사하고 있다면 그 근로자와 도급인 사이에 직접적인 근로관계(또는 파견관계)가 있는 것으로 볼 수 있다. 판례도 같은 태도를 취하고 있다(大判 2010. 7. 22, 2008 두 4367; 大判 2008. 7. 10, 2005 다 75088; 大判 2003. 9. 23, 2003 두 3420; 大決 1999. 7. 12, 99 마 628; 大判 1979. 7. 10, 78 다 1530 등).

2) 인사권 행사와 관련해서는 大判 1998. 12. 22, 97 누 5435; 大判 2000. 4. 11, 99 두 2963 등 참고.

3) 방준식, '사용자의 지시권에 관한 연구', 고려대 박사학위논문, 78면 이하 참고.

4) Otto, *ArbR* Rn. 186.

5) Otto, *ArbR* Rn. 190. 근로자에 대한 전보나 전직 명령을 근로계약에 기초를 둔 사용자의 인사권에 속하는 지시권의 행사로 본다면 재량권을 이탈한 인사권의 행사는 권리남용으로서 무효라고 하는 것이 일관된 판례의 태도이다(大判 1995. 10. 13, 94 다 52928; 大判 2000. 4. 11, 99 두 2963 등 참고).

6) Otto, *ArbR* Rn. 190 참고.

7) Lieb/Jacobs, *ArbR* Rn. 72; 계희열, 「헌법학(중)」, 2002, 310면(양심에 반하는 행동을 강제당하지 않을 자유는 사안에 따라 판단할 것을 전제로 인정된다는 태도).

약에 반하지 않는 범위 내에서 근로자에게 다른 대체노무를 지시할 수 있다. 사용자가 다른 노무의 제공을 지시하지 않는 한 근로자는 임금청구권을 상실하지 않는다고 할 것이다(민법 제538조 I 1문).[1)]

독일영업령(GewO)(2002년 8월 24일에 개정) 제106조 1문은 사용자의 지시권에 관하여 다음과 같이 자세한 규정을 두고 있다. 「사용자는 근로계약, 경영협정의 규정, 적용될 단체협약 또는 법률규정에 명시적으로 정한 바가 없는 한, 노무급부의 내용 · 장소 및 시간을 공정한 재량에 따라 구체적으로 정할 수 있다.」[2)]

⑻ 행정해석

행정관청에 의한 법해석이 노동법의 법원성을 가지느냐 하는 것은 구체적으로 고용노동부에 의한 질의해석 또는 법무부에 의한 유권해석의 법원성 유무에 관한 문제이다. 행정해석이 판례(오랜기간 반복된 판례가 법적 확신을 구비하여 관습법이 되는 경우)와 같은 의미의 법원성을 가질 수 없다는 것이 일반적인 견해로 보인다.[3)]

우리나라의 경우 노동관계법령(근기법 · 노조및조정법 · 산재법 및 각 시행령)의 운용에 있어서 행정해석이 차지하고 있는 비중이 커지고 있음은 의심할 여지가 없다.[4)] 그리고 행정해석들이 실제로 법원(法院)에 의하여 그대로 인정을 받는 경우가 누적되면 행정해석에 반하는 주장의 관철을 위한 소의 제기는 감소하게 될 것이다. 이런 의미에서 행정해석에서 제시된 기준은 노사관계를 규율하고 있는 사실상의 행위규범이라 할 수 있다. 그리고 행정해석의 기준에 반하는 주장을 관철하기 위하여 소를 제기한 경우에 법관이 행정관청의 해석을 존중하는 한, 행정해석은 외형상 재판의 규준(規準)으로서 기능하게 된다.[5)] 그러나 행정해석이 사실상의 해석규준으로서 행위규범적 기능을 담당하더라도 그것 자체가 법원을 구속한다거나 청구권의 기초로서의 법원성을 가진다고는 할 수 없다.

---

1) Lieb/Jacobs, *ArbR* Rn. 73.

2) Henssler/Preis, 독일근로계약법토의안(ArbVG), 제28조 참조.

3) 판례에 따르면 고용노동부장관의 업무지침이나 예규 등은 행정기관 내부의 사무처리지침에 불과하므로 국민이나 법원을 구속할 수 없다고 한다(大判 1990. 9. 25, 90 누 2727; 大判 1993. 2. 23, 92 누 7122). 有泉亨, '勞働法の法源', 「新勞働法講座⑴」, 1970, 77面; 이병태, 「노동법」, 50면.

4) 박필수 외 편, 「노동법통람」 I ~ V, 1986; 장의성 · 조재정, 「근로기준법 노동부 행정해석 모음」, 2004 참고.

5) 有泉亨, 앞의 논문, 77面.

3. 법원(法源)의 경합(법원 사이의 상호관계)

(1) 법원의 경합과 일반원칙

a) 노동법에는 근로관계에 적용되는(효력을 미치는) 다양한 종류의 법원이 존재한다([16] 1.·2. 참고). 따라서 이들 법원 상호 간의 관계와 효력을 명확히 하는 것은 노동법의 규범질서를 합목적적으로 조율하는 데 있어서 매우 중요한 일이다. 노동관계법의 기본적 규율대상인 근로관계의 성립과 내용은 근로계약에 의하여 일차적으로 결정되지만, 그 근로관계에 대하여 다수의 법원들이 중첩적으로 적용되는 경우가 적지 않다(예컨대 상여금에 관하여 근로계약, 취업규칙, 단체협약이 중첩적으로 규정하고 있는 경우가 있다). 상이한 법원들이 경합하는 경우에는 그 충돌을 해결하기 위하여 계위의 원칙(Rangprinzip), 유리한 조건 우선의 원칙(Günstigkeitsprinzip)([16] 3. (2), [111] 2. (3) 참고), 특별규정 우선의 원칙(Spezialitätsprnizip), 질서의 원칙(Ordnungsprinzip)이 적용된다.

계위의 원칙과 유리한 조건 우선의 원칙은 계위가 다른 법원들 사이에 적용되는 원칙인데 반해서, 해소의 원칙과 특별규정 우선의 원칙은 같은 계위의 법원들에 대하여 적용된다. 동일한 규율내용에 대하여 같은 계위의 법원들이 복수로 존재하는 때에는 먼저 해소의 원칙(질서의 원칙) 또는 특별규정 우선의 원칙이 적용되고, 계위가 다른 법원들이 존재하는 때에는 계위의 원칙이 적용된다. 유리한 조건 우선의 원칙은 서로 계위를 달리하는 법원들 사이에서 적용되는 것이므로 같은 계위의 법원들이 충돌하는 경우에는 문제되지 않는다.1)

b) 계위의 원칙은 상위의 법원이 하위의 법원에 우선하는 원칙이다(이른바 계위피라미드). 따라서 하위의 법원이 상위의 법원에 어긋날 때에는 효력이 없다. 헌법은 일반 법률이나 시행령에 우선하며, 법률(예: 근기법)은 단체협약, 취업규칙 또는 계약에 대하여 강행적 효력을 가진다(근기법 제15조, 제96조 I 참조). 그리고 단체협약은 취업규칙이나 계약에 대하여 강행적 효력을 가진다(노조및조정법 제33조 I, 근기법 제96조 I 참조). 또한 취업규칙의 기준에 미달하는 근로계약의 부분은 무효이다(근기법 제97조)([16] 1·2, [45] 참고). 그러나 상위의 법원이 하위의 법원(기준에 미치지 못하는 약정 등)에 대하여 예외를 인정하는 경우에는 계위의 원칙은 적용되지 않는다. 예컨대 근로기준법(법률)이 근로자대표와의 합의, 취업규칙 또는 개별근로자와의 약정으로 동법에 규정된 기준과 다른 내용을 정할 수 있도록 한 경우가 이에 해당한다(예컨대 근기법 제51조 I·II, 제52조, 제53조 I·II·III, 제57조, 제58조 III 등 참조(제53조 I·II에 대해서는 벌칙 제110조 ①이 적용된다). 이

1) *ErfK*/Preis, BGB §611a Rn. 236.

와 같은 규정은 넓은 의미의 개방조항이라고 볼 수 있다([111] 2. (5) 참고)). 또한 산별단체협약 당사자들이 기업별 노동조합과 사용자로 하여금 산별단체협약에 정한 기준과 다른 약정(기준에 미치지 못하는 내용의 약정)을 할 수 있도록 명문규정(원래의 의미의 개방조항: Öffnungsklauseln)을 둔 때에도 계위의 원칙은 깨진다고 볼 수 있다.[1] 개방조항은 근로기준법의 강행규정이나 단체협약의 규범적 강행적 규정에 대하여 예외를 인정하는 것이므로 임의규정에서는 문제되지 않는다.

c) 하위의 법원이 상위의 법원보다 유리한 것인 때에는 하위의 법원이 우선한다. 이를 유리한 조건 우선의 원칙이라고 한다. 따라서 이 원칙은 계위의 원칙을 깨는 것으로 볼 수 있다. 다만, 상위의 법원이 상·하 양면으로 강행적 효력을 가지는 때에는 유리한 조건 우선의 원칙은 적용될 수 없다. 이 원칙에 관해서는 다음에서 자세히 설명한다([16] 3. (2), [111] 2. (3)).

d) 대등한 계위의 법원들이 같은 내용을 규율하고 있을 때에는 새 규범이 구 규범을 대체·소멸시킨다. 새 규범이 구 규범보다 불리한 때도 마찬가지이다. 이를 해소의 원칙 또는 질서의 원칙이라고 한다([111] 2. (4) 참고). 신법은 구법을 깬다(Lex posterior derogat legi priori)는 원칙이 지배하기 때문이다. 근로기준법이 새로 제정되거나, 새 단체협약이 체결되면 기존의 법률이나 협약은 효력을 상실한다.

e) 동일한 규율대상에 대하여 같은 계위의 법원이 복수로 존재하는 때에는 특별규정이 일반규정에 우선한다. 법원의 성립시기의 선·후 관계는 문제되지 않는다. 특별법 우선의 원칙은 다른 법분야에서도 적용되는 일반원칙이다. 노동법에서는 산별단체협약 또는 지역별단체협약보다 기업별 또는 사업장별단체협약이 특별법원으로서 우선하는 것으로 보아야할 것이다.[2] 산별단체협약과 사업 또는 사업장별 단체협약이 병존하는 경우(노조및조정법 시령 제7조 참조) 후자의 협약이 사업 또는 사업장의 특수성(근로조건·후생복리·규칙·징계 등)을 보다 구체적으로 규정하고 있으므로 전자의 일반적인 협약에 우선한다고 보아야 한다.[3] 그러나 이 경우에 전자의 산별단체협약의 규정이 효력을 상실한다

1) 독일단체협약법 제4조 3항 전단은 이를 명문으로 규정하고 있다. 따라서 하위의 법원인 경영협정이나 계약에 의하여 단체협약상의 기준에 미치지 못하는 약정의 체결이 가능하다. 이는 높은 수준의 산별단체협약의 내용이 경제적·재정적으로 취약한 개별기업에 신축적으로 적용될 수 있도록 하는 일종의 개방적 조치라고 볼 수 있다(이에 관해서는 [111] 2. (5) 참고). 노조및조정법에는 독일단체협약법 제4조 3항과 같은 규정이 없다. 우리나라의 노동조합은 대부분 기업별체제를 취하고 있으므로 단체협약 내에 개방조항을 둘 현실적 필요성이 없다고 하겠으나, 지역별 및 업종별체제하의 단체협약에 있어서는 이에 관한 문제가 논의될 수 있을 것으로 생각된다.

2) *ErfK*/Preis, BGB § 611a Rn. 239; Jacobs/Krause/Oetker/Schubert, *TarifvertragsR* § 7 Rn. 217 참고.

3) Jacobs/Krause/Oetker/Schubert, *TarifvertragsR* § 7 Rn. 216.

고 볼 필요는 없을 것이다.[1)]

⑵ **유리한 조건 우선의 원칙**(Günstigkeitsprinzip)

a) 이상에서 살핀 바와 같이 노동법의 법원은 매우 다양하다. 일반적인 법원칙에 의하면 이러한 법원들 사이에는 다음과 같은 효력상의 계위가 존재한다.[2)] 즉, 헌법, 법령(근기법·노조및조정법·근참법 및 각 시령 등), 단체협약, 노사협의에 의한 협정, 취업규칙, 근로계약, 경영관행(노동관행), 사용자의 지시의 순위가 그것이다. 이와 같은 효력의 계위에 따라 법령이 헌법에 위반할 수 없으며(헌법 제111조 I ① 참조), 단체협약, 취업규칙, 근로계약, 사용자의 지시는 강행법규인 노동관계법령에 위반할 수 없고(근기법 제15조, 제96조 I 참조), 취업규칙, 근로계약, 사용자의 지시는 단체협약에 위반할 수 없으며(노조및조정법 제33조 I; 근기법 제96조 I 참조), 근로계약, 사용자의 지시는 취업규칙에 위반할 수 없다(근기법 제97조 참조). 그리고 사용자의 지시는 근로계약에 반할 수 없다([16] 2. ⑺ 참고). 왜냐하면 근로계약에 근거를 두지 않은 사용자의 지시는 효력을 가질 수 없기 때문이다. 그러나 이와 같은 계위는 하위의 법원이 상위의 법원보다 근로자들에게 유리한 내용을 규정하고 있을 때에는 하위의 법원이 그대로 효력을 발생하고 상위의 법원은 적용되지 않는다. 이를 유리한 조건 우선의 원칙이라고 한다(독일단체협약법 제4조 Ⅲ 후단은 이를 명문으로 규정하고 있다).[3)] 노동법은 근로자보호를 그 목적으로 하기 때문에 상위의 법원이라 하더라도, 하위의 법원이 근로자에게 더 유리한 내용을 규정하고 있는 한, 효력을 가질 수 없다. 따라서 상위의 법원은 하위의 법원의 기준이 근로자들에게 불리한 경우에 이를 무효로 하는 효력을 가질 뿐이다. 따라서 근로기준법에서 취업규칙은 법령 또는 단체협약에 「어긋나서는 아니되며」(제96조 I), 취업규칙에 정한 기준에 미달하는 근로계약의 부분은 무효이고 무효로 된 부분은 취업규칙에 따른다고 규정한 것(제97조)은 법령이나 단체협약보다 유리한 취업규칙은 법령 또는 단체협약에 어긋나는 것이 아니며, 또한 취업규칙보다 유리한 근로계약의 부분은 무효가 되지 않는다는 뜻이다. 노조및조정법 제33조도 같은 취지로 해석해야 한다(이른바 편면적용의 원칙).[4)] 예컨대 근로기

1) Jacobs/Krause/Oetker/Schubert, *TarifvertragsR* §7 Rn. 216.

2) Hanau/Adomeit, *ArbR* Rn. 45 ff.; Otto, *ArbR* Rn. 120 f. 참고.

3) 同旨: 이병태, 「노동법」, 53면; 임종률, 「노동법」, 17면; Jacobs/Krause/Oetker/Schubert, *TarifvertragsR* §7 Rn. 16 ff.; Lieb/Jacobs, *ArbR* Rn. 484 ff.; Otto, *ArbR* Rn. 724; Däubler/Deinert, *Kommentar zum TarifvertragsG*, §4 Rn. 573 ff.; 1990. 12. 27, 감독 01254-21566. 효력상의 계위가 다른 경우에 있어서의 유리한 조건 우선 원칙의 적용 여부에 관한 것은 아니나, 취업규칙상의 해고에 관한 일부 규정이 서로 다른 경우 근로자에게 보다 유리한 규정을 적용해야 한다는 판결(大判 1994. 5. 27, 93 다 57551)이 있다. 이는 기본적으로 유리한 조건 우선 원칙을 수용한 것이라고 할 수 있을 것이다.

4) Lieb/Jacobs, *ArbR* Rn. 484; Otto, *ArbR* Rn. 155; Zöllner/Loritz/Hergenröder, *ArbR* §39 Rn. 5;

준법(제34조 참조)이나 단체협약 내에 정한 퇴직금규정보다 취업규칙에 정한 기준이 근로자에게 유리할 때에는 근로기준법이나 단체협약의 규정은 적용되지 않으며, 취업규칙의 기준이 근로자들에게 불리할 때에는 취업규칙 내의 해당 규정은 무효이다.

b) 유리한 조건 우선의 원칙과 관련해서 근로기준법 제15조는 동법의 기준에 「미치지 못하는」 근로조건을 정한 근로계약을 무효(근로기준법 위반)라고 규정하고 있다. 따라서 근로기준법의 기준을 상회하는 근로계약은 무효(위반)가 아니며, 그런 의미에서 유리한 조건 우선의 원칙이 적용된다. 이는 근로자 개인과 사용자 사이의 교섭력의 불균형으로 인하여 근로조건이 저하되는 것을 방지하고자 하는 근로기준법의 취지에 합치하는 것이다. 근로기준법 제96조 1항에서 취업규칙이 법령이나 단체협약에 「어긋나지」 않도록 한 규정도 마찬가지로 사용자에 의한 취업규칙의 작성·변경으로 인한 근로조건의 저하를 막기 위한 것이다. 근로기준법 제97조에서는 취업규칙에 정한 「기준에 미달하는」 근로계약의 부분은 무효로 하고 있다. 취업규칙은 법령이나 단체협약의 통제하에서 일정한 수준을 유지하고 있으므로(제96조 Ⅱ, 제93조, 제94조 참조) 교섭력이 약한 근로자와 사용자 사이의 개별적 약정(계약)으로 취업규칙의 기준을 하회하지 못하도록 하는 것이 동조의 취지이다.

위의 근로기준법상의 규정들은 모두 근로자의 보호를 위한 것으로서 사용자가 근로계약이나 취업규칙의 적용을 통하여 그 상위에 있는 법원(법령, 단체협약)의 유리한 조건을 배제하지 못하도록 하려는 것이다. 노조및조정법 제33조 1항도 같은 취지의 규정으로 해석해야 한다(이에 관해서는 견해의 대립이 있음. [111] 2. ⑶ 참고). 근로기준법 제15조, 제96조 1항, 제97조 및 노조및조정법 제33조 1항의 규정들을 종합해 볼 때 유리한 조건 우선의 원칙은 법원론상 노동법의 일반적 기본원칙(allgemeiner arbeitsrechtlicher Grundsatz)이라고 보아도 좋을 것이다. 이러한 원칙의 배후에는 계위상 상위에 있는 법원의 근로조건보다 유리한 내용을 근로계약 당사자인 근로자와 사용자가 자유롭게 정할 수 있도록 하는 사적자치원리의 이념이 내재하고 있는 것으로 해석된다. 이는 근로자의 보호라는 관점에서 정당한 것이다([111] 2. ⑶ 참고).[1] 근로자 보호영역 밖에서의 사적자치를 부인하는 것은 사법질서의 기본원리에 반한다.

ErfK/Franzen, *TVG* § 4 Rn. 31 f.; Löwisch/Rieble, *TarifvertragsG(Kommentar)* § 4 Rn. 531; 하경효, 「노동법 연습」, 87면; 박종희, '유리한 조건 우선의 원칙에 대한 법이론적 검토와 체계상 재구성 시론', 「노동법학」 (제8호), 1998, 479면 이하. 일본에서는 협약당사자가 양면적 효력을 명확히 밝힌 경우에는 단체협약의 유리한 조건 우선의 원칙이 배제될 수 있다고 한다(西谷, 「勞働組合法」, 343面 이하 참고). 그러나 이와 같은 해석은 단체협약이 지니는 보호법으로서의 구조적 성격에 비추어 옳지 않다고 생각한다.

1) Lieb/Jacobs, *ArbR* Rn. 484; Zöllner/Loritz/Hergenröder, *ArbR* § 39 Rn. 5; Hanau/Adomeit, *ArbR* Rn. 50; Jacobs/Krause/Oetker/Schubert, *TarifvertragsR* § 7 Rn. 16, 21.

제2장 노동기본권

제1절 서 설

[17] Ⅰ. 노동기본권과 생존권

a) 원래 기본권은 국가의 간섭을 배제하고 국가권력으로부터의 자유를 누리기 위하여 보장된 것이다. 따라서 초기의 기본권은 개인의 자유를 확보하기 위한 언론·집회·결사·거주·이전의 자유를 위주로 하였다. 이와 같은 사조는 재산권의 보호라는 측면에서는 사유재산의 절대적 보장으로 나타나게 되었으며, 이에 따라 자본주의경제는 자유주의 내지 개인주의에 힘입어 그 전성기를 맞이하게 되었다. 그러나 사회적으로 생산성의 개선과 부의 증대가 이루어졌음에도 불구하고 근로자에게는 번영과 발전보다는 오히려 생활난과 실업의 불안이 증대되었다. 즉 시민의 평등 및 자유의 이념하에 근로계약에 대해서도 계약자유의 원칙이 지배하게 되었지만, 사용자와 개인근로자 사이에서는 현실적으로 대등한 교섭관계가 이루어질 수 없었다. 자본과 생산수단을 소유한 자(자본주: 사용자)는 계약의 체결이나 내용결정에 있어서뿐만 아니라, 계약의 해지(해고)에 있어서 지배적 지위에 있기 때문에 근로자는 불리한 계약조건과 해고를 감수할 수밖에 없었다. 이와 같은 현실은 계약의 자유라는 이름하에 명목상 정당시되었으나 사용자와 개인근로자 사이의 계약에 관한 한 계약의 자유는 형해화(形骸化)되고 만 것이다. 다시 말하면 사용자와 개개 근로자는 형식상으로는 평등하고 자유로운 법적 지위를 가진 인격 주체이지만, 사회적·현실적 거래관계에 있어서는 실질적으로 불평등한 주종관계에 있는 당사자에 지나지 않았다. 근로자의 저임금, 열악한 작업환경, 장시간근로, 산업재해 및 직업병 등은 산업화가 진행될수록 더욱 악화되었으며, 이러한 상황은 결국 중대한 사회적 문제로 대두된 것이다. 국가의 간섭으로부터 개인의 자유를 보장하는 내용의 고전적·자유권적 기본권은 사회적 거래에 있어서 대등한 교섭력을 가지지 못한 근로자(사회적 약자)에 대해서 실질적인 평등과 자유를 보장할 수 없었다(현대에 와서는 임차인, 소비자들도 같은 의미의 사회적 약자로 이해되고 있다). 이와 같은 상황은 결국 근로자를 위한 새로운 기본권의 보장을 필요로 하는 계기가 되었다. 다시 말하면 근로자의 경제적·사회적 지위를 개

선할 수 있는 취업기회의 확보와 근로조건의 개선을 내용으로 하는 기본권은 — 국가로부터의 자유를 그 내용으로 하는 소극적 기본권과는 달리 — 국가가 적극적으로 근로자들의 생존을 위한 정책과 보호조치를 마련해야 하는 적극적 권리(사회적 기본권)로서 보장되어야 한다는 인식과 이론을 기초로 하고 있다.

b) 사회적 · 경제적 약자인 근로자를 위한 이른바 사회적 기본권은 근로자의 인간다운 생활의 실현을 위한 기본권이다. 즉, 근로자가 인간의 존엄성을 유지하며 살아갈 수 있도록 국가에 대하여 일정한 물질적 배려와 함께 적절한 조치를 요구할 수 있는 권리라고 할 수 있다.[1] 재산이 없는 「무산근로자」[2]들에게 재산권의 보장은 현실적으로 아무 의미가 없기 때문에, 국가가 근로자들에게 일을 할 수 있는 기회를 제공하고 근로의 대가를 제대로 받을 수 있도록 하는 적절한 정책과 방법을 마련해 주는 것이 근로자의 생존 내지 인간다운 생활을 보장하는 길이라고 할 수 있다. 우리 헌법은 근로의 권리(제32조 Ⅰ), 인간의 존엄성을 보장하기 위한 근로조건의 법정(제32조 Ⅲ), 단결권 · 단체교섭권 · 단체행동권(제33조 Ⅰ)을 중요내용으로 하는 노동기본권을 보장하고 있다. 이 헌법규정에 의하면 국가는 근로의 기회창출을 위한 정책을 적극 추진해야 하며, 근로조건의 개선을 위한 입법적 조치를 취해야 할 책무를 부담한다. 또한 헌법이 규정한 국가의 책무나 근로자의 기본적 권리에 반하는 법률이나 행정조치는 위헌 · 무효이며, 해당 헌법조항의 이념을 구체화하기 위한 입법이 그 조항의 내용에 명백히 위배되는 경우에는 헌법재판의 대상이 될 것이다.

c) 특히 산업국가에서는 국민의 대부분이 노동기본권의 향유주체라는 점을 감안할 때 노동기본권의 실현 없이는 사회적 정의가 구현될 수 없을 것이다. 모든 개인은 인간다운 생활의 보장 없이는 실질적 자유를 누릴 수 없다는 점에서 노동기본권은 자유주의 국가에서 그 존립의 초석이 되는 기본권이라고 할 수 있다.

---

1) 계희열, 「헌법학(중)」, 647면 이하.

2) 현대산업사회에서 노동기본권의 향유주체인 근로자의 범위는 매우 광범하다. 중간 관리층에 속하는 근로자들뿐만 아니라, 고소득의 근로자들도 모두 「근로자」에 속한다. 이러한 근로자들을 단순히 무산근로자라고 할 수는 없다. 또한 전문화된 고도의 기술을 가진 특수근로자들이 증가하고 있다는 점에서 사용자와 근로자 간의 지배 · 종속관계도 부분적으로 변하고 있다. 이러한 상황을 고려할 때 노동기본권의 향유주체를 무산근로대중에 한정하여 이해하는 것은 현대산업사회에서는 적절하다고 생각되지 않는다. 국가가 제정하여 그 적용을 강제하는 노동보호법(예: 근로조건의 최저기준을 정한 근기법 등)은 그 시대적 의의와 기능이 변화하고 있으며, 근로3권의 보장도 노사대립의 측면에서보다는 교섭력유지를 위한 노사자치의 측면에서 이해하는 것이 바람직하게 되었다([4], [8], [9] 등 참고).

[18] Ⅱ. 노동기본권과 재산권

a) 헌법은 한편으로는 재산권의 보장을 선언하고 있는 동시에, 다른 한편으로는 노동을 생활의 수단으로 하는 자의 생존을 확보하기 위하여 노동기본권을 보장하고 있다. 헌법이 노동기본권을 보장하고 있는 것은 재산권과 나란히 노동이 인간의 생존을 확보하는 데 필요한 2대지주 중의 하나라는 것을 확인한 것이라고 볼 수 있다. 즉 헌법은 노동에 의한 인간의 생존을 확보하기 위하여 제32조 1항에서 고용의 증진과 적정임금의 보장에 노력할 것을 규정하고 있는 외에, 근로자들은 자본주의사회에서 대부분 사기업에 고용되고 있으므로 사용자와의 근로관계에서 최저한도의 근로조건을 보장받을 수 있도록 제32조 3항은 근로조건의 기준은 국가가 법률로 정한다고 규정하고 있다. 또한 근로자들이 자주적으로 근로조건을 향상시킬 수 있도록 제33조 1항은 단결권·단체교섭권 및 단체행동권(이른바 근로3권)을 보장하고 있다.

b) 그러면 노동에 의하여 인간의 생존을 확보하기 위한 제반 권리가 헌법 제23조의 재산권과 어떻게 조화를 이룰 수 있을 것인가?

재산권의 무제한한 보장은 사기업을 기본적인 기업형태로 하는 자본주의질서 하에서는 국가에 의한 근로의 기회 제공 및 근로조건의 결정과 근로자들에 의한 근로3권의 행사 등을 실질적으로 불가능하게 만든다. 왜냐하면 근로의 권리는 국가에 의한 고용강제를 허용함으로써 완전한 형태로 실현될 수 있는 것이며, 근로조건의 기준을 법률로 강제하는 것과 근로3권의 행사는 사기업주인 사용자가 갖는 계약의 자유를 제한하지 않고서는 성립할 수 없기 때문이다. 그러나 현실적으로는 기업을 사유하여 운영하면서 이윤을 창출하는 기업주의 재산권과 근로자들의 노동 사이에는 서로 밀접한 관계가 있다는 데 주목해야 한다. 기업을 운영하여 상품을 생산하기 위해서는 근로자의 노동력이 필요하고, 특히 창조적 생산활동과 서비스 및 기업운영은 근로자의 노동력제공 없이는 불가능한 것이므로 생산수단과 노동은 유기적·조직적 결합관계에 있다. 이런 측면에서 보면 사용자의 생산수단과 경영권은 근로자의 창의적 노동력과 상호교환적·상호의존적 관계에 있음을 알 수 있다. 다시 말하면 근로자의 노동 없이는 기업운영을 위한 기업주의 재산권은 아무 의미가 없다. 이와 같은 관점에서 보면 근로자들의 노동력은 재산권에 못지않은 창조적 요소로 평가되어야 한다. 따라서 기업주와 근로자의 관계를 단순한 계약의 자유에 맡기는 것은 사회적 약자인 근로자에 대한 사용자의 일방적 지배력 행사를 용인하는 것에 지나지 않는다. 그러므로 기업운영의 필수적 요소인 노동력을 제공하는 근로자를 위해서 국가가 고용증진정책을 시행한다거나, 근로조건의 최저기준을 정하여 강행하거나, 근로3권을 보장하여 근로자들의 단체적 활동을 보장하는 것은 단순한 재산권의 제한 또는 계약자유의 제한으로만 이해할 것은 아니다. 오히려 노사관계에서의 재산권 제약은 재산권에 내재하는 사회적 한계(자기구속)라고 보아야 할 것이다.[1] 그러나 재산권이 제도로서 보장되어 있는 한, 그 본질적 내용은 제한될 수 없다고 보아야 하며, 재산권을 제한하는 경우에는 그 제한으로부터 얻은 상대적 이익과 재산권의 제한 사이에 과잉금지의 원칙(Prinzip des Übermaßverbots)이 적용되어야 할 것이다.[2] 이와 같은 문제는 특히 근로3권에 의한 재산권 제한시 고려되어야 한다.

1) 계희열, 「헌법학(중)」, 512면 이하; 허영, 「한국헌법론」, 482면 이하 참고.
2) Hesse, *Grundzüge,* 20. Aufl., S. 142 f. u. S. 149 f.; 계희열, 「헌법학(중)」, 135면 이하 참고.

제2절 근로의 권리(Recht auf Arbeit)

[19] Ⅰ. 근로의 권리의 개념과 내용

a) 근로의 권리 개념이 적극적으로 논의되기 시작한 것은 자본주의 경제의 발전에 따른 실업의 발생이 사회적으로 문제를 야기시킨 때부터이다. 그리고 근로의 권리가 기본권으로서 처음으로 보장된 것은 1919년의 Weimar헌법(제163조 Ⅱ)에서이다.

우리나라 헌법 제32조 1항 1문은 「모든 국민은 근로의 권리를 가진다」고 규정함으로써 근로의 권리를 보장하고 있다. 그런데 근로의 권리가 「근로자」를 위한 권리이냐 하는 점과 관련하여 문제가 있다. 첫째로 근로의 권리는 헌법의 명문에 의하면 「모든 국민」의 권리로 규정되어 있고, 둘째로 「근로자」란 일반적으로 사용자와 근로계약관계에 있는 자(취업하고 있는 자)를 말하는데, 근로의 권리는 현재 근로계약관계에 있지 않은 일반국민을 그 주체로 하는 권리이다. 그러나 노동법은 엄격한 의미에서 근로관계에 있는 근로자만의 생존확보를 목적으로 하는 것이 아니라, 근로계약관계를 예상하고 있는 자들도 그 보호대상으로 하고 있으므로 근로의 권리는 모든 국민을 위한 권리이되, 특히 근로대중의 기본권이라고 해야 할 것이다.[1] 뿐만 아니라 국가는 적극적 시책에 의하여 근로자들에게 근로의 기회를 제공해 주고 나아가서 근로자들이 단결권과 단체교섭권 및 단체행동권을 행사하여 스스로 생존확보를 할 수 있도록 해야 할 책무를 지니고 있다고 해석되므로, 근로의 권리와 근로3권은 통일적으로 파악할 수도 있을 것이다. 왜냐하면 근로의 기회 없는 근로3권 또는 근로3권 없는 근로의 기회는 생존권적 기본권으로서 불

---

1) 근로의 권리를 국민의 권리라고 하여 근로자의 권리인 단결권·단체교섭권 및 단체행동권과 엄격히 구별하려는 견해도 없지 않으나, 근로의 권리가 근로대중을 위한 권리라는 의미에서 이를 노동기본권의 장에서 다루고 있는 것이 일반적인 현상이다(예: 石井, 「勞働法」, 59面; 吾妻, 「勞働法」, 97面; 久保, 「勞働法」, 29面; 김진웅·박덕배, 「노동법」, 170면; 심태식, 「개론」, 93면; Nikisch, *ArbR*, Bd. Ⅰ, S. 43 ff.). 그리고 헌법 제32조 1항 2문은 「국가는 … 근로자의 고용의 증진에 노력하여야 한다」고 규정하고 있다. 최근에 일본에서는 노동법의 구성을 노동시장의 법, 개별적 근로관계법 및 집단적 노사관계법으로 나누고, 고용촉진 및 직업소개에 관한 법을 노동시장의 법으로 이해하고 있다(특히 菅野, 「勞働法」, 27面 이하; 荒木, 「勞働法」, 22面 참고). 종신고용제가 실질적으로 무너지고 있는 상황에서 현재 취업중인 근로자도 언제라도 실업자가 될 수 있으며, 그 때에 가서는 다시 노동의 기회를 얻어야 하는 지위에 놓이게 된다. 이와 같이 취업·실업·구직이라는 연쇄적 현상이 반복되는 것이 현대 산업사회에서 근로자들이 감수해야 할 일반적 생존방식이 되고 있다. 따라서 근로의 권리를 현재 취업중인 근로자와 전혀 무관한 권리라고 보는 것은 타당하지 않다. 특히 고용보험법은 취업·실업·구직을 하나의 연관된 과정에서 규정하고 있다([6] 3. 참고).

완전한 것이기 때문이다.

b) 그러면 근로대중에게 주어진 근로의 권리는 어떤 내용을 가진 것인가? 이 권리는 근로의 의사와 능력이 있는 자가 국가에 대하여 근로의 기회를 요구할 수 있는 사회적 기본권이라고 할 수 있다. 따라서 그 권리의 실질적 보장을 위해서는 국가의 적극적 개입과 시책이 필요하다.[1] 그러나 근로의 권리는 국가에 대하여 직접 일할 자리를 요구할 수 있는 청구권적인 권리는 아니다.[2] 따라서 근로의 권리를 정한 헌법 제32조 1항의 규정은 국민의 법적 권리를 보장한 것이지만 국가에 대하여 구체적 행위나 급부를 요구할 수 있는 권리를 보장한 것은 아니며,[3] 사회적 · 경제적 방법으로 근로자의 고용기회를 증진시킬 것을 요구할 수 있는 권리라고 할 수 있다.[4] 따라서 국가는 실업상태에 있는 자가 일자리를 얻어 취업할 수 있도록 하고, 취업근로자가 일자리를 잃지 않도록 실업을 방지하는 고용정책과 시책을 적극적으로 강구하지 않으면 안 된다.[5] 예컨대 1993년에 제정되고 여러 차례의 개정을 통해서 그 내용이 보강된 고용정책기본법, 고용보험법 등은 근로의 권리를 실현하는 데 이바지했다고 생각된다.

국민의 근로의 권리에 대하여 국가의 의무가 대응됨은 말할 것도 없다. 왜냐하면 근로의 권리는 이의 구체적 내용의 실현을 위하여 필요한 조치를 강구할 것을 국가에 대하여 요구할 수 있는 권리이기 때문이다. 근로의 권리는 정부 각 부처의 정책을 통하여 그리고 직업안정법 · 고용정책기본법 · 고용보험법 · 남녀고용평등법 · 연령차별금지법 · 장애인고용촉진법 등의 제정을 통하여 보다 구체화되고 있다. 헌법 제32조 1항은 위의 각종 법률의 해석과 운용에 대하여 규준적 효력을 가질 뿐만 아니라, 이 조항에 위배되는 법률규정은 구체적 사건과 관련하여 위헌법률심판의 대상이 될 것이다.

---

1) 憲裁 1991. 7. 22, 89 헌가 106.

2) 근로의 권리는 국가에 대한 공법상의 권리이므로 국가로 하여금 가능한 한 근로의 기회를 마련해 주도록 의무를 지우는 내용을 가지고 있다. 그러므로 이로부터 직접 사법상(私法上)의 권리인 취업청구권(Anspruch auf Beschäftigung)이 도출된다고 할 수 없음은 말할 것도 없다. 同旨: 허영, 「한국헌법론」, 482면. 법률로 국가보조연구기관을 통폐합함에 있어 근로관계의 당연승계조항을 두지 아니한 것이 위헌인지 여부에 관한 「한국보건산업진흥원법 부칙 제3조 위헌소원」사건에서 憲裁 2002. 11. 28, 2001 헌바 50는 「헌법 제15조의 직업의 자유 또는 헌법 제32조의 근로의 권리, 사회국가원리 등에 근거하여 실업방지 및 부당한 해고로부터 근로자를 보호하여야 할 국가의 의무를 도출할 수는 있을 것이나, 국가에 대한 직접적인 직장존속보장청구권을 근로자에게 인정할 헌법상의 근거는 없다」고 판단하고 있다.

3) 憲裁 2002. 11. 28, 2001 헌바 50; 허영, 「한국헌법론」, 499면.

4) 이에 대하여 근로의 권리를 적극적으로 해석하여 실업을 당한 근로자가 국가 또는 공공단체에 일할 기회를 적극적으로 요구할 수 있는 구체적인 권리라고 하는 견해가 있다(권영성, 「헌법학원론」, 658면; 김철수, 「헌법학개론」, 821면). 헌법학계에서는 이러한 구체적 권리설이 최근의 다수설이다.

5) 기존의 설명을 부분적으로 수정한다. 그러나 기본적 태도가 달라진 것은 아니다.

[20] Ⅱ. 근로의 권리의 법적 성질

a) 헌법 제32조 1항 2문 전단은 「국가는 사회적·경제적 방법으로 근로자의 고용의 증진(에) … 노력하여야 한다」고 규정하고 있다. 근로자가 직장을 얻는다는 것은 구체적으로 어느 기업체의 사용자와 근로자가 고용계약(근로계약)을 체결하는 것을 의미하는 것이므로, 국가가 수많은 국영기업체를 소유하고 있어서 근로자의 고용을 임의로 결정할 수 있거나 또는 사기업체에 대하여 근로자의 고용을 강제할 수 있는 권한을 가지지 않는 한 완전고용의 실현은 불가능한 일이다.

우리나라의 헌법은 자유민주주의를 기본원리로 하며 사유재산제도를 보장하고 있으므로 생산수단의 소유자인 기업주는 그의 사유재산에 관하여 처분·수익뿐만 아니라 기업의 구성(근로자의 채용)에 이르기까지 기본적인 사항을 그의 자유의사에 따라 임의로 결정할 수 있는 권한을 가진다. 따라서 노동력의 투입을 의미하는 고용은 원칙적으로 사용자의 고유한 권한에 속하는 사항이며, 이를 제한 또는 부인할 수 없다.[1] 그러므로 헌법상의 근로의 권리는 국가가 사회정책적 또는 경제정책적인 의미에서 고용의 증진에 노력해야 할 의무를 국민 전체에 대하여 부담하도록 하며, 근로의 기회제공을 간접적 또는 보충적으로 증진하도록 하는 데 그칠 수밖에 없다.[2]

b) 그러면 국가가 사회정책적 또는 경제정책적 조치를 강구했음에도 불구하고 국민 개개인에게 취업의 기회를 제공하지 못할 때는 어떻게 할 것인가? 다시 말하면 국가가 모든 국민에게 근로의 기회를 제공할 수 없는 경우, 실업상태에 있는 자는 국가에 대하여 무엇을 요구할 수 있을 것인가? 이에 대하여는 — 근로의 권리를 사회적 기본권으로 보는 경우에도 — 근로의 의사와 능력을 가지고 있는 자가 취업의 기회를 요구할 수 있을 뿐이라고 보는 견해가 있는가 하면, 국가에 대하여 근로의 기회 제공을 요구하고 그것이 불가능할 때에는 상당한 생활비(실업수당)의 지급을 청구할 수 있다는 견해가 있다.

그러나 이상에서 살핀 바와 같이 근로의 권리는 국가에 대하여 직접 실업수당을 청구할 권리를 보장하고 있는 것은 아니기 때문에, 국가가 근로자들에게 근로의 기회를 현실적으로 제공하지 못했다고 하여 어떤 구체적 책임을 부담해야 한다고 해석할 수는 없다. 왜냐하면 국가가 부담하는 정책적 책무의 불이행은 구체적인 법률상의 채무불이행 책임을 발생시키는 것이 아니기 때문이다. 그러므로 헌법 제32조 1항의 근로의 권리는

1) Otto, *ArbR* Rn. 58.

2) 허영, 「한국헌법론」, 479면(「근로의 권리」는 국가에 대하여 고용증진정책·직업훈련계획·실업대책 등 헌법적 방향지표로서의 기능을 갖는다고 한다).

현실적으로 일할 자리를 요구하거나 이에 갈음해서 생활비의 지급을 요구할 수 있는 구체적 (소구할 수 있는) 권리(청구권)라고 해석될 수는 없다.[1]

[21] Ⅲ. 근로의 권리에 대한 국가의 의무

근로의 권리는 적극적으로 그 권리내용의 실현을 국가에 대하여 요구할 수 있는 개인의 주관적 공권이다.[2] 따라서 국가는 이러한 국민의 권리에 상응하는 의무를 다하기 위하여 여러 가지 형태의 조치를 취하여야 한다.[3]

사회주의국가에서는 철저한 계획경제를 실시함으로써 고용을 최대한도로 증진시킬 수 있을 것이다. 그 반면에 국민들은 직장선택의 자유에 대한 제한과 어느 정도의 노동강제를 감수하지 않으면 안 된다. 그러나 사유재산제와 기업의 자유를 보장하고 있는 자유주의 국가에서는 근로를 희망하는 구직자에게 합리적인 직업소개를 실시하여 직장을 마련해 주거나, 구직자에게 직업훈련과 기능검정을 실시하여 구직을 용이하게 해 주는 시책을 마련해 줄 수밖에 없을 것이다. 우리나라의 경우 전자의 목적을 수행하기 위하여 직업안정법과 국가유공자 등 예우 및 지원에 관한 법률[4]이, 후자의 목적을 달성하기 위

1) 허영, 「한국헌법론」, 482면. 고용보험법에 의하여 실업급여청구권이 발생하는 것은 보험가입에 의하여 주어지는 동법상의 효과에 지나지 않는다(동법 제40조 참조). Otto, *ArbR* Rn. 58; Däubler, *Das ArbR*, 11. Aufl., 1998, Rn. 26 f. 참고. Weimar헌법 제163조 2항은 「적당한 근로의 기회를 부여받지 못하는 자에 대해서는 필요한 생계비를 지급한다」고 규정하고 있으나, 우리 헌법 제32조 1항에서는 문리해석상 또는 입법취지(ratio legis)상 생활비지급의 보장은 긍정될 수 없다. 오히려 생계비의 지급을 요구할 수 있는 권리는 헌법 제34조를 기초로 해야 한다는 견해가 있다(권영성, 「헌법학원론」, 659면; 계희열, 「헌법학(중)」, 674면).

2) 주관적 공권으로서의 근로의 권리(Recht auf Arbeit)는 독일 기본법 제12조 또는 그 밖에 어디에서도 규정되어 있지 않다(Zöllner/Loritz/Hergenröder, *ArbR* § 9 Rn. 34 참고).

3) 憲裁 1991. 7. 22, 89 헌가 106은 「헌법 제32조 및 제33조에 각 규정된 근로기본권은 … 자유권적 기본권으로서의 성격보다는 생존권 내지 사회적 기본권으로서의 측면이 보다 강한 것으로서 그 권리의 실질적 보장을 위해서는 국가의 적극적 개입과 뒷받침이 요구되는 기본권」이라고 판결한 바 있다(또한 憲裁 1998. 2. 27, 94 헌바 13 · 26, 95 헌바 44(병합) 참고).

4) 현행 헌법은 제32조 6항에 「국가유공자 · 상이군경 및 전몰군경의 유가족은 법률이 정하는 바에 의하여 우선적으로 근로의 기회를 부여받는다」는 규정을 두고 있다. 이를 기초로 국가유공자등예우및지원에관한법률(1984. 8. 2, 법률 제3742호, 개정 2008. 3. 28, 법률 제9079호)이 제정되어 사기업체에 대해서도 일정비율의 취업지원 대상자를 고용할 의무를 부과하고 있다(제33조의2 Ⅰ). 이는 국가기관이 명령에 의하여 취업지원대상자와 사기업 사이에 근로계약관계를 성립시키는 것이므로 이른바 명령된 계약(diktierter Vertrag)(김형배, 「채권각론(계약법)」(신정판), 2001, 14면 이하 참고)을 허용하는 것이 된다. 헌법상의 「근로의 권리」 규정(제32조 Ⅰ)의 효력이 여기에까지 미칠 수 있는지는 의문이다. 국가유공자특례법의 헌법적 기초를 마련하기 위하여 제32조 6항이 설정된 것이라면, 동 특례법의 성질에 비추어 볼 때 이 규정은 별개의 헌법조항으로 독립시키는 것이 타당할 것으로 생각된다.

해서는 근로자직업능력개발법·고용보험법·장애인고용촉진법 등이 제정·시행되고 있다.

특히 1990년대에 들어서면서 고도의 경제성장에 따른 산업구조의 조정과 계속되는 경기변동의 여파로 고용사정이 악화되어, 이로 인한 대량의 실업에 대비하고 양질의 노동력의 수급균형을 유지하기 위하여 고용관련법률 등이 대폭 제정·정비되었다. 특히 고용정책의 전반에 관하여 필요한 시책을 종합적이고 체계적으로 마련하고 개인의 직업능력을 최대한 촉진하여야 할 국가의 책무를 규정한 고용정책기본법(1993. 12. 27, 법률 제4643호)이 고용관계법의 모법으로서 제정되었다. 그리고 실업근로자의 생활안정과 구직활동을 지원할 목적으로 고용보험법(1993. 12. 27, 법률 제4644호)이 제정되었으며, 직업안정 및 고용촉진에 관한 법률이 구직 및 구인업무의 전문성을 높이기 위하여 직업안정법으로 전면개정되었다(1994. 1. 7, 법률 제4733호 전면개정).[1] 또한 직업훈련제도의 효율성을 촉진하기 위하여 근로자직업훈련촉진법도 정비되어 근로자직업능력개발법(2004. 12. 31, 법률 제7298호 전면개정)으로 대치되었다. 이와 같은 입법활동은 모두 헌법 제32조 1항의 근로의 권리를 구체화하여야 할 국가의 책무를 실현하고 있는 것이라고 볼 수 있다.[2]

《근로의 의무》

헌법 제32조 2항은 「모든 국민은 근로의 의무를 진다. 국가는 근로의 의무의 내용과 조건을 민주주의 원칙에 따라 법률로 정한다」고 규정하고 있다. 국민이 근로의 의무를 진다는 것은, 국가가 근로의 의사를 가지고 있지 않은 자에 대해서까지 그의 생존을 확보하기 위하여 어떤 시책을 강구해야 할 책무를 지는 것은 아니라는 뜻으로 이해되어야 한다. 따라서 고용보험법상의 실업급여는 근로의 의사와 능력이 있음에도 취업하지 못하고 있는 자(고보법 제2조 ①·③, 제40조 Ⅰ ②, 제43조 Ⅰ 등 참조)에게 주어지는 것이고, 근로의 의사가 없는 자는 보호대상에서 제외된다. 근로능력을 갖추고 있으면서도 주어진 근로의 기회를 거부하는 자에게는 사회보장적 국가의 급여를 요구할 수 없도록 하려는 것이 「근로의 의무」 규정의 기본취지에 합치한다.[3] 다른 한편 국가가 근로의 의무를 법률로 정할 때에는 그 내용과 조건을 민주주의 원칙에 따라 정해야 하므로 근로의 강제를 인정하는 입법은 허용되지 않는다. 따라서 법률이 근로의 의무를 부과하는 경우에는 신체적 역무에 갈음한 금전적 납부를 함께 허용하여 의무자에게 선택가능성이 주어져야 한다.[4]

1) 종래의 직업안정 및 고용촉진에 관한 법률 중 고용촉진에 관한 사항은 고용정책기본법에 흡수되고 있으며, 이 법은 직업안정수행업무의 합리화와 전문성을 제고하는 데 역점을 두고 있다.

2) 특히 이 문제에 관해서는 [137] 이하 참고.

3) 허영, 「한국헌법론」, 2007, 599면.

4) 허영, 「한국헌법론」, 2007, 599면.

근로의 의무에 관한 헌법 제32조의 2항은 근로자들에게만 적용되는 규정이라고 볼 수는 없으며 사회입법 전반에 걸쳐 통용되는 일반적 원리를 표명한 것이라고 보아야 할 것이다.[1]

[22] Ⅳ. 근로조건기준 법정에 관한 권리

1. 근로조건기준 법정에 관한 권리와 노동법 체계

a) 헌법 제32조 3항은「근로조건의 기준은 인간의 존엄성을 보장하도록 법률로 정한다」고 규정하고 있다. 근로의 권리가 취업하지 못하고 있는 실업자에게 근로의 기회(일할 자리)를 마련해줄 것 또는 취업중인 자에게 실업을 방지해줄 것을 국가에 대해서 요구할 수 있는 '모든 국민'의 권리라고 한다면, 근로조건기준 법정에 관한 권리는 취업중에 있는 '근로자'가 사용자와의 근로계약관계에서 노동의 착취를 당하거나 임금 그 밖의 근로조건에 있어서 부당한 대우를 받지 않도록 국가가 적절한 기준을 법률로 정해줄 것을 요구할 수 있는 권리를 말한다. 근로조건기준 법정에 대한 권리는 사용자와 근로계약관계에 있는 '근로자' 개개인을 권리주체로 하여 보호할 것을 목적으로 하는 기본권이다. 근로조건기준 법정에 관한 권리는 근로3권과 함께 취업중인 근로자를 보호하는 기본권이다. 근로조건기준 법정에 관한 기본권 조항은 개별적 근로관계를 규율하는 각종 법률(근로기준법 등) 등을 제정할 헌법적 기초가 되며, 근로3권 조항(헌법 제33조 Ⅰ)은 집단적 노사관계를 규율하는 법률(노조및조정법 등)의 헌법적 기초이다. 따라서 근로의 권리와 근로조건기준 법정에 관한 권리는 같은 법조항(헌법 제32조) 내에 규정되어 있더라도 노동법의 체계상 구별되어야 한다.

b) 일부 헌법학자의 견해에 의하면 근로의 권리(일할 권리)는 일자리에 대한 권리만을 뜻하는 것이 아니고 일할 환경에 관한 권리, 즉 합리적인 근로조건의 보장을 요구할 수 있는 권리도 포함하는 포괄적·생활권적 권리라고 한다.[2] 근로조건기준 법정에 관한 제도(헌법 제32조 1항 2문, 3항, 4항, 5항)는 근로의 권리가 실효를 거둘 수 있도록 마련된 보완적인 것이라고 이해하는 견해도 기본적으로 같은 태도를 취하는 것으로 생각된다.[3] 근로의 권리(헌법 제32조 1항 1문)와 근로조건기준 법정에 관한 권리(헌법 제32조 Ⅲ)가 같은 조(條)에 규정되어 있다고 해서 또는 '일'할 권리에 개념적으로 포섭될 수 있다는 이

1) 菅野,「勞働法」, 28面.
2) 허영,「한국헌법론」, 498면 이하; 憲裁 2016. 3. 31, 2014 헌마 367.
3) 권영성,「헌법학원론」, 660면 이하.

유로 실업 상태에 있는 자에 대한 규정과 사용자와의 근로계약관계에 있는 근로자에 대한 규정을 구별하지 않는 것은 현행 노동관계법의 체계와 조화를 이룰 수 없는 것으로 판단된다. 노동법은 근로계약관계에 있는 근로자의 지위를 대(對)사용자적 관계에서 개선하는 법제도로서 개별적 근로관계법과 집단적 노사관계법으로 구성하는 기본적 틀을 가지고 있으며, 개별적 근로관계법의 헌법적 기초로서 마련된 규정이 제32조 3항이고, 집단적 노사관계법의 헌법적 기초가 되는 규정이 제33조 1항이다. 따라서 제32조 1항 1문이 규정한 근로의 권리 속에 제32조 3항의 근로조건기준 법정에 관한 권리와 제33조 1항의 근로3권을 포함시키는 것은 현행 노동법 체계에 부합하지 않는다. 입법론적으로는 근로조건기준 법정에 관한 권리를 규정한 제32조 3항은 독립된 조문으로 분리하는 것이 타당할 것으로 생각된다.1)

2. 근로조건기준의 법정과 근로자의 보호법률

(1) 근로조건기준의 법정과 근로자보호법

a) 헌법 제32조 3항의 「근로조건의 기준은 인간의 존엄성을 보장하도록 법률로 정한다」는 규정은 임금·근로시간·휴식·작업환경·재해보상 등 근로조건의 기준을 법률로 정할 것을 내용으로 하는 근로자의 기본권인 동시에 국가의 입법의무의 부담을 선언한 것이다. 이 조항에 합치하는 근로조건의 기준은 인간의 존엄성, 즉 인간다운 생활을 영위할 수 있는 정도의 수준을 최저기준으로 삼아야 한다. 적어도 사회적인 기본생활을 충족할 수 있는 정도가 그 기준이 될 것이다. 이를 기초로 근로기준법 외에도 기간제및단시간법(2006. 12. 21, 법률 제8074호), 산업안전보건법(1990. 1. 13, 법률 제4220호), 산재보험법(1963. 11. 5, 법률 제1438호), 선원법(1984. 8. 7, 법률 제3751호) 등이 제정되었다. 이 헌법규정은 근로자의 지위를 개선·향상시키는 것을 목적으로 하므로 사회권적 기본권으로서의 성격을 가진다.2) 이 조항에 위반하는 입법이나 행정행위는 위헌·무효가 되므로 이 규정은 자유권적 효과를 포함하는 것으로 해석된다.3)

---

1) 제32조 3항과 함께 동조 1항 2문 후단, 4항 및 5항도 같은 조문에서 항을 달리하여 묶어서 규정하는 것이 체계적이라고 생각된다.

2) 憲裁 1991. 7. 22, 89 헌가 106; 권영성, 「헌법학원론」, 658면.

3) 判決例: ① 상시 사용근로자의 수 5명을 기준으로 근로기준법의 전면적용여부를 달리하는 것은 합리적 이유가 있고 인간의 존엄성을 전혀 보장할 수 없을 정도의 기준이라고 볼 수 없다(憲裁 1999. 9. 16, 98 헌마 310). ② 월급근로자로서 6월이 되지 못한 자를 해고예고제도의 적용에서 배제하는 근로기준법규정(제35조 ③)은 입법형성권을 벗어나 근로자의 기본권을 침해하는 것이 아니고, 주급·일급근로자 등과의 관계에서 위헌적인 차별도 아니다(憲裁 2001. 7. 19, 99 헌마 663). ③ 국가유공자등대우및지원에관한법률과 관련해서 가산점제도의 입법목적은 국가유공자와 그 유족 등에게 가산점의 부여를 통해 헌법 제32조 6항이 규정하고 있는 우선적 근로의 기회를 제공함으로써 이들의

b) 원래 근로조건의 내용은 근로계약의 당사자인 사용자와 근로자가 자유로운 의사에 의하여 결정하는 것이 계약자유의 원칙에 합치하는 것이지만, 그렇게 되면 근로조건 결정에 있어서 대등한 교섭력을 가지고 있지 않은 근로자는 사용자의 일방적 결정을 수용할 수밖에 없다. 따라서 국가가 이에 개입하여 근로조건의 기준을 법률로 정하여 근로자를 보호하도록 한 것이 헌법 제32조 3항의 기본정신이다. 이 헌법규정에 의하여 국회는 근로조건에 관한 규정을 법률로 정할 권한을 수임받은 것으로 보아야 한다. 여기서 근로조건이란 남·녀·연소 근로자 모두의 임금, 근로시간, 휴식, 작업환경 등을 말하는 것인데, 헌법 제32조 4항 및 5항은 여자의 근로와 연소자의 근로는 특별한 보호를 받는다고 규정하고 있다. 이에 따라 근로기준법 제5장(제64조 내지 제75조)은 여성근로자와 연소근로자에 대한 특별보호규정을 두고 있다. 여자 및 연소자의 '근로'는 예컨대 신체적 조건, 모성(母性), 가사부담, 사회적 경험 부족 등으로 사회적 취약성을 가지고 있으므로 이들의 근로조건에 대해서는 법률로 특별보호를 할 필요가 있다. 그러므로 헌법 제32조 3항, 4항 및 5항의 규정들은 묶어서 법률에 의한 근로조건기준 결정 및 특별보호라는 틀에서 이해할 수 있다. 이 이외에 제32조 1항 2문 후단은 「국가는 적정임금의 보장에 노력하여야 하며, 법률이 정하는 바에 의하여 최저임금제를 시행하여야 한다」고 규정하고 있다. 이 규정에 의하여 최저임금법(1986. 12. 31, 법률 제3927호)이 제정되었다. 임금이 차지하는 중요성에 비추어 최저임금제의 입법을 헌법에서 명확히 하는 것은 타당하다고 생각되지만 근로의 권리와 연결하여 규정한 것은 체계상의 혼란을 가져올 수 있다. 최저임금조항은 제32조 3항으로 옮기는 것이 타당할 것이다.

c) 헌법 제32조 4항 후단은 여자의 고용·임금 그 밖의 근로조건에서 부당한 차별을 금지하고 있다. 특히 여성 근로자는 부당한 차별을 받지 않는다고 규정함으로써 여성의 고용과 대우에서 차별받지 않을 지위를 기본권의 차원에서 보호하고 있다. 근로기준법 제6조와 남녀고용평등법(1987. 12. 4, 법률 제3989호)은 여자의 평등대우를 실현하기 위한 법조항 내지 법률이라고 볼 수 있다. 그러나 남녀고용평등법과 근로기준법 제6조는 헌법의 평등이념에 따라 고용에서 남녀의 평등한 기회와 대우를 보장함으로써 남녀의 성(性)을 이유로 차별적 처우를 하지 못하도록 하는 데 있으므로 여성의 부당한 차별의 금지 차원을 넘어 양성(兩性)평등을 그 목적으로 하고 있다(남녀고평법 제1조; 근기법 제6조 전단). 따라서 남녀고용평등법과 근로기준법 제6조는 기본적으로 헌법 제11조 1항을 그 기초로 하고 있는 것으로 보아야 한다.

생활안정을 도모하고, 다시 한번 국가사회에 봉사할 수 있는 기회를 부여하기 위한 것으로서 … 그 이외의 자의 근로의 기회는 그러한 범위 내에서 제한될 것이 헌법적으로 예정되어 있는 이상 … 차별대우의 필요성의 요건도 충족되었다고 할 것이다(憲裁 2001. 2. 20, 2000 헌마 25).

(2) 근로자보호법의 규율방식

a) 근로조건의 기준을 법률로 정할 것을 헌법에 정한 것은 근로자를 특별히 보호하기 위해서이다. 그러므로 헌법 제32조 3항을 기초로 제정된 근로조건기준에 관한 법률들(예컨대 근로기준법, 최저임금법, 기간제및단시간법, 산업안전보건법, 남녀고용평등법 등)은 근로자보호법(Arbeitnehmerschutzgesetz)이라고 일컬어진다. 이 법률들 중에서 대표적인 것이 근로기준법이다. 역사적으로 보면 근로시간, 임금, 작업환경 등에 관한 법률들이 근로자보호법의 효시(嚆矢)를 이루고 있지만 오늘날에 와서는 근로계약의 해결에서부터 근로시간, 휴식, 임금, 안전·보건, 재해보상, 징계, 해고에 이르기까지 근로계약관계의 모든 분야에 걸쳐 근로기준법과 각 분야의 특별법이 제정되고 있다. 산업화의 지역적 확산에 따라 안전·보건상의 위험이 커지고 노동력의 새로운 이용형태가 복잡해지면서 이에 대응한 근로자보호법의 내용도 다양화하고 있다.

b) 근로조건의 결정을 전적으로 근로계약 당사자인 근로자와 사용자의 사적자치에 맡기지 않고 그 중요부분을 법률로 정하도록 한 것은 3가지의 효과를 확보하기 위한 것이다. 첫째는 근로조건의 기준을 정한 규정은 근로계약의 내용을 형성하는 것이므로 근로자는 해당 규정을 기초로 사용자에 대하여 그 이행을 청구할 수 있다. 따라서 근로조건의 기준을 정한 노동보호법의 규정은 근로자에 대한 사용자의 의무를 정하는 규율방식을 취하고 있다. 둘째는 노동보호법이 정한 근로조건의 기준은 최저기준으로서의 효력을 가진다. 그러므로 이 기준에 미치지 못하는 내용의 노사의 약정은 무효이고, 무효로 된 부분은 법률이 정한 기준에 따른다(근기법 제15조). 그러나 법률이 정한 기준보다 유리한 노·사의 약정은 효력을 잃지 않는다. 그러한 한도 내에서 사적자치는 인정된다. 근로자보호 이념에 반하지 않기 때문이다. 셋째로 근로자보호법은 근로조건의 기준을 준수하지 않는 사용자(근기법 제2조 I ② 참조)에 대해서는 근로감독(근기법 제101조 이하 참조)과 벌칙 등의 강제적 수단을 통해서 그 이행이 강제된다(근기법 제107조 이하 참조). 강제력이 수반되지 않으면 근로조건 기준의 이행은 제대로 수행될 수 없기 때문이다.

제3절 근로3권

[23] Ⅰ. 서 설

1. 근로3권 보장과 헌법 제33조

헌법 제33조 1항은 「근로자는 근로조건의 향상을 위하여 자주적인 단결권·단체교섭권 및 단체행동권을 가진다」고 규정하고 있다. 이 규정은 근로자로 하여금 사용자와 대등한 지위에서 근로조건을 결정할 수 있도록 하기 위한 노동기본권이다. 다시 말하면 자유와 평등을 기조로 하는 헌법이 실질적 의미에서 근로자에게 자유와 평등을 확보해 주기 위하여 근로3권을 보장한 것이다.[1)]

근로3권이 헌법상 보장된 실질적 의의에 관해서는 다음과 같은 두 가지 점이 문제된다. 첫째, 근로3권이 헌법에 보장된 기본권이므로 이에 기초한 각 실정노동법률은 언제나 헌법과의 관계에서 그 내용의 실질적 타당성이 검토되어야 한다. 그러나 근로3권에 관한 규정 자체는 추상적 표현을 취하고 있으므로 각 실정법률에 의하여 근로3권의 내용을 어느 정도로 보장할 수 있을 것이냐 하는 것은 근로3권을 보장한 헌법의 기본정신에 따라 판단해야 할 것이다. 따라서 근로3권 보장의 기본적 취지에 어긋나는 법률은 헌법재판소의 위헌결정에 의하여 그 효력을 가질 수 없다[2)]고 생각된다. 둘째, 재산권의 보장과 함께 근로3권이 보장되어 있는 우리 헌법의 구조적 질서에 유의하지 않으면 안된다. 종래의 전통적인 사유재산제 절대의 사상을 기조로 하는 헌법하에서 단결권·단체교섭권·쟁의권 등이 법률로만 보장되고 있는 경우에는(예컨대 미국의 경우)[3)] 헌법상의 기

---

1) 憲裁(1993. 3. 11, 92 헌바 33)는 헌법 제33조 제1항 규정의 취지에 관하여 「노동관계당사자가 상반된 이해관계로 말미암아 계급적 대립·적대의 관계로 나아가지 않고 활동과정에서 서로 기능을 나누어 가진 대등한 교섭주체의 관계로 발전하게 하여 그들로 하여금 때로는 대립·항쟁하고, 때로는 교섭·타협의 조정과정을 거쳐 분쟁을 평화적으로 해결하게 함으로써, 결국에 있어서 근로자의 이익과 지위의 향상을 도모하는 사회복지국가 건설의 과제를 달성하고자 함에 있다」고 판단하고 있다.

2) 憲裁 1993. 5. 13, 92 헌가 10, 91 헌바 7, 92 헌바 24, 92 헌바 50(병합); 大判 1993. 1. 15, 92 다 12377 참고.

3) 미국에 있어서는 1935년의 Wagner법(National Labor Relations Act) 제7조("Employees shall have the right to self-organization, to form, join or assist labor organizations, to bargain collectively through representatives of their own choosing and to engage in concerted activities for the purpose of collective bargaining or other mutual aid or protection")에서 근로자들의 단결권·단체교섭권·단체행동권을 승인하고 있다. 따라서 정당한 이유가 없는 한 노동조합을 부인하거나 단체교섭을 거부하는 것은 위법이다. 미국에서 단결권이 인정되고 있는 것은 사용자와 공정하고 자유로운 거래를 하기 위한 교섭력의 균형(balance of bargaining power)을 보장하려는 데 그 목적

본권으로 보호받을 수 없을 것이다. 그러나 헌법 내에 재산권의 보장과 나란히 근로3권을 보장한 체제에서는(예컨대 우리나라·독일·프랑스·이탈리아·일본 등)[1] 두 개의 기본권을 기둥으로 하는 조화의 질서 속에서 노동입법과 노동법원리의 존재방식이 규율된다고 보아야 한다.

근로3권을 보장한 헌법의 취지와 목적은 헌법규정의 테두리 안에서 근로자들(노동조합)이 사용자와의 교섭을 통하여 근로조건의 개선을 도모함으로써 그들의 경제적·사회적 지위의 향상을 도모하고, 산업평화가 유지되도록 하는 데 있다. 즉, 근로자들이 노동조합을 통하여 사용자와의 대등한 교섭을 함으로써 근로조건개선을 위한 협약자치가 실현될 수 있도록 하는 것이 근로3권 보장의 기본적 목적이라고 할 수 있다. 따라서 국가의 제법령(諸法令), 특히 노동관계법령들은 근로3권 보장의 취지와 목적에 위배되어서는 안 된다. 근로3권은 법률이 유보하는 범위 내에서 보장되는 것은 아니기 때문이다(제33조 Ⅰ 참조). 다만, 공무원인 근로자는 「법률이 정하는 자」에 한하여 근로3권이 보장되며(동조 Ⅱ), 법률이 정하는 방위산업체에 종사하는 근로자의 단체행동권은 법률이 정하는 바에 의하여 제한되거나 인정되지 않을 수 있다(동조 Ⅲ)(노조및조정법 제41조 Ⅱ 참조).

2. 근로3권의 상호관계

a) 단결권·단체교섭권 및 단체행동권은 밀접한 상호 관련하에서 근로자의 생존확보를 위한 법적 수단으로 보장되어 있다. 단결체(노동조합)가 근로자의 근로조건 향상을 집단적으로 추구하는 주체라고 한다면, 단체교섭은 그 주체의 구체적인 목적활동(근로조건 개선의 교섭)이며 그 목적활동은 단체협약의 체결이라는 형태로 결실을 보게 된다. 그러나 단결체가 단체교섭에 의하여 소기의 목적을 평화적으로 달성할 수 없을 때에는 실

이 있다(Ray/Sharpe/Strassfeld, *Understanding Labor Law*, § 1.05 [A] 참고).

1) 사유재산제를 기조로 하는 자본주의국가 중에서 영국과 미국의 헌법은 근로3권의 보장을 선언하고 있지 않으나, 20세기에 들어와서 각국의 헌법은 그 보장형식은 다르지만 근로3권을 명정(明定)하고 있는 것이 일반적 추세이다. 우선 독일의 경우 1919년의 Weimar헌법 제159조는 「근로조건과 경제조건의 유지와 개선을 위한 단체의 자유(Vereinigungsfreiheit)는 누구에게나 그리고 모든 직업에 대하여 이를 보장한다. 이 자유를 제한 또는 방해하려고 하는 약정이나 조치는 위법이다」라고 규정하였다. 독일기본법 제9조 3항도 그 취지와 표현을 그대로 답습하였다. 다만 단체의 자유라는 용어 대신에 「단체를 조직할 권리」(Recht, Vereinigung zu bilden)라는 표현을 사용함으로써 단결권이 자유권 이상의 것임을 명백히 하였다. 다음으로 프랑스는 헌법전문에서 「인간은 누구나 노동조합활동에 의하여 그의 권리와 이익을 지키며 또한 그가 선택한 노동조합에 참가할 수 있다. 파업권은 이를 규제하는 법률의 범위 내에서 행사할 수 있다. 근로자는 누구나 그의 대표를 통하여 근로조건의 집단적 결정과 기업의 경영에 참가한다」고 선언하고 있다. 이탈리아헌법은 단결권과 쟁의권을 명백히 구별하면서 「노동조합을 조직하는 것은 자유이다」(제39조), 「파업의 권리는 이를 규제하는 법률의 범위 내에서 행사될 수 있다」(제40조)고 각각 규정하고 있다.

력행사로서의 단체행동을 할 수 있다. 그러므로 단결권과 단체교섭권은 단체행동이라는 강력한 실력행사[1]의 보장에 의하여 그 구체적인 실현이 뒷받침되고 있다. 이와 같이 근로3권은 상호 유기적으로 밀접한 관계를 맺고 있는 통일적 권리로 이해될 수 있다.[2]

b) 단결체(노동조합)가 근로자집단의 주체가 된다는 것은 단결권이 가장 시발적인 기본권이라는 것을 말하며, 단체교섭권과 단체행동권은 결국 근로자의 단결이 없이는 그 실현이 불가능하다는 것을 뜻한다. 그러나 다른 한편, 단결권과 단체행동권은 현실적으로는 사용자와의 단체교섭을 실현하기 위하여 마련된 것이라는 것을 부인할 수 없다. 근로자의 생존확보가 구체적으로는 근로계약을 통하여 실현되고 있는 자본주의질서하에서 단결체나 단체행동은 결국 대등한 단체교섭의 실현수단, 즉 단체교섭을 유리하게 이끌어 가기 위한 수단으로서의 의미를 갖는다. 단결이나 단체행동은 그것 자체가 목적은 아니다. 그러므로 사용자와의 단체교섭을 포기한 노동조합이라든가 교섭 없는 쟁의행위는 무의미하다. 따라서 단결의 궁극적이고 핵심적 목적은 사용자와의 단체교섭을 통한 단체협약의 체결이라고 할 수 있다. 다시 말하면 단체교섭은 근로자들의 개선된 근로조건을 정한 단체협약의 체결을 목적으로 하는 것이므로, 노동조합과 단체행동은 「단체교섭 → 단체협약의 체결」을 중심으로 하여 연결되어 있다.[3] 따라서 단체협약의 체결을 위하여 근로자들은 노동조합을 결성하고, 단체교섭과 단체행동을 수행하는 것이라고 할 수 있다. 이와 같은 노사의 집단적 활동을 협약자율(Tarifautonomie)이라고 한다.[4] 노조및조정법 제33조는 노동조합과 사용자가 체결한 단체협약에 대하여 개별적 계약과 취업규칙에 우선하는 강행적 효력을 부여함으로써 집단적 자치에 의한 노사간의 규범적 질서형성을 인정하고 있다. 이러한 노사의 규범형성기능은 헌법 제33조 1항이 보장하고 있는 사회적·생활권적 기본권을 기초로 하고 있는 것으로 보아야 한다. 집단적 협약자치는 주로 근로자의 근로조건 개선을 위한 보호규범을 설정하는 기능을 하는 것이지만,

1) 이와 같이 사실적인 실력행사에 의하여 근로자들이 그들의 요구를 관철할 수 있도록 헌법이 보장하고 있는 것은 다른 법분야에서는 그 예를 찾아볼 수 없는 특별한 제도라고 할 수 있다.

2) 노동3권이 일체적 권리라는 점에서 '단결활동권'이라고 부르는 것이 보다 적절하다는 견해: 임종률, 「노동법」, 16면.

3) 근로3권 가운데에서도 단체교섭권을 가장 중핵적인 권리로 본 판례: 大判 1990. 5. 15, 90 도 357. 이와는 달리 憲裁 1996. 12. 26, 90 헌바 19[다수의견]는 「단체행동권이 노사관계의 실질적 대등성을 확보하는 필수적 전제」이므로 「근로3권 가운데 가장 중핵적인 권리는 단체행동권이라고 보아야 한다」고 한다.

4) Löwisch/Rieble, *TarifvertragsG(Kommentar)* Grundl. Rn. 30 f., 106 ff.; *ErfK*/Linsenmaier, GG Art. 9 Rn. 51; Gamillscheg, *Kollektives ArbR*, Bd. I, S. 263 ff., 284 ff.; Lieb/Jacobs, *ArbR* Rn. 437 ff., 563 ff.; Löwisch/Caspers/Klumpp, *ArbR* Rn. 100 ff. 참고. 同旨: 憲裁 1998. 2. 27, 94 헌바 13·26, 95 헌바 44(병합); 菅野, 「勞働法」, 30面(단체교섭을 중심으로 노사자치의 법적 기초를 마련하려는 것이 헌법 제33조(일본 헌법 제28조)의 기본 취지라고 이해하는 견해).

기업의 위기를 극복하기 위하여 단체협약을 불이익하게 변경하는 경우[1]에도 폭넓게 인정되는 제도이다([113] 2. 이하 참고). 법원(法院)은 무엇이 법규범인지를 잘 알고 있다(iura novit curia)는 법언(法諺)에 따라 법관은 단체협약의 규범을 그 권한에 기하여 적극적으로 해석·적용해야 할 것이다.[2] 그러므로 대법원은 노사의 집단적 협약자치를 최대한 보장하는 방향으로 법 해석을 하는 것이 바람직하다고 생각된다.

c) 헌법 제33조 1항을 기초로 제정된 노조및조정법 제1조(목적)는 「… 근로조건의 유지·개선과 근로자의 경제적·사회적 지위의 향상을 도모하…」는 것을 동법의 목적으로 하고 있다. 또한 동법 제2조(정의규정) 4호는 「노동조합이라 함은 … 근로조건의 유지·개선 기타 근로자의 경제적·사회적 지위의 향상을 도모함을 목적으로 …」 조직된 단체라고 규정하고 있다. 그러나 동법 동조 5호는 「경제적·사회적 지위의 향상」이라는 표현이 없이 「'노동쟁의'라 함은 노동조합과 사용자 … 간에 임금·근로시간·복지·해고 기타 대우 등 근로조건의 결정에 관한 주장의 불일치로 인하여 발생한 분쟁상태를 말한다」고 정하고 있다. 그리고 노조및조정법 제30조 및 제33조는 단체교섭의 성실교섭과 단체협약의 체결 및 단체협약의 효력에 관하여 규정하고 있다. 이와 같이 노조및조정법 제1조와 제2조 4호가 근로조건의 유지·개선과 함께 경제적·사회적 지위의 향상을 동법 및 노동조합의 목적으로서 병존적으로 규정하고 있으나, 근로3권을 보장하고 있는 헌법 제33조 1항은 「경제적·사회적 조건」에 관하여 전혀 언급하고 있지 않다. 그렇다면 노조및조정법에서 정하고 있는 「경제적·사회적 지위의 향상」을 어떻게 해석할 것이며, 협약자치를 보장한 헌법 제33조 1항과 관련해서 이를 어떤 내용으로 이해해야 할 것인가?[3]

헌법을 기초로 하여 제정된 법률이 해당 헌법이 보장한 범위를 넘어 규율대상을 확대규정하는 것은 헌법과 법률의 위계적 효력관계에 원칙적으로 반한다. 헌법이 헌법상의 보장내용을 법률에 위임하지 않은 경우에 법률이 헌법의 규정내용을 확대하는 것은 더욱 그 적법성(합헌성)이 문제되지 않을 수 없다. 따라서 노조및조정법이 정하고 있는 경제적·사회적 지위는 근로3권을 보장한 헌법 제33조 1항의 협약자치의 기본정신과 그 범위 내에서 이해되지 않으면 안 된다.

따라서 근로조건의 유지·개선과 경제적·사회적 지위의 개선을 완전히 분리하여

---

1) 大判 2010. 1. 28, 2009 다 76317 등.

2) Löwisch/Rieble, *TarifvertragsG(Kommentar)* § 1 Rn. 118 참고.

3) 「경제적 조건」이라는 표현은 독일바이마르헌법 제159조에서 그 시원을 찾을 수 있는 것으로 독일기본법 제9조 3항이 그대로 받아들이고 있다. 그러나 독일제헌의회에서 그 내용에 대한 충분한 토의가 없었다고 한다(Gamillscheg, *Kollektives ArbR*, Bd. Ⅰ, S. 219). 그리고 독일에서 경제적 조건의 해석에 관해서 논의가 되는 것은 헌법적 차원에서 행하여지는 것이고 우리나라에서처럼 법률의 차원에서 직접 문제가 되는 것은 아니다. 독일에는 노동조합법이 존재하지 않는다.

독립된 내용을 가진 것으로 해석하는 것은 옳지 않다. 이 두 개념은 하나의 기능적 일체성을 가진 내용으로 이해되어야 한다. 근로조건과 경제적·사회적 조건은 사회경제적 연원에서 그 뿌리를 같이하며 상호 중첩될 수 있기 때문에 통합적 이해가 가능하다고 생각된다.[1] 따라서 근로자의 경제적·사회적 지위란 종속적 노동관계에 있는 근로자의 지위와 직접적 관련이 있는 경제적·사회적 사항들을 의미하는 것으로 이해해야 한다.[2] 예컨대 근로자의 직업교육 또는 연수교육과 관련된 장기휴가제도, 근로자 자녀의 학자금 지원제도 등은 이에 속할 수 있다. 그러나 다수 근로자들이 사용자 또는 사용자 단체에 대하여 우수학교의 신설, 일반교육기관의 교과목 개정 등을 요구하는 것은 노사의 교섭대상에 해당하는 경제적·사회적 지위개선의 범주에 포함될 수 없다. 교육제도 개선과 학교 신설이 근로자 자녀들에게 좋은 직장을 얻을 수 있는 가능성을 부여하여 장기적 관점에서 근로자들의 경제적·사회적 지위를 개선시킨다 하더라도, 이를 곧바로 단체교섭 또는 쟁의행위의 대상으로 삼을 수는 없기 때문이다. 따라서 협약자치제도와 조화를 이룰 수 있는 경제적·사회적 지위의 개선은 적어도 단체교섭을 통한 협약체결이 가능하고 쟁의행위의 대상이 될 수 있는 사항이어야 하며, 협약당사자들이 이와 같은 과제를 수행하는 것이 헌법적 차원에서 받아들여질 수 있는 것이어야 한다.[3] 따라서 경제적·사회적 지위의 향상이 단순히 근로의 대가로서의 급부의 개선을 통하여 나타나는 효과를 의미하는 것은 아니라 하더라도 근로관계와 긴밀한 관련이 있는 근로자의 지위개선과 연계된 것으로 해석되어야 한다.[4] 그러므로 근로자들을 위한 일정한 시설투자 또는 재단설립, 기업의 통합 등의 요구는 근로자의 경제적·사회적 지위향상이라는 명목하에 단체교섭의 대상이 될 수 없다.[5]

d) 근로3권을 보장한 헌법의 취지가 사유재산제를 기초로 하는 자본주의를 부정하는 것이 아님은 말할 것도 없다. 처음부터 노사간의 단체교섭의 대상이 될 수 없는 사항(헌법 제33조 I: 「근로자는 근로조건의 향상을 위하여 …」라는 규정에 유의하라. 엄밀한 의미의 경영에 관한 사항은 교섭의 대상이 될 수 없다([27] 3. ⑶, [108] 1. 참고)에 있어서까지 근로자들이 사용자에 대하여 단체행동권을 행사할 수는 없기 때문이다. 협약자치를 보장한 근

---

1) *ErfK*/Linsenmaier, GG Art. 9 Rn. 23.
참고: 일본 노동조합법 제2조는 노동조합을 정의하면서 「근로조건의 유지개선 그 밖의 경제적 지위의 개선을 도모하는 것을 주된 목적으로 하는 조직」이라고 규정하고 있다.

2) Gamillscheg, *Kollektives ArbR*, Bd. I, S. 219 ff.; *ErfK*/Linsenmaier, GG Art. 9 Rn. 23.

3) Säcker/Oetker, *Grundlagen und Grenzen der Tarifautonomie*, 1992, S. 30 ff.; Säcker, *Grundprobleme*, S. 40.

4) Gamillscheg, *Kollektives ArbR*, Bd. I, S. 334.

5) *ErfK*/Linsenmaier, GG Art. 9, Rn. 23.

로3권은 재산권과의 균형관계를 이루는 가운데 그 한계가 획정되어야 한다([18] 참고). 다시 말하면 헌법 제33조 1항은 단체교섭을 중심으로 하여 전개되는 노사자치에 대하여 법적 기초를 부여하는 규정이다. 그리고 단체교섭의 핵심적 부분은 단체협약의 체결이라고 할 수 있다. 그러므로 단체교섭이나 단체협약의 체결을 전제로 하지 않는 단결권이나 단체행동권은 무의미한 것이라고 아니할 수 없다. 다만, 단체교섭의 (주된)대상인 근로조건을 너무 협소하게 해석할 것은 아니다.[1]

e) 근로3권은 서로 밀접한 관련을 가지고 있으므로 원칙적으로 일체적 권리로 이해되어야 한다.[2] 그 어느 하나의 권리가 결여되거나 크게 제한되는 경우에 「근로3권」은 불완전하거나 실효성이 없는 권리가 될 것이다.

3. 근로3권 보장의 법률적 의의

근로3권은 다음과 같이 여러 가지 성질과 효과를 가진다(다음의 (1) 에서 (4)). 그리고 근로자들은 근로3권 이외의 그 밖의 기본권에 의한 보호를 받는다(다음의 (5)).

(1) 자유권적 성격

먼저 근로3권은 근로자가 국가의 간섭이나 영향을 받지 아니하고 자유롭게 단결체를 결성하고 그 목적을 집단적으로 추구하는 것을 보장하는 자유권적 기본권으로 이해할 수 있다.

근로3권은 일차적으로 국가공권력에 의한 단결권의 침해·간섭으로부터 보호받을 수 있는 자유권적 기본권으로서의 성질을 가진다. 다시 말하면 근로자들의 정당한 단결권의 행사가 공권력에 의하여 부당하게 침해되어서는 안 된다는 뜻에서 근로3권은 근로자들의 집단적 행동의 자유를 그 기초적 보장내용으로 하고 있다.

그러므로 근로3권은 국가의 입법·행정을 제약하는 효과(자유권적 효과)를 가지고 있다. 따라서 노동조합의 결성 및 운영, 단체교섭과 단체행동을 정당한 이유 없이 제한·금지하는 입법과 행정조치는 이러한 자유권적 효과에 의하여 위헌·무효가 되어 효력을 가질 수 없게 된다. 그리고 집단적 행동의 자유를 보장한 효과로서 근로자와 노동조합은 근로3권을 정당하게 행사하는 한, 다시 말하면 단체교섭권이나 쟁의행위권을 정당하게 행사하는 한 민사상·형사상의 책임은 지지 않는다(노조및조정법 제3조, 제4조 참조).[3] 우리 헌법재판소는 근로3권을 다음에서 보는 바와 같이 사회적 성격을 띤 자유권

---

1) 교섭대상의 한계를 유동적으로 해석하려는 견해: *ErfK*/Linsenmaier, GG Art. 9, Rn. 23 f. 참고.

2) 단결권만을 인정하고 단체교섭권과 단체행동권을 인정하지 않거나 금지한다는 것은 사실상 단결권의 의미를 백지화하는 것이다(Sinzheimer, *Grundzüge*, S. 87).

3) 우리나라에서는 노동조합의 집단적 행위에 대한 민사상 또는 형사상의 면책규정(민사면책에 관해

으로 파악하고 있다.[1)]

(2) **사회권적 성격**

a) 헌법이 근로3권을 보장하고 있는 것은 위와 같은 자유권을 보장하기 위한 것일 뿐만 아니라, 보다 적극적인 내용의 권리를 보장하기 위한 것이다. 헌법이 근로3권을 보장하는 것은 단순히 국가의 부당한 침해로부터의 보호를 목적으로 하는 것에 그치지 않고, 근대적인 자본주의체제하에서 노사 사이의 새로운 질서의 확립을 목표로 한 것이라고 해석되어야 한다. 다시 말하면 근로3권은 사회적 성격(경제적 약자인 근로자 보호기능을 가진)의 기본권으로서 근로자들이 사용자와의 대등한 관계에서 근로조건의 개선을 도모할 수 있는 방책을 부여하려는 것이다.

근로자들이 국가에 대하여 그들의 근로조건 개선을 위한 노사자치 내지 단체교섭의 조성을 입법을 통해서 적극적으로 실현해 줄 것을 요구할 수 있는 것은 근로3권의 사회권적 내지 생존권적 성질에 기초한 것이다. 근로3권의 실질적 보장을 위해서는 국가의 적극적인 개입과 뒷받침이 요구된다. 즉, 국가는 근로자들을 위하여 노사자치를 위한 입법체제를 갖추어야 할 의무를 부담한다. 종래의 노동조합법(1963. 4. 17, 법률 제1329호) 및 노동쟁의조정법(1963. 4. 17, 법률 제1327호)과 양 법률을 통합규율한 노조및조정법(1997. 3. 13, 법률 제5310호)은 국가의 이러한 정책의무를 이행한 결과이다. 그리고 노조및조정법에 정해진 단체협약의 규범적 효력(노조및조정법 제33조)이나 부당노동행위의 구제제도(노조및조정법 제81조 이하)는 근로3권의 적극적 성격의 한 표현형태라고 이해된다.

b) 위에서 설명한 바와 같이 근로3권은 자유권적 기본권으로서의 성격과 함께 사회권적 기본권으로서의 성격도 아울러 가지고 있다. 근로3권은 근로자들이 자주적으로 단결하여 근로조건의 유지·개선을 통한 근로자의 사회적·경제적 지위의 향상을 도모함을 목적으로 단체를 자주적으로 결성하고, 이를 바탕으로 사용자와 근로조건에 관하여 자유롭게 교섭하며, 때로는 그들의 요구를 관철하기 위하여 단체행동을 할 수 있는 「자

서는 노조및조정법 제3조, 형사면책에 관해서는 동법 제4조)이 있으나, 독일에서는 이와 같은 실정법의 규정이 없기 때문에 학설·판례상 많은 논란이 있었다. 그 논의의 초점은 집단적 행위를 할 수 있는 권리로부터 당연히 사용자에 대한 개별적인 행위가 면책되는 것이 아니라, 집단적 행위 속에 개별행위들이 포함되어 일체화되어 있으므로 집단행위가 정당하면 개별행위에 대한 책임을 별도로 물을 수 없다는 것이다(Vgl. Bulla, *Das zweiseitig kollektive Wesen des Arbeitskampfes*, in: FS für Nipperdey, 1955, S. 173 ff.; 김형배, '파업과 개별적 근로관계', 「노동문제논집」(제1집), 고려대 노동문제연구소, 1969, 10면 이하 참고. 同旨: 菅野, 「勞働法」, 31面.

1) 憲裁 1998. 2. 27, 94 헌바 13·26, 95 헌바 44(병합); 憲裁 2005. 11. 24, 2002 헌바 95·96, 2003 헌바 9 등; 憲裁 2009. 10. 29, 2007 헌마 1359 등.

유」를 보장하는 자유권적 성격과 사회·경제적으로 열등한 지위에 있는 근로자들로 하여금 근로자단체의 힘을 배경으로 그들의 교섭력을 강화하도록 함으로써 근로자들이 사용자와 대등한 지위에서 교섭할 수 있는 기능을 부여하는 사회권적(경제적 약자에 대한 사회적 보호기능을 담당하는) 성격도 함께 지닌 기본권이다.[1] 통설[2]도 같은 태도를 취하고 있다. 종래 헌법재판소[3]와 대법원[4]은 근로3권을 자유권으로서의 성격보다는 생존권 내지 사회권적 기본권의 측면을 강조해 왔다. 그러다가 헌법재판소는 1998년 2월 27일의 결정[5]에서 근로3권이 자유권적 성격과 사회권적(생존권적) 성격을 아울러 보유하는 기본권으로 파악하고 있다.

(3) **제3자적 효력**(사인간의 법률관계에 대한 효력)

a) 근로3권은 국가와의 관계에서 자유권적·사회권적 성질을 가지는 권리이지만 제3자인 사용자와 근로자 사이의 사법관계(이른바 사인간의 법률관계)에 대해서 직접적 효력을 가질 수 있는가? 이에 관해서는 헌법이 아무 규정을 두고 있지 않다. 사인간의 법률관계에 관한 근로3권의 효력은 두 가지 측면에서 나누어 살펴볼 수 있다. 첫째는 근로3권의 정당한 행사가 근로(계약)관계에 대하여 미치는 효력의 문제이고, 둘째는 근로3권

1) 憲裁 1998. 2. 27, 94 헌바 13·26, 95 헌바 44(병합).

2) 허영, 「한국헌법론」, 487면; 김철수, 「헌법학개론」, 831면 이하; 계희열, 「헌법학(중)」, 690면(계교수는 근로3권을 기본적으로 자유권적 기본권으로 이해한다).

3) 憲裁 1991. 7. 22, 89 헌가 106(「헌법 제33조 1항에 의하여 보장된 노동3권은 근로자의 근로조건을 개선함으로써 그들의 경제적·사회적 지위의 향상을 기하기 위한 것으로서 자유권적 기본권으로서의 성격보다는 생존권 내지 사회권적 기본권으로서의 측면이 보다 강한 것으로서 그 권리의 실질적 보장을 위해서는 국가의 적극적인 개입과 뒷받침이 요구되는 기본권이다」). 이와는 달리 憲裁 1996. 12. 26, 90 헌바 19에서는 자유권적 기본권으로 판단하였다.

4) 大判 1990. 5. 15, 90 도 357(「근로3권은 시민법상의 자유주의적 법원칙을 수정하는 신시대적 정책으로서 등장한 생존권적 기본권의 하나이다」).

5) 憲裁 1998. 2. 27, 94 헌바 13·26, 95 헌바 44(병합): 「근로3권은 국가공권력에 대하여 근로자의 단결권의 방어를 일차적인 목표로 하지만, 근로3권의 보다 큰 헌법적 의미는 근로자단체라는 사회적 반대세력의 창출을 가능하게 함으로써 노사관계의 형성에 있어서 사회적 균형을 이루어 근로조건에 관한 노사간의 실질적인 자치를 보장하려는 데 있다. 경제적 약자인 근로자가 사용자에 대항하기 위해서는 근로자단체의 결성이 필요하고 단결된 힘에 의해서 비로소 노사관계에 있어서 실질적 평등이 실현된다. 다시 말하면, 근로자는 노동조합과 같은 근로자단체의 결성을 통하여 집단으로 사용자에 대항함으로써 사용자와 대등한 세력을 이루어 근로조건의 형성에 영향을 미칠 수 있는 기회를 가지게 되므로 이러한 의미에서 근로3권은 '사회적 보호기능을 담당하는 자유권' 또는 '사회적 성격을 띤 자유권'이라고 말할 수 있다. 이러한 근로3권의 성격은 국가가 단지 근로자의 단결권을 존중하고 부당한 침해를 하지 아니함으로써 보장되는 자유권적 측면인 국가로부터의 자유뿐이 아니라, 근로자의 권리행사의 실질적 조건을 형성하고 유지해야 할 국가의 적극적인 활동을 필요로 한다. 이는 곧, 입법자가 근로자단체의 조직, 단체교섭, 단체협약, 노동쟁의 등에 관한 노동조합관련법의 제정을 통하여 노사간의 세력균형이 이루어지고 근로자의 근로3권이 실질적으로 기능할 수 있도록 하기 위하여 필요한 법적 제도와 법규범을 마련하여야 할 의무가 있는 것을 의미한다」.

이나 그 보장질서에 반하는 사인간의 약정에 대한 효력의 문제이다.

첫째의 경우에 우선 노조및조정법 제3조는 민사책임의 면책(손해배상책임의 배제)을 규정하고 있다. 또한 동법 제81조 1호는 근로자의 노동조합의 가입 또는 조직 기타 노조의 업무를 위한 정당한 행위를 한 것을 이유로 해고(근로관계의 일방적 해소) 또는 불이익(근로관계에 있어서의 불이익)을 주는 행위, 동조 5호는 근로자가 정당한 단체행동에 참가한 것을 이유로 그 근로자를 해고하는 행위를 각각 부당노동행위로 규정하고 있다. 부당노동행위는 근로3권 보장질서에 반하는 행위로서 노동위원회에서의 구제절차를 통하여 그 법률상의 효력이 제거되거나 사실상의 상태가 제거될 수 있다(동법 제81조 ① 내지 ⑤, 제82조 참조)([128] 참고). 노동조합에의 가입 또는 노동조합의 조직을 이유로 한 또는 정당한 단체행동에 참가한 것을 이유로 한 사용자(제3자)의 해고행위(사법상의 일방적 법률행위)는 노조및조정법에 의하여 무효이다([127] 3. (1) (2) 참고). 따라서 사법관계에 대한 헌법 제33조 1항의 직접적 효력을 원용할 필요는 없다.[1] 둘째는 취업희망자(아직 사용자와 근로계약을 체결하고 있지 않은 자=근로관계의 당사자가 아닌 자)에 대하여 사용자가 노동조합에 가입하지 않을 것을 채용조건으로 하는 약정(근로계약상의 부관)도 위에서 설명한 부당노동행위(동법 제81조 ② 본문)로서 그 효력이 없다. 이 경우는 근로관계에 있지 않은 자에 대하여 노조가입을 사용자가 실질적으로 금지하는 것이므로 근로관계에 있는 자가 직접 근로3권을 정당하게 행사하는 경우와는 구별될 수 있다. 그러나 이때에도 사용자는 근로3권에 의하여 보장된 헌법상의 질서에 반하는 행위를 한 것이므로 역시 부당노동행위가 된다. 단결권을 침해하는 것이기 때문이다.

b) 우리나라의 노조및조정법은 미국의 부당노동행위제도를 도입함으로써 근로3권의 보장질서에 반하는 사인간의 법률관계에 대하여 직접 규율하고 있으므로 이러한 제도를 알지 못하는 독일법에서의 일반이론인 기본권의 제3자적 효력(Drittwirkung)을 원용할 필요가 없을 것이다. 또한 단결의 자유를 보장한 독일기본법 제9조 3항은 단결권의 행사를 제한·방해하는 사인간의 약정을 무효로 한다는 명문의 규정을 두고 있으므로[2] 그러한 점에서도 우리 헌법 제33조 1항과 독일기본법 제9조 3항은 구별된다. 즉, 독일기본법(제9조 Ⅲ)은 헌법규정으로 직접 제3자적 효력을 규정하고 있다. 독일기본법 제9조 3

1) 부당노동행위제도는 노조및조정법에 의하여 창설된 제도가 아니라, 헌법 제33조 1항의 규범내용을 확인하여 구체화된 것이라고 보아야 한다(권영성, 「헌법학원론」, 2007, 688면 참고)는 견해는 헌법 조항의 직접적 효력을 인정하는 것으로 볼 수 있다.

2) 독일기본법 제9조 3항 본문: Das Recht, zur Wahrung und Förderung der Arbeits- und Wirtschaftsbedingungen Vereinigungen zu bilden, ist für jedermann und für alle Berufe gewährleistet. Abreden, die dieses Recht einschränken oder zu behindern suchen, sind nichtig, hierauf gerichtete Maßnahmen sind rechtswidrig.

항은 주관적 지위창설적 권리(subjektives statusbegründendes Recht)[1]를 보장한 규정이며 사인간의 법률관계에 대하여 직접적 효력을 가진다고 볼 수 있으나, 우리 헌법 제33조 1항은 노조및조정법을 통하여 노동3권에 반하는 사법관계를 규율하고 있다.[2] 이와 같이 헌법 제33조 1항은 사인간의 관계에 대하여 직접적 효력을 가지지 않는다고 해석하는 것이 옳을 것이다. 다만, 노동관계법 이외에 일반규정(예컨대 민법 제2조: 신의칙, 권리남용; 제103조: 반사회적 법률행위 등)을 매개로 제33조 1항이 보장하고 있는 객관적 가치질서는 실현될 수 있을 것이다(간접적 사인효력설).[3]

(4) 근로3권 보장의 법적 효과

헌법 제10조 2문은 「국가는 개인이 가지는 불가침의 기본적 인권을 확인하고 이를 보장할 의무를 진다」고 규정하고 있다. 이는 국가권력이 국민이 가지는 기본권에 구속된다는 것을 정한 것이다. 근로3권도 국가가 보장해야 할 대상이 되는 근로자의 기본권이다.

위에서 설명한 바와 같이(1·2 참고) 헌법재판소는 근로3권을 「사회적 보호기능을 담당하는 자유권」 또는 「사회적 성격을 띤 자유권」이라고 규정하고 있다. 이와 같은 기본권의 성격으로부터 여러 가지 효과가 발생할 수 있다.

첫째, 근로3권의 보장이 「근로자 단체라는 사회적 반대세력의 창출을 가능하게 함으로써 노사관계에 있어서 사회적 균형을 이루어 근로조건에 관한 노사간의 실질적인 자치를 보장하려는 데 있」[4]으므로 국가는 근로3권의 보장목적을 실현하는 정책이나 입법을 수행해야 할 의무를 부담한다. 따라서 국회는 노사가 사회적 균형을 유지하며 근로조건 개선을 위한 노사자치를 촉진할 수 있는 제도를 마련해야 한다. 노조및조정법의 제정은 헌법 제33조를 기초로 한 법률로서, 특히 단체협약의 특별한 효력에 관한 규정이나 부당노동행위 구제제도는 노사의 사회적 자치를 실현하는 중요한 기능을 한다.[5] 다만, 단체행동권의 행사로서 근로자들의 집단적 노무거부 또는 그 밖의 단체행동은 공공의 이익이나 재산권과의 충돌([7] 1. 및 [27] 3. (3) 참고)이 문제될 수 있으므로 사회적 이익균형 내지 과잉금지의 원칙에 입각해 일정한 범위 내에서 그 정당성([118] 2. 참고)이

1) Hesse, *Grundzüge*, 20. Aufl., S. 129.

2) 同旨: 허영, 「한국헌법론」, 498면. 다만, 사인간의 법률관계에 대한 헌법 제33조 1항의 직접적 효력을 인정하는 한 부당노동행위제도에 의한 구제와는 별도로 근로3권 침해행위에 대하여 사법구제(司法救濟)를 인정해야 할 것이다.

3) 同旨: 허영, 「한국헌법론」, 498면; Brox/Rüthers/Henssler, *ArbR* Rn. 120 참고. 大判 2019. 3. 14, 2015 두 46321.

4) 憲裁 1998. 2. 27, 94 헌바 13·26, 95 헌바 44(병합).

5) 同旨: 菅野, 「勞働法」, 35面 참고.

인정된다.

둘째, 근로3권은 자유권적 기본권이라는 점에서 국가권력에 대한 방어권으로서 주관적 공권이다. 따라서 정당한 이유 없이 근로3권을 금지·제한하는 입법이나 행정조치는 위헌 또는 무효가 된다. 근로3권이 보장하는 행위는 헌법 제33조의 규정을 기초로 법률에 의하여 구체적으로 정해진다. 따라서 법률에 의한 적법 요건을 갖추어 이루어지는 근로3권의 행사는 형사상의 책임이 면책될 뿐 아니라,[1] 민사상 채무불이행이나 불법행위에도 해당하지 않는다(노조및조정법 제3조, 제4조 참조).

⑸ 기타의 기본권과 근로관계

근로계약관계에서는 다른 법률관계에서와는 달리 근로자와 사용자 사이의 현실적 종속관계로 인하여 여러 가지 형태의 인격침해가 발생할 수 있기 때문에 근로3권 이외의 기본권규정들도 근로자보호를 위하여 중요한 기능을 한다. 다음에서는 근로관계에 대한 기본권의 실제적 기능에 관하여 살펴보기로 한다.

a) 인간의 존엄성(헌법 제10조, 제32조 Ⅲ): 근로자의 인격보호

1) 근로자의 노동인격의 완성을 그 이념으로 하는 노동법에 있어서는 근로자의 인격 보호가 무엇보다도 중요한 의미를 가진다. 그러므로 사용자는 근로관계의 구체적 실현 과정에서 근로자의 인간의 존엄성을 최대한으로 존중해야 할 의무를 부담한다.

원래 헌법이 보장하고 있는 인간의 존엄성에 관한 권리는 대국가적 관계에서 인격침해로부터의 보호를 의미하는 공법상의 인격권(헌법상의 객관적 가치 질서로서의 인격권)이지만, 노동법에서 논의되는 근로자의 인격보호권은 사법(私法)상의 성질을 가진 권리(사법상의 주관적 권리로서 불법행위의 침해객체가 될 수 있는 인격권)로서 주로 사용자에 대한 관계에서 그 침해가 문제된다. 따라서 근로자의 사법상의 인격보호는 근로자의 인격을 침해할 수 있는 사용자의 행위를 규제하는 데 그 목적이 있다. 다시 말하면 근로자에 대한 사용자의 업무지시권 및 기업운영에 대한 권한과 근로자개인의 인격의 발현 및 존엄성유지가 서로 충돌하는 경우에 근로자의 인격침해가 문제된다. 이에 대해서는 비례성원칙이 그 판단의 기준이 된다.[2] 따라서 근로자의 인간의 존엄에 관한 한 공법상의 권리로서의 인격권과 사법상의 인격권을 구별하는 것은 실제로 별 의미가 없다.[3]

2) 근로자의 인격권의 핵심적이고 중요한 내용은 근로자의 양해나 동의가 있다

1) 憲裁 2010. 4. 29, 2009 헌바 168; 大判(전합) 2011. 3. 17, 2007 도 482.

2) 하경효, '새로운 근로감시기술의 도입에 따른 법적 문제', 「노동법학」(제18호), 2004, 106면 이하, 111면 이하; 김가람, '전자적 수단에 의한 근로자 감시와 노동법적 과제', 「노동법포럼」(제2호), 2009, 242면 이하 참고. *MünchArbR*/Reichold, Bd. Ⅰ, §86 Rn. 1 ff. 참고.

3) *MünchArbR*/Reichold, Bd. Ⅰ, §86 Rn. 2 참고.

하더라도 침해되어서는 안 된다. 근로자는 근로계약을 체결함으로써 사용자의 경영조직에 편입되어 경영사항에 대하여 사용자의 지시권에 따라야 하며, 그러한 한도 내에서 근로자의 인격이나 자유가 제한을 받을 수 있다. 이러한 제한은 신의칙에 반하지 않으며 근로계약상 사용자에게 재량권이 주어져 있는 한 적법하다. 그러나 그 한계를 넘는 양해나 동의는 근로계약에 내재하는 것으로 볼 수 없다.[1)]

b) 근로자의 인격권침해의 구체적 보호

1) 작업장에서 사용자로부터 구체적 업무감독이나 지시를 받는 것은 원칙적으로 근로자의 인격침해에 해당하지 않는다. 근로자가 그의 계약상의 의무를 이행하는 경우 작업공정상 사용자 또는 상급자의 지시·감독을 받는 것은 당연한 일이기 때문이다. 그러나 근로자가 필수적인 것이 아닌 감시시설(감시카메라) 또는 비밀도청장치를 통하여 계속적인 관찰의 대상이 되는 것은 중대한 인격권의 침해가 된다고 보아야 한다.[2)] 이 밖에도 근로자는 헌법 제17조 및 제18조에 의하여 사생활의 비밀과 자유 및 통신의 비밀을 침해받지 않을 기본권을 향유한다.

다만, 근로자의 근무상태 내지 행태에 관한 감시행위의 위법성여부는 비례의 원칙에 의하여 판단되어야 할 것이다.[3)] 다시 말하면 기업의 적법한 목적수행을 위해서 필요한 조치로서 행하여지는 사용자의 감시행위는 근로자의 이익을 고려하더라도 상당성이 있는 경우에는 위법하다고 볼 수 없다. 예컨대 생산된 제품의 상당량이 계속 도난당하고 있는 상황에서 범인을 색출하기 위한 어쩔 수 없는 조치로 비밀감시장치를 설치하는 것은 영업방어의 차원에서 필요한(필요성 요건)것이라고 보아야 할 것이다.[4)] 또한 은행의 창구나 중요출입문을 감시해야 할 보안적 목적에서 또는 기계의 안전운행의 관찰을 위하여 행하여지는 감시는 이로 인해서 간접적으로 근로자의 행위가 통제를 받더라도 해당 감시시설은 필요한 것이라고 볼 수 있다. 이에 반해서 근로자의 성실한 작업의 감시를 유일한 목적으로 하는 감시는 정당하지 않다. 사업장의 출입문이나 기계의 관찰을 위한 장치가 근로자의 감시를 목적으로 하지 않는 경우에는 이와 같은 통제행위는 비례성의 원칙에 부합하는 것으로 보아야 하지만, 감시장치는 근로자들에게 미리 주지되어 있

1) *MünchArbR*/Reichold, Bd. Ⅰ, §86 Rn. 6 참고.

2) Wiese, *Der Persönlichkeitsschutz des Arbeitsnehmers gegenüber dem Arbeitgeber*, ZfA 1971, 284 ff.; BAG 7. 10. 1987 AP Nr. 15 zu §611 BGB Persönlichkeitsrecht = NZA 1988, 92.

3) 하경효(위의 논문, 114면 이하) 교수는 감시·감찰의 위법성을 판단함에 있어서 사용자와 근로자 사이의 이익대립을 형량해야 한다고 보고 있다. 같은 취지의 하급심 판례: 全州地判 2002. 4. 18, 2001 가합 1173.

4) *MünchArbR*/Reichold, Bd. Ⅰ, §86 Rn. 8; BAG 7. 10. 1987 AP Nr. 15 zu §611 BGB Persönlichkeitsrecht = NZA 1988, 92.

어야 한다(비례성 요건).[1] 사용자는 감시장치를 설치하지 않으면 안 될 기업의 중대한 보호이익의 존재에 대하여 입증책임을 부담한다.[2]

2) 이 이외에 전화통화의 감시도 문제가 된다.[3] 우선 근로자의 통화내용을 감시하는 것은 정당하지 않다. 또한 통화내용의 감시를 위하여 통화연결장치를 비밀로 설치하는 것도 근로자의 인격을 침해할 수 있다.[4]

3) 근로자는 의학적 검사나 심리상태의 진단에 대해서도 인격의 존중을 받을 권리를 가진다. 그러나 담당작업에 대한 적성과 관련해서 사용자의 이익이나 제3자(특히 동료 근로자)의 보호법익(불이익 또는 위험발생에 대하여 보호되어야 할 이익)이 비례성원칙에 비추어 우선하는 것으로 판단되는 경우에는 위의 검사나 진단은 적법하다고 해야 한다.[5] 또한 i) 법률의 규정(예: 산안보법 제43조 Ⅰ)에 따른 검사이거나, ii) 질병으로 인한 취업불능 · 전염병 등 단체협약 내에 이에 관한 규정이 있거나, iii) 근로자의 동의가 있을 때에는 의학적 · 심리적 검사는 근로자의 인격침해에 해당하지 않는다(동법 제43조 Ⅰ 참조). 채용시에 의사의 검진 또는 건강증명서를 제출하지 않는 근로자를 채용대상에서 배제하는 행위도 정당하다고 보아야 할 것이다.[6]

4) 근로자채용시에 근로자의 학력 · 경력 · 가족사항 또는 기타 상벌사항을 묻는 것은 일반적인 채용절차에 해당하므로 이를 특별히 문제삼을 필요는 없다([39] 5. 참고). 그와 같은 사항들은 근로자의 노동력의 평가를 위해서뿐만 아니라, 직장에 대한 정착성 · 적응성 등을 알기 위한 참고자료가 되기 때문이다.[7] 그러나 이때에도 근로자에 대한 질의와 정보는 근로자가 부담하고 있는 구체적 급부의무의 이행과 관련된 것이어야 하므로 사용자의 기업경영상 정당한 보호법익을 위하여 필요한 것이어야 한다. 이 경우에도 비례성원칙이 지배한다고 보아야 한다.

5) 헌법 제32조 3항은 「근로조건의 기준은 인간의 존엄성을 보장하도록 법률로 정한다」고 규정하고 있다. 이 규정은 노동보호법의 기본취지가 근로자의 「인간의 존엄

---

1) Wiese, ZfA 197, S. 287.

2) *MünchArbR*/Reichold, Bd. Ⅰ, §86 Rn. 8; BAG 7. 10. 1987 AP Nr. 15 zu §611 BGB Persön-lichkeitsrecht.

3) 하경효, 위의 논문, 130면 이하.

4) 자세히는 *MünchArbR*/Reichold, Bd. Ⅰ, §86 Rn. 9 f. 참고.

5) 운전기사가 교통위반행위를 반복함으로써 운전기사로서의 적성에 흠이 있다고 생각되어 그에게 적성검사를 받도록 하는 것은 운전기사의 특별한 반증이 없는 한 인간의 존엄성에 반한다고 볼 수 없다(BAG AP Nr. 1 zu Art. 1 GG).

6) *MünchArbR*/Reichold, Bd. Ⅰ, §86 Rn. 15 참고.

7) 大判 1985. 4. 9, 83 다카 2202; 大判 1990. 10. 30, 89 다카 30846; 大判 2012. 7. 5, 2009 두 16763 등.

성」을 기초로 하고 있음을 선언한 것이다. 따라서 근로기준법·선원법·최저임금법·남녀고용평등법 등의 근로조건에 관한 규정들은 「인간의 존엄성」의 보장에 반하여 해석되거나 시행될 수 없다.

c) **법 앞의 평등과 남녀의 차별금지**(헌법 제11조 Ⅰ) 법 앞의 평등 또는 남녀의 평등은 근로자들이 합리적 이유(능력·직위·근속연수 등) 없이 근로조건의 차별적 대우를 받지 않는다는 것을 의미한다(근기법 제6조; 남녀고평법 제7조 이하 등 참조).[1] 그러므로 평등대우의 원칙은 근로자들간에 또는 남녀간에 형식적 평등을 요구하는 것이 아니라, 평등대우의 구체적 실현 여부를 판단하는 해석원칙(Auslegungsprinzip) 내지는 구체화원칙(Konkretisierungsprinzip)을 말한다(구체화와 관련해서는 특히 근기법·남녀고평법·기단법·장애인고용법·연령차별금지법 등 참조)([37] 참고).[2]

d) **양심의 자유**(헌법 제19조) 사용자가 사고나 비위행위를 저지른 근로자에게 취업규칙 등의 규정에 의하여 시말서를 제출하도록 하는 경우, 이를 제출하지 않는 행위는 사용자의 정당한 업무상 명령을 거부하는 것으로서 징계사유가 될 수 있을 것이다.[3] 그러나 시말서가 단순히 사건의 경위를 보고하는 것에 그치지 아니하고 근로자 자신의 잘못을 반성하고 사죄한다는 내용이 담긴 사죄문 또는 반성문의 성격을 가진 것이라면, 시말서 제출명령은 헌법이 보장하고 있는 양심의 자유, 즉 양심에 반하여 행동하지 않을 자유를 침해하는 위법한 업무명령이 될 수 있다.[4] 일반적으로 양심이란 인간의 내면에 존재하는 옳고 그름에 대한 확신이라고 이해되므로, 각 개인은 이러한 양심에 따라 어떤 결정을 하고 행동을 취할 권리를 가진다.[5] 따라서 헌법에 보장된 양심의 자유에 반하여 사용자가 사죄문이나 반성문을 제출하도록 하는 업무명령은 위법하다고 할 것이고 신의칙에도 반한다고 보아야 한다. 사용자로부터 양심에 반하는 행위를 강요받고 근로자가 사죄문이나 반성문을 제출하지 않은 것을 독립된 징계사유로 삼는 것 또한 위법하다.[6] 사용자의 업무명령이 양심의 자유(헌법 제19조)에 따른 결정에 반한다는 사실에 대해서는 근로자가 구체적으로 해명해야 한다.[7]

e) **언론의 자유**(헌법 제21조) 언론의 자유는 근로관계와 관련하여 두 가지 측면

---

1) 특히 Lieb/Jacobs, *ArbR* Rn. 80 ff. 참고. 또한 Zöllner/Loritz/Hergenröder, *ArbR* §9 Rn. 23.
2) Zöllner/Loritz/Hergenröder, *ArbR* S. 82; Henssler/Preis, 독일근로계약법토의안, 제5조 참조.
3) 大判 1991. 12. 24, 90 다 12991; 大判 1995. 3. 3, 94 누 11767.
4) 大判 2010. 1. 14, 2009 두 6605(양심의 자유를 침해하는 내용의 시말서 제출에 관한 취업규칙 규정은 헌법에 위배되어 근로기준법 제96조 1항에 따라 효력이 없다).
5) 계희열, 「헌법학(중)」, 2002, 304면 이하.
6) 大判 2010. 1. 14, 2009 두 6605.
7) Schaub/Linck, *ArbRHandb* §3 Rn. 26, §45 Rn. 41, §49 Rn. 29 참고.

에서 문제될 수 있다. 첫째는 근로자들의 언론의 자유가 근로계약에 의하여 어느 정도 제약이 가능한가 하는 점이고, 둘째는 명시적 약정 없이도 언론의 자유가 근로관계의 충실의무(Treupflicht)를 근거로 어느 정도까지 제약될 수 있는가 하는 점이다. 기업이나 회사의 사회적 평가나 신뢰성을 해치는 발언을 하거나 해당 회사의 종업원으로서 마땅히 지켜야 할 업무상의 비밀을 자신의 이해관계와는 상관없이 대외적으로 공개하는 것은 언론의 자유에 의하여 보호될 수 없다. 근로계약이나 또는 취업규칙으로 이에 대한 규제 규정을 두더라도 이를 위법한 제한 조치라고 볼 수는 없을 것이다. 근로관계의 내재적 의무인 충실의무에 의한 언론의 자유의 제약은 헌법 제21조에 반한다고 해석할 수는 없을 것이다. 왜냐하면 충실의무에 반하는 언론의 자유까지 근로자에게 인정한다면 신뢰와 협력을 바탕으로 하는 근로관계는 존립할 수 없기 때문이다. 충실의무에 대한 중대한 위반행위는 해고의 문제를 제기하게 될 것이다([49] 1. ⑵ 참고).[1] 그러나 충실의무는 근로관계의 존립과 유지에 필요한 한도에서 법적 효력이 있으므로 그 한도를 넘는 범위에서 언론의 자유를 제약하는 것은 허용될 수 없다. 따라서 이러한 한도 내에서 근로계약에 의하여 근로자의 언론의 자유가 제약을 받는다면 이는 용인될 수 있을 것이다.

f) 개인의 존엄과 양성의 평등을 기초로 하는 혼인(헌법 제36조 Ⅰ) 과거에 특히 금융기관에 종사하던 여성근로자에 대한 이른바 독신조항(獨身條項)은 사회적으로 많은 논란을 일으킨 바 있다. 남녀고용평등법 제11조 2항에 의하면 여성근로자의 혼인을 퇴직사유로 예정하는 근로계약의 체결은 효력이 없다.[2]

g) 직업선택의 자유(헌법 제15조) 직업선택의 자유는 근로관계에 대하여 여러 가지 측면에서 그 침해가 문제되고 있다. 첫째로 closed shop이나 union shop제도는 근로자의 근로계약체결 과정에서 직업선택의 자유를 침해할 수 있다(직장선택의 자유와 관련). 둘째로 사용자와의 근로관계가 종료된 후에 일정한 기간 동안 동일한 직종의 사업장에 취업할 수 없도록 하는 이른바 경업금지약정(Wettbewerbsabrede)이 문제가 되지만 이와 같은 약정은, 사용자의 정당한 이익을 보호할 필요가 있는 한, 원칙적으로 직업선택의 자유를 침해하는 위헌성을 지닌다고 할 수는 없을 것이다(다만 경업금지약정에 대한 상법상의 제약규정: 제17조, 제89조 Ⅰ 등 참조)(직업행사의 자유와 관련).[3] 셋째로 사용자가

---

1) Vgl. BAG AP Nr. 32 zu §13 KschG; BAG NJW 1978, 1872.

2) 동법 제정 전의 판례: 서울行判 2000. 2. 15, 99 구 18615(동법 제8조 Ⅱ: 현행 제11조 Ⅱ)에 위배되어 혼인을 사유로 한 해고를 무효라고 한 사례. 그러나 여성근로자가 입사 시 결혼과 동시에 사직하겠다는 내용의 자유로운 의사를 가지고 계약서를 작성·제출하고 결혼 후 자발적으로 사직서를 제출하여 회사가 이를 수리하였다면 사직이 비진의의사표시에 해당하지 않으며, 사직서를 수리한 것이 부당해고에 해당되지도 않는다(大判 2001. 12. 27, 2000 두 7797).

3) Zöllner/Loritz/Hergenröder, *ArbR* §9 Rn. 35. 근로계약관계에서는 경업금지의무가 근로자의 충실

근로자에 대하여 부업으로서 제2의 직장을 가지는 것을 금지하는 경우에 직업선택의 자유가 침해되는가 하는 문제이다(직업 내지 직장선택의 자유와 관련). 독일의 학설은 사용자의 보호할 만한 이익이 존재하고 이를 지키기 위하여 부업금지(副業禁止)를 한 경우가 아니면 직업선택의 자유에 관한 헌법규정이 효력을 미친다고 한다.[1] 다시 말하면 부업에 대한 일반적 금지는 적법하지 않다.[2] 넷째로 근로자가 일정기간 계속 근무하지 아니하면 해외기술연수파견경비를 반환하기로 한 약정이 헌법 제15조에 반하는가 하는 것이 문제인데(직장선택의 자유와 관련), 이에 관하여 대법원은 근로기준법 제20조(위약예정의 금지)의 규정에 위반하는지 여부만을 심리하고 있을 뿐이다. 대법원은 근로기준법 제20조의 규정취지가 「근로자의 퇴직의 자유를 제한하여 근로의 계속을 강요하는 것을 방지하기 위한 것」이라고 해석하고, 연수파견경비의 반환약정은 이 규정에 위배되지 않는다고 한다.[3] 판단컨대 이상과 같은 약정은 퇴직의 자유나 직업선택의 자유를 침해하지 않는다고 생각된다([39] 7. ⑵ 참고).

직업(선택)의 자유는 근로자를 위한 권리만을 보장한 것이 아니라 기업주의 기업경영 및 경영상의 결단도 함께 보장하는 기본권임을 유의해야 한다(이에 관해서는 [27] 3. ⑵·⑶ 참고).

[24] II. 단 결 권

1. 단결권의 개념

a) 단결권은 근로자가 근로조건의 향상을 위하여 자주적으로 단결체(노동조합)를 결성하거나 이에 가입하고, 그 단결체를 운영하는 것을 보장하는 권리이다. 따라서 단결권은 노동조합을 조직하고 운영하며 조합활동을 하는 권리를 그 실질적 내용으로 한다.

b) 우리나라의 헌법은 근로자들에게 단결권을 인정하고 있기 때문에 사용자는 단

의무(부수적 의무)로서 문제된다([49] 1. ⑵ b) 2) 참고).

1) Zöllner/Loritz/Hergenröder, *ArbR* §9 Rn. 35; BAG 20. 11. 1988 AP BGB §611 Doppel-arbeitsverhältnis Nr. 3; BAG v. 24. 6. 1999=AP Nr. 5 zu §611 BGB Nebentätigkeit.

2) Otto, *ArbR* Rn. 549.

3) 大判 1980. 7. 8, 80 다 590; 大判 1978. 2. 28, 77 다 2479(1년 이내에 퇴사하는 경우 이미 지급된 장학금의 일부를 변상하여야 한다는 계약이 근로기준법 제24조(현행 제20조)에 위반되는지의 여부(적극)); 大判 1982. 6. 22, 82 다카 90(해외연수근로자가 귀국 후 일정기간 근무하지 않으면 그 소요경비를 배상한다는 사규나 약정이 근로기준법 제24조(현행 제17조) 및 제27조(현행 제20조)에 위반되는지 여부(소극)). 자세한 것은 [39] 7. ⑵를 참고.

결권의 직접적인 주체라고 볼 수 없으며, 다만 단결권주체(주로 노동조합)의 상대방 당사자로서의 지위를 가질 뿐이다. 그러므로 단결체라고 하면 사용자에 대항하여 근로자들이 단결한 일시적 또는 계속적인 단체를 말한다.[1] 그러나 단결체가 적법하게 활동할 수 있기 위해서는 노동조합의 결성이라는 방법과 절차를 거치는 것이 원칙이다. 일시적인 단결인 비노조 쟁의단(爭議團)은 단지 노동쟁의와 관련하여 하나의 통일체가 이루어지는 데 지나지 않으며, 단체교섭의 결과를 단체협약으로 체결하는 것을 계속적인 목적으로 하지 않기 때문에 이를 헌법상의 단결체라고 볼 수 없다. 그런 의미에서 단결권은 노동조합의 결성과 운영 및 활동을 중심으로 고찰하는 것이 중요하다.

c) 단결체는 근로자들의 근로조건의 향상을 그 목적으로 하여야 한다. 단결의 목적은 단결체의 발생사적 측면에 비추어 보아도 명백한 일이다. 현행 헌법은 명문으로 근로자는 「근로조건의 향상을 위하여」 근로3권을 가진다고 규정하고 있다. 따라서 단결권은 근로조건의 향상을 도모하기 위하여 근로자와 그 단체에게 부여된 단결의 조직·가입 및 운영을 위시하여 단결체의 존립보호를 위한 헌법상의 권리라고 할 수 있다.

d) 단결체인 노동조합은 산업별·직종별·지역별 또는 기업별 등 다양한 조직유형으로 결성될 수 있다. 노동조합의 조직유형을 선택·결정하는 것도 단결권의 내용으로 볼 수 있다.

2. 결사의 자유와 단결권

a) 단결권이 가지는 권리로서의 성격도 궁극적으로는 단결의 자유(Koalitionsfreiheit)라고 파악될 수 있다. 그러나 단결의 자유로서의 단결권은 헌법상의 자유권으로서의 결사의 자유(제21조)와는 본질적으로 그 내용을 달리한다. 즉 넓은 의미로는 단결의 자유가 결사의 자유에 속하는 것이라고는 하지만, 결사의 자유는 18~19세기의 경제적 자유주의 및 그 밖의 자유주의사상을 기초로 승인된 시민적 자유임에 반하여, 근로자의 단결의 자유 내지 단결할 권리는 사용자와의 관계에서 집단적 자치를 확보하기 위한 근로자단체를 결성할 자유를 뜻하는 것이므로 양자는 기본적으로 다른 성격을 가지고 있다.[2] 뿐만 아니라 권리의 주체와 권리행사의 목적에서도 양자는 서로 구별된다. 단결권의 주체는 시민 일반이 아니고 근로자이며, 그 목적은 사용자에 대항하여 노사관계의 실질적 평등을 구현하는 데 있다. 결사의 자유가 (순수한)자유권적 기본권인 데 반하여 단결권은 자유권적 기본권을 바탕으로 하면서도 사회적 기본권의 성질을 함께 가진 권리이다.[3]

1) 허영, 「한국헌법론」, 155면.
2) 憲裁 2005. 11. 24, 2002 헌바 95·96, 2003 헌바 9(병합) 참고.
3) 憲裁 1991. 7. 22, 89 헌가 106; 憲裁 1998. 2. 27, 94 헌바 13·26, 95 헌바 44(병합).

그런데 단결권이 결사의 자유와 구별되어야 할 중요한 이유는 i) 대사용자관계(對使用者關係)와 ii) 근로자 상호 간의 관계에 있어서의 적극적 성격 때문이다. 첫째로 대사용자적인 측면에서 단결의 자유를 제한하거나 또는 이를 방해하는 약정은 무효이며 또 그와 같은 조치는 위법이라고 하는 데 의의가 있다.[1] 둘째로 근로자 상호 간의 측면에 있어서도 단결권의 보장은 단결해도 좋고 하지 않아도 좋은 자유가 아니라 단결할 자유, 즉 적극적 단결(positive Koalitionsfreiheit)을 인정한 것이 본래적인 취지이기 때문에 어느 정도의 단결강제(Koalitionszwang)는 단결방어적 견지에서 용인될 수 있다. 따라서 근로자 자신에 대하여도 일정한 한도 내에서 단결참여를 위한 압력행사는 단결권보장의 적극적 성격에 어긋나지 않는 한 위법하다고 볼 수 없다. 셋째로 단결권의 정당한 행사를 이유로 근로자 또는 노동조합은 민·형사상의 책임을 부담하지 않는다. 이와 같이 단결권은 근로자들의 근로조건의 개선을 위하여 국가가 적극적 내용의 권리성을 보장하고 있는 것이기 때문에 사회권적 기본권으로서의 성질을 가진다. 따라서 단순히 자유권적 기본권으로서의 성질을 가지는 「결사의 자유」와 구별된다.

b) 단결권의 보장과 관련해서는 ILO 협약 제87호(결사의 자유 및 단결권의 보호에 관한 조약), 협약 제98호(단결권 및 단체교섭권에 대한 원칙의 적용에 관한 조약)와 협약 제151호(공공부문에 있어서의 단결권보호와 고용조건결정절차에 관한 조약)가 있다. 우리나라는 1991년 12월 9일 ILO 헌장을 준수할 것을 선언하면서 ILO에 정식으로 가입하여 회원국이 되었다. 우리 정부는 2021년 2월 26일에 ILO 협약 제87호와 제98호를 비준한 바 있다. 이 조약들은 단결권에 관하여 국내법과 같은 효력을 가진다(헌법 제6조 I).[2]

3. 근로자 개인의 단결권과 단결체 자체의 단결권

헌법 제33조 1항에 의하면 단결권의 주체는 근로자 개인인 것처럼 표현되어 있지만 그 실질은 근로자 개인과 단결체(노동조합)의 단결권을 함께 보장한 것이다. 단결 자체의 단결권의 내용은 근로자 개인의 단결권과는 구별되는 것이므로 이를 독립시켜 논하는 것이 단결권 보장의 취지에 합치한다고 생각된다.[3] 현실적으로 단결 자체의 단결

---

1) 독일기본법 제9조 3항은 단결권을 방해하는 약정은 무효이며 또 그와 같은 조치는 위법임을 명문으로 규정하고 있다(…Abreden, die dieses Recht einschränken oder zu behindern suchen, sind nichtig, hierauf gerichtete Maßnahmen sind rechtswidrig). 우리나라에는 헌법 제33조 1항이 제3자적 효력을 직접 규정하고 있지 않으며, 노조및조정법이 동 헌법조항을 받아 부당노동행위제도를 통하여 단결권을 구체적으로 보호하고 있다(노조및조정법 제81조 이하 참조)([126] 참고).

2) 현재 우리나라가 비준한 협약은 제29호, 제73호, 제81호, 제87호, 제98호, 제100호, 제111호, 제122호, 제142호, 제150호, 제160호 등이다. 그러나 강제근로에 관한 제105호는 비준되지 않고 있다.

3) Waltermann, *ArbR* Rn. 496 ff.; Lieb/Jacobs, *ArbR* Rn. 426.; Zöllner/Loritz/Hergenröder, *ArbR* §

권이 인정되지 않는다면 근로자 개인의 단결권도 무의미하게 되기 때문이다.[1] 노조및조정법의 대부분의 규정들은 단결체(노동조합) 자체의 단결권을 전제로 하고 있다.

⑴ 개별적 단결권

근로자 개인이 누리는 단결권의 내용은 근로자가 노동조합을 조직할 수 있는 권리와 그가 원하는 기존노동조합에 가입하고 그 조합에 머물러 있을 권리를 말한다(노조및조정법 제5조 본문 및 제81조 ①·② 전단 참조). 이와 같은 권리를 개별적 단결권(individuelle Koalitionsfreiheit)이라고도 하고, 또 개인의 적극적 단결권(die positive Koalitionsfreiheit des einzelnen)이라고도 한다.[2] 개별적 단결권에는 개개 근로자가 가입한 노동조합의 조합원으로서의 지위를 유지하면서 노동조합의 운영·활동에 참여할 권리도 포함된다(노조및조정법 제22조 참조).

⑵ 단결체 자체의 단결권

단결체로서 노동조합이 향유하는 단결권의 내용은 노동조합 자체의 존립에 관한 권리와 노동조합의 활동에 관한 권리로 나누어 생각할 수 있다.[3] 단결권의 존립에 관한 보호는 노동조합의 설립·운영 및 발전 등과 같이 일반적으로 단결체의 존립 자체를 위하여 필요한 보호를 말한다. 다시 말하면 단결체의 존립(특히 조합원의 유지)은 국가나 사회단체 등에 의하여 침해되어서는 아니 되며, 부당한 조치에 의하여 그 존속이 방해받아서도 아니 된다.[4] 개정 노조및조정법은 노동조합의 조합활동을 보호하는 새 규정을 신설하였다(제5조 Ⅱ. 신설 2021. 1. 5.).

단결체로서의 노동조합의 활동 중에 가장 중요한 것은 단체교섭과 단체협약의 체결이라고 할 수 있다. 우리나라 헌법(제33조 Ⅰ)은 단체교섭권을 별도로 보장하고 있다. 그러나 단결체로서의 활동이 단체교섭에 국한되는 것은 아니다. 예컨대 사업장 내에서 비조합원들에게 노동조합가입을 독려하는 조합간부의 행위는 원칙적으로 단결체인 노동조합의 활동으로서 헌법상 보장된 것으로 보아야 한다. 왜냐하면 단결체로서의 노동조합의 권한은 단순히 노동조합의 존립을 유지·보존하기 위한 소극적 권리(자유권적 성질

10 Rn. 28 f.; Weimar헌법하에서는 특히 Jacobi, *Grundlehren*, S. 392 f.; Kaskel/Dersch, *ArbR*, 4. Aufl., S. 31 f.

1) Lieb/Jacobs, *ArbR* Rn. 426.

2) Brox/Rüthers/Henssler, *ArbR* Rn. 637; Otto, *ArbR* Rn. 659; *ErfK*/Linsenmaier, GG 10 Art. 9 Rn. 30.

3) Otto, *ArbR* Rn. 660; *ErfK*/Linsenmaier, GG Art. 9 Rn. 39; Lieb/Jacobs, *ArbR* Rn. 429; Zöllner/Loritz/Hergenröder, *ArbR* § 10 Rn. 29 ff.(단결자체의 보장은 ⅰ) 노동조합의 존립보장, ⅱ) 단결조직 추진활동의 보장, ⅲ) 단결목적 추구 보장으로 구성하여 이해한다).

4) Zöllner/Loritz/Hergenröder, *ArbR* § 10 Rn. 29.

을 가진 권리)에 그치지 아니하고, 노동조합의 조직을 강화·확대할 수 있는 적극적 권리로서의 성질을 가진 것으로 이해되어야 하기 때문이다.[1] 그러나 근로자의 작업을 방해할 수 있는 근무시간중에 노동조합이 유세·홍보활동을 하는 것은 원칙적으로 적법하다고 판단되지 않는다.[2] 따라서 원칙적으로는 휴게시간이나 근무시간 후에 노동조합활동을 하여야 할 것이다. 단결체의 활동을 제한 없이 확대하여 인정하는 경우에는 사용자의 권리(이른바 노무지휘권, 시설관리권 등)나 이익 및 공익과의 충돌이 발생할 수 있기 때문이다. 다시 말하면 단결체의 활동의 한계에 관해서는 제3자의 기본권 또는 공공의 법익침해 가능성이 함께 고려되어야 한다.[3] 그러므로 근로자들의 경제적·사회적 지위향상을 위한 노동조합의 모든 형태의 행위가 단결체의 활동으로서 헌법상 보장되는 것으로 볼 수 없다. 이 경우에는 협약자치와의 기능적 일체성이 유지되는 한도 내에서 노동조합의 활동이 적법한 것으로 판단되어야 한다(자세히는 [104] 참고).[4]

헌법재판소는 1999년에 기업의 정치헌금을 허용하면서 노동조합의 헌금행위를 금하는 것은 평등원칙에도 반한다고 결정하였다.[5] 그 후 정치자금법은 초기업적 노동조합에 대하여 정치자금을 기부하는 것을 허용하였으나(제12조 I ⑤), 2004년에 동법이 개정

1) Brox/Rüthers/Henssler, *ArbR* Rn. 646. 노동조합의 홍보활동이나 노동조합가입을 독려하는 행위는 단체협약자치제도 속에 내재적으로 수반되어 있는 활동으로서 이해할 수도 있을 것이다(Zöllner/Loritz/Hergenröder, *ArbR* § 10 Rn. 33 참고). 또한 노동조합의 유세·홍보활동을 노동조합의 존립보호에 관한 문제로 볼 수도 있다(Lieb/Jacobs, *ArbR* Rn. 340 참고). 조합활동의 구체적 내용에 관해서는 [104], [127] 3. (1) 참고.

2) 판례는 조합활동의 정당성을 비교적 엄격한 요건하에 인정하고 있다. 즉 「다른 근로자의 취업에 나쁜 영향을 미치거나 휴게시간의 자유로운 이용을 방해하거나 구체적으로 직장질서를 문란하게 하는 것이 아닌 한 허가를 얻지 아니하였다는 이유만으로 정당성을 잃는다고 할 수 없다(大判 1991. 11. 12, 91 누 4164)」고 한다. 다만, 취업시간중의 조합활동이더라도 취업규칙·단체협약 등에 이를 허용하는 약정이 있거나 사용자의 승낙을 얻었거나 관행(大判 1995. 2. 17, 94 다 44422 참고)이 존재하는 때에는 조합활동은 정당하다고 할 것이다. 취업시간중에 행하여지는 조합활동에 대해서는 원칙적으로 사용자의 동의를 얻어야 한다고 생각된다. 다만, 노동조합집회의 선례, 사전 통보 등 사용자법익에 대한 충분한 배려와 이에 대한 대책마련, 회사의 근무형태, 조합활동시간의 합리성 등 사용자의 법익을 실질적으로 침해한다고 볼 수 없는 특별한 사정이 존재하는 때에는 노동조합의 활동은 정당한 것으로 볼 수 있을 것이다(참고판례: 大判 1994. 2. 22, 93 도 613; 大判 1995. 2. 17, 94 다 44422 등. 참고문헌으로서는 김유성, 「노동법 Ⅱ」, 101면 이하 참고). 그러나 이러한 특별한 사정이 쉽게 인정되어서는 안 될 것이다. '족벌재단 퇴진' 등과 같은 내용의 리본, 배지, 조끼를 패용·착용한 행위를 금지하는 것은 근로자나 노동조합의 적법한 단결권행사에 어떠한 제한을 부과하는 것이 아니라고 한 사례: 大判 2006. 5. 26, 2004 다 62597.

3) Zöllner/Loritz/Hergenröder, *ArbR* § 10 Rn. 35.

4) Lieb/Jacobs, *ArbR* Rn. 438 참고; Zöllner/Loritz/Hergenröder, *ArbR* § 10 Rn. 34.

5) 憲裁 1999. 11. 25, 95 헌마 154(구 노동조합법 제12조 관련). 노조기금의 정치자금으로의 유용, 노조의 특정(정치)인 또는 특정 정당 지지 금지를 규정했던 노동조합법상의 규정은 1997년 개정법에서 삭제되었다.

되면서 기업과 노동조합을 포함한 모든 법인 및 단체의 정치자금의 기부를 금지하였다(제31조).

단체교섭권을 독립된 권리로서 규정하고 있지 않은 독일기본법(제9조 Ⅲ: 근로자와 사용자의 단결의 자유만을 규정하고 있음)에서는 단결체의 활동은 「단결체의 특유한 활동(spezifisch koalitionsgemäße Betätigung)」을 의미하는 것이라는 헌법재판소의 견해가 오랫동안 지배적이었다.[1] 이 활동 속에는 협약자치(단체교섭에 의한 단체협약체결)가 그 핵심을 이룬다는 데는 이론(異論)의 여지가 없다(Kernbereichslehre).[2] 다시 말하면 단결체의 존재이유를 위하여 필요불가결한 핵심적 활동이 단결체의 활동이라고 이해되었다.[3] 그러나 이와 같은 견해는 헌법재판소에 의하여 포기되었다.[4] 단결권의 보호범위는 처음부터 협약자치라는 핵심적 부분에만 한정된 것은 아니기 때문이다.[5] 이에 따라 단결활동의 보호범위는 확대되었다고 볼 수 있다.[6] 다만 그 한계를 어떻게 책정하느냐에 대해서는 학설상의 논란이 있다.[7] 단결체의 활동을 너무 광범위하게 인정할 경우에 제3자(사용자포함) 또는 공공의 법익을 침해할 가능성이 있기 때문이다.[8] 노동조합의 활동(조합활동)에 관한 자세한 설명과 최근의 비교법적 고찰에 관하여는 다음의 [104]를 참고하기 바란다.

4. 소극적 단결권

(1) 의 의

헌법에 의한 단결권의 보장 중에 단결하지 않을 자유, 즉 근로자 개인의 소극적 단결권(negative Koalitionsfreiheit)이 포함되어 있느냐 하는 문제는 단결에의 강제, 이른바 조직강제(Organisationszwang)가 어느 정도 허용되느냐 하는 문제와 관련하여 논의되어 왔다. 이것은 소극적 단결권이 적극적 단결권과 똑같은 비중을 가지는 권리이냐 하는 문제(노동조합에의 가입강제의 적법 여부)와 적극적인 내용을 가진 단결 자체의 단결권의 효력이 어디까지 미칠 수 있느냐 하는 문제(예컨대 비조합원에 대한 단체협약상의 차별조항의

---

1) BVerfGE 17, 319, 333; 18, 18, 26. 자세히는 Gamillscheg, *Kollektives ArbR*, Bd. Ⅰ, S. 222 ff. 참고.

2) Zöllner/Loritz/Hergenröder, *ArbR* § 10 Rn. 34 참고.

3) BVerfGE 50, 290, 368; 84, 212, 228.

4) BVerfGE Beschluß vom 14. 11. 1995(JZ 1996, 627, 628 mit Anm. Wank).

5) BVerfGE 93, 352(358 f.) = NZA 1996, 381(382), Lieb/Jacobs, *ArbR* Rn. 447.

6) Otto, *ArbR* Rn. 661.

7) 학설의 논란에 관해서는 특히 Lieb/Jacobs, *ArbR* Rn. 438 f.; Zöllner/Loritz/Hergenröder, *ArbR* § 10 Rn. 33 ff. 참고.

8) Zöllner/Loritz/Hergenröder, *ArbR* § 10 Rn. 34 f.

적법성 여부)로 요약될 수 있다.1)

단결권의 보장은 단결의 자유를 획득하기 위한 운동 내지 투쟁에 의하여 이루어진 것이므로 단결권은 단결할 수 있는 권리, 즉 적극적 단결권이 그 주된 내용이라는 것은 더 말할 필요가 없다.2) 그러나 단결권의 보장 속에 소극적 단결권이 포함되어 있느냐에 관해서는 Weimar헌법에서 처음으로 단결권이 보장된 이후 견해가 대립되어 왔으며,3) 오늘날에도 독일에서는 의견의 일치에 이르지 못하고 있다.

(2) 학 설

소극적 단결권이 헌법상의 단결권보장규정 내에 포함되어 있는지에 관하여 학설은 대체로 세 가지로 갈려 있다.4)

첫째로 단결에 가입하지 않을 개인 근로자의 자유가 단결에 가입할 자유와 똑같이 단결권보장 내에 포함되어 있다고 하는 견해가 있다. 이 견해에 의하면 단결권은 근로자에게는 그가 원하는 단결을 선택할 권리를 포함하고 있기 때문에 그가 좋아하지 않는 단결에의 가입은 아무도 이를 강제할 수 없다고 하며 그가 좋아하지 않는 단결에의 불가입 또는 이로부터의 탈퇴가 보장되지 않는 한, 단결권은 무의미하다고 본다. 따라서 단결하지 않을 자유인 소극적 단결권은 단결할 자유인 적극적 단결권의 이면(裏面)이라고 한다.5) 그리고 독일기본법 제9조 3항은 자유로운 단결의 조직 및 가입을 그 핵심적인 권리의 내용으로 하기 때문에 개인 근로자의 소극적 단결권도 이 조항에 포함되어 있다는 것이 연방노동법원의 견해이다.6) 오늘날 독일에서는 기본법의 단결권보장이 소극적 단결권을 포함하고 있다는 견해가 지배적이다.7) 이 견해에 의하면 소극적 단결권

---

1) 이러한 문제점에 관해서는 Lieb/Jacobs, *ArbR* Rn. 456 ff. 참고.

2) Hueck/Nipperdey, *Grundriß*, S. 190 참고.

3) Nikisch, *Arbeitsrecht*, 1951, S. 260 참고. 예컨대 Groh, Kaskel, Oertmann, Jacobi, Anschütz, Nikisch 등은 소극적 단결권이 단결권보장 내에 포함되어 있다고 하고, Sinzheimer, Nipperdey, Potthoff, Dersch 등은 반대의견을 가지고 있다. 계희열, '기본권으로서의 소극적 단결권', 「노동법과 노동정책」, 1985, 4면 이하 참고.

4) 독일에서의 논의에 관해서는 *MünchArbR*/Löwish/Rieble, Bd. Ⅱ, § 156 Rn. 24 ff. 참고.

5) Otto, *ArbR* Rn. 659; Zöllner/Loritz/Hergenröder, *ArbR* § 10 Rn. 39(적극적 단결권이 순수한 자유권(echte Freiheit)이기 위해서는 단결의 강제가 수반되어서는 아니된다고 한다); Brox/Rüthers/Henssler, *ArbR* Rn. 636. 같은 취지의 견해: 계희열, 「헌법학」(중), 756면; 허영, 「한국헌법론」, 506면; 西谷, 「勞働組合法」, 55面(단결권의 근저(根底)에 있는 결사의 자유에는 소극적 단결권이 보장되어 있다고 해석한다).

6) BAG GS AP Nr. 13 zu Art 9 GG(1967. 11. 29). 또한 BVerfGE 50, 290, 373 ff.

7) Zöllner/Loritz/Hergenröder, *ArbR* § 10 Rn. 39 f.(소극적 단결권은 노조가입의 홍보, 조합원에 대한 파업지원금 지급과 같은 지원을 금지하는 근거가 될 수 없다); von Mangoldt/Klein, *Das Bonner Grundgesetz, Anm.* Ⅲ 8 zu Art. 9; *ErfK*/Linsenmaier, GG Art. 9 Rn. 32; *MünchArbR*/Löwisch/Rieble, Bd. Ⅱ, § 155 Rn. 2; Brox/Rüthers/Henssler, *ArbR* Rn. 636. 독일연방법원(BAG GS AP Nr.

의 근거를 독일기본법 제2조(인격의 자유로운 발현의 보장)에서 구할 경우 제3자적 효력이 인정되지 않기 때문(독일기본법 제9조 Ⅲ은 단결의 목적에 반하는 약정이나 조치는 무효 또는 위법하다는 규정을 두고 있으므로 단결권은 제3자적 효력을 가지고 있음. [27] 3. 참고)에 소극적 단결권에 대한 침해로부터의 보호는 적절하게 이루어질 수 없다고 주장한다.[1)]

둘째로 단결하지 않을 자유가 단결권보장규정 내에 포함되어 있지 않다는 견해에 의하면 소극적 단결권과 적극적 단결권이 같은 규정 내에 양립한다는 것은 모순이라고 한다.[2)] 그리고 소극적 단결권을 단결권이라는 기본권의 내용으로 인정한다면 단결권에 의한 어떠한 압력조치도 부당하게 될 것이며 조합원을 적절히 모집(집단적 단결권의 행사)하기 위한 어느 정도의 압력수단까지 위법시되므로, 단결권의 정당한 행사를 확보하기 위해서는 소극적 단결권을 적극적 단결권과 동등하게 보호할 수는 없다고 한다.[3)] 그러나 Nipperdey는 원칙적으로 이러한 견해에 찬동하면서도 소극적 단결권이 인격의 자유로운 발현을 규정한 기본법 제2조 1항(우리 헌법 제10조 참조)의 보호를 받기 때문에 비조직근로자의 권리를 침해하거나, 헌법 질서에 위배하여 또는 양속에 관한 법률에 위반하여 행하여지는 조직강제는 부당하다고 한다.[4)]

셋째로 소극적 단결권은 헌법상 보장되어 있지 않다는 견해가 있다.[5)]

헌법재판소는 단결하지 아니할 자유, 이른바 소극적 단결권은 헌법 제33조 1항의 규정(단결권보장규정) 내에 포함되지 않지만[6)] 헌법 제10조의 행복추구권에서 파생되는 일반적 행동의 자유 또는 제21조 1항의 결사의 자유에 의하여 보호를 받는다고 한다.[7)]

(3) 단결강제(조직강제)와 소극적 단결권

a) 헌법 제33조 1항이 소극적 단결권을 함께 보장하고 있느냐 하는 문제와 관련하여 단결강제의 정당성 여부를 판단하려는 것은 매우 부자연스럽고 비논리적인 사고방식이라고 생각된다. 왜냐하면 우선 단결권보장의 의의나 역사적 배경을 고려할 때 소극적

---

13 zu Art. 9 GG)은 다음과 같은 논거에서 이 견해를 지지하고 있다. 즉 경제조건과 근로조건의 유지 및 향상을 도모하기 위하여 타근로자들과 단결할 수 있는 개인 근로자들의 권리는 그 개인 근로자의 단결체에 대한 선택의 자유와 가입의 자유가 모든 강제로부터 완전히 보호될 경우에만 보장될 수 있는 것이므로 소극적 단결권은 적극적 단결권의 이면(裏面)이라고 한다.

1) BAG GS AP Nr. 13 zu Art. 9 GG(1967. 11. 29). 유사한 견해: 계희열, 「헌법학(중)」, 2002, 717면.

2) Biedenkopf, *Zum Problem der negativen Koalitionsfreiheit*, JZ 1961, 347.

3) Gamillscheg, *Kollektives ArbR*, Bd. Ⅰ, S. 382. Hueck/Nipperdey, *Grundriß*, S. 190.

4) Hueck/Nipperdey, *Lehrbuch*, Bd. Ⅱ/1, S. 162 ff.; 또한 Waltermann, *ArbR* Rn. 512 참고. 따라서 closed shop이나 union shop 협정으로 단결을 강제하는 것은 허용되지 않는다(Löwisch/Caspers/Klumpp, *ArbR* § 4 Rn. 123).

5) Biedenkopf, *Grenzen der Tarifautonomie*, 1964, S. 94 ff. 참고.

6) 憲裁 1999. 11. 25, 98 헌마 141; 憲裁 2005. 11. 24, 2002 헌바 95·96, 2003 헌바 9(병합).

7) 憲裁 2005. 11. 24, 2002 헌바 95·96, 2003 헌바 9(병합); 권영성, 「헌법학원론」, 672면.

단결권이 적극적 단결권과 같은 지평(地平)에서 보장을 받는다는 주장은 무리한 것이며, 또 소극적 단결권이 단결권 내에 보장되어 있지 않다고 하여 곧 단결강제가 정당화된다고 주장하는 것도 논리의 비약이라고 할 수 있기 때문이다.[1] 따라서 단결강제의 인용 여부는 단결강제가 적극적 단결권 보장의 내용과 취지에 비추어 어느 정도 허용될 수 있는가, 그리고 이로 인하여 근로자의 단결하지 않을 자유의 본질적 내용이 침해되지 않는가 하는 구체적 문제와 연관하여 검토되어야 한다. 우리 헌법 제33조 1항은 독일기본법 제9조 3항과는 달리 단결권을 근로자(또는 근로자단체)와 사용자(또는 사용자단체) 모두의 기본권이 아닌 「근로자」의 권리로서 보장하고 있다. 따라서 우리 헌법이 규정한 단결권은 근로자의 「적극적」 단결권을 보장한 것으로 보아야 한다. 이와 같은 근거에서 소극적 단결권이 헌법 제33조 1항의 보장내용이 될 수는 없다. 그러나 비조직근로자도 일반적인 행동의 자유를 보장한 헌법 (제10조 및 제21조)상의 보호를 받는다는 것은 부인할 수 없을 것이다. 그러므로 헌법 제33조 1항의 적극적 단결권이 곧바로 근로자의 단결하지 않을 자유의 본질적 내용을 직접 침해할 수 있는 근거로 원용될 수는 없다.

따라서 저자는 소극적 단결권의 문제에 관하여 다음과 같은 견해를 취한다. 첫째, 근로자 개인의 소극적 단결권이 적극적 단결권과의 관계에서 조직화된다든가 제도화되어 적극적 단결권과 동등하게 보호될 수는 없다(노조및조정법 제81조 I ② 본문 참조). 둘째, 노동조합의 집단적 단결권 내지 단결 자체의 단결권의 적절한 행사를 위해서는 어느 정도의 단결강제가 용인되지 않을 수 없다. 따라서 노동조합의 적극적 단결권은 근로자 개인의 단결하지 않을 자유와 동일한 지평에서 판단될 수 없다. 헌법재판소도 그러한 점에서 같은 태도를 취하고 있다.[2] 그러나 단결권의 기초에 결사의 자유가 깔려 있고 개

---

1) 소극적 단결권은 원칙적으로 인정되어야 하지만, 각국의 현실적 여건(가령 노동조합에 가입한 근로자의 수, 결속과 활동의 정도 등)을 고려하여 인정되어야 한다는 견해가 있다(계희열, 「헌법학(중)」, 756면).

2) 헌법재판소는 다음과 같이 판시하고 있다: 헌법 제33조 제1항은 "근로자는 근로조건의 향상을 위하여 자주적인 단결권·단체교섭권 및 단체행동권을 가진다"고 규정하고 있다. 여기서 헌법상 보장된 근로자의 단결권은 단결할 자유만을 가리킬 뿐이고, 단결하지 아니할 자유 이른바 소극적 단결권은 이에 포함되지 않는다고 보는 것이 헌법재판소의 선례이다(憲裁 1999. 11. 25, 98 헌마 141). 근로자가 노동조합을 결성하지 아니할 자유나 노동조합에 가입을 강제당하지 아니할 자유, 그리고 가입한 노동조합을 탈퇴할 자유는 근로자에게 보장된 단결권의 내용에 포섭되는 권리로서가 아니라 헌법 제10조의 행복추구권에서 파생되는 일반적 행동의 자유 또는 제21조 제1항의 결사의 자유에서 그 근거를 찾을 수 있다. 근로자의 단결하지 아니할 자유와 노동조합의 적극적 단결권이 충돌하는 경우 단결권 상호 간의 충돌은 아니라고 하더라도 여전히 헌법상 보장된 일반적 행동의 자유 또는 결사의 자유와 적극적 단결권 사이의 기본권 충돌의 문제가 제기될 수 있다. 근로자는 노동조합과 같은 근로자단체의 결성을 통하여 집단으로 사용자에 대항함으로써 사용자와 대등한 세력을 이루어 근로조건의 형성에 영향을 미칠 수 있는 기회를 갖게 된다는 의미에서 단결권은 '사회적 보호기능을 담당하는 자유

인의 자기결정의 이념이 헌법의 기본원리(제10조)임을 고려하면 단결하지 않을 자유가 전면적으로 부인될 수 없다.[1]

b) 노동조합의 집단적 단결권의 적절한 행사를 위해서 어느 정도의 단결강제가 용인되지 않을 수 없다고 하면 그 한계를 어디까지 인정할 것인가? 통설[2]에 의하면 그 방법이 위법하거나 당해 근로자에게 형평에 어긋난 손해를 주는 경우에는 양속위반으로서 무효라고 한다. 그러나 단결강제의 위법성 문제를 일반적 추상론에 의하여 해결하려는 것은 합리적 설득력이 약하므로 단결강제의 현실적 모습과 비조직근로자에게 미치는 구체적 불이익을 고려하여 그 적법성 여부를 판단해야 한다.

c) 단결강제의 모습으로는 여러 가지(이에 관하여는 후술)가 있으나 과거에 우리나라에서 논란되어 온 문제는 단체협약에 의한 조직강제조항(단결강제조항)이라고 할 수 있다(노조및조정법 제81조 I ② 단서에 의한 union shop 조항).[3]

조직강제조항의 종류로는 closed shop 조항, union shop 조항 및 maintenance of membership(조합원지위유지) 조항 등이 있다. closed shop 조항은 이미 노동조합에 가입하고 있는 조합원이 아니면(따라서 노동조합에 의하여 제명되거나 또는 스스로 조합을 탈퇴하는 경우에는 해고됨) 고용하지 않는다는 단체협약상의 조항을 말하며, union shop 조항은 일단 사용자에 의하여 고용된 근로자는 일정한 기간 내에 노동조합에 가입해야 할 것을 정한 단체협약의 조항을 뜻한다. 따라서 union shop 협정이 있는 경우에 고용된 근로자가 일정기간 내 노동조합에 가입하지 않거나 또는 가입한 노동조합으로부터 탈퇴하는 때에는 사용자는 그 근로자를 해고해야 할 의무를 지게 되는 것이다(구체적 내

권' 또는 '사회권적 성격을 띤 자유권'으로서의 성격을 가지고 있고, 일반적인 시민적 자유권과는 질적으로 다른 권리로서 설정되어 헌법상 그 자체로서 이미 결사의 자유에 대한 특별법적인 지위를 승인받고 있다. 이에 비하여 일반적 행동의 자유는 헌법 제10조의 행복추구권 속에 함축된 그 구체적인 표현으로서, 이른바 보충적 자유권에 해당한다(憲裁 1998. 10. 29, 97 헌마 345; 憲裁 2002. 10. 31, 99 헌바 76, 2000 헌마 505(병합)). 따라서 단결하지 아니할 자유와 적극적 단결권이 충돌하게 되더라도, 근로자에게 보장되는 적극적 단결권이 단결하지 아니할 자유보다 특별한 의미를 갖고 있다고 볼 수 있고, 노동조합의 조직강제권도 이른바 자유권을 수정하는 의미의 생존권(사회권)적 성격을 함께 가지는 만큼 근로자 개인의 자유권에 비하여 보다 특별한 가치로 보장되는 점 등을 고려하면, 노동조합의 적극적 단결권은 근로자 개인의 단결하지 않을 자유보다 중시된다고 할 것이어서 노동조합에 적극적 단결권(조직강제권)을 부여한다고 하여 이를 두고 곧바로 근로자의 단결하지 아니할 자유의 본질적인 내용을 침해하는 것으로 단정할 수는 없다(憲裁 2005. 11. 24, 2002 헌바 95·96, 2003 헌바 9(병합)).

1) 西谷, 「勞働組合法」, 55面 이하, 102面 이하 참고.

2) 김치선, 「강의」, 152면; 심태식, 「개론」, 111면 이하; 김유성, 「노동법 Ⅱ」, 29면; 권영성, 「헌법학원론」, 672면 등.

3) 조직강제를 단체협약의 조항으로 정한 것을 조직조항(Organisationsklausel) 또는 폐쇄조항(Absperrklausel)이라고 한다.

용에 관해서는 [127] 4. 참고).[1]·[2] maintenance of membership 조항은 비조합원에게 조합가입을 강제하지는 않으나, 일단 노동조합에 가입하여 조합원이 된 자는 노동조합으로부터 탈퇴할 수 없도록 하고, 만약 근로자가 노동조합을 탈퇴하는 경우에는 사용자로 하여금 그 근로자를 해고하도록 한 단체협약의 조항을 말한다. 말할 것도 없이 이와 같은 조직강제조항들은 대사용자적 관계에서 노동조합이 견고한 독점적 지위를 유지하면서 교섭력(bargaining power)을 강화하는 것을 목적으로 하고 있다.[3]

조직강제조항은 조합자격의 취득(closed shop의 경우) 또는 유지(union shop의 경우)를 근로자의 고용조건으로 하는 단체협약상의 조항을 말한다. 이 경우에 사용자에 의하여 고용될 근로자가 특정노조의 조합원일 것 또는 어느 특정노조의 조합원이 될 것을 가리지 않는 조직강제조항을 일반적 조직강제조항(allgemeine Organisationsklausel)이라고 한다. 그리고 협약당사자인 노동조합(또는 특정노조)의 조합원일 것(closed shop의 경우) 또는 그 (특정노조의) 조합원이 될 것(union shop의 경우)을 요구하는 조직강제조항을 제한적 조직강제조항(beschränkte Organisationsklausel)이라고 한다. 그런데 단체협약체결에 있어서 사실상 기업별 노동조합을 조직단위로 하는 우리나라의 경우 이미 노동조합에 가입해 있을 것을 고용조건으로 하는 closed shop 조항은 드문 일이므로(항운노동조합의 경우는 예외), union shop 조항이 주로 문제된다.[4] union shop 조항의 경우에 있어서도 그 단위기업 내에 사실상 제2노조가 없는 때에는 union shop 조항에서 특정노조를 지정하지 않더라도 실제에 있어서는 「특정」노동조합에 가입할 것을 고용조건으로 하는 제한적 조직강제가 행하여지는 것이 된다. 하나의 사업 또는 사업장 내에 2개 이상의 복수노조가 허용되는 현행법(노조및조정법 제5조, 제29조의2 등 참조)하에서는 제한적 조직강제는 인정될 수 없다([111] 7. ⑵, [127] 4. d) 참고).

---

1) 구 노조법하에서의 판례 大判 1998. 3. 24, 96 누 16070.

2) Kahn-Freund는 closed shop의 실태에 관하여 the pre-entry closed shop과 the post-entry closed shop(union shop과 같음), 일반적 조직강제로서의 closed shop, 그리고 a formal closed shop agreement와 an informal closed shop practice를 구별하고 이에 대한 평가를 달리하여야 한다고 한다(*Labour and the Law*, 1972, p. 198 ff.).
현재 프랑스·독일·이탈리아·벨기에 및 스위스에서는 closed shop이 인정되지 않는다(Kahn-Freund, *Labour and the Law*, 1972, p. 196). 오스트리아에서도 마찬가지이다(Tomandl/Schrammel, *ArbR*, Bd. Ⅰ, S. 30).

3) 스위스채무법 제356조 a 1항에 의하면 위에서 설명한 조직강제조항들은 무효라고 규정하고 있다(Honsell/Vogt/Wiegand/Rehbinder, *Kommentar OR* Ⅰ, Art. 356 a Rn. 1 참고).

4) 石井 교수의 견해에 의하면, 노조및조정법의 조직강제규정(제81조 ② 단서)은 미국법에 특유한 shop 제도를 단결권이 헌법상 보장되고 있는 법제에 잘못 채택한 것으로서 실질적으로는 부당한 입법태도라고 논평하고 있다(「勞働法」, 80面). 왜냐하면 단결권이 헌법상 보장되고 있는 법체제에 있어서 부당노동행위는 근로3권 보장질서의 침해행위를 의미하는 것인데 노동조합의 단결강제수단으로서의 union shop 제도를 부당노동행위와 관련짓는다는 것은 체계상 모순이기 때문이라고 한다. 조직강제에 대한 각국의 법제에 관해서는 西谷, 「勞働組合法」, 95面 이하 참고.

d) union shop 조항에 대하여 종래의 학설은 이 조항이 대체로 소극적 단결의 자유침해에 지나지 않는다는 이유로 이를 정당시하여 왔다. 그러나 특정노동조합에의 가입을 고용조건으로 하는 것은 단결선택의 자유, 즉 개인근로자의 단결선택권(적극적 단결권)을 침해하는 것이라는 이유에서 이를 인정하지 않고 있다.[1)]

그런데 현행 노조및조정법 제81조 1항 2호 단서는 「노동조합이 당해 사업장에 종사하는 근로자의 3분의 2 이상을 대표하고 있을 때에는 근로자가 그 노동조합의 조합원이 될 것을 고용조건으로 하는 단체협약의 체결은 예외로 하며, 이 경우 사용자는 근로자가 그 노동조합에서 제명된 것 또는 그 노동조합을 탈퇴하여 새로 노동조합을 조직하거나 다른 노동조합에 가입한 것을 이유로 근로자에게 신분상 불이익한 행위를 할 수 없다」고 규정하고 있다. 보통 노사 사이에 체결된 단체협약의 union shop 조항은 '회사는 종업원이 노동조합 가입을 거부하거나 (또는 취업 후 1개월 이내에 가입하지 않거나) 탈퇴할 때는 즉시 해고하여야 한다'라고 규정하고 있으며, 이 조항에 의하여 사용자는 노동조합에 가입하지 않거나 탈퇴한 근로자를 해고할 의무를 부담한다. 이러한 union shop 조항이 근로자 개인의 노동조합에 가입하지 않을 자유 또는 단결선택권을 침해한다는 것은 부인할 수 없다.[2)]

2005년 11월 24일의 헌재 결정[3)]은 노조및조정법 제81조 2호 단서의 위헌여부에 관하여 다음과 같이 판단하고 있다(노조및조정법은 2006년 12월 30일에 개정되어 사용자가 신분상 불이익한 행위를 할 수 없는 사유로서 그 노동조합에서 제명된 것 외에 '그 노동조합을 탈퇴하여 새로 노동조합을 조직하거나 다른 노동조합에 가입한 것'을 추가로 규정하였다. 따라서 동 헌법재판소의 결정은 동호 단서가 개정되기 전의 규정을 판단의 대상으로 하고 있는 점에 유의할 것). 우선 헌재는 동 법률조항(개정 전의 노조및조정법 제81조 I ② 단서)이 예정하고 있는 조직강제는 근로자의 단결체인 노동조합의 조직유지 및 강화에 그 목적이 있고 궁극적으로 근로자 전체의 지위향상에 기여하는만큼 단결권을 보장한 헌법의 이념에 부합한다고 한다. 노동조합의 집단적 단결권에 기초한 단결강제가 근로자 개인의 단결하지 않을 자유(이른바 소극적 단결권)나 노동조합의 가입을 선택할 자유(근로자 개인의 단결선택권)를 제한하는 측면도 있으나, 단결강제는 사회적 보호기능을 담당하는 자유권 또는 사회적 성

1) 김유성, 「노동법 Ⅱ」, 339면; 임종률, 「노동법」, 78면 등. Hueck/Nipperdey, *Grundriß*, S. 191; Gamillscheg, *Kollektives ArbR*, Bd. Ⅰ, S. 388; 菅野, 「勞働法」, 800面 참고.

2) 노동조합에 가입한 조합원은 단체협약의 적용을 받으므로 협약상의 유리한 근로조건을 향유할 수 있지만 비조합원은 그러한 대우를 받을 수 없다. 이와 같은 차별적 대우가 비조직 근로자들에 대해서는 조합가입에 대한 압력으로 작용할 수 있으나 이는 단체협약제도에 기초한 합법적인 것이며 소극적 단결권의 본질적 내용을 침해하는 것이 아니다(Kissel, *ArbeitskampfR* § 5 Rn. 7 f. 참고).

3) 憲裁 2005. 11. 24, 2002 헌바 95·96, 2003 헌바 9(병합).

격을 띤 자유권으로서의 성격을 가진 단결권을 기초로 하는 데 반하여, 단결하지 않을 자유는 헌법 제10조에 함축된 일반적 행동의 자유의 한 단면으로서 보충적 자유권에 해당하므로 단결권은 특별법적인 지위를 승인받고 있다고 한다. 그리고 근로자개인의 단결선택권과 노동조합의 집단적 단결권(조직강제권)은 동일한 장에서 충돌하기는 하지만 근로자의 실질적 자유와 권리는 노동조합을 통한 단결에 의해서만 실효성을 확보할 수 있으므로 단결강제가 곧바로 근로자의 단결선택권의 본질적 내용을 침해하는 것이라고는 볼 수 없다고 한다. 그리고 동 법률조항은 개인의 단결선택권이 무리하게 침해되지 않도록, 즉 조화로운 법익의 균형을 유지하고 그 한계를 설정하기 위하여 당해 사업장에 종사하는 근로자의 3분의 2 이상을 대표하는 지배적 노동조합에 대해서만 union shop 협정을 체결할 수 있도록 하면서, 다만 자발적으로 노동조합을 탈퇴하거나 이에 가입하지 않은 자에게 한정하여 신분상 불이익(해고)을 받도록 하고 있다. 따라서 동 법률조항은 헌법에 위배되지 않는다고 한다.[1] 다시 말하면 동 법률조항에 의하여 개인근로자의 단결하지 않을 자유 및 단결선택권의 본질적 내용이 침해되지 않는다는 것이다. 따라서 union shop 협정에 의하여 단결강제의 수단으로서 사용자로 하여금 해당근로자를 해고하도록 하는 의무를 부담하게 하는 것은 동 법률조항에 근거하여 적법하다고 한다.[2]

e) 위의 헌재 결정은 노조및조정법 제81조 1항 2호 단서가 단결강제제도인 union shop 협정을 적법·유효하게 체결할 수 있는 요건을 정한 실정법상의 근거규정이라고 한다.[3] 그러므로 사용자는 단체협약 내의 동 협정에 의하여 해당근로자를 해고해야 할 의무를 부담한다. 이와 같은 헌재의 결정은 노동조합의 집단적 단결권(조직강제권)이 근로자개인의 단결권(단결선택권)에 비하여 근로자 전체의 지위향상에 기여하는 측면이 강하고 헌법에 보장된 단결권의 취지에 보다 부합한다는 이유에서 정당화되고 있다.

그러나 노동조합의 집단적 단결권이 근로자 전체의 지위향상이라는 점에서 보다 비중 있는 권리로서의 성질을 가지고 있다 하더라도 해당 노동조합에 가입하지 않거나 해당 노동조합을 탈퇴한 근로자의 해고를 단결강제의 수단으로 삼는 것은 정당하지 않다. 근로자의 생존 자체의 기반인 일자리를 위협·박탈하면서까지 단결강제를 허용하는 것은 노동법의 기본이념인 근로자의 보호라는 목적에 반한다.[4] 이 문제는 단순히 노동

1) 同旨의 대법원 결정 및 판결: 大決 2002. 10. 25, 2000 카기 183; 大判 2002. 10. 25, 2000 다 23815.

2) 同旨: 大判 1998. 3. 24, 96 누 16070.

3) 憲裁 2005. 11. 24, 2002 헌바 95·96, 2003 헌바 9(병합)의 다수의견. 임상민, '유니온 숍 협정과 부당해고, 부당노동행위', 「노동법 포럼」(제31호), 2020. 11, 121면 참고.

4) 同旨: 憲裁 2005. 11. 24, 2002 헌바 95·96, 2003 헌바 9(병합)의 반대의견.

조합의 집단적 단결권과 개인근로자의 단결선택권의 추상적 이익형량 또는 조화적 해석의 차원을 넘어 직장을 상실하게 되는 근로자의 구체적인 생존권에 관련되기 때문이다. union shop 협정에 의하여 사용자는 해당근로자를 해고해야 할 단체협약상의 (채무적) 의무를 부담하는 데 지나지 않는다고 하지만, 조합탈퇴 근로자에 대한 사용자의 해고의무를 정당시한다는 것은 단결강제의 정당성과 관련해서 비례의 원칙에 반한다고 생각된다. 따라서 어느 근로자의 생존권을 근본적으로 위협하는 해고를 단결강제의 수단으로 삼는 것은 헌법 제10조, 제15조, 제32조에 위반되며, 제33조 1항의 취지에도 합치하지 아니하여 위헌이라고 판단된다[1](부당노동행위와 관련된 조직강제(노조및조정법 제81조 ② 및 단서)에 관해서는 [127] 4. 참고. 또한 단체협약상의 효력으로서의 union shop 조항에 관해서는 [111] 7. (2) 참고). 현행 노조및조정법 제81조 2호 단서에 의하면 처음부터 노동조합에 가입하지 않고 있거나, 노동조합을 탈퇴하여 새 노동조합을 조직하지 않거나 다른 노동조합에 가입하지 않고 있는 근로자에 대해서만 union shop 협약상의 신분상 불이익이 가해질 수 있다. 따라서 근로자 개인의 단결선택권이 union shop 조항에 의하여 침해될 가능성은 제거되었다. 그러나 노동조합에 가입하지 않는다는 이유만으로 해당근로자를 union shop 협정에 의하여 해고할 수 있는 것으로 해석되는 단결강제제도는 여전히 정당화되기 어렵다고 생각된다.[2]

우리나라에서는 복수노조가 인정되고 있으므로 단위사업장 내에 제2노조가 존재하고 있지 않을 경우에는, union shop 조항이 일반적 단결강제조항의 형식을 취하고 있다 하더라도 실제로는 제한적 단결강제조항으로서의 기능을 발휘하게 된다. 그러므로 사용자가 입사 후 일정한 기간 내에 노동조합에 가입하지 않는 신입사원에게 이 조항을 근거로 해고 등의 불이익처분을 하는 경우에는 결과적으로 「특정」 노동조합에 가입할 것을 강제하는 것이 되어 단결선택의 자유를 침해하는 결과가 된다. 이러한 결과는 과거법 개정 이전에는 제2·제3노조가 인정되지 않았기 때문(기업별 복수노조의 금지: 노조및조정법 부칙(1997. 3. 13) 제5조 I 참조)에 발생했던 상황에 지나지 않으나, 현행법하에서는

1) 결론에 있어서 같은 견해: 憲裁 2005. 11. 24, 2002 헌바 95·96, 2003 헌바 9(병합)에서의 반대의견. 단결체에 가입할 것인가 하지 않을 것인가는 개인의 자기결정에 맡겨져 있는 것이므로 가입을 강제하는 것은 개인의 존중(일본 헌법 제13조)과 결사의 자유(일본 헌법 제21조)에 기초한 대원칙에 반하는 것으로 이 원칙은 노동조합에 대해서도 타당한 것이라는 점에서 union shop의 유효론을 의문시하는 견해로는 西谷, 「勞働組合法」, 101面 이하 참고.

2) 위 헌재 전원재판부의 반대의견은, 단결하지 않을 자유를 근로자의 생존권 보장과 지위향상을 보장하고자 하는 헌법 제33조 1항에 위반되는 방법으로 부당하게 침해하는 제81조 2항 단서는 위헌이라고 한다. 단결강제를 인정하는 수단으로서는 해당 노동조합이 체결한 단체협약의 개선된 근로조건을 비조합원 또는 탈퇴근로자에게 적용하지 않을 의무를 사용자에게 부담케 하는 방법 등이 고려될 수 있을 것이다(이에 관해서는 [24] 4. (4) c) 참고).

제2·제3노조의 가입을 직접 제한할 의도를 가지고 행하여진 제한적 단결강제에 해당한다고 볼 수는 없다.1) 2011년 7월 1일부터는 사업 또는 사업장에 복수노조의 설립이 허용되고 있다(노조및조정법 부칙(2010. 1. 1 개정) 제7조). 현행 복수노조제도하에서 근로자가 다른 노동조합을 조직하거나 다른 노동조합에 가입하기 위하여 기존노조에서 탈퇴하는 경우에 사용자는 그 근로자에게 신분상의 불이익한 행위를 할 수 없다. 노조및조정법상의 규정(노조및조정법 제81조 ② 단서)은 이미 2006년 11월 30일에 개정되어 단결선택권 침해의 소지를 제거하였다.2) 그렇다면 현행법하에서 노조및조정법 제81조 2호 단서의 규정이 제한적 조직강제를 인정하는 것으로 해석될 수 없다는 것은 명백하다. 보다 민주적이고 자주적인 새로운 노동조합의 출현을 적극적으로 개방한 복수노조제도의 취지에 어긋나기 때문이다.3) 따라서 교섭대표노동조합 또는 조합원 과반수로 조직된 노동조합(제29조의2 I 본문·Ⅲ)이 단일노조로서 당해 사업장에 종사하는 근로자의 3분의 2 이상을 대표하고 있더라도 그 노동조합의 조합원이 될 것을 고용조건으로 하는 단체협약의 체결은 복수노조제도에 반하며 공정대표의무(노조및조정법 제29조의4)에도 위배되어 인정될 수 없다. 개별 교섭을 하기로 한 특정 노동조합(제29조의2 I 단서)이나 공동교섭대표단(제29조의2 Ⅳ·Ⅴ)의 경우에도 마찬가지이다. 그렇다고 하여 교섭대표노동조합이 근로자가 가입할 노동조합을 특정하지 않으면서 어느 노동조합에든 가입할 것을 강제하는 이른바 일반적 조직강제조항을 사용자와 체결하는 것은 해당 노동조합이 가지는 조직권한을 벗어나는 것이라고 보아야 할 것이다.4) 따라서 현행 복수노조제도하에서는 사업장

---

1) 그러나 憲裁 2005. 11. 24, 2002 헌바 95·96, 2003 헌바 9(병합)의 헌법소원의 대상이 된 사건은 근로자 개인의 단결선택권 침해가 위헌인지의 문제를 그 내용으로 하고 있다.

2) 2005. 11. 24의 헌재 결정은 그런 한도 내에서 그 의의를 상실하게 되었다. 日本鋼管鶴見製作所事件·最一小判 平元 1989. 12. 12, 判時 1340號 135面; 西谷, 「勞働組合法」, 100面 이하 참고.

3) 김형배, '노동조합의 대표성과 제2노조의 문제', 「노동법학」(제2호), 1989, 7면 이하 참고.

4) 판례가 「근로자의 노동조합 선택의 자유 및 지배적 노동조합이 아닌 노동조합의 단결권이 침해되는 경우까지 지배적 노동조합이 사용자와 체결한 유니온 숍 협정의 효력을 그대로 인정할 수 없다」고 하면서도 이와 관련이 없는 근로자, 즉 어느 노동조합에도 가입하지 아니한 근로자에게만 미친다고 보는 것은 지배적 노동조합의 조직권한을 넘어 일반적 조직강제를 인정하는 것이 되어 정당하지 않다. 판례는 결론적으로 「신규로 입사한 근로자가 노동조합 선택의 자유를 행사하여 지배적 노동조합이 아닌 노동조합에 이미 가입한 경우에는 유니온 숍 협정의 효력이 해당 근로자에게까지 미친다고 볼 수 없고, 지배적 노동조합에 대한 가입 및 탈퇴 절차를 거치지 아니하였더라도 사용자가 유니온 숍 협정을 들어 신규입사 근로자를 해고하는 것은 정당한 이유 없는 해고로서 무효로 보아야 한다고 한다」(大判 2019. 11. 28, 2019 두 47377). 저자는 복수노동조합제도 하에서는 유니온 숍 조항은 효력이 없다고 생각한다([111] 7. (2) 참고).

일본의 西谷교수는 유니온 숍 협정이 개인의 자유의사를 무시할 뿐 아니라 근로의 권리(일본 헌법 제27조 1항, 우리 헌법 제32조 1항 참조)에 반하며 소극적 단결권을 보장한 헌법 제28조(우리 헌법 제33조 1항)에 저촉되어 위헌·무효라는 견해를 취한다(西谷, 「勞働組合法」, 102面 이하 참고).

을 단위로 하는 어떤 형태의 교섭대표노동조합도 union shop 협정을 체결할 수 없게 되었다고 해석된다. 그러한 한도에서 노조및조정법 제81조 1항 2호 단서규정은 실질적으로 무의미하게 된 것으로 판단된다([111] 7. ⑵, [127] 4. d) 참고).[1)]

⑷ 그 밖의 단결강제형태

a) 단결체의 통제력 단결권은 근로자들이 단결의 힘을 통하여 사용자와의 사이에 실질적인 평등을 확보할 수 있도록 하기 위하여 보장된 것이기 때문에 단결체의 통제력은 단결체를 승인한 목적의 범위 내에서 어느 정도까지는 긍정되어야 한다. 그리고 단결권 보장과의 관련에서 본다면 단결체의 통제력행사는 단결 자체의 단결권의 적극적 내용이라고 설명될 수도 있을 것이다. 어쨌든 단결체에 의하여 그 구성원에 대해서 통제력이 행사된다는 것은 넓은 의미의 단결에의 강제 내지 조직강제로서 문제가 될 수 있다.

그러나 근로자가 노동조합을 조직하고 이에 가입하는 것은 근로조건의 유지·개선 기타 사회적·경제적 지위의 향상을 도모할 것을 목적으로 하는 것이기 때문에 이러한 단체의 목적은 통제권행사에 대하여 중요한 의미를 가진다. 또 근로자들의 다수결의 원리가 단체 내부를 지배하는 한 노동조합의 의사결정에는 그 절차의 적정성이 통제력 행사의 당부를 묻는 중요한 기준이 된다. 그러므로 단체의 통제력은 개개 근로자를 결합시키고 있는 목적에 위배되는 방향으로 행사될 수 없다. 뿐만 아니라 단체의 통제력은 이러한 목적을 실현하는 데 합리적이고 필요한 한도에서만 인정되어야 한다. 따라서 노동조합이 조합원의 탈퇴를 어렵게 한다든가 또는 단결의 강화를 구실로 제명권을 남용하는 것은 정당하지 않다고 생각된다(노동조합의 통제력행사의 한계에 관해서는 [103] 3. 참고).

b) 연대금지급조항(Solidaritätsbeitragsklausel)

1) 노동조합의 활동에 의하여 쟁취된 단체협약의 유리한 조건은 사실상 비조직 근로자에게도 적용되는 결과를 가져오는 것이 일반적이다. 그러므로 노동조합이 비조직 근로자들에게 직접 조합가입을 강요하지는 않더라도 노동조합의 재정적인 부담에 이들을 참여케 하는 것은 일종의 조합운동으로 볼 수 있다. 연대금지급조항은 이와 같은 목

또한 西谷교수는 유니온 숍 협정이 협약자치의 한계를 유월한 것으로 판단한다(西谷, 「勞働組合法」, 104面).

1) 西谷 교수도 저자와 같은 취지의 견해를 밝히고 있다. 즉 '논리적으로는 기업 내에 복수조합이 병존하게 된 경우에는 union shop 협정은 이미 그 존재의 기반을 상실한 것으로 해석하고 협정의 효력을 전체적으로 부정하는 것도 가능한 것인데' 최고재판소는 그런 방법을 취하지 아니하고 부분적 무효라는 견해를 취하였다고 비판한다(西谷, 「勞働組合法」, 100, 103面 참고). 우리 대법원은 일본의 최고재판소 판례를 따라 어느 노동조합에도 가입하지 아니한 근로자에게만 union shop 협정의 효력이 미친다고 한다(大判 2019. 11. 28, 2019 두 47377).

적을 달성하기 위하여 마련된 제도이다. 즉 이 조항은 조합비에 해당하는 연대금을 지급하는 비조직근로자에게만 단체협약의 혜택을 부여하자는 것(단체협약조항)으로서[1] 처음에는 조직강제의 수단으로 이용되었던 것은 아니나, 실제에 있어서는 그러한 효과를 가지게 되었다.[2]

우선 연대금지급조항이 최초로 문제가 된 스위스의 노동법이론에 의하면 단체협약의 체결과 그 운영에 필요한 경비를 충당할 목적으로 비조직근로자에게 연대금지급의무를 지우는 것은 — 근로자의 인격권침해라는 의미에서 — 소극적 단결권에 저촉되지는 않는다고 한다.[3] 그러나 연대금액이 조합원의 조합비보다 현저하게 높을 때에는 간접적인 조직강제가 행하여지는 것으로 보아야 하기 때문에 그와 같은 연대금지급요구는 소극적 단결권을 침해한다고 한다.[4] 독일에서도 노동조합의 조합비 한도액을 상회하지 않는 연대금의 요구는 조합에의 가입강제에 해당하지 않으므로 소극적 단결권을 침해하지 않는다고 보는 견해가 있다.[5] 그러나 지배적 견해에 따르면 협약당사자는 비조직근로자에 대하여 어떤 규율을 설정할 협약상의 권한(Tarifmacht)을 가지고 있지 않기 때문에[6] 법률상의 근거 없이 비조직근로자에게 어떤 의무를 부과하는 협정을 체결하는 것은 허용되지 않는다고 한다.[7]

2) 노동조합의 조합원이 될 것을 강제하는 가입강제(조직강제)와 연대금지급강제는 구별되어야 한다. 비조합원이 조합원이 되지 않으면서 단체협약의 유리한 기준을 적용받기 위해서 연대금지급의무를 부담하도록 하는 것은 단결강제와 같은 정도의 강제성을 띠지 않기 때문이다. 그렇다면 노동조합과 사용자는 비조직근로자의 동의 없이 연대금지급조항을 단체협약 내에 정할 수 있는가? 이와 같은 협약규정은 협약당사자의 규율권한의 범위를 이탈하는 것이므로 원칙적으로 적법하다고 볼 수 없다.[8] 따라서 비조합

---

1) 이에 관하여는 Kägie, *Koalitionsfreiheit und Streikfreiheit*, 1969, S. 62 ff.; Rehbinder, *Grundriß des schweizerischen Arbeitsrechts*, 2. Aufl., 1973, S. 119 ff.; Ray/Sharpe/Strassfeld, *Understanding Labor Law*, p. 423 seq.; Gorman/Finkin, *Labor Law*, p. 900 seq. 참고.

2) 연대금지급조항은 미국과 영국에서의 agency shop(a hybrid form of union security)과 그 내용이 같은 것이다(Gamillscheg, *Kollektives ArbR*, Bd. I, S. 355). 퀘벡(Québec)은 연대금지급에 관한 규정을 법률로 규정하고 있다(Gamillscheg, *a.a.O.*, S. 355).

3) Kägie, *a.a.O.*, S. 63.

4) Kägie, *a.a.O.*, S. 64. 같은 뜻: 임종률, 「노동법」, 81면.

5) Gamillscheg, *Kollektivers ArbR*, Bd. I, S. 354. 견해의 대립 및 비교법적 고찰에 관해서는 Gamillscheg, *a.a.O.*, S. 354 f. 참고.

6) Hueck/Nipperdey, *Lehrbuch*, Bd. II/1, S. 169; Hanau/Adomeit, *ArbR* Rn. 249 참고.

7) Löwisch/Rieble, *TarifvertragsG(Kommentar)* § 1 Rn. 136; Hanau/Adomeit, *ArbR* Rn. 249 참고.

8) 또한 민법상으로는 제3자에게 의무를 부담케 하는 계약은 제3자에게 불리한 계약으로서 무효라고 보아야 한다(민법 제539조 참조. 김형배, 「채권각론(계약법)」, 2001, 178면 참고; 이은영, 「채권각론」,

원의 동의를 전제로 연대금지급조항의 효력을 인정하는 것은 가능하다고 볼 수 있다.[1] 스위스채무법 제356조 b 1항은 단체협약당사자의 동의가 있을 때에는 비조합원이 단체협약에 연결될 수 있다고 규정하고 있다. 다시 말하면 연대금을 지급함으로써 조합원의 자격을 취득하거나 조합원으로서의 의무를 부담하지 않으면서 협약상의 이익을 얻을 수 있다. 이 경우에 연대금의 액수는 조합비보다 적어야 한다. 조합비와 같거나 이를 상회하는 연대금의 지급은 결과적으로 노조가입을 강제하는 것으로 볼 수 있다.[2]

3) 복수노조가 인정될 때에는 단체협약체결능력(단체교섭대표권)을 가지고 있는 교섭대표노동조합이 연대금지급협정을 체결할 수 있을 것이다. 미국에서는 사용자가 연대금을 지급하는 비조합원만을 채용하도록 하는 단체협약의 체결이 관행화되어 있다. 이 제도를 agency shop이라고 하는데, 그 실질에 있어서는 고용과 연대금지급을 혼합한 일종의 노조보장조항(a hybrid form of union security)이라고 할 수 있다.[3]

4) 노조및조정법 제35조 및 제36조는 단체협약의 일반적 또는 지역적 구속력을 규정하고 있다. 이 규정에 의하면 연대금을 지급하지 않는 비조합원에 대해서도 단체협약이 적용되므로 연대금지급조항은 그 효력을 상실하게 되느냐 하는 문제가 발생한다. 연대금을 지급하는 비조합원은 연대금지급약정을 기초로 단체협약의 이익을 청구할 수 있는 동시에 노조및조정법 제35조 또는 제36조를 기초로 당해 단체협약의 적용을 요구할 수 있다. 노조및조정법 제35조 및 제36조는 당해 사업장 또는 지역의 근로조건을 통일함으로써 비조직근로자의 근로조건의 저하를 저지하면서 대외적으로 당해 노동조합의 유지·강화를 도모하거나(제35조 참조), 사업간의 불공정경쟁을 방지하면서(제36조 참조) 비조직근로자들을 보호하려는 것이므로[4] 그 취지를 달리하는 연대금지급약정이 일반적·지역적 구속력규정에 의하여 효력을 상실한다고 해석해서는 안 될 것이다.[5] 연대금지급약정자인 비조합원은 일반적 구속력 발효 후에 일방적으로 그 약정을 해지할 수도

2004, 199면 참고).

1) 이와 같은 조항을 협약연결강제(Anschlusszwang)라고 한다(Honsell/Vogt/Wiegand/Rehbinder, *Kommentar OR* Ⅰ, Art. 356 b Rn. 1).

2) 스위스채무법 제356조 b 2항은 연대금이 조합비를 명백히 하회하여야 한다는 규정을 두고 있다. 콜롬비아에서는 조합비의 3분의 2를 그 기준으로 하고 있다(Honsell/Vogt/Wiegand/Rehbinder, *Kommentar OR* Ⅰ, Art. 356 b Rn. 3).

3) Morris, *The Developing Labor law*, 1. Bd. 1983, p. 1389 ff.; Taylor/Witney, *Labor Relations Law*, 1992, p. 177 ff.; Gorman/Finkin, *Labor Law*, p. 679; Gamillscheg, *Kollektives ArbR*, Bd. Ⅰ, S. 355.

4) 김유성, 「노동법 Ⅱ」, 193면 이하; 임종률, 「노동법」, 180면 이하 참고. Gamillscheg, *Kollektives ArbR*, Bd. Ⅰ, S. 884; Otto, *ArbR* Rn. 696 참고.

5) Gamillscheg, *Kollektives ArbR*, Bd. Ⅰ, S. 354; (결과에 있어서) 同旨: 임종률, 「노동법」, 81면.

없다고 생각된다.

c) 단체협약배제조항 및 격차조항(Tarifausschlußklausel und Differenzierungsklausel)

1) 단체협약배제조항은 비조직근로자(일반적 단체협약배제조항의 경우)에게 또는 특정조직 이외의 근로자(제한적 단체협약배제조항의 경우)에게 단체협약상의 이익의 전부 또는 일부를 사용자로 하여금 부여하지 못하도록 하는 단체협약상의 협정을 말한다.1) 그리고 격차조항(또는 차익조항: Spannenklausel이라고도 함)은 사용자로 하여금 일정한 협약상의 급부에 대하여 조합원과 비조직근로자 간에 일정한 격차(부가적 급여)를 유지할 의무를 지게 하는 단체협약의 조항이다.2) 그러므로 격차조항은 협약배제조항의 특수한 형태라고 할 수 있다. 이와 같은 조항들은 비조직근로자들이 협약상의 혜택을 받으려면 노동조합에 가입하지 않을 수 없도록 하려는 데 그 취지가 있으므로 단결강제와 관련하여 논의될 문제이며, 과거에 독일에서 많은 논쟁을 일으켰던 사항이다.3)

특히 소극적 단결권이 기본법 제9조 3항에 포함되어 있다고 하는 학설은 조직강제·협약격차·노조탈제규제조항을 위법하다고 한다.4) 협약당사자는 비조직근로자에게 불리한 조항을 채무적 부분으로 약정할 수도 없다는 것이 지배적 견해이다.5) 이와 같은 견해는 소극적 단결권이 기본법 제9조 3항에 의하여 보장되어 있으며 협약배제조항으로 사용자와 비조직 근로자 사이의 계약의 자유를 침해할 수 없다는 태도를 취하고 있다.6)

2) 소극적 단결권은 헌법 제33조 1항의 보호대상이 아니므로, 단결강제는 단결권의 구체적 행사와 관련해서 그 적법성 여부가 판단되어야 한다. 노조및조정법 제81조 2호 단서는 일정한 요건하에 단결강제로서의 union shop 협정을 인정하고 있다. 이에 의하면 입사시 근로자가 노동조합에 가입하지 않거나, 그 노동조합을 탈퇴하여 새 노동조

---

1) 단체협약의 효력상 당연한 협약의 구속력범위(Tarifgebundenheit)를 정한 이른바 중립조항, 즉 단체협약의 법규범은 협약당사자의 구성원에게만 미친다는 조항은 사용자가 자발적으로 비조직근로자에게 단체협약의 기준을 적용하는 것 자체를 금지하는 것이 아니기 때문에 단체협약배제조항에 해당되지 않는다(Waltermann, *ArbR* Rn. 516; Richardi, *Kollektivgewalt*, S. 203 ff.; Gamillscheg, *Kollektives ArbR*, Bd. Ⅰ, S. 355 ff.; Reuß, AuR 1970, 33 ff.). 예컨대 '조합원의 임금을 3% 인상한다'는 규정은 협약배제조항이 아니다.

2) 예컨대 회사가 출연하는 근로자복지기금으로부터 지출되는 휴가특별수당을 조합원에게는 30% 더 지급할 것을 약정하는 단체협약의 협정은 격차조항에 해당한다. 이 경우에 비조합원에 대한 사용자의 차액보상을 금지하는 규정이 함께 수반한다.

3) Wiedemann/Jacobs, *TarifvertragsG(Kommentar)* Einleitung Rn. 447 ff. 참고.

4) Zöllnerl/Loritz/Hergenröder, *ArbR* §10 Rn. 40, §41 Rn. 6 ff.(근년에 연방노동법원은 단순격차조항에 대해서는 적법하다는 태도[BAG AP Nr. 41 zu §3 TVG]를 취하고 있으나 학설은 반대견해를 취하고 있다); Otto, *ArbR* Rn. 712, 714.

5) Löwisch/Rieble, *TarifvertragsG(Kommentar)* §1 Rn. 2158.

6) Zöllner/Loritz/Hergenröder, *ArbR* §41 Rn. 8.

합을 조직하지도 않고 다른 노동조합에 가입하지도 않는 경우에는 단체협약의 union shop 협정에 의하여 사용자는 신분상의 불이익을 줄 수 있다. 저자는 해고의 위협 내지 직장의 박탈(신분적 불이익)을 그 수단으로 하는 단결강제는 비례성 원칙에 반하여 정당화될 수 없다는 견해를 취하고 있다(단결권을 보장한 헌법 제33조 I 의 근로자의 지위개선의 이익은 인간의 존엄과 근로기회(직장)의 유지를 보호하고 있는 헌법 제10조, 제15조 및 제32조의 일반근로자의 이익에 우선할 수 없으며, 근로자를 해고하면서까지 단결강제를 옹호하는 것은 헌법 제33조 I 에도 위배된다)([24] 4. (3) e) 참고).[1] 그러나 동조 단서의 요건하에 해당 노동조합이 단체협약의 내용(개선된 근로조건의 기준)을 비조합원에게 적용하지 않을 것을 단체협약으로 정하는 것은 단결강제의 수단으로서 부적법하다고 생각되지 않는다.[2] 협약배제조항이나 격차조항은 사용자에게 협약상의 채무를 부과할 뿐(채무적 부분)이고, 그 조항 자체가 규범적 효력을 가지지 않는다. 노동조합은 조합원들을 대표하여 사용자와 조합구성원의 근로조건을 협정할 수 있으나, 대표권을 가지고 있지 않은 비조합원에 대해서는 협약권한(Tarifmacht)을 가질 수 없기 때문이다. 따라서 사용자가 협약배제조항이나 격차조항을 위반하여 비조직 근로자에게 급부를 한 경우에 그 급부행위 자체가 무효로 되지는 않는다(다만, 노동조합에 대한 협약위반으로 인한 책임의 문제가 남는다). 또한 일반적 구속력 규정(노조및조정법 제35조)에 의하여 단체협약의 효력이 확장되더라도 효력확장의 대상이 되는 것은 단체협약의 규범적 부분에 한하므로 협약배제조항이나 격차조항 자체가 비조합원에게 구속력을 가지게 되지는 않는다. 협약배제조항이나 격차조항은 여전히 단체협약의 채무적 부분에 머문다.

3) 파업에 의한 쟁의행위시에 사용자는 파업을 단행한 노동조합의 조합원에 대해서만 직장폐쇄를 하고, 비조합원에 대해서는 임금의 전부 또는 일부를 보전해 줌으로써 실질적으로 조합원과 비조합원을 차별하는 경우가 있다. 이때 파업에 참가한 조합원들은 노동조합으로부터 파업지원금을 받지만 비조합원은 아무 지원금을 받지 못한다는 것이 비조합원에 대한 지원 이유일 수 있지만, 독일의 연방노동법원은 이와 같은 차별은 조직근로자들의 적극적 단결권에 부담을 주는 것으로 적법하지 않다고 판단하고 있다. 그러나 학설의 다수는 판례의 태도에 찬동하지 않는다.[3]

1) 결과에 있어서 같은 취지: 西谷, 「労働組合法」, 100面 이하.
2) 부분적 긍정설: 김유성, 「노동법 Ⅱ」, 29면 이하; 임종률, 「노동법」, 73면 이하.
3) Lieb/Jacobs, *ArbR* Rn. 459 참고.

[25] Ⅲ. 단체교섭권

1. 의 의

노동운동의 초기에 근로자들은 노동조합의 승인과 노동조합을 통한 사용자와의 교섭을 제도적으로 인정해 줄 것을 요구하는 투쟁을 하였다. 이 단계에서의 쟁의행위의 목적은 임금 및 기타 근로조건의 향상을 관철하려는 것 이외에 노동조합이 사용자를 상대로 하여 근로자들의 근로조건을 집단적으로 규율할 수 있는 제도 자체를 승인하도록 하려는 것이었다. 노동조합결성과 쟁의행위가 제도적으로 승인받기까지의 과정도 이와 같은 역사적인 배경을 가지고 있다. 이러한 의미에서 노동운동의 역사적 성과를 단체교섭제도와 단체협약제도의 확립으로 요약한다 하더라도 큰 잘못은 아닐 것이다. 그러므로 단결권 및 단체행동권은 단체교섭을 떠나서 관념적으로 보장되어 있는 것이 아니며, 그 중심은 단체교섭에 있다는 점에 유의하지 않으면 안 될 것이다.

외국 헌법의 입법례를 보면 단결권 및 단체행동권과는 별도로 단체교섭권을 보장하고 있는 나라는 드물다.[1] 그것은 단결권 및 단체행동권(또는 파업권)을 인정하고 있는 한, 단체교섭이라는 단결의 활동은 당연히 그 속에 포함되어 있는 것으로 전제되기 때문이다. 따라서 우리나라 헌법이 단체교섭권을 따로 보장하고 있는 것은 단체교섭권을 헌법상의 기본권으로서 명백하게 부각시키고 이에 대한 법률 보호(사용자의 단체교섭응낙의무 및 부당노동행위제도에 의한 단체교섭의 보장: 노조및조정법 제30조, 제81조 ③)의 기초를 마련하기 위한 것이라고 할 수 있다.

2. 단체교섭권의 성질

a) 단체교섭권은 단결권이나 단체행동권과 마찬가지로 근로자들을 위해서 보장되었다. 따라서 이는 사용자의 권리로서의 측면에서 보장된 것은 아니다(노조및조정법 제29조 Ⅰ, Ⅱ 참조). 현실적으로 사용자가 교섭에 응하지 않음으로써 단체교섭권을 침해하는 일은 있어도 노동조합이 이에 응하지 않음으로써 사용자의 단체교섭권을 침해하는 일은 없다고 할 수 있다. 그러나 단체교섭은 평화적 노사관계의 조성과 유지를 위한 것이므로 사용자는 물론 노동조합도 성실하게 교섭에 임해야 하고 정당한 이유 없이 교섭의 거부나 해태를 해서는 안 된다(노조및조정법 제30조 Ⅰ 전단 참조). 또한 단체교섭권을 함부로 남용해서도 안 된다(노조및조정법 제30조 Ⅰ 후단 참조).

---

1) 독일·프랑스·이탈리아 등의 헌법은 단체교섭권을 따로 보장하고 있지 않다.

b) 단체교섭권은 개개 근로자가 행사할 수 있는 권리는 아니다. 그것은 단체교섭의 목적이 어떤 개인 근로자의 문제를 교섭의 대상으로 하는 것이 아니라 근로자 집단의 사항을 대상으로 삼기 때문이다. 따라서 개인 근로자가 그 주체가 되어 있는 적극적 단결권(단결선택권)의 경우와는 달리 단체교섭의 주체는 원칙적으로 노동조합이다(노조및조정법 제29조 참조).

c) 단체교섭이란 사실행위인 교섭행위뿐만 아니라 법률행위인 단체협약의 체결까지 포함하는 개념이다. 단체협약의 체결을 전제로 하지 않는 단체교섭은 무의미하기 때문이다. 따라서 헌법 제33조 1항에서 보장하고 있는 단체교섭권에는 당연히 단체협약체결권도 포함된다고 해석되어야 한다.[1)]

따라서 단체교섭권은 본질적으로 근로조건의 유지 및 개선을 위하여 행사될 수 있는 권리이다. 그러나 교섭의 범위는 반드시 근로조건과 관련된 사항에 국한되는 것은 아니며, 근로자들의 경제적 내지 사회적 지위의 향상에 관한 것으로서 사용자와 교섭이 가능한 것이면 원칙적으로 그 대상이 될 수 있다. 단체교섭은 궁극적으로 단체협약의 체결을 목적으로 하는 것이며, 단체협약은 근로자들의 개선된 근로조건을 약정하는 것을 그 핵심적 내용으로 한다(헌법 제33조 I 참조). 근로조건과 관련된 사항에 관해서는 물론 집단적 노사관계에 관하여 노사가 교섭하는 것도 단체교섭이라 할 수 있으며, 이와 같은 사항 이외의 것이라 하더라도 사용자가 임의로 이에 응하는 한 단체교섭 그 자체는 행해질 수 있을 것이다. 그러나 노동조합은 단체교섭의 목적과 그 권한범위 밖에 있는 사항에 대해서는 사용자에게 단체교섭을 요구할 수 없으므로 노동조합이 단체교섭권을 행사할 수 있는 범위, 즉 사용자가 이에 응해야 할 의무를 부담하는 단체교섭의 범위는 교섭사항의 성질과 내용에 따라 정해진다 ([108] 1. 참고). 근로자의 근로조건에 관한 사항 및 이에 직접 관련된 사항에 관해서는 노동조합이 단체교섭을 요구할 권리가 있고 사용자는 이에 응해야 할 의무가 있음은 물론이다(사용자가 이에 응하지 않으면 부당노동행위가 성립한다. [127] 5. 이하 참고). 노동조합이 그 교섭을 요구할 수 있는 교섭사항들은 원칙적으로 단체협약의 체결대상이 될 수 있다.

d) 오늘날 특히 논란의 대상이 되고 있는 교섭사항은 이른바 경영 · 인사에 관한 사

---

1) 同旨: 憲裁 1998. 2. 27, 94 헌바 13 · 26, 95 헌바 44(병합)(「헌법 제33조 1항이 '근로자는 근로조건의 향상을 위하여 자주적인 단결권, 단체교섭권, 단체행동권을 가진다'고 규정하여 근로자에게 '단결권, 단체교섭권, 단체행동권'을 기본적으로 보장하는 뜻은 근로자가 사용자와 대등한 지위에서 단체교섭을 통하여 자율적으로 단체협약을 체결할 수 있도록 하기 위한 것이다. 비록 헌법이 위 조항에서 '단체협약체결권'을 명시하여 규정하고 있지 않다 하더라도 근로조건의 향상을 위한 근로자 및 그 단체의 본질적인 활동의 자유인 '단체교섭권'에는 단체협약체결권이 포함되어 있다고 보아야 한다」); 大判(전합) 1993. 4. 27, 91 누 12257; 大判 1993. 5. 11, 91 누 10787 등.

항이다. 즉 경영·인사에 관한 사항은 그 구체적 한계가 확정될 수 없을 뿐만 아니라, 이러한 사항에 대하여 단체교섭의무를 면제받을 권리가 (법률상 「경영권」이라는 이름으로) 구체적으로 사용자에게 인정되어 있지 않으며 그 한계가 모호하다는 견해가 강하게 주장되어 왔다. 다시 말하면 경영·인사에 관한 사항이라 하더라도 근로조건과 직접 관련되어 있는 사항이면 노동조합의 교섭요구에 대하여 사용자는 이에 응할 의무가 있다고 한다. 그러나 이른바 순수한 경영·인사에 관한 사항은 기업의 재산권에 속하는 것이므로 기업주 내지는 사용자의 전속적 권한에 속한다고 한다.[1]

대법원은 경영권이 헌법 제119조 1항·제23조 1항 및 제15조를 기초로 헌법상 실체성을 가진 권리라고 판시하였다. 이 판례는 「모든 기업은 그가 선택한 사업 또는 영업을 자유롭게 경영하고 이를 위한 의사결정의 자유를 가지며, 기업 또는 영업을 변경하거나 처분할 수 있는 자유를 가지고 있고 이는 헌법에 의하여 보장」되고 있다고 함으로써 경영권의 법적 실체성을 인정하고 있다.[2] 따라서 경영주체의 고유한 경영상 결단에 속하는 사항은 원칙적으로 단체교섭의 대상이 될 수 없다. 예컨대 기업의 구조조정이나 합병 등이 이에 속한다(경영권과 근로3권의 관계에 관해서는 [27] 3. (3) 참고). 여기서 확실히 해두어야 할 것은 근로조건과 직접 관련이 있는 사항들에 대한 노동조합의 교섭권은 근로3권으로부터 도출될 수 있으나, 그 한계를 넘는 사항은 기업주의 고유한 경영권의 범위 내에 속하는 것으로 판단하는 것이 옳을 것이다.[3] 다만, 근로자참여협력법은 기본적으로 사용자의 경영권에 속하는 사항으로서 동시에 근로조건과 관련된 사항들을 협의사항(동법 제20조)으로, 기타 경영 자체에 관한 사항을 보고사항(동법 제22조 I)으로 규정하고 있다. 그러나 이와 같은 규정들에 의하여 경영주체인 사용자의 경영권이 제한되는 것은 아니며, 동법의 협의·의결사항에 관한 규정들이 이들 사항에 대한 노동조합의 단체교섭권을 직접 인정하고 있는 것도 아니다. 따라서 현행 근로자참여협력법에 의하여 경영주체의 경영권이 침해되지는 않는다.[4]

---

1) 大判 1992. 5. 12, 91 다 34523; 大判 1994. 8. 23, 93 누 21514. 최근의 판례: 大判 2002. 2. 26, 99 도 5380; 大判 2003. 2. 11, 2000 도 4169; 大判 2003. 2. 28, 2002 도 5881; 大判 2003. 3. 14, 2002 도 3883; 大判 2003. 3. 28, 2002 도 6060.

2) 大判 2003. 7. 22, 2002 도 7225; 大判 2003. 11. 13, 2003 도 687.

3) 그러나 사용자의 경영권에 속하는 사항이더라도 사용자와 노동조합이 임의로 단체교섭을 진행하여 단체협약을 체결하였다면 특별한 사정이 없는 한 그 단체협약이 강행법규나 사회질서에 위반된다고 볼 수 없다(大判 2014. 3. 27, 2011 두 20406).

4) 만약 순수한 의미의 경영사항이나 이윤분배에 관한 사항이 단체교섭의 대상이 될 수 있다고 하면 근로자들은 그들의 주장을 관철하기 위하여 단체행동권까지도 행사할 수 있어야 할 것이다. 근로자들이 단체교섭권과 단체행동권을 행사하여 경영권과 이윤분배를 쟁취할 수 있도록 한다면 이는 곧 사용자의 재산권을 실제로 부인하는 결과가 될 것이다.

3. 단체교섭권의 내용

a) 헌법 제33조 1항은 단체교섭권을 적극적으로 보장하고 있다. 따라서 노동조합은 사용자에 대하여 단체교섭을 요구할 수 있는 권한을 헌법상의 권리로서 부여받고 있는 것이다. 이와 같은 취지에서 노조및조정법은 노동조합이 단체교섭을 요구할 수 있는 권한과 사용자가 단체교섭에 응할 의무를 규정하고 있다(제29조 I, 제30조, 제81조 ③).

b) 단체교섭을 요구할 수 있는 지위는 노동조합으로서의 자격을 가진 근로자단체이면 차별 없이 향유할 수 있는 노동기본권상의 지위이므로, 다른 노동조합의 단체교섭권을 사전에 배제하는 이른바 유일교섭단체조항(唯一交涉團體條項)은 위헌이라고 판단된다. 뿐만 아니라 교섭 자체를 금지하지는 않으나 단체협약체결능력을 제한하는 취지의 조항도 마찬가지의 비판을 면할 수 없다. 왜냐하면 단체교섭권의 보장은 단체협약을 체결할 권리의 보장보다 그 내용이 광범위한 것이지만, 단체협약체결능력이 인정되지 않는 단체교섭은 무의미하기 때문이다.

노조및조정법 제5조 본문은 근로자에게 노동조합의 조직과 가입의 자유를 규정하고 있다. 이 규정은 또한 복수노조를 인정하는 원칙규정으로 해석되고 있는 것이 일반적이다. 그동안 미루어져 왔던 복수노조의 설립이 창구 단일화 절차에 관한 규정(제29조의2 이하)의 제정(노조및조정법 일부개정법률: 2010. 1. 1, 법률 제9930호)과 함께 2011년 7월 1일부터 가능하게 되었다([99] 4, [107] 1. ⑵ 참고). 복수노조하에서 교섭창구를 단일화하는 것은 하나의 사업 또는 사업장에 동종의 근로자에 대해서 서로 다른 단체협약이 적용되는 것을 방지하기 위한 조치라고 볼 수 있다. 따라서 하나의 사업장에 여러 개의 노동조합이 있는 경우에 모든 노동조합이 사용자와 각각 독립된 단체교섭권을 행사할 수는 없다(그러나 사용자가 교섭창구 단일화 절차를 거치지 아니하기로 동의한 경우에는 복수의 노조와 교섭하는 것이 가능하다(노조및조정법 제29조의2 I 단서)). 이 경우에 모든 노동조합에 대하여 독립된 완전한 단체교섭권의 행사를 허용하지 않는다고 해서 노동조합의 기본권(단체교섭권)이 침해되는 것이라고는 볼 수 없을 것이다.[1] 따라서 복수노조체제하에서는 하나의 교섭대표노동조합(노조및조정법 제29조의2 Ⅱ · Ⅲ 참조)이 단체교섭권을 행사하거나 공동교섭대표단(노조및조정법 제29조의2 Ⅳ 참조)을 통하여 소수의 노동조합들이 교섭권을 행사하는 등의 여러 가지 방법이 취해질 수 있다.[2]

---

1) 김형배, '노동조합의 대표성과 제2노조의 문제', 「노동법학」(제2호), 1989, 21면 이하 참고. 同旨: 임종률, 「노동법」, 29면; 이병태, 「노동법」, 82면; 김영문, '복수노조와 협약자율', 「노동법학」(제38호), 2011, 54면 이하, 70면.

2) 이에 관해서는 노조의 설립 및 단체교섭당사자 항목([99] 4, [107] 1. ⑵) 등 참고.

c) 정당한 단체교섭 및 쟁의행위의 행사로 인하여 발생된 손해에 대해서 노동조합 또는 조합의 대표자는 배상책임을 부담하지 않는다(노조및조정법 제3조). 또한 노동조합의 정당한 단체교섭에 대해서는 형사상의 책임을 물을 수 없다(노조및조정법 제4조 본문). 구법에서는 쟁의행위에 대해서만 면책규정을 두었으나, 개정법은 이를 단체교섭의 경우에도 인정하고 있다. 이와 같은 법개정은 정당하다고 생각된다.[1)]

d) 이상과 같은 단체교섭권의 실질적 내용을 제한하는 법령이나 행정조치는 위헌이라고 해야 한다.

[26] Ⅳ. 단체행동권

1. 의 의

a) 단결체는 집단적 노사관계의 주체이고 단체교섭은 단결체의 목적활동(특히 단체협약의 체결을 위한 교섭활동)이며, 단체행동은 단결체의 존립과 목적(특히 단체협약의 체결)을 실력으로 관철하는 투쟁수단, 즉 쟁의행위[2)]이다. 따라서 단결체·단체교섭·단체행동은 궁극적으로 단체협약의 체결을 공통적 목적으로 하고 있는 것이라고 해도 과언이 아니다. 그러나 단체행동은 단결체나 단체교섭과는 그 차원을 달리하는 특별한 성질을 가지고 있다. 즉, 단결체(노동조합)는 사단 — 법인으로서의 사단이거나 권리능력 없는 사단임을 불문하고 — 으로 이해되는 권리주체이며 또 단체교섭은 단체협약이라는 일종의 규범계약을 체결하기 위한 교섭이라고 할 수 있는 데 반하여, 단체행동, 즉 쟁의행위는 노동법 분야 이외의 다른 법분야에서는 그 유례를 찾아볼 수 없는 특유한 행위라고 말할 수 있다. 그리하여 단체행동의 문제를 전통적 법질서 및 법제도와의 관련에서 고찰할 때는 많은 문제점이 제기된다. 다시 말하면 단체행동은 계약이나 법률을 근거로 하여 어떤 법적인 권리를 관철하려는 소송상의 행위도 아니고 불법한 침해행위에 대한 자구행

1) 구법에서는 노동조합의 활동으로서의 단체교섭 및 쟁의행위에 관한 민·형사상의 면책에 관해서는 노동조합법과 노동쟁의조정법에서 분리하여 규정하였으나, 현행법에서는 총칙편에서 통일적으로 규율하고 있다.

2) 단체행동권은 근로자를 위하여 근로3권 중의 하나로 헌법에 보장된 것이지만, 단체행동의 주된 내용인 쟁의행위의 개념에 관하여 노조및조정법 제2조 6호는 「"쟁의행위"라 함은 파업·태업·직장폐쇄 기타 노동관계 당사자가 그 주장을 관철할 목적으로 행하는 행위와 이에 대항하는 행위로서 업무의 정상적인 운영을 저해하는 행위를 말한다」고 규정하고 있어 쟁의행위에는 사용자의 직장폐쇄도 포함된다. 그러나 사용자의 쟁의행위가 헌법상 보장되어 있는 것은 아니다. 따라서 헌법상 보장된 근로자들의 단체행동으로서의 쟁의행위와 사용자의 쟁의행위는 구별해야 한다.

위(自救行爲, Selbsthilfe)[1)]도 아니다. 왜냐하면 사용자는 근로자들이 요구하는 대로 임금 인상 또는 기타 근로조건의 향상을 이행할 법적 의무를 지고 있는 것은 아니며, 또 근로자들의 사실적 요구를 그대로 수용하지 않는 것이 곧 근로자들에 대한 불법한 침해행위가 되는 것도 아니기 때문이다.

b) 따라서 단체행동을 인정한다고 하는 것은 근로자들이 사실적 실력행사를 통하여 그들의 경제적 지위를 향상시키는 것을 제도적으로 인정하는 것을 말한다.[2)] 이와 같은 단체행동은 대부분의 경우 근로자 자신들뿐만 아니라, 사용자와 나아가서는 국민들의 일반생활에까지 영향을 줄 수 있다. 그러므로 단체행동의 의의에 관한 이해와 그 행사의 한계획정에 대해서는 신중한 태도를 취하지 않을 수 없다. 이와 같은 이유에서 외국의 법제[3)]는 단체행동권에 대하여 이를 규율하는 법률의 범위 안에서 행사할 수 있도록 유보적 보장을 하고 있으며, 학설은 단체행동권이 최후의 수단(ultima ratio)으로서만 행사될 수 있다는 태도를 취하고 있다.[4)] 우리 노조및조정법은 제2조 5호와 6호 및 제45조 등에서 같은 취지의 내용을 정하고 있다.

2. 근로자들의 권리로서의 단체행동권 및 그 보장범위

a) 우리나라 헌법은 단체행동권을 단결권이나 단체교섭권과 함께 근로자들의 권리로서 보장하고 있다. 그러므로 근로자들은 단체행동권으로서의 쟁의권[5)]을 행사하여 사용자의 노무지휘권을 배제함으로써 기업 업무의 정상적인 운영을 저해하는 집단적 행위를 정당하게 행할 수 있으며, 사용자는 이로 인하여 필연적으로 발생되는 손해를 감수하지 않으면 안 된다. 개정 노조및조정법은 제2장 노동조합편 제5조 2항에 종사근로자가

---

1) Niese, *Streik und Strafrecht*, 1954, S. 73 참고.

2) 그런 의미에서 단체행동권은 역사적 산물이다(이에 관해서는 Kissel, *ArbeitskampfR*, § 2 이하 참고).

3) 프랑스헌법 전문(le droit de greve s'exerce dans le cadre des lois qui le règlementent) 및 제158조; 이탈리아헌법 제40조; 터키헌법 제47조 2항; 독일 Rheinland-Pfalz주헌법 제66조 2항.

4) Kissel, *ArbeitskampfR* § 30 Rn. 6; Otto, *ArbR* Rn. 777; Lieb/Jacobs, *ArbR* Rn. 592; Gamillscheg, *Kollektives ArbR*, Bd. I, S. 1147 f.; Birk 외(김형배 역), 「집단적 노사분쟁의 규율에 관한 법률」, 51면 이하. 異見: Kissel, *ArbeitskampfR* Rn. 46 ff. 참고.

5) 일본의 菅野교수에 의하면 단체행동권은 「쟁의권」과 「조합활동권」(쟁의행위 이외의 단체행동을 할 권리)의 두 종류의 권리를 그 내용으로 한다고 한다. 즉, 쟁의권은 일정범위의 쟁의행위(근로자의 요구를 관철하기 위한 압력행위)를 법적으로 보장하는 내용의 권리이고, 조합활동권은 쟁의행위와 단체교섭 이외의 단결체의 행동(전형적으로 유인물 붙이기·배포, 집회, 연설 등 홍보활동)을 일정 한도에서 보장하는 권리라고 한다(菅野, 「勞働法」, 36面; 外尾, 「勞働團體法」, 9面). 그러나 쟁의행위와 직접 관련이 없는 조합활동권은 단결권의 보장범위에 포함되는 것으로 보는 것이 타당할 것으로 생각된다([104] 1.·2. 참고). 단체행동과 쟁의행위의 구별에 관한 국내의 논문으로는, 백재봉, '쟁의권 제한에 관한 연구', 「법률행정논집」(제11집), 고려대 법률행정연구소, 1973, 229면 이하 참고.

아닌 노동조합 조합원의 활동을 허용하는 규정을 신설하였다(2021. 1. 5.).

종래의 시민법원리에 의하면, 근로자들이 노동조합의 지휘하에 집단적으로 노무제공을 거부하는 경우에는 사용자에 대하여 채무불이행으로 인한 손해배상책임(민법 제390조)과 사용자의 영업권[1]의 침해로 인한 불법행위책임(독일민법 제823조 I; 민법 제750조 참조)을 부담해야 한다고 설명되었다. 그리고 노동조합은 사용자의 근로계약상의 채권침해(제3자에 의한 채권침해) 및 영업권의 침해로 인한 불법행위책임을 지지 않으면 안 되었다. 뿐만 아니라 이와 같은 조직행위는 협박과 같은 형법상의 책임문제를 발생시키는 것으로 이해되었다. 그러므로 헌법에서 단체행동권을 보장하고 있는 것은 이상과 같은 집단적 노무제공의 거부인 조직행위를 사용자와의 관계에서 정당화하는 것이므로 단체행동 내지 쟁의행위가 법이 보장하는 범위 내에서 행하여지는 한, 사용자는 이를 용인하고 이로 인하여 발생하는 손해를 감수하지 않으면 안 된다. 이러한 의미에서 단체행동권의 보장은 개개의 근로자와 노동조합의 민사상 내지 형사상의 책임을 면제시키는 것이며 시민법에 대한 중대한 수정적 효과를 가져오는 것이다(노조및조정법 제3조, 제4조).[2]

b) 그러나 단체행동권이 근로자를 위하여 보장되었다고 해서 이것이 어떠한 형태로 행하여지건 간에 사용자의 대응적 쟁의행위가 일체 금지되는 것은 아니다. 학자에 따라서는 사용자의 쟁의행위가 헌법상 보장되어 있지 않으며 또 자본주의경제체제하에서

---

1) 독일에 있어서는 독일민법 제823조 1항의 절대권 중 기타의 권리(sonstiges Recht)로서 사용자의 영업권(das Recht am eingerichteten und ausgeübten Gewerbebetrieb)을 인정하고 파업에 의하여 이 권리가 침해될 수 있다고 한다(특히 Junker, *Grundkurs ArbR* §9 Rn. 628; Brox/Rüthers, *Arbeitskampfrecht*, Rn. 334; *MünchArbR*/Ricken, Bd. Ⅱ, §205 Rn. 11 참고). 우리 판례도 불법파업에 의하여 영업권이 침해된다는 태도를 취하고 있다. 그러나 영업권이 불법행위의 침해객체라는 점을 명백히 밝히고 있지는 않다(大判 2003. 7. 22, 2002 도 7225 참고).

2) 종래 대법원 판례 중에는 근로자들이 근로의 제공을 거부하여 사용자의 업무의 정상적인 운영을 저해하고 손해를 발생하게 하는 행위는 그 자체만으로 어느 경우에나 당연히 위력에 해당하고, 다만 노동관계법령에 따른 정당한 쟁의행위로서 이루어진 경우에는 위법성이 조각될 뿐이라고 판시한 예가 적지 않았다(大判 1991. 4. 23, 90 도 2771; 大判 1991. 11. 8, 91 도 326; 大判 2004. 5. 27, 2004 도 689; 大判 2006. 5. 12, 2002 도 3450; 大判 2006. 5. 25, 2002 도 5577 등). 헌법재판소도 이러한 대법원의 판례를 헌법상의 근로3권 보장에 반하지 않는 것으로 판단하였다(憲裁 1998. 7. 16, 97 헌바 23). 그러나 헌법재판소는 그 견해를 바꾸어, 파업이 헌법상 기본권으로 보장되는 단체행동권의 행사로서의 적법한 요건을 갖추어 이루어진 경우에는 헌법적으로 정당성이 인정되는 행위이므로 이를 업무방해죄의 구성요건인 위력에 해당한다고 볼 수 없다고 판단하였다(憲裁 2010. 4. 29, 2009 헌바 168). 그 후 대법원도 기존의 태도를 바꾸어 쟁의행위로서의 파업이 언제나 업무방해죄에 해당하는 것으로 볼 것은 아니라고 판시하여 기존의 위법성조각설의 입장을 수정하였다. 판례는, 다만 파업이 사용자가 예측할 수 없는 시기에 전격적으로 이루어져 사용자의 사업운영에 막대한 손해를 초래하는 등 사용자의 사업계속에 관한 자유의사가 제압·혼란될 수 있다고 평가할 수 있는 경우에 비로소 집단적 노무제공의 거부가 위력에 해당하여 업무방해죄가 성립한다고 보는 것이 상당하다고 한다(大判(전합) 2011. 3. 17, 2007 도 482).

사용자는 사실상의 거대한 힘을 가지고 있다는 이유를 들어 사용자의 쟁의행위는 위법한 행위(un acte illicite)일 뿐만 아니라 근로의 자유(la liberté du travail)를 침해하는 불법행위(délit)를 구성한다고 주장하기도 했다.[1] 그러나 이와 같은 견해는 이론상 수긍될 수 없다. 왜냐하면 근로자들에게만 실력행사를 인정한다는 것은 노사간의 교섭력의 균형을 상실하게 할 위험이 있으며, 또 일방에게만 실력행사를 허용하고 상대방에게는 대항행위를 금지한다면 투쟁이라는 것은 처음부터 성립할 수 없기 때문이다. 물론 우리나라에서는 근로3권 보장의 취지나 현실적인 여건을 고려해 볼 때 예컨대 독일의 경우와 똑같이 노사의 투쟁평등(Kampfparität)[2]을 내세울 수는 없으나, 그렇다고 해서 사용자의 쟁의행위를 일체 금지할 수는 없다. 그러므로 우리나라에서는 어떠한 범위 내에서 사용자의 쟁의행위를 정당한 것으로 볼 것이냐 하는 것만이 문제가 될 뿐이다. 사용자의 쟁의행위, 즉 직장폐쇄는 방어적인 경우에만 정당하다(사용자의 쟁의행위의 정당성에 관하여는 [120] 참고; 노조및조정법 제46조 참조).

c) 단체행동권의 행사는 '근로조건의 향상'이라는 목적을 달성하기 위한 수단으로 보장된 것이다. 헌법 제33조 1항은 이를 명백히 하고 있다. 따라서 이러한 쟁의행위의 목적과 다른 쟁의행위, 즉 다른 사업장의 파업을 지원하는 동정파업 또는 정부나 국회를 상대로 하는 이른바 정치파업은 정당하다고 볼 수 없다. 노동법 개정을 목적으로 하는 경제적 정치파업도 궁극적으로는 근로조건의 향상을 목적으로 하는 것이므로 정당성을 가진다는 견해가 있으나,[3] 그 목적을 실현할 수 있는 상대방은 국회이고 투쟁행위(노무제공의 집단적 거부)로 인하여 피해를 입는 상대방은 사용자이므로 사용자에 대하여 노동조합과 파업참가 근로자들의 민·형사상의 책임은 면책될 수 없다. 근로조건의 향상을 위한 쟁의행위가 정당성을 가지기 위해서는 그 목적을 실현할 수 있는 상대방 당사자인 사용자에 대해서 행하여져야 하기 때문이다.[4]

쟁의행위는 기업시설이나 사용자의 기업관리권을 불가피하게 저해하는 범위를 벗어나는 방법으로 행하여져서는 안 된다. 예컨대 폭력·파괴행위 또는 부당한 생산시설의

---

1) G. Lyon-Caen, *Droit ouvrier*, 1950, p. 55.

2) 독일의 투쟁평등의 원칙에 관하여는 Kissel, *ArbeitskampfR*, §32 Rn. 1 ff., 61 ff.; Hanau/Adomeit, *ArbR* Rn. 276; Zöllner/Loritz/Hergenröder, *ArbR* §44 Rn. 112; Birk 외(김형배 역), 「집단적 노사분쟁의 규율에 관한 법률」, 21면 이하 및 43면 이하 참고. 투쟁평등의 원칙은 첫째 직장폐쇄의 제한([120] 참고), 둘째 쟁의행위로 인한 위험부담([121] 2. ⑵ 참고), 셋째 동정파업([116] 3. ⑴ 참고)과 관련하여 그 구체적 적용이 문제된다(Lieb/Jacobs, *ArbR* Rn. 580 참고).

3) 임종률, 「노동법」, 25면; 권영성, 「헌법학원론」, 678면.

4) Otto, *ArbR* Rn. 772; Zöllner/Loritz/Hergenröder, *ArbR* §44 Rn. 57, 113; Lieb/Jacobs, *ArbR* Rn. 691 참고.

점거행위, 사업장의 안전시설의 정상적인 유지·운영을 저지·방해하는 행위는 정당한 행위가 아니다(노조및조정법 제42조 참조)(쟁의행위의 정당성에 관해서는 [118] 2.·3. 참고).[1]

[27] V. 근로3권의 제한

1. 근로3권 제한의 근거

a) 현행 헌법 제33조 1항은 구 헌법 제31조 1항과는 달리 법률유보의 제한 없이 근로3권을 보장하고 있다. 그리고 동조 2항은 공무원인 근로자는 법률로 정하는 자에 한하여 근로3권을 가진다고 규정하고, 동조 3항에서는 법률이 정하는 주요 방위산업체에 종사하는 근로자의 단체행동권은 법률이 정하는 바에 의하여 이를 제한하거나 인정하지 아니할 수 있다고 규정하고 있다. 그러므로 헌법 제33조의 규정에 의하면 법률에 의하여 근로3권을 보장받지 못하는 공무원을 제외하면 모든 근로자에게 근로3권이 보장되어 있다. 다만 법률로 정한 주요 방위산업체에 종사하는 근로자에 대해서는 단체행동권이 제한 또는 금지될 수 있다(노조및조정법 제41조 Ⅱ 참조).

우리나라의 헌법에서는 개개의 기본권에 대하여 개별적으로 법률의 유보 여부를 규정하면서, 다시 제37조 2항에서는 국가안전보장·질서유지 또는 공공복리를 위하여 법률로 기본권을 제한할 수 있는 일반유보규정을 두고 있다. 그러나 헌법 제37조 2항은 기본권제한입법의 한계조항으로 보는 것이 유력한 견해이다. 이와 같은 기본권제한에 관한 구조하에서 헌법 제33조 1항의 근로3권은 다음과 같이 해석되어야 할 것이다. 먼저 근로3권이 개별적 법률유보 없이 보장되었다고 해서 어떤 형태의 근로3권의 행사라 하더라도 무제한으로 보장되는 것은 아니며, 근로3권을 보장한 헌법규정 내에 내재적 헌법적 제약이 전제되어 있다고 보아야 한다.[2] 그러나 헌법 제37조 2항과 관련해서는 단결권·단체교섭권·단체행동권의 행사는 국가안전보장·질서유지와 특히 공공복리 등을 위해서 불가피한 경우에만 제한될 수 있다고 해석되어야 한다. 여기서 그 구체적 판단의 기준이 되는 것은 과잉금지의 원칙이라고 할 수 있다. 예컨대 헌법재판소는 필수공익사업에 대한 직권중재(구 노조및조정법 제62조 ③, 제75조는 2006년 12월 30일에 삭제됨)는 헌법에 위반되지 않는다는 태도를 취한 적이 있다.[3] 그러나 공무원의 쟁의행위를 전면금지하고

1) 「필수공익사업에서 쟁의행위를 하는 경우 필수유지업무는 일정수준을 유지해야 한다」는 노조법 제42조의2 규정은 헌법에 위반되지 아니한다(憲裁 2011. 12. 29. 2010 헌바 385).

2) 憲裁 1998. 7. 16, 97 헌바 23 참고. 허영, 「한국헌법론」, 495면.

3) 憲裁 2003. 5. 15, 2001 헌가 31. 이 이외에 헌법재판소는 사립학교교원의 노동운동을 금지한 사립

있던 구 노동쟁의조정법 제12조 2항에 대해서는 헌법불합치결정을 내린 바 있다.[1)]

b) 근로3권의 제한과 관련해서 「공공의 복리」가 가장 중요한 근거로 제시되고 있다.[2)] 그러나 공공의 복리라는 개념은 공공의 편의로 잘못 대치되어 근로3권의 보장을 무의미하게 할 위험이 있으며, 공공복리가 자의적으로 풀이될 때에는 특히 쟁의권 내지 쟁의행위의 제한이 안이하게 긍정되는 결과를 가져오기 쉽다.[3)] 그러므로 근로3권을 제한할 수 있는 공공복리의 개념은 근로자를 포함한 국민 전체의 생존확보를 위한 요청을 그 내용으로 하는 것이라고 엄격하게 해석하여야 할 것이며, 법률적인 개념으로 이해되어야 한다.[4)]

여기서 주의해야 할 것은 근로자들의 생존확보의 수단인 근로3권 행사의 제한으로 인하여 근로3권을 보장한 목적까지 제한할 정도로 확대되어서는 안 된다는 점이다. 왜냐하면 기본권을 제한할 수 있는 경우에도 자유와 권리의 「본질적인 내용」을 침해할 수는 없기 때문이다(헌법 제37조 Ⅱ 후단).[5)] 그리고 헌법 제37조 2항에 의하여 근로3권을 제한하는 경우에는 반드시 법률에 의하여야 한다.

그러나 구체적으로 쟁의행위의 보장과 직접적인 이해관계가 없는 일반국민의 일상생활이나 생존이 위협을 받는다거나, 국가전체의 경제적 기능이 마비되어 국민이 감수해야 할 불이익이 그 비례성한도를 넘을 때에는 공공복리를 위해서 단체행동권의 제한이 불가피할 것이다. 특히 쟁의행위로 인하여 국가적 비상사태가 발생한 때에는 국가는 공권력을 행사할 수 있을 뿐만 아니라, 사태를 진정시켜야 할 의무를 부담한다고 해야 한다.[6)] 그런 의미에서 근로3권의 자유권적 측면은 제한되지 않을 수 없다.

c) 국가위기사태에서는 대통령의 긴급재정·경제처분·명령과 긴급명령에 의하여 근로3권이 잠정적으로 제한될 수 있으며(헌법 제76조 Ⅰ), 또한 비상계엄선포에 의해서도 단체행동이 제약받을 수 있다(헌법 제77조; 계엄법 제9조). 따라서 이와 같은 경우에는 근로3권도 잠정적으로 정지되거나 제한을 받게 될 것이지만 그 제한은 최소한도에 그쳐야

학교법(제55조, 제58조 Ⅰ ④)은 헌법에 위배되지 않는다고 한다(憲裁 1991. 7. 22, 89 헌가 106).

1) 憲裁 1993. 3. 11, 88 헌마 5.

2) 일본의 판례(最高裁判 昭和 28. 4. 8, 刑集 7卷 4號, 775面)는 공공의 복리의 기준에 의하여 근로3권을 제한할 수 있다고 한다.

3) 윤세창 교수('복지국가의 정치이념', 「헌법연구」(제2집), 1972, 103면 참고)와 같이 공공복리가 사회적 약자를 특별히 보호하는 원리라고 한다면, 공공복리에 의한 근로3권의 제한은 원칙적으로 불가능하게 될 것이다.

4) Häberle, *Öffentliches Interesse als juristisches Problem*, 1970 참고.

5) 허영, 「한국헌법론」, 278면, 487면 이하 참고.

6) Gamillscheg, *Kollektives ArbR*, Bd. Ⅰ, S. 1173 ff.; 김형배, 「필수적 공익사업과 직권중재제도」, 2002, 54면 이하 참고.

할 것이다.

2. 근로3권 제한의 태양

헌법이 근로자에게 보장한 근로3권에 대하여 실정노동법규는 어떠한 제한을 가하고 있는가, 그리고 그 제한이 이론상 타당한 것인가를 검토할 필요가 있다. 근로3권의 제한 또는 금지는 근로자의 근로의 성질 또는 사업 자체의 성질을 고려하여 행하여지는 것이므로 이를 각각 나누어 고찰한다. 현행법상 공무원과 교원에 대해서는 근로자의 근로의 성질상 근로3권이 제한되는 것으로 보아야 한다. 이와는 달리 주요 방위산업 및 공익사업(내지 필수공익사업)에 종사하는 근로자에 대하여 단체행동권이 제한되는 것은 사업의 성질상의 이유에 의한 것이라고 할 수 있다. 이에 대하여 다음과 같은 분류에 따라 서술하고자 한다. i) 공무원과 교원에 대한 근로3권 제한에 관해서는 다음에서((1) a), b), c)) 그 일반적 이유와 내용을 먼저 설명하고, 실정법을 중심으로 한 각론적 설명은 제5장 집단적 노사관계법의 마지막 절(제8절)에서 살피기로 한다. 공무원 및 교원에 관한 집단적 노동법은 노조및조정법에 대한 특별법의 지위에 있기 때문이다. ii) 중요방위산업 및 공익사업(내지 필수공익사업)에 종사하는 근로자의 단체행동권 제한에 관해서는, 다음에서((2)) 기본권제한 이유와 현행법 규정을 개관하고, 각론적 내용에 대해서는 쟁의행위의 정당성에 관한 각 해당 항목([118] 4. (3), [118] 4. (4) d)) 및 공익사업에서의 노동쟁의의 조정([125] 참고)의 항목에서 설명하기로 한다.

(1) 근로의 성질상의 제한

a) 공무원과 근로3권의 제한

1) 노조및조정법상의 근로자라고 하면 「작업의 종류를 불문하고 임금·급료 기타 이에 준하는 수입에 의하여 생활하는 자」(노조및조정법 제2조 ①)를 말하므로 그런 한도에서 공무원도 근로자임에 틀림없다. 그러나 공무원인 근로자는 일반근로자와는 달리 「공무원」이라는 신분[1]을 가지고 있으므로 헌법은 「법률로 정하는 자에 한하여」 단결권·단체교섭권 및 단체행동권을 가진다고 정하고 있다(헌법 제33조 Ⅱ).[2]·[3] 종래, 국가공무원법(제66조 Ⅰ 본문)과 지방공무원법(제58조 Ⅰ 본문)은 공무원의 노동운동을 일반적으로 금

1) 공무원의 근무관계를 사법상의 근로계약관계가 아니라 공법상의 근무관계라고 한 판례: 大判 2013. 3. 28, 2012 다 102629.

2) 헌법의 규정에 맞추어 노조및조정법 제5조 단서도 공무원과 교원의 노동조합의 조직 또는 가입에 대하여는 이를 따로 정한다고 규정하고 있다.

3) 공무원이 아닌 사람이 실제로 공무를 수행하는 경우 공무원에 준하여 노동3권이 제한될 수도 있다. 집행관 사무소 소속 사무원의 경우에는 노동3권이 제한될 수 없다(大決 2011. 2. 24, 2008 마 1753).

지하면서,[1] 다만 사실상 노무에 종사하는 공무원의 노동운동은 예외로 하였다(국공법 제66조 Ⅰ 단서; 지공법 제58조 Ⅰ 단서). 그리고 사실상 노무에 종사하는 공무원의 범위에 대하여 국가는 국회규칙, 대법원규칙, 헌법재판소규칙, 중앙선거관리위원회규칙 또는 대통령령으로 정하고(국공법 제66조 Ⅱ 참조), 지방자치단체는 조례로 정하고 있다(지공법 제58조 Ⅱ 참조). 국가공무원법 제66조 2항에 의거하여 국가공무원복무규정 제28조는 사실상 노무에 종사하는 공무원의 범위(산업통상자원부 소속의 현업기관의 작업 현장에서 노무에 종사하는 기능직공무원 및 고용직공무원으로서 사무·인사 및 기밀업무, 경리 및 물품출납, 노무자 감독사무, 보안목표시설의 경비업무, 승용자동차 및 구급차의 운전 등의 예외적 업무에 종사하지 않는 자)를 정하고 있다. 따라서 공무원 중 위의 현업에 종사하는 공무원은 국가공무원법 기타 법률에 별도의 특별한 규정이 없는 한 노조및조정법에 따라 노동조합을 조직하거나 이에 가입하고 단체교섭과 쟁의행위를 할 수 있다. 다시 말하면 특별한 경우를 제외하고는 사실상 노무에 종사하는 근로자는 실질적으로 일반근로자와 마찬가지로 근로3권을 행사할 수 있다. 그런데 2005년 1월 27일에 공무원의 노동조합설립 및 운영 등에 관한 법률(이하 공무원노조법)이 제정됨으로써(2006년 1월 28일부터 시행) 6급 이하의 일반공무원, 기능직공무원(공노조법 제6조 참조) 등에 대하여 단결권 및 단체교섭권이 인정되었다.[2] 따라서 일정한 직급과 직능에 속하는 일반공무원에게는 단결권과 단체교섭권이, 그리고 '사실상 노무에 종사하는 공무원'에게는 단결권·단체교섭권·단체행동권이 주어지는 이원적 구조가 발생하게 되었다.[3]

여기서 다음과 같은 문제가 제기될 수 있다. 첫째는 근본적인 문제로서 공무원을 일반적으로 근로자로 파악할 수 있는지가 의문이다. 둘째는 공무원노조법상의 공무원과

1) 국가공무원법 제66조 1항 본문(지방공무원법 제58조 Ⅰ 본문)은 '공무원은 노동운동이나 그 밖에 공무 외의 일을 위한 집단행위를 하여서는 아니 된다'고 규정하고 있다(국가공무원법 제66조 1항이 규정하는 '집단행위'에 해당하기 위한 요건: 大判 2017. 4. 13, 2014 두 8469 참고). 판례에 따르면 「공무원인 교원이 특정 정당이나 정치세력에 대한 지지 또는 반대의사를 직접적으로 표현하는 등 정치적 편향성 또는 당파성을 명백히 드러내는 행위 등과 같이 공무원인 교원의 정치적 중립성을 침해할 만한 직접적인 위험을 가져올 정도에 이른 특정의 정치적 활동을 하는 경우에, 그 행위는 공무원인 교원으로서의 본분을 벗어나 공익에 반하는 행위로서 공무의 본질을 해치는 것이어서 직무전념의무를 해태한 것이라 할 것이므로 국가공무원법 제66조 1항이 금지하는 '공무 외의 일을 위한 집단행위'에 해당한다」(大判 2013. 6. 27, 2009 추 206; 大判(전합) 2012. 4. 19, 2010 도 6388).

2) 2011년 5월 23일에 국가공무원법과 지방공무원법이 개정(시행 2011. 8. 24)되어 각 제2조(공무원의 구분)에서 '고용직공무원'이 삭제됨으로써 공무원노조법 제6조 1항 5호의 '고용직공무원'도 이에 따라 삭제되었다.

3) 헌법재판소는, 「공무원의 노동조합설립 및 운영 등에 관한 법률」이 5급 및 6급 공무원을 합리적 이유 없이 7급 이하 공무원들과 차별하여 평등권을 침해하는지 여부, 위 법률이 해당 공무원들의 단체교섭권을 침해하는지 여부, 단체행동권을 금지하는지 여부 등에 관하여, '소극'적 판단을 한 바 있다(憲裁 2008. 12. 26, 2005 헌마 971·1193, 2006 헌마 198(병합)).

사실상 노무에 종사하는 공무원이 실질적으로 동일한 범주에 속하고 있음에도 불구하고 한쪽에는 단결권과 단체교섭권만을 인정하고 있는 데 반하여 다른 쪽에는 단체행동권까지 모두 부여하고 있는 근거가 무엇인지가 불명확하다.[1] 셋째로 헌법 제33조 2항은 근로3권을 가지는 공무원인 근로자를 법률로 정할 수 있다고 규정하고 있는데 과연 공무원과 국가 사이에 진정한 의미의 협약자치가 이루어질 수 있는지가 의문이다. 이하(2) 이하)에서는 공무원의 근로자성 여부 및 공무원과 국가(또한 지방자치단체) 사이의 협약자치의 가능성 여부에 관하여 살펴보기로 한다.

현행법상으로는 사실상 노무에 종사하는 공무원 및 공무원노조법의 적용을 받는 일반공무원 이외의 공무원은 노동운동 기타 공무 이외의 일을 위한 집단적 행위를 할 수 없다. 현역군인·군속·경찰관리·형무관리와 소방관리인 공무원에게도 근로3권의 행사는 인정되지 않는다(자세한 것은 [118] 4. (2) 이하 참고).

2) 일반적으로 공무원에 대하여 근로3권을 부인하는 이유는 공무원의 근로관계가 이윤추구를 목적으로 하는 사용자와 노무를 제공하는 임금 근로자 간의 거래관계가 아니라는 것과, 공무원의 임용행위가 행정행위의 성질[2]을 가진다는 데 있다. 다시 말하면 행정행위는 사법상의 자유로운 의사표시의 합치에 의하여 성립하는 것이 아니기 때문에 국가와 공무원 사이에 근로계약관계를 성립시킬 수 없다.[3] 그러나 이에 대하여 공무원의 노무제공관계가 경제적 종속성을 지닌 근로관계의 범주를 벗어날 수 없으며, 또 공무원의 임용행위가 계약의 성질을 가진다는 견해가 맞서고 있다. 후자의 입장은 공무원의 노무급부 측면을 중심으로 고찰할 때 국가 및 지방자치단체와 공무원간에는 근로관계가 성립할 수 있다는 주장이다. 이러한 주장에 의하면 공무원도 근로의 대가인 임금(봉급, 급료)을 받고 생활하는 자(노조및조정법 제2조 ①)임에는 틀림없다. 그러나 노동법의 보호를 받는 근로자의 상대방은 그의 경제적 이익을 위하여 활동하는 사업주 또는 이에 준하는 자(노조및조정법 제2조 ②)이어야 하는데, 국가는 그러한 의미의 사용자는 아니다.[4] 그러므로 공무원을 일반적인 근로자로 이해하는 데는 분명히 한계가 있다.

공무원의 근로관계의 특수성으로부터 연유하는 근로3권의 제한 논거로는 첫째, 국

1) 독일에서는 공무원법에 의한 공무원의 파업권은 인정되지 않는다(Zöllner/Loritz/Hergenröder, *ArbR* § 44 Rn. 88 참고).

2) 쌍방적 행정행위설: 김동희, 「행정법 Ⅱ」, 2004, 133면; 김남진, 「행정법 Ⅱ」, 2001, 200면; 홍정선, 「행정법원론(하)」, 2004, 243면.

3) Otto, *ArbR* Rn. 73; 김상호, '공무원노조의 노동3권 보장에 관한 고찰', 「노동법학」(제12호), 2001, 55면 참고.

4) 예컨대 지방공무원의 보수에 관한 법률관계는 공법상의 법률관계라고 보아야 한다(大判 2013. 3. 28, 2012 다 102629).

민전체의 봉사자, 둘째, 공무원처우개선을 위한 법률상·예산상의 제약, 셋째, 직무의 공공성 등을 들 수 있다.[1] 공무원의 쟁의행위는 일반 사기업에서의 근로자의 쟁의행위와는 구별되어야 한다. 공무원의 업무의 성질은 공공성을 띠고 있기 때문이다.[2]·[3] 근로3권을 그 제도적 기초로 하고 있는 협약자치는 일반사업에서의 노사관계를 규율하기 위하여 생성·발전된 것이므로 국가기관과 공무원 사이의 관계에 이를 적용하는 것은 타당하지 않다.[4] 특히 공무원의 봉급 기타 처우개선은 법령에 의한 규제를 받고 있기 때문에 공무원노조와 국가 또는 지방자치단체 사이에서는 진정한 의미의 협약자치가 이루어질 수 없다고 보아야 한다. 다만, 국가 또는 지방자치단체가 책정된 예산범위 내에서 자주적으로 공무원의 근로의 대가를 결정할 수 있을 때에만 단체교섭이 형식적 의미를 가

---

1) 헌법재판소는 종래 사실상 노무에 종사하는 공무원 이외의 공무원에 대하여 근로3권을 부인한 국가공무원법 第66조 1항을 합헌이라고 판단하였다. 공무원노조법의 제정으로 헌재의 결정은 그 효력에 있어서 제한을 받게 되었다. 그러나 공무원노조법의 적용을 받는 공무원이라 하더라도 동 법률에 의하여 단체행동권은 가질 수 없으며, 그 이외의 공무원에게는 여전히 근로3권이 인정되지 않는다. 그러한 한도 내에서 동 헌재의 결정은 원칙적으로 타당하다고 보아야 한다. 헌재의 결정요지는 다음과 같다. 「국가공무원법 제66조 1항이 근로3권이 보장되는 공무원의 범위를 '사실상 노무에 종사하는 공무원'에 한정하고 있는 것은 근로3권의 향유주체가 될 수 있는 공무원의 범위를 정하도록 하기 위하여 헌법 제33조 2항이 입법권자에게 부여하고 있는 형성적 재량권의 범위를 벗어난 것이라고 할 수 없다」(憲裁 1992. 4. 28, 90 헌바 27-34, 36-42, 44-46, 92 헌바 15(병합)). 이에 대한 헌법재판소의 결정근거는 다음과 같다.

근로3권이 보장되는 공무원 범위의 한정의 타당성

근로3권을 보장하는 헌법의 정신과 근로자인 공무원의 직위와 직급, 직무의 성질, 그 시대의 국가·사회적 상황 등도 아울러 고려하여 합리적으로 결정하여야 근로3권의 보장질서와 공공복리의 목적이 조화될 수 있다. 근로3권이 보장되는 공무원의 범위를 사실상 노무에 종사하는 공무원으로 한정한 것은 근로3권의 향유주체가 되는 공무원의 범위를 정함에 있어서 공무원이 일반적으로 담당하는 직무의 성질에 따른 공공성의 정도와 현실의 국가·사회적 사정 등을 아울러 고려하여 사실상 노무에 종사하는 자와 그렇지 않은 자를 기준으로 삼아 그 범위를 정한 것으로 보여진다. 이는 근로3권의 보장취지와 국민전체에 대한 봉사자로서의 지위 및 직무의 공공성 등의 성질을 고려한 합리적인 공무원제도의 보장 및 공무원제도와 관련된 주권자 등 이해관계인의 권익을 공공복리의 목적하에 통합조정하고자 하는 헌법 제33조 2항의 취지에 어긋난 것으로 볼 수 없다(계희열, 「헌법학(중)」, 691면; 권영성, 「헌법학원론」, 681면; 憲裁 1993. 3. 11, 88 헌마 5 등 참고).

2) 직무의 공공성을 공무원만이 가지는 직무의 특성으로 볼 수는 없다. 일반사기업체의 근로자의 직무도 예컨대 전기·가스·수도·의료사업에 있어서는 공공성이 강하며, 공무원의 직무도 공공성의 정도가 낮은 것이 있을 수 있다.

3) 공무원의 단결권 및 쟁의권에 관한 문헌: Ramm, *Das Koalitions- und Streikrecht der Beamten*, 1970; Däubler, *Der Streik im Öffentlichen Dienst*, 1971; Reuss, *Grenzen der Streikfreiheit im Öffentlichen Dienst*, in: FS Ule, 1977, S. 111 ff.; Raimund Lieb, *Der Arbeitskampf im Öffentlichen Dienst(Diss.)*, 2003. Ramm과 Däubler는 일정한 범위 내에서 공무원들에게도 파업이 인정되어야 한다고 한다.

4) Raimund Lieb, *Der Arbeitskampf im Öffentlichen Dienst(Diss.)*, 2003, S. 360 ff. 제한적 견해: 허영, 「한국헌법론」, 496면 이하.

질 수 있다(공노조법 제10조 참조).

b) 일반공무원의 근로3권 보장과 협약자치

1) 헌법 제33조 2항에 대한 해석에 대해서는 견해가 갈려 있다. 하나의 견해에 의하면 동조항은 근로3권의 주체가 될 수 있는 공무원의 범위만을 입법사항으로 규정한 것에 지나지 않는다고 한다. 다시 말하면 공무원의 근로3권 자체는 헌법이 이미 보장하고 있는 것이므로 입법사항이 될 수 없다고 한다.[1] 이에 반하여 다른 견해에 의하면 헌법 제33조 2항은 국가공무원이든 지방공무원이든 모든 공무원에게 근로3권을 보장한다는 취지의 규정은 아니라고 한다.[2] 어느 견해에 의하건 모든 공무원에게 근로3권을 전면적으로 부정하는 입법은 동조항의 명문상 명백히 헌법에 합치하지 않기 때문에 문제될 것이 없다.[3] 그러나 입법사항으로서 법률(국공법 제66조 Ⅰ; 지공법 제58조)이 정한 근로3권의 향유주체 이외의 일반공무원에게도 헌법상 근로3권이 인정될 수 있는지에 대해서는 다음과 같은 부정적 견해가 제시되고 있다.

2) 헌법재판소는 공무원에 대하여 근로3권을 제한하는 근거로서 국민전체의 봉사자로서의 지위, 직무의 공공성, 근무조건의 법정주의, 국민의 조세를 재원으로 한 입법과 예산의 심의·의결을 거쳐 공무원의 봉급(임금)이 결정된다는 사실 등을 들고 있다.[4] 이 이외에 공무원은 법률(헌법 제7조; 국공법 제68조 본문; 지공법 제60조 본문)에 의하여 신분이 보장되어 있으므로 특수한 해직보호를 받는다는 사실도 중요시된다.

일반공무원에게도 근로3권이 인정될 수 있는지에 대해서는 근로3권에 의한 협약자치가 전제로 하고 있는 경제적 이해대립과 그 법리에 대한 검토가 먼저 전제되지 않으면 안 된다. 우선 협약자치는 노사의 교섭과 경제적 압력(쟁의행위)을 통해서 근로조건을 유지·개선하는 제도로서 시장경제질서하에서의 기업을 그 적용대상으로 한다. 다시 말하면 근로자들의 근로조건 내지 경제적·사회적 지위의 개선은 협약당사자인 노동조합과 사용자 사이에서 이루어지는 것이다. 따라서 협약자치는 시장경제질서 속에서 경제적 교섭주체인 근로자의 근로조건(주로 임금)을 정하는 제도로서 작용한다. 따라서 협약당사자인 사용자는 비용지출의 증가라는 압력을 받게 되고, 시장에서의 경쟁력 유지에도 영향을 받는다. 단체협약은 형식적으로 자유로운 계약에 의하여 성립되기 때문에 협

1) 허영, 「한국헌법론」, 496면 이하. 同旨: 김유성, 「노동법 Ⅱ」, 39면.

2) 憲裁 1993. 3. 11, 88 헌마 5; 憲裁 1992. 4. 28, 90 헌바 27 등(병합). 同旨: 계희열, 「헌법학(중)」, 692면; 권영성, 「헌법학원론」, 681면; 김철수, 「헌법학개론」, 842면.

3) 憲裁 1993. 3. 11, 88 헌마 5.

4) 憲裁 1992. 4. 28, 90 헌바 27 내지 34, 36 내지 42, 44 내지 46, 92 헌바 15(병합). 또한 大判 1992. 6. 26, 91 누 11308 등.

약「자치」(Tarifautonomie)라는 용어가 사용되지만, 자치의 범위는 시장법칙의 한계위험을 벗어날 수 없다. 예컨대 사용자측은 쟁의행위로 인한 매출과 이익의 감소, 작업중단으로 인한 직접적인 손해를 감수해야 한다. 이와 같은 경제적 손실은 시장에서의 사용자의 경쟁력을 약화시키는 결과를 가져오며, 극단적인 경우에는 기업의 존립을 위협할 수도 있다. 이에 대하여 근로자측은 파업기간중 무임금의 손실과, 경우에 따라서는 일자리의 감소(예컨대 임금인상으로 인한 기업의 합리화조치 또는 구조조정)를 감수해야 한다. 더욱이 노동시장에서의 유휴노동력이 남아도는 때에는 일자리의 상실은 커다란 위협이 아닐 수 없다. 이와 같이 협약당사자들은 분쟁과정에서 발생하는 경제적 위험을 감수하면서 — 그 위험의 수용이 가능한 범위 내에서 — 적정한 타협점을 찾게 된다. 이것이 시장경제체제에서 협약자치가 기능할 수 있는 한계위험이다. 기업존립을 위협할 수 있는 근로조건 개선을 요구하는 파업으로 인하여 기업의 파탄을 초래함으로써 근로자들이 그들 자신의 일자리를 잃는다면 이와 같은 쟁의행위는 무의미한 일이다.[1] 마찬가지로 사용자도 수용가능한 근로자의 요구를 계속 거부함으로써 기업의 손실을 확대하는 것은 무모한 일일 것이다. 따라서 시장경쟁체제하에서 협약자치에 의한 근로조건개선의 요구와 그 수용은 일정한 한계를 넘을 수 없는 제약을 받는다. 결론적으로 헌법이 보장한 근로3권 내지 협약자치는 이러한 한계위험의 범위 내에서 이해될 수 있는 제도적 장치라고 보아야 한다.[2]

3) 그러면 공무원과 국가기관 사이에서도 협약자치가 인정될 수 있는가? 우선 국가는 사기업을 운영하는 경영주체가 아니다. 국가는 시장경제질서하에서 사기업이 감당해야 할 효율적 운영에 의한 기업의 존립을 반드시 염려할 필요가 없다. 만약 공무원이 과도한 근로조건의 개선을 요구함으로써 국가가 운영하는 공공사업의 존립이 위태롭게 되더라도 그 손실은 사기업에서와는 달리 국민전체의 부담으로 돌아갈 뿐이다(공무원의 봉급 및 대우는 국가에 의하여 법률로 정하고 있다). 또한 공무원의 신분은 보장되어 있기 때문에 공공사업에 이익이 감소하거나 손실이 발생하더라도 국가는 공무원을 함부로 해임할 수 없다. 따라서 협약자치가 전제로 하는 한계위험은 공무원과 국가 사이에는 원천적으로 존재하지 않는다. 더욱이나 공무원이 담당하는 업무는 국가행정이나 공공사업에 관한 것이기 때문에 공무원이 업무를 중단하는 것은 곧 일반국민에게 직접적인 피해를 주게 된다. 예컨대 공무원이 담당하는 용수·전력·공공시설의 유지·의료사업 등이 공무원의 근로3권의 행사로 인하여 적자를 본다 하더라도 그 사업을 중단할 수는 없다. 국가

1) 같은 취지의 판례: 大判 2003. 7. 22, 2002 도 7225.

2) 시장경제질서하에서의 협약자치와 쟁의행위의 한계위험에 관한 설명으로는 Raimund Lieb, *Der Arbeitskampf im Öffentlichen Dienst(Diss.)*, 2003, S. 355 ff. 참고.

에 의한 직장폐쇄는 더욱 용납되지 않는다.[1] 왜냐하면 국가는 공공서비스를 수행해야 할 배려의무(Vorsorgepflicht)를 부담하기 때문이다. 따라서 국가에 의한 공공서비스와 공공사업은 계속되어야 하고 이에 필요한 인력은 보존되어야 한다. 이와 같이 공무원과 국가 사이에서는 근로조건의 개선을 위한 협약자치의 한계위험은 존재하지 않는다.[2] 특히 공무원의 봉급은 사기업에 있어서처럼 한계위험의 범위 내에서 결정되는 것이 아니라, 국민의 세금을 재원으로 하여 지급되는 것이므로 시장경제법칙에 의한 직접적인 타협의 산물이라고 볼 수 없다.[3] 공무원의 근로조건 개선은 원천적으로 국민의 세금을 올리거나 국가예산에서 다른 분야에 우선하여 더 많은 재정지출의 배정을 받음으로써 가능할 것이다. 결론적으로 협약자치는 시장경제체제하에서 노동조합과 사용자가 한계위험이라는 통제를 받으면서 그 타협점을 찾아가는 하나의 집단적 거래방법이라고 할 수 있는데, 공무원과 국가기관 사이에는 이와 같은 시장의 통제원리가 적용되지 않는다.[4]

4) 공무원들은 대부분 공공(공익)분야에서 근무한다. 이러한 공무원들의 파업은 교섭상대방으로서의 국가기관이 아닌 제3자 내지 일반국민에 대해서 직접적인 영향(피해)을 미친다. 공무원의 파업으로 인하여 국가행정·통신·오물수거·우편업무 등이 중단된다면 일반시민의 정상적인 생활은 영위될 수 없으며, 실제로 많은 피해를 입게 될 것이다. 더욱이나 공무원의 파업으로 직접적인 타격을 입는 일반시민은 교섭상대방이 아니기 때문에 파업공무원의 요구를 수용하거나 해결할 수 있는 지위에 있지 않다. 일반시민은 여론을 통하여 간접적인 영향을 줄 수 있을 뿐이다. 원래 협약자치는 교섭당사자 상호 간에 경제적 압력을 가함으로써 타협의 결과로서 단체협약의 체결에 이르도록 하는 제도인데, 공무원과 국가기관 사이에는 이와 같은 관계가 존재하지 않는다.[5] 공무원의 파업이 협약당사자가 아닌 제3자 내지 일반시민의 피해를 볼모로 이루어지는 것이라면 공무원의 쟁의행위는 마땅히 제한되어야 한다.[6]

사기업에서도 근로자의 급부내용이 공익적 성질을 가지며(노조및조정법 제71조 참조)

---

1) Raimund Lieb, *a.a.O.*, S. 485; Scherer, *Grenzen des Streikrechts in den Arbeitsbereichen der Daseinsvorsorge*, 2000, S. 115.
2) Raimund Lieb, *a.a.O.*, S. 361.
3) Raimund Lieb, *a.a.O.*, S. 362.
4) 공단의 조직, 회계, 인사 및 보수 등에 관한 사항을 정하거나 변경함에 있어서 건설교통부장관의 승인을 얻도록 한 법률조항은 헌법에 보장된 평등권과 근로3권을 침해한 위헌규정이 아니다(한국고속철도건설공단사건, 憲裁 2004. 8. 26, 2003 헌바 28).
5) Raimund Lieb, *a.a.O.*, S. 364 ff.; Scherer, *a.a.O.*, S. 24 ff.; 김형배, 「필수적 공익사업과 직권중재제도」, 2002, 39면 이하.
6) Raimund Lieb, *a.a.O.*, S. 374 ff.; Scherer, *a.a.O.*, S. 117 f.; 김형배, 「필수적 공익사업과 직권중재제도」, 2002, 45면 이하.

국민생활에 필수적인 것인 때에는 쟁의행위가 제한된다(노조및조정법 제42조의2 이하, 제77조 등). (필수)공익사업에서는 쟁의행위의 주체가 공무원이냐 일반근로자이냐 하는 것은 문제되지 않는다.

5) 위에서 설명한 내용과 공무원에 대한 현행법의 규정들을 정리하면 다음과 같다. 먼저 국가공무원법 · 지방공무원법에 의하여 사실상의 노무[1]에 종사하는 공무원들에게 근로3권을 인정하는 것은 그들이 공무원으로서의 신분을 가지고 있는 한 법령에 의하여 국가예산으로부터 근로의 대가가 정해지며 그들의 신분(일자리)이 보장되고 있다는 점에서 일반 사기업에서의 쟁의행위에 내재하는 한계위험(파업에 의한 임금탈락, 근로조건 개선에 따른 인력감축 등)의 원리는 이들에게 적용되지 않는다. 또한 공무원이 담당하는 노무가 공공의 업무 내지 공익사업에 속하는 한 사실상 노무에 종사하는 공무원과 관리업무를 제공하는 일반공무원을 구별하는 것은 큰 의미가 없다.[2] 또한 공익사업에서의 쟁의행위는 협약당사자가 아닌 제3자 내지 일반 국민에게 직접 피해를 준다는 점에서 제한되지 않을 수 없다.[3]

공무원노조법에 의하면 공무원노조는 단체교섭권을 가지고 있기는 하나, 「법령 · 조례 또는 예산에 의하여 규정되는 내용과 법령 또는 조례에 의한 위임을 받아 규정되는 내용」에 대해서는 규범적 효력을 가진 단체협약을 체결할 수 없다(동법 제10조 Ⅰ). 다만 정부교섭대표자는 그러한 협약에 대해서 그 내용이 이행될 수 있도록 성실히 노력하여야 할 뿐이다(동법 제10조 Ⅱ). 여기서 성실한 노력의무는 공무원노동조합이 정부대표자에게 그 이행을 소구(訴求)할 수 있는 법적 채무라고 해석될 수는 없다. 왜냐하면 이를 인정한다면 결과적으로 단체협약의 규범적 효력을 용인하는 것이 되기 때문이다. 이와 같이 공무원노조가 가지고 있는 단체교섭권은 매우 불완전한 것으로서 실질적으로 「헌법이 보장한 단체교섭권」이라고 볼 수 없다. 더욱이나 단체행동권이 없는 교섭권은 일종의 협의권으로서의 성격을 가지는 것에 지나지 않는다고 해야 한다. 그렇다면 공무원들에게 정상적인 단체협약체결권과 쟁의행위권을 인정하지 않는 상태에서 노조설립만을 허용한다는 것이 과연 무슨 의미가 있는 것인가? 규범적 효력이 없는 단체협약, 쟁의행위권이 없는 협약자치는 유명무실한 것에 지나지 않는다. 따라서 일반공무원에 대해서는 협의제도를 통하여 공무원의 근로조건과 지위를 개선해 나가는 것이 이론상으로나

1) 「사실상의 노무」를 기준으로 공무원의 「근로자성」을 구별하는 것은 「육체」노동과 「정신」노동을 별도로 취급하려는 전근대적 발상에서 비롯된 것으로 생각된다. 공무원에 의한 노무는 공공성이라는 성질을 가지고 있으므로 사실상의 노무와 정신적 노무가 구별의 기준이 되지 않는다.

2) Raimund Lieb, *a.a.O.*, S. 364 ff.; Scherer, *a.a.O.*, S. 34 ff.; 김형배, 앞의 책, 39면 이하.

3) 김형배, 앞의 책, 77면 이하.

현실적으로 적절하다는 견해가 설득력을 얻고 있다.1)

c) 교원과 근로3권의 제한

1) 교원의 근로3권에 관해서는 헌법에 아무 규정이 없다. 종래 교원에 대해서는 국·공립학교교원이든 사립학교교원이든지 간에 근로3권이 인정되지 않았다. 국·공립학교교원의 경우 교원은 교육공무원이라는 신분을 가지고 있는 관계로 국가공무원법 제66조가 적용되어 근로3권의 행사가 인정되지 않았다. 따라서 국가공무원법 제66조 1항이 국·공립학교교원들의 노동기본권을 침해하는지의 여부에 관하여 논란이 있었지만, 헌법재판소는 합헌이라고 결정한 바 있다.2) 그러나 사립학교교원은 교육공무원이 아니므로 근로자로서 근로3권을 행사할 수 있는지가 문제될 수 있다. 그러나 구 사립학교법 제55조(현행 규정과 같음) 및 제58조 1항 4호는 사립학교교원의 노동기본권의 행사를 인정하지 않았다. 이에 대하여 위의 규정이 헌법에 위배되는지의 여부에 관하여 논란이 있었으며, 헌법재판소는 1991년 7월 22일 위 규정이 합헌임을 결정한 바 있다.3) 교원에 대하

1) 同旨: 이철수·강성태, 「공공부문의 노사관계」, 한국노동연구원, 1997, 36면. 折衷的 見解: 조용만·문무기, 「공무원 노동기본권」, 한국노동연구원, 2003, 126면 이하 참고. 독일에서는 협약자치가 인정되지 않는 일반 공무원 이외에 이른바 직원(Angestellte)과 노무자(Arbeiter)가 300만명 이상 국가기관에서 종사하고 있다. 국가기관과 직원 및 노무자 사이에는 「근로계약」이 체결되어 있다. 국가의 공공사업체가 민영화되면서 공무원의 수는 점차 감소하고 있다.

국가에 의하여 채용된 직원과 노무자 사이에는 사법상의 근로계약이 체결되어 있으므로 원칙적으로 노동관계법이 적용된다. 그러나 보수지급과 관련해서는 별도의 단체협약이 적용된다. 이들이 수행하는 업무가 공공성을 띠고 있기 때문에 쟁의행위는 제한된다. 비교법적으로 살펴볼 때, 우리나라에서는 공무원이더라도 사실상 노무를 제공하는 자에게 근로3권을 인정하면서 공익사업에 있어서는 그들의 쟁의행위를 제한하고 있으나, 독일에서는 일반공무원에게는 단결권(독일기본법 제9조 Ⅲ)을 기초로 한 협약자치가 인정되지 않으며 직원과 노무자에게는 원칙적으로 노동법을 적용하지만 공공업무를 이유로 파업권을 제한하고 있다(Otto, *ArbR* Rn. 73; Zöllner/Loritz/Hergenröder *ArbR* § 44 Rn. 84 ff.; Lieb/Jacobs, *ArbR* Rn. 609; Brox/Rüthers, *Arbeitskampfrecht* Rn. 537 ff.; Birk/Konzen u. a., *Gesetz zur Regelung kollektiver Arbeitskonflikte*, 1988, S. 56 ff.(김형배 역, 「집단적 노사분쟁의 규율에 관한 법률」, 1990, 75면 이하 참고)).

2) 憲裁 1992. 4. 28, 90 헌바 27-34, 36-42, 44-46, 92 헌바 15(병합).

3) 憲裁 1991. 7. 22, 89 헌가 106.

Ⅰ. 합헌결정의 요지(다수의견)

다수의견은 a) 교원은 국공립·사립학교를 막론하고 고도의 자율성과 사회적 책임성을 가진다는 점, b) 헌법 제31조 6항은 국민의 교육을 받을 권리를 효과적으로 보장하기 위하여 교원의 근로조건 등을 포함하는 개념인 '교원의 지위'에 관한 기본사항을 법률로 정하도록 한 것이므로 동조항은 헌법 제33조 1항보다 우선적용되어야 한다는 점, c) 교원은 교육법과 교원지위향상을 위한 특별법에 의하여 교원의 신분에 걸맞는 교직단체인 교육회를 통하여 그들의 경제적·사회적 지위향상을 도모할 수 있도록 보장하고 있으므로 위 사립학교법 규정에 의한 근로3권의 제한 또는 금지가 기본권의 본질적 내용을 침해한 것으로 볼 수 없다는 점을 들어 합헌이라고 결정하였다.

Ⅱ. 반대의견

반대의견으로는 3가지의 견해가 각각 주장되고 있다. 그 가운데 비교적 유력시되는 반대의견은 a)

여 근로3권의 보장이 문제되는 것은, 국공립·사립학교를 막론하고 교원은 — 헌법재판소[1]가 지적한 바와 같이 — 고도의 내부적 자율성과 사회적 책임성이라는 특성을 가진 교육기관의 주체적 구성원이기 때문이다. 또한 헌법상 교육을 받을 권리(제31조 Ⅰ: 국민의 수업권)를 가진 일반국민의 교육은 공공성이라는 특성을 가지고 있다. 학교는 영리를 목적으로 하는 기업체가 아니므로 교원과 교육부장관 또는 각급교육감 사이에(국립·공립학교의 경우), 또는 교원과 학교설립·경영자 사이에(사립학교의 경우) 일반 기업체에서와 동일한 노사관계가 성립한다고 보기는 어려울 것이다. 그런 의미에서 교원에 대하여는 근로3권이 제한 없이 적용될 수는 없다고 보아야 한다.

2) OECD회원국을 포함하여 대부분의 국가에서 교원의 노동기본권이 보장되어 있는 것이 일반적인 국제적 현실이다. 우리나라는 ILO·OECD 등 국제기구로부터 수차례에 걸쳐 교원의 노동기본권을 보장할 것을 권고받는 등 교원의 근로3권의 보장이 문제가 됨에 따라 1998년 2월에 체결된 「경제위기극복을 위한 사회협약」의 후속조치의 일환으로 동년 10월 31일 노사정위원회에서 교원의 노동조합결성권을 보장하기로 합의하였고, 이에 따라 1999년 1월 29일 교원의 노동조합 설립 및 운영에 관한 법률(법률 제5727호: 1999. 7. 1부터 시행)이 제정되었다.

교원노조법은 국가공무원법 제66조 1항 및 사립학교법 제55조의 규정('사립학교 교원의 복무에 관하여는 국·공립학교의 교원에 관한 규정을 준용한다')에도 불구하고 교원의 노동조합 설립에 관한 사항을 정하고 교원에 적용할 노조및조정법에 대한 특례를 규정하고 있다. 이 법에 의하면 근로3권에서 가장 중요한 단체협약의 내용 중 「법령·조례 및 예산에 의하여 규정되는 내용과 법령 또는 조례에 의하여 위임을 받아 규정되는 내용은 단체협약으로서의 효력을 가지지 아니한다」(동법 제7조 Ⅰ). 또한 업무의 정상적인 운영을 방해하는 일체의 쟁의행위는 금지된다(동법 제8조). 따라서 교원은 불완전한 단체교섭권 내지 협약체결권을 가지고 있을 뿐이다([131] 3. 참고).[2]

사립학교 교원은 공립학교 교원과 같은 공무원이 아닐 뿐만 아니라 신분보장 등의 면에서 차이가 있으며, 교육자로서의 측면과 근로자로서의 측면을 다 같이 가지고 있다는 점, b) 교육법 소정의 교육회는 결사의 자유에 근거를 두고 있는 것으로 노동조합과는 그 근거·내용·기능 등을 달리하는 것으로 그 존재를 이유로 근로3권의 전면부정은 정당화될 수 없다는 점, c) 교원의 교육권이나 근로3권은 헌법 제31조 1항에 의한 국민의 수업권을 침해하지 않는 범위 내에서 보장되므로 교원의 근로3권이 국민의 수업권과 저촉된다면 헌법 제37조 2항에 의거하여 제한될 수 있으나, 국민의 수업권의 보호도 사립학교 교원의 근로3권을 전면 부인하는 근거가 될 수 없다는 점을 들어 사립학교법 제55조 및 제58조 1항 4호를 위헌이라고 판단하였다.

1) 憲裁 1991. 7. 22, 89 헌가 106 참고.

2) 사립학교법 제58조 1항 4호는 「집단적으로 수업을 거부하는」 때에는 교원의 임면권자는 면직권을 행사할 수 있다고 규정하고 있다.

⑵ 사업의 성질상의 제한

주요 방위산업체에 종사하는 근로자의 단체행동권은 법률이 정하는 바에 따라 이를 제한하거나 인정하지 아니할 수 있다(헌법 제33조 Ⅲ). 노조및조정법 제41조 2항은 「방위산업법에 의하여 지정된 주요 방위산업체에 종사하는 근로자 중 전력, 용수 및 주로 방산물자(防産物資)를 생산하는 업무에 종사하는 자는 쟁의행위를 할 수 없으며 주로 방산물자를 생산하는 업무에 종사하는 자의 범위는 대통령령으로 정한다」[1] 고 규정하고 있으며,[2] 동법 제71조 1항은 공중의 일상생활과 밀접한 관련이 있거나 국민경제에 미치는 영향이 큰 사업으로서 ① 정기노선 여객 운수사업 및 항공운수사업, ② 수도사업, 전기사업, 가스사업, 석유정제사업 및 석유공급사업, ③ 공중위생사업, 의료사업 및 혈액공급사업, ④ 은행 및 조폐사업, ⑤ 방송 및 통신사업을 공익사업으로 규정하고, 노동쟁의와 관련하여 특별한 취급을 하고 있다(노조및조정법 제51조, 제54조, 제72조 내지 제79조 참조). 뿐만 아니라 위의 공익사업 중에서 그 업무의 정지 또는 폐지가 공중의 일상생활을 현저히 위태롭게 하거나 국민경제를 현저히 저해하고 그 업무의 대체가 용이하지 아니한 ① 철도사업, 도시철도사업 및 항공운수사업, ② 수도사업, 전기사업, 가스사업, 석유정제사업 및 석유공급사업, ③ 병원사업 및 혈액공급사업, ④ 한국은행사업, ⑤ 통신사업은 '필수공익사업'으로 규정하고(동법 제71조 Ⅱ) 위의 조항 외에 단체행동권을 제한하는 특별규정을 추가하여 두고 있다(동법 제42조의2 이하 참조. 이에 관해서는 [125] 1. 참고). 여기에서도 헌법 제37조 2항은 단체행동권을 제한하는 데 그 근거를 제시하는 일반유보조항으로서의 기능을 하기 때문에 국가안전보장·질서유지·공공복리 등을 위해서 필요

---

1) 동법 시행령 제20조는 「'주로 방산물자를 생산하는 업무에 종사하는 자'라 함은 방산물자의 완성에 필요한 제조·가공·조립·장비·재생·개량·성능검사·열처리·도장·가스취급 등의 업무에 종사하는 자를 말한다」고 규정하고 있다. 대법원에 의하면 헌법 제37조 2항이 규정하는 기본권 제한 입법에 관한 최소 침해의 원칙과 비례의 원칙, 죄형법정주의의 원칙에서 파생되는 형벌 법규 엄격 해석의 원칙에 비추어 볼 때 노조및조정법 제41조 2항에 의하여 쟁의행위가 금지됨으로써 기본권이 중대하게 제한되는 근로자의 범위(법 시령 제20조 참조)는 엄격하게 제한적으로 해석되어야 한다. 노조및조정법 제41조 2항과 법 시행령 제20조의 문언, 내용, 체계와 목적을 종합해보면 주요 방위산업체로 지정된 회사가 그 사업의 일부를 사내하도급 방식으로 다른 업체에 맡겨 방산물자를 생산하는 경우에 그 하수급업체에 소속된 근로자는 노조및조정법 제41조 2항의 쟁의행위를 금지하는 근로자에 해당할 수 없다(大判 2017. 7. 18, 2016 도 3185).

2) 1997년 노동조합법과 노동쟁의조정법이 하나의 법률로 통합되기 전인 구 노동쟁의조정법 제12조 2항이 문언상 「사실상 노무에 종사하는 공무원」의 단체행동권까지도 금지하고 있어 동 규정의 위헌성이 비판의 대상이 되었다(김형배, '노동쟁의조정법 제12조 2항의 위헌성 여부에 관한 소견', 「판례월보」(제227호), 1989. 10. 9면 이하 참고). 헌법재판소는 憲裁 1993. 3. 11, 88 헌마 5로 동 규정이 문면 해석상 모든 공무원의 단체행동권을 일률적으로 부인하는 것이어서 헌법 제33조 2항의 규정에 어긋나는 헌법불합치의 규정이라고 판단하였다.

불가피한 범위 내에서 과잉금지의 원칙에 의하여 그 제한이 허용되어야 한다는 것이 일반적 견해이다.[1] 그러나 필수공익사업의 파업에 있어서는 일반시민의 인간으로서의 존엄과 가치를 보장한 기본적 인권(헌법 제10조)과의 충돌 내지 침해가 발생할 수 있다는 문제가 제기된다([125] 1. 참고).

사업의 성질상 근로3권의 제한을 가하는 경우에도 공익적 사업의 내용을 보다 엄격하게 구체적으로 해석하여 사회적 기본권으로서의 근로3권 보장의 의의가 형해화되지 않도록 유의하여야 함은 당연한 일이다([125] 1. 참고). 특히 단체행동권을 전면적으로 부인하는 입법권의 행사는 극히 예외적인 상황에 대해서만 인정되어야 할 것이다.

3. 근로3권과 경영권

(1) 문제의 제기

a) 노조및조정법 제2조 5호는 노동쟁의를 「임금·근로시간·복지·해고 기타 대우 등 근로조건의 결정에 관한 주장의 불일치로 인하여 발생한 분쟁상태」라고 규정하고 있다. 노동쟁의는 단체교섭의 교섭대상에 대하여 노·사간에 합의가 이루어지지 않을 경우에 발생한다. 따라서 같은 조항의 노동쟁의 분쟁대상은 단체교섭의 교섭대상과 연결되는 것으로서 적어도 노동조합이 사용자에게 단체교섭을 요구할 수 있는 사항이라고 할 수 있다. 또한 단체협약의 규범적 효력을 규정한 같은 법 제33조(제29조 I 관련)는 근로조건 기타 근로자의 대우에 관한 사항이 교섭사항이 된다는 것을 명백히 하고 있다.[2] 학설[3]과 판례[4]중에는 사용자가 노조및조정법에 의하여 단체교섭을 행하여야 할 의무를

---

1) 허영, 「한국헌법론」, 497면 참고. 헌법재판소는 「헌법 제33조 제1항에서는 근로자의 단결권·단체교섭권 및 단체행동권을 보장하고 있는바, 현행 헌법에서 공무원 및 법률이 정하는 주요방위산업체에 종사하는 근로자와는 달리 특수경비원에 대해서는 단체행동권 등 근로3권의 제한에 관한 개별적 제한규정을 두고 있지 않다고 하더라도, 헌법 제37조 제2항의 일반유보조항에 따른 기본권제한의 원칙에 의하여 특수경비원의 근로3권 중 하나인 단체행동권을 제한할 수 있다」고 한다(憲裁 2009. 10. 29, 2007 헌마 1359).

2) 노조및조정법은 노동쟁의의 분쟁대상에 관해서는 자세히 규정하고 있으나, 단체교섭의 교섭사항에 대해서는 직접 언급하고 있지 않다(제29조 이하 참조). 다만, 동법 제33조는 단체협약에 정한 「근로조건 기타 근로자의 대우」에 관한 내용(단체협약의 '필수적 내용')은 규범적·직률적 효력을 가진다고 규정하고 있다. 따라서 노조및조정법이 직접 규정하고 있는 교섭사항은 임금·근로시간·복지·해고 기타 대우 등(근로조건 기타 근로자의 대우)에 관한 사항이라고 할 수 있다. 동법 제29조 1항은 노동조합의 대표자는 「그 노동조합 또는 조합원을 위하여」 사용자나 사용자단체와 교섭하고 단체협약을 체결할 권한을 가진다고 규정하고 있는데, 이 규정은 노동조합대표자의 교섭권한을 규정한 것이고 교섭사항의 내용을 정한 것은 아니다.

3) 임종률, 「노동법」, 138면 이하; 이상윤, 「노동법」, 649면.

4) 의무적 교섭사항임을 인정한 판례: 大判 1992. 5. 12, 91 다 34523(경영진의 퇴진을 요구하는 것으로 보이더라도 그 진의가 조합원의 근로조건의 개선요구에 있는 경우); 大判 1994. 9. 30, 94 다

부담하고 있는 사항을 이른바 의무적 교섭사항(이른바 mandatory subjects)이라고 부르기도 한다.[1)] 그런데 의무적 교섭사항의 범위가 어디까지 미치느냐에 관해서 견해가 일치되어 있지 않다. 이를테면 계약·취업규칙에서 약정된 사항, 임금·근로시간·복지후생급여, 재해보상 등 근로조건 기타 대우에 관한 사항은 당연히 의무적 교섭사항에 해당되지만, 조합원의 배치·징계 등 인사사항과 신기계의 도입·설비의 개선, 생산방법, 공장사무소의 이전, 경영자 또는 상급자의 인사, 사업양도·회사의 조직변경, 업무의 하도급 등 경영·생산에 관한 사항도 단체교섭사항이 될 수 있는지가 문제된다. 이러한 사항들도 근로조건이나 근로자의 고용 자체와 관련이 있거나 영향을 주는 경우에는 의무적 교섭사항이 된다는 견해(조합원의 배치, 징계, 해고 등의 인사의 기준[이유 내지 요건]이나 절차는 근로조건 기타 대우에 관한 사항이므로 의무적 교섭사항이 되고, 신기계의 도입, 설비의 교체, 생산방법, 공장이전, 상급관리자의 인사 등 경영·생산에 관한 사항도 근로조건이나 근로자의 고용에 관련 [영향을 미치게]되는 한에서는 의무적 교섭사항이 된다)가 지배적인 듯하다.[2)] 다시 말하면 사용자의 경영권·인사권[3)]의 범위에 속하는 사항이라 하더라도 그것이 근로조건이나 근로자의 고용(근로관계의 존속)에 관련되거나 영향을 주는 경우에는 단체교섭사항(의무적 교섭사항)이라는 것이다. 이와 같은 견해의 배경에는 경영권의 법적 실체를 인정하지 아니하는 태도가 전제되어 있다. 다시 말하면 법률상으로는 단체교섭의무의 대상범위에서 벗어날 수 있는 특별한 권리로서 「경영권」 영역이 인정될 수 없다는 것이 그 근거로 제시되고 있다.[4)] 따라서 이 견해에 따르면 처음부터 경영권의 존재를 인정하면서 경영권에 속하는 사항이냐의 여부를 판단하여 의무적 단체교섭사항의 가부를 논하는 것은 적절하지 않으며, 다만 일정한 사항들을 결과적으로 「경영권 사항」으로 분류·호칭하는 것

21337(폐업·조직변경 등의 후속조치로서의 배치전환·정리해고 등을 교섭사항으로 본 경우); 大判 1994. 8. 26, 93 누 8993(운수업체의 차량배치와 같이 근로조건에 밀접히 관련된 사항). 교섭사항임을 부인한 판례: 大判 2001. 4. 24, 99 도 4893. 同旨: 大判 1994. 3. 25, 93 다 30242(기업기구의 통·폐합에 따른 조직변경 및 업무분장 등에 관한 결정).

1) 헌법 제33조 1항의 단체교섭권을 행사할 수 있는 교섭대상을 특별히 '의무적 교섭사항'으로 이해할 필요가 없다는 견해: 김유성, 「노동법 Ⅱ」, 143면; 김형배, 「노동법」(제13판), 613면 이하; 이병태, 「노동법」, 213면 등. 의무적 교섭사항은 미국의 National Labor Relations Act(NLRA) Section 8(d)를 그 입법적 기원으로 한다(Ray/Sharpe/Strassfeld, Understanding Labor Law, §7.04 [B] 참고).

2) 菅野, 「勞働法」, 852面 이하(근로조건이나 근로자의 고용에 영향을 주는 경우에만 그런 측면에서 한정적으로 교섭대상으로 인정한다); 西谷, 「勞働組合法」, 299面; 도재형, '구조조정에 대항하는 쟁의행위의 정당성', 「노동법률」, 2003, 19면 이하. 단체교섭대상이라고 하는 견해: 김유성, 「노동법 Ⅱ」, 142면; 이병태, 「노동법」, 219면 이하; 또한 임종률, 「노동법」, 144면 이하, 132면 이하(단체교섭사항을 의무적 교섭사항과 같은 뜻으로 사용) 참고. 각 학설의 구체적 견해의 차이는 문헌을 직접 참고하는 것이 바람직하다.

3) 인사사항은 그 자체가 근로조건에 속하는 사항이라고 보는 것이 다수의 견해이다.

4) 菅野, 「勞働法」, 850面. 同旨: 김유성, 「노동법 Ⅱ」, 142면.

은 무방하다고 한다.[1]

b) 이른바 의무적 단체교섭사항에 대해서 노사의 주장이 불일치하여 더 이상 평화적 해결이 불가능한 경우에 노동조합은 단체행동(파업)을 할 수 있을 것이다. 위의 견해에 의하면, 예컨대 신기계의 도입·영업양도·회사조직의 변경, 경영방침의 변경 또는 구조조정에 관한 사항이라 하더라도 이에 대한 사용자의 조치가 근로조건이나 근로관계에 영향을 미칠 때에는 단체교섭의 대상이 되고, 노사의 교섭이 평화적으로 타결되지 않을 때에는 노동조합은 파업을 단행할 수 있다는 것이 된다. 그렇다면 신기계의 도입·영업양도·회사의 조직변경·구조조정 자체는 사용자의 전속적 권리에 속한다[2]는 전제는 전적으로 공허한 것이 되고 말 것이다. 왜냐하면 근로자의 근로조건이나 근로관계에 영향을 미치지 않는 경영·생산에 관한 사항은 실제로 많지 않기 때문이다. 기업경기의 악화로 인한 경영위기를 극복하기 위하여 생산방법을 바꾸거나 기업의 일부를 양도하거나 업무의 일부를 도급을 주거나 또는 중단하지 않을 수 없는 상황에서 노동조합과의 교섭이 합의에 이르지 못하여 쟁의행위가 발생한다면 경영의 정상화는 기할 수 없게 되고, 이로 인하여 기업은 도산을 피하기 어렵게 될 수도 있다. 이와 같은 사태는 사용자에게 경영권의 실체를 인정하지 않음으로써 사용자 스스로가 기업의 존립 자체를 방어하지 못하는 데서 오는 결과라고 할 수 있다. 이에 대하여 위의 견해는 단체교섭을 강제당하지 않을 「경영권 사항」의 존재를 부인하지는 않는다고 하지만,[3] 과연 이와 같은 사항들이 근로조건에 대한 영향가능성과 관련하여 어느 범위까지 인정되는 것인지는 의문이 아닐 수 없다. 근로조건이나 근로자의 고용에 영향을 주는 경우에만 그런 면에서 단체교섭의 대상이 된다[4]고 한다.

c) 경영권의 실체를 인정하지 않는 한 이른바 의무적 단체교섭사항의 범위는 자칫 넓게 해석될 수도 있다. 과연 현행법상 경영권은 권리로 인정될 수 없는 관념적 존재에 지나지 않는 것인가? 그리고 「경영권」은 기업주가 경영·인사사항에 대하여 노조의 단체교섭을 거부하기 위한 관용적(慣用的) 방패에 지나지 않는 것인가? 경영권의 문제는 첫째, 단체교섭사항의 범위, 둘째, 경영상 이유에 의한 해고와 관련해서 논의의 대상이 되고 있다. 엄격하게 말해서 전자는 단체교섭권 내지 근로3권과 경영권의 충돌의 문제이

1) 菅野, 「勞働法」, 850面. 유사한 견해: 임종률, 「노동법」, 144면; 김유성, 「노동법 Ⅱ」, 142면.
2) 大判 1994. 3. 25, 93 다 30242.
3) 菅野, 「勞働法」, 850面.
4) 菅野, 「勞働法」, 852面. 일본에서는 「경영사항」에 대해 비교적 넓게 쟁의행위를 인정하고 있다. 예컨대 노동조합의 이해를 얻지 않은 회사간부의 퇴진요구, 비조합원인 편집국차장의 해고철회요구, 경영참가요구 등도 당연히 쟁의행위의 목적이 될 수 있다고 한다(西谷, 「勞働組合法」, 418面 이하 참고).

고, 후자는 경영권 내에 포함된 해고권의 효력범위에 관한 문제라고 할 수 있다.[1] 이 문제를 논의하기 위해서는 경영권의 실체성을 먼저 검토하지 않으면 안 될 것이다.

⑵ 경영권의 실체성

a) 부정적 견해 이 견해에 의하면 경영권은 법률상 단체교섭을 면할 수 있는 특별한 권리가 아니며,[2] 관념적인 산물에 지나지 않는 것으로서 단체교섭을 강제받지 않기 위한 실체성이 없는 방어적 권리에 지나지 않는다고 한다.[3] 따라서 어떤 교섭사항이 경영권에 속하느냐 않느냐에 따라 의무적 교섭사항이냐의 여부를 논하는 것은 적절하지 않다고 한다.[4] 왜냐하면 애당초 경영권이라는 것은 존재하지 않기 때문이다. 다만, 이 견해에 의하더라도 단체교섭의 강제를 받지 않는 이른바 「경영권 사항」은 있을 수 있다고 한다.[5] 그러나 이 견해는 경영권 사항이 인정되는 근거와 기준에 대해서는 아무 설명이 없다. 단체교섭대상인가의 여부는 헌법 제33조와 노조및조정법이 근로자에게 단체교섭권을 보장한 목적에 따라 판단해야 할 문제라고 하는 것이 경영권 부정설의 기본 입장이다.

b) 헌법적 근거와 실체성

1) 헌법 제23조 1항은 재산권을 보장하고 있으며, 동법 제119조 1항은 「대한민국의 경제질서는 개인과 기업의 경제상의 자유와 창의를 존중함을 기본으로 한다」고 규정하고 있다. 재산권의 보호는 국가나 타인의 침해를 방어하는 단순한 정적 재산권(靜的 財産權)에 그치는 것이 아니라, 자기의 재산을 활용하여 재산을 증식시키는 수익활동의 보호도 함께 포함하는 개념이다.[6] 다시 말하면 기업을 조직하여 이윤을 창출하는 경영조직체에 대한 권리와 같이 동적 재산권(動的 財産權)도 재산권보장의 보호대상이 된다.[7] 우리나라의 경제질서는 재산권의 보장과 개인의 자유로운 경제적 활동 및 창의를 바탕으로 하고 있으므로, 이를 실현하기 위해서 기업재산의 보호와 자유롭고 창의적인 경제활동의 보호에 상응하는 권리가 인정되지 않으면 안 된다.[8] 다시 말하면 헌법은 개

1) 大判 2002. 2. 26, 99 도 5380; 大判 2003. 7. 22, 2002 도 7225; 大判 2003. 12. 26, 2001 도 3380; 大判 2006. 5. 25, 2002 도 5577 등 참고.
2) 菅野, 「勞働法」, 850面; 이병태, 「노동법」, 215면.
3) 이병태, 「노동법」, 219면.
4) 菅野, 「勞働法」, 850面; 이병태, 「노동법」, 219면.
5) 菅野, 「勞働法」, 850面.
6) 同旨: 허영, 「한국헌법론」, 46면; 계희열, 「헌법학(중)」, 483면.
7) 同旨: 大判 2003. 7. 22, 2002 도 7225; 大判(전합) 2003. 11. 13, 2003 도 687; 憲裁 1997. 8. 21, 94 헌바 19, 95 헌바 34, 97 헌가 11; 憲裁 1998. 10. 29, 97 헌마 345; 허영, 「한국헌법론」, 461면.
8) 헌법재판소는 재산권보장규정(제23조 Ⅰ)과 경제조항(제119조 Ⅰ)의 상호연관하에서 경제질서를 이해하고 있다: 憲裁 1997. 8. 21, 94 헌바 19 등. 또한 大判 2003. 7. 22, 2002 도 7225. 김형배, '긴

인의 경제활동의 자유와 창의의 존중을 기본적 바탕으로 하는 자본주의적 자유시장경제 질서를 보장하고 있으며,[1] 이러한 경제질서는 구체적으로 재산권행사의 자유(헌법 제23조 I)와 직업의 자유(헌법 제15조)의 보장에 의하여 실현되고 있다.[2] 헌법은 직업선택의 자유라고 표현하고 있으나, 직업선택의 자유는 직업과 관련된 종합적이고 포괄적인 자유를 뜻한다.[3] 그리고 직업의 자유를 보호한다는 것은 직업 또는 영업활동상의 자유, 즉 직업행사의 자유를 당연히 그 내용으로 포함하는 것이다.[4] 구체적으로 직업행사의 자유는 기업의 조직 및 법적 형태의 선택의 자유, 직업적 처분의 자유(즉 투자의 자유, 생산품목의 선택·판매와 이와 관련된 자유로운 계약 및 가격결정의 자유) 등을 포함한다.[5] 우리 헌법재판소는 기업의 자유가 직업의 자유에 포함된다는 견해를 밝히고 있다.[6] 직업의 자유는 자연인만이 아니라 법인도 그 향유주체가 된다.[7] 이상의 내용을 종합해 보면 직업의 자유는 자연인과 법인의 주관적 권리(주관적 공권)로서 그 보호내용은 자유시장질서하에서 경제·사회질서를 형성하는 기본요소로서의 성격을 갖는다.[8] 따라서 직업의 자유가 사인(私人)에 의하여 침해되는 경우에 관련법률에 의해서 충분히 보호되지 못할 때에는 직업의 자유의 기본권규정이 직접 또는 간접으로 침해자에 대해서 적용될 수 있다는 것이 유력한 견해이다.[9] 이와 같이 자연인과 법인이 영업활동을 할 수 있는 자유는 직업의 자유보장에 의해서도 구체적인 권리로서 보호의 대상이 되고 있다.

2) 기업의 운영 내지 활동에는 필수적으로 기업주의 경영상의 의사결정(unternehmerische Entscheidung)이 전제된다. 경영상의 의사결정의 자유가 인정되지 않는다면 기업의 운영은 불가능하게 될 것이다. 왜냐하면 기업은 기업의 목적활동을 실현하는 조직체로서 그 목적활동은 경영상의 의사결정에 의하여 실현되기 때문이다.[10] 그렇다면 기업주의 경영상 의사결정 자유의 근거와 내용은 어떻게 이해되어야 할 것인가? 우리나라

박한 경영상의 필요에 의한 해고와 사법적 심사', 「조정과 심판」(창간호), 2000, 31면.

1) 同旨: 허영, 「한국헌법론」, 452면; 憲裁 1997. 8. 21, 94 헌바 19 등.

2) 허영, 「헌법이론과 헌법」, 594면.

3) 계희열, 「헌법학(중)」, 456면. 우리 헌법재판소도 직업선택의 자유에는 직업결정의 자유, 직업수행의 자유 등이 포함된다고 한다(憲裁 1993. 5. 13, 92 헌마 80; 憲裁 1989. 11. 20, 89 헌가 102 참고). Stahlhacke · Preis · Vossen/Preis, *Kündigungsschutz(Handb)*, Rn. 944.

4) 계희열, 「헌법학(중)」, 458면 및 그곳에 인용된 문헌. 또한 大判 2003. 7. 22, 2002 도 7225; 大判(전합) 2003. 11. 13, 2003 도 687.

5) 계희열, 「헌법학(중)」, 458면.

6) 憲裁 1998. 10. 29, 97 헌마 345.

7) 憲裁 1996. 3. 28, 94 헌바 42.

8) 계희열, 「헌법학(중)」, 461면. 憲裁 1995. 7. 21, 94 헌마 125; 憲裁 1997. 4. 24, 95 헌마 273.

9) 계희열, 「헌법학(중)」, 463면.

10) *MünchArbR*/Berkowsky, Bd. I, § 112 Rn. 19 f. 참고.

에는 이에 대하여 언급하고 있는 학자가 거의 없다. 위에서 설명한 바와 같이 경영권은 헌법 제119조 1항, 제23조 1항 및 제15조를 그 법적 기초로 하며, 기업주의 경영상의 의사결정의 자유도 같은 헌법의 규정을 기초로 한다고 보아야 한다. 경영상의 의사결정의 자유는 경영권의 필요불가결한 실현요소라고 보아야 하기 때문이다.[1] 영업의 구체적 내용과 활동들은 경영상의 의사결정을 통하여 실현된다. 예컨대 기업목적, 사업분야, 생산방법, 사업장의 위치결정, 사업장의 규모, 투자방법, 경영조직, 근로자의 수에 대한 기업주의 의사결정 없이 기업은 운영될 수 없다.[2] 이와 같은 사항들은 상호 밀접한 관련을 가지고 있으며, 양적 및 질적으로 의존관계에 있다. 예컨대 생산방법이 기계화·현대화되면(질적 변화) 상대적으로 근로자의 수(인력)는 감소되는(양적 변화) 상황이 발생한다. 무엇보다도 중요한 것은 이 모든 사항들이 시장과의 의존관계에 서 있기 때문에 끊임없이 변화하는 시장의 영향에서 벗어날 수 없다는 점이다(여기서 시장개념은 국내 및 국제시장을 포괄하는 뜻으로 이해해야 한다). 그러므로 기업주의 경영행위는 중단 없이, 변하는 시장의 수요에 대하여 자신의 경영체를 능률적으로 적응시켜 나가는 것을 의미한다. 이에 성공하는 자는 기업의 발전과 성과를 얻을 수 있고, 이에 실패하는 자는 시장적 경쟁관계에서 탈락(도산)하게 될 것이다. 경영상의 결정은 현재의 상태를 개혁하는 경우에만 요청되는 것이 아니라, 기업목적을 그대로 유지하면서 현재의 경영구조하에 경영을 계속하는 경우에도 필요한 것이다.[3] 경영의 실패나 불가항력적 도산에 대한 경제위험(Wirtschaftsrisiko)[4]을 기업주가 부담해야 하는 이유도 기업주에게 경영에 대한 의사결정의 자유(의사결정권)가 주어져 있기 때문이다. 따라서 경영권은 실체성을 가지는 권리로서 이해해야 하고, 이념적 또는 관념적 용어라는 주장은 타당하지 않다.[5]

c) 경영권 행사의 구체적 모습 기업주가 그의 기업조직을 효율적이고 생산적으로 운영하기 위해서는 인력의 증감·배치, 수주량(受注量)의 조절, 사업일부의 증설·축소, 판매전략에 대한 계획, 영업정책의 변경, 재정조달방법의 결정 및 변경, 기계의 설

---

1) *MünchArbR*/Berkowsky, Bd. Ⅰ, §112 Rn. 25.
2) *MünchArbR*/Berkowsky, Bd. Ⅰ, §112 Rn. 25.
3) *MünchArbR*/Berkowsky, Bd. Ⅰ, §112 Rn. 25 f.
4) 기업주가 그의 과실 없이 경영에 실패하거나 예측할 수 없었던 불경기로 인해 기업이익이 감소하여 적자를 보게 되었더라도 근로자들에 대한 임금 기타 급여의 지급의무는 경감 또는 면제되지 않는다(Otto, *ArbR* Rn. 520; Lieb/Jacobs, *ArbR* Rn. 679 참고). 기업의 경제적 위험은 사용자가 부담해야 하기 때문이다.
5) 노동법은 근로자보호를 위한 법률이기 때문에 그 성질상 근로자의 권리와 사용자의 의무에 관하여 규정하는 것을 원칙으로 하고 있다. 노동법에 사용자의 권리가 규정되어 있지 않다는 이유에서 경영권의 실체성이 없다고 하거나 경영권은 단순히 소극적으로 근로자의 노동기본권에 대항하기 위한 관념적 산물에 불과하다는 주장은 타당하지 않다.

치, 신기술의 도입, 작업과정과 제조·작업방법의 변경·개선, 기업조직의 개편, 사업목적의 변경, 새로운 사업분야의 개발과 투자, 영업양도, 기업의 분할·합병 등에 관해서 적극적 또는 소극적 의사결정을 단행하지 않으면 안 된다. 경영에 관한 기업주의 이러한 기본적 결정권이 없이는 기업재산의 보호와 자유롭고 창의적인 경제활동은 불가능하게 된다. 따라서 기업상의 의사결정의 자유는 제3자에 의해서 침해되어서는 안 되는 기업주의 고유한 권리라고 보아야 한다.

(3) 근로3권과 경영권

a) 경영권이 미치는 구체적 사항에 관해서는 위에서 언급하였다. 그런데 노동조합은 임금·근로시간·복지·해고 기타 대우 등 근로조건의 「결정」에 관하여 단체교섭권과 단체행동권을 가지고 있다(헌법 제33조 I; 노조및조정법 제2조 ⑤). 이와 같은 근로조건의 개선은 단순히 해당근로조건에 국한된 그리고 대외적으로 아무 영향을 미치지 않는 것이 아니다. 예컨대 근로조건의 유지·개선은 인력의 증감·분배, 신기술의 도입, 작업과정과 제조·작업방법의 변경·개선, 수주량의 조절, 판매전략의 개선 등과 직접 또는 간접적 관련을 가지고 있다. 근로조건 및 기타 근로자의 대우를 개선하기 위해서는 신기술의 도입, 제조·작업방법의 합리적 개선 등이 수반되기 때문이다. 여기서 기업주의 결단에 의한 경영상의 조치가 근로조건 및 근로관계와 관련이 있는 사항이면 모두 단체교섭 및 단체행동의 대상이 될 수 있느냐 하는 일반적 문제가 제기될 수 있다. 일부 학설[1]에 따르면 신기계의 도입·생산방법 또는 판매체제, 공장사무소의 이전, 경영자·상급관리자의 인사, 영업양도, 회사의 조직변경, 업무의 하도급에 관한 사항은 일반적으로 근로조건 및 근로관계의 유지와 관련이 있는 경우에 교섭사항이 될 수 있다고 한다. 그러나 위와 같은 사항들이 근로조건과 근로관계에 영향을 미치지 않는 경우가 거의 없다는 점을 고려하면 경영에 관한 사항들은 그 대부분이 단체교섭사항에 속하게 될 것이다. 이러한 견해는 경영권의 실체성을 부인하는 데서 오는 결과라고 생각된다. 기업주의 경영상의 결정의 자유에 속하는 사항들이 근로조건 및 근로관계와 관련되어 있다면 모두 단체교섭(더 나아가서 단체행동)의 대상이 될 수 있다는 주장은 헌법 제33조 1항에 의해서도 정당화될 수 없을 것이다. 특히 기업의 영업목적을 실현하기 위한 핵심적 사항, 경제상의 창의와 투자에 관한 사항, 기업의 존립에 관한 사항, 기업조직의 변경, 기업재산의 취득·관리·처분(예컨대 영업양도)에 관한 사항은 헌법 제119조 1항, 제23조 1항, 제15조에 기초한 경영권이 지배하는 사항으로서 단체교섭사항이 될 수 없다고 보아야 한다.[2] 그 이외

1) 菅野, 「勞働法」, 582面 이하; 김유성, 「노동법 Ⅱ」, 142면.

2) 大判 2003. 7. 22, 2002 도 7225; 大判 2003. 11. 13, 2003 도 687; 김형배, '단체교섭권과 경영권 — 단체교섭 대상에 관한 재론 —', 「노동법학」(제18호), 2004. 6, 67면 및 75면 이하. 同旨: 大判

의 사항에 있어서는 해당 사항이 근로자의 근로조건 및 기타 대우에 관한 사항으로서 헌법 제33조 1항에 의한 단체교섭사항에 포섭될 수 있는 것인지, 아니면 헌법 제119조 1항, 제23조 1항 및 제15조를 기초로 한 경영권의 행사대상인지를 구체적으로 판단하여 결정해야 할 것으로 생각된다. 예컨대 작업교대제의 채택이나 교대제의 시간순 배정 또는 작업장소를 변경하는 문제가 단체교섭의 대상이 될 수 있는지의 여부는 그것이 근로시간의 변경이라는 성질에 더 많은 비중을 가지고 있는 한 단체교섭사항이라고 보아야 할 것이다.[1)]

경영에 관련된 사항이 단체교섭의 대상으로 판단되는 경우 교섭당사자들은 큰 마찰없이 단체협약을 체결하여 문제를 평화적으로 해결할 수 있으나, 당사자들의 주장의 불일치로 인하여 협약체결에 이르지 못한 때에는 쟁의행위를 할 수 있다. 이 경우에 사용자가 노동조합의 교섭요구에 응하지 않으면 부당노동행위가 될 것이다. 이와 같이 경영에 관한 사항이 단체교섭사항이 될 수 있다는 것은 동시에 쟁의행위의 대상이 된다는 것을 의미하므로 단체교섭사항이 넓게 해석될수록 기업주의 경영상 결정의 자유의 폭, 즉 경영권이 인정되는 범위는 축소될 것이다. 따라서 단체교섭의 대상이 될 수 있는 경영에 관련된 사항의 한계를 설정하는 것은 해당 사안에 대한 구체적 판단을 통하여 신중을 기하지 않으면 안 된다. 이는 노사당사자의 단순한 이해관계의 문제에 그치는 것이 아니기 때문에, 해당 기본권의 합리적 해석을 통하여 해결되어야 할 문제라고 판단된다. 다만, 경영권에 속하는 사항이라 하더라도 노·사 양당사자가 자진해서 협의 또는 임의적 교섭에 합의하는 것은 얼마든지 가능하다. 이 경우에 사용자가 임의적 협의에 응할 것을 합의했다고 하여 노동조합이 그 주장을 관철하기 위한 파업을 단행할 수는 없다고

1992. 5. 12, 91 다 34523(기업의 경영방침변경, 경영조직개편 또는 구조개혁 그 자체는 사용자의 전속적 권리에 속하는 사항이다). 制限的 肯定: 임종률, 「노동법」, 144면; 이병태, 「노동법」, 219면. 異見: 서울地判 1991. 9. 12, 90 가합 5721 참고.

1) 미국판례(Fireboard Paper Product Corp. v. NLRB = 379 U. S. 203(1964))에 의하면, 예컨대 하도급은 사용자가 결정해야 할 원가절감의 문제라고 볼 수 있으나, 교섭단체의 노조원을 유사한 고용조건에서 동일한 작업을 수행하는 자유계약근로자와 대체하려는 것인 때에는 의무적 교섭사항이라고 한다. 그리고 하도급의 결정은 양당사자에게 시급한 중요사항으로서 경영상의 자유를 크게 침해하지 않고 단체교섭을 통하여 성공적으로 해결할 수 있는 사항이므로 의무적 교섭사항이라고 판시하였다(Ray/Sharpe/Strassfeld, *Understanding Labor Law*, §7.04 [B]). 사업의 확장·존폐 또는 이에 준하는 경영사항이라 하더라도 단체교섭에 의하여 얻을 이익보다 사업경영에 대한 부담이 더 큰 경우에는 의무적 교섭사항에서 제외되지만 그 이외의 사항에 대해서는 당연히 의무적 교섭사항이 된다는 견해가 있다(임종률, 「노동법」, 127면 이하). 기업의 확장·존폐 등에 관한 사항에 대해서 근로자들이 얻는 이익과 경영에 주는 부담을 비교형량하여 이른바 의무적 교섭사항의 여부를 결정하는 것은 근로3권을 보장한 헌법 제31조 1항의 취지에 부합하지 않으며, 경영권의 실체성을 처음부터 부인하는 태도라고 할 수 있다.

보아야 한다.

인사·구조조정 및 경영상의 이유에 의한 해고 등에 관해서는 해당항목을 설명할 때 자세히 언급하기로 한다([108] 1. ⑹ 참고).

b) 근로자참여협력법 제20조 1항은 특히 근로자의 채용·배치 및 교육훈련(동항 ②), 경영상 또는 기술상의 사정으로 인한 인력의 배치전환·재훈련·해고 등 고용조정의 일반원칙(동항 ⑥), 작업 및 휴게시간의 운영(동항 ⑦), 신기계·기술의 도입 또는 작업공정의 개선(동항 ⑨) 등 경영권에 관련되면서 동시에 근로조건에 영향을 주는 사항들을 노사의 협의사항으로 규정하고 있다. 이와 같은 사항들은 원칙적으로 단체교섭의 대상이 될 수 없다고 보아야 한다. 노사협의사항들을 단체교섭의 대상과 동일시한다면 동법의 취지가 무의미하게 될 것이기 때문이다.[1] 협의는 합의를 의미하지 않으므로 노·사의 대표는 합의할 의무를 부담하지 않는다. 다만, 노사협의회는 일정한 정족수를 갖추어 이에 대하여 의결할 수 있다(제20조 Ⅱ, 제15조). 이때, 근로조건에 직접 관련된 사항은 일단 협의를 거쳐 단체교섭의 대상으로 삼을 수 있다고 보아야 한다. 그렇지 않으면 단체교섭권이 부당하게 침해될 수 있을 것이다. 입법론상 근로자참여협력법과 노조및조정법이 배타적으로 적용될 수 있는 한계를 보다 명백히 하는 것이 바람직할 것이다.

c) 경영권과 근로3권이 충돌하는 경우에는 충돌되는 두 법익이 최대한 실현될 수 있도록 해야 할 것이다.[2] 하지만 두 기본권의 대등한 양립이 불가능한 때에는 일정한 한계를 설정할 필요가 있다. 대법원은 「기업의 경제상의 창의와 투자의욕을 훼손시키지 않고 오히려 이를 증진시키며 기업의 경쟁력을 강화하는 방향으로 해결책을 찾아야」 한다고 한다. 「왜냐하면 기업이 쇠퇴하고 투자가 줄어들면 근로의 기회가 감소되고 실업이 증가되는 반면, 기업이 잘 되고 새로운 투자가 일어나면 근로자의 지위도 향상되고 새로운 고용도 창출되어 결과적으로 기업과 근로자가 다함께 승자가 될 수 있기 때문」이라고 한다. 「이러한 관점에 서서, 구조조정이나 합병 등 기업의 경쟁력을 강화하기 위한 경영주체의 경영상 조치에 대하여는 원칙적으로 노동쟁의의 대상이 될 수 없다고 해석하여 기업의 경쟁력 강화를 촉진시키는 것이 옳다」.[3]

1) 同旨: 이병태, 「노동법」, 495면 참고.

2) 기본권의 충돌시에 어느 하나의 법익만을 보호하고 다른 법익을 희생시켜서는 안 될 것이다. 근로3권과 경영권이 충돌하는 경우 양 법익이 최대한 실현될 수 있도록 할 것이지만 해당 기본권을 모두 실현시킬 수 없는 경우에는 법익의 비중에 따라 비례적으로 절충되어야 할 것이다. 이와 같은 실제적 조화의 원리에 관해서는 계희열, 「헌법학(중)」, 2004, 127면 이하, 770면; 김형배, 「필수적 공익사업과 직권중재제도」, 2002, 66면 이하 참고.

3) 大判 2003. 7. 22, 2002 도 7225; 大判(전합) 2003. 11. 13, 2003 도 687.

제3장 개별적 근로관계법

제3장 개별적 근로관계법

제1절 서 설

[28] Ⅰ. 개별적 근로관계법의 성질과 지위

1. 의의와 성질

a) 개별적 근로관계법은 개개 근로관계를 규율하는 제반 법률들을 하나의 체계로 총칭하는 법영역을 말한다. 근로관계는 기본적으로 근로자 개인과 사용자를 당사자로 하는 법률관계로서 근로자는 사용자의 사업장에서 임금을 목적으로 종속적 관계에서 사용자에게 노무를 제공하는 계약관계를 말한다. 근로(계약)관계는 근로자와 사용자 사이의 근로계약의 체결, 근로관계의 내용인 임금, 근로시간, 각종 수당, 근무장소, 근로계약의 수행 등에 관한 권리·의무의 성립 및 변경과 근로관계의 종료(퇴직·해고 등)와 같은 전개과정을 거치는 것이 보통이다. 개별적 근로관계법 중 대표적 법률인 근로기준법은 이러한 내용들을 종합적·체계적으로 규정하고 있다.

b) 근로관계는 민법의 고용관계(민법 제655조 이하)에 속하는 개별적 계약관계이다. 근로자는 사용자의 지휘·감독하에 노무를 제공하여야 한다는 점에서 민법의 노무자와 다를 바가 없다.[1] 그러나 민법의 쌍무적 고용관계가 노무자의 노무제공의무를 주채무로 하여 구성되어 있는 것과는 달리, 개별적 근로관계법(예컨대 근로기준법)은 근로자를 민법에서처럼 노무를 제공하는 채무자로서가 아니라, 해당 법률이 보장하고 있는 구체적 권

---

1) 독일민법은 제611조a를 신설하여 근로계약(Arbeitsvertrag)을 고용계약(Dienstvertrag)의 관(款)에 포함하여 직접 규정하고 있으며(2017. 7. 1. 시행), 근로관계의 해지기간에 관하여는 자세한 규정을 두고 있다(제622조). 개정민법에 따르면 근로관계를 해지(해고: Kündigung) 또는 합의해지계약으로 유효하게 종료시키려면 서면방식을 취해야 하고, 전자통신방식은 배제된다(제623조). 독일민법 제611조a의 근로계약 규정은 다음과 같다.

「① 근로자는 근로계약에 의하여 타인에게 고용되어 그 지시에 따라, 타인결정의 노무를 인적 종속하에 제공할 의무를 진다. 지시권은 업무의 내용, 수행, 시간 및 장소에 미친다. 실질적으로 자신의 노무행위를 자유로 계획할 수 없으며 자신의 근로시간을 스스로 결정할 수 없는 자는 지시에 구속되는 자이다. 인적 종속성의 정도는 각 경우의 업무의 성질에 따라서도 다를 수 있다. 근로계약의 존재 여부의 확정은 모든 사정을 종합적으로 고려하여 판단하여야 한다. 계약관계의 사실적 수행에 비추어 근로관계가 존재하는 때에는 계약의 명칭은 문제되지 않는다. ② 사용자는 약정된 보수의 지급의무를 진다.」

리의 주체(채권자)로서 전제하고 있다. 즉, 근로자보호법의 성질을 가지는 개별적 근로계약법은 사용자가 근로자에 대하여 부담하는 각종 의무를 규정하는 규율방식을 취하고 있다. 개별적 근로관계법과 민법은 특별법과 일반법의 관계에 있지만 이러한 관계에 있지 않은 그 밖의 민법규정(제657조, 제663조 등)은 근로관계에 그대로 적용된다.

c) 다른 한편 근로관계는 근로자의 채무의 측면에서 보면 사용자의 지휘·감독하에 사용자의 사업장에서 종속적 관계에서 노무를 제공하는 계속적 채무관계이다(민법 제655조; 근기법 제2조 ①, ④, ⑤ 참조). 타인 노무의 이용을 목적으로 하는 계약 중에서 위임(민법 제680조)은 수임인(채무자)이 위임받은 사무를 선량한 관리자의 주의를 가지고 스스로 처리하는 채무관계이고, 도급(민법 제664조)은 수급인이 도급인에 대하여 일의 완성을 채무내용으로 하는 채무관계이다. 도급인은 일의 완성에 필요한 중요 부분에 관하여 지시할 수 있으나(지시권의 행사) 구체적인 노무에 대하여 지휘·감독권한을 가지지 않는다. 수임인의 사무처리나 수급인의 일의 완성이라는 채무의 수행은 위임인 또는 도급인의 사업장에서 이루어지지 않는 것이 보통이다. 근로관계에 있는 근로자는 일반적으로 사용자의 사업 또는 사업장에 조직적으로 편입되어 사용자의 지휘·감독하에 계속적·집단적으로 노무를 제공하게 되므로 양 당사자 사이에서는 인적 신뢰관계가 중요시되며, 기업질서의 준수와 유지가 필요하게 된다. 근로기준법은 일정한 항목의 근로조건과 인사·노무관리·제재에 관하여 사용자가 작성한 취업규칙에 대해서도 규제하고 있다(근기법 제93조 이하 참조).

d) 근로자와 사용자가 위임 또는 도급이라는 계약형식을 취하고 있더라도 실질적으로는 근로자가 사용자의 사업 또는 사업장에서 임금을 목적으로 종속적 관계에서(사용자의 지휘·감독하에)노무를 제공하고 있다면 근로관계가 성립하고 있는 것이므로 개별적 근로계약법인 근로기준법이 적용된다.[1] 또한 수급인이 채용한 근로자가 도급인의 사업장에서 도급인의 지휘·감독하에서 임금을 목적으로 노무를 제공하는 경우에는 해당 근로자와 도급인 사이에 묵시적 근로관계가 인정되거나([32] 2. e), [39] 2. (3) a) 참고)[2] 근로자파견법이 적용될 수 있다([90] 1. 참고).[3]

2. 집단적 노사관계법과의 관계

개별적 근로관계법은 근로관계의 일방 당사자인 개개 근로자를 개별적으로 보호하

1) 大判 2006. 12. 7, 2004 다 29736; 大判 1987. 5. 26, 87 도 604 등.
2) 大判 2008. 7. 10, 2005 다 75088 등.
3) 大判 2015. 2. 26, 2010 다 106436; 大判 2015. 2. 26, 2012 다 96922 등 참고. 또한 大判 2010. 7. 22, 2008 두 4367.

는 법률이다. 예컨대 사용자의 사업장에 100명의 근로자가 취업하고 있다면 개별적 근로관계는 100개가 존재하는 것이고, 근로기준법의 적용대상도 100개가 된다. 따라서 개별적 근로계약법은 개개 근로자, 개개 사용자 내지 개별적 근로계약관계를 보호 내지 규율 대상으로 한다. 이에 반하여 집단적 노사관계법은 근로자들이 조직·가입한 노동조합과 사용자(또는 사용자단체)를 당사자로 하여 전개되는 단체교섭과 단체협약의 체결을 중심으로 이루어지는 집단적 노사관계 내지 법률관계를 규율하는 법률체계로서 주로 「노동조합및노동관계조정법」 및 동 시행령을 일컫는다. 집단적 노사관계법도 근로자의 보호, 즉 근로자의 근로조건의 유지·개선을 목적으로 하는 것이므로 노동조합이 체결한 단체협약은 조합원인 근로자들의 근로조건 개선을 본질적 규율대상으로 삼는다. 집단적 노사관계법은 근로자 개개인만을 규율대상으로 하는 것이 아니라 조합원인 근로자들의 근로조건을 집단적으로 규율하는 것을 목적으로 한다는 점에서 개별적 근로계약법과 구별된다. 다시 말하면 사용자는 조합원인 근로자들에 대하여 단체협약상의 의무(개선된 근로조건의 이행의무)를 집단적으로 부담한다. 즉, 단체협약은 개별적 근로계약과는 달리 근로자들에게 집단적으로 적용되는 효력을 가진다. 그러나 조합원인 개별근로자는 단체협약을 기초로 사용자에 대해서 직접 청구권을 행사할 수 있다.

노동조합의 구성원인 근로자는 원칙적으로 단체협약의 상대방 당사자인 사용자와 근로계약관계에 있는 자를 뜻한다. 노동조합은 사용자와의 관계에서 개별적 근로자와는 달리 강한 교섭력을 가지고 있으므로 보다 개선된 근로조건과 새로운 내용의 급여(예컨대 각종 수당 및 상여금 등) 등을 단체교섭을 통하여 주장·관철할 수 있다. 노조및조정법은 「단체협약에 정한 근로조건 기타 근로자의 대우에 관한 기준」은 취업규칙 또는 근로계약에 대하여 우선적·강행적 효력을 가진다고 규정하고 있다(제33조 참고). 근로기준법도 이에 상응하는 규정을 두고 있다(제96조, 제97조 참조). 집단적 노사관계법상의 단체협약은 개별적 근로계약, 취업규칙, 근로기준법의 규정 등 개별적 근로관계법상의 수준보다 유리한 기준을 설정함으로써 근로자들을 실효적으로 보호하는 기능을 가진다. 이와 같이 개별적 근로관계법과 집단적 노사관계법은 밀접한 관계를 가지고 있다. 개별적 근로관계법은 국가가 개개 근로자를 대상으로 근로조건의 최저기준을 정한 법률이라고 한다면 집단적 노사관계법은 노동조합이 강한 교섭력을 바탕으로 스스로 근로조건을 집단적으로 개선하고 보호영역을 확대하는 것을 보장한 법률이다. 개별적 근로관계법이나 집단적 노사관계법은 다같이 근로자의 근로관계를 전제로 하여 근로조건을 개선·향상시키는 법률이지만 그 개선 방법이 다를 뿐이다.

3. 서술의 범위

개별적 근로관계법은 근로관계(Arbeitsverhältnis)를 기본적 규율대상으로 한다. 따라서 이 곳에서는 개별적 근로관계를 종합적·체계적으로 규율하는 기본법인 근로기준법이 고찰의 주된 내용이 된다.

근로관계의 성립을 돕기 위한 직업안정, 직업훈련 조치 또는 근로관계 종료 후의 실업구제 등, 근로관계 존속 후에 발생하는 제반문제도 개별적 근로관계에 관련되는 것이지만 여기에서는 이에 대하여 논술하지 않는다. 고용보험법은 실직한 근로자의 생활안정에 대비하는 법이긴 하나, 근로관계 존속 중인 근로자들의 실업예방 및 직업능력 개발사업도 그 내용으로 하고 있으므로 단순히 실직을 대비한 실업보험법의 성격만 지닌 것은 아니다(고보법 제1조, 제19조 이하 참조). 오늘날 취업근로자와 근로희망자(실업자)는 서로 완전히 단절된 상태에 있는 것이 아니므로 고용보험법은 노동법과 관련된 법이라고 보아야 한다. 이 법은 근로자를 사용하는 모든 사업장에 적용되어(제8조) 노동시장의 유연화에서 오는 고용불안을 완화·해소시킬 뿐만 아니라 재취업 기회 마련에 이바지하기 때문이다.

제24판에서는 기간제및단시간법과 근로자파견법을 따로 분리해 비전형근로관계라는 표제하에 제6장에서 서술하였으나 제25판부터는 제3장 개별적 근로관계법에 이어서 서술하였다. 비전형근로관계를 전형적 (정규)근로계약관계와 연계하여 논술하는 것이 노동법구조의 체계상 비전형근로자의 개별적 보호라는 관점에서도 옳을 뿐 아니라, 자칫 비전형근로관계를 예외적 현상으로 바라보는 잘못된 인식을 방지할 수 있기 때문이다.

[29] II. 근로기준법에 의한 근로자의 보호

1. 의 의

근로자의 경제적·사회적 지위를 일정수준까지 유지·향상하고 기타의 생활위협으로부터 근로자들을 보호해야 한다는 것이 노동법의 기본과제임은 더 말할 필요가 없다. 이러한 목적을 달성하기 위하여는 여러 가지 방법이 있다.[1] 근로기준법은 근로자의 근로조건과 그 밖의 생활조건을 일정한 수준 이상으로 유지할 목적으로 최저근로조건을

1) 이 외에 가장 중요한 것으로는 노동조합을 통하여 근로자들이 자주적으로 그들의 지위향상을 도모하는 방법 즉, 근로자의 집단적 활동을 보장하는 노조및조정법상의 보호체계가 있다.

설정하고 감독관청으로 하여금 근로감독을 실시케 함으로써 근로자를 보호하는 법이다(근기법 제1조 이하, 제101조 이하 참조). 헌법 제32조 3항은 「근로조건의 기준은 인간의 존엄성을 보장하도록 법률로 정한다」고 규정함으로써 근로자의 근로조건에 관한 보호를 헌법적 차원에서 그리고 인간의 존엄성 확보라는 관점에서 보장하고 있다([22] 1.·2. 참고).

타인(사용자)의 지휘·감독하에서 수행되는 근로를 제공하는 근로자에게는 여러 가지 위험이 따르게 된다. 즉 기술적인 기계조작이나 생산과정 중에서 발생할 수 있는 근로자들의 생명이나 건강에 대한 위험은 물론 정당한 이유 없는 차별([37] 참조), 성희롱 및 괴롭힘([38] 참고)과 그 밖에 노동력의 부당한 착취 등은 근로자의 생활 자체를 위협하게 된다. 뿐만 아니라 근로자들은 임금이나 기타 근로조건의 결정에 있어서 교섭당사자로서 약자의 지위에 있으므로 현실적으로 만족할 만한 대우를 받는다는 것도 어려운 일이다. 또한 우리나라와 같이 근로자와 사용자의 관계가 아직도 근대적인 주종의식(主從意識)에 의하여 지배되고 있는 상황하에서 노사간의 평등을 기대하기는 어렵다. 그러므로 근로자의 인간의 존엄성을 확보하기 위해서는 물질적 생활과 함께 정신적·문화적 생활이 일정한 수준에까지 개선·향상되지 않으면 안 될 것이며, 근로조건의 결정에서도 교섭의 평등이 유지될 수 있는 방법이 강구되어야 할 것이다. 헌법 제32조 3항은 근로자의 인간으로서의 존엄성을 확보하기 위하여 근로조건을 국가의 강행법률(강행적·직률적 효력)로 정할 것을 규정하고 있으며, 이 헌법규정을 근거로 제정된 법률이 근로기준법이다.[1)]

근로기준법은 사회적 세력관계에서 지배적 지위에 있는 사용자가 그의 힘을 남용하여 근로조건을 일방적으로 결정 또는 실시하는 것을 방지하며 근로관계의 성립·존속 또는 종료와 관련하여 법률에 의해서 일정한 권리를 근로자에게 결부시켜 주는 것(사용자에게 의무를 부담케하는 규정형식을 취하고 있음)을 그 목적으로 한다.[2)] 그러나 사용자의 자발적인 이행이 뒤따르지 않는다면 근로자의 권리는 실현될 수 없으므로, 근로기준법은 그 시행의 철저를 기하기 위하여 근로기준법에 위반하는 근로계약부분을 무효로 하는 동시에 감독기관에 의한 지도·감독과 사용자의 위반행위에 대한 제재(벌칙 및 과태료의 부과)를 마련하고 있다(근기법 제107조 이하).[3)]

1) 헌법 제32조 4항과 5항이 규정한 여자와 소년의 근로에 대한 특별보호는 근로기준법 제5장에 규정되어 있다.

2) Zöllner/Loritz/Hergenröder, *ArbR* § 32 Rn. 6 ff; 西谷, 「勞働法」, 31面.

3) 근로기준법과 같은 노동보호법은 원칙적으로 사용자의 의무를 정한 규정(규범)으로 구성되고 있으므로 사용자는 근로자에 대해서 근로관계를 기초로 의무를 부담하며, 국가에 대해서는 공법상 해당행

종래 노동보호법은 근로자의 인간다운 생활의 보장을 목적으로 사용자가 준수해야 할 근로조건의 최저기준을 정해놓은 법으로 넓게 이해되었다. 근로기준법을 위시하여 최저임금법, 산업안전보건법, 산재보험법, 남녀고용평등법, 기간제및단시간법, 근로자파견법, 고령화차별금지법 등이 노동보호법에 포함되어 논의되어 왔다. 그리고 노동보호법이 정하는 각종 기준을 실현하는 방법으로 근로감독부서나 행정기관에 의한 감독 또는 지도, 위반행위에 대한 벌칙 적용 등 공법적 수단이 이 법의 중요한 표지(標識)개념으로 인식되고 있다. 이러한 공법적 성질을 가지는 법률이 근로조건에 관한 실질적 기준을 정하고 있으면 그 조항은 동시에 사법적(私法的) 강행성을 갖는다(근기법 제15조, 최임법 제4조 참조)는 것이 일반적 견해이다.[1] 그러나 용어상 이런 법률을 근로자보호법이라고도 하고 노동보호법이라고 칭하기도 한다.[2] 특히 개별적 근로계약이 상위의 강행적 규범에 의하여 그 효력이 부인되는 경우에 그 규범은 근로자보호법에 해당한다. 저자는 근로자보호법은 노동보호법보다 넓은 의미로 사용하고자 한다.

2. 노동보호법의 개념, 체계 및 효력

(1) 개 념

a) 원래 민사법상 개별적 계약은 근로자와 사용자 사이의 자유로운 의사결정에 의하여 성립하고, 그 내용이 자유로 형성·변경될 수 있는 것이며, 당사자 사이의 법률행위가 양속에 반하거나 불공정한 경우 그 효력을 다툴 수 있는 것이다(민법 제655조 이하, 제103조 이하 참조). 그러나 노동보호법 체계에서는 전혀 다른 규율방법을 취하고 있다. 즉, 노동보호법에 정한 근로조건기준은 국가의 근로감독, 사용자의 신고의무, 사용자의 이행에 대한 법적 강제, 형벌·과태료의 부과에 의하여 그 실현이 확보되므로 사용자로 하여금 — 경우에 따라서는 근로자에 대해서도 — 해당 법규를 준수하도록 공법적으로 강제한다. 노동보호법은 사용자와 근로자의 의사에 의하여 자발적으로 이루어지는 규범질서가 아니다. 노동보호법은 처음부터 국가의 발의와 개입에 의하여 위험한 노동환경에서 노무를 제공하는 근로자의 생명, 건강을 지키며 보다 안전하게 일하게 할 수 있고, 근로자가 인간다운 생활을 영위할 수 있도록 일의 대가, 근로시간, 취업환경, 고용기회 등 기본적 근로조건의 확보를 목적으로 하고 있다. 근대 초기 산업사회의 노동법은 위험하고 열

위를 해야 할 의무를 부담한다고 보아야 한다(Zöllner/Loritz/Hergenröder, *ArbR* § 32 Rn. 22 참고).

1) 西谷, 「勞働法」, 31面 이하 참고.

2) 근로자보호법이라는 용어를 쓰는 문헌: 西谷, 「勞働法」, 3, 31面 이하 등. 노동보호법이라는 용어를 쓰는 문헌: 荒木, 「勞働法」, 73面 이하(근로관계에서 근로자의 인격적 보호를 도모하는 「노동인권법」이라는 관념을 바탕으로 하고 있다) 등.

악한 작업환경에서 값싼 임금을 받으며 장시간 노동에 시달리던 근로자들을 보호하기 위하여 국가가 주도적으로 나서서 감독과 감시 및 벌칙 적용 등의 강제수단을 통하여 이루어놓은 각종의 노동보호입법에서 기원한다고 볼 수 있다. 당시 노동보호법을 제정했던 입법자는 처음부터 사법(私法)상의 제재는 전혀 염두에 두지 않았으며 국가기관에 의한 강제적 실행만이 가능한 방책이라고 생각하였다.[1] 오늘날 노동보호법의 범위는 남녀고용평등, 차별금지, 모성보호, 비전형근로 등의 분야에까지 확대되었지만, 여전히 근로자의 생명과 건강, 즉 안전과 보건, 산재보상, 근로시간, 최저임금, 소년과 여성의 특별보호가 핵심 분야임에는 틀림없다. 노동보호법은 개별적 근로관계법에 속하는 것이므로 집단적 노사관계법(노조및조정법)에는 노동보호적 규정이 있을 수 없다.

b) 노동법은 그 전체가 근로자보호(Arbeitnehmerschutz)에 이바지하는 것이지만[2] 공법적 차원에서 공법적 강제를 통하여 실현되는 노동법규를 하나의 고유한 범주로 묶어서 노동보호법(Arbeitsschutzrecht)으로 분류하여 체계적으로 이해되고 있다.[3] 협의의 노동보호법은 근로자보호를 위한 법률규정 중에서 국가의 감독이나 강제 또는 벌칙에 의하여 실현·유지되는 규정들을 말한다.

⑵ **구조와 범위**

a) 노동보호법은 노동관계법 중에서 개별적 근로관계에 적용되는 법률이나 법규 중에서 국가기관의 감독·감시나 법칙을 통하여 근로자 보호를 실현하는 규정들을 말한다. 그러므로 근로계약 당사자 사이에서 순수하게 사법적(私法的)으로 이루어지는 법률관계에서 일방 당사자의 채무불이행이 있는 경우 상대방이 이행의 소(訴)와 손해배상청구를 통하여 그 다툼을 해결할 수 있는 때에는 노동법상 이에 관한 규정이 있더라도 그 규정을 노동보호법의 규범으로 이해하지 않는다(근기법 제18조 I 참조). 노동보호법상의 의무는 공법상의 의무인 반면 사법상의 의무는 당사자 사이의 상대적 채무에 지나지 않는다.

노동보호법에 속하는 규정인지의 여부는 해당 법률 전체를 단위로 판단할 수 있는 것은 아니다. 일반적으로 근로기준법을 노동보호법이라고 하지만 이 법률 속에는 노동보호법의 성질을 가진 규정들만이 포함되어 있는 것은 아니다.[4] 예컨대 동법 제23조 1항의 규정 자체는 정당한 이유 없는 해고를 무효로 하는 사법적 강행규정이라고 보아야

1) Zöllner/Loritz/Hergenröder, *ArbR* § 3 Rn. 7, § 32 Rn. 4 참고.
2) Schaub/Vogelsang, *ArbRHandb* § 151 Rn. 1.
3) 이러한 경향은 특히 근래에 와서 독일을 포함한 유럽의 여러 국가에서 일반화된 또는 두드러진 현상이다.
4) 예컨대 근기법 제23조 1항, 제24조 1항, 제27조(해고사유 등의 서면통지)의 규정은 사법상의 강행적 효력을 가질 뿐이다.

한다. 왜냐하면 이 규정은 정당한 이유없이 근로자를 해고하지 못하도록 사용자에게 공법상의 제재부과를 예정하고 있는 규정이 아니기 때문이다.[1] 다만 해고를 당한 근로자가 해고무효확인의 소를 제기하지 아니하고 노동위원회에 부당해고구제 신청을 하여 사용자가 근로자원직복귀명령을 받은 경우 이를 이행하지 아니하면 벌칙(근기법 제111조)이 적용되거나 이행강제금(근기법 제33조)이 부과될 수 있으므로 부당해고는 노동보호법적 보호를 받는다(다음의 d) 3) 참고).

b) 근로기준법, 최저임금법, 산업안전보건법, 산재보험법, 남녀고용평등법, 기간제및단시간법, 근로자파견법, 장애인차별금지법 등은 대표적 노동보호법이다. 이 가운데서 가장 기본적인 노동보호법이 근로기준법이다. 그러나 이 법률의 모든 규정들이 노동보호법에 속하는 것은 아니다. 대부분의 노동보호법 규정들은 공법적 성질과 함께 강행적 효력(해당 규정의 기준에 위반한 근로계약은 무효이고 무효로 된 부분은 동 기준에 의하여 보충되는 효력: 근기법 제15조, 또한 최임법 제6조 Ⅲ 참조)을 가지므로 사용자에 대한 공법적 효력과 근로조건을 직접 규율하는 사법적 효력, 즉 이중적(二重的) 성격(Doppelcharakter)를 가지고 있다. 그러나 개중에는 공법적 효력은 없으면서 사법적 강행적 효력만을 가지는 규정들이 있다. 이러한 규정들은 근로자보호법(Arbeitnehmerschutzgesetz)이라고 할 수는 있지만 고유한 의미의 노동보호법 규정은 아니다.[2]

노동보호법에 들어있는 규정 중에는 국가에 의한 행정감독이나 지도 및 사용자의 조치의무 또는 노력의무만을 정하고 있는 규정들이 적지 않다. 그럼에도 불구하고 이러한 규정들을 노동보호법규정이라고 단정해서는 아니 된다.[3]

(3) 체계 · 분류 · 벌칙

a) 노동보호법은 개별적 근로관계를 규율하는 법이므로 집단적 노사관계법의 체계에 속하지 않는다는 것은 위에서 지적하였다. 개별적 근로관계를 규율하는 법률로는 민법 제655조 이하의 규정, 근로기준법, 최저임금법, 남녀고용평등법, 산업안전보건법, 산재보험법, 기간제및단시간법, 근로자파견법 등이 있다. 우리나라와 유사한 법제(法制)를 가지고 있는 일본에서는 이에 더하여 독립된 법률로 노동계약법이 있다. 독일에서는 민법 제611조 이하의 고용계약에 관한 규정 내에 근로계약에 관한 몇 개의 규정들을 신설하여 왔을 뿐, 개별적 근로관계에 관한 포괄적 독립 법률인 근로기준법이나 근로계약

1) 독일에서도 해고보호법(Kündigungsschutzgesetz)은 근로계약법에 속하는 것으로 분류된다(독일노동법전: Arbeitsgesetze, 2018 V면 참조).

2) 그러나 요양 중인 근로자 또는 산전(産前) · 산후(産後)에 휴업한 여성 근로자에 대한 해고를 금지한 제23조 2항은 노동보호법 규정이다(근기법 제107조; 남녀고평법 제11조, 제37조 I 참조).

3) 西谷, 「勞働法」, 32面 참고.

법[1])은 존재하지 않는다. 여기서 개별적 근로관계법과 노동보호법의 관계에 관하여 다음과 같은 두 개의 문제가 제기된다. 첫째는 개별적 근로관계법의 체계를 어떻게 이해할 것이냐 하는 것이고, 둘째는 노동보호법의 위치를 어디에 배정할 것이냐 하는 문제이다. 이 두 문제는 서로 연관되어 있으며 노동법 전체의 체계와 구성에 영향을 미친다.

첫째 개별적 근로관계법은 사용자와 근로자 사이의 근로(계약)관계를 전제로 한다. 근로관계는 근로계약에 의하여 성립하고, 근로관계의 내용이 되는 근로조건은 근로자와 사용자가 동등한 지위에서 자유의사에 따라 결정되는 것이 원칙이며, 근로관계의 종료사유가 발생하면 근로자와 사용자 사이의 근로관계(권리·의무관계)는 소멸한다. 이와 같은 근로계약관계가 전제되지 않고서는 근로자보호법 내지 노동보호법의 적용대상은 존재할 수 없다. 노동보호법의 대표적 법률인 근로기준법은 이러한 체계에 따르고 있다. 따라서 개별적 근로관계법은 근로계약 및 근로관계부터 서술하는 것이 체계적 순서가 될 것이다. 둘째는 노동보호법의 지위와 위치의 문제이다. 노동보호법의 공법적 특성을 고려하여 이 법영역을 개별적 근로관계법에서 독립시켜 서술하는 문헌이 있다.[2]) 그 주된 근거로서 19세기 초반부터 후반에 이르는 동안에 근로자의 안전과 건강에 관한 보호법규를 제정하였던 입법자가 사법(私法)상의 제재는 전혀 고려하지 아니하였고 국가기관의 강제만이 가능한 규율수단이라고 판단하였다는 점을 들고 있다. 또한 일본에서는 근로조건의 최저기준을 법률로 정하거나 근로자의 인권에 관한 규범을 설정하고 그 실효성을 확보하는 수단으로 형사벌이나 행정감독·행정지도 등의 공법적 수단을 사용하는 법규제를 노동보호법으로 이해하고, 법률로 정한 최저근로조건에 반하지 않는 범위에서 개별적 근로자와 사용자가 취업규칙 및 근로계약에 의하여 구체적 근로계약의 내용을 설정·규율하는 법을 (넓은 의미의) 근로계약법이라고 하는 견해가 있다. 이 견해에 따르면 노동보호법의 기본법이 「노동기준법」이고, 근로계약법의 기본법이 2007년에 제정된 (좁은 의미의) 「노동계약법」이라고 한다. 이러한 사고체계에 따라 개별적 근로관계법의 편별(분류)에서 노동보호법을 근로계약법에 앞세워 기술하고 있다.[3]) 그러나 이와 같은 사

1) 독일에서는 19세기 말부터 일반 근로계약법의 제정을 계획하여 여러 차례에 걸쳐 근로계약법안이 마련되었으나 정치적 이유로 의회의 의결을 얻는데 실패하였다. 최근의 법률안으로는 Henssler 교수와 Preis 교수가 공동으로 작성한 근로계약법토의안(Diskussionsentwurf für ein Arbeitsrecht, Stand, November 2007, NZA Beilage 2007 Heft 21)이 있다. 이 토의안의 중요한 규정들은 이 책에서 인용되고 있다(이 토의안의 관해서는 Preis, *IndividualArbR* Rn. 27 ff. 참고).

2) 이 책의 목차에 따르면 제1편 노동법의 기본개념, 제2편 개별적 근로관계법, 제3편 노동보호법, 제4편 집단적 노사관계법 순으로 노동법 체계가 구성되어 있다(Zöllner/Loritz/Hergenröder, *ArbR*, 7. Aufl., 2015).

3) 荒木, 「労働法」, 41面 이하, 73面 이하.

고는 노동보호법의 사법(私法)적 효력을 경시하는 것인 동시에 (광의의) 근로계약법의 근로자보호법적 성격을 경시하는 것이라는 비판이 있다.[1)]

독일에는 우리나라의 근로기준법이나 일본의 노동계약법이 존재하지 않는다. 그러나 개별적 근로관계법에 속하는 특별법들이 무수하게 존재한다. 이러한 법률들은 개별적 근로관계의 통일된 체계 속에 용해되어 서술되어 왔다. 그러나 근년에 와서 국가의 노동감독기관의 감독이나 지도, 벌칙 등의 공법적 강제수단에 의하여 실현되는 노동법상의 규정들을 노동보호법으로 규정하고 이에 관한 서술을 근로계약법에서 분리하여 설명하려는 경향이 현저하게 나타나고 있다.

b) 노동보호법의 내용은 여러 가지 관점에서 분류되고 있다. 즉, ⅰ) 사업장에서 발생하는 안전(생명·부상에 대한 안전 등)·건강 보호, 근로시간 보호, 임금(노무에 대한) 보호, 인격권 내지 인간의 품위와 개인정보 보호, 사업장 시설과 관련된 환경(매연·음향·진동·냄새 등)보호의 분류,[2)] ⅱ) 기술적 노동보호(사업장시설의 위험, 생산방법으로부터의 보호), 의학적 노동보호(건강한 작업환경을 통한 보호), 사회적 노동보호(근로시간, 특정 근로자 집단 즉 여성·소년·고령자·장애자 보호)의 분류[3)] 등이 그것이다.

c) 대부분의 기본적 노동보호규정은 공법적 제재의 효력뿐 아니라 사법적 청구권의 기초로서의 효력을 가지고 있다. 예컨대 근로기준법 제60조 1항 내지 5항의 연차유급휴가 규정은 공법적 보호규정(근기법 제110조 ① 참조)이면서 사법상의 청구권적 강행규정이다. 마찬가지로 남녀고용평등법 제8조 1항에 관한 규정, 제18조의2 1항의 배우자 출산휴가규정도 마찬가지이다(고평법 제37조 Ⅱ ①, 제39조 Ⅱ ③ 참조).

노동보호법 중 기본적 법률인 산업안전보건법은 근로자의 생명과 건강을 보호하기 위한 법률로서 사용자에 대한 벌칙(공법적 제재수단)을 주된 실현수단으로 삼고 있다. 사용자가 산업안전보건법 제38조에 규정된 필요한 예방안전조치, 제39조에 규정된 필요한 예방보건조치를 취하지 아니하여 해당 조항을 위반함으로써 근로자를 사망에 이르게 한 때에는 무거운 벌칙(산안법 제167조 Ⅰ: 7년 이하의 징역 또는 1억원 이하의 벌금)이 적용되며, 해당 조항을 위반한 것만으로도 벌칙(산안법 제168조 ①)이 적용된다. 사용자의 안전·보건조치 위반에 대하여 산업안전보건법은 근로자의 예방조치청구권을 규정하고 있지 않다(다만 개별적 근로계약관계의 차원에서 근로자는 사용자에 대하여 보호의무(부수적 의무)의 이행을 구할 수 있을 것이다)([49] 3. (2) 참고). 근로자는 스스로의 안전과 건강을 지켜야 하므로 산업안전보건법 제38조 및 제39조에 따라 사업주가 한 조치로서 고용노동부령으

1) 西谷, 「勞働法」, 38面 각주 33) 참고.

2) Zöllner/Loritz/Hergenröder, *ArbR* § 32 Rn. 10 ff. 참고.

3) Schaub/Vogelsang, *ArbRHandb* § 151 Rn. 2.

로 정하는 조치 사항을 지켜야 한다(산안법 제40조 또한 제6조 참조). 이에 위반한 자에게는 300만원 이하의 과태료가 부과된다(산안법 제175조 Ⅵ ③).[1] 안전·보건 조치 사항 위반행위에 대하여 근로자에게 벌칙을 부과하는 것은 노동보호법의 취지에 어긋나지 않는다. 산업안전보건법 제38조 및 제39조는 공법적 제재를 적정한 근로조건의 확보수단으로 하고 있는 순수한 (좁은 의미의) 노동보호법이라고 할 수 있다.

(4) 노동보호법 규정의 사법적(私法的) 효력

a) 노동보호법의 규정은 사용자에 대하여 공법(公法)상 해당 규정의 준수의무를 부과하고 이에 위반하면 벌칙을 적용하지만 그 규정은 근로자와 사용자 사이의 사법적 근로관계에도 효력을 미친다(이른바 이중적 효력).[2] 이러한 규정들은 근로자 보호규정(Schutzgesetz)이므로 이를 위반하는 행위로 근로자에게 손해가 발생한 때에는 불법행위가 성립한 경우에 근로자는 사용자에 대하여 손해배상을 청구할 수 있다고 보아야 한다([57] 6. (2) 참고).[3] 그러나 그러한 위반행위로 인한 사고가 업무상 재해에 해당하는 경우에는 원칙적으로 산재보험법 제36조 2항이 적용되고, 불법행위에 의한 손해배상청구권은 사용자의 고의 또는 과실이 있는 경우에 발생한다([58] 6. (3) 3) 참고).

노동보호법 규범에 어긋나는 제반 작업 조건이나 환경이 근로자의 노무수행을 기대할 수 없는 경우에 근로자는 그의 노무제공을 거절할 수 있다고 보아야 한다(민법 제536조 Ⅰ 본문)[4] 산업안전보건법 제52조 1항은 「근로자는 산업재해가 발생할 급박한 위험이 있는 경우에는 작업을 중지하고 대비할 수 있다」고 규정하고 있다. 합리적 이유가 있는 작업중지 및 대피에 대해서 사용자는 불리한 처우를 해서는 아니 된다(동조 Ⅳ).

b) 노동보호법상의 법률규정은 기본적으로 공법적인 성질을 가지고 있으나 근로계약관계의 내용을 형성함으로써 근로자에 대한 사용자의 의무를 성립시킨다는 법리가 일

1) 근로자도 제38조·제39조에 따른 사용자의 조치를 준수해야할 공법상의 강행적 의무를 지는데 이 의무는 동시에 사용자에 대한 보호의무라고도 할 수 있으므로 근로자가 계속적으로 이에 대한 위반행위를 한 때에는 사용자는 중대한 사유에 의한 즉시 해고(민법 제661조. 독일민법 제626조 참조)를 할 수 있다고 보아야 한다(Preis, *IndividualArbR* Rn. 1215. 독일 종업원의 안전 및 건강보호 개선을 위한 노동보호조치 실행에 관한 법률(노동보호법: Arbeitsschutzgesetz: ArbSchG으로 약칭. 1996년의 EG 노동보호에 관한 지침을 독일법으로 전화(轉化)한 법률).

2) 형벌적 규정은 원래 죄형법정주의의 원칙에 충실해야 하는 반면 사법적 규정은 유연하게 해석·적용해야 하므로 하나의 규정이 이중적 성질을 갖는다는 것은 그것 자체로서 모순이지만 이원적(二元的)해석이 불가피하다는 견해가 있다(西谷, 「勞働法」, 51面).

3) 大判 1997. 4. 25, 96 다 53086 참고. 독일민법 제823조 2항은 타인의 보호를 목적으로 하는 법률을 위반한 자는 손해배상의무를 진다고 규정하고 있다.

4) 근로계약관계는 쌍무계약관계이고 사용자가 근로자에게 노무제공의 이행을 청구하려면 노동보호법상의 안전·보건조치 등의 채무를 이행하고 있는 상태에 있어야 한다.

찍부터 정착되었다.1) 근로기준법은 공법적 제재수단을 근로기준의 실현수단으로 하고 있으면서 제15조에서 「이 법에서 정하는 기준에 미치지 못하는 근로조건을 정한 근로계약은 그 부분에 한하여 무효로 한다. 무효로 된 부분은 이 법에서 정한 기준에 따른다」고 명문으로 규정함으로써 동법이 사법상의 강행적 형성적 효력을 가지고 있음을 명백히 하고 있다. 노동보호법에 해당하는 법률 중에 근로기준법 제15조와 같은 규정을 두고 있지 않더라도 근로자의 보호를 위한 공법상의 의무규정은 근로계약상의 사용자의 보호의무([39] 3. (2) 참고)를 구체화하는 작용을 하며, 일정한 요건이 갖추어지면 근로계약관계의 내용을 이룬다고 보아야 한다. 이와 같이 노동보호규정들은 근로계약상의 사용자의 보호의무를 거쳐 근로계약법 속으로 편입·전화(轉化)됨으로써 공법적 의무이면서 동시에 사용자의 사법상의 강행적 의무를 설정하게 된다(이른바 이중적 성격). 그러므로 근로자는 사용자에 대하여 보호규정의 이행을 재판상 청구할 수 있는 권리를 가진다.2) 이와 같이 공법상의 노동보호법 규정이 근로계약법 속으로의 편입·전화가 가능하게 되는 것은 해당 규정이 개별 근로자의 보호를 목적으로 하기 때문이다. 다만 인사·복무질서 등의 성질을 가지는 노동보호법 규정은 근로계약법의 내용이 될 수 없다고 보아야 한다.

c) 위에서도 언급한 바와 같이 근로기준법 제23조 1항의 해고 제한 규정(정당한 이유 없는 해고를 무효로 하는 규정)은 근로자에 대한 사용자의 사법상의 해고를 무효로 하는 강행적 효력을 가질 뿐이고 사용자에 대해서 어떤 공법상의 제재를 가하는 규정이 아니기 때문에 근로계약법의 범주에 속하고 좁은 의미의 노동보호법에 속하지 않는다고 보아야 한다.3) 그러나 해고된 근로자가 노동위원회에 대하여 부당해고구제신청을 하고(근기법 제28조), 노동위원회가 사용자에게 구제명령(구제명령을 내용으로 하는 재심판정을 포함한다)을 하였으나 이행기에 이르기까지 구제명령을 이행하지 아니하면 2천만원 이하의 이행강제금을 부과할 수 있으며(근기법 제33조 참조), 노동위원회의 구제명령이나 재심판정이 확정(근기법 제31조 참조)되었음에도 이를 이행하지 아니하는 사용자에게는 벌칙(근기법 제111조: 1년 이하의 징역 또는 1천만원 이하의 벌금)이 적용되므로 그러한 한도 내에서 근로기준법 제23조 1항은 노동보호법에 속한다고 볼 수 있다. 다만, 여기서 노동위원회의 「근로자 ○○○를 원직에 복귀시켜라」는 구제명령은 사용자에 대한 공법(행정법)상의 명령에 지나지 않으므로 법원의 판결과 같이 사법상의 집행력을 가질 수 없다. 따라서

1) Zöllner/Loritz/Hergenröder, *ArbR* § 32 Rn. 7; Preis, *IndividualArbR* Rn. 1789. 西谷, 「勞働法」, 32面, 51面 등.

2) Zöllner/Loritz/Hergenröder, *ArbR* § 32 Rn. 7 참고.

3) 독일에서도 해고제한법(Kündigungsschutzgesetz)은 근로계약법으로 보고 있다.

노동위원회의 구제명령에 의하여 해고가 당연히 무효가 되어 해고된 근로자와 사용자 사이의 근로계약관계가 회복되는 것은 아니다. 다시 말하면 노동위원회로부터 원직복귀의 구제명령을 받은 근로자가 사용자에 대하여 민법 제538조 1항 본문을 원용하여 해고 이후에 지급받지 못한 임금을 청구할 권리를 당연히 취득하는 것은 아니다. 근로자가 이러한 권리를 확보하려면 해고무효 확인의 소 또는 근로계약관계존속 확인의 소를 제기하여 승소판결을 받아야 한다. 노동위원회의 부당해고구제제도 및 이행강제금제도를 고려하지 않는다면 근로기준법 제23조 1항의 규정은 근로계약법의 범주에 머문다.

그러나 근로기준법 제23조 2항 본문의 규정(업무상 부상 또는 질병의 요양 중 또는 산전(産前)·산후(産後) 중의 해고를 금지하는 규정)은 노동보호법 규정이다. 이 규정에 위반하는 자에 대해서는 벌칙규정(근기법 제107조)이 적용되기 때문이다.

(5) 노동보호의 실현방법

노동보호법의 규범들은 기본적으로 사용자를 수규자(受規者)로 지목하여 공법상의 의무를 부과한다. 노동보호법의 규정이 근로계약의 내용으로 전화(轉化)되는 경우에 사용자는 근로계약법의 차원에서 근로자에 대하여 노동보호법상의 의무를 부담하지만, 국가에 대하여는 어느 경우에나 노동보호법의 규정을 준수할 의무를 부담한다. 그러므로 사용자는 국가에 대한 공법상의 의무로서 기계·기구, 그 밖의 설비에 의한 위험 등으로 인한 산업재해를 예방하기 위한 필요한 조치(산안법 제38조 참조), 원재료·가스·증기·열이나 화학반응에 의한 건강장해를 예방하기 위한 필요한 조치(산안법 제39조 참조)를 취해야 하며, 1주 52시간 이상의 근로를 시킬 수 없다. 노동보호법 규정의 준수의무는 1차적으로 사용자에게 귀속되고 이에 위반하면 벌칙(산안법 제167조 이하; 근기법 제110조 ① 참조)이 적용된다. 노동보호법 규정 위반에 대해서는 원칙적으로 사업주(사용자)에 대하여 벌칙이 적용되지만, 사업주의 대리인, 사용인, 그 밖의 종업원이 일정한 규정의 위반행위를 한 때에는 그 행위자를 벌하는 외에 그 사업주에게도 해당 조문의 벌금형을 과(科)한다(근기법 제115조, 산안법 제173조 참조). 근로자도 예컨대 산업안전보건법 및 동법 시행령에 따른 명령으로 정하는 산업재해 예방 기준을 준수하여야 하며, 사업주 또는 근로기준법 제101조에 따른 근로감독관, 공단 등 관계인이 실시하는 산업재해 예방조치에 따라야 한다(산안법 제6조). 그러나 근로자의 준수의무 위반의 경우에는 사용자의 의무위반의 경우와는 달리 대부분의 경우 공법상의 제재가 따르지 않는다. 근로자의 노동보호법규 위반행위는 원칙적으로 사용자와의 근로계약관계에서 손해배상의무를 발생케 하거나 — 실제로 더욱 중요한 것은 — 사용자에 의한 해고사유가 될 수 있다. 또한 경우에 따라 근로자는 노동보호법 규정을 준수하지 아니함으로써 복무질서를 위반하게 되어 징

계를 받거나 형사처벌의 대상이 될 수도 있다.[1)]

(6) **노동보호법의 지위**

a) 노동법은 크게는 개별적 근로관계법과 집단적 노사관계법으로 구분된다. 전자의 개별적 근로관계법에서는 근로관계의 성립과 전개(근로조건의 형성·변동 등) 및 종료를 그 내용으로 하며, 근로자와 사용자의 계약상의 합의와 취업규칙이 많은 부분을 규율한다. 그러나 타인 결정의 근로를 제공하는 근로자는 약자의 지위를 벗어날 수 없으므로 사용자와 대등한 교섭을 통하여 합리적 결정을 할 수 없는 것이 현실이다. 따라서 근로자와 사용자 사이에서 진정한 의미의 계약의 자유를 기초로 근로조건을 정한다는 것은 대부분의 경우 기대하기 어려운 일이다. 노동법은 근로자를 보호하기 위하여 첫째로 (개별적) 근로계약관계에 개입하여 법률로 정한 근로조건에 대해서 당사자 사이의 합의에 우선하여 강행적 효력을 부여하고 사용자가 이를 이행하지 않을 경우 근로자가 민사소송을 통하여 집행력 있는 권리를 확보하도록 하고 있다(근기법 제15조, 최임법 제6조 Ⅲ 참조). 둘째로 사용자에게 국가에 대한 공법상의 근로조건 준수의무를 부담하게 하고 이에 위반하면 처벌하여 반사적으로 근로자가 보호를 받을 수 있게 하고 있다. 전자의 입법유형은 일반적으로 근로계약법으로 분류되고 후자의 유형은 이른바 좁은 의미의 노동보호법으로 분류된다. 어느 유형에 속하는 법률이건 헌법 제32조 1항, 3항, 4항 및 5항을 기초로 한 넓은 의미의 근로자보호법(Arbeitnehmerschutzgesetz)이란 점에서는 다를 바가 없다. 오늘날 좁은 의미의 노동보호법은 여러 분야의 특별법으로 확대되어 새로운 법률들이 제정되고 있는 것이 세계적 추세이다. 우리나라도 예외가 아니다. 특히 독일과 같이 근로기준법이나 근로계약법 등의 기본법률이 없는 나라에서는 노동보호법의 종류와 수는 개관하기 어려울 만큼 다양하게 증가하고 있다.

우리나라의 근로기준법은 노동보호법의 기본법으로서 수차의 개정을 거치면서 최저임금, 퇴직금(퇴직급여), 산업안전, 여성보호(남녀고용평등), 재해보상(산재보험) 분야의 규정들은 떨어져나가서 특별법으로 독립하거나 새로운 법률로 다시 태어나기도 하였다. 이러한 추세에 미루어 보면 근로기준법은 근로계약관계를 전제로 하여 제정된 법률이고 이를 둘러싸고 있는 각종의 노동보호법들도 그러한 큰 틀에서 벗어나고 있다고 볼 수 없다.

b) 노동법 책을 저술한 저자 중에는 노동보호법을 근로계약법에서 분리·독립시켜 이해하는 분도 있고,[2)] 개별적 근로관계법 속에 포함시키면서도 근로계약법에 앞서서 논

1) Zöllner/Loritz/Hergenröder, *ArbR* § 32 Rn. 23 참고.

2) Zöllner/Loritz/Hergenröder, *ArbR* § 32; Waltermann, *ArbR* § 22.

술하는 분도 있다.[1)] 상당수의 저자들은 개별적 근로계약법 편에서 먼저 근로계약관계를 논술하고 이어서 노동보호법을 나우어서 다루거나,[2)] 노동보호법의 규정들을 근로계약법의 해당 절에서 분산하여 다루고 있다.[3)] 근로기준법 내의 대부분의 규정들이 노동보호법의 규정이지만, 근로계약법적 규정도 적지 않다는 점에 유의해야 한다. 저자는 노동보호법이 체계적으로나 이론적으로 사법상의 근로계약관계와 단절되어 구성될 수는 없다고 생각한다. 노동보호법도 궁극적으로는 근로조건의 개선과 근로관계의 존속 보호를 목적으로 하기 때문이다. 노동보호법은 근로계약의 요건이 갖추어진 때에 일차적으로 적용되는 근로자보호법이다.[4)]

3. 근로감독관과 벌칙

a) 근로기준법은 민법에 대한 특별법으로서 그 법률 자체가 강행적 효력을 가지지만, 다른 한편 근로감독관을 통해 근로기준법의 실효성을 확보하고 있다. 근로기준법 제101조 1항은 「근로조건의 기준을 확보하기 위하여 고용노동부와 그 소속 기관에 근로감독관을 둔다」고 규정하고 있다. 근로감독관의 권한에 관해서는 근로기준법 제102조에서, 그리고 의무에 관해서는 동법 제103조에서 규정하고 있다. 근로감독관은 이 법이나 그 밖의 노동 관계 법령 위반의 죄에 관하여 「사법경찰관리의 직무를 행할 자와 그 직무범위에 관한 법률」에서 정하는 바에 따라 사법경찰관의 직무를 수행한다(근기법 제102조 Ⅴ).

b) 근로기준법을 준수해야 할 자가 위반행위를 한 때에는 법의 준수 확보를 위하여 벌칙이 적용된다. 근로기준법을 준수해야 할 자, 즉 수규자(受規者)는 근로기준법상의 사용자(제2조 Ⅰ ②) 즉, '사업주 또는 사업 경영담당자, 그 밖에 근로자에 관한 사항에 대하여 사업주를 위하여 행위하는 자'를 말한다. 따라서 근로자와 근로계약을 체결한 사용자 또는 사업주만이 근로기준법의 수규자가 아니다.

또한 근로기준법은 양벌규정을 두어 근로기준법 준수의무를 강화하고 있다. 즉, 사업 또는 사업장의 경영주체인 사업주의 대리인, 사용인 그 밖의 종업원이 해당 사업의 근로자에 관한 사항에 대하여 제107조, 제109조로부터 제111조까지, 제113조 또는 제

1) 荒木, 「勞働法」, 23面, 41面, 73面 참고.
2) 김형배·박지순, 「노동법강의」(제8판), 65면 이하, 100면 이하, 258면 이하.
3) 김형배, 「노동법」(제26판), 2018; 임종률, 「노동법」(제17판), 2018; Hromadka/Maschmann, *ArbR*, Bd. 1(내용상 개별적 근로관계법을 근로계약법과 노동보호법으로 분류한다. § 2 Rn. 2); 西谷, 「勞働法」(第2版), 2016 등.
4) *ErfK*/Preis, BGB § 611a Rn. 4 참고.

114조의 위반행위를 하면 그 행위자를 벌하는 외에 그 사업주에게도 해당 조문의 벌금형을 과(科)한다. 다만, 사업주가 그 위반행위를 방지하기 위하여 해당 업무에 관하여 상당한 주의와 감독을 게을리하지 아니한 경우에는 그러하지 아니하다(제115조). 직접 위반행위를 하지 않은 사업주에게는 징역형을 과하지 아니한다.

[30] Ⅲ. 근로관계법의 기본원칙

근로기준법은 근로관계에 적용될 공정한 준칙 또는 최저기준을 정하여 근로자의 기본생활을 보장·향상시키는 것을 목적으로 한다. 이를 위하여 동법은 근로관계의 성립·존속(효력의 유지 및 변경)·종료 시에 적용될 일반원칙을 정하고 있다. 이는 근로자의 자유·평등·인격권의 보장을 위한 것으로, 근로조건의 대등결정, 균등대우, 강제근로·폭력·중간착취의 금지를 그 내용으로 한다.

1. 근로자의 기본생활의 보장

a) 근로기준법 제1조는 「이 법은 헌법에 따라 근로조건의 기준을 정함으로써 근로자의 기본적 생활을 보장, 향상시키며 균형 있는 국민경제의 발전을 꾀하는 것을 목적으로 한다」고 규정함으로써 이 법의 기본원칙이 근로자의 기본생활의 보장에 있음을 밝히고 있다. 근로자에게 근로조건의 기준을 확보해 주는 것은 근로자가 인간다운 생활을 영위하기 위한 필요불가결한 조건이라는 점에서 이는 너무나 당연한 규정이다. 그러므로 근로관계의 당사자는 근로기준법상의 근로조건이 최저기준이라는 것을 이유로 근로조건을 낮출 수 없으며(제3조 참조), 언제나 그 향상을 위해 노력하지 않으면 안 된다.[1] 바로 여기에 근로기준법의 근로조건 개선적 성격이 확인되고, 또 헌법 제32조 3항이 「근로조건의 기준은 인간의 존엄성을 보장하도록 법률로 정한다」고 규정한 의미가 있다.

b) 근로자의 기본생활의 보장·향상은 국민경제의 발전에 적극적으로 공헌하는 것이라고 해석되어야 한다. 물론 근로자의 기본생활의 향상이 국민경제에 부담으로 작용하는 경우가 없지 않으나, 그러한 경우는 국가가 부담해야 할 사회적 책무이므로 여기에서 문제되지 않는다.

---

1) 「근로기준법에 정한 기준에 달하지 못하는 근로조건을 정한 근로계약은 그 부분에 한하여 무효이므로 그것이 단체협약에 의한 것이라거나 근로자들의 승인을 받은 것이라고 하여 유효로 볼 수 없다」(大判 1990. 12. 21, 90 다카 24496).

2. 근로조건 대등결정의 원칙

a) 근로기준법은 근로조건을 근로자와 사용자가 동등한 지위에서 자유의사에 의하여 결정하도록 규정하고 있다(제4조). 이는 인격과 인간의 존엄을 존중하는 근대법의 원리상 당연한 일이다. 그러나 현실적으로 노사간의 사회적·경제적인 힘의 관계에 있어 사용자가 우월한 지위에 있다는 것은 부인할 수 없다. 따라서 동조항을 둔 취지는 근로자와 사용자가 실질적으로 대등한 관계에서 근로조건을 결정할 수 있도록 근로기준법이 개입하여 노동법의 이념을 실현하려는 데 있다. 현실적으로 노사가 대등한 입장에 설 수 있는 것은 노동조합과 사용자 사이의 집단적 노사관계에서라고 할 수 있다. 그러므로 근로기준법 제4조의 취지는 개별적 근로관계에서 사용자와 근로자가 진정한 의미의 사적 자치에 의하여 근로조건을 결정하는 것을 존중하며, 사용자는 그 실현에 노력해야 한다는 의미로 해석된다. 이 조항의 위반에 대하여는 벌칙의 적용이 없으며 또 행정적 감독도 문제되지 않는다. 다만, 사용자가 근로자의 교섭상의 취약한 지위를 이용하여 근로조건을 낮추거나 불이익한 조건을 수락하도록 하여 형식상의 합의가 이루어졌다면 그 합의는 자유의사에 의한 결정이라고 볼 수 없으므로 효력이 부인될 수 있다(민법 제104조 참조).

b) 근로기준법은 근로자와 사용자가 단체협약·취업규칙과 근로계약을 준수하여야 하며, 각자가 이를 성실히 이행하여야 한다고 규정하고 있다(제5조). 근로자와 사용자가 근로계약을 준수한다는 것은 당연한 일이다. 그러나 단체협약이나 취업규칙을 개개근로자와 사용자가 준수해야 한다는 데는 보완적 설명이 필요하다. 우선 단체협약과 취업규칙의 근로조건에 관한 부분은 근로계약에 대하여 강행적·직률적 효력을 가지며(노조및조정법 제33조; 근기법 제96조 및 제97조) 근로계약의 내용으로 화체(化體)되므로, 사용자가 근로계약을 제대로 준수하면 이와 함께 단체협약과 취업규칙의 내용이 실현되기 때문이다.

c) 근로자와 사용자가 단체협약, 취업규칙과 근로계약을 성실히 지키면서 대등한 지위에서 자유의사에 따라 근로조건을 결정할 수 있기 위해서는 그 기초가 되는 근로기준법이나 동법 시행령 등을 준수하는 노사간의 기본적 질서가 확립되어 있어야 한다. 근로기준법 제104조에 따르면 근로자는 사업장에서의 근로기준법 등 위반사실에 대하여 감독기관에 통보할 수 있고, 이를 이유로 한 사용자의 불리한 처우나 해고를 금지하고 있다(벌칙 제104조 Ⅱ).[1] 근로자와 사용자 사이의 대등원칙에 의한 근로조건의 결정과 변

1) 大判 2012. 10. 25, 2012 도 8694(사용자의 불리한 처우가 감독기관에 대한 근로기준법 위반사실의

경이 제대로 실현되기 위해서는 근로기준법상의 최저기준의 확립이 선결과제라고 할 수 있다.

3. 강제근로의 금지

a) 근로기준법 제7조는 「사용자는 폭행, 협박, 감금, 그 밖에 정신상 또는 신체상의 자유를 부당하게 구속하는 수단으로써 근로자의 자유의사에 어긋나는 근로를 강요하지 못한다」고 규정하고 있다. 이는 노동인격의 존중이란 관점에서 당연한 규정이며, 헌법 제12조 1항의 강제노역을 받지 않을 권리에 대한 규정이 근로관계에 구체화된 것이라고 볼 수 있다.[1] 여기에서 금지의 대상이 되는 근로의 강제란 근로의 실행을 요하는 것이지만, 반드시 사용자가 의도하는 근로가 실행으로 옮겨지는 것을 요건으로 하는 것은 아니므로 그 준비단계의 실현도 이에 포함되는 것으로 보아야 한다.[2] 근로강제의 수단으로서 폭행·협박·감금 등은 형법상의 개념(형법 제260조, 제283조, 제276조 및 제277조 참조)으로 이해하면 될 것이고, 정신상 또는 신체상의 자유를 부당하게 구속한다는 것은 형법에 있어서와 같이 엄격하게 해석할 필요는 없으므로 그것이 어떠한 형태로 이루어지든 크게 문제되지 않는다.[3] 이 조항의 위반에 대하여는 벌칙의 적용이 있다(근기법 제107조). 근로기준법 제7조에 위반하는 행위는 민법 제750조가 규정한 불법행위에 해당하므로 피해자인 근로자는 사용자에 대하여 이로 인한 손해의 배상을 청구할 수 있다.

b) 이 외에 근로계약의 불이행에 대한 배상액의 예정(근기법 제20조, 벌칙 제114조 ① 참조)·전차금상계(前借金相計)(근기법 제21조, 벌칙 제114조 ① 참조)·강제저금(근기법 제22조, 벌칙 제110조 ① 참조) 등도 근로자의 의사를 구속하는 한 부당한 구속수단으로서 강제근로와 관련하여 문제가 될 수 있다.[4]

통보를 이유로 한 것인지는 불리한 처우를 하게 된 경위와 그 시기, 사용자가 내세우는 불리한 처우의 사유가 명목에 불과한지, 불리한 처우가 주로 근로자의 통보에 대한 보복적 조치로 이루어진 것인지 등을 종합적으로 고려하여 판단하여야 할 것이다).

1) 근로자가 근로계약에 의하여 덤프트럭운전사로 고용되었음에도 불구하고 사용자가 근로자를 일방적으로 잡부노동에 종사하도록 하는 것은 근로기준법 제7조에 위배된다(서울民地判 1979. 7. 12, 79가합 373).

2) 厚生勞働省 勞働基準局 編, 「勞働基準法(上)」, 2005, 88面.

3) 예컨대 정신적·신체적 자유를 부당하게 구속하는 수단으로서 장기근로계약을 체결하는 경우(1980. 8. 22, 법무 811-21256), 사표수리의 거부(1970. 11. 20, 근기 1455-10936), 근로자의 이탈을 방지하기 위하여 주민등록증 또는 생활용품 등을 보관하는 경우(日本 東京高判 昭和 25. 11. 28) 등도 이에 해당할 수 있다(이병태, 「노동법」, 531면 참고).

4) 신원보증금적립제도의 적법성 여부에 관하여는 1953. 10. 14, 사로 제320호; 1965. 3. 27, 노정근 1455-1275 참고. 퇴직보험의 강제저축 여부에 관하여는 1966. 3. 4, 노정근 1455-992 참고. 반면에 퇴직 후 3년 이내에는 회사에서 배운 사업경영상 영업기밀을 사용하거나 사용하려고 하는 동종의 사

c) 퇴직에 대해서 사용자의 승인을 받아야 한다는 등의 근로자의 해지의 자유(민법 제659조 I 및 제660조 I 참조)를 일방적으로 제한하는 것은 근로기준법 제7조에 위배된다. 사용자가 연수비를 지급하면서 연수기간 만료 후 반드시 일정기간 취업할 것을 약정하는 것은 일반적으로 강제근로에 해당될 수 있지만, 일정기간의 취업을 마치면 연수비 반환의무가 면제되는 것을 조건으로 하는 소비대차계약은 동조에 위배되지 않는다([39] 7. 참고).1)

4. 폭행금지

근로기준법 제8조는 「사용자는 사고의 발생이나 그 밖의 어떠한 이유로도 근로자에게 폭행을 하지 못한다」고 규정하고 있다. 이 규정은 동법 제7조의 강제근로의 금지와 함께 당연한 것이므로 전근대적 규정이라고 아니할 수 없다. 근로자가 사고를 냈다든가 기타 근무상의 부주의로 공장시설에 손해를 가져오게 한 경우에 사용자는 근로계약·취업규칙 또는 민법상 불법행위 규정에 따라 책임을 묻거나 제재를 하면 될 것이다(근로자의 책임과 관련해서는 [49] 2. 이하 참고). 사업장 내에서의 사고가 근로자의 고의 또는 과실에 의한 것이 아니고 통상 발생할 수 있는 실수에 의한 것이면 이는 경영위험(Betriebsrisiko)에 해당하므로 사용자가 이로 인한 손실을 부담해야 할 것이다([49] 2. (1) (5) 참고). 그러나 우리나라의 노사관계가 사업장에 따라서는 봉건성을 면치 못하고 있는 까닭에 이에 대비하여 이 조항이 제정된 것으로 생각된다. 이 조항의 위반에 대하여는 벌칙의 적용이 있다(근기법 제107조).

5. 중간착취의 배제

a) 근로기준법 제9조는 「누구든지 법률에 따르지 아니하고는 영리(營利)로 다른 사람의 취업에 개입하거나 중간인으로서 이익을 취득하지 못한다」고 규정함으로써 근로자의 취직시 또는 취직 후에 사용자와 근로자의 중간에 개입하여 중간착취를 하는 것을 금지하고 있다. 여기서 금지하는 행위는 「영리로 다른 사람의 취업에 개입」하는 행위와 「중간인으로서 이익을 취득」하는 행위이다.

전자의 「영리로 다른 사람의 취업에 개입」하는 행위는 제3자가 영리로 즉, 수수료,

업체에서 근무할 수 없다는 약정은 강제근로나 헌법상 보장된 직업선택의 자유를 제한한 것은 아니다(서울民地判 1995. 3. 27, 94 가합 12987). 이와 같은 약정은 근로계약상 근로자의 부수적 의무인 경업금지의무(競業禁止義務)를 정한 것으로 보아야 한다([49] 1. ⑵ b) 2) 참고).

1) 大判 1980. 7. 8, 80 다 590. 同旨: 大判 1992. 2. 25, 91 다 26232; 大判 1996. 12. 6, 95 다 24944·24951(그러나 임금을 반환하도록 예정하는 것은 제20조에 위반되어 무효이다).

소개료, 보상금 등 금전적 이익이나 그 밖의 이득을 받으면서 다른 사람의 취업을 소개 · 알선하는 등 근로관계의 성립 또는 갱신에 영향을 주는 행위를 말한다.[1)] 즉, 개입행위는 이를 계속 반복함으로써 영업으로 하는 것을 가리키는 것으로 해석하는 것이 본래의 입법취지에 맞을 것이다. 다만, 이익을 취할 목적으로 하는 개입행위가 반복적으로 행하여지지 않더라도 그것이 근로자보호관념에 반할 때에는 동조 위반행위로서 신축적으로 해석하는 것이 바람직할 것이다. 그러나 개입행위를 한 자가 단지 취업을 알선하고 추후에 수동적으로 수고비를 받은 데 그친 경우에는 동조가 적용되지 않는다고 생각된다. 예컨대 어느 회사에 입사할 수 있도록 그 회사에 다니는 사람의 추천을 받을 수 있게 도와 달라는 부탁을 받고 추천을 받게 해 주고 나중에 사례금 명목으로 돈을 받은 경우에 영리로 타인의 취업에 개입한 행위가 문제될 수 있으나, 영리의 의사로 개입한 경우가 아닌 한 처벌(근기법 제107조)되지 않는다고 보아야 할 것이다.[2)] 판례는 소개 · 알선행위가 근로계약의 성립 및 갱신에 직접적인 영향을 미칠 정도로 구체적 행위에까지 이를 것을 요하지 않는다고 한다.[3)] 근로관계의 성립(개시)에 관여하는 것으로는 직업소개 · 근로자모집 · 근로자공급의 3종류의 형태가 있다. 이를 업으로 하여 이익을 취득하면 중간착취가 되지만, 동시에 직업안정법의 여러 규정(직안법 제19조: 등록하지 않은 유료직업소개사업의 금지, 제26조: 겸업금지, 제32조: 모집자의 금품수령의 금지, 제33조: 허가받지 않은 근로자공급사업의 금지)에도 위반된다.[4)] 양법 위반의 관계는 관념적 경합으로 해석된다.

---

1) 大判 2007. 8. 23, 2007 도 3192.

2) 大判 2007. 8. 23, 2007 도 3192; 노동법실무연구회, 「근로기준법주해 Ⅰ」(김성수), 461면. 그러나 개입행위가 단 1회에 그쳤더라도 반복의 의사가 있다고 인정되면 이 조 위반이 된다(大判 2007. 2. 22, 2005 도 9379).

3) 「'영리로 타인의 취업에 개입'하는 행위, 즉 제3자가 타인의 취업을 소개 또는 알선하는 등 근로관계의 성립 또는 갱신에 영향을 주는 행위는 취업을 원하는 사람에게 취업을 알선해 주기로 하면서 그 대가로 금품을 수령하는 정도의 행위도 포함된다고 볼 것이고, 반드시 근로계약의 성립 및 갱신에 직접적인 영향을 미칠 정도로 구체적 소개 또는 알선 행위에까지 나아가야만 한다고 볼 것은 아니다」(大判 2008. 9. 25, 2006 도 7660: 과거의 노동조합간부가 구직자들로부터 취업알선의 부탁을 받고 이를 승낙하면서 그 대가로 돈을 교부받은 사례).

4) 직업안정법 제33조 1항에서 원칙적으로 근로자공급사업을 금지하면서 고용노동부장관의 허가를 얻은 자에 대하여만 이를 인정하고 있는 것은 타인의 취업에 개입하여 영리를 취하거나 임금 기타 근로자의 이익을 중간에서 착취하는 종래의 폐단을 방지하고 근로자의 자유의사와 이익을 존중하여 직업의 안정을 도모하고 국민경제의 발전에 기여하자는 데 그 근본목적이 있는바, 고용노동부장관의 허가를 받지 않은 근로자공급사업자가 공급을 받는 자와 체결한 공급계약을 유효로 본다면, 근로기준법 제9조에서 금지하고 있는 법률에 의하지 아니하고 영리로 타인의 취업에 개입하여 이득을 취득하는 것을 허용하는 결과가 될 뿐만 아니라, 위와 같은 직업안정법의 취지에도 명백히 반하는 결과에 이르게 되므로 직업안정법에 위반된 무허가 근로자공급사업자와 공급을 받는 자 사이에 체결한 근로자공급계약은 효력이 없다고 보아야 한다(大判 2004. 6. 25, 2002 다 56130 · 56147).

「중간인으로서 이익을 취득」하는 행위는 근로계약 존속 중에 근로자를 감독하는 자 등이 사용자와 근로자 사이의 중간에서 근로자의 노무제공과 관련하여 사용자 또는 근로자로부터 법률에 의하지 아니하고 이익을 취득하는 것을 말한다.[1] 예컨대 급여를 일괄 수령한 후 일정액을 공제 취득하는 경우나 덕대계약[2]의 수급인이 중간이득을 취하는 경우가 이에 해당할 것이다. 이익을 취득한다는 것은 근로자로부터이건 사용자로부터이건 이를 불문하며, 그 형태는 수수료·보상금 기타 금전 이외의 재물 등 유형·무형의 것을 가리지 않는다. 이 조항의 위반에 대하여는 벌칙의 적용이 있다(근기법 제107조).

b) 이상의 개입 또는 중개행위가 법률에 근거하여 행하여지는 경우에는 이 조항의 적용을 받지 않는다(직안법 제19조, 제33조; 파견법 제7조 참조). 중간착취를 금지한 근로기준법 제9조는 근로자파견관계에서 논의의 대상이 되고 있다. 근로자파견에서 파견사업주와 근로자 사이에 근로계약관계가 존재하고, 사용사업주와 근로자 사이에는 근로계약관계가 존재하지 않는 이상, 파견사업주가 제3자로서 타인의 근로관계에 개입하는 것으로 볼 수 없으며 중간착취가 문제되지 않는다는 견해가 있다.[3] 이와는 달리 일단 근로자파견은 중간착취에 해당할 수 있지만 근로자파견법의 요건을 충족하면 법률에 따른 적법한 것이 된다고 해석하는 견해도 있다. 이에 따르면 근로자파견법의 기본적 조항을 위반하면 근로기준법 제9조를 위반하는 것이 된다고 한다. 어느 경우에서이건 파견사업주는 근로자가 취득한 임금에서 중간이득을 얻는 것을 부인할 수 없으므로 부당한 고액의 이익취득을 방지하기 위해서는 파견근로자의 수와 파견근로자의 평균임금 및 파견요금 등을 투명하게 명시하는 것이 필요하다고 한다.[4]

6. 공민권 행사의 보장

a) 근로기준법 제10조는 「사용자는 근로자가 근로시간 중에 선거권, 그 밖의 공민권(公民權) 행사 또는 공(公)의 직무를 집행하기 위하여 필요한 시간을 청구하면 거부하지 못한다. 다만, 그 권리 행사나 공의 직무를 수행하는 데에 지장이 없으면 청구한 시간을 변경할 수 있다」고 규정하고 있다. 이것은 근로자가 공민권의 행사 또는 공의 직무

1) 大判 2007. 8. 23, 2007 도 3192.

2) 덕대(德大)란 광부들의 우두머리를 의미하는 것으로 광업권자가 광물채굴에 관한 자기의 권리를 제3자인 덕대에게 양도하고, 덕대는 자기의 자본과 관리하에 광물을 채굴하여 채굴된 광물의 일부 또는 금전으로 광업권 사용의 대가를 지급하기로 하는 계약을 덕대계약이라고 한다. 덕대계약의 문제점을 고려하여 1973년 광업법 개정시 광업권자의 광업실시상의 권능을 전적으로 배제하여 광물을 채굴할 수 있는 조광권제도가 새로 규정된 바 있다.

3) 菅野, 「勞働法」, 238面 참고.

4) 西谷, 「勞働法」, 471面 참고.

집행을 위하여 사업장을 벗어날 수 있는 시간을 보장한 것이며, 사용자에 의한 방해를 금지한 것이다. 이러한 사유를 사전에 통지하고 근로자가 사업장을 이탈한 것은 계약위반이 되지 않는다.

공민권이란 국회의원 또는 대통령의 선거권 등 기타 법령이 국민 일반에게 보장하고 있는 참정권을 말한다. 근로자가 스스로 입후보하는 경우에도 그의 피선거권은 선거권과 마찬가지로 공민권으로서 보장되어 있다.[1] 선거인명부의 열람이나 투표할 권리 등도 공민권이라 할 수 있다.

공의 직무는 법령에 의거한 공적 성질을 가진 업무를 의미하는 것이므로 예컨대 국회의원·노동위원회의 위원으로서의 직무와 선거관리위원으로서의 직무 등을 말한다.[2] 그러나 공의 직무의 범위를 정하는 데 있어서는 이를 공민(公民)의 의무로 이해하여 좁게 보려는 입장이 있을 수 있으나 이는 타당하지 않다고 생각된다.[3]

b) 이 조항의 취지는 이러한 직무의 집행에 필요한 시간의 청구를 사용자로 하여금 거부하지 못하게 하는 데 있다.[4] 다시 말하면 공의 직무에 필요한 시간 동안 근로자의 근로제공의무를 면하도록 하는 데 있다. 이 조항은 근로를 제공하지 않은 기간 동안 사용자가 임금을 지급해야 할 것인가, 휴무 혹은 휴직으로 해야 할 것인가 등에 관하여 직접 규정하고 있지 않다. 법률에 특별한 규정(공직선거법 제6조 Ⅲ; 예비군법 제10조; 민방위기본법 제27조: 임금청구권 인정)이 없는 한 단체협약, 취업규칙 또는 노사간의 약정으로 정할 수 있는 것으로 해석해야 할 것이다.[5]·[6]

---

1) 서울民地判 1993. 1. 19, 91 가합 19495.

2) 노동조합활동(1953. 10. 2, 사로 제37호), 정당활동(1971. 1. 13, 근기 1455-323)은 공의 직무라고 볼 수 없다.

3) 증인 및 감정인으로서 법원에 출두하는 것(민소법 제275조, 제305조; 형소법 제151조, 제169조), 국회에서의 증인 및 감정인으로 출두하는 것 등은 이 조항의 보장범위에 포함된다고 보아야 한다. 그러나 노동조합의 조합업무와 같이 조합 자체의 이익을 위한 것은 「공의 직무」에 포함되지 않는다고 본다. 한편 부당노동행위의 구제신청을 한 당사자가 사건조사에 응하여 노동위원회의 요구에 따라 출석하는 것은 공적인 직무로 보지 않는다는 행정해석이 있으나(1991. 7. 12, 근기 01254-10093), 공법상의 규정에 의하여 수행하여야 할 활동은 모두 공의 직무로 보는 것이 타당하다고 판단된다. 여기서 공의 직무란 근로자 자신이 그의 공법상의 직위에 수반되는 권리·의무를 수행하는 것은 물론 국가의 사법·행정상의 작용과 관련하여 이에 따르지 않을 수 없는 경우까지도 포함하는 것으로 해석된다(同旨: 이병태, 「노동법」, 539면).

4) 거부의 의사표시만 있으면 족하고 실제로 공민권 행사가 방해되었음을 요하지 않는다. 다만, 사용자는 근로자가 공민권 행사 또는 공의 직무를 집행함에 지장이 없는 한 청구한 시각을 변경할 수 있다(근기법 제10조 단서).

5) 1980. 12. 16, 법무 811-33086; 同旨: 노동법실무연구회, 「근로기준법주해 Ⅰ」(이용구), 550면.

6) 국회법 제29조 2항은 국회의원이 당선 전에 겸직이 금지된 직을 가지고 있을 때에는 「임기개시일에 그 직에서 해직된다」고 규정하고 있다.

c) 이 조항과 관련해서 종업원인 근로자가 회사의 승인을 얻지 아니하고 공직에 취임한 때에는 해고한다고 정한 취업규칙의 규정은 공민권보장규정의 취지에 반하는 것으로 무효라고 해석된다. 그러나 공직에 취임하는 것이 회사업무의 수행을 현저하게 저해하는 때에는 해고가 정당화될 수 있다.[1] 다만, 공직수행과 양립할 수 있는 회사의 다른 업무가 그 사업장 내에 존재하고 배치전환이 용이한 때에는 이에 대한 인사상의 조치 노력없이 곧바로 해고하는 것은 정당하다고 볼 수 없을 것이다. 또한 사용자는 공직취임자에 대하여 휴직발령을 낼 수 있는 규정이 있으면 이에 따라야 할 것이다. 휴직발령규정이 없더라도 휴직으로 발령하는 것이 제10조 규정의 취지에 합치한다는 견해가 있다.[2] 휴직발령의 경우에도 공직수행이 근로자의 업무와 양립할 수 없다는 것이 요건이 된다. 이 조항의 위반에 대하여는 벌칙이 적용된다(근기법 제110조).

[31] Ⅳ. 근로기준법의 성질과 내용

1. 성　질

a) 근로기준법의 규율 대상은 개별 근로자와 사용자 사이의 근로관계이며, 이는 그 성질상 사법관계이다. 그러나 근로기준법 자체는 근로자의 「보호」를 위하여 사용자에게 국가에 대한 공법상의 의무와 개개 근로자에 대한 사법상의 의무를 과하는 것이라고 이해되고 있기 때문에([29] 2. (2) 내지 (5) 참고) 전통적인 법체계의 분류에 따른다면 이는 공법에 속한다.[3] 그러나 근로기준법은 사용자에 대한 의무를 설정하는 것으로 그치는 것이 아니라, 동시에 사용자에 대한 근로자의 권리를 설정한 것이라고 보지 않을 수 없다([22] 2. (2), [29] 2. (4) 참고). 그러므로 근로기준법은 사법관계인 근로관계의 내용을 직접 규율하는 법이라고 보아야 한다(근기법 제15조 참조).[4] 따라서 근로기준법의 규정은

1) 異見: 근로자의 피선거권을 보장하면서 공직취임을 보호하지 않는 것은 근로자의 참정권행사를 저해함과 동시에 신의성실의 원칙에도 반한다고 하여 해고를 인정하지 않는 견해가 있다(이병태, 「노동법」, 541면 이하).

2) 西谷, 「勞働法」, 75面.

3) Schaub/Vogelsang, *ArbRHandb* § 151 Rn. 4(사용자와 근로자는 모두 국가에 대하여 노동보호법을 준수할 의무를 부담한다고 하며, 어느 쪽이든 위반행위를 했을 때에는 행정행위와 벌칙을 통하여 노동 보호 상태가 관철될 수 있도록 필요한 조치가 취해진다). 특히 근로자의 신체·건강을 보호하기 위한 법률은 공법적 성질이 보다 강하다고 볼 수 있다(Otto, *ArbR* Rn. 563 ff.).

4) 어떤 특정 법률의 성질은 그 법률이 규율하고 있는 법률관계의 성질에 따라 규명될 수도 있다. 이러한 태도에 대해서 저자는 긍정적 견해를 취하고자 한다. 근로기준법이 규율의 대상으로 삼는 것은 근로관계이고, 근로기준법상의 사용자 의무는 곧 근로관계에서의 사용자의 의무로서 문제되기 때

근로관계를 전제로 근로자의 청구권의 기초가 될 수 있다.[1]

근로기준법의 규정은 보호법규로서 강행성을 가지고 있기 때문에 사용자가 이에 위반할 수 없음은 물론이며, 근로자라 하더라도 근로기준법상의 권리를 포기·양보할 수 없다고 보아야 한다(근기법 제15조 참조).[2] 그러므로 근로기준법상의 기준은 근로관계 당사자의 의사 여하에 불문하고 실현되어야 하며(계약자유의 제한), 이에 대한 준수와 이행은 감독기관의 감독과 벌칙의 적용을 통하여 확보된다. 그런 의미에서 근로기준법은 기본적으로 공법적 성격을 가지고 있으나, 사용자의 근로기준법 불이행에 대하여 근로자에게 이 법상의 기준 이행을 청구 내지 소구할 수 있는 권리를 인정하고 있는 것으로 보아야 하므로 동시에 사법적 보호를 전제하고 있다(근기법 제15조 참조). 근로조건에 관한 근로기준법의 규정은 근로계약, 취업규칙과 단체협약에 대하여 기준적 효력을 가지며 사용자는 이를 성실하게 이행해야 할 의무를 부담한다(근기법 제3조, 제5조, 제15조, 제96조 참조). 근로자는 이 법상의 근로자의 권리를 청구 내지 소구할 수 있는 권리를 가지므로 근로기준법은 사법적 효력을 가지는 강행법률이라고 할 수 있다.

b) 근로기준법은 근로관계의 성립과 내용 및 종료(해고)에 관한 근로관계법(Arbeitsverhältnisrecht)이라고 할 수 있지만, '노동보호'법(Arbeitsschutzrecht)의 성격을 가지고 있다. 즉, 종속노동에 종사하는 근로자는 기계의 설비나 기구를 사용하거나 유해한 환경에서 노무를 제공하면서 위험한 작업이나 환경에 노출될 수 있으므로 이에 대한 보호규정도 근로기준법에 마련되어 있다. 동법 제6장 안전과 보건에 관한 제76조의 규정은 '근로자의 안전과 보건에 관하여는 「산업안전보건법」에서 정하는 바에 따른다'고 정하고 있다. 따라서 근로기준법에는 근로관계(고용관계)에 대한 보호, 안전·보건에 대한 보호, 근로시간에 대한 보호에 관한 규정이 포함되어 있다. 이와 같이 근로자 보호는 크게 3면적으로 구성되어 있으나, 근로관계에 대한 보호는 고용계약에 관한 특별보호법으로서 근로기준법이 직접 규정하고 있고, 안전·보건에 대한 보호에 관해서는 산업안전보건법(과거에는 근로기준법 내에 보호규정이 있었음. 근기법 제76조 참조)이 독립법으로서 규정하고 있

문에 근로기준법의 사법적 측면은 부인될 수 없다(Zöllner/Loritz/Hergenröder, *ArbR* §32 Rn. 6 f. 참고).

1) 同旨: 菅野, 「勞働法」, 105面 이하.

2) 「근로기준법에 정한 기준에 달하지 못하는 근로조건을 정한 근로계약은 그 부분에 한하여 무효이므로, 그것이 단체협약에 의한 것이라거나 근로자들의 승인을 받은 것이라 하여 유효로 볼 수 없다」(大判 1990. 12. 21, 90 다카 24496); 「퇴직금청구권을 포기하거나 민사소송을 제기하지 않겠다는 부제소특약은 근로기준법에 위반되어 무효이다」(大判 2002. 8. 23, 2001 다 41568). 또한 Zöllner/Loritz/Hergenröder, *ArbR* §32 Rn. 23 참고. 근로기준법상의 기준을 근로자가 포기하는 것을 용인한다면 사용자의 권유에 의한 포기도 이에 포함될 수 있으므로 근로자의 보호는 유명무실하게 된다.

으며, 근로시간 보호에 관해서는 근로기준법이 규정하고 있다. 최저임금, 임금채권의 보장, 퇴직급여 보장에 관해서는 최저임금법, 임금채권보장법, 퇴직급여보장법이 각각 규정하고 있다.

2. 내용과 서술순서

근로기준법의 내용은 총칙·근로계약·임금·근로시간과 휴식·여성과 소년·안전과 보건·기능습득·재해보상·취업규칙·기숙사·근로감독관·벌칙 등으로 구성되어 있다. 그러나 이러한 구성상의 편별이 반드시 체계상 정당한 것이라고 할 수는 없다. 따라서 이 책에서는 근로기준법상의 편별에 좇지 아니하고 저자 자신의 체계에 따라 서술하기로 한다. 즉 개별적 근로관계법의 적용대상이 되는 근로자와 사용자 및 근로관계를 우선 구명(究明)하고, 그 성립에서부터 종료에 이르기까지의 근로관계의 내용과 변경에 관한 제반 문제를 근로계약관계의 (시간적) 전개순서(展開順序)에 따라 살펴보기로 한다. 이와 같은 편별은 대륙법 체계를 가진 나라, 특히 독일에서 즐겨 사용되는 것인데, 반드시 그 이유 때문에 이러한 방법을 택하는 것은 아니다. 모든 학문이 그렇듯이 그 학문의 연구대상 내지 고유대상을 먼저 확정하고 그 대상의 내용을 이론적 또는 실제적 전개순서에 따라 고찰하는 것은 방법론상의 보편적 요청이라고 할 수 있다. 이와 같은 고찰 방법은 근로관계를 그 연구대상으로 하는 개별적 근로관계법에 있어서도 예외일 수 없다.

[32] V. 근로기준법의 적용관계

1. 적용사업

(1) 「상시」 5명 이상의 근로자를 사용하는 사업 또는 사업장

a) 「상시」의 뜻 근로기준법은 상시 5명 이상의 근로자를 사용하는 모든 사업 또는 사업장에 적용된다(근기법 제11조 I 본문). 과거에 「상시」 사용하는 근로자 수를 산정하는 방법에 대해서는 판례와 해석론에 의존해 왔으나 근로기준법 제11조 3항이 신설(2008. 3. 21)되어 대통령령이 이를 정하고 있다(시행 2008. 7. 1). 시행령(대통령령 제20873호, 일부개정 2008. 6. 25) 제7조의2 1항에 의하면 「'상시 사용하는 근로자 수'는 해당 사업 또는 사업장에서 법 적용사유(휴업수당, 근로시간 적용 등 법 또는 이 영의 적용 여부를 판단하여야 하는 사유를 말한다) 발생일 전 1개월(사업이 성립한 날부터 1개월 미만인 경우에는 그 사업이 성립한 날 이후의 기간을 말한다. '산정기간') 동안 사용한 근로자의 연인원을 같은 기간

중의 가동 일수로 나누어 산정한다」고 정하고 있다. 그리고 동조 2항에서는 5명 이상의 근로자를 사용하는 사업 또는 사업장('법 적용 사업 또는 사업장')으로 보거나 또는 보지 않는 경우를 규정하고 있다(동항 ①·②). 다만 취업규칙에 관한 근로기준법 제93조의 적용여부를 판단하는 경우에는 10명을 기준으로 한다(동조 Ⅱ). 근로기준법 제60조부터 제62조(연차유급휴가 관련)까지의 적용여부를 판단하는 경우의 근로자 수 산정방법에 대해서는 동조 3항이 규정하고 있으며, 동조 4항은 동조 1항의 연인원에 포함되는 근로자의 범위를 정하고 있다. 동 시행령의 제정으로 근로기준법의 전부 또는 일부 적용여부에 대한 논란을 해소할 수 있는 객관적 기준이 마련된 셈이다. 상시 사용하는 근로자 수의 산정방법은 해당 근로자에게 근로기준법의 보호를 받을 수 있느냐의 여부를 결정짓는 기준이 된다는 점에서 동조항(근기법 제11조 Ⅲ) 및 동 시행령(제7조의2)의 신설은 매우 바람직한 입법적 조치라고 할 수 있다. 상시 사용하는 근로자에는 통상(계속근로)의 근로자는 물론이고 파견근로자를 제외한 기간제근로자, 단시간근로자 등 고용형태에 상관없이 하나의 사업 또는 사업장에서 근로하는 모든 근로자(시령 제7조의2 Ⅳ ①: 2018. 6. 25 개정), 위의 근로자가 1명이라도 있으면 동거하는 친족인 근로자도 모두 포함된다(시령 제7조의2 Ⅳ ②). 일용직근로자도 상시 사용하는 근로자의 수에 포함된다.[1] 그러나 파견근로자(시령 제7조의2 Ⅳ)나 사내도급근로자는 제외된다.

b) 「사업」의 뜻 근로기준법의 적용을 받는 「사업」이 되기 위해서는 사업의 종류에 관계없이 유기적인 조직하에 그 사업이 일정한 장소에서 「업」으로서 계속적으로 행하여져야 한다. 계속적으로 행하여지는 사업 및 업무이면 영리를 목적으로 하는 것이 아니더라도 '업(業)'에 포함된다. 국가 또는 지방자치단체[2]가 행하는 사업(근기법 제12조 참조), 국영기업체와 공공사업체, 정부투자기관,[3] 그리고 사회사업단체[4]나 종교단체[5]가 행하는 사업뿐만 아니라, 아파트입주자대표회의와 같은 비영리단체,[6] 교육연구기

1) 大判 1987. 4. 14, 87 도 153; 大判 2000. 3. 14, 99 도 1243; 大判 2008. 3. 27, 2008 도 364 등.

2) 국가공무원, 지방공무원 및 교육공무원은 공무원연금법, 공무원보수규정 등의 적용을 받으며, 그러한 법령에 근로조건이 포괄적으로 정해져 있으므로 근로기준법의 적용을 받지 않는다(大判 1987. 2. 24, 86 다카 1355). 사립학교교원은 근로기준법상의 근로자이며 사립학교법에 특별히 근로기준법의 적용을 배제하는 규정이 없으므로 근로기준법의 적용을 받는다. 다만, 사립학교교원의 자격·임면·복무·신분보장 및 징계에 관해서는 특별규정(사립학교법 제4장 제52조 이하 참조)이 적용되므로, 그러한 범위 내에서 근로기준범의 적용이 배제된다(大判(전합) 1979. 9. 25, 78 다 2312 참고). 국가 소속 역(驛)의 일용잡부로 근무하는 사람이 그 근로자 한 사람뿐이라고 하더라도 근로기준법의 적용이 배제되는 것은 아니다(大判 1987. 6. 9, 85 다카 2473).

3) 大判 1990. 3. 13, 89 다카 24780.

4) 大判 1978. 7. 11, 78 다 591.

5) 大判 1992. 2. 14, 91 누 8098.

6) 大判 1983. 11. 26, 근기 1451－29211.

관[1]의 업무도 '업'에 포함된다. 업은 사업의 영리성(營利性)을 지목한 개념이 아니라 그 사'업'에 종사하고 있는 근로자의 보호를 위한 기준개념(基準槪念)이다. 따라서 이러한 업에 해당하는 사업 또는 업무를 영위하거나 수행하기 위하여 근로자(인원: 人員)를 사용하는 활동주체에 대해서는 근로기준법이 적용된다(근기법 제11조 참조).[2]

c) 적용사업의 규모 근로기준법은 상시 5명 이상의 근로자를 사용하는 모든 사업 또는 사업장에 적용된다(근기법 제11조 본문). '상시(常時)'란 '상태(常態)'라는 의미로서 사회통념에 의해 객관적으로 판단되어야 할 것이므로 근로자의 수가 때로는 5명 미만이 되더라도, 상태적으로 5명 이상이면 상시 5명 이상인 것으로 보아야 한다.[3] 이때 근로자란 당해 사업장에 계속 근무하는 근로자뿐만 아니라 그때 그때 필요에 따라 사용되는 일용근로자도 포함한다.[4] 그 밖에 사용하는 근로자 수가 수시로 변동하는 사업에서 상시 사용하는 근로자 수를 산정하는 방법에 대해서는 근로기준법 제11조 3항 및 동법 시행령 제7조의2에서 구체적으로 규정하고 있다.

d) 외국인 사업에 대한 적용 한국인을 고용하는 외국인 사업주의 기업에도 그 사업이 국내에서 운영되는 한 근로기준법이 적용된다.[5] 그러나 한국인이 경영하는 외국소재 기업체에 대해서는 근로기준법이 적용되지 않는다.[6]

(2) 적용제외

근로기준법 제11조 1항 단서는 동거하는 친족만을 사용하는 사업 또는 사업장과

1) 大判(전합) 1979. 9. 25, 78 다 2312.

2) 국회의원 입후보자가 선거활동을 위하여 일정한 장소에 선거사무소를 두고, 사람을 일급제로 고용하여 자신의 지휘·감독 하에 선거홍보를 하게 하면서 일정기간(13일)동안 계속해서 운영하여온 경우 위 사무소는 적어도 그 범위 내에서는 근로기준법상 사업장에 해당한다(大判 2007. 10. 26, 2005 도 9218; 大判 1994. 10. 25, 94 다 2979).

3) 大判 2000. 3. 14, 99 도 1243.

4) 大判 2008. 3. 27, 2008 도 364.

5) 외국인회사가 우리나라에서 한국인근로자를 고용하여 사용자의 지위(근기법 제15조)를 가지는 한, 근로기준법상의 규정 및 의무를 준수·이행하여야 한다(서울民地判 1992. 3. 27, 90 가합 19904 참고). 그러나 한국인이 경영하는 외국소재 기업체에는 근로기준법이 적용되지 않는다(1968. 5. 4, 법무 810-7975 참고). 국내에 본사(기업체)가 있고 그 출장소·지점 등이 외국에 있는 경우에는 그 출장소·지점에 근무하는 근로자에게 근로기준법 및 산재보험법 등이 적용된다(大判 1970. 5. 26, 70 다 523·524; 서울高判 1972. 7. 21, 71 나 3027; 서울高判 1973. 6. 29, 71 나 2458; 1968. 9. 4, 법무 810-14152).

6) 1968. 5. 4, 법무 810-7975 참고. 한국에 본사가 있고 외국에 지사가 있는 경우에는 본사의 급여규정, 인사규정, 퇴직급여규정 외에 일부 근로기준법이 근로관계에 화체되어 적용될 수 있을 것이다. 또한 한국인이 국내외의 외국기업에 고용된 경우이거나 외국인이 한국기업에 고용된 경우와 같이 국제적 근로(계약)관계가 생긴 때에는 우선 어느 나라의 근로계약 법리가 적용될 것인지의 준거법 문제가 발생한다.

가사사용인에게는 이 법을 적용하지 않는다고 규정하고 있다. 동거하는 친족(민법 제777조 참조)만을 사용하는 관계에까지 국가가 개입하여 근로조건을 강행적으로 정한다는 것은 온당하지 않기 때문이다. 그러나 법률상의 친족관계의 범위 밖에 있는 근로자를 사용하는 경우에는 이 법의 적용을 받는다.[1] 가사사용인(가정부, 파출부, 운전기사 등)에 대하여는 그 관계가 주로 사생활과 관련되어 있고 또한 감독행정이 미치기 어렵기 때문에 이 법의 적용을 배제한 것이다. 그러나 지난 2011년 제100차 국제노동기구(ILO) 총회에서 '가사노동협약'이 채택되었고, 대한민국 역시 협약 채택에 찬성함에 따라 가사사용인의 보호 필요성에 대한 논의가 이루어지고 있는 상황이다.

(3) 일부 규정만이 적용되는 사업 또는 사업장

동법 제11조 2항은 「상시 4명 이하의 근로자를 사용하는 사업 또는 사업장에 대하여는 대통령령이 정하는 바에 따라 이 법의 일부 규정을 적용할 수 있다」고 규정하고 있다. 근로기준법 시행령(대통령령 24652호, 일부개정 2013. 6. 28) 제7조에 따르면 상시 4명 이하의 근로자를 사용하는 사업 또는 사업장에 적용되는 법 규정을 [별표 1]에서 규정하고 있다.[2]·[3] 상시 4명 이하의 근로자를 사용하는 사업 또는 사업장에 적용되지 않는 규정들은

1) 그 밖에 「사업」의 의미에 대하여 자세한 것은 김형배, 「근로기준법」, 44면 이하 참고.

2) [별표 1] 상시 4명 이하의 근로자를 사용하는 사업 또는 사업장에 적용하는 법 규정(제7조 관련)

구 분	적용법규정
제1장 총칙	제1조부터 제13조까지의 규정
제2장 근로계약	제15조, 제17조, 제18조, 제19조 1항, 제20조부터 제22조까지의 규정, 제23조 2항, 제26조, 제35조부터 제42조까지의 규정
제3장 임금	제43조부터 제45조까지의 규정, 제47조부터 제49조까지의 규정
제4장 근로시간과 휴식	제54조, 제55조, 제63조
제5장 여성과 소년	제64조, 제65조 1항·3항(임산부와 18세 미만인 자로 한정한다), 제66조부터 제69조까지의 규정, 제70조 2항·3항, 제71조, 제72조, 제74조
제6장 안전과 보건	제76조
제8장 재해보상	제78조부터 제92조까지의 규정
제11장 근로감독관 등	제101조부터 제106조까지의 규정
제12장 벌칙	제107조부터 제116조까지의 규정(제1장부터 제6장까지, 제8장, 제11장의 규정 중 상시 4명 이하 근로자를 사용하는 사업 또는 사업장에 적용되는 규정을 위반한 경우로 한정한다)

3) 상시근로자 5명 미만의 사업장으로서 근로기준법상 퇴직금제도가 적용되지 않는 것은 평등권을 침해하는 것이라고 하여 구 근로기준법 제10조 1항(현행 제11조 Ⅰ)의 위헌확인을 구하는 헌법소원에 대하여 헌법재판소는 「근로기준법의 확대적용을 위한 지속적인 노력을 기울이는 과정에서, 한편으로는 영세사업장의 열악한 현실을 고려하고, 다른 한편으로는 국가의 근로감독능력의 한계를 아울러 고려하면서 근로기준법의 법규범성을 실질적으로 관철하기 위한 입법정책적 결정으로서 거기에는 나름대로의 합리적 이유가 있다고 인정되고, 그 기준이 인간의 존엄성을 전혀 보장할 수 없을 정도라고도

제23조 1항(부당해고 등의 제한), 제28조부터 제33조(부당해고 등의 구제), 제46조(휴업수당), 제50조(법정근로시간), 제56조(가산임금), 제60조(유급연차휴가), 제73조(생리휴가), 제93조부터 제97조(취업규칙) 등인데 이러한 규정들을 준수하는 것은 영세사업장에게 부담이 될 수 있을 것이다. 근로기준법과 달리 개별 노동보호법 중에는 상시 사용 근로자 수(사업장의 규모)에 관계없이 적용되는 법률들이 많다. 예를 들면 최저임금법과 남녀고용평등법, 임금채권보장법, 산업안전보건법은 특별히 적용예외가 인정되는 사업을 제외하고, 1명 이상의 근로자를 사용하는 모든 사업 또는 사업장에 적용된다. 특히 종전에 상시 5명 이상의 근로자를 사용하는 사업 또는 사업장에 대해서 적용되던 퇴직급여보장법은 2010년 12월부터 1명 이상의 근로자를 사용하는 모든 사업으로 그 적용범위가 확대되었다.

2. 근 로 자[1)]

a) 근로기준법 제2조 1항 1호는 「"근로자"란 직업의 종류와 관계없이 임금을 목적으로 사업이나 사업장에 근로를 제공하는 자를 말한다」고 규정하고 있다. 따라서 임금

볼 수 없으므로 이로 인하여 청구인의 평등권이 침해되었다고 볼 수 없다」고 결정하였다(憲裁 1999. 9. 16, 98 헌마 310). 근로기준법 제11조 제2항은 법률유보원칙과 포괄위임금지원칙에 위반하지 않아 헌법에 위배되지 않는다고 한 결정이 있는가 하면(憲裁 2019. 4. 11, 2013 헌바 112), 근로기준법 시행령 제7조 [별표1]에 부당해고제한조항(제23조 제1항)이나 노동위원회 구제절차 적용을 나열하지 않은 것이 청구인의 권리를 침해하지 않는다고 보아 심판청구를 기각한 결정(憲裁 2019. 4. 11, 2017 헌마 820)이 있다.

1) 「근로자」의 개념은 협의로 또는 광의로 사용될 수 있다. 보통 근로자란 사용자와의 법률관계, 즉 근로계약관계(고용관계)의 일방당사자를 의미하는 것이 보통이다. 그러나 이와 같은 근로계약관계를 전제로 하지 않는 경우에도 근로자라는 용어가 사용된다(노조및조정법 제2조 ①). 후자의 경우 「임금 기타 이에 준하는 수입에 의하여 생활하는 자」가 실업중이라도 근로자에 해당하고, 이러한 실업자인 근로자도 예컨대 산별노조에 가입할 수 있다(또한 직능법 제2조 ④ 참조). 근로기준법은 전자의 협의의 근로자를 그 규율대상으로 한다. 그리고 산재보험법상의 근로자는 근로기준법상의 근로자를 말한다(산재법 제5조 ②). 이 이외에 단시간근로자, 비정규근로자, 파견근로자, 특수형태근로종사자 등의 비전형근로자가 있다. 이에 관해서는 별도의 장(제4장)에서 설명한다. 따라서 근로자의 개념은 적용되는 법률 또는 법률관계에 따라 그 범위와 내용이 구별될 수 있다. 이는 근로자개념이 각각의 법률마다 규율 내지 보호의 측면과 내용이 다르기 때문에 이에 맞추어 상대적으로 규정됨으로 인하여 달리 정의되는 것이지, 근로자의 본질적 실체가 다양하게 구별되어 인정되어야 하는 것은 아니다.

《노동관계법상 근로자의 구분》

<table>
<tr><td>근기법: 제2조 1항 1호</td><td>준용: 산재법(제5조 ②), 산안법(제2조 ②), 근참법(제3조 ②), 진폐근로자보호법(제2조 ④)</td></tr>
<tr><td colspan="2">노조및조정법: 제2조 ①</td></tr>
<tr><td colspan="2">선원법: 제3조</td></tr>
<tr><td colspan="2">고용정책기본법: 제2조, 직능법: 제2조 ④, 남녀고평법: 제2조 ④</td></tr>
</table>

을 목적으로 타인(사용자)의 지휘·감독하에서 노무를 제공하는 자(근로계약관계 당사자로서 노무제공의무자)는 그 노무가 육체적인 것이든 정신적(직원·기술자·연구원 등의 경우)인 것이든(근기법 제2조 I ③) 모두 근로자이다. 육체노동근로자인가 사무직근로자인가는 문제되지 않는다. 즉 근로기준법이 적용되는 근로자란 사용자의 지휘·감독을 받으며 실질적 종속관계[1]에서 노무를 제공하는 자를 말한다.[2] 대표적 판례에 따르면 「i) 근로기준법상의 근로자에 해당하는지 여부는 계약의 형식이 고용계약인지 도급계약[3]인지보다 그 실질에 있어 근로자가 사업 또는 사업장에 임금을 목적으로 종속적인 관계에서 사용자에게 근로를 제공하였는지 여부에 따라 판단하여야 하고, 위에서 말하는 종속적인 관계가 있는지 여부는 업무 내용을 사용자가 정하고 취업규칙 또는 복무(인사)규정 등의 적용을 받으며 업무 수행 과정에서 사용자가 상당한 지휘·감독을 하는지, ii) 사용자가 근무시간과 근무장소를 지정하고 근로자가 이에 구속을 받는지, iii) 노무제공자가 스스로 비품·원자재나 작업도구 등을 소유하거나 제3자를 고용하여 업무를 대행케 하는 등 독립하여 자신의 계산으로 사업을 영위할 수 있는지, iv) 노무 제공을 통한 이윤의 창출

1) 종속성개념에 관해서는 [8] 2. (1) 참고.

2) 大判 1972. 3. 28, 72 도 334; 大判 1979. 7. 10, 78 다 1530; 大判 1987. 5. 26, 87 도 604(도급계약의 형식을 빌어 노무를 제공하더라도 사용자와의 관계에서 사용종속관계를 유지하고 능률급 내지 성과급을 지급받기로 하는 것이라면 근로자에 해당한다는 판례); 大判 1992. 4. 14, 91 다 45653. 同旨: 大判 1991. 11. 8, 91 다 27730; 大判 1991. 7. 26, 90 다 20151; 大判 1989. 7. 11, 88 다카 21296(전문의시험자격취득을 위한 필수적 수련과정에 있는 수련의도 병원과의 실질적 관계에서는 사용종속관계에 있음을 인정한 판례). 大判 2006. 12. 7, 2006 도 300(근로계약을 체결한 사실이 없다 할지라도 사용자로부터 실질적으로 지휘·감독을 받았다면 근로기준법상 근로자에 해당한다); 大判 2005. 11. 10, 2005 다 50034(산업기술연수생인 외국인이 대상 업체의 사업장에서 실질적으로 업체의 지시·감독을 받으면서 근로를 제공하고 수당 명목의 금품을 수령한 경우, 근로기준법 제14조에 정한 근로자에 해당한다고 본 사례). 大判 2006. 12. 7, 2006 다 53627(근로계약 당사자인 중국인근로자와 국내회사의 중국현지법인 사이에 분쟁이 발생하기 전에 대한민국 법원의 국제재판관할권을 배제하기로 하는 내용의 합의는 국제사법 제28조 5항에 위반하여 효력이 없다). 또한 서울高判 2006. 6. 15, 2005 누 23918(택시기사가 월급제에서 도급제로 근무형태를 변경한 이후에도 여전히 임금을 목적으로 종속적인 관계에서 근로를 제공했다면 근로자로 봄이 상당하다고 한 사례); 서울行判 2005. 7. 7, 2004 구합 33756(장애인콜택시 운전자가 위탁계약 형식을 맺고 있다 하더라도 구체적·개별적 지휘·감독을 받고 보조금이 임금으로서의 성격을 갖는다면 근로자에 해당한다고 본 사례); 大判 2008. 3. 27, 2007 다 87061(사립학교에서 근로를 제공하는 자로서 사립학교의 교원 또는 사무직원이 아닌 자에 대하여도 근로기준법이 적용된다). 위임인이 수임인에게 위임업무에 관련된 수임인의 계획과 실적을 보고해 달라는 요청을 했다는 사실만으로 근로관계가 존재하는 것으로 볼 수 없다(서울高判 2016. 1. 29, 2015 나 2032583). 피고 생활가전회사(코웨이)와 위임계약을 체결하고 가전제품의 설치, 이전설치, 해체서비스, 수리서비스 및 반환업무 등을 수행하여 온 원고들은 임금을 목적으로 종속적 지위에서 근로를 제공한 근로기준법상 근로자에 해당한다고 보고 원고들의 임금 및 퇴직금 청구를 인용한 판결(서울中央地判 2019. 6. 13, 2016 가합 524734).

3) 도급제사원인지의 여부를 판단하는 기준에 관하여는 大判 2012. 1. 12, 2010 다 50601 참고.

과 손실의 초래 등 위험을 스스로 안고 있는지와 보수의 성격이 근로 자체의 대상적 성격인지, v) 기본급이나 고정급이 정하여졌는지 및 근로소득세의 원천징수 여부 등 보수에 관한 사항, 근로 제공 관계의 계속성과 사용자에 대한 전속성의 유무와 그 정도, 사회보장제도에 관한 법령에서 근로자로서 지위를 인정받는지 등의 경제적·사회적 여러 조건을 종합하여 판단하여야 한다」고 한다.[1] 대체로 근로관계의 존부 내지 근로자의 여부가 문제되는 경우는 근로관계의 존부를 확실히 판단할 수 있는 경우가 아니라, 근로관계의 요소와 근로관계의 요소로 볼 수 없는 사정들이 혼합된 경우가 보통이다. 특히 각 사업 내지 직업 분야의 작업수행의 특수성, 기업에서의 노무관리의 특성 등으로 노무제공관계의 모습이 다양하게 형성되고 있는 경우가 문제된다. 이러한 경우에 근로관계의 존부를 일률적 기준에 의하여 결정한다는 것은 어려운 일이므로, 통일적·추상적 표지의 제시는 구체적 사안에 실질적 도움을 주지 못하는 경우가 적지 않다.[2] 그러므로 사용종속관계의 존

1) 최근의 판례: 大判 2020. 6. 25, 2020 다 207864; 大判 2021. 8. 12, 2021 다 222914(용역계약을 체결하고 회사가 판매한 정수기의 설치·점검·수리 등의 업무를 수행하는 이른바 '앨트마스터'를 근로기준법상의 근로자에 해당한다고 판단한 사례); 大判 2006. 12. 7, 2004 다 29736(이 판례에 의하여 근로자의 개념이 종속성을 중심으로 보다 포괄적이고 종합적으로 판단할 수 있는 기준이 마련되었다); 大判 2016. 10. 27, 2016 다 29890(신용카드론 전화상담원(텔레마케터)에 대하여 업무의 성격과 내용, 정하여진 근무장소, 실적이나 업무수행 불량 또는 업무운용수칙 등 위반 시 부과되는 제재 또는 불이익, 근무시간을 지키지 않을 경우 얻게 되는 실질적 불이익 등 여러 사정을 종합적으로 고려하여 근로자성을 인정한 사례); 大判 2017. 1. 25, 2015 다 59146; 大判 2007. 3. 29, 2005 두 13018·13025; 大判 2007. 9. 6, 2007 다 37165; 大判 2008. 5. 15, 2008 두 1566; 大判 2010. 5. 27, 2007 두 9471; 大判 2011. 3. 24, 2010 두 10754; 大判 2011. 7. 14, 2009 다 37923; 大判 2012. 1. 12, 2010 다 50601; 大判 2012. 12. 13, 2012 다 77006(법무법인에 근무하는 변호사를 근로자로 본 사례); 大判 2013. 6. 27, 2011 다 44276(우체국에서 근무하다가 퇴직한 보험관리사에게 퇴직금지급청구권을 부인한 사례); 大判 2013. 7. 11, 2012 다 57040(운송회사와 '제품용역계약'을 체결하고 매월 일정액의 용역비를 받아온 운송업무수행자를 근로기준법상의 근로자가 아니라고 한 사례); 大判 2013. 4. 26, 2012 도 5385(다만 근로를 제공하는 자가 기계, 기구 등을 소유하고 있다 하여 곧바로 자신의 계산으로 사업을 영위하는 사업자라고 단정할 수 없다) 등; 大判 2019. 4. 23, 2016 다 277538(소속 우체국장과 우편집배 재택위탁계약을 체결하고 담당집배원(국가공무원인 집배원)으로부터 우편물을 건네받아 위탁계약에서 정해진 담당구역내의 배달업무를 처리한 재택위탁집배원은 출·퇴근시간, 우편업무·집배모·집배화 등의 근무복 착용, 직무교육 및 간담회 실시 및 우편물배달방법과 절차 및 주의사항 등의 교육, 근무시간과 실제 근무일수에 따른 위탁수수료의 월말 지급, 연장 및 휴일근로수당 등의 지급, 업무처리 과정이나 결과에 대한 지속적 관리·감독 등의 제반 사정을 고려할 때 근무시간에 비례하여 근로의 양과 질에 대한 대가(수수료)를 받으며 근로를 제공하는 근로기준법상 근로자에 해당한다는 원심 판단을 수긍한 예). 박재우, '근로자성의 판단기준에 관한 고찰 —大判 2008. 5. 15, 2008 두 1566 판결사안을 중심으로—,' 「노동법실무연구」(재판자료 제118집), 2009, 11면 이하 참고. 菅野, 「勞働法」, 176面 참고.

2) 피고(삼성물산)와 위탁판매계약을 체결하고 백화점 내의 피고의 매장에서 매장관리와 피고의 생산물품판매 업무를 수행하는 원고들이 근로기준법상의 근로자에 해당하지 않는다고 보아 원고의 상고를 기각한 판결(大判 2020. 6. 25, 2020 다 207864). 이 사안에서 원고는 독립 사업자로서의 성질과

부는 노동법에 의한 보호필요성을 염두에 두면서 구체적 사안에 따라 판단하여야 할 것이다.[1] 기본급이나 고정급이 정하여졌는지 자신들의 소유인 차량을 이용하여 근로를 제공하고 이에 대하여 실비 변상적인 성격의 금원을 포함한 포괄적인 형태의 임금을 받는지, 근로소득세를 원천징수하였는지, 사회보장제도에 의하여 근로자로 인정받는지 등의 사정은 사용자가 경제적으로 우월한 지위를 이용하여 임의로 정할 여지가 크다는 점에서 그러한 점들이 인정되지 않는다는 것만으로 근로자성을 쉽게 부정해서는 안 될 것이다.[2]

판례는 채권추심원이 피고 채권추심회사와 채권추심업무 위탁계약을 체결하고 있는 경우 채권추심원의 업무수행방식(근무형태)과 피고회사의 지휘·감독의 태양이나 정도 등에 비추어 채권추심원의 근로자성을 인정하고 있다.[3] 이와 같이 채권추심원과 피고회사 사이에 근로계약관계가 인정되는 경우에 원고인 채권추심원이 피고회사 이외의 다른 근무처에서 겸직하면서 일정 기간 다른 근무처에서 얻은 소득이 같은 기간 피고회사로부터 얻은 소득과 비교하여 50% 이상의 소득을 올렸다면 그 기간은 원고인 채권추심원과 피고 회사 사이의 근로계약관계가 단절된다고 보아야 할 것인가? 대법원에 따르면 다른 근무처에서 상당한 소득을 올렸다는 사정은 근로제공관계의 실질을 파악할 때 고려할 여러 사정 중 일부에 지나지 아니하고 소득 50% 이상의 비중 역시 근로제공관계의 실질을 판단하는 일의적(一義的: 중요한) 기준으로 삼을 합리적 이유가 되지 않는다고 한다. 따라서 위의 기간 동안 겸직소득규모 외에는 원고 채권추심원의 업무수행방식과 피

근로자로서의 성질도 지니고 있다는 점에서 위 판결이 원고인 위탁판매원을 근로기준법상의 근로자로 보지 않은 이유를 주목하여 살필 필요가 있다. 또한 大判 2020. 7. 9, 2020 다 207833(판매대행계약을 체결하고 백화점 판매원으로 근무한 원고들이 피고(코오롱인더스트리)를 상대로 퇴직금 청구의 소를 제기한 사안에서 원고들이 근로기준법상 근로자에 해당하지 않는다고 판단한 원심을 수긍하고 원고들의 상고를 기각한 판결) 참고.

1) 김형배, '근로기준법상의 근로자와 사용자의 개념', 「노동법연구」, 88면 이하 참고; *MünchKomm*/Müller-Glöge, §611 Rn. 170 ff.; Schaub/Vogelsang, *ArbRHandb* §8 Rn. 21 ff.; 1985년의 日本勞働省勞働基準法研究會報告 「勞働基準法の「勞働者」の判斷基準について」 참고. 독일법에서는 인적 종속성을 근로자의 개념기준으로서 중요시하는 것이 일반적인 견해이다. 또한 규범목적에 기초하여 근로자개념의 정의에 관한 새로운 시도에 대해서는 *MünchArbR*/Richardi, Bd. Ⅰ, §16 Rn. 35 ff. 참고.

2) 大判 2016. 10. 27, 2016 다 29890; 大判 2013. 4. 26, 2012 도 5385; 大判 2012. 1. 12, 2010 다 50601; 大判 2020. 4. 29, 2018 다 229120; 大判 2020. 6. 26, 2018 다 292418 등 참고; 大判 2016. 8. 24, 2015 다 253986(한국야쿠르트의 야쿠르트 판매원에게 근무복을 제공하고 적립형 보험의 보험료 및 상조회비 중 일부를 지원했다 하더라도 이는 판매활동을 장려하기 위한 뜻에서 이루어진 것일 뿐이고 근무상의 어떠한 지시나 통제를 전제로 하는 것은 아니라는 이유로 야쿠르트 판매원은 근로기준법상 근로자에 해당하지 않는다고 한 판결).

3) 大判 2020. 6. 25, 2018 다 292418. 개별 근무지에서 근무형태, 지시·감독권 행사의 구체적 모습에 따른 사실관계에 기초하여 채권추심원의 근로자성이 인정되지 않을 수 있고, 이를 뒤집으려면 근로자성을 주장하는 채권추심원이 구체적인 긍정적 사실을 증명할 증거를 제출하여야 한다(大判 2016. 4. 15, 2015 다 252891).

고 회사의 지휘·감독의 태양이나 정도 등이 원고의 근로자성 여부(근로계약관계의 존속 여부)를 종전과 달리 판단할 수 있을 정도로 실질적 관계가 변경되었다고 볼 만한 사정이 되지 않는다고 판단하였다. 또한 원고의 겸직소득 발생을 전후하여 양 당사자 사이에 해고나 합의해지 등을 통해 근로계약관계가 유효하게 해소되지 않은 이상 원고 채권추심원은 피고회사의 근로자로서 원고·피고 사이에는 여전히 근로계약관계가 존속한다고 하여 이와 달리 본 원심판단을 배척하였다.[1]

b) 근로기준법은 현재 근로계약관계에 있는 근로자의 근로조건을 확보해주려는데 있으므로 실업중의 근로자는 근로기준법상의 근로자의 개념에 포함되지 않는다.[2]·[3] 그러나 근로계약관계에 있더라도 현재 임금을 받고 있지 않은 근로자도 있다는 점에 유의하여야 한다. 즉 상병(傷病)으로 인하여 휴양중인 자, 휴직중인 자 또는 노동조합의 전임간부(專任幹部)들에게도 근로기준법은 적용되며, 특히 해고제한 및 해고의 예고(근기법 제23조 이하), 퇴직금지급(제34조 참조) 등의 규정은 이들에게 중요한 의의를 갖는다.

c) 외국인이 대한민국에서 취업하려면 취업활동을 할 수 있는 체류자격을 받아야 한다(출입국관리법 제18조 Ⅰ). 누구든지 체류자격을 가지지 아니한 사람을 고용하여서는 아니 된다(동법 제18조 Ⅱ). 출입국관리법상의 취업자격 없는 외국인의 고용 금지 규정에 대하여 판례는 이러한 규정이 「취업자격 없는 외국인의 고용이라는 사실적 행위 자체를 금지하고자 하는 것뿐이지 사실상 제공한 근로에 따른 권리나 이미 형성된 근로관계에서의 근로자로서의 신분에 따른 노동관계법상의 제반 권리 등의 법률효과까지 금지하려는 규정으로 보기 어렵다」고 해석한다.[4] 또한 취업자격 없는 외국인이 출입국관리법을 위반하여 근로계약을 체결하였다 하더라도 그것만으로 근로계약이 당연히 무효라고 할 수 없다. 그러나 취업자격은 외국인이 국내에서 법률적으로 취업활동을 할 수 있도록 하는 요건이라 할 수 있으므로 이미 형성된 근로관계가 아닌 한 취업자격 없는 외국인의 근로관계는 정지된다고 할 것이고 당사자는 언제든지 취업자격 없음을 이유로 근로관계를 해지(해고)할 수 있다고 한다.[5] 이 경우에 근로기준법 제23조는 적용되지 않는다. 판례에 따르면 취업자격 없는 외국인은 개별적 근로관계법상 매우 제한된 범위에서 근로자로서의 보호를 받는다.[6] 취업자격 없는 외국인의 노조및조정법상 근로자의 해당 여부

1) 大判 2020. 6. 25, 2018 다 292418.
2) 따라서 실업중인 근로자까지를 포함하는 노조및조정법상의 근로자의 개념([96] 2.)보다 근로기준법상의 근로자의 개념은 좁다고 할 수 있다(노조및조정법 제2조 ① 참조).
3) 그러나 반드시 유효한 근로계약의 존재가 근로기준법 적용의 전제조건이 되는 것은 아니다.
4) 大判 1995. 9. 15, 94 누 12067; 大判(전합) 2015. 6. 25, 2007 두 4995.
5) 大判 1995. 9. 15, 94 누 12067; 大判(전합) 2015. 6. 25, 2007 두 4995.
6) 大判 1995. 9. 15, 94 누 12067(외국인 고용 제한 규정에 위반하여 취업한 후 근로제공을 하다가

(노동조합에의 가입 여부)에 관해서는 [96] 2. e)를 참고하기 바란다.[1)]

d) 특수한 고용관계에 있는 자, 예컨대 보험회사의 외무원, 전기·가스검침원, 화장품·서적·자동차 판매원, 라디오·TV에 출연하는 연예인의 경우에는 고용형식·직무내용·근무형태·보수지급방법 등이 일반근로자의 경우와 현저하게 다른 것이 보통이기 때문에 근로기준법상의 근로자인지 여부가 문제되는 경우가 많다(제4장 제1절 참고). 그러나 위탁판매계약에서 피고가 원고들의 근태관리를 하지 않고, 원고들이 판매원으로 하여금 일정 정도 자신을 대체하여 근무하게 할 수 있는 등 피고와 원고들 사이의 종속성 및 전속성의 정도가 약하며, 원고들이 판매실적에 따라 상한 또는 하한이 없는 수수료를 지급받아 판매원의 급여 일부와 매장운영 비용을 지출해야 한다면 일정 정도 자신의 계산으로 사업을 영위하는 것으로 보아야 하므로 원고들이 임금을 목적으로 종속적 관계에서 피고에게 근로를 제공한 근로기준법상의 근로자에 해당한다고 볼 수 없다.[2)]

이러한 특수고용관계에 있는 자들이 근로기준법상의 근로자인가 여부의 판단은 당사자 사이의 실질적 관계를 고려하여야 하고 단순히 당해 계약의 형식만을 기준으로 하여 결정할 것은 아니다. 근로자냐 아니냐 하는 문제는 외형적 계약형식이나 명칭에 의할 것이 아니라 노무수행과정에 있어서 실질적 내지 사실상의 사용종속관계의 존재 여부에 의하여 판단해야 한다.[3)] 판례는 도급계약 또는 위탁계약의 형식을 취하고 있더라도 특정한 노무제공이 그 목적으로 되어 있으면서 수급인이 도급인의 업무지휘를 받거나 근무의 장소와 시간이 한정되어 있는 등의 사용종속관계가 인정되면 수급인은 도급제 근로자로서 근로기준법상의 보호를 받는다고 한다. 즉 판례는 근로의 실질에 있어서 근로자가 종속적인 관계에서 사용자에게 근로를 제공하는 경우라면 근로기준법 제2조 1항 1호 소정의 근로자에 해당된다고 판단한다.[4)·5)] 하도급인(하청업체)에 의하여 고용되었더라도

부상을 입은 외국인은 산재보험법상의 요양급여를 받을 수 있다).

1) 大判(전합) 2015. 6. 25, 2007 두 4995(취업중인 취업자격 없는 외국인에게도 노동조합의 결성 및 가입이 허용된다는 태도를 취하고 있다) 참고.

2) 大判 2020. 6. 25, 2020 다 207864(원심판단을 수긍한 예).

3) 근로자성이 다투어지는 개별 사건에서 개별 근무지에서의 업무형태 등 구체적인 사실관계 및 증명의 정도에 따라 달라질 수밖에 없다. 사실심의 심리 결과 근로자성을 인정하기 어려운 사정들이 밝혀지거나, 근로자성을 증명할 책임이 있는 당사자가 이에 대한 구체적 사실을 증명할 증거를 제출하지 않는 등의 경우에는 근로자성이 부정될 수 있다(大判 2016. 4. 15, 2015 다 252891; 大判 2020. 6. 25, 2020 다 207864).

4) 大判 1992. 6. 26, 92 도 674; 大判 1991. 12. 13, 91 다 24250; 大判 1991. 7. 26, 90 다 20151.

5) 근로자의 지위를 인정한 구체적 사례로는 다음과 같은 경우들이 있다.

신문사의 광고외근원(大判 1988. 11. 8, 87 다카 683); 위탁실습생(大判 1987. 6. 9, 86 다카 2920); 일용잡급직원(大判 1992. 4. 14, 91 다 45653); 맹인안마사(大判 1992. 6. 26, 92 도 674); 수련의(大判 1991. 11. 8, 91 다 27730); 일당제 대기운전기사(정식취업을 위한 수습기간중 일당제 대기근무운

하도급인이 사업주로서 독자성이 없거나 독립성을 결하여 원도급인의 노무대행기관과 동일시할 수 있는 등 그 존재가 형식적·명목적인 것에 지나지 않고, 사실상 당해 피고용인이 원도급인과 종속적 관계에 있으면서 실질적으로 임금을 지급하는 자도 원도급인이고, 노무제공의 상대방도 원도급인이어서 당해 피고용인과 원도급인 사이에 묵시적 근로계약관계가 성립되어 있다면 당해 피고용인은 원도급인의 근로자라고 할 수 있다.1) 그 밖에 산업기술연수증을 발급받은 외국인이 대상 업체의 사업장에서 실질적으로 대상 업체의 지시·감독을 받으면서 근로를 제공하고 수당 명목의 금품을 수령하여 왔다면 당해 외국

전기사로 근무하는 자의 근로자성 판단)(大判 1994. 1. 11, 92 다 44695); 신문사 신문판매 확장요원(大判 1996. 10. 29, 95 다 53171); 홍익회의 성과급영업원(大判 2000. 11. 24, 99 두 10209); 오토바이퀵서비스업체 배송기사(釜山地判 2006. 10. 18, 2005 구단 4261); 입시학원 종합반 강사(大判 2006. 12. 7, 2004 다 29736). 자기 소유의 버스를 수영장 사업주의 명의로 등록하고 수영장에 전속되어 회원운송용 버스를 운행한 자(大判 1997. 12. 26, 97 다 17575); 광고수탁 및 광고료 수금 업무에 종사하는 광고영업사원(大判 2001. 6. 26, 99 다 5484). 大判 2014. 11. 13, 2013 다 77805(한국전력공사로부터 전기계량기 검침, 전기요금 관련 청구서 등의 송달, 전기요금 체납 고객에 대한 해지시공 등의 업무를 위탁받은 회사(한전산업개발)와 위탁계약을 체결한 위탁원들은 임금을 목적으로 종속적인 관계에서 회사에 대하여 근로를 제공하는 근로기준법상의 근로자에 해당한다고 볼 여지가 많다). 이 판례는 종래 한국전력의 수금원을 근로기준법상의 근로자로 볼 수 없다는 판례(大判 1978. 7. 25, 78 다 510)의 태도를 변경한 것이라고 볼 수 있다.

근로자의 지위가 부인된 사례로는 다음과 같은 것들이 있다.

생명보험회사의 외무원(大判 1990. 5. 22, 88 다카 28112); 한전의 위탁수금원(大判 1978. 7. 25, 78 다 510); 프로야구선수(1983. 11. 1, 징수 1458-27309); 레미콘운송차주(서울高決 2001. 12. 28, 2001 라 183; 光州地判 2001. 11. 19, 2001 카단 5562. 菅野, 「勞働法」, 177面에 인용된 업무위탁계약에 관한 하급심 판례 참고.

채권추심원인지의 여부: 채권추심원에 대해서는 근로자의 지위를 인정하는 판례가 있는가 하면 부인하는 판례가 있다. 대법원은 채권추심원의 근로자성에 대하여 '채권추심원의 근로자성이 다투어지는 개별 사건에서 근로자성에 해당하는지 여부가 소속된 채권추심회사의 지점, 지사 등 개별 근무지에서의 업무 형태 등 구체적 사실관계 및 증명의 정도에 따라 달라질 수밖에 없다'며, '심리결과 근로자성을 인정하기 어려운 사정이 밝혀지거나 근로자성을 증명할 책임이 있는 당사자가 당해 사건에서 근로자성을 인정할 수 있는 구체적 사실을 증명할 증거를 제출하지 않는 경우에는 채권추심원의 근로자성이 부정될 수 있다는 판결을 내린 바가 있다(大判 2015. 9. 10, 2013 다 40612; 大判 2016. 4. 15, 2015 다 252891). 채권추심회사와 채권추심원 사이에서는 채권추심을 위임하는 계약을 체결하는 형식을 취하므로 채권추심원이 채권추심에 관하여 회사로부터 지휘나 지시를 받지 않고 자기능력과 추심방법에 따라 자유롭게 추심행위를 한다면 종속적 노무제공을 한다고 볼 수 없을 것이다. 즉 채권추심원이 지점장의 업무지침에 따라 업무상 조직적 지휘·관리하에 있다면 종속적 근로를 제공하는 근로자성이 인정되는 반면, 위임받은 채권 중 어느 채권을 먼저 추심할 것인지, 통화나 실사, 최고장 발송 여부 등 구체적 추심방법을 채권추심원 스스로가 결정하여 자기 능력껏 지점의 지시나 지휘에 영향을 받지 않고 수행했다면 근로자성이 인정되지 않을 수 있다. 최근에 채권추심원의 퇴직금청구소송사건(大判 2020. 4. 29, 2018 다 229120)에서 원고패소 판결한 원심을 파기·환송한 예가 있는가 하면 같은 퇴직금청구소송(大判 2020. 1. 7, 2020 다 208409)에서 원고패소 판결한 원심을 확정한 예가 있다.

1) 大判 2010. 7. 22, 2008 두 4367; 大判 2008. 7. 10, 2005 다 75088; 大判 2012. 2. 23, 2011 두 7076; 大判 2015. 2. 26, 2010 다 106436; 大判 2015. 2. 26, 2011 다 78316(KTX사건).

인도 근로기준법상의 근로자에 해당한다.[1]

e) 종속적 관계에서 노무를 제공하는 근로자인가의 여부가 문제되는 것은 구체적으로 임금, 퇴직금을 청구할 수 있는 근로자의 권리와 그 상대방을 확정하거나, 근로관계의 존립·소멸 여부를 확인하거나, 산재보험법상의 근로자(산재법 제5조 ②) 여부를 확인하기 위한 근거를 구하기 위해서이다. 따라서 종속적 관계 여부를 판단하는 제반기준들은 구체적 사안에 따라 그 비중을 달리 할 수 있다. 판례는 판단의 기준을 다양하게 제시해 오면서 관련 법령에서 근로자로서의 지위를 인정받는지 등 그 밖의 경제적·사회적 여러 조건들도 종합적으로 검토하고 있다.[2]

f) 회사의 이사, 감사 등 임원은 회사로부터 일정한 사무처리의 위임을 받고 있으므로 임금을 목적으로 사용자의 지휘·감독 아래 노무를 제공하는 근로자가 아니다.[3] 그러나 회사의 임원이라 하더라도, 업무의 성격상 회사로부터 위임받은 사무를 처리하는 것으로 보기에 부족하고 실제로 업무집행권을 가지는 대표이사 등의 지휘·감독 아래 일정한 노무를 담당하면서 그 노무에 대한 대가로 일정한 보수(임금)를 지급받아 왔다면 그 임원은 근로기준법에서 정한 근로자에 해당할 수 있다.[4] 또한 임원으로서 위임받은 사무를 처리하면서 이 외에 업무집행권을 가지는 대표이사 등의 지휘·감독을 받아 노무에 종사하며 보수(임금)를 받고 있으면 사용종속관계가 인정되고, 그러한 한도 내에서는 근로자의 지위에 있다고 볼 수 있으므로 재해보상 또는 퇴직금청구를 할 수 있는 근로자로서 보호받을 수 있다.[5] 그러나 회사의 대표이사 등으로부터 구체적 지휘·감독을 받으면서 정해진 노무를 제공하였다기보다 기능적으로 분리된 특정 전문 부분에 관한 업무 전체를 포괄적으로 위임받아 이를 총괄하면서 상당한 정도의 독자적 권한과 책임을 가지고 처리하는 지위(Function Head)에 있었다면 미등기임원이더라도 근로기준법상의 근로자에 해당한다고 보기 어렵다.[6] 임원이 근로기준법상의 근로자에 해당하는지가 문제되는 사례는 주로 퇴직금, 해고, 업무상 재해 등과 관련되어 있다.

g) 최저임금법(제2조), 임금채권보장법(제2조 ①), 산업안전보건법(제2조 ②), 산재보

1) 大判 2005. 11. 10, 2005 다 50034; 大判 1995. 12. 22, 95 다 2050; 大判 1997. 10. 10, 97 누 10352.

2) 大判 2008. 5. 15, 2008 두 1566 참고.

3) 大判 2001. 2. 23, 2000 다 61312.

4) 大判 2017. 11. 9. 2012 다 10959. 임원 명칭이 형식적인 것일 뿐 실질적으로는 대표이사 또는 사용자의 지휘·감독 아래 근로를 제공하고 그 대가로 보수를 받는 경우에는 근로기준법상의 근로자에 해당한다(大判 2003. 9. 26, 2002 다 64681; 大判 2020. 6. 4, 2019 다 297496 등).

5) 大判 2005. 5. 27, 2005 두 524; 大判 2017. 9. 7, 2017 두 46899.

6) 大判 2017. 11. 9, 2012 다 10959(근로기준법 제23조의 적용 불인정). 荒木, 「勞働法」, 55면 등에 인용된 日本판례 참고.

험법(제5조 ②), 퇴직급여보장법(제2조 ①), 근로자참여협력법(제3조 ②), 연령차별금지법(제2조 ④), 장애인고용촉진법(제2조 ⑤)은 근로자의 개념을 정의하면서 근로기준법에 따른 근로자를 말한다고 규정하고 있다.

3. 사 용 자

a) 근로기준법에서 「"사용자"란 사업주 또는 사업 경영 담당자, 그 밖에 근로자에 관한 사항에 대하여 사업주를 위하여 행위하는 자」를 말한다(근기법 제2조 Ⅰ ②).[1] 근로기준법이 규정하고 있는 사용자의 개념은 근로기준법을 준수할 의무가 있는 사용자를 확정하기 위한 것이다. 따라서 근로계약 당사자로서의 사용자와는 그 개념상 구별해야 한다([39] 2. ⑶ 참고).[2]

우선 사업주가 사용자란 당연한 것으로서, 개인경영의 경우에는 기업주를 말하고 법인경영인 경우에는 법인을 말한다. 다음으로 경영담당자란 사업경영 일반에 관하여 책임을 지는 자로서 사업주로부터 사업경영의 전부 또는 일부에 대하여 포괄적 위임(민법 제680조 참조)을 받고 대외적으로 사업을 대표하거나 대리하는 자를 말한다.[3] 그러므로 민법상 법인의 이사, 주식회사의 대표이사(상법 제389조 Ⅰ),[4] 합명회사 및 합자회사의 업무집행사원(상법 제200조, 제201조, 제207조, 제269조), 유한회사의 이사(상법 제561조)·지배인(상법 제11조 Ⅰ) 및 회사정리절차개시 이후의 관리인[5]과 미성년자 또는 금치산자를 사업주로 하는 경우에는 법정대리인이 사용자에 포함된다. 끝으로 「근로자에 관한 사항에 대하여 사업주를 위하여 행위하는 자」란 인사·급여·후생·노무관리 등과 근로조건의 결정 또는 근로의 실시에 관해서 지휘·명령 내지 감독을 할 수 있는 일정한 책임과 권한이 사업주에 의하여 주어진 자를 말한다.[6] 그러나 이러한 책임과 권한이 반드

---

1) 법인등기부상 대표이사직에서 사임했으나 실제로는 회장으로서 회사를 사실상 경영하여 온 경우 사용자에 해당한다고 본 경우(大判 1997. 11. 11, 97 도 813). 회사의 이사도 아니며 회사경영에 참여하거나 직원을 채용하는 지위에 있지 아니할 뿐 아니라 단순히 무보수로 대표이사를 보좌하는 명목상의 부사장은 근기법 제15조 소정 사용자라고 볼 수 없다(大判 1978. 1. 31, 77 도 3528).

2) 菅野, 「勞働法」, 166面 참고.

3) 大判 1997. 11. 11, 97 도 813; 大判 1988. 11. 22, 88 도 1162; 大判 2006. 5. 11, 2005 도 8364; 大判 2008. 4. 10, 2007 도 1199(산하 병원들의 운영 전반을 관장하는 대학교의료원장) 등.

4) 「형식상 대표이사는 아니나 실권자이며 실제 경영자라면 근기법상 체불임금지급자에 해당한다」(大判 1989. 4. 25, 87 도 2129). 전문경영인: 실질적 경영자(大判 1997. 11. 11, 97 도 813), 탈법적 목적을 위한 대표이사는 사용자가 아니다(大判 2000. 1. 18, 99 도 2910).

5) 大判 1989. 8. 8, 89 도 426. 회사정리법에 의한 정리개시결정을 받은 회사의 종전 대표이사는 근로기준법상의 사용자에 해당되지 아니하고 '관리인'이 사용자지위에 있게 되므로 노동조합과 정리회사 대표이사와 맺은 약정은 단체협약에 해당하지 아니한다고 한 예(大判 2001. 1. 19, 99 다 72422).

6) 大判 1989. 11. 14, 88 누 6924; 大判 1978. 2. 14, 77 다 3673; 大判 1983. 6. 28, 83 도 1090.

시 고용계약에 의하여 주어져야 하는 것은 아니다. 그리고 이와 같은 책임과 권한의 유무는 부장 또는 과장이라는 형식적인 직명에 따를 것이 아니라 구체적인 직무실태에 의하여 판단되어야 한다.

b) 근로기준법에 사용자의 개념을 정한 것은 근로계약관계에 있는 근로자의 보호를 위하여 이 법에 정립된 최저근로조건을 준수하고 실행할 사용자의 범위를 명확히 하기 위한 것이다.[1] 근로기준법상 사용자의 지위에 있는 자는 근로자에 대하여 지휘·감독 권한을 가지고 근로자의 노동력을 사용하면서 동법상의 여러 가지 사용자의 의무를 준수해야 할 지위에 있는 자를 말하므로, 하나의 사업장에 사용자의 지위에 있는 자는 복수로 있을 수 있다. 또한 사용자의 개념은 상대적이므로, 예컨대 노무부장은 근로기준법상 사용자의 지위에 있으면서 동시에 사업주에 대하여는 근로자이다.[2]

c) 이상과 같이 사용자의 개념은 유동적이고 상대적이므로 사용자의 지위에 있는 자가 근로기준법을 위반하면 벌칙의 적용을 받게 된다. 즉 이 법을 위반한 자가 당해 사업의 근로자에 관한 사항에 대하여 사업주를 위하여 행위한 대리인·사용인 기타 종업원인 경우에 이들에게 벌칙이 적용된다(근기법 제115조 본문). 이때에 사업주에 대해서도 동시에 벌금형이 과해진다(근기법 제115조 본문).[3] 사업주가 아닌 경영담당자 또는 사업주를 위하여 행위하는 자가 근로기준법을 위반한 경우에 그 위반의 사법(私法)상의 효과는 궁극적으로 사업주에게 미치므로, 근로기준법상의 의무불이행으로 인한 불이행책임은 결국 사업주가 부담하게 된다(예컨대 임금을 포함한 그 밖의 근로조건의 불이행의 경우).

d) 근로기준법을 준수해야 할 의무를 지는 사용자의 개념은 유동적이고 상대적이지만, 근로계약체결 당사자로서의 사용자의 개념은 상대적이 아님을 주의해야 한다. 근로계약상의 사용자는 근로자를 고용하여 그 노무제공을 받아 사용하는 대가로 임금을 지급할 의무를 부담하는 자를 말한다. 따라서 경영담당자나 사업주를 위하여 행위하는 자는 근로계약상의 사용자가 아니다. 이들은 근로자에 대하여 임금지급의무가 없으며 근로자를 해고할 권한도 없다. 근로기준법은 근로계약상의 사용자에 관하여 직접 규정하고 있지 않다.[4] 다만 근로계약의 정의규정인 제2조 1항 4호에 따르면 사용자는 근로

1) 근로기준법상의 사용자는 이 법의 준수의무자로서 파악되는 것이지만, 노동조합및노동관계조정법상의 사용자의 개념은 노동조합의 상대방(노조및조정법 제2조 ④ 단서 가목 참조), 단체교섭의 상대방(노조및조정법 제29조 참조) 및 부당노동행위금지규범의 수규자(受規者)(노조및조정법 제81조)로서의 의미를 가진다([96] 3. 참고). 서울行判 2008. 11. 28, 2004 구합 25397 참고.

2) 大判 1976. 10. 26, 76 다 1090; 大判 1997. 10. 24, 96 다 33037·33044; 1969. 12. 30, 법무 810-13947; 1980. 4. 15, 법무 811-9086 참고.

3) 大判 1997. 5. 7, 96 도 3461.

4) 일본은 勞働契約法 제2조 1항 및 2항에 근로자 및 사용자의 정의를 규정하고 있다.

를 제공한 근로자에게 임금을 지급할 의무가 있는 근로계약 당사자임을 알 수 있다. 그러므로 근로기준법상의 사용자와 근로계약상의 사용자는 개념상 구별해야 한다. 예컨대 아파트입주자대표회가 아파트 관리업체에 아파트관리를 위탁하고, 관리업체가 관리인(근로자)을 고용하여 아파트 관리업무를 수행하였다면 아파트 관리업체는 관리인인 근로자에 대하여 근로계약상의 사용자이다. 따라서 아파트입주자대표회가 관리업체와의 위·수탁관리계약을 갱신하지 않아 그 관리업체의 근로자들이 계속 근로할 수 없게 되었다면 그 근로자들은 아파트입주자대표회를 상대로 피용자지위보전가처분신청을 할 수 없으며,[1] 또한 부당해고구제신청을 할 수도 없다.[2]

e) 남녀고용평등법(제2조 ①, 제5조 등 참조), 임금채권보장법(제2조 ② 참조), 고용보험법(제2조 ② 참조), 고용정책기본법(제3조 I · II 참조) 등은 사용자라는 용어를 쓰지 않고 '사업주'라는 용어를 사용하고 있다. 이는 각 법률의 목적을 실현함에 있어 근로계약관계에 있는 근로자 이외의 자에게도 해당 법률이 적용되는 경우가 있기 때문에 보다 포괄적인 용어를 쓰는 것이 적절하다는 데서 기인한다.

4. 근로기준법의 구체적 보장([29] 2. 참고)

근로기준법의 구체적 보장을 확보하기 위하여 근로기준법은 크게 4가지 방법을 취하고 있다. 첫째, 근로기준법상의 근로기준은 최저기준으로서 강행적 효력을 가진다. 둘째, 근로기준법 규정의 위반행위에 대해서는 벌칙이 과해지는 것이 보통이다. 셋째, 근로기준법 등 기타 노동보호법의 현실적 준수를 확보하기 위하여 근로감독관을 두고 있다. 넷째, 사용자의 근로기준법 준수를 현실화하기 위하여 각종의 의무를 부과하고 있다. 부당해고의 신속하고 경제적인 구제를 위하여 노동위원회에 의한 구제제도를 두고 있는 것은 우리 근로기준법의 특징 중의 하나이다.

(1) 근로계약에 대한 강행적 효력

근로기준법이 적용되는 사업에 있어서 사용자와 개개 근로자는 이 법의 기준에 미달하는 근로조건을 근로계약의 내용으로 정할 수 없으며, 기준미달의 계약부분은 당연히 무효이다(최저기준으로서의 강행적 효력: 제15조 I). 그리고 무효로 된 근로계약의 부분은 이 법에 정한 기준에 의한다(제15조 II).[3] 그러므로 이 법이 정한 기준 이상의 근로조

---

1) 大決 1999. 7. 12, 99 마 628(관리사무소장이 근로계약의 당사자로서 관리인에 대하여 임면·징계·배치 등 인사권과 업무지휘권을 가지고 있고 관리인의 업무수행에 대하여 구체적·개별적 지휘·감독을 행하고 있다고 한 판례).

2) 서울行判 1999. 8. 24, 99 구 8915; 서울行判 2000. 9. 8, 2000 구 4759.

3) 참고 판례: 大判 2019. 11. 28, 2019 다 261084: 복지포인트를 통상임금에 해당한다고 주장하면서

건을 정하는 것은 계약당사자들의 자유(제4조 참조)이다. 기준에 미달하는 조건의 결정은 효력이 없을 뿐 아니라, 사용자의 위반행위에 대하여는 대부분의 경우 벌칙에 의한 제재가 가해진다.

예컨대 통상임금(근로조건)의 종류(상여금, 정근수당, 교통비 등)에 관해서는 근로기준법의 규정(근기법시행령 제6조, 大判 2013. 12. 13, 2012 다 89399 등)에 따르면서 그 범위에 관해서는 근로기준법의 규정(구 근로기준법 제56조: 2018. 3. 20. 법률 제15513호로 개정되기 전의 것)에 따르지 아니하고 이보다 유리한 단체협약 규정(휴일근로와 연장근로 내지 야간근로가 실제 중복되는 범위에 상관없이 휴일근로시간 전부에 대하여 중첩적으로 100분의 50의 가산율을 적용하여야 한다는 의미로 원고가 주장하는 단체협약의 규정)이 그대로 적용된다고 보게 되면, 하나의 근로조건(여기서는 통상임금)에 포함된 여러 가지 요소들을 개별적으로 비교하게 될 뿐만 아니라 근로자에게 가장 유리한 내용을 각 요소별로 취사선택하는 것을 허용하는 결과가 되어 (구)근로기준법 제15조의 취지에 위배된다.[1)]

(2) 벌칙의 적용

a) 근로기준법은 국가에 의하여 제정된 강행규정으로서 이에 위반하면 벌칙이 적용된다. 근로자와 사용자 사이의 근로조건을 일정수준 이상으로 유지·확보하기 위한 조치로서 벌칙을 적용하는 것은 계약의 자유를 제한하는 강제적 조치라고 볼 수 있다(제107조 이하). 벌칙의 적용대상자는 근로기준법 제2조 1항 2호의 '사용자'이다.

다른 수당들과 통산하여 통상임금을 산정하고 이를 기초로 휴일근로가 연장근로 내지 야간근로와 실제 중복되는지를 확인함이 없이 휴일근로시간 전부에 대하여 중첩적으로 100분의 50의 가산율을 적용하여야 한다는 의미로 단체협약을 해석하여 임금을 요구한 사건. 복지포인트는 근로기준법에서 말하는 임금에 해당하지 않고, 그 결과 통상임금에도 해당하지 않음은 이미 대법원 전원합의체에서 밝힌 바 있다(大判(전합) 2019. 8. 22, 2016 다 48785). 통상임금은 근로기준법이 정한 바에 따르되 가산율은 단체협약 조항에서 정한 그대로 적용하려고 한다면, 하나의 근로조건에 포함된 여러 가지 요소들을 개별적으로 비교하게 될 뿐 아니라 근로자에게 가장 유리한 내용을 각 요소별로 취사선택하는 것을 허용하는 결과가 되어 근로기준법 제15조의 취지에 위배된다. 맞춤형 복지점수를 제외한 원고들이 주장하는 나머지 수당들(상여금, 정근수당, 교통비)을 포함시켜 근로기준법에 따른 적법한 통상임금을 재산정한 다음, 통상임금의 범위뿐 아니라 가산율 역시 근로기준법에서 정한 기준을 적용하였어야 하고, 휴일근로와 야간근로 등이 실제 중복되는 구체적인 범위를 심리하여 원고별로 휴일근로수당 등의 정당한 금액을 산정한 후, 이를 원고들에게 기지급된 휴일근로수당 등과 전체적으로 비교하여 그 차액의 지급만을 명하여야 한다(통상임금의 총 200%로 산정한 휴일근로수당의 지급을 피고에게 명한 원심판결을 전부 파기환송한 사례). 大判 2019. 2. 28, 2015 다 200555 참조.

1) 大判 2019. 11. 28, 2019 다 261084(복지포인트는 근로기준법에서 정한 임금 및 통상임금에 해당하지 않으므로 통상임금 산정을 위한 임금의 범위에서 제외하고, 가산율 역시 근로기준법에서 정한 기준(구 근로기준법 제56조)을 적용해야 하고 휴일근로와 야간근로 등이 실제 중복되는 구체적인 범위를 심리하여 원고별로 휴일근로수당 등의 정당한 금액을 산정한 후, 이를 원고들에게 이미 지급된 휴일근로수당 등과 전체적으로 비교하여 그 차액만을 지급해야 한다고 판단하여 원심을 파기·환송한 예).

b) 근로기준법은 양벌주의를 채택함으로써 직접 위반행위를 한 관리자 등에게 벌칙을 적용하는 외에 사업주에게도 벌금형을 과할 수 있도록 하고 있다. 다만 사업주가 위반방지에 필요한 조치를 취한 경우에는 면책된다(제115조 단서). 사업주에게 벌금형을 과하는 것은 그의 사업장 내에서 대리인, 사용인 등에 의하여 위반행위가 발생하지 않도록 할 주의의무를 다하지 않았다는 귀책에 근거하는 것으로 볼 수 있다. 사업주가 벌금형을 받게 되는 것은 사업주의 대리인, 사용인, 그 밖의 종업원이 해당 사업의 근로자에 관한 사항에 대하여 제107조, 제109조부터 제111조까지, 제113조 또는 제114조의 위반행위를 하는 경우이고, 과(科)해지는 벌금형은 해당 조문의 벌금형이다(제115조 본문).

⑶ **근로감독관**

a) 국가는 국가가 정한 「근로조건의 기준을 확보」하기 위하여 고용노동부와 그 소속기관에 근로감독관을 두어(제101조 Ⅰ) 근로기준법과 그 외의 노동보호법의 현실적 준수를 확보하고 있다. 근로감독관제도는 초기 근대사회에서 노동보호법이 국가에 의하여 시행되기 시작했던 데서 유래하는 역사적 제도이다. 단체교섭과 같은 집단적 노사자치 제도가 발전되고 근로자의 종속성이 상대적으로 퇴색되고 있는 현대산업사회에 있어서는 근로감독관제도는 영역에 따라 그 기능이 약화되어 간다고 볼 수 있다. 다만, 영세사업장 등 전근대적 노사관계가 상존하는 사업장에서 이 제도는 여전히 근로자보호를 위하여 필요한 제도라고 할 수 있다.

b) 근로감독관의 중요한 권한은 사업장 등의 임검(臨檢), 장부와 서류의 제출요구, 사용자와 근로자에 대한 심문(尋問)(제102조 Ⅰ), 근로자에 대한 검진(제102조 Ⅱ·Ⅲ·Ⅳ 참조) 이외에, 이 법이나 그 밖의 노동관계법령 위반의 죄에 관하여 「사법경찰관리의 직무를 행할 자와 그 직무범위에 관한 법률」에서 정하는 바에 따라 사법경찰관의 직무를 수행하는 것이다(제102조 Ⅴ). 근로기준법이나 그 밖의 노동관계 법령에 따른 임검, 서류의 제출, 심문 등의 수사는 검사와 근로감독관이 전담하여 수행한다. 다만, 근로감독관의 직무에 관한 범죄의 수사는 제외된다(제105조). 근로감독관이 근로기준법을 위반한 사실을 알고도 고의로 묵과하면 벌칙(제108조: 3년 이하의 징역 또는 5년 이하의 자격정지)이 적용된다. 근로감독관의 의무위반행위 또는 고의적 직무유기는 근로기준법의 보장질서를 근로감독관이 스스로 무너뜨리는 것이므로 엄한 벌칙이 적용된다. 이 이외에 근로감독관은 직무상 알게 된 비밀을 재직 중 엄수해야 한다. 감독관직을 그만둔 때에도 마찬가지이다(제103조).

⑷ **근로기준법 시행 및 감독과 관련된 사용자의 의무**

a) 근로기준법은 이 법의 효율적 시행과 감독행정의 원활을 위하여 사용자에게 보

고·출석·게시의무 등을 규정하고 있으며, 근로자명부나 서류의 작성·보존·교부의무를 부과하고 있다. 이러한 사용자의 의무규정은 근로기준법의 준수를 보다 투명하게 유지하고 근로감독을 보다 효율적으로 실시할 수 있도록 하기 위한 법적 장치라고 볼 수 있다.

b) 사용자 또는 근로자는 근로기준법의 시행에 관하여 고용노동부장관, 노동위원회 또는 근로감독관의 요구가 있으면 지체 없이 필요한 사항에 대하여 보고하거나 출석해야 한다(제13조; 과태료 제116조 I ①). 사용자는 근로기준법과 시행령의 요지(要旨)를 근로자가 자유롭게 열람할 수 있는 장소에 항상 게시하거나 갖추어 두어 근로자에게 널리 알려야 한다(제14조 I·II 참조; 과태료 제116조 I ②).

c) 사업 또는 사업장에서 근로기준법 또는 그 시행령을 위반한 사실이 있으면 근로자는 그 사실을 고용노동부장관이나 근로감독관에게 통보할 수 있다(제104조 I). 사용자는 이러한 통보를 이유로 근로자에게 해고나 그 밖에 불리한 처우를 하지 못한다(제104조 II; 벌칙 제110조 ①).[1] 근로기준법의 위반행위를 사전에 방지하고, 그 위반사실이 은폐되는 것을 막기 위한 것이다.

d) 근로기준법은 근로자의 명부작성과 명부기재사항변경시의 정정(제41조; 시령 제20조; 과태료 제116조 I ②), 임금대장 작성과 일정사항의 기재(제48조; 시령 제27조 II·III; 과태료 제116조 I ②), 계약서류의 3년간 보존(제42조; 시령 제22조 I; 과태료 제116조 I ②), 사용증명서의 발급(제39조; 시령 제19조; 과태료 제116조 I ②), 근로자의 취업방지를 목적으로 한 명부작성 또는 통신의 금지(제40조; 벌칙 제107조) 등 사용자의 의무를 규정하고 있다. 이는 근로기준법의 준수가 투명하게 시행될 수 있고, 근로감독이 원활하게 실현될 수 있도록 하기 위한 것이다. 이와 같은 의무를 사용자에게 부과하는 것은 근로자에 대한 부당한 위법행위를 사전에 예방함으로써 근로자를 효율적으로 보호하려는 데 있다.

[33] VI. 근로자보호법의 체계

a) 개별적 근로관계에 관한 근로자보호입법의 체제는 나라마다 상이하다. 일본(勞働基準法)과 미국(Fair Labor Standards Act)은 우리나라와 같이 통일된 법률을 가지고 있으나 대부분의 국가에 있어서는, 예컨대 최저임금법·근로시간법·휴가법·근로자의 건강·안전에 관한 법·모성보호법·연소자 및 여성근로자보호법·해고제한법 등의 단행특별법의 체계를 취하고 있다.[2]

---

1) 사용자의 처벌요건 등에 관한 판례: 大判 2012. 10. 25, 2012 도 8694 참고.

2) 근로기준법은 근로자의 보호를 위하여 사용자의 의무를 중심으로 마련된, 공법적 성질을 가진 강행법률이다. 이러한 법률은 초기 근대사회의 사회적 약자인 근로자의 보호를 위하여 제정된 것이라는

b) 근로기준법은 고용계약에 관한 민법의 규정에 대하여 근로자보호법으로서 근로관계의 성립과 내용 및 종료(해고)에 관한 근로관계법(Arbeitsverhältnisrecht)이라고 할 수 있지만, 근로 자체를 보호하는 성격도 가지고 있다. 즉, 종속노동에 종사하는 근로자는 기계의 설비나 기구를 사용하거나 유해한 환경에서 노무를 제공하면서 위험한 작업이나 환경에 노출될 수 있으므로 이에 대한 보호규정과 보상규정도 근로기준법에 마련되어 있다. 따라서 근로기준법에는 근로관계(고용관계)에 대한 보호, 안전·보건에 대한 보호 및 보상, 근로계약관계의 핵심 내용인 임금·근로시간 등에 대한 보호에 관한 규정이 포함되어 있다. 이와 같이 근로자 보호는 크게 3면적으로 구성되어 있으나, 근로관계에 대한 보호는 고용계약에 관한 특별보호법으로서 근로기준법이 직접 규정하고 있고, 안전·보건에 대한 보호에 관해서는 산업안전보건법(과거에는 근로기준법 내에 보호규정이 있었음. 근기법 제76조 참조)이, 재해보상에 관해서는 근로기준법 이외에 산재보험법이 독립법으로서 규정하고 있으며, 임금·근로시간 등 보호에 관해서는 근로기준법이 규정하고 있다. 최저임금, 임금채권의 보장, 퇴직급여보장에 관해서는 최저임금법, 임금채권보장법, 퇴직급여보장법이 각각 규정하고 있다.

c) 현행 근로기준법은 근로계약관계에서 문제되는 모든 사항에 관하여 규율하고 있지 않으며 임금·근로시간·휴식·여성과 소년의 특별보호·재해보상(실질적으로는 산재보험법이 적용되고 있음)·해고 등에 관한 기준을 강행규정으로 규정하고 있을 뿐이다. 근로계약관계에 대해서는 근로기준법과 그 밖의 노동보호법 등이 근로조건의 최저기준을 정하여 공법적으로 벌칙과 근로감독을 통해 강제하고 있을 뿐 아니라, 사법상으로는 근로관계의 권리·의무의 내용으로 화체(化體)하여 강행적·직률적 효력을 미치고 있다. 또한 법원은 근로관계의 내용으로 화체·전화(轉化)된 근로기준법의 보호규정에 대하여 재

역사적 배경을 가지고 있다. 현대산업사회에 들어오면서, 근로자 지위의 상대적 향상, 고용형태의 다양화, 노동시장의 개방과 유연화, 사회보장제도의 개선, 기업경쟁력의 강화 등의 제반 여건의 변화로 근로계약법 제정의 필요성이 각국에서 논의되고 있다. 이 법률은 근로자와 사용자의 계약자유를 기본으로 하면서 사용자의 의무와 함께 근로자의 의무도 규율하는 「민법의 특별법」으로서의 성질을 가지는 것으로 구상되고 있다. 근로계약법에는 근로감독제도나 벌칙규정은 존재하지 않는다. 독일에서는 그동안 여러 차례 법초안이 마련되었는데 2007년 10월 근로계약법토의안(Henssler/Preis, *Diskussionsentwurf eines Arbeitsvertragsgesetzes(ArbVG)* Stand Oktober 2007)이 다시 작성되었다. 이 초안은 i) 일반규정, ii) 근로관계의 성립, iii) 근로관계의 내용, iv) 근로관계의 정지, v) 근로관계의 종료와 이전, vi) 소멸시효와 제척규정 및 vii) 종결규정으로 구성되어 있다(Preis, '*The Draft of German Employment Law*', 「노동법학」(제32호), 2009, 1면 이하 참고). 일본은 노동계약법을 제정하여 2008년 3월 1일부터 시행하고 있으나 독일의 그것과는 비교될 수 없는 미완성의 것이다(Araki, '*Enactment of the Labor Contract Act and its Significance for Japanese Laws*', 「노동법학」(제32호), 2009, 97면 이하 참고; 김형배, '한국에 있어서의 노동법의 패러다임의 전환', 「노동법학」(제28호), 2008, 9면 이하 참고).

판을 통해서 집행력을 부여하며 근로자보호의 목적을 실현하기 위해서 새로운 판례 법리를 형성해 가고 있다. 균등대우, 안전배려의무(보호의무), 인사 및 징계법리, 기간제근로자의 갱신기대권, 사업양도시 근로관계의 승계, 해고의 정당한 이유, 근로계약의 취소 등 그 밖의 주제에 걸쳐 판례의 법형성적 기능은 그 범위가 넓어지고 있다.

제2절 근로관계의 개념과 균등대우

[34] Ⅰ. 근로관계의 의의

a) 근로(계약)관계는 근로자가 사용자에게 근로를 제공하고 사용자는 이에 대하여 임금을 지급하는 것을 목적으로 체결된 계약에 의하여 성립하는 법률관계이다(근기법 제2조 Ⅰ ④ 참조).[1] 근로관계는 채권적 계약관계의 한 유형으로서 민법의 고용관계(민법 제655조 이하)에 속하는 것이지만,[2] 근로자보호를 위한 근로기준법과 기타 계약의 자유를 제약하는 제반 법령의 적용을 받는다는 의미에서 특수한 법률관계라고 할 수 있다. 따라서 모든 근로관계는 개념상 고용관계에 속하지만, 모든 고용관계가 근로관계인 것은 아니다. 왜냐하면 고용관계(예컨대 의사에 의한 병의 치료나 변호사에 의하여 소송사건을 처리하는 법률관계를 고용관계로 볼 경우) 중에는 근로관계가 아닌 것들이 있기 때문이다.[3] 그러나 대부분의 고용관계가 근로관계의 성질을 가지고 있음은 부인할 수 없다.[4]·[5] 또한 형식상으로는 민법상의 도급 또는 위임의 외형을 취하고 있더라도 그 노무공급의 형태가 실질적으로 사용자의 지휘·감독하에 행하여지는 경우에는 그 한도 내에서 근로관계의 존립을 인정해야 한다.[6] 근로관계에 대해서는 민법·상법 이외에 민사집행법(제246조)의

1) 독일민법은 제611조a를 신설하여 근로계약을 정의하고 있다. 이 규정은 인적 종속 하에서 타인결정의 노무를 제공하는 근로관계를 중요한 개념표지로 하고 있으며 고용계약의 절에 포함되어 있다.

2) 大判 1987. 2. 10, 86 다카 1949; Waltermann, *ArbR* Rn. 151.

3) 독일민법은 무상위임만을 법률로 규정하고 있기 때문에(독일민법 제662조) 보수를 받는 의사 및 변호사와 환자 및 의뢰인과의 법률관계는 고용과 위임이 혼합된 관계로 설명된다. 그러나 우리 민법은 유상위임을 함께 인정하고 있으므로 이와 같은 편법적 법해석 및 적용은 필요하지 않다. 따라서 고용계약은 노무자의 종속성으로 인하여 모두 근로계약에 해당한다고 한다. 그러나 오스트리아민법은 유상위임을 위임계약 유형의 원칙으로 하면서도(오스트리아민법 제1004조) 이른바 자유근로계약관계를 인정한다. 필요한 경우에만 진료를 담당하는 기업의사, 호텔투숙객의 보호를 담당하는 의사, 회사의 법률상담을 맡은 변호사들은 종속성이 없다는 이유에서 자유노무자로 이해되고 있다(Floretta/Spielbüchler/Strasser, *ArbR* Ⅰ, S. 54). 따라서 모든 고용관계가 근로관계라고 볼 수는 없다. 그러나 종속적 노무공급관계가 단기간 존속했다는 이유만으로 근로관계가 인정되지 않는 것은 아니다. 단기간의 청소작업을 했더라도 노무자로 고용되어 사용자의 지시에 따른 일을 했다면 근로관계의 성립을 인정해야 한다(Otto, *ArbR* Rn. 89 참고).

4) 곽윤직, 「채권각론」(신정판), 1995, 401면 이하 참고.

5) 스위스채무법은 오늘날의 고용관계가 주로 근로관계임을 감안하여 1971년 7월 25일에 이 법 제10편 「고용계약」(Dienstvertrag)(제319조 내지 제362조)을 「근로계약」(Arbeitsvertrag)으로 개편하고 내용상의 개정을 단행하였다. 이 법 제10편에서는 근로관계에 관한 노동보호법적 규정뿐만 아니라 집단적 노사관계법과의 관계(특히 단체협약과의 관계)에 관하여도 규정하고 있다.

6) 大判 2006. 12. 7, 2004 다 29736 등. Schaub/Linck, *ArbRHandb* § 29 Rn. 1 ff. u. 8 ff. 참고; 김형

규정들이 근로기준법상의 특별규정이 없는 한 보충적으로 적용된다. 그리고 모든 근로관계에 대하여 근로기준법이 적용되는 것은 아니며, 그 적용이 배제되는 예외적인 근로관계가 있음을 주의하여야 한다(근기법 제11조 I: 근로기준법의 적용범위).

《'근로계약'과 '근로관계'의 용어사용》

저자는 개념의 정확성을 기하기 위해서 근로계약(Arbeitsvertrag)과 근로(계약)관계(Arbeitsverhältnis)를 구별하여 사용한다. 독자들은 이 책을 읽을 때 이 점에 유념해주기 바란다. 일반적으로 이 두 용어를 혼용하는 경우가 적지 않다.

'근로계약'은 근로자와 사용자의 의사표시의 합치(합의)를 의미하는 계약인데 반하여, '근로관계'는 근로자와 사용자가 근로계약에서 의사표시로 정한 권리·의무를 내용으로 하는 법률관계이므로 근로계약의 효과로서 발생하는 계속적 채권·채무관계를 말한다. 특히 개별적 근로관계법에서 근로계약은 근로관계의 성립원인으로서 그 의사표시의 무효·취소(민법 제107조, 제108조, 제109조, 제110조)와 그 계약 자체의 무효(민법 제103조, 제104조) 등의 대상이 되는데 반하여 근로관계는 근로계약이 유효하게 성립하는 경우에 그 내용인 권리·의무의 존속, 변경, 소멸 또는 근로관계 자체의 존속·종료 등을 지칭할 때 사용되는 용어이다. 근로관계는 그 존속 중에 취업규칙·단체협약 또는 각종의 법령에 의하여 그 내용이 변경되거나 보충될 수 있다. 근로계약의 의사표시가 변경·보충되는 것은 아니다. 근로계약상의 의사표시의 취소 또는 무효라든가 근로계약의 무효라고 표현하는 것은 잘못이 없지만, 근로관계의 취소·무효라는 표현은 옳지 않다. 또한 근로자를 해고한다고 할 때 그 뜻은 계속적 채권관계인 근로관계를 장래에 대하여 해지하는 것을 말하므로 근로 '계약'을 해지한다고 쓰는 것은 정확한 표현이 아니다. 근로관계의 해지라고 해야 한다.

법률용어는 법률상의 대상을 지칭하는 기능(Indikationsfunktion)을 가지므로 용어의 바른 사용은 개념의 정확성을 기할 뿐 아니라 법률의 해석·적용과 법리구성에서도 기본적 전제가 된다.

b) 근로자는 근로계약에 의하여 사용자의 지시권 내지 지휘권에 복종하면서 일정한 기간 동안 계약에서 정한 근로를 제공하여야 하기 때문에 사용자와 계속적인 법률관계를 유지한다는 데 특색이 있다. 그러므로 근로자가 그의 노동력을 상품과 같이 판다고

배, '근로기준법상의 근로자와 사용자의 개념', 「노동법연구」, 88면 이하; 김형배·박지순, 「근로자개념의 변천과 관련법의 적용」, 2004, 19면 이하 참고.

참고판례: 大判 2000. 1. 28, 98 두 9219; 大判 2002. 7. 26, 2000 다 27671; 大判 2004. 3. 11, 2004 두 916 또한 大判 1987. 5. 26, 87 도 604; 大判 1987. 2. 10, 86 다카 1949; 大判 2006. 12. 7, 2004 다 29736; 大判 2008. 7. 10, 2005 다 75088 참고.

가정하더라도 일반상품의 매매의 경우처럼 일회적 매도행위(一回的 賣渡行爲)에 의하여 그 목적이 달성되지는 않는다.

c) 근로관계의 성질에 관해서 과거에 독일에서 인법적 공동관계설(人法的 共同關係說, personenrechtliches Gemeinschaftsverhältnis)이 오랫동안 지배적 견해였다. 근로관계를 인법적 공동관계라고 주장하는 논거는 근로자가 사용자에게 인적으로 종속된다는 점과 근로자와 사용자의 결합관계가 매우 긴밀하다는 점을 중요시하였다.1) 실제로 근로자가 인적 근로제공을 하는 가운데 직접 타인(사용자)의 지배영역에 조직적으로 편입되어 독자적인 행위를 할 수 없다는 것은 사실이다.2) 그런 의미에서 근로관계에서 근로자의 인적 요소는 무시될 수 없다. 그러나 근로관계가 법률상의 공동관계 또는 조합관계(민법 제703조 이하 참조)에 해당하지 않는 한, 이와 같은 주장은 타당하지 않다. 그리고 근로계약 당사자 사이에 이해관계의 대립이 현존하는 한, 공동관계설은 수긍될 수 없는 이론이다.3) 공동관계설은 근로관계의 내용에서 배려의무와 충실의무를 보다 중요시했던 독일 나치 정권하에서 전개된 이론으로 이러한 견해는 이미 오래 전에 극복되었다.4) 다만, 근로관계를 유지하는데 있어서는 근로자의 인신 및 인격과 관련된 문제가 도외시될 수 없다. 왜냐하면 인간 노동력의 제공은 기타의 상품의 교환이나 매매의 경우와 같이 몰인격적으로 실현되는 것이 아니기 때문이다. 따라서 근로관계에 있어서는 근로자의 인신과 인격에 대한 사용자의 배려(보호)가 강조되지 않으면 안 된다.5) 그러나 이러한 이유 때문에 근로관계를 인법적 공동관계라고 할 수는 없다.

이 곳에서는 근로관계를 근로급부와 임금지급의 경제적 교환을 목적으로 하는 법률관계로서 특별법규의 적용을 받는 계속적 채권관계라고 정의하고자 한다.6) 그러나 근로관계는 인적 요소가 수반되는 계속적 채권관계라는 점에서 여러 가지 보호의무와 부수적 의무가 따르게 된다.7)

---

1) Hueck/Nipperdey, *Lehrbuch*, Bd. Ⅰ, S. 129; Nikisch, *ArbR*, Bd. Ⅰ, S. 32; Schaub/Linck, *ArbRHandb* § 29 Rn. 6 참고.

2) Lieb/Jacobs, *ArbR* Rn. 36.

3) Lieb/Jacobs, *ArbR* Rn. 36; 인법적 공동관계설에 대한 비판으로서는 특히 Ernst Wolf, *Das Arbeitsverhältnis*, 1970 참고.

4) Gamillscheg, *ArbR* Ⅰ, S. 247 f.; Schaub/Linck, *ArbRHandb* § 29 Rn. 6.

5) Zöllner/Loritz/Hergenröder, *ArbR* § 14 Rn. 41; Lieb/Jacobs, *ArbR* Rn. 36.

6) Vgl. Ernst Wolf, *Das Arbeitsverhältnis*, 1970, S. 91 ff.; Zöllner/Loritz/Hergenröder, *ArbR* § 5 Rn. 2, 8 참고.

7) Lieb/Jacobs, *ArbR* Rn. 36.

[35] Ⅱ. 근로관계의 특색

근로계약은 근로자와 사용자 사이에 채권·채무를 발생케 하는 법률행위이다(보다 정확하게 말하면 근로관계는 근로계약인 원인행위에 의하여 발생하는 결과(효과)이고, 근로관계 속에는 근로자와 사용자의 각종 권리·의무가 포함되어 있다). 근대법은 근로계약이 채권계약으로 인정되는 한도 내에서 법률상 일단 노사 쌍방이 평등하다고 전제하고 있다.[1] 그러나 근로관계는 다음과 같은 특색을 가진다.

a) 근로자는 사용자의 지시권에 복종하면서 근로를 제공한다. 그런 의미에서 이를 「종속노동의 관계」라고 부르고 있다. 그러나 근로관계는 법률상 어디까지나 대등한 인격자 사이에서 발생하는 법률관계이며, 근로자에 대한 사용자의 「지배」 또는 「권위」를 인정하는 것은 아니다. 다만 사용자의 지시·처분하에 있는 노동력 자체가 근로자의 인격과 분리될 수 없는 것이기 때문에 사용자와 근로자 사이에는 지배관계가 생기기 쉬우며, 또한 사용자는 생산수단을 보유하고 있는 우월적 지위를 이용하여 근로관계를 자기에게 유리하게 유도할 수 있다는 점에서 노동의 종속성이 사실상 근로관계의 특색을 이루고 있다. 이러한 의미에서 근로관계는 특수한 성질을 가진 계약관계의 유형으로 인정되고 있다.[2] 또한 근로자는 노무제공을 유일한 생활수단으로 하기 때문에 근로자가 노동의 기회를 상실한다는 것은 곧 경제생활의 기반을 잃는 것이 되며, 그런 뜻에서 근로자는 사용자에 대하여 경제적 종속관계에 있다고 볼 수 있다. 노동법이 근로자의 보호를 위한 특별법의 지위를 가지는 것은 바로 이 때문이다.

b) 근로자는 사업장 내에서 사용자의 지시를 받으며 취업하는 가운데 생산설비 및 기구를 사실상 점유·사용하게 된다. 그러나 근로자가 이러한 물건들을 사실상 사용하거나 소지하는 것은 사용자의 지시에 따라 행하는 것이므로 그 물건의 점유자가 되는 것은 아니며 점유보조자(민법 제195조)의 지위를 가지게 된다.[3] 이와 같이 근로자가 점유보조자로서의 지위를 가진다는 것은 근로관계의 특성상 근로자는 사용자의 지시에 복종하며 근로를 제공하지 않으면 안 된다는 것을 뜻한다.[4] 다시 말하면 근로자는 사업조직

---

1) 적어도 근로자와 사용자는 계약법상 청약과 승낙이라는 두 개의 의사표시의 합치(민법 제527조 이하 참조)를 기초로 고용계약을 체결한다. 근로계약은 민법상의 고용계약에 속하므로 민법 제655조 이하의 규정은 다른 특별규정이 없는 한 그대로 적용된다.

2) 大判 2002. 7. 26, 2000 다 27671; 大判 2004. 3. 11, 2004 두 916; 大判 2006. 12. 7, 2004 다 29736 등 참고.

3) Schaub/Koch, *ArbRHandb* § 113 Rn. 5; 大判 2006. 12. 7, 2004 다 29736; 大判 2007. 9. 7, 2006 도 777 등 참고.

4) Schaub/Koch, *ArbRHandb* § 113 Rn. 5; 大判 2006. 12. 7, 2004 다 29736; 大判 2007. 9. 7, 2006

내에 유기적으로 편입되어 사용자의 지시를 받으며 다른 근로자들과 협동적으로 작업을 수행한다. 따라서 사업장 내에는 조직노동에 대한 규준(취업시간, 작업방법 및 형태 등)과 규율(복무규율)이 설정될 필요가 있다. 근로조건에 대한 집단적 관리가 요구되는 이유이다.

c) 근로관계는 그것 자체로서는 사용자와 개개 근로자의 개별적 관계에 지나지 않는다. 그러나 전술한 바와 같이 근로자는 기업의 유기적 구성요소로서 기업과 긴밀한 조직적 관계를 유지하면서 통일적 또는 집단적 조직을 형성하게 되므로 사용자에 대하여 집단적 관계를 취하는 것이 일반적 현상이다. 이러한 점에서 집단적 근로관계는 노동조합이 있는 경우 노동조합과 사용자 사이의 단체협약에 의하여 정해지고, 노동조합이 없는 경우에는 취업규칙에 의하여 그 내용이 결정된다. 그런 의미에서 근로관계는 단체협약과 취업규칙에 그 내용결정이 맡겨진 개방성을 가지게 된다(노조및조정법 제33조; 근기법 제96조, 제97조 참조).

d) 근로관계는 통일적이고 유기적인 기업경영을 전제로 하는 계속적 법률관계이기 때문에 오랫동안 그 기업 또는 경영을 지배하여 온 관행적 사실이나 노동관행([16] 2. (6) 참고)은 근로관계에 대하여 형성적 성질을 가지고 적용된다.[1] 그러나 경영 내의 관행은 반드시 근로자에게 유리한 것이라고만은 말할 수 없기 때문에 그 적용에 있어서는 근로자의 보호라는 관념에 특히 유의하여야 한다.

[36] Ⅲ. 근로계약과 근로관계의 성립

a) 근로계약과 근로관계의 상호관계에 대하여는 그동안 독일학계에서 많은 논란이 있었다. 이 논쟁은 대체로 계약설(Vertragstheorie)과 편입설(Eingliederungstheorie)의 대립으로 요약될 수 있으므로 이곳에서는 양 학설을 간단히 소개하고 그 쟁점의 내용을 설명하기로 한다.

양 학설의 대립의 핵심은 근로관계의 성립을 위하여 근로계약만으로 충분한 것인지, 아니면 그 이외에 작업의 개시 또는 경영 내에의 편입이라는 사실적 요소가 필요한 것인지 하는 점에 있다.

오늘날의 지배적 학설인 계약설에 의하면 근로관계의 성립에는 근로계약의 유효한 체결이 필요하고 그것으로 충분하다고 한다.

도 777 등 참고.

1) Lieb/Jacobs, *ArbR* Rn. 53 ff.; 大判 2001. 10. 23, 2001 다 53950; 大判 2002. 4. 23, 2000 다 50701; 大判 2002. 10. 17, 2002 다 8025; 서울高判 2000. 8. 10, 2000 나 8009 참고.

이에 반하여 편입설에 의하면 근로관계는 근로계약에 의해서만 성립하는 것이 아니고 근로자의 경영체 내로의 편입이라는 사실적 요소가 필요하다고 한다. 그리고 이와 같은 편입행위는 보통 사용자와 근로자의 의사의 합치를 전제로 하는 것이지만, 단순히 사실적인 행태만으로도 족하다고 한다. 그러므로 근로계약만으로는 근로관계가 성립되지 않으며, 근로자의 편입이라는 사실이 있기 전까지는 사용자에게는 근로자를 취업시킬 의무를, 근로자에게는 근로제공개시의무를 발생케 하는 순수한 채권계약이 존재할 뿐이라고 한다. 이와 같은 채권계약으로부터는 근로급부·임금지급·취업 등에 대한 제반 청구권과 충실의무 및 배려의무는 성립하지 않으므로, 순수한 채권계약의 불이행은 오로지 손해배상의 문제만을 가져온다는 것이다. 다시 말하면 이행상태로서의 근로관계가 성립하기 위해서는 편입행위가 필요하며, 이때부터 사용자와 근로자의 관계는 완전한 유기적인 근로관계가 된다고 한다.[1]

b) 편입설의 논지의 핵심이 근로관계의 성립에는 의사행위 이외에 사실적 행위가 필요하다는 것을 강조한 데 있다[2]고 한다면, 그 공로는 높이 평가되어야 한다. 왜냐하면 근로계약은 노무급부의 개시를 통하여 비로소 실현단계에 들어가게 되며, 이때부터 구체적인 권리·의무관계뿐만 아니라 근로자에 대한 보호문제가 발생하기 때문이다. 이 점에 대해서는 지배적인 계약설도 긍정적 견해를 취하고 있다.[3]

실질적으로 근로자가 그의 노무급부를 실현하는 이행단계에 들어가기 전과 그 후를 구별하는 실익은 다음과 같다. 근로자가 노무제공을 개시한 후부터는 사용자에게 재해의 예방과 관련하여 안전·보건기준의 준수의무(산안보법 제5조 참조)가 발생하고, 재해가 발생하면 이를 보상하여야 하며(근기법 제78조 이하 참조) 근로자들은 유급휴일 또는 휴가를 청구할 수 있지만(근기법 제55조, 제60조 등 참조), 근로자가 현실적으로 노무제공을 실현하기 전에는 이상의 문제들이 발생할 여지가 없다. 오늘날 편입설과 계약설에 대한 논의는 실질적으로(근로계약의 성립을 중심으로) 그 의의를 상실하고 있다.[4]

---

1) Nikisch, *ArbR*, Bd. I, S. 164 f.
2) Nikisch, *ArbR*, Bd. I, Vorwort S. VIII, 7 f., 163 ff., 172 ff., 193 ff. 그러나 Nikisch는 이와 같은 이론적 수정에도 불구하고 근로계약의 체결시로부터 편입이 있기까지의 법률관계와 편입 후의 이른바 이행상태(Erfüllungszustand)는 서로 구별되어야 하고 법적으로 달리 취급되어야 한다고 주장한다(그의 기본적 사고방식에 대하여는 Nikisch, *Dienstpflicht und Arbeitspflicht*, in: Festschrift für Hans Carl Nipperdey, 1955, S. 65 ff. 참고).
3) Hueck/Nipperdey, *Grundriß*, S. 46; Zöllner/Loritz/Hergenröder, *ArbR* § 5 Rn. 27, 35 참고.
4) Schaub/Linck, *ArbRHandb* § 29 Rn. 8 참고.

근로관계의 성립과 직접 관련된 것은 아니지만, 산재보험법상의 산재보험관계(보험가입자인 사업주와 보험자인 공단 사이의 관계)는 '그 사업이 시작된 날'에 성립하므로 보험가입이라는 요식행위가 없더라도 사업의 시작이라는 사실이 있으면 보험관계가 발생하고 이를 기초로 근로자는 보험청구를 할 수 있는 지위를 가진다(징수법 제7조 Ⅰ·Ⅱ 참조. [58] 4. (1) a) 참고). 이는 사회보장법의 적용상의 특징이라고 할 수 있다. 이러한 산재보험법의 취지에 비추어 사용자와 근로자 사이에 형식적인 근로계약 체결이 없더라도 사용자의 지시하에 근로자가 사실상의 노무를 제공하며 사용자의 사업장 내에 편입되어 있는 취업관계(묵시적 계약관계의 추단)가 존재하고 있다면, 보험자와 근로자(수급권자) 사이에 보상관계가 성립한다고 보아야 할 것이다. 다시 말하면 산재보험법에 있어서는 근로자가 인적종속관계에 있으면서 사용자의 사업장에 편입되어 사실상의 노무를 개시한 때에 보상관계가 성립하는 것으로 해석해야 한다. 이러한 점에서 편입설은 중요한 의의를 가진다.[1]

c) 결론적으로 저자는 계약설에 찬성한다. 그 이유는 근로관계는 법률관계이며,[2] 이로부터 발생하는 제반 권리·의무가 단순한 사실로부터 도출될 수 있다는 주장은 우리나라의 사법질서(私法秩序)의 원칙에 낯설기 때문이다. 우리나라의 판례[3]도 근로관계가 성립하기 위하여는 양 당사자 사이에 명시적 또는 묵시적으로 체결된 계약이 있거나 그 밖의 법적 근거가 있어야 한다는 견해를 취하고 있으므로 근로관계의 성립에는 계약이 그 요건이라고 할 수 있다. 그러나 이행상태에 들어간 근로관계는 단순히 근로계약만을 맺고 있는 채권관계([40]: 채용내정 참고)와는 구별되어야 한다는 점에서 근로자의 편입에 의한 노무제공관계가 실질적인 노동법의 보호대상이 된다는 것은 부인할 수 없다.

---

1) 독일사회법(SGB) 제4편(사회보장통칙) 제7조 1항 참조. Schaub/Linck, *ArbRHandb* § 29 Rn. 9 참고. 취업자격 없는 외국인 근로자의 취업관계에 대하여 산재보험법의 적용을 인정한 판례: 大判(전합) 2015. 6. 25, 2007 두 4995; 서울高判 1993. 11. 26, 93 구 16774 참고.

2) 근로계약이 성립하면 취업개시 전이더라도 근로관계는 성립한다. 따라서 사용자는 정당한 이유없이 근로자를 해고할 수 없다. 특히 채용내정에 관해서는 [40] 2. 이하 참고.

3) 大判 1972. 11. 14, 72 다 895; 大判 1980. 4. 22, 79 다 1566; 서울民地判 1989. 12. 12, 89 가합 16022.

[37] Ⅳ. 균등대우

1. 총 설

(1) 의 의

근로자와 사용자간에는 근로의 제공과 임금의 지급이라는 교환적·대가적 근로관계가 존재한다. 따라서 근로자들이 사용자에게 제공하는 노무나 그 밖의 업무수행이 동일한 가치를 가질 때에는 그 근로자들에 대해서 사용자는 임금·기타 대우에 관하여 차별을 해서는 안 된다. 정당한 합리적 이유없이 자기가 고용하고 있는 근로자들을 차별하는 것은 이른바 배분적 정의에 반하며, 차별을 받는 근로자는 인간의 가치에 있어서 침해를 받는 것이라고 할 수 있다. 헌법 제11조 1항은 「누구든지 성별·종교 또는 사회적 신분에 의하여 정치적·경제적·사회적 생활의 모든 영역에서 차별을 받지 아니한다」고 규정하고 있다. 이 균등대우의 원칙 또는 차별금지의 원칙은 근로관계에 있어서도 다름없이 적용된다.[1] 또한 헌법 제32조 4항은 보다 구체적으로 여성근로자에 대하여 「여자의 근로는 특별한 보호를 받으며, 고용·임금 및 근로조건에 있어서 부당한 차별을 받지 아니한다」고 규정하고 있다. 근로기준법 제6조는 헌법의 차별금지의 원칙과 여성에 대한 차별금지를 기초로 남녀의 성(性)·국적·신앙 또는 사회적 신분을 이유로 근로조건 기타 차별적 처우를 하지 못한다고 규정하고 있다. 특히 1987년에 남녀고용평등법이 제정되고 그 후 동법의 적용범위와 내용이 확대되면서 차별금지의 원칙은 노동법의 중요한 영역으로 정착하였다. 근년에 와서는 고용형태(기단법 제8조 이하; 파견법 제21조 참조), 장애(장차금지법 제4조 Ⅰ), 연령(연령차별금지법 제4조의4), 출신지역, 출신학교, 혼인, 임신 또는 병력(病歷)(고용정책기본법 제7조 참조)을 이유로 하는 차별이 금지되기에 이르렀다. 이러한 차별이유의 확대와 더불어 차별금지영역도 확대되어 왔다. 임금 그 밖에 근로조건에 더하여 모집·채용, 복리후생, 교육·배치 및 승진, 정년·퇴직 및 해고, 전보, 고용지원서비스, 고용정보제공·직업능력개발훈련 및 취업지원 등(남녀고평법 제7조 이하; 고용정책기본법 제7조; 직능법 제3조 Ⅲ 참조)에서 차별로부터의 보호가 시행되고 있다.[2]

---

1) 헌법의 차별금지원칙은 입법기관의 입법방향, 법률 및 정부의 정책이나 조치를 구속하지만, 사인간의 관계를 직접 규율하는 효력을 가지는 것은 아니다(Zöllner/Loritz/Hergenröder, *ArbR* § 20 Rn. 1 ff.). 즉, 헌법 제11조는 국민을 차별하는 법률에 대해서 직접 적용되고 헌법재판소에 의하여 그 법률의 존립과 효력이 부인될 수 있다. 동조가 규정하는 평등의 원칙은 합리적 근거 없는 차별을 하여서는 아니 된다는 상대적 평등을 뜻하고, 따라서 합리적 근거 있는 차별 내지 불평등은 평등의 원칙에 반하는 것이 아니다(憲裁 1994. 2. 24, 92 헌바 43).

2) 유럽연합은 차별금지에 관한 지침(2000/43/EG, 2000/78/EG, 2002/73/EG, 2004/113/EG)을 제정

근로자에 대한 차별이 행하여지는 동기는 사업주가 가지는 편견이나 인건비의 절약, 근로자의 과거의 사회적 경력(노동운동), 사상 또는 생활방식, 언어의 차이에서 연유하는 것이 보통이다. 노동관계법에서는 구체적으로 i) 차별의 이유와 노동능력과의 관계, ii) 차별로 인한 사업장 내에서의 다른 근로자들과의 협력·조화·능률의 유지 등이 문제된다.

(2) **현행법의 구조**

a) 개 관 균등대우 또는 차별금지에 대해서는 각종의 노동관계법률에서 다양한 형태로 규율하고 있다. 2010년 현재 근로관계와 직·간접적으로 관련된 '균등대우' 또는 '차별금지'에 관하여 규정하고 있는 법률은 14종에 달하고 있다.[1] 그 중요한 법률로는 근로기준법(제6조), 남녀고용평등법(제7조 내지 제11조), 기간제및단시간법(제8조 내지 제15조), 근로자파견법(제21조), 장애인차별금지법(제10조), 연령차별금지법(제4조의4, 제4조의5), 외국인근로자고용법(제22조), 노조및조정법(제9조)과 그 이외에 고용정책기본법(제7조), 직업안정법(제2조)을 들 수 있다.[2] 주요 법률들의 차별사유, 차별금지의 영역, 구제방법을 도시(圖示)하면 다음과 같다.

1. 차별 사유

법률	종합적 기준	개별적 기준
헌법(제11조)	성별, 종교, 사회적 신분	
근로기준법(제6조)	남녀의 성, 국적·신앙 또는 사회적 신분	
남녀고용평등법(제2조 ①)	성별	성별, 혼인, 가족 안에서의 지위, 임신 또는 출산 등

하여 회원국들로 하여금 지침내용을 국내법으로 수용하도록 하였다. 이에 따라 예컨대 독일은 2006년 8월 18일에 일반균등대우법(Das allgemeine Gleichbehaudlungsgesetz)이 시행되었다. 이 법률은 민사법 전반에 적용되는 법률이지만 노동법분야에도 커다란 변화를 가져오게 되었다. 이 법은 인종과 출신민족(ethnische Herkunft), 성, 종교 및 세계관, 장애, 연령, 성적정체성(예컨대 동성애) 등을 이유로 한 차별의 금지와 그 제거에 관하여 규정하고 있다. 이 법은 근로자, 수습생, 유사근로자, 응모자에게 적용되며, 채용, 취업 및 근로조건, 해고 등에서의 불이익을 광범하게 보호하고 있다. 이와 같은 균등대우에 관한 일반법을 유럽회원국들이 공유한다는 것은 유럽연합의 실질적 통합과 회원국들 간의 실효적 노동력보호를 위한 기초가 된다(Thüsing, *Diskriminierungsschutz*, Rn. 11 참고).

1) '평등권침해의 차별행위'·균등대우·차별대우를 금지하는 일반 법률을 모두 포함하면 2009년 현재 약 65종의 법률이 있다.

2) 근로관계법은 아니지만, 국가인권위원회법은 제2조 3호에서 "평등권침해의 차별행위"를 자세히 규정하고 있으며, 차별행위에 관한 조정(제42조) 및 권고(제44조) 등의 구제방법을 마련하고 있다. 이 법률은 근로관계에 직접 적용되지 않는다.

기간제및단시간법(제8조)	기간제근로자	
근로자파견법(제21조)	파견근로자	
장애인차별금지법(제4조 Ⅰ)	장애	
연령차별금지법(제4조의4)	연령	
외국인근로자고용법(제22조)	외국인	
노조및조정법(제9조)	인종, 종교, 성별, 연령, 신체적 조건, 고용형태, 정당 또는 신분	
고용정책기본법(제7조 Ⅰ)	성별, 신앙, 연령, 신체조건, 사회적 신분, 출신지역, 학력, 출신학교, 혼인 및 임신, 병력 등	
직업안정법(제2조)	성별, 연령, 종교, 신체적 조건, 사회적 신분 또는 혼인 여부 등	

2. 차별금지의 영역

법률	고용 이전	고용중	고용 이외
근로기준법(제6조)		근로조건	
남녀고용평등법(제2조 ①)	모집·채용(제7조), 직업능력개발(제16조)	임금(제8조), 복리후생(제9조), 교육·배치 및 승진(제10조), 정년·퇴직·해고(제11조)	
기간제및단시간법(제2조 ③)		임금 그 밖의 근로조건 등	
근로자파견법(제2조 ⑦)		임금 그 밖의 근로조건 등	
장애인차별금지법(제10조)	모집·채용	임금 및 복리후생, 교육·배치·승진·전보, 정년·퇴직·해고	조합 가입과 조합원의 권리 및 활동
연령차별금지법(제4조의4)	모집·채용	임금, 임금외의 금품지급 및 복리후생, 교육·훈련, 배치·전보·승진, 퇴직·해고	
외국인근로자고용법(제22조)*			
노조및조정법(제9조)			조합원 지위의 유지와 조합운영에의 참여 등
고용정책기본법(제7조 Ⅰ)	모집·채용, 고용지원서비스(직업소개·직업지도·고용정보제공 등),		

	직업능력개발훈련 및 취업지원 등		
직업안정법(제2조)	직업소개·직업지도 또는 고용관계의 결정		

* 구체적 규정 없음

3. 위반의 효과 및 구제방법

법률	위반행위 자체에 대한 처벌	시정명령·손해배상 등에 의한 구제	권고 등 기타
근로기준법	제114조(벌금)		
남녀고용평등법	제37조(징역 또는 벌금)		제25조(자율적 해결)
기간제및단시간법		제9조 내지 제14조(제24조 과태료)	
근로자파견법		제21조, 제21조의 2(제46조 과태료)	
장애인차별금지법	제49조(징역 또는 벌금)	제38조, 제43조 내지 제45조(제50조 과태료), 제46조 내지 제48조	
연령차별금지법	제23조의3 Ⅱ(벌금)	제4조의6 내지 제4조의8(제24조 과태료)	
외국인근로자고용법*			
노조및조정법*			
고용정책기본법*			
직업안정법*			

* 별도 규정 없음

b) 일반적 차별금지규정 위에서 살핀 바와 같이 각 법률이 규정하고 있는 차별이유 및 차별금지영역과 차별대우에 관한 구제방법은 통일되어 있지 않다. 차별이유와 차별영역이 다르면 차별의 위법성 여부(정당한 이유의 존부)와 그 구제방법도 다를 수 있다. 또한 차별이유가 같더라도 각 법률이 정하고 있는 차별금지영역이나 구제방법이 상이한 경우가 적지 않다. 따라서 각종의 차별사유에 대하여 일률적 기준을 기초로 차별처우의 여부와 법 위반의 효과를 판단할 수는 없다. 다만, 법률의 일반적 성격을 기준으로 삼는다면 적어도 근로기준법의 규정 및 남녀고용평등법의 규정을 일반규정으로 삼아 판단하는 것이 좋을 것이다. 그 이외의 법률들은 비전형근로자·장애·연령·조합원지위·근로희망자(구직자)라는 특별한 범주(표지)를 전제로 하기 때문에 일반적 성질을 가

진 법률이라고 볼 수는 없을 것이다. 이와 같은 구별을 해야 하는 이유는 일반적 성질을 가진 법률규정을 기초로 차별처우에 대한 구제방법도 일반화할 수 있기 때문이다. 다시 말하면, 합리적인 이유가 없는 차별대우에 대하여 근로기준법(제6조)과 남녀고용평등법(제7조에서 제11조)은 일반적 구제방법으로서 채무불이행 책임 또는 불법행위 책임을 물을 수 있는 기초를 제공할 수 있기 때문이다(다음의 2 ⑷ 참고).

다음 ⑶에서는 균등대우(차별금지)에 있어서 공통적인 일반개념과 금지규정의 위반의 효과(구제방법), 구제방법의 확보, 입증책임에 관한 원칙을 먼저 설명한다. 그리고 균등대우에 관한 일반법률 내지 일반규정이라고 할 수 있는 근로기준법(제6조)과 남녀고용평등법(제7조에서 제11조)을 자세히 살펴보기로 한다(다음의 2. ⑵·⑶). 기간제및단시간법상의 차별금지에 관해서는 다음([82] 2·3, [84] 4, [90] 2)의 각 해당부분에서 설명하기로 한다.

⑶ 균등대우 · 차별 · 구제방법

균등대우(차별금지)를 규정하고 있는 각종의 법률들은 차별사유 · 차별내용(보호영역) 및 구제방법 내지 위반의 효과를 각각 달리 정하고 있다. 이러한 차이는 해당법률의 목적과 성질에 따라 다를 수 있는 것이지만, 이 법률들을 균등대우라는 원칙하에서 통일적으로 이해하기 위해서는 적어도 균등대우 내지 차별금지, 차별과 합리적 이유 및 구제방법에 대한 기본개념이 먼저 밝혀져야 한다.

a) 균등대우(차별금지)

1) 균등대우란 특정의 또는 일정한 집단(그룹)의 근로자를 다른 근로자와 구별하여 달리 처우하지 않는 것을 말한다. 구체적으로 합리적인 이유 없이 다른 근로자나 근로자 집단에 대한 대우와 대비해서 차별하지 않을 것을 말한다. 그러므로 균등대우는 일체의 차별적 대우를 부정하는 절대적 평등을 의미하는 것이 아니라, 합리적 근거나 이유가 없는 차별을 해서는 안 된다는 상대적 평등을 의미한다.[1]

2) 균등대우의 원칙은 사용자가 일정한 기준에 따라 기업 내의 근로자들에 대하여 집단적 결정이나 조치(예컨대 임금결정이나 승진·보직 등 인사조치)를 내리는 경우에 적용되는 것이므로 어느 개별 근로자의 특수한 사항에 대한 결정이나 조치에 대해서는 적용되지 않는다. 따라서 균등대우 내지 차별금지는 기본적으로 집단적 성질을 가진다.[2]

1) 차별대우의 금지에 관한 기본개념에 관해서는 憲裁 1998. 9. 30, 98 헌가 7, 96 헌바 93(병합); 憲裁 1998. 11. 26, 97 헌바 31; 憲裁 1999. 5. 27, 98 헌바 26 등 참고.

2) Zöllner/Loritz/Hergenröder, *ArbR* § 20 Rn. 9 f. 예컨대 성과상여금, 조정수당, 효도휴가비 등을 기업내 근로자들에게 지급하면서 기간제근로자에게는 정규근로자들에 비해서 적게 지급하거나 전혀 지급하지 않는 것은 기간제근로자를 차별하는 것이므로 균등대우의 원칙에 반한다(서울行判 2009. 5.

특수한 기술과 자격을 갖춘 특정 근로자에게 추가적인 성과급을 지급하거나, 기본급 이외의 추가수당을 지급하는 것은 균등대우의 원칙에 반하지 않는다. 이 경우에는 계약자유의 원칙이 우선하여 적용되는 것으로 보아야 한다.1)

b) 직접차별 · 간접차별

1) 차별은 개념상 직접차별과 간접차별로 구별된다.

2) 직접차별은 법률에 의하여 금지된 차별사유(예컨대 성(性) · 국적 · 신앙 · 사회적 신분 · 연령 · 장애 · 기간제 또는 단시간 근로자 · 혼인 · 임신 등)(위의 (2)의 표 1 참고)를 직접적인 이유로 하여, 비교되는 다른 근로자에 비해서 불리한 처우를 하는 것을 말한다.

3) 이에 반해서 간접차별은 외관상으로는 중립적인 기준 또는 절차에 따라 근로자를 모집 · 채용 · 대우 · 승진 · 해고하도록 되어 있으나 결과적으로 어느 특정 집단이나 부류의 근로자들에게 불이익이 돌아가게 되어 법률이 금지하고 있는 차별사유에 해당되는 경우를 말한다. 예컨대 각종 법률에 금지되어 있는 차별사유와는 관계없는 조건(예컨대 일정기간 이상 특정분야에서의 재직경력, 군복무경력)을 기준으로 채용 · 임금액 · 승진 등을 달리하는 경우가 이에 해당한다. 일반적으로 해당분야의 경력소유자가 예컨대 어느 성(性) 중의 한쪽에 적다고 하면 간접차별이 인정될 수 있다. 이때에 부당한 차별이 있는지의 여부는 당해 조건의 적용 결과에 의해 추단될 수밖에 없으므로, 간접차별의 인정 여부는 언제나 용이하게 또는 명백하게 판단될 수는 없다.

4) 남녀고용평등법 제2조 1호 본문은 「"차별"이란 사업주가 근로자에게 성별, 혼인, 가족 안에서의 지위, 임신 또는 출산 등의 사유로 합리적인 이유없이 채용 또는 근로의 조건을 다르게 하거나 그 밖의 불리한 조치를 하는 경우 …를 말한다」고 규정하고 있다. 이는 직접차별을 정의(定義)한 것으로 해석된다.

동법 제2조 1호 본문 괄호 안의 규정은 간접차별을 정의한 것으로 해석된다. 즉, 「사업주가 채용조건이나 근로조건을 동일하게 적용하더라도 그 조건을 충족할 수 있는 남성 또는 여성이 다른 한 성(性)에 비하여 현저히 적고 그에 따라 특정 성에게 불리한 결과를 초래하며 그 조건이 정당한 것임을 증명할 수 없는 경우」에도 차별이 인정된다.2) 동법의 '직접차별' 및 '간접차별'에 관한 규정은 성(性)차별 이외의 다른 금지된 차

22, 2008 구합 48794; 서울行判 2008. 10. 24, 2008 구합 6622).

1) Brox/Rüthers/Henssler, *ArbR* Rn. 333; Waltermann, *ArbR* Rn. 207(독일 일반균등대우법 제8조 참고).

2) 여성 근로자들이 전부 또는 다수를 차지하는 분야의 정년을 다른 분야의 정년보다 낮게 정한 것이 여성에 대한 불합리한 차별에 해당하는지는 헌법 제11조 제1항에서 규정한 평등의 원칙 외에도 헌법 제32조 제4항에서 규정한 '여성근로에 대한 부당한 차별 금지'라는 헌법적 가치를 염두에 두고, 해당 분야 근로자의 근로내용, 그들이 갖추어야 하는 능력, 근로시간, 해당 분야에서 특별한 복무규정이

별사유에 대해서도 준용 또는 원용되는 것으로 보아야 한다.[1] 특히 간접차별은 법률에서 금지하고 있는 차별사유 이외의 조건을 기준으로 어느 부문 또는 집단의 근로자를 실질적으로 차별하는 것이므로,[2] 그 성부에 대해서는 그 기준설정에 대한 여러 정황을 고려하여 구체적으로 판단해야 할 것이다.[3]

c) 합리적 이유와 제외사유

1) 차별을 정당화하는 이유가 있을 때에는 그 차별행위는 위법한 것으로 볼 수 없다. 차별을 금지하는 각종 현행 법률에서는 '합리적인 이유'라는 용어를 사용하고 있다.[4] 그러나 각 법률은 합리적 이유에 대한 정의규정(定義規定)을 두고 있지 않다. 차별적 처우인지의 여부는 합리적인 이유의 존부에 따라 판단되는 것이므로 이에 대한 인정기준은 차별금지제도에 있어서 중요시된다.

차별금지는 금지된 차별사유에 해당될 수 있는 것이면 어떠한 차별도 금지되는 절대적 금지를 뜻하는 것은 아니다. 근로자가 부담하는 업무의 성질이나 그 업무를 수행하는 조건, 그 밖의 기업운영상의 객관적 사정 등에 의해서 차별이 정당시되는 경우가 적지 않기 때문이다.

2) 일반적으로 직접차별에서는 수행해야 할 업무의 종류나 업무수행조건에 있어서 해당 차별이 직무상 어쩔 수 없이 필요한 것인 때에는 그 차별목적이 적법하고 그 요건이나 필요성이 적정한 것인 한, 금지된 사유에 의한 차별은 합리적(정당한)인 이유가 있는 것으로 보아야 한다.[5] 구체적으로 합리적 이유 유무의 판단기준으로는 보통 노동

필요한지 여부나 인력수급사정 등 여러 사정들을 종합적으로 고려하여 판단하여야 한다. 공무원에 관한 법률에 특별한 규정이 없는 한, 고용관계에서 양성평등을 규정한 남녀고용평등법 제11조 제1항과 근로기준법 제6조는 국가기간과 공무원 간의 공법상 근무관계에도 적용된다(大判 2019. 10. 31, 2013 두 20011).

1) 기간제및단시간법 제2조 3호와 근로자파견법 제2조 7호는 남녀고용평등법 제2조와는 달리 직접차별과 간접차별을 구별하지 않고 포괄적으로 '차별적 처우'를 정의하고 있다.

2) 예컨대 공무원채용시험에서 군필자에게 3~5% 가산점을 부여하는 것이 이에 해당한다. 헌법재판소는 이와 같은 군가산점부여는 여성 및 장애인에 대하여 평등권(헌법 제11조 Ⅰ)을 위반한 것으로서 위헌이라고 한다(憲裁 1999. 12. 23, 98 헌마 363).

3) 예컨대 회사의 재직기간이나 국내거주기간을 조건으로 하여 특정수당을 적게 지급하거나 지급하지 않는 것은 실질적으로 여성 또는 인종에 대한 간접차별이 될 수 있다(*ErfK*/Schlachter, AGG § 3 Rn. 9; Thüsing, *Diskriminierungsschutz* Rn. 252; Zöllner/Loritz/Hergenröder, *ArbR* § 20 Rn. 42 참고).

4) 남녀고용평등법 제2조 1호; 기간제및단시간법 제2조 3호; 근로자파견법 제2조 7호; 장애인차별금지법 제4조 1항 1호 이하; 연령차별금지법 제1조; 고용정책기본법 제7조 1항; 국가인권위원회법 제2조 3호 등.

5) 독일일반균등대우법 제8조 이하; Henssler/Preis, 독일근로계약법토의안, 제5조 Ⅱ 2문; Preis, *IndividualArbR* § 1470; Thüsing, *Diskriminierungsschutz* Rn. 319 이하 참고.

가치의 차이, 근속연수, 업무의 성질과 내용, 근무형태, 능률이나 성과, 직책이나 직급, 권한이나 책임, 작업조건 등이 제시되고 있다.[1] 차별금지이유는 각 법률이 금지하는 차별사유에 따라 다를 수 있으므로 차별을 정당화하는 합리적 이유도 각 차별사유에 따라 개별적·구체적으로 판단할 수밖에 없다.[2] 예컨대 성(性)·기간제근로·종교·국적을 사유로 하는 차별을 정당화하는 합리적 이유는 각각 다를 수 있다. 다만, 어느 경우에나 차별이 비교대상이 되는 근로자의 대우에 비해서 비례의 원칙에 비추어 부당하다고 볼 수 없을 때에 차별대우는 합리적인 이유가 있는 것으로 보아야 한다.[3]

3) 간접차별은 금지된 차별사유를 직접적인 이유로 차별적 처우를 하는 것이 아니다. 그러므로 결과적으로 차별대우를 가져오게 된 조건이나 기준이 실질적으로 정당한 목적을 달성하기 위한 것이며 그러한 목적추구를 위한 방법과 수단이 필요하고 적정한 것인 때에는 간접차별은 합리적 이유에 의한 것으로 보아야 할 것이다.[4] 남녀고용평등법 제2조 1호 괄호 안은 「그 조건이 정당한 것임을 증명할 수」 있으면 간접차별은 정당한 것으로 규정하고 있다.

4) 각 법률은 그 법률에서 정한 특별한 경우나 조치를 처음부터 '차별'에서 제외하는 규정을 두고 있는 경우가 있다. 예컨대 남녀고용평등법 제2조 1호 단서 가, 나, 다목(가. 직무의 성격에 비추어 특정 성이 불가피하게 요구되는 경우, 나. 여성 근로자의 임신·출산·수유 등 모성보호를 위한 조치를 하는 경우, 다. 그 밖의 이 법 또는 다른 법률에 따라 적극적 고용개선조치를 하는 경우), 연령차별금지법 제4조의5, 장애인차별금지법 제4조 3항 등이 이에 해당한다. 이 경우에는 처음부터 직접차별 또는 간접차별이 성립하지 않는다. 다만, 이와 같은 제외사유의 존재(정당성)에 관해서는 사용자가 증명해야 한다(남녀고평법 제30조).

5) 합리적 이유 및 조건의 정당성에 관해서는 사용자가 입증책임을 부담한다. 즉, 합리적 이유 또는 조건의 정당성을 인정할 만한 사실이 불충분하여 불명(non liquet)인 때에는 합리적 이유 또는 조건의 정당성이 없는 것이 되어 부당한 차별적 처우가 인정된다.

1) 참고판례: 大判 1991. 4. 9, 90 다 16245; 大判 1996. 8. 23, 94 누 13589; 大判 2006. 7. 28, 2006 두 3476; 서울行判 2008. 6. 12, 2007 구합 45057; 서울行判 2009. 5. 22, 2008 구합 48794; 大判 2002. 2. 26, 2000 다 39063. 노동법실무연구회, 「근로기준법주해 I」(김민기·정지원), 396면 이하 참고.

2) 독일일반균등대우법 제8조에서 제10조까지 참조.

3) 서울行判 2008. 10. 24, 2008 구합 6622; Thüsing, *Diskriminierungsschutz*, Rn. 319 f. 참고.

4) Thüsing, *Diskriminierungsschutz*, Rn. 264; Henssler/Preis, 독일근로계약법토의안, 제5조 3항 후단.

d) 위반의 효과·구제방법

1) 각종의 차별금지법은 사용자 또는 사업주의 정당한 이유없는 근로자의 차별적 처우를 방지·금지함으로써 차별대우로 인하여 발생되는 재산적·정신적 불이익으로부터 근로자를 보호하는 것을 그 목적으로 하고 있다. 따라서 사용자 또는 사업주는 차별행위를 해서는 아니 됨은 물론이고,[1] 차별금지에 반하는 개별적 약정을 하는 것도 위법이므로 무효라고 보아야 한다.[2]

2) 차별행위를 금지하는 각종의 법률들은 그 위반행위에 대한 효과 내지 구제방법에 대하여 규정하고 있다. 예컨대 근로기준법은 위반행위에 대하여 벌칙(제114조)만을 적용하고 있으나, 남녀고용평등법은 벌칙(제37조)을 적용하면서, 노사협의회에 의한 고충처리 등과 같이 자율적 해결(제25조)을 규정하고 있다. 이와는 달리 기간제및단시간법은 노동위원회가 조정·중재와 시정명령(제9조 내지 제15조)을 할 수 있도록 규정하고 있으며, 시정명령불이행 등에 대해서는 벌칙(제24조)을 부과하고 있다. 근로자파견법에서는 기간제및단시간법의 조정·중재 및 시정명령제도가 그대로 준용되며(제21조 Ⅲ), 시정명령불이행 등에 대해서도 벌칙이 적용된다(제46조 Ⅱ·Ⅲ).

3) 차별금지법의 목적이 사용자 또는 사업주에 의한 차별행위의 방지와 금지에 있지만, 실제로 차별적 처우가 발생한 경우에 해당 근로자(차별을 받는 근로자)가 받은 불이익을 회복하는 것이 그에 못지않게 중요하다. 차별을 받지 않을 근로자의 지위의 보호는 근로자들이 법률이나 단체협약에 규정된 근로조건을 제대로 적용받을 권리의 보호차원에서 이해되어야 한다. 차별을 받는다는 것은 제대로 대우를 받아야 할 근로자의 지위(또는 권리)가 사용자에 의하여 침해됨으로써 차별대우로 인한 재산적·정신적 손해를 입는 것이기 때문이다. 그런데 우리나라의 현행 차별금지법들은 위반행위의 효과로서 국가와 위반자인 사용자 또는 사업주 간의 수직적 관계에서 감독 내지 처벌을 위주로 하는 구제방법을 규정하고 있다. 즉, 국가 또는 국가기관에 의한 권고, 시정명령, 벌금·과태료의 부과, 징역 등을 법위반의 주된 효과로 정하고 있다. 그러나 차별금지법이 차별받는 자와 차별행위자 사이의 사법관계(私法關係)를 함께 규율하지 않으면 구제법으로서의 기능을 제대로 발휘할 수 없음을 감안할 때 사법상의 구제방법이 빠져 있는 차별처우금

1) 차별행위를 하는 사용자 또는 사업주가 차별행위를 함에 있어서 금지된 차별사유가 있음을 인정하는 것만으로도 근로자는 차별대우를 받은 것으로 보아야 한다(독일일반균등대우법 제7조 Ⅰ 2문 참조). 그러나 이로부터 곧바로 어떤 법률효과가 발생하지는 않는다. 이는 일종의 선언규정이다.

2) 독일일반균등대우법 제7조 2항은 법률이 정한 차별금지에 반하는 약정은 효력이 없다고 규정하고 있다. 우리 현행법에는 이와 같은 일반규정이 없으나, 남녀고용평등법 제11조 2항(혼인·임신 또는 출산을 퇴직사유로 예정하는 근로계약을 체결하여서는 아니 된다)은 같은 취지의 규정으로 해석될 수 있다(벌칙 제37조 Ⅰ: 5년 이하의 징역 또는 3천만원 이하의 벌금).

지법은 실효성이 크지 않은 것으로 보아야 한다. 현행 차별금지법이 이와 같은 사법적 구제방법에 관하여 전혀 규정하고 있지 않은 것은 불완전한(내실을 기하지 못한) 입법의 결과라고 생각된다. 사법적 구제방법을 규정하고 있지 않은 현행 제도들은 국제적 입법례에도 맞지 않는다(노동보호법 규정의 사법적(私法的) 효력에 관해서는 [29] 2. (4) 참고).

4) 차별행위를 한 자에 대하여 벌칙을 적용하는 것은 장래에 대하여 차별행위를 방지할 수 있는 일반적 효과가 있으나, 차별을 받은 근로자의 불이익 내지 손해를 제거하거나 회복할 수는 없다. 또한 조정·중재제도는 근로자와 사용자 사이의 분쟁을 합리적으로 조정하는 것을 그 목적으로 하는 것이므로 차별로 인한 불이익 또는 손해를 직접 보상 또는 배상하는 제도라고는 할 수 없다. 기간제및단시간법과 근로자파견법이 채택하고 있는 노동위원회의 시정명령의 내용에는 차별적 행위의 중지, 임금 등 근로조건의 개선 및 적절한 금전보상이 포함될 수 있고 그 이행 기한을 구체적으로 기재하도록 되어 있지만(기단법 제12조 Ⅱ 2문, 제13조), 시행명령은 집행력이 없으므로 근로자의 사법상의 이익(근로조건 기타 근로관계와 관련된 지위)을 보호하는 데 한계가 있다. 확정된 시행명령을 정당한 이유없이 이행하지 아니한 자에 대하여는 무거운 벌칙(2억원 이하의 과태료가 부과된다: 기단법 제24조 Ⅰ; 파견법 제46조)이 적용될 수 있으나, 이와 같은 형사적 책임의 부과는 차별받은 근로자의 불이익이나 지위를 보상 또는 회복하는 직접적인 구제방법은 될 수 없다. 요컨대 차별행위는 경고와 처벌을 받아야 할 반사회적 행위이기에 앞서 개인 근로자의 권익을 침해하는 사법상의 의무불이행 행위 내지 불법행위로 보아야 한다. 따라서 차별대우금지 위반에 대한 사법상의 구제방법은 현행차별금지법의 해석에 있어서 풀어야 할 중요한 과제로 남아있다(이하 2 (4) 참고).

e) 구제방법의 확보를 위한 불이익처우금지 차별행위의 구제제도가 효율적으로 시행되기 위해서는 사용자에 의한 방해·제지행위 등이 있어서는 안 될 것이다. 따라서 법률은 별개의 규정을 두어, 근로자가 사용자의 차별적 처우에 대한 시정신청, 노동위원회에의 참석 및 진술, 재심신청 또는 행정소송의 제기를 했거나 시정명령불이행의 신고를 한 것 등을 이유로 사용자가 해고 그 밖의 불리한 처우를 하지 못하도록 금지하고 있으며(기단법 제16조 ②·③·④), 이에 위반하면 벌칙(동법 제21조)이 적용된다(또한 파견법 제21조 Ⅲ; 연령차별금지법 제4조의9, 제23조의3, 제23조의4 등 참조). 이 경우 불리한 처우의 금지는 차별사유에 의한 차별행위의 금지와는 별개의 것이다. 이때의 금지규정은 근로자가 차별처우에 대한 구제제도상의 정당한 행위를 한 것을 이유로 사용자가 불리한 처우를 하는 것을 방지하려는 것이다. 다시 말하면 동 규정은 구제제도의 효율적 시행을 확보하기 위하여 마련된 것이다. 근로자가 법률이 보장한 권리(예컨대 육아휴직청구권)를 행

사하거나(남녀고평법 제19조 Ⅲ), 법률규정에 반한 사용자의 부당한 요구를 거부한 경우에 사용자가 불리한 처우를 하지 못하도록 한 규정(기단법 제16조 ①)도 넓은 의미에서는 같은 취지로 이해할 수 있다.

f) 입증책임 남녀고용평등법은 「이 법과 관련한 분쟁해결에서 입증책임은 사업주가 부담한다」(제30조)고 규정하고 있다. 이 규정은 사업주에게 입증책임이 있음을 규정하고 있다. 그렇다면 근로자는 차별받은 사실에 관하여 증명할 책임이 전혀 없는 것인가? 그렇지는 않다. 근로자는 어떤 차별사유로 어떤 내용(차별영역)의 차별을 받았다는 사실을 증명해야 한다. 이와 같은 증명은 근로자의 주관적 판단에 따른 주장에 그쳐서는 아니 되고, 적어도 객관적 기준과 판단에 따른 사실을 증명함으로써 사업주의 차별행위가 어느 정도 추정될 수 있도록 차별대우의 내용을 밝혀야 할 것이다. 법률이 금지하고 있는 사유에 의한 사용자의 차별행위가 있는 경우에 그러한 차별행위를 추정할 수 있는 사실에 대해서는 근로자가 증명하여야 한다. 근로자는 비교되는 다른 근로자에 비해서 임금의 차별을 받고 있다는 사실을 증명해야 할 것이다. 이에 대해 사용자는 i) 해당 차별처우가 금지된 차별사유와는 아무 관련이 없다는 사실(인과관계), ii) 해당 처우는 차별사유와 관련이 있지만 합리적 이유에 의한 것이라는 사실(간접차별의 경우 그 조건이 정당한 것이라는 사실)을 증명해야 한다.[1] 특히 기업경영의 영역에 관련된 사실, 예컨대 채용·배치·승진·교육기회의 부여 등에 관한 사항에 대해서는 사용자에게 입증책임이 집중될 수밖에 없다. 이러한 사항에 관해서는 응모자나 근로자가 거의 아는 바가 없기 때문이다. 따라서 사용자는 해당 차별처우가 금지된 차별사유와 아무 인과관계가 없다거나, 법적으로 합리적 이유로 인정받을 만한 사실을 증명하지 못하는 한 해당 차별대우를 금지한 법률위반의 책임과 벌칙의 적용을 받게 된다.[2] 즉, 입증책임을 지는 자는 증명이 불명(不明)인 경우에 그 위험을 부담하여야 한다.

2. 근로기준법과 남녀고용평등법의 차별금지규정

(1) 총 설

근로자에 대한 차별금지를 규정한 법률은 근래에 와서 특히 차별영역을 확대·다양화하여 규정하는 경향을 보이고 있다. 종래의 근로기준법이 임금 기타 근로조건을 차별보호영역으로 규정하고 있는 것과는 달리 최근에 개정 또는 제정된 법률들(특히 남녀고평법, 기간제및단시간법, 근로자파견법, 연령차별금지법, 장애인고용법, 고용정책기본법 등)은 그 보

1) 남녀고용평등법 제37조 참조.
2) 독일일반균등대우법 제22조 참조. *ErfK*/Schlachter, AGG § 22 Rn. 2 ff. 참고.

호범위를 모집·채용·교육·배치·승진, 정년·퇴직·해고 등의 영역에까지 넓혀 규정하고 있다. 따라서 균등대우 내지 차별금지에 관한 법률들을 통일적으로 설명하는 것이 어렵게 되었다. 차별금지제도는 궁극적으로 임금 등의 근로조건을 위시하여 그 밖의 차별적 대우로부터 근로자를 보호하는 데 있으므로 차별영역(차별금지대상)에 대한 보호가 중심을 이루는 것이지만, 이러한 보호내용을 규정하고 있는 법률의 목적(취지) 및 각 규정이 가지고 있는 성격(공·사법적 효력 등)에 따라 보호내용에 차이가 있기 마련이다. 따라서 이곳에서는 균등대우법에 관한 기본법으로서의 역할을 하는 근로기준법과 남녀고용평등법에 관해서만 설명하기로 한다. 근로기준법 제6조와 남녀고용평등법 제7조에서 제11조까지의 규정은 모든 근로자에게 적용되는 일반적 기준적 규정이라는 점에서 균등대우에 관한 법해석에 있어서 그 기초가 된다고 생각된다. 기간제및단시간법 및 근로자파견법상의 차별은 해당 절([82], [90])에서 설명한다.

(2) 근로기준법

a) 第6조의 규정내용 근로기준법 제6조는「사용자는 근로자에 대하여 i) 남녀의 성(性)을 이유로 차별적 대우를 하지 못하고, ii) 국적·신앙 또는 사회적 신분을 이유로 근로조건에 대한 차별적 처우를 하지 못한다고 규정하고 있다.」동조항은 헌법 제11조 1항과 제32조 4항 후단을 기초로 한 것이지만 외국인 근로자의 균등한 보호를 위하여 차별 사유로서 국적을 추가하였다. 동조는 차별 사유에 관한 제한적 열거규정으로 볼 것은 아니라고 생각된다. i)의 규정은 남·여의 성을 차별사유로 하는 '차별적 대우'를 금지하는 일반규정으로 보아야 한다. 근로기준법은 근로관계가 성립한 때부터[1] 종료할 때까지의 근로조건을 규율·보호 대상으로 하고 있으므로 '차별적 대우'를 그 이외의 범위에까지 확대하여 해석할 것은 아니라고 생각한다. 동 규정부분은 실질적으로 남녀고용평등법 제7조 내지 제11조에 의하여 보완·구체화되는 것으로 해석해야 할 것이다.

b) 차별이유와 차별금지영역

1) **차별이유** 남·여의 성차별에 관해서는 남녀고용평등법을 설명할 때 함께 서술하기로 하고 여기서는 국적·신앙·사회적 신분에 관하여 설명하기로 한다.

aa) 국 적 국적이란 국민으로서의 지위를 말하며, 국적이 주어지는 요건은 국적법에 규정되어 있다. 국적에 의한 차별은 한국근로자와 외국인근로자를 차별대

1) 공단의 직원 임용시에 비정규직인 계약직에서 일반직으로 전환된 직원과 공개경쟁시험을 통해 일반직으로 임용된 직원들 또는 정규직인 업무직에서 일반직으로 자동 전환된 직원들은 동일한 비교집단에 속한다고 볼 수 없어 초임기본연봉을 정할 때 임용경로의 구분을 근거로 호봉 차이가 발생한 것은 합리적 이유를 가지고 있는 것이므로 근로기준법에서 금지하는 차별적 처우에 해당하는 차별이라고 인정될 수 없다(大判 2015. 10. 29, 2013 다 1051).

우하는데서 문제된다. 근래에 와서 우리나라에서도 외국인근로자의 수가 증가하면서 외국인에 대한 차별이 사회적 이슈로 되고 있다. 외국인근로자고용법(제정 2003. 8. 16, 법률 제6967호)은 외국인근로자라는 이유로 부당한 차별을 하여서는 안 된다는 포괄적 금지규정을 두고 있다(제22조). 따라서 동일한 내용의 일에 종사하는 한국인과 외국인을 차별대우하는 것은 합리적 이유가 없는 한 근로기준법 제6조에 위반된다. 일정 수준 이상의 한국어 능력이 특정 업무수행의 필수적 요건이 되는 경우에 어학능력이 부족한 외국인에게 근로조건상의 차별대우를 하는 것은 합리적 이유가 있는 것으로 볼 수 있다. 외국어학원에서 해당 외국어를 국어로 사용하는 외국인보다 한국인을 불리하게 대우하는 것도 국적에 따른 차별에 해당할 수 있으나, 외국인과 국내인 사이에 해당 어학의 능력 차이(이에 따른 업무능력의 차이 등)가 있는 한 이에 따른 근로조건(임금 등)의 차별은 합리적 이유가 있는 것으로 보아야 한다.

bb) 신 앙 신앙은 특정의 종교 또는 종교적 신념뿐만 아니라, 정치적 신조, 정치적 세계관을 포함하는 넓은 의미로 해석되고 있다. 그러나 신앙에 의한 차별대우의 금지는 신앙이 없음을 이유로 하는 경우도 포함되는 것으로 보아야 한다. 사회주의적 신조 또는 특정정당의 정치노선을 지지한다는 이유로 해당근로자를 차별하는 것 또한 금지된다. 차별금지의 사유가 되는 것은 신앙 또는 신조 자체를 뜻하는 것이므로 해당 신앙이나 정치적 신조를 적극적으로 외부로 표현하는 언동, 예컨대 방송행위, 유인물의 배포 등은 신앙 또는 신조를 가지고 있다는 내적 차원을 넘는 외적행위이므로 차별이유로서 금지되는 신앙 또는 신조에 해당하지 않는다. 이러한 외부적 행동은 직장질서에 반할 수 있으며, 다른 근로자들의 노동능력을 저하시키는 한 징계의 대상이 될 수도 있다. 이때에는 신앙에 의한 차별대우는 문제되지 않는다.

특정의 종교·신조·사상과 직접 또는 불가분적으로 연결된 목적을 수행하는 사업(이른바 경향사업[1])에 있어서는 그 사업목적에 반하는 신앙 또는 사상을 신봉 또는 지지하는 근로자에 대하여 차별처우(해고 또는 그 밖의 불이익대우)를 하는 것이 금지되지 않는다. 경향사업의 목적수행에 관련된 중요한 업무에 종사하면서 사업상의 권한을 행사하게 되는 근로자는 채용 시에 경향사업과 관련된 특별한 의무와 책무를 부담하는 계약을

1) 독일에서 정치·노동조합·신앙·과학·미술·자선·교육·언론에 봉사하는 사업을 傾向事業(Tendenzbetrieb)(독일경영조직법 제118조 I 참조)이라 하고, 여기에서 취업하는 종업원 등 경향사업의 특징적 활동을 직접 수행할 의무(충실의무)를 지는 자가 경향사업에 반하는 행위를 하는 경우에는 해고제한법의 규정에 구애받지 않고 해고될 수 있다. 이는 형식적으로 균등대우의 원칙에 위배된다고 할 수 있으나, 경향사업의 특수성에 비추어 그 해고를 부당하다고 할 수 없다(참고판례: 大判 1994. 12. 13, 93 누 23275; 中勞委 92 부해 276 제22; Löwisch/Spinner, *KSchG*, § 1 Rn. 178 참고).

체결하게 된다. 이러한 의무를 중대하게 위반하여 사업목적의 실현이 지장을 받거나 그 업무가 어렵게 될 경우에 그 근로자는 해고될 수도 있다. 다만, 이러한 의무는 경향사업의 목적을 보호하기 위한 필수적인 범위에 한정되어야 한다.1) 경향사업의 목적수행과 무관한 일반직 근로자에 대해서는 신앙에 의한 차별대우는 허용되지 않는다.

cc) 사회적 신분　　사회적 신분은 사회생활을 하면서 상당한 기간이 지남으로써 사람이 가지게 되는 지위로서 그의 의사에 의하여 피할 수 없는 사회적 분류를 말한다.2) 그러나 생래적(生來的)인 신분도 사회적 신분에 포함될 수 있다. 사회적 신분이란 표현에서 '사회적'이란 말에 중점을 두면 공무원, 교원, 귀화인, 전과자, 사장, 근로자, 상인 등을 모두 지칭하게 되고, '신분'이란 말에 강조점을 두면 인종, 출생지, 가문, 문벌 등을 가리키게 된다. 근로자의 차별대우를 금지하는 노동법의 취지에 비추어 사회적 신분은 선천적·후천적 구별에 구애됨이 없이 합목적적으로 해석하는 것이 옳을 것이다. 따라서 근로계약의 내용 자체에 따라 정해진 기간제근로자, 단시간근로자, 상용근로자나 노동조합의 임원의 지위는 사회적 신분에 포함되지 않는다.3) 기간제근로자나 단시간근로자는 기간제및단시간법에 의하여 차별대우에 관한 보호를 받는다.

2) **근로조건**　　사용자에 의한 근로자의 차별은 모집·채용·임금·근로시간·교육·배치·승진·퇴직·해고 등 고용과 관련된 모든 영역에 걸쳐 이루어질 수 있으나, 근로기준법 제6조 후단은 국적·신앙·사회적 신분을 이유로 하는 차별대우를 근로조건에 관하여 금지하고 있다. 근로조건에는 임금·근로시간·휴일·휴가는 물론(근기법 제17조 참조), 취업의 장소, 종사해야 할 업무, 승급, 퇴직, 퇴직금, 안전위생, 재해보상 등이 포함된다(근기법 시령 제8조 참조).

해고가 차별대우의 보호대상이 되는 근로조건인지에 관해서는 경우를 나누어 판단해야 한다. 즉, 해고의 의사표시 자체는 근로조건이 아니라고 보아야 하지만, 해고의 기

---

1) Henssler/Preis, 독일근로계약법토의안(ArbVG), 제10조 1항 2호 2문 참조.

2) 憲裁 1995. 2. 23, 93 헌바 43 참고.

3) 채용절차, 임금체계, 보직부여, 직급승진 가능성 등에서 일반직 근로자와 차이가 있어 고용형태 내지 근무형태가 다른 근로자들(계약직 또는 업무직으로 입사한 근로자)의 지위가 근로기준법 제6조에서 말하는 '사회적 신분'에 해당한다고 하면서 이들이 수행하는 업무가 일반직 근로자들과 그 업무 내용과 범위, 업무의 양이나 난이도, 회사에 대한 기여도 등에 있어서 차이가 없음에도 주택수당, 가족수당 및 식대의 지급을 달리하는 것은 근로기준법 제6조의 균등처우 규정을 위반한 것으로 무효라고 한 하급심 판례가 있다(서울南部地判 2016. 6. 10, 2014 가합 3505). 그러나 이와는 달리 대법원은 비정규직인 계약직에서 일반직으로 전환된 근로자와 공개경쟁시험을 통해 일반직으로 임용된 직원 사이에 경력 인정에 차이를 둔 사안에서 이들은 동일한 비교집단에 속한다고 볼 수 없어 근로기준법 제6조에 위배되는 차별적 처우가 인정될 수 없으므로 기간제근로라는 고용형태가 동조항의 '사회적 신분'에 해당하는지 여부까지 나아가 살필 필요가 없다고 한다(大判 2015. 10. 29, 2013 다 1051). 위의 서울南部地法 판례는 사회적 신분의 개념을 너무 넓게 해석하는 것으로 생각된다.

준(또는 조건, 사유)은 근로조건으로 보는 것이 옳을 것이다.[1] 따라서 해고에 관한 기준이나 조건이 정해져 있지 않은 경우에는 그 해고의 정당성 여부는 근로기준법 제23조 및 제24조에 의하여 판단해야 한다. 국적 · 신앙 또는 사회적 신분을 이유로 하는 차별적 해고에 대해서는 근로기준법 제6조뿐 아니라 제23조 및 제24조도 함께 적용되는 것으로 보아야 할 것이다.

모집 · 채용이 근로조건인지에 관해서는 견해가 대립할 수 있으나, 채용(채용여부)은 근로관계의 성립 전의 단계에 속하는 사용자의 행위이므로 이는 근로조건에 해당하지 않는다. 근로기준법은 근로계약의 체결과 그 후의 근로관계를 규율하는 법률이다. 채용여부 자체에 대해서는 사용자에게 기본적으로 채용의 자유가 인정된다고 보아야 한다. 그러나 「근로자」의 모집 · 채용시에 남녀고용평등법 제7조가 적용되는 것은 당연하다.

c) 사용자의 위반행위 통보를 이유로 한 불리한 처우 금지 차별적 처우에 대하여 근로자가 그 사실을 고용노동부장관이나 근로감독관에게 통보한 것을 이유로 사용자는 해당 근로자를 해고하거나 그 밖에 불리한 처우를 하지 못한다(근기법 제104조 Ⅱ; 벌칙 제110조 ①).

⑶ 남녀고용평등법(남녀고용평등과 일 · 가정양립지원에 관한 법률)

a) 연혁 및 의의 남녀고용평등법은 헌법 제32조 4항의 「여자의 근로는 특별한 보호를 받으며, 고용 · 임금 및 근로조건에 있어서 부당한 차별을 받지 아니한다」는 규정을 기초로 하고 있으면서도 여성의 평등만을 위한 법률이 아니고, 남 · 여의 고용평등을 함께 실현할 것을 목적으로 하고 있다. 남녀고용평등법은 1988년(제정 1987. 12. 4, 법률 제3989호, 시행 1988. 4. 1)에 처음 시행되어, 그 명칭이 2007년에 「남녀고용평등과 일 · 가정 양립지원에 관한 법률」로 개정(2008. 6. 22부터 시행)되었다. 이 법은 처음에는 여성근로자의 차별을 금지하는 법률로서 출발하였다. 그리고 제정 당시부터 차별내용의 범위를 모집과 채용관계에서의 평등한 기회부여, 교육 · 배치 · 승진에서의 차별금지, 정년 · 해고시의 차별금지와 결혼 · 임신 및 출산을 이유로 하는 퇴직예정금지 등을 규정함으로써 여성에 대한 차별처우를 광범위하게 금지하였다. 그 후 차별 정의(定義)의 명문화, 동일가치 노동에 대한 동일임금의 지급, 임금 이외의 금품지원에 대한 차별금지, 간접차별의 규정신설과 그 적용확대를 내용으로 하는 법 개정을 단행하였다. 특히 2001년에는 동법의 규율목적이 여성근로자에 대한 차별처우금지로부터 남 · 여의 성(性)차별을 함께 금지하는 내용으로 확대되었다. 다시 말하면 이 법은 헌법 제32조 4항의 규정을 기초로 하면서도 헌법의 평등이념(제11조)에 따라 고용에서 남녀의 평등한 기회와 대우를 보장하는

---

1) 菅野, 「勞働法」, 851面. 日本勞働基準法 제89조 3호 참조.

남녀고용평등법으로서의 실질을 갖추게 되었다. 동법은 직장 내 성희롱 금지, 여성의 직업능력 개발 및 고용촉진, 적극적 고용개선조치, 모성보호, 일·가정 양립지원에 관해서도 규정하고 있으나,[1] 이곳에서는 남녀의 평등한 기회보장과 대우(동법 제2장 제1절: 제7조에서 제11조 및 이와 관련된 조항 참조)에 관해서만 서술한다.

b) 차별이유와 차별의 뜻

남녀고용평등법 제2조 1호의 '차별'의 정의규정: '차별'이란 사업주가 근로자에게 성별, 혼인, 가족 안에서의 지위, 임신 또는 출산 등의 사유로 합리적인 이유 없이 채용 또는 근로의 조건을 다르게 하거나 그 밖의 불리한 조치를 하는 경우[사업주가 채용조건이나 근로조건은 동일하게 적용하더라도 그 조건을 충족할 수 있는 남성 또는 여성이 다른 한 성(性)에 비하여 현저히 적고 그에 따라 특정 성에게 불리한 결과를 초래하며 그 조건이 정당한 것임을 증명할 수 없는 경우를 포함한다]를 말한다. 다만, 다음 각 목의 어느 하나에 해당하는 경우는 제외한다.

가. 직무의 성격에 비추어 특정 성이 불가피하게 요구되는 경우

나. 여성 근로자의 임신·출산·수유 등 모성보호를 위한 조치를 하는 경우

다. 그 밖에 이 법 또는 다른 법률에 따라 적극적 고용개선 조치를 하는 경우

제2조 1호 본문: 직접차별에 관한 규정, 제2조 1호 본문 [ ]안의 규정: 간접차별에 관한 규정, 제2조 1호 단서 각목: 차별 제외 사유

1) 차별이유 남녀고용평등법에 있어서 차별이유는 남자 또는 여자라는 성(性)을 말한다. 그러나 동법은 성별 이외에도 혼인, 가족 안에서의 지위, 임신 또는 출산을 차별사유로서 규정하고 있다(제2조 ①). 따라서 사업주(사용자)는 이러한 차별사유에 의하여 근로자를 모집·채용·임금·배치·승진·정년·퇴직·해고 등의 (차별)영역에서 차별적 처우를 하여서는 아니 된다(제7조에서 제11조). 근로기준법 제6조는 남녀의 성(性)을 이유로 차별적 처우를 하지 못한다고 규정하고 있으므로, 그러한 한도 내에서 근로기준법과 남녀고용평등법은 중복 적용될 수 있다. 다만, 근로기준법은 차별영역을 근로조건(근로계약의 성립 후부터 그 소멸시까지의 근로관계의 내용)으로 한정하고 있으나, 남녀고용평등법은 모집·채용을 보호내용(차별영역)에 포함하고 있다.[2]

---

1) 고용노동부장관은 ① 여성취업의 촉진에 관한 사항, ② 남녀의 평등한 기회보장 및 대우에 관한 사항, ③ 동일 가치 노동에 대한 동일 임금 지급의 정착에 관한 사항, ④ 여성의 직업능력 개발에 관한 사항, ⑤ 여성 근로자의 모성 보호에 관한 사항, ⑥ 일·가정의 양립 지원에 관한 사항, ⑦ 여성 근로자를 위한 복지시설의 설치 및 운영에 관한 사항, ⑧ 직전 기본계획에 대한 평가, ⑨ 그 밖에 남녀고용평등법의 실현과 일·가정의 양립 지원을 위하여 고용노동부장관이 필요하다고 인정하는 사항이 포함된 기본계획을 5년마다 수립하여야 한다(남녀고평법 제6조의2 참조).

2) 채용에 관한 기준이나 조건은 근로조건이 아니므로 근로기준법이 적용되는 차별영역이 아니다(大判 1992. 8. 14, 92 다 1995).

2) **차별의 뜻** 남녀고용평등법 제2조 1호는 차별의 뜻을 직접차별과 간접차별로 구분하여 정의하고 있다([37] 1. (3) b) 참고). 직접차별의 경우에는 차별에 대한 합리적 이유가 없는 때, 간접차별의 경우에는 채용조건 또는 근로조건이 정당한 것임을 증명할 수 없는 때 차별적 처우는 위법한 것이 된다. 그러나 다음 괄호 안의 어느 하나의 사유에 해당하면 처음부터 '차별'에서 제외된다(제외사유: 제2조 ① 단서 가·나·다목). 합리적 이유, 조건의 정당성, 차별제외해당성에 대해서는 사업주가 입증책임을 부담한다(제30조).

남녀고용평등법 제2조 1호 본문에서 정의하고 있는 '차별'은 위법한 차별을 말하고 차별 '사실'을 뜻하는 것이 아니다.

3) **합리적 이유와 조건의 정당성의 예**

aa) 직접차별에 있어서는 합리적 이유가 있는 경우에 차별적 처우는 위법하지 않다(합리적 이유에 관해서는 [37] 1. (3) c) 참고).

bb) 간접차별은 여성 또는 남성이란 이유를 직접적인 원인으로 하여 차별하는 것이 아니고, 어떤 조건 또는 기준, 예컨대 전문교육의 이수 여부, 상당기간의 경력(예컨대 군장교복무경력), 또는 인력의 수급관계 등을 기준으로 채용과 임금액을 달리하는 경우를 말한다. 이러한 경우에 결과적으로 여성 또는 남성의 채용률이 떨어지거나 임금수준이 낮게 되더라도, 그 기업의 인사관리에 의하여 달성하려는 목적이 정당하고 목적달성을 위한 방법이 적절하며 필요한 것인 때에는 차별적 대우가 위법한 것이 아니다.[1] 교대근로시간, 근무장소의 변경에 대한 적응가능성을 기준으로 하는 특별수당의 지급이 여성에게 불리하게 되더라도 그 목적이 정당하고 수행방법이 적절한 한 그와 같은 간접차별은 위법하다고 볼 수 없다.[2] 이때에 입증책임은 사업주가 부담한다.

c) **차별금지영역** 남녀고용평등법은 성(性)을 이유로 한 차별이 금지되는 영역을 모집·채용에서부터 임금·배치·승진·정년·해고에 이르기까지 넓게 규정하고 있다.[3]

1) **모집과 채용상의 차별**

aa) 「사업주[4]는 근로자를 모집하거나 채용할 때 남녀를 차별하여서는 아니 된다」

---

1) Thüsing, *Diskriminierungsschutz*, Rn. 385 참고.

2) Thüsing, *Diskriminierungsschutz*, Rn. 386 참고.

3) 동법 시행령 제2조 1항에 의하면 동거의 친족만으로 이루어지는 사업 또는 사업장과 가사사용인에 대하여는 법의 전부가 적용되지 않는다.

4) 남녀고용평등법에서 사업주라는 용어를 쓰고 있는 것은 특히 모집과 채용시에 응모자에 대하여 근로관계의 당사자를 지칭하는 사용자라는 말을 쓰는 것이 적절하지 않기 때문이다. 그러나 사업주가 모집·채용 이외의 근로관계에서 사용자와 다른 의미를 가지는 것은 아니다. 동법 제2조 4호는 「'근로자'란 사업주에게 고용된 자와 취업할 의사를 가진 자를 말한다」고 규정하고 있으므로 사업주는 사

(제7조 Ⅰ). 2001년 8월 14일 개정 전에 이 조항은 「모집과 채용에 있어서 평등한 기회를 부여하여야 한다」고 정하고 있었으므로 모집·채용시에 단순한 형식적 평등기회를 부여하는 의미로 해석될 우려가 있었다. 균등처우라는 이념을 보다 충실하게 실현하기 위해서 현재의 내용으로 동조항이 개정된 것이다. 이 규정에 의하여 사업주에게 특정 성을 차별하지 않을 의무가 발생하지만 사업주의 계약체결의 자유(채용의 자유) 자체가 부인되지는 않는다. 따라서 동조를 위반한 모집·채용행위에 대해서 해당 응모자가 다른 응모자의 채용행위를 무효라고 주장하거나, 채용절차의 재심을 요구할 수는 없으며, 벌칙(제37조 Ⅳ ①)의 적용만이 문제될 수 있다고 해석된다.[1] 또한 사업주는 여성근로자를 모집·채용할 때 그 직무의 수행에 필요하지 않은 용모·키·체중 등의 신체적 조건, 미혼조건 그 밖에 고용노동부령으로 정하는 조건을 제시하거나 요구하여서는 아니 된다(제7조 Ⅱ; 벌칙 제37조 Ⅳ ①).

bb) 남녀고용평등법 제2조 4호는 '취업할 의사를 가진자'도 근로자로 정하고 있다. 따라서 근로기준법상의 근로자(근로계약관계의 당사자)가 아니라 하더라도 '취업할 의사를 가진 응모자'는 모집·채용에 있어서 차별적 대우를 받지 않을 남녀고용평등법상의 보호를 받으며, 채용된 후에는 근로기준법과 남녀고용평등법의 경합적 보호를 받는다.

2) 임금상의 차별

aa) 남녀고용평등법은, 「동일한 사업[2]」 내의 「동일가치노동」에 대하여 사업주(사용자)는 동일한 임금을 지급하여야 한다고 규정하고 있다(제8조 Ⅰ, 벌칙 제37조 Ⅱ ①). 남녀고용평등법 제8조 1항의 규정은 강행규정이므로 이에 반하는 법률행위는 효력이 없다.[3] 따라서 차별을 받은 근로자는 과거의 차별액을 차액임금으로서 청구할 수 있다고 보아야 한다. 동 규정은 근로계약을 직접 규율하는 효력을 가지는 것으로 해석되기 때문

용자를 포함하는 개념이다.

1) 채용상의 위법한 차별처우의 효과로서 계약체결강제를 인정할 수는 없다. 다만, 불법행위가 성립하는 경우에는 응모자는 손해배상청구를 할 수 있을 것이지만, 그 밖의 청구권, 특히 취업청구권을 가질 수는 없다. Thüsing, *Diskriminierungsschutz*, Rn. 553 참고.

2) 동일한 사업에 대한 판단과 관련하여 사용자가 설립한 별개의 사업이 임금차별을 목적으로 이루어졌다면, 이는 동일한 하나의 사업으로 본다(남녀고평법 제8조 Ⅲ).

3) 大判 2019. 3. 14, 2015 두 46321(원고는 국립대학교 시간강사인데 시간당 강사료는 전업 시간강사는 8만원, 비전업 시간강사는 3만원이다. 원고는 시간당 8만원의 강사료를 지급받았으나 부동산임대업자로서 별도의 수입이 있음이 밝혀지자 피고 국립대학은 원고에게 차액의 반환을 요구하고 감액된 강사료를 지급하였다. 대법원은 사업주인 피고는 동일한 사업내의 동일 가치 노동에 대하여는 동일한 임금을 지급하여야 하므로(근기법 제6조, 남녀고평법 제8조 Ⅰ) 시간강사를 전업과 비전업으로 구분하여 강사료를 차별하는 것은 합리적 이유가 될 수 없고 따라서 시간당 강사료를 차등지급하는 것은 부당한 차별적 대우에 해당한다. 같은 시간강사라도 경력, 강의 내용 또는 난이도, 강의시간 등은 노동가치(강사료)의 차별을 합리화하는 기준이 될 수 있다).

이다.[1] 사업주의 차별취급 사실에 대해서는 해당 근로자가 일차적으로 입증을 해야 한다.

bb) 동일노동이 통상적인 노무제공의 동질성을 기준으로 하는 개념이라고 한다면, 동일가치노동은 노동의 가치를 기준으로 하여 노동의 동일성을 판단하는 개념이다. 남녀고용평등법 제8조 1항이 규정하고 있는 '동일가치노동'이란 해당 사업장 내의 서로 비교되는 남녀 간의 노동이 동일하거나 실질적으로 거의 같은 성질의 노동 또는 그 직무가 다소 다르더라도 객관적 직무평가 등에 의하여 본질적으로 동일한 가치가 있다고 인정되는 노동에 해당하는 것을 말한다.[2] 남녀고용평등법 제8조 2항은 「동일가치노동의 기준은 직무수행에서 요구되는 기술, 노력, 책임 및 작업조건 등으로」 한다고 규정하고 있다. 이 규정은 동일노동 동일임금의 원칙 준수를 위하여 동일가치노동을 판단하는 객관적 기준을 제시한 것으로 해석된다.[3] 동항에 따르면 사업주는 그 기준을 정할 때에는 제25조에 따른 노사협의회의 근로자를 대표하는 위원의 의견을 들어야 한다(동조 후단). 이는 기준의 객관성을 유지하기 위한 규정이라고 생각된다.

cc) 판례[4]는 「동일가치의 노동인지 여부는 남녀고용평등법 제8조 제2항 소정의, 직무수행에서 요구되는 기술, 노력, 책임 및 작업조건을 비롯하여 근로자의 학력·경력·근속연수 등의 기준을 종합적으로 고려하여 판단하여야 한다」고 한다. 그리고 동 판례는 동법 제8조 2항 소정의 「'기술, 노력, 책임 및 작업조건'은 당해 직무가 요구하는 내용에 관한 것으로서, '기술'은 자격증, 학위, 습득된 경험 등에 의한 직무수행능력 또는

1) 그 이론적 근거에 관한 설명으로는 이하 [37] 2. (4) d) 2) 참고.

2) 大判 2003. 3. 14, 2002 도 3883; 같은 내용의 판례: 大判 2013. 3. 14, 2010 다 101011.

3) 외국의 입법례를 보면, 독일에는 동일가치노동을 판단하는 기준을 법률로 규정하고 있지 않다. 프랑스노동법전 제140-2조는, 학위나 자격증에 의하여 확인·비교될 수 있는 교육, 동일한 직업상의 경험, 동일한 책임, 동일한 육체적·정신적 부담을 지는 노동을 동일가치노동의 판단기준으로 규정한다. 같은 취지로 1998년의 아일랜드 Employment Equality Act 제7조와 영국 Equal Pay Act 제1조 5항도 동일가치노동에 대하여 규정하고 있다. 동일가치노동에 관한 비교법적 고찰에 관해서는 전윤구 '근로관계에서의 균등대우원칙에 관한 연구', 고려대학교 박사학위논문, 2004, 175면 이하 참고.

4) 大判 2003. 3. 14, 2002 도 3883. 이 판결은 남성과 여성 사이에 기술·노력·책임 및 작업조건상의 형식적 차이가 있다고 하여 성차별을 하는 사회통념상의 관계를 시정하기 위하여 실질적 판단기준을 제시하였다는 데 그 의의가 있다(이 판결을 계기로 남녀 근로자의 임금차별에 관한 논의가 한층 촉발되었다는 문제제기에 관해서는 노동법실무연구회, 「근로기준법주해 I」(김민기·정지원), 355면 참고). 같은 내용의 판례: 大判 2013. 3. 14, 2010 다 101011. 국립대학 총장이 근로기준법상의 근로자에 해당하는 시간강사에 대하여 전업(專業)과 비전업이라는 구분에 의하여 부동산임대사업자로서 별도의 수입이 있는 사람은 비전업 시간강사에 해당한다는 이유로 전업 시간강사에 비해 낮은 강사료를 지급하는 것은 근로기준법 제6조 및 남녀고용평등법 제8조 1항에 위반하여 정당한 이유없이 비전업 시간강사를 차별하는 것이며, 근로자인 시간강사의 근로 내용과는 무관한 것으로서 동일가치노동 동일임금의 원칙에 반한다. 대법원은 강사료를 차등 지급하는 것이 부당한 차별적 대우에 해당하지 않는다고 본 원심판단에 법리를 오해한 잘못이 있다고 판단하였다(大判 2019. 3. 14, 2015 두 46321).

솜씨의 객관적 수준을, '노력'은 육체적 및 정신적 노력, 작업수행에 필요한 물리적 및 정신적 긴장 즉, 노동강도를, '책임'은 업무에 내재한 의무의 성격·범위·복잡성, 사업주가 당해 직무에 의존하는 정도를, '작업조건'은 소음, 열, 물리적·화학적 위험, 고립, 추위 또는 더위의 정도 등 당해 업무에 종사하는 근로자가 통상적으로 처하는 물리적 작업환경을 말한다」고 한다.

dd) 남녀고용평등법은 성(性)을 이유로 한 차별대우를 금지하는 것을 목적으로 하는 것이지만, 동일가치노동·동일임금에 관한 제8조는 근로기준법 제6조와 함께 남자와 남자 사이 또는 여자와 여자 사이 무기근로자와 기간제근로자 사이에 대해서도 원칙 규정으로서 준용될 수 있을 것이다.[1]

ee) 사업주가 임금차별을 목적으로 설립한 별개의 사업은 동일한 사업으로 본다(제8조 Ⅲ). 따라서 사업주는 원 사업의 근로자에게 지급되는 임금보다 낮은 임금을 주는 차별을 할 수 없다.

3) 임금 이외의 자금융자 등 복리처우상의 차별 사용자는 임금 외에 근로자의 생활을 보조하기 위한 금품의 지급 또는 자금의 융자 등 복리후생에 있어서 남녀를 차별하여서는 아니 된다(제9조). 예컨대 학자금지원, 임금으로 볼 수 없는 가족수당, 주택융자 등의 보조금지급이 이에 해당한다. 이에 대한 차별도 임금차별의 경우에 준해서 판단해야 할 것이다.

4) 교육·배치 및 승진상의 차별 사업주는 근로자의 교육[2]·배치 및 승진에 있어서 남녀를 차별하여서는 아니 된다(제10조). 이 조항은 모집과 채용에 관한 제7조의 규정과는 달리 근로조건에 관한 규정이라고 볼 수 있다. 배치는 직무의 내용과 수행장소 등을 정하여 근무하도록 하는 신규채용자의 배치는 물론, 기존 종업원의 배치전환, 전출·전적·파견 등을 모두 포함한다. 승진은 사업주가 근로자를 현재의 직급 또는 직위에서 보다 상위의 직급·직위로 높여 임명하는 것을 말한다.[3] 승급(승급(昇給) 또는 호봉승급)은 임금을 올리는 것을 말하므로 승급의 차별은 임금차별에 해당한다고 보아야 한다.

---

1) 大判 2013. 3. 14, 2010 다 101011 참고.

2) 직능개발법 제3조 3항은 직업능력개발훈련의 기회가 모든 근로자에게 균등하게 보장되도록 해야 한다고 규정하고 있다.

3) 행정직 6직급으로 근무하는 여성근로자를 모두 상용직(常傭職)으로 편입하여 기존에 허용되던 상용직 내에서의 승진조차 전혀 허용하지 않은 직제개편조치는 여성근로자들에게 불리하게 승진을 제한하는 차별적 대우에 해당한다고 한 판례: 大判 2006. 7. 28, 2006 두 3476.

5) 정년·퇴직 및 해고에 있어서의 차별

aa) 사업주는 근로자의 정년·퇴직 및 해고에 있어서 남녀를 차별하여서는 아니 된다(제11조 Ⅰ). 정년[1]에 관하여 직종이나 직급 등의 구분을 명확히 하지 아니한 채 남자근로사는 55세, 여자근로자는 53세로 정하는 것은 성을 이유로 한 차별적 처우가 된다.[2] 일반직원의 정년을 일률적으로 55세로 규정하고 있으면서 대부분 여성으로 구성된 전화교환직렬 직원의 정년은 43세로 정한 것은 간접차별로서 성차별에 해당된다.[3] 여성임을 직접 이유로 하지 않더라도 간호직, 사무보조원직, 제조업체의 포장직[4]과 같이 직종별로 정년을 정하더라도 그 직렬에 여성이 대부분 종사하는 경우에는 간접적 성차별이 된다.

퇴직이나 해고에 관하여 구조조정(경영상의 이유에 의한 해고)을 하면서 장기근속 여직원을 퇴직 또는 해고의 주된 대상으로 정하거나 사내부부 중 한쪽 배우자인 여성에게 사직할 것을 권유하는 것[5]은 성차별에 해당할 것이다.

bb) 사업주는 여성근로자의 혼인, 임신 또는 출산을 퇴직 사유로 예정하는 근로계약을 체결하여서는 아니 된다(제11조 Ⅱ). 근로계약 중에 이에 반하는 약정부분은 효력이 없다.[6]

과거에는 여성이 입사할 때 결혼하게 되면 동시에 사직하겠다는 내용의 여직원계약서를 작성·제출하게 하는 고용관행이 많은 사업체에 존재하였다.[7] 동 제11조 2항의

---

1) 여성 근로자들이 전부 또는 다수를 차지하는 분야의 정년을 다른 분야의 정년보다 낮게 정한 것이 여성에 대한 불합리한 차별에 해당하는지 여부를 판단하는 방법에 관한 판례: 大判 2019. 10. 31, 2013 두 20011. 정년 자체의 합리성 내지 합법성에 관해서는 [76] 1. 참고. 같은 취지의 헌재결정 및 판례: 憲裁 2002. 10. 31, 2001 헌마 557; 大判 1978. 9. 12, 78 다 1046.

2) 大判 1993. 4. 9, 92 누 15765. 이 사안에서 법원은 남녀 정년을 합리적 이유없이 차별하여 규정한 단체협약과 취업규칙은 무효라고 판단하였다.

3) 大判 1988. 12. 27, 85 다카 657. 그러나 그 후의 판례(大判 1996. 8. 23, 94 누 13589)는 일반직 직원의 정년을 58세로 정하면서 전화교환직렬 직원만은 정년을 53세로 정한 것이 합리성이 있다고 하면서 다음과 같이 판시하고 있다. 즉, 「교환직렬에서의 인력의 잉여 정도, 연령별 인원구성, 정년 차이의 정도, 차등정년을 실시함에 있어서 노사간의 협의를 거친 점, 신규채용을 하지 못한 기간, 현재의 정년에 대한 교환직렬 직원들의 의견 등에 비추어 보아 원고가 교환직렬에 대하여 다른 일반직 직원과 비교하여 5년간의 정년차등을 둔 것이 사회통념상 합리성이 없다고 단정하기는 어렵다 할 것이다」.

4) 서울高判 1993. 5. 11, 92 나 67621.

5) 참고판례: 大判 2002. 7. 26, 2002 다 19292(사직의 의사 없는 근로자로 하여금 어쩔 수 없이 사직서를 작성·제출하게 하였다면 부당한 해고에 해당한다고 한 것이지만, 이 사건은 성차별에 관한 사례로 다루어지고 있다). 또한 大判 2002. 10. 25, 2002 두 6552.

6) 서울行判 2002. 2. 15, 99 구 18615.

7) 참고판례: 大判 2001. 12. 27, 2000 두 7797(이 사례에서는 증인·증거부족으로 결혼퇴직에 관한 성차별의 성립이 인정되지 않았다).

규정을 둔 취지는 미혼 여성을 채용하면서 혼인·임신 또는 출산을 하면 퇴직시키려는 사업주의 의도를 입사시부터 차단함으로써 과거의 관행을 근절하려는 데 있다.[1] 따라서 이런 입법 취지에 따르면 이미 임신한 여성이 근로계약을 체결한 경우에도 근로계약은 유효하게 성립한다([23] 3. (5) f) 참고).[2]

(4) **차별금지규정 위반과 사법상의 효과**(근로기준법 및 남녀고용평등법을 중심으로)

a) 법률의 규정과 문제점

1) **각 법률의 구제방법**

aa) 근로기준법은 사용자의 차별금지 위반행위(제6조)에 대하여 벌칙(제114조: 500만원 이하의 벌금)을 정하고 있다. 또한 동법은 양벌규정(제115조)을 두어 해당사업의 근로자에 관한 사항에 대하여 사업주의 대리인, 사용인 그 밖의 종업원이 이 법의 위반행위를 하면 그 행위자를 벌할 뿐 아니라 사업주에게도 해당 벌금형을 과하도록 하고 있다.[3] 다만, 사업주가 위반방지를 위하여 상당한 주의와 감독을 한 경우에는 면책된다(제115조 단서). 또한 근로기준법 제104조 2항은 사용자가 감독기관에 대한 근로기준법 또는 동 시행령 위반사실의 통보를 이유로 근로자를 해고하거나 그 밖에 불리한 처우를 하지 못한다고 정하는 한편, 제110조에서 제104조 2항을 위반한 자를 처벌하도록 정하고 있다. 그러나 사용자가 불리한 처우를 하게 된 다른 실질적인 이유가 있는 경우에는 근로기준법 제104조 2항 위반으로 처벌할 수 없다.[4] 근로기준법 제6조를 위반한 사용자

1) 유럽법원에 의하면 임신을 이유로 하는 여성근로자의 해고는 성(性)을 이유로 하는 직접차별에 해당하고, 임신으로 인한 기간 동안 사용자가 입게 되는 경제적 손해의 종류와 범위는 아무 영향을 줄 수 없다고 판시하고 있다. 또한 임신을 이유로 해고된 근로자가 유기근로자인지 무기근로자인지도 차별적 처우 여부의 판단에 있어서 문제되지 않는다고 한다(Thüsing, *Diskriminierungsschutz*, Rn. 674 및 그곳에 인용된 유럽법원판례 참고).

2) 사용자는 근로자를 채용할 때에 응모자의 진실된 응답을 요구할 정당한 이해관계를 가지고 있으며 그러한 질의권은 공정성에 어긋나지 않는 한 보호된다([39] 5. (2) 참고). 그러나 오늘날 여성의 임신여부를 묻는 사용자의 질문이나 조회는 적법하지 않다는 엄격한 견해가 논란의 대상이 되고 있다. 다만 여성응모자가 채용기간이 단기간이라는 사실 또는 임산부가 수행할 수 없는 작업이라는 것을 알면서도 임신사실을 고지하지 아니하여 사용자가 기망에 의한 의사표시를 한 때에는 사용자는 취소권(민법 제110조)을 행사할 수 있다고 보아야 한다. 기망에 의한 취소는 해고와 구별된다(Preis, *IndividualArbR* Rn. 933).

3) 양벌규정은 위반행위를 한 구체적 행위자를 벌하면서 사업주에게 벌금형을 부과하는 규정이므로 제6조는 균등대우의 원칙만을 정한 것이 아니라, 차별대우 행위를 금지하는 행위규범(금지규범)이라고 보아야 한다.

4) 사용자의 불리한 처우가 감독기관에 대한 근로기준법 위반사실의 통보를 이유로 한 것인지는 불리한 처우를 하게 된 경위와 그 시기, 사용자가 내세우는 불리한 처우의 사유가 명목에 불과한 것인지, 불리한 처우가 주로 근로자의 통보에 대한 보복적 조치로 이루어진 것인지 등을 종합적으로 고려하여 판단해야 한다(大判 2012. 10. 25, 2012 도 8694).

의 차별대우도 근로기준법을 위반한 것이므로 근로자가 이러한 사실을 근로감독관에게 통보한 것을 이유로 불리한 처우를 할 수 없다.

bb) 남녀고용평등법은 i) 차별적 처우(제7조에서 제11조까지)에 관한 문제를 고충의 처리라는 관점에서 파악하여, 이를 근로자가 신고할 경우 근로자참여협력법에 따라 해당 사업장에 설치된 노사협의회에 고충처리를 위임하는 등 자율적인 해결을 위해 노력할 것을 규정하고 있으며(제25조), ii) 벌칙(모집·채용에 관한 차별금지위반에 대해서는 500만원의 벌금: 제37조 Ⅳ ①, 동일가치노동 동일임금에 관한 차별금지위반에 대해서는 3년 이하의 징역 또는 3천만원 이하의 벌금: 제37조 Ⅱ ①, 임금 이외의 금품지급 등 복리후생에 관한 차별금지위반에 대해서는 500만원 이하의 벌금: 제37조 Ⅳ ②, 교육·배치 및 승진에 관한 차별금지위반에 대해서는 500만원 이하의 벌금: 제37조 Ⅳ ③, 정년·퇴직 및 해고와 혼인·임신 또는 출산을 퇴직사유로 예정하는 근로계약 체결에 관해서는 5년 이하의 징역 또는 3천만원 이하의 벌금: 제37조 Ⅰ)을 정하고 있다. 또한 동법은 근로기준법과 마찬가지로 양벌규정(제38조)을 두고 있다.

cc) 사용자는 법률이 규정한 바에 따라 근로자에 대하여 각종의 차별적 처우를 하지 않을 의무를 부담한다(근기법 제6조; 남녀고평법 제7조에서 제11조 참조). 따라서 법률규정에 반하는 사용자의 차별행위는 의무위반행위로서 단순한 사실상의 분쟁인 고충의 발생과는 구별된다.[1] 요컨대 근로기준법 및 남녀고용평등법에 의하여 보호되는 대상은 근로자의 차별받지 않을 지위(또는 권리)이고, 이 지위가 사용자에 의하여 침해되었을 경우에 근로자가 입은 불이익은 사법상의 구제방법에 의하여 회복·전보(塡補)되지 않으면 안 된다. 그럼에도 불구하고 근로기준법과 남녀고용평등법은 이에 관하여 직접적인 규정을 두고 있지 않다. 근로자에게 발생한 불이익을 회복시키는 문제는 차별적 처우를 금지하고 있는 법률규정의 성질과 동 규정의 위반의 결과(불이익)를 제거(배상 또는 보상)함으로써 해결되어야 할 것으로 생각된다.

2) 차별대우의 금지와 사법관계 근로기준법은 근로자와 사용자 사이의 근로관계를 규율의 대상으로 하고 있으며, 민법(특히 제655조 이하)에 대한 특별법의 지위에 있다. 또한 근로기준법에서 정하는 기준에 미치지 못하는 근로조건을 정한 근로계약은 그 부분에 한하여 무효이고, 무효로 된 부분은 근로기준법에서 정한 기준에 따른다(근기법 제15조). 즉, 근로기준법 제6조는 균등대우의 기본원칙을 정한 것이라고는 하지만 근로자에 대한 사용자의 의무를 직접적으로 정한 규정이라고 보아야 한다. 「사용자는 …을 이유로 근로조건에 대하여 차별적 처우를 하지 못한다」고 한 것은 헌법(제11조

---

1) 독일일반균등대우법 제13조에서도 고충처리에 관하여 규정하고 있으나, 처리기구는 조사 및 보고할 의무를 가질 뿐이다(*ErfK*/Schlachter, AGG §13 Rn. 1 ff. 참고).

Ⅰ, 제32조 Ⅳ)에서 차별금지를 선언하고 있는 공법적 규정과는 그 성격을 달리하기 때문이다. 여성근로에 관하여 헌법 제32조 4항은 「…고용·임금 및 근로조건에 있어서 부당한 차별을 받지 아니한다」고 규정하고 있다. 근로기준법 제6조는 성(性)차별에 관하여 남녀고용평등법[1] 제8조[2]에서 제11조까지의 규정에 의하여 구체화되고 있다.[3] 즉, 남녀고용평등법의 규정들은 차별내용에 관해서 근로자에 대한 사용자의 의무를 보다 구체적으로 규정하고 있으며, 특히 동법 제8조 1항은 사업주로 하여금 「동일한 임금을 지급하여야 한다」고 하여 사용자의 사법상(私法上)의 이행의무를 명백히 규정하고 있다.[4] 동일가치노동에 대하여 동일임금을 받지 못한 근로자는 사용자에 대하여 동일임금을 받을 권리를 기초로 차별받은 임금차액을 직접 청구할 수 있다.[5] 따라서 근로기준법 제6조와 남녀고용평등법 제8조 내지 제11조의 규정에 위반하면 채무불이행과 같은 사법상(私法上)의 효력이 발생한다고 해석하여야 한다. 예컨대 사용자(사업주)가 성(性)을 이유로 여성근로자에게 임금액을 낮추어 지급하는 경우에 — 합리적 이유가 없는 한 — 사용자는 균등하게 대우해야 할 의무, 다시 말하면 차별을 하지 아니하고 제대로 임금을 지급해야 할 의무를 위반하는 것으로 보아야 할 것이다. 다시 말하면 근로기준법과 남녀고용평등법상 사용자가 균등대우를 해야 할 의무, 즉 차별대우를 하지 않아야 할 의무는 근로관계의 내용을 구성하는 것으로 보아야 하기 때문이다.

b) 채무불이행책임

1) 이상에서 살펴본 바와 같이 근로기준법 제6조 및 남녀고용평등법 제8조에서 제11조까지의 규정은 근로관계에 있는 근로자에 대한 차별적 대우를 금지하는 사용자의 의무규정이라고 보아야 한다. 사용자가 차별적 대우를 하는 것을 신의칙에 반하는 부수적 의무위반으로 볼 것인지, 아니면 근로자를 균등하게 대우해야 할 주된 의무의 불이행

1) 다만, 남녀고용평등법은 사용자와 근로자 사이의 근로관계를 전제로 사용자의 의무를 정하는 규정만을 그 내용으로 하고 있는 것은 아니다. 동법의 규정은 그 성질과 내용에 따라 공법상(公法上)의 효력을 가지는 것이 있는가 하면 사법상(私法上)의 효력을 가지는 것도 있다.

2) 남녀고용평등법 제7조는 모집과 채용에 관한 차별적 대우를 금지하고 있으나 모집·채용과정 중에는 응모자와 사업주 사이에 근로관계가 존재하지 않는다. 그러나 모집·채용과정 중에도 응모자와 사용자 사이에 상대방의 이익이나 법익을 침해하지 말아야 할 신의칙상의 특별한 사법적 관계가 존재한다고 보아야 한다(김형배 외, 「민법학강의」(제9판), 1208면 참고).

3) 同旨: 서울高判 2010. 12. 24, 2010 나 90298(원심) 및 大判 2011. 4. 28, 2011 다 6632.

4) 사법상의 권리와 관련하여 예컨대 근로기준법 제23조에 의하여 근로자는 사용자의 부당한 해고로부터 사법상(私法上) 보호를 받고 있으며, 동법 제38조에 의하여 근로자의 임금채권은 사법상(私法上) 우선변제를 받을 수 있고, 동법 제46조에 의하여 근로자는 사용자에 대하여 휴업수당을 청구하는 권리를 가진다.

5) 同旨: 서울高判 2010. 12. 24, 2010 나 90298(원심) 및 大判 2011. 4. 28, 2011 다 6632(남녀고용평등법 제8조 1항은 차별받은 임금차액청구권의 기초이다).

으로 볼 것인지, 아니면 불법행위에 해당하는 위법행위로 볼 것인지의 문제가 제기될 수 있다. 사용자와 근로자 사이에 근로계약이 체결되어 근로관계가 존속하고 있는 한 사용자는 임금 기타 대우에 관한 근로조건을 제대로 이행할 의무를 부담한다(근로조건의 중요한 내용들은 당사자들의 의사에 의하여 결정되지만, 취업규칙 · 단체협약 및 법률의 규정에 의하여 보충 · 보강된다)([34] a) 《'근로계약'과 '근로관계'의 용어사용》 참고). 차별적 대우를 금지하는 법률규정은 근로자의 근로조건을 직접 · 구체적으로 정하는 규정은 아니므로 이를 기초로 특정된 급부에 대한 근로자의 구체적 청구권이 발생하지는 않는다.[1] 따라서 사용자가 차별금지규정을 위반하는 것은 주된 채무 자체를 위반하는 것이 아니라 균등대우에 관한 각 개별 규정의 일반 조항적 내용에 따라 구체적으로 형성 내지 창출되는 기타의 의무라고 볼 수 있다.[2]

다른 한편, 예컨대 근로자가 다른 동종의 근로자와 마찬가지로 동일가치노동을 제공함에도 불구하고 사용자가 합리적 이유없이 임금을 차별 지급하는 것은 동일액을 지급해야 할 본래의 채무를 제대로 이행하지 않는 불완전이행이라고 볼 수 있을 것이다. 이때에는 근로자에게 차별받은 임금차액에 대한 청구권이 발생한다고 보아야 한다(남녀고평법 제8조 I 참조). 어느 경우에나 근로기준법 제6조와 남녀고용평등법 제8조 내지 제11조는 근로자와 사용자 사이의 근로관계가 전제되어 있는 한 사용자에게 균등대우를 해야 할 의무, 즉 차별 없이 제대로 이행해야 할 채무를 부과하는 것으로 해석해야 할 것이다.[3] 다만, 사용자의 차별적 대우가 채무불이행책임(손해배상책임)의 요건을 갖춘 것으로 보기 위해서는 사용자에게 귀책사유가 있어야 할 것이다(민법 제390조).[4] 차별행위가 금지된 차별적 대우가 아니라는 사실, 즉 합리적 이유에 의한 차별이라는 사실 및 채무불이행에 해당하지 않는다는 사실, 즉 귀책사유가 없다는 사실에 대해서는 사업주(사용자)가 입증책임을 부담한다(남녀고평법 제30조 참조).

2) 근로자에 관한 사항에 관하여 사업주(사용자)의 대리인, 사용인, 그 밖의 종업원(근기법 제2조 I ②, 제115조 I; 남녀고평법 제38조 본문 전단 참조)이 사용자의 차별금지의무와 관련하여 이행보조자에 해당하고 근로자에 대해서 합리적 이유없이 차별적 대우

---

1) Zöllner/Loritz/Hergenröder *ArbR* § 20 Rn. 5.

2) Zöllner/Loritz/Hergenröder *ArbR* § 20 Rn. 5.

3) 독일일반균등대우법 제7조 3항은 금지된 차별이유에 의한 차별대우는 계약상의 의무를 위반(Verletzung vertraglicher Pflichten)하는 것으로 규정하고 있다. 또한 Henssler/Preis, 독일근로계약법토의안, 제5조 5항 참조.

4) Thüsing, *Diskriminierungsschutz* Rn. 506; Schaub/Linck *ArbRHandb* § 36 Rn. 105 참고. EU법원은 현실적으로 경고적 효과를 거두려면 무과실책임을 인정해야 한다는 태도를 취하지만 독일에서는 반대의견이 지배적이다(Schaub/Linck, *ArbRHandb* § 36 Rn. 105 참고).

를 한 경우 사용자는 채무불이행책임을 부담한다. 이행보조자의 고의나 과실은 사용자의 고의나 과실로 본다(민법 제391조).[1]

3) 차별대우로 인한 사용자의 채무불이행이 인정되는 때에는 원칙적으로 사용자는 손해배상책임을 부담해야 한다(민법 제390조, 제393조 참조). 그러나 차별대우의 내용에 따라 구제방법이 다를 수 있다.

4) 사용자는 근로자와 차별적 대우를 용인하는 근로계약을 체결할 수 없다. 차별금지법규에 위반하는 부분은 무효로 보아야 한다(근기법 제15조 Ⅰ; 남녀고평법 제11조 Ⅱ 참조).[2] 무효로 된 부분에 대하여는 근로기준법 및 남녀고용평등법에 정한 기준이 있으면 이에 따라야 할 것이다(근기법 제15조 Ⅱ).

c) 불법행위책임　차별적 대우를 금지한 법률은 강행법규이므로 이를 위반하는 행위는 원칙적으로 위법성을 갖춘 행위라고 보아야 한다.[3] 따라서 차별행위가 불법행위의 다른 요건들을 갖춘 때에는 불법행위책임(민법 제750조)이 발생하고 사용자는 위반행위로 인한 손해(민법 제750조, 제756조, 제393조)와 경우에 따라서는 위자료(제751조)를 배상하여야 한다. 사용자의 차별적 대우에 대하여 채무불이행책임이 성립하는 한, 불법행위책임은 이와 경합한다고 볼 수 있다.

사업주가 아닌 대리인 또는 사용인이 차별금지법규에 위반한 때에는 불법행위가 주로 문제된다. 사업주 이외의 대리인 또는 피용자들은 근로자와의 사이에 근로계약관계에 있지 않으므로 계약상의 차별대우 금지의무를 부담하지 않기 때문이다(그러나 위반자가 이행보조자인 때에는 사용자의 채무불이행책임이 성립한다. 특히 남녀고평법 제8조, 제9조의 경우). 관리직에 있는 회사의 간부가 합리적 이유없이 근로자를 차별대우하면 그러한 행위는 차별을 금지한 법률에 위배되는 위법한 불법행위(민법 제750조)가 될 수 있다. 관리자의 불법행위책임은 독립적으로 성립한다. 이 경우에 그 차별행위가 해당 사업의 사무집행에 관련된 것이면 사용자의 선임·감독상의 면책이 인정되지 않는 한 사용자책임이 함께 성립한다(민법 제756조).[4] 이 이 외에 차별 받는 근로자는 사용자에 대하여 부작위청구권과 불이익제거청구권을 가진다고 보아야 한다.

1) Schaub/Linck, *ArbRHandb* § 36 Rn. 99 참고.
2) 독일일반균등대우법 제7조 2항 참조.
3) Schaub/Linck, *ArbRHandb* § 36 Rn. 102; 菅野, 「勞働法」, 231面; 荒木, 「勞働法」, 103面; 土田, 「勞働契約法」, 92面 참고. 남녀고용평등법 제8조 1항의 위반행위를 불법행위로 본 판례: 大判 2013. 3. 14, 2010 다 101011.
4) 차별방지·교육의무와 관련하여 Schaub/Linck, *ArbRHandb* § 36 Rn. 145 참고.

d) 차별행위별 구제의 내용

1) 모집과 채용

aa) 모집과 채용상의 차별은 근로조건의 차별과 구별된다. 계약의 교섭·자격심사·합격자의 결정 등의 과정에서 사용자와 응모자인 근로자(남녀고평법 제2조 ④ 참소) 사이에는 신의칙상 상대방의 법익(여기서는 근로자가 균등한 대우를 받을 법률상의 이익)을 침해해서는 아니 되는 보호의무가 존재하는 것으로 보아야 하므로, 사용자가 합리적 이유 없이 차별적으로 대우한 경우에는 계약체결상의 과실책임을 면할 수 없을 것이다(민법 제535조의 유추적용).[1] 사용자는 응모자에 대하여 손해를 배상해야 한다. 또한 남녀고용평등법 제7조 1항에 위반하는 행위는 위법한 행위로서 불법행위(민법 제750조)가 될 수 있다. 이 경우에 사용자는 근로자가 모집에 응하기 위하여 지출한 비용을 손해로서 배상하여야 할 것이다. 응모자가 응모·채용에서 차별을 받아 정신적 고통을 받았거나 인격권의 침해를 받은 경우(남녀고평법 제7조 Ⅱ, 제37조 Ⅳ ① 참조)에는 그 손해(위자료)에 대하여도 배상청구를 할 수 있다고 보아야 한다(민법 제751조 참조).

bb) 응모자가 성(性) 그 밖의 금지된 차별사유로 인하여 응모할 수 없었거나 채용되지 않은 경우에 채용청구권을 가질 수 있는가? 균등대우에 반하는 조치 또는 행위를 하였다고 하여 사용자로 하여금 그가 원하지 않는 특정인과의 근로계약체결을 강제하는 것은 형평의 원칙에 맞지 않는다고 판단된다.[2] 따라서 사용자가 손해배상책임을 지게 되더라도 응모자의 채용청구권은 인정되지 않는다. 또한 이미 결정된 합격자 또는 채용자가 있는 때에는 그들의 지위는 변동되지 않는다.[3]

2) 임금 및 그 밖의 금품

aa) 부당한 임금차별에 대해서는 채무불이행책임과 불법행위책임이 성립할 수 있다. 사용자는 임금차액의 지급 또는 손해배상을 해야 할 의무를 부담한다. 사용자가 차별을 하지 않았더라면 근로자가 받을 수 있었던 금액과 차별대우로 인하여 실제로 수령한 금액과의 차액이 임금차액 또는 손해액이 될 것이다.[4]

---

1) 김형배 외, 「민법학강의」(제15판), 1233면; Thüsing, *Diskriminierungsschutz* Rn. 534 참고(독일민법 제241조 Ⅱ, 제311조 Ⅱ 참조).

2) Thüsing, *Diskriminierungsschutz* Rn. 529, 553. 결과에 있어서 같은 뜻: 임종률, 「노동법」, 391면; 安枝·西村, 「勞働法」, 53面(영업의 자유를 근거로 계약체결강제를 부인하는 견해).

3) 채용이 확정되어 구직자에게 알린 때(채용절차공정화법 제10조 참고) 그 지위는 변동되지 않는다고 보아야 한다.

4) 임금차액지급청구에 관해서는 서울高判 2010. 12. 24, 2010 나 90298(원심) 및 大判 2011. 4. 28, 2011 다 6632 참고. 위 원심판결에서는 남녀고용평등법 제8조 1항에 위반한 근로계약 부분은 무효이고 차별받은 원고들은 피고 회사에 대하여 「차별받은 임금 상당액」을 직접 청구할 수 있다고 하여 남녀고용평등법 제8조 1항을 청구권의 기초로 보고 있다. 이와는 달리 大判 2013. 3. 14, 2010 다

bb) 문제가 되는 것은 사용자의 차별적 대우가 없었더라면 근로자가 받았어야 할 임금의 기준을 어디에 두느냐 하는 것이다. 동일가치노동에 대해서는 동일임금이 적용되어야 하고 동일가치의 노동인지의 여부는 동일한 사업을 기준으로 하기 때문에(남녀고평법 제8조 I 참조) 그 사업에서 지급되는 유리한(차별 없는) 임금이 기준이 된다. 예컨대 여성임을 이유로 불리한 임금을 받은 경우에는 그 사업에서 남성에게 지급된 임금액이 기준이 될 것이다.[1] 이 경우 근로자가 사용자의 차별대우 및 그로 인한 손해액을 증명해야 한다.

3) 교육·배치 및 승진

aa) 교육·배치 교육과 배치는 직무능력개발과 승급·승진 등에 영향을 미칠 수 있다. 따라서 이에 관한 차별적 대우로 재산상 또는 정신상의 손해를 받은 근로자는 사용자에게 균등대우를 해야 할 의무위반으로 인한 채무불이행책임 또는 불법행위책임을 물어 그 배상 또는 보상을 청구할 수 있다고 보아야 한다.[2] 또한 근로자는 장래에 대하여 사용자에게 교육의 기회의 제공을 제대로 이행할 것을 요구할 수 있다. 다만, 이 때에도 근로자는 사용자의 차별대우 및 그로 인한 손해를 증명해야 한다.

bb) 승 진 우선 부당한 승진 차별제도를 정한 규정은 근로기준법 제6조 및 남녀고용평등법 제10조의 강행규정에 반하므로 그 제도는 효력이 없다고 보아야 한다(취업규칙이 승진차별을 정하고 있는 때에는 근로기준법 제97조에 의하여 해당규정은 무효라고 보아야 한다).[3] 이 경우에 부당한 차별대우로 인하여 승진을 하지 못한 해당 근로자가 승진 자체에 대한 청구를 할 수 있는지가 문제된다. 해당 근로자가 차별을 받지 않았더라면 승진되었을 지위의 확인의 소(또는 이행의 소)를 제기할 수 있을지에 대해서 우리나라에는 아직 판례가 없는 것으로 보인다. 외국(일본)판례에는 이를 긍정하는 예가 있지만[4] 부인하는 경우가 다수이다.[5] 학설로는 승진에 대한 청구권은 인정될 수 없다는 견해가

101011 판결은 동조항 위반 행위를 불법행위로 판단하고 있다. 다만 손해배상의 범위를 「그러한 차별이 없었더라면 받았을 적정한 임금과 실제 받은 임금의 차액 상당 손해」라고 판시하고 있다. 전자의 판례는 강행법률준수의무 위반의 불이행책임을 묻는 태도를 취하고 있다. 손해배상범위에 관하여 같은 취지의 견해: Thüsing, *Diskriminierungsschutz* Rn. 538 f. 참고.

1) 최근의 판례는 그 기준에 관하여 「각 원고별로 가장 근접한 시기에 입사한 남성근로자와의 임금을 비교하는 방법이 가장 합리적」이라고 한다(서울高判 2010. 12. 24, 2010 나 90298(원심) 및 大判 2011. 4. 28, 2011 다 6632). Thüsing, *Diskriminierungsschutz* Rn. 543.

2) 土田, 「勞働契約法」, 737面 이하 참고.

3) 합리적 이유 없이 여성근로자에게 승진을 허용하지 아니한 직제개편조치가 효력이 없다고 한 판례: 大判 2006. 7. 28, 2006 두 3476.

4) 芝信用金庫事件, 東京高判平 12. 12. 22, 勞判(勞働判例) 796號 5面(西谷, 「勞働法」, 111面 참고).

5) 商工組合中央金庫事件, 大阪地判平 12. 11. 20, 勞判 797號 15面; 住友生命保險事件, 大阪地判平

지배적인 것으로 생각된다.[1)]

4) **정년 · 퇴직 · 해고**

aa) 합리적 이유 없이 여성을 차별하여 남성보다 불리한 정년제를 적용하는 단체협약 · 취업규칙 · 근로계약의 규정은 강행법규인 근로기준법 제6조 및 남녀고용평등법 제11조에 위배하는 것으로 무효이다(근기법 제15조 I 참조).[2)] 무효로 된 정년에 관한 규정은 동종의 업무(동종의 작업과 근로조건) 또는 동종의 사업에 근무하는 남자근로자의 정년규정에 의하여 대체된다.[3)]

bb) 여성근로자가 결혼하면 근로관계가 자동적으로 소멸한다는 여직원계약은 무효[4)]로서 사용자가 이를 근거로 퇴직의 통지 또는 처분을 한 경우에 해당근로자는 근로관계존속확인의 소를 제기할 수 있다. 또한 사내부부 중 1명의 한쪽 배우자를 정리하기로 하고 주로 여성배우자를 퇴직시키는 것도 성차별에 해당하여 위법한 것이라고 보아야 한다.[5)]

cc) 차별적 해고를 하는 것은 근로기준법상 정당한 이유에 의한 해고가 될 수 없으므로 남녀고용평등법 제11조가 없더라도 그 해고는 무효이다.

[38] V. 직장 내 성희롱과 괴롭힘의 규제

1. 총 설

근로자가 사업장에 편입되어 노무를 제공하는 직장 조직에서는 사업주, 상급자 또는 다른 근로자 사이에서 업무수행 · 업무지휘 등의 지배 · 종속 · 인사관계나 상호 이해관계 등에 의해 근로자에 대한 인격침해가 발생하는 경우가 적지 않다. 특히 여성 근로자에 대해서는 성적 접촉을 요구하거나 수치심을 유발하는 발언이 행하여지기도 한다. 이

---

13. 6. 27, 勞判 809號 5面(西谷, 「勞働法」, 108面 참고).

1) Thüsing, *Diskriminierungsschutz* Rn. 542.

2) 大判 1993. 4. 9, 92 누 15765; 서울高判 1993. 5. 11, 92 나 67621(선별포장직의 정년차별). 교환직렬 직종의 정년을 34세로, 일반직원의 정년을 55세로 한 규정(인사규정)은 무효라고 한 판례: 大判 1988. 12. 27, 85 다카 657 및 5년간의 정년차등을 둔 것이 사회통념상 합리성이 있어 성차별이 되지 않는다는 판례: 大判 1996. 8. 23, 94 누 13589 참고. Thüsing, *Diskriminierungsschutz* Rn. 363 참고.

3) 大判 1993. 4. 9, 92 누 15765 참고.

4) 입사 당시 결혼하면 동시에 사직한다는 진의의 의사표시에 의한 계약을 유효한 것으로 본 사례: 大判 2001. 12. 27, 2000 두 7797.

5) 같은 취지: 大判 2002. 7. 26, 2002 다 19292(해고를 무효라고 한 사례).

는 여성을 비하하는 차별행위로서 평등의 원칙에 반하는 반사회적 비위행위로 거론되기도 하지만, 남녀라는 성(性)에 상관없이 성희롱 행위는 인격권의 침해 사례로서 헌법 제10조가 보장한 인간의 존엄에 반하는 반사회적 행위로서 금지되어야 한다. 남녀고용평등법은 '직장 내 성희롱'을 직장 밖에서의 개인적인 행위와는 달리 사업장이라는 특수한 환경에서 발생하는 행위로 정의하고(제2조 2호), 그 예방과 사후 대책 등 구제방법을 마련하고 있다. 즉, 동법은 사업장 내에서 성희롱이 발생하지 않도록 사업주, 상급자 또는 근로자의 직장 내 성희롱을 금지하면서(제12조) 사업주는 직장의 구성원인 개개 근로자에 대하여 보호의무를 부담하는 것을 전제로 하고 있다. 따라서 사업주는 직장 내 성희롱 예방 교육을 실시해야 하고(제13조 이하), 직장 내에서 성희롱이 발생한 때에는 사후 조치를 취해야 한다(제14조). 또한 사업주는 근로자가 업무수행 중에 고객으로부터 성희롱을 받은 때에는 적절한 보호 조치를 취해야 한다(제14조의2). 해당 위반행위에 대해서는 벌칙이 적용된다.

그동안 남녀고용평등법은 여러 차례에 걸쳐 성희롱의 예방 및 구제조치에 관한 조항 등이 개정되었으나, 2017년 11월의 개정(2017. 11. 28 개정, 2018. 5. 29 시행)에서는 직장 내 성희롱의 적용 범위가 확대되고, 성희롱 예방교육, 직장 내 성희롱 발생 시 사업주의 조치의무 등이 보다 실질적이고 구체적으로 강화되었다.

2. 직장 내 성희롱

(1) 의 의

a) 남녀고용평등법 제2조 2호는 「'직장 내 성희롱'이란 사업주, 상급자 또는 근로자가 직장 내의 지위를 이용하거나 업무와 관련하여 다른 근로자에게 성적인 언동 등으로 성적 굴욕감 또는 혐오감을 느끼게 하거나 성적 언동 그 밖의 요구 등에 따르지 아니하였다는 이유로 근로조건 및 고용에서 불이익을 주는 것을 말한다」고 규정하고 있다. 동 규정은 직장 내 성희롱을 성적 굴욕감 또는 혐오감을 느끼게 하는 것과 함께(동호 전단) 성적 요구에 불응한 것을 이유로 근로조건 및 고용에서 불이익을 주는 것까지를 이에 포함시키고 있다(동호 후단). 개정법(2017. 11. 28 개정)에서는 성희롱 관련 불이익의 내용으로 '근로조건에서의' 불이익도 포함되었다.[1] 성희롱은 여성에 대해서 뿐 아니라 남성에 대해서도 행해질 수 있다. 성희롱 행위는 평등권을 침해하는 차별행위에 해당한다는 판례[2]가 있는가 하면 평등권 침해의 차별행위일 필요가 없다는 판례[3]가 있다. 성희롱

1) 大判 2018. 4. 12, 2017 두 74702 참고.
2) 大判 2009. 4. 9, 2008 두 16070.
3) 大判 2008. 10. 9, 2008 두 7854; 大判 2017. 12. 22, 2016 다 202947 참고.

행위는 기본적으로 인간의 존엄성(헌법 제10조)을 침해하는 인격권 침해 행위라고 보아야 한다.[1] '직장 내'라는 문언은 업무수행과 관련해서라는 뜻으로 새기면 될 것이다.

b) 판례에 따르면 '성적언동 등'이란 남녀 간의 육체적 관계나 남성 또는 여성의 신체적 특징과 관련된 육체적 · 언어적 · 시각적 행위로서 사회공동체의 건전한 상식과 관행에 비추어 볼 때 객관적으로 상대방과 같은 처지에 있는 일반적이고도 평균적인 사람으로 하여금 성적 굴욕감이나 혐오감을 느끼게 할 수 있는 행위를 의미한다.[2] 즉, '성희롱'에 해당하려면 행위자의 주관적 성적 동기나 의도가 반드시 있어야 하는 것은 아니며, 여러 가지 구체적 사정을 참작하여 볼 때 위와 같은 성적 언동에 대하여 「행위의 상대방이 성적 굴욕감이나 혐오감을 느꼈음이 인정」되면 그것으로 충분하다.[3] 성적 행위에 대한 행위자의 의도를 성희롱의 성립 요건으로 보지 않는 것은 피해 상대방이 신체적 접촉을 명백히 거부했음에도 불구하고 행위자가 우정 또는 친근감의 의사를 가지고 행하였다고 주장할 때에는 성희롱이 성립하지 않을 수 있는 모순된 결과를 가져올 수 있기 때문이다.[4] 다만, 성희롱의 상대방이 행위자의 행태를 용인하였거나 받아들였을 경우에는 성희롱은 성립하지 않는다.[5] 그러나 상대방의 용인 의사는 행위자에게 인식 가능한 것이어야 하므로 객관적 기준에 따라 판단되어야 한다.

성희롱이 성립하기 위해서는 행위자에게 반드시 성적 동기나 의도가 있어야 하는 것은 아니지만, 당사자의 관계, 행위가 행해진 장소 및 상황, 행위에 대한 상대방의 명시적 또는 추정적인 반응의 내용, 행위의 내용 및 정도, 행위가 일회적 또는 단기간의 것인지 아니면 계속적인 것인지 여부 등의 구체적 사정을 참작하여 볼 때, 객관적으로 상대방과 같은 처지에 있는 일반적이고도 평균적인 사람으로 하여금 성적 굴욕감이나 혐오감을 느낄 수 있게 하는 행위가 있고, 그로 인하여 행위의 상대방이 성적 굴욕감이나 혐오감을 느꼈음이 인정되어야 한다.[6]

c) 사업주, 상급자 또는 근로자가 그 지위를 이용하거나 업무와 관련하여 성적 언동 또는 그 밖의 요구 등에 따르지 아니하였다는 이유로 근로조건 및 고용에서 근로자

---

1) 大判 1998. 2. 10, 95 다 39533. 西谷, 「勞働法」, 84面 참고.
2) 大判 2007. 6. 14, 2005 두 6461; 大判 2008. 7. 10, 2007 두 22498; 大判 2009. 4. 9, 2008 두 16070.
3) 大判 2007. 6. 14, 2005 두 6461.
4) *ErfK*/Schlachter, AGG § 3 Rn. 21.
5) 독일일반균등대우법 제3조 4항 참조.
6) 大判 2007. 6. 14, 2005 두 6461; 大判 2008. 7. 10, 2007 두 22498; 大判 2018. 4. 12, 2017 두 74702 참고. 또한 가해행위의 위법성이 인정되면 충분하며 피해자가 단순한 분노, 슬픔, 울화, 놀람을 초과하는 정신적 고통을 받았다는 점을 주장 · 입증해야 할 필요가 없다.

에게 불이익을 주는 것은 차별적 처우에도 해당한다(남녀고평법 제2조 ② 후단 참조). 이 경우에는 성희롱이라는 괴롭힘과 함께 불이익 처우가 병존한다. 이에 따라 성적 괴롭힘과 차별적 대우에 대한 법적 구제 및 처벌이 각각 문제될 것이다(남녀고평법 제39조, 제37조의 해당 차별에 관한 벌칙 조항의 유추 적용). 이때 차별적 처우를 받게 된 이유가 성적 요구에 불응한 데 있기는 하지만 성(性), 국적, 신앙 등을 이유로 한 경우와 법적 취급을 반드시 달리해야 할 것은 아니라고 생각된다.

(2) **사업주의 예방조치**(예방의무)

사업주, 상급자 또는 근로자는 직장 내 성희롱을 하여서는 아니 된다(제12조; 벌칙 제39조 Ⅰ). 사업주는 직장 내 성희롱을 예방하고 근로자가 안전한 근로환경에서 일할 수 있는 여건을 조성하기 위하여 '직장 내 성희롱 예방교육'(이하 '성희롱 예방교육'이라 한다)을 매년 실시하여야 하며, 사업주 및 근로자는 성희롱 예방교육을 받아야 한다(남녀고평법 제13조 Ⅰ, Ⅱ). 사업주는 고용노동부장관이 지정하는 성희롱 예방 교육기관에 위탁하여 예방교육을 실시할 수 있다. 개정법은 위탁교육 내용의 사전 고지 및 교육기관 지정, 무자격 교육기관의 취소의 요건을 엄격히 하는 등 위탁교육의 요건을 강화하였다(동법 제13조의2 참고).

사업주는 성희롱 예방교육의 내용을 근로자가 자유롭게 열람할 수 있는 장소에 항상 게시하거나 갖추어 두어 근로자에게 널리 알려야 하고(남녀고평법 제13조 Ⅲ), 고용노동부장관이 정하는 기준에 따라 직장 내 성희롱 예방 및 금지를 위한 조치를 하여야 한다(동법 제13조 Ⅳ). 사업주가 성희롱 예방교육을 하지 아니하거나 교육내용을 근로자에게 게시하지 아니하거나 갖추어 두지 아니한 경우에는 500만원 이하의 과태료를 부과한다(동법 39조 Ⅱ 1의3호).

(3) **성희롱 발생 시 사업주의 조치**(사후 조치의무)

a) 개정 남녀고용평등법은 직장 내 성희롱 발생 시 사업주의 조치의무를 대폭 강화하였다. 누구든지 직장 내 성희롱 발생 사실을 알게 된 경우 그 사실을 사업주에게 신고할 수 있도록 하였다(동법 제14조 Ⅰ). 직장 내 성희롱 발생 사실의 신고를 받거나 직장 내 성희롱 발생 사실을 알게 된 사업주는 그 사실 확인을 위한 조사를 하여야 한다. 이 경우에 사업주는 피해근로자(직접 성희롱 피해를 입은 근로자와 피해를 입었다고 주장하는 근로자를 포함)가 조사과정에서 수치심 등을 느끼지 아니하도록 하여야 한다(동법 제14조 Ⅱ). 사용자는 위의 조사기간 동안 피해근로자들을 보호하기 위하여 필요한 경우 해당 피해근로자들에 대하여 근무장소 변경 또는 유급휴가 명령 등 적절한 조치를 취해야 한다(동법 제14조 Ⅲ). 이와 같은 조치는 객관적 사실을 밝히기 위한 증거와 증인을 조속히

확보하고 피해근로자를 격리시킴으로써 해당 근로자에 대한 피해를 방지하고 성희롱 사실이 은폐·왜곡되는 일이 없도록 엄정을 기하기 위한 것이다.

b) 성희롱 발생 사실이 확인된 때에는 사업주는 피해근로자의 요청이 있으면 근무장소의 변경, 배치전환, 유급휴가 명령 등 적절한 조치를 해야 한다(동법 제14조 Ⅳ). 가해자에 대해서는 지체 없이 징계, 근무장소의 변경 등 필요한 조치를 해야 한다. 이 경우 사업주는 징계 등 조치를 하기 전에 그 조치에 대하여 피해근로자의 의견을 들어야 한다(동법 제14조 Ⅴ). 사업주가 피해근로자의 보호조치, 가해자에 대한 징계조치를 하지 아니한 경우에는 500만원 이하의 과태료를 부과한다(동법 제39조 Ⅱ).

c) 사업주[1]는 성희롱 발생 사실을 신고한 근로자 및 피해근로자 등에게 신분상 불이익, 부당한 인사조치, 임금 등 차별지급 등의 불리한 처우를 해서는 아니 된다[2](구체적인 불리한 처우의 내용에 관해서는 동법 제14조 Ⅵ ① 내지 ⑦ 참조. 위반시 3년 이하의 징역 또는 3,000만원 이하의 벌금: 동법 제37조 Ⅱ). 성희롱 조사 관련자(조사자, 보고받은 자 및 그 밖에 조사과정에 참여한 자)는 해당 조사과정에서 알게 된 비밀을 피해근로자 등의 의사에 반하여 타인에게 누설하여서는 아니 된다(동법 제14조 Ⅶ, 위반시 500만원 이하의 과태료: 제39조 Ⅱ).

d) 사업주는 고객 등 업무와 밀접한 관련이 있는 사람이 업무수행 과정에서 성적인 언동 등을 통하여 근로자에게 성적 굴욕감 또는 혐오감 등을 느끼게 하여 해당 근로자가 그로 인한 고충 해소를 요청할 경우 근무장소 변경, 배치전환, 유급휴가의 명령 등 적절한 조치를 하여야 한다(남녀고평법 제14조의2 Ⅰ). 또한 사업주는 근로자가 위와 같은 피해를 주장하거나 고객 등으로부터의 성적 요구 등에 따르지 아니하였다는 것을 이유로 해고나 그 밖의 불이익한 조치를 하여서는 아니 된다(동법 제14조의2 Ⅱ). 제14조의2에 위반하는 사업주에게는 300만원 이하의 과태료가 부과된다(동법 제39조 Ⅲ). 사업의 이익을 위하여 근로자의 피해를 조장 또는 강요하거나 고객의 성희롱을 은폐하는 것을 방지하기 위한 규정이다. 남녀고용평등법과 관련한 각종의 분쟁해결에서 입증책임은 사업주가 부담한다(남녀고평법 제30조).[3]

1) 여기서 사업주는 근로자파견법상의 사용사업주도 포함한다(大判 2017. 3. 9, 2016 도 18138).

2) 남녀고용평등법 제14조 6항 및 제37조 2항 2호의 '사업주'에는 파견근로자에 대한 사용사업주도 포함되고, 사용사업주가 파견근로자에게 파견근로계약의 해지를 통보하면서 파견업체에 그 근로자의 교체를 요구한 것은 위 규정에서 정한 '그 밖의 불리한 조치'에 해당한다는 이유로 유죄를 인정한 사례(大判 2017. 3. 9, 2016 도 18138). 사업주의 조치가 피해근로자 등에 대한 불리한 조치로서 위법한 것인지 여부(불법행위의 위법성 해당 여부)에 관한 판단기준: 大判 2017. 12. 22, 2016 다 202947 참고.

3) 성희롱을 사유로 한 징계처분의 당부를 다투는 행정소송에서 징계사유에 대한 증명책임은 그 처분의 적법성을 주장하는 피고(교원소청심사위원회)에 있다. 다만 민사소송이나 행정소송에서 사실의 증

(4) 직장 내 성희롱과 민사책임

a) 성희롱 가해자와 그 피해자 사이에는 불법행위가 성립할 수 있다. 성희롱이 비록 새로운 유형의 불법행위이기는 하지만 이는 일반 불법행위(민법 제750조)에 해당하므로 가해행위의 위법성 여부에 따라 불법행위의 성부를 가리면 족할 것이다. 따라서 피해자가 단순한 분노, 슬픔, 울화, 놀람을 초과하는 정신적 고통을 받았다는 점을 주장·입증해야 할 필요가 없으며, 또한 피해자가 가해자(특히 사업주)의 성희롱을 거부하였다는 이유로 해고를 당하였다든지 그 밖의 부당한 간섭(불이익)을 받았다는 등의 사정은 불법행위의 성립 여부를 결정하는 필수적 요소가 되지 않는다.[1] 사업주가 성희롱을 하면 처벌을 받는 외에 직접 불법행위책임을 부담하며,[2] 사업주의 감독 소홀로 간부 등 종업원이 그 사무집행에 관하여(업무관련성) 다른 근로자를 성희롱한 때에는 사용자책임을 부담해야 할 것이다(민법 제756조).[3] 이와 같은 불법행위에 대해서는 괴롭힘의 경우와 마찬가지로 정신적 손해를 배상해야 한다. 한편 사업주는 사업장내 성희롱의 예방 및 방지에 대하여 근로계약상 보호의무(안전배려의무)도 부담한다고 보아야 한다.[4] 불법행위를 구성하는 성희롱을 고용관계에 한정할 것은 아니다.[5]

b) 고객으로부터 성희롱을 받은 근로자가 그로 인한 고충 해소를 요청했음에도 사업주가 적절한 조치를 취하지 않았거나 오히려 불이익을 준 경우에는 사업의 이해관계를 위하여 근로자에 대한 보호의무를 정면으로 위반(남녀고평법 제14조의2)하는 것이 되므로 불법행위가 성립한다고 보아야 한다(보호법익 위반으로 인한 불법행위).

c) 판례에 따르면 「사업주가 피해근로자를 가까이에서 도와준 동료 근로자에게 불리한 조치(인사상의 불이익이나 그 밖의 징계처분 등)를 한 경우에 그 조치의 내용이 부당하고 그로 말미암아 피해근로자에게 정신적 고통을 입혔다면 피해근로자는 불리한 조치의

명은 … 어떤 사실이 있었다는 점을 시인할 수 있는 고도의 개연성을 증명하는 것이면 충분하다. … 징계사유인 성희롱 관련 형사재판에서 성희롱 행위가 있었다는 점을, 합리적 의심을 배제할 정도로, 확신하기 어렵다는 이유로 공소사실에 관하여 무죄가 선고되었다고 하여 그러한 사정만으로 행정소송에서 징계사유의 존재를 부정할 것은 아니다(大判 2018. 4. 12, 2017 두 74702).

1) 大判 1998. 2. 10, 95 다 39533.

2) 大判 2017. 12. 22, 2016 다 202947(인격권 침해의 불법행위) 참고.

3) 大判 1998. 2. 10, 95 다 39533; 大判 2009. 10. 15, 2009 다 44457; 大判 2009. 2. 26, 2008 다 89712(피용자가 다른 피용자를 성추행한 경우 외형상 객관적으로 사무집행행위와 관련된 것으로 볼 수 있다면 민법 제756조에 의한 사용자책임을 물을 수 있다); 서울高判 2015. 12. 18, 2015 나 2003264; 大判 1998. 2. 10, 95 다 39533(그러나 성희롱 행위가 사무집행과 아무 관련이 없고 은밀하고 개인적으로 이루어졌으며, 원고 자신도 이를 공개하지 않는 등의 사정이 있으면 사용자책임은 성립되지 않는다). 사업주와 가해자의 공동불법행위 책임을 인정한 예: 서울地判 2002. 5. 3, 2001 가합 6471.

4) 大判 1998. 2. 10, 95 다 39533; 大判 2008. 7. 10, 2007 두 22498.

5) 大判 1998. 2. 10, 95 다 39533.

직접 상대방이 아니더라도 사업주에게 민법 제750조에 따라 불법행위책임을 물을 수 있다」고 한다.[1] 민법 제752조의 규정이 예시적 규정이듯이 제750조의 규정 역시 손해배상청구권자를 가해행위의 직접적 상대방으로 한정하고 있지 않으므로 제3자라 하더라도 —불법행위의 상대방과 특별한 관계에 있으며— 해당 가해행위로 인하여 정신적 손해를 입었다면 손해배상을 청구할 수 있다고 보아야 할 것이다. 피해근로자는 자기에게 도움을 준 동료 근로자가 자기 때문에 사업주로부터 불리한 조치를 받았다고 생각하고, 그 조치를 구제절차 이용에 대한 포기나 압박으로 느낄 수 있으므로 그러한 사업주의 행위는 성희롱을 방지하는 남녀고용평등법의 입법 취지에 반하며 피해근로자에 대한 사업주의 보호의무에 위반하는 것으로 볼 수 있다. 판례에 따르면 피해근로자를 도와준 동료 근로자에 대한 징계처분으로 말미암아 피해근로자에게 발생한 정신적 손해는 특별한 사정으로 인한 손해에 해당하여 민법 제763조, 제393조 2항에 따라 그 손해에 대한 예견가능성이 인정되는 때에 손해배상책임이 발생하므로 통상손해(민법 제393조 I)와 구별된다. 판례는 예견가능성의 존부를 판단하는 기준도 함께 제시하고 있다.[2]

3. 직장 내 괴롭힘의 금지

(1) 의 의

a) 사회적 배경 직장 내에서는 어느 근로자가 비하·모욕을 당하거나 적대시되거나 수치 또는 집단 따돌림을 당하여 인간의 품위를 침해받는 일이 발생하기도 한다. 이러한 정신적·심적 또는 육체적 고통을 주는 괴롭힘이 사업주, 상급자 또는 근로자들의 행태(언동)에 의하여 의도적으로 행하여진다면 이는 위법한 사회적 상황이라고 아니할 수 없다. 오늘날 괴롭힘을 하나의 차별적 불이익으로서 금지하는 것이 국제적 입법추세이지만 그것 자체를 금지하는 법제를 마련하고 있는 국가도 있다.[3] 괴롭힘은 비교되는 제3자와 대비해서 불이익을 받는지의 여부와 관계없이 사람의 품위와 인격을 침해하는 행위로서 마땅히 금지되어야 한다. 따라서 괴롭힘 중에는 차별행위로서의 괴롭힘이 있는가 하면 이와 무관한 괴롭힘이 있다. 우리나라는 이러한 괴롭힘(mobbing)에 대하여 근로기준법에 제6장의2(제76조의2, 제76조의3)를 신설(신설 2019. 1. 15; 시행 2019. 7. 16)하여 '직장 내 괴롭힘의 금지'를 직접 규정하고 있다. 또한 2021년 4월 13일에는 제76조의3 2항이 개정되고, 제76조의3 7항이 신설되었다(시행 2021. 10. 14.). 벌칙 제116조 1항 및 2항이 신설되었다.

---

1) 大判 2017. 12. 22, 2016 다 202947.
2) 大判 2017. 12. 22, 2016 다 202947.
3) 이준희, 「직장에서의 괴롭힘 — 법적 쟁점과 과제 —」, 2019, 198면 이하 참고.

b) 직장 내 괴롭힘 금지의 법제화 직장 내 괴롭힘은 특정 근로자의 존엄·명예·인격을 침해하는 행위인 동시에 사람을 비하·모욕, 집단 따돌림하는 등으로 직장 내의 근무환경을 악화하거나 그러한 결과를 만들어 내는 행위이다. 이에 대하여 종래에는 민법상의 불법행위책임(제750조, 제756조 참조),[1] 사용자의 안전배려의무(보호의무)위반으로 인한 채무불이행책임(민법 제655조, 제390조), 차별대우로 인한 손해배상책임[2] 등이 문제되었다.

또한 따돌림으로 인하여 스트레스를 받은 근로자가 우울증이 생겨 사망에 이르렀다면 업무상의 질병으로 인정되어 산재보험법에 의한 급여대상에 해당될 수 있었다.[3] 그러나 직장 내 괴롭힘을 당하는 근로자를 직접 보호하는 규정을 두고 있지 않아 다양한 모습의 직장 내 괴롭힘을 적절하게 사전에 예방하지 못한 것이 사실이다. 최근에 와서 직장 내 괴롭힘이 커다란 사회적 문제로 부각되면서 국회는 근로기준법에 제6장의2를 신설하여 직장 내 괴롭힘을 금지하고(근기법 제76조의2), 직장 내 괴롭힘이 발생한 경우 사용자는 적절한 구체적 조치를 취하도록 의무화하였다(근기법 제76조의3 2021. 4. 13 개정: 제2항: 사용자는 제1항에 따른 신고를 접수하거나 직장내 괴롭힘 발생 사실을 인정한 경우에는 지체없이 당사자 등을 대상으로 그 사실 확인을 위하여 객관적으로 조사를 실시하여야 한다. 제7항(신설): 제2항에 따라 직장 및 그 밖에 조사 과정에 참여한 사람은 해당 조사 과정에서 알게 된 비밀을 피해근로자 등의 의사에 반하여 다른 사람에게 누설하여서는 아니 된다. 다만, 조사와 관련된 내용을 사용자에게 보고하거나 관계 기관의 요청에 따라 필요한 정보를 제공하는 경우는 제외된다)(시행 2021. 10. 14.). 그리고 취업규칙의 필수적 기재사항으로 '직장 내 괴롭힘의 예방 및 발생 시 조치 등에 관한 사항'을 추가하였다(근기법 제93조 ⑪). 또한 종래의 판례의 태도를 적극 수용하여 직장 내 괴롭힘으로 인한 업무상 정신적 스트레스가 원인이 되어 발생한 질병을 업무상 질병에 포함하였다(산재법 제37조 1항 2호 다목의 신설). 이에 더하여 개정 산업안전보건법(개정 2019. 1. 15; 시행 2020. 1. 16) 제4조(정부의 책무)에 1항 3호를 신설하여 「근로기준법」 제76조의2에 따른 직장 내 괴롭힘 예방을 위한 조치 기준 마련, 지도 및 지원'을 정부의 성실이행책무 대상으로 정하였다. 이상에서 보았듯이 직장 내 괴롭힘을 법제화한 의도(ratio legis)는 취업규칙을 통하여 사용자가 각종 사업장에서 발생하는 다양한 침해행위들이 직장 내 괴롭힘에 해당하는지를 자체적으로 판단하여

---

1) 서울中央地判 2017. 1. 13, 2016 가합 538467 참조.

2) 大判 2004. 3. 11, 2004 두 60 참조. Hromadka/Maschmann, *Arbeitsrecht*, Bd. 1, §7 Rn. 93.

3) 서울行判 2009. 6. 11, 2008 구합 20482; 서울高判 2010. 4. 1, 2009 누 19832(항소기각); 大判 2010. 6. 24, 2010 두 7390(심리불속행 기각). 이에 관해서는 이준희, 「직장에서의 괴롭힘 — 법적 쟁점과 과제 —」, 2019, 179면 이하 참고.

그에 대한 예방 및 대응시스템을 구축하도록 하는데 있다.[1] 따라서 직장 내 괴롭힘 행위자에 대한 직접적인 처벌 규정은 두고 있지 않았다. 그러나 2021년 4월 13일에 근로기준법의 벌칙규정으로 제116조 1항과 2항을 신설하였다(시행 2021. 10. 14.)(다음의 (3) b) 참고). 그렇다고 하여 괴롭힘 피해자가 괴롭힘 가해자에게 불법행위책임을 묻거나 사용자에게 보호의무위반으로 인한 계약책임을 묻는 것이 이상의 규정들에 의하여 방해받지는 않는다.

(2) 직장 내 괴롭힘의 정의

개정 근로기준법에 따르면「사용자 또는 근로자는 직장에서의 지위 또는 관계 등의 우위를 이용하여 업무상 적정 범위를 넘어 다른 근로자에게 신체적·정신적 고통을 주거나 근무환경을 악화시키는 행위(이하 "직장 내 괴롭힘"이라 한다)를 하여서는 아니 된다」고 규정하고 있다(근기법 제76조의2).

먼저 직장 내 괴롭힘의 행위자(가해자)는 사용자 또는 근로자이다. 사용자란 근로기준법 제2조 1항 2호에 따른 사용자([32] 3. 참고)를 의미한다. 근로자파견법상 사용사업주도 근로자의 현실적 취업에서 발생한 문제에 관해서는 근로기준법상 사용자로서 행위자로 볼 수 있다([89] 1. (3) 참고).[2] 행위주체로서 근로자란 피해자와 같은 사용자와 근로관계를 맺고 있는 근로자를 의미한다. 따라서 원청 소속 근로자나 사용사업주 소속 근로자는 원칙적으로 직장 내 괴롭힘의 행위자로 인정되기 어렵다(원청이나 사용사업주는 소속 근로자가 하청 또는 파견근로자를 상대로 괴롭힘 행위를 하지 않도록 적절한 규범을 만들 필요가 있다). 그 밖에 고객과 같은 제3자는 괴롭힘의 행위자로 볼 수 없다.[3]

직장 내 괴롭힘의 객체(피해자)는 파견근로자를 제외하고 원칙적으로 사용자와 직접 근로계약을 체결한 근로기준법상 근로자이며, 고용형태나 계약기간은 묻지 않는다. 따라서 사용자와 직접 근로관계에 있지 아니한 하청회사의 근로자나 특수형태근로종사자는 이 법에서의 피해자로 볼 수 없다. 그러나 사내하청 근로자들이 원청 소속 근로자들과 같은 작업장에서 실질적으로 원청회사의 지휘·감독을 받으며 오랜 기간 동안 함께 근무를 하면서 원청회사 관리자나 근로자들의 괴롭힘을 받을 경우에는 예외적으로 제76조의2 이하의 규정이 유추적용될 수 있을 것이다. 이때에는 사내하청 근로자와 원청회사 사이에 묵시적 근로계약관계에 유사한 고용관계가 형성되어 있어야 할 것이다.

a) 위의 정의에 따르면 직장 내 괴롭힘은 다음과 같은 세 가지 요건을 모두 충족해

---

1) 이준희,「직장에서의 괴롭힘 — 법적 쟁점과 과제 —」, 2019, 27면 이하 참고.

2) 大判 2017. 3. 9, 2016 도 18138 참고.

3) 이때에도 괴롭힘을 받은 근로자(예컨대 아파트 경비원)는 가해자인 제3자(입주민)와 사용자(경비관리업체)에 대하여 손해배상책임을 물을 수 있다(서울中央地判 2017. 1. 13, 2016 가합 538467 참조).

야 인정된다. 즉, i) 직장에서의 지위 또는 관계상의 우위를 이용할 것, ii) 업무상 적정범위를 넘을 것, iii) 신체적·정신적 고통을 주거나 근무환경을 악화시키는 행위일 것이다. 먼저 지위상의 우위는 기본적으로 지휘명령 관계에서 상급자에 해당하는 경우를 의미하며, 관계상의 우위는 개인 대 집단의 수적 측면, 학력·출신지역과 같은 인적 속성 및 고용형태 등, 노동조합이나 노사협의회 등 조직적·지배적 속성, 업무역량이나 감사·인사부서와 같은 직장 내 영향력 등을 토대로 판단할 수 있을 것이다. 따라서 단순히 개인 사이의 관계에서 발생한 갈등은 직장 내 괴롭힘의 대상이라고 보기 어렵다. 직장 내 괴롭힘은 직장의 근로자들에 의해서 또는 간부사원이나 고참 근로자를 통해서 계획적 조직적으로 적대·멸시·모욕·겁박·따돌림 등의 행위로 지속적·반복적으로 이루어지는 것이 일반적 현상이다. 직장 내 괴롭힘을 구성하는 행위들을 개별적으로 떼어내서 고찰할 때에는 그 행위가 어떤 침해행위로서 의미를 가질 수 없는 것이 보통이다. 따라서 사용자나 직장 동료 근로자가 우발적 또는 일회적으로 다른 근로자의 인격이나 품위에 손상을 주는 언행을 했다고 하여 이를 곧 직장 내 괴롭힘이라고 판단할 수는 없다.[1)]

b) 다음으로 문제된 행위가 업무상 적정범위를 넘어야 한다. 즉, 그 행위가 사회통념상 명확하게 업무상 필요성이 인정되는 것이 아니거나, 업무상 필요성은 인정되더라도 그 행위 양태가 사회통념에 비추어 상당성을 결여하고 있어야 한다. 따라서 근로자가 업무상 지시나 명령에 불만을 가지더라도 그 양태가 업무상 필요성 및 상당성이 인정되면 괴롭힘으로 보기 어렵다. 업무상 적정범위를 넘은 것인지를 판단하는 것은 실무상 용이한 일이 아니다. 예컨대 ① 직무상 불필요하거나 수행불가능한 일을 시키거나 과도한 지시를 하면서 업무를 방해하는 행위, ② 해당 근로자의 업무능력이나 경험 및 경력에 비추어 저급한 일을 하도록 하거나 한직(閑職)의 부서로 배치하는 행위, ③ 사적(私的)인 일에 과도하게 개입 또는 참견하는 행위 등은 직장 내 괴롭힘에 해당할 수 있으나 업종이나 각 기업의 인식수준에 따라 달리 판단될 수도 있다.[2)] 그러나 직장 내 괴롭힘이 업무상 적정범위를 넘었는지의 여부는 사회통념에 비추어 객관적으로 판단해야 할 것이지 각 기업풍토나 인식수준에 따라 달리 판단되어서는 아니 될 것이다. 피해 근로자의 품위나 인격권의 침해 여부가 각 기업풍토나 수준에 따라 달리 판단되는 것은 옳지 않기 때문이다. 다만 일상적 작업현장에서 업무수행상 근로자들 상호간 또는 상급자와의 협업 내지 지시관계에서 마찰이나 의견충돌을 피할 수 없음을 감안하면 근로자보호의 측면만

1) Hromadka/Maschmann, *Arbeitsrecht*, Bd. 1, §7 Rn. 145; 이준희, 「직장에서의 괴롭힘, — 법적 쟁점과 과제 —」, 2019, 30면 이하 참고.

2) 菅野, 「勞動法」, 243面 이하 참고.

을 과도하게 강조하는 것은 현실적으로 적절하지 않다는 견해가 있다.[1]

c) 마지막으로 근무환경을 악화시키는 것이란 그 행위로 인하여 피해자가 자신의 능력을 발휘하는데 상당한 정도의 지장이 발생하는 것을 의미하며, 여기에는 행위자의 의도는 고려되지 아니한다. 다만, 피해자는 신체적·정신적 고통 및 근무환경 악화의 결과 그것이 괴롭힘 행위로 인한 것임을 증명해야 한다. 협박, 적대감의 표현, 멸시, 모욕, 따돌림 등의 행위가 피해근로자의 품위를 중대하게 침해하는 것으로서 계획적 조직적으로 행하여지는 것이면 해당 근로자의 정상적 근무를 저해함은 물론 사업장의 근무환경을 악화시키게 된다. 근무환경의 악화는 사업장 전체에 미치는 영향을 중심으로 판단될 것이 아니라 피해근로자의 관점에서 근무장소와 관련된 환경을 중심으로 판단되어야 한다.[2] 실제로 상급자에 의한 행위는 그 영향력이 커서 근무환경의 악화가 용이하게 인정될 수 있는 반면 일반 근로자에 의한 행위는 다수의 근로자들에 의하여 계획·시발되는 경우에 그 요건을 갖추게 되는 것이 보통이다. 그러나 어느 경우를 막론하고 구체적 사정을 종합적으로 고려하여 판단해야 한다.

⑶ 직장 내 괴롭힘 예방 및 대응에 관한 사용자의 의무

a) 취업규칙의 작성 상시 10명 이상의 근로자를 사용하는 사용자는 '직장 내 괴롭힘의 예방 및 발생 시 조치 등에 관한 사항'을 취업규칙에 포함하여야 한다(근기법 제93조 ⑪). 이는 사업장별로 직장 내 괴롭힘의 유형이나 행태 등이 다양하게 발생할 수 있음을 고려하여 각 사업장의 상황에 맞게 예방 및 대응조치를 정하고 그에 따르도록 하는데 그 취지가 있다.

b) 괴롭힘 발생 시 조치의무 등 근로기준법 제76조의3은 직장 내 괴롭힘의 발생 시 사용자의 조치의무에 관하여 규정하고 있다. 이 조항은 직장 내 성희롱 발생 시 사업주의 조치의무를 규정한 남녀고평법 제14조와 같은 구조로 되어 있다. 자세한 내용은 이 책 [38] 2. (3)을 참고하길 바란다. 그 밖에 근로기준법은 직장 내 성희롱과 달리 직장 내 괴롭힘과 관련해서는 괴롭힘 발생사실에 대한 신고 및 주장을 이유로 한 해고 등 불이익조치에 대해서만 벌칙을 두고 있었다(벌칙: 근기법 제109조). 그러나 2021년 4월 13일에 벌칙 제116조 1항이 신설되어 사용자(사용자의 「민법」 제767조에 따른 친족 중 대통령령으로 정하는 사람이 해당 사업 또는 사업장의 근로자인 경우를 포함한다)가 직장 내 괴롭힘을 한 경우 1천만원 이하의 과태료를 부과하도록 하였고, 또한 동조 2항이 신설되어 사용자가 직장내 괴롭힘 행위의 조사, 피해 근로자 보호, 가해 근로자 징계 등의 조치의무

1) Hromadka/Maschmann, *Arbeitsrecht*, Bd. 1, § 7 Rn. 145.
2) *ErfK*/Schlachter, AGG § 3 Rn. 19.

를 이행하지 않거나 조사과정에서 알게 된 비밀을 누설하는 경우 500만원 이하의 과태료를 부과하도록 하였다(시행 2021. 10. 14.).

(4) **직장 내 괴롭힘과 민사책임**

a) 직장 내 괴롭힘이 확인된 경우 사용자는 피해근로자에 대한 괴롭힘이 발생하지 않도록 적절한 개별적 조치(근기법 제76조의3 Ⅲ Ⅳ Ⅴ 참조)를 취하는 한편 악화된 근무환경을 회복·개선하는 사업장 차원에서의 제반 조치를 취하게 될 것이다. 이러한 조치들은 기업의 조직과 복무질서와 관련해서 자주적으로 이루어지는 것이고, 이에 대하여 법률이 강제규정을 가지고 직접 개입하고 있지 않다.

근로기준법 제76조의2 및 제76조의3은 가해행위를 한 사용자, 사업경영을 담당하는 상급자 또는 근로자에 대하여 피해근로자가 손해배상 등의 청구를 할 수 있는 청구권의 기초로서 마련된 것은 아니다. 다만 근로기준법 제76조의2에 따른 직장 내 괴롭힘으로 인한 스트레스가 원인이 되어 발생한 질병에 대해서는 산재보험법 제37조 1항 2호 다목의 규정에 따라 수급권자는 근로복지공단에 대하여 보험급여를 청구할 수 있다. 그러나 이러한 규정들과 상관없이 (직장 내) 괴롭힘이 피해 근로자의 품위, 인격권 또는 명예를 훼손·침해하여 그 근로자에게 손해가 발생한 때에는 가해자에 대한 불법행위책임 또는 사용자에 대한 안전배려의무(부수적 의무로서의 보호의무)위반으로 인한 채무불이행책임을 물을 수 있다. 각 손해배상청구권의 기초를 유형별로 살펴보면 다음과 같다.

b) 피해근로자는 괴롭힘 행위를 한 가해상대방에 대하여 손해배상을 청구할 수 있다. 우선 근로자가 괴롭힘 행위를 한 때에는 불법행위로 인한 손해배상을 청구할 수 있다(민법 제750조). 괴롭힘과 같은 침해행위는 피해근로자의 노동력 감소나 능력저하로 인한 임금소득 감축 등의 재산적 손해를 유발할 수 있고 피해자의 명예와 인격[1] 등 품위를 해하며 정신상의 고통을 가하게 되므로 재산 이외의 손해에 대하여도 손해배상을 청구할 수 있다(민법 제751조 Ⅰ). 다수의 근로자들이 경우에 따라서는 상급자 또는 사용자와 합세하여 계획적·조직적으로 괴롭힘 행위를 한 때에는 — 그 개별적 행위만으로는 가해행위가 인정되지 않는 경우에도 — 공동불법행위(민법 제760조)가 성립할 수 있다. 사용자가 침해행위를 의도적으로 용인한 때에는 사용자의 안전배려의무(보호의무)위반에 따른 계약상의 채무불이행책임(민법 제655조, 제390조)이 함께 발생할 수 있다.[2]

사용자와 근로자 사이에는 근로계약관계가 존재하며, 사용자는 신의칙상 부수적 의무로서 근로자에 대해서 안전배려의무를 부담한다. 그러므로 사용자가 근로자에게 괴롭

1) 판례는 인격권의 침해에 대하여는 사전예방적 구제수단으로 침해행위의 정지·방지 등의 금지청구권이 인정될 수 있다는 태도를 취하고 있다(大判 1997. 10. 24, 96 다 17851).

2) Schaub/Linck, *ArbRHandb* § 36 Rn. 55 참고.

힘 행위를 한 때에는 가해자로서 불법행위책임(민법 제750조, 제751조)을 부담하는 외에 안전배려의무 위반에 따른 채무불이행책임(제655조, 제390조)을 진다.[1] 또한 사용자는 피용자인 회사간부 또는 일반 근로자가 그 집행업무와 관련하여 그 적정범위를 넘어 다른 근로자에게 괴롭힘 행위를 한 때에는 사용자책임을 부담한다(제756조). 또한 사용자가 회사간부나 해당부서 간부에게 괴롭힘 행위의 예방 또는 사전대책 등을 강구하도록 지시·위임하면서 일정한 권한을 부여하였으나 해당 간부가 제대로 이행하지 않음으로 인하여 그의 과책(過責)에 의한 침해행위가 발생한 때에는 해당 간부의 과책적 행위에 대하여 사용자는 이행보조자책임(민법 제391조)을 부담한다는 것이 일반적 견해이다.[2] 이 경우에 사용자의 이행보조자로서의 업무를 수행하는 해당 간부의 과책적 행위와 사용자가 그 간부에게 부여한 임무 사이에는 내부적으로 실질적인 연관관계가 존재하여야 한다. 실제로 이행보조자의 해당 간부가 피해근로자에 대하여 지시권을 행사하는 지위에 있다면 이러한 내부적 실질관계는 인정될 수 있다. 이 경우에 직장 내 괴롭힘의 예방과 사전 대책강구권한을 수임받은 해당간부는 수임범위 내에서 대외적으로 근로자들에 대하여 스스로 보호의무를 부담한다고 보아야 하므로 간부 자신이 보호의무를 위반한 때에는 책임감면이나 면제를 원용할 수 없다. 만약 이를 인정한다면 이행보조자의 과책행위에 대하여 자기 과책행위와 똑같이 책임을 부담해야 하는 사용자의 책임을 감면하는 부당한 결과를 가져오기 때문이다(민법 제391조 참조).[3]

1) 大判 2006. 9. 28, 2004 다 44506; 大判 2002. 11. 26, 2000 다 7301 등 참조.

2) 이준희, 「직장에서의 괴롭힘 — 법적 쟁점과 과제 —」, 2019, 163면; Schaub/Linck, *ArbRHandb* § 36 Rn. 59. 全州地判 2002. 3. 22, 2000 가합 7461(골프장 캐디는 사용자와의 관계에서 근로계약관계에 있지 않으나 골프장 이용객에 대하여 캐디가 사용자의 이행보조자의 지위에 있다고 본 예).

3) Hromadka/Maschmann, *Arbeitsrecht*, Bd. 1. § 7 Rn. 146.

제3절 근로관계의 성립

[39] Ⅰ. 근로계약의 체결

1. 근로계약의 의의

a) 근로기준법은 「"근로계약"이란 근로자가 사용자에게 근로를 제공하고 사용자는 이에 대하여 임금을 지급하는 것을 목적으로 체결된 계약」이라고 정의하고 있다(제2조 Ⅰ ④).[1] 따라서 근로계약의 체결에 의하여 근로자와 사용자 사이에는 근로의 제공과 임금의 지급을 중심으로 각종의 권리·의무를 내용으로 하는 근로관계가 발생한다. 한편 근로계약은 법률행위이고 근로관계는 근로계약의 효과로서 발생하는 법률관계이기 때문에 이 둘은 서로 구별해서 이해해야 한다. 실제에 있어서 근로자는 계약체결 시에 임금·직종·근로시간·근무장소 등의 중요한 사항(Essentialia des Arbeitsvertrags)에 대하여 합의하는 것으로 그치고 세부적인 내용은 사용자가 작성한 취업규칙에 정한 바에 따르는 것이 보통이다(근기법 제93조 각호 참조). 그러나 사용자는 근로계약을 체결할 때에 근로조건의 중요사항을 명시하여야 하며(근기법 제17조 Ⅰ; 시령 제8조), 특히 일정사항(임금의 구성항목·계산방법·지급방법, 소정근로시간, 휴일, 연차유급휴가 등)에 대해서는 명시된 서면을 근로자에게 교부하여야 한다. 다만, 위의 사항들이 단체협약 또는 취업규칙의 변경 등 대통령령으로 정하는 사유로 인하여 변경되는 경우에는 근로자의 요구가 있으면 그 근로자에게 교부해야 한다(근기법 제17조 Ⅱ 단서, 시령 제8조의2)(이에 관해서는 다음의 3 참고).[2]

근로계약은 민법의 고용계약(민법 제655조)의 유형에 속하는 것이지만 노동관계법의 보호대상이 된다는 특성을 가지고 있다. 근로계약은 도급계약(민법 제664조) 및 위임계약(민법 제680조)과 구별된다. 그러나 형식적으로는 도급 또는 위임계약이라는 명칭으로 계약을 체결했더라도 실질적으로 근로계약의 실질을 갖추고 있을 때에는 노동법이 적용된다.[3]

b) 사용자는 근로계약의 체결에 있어서 근로강제, 여자 및 소년의 사용제한 기타 근로기준법 등 법령에 정한 제한규정에 위반하지 않는 한, 어떤 근로자를 채용할 것인가 하

---

1) 독일에서는 근로계약의 정의 규정이 독일민법 제611조a로 신설되어 2017년 4월 1일부터 시행되고 있다. 이 규정은 독일연방노동법원의 판례에 따른 것이다.

2) 근기법 제17조는 2010년 5월 25일 개정 또는 신설되어 2012년 1월 1일부터 시행되었다.

3) 大判 2006. 12. 7, 2004 다 29736; 大判 2012. 1. 12, 2010 다 50601 등 참고.

는 것은 원칙적으로 그의 자유에 속한다.[1] 즉 사용자는 생산수단의 소유자 또는 이용자로서 경영권에 기초한 채용의 자유를 가지며, 근로자는 직업선택의 자유를 가지므로 결과적으로 노사의 합의에 의하여 근로계약이 체결됨으로써 근로관계가 성립된다.[2] 그러나 사용자의 모집과 채용의 자유는 균등대우 내지 차별금지를 규정한 각종의 법률에 의하여 제한을 받고 있다(남녀고평법 제7조; 고용정책기본법 제7조; 연령차별금지법 제4조의4 등 참조).

오늘날 대기업에서처럼 노동력의 거래가 집단적으로 행하여지는 상황하에서는 공개시험에 의하여 근로자의 채용이 결정되고 있으므로 근로자와 사용자의 개별적 관계는 상대적으로 그 중요성을 상실해 가고 있다.[3]

2. 근로계약의 당사자

(1) 총 설

근로관계의 당사자는 원칙적으로 근로계약을 체결한 당사자를 말하는 것으로 근로자와 사용자를 가리킨다. 근로기준법은 근로계약관계를 그 규율의 대상으로 하고 있으므로 그 당사자인 '근로자' 및 '사용자'에 관하여 규정하고 있다(제2조 I ①·② 참조. 이와는 달리 노조및조정법 제2조 ① 및 ②는 집단적 노사관계의 당사자인 근로자와 사용자의 개념을 각각 정의하고 있다). 그런데 근로기준법이 정의(定義)하고 있는 근로자는 근로계약(관계)의 당사자로서의 근로자이면서 동시에 근로기준법의 보호를 받는 근로자를 의미하지만, 동법이 정하고 있는 사용자는 근로기준법상의 준수의무를 부담하는 사용자를 뜻한다.

---

1) 그러나 국가유공자 등 예우 및 지원에 관한 법률(1984. 8. 2, 법률 제3742호)에 의하여 이 법의 적용대상업체의 사용자는 동법 제33조의2가 정하는 범위 내에서 일정한 근로자의 고용이 강제된다. 또한 장애인고용촉진법(2007. 5. 25, 전부개정법률 제8491호)은 장애인의 고용촉진을 위하여 제28조에서 일정수 이상의 근로자를 고용하는 사업주에게 근로자총수의 일정비율(5/100의 범위 안에서 대통령령으로 정한다)을 장애인으로 고용할 의무를 규정하고 있다.

2) 근로관계는 근로자와 사용자 사이의 근로계약의 체결을 통하여 성립하는 것이 일반적이다. 그러나 사업양도에 의하여 근로관계(고용관계)가 승계되는 경우가 있다([67] 참고). 하급심 판례(大田地判 2017. 11. 21, 2015 가단 22845) 중에는 수자원 공사의 청소, 조경업무 등을 수행해오던 용역업체가 변경되면서 신규 용역업체가 공사와 체결한 근로조건 이행확약서(청소용역)에서 「공공부분 비정규직 고용개선 추진 지침에 따라 특별한 사정이 없는 한 고용승계를 하겠다」는 약정을 하였다면 종래의 용역업체 근로자의 고용을 승계하는 내용의 제3자를 위한 계약(민법 제539조)을 체결한 것으로 해석한 예가 있다. 제3자인 근로자의 승낙의 의사표시(민법 제539조 Ⅱ)는 묵시적인 것으로 인정되고 있다. 해고와는 달리 채용 내지 고용에 있어서 사용자의 근로계약 체결의 자유가 무리하게 제한되어서는 안 될 것이다. 제3자를 위한 계약은 확대해석 되어야 할 성질의 것이 아니다.

3) 뿐만 아니라 독일경영조직법(Betriebsverfassungsgesetz)에서와 같이 근로자의 대표기관인 근로자대표회가 인사계획에 관한 보고를 받고 이에 대한 제안권(동법 제92조)을 가지며, 채용·전보 및 해고에서의 기준에 대하여 동의권(동법 제95조, 제99조 내지 제101조)을 갖게 되면 사용자의 인사권은 많은 제한을 받게 된다.

근로계약 체결의 당사자인 사용자에 관해서는 근로기준법이 직접 규정하고 있지 않다(이에 관해서는 다음 ⑶ 참고). 다음에서는 근로계약 당사자는 근로계약관계 당사자의 뜻으로 새긴다. 따라서 근로기준법의 적용당사자로서의 근로자 및 사용자와는 개념상 구별하여 생각하는 것이 적절하다.

⑵ **근 로 자**

근로기준법 제2조 1항 1호는 「근로자란 직업의 종류와 관계없이 임금을 목적으로 사업이나 사업장에 근로를 제공하는 자」라고 정의하고 있다. 동 규정의 기본 취지는 근로기준법의 보호대상인 근로자를 정하려는 데 있다. 그러나 근로관계의 체결당사자인 근로자의 개념도 이와 기본적으로 다르지 않다. 다만, 계약당사자인 근로자 개념에서는 임금을 목적으로 상대방인 사용자의 지시하에 노무(근로)를 제공할 것을 (명시적 또는 묵시적으로) 약정한 계약당사자라는 측면이 부각될 뿐이다(민법 제655조의 규정형식 참고). 그러므로 넓은 의미의 노무공급을 하는 사람이라 하더라도 상대방으로부터 사무의 처리를 위탁 받아 행할 것을 약정하는 사람(위임에서의 수임인: 민법 제680조 참조) 또는 어느 일을 완성할 것을 약정하는 사람(도급에서의 수급인: 민법 제664조)은 근로계약의 당사자가 아니다. 따라서 이들에게는 근로기준법 등 노동법이 원칙적으로 적용되지 않는다. 그러나 계약 명칭의 여하에 불구하고 상대방(사용자)의 지시·감독하에서 노무를 제공할 것을 계약 내용으로 약정한 사람은 근로계약의 당사자라고 할 수 있다([32] 2. 참고).[1)]

1) 「도급계약의 형식을 띠고 있다 하여도 근로자가 사용자와의 사용종속관계하에서 특정한 노무제공을 하는 것이라면 근로기준법상의 근로자에 해당된다」(大判 1991. 10. 25, 91 도 1685). 同旨: 大判 2011. 7. 14, 2009 다 37923; 大判 1979. 7. 10, 78 다 1530; 大判 1991. 11. 8, 91 다 27730(수련의-레지던트-의 근로관계); 大判 1994. 12. 9, 94 다 22859(제일씨티리스 사건); 大判 2000. 1. 18, 99 다 48986(로얄수영장사건). 외국인인 산업기술연수생을 근기법상의 근로자로 본 사례(大判 2005. 11. 10, 2005 다 50034). 임원 명칭이 형식적일 뿐 실질적으로는 일정한 근로를 제공하고 그 대가로 보수를 받는 경우에는 근로자에 해당된다(大判 2001. 2. 23, 2000 다 61312; 大判 2003. 9. 26, 2002 다 64681). 유흥업소의 접대부는 종속성이 약해 근로기준법상 근로자가 아니라는 사례(大判 1996. 9. 6, 95 다 35289). 사용자(농업협동조합자산관리회사)가 채권추심원들을 사용하면서 근무시간과 장소를 별도로 정하지 않았지만 필요한 경우 근무시간과 장소를 별도로 정할 수 있도록 하고 있고, 보고의무, 교육참석의무, 비밀유지의무 등을 부과하고 있으며, 제3자로 하여금 채권추심업무를 처리하도록 하는 행위를 금지하고 있고, 규정의 미준수, 실적부진, 업무처리능력 부족, 업무수행 부적격, 경영상의 필요 등을 계약해지사유로 하고 있으며, 관리직원을 통하여 출퇴근 상황과 업무실적 등을 관리하거나 독려하고 있다면, 채권추심원은 근로기준법상의 근로자에 해당한다(大判 2015. 7. 9, 2012 다 20550). 또한 大判 2015. 7. 9, 2012 다 79149 참고. 피고로부터 고객정보 데이터베이스를 제공받아 이를 이용하여 고객에게 전화를 걸어 보험계약의 체결을 권유하는 업무를 수행한 원고들이 피고와 사이에 임금을 목적으로 종속적인 관계에서 근로를 제공하였다고 보기는 어려우므로 근로기준법의 적용을 받는 근로자에 해당하지 않는다고 판단하고, 이를 전제로 한 원고들의 퇴직금 청구를 기각한 원심판단을 수긍한 판결(大判 2020. 12. 24, 2018 다 298775(본소)·2018 다 298782(반소)). 참고판례: 大判 2015. 7. 9, 2012 다 20550.

남녀고용평등법(제2조 ④), 고용정책기본법(제2조), 직능개발법(제2조 ④)은 근로자를 사업주에게 고용된 사람과 취업할 의사를 가진 사람으로 정의(定義)하고 있는데, 이는 해당 법률의 목적과 적용대상에 따라 근로자의 개념을 확대한 것이고 근로자의 본질 자체의 차이를 인정하는 것은 아니다. 여기에서는 아직 근로계약관계에 있지 않은 사람도 근로자로서 해당 법률의 적용을 받는다. 또한 산재보험법은 근로기준법에 따른 근로자를 동법의 근로자로 정하고 있으면서(제5조 2호 본문) 일정한 요건에 해당하는 특수형태근로종사자에 대해서도 산재보험법이 적용되므로(산재법 제125조 등 참조) 그러한 한도에서 근로자의 개념은 확대되고 있다. 그러나 이와 같이 그 개념이 확대된 근로자에 대해서는 근로기준법이 적용되지 않는다.

(3) **사 용 자**

a) 근로계약의 당사자인 사용자의 정의에 대해서는 근로기준법에 직접 규정하고 있지 않다(근기법 제2조 Ⅰ ②의 '사용자'는 근로기준법상의 준수의무를 부담하는 사용자를 말한다).[1] 그러나 동법 제2조 1항 4호의 '근로계약'에 관한 정의규정을 기초로 근로계약 당사자인 사용자의 개념을 다음과 같이 이해할 수 있다. 즉, 사용자는 자기의 지시·감독하에 노무를 제공하는 근로자에 대하여 임금지급의무를 부담할 것을 약정한 계약당사자이다. 그러나 사용자로서의 지위를 인정하는 데 있어서는 반드시 당사자 사이의 명시적 의사의 합치가 필요한 것은 아니다. 근로계약상의 당사자관계의 존부에 관해서는 당해 노무공급형태의 구체적 실태를 토대로 양자 사이에 사실상의 사용종속관계가 있는지 그리고 이러한 사용종속관계로부터 양 당사자 사이에 객관적으로 추단할 수 있는 묵시적 의사의 합치가 있는지를 가려 판단해야 할 경우가 있다.[2] 그리고 명목상으로는 타인이 임금을 지급하더라도 실질적으로 근로자에 대한 노무지휘권을 가지며 실질적인 임금결정을 하면서 그의 계산하에 임금을 지출하고 있다면 근로계약상의 사용자 지위가 인정되어야 한다. 어떤 근로자에 대하여 누가 임금 및 퇴직금의 지급의무를 부담하는 사용자인가를 판단함에 있어서도 계약의 형식이나 법규의 내용에 관계없이 실질적인 근로관계를 기준으로 하여야 한다.[3] 판례에 따르면 의료인이 아닌 사람이 월급을 지급하기로 하고 의료

1) 근로기준법 제2조 1항 2호의 사용자 개념은 동법의 각 규정이 정한 의무와 책임의 주체인 「사용자」를 정의한 것이다(下井, 「勞働基準法」(第4版), 2007, 33面). 일본 勞働契約法 제2조 1항은 노동자는 사용자에 의하여 사용되어 임금을 지급받는 자를 말한다고 규정하고, 동조 2항은 사용자는 그가 사용하는 노동자에 대하여 임금을 지급하는 자를 말한다고 규정하고 있다. 우리 법은 근로계약상의 사용자를 정의한 명문의 규정이 없다.

2) 土田, 「勞働契約法」, 66面 참고. 同旨: 大判 2004. 3. 11, 2004 두 916; 大判 1979. 7. 10, 78 다 1530 등 참고.

3) 大判 1999. 2. 9, 97 다 26235; 大判 2012. 5. 24, 2010 다 107071, 107088; 大判 2020. 4. 29,

인을 고용해 그의 명의를 이용하여 개설한 의료기관인 이른바 '사무장 병원'에서 의료인 명의로 근로자와 근로계약이 체결되었더라도 의료인 아닌 사람과 근로자 사이에 실질적인 근로관계가 성립한 경우에는 의료인 아닌 사람이 근로자에 대하여 임금 및 퇴직금의 지급의무를 부담한다고 보아야 한다.[1] 판례에 따르면 '원고용주(하도급인)에게 고용되어 제3자(원도급인)의 사업장에서 제3자의 업무를 수행하는 사람을 제3자의 근로자라고 하기 위해서는, 원고용주가 사업주로서의 독자성이 없거나 독립성을 결하여 제3자의 노무대행기관과 동일시할 수 있는 등 그 존재가 형식적·명목적인 것에 지나지 아니하고, 사실상 당해 피고용인은 제3자와 종속적인 관계에 있으며 실질적으로 임금을 지급하는 주체가 제3자이고 근로 제공의 상대방도 제3자이어서, 당해 피고용인과 제3자 사이에 묵시적 근로계약관계가 성립하였다고 평가할 수 있어야 한다'[2]고 한다.

b) 예컨대 어떤 기업이 하도급을 준 경우에 하도급기업주에 의하여 채용된 근로자가 하도급기업주와의 계약에 의하여 그의 지휘·감독하에서 노무를 제공하고 있으면 하도급기업주가 사용자이다. 그러나 하도급기업이 전체로서 원도급기업에 편입되어 하도급기업의 근로자들이 원도급기업주의 구체적 노무지휘를 받을 때에는 그 원도급기업의 기업주가 사용자가 될 수 있다.[3] 이와 같은 하도급관계는 외형적으로 사내도급의 형태를 취하고 있는 경우가 보통이다.[4] 기업의 임대차·경영위임(經營委任)(상법 제374조, 제

2018 다 263519.

1) 大判 2020. 4. 29, 2018 다 263519(명의를 빌려준 의료인과 의료인이 아닌 사람 사이에서 이른바 '사무장 병원'의 운영 및 손익 등이 의료인 아닌 사람에게 귀속되도록 하는 내용의 약정이 강행법규인 의료법 제33조 2항 위반으로 무효가 된다고 하여 달리 볼 것은 아니다. 피고인 의료인이 아닌 사람은 원고 등을 직접 채용하고 업무와 관련하여 원고 등을 구체적이고 직접적으로 지휘·감독하면서 직접 급여를 지급한 사정을 감안하면, 원고 등과 피고 사이에는 실질적 근로관계가 성립하였다고 봄이 타당하다. 따라서 원고 등에 대한 임금 및 퇴직금 지급의무는 처음부터 피고에게 귀속한다. 명의대여자인 의료인과 피고 사이의 약정이 무효가 된다하더라도 원고 등에 대한 피고의 임금 및 퇴직금 지급의무는 이 약정에 따른 것이 아니므로 아무 영향을 받지 않는다. 이와 달리 판단하여 원고 등의 피고에 대한 임금 등의 지급청구를 배척한 원심판결을 파기환송한 사례).

2) 大判 2015. 2. 26, 2011 다 78316(KTX사건: 철도유통이 한국철도공사와 위탁협약을 하여 독립적으로 KTX 승객서비스경영을 하면서 여승무원을 직접 고용하여 관리·감독하에 업무에 투입하고 그에 대한 인사권을 독자적으로 행사하였다면 철도유통이 형식적·명목적인 사용자에 지나지 않는다고 볼 수 없으므로 KTX 여승무원이 주장하는 바와 같이 한국철도공사와 KTX 여승무원 사이에 묵시적 근로관계가 성립하였다고 볼 수 없다). 또한 大判 2010. 7. 22, 2008 두 4367 등 참고.

3) 大判 1990. 10. 30, 90 다카 23592(도급인의 사용자책임을 인정한 사례); 大判 2010. 7. 22, 2008 두 4367; 大判 2011. 7. 1, 2011 두 6097 등 참고. 또한 大判 2015. 2. 26, 2010 다 10643; 大判 2016. 7. 22, 2014 다 222794; 大判 2017. 1. 25, 2014 다 211619 등 참고.

4) 大判 1999. 11. 12, 97 누 19946; 大判 2008. 7. 10, 2005 다 75088(원고용주에게 고용되어 제3자의 사업장에서 제3자의 업무에 종사하는 자를 제3의 근로자라고 할 수 있으려면, 원고용주는 사업주로서의 독자성이 없거나 독립성을 결하여 제3자의 노무대행기관과 동일시할 수 있는 등 그 존재가

576조 참조)과 같은 경우에도 역시 실질적인 노무지휘권이 누구에게 있느냐에 따라 사용자를 결정하여야 한다([127] 1. (1) b) 참고).[1]

c) 근로자파견법에 따르면 파견근로자에 대해서 파견사업주와 사용사업주의 관계가 각각 분리되어 성립하게 된다. 그런 의미에서 사용자의 개념이 분열·확대되는 현상이 발생한다.[2] 파견근로자는 사용사업주의 지시·감독을 받아 사용사업주를 위한 근로에 종사하지만, 근로계약상의 사용자는 파견사업주이지 사용사업주가 아니다. 파견근로자의 고용계약 상대방 당사자는 파견사업주이기 때문이다(동법 제2조 ①). 다만, 파견중인 근로자의 파견근로에 관하여는 파견사업주 및 사용사업주를 근로기준법의 책임주체인 사용자(근기법 제2조 I ②)로 보아 동법을 적용한다(파견법 제34조 I 본문). 사용사업주는 근로기준법상의 사용자는 될 수 있어도 근로계약 당사자로서의 사용자는 아니다. 따라서 파견근로자에게 임금을 지급해야 할 사용자는 파견사업주이다(자세히는 [88] 참고).

d) 모(母)·자(子) 회사관계에 있어서도 누가 사용자인지가 문제될 수 있다. 예컨대 자회사와 모회사 간의 업무도급계약이 체결되어 자회사의 근로자가 모회사에서 근로를 하는 경우가 있다. 형식적으로는 자회사가 독립된 법인으로서 근로자들과 근로계약을 체결하고 있다 하더라도 모회사가 자회사에 대하여 경영에 관한 결정권을 행사하면서 근로자의 모집·채용에 직접 관여할 뿐 아니라 업무상 지시, 직무교육실시, 휴가사용승인 등 제반 인사관리를 시행하고, 업무수행능력을 평가하여 임금인상 수준도 결정하고 있다면, 모회사와 자회사 사이의 도급관계는 위장도급이 되고 모회사와 자회사의 근로자들 사이에는 근로계약관계가 존재한다고 보아야 한다. 다시 말하면 모회사는 해당근로자를 직접 채용한 것과 마찬가지로 사용자의 지위에 있게 된다.[3] 자회사와 모회사 사

형식적·명목적인 것에 지나지 아니하고, 사실상 당해 피고용인은 제3자와 종속적인 관계에 있으며, 실질적으로 임금을 지급하는 자도 제3자이고, 또 근로제공의 상대방도 제3자이어서 당해 피고용인과 제3자간에 묵시적 근로계약관계가 성립되어 있다고 평가될 수 있어야 한다). 同旨: 大判 2010. 7. 22, 2008 두 4367(현대차 사건). 이와 같은 판례의 태도에 대해서는 학설상의 비판이 있다. 大判 2004. 6. 25, 2002 다 56130·56147(외국의 근로자공급사업자와 체결한 조종사 파견계약에 기하여 외국인 조종사를 파견받은 국내 항공회사와 그 외국인 조종사 사이의 근로계약관계의 성립을 부인한 사례). 원도급인과 수급인의 근로자 사이에 근로자 파견관계를 인정한 사례: 大判 2012. 2. 23, 2011 두 7076. 또한 大判 2015. 2. 26, 2010 다 10643; 大判 2016. 7. 22, 2014 다 222794; 大判 2017. 1. 25, 2014 다 211619 등 참고.

1) 大判 2004. 3. 11, 2004 두 916; 大判 1979. 7. 10, 78 다 1530; 서울高判 1973. 2. 13, 72 나 1330; 1964. 1. 30, 법무 810-1376; 1972. 4, 근지 1455-4078; 1972. 2. 2, 근지 1455. 9-1080; 1969. 5. 7, 기준 1455. 9-5024. 노무공급계약의 유형에 따라 근로자에 대한 지시권의 소재도 달라지게 되는데, 이에 관하여는 김형배, '육상하역근로자의 근로기준법상의 지위', 「노동법연구」, 226면 이하 참고.

2) Otto, *ArbR* Rn. 113; 菅野, 「勞働法」, 178面 이하.

3) 大判 2003. 9. 23, 2003 두 3420(모회사가 해당 근로자들을 계약직 근로자로 신규채용하겠다는 제

이의 도급계약관계는 위장된 것으로 실질적으로 아무 효력이 없다. 자회사는 해당근로자들의 노무수행에 대하여 직접 지시·감독권을 수행하고 있지 않기 때문이다([127] 1. (1) b) 참고).

《법인격부인의 법리[1]와 근로자보호》

어떤 기업(지배기업)이 주식소유·임원파견 또는 전속적(專屬的) 하도급관계의 유지 등을 통하여 타기업(종속기업)을 지배하는 실태는 드물지 않게 존재한다. 특히 노동법과 관련해서 종속기업이 해산되거나 근로자가 해고된 경우에 종속기업의 근로자를 보호하기 위하여 지배기업의 책임을 추급하는 이론으로 활용되는 것이 법인격부인의 법리이다.

법인격부인론은 어느 기업을 지배함으로써 실질적인 책임을 부담해야 하는 자(개인 및 회사)가 별개의 법인격을 가진 주체라는 형식적 이유를 들어 책임을 회피하지 못하도록 하기 위하여 전개된 이론이다. 즉, 특정한 법률관계에서 종속관계에 있는 기업의 법인격을 부인하고 지배기업 내지 개인을 해당법률관계의 주체로 인정함으로써 문제의 올바른 해결을 꾀하는 일종의 법이론이라고 할 수 있다. 이 이론은 근로관계에 있어서 중요한 역할을 하게 된다. 법인격부인론이 적용되기 위해서는 i) 법인격(법인=종속기업)의 배후에 개인 또는 다른 법인에 의한 현실적 지배(자본관계, 임원관계, 일상적 업무나 노무에 대한 현실적 지배, 재정경리관계 등)가 있어야 하며(지배요건), ii) 개인 또는 지배기업이 피지배기업의 법인격을 위법 또는 부당한 목적으로 이용하여야 한다. 즉, 법인이(법인격)남용을 목적으로 설립되었거나, 설립된 법인이 남용목적으로 해산되어야 한다(목적요건). 예컨대 노동법에서는 개인 또는 지배기업이 노동조합을 혐오하여 부당노동행위 의사를 가지고 종속기업을 해산하는 경우가 이에 해당한다. 법인격부인론이 인정되면 종속기업이 해산되거나 근로자를 해고하더라도 종속기업의 법인격은 해당근로자와의 관계에서는 존재하지 않는 것과 같이 되고, 지배기업과 근로자 사이에 근로계약관계가 존재하는 것으로 인정된다. 따라서 지배기업은 근로관계의 유지는 물론 종속기업의 근로자에 대한 제반 책임(예컨대 사용자의 책임 등)을 부담하는 것으로 해석된다.[2]

e) 근로자의 전출([62] 참고)에 있어서도 근로계약관계는 전출을 보내는 A회사(사용자)와 전출을 가서 근무하게 되는 B회사(사용자)에 대하여 이면적(二面的)으로 존재하게 된다. 즉, A회사와 근로자 사이에는 기본적 근로계약관계가 존속하고, B회사와의 사이

의를 근로자들이 받아들이지 않은 것을 이유로 모회사가 근로자들의 근로제공을 수령거부 한 것이 부당해고에 해당한다고 한 사례).

1) 土田, 「勞働契約法」, 70面 이하, 606面; 西谷, 「勞働法」, 568面 이하 참고.

2) 위에 인용된 大判 2003. 9. 23, 2003 두 3420은 결과에 있어서 법인격부인론을 인정하는 것과 유사하다고 생각된다.

에는 노무제공과 관련된 부분적 근로관계가 성립한다.[1] B회사가 근로자를 사용하는 성질에 따라 B회사와 근로자 사이의 계약관계의 성질과 B회사의 책임범위가 결정될 수 있을 것이다. 근로자가 A회사 및 B회사에 대하여 가지는 근로관계를 하나의 통합적 법률관계로 파악한다 하더라도 사용자는 복수로 분열하여 존재하는 것으로 보아야 한다.

f) 근로계약관계가 복수로 존재하게 되어 사용자도 복수로 존재하는 경우와 외관상 또는 형식상으로는 A가 사용자이지만 실질적으로는 B를 사용자로 보아야 하는 경우는 구별해서 판단해야 한다. 전출(轉出)의 경우는 전자에 속하는 예라고 한다면, 불법도급·사내하청·자회사의 근로자 사용의 경우는 후자에 속하는 예라고 볼 수 있다. 실제에 있어서는 각 사안을 면밀히 검토하여 요건과 효과를 검토해야 할 것이다.

g) 판례[2]는 동업계약을 체결하였으나 대외적으로 경영하지 않은 자는 사용자의 지위에 있지 않다고 보고 있다. 동업자의 한 사람은 내부적 업무의 일부인 자금 관리만을 담당하였을 뿐, 다른 동업인이 사장으로서 업무를 총괄하고 대외적으로도 그 사업을 개인 사업으로 표시하여 왔다면 그 동업조합은 민법상의 조합과 구별되는 일종의 특수한 조합으로서 대외적으로는 사업을 대표하는 동업자만이 사용자이다.

3. 근로조건의 명시

a) 근로기준법 제17조 1항 1문에 따르면 사용자는 근로계약을 체결할 때에 i) 임금(동항 ①), ii) 소정근로시간(동항 ②), iii) 제55조에 따른 휴일(동항 ③), iv) 제60조에 따른 연차유급휴가(동항 ④), v) 그 밖에 대통령령(시령 제8조)으로 정하는 근로조건(동항 ⑤), 즉, 취업의 장소와 종사하여야 할 업무에 관한 사항, 근로기준법 제93조의 규정에서 정한 필수적 기재사항(동조 ①부터 ⑬), 사업장의 부속 기숙사에 근로자를 기숙하게 하는 경우에 기숙사 규칙에서 정한 사항을 명시하여야 한다(벌칙 제114조 ①). 근로자가 처음부터 근로조건의 내용을 모르고 근로계약을 체결한다는 것은 계약자유의 원칙(내용결정의 자유의 원칙)에 근본적으로 어긋날 뿐만 아니라, 근로조건의 미확정상태에서 불리한 취업을 강제당할 위험을 안게 된다.[3] 따라서 근로계약 체결 후 사용자가 위의 사항들을 변경하는 때에도 마찬가지로 근로자에게 명시하여야 한다(제17조 Ⅰ 2문).

b) 특히 명시방법에 있어서 사용자는 제17조 1항 1호와 관련한 임금의 구성항목·계산방법·지급방법 및 소정근로시간(동항 ②), 제55조에 따른 휴일(동항 ③), 제60조에 따른 연차유급휴가(동항 ④)의 사항이 명시된 서면(「전자문서 및 전자거래 기본법」 제2조 1호

1) 土田, 「勞働契約法」, 438面 이하; 西谷, 「勞働法」, 230面 이하 참고.
2) 大判 1988. 10. 25, 86 다카 175.
3) 서울民地判 1971. 10. 13, 71 가합 1663.

에 따른 전자문서를 포함한다)을 근로자에게 교부하여야 한다(근기법 제17조 Ⅱ 본문; 벌칙 제114조).[1] 그 밖의 근로조건[2]에 관하여는 서면 이외의 방법(예컨대 사내게시판 또는 인터넷의 이용)으로 명시할 수도 있다(제17조 Ⅱ 본문 참조). 다만, 위의 사항들이 단체협약 또는 취업규칙의 변경 등 대통령령으로 정하는 사유로 인하여 변경되는 경우에는 근로자의 요구가 있으면 그 명시된 서면을 해당 근로자에게 교부하여야 한다(제17조 Ⅱ 단서). '단체협약 또는 취업규칙의 변경 등 대통령령으로 정하는 사유로 인하여 변경되는 경우'란 i) 근로기준법 제51조 2항, 제52조, 제57조, 제58조 2항·3항, 제59조 또는 제62조에 따라 근로자대표와의 서면 합의에 의하여 변경되는 경우, ii) 근로기준법 제93조에 따른 취업규칙에 의하여 변경되는 경우, iii) 노조및조정법 제31조 1항에 따른 단체협약에 의하여 변경되는 경우, iv) 법령에 의하여 변경되는 경우를 말한다(근기법 시령 제8조의2. 2011. 9. 22. 신설. 2012. 1. 1 시행).[3]

c) 명시된 근로조건이 사실과 다른 경우에 근로자는 근로조건의 위반을 이유로 손해배상을 청구할 수 있으며,[4] 또한 근로관계를 즉시 해지할 수 있다(근기법 제19조 Ⅰ; 선원법 제28조 Ⅰ)(근기법 제19조의 해제는 해지를 포함하는 것으로 새기는 것이 옳을 것이다. 근로관계가 이행상태로 들어간 후의 근로관계의 종료를 뜻하는 것이기 때문이다). 이는 사용자가 근로자의 모집에 있어서 유리한 조건을 제시하고 근로자를 유인했으나 실제에 있어서는 불리한 근로조건으로 근로하게 하는 폐단을 없애기 위한 것이다. 다시 말하면 근로자가 원하지 않는 근로를 강제당하는 폐단을 신속히 정리하려는 것이다. 그러므로 즉시해지권은 취업 후 상당한 기간이 지나면 행사할 수 없다고 해석된다.[5] 근로자가 손해배상을 청구할 경우에는 노동위원회에 신청할 수 있다(근기법 제19조 Ⅱ 전단). 그러나 근로계약 체결시에 명시된 근로조건의 위반 이외의 이유로 손해배상을 청구할 때에는 노동위원회에 신청할 수는 없다.[6] 다시 말하면 노동위원회에 대한 손해배상청구의 신청은 근로계

1) 憲裁 2006. 7. 27, 2004 헌바 77. 동 규정이 포괄위임규정으로서 죄형법정주의 원칙에 위반하지 않는다고 한 헌법재판소의 결정.

2) ① 취업장소와 종사할 업무에 관한 사항, ② 취업규칙(제93조)에서 정한 사항, ③ 기숙사 규칙에서 정한 사항(시령 제8조).

3) 근로기준법 제17조(근로조건의 명시)의 규정은 2021년 1월 5일에 부분적으로 개정·신설되어, 2021년 1월 5일부터 시행되고 있다.

4) 손해배상의 내용은 일반적으로 사용자가 명시된 근로조건을 이행하였더라면 근로자가 받게 될 이익과 그 조건을 이행하지 않음으로써 발생된 상태와의 차액이다. 이 경우의 손해배상청구권은 근로계약상의 채무불이행으로 인한 손해배상청구권이지만 임금채권에 준하여 근로기준법 제49조에 따라 3년의 시효로 소멸한다는 것이 판례의 태도이다(大判 1997. 10. 10, 97 누 5732).

5) 大判 1997. 10. 10, 97 누 5732.

6) 김형배, '노동위원회를 통한 손해배상청구', 「노동법연구」, 202면 이하 참고; 同旨: 大判 1983. 4. 12, 82 누 507; 大判 1985. 11. 12, 84 누 576; 大判 1986. 1. 21, 83 누 667; 大判 1989. 2. 28, 87

약체결 당시에 명시된 근로조건이 사실과 다른 경우에 그 위반으로 인하여 발생된 손해의 배상에 대해서만 예외적으로 인정된다.

원래 노동위원회는 사용자의 채무불이행 또는 불법행위로 인한 손해배상 청구사건을 심리·판정할 권한을 가지고 있지 않다.[1] 그러나 1989년 3월 29일 근로기준법 제27조의3의 신설(현행 근기법 제28조)로 근로자는 사용자의 부당해고 등에 대한 구제를 노동위원회에 신청할 수 있게 되었다. 노동위원회는 근로기준법 제19조에 의한 손해배상청구에 관한 신청과 제28조에 따른 부당해고구제신청을 받아 판정할 수 있는 권한을 가지고 있다. 다만 근로기준법은 부당해고 등에 대해서는 구제신청과 심사절차만을 규정하고 있으므로(근기법 제28조 내지 제33조) 부당해고 등으로 인한 손해의 배상청구에 관하여 노동위원회에 신청할 수는 없다고 생각된다.[2] 원래 이러한 사건들(부당해고의 무효확인)은 일반법원에 속하는 권리분쟁의 성격을 가지는 것인데 근로자를 위하여 신속하고 경제적인 처리를 할 수 있도록 예외적으로 노동위원회의 관할을 인정한 것이다. 그러므로 부당해고 등으로 인한 손해배상청구에 관해서는 근로기준법 제28조를 기초로 노동위원회에 신청할 수 없고, 일반법원에 소를 제기하여 청구할 수 있을 뿐이다. 손해배상에 대한 노동위원회의 공법상의 행정처분은 민사법상의 집행력을 가질 수 없다.

d) 근로자가 근로관계를 해지하고 귀향하는 경우에 그 근로자가 취업을 목적으로 거주를 변경한 때에는 사용자는 그에게 귀향여비를 지급하여야 하며, 그 밖의 신뢰이익을 배상하여야 한다(근기법 제19조 Ⅱ 후단; 민법 제390조, 제393조, 제394조 참조).

4. 미성년자의 근로계약

a) 민법에 따르면 미성년자 자신이 법률행위를 하려면 원칙적으로 법정대리인의 동의를 얻어야 하며(민법 제5조 Ⅰ 본문), 동의를 얻지 않은 경우 미성년자 또는 법정대리인은 그 행위를 취소할 수 있다(민법 제5조 Ⅱ 참조). 한편 미성년자의 법정대리인은 미성년자를 대리하여 재산상의 법률행위를 할 수 있다(민법 제920조, 제938조, 제949조 참조). 이때의 법정대리인의 대리행위에는 미성년자의 동의를 요하지 않는다. 그러나 그 법정대리행위가 미성년자 자신의 행위를 목적으로 하는 채무를 성립시킬 경우(고용계약: 민법 제655조 참조)에는 미성년자의 인신적(人身的) 구속을 초래하기 때문에 미성년자 자신의 동

누 496.

1) 大判 1983. 4. 12, 82 누 507.

2) 同旨: 大判 1983. 4. 12, 82 누 507; 大判 1984. 9. 11, 84 누 448; 大判 1985. 11. 12, 84 누 576; 大判 1987. 4. 14, 86 누 233; 大判 1989. 2. 28, 87 누 496; 大判 2019. 1. 17, 2018 두 58349. 원심: 大田高判 2018. 8. 31, 2018 누 11324.

의를 얻지 않으면 법정대리인은 대리행위를 할 수 없다(민법 제920조 단서, 제949조 Ⅱ).

이와 같이 민법은 미성년자의 동의가 있으면 법정대리인이 미성년자의 고용계약을 대리할 수 있도록 규정하고 있으나, 근로기준법은 다시 보호규정(제67조 Ⅰ)을 두어 「친권자나 후견인은 미성년자의 근로계약을 대리할 수 없다」고 규정하고 있다. 법정대리인에게 근로계약의 체결을 대리할 수 없도록 하는 것은 비록 미성년자의 동의를 얻는다 하더라도 미성년자에게 불리한 친권남용의 가능성이 있으므로 미성년자의 인적 종속을 가져오는 근로계약은 미성년자 본인이 스스로 체결하도록 한 것이다. 다만, 미성년자가 근로계약을 체결하기 위해서는 법정대리인의 동의를 요함은 물론이다(민법 제5조 Ⅰ).[1)] 법정대리인은 일정한 조건을 붙여서 또는 업종이나 근무장소 등의 범위를 정해서 동의할 수 있다.

b) 미성년자의 근로계약이 유효하게 성립한 경우라 하더라도 그 근로계약이 미성년자에게 불리하다고 인정될 때에는 친권자, 후견인(법정대리인) 또는 고용노동부장관은 향후 이를 해지[2)] 할 수 있다(근기법 제67조 Ⅱ).

---

1) 동 규정의 해석과 관련하여 학설 중에는 근로계약의 체결시에는 법정대리인의 동의도 요건으로 하지 않는다는 견해가 있으나(이영준, 「한국민법론(총칙편)」, 2003, 744면), 이는 타당하지 않다. 왜냐하면 근로기준법 제67조의 법문은 법정대리인에 의한 계약체결의 대리만을 금지하고 있을 뿐이며, 미성년자의 보호를 목적으로 하는 동 규정의 취지에 비추어 미성년자의 근로계약체결시에 법정대리인의 동의를 배제하는 규정은 아니기 때문이다(同旨: 곽윤직, 「민법총칙」(신정판), 1992, 168면; 이은영, 「민법총칙」, 2004, 173면). 따라서 근로기준법 제67조 1항은 민법상의 행위무능력자인 미성년자의 보호라는 민법의 기본원칙의 예외를 인정하는 것이 아니라, 법정대리인의 대리권행사로 미성년자가 스스로 원하지 않는 노무제공(사용자에 대한 인적종속)에 강요당하는 것을 막기 위한 규정이다(노동인격의 보호). 다시 말하면 법정대리인의 동의 없이 미성년자가 단독으로 확정적인 유효한 법률행위를 할 수 있는 것은 아니다. 왜냐하면 근로계약의 체결에 의하여 미성년자는 권리만을 취득하는 것이 아니라 의무(노무제공의무) 역시 부담하기 때문이다. 근로계약의 체결시에 미성년자는 여전히 판단능력이 불완전한 행위무능력자로 전제되어 있기 때문에 법정대리인의 동의 없이 법률행위를 한 때에는 그 법률행위는 취소할 수 있는 행위가 된다(민법 제5조 Ⅱ). 따라서 미성년자인 근로자는 법정대리인의 동의를 얻어 근로계약을 체결함으로써 유효한 법률행위를 할 수 있다(同旨: 곽윤직, 「민법총칙」(신정 수정판), 1998, 139면; 이은영, 「민법총칙」, 2004, 173면). 그러나 권리만을 취득하는 임금청구는 단독으로 할 수 있다(大判 1981. 8. 25, 80 다 3149). 이 경우에 법정대리인의 임금청구의 대리를 인정하지 않는 것은 노무제공의 대가인 임금의 귀속을 미성년자에게 확보해 주기 위한 것이다. 따라서 근로기준법 제67조 1항과 제68조는 그 규정의 취지를 달리하는 것이다. 이를 구별하지 않고 미성년자인 근로자에게 단독으로 완전한 법률행위의 체결과 청구권의 행사를 모두 인정하는 것으로 해석하는 것은 옳지 않다(이영준, 「한국민법론(총칙편)」, 2003, 744면; 임종률, 「노동법」, 374면). 근로기준법 제67조 1항은 미성년자가 인적 채무를 부담하는 경우에 근로자를 보호하려는 규정이고, 제68조는 임금의 귀속을 근로자인 미성년자에게 확보해 주려는 규정이다. 특히 연소근로자의 특별보호규정인 근로기준법 제66조에서 18세 미만의 연소자를 사용하는 사용자는 그 연령을 증명하는 호적증명서와 법정대리인의 동의서를 사업장에 비치하여야 할 의무를 규정하고 있다.

2) 구 근로기준법 제53조 2항에서는 「해제」할 수 있다고 규정하고 있었으나, 근로관계가 이행상태에

법정대리인 또는 감독기관인 고용노동부장관이 미성년자에게 불리한 근로계약을 해지할 수 있는 경우, 무엇이 미성년자에게 불이익한 것인가에 관하여 이 조항은 구체적 기준을 제시하고 있지 않다. 일반적인 견해에 따르면 미성년자가 그 근로를 감당할 수 없을 정도의 사정이 존재해야 하는 것은 아니라고 하며, 법정대리인 또는 고용노동부장관이 불리하다고 인정하면 그것이 기준이 된다고 한다.[1] 그리고 이 규정(제67조 Ⅱ)에 의하여 계약이 해지된 이상 원칙적으로 이를 다툴 수 없다고 보아야 한다. 그러나 아무 이유를 제시하지 않거나 또는 이유를 제시하더라도 전혀 근거가 없는 경우에는 사용자는 권리남용을 이유로 해지의 무효를 주장할 수 있을 것이다.[2] 감독기관인 고용노동부장관에게 해지권을 부여한 것은 법정대리인이라고 하여 반드시 미성년자의 이익을 도모한다고는 볼 수 없는 경우가 있으며, 법정대리인이 없는 경우도 있으므로 이에 대비한 것이다. 이에 대하여는 벌칙규정이 있다(근기법 제114조 ①: 제67조 1항 위반 시 500만원 이하의 벌금).

c) 사용자는 18세 미만인 사람과 근로계약을 체결하는 경우에는 근로기준법 제17조에 따른 근로조건을 서면(｢전자문서 및 전자거래 기본법｣ 제2조 1호에 따른 전자문서를 포함한다)으로 명시하여 교부하여야 한다(근기법 제67조 Ⅲ, 2021년 1월 5일부터 시행).

d) 여기서 주의해야 할 것은 근로계약의 체결에 있어서의 미성년자의 개념과 근로기준법상의 「소년」 근로자의 개념은 구별해야 한다는 점이다. 즉, ⅰ) 미성년자란 행위능력이 없는 19세 미만인 사람(민법 제4조 참조)을 의미하지만, 근로기준법의 '연소' 근로자란 15세 이상 18세 미만의 사람을 말한다(근기법 제64조 이하; 헌법 제32조 Ⅴ 참조). ⅱ) 15세 미만인 사람[3](｢초·중등학교법｣에 따른 중학교에 재학 중인 18세 미만인 사람을 포함한다)

들어간 후에는 그 효력이 장래에 대하여만 미치는 것이므로 현행 근로기준법 제67조 2항에서 이를 「해지」로 고쳐 규정한 것은 적절한 것으로 판단된다.

1) 심태식, 「개론」, 350면. 참고로 근로감독관집무규정 제70조에서는 미성년자에게 불리한 근로계약의 해지에 관하여 다음과 같이 규정하고 있다. 「감독관은 「근로기준법」 제67조 2항에 따른 미성년자의 근로계약이 다음 각 호의 어느 하나에 해당하는 경우에는 그 근로계약을 해지할 수 있다.

1. 「근로기준법시행령」 제40조의 별표 4(현행 시행령에는 제40조의 [별표 4]가 존재하지 않는다) 중 18세 미만인 자의 사용금지직종에 규정된 도덕상 또는 보건상 유해·위험한 직종에 사용하는 근로계약인 경우
2. 근로계약의 내용이 법령 또는 사회통념에 반한 경우
3. 근로계약기간 중 업무를 감당할 수 없는 심신의 장해가 발생하였거나 발생할 우려가 있는 경우
4. 친권자나 후견인의 동의 없이 18세 미만인 자와 근로계약을 체결한 경우」

2) 下井, 「勞働基準法」, 422面.

3) 1996년 12월 31일의 근로기준법개정에서 근로자로 취업할 수 있는 최저연령이 종전의 13세에서 15세로 상향조정되었다. 이와 같이 개정된 것은 우리나라의 의무교육연한이 중학교까지로 확대된 제도의 취지를 반영한 것으로, 연소자가 의무교육을 받는 데 지장이 없도록 하기 위한 것이다. 이는 또

은 근로자로 사용하지 못한다. 다만, 대통령령으로 정하는 기준에 따라 고용노동부장관이 발행한 취직인허증(就職認許證)을 지닌 사람은 근로자로 사용할 수 있다(근기법 제64조 I; 시령 제35조). 이 규정은 사용금지 연소(年少)근로자를 정한 것이다. 즉 15세 미만인 연소자와 초·중등학교에 재학중인 18세 미만의 연소자는 사용이 금지된다(벌칙 제110조 ①).[1] iii) 임산부와 18세 미만자는 도덕상 또는 보건상 유해·위험한 사업에 사용하지 못한다(근기법 제65조 I, 벌칙 제109조 I). iv) 선원법 제91조는 16세 미만 또는 18세 미만인 사람을 선원으로 사용하는 것을 금지하면서 그 예외 내지 승인에 관하여 규정하고 있다.

5. 계약 체결의 교섭과 사용자의 질의·조회 및 근로자의 응답과 진실고지의무

(1) 근로계약 체결의 교섭

a) 근로계약의 체결을 위하여 구인자(求人者)와 구직자(求職者)가 교섭하는 동안은 근로계약관계가 존재하지 않는다. 이와 같은 관계는 노동인력을 필요로 하는 구인자 측에서 채용광고를 내면서 시작(청약의 유인)되지만 구체적으로는 구직자가 채용서류를 제출(청약)하고 회사의 면접시험에 응하면서 개시된다고 할 수 있다. 채용과정에서 채용절차의 최소한의 공정성을 확보하기 위하여 「채용절차의 공정화에 관한 법률」(제정 2014. 1. 21)과 동법 시행령(제정 2014. 12. 23)이 제정되어 있다. 이 법률은 채용절차의 공정성 확보를 위하여 구직자의 부담을 줄이고 권익을 보호하는 것을 그 주된 목적으로 제정된 것이므로 구인자의 의무를 위주로 규정하고 있다.[2] 채용절차공정화법의 규정들은 구인자의 위반행위에 대하여 벌칙(제16조: 제4조 1항 위반 행위에 대하여 5년 이하의 징역 또는 2

한 ILO 의 기준에도 부합한다(ILO 제138호협약, 1973).

1) 사용이 금지된 자와의 근로계약의 체결 또는 기타 법령에 위반한 근로계약의 체결의 경우에는 우선 사용자에게 벌칙의 제재가 가해진다. 그리고 사용이 금지된 자에게 계약상의 채무이행을 요구할 수 없다는 의미에서 그 근로계약은 무효라고 할 수 있다. 그러나 사용이 금지된 자가 이미 현실적으로 근로를 제공한 경우에는 그러한 한도 내에서 그 근로관계는 유효하게 존속했던 것으로 취급하여야 하므로 그 자도 근로계약상의 임금청구권을 가지며 기타 노동법상의 보호를 받아야 한다. 따라서 이를 민법의 부당이득제도(민법 제741조)에 의하여 처리할 것은 아니다. 오늘날 민법상의 계속적 채권관계의 취소·해지에 관한 이론도 이러한 태도를 취하고 있다. 김형배, '노동법과 사법질서', 「헌법과 현대법학의 제문제」, 유진오박사 고희기념논문집, 1975, 333면; Lieb/Jacobs, *ArbR* Rn. 135 참고.

2) 거짓 채용광고의 금지(제4조), 기초심사자료(응시원서, 이력서 및 자기소개서), 표준양식의 사용 권장, 전자우편 등을 통한 채용서류의 접수(제7조), 채용일정 및 채용과정의 고지(제8조), 채용심사비용의 부담금지(제9조), 채용여부고지(제10조), 채용서류의 반환 등(제11조), 입증자료(학력증명서, 경력증명서, 자격증명서 등), 심층심사자료(작품집, 연구실적물 등)의 제출제한(제13조) 등에 관한 대부분의 규정들이 구인자의 의무규정이다. 그러나 구직자의 채용서류(제2조 6호 참조) 거짓 작성을 금지하는 규정(제9조)도 있다.

천만원 이하의 벌금) 및 과태료 부과를 정하고 있으므로 공법적 성질을 가진다고 보아야 한다. 따라서 이 법률은 구인자와 구직자 사이의 사법적 관계를 직접 규율하는 법은 아니다. 이 법률은 상시 30명 이상의 근로자를 사용하는 사업 또는 사업장의 채용절차에 적용된다(제3조).

b) 구인자와 구직자 사이의 교섭관계는 구직자가 구인자인 회사의 채용계획과 절차에 관하여 문의를 하거나 채용광고를 보고 채용서류를 제출(청약)하는 때부터 이루어진다고 볼 수 있다. 이러한 관계는 본계약(근로계약)을 체결하기 전에 그 준비과정에서 발생하는 것이므로 일반적인 계약관계라고 볼 수 없다. 구직자는 채용서류[1]를 제출하고, 구인자는 서류심사 합격 여부를 구직자들에게 알리며 서류심사 합격자에 대한 시험이나 면접을 실시하게 된다. 이러한 과정에 대해서 공법적 성질을 가진 채용절차공정화법이 적용되지만 사법(私法)상으로는 민법 제535조의 계약 체결상의 과실에 관한 규정이 유추 적용된다고 보아야 할 것이다.[2]

다시 말하면 계약 체결 전인 채용과정 중에 교섭당사자들 사이에 교섭상대방의 현존 법익(Integritätsinteresse)을 침해하지 않을 일반적 주의의무 이외에 설명의무, 협조의무, 배려의무 등 신의칙상 준수해야 할 채무가 존재한다고 새기는 것이 옳을 것이다.[3] 채용과정 중에는 위와 같은 의무가 발생하므로 구인자는 구직자가 제출한 채용서류를 주의의무를 가지고 보관하여야 하고 채용절차가 끝난 다음에는 불합격자(채용되지 않은 사람)에게 서류를 반환해야 한다. 합격자에게도 학위증명서, 경력증명서, 자격증명서 등의 원본은 반환해야 하고 작품집, 연구실적물 등은 돌려주어야 한다. 구인자가 중요한 원본서류를 훼손했거나 더럽힌 때에는 응모자는 손해배상을 청구할 수 있다.[4] 구인자가

---

1) 채용서류란 기초심사자료(응시원서, 이력서 및 자기소개서), 입증자료(학력증명서, 경력증명서, 자격증명서 등) 및 심층심사자료(작품집, 연구실적물 등)를 말한다(채용절차공정화법 제2조 ③내지⑥ 참조).

2) 판례는 계약교섭단계에서 정당한 이유없이 계약의 체결을 거부하는 경우 상대방에게 계약체결에 대한 기대를 주어 손해를 발생케 하였다면 신의성실의 원칙에 비추어 그러한 행위는 계약자유의 한계를 넘는 위법한 행위로서 불법행위를 구성한다고 한다(大判 2001. 6. 15, 99 다 40418). 또한 계약교섭 중 당사자의 일방이 신의칙에 반하여 중도파기를 하였다면 이로 인하여 입은 계약준비비용의 손해를 배상해야 한다는 판례가 있다(大判 2003. 4. 11, 2001 다 53059). 판례가 계약체결 중의 과실책임을 불법행위책임으로 보는 것은 반드시 옳다고 보기 어렵다. 계약교섭 중 상대방에 대한 주의의무(채무)위반의 계약책임으로 보아야 할 것이다(土田, 「勞働契約法」, 224面 참고).

3) 독일민법 제311조 2항 및 제241조 2항은 계약교섭의 개시(Aufnahme von Vertragsverhandlungen)에 의하여도 상대방의 권리, 법익 및 이익을 배려해야 할 채권관계가 성립한다고 규정하고 있다. 제311조 2항 및 제241조 2항에 의하여 성립한 의무에 대해서는 제280조(의무위반에 의한 손해배상책임)가 적용된다. 이 규정은 2002년 1월 2일에 신설·시행되고 있다(독일채권법 현대화 개정).

4) Hromadka/Maschmann, *Arbeitsrecht*, Bd. 1, § 5 Rn. 37.

채용을 가장하여 아이디어를 수집하거나 사업장을 홍보하기 위한 목적 등으로 거짓 채용광고를 내서 이에 응모한 사람이 손해를 입은 경우에 구인자의 거짓 채용광고행위에 대해서는 채용절차공정화법 제16조에 의한 벌칙(5년 이하의 징역 또는 2천만원 이하의 벌금)이 적용되는 외에 거짓 광고행위로 인하여 손해를 입은 구직자는 구인자에게 그 배상을 청구할 수 있다고 보아야 한다. 구인자가 동법 제4조 2항 또는 3항을 위반하였거나, 제11조 3항 및 6항을 위반한 경우에도 마찬가지이다.

채용절차공정화법의 규정들이 근로계약체결 교섭 중에 있는 당사자들 사이의 채권관계의 내용으로 전화(轉化)될 수 있는 것인지는 의문이다. 그러나 동법 규정들은 계약체결 교섭 중에 있는 당사자들의 채무(특히 구인자의 채무) 내용을 해석하는 기준이 될 수 있을 것이다.

구인자에게는 그 기업이 필요로 하는 유능하고 장래성 있는 적임자를 선발하는 것이 채용심사의 목적이라고 할 수 있다. 그러므로 구인자는 채용심사에 필요한 채용서류 제출에 드는 비용 이외의 일체의 금전적 비용(채용심사비용)을 구직자에게 부담시키지 못한다(채공법 제9조 본문). 채용서류의 제출, 필기시험 또는 면접을 위해 지출한 교통비는 구직자가 스스로 부담하여야 한다. 다만 구인자(사용자)가 어느 특정인을 특별채용하기 위하여 면접을 요청한 경우에는 구인자가 그 비용을 부담해야 할 것이다(민법 제687조 참조).[1)]

(2) **구인자와 구직자의 일반적 의무**

계약체결 교섭단계에 있어서도 구인자와 구직자 사이에는 상대방의 법익을 침해하지 않을 의무, 설명의무, 주의의무(채용서류의 보관의무 등), 배려의무 등이 존재한다.

a) 구인자는 예컨대 구직자를 채용한 후 가까운 장래에 근로관계를 종료시켜야 할 사정이 발생한 때에는 지체없이 이를 고지할 설명의무를 부담한다. 또한 구직자가 채용된 후 수행해야 할 업무내용이 근로계약의 체결 여부를 재고(再考)할 정도로 위험한 성질을 지니고 있는 것인 경우에는 구인자는 이러한 사정에 관하여 구직자에게 설명할 의무를 진다. 이미 회사 측에서 계획하고 있는 사업양도나 회사의 장소(근무지)이전 등의 경우에도 마찬가지이다. 급여(임금)액이 고정급이 아닌 실적급이거나 일정한 조건 또는 적용기준에 따라 유동적인 때에도 구인자는 그러한 사항에 관하여 설명의무를 부담한다.[2)] 구인자(사용자)가 계약체결 교섭 중에 구직자에게 계약이 틀림없이 체결될 것이라는 잘못된 인식을 가지도록 하여 구직자가 그때까지 유지하고 있던 다른 직장을 사퇴해도 좋다는 의미로 받아들였다면 구인자는 계약체결상의 과실책임, 즉 손해배상책임을

1) Hromadka/Maschmann, *Arbeitsrecht*, Bd. 1, § 5 Rn. 38.
2) *ErfK*/Preis, BGB § 611a Rn. 261.

면할 수 없을 것이다.[1] 판례에 따르면 어느 일방(구인자)이 교섭단계에서 계약이 확실하게 체결되리라는 정당한 기대 내지 신뢰를 부여하여 상대방(구직자)이 그 신뢰에 따라 행동하였음에도 상당한 이유없이 계약의 체결을 거부하여 손해를 입혔다면 신의성실의 원칙에 비추어 볼 때 계약자유 원칙의 한계를 넘는 위법한 행위로서 불법행위를 구성하지만 배상받을 수 있는 손해는 신뢰손해에 한정된다고 한다.[2] 다만, 구인자는 실질적인 사유나 근거가 있을 때에는 언제든지 계약체결의 교섭을 중단할 수 있다고 보아야 한다.

b) 구직자에게도 계약체결 교섭 중에 준수해야 할 의무들이 있다. 구직자는 구인자에게 제출하는 채용서류를 거짓으로 작성하여서는 아니 된다(채공법 제6조). 구직자가 제출한 구비서류에 대하여 구인자가 제대로 이해할 수 없는 사항에 대해서는 구인자의 요청이 있으면 충분한 설명을 해야 한다. 구직자는 구인자의 질의나 정보조회에 수동적으로 응하는 지위에 있는 것이 일반적이지만 구직자가 채용된 후에 수행해야 할 업무와 관련해서 신의칙상 구인자에게 반드시 알려야 할 사항에 관해서는 고지의무(Offenbarungspflicht)를 부담한다. 예컨대 구직자가 채용된 후에 담당할 업무수행을 어렵게 하거나 불가능하게 하는 질병을 가지고 있는 때에는 이를 고지해야할 의무를 부담한다. 이에 관해서는 다음에서 설명한다.

c) 계약체결 교섭 중의 당사자들 사이에 설명의무, 주의의무, 배려의무 등을 인정한다면 그러한 의무위반으로 손해가 발생한 경우 그 배상범위는 반드시 신뢰이익에 한정될 것은 아니라고 판단된다. 계약교섭 과정 중에 성립하는 당사자 사이의 채권·채무관계는 계약 체결에 따른 주된 급부의무가 없는 법률관계이다. 그렇다고 하여 구인자가 설명의무, 주의의무, 배려의무 등의 위반행위를 하지 않았더라면 발생하지 않았을 손해를 구직자가 청구할 수 없다고 보아서는 아니 될 것이다.[3]

---

1) *ErfK*/Preis, BGB §611a Rn. 262(BAG 15. 5. 1974 AP BGB §276 Verschulden bei Vertragsabschluß Nr. 9 참고). 이와 유사한 사안에 관한 판례가 있다. 즉, 학교법인이 사무직원 응모자를 채용시험의 최종합격자로 결정하고 그 통지와 아울러 1985. 5. 10 자로 발령하겠으니, 제반 구비서류를 같은 해 5. 8까지 제출해 달라는 통지를 하여 이 통지에 따른 구비서류들을 제출하게 한 후, 응모자의 발령을 지체하고 여러 번 발령을 미루었으며 드디어는 1990. 5. 28 그 응모자를 직원으로 채용할 수 없다고 통지할 때까지 임용만 기다리면서 다른 일에 종사하지 못한 경우 이러한 결과발생의 원인이 학교법인이 경영하는 대학의 재정형편, 적정한 직원의 수, 입학정원의 증감 여부를 제대로 헤아리지 못한 과실에 연유하는 것이라면 학교법인은 불법행위자로서 응모자가 위 최종합격통지와 계속된 발령 약속을 신뢰하여 직원으로서 채용되기를 기대하면서 다른 취직의 기회를 포기함으로써 입은 손해를 배상할 책임이 있다(大判 1993. 9. 10, 92 다 42897). 판례는 이 경우에 불법행위가 성립한다고 판단하고 있으나, 채무불이행책임이 인정되어야 할 것으로 생각된다.

2) 大判 2001. 6. 15, 99 다 40418; 大判 2003. 4. 11, 2001 다 53059.

3) *ErfK*/Preis, BGB §611a Rn. 267 참고. 그러나 정당한 사유에 의한 교섭 중단의 경우 구직자는 근로관계가 성립한 것과 같은 지위를 청구할 수 없다(*ErfK*/Preis, BGB §611a Rn. 268. 大判 1993. 9.

⑶ 구인자의 질문(권) 및 조회

a) 의 의 기업을 운영하는 사업주는 근로자의 모집·응모 과정을 통해서 능력·기술·자질 및 인품을 갖춘 적임자를 선발하는데 대한 커다란 이해관계를 가진다. 사업운영에서 우수한 인력이 차지하는 비중이 결정적이기 때문이다. 따라서 사업주는 근로계약 체결과정에서 구직자에 대한 질문을 통하여 구직자가 지니고 있는 기능·기술·인품·적성 등 중요한 사항에 관하여 필요한 정보를 얻으려고 노력하는 것은 정당시된다. 그러나 사업주의 질문(권)과 조회는 구직자 개인의 인격권(존엄과 가치) 그 밖의 보호법익(개인정보, 사생활보호, 프라이버시 등)에 의한 제한을 받는다.

b) 구인자의 질문(권)

1) 구인자(장래의 사용자)는 장차 근로계약이 체결되면 구직자(장래의 근로자)가 부담하는 근로관계에 따른 의무와 실질적 관련이 있는 사항에 관하여 질문(질의)할 수 있는 권한을 가진다. 구인자는 적법한 방법을 통하여 정보를 수집하여 우수한 인력을 선발·채용할 수 있는 계약의 자유 내지 계약체결의 자유를 가지므로 그의 질문에 대한 구직자의 회답에 대하여 정당하고, 사회통념상 용인되며 또한 현실적으로 보호받을 수 있는 이익을 가진다고 보아야 한다.[1] 그러나 구인자의 질문의 목적은 구직자의 업무상의 적성을 평가하기 위한 것들이어야 한다. 다음과 같은 사항들이 이에 속한다. 첫째는 구직자의 전문적·직업적 능력에 관한 사항이다. 이는 구직자가 앞으로 취업하게 될 업무와 직접 관련된 적성에 관한 사항이므로 구인자의 질문은 거의 제한을 받지 않는다고 보아야 한다. 학교교육과 졸업 여부, 학력, 자격·능력시험, 직업교육, 직업능력자로서의 활동, 경력, 최종 직장 등이 이에 속한다. 이러한 사항에 관해서 구인자는 이력서·자기소개서 외에 학위증명서·자격증명서·경력증명서·연구실적자료 등의 제출을 요구할 수 있다(채공법 제2조 ③내지⑥ 참조). 둘째로 구직자의 신체·건강에 관한 사항이다. 특히 육체적 근로를 제공하게 될 구직자에게는 건강 내지 신체적 적성 여부에 대한 자세한 검사를 요구하더라도 부당하다고 볼 수 없다. 셋째로 인성 내지 전인격(全人格)에 관한 사항이다. 이에 관한 질문은 구직자의 인격권 내지 품위에 저촉될 가능성이 있으므로 해당 기업의 목적활동과 기업질서와 관련해서 필요한 한도 내에서만 허용된다고 보아야 한다.[2] 예컨대 구직자가 간부직에 임용되거나 회사의 경리직을 담당하게 되거나 기업의 비밀이나 중요 정보를 취급하게 될 경우에 전과사실, 신용관계, 재산상태에 관한 질문을

10, 92다 42897 참고).

1) 독일판례는 이러한 구인자의 이익은 구직자의 이익에 앞설 만큼 선도적이라고 한다(BAG 15.11. 2012, NZA 2013, 429 등). Hromadka/Maschmann, *Arbeitsrecht*, Bd. 1. Rn. 39.

2) Hromadka/Maschmann, *Arbeitsrecht*, Bd. 1, §5 Rn. 42 참고.

하더라도 부적법하다고 볼 수 없다. 넷째로 구인자는 특정 구직자를 차별할 의도를 가지고 부적당한 질문을 하거나 필요 이상으로 캐묻는 행위를 하여서는 안 된다. 차별금지규정(근기법 제6조; 남녀고평법 제7조 I, II 등 참조)에 반하는 질문을 함으로써 채용 여부에 영향을 주는 판정을 해서는 아니된다.[1] 구인자는 구직자의 일반적 인격권을 침해하는 질문을 할 수 없음은 물론이다. 이러한 부적법한 질문에 대해서 구직자는 응답할 필요가 없으며 사실(진실)에 합치하지 않는 응답을 해도 된다는 것이 독일학계와 판례의 지배적 견해이다.[2] 그러나 구직자가 구인자의 질문에 침묵하는 경우에 구직자는 무엇인가를 숨기고 있다는 의심을 받게 되어 결과적으로 채용결정에 불리한 결과를 초래할 수 있을 것이다. 따라서 구직자는 사실과 다른 답변을 해도 용인될 수밖에 없다. 독일 판례는 구인자의 질문이 적법한 것인 때에는 구직자의 거짓 해답은 기망행위(경력사칭 등)에 해당하므로 구인자는 계약을 취소할 수 있지만(독일민법 제123조; 우리민법 제110조 I 참조), 구인자가 그러한 내용을 물어볼 권리를 가지고 있지 않을 때에는 기망으로 인한 취소의 요건이 갖추어질 수가 없으므로 기망 자체가 인정되지 않는다고 한다.[3]

2) 이상에서 언급한 사항 이외에 다음과 같은 질문들의 적법성 여부가 문제된다. i) 특히 외국인 응모자의 경우 체류허가 및 취업허가가 문제된다. 외국인은 체류 및 취업허가 없이는 취업할 수 없으므로 이에 대한 질문이나 해당 서류의 제출을 요구하는 것은 적법하다(출입국관리법 제18조 참조)([32] 2. c) 참고). ii) 신체적 또는 정신적 장애 내지 건강 이상(異常)에 대한 질문은 업무의 정상적 수행에 중요한 또는 결정적 요건이 되기 때문에 이에 대한 질문이나 필요한 증빙서류(건강진단서)의 제출요구는 적법하다. iii) 구직자의 인성이나 전과(前科)에 의심이 있는 경우에 이에 대한 질문을 하거나 조회를 하는 것은 적법하다고 보아야 한다. 그러나 징역, 100만원 이상의 벌금, 1개월 이상의 징계와 같이 그 벌칙이나 징벌의 종류와 정도를 적시하지 않은 질문이나 조회는 구인자의 이익을 보호한다는 이유만으로 정당화될 수 없다.[4] iv) 노동조합의 가입 여부를 묻거나, 채용 후에 노동조합에 가입할 것인지를 묻는 것은 노조및조정법 제81조 1항 2호에 위배되는 부당노동행위에 해당하여 적법하지 않다. 구직자가 노동조합에 가입하지

1) Hromadka/Maschmann, *Arbeitsrecht*, Bd. 1, § 5 Rn. 44. 구인자의 질문이 장차 구직자가 수행할 업무나 그 수행능력 또는 자격과 밀접한 것 일수록 그 적법성의 정도는 더욱 확고해지지만, 업무능력이나 자격과의 관련성이 인정되지 않는 사항에 대해서는 구인자가 질문을 할 수 없다고 보아야 한다. 여자 구직자에 대한 결혼 여부 또는 자녀 출산 여부에 대해서는 특별한 경우를 제외하고는 구인자의 적법한 질문권이 주어지지 않는다. 남녀고용평등법에 반하기 때문이다(남녀고평법 제7조 I, II 참조).

2) *ErfK*/Preis, BGB § 611a Rn. 286; 참고 BAG 11.11.1993, 18.10.2000 AP 38.39 zu 123 BGB.

3) BAG 5.10.1995 NZA 1996, 371 등. *ErfK*/Preis, BGB § 611a Rn. 286 참고.

4) Hromadka/Maschmann, *Arbeitsrecht*, Bd. 1, § 5 Rn. 48 참고.

않겠다고 하였으나 취업 후에 노동조합에 가입하더라도 사용자는 기망을 이유로 근로계약을 취소하거나 그 근로자를 해고할 수 없다. 기망행위가 성립할 수 없기 때문이다.[1] ⅴ) 구직자가 취업개시일에 맞추어 예정된 업무를 수행할 수 있는지, 주기적으로 반복되는 건강상의 이상이 있는지, 업무수행에는 지장을 주지 않으나 동료 근로자 또는 고객에게 전염될 수 있는 질병을 보유하고 있는지를 묻는 것은 적법하다고 보아야 한다(감염성 질병에 관해서는 다음의 (4) 구직자의 진실고지의무 참고). 그 이외에 업무와 관련이 없는 사소한 질병이나 사생활 영역에 속하는 사항(가족계획, 이혼경력, 사실혼관계 등)에 대해서는 질문이 허용되지 않거나 엄격한 기준이 적용(특정 종교단체의 경우)되어야 할 것이다.[2] ⅵ) 임신 여부에 관한 질문은 적법하지 않다. 여성만을 채용하는 경우이거나, 채용 예정된 일자리의 근로가 임신한 여성 구직자에게 모성보호법상(근기법 제70조 Ⅱ, 제74조: 야간근로 및 출산전후의 근로. 또한 남녀고평법 제18조 이하 참조) 금지되어 있는 경우에도 구인자는 임신 여부를 물어볼 수 없다는 것이 독일판례의 태도이다.[3] 모성의 건강과 태아의 건강을 객관적으로 보호하기 위해서이다. 또한 임신한 근로자를 대체하기 위해서 여성 구직자를 채용해야 하는데 그 구직자가 임신 중이어서 취업이 실현될 수 없는 경우에서조차도 구인자는 임신여부를 물을 수 없다는 것이 유럽연합(EU)법원의 판례의 태도이다.[4] ⅶ) 구인자의 사업이 정당과 직접적인 관련이 없는 한 구직자에게 정당가입 여부를 묻는 것은 원칙적으로 부적법하다.

c) 구인자의 조회권과 개인정보 보호

1) 구인자는 구직자의 채용결정 및 채용(근로계약의 체결) 후 구직자가 수행할 업무와 관련된 개인정보를 조회하고 처리(수집·보유·편집·검색 등)할 수 있다고 보아야 한다. 구인자는 그러한 목적에 필요한 범위에서 최소한의 개인(구직자)정보만을 적법하게 수집해야 하고(개인정보 보호법 제3조 Ⅰ), 그 목적 외의 용도로 사용하여서는 아니된다(동법 제3조 Ⅱ 이하 참조).[5]

---

1) *ErfK*/Preis, BGB §611a Rn. 278 참고.

2) *ErfK*/Preis, BGB §611a Rn. 282; *Schaub*/Linck, *ArbRHandb* §26 Rn. 21a f. 참고.

3) 독일판례: BAG 6.2.2003, NZA 203, 848 참고.

4) EuGH 4.10. 2001 AP Nr. 27 zu EWG－Richtlinie Nr. 761207＝NZA 2001, 1241. 유럽연합 법원의 판례는 여자구직자가 임신상태라는 이유로 채용절차의 진행을 거부하는 것도 부적법하다는 엄격한 태도를 취하고 있다. 독일 연방노동법원은 무기근로계약직에 관해서는 유럽연합 법원의 판례를 따르고 있다(BAG 6.2.2003 AP Nr. 21 zu §611a BGB＝NZA 2003, 848. *Schaub*/Linck, *ArbRHandb* §26 Rn. 32 참고).

5) 독일연방정보보호법(Bundesdatenschutzgesetz(BDSG) 2017.6.30.) 제26조는 취업관계 즉 근로계약의 체결, 근로계약에 따른 업무수행, 법률 또는 단체협약에 따른 권리·의무의 행사 및 이행을 위한 목적의 범위에서 취업자(근로자)의 개인정보의 처리와 개인정보 보호에 관하여 자세히 규정하고 있다.

2) 구직자는 개인정보의 처리에 관한 동의 여부, 동의 범위 등을 결정할 권리, 개인정보의 처리 여부를 확인하고 개인정보에 대하여 열람(사본의 발급 포함)을 요구할 권리, 개인정보의 처리정지·삭제 및 파기를 요구할 권리, 개인정보의 처리로 인하여 발생한 피해를 신속하고 공정한 절차에 따라 구제받을 수 있는 권리를 가진다(개인정보 보호법 제4조 ①내지⑤). 개인정보 보호법 제39조 1항은「정보주체는 개인정보처리자가 이 법을 위반한 행위로 손해를 입으면 개인정보처리자에게 손해배상을 청구할 수 있다. 이 경우 개인정보처리자가 책임을 면하려면 고의 또는 과실이 없음을 입증해야 한다」고 규정하고 있다. 동법 같은 조 3항은「개인정보처리자의 고의 또는 중대한 과실로 인하여 개인정보가 분실·도난·유출·위조·변조 또는 훼손된 경우로서 정보주체에게 손해가 발생한 때에는 법원은 그 손해의 3배를 넘지 아니하는 범위에서 손해배상(징벌적 손해배상)을 정할 수 있다」고 규정하고 있으며, 같은 조 4항은 법원이 징벌적 손해배상액을 정할 때 고려할 사항에 관하여 자세히 규정하고 있다. 또한 개인정보 보호법은 법정손해배상의 청구에 관한 특별규정을 두고 있다(제39조의2: 2015. 7. 24 신설).

(4) 구직자의 질문과 진실고지의무

a) 구직자의 질문 구직자는 근로계약 체결의 교섭당사자로서 그가 응모하는 회사 및 사업장에 관하여 구인자에게 질문(문의)할 정당한 이익을 가지고 있다. 직장은 그의 경제생활, 기능·기술의 습득, 사회적 접촉 등 경력과 밀접한 관계를 가지고 있기 때문이다. 어느 특정 회사와 근로계약을 체결한다는 것은 여러 가지 가능성을 제공하기도 하지만 예기치 않은 위험(Risiko)을 가져올 수도 있으므로 구직자는 계약을 체결하기 전에 자기가 수행할 업무에 관한 중요 사항과 정보들을 질문할 이익을 가진다. 근로기준법은 근로자와 사용자는 동등한 지위에서 자유의사에 따라 근로조건을 결정하여야 한다고 규정하고 있으며(제4조), 사용자는 근로계약을 체결할 때에 임금, 소정근로시간, 휴일, 연차유급휴가, 취업하여야 할 장소와 종사하여야 할 업무에 관한 사항, 퇴직에 관한 사항, 퇴직급여에 관한 사항 등을 명시하여야 하므로(근기법 제17조, 제93조, 동법 시령 제8조 참조) 구직자는 이에 관한 사항 또는 이와 관련된 사항에 관하여 질문할 수 있다. 구인자(사용자)는 계약체결 교섭기간 중에 구직자에 대하여 회사의 비밀사항, 신뢰에 관한 사항, 부정적 평가에 관한 사항이 아니면 구직자에게 성실하게 답변하여야 한다.

b) 구직자의 진실고지의무

1) 위에서 살핀 바와 같이 구직자는 구인자의 정당한 또는 적법한 질문에 대해서 성실하게 대답하거나 설명할 의무를 부담하는 것이 원칙이다. 그러나 구직자는 구인자의 적법한 질문이나 문의 여부와 관계없이 구인자에게 고지의무(Offenbarungspflicht)를

부담하는 경우가 있다. 다음과 같은 경우들이 이에 해당한다. 구직자가 자신이 종사하게 될 업무에 대한 자격이나 능력이 전혀 없다거나, 자신이 숨기고 있는 사정으로 인해서 근로계약상의 급부의무 이행이 사실상 불가능하게 될 수도 있음을 알고 있는 경우에는 구직자의 진실고지의무가 인정된다. 이러한 경우에 구직자가 스스로 진실을 고지할 것을 구인자는 신의칙상 기대할 수 있다고 보아야 한다.1) 다만, 구인자가 적법한 질문을 할 수 없는 사항(예컨대 여성 구직자의 임신 여부)에 대해서는 진실고지의무가 성립할 여지가 없음은 물론이다. 그러므로 구직자의 진실고지의무는 구인자가 적법하게 질문할 수 있는 사항이나 사실에 관한 경우에 문제된다. 근무를 개시할 시점이나 그 직후에 현재 앓고 있는 질병으로 인해서 노무제공이 불가능하다면 구직자는 진실을 고지할 의무를 부담한다. 자동차운전기사로 응모하는 자가 알콜 중독자인 때에도 그 사실을 구인자에게 알려야 한다. 음주상태에서 차를 모는 것 자체가 사고를 유발할 수 있다는 추상적 위험만으로도 구직자의 부적격 사유가 되기 때문이다. 전직(前職) 회사의 사용자와 경업금지약정을 한 사실이 있는 구직자는 그 사실을 고지해야 한다. 전직 사용자가 경업금지약정 위반을 이유로 이의를 제기함으로써 구직자가 업무를 수행할 수 없게 되거나 중도에 업무수행을 중단하게 될 가능성이 있기 때문이다. 구직자가 담당할 직책상 각별한 신뢰관계가 요구되는 경우에는 전과(前科) 사실이나 무거운 징계경력은 고지의무의 대상이 될 수 있다. 금고형을 받게 된 경우에도 고지의무가 인정된다. 장기간 업무수행을 할 수 없게 되거나 예정된 중요 업무수행에 차질이 발생하게 되면 구인자에게 적지 않은 경제적 부담을 안겨줄 수 있기 때문이다. 구직자가 형을 받게 된 죄가 어떤 종류의 것인지는 문제되지 않는다.2)

2) 구인자가 채용 결정 전에 구직자의 고지의무위반 사실을 알게 된 때에는 근로계약 체결을 거부할 수 있고, 채용절차 진행 중에 구직자가 고지의무를 다하지 않음으로써 발생한 손해에 대하여는 배상을 청구할 수 있다(위의 (2) 참고). 또한 구직자가 거짓된 사실을 진술하거나 고지의무 사항에 관하여 침묵함으로 인하여 근로계약이 체결되었다면 구인자는 그의 채용의 의사표시를 착오(민법 제109조) 또는 기망(제110조)을 이유로 취소할 수 있을 것이다. 구인자는 근로계약을 소급적으로 취소할 수 있으며(민법 제141조), 그에게 손해가 발생한 때에는 그 배상을 청구할 수 있다. 그러나 이미 근로계약관계가 성립되어 노무제공이 현실적으로 실행된 경우에는 사용자의 취소권 행사는 장래에 대해서(ex nunc)만 효력을 가진다([39] 6. (2) (b) 참고).3)

1) *ErfK*/Preis, BGB §611a Rn. 288 및 그 곳에 인용된 독일판례·문헌 참고.

2) *ErfK*/Preis, BGB §611a Rn. 289; *Schaub*/Linck, *ArbRHandb* §26 Rn. 8 ff. 참고).

3) 김형배, '경력사칭(기망행위)과 근로계약 취소의 소급효' 「勞動法論叢」(第42輯), 2018, 151면 이하.

3) 우리나라에서는 사용자가 근로자를 채용할 때에 경력·학력 등을 기재한 이력서를 요구하는 것이 일반적이다. 그 이유에 대해서 판례는 「(첫째) 노동자의 기능·경험 등 노동력 평가의 조사자료로 하기 위해서 뿐만 아니라, (둘째) 그 노동자의 직장에 대한 정착성, 기업질서, 기업규범에 대한 적응성 기타 협조성 등 인격조사자료로 함으로써 노사간의 신뢰관계의 설정이나 기업질서의 유지·안정을 도모하고자 하는 데에도 그 목적이 있다[1]」고 한다. 그러므로 근로자가 이력서에서 경력을 은폐하거나 사칭한 내용이 위의 두 가지 목적 중 어느 것에 관계되든지 간에 그와 같은 행위는 사용자의 근로자에 대한 신뢰관계나 기업질서유지 등에 영향을 주는 것으로서, 그 경력사칭이 발각되었을 시에 사용자가 고용계약을 체결하지 아니하였으리라는 인과관계가 인정되면 그 근로자를 징계(해고)할 수 있다고 한다.[2] 즉, 판례에 따르면 경력을 사칭하여 입사한 근로자가 징계해고되는 근거는 근로계약체결과정 중에 근로자가 부담하는 신의칙상의 부수적 의무인 진실고지의무 위반이 아니라, 입사 시에 근로자가 동의한 취업규칙 내의 경력사칭으로 인한 징계해고규정의 위반이라고 한다. 다시 말하면 중요한 이력사항을 기망하여 채용된 것이 발견된 때에는 징계해고한다는 취업규칙 규정에 근로자가 사전에 동의했기 때문에 근로자의 해고는 정당하다고 한다(경력사칭과 해고와의 관계에 관해서는 [65] 3. 참고).[3] 과거에는 응모자인 근로자의 경력사칭으로 인한 사용자의 착오있는 의사표시(민법 제109조) 또는 사기에 의한 의사표시(제110조)는 문제시되지 않았다. 그러다가 2017년 12월 22일에 경력사칭 등 기망행위로 근로계약이 체결된 경우 취소의 의사표시로 근로계약을 소멸시킬 수 있다는 판례가 처음으로 등장하였다.[4] 이에 관해서는 다음에서 설명한다(다음 6. (2)).

6. 하자 있는 의사표시에 의한 근로계약

(1) 무효·취소의 문제점

a) 민법상의 원칙 근로계약의 체결에서도 의사표시에 하자가 있을 때에는 민법의 규정(제107조 이하)에 따라 그 의사표시는 취소 또는 무효가 될 수 있다. 노동법에

1) 大判 1985. 4. 9, 83 다카 2202; 大判 1986. 10. 28, 85 누 851; 大判 1988. 2. 9, 87 누 818; 大判 1990. 10. 30, 89 다카 30846; 大判 2012. 7. 5, 2009 두 16763(고용된 후 전 과정을 참고하여 그 해고의 정당성 여부를 정한다는 취지를 명확히 한 점에서 과거의 판례 태도를 보완·수정한 판례). 東京地判 昭和 30. 3. 19, 勞民集 6卷 5號, 577面; 東京地判 昭和 25. 8. 19, 勞民集 1卷 4號, 625面 참고.
2) 大判 1985. 4. 9, 83 다카 2202; 大判 2012. 7. 5, 2009 두 16763 등.
3) 大判 2012. 7. 5, 2009 두 16763; 大判 1985. 4. 9, 83 다카 2202의 원심판결: 서울高判 1983. 11. 3, 83 나 481 참고.
4) 大判 2017. 12. 22, 2013 다 25194(본소). 2013 다 25200(반소).

서 특히 문제가 되는 것은 착오에 의한 의사표시(민법 제109조)와 사기·강박에 의한 의사표시(민법 제110조)에서이다. 이 경우에 그 의사표시는 취소될 수 있으며, 취소는 소급효(ex tunc Wirkung)를 갖는다(민법 제141조). 이와 같은 민법의 규정은 근로계약에 대해서도 원칙적으로 그대로 적용되지만, 다음과 같은 제한을 인정하는 것이 일반적 견해이다.

b) 노동법에서의 수정원리 착오 또는 사기·강박에 의한 의사표시의 취소는 계약당사자의 의사결정에 영향을 준 중요한 사정들을 종합적으로 고려하여 인정된다.[1] 그러나 노동법에서는 근로자의 이익을 위하여 계약의 성립을 보다 긍정적으로 판단하는 것이 근로자보호라는 노동법의 기본목적에 합치한다는 유력한 견해가 있다.[2] 즉, 근로계약이 이미 이행단계(취업단계)에 들어갔다면 근로자의 보호를 위하여 취소 또는 무효의 효과(소급효 또는 원천적 무효)가 제한되어야 한다. 예컨대 행위무능력자가 근로자를 고용하여 사용했다거나(민법 제5조 Ⅱ), 근로자가 취업금지규정(근기법 제64조 이하 참조)에 반하여 노무를 제공한 경우가 이에 해당한다.[3] 또한 사용자측에서 부적법한 질문을 한다거나 필요 이상의 진실고지를 요구하여 응모자인 근로자가 이에 불성실한 또는 사실과 다른 답변을 했을 경우(예컨대 부당한 질문에 대하여 응답을 하지 않으면 채용에서 탈락할 것이 우려되는 경우)에 사용자는 민법 제109조 또는 제110조를 원용하여 채용결정의 의사표시를 사후적으로 취소하는 것은 정당하다고 볼 수 없다(위 5. (3) b) 참고).[4]

c) 구인자의 정당한 질문에 대하여 구직자가 허위의 답변을 하거나 진실고지의무 있는 사항에 대하여 침묵한 경우에 구직자의 과책이 인정되면 계약이 체결되더라도 사용자는 착오(민법 제109조) 또는 사기에 의한 취소(민법 제110조)를 할 수 있다(구체적 사례에 대해서는 앞의 5. 참고). 또한 응모자의 인격적 자질(특히 신뢰성)의 결여를 이유로 한 취소도 문제될 수 있다. 이 경우에는 인격적 자질을 갖추고 있을 것이 법률행위 내용의 중요부분에 해당되어야 한다(예컨대 비서·경리·인사의 직무를 수행해야 할 근로자의 채용의 경우

---

1) 민법 제109조는 법률행위의 내용을 구성하는 중요부분에 착오가 있을 때에는 그 의사표시를 취소할 수 있다고 규정한다. 중요부분에 대한 착오 여부는 주관적·객관적 표준에 좇아 「구체적 사정」을 고려하여 판단되며, 그 사정은 착오를 일으켜 의사표시를 하도록 만든 원인적 중요성이 있어야 한다(곽윤직·김재형, 「민법총칙」(제9판), 2013, 316면; 이영준, 「한국민법론(총칙편)」, 2003, 349면; 김형배 외, 「민법학강의」(제15판), 220면; 大判 2003. 4. 11, 2002 다 70884).

2) Lieb/Jacobs, *ArbR* Rn. 132 f.

3) Zöllner/Loritz/Hergenröder, *ArbR* § 14 Rn. 27 f. 참고.

4) Otto, *ArbR* Rn. 215 ff.; Lieb/Jacobs, *ArbR* Rn. 177. 예컨대 비밀이 보장되어야 할 정보를 의사로부터 입수하여 그 전에 행한 의사표시가 착오에 의한 것임을 이유로 취소권을 행사하는 것도 정당하다고 볼 수 없다(Lieb/Jacobs, *ArbR* Rn. 117). 다만, 근로자의 채용 후 근로자의 신체상의 결함이나 질병이 해당 근로관계를 유지할 수 없는 사유가 된다는 것이 밝혀진 때에는 그 근로자를 해고(일신상의 사유로 인한 해고, 근기법 제23조)할 수 있을 것이다.

등). 법률행위내용의 중요부분이란 근로자의 적성 · 인격적 신뢰성 · 전문지식 등이라고 보아야 할 것이다. 이러한 경우에 구인자는 채용과정에서 응모자를 탈락시키게 될 것이다.

d) 근로계약의 무효 근로계약이 민법 제103조, 제104조, 제105조에 위배되는 경우에 무효가 됨은 물론이다. 근로기준법 제64조 1항 1문은 15세 미만인 자의 사용을 금지하고 있다. 이 규정은 강행규정이므로 15세 미만자와의 계약은 법정대리인의 동의가 있더라도 무효이다([39] 4. 참고).[1] 다만, 무효인 근로계약을 기초로 15세 미만자가 노무를 제공했을 경우에 사용자는 반대급부로서 임금을 지급해야 할 것인가, 부당이득의 반환의무를 부담해야 할 것인가 하는 문제가 발생한다. 이에 관해서는 다음에서(아래의 (2) 참고) 설명한다.

(2) 취소 · 무효의 효과

a) 취소의 효과 경력사칭 등 기망에 의한 의사표시를 취소(근로계약을 구성하는 의사표시의 취소)하는 경우 그 근로계약은 처음부터 무효이다(민법 제141조). 그러나 계속적 채권관계인 근로계약관계에서 근로자가 계약이 유효하게 성립된 경우와 똑같이 노무제공을 실행하였다면 무효의 효과로서 소급효를 그대로 인정하는 것은 적절하지 않다(소급효의 제한이론).[2] 따라서 이러한 사안은 이미 제공된 노무가 근로계약에 따라 유효하게 실현(이행)된 것처럼 처리되고, 그 계약은 장래에 대해서만 효력을 상실하게 된다. 이때의 취소의 효과는 즉시 해지의 그것과 유사하다.[3] 이와 같은 해석 태도는 흠이 있는(취소할 수 있는) 근로관계의 청산에 대하여 독일노동법학자들이 취하고 있는 통일된 견해이다. 이 경우에 취소에 의하여 존속의 기초를 상실하게 된 근로관계를 사실적 근로관계와 연계하여 이해하기보다는 「흠이 있는 근로관계(fehlerhaftes Arbeitsverhältnis)」라고 파악하는 것이 적절할 것이다.[4] 왜냐하면 사실적 채권관계에서는 의사표시 자체가

1) 독일소년노동법(JArbSchG) 제2조 1항, 제5조 1항 참조. 18세 이하의 소년에 대해서는 소년근로보호법이 적용된다.

2) 이와 같은 견해에 대해서 독일의 학설과 판례는 이견이 없다. 학설 중에는 근로자가 현실적으로 일을 개시했느냐 여부 자체도 문제되지 않는다는 견해도 있다(Zöllner/Loritz/Hergenröder, *ArbR* § 14 Rn. 30). 독일에서는 이를 하자있는 근로관계이론(Lehre vom fehlerhaften Arbeitsverhältnis)이라고 부른다.

3) Schaub/Linck, *ArbRHandb* § 34 Rn. 49; Zöller/Loritz/Hergenröder, *ArbR* § 14 Rn. 30. 그러나 취소와 해지는 그 성격상 구별해야 한다. 취소는 해지(해고)의 경우에서처럼 하자 없이 성립한 근로관계를 더 이상 유지할 수 없는 이유로 장래에 대하여 소멸시키는 것이 아니라, 계약체결 당시의 의사표시의 하자를 이유로 근로계약 자체를 소급하여 소멸시키는 것이다. 다만, 취소의 경우에도 오랜 시일이 경과하여 하자있는 의사표시를 했던 당시의 사정이 더 이상 취소원인으로서 문제될 수 없는 경우에는 취소권을 행사할 수 없을 것이다. 이 점은 해지의 경우에도 마찬가지라고 판단된다(大判 2017. 12. 22, 2013 다 25194(본소) · 2013 다 25200(반소); Lieb/Jacobs, *ArbR* Rn. 134).

4) Lieb/Jacobs, *ArbR* Rn. 132; 하경효, 「노동법연습」, 42면 이하 참고.

문제되지 않기 때문이다.

대법원은 경력사칭, 즉 기망으로 인한 근로계약의 취소와 그 취소의 소급효 범위에 관하여 처음으로 판례(다음 b) 참고)를 내놓았다. 이 판례는 근로계약이 성립한 후에 근로자가 현실적으로 노무를 제공한 기간에 대해서는 취소의 소급효가 미치지 않는다는 원칙적 태도를 취하면서 노무제공이 없었던 그 이후의 부당해고 기간에 대해서도 소급효가 미치지 않는다는 견해를 취하였다. 이 판례에 대해서는 의문을 가지는 견해가 적지 않고, 원심과 제1심도 대법원 판례와 다른 입장을 취하고 있다. 다음에서는 대법원 판례에 관하여 별개의 항목으로 보다 자세히 비판적으로 검토하기로 한다.

b) 경력 사칭(기망행위)과 근로계약 취소의 소급효 판례는 입사 후에 경력을 사칭한 사실이 드러나 더 이상 근로관계를 유지할 수 없을 정도의 이유가 인정되면 그 근로자를 해고할 수 있다는 태도를 계속 유지해 왔다. 그러나 최근에 대법원은 근로계약도 기본적으로 그 법적 성질이 사법상 계약이므로 계약 체결 시에 당사자의 의사표시에 무효 또는 취소의 사유(기망: 경력사칭)가 있으면 그 상대방은 이를 이유로 근로계약의 무효 또는 취소를 주장하여 그에 따른 법률효과의 발생을 부정하거나 소멸시킬 수 있으므로, 사용자는 근로자의 기망에 의한 그의 의사표시를 취소할 수 있다는 판례를 처음으로 내놓았다.[1] 다만 근로계약 체결시의 의사표시를 취소할 수 있다 하더라도 근로계약에 따라 '그동안 행하여진 근로자의 노무 제공의 효과를 소급하여 부정하는 것은 타당하지 않으므로 이미 제공된 근로자의 노무를 기초로 형성된 취소이전의 법률관계까지 효력을 잃는다고 보아서는 아니 되고 취소의 의사표시 이후 장래에 대해서만 근로계약(관계)의 효력이 소멸된다고 보아야 한다.'고 판시하고 있다.

그러나 이 판례에 대해서는 해고와 취소의 요건 및 효과가 명확하게 구별되고 있는

1) 大判 2017. 12. 22, 2013 다 25194(본소)·2013 다 25200(반소)(이력서 허위 기재로 해고당한 근로자가 노동위원회에 구제를 신청하여 노동위원회의 부당해고 구제판정이 확정된(大判 2012. 10. 11, 2012 두 15418 참고) 후에 법원에 다시 민사소송을 제기(본소)하여 소급임금을 청구한 사건에서, 사용자(피고, 반소원고)가 경력사칭을 기망사유로 하여 근로계약을 취소하고 그 효과로서 계약무효를 주장하면서 손해배상을 청구하는 반소를 제기하였다. 대법원은 '이미 제공된 근로자의 노무를 기초로 형성된 취소 이전의 법률관계까지 효력을 잃는다고 보아서는 아니 되고, 취소의 의사표시 이후 장래에 관하여만 근로계약의 효력이 소멸된다고 보아야 한다'고 전제하면서, 근로계약 취소의 효력은 반소장 부본 송달 이후에 발생하므로 송달 이전의 법률관계는 여전히 유효하다고 보아야 함에도 원심이 소급효의 제한은 근로자가 현실적으로 노무를 제공한 경우에 한하는 것이고 현실적으로 노무를 제공하지 않은 기간에 대해서는 소급적으로 계약의 효력이 소멸한다고 보아 현실적인 노무의 제공이 없었던 부당해고 기간 동안도 소급적으로 계약의 효력이 소멸하여 근로관계의 존속을 전제로 한 임금 지급을 구할 수 없다고 판단한 것에 잘못이 있다고 보아 원심을 파기환송하였다.). 이 대법원 판례에 관한 참고논문: 김형배, '경력사칭(기망행위)과 근로계약 취소의 소급효' 「勞動法論叢」(第42輯), 2018, 151면 이하.

지 의문을 제기하지 않을 수 없다. 해고는 정상적으로 유효하게 성립한 근로계약관계가 전개되는 과정 중에 발생한 해고 사유로 근로관계를 장래에 대하여 소멸시키는 제도이지만, 기망에 의한 의사표시의 취소는 처음부터 하자를 가지고 성립한 계약을 소급해서 무효로 하여 소멸시키는 제도이다. 다만, 취소의 소급효는 이미 현실적 노무 제공이 있었던 기간에 대해서는 제한을 받는다. 따라서 취소 제도는 본질적으로 해지(해고)제도와는 다른 성질을 가지고 있으므로 서로 대체(代替)될 수 없다. 그러나 취소사유가 정당한 해고 사유로 될 수도 있는 때에는 취소권과 해고의 권한(해지권)은 경합할 수 있다.[1] 경력사칭을 한 자는 기망행위를 통하여 상대방이 하자 있는 의사표시(근로계약 체결)를 하도록 유도함으로써 사적자치(상대방 선택의 자유, 계약내용 결정의 자유, 계약체결 결정의 자유)의 기본 원칙을 침해한다고 보아야 한다. 이러한 부정(不正)한 기망행위로 근로계약이 체결되었다면 그 행위당사자는 해당 근로계약관계의 존속을 보존하기 위하여 해고제한법(근로기준법)상의 보호를 받을 수 없다고 보아야 한다.[2] 부정한 기망행위로 하자있는 근로계약의 체결을 유발한 자가 스스로 법률의 도움을 구하여 하자있는 근로계약관계의 연장을 추구하거나 그 밖의 이익을 취하는 것은 법의 기본이념에 반한다.[3] 또한 기망을 이유로 한 취소권 행사는 해고와는 달리 근로기준법 제23조 1항이 정한 정당한 이유를 요건으로 하지 않으며 일정한 통고기간의 준수를 요하지 않는다.[4] 이와 같이 기망에 의한 의사표시의 취소가 해고제한규정의 규제를 받지 않는다면 해고사유의 서면통지규정(근기법 제27조)도 적용될 수 없다.[5] 다만, 취소권이 상당한 장기간이 경과한 후에 행사되는 경우에는 취소의 의사표시를 한 시점에서 제반 사정을 고려하여 취소사유가 그 정당성을 상실하였는지 또는 하자가 치유되었는지를 판단하여 취소의 효력 내지 적법여부가 가려질 수 있다.[6] 취소권의 행사가 정당하면 취소는 소급적 효력을 가지고 하자있는

1) *ErfK*/Preis, BGB § 611a Rn. 345.

2) Hromadka/Maschmann, Arbeitsrecht Bd. 1 § 5 Rn. 167; Ramm, *Die Rechtswirkung der Anfechtung des Arbeitsvertrages*, AuR 1963, 106 f.

3) Franz/Bydlinski, *Privatautonomie und objektive Grundlagen des verpflichtenden Rechtsgeschäfts*, 1967, S. 147 참고, 同旨: *ErfK*/Preis, § 611 Rn. 369(현실적 노무제공이 없는 기간 중에도 근로계약관계가 취소될 때까지 유효하게 존속하는 것으로 근로자가 신뢰하더라도 이는 보호받을 수 없다. 이 경우에 취소의 효력이 장래에 관하여만 미치는 것으로 본다면 기망행위를 한 자에게 부당한 이익을 주는 것이 되어 정당하지 않다.)

4) Lieb/Jacobs, *ArbR* § 2 Rn. 134.

5) 이 사건 앞의 부당해고구제재심신청취소 사건에서 원심(서울高判 2016. 6. 21, 2012 누 2896)은 원고인 사용자가 참가인 근로자에게 해고 사유와 해고 시기를 통지하지 않았으므로 근로기준법 제27조의 규정을 따르지 않아 그 해고는 무효라고 판단한 중앙노동위원회의 재심판정은 적법하다고 판시하였고, 대법원은 원심을 인용하여 상고를 기각하였다(大判 2012. 10. 11, 2012 두 15418).

6) Lieb/Jacobs, *ArbR* § 2 Rn. 134; 同旨: 大判 2017. 12. 22, 2013 다 25194(본소) · 2013 다 25200(반

계약(관계)을 소멸시킨다. 다만 하자있는 근로계약관계에 있어서 현실적 노무 제공이 실현된 기간에 대하여는 부당이득반환 법리의 적용이 불가능하기 때문에 근로계약의 효력이 배제될 수 없으므로 취소의 소급효는 제한된다. 이 부분에 대해서는 아무 이의를 제기할 수 없다.

그러나 이 사건에서 이력허위기재를 이유로 해고된 근로자가 노동위원회에 부당해고 구제신청을 하고 노동위원회의 구제판정이 확정된 상태에서 별도로 임금청구소송(본소)을 제기한데 대하여 사용자가 근로자의 기망행위를 이유로 취소소송(반소)을 제기하였다. 이 경우 취소의 소급효 제한이 어느 범위까지 인정될 것인지가 문제된다. 이 사건 근로자가 실제로 근무한 기간, 즉 2010. 7. 2.부터 2010. 9. 30.까지의 기간에 대해서는 소급효가 미칠 수 없다. 이에 대하여는 이론의 여지가 없다. 그러나 노동위원회의 부당해고 구제판정이 확정됨으로써 근로관계가 종료되었다고 볼 수 없는 2010. 10. 1.부터 2011. 4. 29.(퇴직)까지의 기간(임금청구 대상기간)중에는 근로자의 현실적 노무제공이 없었으므로 취소의 소급효가 미치는지에 관하여 원심은 긍정적 견해를 취하였으나, 대법원은 부정적 태도를 취함으로써 원심판결을 파기·환송하였다. 대법원은 '이미 제공된 근로자의 노무를 기초로 형성된 취소 이전의 법률관계까지 효력을 잃는다고 보아서는 아니 되고, 취소의 의사표시 이후 장래에 대하여만 근로계약의 효력이 소멸된다고 보아야 한다.' 고 판단하였다. 이 판례에서 대법원은 부당해고 기간 중의 근로관계는 '이미 제공된 노무를 기초로 형성된 법률관계'이므로 취소의 효력이 미치지 않는 기간으로 판단한 것으로 풀이된다. 그러나 이러한 논지만으로는 현실적으로 노무를 제공하지 않은 기간에 대하여 경력을 사칭한 기망자에게 임금을 지급받도록 할 충분한 근거제시가 될 수는 없다. 취소의 소급효를 제한하는 이유는 현실적 노무가 제공된 근로계약관계를 무효로 돌림으로써 발생되는 부당이득법상의 청산의 어려움과 이로 인하여 야기되는 노무제공자의 불이익을 방지하려는데 있는 것이므로 이와 아무 관련이 없는 경우에까지 취소의 소급효 제한을 확대하는 것은 정당하다고 볼 수 없다.[1] 부정한 방법(경력사칭: 기망)으로 계약의 체결을 유도한 자는 근로기준법상의 보호를 받을 수 없다. 사적 자치의 원칙이 노동법의 보호원칙에 우선하기 때문이다.[2] 아마도 대법원이 이와 같은 판결을 내

소). 취소의 의사표시를 하는 시점에 취소사유가 그 정당성을 상실하면 취소권의 행사는 신의칙에 반하는 것이 되어 제한된다는 견해: *MünchArbR*/Richardi/Buchner § 34 Rn. 31; Schaub/Linck, *ArbRHandb* § 34 Rn. 41.

1) 대표적으로 BAG 16. 9. 1982 AP BGB § 123 Nr. 24; BAG 3. 12. 1998 AP BGB § 123 Nr. 49; *ErfK*/Preis, BGB § 123 Nr. 367; *MünchArbR*/Richardi/Buchner, Bd. 1 § 34 Rn. 39 참고.

2) Hromadka/Maschmann, *Arbeitsrecht*, Bd. 1, § 5 Rn. 167 및 인용된 문헌.

린 이유는 종래 경력사칭 사건이 해고사건의 한 종류로 다루어짐으로써 근로계약관계가 장래에 대하여만 소멸하였는데 근로계약이 기망을 이유로 취소되는 경우에는 근로계약관계가 소급적으로 소멸하게 되므로 여기에서 야기되는 법 적용상의 안정성을 유지하기 위한 것으로 심작된다. 다시 말하면 이 사건에서 취소의 소급효가 인정되면 근로자는 해고의 경우와는 달리 임금청구권을 상실하게 되어 어느 제도를 적용하느냐에 따라 그 결과가 상이하게 될 것이다. 그러나 대법원 판례의 법리적 사고는 옳다고 생각되지 않는다. 왜냐하면 이력서 허위기재 등 경력사칭이 기망행위에 해당하여 취소사유로 인정되면 취소의 효과는 취소제도 고유의 성질과 법리에 따라 해석·판단되어야 하기 때문이다. 대법원 판례는 취소의 소급효 제한을 충분한 법리적 근거를 제시함이 없이 확대하였다는 점에서 찬동하기 어렵다.

저자는 앞에서 제시한 논거에 따라 이 사건 근로자는 2010. 10. 1.부터 2011. 4. 29까지의 임금을 청구할 수 없다고 판단한다. 다만 사용자가 근로자의 경력사칭을 이유로 근로계약을 취소할 수 있는 경우에도 해고권을 행사할 것인지는 그의 선택에 달려 있다. 다만, 위 대법원 판례의 취소의 소급효 제한에 관한 법리는 수정되어야 한다고 생각한다.

c) 법률행위 무효의 효과 공서양속위반(민법 제103조) 내지 강행법규위반(민법 제105조)으로 인한 근로계약의 원천적 무효에 대해서도 위에서 설명한 계약취소의 법리를 원칙적으로 적용할 수 있다고 생각된다. 다만, 위배된 법규범의 내용이 단순한 단속규범[1]인지 아니면 효력규정인지를 구별할 필요가 있을 것이다. 예컨대 민법 제103조에 위배되는 행위는 원천적으로 무효라고 보는 것이 타당하다.[2] 15세 미만인 자의 고용 또는 야간근로시간 중 임산부의 사용은 금지된다(근기법 제14조 본문, 제70조 Ⅱ 본문). 금지규정에 위반했다고 하여 해당 계약을 일률적으로 무효로 하는 것은 소년보호, 여성·모성보호의 관점에서 적절하지 않다. 예외규정과 근로자보호법의 취지를 충분히 고려해야 한다. 또한 이미 노무제공이 실현된 경우에는 그 기간의 근로관계는 유효한 것으로 보아야 한다.[3] 따라서 이때의 무효는 소급하여 효력을 미칠 수 없다.

---

1) 大判 1995. 9. 15, 94 누 12067([32] 2. d)) 참고.

2) 독일학자들 중에는 원천적 무효인 계약과 취소할 수 있는 계약을 구별하는 것이 옳다는 견해를 주장하는 학자도 있다. 예컨대 미성년자의 근로계약을 법정대리인이 대리하는 행위는 원천무효이다(근기법 제67조 Ⅰ). 이때에는 사실적 계약관계(faktisches Arbeitsverhältnis)의 이론을 원용하는 것이 타당하다고 한다(Otto, *ArbR* Rn. 258). 이 견해에 따르면 취소의 경우 취소권의 행사가 있을 때까지 근로관계는 일응 유효한 상태에 있었기 때문에 원천무효의 경우와는 구별된다는 것이다.

3) Preis, *IndividualArbR* Rn. 921, 963 참고.

7. 위약금예정의 금지

(1) 위약금예정금지의 취지

a) 사용자는 근로자와 근로계약의 불이행에 대한 위약금 또는 손해배상액을 예정하는 계약을 체결하지 못한다(근기법 제20조; 벌칙 제114조; 선원법 제29조 참조). 위약금이란 채무불이행의 경우에 채무자가 채권자에게 지급할 것을 미리 약정하는 손해배상 금액으로서 계약당사자 사이에 계약에 부수하여 정하여진다(민법 제398조 Ⅰ). 원래 이러한 위약금약정은 채무이행의 확보 즉 계약기간중의 퇴직을 방지하려는 것으로서, 불리하게 체결된 계약이라 하더라도 근로자로 하여금 이를 감수하도록 하려는 것이다. 민법상으로는 채권자(사용자)가 채무자(근로자)의 채무불이행에 대한 사실과 손해의 발생을 증명하면 실손해의 구체적 입증 없이도 위약금을 청구할 수 있다.[1] 위약금예정은 결국 근로자의 직업선택의 자유(헌법 제15조 참조)의 한 측면인 직장퇴직의 자유에 반하게 된다.[2] 손해배상액의 예정에 있어서는 채무불이행의 경우에 배상하여야 할 손해액이 실손해와는 관계없이 미리 정해진다. 손해배상액예정계약이 체결되면 실손해액이 예정액보다 적거나 많다는 것이 입증되어도 예정된 배상액만을 청구할 수 있다.[3] 한편 손해배상액의 예정은 채무자(근로자)의 불이행에 대한 귀책사유를 요건으로 한다는 견해가 유력하다.[4] 이와 같은 위약금예정(違約金豫定) 또는 손해배상액예정(損害賠償額豫定)은 민법상 인정되고 있으나(민법 제398조), 실질적으로 대등한 거래관계를 이루지 못하는 근로계약관계에서는 인정되어서는 안 될 것이다. 왜냐하면 근로자와 사용자 사이에 위약금예정을 인정하게 되면 근로자가 직장을 얻기 위하여 어쩔 수 없이 불리한 근로계약을 체결하고서도 위약금 또는 손해배상액 등의 부담 때문에 그 직장을 포기하지 못하고 이에 얽매이게 되는 경우가 발생할 수 있기 때문이다. 이러한 점을 감안하여 근로기준법은 계약체결에서 근로자를 보호하기 위하여 위약금약정이나 손해배상액예정약정을 금지하고 있다.[5] 즉, 근로기준법이 위약금예정의 금지규정을 두어 이에 위반하는 행위를 형사처벌(제114

---

1) 김형배, 「채권총론」, 1999, 283면 이하; 서울高判 1990. 2. 2, 89 나 23072.

2) 大判 2004. 4. 28, 2001 다 53875.

3) 김형배, 「채권총론」, 1999, 287면; 박상필, 「노동법」, 183면; 大判 1988. 5. 10, 87 다카 3101; 大判 1988. 9. 27, 86 다카 2375.

4) 김형배, 「채권총론」, 1999, 285면 참고.

5) 大判 2008. 10. 23, 2006 다 37274(근로자가 영업비밀을 침해하지 않고 10년 동안 근무하기로 약속하면서, 이를 이행하지 않을 때에는 사용자에게 어떤 손해가 어느 정도 발생하였는지 묻지 않고 바로 미리 정한 10억원을 사용자에게 손해배상으로 지급하기로 하는 것은 손해배상액의 예정에 해당되므로 그 약정은 근로기준법 제20조에 위배되어 무효이다) 참고.

조: 500만원 이하의 벌금)의 대상으로 삼는 취지는 근로자의 의사에 반하는 계속근로의 강제를 방지하려는 데 있다.[1] 오늘날 이와 같은 전근대적 위약금 약정은 그 자취를 찾아보기 쉽지 않지만, 새로운 형태의 약정이 근로자의 의무적 근로기간과 연계되어 위약예정이 문제되고 있다. 현실적으로 근로자(채무자)의 과실에 의하여 손해가 발생한 경우 그 사실을 확인하고 손해액을 산정하여 근로자에게 배상을 청구하는 것 자체는 근로기준법 제20조에 위반하는 것은 아니다.[2]·[3]

b) 위약금의 지급책임을 부담해야 할 사람의 범위에 대하여는 구체적인 규정이 없으나, 사용자가 근로자의 친권자·신원보증인·보증인·연대보증인 또는 제3자 등과 체결한 위약금예정계약도 근로기준법 제20조에 대한 위반이라고 해석하여야 한다.[4] 이들과의 위약금예정계약을 인정한다면 위약금이나 손해배상액의 부담이 결국 근로자에게 돌아가기 때문이다.

(2) 연수·유학 비용반환의무와 위약금예정금지

사용자가 비용을 지출하여 근로자를 해외파견훈련 또는 연수를 시키고 연수 후 근로자의 퇴사를 막기 위하여 파견훈련비용을 사용자가 근로자에게 대여한 형식(금전소비대차계약)을 취하면서 연수가 끝난 때부터 일정기간 근속한 경우에는 그 비용의 반환을 면제하는 경우가 있다.[5] 이러한 연수비상환 계약이 실질적으로 위약금 또는 손해배상액의 예정을 정한 것으로 근로기준법 제20조에 위배되는지가 문제된다. 이에 관하여는 근로기준법 제20조 규정의 기본 취지에 기초하여 그 위반 여부를 판단해야 할 것이다. 먼저 해외연수 또는 기술습득이 근로자의 희망에 따라 이루어진 것이어서 자기의 비용부담으로 해야 할 성질의 것인 경우에는 사용자가 그 비용을 대여해 주고 일정한 기간 내에 반환하도록 근로자와 약정하더라도 제20조에 위배되지 않는다고 본다.[6] 근로자의 퇴직의 자유를 구속하는 정도가 약할 뿐 아니라 연수비용의 반환을 확보하는 수단으로서

---

1) 大判 2004. 4. 28, 2001 다 53875; 大判 2008. 10. 23, 2006 다 37274.

2) 同旨: 土田,「勞働契約法」, 86面; 荒木,「勞働法」, 77面.

3) 참고판례: 大判 2019. 6. 13, 2018 도 17135(운전근무 중 교통사고가 발생한 경우 실제 손해발생 여부 및 손해의 액수에 관계없이 3개월 동안 매월 무사고승무수당 20만원을 임금에서 공제하기로 하는 약정은 위약예정을 금지하는 근로기준법 제20조에 위배될 뿐 아니라 동법 제43조가 정하는 임금의 전액지급 원칙에도 반하므로 무효라고 보아, 무사고승무수당 및 연차휴가수당 약 150만원을 지급하지 않은 피고인에게 벌금 30만원을 선고한 원심을 확정한 판결).

4) 서울高判 1972. 11. 17, 71 나 1983; 1953. 10. 14, 사로 제320호; 1965. 3. 27, 노정근 1455-1275.

5) 참고판례: 大判 1974. 1. 29, 72 다 2565; 大判 1980. 7. 8, 80 다 590; 大判 1992. 2. 25, 91 다 26232; 大判 1996. 12. 6, 95 다 13104, 13111 등.

6) 同旨: 大判 1974. 1. 29, 72 다 2565; 大判 1980. 7. 8, 80 다 590; 大判 1982. 6. 22, 82 다카 90; 大判 1992. 2. 25, 91 다 26232; 大判 1996. 12. 6, 95 다 24944.

합리성이 있기 때문이다.[1] 그러나 사용자가 자기 기업에 필요한 인력개발을 위하여 해외유학·연수라는 이름으로 연수교육을 받게 하거나 해외에서 회사업무에 종사케 하면서 그 비용을 부담하고 연수 후에 그 근로자를 자기 기업에 확보하기 위하여 일정한 재직의무기간이 지나면 연수비용반환의무를 면하도록 하는 약정은 제20조에 위반하는 것으로 보아야 할 것이다.[2] 본래 사용자가 부담해야 할 비용을 근로자에게 부담케 함으로써 퇴직의 자유를 구속하는 것이기 때문이다. 그러나 업무수행이나 회사의 필요인력의 확보와 직접 관계없이 또는 근로자의 자원(自願)에 의하여 유학·연수한 경우에는 근로자가 그 비용을 부담해야 할 것이다.

해외연수나 교육훈련의 비용을 근로자들이 부담해야 할 성질의 것인지 아니면 사용자가 부담해야 할 것인지 또는 근로자가 그 일부만을 부담해야 할 것인지가 명확하지 않은 경우가 있다. 이에 대한 구체적 판단을 위해서 다음과 같은 기준들이 제시되고 있다. i) 유학·연수 후의 근속기간의 장단(기간이 길수록 회사의 업무수행과 관련이 있다고 판단된다), ii) 비용반환 면제의 범위·기준의 명확성(반환기준이 명확할수록 근로자 개인의 기능·기술·업무능력의 개선을 위한 것으로 볼 수 있다), iii) 연수의 업무관련성과의 관계 및 정도(업무관련성이 크고, 연수분야의 선택이 미리 정해져 있다면 회사의 업무 또는 그 수행과 연관되어 있다고 보아야 한다), iv) 근로자 개인의 장래 커리어와의 관계(근로자 개인의 이력이나 계획을 위한 것으로 볼 수 있다), v) 연수에 대한 자유의사의 유무(회사의 업무명령에 따른 것이면 업무관련성이 인정될 수 있고, 근로자 개인의 자유의사에 의한 것이면 근로자 자신의 발전을 위한 점이 보다 두텁게 고려될 수 있다).[3] 위의 기준들은 연수·유학비용 반환의무 여부를 결정짓는 결정적 기준은 아니므로 구체적 여러 사정들을 종합적으로 고려할 때 합리적 판단기준으로 활용될 수 있다. 예컨대 회사의 업무의 질을 개선하고 새로운 기술을 도입하기 위하여 해당부서의 지원자 중에서 회사가 선발한 근로자를 일정기간(예컨대 1년 또는 2년) 해외연수·유학을 보내면서 모든 비용을 회사가 부담하기로 하고, 연수 후에 일정기간(2년 또는 5년)을 회사에서 계속 근무하기로 합의하면서 연수비용에 관하여 면제특약부소비대차계약(免除特約附消費貸借契約)을 체결하였다면 이를 유효하다고 볼 수 있는가? 사용자가 회사의 비용으로 근로자를 연수·유학하도록 한 것은 회사의 전문 인력

1) 土田, 「勞働契約法」, 86面.

2) 大判 2003. 10. 23, 2003 다 7388(의류디자이너들을 새로운 제품의 연구 및 개발을 위한 연수여행 명목으로 해외에 보낸 사안에서 그 연수여행중의 활동이 실질에 있어서는 회사의 제품개발에 필수불가결한 중요업무 중에 하나에 해당하는 것이어서 연수여행은 회사의 단순한 출장업무에 해당한다고 본 사례). 또한 大判 1996. 12. 6, 95 다 24944, 24951; 大判 2004. 4. 28, 2001 다 53875 참고.

3) 土田, 「勞働契約法」, 87面; 荒木, 「勞働法」, 76面 이하; 土田·山川 編, 「勞働法の爭點」, 2014, 44面 이하 참고.

을 확보하기 위한 것이지만 근로자에게도 자신의 기능·기술 등의 능력을 향상하는 기회를 얻은 것이므로 근로자가 연수 후 회사에 복귀하여 얼마 안돼서 퇴직하려고 한다면 사용자는 위의 계약에서 정한 바에 따라 근로자에게 연수비용의 반환을 청구할 수 있다고 보아야 한다. 회사의 비용으로 연수교육을 받은 일이 없는 근로자의 퇴직의 자유를 저지할 목적으로 사용자가 위약금 내지 손해배상을 요구하는 경우와는 달리 보아야 하기 때문이다. 근로자가 — 매월 지급되는 임금(월급) 이외에 — 별도로 연수비용을 받아 자기 자신의 업무능력과 기술을 향상시킬 기회를 가지게 되고, 그 대가적 관계에서 회사를 위하여 일정기간 계속 근무를 함으로써 연수비용의 반환의무를 면제받게 되는 것이라면 연수비용반환을 면제시키는 계속 근로기간이 근로자의 퇴직의 자유를 억압하는 것이라고 볼 수 없다.

그러나 근로자가 회사의 해외지사에 파견되어 단순히 근무한 것은 해외연수에 해당되지 않는다. 판례는 근로자가 해외에서 연수를 받는 데 필요한 모든 경비를 사용자가 지급하기로 하고 근로자가 귀국한 후에 일정한 기간을 근무하면 그 비용반환채무를 면제받기로 약정(면제특약부 소비대차계약)한 때에는 이는 단지 비용반환채무면제를 위한 기간을 정한 데 지나지 않고 근로기준법 제20조 규정에 반하는 근로계약기간을 정한 것은 아니라고 한다.[1] 판례의 견해에 찬동한다. 그러나 사용자가 회사의 업무개발이라는 사업목적의 일환으로 마땅히 사용자가 부담해야 할 비용을 지출하여 근로자들이 업무상 교육의 일환으로 파견훈련을 받았으며 귀국 후에도 그 훈련교육을 활용하는 직무에 종사하였다면 연수비 반환명목으로 면제특약부 소비대차계약을 체결하는 것은 근로기준법 제20조에 반하여 효력이 없다.[2] 사용자의 비용상환약정이 유효하기 위해서는 사용자가 부담하여야 할 성질의 비용을 지출한 것에 불과한 것이 아니라 근로자의 자발적 희망과 이익까지 고려하여 근로자가 전적으로 또는 공동으로 부담하여야 할 비용을 사용자가 대신 지출한 것으로 평가되어야 한다.

비용상환채무의 면제기간으로서의 약정재직의무기간 및 상환해야 할 비용은 합리적이고 타당한 범위 내에서 이루어져야 한다. 예컨대 해외 연수기간이 1개월에 지나지 않음에도 재직의무기간을 3년으로 한다든가, 연수기간 중에 회사가 지출한 비용의 3배를 반환상환금으로 약정하는 것은 실질적으로 제20조에 위반하여 무효라고 해야 한다.[3]

1) 大判 1980. 2. 22, 79 나 2322; 大判 1980. 7. 8, 80 다 590; 大判 1982. 6. 22, 82 다카 90; 大判 1992. 2. 25, 91 다 26232.

2) 大判 2008. 10. 23, 2006 다 37274; 大判 2004. 4. 28, 2001 다 53875. 土田, 「勞働契約法」, 88面 참고.

3) 大判 2008. 10. 23, 2006 다 37274; 大判 2003. 10. 23, 2003 다 7388 참고.

(3) 사이닝 보너스(signing bonus)

사용자는 특히 우수한 전문인력을 채용(스카우트)하면서 근로계약을 체결할 때에 연봉과는 별도로 일회성의 인센티브 명목으로 사이닝 보너스를 지급하는 경우가 있다. 사이닝 보너스는 과거의 노무급부에 대하여 지급되는 공로·보상적 성격을 가진 일반적 상여금이 아니라, i) 해당 근로자가 종래의 타 기업의 직장을 사직하고 새로 근로계약을 체결한 데 대한 이직(離職)보상 또는 취직(근로계약체결) 사례금으로서의 성격을 가지는 것이지만, ii) 일정기간 근무할 것을 약속하는 의미로 지급되는 전속 계약금 및 임금 선급금으로서의 성격도 함께 가질 수 있다. 따라서 사이닝 보너스는 개념적으로 고정된 성질을 가진 급여금이라고는 볼 수 없고, 구체적인 경우에 따라 그 내용이 확인되어야 할 것이다. 결국 이 문제는 근로계약 체결시에 사이닝 보너스에 대한 당사자 사이의 의사해석에 의하여 결정되어야 한다. 판례[1]에 따르면 「해당 계약이 체결된 동기 및 경위, 당사자가 계약에 의하여 달성하려고 하는 목적과 진정한 의사, 계약서에 특정 기간 동안의 전속근무를 조건으로 사이닝 보너스를 지급한다거나 그 기간의 중간에 퇴직하거나 이직할 경우 이를 반환한다는 등의 문언이 기재되어 있는지 및 거래의 관행 등을 종합적으로 고려하여 판단하여야 할 것이다. 만약 해당 사이닝 보너스가 이직에 따른 보상이나 근로계약의 체결에 대한 대가로서의 성격에 그칠 뿐이라면 계약 당사자 사이에 근로계약이 실제로 체결된 때에 대가적 관계에 있는 반대급부(저자 주: 이직을 하고 채용에 응하여 근로계약을 체결한 것)는 이행된 것으로 볼 수 있다」고 한다.[2]

예컨대 3년간의 전속적인 근무를 약정하면서 1억원을 받고 입사한 다음 6개월 만에 다른 경쟁업체로 전직한 경우에 근로기준법 제20조가 적용되는지가 문제된다. 이때 사이닝 보너스는 임금과는 별도로 일정 기간 근무할 것을 조건으로 추가로 지급되는 것이므로 근로자가 약정기간 전에 퇴직하는 경우에는 근로자의 보너스 반환의무를 인정하더라도 근로자에게 일반적인 채무불이행으로 인한 손해배상을 부담시키는 것은 아니다. 따라서 근로기준법 제20조에 위배된다고 볼 수 없을 것이다.[3] 다만 비교적 장기간(예컨대 5년 이상)의 의무근무기간을 정하고 그 기간 내에 이직하는 경우 사이닝 보너스(5,000만원)의 3배를 배상한다는 내용의 협약서를 작성한 사안에서 근로자가 5개월 만에 퇴직하자

1) 大判 2015. 6. 11, 2012 다 55518.

2) 大判 2015. 6. 11, 2015 다 55518(근무기간의 약정이 존재하지 않는 것으로 판단한 사례). 당사자 사이에 계약해석을 둘러싸고 이견이 있는 경우 당사자의 의사해석에 관한 판례: 大判 2005. 5. 27, 2004 다 60065; 大判 2007. 9. 20, 2006 다 15816 등 참고.

3) 같은 취지의 하급심 판례: 水原地判 2003. 5. 13, 2002 가합 12355; 서울中央地判 2013. 4. 29, 2013 카합 231(전액반환을 약정한 사례); 昌原地判 2007. 11. 16, 2007 나 9102(의무근무기간을 채우지 못한 기간에 해당하는 비율의 돈을 반환해야 한다고 한 사례).

사용자가 1억 5천만원의 손해배상을 청구했다면, 이에 대해서는 근로기준법 제20조가 적용된다는 하급심 판례가 있다.[1] 근로자가 지급받은 금액보다 훨씬 많은 금액을 반환하도록 하는 것은 채무불이행에 대한 손해배상을 예정하는 것이 되기 때문이다.

⑷ **근로자에 대한 손해배상청구**(신원보증계약)

근로기준법 제20조는 근로자의 업무수행중 근로자의 과실로 현실적으로 발생한 손해에 대해서 사용자의 배상청구를 금지하는 것은 아니다. 이것은 일반채무불이행 또는 불법행위의 법리에 의하여 처리되어야 할 문제이다. 이러한 경우에 대비하여 사용자가 신원보증인과 신원보증계약을 체결하거나 또는 신원보증인과 근로자를 연대채무자로 하여 신원보증계약을 체결하는 것은 근로기준법 제20조와 아무 관련이 없다.[2] 그러나 이때에는 근로자의 책임제한이 고려되어야 한다([49] 2. (1) 참고).

8. 전차금상계의 금지

a) 근로기준법 제21조는 「사용자는 전차금(前借金)이나 그 밖에 근로할 것을 조건으로 하는 전대채권(前貸債權)과 임금을 상계하지 못한다」고 규정하고 있다. 예컨대 선원 또는 일부 건설근로자에게 미리 상당액의 이자부금전을 꾸어주고(금전소비대차) 장래에 근로자들이 노무를 제공하여 취득하게 되는 임금채권을 사용자가 그의 전차금 또는 전대금반환채권(前貸金返還債權)과 상계를 하여 근로자의 전차금채무가 완전변제될 때까지 노무를 계속하도록 하는 경우에 근로자는 사직의 자유를 박탈당함으로써 신체적 구속을 벗어나기 어렵게 될 것이다. 현실적으로 고율의 이자를 붙인 고액의 전차금을 저임금 근로자가 상환하려면 장기간이 소요될 것이다. 따라서 근로기준법은 금전소비대차와 근로관계의 연결 고리를 끊음으로써 근로자의 인신구속의 폐단을 막기 위하여 전차금상계금지규정을 둔 것이다.

b) 전차금상계금지의 대상이 되는 상황이 존재하느냐의 여부는 금전대부기간, 금액, 이자의 유무 및 고리(高利) 여부 등을 종합적으로 고려하면서 「근로할 것을 조건」으로 하는 것인지의 여부를 명확하게 판단해야 할 것이다. 예컨대 종업원에게 주택전세자금 또는 구입자금을 대부하는 경우에 그와 같은 대출이 근로자의 요구와 편의를 위한 것이고 융자액과 융자기간·이율·반환방법이 합리적이며 반환 전에 회사사퇴를 금지하

---

1) 仁川地判 2009. 4. 10, 2007 가합 3994.

2) 大判 1980. 9. 24, 80 다 1040. 신원보증계약이란 채무의 인수·보증 기타 명칭의 여하를 불문하고 피용자의 행위로 인하여 사용자가 받은 손해의 배상을 약정하는 계약을 말한다(신원보증법 제1조 Ⅱ). 근로자에 대한 퇴직금 지급 후에는 신원보증계약은 당연히 해지된다(大判 2000. 3. 14, 99 다 68676; 大判 1986. 2. 11, 85 다카 2195).

는 조건이 붙어 있지 않다면 근로기준법 제21조는 적용되지 않는다고 보아야 한다. 동법 제21조가 금지하고 있는 것은 사용자가 그의 전대채권을 자동채권으로 하면서 근로자의 임금채권을 수동채권으로 하는 경우이다. 따라서 근로자가 그의 임금채권을 자동채권으로 하고 사용자의 전대채권을 수동채권으로 하는 상계는 금지대상이 되지 않는다. 그러나 이때에도 근로자의 상계의 의사표시는 그의 자유로운 의사결정에 의한 것이어야 한다.

c) 상계는 당사자(사용자) 일방의 의사표시에 의하여 행하는 단독행위이므로 근로자의 자유로운 의사를 기초로 이루어지는 상계계약의 경우에는 근로기준법 제21조 및 제43조(임금 전액의 직접 지급)에 위반되지 않는다고 볼 수도 있을 것이다.[1] 그러나 전차금 또는 전대차계약을 하면서 경제적으로 곤궁한 처지에 있는 근로자로서는 마지못해 동의하는 경우가 적지 않으므로 자유로운 의사에 의한 동의 여부는 엄격하게 해석해야 할 것이다. 사용자가 전대금채권을 자동채권으로 하고 근로자의 임금채권을 수동채권으로 하여 상계하는 것은 제한하는 것이 옳을 것이다.[2]

민사집행법 제246조 1항 4호는 근로자의 임금(급여)의 2분의 1에 해당하는 금액을 압류금지채권으로 규정하고 있고, 민법 제497조는 채권(임금채권)이 압류하지 못할 것인 때에는 그 채무자(사용자)는 상계로 채권자(근로자)에게 대항하지 못한다고 규정하고 있으므로 사용자는 근로자의 임금채권의 2분의 1을 초과하는 부분에 해당하는 금액에 대해서만 상계를 할 수 있다는 것이 판례의 태도이다.[3] 근로기준법 제21조는 동법 제43조 1항 본문(임금전액의 직접불)과 밀접한 관련이 있다. 제43조의 규정이 있다고 하여 민사집행법상의 압류가 부정되는 것은 아니지만, 동 규정은 근로자에 대한 임금의 현실적 지급을 무거운 벌칙(제109조: 3년 이하의 징역 또는 3천만원 이하의 벌금. 이 벌칙은 제21조를 위반한 경우에 가해지는 벌칙(제114조 1호: 500만원 이하의 벌금)보다 무겁다)을 가지고 규제하고 있으므로 제21조의 전차금 상계의 금지라는 범위를 넘은 때에도 그 임금 전액에 대하여 사용자에 의한 상계가 금지된다고 해석되어야 한다.[4] 따라서 사용자는 근로자의 임금채권을 수동채권으로 하여 근로자의 채무불이행으로 인한 손해배상채권 또는 불법행위로

---

1) 大判 2001. 10. 23, 2001 다 25184 참조. 임금 전액의 직접불(근기법 제43조 1항 본문. 일본 勞働基準法 제24조 1항)원칙에 위반하지 않는다는 일본판례: 日新製鋼事件·最二小判平 2.11.26 民集 44卷 8号 1055面.

2) 西谷, 「勞働法」, 77面; 김형배, 「채권총론」(제2판), 768면 참고.

3) 大判(전합) 2010. 5. 20, 2007 다 90760. 이 판례는 잘못 지급된 퇴직금을 정산·조정하는 경우에는 사용자의 부당이득반환청구권이 인정되고 근로자의 퇴직금청구권을 수동채권으로 하는 사용자의 상계가 인정된다고 한다. 이에 대한 비판에 관해서는 [77] 3. (3) f) 4) 참고.

4) 大判(전합) 1988. 12. 13, 87 다카 2803; 大判 1996. 3. 22, 95 다 2630 참고.

인한 손해배상채권을 가지고 상계할 수 없다.[1]

d) 동조 위반에 대하여는 벌칙(근기법 제114조 ① 500만원 이하의 벌금)이 적용된다. 또한 동조에 위반되는 상계의 의사표시는 무효가 된다고 보아야 한다. 따라서 상계의 대상이 된 근로자의 임금 상당액에 대하여 보증한 보증인의 채무도 부종성에 의하여 소멸된다. 사용자의 상계의 의사표시가 무효이므로 근로자는 사용자에 대하여 임금채무의 이행을 청구할 수 있다(제43조 참조). 그러나 근로자의 전차금채무 자체가 소멸하는 것은 아니므로 근로자는 여전히 전차금채무를 부담하고, 사용자는 임의변제 등 상계 이외의 방법으로 반환받을 수밖에 없다. 다만, 매춘계약 또는 공서양속에 반하는 내용의 근로계약에서 그 법률행위가 무효(민법 제103조)인 때에는 근로자의 반환채무 자체가 성립하지 않는다고 보아야 한다(민법 제746조 본문). 이 경우에 보증인의 보증채무도 당연히 성립할 수 없다.

9. 근로조건의 변경

근로계약에 의하여 약정된 근로조건이 근로자와 사용자의 합의에 의하여 변경되는 것은 계약자유의 원칙상 당연한 일이다. 계속적 채권관계인 근로관계가 존속되는 기간 중에 제반 여건의 변화에 따라 근로조건을 이에 적응·조절해야 할 사정은 언제라도 발생할 수 있다. 그러나 근로조건의 변경은 취업규칙이나 단체협약에 의하여 행하여지는 것이 일반적이다. 따라서 취업규칙에 의한 변경 시에는 근로자보호를 위한 보호규정이 마련되어 있고(근기법 제94조 참조. 특히 취업규칙의 불이익변경에 관해서는 [46] 참고), 단체협약에 의한 변경 시에는 노동조합이 사용자와 대등한 교섭을 할 수 있으므로 근로자보호라는 관점에서 별 문제가 없다([113] 참고). 그러나 근로자 개인과 사용자를 당사자로 하는 근로계약 변경에서는 교섭력의 평등성이 문제된다. 특히 근로조건의 하향조정에 있어서는 근로자의 의사표시가 그 자신의 자유로운 의사결정에 의한 것인지(근기법 제4조; 민법 제107조 이하 참조) 그리고 해당 약정이 공서양속(민법 제103조), 공정성(민법 제104조), 강행법규(민법 제105조)에 위반한 것이 아닌지를 검토하지 않을 수 없다. 근로자를 위한 이와 같은 통제는 결국 법원에 의하여 이루어질 수밖에 없을 것이다.[2] 현실적으로 문제가 되는 것은 근로조건의 변경권한을 사용자에게 부여하는 취지의 합의(변경유보조항)가 있는 경우이다. 이러한 합의가 어느 경우에나 무효라고 볼 수는 없으나, 임금·근무지·근무내용 등 근로조건의 중요부분에 관한 변경권을 사용자에게 부여하는 합의

1) 大判 1989. 11. 24, 88 다카 25038 참고.

2) Lieb/Jacobs, *ArbR* Rn. 75 참고.

는 노사대등결정의 원칙(근기법 제4조)과 근로조건명시의무(근기법 제17조)에 반하는 동시에 공서양속에 위배되는 것으로 보아야 할 경우가 있을 수 있다.1) 그러나 경영상 관례적으로 행하여지는 배치전환, 시간외근로 등의 근로조건을 변경하는 권한은 그것이 합리적으로 행하여지는 한 노사합의로 사용자의 변경권유보를 인정해도 무방할 것이다.2) 변경유보가 유효한 것으로 인정될 수 있는 경우라도 그 권한이 공정하게 행사되어야 하며, 권리남용에 해당하지 않아야 한다.3) 사안에 따라서는 배치전환과 같은 사용자의 근로조건변경의 지시에 대하여 근로자가 이의를 제기하지 아니하고 변경된 조건하에서 업무를 계속하는 경우가 있다. 침묵은 곧바로 근로조건 변경(청약)에 대한 승낙의 의사표시라고 해석될 수 없으나 다른 근로자들과는 달리 배치전환된 사람이 거부의 의사표시 없이 업무를 계속하면서 변경된 근로조건에 따른 효과(권리·의무의 변동)에 관하여 충분히 인식하고 있다면 묵시적 동의가 있다고 보아야 한다.4) 그러나 임금의 인하 또는 그 밖의 근로조건의 중대한 악화가 뒤따르는 경우 묵시적 동의는 엄격하고 신중하게 판단되어야 한다.5)

사용자가 변경유보권을 가지고 있지 않은 경우로서 기업경영상 근로조건의 변경(수당감액, 근무시간의 변경, 근무내용 또는 근무지의 변경 등)이 객관적으로 불가피함에도 근로자가 이에 동의하지 않을 때에는 그 해결방법이 문제된다. 이러한 경우에 사용자에게 (예외적으로) 변경권 또는 해고권을 인정하는 것은 정당하지 않다. 이때에는 이른바 변경해고(Änderungskündigung)의 방법으로 해결하는 것이 타당한 것으로 생각된다. 변경해고에 대해서는 근로기준법 제23조 및 제24조가 준용될 수 있다(변경해고에 관해서는 [74] 3. 참고).6)

1) 同旨: 西谷, 「勞働法」, 157面.

2) 일본의 「勞働契約法」(2008) 第8조는 「노동자와 사용자는 그 합의에 의하여 노동계약의 내용인 노동조건을 변경할 수 있다」고 규정하고 있다. 사용자가 근로조건의 변경권을 가지는 데 대하여 근로자가 합의하는 경우에 해당 근로조건 변경은 변경권부여합의를 근거로 당사자를 구속한다. 이러한 변경 또한 노동계약법 제8조상의 합의에 의한 근로조건 변경의 한 예라고 한다(荒木, 「勞働法」, 377面).

3) 西谷, 「勞働法」, 157面.

4) Hromadka/Maschmann, *Arbeitsrecht*, Bd. 1 § 5 Rn. 171 f. 참고.

5) 西谷, 「勞働法」, 158面 이하 참고.

6) Lieb/Jacobs, *ArbR* Rn. 77; 西谷, 「勞働法」, 158面.

[40] Ⅱ. 채용내정[1]

1. 의 의

사용자가 신규로 종업원을 채용하는 경우 일반적으로 i) 사용자에 의한 (공개)모집 공고, ii) 근로자의 응모(應募), iii) 채용시험의 실시, iv) 합격여부의 결정, v) 채용내정(또는 채용결정)의 통지, vi) 채용결정에 대한 근로자의 승낙서, 서약서, 신원보증서, 건강진단서 등의 제출, vii) 입사식과 사령장의 교부, viii) 근무의 개시 등의 과정을 밟게 된다.[2] 그러나 채용내정의 통지가 있은 후 여러 가지 사정으로 이를 「취소」[3] 하는 경우가 발생할 수 있다. 따라서 이와 같은 회사의 「취소」의 효력이 법적으로 문제될 수 있다.[4]

2. 채용내정의 법률관계

(1) 채용내정의 의미

신규채용 응모자(특히 대학졸업예정자)에게 회사가 합격통지를 하면 그 응모자가 정식으로 임명장을 받고 근무를 개시할 때까지는 상당한 기간의 경과를 거치는 것이 보통이다. 일본에서는 오래 전부터 이러한 기간이 정식채용에 이르는 특별한 과정으로 인식되어 왔다. 따라서 채용「내정」이라는 말은 회사 측에서 합격자를 채용하려고 하나 아직은 회사와 합격자 사이에 근로계약관계가 확정적으로 성립되지는 않고 있음을 암시하는 의도에서 사용되었던 비법률적 용어이다. 일본에서 이에 대한 문제가 법적 분쟁으로 발전된 것은 사용자에 의한 채용내정취소의 적법성을 내정자가 다투는 사건이 발생하기 시작한 1970년대부터라고 한다.[5] 이를 계기로 채용내정취소에 대한 학설과 판례가 출현하기 시작하였다.[6]

---

1) 채용내정이라는 용어는 그 내용이 명확한 법률용어가 아니다. 일본에서 관용되는 용어이다.
2) 菅野, 「勞働法」, 222面 이하 참고.
3) 「취소」는 취소권을 가진 자가 그 권리를 행사하는 경우에 쓰이는 용어이므로 채용내정「취소」라는 표현은 적절하지 않다. 채용내정의 성질에 따라 그에 맞게 적합한 용어를 쓰는 것이 옳을 것이다. 여기서는 취소라는 말을 일반적 관용에 따라 그대로 쓰기로 한다.
4) 예컨대 채용내정의 통지와 응모자에 의한 필요서류의 제출이 있었더라도 사용자가 졸업자 또는 졸업예정자를 대상으로 응모자격자로 모집을 한 것이라면 졸업은 채용의 「조건」이므로 졸업증을 수여받지 못한 응모자는 채용대상에서 제외된다.
5) 菅野, 「勞働法」, 222面 참고.
6) 일본의 채용내정 및 채용내정취소에 관한 문헌으로는 後藤清, '採用內定者の法的地位', 「季刊勞働法」(第53號), 129面; 水町勇一郎, '勞働契約の成立過程と法', 「講座 21世紀(4)」, 41面 이하.

⑵ **채용내정이 거부되는 모습**(유형)

채용내정이 거부되는 경우는 여러 가지가 있을 수 있다. 첫째, 「취소사유」를 기재한 채용통지서나 서약서양식이 교부되는 경우이고(다음의 a)), 둘째, 대학졸업을 조건으로 채용을 내정한 경우이다(다음의 b)). 셋째, 채용「내정」만으로는 사용자에게 해약권이 유보된 고용계약(근로계약)이 성립하는 것으로 보는 경우이다(다음의 c)).

a) 채용내정을 통지하는 서류 또는 내정자가 제출할 서약서양식 내에 취소사유가 기재되어 있는 경우에 그 사유에 해당하는 사실이 발견 또는 발생한 때에는 통지서 또는 서약서를 매개로 회사와 내정자 사이의 약정에 의하여 채용내정은 취소될 수 있다. 예컨대 제출서류에 「허위기재」가 취소사유(해지사유)로 되어 있는 경우가 이에 해당할 것이다. 해당 허위기재사실이 채용내정을 취소할 수 있을 정도로 중대하거나 당사자 사이의 신뢰관계를 유지할 수 없을 정도의 것이 아니면 취소(해지)사유가 될 수 없다고 보아야 할 것이다. 취소사유를 기재한 통지서나 서약서의 교부가 없는 경우라도 응모자가 허위사실 기타 기망(사기)행위를 한 경우에는 사용자(회사)는 합격통지(채용내정통지)를 취소할 수 있음은 물론이다(민법 제109조, 제110조 참조).

b) 대학졸업예정자에게 졸업을 조건으로 채용을 내정(결정)한 경우에 합격자가 졸업을 하지 못하게 되면 채용내정은 효력을 잃게 된다(「졸업」할 것을 계약의 내용으로 보면 졸업하지 못한 것은 계약을 이행하지 못한 것이 되어 이를 이유로 사용자는 해약할 수도 있을 것이다). 이때 졸업을 못하게 된 것을 해제조건으로 보면 졸업불가의 사실이 확인된 때 채용내정이 소급해서 소멸하고, 졸업을 정지조건으로 보면 졸업이 확인된 때 채용은 확정되면서 근로관계가 성립한다. 다음의 ⑶에서 살피듯이 채용내정에 따라 일단 근로(계약)관계가 성립하는 것으로 본다면 앞의 견해, 즉 해제조건부근로계약성립설이 타당하다.

c) a), b)의 경우와는 달리 채용「내정」만으로 사용자에게 일방적 해약권이 유보된다면 근로계약의 체결은 처음부터 불확정한 상태에 있게 되어 공서양속에 반한 계약으로 무효로 보아야 할 것이다.

d) 이 밖의 취소사유로는 i) 장기요양·체포·구금 등 출근일 이후에 장기적으로 근무가 불가능한 경우, ii) 건강악화로 직무수행이 어렵게 된 경우, iii) 중요한 채용절차를 이행하지 않는 경우, iv) 경영상의 이유로 신규채용이 어렵게 된 경우가 있다. 이 중에서 iv)와 관련해서는 다음의 ⑸ 에서 자세히 설명한다.

⑶ **근로계약의 성립과 근로기준법의 적용**

근로기준법은 근로계약이 체결(근로관계의 성립)된 때, 즉 채용내정이 확정된 때부터 적용된다. 다만, 근로자가 실제로 노무제공을 시작하는 때(이행단계. [36] a) 참고)부터 적용되는 규정들(예컨대 근로시간 및 휴식, 재해보상 등에 관한 규정들)은 채용내정기간 중에는 적용되지 않는다. 따라서 근로자가 취업을 개시하기 전이라도 근로계약관계의 존립에 관한 근로기준법의 규정(근기법 제17조, 제23조, 제24조)은 적용된다.[1] 사용자는 근로자의 근무개시일로부터 근로자를 취업시킬 의무를 부담하며, 이를 이행하지 않으면 지체책임을 부담한다(민법 제538조). 취업개시일부터는 근로조건에 관련된 근로기준법의 모든 규정들이 근로자에게 적용된다.

(4) 채용내정과 해약권의 유보

채용내정의 법률적 성질에 대하여 과거에 일본에서는 계약체결과정설과 예약설이 주장되기도 하였다. 그러나 오늘날의 일반적 견해인 근로계약성립설에 의하면 회사(사용자)의 모집공고는 청약의 유인으로, 구직자의 응모는 청약으로, 회사의 채용내정은 승낙으로 해석함으로써 채용내정의 통지 시에 기간의 정함이 없는 근로계약관계가 성립하게 된다.[2] 그런데 채용을 「내정」한다는 것은 채용내정기간 중에 일정한 사유가 있으면 사용자는 근로계약관계를 소멸시킬 수 있는 해약권을 유보한다는 뜻으로 해석되고 있다.[3] 그러나 채용내정에 의하여 근로계약이 성립한다면 —취업의 개시는 그 후에 이루어지더라도— 계약성립시부터 근로기준법이 적용되므로 (유보된?) 해약권의 행사에 의한 채용내정의 취소는 정당한 이유가 없는 한 적법하다고 볼 수 없다. 왜냐하면 채용내정의 취소는 결과적으로 해고를 의미하기 때문이다.[4] 따라서 근로기준법 제23조 1항이나 제24조에 위배되는 해약권의 행사는 위법한 것으로 보아야 할 것이다. 예컨대 채용내정시부터 사령장의 교부시까지의 사이에 내정자 중 직무부적격자를 가려내어 채용내정을 취소하는 것이 유보된 해약권의 행사라고 하더라도 이러한 채용내정 취소가 근로기준법 제23조 1항이나 제24조에 의하여 정당화되지 않는다면 이를 유효하다고 볼 수는 없을 것이다.[5] 따라서 채용의 「내정」만으로는 사용자에게 해약권이 유보된 근로계약관계가

1) 피고 회사가 원고(전기공사기술자)를 면접한 후 4대보험 취득신고를 마치고 원고를 피고 기술자로 등록함으로써 원고에 대한 채용의사를 외부적, 객관적으로 명확히 표명하여 원고에게 명시적 또는 묵시적으로 채용내정통지를 하였으므로 근로계약관계가 유효하게 성립되었고, 이를 해지할 부득이한 사유 또한 없으므로 원고는 근로계약에 따른 임금을 청구할 수 있다(大邱地判 2019. 6. 13, 2018 가합 972).

2) 김유성, 「노동법 Ⅰ」, 72면; 임종률, 「노동법」, 409면; 서울高判 2000. 4. 28, 99 나 41468. 土田, 「勞働契約法」, 212面.

3) 최초의 일본판례는 東京高判昭 47. 3. 31 勞民集23卷2号149面인데 다음의 最高裁判所 판례가 이를 답습·확정하였다: 最高判二小判 昭和 54. 7. 20 民集33卷5號582面; 最高判二小判 昭和 55. 5. 30 民集34卷3号464面.

4) 大判 2000. 11. 28, 2000 다 51476; 大判 2002. 12. 10, 2000 다 25910 참고.

5) 채용내정기간 중에는 '정당한 이유'가 넓게 해설될 수밖에 없다는 견해도 있다(임종률, 「노동법」, 380면). 일본에서는 채용내정의 성질에 비추어 유보된 해약권의 행사는 통상 해고의 경우보다 넓게 인정될 수 있다고 한다(荒木, 「勞働法」, 335面 참고).

성립할 뿐이라고 보는 것은 부당하다. 다만, 사용자가 처음부터 시용(試傭)기간(다음의 [41] 참고)으로서 일정기간을 정하여 채용하고 기술이나 능력을 평가·확인한 후에 정식 사원으로 채용할 것을 정한 경우에는 사용자에게 일종의 해지권이 유보된 것으로 볼 수 있을 것이다. 이때에는 본계약에 의한 근로계약관계가 성립되어 있지 않기 때문이다.

저자는 채용내정에 의하여 시기부근로계약(始期附勤勞關係)이 성립한다고 생각한다.

(5) 판례의 태도와 해지(해고)의 제한

1) 우리 판례는 일본의 판례와 학설을 본받아 채용내정에 의하여 시기부(始期付) 해약권유보부 근로계약이 성립하는 것으로 보고 있으며, 해약권의 행사에 의한 채용내정의 취소를 해고로 판단하고 있다.[1] 근로기준법 제23조 1항이나 제24조에서 정한 해고의 정당한 이유에 위배되는 사유가 있는데도 사용자의 해약권의 행사 내지 채용내정의 취소가 인정된 사례는 없는 것으로 판단된다.[2] 대체로 채용내정 당시 사용자가 알 수 없었으며 알 수 있었을 것을 기대할 수 없는 사실이 채용내정취소의 사유가 될 수 있을 것이다. 건강상태의 현저한 악화(惡化), 제출서류에 중요한 학력·이력사항의 허위기재, 내정자가 수행할 업무에 대한 적격성(適格性)이나 회사의 사회적 신뢰에 중대한 영향을 끼칠 수 있는 비위(非違)행위(예컨대 전력(電力)회사의 내정자가 반원전(反原電)데모에 참가한 행위) 등은 채용내정취소 사유가 될 수 있을 것이다. 그러나 위의 사실들은 계약체결 교섭 중에 사용자(구인자)의 질문·조회 및 근로자(구직자)의 고지([39] 5. (3) (4) 참고)를 통하여 밝혀지는 것이 일반적이라고 할 수 있다. 따라서 실제적으로 채용내정의 취소사유, 즉 사용자 측에 의한 해지사유로 문제가 되는 것은 채용내정 후의 회사경영의 악화, 과잉채용으로 인한 정원초과, 급격한 경제사정의 변동 등이라고 할 수 있다. 그러나 회사의 경영악화나 정원초과를 이유로 내정자와의 근로관계를 해지할 때에는 회사의 귀책사유가 인정될 수 있으므로 사용자는 이러한 사유 발생에 대한 예견가능성과 회피가능성이 없었음을 입증을 해야 한다. 즉 사용자의 해지의 적법성에 관해서는 엄격하게 판단해야 한다.[3] 이러한 사유가 정당한 해지사유가 되기 위해서는 근로기준법 제24조의 1항의 경영상의 긴박한 필요에 의한 해고에 해당하여야 할 것이다.[4]

---

1) 大判 2000. 11. 28, 2000 다 51476; 大判 2002. 12. 10, 2000 다 25910 참고.

2) 大判 2000. 11. 28, 2000 다 51476 및 大判 2002. 12. 10, 2000 다 25910은 모두 경영상의 필요에 의한 해고로서 정당한 해고로 판단하고 있다.

3) 土田, 「勞働契約法」, 214面 참고.

4) 일본의 *勞働基準法*에는 해고를 직접 제한하는 규정은 없으며, *勞働契約法* 제16조에 「해고는 객관적으로 합리적인 이유를 결(缺)하고 사회통념상 상당하다고 인정되지 않는 경우에는 그 권리를 남용한 것으로서 무효로 한다」고 규정하고 있다. 해고권 남용법리는 유보(留保)된 해약권의 경우에 유추 적용되고 있다(最判昭和 54. 7. 20 民集33卷5號582面; 土田, 「勞働契約法」, 212面 참고). 우리 근로기준

2) 판례는 다음에서 보는 바와 같이 내정자의 지위(시무일전의 내정자)를 고려하여 해고이유를 신축적으로 해석하고 있다. 즉, 판례[1]는 채용내정 후 경영상의 이유로 내정자를 취업시킬 수 없을 때 근로기준법 제24조 3항(근로자대표와의 사전협의조항)은 적용되지 않는다고 한다. 채용내정자들은 아직 경영 내의 취업현장에 투입되어 기존의 종업원들과 같이 근로를 제공한 경력을 가진 자들이 아니므로 사용자는 이들에 대하여 그 사업장의 근로자대표와 구체적 사전협의를 할 필요가 없다고 한다. 또한 경영상의 이유에 의한 해고에 있어 내정자의 근로계약관계는 성립되어 있으나, 내정자는 아직 대학을 졸업하지 아니하는 등의 사유로 현실적으로 근로를 제공하고 있지 않으므로, 합리적이고 상당한 이유가 있는 한 이미 근무하고 있는 근로자들과 비교하여 정리해고의 요건을 다소 완화하고 동시에 기존 근로자들보다 우선적인 정리해고의 대상자로 삼는다 하여 이를 위법하다고 볼 수 없다는 판례도 있다.[2] 이와 같이 아직 취업상태에 있지 않은 채용내정자의 노동법상의 지위는 기존 근로자의 그것에 비해 근로관계의 밀접도가 떨어진다는 이유에서 상대적으로 소극적으로 보호받고 있는 것이 판례의 태도라고 생각된다. 이러한 사고의 배경에는 채용내정을 할 당시에 사용자가 경영상의 긴박한 사유의 도래를 인식 또는 예측할 수 있었더라면 근로자들을 신규로 채용하지는 않았을 것이라는 이유가 그 근거로 작용하는 것으로 생각된다.

3) 사용자가 채용내정을 통지한 후에 시무일(始務日)을 넘기면서 정식발령을 미루어 오다가 정식발령을 할 수 없다고 통지한 사건에서 판례는 사용자에게 불법행위로 인한 손해배상책임을 인정하고 있다.[3] 그러나 내정자가 회사의 약속을 신뢰하고 정식직원으로 채용될 것을 기대하면서 다른 취직의 기회를 포기한 상황에서 채용내정의 통지에 의한 근로관계의 성립을 의심치 않고 있었던 상황이라면 채무불이행책임을 묻는 것

법 제23조 1항 및 제24조와 같은 규정은 가지고 있지 않다.

1) 「원심은 … 피고가 원고들에게 한 신규채용의 취소통보는 실질적으로 해고에 해당한다고 하고, 이어서 그 해고가 정당하다는 피고의 주장을 정리해고의 정당성에 관한 주장으로 본 다음, 피고의 위 정리해고는 판시와 같은 여러 인정사실에 비추어 긴박한 경영상의 필요에 의하여, 해고회피를 위한 사용자의 노력이 병행되면서, 객관적·합리적 기준에 의하여 해고대상자를 선정하여, 근로자측과의 성실한 협의를 거쳐서 행하여진 것이고, 한편 피고회사의 취업규칙에 비추어 신규채용된 자들의 채용내정시부터 정식발령까지 사이에는 사용자에게 근로계약의 해약권이 유보되어 있다고 할 것이어서 원고들에 대하여는 근로기준법 제24조 3항이 적용되지 않는다고 보아야 한다고 하여, 결국 피고의 원고들에 대한 정리해고가 정당하다고 판단하고 있다. 기록에 의하여 인정되는 사실관계에 비추어 볼 때 위 판단은 모두 정당한 것으로 인정된다」(大判 2000. 11. 28, 2000 다 51476).

2) 서울地判 1999. 6. 18, 98 가합 67930. 내정자를 우선적으로 해고대상자로 선정했더라도 합리적이고 공정한 선정(근기법 제24조 Ⅱ)이 아니라고 볼 수 없다는 판례도 있다(서울高判 2000. 4. 28, 99 나 41468).

3) 大判 1993. 9. 10, 92 다 42897 참고.

이 옳을 것으로 판단된다.

4) 채용이 확정된 후 근무를 시작할 근무예정일(사용자의 근로계약 이행기일)부터 사용자는 근로자를 취업(근무)시킬 구체적 의무를 부담한다. 사용자가 통고한 (정식)채용일(근무개시일)부터 내정자는 종업원(근무자)의 지위를 가지기 때문이다. 따라서 사용자가 근무예정일이 지나서 채용내정을 취소하였다면 — 취소가 해고로서 정당한 때에는 근로관계가 소멸할 때까지(해고예고기간이 경과할 때까지: 근기법 제26조 본문. 근로관계는 해고예고기간이 경과한 때 소멸하기 때문이다), 취소가 정당하지 않을 때에는 사실상의 취업이 시작한 때까지 — 취업할 수 없었던 날에 대하여 임금을 지급해야 할 것이다.[1] 노무제공의 이행기가 도래하여 근로자가 취업을 개시하게 되면 사용자와 근로자 사이에는 현실적 근로관계가 성립되므로 노동법의 모든 규정들이 적용된다. 내정자가 이행기 도래 후부터 근무할 수 있어야 함에도 불구하고 사용자가 정당한 이유 또는 정당한 해고 이유 없이 노무수령을 거부하는 경우에 사용자는 이에 대한 책임(민법 제538조 I)을 면할 수 없게 되어 임금전액을 배상해야 한다. 그리고 경영상의 이유로 사용자가 휴업하는 경우에는 근로기준법 제46조의 규정에 의하여 이행기 도래 후에는 채용내정자에게 평균임금의 100분의 70 이상을 지급하여야 할 것이다. 또한 채용내정자가 종업원의 지위를 취득한 후에는 노무제공상태에 있는 한 회사에 대한 임금청구권이 당연히 발생하므로,[2] 채용내정자가 채용발령연기에 대하여 부제소합의를 하였다 하더라도 임금채권까지 포기한 것이라고 볼 수 없다. 판례도 같은 태도를 취하고 있다.[3]

5) 근로자가 근로관계를 해지할 때에는 원칙적으로 민법 제660조가 적용될 뿐이다. 따라서 근로자는 해지의 의사표시를 언제든지 할 수 있고, 그 효력(근로관계의 소멸)은 1월이 경과한 때에 발생한다. 사용자가 채용내정을 취소(근로관계의 해지 즉 해고)하는 경우에 근로기준법 제26조에 정한 해고예고수당을 지급해야 하는가? 과거에는 해고예고의 적용 예외 규정인 제35조의 5호(수습 중인 근로자)를 채용내정자에게 유추 적용하여 예고수당은 지급되지 않는 것으로 해석되었다.[4] 그러나 2019년 1월 15일에 근로기준법 제35조가 삭제되고, 제26조 단서로 예외 규정(i) 계속 근로가 3개월 미만인 경우, ii) 천재·사변 그밖에 부득이한 사유로 사업 계속이 불가능한 경우, iii) 근로자가 고의로 사업에 막대한 지장을 초래한 경우)이 신설됨으로써 내정취소로 해고되는 근로자에게도 원칙적으로 예고수

1) 同旨: 서울高判 2000. 4. 28, 99 나 41468.
2) 서울高判 2000. 4. 28, 99 나 41468; 기본적으로 같은 취지: 서울地判 2003. 8. 27, 2002 나 40400.
3) 大判 2002. 12. 10, 2000 다 25910; 이승욱, '채용내정에 대한 부제소특약의 효력과 정당성', 「노동법률」(제110호), 2000 참고.
4) 大判 2000. 11. 28, 2000 다 51476. 菅野, 「勞働法」, 226面 이하; 土田, 「勞働契約法」, 214面 참고.

당을 지급해야 하는 제도로 바뀌게 되었다.

6) 이른바 채용내정의 취소가 적법하지 않은 경우에 내정된 근로자는 그 해지의 의사표시 내지 해고의 무효를 주장하여 종업원 지위의 확인을 구하는 소(訴)를 제기하거나, 노동위원회에 부당해고 구제 신청을 할 수 있다. 법원에 소를 제기하는 경우에는 채용이 내정된 사람(근로자)으로서 받은 정신적 손해에 대하여 불법행위로 인한 손해배상 청구를 할 수 있고, 경제적 손실로서는 근로관계의 해지가 없었더라면 현실적으로 업무에 종사함으로써 얻을 수 있었던 일실(逸失)이익의 손해를 청구할 수 있다.

[41] Ⅲ. 시용(試傭)근로관계

1. 시용근로관계(Probearbeitsverhältnis)의 의의

근로자를 기업조직에 최종적으로 편입시키는 데 신중을 기하기 위하여 입사한 근로자를 곧바로 정규사원으로 임명하지 않고, 2~3개월 정도의 기간을 설정하여 그 기간 내의 근무상황 등을 고려하여 근로자의 직업적성과 업무능력, 자질, 인품, 성실성 등을 판단하려는 것이 시용(試傭)근로관계를 설정하는 본래의 목적이다.[1] 시용기간이 정식채용을 전제로 하여 직업능력과 기업에의 적응성을 판단하기 위한 기간임에 비하여 수습(修習)(견습)기간은 정식채용된 근로자의 직업능력의 양성·교육을 목적으로 설정되는 것이므로 양자는 서로 구별된다. 또한 시용기간 중에 있는 근로자는 일정한 수준의 직업적 적성이 확인되면 정식채용된다는 의미에서 일시적으로 노동력을 이용하기 위하여 고용된 임시고용근로자[2]와 그 성질을 달리한다. 시용기간은 근로자 자신이 앞으로 맡게 될 일이 그에게 적합한 것인가를 검토할 기회를 갖기 위한 것일 수도 있다.[3] 결국 시용기간은 사용자와 근로자의 이익을 위해서 설정될 수 있다.

위와 같은 시용기간은 근로계약의 체결시에 약정되는 경우, 즉 근로계약사항으로 명시된 경우에만 적용된다.[4] 그러므로 근로계약 체결시에 시용기간이 적용된다고 명시하지 아니한 경우에는 시용근로자가 아닌 정식사원으로 채용된 것으로 보아야 한다.[5]

1) 大判 2006. 2. 24, 2002 다 62432.
2) *MünchArbR*/Richardi/Buchner, Bd. Ⅰ, §33 Rn. 72 참고.
3) *MünchArbR*/Richardi/Buchner, Bd. Ⅰ, §33 Rn. 63; *ErfK*/Preis, BGB §611a Rn. 156.
4) 大判 1991. 11. 26, 90 다 4914; 大判 1999. 11. 12, 99 다 30473. 同旨: Henssler/Preis, 독일근로계약법토의초안, 제23조는 「근로계약의 체결시에 시용기간이 약정된 때에는 …」이라고 규정하고 있다. *ErfK*/Preis, BGB §611a Rn. 158 이하 참고.
5) 大判 1999. 11. 12, 90 다 30473; 서울行判 2002. 6. 25, 2002 구합 6309.

따라서 본 채용의 거부는 일종의 해고에 해당한다.

2. 시용기간의 법적 성질

시용기간의 모습은 기업에 따라 차이가 있고, 구체적으로는 해당 기업의 단체협약, 취업규칙, 경영관행 또는 당사자 사이의 합의에 의하여 정하여지는 것이 보통이다. 따라서 시용기간이 어떠한 법적 성질을 가지고 있는가는 그 구체적인 모습에 따라 판단해야 할 것이다. 그러나 계약내용이 불명확한 경우에 시용기간의 법적 성질을 어떻게 이해하여야 하는가,[1] 특히 시용기간중에 있는 근로자의 지위와 관련하여 해고(해지)기준이 정규채용된 근로자의 경우와 어떻게 다른 것인가 하는 점이 문제된다. 시용기간의 제도적 취지와 목적에 따라 그 법적 이론구성을 해야 할 과제가 남는다.

시용시간은 첫째로 본계약과는 관련없이 별개의 특정기간을 정하는 경우가 있는가 하면, 둘째로 기간의 정함이 없는 근로계약을 체결하면서 근로의 개시와 더불어 일정기간을 시용기간으로 정하는 경우가 있다. 전자의 경우에 특정기간이 경과한 후 새로운 본계약의 체결이 이루어지지 않으면 그것으로 기간부 시용관계는 자동적으로 종료한다. 이에 반해서 후자의 경우에 일정기간의 경과 후 사용자가 해고의 의사표시를 하지 않는 한 기간의 정함이 없는 근로관계는 유지된다.[2] 판례는 후자의 사례에 관한 것들이 다수이다.[3] 유기(有期)계약을 체결하면서 시용기간을 설정하는 경우도 있을 수 있으나, 이때에는 무기계약의 경우보다 해고의 제한을 엄격하게 판단해야 할 것이다.

3. 적격성평가와 해지권의 행사

a) 시용근로관계에서 가장 중요한 문제는 적격성평가의 기준이다. 사용자에 의한

1) 시용기간에 대한 합의가 명백하지 않은 때에는 기간의 정함이 없는 근로계약관계를 전제로 하는 것으로 해석되어야 할 것이다(Annuß · Thüsing/Maschmann, *Teilzeit- und BefristungsG*, § 14 Rn. 49). 일본 최고재판소 판례: 사립고교에 1년의 계약기간으로 고용된 상근강사(常勤講師)가 기간만료로 근로관계가 종료되어 그 효력에 대한 다툼이 생긴 사건에서, 사용자가 근로자를 신규로 채용함에 있어 그 고용계약에 기간을 정한 경우에 그 기간설정의 취지와 목적이 근로자의 적성을 평가·판단하기 위한 것인 때에는 기간의 만료에 의하여 계약이 당연히 종료한다는 내용의 명확한 합의가 성립하고 있는 것으로 볼 수 있는 특별한 사정이 인정되는 경우를 제외하고는 그 기간은 계약의 존속기간이 아니고, 기간의 정함이 없는 근로계약의 시용기간(해약권유보기간)으로 해석해야 한다(最三少判 平成 2·6·5 民集44卷4號688面). 土田, 「勞働契約法」, 227面 이하, 231面 참고.

2) *ErfK*/Preis, BGB § 611a Rn. 157.

3) 大判 2006. 2. 24, 2002 다 62432; 大判 2004. 10. 8, 2004 누 2150; 大判 1991. 5. 31, 90 가합 18673. 수습기간 중 합격기준 이상의 점수를 얻은 경우에만 신입사원으로 채용하는 방식을 채택하고 있다면 이러한 수습관계에 있는 사람의 근로관계는 '시용기간 중의 근로관계'에 해당한다(大判 1992. 8. 18, 92 다 15710).

부적격평가(본 계약체결의 거부)는 곧 근로자의 직장 상실을 의미하므로 시용기간 중이라도 근로기준법 제23조가 적용되느냐 하는 것이 문제이다. 다시 말하면 부적격평가가 단순히 사용자의 주관적 기준에 의한 것이 아니라, 근로기준법 제23조의 「정당한 이유」로서 법률이 요구하는 객관적 기준에 합당해야 하는 것인지가 문제된다. 시용기간중에도 일반적인 정규근로관계에 대한 경우와 마찬가지로 근로기준법 제23조를 똑같이 적용한다면 구태여 시용기간을 인정할 필요가 없을 것이다. 그렇다고 하여 적격성평가를 사용자의 주관적·자의적 기준에 맡긴다면 시용기간설정의 남용으로 근로자에게 부당한 불이익이 초래될 것이다. 그리하여 이 문제에 대해서는 다음과 같이 판단하는 것이 타당할 것으로 생각된다. 근로자의 부적격의 평가 자체는 근로기준법 제23조의 기준에 의할 필요는 없다고 생각된다. 다시 말하면 사용자가 시용기간중 시용근로관계를 해지하거나 시용기간종료시 본 근로계약의 체결을 거부할 만한 객관적이고 합리적인 이유가 사회통념상 상당하다고 인정될 때에는 해고의 엄격한 기준(근기법 제23조의 해고를 위한 정당한 이유를 생각하라)을 적용할 필요가 없을 것이다. 즉 사용자의 해지권의 행사는 당해근로자의 업무능력, 자질, 인품, 성실성 등 업무적격성을 관찰·판단하려는 시용제도의 설정 취지·목적에 비추어 볼 때 일반적인 해고의 경우보다는 넓게 인정될 수 있다.[1] 그러나 부적격사유를 제시하지 않거나 또는 그 부적격사유가 근로관계의 유지와는 전혀 관계없는 것일 때에는 사용자의 시용기간만료에 따른 해고 통지는 부당하다고 판단해야 할 것이다.[2] 권리남용의 여부는 객관적이고 합리적으로 판단해야 한다.[3] 판례[4]는 시용근로관계에 있어서 사용자가 본 근로계약 체결을 거부하는 경우에는 해당 근로자로 하여금 그 거부사유를 파악하여 대처할 수 있도록 구체적·실질적인 거부사유를 서면으로 통지

---

1) 大判 2015. 11. 27, 2015 두 48136; 大判 2006. 2. 24, 2002 다 62432; 大判 2005. 7. 15, 2003 다 50580; 大判 2001. 2. 23, 99 두 10889; 大判 1999. 2. 23, 98 두 5965; 大判 1994. 1. 11, 92 다 44695; 大判 1992. 8. 18, 92 다 15710. 土田, 「勞働契約法」, 228面 참고.

2) 무제한적인 해고의 자유는 인정되지 않는다(大判 1999. 2. 23, 98 두 5965; 大判 2001. 2. 23, 99 두 10889 참고). 시용기간을 설정하는 주된 목적이 그 기간 중에 해고제한을 완화하려는 데 있다는 것이 독일의 통설과 판례의 태도이지만, 이와 같은 견해는 정당하지 않다. 시용기간의 설정은 어디까지나 근로자의 적성을 알아보려는 데 있는 것이고 해고를 용이하게 하려는 데 그 목적이 있는 것이 아니므로 시용기간을 설정하는 것은 계속적 근로를 위한 필요한 조건을 확인하기 위한 것이라고 해석할 수 있다(*MünchArbR*/Richardi/Buchner, Bd. Ⅰ, §33 Rn. 68).

3) 판례는 시용기간 중의 해고 및 본채용거부는 근로자가 앞으로 맡게 될 임무에 대한 적격성판단에 기초를 두어야 하고, 위 해약권의 행사는 객관적이고 합리적인 이유가 존재하여 사회통념상 상당하다고 인정되어야 한다고 판단한다(大判 1992. 8. 18, 92 다 15710; 大判 1995. 3. 10, 94 다 14650). 사용자의 해지권행사에 객관적이고 합리적인 이유가 결여되어 정당성이 없다고 한 판례: 大判 2006. 2. 24, 2002 다 62432.

4) 大判 2015. 11. 27, 2015 두 48136.

하는 것이 타당하다고 함으로써 근로기준법 제27조(거부사유의 서면통지)의 규정이 시용근로관계에도 적용된다는 점을 명백히 하고 있다.

b) 판례는 사용자가 시용기간이 만료한 때 근로자에 대하여 본 근로계약체결을 거부할 경우에 단순히 '시용기간의 만료로 해고한다'는 취지로 통지한 것은 절차상 하자(근기법 제27조 참조)로서 효력이 없다고 한다.[1] 시용기간이 만료되었음에도 불구하고 사용자가 부적격사유를 제시하지 아니하고 근로자를 사실상 계속 취업시키는 경우에는 시용기간은 기간의 약정이 없는 근로관계로 변경된다고 보아야 할 것이다.[2] 이때에는 사용자의 해지권은 소멸된 것으로 보아야 한다.

4. 시용기간의 장단의 문제

근로계약시에 정해지는 시용기간은 근로자의 업무능력이나 근무태도를 판단하는 데 필요한 합리적 기간으로 한정되어야 한다. 합리적 기간은 시용기간 설정의 취지와 직종에 따라 다를 수 있으나 일반적으로 3개월이 보통이다. 시용시간이 수습기간과 같아야 하는 것은 아니다. 시용기간은 근로자의 능력, 품성 및 근무태도 등에 관하여 판단하는 데 필요한 합리적 기간을 말하는 것이므로 현실적으로는 3개월부터 6개월인 경우가 일반적이다.[3] 긴 시용기간은 근로자의 지위를 불안정하게 할 우려가 있으므로 부당한 장기간의 시용기간은 공서양속에 반하는 것으로 무효라고 해석된다.[4] 따라서 시용기간은 근로자의 적격성 판단에 필요한 최소한의 기간이어야 하며, 연장·갱신하는 경우에도 연장·갱신에 관한 객관적 사유가 있는 경우에만 허용된다고 보아야 한다.[5] 다시 말하면 처음의 시용기간이 적격성 판단을 위하여 충분한 경우에는 다시 시용기간을 연장 또는 갱신할 수 없다고 해야 한다. 기간의 정함이 없는 근로관계의 존속 중에 시용기간을 설정하는 것은 허용되지 않는다고 보아야 한다. 해고를 용이하게 할 방편으로 악용될 염려가 있기 때문이다. 단시간근로자·촉탁근로자로 고용된 자가 정규사원으로 전환될 요건

1) 大判 2015. 11. 27, 2015 두 48136.

2) Otto, *ArbR* Rn. 295 참고. Henssler/Preis, 독일근로계약법토의안, 제23조는 「근로계약시에 시용기간이 약정된 때에는 별단의 정함이 없는 한 근로관계는 기간의 정함이 없는 것으로 인정된다」고 규정하고 있다.

3) 독일에서는 시용기간이 6개월 이상인 때에는 6개월이 경과한 때부터 해고보호가 엄격하게 적용되며, 시용기간이 경과한 후에는 일반적으로 기간의 정함이 없는 근로계약이 체결된다(Hromadka/Maschmann, *Arbeitsrecht*, Bd. 1, §4 Rn. 30).

4) 西谷, 「勞働法」, 148面.

5) 연장에 관한 객관적 사유가 있는 경우로는 시용기간의 약정 당시에 예견할 수 없었던 사정, 예를 들어 근로자의 장기질병, 사용자의 예기치 않은 휴업, 근무성적평가에 중대한 의혹이 있는 경우 등을 들 수 있을 것이다(Hromadka/Maschmann, *Arbeitsrecht* Bd. 1. §4 Rn. 30 참고).

을 갖추었음에도 불구하고 그 전단계로 시용기간을 추가로 설정하는 것도 무효로 보아야 한다.[1] 사용자의 귀책사유로 시용근로가 중단되었거나 시용기간이 경과한 경우에 시용기간을 연장할 수 있는가? 시용기간을 연장하는 것은 근로자에게 추가적 부담을 주는 것이므로 이는 인정될 수 없다고 보아야 한다. 따라서 시용기간 경과 후 사용자가 근로자의 부적격성을 입증하지 못하는 한 근로자는 정규근로자의 지위를 가진다고 보아야 한다.[2]

5. 시용기간의 경과

시용기간중에 근로자의 부적격성의 사유가 존재하지 않는 한 시용기간의 경과에 의하여 근로관계는 사용자의 해지권이 없는 근로관계가 된다. 다시 말하면 시용근로자는 정규근로자가 된다.

정당한 부적격사유를 제시하지 않거나 이에 대한 구체적 입증을 하지 않고 시용근로자와의 근로계약을 해지하는 것은 해지로서의 효과를 가질 수 없다. 객관적으로 볼 때 근로자의 부적격성이 존재하는 경우라도 사용자가 해지권을 행사하지 아니하고 시용기간이 경과되면 사용자의 해지권은 소멸하고 시용근로자는 정규근로자가 된다고 보아야 한다. 따라서 그 이후에는 근로기준법 제23조 1항 및 제24조가 적용된다.

6. 시용기간의 성격변화

오늘날 전직(轉職)·중도채용이 증가하고 성과주의인사(成果主義人事)가 확대되고 있는 현실에서는 장기고용 자체가 변화하고 있으므로 시용기간의 법적 취급도 변할 수 있다. 특수한 분야의 전문적 능력을 가진 자를 중견직원으로 채용할 목적으로 업무수행능력을 실제로 관찰하기 위하여 시용기간을 설정하는 때에는 그 시용기간은 기간의 정함이 없는 근로관계와 연결되지 않는 별개의 독립된 시용기간인 경우가 일반적일 것이다.

---

1) 西谷, 「勞働法」, 149面; 土田, 「勞働契約法」, 231面.

2) 菅野, 「勞働法」, 290面; Hromadka/Maschmann, *Arbeitsrecht*, Bd. 1, § 4 Rn. 30 참고.

제4절 취 업 규 칙

[42] Ⅰ. 취업규칙의 의의 및 개념

a) 근로계약은 사용자와 근로자가 대등한 지위에서 자유의사에 따라 개별적으로 체결하고 그 내용을 확정하는 것이 원칙(근기법 제4조)이지만, 사용자가 다수의 근로자와 일일이 계약내용을 자세하게 약정한다는 것은 번거로운 일이며, 또한 노사의 근로관계는 어느 정도 정형화되어 있기 때문에 근로계약의 체결에 있어서 취업규칙을 이용하는 것이 보편적인 현상이다(취업규칙의 보통거래약관의 성격). 따라서 근로조건에는 사용자와 근로자가 개별적으로 약정하는 근로조건과 취업규칙에 의하여 통일적으로 규율되는 근로조건이 모두 포함된다(근기법 제17조의 「근로조건의 명시」에는 계약이나 취업규칙을 불문한다. 동조 2항 참조).

b) 이와 같이 취업규칙이란 사용자가 다수의 개별적 근로관계를 집단적이고 통일적으로 규율함에 있어서 그 편의를 위하여 근로계약의 내용이 되는 근로조건과 복무규정 및 직장질서에 관한 사항을 일방적으로 정해 놓은 것[1]으로서 그 법률상의 본질이 보통거래약관(Allgemeine Geschäftsbedingungen)과 다를 것이 없다.[2] 공통적인 근로계약관계에 있는 근로자들의 조직적 노무제공을 원활하게 하기 위해서는 근로조건의 통일적 규율이 필요하며, 이를 실현하기 위하여 계약내용의 정형화가 요청된다.[3] 그러므로 취업규칙은 이른바 부합계약(附合契約, contrat d'adhésion)의 한 유형으로서 시민사회에서 널리 이용되고 있는 법적 기술을 사용자가 근로계약관계에 대하여 이용하고 있는 것이라고 할 수 있다.[4] 그러나 이에 대한 법률적 고찰을 할 때에는 사용자를 위하여 일반

---

1) 大判 1977. 7. 26, 77 다 355; 大判 1992. 2. 28, 91 다 30828; 大判 1994. 5. 10, 93 다 30181; 大判 1997. 11. 28, 97 다 24511 등. 취업규칙은 사업장 내 근로자에게 적용될 규칙을 획일적·정형적으로 규정한 것이므로, 인사규정 또는 복무규정이라는 명칭을 사용하더라도 취업규칙으로서의 효력을 가진다(大判 1994. 5. 10, 93 다 30181). 판례는 취업규칙을 당해 사업에 적용될 근로조건에 관한 준칙이라고 한다(大判 1992. 2. 28, 91 다 30828; 大判 1994. 5. 10, 93 다 30181 등).

2) 下井, '就業規則の法的性質', 「現代勞働法講座(10)」, 293面; Säcker, *Gruppenautonomie und Übermachtkontrolle im Arbeitsrecht*, 1972, S. 85. 취업규칙을 보통거래약관 또는 보통계약약관(Allgemeine Geschäftsbedingungen 또는 Allgemeine Vertragsbedingungen)으로 볼 경우에 보통계약약관에 대한 여러 가지 비판은 취업규칙에 대하여도 해당된다.

3) 菅野, 「勞働法」, 187面 이하 참고; 大判 2000. 2. 25, 98 다 11628.

4) 安枝·西村, 「勞働法」, 198面 참고. 異見: 이은영, '취업규칙의 불이익변경', 「노동법의 제문제」, 김치선박사 화갑기념논문집, 221면 이하.

시민법에서 인정되고 있는 부합계약의 법리를 그대로 취업규칙에 적용할 이유는 존재하지 않으며, 오히려 근로자의 이익을 보호한다는 견지에서 이를 해석하고 또 입법적 조치를 강구해야 할 것으로 생각된다. 근로기준법 제93조 이하에서는 취업규칙의 작성·신고의무, 변경절차, 법률·단체협약·개별계약과의 효력상의 관계에 관하여 자세한 규정을 두고 있다. 취업상의 제반규정이 법률로 명문화되고 있지 않은 경우 근로자가 회사의 사규(社規)로 정한 해당 규정들을 알지 못하여 불이익을 입을 수 있고, 사용자가 자의적인 운용을 함으로써 분쟁이 생길 위험도 적지 않다. 그러므로 취업규칙상의 제반 규정에 대하여 국가적 차원의 감독을 통해 근로관계의 규율을 적정하고 효율적으로 유지할 필요가 있다. 근로기준법은 이와 같은 관점에서 취업규칙에 관한 여러 규정을 두고 있다.

c) 사용자는 근로자의 근로조건·근로형태·직종 등의 근무형태의 특수성에 따라 일부 근로자들에게 적용되는 취업규칙을 별도로 작성할 수 있다.[1)]

[43] Ⅱ. 취업규칙의 법적 성질과 해석 방법

1. 의 의

a) 취업규칙은 근로계약의 공통적인 내용이 되는 것을 정한 것이기 때문에 정형화된 근로계약조항의 체계라고 이해할 수 있으나, 사용자가 일방적으로 정하는 것이므로 그것 자체가 노사의 자유로운 의사의 합치에 의하여 이루어진 계약이 아님은 명백하다. 그리고 취업규칙은 다수의 근로계약의 내용을 정형적으로 처리한다는 점에서 하나의 제도적 성격을 가지고 있으나 법규범이라고 하기는 곤란하다. 왜냐하면 노동법은 대등한 당사자로서의 근로자와 사용자를 예정하고 있으며(근기법 제4조) 근로관계의 일방당사자에 지나지 않는 사용자에게 법규범설정권한을 인정할 근거가 없기 때문이다.[2)] 취업규칙이 규범적 효력을 가지는 것은 근로계약과의 관계에서 최저기준을 정한 강행적·직접적 효력을 갖는다는 의미에 지나지 않는 것인데(근기법 제97조 참조), 사용자에 의하여 일방적으로 제정·변경될 수 있는 취업규칙의 규정이 최저기준으로서의 효력을 넘어 근로자에게 불리한 내용에 있어서도 근로자를 당연히 구속한다면(그런 의미에서 법규범적효력을 갖는다는 것) 그것은 근로기준법의 기본원칙에 반한다.

---

1) 大判 1996. 2. 27, 95 누 15698; 大判 2000. 2. 25, 98 다 11628 등.

2) 石井, 「勞働法」, 125面; 安枝·西村, 「勞働法」, 205面; 土田, 「勞働契約法」, 161面(日本勞働契約法 第7條 관련 설명 참고).

b) 취업규칙의 법적 성질에 관하여는 학설[1]이 갈려 있기 때문에 통설이라고 할 수 있는 견해를 확정하기 어려운 상황이다. 이와 같이 견해가 나누어지는 이유로는 대체로 다음과 같은 세 가지 점이 지적되고 있다. 첫째, 근로조건의 결정에 관하여 노동법은 노사대등의 원칙을 이상으로 하고 있으면서(근기법 제4조), 취업규칙에 관하여는 사용자의 일방적 제정 또는 변경을 부인하지 않고 있다(근기법 제93조, 제94조). 둘째, 근대법은 제정법(制定法)과 계약 이외에는 원칙적으로 당사자를 구속하는 법적 근거를 인정하고 있지 않으나, 취업규칙은 사회규범으로서 사실상 당사자를 구속하고 있다고도 한다. 셋째, 취업규칙은 사용자가 결정하도록 되어 있음에도 불구하고 근로자보호의 관점에서 법률의 규제를 받고 있다는 점(근기법 제93조 이하 참조)에서 복합적 성질을 가지고 있다.

2. 학 설

취업규칙의 법적 성질에 관한 학설은 대체로 법규범설과 계약설로 크게 나눌 수 있다.

(1) 법규범설

a) 법규범설은 사용자가 일방적으로 작성한 취업규칙이 현실적으로 사업장 내의 규범으로 작용하고 있다는 점을 인정하면서 취업규칙 자체가 법규범으로서의 성질을 가지므로 법률과 마찬가지로 당사자의 동의 여부에 관계없이 근로계약을 규율한다고 한다.

취업규칙의 법규범성을 지지하는 견해 중에 종전에는 사용자가 소유권 또는 경영권을 근거로 취업규칙을 작성·변경할 수 있는 권한을 가진다는 학설(경영권설)과, 기업사회의 사회적 규범으로 인정되고 있다는 실태를 고려하여 재판상의 구속력을 인정하는 관습으로서의 성질을 갖는다는 학설(사회적 자주법설)이 주장되었으나 현재는 더 이상 논의되고 있지 않다.

b) 근래에는 법규범설로서 수권설(授權說)이 유력하게 주장되고 있다. 그에 따르면 사용자가 일방적으로 제정하는 취업규칙은 그것 자체로서는 법규범성을 가지지 않지만, 근로기준법 제97조는 근로자보호의 목적에서 사용자에게 규범적 효력을 가지는 취업규칙의 제정권한을 수권하고 있으며, 이에 근거하여 취업규칙은 규범으로서 계약당사자를 구속한다고 한다.[2] 그러나 이 설의 근거가 되는 근로기준법 제97조는 사용자에게 법규

1) 취업규칙의 법적 성질에 관한 학설상의 논쟁에 대해서는 安枝·西村, 「勞働法」, 204面 이하; 土田, 「勞働契約法」, 159面 이하; 下井, 「勞働基準法」, 361面 이하 참고.

2) 심태식, 「개론」, 396면; 이병태, 「노동법」, 921면; 임종률, 「노동법」, 344면; 大判 1977. 7. 26, 77 다 355; 大判(전합) 1995. 7. 11, 93 다 26168; 大判 2000. 2. 25, 98 다 11628; 大判(전합) 2003. 12. 18, 2002 다 2843; 大判 2007. 10. 11, 2007 두 11566 등.

범적 효력을 가지는 취업규칙의 제정권한을 수권(授權)하는 규정이 아니라, 개개 근로자의 보호라는 관점에서 취업규칙의 내용을 밑도는 특약을 허용하지 않는다는 취지를 정한 것에 지나지 않는다(취업규칙의 작성·변경 시 일정한 사항에 관하여는 필수적으로 규정을 두어야 하며, 해당 사업장의 노동조합 또는 종사근로자의 의견을 들어야 하고, 법령이나 해당 사업장에 적용되는 단체협약과 어긋나는 취업규칙 규정은 무효이며 취업규칙에서 정한 기준에 미달하는 근로조건을 정한 근로계약은 그 부분에 관하여 무효이므로(근기법 제97조 참조) 그런 의미에서 취업규칙에 대하여 규범적 효력을 부여하고 있는 것이지 사용자에게 규범설정권을 부여한 것은 아니다). 근로계약상의 특약이 취업규칙의 특정 조항의 기준에 미달하는 경우에 그 근로계약 부분이 무효가 된다는 점에서 취업규칙이 최저기준으로서 강행적·직접적 효력을 가지고 있음을 정한 것이 근로기준법 제97조이다. 법규범설에 속하는 수권설은 사적자치와 근로조건 대등결정의 원칙(근기법 제4조)에 반한다. 근로계약관계는 당사자의 대등성을 전제로 하는 것이며, 취업규칙은 근로관계의 내용이 됨으로써 비로소 당사자를 구속하는 것으로 보아야 하고, 법규범설이 주장하는 바와 같이 일방당사자인 사용자가 작성한 취업규칙이 법규범으로서 외부로부터 작용하는 것으로 해석하는 것은 근로관계의 기본적 규율방식에 어긋난다. 이와 같이 근로기준법 제97조는 취업규칙의 기준에 미달하는 근로조건을 정한 근로계약 부분의 효력을 무효로 하는 최저기준적 효력을 인정한 것에 지나지 않는 것인데, 사용자에게 근로조건 전반을 규율하는 법규범 정립권한을 수여한 것으로 해석하는 것은 동 규정의 취지에 반한다.

⑵ 계 약 설

이 설은 취업규칙이 갖는 구속력의 근거를 노사의 합의에서 구하는 견해로서, 여기에서도 근로자의 동의 형태에 따라 다시 여러 가지 견해가 나누어지고 있다.

a) 순수한 계약설 사용자가 일방적으로 작성한 취업규칙을 법규로 보는 것은 근대적 법개념에 모순된다는 사고를 기초로, 취업규칙은 근로계약의 체결 시에 근로자가 이에 동의함으로써 계약의 내용이 되어 근로관계를 규율할 수 있다고 한다. 특히 순수계약설은 사용자와 근로자가 명시적 또는 묵시적 합의를 기초로 취업규칙의 근로조건에 관한 부분이 계약관계의 내용을 규율한다는 것이다. 그러나 이 설에 따를 경우 근로자가 계약의 내용을 현실적으로 잘 모르고 있는 때에도 (묵시적) 합의가 있었던 것으로 의제하여야 하므로 순수한 합의설에 의해서는 취업규칙이 근로계약관계에 미치는 실제적 효력을 설명하기 어렵다.[1] 근로자와 사용자 사이에서 근로계약이 체결될 때 근로자가 취업규칙의 내용을 자세히 알고 있는 경우에만 취업규칙의 효력(근로계약관계의 규율)

1) 荒木, 「勞働法」, 354面 이하 참고.

이 발생하는 것은 아니다.

b) **사실관습설**(보충계약설) 취업규칙은 다수의 근로계약에 대하여 공통적 내용으로 작용한다는 점에서는 사실상 법규범과 유사한 역할을 하지만 그것이 개개의 근로계약관계의 내용으로 수용되는 것은 개별 근로자가 사용자와 근로계약을 체결할 때 담당업무, 임금액, 근무장소 등은 개별적으로 정하면서 나머지 근로조건들은 해당 사업장에서 적용되고 있는 취업규칙(일종의 보통거래약관)에 따른다는 사실인 관습에 의하여 근로계약의 내용이 보완되기 때문이다. 또한 각 근로자의 특별한 근로조건은 개별적 근로계약에 의하여 정하여지지만 이러한 계약을 체결할 때 그 이외의 공통적 근로조건 사항에 대해서는 명시적 합의가 없더라도 사실인 관습에 의하여 취업규칙의 규정들이 근로계약의 내용으로 보충된다. 이와 같이 취업규칙의 규정이 근로계약의 내용으로 화체(化体)되는 것은 그 성질상 계약적 합의(당사자의 의사가 명확하지 않은 경우 취업규칙에 따른다는 합의)를 그 근거로 하고 있다고 볼 수 있다. 취업규칙의 내용은 근로계약 체결시에 그 전체가 근로계약의 내용이 될 것을 예정하고 있으며, 개별 근로자에 대해서만 그 효력이 발생하는 것이 아니라 그 사업장의 종사근로자인 해당 근로자들 모두에게 미친다. 그런 의미에서 민법 제106조(사실인 관습)[1]가 개별적 법률행위의 의사보충을 전제로 하고 있는 것과는 달리 정형적(定型的) 통일적 취업규칙은 근로계약 체결시에 모든 근로자들의 근로관계의 내용으로 화체되는 것을 예정하고 있다. 사용자와 근로자 사이의 개별적 특약이나 노동조합과 사용자 사이의 단체협약에 의하여 자세한 근로계약의 내용이 규정되어 있지 않은 한 공통적인 근로조건은 취업규칙에 의하여 규율된다.[2] 사실관습설은 취업규칙의 효력을 발생사적으로 설명하는 학설로는 우수한 견해라고 생각된다.

---

1) 사실인 관습(민법 제106조)은 일반적으로 사적자치가 인정되는 분야(어떤 지역 또는 집단)에서 생성된 관습이 법률행위의 해석기준이나 의사보충적 효력을 가지는 것을 말하는 것이다(大判 1983. 6. 14, 80 다 3231). 사실인 관습을 해당 사업장에 존재하는 관습으로 이해하는 것(임종률, 「노동법」, 370면)은 오해이다.

2) 일본의 최고재판소(秋北バス事件—最大判昭 43. 12. 25民集22卷13號3459面)는 「근로조건의 통일적·획일적 결정이라는 요청에 따라 계약내용을 정형적(定型的)으로 정한 취업규칙은 일종의 사회적 규범으로서의 성질을 가질 뿐 아니라, 그것이 합리적 근로조건을 정하고 있는 한 경영주체와 근로자 사이의 취업규칙에 의한다고 하는 사실인 관습이 성립하고 있는 것이 되어 그 법적 규범성이 인정되기에 이른 것이라고 할 수 있고…, 당해 사업장의 근로자는 취업규칙의 존재 및 내용을 현실적으로 알고 있건 모르고 있건 간에, 또한 이에 대한 개별적 동의를 했는지의 여부를 묻지 않고 당연히 그 적용을 받는 것이라고 보아야 한다」고 판시하였다. 이 판례이론을 중심으로 학설은 규범설과 계약설이 크게 양분되었다. 그러나 일본은 2008년 3월 1일부터 시행되고 있는 노동계약법 내에 취업규칙에 의한 근로계약 내용 형성의 효력, 취업규칙에 의한 근로계약의 내용 변경에 관한 규정들(제7조, 제9조)을 두어 취업규칙을 계약설의 기초 위에서 새로 규율(입법)하였다고 이해할 수 있다(荒木·菅野·山川, 「詳說 勞働契約法」, 2008, 90面 이하; 菅野, 「勞働法」, 196面 이하 참고).

⑶ **결 언**(저자의 견해)

저자는 기본적으로 계약설에 찬동한다. 취업규칙도 보통거래약관(부합계약)과 같이 사용자에 의하여 작성되지만 사용자와 근로자 사이의 일종의 합의형태를 그 효력의 근거로 한다고 생각한다. 보통거래약관이 구속력을 가지는 것은 당사자의 반대의 의사표시가 없는 한 계약내용이 약관에 의한다는 의사추단을 기초로 하는 것인데, 취업규칙도 보통거래약관과 같은 성질을 가지고 있으므로 당사자의 의사해석에 관한 사실인 관습을 매개로 근로관계의 내용이 될 수 있다. 다만, 취업규칙의 규정이 사실인 관습의 성립을 매개로 근로관계의 내용이 되기 위해서는 당해 취업규칙의 적용이 근로자들에게 사전에 통지(알도록 하는 것)되어야 하고 합리성을 가지고 근로관계를 규율하는 것이어야 한다. 그리고 합리성이란 취업규칙이 정하고 있는 근로조건 그 자체의 합리성을 말한다.[1] 취업규칙의 규정을 근로관계의 내용으로 수용하는 근로자의 의사추단(사실인 관습의 성립)은 수용의 대상인 근로조건에 대한 합리성을 전제로 하는 것이 마땅하기 때문이다. 사용자의 일방적 의사에 따라 작성되는 취업규칙의 내용이 합리성을 갖추고 있지 않다면 계약원리에 반하게 되어 근로자의 합의를 추단할 수 없다. 따라서 취업규칙은 그 자체로서 규범적 효력을 가질 수 없으며, 사실인 관습처럼 근로계약관계를 보충하는 효력을 가지지만 아무 제약 없이 근로관계를 규율할 수 있는 것은 아니다. 이와 같이 취업규칙은 보통약관과 같은 성질을 가지고 근로관계를 일반적·정형적으로 규율할 것을 예정하고 있으나 사전 제시(알림) 및 합리성을 전제(요건)로 근로관계의 내용이 되어 당사자들에 대해서 구속력을 가진다.[2]

실제에 있어서 근로자가 취업규칙에 대하여 이의를 제기하지 아니하고 취업에 임하고 있을 때에는 개별적으로 묵시적 합의가 추단될 수 있고 취업규칙이 그대로 구속력을 가진다는 (순수한) 계약설도 주장될 수 있다. 그러나 이러한 계약설은 근로자들의 근로관계를 일반적·정형적으로 규율하는 집단적 성격을 설명하는 데는 적절하지 않다. 취업규칙의 적용이 사전에 주지되고 취업규칙에 규정된 근로조건이 합리성을 가지고 있으면 취업규칙은 사실인 관습을 매개로 근로관계의 내용이 된다.[3] 근로관계의 내용이 된

1) 菅野, 「勞働法」, 200面.

2) 土田, 「勞働契約法」, 161面 이하; 菅野, 「勞働法」, 200面 이하 참고.

3) 이상과 같은 견해는 일본의 유력설인 계약설에 기초한 것이다(중요참고문헌: 下井, '就業規則の法的性質', 「現代勞働法講座(10)」, 287面; 菅野, 「勞働法」, 199面 이하; 荒木, 「勞働法」, 362面 이하; 土田, 「勞働契約法」, 161面 이하). 일본에서는 2007년에 노동계약법을 제정하면서 「근로자와 사용자가 근로계약을 체결하는 경우에, 사용자가 합리적인 근로조건을 정하고 있는 취업규칙을 근로자에게 주지시키고 있을 때에는, 근로계약의 내용은 그 취업규칙에 정한 근로조건에 따르는 것으로 한다…(제7조)」는 규정을 두어 근로계약에 대한 취업규칙의 규율을 명문으로 입법하였다. 이 규정은 秋北バス事

취업규칙의 규정은 근로기준법 제97조의 규정에 의하여 최저기준으로서의 강행적 효력을 가진다. 취업규칙은 계약적 성질을 가지고 근로자와 사용자 사이의 근로관계를 정형적(定型的)으로 규율하면서 최저기준으로 적용되므로, 근로자와 사용자가 개별적으로 취업규칙보다 유리한 약정을 한 때에는 그 특약의 효력은 그대로 인정된다.[1] 오늘날 근로자의 능력·기술·이력 등이 다양화·특화되는 현상이 확대되고 있으므로 인사관리에 있어서도 개별화 필요성이 증가되고 있다. 이로 인해 통일적 집단적 취업규칙의 적용에는 변화가 일어날 수밖에 없으며, 취업규칙의 내용과 다른 근로조건을 사용자와 근로자가 합의한 경우에는 그 특별합의가 우선하게 되므로 취업규칙의 보충적 효력은 발생하지 않는다.[2]

3. 해석방법

취업규칙은 다수의 근로계약의 공통적 내용이 될 것을 예정하고 있다. 취업규칙은 근로계약의 내용으로서 효력을 가지는 때부터 문제가 되며, 그 때부터 해석·적용의 대상이 된다. 그러나 취업규칙의 내용이 개개의 근로자와의 관계에서 개별적으로 해석되거나 적용된다면 계약의 정형적(통일적·획일적) 처리라는 관점에서 취업규칙의 본질적 요청에 어긋나게 될 것이다. 그리하여 다수의 근로계약의 존재를 예정하는 취업규칙의 각 조항에 대한 해석은 취업규칙의 제도적 성격을 살리면서 동시에 근로자들의 공통적인 의사를 그 기준으로 삼아야 할 것이다. 또한 기업환경변화에 대한 기업의 적응성, 경영의 유연성 등 기업경영상의 사정도 함께 고려해야 할 것이다.

이에 따라 각 직장·산업 또는 지역 고유의 관행적 의미도 고려되어야 한다. 취업규칙을 법률에서와 같이 「입법의사」를 해석하듯이 객관적으로 해석한다거나 또는 계약에 있어서처럼 개개 근로자와 사용자의 구체적 의사를 기준으로 하여 해석하는 것은 옳지 않다고 생각된다. 판례는 「취업규칙은 노사간의 집단적인 법률관계를 규정하는 법규범의 성격을 갖는 것이므로 명확한 증거가 없는 한 그 문언의 객관적 의미를 무시하는 해석이나 사실인정은 신중하고 엄격하여야 한다」고 한다.[3]

件 大法廷判決(最大判 昭和 12. 25民集22卷13號3459面)의 판례법리를 답습한 것이지만 「사실인 관습의 성립」이라는 법리를 매개함이 없이 근로계약에 대한 취업규칙의 내용화(內容化)를 곧바로 인정하여 입법화한 것이다.

1) 同旨: 菅野, 「勞働法」, 199面.
2) 荒木·菅野·山川, 「詳說勞働契約法」, 2008, 105面 이하 참고.
3) 大判 2003. 3. 14, 2002 다 69631; 大判 2014. 6. 12, 2014 두 4931.

[44] Ⅲ. 취업규칙의 작성(및 변경)과 신고에 대한 사용자의 의무(근로기준법의 규제)

근로자의 사실상의 인적 또는 경제적 종속성으로 인하여, 취업규칙에 따른다는 일반적 관행에 근로자가 특별한 사유(특별대우, 업무의 특수성 등) 없이 반대하는 것은 가능한 일이 아니다. 또한 취업규칙은 기본적으로 사용자가 작성·변경할 수 있으며 근로관계의 내용을 광범위하게 규율하고 있으므로 그 운용·적용에 있어서 근로자의 이익이 침해되거나 불합리한 근로관계가 형성되거나 불공정한 대우가 발생할 수도 있다. 근로기준법은 이러한 상황에 대비하여 취업규칙의 시행을 감독하고 있다.

1. 작성·신고의무

a) 상시 10명 이상의 근로자를 사용하는 사용자는 제93조의 각 호에 규정된 내용들(필요기재사항)을 기재한 취업규칙을 작성하여(변경의 경우에도 같다) 고용노동부장관에게 신고하여야 한다(근기법 벌칙 제116조 Ⅰ ②).[1] 그리고 고용노동부장관은 근로기준법, 남녀고용평등법, 최저임금법과 같은 법률 또는 단체협약에 저촉되는 취업규칙에 대해서는 그 변경을 명할 수 있다(근기법 제96조 Ⅱ).

제93조에 따라 사용자가 취업규칙의 작성 또는 변경을 신고할 때에 기재해야 할 14개 사항은 아래와 같다.

취업규칙의 필요적 기재사항

1. 업무의 시작과 종료 시각, 휴게시간, 휴일, 휴가 및 교대 근로에 관한 사항
2. 임금의 결정·계산·지급방법, 임금의 산정기간·지급시기 및 승급(昇給)에 관한 사항
3. 가족수당의 계산·지급에 관한 사항
4. 퇴직에 관한 사항
5. 「근로자퇴직급여 보장법」 제4조에 따라 설정된 퇴직급여, 상여 및 최저임금에 관한 사항
6. 근로자의 식비, 작업 용품 등의 부담에 관한 사항
7. 근로자를 위한 교육시설에 관한 사항
8. 출산전후휴가·육아휴직 등 근로자의 모성 보호 및 일·가정 양립지원에 관한 사항
9. 안전과 보건에 관한 사항

1) 신고 자체는 취업규칙의 효력요건이 아니라고 하는 것이 통설이다(심태식, 「해설」, 330면; 김유성, 「노동법 Ⅰ」, 213면; 박상필, 「노동법」, 354면; 石井, 「勞働法」, 134面. 異見: 노동청 유권해석(1956. 12. 23, 보로 제666호).

9의2. 근로자의 성별·연령 또는 신체적 조건 등의 특성에 따른 사업장 환경의 개선에 관한 사항
10. 업무상과 업무 외의 재해부조(災害扶助)에 관한 사항
11. 직장 내 괴롭힘 예방 및 발생 시 조치에 관한 사항
12. 표창과 제재에 관한 사항
13. 그 밖에 해당 사업 또는 사업장의 근로자 전체에 적용될 사항

위의 각 사항, 예컨대 임금, 성과급 등의 특정 사항에 관하여 별개의 규칙을 작성하는 것(보수규정, 성과급규정 등)도 취업규칙의 일부로 인정되므로,[1] 이에 대해서는 신고의무가 발생하고, 근로기준법 제93조 이하의 규정이 적용된다.

단시간근로자 또는 그 밖의 비정규근로자의 근무형태에 관하여 별개의 취업규칙을 작성하는 것도 가능하나 균등대우의 원칙(근기법 제6조; 고평법 제7조 이하)에 반하는 규정을 두는 것은 허용되지 않는다.[2]

b) 사용하는 근로자의 수가 상시 10명 이상인 사업 또는 사업장의 사용자는 취업규칙을 작성하고 신고해야 할 의무를 부담한다. 이에 위반하면 벌칙(근기법 제116조 I ②: 500만원 이하의 과태료)이 적용된다. 작성의무자[3]가 필요기재사항의 일부를 기재하지 않거나 사업장 내의 일부근로자에 대하여 적용되는 취업규칙을 작성하지 않는 것도 작성의무를 위반하는 것이 되어 벌칙이 적용된다(제116조 I ②). 신고의무는 단속법규에 불과하므로 신고의무를 지키지 않았다고 하여 취업규칙의 작성·변경이 무효가 되는 것은 아니다.[4] 근로기준법은 작성의무자의 취업규칙 신고기간에 관하여 아무 규정을 두고 있지 않으나, 판례는 사용자가 상시 10명 이상의 근로자를 사용한 때부터 8개월 이상 경과한 시점에서 취업규칙을 신고한 것은 그 최소한의 기간을 도과한 것이라고 보고 있다.[5]

c) 상시 사용하는 근로자의 수가 10명 이상인지의 여부를 산정하는 방법은 근로기준법 제11조에서 상시 5명 이상의 근로자의 수를 산정하는 경우와 같이 시행령 제7조의 2 1항에서 정한 산정 방법에 따른다. 하나의 기업에 10명 이상의 독립적인 사업장이 여러 개 있는 경우에는 각 사업장별로 취업규칙을 작성·신고해야 한다. 상시 10명 미만의

1) 大判 2000. 2. 25, 98 다 11628.
2) 大判 1992. 2. 28, 91 다 30828 참고.
3) 취업규칙의 작성, 신고의무를 부담하는 사용자는 직장규율이나 근로조건의 결정 또는 실시 등 취업규칙의 내용을 이루는 사항에 관해서 실질적인 권한과 책임을 가지는 사용자를 말한다(大判 1992. 12. 24, 92 도 2341; 大判 1993. 3. 23, 93 도 432 참고).
4) 大判 2004. 2. 12, 2001 다 63599.
5) 全州地判 2005. 6. 14, 2005 노 195(확정판결).

근로자를 사용하는 사용자는 취업규칙을 작성·신고해야 할 의무가 없으나, 임의로 취업규칙을 작성할 수 있다.[1)]

2. 사용자의 의견청취의무

a) 취업규칙의 내용의 적정성을 기하기 위하여 근로기준법은 취업규칙의 적용을 받는 근로자들의 의견을 듣도록 규정하고 있다(의견청취의무). 즉, 사용자는 취업규칙의 작성 또는 변경에 관하여 당해 사업장에 근로자의 과반수로 조직된 노동조합이 있는 경우에는 그 노동조합,[2)] 근로자의 과반수로 조직된 노동조합이 없는 경우에는 근로자의 과반수의 의견을 들어야 한다(제94조 Ⅰ 본문). 의견을 듣는다는 것은 취업규칙의 작성·변경에 관하여 솔직한 의견과 자문을 듣는 것을 말하고 동의를 얻거나 합의를 구하거나 협의의무를 뜻하는 것은 아니다. 사용자는 위의 의견을 서면화하여 취업규칙의 신고 시에 첨부해야 한다(제94조 Ⅱ; 벌칙 제114조 ①).

b) 근로자의 과반수로 조직된 노동조합이란 원칙적으로 단위노동조합을 말한다. 취업규칙이 적용되고 있는 어느 사업장에 기업별 단위노조가 있는 경우 그 노동조합이 의견표명권을 갖는다. 그러나 산업별조직하에서는 해당 사업장에 지부·분회(지회)가 있으므로, 이때에는 그 지부·분회가 의견표명을 할 수 있는 노동조합인지가 문제된다. 그 지부·분회가 그 사업장에 종사하는 근로자의 과반수로 구성되어 있고 그 상부조직인 산업별노조의 위임을 받은 때에는 의견표명을 할 수 있다고 보아야 한다(노조및조정법 제29조 Ⅱ 참조). 노동조합의 의견을 들어야 한다는 것은 노동조합 대표자의 의견을 듣는 것을 말하고 조합원들의 의견을 들어야 하는 것은 아니다.[3)]

c) 노동조합이 없는 경우에는 근로자 과반수의 의견을 들어야 한다. 여기서 근로자는 그 취업규칙의 적용을 받는 근로자를 의미한다.[4)] 일반적으로 사업장의 취업규칙은 그 사업장 전체의 근로자에게 적용되므로 '근로자의 과반수'라고 하면 전체 근로자의 과반수를 말한다. 그러나 취업규칙이 일부 근로자들에게만 적용될 때에는 그 취업규칙의 적용을 받는 근로자들의 과반수의 의견을 들으면 될 것이다. 취업규칙의 내용은 그 취업규칙의 적용을 받는 근로자들의 근로계약의 내용이 되는 것이므로 취업규칙의 적용을

---

1) 임의로 작성된 취업규칙의 효력에 관하여는 노동법실무연구회, 「근로기준법주해 Ⅲ」(마은혁), 718면 이하 참고.

2) 노동조합이 복수로 존재하는 경우에는 교섭대표노동조합이 이에 해당할 것이다.

3) 大判 1997. 5. 16, 96 다 2507; 大判 2003. 6. 13, 2002 다 65097; 大判 2008. 2. 29, 2007 다 85997.

4) 大判 1995. 4. 21, 93 다 8870; 大判 2008. 2. 29, 2007 다 85997.

받지 않는 근로자들의 의견을 듣는다는 것은 무의미한 일이다. 근로자 과반수의 의견을 듣도록 한 것은 사용자에 의하여 일방적으로 작성되는 취업규칙이 근로자들의 이익과 조화를 이룰 수 있도록 하기 위한 것이지만 취업규칙이 일반 약관적·계약적 성질을 가진다는 점에서도 합당한 것으로 생각된다. 근로자 과반수의 의견을 듣는다는 것은 반드시 근로자들의 전체모임에서 들어야 하는 것을 뜻하는 것이 아니므로 각 부서별로 의견을 들어도 무방하다.

d) 사용자는 노동조합 또는 근로자들의 의견에 구속되는 것은 아니며, 또한 이러한 의견을 듣지 않은 취업규칙에 대하여 — 벌칙(근기법 제114조 ①)이 적용되는 것은 별 문제로 하고 — 근로계약에 대한 효력기능이 부인되는 것은 아니다.[1] 즉, 작성·변경 절차를 밟지 않은 취업규칙이라 하더라도 그 내용이 적법한 이상 벌칙 적용의 문제는 있으나 취업규칙의 효력에는 아무 영향이 없다.[2]

e) 노동조합의 대표자 또는 근로자의 과반수가 의견표명을 거부한 경우 또는 의견서를 제출하지 않은 경우에 사용자가 의견청취를 하려고 한 사실이 객관적으로 증명될 수 있으면 취업규칙의 신고(근기법 제94조 Ⅱ 참조)는 수리되어야 한다.

3. 사용자의 주지의무

a) 사용자는 취업규칙을 근로자가 자유롭게 열람할 수 있는 장소에 항상 게시하거나 갖추어 두어 근로자에게 널리 알려야 한다(근기법 제14조 Ⅰ). 취업규칙은 사용자가 일방적으로 작성·변경할 수 있는 것이므로 이를 근로자에게 널리 주지(周知)시키지 않으면 취업규칙의 작성·변경으로 근로계약관계의 내용이 바뀌었다는 사실조차 모르는 일이 생길 수 있고, 사용자는 그의 우월적 지위를 이용하여 취업규칙의 작성·변경에 대한 권한을 악용할 수도 있다. 취업규칙을 근로자들이 주지할 수 있도록 조치하였다면 이를 근로자들에게 별도로 고지하지 아니하였다거나 근로자가 실제로 그 내용을 알지 못하였다 하더라도 근로자는 그 무효를 주장하거나 그 적용을 거부할 수 없다.[3] 사용자의 주지의무는 취업규칙의 작성·신고의무와는 구별되므로 항상 10명 이상의 근로자를 사용

---

1) 大判 1999. 6. 22, 98 두 6647; 大判 1994. 12. 23, 94 누 3001; 大判 1991. 4. 9, 90 다 16245; 大判 1989. 5. 9, 88 다카 4277; 1970. 8. 11, 근기 125-7516; 심태식, 「해설」, 337면. 異見: 박상필, 「노동법」, 354면. 일본의 다수학설에 따르면 사용자가 의견청취를 거치지 않은 때에는 그 취업규칙의 최저기준으로서의 효력은 인정되지만 근로계약의 내용이 되는 효력은 부인된다(下井, 「勞働基準法」, 371面). 따라서 근로자의 의무를 정한 부분이나 복무규정 등에 관한 부분은 효력을 가질 수 없다. 취업규칙의 성질을 노사의 협의를 기초로 한 계약으로 보는 입장에서는 수긍할 수 있는 견해라고 생각된다.

2) 大判 1999. 6. 22, 98 두 6647; 大判 1991. 4. 9, 90 다 16245 등.

3) 大判 1992. 6. 23, 92 누 4253.

하는 사용자에게만 적용(제14조, 제93조 참조)되는 것은 아니다. 사용자의 주지의무를 규정한 제14조는 근로기준법이 적용되는 모든 사업장의 사용자에게 적용된다(제11조 참조). 10명 미만의 근로자를 사용하는 사용자이더라도 취업규칙을 작성·변경한 때에는 이를 주지시켜야 할 의무를 진다. 주지의무위반에 대해서는 벌칙(제116조 I ②)이 적용된다.

b) 이와 같은 주지의무의 이행이 취업규칙의 구속력 발생 요건인지 여부가 문제된다. 사용자가 당해 사업에 적용되는 취업규칙을 근로자 전체가 열람할 수 있는 곳에 비치하거나, 회사 내부통신망(인트라넷)에 올려 전 직원들이 접속할 수 있는 상태에 두고 있다면 개별 근로자가 실제로 취업규칙의 내용을 몰랐다 하더라도 문제되지 않는다. 그런 의미에서 사용자의 주지의무는 취업규칙의 효력 발생을 위한 충분요건이라고 할 수 있다. 다만 근로기준법 제14조 1항은 단속법규에 불과할 뿐 취업규칙의 효력 발생 요건이라고 볼 수는 없으므로 사용자가 이러한 규정을 준수하지 않았다고 하더라도 그로 인하여 바로 취업규칙의 작성이나 변경이 무효로 되는 것은 아니다.[1] 그런데 취업규칙은 계약적 성질을 가진 것이므로 사용자가 근로자들에게 근로계약 체결시 또는 근로관계의 존속 중에 취업규칙의 내용을 알리는 것은 취업규칙이 근로계약관계를 규율할 수 있는 효력요건이라고 할 수 있다. 그렇다면 취업규칙이 효력을 갖기 위해서는 당연히 근로자에게 그 내용을 알려야 하지만 반드시 근로기준법 제14조 1항에서 정한 방법에 따른 주지가 있어야 하는 것은 아니다. 대법원도 어떠한 방법으로든지 적당한 방법에 의하여 취업규칙의 내용이 기업 내 규범인 것을 종업원 일반으로 하여금 알게 하는 절차가 필요하다고 한다.[2] 결론적으로 사용자가 근로기준법 제14조 1항에서 정한 게시방법 외에 취업규칙의 서면교부 또는 인트라넷 등 실효적 주지방법을 통하여 취업규칙 내용을 두루 알렸다면 주지의무이행을 다하였다고 보아야 한다.[3]

[45] Ⅳ. 취업규칙의 효력

1. 취업규칙 효력의 의의와 그 다면성(多面性)

취업규칙의 효력이란 취업규칙이 가지는 효력을 뜻하는 것이지만 근로계약 체결시

1) 大判 2004. 2. 12, 2001 다 63599; 大判 2004. 2. 27, 2001 다 28596.

2) 大判 2004. 2. 12, 2001 다 63599. 같은 취지로 노동법실무연구회, 「근로기준법주해 Ⅰ」(이용구·임상은), 913면.

3) 同旨: 大判 2004. 2. 12, 2001 다 63599. 같은 취지로 노동법실무연구회, 「근로기준법주해Ⅰ」(이용구·임상은), 913면.

에 근로계약관계에 미치는 효력을 기본으로 하여, 취업규칙 변경시의 효력, 개별 근로계약·법령 또는 단체협약과의 관계에서 우열(優劣)상의 효력 등 여러 측면에서 발생하는 효력의 문제를 포괄하는 개념이다. 이에 대해서는 취업규칙이 가지는 본래적인 성격과 근로기준법의 해당 규정에 따라 각 경우의 효력이 해석·규명되어야 한다. 저자는 취업규칙 효력의 다면성에 관하여 크게 3가지로 분류하여 설명한다. 첫째로 사용자가 근로자와 근로계약 체결시(채용시)에 취업규칙이 근로계약관계의 내용으로 화체되어 근로관계를 규율하는 효력이다. 이에 관해서는 위에서([43] 2. (3), [44] 3.) 이미 설명하였다. 둘째는 취업규칙과 개별 근로계약, 법령 또는 단체협약 사이의 계위(階位)상의 효력이다. 셋째는 취업규칙 변경시의 효력으로서 특히 근로자에게 불이익하게 변경되는 경우에 발생하는 문제점과 관련된 취업규칙의 효력이다. 다음에서는 둘째([45] 2. 참고) 및 셋째([46] 참고)에 관해서 설명한다.

2. 취업규칙의 기준적 효력과 개별 근로계약, 법령, 단체협약과의 계위적 관계

a) 근로기준법 제97조는 「취업규칙에서 정한 기준에 미달하는 근로조건을 정한 근로계약은 그 부분에 관하여는 무효로 한다. 이 경우 무효로 된 부분은 취업규칙에 정한 기준에 따른다」고 규정하고 있다. 이 조항은 근로계약에 대한 취업규칙의 효력을 정한 규정이라고 할 수 있다. 즉, 취업규칙이 법적 효력을 가지고 있는 한 근로계약에 대하여 기준적 내지 강행적 효력을 가지므로 이에 미달하는 근로조건을 정한 계약부분은 효력을 상실한다(강행적 효력). 그리고 무효로 된 계약부분은 취업규칙에 의해서 직접 규율된다(보충적 또는 직접적 효력). 취업규칙에서 정한 기준은 법령·단체협약에 어긋나지 않는 한(제96조 Ⅰ) 당해 사업장에 적용되는 근로조건의 최저 기준으로서 근로계약의 내용을 강행적·직률적으로 규율한다(제15조 참조). 따라서 경영 악화를 이유로 사용자와 근로자가 취업규칙에 위반하여 예컨대 상여금의 일부를 삭감하는 개별적 합의를 하더라도 그 약정은 무효이다. 그런 의미에서 취업규칙의 효력은 개별 근로계약에 대하여 상위에 있다. 회사가 경영상의 위기 등에 대처할 목적으로 행한 것이더라도 근로계약의 내용보다 불리하게 취업규칙을 일방적으로 변경하여 임금 등을 삭감하려고 했다면 유리한 근로계약이 우선 적용된다.[1)]

b) 근로기준법 제96조 1항은 「취업규칙은 법령이나 해당 사업 또는 사업장에 대하여 적용되는 단체협약과 어긋나서는 아니 된다」고 규정하고 있으며, 같은 조 2항은 「고용노동부장관은 법령이나 단체협약에 어긋나는 취업규칙의 변경을 명할 수 있다」고 규

1) 大判 2017. 12. 13, 2017 다 261387.

정하고 있다. 근로자에게 적용되는 근로조건이나 복무규정 등을 규율하고 있는 근로기준법, 그 밖의 법령, 단체협약 및 취업규칙 사이의 효력상의 계위(階位)에 있어서 취업규칙은 가장 하위에 있다. 따라서 취업규칙의 규정이 법령이나 단체협약에서 정한 기준에 미치지 못하는 경우에 그 부분은 효력이 없고, 법령이나 단체협약에서 정한 기준에 의하여 대체된다. 그리고 사용자가 법령이나 단체협약과 어긋나는(미달하는) 취업규칙을 방치하고 있는 경우 고용노동부장관은 그 변경을 명할 수 있다. 이에 관하여 문제점 별로 항을 나누어 설명한다.

c) 우선 취업규칙이 법령에 어긋난다는 뜻은 강행법규인 근로기준법, 남녀고용평등법, 최저임금법, 퇴직급여보장법, 기간제및단시간법, 근로자파견법, 노조및조정법 등과 동 시행령 등에 저촉되어, 동 법령에서 정한 기준에 미달되거나 위배되는 것을 말한다. 예컨대 취업규칙에서 가산임금을 산정할 때 통상임금을 기준(근기법 제56조)으로 삼지 않고 이에 미달하는 기본급을 기준액으로 하거나,[1] 인사규정(취업규칙)에서 합리적 이유없이 여성근로자를 남자근로자보다 조기에 퇴직시키는 차별대우(남녀고평법 제11조 Ⅰ)를 하거나,[2] 휴업수당 산정에서 평균임금을 기준(근기법 제46조 Ⅰ 본문)으로 하지 아니하고 통상임금을 기준으로 하여 산정하는 취업규칙의 규정은 무효이다. 위의 경우에 근로기준법 및 남녀고용평등법상의 해당 규정이 적용된다.

취업규칙에서 근로자를 보호하는 강행법규보다 유리한 규정을 두고 있는 경우에는 취업규칙의 규정이 적용된다. 예컨대 퇴직급여보장법(제8조 Ⅰ)보다 유리한 퇴직금 제도를 정하고 있는 취업규칙 규정은 유효하다.[3] 근로기준법이나 퇴직급여보장법상의 기준은 최저기준이라고 해석해야 하기 때문이다.

d) 취업규칙은 해당 사업 또는 사업장에 적용되는 단체협약에 어긋나서는 아니된다. 해당 사업 또는 사업장에 적용되는 단체협약은 기업별 노동조합 또는 복수노조를 대표하는 교섭대표 노동조합이 사용자와 체결한 단체협약이건 산별 또는 지역별 노동조합이 사용자단체 또는 사용자협회와 체결한 단체협약이건 이를 불문한다. 취업규칙이 단체협약에 어긋나서는 아니된다는 의미는 법령의 경우와 마찬가지로 근로자의 근로조건 그 밖의 대우에 관한 취업규칙의 규정이 단체협약에 정한 기준(규범적 부분)이나 이와 밀접하게 관련있는 규정에 비해 불이익해서는 안 된다는 뜻이다. 다만, 유리한 단체협약의 규정들은 조합원들에게만 그 효력이 미치므로(단체협약의 구속력 범위) 일반적 구속력의 효력(노조및조정법 제35조 참조)이 발생하지 않는 한 단체협약의 인적 적용제한이 생길 수

1) 大判 1993. 5. 27, 92 다 24509.

2) 大判 1988. 12. 27, 85 다카 657.

3) 大判 1996. 9. 10, 96 다 3241. 단체협약의 경우에도 마찬가지이다: 大判 1994. 5. 24, 93 다 46841.

있다. 즉, 노동조합 조합원들에게는 유리한 단체협약의 기준과 규정이 적용되고 불리한 취업규칙 규정은 적용되지 않으나, 비조합원에게는 취업규칙이 그대로 적용될 수 있다. 예컨대 노동조합 조합원에 대해서는 취업규칙보다 유리한 단체협약의 징계해고사유,[1] 징계해고절차,[2] 퇴직금누진제[3] 등에 관한 규정이 적용될 수 있다. 그러나 사용자가 자발적으로 단체협약의 기준에 맞추어 취업규칙의 규정을 변경하거나, 비조합원에 대해서도 단체협약의 기준을 임의로 적용하는 것은 전혀 방해받지 않는다.

취업규칙의 규정이 단체협약보다 유리한 경우에도 그 취업규칙이 단체협약에 어긋나는 것으로 볼 것인가, 다시 말하면 이 경우에 유리한 조건 우선의 원칙이 적용될 수 있는가 하는 문제가 있다. 이에 대해서는 견해의 대립이 있으나 저자는 유리한 조건을 정하고 있는 취업규칙의 규정이 우선한다는 태도를 취한다.[4] 근로기준법 제94조 1항 단서의 규정에 따라 근로자의 과반수로 조직된 노동조합은 취업규칙의 불이익변경에 동의할 수 있으므로 이때에는 변경된 취업규칙이 단체협약 보다 유리하지 않은 한 더 이상 적용될 여지가 없다.[5] 근로기준법 제94조 1항 단서의 규정은 예컨대 회사의 경영사정이 악화되었거나, 당장 취업규칙의 유리한 조건을 포기하더라도 거시적 관점에서 근로자에게 불리하지 않은 경우에 적용되는 것으로 제한해석을 하는 것이 타당하다고 보아야 할 것이므로[6] 이 규정을 근거로 유리한 조건 우선 원칙의 적용 배제를 일반화하는 것은 협약자치의 한계를 벗어나는 것으로 생각된다. 취업규칙과 단체협약이 동일한 내용의 근로조건을 정하고 있다가 그 후 이를 전체적으로 재조정하는 관점에서 단체협약을 개정하여 기존의 조건보다 불리한 기준을 정하였다면 이때에는 유리한 조건 우선 원칙이 적용되지 아니하고 이른바 질서의 원칙([16] 3. (1) d) 참고)이 적용될 수 있다.[7]

e) 고용노동부장관은 법령이나 단체협약에 어긋나는 취업규칙 규정의 변경을 명할 수 있다(제96조 Ⅱ). 법령이나 단체협약에 어긋나는 취업규칙의 규정은 효력이 없으나(동

1) 大判 1993. 4. 27, 92 다 48697; 大判 1999. 3. 26, 98 두 4672; 大判 2005. 5. 26, 2005 두 1152 등.
2) 大判 1995. 3. 10, 94 다 33552.
3) 大判 2001. 9. 18, 2000 다 60630 참고.
4) 同旨: 박종희, '기업내 근로조건 결정 매커니즘', 「2006 노동법의 쟁점 — 2006 노동법·법경제 포럼 논문집 —」, 한국노동연구원, 2007, 484면 이하.
5) 노동법실무연구회, 「근로기준법주해 Ⅲ」(마은혁), 789면 이하 참고.
6) 大判 2001. 1. 19, 2000 다 30516·30523·30530·30547(병합)(단체협약으로 경영이 정상화될 때까지 상여금과 하기휴가비를 받지 않기로 하였는데 이에 따른 취업규칙의 규정을 고치지 않은 경우 단체협약의 적용).
7) 취업규칙과 단체협약이 정년을 다 같이 60세로 정하고 있다가 그 후 단체협약에서 정년을 55세로 낮추어 정했다고 하면 취업규칙과 단체협약의 적용대상 근로자들의 정년을 55세로 재조정·통일한다는 의미로 해석되어야 한다(大判 1993. 3. 23, 92 다 51341; 원심 釜山高法 1992. 10. 23, 91 나 17009).

조 I), 이를 그대로 방치할 경우 이러한 사정을 잘 모르는 근로자들에게 그대로 적용될 위험성이 있으므로 이를 방지하기 위하여 고용노동부장관에게 변경명령을 할 수 있도록 한 것이다. 사용자가 변경명령에 따르지 않으면 벌칙이 적용된다(제114조 ②).

f) 근로기준법 제93조는 상시 10명 이상의 근로자를 사용하는 사용자에 대해서만 취업규칙의 작성 · 신고의무를 규정하고 있으나, 10명 미만의 근로자를 사용하고 있으면서 취업규칙을 작성하고 이에 의하여 근로조건의 전부 또는 일부를 규율하고 있다면 동 취업규칙도 법령이나 당해 사업장에 적용되는 단체협약(특히 지역별 또는 업종별 단체협약이 문제될 수 있다)에 위반할 수 없다고 보아야 할 것이다. 10명 미만의 근로자를 사용하는 사업장에서도 취업규칙의 불이익변경시에는 노동조합 또는 근로자 과반수의 동의를 얻도록 한 근로기준법 제94조 1항 단서는 마땅히 적용되어야 한다([46] 참고).[1]

g) 사용자가 개별 근로자들로부터 사실상의 동의를 얻더라도[2] 취업규칙의 불이익변경은 인정되지 않으므로 취업규칙상의 기준은 그 효력을 상실하지 않는다. 근로기준법상의 절차를 거치지 않으면 취업규칙의 불이익변경은 인정되지 않기 때문에(제94조 I 단서) 동 취업규칙은 강행적 효력을 그대로 유지한다.

[46] V. 취업규칙의 불이익변경

1. 서 설

취업규칙은 사용자가 일방적으로 정하는 것이므로, 이를 일방적으로 변경하는 것도 원칙적으로 사용자의 자유이다. 그러나 취업규칙을 기초로 근로계약관계의 내용이 형성되고 있는 근로자에 대하여 사용자가 일방적으로 취업규칙의 내용을 변경하여 강행한다는 것은 인정되어서는 아니 될 것이다. 취업규칙의 변경시에 노동조합 또는 근로자 과반수의 의견을 들어야 하지만(제94조 I 본문), 불이익 변경이 아닌 한 사용자에 의한 취업규칙 변경 자체가 무효라고 볼 수는 없을 것이다.[3] 이러한 경우에 사용자의 의견청취(의무)를 효력요건으로 볼 필요는 없기 때문이다.[4] 그러나 사용자가 취업규칙의 변경에 의하여 종전

1) 2001. 6. 19, 근기 68207-1980.

2) 취업규칙의 불이익변경을 하려면 집단적 의사결정방법에 의한 동의를 얻어야 하므로 개별적 동의는 인정되지 않는다는 하급심판례가 있다(서울民地判 1994. 12. 22, 94 가합 65189).

3) 大判 1994. 12. 23, 94 누 3001; 大判 1999. 6. 22, 98 두 6647.

4) 이병태, 「노동법」, 928면. 취업규칙에 의하여 근로조건을 유리하게 변경하는 것에 대하여는 근로자의 합의나 노동조합 또는 근로자집단의 동의 유무에 관계없이 그 효력이 인정된다고 보아야 한다(菅野, 「勞働法」, 203面 참고).

근로조건의 내용을 근로자에게 불리하게 변경하려면 종전 취업규칙의 적용을 받고 있던 근로자집단의 집단적 의사결정방법에 의한 동의가 있어야 한다(근기법 제94조 I 단서).[1]

2. 「불이익변경」의 의의

a) 사용자가 근로자 집단의 동의를 받아야 하는 것은 취업규칙이 근로자에게 불리하게 변경되는 경우에 한한다. 그러므로 취업규칙을 유리하게 변경하는 때에는 근로자 집단의 의견을 듣는 것으로 족하다(근기법 제94조 I 본문). 특히 취업규칙을 유리하게 변경하는 때에는 근로자들이 변경된 내용을 자유롭게 열람할 수 있도록 게시하여도 무방할 것이다. 적극적으로 근로자의 의견을 듣지 않더라도 근로자집단의 동의가 추단(推斷)될 수 있기 때문이다.

취업규칙의 불이익변경이란 사용자가 종래의 취업규칙을 개정하거나 새로운 취업규칙을 만들어, 근로조건이나 복무규정에 관하여 근로자의 기득권 또는 기득이익을 침해하거나 근로자에게 저하된 근로조건이나 강화된 복무규정을 일방적으로 부과하는 것을 말한다.[2] 그러나 예컨대 인사·복무와 관련해서 회사의 관행을 명문화하거나 새로운 규정을 마련하여 취업규칙으로 제도화하는 것을 취업규칙의 불이익변경이라고 할 수 없다.[3]

b) 그렇다면 취업규칙의 변경에 있어서 '불이익변경' 여부는 어떻게 판단할 것인가?

---

1) 大判 2009. 5. 28, 2009 두 2238; 大判 2005. 11. 10, 2005 다 21494; 大判 2008. 2. 29, 2007 다 85997; 大判 1977. 7. 26, 77 다 355; 大判 1977. 9. 28, 77 다 681; 大判 1977. 12. 27, 77 다 1378; 大判 1988. 5. 10, 87 다카 2578; 大判 1989. 5. 9, 88 다카 4277; 大判 1989. 8. 8, 88 다카 15413; 大判 1990. 3. 13, 89 다카 24780; 大判 1990. 11. 27, 90 다카 23868; 大判 1990. 12. 7, 90 다카 19647; 大判 1991. 2. 12, 90 다 15952·15969·15976(병합); 大判 1992. 4. 10, 91 다 37522; 大判 1992. 11. 10, 92 다 30566; 大判 1992. 12. 8, 91 다 38174; 大判 1993. 1. 26, 92 다 49324; 大判 1993. 3. 12, 92 다 5086 등. 이러한 판례의 태도는 1989년에 제94조 1항 단서가 신설되기 전부터 일관해서 이어지고 있다.

2) 大判 1989. 5. 9, 88 다카 4277; 大判 2000. 9. 29, 99 다 45376; 大判 2002. 6. 11, 2001 다 16722; 大判 2004. 5. 14, 2002 다 23185·23192 등. 大判 2019. 11. 14, 2018 다 200709(정년이 2년 남아있는 근로자에게는 임금피크 기준연봉의 40%, 정년이 1년 남아있는 근로자에게는 60%를 지급한다는 취업규칙 규정의 효력). 이 판례에 대한 평석으로는 김형배, '취업규칙의 불이익변경과 근로계약의 유리한 규정', 「노동법포럼」(제29호), 2020, 1면 이하; 방준식, '취업규칙 불이익변경과 근로계약의 효력', 「노동법학」(제74호), 2020. 6, 121면 이하 및 이곳에 인용된 논문 참고.

3) 요양·휴직 중인 대리급인 근로자가 신인사제도의 시행 전까지 정기승급인사에 따라 기본급 인상을 받아 왔으나 신인사제도 시행으로 대리직급이 과장으로 변경됨에 따라 과장급 이상의 직급에는 전년도 근무평가를 거쳐 개별적으로 조정·승급하게 되었다면 신인사제도의 해당조항('휴직 중에는 승급 및 평가인상을 실시하지 않는다')은 휴직 중인 근로자에 대한 관계에서 새로이 마련된 확인 규정에 불과하고 종전 취업규칙 규정을 변경하였거나 이를 불이익하게 변경한 것이라고 볼 수 없다(大判 2018. 9. 28, 2015 다 209699).

근로기준법에는 이에 대한 기준이 마련되어 있지 않다. 취업규칙은 근로관계의 내용이 되는 근로조건을 정하는 것이므로 근로조건의 개선·향상을 내용으로 하는 것이면 유리한 변경이라고 보아야 할 것이다. 일반적으로 상여금 지급률을 높인다거나, 임금의 삭감 없이 근로시간을 줄인다거나, 자녀교육지원금제도를 「신설」하는 것 등은 유리한 변경이라고 할 수 있다. 이에 반해 각종의 급여를 하향조정하는 것은 물론, 구조조정의 요건을 완화하거나, 성과금지급을 일정기간 중단하거나, 정년규정을 「신설」[1]하여 종래의 관행상의 정년연령을 낮추는 것 등은 불이익변경에 해당할 것이다. 그러나 시간급임금제하에서 근로시간을 연장하는 것과 같은 규정은 유리한 변경일 수도 있고 불리한 변경일 수도 있다. 판례는 일부 근로자에게는 유리하고 일부 근로자에게는 불리하여 근로자 상호 간에 유·불리에 따른 이익이 충돌되는 경우에는 전체적으로 보아 근로자에게 불리한 것으로 취급하여 종전의 규정을 받고 있던 근로자들의 집단적 동의를 얻어야 한다고 판단하고 있다.[2] 여러 개의 근로조건이 동시에 변경되는 경우에는 원칙적으로 개별 근로조건별로 불이익여부를 판단해야 할 것이다. 다만, 불리하게 변경된 근로조건이 유리하게 변경된 근로조건과 상호 밀접한 관련성을 가지고 있는 경우에는 종합적 판단을 하는 것이 합리적이다.[3] 예컨대 퇴직금 지급률이 전반적으로 인하되어 그 자체가 불리한 것이라 하더라도 그 지급률의 인하와 밀접한 관련하에서 다른 요소가 유리하게 변경된 경우에는 그 대가관계나 연계성이 있는 제반 상황을 종합해서 고려하여야 하고, 종합적 판단의 결과 불리한 개정으로 밝혀진 경우에만 불이익변경이 인정된다.[4]

3. 집단적 동의

a) 근로자집단의 동의(제94조 1항 단서의 '그' 동의)란 그 사업장 근로자의 과반수로 조직된 노동조합이 있는 경우에는 그 노동조합의,[5] 그와 같은 노동조합이 없는 경우에는 그 사업장 근로자들의 회의방식에 의한 과반수의 동의를 말하며, 그러한 동의가 없는

---

1) 大判 1997. 5. 16, 96 다 2507(정년규정을 두고 있지 않다가 55세를 정년으로 하는 규정을 새로 신설한 경우); 大判 1989. 5. 9, 88 다카 4277(무계출결근 등 사유에 의한 자연면직조항을 신설한 경우).

2) 大判 2002. 5. 28, 2001 다 47764; 大判 1997. 8. 26, 96 다 1726; 大判 1993. 5. 14, 93 다 1893 등. 취업규칙이 근로자들에게 통일적·획일적으로 적용되는 약관적 성질을 가지고 있기 때문이라고 생각된다.

3) 同旨: 김유성, 「노동법 Ⅰ」, 206면; 김지형, 「근로기준법해설」, 2000, 477면; 임종률, 「노동법」, 352면.

4) 大判 1995. 3. 10, 94 다 18072; 大判 1993. 5. 14, 93 다 1893; 大判 1997. 8. 26, 96 다 1726; 大判 2004. 1. 27, 2001 다 42301 등.

5) 大判 2009. 11. 12, 2009 다 49377. 종전 취업규칙의 적용을 받는 근로자 과반수의 조합원들로 구성된 노동조합의 동의를 얻어야만 하는 것은 아니다.

한 취업규칙의 불이익한 변경은 효력을 가질 수 없다.[1] 동의를 얻어야 할 「근로자의 과반수」는 그 사업 또는 사업장의 전체 근로자의 과반수가 아니라 기존의 근로조건 또는 취업규칙의 적용을 받는 근로자집단의 과반수를 뜻하는 것으로 보아야 한다.[2] 마찬가지의 법리로 사업장 내에 여러 근로자 집단이 하나의 근로조건 체계 내에 있어 비록 취업규칙의 불이익변경 시점에는 어느 근로자 집단만이 직접적인 불이익을 받더라도 다른 근로자 집단에게도 변경된 취업규칙의 적용이 예상되는 경우에는 일부 근로자 집단은 물론 장래 변경된 취업규칙 규정의 적용이 예상되는 근로자 집단을 포함한 근로자 집단이 동의주체가 되고,[3] 그렇지 않고 근로조건이 이원화되어 있어 변경된 취업규칙이 적용되어 직접적으로 불이익을 받게 되는 근로자 집단 이외에 변경된 불이익한 취업규칙의 적용을 받지 않는 근로자 집단이 있는 경우에는 변경된 취업규칙이 적용되어 불이익을 받는 근로자 집단만이 동의주체가 된다.[4] 취업규칙을 규범으로 보건 계약으로 보건 간에 그 적용대상이 아닌 근로자의 동의까지 얻는다는 것은 무의미하기 때문이다. 반면, 근로자의 과반수로 구성된 노동조합의 동의를 얻어 변경된 취업규칙은 개별적 동의 절차를 거치지 않은 비조합원에게도 당연히 적용된다.[5] 이때의 노동조합의 대표성은 조합원에게만 한정되는 것이 아니라, 당해 사업장 내 근로자 전체(취업규칙의 적용을 받는 근로자 전체)에 미치기 때문이다.[6] 이와 같은 경우에 취업규칙의 변경에 대해서 근로자 개인의 동의는 아무 효력이 없다.[7] 그리고 노동조합의 동의는 법령이나 단체협약 또는 노동조합의 규약 등에 의하여 노조위원장의 대표권이 제한되어 있는 것으로 볼 만한 특

1) 大判 1997. 5. 16, 96 다 2507; 大判 1993. 1. 15, 92 다 39778. 이와 같이 근로자집단의 집단의사결정방법에 의한 동의가 없는 한 종전의 취업규칙은 계속 유효하므로, 이 취업규칙의 적용을 받던 기존근로자에 대해서는 변경된 취업규칙이 당연히 적용될 수 없으나, 변경 후 새로 입사한 근로자에 대해서까지도 변경된 취업규칙이 적용될 수 없는지 여부가 다투어져 왔다. 이에 관해서는 후술한다.

2) 大判 2005. 3. 11, 2004 다 54909; 大判 2008. 2. 29, 2007 다 85997 등.

3) 大判 2015. 8. 13, 2012 다 43522(간부사원에 대한 불이익한 규정이더라도 장차 간부가 될 일반사원도 불이익을 받게 될 것이므로 이들도 동의주체에 해당한다); 大判 2015. 12. 23, 2013 다 209039.

4) 大判 2009. 5. 28, 2009 두 2238; 大判 2013. 10. 31, 2013 두 15149; 大判 2008. 2. 29, 2007 다 85997. 사원과 노무원으로 이원화된 경우 노동조합원인 총 근로자 중 85% 이상이 불이익한 퇴직금 규정에 동의하였더라도 이에 동의한 바 없는 사원에 대한 부분은 그 효력이 없다(大判 1990. 12. 7, 90 다카 19647).

5) 大判 2008. 2. 29, 2007 다 85997.

6) 그러나 예컨대 사원과 노무원에게 이원화되어 적용되는 퇴직금규정(취업규칙)이 불이익하게 변경된 경우에 노동조합원인 총 근로자 중 85%를 넘는 수를 차지하는 노무원만이 그 개정안에 동의했다면, 개정에 동의한 바 없는 사원에 대한 취업규칙 부분에는 아무 효력이 없다(大判 1990. 12. 7, 90 다카 19647).

7) 大判 1991. 3. 27, 91 다 3031; 大判 1994. 6. 24, 92 다 28556; 서울高判 1989. 2. 28. 88 나 41769.

별한 사정이 없는 한 노조위원장이 노동조합을 대표하여 하면 되는 것이고, 노동조합 소속 근로자의 과반수의 동의를 얻어야만 하는 것은 아니다.[1)]

b) 근로자과반수로 구성된 노동조합이 없는 때에는 근로자들의 회의방법에 의한 과반수 동의가 필요하다고 할 것이지만,[2)] 그 회의방법은 반드시 한 사업 또는 사업장의 모든 근로자가 일시에 한 장소에 집합하여 회의를 개최하는 방법만이 아니라, 한 사업 또는 사업장의 기구별 또는 단위부서별로 사용자측의 개입이나 간섭이 배제된 상태에서 근로자 상호 간의 의견을 교환하여 찬반의견을 집약한 후 이를 전체적으로 취합하는 방식도 허용된다고 할 것이다.[3)] 사업장의 규모가 큰 기업의 경우에는 모든 근로자가 한 자리에 모여 의사결정을 한다는 것이 현실적으로 어렵고, 사업의 성격상 근로자가 한꺼번에 근무장소를 이탈하는 것이 불가능할 수도 있기 때문이다. 사용자측의 개입이나 간섭이란 사용자측이 근로자들의 자율적이고 집단적인 의사결정을 저해할 정도로 명시 또는 묵시적인 방법으로 동의를 강요하는 것을 의미한다.[4)] 사용자가 변경될 취업규칙의 내용을 근로자들에게 설명하고 홍보하는데 그치고 자율적이고 집단적인 의사결정을 저해한 것이라고 볼 수 없는 경우에는 사용자의 부당한 개입이나 간섭이 있었다고 볼 수 없을 것이다.[5)] 사용자가 근로자로부터 개별적으로 얻은 동의는 원칙적으로 효력이 없다.[6)]

c) 취업규칙의 불이익변경에 있어서 중요시해야 할 것은 사용자측의 개입이나 간섭이 배제된 상태에서 근로자 상호 간의 의견을 교환하여 찬반의견을 집약한 후 전체적으로 취합할 수 있는 집단적 동의가 있어야 한다는 점이다. 사용자가 취업규칙의 변경 취지와 필요성을 서면으로만 제시하고 근로자로 하여금 그 변경에 대한 동의 결의문에 서명하게 한 경우나,[7)] 불이익의 정도 등을 충분히 설명하지 않은 채, 회람을 돌리고 동의 또는 부동의 여부를 확인하는 형식만 거쳤다면 적용대상 근로자의 과반수가 동의하였다 하더라도 이를 회의방식에 의한 동의로 인정하기 어렵다.[8)] 단순히 서면으로 변경취지를

---

1) 同旨: 大判 1997. 5. 16, 96 다 2507; 大判 2000. 9. 29, 99 다 45376. 판례의 견해는 노조및조정법 제29조 1항의 규정과의 균형상 타당한 해석이라고 생각된다.

2) 大判 1977. 7. 26, 77 다 355; 大判 1991. 9. 24, 91 다 17542; 大判 1990. 4. 27, 89 다카 7754 등.

3) 大判 1992. 2. 25, 91 다 25055; 大判 1993. 1. 15, 92 다 39778. 참고판례: 大判 2003. 11. 14, 2001 다 18322; 大判 2010. 1. 28, 2009 다 32362. 그러나 노사협의회의 근로자위원들이 취업규칙의 불이익변경에 동의한 경우는 그 근로자위원들이 자기가 소속한 각 부서 근로자들의 의견을 집약·취합하여 동의권을 행사한 것이 아닌 한 동의의 효력이 인정되지 않는다(大判 1994. 6. 24, 92 다 28556).

4) 大判 2010. 1. 28, 2009 다 32362.

5) 大判 2003. 11. 14, 2001 다 18322.

6) 大判 1994. 4. 12, 92 다 20309; 大判 1977. 7. 26, 77 다 355 등.

7) 大判 2003. 11. 14, 2001 다 18322; 大判 2010. 1. 28, 2009 다 32362.

8) 大判 2017. 5. 31, 2017 다 209129; 大判 2004. 5. 14, 2002 다 23185·23192 참고.

설명한 것으로는 불이익변경에 대한 사용자의 설명절차가 충분하다고 보기 어렵고, 해당 취업규칙 부분의 불이익변경에 대하여 근로자들의 의사가 실질적으로 반영될 수 있기 위해서는 자유로운 토론 등을 통해 찬반의견 교환이 제대로 이뤄져야 한다.

4. 불이익변경의 효력

(1) 집단적 동의를 얻은 경우

취업규칙에 의하여 근로조건이 불리하게 변경된 경우 그 변경된 근로조건이 개별 근로자의 동의 없이도 근로조건으로 화체되어 적용되는지, 즉 근로자가 그 불이익변경에 반대한 경우에도 변경된 취업규칙이 적용되는지 여부가 문제된다(이른바 취업규칙 불이익변경의 구속력). 근로기준법 제94조 1항 단서는 이에 대하여 직접적인 규정을 두고 있지 않기 때문에 중요한 해석상의 쟁점이 될 수 있다.

대법원은 사용자가 취업규칙의 변경에 의하여 기존 근로조건의 내용을 근로자에게 불리하게 변경하기 위하여 종전 취업규칙의 적용을 받던 근로자집단의 집단적 의사결정방법에 의한 동의를 받았다면 근로자 개개인의 동의를 얻을 필요 없이 취업규칙의 변경은 적법·유효하다고 본다.1) 따라서 그와 같은 절차에 의하여 변경된 취업규칙의 규정은 당연히 그 취업규칙의 적용을 받는 모든 근로자에게 적용된다. 다만, 당사자 간의 근로계약에서 취업규칙의 변경에 영향을 받지 않는 근로조건으로 합의된 부분이 있으면 그 부분에 대해서는 취업규칙의 불이익변경이 적용되지 않는다고 보아야 한다.

그런데 대법원은 최근 판결에서 취업규칙을 근로자에게 불리한 내용으로 변경하는 경우에 과반수노조의 동의를 받았더라도 그러한 집단적 동의는 취업규칙의 유효한 변경을 위한 요건에 불과하므로 근로기준법 제4조의 '근로조건은 근로자와 사용자가 동등한 지위에서 자유의사에 따라 정하여야 한다'는 규정이 여전히 적용되어 유리한 근로조건을 정한 근로계약의 내용은 유효하게 존속하고, 변경된 취업규칙의 기준에 의하여 유리한 근로계약의 내용을 변경할 수 없으므로 근로자의 개별적 동의가 없는 한 취업규칙보다 유리한 근로계약의 내용이 우선하여 적용된다고 한다.2) 다시 말하면 집단적 동의는 개별적 동의를 얻기 전에 거쳐야 할 사전적·절차적 단순한 요건에 지나지 않고 취업규칙의 불이익변경에 대하여 아무런 효력을 미치지 않는다고 한다. 그러나 이와 같은 판례

1) 大判 1994. 5. 24, 93 다 46841; 大判 2008. 2. 29, 2007 다 85997.

2) 大判 2019. 11. 14, 2018 다 200709. 이 판례에 관한 비판적 견해로는 김형배, '취업규칙의 불이익변경과 근로계약의 유리한 규정', 「노동법포럼」(제29호), 2020, 1면 이하; 방준식, '취업규칙 불이익변경과 근로계약의 효력', 「노동법학」(제74호), 2020. 6, 121면 이하; 최홍엽, '취업규칙의 불이익 변경과 기존 근로계약', 「노동법학」(제73호), 2020. 3, 203면 이하 참고.

의 견해는 과반수 노동조합의 동의를 받으면 취업규칙의 불이익 변경에 대하여 집단적 우선적 효력을 부여하는 근로기준법 제94조 1항 단서의 규정에 반하는 것으로 판단된다. 동 규정이 있는 한 개별적 근로계약의 유리한 규정의 효력은 원칙적으로 배제된다. 다만 취업규칙의 불이익변경이 현저히 합리성을 결하는 것으로 이에 대한 노동조합의 동의가 동의권한을 일탈하여 노동조합의 목적을 벗어나는 때에는 불리하게 변경된 취업규칙은 무효라고 보아야 할 것이다.[1)]

(2) 집단적 동의를 얻지 못한 경우

a) 사용자가 취업규칙의 불이익변경에 있어 기존의 근로자들의 동의를 얻지 못함으로써 그 변경이 무효가 된 경우, 변경 이후에 입사한 근로자에 대해서는 어느 취업규칙이 적용되어야 할 것인지가 문제된다. 이에 대하여는 현행 취업규칙의 변경이 무효라면 모든 근로자에 대해서 그 취업규칙 자체가 무효라는 견해(절대적 무효설)와 그 변경은 기득권이 침해되는 기존근로자에 대해서만 무효이고 신규입사자에 대해서는 유효하다는 견해(상대적 무효설)가 대립되고 있다. 종래의 대법원 판례는 절대적 무효설의 입장을 취하였으나,[2)] 1992년 12월 22일 대법원 전원합의체판결[3)]에서는 그 견해를 바꾸어 「사용자가 취업규칙에서 정한 근로조건을 근로자에게 불리하게 변경함에 있어서 근로자의 동의를 얻지 못한 경우에 그 변경으로 기득이익이 침해되는 기존의 근로자에 대한 관계에서는 그 변경의 효력이 미치지 않게 되어 종전 취업규칙의 효력이 그대로 유지되지만, 그 후에 변경된 취업규칙에 따른 근로조건을 수용하고 새로이 근로관계를 갖게 된 근로자에 대한 관계에서는 당연히 변경된 취업규칙이 적용되어야 하고 기득이익의 침해라는 효력배제사유가 없는 변경 후의 취업근로자에 대해서까지 그 변경의 효력을 부인하여 종전 취업규칙이 적용되어야 한다고 볼 근거가 없다」고 판시하였다. 위 판결에 대해서는 다음과 같은 문제가 제기된다. 대법원은 1977년 7월 26일의 판결[4)]에서 「취업규칙은 근로자들의 기본적 생활을 보호·향상시키려는 목적의 일환으로 그 작성을 강제하고 이에 법규범성을 부여한 것이라고 볼 것이므로 원칙적으로 취업규칙의 작성·변경권은 사

1) 大判 2000. 9. 29, 99 다 67536; 大判 2010. 1. 28, 2009 다 76317; 大判 2011. 7. 28, 2009 두 7790 등 참고.

2) 大判 1977. 7. 26, 77 다 355; 大判 1977. 12. 27, 77 다 1378; 大判 1990. 4. 27, 89 다카 7754; 大判 1990. 7. 10, 89 다카 31443; 大判 1991. 12. 10, 91 다 8777.

3) 大判(전합) 1992. 12. 22, 91 다 45165. 同旨: 大判 1993. 1. 15, 92 다 39778; 大判 1993. 1. 19, 92 다 9494; 大判 1993. 6. 11, 93 다 11876·11883(병합); 大判 1996. 4. 26, 94 다 30628; 大判 2011. 6. 24, 2009 다 58364.

4) 大判 1977. 7. 26, 77 다 355. 同旨: 大判 1977. 12. 27, 77 다 1378; 大判 1990. 3. 13, 89 다카 24780; 大判 1991. 3. 27, 91 다 3031; 大判 1991. 9. 24, 91 다 17542 등.

용자에게 있다」고 하여 법규범설(授權說)의 입장에 서서 취업규칙의 법적 성질을 이해하고 있으며, 그 후 일관해서 이 태도를 유지하고 있다. 위의 판결이 법규범설의 입장에 서면서 근로자들의 집단적 동의 없는 취업규칙의 불이익변경이 기존근로자들에게는 효력이 없고 새로 입사한 신규근로자들에게는 효력이 있다고 한 것은 하나의 사업장에 두 개의 취업규칙, 즉 두 개의 법규범이 병존하는 것을 인정하는 것이 된다. 이는 취업규칙이 법령과 마찬가지로 법적 구속력을 가지고 해당 사업장 내의 모든 근로자들을 구속한다는 법규범설의 기본적 태도와 모순된다.[1] 그리하여 대법원 전원합의체는 「취업규칙변경 후에 취업한 근로자에게 적용되는 취업규칙과 기존근로자에게 적용되는 취업규칙이 병존하는 것처럼 보이지만 현행의 법규적 효력을 가진 취업규칙은 변경된 취업규칙이고, 다만 기존근로자에 대한 관계에서 기득이익침해로 그 효력이 미치지 않는 범위 내에서 종전 취업규칙이 적용될 뿐이므로 하나의 사업장 내에 둘 이상의 취업규칙을 둔 것과 같이 볼 수는 없다」[2]고 함으로써 법규범설을 취하는 데서 오는 모순을 합리화하고 있다. 그러나 실재(實在)하는 두 개의 취업규칙 중에서 사용자에 의하여 일방적으로 변경된 취업규칙만이 법규적 효력을 가질 뿐이고 다수의 근로자들이 지지하는 종래의 취업규칙은 법규적 효력을 가질 수 없다는 태도는 취업규칙의 변경권이 사용자에게 전속(專屬)한다는 형식논리에는 부합할지 모르나 법규적 효력을 가지는 변경된 취업규칙과 기존의 취업규칙의 실질적 차이를 설명하지 못하는 모순을 지니고 있다. 사용자가 진정으로 법규범인 취업규칙의 작성·변경권을 가지고 있다면 원칙적으로 근로자들의 동의 여부에 불구하고 취업규칙을 변경할 수 있어야 할 것이다. 그러나 근로기준법 제94조 1항 단서의 규정은 사용자의 일방적 불이익변경권을 인정하고 있지 않다. 이와 같은 해석에 의한다면 하나의 사업장에 두 개의 취업규칙이 병존하게 되는 결과는 합당하지 않다고 생각된다.[3]

b) 취업규칙의 법적 성질을 계약설에 따라 이해하는 경우에는 법규범설과는 다른

---

1) 위 전원합의체판결(91 다 45165) 이전의 판례는 「한 개의 사업장에 다수의 취업규칙이 병존하는 것은 취업규칙의 규범으로서의 획일적·통일적 적용의 필요성에도 위배된다」고 하여 하나의 사업장에 하나의 취업규칙만을 인정하는 절대적 무효설의 태도를 취하였다(大判 1977. 7. 26, 77 다 355; 大判 1977. 12. 27, 77 다 1378).

2) 大判(전합) 1992. 12. 22, 91 다 45165; 大判 1993. 6. 11, 93 다 11876·11883(병합); 大判 2011. 6. 24, 2009 다 58364.

3) 91 다 45165 전원합의체 판결의 별개의견은 저자의 견해와 같다. 사용자가 취업규칙을 근로자들에게 불이익하게 변경하여 근로자들의 집단적 동의를 받지 못하였더라도 취업규칙의 작성·변경권이 사용자에게 있는 이상 현행의 법규적 효력을 가진 취업규칙은 변경된 취업규칙이고, 다만 기득이익이 침해되는 기존 근로자에 대하여는 종전의 취업규칙이 적용될 따름이라는 것이 판례의 태도이다(大判(전합) 2003. 12. 18, 2002 다 2843).

결론에 이른다. 즉 취업규칙은 그 자체로서 법적 구속력을 갖는 것이 아니라 근로자의 동의를 매개로 하여, 근로계약의 내용으로서 법적 효력을 가지게 되며 이때에 비로소 근로관계를 구속하게 된다. 따라서 근로자가 변경된 취업규칙에 대하여 동의하거나 별단의 반대의 의사표시를 하지 않는 한 근로자와 사용자 사이에 명시적 또는 묵시적 합의가 성립한 것으로 되며, 취업규칙의 규정이 근로계약의 내용으로 된다. 특히 취업규칙의 불이익변경에 있어서 기존 근로자의 근로조건(근로계약상의 기득권)을 사용자가 일방적으로 저하시키는 것을 막기 위하여 근로기준법 제94조 1항 단서는 기존 근로자집단의 동의를 요구하고 있으며, 이와 같은 근로자집단의 동의가 있으면 개개 근로자의 동의가 없더라도 그 취업규칙은 종업원 전체에 그대로 적용된다.[1] 근로기준법 제94조 1항 단서에 따른 충실한 해석을 한다면 기존 근로자집단의 집단적 방법에 의한 동의를 얻지 못한 취업규칙은 실질적 변화 없이 그대로 유지된다고 해야 한다.[2] 다만, 신규로 채용된 근로자에게 적용될 취업규칙은 별도로 정형화하여 작성할 수 있으므로 변경된 취업규칙을 적용하더라도 문제될 것이 없으며, 근로기준법 제94조 1항 단서에 위배되지도 않는다.[3] 이와 같이 기존의 취업규칙과 병존해서 별개의 취업규칙의 유효한 성립을 인정하는 것은 원칙적으로 계약의 법리에 따라 정당화될 수 있을 것이다. 또한 취업규칙 변경 전후를 기준으로 적용대상 근로자들이 다르게 되더라도 각 취업규칙은 집단성·통일성·획일성을 상실하지 않는다. 대법원이 사용자의 일방적 취업규칙변경권을 고수하면서 하나의 사업장에서 두 개의 취업규칙의 유효한 존립을 인정하는 것은 일관성이 없는 것으로 생각된다.

5. 집단적 동의가 없는 불이익변경의 사회통념상 합리성 문제

a) 대법원은 취업규칙의 작성·변경의 권한은 원칙적으로 사용자에게 있다는 법규

1) 같은 취지의 日本秋北バス事件—最高裁判 昭和 43. 12. 25民集22卷13號3459面. 이 판례에 대하여 菅野 교수는 법규범설과 계약설의 결점을 극복한 고심의 작품이라고 평가하면서, 이 판례는 기본적으로 「계약설」을 기초로 하고 있다는 견해를 밝히고 있다(定型契約說)(「勞働法」, 194面 이하).

2) 大判 1997. 8. 26, 96 다 1726 등.

3) 大判 2000. 2. 25, 98 다 11628; 大判 1999. 11. 12, 99 다 30473; 大判 1996. 10. 15, 95 다 53188(취업규칙이 근로자의 집단적 동의 없이 불이익하게 변경된 당시에 근로자가 다른 직종으로 전직하기 위하여 자유로운 의사에 따라 사직하고, 익일 신규채용형식으로 재입사함으로써 근로관계가 단절된 경우에 그 재입사 당시에 시행중인 법규적 효력을 갖는 취업규칙은 그 근로자의 최초입사일에 관계없이 개정된 취업규칙이다); 大判 2011. 6. 24, 2009 다 58364(재임용된 교원에 대하여 변경된 보수규정을 적용하는 것이 옳다고 한 사례). 재임용된 교원은 신규채용된 것으로 보는 것이 판례의 태도이지만 재임용 제도의 실질적 성질을 고려할 때 재임용 탈락을 해제조건으로 해석하는 것이 타당하다고 판단된다(大判 2010. 7. 29, 2007 다 42433 참고). 교원심사절차는 교원의 승진과 교원관계의 계속 여부를 심사하는 것이지 교원의 신규채용을 심사하는 것이 아니기 때문이다.

범설의 입장에 서면서도 근로기준법 제94조 1항 단서가 신설(1989. 3. 29)되기 이전부터 근로자에게 불이익한 취업규칙의 변경은 근로자집단의 집단의사결정방법(근로자과반수로 조직된 노동조합이 있는 경우에는 그 노조의, 노조가 없는 경우에는 근로자과반수의 동의)에 의한 동의가 있어야만 변경의 효력이 발생한다고 하였다.[1] 다만, 사회통념상 합리성이 있다고 인정되는 경우에는 근로자집단의 동의가 없더라도 근로자에게 불이익한 취업규칙의 변경은 유효하다는 태도를 취하였다. 취업규칙의 불이익변경이란 사용자가 종래의 취업규칙을 개정하거나 새로운 취업규칙을 만들어 근로조건이나, 복무규정에 관하여 근로자의 기득권 또는 기득이익을 침해하거나, 근로자에게 저하된 근로조건이나 강화된 복무규정을 일방적으로 부과하는 것을 말한다.[2] 그리고 판례이론에 의하여 형성된 사회통념상 합리성[3]의 인정여부는 —그 동안 그 기능과 판단기준이 많은 변화를 보이고 있지만— 대체로 취업규칙의 불이익 변경에 의하여 근로자가 입게 될 불이익의 정도, 사용자측의 변경 필요성의 내용과 정도, 변경 후의 취업규칙의 내용의 상당성, 대상조치 등 관련된 다른 근로조건의 개선상황, 노동조합과의 교섭경위 및 노동조합이나 다른 근로자의 대응, 동종 사항에 관한 국내의 일반적인 상황 등을 종합적으로 고려하여 판단되고 있다.[4] 그런데 1989년 3월 29일 근로기준법 제94조 1항 단서가 신설되기 이전의 판례에서는 사회통념상 합리성이 취업규칙의 불이익 여부를 판단하는 기준처럼 기능하였으나,[5] 그 이후에는 근로자들의 집단적 동의를 받지 않아도 되는 예외사유로 그 기능이 바뀌었다.[6] 대법원의 이러한 이론구성은 일본 최고재판소의 판례이론[7]을 따른 것으로

---

1) 大判 1989. 5. 9, 88 다카 4277 등.

2) 大判 1989. 5. 9, 88 다카 4277; 大判 1993. 1. 26, 92 다 49324; 大判 1993. 8. 24, 93 다 17898; 大判 2002. 6. 11, 2001 다 16722; 大判 2004. 5. 14, 2002 다 23185·23192(병합) 등.

3) 大判 1978. 9. 12, 78 다 1046; 大判 1988. 5. 10, 87 다카 2853; 大判 1989. 5. 9, 88 다카 4277; 大判 1990. 3. 13, 89 다카 24780; 大判 1994. 5. 24, 93 다 14493; 大判 2001. 1. 5, 99 다 70846; 大判 2004. 7. 22, 2002 다 57362; 大判 2005. 11. 10, 2005 다 21494.

4) 大判 2004. 7. 22, 2002 다 57362; 大判 2005. 11. 10, 2005 다 21494; 大判 2009. 6. 11, 2007 도 3037; 大判 2002. 6. 11, 2001 다 16722; 大判 2001. 1. 5, 99 다 70846; 大判 1978. 9. 12, 78 다 1046 이후의 판례 등.

5) 大判 1978. 9. 12, 78 다 1046; 大判 1988. 5. 10, 87 다카 2578; 大判 1988. 5. 10, 87 다카 2853 등. 하경효, '취업규칙의 불이익변경과 사회통념상의 합리성', 「노동법률」, 2001. 6, 37면.

6) 정진경, '근로조건의 불이익 변경', 「노동법연구」, 2002, 13면; 박종희, '기업 내 근로조건 매커니즘', 「노동법의 쟁점」, 한국노동연구원, 2007, 144면 이하; 大判 2010. 1. 28, 2009 다 32362; 大判 2001. 1. 5, 99 다 70846; 大判 2004. 7. 22, 2002 다 57362; 大判 2005. 11. 10, 2005 다 21494 등 참고.

7) 우리 대법원이 참고하고 있는 것으로 판단되는 일본 최고재판소 판례: 日本 最大判 昭和 43. 12. 25 民集22卷13號3459面; 最高裁判 昭和 58. 11. 25; 最高裁判 昭和 63. 2. 16.「합리성」 판단과 관련하여 일본 최고재판소는 취업규칙의 변경시 그 변경의 내용과 필요성의 양 측면을 고려해야 한다고 하면서, 다음의 사항을 고려대상으로 열거하고 있다. (i) 변경에 의하여 종업원이 입게 될 불이익의 정

보이는데, 이는 취업규칙의 변경시 근로자들의 의견청취만을 규정하였던 1989년 이전에는 사회통념상 합리성론이 사용자의 일방적인 취업규칙의 불이익변경을 견제 · 방지하고, 취업규칙을 통일적으로 적용하는 데 기여했다고 평가된다. 그러나 근로기준법 제94조 1항 단서가 신설된 후부터 「취업규칙의 불이익변경」의 문제는 오직 근로자들의 집단적 동의의 유무에 따라 판단되지 않으면 안 된다. 왜냐하면 이 조항은 강행규정이기 때문이다.[1)·2)]

b) 법원이 사회통념상 합리성을 인정하는 것은 근로기준법의 근로자보호규정(제94조 I 단서)의 효력을 사실상 배제하는 것이 되므로 판례는 근래에 와서 취업규칙 불이익변경의 합리성을 제한적으로 엄격하게 해석 · 적용해야 한다는 태도를 취하고 있다.[3)] 최근의 판례는 「취업규칙의 작성 또는 변경에 사회통념상 합리성이 있다고 인정되려면 실질적으로는 근로자에게 불리하지 아니하는 등 근로자를 보호하려는 근로기준법의 입법취지에 어긋나지 않아야 하므로, 여기서 말하는 사회통념상 합리성 유무는 취업규칙의 변경 전후를 비교하여 취업규칙의 변경 내용 자체로 인하여 근로자가 입게 되는 불이익의 정도, … 대상(代償)조치 등을 포함한 다른 근로조건의 개선상황, 취업규칙 변경에 따라 발생할 경쟁력의 강화 등 사용자측의 이익 증대 또는 손실 감소를 장기적으로 근로자들도 함께 향유할 수 있는지에 관한 기업의 경영형태, … 등을 종합적으로 고려하여 판단하여야 한다」고 하여, 사회통념상 합리성이 적어도 경영 악화의 극복을 위한 조치를 단순히 합리화하는 사유가 아니라는 점을 명백히 하고 있다.[4)] 이러한 판례들에 의하

도, (ii) 변경과 관련해서 행해지는 임금의 개선방향, (iii) 사내규율의 유지 또는 종업원의 공평한 처우를 위해서 변경이 필요한 것인지의 여부, (iv) 노동조합과의 교섭의 경위, (v) 다른 종업원들의 반응, (vi) 관련사업체의 규정 등(最高裁判 昭和 58. 11. 25勞判418號21面). 합리성 판단의 기준을 집대성한 일본판례: 第四銀行事件 · 最二小判平 9. 2. 28民集51卷2號705面; みちのく銀行事件 · 最一小判平 12. 9. 7民集54卷7號2075面 참고. 취업규칙변경의 「합리성」 판단에 관한 일본 문헌으로는 荒木 · 菅野 · 山川, 「勞働契約法」, 125面 이하 참고.

1) 同旨: 이병태, 「노동법」, 931면.

2) 그러나 판례는 계속하여 사회통념상 합리성이 인정된다면 비록 근로자에게 불리하더라도 근로자의 동의 없이도 변경이 가능하다는 견해를 취하고 있다(大判 2001. 1. 5, 99 다 70846; 大判 2002. 6. 11, 2001 다 16722; 大判 2004. 7. 22, 2002 다 57362; 大判 2005. 11. 10, 2005 다 21494; 大判 2009. 6. 11, 2007 도 3037).

3) 大判 2015. 8. 13, 2012 다 43522; 大判 2010. 1. 28, 2009 다 32362 등.

4) 大判 2015. 8. 13, 2012 다 43522(간부사원에게 팀장보직을 주지 않을 수 있고, 상여금 일부를 삭감할 수 있도록 규정한 '보직부여기준안'과 '간부사원급여체계 변경안'이 사회통념상 합리성이 없어 효력이 없다고 한 사례). 大判 2016. 8. 17, 2016 두 38280(심리불속행); 원심: 서울高判 2016. 4. 14, 2015 누 50520(부실근무자관리방안의 변경이 성과향상프로그램의 본래 목적에 충실한 것이더라도 취업규칙의 불이익 변경에 해당하여 이에 대한 노동조합의 동의를 얻지 못하고 사회통념상 합리성이 인정되지 않는다면 변경된 개선방안에 따라 이루어진 면직처분은 무효라고 판단한 사례).

여 사회통념상 합리성이 제한적으로 엄격하게 해석·적용됨으로써 근로기준법 제94조 1항 단서의 효력을 배제할 수 있는 가능성은 많이 좁아졌다고 볼 수 있다. 그럼에도 불구하고 근로자의 집단적 동의 없이 취업규칙의 불이익 변경을 사회통념상 합리성을 근거로 유효하다고 보는 판례의 태도는 여전히 법률의 효력규정(강행규정)에 반하는 것으로서 부당하다고 아니할 수 없다.[1] 따라서 법원이 이와 같은 판단을 할 수 있으려면 법률상의 근거가 있어야 할 것이다. 근로자들의 집단적 방식에 의한 동의 없이는 근로자의 기득의 권리나 이익을 침해하는 불이익한 근로조건의 변경을 인정하지 않는 근로기준법상의 근로자보호 규정의 효력을 법원이 사회통념상의 합리성이라는 추상적 기준을 근거로 부인하는 것은 법률의 규정을 무시하는 것으로 법률의 해석·적용의 한계를 벗어나는 것으로 생각된다.[2] 판례 중에는 회사의 합병 등에 따라 소속 근로자들에 대한 정년규정을 일치시킬 필요가 있다 하여도 정년단축에 대한 보상조치나 연차적·단계적인 정년감축조치 등 해당 근로자의 불이익을 완화하기 위한 경과조치 등 어떠한 조치도 취하지 않았다면 개정된 취업규칙의 정년규정을 근로자들의 집단적 동의 없이 적용하여야 할 만큼 사회통념상 합리성이 있다고 보기 어렵다고 판시한 사례가 있다.[3]

2008년에 제정·시행된 일본의 노동계약법은 사용자가 근로자와의 합의 없이 취업규칙을 변경함으로써 근로자에게 불이익하게 근로계약의 내용인 근로조건을 변경할 수 없다고 규정하고 있으면서(제9조), 취업규칙의 불이익변경이 제반 사정에 비추어 합리성이 있는 한 유효하다는 예외적 규정(제10조 본문 참조)을 두고 있다.[4] 그러나 우리나라 근로기준법 제94조 1항 단서와 같은 규정은 존재하지 않는다. 따라서 일본에서는 취업규칙의 「합리적」 불이익변경은 노동계약법 제10조에 근거하여 이루어지는 것인데 반해, 우리나라에서는 사용자 일방에 의한 「합리적」 불이익변경은 근로기준법 제94조 1항 단서 규정에 위반된다.

---

1) 同旨: 임종률, 「노동법」, 352면. 근로자의 집단적 동의 요건은 절차적 정당화 사유에 지나지 않으므로 내용적 정당화 사유는 판례에 의하여 형성될 수 있는 것으로 해석하는 견해가 있으나 이는 동의 또는 합의의 법적 의미를 형해화(形骸化)하는 것으로 옳지 않다고 판단된다.

2) 이는 궁극적으로 입법의 문제이다. 일본의 노동기준법에는 우리 근로기준법 제94조 1항 단서에 해당하는 규정이 없다. 일본 노동계약법 제10조는 취업규칙의 합리적 불이익변경을 인정하고 있다.

3) 大判 2013. 10. 31, 2013 두 15149; 大判 2005. 11. 10, 2005 다 21494 등 참고.

4) 일본 노동계약법의 입법배경에 관하여는 김형배, '한국에 있어서의 노동법 패러다임의 전환', 「노동법학」(제28호), 2008, 11면; 이정, '일본 노동계약법상의 취업규칙의 법적 의미', 「임금연구」(제17권 제3호), 2009, 31면 이하 참고.

6. 동의를 얻은 경우의 효력발생시기

a) 취업규칙의 불리한 변경에 대하여 근로자들이 동의한 경우, 그 효력은 취업규칙 변경에 대한 동의가 있기 전으로 소급하여 적용될 수는 없다.[1] 사용자에 의한 취업규칙의 변경이 근로자들의 동의가 있기 전에 이루어졌다 하더라도 변경된 취업규칙의 효력은 동의가 있는 때 또는 그 이후에 정해진 시행일부터 비로소 발생할 수 있다. 이는 취업규칙이 기본적으로 계약적 성질을 가지기 때문이다. 그러나 근로자들이 변경 당시로의 소급적 효력을 인정하는 사후 동의를 할 수도 있다. 이러한 소급 동의를 인정하기 위하여는 그 때까지 사실상 시행 중이던 개정 취업규칙이 무효라는 사정을 알고 있어야 한다. 모르고 동의한 경우에는 동의한 날 이후부터 효력이 생긴다고 보아야 한다.[2] 이 경우에는 무효인 취업규칙의 소급적 효력을 인정한 것으로 볼 수 없기 때문이다.

b) 불리하게 변경된 취업규칙은 근로자들의 동의를 얻지 못하면 아무 효력이 없다. 그러나 그 후 노동조합의 동의를 얻으면 그 때부터 변경된 취업규칙은 효력을 가진다. 실제로 자주 문제가 되는 것은 근로자들에게 불리하게 개정된 퇴직금규정(취업규칙 내의 규정)이 근로자들의 동의를 얻지 못하고 있다가 사후에 단체협약의 체결로 소급해서 승인되는 경우이다. 예컨대 단체협약 내에 「위 단체협약시행일 이전에 발생한 모든 사항은 위 협약에 의한 것으로 본다」라는 규정을 두었을 경우에 불리하게 개정되어 근로자들의 동의를 얻지 못했던 취업규칙 중 퇴직금규정을 노동조합이 소급해서 동의한 것으로 볼 것이냐 하는 것이 문제된다. 판례는 이를 긍정하고 있다.[3] 그러나 여기서 다시 문제가 되는 것은 퇴직금규정(취업규칙)의 변경이 있은 후부터 노동조합의 동의가 있기 전

---

1) 大判 1990. 11. 27, 89 다카 15939; 大判 1990. 12. 26, 90 다카 24311; 大判 1995. 4. 21, 93 다 8870.

2) 大判 2004. 8. 16, 2003 두 13526.

3) 大判 1992. 7. 24, 91 다 34073; 大判 1993. 2. 12, 92 다 50447; 大判 1993. 3. 23, 92 다 52115; 大判 1997. 8. 22, 96 다 6967; 大判 2000. 12. 22, 99 다 10806. 同旨: 「노동조합이 사용자측과 기존의 임금, 근로시간, 퇴직금 등 근로조건을 결정하는 기준에 관하여 소급적으로 동의하거나 이를 승인하는 내용의 단체협약을 체결한 경우에 그 동의나 승인의 효력은 단체협약이 시행된 이후에 그 사업체에 종사하며 그 협약의 적용을 받게 될 노동조합원이나 근로자들에 대하여 생긴다고 할 것이므로, 취업규칙 중 퇴직금에 관한 규정의 변경이 근로자에게 불이익함에도 불구하고, 사용자가 근로자의 집단적 의사결정방법에 의한 동의를 얻지 아니한 채 변경을 함으로써 기득이익을 침해받게 되는 기존의 근로자에 대하여 종전의 퇴직금조항이 적용되어야 하는 경우에도, 노동조합이 사용자측과 사이에 변경된 퇴직금조항을 따르기로 하는 내용의 단체협약을 체결한 경우에는, 기득이익을 침해받게 되는 기존의 근로자에 대하여 종전의 퇴직금조항이 적용되어야 함을 알았는지의 여부에 관계없이 그 협약의 적용을 받게 되는 기존의 근로자에 대하여도 변경된 퇴직금조항을 적용하여야 할 것이다」(大判 2005. 3. 11, 2003 다 27429; 大判 2002. 6. 28, 2001 다 77970).

에 퇴직한 근로자는 불리하게 변경되기 전의 퇴직금규정에 의하여 퇴직금을 산정· 지급받는 것이 되고, 노동조합의 동의 후에 퇴직한 근로자는 불리한 규정의 적용을 받게 되어 퇴직금 지급에 차이가 생긴다는 점(퇴직금급여제도의 차등적용)이다. 이에 대하여 퇴직금청구권은 퇴직시에 비로소 발생하는 것이므로 그와 같은 결과는 불가피하다는 견해가 있으나,[1] 이는 잘못된 주장이다. 왜냐하면 퇴직금청구권이 퇴직시에 발생한다는 것은 퇴직근로자가 퇴직시에 사용자에게 퇴직금을 청구할 수 있는 구체적인 권리행사의 시점(다시 말해서 사용자의 퇴직금지급의무의 이행기)이 도래한다는 의미에 지나지 않으며, 근로자의 권리의 내용이 확정된다는 뜻은 아니다. 다시 말하면 퇴직시점이 우연히 다르게 되었다는 사실에 의하여 근로자들의 이미 취득된 권리의 내용이 달라질 수는 없다.

여기서 근원적으로 문제되는 것은 과연 노동조합이 근로자들에게 불리하게 변경된 취업규칙에 대하여 소급효를 가지는 동의를 할 수 있느냐 하는 것이다. 대법원 판례에 따르면 퇴직금은 후불되는 임금으로서의 성질을 가지기 때문에 근속기간이 진행되면서 퇴직금규정의 산정기준에 의하여 계속 적치되어 간다. 그러므로 노동조합이 불리한 퇴직금규정을「소급해서」동의한다는 것은 곧 그 시점까지 적치된 기득의 퇴직금액을「소급해서」삭감하는 것을 의미하게 되며, 이는 곧 근로자들의 기존의 권리를 침해(소멸적 처분)하는 행위가 된다. 이와 같은 노동조합의 행위가 허용될 수 없다는 것은 긴 설명을 요하지 않는다. 아무리 노동조합이 근로자들을 대표하는 수임인(受任人)의 지위에 있다고 하더라도 근로자들의 기득권을 침해할 수 있는 권한까지 보유하고 있지는 않다.[2] 따라서 노동조합은 근로자들에게 불리한 퇴직금규정을 소급해서 동의할 수 없으며, 그러한 취지의 단체협약조항은 아무 효력이 없다([113] 3. ⑸ 참고).[3] 제3자의 권리를 침해하거나 의무를 설정하는「제3자에게 불리한 계약」은 민법 제103조에 의하여 무효이기 때문이다. 그러므로 노동조합이 불리한 퇴직금규정에 동의하는 경우에는 그 동의의 효력은 장래에 대해서만 미칠 뿐이라고 해석해야 마땅하다.

불리하게 개정된 퇴직금규정이 근로자들의 동의를 얻지 못한 상태에서 이의 없이 장기간 시행되어 왔다면 사용자에 의한 강박이나 기타 특별한 사정이 없는 한 근로자들의 묵시적 승인이 있는 것으로 해석될 수 있을 것이다.[4] 다시 말하면 단체협약체결시까

1) 大判 1992. 7. 24, 91 다 34073; 大判 1993. 5. 11, 92 다 49294.
2) 後 藤清, '協約自治とその限界', 「現代勞働法講座⑹」, 1980, 40面.
3) 同旨: 이병태, 「노동법」, 944면; 김지형, '취업규칙에 의한 퇴직금규정의 불이익 변경', 「노동법강의」, 2002, 7면; 大判 2010. 1. 28, 2009 다 76317; 大判 2002. 4. 12, 2001 다 41384; 大判 2000. 9. 29, 99 다 67536 등.
4) 사용자측이 근로자들의 자율적이고 집단적인 의사결정을 저해할 정도로 명시 또는 묵시적인 방법으로 동의를 강요한 경우에는 사용자의 개입이나 간섭이 인정되므로(大判 2003. 11. 14, 2001 다

지 근로자들의 묵시적 승인이 전제되지 않는 한, 노동조합의 동의의 효력은 위에서 설명한 바와 같이 장래에 대해서만 미치는 것으로 판단해야 한다.1)

불리하게 개정된 퇴직금규정이 노동조합의 동의를 얻어 장래에 대하여 효력을 미치게 되면 그것은 조합원들에 대해서뿐만 아니라 비조합원에게도 일률적으로 적용된다. 근로기준법 제94조 1항 단서에서 근로자의 과반수로 조직된 노동조합 또는 근로자의 과반수의 동의를 얻도록 규정한 것은 개정된 취업규칙을 노동조합의 조합원과 이에 동의한 비조합근로자들에게 한정적으로 적용하기 위해서가 아니라, 전체 근로자에게 적용될 유효한 취업규칙의 변경을 인정하기 위해서이다.2) 따라서 설령 소수의 근로자들이 이에 동의하지 않았다고 하여 그들에게 개정 이전의 취업규칙이 그대로 적용될 여지는 없다고 해석된다. 다시 말하면 개별적 동의절차를 거치지 않은 비노조원에게도 당연히 적용된다.3)

[47] Ⅵ. 취업규칙의 적용시기

취업규칙을 작성·변경하면서 시행일을 정하였다면 특별한 사정이 없는 한 그 취업규칙은 정해진 시행일부터 효력이 발생한다. 따라서 개정 취업규칙에서 근로자에게 불이익한 효과를 규정하고 있는 경우에 불리한 내용은 소급적용할 수 없다. 헌법상 불소급의 원칙에 위배되어 근로기준법 제96조 1항에 따라 효력이 없기 때문이다. 그러나 판례4)는 근로자 측의 징계사유 발생과 사용자 측의 징계절차 요구 사이에 취업규칙이 개정된 경우에 징계절차 요구 당시 시행되는 개정 취업규칙과 그에 정한 바에 따르는 것이 원칙이고, 그 개정 취업규칙이 기존의 사실관계 또는 법률관계를 적용대상으로 하면서 근로자에 대한 징계시효를 연장하는 불리한 법률효과를 규정하고 있더라도 그러한

18322; 大判 1993. 8. 24, 93 다 17898 등) 근로자들의 묵시적 합의는 인정될 수 없다. 또한 퇴직금에 관한 보수규정을 근로자들에게 불리하게 개정함에 있어 노동조합이 설립되어 있지 않아서 노동조합의 동의를 얻은 바도 없고 근로자들 과반수의 동의도 받지 않았기 때문에 무효인 보수규정에 대하여, 노동조합이 설립된 이후 단체협약을 체결하는 때에 노동조합이나 근로자들이 당시 시행중이던 보수규정이 유효하다고 여기고 있었던 사실만으로 무효인 종전의 보수규정의 개정을 추인하였다고 볼 수는 없을 것이다(大判 1992. 9. 14, 91 다 46922).

1) 異見: 서울高判 1992. 4. 20, 91 나 47552(소급적 추인에 대하여 사회통념상 합리성을 인정한 예).

2) 그러한 한도 내에서 취업규칙은 근로조건의 집단적 처리, 특히 통일적·획일적 결정을 그 특성으로 한다고 이해할 수 있다.

3) 大判 2008. 2. 29, 2007 다 85997.

4) 大判 2014. 6. 12, 2014 두 4931(취업규칙 개정 전에 있었던 공무원의 금품수수 비위행위에 대하여 징계시효를 3년에서 5년으로 연장하는 개정 취업규칙이 해당 피징계자에게 적용된다고 한 사례).

사실 또는 법률관계가 개정 취업규칙이 시행되기 이전에 이미 완성 또는 종결된 것이 아니라면 헌법상 불소급의 원칙에 위배되지 않는다고 한다. 다만 개정 취업규칙의 적용에 관한 공익상의 요구보다 개정 전 취업규칙의 존속에 대한 근로자의 신뢰가 더 보호가치가 있다고 인정되는 예외적인 경우에 한해 근로자의 신뢰를 보호하기 위하여 신의칙상 개정 취업규칙의 적용이 제한될 수 있을 뿐이라고 한다. 이와 같은 법원의 해석은 공무원의 직무가 가지는 공익성을 중요시하는 데서 정당시될 수 있을 것이다. 또한 판례가 취업규칙의 존속에 대한 근로자의 신뢰보호를 언급하고 있는 것은 취업규칙의 계약적 측면을 인정하는 것으로 보인다.

제5절 근로관계의 내용

[48] Ⅰ. 총 설

a) 근로관계([34] 참고)란 근로자와 사용자 사이의 권리 · 의무관계를 말한다. 근로관계의 「내용」은 원래 개별 근로자와 사용자 사이의 구체적 합의에 의하여 형성되는 것이 원칙이다. 그러나 실제로는 사용자가 정하는 취업규칙에 의하여 그 상당부분이 정형화되어 근로관계의 내용으로 화체(化體)되고 있으며, 노동조합이 있는 경우에는 단체협약이 근로조건 그 밖의 근로자의 대우에 관하여 규범적 효력을 가지고 근로관계를 형성 · 변경하게 된다.

그러나 노동조합이 없는 기업에서는 근로관계의 내용이 사용자의 일방적 의사에 의하여 결정되는 경우가 많다는 것을 부인할 수 없다. 또한 노동조합과 사용자 사이에 체결된 단체협약이 있다 하더라도 언제나 근로자가 만족할 만한 내용의 근로조건이 확보된다는 보장도 없다. 따라서 국가는 근로기준법을 제정하여 근로조건의 일정한 기준을 강행적으로 실현함으로써 근로조건의 부당한 저하를 방지하고 있다. 헌법 제32조 3항([22] 참고)은 근로조건의 기준을 법률로 정할 것을 규정하고 있으며, 이를 근거로 하여 제정된 것이 근로기준법(최저임금법, 남녀고용평등법 등의 해당 규정들도 같은 성질의 법규로 이해할 수 있다)이다. 따라서 근로조건을 법률로 정한다는 것은 근로자의 보호를 위하여 국가가 개별적 근로관계에 개입함으로써 근로자의 인간다운 생활을 확보하려는 것이다.

b) 국가의 법률에 의하여 근로조건의 기준을 정립하는 것은 모든 기업체 또는 사업장에 대하여 그 기준이 강행적으로 적용될 것을 예정하는 것이며, 그 내용은 최저기준으로서의 의미를 갖는다. 근로기준법 제3조는 「이 법에서 정하는 근로조건은 최저기준이므로 근로관계 당사자는 이 기준을 이유로 근로조건을 낮출 수 없다」고 규정하고 있다.[1] 따라서 이 조항은 이 법의 기준보다 높은 근로조건의 설정을 독려하는 동시에 이 법의 기준에 미달하는 근로조건은 허용하지 않는 것으로 이해해야 한다. 즉, 근로기준법에서 정하는 기준에 미치지 못하는 근로조건을 정한 근로계약은 무효이다(제15조 Ⅰ).[2]

1) 大判 1990. 12. 21, 90 다카 24496 참고; 大判 1998. 3. 27, 97 다 49732(최종 퇴직시 발생하는 퇴직금청구권을 사전에 포기하거나 사전에 그에 관한 민사상 소송을 제기하지 않겠다는 부제소특약을 하는 것은 강행법규인 구 근로기준법(1997. 3. 13. 법률 제5305호로 폐지되기 전의 법률)에 위반되어 무효이다).

2) 大判 1971. 5. 11, 71 다 485; 서울民地判 1989. 11. 17, 89 나 21639.

이 경우에 무효로 된 부분은 근로기준법에서 정한 기준에 따른다(제15조 Ⅱ).

[49] Ⅱ. 근로자와 사용자의 근로계약상의 의무

1. 근로자의 의무

(1) 근로제공의무(Arbeitspflicht)

a) 근로자는 근로계약에 의하여 사용자에게 근로를 제공해야 할 의무를 부담한다(민법 제655조). 근로제공의무는 근로계약의 체결시(시기부(始期附)근로계약의 경우에는 시기가 도래한 때)부터 발생하는 근로자의 기본적 의무로서 근로자 자신의 노동력제공을 그 내용으로 하는 의무이다. 그러므로 당사자 간에 다른 약정이 없는 한 해당 근로자를 대신하여 제3자의 근로제공으로 그의 노무제공의무를 갈음할 수 없다(노무제공의무의 전속성: 민법 제657조 Ⅱ).[1] 제공되어야 할 근로는 근로계약에 의하여 정하여지는 것이 원칙이다. 그리고 근로의 구체적 제공은 사용자의 지시에 따라 이루어진다. 근로제공은 반드시 현실적인 근로급부의 실현만을 의미하는 것이 아니라, 근로자 자신의 노동력을 사용자의 처분가능한 상태에 두는 것으로 충분하다. 다시 말하면 노무제공의무의 내용은 근로자가 약정된 노무의 실현을 위하여 일정한 시간대에 그의 노동력을 사용자의 처분가능한 상태에 두는 것을 말한다(근기법 제50조 Ⅲ, 벌칙 제110조 ①)([53] 2. 참고).[2]

b) 근로자가 제공해야 할 근로의 종류는 당사자 사이의 약정에 따라 결정된다.[3] 근로기준법은 근로계약을 체결할 때 근로조건을 명시하도록 규정하고 있으며(제17조, 벌칙 제114조 ①), '종사하여야 할 업무에 관한 사항'은 그 밖에 명시해야 할 근로조건으로 시행령에서 정하고 있다(시령 제8조 ①). 따라서 근로자의 특수한 기능을 요하는 근로를 근로계약으로 약정한 경우에 근로자가 그 기능을 보유하지 못한 때에는 사용자는 근로계약을 해지할 수 있다(민법 제658조 Ⅱ). 다른 한편 사용자는 근로계약에서 약정된 것과 다른 근로제공을 근로자에게 요구할 수 없다(민법 제658조 Ⅰ). 다만 근로계약체결시에는 근로의 종류에 대해 대강만을 정하고(근기법 제17조 참조), 구체적인 근로제공은 거래칙 및 노동관행과 사용자의 지시에 따르는 노무(업무)를 제공해야 한다. 그러나 이때에도 사용자의 지시권 행사는 근로계약의 취지, 취업규칙, 법률의 규정 또는 신의칙상 인

1) 大判 2006. 11. 23, 2006 다 41990; 大判 1992. 4. 14, 91 다 20548 등.
2) 大判 1993. 5. 27, 92 다 24507 등(사용자의 지휘·감독 아래 있는 대기시간 등).
3) Henssler/Preis, 독일근로계약법토의안 제27조는 「근로의 내용, 장소 및 시간은 근로계약에 의해 결정된다」고 규정하고 있는데, 이는 근로계약당사자의 계약내용형성의 자유를 명확히 하고 있는 것이다.

정되는 범위 내에서만 용인된다고 보아야 한다.[1]

이와 같이 사용자의 지시권은 근로계약에서 약정된 근로의 구체적 내용·장소·실현방법을 확정하는 권한이다.[2] 그런 의미에서 사용자의 지시는 계약의 내용을 구체적으로 실현하는 의사표시이다.[3] 이러한 사용자의 지시권은 노무급부의 이행이 사용자의 경영체 내에서 이루어지는 일반적 상황하에서 근로자의 노무제공 및 경영질서와 관련하여 행사되는 것이 보통이다. 특히 근로자의 노무제공에 대한 사용자의 지시권행사는 근로계약상의 범위를 벗어날 수 없다.[4]

c) 따라서 근로자는 다음과 같은 경우에 사용자의 근로제공의 요구를 거부할 수 있다.[5] 법률로 금지된 것이거나 선량한 풍속에 위반하는 근로를 요구하는 경우, 그 근로제공이 근로자에게 예견할 수 없었던 양심상의 가책을 주는 경우,[6] 노동보호법규에 위반한 근로의 제공이 근로자에게 직접 생명이나 건강상의 위험을 초래할 급박한 위험이나 가능성이 있는 경우가 이에 해당한다(산안보법 제52조 I 참조)([57] 3. ⑵ d) 참고). 즉, 근로제공 자체가 기대불가능한 경우에는 법률이 금지하고 있는 상황이나 조건이 제거되거나 소멸되지 않는 한 근로자의 노무제공의무는 성립하지 않는다고 보아야 한다.[7] 이러한 상황이나 조건이 사용자의 귀책사유에 의하여 발생된 경우에는 사용자가 그 상황과 조건을 제거할 때까지 근로자는 노무제공을 거부할 수 있고 이행불능을 이유로 그 기간

1) 下井, 「勞働基準法」, 219面 이하 참고.
근로의 종류와 관련하여 작업 내용의 변경(Wechsel in der Art der Beschäftigung)이 문제될 수 있다. 직종의 변경은 근로계약상에 특약이 있는 경우에는 그 한도 내에서 사용자의 지시권에 의한 변경이 가능하나, 지시권의 내용이 약정된 범위를 벗어나거나(근기법 제17조; 시령 제8조 참조) 또는 근로자가 동일한 직종을 오랫동안 수행하였고 앞으로도 그러한 직종에 종사하는 것이 기대되는 경우에는 근로자의 동의를 요한다(Zöllner/Loritz/Hergenröder, *ArbR* §15 Rn. 7 참고). 이에 관해서는 [39] 9. 참고.

2) *MünchArbR*/Reichold, Bd. I, §36 Rn. 20 ff. 참고.

3) 지시권의 행사는 위임과 도급에 있어서도 행해지나, 특히 고용에서 가장 중요한 의미를 가진다. 고용에서의 지시권과 도급에서의 지시권(werkvertragliches Anweisungsrecht)은 그 성질에 있어서 구별된다. 도급에서 도급인의 지시권은 일의 완성과 관련된 범위 내에서 매우 제한적으로 행사된다(하경효 외, 「사내하도급과 노동법」, 2007, 153면 이하 참고). 사용자의 지시권의 법적 성질에 관해서는 법률행위설과 사실행위설이 있으나 전자가 통설이다(土田, 「勞働契約法」, 111面 이하 참고).

4) 지시권의 내용과 한계에 관해서는 Henssler/Preis, 독일근로계약법토의안 제28조 참조.

5) Henssler/Preis, 독일근로계약법토의안 제33조 참조.

6) 양심상의 이유로 근로제공의무를 거절할 수 있느냐의 여부를 판단하는 일반적 기준은 양심충돌의 회피가능성이며, 이를 판단하는 구체적 요소로는 ① 근로자가 근로관계형성시 그러한 일이 주어질 수 있다는 점(양심충돌)을 알 수 있었는가, ② 그러한 일에 대한 사용자의 경영상의 필요성이 존재하는가, ③ 다른 일을 시킬 수 있는 가능성이 있는가, ④ 장래에도 양심충돌이 발생할 수 있는가 하는 점 등이다(하경효, 「노동법연습」, 60면; Lieb/Jacobs, *ArbR* Rn. 72 f.).

7) 同旨: 土田, 「勞働契約法」, 516面; 菅野, 「勞働法」, 555面.

에 대한 임금을 청구할 수 있다고 보아야 한다. 즉 사용자가 보호의무를 다하지 않아 근로자의 생명과 신체에 직접적이고 급박한 위험이 발생한 때에는 근로자는 노무제공을 거부할 수 있고([57] 6. (4) 참고), 사용자에게 안전조치의 이행을 청구할 수 있으며,1) 노무를 제공할 수 없게 된 기간 중의 임금을 청구할 수 있다.2) 그러나 사용자의 보호의무 위반이 경미하고 단기간에 그치는 것이어서 근로자에게 손해를 끼칠 염려가 거의 없는 때에는 근로자의 노무제공 거부는 신의칙에 반한다고 보아야 한다.3) 근로자는 신체·건강에 대한 안전상의 위험이 없는 한 사업장의 손해 발생 방지에 협력할 부수적 의무(신의칙상의 충실의무)를 부담한다.

d) 근로제공의 장소는 당사자 사이의 약정(근로계약)에 의하여 결정되며(근기법 시령 제8조 ① 참조), 약정이 없는 경우에는 취업규칙에 의하여 정해지고, 취업규칙이 없는 경우에는 경영관행에 의하여 결정된다. 동일한 사업장 내지 작업장 내에서 근로제공 장소의 변경에 관하여 사용자의 지시가 있을 때에는 근로자는 이에 따라야 한다.4) 그러나 근로자를 근로계약에서 정한 곳과 다른 근무장소로 바꾸는 것은 사용자의 인사권에 관한 법적 근거(동의, 취업규칙, 단체협약, 법률의 규정)가 명백한 경우가 아니면 인정될 수 없다. 그 이외의 경우에는 사용자가 i) 배치전환권을 명시적으로 유보하고 있거나, ii) 근로자의 지위(예컨대 지점장의 배치전환)나 관행상(예컨대 건설공의 해당 공사장으로의 배치) 사용자가 배치전환권을 가지고 있는 때에 한하여 인정된다. 사용자에게 근로장소변경권이 있느냐의 여부는 주로 근로계약의 해석문제로 귀결될 것이지만 근로기준법 제17조 및 동법 시행령 제8조의 취지에 어긋나서는 아니될 것이다.5) 그 밖의 경우에는 정당한 이유가 있어야 한다(근기법 제23조 I 참조)([61] 2. (2)).6) 단순한 근무장소의 변경은 전출

---

1) 사고나 재해를 사전에 예방·방지할 사용자의 이행의무도 보호의무의 내용으로 인정되고 있다. 그러나 보호의무는 그 내용이 매우 광범위한 것이어서 보호의무가 인정된다고 하여 아무 제한 없이 사용자의 이행의무를 인정하는 것은 합리적이라고 볼 수 없다. 다만 시설·설비의 상태나 과중한 업무 등으로 인하여 근로자의 생명·신체에 대해서 특별한 위험이 발생할 수 있는 경우와 같이 보호의무의 내용이 특정될 수 있을 때에는 근로자의 이행청구권을 인정해야 할 것이다. 특히 산업안전보건법 등에 의하여 사용자의 의무가 특정되어 있으면 해당 법령을 기준으로 보호의무의 내용이 구체적으로 특정되어 있는 것이므로 근로자의 이행청구권은 인정되어야 한다(土田, 「勞働契約法」, 549面).

2) *ErfK*/Wank, BGB § 618 Rn. 25 ff. 독일에서는 이 경우의 노무제공거부권의 근거규정으로서 민법 제273조 I (유치권)과 제618조(보호의무)를, 임금청구권의 근거규정으로 제615조(수령지체 및 경영위험에 대한 보수)를 원용한다.

3) *ErfK*/Wank, BGB § 618 Rn. 26.

4) *MünchArbR*/Reichold, Bd. I, § 36 Rn. 24 참고.

5) *MünchArbR*/Reichold, Bd. I, § 36 Rn. 48. u. 51 ff. 참고.

6) 「근로자의 전직이나 전보는 원칙적으로 사용자(인사권자)의 권한에 속하므로 업무상 필요한 범위 안에서 상당한 재량을 사용자에게 인정하여야 할 것이나, 그것이 근로기준법 제23조 1항 또는 제104

([62] 참고)과는 구별해야 한다.

e) 근로시간에서는 i) 시업(始業) 및 종업(終業)과 ii) 근무시간을 구별해야 한다. 시업과 종업은 개별당사자 사이에서 약정할 수 있지만 취업규칙에 의하여 정해지거나(근기법 제93조 ①, 벌칙: 과태료 제116조 Ⅰ ①) 또는 근로자대표와 사용자 사이의 노사협의에 의하여 정해질 수도 있다(근참법 제20조 Ⅰ ⑦ 참조).[1]

사용자가 약정된 근로시간을 초과해서 근로를 요구하는 경우에 근로자는 이에 따라야 할 의무는 없다. 다만, 재해·천재지변 등과 같이 특별한 사정이 있는 경우에는 근로자는 그것이 비록 근로시간을 초과하는 근로라 하더라도 신의칙상 손해방지를 위한 근로를 제공할 의무가 있다고 보아야 한다(근기법 제53조 Ⅰ, 벌칙 제110조 ① 참조).[2]

f) 근로의 양, 질 또는 속도는 당사자 사이의 약정에 의하거나 관례에 따라 결정된다. 근로의 양 또는 질을 확정하기 곤란한 때에는 근로자의 작업능력에 따라 정해진다고 보아야 할 것이다. 그러므로 어느 특정근로자가 평균 이하의 작업능력밖에 없는 경우에는 그러한 한도에서 근로제공의 의무를 부담한다. 반면 어느 특정근로자가 평균 이상의 작업능력을 가지고 있다면 그에 적합한 급부의무를 부담한다고 보아야 할 것이다.[3] 근로자가 그의 능력에 따른 급부가 평균적인 수준에 미치지 못하거나 이를 초과했다고 해서 사용자가 임금을 감액하거나, 근로자가 추가로 임금을 청구할 수는 없다.[4] 그러나 성과에 따라 임금이 지급되는 경우에는 이에 따라야 할 것이다. 이때에도 사용자는 근로자에게 근로시간에 따른 일정액의 임금은 보장해야 한다(근기법 제47조, 벌칙 제114조 ①). 다만, 근로자가 업무에 필요한 직무능력을 전혀 갖추고 있지 않거나[5] 고의로 자기

조에 위반하거나 권리남용에 해당하는 등 특별한 사정이 있는 경우에는 허용되지 않는다고 할 것이고, 또 근로계약상 근로의 장소가 특정되어 있는 경우에 이를 변경하는 전직이나 전보명령을 하려면 근로자의 동의가 있어야 한다」(大判 1992. 1. 21, 91 누 5204). 同旨: 大判 1991. 2. 22, 90 다카 27389; 大判 1991. 5. 28, 90 다 8046. 전직의 정당성 판단기준: 大判 1995. 10. 13, 94 다 52928 참고.

1) 독일경영조직법에 의하면 시업 및 종업시간은 노사협의에 의한 공동결정사항이다(제87조 Ⅰ ② 참조).

2) *ErfK*/Preis, BGB § 611a Rn. 744 f.; *MünchArbR*/Reichold, Bd. Ⅰ, § 36 Rn. 23, § 49 Rn. 6; 西村健一郎 外, 「勞働法講義(3)」, 98面. 경영상의 급박한 사정이 발생하였을 경우에 근로자가 연장근로를 하는 것은 신의칙을 기초로 한 부수적 의무(이른바 성실의무)를 수행하는 것이라고 할 수 있다. 입법론적으로도 독일근로계약법토의안 제29조 1항은 「근로자는 긴박한 경영상의 필요로 인하여 사용자의 요청이 있는 때에는 연장근로를 하여야 한다」고 규정하고 있다.

3) Preis, *IndividualArbR* Rn. 1078.

4) *MünchArbR*/Reichold, Bd. Ⅰ, § 36 Rn. 43 f. 그러나 비교되는 동종의 근로자들의 평균적 급부에 크게 못미치는 급부를 한 때에는 그 근로자는 자기의 능력을 다했다고 볼 수 없을 것이다 (Henssler/Preis, 독일근로계약법토의안, 제27조 Ⅲ).

5) *MünchArbR*/Reichold, Bd. Ⅰ, § 36 Rn. 41 ff. 참고. 다만, 근로자의 직무능력의 결여가 일정기간의 훈련이나 합리적 기회의 부여 등으로 극복될 수 있는 경우, 예컨대 새로운 작업방법의 도입에 의하여

의 정상적 작업능력 이하의 급부를 계속한다면 이는 일신상(一身上)의 이유 또는 행태상의 이유에 의한 해고사유에 해당될 수 있으며,[1] 근로자의 과책에 의한 정상작업 불이행은 손해배상의 책임사유가 될 수 있다(민법 제655조, 제390조). 일반적으로 근로자의 불완전이행을 이유로 임금이 경감되지는 않으나, 근로자의 귀책에 의한 불이행 또는 태만한 급부의 경우에는 반대급부로서의 임금이 감액되거나, 손해배상책임이 발생할 수 있을 것이다.[2]

근로의 질은 중등의 품질을 기준으로 한다. 왜냐하면 근로의 의무는 종류채무에 해당하기 때문이다(민법 제375조 참조). 의도적으로 평균적 수준 이하의 근로를 제공하는 것은 해고사유가 될 수 있고, 아울러 이와 같은 근로제공에는 근로자의 과책이 수반되는 것이므로 손해배상책임이 문제된다.[3]

g) 근로자가 근로계약에 의하여 정하여진 취업개시일에 근로를 시작하지 않거나 아무 이유 없이 근로를 중단하는 경우에 사용자는 그 근로자를 해고할 수 있으며,[4] 대체근로자를 구하는 데 소요되는 비용(손해)을 근로자에게 청구할 수도 있다.[5]

근로자가 유책하게 근로제공의무를 이행하지 않을 때에는 채무불이행책임을 진다(민법 제655조, 제390조). 근로자가 근로제공의무를 이행하지 못하게 된 경우 이를 정당화하기 위하여는 사용자의 사전 또는 사후의 승인을 요한다. 근로자의 일방적 통지에 의하여 근로제공의무의 불이행이 정당화될 수 없다.[6] 근로자의 노무제공은 정기행위(定期行爲)의 성질을 가지므로 근로자가 그의 과책으로 노무제공의무를 이행하지 않으면 원칙

직무능력을 개선할 수 있는 경우에는 사용자는 해고에 앞서 근로자에게 충분한 훈련에 의한 능력개선의 기회를 주어야 할 것이다(1970. 11. 13, 기준 1455. 9-10754; 1980. 8. 29, 법무 811-21977). 그러나 근로자의 노무급부가 평균적 수준에 크게 미치지 못하여 근로계약을 계속 유지하는 것을 사용자에게 기대하기 어려울 뿐 아니라, 장래에도 그 근로자의 노무급부와 반대급부인 임금과의 사이에 등가성이 회복될 가능성이 없을 때에는 그 근로자는 신상(身上)의 이유를 근거로 해고될 수도 있을 것이다. 다만 이러한 저성과자(이른바 Low Performer)의 불완전이행여부는 그 근로자의 주관적 능력에 의해서가 아니라 객관적 기준에 의하여 판단되어야 할 것이다(Preis, *IndividualArbR* Rn. 1082 및 이곳에 인용된 판례 참고). 이른바 저성과자의 업무능력 업무수행 역량 부족으로 인한 해고에 관해서는 [72] 3. c) 참고. 관련 판례: 大判 2021. 2. 25, 2018 다 253680.

1) 大判 2021. 2. 25, 2018 다 25368; 大判 1987. 4. 14, 86 다카 1875; Schaub/Linck, *ArbRHandb*, §131 Rn. 46 참고.

2) Löwisch/Caspers/Klumpp, *ArbR* Rn. 543 f., 700 ff.; *ErfK*/Preis, BGB §611a Rn. 684 참고.

3) Preis, *IndividualArbR* §2462, §2474.

4) 大判 1989. 9. 26, 89 다카 5475.

5) 독일연방노동법원(BAG)은 법률에 의한 해지통고기간(해지예고기간)을 준수하여 근로자를 해고하더라도 모집비용이 생기는 경우에만 손해배상을 청구할 수 있다고 한다(BAG AP NRn. 7, 8 zu §176 BGB Vertragsbruch).

6) 大判 2002. 12. 27, 2002 두 9063 등.

적으로 이행불능에 의한 책임을 부담해야 한다.[1] 사용자에게 발생한 손해배상의 내용은 통상 일실이익에서 임금액을 공제한 것이라고 할 수 있으나, 이를 초과하여 손해가 발생한 경우에는 사용자는 초과된 손해에 대하여 배상을 청구할 수 있다. 사용자가 근로관계를 해지(해고)하려면 근로기준법상의 규정(제23조 Ⅰ)에 의한 해고의 「정당한 이유」가 존재하여야 하므로 사용자는 1회의 결근·조퇴 등을 이유로 근로관계를 해지할 수는 없다고 보아야 하며, 적어도 결근·조퇴 등이 부당하게 장기간 반복·계속되어 사회통념상 더 이상 계속적 채권관계를 유지하기 곤란하다고 판단되는 경우(기대불가능한 경우)에 한하여 근로관계의 해지(해고)가 가능하다([71] 2. 3. 참고).[2]

근로자의 채무불이행이 이행지체에 해당된다 하더라도 근로제공의무에 대한 강제이행은 허용되지 않는다. 근로제공의무는 부대체적 작위의무(不代替的 作爲義務)로서 직접강제는 물론 간접강제도 그 성질상 허용되지 않는다. 근로제공의무에 대한 간접강제는 근로자의 자유의사에 반하여 인적 노무를 강제하는 것이므로 도의관념이나 인격존중사상에 비추어 허용될 수 없기 때문이다.[3]

고용관계(근로관계)에서는 매매나 도급에서와는 달리 담보책임에 관한 규정을 두고 있지 않다.[4] 고용계약에서 근로자는 「하는 채무(obligation de faire)」를 부담하는 것이지 어떠한 「결과채무(obligation de résultat)」를 부담하는 것이 아니기 때문이다. 따라서 근로자의 단순한 하자 있는 근로제공이 문제되는 경우에는 대금감액 또는 손해배상책임이 발생하지 않는다.[5] 다만, 당사자 사이에서 신의칙에 반하지 않는 한 적정한 임금감액을 약정할 수 있을 것이다.

(2) **부수적 의무**(Nebenpflicht)

a) 의 의 근로자는 주된 근로제공의무 외에도 계속적 채권관계에서 발생하는 부수적 의무를 부담한다. 부수적 의무는 당사자 사이의 특별한 약정이 없더라도 근로관계의 주된 의무에 수반하여 신의칙을 기초로 인정된다.[6] 즉, 근로자는 사용자의 이익을 보호하고 침해해서는 안 되는 신의칙상의 의무를 부담하며, 이 의무는 부작위의무와 작위의무로 나누어 판단할 수 있다. 전통적 독일의 학설에 의하면 근로자의 부작위의무와 작위의무를 이른바 충실의무(Treupflicht)로 이해하고, 이를 사용자의 보호의무

1) 김형배, 「채권총론」, 1999, 193면 이하; Zöllner/Loritz/Hergenröder, *ArbR* § 21 Rn. 3. 노동시간의 유연성을 고려하여 제한적 태도를 취하는 견해: Waltermann, *ArbR* Rn. 217 참고.
2) 김형배, 「근로기준법」, 133면; 大判 2002. 5. 28, 2001 두 10455 등 참고.
3) 土田, 「勞働契約法」, 193面 이하 참고.
4) Preis, *IndividualArbR* Rn. 1082 참고.
5) *ErfK*/Preis, BGB § 611a Rn. 683 참고.
6) 김형배, 「채권각론(계약법)」(신정판), 586면 이하.

(Schutzpflicht 또는 배려의무: Fürsorgepflicht)와 대비(對比)시키고 있다. 부수적 의무는 구체적 계약관계의 내용이나 성질에 따라 각각 상이하게 나타날 수 있다. 과거에는 근로관계가 인적 공동체관계라고 하여 사법(私法)적 법리를 벗어나는 신의성실이론이 대두되기도 하였으나 오늘날 이러한 견해는 더 이상 지지를 받지 못한다. 근로관계는 채권관계이고 모든 채권관계에서와 마찬가지로 노사 각 당사자는 상대방에 대하여 그 계약관계의 성질, 당사자 간의 결합관계 밀도 등에 따라 배려, 보호, 계약목적의 지원과 촉진을 위한 부수적 책무 내지 의무를 부담한다. 상대방과의 관계가 긴밀하면 긴밀할수록 부수적 의무는 그만큼 강하게 요구된다. 근로관계는 계속적 채권관계로서 다른 종류의 채권관계에 비하여 인적 결합내지 신뢰관계의 밀도가 높으며 이에 따라 부수적 의무의 범위와 강도도 넓고 높다고 볼 수 있다.[1)]

b) 부작위의무　　부작위의무는 근로자가 사용자의 이익을 침해해서는 아니 되는 신의칙상의 의무이다.[2)]

1) **비밀유지의무**　　부작위의무로는 먼저 비밀유지의무가 있다. 이는 근로자가 근로제공과 관련하여 지득(知得)한 사업 또는 영업상의 비밀을 다른 제3자에게 누설(반출 또는 유출)하지 말아야 하는 의무[3)]로서 신의칙을 기초로 하는 것이라고 이해된다.[4)] 부정경쟁방지법에서 '계약관계 등에 의하여 영업비밀을 비밀로서 유지할 의무(제2조 제3호 (라)목)'를 지는 경우는 근로관계 존속 중은 물론 종료 후라도 또한 반드시 명시적으로 계약에 의하여 비밀유지의무를 부담하기로 약정한 경우뿐만 아니라 인적 신뢰관계의 특성 등에 비추어 신의칙상 또는 묵시적으로 그러한 의무를 부담하기로 약정하였다고 보아야 할 경우를 포함한다고 보아야 한다.[5)] 비밀유지에 있어서는 사용자가 이에 대한 정당한 경제적 이익을 가지고 있어야 한다. 근로자가 부정경쟁을 통하여 자신의 이익을 꾀하거나 사용자에게 손해를 입힐 의도로 비밀유지의무에 반하는 행위를 한 경우

---

1) Preis, *IndividualArbR* Rn. 1160 ff. 참고.

2) 사용자의 이익을 침해해서는 안된다는 것은 무조건 근로자 자신의 이익을 사용자의 이익보다 하위에 두어야 한다는 것을 의미하지 않는다. 예컨대 쟁의행위는 근로자에게 법적으로 보장된 권리를 행사하는 것이므로(헌법 제33조 Ⅰ), 사용자의 이익을 위하여 쟁의행위를 하지 말아야 할 부수적 의무는 존재할 수 없다. 또한 근로자가 휴일에 운동을 하는 것이 비록 운동 도중에 부상당할 우려가 있고 부상으로 말미암아 근로자가 정상적인 상태로 근로를 제공하지 못하게 되어 사용자의 이익이 침해될 가능성이 예상된다 하더라도 이는 근로자의 기본적인 인간다운 삶을 실현하는 것이므로 부작위의무의 내용으로 될 수 없다. 부작위의무의 내용은 항상 근로자의 이익과 비교·형량하여 그 한계가 정해진다.

3) 土田,「勞働契約法」, 118面 이하 참고.

4) *ErfK*/Preis, BGB § 611a Rn. 710.

5) 大判 1996. 12. 23, 96 다 16605(부정경쟁방지법 제2조 제3항 (라)목 참조).

에는 손해배상책임(민법 제390조, 제750조)을 면할 수 없다.[1] 그러나 회사의 신용이나 명예 등과 관련된 비밀을 제3자나 일반인에게 공개하여야 할 정당한 이익이 있고, 그 이익이 사용자가 보호받을 이익과 비교하여 더 클 경우에는 근로자의 비밀유지의무는 성립하지 않는다.[2] 예컨대 근로자에게 기업설비의 안전에 대한 책임이 있고 이러한 설비의 안전에 문제가 발생할 염려가 있는 경우 권한 있는 주무당국에 회사가 은폐하고 있는 비밀을 고지하는 것은 비밀유지의무의 위반이 되지 않는다. 근로계약상의 비밀유지의무는 부정경쟁방지법상의 영업비밀에 해당하지 않는 사항에 대해서도 미치므로 보다 넓게 인정될 수 있다. 비밀유지의무 존부에 관한 다툼은 가능한 한 사업장 내에서 자체적으로 해결하는 것이 비례성 원칙에 합치하고 이러한 해결이 아무 성과를 거두지 못한 경우에 관계기관에 통고 내지 고발하는 것이 바람직할 것이다.[3]

비밀유지의무는 근로관계의 종료 후에도 원칙적으로 존속한다.[4] 예컨대 퇴직근로자가 기업의 비밀을 제3자의 이익을 위하여 제공함으로써 기업에 피해를 주는 것은 비밀준수의무에 반한다. 그러나 근로관계종료 후의 비밀유지의무의 존속이 실질적으로는 퇴직근로자 자신과의 경업(競業)을 금지하는 것과 같은 효력을 가지게 되어 결과적으로 근로자의 직업활동(Berufsausübung)의 자유를 부당하게 제약하는 경우에는 비밀유지의무가 소멸한다고 보아야 한다. 다시 말하면 퇴직근로자의 비밀유지의무의 준수는 그의 직업활동에 대하여 기대불가능한 경우가 아닌 한도 내에서만 인정된다고 보아야 한다. 그 이상의 비밀유지의무는 사용자와 퇴직근로자 사이에 전직금지 또는 경업금지에 대한 약정이 있을 때에 문제될 수 있다. 그러나 이와 같은 약정이 없는 경우에도, 회사의 영업비밀을 달리 보호할 수 있는 방법이 없다고 인정되는 때에는 해당 근로자가 근로관계 종료 후 전직하여 관련 업무에 종사하는 것을 금지하도록 하는 조치를 취할 수 있다.[5]

---

1) Watermann, *ArbR* Rn. 192.

2) Zöllner/Loritz/Hergenröder, *ArbR* § 16 Rn. 4.

3) Hromadka/Maschmann, *ArbR*, Bd 1. § 6 Rn. 115 참고.

4) 大判 1997. 6. 13, 97 다 8229. 부정경쟁방지법이 불법행위법의 특별법으로서 신의칙상의 비밀유지의무를 인정하고 있는 취지를 고려한다면 긍정적으로 해석할 수 있다(土田, 「勞働契約法」, 708面 참고).

5) 大決 2003. 7. 16, 2002 마 4380(근로자가 전직한 회사에서 영업비밀과 관련된 업무에 종사하는 것을 금지하지 않고서는 회사의 영업비밀을 보호할 수 없다고 인정되는 경우에는 구체적인 전직금지약정이 없다고 하더라도 부정경쟁방지및영업비밀보호에관한법률 제10조 제1항에 의한 침해행위의 금지 또는 예방 및 이를 위하여 필요한 조치 중의 한 가지로서 그 근로자로 하여금 전직한 회사에서 영업비밀과 관련된 업무에 종사하는 것을 금지하도록 하는 조치를 취할 수 있다). 근로자가 퇴사시에 그 영업비밀 등을 회사에 반환하거나 폐기할 의무가 있음에도 경쟁업체에 유출하거나 스스로의 이익을 위하여 이용할 목적으로 이를 반환 또는 폐기하지 않았다면 이러한 행위는 퇴사시에 업무배임죄의 기수가 된다(大判 2008. 4. 24, 2006 도 9089).

영업비밀 보호기간은 영업비밀 침해를 통하여 공정한 경쟁자보다 우월한 지위에서 부당한 이익을 취하지 못하도록 하고 영업비밀 보호자로 하여금 그러한 침해가 없었더라면 원래 있었을 위치로 되돌아갈 수 있게 하는 데 그 목적이 있다.[1] 영업비밀 보호기간이 지나면 침해금지청구권은 소멸한다. 보호기간을 확정하기가 어려워 금지기간을 정하지 않는다고 해서 침해금지기간이 영원히 계속되는 것은 아니므로 금지명령을 받은 당사자는 나중에 영업비밀 보호기간이 지났다는 사정을 주장·증명하여 가처분 이의나 취소, 청구이의의 소 등을 통하여 다툴 수 있다.[2]

2) **경업금지의무** i) 경업금지의무는 사용자의 업무부류와 경합하는 사업에 종사하거나 스스로 그러한 사업을 영위하지 않을 의무를 말한다. 경업금지의무는 비밀유지업무와는 질적으로 다른 내용을 가진 의무이다. 비밀유지의무는 영업비밀의 침해를 금지하는 것이고, 그러한 한도 내에서 직업활동을 제한한다. 이와는 달리 경업금지의무는 근로자의 직업활동 자체를 금지받게 되는 의무이므로 직업선택의 자유(헌법 제15조)를 제약하는 효과를 가져온다. 이러한 의무도 비밀유지의무와 마찬가지로 근로관계 존속 중의 의무와 종료 후의 의무로 나누어 볼 수 있다. 재직 중에 다른 경쟁업체의 운영에 적극 참여하는 것은 근로계약상 부담하는 신의칙에 위반하는 것으로 볼 수 있다. 경업금지의무 위반 행위에는 예컨대 경쟁회사에 노무를 제공하거나 이익을 주는 행위, 종업원을 빼내거나 전직을 권유하는 행위 등 여러 가지 유형이 있을 수 있다. 경업금지의무 위반 행위는 채무불이행(신의칙 위반 행위) 또는 불법행위에 해당되어 손해배상책임의 원인과 해고의 사유가 될 수 있다.[3]

ii) 근로자는 근로관계의 종료 후에도 사용자에 대하여 경업금지의무를 부담하는가? 경업금지의무는 근로자의 직업 활동에 속하는 경업(競業) 자체를 금지하는 것이므로 근로자의 직업선택의 자유(헌법 제15조)를 크게 제한하게 된다.[4] 근로계약상의 의무는 일반적으로 근로관계가 종료한 때에는 종료 내지 소멸하는 것이 원칙이라고 보아야 하므로 근로관계 종료 후의 경업금지의무는 명시적 합의(약정) 또는 취업규칙상의 규정이 있는 경우에 한해서 인정되어야 할 것이다.[5] 다만 경업금지의무는 비밀유지의무와 경합

1) 보호기간 판단기준에 관해서는: 大判 1996. 12. 23, 96 다 16605; 大判 1998. 2. 23, 97 다 24528; 大判 2019. 3. 14, 2018 마 7100 참조.

2) 大判 2019. 3. 14, 2018 마 7100.

3) 土田, 「勞働契約法」, 126面 이하; 西谷, 「勞働法」, 191面 참고.

4) 경업금지의무를 인정한 것이 직업선택의 자유를 보장한 헌법규정에 위반되지 않는다고 한 사례: 大判 1997. 6. 13, 97 다 8229. 경업의 제한이 합리적 범위를 넘어서 직업선택의 자유를 부당하게 구속하여 사회질서에 반하는 것으로 본 사례: 서울中央地判 2008. 1. 10, 2007 가합 86803.

5) 土田, 「勞働契約法」, 710面.

될 수 있다.

판례는 「경업금지약정을 한 경우에 그 약정은 사용자의 영업비밀이나 노하우, 고객관계 등 경업금지에 의하여 보호할 가치 있는 사용자의 이익이 존재하고, 경업 제한의 기간과 지역 및 대상 직종, 근로자에 대한 대가의 제공 여부, 근로자의 퇴직 전 지위 및 퇴직 경위, 그 밖에 공공의 이익 등 관련 사정을 종합하여 근로자의 자유와 권리에 대한 합리적인 제한으로 인정되는 범위 내에서만 유효한 것으로 인정된다. 그리고 경업금지약정의 유효성을 인정할 수 있는 위와 같은 제반 사정은 사용자가 주장·증명할 책임이 있다」고 한다.[1] 여기서 「'보호할 가치 있는 사용자의 이익'이라 함은 부정경쟁방지 및 영업비밀보호에 관한 법률 제2조 제2호에 정한 '영업비밀' 뿐만 아니라 그 정도에 이르지 아니하였더라도 당해 사용자만이 가지고 있는 지식 또는 정보로서 근로자와 이를 제3자에게 누설하지 않기로 약정한 것이거나 고객관계나 영업상의 신용의 유지도 이에 해당한다.」[2]

사용자와 근로자 사이에 경업금지약정이 존재하더라도 그 약정이 헌법상 보장된 근로자의 직업선택의 자유와 근로권을 과도하게 제한하거나 자유로운 경쟁을 지나치게 제한하는 경우에는 민법 제103조에 위반하는 법률행위로서 무효라고 보아야 한다.[3]

3) 전직(轉職)금지약정 기업의 영업비밀을 보호하기 위하여 사용자와 근로자 사이에 전직(轉職)금지약정이 체결되는 경우가 있다. 이때에도 그러한 약정이 헌법상 보장된 근로자의 직업선택의 자유(제15조)와 근로의 권리(제32조 I 참조)를 과도하게 제한하거나 자유로운 경쟁을 지나치게 제한하는 경우에는 민법 제103조에 위반하여 무효라고 보아야 한다. 전직금지약정의 유효 여부를 판단하는데는 보호할 가치 있는 사용자의 이익, 근로자의 퇴직 전 지위, 전직금지의 기간·지위 및 대상 직종, 근로자에 대한 대가의 제공유무, 근로자의 퇴직 경위, 공공의 이익 및 기타 사정 등을 종합적 고려하여야 한다.[4]

전직금지의 대상이 되는 회사는 현재 직접적으로 경쟁관계에 있는 회사 뿐만 아니라 장래에 실질적 경쟁관계에 놓일 수 있는 회사도 포함될 것이다.[5]

---

1) 大判 2016. 10. 27, 2015 다 221903(본소)·2015 다 221910(반소)(증거불충분으로 경업금지약정의 효력을 인정하지 않은 예).

2) 大判 2010. 3. 11, 2009 다 82244.

3) 大判 2010. 3. 11, 2009 다 82244.

4) 大決 2013. 10. 17, 2013 마 1434; 水原地法 2018. 7. 3, 2018 카합 10106(전직금지약정에 반한다는 이유로 전직금지가처분을 인용한 결정); 서울高決 2012. 5. 16, 2011 라 1853(전직금지가처분 신청을 인용하여 확정된 사례).

5) 서울高判 2019. 7. 3, 2019 라 10028(전직금지기간 2년 인정).

3) 수뢰(受賂)불수령의무 이 외에도 근로자는 근로의무에 위반하는 행위를 하거나 할 우려가 있는 뇌물을 수령해서는 아니 된다.[1)]

c) 작위의무 작위의무는 근로자에게 어떤 적극적인 행위를 할 것이 신의칙상 요구되는 경우의 의무로서 주로 근로제공과 관련하여 발생하는 경우가 많다. 근로자는 사용자에 의하여 제공된 기계·원료 및 설비 등에 하자나 결함을 발견한 때에는 이를 지체 없이 사용자에게 고지하여야 하며, 또한 사정이 급박하여 근로자가 직접 보안조치를 취하지 않는다면 사용자의 이익이 침해될 우려가 있는 경우에는 비록 그 행위가 노무제공의무의 범위를 벗어나는 것이라 하더라도 신의칙상 응급·보안작업을 수행할 작위의무를 부담한다고 보아야 한다.[2)] 다시 말하면 근로자는 사용자에게 발생할 수 있는, 또는 이미 발생한 사고나 손해를 고지할 의무를 부담할 뿐만 아니라(산안법 제52조 II 참조), 손해의 예방 또는 확대방지에 필요한 적절한 행위 또는 조치를 취할 신의칙상의 의무를 부담한다. 이러한 작위의무의 한계는 기대가능성의 원칙에 의하여 판단해야 할 것이다.[3)]

d) 부수적 의무위반과 구제방법 근로자가 부수적 의무를 유책하게 위반한 경우에는 위에서 설명한 바와 같이 채무불이행책임(손해배상, 해고, 징계해고)을 진다. 비밀유지의무가 동시에 부정경쟁방지 및 영업비밀보호법(제2조 3호 라목)의 요건에 해당하는 경우에는 동법상의 손해배상청구권(제11조)과 민법상의 청구권이 경합할 수 있다. 근로제공의무와는 달리 부수적 의무의 성질에 따라 강제이행이 허용되는 경우가 있다. 즉, 경업금지의무와 같은 부작위의무를 근로자가 계속적으로 위반하는 때에는 사용자는 부작위를 내용으로 하는 집행권원(執行權原)을 얻어 간접강제의 방법으로 침해행위를 저지할 수 있다(민집법 제261조 참조). 그리고 부수적 의무위반으로 근로자가 기업질서를 침해하는 경우에 이는 징계사유가 될 수 있다. 이러한 의무위반이 근로관계를 계속 유지할 수 없을 정도로 중대한 것인 때에는 사용자는 해당근로자를 해고할 수도 있을 것이다.

(3) 근로자의 발명과 권리귀속

근로자가 직무수행중에 발명한 정신적 재산에 대한 권리는 누구에게 귀속되는가?

---

1) 어떠한 행위가 수뢰행위에 해당되느냐 하는 것은 당해 근로의 직무의 성질과 거래질서에 비추어 판단하면 될 것이다. 예컨대 근로자가 제품공급업자로부터 고액의 뇌물을 받은 행위(BAGE 12, 254), 도급회사의 직원이 수급회사로부터 사례금을 받은 행위(日本 東京地判 昭和 53. 7. 13)가 수뢰에 해당된다고 할 것이다. 다시 말하면 수뢰행위는 사용자의 이익에 반하여 증뢰자에게 이익을 줄 수 있는 위험성을 지닌 행위를 말한다. 이와 같은 행위는 충실의무에 반한다. 수뢰행위는 위법행위의 사실상의 실행(사용자에게 불이익을 주는 행위의 실현)을 그 성립요건으로 하지 않으며, 수령행위 자체만으로도 성립한다(*ErfK*/Preis, BGB §611a Rn. 722).

2) Zöllner/Loritz/Hergenröder, *ArbR* §16 Rn. 20, §44 Rn. 91; *ErfK*/Preis, BGB §611a Rn. 744 f.

3) *ErfK*/Preis, BGB §611a Rn. 745; Hromadka/Maschmann, *ArbR*, Bd. 1 §6 Rn. 112.

특히 연구직 또는 제품개발팀에 소속한 종업원이 발명을 하여 특허권을 취득한 경우 그 권리의 귀속과 대가를 둘러싸고 근로자와 사용자 사이에 분쟁이 생길 수 있다. 이 문제는 근로자의 의무에 관한 사항이라기보다는 권리에 관한 것이지만, 근로자의 직무수행(의무이행)과 관련된 것이므로 편의상 이곳에서 설명하기로 한다.

a) 근로자(종업원) 등이 그의 직무에 관하여 발명한 것이 성질상 사용자 등의 업무범위에 속하고 그 발명을 하게 된 행위가 근로자 등의 현재 또는 과거의 직무에 속하는 것인 때에는 그가 한 발명을 직무발명이라고 한다(발명진흥법 제2조 ②).[1] 직무발명에 의한 재산적 권리의 귀속과 보상에 관하여는 발명진흥법에서 규율하고 있다. 종래 직무발명에 관한 규정들은 특허법(직무발명의 개념·요건과 효과 및 보상 등 기본사항)과 발명진흥법(직무발명에 관한 부수적 사항)에 산재하여 있었다. 이로 인하여 직무발명의 개념, 권리귀속, 승계절차, 보상, 분쟁해결 등 직무발명 관련문제들이 체계적이고 통일적으로 규율되지 못하였다. 이는 결국 직무발명제도 전반에 대한 기업들의 인식부족으로 인한 분쟁을 일으키는 원인으로 작용하였으며, 기업들의 자발적인 정당한 보상의 실시를 방해하는 요인이 되었다. 이와 같은 이유로 2006년 3월 직무발명법제를 발명진흥법(개정 2013. 7. 30, 법률 제11960호. 시행일 2014. 1. 31)에 통합하여 체계화하였다.

b) 발명진흥법상 직무발명[2]에 대한 주요 내용을 개관하면 다음과 같다. i) 직무발명에 대하여 근로자 등이 특허 등(실용신안등록 및 디자인등록을 포함한다)을 받았거나 특허 등을 받을 수 있는 권리를 승계한 자(상속 또는 양도계약에 의하여 승계한 자)가 특허 등을 받으면 사용자 등은 그 특허권 등(실용신안권·디자인권을 포함한다)에 대하여 통상실시권(通常實施權)을 가진다(발명진흥법 제10조 Ⅰ). 그러나 직무발명을 제외한 종업원 등의 발명에 대하여 미리 사용자 등에게 특허 등을 받을 수 있는 권리 또는 특허권 등을 승계시키거나 사용자 등을 위하여 전용실시권(專用實施權)을 설정하도록 하는 계약이나 근무규정의 조항은 무효로 한다(동법 제10조 Ⅲ).[3] ii) 근로자 등이 직무발명을 완

1) 근로자의 발명에는 직무발명(Diensterfindung)과 자유발명(Freie Erfindung)이 있다. 직무발명은 근로자가 근로관계의 존속중에 i) 직무수행의무와 관련된 행위로부터 이루어진 것이고, ii) 기본적으로 기업의 업무상의 경험 또는 근무를 토대로 한 발명을 말한다(土田, 「勞働契約法」, 144面 이하 참고). 이에 반하여 자유발명은 위의 직무발명에 해당하지 않는 것을 말한다. 그러나 자유발명이라 하더라도 그것이 근로관계의 존속중에 이루어진 것일 때에는 사용자에게 지체 없이 이를 알려야 한다(Zöllner/Loritz/Hergenröder, *ArbR* § 17 Rn. 8 참고).

2) '발명'의 뜻에 관해서는 특허법 제2조 제1호 참조. 또한 大判 2012. 11. 15, 2012 도 6676; 大判 2011. 7. 28, 2009 다 75178 참고.

3) 이러한 규정은 근로자(종업원)를 보호하기 위한 취지의 규정이다. 그러나 그 계약이나 근무규정이 직무발명의 범위를 넘어 직무발명 이외의 발명에 대해서까지 사용자에 대한 양도나 전용실시권의 설정을 규정하는 취지로 규정된 것이면 그 계약이나 근무규정 전체가 무효가 되는 것은 아니고, 직무발명에 관한 부분은 유효하다고 해석해야 한다(大判 2012. 11. 15, 2012 도 6676). 실제로 취업규칙에 특허권 등의 귀속에 관하여 다음과 같은 규정을 두고 있는 경우가 있다. 「i) 사원이 재직중에 직무와 관련하여 독자적으로 또는 다른 사람과 공동으로 하는 발명, 발견, 개발, 설계, 고안, 기타 이에 준하

성한 경우에는 지체 없이 그 사실을 사용자 등에게 문서로 알려야 한다. 2인 이상의 근로자 등이 공동으로 직무발명을 완성한 경우에는 공동으로 알려야 한다(동법 제12조). iii) 직무발명의 완성사실을 통지받은 사용자 등은 대통령령이 정하는 기간 이내(시령 제7조: '4개월 이내')에 그 발명에 대한 권리를 승계할 것인지 여부를 근로자에게 문서로 알려야 한다. 다만, 미리 사용자 등에게 특허 등을 받을 수 있는 권리 또는 특허권 등을 승계시키거나 사용자 등을 위하여 전용실시권을 설정하도록 하는 계약이나 근무규정이 없는 경우에는 사용자 등이 근로자 등의 의사에 반하여 그 발명에 대한 권리의 승계를 주장할 수 없다(동법 제13조 Ⅰ). 소정기간 내에 사용자 등이 그 발명에 대한 권리의 승계의사를 통지한 때에는 그 때부터 그 발명에 대한 권리는 사용자 등에게 승계된 것으로 보며(동법 제13조 Ⅱ), 반대로 사용자 등이 그 기간 이내에 승계여부를 통지하지 아니한 경우에는 그 발명에 대한 권리의 승계를 포기한 것으로 본다.[1] 이 경우에는 사용자 등은 제10조 1항에도 불구하고 직무발명을 한 근로자 등의 동의를 받지 아니하고는 통상실시권을 가질 수 없다(동법 제13조 Ⅲ). iv) 근로자 등이 직무발명에 대하여 특허 등을 받을 수 있는 권리 또는 특허권 등을 계약 또는 근무규정에 의하여 사용자 등에게 승계하게 하거나 전용실시권을 설정한 경우에는 정당한 보상을 받을 권리를 가진다(동법 제15조 Ⅰ). 사용자 등은 발명진흥법 제15조 제1항에 따른 보상에 대하여 보상형태와 보상액을 결정하기 위한 기준, 지급방법 등이 명시된 보상규정을 작성하고 종업원 등에게 문서로 알려야 한다(동법 제15조 Ⅱ. 개정 2013. 7. 30). 보상규정의 작성·변경에 관하여는 종업원 등과 협의해야 하며, 종업원 등에게 불리하게 변경하는 경우에는 해당 종업원 등의 과반수의 동의를 얻어야 한다(동법 제15조 Ⅲ. 개정 2013. 7. 30). 보상규정에 따라 결정된 보상액 등 구체적 사항은 보상받을 종업원에게 문서로 알려야 한다(동법 제15조 Ⅳ. 신설 2013. 7. 30). v) 직무발명과 관련하여 분쟁이 발생하는 경우 근로자 등은 사용자 등에게 심의위원회를 구성하여 심의하도록 요구할 수 있다(동법 제18조. 전면개

는 사항에 관한 제반 권리가 회사에 있음을 인정하며, 재직 중은 물론 퇴직 이후라도 회사의 사전서면동의 없이는 이에 대한 법적 권리화를 일체 하지 않는다. ii) 회사가 전 항에 의하여 특허 등을 받은 경우에 회사는 사원에 대하여 상당한 보상을 하여야 한다」.

1) 그러므로 직무발명에 대한 특허를 받을 수 있는 권리 등을 사용자 등에게 승계한다는 취지를 정한 약정 또는 근무규정의 적용을 받는 종업원 등은 사용자 등이 이를 승계하지 아니하기로 확정되기 전까지는 임의로 위와 같은 승계 약정 또는 근무규정의 구속에서 벗어날 수 없는 상태에 있는 것이어서, 종업원 등이 그 발명의 내용에 관한 비밀을 유지한 채 사용자 등의 특허권 등 권리의 취득에 협력하여야 할 의무는 자기사무의 처리라는 측면과 아울러 상대방의 재산보전에 협력하는 타인 사무의 처리라는 성격을 동시에 가지게 되므로, 이러한 경우 그 종업원 등은 배임죄의 주체인 '타인의 사무를 처리하는 자'의 지위에 있다고 할 것이다. 따라서 위와 같은 지위에 있는 종업원 등이 그 임무에 위배하여 직무발명을 완성하고도 그 사실을 사용자 등에게 알리지 않은 채 그 발명에 대한 특허를 받을 수 있는 권리를 제3자에게 이중으로 양도하여 제3자가 특허권 등록까지 마치도록 하는 등으로 그 발명의 내용이 공개되도록 하였다면, 이는 사용자 등에게 손해를 가하는 행위로서 배임죄를 구성한다(大判 2012. 11. 15, 2012 도 6676).

정 2013. 7. 30). vi) 근로자 등은 사용자 등이 직무발명을 출원할 때까지 그 발명의 내용에 관한 비밀을 유지하여야 한다. 다만, 사용자 등이 승계하지 아니하기로 확정된 때에는 그러하지 아니하다(동법 제19조 Ⅰ. 개정 2013. 7. 30).

2. 근로자의 책임

(1) 근로자의 책임제한과 과실정도의 3분화[1)]

a) 근로자는 근로의무를 이행하는 과정에서 그의 과책으로 사용자에게 손해를 발생케 한 경우에 채무불이행책임(적극적 채권침해: 민법 제390조 참조)과 경우에 따라서는 불법행위책임(예컨대 사용자의 기업시설 또는 기물의 파손으로 인한 소유권침해의 경우: 민법 제750조)을 부담한다. 그러나 근로자의 작업수행 중 그의 가벼운 실수로 사용자에 대해서 뿐만 아니라, 직장동료 근로자 또는 제3자에게 재산상 또는 신체상의 손해를 입히는 사고가 발생할 수 있다. 이 경우에 민법상의 일반원칙에 의하면 근로자는 예견가능성·손해발생회피가능성에 대한 주의의무를 게을리한 과실(경과실로 족함)이 인정되면 실손해를 배상해야 한다. 이와 같은 민법상의 책임원리를 근로자의 노무급부의무에 그대로 적용하는 것은 다음과 같은 관점에서 적절하지 않다는 것이 노동법학자들의 일반적 견해이다.

첫째로 사용자는 기업의 구조와 경영활동을 그의 주도하에 조직하여 운영하면서 제반 근로여건들(작업조건과 작업환경 등)을 실질적으로 설정하고 있는 반면 근로자들은 근무조건이나 시설·작업도구 또는 근로환경에 대한 개선권한 없이 사용자의 지시에 따라 노무제공을 하는 것이 일반적 현실이다. 근로자는 그의 주관하에 자주적인 활동을 하는 것이 아니라 사업주의 사업목적 달성을 위하여 기업조직에 편입되어 종속적 노무를 제공한다. 그러므로 근로자가 사업주를 위한 근무 과정 중에 그의 개인적인 과책으로 손해가 발생했다 하더라도 그 손해는 넓게는 기업을 주도적으로 조직하고 근무여건을 설정한 사업주의 사업위험(Betriebsrisiko)영역에서 발생한 것으로 해당 사안에서 근로자 개인의 구체적 과책에 의하여 유발된 것에 지나지 않는다. 따라서 사업주인 사용자가 부담해야 할 사업위험과 근로자 개인의 과책은 형량원리에 따라 그 책임귀속의 범위가 정해지는 것이 합리적일 것이다. 다시 말하면 근로자의 민사상의 실손해(實損害)배상책임은 제한될 수 있다. 어떤 일을 완성할 채무를 부담하는 수급인이나, 어떤 사무의 처리를 위탁받은 수임인이 도급인이나 위임인의 지배·개입 없이 단순히 그의 과책으로 해당 사무나 일을 제대로 실행하지 못하여 상대방(도급인 또는 위임인)에게 손해를 입혔다면 그 손해에 대하여 수급인이나 수임인이 모든 손해를 배상하는 것이 원칙이다. 그러나 근로계약관계에서 근로자는 처음부터 사업주의 사업조직하에 사업주가 설정한 작

---

1) 이 문제에 관해서는 독일의 이론과 판례를 기초로 설명한다(Schaub/Linck, *ArbR-Handb* § 59 Rn. 18 ff. 참고).

업조건의 구조 안에서 주어진 지시에 따라 노무제공을 해야 하므로 근로자의 노무제공은 기업과 관련된 활동으로서의 성질을 벗어날 수 없고, 이러한 노무과정 중에 발생한 손해는 그것이 근로자 개인의 과책에 의한 것이라도 근로자의 손해배상책임은 제한되어야 한다는 것이 독일의 판례법에 의하여 확립된 원칙이다.[1)]

b) 근로관계에서의 채무이행은 근로자가 사업주에 의하여 조직·계획하고 정형화한 작업조건하에서 사업주의 이익을 위하여 기업의 사업 목적을 수행하는 활동이다. 그러므로 근로자의 노무제공은 사용자의 사업과 그 기업이 추구하는 사업 목적에서 비롯되는(betrieblich veranlasst) 것이다.[2)] 또한 근로자가 그의 노무제공의무를 이행하는 과정에서 필요한 주의의무를 부담하는 것은 원천적으로 기업의 목적활동을 제대로 수행하기 위한 것이라고 볼 수 있다. 사업장에서 근로자의 불완전이행(채무불이행) 또는 불법행위로 사용자에게 손해가 발생한 경우에 그 행위는 사업목적과 관련된 활동인 동시에 근로자의 과책(Vertretenmüssen)있는 행위라는 양 측면을 가진다.

c) 독일판례는 근로자의 행위가 사업주의 이익을 위한 업무관련 행위로서 업무수행 중에 사용자에게 손해를 발생케 한 경우라면 그 손해는 일단 사업위험(Betriebs-risiko)으로서 사용자측이 부담해야 할 책임영역에 속하는 것으로 보면서 그 원인 행위를 한 근로자 개인의 구체적 과책의 정도에 따라 손해배상책임을 제한하는 이익형량을 한다. 독일판례는 근로자의 과책을 '최'경과실(leichteste Fahrlässigkeit), 고의(Vorsatz)와 중과실(grobe Fahrlässigkeit) 및 중간과실(mittlere Fahrlässigkeit)(경과실)로 3분화(三分化)하고, 다음과 같은 판례법상의 원칙을 정립하였다. i) 우선 최경과실의 경우에 근로자의 손해배상책임은 면제된다. 즉 사업주가 모든 손해를 부담한다. ii) 고의와 중과실의 경우에는 근로자는 면책되지 않는다. 근로자의 고의가 인정되면 책임제한을 받을 수 없다. 중과실의 경우에는 근로자가 모든 손해를 부담하는 것이 원칙이다.[3)] iii) 중간과실의 경우 손해배상책임은 사용자와 근로자가 분담한다. 근로자는 법원이 해당 사안의

1) Schaub/Linck, *ArbRHandb*, § 59 Rn. 24 ff. 참고. 그동안의 판례태도를 최종적으로 정리한 새 판례: BAG 27. 9. 1994-GS 1/89-NZA 1994, 1083 ff. 판례는 근로자책임의 특수성을 독일민법이 직접 규정하고 있지 않아, 그러한 점에서 법률의 흠결이 있다는 태도를 취해 왔으며, 독일민법 제254조(과실상계)를 위험영역에 따른 적정한 손해조정 근거규정으로 삼아왔다. 그러나 2002년 1월 1일부터 시행되고 있는 개정독일민법(채권법 현대화 법률) 제276조 1항은 그 동안 판례에 의하여 형성된 근로자책임 제한이론을 수용하여 신설된 것으로 채권관계의 내용에 따라 채무자의 과책으로 인한 책임효과가 경감 또는 가중될 수 있음을 명문으로 규정하고 있다. 즉, 근로관계와 같은 특수한 채권관계에서는 근로자의 노무제공의무의 특성상 채무자인 근로자의 책임은 경감될 수 있게 된 것이다. 법원에 대해서는 근로자의 책임제한을 위한 근거규정이 마련된 셈이다(BT-Drs. 14/6857, S. 48; Waltermann, *ArbR* Rn. 243).

2) BAG 18. 4. 2002-NZA 2003, 37(38).

3) BAG 27. 9. 1944-GS 1/89-NZA 1994, 1083(1084). 중대한 과실의 경우에 근로자의 책임을 부분적으로 제한한 사례가 있다. BAG 23. 1. 1997-NZA 1998, 140 f.; BAG 25. 9. 1997-NZA 1998, 310(311).

제반 사정을 고려하여 산정한 손해를 배상해야 한다. 근로자의 손해배상책임을 제한하는 판례이론은 한편으로 사업위험에 대한 사용자의 책임부담과 다른 한편으로 근로자 개인의 과책의 정도를 서로 대비(對比)하여 적절한 책임분배를 꾀하고 있다. 즉, 근로자의 구체적 과책은 책임분배를 위한 하나의 기준이고, 유일한 책임원인은 아니다. 근로자의 의무위반, 법익침해의 정도만을 기준으로 삼지는 않는다. 손해를 분배하기 위한 형량에 있어서 근로자 개인의 과책은 상대적 의미를 가질 뿐이다.[1]

d) 일반적으로 근로자의 책임범위(손해배상액)는 근로자가 부담할 과책의 정도에 의하여 달라질 수 있다. 중과실의 경우에는 근로자가 손해전부를 부담하는 것이 원칙이지만, 근로자가 받는 임금과 근로자의 업무수행 중에 발생한 손해위험 사이에 현저한 불균형이 존재할 때에는 근로자책임은 제한되어야 한다.[2] 이것은 이익형량의 문제이다.

e) 독일판례[3]는 손해분담을 형량하기 위하여 여러 가지 판단기준들을 적용하고 있다. 즉, 근로자가 부담해야 할 과책의 정도, 해당 작업의 위험성, 손해액, 사용자가 대비(對備)하고 있는 조치 또는 보험으로 보상받을 수 있는 위험, 해당 사업장에서의 근로자의 지위, 근로자의 임금액 등이 그것이다. 이 이외에 과거의 판례는 근로자의 근속연수, 연령, 가족관계, 근무행태 등을 형량시에 고려하는 경우가 있었으나 이와 같은 사정은 적절한 형량기준으로 고려될 수 없다는 것이 학계의 지배적 견해이다.[4]

f) 독일의 판례[5]와 학설[6]에 따르면 근로자의 책임제한에 관한 판례법상의 원칙은 강행적 근로자보호법으로서의 효력을 가지므로 근로계약이나 단체협약에 의하여 근로자에게 불리한 약정이나 합의를 하는 것은 효력이 없다고 한다.[7]

g) 독일판례는 근로자의 구체적 노무제공행위가 위험성소인(危險性素因)을 가지고 있으면 개별 사안에 따라 근로자의 책임제한을 인정한 1957년의 연방노동법원 합의부 판결[8]을 시발로 근로자의 채무불이행 또는 불법행위 책임이 면제 또는 경감되어 왔으나, 노무제공행위의 위험성향(Gefahrengeneigtheit der Arbeitstätigkeiten)을 기준으로 하는 판례의 태도는 1994년의 연방노동법원 합의부 판결[9]로 폐기되었다. 즉, 현재의 판례

1) Waltermann, *ArbR* Rn. 247; Löwisch/Caspers/Klumpp, *ArbR* §546 참고.
2) BAG 23. 1. 1997-NZA 1998, 140 f.
3) 종합적인 판결로서는 특히 BAG 27. 9. 1994-GS 1/89-NZA 1994. 1083(1086) 참고.
4) Waltermann, *ArbR* Rn. 249.
5) BAG 5. 2. 2004-NZA 2004, 649 ff.
6) Walker, Jus 2002, 736(741); Waltermann, RdA 2005. 98(108 f.); Waltermann, *ArbR* Rn. 250. 異見: *ErfK*/Preis, BGB §619a Rn. 11.
7) Henssler/Preis, 독일근로계약법토의안 제89조 1항은 판례의 태도를 수용하여 근로자책임의 제한에 관해 규정하고 있다.
8) BAG 25. 9. 1957-GS 4(5)/56-BAGE 5, 1 ff.
9) BAG 27. 9. 1994-GS 1/89-NZA 1994, 1083 ff. Schaub/Linck, *ArbRHandb*, §59 Rn. 24 ff. 참고.

는 기업과 관련된 근로자의 모든 활동에 대하여 근로자책임의 제한을 인정하고 있다. 사업장에서 발생된 손해사건은 기본적으로 사업위험으로서의 성질을 가지고 있기 때문이다. 판례에 의하여 형성된 근로자책임 제한이론은 독일 민법 제276조 1항에 반영되어 있다.[1)]

⑵ **제3자에 대한 근로자의 책임**(면책청구권의 문제)

기업 또는 직무활동과 관련된 업무수행에 있어서 근로자의 책임경감은 1차적으로 사용자에 대한 근로자의 책임관계에서 문제된다. 근로자가 그의 작업수행중에 제3자에게 손해를 발생케 한 경우에는 그 제3자에게 불법행위규정(민법 제750조)에 의하여 책임 전부를 부담하는 것이 원칙이다. 근로자를 위한 책임제한 원칙은 피해자인 제3자에 대한 외부관계에서는 직접 적용될 여지가 없기 때문이다.[2)] 이 경우에 독일의 판례 및 학설은 사용자와의 내부관계에서 근로자에게 면책청구권(Freistellungsanspruch)을 인정하고 있다. 근로자의 기업활동으로서의 노무제공이 원인이 되어 사용자가 피해를 입은 때에 과책의 정도에 따라 근로자의 손해배상책임이 경감 또는 면제된다면, 그 한도에서 피해자가 제3자인 경우에도 근로자의 책임은 사용자의 책임대위(責任代位)를 통하여 경감 또는 면제되는 것이 타당할 것이다. 사용자와의 내부관계에서 근로자가 손해발생의 원인이 된 기업관련 업무를 수행하는 과정에서 누구에게 손해가 발생했느냐에 따라 근로자의 책임의 경감 여부가 달라지는 것은 타당하지 않기 때문이다.[3)] 그러므로 기업활동을 위한 작업수행 중에 제3자에게 발생된 손해에 대해서 근로자는 사용자에게 면책청구를 할 수 있어야 한다. 다시 말하면 근로자는 그의 책임이 경감 또는 면제되는 한도 내에서 사용자에게 제3자에 대한 책임을 면제해 줄 것을 요구할 수 있다(다시 말하면 사용자는 제3자에 대하여 배상함으로써 근로자를 면책시켜야한다). 그러나 제3자에 대한 근로자의 가해행위가 독일민법 제823조(우리 민법 제750조 참조)의 규정에 의한 불법행위에 해당될 때에는 — 근로자의 책임제한에 관한 이론에 근거하여 — 내부적으로 근로자가 사용자에 대하여 면책청구를 할 수 있더라도 제3자에 대해서는(즉 외부관계에 있어서는) 불법행위책임(손해배상책임)을 면할 수는 없다. 근로자의 가해행위가 사업장의 사무집행과 관련된 것인 때에는 제3자가 사용자에 대하여 직접 사용자책임(손해배상청구)을 물을 수 있기 때문에(독일민법 제831조; 우리 민법 제756조)[4)] 사용자에 대한 근로자의 면책청구는 제3자가 가

1) BT-Drs. 14/6857, S. 48 참고.

2) Otto, *ArbR* Rn. 601.

3) Zöllner/Loritz/Hergenröder, *ArbR* § 22 Rn. 20; Otto, *ArbR* Rn. 602(근로자와 사용자 사이의 내부적 위험분담관계에 있어서는 누구에게 손해가 발생했는지는 근로자의 책임경감에 영향을 주지 않는다).

4) 大判 1990. 10. 30, 90 다카 23592.

해자인 근로자에 대하여 불법행위책임을 물을 때에 비로소 그 실익이 있다(독일민법 제840조 2항은 근로자와 사용자의 내부관계에서 근로자만이 손해배상을 부담하는 자로서 규정되어 있다. 이 규정은 비판의 대상이 되고 있다).[1] 제3자에 대해서는 근로자와 사용자가 연대책임을 부담한다.

우리나라에서는 아직 근로자의 면책청구를 인정하는 견해가 주장되고 있지 않다. 그러나 사용자책임(민법 제756조 Ⅰ)의 성질 및 사용자의 구상권에 대한 제한(민법 제756조 Ⅲ)(다음의 (5) 참조)[2]과 관련하여 노동법상 근로자의 면책청구권을 판례법으로 형성해 나가는 것은 앞으로의 연구과제가 될 수 있을 것이다. 일본의 판례는 근로관계의 특성을 고려하여 신의칙(일본 민법 제1조 2항)을 기초로 책임 제한 법리를 전개하고 있다. 즉, 사용자는 불법행위에 기한 손해배상 또는 구상권의 행사(일본 민법 제709조, 제715조)에 있어서「손해의 공평한 분담이라는 관점에서 신의칙상 상당하다고 인정되는 한도에서만 피용자에 대한 손해배상 또는 구상을 청구할 수 있다」는 것이 판례의 태도이다. 업무수행상 주의의무 위반이 있더라도 중대한 과실이 인정되지 않는 사안에서 사용자의 위험관리가 불충분하였음을 고려하여 사용자의 배상청구와 구상청구를 기각한 판례가 있는가 하면, 그 밖에 근로자의 책임을 4분의 1 또는 2분의 1로 경감한 사례가 있다.[3] 이와 같은 법원의 판단은 채무불이행(근로계약 위반)을 이유로 하는 손해배상청구에 대해서도 원용되고 있다.[4] 독일의 이론이 근로자의 손해배상책임 문제를 사업 위험의 차원에서 접근하고 있다면 우리나라나 일본에서는 주로 사용자와 근로자 사이의 신의칙상 공평성을 내세워 그 해결을 도모하고 있다.

(3) 직장동료 근로자에 대한 책임

근로자가 기업운영상의 활동으로 동료 근로자의 재산·신체 또는 생명을 침해한 경우에 가해근로자는 어떤 책임을 부담해야 할 것인가? 예컨대 컨테이너의 하적을 위한 크레인 운전중에 동료 근로자가 중상을 입었거나 사망한 경우에 크레인 운전근로자의 책임이 문제된다. 민법에 의하면 가해근로자는 재해근로자에게 불법행위로 인한 책임(민법 제750조)을 부담해야 할 것이다. 이 경우에 위의 (2)에서 설명한 사용자책임(민법 제756조)

1) 사용자에 대한 근로자의 면책청구는 독일민법 제257조를 기초로 제670조(우리 민법 제688조)의 유추적용에 의하여 그 청구권의 기초가 실정법적으로 설명되고 있다.

2) 大判 1996. 4. 9, 95 다 52611; 大判 1994. 12. 13, 94 다 17246; 大判 1992. 9. 25, 92 다 25595; 大判 1991. 5. 10, 91 다 7255; 大判 1987. 9. 8, 86 다카 1045; 서울高判 1988. 5. 31, 84 나 3655; 서울民地判 1984. 8. 31, 83 가합 4963 등 다수.

3) 菅野,「勞働法」, 156面 이하 및 인용된 판례 참고.

4) 菅野,「勞働法」, 156面; 土田,「勞働契約法」, 195面 이하(보상책임·위험책임 원리도 근로자책임 제한의 근거가 될 수 있다고 한다) 및 인용된 판례 참고.

도 문제된다.[1)]

산재보험법이 적용되는 사업에 있어서는 동료 근로자에 의한 근로자의 재해에 대해서도 산재보험법이 적용되므로 재해근로자는 가해근로자의 고의·과실 유무와 상관없이 근로복지공단에 대해서 보험급여를 청구할 수 있다. 재해근로자가 보험급여를 받은 한도 내에서 가해근로자는 재해근로자에 대하여 책임을 면할 수 있다. 이 경우에 i) 보험급여가 민법상의 손해배상액에 미치지 못하는 경우에 재해근로자는 그 차액을 가해근로자에게 민사상 손해배상으로 청구할 수 있는가, ii) 그리고 근로복지공단은 가해근로자에 대하여 재해근로자에게 지급한 보험급여를 구상할 수 있는가 하는 것이 문제된다. 첫째, 가해근로자에게 고의나 중과실이 있고 재해근로자에 대한 불법행위책임(제750조)이 면책되지 않는 경우에 재해근로자의 실손해가 그가 받은 보험급여액보다 클 때에는 재해근로자는 가해근로자에 대하여 그 차액을 청구할 수 있다고 보아야 한다. 이러한 경우에 가해근로자의 책임을 배제하는 규정이 없을 뿐만 아니라, 특히 고의에 의한 가해근로자의 책임을 면제하는 것은 책임법의 기본원리에 반하기 때문이다. 재해근로자에 대한 업무상 재해에 관하여 사용자 책임(제756조)이 성립하는 경우에도 마찬가지로 재해근로자는 사용자에 대하여 차액배상을 청구할 수 있다고 보아야 할 것이다. 산재보험법이 책임보험의 성격을 가지지만 사용자의 보험가입으로 재해근로자에게 발생한 민법상의 모든 배상청구권이 배제되는 것은 아니므로(산재법 제89조 참조), 사용자의 책임을 부인하

---

1) 택시 운송사업회사 소속 택시 운전기사 A와 B가 교대로 같은 택시를 운전하던 중 B가 브레이크 라이닝을 교체하지 않았다는 이유로 두 사람 시비가 벌어져 기사대기실에서 다투던 중 B가 발길질을 하여 A가 넘어지면서 시멘트 바닥에 머리를 부딪쳐 뇌출혈이 발생하였고, 결국 사망하였다. A의 딸들(원고)은 B의 불법행위(민법 제750조)에 대해 사용자인 피고(택시 운송사업회사)를 상대로 손해배상(민법 제756조 Ⅰ: 사용자의 배상책임)을 구하는 소를 제기하였다. 대법원은 이 사건이 B가 택시 운행을 마치고 회사에 복귀한 후 발생하였으므로 업무시간 중 발생한 사고에 해당하며, A와 B가 차량관리 문제로 몸싸움을 벌인 사실을 알 수 있었는데도 두 사람을 격리시키는 등 적절한 조치를 취하지 않았으므로 피용자의 「사무감독에 상당한 주의」를 하였다고 보기 어렵다고 판단하였다. 다만 A가 먼저 시비를 걸고 B를 폭행한 것이 사건의 발생과 손해 확대에 원인이 된 점 등을 고려하여 책임제한을 정한다고 판시하였다. 대법원은 원심이 피고(사용자)의 사용자책임을 인정하면서 그 책임을 30%로 제한한 것에 잘못이 없다고 판단하였다(大判 2021. 3. 11, 2018 다 285106). 민법 제756조가 정한 '사무집행에 관하여'란 피용자의 불법행위가 외형상 객관적으로 사용자의 사업활동, 사무집행행위 또는 그와 관련된 것이라고 보일 때에는 행위자의 주관적 사정을 고려하지 않고 사무집행에 관하여 한 행위로 넓게 해석될 수 있는 개념이다. 이에 따라 사용자책임의 성립 및 범위는 그러한 위험 발생 방지를 위한 조치를 취하였는지 여부에 따라 영향을 받는다(大判 2017. 12. 22, 2016 다 202947). 위 사건에서 위법행위의 발생과 손해의 확대에 관하여 피해자 A의 과실도 고려된 것으로 생각된다. 과실상계(민법 제396조) 사유에 관한 사실인정이나 그 비율을 정하는 것은 형평의 원칙에 비추어 현저히 불합리하다고 인정되지 않는 한 사실심의 전권사항에 속한다(大判 2018. 2. 13, 2015 다 242429). 이 사건에서 피해자 A의 가동연한을 만 65세로 보는 것이 경험칙에 합당하다고 판단하였다(大判(전합) 2019. 2. 21, 2018 다 248909).

기 어려울 것이다. 둘째, 가해근로자에게 귀책사유가 없거나 배상책임이 면제되는 한 근로복지공단은 가해근로자에게 구상권을 행사할 수 없다. 배상책임이 없는 근로자에게 구상한다는 것은 책임법의 원리상 인정될 수 없기 때문이다. 이때에는 사업장 내의 기계·설비 등의 위험이 현실화된 경우와 마찬가지로 보아도 좋을 것이다. 이와 달리 가해근로자에게 고의나 중과실이 있을 때에는 근로복지공단의 구상권을 부인할 수 없을 것이다. 그러나 판례에 따르면, 근로자가 동일한 사업주에 의하여 고용된 동료 근로자의 행위로 업무상의 재해를 입은 경우에 그 동료 근로자는 보험가입자인 사업주와 함께 직·간접적으로 재해근로자와 산재보험관계를 가지는 자로서 법 제87조 1항에 정한 '제3자'[1]에서 제외된다고 한다([58] 6. (4) 참고).[2] 따라서 판례에 따르면 가해근로자는 마치 보험가입자인 사용자의 지위에 있는 것처럼 취급되어 근로복지공단은 가해근로자에 대하여 구상권을 행사할 수 없다. 그러나 가해근로자에게 고의나 중대한 과실이 있는 경우에 대해서까지 그 가해근로자를 '제3자'에서 제외하는 것은 부당하다고 생각된다.[3] 판례[4]는 「고

1) 과거의 판례(大判 1986. 4. 8, 85 다카 2429 등)에 따르면 「'제3자'는 보험자(근로복지공단), 보험가입자(사용자) 및 당해 수급권자(근로자 및 유족)를 제외한 자로서 피해근로자에 대하여 불법행위 등으로 손해배상책임을 지는 자」라고 함으로써 문리상 가해근로자도 제3자에 포함되는 것으로 해석될 수 있었다. 그러나 다음의 판례(大判 2004. 12. 24, 2003 다 33691; 大判 2011. 7. 28, 2008 다 12408)에서 보는 바와 같이 동일한 사업주에 의하여 고용된 근로자는 제3자의 범위에서 제외되고 있다.

2) 大判 2004. 12. 24, 2003 다 33691: 「산재보험법(이하 "법"이라고만 한다) 제54조(현행 제87조) 1항은 "공단은 제3자의 행위에 의한 재해로 인하여 보험급여를 지급한 경우에는 그 급여액의 한도 안에서 급여를 받은 자의 제3자에 대한 손해배상청구권을 대위한다. 다만, 보험가입자인 둘 이상의 사업주가 같은 장소에서 하나의 사업을 분할하여 각각 행하다가 그 중 사업주를 달리하는 근로자의 행위로 재해가 발생한 경우에는 그러하지 아니하다"고 규정하고 있고, 여기에서 구상권 행사의 상대방이 되는 '제3자'란 재해근로자와 산업재해보상보험관계가 없는 자로서 재해근로자에 대하여 불법행위 등으로 인한 손해배상책임을 지는 자를 말한다(大判 1986. 4. 8, 85 다카 2429 등 참고). 그런데 동료근로자에 의한 가해행위로 인하여 다른 근로자가 재해를 입어 그 재해가 업무상 재해로 인정되는 경우에 있어서는 그러한 가해행위는 마치 사업장 내 기계 기구 등의 위험과 같이 사업장이 갖는 하나의 위험이라고 볼 수 있으므로, 그 위험이 현실화하여 발생한 업무상 재해에 대하여는 근로복지공단이 궁극적인 보상책임을 져야 한다고 보는 것이 산업재해보상보험의 사회보험적 내지 책임보험적 성격에 부합하고, 여기에다가 사업주를 달리한다고 하더라도 하나의 사업장에서 어떤 사업주의 근로자가 다른 사업주의 근로자에게 재해를 가하여 근로복지공단이 재해근로자에게 보험급여를 한 경우, 근로복지공단은 법 제54조(현행 제87조) 제1항 단서에 의하여 가해근로자 또는 그 사용자인 사업주에게 구상할 수 없다는 점(大判 1994. 10. 11, 94 다 29225 참고)까지 감안하면, 근로자가 동일한 사업주에 의하여 고용된 동료 근로자의 행위로 인하여 업무상의 재해를 입은 경우에 그 동료 근로자는 보험가입자인 사업주와 함께 직·간접적으로 재해근로자와 산업재해보상보험관계를 가지는 자로서 법 제54조(현행 제87조) 1항에 정한 '제3자'에서 제외된다고 봄이 상당하다」.

3) 同旨: 박지순, '동료 근로자의 가해행위로 인한 업무상 재해와 산업재해보상보험법상의 구상권', 「노동법학」(제22호), 364면 이하(특히 374면) 및 371면에 인용된 논문 참고. *ErfK*/Preis, BGB §619a Rn. 22; Otto, *ArbR* Rn. 610 참고.

4) 大判 2004. 12. 24, 2003 다 33691.

의 또는 중과실이 있는 가해근로자」에 대하여 직접 언급하고 있지 않으나, 고의 또는 중과실에 의한 위법한 불법행위로 타인에게 손해를 가한 근로자가 보험에 가입한 사업장에서 종사한다는 이유만으로 공단의 구상권 행사의 대상에서 제외되어 면책된다면 이는 책임법의 기본원리에 위배될 뿐 아니라 산재보험법의 취지에도 반하는 것이라고 볼 수 있다. 공단이 가해근로자의 과책 유무에 관계없이 재해근로자에게 보험급여를 지급하는 것과 고의의 가해근로자에게 구상권을 행사하는 것은 그 법적 성질을 달리하기 때문이다. 근로자가 근무 중에 동료 근로자에게 물적 손해를 입힌 경우에는 근로관계와는 관계없이 일반법(불법행위 규정)에 따라 그 손해를 배상해야 한다.1)

(4) **결손책임**(Mankohaftung)

근로자가 보관·관리하고 있는 금고(金庫) 또는 창고에 물품이나 금전의 결손이 발생한 경우에 근로자가 부담하는 책임을 결손책임(缺損責任)이라 한다. 결손책임은 특수한 형태의 근로자책임이라고 볼 수 있다. 결손「손해」란 근로자에게 위탁된 물품 또는 금전의 실제 재고나 현금액과 장부상의 재고량 또는 금액 사이에 차이(부족량 또는 부족액)가 발생하는 것을 말한다. 결손책임은 사용자와 근로자 사이에 정한 특별한 약정2)이 있으면 이에 따르게 되고, 약정이 없으면 근로계약(고용계약), 위임계약(민법 제680조 이하), 임치계약(민법 제693조 이하) 및 (또는) 불법행위(민법 제750조)에 따라 규율된다. 결손책임계약은 혼합계약으로서의 성질을 가지는 것으로 해석될 수 있다. 결손은 미리 예측할 수 없는 여러 가지 원인(위험)에 의하여 발생할 수 있으므로 결손책임약정에 따라 근로자는 확인된 결손에 대한 책임을 부담하지만 이에 대한 보상적 차원에서 사용자는 가산된 급여를 지급하거나 결손수당으로서 정기적으로 일정액을 추가 지급하는 것이 일반적이다. 결손책임은 근로자에게 귀책사유가 있는 경우에만 인정될 수 있고, 근로자의 책임 제한이라는 관점에서 입증책임은 사용자가 부담하는 것이 옳을 것이다.

근로자가 물건이나 금품을 보관·관리하는 사실상의 업무를 수행하고 있다는 이유만으로 근로자와 사용자 사이에 묵시적 결손책임계약이 체결된 것으로 추단해서는 안 될 것이다. 이러한 경우에는 근로계약의 내용을 면밀하게 해석해서 묵시적 계약이 성립하였는지를 판단해야 한다. 결손책임에 있어서는 근로자에게 위험이 가중되는 만큼 이에 합당한 금전적 보상이 뒤따라야 하기 때문이다. 결손책임계약은 명시적 또는 묵시적 경우를 불문하고 근로자가 부담하는 결손위험과 그 업무 수행의 대가 사이에 현저한 불균형이 있는 때에는 그 책임계약은 선량한 풍속 기타 사회질서에 위반(민법 제103조)한

---

1) *ErfK*/Preis, BGB §619a Rn. 22.

2) 조달·창고 관리·경리직에 있는 고위 간부와 사용자 사이에서는 특별 약정이 흔히 있을 수 있다.

것으로 무효이다. 사용자가 사업 이윤을 얻으면서 이에 부수하여 발생하는 사업 위험을 부당하게 근로자에게 전가하는 것은 부당하다고 보아야 한다.[1)]

(5) **근로자의 책임제한에 관한 판례**

우리나라에서는 근로계약관계의 특수성을 고려하여 근로자의 계약책임 또는 불법행위책임을 제한하는 「일반이론」이 논의되고 있지 않다. 그러나 고용관계에 있는 피용자(근로자)에 대한 배려가 전혀 고려되고 있지 않는 것은 아니다. 다음에서는 이에 관한 판례를 살펴본다.

1) 판례는 「근로계약관계의 특성」을 고려하여 직무수행상의 불완전이행에 대한 손해배상책임의 경감을 직접 인정하고 있지는 않다. 따라서 근로자라 하더라도 일반채무자와 마찬가지로 그의 과실이 인정되는 한 사용자에 대하여 채무불이행책임을 부담해야 한다. 다만, 판례는 사용자가 피용자(근로자)의 업무수행중에 행해진 불법행위로 인하여 직접 손해를 입었거나(민법 제750조) 또는 근로자의 사무집행 중의 가해행위로 제3자에 대한 사용자책임(민법 제756조 I 참조)을 부담한 결과로 손해를 입게 된 경우(민법 제756조 참조)에 그 손해배상의 청구나 구상권의 행사를 제한하고 있다.[2)] 특히 제3자에 대한 피용자(근로자)의 불법행위로 사용자책임이 발생한 경우에 민법 제756조 3항에 의한 사용자의 구상권을 신의칙을 바탕으로 제한함으로써 결과적으로 근로자의 책임을 경감시키고 있다. 이와 같은 법원의 태도는 1980년대 중반 이후부터[3)] 법형성적 판례이론으로서 계속 유지되고 있다.[4)] 이 경우에 근로자가 사용자의 감독 소홀의 틈을 이용하여 고의로 불법행위를 저지르고 바로 그 사용자의 부주의를 이유로 자신의 책임의 감면을 주장하는 것은 신의칙상 허용될 수 없다.[5)]

대법원은 피용자(근로자)의 손해배상책임을 제한함에 있어 「그 사업의 성격과 규모,

1) *MünchArbR*/Reichold, Bd. I. §51 Rn. 75 참고.

2) 大判 2017. 4. 27, 2016 다 271226(이러한 구상권 제한의 법리는 사용자의 보험자가 피용자에 대하여 구상권을 행사하는 경우에도 마찬가지로 적용된다. 그러나 사용자의 보험자가 피해자인 제3자에게 사용자와 피용자의 공동불법행위로 인한 손해배상금을 보험금으로 모두 지급하여 피용자의 보험자가 면책됨으로써 사용자의 보험자가 피용자의 보험자에게 부담하여야 할 부분에 대하여 직접 구상권을 행사하는 경우에는, 그와 같은 구상권의 행사는 상법 제724조 제2항에 의한 피해자의 직접청구권을 대위하는 성격을 갖는 것이어서 피용자의 보험자는 사용자의 보험자에 대하여 구상권 제한의 법리를 주장할 수 없다.).

3) 이에 대한 최초의 하급심판례: 서울民地判 1984. 8. 31, 83 가합 4963; 서울高判 1985. 5. 31, 84 나 3655.

4) 최초의 대법원판례: 大判 1987. 9. 8, 86 다카 1045. 그 후의 판례: 大判 1991. 5. 10, 91 다 7255; 大判 1992. 9. 25, 92 다 25595; 大判 1994. 12. 13, 94 다 17246; 大判 1996. 4. 9, 95 다 52611; 大判 2017. 4. 27, 2016 다 271226 등.

5) 大判 2009. 11. 26, 2009 다 59350; 大判 2001. 7. 10, 2000 다 37333 등.

사업시설의 상황, 피용자의 업무내용, 근로조건이나 근무태도, 가해행위의 상황, 가해행위의 예방이나 손실의 분산에 관한 사용자의 배려정도 등의 제반 사정에 비추어 손해의 공평한 분담이라는 견지에서 신의칙상 상당하다고 인정되는 한도 내에서만 사용자는 피용자에 대하여 위와 같은 손해의 배상이나 구상권을 행사할 수 있다」[1)·2)]고 판시하고 있다. 즉, 근로자가 업무집행(계약상의 노무제공의무의 이행)중에 행해진 불법행위로 인해 사용자에게 직접 손해를 입혔거나 제3자에게 손해를 입힌 경우, 위에 제시한 제반 사정을 고려하여 손해의 공평한 분담이라는 견지에서 신의칙(민법 제2조 Ⅰ)을 적용하여 사용자의 손해배상청구(민법 제750조)나 구상청구(민법 제756조 Ⅲ)를 제한하고 있다. 위의 판례가 고려하고 있는 사정들은 매우 포괄적이고 그 범위가 신축적으로 해석될 수 있는 것이므로 근로자가 종사하는 업무가 손해를 발생시킬 위험성이 있는 경우뿐만 아니라, 사업운영상의 활동과 관련하여 근로자에게만 책임을 귀속시키는 것이 공평하지 않다고 생각되는 모든 경우들을 포함하는 것으로 생각된다. 그러나 우리 판례가 근로자들을 고용하여 기업을 운영·확대하면서 이익을 창출하는 과정중에 발생하는 손해(근로자에 의한 불완전이행과 불법행위로 인한 손해 포함)를 사업주가 부담해야 할 「경영위험」으로 파악하면서 근로자의 구체적 과책의 경중을 고려하여 근로자 책임을 제한하는 노동법상의 판례이론을 적극적으로 전개하고 있지는 않다.

2) 판례는 사용자의 손해배상청구 또는 구상청구를 제한하는 법리적 근거로서 신의칙(제반 사정에 비추어 손해의 공평한 분담이라는 견지에서)을 원용하고 있다. 신의칙은 사용자의 손해배상청구 또는 구상청구의 성질에 비추어 피용자와 사용자 사이의 관계, 즉 피용자가 사용자의 지배영역하에서 업무를 집행하는 관계를 중심으로 원용되고 있다. 그렇다면 신의칙의 적용(사용자와 근로자 사이의 법적 특별결합관계의 고려)은 결국 사용자와 근로자 사이의 고용관계 내지 근로관계의 성질을 기초로 하고 있는 것이다.

3) 사용자와 집행보조자 사이에 계약관계의 존부여하에 불구하고 사용자의 구상청구가 제한되는 것은 궁극적으로 사용자는 그의 지배하에 있는 피용자의 노무를 통하여 이득을 얻으므로 이로부터 발생하는 위험(Risiko)도 부담해야 한다는 보상책임적 사고에 의하여 정당시된다. 그러나 민법 제756조 3항은 피해자인 제3자에 대한 집행보조자의 불법행위를 중심으로 하여 사용자의 구상권을 정한 것이고, 피용자(근로자)와 사용자 사이의 근로계약의 특성을 고려하여 근로자의 책임을 정한 규정은 아니다. 근로자의

1) 大判 1987. 9. 8, 86 다카 1045 및 그 이후의 대법원판례.

2) 이 판결은 日本 茨石事件 — 最高裁判 昭和 51. 7. 8, 民集 3卷 7號 689面을 참고한 것으로 보인다(김형배, '피용자에 대한 사용자의 구상권 제한', 「판례연구」(제4집), 고려대 법학연구소, 1986, 107면 주 8) 참고).

책임이 문제되는 경우에 그 책임이 사용자에 대한 채무불이행(또는 불법행위)으로 인한 것이건 제3자에 대한 불법행위에 의한 것이건 그 제한의 근거는 사용자와 근로자 사이의 계약관계의 특성에서 직접 구해야 할 것이다.[1)]

3. 사용자의 의무

(1) 임금지급의무

a) 근로의 대가 　사용자는 근로의 대가(對價)로 임금을 지급할 의무를 진다(민법 제655조; 근기법 제2조 Ⅰ ⑤). 사용자의 임금지급의무는 근로자의 근로제공의무와 쌍무적 대가관계에 있으므로 임금은 제공된 근로에 대한 반대급부로서의 의미를 가진다([50] 2. 참고). 따라서 근로의 대가로 지급되지 않은 것은 임금이 아니다(근기법 제2조 Ⅰ ⑤ 참조). 그런데 근로계약이 근로제공의무를 내용으로 하는 계약이면서 종업원('종사근로자': 노조및조정법 제5조 Ⅱ 참조)으로서의 지위를 취득하는 계약의 성질을 가진 이중적 구조의 것으로 파악하는 견해(근로계약 이중구조설)가 있다. 이 견해에 따르면 근로자가 받는 금품은 근로제공의 대가로 지급되는 임금과 근로제공과는 무관하게 종업원이라는 지위를 취득함에 따라 지급되는 돈으로 나누어지고, 후자의 금품은 근로자의 생활보조적 성질을 지니므로 파업·지각·조퇴 등과는 무관하게 지급되어야 한다고 한다(이른바 임금이분설).[2)] 종래 우리나라의 판례[3)]도 쟁의기간중의 임금지급문제에서 「쟁의행위로 인하여 근로를 제공하지 아니한 근로자는 일반적으로 근로의 대가인 임금을 구할 수는 없다 할 것이지만, 구체적으로 지급청구권을 갖지 못하는 임금의 범위는 사실상 근로를 제공한 데 대하여 받는 교환적 부분과 근로자로서의 지위에 기하여 받는 생활보장급여 중 전자에만 국한된다」라는 논지로 임금이분설의 입장을 취하였다. 그러나 근로계약의 본질은 어디까지나 근로자의 노무급부의무와 사용자의 임금지급의무가 대가적인 쌍무관계에 서는 것으로 이해해야 한다. 그러므로 근로자의 노무제공을 전제로 하지 않는 사용자의 생활보장적 임금지급의무를 인정하는 임금이분설은 근로의 대가를 지급 내지 산정하는 방법과 근거를 혼동하고 있는 것이다. 다시 말하면 생활보장적 임금도 근로를 제공하는 근로자의 지위를 전제로 지급되는 것이다. 근로제공의무의 이행은 근로자가 현실적으로

1) 김형배, '피용자에 대한 사용자의 구상권 제한', 「판례연구」(제4집), 고려대 법학연구소, 1986, 111면 참고.

2) 과거의 日本 明治生命事件·最二少判 昭和 40. 2. 5, 民集 19巻 1號, 52面; 오늘날에도 이에 찬성하는 견해: 西谷, 「勞働法」, 255面.

3) 大判 1992. 3. 27, 91 다 36307; 大判 1992. 6. 23, 92 다 11466. 同旨: 서울民地判 1990. 12. 11, 90 나 20083.

그의 노동력을 사용자의 지시·감독하에, 다시 말하면 처분가능한 상태에 두면 충분하므로 사용자는 이에 대하여 근로자의 노동력의 사용 여부에 관계 없이 임금을 지급해야 한다. 그러나 파업기간중에는 근로관계는 정지되고 근로자의 노무가 더 이상 사용자의 처분가능한 상태에 있지 않으므로, 사용자는 파업에 참가한 근로자에 대하여 파업기간 동안의 임금을 지급할 의무가 없다. 이와 같은 이유로 대법원은 그 후에 전원합의체판결로 종래의 임금이분설을 폐기하였다.[1] 노조및조정법 제44조도 사용자에게 쟁의기간중에 임금지급의무가 없음을 명문으로 규정하고 있다([121] 2. (1) 참고). 노무제공과는 상관없이 근로자의 종업원 지위를 근거로 사용자는 여하한 명목으로든 임금의 지급의무를 지지 않는다.

b) 임금액의 결정, 지급시기 등 　임금의 액은 당사자 사이의 근로계약·취업규칙·단체(임금)협약 등에 의해 결정된다(근기법 제17조 Ⅰ ①; 벌칙 제114조 참조). 그리고 임금은 그것이 시간급(Zeitlohn)이든, 업적급(Leistungslohn)이든 도급급(Akkordlohn)이든 간에 그 형태는 문제되지 않는다.[2] 그러나 법정근로시간을 초과하는 연장근로에 대하여는 가산임금을 가산해서 지급해야 한다(근기법 제56조; 벌칙 제109조 Ⅰ). 임금의 지급사유에 따라 그 액수나 지급 시기가 다를 수 있다(근기법 제43조 Ⅱ; 시령 제23조 참조).

임금지급시기에 대해서는 당사자 간에 특약이 없으면 관습에 의하고, 관습도 없으면 약정된 근로가 종료한 후 지체없이 지급하여야 한다(민법 제656조 Ⅱ). 계속적 근로관계에서는 매월 1회 이상 일정한 날짜에 지급해야 한다(근기법 제43조 Ⅱ 참조).

임금지급장소는 특정한 약정이 없고 근로관계의 특수한 상황이 전제되지 않는 경

---

1) 大判(전합) 1995. 12. 21, 94 다 26721. 이 판결의 요지는 다음과 같다. 「우리 근로기준법 등 현행 법률들이 임금을 근로의 대가로 파악하고 있으며, 임금이 '근로자가 자신의 노동력을 사용자의 지휘·처분 하에 두고 제공한 근로에 대한 대가'라는 것이 우리 판례의 일관된 태도임에 비추어 볼 때, 단순히 근로자로서의 지위에 기하여 발생한다는 이른바 생활보장적 임금이란 있을 수 없을 뿐만 아니라, 그와 같이 임금을 이분할 아무런 법적 근거가 없다. … 쟁의행위시의 임금지급에 관하여 단체협약이나 취업규칙 등에서 이를 규정하거나 그 지급에 관한 당사자 사이의 약정이나 관행이 있다고 인정되지 아니하는 한 근로자의 근로제공의무 등의 주된 권리·의무가 정지되어 근로자가 근로제공을 하지 아니한 쟁의행위기간 동안에는 근로제공의무와 대가관계에 있는 근로자의 주된 권리로서의 임금청구권이 발생하지 아니하며, 그 범위가 이른바 교환적 부분에 국한된다고는 할 수 없다. 또한 사용자의 노무지휘권이 존재하는 평상적인 근로관계를 전제로 하여 단체협약이나 취업규칙 등에서 결근자에 관한 어떤 임금을 지급하거나 삭감하도록 규정하고 있든가, 또는 그 관행이 있다고 하더라도 근로자의 근로제공의무가 정지되어 사용자가 노무지휘권을 행사할 수 없는 쟁의행위의 경우에 이를 유추하여 당사자 사이에 쟁의행위에 참가한 때에도 임금을 지급할 것을 내용으로 하는 근로계약이 체결된 것으로 볼 수는 없다」. 이 판례는 쟁의행위참가자의 임금지급에 관하여 종래의 임금이분설뿐만 아니라, 이른바 학설에서 주장된 의사해석설도 배제하는 것으로 볼 수 있다. 이에 관해서는 [121] 2. (1)에서 다시 설명하기로 한다.

2) Vgl. Zöllner/Loritz/Hergenröder, *ArbR* § 18 Rn. 32 ff.

우에는 관행에 따라 사용자의 사업장에서 또는 근로자의 은행계좌로 지급되는 것이 일반적이다. 타인 명의의 은행계좌로 임금을 입금하는 것은 근로기준법 제43조 1항 본문(직접불의 원칙)(벌칙 제109조 Ⅰ, Ⅱ 참조)에 반한다.

c) **임금의 산출** 임금의 산출기초 및 산출방법 등은 당사자 사이의 계약으로 정하지만, 취업규칙에서 정해진 것에 따르는 경우가 적지 않다. 임금은 근로에 대한 대가이므로 결근·조퇴 등 근로자의 귀책사유에 의한 노무제공의 불이행에 대해서는 그에 상응하여 사용자의 임금지급의무는 발생하지 않는다. 반면에 근로자가 출근하여 현실적으로 노무제공상태에 있음에도 일거리가 없어 작업을 하지 못하는 경우, 사용자가 노무제공의 수령을 거부하는 경우(수령지체: 민법 제400조, 제538조 참조), 사용자의 귀책사유로 노무제공이 불가능하게 된 경우(예컨대 사용자가 원료조달을 제때에 이행하지 않았거나, 부당해고로 근로자가 일을 할 수 없게 된 경우: 민법 제538조, 근기법 제46조; 벌칙 제109조 Ⅰ, Ⅱ 참조)에는 사용자는 근로자에게 임금(또는 휴업수당)을 지급해야 한다.

근로자의 불이행에 대한 임금감액산정의 경우, 시간 및 도급을 임금의 계산기초로 할 때에는 그 시행상의 어려움이 적으나, 월급·업적급의 형태로 임금을 지급하는 경우에는 임금지급규정이나 그 밖의 관련규정 또는 관행에 따르게 될 것이다.

d) **임금의 보호** 임금은 근로자의 유일한 생계의 원천이기 때문에 근로기준법은 임금채권을 보호하기 위한 여러 규정을 두고 있다. 우선 임금은 통화불·직접불·전액불·정기불을 원칙으로 하며(근기법 제43조 Ⅰ·Ⅱ; 벌칙 제109조 Ⅰ·Ⅱ), 사용자가 파산 또는 도산한 경우 임금채권은 일정한 한도 내에서 우선변제를 받을 수 있고(근기법 제38조 Ⅰ·Ⅱ; 임채법 제7조 참조), 도급근로자의 임금(근기법 제44조, 제47조; 벌칙 제109조 Ⅰ·Ⅱ, 제114조 ①)([50] 8. (1) 참고) 및 건설업에서의 도급근로자 및 건설업의 공사도급에서의 도급근로자의 임금(근기법 제44조의2 이하; 벌칙 제109조 Ⅰ·Ⅱ)([50] 8. (2) 참고)은 특별한 보호를 받는다. 그 밖에 최저임금법의 적용을 받는 근로자의 임금은 최저임금액 이상으로 보장된다(최임법 제6조 Ⅰ·Ⅱ·Ⅲ; 벌칙 제28조 Ⅰ). 임금채권의 2분의 1을 초과하는 임금액에 대해서는 압류할 수 없다(민집법 제246조 Ⅰ ④). 다만 법원은 당사자가 신청하면 채권자와 채무자(근로자)의 생활상황 기타의 사정을 고려하여 압류명령을 할 수 있다(민집법 제246조 Ⅲ).

임금채권의 소멸시효는 3년이다(근기법 제49조).

(2) 부수적 의무: 보호의무

a) **부수적 의무의 뜻** 사용자는 생산시설·기계·기구 등의 위험으로부터 근로자의 생명·신체·건강을 안전하게 보호할 신의칙상의 부수적 의무를 부담한다(또한 사용

자는 산안보법 제5조 및 제34조 이하의 규정에 의하여 공법상 안전·보건조치를 취해야 할 의무를 부담한다). 근로자가 그의 근로제공의무를 이행하기 위하여 사용자에게 제공하는 노동력은 근로자의 신체 및 인격과 불가분의 일체를 이루고 있기 때문에 근로자는 자신의 생명·신체·건강까지도 사용자의 지배하에 두지 않으면 안 되는 경우가 있다. 그러므로 사용자는 자신의 지배 하에 있는 근로자의 생명·신체·건강·인격과 품위를 침해하는 일이 없도록 적절한 보호조치를 강구하여야 한다. 이와 같은 사용자의 의무를 보호의무(Schutzpflicht)라 한다.[1)]

b) 보호의무

1) 보호의무는 각종의 노동보호법률이 제정되면서 그 범위가 확대·구체화되고 있다. 근로계약관계에 내재하는 계약상의 사법적(私法的) 보호의무와 노동보호법(예컨대 근로기준법, 산업안전보건법 등)이 규정한 공법상의 보호의무는 구별되지만, 노동보호법상의 보호의무는 사용자에 대한 공법적 효력을 가지면서 동시에 근로계약관계의 내용으로 전화(轉化)·화체(化體)되므로 보호의무의 범위를 확장하는 효과를 가져온다. 일반적으로 보호의무라고 할 때에 이를 모두 포괄적으로 지칭하는 것으로 이해하여야 한다.

2) 근로자는 근로관계가 존속하는 기간동안 그의 노동력을 사용자에게 제공함으로써 생활의 기본이 되는 소득(임금)을 얻는다. 그리고 근로자는 사용자에 의하여 정해진 사업장과 작업시설에서 주어진 장비와 작업도구를 사용하면서 노무를 제공해야 한다. 이러한 작업환경에서 노무를 제공하는 근로자들에게는 언제라도 신체·건강·생명을 해치는 위험이 현실화할 수 있다. 그렇다고 하여 근로자 자신이 이러한 재해를 예견하여 스스로 방어할 수 있는 것도 아니다. 더욱이 근로자들은 주어진 사업장에서 마음대로 노무제공을 포기 또는 거부할 수 없다. 그러므로 근로자는 그가 취업하고 있는 사업장의 업무환경에 순응하면서 노무제공을 계속하지 않을 수 없다. 다시 말하면 근로자는 사용자에 의하여 계획·형성된 위험·지배영역에 편입되어 근로의무를 수행하여야 한다. 근로관계에서 발생하는 각종의 근로자 보호문제는 근로자의 주된 채무인 노무제공과 직접 관련되어 있는 것이므로 사용자는 그의 지배영역에서 발생하는 위험으로부터 근로자를 보호해야 할 부수적 의무를 부담한다.[2)]

1) 大判 2006. 9. 28, 2004 다 44506; 大判 1999. 2. 23, 97 다 12082; 大判 2000. 5. 16, 99 다 47129 등. Waltermann, *ArbR* Rn. 202; *ErfK*/Preis, BGB 611a Rn. 618 ff.; 日本 最高裁三小判 昭和 50. 2. 2, 民集 29巻 2號, 143面; 最高裁三小判 昭和 59. 4. 10, 勞働判例 429號, 12面 참고. 보호의무는 배려의무와 구별하여 이해하는 것이 바람직하다(*ErfK*/Preis, BGB §611a Rn. 615 ff. 참고).

2) 大判 2006. 9. 28, 2004 다 44506; 大判 1997. 4. 25, 96 다 53086; 大判 2000. 5. 16, 99 다 47129; 大判 2001. 7. 27, 99 다 56734; 大判 2002. 11. 26, 2000 다 7301. Zöllner/Loritz/Hergenröder, *ArbR* §19 Rn. 2 f.; *ErfK*/Preis, BGB §111a Rn. 615 ff. 참고.

3) 보호의무는 인적 신의(信義)를 바탕으로 하는 근로관계로부터 발생하는 여러 가지 종류의 의무를 포함하는 것으로 해석되고 있으며, 그 범위가 특정 항목으로 한정되어 있는 것이 아니다. 근로자가 근로제공을 위해 사업장 내에 가지고 오는 물건을 적절히 보관할 의무, 근로자에 대한 인격과 품위를 침해하는 각종 행위를 예방하고 배제할 의무도 보호의무에 속한다. 근로자에게 상당 기간의 휴가를 부여할 의무, 일정 시간 이상을 근로시키지 않을 의무, 일정 비율의 보험료를 지급할 의무, 노무제공 중에 제3자에게 발생한 손해에 대하여 사용자가 근로자를 면책시켜줄 의무 등도 보호의무의 범주에 속하는 것으로 보는 견해도 있다.[1]

4) 보호의무의 구체적 내용은 당사자의 약정이나 취업규칙·단체협약·특별보호법 등에 의하여 정해질 수 있지만, 이러한 규정이 없더라도 근로자의 업무와 관련이 있는 범위 내에서는 사용자의 부수적 의무로서 인정될 수 있다.[2] 개정(전부개정: 2019. 1. 15, 시행 2020. 1. 1) 전 산업안전보건법은 산업재해가 발생할 급박한 위험이 있을 때 또는 중대재해가 발생하였을 때 사업주는 즉시 작업을 중지시키고 근로자를 작업장소로부터 대피시키는 등 안전·보건상의 조치를 취하여야 한다고 규정하고 있었으나(제26조 Ⅰ), 개정법은 '근로자는 산업재해가 발생할 급박한 위험이 있는 경우에는 작업을 중지하고 대피할 수 있다'고 규정함으로써 근로자의 작업중지권을 보장하고 있다(제52조 Ⅰ).[3]

c) 보호의무와 노동보호법 사용자는 사업장, 작업설비 및 작업공정에서 발생할 수 있는 생명·신체·건강에 대한 위험으로부터 근로자를 보호할 수 있도록 작업환경과 작업과정을 안전하게 계획·조성할 의무를 부담한다. 이러한 보호의무는 계약상의 의무이다. 우리민법은 독일민법(제618조 1항 참조)에서와 같이 고용계약의 절(민법 제655조 이하)에서 사용자의 보호의무를 규정하고 있지 않으나 학설과 판례(다음 d) 참고)는 이를 인정하고 있다. 또한 각종의 보호의무를 정하고 있는 산업안전보건법, 근로기준법 등 여러 특별법들이 제정되어 있어 보호의무의 내용이 구체화되고 있다(노동보호법에 관해서는 [29] 2. 참고). 노동보호법상의 보호의무는 사용자의 공법상의 의무를 규정한 것이지만 그러한 의무는 근로계약상의 사용자의 의무로 전화(轉化)·화체(化體)되기 때문에 공법상의 의무인 동시에 계약상(사법상)의 의무로서 이원적(二元的) 성질을 가진다.

d) 보호의무에 관한 판례 판례에 따르면 보호의무위반을 이유로 사용자에게

1) Zöllner/Loritz/Hergenröder, *ArbR* § 19 Rn. 6 ff., 15.

2) 大判 2001. 7. 27, 99 다 56734; 大判 2006. 9. 28, 2004 다 44506 등 참고.

3) 작업을 중지하고 대피한 근로자는 관리감독자 또는 부서의 장에게 지체없이 그 사실을 보고하여야 하고, 관리감독자는 필요한 안전·보건 조치를 하여야 한다(산안법 제52조 Ⅱ, Ⅲ). 사업주는 작업을 중지하고 대피한 근로자에 대하여 해고나 그 밖의 불리한 처우를 해서는 아니 된다(제52조 Ⅳ).

손해배상책임(민법 제2조, 제655조, 제390조)을 인정하기 위해서는 그 사고가 업무와의 관련성이 있을 뿐만 아니라 사고 발생이 예측되거나 예측가능한 경우이어야 하며, 그 예측가능성은 사고가 발생한 때와 장소, 발생경위 등 여러 사정을 고려하여 판단되어야 한다고 한다.[1] 그러나 예측가능성의 판단에 있어서 사용자의 주관적 인식가능성을 기준으로 할 것은 아니다. 보호의무의 범위가 부당하게 축소되어서는 안 되기 때문이다.[2]

근로자보호조치에 관해서는 노동보호법 내에 많은 규정들이 있는데, 이에 대한 사용자의 준수의무는 근로계약상의 보호의무의 기준이 될 수 있다([57] 6. (4) 참고). 따라서 사용자가 안전에 관한 법률의 규정을 준수하지 않을 경우에 그와 같은 보호조치의무위반이 근로계약상의 업무와 관련된 것인 경우에는 근로자는 사용자에게 채무불이행책임을 물을 수 있을 것이다. 또한 사용자의 보호의무위반행위는 불법행위(민법 제750조)에 해당할 수 있다.[3] 그 밖에 법률에 규정된 보호의무를 위반한 때에는 벌칙이 과해진다.

e) 보관의무 사용자는 근로자가 근로의 제공을 위해 사업장 내에 가지고 들어오는 근로자의 물건(예컨대 자동차·의류·가방 등)에 대하여 적절한 보관조치를 취할 의무를 부담한다. 즉 이러한 물건들이 도난·훼손되지 않도록 해야 할 사용자의 보관의무도 사용자의 부수적 의무에 속한다.

f) 인격적 이익의 존중의무 사용자는 근로자의 사생활(privacy), 명예·품격 등 인격적 이익을 존중해야 할 부수적 의무를 부담한다. 이는 근로자가 사용자의 명예나 대외적 신뢰를 훼손하지 않을 이른바 신의(信義)의무와 대비되는 의무이다.

사용자가 특정 근로자에게 회사의 상급자를 시켜서 부당한 처우를 하도록 하거나, 동료 근로자들의 우롱(愚弄)·깔봄행위를 묵인하거나, 고객인 제3자의 부당한 비난을 방치하는 등으로 괴롭힘 행위나 성적 차별행위에 직·간접으로 개입하는 것은 근로자의 인격이나 품위를 해치는 전형적 위법행위에 해당한다. 사용자가 근로자의 취업 중에 지득하게 된 사실이 해당 근로자에게 불이익한 것이면 (사용자에게) 그 비밀을 준수할 의무가 발생한다고 보아야 한다. 사용자는 근로자의 인사서류들을 주의의무를 가지고 보관해야 하며, 제3자가 이해관계를 가지는 사람이라는 이유만으로 그 서류를 열람하도록 해서는 안될 것이다. 사용자가 위의 보호의무 위반으로 근로자의 인격권이나 품위를 훼손한 때에는 불법행위가 성립할 수 있다. 또한 이와 같은 보호의무 위반행위는 사용자의 부수적

1) 大判 2001. 7. 27, 99 다 56734; 大判 2006. 9. 28, 2004 다 44506.
2) Waltermann, *ArbR* Rn. 202. 우리나라의 판례는 사용자의 계약상의 보호의무를 인정하면서도 사용자에게 불법행위책임을 지우기 위해서는 근로자가 사용자의 과실을 입증해야 한다고 한다(大判 2000. 3. 10, 99 다 60115; 大判 2006. 4. 28, 2005 다 63504).
3) 大判 2001. 7. 27, 99 다 56734 등.

의무인 보호의무에 반하는 것으로 보아야 할 것이다.

2011년 3월 29일에 제정된 「개인정보보호법」은 근로자의 개인정보 보호를 위해서 중요한 의미를 가진다(제15조 Ⅰ, 제16조, 제17조, 제23조, 벌칙 제70조 이하. 사용자의 고의 또는 중대한 과실로 근로자의 개인정보가 분실·도난·유출·변조되어 근로자에게 손해가 발생한 때에는 법원은 그 손해액의 3배 이내에서 손해배상액을 정할 수 있다(제39조)).

⑶ **취업기회부여의무**(근로자의 취업청구권)

근로자는 자신의 노동력을 사용자의 처분에 맡김으로써 임금청구권을 가질 수 있으나, 그렇다고 하여 근로자가 근로의 제공상태에 있으면 사용자는 근로자를 사실상 취업시킬 의무를 부담하는가? 다시 말하면 근로자는 근로관계의 내용으로서 사용자에 대하여 취업청구권(Beschäftigungsanspruch)을 가지는 것인가? 이에 대해서 과거의 학설은 부정적인 태도를 취하여 왔다.[1] 사용자가 근로자의 노무를 수령해야 한다는 의미에서 그 반사적 효과로서 근로자가 취업청구권을 갖는다는 것과 사용자가 노무를 사실상 수령하지 않으면 근로자가 불이익을 입게 되어 손해배상을 청구할 수 있는 권리를 갖는다는 것과는 구별하여야 할 것이다.[2] 오늘날의 지배적인 견해는 근로자의 취업청구권을 인정한다.[3] 이를 긍정하는 견해는 근로관계를 단순히 권리·의무의 발생 기초로만 보지 아니하고, 근로자가 이를 통해서 인격을 실현하는 법적 관계라고 이해한다. 다시 말하면 근로자는 취업을 통해서 인간적으로 성장하고, 기술·기능을 향상시킬 뿐 아니라, 사회와의 발전적 접촉을 할 수 있고, 자기존재의 확인을 위한 중요한 기회를 가지게 된다.[4] 따라서 근로자의 인격존중은 그의 근로에 대한 경제적 평가(임금액과 관련하여)에 의해서만 성취되는 것이 아니라, 그에게 주어진 근로의 기회를 통해서 발전적으로 실현된다. 그러므로 사용자가 정당한 이유없이 근로자를 취업시키지 않은 때에는 설령 근로자가 임금을 받는 경우라 하더라도 인격권의 침해가 된다.[5] 그러나 근로자가 어떤 업무를 수

---

1) Oertmann, *Arbeitsvertragsrecht*, 1923, S. 137. 일본의 통설·판례는 부정적 견해를 취한다. 또한 菅野, 「勞働法」, 150面. 긍정적 견해: 西谷, 「勞働法」, 95面.

2) 同旨: 土田, 「勞働契約法」, 143面.

3) *MüchArbR*/Reichold, Bd. Ⅰ, §84 Rn. 1 ff.; *ErfK*/Preis, BGB §611a Rn. 564; Waltermann, *ArbR* Rn. 774; Otto, *ArbR* Rn. 573; BAG AP NRn. 2, 3, 4, 14 zu §611 BGB Beschäftigungspflicht.

4) 同旨: 西谷, 「勞働法」, 95面. 독일에서는 직업교육과 관련하여 취업청구권이 법률(직업교육법: Berufsbildungsgesetz)로 규정되어 있다(제14조 Ⅰ ①).

5) BAG AP Nr. 2 zu §611 BGB Beschäftigungspflicht; *ErfK*/Preis, BGB §611a Rn. 563; Hromadka/Maschmann, *ArbR*, Bd. 1, §7 Rn. 151; 西谷, 「勞働法」, 95面; 下井隆史, '就勞請求權について', 「勞働協會雜誌」 175號, 6面 참고. 우리 대법원도 사용자는 특별한 사정이 없는 한 근로자와 사이에 근로계약의 체결을 통하여 자신의 업무지휘권·업무명령권의 행사와 조화를 이루는 범위 내에서 근로자가 근로제공을 통하여 참다운 인격의 발전을 도모함으로써 자신의 인격을 실현시킬 수 있도록 배려하여야 할 신의칙상의 의무를 부담한다고 하고(大判 1996. 4. 23, 95 다 6823), 사용자가 근로자의 의사

행할 가능성이 없거나, 근로자를 취업시키는 것이 사용자의 이익에 크게 반하는 경우에는 근로자에게 취업청구권이 인정될 수 없다.[1)]

근로자의 취업청구권이 현실적으로 문제가 되는 것은 근로자의 능력이나 기술의 습득·유지 또는 향상을 위한 근로관계(견습공·기술자·연구원·배우·운동선수·수련의·비행기 조종사의 경우)의 경우에 한정되는 것이 일반적이었다. 다시 말하면 사용자가 취업의 기회를 주지 않음으로써 근로자의 직업상의 발전에 부정적 영향을 주는 경우에 주로 문제시되었다. 그러나 근래에 와서는 근로자에게 취업의 기회를 주지 않는 것은 소극적으로 근로자의 인격권침해 또는 사용자의 보호의무위반에 그치는 것이 아니라, 근로자의 직업상의 능력과 기술을 개발·촉진해 주어야 할 사용자의 지원의무(Förderungspflicht)에 반한다고 이해되고 있다.[2)] 오늘날 근로자에게 취업의 기회를 주어야 할 의무는 사용자의 수령의무의 인정 필요성이 특히 높은 의무로서, 단순한 사용자의 책무에 그치는 것이 아닌 근로자의 직업·생활 능력을 지원하는 의무라는 견해가 지배적이다.[3)] 학설은 한걸음 더 나아가 근로계약에 합치하는 취업기회에 대한 근로자의 청구권은 사용자의 주된 채무에 상응하는 것이라는 적극적 견해를 취하기도 한다. 적어도 사용자가 근로자에게 취업의 기회를 주어야 할 의무는 주된 급부의무로부터 형성되는 구체화된 의무라고 이해하고 있다.[4)] 따라서 사용자가 정당한 이유없이 근로자의 취업을 거절하여 근로자가 기술·기능의 습득 또는 연마의 기회를 잃거나 경력상의 불이익을 받았다면 그 기간에 대한 임금청구와는 별도로 정신적 손해 또는 그가 입은 불이익에 대한 손해를 배상 받아야 한다.[5)] 근로자를 한직 또는 취업의 가치가 떨어지는 작업장으로 배치전환하는 사

에 반하여 정당한 이유 없이 근로자의 근로제공을 계속적으로 거부하는 경우에는 근로자의 인격적 법익을 침해한 것이 되므로, 사용자는 그로 인한 근로자의 정신적 고통에 대하여 배상할 의무를 부담한다고 한다. 同旨: 大判 1993. 12. 21, 93 다 11463; 大判 1994. 2. 8, 92 다 893 등. 우리나라의 판례는 독일의 학설·판례의 영향을 받은 것으로 생각된다.

1) 예컨대 근로자에 대한 사용자의 신뢰관계가 훼손되었거나, 해당 근로자를 위한 적당한 일자리가 당분간 존재하지 않거나, 사업장의 비밀누설 위험이 있거나, 회사에 예상 밖의 비용지출이 생기거나, 그 밖의 즉시해고의 사유 등이 있을 때에는 근로자의 취업청구는 인정될 수 없다. 따라서 근로자의 취업청구권은 절대적 우위를 가지는 권리는 아니다(Preis, *IndividualArbR* Rn. 1418 참고).

2) 大判 1996. 4. 23, 95 다 6823; *ErfK*/Preis, BGB §111a Rn. 564; Zöllner/Loritz/Hergenröder, *ArbR* §19 Rn. 17 f.; 西谷, 「勞働法」, 95面.

3) *ErfK*/Preis, BGB §611a Rn. 564; *MünchArbR*/Reichold, Bd. Ⅰ, §84 Rn. 11 f.; 西谷, 「勞働法」, 95面. 異見: 菅野, 「勞働法」, 150面 이하. 근로자의 취업청구권을 사용자의 노무 수령의무의 측면에서 적극적으로 인정하는 문헌으로는 土田, 「勞働契約法」, 143面 이하 참고(사용자의 취업거절 자체를 채무불이행으로 보면서 그 법적 근거를 신의칙에 기한 사용자의 배려의무에서 구하고 있다).

4) *ErfK*/Preis, BGB §111a Rn. 564; Waltermann, *ArbR* Rn. 212; 土田, 「勞働契約法」, 143面.

5) 土田, 「勞働契約法」, 143面.

용자의 행위가 무효라고 판단되는 경우에는 근로자의 계약상의 취업청구권이 침해될 수 있는 것으로 해석되고 있다. 이와 같이 근로자의 취업청구권은 법형성적 구체화과정을 거치면서 사용자의 주된 의무의 영역에 편입되고 있다.[1)]

실제로는 무효인 해고나 부당한 휴직 또는 출근정지처분을 받은 근로자가 취업을 요구하였으나 사용자에 의하여 거절당한 경우에 그 근로자에 의한 취업방해금지의 가처분신청이 인정될 것인가 하는 구체적 문제가 발생할 수 있다. 이에 대해서 근로의무는 의무에 지나지 않으며 권리가 아니므로 특약이 없거나 특별한 기능자 또는 수련자의 경우가 아닌 한 취업청구권은 인정되지 않는다고 하는 것이 일반적 견해였다.[2)] 그러나 해고나 출근정지처분이 명백하게 무효인 경우에는 가처분신청을 통하여 취업청구권을 주장할 수 있다는 견해가 유력해지고 있다.[3)] 다만 부당해고에 대한 노동위원회의 원직복직명령이 있더라도 그 구제명령이 사법상(私法上) 확정될 때까지는 근로자의 취업청구권을 인정하기 어렵다고 보아야 한다.

⑷ 균등대우의무

a) 사용자는 정당한 이유가 없는 한 근로자를 균등하게 대우해야 할 의무를 부담한다. 근로기준법과 남녀고용평등법은 균등대우에 관하여 구체적인 규정(예컨대 근기법 제6조; 남녀고평법 제7조 내지 제11조; 근퇴법 제6조 Ⅱ 등 다수)을, 헌법은 기본권 조항(예컨대 헌법 제11조)을 두고 있다(균등대우에 관련해서는 [37] 참고). 균등대우에 관한 구체적 규정들은 그 규정내용에 따라 개별적 근로관계에 대하여 효력을 미칠 수 있다. 그러나 추상적 기본권조항으로부터 근로자의 구체적 균등대우청구권을 추출할 수는 없다. 사용자는 기본적으로 그의 경영체의 인적·물적 조직을 그의 선택에 따라 자유롭게 형성할 수 있는 권한(헌법 제119조 Ⅰ, 제23조 Ⅰ, 제15조 참조)을 가지고 있다([27] 3. (2) 참고).[4)] 다만, 사용자가 이와 같은 권한을 행사할 때에는 형평의 원칙에 따라야 할 뿐이다. 따라서 균등대우를 할 수 없는 합리적 이유(실질적 근거), 즉 기능·기술·학력·경력·경험·소질 등의 차이가 있을 때에는 균등대우는 문제되지 않는다.

b) 균등대우의무가 흔히 문제되는 경우들은 주로 근로조건 및 해고에 있어서 남녀의 차별대우를 비롯하여 생산직근로자와 관리직근로자, 정규직근로자와 기간제근로자의 차별 등에서이다. 특히 남녀의 균등대우에 관해서는 남녀고용평등법 제7조 내지 제11조가 모집·근로조건·해고 등에 대해 평등한 대우를 규정하고 있다. 남녀고용평등법 제8

---

1) *ErfK*/Preis, BGB §111a Rn. 564 참고.

2) 菅野, 「勞働法」, 150面; 榴崎二郎, '勞働契約と就勞請求權', 「現代勞働法講座(10)」, 1982, 26面 이하.

3) *ErfK*/Preis, BGB §111a Rn. 564; 西谷, 「勞働法」, 95面

4) Waltermann, *ArbR* Rn. 210 참고.

조 1항은 동일가치의 노동에 대하여 동일임금을 지급할 것, 동조 2항은 동일가치노동의 판단은 직무수행에서 요구되는 기술·노력·책임 및 작업조건 등을 그 기준으로 할 것을 규정하고 있다.[1] 예컨대 관리직과 생산직 근로자의 경우에는 각각 요구되는 업무수행능력과 직역에서 차이가 있으므로 형식적 균등대우의 실현이 어려울 것이다. 다만, 퇴직급여보장법 제4조 2항은 퇴직금제도를 설정함에 있어서 차별규정을 금지하고 있다([77] 3. (3) e) 참고). 특히 해고의 정당한 사유에 해당하는 다수의 근로자들 중에서 일정수의 근로자를 해고하게 될 경우에 균등대우의 원칙이 엄격하게 적용되기는 현실적으로 어려울 것이다. 그러나 이와 같은 「선별해고(選別解雇)」를 통하여 노동조합간부 또는 여성근로자를 위주로 해고한다면 부당노동행위(노조및조정법 제81조 이하; [127] 3. 이하 참고) 또는 성차별(남녀고평법 제11조)이 문제된다.

4. 근로관계에 대한 민법과 노동법의 상호관계

a) 민법은 당사자 사이의 채권관계를 채권자 중심으로 규율하고 있다. 다시 말하면 고용관계(근로관계)를 채권자(사용자)의 입장에서 노무자에 대한 노무제공청구권(뒤집어 말하면 노무자의 노무제공의무)을 중심으로 규율한다(민법 제655조 이하). 그러므로 노무자(근로자)는 노무제공의무를 부담하는 채무자로서 노무제공에 대한 반대급부로 보수(임금)를 청구할 수 있는 권리를 가진다. 그리고 노무자가 채무를 제대로 이행하지 않으면 채무불이행책임(민법 제655조, 제390조)을 진다. 뿐만 아니라 채권자(사용자)는 기간의 약정이 없는 고용관계에서는 1개월 전에 통고하면 노무자를 언제든지 해고(고용관계의 해지)할 수 있다(민법 제660조). 이와 같이 민법은 채권자인 사용자의 권리를 중심으로 구성된 법률이다.

이와는 달리 노동법은 근로자(노무자)의 권리를 중심으로 하여 구성된 법이다. 따라서 근로자의 임금·근로시간·건강·위생에 관한 권리를 보호하고 개선하며, 해고로부터 오는 불이익을 방지하는 것이 노동법의 기본취지이다. 대부분의 노동관계법들은 특별보호법으로서 사용자에게 의무를 부과함으로써 근로자의 권리를 보호하고 있다. 다시 말하면 사용자가 근로자를 위한 특별보호법상의 의무를 준수·이행함으로써 근로자의 권리는 실현된다. 노동보호법상의 사용자의 의무이행은 근로자의 권리실현의 이면으로 이해되고 있다.

b) 근로자와 사용자의 권리·의무를 총체적으로 파악하는 데 있어서는 근로자와 사

---

1) 동일가치노동에 대한 동일임금지급에 관한 판례: 大判 2003. 3. 14, 2002 도 3883([37] 1. (3), 2. (3) 참고); 大判 2011. 4. 28, 2011 다 6632 참고.

용자 사이에 존재하고 있는 권리 · 의무를 종합적으로 살펴야 한다. 사용자는 임금지급의무와 보호의무(부수적 의무)를 부담하며, 근로자는 노무제공의무와 각종의 부수적 의무를 부담한다. 노동법이 규정하고 있는 사용자의 의무 내지 근로자의 권리에 관한 규정들은 이와 같은 총체적 권리 · 의무관계의 구조 속에서 특별히 근로자의 각종 권리를 보호하는 것을 목적으로 하고 있다. 그러나 근로자가 그의 의무를 다하지 않으면, 이에 대한 예외가 인정되지 않는 한 여타의 채권관계에서와 마찬가지로 채무불이행책임을 부담한다(앞의 1 참고).

c) 대부분의 노동관계법은 민법의 특별법이라고 이해해야 한다. 따라서 근로관계에 대하여는 노동법이 우선적으로 적용되지만 노동관계법에 규정이 없는 사안에 대해서는 일반법으로서 민법이 적용된다. 근로관계도 민법상의 고용관계(민법 제655조 이하)에 해당하기 때문이다. 노동관계법은 근로자의 보호라는 관점에서 근로자의 권리 내지 사용자의 의무를 그 규정 내용으로 하고 있기 때문에 근로자의 의무에 관해서는 규정하지 않는 태도를 취하고 있다. 예컨대 근로자가 근로관계를 해지할 경우에 해지사유나 해지통고기간에 대해서 근로기준법은 아무 규정을 두고 있지 않다. 이때에는 민법 제659조 이하의 규정이 적용된다. 따라서 근로계약기간이 3년을 넘을 때에는 근로자는 언제든지 계약해지의 통고를 할 수 있으나 해지의 효력은 사용자가 해지통고를 받은 날로부터 3개월이 경과한 때 발생한다(민법 제659조). 근로기간의 약정이 없는 때에는 근로자는 언제든지 근로관계의 해지통고를 할 수 있다. 이 경우에 해지의 효력은 상대방이 해지의 통고를 받은 날로부터 1개월이 경과한 때에 발생한다(민법 제660조 Ⅰ · Ⅱ). 그러나 사용자측에서 근로관계를 해지(근로자의 해고)하려면 우선적으로 근로기준법 제23조(벌칙 제107조 참조), 제24조, 제26조(벌칙 제110조 ① 참조), 제27조 등이 적용된다. 정당한 이유나 경영상의 긴박한 사유가 없는 해고는 무효이다. 해고의 정당한 이유 없는 부당해고에 대해서 근로자는 노동위원회에 구제신청을 함으로써 해고의 효력을 다툴 수 있다. 그러나 위에서 설명한 바와 같이 근로자측에서 근로관계를 해지하려면 민법 제659조 및 제660조가 적용될 뿐이다. 다시 말하면 근로자는 정당한 이유 없이 해지할 수 있으나, 다만 해지통고기간(3개월 내지 1개월)을 준수해야 한다. 근로자가 해지(사직)하는 경우에 노동관계법에 아무 규정을 두고 있지 않다고 해서 민법규정의 적용이 배제되는 것은 아니다.

[50] Ⅲ. 임 금

1. 총 설

근로기준법은 크게 나누어 보면 근로헌장적 기본원칙규정, 근로계약의 성립 및 존속에 관한 제반 보호규정, 해고제한에 관한 규정과 근로감독제도에 관한 규정으로 구성되어 있다. 그 중에서 근로조건의 기준을 정한 규정과 해고 규정이 가장 중요한 것임은 더 말할 필요가 없다. 그리고 근로조건 중 임금이 가장 핵심적 부분임도 부언할 필요가 없다.

임금은 근로자가 생존을 확보하기 위한 유일의 경제적 수단이다. 따라서 임금문제는 노동운동에 있어서도 가장 큰 관심의 대상이 된다. 근로자의 최저한의 근로조건을 설정하는 근로기준법 역시 임금을 필수적인 보호대상으로 삼고 있다. 임금의 보호를 위해서는 여러 가지 형태의 보장이 필요하다. 그런 의미에서 우리나라의 근로기준법도 임금보호규정들을 두고 있으며, 또한 임금액의 최저한도를 보장하는 최저임금법이 제정·실시되고 있다.

2. 임금의 의의

(1) 임금의 개념

a) 「'임금'이란 사용자가 근로의 대가로 근로자에게 임금·봉급, 그 밖에 어떠한 명칭으로든지 지급하는 일체의 금품을 말한다」(근기법 제2조 Ⅰ ⑤).[1]

근로의 대가라고 함은 근로자가 사용자의 지시·감독을 받으며, 근로를 제공하는 것에 대한 보수라고 이해되므로 사용자는 개개의 근로자에 대하여 법률상 또는 계약상 임금(대가)의 지급의무를 부담한다. 판례[2]에 따르면 「임금이란 사용자가 근로의 대상으로 지급하는 일체의 금품을 말하고, 의례적·호의적 의미에서 지급되는 것은 포함하지 아니한다」고 한다. 의례적·호의적 의미에서 지급되는 것은 사용자의 대가지급의무에 의하여 지급되는 것이 아니기 때문이다.

판례는 근로의 대가의 의미를 「근로자에게 지급되는 금품이 평균임금 산정의 기초가 되는 임금 총액에 포함될 수 있으려면 그 명칭의 여하를 불문하고, 또 그 금품의 지급이 단체협약, 취업규칙, 근로계약 등이나 사용자의 방침 등에 의하여 이루어진 것이라 하더라도 그 지급의무의 발생이 근로제공과 직접적으로 관련되거나 그것과 밀접하게 관련된 것으로 볼 수 있는 것」이어야 한다고 함으로써 임금의 정의를 보다 구체화하고 있

1) Schaub/Vogelsang, *ArbRHandb*, § 67 Rn. 4 ff.; Nikisch, *ArbR*, Bd. Ⅰ, S. 323 f. 참고.
2) 大判 1973. 3. 27, 72 다 2425; 大判 1976. 1. 27, 74 다 1580; 大判 1990. 11. 9, 90 다카 4683.

다.[1] 또한 2003년 2월 11일 판결[2]에서는 「사용자가 근로의 대상으로 근로자에게 지급하는 일체의 금품으로서, 근로자에게 계속적·정기적으로 지급되며 그 지급에 관하여 단체협약, 취업규칙, 급여규정, 근로계약, 노동관행 등에 의하여 사용자에게 그 지급의무가 지워져 있고, 또한 일정요건에 해당하는 근로자에게 일률적으로 지급하는 것이라면 그 명칭 여하를 불문하고 평균임금 산정의 대상이 되는 임금이라고 보아야 한다」고 판시하고 있다. 따라서 판례의 태도에 따르면 임금이라고 할 수 있기 위해서는 근로의 대가로서 지급되어야 하며, 근로의 대가가 되기 위해서는 적어도 첫째, 근로자에게 계속적·정기적·일률적으로 지급되고,[3] 둘째, 근로제공과 관련하여 사용자에게 지급의무가 있어야 한다. 따라서 특수한 근무조건이나 환경에서 직무를 수행함으로써 근로자에게 추가로 발생되는 비용을 보상하기 위하여 지급되는 이른바 실비변상적 급여는 '근로의 대가'로 지급되는 것이라고 볼 수 없기 때문에 임금에 포함될 수 없다.[4] 근로의 대가가 아닌 기업시설이나 그 보수비, 실비변상적인 경비(보안장비구입비, 작업복구입비, 판공비, 출장비 등), 은혜적인 급부[5](경조금, 장려금, 위로금 등) 등은 임금이 아니다. 여비, 기밀비, 정보비 등도 마찬가지이다.[6] 다만, 실비보상적인 것이라도 실적에 따른 대가적 의미의 성격이 강한 경비(출·퇴근교통비, 연구수당, 학생지도실습비 등)로서 모든 근로자에게 일정액을 계속적·정기적으로 지급하였다면 이는 임금으로 보아야 한다.[7] 임금인지의 여부에 대하여 구체적 예를 들어 살펴보면 다음과 같다.[8]

① 상여금이 정기적·제도적으로 지급되는 경우에는 단순히 의례적·호의적으로 지급되는 것이라고 볼 수 없으므로 임금의 성질을 가지는 것이며,[9] 퇴직금은 후불로 지급

1) 大判(전합) 1999. 5. 12, 97 다 5015.
2) 大判 2003. 2. 11, 2002 다 50828.
3) 大判 2002. 12. 10, 2002 다 54615(특별성과급 등이 근로기준법상의 임금에 해당하여 보험료 등의 산정에 있어 합산해야 하는지 여부는 특별성과급 등의 지급이 일시적·비정기적인 것인지, 아니면 계속적·정기적인 것인지 여부에 의해 결정되는 것이다); 大判 2004. 5. 14, 2001 다 76328(영업직원에게 지급하는 성과급은 개인별 실적에 따라 달라지는 것으로서 근로제공 자체의 반대급부라고는 볼 수 없으므로 임금에 해당되지 않는다).
4) 大判 2013. 4. 26, 2012 도 5385; 大判 1990. 11. 9, 90 다카 4683.
5) 大判 2003. 4. 22, 2003 다 10650; 大判 2013. 4. 26, 2012 도 5385.
6) 1981. 12. 22, 근기 1455-37763.
7) 大判 2013. 4. 26, 2012 도 5385; 大判 1977. 9. 28, 77 다 300.
8) 임금의 범위 문제는 평균임금산정에 중대한 영향을 주게 되며, 실제적으로는 퇴직금(근퇴법 제8조)·휴업수당(근기법 제46조)·연차유급휴가금(근기법 제60조)·재해보상(근기법 제79조, 제80조, 제82조부터 제84조)·감급(근기법 제95조)의 산정과 직접적으로 관련되어 있다.
9) 大判(전합) 2013. 12. 18, 2012 다 94643(정기상여금을 통상임금으로 본 판례); 大判 2006. 5. 26, 2003 다 54322·54339 참고.
상여금을 임금으로 본 판례: 大判 1975. 9. 23, 74 다 1293; 大判 1976. 10. 26, 76 다 1090; 大判

되는 임금으로서의 성격을 지닌다.[1)] 단체협약 등을 통해 임금인상의 일환으로 사학연금법상 개인부담금의 일부 또는 전부를 학교법인이 교비에서 지급한다 하더라도 그 단체협약이 무효라거나 개인부담금 상당액이 부당이득이라고 볼 수 없다.[2)] ② 물가수당·통근수당[3)]·가족수당[4)]·의료보조금·월동수당 등은 그것이 계속적·일률적으로 지급된다면 근로의 대가로서 임금에 속한다. ③ 해고수당은 퇴직금과는 달리 생활수단의 보장을 위한 부조제도의 변형이므로 임금이 아니다.[5)] ④ 경조금·위로금은 단체협약·취업규칙 또는 근로계약 등에 지급조건이 명시되어 사용자에게 지급의무가 존재하고, 근로자에게 청구권이 있다고 하여도 근로의 대가가 아니므로 임금이라고 할 수 없다.[6)] ⑤ 유급휴일·연차유급휴가중에 지급되는 급여[7)] 등은 근로의 대가이므로 임금에 속한다. ⑥ 사업주부담의 건강보험료,[8)] 근로자의 재해에 대한 근로기준법상의 보상금은 근로의 대가가

1979. 7. 10, 79 다 919; 大判 1981. 11. 24, 81 다카 174; 大判 1982. 4. 13, 81 다카 137; 大判 1982. 10. 26, 82 다카 342; 大判 1989. 4. 11, 87 다카 2901; 大判 1990. 11. 27, 90 다카 10312.

1) 퇴직금의 임금으로서의 성질을 인정한 판례: 大判 1969. 1. 21, 68 다 2130; 大判 1969. 12. 30, 69 다 1977; 大判 1975. 7. 22, 74 다 1840; 大判 1989. 11. 24, 88 다카 25038; 大判 1990. 5. 8, 88 다카 26413; 서울民地判 1991. 1. 17, 90 가합 27899; 서울高判 1993. 9. 28, 92 나 16333.

2) 大判 2018. 1. 25, 2015 다 57645.

3) 출퇴근교통비를 임금으로 본 판례: 大判 1992. 4. 10, 91 다 37522(출퇴근교통비 지급의 근거가 급여규정에 반드시 명시되어 있는 것은 아니라 할지라도 정기적·제도적으로 지급되어 왔고, 사무총장을 제외한 사무국의 전직원에게 그 직급에 따라 일률적으로 지급되어 온 것일 뿐 아니라 특히 사무국직원 중 출퇴근교통비가 지급되지 아니한 사무총장에게는 그 대신에 출퇴근차량이 제공되었다면 위 출퇴근교통비는 여비·출장비 등과 같은 실비변상적인 성격의 금원이 아니라 근로기준법 제18조에서 말하는 근로의 대상인 임금의 성질을 갖는 금원이라고 한 사례). 출퇴근교통비의 임금성을 부인한 사례: 大判 1995. 5. 12, 94 다 55934(자가운전보조비 명목의 금원이 일정 직급 이상의 직원 중 자기 차량을 보유하여 운전한 자에 한하여 지급되고 있다면 이는 단순히 직급에 따라 일률적으로 지급된 것이 아니고 그 지급 여부가 근로제공과 직접적으로 또는 밀접하게 관련됨이 없이 개별 근로자의 특수하고 우연한 사정에 따라 지급되는 것이므로, 그 자가운전보조비 중 회사가 그 직원들에게 자기 차량의 보유와 관계없이 교통비 명목으로 일률적으로 지급하는 금원을 초과하는 부분은 비록 그것이 실제 비용의 지출 여부를 묻지 아니하고 계속적·정기적으로 지급된 것이라 하더라도 근로의 대상으로 지급된 것으로 볼 수 없다고 한 사례).

4) 大判(전합) 1995. 7. 11, 93 다 26168(가족수당은 회사에게 그 지급의무가 있는 것이고 일정한 요건에 해당하는 근로자에게 일률적으로 지급되어 왔다면 이는 임의적·은혜적인 급여가 아니라 근로에 대한 대가의 성질을 가지는 것이다); 大判 1993. 6. 11, 92 다 35387; 大判 1994. 9. 23, 94 다 14087; 大判 1996. 2. 27, 95 다 37414.

5) 박상필, 「노동법」, 216면.

6) 축하금·격려금도 지급사유가 미리 확정되어 있지 않고 지급조건도 회사가 임의적으로 정하기 때문에 임금이라고 할 수 없다(大判 1994. 5. 24, 93 다 4649).

7) 大判 2005. 3. 11, 2003 다 27429. 「하기휴가비가 회사의 종업원이 실제로 하기휴가를 실시하였는지 여부에 관계 없이 일률적으로 지급되었다면 이는 근로의 대상으로 지급된 금품으로서 평균임금산정의 기초가 되는 임금에 해당한다」(大判 1995. 7. 28, 94 다 54542; 大判 1996. 5. 14, 95 다 19256).

8) 大判 1994. 7. 29, 92 다 30801(의료보험료 중 (현행)의료보험법 제52조의 규정에 의한 사용자부담

아니므로 임금이 아니다. ⑦ 근로자를 위한 복리후생적 급여와 실비변상적 급여는 근로의 대가가 아니므로 임금이 아니다.[1] ⑧ 식사대[2] · 김장값 · 추석떡값 등은 임금이라 할 수 있으며, 사택의 제공도 다른 근로자에게 이에 갈음한 주택수당이 일률적으로 지급되고 있는 한 임금으로 취급된다.[3] ⑨ 근로자가 고객으로부터 호의적으로 받은 팁은 사용자로부터 받는 것이 아니므로 임금이 아니다. 다만, 봉사료의 명목으로 사용자가 일단 받아서 이를 다시 종업원에게 분배한다면 근로의 대가로 볼 수 있으므로 임금의 성격을 갖는다.[4]

대체로 i) 법정수당(근기법 제56조, 제60조 등 참조. 해고예고수당 · 재해보상 · 귀향여비 · 휴업보상은 제외), ii) 현물로 지급되는 보상, iii) 판매수당 또는 영업수당,[5] iv) 가족수당[6] 등은 근로의 대가로 볼 수 있으나, i) 불확정적 · 일시적 특별상여금[7] 또는 일시적 · 변동적 상여금,[8] ii) 일시적으로 지급되는 학비보조비, iii) 출장비,[9] iv) 육성회 지급금[10]등은

분은 근로자가 근로의 대상으로서 사용자로부터 지급받는 임금에 해당한다고 볼 수 없다).

1) 大判 2015. 6. 24, 2012 다 118655; 大判 1990. 11. 27, 90 다카 10312. 그러나 예컨대 대학교수의 연구수당 및 학생지도수당이 어떤 실적에 따른 실비변상이 아니라, 일반적으로 일정액을 정기적 · 계속적으로 지급한 것이면 이를 임금으로 보아야 한다(大判 1977. 9. 28, 77 다 300). 大判 1994. 9. 13, 94 다 21580(종합병원 과장급 의사의 의학연구비도 마찬가지이다).

2) 大判 1974. 7. 23, 74 다 106; 大判 1993. 5. 11, 93 다 4816; 大判 1993. 5. 25, 93 다 3387; 大判 1994. 5. 24, 93 다 5697; 大判 2003. 2. 11, 2002 다 50828(개인연금회사지원금은 근로자들 모두에게 계속적 · 정기적으로 지급되었고, 중식대는 근로일수에 따라 일률적으로 식권이나 현금으로 지급되었으며, 그 지급기준이 사용자의 의사에 달려 있었던 것도 아니고, 실비변상을 위하여 지급된 것으로 보기도 어려우므로, 위 금원은 회사에게 지급의무가 있는 것으로서 임금에 해당하는 것으로 볼 여지가 있다는 사례).

3) 大判 1972. 12. 26, 71 다 2590. 지급액이 확정되지 않은 김장보너스, 재직을 조건으로 지급되는 설 · 추석상여금은 통상임금이 아니다(大判(전합) 2013. 12. 18, 2012 다 94643).

4) 박상필, 「노동법」, 216면; 大判 1992. 4. 18, 91 누 8104; 1985. 11. 14, 근기 01254-20594.
한편 회사가 소속 운전기사들에게 매월 실제근로일수에 따른 일정액을 지급하는 이외에 근로형태의 특수성과 계산의 편의 등을 고려해 일정액의 사납금(社納金)을 공제한 잔액을 운전기사의 개인수입으로 인정해 왔다면, 이와 같은 운전기사 개인수입 부분은 근로의 대가인 임금에 해당한다(大判 1993. 12. 24, 91 다 36192).

5) 1993. 11. 12, 임금 68207-671.

6) 大判 1992. 4. 14, 91 다 5587; 大判 1991. 2. 12, 90 다 15952 · 15969 · 15976(병합); 大判 1990. 11. 9, 90 다카 19467 등 참고.

7) 일시적으로 지급되는 것이 아닌 특별상여금, 후생적 복지 및 연월차휴가수당은 임금의 성질을 가진다(大判 2005. 3. 11, 2003 다 27429).

8) 大判 1982. 10. 26, 82 다카 342; 大判 2002. 6. 11, 2001 다 16722; 大判 2006. 2. 23, 2005 다 54029(회사가 근로자들에게 지급한 '성과금'이 경영실적이나 무쟁의(無爭議) 달성 여부에 따라 그 지급 여부나 지급금액이 달라지는 경영성과의 일부 분배로 볼 수 있을 뿐, 근로의 대상으로서의 임금이라 할 수 없으므로, 퇴직금 산정의 기초가 되는 평균임금에 포함되지 않는다고 판단한 사례).

9) 1993. 3. 15, 임금 68220-17.

10) 大判 1973. 11. 27, 73 다 498(사용자가 부담하는 금액이 아니기 때문이다).

근로의 대가라고 할 수 없다.

b) 채권법적으로 말하면 근로관계에 있어서의 사용자의 주된 의무는 근로자에게 임금을 지급하는 것이며, 이 임금지급의무는 근로자의 근로제공의무와 쌍무적 견련관계에 있다. 그러므로 임금의 법적 성질은 제공된 근로에 대한 반대급부로서의 의미를 가진다.[1] 그러나 근로관계에서 근로제공의무는 근로자가 그의 노동력을 사용자의 지배·처분하에 두면서 개시되므로 제공된 노동력의 구체적 사용여부는 전적으로 사용자의 자유에 속한다. 근로자가 노무제공상태에 있는 한 사용자는 근로자를 현실적으로 취업시키지 못하거나 취업시키기를 원하지 않더라도 임금지급의무를 면할 수 없다. 다시 말하면 근로계약에 의하여 타인의 노동력 사용을 자기의 지배하에 두고 있는 자(사용자)는 마땅히 그 노동력의 사용에 대한 경제적 위험(wirtschaftliches Risiko)을 부담하여야 한다. 즉, 현실적으로 사용된 근로(노동력)에 대해서만 보수가 지급되어야 한다는 주장은 근로계약관계에 있어서는 타당하지 않다.[2] 근로기준법 제50조 3항은 「작업을 위하여 근로자가 사용자의 지휘·감독 아래에 있는 대기시간 등은 근로시간으로 본다」고 규정하고 있다.

(2) **임금의 약정과 근로계약의 성립**

근로자의 근로는 사용자와의 노무급부에 대한 약정을 기초로 행하여진다. 근로의 대가인 임금의 지급의무도 이러한 약정과 함께 정하여지는 것이 보통이다.[3] 그러므로 근로자가 채용된 때에는 사용자의 임금지급의무가 전제된다. 그러면 임금지급에 관한 약정이 이루어지지 않은 경우에 계약의 중요부분에 관한 구체적 합의가 존재하지 않는다는 이유에서 (근로)계약의 성립을 부인해야 할 것인가? 마찬가지로 근로의 대가부분에 관한 약정이 무효가 된 경우에 근로계약 전체가 무효로 되는가? 일반적인 계약이론에 의하면 쌍무계약의 중요부분이 존재하지 않거나, 무효인 경우에는 그 계약 자체가 성립할 수 없다고 보아야 할 것이다(민법 제137조 본문 참조). 그러나 근로계약의 체결에 있어서는 근로자가 노동의 기회를 얻는다는 것이 보다 중요한 계약내용이라고 해야 할 뿐 아니라 근로의 대가에 대한 부분을 보충적으로 규율(subsidiäre Regelung)할 수 있는 때에는

---

1) Schaub/Vogelsang, *ArbRHandb*, § 67 Rn. 3 f.

2) Nikisch, *ArbR*, Bd. Ⅰ, S. 325. 따라서 작업대기시간(Arbeitsbereitschaft)에 대하여도 임금이 지급되어야 할 것이다(*MünchArbR*/Reichold, Bd. Ⅰ, § 36 Rn. 74 ff. 참고).
우리 대법원도 근로자가 출근하여 근로태세를 갖추고 있을 때에는 근로자를 실제로 취업시키지 않았다 하더라도 임금을 지급해야 한다고 한다(大判 1965. 2. 4, 64 누 162). 또한 임금이 지급되는 대기시간과 관련하여 大判 1993. 5. 27, 92 다 24509; 大判 2006. 11. 23, 2006 다 41990 참고.

3) 임금지급약정을 하면서 일부임금의 지급변제를 불확정적인 사실이 발생하는 때까지 유예하는 것은 불확정 기한부 법률행위라고 볼 수 있다. 판례에 따르면 이러한 약정상의 부관은 근로기준법 제43조 1항에 정한 전액불(全額拂)원칙에 위반하는 것으로, 동법 제15조 1항에 따라 그 부관만이 무효이고 임금지급약정 자체는 유효하다고 판단한다(大判 2020. 12. 24, 2019 다 293098).

곧바로 근로계약의 불성립 또는 무효를 인정해서는 안 될 것이다.1) 우리 민법 제656조는 보수의 약정이 없는 때에는 관습에 의하여 지급해야 한다고 규정하고 있다. 같은 취지로 독일민법 제612조 1항은 「제반 사정에 비추어 노무급부가 보수를 받고 행하여지는 것으로 기대되는 때에는 보수의 지급은 묵시적으로 합의된 것으로 본다」고 규정하고 있다. 따라서 어느 수준액의 보수를 받고 노무를 제공하기로 하였는지 또는 임금지급에 관한 약정부분만이 미정 또는 무효인지의 여부가 의심되는 때에는 근로계약 자체의 성립에는 영향을 주지 않는다고 보아야 한다. 이 경우에 근로자의 보수에 관해서는 별도의 보수규정이나 취업규칙이 적용되고, 취업규칙이 없는 때에는 관습(예컨대 동종의 근로자에게 지급되는 보수, 즉 해당 근로에 대한 적정한 임금)에 따라 지급되어야 할 것이다(민법 제656조 Ⅰ).2) 사용자가 보수의 지급의무에 대하여 착오에 빠진 경우에도 원칙적으로 근로계약 자체를 취소할 수는 없다고 해석해야 할 것이다.3)

특수한 문제로 제기되는 사안으로서 근로자(노무자)가 근로계약의 상대방인 사용자로부터 장래 일정한 재산의 취득(예컨대 상속권의 취득, 토지의 소유권취득, 사업양수)을 기대하고 노무를 제공하면서 상당한 노동의 대가를 받지 않거나 전혀 받지 않은 경우에도 재산취득의 기대가 무산되는 한 근로의 대가는 추급(追給)되어야 한다는 것이 독일의 유력한 견해이다. 이 경우 근로의 대가를 받지 않은 사실과 장래의 재산권이전 사이에는 직접적 관계가 존재해야 한다.4)

가족법상의 공동노무의 제공이라든가, 호의관계에 있어서는 원칙적으로 근로대가의 지급의무는 발생하지 않는다. 다만, 노무자의 호의(Gefälligkeit)가 노무제공 자체의 동기에 지나지 않았을 뿐이고, 근로의 대가를 받지 않겠다는 의사가 없었을 경우에는 보수(임금)가 지급되어야 한다.5)

3. 도급근로자의 임금액 보호

근로기준법 제47조는 「사용자는 도급이나 그 밖에 이에 준하는 제도로 사용하는 근로자에게 근로시간에 따라 일정액의 임금을 보장하여야 한다」고 규정하고 있다. 이것은 임금의 전부 또는 일부가 도급 또는 이에 준하는 제도로 지급되는 경우에 원료·재료

1) *MünchKomm*/Müller-Glöge, §612 Rn. 5; Staudinger/Richardi, §612 Rn. 25. 「주석 민법[채권각칙(4)]」, 1999, 81면(하경효 집필) 참고.
2) Henssler/Preis, 독일근로계약법토의안 제34조 2항 참조.
3) *MünchKomm*/Müller-Glöge, §612 Rn. 5.
4) *MünchKomm*/Müller-Glöge, §612 Rn. 13; Staudinger/Richardi, §612 Rn. 26. 이 경우에 부당이득(condictio ob rem)과의 관계에 관해서는 김형배, 「사무관리·부당이득」, 2003, 107면 이하 참고.
5) *ErfK*/Preis, BGB §612 Rn. 14.

의 구입 기타 원래 사용자의 책임 하에 처리되어야 할 사정으로 인하여 근로자의 대기시간이 길어지는 경우 이에 대비하기 위하여 마련된 것이다.1) 이 경우에 근로자는 도급으로 인한 임금액의 감소 때문에 생활상의 위협을 받게 될 수 있다. 따라서 이 규정은 도급근로자에 대하여 '근로시간에 따라' 일정액의 임금을 보장하도록 하고 있다. 이 규정은 일정액의 임금보장에 관하여 객관적 기준을 밝히고 있지 않으나 보장급제도의 취지가 통상의 실수임금(實收賃金)의 유지에 있으므로, 이때에 구체적인 계수상의 문제는 근로계약·취업규칙 또는 단체협약 등의 규정에 의한 기초임금률 등을 참작하여 정할 수 있을 것이다.2) 그러나 이러한 기준이 없는 경우에는 휴업의 경우에 지급되는 평균임금(근기법 제2조 I ⑥)의 100분의 70(근기법 제46조) 정도를 보장하는 것이 타당하다는 견해가 있다.3) 통상의 실수임금과 크게 차이가 나지 않는다면 보장금액으로서 근로자의 최저생활을 보호할 수 있기 때문이라고 한다.4) 최저임금을 넘더라도 이 조항 위반으로 보기 어렵다는 견해도 있다.5)

4. 임금지급에 관한 법적 규제

근로기준법 제43조에는 임금의 지급방법에 관하여 여러 가지 원칙을 규정하고 있는데, 직접불·전액불·통화불·매월 1회 이상의 일정기불 등의 원칙이 그것이다.

(1) 직접지급

임금은 반드시 직접 근로자에게 지급하지 않으면 안 된다. 이것은 근로자에 의한 임금의 수령을 확실하게 하기 위한 것으로 예외는 인정되지 않는다(근기법 제43조 I 단서 참조; 벌칙 제109조). 근로자가 제3자에게 임금수령을 위임하거나 또는 대리하게 하는 법률행위(대리권수여행위)는 무효이며,6) 따라서 사용자가 근로자의 임금을 근로자의 친권자, 임의대리인, 법정대리인(근기법 제67조, 제68조 참조)에게 지급하는 것은 이 조항에 반한다. 그러나 사자(使者)(심부름 하는 자 또는 배우자 등)에 대한 지급은 이 조항의 위반이라고 할 수 없을 것이다.7) 이 규정과 관련하여 문제가 되는 것은 임금채권의 양도(민법

1) 菅野, 「勞働法」, 440面 참고.
2) 1965. 12. 28, 예규 제32호.
3) 박상필, 「해설」, 250면 이하.
4) 厚生勞働省 勞働基準局 編, 「勞働基準法(上)」, 373面.
5) 하갑래, 「근로기준법」, 2018, 272면.
6) 서울民地判 1991. 1. 17, 90 가합 27899; 菅野, 「勞働法」, 434面.
7) 厚生勞働省 勞働基準局 編, 「勞働基準法(上)」, 345面. 근로자가 병에 걸려 결근 중에 처자가 인감을 가지고 임금을 수령하러 온 경우와 근로자의 희망에 의하여 지정된 은행의 보통예금계좌에 입금하게 하는 경우는 직접불의 원칙에 반하지 않는다.

제449조)의 경우이다.

종래 대법원 판례[1]에 따르면 「근로기준법 제36조(현행 근기법 제43조)의 입법취지는 임금을 대리인에게 지급하는 것을 금지하거나 임금채권의 양도를 금지한 것이라고는 할 수 없다」고 하였다. 이와 같은 판례의 태도에는 찬동할 수 없다. 왜냐하면 법정대리인 또는 임의대리인에게 근로자의 임금을 지급할 수 있도록 한다면 직접불의 원칙은 부정되며, 또 임금채권의 양도를 인정한다면 임금의 수취권도 양수인에게 이전하기 때문이다. 임금채권의 양도의 경우에 근로자에게 임금의 수취권을 인정하지 않는다면, 이 조항의 취지를 살릴 수 없을 것이다.[2] 더욱이 양도계약에 대한 근로자의 의사표시가 언제나 자유로운 상황에서 이루어질 수 없다는 점을 감안할 때에 양도계약을 전면적으로 인정하는 것은 합당치 않다. 그러므로 임금채권을 제3자에게 양도한 경우라도 임금은 근로자에게 지급해야 한다. 다시 말하면 임금채권자인 근로자와 양수인 사이의 양도계약상 아무 하자가 없는 경우에 임금채권에 대한 실체적 권리는 양수인에게 이전하더라도 수취권능(추심권. 사용자의 직접지급의무)은 근로기준법 제43조 1항 본문에 의하여 근로자에게 귀속되어 있다고 보아야 할 것이다. 따라서 실체상의 채권과 수취권능은 분리되어 각각 채권자와 근로자에게 귀속된다(유사한 예: 채권자와 채권의 질권자, 채권자와 전부명령을 받은 압류채권자). 이 경우에 근로자는 마치 양수인의 수령대리인과 유사한 지위에 있게 된다. 왜냐하면 양수인이 채권을 양수받은 경우에도 양수인은 근로자를 중개하여 간접적으로 그 지급을 받을 수밖에 없기 때문이다.[3] 이와 같은 해석은 법리상 동 제43조 1항에 충실한 태도라고 볼 수 있다. 이에 따라 대법원도 전원합의체 판결[4]을 통해 「근로기준법 제36조(현행 제43조) 1항에서 임금직접지급의 원칙을 규정하는 한편, 같은 법 제109조에서 그에 위반하는 자를 처벌하도록 하는 규정을 두어 그 이행을 강제하고 있는 취지가 임금이 확실하게 근로자 본인의 수중에 들어가게 하여 근로자의 생활을 보호하고자 하는 데 있는 점에 비추어 보면, 근로자가 그의 임금채권을 양도한 경우라 할지라도 그 임금의 지급에 관하여는 같은 원칙이 적용되어 사용자는 직접 근로자에게 임금을 지급하지 아니하면 안 된다」고 하여 기존의 태도를 변경하였다. 마찬가지로 근로자가

1) 大判 1959. 12. 17, 4291 민상 814.

2) 厚生勞働省 勞働基準局 編, 「勞働基準法(上)」, 345面 이하; 菅野, 「勞働法」, 434面; 日本 最高裁三小判 昭和 43. 3. 12, 民集 22卷 3號, 562面 참고. 反對: 東京地判 昭和 39. 2. 19, 勞民集 15卷 2號, 147面.

3) 西谷, 「勞働法」 260面; 荒木, 「勞働法」, 137面; 日本 最高裁三小判 昭和 43. 3. 12, 民集 22卷 3號, 562面. 사용자가 양수인에게 임금을 지급할 수 없다는 것은 임금채권의 양도 자체를 유효한 것으로 인정하는 의미를 사실상 무색케 하는 결과를 가져온다.

4) 大判(전합) 1988. 12. 13, 87 다카 2803. 同旨: 大判 1996. 3. 22, 95 다 2630.

제3자에 대한 채무의 변제를 사용자에게 위임한 경우에도 사용자가 제3자에게 직접 지급하는 것은 직접불원칙에 반한다.[1] 단체협약에 특별한 규정이 있어 사용자가 노동조합원의 조합비를 사전에 공제하여 노동조합에 지급할 수 있도록 한 동조 단서의 규정은 직접불에 대한 예외라기보다는 다음에서 설명하는 전액불의 예외라고 보는 것이 옳을 것이다.[2]

그러나 해상근로에 종사하는 선원에 대하여는 직접불의 원칙에 대한 예외가 인정된다(선원법 제52조 Ⅲ).

⑵ **전액지급**

a) 임금은 전액을 근로자에게 지급해야 하며, 임금의 일부공제는 법령 또는 단체협약에 특별한 규정이 있는 경우에 한한다(근기법 제43조 Ⅰ; 벌칙 제109조). 이 규정의 취지는 사용자가 일방적으로 임금을 공제하는 것을 금지하고, 근로자에게 임금 전액을 확실히 수령하도록 하여 경제생활의 안정을 도모하도록 하는 데 있다.

공제란 이행기에 도래한 임금채권 중 그 일부를 떼어 지급하지 않는 것을 말한다. 법령에 의하여 공제가 인정되는 것에는 갑종근로소득세,[3] 방위세, 주민세, 국민연금기여금, 국민건강보험료 등이 있다. 민사집행법 제246조 1항 4호에 따르면 임금채권의 2분의 1에 해당하는 금액은 압류의 대상이 될 수 있다. 단체협약에 의한 공제로는 예컨대 조합비를 사용자로 하여금 공제케 하는 check-off 제도([101] 6. ⑵ 참고)가 문제가 된다. 그러나 단체협약 내의 check-off 조항은 당연히 개개 조합원을 구속할 수는 없으며, 그 조항이 효력을 가지려면 개개 조합원의 동의가 있거나 또는 조합규약 내의 조합비공제 규정에 대한 조합원의 승인이 있어야 한다.[4]

b) 사용자가 근로자의 임금채권(수동채권)의 채무자로서 근로자에 대한 그의 채권(자동채권: 예컨대 차용금에 대한 채권 또는 불법행위로 인한 손해배상채권)을 가지고 상계하는 것은 근로기준법 제43조 1항 본문에 의하여 원칙적으로 금지된다.[5] 사용자에 의한 일방

---

1) 同旨: 菅野, 「勞働法」, 434面.

2) 土田, 「勞働契約法」, 265面.

3) 원천징수하는 소득세 등의 징수의무는 원칙적으로 소득금액을 지급하는 때에 성립하지만, 소득의 지급이 의제되는 때에는 예외가 인정된다(大判 2014. 10. 27, 2013 다 36347).

4) 이에 관해서는 김형배, '조합비일괄공제제도(check-off)의 법률문제', 「경영계」, 1996. 6, 22면 이하 참고. 노동조합이라 하더라도 그 조합원인 근로자를 대위하여 사용자에 대해서 임금청구권을 행사할 수 없음은 당연하다(大判 1960. 11. 17, 4293 민상 326 참고).

5) 大判 1976. 9. 28, 75 다 1768(근로자가 받을 퇴직금도 임금의 성질을 가진 것이므로 그 지급에 관하여는 근로기준법 제36조(현행 제43조)에 따른 직접 전액지급의 원칙이 적용되므로 사용자는 근로자의 퇴직금채권에 관하여 그가 근로자에 대하여 가지고 있는 불법행위를 원인으로 하는 채권으로 상계할 수 없다); 大判 1989. 11. 24, 88 다카 25038(사용자는 근로자에 대한 채권 또는 불법행위나

적 상계는 전액지급원칙에 반하는 공제에 해당하기 때문이다. 그러나 근로자가 사용자의 상계에 대하여 자유로운 의사에 따라 동의를 해 준 경우(상계계약)에는 근로기준법 제43조 1항 본문의 취지에 어긋나지 않을 것이다. 다만, 이 경우에 사용자는 근로자의 자유로운 의사를 인정할 만한 객관적 이유와 증거를 제시해야 할 것이다.[1] 근로자의 자유로운 동의가 있는 상계는 그 효력의 발생(민법 제493조 Ⅱ:「상계의 의사표시는 각 채무가 상계할 수 있는 때에 대등액에 관하여 소멸한 것으로 본다」)과 관련해서 엄격한 의미의 민법상의 상계라고는 할 수 없다. 일종의 합의(계약)라고 보는 것이 타당할 것이다. 따라서 근로자의 동의의 의사표시가 강박(하자) 기타 노사의 상하관계를 기초로 이루어진 때에는 근로자는 그의 의사표시(동의)를 취소할 수 있을 것이다(민법 제110조 Ⅰ 참조). 강박에 관한 입증책임은 사용자(상계자)가 부담한다(종전의 견해에 대한 일부 수정 및 보완). 그리고 감급(減給)(근기법 제95조)의 제재의 처분이 정당한 때에는 근로자에게 임금채권 자체가 발생하지 않는다고 보아야 할 것이므로 이 조항의 제약을 받지 않는다고 보아야 한다(기존의 견해 수정).[2]

사용자는 근로자의 불법행위로 인한 손해배상청구권을 근로자의 임금채권과 상계할 수 없다는 것이 판례[3]의 태도이지만, 근로자에게 사용자에 대한 명백하고 중대한 고의의 불법행위(악의적 횡령 등)가 인정되고 근로자의 경제생활의 보호필요성을 최대한으

채무불이행으로 인한 손해배상청구권을 가지고 임금채무와 상계할 수 없다); 大判 1990. 5. 8, 88 다카 26413(근로자의 퇴직금에 대하여 근로자에 대한 사용자의 대출금채권으로 상계할 수 없다). 반면에 사용자가 근로자에 대한 집행권원의 집행을 위하여 근로자의 임금채권 중 2분의 1 상당액에 관하여 압류·전부명령(轉付命令)을 받은 경우에는 이를 임금채권에서 공제할 수 있다(大決 1994. 3. 16, 93 마 1822·1823(병합)).

1) 同旨: 大判 2001. 10. 23, 2001 다 25184(사용자가 근로자의 동의를 얻어 근로자의 임금채권에 대하여 상계하는 경우에 그 동의가 근로자의 자유로운 의사에 터잡아 이루어진 것이라고 인정할 만한 합리적인 이유가 객관적으로 존재하는 때에는 근로기준법 제42조(현행 제43조) 1항 본문 취지에 위반하지 아니한다고 보아야 할 것이고, 다만 임금전액지급의 원칙의 취지에 비추어 볼 때 그 동의가 자유로운 의사에 기한 것이라는 판단은 엄격하고 신중하게 이루어져야 한다); 서울高判 1993. 9. 28, 92 나 16333(퇴직금에 대하여 사용자의 일방적인 의사표시에 의한 상계는 근로기준법 제36조(현행 제43조) 1항에 비추어 허용되지 아니한다). 은행이 미회수불량대출금에 대하여 이를 부당하게 대출한 지점장의 퇴직금에서 일방적으로 상계동의서도 없이 상계한 것은 무효이다); 日本 最高裁二小判 平成 2. 11. 26, 民集 44卷 8號, 1085面(사용자가 근로자의 동의를 얻어 상계를 하였고, 그 동의가 자유로운 의사에 기하여 이루어진 것으로 인정될 만한 합리적 이유가 객관적으로 인정되면 유효하다). 同旨: 이병태, 「노동법」, 726면.

근로자의 자유의사에 의한 동의에 관한 판단에 있어서는 근로자가 동의에 이르게 된 경위와 동의의 임의성 유무, 상계채무 및 반대채무의 성질(근로자에게 이익이 되는지의 유무), 동의의 시기, 상계액의 수액 등이 고려되어야 할 것이다(土田, 「勞働契約法」, 266面 이하 참고).

2) 박상필, 「노동법」, 233면; 이병태, 「노동법」, 726면.

3) 大判 1989. 11. 24, 88 다카 25038.

로 고려하더라도 임금전액을 지급하는 것이 사회통념상 현저하게 부당하다고 인정할 만한 특별한 사정이 있는 경우에는 상계가 허용될 수 있다는 견해가 있다.[1] 이때에도 상계할 수 있는 범위는 민사집행법 제246조 1항 4호가 정한 임금채권의 2분의 1에 해당하는 금액을 초과할 수 없다고 보아야 할 것이다.[2]

예를 들어 지각·결근 등의 임금감액사유가 임금지급일에 임박해서 발생함으로써 임금이 불가피하게 초과지급되었거나 또는 계산착오로 인하여 초과지급된 경우, 이 과불(過拂)임금(부당이득)을 근로자의 차기임금채권에서 상계할 수 있는지 여부가 문제된다. 이에 대해서는 임금정산의 시기·방법·금액 등에 비추어 근로자의 경제생활의 안정을 해치지 않는 한 전액지급원칙에 의한 상계금지의 예외로서 허용된다고 해석해야 할 것이다.[3] 왜냐하면 과지급임금의 정산(調整的 相計)은 임금 그 자체의 계산에 관한 것이므로 전액지급원칙의 위반으로 볼 수 없기 때문이다.[4] 또한 과불임금의 정산은 부당이득반환(민법 제741조)의 성질을 가지므로 원칙적으로 전액불원칙의 적용범위를 벗어나는 것으로 보아야 할 것이다.[5]

전차금을 임금과 상계하는 것은 전차금상계의 금지(근기법 제21조)에 위반되며, 전액지급원칙에도 위배된다는 것이 일반적 견해이다(다만, 벌칙의 내용을 비교할 것: 근기법 제109조 및 제114조 ①).

c) 근로자가 이미 발생한 임금채권을 일방적으로 포기하더라도 그의 자유의사에 의

1) *ErfK*/Preis, BGB §611a Rn. 451; 土田, 「勞働契約法」, 266面에 인용된 문헌 참고.

2) 大判(전합) 2010. 5. 20, 2007 다 90760 참조. *ErfK*/Preis, BGB §611a Rn. 451 참고. 또한 厚生勞働省 勞働基準局 編, 「勞働基準法(上)」, 347面 참고.

3) 大判(전합) 2010. 5. 20, 2007 다 90760 참조; 福島縣敎組事件-最一少判昭 44. 12. 18 民集 23卷 12號, 2495面; 群馬ylm12敎組事件-最二少判昭 45. 10. 30 民集 25卷 11號, 1693面(菅野, 「勞働法」, 436面 이하 참고).

4) 同旨: 大判 1996. 10. 25, 96 다 5346(계산의 착오 등으로 임금이 초과지급되었을 때 상계의 시기가 초과지급된 시기와 임금의 정산·조정의 실질을 잃지 않을 만큼 밀접되어 있고 금액과 방법이 미리 예고되는 등 근로자의 경제생활의 안정을 해할 염려가 없는 경우나, 근로자가 그 재직 중 지급되지 아니한 임금이나 퇴직금을 청구하는 경우에는 초과지급된 임금의 반환청구권을 자동채권으로 하여 상계하는 것은 무방하다). 그 밖에도 大判 1993. 12. 28, 93 다 38529; 大判 1995. 6. 29, 94 다 18553; 大判 1995. 11. 10, 94 다 54566; 大判 1996. 2. 9, 94 다 19501; 大判(전합) 2010. 5. 20, 2007 다 90760; 大判 2011. 9. 8, 2011 다 22061; 菅野, 「勞働法」, 437面 이하(그 시기, 방법, 금액 등을 고려하여 근로자의 경제생활의 안정을 해치지 않는 한 임금전액지급원칙에 반하지 않는다) 참고. 이와 관련된 입법론으로서 독일근로계약법토의안(Henssler/Preis) 제37조는 사용자가 착오로 과불(過拂)한 임금에 대해서 근로자가 그 과불사실을 알고 있는 경우, 또는 근로자의 책임 있는 사유로 과불이 이루어진 경우에는 사용자에게 반환청구권을 인정하고 있다.

5) 결과에 있어서 同旨: 하경효, '임금(채권)의 보호내용과 그 해석에 관련된 문제점', 「고려법학」, 2001, 51면. 초과지급임금에 대한 부당이득반환청구권에 기한 상계가 차기(次期) 임금지급기에 이루어지는 경우에 외형적으로는 전액불의 문제가 일응 대두될 수 있을 것이다.

한 것이면 이를 전액지급원칙에 위반하는 것으로 볼 수 없다.[1] 다만, 근로자보호라는 법의 기본정신에 비추어 그 경위를 구체적으로 살펴 자유의사 여부를 판단해야 한다.[2] 예컨대 회사가 경영위기를 극복한다는 명분으로 구조조정을 단행하면서 회사에 계속 잔류하여 근무하는 직원들에게는 일방적으로 일부 상여금을 지급 중지하고, 직원들은 이에 대하여 별다른 이의를 제기하지 않았다는 사정만으로 직원들이 상여금(임금)청구권을 포기하였다고 볼 수 없을 것이다.[3] 또한 구체적 퇴직금지급청구권은 퇴직시(근로관계의 종료시)에 발생하는 것인데 그러한 청구권이 발생하기도 전에 미리 이를 포기하는 것은 강행법규인 퇴직금 규정에 위반하여 무효라는 판례가 있다.[4] 퇴직 후 근로자의 생활안정에 대비하여 마련된 퇴직금제도의 취지에 비추어 볼 때 판례의 태도는 타당하다. 노동조합이 장래 발생할 임금이나 상여금의 지급률을 단체협약으로 낮추어 정할 수 있는지에 관해서는 [113] 3. 이하를 참고하기 바란다.

(3) 통화지급

임금은 법령 또는 단체협약에 특별한 규정이 있는 경우를 제외하고는 강제통용력이 있는 화폐로 지급되어야 한다(근기법 제43조 I; 벌칙 제109조). 이 규정은 현물급여(truck system)를 금지하기 위한 것이다. 현물급여는 가격이 불명확하기도 하고 환가(換價)가 불편하며, 회사의 과잉생산된 제품을 지급하는 때에는 근로자들의 실질적인 임금이 감소할 수도 있다. 그러나 보증수표(은행발행 자기앞수표)에 의한 임금의 지급은 통화불의 원칙에 위배되지 않는다.[5] 근로자의 의사에 따라 근로자가 지정하는 은행에서 소정의 지급액을 인출할 수 있도록 근로자의 은행예금계좌에 입금하는 것도 위 원칙에 위배되지 않는다.[6]

사용자가 퇴직하는 근로자에게 지급하지 못한 임금 및 퇴직금에 갈음하여 제3자에 대한 사용자의 채권을 근로자에게 양도함으로써 근로자의 임금 및 퇴직금 지급청구권을

---

1) 이미 구체적으로 그 지급청구권이 발생하여 근로자의 사적 재산 영역으로 옮겨져 그의 처분에 맡겨진 임금청구권은 근로자의 동의를 얻어서 소급하여 삭감할 수 있다(大判 2015. 12. 23, 2013 다 209039: 임금지급률을 낮추는 임금피크제의 선택 확인서를 제출하면서 소급삭감에 동의한 사례).

2) 大判 1997. 7. 22, 96 다 38995.

3) 大判 1999. 6. 11, 98 다 22185. 菅野,「勞働法」, 418面 참고.

4) 大判 1997. 7. 25, 96 다 22174; 大判 1998. 3. 27, 97 다 49732. 그러나 퇴직으로 발생한 퇴직금청구권을 사후에 포기하는 것은 허용되므로 이러한 약정은 강행법규에 위반된다고 볼 수 없다(大判 1997. 11. 28, 97 다 11133; 大判 2018. 7. 12, 2018 다 21821(본소) 퇴직금·2018 다 25502(반소) 부당이득금반환).

5) 菅野,「勞働法」, 433面. 反對: 박상필,「해설」, 228면; 이병태,「노동법」, 724면; 임종률,「노동법」, 435면. 다만, 이 견해도 단체협약에서 이를 정하거나 근로자의 동의가 있으면 가능하다고 한다.

6) 이병태,「노동법」, 724면; 土田,「勞働契約法」, 263面.

소멸시킬 수 있는가? 임금 및 퇴직금 지급을 갈음한 채권양도의 약정은 통화지급의 원칙에 반하여 원천적으로 무효라고 보아야 한다.[1] 다만 당사자 쌍방이 위와 같은 무효를 알았더라면 임금의 지급에 갈음하는 것이 아니라(만약 임금지급에 갈음하는 것이라고 한다면 양도받은 채권을 추심할 수 없게 되더라도 그 위험을 근로자가 부담하게 되어 통화지급의 원칙에 반한다) 그 지급을 위하여(erfüllungshalber) 채권을 양도하는 것을 의욕한 것으로 인정될 때에는 무효행위전환의 법리(민법 제138조)에 따라 그 채권양도 약정은 「임금의 지급을 위한 것」으로서 효력을 가질 수 있다. 따라서 근로자가 양도받은 채권 일부를 추심하여 미수령 임금 및 퇴직금 일부에 충당하였다면 무효행위전환의 법리에 따라 그 한도 내에서 유효하지만 아직 변제받지 못한 임금지급에 대해서는 여전히 사용자에게 청구권을 가진다.[2]

(4) 매월 1회 이상 정기지급

임금은 매월 1회 이상 일정한 기일(예컨대 15일 또는 25일)을 정하여 지급되어야 한다(근기법 제43조 Ⅱ; 벌칙 제109조 Ⅰ).[3] 따라서 예컨대 3월에는 5일에, 4월에는 25일에 임금을 지급하는 것은 월정기지급의 원칙에 위배된다. 주급 또는 월 2회 임금을 지급하는 것은 무방하다. 임금의 지급이 장기간에 걸치거나 부정기적으로 행하여지면 근로자의 생활이 불안정하게 되기 때문이다. 다시 말하면 임금의 일정기일지급의 원칙은 사용자로 하여금 적어도 매월 일정하게 정해진 기일에 근로의 대가를 근로자에게 어김없이 지급하도록 강제함으로써 근로자의 생활안정을 도모하고자 하는 데 그 입법취지가 있으므로 연봉제의 경우에도 이 원칙이 적용된다. 그러나 임시로 지급되는 임금·수당 기타 이에 준하는 것 또는 대통령령으로 정하는 임금(근기법 제43조 Ⅱ 단서)에 대해서는 이 원칙의 적용이 배제된다. 대통령령이 정하는 임금이란 1개월을 초과하는 기간에 걸친 여러 가지 사유에 따라 산정되는 정근수당, 근속수당, 장려금, 능률수당 또는 상여금 그 밖에 부정기적으로 지급되는 모든 수당을 말한다(근기법 시령 제23조).[4]

특히 수개월에 1회 지급되는 상여금 지급일 전에 근로자가 퇴직하더라도 상여금산정기간에 근로자가 근무한 일수에 대해서는 상여금이 지급되어야 한다는 과거의 판례가 있다.[5] 그러나 2013년의 전원합의체 판례(2012 다 89399)에 따르면 상여금이 그 지급사

---

1) 大判 2012. 3. 29, 2011 다 101308.

2) 大判 2012. 3. 29, 2011 다 101308.

3) 매월이란 월력상 1일부터 말일까지를 말하고, 일정기일이란 주기적으로 도래하는 특정일을 뜻한다(大判 1995. 4. 14, 94 도 1724).

4) 판례는 통상임금을 소정근로에 대한 대가로서 정기적, 일률적, 고정적으로 지급되는 임금이라고 하면서도 1 임금지급기간인 1개월을 초과하는 것이라도 정기성이 인정될 수 있다고 한다(大判 1996. 2. 9, 94 다 19501; 大判(전합) 2013. 12. 18, 2012 다 89399).

5) 大判 1981. 11. 24, 81 다카 174.

유와 성질, 지급관행에 비추어 근로자의 계속근무를 장려하면서 동시에 근로자들의 근로의욕을 촉진하기 위한 목적에서 설정된 것이어서 지급일 재적조항(在籍條項)이 적용되어 왔다면 중도퇴직자에게는 재직일수에 상당하는 상여금이 지급되지 않는다고 한다.[1] 그러나 이에 대하여는 비판의 여지가 있다([50] 6. ⑵ e) 4) 참고).

사용자가 정기일 내에 임금을 지급할 수 없었던 것이 경영부진에 따른 불가피한 자금수급사정에 의한 것이거나 그 밖에 사용자에게 임금부지급의 고의가 없거나 비난할 수 없는 상황으로 인한 경우에는 근로기준법 제43조 및 제109조 1항에 따른 기일 내 지급의무 위반죄(3년 이하의 징역 또는 3천만원 이하의 벌금)가 성립하지 않는다.[2] 그리고 기일 내에 임금을 받지 못한 근로자가 수인인 경우에 그 범의(犯意)의 단일성을 인정할 만한 증거가 없을 때에는 임금지급을 받을 수 없었던 근로자 각자에 대하여 복수의 범의가 있다고 인정되어 수죄(數罪)가 성립한다는 것이 판례의 태도이다.[3] 따라서 복수의 범죄에 대해서는 포괄일죄가 성립하는 것이 아니고, 실체적 경합범 관계가 성립된다.[4]

⑸ 임금미지급(임금체불)에 대한 제재

a) 벌칙의 적용 근로기준법 제43조에 따라 임금을 지급하지 아니한 사업주(이를 체불사업주라 한다)에 대해서는 3년 이하의 징역 또는 3천만원 이하의 벌금이 과해진다(근기법 제109조 Ⅰ). 근로기준법 제36조(근로관계 종료시 금품청산), 제46조(휴업수당) 및 제56조(연장·야간 및 휴일근로시 가산임금)에 따라 임금, 보상금, 수당 그밖의 일체의 금품을 지급하지 아니한 경우에도 같은 벌칙이 적용된다. 불황이라는 사유만으로 임금을 지급하지 않는 것은 허용되지 않지만 그러한 경우에 사용자가 모든 성의와 노력을 다했어도 임금체불을 방지할 수 없었다는 것이 사회통념상 긍정될 정도여서 사용자에게 더 이상 적법행위를 기대할 수 없는 불가피한 사정이 있는 때에는 임금체불에 대한 범죄의 책임조각사유가 인정된다.[5] 그리고 정기일에 임금을 받지 못한 근로자가 여럿인 경우에

---

1) 大判(전합) 2013. 12. 18, 2012 다 89399; 大判 2017. 9. 26, 2017 다 232020 등 참고.

2) 임금 등 지급의무의 존재에 관하여 다툴 만한 근거가 있는 것이라면 사용자가 그 임금 등을 지급하지 아니한 데에는 상당한 이유가 있다고 보아야 할 것이므로 근로기준법 제109조 제1항, 제43조 제2항 위반죄의 고의가 있다고 인정하기 어렵다. 임금 등 지급의무의 존부 및 범위에 관하여 다툴만한 근거가 있는지 여부는 사용자의 지급거절이유, 지급의무의 근거, 사용자가 운영하는 회사의 조직과 규모, 사업 목적 등 제반 이유, 그밖에 다툼 당시의 제반 정황에 비추어 판단하여야 하며, 사후적으로 사용자의 민사책임이 인정된다고 하여 곧바로 근로기준법 제109조 제1항, 제43조 제2항 위반죄의 고의가 인정되어서는 아니 된다(大判 2018. 1. 25, 2015 도 1681; 大判 2011. 10. 27, 2010 도 14693; 大判 2007. 6. 28, 2007 도 1539 등; 大判 1988. 5. 10, 87 도 2098 참고).

3) 大判 1995. 4. 14, 94 도 1724. 最高裁判 昭和 34. 3. 26, 刑集 13卷 3號, 401面.

4) 大判 1995. 4. 14, 94 도 1724; 大判 1997. 9. 30, 97 도 1490.

5) 大判 1997. 11. 11, 97 도 813.

수죄(數罪)가 성립하므로 벌금도 중첩적으로 부과될 것이다.

임금이 체불되면 엄한 벌칙(제109조 Ⅰ: 3년 이하의 징역 또는 3천만원 이하의 벌금)이 적용되지만, 피해자의 처벌불원의 의사표시가 있으면 임금체불의 일부 또는 전부가 청산되지 않았더라도 위반자에 대하여 공소를 제기할 수 없다(제109조 Ⅱ).

b) **이자지급**　기업의 경영난 또는 그 밖의 이유로 임금이 체불되는 경우에는 사용자의 채무불이행이 되므로 별단의 합의가 없는 한 근로자는 지연이자 연 5분(민법 제379조)을 추가로 요구할 수 있다. 임금체불이 불가항력적이었다든가, 또는 사회통념상 어쩔 수 없었을 경우(기대가능성이 없는 경우)에는 그 위법성이 조각되지만, 이자지급의무는 면제되지 않는다(민법 제397조 Ⅱ 참조).

c) **체불사업주의 명단 공개 등**　임금의 체불(제43조 2항에 위반하여 임금을 그 지급기일에 지급하지 아니하는 것)은 근로자의 기본생활을 위태롭게 하거나 때로는 생존을 위협하는 것이므로 이에 대한 적절한 대응조치가 마련되는 것은 당연한 일이다. 우리나라에서는 임금이 체불되는 경우가 적지 않아 사회적으로도 그에 대한 대책수립이 논의되어 왔다. 2012년 초에 근로기준법이 개정되면서 제43조의2 및 제43조의3이 신설(개정 2012. 2. 1, 법률 제11270호, 시행 2012. 8. 2)되어 상습적인 체불사업주의 명단공개와 임금 등 체불자료 제공 조치가 마련되었다.

1) **체불사업주의 명단 공개**(제43조의2)　고용노동부장관은 임금, 보상금, 수당, 그 밖에 일체의 금품(이하 임금등이라 한다)을 지급하지 않은 사업주(법인인 경우에는 그 대표자를 포함한다. 이하 체불사업주라 한다)가 명단공개 기준일 이전 3년 이내 임금 등을 체불하여 2회 이상 유죄가 확정된 자로서 명단공개 기준일 이전 1년 이내 임금 등의 체불총액이 3천만원 이상인 경우에는 그 인적사항 등을 공개할 수 있다(근기법 제43조의2 Ⅰ 본문). 다만, 체불사업주의 사망·폐업으로 명단 공개의 실효성이 없는 경우 등 대통령령으로 정하는 사유가 있는 경우에는 그러하지 아니하다(근기법 제43조의2 Ⅰ 단서; 시령 제23조의2 이하). 또한 고용노동부장관은 근로기준법 제43조의2 1항에 따라 명단 공개를 할 경우에 체불사업주에게 3개월 이상의 기간을 정하여 소명 기회를 주어야 하며(동조 Ⅱ), 제1항에 따른 체불사업주의 인적사항 등에 대한 공개여부를 심의하기 위하여 고용노동부에 임금체불정보심의위원회를 둔다. 그 위원회의 구성, 운영 등 필요한 사항은 고용노동부령으로 정한다(동조 Ⅲ). 명단 공개의 구체적인 내용, 기간 및 방법 등 명단 공개에 필요한 사항은 대통령령으로 정한다(동조 Ⅳ; 시령 제23조의3).

위의 규정에 의하면 명단 공개의 요건이 엄격하여 임금을 받지 못한 근로자들이 얼마나 실효성 있는 보호를 받을지는 여전히 예단할 수 없다.

2) **임금 등 체불자료의 제공**(제43조의3) 고용노동부장관은 「신용정보의 이용 및 보호에 관한 법률」 제25조 2항 1호에 따른 종합신용정보집중기관이 임금 등 체불자료 제공일 이전 3년 이내 임금 등을 체불하여 2회 이상 유죄가 확정된 자로서 임금 등 체불자료 제공일 이전 1년 이내 임금 등의 체불총액이 2천만원 이상인 체불사업주의 인적사항과 체불액 등에 관한 자료(이하 임금 등 체불자료라 한다)를 요구할 때에는 임금 등의 체불을 예방하기 위하여 필요하다고 인정되는 경우에 그 자료를 제공할 수 있다(근기법 제43조의3 Ⅰ 본문). 다만, 체불사업주의 사망·폐업으로 임금 등 체불자료 제공의 실효성이 없는 경우 등 대통령령으로 정하는 사유가 있는 경우에는 그러하지 아니하다(제43조의3 Ⅰ 단서; 시령 제23조의4). 근로기준법 제43조의3 1항에 따라 임금 등 체불자료를 받은 자는 이를 체불사업주의 신용도·신용거래능력 판단과 관련한 업무 외의 목적으로 이용하거나 누설하여서는 아니 된다(동조 Ⅱ). 임금 등 체불자료의 제공 절차 및 방법 등에 필요한 사항은 대통령령으로 정한다(동조 Ⅲ; 시령 제23조의5).

5. 임금의 비상시지급

근로기준법 제45조는 근로자가 출산, 질병, 재해, 그 밖에 대통령령으로 정하는 비상한 경우의 비용에 충당하기 위하여 임금지급을 청구하면 지급기일 전이라도 '이미 제공한 근로에 대한 임금'을 지급하도록 규정하고 있다. 이 조항은 동법 제36조와 제43조에 대한 예외규정이라고 할 수 있다. 동법 제45조의 대통령령이 정한 비상한 경우란 시행령 제25조에 정한 경우(출산, 질병, 혼인, 사망 등)를 말한다.

6. 평균임금과 통상임금

근로기준법 제2조 1항 6호와 동조 2항 및 동법 시행령 제2조 이하는 평균임금과 통상임금에 관하여 규정하고 있다. 이 규정들은 근로자에 대한 여러 가지 급여금의 산출기초가 된다. 그러므로 평균임금과 통상임금의 내용을 어떻게 정의하느냐에 따라 급여금의 산출액은 달라지게 된다.

(1) 평균임금

a) 의 의 근로기준법 제2조 1항 6호는 「"평균임금"이란 이를 산정하여야 할 사유가 발생한 날 이전 3개월 동안에 그 근로자에 대하여 지급된 임금의 총액을 그 기간의 총일수로 나눈 금액을 말한다」라고 규정하고 있다. 이 평균임금은 근로자에 대한 여러 가지 급여금, 즉 퇴직금(근퇴법 제8조 Ⅰ), 휴업수당(근기법 제46조), 연차유급휴가수당(근기법 제60조 Ⅴ), 재해보상금(근기법 제79조 내지 제85조) 및 근로자에 대한 제재로

서의 감급액(근기법 제95조)그리고 산재보험법에 의한 보험급여(산재법 제52조 등, [별표 1] 내지 [별표 6] 참조)를 산출하는 기초가 된다.[1)·2)]

b) 산정방법

1) 근로기준법 제2조 1항 6호의 평균임금을「산정하여야 할 사유가 발생한 날」이란 평균임금산정의 기산일로서, 퇴직금지급에 있어서는 퇴직한 날,[3)] 휴업수당지급에 있어서는 휴업한 날(휴업이 2일 이상 계속되는 경우에는 휴업하는 첫 날),[4)] 연차유급휴가에 있어서는 실제로 근로자에게 연차유급휴가를 준 날, 재해보상(산재보상)에 있어서는 사상(死傷)의 원인이 되는 사고가 발생한 날, 진단에 의하여 질병이 발생되었다고 확정된 날(근기법 시령 제52조),[5)] 또는 출퇴근 사고가 발생한 날, 감급의 제재에 있어서는 제재의 의사표시가 당해 근로자에게 도달된 날[6)]이라고 해석된다.

2) 평균임금의 산정에 있어서 기간의 총일수(이전 3개월)는 실제로 근로자가 근로한 근로일수가 아니라 역상(曆上)의 일수이다(민법 제160조).[7)·8)] 또한 지급사유가 발생한

1) 평균임금은 원칙적으로 '1일'을 단위로 하여 산정하게 되며, 주로 근로제공이 중단된 경우에 근로자의 평상적인 생활을 종전과 같이 보장하기 위한 급여의 계산기준으로 사용되는 개념이다.

2) 大判 2011. 9. 8, 2011 다 22061; 大判 2011. 8. 25, 2010 다 63393; 大判 1998. 3. 13, 97 다 25095; 大判 2005. 3. 11, 2003 다 27429(어느 사업장의 취업규칙이나 단체협약 등에서 퇴직금 산정의 기초가 되는 '평균임금'이 근로기준법상의 평균임금인지의 여부나 어떤 급여가 거기에 포함되는지 여부는 위 규칙이나 협약의 객관적 해석에 의하여 가려지는 것이고, 그 해석에 있어서는 당해 사업장의 지급 관행 및 위 규칙이나 협약의 개정 경위와 그 내용 등 여러 사정을 종합적으로 고려해야 한다).

3) 사직서를 제출한 경우 평균임금산정 사유발생일이 되는 퇴직의 효력발생일 판단:「첫째로 사용자가 사직의 의사표시를 수락하면 그 날짜에 합의해지가 성립되어 퇴직의 효력이 발생하고, (사용자가 수락을 거부하면) 둘째로 단체협약·취업규칙 또는 근로계약 등에 특별한 규정이 있는 경우 그에 따른다. 셋째로 그러한 특약이 없는 경우에는 (민법 제660조에 따라서) 사표제출일로부터 1개월이 경과한 날 또는 기간으로 보수를 정한 경우 사표제출 당기 이후 1기를 경과한 때 해지의 효력이 발생한다」(서울高判 1997. 11. 29, 97 나 2595. 同旨: 大判 1996. 7. 30, 95 누 7765; 大判 1997. 7. 8, 96 누 5087; 1988. 7. 27, 근기 01254-11626 등).

4) 근로자의 휴직의 경우에도 마찬가지로 휴직이 여러 날 계속될 경우에는 휴직한 첫날을 평균임금을 산정해야 할 사유가 발생한 날로 보아야 한다. 同旨: 大判 1999. 11. 12, 98 다 49357(근로자가 구속되어 3개월 이상 휴직하였다가 퇴직함으로써 퇴직 전 3개월간 지급된 임금을 기초로 산정한 평균임금이 통상의 경우보다 현저하게 적은 경우, 휴직 전 3개월간의 임금을 기준으로 평균임금을 산정해야 한다).

5) 大判 1998. 10. 23, 97 누 19755.

6) 同旨: 박상필,「해설」, 125면; 이병태,「노동법」, 692면.

7) 1968. 8. 2, 기준 1455. 3-7311; 1984. 5. 28, 근기 1451-12314; 1985. 2. 9, 근기 01254-2741; 1980. 4. 18, 법무 811-9393.

8) 연차유급휴가수당이 평균임금에 포함되기 위해서는 연차유급휴가를 받게 된 원인이 된「퇴직하기 전 1년간」의 일부가 평균임금 산정기간인 퇴직한 날 이전 3개월간 내에 포함되어야 한다(大判 1990. 12. 21, 90 다카 24496).

당일은 포함되지 않는다(민법 제157조).[1]

c) **평균임금 산정에서 제외되는 기간과 임금**(근기법 시령 제2조 I) 평균임금 산정기간 중에 다음의 어느 하나에 해당하는 기간이 있는 경우에는 그 기간과 그 기간 중에 지급된 임금은 평균임금 산정의 기준이 되는 기간과 총액에서 각각 뺀다(근기법 시령 제2조 I).[2] i) 근로계약을 체결하고 수습 중에 있는 근로자가 수습을 시작한 날부터 3개월 이내의 기간, ii) 법 제46조에 따른 사용자의 귀책사유로 휴업한 기간, iii) 법 제74조에 따른 출산전후휴가 기간, iv) 법 제78조에 따라 업무상 부상 또는 질병으로 요양하기 위하여 휴업한 기간, v) 남녀고용평등법 제19조에 따른 육아휴직기간,[3] vi) 노조및조정법 제2조 6호에 따른 쟁의행위기간,[4] vii) 병역법, 예비군법 또는 민방위기본법에 따른 의무를 이행하기 위하여 휴직하거나 근로하지 못한 기간중 임금을 지급받지 않은 기간, viii) 업무 외 부상이나 질병, 그 밖의 사유로 사용자의 승인을 받아 휴업한 기간[5]이 이에 해당한다.[6]

---

1) 大判 1989. 4. 11, 87 다카 2901; 1981. 2. 9, 법무 811-4208.

2) 그러나 근로자의 귀책사유로 인한 휴업기간 외에 근로자가 징계로 인하여 근로하지 못하게 된 경우, 예컨대 직위해제기간·대기발령기간 및 감봉기간의 제외 여부가 문제된다. 이에 대해서 다수설은 그와 같은 징계조치는 그것 자체로써 근로자에게 불이익을 주는 데 그쳐야 하고, 과거 근로의 대가인 퇴직금에 대해서까지 불이익을 줄 수 없다고 한다(이병태, 「노동법」, 695면; 서울高判 1992. 4. 10, 91 나 33621). 따라서 징계조치기간은 총일수에 산입되어서는 아니 된다고 한다. 그러나 앞의 서울高判 91 나 33621 사건의 상고심에서 대법원은 개인적인 범죄로 구속기소되어 직위해제되었던 기간은 총일수에서 제외되지 아니하고, 그로 인하여 산출된 평균임금액이 통상임금액보다 저액일 경우에는 근로기준법 제19조 2항에 따라 통상임금을 평균임금으로 해야 한다고 한다(大判 1994. 4. 12, 92 다 20309). 이러한 대법원 판례는 퇴직금이 임금후불적 성격 외에 공로보상적 성격을 가진다고 한 헌법재판소의 결정과 대법원의 판례(憲裁 1995. 7. 21, 94 헌바 27·29(병합); 大判 1995. 10. 12, 94 다 36186)의 태도와 무관하지 않은 것으로 보인다.

3) 또한 남녀고용평등법 제19조의3 4항, 제22조의2 6항 및 제22조의4 4항의 경우 근로시간단축 기간, 가족돌봄 기간은 평균임금 산정기간에서 제외된다.

4) 정당한 쟁위행위로서의 직장폐쇄기간은 근기법 시행령 제2조 1항 6호에 해당한다. 이 기간에는 사용자는 임금지급의무를 부담하지 않는다(大判 2019. 6. 13, 2015 다 65561). 위법한 쟁의행위 기간은 이에 해당되지 않는다. 이 기간을 뺀다면 평균임금 산정에 관한 원칙과 근로자 이익 보호 정신을 조화시키려는 취지 및 성격(근기법 시령 제2조 I)이나 근로자의 권리행사 보장이 필요하거나 근로자에게 책임을 돌리기에 적절하지 않은 경우만을 내용으로 삼고 있는 근로기준법 시행령 제2조 1항의 다른 기간들과 조화를 이룰 수 없기 때문이다(大判 2009. 5. 28, 2006 다 17287). 위법한 직장폐쇄로 사용자가 임금지급의무를 부담하는 경우에는 근로자의 이익보호를 위해 그 기간을 산정기간에서 제외할 필요가 없다(大判 2019. 6. 13, 2015 다 65561). 어느 경우에나 직장폐쇄기간 중 근로자들의 근로계약관계는 중단되지 않으므로 근속기간에 산입된다고 보아야 할 것이다.

5) 大判 2002. 12. 27, 2000 다 18714.

6) 일정기간이 산정기간에서 빠지는 경우 산정기간이 짧아지게 되어 결과적으로 평균임금이 부당하게 높거나 낮게 산정되는 경우에는 그 기간만큼 산정 시점(始點)을 앞당기는 것이 합리적일 것이라는 견해가 있다(노동법실무연구회, 「근로기준법주해 Ⅲ」(최은배), 222면).

이 규정(근기법 시령 제2조 Ⅰ)은 위 기간을 빼지 않을 경우에 평균임금이 저하되어 근로자에게 불리하게 되기 때문에 마련된 것이라고 할 수 있다. 예컨대 근로자 개인의 범죄로 구속기소되어 직위해제되었던 기간은 위의 시행령 제2조 1항 소정의 어느 기간에도 해당하지 않으므로 그 기간의 일수와 그 기간 중에 지급받은 임금액은 근로자에게 불리하더라도 평균임금 산정기초에서 제외될 수 없다는 것이 판례의 태도이다. 그 기간과 임금을 포함시킴으로 인하여 평균임금액수가 낮아져 통상임금보다 적어질 때에는 통상임금을 기준으로 하면 된다고 한다.[1] 근로자의 귀책사유로 인한 결근기간, 대기발령, 정직, 출근정지, 감봉기간 등도 마찬가지로 보는 것이 타당하다는 견해가 있다.[2] 이러한 견해에 따른다면, 예컨대 장기근속한 근로자의 경우 평균임금 산정기간(3개월) 중의 사유로 퇴직금의 총액이 크게 줄어드는 결과가 발생할 수 있다. 이와 같은 결과는 근로자의 일시적 과책과 그가 입게 되는 불이익을 비교할 때 형평에 어긋나며, 퇴직금이 가지는 임금의 성질에도 부합하지 않는다고 생각된다.[3] 다만, 근로기준법 제2조 1항 6호 소정의 평균임금 산정방법은 근로자에게 유리한 단체협약이 없을 때에 최저기준으로서 규정된 것이므로, 유리한 산출방식이 단체협약에 존재할 때에는 그 방법에 의하여 산출해야 할 것이다.[4]

d) 평균임금 산정기간 3개월 동안 그 근로자에게 지급된「임금의 총액」의 범위

평균임금을 산출하는 데 있어서는 임금의 총액의 범위가 중요하다. 판례[5]에 따르면「평균임금 산정의 기초가 되는 임금총액에는 사용자가 근로의 대상으로 근로자에게 지급하는 일체의 금품으로서, 근로자에게 계속적·정기적으로 지급되고 그 지급에 관하여 단체협약, 취업규칙, 노동관행 등에 의하여 사용자에게 지급의무가 지워져 있으면 그

1) 大判 1994. 4. 12, 92 다 20309. 대기발령기간을 포함시켜도 무방하다고 본 판례: 大判 2003. 7. 25, 2001 다 12669.

2) 임종률,「노동법」, 420면.

3) 同旨: 이병태,「노동법」, 693면; 위 대법원 판례(大判 1994. 4. 12, 92 다 20309)의 원심판결: 서울高判 1992. 4. 10, 91 나 33621.

4) 大判 1979. 5. 22, 79 다 611; 大判 1979. 10. 30, 79 다 1561; 大判 1990. 11. 9, 90 다카 4683.

5) 大判 2011. 3. 10, 2010 다 77514; 大判 2002. 5. 31, 2000 다 18127; 大判 2001. 10. 23, 2001 다 53950; 大判 1995. 5. 12, 94 다 55934 참고. 예컨대 직장폐쇄가 위법한 경우 그 기간 중에는 근로자에게 임금이 지급되어야 하므로 근로기준법 시행령 제2조 1항 6호는 적용되지 않는다. 이와는 달리 쟁의행위가 적법한 경우 그 기간 중에는 임금이 지급되지 않으므로 같은 조항 6호는 적용된다(직장폐쇄의 적법성 요건과 그 효과에 관해서는 [120] 2. (3) (4) 참고). 직장폐쇄의 적법성 여부, 즉 이로 인한 사용자의 임금지급의무 여부의 존부를 살피지 않은 채 직장폐쇄기간이 근로기준법 시행령 제2조 1항 6호에 따라 평균임금 산정기간에서 당연히 공제되는 기간이라고 판단하여서는 아니된다(大判 2019. 6. 13, 2015 다 65561: 근기법 시령 제2조 1항 6호의 '쟁의행위기간'의 쟁의행위가 적법·위법 여부에 관계없이 모든 쟁의행위를 의미하는 것으로 잘못 해석한 원심을 파기환송한 판결).

명칭 여하를 불문하고 모두 포함된다. 한편 어떤 금품이 근로의 대상으로 지급된 것이냐를 판단함에 있어서는 그 금품지급의무의 발생이 근로제공과 직접적으로 관련되거나 그것과 밀접하게 관련된 것으로 볼 수 있어야 하고, 이러한 관련 없이 그 지급의무의 발생이 개별 근로자의 특수하고 우연한 사정에 의하여 좌우되는 경우에는 그 금품의 지급이 단체협약·취업규칙·근로계약 등이나 사용자의 방침 등에 의하여 이루어진 것이라 하더라도 그러한 금품은 근로의 대상으로 지급된 것으로 볼 수 없다」고 한다. 임금의 총액은 근로시간의 장단에 의한 임금의 다소에 불구하고 당해 기간중에 근로의 대가로서 지급된 임금의 총액으로 이해해야 하며,[1] 따라서 실제로 지급된 임금뿐만 아니라 지급되지 않았다 하더라도 사유발생일 이전에 이미 그 채권이 발생된 것은 임금총액에 포함해야 한다.[2] 그리고 상여금이라 하더라도 계속적·정기적으로 지급되고 지급대상, 지급조건이 확정되어 있다면 이는 근로의 대가로 지급되는 임금의 성질을 가지나, 그 지급사유의 발생이 불확정적이고 지급조건이 경영성과나 노사관계의 안정 등과 같이 근로자 개인의 업무실적 및 근로의 제공과 직접적인 관련이 없는 요소에 의하여 결정되도록 되어 있어 그 지급 여부 및 대상자 등이 유동적인 경우에는 임금이라 볼 수 없다. 임금총액의 범위를 예시[3]하면 다음과 같다.

우선 평균임금 산정기초인 임금에 포함되는 것으로는 i) 기본급, ii) 연차유급 휴가수당,[4] iii) 연장·야간·휴일근로수당, iv) 특수작업수당, 위험작업수당, 기술수당 v) 임원의 직책수당, vi) 일·숙직수당, vii) 장려·정근·개근·생산독려수당,[5] 진료포상비,[6] viii) 단체협약 또는 취업규칙에서 근로조건의 하나로 모든 근로자에게 일률적으로 지급

---

1) 大判 1967. 1. 31, 66 다 2270; 大判 1969. 3. 4, 68 다 2152; 大判 1978. 2. 14, 77 다 3121; 大判 1990. 12. 7, 90 다카 19647; 大判 1992. 4. 14, 91 다 5587; 大判 1996. 2. 27, 95 다 37414; 大判 2006. 8. 24, 2004 다 35052.

2) 예컨대 유급휴가근로수당은 원칙적으로 평균임금을 산정하는 임금총액에 산입되지만, 소정의 요건을 충족하여 발생한 연차휴가를 사용하지 아니하고 퇴직한 경우, 그 기간에 대한 연차휴가근로수당지급청구권이 발생하였다 하더라도 그 퇴직하기 전 해 1년간의 일부가 평균임금 산정기간인 퇴직 전 3개월간 내에 포함되지 않으면 그 휴가근로수당은 퇴직금의 산출기준이 되는 평균임금에 포함될 수 없다는 것이 판례의 태도이다(大判 1991. 12. 24, 91 다 20494; 大判 1994. 5. 24, 93 다 4649; 大判 1996. 12. 23, 95 다 32631).

3) 노동부예규 제30호(1981. 5. 7) 「평균임금산정에 포함되는 임금의 범위 예시와 확인요령」 참고.

4) 大判 1969. 7. 8, 69 다 621; 大判 1971. 12. 28, 71 다 1713; 大判 1983. 2. 8, 81 다카 1140; 大判 1994. 5. 24, 93 다 4649. 예컨대 하기휴가비도 종업원이 하기휴가를 실시하였는지 여부에 관계없이 일률적으로 지급하였다면, 이것도 근로의 대가이므로 평균임금의 산정기초가 된다(大判 1996. 5. 14, 95 다 19256).

5) 大判 1978. 12. 13, 78 다 2007(광부들에게 지급된 특별독려비를 평균임금에 산정한 사례).

6) 大判 2011. 3. 10, 2010 다 77514.

하도록 명시되거나 관례적으로 지급되는 수당 및 현물,[1] 상여금,[2] 경영평가성과급,[3] 통근비(정기승차권),[4] 사택수당, 급식대(주식대보조금[5]) 잔업식사대, 조근식사대, 월동비, 연료수당,[6] 지역수당(냉·한·벽지수당), 교육수당(정기적·일률적으로 모든 근로자에게 지급되는 경우), 별거수당, 물가수당, 조정수당,[7] ix) 가족수당이 독신자를 포함하여 모든 근로자에게 일률적으로 지급되는 경우의 수당,[8] x) 「봉사료」를 사용자가 일괄 집중관리하여 배분하는 경우 그 배분금액 등이다. 그 밖에 법령, 단체협약 또는 취업규칙의 규정에 의하여 지급되는 현물급여(예: 급식 등)도 포함된다. 근년에 와서 공공기관의 경영평가성과급이 평균임금에 포함된다는 판례가 계속 나오고 있다.[9] 공공기관 경영평가성과급은 공

---

1) 大判 2005. 9. 9, 2004 다 41217.

2) 大判 2002. 5. 31, 2000 다 18127; 大判 1989. 4. 11, 87 다카 2901(상여금을 미리 임금의 총액에 포함시킨 다음 그 총액을 그 기간의 총수로 나누는 것이 합리적 계산방식이다); 大判 1980. 2. 26, 79 다 2120; 大判 1979. 7. 10, 79 다 919; 大判 1978. 2. 14, 77 다 3121; 大判 1976. 8. 24, 76 다 1411; 大判 1975. 9. 23, 74 다 1293.

3) 大判 2018. 10. 12, 2015 두 36157(공공기업이나 준정부기관이 공공기관의 운영에 관한 법률에 근거하여 기획재정부장관의 경영실적평가결과에 따라 직원들에게 지급되는 성과급).

4) 「자가운전보조비 명목의 금원을 직원들에게 자기차량보유와 관계없이 교통비명목으로 일률적으로 지급하는 금원은 근로의 대상(對償)이 될 수 있으나, 그 금원을 초과하는 부분은 그 실제 지출 여부를 묻지 않고 계속해서 지급된 것이라도 실비변상적인 것으로서 근로의 대상으로 볼 수 없다」(大判 1995. 5. 12, 94 다 55934); 「1회당 금 10,000원씩이라는 지급기준을 정하여 두고 운행횟수에 비례하여 계산된 금액을 차량운행수당으로 매월 임금지급일에 계속적·정기적으로 지급하여 온 경우, 사용자는 관례에 의하여 1회당 금 10,000원씩의 운행수당을 일률적으로 지급하여야 할 의무가 있으므로 이 운행수당은 장거리운행으로 인하여 추가로 소요되는 비용을 보전하여 주려는 실비변상적 성격의 금원이라기보다는 근로의 대상으로 지급된 것으로서 평균임금산정에 포함되어야 한다」(大判 1997. 5. 28, 96 누 15084).

5) 大判 1981. 10. 13, 81 다 697; 서울民地判 1989. 5. 16, 88 나 30674; 大判 1990. 12. 7, 90 다카 19647; 大判 1991. 2. 26, 90 다 15662. 異見: 서울民地判 1977. 2. 25, 75 가합 776.

6) 大判 1990. 12. 7, 90 다카 19647; 大判 1991. 2. 26, 90 다 15662 참고.

7) 「포상금 지급은 해마다 그 지급시기는 다르나 매년 한두 차례 시행되는 것이 관례화되어 있음을 알 수 있어 이를 우발적·일시적 급여라고 할 수 없으며, 해마다 미리 지급기준과 지급비율을 정하고 그에 따라 지급하는 것인 이상 … 개인포상금은 평균임금에 포함된다」(大判 2003. 2. 11, 2002 재다 388); 「운송회사가 그 소속 택시운전사들에게 매월 실제 근로일수에 따른 일정액의 급료를 지급하는 외에 하루 운송수입금에서 사납금을 공제한 나머지 수입금을 운전사 개인의 수입으로 하여 자유로운 처분에 맡겨 온 경우에는 … 산재보험법상 보험급여의 기준이 되는 평균임금을 산정함에 있어서는 위 사납금을 공제한 나머지 수입금 역시 이에 포함되어야 할 것이다」(大判 2000. 4. 25, 98 두 15269).

8) 大判 2003. 6. 13, 2003 다 1212; 大判 2003. 9. 2, 2003 다 30319 참고.

9) 大判 2018. 10. 12, 2015 두 36157; 大判 2018. 12. 13, 2018 다 231536(경영평가성과급의 최저지급률과 최저지급액이 정해져 있지 않아 소속 기관의 경영실적평가에 따라서는 경영평가성과급을 지급받지 못할 수도 있다. 이러한 경우가 있다고 하더라도 성과급이 전체 급여에서 차지하는 비중, 그 지급 실태와 평균임금 제도의 취지 등에 비추어 볼 때 근로의 대가로 지급된 임금으로 보아야 한다. 따라서 경영평가성과급은 평균임금 산정의 기초가 되는 임금에 포함되고, 이와 같이 산정된 평균임금

공기관운영법에 따라 기재부장관이 공공기관의 경영실적을 평가하고 그 결과에 따라 근로자에게 지급하는 급여이다(공공기관운영법 제48조 10항; 동법 시령 제27조 3항 참조). 최근의 판례는 경영평가성과급이 계속적·정기적으로 지급되고 지급대상, 지급조건 등이 확정되어 있어 단체협약, 취업규칙, 근로계약, 노동관행 등에 의하여 사용자에게 지급의무가 있다면, 이는 근로의 대가로서 임금의 성질을 가지므로 평균임금의 기초가 되는 임금에 포함된다고 한다. 경영 평가에 따라 그 지급 여부나 지급률이 달라질 수 있더라도 그러한 이유만으로 근로의 대가로 지급된 것이 아니라고 볼 수 없다고 한다.

평균임금 산정기초인 임금에 포함되지 아니하는 것으로서는 우선 성질상 임금이 아니기 때문에 이에 포함될 수 없는 것들이다. 예컨대 결혼축하금, 조의금, 재해위문금, 휴업보상금, 실비변상적인 급여[1](예: 기구손실금, 그 보수비, 음료대, 작업용품대, 작업상 피복대여 또는 보수비, 출장여비 등)와 근로자로부터 대금을 징수하는 현물급여, 작업상 필수적으로 지급되는 현물급여(예: 작업복, 작업모, 작업화 등), 복지후생시설로서의 현물급여(예: 주택설비, 조명, 용수, 의료 등의 제공, 영양식품의 지급 등), 사용자가 지급의무 없이 은혜적으로 지급하는 금액[2]등이다. 또한 임시로 지급된 임금 및 수당[3]과 통화 외의 것으로 지급된 임금은 총액에 포함되지 않는다. 다만, 고용노동부장관이 정하는 것은 그러하지 아니하다(근기법 시령 제2조 Ⅱ). 돌발적인 사유에 따라 지급되거나, 지급조건이 사전에 규정되었더라도 그 사유발생일이 불확정, 무기한 또는 매우 드물게 나타나는 때에는 그 급여(예: 결혼수당, 사상수당)는 총액에 포함되지 않는다. 지급 여부나 지급률이 달라질 수 있는 「목표달성성과급」도 평균임금에 산입될 수 없다.[4]

으로 퇴직금을 계산해야 한다).

1) 大判 1998. 1. 20, 97 다 18936(회사의 구내를 벗어나 작업하는 화물운송차기사에게 고속도로주변 식당들의 요금을 기준으로 지급하는 출장식대는 실비변상으로 지급하는 것으로서 근로의 대가라고 보기 어려우므로, 모든 근로자들에게 일률적으로 지급되는 식대를 초과하는 부분은 평균임금에 산입해서는 안 된다); 大判 2013. 4. 26, 2012 도 5385(차량유지비).

2) 大判 2013. 4. 26, 2012 도 5385; 大判 2003. 4. 22, 2003 다 10650.

3) 「임시로 지급하는 임금, 수당」이란 일시적·돌발적 사유로 인하여 지급되는 것과 같이 그 지급사유의 발생이 불확정적인 것을 말한다(大判 1978. 12. 13, 78 다 2007: '특별독려비'라는 명목으로 선식기계화시험채탁작업에 배치된 광부들에게 지급되었던 수당은 계속적·정기적으로 평균봉급에 가산하여 지급되었으므로 '임시로 지불된 임금이나 수당'에 해당하지 않는다).

4) 大判 2005. 9. 9, 2004 다 41217: (상여금이 계속적·정기적으로 지급되고 그 지급액이 확정되어 있다면 이는 근로의 대가로 지급되는 임금의 성질을 가지나 그 지급사유의 발생이 불확정적이고 일시적으로 지급되는 것은 임금이라고 볼 수 없다)(목표달성 성과금은 매년 노사간 합의로 그 구체적 지급조건이 정해지며 그 해의 생산실적에 따라 지급 여부나 지급률이 달라질 수 있는 것이지 생산실적과 무관하게 계속적·정기적으로 지급된 것이라고 볼 수 없어 회사에 그 지급의무가 있는 것이 아니라는 이유로 위 성과금은 퇴직금 산정의 기초가 되는 평균임금에 산입될 수 없다고 판단한 예). 노사간에 그 배제를 협약한 후생적 복지비, 연월차수당 등도 평균임금에 산입되지 않는다(大判 2005. 3.

e) 일용근로자의 평균임금 일용근로자란 1일의 계약기간으로 고용되어 고용당일에 근로계약이 종료되는 근로자를 말한다. 일반적으로 일용근로자는 실제로 일하는 날이 고르지 않고 그 임금액도 사업장에 따라 일정하지 아니하므로 원칙적인 평균임금 산정방식에 따라 산정하는 것이 부적절할 수 있다. 이러한 점을 고려하여 근로기준법 시행령 제3조에서 「일용근로자의 평균임금은 고용노동부장관이 사업이나 직업에 따라 정하는 금액으로 한다」(근기법 시령 제3조)고 규정하고 있다.

f) 평균임금을 산정할 수 없는 경우 및 그 조정

1) 근로기준법 제2조 1항 6호, 시행령 제2조 및 제3조에 따라 평균임금을 산정할 수 없는 특별한 경우에는 고용노동부장관이 정하는 바에 따른다(근기법 시령 제4조). 이러한 특별한 경우는 문자 그대로 그 산정이 기술상 불가능한 경우뿐만 아니라, 위 관계규정에 의하여 그 평균임금을 산정하는 것이 현저하게 부적당한 경우까지도 포함된다.[1]

2) 휴업보상(근기법 제79조), 장해보상(근기법 제80조), 유족보상(근기법 제82조), 장의비(근기법 제83조) 및 일시보상(근기법 제84조)의 보상금을 산정할 때 적용할 평균임금은 그 근로자가 소속한 사업 또는 사업장에서 같은 직종의 근로자에게 지급된 통상임금의 1명당 1개월 평균액이 그 부상 또는 질병이 발생한 달에 지급된 평균액보다 100분의 5 이상 변동된 경우에는 그 변동 비율에 따라 인상되거나 인하된 금액으로 하되, 그 변동 사유가 발생한 달의 다음 달부터 적용한다(근기법 시령 제5조 I 본문).[2]·[3]

3) 평균임금은 근로자의 통상의 생활임금을 사실대로 산정하는 것을 그 기본원리로 하는 것으로서 평균임금의 계산에 산입되는 '그 사유가 발생한 날 이전 3월간에 그 근로자에 대하여 지급된 임금의 총액'이 특별한 사유로 인하여 통상의 경우보다 현저하게 적거나 많을 경우에는 이를 그대로 평균임금 산정의 기초로 삼을 수 없다. 판례에 따르면 「근로기준법(제2조 I ⑥) 및 근로기준법 시행령(제2조, 제4조) 등이 정한 원칙에 따라 평균임금을 산정하였다고 하더라도, 근로자의 퇴직을 즈음한 일정 기간 특수하고 우

11, 2003 다 27429).

1) 大判 1995. 2. 28, 94 다 8631(평균임금 산정기간에서 제외해야 할 기간을 뺀 그 직전의 3개월 간의 임금을 기준으로 하여 산정함); 大判 1998. 1. 20, 97 다 18936.

2) 소속 사업 또는 사업장이 폐지된 경우, 동일 직종의 근로자가 없는 경우에 관해서는 근기법 시령 제5조 2항·3항 참조.

3) 大判(전합) 1999. 5. 12, 97 다 5015(평균임금의 기본원리 및 퇴직금제도의 목적과 취업규칙에 관한 일반적 해석기준 등에 비추어 보면, 월의 중도에 퇴직하더라도 당해 월의 보수 전액을 지급한다는 취업규칙상의 규정은 퇴직하는 근로자에 대한 임금계산에서의 정책적·은혜적 배려가 포함된 취지의 규정으로 보아야 할 것이지, 퇴직하는 근로자에게 실제 근무일수와 무관하게 퇴직 당해 월의 임금을 인상하여 전액 지급한다는 취지는 아니라고 할 것이다. 따라서 이와 다른 견해를 취한 바 있는 대법원 1993. 5. 27, 92 다 24509 판결은 이를 변경하기로 한다); 大判 2009. 5. 28, 2006 다 17287.

연한 사정으로 인하여 임금액 변동이 있었고, 그 때문에 위와 같이 산정된 평균임금이 근로자의 전체 근로기간, 임금액이 변동된 일정 기간의 장단, 임금액 변동의 정도 등을 비롯한 제반 사정을 종합적으로 평가해볼 때 통상의 경우보다 현저하게 적거나 많게 산정된 것으로 인정되는 예외적인 경우라면, 이를 기초로 퇴직금을 산출하는 것은 근로자의 통상적인 생활임금을 기준으로 퇴직금을 산출하고자 하는 근로기준법의 정신에 비추어 허용될 수 없는 것이므로, 근로자의 통상적인 생활임금을 사실대로 반영할 수 있는 합리적이고 타당한 다른 방법으로 그 평균임금을 따로 산정하여야 한다. 그러나 근로자의 평균임금이 위와 같이 통상의 경우보다 현저하게 적거나 많다고 볼 예외적인 정도까지 이르지 않은 경우에는 근로기준법 등이 정한 원칙에 따라 평균임금을 산정하여야 한다」[1]고 한다. 그러나 근로자가 형사상 범죄행위로 구속되는 바람에 3개월 이상 휴직하였다가 퇴직함으로써 퇴직 전 3개월간 지급된 임금을 기초로 산정한 평균임금이 통상의 경우보다 현저히 적은 경우에는 휴직 전 3개월간의 임금을 기준으로 평균임금을 산정하여야 한다는 것이 판례의 견해이다.[2]

4) 근로자가 퇴직 직전 의도적으로 평균임금을 높이기 위한 행위를 한 경우에는 평균임금을 높이기 위한 행위를 한 기간을 제외한 그 직전 3개월간의 임금을 기준으로 평균임금을 산정하여야 한다.[3]

g) 평균임금의 보장 평균임금제도를 마련한 기본취지는 평균임금을 지급해야 할 기간 중에 근로자의 통상의 생활을 종전과 같이 보장하려는 데 있다. 그런데 산출된 평균임금이 근로일수 등 기타의 원인으로 통상임금보다 낮은 때에는 이 제도의 취지를 실현할 수 없게 된다. 평균임금제도의 뜻을 살리기 위하여 근로기준법 제2조 2항은 「제1항에 따라 산출된 금액이 그 근로자의 통상임금보다 적으면 그 통상임금액을 평균임금으로 한다」고 규정하고 있다.[4]

1) 大判 2009. 5. 28, 2006 다 17287; 大判 2010. 4. 15, 2009 다 99396; 大判 2015. 6. 11, 2014 다 87496.

2) 大判 1999. 11. 12, 98 다 49357.

3) 大判 1995. 2. 28, 94 다 8631; 大判 1998. 1. 20, 97 다 18936; 大判 2009. 10. 15, 2007 다 72519 (택시기사인 근로자가 퇴직금을 더 많이 받기 위하여 의도적으로 퇴직 직전 5개월 동안 평소보다 많은 사납금 초과 수입금을 납부한 사안에서, 근로자가 지급받은 임금의 항목들 중 사납금 초과 수입금 부분에 대하여는 의도적인 행위를 하기 직전 3개월 동안의 임금을 기준으로 평균임금을 산정하되 '의도적인 행위를 한 기간 동안의 동종 근로자들의 평균적인 사납금 초과 수입금의 증가율'을 곱하여 산출하고, 이를 제외한 나머지 임금 항목들에 대하여는 퇴직 전 3개월 동안 지급받은 임금총액을 기준으로 평균임금을 산정함이 적절하다고 한 사례). 1년 동안을 산정기간으로 하여 평균임금을 산정한 예도 있다(大判 2013. 10. 11, 2012 다 12870).

4) 퇴직 전 3개월간, 즉 휴직기간에 지급된 임금을 기초로 하여 그 평균임금을 0원으로 산정하고, 그 결과 평균임금이 통상임금보다 저액임이 명백하다는 이유로 곧바로 위 기간 동안의 통상임금을 기준

(2) **통상임금**

a) 의 의 통상임금은 연장·야간 및 휴일근로에 대한 가산임금 산출을 위한 기초가 되거나(근기법 제56조), 해고예고수당(근기법 제26조 본문), 연차유급휴가수당(근기법 제60조 V 본문)의 지급기준 임금이 된다. 따라서 통상임금은 그것 자체가 임금의 종류 또는 항목에 해당하는 근로의 대가가 아니라, 가산임금을 산출하거나 법률이 정한 수당 등을 지급하기 위한 기준(단위)임금을 말한다. 평균임금이 퇴직금이나 휴업수당 등을 지급하기 위한 기준임금인 것과 마찬가지이다. 다만, 평균임금이 근로자의 통상적인 생활수준의 보장을 목적으로 하는 단위임금이라고 한다면 통상임금은 통상적 소정근로에 대하여 지급되는 기본적 단위임금이다.

b) 개 념 근로기준법 시행령 제6조 1항은 「법과 이 영에서 "통상임금"이란 근로자에게 정기적이고 일률적으로 소정(所定)근로 또는 총 근로에 대하여 지급하기로 정한 시간급 금액, 일급 금액, 주급 금액, 월급 금액 또는 도급 금액을 말한다」고 규정하고 있다.[1] 통상임금은 연장·야간 및 휴일근로의 가산임금, 해고예고수당, 연차유급휴가수당의 산정을 위한 단위금액을 말하므로 연장·야간근로에 있어서는 시간급 금액, 휴일근로에 있어서는 일급 금액(휴일에 소정근로시간을 부분적으로 근로했을 경우에는 시간급 금액), 해고예고를 갈음하여 또는 연차유급휴가시에 수당을 지급할 경우에는 일급 금액으로서의 통상임금이 기준이 된다. 따라서 통상임금은 소정근로에 대한 대가로서 지급하기로 정하여진 시간급 금액, 일급 금액, 월급 금액을 말한다고 보아야 한다.[2] 다시 말하면 통상임금은 소정근로에 대하여 시간, 일, 주, 월 단위로 정기적·일률적으로 통상 지급되는 임금을 말하는 것으로 이해해야 한다. 총 근로에 대하여 지급하기로 정한 임금은

으로 하여 퇴직금을 산정한 것은 부당하다. 평균임금의 산정방법에 관하여 보건대, 퇴직금 산정기준으로서의 평균임금은 원칙적으로 근로자의 통상의 생활임금을 사실대로 반영하는 것을 그 기본원리로 하고, 이는 장기간의 휴직 등과 같은 특수한 사정이 없었더라면 산정될 수 있는 평균임금 상당액이라 할 것이다(大判 1999. 11. 12, 98 다 49357). 따라서 이때의 평균임금은 그 휴직 전 3개월간의 임금을 기초로 산정하는 것이 옳을 것이다.

1) 최저임금과의 관계에 대한 판례: 大判 2017. 12. 28, 2014 다 49074(최저임금이나 최저임금의 적용을 위한 비교대상 임금은 통상임금과는 그 기능과 산정방법이 다르다. 사용자가 최저임금의 적용을 받는 근로자에게 최저임금액 이상의 임금을 지급하여야 한다고 하여 곧바로 통상임금 자체가 최저임금액을 그 최하한으로 한다고 볼 수 없다. 다만 최저임금의 적용을 받는 근로자에게 있어서 비교대상 임금 총액이 최저임금액보다 적은 경우에는 비교대상 임금 총액이 최저임금액으로 증액되어야 하므로, 이에 따라 비교대상 임금에 산입된 개개의 임금도 증액되고 그 증액된 개개의 임금 중 통상임금에 해당하는 임금들을 기준으로 통상임금이 새롭게 산정될 수는 있을 것이다(통상임금액을 재산정하도록 한 판례로서 상여금 산정의 기준인 '평균임금'도 최저임금액으로 증액되어야 한다고 판단한 원심을 파기환송한 예).

2) 大判(전합) 2013. 12. 18, 2012 다 89399 참고.

근로의 양 또는 성과에 대하여 지급되는 도급금액으로 보는 것이 문리(文理)상 합당할 것이다.[1]

일반적으로 통상임금이라고 하면 그 성질상 소정근로에 대한 대가이어야 하고, 정기적·일률적으로 지급되는 고정적인 것이어야 한다. 그러므로 소정근로에 대한 대가라는 실질적(1차적) 요건을 갖추지 않은 것이면 정기적·일률적으로 지급되는 고정적 금품이더라도 그 성질상 통상임금으로 볼 수 없다.[2] 대법원 전원합의체 판례는 임금의 명칭이나 그 지급주기의 장단 등의 형식은 통상임금 여부를 결정하는 기준이 되지 않는다고 한다.[3] 또한 근로자가 소정근로를 했는지 여부와는 관계없이 지급일 기타 특정 시점에 재직(在職)중인 근로자에게만 지급하기로 정해져 있는 임금은 '소정근로'에 대한 대가의 성질을 가지는 것이라고 보기 어려울 뿐만 아니라 근로자가 임의의 날에 연장·야간·휴일 근로를 제공하는 시점에서 재직중이라는 지급조건이 성취될지 여부가 불확실하여 고정성도 결여한 것으로 보아야 하므로, 통상임금에 해당하지 아니한다는 것이 판례의 태도이다.[4] 근로자가 소정근로시간을 초과하여 근로를 제공하거나 근로계약에서 제공하기로 정한 근로 외의 근로를 제공함으로써 사용자로부터 추가로 지급받은 임금이나 소정근로시간의 근로와 관련이 없이 지급받은 임금은 소정근로의 대가라고 할 수 없으므로 통상임금에 속하지 않는다.[5]

통상임금은 근로기준법이나 단체협약 또는 취업규칙에서 정한 소정근로시간에 제공한 근로의 대가로서 실제의 근무여부나 근무일수 또는 근무실적에 따라 달라지지 않는 고정적이면서 정기적·일률적으로 지급하기로 정해진 임금을 말한다.[6] 따라서 실제

---

1) 同旨: 하경효, 「임금법제론」, 2013, 87면; 박지순·이상익, 「통상임금의 이해」, 2013, 66면, 114면.
2) 大判 2019. 4. 23, 2014 다 27807.
3) 정기성·일률성은 소정근로에 대한 대가로서의 임금에 대하여 다시 그 범위를 제한하는 요건이라고 보아야 하므로 이를 따로 떼어서 독립된 개념으로 이해해서는 안 될 것이다. 같은 취지의 판례로서 大判 1990. 11. 9, 90 다카 6948; 大判 1990. 2. 27, 89 다카 2292 참고. 그러나 1996년 이후에 판례는 소정근로에 직접적으로 또는 비례적으로 대응하여 지급되는 임금이 아니라 하더라도 정기적·일률적으로 지급되는 것이면 통상임금에서 제외할 수 없다고 한다(大判 1996. 2. 9, 94 다 19501; 大判 2003. 6. 13, 2002 다 74282 등). 이와 같은 판례에 따르면 정기상여금이 총 근로(총체적 근로)에 대한 임금으로서 정기적(예컨대 분기별로) 일률적으로 지급되면 통상임금에 포함될 수 있게 된다(大判(전합) 2013. 12. 18, 2012 다 89399).
4) 大判(전합) 2013. 12. 18, 2012 다 89399; 大判(전합) 2013. 12. 18, 2012 다 94643. 정기상여금을 지급하는 달에 재직(在職)하지 않는 자에게는 지급하지 않는다고 하여 정기상여금을 근로의 대가가 아니라고 할 수는 없다(大判 2020. 4. 29, 2018 다 303417). 중도퇴직이 상여금의 고정성의 성질을 배제하지 않는다는 하급심 판결이 있다(서울高判 2020. 12. 2, 2016 나 2032917).
5) 大判 2020. 8. 20, 2019 다 14110, 14127, 14134, 14141.
6) 大判(전합) 2013. 12. 18, 2012 다 89399 참고.

의 근무실적에 따라 그 지급액이 변동되는 임금(예컨대 경영성과금), 소정근로시간에 대한 대가라고 볼 수 없는 급여(예컨대 사택수당, 김장수당, 교육수당 등) 등은 통상임금의 범위에 포함되지 않는다.[1]

c) 통상임금의 기능

1) 통상임금은 통상의 근로시간 또는 통상의 근로일에 대하여 지급되는 임금이라고 할 수 있다. 따라서 근로기준법 제50조의 규정에 의한 법정기준근로시간 또는 통상근로일에 행한 소정근로에 대하여 지급하기로 정해진 임금을 말한다. 예컨대 주 40시간 1일 7시간의 소정근로를 하는 사업장에서 어느 성년근로자가 주 35시간 1일 7시간의 (소정)근로를 하는 경우에 그 근로자가 1주 3일간 하루에 1시간씩 더 근로를 하기로 하였다면 추가된 1주 총 3시간의 근로에 대해서는 통상임금이 적용될 것이다. 이때에는 근로기준법 제56조(가산임금)가 적용될 여지가 없다. 해고예고수당이나 연차유급휴가수당으로 통상임금을 지급할 때에도 통상적인 근로일에 지급하기로 정한 임금을 지급하면 된다. 이와 같이 통상임금은 소정근로를 제공하기 전에 미리 정해져 있는 사전적(事前的) 급여로서 기준이 되는 임금을 말한다. 그러나 어느 근로자가 실제로 근로를 제공하면서 다른 근로자에 비해서 보다 뛰어난 생산능력을 발휘하거나 실적을 올리거나 정근 또는 근속을 함으로써 추가적으로 지급받는 급여도 근로의 대가이지만 실제의 근무실적에 따라 좌우되는 변동적 지급액이므로 통상임금에 포함되지 않는다.[2]

2) 근로의 대가로 지급되는 임금 중에는 그 성격을 달리하는 여러 가지 항목의 임금이 있다. 즉 근로관계의 계속 중에 행하여지는 소정근로 이외의 근로 또는 근로관계의 종료와 연관해서 근로자에게 지급되는 각종 수당 내지 임금들은 그 지급사유가 다르므로 지급액의 산정의 기초가 되는 단위(기준)임금을 정해놓을 필요가 있다. 휴업수당(근기법 제46조 I)과 퇴직금(근퇴법 제8조 I)에 대해서는 평균임금이 그 산정을 위한 단위임금이 되고, 연장·야간·휴일근로에 대해서는 통상임금이 가산임금 산출의 기초가 된다(근기법 제56조). 평균임금에 대해서는 근로기준법 제2조 1항 6호에서 자세한 정의 규정을 두고 있으므로 평균임금 산출을 둘러싸고 해석상의 논란은 거의 없다. 그러나 통상임금에 대해서는 근로기준법에 정의 규정이 없을 뿐 아니라 동법 시행령 제6조 1항의 통

---

1) 하경효, 「임금법제론」, 2013, 79면; 박지순·이상익, 「통상임금의 이해」, 2013, 65면 이하; 고용노동부, 「통상임금산정지침」(예규 제47호, 2012. 9. 25) 참고. 또한 大判 1991. 6. 28, 90 다카 14758; 大判 1994. 10. 28, 94 다 26615; 大判 1996. 5. 14, 95 다 19256; 大判 2002. 7. 23, 2000 다 29370; 大判 2003. 4. 22, 2003 다 10650 등.

2) 大判 1996. 2. 9, 94 다 19501; 大判 1996. 5. 28, 95 다 36817; 大判 2003. 6. 13, 2002 다 74282. 그러나 근무실적에 대하여 최하등급을 받더라도 일정액의 지급이 최소한도로 확정되어 있으면 고정성이 인정된다는 것이 판례의 태도이다(大判(전합) 2013. 12. 18, 2012 다 89399).

상임금 정의 규정의 해석을 둘러싸고 행정해석[1]과 판례 사이에 견해가 갈리고 있었으며, 법원의 판례들도 그 간 견해가 일치하지 않아 혼란을 야기하여 왔다. 특히 대법원 판례의 견해가 변화하는 가운데 서로 어긋나고 있어 법의 해석·적용에 혼선을 야기했으며, 통상임금의 지급을 둘러싸고 노사 사이에 사회적 대립이 초래되었던 것이 사실이다. 이와 같은 현상은 궁극적으로 통상임금의 정의 규정 자체가 추상적 용어로 표현되어 있기 때문이라고 생각된다. 현재로서는 근로기준법 시행령 제6조와 판례 및 행정해석을 중심으로 통상임금의 개념과 통상임금에 포함될 수 있는 임금의 범위를 정확하게 규명하는 일이 중요하다. 이와 같은 이유와 배경하에서 대법원 전원합의체는 2013년 12월 18일 2012 다 89399 판결을 내리게 되었다. 이 판결의 내용에 대해서는 다음 e) 이하에서 검토하기로 한다.

d) 통상임금에 대한 행정해석 및 판례의 전개 고용노동부는 1988년 1월 14일에 예규 제150호 「통상임금산정지침」을 제정하였으며, 이 지침은 그 후 여러 차례의 개정을 거쳐 최근에는 2012년 9월 25일에 예규 제47호로 개정되었다. 동 지침은 「통상임금의 산정기초가 되는 임금은 근로계약이나 취업규칙 또는 단체협약 등에 의하여 소정근로시간(소정근로시간이 없는 경우에는 법정근로시간)에 대하여 근로자에게 지급하기로 정하여진 기본급 임금과 정기적·일률적으로 1 임금산정 기간에 지급하기로 정해진 고정급 임금으로 한다」(제3조 Ⅰ)고 규정하고 있다. 이 행정지침의 규정은 근로기준법 시행령 제6조 1항의 규정을 충실하게 반영한 것으로 생각된다. 1990년대 초의 판례들은 현행 근로기준법 시행령 제6조 1항[2] 및 「통상임금산정지침」 제3조(통상임금산정기초임금)[3]의 규정 내용을 대체로 따르고 있었다.[4] 그러나 대법원은 1996년에 와서 소정근로에 대한 대가로 지급되는 「임금이 1개월을 초

---

1) 고용노동부, 「통상임금산정지침」(예규 제47호, 2012. 9. 25).

2) 당시에 적용되었던 근로기준법 시행령 제31조 1항(1982. 8. 13 개정, 1982. 8. 13 시행)은 현행 시행령 제6조 1항과 동일하다.

3) 당시에 적용되었던 「통상임금산정지침」(노동부예규 제150호, 1998. 1. 14 개정) 제4조(통상임금산정기초임금)는 현행 지침 제3조와 실질적으로 동일하다.

4) 大判 1990. 2. 27, 89 다카 2292; 大判 1990. 11. 9, 90 다카 6948; 大判 1991. 6. 28, 90 다카 14758; 大判 1994. 10. 28, 94 다 26615.

근로기준법 시행령 제6조 1항은 근로기준법의 위임이 없이 제정된 대통령령이므로 3권 분립의 원칙상 대법원이 이에 반드시 구속되지는 않는다고 볼 수 있을 것이다. 이에 반하여 고용노동부는 행정부서이므로 시행령에 따라야 한다. 「통상임금산정지침」에 관한 고용노동부예규는 근로기준법 제6조 1항에 따라 제정된 것이고, 이 예규가 관계 행정부서에 대하여 지침으로서의 효력을 가지는 것은 당연하다. 다른 한편 근로기준법 제26조 1문(해고예고수당), 제56조(연장·야간 및 휴일근로시 가산임금), 제60조 5항 본문(연차유급휴가수당)은 동법 시행령 제6조 1항의 규범적 내용을 수용·전제하고 있으므로 위 법률조항들이 제대로 적용되기 위해서는 시행령 제6조 1항의 규정 내용이 법원에 의하여 함부로 변경되어서는 안 된다고 생각된다. 법적 안정성을 해치기 때문이다. 그러한 한도 내에서 법원도 시행령 제6조 1항의 규정을 존중하는 것이 옳을 것이다.

과하는 기간마다 지급되는 것이라도 그것이 정기적·일률적으로 지급되는 것이면 통상임금에 포함될 수 있는 것이고, 소정근로시간의 근로에 직접적으로 또는 비례적으로 대응하여 지급되는 임금이 아니라 하더라도 그것이 소정근로 또는 총 근로에 대하여 지급되는 임금이 아니라고 할 수 없으므로 그런 사유만으로 그 임금을 통상임금에서 제외할 수 없다」고 하였다.[1] 이 판례는 첫째, 종래의 판례가 행정지침의 규정에 따라 통상임금의 정기성을 1 임금지급기간(일, 주, 또는 월)으로 해석했던 태도를 바꾸어 1개월을 초과하는 기간(임금산정기간)이더라도 일정한 기간에 금품을 지급하는 경우이면 정기성을 인정하였으며, 둘째, 소정시간, 소정일, 소정주 또는 소정월의 근로에 대한 직접적 또는 비례적 대가관계에 있지 않은 금품이라도 소정근로 또는 총 근로(총체적 근로)에 대하여 지급되는 임금이 아니라고 할 수 없다고 하여 종래 통상임금을 기본급 또는 소정근로와 직접 또는 비례적으로 관련있는 임금으로 이해하였던 태도를 바꾸었다.[2] 이 판례에 의하여 소정근로의 의미가 추상화됨으로써 소정근로와 그 대가 사이의 구체적 관계가 흐려졌다. 이와 같은 배경하에 대법원 전원합의체는 2012 다 89399·2012 다 94643 판결(2013. 12. 18)로 일정한 대상기간에 제공되는 근로에 대하여 1개월을 초과하는 일정기간마다 지급되는 정기상여금은 통상임금에 해당한다고 하였다.

e) 통상임금의 요건과 범위　통상임금은 그 요건으로서 먼저 소정근로에 대한 대가이어야 하고, 이 요건에 해당하는 대가 중에서 다시 정기적·일률적으로 지급되는 고정적 임금이어야 한다.[3] 근로자에게 지급된 월급에 통상임금으로 볼 수 없는 근로기준법 제55조가 정한 유급휴일에 대한 임금이 포함되어 있어 통상임금을 확정하기 곤란한 경우에는, 근로자가 이러한 유급휴일에 근무한 것으로 의제하여 이를 소정근로시간과 합하여 총 근로시간을 산정한 후, 유급휴일에 대한 임금의 성격을 가지는 부분이 포함된 월급을 그 총 근로시간 수로 나누는 방식에 의하여 그 시간급 통상임금을 산정하여도 무방하다.[4] 판례에 따르면 이러한 방법은 근로자에게 지급된 월급에 근로계약이나 취업규칙 등에 따른 유급휴무일에 대한 임금이 포함되어 있는 경우에도 마찬가지로 적용된다. 따라서 이러한 산정 방법에 따라 유급휴무일에 근무한 것으로 의제하여, 총 근로시간에 포함되는 시간은 근로기준법 등 법령에 의하여 유급으로 처리되는 시간에 한정되지 않고, 근로계약이나 취업규칙 등에 의하여 유급으로 처리하기로 정해진 시간도 포함된다. 즉, 취업규칙에서 법정 유급휴일인 월요일의 경우는 8시간으로, 토요일의 경

1) 大判 1996. 2. 9, 94 다 19501.

2) 大判 1996. 2. 9, 94 다 19501(매년 1회 일정 시기에 전직원에게 지급하는 체력단련비 및 월동보조비는 통상임금에 속한다).

3) 정기성·일률성은 실질적으로 중요한 요소가 아니라는 견해가 있다(임종률, 「노동법」, 421면). 이에 따르면 통상임금의 범위는 확대되어 통상임금의 본래적 성질에 부합하지 않는 금품도 통상임금에 포함될 수 있게 될 것이다.

4) 大判 2019. 10. 18, 2019 다 230899; 大判 1998. 4. 24, 97 다 28421.

우는 이와 달리 4시간으로 처리하도록 규정하고 있으면 이에 따라 총 근로시간을 계산하고 통산임금을 산정해야 한다는 것이 판례의 태도이다.[1)]

1) **소정근로에 대한 대가** 통상임금은 1차적 실질적 요건으로서 소정근로에 대한 대가이어야 한다.[2)] 평균임금의 경우와는 달리 근로의 대가이면 모두 통상임금에 포함되는 것은 아니다. 통상임금은 '소정근로에 대한 대가'이어야 하므로 소정근로에 대하여 직접적 또는 비례적으로 지급되는 임금이어야 한다.[3)] 따라서 통상임금은 소정근로에 대한 대가로서 지급하기로 정하여진 시간급 금액, 일급 금액, 주급 금액, 월급 금액을 말한다고 보아야 한다. 여기서 소정근로란 법정근로시간 내에서 정하여진 근로라고 해석되고, 소정근로에 대한 대가는 근로계약, 단체협약, 취업규칙, 관행 등에 의하여 그 지급이 정하여지는 것을 말한다. 기본급, 직책수당, 자격수당 등이 이에 속한다.[4)] 따라

---

1) 大判 2019. 10. 18, 2019 다 230899(취업규칙에서 토요일의 유급휴무일의 근로시간을 4시간으로 계산하는 것으로 규정하고 있는데 원심이 이를 8시간으로 전제하여 통상임금을 산정한 판단을 잘못된 것이라고 하여 그 부분을 파기하고 환송한 판례).

2) 사용자가 선택적 복지제도를 시행하면서 직원 전용 온라인 쇼핑사이트에서 물품을 구매하는 방식 등으로 사용할 수 있는 복지포인트를 단체협약, 취업규칙 등(예 '선택적 복지제도 운영지침')에 근거하여 근로자들에게 계속적으로 정기적으로 배정한 경우 이러한 복지포인트가 근로기준법에서 말하는 임금 및 통상임금(사용자가 지급하는 금품이 임금에 해당하기 위한 요건 및 통상임금에 속하는지 여부를 판단하는 기준에 관해서는 大判 2019. 4. 23, 2014 다 27807 참조)에 해당하는지(따라서 법정가산임금을 산출할 때 통상임금에 포함되는지)가 쟁점이 된 사안에서 1, 2심은 소정 근로의 대가이며 정기적·일률적·고정적으로 근로자에게 지급되는 것으로서 통상임금에 포함된다고 판단하였다. 이와는 달리 대법원(大判(전합) 2019. 8. 22, 2016 다 48785)은 '복지포인트는 여행, 건강관리, 문화생활 등 용도가 제한되고 1년 내 사용하지 않으면 소멸되며, 양도 가능성이 없어 임금이라 보기 적절치 않다'며, '통상 복지포인트는 근로자의 근로제공과 무관하게 매년 일괄 배정되는데 우리 노사 현실에서 이런 형태 임금은 찾아보기 어렵고, 개별 사업장에서 단체협약이나 취업규칙 등에서 복지포인트를 보수나 임금으로 명시하지 않은 경우가 대부분'이라고 지적하였다. 또한 '선택적 복지제도의 연혁과 도입경위, 근거법령 등에 비춰 복지포인트를 임금이라 할 수 없다'고 하였다. 결론적으로 '이 사건 복지포인트는 근로기준법에서 말하는 임금이라고 할 수 없고, 그 결과 통상임금에도 포함될 수 없다'고 하여 원심판결을 파기환송하였다. 이러한 다수의견에 대하여 복지포인트의 배정과 근로자의 복지포인트 사용이라는 일련의 과정을 거쳐 근로의 대가로서 임금이 지급되는 것으로 보는 것이 변화된 규범 현실에 부합하는 법해석이라는 별개의견(대법관 1명)이 있고, 복지포인트는 계속적 정기적으로 배정되고 단체협약이나 취업규칙 등에 사용자의 배정의무가 정해져 있으므로 근로의 대가로 지급되는 금품이라는 반대의견(대법관 4명)이 있다.

임금은 현물이 아닌 통화로 지급되어야 하고(근기법 제43조 I 본문), 임금채권은 3년간 행사하지 않으면 시효로 소멸한다. 이러한 강행규정에도 불구하고 복지포인트를 배정받은 근로자들이 아무 이의없이 이 제도를 수용해 왔다는 사실은 복지포인트를 임금이 아닌 선택적 복지제도상의 급여로서 배정받는다는 의사가 전제되어 있는 것으로 해석될 수 있다. 따라서 복지포인트는 근로기준법상의 임금이라고 보기는 어려울 것이다.

3) 판례는 소정근로에 대한 대가가 해당 근무 직후나 그로부터 가까운 시일 내에 지급되지 아니하였다고 하여 소정근로의 대가성을 부정할 수 없다고 한다(大判(전합) 2013. 12. 18, 2012 다 89399).

4) 大判(전합) 2013. 12. 18, 2012 다 89399.

서 근로의 양 또는 질과 무관하게 은혜적으로 지급되는 것은 이에 포함되지 않는다.[1) 도급제가 아닌 임금체제에서는 가장 기초가 되는 근로의 대가는 소정근로시간에 대하여 지급하기로 한 임금을 말한다고 보아야 한다.[2) 그러므로 통상임금은 소정근로에 대하여 시간, 일, 주, 월 단위로 정기적·일률적으로 통상 지급되는 고정적 임금을 말하는 것으로 이해해야 할 것이다.[3) 근로기준법 시행령 제6조 2항은 일급 금액, 주급 금액, 월급 금액, 그 밖의 일정한 금액으로 정한 금액(예컨대 2주를 단위로 정한 금액), 도급 금액을 시간급 금액으로 산정하는 방법을 정함으로써 통상임금의 기본 형태가 시간급 금액임을 명확히 하고 있다. 통상임금은 일반적으로 정기적·일률적으로 지급되지만 정기적·일률적으로 지급되는 것이면 모두 통상임금에 해당한다고 볼 것은 아니다. 소정근로에 대한 대가라는 통상임금의 실체적 기준을 도외시하고 1개월을 초과하면서 분기·반기 또는 연 단위로 단순히 일정한 시간 간격을 두고(즉, 이를 정기적이라 이해하고) 일률적·고정적으로 지급되기만 하면 그 금액을 통상임금에 포함시킨다고 하면 근로기준법이 정한 통상임금의 개념과 이 제도의 본래의 취지를 훼손하게 될 것이다.[4)

2) **정 기 성**　　정기성은 일률성과 마찬가지로 통상임금의 범위를 제한하는 기능을 가진 추가적 요건이다. 즉 소정근로에 대한 대가가 정기적 임금이라고 할 수 있으려면 시간급, 일급, 주급, 월급이어야 한다. 이때 정기성이란 1 임금지급기간에 임금을 지급하는 것을 말한다.[5) 정기성을 1 임금지급기간과 연관하여 해석하는 것은 근로기준법 시행령 제6조 1항, 2항 및 법 제43조 2항 본문과 법 제26조, 제56조, 제60조 및 동법 시행령 제23조 3호가 정하고 있는 통상임금의 내용과 제도적 취지에 합치하기 때문이다(학설 및 과거의 판례). 판례는 근로자에 대한 임금이 1개월을 초과하여 지급되는 경우에도 정기성을 인정하고 있는가 하면,[6) 「소정근로시간에 직접적으로 또는 비례적으로 대응하여 지급되는 임금이 아니라 하더라도 … 그런 사유만으로 그 임금을 통상임금에서 제외할 수 없

1) 大判 1993. 5. 11, 93 다 4816; 大判 1996. 5. 10, 95 다 2227; 大判 2002. 7. 23, 2000 다 29370 등.

2) 근로기준법 시행령 제6조에서 총 근로에 대한 임금이라고 정한 것은 총 근로의 성과에 대하여 지급되는 도급 금액이라고 보는 것이 문리(文理)상 적절할 것이다.

3) 大判 1990. 11. 9, 90 다카 6948; 大判 1990. 11. 27, 89 다카 15939; 大判 1991. 6. 28, 90 다카 14758; 大判 1992. 5. 22, 92 다 7306; 大判 1994. 10. 28, 94 다 26615 등. 통상임금성을 인정한 예: 大判 2015. 6. 24, 2012 다 118655 참고. 통상임금성을 부인한 예: 大判 2015. 11. 27, 2012 다 10980 참고.

4) 同旨: 김소영, '판례법리에 의한 통상임금 판단기준의 경향과 변화', 「노동법총론」(제25집), 2012, 288면; 박지순·이상익, 「통상임금의 이해」, 2013, 109면.

5) 통상임금의 지급에 대해서는 근로기준법 제43조 2항 본문(1 임금지급기간)이 강행적으로 적용된다고 보아야 할 것이다.

6) 大判 1996. 2. 9, 94 다 19501(매년 1회 일정시기에 지급되는 체력단련비 및 월동보조비); 大判 2003. 6. 13, 2002 다 74282; 大判 2012. 3. 15, 2011 다 106426; 大判 2012. 3. 29, 2010 다 91046.

다」[1]고 한다. 이와 같은 견해는 1개월을 초과하여 지급되는 수당이나 상여금 또는 그 밖의 임금을 통상임금에 포함시키는 결과를 가져오게 되며, 소정근로와 통상임금의 대응적 연관성을 약화시켜 통상임금의 범위를 확대하게 된다.[2] 2013년 12월 18일 대법원 전원합의체(2012 다 89399)는 1개월을 초과하여 분기별로 지급되는 정기상여금도 통상임금에 해당한다고 판시하였다. 이러한 해석은 통상임금을 평균임금화하는 결과를 가져온다.

3) 일 률 성 통상임금은 불특정 다수인을 대상으로 하여 지급될 수 있는 근로의 대가를 산정하는 기초가 되는 것이므로 통상임금에 포함되기 위해서는 '모든 근로자'에게 지급되는 임금이어야 할 것이다(대상관련성).[3] 그러나 판례는 한 걸음 더 나아가 '일정한 조건 또는 기준에 달한 모든 근로자'에게 지급되는 것이면 일률성을 인정하며, 이때 일정한 조건이란 통상임금의 개념에 비추어 '고정적 조건'이어야 한다고 한다.[4] 따라서 일정한 고정적 조건이나 기준에 달한(갖춘) 근로자 모두에게 지급되는 것이면 일률적으로 지급되는 통상임금이 된다.[5] 여기서 '일정한 조건 또는 기준'은 작업내용이나 기술, 경력 등과 같이 소정근로의 가치평가와 관련된 조건이어야 한다.[6] 따라서 부양가족 수에 따라 지급되는 가족수당이나, 중·고등학교 재학 중인 자녀를 가진 근로자에게 지급되는 학비보조금은 일률성이 없어 통상임금에 포함되지 않는다고 한다.[7] 그러나 자격수당, 직책수당, 벽지수당 등은 근로가치 평가적 조건(자격증 소유, 해당 직책 수행, 벽지근무)에 해당하는 근로자들에게 일률적으로 지급되므로 통상임금에 해당할 수 있다.[8]

---

1) 大判 1996. 2. 9, 94 다 19501.

2) 大判 2012. 3. 29, 2010 다 91046은 통상임금은 근로자에게 소정근로 또는 총 근로의 대상으로서 정기적·일률적으로 지급하기로 정해진 고정적 임금을 말한다고 한다. 여기서 판례가 '총 근로'라고 하는 것은 근로자가 제공하는 근로의 총체를 뜻하는 것으로 생각된다.

3) 大判 1993. 5. 27, 92 다 20316; 大判 2014. 8. 20, 2013 다 10017(근무일마다 지급되는 1일 교통비).

4) 大判 2003. 4. 22, 2003 다 10650; 大判 2007. 6. 15, 2006 다 13070; 大判 2010. 1. 28, 2009 다 74144; 大判 2011. 9. 8, 2011 다 22061(1년 근속당 일정금액을 지급받는 근속가산금) 등.

5) 大判 1993. 5. 27, 92 다 20316; 大判 2003. 4. 22, 2003 다 10650; 大判 2005. 9. 9, 2004 다 41217; 大判 2007. 6. 15, 2006 다 13070; 大判 2011. 9. 8, 2011 다 22061; 大判 2012. 7. 26, 2011 다 6106 등.

6) 大判(전합) 2013. 12. 18, 2012 다 89399; 大判 2000. 12. 22, 99 다 10806. 4조 3교대조 수당(4/3조 수당)의 지급조건인 교대조 근무는 일시적, 유동적 조건이 아니라 고정적 조건에 해당하여 그 수당은 통상임금에 해당한다 본 사례(大判 2018. 9. 28, 2016 다 212869(병합)) 등.

7) 大判 1991. 6. 28, 90 다카 14758; 大判 2000. 12. 22, 99 다 10806; 大判 2003. 4. 22, 2003 다 10650; 대판 2003. 12. 26, 2003 다 56588 등. 그러나 모든 근로자에게 기본금액을 가족수당으로 지급하는 경우, 그 기본금액은 통상임금에 속한다(大判(전합) 2013. 12. 18, 2012 다 89399; 大判 1992. 7. 14, 91 다 5501 등).

8) 하경효, 「임금법제론」, 2013, 96면. 고정성도 인정된다(大判(전합) 2013. 12. 18, 2012 다 89399).

4) **고 정 성** 고정성이란 근로자의 실제의 근무성과나 근무업적 그 밖의 추가적 조건에 따라 그 지급여부나 그 지급액이 달라지지 않는 것을 말한다(금액관련성). 통상임금은 가산임금이나 해고예고수당 등을 산정하기 위한 단위임금 내지 기준으로서 그 기능에 비추어 사전에 확정되어 있어야 할 필요가 있다. 통상임금의 고정성은 근로기준법 시행령 제6조 1항에 「지급하기로 정한 … 금액」이라는 규정에서도 법령상의 근거를 가지고 있는 것으로 해석될 수 있다.[1] 또한 판례는 오랜 기간에 걸쳐 통상임금 여부를 판단하는 데 필요한 개념요소로서 고정성을 계속 활용해 왔다.[2] 통상임금이 해고예고수당, 연장근로수당 등을 산출하는 기준임금이 되므로 해당 수당을 산정하기 위해서는 사전에 통상임금의 금액이 시간급 금액이나, 일급 금액으로서 확정되어 있어야 한다. 예컨대 개근 또는 무결근이나 실제 근무성적이라는 요건을 충족시키느냐에 따라 지급여부나 지급액이 달라진다면 그와 같은 임금은 고정적 임금에 해당되지 않아 통상임금에 포함될 수 없다는 것이 판례의 태도이다.[3] 임의의 날에 연장·야간·휴일근로를 제공하는 시점에서 확정할 수 없는 불확실한 조건에 따라 지급되는 돈은 고정성을 갖춘 임금이라고 할 수 없다.[4] '고정성'이란 '근로자가 제공한 근로에 대하여 그 업적, 성과 기타의 추가적인 조건과 관계없이 당연히 지급될 것이 확정되어 있는 성질'을 말하고, '고정적인 임금'은 '임금의 명칭 여하를 불문하고 임의의 날에 소정근로시간을 근무한 근로자가 그 다음 날 퇴직한다 하더라도 그 하루의 근로에 대한 대가로 당연하고도 확정적으로 지급받게 되는 최소한의 임금'이라고 정의할 수 있다. 다만, 고정성은 모든 근로자에게 균일하게 일정액이 지급되는 경우에만 인정되는 것으로 이해해서는 안 될 것이다. 일

---

1) 同旨: 박지순·이상익, 「통상임금의 이해」, 2013, 138면; 이철수, '통상임금에 관한 판례법리의 변화', 「노동법연구」(제17호), 2004, 38면 이하. 그 밖에 '고정성'이라는 요건은 정기성·일률성과 함께 필요한 요건이라는 견해: 김희성·한광수, '정기상여금의 통상임금 해당성에 대한 연구', 「노동법논총」(제25집), 2012, 387면. 이에 반하여 판례가 근로기준법 시행령상의 통상임금의 요건으로 추가하는 것은 법관에 의한 법형성의 한계를 넘어서는 것이라는 고정성 부인론이 제기되기도 한다(유성재, '상여금의 통상임금성', 「노동법포럼」(제9호), 노동법이론실무학회, 2012, 247면; 同旨: 김기덕, '통상임금의 개념 요소로서의 고정성', 「노동과 법」(제6호), 2006, 192면).

2) 大判 1978. 10. 10, 78 다 1372; 大判 1993. 5. 27, 92 다 20316; 大判 2003. 4. 22, 2003 다 10650; 大判 2005. 9. 9, 2004 다 41217; 大判 2007. 6. 15, 2006 다 13070; 大判 2010. 1. 28, 2009 다 74144; 大判 2012. 3. 29, 2010 다 91046; 大判(전합) 2013. 12. 18, 2012 다 89399 등.

3) 大判 2003. 6. 13, 2002 다 74282; 大判 1996. 3. 22, 95 다 56767; 大判 1996. 2. 9, 94 다 19501; 大判 2012. 3. 15, 2011 다 106426; 大判(전합) 2013. 12. 18, 2012 다 89399 등.

4) 大判 2016. 3. 24, 2015 다 14075; 大判(전합) 2013. 12. 18, 2012 다 89399; 大判 2020. 1. 16, 2019 다 223129(일정근무일수[출근율 50% 이상]를 충족해야만 지급되는 임금은 추가적인 조건을 성취해야 비로소 지급되는 것이어서 '조건의 성취여부는 확정할 수 없는 불확실한 조건이므로 고정성을 갖춘 것이라고 할 수 없다.').

정한 항목의 임금지급을 위한 요건으로서 예컨대 직급이나 근속기간처럼 일정한 조건을 갖춘 근로자에게 지급되기로 미리 정해진 금액이 차이가 있더라도 이를 비고정적 임금이라고 보아야 할 것은 아니다. 통상임금은 해당 근로자의 근속기간과 같은 고정적 조건에 따라 미리 산정할 수 있는 것이면 고정적 임금이라고 볼 수 있기 때문이다.[1] 통상임금은 연장근로수당 등의 산정기초가 되는 기준임금으로서 고정성을 갖추어야 하지만 모든 근로자에게 고정적으로 지급되는 균일한 지급액을 의미하는 것이 아니고 고정적 기준에 따라 산정·확정될 수 있는 기준임금이면 상대성을 가지더라도 고정성이 인정될 것이다.[2] 즉, 고정적 조건에 따라 모든 근로자에게 고정적(확정적) 금액이 정해지는 경우이면 그 금액에 차이가 있더라도 고정적인 조건하에 모든 근로자에게 일률적으로 지급되는 고정적 임금이라 할 수 있다.[3] 월 유급 근로일수가 15일 이상인 근로자에게 근속수당 전액을 지급한다는 조건은 고정적이라고 볼 수 없지만, 15일 미만을 근무한 자에게는 일할로 계산된 근속수당을 지급한다는 조건은 고정적이다.[4] 따라서 최소한 일할로

---

1) 서울고법은 최근에 종래의 대법원 판례의 견해와는 달리 '상여금은 중도퇴직을 하지 않고 임금산정기간인 1년의 소정근로를 제공할 경우 월 기본급의 800%로 지급액이 확정되어 있으므로 1년의 소정근로를 제공하는 것 외에 추가적인 조건의 성취여부와 관계없이 당연히 지급하는 고정적인 임금에 해당한다'고 밝히면서 1년의 소정근로를 제공하지 못하고 중도에 퇴직할 경우 일할 계산해 정산하든 다른 방법으로 정산하든 상여금의 고정적인 성질이 달라지지 않는다고 하여 상여금을 통상임금에 포함해 재산정한 각종 수당 중 미지급액 등의 지급의무가 회사에 있다고 판시하였다(서울高判 2020. 12. 2, 2016 나 2032917).

2) 同旨: 大判(전합) 2013. 12. 18, 2012 다 89399. 앞의 전원합의체 판결에 배치되는 판결: 大判 1996. 3. 22, 95 다 56767. 근로자의 전년도 근무실적에 따라 해당 연도에 특정 임금의 지급 여부나 지급액을 정하는 이른바 업적연봉제의 경우 기본급과 마찬가지로 해당 연도의 근무성적에 관계없이 전년도의 근무성적에 따라 결정되고, 그처럼 해당 연도 초에 정해진 업적연봉이 변동되지 않은 채 고정되어 그 해 12개월로 나눈 금액이 매월 지급되므로 통상임금에 해당한다(大判 2015. 11. 26, 2013 다 69705). 또한 大判 2015. 11. 27, 2012 다 10980 참고. 전년도의 근무실적에 따라 지급되는 임금 등을 그 지급 시기만 당해 연도로 정한 것이라고 볼만한 특별한 사정이 있는 경우에는 전년도에 대한 임금으로서의 고정성을 인정할 수 없다. 이 경우에도 근무실적에 관하여 최하 등급을 받더라도 일정액을 최소 한도로 보장하여 지급하기로 한 경우에는 그 한도 내에서 전년도에 대한 고정적인 임금으로 볼 수 있다(大判 2020. 6. 11, 2017 다 206607).

3) 재직(在職)기간에 따라 상여금 지급액이 달라지더라도 그 지급여부와 지급액이 근로자의 실제 근무성적에 따라 좌우되는 것이라 할 수 없고 오히려 그 금액이 확정된 것이어서 고정적 임금이라고 한 大判 2012. 3. 29, 2010 다 91046은 고정성을 상대적으로 이해하고 있다. 다만, 저자는 이 사건에서 문제된 상여금이 통상임금에 포함된다고 보지 않는다.

4) 2개월의 기준기간 중 15일 미만 근로한 일반 직원들 및 연봉제 직원들에게는 정기상여금을 지급하지 않는다는 내용의 상여금 지급지침 및 연봉제급여규정 시행세칙상의 정기상여금 지급 제외 규정은 단체협약을 보충한 것일 뿐 이와 어긋나지 않고, 계약직 직원들에 대해서는 같은 내용의 정기상여금 지급 제외 규정을 두고 있지 않지만 이들에게도 같은 내용의 묵시적 합의 또는 노동관행이 성립하였다고 볼 수 있으며, 특별상여금도 명문의 규정은 없으나 지급일에 재직 중인 직원에게만 지급된다는 점에 관하여 노사 간에 명시적·묵시적 합의 또는 노동관행이 성립하였다고 본 원심은 단체협약과 취

계산되는 금액의 지급은 확정적이므로 그 한도에서 고정성을 가진다.[1] 그러나 특정 시점에 재직 중일 것을 조건(재직자조건)으로 지급되는 급여로서 예컨대 복리후생비, 설·추석 상여금, 귀성여비, 하기휴가비, 생일자 지원금 등은 고정성을 가질 수 없다고 보아야 한다.[2] 이러한 경우에는 재직자조건이 해당 급여를 청구할 수 있는 조건(발생요건)이 되기 때문이다. 또한 이런 급여를 주는 목적이 계속근로를 장려하려는데 있다면 재직자조건을 그 급여의 발생요건으로 하더라도 탓할 것이 못된다. 그런데 고정급 형태로 예컨대 연 기본급 600%의 정기상여금을 짝수월 25일에 지급하기로 되어있다면 소정근로일인 그날그날의 노무제공에 의하여 그 대가로서 그 날의 몫으로 정기상여금에 대한 임금채권이 발생하여 쌓여가게 되고, 다만 지급기간의 약정에 따라 그 지급일만이 2개월로 늦추어진다고 볼 수 있다. 이 경우에 지급기일 전에 퇴직한 자가 재직자조건을 갖추지 못하여 정기상여금을 지급받을 수 없다면 이미 발생한 임금채권을 상실하게 되어 고정급 형태의 정기상여금에 재직자조건을 부가하는 것은 기본급에 재직자조건을 부가하는 것과 마찬가지로 그 유효성을 인정할 수 없다는 유력한 견해가 제기되고 있다.[3] 이 견해에 따르면 사용자가 일방적으로 정기상여금에 재직자조건을 부가하여 지급일 전에 퇴직한 근로자에 대하여 이미 제공한 근로에 상응하여 발생한(채권에 기초한) 임금에 대하여 부지급을 선언하는 것은 그 효력을 인정받을 수 없다고 한다. 나아가 유효한 취업규칙이나 개별적 근로계약 등에 재직자조건이 규정된 경우에도 이미 제공된 근로에 상응하는

업규칙의 효력관계, 취업규칙의 불이익변경 여부, 통상임금의 고정성, 노동관행에 관한 법리를 오해하고 판단을 누락하는 등의 잘못이 없다고 하여 상고를 모두 기각한 판결: 大判 2019. 5. 16, 2016 다 212166; 원심판결: 서울高判 2016. 1. 13, (춘천) 2015 나 392.

1) 大判(전합) 2013. 12. 18, 2012 다 89399(그러나 일정 근무일수를 충족해야만 지급되는 임금은 고정성을 가질 수 없다).

2) 大判(전합) 2013. 12. 18, 2012 다 89399; 大判(전합) 2013. 12. 18, 2012 다 94643; 大判 2014. 5. 29, 2012 다 116871; 大判 2017. 9. 26, 2017 다 232020(상여금 연 기본급 800%의 통상임금성이 문제된 사안에서 소정근로에 대한 대가의 성질을 가지는 것으로 보기 어렵다고 하여 통상임금의 고정성이 결여되었다고 본 사례); 大判 2017. 9. 26, 2016 다 238120(상여금과 보전수당의 소정근로 대가성 부인). 특정 시점에 재직해야 할 요건(정기상여금 지급일에 재직하고 있을 것)이 정기상여금에 대한 소정근로의 대가성 및 고정성 판단에 방해가 되지 않는다는 하급심 판결: 釜山地判 2014. 10. 10, 2011 가합 27496. 복리후생적 명목의 급여를 통상임금으로 인정하였던 大判 2007. 6. 15, 2006 다 13070 판결은 위 전원합의체 판결에 의하여 변경되었다.

하기휴가비 지급기준일에 파업에 참가한 근로자는 휴직 중인 자와 마찬가지로 해당 기간 중에 근로관계가 정지되고 있다는 점에서는 공통점이 있으나 파업과 휴직은 그 취지와 목적, 근거 등에서 엄연히 구별되는 개념이므로 단체협약상 하기휴가비의 지급 대상에서 제외되는 '지급기준일 현재 휴직 중인 근로자'에 해당할 수 없다(大判 2014. 2. 13, 2011 다 86287).

3) 서울高判 2018. 12. 18, 2017 나 2025282. 대법원판례 중에는 위 각주 2)에서 인용(引用)한 바와 같이 정기상여금이 소정근로에 대한 대가의 성질이 없어 통상임금의 고정성을 가질 수 없다는 판결례가 있다: 大判 2017. 9. 26, 2017 다 232020; 大判 2017. 9. 26, 2016 다 238120.

급여 부분을 지급하지 아니하는 범위에서는 근로제공의 대가로 지급받아야 할 임금을 사전에 포기하게 하는 것으로서 무효라고 한다. 따라서 정기상여금에 부과된 재직자조건은 무효이고, 재직자조건이 무효인 이상 정기상여금은 소정근로를 제공하기만 하면 그 지급이 확정되는 것이어서 정기적·일률적으로 지급되는 고정적인 임금으로서 통상임금에 해당한다고 한다. 정기상여금이 통상임금에 해당하는 한 연장근로수당이나 퇴직금 산정의 기초가 되는 임금에 포함되어야 한다. 타당한 견해라고 판단된다. 단체협약이나 취업규칙 등에서 휴직자나 복직자 또는 징계대상자 등에 대하여 특정임금(버스운전근로자들의 승객에 대한 친절행위를 촉진하기 위한 격려금: 인사비)에 대한 지급 제한사유를 규정하고 있더라도 이는 해당근로자의 개인적인 특수성을 고려하여 그 임금을 제한하고 있는 것에 불과하고, 그러한 사정만을 들어 정상적인 근로관계를 유지하는 근로자에 대하여 그 임금이 고정적 임금에 해당하지 않는다고 할 수는 없다.[1] 이러한 임금도 법정수당 산출의 기초가 되는 통상임금에 포함된다. 정기상여금에 관하여 취업규칙에서 특정 시점에 재직 중인 근로자에게만 지급한다는 규정을 두면서 이와 함께 정기상여금을 근무기간에 비례하여 지급한다는 일할(日割) 규정도 두고 있다면 정기상여금은 통상임금이 아니라고 단정할 수 없다는 대법원 판례가 있다. 이러한 경우에는 사업장 내에서의 정기상여금의 지급 실태나 관행, 노사의 인식, 정기상여금 및 그 밖의 임금 지급에 관한 규정 내용 등을 종합하여 특정 재직 시점 전에 퇴직하더라도 후자의 규정에 따라 이미 근무한 기간에 비례하는 만큼의 정기상여금을 지급하기로 정한 것은 아닌지를 구체적인 사안별로 신중하게 살펴야 한다고 한다.[2] 설·추석 상여금이라 하더라도 그 지급에 관하

1) 大判 2019. 8. 14, 2016 다 19704, 2016 다 9711(병합) 참고.

2) 大判 2020. 4. 29, 2018 다 303417(단체협약으로 기본급의 30일분에 직급수당을 더한 금액 1,200%에 해당하는 상여금을 매월 20일 임금 지급시 100%씩 정기적으로 지급하기로 정하였는데, 취업규칙에서는 '상여금 지급은 20일 현재 재직한 자에 한하여 지급한다'라고 규정하면서 '근무일수가 부족한 경우에는 일할 계산하여 지급한다'라고 규정하고 있다. 피고인 사용자 B는 원고 A(근로자)들을 2007. 3. 31.자로 해고하였으므로 2007. 4. 20. 기준으로 A들이 재직자가 아님에도 이들에게 2007. 3. 31.까지의 근로기간에 대응하는 정기상여금을 일할로 계산하여 지급하였다. 취업규칙상의 재직자요건 규정에 따르면 사용자 B는 근로자 A들에게 정기상여금을 지급할 의무가 없다. 또한 이 사례는 정기상여금의 지급일인 20일 현재 재직 중에 있으면서 근무일수가 부족한 경우에 해당하지도 않으므로 사용자 B는 A들에게 정기상여금을 일할로 계산하여 지급할 의무를 부담하지 않는다. 원심은 이러한 문리해석상의 근거에서 원고 A들의 정기상여금의 청구를 인정하지 않았다. 그러나 대법원은 피고 B 취업규칙의 정기상여금 일할 지급 규정을 확대해석하여 매달 20일에 재직하지 않는 사람에게는 정기상여금을 전혀 지급하지 않는 취지라고 곧바로 단정할 수 없다고하여, 제반사정을 살펴 정기상여금 부지급취지인지 정기상여금 일할 지급을 정한 것인지를 신중히 판단해야 한다고 하면서 원심을 파기하였다. 대법원의 판단이 규범논리상 명료한 것인지는 의문이다. 왜냐하면 이 사건 취업규칙상 '근무일수가 부족한 경우에는 일할 계산하여 지급한다.' '입사나 퇴사로 인해 근로일수가 부족한 경우의 임금은 일할로 계산하여 지급한다.'는 규정들을 문언에 충실하게 엄격하게 해석해야 하기 때문이다. 다만,

여 단체협약 및 상여금지급규칙에서 규정하고 있으며 재직조건 등이 규정되어 있지 않고 근무성과와 상관없이 원칙적으로 근로자 전원에게 지급되어 왔다면, 지급일 전 퇴직자 한·두 사람이 설·추석 상여금을 지급받지 못하고 이에 대하여 이의제기도 하지 않았다면 그러한 사정만으로 설·추석 상여금을 재직 중일 것을 지급요건으로 하는 급여라고 할 수 없다.[1] 판례에 따르면 근속기간에 연동하는 근속수당, 근무일수에 연동하는 임금으로서 매 근무일마다 일정액을 지급하기로 한 임금, 근무실적에 연동하는 임금으로서 최저한도 이상의 금액이 고정적으로 보장된 경영성과금은 통상임금에 해당한다.[2]

근로자에게 지급된 금품이 통상임금에 해당되는 임금이라고 할 수 있기 위해서는 위에서 언급한 개념 요소들이 모두 갖추어져야 한다.[3] 판례는 근로의 대가인 임금 또는 수당이 통상임금에 해당하는지의 여부를 판단함에 있어서 통상임금의 개념 요소를 전반적으로 넓게 해석하는 경향을 보이고 있다. 이에 따라 통상임금의 범위가 확대되는 결과가 발생하고 있다.[4]

사용자인 피고 B가 이러한 규정에도 불구하고 해고된 근로자들에게 20일을 기준으로 해고시점(이 사건에서는 2007. 3. 20.부터 2007. 3. 31.)까지 근로 기간에 대응하는 정기상여금을 일할로 계산하여 지급한 것이 사실상의 전례 내지 관행으로서 퇴직한 근로자들로 하여금 일할로 계산된 정기상여금의 지급을 청구할 수 있는 규범적 기초가 되는지를 검토할 필요가 있다고 판단된다. 그러나 기존의 전례 내지 관행의 규범적 효력 문제는 정기상여금의 일할계산 급여에 관한 규정과는 무관하다고 보아야 한다.

1) 大判 2019. 5. 10, 2015 다 156383.

2) 大判 2013. 12. 18, 2012 다 89399.

3) 월 실제 비행시간 30시간 이상의 비행업무 수행을 한 비행근무자에게 지급되는 비행보장수당은 각 근로자별로 비행시간과 비행보장수당 지급액이 달라지는 이상 그 수당액을 미리 예정하거나 확정될 수 있는 것이 아니어서 통상임금에 해당한다고 보기 어렵다(서울高判 2016. 6. 15, 2015 나 12070165).

4) 통상임금 해당 여부에 관하여 항목별로 종합적인 판단을 한 서울高判 2016. 10. 12, 2015 나 25909(서울특별시도시철도공사 사건) 참고: 1) 상여수당(부정); 2) 보전수당(인정); 3) 장기근속수당(인정); 4) 대우수당, 직급보조비(인정); 5) 기술수당, 자격면허수당(인정); 6) 승무원보조비, 역무활동보조비, 야식비(인정); 7) 직책수행비(인정); 8) 선택적 복지비(인정); 9) 인센티브 성과급, 경영평가 성과급(부정); 10) 단체보험료(인정). 大判 2019. 10. 18, 2019 다 230899(기밀수당, 정근수당, 체력단련비는 통상임금에 포함된다). 노사간의 협약서(노동조합과 버스운송회사 사이의 협약서)에서 실비변상조로 장갑, 음료수, 담배, 기타 잡비 명목으로 일비 10,000원에 상당하는 피고 발행의 구내매점용 물품구입권을 지급하는 경우 그 지급의무가 근로제공과 직접적으로 관련되어 있고 정기적·일률적·고정적인 급여(大判(전합) 2013. 12. 18, 2012 다 89399)로서의 성질을 가지고 있으면 실비 변상에 해당한다는 이유로 통상임금에서 제외할 수 없고(大判 2019. 4. 23, 2014 다 27807), 일정액(10,000원)을 현물로 지급했다 해서 임금이 아니라고 할 수 없다(大判 2020. 4. 29, 2016 다 7647. 참고판례: 大判 2005. 9. 9, 2004 다 41217)(이른바 CCTV 수당 10,000을 통상임금에 포함하여 각 수당과 퇴직금을 재산정하여 그 차액을 지급할 것을 인정한 예).

f) 통상임금 규정의 강행성과 협약자치

i) 대법원 전원합의체(2012다89399) 다수의견에 따르면 「통상임금은 근로조건의 기준을 마련하기 위하여 법이 정한 도구 개념이므로, 사용자와 근로자가 통상임금의 의미와 범위 등에 관하여 단체협약 등에 의해 따로 합의할 수 있는 성질의 것이 아니」라고 한다. 그러나 근로기준법의 강행규정성(동법 시령 제6조 I: 통상임금의 정의와 범위)에도 불구하고 신의칙을 우선하여 적용할 수긍할 만한 특별한 사정이 있는 예외적인 경우에 한하여 노사합의의 무효를 주장하는 것은 신의칙에 위배되어 허용될 수 없다고 한다.1) 우리나라에서는 임금 협상 시 노동조합과 사용자가 임금 총액을 기준으로 임금 인상 폭을 정하는 것이 보통인데 그 임금 총액에는 기본급은 물론 정기상여금, 각종 수당, 통상임금을 기초로 산정·예측된 법정수당 등이 포함된다. 이러한 임금 항목들은 임금 총액과 무관하게 개별·독립적으로 결정되는 것이 아니라 노사 간에 협의된 임금 총액의 범위 내에서 조정·할당되므로 서로 상관관계를 가지고 있다. 그런데 대부분의 기업에서는 정기상여금이 그 자체로 통상임금에 해당하지 아니한다는 전제에서 임금 협상 시 노사가 정기상여금을 통상임금에서 제외하기로 합의하는 현실이 장기간 계속되어 왔고, 이러한 노사합의는 이미 관행으로 정착되고 있다. 전원합의체 판결에 따르면 고정성을 갖추고 있는 정기상여금은 통상임금에 해당하기 때문에 이를 통상임금에 포함되지 않는 것으로 정한 노사합의는 효력이 없다고 한다.2) 그런데 노사합의 과정에서 정기상여금은 그 자체로서 통상임금에 해당하지 아니한다고 오인(인식)한 나머지 정기상여금을 통상임금 범위에서 제외하기로 합의하고 이를 전제로 임금 수준을 정한 경우, 근로자 측이 실행한 임금 협상의 방법과 경위, 얻고자 한 목표와 결과 등을 도외시한 채 임금 협상 당시 전혀 생각하지 못한 사유(통상임금에 대한 전원합의체 판결 참고)를 들어 정기상여금을 통상임금에 포함하여 이를 토대로 산정된 추가적 법정수당의 지급을 구하는 것은 노사가 협의한 임금 수준을 훨씬 초과하는 예상외의 이익을 추구하는 것이고 그로 말미암아 사용자에게 예측하지 못한 새로운 재정적 부담을 지워 중대한 경영상의 어려움을 초래하거나 기업의 존립을 위태롭게 한다면 이는 정의와 형평 관념에 비추어 신의에 현저히 반하므로 근로자 측의 추가 법정수당 청구는 신의칙에 위배되어 인정될 수 없고 한다. 이러한 특별한 사정은 근로기준법의 강행규정에도 불구하고 신의칙을 우선하여 적용할

1) 같은 뜻: 大判 2018. 12. 27, 2016 다 10131. 이와는 달리 중대한 경영상의 어려움을 초래하거나 그 기업의 존립을 위태롭게 한다고 단정할 수 없으므로 근로자의 추가적 청구가 신의칙에 위배된다고 볼 수 없다고 한 예(大判 2019. 2. 14, 2015 다 217287).

2) 大判(전합) 2013. 12. 18, 2012 다 89399; 大判 2020. 6. 25, 2015 다 61415; 大判 2020. 7. 9, 2015 다 71917; 大判 2020. 7. 9, 2017 다 7170.

수 있는 예외적인 경우에 해당한다고 한다. 즉 신의칙을 적용하기 위한 일반적인 요건을 갖춤은 물론, 근로기준법의 강행규정성(근기법 시령 제6조 1항 참조)에도 불구하고 신의칙을 우선하여 적용하는 것이 수긍할만한 특별한 사정에 따라 인정되는 경우에 그 노사합의의 무효를 주장하는 것은 신의칙에 위배되어 허용될 수 없다고 한다. 최근의 판례에 따르면 강행규정보다 신의칙을 우선하여 적용할 것인지를 판단할 때에는 근로조건의 최저기준을 정하여 근로자의 기본적 생활을 보장·향상시키고자 하는 근로기준법 등의 입법 취지를 충분히 고려할 필요가 있다고 한다. 기업을 경영하는 주체인 사용자가 근로자들의 추가 법정수당 청구에 대하여 중대한 경영상의 어려움을 초래하거나 기업존립을 위태롭게 한다는 이유로 배척한다면, 기업경영에 따른 위험을 사실상 근로자에게 전가하는 결과를 초래할 수 있다고 한다. 따라서 근로자의 추가 법정수당 청구 등이 신의칙에 위배되는지는 신중하고 엄격하게 판단해야 한다는 것이다.[1] 통상임금 재산정에 따른 추가 퇴직금 청구에도 추가 법정수당 청구의 경우와 마찬가지로 신의칙 항변이 적용될 수 있으나 신중하고 엄격하게 판단해야 한다고 한다.[2] 이러한 판례의 견해에 따르면 신의칙 적용은 더욱 제한을 받게 될 것이다.[3] 기업의 존립을 위태롭게 할 수 있는 정도에 이른 경우에까지도 신의칙 적용을 배척하여 사용자에게 위험을 부담케 하는 것이 옳은지는 의문이다.

그동안 대법원은 계속하여 근로자들의 추가 법정수당 청구가 신의칙에 위배되지 않는다는 판결을 내려왔으나, 2020년 7월 9일에 한국GM사건[4] 및 쌍용자동차사

---

1) 大判 2019. 2. 14, 2015 다 217287; 大判 2019. 4. 23, 2014 다 27807; 大判 2020. 8. 20, 2019 다 14110, 14127, 14134, 14141; 大判 2021. 3. 11, 2017 다 259513 등.

2) 大判 2019. 4. 23, 2014 다 27807. 또한 大判 2019. 4. 23, 2016 다 37167·37174(병합) 참조.

3) 大判 2019. 6. 13, 2015 다 69846(근로자들이 회사(서울고속)에 대하여 근속수당 등과 상여금을 통상임금에 포함하여 이를 토대로 산정한 추가 법정수당과 퇴직금의 지급을 청구한 사안에서 정기상여금 외에 근속수당 등까지를 포함하여 계산한 추가 법정수당과 퇴직금 청구 전부가 신의칙에 위배된다고 판단한 원심을 파기환송한 판결). 신의칙 적용을 배척한 同旨의 판결: 大判 2019. 4. 23, 2016 다 37167, 2016 다 37174(병합); 大判 2019. 2. 14, 2015 다 50613(버스운수회사인 피고가 원고 근로자들에게 지급한 '지급일 재직 중일 것'을 요건으로 하는 상여금은 통상임금에 해당하지 않으나, 출퇴근 보조비, 연초대, 운전자 보험료, 승무수당, 근속수당은 통상임금에 해당하고 이를 가산하여 재산정한 미지급 법정수당을 청구하는 것은 신의칙에 반하지 않는다). 피고회사의 내부문서인 품의서에서 일방적으로 정한 지급제한조건이 근로자들에게 주지되었다거나 근로자들 또는 노동조합이 이에 동의하였다고 볼 증거가 없어 추가적인 정기상여금 지급조건을 설정한 것으로 보기 어려우므로 고정성이 인정되어 정기상여금은 통상임금에 해당하고, 원고들이 정기상여금을 통상임금에 포함하여 미지급 법정수당 추가지급을 구하는 것이 신의칙에 위반되지 않는다고 판단한 원심을 수긍하여 피고의 상고를 기각한 판결(大判 2020. 6. 25, 2020 다 220867).

4) 大判 2020. 7. 9, 2015 다 71917(원심은 ① 상여금은 월 통상임금의 연 700%에 해당하고 상시적으로 이루어지는 초과근로까지 감안하면 피고 회사가 부담하게 될 법정수당은 임금협상 당시 노사가

건[1])에서 처음으로 기업의 신의칙 항변을 받아들여 원고(근로자들)의 청구가 신의칙에 반하여 허용될 수 없다는 원심을 수긍하는 판결을 내놓았다.[2])

근로기준법 소정의 통상임금에 산입될 수당을 통상임금에서 제외하기로 하는 노사간의 합의는 그 전부가 무효로 되는 것이 아니라 근로기준법에 정한 기준과 전체적으로 비교하여 그에 미치지 못하는 근로조건이 포함된 부분에 한하여 무효로 된다.[3]) 따라서 통상임금에서 배제되었던 특정 수당을 포함하여 법정수당을 재산정하더라도 그 결과가 근로기준법에서 정한 기준보다 근로자에게 유리한 소정근로시간, 가산율을 적용하여 법정수당을 지급해 온 결과 이미 지급한 법정수당액이 근로기준법에 따라 재산정한 법정수당을 초과한다면 근로자들에게 법정수당을 추가지급할 의무가 없다.[4])

ii) 위의 전원합의체판결의 다수의견에 대하여 반대의견은 임금청구권과 같은 법률상 강행규정으로 보장된 근로자의 기본적 권리를 제약하려고 신의칙을 적용하는 것은 헌법적 가치나 근로기준법의 강행규정성에 정면으로 반한다고 한다. 따라서 근로자가 정기상여금을 통상임금에서 제외하기로 하는 노사합의를 무효라고 주장하는 것에 대하여 '신의칙을 적용할 수 없다고 한다.

이 전원합의체 판결이 나온 이후 하급심 재판 실무에 있어서는 근로자 측의 추가 법정수당 청구가 신의칙에 위배되는지 여부를 판단하는데 사실상 또는 법리상의 기준이 고르지 않아 많은 혼란이 발생하고 있다.[5])

협상의 자료로 삼은 법정수당의 범위를 현저히 초과하는 점, ② 피고의 당기순이익 누계액이 2008년부터 수년간 −6000억원에서 −8000억원에 이르는 점, ③ 2008년부터 2014년까지 부채비율이 동종업체에 비해 상당히 높고, 차입금 규모도 2014년 연말 기준 2조원을 초과하고, 보유현금을 이 사건 추가 법정수당에 지급 사용할 경우 부채변제나 경상연구개발의 지출이 어려워 연구개발이 중단되거나 심각한 유동성 위기를 겪을 가능성이 높은 점 등의 사정을 종합하면 원고들은 예상외의 이익을 추구하고 피고에게 예측하지 못한 새로운 재정적 부담을 지워 중대한 경영상의 어려움을 초래하거나 피고의 존립을 위태롭게 하게 될 수 있으므로 원고들의 청구는 신의칙에 위배되어 허용될 수 없다고 판단하였다. 원심판결: 서울高判 2015. 10. 30, 2014 나 28208. 환송판결: 大判 2014. 5. 29, 2012 다 116871).

1) 大判 2020. 7. 9, 2017 다 7170(원심은 ① 피고가 상여금을 통상임금에 포함시킬 경우 피고가 기능직 사원에게 지급해야 할 추가 부담액 추정치는 2010년부터 2012년까지 매년 200억원 남짓한 액수가 되는 점, ② 피고는 2008년 이후 2015년까지 계속 큰 폭의 적자를 내었고, ③ 피고 노사는 2009년부터 피고 근로자들의 기본급 동결, 상여금 일부 반납, 복지성 급여 부지급에 합의하는 등의 사정을 종합하여 보면 피고에게 상여금 관련 법정수당과 퇴직금 지급을 명할 경우 원고들은 당초 합의한 임금수준을 초과하는 예상외의 이익을 얻는 반면 피고는 예측하지 못한 새로운 재정적 지출을 하게 됨으로써 중대한 경영상의 어려움에 빠지게 될 것으로 보이므로, 원고들의 위 청구는 신의칙에 위반된다).

2) 위의 두 사건에 대해서는 같은 날 같은 재판부가 '신의칙에 위반된다'는 원심의 판단을 수용하였다.

3) 大判 2007. 11. 29, 2006 다 81523.

4) 서울中央地判 2015. 8. 13, 2014 가합 14493; 大判 2021. 6. 10, 2017 다 52712(신의칙에 위반되지 않는다고 한 사례).

5) 이에 관한 최근 문헌으로는 박지순, '통상임금 관련 노사합의에 대한 신의칙 적용상의 쟁점', 「계약

iii) 전원합의체 별개의견은 노동법적 관점에서 주목해야 할 판단을 하고 있다. 이를 살펴보면 다음과 같다. 통상임금에 관한 노사합의나 노사관행은 어떤 임금이 통상임금에 포함되느냐의 여부를 판단하는 기준이 된다. 연장근로수당 등 가산된 법정수당을 제외한 나머지 임금은 그 성질에 따라 통상근로(소정근로)와 총 근로에 대한 임금으로 구분된다. 통상임금에 대한 대가는 총 근로가 아닌 통상근로에 대한 대가이고, 통상임금에 포함될 수 있는 임금은 총 근로가 아닌 통상근로에 대한 대가일 수밖에 없다. 노사합의나 노사관행은 기본급과 1개월 이내의 기간마다 지급되는 수당만을 통상임금에 포함시키고 있다. 특별한 사정이 없는 한 상여금이나 1개월을 넘는 기간마다 지급되는 수당을 통상임금에 포함시키는 해석은 노사합의나 노사관행의 법적 효력을 부정하는 위법한 해석이라 할 것이다. 따라서 어떤 임금이 총 근로가 아닌 통상임금에 대한 대가인지의 여부는 객관적으로 확인되는 노사의 의사에 의하여 판단되어야 한다. 상여금이나 1개월을 넘는 기간마다 지급되는 수당은 통상근로(소정근로)의 대가로서의 성질을 갖는 것이 아니라 총 근로로서의 성질을 가진다. 통상임금의 범위는 본질적으로 임금 지급의 형식(정기성·일률성·고정성)에 의하여 정하여지는 것이 아니라 임금의 성질에 의하여 정하여지는 것이고, 이에 대한 결정 권한과 책임은 노사당사자에게 주어져 있다. 그럼에도 법원이 노사합의나 노사관행의 효력을 부정하고 스스로 형성한 통상임금의 규정에 대하여 강행적 효력을 부여하려고 하는 것은 법원의 해석권한의 한계를 벗어나는 것으로 찬성하기 어렵다.[1)]

iv) 통상임금의 정의와 범위를 정하는데 있어서 법률에 구체적이고 명확한 규정을 두고 있지 않은 탓에 전원합의체 판결에 있어서도 그 견해가 갈리고 있다. 우리나라에서는 임금 총액과 임금 수준이라는 큰 틀 속에서 기본급, 상여급, 각종의 수당 등을 노사가 단체협약의 체결을 통하여 그 금액·성질·지급방법·지급시기 등에 관하여 자치적으로 정하고 있으며, 이는 임금을 결정하는 관행적 매카니즘으로 작동하고 있다. 단체협약은 사업장, 사업 또는 지역을 단위로 노사 사이에서 규범적 효력을 가지는 것이므로 실제로 사회적 규범기준으로 기능한다. 따라서 통상임금의 범위에 대해서도 단체협약을 통한 노사의 집단적 자치를 인정하는 것이 실질적 노사관계에도 합치한다. 법원이 이를 무시하고 통상임금의 개념과 범위에 대해서 새로운 기준을 제시함으로써 법적 안정성을

과 책임」(하경효 교수 정년기념논문집), 2017, 567면 이하, 신의칙 항변에 관해서는 특히 577면 이하 참고. 신의칙 적용에 있어서 사용자가 부담하게 되는 재정적 부담에 따른 중대한 경영상의 어려움은 기업이 도산하거나 무너질 정도로 심각한 위기를 맞는 것을 뜻하는 것이 아니다. 하급심 판례들 중에는 이런 판단기준에 관하여 오해가 있는 것으로 생각된다(예컨대 서울中央地判 2017. 8. 31, 2011 가합 105381·105398·105404·105411(병합) 참고).

1) 김형배, 「노동법」(제24판), 2014, 389면 이하; 김형배, '통상임금의 요건과 범위', 「법률신문」, 2014. 1. 23, 11면.

해치는 것은 헌법이 보장한 집단적 노사자치의 기본 정신에 어긋나는 것으로 판단된다.

g) 통상임금의 단위와 그 환산방법

1) 근로자가 주 또는 월 단위로 지급받는 임금은 정기적·일률적·고정적으로 지급받은 것만은 아니고, 연장·야간 및 휴일근로수당(통상임금의 100분의 50의 가산임금), 출장비·일시적 장려금 등을 함께 받는 것이 보통이다. 이 경우에 그 주 또는 그 달에 비정기적·비일률적·비고정적으로 받은 임금은 근로의 대가로 받은 것이라고 하더라도 이를 뺀 산출금액이 그 주 또는 그 월의 통상임금이다.

예컨대 월급근로자가 어느 달에 15시간의 연장근로를 한 경우 그가 받을 연장근로수당은 그 근로자가 그 달에 받은 각종의 임금 중에서 비정기적·비일률적·비고정적으로 받은 급여를 뺀 금액을 월의 통상임금 산정기준시간수(다음 2) 참고)로 나눈 금액에 15를 곱하여 산출된 금액에 100분의 50을 곱하여 산정된 금액이다.[1] 이와 같이 연장·야간·휴일근로에 대해서는 시간을 단위로 가산임금이 지급되지만, 해고예고에 갈음하는 수당이나 연차유급휴가금은 일급 통상임금을 기준으로 지급된다. 따라서 통상임금은 이를 적용하게 되는 경우에 따라 시간, 일, 주, 월 단위로 산출되어야 한다. 평균임금은 일액으로만 통일되어 사용되는 단위임금이지만 통상임금은 그 산정단위기간이 다양하다. 통상임금이나 평균임금은 그것 자체로서는 퇴직금이나 야간근로수당 등을 산출하기 위한 단위임금에 지나지 않으므로「이론적」임금이라고 할 수 있다.

2) 근로기준법 시행령 제6조 2항 및 3항에서는 통상임금의 단위별 환산방법에 대하여 다음과 같이 규정하고 있다.

근로기준법 시행령 제6조 2항 각호에 따르면 통상임금을 시간급 금액으로 산정할 경우에는 다음과 같은 방법에 의한다. 시간급 금액으로 정한 임금은 그 금액(동항 ①), 일급 금액으로 정한 임금은 그 금액을 1일의 소정근로시간(근기법 제2조 I ⑧: 법정근로시간의 범위 내에서 근로자와 사용자 사이에서 정한 근로시간)[2] 수로 나눈 금액(근기법 시령 제6

1) 근로자에게 지급된 월급에 통상임금으로 볼 수 없는 근로기준법 제55조가 정한 유급휴일에 대한 임금이 포함되어 있어 월급 금액으로 정하여진 통상임금을 확정하기 곤란한 경우에는 근로자가 이러한 유급휴일에 근무한 것으로 의제하여 이를 소정근로시간과 합하여 총 근로시간을 산정한 후, 유급휴일에 대한 임금의 성격을 가지는 부분이 포함된 월급을 그 총 근로시간 수로 나누는 방식에 의하여 그 시간급 통상임금을 산정하여도 무방하다(大判 2019. 10. 18, 2019 다 230899; 大判 1998. 4. 24, 97 다 28421 등). 1일 근로시간은 8시간, 토요일은 '유급휴무일', 일요일은 '유급휴일'로 정하고 있으며, 통상임금 산정방식과 관련하여 소정근로시간 외에 유급으로 처리되는 시간을 일요일의 경우에는 8시간으로, 토요일의 경우에는 4시간으로 정하고 있다면 그 시간이 유급휴일에 근무한 것으로 의제된다(大判 2019. 10. 18, 2019 다 230899).

2) 탄력적 근로시간제(제51조)나 선택적 근로시간제(제52조)를 택하고 있는 경우에는 법정기간을 초과하더라도 소정근로시간의 예외가 인정될 수 있을 것이다.

조 Ⅱ ②), 주급 금액으로 정한 임금은 그 금액을 주의 통상임금 산정기준시간수(근기법 제2조 Ⅰ ⑧에 따른 주의 소정근로시간과 소정근로시간 외에 유급처리되는 시간을 합산한 시간)로 나눈 금액(근기법 시령 제6조 Ⅱ ③), 월급 금액으로 정한 임금은 그 금액을 월의 통상임금 산정기준시간수(주의 통상임금산정 기준시간에 1년 동안의 평균주수를 곱한 시간을 12로 나눈 시간)[1]로 나눈 금액(동항 ④), 일·주·월 외의 일정한 기간으로 정한 임금은 2호 내지 4호에 준하여 산정된 금액(동항 ⑤), 도급 금액으로 정한 임금은 그 임금 산정 기간에서 도급제에 따라 계산된 임금의 총액을 당해 임금산정기간(임금마감일이 있는 경우에는 임금마감기간을 말한다)의 총근로시간수로 나눈 금액(동항 ⑥), 근로자가 받는 임금이 1호부터 6호까지의 규정에서 정한 2 이상의 임금으로 되어 있는 경우에는 각 부분에 대하여 1호부터 6호까지의 규정에 따라 각각 산정된 금액을 합산한 금액(동항 ⑦)으로 한다. 이 경우에 통상임금(근기법 시령 제6조 Ⅰ)을 일급 금액으로 산정할 때에는 시간급 금액(근기법 시령 제6조 Ⅱ)에 1일의 소정근로시간수를 곱하여 계산한다(근기법 시령 제6조 Ⅲ).[2]

h) 약정근로 고정수당의 시간급 통상임금으로의 환산방법　근로기준법이 정한 기준근로시간(제50조)을 초과하는 약정근로시간에 대한 임금으로서 월급 또는 일급 형태로 지급되는 고정수당(기본급 이외의 근속수당, 승무수당, 연초수당, 운전자공제회비, 식대, 상여금)을 시간급 통상임금으로 환산하는 경우, 시간급 통상임금 산정의 기준이 되는 총근로시간 수에 포함되는 약정 근로시간 수를 산정하는 방법 및 이때 가산수당 산정을 위한 '가산율'을 고려하여야 하는지가 문제가 되고 있다. 과거의 판례는 고정수당의 시간급 환산 시 연장근로시간 수와 야간근로시간 수에 '가산율'을 고려하여 총근로시간 수를 산정하여야 한다는 취지로 판단하였다.[3] 그러나 대법원 전원합의체[4]는 시간급 통상임금 산정

1) 주의 통상임금 산정기준시 (법정근로시간을 기준으로한 경우 주 40시간+주 유급휴일근로시간으로 8시간=48시간)×1년간의 평균주수(52.14)÷12개월: (40+8)×52.14÷12=208.56(시간).

2) 「통상임금 산정의 기초가 되는 1일의 소정근로시간이라 함은 근로기준법 제43조 1항 본문(현행 제50조 Ⅰ, Ⅱ 참조), 제44조 본문(현행 제45조 Ⅰ), 또는 제56조 본문(현행 제70조 Ⅰ 참조)의 규정에 의한 법정근로시간의 범위 안에서 근로자와 사용자간에 정한 시간을 의미하는 것이므로, 법정근로시간의 제한범위 내에서 사용자와 근로자가 근로시간에 관하여 약정을 한 경우에는 그 약정의 근로시간이 근로기준법 제43조 1항 본문 등의 법정근로시간에 우선하여 시간급통상임금산정의 기초가 되어야 한다」(大判 1991. 6. 28, 90 다카 14758; 大判 1991. 7. 26, 90 다카 11636). 다만, 복무규정에 의하여 동절기에 근무시간이 단축되고 있다 할지라도 이는 에너지절약이라는 정책적 요인과 계절적 요인을 고려한 편의적 조치에 불과할 뿐이고 근로자들의 시간급 통상임금을 인상하려는 취지는 아니므로, 이러한 사유를 시간급통상임금의 산정의 기초가 되는 월 소정근로시간수를 산정함에 있어 고려할 수는 없다는 판례가 있다(大判 1996. 10. 25, 96 다 5346; 大判 1992. 2. 11, 91 다 12202).

3) 大判 2012. 3. 29, 2010 다 91046; 大判 2012. 7. 26, 2011 다 6106; 大判 2014. 8. 28, 2013 다 74363 등.

4) 大判(전합) 2020. 1. 22, 2015 다 73067.

의 기준이 되는 총근로시간 수에 포함되는 약정근로시간 수를 산정할 때 특별한 사정이 없는 한 근로자가 실제로 근로를 제공하기로 약정한 시간 수 자체를 합산하여야 하는 것이지, 가산수당 산정을 위한 '가산율'을 고려한 연장근로시간 수와 야간근로시간 수[예컨대 월급으로 정한 고정수당의 경우: 기본근로 40시간 + 주휴근로의제 8시간 + (연장근로 22.5시간 × 150%) + (연장 및 야간근로 2.5시간 × 200%)]를 합산할 것은 아니라고 판단하였다. 따라서 종전 판결의 해당 부분 판단은 부당하므로 더 이상 유지하기 어렵게 되었다. 또한 단체협약이나 취업규칙, 근로계약 등에서 고정수당과 관련하여 기준근로시간 내 소정근로의 시간급이 얼마인지, 연장근로와 야간근로의 시간급이 얼마인지 명확하게 정하는 등의 특별한 사정이 없는 한 근로제공시간에 대한 급여는 같은 액수로 정해져 있다고 보는 것이 통상적인 임금계산의 원리에 부합하고 가장 공평하며 합리적이라고 한다. 즉 '동일한 근로'를 제공한 시간에 대해 매 시간당 가치평가는 같다고 보는 것이 원칙이라고 한다. 이와 같은 다수의견에 대한 대법관 한 분의 반대의견이 있다. 이에 따르면 근로기준법 제56조는 연장·야간근로 1시간의 가치는 기준근로시간 내의 주간근로 1.5시간 근로 이상의 가치를 가진다고 선언한 것으로 이해할 수 있다는 것을 중요한 반대근거로 삼고 있다. 이 사건에서 버스회사 운전기사로 근무했던 원고들은 피고회사가 통상임금에서 제외한 각종 고정수당(근로수당, 승무수당, 연초수당, 운전자공제회비, 식대, 상여금)이 통상임금에 해당한다고 주장하면서 이를 기초로 재산정한 연장근로수당, 야간근로수당, 주휴수당, 유급휴일수당 등을 청구하였다. 전원합의체 다수의견에 따르면 연장근로시간 수와 야간근로시간 수의 산정에서 '가산율'을 고려하지 않으므로 이를 고려하여 반영하는 반대의견의 경우보다 고정수당의 시간급 통상임금이 높아져 근로자에게 유리하다. 그러나 이 문제는 근로자에 대한 유리·불리의 관점에서 해석해야 할 것은 아니다. 근기법 제56조의 취지를 면밀히 검토할 필요가 있다.

i) **시급제 또는 일급제 통상임금에 상여금·주유급휴일수당 반영방법** 시간제 또는 일급제 근로자가 기본 시급 또는 기본 일급 외에 매월 또는 1개월을 초과하는 일정기간마다 지급받는 고정수당(상여금)중에는 근로기준법 제55조에 따라 부여되는 주휴수당이 포함되어 있지 않다. 따라서 시급제 또는 일급제 근로자로서는 근로기준법상 통상임금인 매월 또는 1개월을 초과하는 일정기간마다 지급하는 고정수당을 포함하여 새로이 산정한 시간급 통상임금을 기준으로 계산한 주휴수당액과 이미 지급받은 주휴수당액의 차액을 청구할 수 있고, 이를 주휴수당의 중복청구라 할 수 없다.[1] 다만 시급제 또는 일급제 근

1) 大判 2018. 12. 27, 2016 다 39538(병합)·2016 다 39545(병합); 大判 2014. 8. 20, 2014 다 6275 등 참조.

로자에게 매월 지급되는 이러한 고정수당에는 근로기준법 제55조에 따라 지급되는 임금 부분이 포함되어 있으므로 매월 또는 1개월을 초과하는 일정기마다 지급되는 고정수당액(상여금)을 월의 소정근로시간과 이처럼 유급으로 처리되는 시간(유급휴일의 근로시간)을 합한 총 근로시간으로 나눈 금액을 기본 시급 또는 기본 일급의 시간급 금액에 더하는 방식에 의하여 시급제 또는 일급제 근로자의 시간급 통상임금을 산정하여도 무방하다.[1)]

j) 평균임금과 통상임금을 구별하는 실익 평균임금액은 통상임금액을 상회하는 것이 일반적이기 때문에 평균임금을 지급해야 할 경우에는 근로자에게 평균금액을 확보해 주어야 한다. 그러나 평균임금을 산정기초로 할 경우에 평균임금액이 통상임금액을 하회할 때(예컨대 1일 3~4시간의 근로를 하는 경우)에는 통상임금액을 평균임금으로 해야 할 것이다(근기법 제2조 Ⅱ). 통상임금은 평균임금의 최저기준으로서 기능하기 때문이다.[2)] 이 외에 일용근로자에 대하여는 고용노동부장관이 사업이나 직업에 따라 정하는 금액을 평균임금으로 하고(근기법 시령 제3조), 근로기준법 제2조 1항 6호, 이 법 시행령 제2조와 제3조의 규정에 따라 평균임금을 산정할 수 없는 경우에는 고용노동부장관이 정하는 바에 따른다(근기법 시령 제4조). 그리고 근로기준법 제79조, 제80조 및 제82조부터 제84조까지의 규정에 따른 보상금을 산정할 때 적용할 평균임금은 이 법 시행령 제5조(평균임금의 조정)의 규정에 의한다.

7. 경영장애와 휴업수당

(1) 서 설

사용자의 귀책사유로 인하여 근로자가 노무제공을 할 수 없게 된 경우에는 사용자의 책임 있는 사유로 근로자의 이행이 불능으로 된 것이므로 근로자는 사용자에 대하여 임금을 청구할 수 있다(민법 제655조, 제390조, 제393조, 제538조 Ⅰ 전단: 채권자의 귀책사유로 인한 이행불능).[3)] 이와 같은 민법의 규정들은 사용자의 고의·과실 또는 이와 동등시할 만한 사유, 즉 사용자의 귀책사유를 전제로 하고 있다. 또한 사용자의 수령지체(민법 제400조: 채권자지체)의 경우에는 근로자가 근로계약의 내용에 따른 노무를 구체적으로 제공할 수 있는 상태(이행의 제공이 있는 상태)에 있지 않으면 임금청구를 할 수 없다.[4)] 뿐

1) 大判 2018. 12. 27, 2016 다 39538(병합)·2016 다 39545(병합); 大判 2012. 3. 29, 2010 다 91046 등 참조.
2) 大判 1990. 11. 9, 90 다카 6948.
3) 김형배, '휴업지급제도의 제문제', 「법정」, 1976. 7, 96면 이하; 大判 1981. 12. 22, 81 다 626; 大判 1989. 5. 23, 87 다카 2132; 釜山地判 1990. 7. 4, 89 가합 19630.
4) 김형배, 「채권각론[계약법]」(신정판), 585면; 土田, 「勞働契約法」, 247面 참고.

만 아니라 임금을 청구할 수 있는 경우에도 그 지급을 강제하는 수단이 특별히 마련되어 있지 않으므로 소송법상의 절차에 의하지 않으면 안 된다.

그리하여 근로기준법에서는 근로자의 귀책사유가 아닌 사유로 인하여 근로자가 일을 할 수 없게 된 휴업의 경우에[1] 임금상실이라는 위험으로부터 근로자를 보호하기 위하여 민법의 원리와는 다른 휴업수당지급제도를 두고 있다. 근로기준법 제46조 1항은 「사용자의 귀책사유」로 휴업하는 경우에 사용자는 휴업기간 동안 그 근로자에게 평균임금의 100분의 70 이상의 수당을 지급하여야 한다고 규정하고 있다. 원래 이 규정은 근로자의 생존권의 확보를 목적으로 근로자를 보호하기 위하여 마련된 것이며, 휴업으로 인한 위험을 사용자가 최저 70%의 비율로 부담할 것을 내용으로 하고 있다.[2] 휴업기간 중에 급부하지 않은 노무를 근로자는 추후에 추완할 의무를 지지 않는다.[3] 근로자의 노무제공은 정기행위(定期行爲)로서 시간의 경과에 의하여 불능이 되기 때문이다.[4]

(2) **사용자의 귀책사유**

근로기준법 제46조의 규정이 마련된 취지는 근로자의 최저생활보장을 실질적으로 확보하기 위하여 휴업으로 인한 위험을 사용자에게 치중해서 부담시키려는 데 있다. 그러므로 이 조항의 「귀책사유」는 민법의 귀책사유(고의·과실 또는 이와 동등시되는 사유)와는 그 개념이 다르다.[5] 민법이 규정하고 있는 귀책사유와 위험부담(민법 제538조 I 1문)의 경우와는 관계 없이 근로기준법 제46조의 귀책사유는 과책주의(Verschuldensprinzip)로부터 독립된 별개의 휴업수당청구권을 정당화하는 요건으로서 창설된 것이다.[6] 다만, 동 규정은 사용자의 책임범위를 확대하는 한편 지급이 강제되는 휴업수당을 통상임금의 100% 전액이 지급되는 민법의 경우와 달리 평균임금의 100분의 70 이상으로 제한하여

1) 여기서 말하는 휴업의 의미는 사업의 전부 또는 일부가 정지되는 경우뿐만 아니라 개개의 근로자가 근로계약에 따라 근로를 제공할 의사가 있음에도 불구하고 그 의사에 반하여 취업이 거부되거나 불가능하게 된 경우도 포함한다는 것이 판례의 태도이다(大判 1991. 12. 13, 90 다 18999; 大判 2009. 9. 10, 2007 두 10440 등).

2) 애당초 일본에서는 「근로자의 책임 없는 사유」에 의한 휴업의 경우에 근로자의 최저생활을 보장하기 위하여 제안되었는데, 불가항력의 경우에까지 사용자에게 의무를 부담시키는 것은 적당하지 않다고 하여 결국 「사용자의 귀책사유에 의한 휴업」의 경우로 한정하여 입법화하였다고 한다(菅野, 「勞働法」, 439面 이하 참고).

3) Henssler/Preis, 독일근로계약법토의안 제57조 1항 1문 참조.

4) 김형배, 「채권각론[계약법]」(신정판), 584면 이하.

5) 근로기준법 제46조의 「귀책사유」를 민법의 귀책사유와 같다고 하면, 이 조항의 규정내용은 근로자에게 불리한 것이 될 수 있다. 왜냐하면 민법은 사용자에게 고의, 과실 또는 이와 동등시되는 그 밖의 귀책사유가 있는 경우에 근로자가 반대급부 전액(통상임금의 100%)을 청구할 수 있기 때문이다(민법 제538조 I 1문).

6) 同旨: 菅野, 「勞働法」, 440面; 1999. 9. 21, 근기 68207-106.

규정하고 있다.[1)]

이와 같이 근로기준법 제46조의 귀책사유를 민법의 경우와 달리 해석하는 근거로서 첫째, 기업경영상의 이윤이 사용자에게 귀속하는 것에 대응하여 경영상의 이유에서 발생되는 위험도 기업주가 부담하는 것이 타당하다는 형평의 관념과, 둘째, 임금을 유일한 생활수단으로 하는 근로자의 최저생활의 보장이 제시되고 있다. 그러면 어떠한 사유들이 사용자에게 휴업수당지급의무를 발생케 하는 것이라고 판단해야 할 것인가? 원칙적으로 사용자의 지배영역 내에서 발생한 기업운영상의 경영장애(Betriebsstörung)는 사용자의 귀책사유에 의한 것이라고 보아야 하며, 따라서 사용자는 이러한 사유를 그의 과실에 의한 것이 아니라고 하여 면책을 주장할 수 없다고 해석하여야 한다(이른바 경영위험부담설: Betriebsrisikolehre).[2)] 예컨대 공장(특히 인화물질이 많은 사업장)의 소실(燒失),[3)] 공장 이전, 기계의 파손, 원자재의 부족, 주문의 감소, 판매부진[4)]에 의한 조업정지의 경우를 비롯하여 하수급공장의 자재 또는 자금난에 의한 휴업,[5)] 배급유통기구의 차질에 의한 휴업[6)] 등도 사용자의 지배영역 내에 속하는 경영장애라고 보아야 한다.[7)] 따라서 근로기준법 제46조 1항이 규정하는 사용자의 귀책사유는 사용자측으로부터 기인하는 경영·관리상의 장애라고 해석해야 한다.[8)] 그러나 제46조 2항은 「제1항에도 불구하고 부

1) 同旨: 西谷, 「勞働法」, 259面.

2) 김형배, '경영위험부담론', 「법률행정논집」(제10집), 고려대 법률행정연구소, 1972, 269면 이하; Otto, *ArbR* Rn. 521 f.; Lieb/Jacobs, *ArbR* Rn. 186 ff. 참고. 독일에서는 2002년 1월 2일 시행된 개정 채권법 제615조(수령지체 및 경영장애 시의 보수)에 제3문을 신설하여 사용자가 노무손실의 위험을 부담하는 경우에 노무자(근로자)는 보수(임금)를 청구할 수 있다고 명문으로 직접 규정하였다. 학설·판례에 의하여 정립된 경영위험부담이론을 입법화한 것이다(Zöllner/Loritz/Hergenröder, *ArbR* § 21 Rn. 60 ff.; *ErfK*/Preis, BGB § 615 Rn. 120 ff. 참고).

3) Schaub/Linck, *ArbRHandb*, § 101 Rn. 11; 1980. 2. 13, 법무 811-3396.

4) 원료부족으로 인한 휴업: 1957. 7. 4, 보노 제537호; 판매부진으로 인한 휴업: 1968. 11. 30, 기준 1455. 9-11203; 정전으로 인한 휴업: 1968. 9. 7, 기준 1455. 9-8444.

5) 大判 1963. 2. 21, 62 나 912; 大判 1970. 5. 26, 70 다 523·524.

6) 대법원은 작업량이 감소하여 휴업하게 된 경우에 사용자의 귀책사유를 인정하여 휴업수당지급을 인정하였다(大判 1969. 3. 4, 68 다 1972).

7) 大判 1963. 12. 12, 63 다 540; 1970. 2, 기준 1455. 9-2428; 1969. 5, 기준 1455. 9-4914; 1955. 6. 15, 보노 제391호; 1956. 10. 30, 보노 제575호; 1974. 7. 4, 보노 제537호; 1969. 10. 30, 기준 1455. 9-11347(강우로 인한 휴업); 1979. 4. 10, 법무 811-8509(사용자의 내부적인 사유로 인한 정전이 아니고, 한국전력의 공사관계 등 외부적인 사유로 정전되어 당해 사용자가 사업계속을 일시중지하여 휴업하는 경우에는 사용자의 귀책사유가 인정될 수 없다). Henssler/Preis, 독일근로계약법토의안, 제57조 1항 참조.

8) 조선소(삼성중공업 거제조선소) 사업장에서 선체도장 공사를 도급받아 선박임가공업을 하고 있던 근로자들이 골리앗 크레인과 타워 크레인이 충돌함으로써 근로자들이 사망·부상하는 대형 사고가 발생하여 고용노동부가 삼성중공업에 대하여 사업장 작업중지 명령을 내림에 따라 수급업체가 도급받은 작업을 중단하고 한 달간 휴업한 상황에서 사업주가 삼성중공업으로부터 휴업수당 명목으로 돈을

득이한 사유로 사업을 계속하는 것이 불가능하여 노동위원회의 승인을 받은 경우에는 제1항의 기준에 못 미치는 휴업수당을 지급할 수 있다」고 규정하고 있다. 여기서 이 조항이 동조 제1항과 어떻게 구별되는지가 명확하지 않다. 「부득이한 사유로 사업을 계속하는 것이 불가능한」 경우는 제1항의 경우(제때에 원료, 부속품 등을 확보하지 못한 경우)에도 해당할 수 있기 때문이다. 학설은 제2항의 규정이 당해 사업 외부에서 발생한 사유 등으로 사업 계속이 불가능하게 된 경우에 휴업수당 전액지급의무를 완화한 규정이라고 해석한다.[1] 그러나 구체적으로는 개별적 사실관계에 따라 합리적으로 판단하는 도리 밖에 없다. 이 조항은 보다 명확히 규정하는 것이 바람직하다. 동 규정이 평균임금의 100분의 70 이하의 휴업수당을 지급할 수 있는 요건을 정하고 있는 것이 명백하지만, 경우에 따라서는 휴업수당을 전혀 지급하지 않을 수도 있느냐 하는 점이 문제된다. 문언상 「할 수 있다」는 표현은 휴업수당을 반드시 지급하여야 한다는 의미로 해석될 수는 없을 것이다. 그러므로 휴업한 사유가 부득이하고 휴업수당의 지급을 기대할 수 없는 때(불가항력과 같은 경우)에는 노동위원회의 승인을 얻어 수당을 지급하지 않더라도 이 조항(제46조 Ⅱ; 벌칙 제109조 Ⅰ)의 위반행위가 있다고 볼 수 없다.[2] 이 조항의 규정은 사용자의 휴업수당지급의무의 경감 내지 면제를 정한 것으로 해석하는 것이 옳을 것이다. 이 경우에 불가항력 기타 부득이한 사유에 대한 입증책임은 책임면제를 주장하는 사용자가 부담해야 한다.[3]

대법원은 객관적으로 부득이한 이유로 인하여 사업의 계속이 불가능하더라도 노동위원회로부터 승인을 받지 못하면 휴업수당을 지급하여야 한다는 태도를 취하고 있다.[4]

(3) 휴업수당의 지급

이상과 같이 휴업수당을 지급해야 할 사용자의 귀책사유가 근로기준법에서는 민법과는 달리 넓게 해석되는 반면에, 휴업수당의 액은 임금의 전액이 아니라 평균임금의

받아 일부 근로자에게 수당을 지급하였다. 나머지 근로자들이 휴업수당의 지급을 요구하자 사업주는 원청업체인 삼성중공업에서 일어난 사고로 휴업을 하게 됐으므로 자기의 귀책사유로 인한 것이 아니어서 휴업수당을 지급할 의무가 없다고 항변하였다. 대법원은 사용자의 귀책사유로 인한 휴업에는 사용자가 기업의 경영자로서 불가항력이라고 주장할 수 없는 모든 사유로 인한 휴업이 포함된다고 판단한 원심 판결을 받아들여 사업주의 휴업수당 지급의무를 인정하고 그 위반행위에 대하여 벌금 1천만원(근기법 제109조 Ⅰ)을 선고하였다(大判 2019. 9. 10, 2019 도 9604).

1) 김유성, 「노동법」, 105면 이하 참고. 일본에서는 「외부기인성」 및 「방지불가능성」의 요건을 갖춘 경영상의 장애라 하더라도 그 원인이 사용자의 지배영역 가차이에서 발생한 것이면 휴업수당 지급의무가 인정된다는 견해가 있다(菅野, 「勞働法」, 440面).

2) 同旨: 大判 2000. 11. 24, 99 두 4280; 임종률, 「노동법」, 432면. 反對: 박홍규, 「노동법론」, 478면.

3) 大判 1970. 2. 24, 69 다 1568 참고.

4) 大判 1968. 9. 17, 68 누 151.

100분의 70 이상에 그치고 있다. 다만, 평균임금의 70%에 해당하는 금액이 통상임금을 초과하는 경우에는 통상임금을 휴업수당으로 지급할 수 있도록 하였다(제46조 I 후단).[1] 그리고 이때에 근로자가 휴업수당을 청구할 수 있기 위해서는 근로의 현실적 제공이 요건이 되지 않는 것도 민법의 경우와 다른 점이다. 민법에서는 채무의 내용에 좇은 이행의 제공이 있을 것을 채권자지체의 요건으로 하고 있다(민법 제400조 참조).[2]

(4) **근로기준법 제46조와 민법 제538조 1항 1문과의 관계**

민법의 규정에 의하면 사용자(채권자)의 귀책사유로 인한 이행불능(민법 제538조 I 1문)과 수령지체중의 급부불능(민법 제400조, 제538조 I 2문)의 경우에 근로자에게는 임금 전액에 대한 청구권이 발생하지만, 근로기준법 제46조의 규정에 의하면 휴업수당으로서 평균임금의 100분의 70 이상의 청구권이 발생한다. 이 두 제도의 관계에 있어서 첫째, 근로기준법 제46조의 귀책사유에는 민법상의 귀책사유에 해당될 수 없는 경영상의 장애까지도 포함되어 있다는 점과, 둘째, 민법상의 귀책사유의 요건이 갖추어진 경우에 근로기준법 제46조는 민법 제538조 1항이 적용되는 것을 막지 않는다는 점을 명확히 해둘 필요가 있다. 다시 말하면 근로기준법 제46조는 근로자를 보호하기 위한 규정으로서 민법의 규정에 추가하여 마련된 규정이며, 그 위반행위에 대해서는 벌칙(제109조 1항: 3년 이하의 징역 또는 3천만원 이하의 징역)이 적용되므로 근로자의 보호가 강화되어 있다.

근로기준법 제46조는 근로자의 생존권의 확보를 위하여 「휴업수당청구권」이라는 새로운 실체적 권리를 설정한 것이므로, 이 조항은 민법 제538조 1항 1문의 위험부담의 원리와는 그 근거를 달리한다고 이해해야 한다. 근로기준법 제46조의 귀책사유는 사용자의 고의·과실 또는 이것과 동등시할 만한 사유에 한정되는 것이 아니라, 경영장애 등과 같이 사용자의 지배영역에 속하는 사유도 포함한다. 따라서 사용자의 고의·과실이 인정되는 사유에 의한 휴업의 경우에는 근로기준법 제46조에 의한 휴업수당청구권과 민법의 규정에 의한 임금전액에 대한 청구권이 동시에 발생되어 이 두 청구권은 경합관계에 서게 된다.[3] 이때에 휴업수당지급청구권을 행사하여 휴업수당이 지급된 한도 내에서는 민법상의 청구권은 소멸하고, 나머지 임금부분에 관해서는 민법상의 청구권이 성립한다.[4]

---

1) 이 규정은 평균임금의 70%에 달하는 금액이 소정근로시간을 실제로 근무한 근로자가 지급받을 수 있는 통상임금을 초과하는 모순된 상황을 감안하여 1996년 12월 31일 노동법개정시에 신설된 것이다.

2) 김형배, 「채권총론」, 1999, 305면 참고.

3) 同旨: 土田, 「勞働契約法」, 250面; 下井, 「勞働基準法」, 255面.

4) 사용자의 귀책사유로 노무제공이 불가능하게 된 기간 동안 그 근로자가 다른 직장에 종사하여 얻은 이익(이른바 중간수입)은 민법 제538조 2항에 의하면 임금액에서 공제될 수 있는데, 근로기준법 제

⑸ **휴업수당의 산출**

휴업기간에 대하여 근로자가 임금의 일부를 지급받은 경우에 사용자는 휴업기간 전체에 대한 평균임금에서 이미 지급된 임금을 뺀 금액을 계산하여 그 금액의 100분의 70 이상에 해당하는 수당을 지급해야 한다(근기법 시령 제26조 본문). 다만, 법 제46조 1항 단서에 따라 통상임금을 휴업수당으로 지급하는 경우에는 통상임금에서 휴업한 기간중에 지급된 임금을 뺀 금액을 지급해야 한다(근기법 시령 제26조 단서).

⑹ **쟁의행위와 휴업수당**

근로자가 정당한 파업에 참가한 경우에는 근로자의 근로제공의무와 사용자의 임금지급의무가 사실관계에 따라(de facto) 정지하게 되며([121] 2. ⑴ 참고), 당해 근로자에 대한 휴업수당의 지급도 문제되지 않는다.[1)]

a) **부분파업의 경우** 부분파업시에 파업불참가자나 비조합원이 근로를 희망하여 노무제공의 이행상태에 있는 경우에 사용자가 그들의 노무제공을 거부하면 근로자는 임금 또는 휴업수당을 청구할 수 있는가? 이때에는 경우를 나누어 생각해야 한다. 즉, 첫째는 근로희망자들의 노무만으로도 충분히 조업을 할 수 있음에도 불구하고 사용자가 그들의 노무제공을 거부하는 경우이고, 둘째는 사용자가 근로희망자들의 노무만 가지고는 조업을 계속할 수 없는 경우이다. 전자에 해당하는 경우에 사용자가 근로자의 현실적 노무제공을 개별적으로 거부하면 민법상의 수령지체의 책임(민법 제655조, 제400조, 제390조, 제393조)을 면할 수 없을 것이나,[2)] 후자의 경우에는 부분파업으로 인한 조업계속의 불능이 근로기준법 제46조 2항의 「부득이한 사유」에 해당하는지가 문제된다. 이 경우에 대해서는 부분파업이라는 사유에 관한 판단과 관련해서 학설이 갈려져 있다. 부분파업을 일종의 불가항력으로 보는 학설은 사용자의 휴업수당지급의무를 부인하며,[3)] 파업을 근로조건에 관한 거래로 보는 학설은 부분파업을 원자재와 똑같은 노동력의 공급부족현상으로 보아야 한다는 이유에서 사용자의 휴업수당지급의무를 인정한다.[4)] 파업은 노사

46조에 의한 휴업수당(평균임금의 100분의 70)은 강행적 기준금액이므로 공제에 의한 그 이하의 지급은 허용되지 않는다는 것이 판례의 태도이다(大判 1991. 6. 28, 90 다카 25277; 大判 1991. 12. 13, 90 다 18999; 大判 1993. 11. 9, 93 다 37915). 이와 같은 견해의 문제점과 비판에 관해서는 [75] 2. 참고.

1) 大判(전합) 1995. 12. 21, 94 다 26721.

2) Nikisch, *ArbR*, Bd. Ⅱ, S. 607 f.; Brox/Rüthers, *Arbeitskampfrecht*, Rn. 172 참고. 2002년 1월부터 개정 시행된 독일민법(제615조)과 관련하여 자세한 설명에 대해서는 Waltermann, *ArbR* Rn. 229 ff. 참고.

3) 土田, 「勞働契約法」, 251面.

4) 이병태, 「노동법」, 717면. 일본에서는 부분파업에 의하여 파업 불참가자의 노무실현이 불능이 되거나 아무 가치가 없게 된 경우에 그러한 상태는 사용자의 귀책사유(민법 제538조 Ⅰ 전단)에 의한 것

관계에 있어서 예견가능한 것이며, 사용자에 의하여 해결될 수도 있는 것이므로 불가항력이라고는 볼 수 없지만, 그렇다고 해서 사용자의 지배영역에 속하는 단순한 노동력 공급부족현상이라고 볼 수도 없다.[1)]

원래 파업은 집단적 현상이므로 이에 대하여는 우선 집단적 노사관계법의 원리에 따라 판단하여야 한다. 부분파업의 결과 파업불참가자의 노무제공만으로 조업을 계속할 수 없을 경우(파업불참가자의 업무가 객관적으로 불가능하게 된 경우)에는 다음과 같은 이유에서 불참가자에 대한 임금지급의무 또는 휴업수당지급의무는 발생하지 않는다고 판단된다. 첫째, 노동조합이 파업전략적 관점(파업지원금지출의 절약 등)에서 사업장 전체에 대한 조업중단의 효과를 가져올 수 있는 핵심 부서의 근로자들만을 파업에 참가시킨 경우에 사용자가 파업불참가자들에게 휴업수당을 지급해야 한다면 이는 파업을 주도하는 노동조합측만을 돕는 것이 되어 투쟁평등의 원칙에 반하게 될 것이다.[2)] 둘째, 파업의 결과 단체협약이 체결됨으로써 개선·향상된 근로조건은 파업불참가자들에게도 직·간접적으로 유리하게 작용하기 때문에 부분파업시에 불참가자가 휴업수당을 받지 못하게 되는 위험을 부담한다는 것은 쟁취이익참여(Partizipationsgedanken)라는 관점에서 정당하다고 할 수 있다.[3)] 이 경우에 파업은 근로희망자에 대하여 사용자가 부담해야 할

이 아니므로 근로계약법상의 임금지급의무는 발생하지 않으나, 파업은 넓은 의미의 사용자의 지배영역에서 발생한 것이므로 사용자는 근로기준법 제46조의 휴업수당 지급의무를 면할 수 없다는 견해가 지배적이다(西谷, 「勞働法」, 665面; 결과에 있어서 同旨: 菅野, 「勞働法」, 942面; 荒木, 「勞働法」, 652面. 일본에서는 「부분파업」을 주도한 노동조합의 조합원 일부가 파업에 불참하는 경우 그 불참조합원도 참가조합원과 조직적 일체성을 지니고 있으므로 근기법상의 휴업수당청구권을 가질 수 없다)과 「일부파업」(파업주도 노동조합의 조합원이 아닌 일부 종사근로자에게는 휴업수당청구권이 인정된다)를 구별하고 있으나, 저자는 이러한 구별은 집단적 해위인 쟁의행위에서는 활용될 수 없다고 생각한다.

1) 일본의 판례에 따르면 (부분)파업시 사용자는 그 파업에 개입하지 못하며 단체교섭 과정에서 어느 정도로 양보해야 할 것인지는 사용자의 자유에 속하므로 파업불참자가 파업으로 인하여 노무제공을 할 수 없게 되었다고 하여 임금 또는 휴업수당 지급의무를 부담하지는 않는다고 한다(ノース·ウエスト 航空事件·最判昭和 62.7.17 民集 41卷 5号 1350面).

2) Zöllner/Loritz/Hergenröder, *ArbR* §43 Rn. 59, §21 Rn. 68; Brox/Rüthers/Henssler, *ArbR* Rn. 826. 이 경우에 사용자는 직장을 폐쇄하는 쟁의행위를 하여 임금지급의무 또는 휴업수당지급의무를 면할 수도 있다. 이와 같은 경우는 근로기준법 제46조의 휴업의 개념에 해당되지 않는 것이라고 해석하는 것이 타당하다고 생각된다.

3) BAG AP NRn. 2, 3, 4 zu §615 BGB Betriebsrisiko; Kissel, *ArbeitskampfR* §33 Rn. 17; Zöllner/Loritz/Hergenröder, *ArbR* §21 Rn. 67 ff. 참고. 독일의 최근의 판례(BAG AP NRn. 70, 71 zu Art. 9 GG Arbeitskampf)는 타 사업장에서의 파업으로 인하여 조업이 불가능하게 되는 경우도 임금청구를 할 수 없다는 입장을 취하고 있다. 노동조합이 산업별로 조직되어 있는 사업장에서는 단체협약의 효력이 미칠 수 있기 때문이다.

異見: 이병태, 「노동법」, 717면(비조합원인 근로희망자는 파업에서 제3자에 해당하므로 이들에게는

경영상의 위험(Betriebsrisiko)이라고 할 수는 없다. 쟁의행위로 인하여 야기되는 사용자의 임금지급의무 또는 휴업수당지급의무의 존재 여부는 단순히 민법(제538조 I) 또는 근기법(제46조)의 규정에 의하여 해결될 수 있는 문제가 아니라, 쟁의행위의 집단적 법리에 의하여 판단되어야 한다([121] 2. 3. 참고).[1]

부분파업시에 조업이 가능한 경우라도 사용자가 방어적으로 정당한 전면적 직장폐쇄를 단행함으로써 불참가자에 대한 임금지급의무를 면할 수 있음은 더 말할 필요가 없다(노조및조정법 제46조 참조. [120] 2. (3) b) · c), [121] 3. 참고).

b) 직장폐쇄의 경우 직장폐쇄가 집단적 노사관계법에 의하여 정당성을 가지는 한, 정당한 직장폐쇄를 단행한 기간중에 사용자는 임금지급의무나 휴업수당지급의무를 부담하지 않는다(노조및조정법 제44조 I 준용).[2] 그러나 직장폐쇄가 위법한 경우(이에 관하여는 [120] 2. (3) c) 참고)에 사용자는 근로자의 노무제공의 수령을 정당한 이유없이 거부하는 것이 되어 근로계약상의 채무불이행책임(수령지체로 인한 손해배상책임, 반대급부지급의무)을 면할 수 없기 때문에 임금전액의 지급의무를 부담한다.[3] 이 경우에 근로자가 노무를 현실적으로 제공하는 상태에 있을 필요는 없다.

8. 도급사업에서의 임금채권의 보호

(1) 하수급인의 근로자에 대한 임금보호

근로기준법 제44조는 「사업이 한 차례 이상의 도급에 따라 행하여지는 경우에 하수급인(下受給人)(도급이 한 차례에 걸쳐 행하여진 경우에는 수급인을 말한다)이 직상(直上) 수급인(도급이 한 차례에 걸쳐 행하여진 경우에는 도급인을 말한다)의 귀책사유로 근로자에게 임금을 지급하지 못한 경우에는 그 직상 수급인은 그 하수급인과 연대하여 책임을 진다. 다만, 직상 수급인의 귀책사유가 그 상위 수급인의 귀책사유에 의해 발생한 경우에는 그 상위 수급인도 연대하여 책임을 진다」(동조 I)고 하고, 「1항의 귀책사유 범위는 대통령령으로 정한다」(동조 II)고 규정하고 있다.

a) 우리나라에서 하수급인의 사업이 도급인 또는 상수급인에게 의존 또는 종속되어

휴업수당을 지급해야 한다고 한다); 박홍규, 「노동법론」, 890면.

1) 독일에서는 개별적 근로관계의 차원에서 논의되는 경영위험(Betriebsrisiko)의 부담과 집단적 쟁의행위의 차원에서 논의되는 쟁의행위위험(Arbeitskampfrisiko)부담은 그 법리적 기초를 달리하고 있다(Zöllner/Loritz/Hergenröder, *ArbR* § 21 Rn. 66 ff.; Kissel, *ArbeitskampfR* § 33 Rn. 8 ff. 참고).

2) 大判 2010. 1. 28, 2007 다 76566; 大判 2000. 5. 26, 98 다 34331 등.

3) 大判 2016. 5. 24, 2012 다 85335; 大判 2017. 4. 7, 2013 다 101425; 大判 2000. 5. 26, 98 다 34331; 大判 2008. 9. 11, 2008 도 6026 등. 제46조의 규정과 경합한다는 견해: 厚生勞働省 勞働基準局 編, 「勞働基準法(上)」, 368面; 靑木 · 秋田, 「勞働基準法講義」, 1980, 133面.

있는 경우가 적지 않다. 뿐만 아니라 대부분의 경우 하수급인은 영세성을 면치 못하고 있고, 하수급인에게 귀속되는 이윤의 폭은 한정되어 있다. 이러한 실정하에서 하수급인이 근로자에게 임금을 주지 못하게 되는 위험성은 다른 사용자의 경우보다 매우 높다고 할 수 있다. 이 규정은 하수급인 사업에서의 제반 영세성을 고려하여 이러한 사업에 종사하는 근로자의 임금보호를 위하여 마련된 것이다. 제44조의 규정은 상시 4명 이하의 근로자를 사용하는 사업 또는 사업장에도 적용된다(근기법 제11조 Ⅱ; 시령 제7조, 별표 1). 직상 또는 상위 수급인의 사업 또는 사업장에 대해서도 마찬가지라고 해석하는 것이 제44조의 규정취지에 부합할 것이다.

b) 원래 임금지급의무는 근로자와 직접 근로계약관계를 맺고 있는 사용자에게 있다. 그러므로 도급사업에 있어서는 수급인은 그 자신이 고용한 근로자에 대하여 임금지급의무를 진다. 그러나 하수급인이 수행하는 사업이 상수급인이나 도급인에게 의존되어 있을 때에는 실질적으로 상수급인이나 도급인의 원료의 제공, 도급보수의 지급시기 등이 하수급인에게 커다란 영향을 미친다. 근로기준법 제44조는 이러한 점들을 고려하여 하수급인이 직상 수급인의 귀책사유로 인하여 근로자에게 임금을 지급하지 못하게 된 때에는 그 직상 수급인은 당해 수급인과 연대하여 임금지급책임을 부담하도록 한 것이다. 여기서 문제가 되는 점은, 첫째, 사업이 수차의 도급에 의하여 행하여진 경우 연대책임을 지는 직상 수급인과 그 상위 수급인의 정의에 관한 것이고, 둘째, 직상 수급인과 그 상위 수급인의 귀책사유의 범위에 관한 것이다.

c) 우선 직상 수급인의 정의와 관련해서는 법문에 「사업이 여러 차례의 도급에 따라 행하여지는 경우」라는 표현과 「직상 수급인」이라는 표현이 있기 때문에 도급이 1차에 걸쳐 행해지고 있어서 도급인과 수급인만이 있는 경우에 도급인은 「직상 수급인」의 개념에 해당하지 않는가 하는 의문이 생길 수 있었다. 그러나 이러한 문제는 2020년 3월 3일의 법개정으로 해소되었다. 도급이 1차에 걸쳐 행하여지건 또는 수차에 걸쳐 행하여지건 이를 묻지 않는다.[1] 따라서 법문에 「직상 수급인」이라고 한 것은 도급이 수차에 걸쳐 행하여진 경우에 도급을 준 상수급인이 복수가 되므로 책임을 부담하는 상수급인의 범위를 한정하여 직상 수급인에게만 연대책임을 지게 한다는 의미라고 해석해야 한다(근기법 제44조 Ⅰ 본문). 그러나 직상 수급인의 귀책사유가 그 상위 수급인의 귀책사유에 의해 발생한 경우에는 그 상위 수급인도 함께 연대책임을 진다(근기법 제44조 Ⅰ 단서). 따라서 근로자에 대한 임금채무에 대하여 연대채무를 지는 사람으로 하수급인과 직

1) 同旨의 과거의 판례: 大判 1999. 2. 5, 97 다 48388; 光州地判 1992. 1. 10, 91 노 856; 2000. 12. 13, 근기 68207-3887.

상 수급인 이외에 그 상위 수급인이 추가되어 근로자의 임금채권의 보호는 그만큼 강화된다.[1]

d) 연대책임을 지는 직상 수급인과 상위 수급인의 귀책사유의 범위에 관해서는 근로기준법 제44조 2항에 따라 동법 시행령(개정 2012. 6. 21) 제24조가 다음과 같이 규정하고 있다. 즉, 직상 수급인의 귀책사유의 범위는 i) 정당한 사유 없이 도급계약에서 정한 도급 금액 지급일에 도급 금액을 지급하지 아니한 경우,[2] ii) 정당한 사유 없이 도급계약에서 정한 원자재 공급을 늦게 하거나 공급하지 아니한 경우, iii) 정당한 사유 없이 도급계약의 조건을 이행하지 아니하여 하수급인이 도급사업을 정상적으로 수행하지 못한 경우이다.

여기서 이들 귀책사유란 하수급인의 근로자들이 임금을 받을 수 없게 된 원인으로서의 귀책사유를 말한다. 다시 말하면 직상 수급인 또는(및) 상위 수급인의 귀책사유와 하수급인의 근로자들에 대한 임금 미지급 사이에는 인과관계가 있어야 한다. 특히 동조 3호의 「도급계약의 조건을 이행하지 아니하여 하수급인이 도급사업을 정상적으로 수행하지 못한 경우」에 대해서는 위의 인과관계성을 면밀히 검토해야 한다. 직상 수급인 또는(및) 상위 수급인의 귀책사유와 하수급인의 근로자들에 대한 임금 미지급 사이에 인과관계가 인정될 때에는 그 효과로서 직상 수급인 또는(및) 상위 수급인은 당해 하수급인과 함께 임금채무에 대하여 연대책임(민법 제413조)을 부담한다. 연대채무는 보증채무와 달리 보충성이 없기 때문에 직상 수급인 또는(및) 상위 수급인은 최고·검색의 항변권(민법 제437조)을 가질 수 없다.

e) 귀책사유가 있는 직상 수급인 또는(및) 상위 수급인과 하수급인(상위 수급인에게 귀책사유가 없는 경우에는 직상 수급인과 하수급인)은 근로자의 임금에 대하여 연대채무를 지기 때문에 근로자는 임의로 그 중 어느 한 사람에 대하여 임금채권의 전부 또는 일부의 이행을 청구할 수 있고, 또 그 세(또는 두) 사람에 대하여 동시에 또는 순차로 임금채권의 전부 또는 일부의 이행을 청구할 수 있다(민법 제414조). 일반적으로 하수급인보다는 직상 수급인의, 직상 수급인 보다는 상위 수급인의 지급능력이 더 클 것이기 때문에 근로자들은 직상 수급인이나 상위 수급인에 대하여 그들의 임금을 청구하게 될 것이다. 직상 수급인 또는 상위 수급인이 임금채무를 변제하여 공동으로 면책된 경우에 직상 수급인 및 상위 수급인과 하수급인 사이의 내부관계는 동법 시행령 제24조 각호의 경우에

1) 제44조의 개정으로 여러 차례의 도급이 행하여진 경우까지를 포함시킨 것은 하수급인의 근로자 임금채권을 강화하기 위한 것이다. 따라서 도급이 한 차례 행하여진 경우에도 마찬가지로 제44조는 적용된다고 해석된다.

2) 大判 1990. 10. 12, 90 도 1794.

의하여 책임비율을 가려 도급계약의 내용에 따라 처리된다. 그러나 직상 수급인이나 상위 수급인이 하수급인의 근로자에게 임금을 지급했다고 하여 직상 수급인 또는 하수급인에게 지급할 대금(보수)채무가 그 지급액의 범위 내에서 당연히 소멸하는 것은 아니며, 지급된 임금상당액의 구상권을 취득하는 데 그친다. 예컨대 직상 수급인이 자신의 도급대금지급채무를 면하기 위해서는 그 구상권을 자동채권으로 하여 하수급인에게 상계의 의사표시를 해야 한다.[1)]

f) 직상 수급인 또는 상위 수급인이 연대책임을 면하기 위해서는 그에게 「정당한 사유」가 있었음을 입증해야 한다. 즉, 직상 수급인 또는 상위 수급인에게 정당한 사유가 있는 경우에 그는 면책된다. 그러나 여기서 '정당한 사유 없이'(근기법 시령 제24조 각호)라는 의미가 직상 수급인 또는 상위 수급인에게 고의·과실에 의한 원인 사유가 있는 경우를 말하는 것인지 아니면 그의 지배영역에 속하는 위험(Risiko)부담([50] 8. (1) b) 참고)까지를 포함하여 일컫는 것인지가 분명하지 않으나, 사견으로는 전자의 경우로 해석하는 것이 타당하다고 생각한다. 직상 수급인이 정당한 사유 없이 도급금액을 지급하지 아니하는 등 그의 귀책사유로 하수급인이 근로자에게 임금을 지급하지 못한 때에는 직상 수급인은 형사책임을 지게 된다(근기법 제109조 Ⅰ). 형사책임을 지게 되는 행위의 구성요건은 명확하게 규정되어야 하기 때문이다.[2)] 그러나 피해자의 명시적인 의사와 다르게 공소를 제기할 수 없다(근기법 제109조 Ⅱ).

(2) **건설사업에서의 근로자의 임금보호**

a) 건설업에서 행해지는 도급에 대하여는 근로기준법 제44조의2와 제44조의3을 신설(신설 2007. 7. 27, 시행 2008. 1. 28)[3)]하여 근로자의 임금보호를 특별히 규정하고 있다. 신설규정의 취지는 건설업계에 만연된 불법하도급으로 인하여 건설일용근로자에 대한 임금체불이 빈번히 발생함에 따라 건설하도급사업 근로자들의 임금지급방식을 개선하여 해당 근로자를 보호하려는 데 있다. 구체적인 규정내용은 다음과 같다.

먼저 근로기준법 제44조의2 1항에 따르면, 「건설업에서 사업이 2차례 이상 「건설산업기본법」 제2조 제11호에 따른 도급(이하 "공사도급"이라 한다)이 이루어진 경우에 같은 법 제2조 제7호에 따른 건설사업자가 아닌 하수급인이 그가 사용한 근로자에게 임금

---

1) 大判 1988. 4. 12, 87 다카 1886(직상 수급인이 상계를 하기 전에 하수급인의 채권자가 직상 수급인에 대한 도급대금채권을 압류하고 이에 대한 전부명령을 받으면 직상 수급인은 그 전부채권자에 대하여 하수급인을 대신하여 근로자들의 임금을 지급했다는 사정을 가지고 대항할 수 없다).

2) 근로기준법 제109조 중 제44조의2 제1항 규정이 죄형법정주의의 명확성원칙, 자기책임원칙, 과잉금지원칙에 위배되지 않는다고 한 헌재판례: 憲裁 2014. 4. 24, 2013 헌가 12 참조.

3) 근로기준법 제44조의2는 2019. 4. 30.에 개정되어 2019. 11. 1.부터 시행한다.

(해당 건설공사에서 발생한 임금으로 한정한다)을 지급하지 못한 때에는 그 직상 수급인은 하수급인과 연대하여 그 하수급인이 사용한 근로자의 임금을 지급할 책임을 진다」. 직상 수급인의 연대책임이란 하수급인의 임금지급의무와 동일한 내용의 임금지급의무를 부담할 무과실 자기 책임을 뜻한다. 즉, 직상 수급인의 임금지급의무는 하수급인이 일정 금액을 매월 정하여진 날짜에 지급하지 않은 경우, 근로자가 사망 또는 퇴직하였음에도 그 지급 사유 발생 시부터 14일 이내에 지급하지 않은 경우에 발생하며, 동시에 하수급인의 근로자가 청구하면 곧바로 이행되어야 한다. 다만, 이때의 임금은 해당 건설공사에서 발생한 임금으로 한정된다. 이 규정은 일반도급사업의 경우와 달리 직상 수급인의 귀책사유를 책임요건에서 배제함으로써 건설근로자의 임금채권의 보호를 강화한 것이다.[1] 직상 수급인이 건설산업기본법에 따른 건설업자가 아닌 때에는 그 상위 수급인 중에서 최하위의 건설산업기본법(제2조 제7호)에 따른 건설업자(건설산업기본법 또는 다른 법률에 따라 등록을 하고 건설업을 하는 자)를 직상 수급인으로 본다(근기법 제44조의2 Ⅱ). 근로기준법 제44조의2의 규정을 위반한 자에 대하여는 벌칙이 적용된다(근기법 제109조 Ⅰ).[2] 그러나 피해자의 명시적 의사와 다르게 공소를 제기할 수 없다(근기법 제109조 Ⅱ). 하수급인의 처벌[3]을 희망하지 아니하는 근로자(피해자)의 의사표시가 있는 경우 직상 수급인을 배제한 채 하수급인에 대하여만 처벌을 희망하지 아니하는 의사를 표시한 것으로 쉽사리 단정하여서는 아니되고 제반 사정을 참작하여 이에 합당한 판단을 해야 한다는 것이 판례의 태도이다.[4]

b) 또한 공사도급이 이루어진 경우로서 다음의 각호의 어느 하나에 해당하는 때에

1) 하수급인의 직상수급인은 자신에게 귀책사유가 있는지 또는 하수급인에게 대금을 지급하였는지 여부와 관계없이 하수급인과 연대하여 하수급인이 사용한 근로자의 임금을 지급할 책임을 부담한다(大判 2019. 10. 31, 2018 도 9012: 근로기준법 제44조의2는 직상수급인이 하수급인에게 도급금액을 전부 지급하여 직상수급인과 하수급인 사이에서 이행이 끝난 상황에서까지 연대의무를 부과하려는 취지라고 해석할 수 없다는 전제에서 공소사실을 무죄로 판단한 원심판결에 법리오해의 잘못이 있다고 한 사례). 따라서 직상수급인에게 근기법 제109조 1항의 벌칙(3년 이하의 징역 또는 3천만원 이하의 벌금)이 적용된다.

2) 헌법재판소는 직상 수급인에게 수급인과 연대하여 임금을 지급할 의무를 부과하고 그 임금지급의무 불이행을 처벌하는 근로기준법 제109조 제1항 중 제44조의2 제1항에 관한 부분이 죄형법정주의의 명확성원칙, 자기책임원칙, 과잉금지원칙에 위배되지 않는다고 판단하였다(憲裁 2014. 4. 24, 2013 헌가 12).

3) 근로기준법 제44조의2, 제109조 규정의 취지에 관해서는 大判 2015. 11. 12, 2013 도 8417; 大判 2019. 10. 31, 2018 도 9012 참고. 大判 2021. 6. 10, 2021 다 21370(제44조의2는 강행규정이라고 보는 것이 타당하다).

4) 大判 2015. 11. 12, 2013 도 8417(근로기준법 제44조의2, 제109조의 취지와 수급인의 처벌을 희망하지 아니하는 의사표시에 직상 수급인에 대한 불벌의사가 포함되었는지를 판단하는 기준을 제시한 판례).

는 직상 수급인 또는 원수급인은 하수급인에게 지급하여야 하는 하도급 대금채무의 부담 범위에서 그 하수급인이 사용한 근로자가 청구하면 그 하수급인이 지급하여야 하는 임금(해당 건설공사에서 발생한 임금으로 한정한다)에 해당하는 금액을 근로자에게 직접 지급하여야 한다(집행권원). i) 직상 수급인이 하수급인을 대신하여 하수급인이 사용한 근로자에게 지급하여야 하는 임금을 직접 지급할 수 있다는 뜻과 그 지급방법 및 절차에 관하여 직상 수급인과 하수급인이 합의한 경우, ii) 민사집행법 제56조 3호에 따른 확정된 지급명령, 하수급인의 근로자에게 하수급인에 대하여 임금채권이 있음을 증명하는 같은 법 제56조 4호에 따른 집행증서, 소액사건심판법 제5조의7에 따라 확정된 이행권고결정, 그 밖에 이에 준하는 집행권원이 있는 경우, iii) 하수급인이 그가 사용한 근로자에 대하여 지급하여야 할 임금채무가 있음을 직상 수급인에게 알려주고, 직상 수급인이 파산 등의 사유로 하수급인이 임금을 지급할 수 없는 명백한 사유가 있다고 인정하는 경우이다(집행권원: 근기법 제44조의3 Ⅰ). 건설산업기본법 제2조 10호에 따른 발주자의 수급인(이하 '원수급인'이라 한다)으로부터 공사도급이 2차례 이상 이루어진 경우로서 하수급인이 사용한 근로자에게 그 하수급인에 대한 집행권원(근기법 제44조의3 Ⅰ ② 참조)이 있는 경우에는 근로자는 하수급인이 지급하여야 하는 임금(해당 건설공사에서 발생한 임금)에 해당하는 금액을 원수급인에게 직접 지급할 것을 요구할 수 있다. 원수급인은 근로자가 자신에 대하여 민법 제404조에 따른 채권자대위권을 행사할 수 있는 금액의 범위에서 이에 따라야 한다(근기법 제44조의3 Ⅱ). 직상 수급인 또는 원수급인이 제1항 및 제2항에 따라 하수급인이 사용한 근로자에게 임금에 해당하는 금액을 지급한 경우에는 하수급인에 대한 하도급 대금채무는 그 범위에서 소멸한 것으로 본다(근기법 제44조의3 Ⅲ).

9. 임금의 시효

근로기준법 제49조는 「이 법에 따른 임금채권은 3년간 행사하지 아니하면 시효로 소멸한다」고 규정하고 있다. 이 조항은 1974년 12월 24일에 개정된 것으로 구 규정의 2년의 단기소멸시효에 비하면 1년이 길어진 것이나 결과적으로 민법의 급료채권의 시효기간(민법 제163조 ①)과 동일하게 된 것에 지나지 않으므로 특별법으로서의 의미는 없다.[1)]

이 법 규정에 의한 임금채권의 범위에는 휴업수당청구권(제46조)·연차유급휴가에 의한 임금지급청구권(제60조)[2)]·퇴직금지급청구권[3)] 등은 물론, 임금의 성질을 가지고 있

1) 이 규정의 역사적 연혁에 관하여는 심태식, 「해설」, 175면 이하 참고.

2) 大判 1972. 11. 28, 72 다 1758.

3) 大判 1969. 3. 18, 68 다 2408; 大判 1969. 1. 21, 68 다 2130; 서울民地判 1990. 12. 20, 90 가합 42256. 퇴직위로금이나 명예퇴직수당은 그 직에서 퇴임하는 자에 대하여 그 재직중 직무집행의 대가

는 식비 · 월동수당 · 가족수당 · 상여금에 대한 청구권도 이에 포함된다([50] 2. 참고).

그리고 임금채권의 시효기간은 그 채권을 행사할 수 있는 날로부터 진행하므로, 예컨대 상여금채권은 그 상여금에 관한 권리가 발생하는 때부터, 퇴직금에 관한 권리는 퇴직한 다음날부터(민법 제157조) 진행한다.[1] 소멸시효는 청구, 가압류 · 가처분, 승인에 의하여 중단된다(민법 제168조). 소송을 제기하여 임금을 청구하면서 그 대상으로 삼은 임금에 대하여는 소멸시효의 효력이 중단된다. 그러나 하나의 채권 중 일부에 관하여만 판결을 구한다는 취지를 명백히 하여 소송을 제기하면 그 일부에 관하여만 소멸시효 중단의 효력이 발생하고 나머지 부분에는 발생하지 아니한다. 소장에서 청구의 대상으로 삼은 채권 중 일부만을 청구하면서 소송의 진행경과에 따라 장차 청구금액을 확장할 뜻을 표시하고 당해 소송이 종료될 때까지 실제로 청구금액을 확장한 경우에는 소제기 당시부터 채권 전부에 관하여 판결을 구한 것으로 해석되므로 소제기 당시부터 채권의 동일성이 인정되는 범위 내에서 그 전부에 관하여 재판상 청구로 인한 시효중단의 효력이 발생한다. 근로자가 소제기 당시 통상임금이 잘못 산정되었음을 전제로 근로기준법상 통상임금을 기준으로 지급하여야 하는 법정수당의 일부를 청구하면서 장차 청구금액을 확장할 뜻을 표시하였고, 이후 소송의 진행경과에 따라 통상임금에 포함되는 급여 항목을 변경 또는 추가하여 법정수당 청구금액을 확장한 경우, 소제기 당시부터 청구한 법정수당 전부에 관하여 시효중단의 효력이 발생한다.[2]

[50a] Ⅳ. 최저임금과 최저임금법

1. 서 설

최저임금제는 국가가 임금액의 최저한도를 정하여 사용자에게 이에 대한 준수의무를 법적으로 강제하는 제도이다.[3] 임금은 원래 노사 사이에서 근로계약 또는 단체협약

로서 지급되는 후불적 임금으로서의 보수의 성질을 아울러 갖고 있다고 할 것이므로 퇴직금과 유사하다고 볼 것이다(大決 2000. 6. 8, 2000 마 1439). 따라서 명예퇴직금 채권은 임금채권이라 할 수 있는바, 그 소멸시효는 3년이다(서울高判 2002. 4. 12, 2001 나 57961).

1) 大判 1980. 5. 13, 79 다 2322. 임금채권의 시효중단에 관해서는 다른 규정이 없으므로 민법의 규정에 따르면 될 것이다(민법 제168조 이하 참조). 판례에 따르면 해고무효확인의 소도 근로자의 급여청구에 관한 하나의 실현수단이 될 수 있으므로 소멸시효의 중단사유로서 재판상 청구(민법 제168조 참조)에 해당하게 되어 이 경우에도 임금채권의 소멸시효가 중단된다고 한다(大判 1994. 5. 10, 93 다 21606).

2) 大判 2020. 8. 20, 2019 다 14110, 14127, 14134, 14141.

3) 이병태, 「노동법」, 712면. 최저임금은 사용자가 적용대상 근로자에게 지급해야 할 임금의 최저수준

에 의하여 자주적으로 결정되는 것이 원칙이다. 그러나 근로계약의 당사자인 개별근로자와 사용자 사이에는 대등한 교섭관계가 이루어질 수 없기 때문에 임금결정을 근로계약에 맡겨 놓을 경우에 근로자는 실질적으로 적정임금의 확보를 보장받을 수 없게 된다. 또한 모든 사업장의 근로자들이 노동조합에 의하여 조직되어 있는 것도 아니므로 단체교섭을 통하여 적정한 임금이 결정되기를 기대할 수도 없다. 실제로 소규모사업 또는 하도급사업에서는 노동조합이 결성되어 있지 않은 경우가 많을 뿐 아니라 임금액이 매우 낮은 수준을 면하지 못하고 있다. 따라서 국가의 최저임금법에 의한 임금액의 보호는 노사 사이의 실질적인 교섭대등관계가 유지되고 있지 않은 사업장의 근로자들을 위해서 절실히 요구된다.[1] 최저임금법에서 최저임금액을 결정하는 기준은 여러 가지가 있을 수 있으나(최임법 제4조 I 참조), 최저임금수준이 영세사업체나 일반경제에 미치는 영향도 함께 고려하지 않을 수 없는 것이 현실이다.

최저임금법(일부개정 2020. 5. 26)은 근로자에 대하여 임금의 「최저수준」을 보장함으로써 근로자의 생활안정과 노동력의 질적 향상을 꾀함을 목적으로 한다(제1조).

2. 최저임금법의 적용범위

(1) 원 칙

최저임금법은 근로자를 사용하는 모든 사업 또는 사업장에 적용한다. 다만 동거하는 친족만을 사용하는 사업과 가사사용인과 선원법의 적용을 받는 선원 및 선원을 사용하는 선박의 소유자에게는 적용하지 아니한다(최임법 제3조 I, II).

(2) 최저임금의 적용제외

최저임금법 적용사업장(제3조 본문)이라 하더라도 ① 정신장애나 신체장애로 근로능력이 현저히 낮은 사람, ② 그 밖에 최저임금을 적용하는 것이 적당하지 아니하다고 인정되는 사람 등에 대해서는 고용노동부장관의 인가를 받아 최저임금을 적용하지 아니할 수 있다(최임법 제7조). 이때 적용제외의 인가는 정신 또는 신체의 장애가 업무수행에 직접적으로 현저한 지장을 주는 것이 명백하다고 인정되는 사람인지 여부를 기준으로 하여 정한다(시령 제6조. 최저임금 적용제외 인가의 기준 및 인가 신청에 관해서는 최임법 시행규칙 제3조 참조).

을 말하는 것이고, 임금인상률이나 인상방법을 포함하는 개념은 아니다.

1) 최저임금제와 관련한 ILO 규정으로는 제26호 조약 및 제30호 권고와 131호 조약 및 제135호 권고 등이 있다.

3. 최저임금의 결정

(1) 결정기준

최저임금은 근로자의 생계비, 유사근로자의 임금, 노동생산성 및 소득분배율을 고려하여 정하며, 사업의 종류별로 구분하여 정할 수도 있다(최임법 제4조 Ⅰ). 이때 사업의 종류별 구분은 최저임금위원회의 심의를 거쳐 고용노동부장관이 정한다(최임법 제4조 Ⅱ). 다만, 여기서 사업의 종류는 업종 또는 산업으로 해석함이 타당하다.

(2) 결정방식[1)]

고용노동부장관은 매년 8월 5일까지 최저임금을 결정하여야 한다(최임법 제8조 Ⅰ). 고용노동부장관은 최저임금위원회에 최저임금에 관한 심의를 요청하고, 심의요청을 받은 위원회는 요청받은 날로부터 90일 이내에 최저임금안을 심의·의결하여 고용노동부장관에게 제출하여야 한다(최임법 제8조 Ⅱ). 고용노동부장관은 제8조 2항에 따라 위원회로부터 최저임금안을 제출받은 때에는 대통령령으로 정하는 바에 따라 최저임금안을 고시하여야 한다(최임법 제9조 Ⅰ).

고용노동부장관은 ① 제8조 2항에 따라 최저임금위원회가 제출한 최저임금안에 따라 최저임금을 결정하는 것이 어렵다고 인정되면 20일 이내에 이유를 밝혀, 또는 ② 고시된 최저임금안에 대해서 근로자를 대표하는 자 또는 사용자를 대표하는 자가 고시된 날로부터 10일 이내에 이의를 제기한 경우 이유있다고 인정되면 위원회에 대하여 재심의를 요구할 수 있다(최임법 제8조 Ⅲ, 제9조 Ⅱ·Ⅲ). 위원회는 재심의 결과를 고용노동부장관에게 제출하여야 한다(제8조 Ⅳ). 최저임금위원회가 재적위원 과반수의 출석과 출석위원 3분의 2 이상의 찬성으로 당초의 최저임금안을 재의결한 경우에는 그에 따라 최저임금을 결정해야 한다(최임법 제8조 Ⅴ).

최저임금위원회는 근로자·사용자·공익을 대표하는 각 9명의 위원으로 구성되며, 각 위원들은 고용노동부장관의 제청에 의하여 대통령이 위촉한다(최임법 제14조 Ⅰ; 시령 제12조 Ⅰ).

---

1) 최저임금의 결정방식으로는 크게 산업자치를 토대로 단체협약의 효력을 비조직근로자에게 적용하는 단체협약의 적용확대방식과 노·사·정 3자로 구성되는 임금심의위원회에서 최저임금액을 결정하는 임금심의회방식으로 나누어 볼 수 있다. 전자는 대체로 노동조합의 조직력이나 세력이 강력한 경우에 채택되는 방식으로 노사자치사상(勞使自治思想)을 최대한 반영하는 제도이고, 후자는 노동조합의 조직 및 세력이 약한 경우에 국가가 노사관계에 개입하는 형태이다. 그리고 두 가지 방식을 동시에 채택하는 경우도 있다. 이때에는 대체로 후자가 전자를 보충·보완하는 방법으로 운용된다. 독일에서 최저임금법이 협약자치강화법률에 의하여 시발되었다는 사실은 우리에게 시사하는 바가 적지 않다(Preis, *IndividualArbR*, Bd. 1, Rn. 1254 이하 참고).

⑶ 최저임금액의 단위 및 시간급 환산방법

a) 최저임금액은 시간·일·주 또는 월을 단위로 하여 정한다. 이 경우 일·주 또는 월을 단위로 하여 최저임금액을 정하는 때에는 시간급으로도 표시하여야 한다(최임법 제5조 Ⅰ). 일(日) 단위로 정해진 임금은 1일의 소정근로시간으로 나눈 금액(시령 제5조 Ⅰ ①), 주(週) 단위로 정해진 임금액은 1주의 소정근로시간 수와 근로기준법 제55조 1항(유급휴일)에 따라 유급으로 처리되는 시간 수를 합산한 시간 수로 나눈 금액(시령 제5조 Ⅰ ②), 월(月) 단위로 정해진 임금은 1개월의 최저임금 적용기준 수(제2호에 따른 1주의 최저임금 적용기준 시간 수에 1년 동안의 평균의 주의 수를 곱한 시간을 12로 나눈 시간 수를 말한다)로 나눈 금액이 시간임금이다(시령 제5조 Ⅰ ③).

b) 최저임금 적용을 위한 임금의 시간급 환산시 법정 주휴시간 수를 포함한 시간 수로 나누어야 하는지에 관하여 종전에 대법원 판례와 고용노동부의 해석이 서로 일치하지 아니하였다. 그로 인하여 근로현장에서 발생하는 혼란을 해소하기 위하여 최저임금법 시행령 제5조 1항 2호가 현행 규정과 같이 개정되었다(2018. 12. 31 개정). 주휴수당은 1주 동안 소정근로일을 개근한 사람에게만 주어지므로 근로자가 1주 개근한 경우와 그 중 1일을 결근한 경우 사이에 시간당 비교대상 임금에 차이가 발생할 수 있으나 근로기준법이 근로자에게 유급주휴일을 보장하도록 하고 있다는 점을 고려할 때 소정근로시간 수와 법정 주휴시간 수 모두에 대하여 시간급 최저임금액 이상을 지급하도록 하는 것이 그 자체로 사용자에게 지나치게 가혹하다고 보기 어렵다.[1)]

⑷ 최저임금액 결정의 예외

1년 이상의 기간을 정하여 근로계약을 체결하고 수습 사용 중에 있는 근로자로서 수습 사용한 날부터 3개월 이내인 사람(다만, 1년 미만의 기간을 정하여 근로계약을 체결한 근로자와 단순노무업무로 고용노동부장관이 정하여 고시한 직종에 종사하는 근로자는 제외)에 대하여는 시간급 최저임금액에서 100분의 10을 뺀 금액을 그 근로자의 시간급 최저임금액으로 한다(최임법 제5조 Ⅱ; 시령 제3조).

임금이 도급제나 그 밖에 이와 비슷한 형태로 정해진 경우에 근로시간을 파악하기 어렵거나 통상의 최저임금액을 정하는 것이 적합하지 않다고 인정되면 해당 근로자의 생산고(生産高) 또는 업적의 일정단위에 의하여 최저임금액을 정한다(최임법 제5조 Ⅲ; 시령 제4조).

---

1) 憲裁 2020. 6. 25, 2019 헌마 15(최저임금법 제5조의2 등 위헌확인: 이 사건 시행령조항(시령 제5조 제1항 제2호)은 과잉금지원칙에 위배되어 사용자의 계약의 자유 및 직업의 자유를 침해한다고 볼 수 없다).

4. 최저임금 산입대상 임금

근로자에게 지급된 임금이 최저임금법상 최저임금에 미달하는지 여부는 지급된 임금 중 단체협약, 취업규칙 또는 근로계약에서 정한 바에 따라 매월 1회 이상 정기적으로 지급하는 임금(근기법 제6조 Ⅳ 본문)을 기준으로 비교하여 판단한다(이를 '산입범위' 또는 '비교대상임금'이라 한다).[1] 그러나 ① 소정근로시간(근기법 제2조 Ⅰ ⑧) 또는 소정의 근로일에 대하여 지급하는 임금 이외의 임금으로서 고용노동부령이 정하는 임금,[2] ② 상여금 그 밖에 이에 준하는 것으로서 고용노동부령이 정하는 임금의 월지급액 중 해당 연도 시간급 최저임금액을 기준으로 산정된 월 환산액의 100분의 15(2021년도)에 해당하는 부분(다만, 연차별로 그 비율을 축소하여 2024년 이후에는 모두 산입범위에 포함된다)[3] 및 ③ 식비, 숙박비, 교통비 등 근로자의 생활보조 또는 복리후생을 위한 성질의 임금으로서 통화 이외의 것으로 지급하는 임금과 통화로 지급하는 임금의 월 지급액 중 해당 연도 시간급 최저임금액을 기준으로 산정된 월 환산액의 100분의 3(2021년도)에 해당하는 부분(다만, 연차별로 그 비율을 축소하여 2024년 이후에는 모두 산입범위에 포함된다)[4]은 산입하지 아니한다(최임법 제6조 Ⅳ)(2019. 1. 1 시행).

사용자가 제6조 4항에 따라 산입되는 임금에 포함시키기 위하여 1개월을 초과하는 주기로 지급하는 임금을 총액의 변동 없이 매월 지급하는 것으로 취업규칙을 변경하는 경우에는 「근로기준법」 제94조 1항에도 불구하고 해당 사업 또는 사업장의 근로자 과반수로 조직된 노동조합이 있는 경우에는 그 노동조합, 그런 노동조합이 없는 경우에는 근로자의 과반수의 의견을 들어야 한다(제6조의2)(2019. 1. 1 시행).

《택시운전근로자의 최저임금에 산입되는 임금범위》

제6조 5항에 따르면 일반택시운송사업(「여객자동차 운수사업법」 제3조 및 같은법 시행령 제3조 2호 다목)에서 운전업무에 종사하는 근로자의 최저임금에 산입되는 임금의 범위는 생산고에 따른 임금을 제외한 대통령령으로 정하는 임금으로 한다. 시행령 제5조의3은 '대통령령으로 정하는 임금'은 단체협약, 취업규칙, 근로계약에 정해진 지급조건과 지급률에 따라 매월 1회 이상 지급하는 임금을 말하며, 다만 1) 소정근로시간 또

1) 大判 2017. 12. 28, 2014 다 49074(연장근로수당 또는 야간근로수당은 소정근로시간에 대하여 지급되는 임금이 아니므로 최저임금의 적용을 위한 비교대상 임금에 해당되지 않는다).

2) 최저임금법 제6조 4항 1호에서 '고용노동부령으로 정하는 임금으로서 최저임금에 산입되지 않는 임금: 고용노동부령 제2조 1항 각 호 참조.

3) 부칙 제2조 1항 참조; 최저임금법 제6조 4항 2호에서 '고용노동부령으로 정하는 임금'으로서 최저임금에 산입되지 않는 임금: 고용노동부령 제2조 2항 각 호; 부칙 제2조 1항 참조.

4) 부칙 제2조 2항 참조.

는 소정의 근로일에 대하여 지급하는 임금 이외의 임금, 2) 근로자의 생활 보조와 복리후생을 위하여 지급하는 임금은 산입(算入)하지 아니한다고 규정하고 있다.

제6조 5항은 동조 4항에도 불구하고 택시운전근로자의 근무형태와 운행시간 및 임금지급실태 등을 반영하여 정액사납금을 내고 남은 초과운송수입금을 '생산고에 따른 임금'으로서 최저임금에 산입되는 임금의 범위에서 제외하고 있다. 이를 「특례규정」이라고 한다.[1] 따라서 최저임금액은 회사가 고정급으로 지급하는 임금만을 기초로 소정근로시간을 기준으로 산정되는 임금을 말한다. 그 결과 정액사납금제 하에서 생산고에 따른 임금을 제외한 고정급이 최저임금에 미달하게 되어 사용자는 소정근로시간을 기준으로 산정되는 시간당 고정급의 외형상 액수를 증가시키기 위해 택시운전근로자 노동조합과 사이에 실제 운행시간의 변경 없이 근무형태나 소정근로시간만을 단축하는 합의를 하였다. 이에 대하여 대법원 전원합의체[2]는 「이러한 합의는 강행법규인 최저임금법상 특례조항 등의 적용을 잠탈하기 위한 탈법행위로서 무효라고 보아야 한다. 이러한 법리는 사용자가 택시운전근로자의 과반수로 조직된 노동조합 또는 근로자 과반수의 동의를 얻어 소정근로시간을 단축하는 내용으로 취업규칙을 변경하는 경우에도 마찬가지로 적용된다」고 판단하였다. 이에 따르면 소정근로시간을 단축한 단체협약 또는 취업규칙상의 소정근로시간 조항은 무효이어서 기존 소정근로시간을 기준으로 계산한 최저임금액보다 적은 임금을 받은 근로자는 그 차액을 청구할 수 있다.

전원합의체의 다수의견에 대해서는 유력한 반대의견이 있다. 최저임금법 제6조 5항의 특례조항을 일반적인 최저임금(위반)사례와 같이 취급하는 것은 옳지 않다. 초과운송수입금은 형식상 최저임금에 산입되는 임금의 범위에서 제외되지만 실질적으로 택시운전근로자의 소득(수입)이므로 이를 무시하고 외형상의 고정급과 소정근로시간만을 기초로 사안을 판단하는 것은 근로자의 임금의 질을 도외시한 비현실적 문언해석의 위험성을 안고 있다. 노동조합이 사용자와 소정근로시간을 단축하는 합의를 하면서 그러한 합의가 택시운전근로자들에게는 불리한 것이 아니며, 그러한 합의를 하지 않으면 회사로서는 사납금을 인상할 수 밖에 없음을 잘 알고 있기 때문에 노동조합과 사용자 사이의 합의는 근로자들의 총수입을 유지할 수 있는 자발적 합의라고 볼 수 있다. 이와 같은 사정은 소정근로시간 단축 합의 전의 장시간의 소정근로시간 규정(취업규칙 또는 단체협

1) 택시운송근로자의 최저임금에 산입되는 임금의 범위에서 생산고에 따른 임금, 즉 초과운송수입금을 제외하도록 한 것이 택시운송사업자에게 기업을 운영할 수 없도록 과도한 부담을 주는 것으로 보이지 아니하므로 최저임금법 제6조 5항이 헌법 제119조 1항에 위반된다고 볼 수 없다(憲裁 2016. 12. 26, 2015 헌바 327·2015 헌바 356·2016 헌바 68).

2) 大判(전합) 2019. 4. 18, 2016 다 2451. 또한 大判 2019. 5. 10, 2015 도 676. 위 전원합의체 판결이 나오기 전에 대법원은 운송수입금에서 사납금을 회사에 납입하고 남은 초과운송수입금은 제6조 제5항에서 정한 '생산고에 따른 임금'으로 보아야 하므로 회사는 택시운전근로자에게 이를 제외한 최저임금액 이상의 고정급을 임금으로 지급하여야 하고, 제6조 제5항은 강행규정이라고 판시한 바가 있다(大判 2018. 7. 11, 2016 다 9261(본소) 임금 등. 2016 다 9278(반소) 부당이득반환 참고).

약 내의)이 택시운전근로자들에게 실제로 강행적 규범적 효력을 가지고 있지 않다는 지표(指標)로 인식될 수 있다. 왜냐하면 소정근로시간을 외형상 단축하지 않으면 회사로서는 최저임금압박으로 인해 사납금을 증액하지 않을 수 없고 그 결과 근로자들은 초과운송수입금이 감소되어 총수입이 유지될 수 없기 때문이다. 이러한 사정은 특례조항을 해석할 때에 불가분적으로 고려해야 한다고 보아야 한다. 그런 의미에서 소정근로시간 단축의 합의는 특례규정의 입법취지에 반하지 않으므로 초과운송수입금과 고정급여를 합산한 총수입이 최저임금법상의 최저임금 수준에 미달하지 않는 한 그 사법상의 효력을 부인할 수는 없을 것이다.[1)]

다른 한편 전원합의체의 다수의견과 같이 최저임금액에 미달하는 임금차액의 지급의무를 인정하면서도 사용자가 택시운전근로자 다수의 동의를 얻어 소정근로시간을 단축한 취업규칙상의 규정이 유효한 것으로 보고 최저임금액에 미달하는 임금 차액을 지급할 의무가 없는 것으로 믿었다면 최저임금법 제6조 1항 및 제28조 위반죄의 고의가 있다고 단정할 수 없다는 것이 대법원의 견해이다.[2)] 그러나 이러한 견해가 일관성이 있는지는 의문이다. 왜냐하면 최저임금법은 '공법적' 노동보호법이기 때문이다. 사용자의 노동보호법 위반행위에 대하여 벌칙을 적용하는 것은 근로자를 위한 공법적 보호의무를 실현하기 위한 고유한 수단인데 임금 차액 지급의무는 인정하면서 그 위반의 효과인 벌칙적용을 배제한다면 노동보호법의 체계가 흔들리게 될 것이다([29] 2. (5) 참고). 따라서 최저임금법 제6조 5항에 따라 공법적 의무를 인정한다면 벌칙을 적용하는 것이 일관성을 유지하는 길일 것이다. 차액 지급의무를 인정하지 않는다면 그러한 문제는 발생하지 않는다.

노동조합과 회사가 월 임금 및 사납금을 인상하면서 조합원인 택시운전근로자로 하여금 인상된 사납금의 차액금을 소급하여 회사 측에 납입하도록 한 협약규정은 무효라는 판례가 있다.[3)]

---

1) 大判(전합) 2019. 4. 18, 2016 다 2451의 반대의견 참고.

2) 大判 2019. 5. 10, 2015 도 676.

3) 택시(운전근로자)노동조합과 회사(사용자)가 임금 및 운송수입금 사항이 포함된 단체(임금)협약(안)을 마련하면서(2010년 8월), 단체협약이 체결되면 회사는 월 임금액의 인상분 차액금을 2010. 7. 1.부터 소급지급하기로 하고 근로자는 인상된 사납금의 차액금(4,000원)을 소급하여 회사측에 입금하기로 하는 합의를 하였다. 단체교섭이 장기화되자, 회사는 근로자들에게 2011. 7. 분까지 2008년도 임금협정에 따라 계산된 임금을 지급하였으며, 단체협약은 결국 2011. 9. 9.에 체결되었다. 이 회사의 택시운전근로자 A는 2010. 7. 경부터 2011. 7. 경까지 근무하다가 퇴직하였다. 회사는 2011년도 임금협정에 의하여 A가 회사측에 납입해야 할 사납금 인상액 1일 4,000원을 2010. 7. 1.부터 2011. 7. 31.까지의 실제 근무일수에 곱한 금액을 지급할 의무가 있다고 주장하며 소를 제기하였다. 원심(全州地判 2015. 7. 23, 2014 나 4395)은 회사의 청구를 인용하였다. 그러나 대법원은 현실적으로 지급되었거나 이미 구체적으로 그 지급청구권이 발생한 임금(이 사건에서는 인상 전의 사납금을 제외한 초과운송수입금)은 근로자의 사적 재산영역으로 옮겨져 근로자의 처분에 맡겨진 것이기 때문에 노동조합이 근로자로부터 개별적 동의나 수권을 받지 않은 이상, 사용자와의 사이의 단체협약(여기서는 2011.

5. 최저임금액의 효력과 도급사업에 대한 특칙

(1) 사법상의 효력

최저임금액이 결정된 경우 사용자는 해당 근로자에 대하여 최저임금액 이상의 임금을 지급하여야 한다(최임법 제6조 Ⅰ). 사용자는 이 법에 따른 최저임금을 이유로 종전의 임금수준을 낮추어서는 아니된다(제6조 Ⅱ).

최저임금의 적용을 받는 근로자와 사용자 사이에서 최저임금액에 미달하는 금액을 임금으로 정한 근로계약내용은 그 부분에 한하여 무효이며, 무효로 된 부분은 최저임금액과 동일한 임금을 지급하기로 정한 것으로 본다(최임법 제6조 Ⅲ).

그러나 최저임금법 제6조 1항과 2항은 근로자가 자기의 사정으로 인하여 소정의 근로를 하지 아니하거나, 사용자가 정당한 이유로 근로자에게 소정근로시간 또는 소정의 근로일의 근로를 시키지 아니한 경우에 그 근로하지 아니한 시간 또는 일에 대하여 사용자가 임금을 지급할 것을 강제하는 것은 아니다(최임법 제6조 Ⅵ).

(2) 청구권의 기초로서의 최저임금법(제6조 1항)

최저임금법 제6조 1항은 「사용자는 최저임금의 적용을 받는 근로자에게 최저임금액 이상의 임금을 지급해야 한다」고 규정하고 있다. 문언상 이 규정은 사용자의 의무를 규정하고 있으나 ― 근로기준법의 경우와 마찬가지로 ― 근로자에게도 청구권을 함께 인정하는 규정이라고 보아야 한다.

제6조 1항 또는 2항을 위반하는 자에게는 3년 이하의 징역 또는 2천만원 이하의 벌금이 과해지므로(제28조 Ⅱ) 최저임금법은 공법적 성질을 가진 노동보호법(Arbeits-schutzgesetz)이라고 볼 수 있다. 그러나 사용자의 최저임금 지급의무는 근로관계(사법(私法)관계)의 내용으로 전화(轉化)될 수 있는 의무라고 해석해야 한다. 따라서 사용자가 최저임금 지급의무를 이행하지 않으면 근로자는 일반법원에 그 이행을 구할 수 있는 권리(법률상의 청구권)를 가진다고 보아야 한다(제6조 Ⅰ, Ⅱ, Ⅲ 참조).

또한 「최저임금법의 적용을 받는 근로자」의 범위를 어디까지 인정할 것인지가 문제된다. 사용자와의 근로계약관계에 있는 자(제2조, 제6조 3항 참조) 중에서 최저임금액을 받지 못하고 있는 근로자로 한정하여 최저임금법 적용대상자의 범위를 정할 것은 아니라고 판단된다. 최저임금법이 최저임금에 미달하는 임금을 받는 근로자의 최저생계를

9. 9.일자 단체협약)만으로 이에 대한 반환이나 포기 및 지급유예와 같은 처분행위를 할 수 없다는 기존의 판례(大判 2009. 9. 29, 99 다 67536; 大判 2010. 1. 28, 2009 다 76317)에 따라 회사의 청구를 부인하고, 원심판결 중 이 부분을 파기하고 환송하였다(大判 2019. 10. 18, 2015 다 60207)([113] 2. (2) 참고). 사납금인상분을 소급납부하지 않은 것이 부당이득이 될 수 없다.

보장하기 위한 법률이긴 하지만 최저임금법의 기본 성격에 비추어 보면 근로계약, 취업규칙 또는 단체협약에 의하여 최저임금액 이상을 받는 근로자에 대해서도 최저임금액의 범위 내에서는 최저임금법에 의한 임금보호의 효력이 미친다고 보아야 한다. 따라서 사용자의 임금체불시 최저임금액의 범위 내에서는 최저임금법상의 청구권과 근로계약, 취업규칙 및 단체협약상의 청구권은 경합한다고 볼 수 있다. 즉, 최저임금액을 최저임금법 제6조 1항에 의하여 청구하고 이를 초과하는 부분의 임금은 근로계약, 취업규칙 또는 단체협약에 의하여 청구할 수도 있다고 보아야 한다. 예컨대 월 최저임금액 이상을 받는 근로자가 계속해서 최저임금액 이하의 임금을 지급받는 경우 사용자는 최저임금법 위반의 형사책임을 지는지가 문제된다.

최저임금법 제6조 1항 또는 2항을 위반한 경우 징역과 벌금은 병과(倂科)할 수 있다(최임법 제28조 Ⅰ).

a) 최저임금의 고시와 효력발생 고용노동부장관은 최저임금을 결정한 때에는 지체없이 그 내용을 고시하여야 한다(제10조 Ⅰ). 고시된 최저임금은 다음 연도 1월 1일부터 효력이 발생한다(10조 Ⅱ).

b) 사용자의 주지의무 최저임금의 적용을 받는 사용자는 대통령령으로 정하는 바에 따라 해당 최저임금을 사업의 근로자가 쉽게 볼 수 있도록 게시하거나 적당한 방법으로 근로자에게 널리 알려야 한다(제11조, 제31조(벌칙), 시령 제11조).

⑶ 최저임금법상 도급사업에서의 근로자의 임금보호

도급으로 사업을 행한 경우 도급인이 책임져야 할 사유로 수급인(사용자)이 근로자에게 최저임금액에 미치지 못하는 임금을 지급한 경우 도급인은 해당 수급인과 연대하여 책임을 진다(최임법 제6조 Ⅶ). 도급인이 책임져야 할 사유의 범위는 ① 도급인이 도급계약 체결 당시 인건비 단가를 최저임금액에 미치지 못하는 금액으로 결정하는 행위, ② 도급인이 도급계약기간 중 인건비 단가를 최저임금액에 미치지 못하는 금액으로 낮춘 행위를 한 경우로 규정되고 있다(제6조 Ⅷ). 두 차례 이상의 도급이 있는 경우 하수급인은 더욱 영세성을 면치 못하는 것이 우리나라의 실정이다. 하수급인의 근로자를 보호하기 위하여 위의 보호규정(동조 Ⅶ · Ⅷ)은 이들에게도 적용된다. 즉, 수급인은 하수급인으로 도급인은 직상(直上)수급인으로 본다(동조 Ⅸ). 특히 건설 · 토건업과 보세가공업에 있어서는 여러 차례의 도급으로 사업이 행하여지는 경우가 많다.

[51] V. 임금채권의 우선변제와 임금채권보장법

1. 임금채권의 우선변제

(1) 의 의

a) 근로기준법 제38조 1항은「임금, 재해보상금, 그 밖에 근로관계로 인한 채권은 사용자의 총재산에 대하여 질권·저당권 또는 '동산·채권 등의 담보에 관한 법률'에 따른 담보권에 따라 담보된 채권 외에는 조세·공과금 및 다른 채권에 우선하여 변제되어야 한다. 다만, 질권·저당권 또는 '동산·채권 등의 담보에 관한 법률'에 따른 담보권에 우선하는 조세·공과금에 대하여는 그러하지 아니하다」고 규정하고, 이어서 동조 2항에서는「제1항에도 불구하고 다음 각 호의 어느 하나에 해당하는 채권은 사용자의 총재산에 대하여 질권·저당권 또는 '동산·채권 등의 담보에 관한 법률'에 따른 담보권에 따라 담보된 채권, 조세·공과금 및 다른 채권에 우선하여 변제되어야 한다. 1. 최종 3개월분의 임금 2. 재해보상금」이라고 규정하고 있다.

또한 근로자퇴직급여 보장법(개정 2018. 6. 12, 시행 2018. 7. 1) 제12조 1항에서 '퇴직급여등'[1]은「사용자의 총재산에 대하여 질권 또는 저당권에 의하여 담보된 채권을 제외하고는 조세·공과금 및 다른 채권에 우선하여 변제되어야 한다. 다만, 질권 또는 저당권에 우선하는 조세·공과금에 대하여는 그러하지 아니하다」라고 규정하고, 동조 2항에서는「1항에도 불구하고 최종 3년간의 퇴직급여등은 사용자의 총재산에 대하여 질권 또는 저당권에 의하여 담보된 채권, 조세·공과금 및 다른 채권에 우선하여 변제되어야 한다」고 규정하고 있다.

이와 같이 임금채권(및 퇴직급여등)은 그 전액에 있어서는 질권이나 저당권에 의하여 담보된 채권 다음의 변제순위를 확보함으로써 조세·공과금보다 우선하는 제2의 순위에 있다. 그러나 최종 3개월분의 임금과 재해보상금 및 최종 3년간의 퇴직급여 등은 질권·저당권보다 우선하여 최우선변제를 받는다. 그러므로 예컨대 기업이 도산하는 경우에 기업의 총재산에 대하여 변제를 받을 수 있는 순위는 i) 근로자의 최종 3개월분[2]의 임금과 재해보상금 및 최종 3년간의 퇴직급여등, ii) 질권·저당권에 우선하는 조

1) '퇴직급여등'에는 사용자에게 지급의무가 있는 퇴직금, 확정급여형 퇴직연금제도의 급여, 확정기여형 퇴직연금제도의 부담금 중 미납입 부담금 및 그에 대한 지연이자, 개인형 퇴직연금제도의 부담금 중 미납입 부담금 및 그에 대한 지연이자가 포함된다.

2)「임금채권의 범위는 퇴직의 시기를 묻지 아니하고 사용자로부터 지급받지 못한 최종 3개월분의 임금을 말하고 반드시 도산 등 사업폐지시로부터 3개월 내에 퇴직한 근로자의 임금채권에 한정하여 보호하는 취지라고 할 수 없다」(大判 1996. 2. 23, 95 다 48650).

세·공과금, iii) 질권·저당권에 의하여 담보된 피담보채권, iv) 최종 3개월분의 임금, 재해보상금 및 최종 3년간의 퇴직급여등을 제외한 임금 그 밖에 근로관계로 인한 채권, v) 조세, 공과금 및 질권 또는 저당권에 의하여 담보되지 않은 일반채권이다.

b) 근로기준법 제38조 1항의 규정은 1974년 1월 14일 대통령긴급조치 제3호 제19조에 그 기원을 두고 있는 것으로서 동년 12월 24일에 근로기준법 내에 신설된 것인데 1980년 12월 31일의 개정으로 임금채권을 조세·공과금보다 앞서게 한 것이며, 동조 2항의 규정은 1987년 11월 28일의 개정시에 신설되어, 최종 3개월분의 임금에 대해서 최우선변제권이 부여되었던 것을 1989년 3월의 개정시에는 최종 3개월분의 임금 이외에도 재해보상금과 퇴직금을 추가하여 최우선변제되는 채권의 범위에 포함시켰다. 그러나 1997년 8월 21일 헌법재판소는 퇴직금(판례에 의하여 전액지급으로 해석되었던)의 최우선변제에 대하여 헌법불합치결정[1]을 내렸고, 이에 의하여 동년 12월 24일에 퇴직금에 대해서도 최종 3년간의 퇴직금에 한해서 최우선변제 되도록 동 규정이 개정(법률 제5473호)되었다. 이 제도는 특히 사용자가 도산 또는 파산하거나 사용자의 재산이 다른 채권자에 의하여 압류되었을 경우에 근로자의 임금채권을 일반채권자의 채권 또는 조세·공과금보다 우선하여 변제받도록 하는 동시에 최종 3개월분의 임금과 재해보상금 및 최종 3년간의 퇴직금(현행 퇴직급여등)에 대해서는 최우선변제순위를 부여함으로써 근로자의 최저생활보장을 확보하기 위한 사회정책적 제도이다.[2]

c) 국세기본법 제35조 1항 단서 5호에 따르면 '사용자의 재산을 매각하거나 추심(推尋)할 때 그 매각대금액 또는 추심금액 중에서 국세나 가산금을 징수하는 경우에 「근로기준법」 제38조 또는 「근로자퇴직급여 보장법」 제12조에 따라 국세나 가산금에 우선하여 변제되는 임금, 퇴직금, 재해보상금 그 밖에 근로관계로 인한 채권'은 국세·가산금 또는 체납처분비에 우선한다고 규정하고 있다(제35조 I 단서 ⑤ 참조).

(2) 주요 내용

a) 근로관계로 인한 채권이란 근로기준법 제2조 1항 5호의 임금에 해당하는 일체의 금품에 대한 청구권을 말하며, 여기에는 기본임금 이외에 각종 수당·상여금 등에 대한 청구권과 해고예고수당의 청구권(근기법 제26조 I), 저축금반환청구권 등도 포함된다.[3]

---

1) 憲裁 1997. 8. 21, 94 헌바 19, 95 헌바 34, 97 헌가 11.

2) 근로복지공단이 임금채권보장법에 따라 근로자에게 최우선변제권이 있는 최종 3개월분의 임금과 최종 3년분의 퇴직금 중 일부를 체당금(替當金)으로 지급하고 그에 해당하는 근로자의 임금 등 채권을 배당절차에서 대위행사하는 경우, 최우선변제권이 있는 근로자의 나머지 임금 등 채권은 근로복지공단이 대위하는 채권에 대하여 우선변제권을 갖는다(大判 2011. 1. 27, 2008 다 13623).

3) 同旨: 박상필, 「해설」, 206면.

b) 최종 3개월분 이외의 임금채권이 조세·공과금보다 우선하는 것이 원칙이지만, 조세·공과금이 질권·저당권 또는 '동산·채권 등의 담보에 관한 법률'에 따른 담보권보다 우선하는 경우에는 임금채권은 조세·공과금보다 우선할 수 없다(근기법 제38조 I 단서).[1]

c) 질권이나 저당권에 의하여 담보된 채권과 조세 간의 우선적 지위에 관해서는 국세기본법과 지방세기본법에 규정되어 있다. 우선 국세기본법에 따르면 국세, 가산금 또는 체납처분비는 다른 공과금 기타의 채권에 우선하여 징수하는 것을 원칙으로 하지만(동법 제35조 I 본문), 전세권, 질권 또는 저당권의 설정이 국세의 종류에 따른 각각의 「법정기일」에 앞서 등기 또는 등록되고 그 등기·등록사실이 증명된 재산을 매각하는 경우, 그 매각대금 중에서 국세 또는 가산금을 징수하는 경우에는 그 전세권, 질권 또는 저당권에 의하여 담보된 채권이 국세 등보다 먼저 변제된다.[2] 다만, 담보물인 그 재산에 대하여 부과된 국세(예컨대 상속세·자산재평가세 등)와 가산금은 피담보채권보다 우선 징수된다(동법 제35조 I ③ 참조).

d) 사용자의 총재산이란 근로계약 당사자로서 임금채무를 1차적으로 부담하는 사업주인 사용자의 총재산(동산·부동산 그 밖의 재산권)을 의미한다.[3] 그러므로 직상 수급인(또는 상위 수급인)이 하수급인의 근로자들에 대하여 하수급인과 연대하여 임금을 지급할 책임(근기법 제44조)을 지게 된다 하더라도 그 직상 수급인(또는 상위 수급인)을 하수급인의 근로자에 대한 관계에서 임금채권의 우선변제권이 인정되는 사용자에 해당한다고 볼 수 없고, 따라서 근로자는 직상 수급인 소유의 재산을 사용자의 총재산에 해당한다고 보아 이에 대하여 임금우선변제권을 주장할 수 없다.[4] 직상 수급인의 책임범위를 부당하게 확대하는 결과를 가져오기 때문이다.

사용자가 회사인 경우에는 회사(법인)의 재산만을 가리키는 것으로, 예컨대 대표이사인 사장의 개인재산은 이에 포함되지 않는다고 해석된다.[5] 그러나 외형상 별개의 회

1) 체납처분의 청산절차에서 압류재산의 매각대금은 분배받을 채권에 포함된다(大判 2000. 6. 9, 2000 다 15869).

2) 위 규정은 1990. 12. 31에 개정된 것으로 종전에는 조세채권의 납부기한으로부터 1년 전에 설정된 전세권, 질권 또는 저당권에 의해 담보된 채권이 국세 등에 우선하여 변제받도록 규정되어 있었지만, 헌법재판소는 국세 등과 전세권 등 피담보채권과의 변제순위를 정함에 있어서 국세 등의 납부기한으로부터 1년이라는 시차를 두고 담보권설정 후에 납부기한이 도래한 국세 등이 피담보채권보다 우선 징수된다는 것은 담보권의 존재를 유명무실하게 하는 것으로서 재산권 내지 사유재산권의 본질적 내용을 침해하고 과잉금지원칙에도 위배되어 위헌이라고 결정하였다(憲裁 1990. 9. 3, 89 헌가 95 참고).

3) 大判 1996. 2. 9, 95 다 719; 大判 1999. 2. 5, 97 다 48388.

4) 大判 1997. 12. 12, 95 다 56798.

5) 大判 1996. 2. 9, 95 다 719(합자회사의 무한책임사원이 근로자들에 대한 회사의 임금채무를 변제할 책임을 지게 되었다 하더라도 무한책임사원 개인소유재산까지 임금우선변제의 대상이 되는 사용자의 총재산에 포함되지는 않는다).

사로 되어 있는 법인이라 하더라도 별개의 법인격을 주장하는 것이 신의칙에 반하거나 법인격을 남용하는 것인 때에는 그 별개의 회사도 채무자인 법인(사용자)에 속한 것(재산)으로 보아야 할 것이다.[1] 사용자(회사인 경우에는 법인)의 제3자에 대한 채권이 근로기준법 제38조의 사용자의 총재산에 포함되는 것은 당연하다. 반면에 사용자가 제3자에게 처분한 재산은 사용자의 총재산에 해당되지 아니한다. 왜냐하면 동 규정은 근로자의 최저생활을 보장하고자 하는 목적에서 일반담보물권의 효력을 일부 제한하는 데 그 취지가 있으므로[2] 동 규정의 우선특권은 사용자의 재산에 대하여 강제집행하거나 임의경매절차가 개시된 경우에 그 배당절차에서 질권 또는 저당권의 피담보채권이나 일반채권보다 우선하여 변제받을 수 있게 하는 데 그칠 뿐이고, 사용자의 특정재산에 대한 배타적 지배권을 전제로 하는 추급효(追及效)까지 인정하는 것은 아니기 때문이다.[3] 또한 제3채권자를 위하여 압류명령 및 전부명령이 송달된 채권도 사용자의 재산에서 제외된다.[4] 그리고 사용자의 재산에 대하여 담보권의 실행으로 경매절차가 개시된 때에는 우선변제청구권이 있는 임금채권자(근로자)라 하더라도 경락일까지 배당요구를 한 경우에 한하여 배당을 받을 수 있다.[5]

그러나 임금채무를 지고 있던 사용자가 영업양도를 하면서 근저당권 목적물인 부동산을 타인에게 양도하고 그 영업양도에 따라 근로자들의 근로관계도 양수인에게 단절 없이 승계된 경우에는 영업양도인에 대한 근로자들의 임금 등 우선변제권이 위 근저당권에 우선할 수 있는 것인 이상 근로관계를 그대로 승계한 영업양수인에 대한 관계에서도 영업양도 전과 동일하게 임금 등의 우선변제권이 유지된다고 보는 것이 옳을 것이다. 이러한 경우에까지 양수인에 대한 임금 등 우선변제권을 부정한다면 근저당권자의 지위를 영업양도 전보다 부당하게 강화하고 동일한 당사자 사이의 우열관계를 역전시키는 것이 되어 형평성 유지 및 근로자 보호라는 공익적 요청에 반하게 될 것이다.[6] 영업양

1) 大判 1988. 11. 22, 87 다카 1671.
2) 大判 1997. 12. 12, 95 다 56798 참고.
3) 大判 2000. 5. 26, 2000 두 1270; 大判 1994. 12. 27, 94 다 19242; 大判 1994. 1. 11, 93 다 30938; 大判 1988. 6. 14, 87 다카 3222. 같은 취지에서 사용자가 재산을 특정승계 취득하기 전에 설정된 담보권에 대하여까지 임금채권의 우선변제권이 인정되지는 않는다(大判 1994. 1. 11, 93 다 30938. 同旨: 大判 2004. 5. 27, 2002 다 65905). 이는 담보권자가 담보권설정자가 아닌 담보목적물 양수인이 지는 부담에 의하여 담보권을 침해당할 수 없기 때문이다. 그러나 단지 사용자 지위의 취득시기가 담보권 설정 후인 경우에는 최종 3개월분의 임금채권이 우선 변제될 수 있다(大判 2011. 12. 8, 2011 다 68777).
4) 大判 1998. 4. 12, 87 다카 1886 참고.
5) 大判 1997. 2. 25, 96 다 10263.
6) 大判 2002. 10. 8, 2001 다 31141. 同旨: 大判 2004. 5. 27, 2002 다 65905(개인병원 형태로 운영되던 사업을 의료법인 형태로 전환하면서 근저당권의 목적물인 부동산 등 물적 시설을 의료법인에 출

도 후에 양수인에 의하여 채용된 근로자의 최종 3개월분의 임금과 최종 3년분의 퇴직금 지급청구권에 대해서도 같은 원칙이 적용된다고 보아야 한다.[1)]

《최우선변제되는 임금과 퇴직금 및 재해보상금: 문제점》

a) 구 근로기준법 제37조 2항은 임금채권의 우선변제 중에서도 근로자의 「최종 3개월분의 임금과 퇴직금 및 재해보상금」은 조세·공과금 및 다른 일반채권에 대해서는 물론 피담보채권에 대해서도 언제나 우선하여 변제를 받는다고 규정하였다. 이는 사용자가 도산·파산한 경우에 청산절차에 따라 피담보채권에 대하여 우선변제를 하고 나면 근로자의 임금채권에 대한 책임재산이 충분히 확보될 수 없어 사실상 임금채권이 우선적으로 변제받을 수 없는 결과가 된다는 점을 감안하여 1항과는 별도로 최종 3개월분의 임금[2)]과 퇴직금 및 재해보상금에 대한 최우선변제를 규정한 것이다.[3)] 그러나 이 규정은 채권에 대한 물권(정확하게는 질권 및 저당권에 의하여 담보된 채권)의 우선적 효력을 인정하는 민법상의 기본원칙에 대하여 중대한 예외를 인정하는 것이 된다.[4)] 그러므로

자하고 그에 따라 근로자들의 근로관계도 법인에 단절 없이 승계된 경우와 같이 사업의 인적 조직·물적 시설이 그의 동일성을 유지하면서 일체로서 이전되어 형식적으로 경영주체의 변경이 있을 뿐 개인병원과 의료법인 사이에 실질적인 동일성이 인정되는 경우에는 담보된 재산만이 특정승계된 경우와는 달라서, 고용이 승계된 근로자는 물론 법인 전환 후에 신규로 채용된 근로자들도 사용자가 재산을 취득하기 전에 설정된 담보권에 대하여 임금 등의 우선변제권을 가진다).

1) 昌原地判 2012. 4. 5, 2011 가합 5752.

2) 최종 3개월분의 임금은 미지급된 정기임금의 의미로 보는 것이 옳을 것이다. 왜냐하면 2항의 규정이 민법상의 기본원칙에 대한 특례로서 인정되는 것인만큼 다른 채권자와의 균형을 고려하여 그 범위를 미지급된 정기임금으로 한정하는 것이 타당하며, 또한 같은 조 1항에서 우선변제를 받는 임금채권의 대상이 「임금·퇴직금·재해보상금 기타 근로관계로 인한 채권」이라고 규정되어 있으므로, 2항에서의 최종 3개월분의 임금은 퇴직금과 재해보상금 기타 근로관계로 인한 채권을 제외한 근로의 대상으로서 미지급된 임금만을 의미하는 것으로 이해하는 것이 체계적이기 때문이다. 다시 말하면 3개월분의 「평균임금」을 의미하는 것은 아니라고 생각된다. 2001. 4. 3, 임금 68207-241 참고. 최종 3개월인 8, 9, 10월의 기간 중 8월분 임금만 지급한 경우, 최종 3개월분의 임금은 미지급임금 중 3개월분(7, 9, 10월)이 아니고 최종 3개월 동안에 지급되지 않은 9, 10월분뿐이다(大判 2008. 6. 26, 2006 다 1930).

3) 임금 등에 대한 지연손해금채권에 대하여는 최우선변제권이 인정되지 않는다(大決 2000. 1. 28, 99 마 5143). 동 판례에 따르면 민법 제334조 및 제360조와 같이 지연손해금채권이 피담보채권에 포함된다는 규정이 없기 때문이라고 한다.

4) 최종 3개월분의 임금에 대한 근로자의 권리의 성질을 이른바 「법정담보물권」에 해당하는 것으로 보는 판례가 있다(大判 1994. 12. 27, 94 다 19242; 大判 1990. 7. 10, 89 다카 13155). 이 견해에 따르면 근로기준법 제38조 1항은 임금 '채권'을 '물권적' 청구권으로 담보하는 규정이라고 해석된다. 그러나 임금채권이 최우선변제를 받을 수 있는 권리라 하더라도 사용자의 재산에 대하여 강제집행을 하였을 경우에 그 강제집행에 의한 환가금에서 일반채권에 우선하여 변제받을 수 있음에 그치는 것이고, 그 절차와 형식에 구애됨이 없이 강제집행절차를 통한 배당요구를 거치지 아니한 채 다른 채권자에 의하여 이루어진 압류처분 등의 효력까지 배제하여 그보다 우선하여 직접 지급을 구할 수는 없

이 조항은 물권과 채권의 효력에 관한 사법질서(私法秩序)의 구조에서 법이론적으로뿐만 아니라, 실제에 있어서도 많은 문제를 제기하였다.[1] 따라서 동 규정에 대한 위헌문제가 제기된 것은 당연한 일이다.

b) 이러한 문제제기에 대하여 헌법재판소는 「(구)근로기준법 제37조 2항 중 각 '퇴직금' 부분은 입법자가 1997년 12월 31일까지 개정하지 아니하면 1998년 1월 1일 효력을 상실한다. 법원 기타 국가기관 및 지방자치단체는 입법자가 개정할 때까지 위 법률조항 중 각 '퇴직금' 부분의 적용을 중지하여야 한다」는 헌법불합치결정[2]을 내렸다. 헌법재판소의 판단근거는 다음과 같다. 「(구)근로기준법 제37조 2항은 임금의 경우는 '최종 3개월분'으로 제한하고 있으나, 퇴직금에 관하여는 아무런 범위의 제한이나 한도의 제한 없이 우선변제수령권을 본질적 효력으로 갖고 있는 질권자나 저당권자를 배제하고, 사용자의 총재산에 대하여 우선변제를 받을 수 있다고 규정하고 있다. … 따라서 결과적으로 질권자나 저당권자가 그 권리의 목적물로부터 거의 또는 전혀 변제를 받지 못하게 되는 경우에는 그 질권이나 저당권의 본질적 내용을 이루는 우선변제권이 형해화(形骸化)하게 되므로, 이 조항 중 '퇴직금' 부분은 질권이나 저당권의 본질적 내용을 침해할 소지가 생기게 되는 것이다.」 그런데 헌법재판소는 위와 같이 퇴직금우선변제를 규정한 구 근로기준법 제37조 2항의 부당성을 인정하면서도 다른 한편으로는 다음과 같은 태도를 취하고 있다. 「…그러나 퇴직금의 전액이 아니고 근로자의 최저생활을 보장하고 사회정의를 실현할 수 있는 적정한 범위 내의 퇴직금채권을 다른 채권들보다 우선변제함은 퇴직금의 후불임금적 성격 및 사회보장적 급여로서의 성격에 비추어 상당하다 할 것이다. 때문에 이 조항 중 '퇴직금' 부분에 대해 헌법불합치를 선언하고, 퇴직금채권의 '적정한 범위'를 입법자의 결정에 맡긴다」. 다시 말하면 위 판결은 퇴직금의 후불임금적 성격 및 사회보장적 급여로서의 성격을 내세워 근로자의 최저생활을 보장하는 범위 내에서 퇴직금채권의 우선변제를 일정한 범위 내에서 제한적으로 인정해야 한다고 한다. 즉 헌법재판소는 퇴직금의 우선변제가 「과잉금지의 원칙」을 벗어나지 않는 한도 내에서는 헌법에 위배되지 않는다는 태도를 취하고 있다.

c) 퇴직금의 최우선변제규정이 헌법재판소에 의하여 헌법불합치결정을 받음에 따라 1997년 12월 24일의 근로기준법 개정을 통하여 질권이나 저당권에 의하여 담보된

다(大判 1994. 12. 9, 93 다 61611 참고).

1) 해석론상 문제가 된 것은 구 근로기준법 제37조 2항에 정한 「최종 3개월분의」라는 한정규정이 임금에만 적용되고 퇴직금 및 재해보상금에는 그 적용이 배제되느냐 하는 점이었다. 이에 관해서 판례(大判 1997. 1. 21, 96 다 457; 大判 1995. 7. 25, 94 다 54474; 大判 1995. 7. 28, 94 다 57718)는 「최종 3개월분의」라는 한정규정은 퇴직금을 수식하지 않는다는 해석을 하였으며, 이 규정에 따라 우선변제의 대상이 되는 퇴직금은 1989년 3월 29일부터 퇴직시까지의 근속기간에 지급될 퇴직금 전액이라고 하였다. 따라서 이 견해에 따르면 임금은 미지급분 중에서 최종 3개월분이고, 퇴직금은 퇴직할 때까지의 전액이다.

2) 憲裁 1997. 8. 21, 94 헌바 19, 95 헌바 34, 97 헌가 11.

채권보다 우선하여 변제받을 수 있는 퇴직금의 범위는 최종 3년간의 퇴직금으로 한정되었다(구 근기법 제37조 Ⅱ)(새로 제정된 근퇴법 제12조 Ⅱ에서도 마찬가지이다). 또한 동법 부칙 제2조에서 임금채권우선변제에 대한 경과조치를 둠으로써 제37조 개정에 따른 혼란을 다음과 같이 해결하였다. i) 이 법 시행(1997. 12. 24) 전에 퇴직한 근로자에 대해서는 1989년 3월 29일 이후의 계속근로연수에 대한 퇴직금을 우선변제의 대상으로 한다(구 근기법 부칙 제2조 Ⅰ. 또한 근퇴법 부칙 제9조 Ⅰ.). 그러나 우선변제의 대상이 되는 퇴직금은 250일분의 평균임금을 초과할 수 없다(구 근기법 부칙 제2조 Ⅳ. 또한 근퇴법 부칙 제4조). ii) 이 법 시행 전에 채용된 근로자로서 이 법 시행 후 퇴직하는 근로자에 대해서는 1989년 3월 29일 이후부터 이 법 시행 전까지의 계속근로연수에 대한 퇴직금에 이 법 시행 후의 계속근로연수에 대하여 발생한 최종 3년간의 퇴직금을 합산한 금액을 우선변제의 대상으로 한다(구 근기법 부칙 제2조 Ⅱ. 또한 근퇴법 부칙 제9조 Ⅱ.). 그러나 우선변제의 대상이 되는 퇴직금은 250일분의 평균임금을 초과할 수 없다(구 근기법 부칙 제2조 Ⅳ. 또한 근퇴법 부칙 제9조 Ⅳ.).

d) 「퇴직금채권자에게 저당권자에 우선하여 그 퇴직금 전액에 대하여 아무런 제한 없이 우선변제수령권을 인정하는 것은 담보물권제도의 근간을 흔들어 놓는 것」이라는 헌법재판소의 판시는 저자의 견해와 전적으로 동일하다 할 것이다.[1] 그러나 적정한 범위 내의 퇴직금청구권이 피담보채권에 우선하여 변제되는 것은 위헌이 아니라는 헌법재판소의 태도에는 찬동하기 어렵다. 아무리 퇴직금청구권의 범위가 제한(예를 들어 3년분 또는 5년분으로 제한)되더라도 당해 기업의 근로자수가 증가하고 임금액의 기준이 상승하는 한 그 액수는 증가될 수 있으며, 피담보채권에 대하여 위협적인 금액이 될 수 있다. 또한 이와 같이 증가·변동되는 우선변제퇴직금은 확정될 수도 없고, 어떤 형태로도 공시될 수도 없는 것이다. 다시 말하면 퇴직금의 우선변제의 범위를 한정하더라도 정도의 차이는 있으나 본질적으로 저당권에 의하여 담보된 채권이 침해될 수 있다는 데에는 변함이 없다. 그러므로 헌법재판소의 헌법불합치결정과 이에 따라 최종 3년간의 퇴직금을 우선변제하도록 한 1997년 12월 24일의 근로기준법 개정은 여전히 문제점을 지니고 있다.

e) 특히 문제가 되는 것은 산업자본을 융자하는 금융기관의 채권의 회수·확보이다. 여기서 기본적 경제질서와 관련해서 고려하지 않으면 안 될 것은 금융기관에 의한 산업금융의 제공이 곧 우리나라 산업발전의 근간을 이루는 고용확대 및 경쟁력 강화와 직결되어 있다는 점이다. 다시 말하면 국민경제의 기초가 되는 산업금융제도의 차질 없는 운영은 철저히 보호되어야 할 것이다. 근로자의 임금 및 퇴직금청구권의 보장도 이에 못지 않게 중요하지만, 이를 보호하기 위해서 산업금융제도의 원칙과 질서를 파괴하는 것은 피해야 할 일이다. 다시 말하면 사회적 약자인 근로자의 임금 및 퇴직금보전조

1) 김형배, 「노동법」(제9판), 1997, 288, 292면 참고.

치는 산업금융제도의 한 부분을 이루는 담보제도와의 충돌·경쟁관계에서가 아니라, 그와는 별개의 보험제도 또는 기타의 보전제도에 의하여 실현되는 것이 마땅하다. 이와 같은 이유에서 근로자의 퇴직금보전조치가 담보제도에 의하여 보전된 금융기관의 채권을 침해하는 것은 설령 우선변제될 퇴직금의 범위가 3년으로 한정되더라도 현행 경제헌법(헌법 제119조 I ③ 참조)에 위배되어 위헌이라고 판단된다. 임금·퇴직금의 우선변제가 주로 산업금융제도와의 충돌을 전제로 하는 한 이 제도는 개선되지 않으면 안 될 것이다.

2. 임금채권보장법

(1) 서 설

a) 의 의 IMF 이후 우리나라의 경제가 심각한 불황에 빠져들면서 기업들의 대량도산사태와 대량실업이 발생하였다. 이에 따라 임금채권우선변제를 규정하고 있는 근로기준법 제38조와 퇴직급여보장법 제12조에도 불구하고 근로자들이 실제로 임금 및 퇴직금을 변제받지 못하는 경우가 무수히 발생하였다. 이러한 현실에 직면하여 임금의 확보를 현실적으로 보장해 줌으로써 근로자들의 기본생활의 안정을 도모하기 위해서 1998년 2월 20일 「임금채권보장법」(법률 제5513호)이 제정되었다. 근로기준법적용 사업장의 근로자들에게는 근로기준법 제38조 등에 따라 다른 일반채권자에 우선하여 임금채권을 변제받을 권리가 보장되고 있지만, 사용자의 변제자력(辨濟資力)이 없을 때에는 우선변제권은 한낱 관념적 권리에 지나지 않게 된다. 따라서 동법은 국가가 근로자들을 위하여 별도로 조성된 재원(임금채권보장기금)을 가지고 사업주를 대신하여 그 지급을 보장함으로써 근로자의 기본생활의 안정을 실질적으로 도모하는 것을 목적으로 제정된 것이다. 또한 임금채권보장법은 현실적으로 임금지급이 가능하더라도 그 청구권의 실현을 위해서는 오랜 시간과 많은 노력이 소요되는 데서 야기되는 근로자 생활의 어려움을 제거하기 위하여 마련된 것이기도 하다(동법 시령 제5조 참조).[1] 근로기준법 제38조의 임금채권 우선변제제도가 사용자의 한정된 책임재산(총재산)에 대하여 다른 채권자들보다 우선하여 근로자의 임금 등을 변제받을 수 있도록 하는 권리를 확보하는 것이라면, 임금채권보장법은 국가가 임금 등을 지급받지 못하는 퇴직한 근로자에게 사용자를 대신하여

1) 임금채권에 대한 우선변제의 메커니즘을 일찍부터 발전시켜 온 유럽 각국에서는 우선변제제도가 소송절차의 제약이나 청산가능한 재산의 부족으로 인하여 실효성 있는 지급보장수단이 되지 못하였다. 이를 보완하기 위하여 1967년 벨기에를 시작으로 보험적 기법의 보장제도가 발전되었다. 유럽연합도 우선변제제도에 의한 임금채권보호의 한계를 인식하고 1980년 10월 20일 제987호 지침을 통하여 기업의 도산시 임금근로자의 채권의 보험적 기법에 의한 보호를 회원국간에 입법하도록 하였다. 그리고 ILO 또한 지급보장기구에 의한 근로자의 임금청구권보호를 내용으로 하는 「사용자파산시 근로자청구권보호에 관한 협약」(제173호 협약)을 1992년에 채택하였고, 일본 또한 1976년에 「임금지급 등의 확보에 관한 법률」을 제정(법률 제34호)하였다.

임금채권보장기금을 가지고 그 지급을 보장하는 것이므로 임금채권을 보다 확실하게 보호하게 된다.

b) 법의 적용대상 범위 동법은 산재보험법 제6조의 규정에 따른 사업 또는 사업장에 적용된다(동법 제3조 본문). 그러나 국가와 지방자치단체가 직접 수행하는 사업에는 적용되지 않는다(임채보법 제3조 단서). 임금채권보장법은 경기의 변동 및 산업구조의 변화 등으로 사업의 계속이 불가능하거나 기업의 경영이 불안정하게 되어 임금을 지급받지 못하고 「퇴직한」 근로자 등에게 그 지급을 보장하는 조치를 마련함으로써 근로자의 생활안정에 이바지하는 것을 목적(동법 제1조)으로 한다. 따라서 근로기준법 제43조 2항을 위반하여 단순히 임금체불이 발생한 경우에는 이 법이 적용될 여지가 없다.

(2) 임금채권의 지급보장

a) 지급보장의 요건 임금채권보장법 제7조 1항에 따르면 고용노동부장관은 사업주가 다음 각 호의 어느 하나에 해당하는 경우(체불사유), 즉 i) 「채무자 회생 및 파산에 관한 법률」에 따른 회생절차개시의 결정이 있는 경우(동항 제1호), ii) 같은 법에 따른 파산선고의 결정이 있는 경우(동항 제2호), iii) 고용노동부장관이 대통령령(시행령 제5조)으로 정한 요건과 절차에 따라 미지급 임금 등을 지급할 능력이 없다고 인정하는 경우(동항 제3호), iv) 사업주가 근로자에게 미지급 임금 등을 지급하라는 「민사집행법」, 「민사조정법」 또는 「소액사건조정법」에 의한 판결, 지급명령, 소송상의 화해, 청구의 인낙(認諾), 조정 또는 결정 등이 있는 경우(동항 제4호: 2015. 1. 20 신설, 2015. 7. 1 시행)[1]에 퇴직한 근로자가 지급받지 못한 임금 등의 지급을 청구하면 그 근로자의 미지급 임금 등을 사업주를 대신하여 지급하여야 한다.[2] 사업주를 대신하여 고용노동부장관이 지급하는 근로자의 미지급 임금 등을 체당금(替當金)이라 한다(임채법 제7조 II).[3]

b) 체당금 지급 대상 근로자와 사업주의 기준 임금채권보장법 제7조 4항에 따라 시행령 제7조에서 지급대상 근로자를, 시행령 제8조에서 사업주의 기준을 규정하고 있다.

---

1) 제7조 1항 4호가 신설된 것은 「채무자 회생 및 파산에 관한 법률」에 따른 파산선고의 결정이 나기 전이라도 법원에 의한 확정된 종국 판결이 내려지면 체당금의 지급을 청구할 수 있도록 임금채권보장법의 적용을 확대한 것으로 볼 수 있다.

2) 고용노동부장관은 제7조에 따라 미지급 임금 등을 대신 지급하는데 드는 비용에 충당하기 위하여 사용주로부터 임금채권부담금을 징수한다(임채법 제9조 I). 부과금 면제대상인 산림조합중앙회의 업무 및 재산에 대하여는 산림조합법 제8조의 규정에 비추어 임금채권부담금을 징수할 수 없다(大判 2016. 10. 13, 2015 다 233555; 大判 2012. 5. 24, 2010 두 16714 등).

3) 고용노동부장관이 근로자에게 체당금을 지급하고자 하는 때에는 대통령령이 정하는 바에 따라 해당 사업주에게 재산관계를 구체적으로 밝힌 재산목록의 제출을 명할 수 있다(임채법 제13조 I, 시령 제19조; 벌칙 제28조 I ③).

1) 대상근로자 지급대상 근로자는 회생절차개시의 결정 또는 파산선고의 결정(시령 제7조 Ⅰ ①)이 있는 경우에는 그 신청일(시령 제7조 Ⅰ ①), 「채무자 회생 및 파산에 관한 법률」에 따른 회생절차개시의 신청 후 법원이 직권으로 파산선고를 한 경우에는 그 신청일 또는 선고일(시령 제7조 Ⅰ ②), 시령 제5조 1항에 따른 도산 등 사실인정이 있는 경우에는 그 도산 등 사실인정 신청일(시령 제7조 Ⅰ ③)의 1년 전이 되는 날 이후부터 3년 이내에 해당 사업에서 퇴직한 근로자로 한다(시령 제7조 Ⅰ).

2) 사용자의 기준 근로자가 일반체당금을 받을 수 있는 사업주는 법 제3조에 따라 법의 적용대상이 되어 6개월 이상 해당사업을 한 후에 법 제7조 1항 각호의 어느 하나에 해당하는 사유가 발생한 사업주로 한다(시령 제8조 Ⅰ).

c) 체당금의 범위 임금채권보장법 제7조 2항이 정하고 있는 체당금의 범위는 ⅰ) 「근로기준법」 제38조 2항 1호에 따른 임금 및 「근로자퇴직급여 보장법」 제12조 2항에 따른 최종 3년간의 퇴직급여 등과 ⅱ) 「근로기준법」 제46조에 따른 휴업수당(최종 3개월분으로 한정한다)(제7조 Ⅱ ②), ⅲ) 「근로기준법」 제74조 제4항에 따른 출산전후휴가 기간 중 급여(최종 3개월분으로 한정한다)(2020. 12. 8. 신설)이다. 근로자가 같은 근무기간, 같은 휴업기간 또는 같은 출산전후휴가 기간에 대하여 임금채권보장법 제7조 1항 1호부터 3호까지의 규정에 따른 체당금을 지급받은 때에는 같은 항 4호에 따른 체당금은 지급하지 아니하며, 1항 4호에 따른 체당금을 지급받은 때에는 해당 금액을 공제하고 같은 항 1호부터 3호까지의 규정에 따른 체당금을 지급한다(임채법 제7조 Ⅲ)(2020. 12. 8 개정, 2021. 6. 9 시행). 다만, 대통령령으로 정하는 바에 따라 체당금의 상한액은 근로자의 퇴직 당시의 연령 등을 고려하여 따로 정할 수 있으며 체당금이 적은 경우에는 지급하지 아니할 수 있다.

체당금의 청구와 지급에 필요한 사항은 대통령령으로 정한다. 법 제7조에 따라 체당금을 받으려는 사람은 일정한 기간 이내에 고용노동부장관에게 청구하여야 한다(시령 제9조 Ⅰ ①, ②: 2015. 6. 15 개정·신설). 체당금의 청구 및 지급에 필요한 사항은 고용노동부령으로 정한다(시령 제9조 Ⅱ).

d) 체불임금 등 및 생계비 융자 2012년 2월에 임금채권보장법이 일부 개정되어(개정 2012. 2. 1, 법률 제11277호, 시행 2012. 8. 2) 체불임금 등의 사업주 융자제도가 새로 마련되었다. 제7조의2 1항에 따르면 「고용노동부장관은 사업주가 일시적인 경영상 어려움 등 고용노동부령으로 정하는 사유로 근로자에게 임금 등을 지급하지 못한 경우에 사업주의 신청에 따라 체불 임금 등을 지급하는 데 필요한 비용을 융자할 수 있다」고 규정하였다. 그러나 동항은 2015년 1월 20일에 개정되어 '퇴직한'이란 문구를 삭제함

으로써 재직 중의 근로자에게도 임금채권보장을 받을 수 있도록 동법률의 적용범위를 확대하였다. 동법 제2항은「고용노동부장관은 사업주로부터 임금 등을 지급받지 못한 근로자(퇴직한 근로자를 포함한다)의 생활 안정을 위하여 근로자의 신청에 따라 생계비에 필요한 비용을 융자할 수 있다」고 규정하고 있다(2020. 12. 8. 신설; 2021. 6. 9. 시행). 제1항 및 제2항에 따른 융자금액은 고용노동부장관이 해당 근로자에게 직접 지급해야 한다(동조 Ⅲ). 제1항 및 제2항에 따른 체불임금 등 생계비 비용 융자의 구체적 기준, 금액, 기간 및 절차 등은 고용노동부령으로 정한다(동조 Ⅳ). 따라서 임금채권의 보장은 근로자가 체당금을 신청하여 지급받는 경우(제7조 참조)와 사업주의 신청에 따라 임금지급에 필요한 비용을 융자받는 경우(제7조의2 Ⅰ)와 근로자의 신청에 따라 생계비에 필요한 비용을 융자받는 경우가 있다(제7조의2 Ⅱ). 그러나 어느 경우에나 고용노동부장관이 체당금 또는 융자금액을 해당 근로자에게 직접 지급한다. 후자의 사업주 융자제도는 사업주의 파산선고의 결정 등 생산 또는 영업활동이 중단된 경우가 아니고 일시적 경영상의 어려움 등이 있는 때에 체불임금 등을 보장하는 것이므로 그만큼 근로자의 임금채권 보호의 범위가 넓어졌다고 볼 수 있다.

e) 수급권의 보호 고용노동부장관은 퇴직한 근로자의 신청이 있는 경우에는 체당금을 근로자의 명의로 지정된('체당금수급계좌')로 입금해야 한다(임채법 제11조 Ⅰ, 2020. 12. 8 신설). 체당금을 지급받을 권리는 양도 또는 압류하거나 담보로 제공할 수 없다(임채법 제12조의2 Ⅰ). 체당금을 받을 수급권자가 부상 또는 질병으로 체당금을 수령할 수 없을 때에는 가족에게 그 수령을 위임할 수 있으나, 그 위임사실 및 가족관계를 증명할 수 있는 서류를 제출하여야 한다(임채법 제12조의2 Ⅱ; 시령 제18조). 미성년자인 근로자는 독자적으로 체당금의 지급을 청구할 수 있다(임채법 제12조의2 Ⅲ).

f) 벌 칙 거짓이나 그 밖의 부정한 방법으로 제7조에 따른 체당금 또는 제7조의2에 따른 융자를 받은 자 또는 다른 사람으로 하여금 받게 한 자는 3년 이하의 징역 또는 3천만원 이하의 벌금에 처한다(임채법 제28조 Ⅰ ①, ②). 부당하게 제7조에 따른 체당금 또는 제7조의2에 따른 융자를 받기 위하여 거짓의 보고·증명 또는 서류제출을 한 자, 다른 사람으로 하여금 부당하게 제7조에 따른 체당금 또는 제7조의2에 따른 융자를 받게 하기 위하여 거짓의 보고·증명 또는 서류제출을 한 자는 2년 이하의 징역 또는 2천만원 이하의 벌금에 처한다(임채법 제28조 Ⅱ ①, ②).[1]

g) 미지급임금청구권 등의 대위 고용노동부장관은 근로자의 청구가 있는 경우 민법 제469조의 규정(제3자의 변제)에 불구하고(다시 말하면 제3자의 변제를 허용하지 아니하

1) 大判 2016. 8. 24, 2013 도 841 참고.

는 당사자의 의사표시가 있는 경우에도) 사업주를 대신하여 근로자의 미지급임금과 퇴직금을 임금채권보장기금에서 지급하고(동법 제7조 Ⅱ) 그 지급한 금액의 한도 안에서 당해 사업주에 대한 당해 근로자의 미지급임금 및 퇴직금청구권을 대위(代位)한다(동법 제8조 Ⅰ). 고용노동부장관이 대위하는 미지급임금 및 퇴직급여등의 청구권에 대해서는 근로기준법 제38조 2항 및 퇴직급여보장법 제12조 2항에 의하여 확보된 우선변제채권으로서의 순위가 주어진다(동법 제8조 Ⅱ).[1)·2)]

h) 부당이득의 환수 거짓이나 그 밖의 부정한 방법으로 체당금(제7조) 또는 융자금(제7조의2 Ⅰ)을 받으려 한 자에게는 대통령령으로 정하는 바에 따라 신청한 체당금 또는 융자금의 전부 또는 일부를 지급 또는 융자하지 아니할 수 있다(제14조 Ⅰ). 고용노동부장관은 제7조 및 제7조의2에 따라 체당금 또는 융자금을 이미 지급받은 자가 ⅰ) 거짓이나 그 밖의 부정한 방법으로 체당금 또는 융자금을 받은 경우이거나, ⅱ) 그 밖에 잘못 지급된 체당금 또는 융자금이 있는 경우에는 그 전부 또는 일부를 환수해야 한다(제14조 Ⅱ. 2020. 12. 8 개정; 2021. 6. 9 시행).

[52] Ⅵ. 연봉제 및 문제점

1. 서 설

(1) 연봉제의 의의와 문제점

기존의 전통적인 임금체계는 '연공(年功)급임금체계'이다. 그러나 최근에 급속한 경영환경의 변화에 따라 다양한 근로형태와 근로시간 유연화 경향이 확산되면서 기업의 경쟁력 제고를 위한 성과주의 임금제도가 도입되고 있다. 성과주의 임금은 한정된 임금재원을 가지고 노동의 대가를 분배함으로써 동기유발을 위한 촉매작용을 한다. 또한 근속연수 및 연령에 따른 임금인상압박을 받지 않으므로 효율적 비용절감의 효과를 거둘

1) 현실적으로 사업주에 대한 국가의 구상(대위권의 행사)이 불가능하게 될 위험은 매우 크다. 그러나 이러한 위험에도 불구하고 국가가 직접 근로자에게 일정범위의 임금 및 퇴직급여등을 지급함으로써 근로자의 임금채권우선변제권을 실질적으로 보장한다는 것이 임금채권보장법의 가장 큰 특징(사회보장적 성질)이라고 할 수 있다. 고용노동부장관이 동법 제8조에 의해서 대위하는 구상권이 현실적으로 사업주의 완전한 무자력으로 인하여 형해화(形骸化)되는 경우에는 국가가 그 손실을 부담할 수밖에 없다. 근로기준법 제38조 2항 및 퇴직급여보장법(개정 2011. 7. 25) 제12조 2항에 의하여 우선변제되는 근로자의 임금채권은 동 법률의 제정으로 다시 국가에 의하여 그 현실적 지급이 담보되는 채권으로서의 지위를 갖게 되었다고 할 수 있다.

2) 근로자의 임금채권과 근로복지공단이 대위하는 채권 사이의 배당순위에 관하여는 大判 2011. 1. 27, 2008 다 13623 참고.

수 있다. 이러한 성과주의 임금의 한 형태로서 연봉제가 1990년 중반 이후부터 우리나라에 본격적으로 도입되고 있다.

연봉(年俸)제란 「근로자에 대한 임금의 전부 또는 상당 부분을 당해 근로자의 업적 등에 관한 목표의 달성도를 평가하여 연단위(年單位)로 설정하는 제도[1]」라고 정의된다. 그러나 최근 대기업을 중심으로 시행되고 있는 연봉제(한정된 인건비가 기업성과에 대응하여 얼마나 효율적으로 배분되는가를 평가하면서 다양한 능력·성과주의제도가 시도되고 있음)는 개개인의 능력, 실적 및 공헌도의 평가를 기초로 개별적인 계약에 의하여 연간 임금액이 결정되는 임금지급 형태라고 규정하는 것이 보다 적절할 것이다.[2]

이와 같이 연봉제는 성과와 실적을 중심으로 하여 임금을 결정하는 체계이므로 현행 근로기준법이 당초 상정하고 있던 근로시간과 연계된 임금지급형태와는 상당한 거리가 있다. 근로기준법은 그 규율대상을 전형적인 시간급을 기준으로 하고 있다. 즉, 근로자가 제공한 노동력을 기초로 근로자의 성과나 능력과는 무관하게 근로시간의 장단에 따라 임금액을 산정하는 형태를 기준으로 삼고 있기 때문이다.[3] 근로기준법은 근로자 보호를 목적으로 하는 강행성을 가지고 있으므로 연봉제의 도입 및 실시에 있어서 문제점이 발생할 수 있다. 다시 말하면 연봉제는 본질상 현행 근로기준법의 체계에 적합하지 않은 부분이 적지 않기 때문에 연봉제의 도입과 운용은 일정한 범위 내에서 제약을 받지 않을 수 없다.

⑵ 연봉제의 실태와 유형

1990년대 중반 이후 개인별 성과에 기초해서 임금인상을 차등화하는 연봉제가 도입·확산되고 있다. 연공급(年功給) 임금체계 개선의 필요성에 대한 인식이 확산됨에 따라 연공서열위주의 경직적 임금체계를 연봉제·성과배분제 등 직무·성과중심의 임금체

---

1) 菅野, 「勞働法」, 419面 이하 참고. 연봉제란 「일정기간 동안의 업무성과가 임금인상을 결정하는 가장 중요한 요인이 되는 임금제도」라고 하거나(김재훈·박우성, 「연봉제 관련 근로기준법상 제문제 검토」, 2000, 277면), 「근무연수나 근무시간이 아닌 근로자가 가지고 있는 업무수행능력으로 인하여 달성된 성과를 기준으로 하여 1년 단위로 임금을 결정하는 제도」라고(박수근, '연봉제의 실시에 있어 몇 가지 문제점', 「노동법학」(제13호), 2001, 178면) 정의되고 있다.

2) 연봉제란 임금관리의 3부분이란 임금수준관리·임금체계관리·임금형태관리를 말한다. 첫째, 임금수준관리란 임금의 적정성과 관련된 것으로 생계비, 지불능력, 비교임금 등이 이에 관련된다. 둘째, 임금체계관리는 임금의 공정성과 관련된 것으로, 이는 다시 임금구성체계와 임금결정체계로 구별된다. 여기서 임금구성체계란 임금항목별 구성비를, 임금결정체계란 임금이 어떤 요소에 의해 결정되는가를 말하는 것으로 이에는 일반적으로 연공급, 직무급, 직능급, 성과급 등이 있다. 셋째, 임금형태관리란 임금의 합리성과 관련된 것으로 내용상으로는 직무급과 성과급의 절충형태인 직무성과급으로서 임금체계관리의 하나라고 할 수 있다.

3) 박우성·유규창·박종희, 「연봉제」, 한국노동연구원, 2000, 69면.

계로 전환하려는 기업이 계속 증가하고 있다.

《연봉제 유형》

구 분	기본급(기본연봉)	업적급(보너스)
성과가급 (Merit Bonus)	직급·직능별 동일인상률 적용	비누적방식으로 개인별 지급
혼 합 형	현재의 기본급을 기준으로 업적에 따라 개인별 인상률 적용	비누적방식으로 개인별 지급
순수성과급 (Merit Pay)	기본급·업적급 구분 없이 전체적으로 개인별 인상률 적용	
연 수 형	성과에 따른 개인별 차등 없이 기존의 기본급, 수당, 상여금을 통합하여 단순화시킨 형태	

※ 비누적방식: 전년도의 지급액을 기준으로 하지 않고 업적에 따라 지급액의 전액이 변동될 수 있는 형태(출처: 노동부, 「연봉제·성과배분제 실태조사결과」, 2003. 3)

2. 연봉제 도입에 따른 법적 문제

(1) 연봉제의 적용대상

연봉제는 기본적으로 임금제도와 관련이 있는 것이므로 현행의 임금제도와 같이 근로자에게 바로 적용할 때에는 근로기준법과의 저촉문제가 발생하게 된다. 근로기준법상의 규정들이 처음부터 연봉제를 예정하고 있지는 않으므로 근로시간 규제 등 연봉제 적용시 문제점들이 발생한다.

현행 노동법상 임금의 규제라는 측면에서 볼 때, 연봉제의 적용대상으로는 i) 원래 근로기준법의 「근로자」에 해당되지 않고 근로시간의 규제가 미치지 않는 「사업경영담당자」[1] (근기법 제2조 Ⅰ ②), ii) 근로기준법의 근로시간규제의 적용이 제외되는 「관리·감독업무에 종사하는 자」(기밀을 취급하는 업무에 종사하는 자 포함, 근기법 제63조 ④; 근기법 시령 제34조), iii) 사업장 밖 및 재량업무에 종사하는 자로서 인정근로시간제가 적용되는 「외근근로자」 및 「재량근로자」(근기법 제58조 Ⅰ·Ⅲ; 시령 제31조 참조)를 들 수 있다. 이들은 임금과 근로시간을 연결하여 규정하고 있는 근로기준법의 직접적 적용대상이 아니므로 연봉제(일종의 포괄임금제)를 적용할 경우 상대적으로 큰 문제가 발생하지 않는다.

우선 관리·감독업무에 종사하는 자에 대한 적용문제를 살펴보면, 근로기준법의 근로시간의 규제가 적용 제외되는 관리·감독업무에 종사하는 자[2]에 대해서는 사용자에게

1) 이들은 근로기준법상의 규제대상이 아니므로 순수연봉제의 적용도 가능하다.

2) 大判 1989. 2. 28, 88 다카 2974에서는 관리·감독업무에 종사하는 자를 「회사의 감독이나 관리의 지위에 있는 자로서 기업경영자와 일체를 이루는 지위에 있고 자기의 근무시간에 대한 자유재량권을

시간외·휴일근로에 대한 가산임금의 지급이 강제되지 않는다(근기법 제63조 ④; 근기법 시령 제34조). 연봉제에서 관리·감독업무에 종사하는 자를 적용대상으로 제도화하는 대부분의 경우에 임금과 근로시간과의 상관관계(가산임금)가 문제되지 않는다는 점이 크게 작용하고 있기 때문이다.[1]·[2]

⑵ 근로조건의 명시 등

사용자와 근로자는 동등한 지위에서 근로조건을 자유의사에 의하여 결정하도록 되어 있다(근기법 제4조). 사용자가 개별근로자와 연봉제 근로계약을 체결하여 그 적용을 받는 경우에 연봉제는 근로기준법 제17조가 규정하고 있는 근로조건("임금, 근로시간, 휴일, 휴가 그 밖의 근로조건")에 해당하므로 이를 명시하여야 한다.

연봉제에 관한 근로계약상의 규정은 상위규범인 취업규칙이나 단체협약에 반할 수 없다(근기법 제96조, 제97조). 먼저 취업규칙상의 임금체계의 내용과 비교해 근로계약상의 연봉제의 내용이 근로자에게 유리한 때에는 연봉제 계약이 유효하지만, 반대로 불리한 때에는 취업규칙의 내용을 변경하지 않는 한 연봉제 계약의 해당 부분은 유효하다고 볼 수 없을 것이다(근기법 제97조).[3] 마찬가지로 단체협약과의 관계에서도 연봉제를 기본으로 한 임금협약이 체결되어 효력이 발생한 상태에서 개별 근로자와 연봉제를 합의한다고 하여도 불리한 합의 내용의 부분은 그 효력이 인정되지 않는다(노조및조정법 제33조).

⑶ 연봉제 도입과 취업규칙의 불이익변경

a) 불이익변경의 존재 여부　취업규칙을 통하여 연봉제를 도입하는 경우 이는 종전에 없던 내용을 새로이 도입하는 것이기 때문에 기존 취업규칙의 변경문제가 발생한다. 이 경우에 특히 취업규칙의 불이익변경 여부가 문제될 수 있다.[4] 연봉제의 도입이

가지고 있는 자를 의미한다」고 판시하고 있다.

1) 판례는 「관리감독자」란 기업경영자와 일체를 이루는 지위에 있고 자신의 근로시간에 대한 자유재량권을 가지고 있는 자로 보고 있으므로 그 범위를 좁게 해석하고 있다(大判 1989. 2. 28, 88 다카 2974). 다시 말하면 관리감독자는 「부하직원의 근로조건의 결정 기타 노무관리에 있어 경영자의 지위에 있으면서 기업경영상의 필요에 의하여 출·퇴근에 관한 엄격한 제한을 받지 아니하고 자기의 근무시간에 관한 융통성을 가지고 있는 자」를 말한다(同旨: 1987. 4. 21, 근기 01254-6472). 또한 「기밀직 근로자」란 「비서 등 그 직무가 경영자 또는 관리자의 지위에 있는 자의 활동과 불가분하게 이루어짐으로써 출·퇴근 등에 있어서 엄격한 제한을 받지 않는 자」를 말한다(임종률, 「노동법」, 455면).

2) 이승길, '연봉제의 노동법적 문제', 「노동법연구」(제11호), 2001, 19면 참고.

3) 박우성·유규창·박종희, 「연봉제」, 한국노동연구원, 2000, 72면 참고.

4) 능력·성과주의의 도입은 통상 취업규칙 또는 단체협약의 변경에 의하여 행하여지지만, 실제로는 취업규칙의 유리한 또는 불리한 변경의 문제로 다투어질 수 있다(일본에 있어서는 취업규칙변경의 「합리성」 문제로 논의됨). 이 제도는 예컨대 동기(同期)·동학력의 근로자 사이의 격차를 가져오게 되지만, 근로자의 자기개발에 의하여 승격·승급의 기회를 보장하는 가능성을 준다는 점에서 이 제도에 대한 취업규칙의 변경을 긍정적으로 받아들일 수 있을 것이다(이에 대한 일본판례의 긍정적 태도

기존 임금체계에 비해 불리한 것으로 판단되는 때에는 근로자집단의 동의를 얻어야 하기 때문이다(근기법 제94조 I 단서).[1)]

취업규칙을 처음으로 작성하거나 기존의 임금체계와 비교해서 근로자에게 유리한 연봉제를 도입(예컨대 플러스 섬(plus-sum) 방식의 연봉제)하는 경우에는 불리한 결과가 발생하지 않기 때문에 취업규칙의 불이익변경이 문제되지는 않을 것이다.[2)]

그러나 '제로섬(zero-sum)방식의 연봉제'[3)] 및 연봉액을 인하할 수 있도록 하는 취업규칙의 변경 또는 신설의 경우에는 근로조건의 불이익변경에 해당한다.[4)]

연봉제를 도입하기 위한 취업규칙의 변경으로 일부 근로자에게만 불리한 결과가 초래되는 경우 이를 취업규칙의 불이익변경으로 볼 수 있는지가 문제될 수 있는데, 이에 대하여 판례[5)]는 취업규칙의 변경에 의하여 근로자 상호 간에 이해가 충돌되는 때에는 불이익한 변경에 준해 근로자의 집단적 동의방식에 의한 동의를 필요로 하고 이러한 동의를 받지 아니한 취업규칙의 변경은 무효라고 보는 것이 타당하다는 태도를 취하고 있다. 결국 연봉제의 도입으로 근로자 상호 간에 유·불리가 충돌되는 경우에는 취업규칙의 불이익변경으로 보아야 할 것이다. 그러나 연봉제의 도입으로 전체 근로자의 근로조건의 일부는 개선되고 일부는 저하되는 경우에는 각 근로조건의 성격을 종합적으로 고려하여 불이익 여부를 판단해야 할 것이다.[6)] 따라서 연봉제의 도입이 중·장기적으로 생산성 향상과 이에 따른 근로자 배분 몫의 증대를 전제로 하는 것이라면 — 사업경영상의 필요성과 사회적 합리성이 인정되는 한 — 일부 근로자에게 일시적으로 불리한 결과가 초래되더라도 연봉제 도입 그 자체를 언제나 불이익변경이라고 할 수는 없을 것이다.[7)]

에 관해서는 西谷, 「勞働法」, 250面 이하 참고).

1) 성과연봉제를 규정한 취업규칙효력정지가처분에 관해서는 서울中央地決 2016. 12. 27, 2016 카합 81412; 서울南部地決 2017. 1. 23, 2016 카합 20378; 水原地決 2017. 1. 26, 2016 카합 10336; 全州地決 2017. 1. 10, 2016 카합 1074 등 참고.

2) 높은 성과를 낸 근로자에게는 높은 임금인상을 하고 낮은 성과를 낸 근로자에게는 낮은 임금인상을 하는 이른바 「플러스 섬 방식의 연봉제」의 경우에는 연봉제를 도입하는 근로자집단의 과반수의 의견을 청취하면 충분할 것이다(근로기준법 제94조 I 본문).

3) 「제로섬 방식의 연봉제」란 총액 인건비를 동결한 상태에서 개인간의 성과에 따라 차등지급하는 형태를 취하는 연봉제의 방식을 말한다.

4) 서울地判 1998. 10. 30, 98 가합 2801; 大判 1997. 5. 16, 96 다 2507.

5) 大判 1993. 5. 14, 93 다 1893.

6) 大判 1984. 11. 13, 84 다카 414 참고.

7) 행정해석은 연봉제 도입과 관련한 취업규칙 변경이 유·불리한지 여부의 판단방법 및 불이익한 경우의 취업규칙 변경방법은 다음과 같은 기준에 의하여야 한다고 한다.

i) 연봉제 대상 근로자집단에게 지급될 총 임금재원은 연봉제 도입 이전과 동일하게 유지하면서 그 재원 중 일부는 인사고과에 따른 변동급여로 정하여 지급하는 방식의 연봉제(이하 "제로섬방식 연봉제"라 함)를 도입하는 경우에 연봉제 대상 근로자집단 전체에서 볼 때는 동일한 임금수준일 수 있으

b) 불이익변경의 동의 주체 일부 근로자에 대해서만 연봉제를 도입하면서 그 도입이 취업규칙의 불이익변경으로 판단되는 경우 「동의 주체」가 문제된다. 예를 들면, 과반수 이상으로 조직된 노동조합이 있는 사업(장)에서 중간관리자(과장급 이상의 근로자)를 대상으로 연봉제를 도입하는 경우로서, 특히 연봉제의 적용대상자가 조합원 자격이 없는 때에는 동의의 주체를 누구로 해야 하는지가 문제된다. 이때에는 이해관계 당사자인 과장급 이상의 근로자들의 동의만으로 충분하다고 보아야 한다. 조합원이 될 수 없는 중간관리자의 근로조건의 변경에 대해서까지 노동조합의 동의를 받을 필요가 없기 때문이다. 이러한 사항은 노동조합의 권한 범위에 속하지 않는다고 보아야 할 것이다.[1] 노동조합에 가입하고 있는 근로자들이 현재는 과장 이하의 직급인 자이더라도 장차 과장으로 승급(승진)될 가능성을 가지고 있어 변경된 취업규칙 규정의 적용이 예상되는 근로자 집단에 속한다는 이유에서 이들도 동의 주체가 된다고 보아야 한다는 견해[2]가 있다.

⑷ 연봉제 도입과 단체협약

노동조합이 조직되어 있는 사업장에서는 연봉제가 단체협약의 내용과 상충되지 않아야 한다. 연봉제 근로자가 비조합원이거나 조합가입대상이 아닐 경우에는 원칙적으로 단체협약이 적용되지 않으므로 단체협약과의 충돌에 따른 법리적 문제는 발생하지 아니

나 개별근로자에 따라서는 더 많은 임금을 받게 되는 근로자와 더 적은 임금을 받게 되는 근로자가 생기게 된다. 따라서 제로섬방식 연봉제 도입을 규정한 취업규칙의 불이익변경 여부는 근로자들에게 유·불리의 충돌이 존재하는 것으로 보아 일반적으로 불이익변경에 해당하는 것으로 판단되며, 또한 취업규칙 변경으로 제로섬방식 연봉제를 도입할 경우의 취업규칙 변경절차는 다음과 같이 한다. 즉, 전체 근로자를 대상으로 제로섬방식 연봉제를 도입할 경우에는 「전체근로자 과반수(근로자 과반수로 조직된 노동조합이 있는 경우에는 그 노동조합)의 동의」를 받아야 한다. 그러나 노동조합 조직대상에 포함되지 않는 직원(예: 부장급 이상)에 대하여만 (제로섬방식 연봉제)를 도입할 경우에는 「연봉제도입 대상 근로자집단(예: 부장급 이상)의 과반수의 동의를 받음과 동시에 전체근로자 과반수(근로자 과반수로 조직된 노동조합이 있는 경우에는 그 노동조합)의 의견을 청취」하면 된다.

ii) 연봉제 대상 근로자집단에게 지급될 총 임금재원을 기존의 임금재원에 추가분을 더하여 구성하고, 당해 추가분을 가지고 인사고과에 따라 변동급여를 지급하는 방식의 연봉제(이하 "추가재원방식 연봉제"라 함)에 대해서는 다음과 같이 판단한다. 즉, 기존의 임금수준을 최저한도로 하면서 인사고과에 따라 추가로 지급하는 방식의 경우에 근로자의 기존의 이익을 침해하지 않으면서 근로자 모두에게 기존보다 유리한 결과를 가져오는 때에는 불이익변경에 해당되지 않으므로 취업규칙의 변경에 준하는 절차를 거치면 된다. 그러나 추가재원방식 연봉제라 하더라도 인사고과에 따른 변동급여 체제를 도입함으로써 불특정 일부 근로자들이 기존의 임금보다 적은 임금을 받게 되어 기존 이익을 침해받을 수 있는 때에는 근로자의 유·불리가 상충하는 경우로서, 기존의 임금보다 많은 임금을 받을 수 있는 근로자수가 기존의 임금보다 적은 임금을 받는 근로자수보다 많다고 하더라도 전체적으로는 불이익변경에 해당된다고 할 수 있으므로 이 경우에는 취업규칙 불이익변경시에 요구되는 절차를 취해야 할 것이다(2000. 3. 31, 근기 68207-988).

1) 기존의 견해를 수정한다.

2) 大判 2009. 11. 12, 2009 다 49377; 大判 2009. 5. 28, 2009 두 2238.

하나, 조합원일 경우에는 적어도 단체협약상의 임금인상률의 구속을 받지 않을 수 없다(단체협약의 구속력 범위). 단체협약은 개별 근로계약보다 상위의 규범으로서 근로조건에 관한 사항에 있어서는 강행적 효력을 가지므로 개별 근로자가 사용자와 자유로이 연봉에 관한 합의를 하더라도 그 연봉이 단체협약상의 임금 내용보다 불리한 경우에는 협약상의 임금이 적용된다(노조및조정법 제33조).

다음으로 연봉제를 단체협약을 통해 도입하는 경우 노조및조정법 제35조에 의한 「사업장 단위의 일반적 구속력」을 비조합원에게도 그 적용을 확장할 수 있는지가 문제된다. 이 경우에는 적어도 적용대상 직종의 근로자 과반수 이상이 노동조합에 가입하고 있는 때에만 연봉제를 도입한 단체협약의 효력확장이 인정될 수 있다. 왜냐하면 일반적 구속력은 노조및조정법 제35조의 규정의 요건을 충족하는 것만으로 발생하기 때문이다.[1] 그리고 연봉제의 구체적 적용을 담보하기 위해서는 취업규칙의 변경절차가 부수되는 것이 바람직하다.

3. 연봉제 실시와 관련된 문제점[2]

(1) 임금 및 퇴직금의 지급방법상의 문제

a) 근로기준법은 제43조 2항 본문에서 임금은 매월 1회 이상 일정한 날짜를 정하여 지급해야 한다고 하여 매월 1회 이상 정기불의 원칙을 규정하고 있는데, 이 규정에 대하여는 예외가 인정되지 않는다. 동 규정의 취지는 근로자의 기본생활의 보장을 위하여 근로자들이 매월 지출해야 하는 생활비, 학자금, 주택 임대료 등이 제때에 지급될 수 있도록 하려는 것인데 연봉제라고 해서 동 규정의 예외가 될 수는 없다. 따라서 연봉을 최소한 12로 나눈 금액으로 분할하여 월 1회 이상 지급해야 한다. 실무상으로 연봉을 1/12 또는 1/16, 1/18, 1/20 등으로 매월 그 이상으로 분할하여 정기 지급하는 경우에는 법 위반의 문제는 발생하지 아니하나, 1월 이상의 기간을 정하여 지급하는 경우에는 근로기준법 위반의 문제가 발생한다.

b) 연봉제를 도입하면서 매월 지급받는 임금 속에 퇴직금이란 명목으로 일정한 금원을 포함하여 지급하는 경우에 이것이 퇴직금의 지급으로서 효력이 있는지 여부가 문제된다. 대법원은 퇴직금 분할지급약정은 무효이므로 근로자는 부당이득(민법 제741조)을 이유로 사용자에게 그 금원을 반환해야 한다는 판결을 내린바 있다.[3]([77] 3. (3) f) 2) · 3)

---

1) 이승길, '연봉제의 노동법적 문제', 「노동법연구」(제11호), 2001, 35면; 박우성 · 유규창 · 박종희, 「연봉제」, 한국노동연구원, 2000, 85면.

2) 근로기준법상의 논점에 관해서는 土田, 「勞働契約法」, 300面 이하 참고.

3) 大判(전합) 2010. 5. 20, 2007 다 90760; 大判 2007. 11. 16, 2007 도 3725(과거에 계속 근속한 기

참고).

⑵ 법정수당의 지급 문제

근로기준법 제56조는 연장·야간·휴일근로에 대하여 통상임금의 100분의 50 이상을 가산하여 지급하여야 한다고 규정하고 있는데(휴일근로에 대해서는 가산임금 지급이 제한된다: 제56조 2항 참조)([54] 3. ⑺ 참조), 연봉제 근로자라고 하여 동 규정의 적용이 배제되는 것은 아니므로 연봉제 근로자가 연장 근로 등을 하였을 경우 사용자는 연봉 외에 추가로 가산임금을 지급하는 것이 원칙이다.1) 그러나 회사의 임원, 관리·감독직 근로자 및 전문직 종사자 그리고 외근근로자 및 재량근로자들에게 연봉제가 시행되는 경우에 이들에 대한 법정수당의 지급 문제는 일반 근로자들에 대한 연봉제 시행의 경우와는 구별하여 판단하여야 한다.2)

연봉액에 연장·야간·휴일근로에 대한 법정수당이 포함되어 있다고 명시하는 경우가 있다(포괄임금제도). 이러한 명시가 반드시 위법이라고 할 수는 없지만3) 법정수당의 지급 문제와 관련하여 통상임금 부분과 가산임금 부분을 명확히 구분할 필요가 있으며, 정해진 가산임금 부분을 초과하여 연장근로 등을 하였을 경우에는 추가분을 지급하여야 한다.4)

⑶ 연차유급휴가의 부여 문제

연차유급휴가(제60조)를 사용하지 못한 경우 지급되는 연차휴가수당을 연봉액에 포함할 수 있는지가 문제된다.

원래 연차휴가는 휴가로 사용하는 것이 원칙이며 수당으로 금액을 예정하는 것은 근로자의 휴가사용권을 침해할 소지가 있다. 즉, 연차유급휴가의 경우 근로자에게 먼저 휴가를 사용할 기회를 주고 휴가 미사용분에 대하여 수당을 지급하는 것이 순서인데, 휴가청구권이 소멸되지 않은 상태에서 사용자가 연차휴가수당을 매월 지급되는 연봉월액에 포함시켜 미리 지급하는 것은 휴가에 대한 사전 봉쇄로서 근로자의 휴가청구권을 제

간이 없음에도 장래 계속 근로하게 될 근로기간에 대하여 미리 퇴직금 명목으로 금원을 지급하는 것은 퇴직금 정산으로 볼 수 없다).

1) 同旨: 菅野, 「勞働法」, 420面 및 그곳에 인용된 일본 판례 참고.

2) 모든 급여항목을 연봉에 포함시키는 완전연봉제는 어느 경우에나 근로기준법에 위반하는 것으로 보아야 한다. 여기서 문제되는 것은 법정수당의 일부를 연봉에 포함시키는 부분연봉제의 경우이다.

3) 판례는 포괄임금제에 의한 임금계약은 유효하지만 퇴직금을 월 급여액에 포함시키는 약정은 무효라고 한다(大判(전합) 2010. 5. 20, 2007 다 90760; 大判 2002. 7. 12, 2002 도 2211 등). 그러나 각종(법정)수당을 포함하는 포괄임금약정의 효력을 부인하지 않는다(大判 1987. 8. 18, 87 다카 474; 大判 1990. 11. 27, 89 다카 15939; 大判 1992. 7. 14, 91 다 37256). 이를 신중하게 인정하는 판례: 大判 2009. 12. 10, 2008 다 57852; 大判 2012. 3. 29, 2010 다 91046.

4) 大判 2019. 8. 14, 2018 다 244631('보장시간제 약정'에 관한 판례) 참고.

한하는 것이 되므로 연차휴가제도의 취지에 반한다(벌칙: 근기법 제110조 I 참조). 그리고 연차휴가수당은 근로기준법 제60조에 의해 반드시 지급되어야 하기 때문에 연봉액에 포함시키는 것은 부당하다.[1]

다만, 연차유급휴가수당을 사전에 임금에 포괄산정하더라도 사용자가 이를 근로자의 휴가사용을 부인하는 근거로 활용하지 않는 한, 이와 같은 약정을 무효라고 할 수 없다. 대법원도 포괄임금제에 의한 휴가수당지급을 인정하고 있으며,[2] 대부분의 학설 역시 긍정적 태도를 취하고 있다.[3] 그러나 연차유급휴가수당을 미리 수령한 자가 이에 구애받지 않고 연차휴가권을 행사하는 것은 사실상 어려울 것이다.

⑷ 결근·지각 등에 의한 임금공제 문제

성과를 중시하는 연봉제하에서는 근로계약이나 취업규칙 등에 별도의 규정이 없는 한 사용자가 일방적으로 근로자의 지각, 조퇴, 결근 등 근무태도에 따라 임금을 공제하는 것은 원칙적으로 허용되지 않는다고 보아야 한다. 시급이나 일급 개념에 의하여 임금을 산출하는 연공주의적 임금제도와 달리 연봉제는 성과를 중시하므로 지각, 조퇴, 결근에 의하여 근로를 하지 않았다 하여 임금을 삭감하는 것은 연봉제의 취지에 맞지 않기 때문이다. 연봉제에 의하여 약정된 연봉액은 이미 전년도의 업적 평가를 기초로 계산된 것이므로[4] 결근·지각 등과 같이 아직 반영되지 않은 근무평가를 기초로 하여 임금을 공제하는 것은 허용되지 않는다고 보아야 한다. 결근이나 지각 등과 같은 하자 있는 근로제공은 당해 연도의 근무평정에 반영되어 다음 연도의 연봉액을 결정하는 데 영향을 주기 때문이다.[5] 연봉제를 실시하는 경우에도 근로계약이나 취업규칙에 지각, 조퇴, 결근 등에 대한 임금공제의 기준과 범위 등을 규정하는 것은 유효하다고 보아야 한다. 따라서 지각, 조퇴, 결근 등이 근로계약상의 이행의무를 위반한 것에 해당되는 경우에는

---

1) 김소영, '연봉제 실시에 관한 법적 검토', 「연봉제, 어떻게 할 것인가」, 한국노동연구원, 1998, 15면; 김소영, '연봉제 도입의 법적 문제', 「노동경제논집」(제21권 제1호), 한국노동경제학회, 1998, 155-156면.

2) 大判 1998. 3. 24, 96 다 24699(주휴수당이나 연·월차휴가수당이 근로기준법에서 정한 기간을 근로하였을 때 비로소 발생하는 것이라 할지라도 당사자 사이에 그러한 소정기간의 근로를 전제로 하여 주휴수당이나 연·월차휴가수당을 일당임금이나 매월 일정액에 포함해 지급하는 것이 불가능한 것은 아니며, 포괄임금제란 각종 수당의 지급방법에 관한 것으로 근로자의 연·월차유급휴가권의 행사 여부와는 관계가 없으므로 포괄임금제가 근로자의 연·월차휴가권을 박탈하는 것이라고 할 수도 없다).

3) 김재훈·박우성, 「연봉제 관련 근로기준법상 제문제 검토」, 2000, 316면; 박우성·유규창·박종희, 「연봉제」, 한국노동연구원, 2000, 100-103면; 이승길, '연봉제의 노동법적 문제', 「노동법연구」(제11호), 2001, 45면.

4) 菅野, 「勞働法」, 420面 참고.

5) 同旨: 박우성·유규창·박종희, 「연봉제」, 한국노동연구원, 2000, 102면; 이승길, '연봉제의 노동법적 문제', 「노동법연구」(제11호), 2001, 38면.

근로자의 채무불이행책임은 여전히 문제될 수 있다. 연봉제의 적용을 받는 자라 하더라도 다른 동료 근로자들과의 협업(協業)이 중요시되는 경우에 특히 지각, 조퇴, 결근 등은 근로계약상의 의무를 위반하는 것이 된다.

⑸ 해고 등 기타 문제

연봉제 실시와 관련하여 연봉계약과 근로계약기간을 혼동하는 경우가 있다. 연봉제 근로자라고 하더라도 1년의 기간이 끝났다 하여 정당한 이유 없이 근로관계가 종료되지 않는다. 연봉제란 임금 산출 방식의 한 형태일 뿐 근로관계의 존속 자체를 정하는 제도는 아니기 때문이다. 즉, 연봉제는 임금에 관한 제도이므로 원칙적으로 근로계약기간과는 아무 관계가 없다. 따라서 기간의 정함이 없는 근로계약을 체결한 근로자에 대하여 연봉제를 시행한다고 하여 기존의 근로관계가 1년 단위의 기간의 정함이 있는 근로관계로 전환되는 것은 아니다.

그리고 연봉제 근로자에게는 이상의 제문제 이외에도 남녀고용평등법, 산재보험법 등 모든 법률이 차별 없이 적용된다.

[53] Ⅶ. 근로시간

1. 총 설

근로시간은 임금과 함께 중요한 근로조건 중의 하나이다. 근로자가 인간다운 생활을 영위하기 위해서는 근로시간의 단축을 통해 노동력의 소모를 회복하고 사회적·문화적 생활을 향유할 수 있는 여가를 갖지 않으면 안 된다. 근대 노동법의 역사가 근로시간의 단축의 역사라고 해도 과언이 아닐 만큼 근로시간은 근로자의 생활 자체와 직접 관련되어 있다. 그러나 오늘날 국제적 기준으로 확립된 1일 8시간 근로제는 그렇게 오랜 역사를 가지고 있는 것은 아니다. 구 소련이 1917년에 최초로 8시간 근로제를 채택함으로써 근로시간의 단축을 위한 새로운 계기를 마련한 후로 각국이 이를 따랐다. 그리고 ILO는 1919년 제1회 총회에서 「공업적 기업에 있어서 근로시간을 1일 8시간, 1주 48시간으로 제한하는 조약」을 제1호 조약으로, 1935년 제19회 총회에서는 「근로시간을 1주 40시간으로 단축할 것에 관한 조약」을 제47호 조약으로 채택한 바 있다.

우리나라의 노동보호입법은 근로시간에 대하여 기본적으로 세 가지 원칙 내지 기준을 채택하고 있다. i) 1주 40시간·1일 8시간의 기본원칙(근기법 제50조), ii) 유해·위험작업에 있어서의 1일 6시간·1주 34시간의 기준(산안법 제46조) 및 iii) 소년에 대한 1일

7시간 · 1주 35시간의 원칙(근기법 제69조 본문 2020. 5. 26 개정)이 그것이다. 그러나 이러한 원칙 내지 기준에 대하여는 다시 예외가 인정되고 있기 때문에 근로시간에 대한 규제는 매우 복잡한 양상을 띠고 있다(근기법 제4장 및 제5장; 근기법 시령 제28조 이하 참조).

2. 근로시간의 의미

a) 소정근로시간 소정근로시간이란 근로기준법 제50조, 제69조 또는 산업안전보건법 제46조에 따른 근로시간의 범위에서 근로자와 사용자 사이에 정한 근로시간을 말한다(근기법 제2조 제1항 제7호). 소정근로시간은 통상임금 산정 기준시간 수와는 구별되므로, 주급제 혹은 월급제에서 지급되는 유급휴일에 관한 임금인 이른바 주휴수당 관련 근로시간은 고려할 필요가 없다.[1]

b) 근로시간의 정의 근로기준법상 근로시간이란 근로자가 사용자의 지휘 · 감독하에 근로계약상의 근로를 제공하는 시간을 말한다.[2] 그러므로 근로시간은 작업의 개시로부터 종료까지의 시간에서 휴식시간을 제외한 시간, 즉 실근로시간을 말한다(근기법 제50조 I). 보통 소정(所定)근로시간이란 근로기준법 제50조, 제69조 본문 또는 「산업안전보건법」 제139조 제1항에 따른 근로시간 범위에서 근로자와 사용자 사이에 정한 근로시간을 말한다(근기법 제2조 I ⑧). 소정근로와 관련하여 상근(常勤)이란 용어가 사용되는 경우가 있는데(공무원보수규정 제8조 제2항 [별표16] '일반직 공무원의 경력환산율표' 제2호 (나)목 7)) '상근'은 1일 8시간, 1주 40시간을 근무하는 이른바 Full-time만을 의미하는 것이 아니다.[3]

다시 말하면 근로시간(근기법 제50조 참조)이란 근로자가 사용자의 지휘 · 감독을 받으면서 근로계약에 따른 근로를 제공하는 시간을 말하고, 휴게시간(근기법 제54조 참조)이란 근로시간 도중에 사용자의 지휘 · 감독으로부터 해방되어 근로자가 자유로이 이용할 수 있는 시간을 말한다.[4] 대기시간은 근로시간에 포함된다(근기법 제50조 III).

---

1) 大判 2017. 11. 9, 2015 다 7879; 大判 2017. 12. 28, 2016 도 8726; 大判 2007. 1. 11, 2006 다 64245. 소정근로시간은 탄력적 근로시간제(제51조), 선택적 근로시간제(제52조) 또는 연장 근로(제53조)에 따라 1주 또는 1일의 근로시간이 실제로는 제50조의 기준을 초과하여 정해질 수도 있다.

2) 大判 2017. 12. 5, 2014 다 74254; 大判 2018. 7. 12, 2013 다 60807; 大判 2018. 9. 28, 2017 다 53210, 53227, 53234 등. 과거의 판례는 「근로시간이란 근로자가 사용자의 지휘 · 감독 아래 근로계약상의 근로를 제공하는 시간, 즉 실근로시간을 말한다」(大判 1992. 10. 9, 91 다 14406)고 정의한 바 있으나, 이는 임금이 지급되는 근로시간을 정의한 것이 아니고 실제로 근무한 날의 근로시간을 정의한 것에 지나지 않는다. 따라서 이 판례를 기초로 대법원이 근무를 위한 대기시간을 근로시간에 해당하지 않는 것으로 판단하였다고 볼 수는 없다.

3) 大判 2020. 6. 4, 2020 두 32012.

4) 大判 2017. 12. 5, 2014 다 74254; 大判 2018. 7. 12, 2013 다 60807.

이와 같은 근로시간의 개념은 휴게시간과의 구별을 위한 것이고, 임금지급의 대상으로서의 근로시간에 산입되는 실질적 근로시간을 뜻하는 것은 아니다. 즉, 근로시간은 근로자가 그의 노동력을 사용자의 지휘·감독하에 두고 있는 시간을 기준으로 하기 때문에 근로계약상의 근로에 종사하고 있는 현실적 작업시간만을 의미하는 것은 아니다.[1] 따라서 작업개시를 위한 준비작업 또는 작업종료 후의 기계·용구의 정돈·청소 등에 소요되는 시간[2]과 참가의무가 있는 기술연수시간도 근로시간에 포함된다고 하여야 한다.[3]

c) 대기시간의 근로시간 여부 실제로 근로를 하지 않고 대기하는 시간, 즉 근로대기상태(Arbeitsbereitschaft)에 있는 시간이 근로시간에 속하느냐 하는 것이 문제되는데, 근로자가 그 시간을 자유롭게 이용할 수 있는지, 다시 말하면 그 시간이 사용자의 지휘·감독 아래 놓여있는 시간인지의 여부에 따라 구체적으로 판단하여야 할 것이다.[4] 2012년 2월 1일 일부개정(시행 2012. 8. 2, 2020. 5. 26 개정)된 근로기준법 제50조 3항(신설)은 「제1항 및 제2항에 따라 근로시간을 산정하는 경우 작업을 위하여 사용자의 지휘·감독 아래에 있는 대기시간 등은 근로시간으로 본다」고 규정하고 있다. 이는 그동안 학설과 판례가 대기시간을 근로시간으로 인정해 온 것을 입법적으로 명문화한 것으로 볼 수 있다. 동조항의 규정 취지는 첫째, 대기시간을 임금이 지급되는 근로시간으로 보는 것이고, 둘째, 대기시간도 제50조 1항 및 2항의 근로시간에 산입되므로 원칙적으로 법정근로시간을 초과하여 근로하게 할 수 없다는 것이다. 동 규정은 「작업을 위하여」 근로자가 사용자의 지휘·감독 아래에 있는 「대기시간 등」을 근로시간이라고 보고 있으므로 「작

---

1) 근로계약에서 정한 출근시간보다 매일 1시간씩 상시적으로 조기 출근하여 그 시간에 계약상의 업무인 제과제빵 작업을 수행하여 왔고, 사용자가 이러한 사실을 알고 있으며 묵시적으로 인정해왔다면 이는 실질적으로 사용자의 지휘·감독 하에 이루어진 근로시간이므로 이에 대하여 연장근로수당이 지급되어야 한다(昌原地判 2016. 10. 20, 2016 가소 2735).

2) 大判 1993. 3. 9, 92 다 22770; 大判 2016. 8. 24, 2014 다 5098(본소)·2014 다 5104(반소)(노선운행버스 운전자가 노선운행시간 전후에 차고지에서 출고하여 출발지점으로 가는 시간과 운행을 마친 후에 차고지에 입고시키는데 필요한 공차운행 시간은 버스운행업무와 필수적으로 관련된 것이므로 근로시간에 해당한다).

3) 1988. 9. 29, 근기 01254-14835.

4) 大判 2006. 11. 23, 2006 다 41990(아파트 경비원들이 사용자의 지휘명령으로부터 완전히 해방되어 휴게시간 등의 자유로운 이용을 보장받은 것이 아니고, 실질적으로는 사용자의 지휘·감독 하에 놓여 있었다면 해당 시간은 근로시간에 포함된다); 大判 1992. 4. 14, 91 다 20548; 大判 1993. 5. 27, 92 다 24509(근로자가 작업시간의 중도에 현실로 작업에 종사하지 않은 대기시간이나 휴식, 수면 시간 등이라 하더라도 그것이 휴게시간으로서 근로자에게 자유로운 이용이 보장된 것이 아니고 실질적으로 사용자의 지휘·감독 하에 놓여있는 시간이라면 이를 당연히 근로시간에 포함시켜야 할 것이다); 大判 2017. 12. 13, 2016 두 243078(아파트 경비원이 명목상 휴게·수면시간 중에도 근무장소인 경비실을 떠나지 못하면서 근무상황에 대하여 감시 또는 보고를 받거나, 경비·순찰지시를 받는 상황에 있다면 그 시간은 사용자의 지휘·감독 아래 있는 근로시간에 포함된다.).

업을 위한」, 「대기시간 등」의 의미에 관해서는 각 구체적 상황에 따라 근로자 보호의 취지에 부합할 수 있도록 합리적으로 해석해야 할 것이다. 업무관련성과 사용자의 지휘·감독의 관계는 유기적으로 해석되어야 한다.[1] 따라서 작업도중에 정전·기계고장·원료공급중단 등으로 인한 대기시간, 자동차운전수·차장·식당접객원의 대기시간, 의사의 대기근로시간, 호텔포터의 야간근무중의 대기시간, 작업과 작업 사이의 대기시간은 실질적으로 작업을 위하여 사용자의 지휘·감독 아래 놓여있는 시간이므로 임금이 지급되는 근로시간으로 보아야 한다.[2] 예컨대 대기시간이 잦은 감시(監視)·단속적(斷續的) 근로에 대해서는 제50조 3항은 적용되지 않는다(근기법 제63조 ③ 참조).

휴게시간과 근로대기시간은 구별해야 한다. 전자가 사용자의 작업상의 지휘·감독으로부터 해방되어 근로자가 자유로 이용할 수 있는 시간이라고 한다면(제54조 Ⅱ 참조), 후자는 사용자의 지시가 있으면 언제든지 작업에 종사할 준비가 되어 있는 시간으로서 작업상의 지휘·감독하에 있는 시간이라고 할 수 있다.[3] 근로기준법 제50조 3항도 근로자가 작업을 위하여 사용자의 지휘·감독 아래에 있는 대기시간 등은 근로시간으로 본다고 규정하고 있다. 따라서 작업시간 중도에 작업에 종사하지 않은 휴식수면시간 등이라

1) 대기시간의 성질에 관한 자세한 내용에 관해서는 大判 2017. 12. 5, 2014 다 74254; 大判 2018. 6. 28, 2013 다 28926 참고. 근로준비상태 또는 근로대기상태에 대해서는 독일에서 근로대기(Arbeits–bereitschaft), 대기근무(Bereitschaftsdienst), 호출대기(Rufbereitschaft)로 나누어 논의되고 있다(참고: ErfK/Wank, ArbZG § 2 Rn. 20 ff.; Hromadka/Maschmann, *ArbR*, Bd. 1. § 6 Rn. 45 f.). 그러나 우리나라에서는 근로준비상태의 근무가 대체로 감시·단속근로에서 문제가 되고 있으며, 이에 대해서는 예외조항(근기법 제63조)이 적용되고 있다. 따라서 단순히 휴식과 근로준비상태를 구별하고 있는 실정이다. 근로준비상태에 있는 시간을 근로시간으로 인정한 최초의 판례: 大判 1965. 2. 4, 64 누 162(작업대기상태란 항상 주의를 기울이고 긴장하고 있는 상태를 의미하는 것이 아니라 통상적으로 사용자의 지시에 응할 수 있는 일정한 장소 내에서 작업준비의 상태를 갖추고 있는 것으로 충분하다); 행정해석: 1969. 3. 26, 기준 1455. 9-33714; 1978. 8. 23, 법무 811-1834.

2) 大判 2020. 8. 20, 2019 다 14110, 14127, 14134, 14141; 大判 1992. 4. 14, 91 다 20548 참고.

3) 菅野, 「勞働法」, 477面 이하; 土田, 「勞働契約法」, 315面 이하 참고. 사용자의 지휘·감독하에 있다는 것 외에 「업무성」을 보충적인 기준으로 하여 근로시간을 판단해야 한다는 견해가 제기되고 있다(일본의 菅野和夫·蓼沼謙一 교수 등). 菅野 교수는 근로시간인가 아닌가의 문제는 휴게시간과의 구별만을 둘러싸고 발생하는 것이 아니라, 기업의 연수와 소집단활동 등의 근로자의 활동이 사적인 것인가 사용자의 업무에 종사하는 것인가를 둘러싸고도 발생하며, 또한 사용자의 업무에 종사하는 것이 반드시 사용자의 지휘·감독하에서 이루어지는 것만은 아니기 때문에 「업무성」도 근로시간을 판단하는 데 있어서 「지휘·감독」을 보충하는 중요한 기준이 된다고 한다. 또한 「지휘·감독」이라는 개념도 추상적·의제적으로 이해할 것이 아니라 「업무성」이라는 요소와 함께 보다 구체적으로 파악해야 한다고 한다. 따라서 菅野 교수는 근로시간을 「사용자의 작업상의 지휘·감독하에 있는 시간 또는 사용자의 명시적 또는 묵시적 지시에 따라 업무에 종사하는 시간」이라고 정의한다(菅野, 「勞働法」, 315面 이하; 荒木, 「勞働法」, 184面 이하). 「업무성」을 보충적인 기준으로 하여 근로시간을 판단하는 경우에는 지휘·감독의 개념이 추상화되는 것을 방지할 수 있다(同旨: 이병태, 「노동법」, 756면).

하더라도 근로자에게 자유로운 이용이 보장된 것이 아니라 실질적으로 사용자의 지휘·감독을 받고 있는 시간이라면 근로시간에 포함된다.[1] 판례에 따르면 「근로계약에서 정한 휴식시간이나 수면시간이 근로시간에 속하는지 휴게시간에 속하는지는 특정 업종이나 업무의 종류에 따라 일률적으로 판단할 것이 아니며, 이는 근로계약의 내용이나 해당 사업장에 적용되는 취업규칙과 단체협약의 규정, 근로자가 제공하는 업무의 내용과 해당 사업장에서의 구체적 업무 방식, 휴게 중인 근로자에 대한 사용자의 간섭이나 감독 여부, 자유롭게 이용할 수 있는 휴게장소의 구비 여부, 그 밖에 근로자의 실질적 휴식을 방해하거나 사용자의 지휘·감독을 인정할 만한 사정이 있는지와 그 정도 등 여러 사정을 종합하여 개별 사안에 따라 구체적으로 판단하여야 한다」고 한다.[2]

대법원은 근로자가 출근하여 근로태세를 갖추고 있을 때에는 설령 근로자가 근로하지 않았다 하더라도 그가 근로하지 아니한 것은 사용자의 귀책사유에 해당하므로 임금을 지급해야 한다고 한다.[3] 사용자의 처분하에 있는 노동력을 스스로 사용하지 않은 책임을 사용자가 져야 하는 것은 당연한 일이다.

판례에 따르면 「근로시간이란 근로자가 사용자의 지휘·감독을 받으면서 근로계약에 따른 근로를 제공하는 시간을 말하고, 휴게시간이란 근로시간 도중에 사용자의 지휘·감독으로부터 해방되어 근로자가 자유로이 이용할 수 있는 시간을 말한다. 따라서 근로자가 작업시간 도중에 실제로 작업에 종사하지 않는 휴식시간이나 대기시간이라 하더라도 근로자의 자유로운 이용이 보장되지 않고 실질적으로 사용자의 지휘·감독을 받는 대기시간이라면 근로시간에 해당하고 이미 소정근로시간을 초과한 경우에는 사용자가 일방적으로 작업지시를 하는 것은 사태가 급박하여 신의칙에 반하지 않는 경우가 아니면 효력이 없다」고 한다. 근로기준법 제53조 2항에 따르면 연장근로는 당사자 간에 합의가 있어야 하고, 이 규정은 강행규정이기 때문이다. 따라서 위와 같은 경우에 업무지시 위반을 이유로 사용자가 근로자를 징계처분하는 것은 원칙적으로 무효이다.[4]

d) 시업(始業)·종업(終業) 전후의 업무관련 시간 근로자가 소정근로시간 외에

1) 大判 1993. 5. 27, 92 다 24509; 大判 2006. 11. 23, 2006 다 41990; 大判 2018. 7. 12, 2013 다 60807; 大判 2017. 12. 5, 2014 다 74254 등.

2) 大判 2017. 12. 5, 2014 다 74254(숙직경비원의 휴게시간이 근로시간 또는 근로시간으로 간주되는 대기시간에 해당한다고 보기 어렵다고 판단한 예); 大判 2018. 7. 12, 2013 다 60807(버스운전기사의 대기시간 전부가 근로시간에 해당한다고 볼 수 없다고 판단한 예). 또한 大判 2019. 10. 17, 2014 두 3020, 3037; 大判 2019. 7. 25, 2018 도 16228 등.

3) 大判 1965. 2. 4, 64 누 162; 大判 2019. 4. 25, 2015 다 228652 참고. 1980. 5. 15, 법무 811-28682; *MünchArbR*/Reichold, Bd. I, §36 Rn. 3 참고.

4) 大判 1992. 4. 14, 91 다 20548(법정근로시간을 초과하는 운행시간의 배차지시를 한 사례).

업무와 관련하여 활동하는 시간이 근로시간에 해당하는지 여부가 문제될 수 있다. 특히 시업(始業)시·종업(終業)시·대기시간과 관련하여 다음과 같은 문제들이 발생할 수 있다.

첫째, 시업시에 근로자가 어느 장소에서 어떤 상태로 있어야 할 것인가(예컨대 출근검사실에서 출근카드를 찍는다거나, 점호에 응할 것 등)는 노무제공의 장소·형태와 관련해서 근로계약상의 합의에 따를 것이지만, 근로기준법상의 근로시간의 기산점은 반드시 이에 따라 결정되는 것은 아니다. 예컨대 i) 작업에 필요한 지시를 받는 것이나 교대인수·인계, 기계점검, 정리정돈 등이 이른바 형식상의 「시업시」 이전에 행하여졌더라도 통상적인 업무에 종사한 것으로 근로시간에 산입될 수 있으며,[1] ii) 조회·회의·체조 등도 사용자의 지휘·감독하에 의무적으로 행하여진 경우에는 근로시간에 해당된다. 이 경우에 근로기준법상의 진정한 시업시는 이러한 활동이 개시되는 때라고 해야 한다. iii) 작업복을 갈아입는다든가 또는 보호구·보호모를 착용하는 시간이 근로시간에 포함될 것인지가 문제되는데, 이는 업무성(이른바 보충적 기준으로서의 업무성)의 유무 또는 그 정도에 의하여 판단되어야 할 것이다. 즉, 당해 행위가 취업규칙 등으로 의무지워져 있더라도 그 성질상 근로계약상의 의무를 이행하기 위하여 해야 할 단순한 준비행위에 속하는 경우에는 근로시간에 포함되지 않는다. 예를 들어 여자행원의 제복착용 등이 이에 해당한다. 그러나 안전보호구의 착용은 재해방지·직무질서유지 등을 위해 작업개시에 필수불가결한 업무관련행위이므로 근로시간에 해당한다고 해야 한다.[2]

둘째, i) 형식적인 종업시 이후에 행하여진 작업이라 하더라도 업무상 필요한 기계점검·청소·정리정돈·인수·인계 등을 위한 작업시간은 근로시간에 산입된다.[3] 그러나 ii) 목욕이나 작업복 탈의 등은 특별한 사정이 없는 한 업무에 종사하는 것이라고 볼 수 없다.

셋째, 소정근로시간 중에서 휴게시간으로 되어 있는 시간이라도 실질적으로는 대기시간으로 인정되면 근로시간이 된다.[4] 예컨대 점포 내에서 쉬는 것으로 되어 있으나 손님이 들어오면 즉시 접대해야 할 때에는 그 시간은 대기시간이다. 휴게시간중의 손님당번을 맡고 있는 시간은 근로시간이다.

넷째, 소정근로시간 외에 행하여지는 기업 밖에서의 연수·교육활동이나 기업체의 행사에 참가한 경우 그 참가가 의무적이고 회사의 업무로서의 성격을 가진 것이면 근로

1) 大判 1993. 9. 28, 93 다 3363.
2) 同旨: 이병태, 「노동법」, 757면; 菅野, 「勞働法」, 419面 이하.
3) 大判 1993. 3. 9, 92 다 22770.
4) 大判 1992. 4. 14, 91 다 20548; 大判 1993. 5. 27, 92 다 24509.

시간에 산입된다.[1] 회사의 잔업금지규정 또는 사용자의 업무지시에 의하여 잔업(殘業)이 금지되어 있음에도 근로자가 이에 위반하여 시간외근무(근기법 제53조 Ⅰ 참조)를 하였다면 그 근로는 회사의 업무규정 및 사용자의 지휘·명령에서 벗어난 것이므로 「근로시간」 중의 근로라고 볼 수 없다.[2]

3. 법정근로시간

⑴ 서 설

현행법은 법정근로시간의 범주를 셋으로 나누어 성인근로자(18세 이상의 근로자)에 대하여는 1주 40시간·1일 8시간의 법정근로시간(근기법 제50조 Ⅰ·Ⅱ)을, 유해·위험작업에 종사하는 근로자에 대하여는 1일 6시간·1주 34시간의 법정근로시간(산안법 제139조 Ⅰ)을, 15세 이상 18세 미만의 소년근로자에 대하여는 1일 7시간·1주 35시간의 법정근로시간(근기법 제69조 본문)을 정하고 있다. 이와 같은 법정근로시간이 마련된 것은 근로자의 연령과 작업의 성질에 따라 신체적·정신적 긴장과 노동력의 과도한 소모로부터 근로자들을 보호하고 그들의 문화생활을 확보해 주기 위해서이다. 따라서 법정근로시간에 관한 규정을 위반했을 경우에는 벌칙(근기법 제110조 ①; 산안법 제169조 ①)이 적용되며, 또한 법정근로시간을 초과하여 시간외근로(연장근로)가 행하여졌을 경우에는 시간외근로가 합법적(근기법 제53조, 제69조 단서)이건 위법한 것이건 간에 근로기준법 제56조의 규정에 의한 가산임금이 지급되어야 한다. 대기시간(근기법 제50조 Ⅲ)도 제53조(연장근로의 제한), 제56조(연장·야간 및 휴일근로에 대한 가산임금) 및 제59조(근로시간 및 휴게시간의 특례)의 적용을 받는다고 해석된다. 예컨대, 노무를 제공하여 실제로 근무하는 시간이 6시간이고 대기시간이 4시간이면 2시간에 대하여 가산임금이 지급되어야 할 것이다.

개정근로기준법(법률 제15513호, 2018. 3. 20, 일부개정)은 1주의 개념(제2조 Ⅰ ⑦ 신설), 1주 연장근로시간의 상한 규제(제53조 Ⅲ, Ⅵ), 유급 법정공휴일의 보장(제55조 Ⅱ 및 부칙 제2조 Ⅳ), 가산임금중복지급제한(제56조 Ⅱ 신설), 근로시간 특례업종의 제한 및 근로일 사이의 11시간 이상의 연속휴식시간부여(제59조), 연소자의 1주 근로시간 한도를 35시간으로 단축(제69조) 등을 내용으로 하는 개정을 하였다. 개정된 규정은 2018. 7. 1부터 시행되지만, 2018. 9. 1 또는 2021. 7. 1부터 시행되는 일부 규정도 있다.

⑵ 주단위의 근로시간원칙(18세 이상 근로자에 대한 기준)

근로기준법 제50조에 의하면 근로시간은 1주 40시간(동조 Ⅰ), 1일 8시간(동조 Ⅱ)을 초과할 수 없다. 구법에서는 「1일에 8시간, 1주일에 48시간을 초과할 수 없다」(구법 제42조

1) 1988. 9. 29. 근기 01254-14835; 土田, 「勞働契約法」, 117面 등.
2) 土田, 「勞働契約法」, 117面 및 그곳에 인용된 일본 판례 참고.

Ⅰ 본문)고 하여 1일 8시간근로제의 원칙을 취하였다. 이에 비하여 1997년 개정된 법정근로시간은 우선 「1주의 근로시간은 44시간」(구 근기법 제49조 Ⅰ)을 원칙으로 채택하고 1주의 각 일에 대하여는 1일에 8시간을 초과하지 않도록 함으로써(구 근기법 제49조 Ⅱ) 근로시간의 규제는 1주 단위의 규제를 기본으로 하고,[1] 1일의 근로시간은 1주의 근로시간을 각 일에 배분하는 경우에 8시간을 그 상한으로 하였다. 그리고 2003년에 새로 개정된 근로시간제도 1주 40시간이라는 1주간 단위규제를 기본원칙으로 하고 있으므로, 1일 8시간제는 이러한 기본원칙에 부수하여 행하여지는 1일의 최장근로시간의 규제라고 이해해야 한다.

a) 종래 「1주간」에 관해서는 근로기준법에 정의규정을 두고 있지 않았기 때문에 고용노동부의 지침에 따라 주말(토요일 및 일요일)을 제외한 5일(월요일부터 금요일까지)로 해석되어 왔다. 2018년 3월 20일의 법개정(근기법 제2조 제7호 신설)으로 「"1주"란 휴일을 포함한 7일을 말한다」고 규정함으로써 1주 허용근로시간의 산정을 둘러싼 혼란과 논란은 종식되었다.[2] 또한 '1주간' 또는 '1주일'을 '1주'로 통일하여 표기한다. 저자는 1주는 7일이라는 견해를 견지해 왔다.

이 조항에서 「1주」란 역상 7일로, 편의상 월요일부터 일요일까지의 역주(暦週)로 이해하면 될 것이다. 그리고 「1일」이란 역일(暦日)의 1일(0시부터 24시까지)을 의미한다.[3] 그러나 계속근로가 2일에 걸칠 경우에는 역일(暦日)을 달리하더라도 하나의 근로로 보고 8시간 제한규정을 적용해야 한다.[4]

b) 사용자는 후술하는 예외적인 경우(다음의 5 참고)를 제외하고 1주 40시간, 1일 8시간 이상의 근로를 시킬 수 없으므로 이에 위반하는 계약은 그 한도 내에서 무효이다.[5] 이때에 사용자는 벌칙의 제재(근기법 제110조)를 받는 것 이외에 현실적으로 행하여진 초과근로에 대하여는 가산임금(근기법 제53조, 제56조 참조)을 지급해야 한다. 왜냐하면

---

1) ILO의 제47호 「근로시간의 1주 40시간 단축에 관한 협약」 또한 1주 40시간이라는 주단위의 기본원칙만을 규정하고 있다.

2) 1주를 토요일과 일요일을 제외한 5일로 해석하는 다수견해에 따르면 1주 기본근로 40시간 및 연장근로 12시간과 토요일·일요일에 각 8시간×2=16시간을 합하여 총 68시간까지 노동이 가능하였다. 그러나 1주를 토요일과 일요일을 포함한 7일로 명시하면서 1주 근로기간은 52시간으로 명확하게 되었으며 고용노동부 행정해석은 자동 폐기되었다([53] 3. 4. 5. 6. 7. 각 항목 참고).

3) 개정근기법은 1주를 7일로 정한 제2조 1항 7호의 시행시기를 사업규모별로 나누어 정하고 있다. 즉, 상시 300명 이상의 근로자를 사용하는 사업 또는 사업장, 공공기관과 지방공사 및 지방공단 그리고 정부출연기관은 2018년 7월 1일부터 시행하고, 상시 50명 이상 300명 미만의 근로자를 사용하는 사업 또는 사업장은 2020년 1월 1일, 상시 5명 이상 50명 미만의 근로자를 사용하는 사업 또는 사업장은 2021년 7월 1일부터 시행한다(부칙 제1조 Ⅱ).

4) 이병태, 「노동법」, 783면; 심태식, 「개론」, 364면 참고; 1991. 10. 5, 근기 01254-1433.

5) 법정근로시간을 초과한 근로시간을 약정한 근로계약의 효력에 관해서는 大判 1974. 3. 12, 73 다 1140 참고.

법정근로시간에 위반하는 근로계약이 무효라고 하는 것은 기준 이상의 근로를 사용자가 청구할 수 없다는 것에 지나지 않으며, 이미 급부된 근로에 대한 반대급부(가산임금)를 지급하지 않아도 된다는 뜻은 아니기 때문이다.

c) 1주에 40시간이란 휴게시간을 제외한 실근로시간을 말한다(제50조 Ⅰ).

(3) **유해·위험작업에서의 법정근로시간**

a) 산업안전보건법 제139조 1항은 「사업주는 유해하거나 위험한 작업으로서 높은 기압에서 하는 작업 등 대통령령으로 정하는 작업에 종사하는 근로자에게는 1일 6시간, 1주 34시간을 초과하여 근로하게 해서는 아니 된다」고 규정하고 있다. 이는 근로기준법 제50조에 규정한 1주 40시간, 1일 8시간제의 원칙에 대한 예외로서, 종전에는 구 근로기준법 제43조에서 규정하였던 것을 재해예방의 측면에서 산업안전보건법을 대폭적으로 개정하면서 이를 동법 제139조에서 규정하게 된 것이다(그리고 구 근로기준법 제43조는 삭제하였다). 그리고 새로 개정된 이 규정은 종전과는 달리 이 법정근로시간에 대한 예외를 인정하고 있지 않다. 즉, 구 근로기준법 제43조 단서는 예외적으로 고용노동부장관의 인가를 얻은 경우에는 1일 2시간 이내, 1주 12시간 이내의 한도로 근로시간을 연장할 수 있도록 하였다. 그러나 개정된 산업안전보건법에서는 이와 같은 예외조항을 두고 있지 않다. 그러므로 유해·위험작업에서의 근로시간은 1일 6시간, 1주 34시간을 초과할 수 없게 되었다.

유해·위험한 작업은 잠함(潛函) 또는 잠수 작업 등 높은 기압에서 행하는 작업을 말한다(산안법 시령 제99조).

b) 1일 6시간의 근로시간이라고 하는 것은 휴식시간을 제외한 실근로시간(근기법 제50조 Ⅰ 참조)을 뜻한다.[1)·2)]

1990년 1월 13일의 개정 이전의 구 근로기준법 제43조는 갱내근로(坑內勤勞)를 유해·위험작업에 포함시켜 근로시간을 1일 6시간으로 제한함으로써 해당 근로자를 보호하는 대신 동법 시행령 제27조 2항은 입·출갱시간이 근로시간에 포함되지 않는다고 명시하였다. 그러나 1990년 1월 13일에 근로기준법과 산업안전보건법이 개정되면서 갱내근로가 유해·위험작업에서 제외되었으며, 구 근로기준법시행령 제27조 2항도 1990년 7월 14일에 삭제되었다. 따라서 갱내근로도 법정근로시간이 1일 6시간이라는 제한을 받

1) 갱내작업 중 낙반으로 인하여 갱내에 13일간 갇혀 있었던 경우, 그 시간은 근로시간으로 인정된다(1972. 3. 28, 근기 1455. 9-3148). 이에 대하여 1982. 10. 13, 근기 1455-28040(휴업수당지급) 비교.
2) 1일 근로시간의 3분의 1만을 유해·위험작업에 종사하고 그 나머지는 유해·위험업무가 아닌 일반업무에 종사하는 경우에는 통상근무시간의 3분의 2에 해당하는 시간만큼 근로함이 타당하다(1974. 4, 근기 1455. 9-3892).

지 않게 되었다. 그러면 시행령규정의 삭제에 의하여 입·출갱시간이 근로시간에 포함되는 것으로 해석될 것인가? 판례는 이에 대해서 일관되게 「갱내에서의 식사 및 휴식시간과 입·출갱 소요시간은 근로시간에서 제외된다」[1]는 태도를 취하고 있으며, 더욱이 광산노조와 사용자 사이의 단체협약에서 1일 6시간 근로를 정하고 있는 것에 대하여 「구 근로기준법 제43조 규정이 삭제되고 현행 근로기준법이 시행된 이후에도 근로자들이 소속되어 있는 노조와 사용자 사이에 체결된 단체협약이 갱내근로자의 근로시간을 1일 정미(正味) 6시간으로 규정하고 있는 것은 구 근로기준법시행령 제27조 2항의 규정취지에 따라 입갱 및 출갱에 요하는 시간을 근로시간에서 제외하는 것을 그 전제로 한 것으로 보이고, 따라서 그 경우 현행 근로기준법이 시행된 이후부터는 입·출갱에 소요된 시간도 실근로시간에 포함되어야 한다고 판단한 것은 위법하다」[2]고 판시하고 있다. 판단컨대 입·출갱에 소요되는 시간은 갱내근로의 특수성에 비추어 볼 때, 갱내채탄작업에 필수불가결한 준비 및 정리시간으로서 임금지급의 대상이 되는 근로시간으로 보아야 할 것이다.[3] 이 판결에서 대법원은 광산노조와 사용자 사이의 단체협약에서 근로시간을 6시간으로 규정한 데에는 양 당사자가 이미 삭제된 근로기준법시행령 제27조 2항의 내용을 전제로 하고 있다고 추단하여 입·출갱시간은 실근로시간에서 배제된다고 판시한 것으로 보여진다. 그러나 이와 같은 판결은 타당하지 않다고 생각된다. 입·출갱시간을 근로시간에서 제외한다는 근로기준법 시행령 제27조 2항이 삭제됨으로써 입·출갱시간도 근로시간에 포함하는 것으로 해석하는 것이 갱내작업의 취업실태에 비추어 타당하다. 갱내근로자의 작업준비 또는 종업후 필요한 정리·정돈시간 등 입·출갱시간은 업무와 관련해서 사용자의 지휘·감독하에서 행해지는 근로시간으로 보아야 하기 때문이다.[4]

⑷ 연소근로자의 법정근로시간과 그 예외

15세 이상 18세 미만인 자의 근로시간은 1일에 7시간, 1주에 35시간을 초과하지 못한다. 그러나 당사자 사이의 합의에 따라 1일에 1시간, 1주에 5시간을 한도로 연장할 수 있다(근기법 제69조). 연소근로자에 대하여 특별한 보호를 하는 것은 이들이 신체적으로나 도덕적으로 성인근로자와는 구별되어야 하기 때문이다. 헌법 제32조 5항은 연소자

---

1) 大判 1993. 3. 9, 92 다 22770; 大判 1993. 12. 28, 93 다 38529; 大判 1992. 2. 25, 91 다 18125.

2) 大判 1994. 12. 23, 93 다 53276. 판례의 태도를 지지하는 견해: 이병태, 「노동법」, 757면.

3) 日本 勞働基準法 제38조 2항 본문은 「갱내근로에 관해서는 근로자가 갱구에 들어간 시각부터 갱구를 나온 시각까지의 시간을 휴게시간을 포함해 노동시간으로 본다」고 규정하고 있다. 이 규정은 갱내근로의 특수성에 비추어 갱구계산제를 취하고 있다고 이해된다(厚生勞働省 勞働基準局 編, 「勞働基準法(上)」, 514面 참고). 갱내에서는 휴식시간 여부가 불분명한 경우가 있을 뿐 아니라 진정한 의미의 휴게가 이루어질 수 없는 경우가 많으므로 일본과 같이 갱내에서의 휴게시간을 근로시간에 포함시키는 것이 타당하다고 생각된다.

4) 厚生勞働省 勞働基準局 編, 「勞働基準法(上)」, 513面.

의 근로에 대한 특별보호를 규정하고 있다. 따라서 연소근로자에 대하여 근로기준법 제59조(근로시간 및 휴게시간의 특례)의 규정은 적용될 수 없다.

1일 7시간이란 휴게시간을 제외한 실근로시간(근기법 제50조 Ⅰ 본문 참조)을 말하며, 연장근로(근기법 제69조 단서)·야간근로 및 휴일근로(근기법 제70조 단서)에 대하여는 가산임금을 지급해야 한다. 제69조의 규정에 위반하는 경우에는 벌칙이 적용된다(근기법 제110조 ①).

4. 교대제근로

a) 최근에 와서 교대제근로가 비교적 널리 채택되고 있다. 교대제근로를 실시하는 것은 대체로 다음과 같은 세 가지 이유에 의한 것으로 요약될 수 있다. 첫째, 철강·유리제조 기타 화학산업에 있어서처럼 일부의 공정을 정지시키는 것이 사실상 불가능한 경우가 있고(철강업·유리제조업 등에서의 용광로를 생각하라), 둘째, 공공적 성질이 농후한 전력·가스·수도·운수·전신전화업무에 있어서는 교대제근로를 실시하지 않을 수 없으며, 셋째, 작업이나 업무의 성질과는 관계 없이 투하자본의 조기회수 또는 임차기계시설의 최대가동이라는 기업경영상의 필요에서 교대제가 행해질 수 있다.

교대제근로는 보통 야간근로를 수반하기 때문에 근로자들의 생활이 신체적으로나 정신적으로 조화를 잃기 쉬우며 문화적·사회적 활동에 있어서도 불편과 제약을 받게 된다.

b) 교대제근로의 대표적인 것은 3조 3교대제와 4조 3교대제라고 할 수 있는데, 1주 40시간 1일 8시간근로의 원칙을 관철하려면 4조 3교대제를 채택해야 한다.[1] 3조 3교대제를 실시할 경우에 어느 특정조가 24시간 쉬기 위해서는(유급휴일: 근기법 제55조를 생각하라) 다른 조가 연속적으로 근로를 해야 하기 때문이다. 또한 3조 3교대제를 실시하는 경우 1인당 1주 평균 56시간(8시간×7일)을 근무해야 하는데, 3주에 1회씩 순번제로 휴일을 부여한다 하더라도 매주 2명이 60시간(56시간+휴일근무자분 4시간)을 근무해야 한다. 이는 현행근로기준법의 법정기준근로시간의 원칙에 어긋나는 것이다. 1주 40시간 1일 8시간근로라는 기본원칙하에서는 4조 3교대제만이 근로기준법에 위배되지 않는다.

그러나 교대제근로는 근로자에게 생리적·인간적·문화적 악영향을 미치기 때문에(헌법 제32조 Ⅲ의 「인간의 존엄」 보장을 생각하라) 기업의 생산공정상의 필요성 또는 사업의 공공성의 경우가 아닌 기업채산상의 경우까지 교대제근로에 의한 심야작업을 허용해서는 안 된다는 입법론적 주장이 있다.[2] 이는 타당한 견해라고 생각한다.

---

1) 4조 3교대제의 연속근무형태에 관해서는 김형배, 「근로기준법」, 391면 참고.

2) 青木宗也, 「労働時間法の研究」, 31面 이하; 노동부, 「일본의 변형근로시간제도해설」, 1995 참고.

c) 교대제근로의 경우에 3교대제를 실시하고 있는 사업장에서 연속하여 24시간을 휴식하는 경우에는 근로기준법 제55조의 휴일이 된다고 하는 것이 고용노동부의 견해이다.[1] 이와 같은 견해는 휴일의 정의(역일(曆日)에 의한 24시간(0시부터 24시까지)을 계속 휴무하는 것)에 반하는 예외를 인정하는 것이 된다. 교대제근로에 대하여도 역일제휴일(曆日制休日)의 원칙이 지켜져야 한다는 당위성은 더 강조할 필요가 없다.

d) 교대제근로에 있어서도 야간근로와 휴일근로에 대하여는 가산임금(근기법 제56조)을 지급해야 한다.

5. 탄력적 근로시간제(근로시간의 유연화)

(1) 총 설

현행 근로기준법의 가장 큰 특징 중의 하나는 근로시간에 대한 법적 규제가 유연화되어 있다는 점이다. 구체적으로는 2주단위와 3개월단위의 탄력적(변형) 근로시간제(제51조 참조)[2]와 선택적 근로시간제(제52조 참조)가 그것이다.

과거 우리 근로기준법에서도 근로시간의 탄력적 운용에 관한 규정이 전혀 없었던 것은 아니다. 1980년 12월 31일의 근로기준법의 개정시 제42조 2항에서 4주단위의 변형근로시간제를 신설한 바 있다. 즉 「사용자는 당사자 간의 합의가 있는 경우에는 4주간을 평균하여 1주간의 근로시간이 48시간을 초과하지 아니하는 범위 내에서 특정일에 대하여 8시간, 특정주에 대하여 48시간을 초과하여 근로를 시킬 수」 있었다. 그러나 동 규정은 1일 또는 1주의 최장근로시간에 대한 규제를 두고 있지 않았기 때문에 장시간근로가 강제될 우려가 있는 등 그 적용상 많은 문제점이 제기되었다. 그 결과 동 규정은 1987년 11월 28일의 근로기준법개정시에 폐지되었다. 그 후 변형근로시간제는 특정한 사업에 대해서 공익 또는 국방상 특히 필요한 경우에 한하여 1주 44시간의 범위 내에서 1일 8시간을 초과하거나 휴식시간을 변경할 수 있도록 하고 있을 뿐이었다(구 근기법 제47조의2 참조). 그러다가 1996년 12월 31일의 근로기준법개정에서 구 근로기준법 제47조의2가 폐지되고 2주간 이내의 단위와 1개월 이내의 단위의 탄력적(변형) 근로시간제와 선택적 근로시간제가 새로 채택되어 시행되었으며, 다시 2003년 9월 15일 근로기준법 개정 당시 1개월 이내의 탄력적 근로시간제가 3개월 이내의 탄력적 근로시간제로 바뀌었다.

---

1) 1969. 6. 7, 기준 1455. 9-6327.

2) 일반적으로 탄력적(변형) 근로시간제란 일정단위기간 내에 소정근로시간을 평균하여 주간 법정근로시간을 초과하지 아니하는 범위 내에서 단위기간 내의 특정일 또는 특정주의 소정근로시간이 1일 또는 1주의 법정근로시간을 초과하더라도 전체적으로 소정근로시간을 근로한 것으로 취급하는 제도이다. 이 제도는 단위기간의 주나 날의 소정근로시간에 대하여 법정근로시간이 정하고 있는 형태를 변형하여 배분하는 것을 인정한다는 의미에서 변형근로시간제라고도 한다.

그후 2018년 3월 20일 근로기준법을 개정하여 주 최대 근로시간을 52시간으로 명확히 하고 특례업종을 축소한 가운데, 산업현장의 근로시간 운영상 애로 해소를 위한 보완책으로 개정 근로기준법 부칙에서 탄력적 근로시간제 제도개선을 위한 방안을 준비하도록 하였다. 이에 따라 2020년 12월 9일에 3개월 초과 6개월 이내의 탄력적 근로시간제를 도입하는 근로기준법 개정안이 국회에서 의결되었다.

(2) 2주간 이내 단위기간의 탄력적 근로시간제

a) 사용자는 취업규칙 또는 취업규칙에 준하는 것에서 정하는 바에 따라 2주 이내의 일정한 단위기간을 평균하여 1주의 근로시간이 법정근로시간을 초과하지 아니하는 범위 내에서 특정한 주에 40시간을, 특정한 날에 8시간을 초과하여 근로하게 할 수 있다(근기법 제51조 I). 다만, 특정한 주의 근로시간은 48시간을 초과할 수 없다(동조 I 단서).

b) 2주간 이내의 탄력적 근로시간제는 취업규칙 또는 취업규칙에 준하는 것에서 해당 규정을 두고 있는 경우에만 시행될 수 있다(근기법 제51조 I 본문). 다시 말해서 취업규칙 등에 정함이 있을 것을 요건으로 한다. 따라서 취업규칙의 작성의무가 있는 상시 10명 이상의 근로자를 사용하는 사용자의 경우에는 취업규칙에서 이를 정하여야 하고, 취업규칙의 작성의무가 없는 사용자의 경우에는 취업규칙에 준하는 다른 형태(실질적으로는 취업규칙 또는 노사협정)로 정해야 한다. 이 경우 그 내용을 근로자에게 주지시켜야 한다(근기법 제14조 참조).

사용자가 취업규칙에 의하여 2주간 이내의 탄력적 근로시간제를 실시하고자 하는 경우에는 먼저 그 시행안을 작성하여 이에 관해 근로자과반수로 조직된 노동조합이 있는 경우에는 그 노동조합, 근로자과반수로 조직된 노동조합이 없는 경우에는 근로자의 과반수의 의견을 들어야 한다(근기법 제94조 I). 그리고 사용자는 당해 취업규칙에 근로자들의 의견내용을 기재한 서면을 첨부하여 고용노동부장관에게 신고하여야 한다(근기법 제94조 II, 제93조).

그런데 취업규칙에 의한 2주간 이내의 탄력적 근로시간의 채택이 근로자에게 종래 적용되어 왔던 법정근로시간에 대한 불이익변경인지의 여부가 문제된다. 탄력적 근로시간의 채택은 사용자에게는 생산성향상과 함께 시간외근로수당의 절감효과를 가져오는 반면에 근로자에게는 여가선용의 기회가 확대된다고 하지만, 이와 같은 여가시간의 이용을 반드시 시간외근로수당의 부지급(不支給)에 대한 대가적 이익으로 볼 수는 없으므로 결국 근로자들에게는 불이익한 변경에 해당된다고 볼 수도 있다. 따라서 이 경우에는 근로자과반수의 동의를 얻어야 할 것으로 생각된다(근기법 제94조 I 단서).[1]

1) 근로기준법 제50조가 정한 근로시간의 기준은 근로자의 보호를 위하여 입법권을 가진 국가가 정한

c) 2주간 이내의 탄력적 근로시간제를 실시하는 경우에도 특정주의 근로시간이 48시간을 초과할 수 없다(근기법 제51조 Ⅰ 단서). 이 규정은 1주의 최장근로시간을 설정함으로써 장시간근로의 가능성을 예방하는 데 그 취지가 있다고 할 수 있다. 동 규정에는 1일의 최장근로시간은 규정되고 있지 않다. 이에 관해서는 제51조 2항과의 유기적 관련하에서 동조 1항의 경우에도 1주 48시간의 범위 내(그 한도 내에서 소정근로시간이다)에서 1일의 근로시간이 12시간 이내(그 한도 내에서 소정근로시간이다)이면 시간외근로수당이 지급되지 않는 것이라는 취지로 넓게 해석되어야 할 것이다.[1] 다만, 야간근로 또는 휴일근로에 대해서는 가산임금이 지급되어야 한다.

(3) 3개월 이내 단위기간의 탄력적 근로시간제

a) 사용자는 근로자대표와의 서면합의에 따라 법소정의 사항을 정한 때에는 3개월 이내의 단위기간을 평균하여 1주의 근로시간이 40시간을 초과하지 않는 범위 내에서 특정한 주에 40시간을, 특정한 날에 8시간을 초과하여 근로하게 할 수 있다(근기법 제51조 Ⅱ ③). 다만, 특정한 주의 근로시간이 52시간을 초과할 수 없도록 함으로써 1주당 최장연장근로시간을 12시간으로 한정하였고, 특정한 날의 근로시간은 12시간을 초과할 수 없도록 하였다(근기법 제51조 Ⅱ 단서).

b) 3개월 이내의 단위의 탄력적 근로시간제가 실시되기 위해서는 2주간 이내의 탄력적 근로시간제에서와는 달리 근로자대표와 사용자 사이에 서면합의가 있어야 한다. 서면합의에는 i) 대상 근로자의 범위, ii) 3개월 이내의 일정한 단위기간, iii) 단위기간의 근로일 및 당해 근로일별 근로시간, iv) 서면합의의 유효기간 등이 명시되어야 한다(근기

것이다. 변형근로제는 이러한 기준의 변경을 일정한 범위 내에서 사용자에게 허용하는 것이므로 동법 제51조 1항은 일종의 개방조항(Öffnungsklausel)이라고 할 수 있다. 따라서 사용자와 근로자 사이에 교섭력의 균형이 유지되지 않는 한 근로시간의 기준은 근로자에게 불리하게 변경될 수 있다. 이러한 경우에는 집단적 형식의 근로자의 동의가 있어야 할 것이다(근기법 제94조 단서). 근로자에게 불리한 변형근로제를 적용함에 있어 사용자가 일방적으로 결정할 수 있는 권한이 아무런 통제 없이 주어질 수는 없으므로 제51조 1항의 해석에 있어서는 이 점에 유의해야 할 것이다. 예컨대 특정한 날의 근로시간의 상한제한 없이 사용자가 일방적으로 법정기준근로시간을 변형할 수 있다고 한다면 제50조의 기본취지 자체가 무너지게 될 것이다. 따라서 근로자에게 불리한 개방조항은 허용될 수 없으므로 상한제한에 관해서는 합목적적 제한해석을 할 필요가 있다. 제51조 1항 단서는 특정주의 근로시간 상한을 48시간으로 정하고 있으나, 특정일의 근로시간 상한에 대해서는 정하는 바가 없다.

근로자들의 집단적 동의를 받을 필요가 없다는 견해: 임종률, 「노동법」, 446면. 절충설: 김유성, 「노동법 Ⅰ」, 151면.

1) 근로기준법 제51조 1항의 규정의 해석에서 제기되는 1일의 초과근로의 상한선에 관해서는 법문에 명문의 규정이 없다. 이는 일종의 법률규정의 흠결이라 할 수 있다. 그러나 이에 대해서는 변칙적 근로에 관한 근로기준법 제51조 2항의 규정과 제56조의 규정의 취지를 종합하여 본문의 설명에서와 같이 판단하는 것이 타당할 것이다.

법 제51조 Ⅱ; 근기법 시령 제28조 Ⅰ). 특히 탄력적 근로시간에 있어서는 단위기간을 평균하여 1주의 근로시간이 1주 법정근로시간(40시간)을 초과하지 않도록 단위기간 내의 총 소정근로시간을 정하여야 한다. 즉, 단위기간을 평균하여 1주의 근로시간이 1주의 법정근로시간을 초과하지 않도록 특정주의 초과분을 다른 주나 일에 흡수할 것임을 명확히 하고, 단위기간 내의 근로일의 소정근로시간도 특정하는 것이 제도의 운용과 관련하여 미리 정해져야 할 사항이다(근기법 제51조 Ⅱ ③). 다만, 특정한 주의 근로시간은 52시간을, 특정한 날의 근로시간은 12시간을 초과할 수 없다(근기법 제51조 Ⅱ 단서). 위의 탄력적 근로시간제는 미성년자(15세 이상 18세 미만의 근로자)와 임신 중인 여성 근로자에 대하여는 적용하지 않는다(근기법 51조 Ⅲ). 사용자는 위의 탄력적 근로시간제에 따라 근로자를 근로시킬 경우에는 기존의 임금수준이 낮아지지 않도록 임금보전방안(賃金補塡方案)을 강구하여야 한다(동조 Ⅳ).

《사용자와 근로자대표의 서면합의의 법적 성질과 문제점》

1) 근로기준법은 ① 3개월 이내의 탄력적 근로시간제(제51조 Ⅱ), ② 선택적 근로시간제(제52조), ③ 사업장외근로 및 재량근로에 있어서 근로시간의 산정(제58조), ④ 근로시간 및 휴게시간의 특례(제59조), ⑤ 유급휴가의 대체(제62조), ⑥ 보상휴가제(제57조) 등을 실시하기 위해서는 사용자가 근로자대표와 그에 관한 서면합의를 하여야 한다고 규정하고 있다. 이 서면합의는 특히 근로기준법상의 근로시간의 규제(제50조의 법정근로시간)를 완화하거나 유급휴가제도의 탄력적인 운용을 위하여 부과된 요건이라는 점에서 노동조합에 의하여 체결되는 단체협약과는 구별되는 개념으로 이해된다. 이러한 의미에서 이 서면합의의 법적 성질은 사업장 내의 종업원대표제에 의한 합의로서 사용자와 근로자대표 사이에 체결되는 이른바 「노사협정」(근참법 제21조, 제23조, 제24조 참조)으로 볼 수도 있다.[1] 그러나 근로기준법은 이와 같은 노사협정의 근로자측 당사자를 근로자대표라고만 규정하고 있을 뿐 근로자대표에 대한 구체적인 정의를 내리고 있지 않다. 이 노사협정은 사업장 내의 전체종업원을 대표하여 체결되는 것이므로 근로자대표는 원칙적으로 사업장 내의 모든 근로자를 대표하는 자이어야 함은 물론이다. 다만, 근로기준법은 다른 규정에서도 이와 유사한 개념을 사용하고 있는데, 예를 들면 경영상의 이유에 의한 해고의 요건으로서 근로자대표와 해고기준 및 해고대상자선정기준에 관하여 사전협의를 할 것을 규정하고 있으며, 이때 「당해 사업 또는 사업장에 근로자의 과반수로 조직된 노동조합이 있는 경우에는 그 노동조합, 근로자의 과반수로 조직된 노

1) 그러나 우리 노동법하에서는 노사협정이라는 제도가 독자적으로(예컨대 독일에 있어서 경영협정과 같이) 인정되고 있지 않기 때문에 그 개념이나 성격이 다소 불분명하다는 문제가 있다. 다만, 위의 서면합의는 조합원에 대하여 적용되는 단체협약이나 사용자가 일방적으로 작성하는 취업규칙과는 명백히 구별된다는 점에서 그 독자적인 성격을 지니고 있다고 볼 수 있다. 菅野, 「勞働法」, 164面 참고.

동조합이 없는 경우에는 근로자의 과반수를 대표하는 자」를 근로자대표라고 명시적으로 규정하고 있다(제24조 Ⅲ). 이와 같이 근로기준법은 근로자의 대표에 관하여 전근로자의 과반수를 대표하는 자 이외에 근로자의 과반수로 조직된 노동조합에 대해서도 사업장 내의 전종사근로자에 대한 대표성을 인정하는 태도를 취하고 있으므로, 근로자과반수로 조직된 노동조합도 당해 노사협정의 근로자측 대표로서의 지위를 인정하는 것이 현행법의 해석에 합치한다고 생각된다.[1] 물론 이 경우에 근로자과반수로 조직된 노동조합은 사업장 내의 전종사근로자를 대표하는 노사협정의 당사자로 이해되며, 따라서 당해 노동조합과 사용자가 체결하는 서면합의도 노사협정으로서 단체협약과는 구별되어야 한다.

2) 사업장 근로자의 과반수로 조직된 노동조합이 예컨대 3개월 단위의 탄력적 근로시간제에 대하여 합의할 경우에 이러한 합의에 개별적으로 승인 내지 동의를 한 자와 그 조합원에게 합의의 효력이 미치는 것은 근로기준법과 노조및조정법의 취지상 당연한 일이다. 그러나 비조합원 또는 이와 같은 서면합의에 동의하지 않는 개별근로자에 대해서 이 서면합의의 효력이 미치는 근거는 어떻게 설명되어야 할 것인가? 이에 대하여 근로기준법에는 아무 규정을 두고 있지 않다. 근로기준법이 개별적 근로계약관계에 대한 특별보호입법임을 감안한다면, 근로자대표와의 합의에 의하여 근로조건의 집단적 형성과 변경을 정당화하는 것은 근로기준법의 본래의 영역을 벗어나는 것이며, 노동관계법의 규율체계에 부합하지 않는다. 이 부분에 관한 한 그 정당성근거는 근로기준법의 최저기준에 대한 국가적 보호에 의해서가 아니라 집단적 규범계약이론에 의하여 설명될 수밖에 없다. 즉 당해 사업장의 근로자의 과반수로 조직된 노동조합은 비조합원에 대하여 비록 조합원관계에 기초한 대표성을 보유하지는 않더라도, 이 경우(마찬가지로 법 제24조의 정리해고와 제94조에 의한 취업규칙의 변경의 경우)에는 법률의 규정에 의하여 당해 노동조합에게 사업장 전체근로자에 대한 대표성(Repräsentation)이 부여되는 것으로 보아야 한다. 다시 말하면 법률의 규정에 의하여 당해 노동조합은 자신의 조합원뿐만 아니라 다른 근로자를 위해서도 대표할 수 있게 된다. 그러므로 위의 법률규정들은 과반수로 조직된 노동조합에게 전체종업원을 대표할 수 있는 수권적 기초를 부여하고 있는 것으로 해석하여야 한다. 법률규정에 의하여 수권적 기초가 부여되어 있다면, 이는 내부적으로 서면합의와 관련한 의사형성과정에 비조합원의 참여가 보장되지 않으면 안 된다. 법률에 의하여 특정노동조합에게 전체종업원의 대표지위가 부여되고, 이러한 대

---

1) 예컨대 근로자참여협력법상의 노사협의회의 근로자측위원도 근로자과반수로 조직된 노동조합이 있는 경우에는 그 노동조합이 전근로자의 대표성을 갖는다고 규정하고 있다(제6조 Ⅱ 참조). 그러나 근로기준법에서 근로자대표에 대한 정의규정을 두고 있지 않은 것은 입법상의 불비라고 보여진다. 입법기술적으로는 근로자대표의 정의규정을 근로기준법 제2조에 두거나, 또는 해당 규정에서 구체적으로 규정하는 방법이 있을 수 있다. 일본의 *勞働基準法施行規則* 제6조의2에서는 그 대상자와 선출방법에 관하여 정하고 있다.

표자에게 주어진 권한의 행사로 비조합원이 함께 구속되는 것이라면 해당 사안의 의사형성에 있어서 마땅히 비조합원의 동등한 참여가 보장되어야 하기 때문이다. 다시 말하면 당해 노동조합은 서면합의와 관련해서는 전체근로자를 대표하는 것이며, 따라서 전체근로자의 의사형성을 기초로 삼아야 한다. 비조합원의 의사형성과정에의 참여를 보장함이 없는 대표성의 강제는 민주주의원리에 반하는 것이다.[1)]

특정노동조합에게 전체근로자를 대표(Repräsentation)할 수 있는 지위를 부여함으로써 「서면합의」에 동의하지 않는 근로자 또는 비조합원에 대해서까지도 구속할 수 있는 합의권능을 부여하는 것은 집단법적 원리에 기초한 것이다. 다시 말하면 전체근로자에 대한 노동조합의 대표성을 근거로 개별적 근로자의 근로조건을 형성 또는 변경하게 하는 것은 집단법적 원리에 의한 것이므로, 이에 관한 규정들은 개별적 근로계약관계에 관한 보호규정 = 근로기준법적 규정으로 이해될 수는 없다. 이와 같은 집단적 노사자치에 관한 규정이 근로기준법 내에 혼합되어 들어오는 것은 노동법의 중층구조(重層構造)에 비추어 체계상 정당하다고 볼 수는 없을 것이다. 적어도 이와 같은 현행규정의 해석에 있어서는 단체법적 원리가 적용되어야 할 것으로 판단된다.

복수노조가 존재하는 사업 또는 사업장에서는 교섭대표노동조합이 대표권을 가지게 될 것이다.

c) 근로자대표와의 서면합의가 있는 경우에는 1주 40시간, 1일 8시간의 원칙이 있음에도 변형근로(제51조 Ⅱ), 선택적근로(제52조) 등을 행할 수 있게 되므로 이러한 규정(일종의 개방규정)들은 근로기준법의 규제를 면하게 하는 효과를 부여하는 것이 된다. 따라서 근로자대표는 사업장의 근로자들이 참여하는 민주적 방법에 의하여 선출되어야 한다.

d) 서면합의를 할 수 있는 근로자대표는 탄력적 근로시간제의 적용을 받게 될 근로자들의 과반수를 대표하는 것으로 이해하면 될 것이다. 그 밖의 근로자들의 근로시간에 아무 영향을 주지 않는 한 그렇게 해석하는 것이 합리적일 것이다.[2)]

e) 탄력적 근로시간제는 법정근로시간을 일정한 조건하에 변형할 수 있도록 법률

1) 집단적 차원에서의 민주주의적인 원리는 규율받는 자가 규율을 스스로 제정한다는 자동성(自同性)(Identität)과 자신의 문제에 대해서는 자기 스스로가 결정을 내린다는 점(Selbstregierung der Normunterworfenen und Selbstentscheidung in eigenen Angelegenheiten)으로 귀착된다(이에 관해서는 Böckenförde, *Demokratie und Repräsentation*, 1983, S. 13 f., 16 f., 18 f. 참고).

2) 근로기준법의 1996. 12. 31. 개정에서는 "근로자의 서면합의(업무단위 또는 부분적으로 적용하고자 할 때에는 당해 근로자와의 서면합의)"라고 규정되어 있었으나 1997. 3. 13. 법 제정 때에는 이러한 문언이 없으므로 사업부분·부서 근로자들만의 서면합의로 탄력적 근로시간제를 시행하는 것은 허용되지 않는다는 견해가 있다(노동법실무연구회, 「근로기준법주해 Ⅲ」(이정한·김진), 89면). 일부 근로자들에 대한 탄력적 근로시간제를 실시함으로써 전체 근로자들의 근무시간이나 근무방법에 아무 영향을 주지 않는다면 전체 근로자대표와의 서면합의는 필요하지 않다고 보아야 할 것이다.

로 인정하는 제도이므로 특정주에 40시간, 특정일에 8시간을 넘어 근로하더라도 초과된 부분은 연장근로에 해당되지 아니한다.[1] 따라서 탄력적 근로시간제하에서의 연장근로는 다음과 같은 경우에만 고려될 수 있다. 즉 i) 1주 40시간, 1일 8시간을 초과한 근로시간이 정해진 주 또는 일에 대해서는 그 정해진 시간(소정근로시간)을 초과한 근로시간만이 연장근로가 된다. ii) 1주 40시간, 1일 8시간 이하의 근로시간이 정해진 주 또는 일에 대해서는 법정근로시간인 1주 40시간, 1일 8시간을 초과한 때에 연장근로가 된다. iii) 위의 ii)의 경우에 1주 또는 1일의 근로시간연장이 법정근로시간의 범위 내라 하더라도 단위기간의 법정근로시간의 총합을 초과한 때에는 그 초과된 근로시간은 연장근로가 된다.[2] 다만, 근로기준법 제51조 2항 단서는 특정한 주의 근로시간은 52시간을, 특정한 날의 근로시간은 12시간을 초과할 수 없도록 하고 있는데, 이와 같은 근로시간의 상한 규제는 절대적 기준을 정한 것으로서 이를 초과하는 연장근로는 당사자의 합의에 의하여도 인정되지 아니한다고 해석된다(이에 관해서는 다음의 6 ⑵ b) 참고).

f) 근로기준법 제51조의 규정에 의한 탄력적 근로시간제는 i) 15세 이상 18세 미만의 연소근로자와, ii) 임신중인 여성근로자에 대해서는 적용되지 아니한다(제51조 Ⅲ).

g) 사용자는 탄력적 근로시간제를 실시할 경우에 근로자의 기존임금이 낮아지지 아니하도록 임금보전방안(賃金補塡方案)을 강구하여야 한다(제51조 Ⅳ; 시령 제28조 Ⅱ 참조). 주로 연장근로에 대한 임금보전이 문제될 수 있으나 이 규정이 훈시적 성질을 가지고 있어 사용자에게 임금보전을 강제할 수는 없다고 해석되고 있다.

h) 탄력적 근로시간제를 채택하여 그대로 실시하는 경우 근로기준법 제50조에 따른 법정근로시간이 적용되지 않으므로 제50조 위반의 형사책임은 성립하지 않으며, 가산임금지급의무도 발생하지 않는다. 그러나 단위기간을 평균한 경우에 법정근로시간을 초과하여 탄력적 근로시간제를 실시하면 근로기준법 제50조를 위반하는 것이 되어 벌칙

---

1) 업무변동의 파동성에 상응하여 근로시간의 효율적 분배가 시도됨으로써 종래의 정형화된 근로시간제하에서 한가한 때에 발생하는 대기시간을 절단하거나, 근로시간 자체를 감축하여 그 축소분만큼을 바쁜기간에 추가하게 된다면 단순계산상으로는 근로시간의 증감이 없다. 그러나 같은 업무량을 단시간에 집중하여 처리하게 되므로 필연적으로 노동강도가 상승하게 됨에도 불구하고 종래 지급되었던 연장근로수당은 받지 못하게 된다는 점에서 그 적용에 비판적인 견해가 있다. 개정 근로기준법에서도 이 점을 고려하여 탄력적 근로시간제를 실시하더라도 기존의 임금수준이 저하되지 아니하도록 사용자로 하여금 임금보전방안을 강구할 것을 규정하고 있고(근기법 제51조 Ⅳ), 고용노동부장관은 임금보전방안의 강구 여부에 관하여 필요한 경우에는 사용자에게 그 보전방안의 내용을 제출하도록 명하거나 이를 직접 확인할 수 있다고 규정하고 있으나(근기법 시령 제28조 Ⅱ), 그 법적 의미와 효과에 관해서는 의문이 있다.

2) 이때 단위기간의 법정근로시간의 총합은 40시간×단위기간의 역일수/7일의 계산방법에 의하여 도출된다.

(제110조 ①)이 적용된다. 2주 단위의 탄력적 근로시간제에 있어서도 마찬가지이다. 또한 단위기간의 법정근로시간의 총합을 초과한 때에는 초과한 근로시간은 연장근로가 되어 가산임금이 지급되어야 한다.

⑷ 3개월 초과 6개월 이내의 탄력적 근로시간제

a) 사용자는 근로자대표와의 서면 합의에 따라 법소정의 사항(제51조의2 Ⅰ 각 호)을 정하면 3개월을 초과하고 6개월 이내의 단위기간을 평균하여 1주 간의 근로시간이 40시간을 초과하지 아니하는 범위에서 특정한 주에 40시간을, 특정한 날에 8시간을 초과하여 근로하게 할 수 있다(제51조의2 Ⅰ 본문). 다만, 특정한 주의 근로시간은 52시간을, 특정한 날의 근로시간은 12시간을 초과할 수 없다(제51조의2 Ⅰ 단서).

b) 3개월 초과 6개월 이내의 탄력적 근로시간제를 실시하기 위해서는 사용자와 근로자대표 사이에 ⅰ) 대상 근로자의 범위, ⅱ) 단위기간(3개월을 초과하고 6개월 이내의 일정한 기간으로 정하여야 한다), ⅲ) 단위기간의 주별 근로시간, ⅳ) 그 밖에 대통령령으로 정하는 사항 등이 명시된 서면합의가 있어야 한다(제51조의2 Ⅰ).

c) 3개월 초과 6개월 이내의 탄력적 근로시간제를 실시할 경우 다음과 같은 점에서 3개월 이내의 탄력적 근로시간제와는 차이가 있다. 첫째, 사용자는 근로일 종료 후 다음 근로일 개시 전까지 근로자에게 연속하여 11시간 이상의 휴식 시간을 주어야 한다. 다만, 대통령령으로 정하는 불가피한 경우에는 근로자대표와의 서면합의가 있으면 이에 따른다(제51조의2 Ⅱ). 둘째, 사용자는 단위기간내 각 주의 근로일이 시작되기 2주 전까지 근로자에게 해당 주의 근로일별 근로시간을 미리 통보하여야 한다(제51조의2 Ⅲ). 다만, 사용자는 근로자대표와의 서면합의 당시에는 예측하지 못한 천재지변, 기계 고장, 업무량 급증 등 불가피한 사유가 발생한 때에는 해당 단위기간 내에서 평균하여 1주간의 근로시간이 유지되는 범위에서 근로자대표와의 협의를 거쳐 단위기간의 주별 근로시간을 변경할 수 있다. 이 경우 해당 근로자에게 변경된 근로일이 개시되기 전에 변경된 근로일별 근로시간을 통보하여야 한다(제51조의2 Ⅳ). 셋째, 사용자는 3개월 초과 탄력적 근로시간제를 실시할 경우 기존 임금 수준이 낮아지지 아니하도록 임금항목을 조정 또는 신설하거나 가산임금 지급 등의 임금보전방안(賃金補塡方案)을 마련하여 고용노동부장관에게 신고하여야 한다. 다만, 근로자대표와의 서면합의로 임금보전방안을 마련한 경우에는 그러하지 아니하다(제51조의2 Ⅴ). 3개월 이내의 탄력적 근로시간제에 관한 규정은 훈시규정에 지나지 않으나 3개월 초과의 탄력적 근로시간제를 실시할 경우에는 임금보전방안 신고의무를 부과하고 이를 위반하면 과태료를 부과하고 있다는 점에서 차이가 있다(제116조 Ⅰ ③).

d) 3개월 초과 탄력적 근로시간제는 3개월 이내의 탄력적 근로시간제와 마찬가지로 15세 이상 18세 미만의 근로자와 임신 중인 여성 근로자에 대하여는 적용하지 아니한다(제51조의2 Ⅵ).

e) 사용자는 제51조 및 제51조의2에 따른 단위기간 중 근로자가 근로한 기간이 그 단위기간보다 짧은 경우에는 그 단위기간 중 해당 근로자가 근로한 기간을 평균하여 1주간에 40시간을 초과하여 근로한 시간 전부에 대하여는 연장근로로서 가산임금(제56조 Ⅰ)을 지급하여야 한다. 이는 2주이내 및 3개월 이내의 탄력적 근로시간제에 대해서도 마찬가지로 적용된다(제51조의3. 2021. 1. 5 신설).

(5) 선택적 근로시간제

a) 사용자는 취업규칙 또는 이에 준하는 것에 따라 업무의 시작 및 종료 시각을 근로자의 자유로운 결정에 맡기기로 한 근로자에 대하여 근로자대표와의 소정(제52조 Ⅰ 각호 참조)의 서면합의에 따라 1개월(신상품 또는 신기술의 연구개발 업무의 경우에는 3개월로 한다) 이내의 정산기간을 평균하여 1주의 근로시간이 제50조 1항의 법정근로시간의 범위를 초과하지 아니하는 범위 내에서 특정주에 40시간, 특정일에 8시간을 초과하여 근로하게 할 수 있다(제52조. 2021. 1. 5 개정). 이를 선택적 근로시간제 또는 플렉스타임(flex-time)제라고 한다. '선택적 근로시간제'란 일반적으로 근로시간 내에서 업무의 시작 및 종료 시각을 근로자가 자유로이 결정하여 근무하도록 하는 근로시간제를 말한다. 선택적 근로시간제는 법정근로시간에 대응하는 개념으로서 근로시간의 배분을 탄력화한 변형근로시간제의 일종이라고 할 수도 있다. 선택적 근로시간제도는 각 근로일의 시업·종업시각, 즉 각 근로일의 근로시간을 근로자의 자유의사에 맡김으로써 근로자로 하여금 생활상의 필요에 따라 근로시간의 조정을 도모할 수 있도록 하고, 사용자측에서도 별도의 연장근로수당의 지급이 없이 작업능률의 향상을 가능하게 한다. 이 제도는 서구에서 이미 오래 전부터 채택되고 있다. 근로기준법상 선택적 근로시간제는 탄력적 근로시간제(제51조)에 비하여 다음과 같은 규율상의 특징을 지니고 있다. 먼저 i) 선택적 근로시간제에서는 각 근로일의 시업·종업시각을 근로자가 자유롭게 결정한다는 점에서 1일·1주에 대한 근로시간의 상한규제가 없고, ii) 탄력적 근로시간제와는 달리 노사당사자의 서면합의를 고용노동부장관에게 제출해야 할 의무를 부담하지 않으며, iii) 임산부에 대한 적용도 배제되지 아니한다.

b) 선택적 근로시간제를 실시하기 위해서 사용자는 먼저 취업규칙 또는 이에 준하는 규정으로 일정범위의 근로자에 대하여 업무의 시작 및 종료 시각을 자유롭게 정할 수 있도록 규정해야 한다. 이어서 사용자는 당해 사업장의 근로자대표와의 서면합의에

따라 i) 대상근로자의 범위(15세 이상 18세 미만의 근로자를 제외한다), ii) 정산기간, iii) 정산기간의 총근로시간, iv) 반드시 근로해야 할 시간대(이른바 의무근로시간대)를 정하는 경우에는 그 시작 및 종료 시각, v) 근로자가 그의 결정에 의하여 근로할 수 있는 시간대를 정하는 경우에는 그 시작 및 종료 시각(이른바 선택근로시간대), vi) 그 밖에 대통령령으로 정하는 사항(표준근로시간)[1]을 정해야 한다(제52조 I; 시령 제29조). 취업규칙의 제정과 노사협정의 체결은 어느 것을 먼저 하더라도 무방하다. 다만, 노사협정에서 선택적 근로시간제를 채택한다는 취지의 약정을 하면서 해당 제도의 내용에 관해서는 취업규칙에 백지위임하는 것은 허용되지 아니한다고 해석된다. 근로자대표와의 서면합의, 즉 노사협정은 근로기준법의 원칙규정(제50조)에 대한 면제적 효과를 부여하는 필수적 요건이다. 노사협정을 사용자가 정하는 취업규칙으로 대체하는 것은 동조에 위반하는 것으로 아무 효력이 없다.

c) 선택적 근로시간제의 가장 중요한 특징은 업무의 시작 및 종료 시각의 결정을 근로자에게 맡긴다는 점(개별 근로계약상의 합의)이다. 따라서 의무근로시간대를 설정하는 경우에 그 시간대가 사실상 1일의 소정근로시간대와 거의 일치하는 경우에는 기본적으로는 업무의 시작 및 종료 시각을 근로자의 결정에 맡기는 것으로 볼 수 없으므로 선택적 근로시간제의 취지에 부합하지 아니한다.[2] 또한 시작 및 종료 시각을 근로자의 자주적인 결정에 맡기면서도 다른 한편으로 근무계획(즉, 출퇴근 시각)을 다시 신고해야 한다거나, 그 근무계획에 대하여 소속부서장의 승인을 필요로 하는 등의 규정을 두는 것도 선택적 근로시간제의 취지에 반하는 것으로 해석된다. 사용자가 선택시간대(flexible time)중의 일정시간까지 출근할 것 또는 일정시간까지 직장에 잔류할 것을 근로자에게 명할 수 있는지에 대해서는 견해가 대립된다(이른바 의무시간대(core time)의 출근명령은 허용되는 것이 당연하다). 의무시간대의 조정이나 중요한 업무상의 필요성이 있는 경우에는 신의칙상 직무수행의무를 인정해야 한다는 견해가 있는가 하면, 근로자의 자유로운 결정이 중요시되는 선택적 근로시간제의 성질상 근로자의 개별적 동의가 없는 출근의무 또는 일정시간까지의 잔류의무는 인정될 수 없다는 견해가 있다. 후자의 견해가 지배적이다.[3]

d) 선택적 근로시간제의 정산기간은 최고 1개월(신상품 또는 신기술의 연구개발 업무의 경우에는 3개월)까지이다. 따라서 정산기간을 2주 또는 4주로 하더라도 무방하다. 이

1) 근로기준법 시행령 제29조는 표준근로시간을 유급휴가 등의 계산기준으로 사용자와 근로자대표가 합의하여 정한 1일의 근로시간으로 정의하고 있다.

2) 日本 昭和 63. 1. 1, 基發 1號 2 ⑵ 참고.

3) 土田, 「勞働契約法」, 355面 참고.

정산기간 내에 근로해야 할 총근로시간도 노사협정(사용자와 근로자대표와의 서면합의)에서 정하여야 한다. 이 총근로시간은 당해 정산기간의 소정근로시간을 의미하는 것이므로 당해 정산기간 동안 근로자가 행한 실근로시간이 그에 부족한 경우에는 그 부족분은 결근시간으로 계산되고, 초과하는 경우는 소정근로시간 외의 근로로서 계산된다. 이때 총근로시간은 정산기간을 평균하여 1주의 법정근로시간을 초과하지 않는 범위 이내이어야 한다. 따라서 소정근로시간을 초과하더라도 법정근로시간의 범위 이내인 경우에는 이른바 기준내초과근로시간으로서 가산임금의 지급은 문제되지 아니한다.[1] 반면에 선택적 근로시간제에서 근로자가 근로시간을 자주적으로 선택한 결과 당해 정산기간에서의 총근로시간이 당해 정산기간의 법정근로시간을 초과하는 경우에는 시간외근로가 성립하고, 따라서 해당 근로자에 대하여 가산임금이 지급되어야 한다. 그런데 선택적 근로시간제에 관한 근로기준법 제52조는 1주 또는 1일에 대한 근로시간의 상한을 정하고 있지 않다. 따라서 선택적 근로시간제하에서는 근로자가 자율적으로 얼마든지 법정근로시간을 초과하여 근로할 수 있는 것으로 해석될 여지가 있다. 그러나 탄력적 근로시간제하에서의 1주 52시간, 1일 12시간의 근로시간상한규제(제51조 Ⅱ), 연장근로에 있어서 1주 12시간의 연장근로시간의 상한규제(제53조 Ⅰ · Ⅱ) 등의 근로기준법상의 규정은 근로자의

---

1) 정산기간중에 실제 근로한 실근로시간이 정산기간에서의 총근로시간을 초과한 경우 또는 반대로 부족한 경우에 그 과부족분을 다음의 정산기간에 이월하여 처리할 수 있는가 하는 점이 문제된다. 이를 근로시간의 대차(貸借)라고 한다. 개정법은 이를 명시적으로 금지하는 규정을 두고 있지 않다. 이에 관해서는 해석론상 크게 두 견해가 대립하고 있다. 먼저 하나의 견해에 따르면 정산기간 자체는 그 기간중에만 근로시간의 배분이 가능한 것이므로, 실근로시간과 소정근로시간의 대비에 따른 과부족에 대하여는 임금계산으로 매듭을 지우는 것이 타당하다고 하여 대차제에 의한 처리를 인정하지 아니한다(渡攬章, 「ジュリスト」(第917號), 69面 이하 참고). 예컨대 정산기간 내의 실근로시간이 소정근로시간을 초과하는 경우, 그 초과분을 다음의 정산기간으로 이월하는 것은 근로의 대가의 일부가 당해 기간의 임금지급일에 지급되지 아니하는 것이므로 임금전액불의 원칙에 반하는 것이라고 한다. 다만, 이 경우에도 실근로시간이 부족한 경우에 그 부족분을 다음의 정산기간의 총근로시간에 이월하여 근로시키고 소정근로시간분의 임금을 지급하는 것은 법정근로시간의 범위 내의 것인 한 임금전액불의 원칙에 반하지 아니한다고 한다. 이때에는 실근로시간이 부족한 정산기간에 과불된 임금을 다음의 정산기간에 청산하는 것으로 보아 임금전액불의 원칙에 반하지 않는다는 법리구성을 취한다(日本昭和 63. 1. 1, 基發 1號). 반면에 정산기간이란 선택적 근로시간제 하에서의 소정근로시간을 정할 경우의 단위가 되는 기간에 지나지 않는 것이므로 그 기간의 근로시간은 모두 당해 정산기간중에 '청산'되어야 하는 것은 아니라고 전제하면서, 임금전액불의 원칙도 임금의 일부의 지급유보 및 상계를 원칙적으로 금지하는 데 지나지 않으므로 임금액이 근로시간의 길이에 대응하여 결정되어야 한다는 원칙을 의미하는 것은 아니라고 한다. 따라서 선택적 근로시간제 하에서 실제 근로시간이 정산기간 내의 소정근로시간을 초과하는가 아니면 소정근로시간에 미달하는가에 관계 없이 일정기간에 대하여 일정액의 임금을 지급하고, 근로시간의 과부족에 대해서는 당해의 정산기간과 다음의 정산기간의 근로시간을 '청산'하여 처리하는 것은 법적으로 문제되지 않는다는 견해가 있다(下井隆史, 「勞働基準法」, 322面; 菅野, 「勞働法」, 515面 이하).

건강보호를 목적으로 하는 상한규제의 보호기준을 정한 것이라고 할 수 있으므로, 선택적 근로시간제에서도 이와 같은 기준이 적용되어야 할 것이다(이에 관해서는 다음의 6. (2) 참고). 선택적 근로시간제에 있어서는 근로자의 선택에 따라 사용자는 1주 또는 1일에 법정근로시간을 「초과하여 근로하게 할 수 있」는 것이지만, 본인이 선택하여 초과근로를 한다고 하여 법률이 이를 방치한다는 것은 근로자의 건강 및 안전과 균형 있는 생활을 제도적(객관적)으로 보호해야 하는 근로시간법의 기본취지(노동보호법의 강행성)에 반한다고 생각한다(다음의 6. (2) b)·c)·d) 참고). 이와 같은 이유에서 선택적 근로시간제에 관한 근로기준법 제52조의 규정이 초과근로시간의 상한규제에 관하여 정하고 있지 않은 것은 하나의 흠이라고 볼 수 있으며,[1] 이에 대해서는 탄력적 근로시간제의 해당 규정(제51조 Ⅱ)을 유추적용하는 것이 타당하다고 생각된다. 그 밖에 선택적 근로시간제하에서도 휴일근로·야간근로가 행해지는 경우에는 가산임금이 지급되어야 한다.

e) 신상품 또는 신기술의 연구개발 업무에 대해서는 예외적으로 3개월까지 정산기간을 연장할 수 있다(2020. 12. 9. 근로기준법 개정). 다만, 이 경우에는 근로일 종료 후 다음 근로일 시작 전까지 근로자에게 연속하여 11시간 이상의 휴식 시간을 주어야 한다. 다만, 천재지변 등 대통령령으로 정하는 불가피한 경우에는 근로자대표와의 서면합의가 있으면 이에 따른다. 또한 매 1개월마다 평균하여 1주간의 근로시간이 40시간을 초과한 시간에 대하여는 통상임금의 100분의 50 이상을 가산하여 근로자에게 지급하여야 한다. 다만 이 경우 근로기준법 제56조 1항은 적용하지 아니한다(제52조 Ⅱ).

6. 연장근로(시간외근로)[2]

(1) 의 의

연장근로란 법정 기준근로시간을 초과하는 근로를 말한다(근기법 제56조 1항 참조). 따라서 성인근로자(만 18세 이상의 근로자: 근기법 제69조 참조)의 경우에 근로기준법 제50조 1항 및 2항의 법정근로시간을 초과하는 시간의 근로, 연소근로자의 경우에는 동법 제69조 본문의 법정근로시간을 초과하는 시간의 근로, 동법 제51조, 제51조의2 및 제52조에 의하여 탄력적 또는 선택적 근로시간제를 적용하는 경우에는 일정 단위 기간을 평균하여 동법 제50조 1항 및 2항의 근로시간을 초과하는 근로, 유해·위험 작업에 종사하는 근로자에 대해서는 산업안전보건법 제139조가 정한 근로시간(1일 6시간, 1주 34시간)

---

1) 異見: 임종률, 「노동법」, 457면.
2) 근로기준법 제71조와 제74조 5항에서는 연장근로자라는 용어 대신에 '시간외근로'라는 표현을 쓰고 있다.

을 초과하는 시간의 근로가 연장근로이다. 연장근로는 해당 규정에 의하여 규제되고 있다. 법정근로시간을 초과하는 근로는 「당사자 간의 합의」에 의하여(제53조 Ⅰ, Ⅱ), 또는 「특별한 사정」이 있는 경우 일정한 요건을 갖추면(제53조 Ⅳ) 연장될 수 있다. 그러므로 연장근로는 근로기준법소정의 법정근로시간을 초과하는 근로로서 그 법률상 원인이 무엇이든 또는 그 원인이 적법한 것이든 위법한 것이든 이를 묻지 않는다.

위에서 설명한 것과는 달리 소정근로시간을 법정근로시간(1일 8시간, 1주 40시간) 이내로 정하고 있는 사업장(예컨대 1일 6시간, 1주 30시간)에서 단체협약이나 취업규칙으로 1일 2시간, 1주 10시간의 연장근로를 실시하는 경우 이는 법내 초과근로(법내 연장근로)에 해당하므로 근로기준법 제56조(가산임금의 지급)가 적용되지 않는다.

원래 법정근로시간을 보장하는 기본취지는 근로자의 건강과 최저한도의 문화생활을 확보하기 위하여 근로시간의 상한을 정하려는 데 있다. 그러므로 근로시간에 관한 법제는 다음과 같은 점들을 유의하여 규제하고 있다.

첫째는 근로시간의 상한을 연장하는 탈법적 방법을 금지하여 실근로시간을 단축하려는 것이고(특히 근기법 제71조 참조), 둘째는 연장근로에 대하여는 일정률의 가산임금을 지급하도록 함으로써 사용자에게 경제적 압박을 주어 이를 억제하려는 것이며(근기법 제56조 참조),[1] 셋째는 연장근로의 실시에 관해서는 근로자의 자주적 의사를 기초로 하려는 것이다(근기법 제53조 Ⅰ·Ⅱ, 제69조 단서 참조). 그러므로 근로시간 산정이 어려운 경우가 아님에도 불구하고 연장근로 여부 및 그 시간 수와 상관없이 항상 동일한 급여를 지급하기로 한 약정은 무효이다.[2]

(2) 연장근로의 상한규제

a) 합의연장의 경우

1) 근로기준법 제53조 1항은 「당사자 사이의 합의」에 의하여 1주에 12시간을 한도로 제50조의 근로시간을 연장할 수 있다고 규정하고 있다. 개정법에 따르면 1주, 즉 휴일을 포함한 7일간(개정근기법 제2조 Ⅰ ⑦)의 법정근로시간을 초과하여 근로할 수 있는

---

1) 그러므로 가산임금은 근로기준법상 법정근로시간을 초과하는 연장근로에 대하여 지급되는 것이며, 소정근로시간이 법정근로시간을 하회하는 경우에 법정근로시간(근기법 제50조의 1주 40시간, 1일 8시간, 제69조의 1일 7시간, 1주 35시간, 산안보법 제46조의 1일 6시간, 1주 34시간)의 범위 내에서 연장되는 근로시간 —이른바 기준내초과근로시간— 에 대해서는 제56조가 적용되지 않는다(同旨: 大判 1991. 6. 28, 90 다카 14758; 大判 1996. 2. 9, 93 다 54057). 그 밖에 근로기준법 제51조에 의한 탄력적 근로시간제, 제52조에 의한 선택적 근로시간제를 채택한 경우에는 특정주·특정일에 법정근로시간을 초과하더라도 해당 단위기간 내지 정산기간을 평균하여 법정근로시간 이내인 경우에는 연장근로로서의 가산임금의 대상이 되지 아니한다(자세히는 앞의 5 ⑷ d)에서 설명하였다).

2) 大邱地判 2014. 6. 12, 2013 나 7439.

연장근로시간의 범위는 12시간으로 제한된다. 따라서 월요일부터 일요일, 즉 1주에 근로할 수 있는 근로시간은 법정(기준)근로시간 40시간(제50조 Ⅰ)과 합의 연장된 근로시간(제53조 Ⅰ)을 합한 52시간을 초과할 수 없다. 종래 1주를 월요일부터 금요일로 해석(행정해석)하여 5일간 52시간을 근로할 수 있고, 여기에 더하여 휴일(토요일과 일요일)에 각각 8시간씩 근로를 할 수 있으므로 7일 동안에 총 68시간의 장시간 근로가 합리화되었다. 그러나 개정근로기준법에서는 1주는 7일이고 그 기간에 근로시간의 상한은 52시간이라는 원칙이 명확하게 되었다. 제53조 2항은 당사자 사이의 합의에 의하여 1주에 12시간을 한도로 탄력적 근로시간에 관한 제51조의 근로시간을 연장할 수 있으며, 선택적 근로시간에 관한 제52조 2호의 정산기간을 평균하여 1주에 12시간을 초과하지 아니하는 범위 안에서 제52조의 근로시간을 연장할 수 있다고 규정하고 있다.

그런데 종래 현실적으로 1주 68시간까지 실행되고 있었던 근로시간이 52시간으로 감축되면 장시간 근로가 일반화되어 있는 소기업에서는 사업운영상의 어려움(특히 장시간근로에 대처할 새 노동인력의 확보)이 발생하게 되므로 이에 대비하기 위한 과도적 대책이 필요하게 된다. 개정근로기준법 제53조 3항이 신설(2018. 3. 20)된 것은 그 대비책의 일환으로 마련된 것이다. 동조항에 따르면 30명 미만의 근로자를 사용하는 사용자는 동조 제1항 또는 제2항에 따라 연장된 근로시간을 초과할 필요가 있는 경우 근로자대표와 서면으로 합의하면 연장된 근로시간에 더하여 1주에 8시간을 초과하지 아니하는 범위에서 근로시간을 연장할 수 있다. 서면합의의 내용으로는 ⅰ) 연장된 근로시간을 초과할 필요가 있는 사유 및 그 기간, ⅱ) 대상 근로자의 범위가 포함되어야 한다(제53조 Ⅲ). 동조항은 2021년 7월 1일 부터 시행하며(부칙 제1조 Ⅲ), 2022년 12월 31일 까지 한시적 효력을 가진다. 따라서 2021년 6월 30일 까지는 종래의 1주 68시간제가 허용되는 것으로 볼 수밖에 없다(부칙 제1조 Ⅱ ③ 참조).

2) 연장근로의 합의를 할 수 있는 당사자의 정의에 관하여 해석상의 문제가 있다. 판례[1]에 따르면 당사자 간의 합의란 원칙적으로 사용자와 근로자의 개별적 합의를 의미하고, 개별근로자의 연장근로에 관한 합의권을 박탈하거나 제한하지 아니하는 범위 내에서는 단체협약에 의한 합의도 가능하다고 한다. 근로자와 사용자 사이의 개별적 합의가 근로자에게 불리하게 의제되어서는 아니될 것이다. 개별근로자의 근로조건 결정의 자유가 존중되어야 하기 때문이다.[2] 그러나 근로자가 입사할 때에 연장근로 여부를 회사방침에 일임하는 내용의 근로계약을 체결하는 포괄적 합의[3]는 그 효력이 의심된다.[4] 이때

1) 大判 1993. 12. 21, 93 누 5796; 大判 1995. 2. 10, 94 다 19228.

2) 기존의 견해를 수정한다. 다만 비진의의사표시(민법 제107조 Ⅰ 단서 참조)는 효력이 없으며, 강박에 의한 합의의 의사표시는 취소될 수 있다(민법 제110조 Ⅰ 참조).

3) 大判 1993. 12. 21, 93 누 5796 판결 내용 참고.

4) 포괄적 합의를 유효한 것으로 보는 견해: 임종률, 「노동법」, 455면.

포괄적 합의는 실제로 구체적인 경우 근로자의 합의를 무시하는 결과를 가져올 수 있기 때문이다. 이러한 연장근로에 대한 근로자의 포괄적 동의에는 근로자의 거부권(신의칙에 반하는 장기간의 연장근로에 대한 조건적 거부권)이 유보되어 있는 것으로 보아야 한다.[1)]

판례[2)]는 「개별근로자와의 연장근로에 관한 합의는 연장근로를 할 때마다 그때 그때 할 필요는 없고 근로계약 등으로 미리 이를 약정하는 것도 가능하다. 또한 이때의 연장근로의 계약에서 특별히 기간을 정하지 아니한 경우에는 그 근로계약은 기간의 약정이 없는 것으로서 이와 같은 경우 매년 당사자가 근로계약을 새로이 갱신하여야 하는 것은 아니므로 근로자가 위 근로계약을 해지하지 아니한 이상 연장근로에 관한 합의의 효력은 유효하다」고 한다. 생각건대 사용자의 편의에 따른 연장근로의 포괄적 합의를 인정한 듯이 해석되는 대법원의 태도는 근로자의 보호를 위해 연장근로의 예외적 적용을 규정하고 있는 근로기준법의 기본취지에 부합하지 않는다고 판단된다. 다만, 납품기한을 맞춰야 하는 등 특별한 사정이 발생하여 연장근로에 대한 업무상 필요성이 인정되는 경우에는 근로자의 연장근로의무를 인정할 수 있을 것이다. 즉, 포괄적 합의의 유효성 여부는 개별적 사안을 고려하여 신의칙에 따라 합리적으로 판단하는 것이 옳을 것이다.[3)]

당사자 사이의 합의 없이 연장근로를 하도록 한 사용자에게는 벌칙이 적용된다(근기법 제110조 ①). 예외의 경우에 해당하지 않는 한 벌칙(근기법 제110조 ①)이 적용되므로 근로시간에 해당하는지 여부가 중요한 문제로 대두되고 있는 것이 현실이다. 예컨대 휴게시간, 대기시간, 교육, 회식시간 등에 관한 판단 표지가 한결같지 않기 때문이다. 고용노동부의 가이드라인 등이 있으나 규범적인 기준이 되지 못하고 있다. 입법적인 대책이 필요하다는 의견과 함께 민사상의 징벌적 손해배상이나 행정적 제재를 가하는 방안이 마련되어야 한다는 견해가 대두되고 있다.

b) 탄력적 근로시간제의 경우 한편 통상적인 근로시간제에서와는 달리 탄력적 또는 선택적 근로시간제를 채택하고 있는 경우에 근기법 제53조 2항의 연장근로시간을 어떻게 이해해야 할 것인가 하는 해석상의 문제가 발생한다. 먼저 탄력적 근로시간제를 채택하고 있는 경우에 제51조 2항 단서(제51조의2 Ⅰ 단서도 포함한다. 이하 같다)의 규정에 따라 52시간을 초과하지 않는 범위 내에서 특정주의 근로시간을 정할 수 있으므로 여기에 다시 연장근로 12시간을 더하면 단순 문리상 40시간(제50조 Ⅰ)+12시간(제51조 Ⅱ)+12시간(제53조 Ⅱ 전단)=64시간까지 1주 근로가 가능하다는 결과에 도달

1) 김유성, 「노동법 Ⅰ」, 162면. 연장근로가 관행화되어 있어도 이에 대한 당사자 간의 합의가 성립한 것으로 보거나 의제될 수 없다.

2) 大判 1995. 2. 10, 94 다 19228; 大判 2000. 6. 23, 98 다 54960.

3) 土田, 「勞働契約法」, 328面 참고.

한다.[1] 다시 말하면 제51조 2항 단서에 의하여 법정근로시간인 주 40시간에 12시간까지 초과근로가 가능하고, 여기에다 다시 제53조 2항에 따라 가산임금이 지급되는 연장(시간외)근로가 12시간까지 가능하다는 것이다. 그러나 1주 법정근로시간이 40시간으로 단축된 현실에 비추어 볼 때 탄력적 근로시간제의 채택 또는 연장(시간외)근로의 허용 등을 통해 1주 근로시간을 24시간이나 더 추가근로할 수 있게 한다는 것(법정근로시간의 50% 이상)은 1주 근로시간을 40시간으로 단축한 법률의 기본취지에 반한다고 아니할 수 없다. 더욱이나 탄력적 근로시간제를 실시할 수 있는 단위기간이 3개월 또는 3개월 초과 6개월 이내로 확대되었으므로 해당 단위기간 중에 주 64시간까지 근로할 수 있는 주는 여러 차례에 걸쳐 행하여질 수 있다. 또한 문리해석상 다음과 같은 모순이 발생할 수 있다. 1주의 근로시간의 상한의 경우와는 달리 현행근로기준법은 탄력적 근로시간제에서 특정일, 즉 1일에 12시간의 근로시간을 초과할 수 없는 것으로 규정하고 있다(제51조 Ⅱ 단서 후단). 그렇다면 1일 12시간의 최고근로시간의 제한하에서 1주 64시간까지 근로한다는 것은 주 5일근로를 전제로 하는 사업장의 경우 1일 근로시간이 12.8시간이 되어 1일 최고근로시간의 상한규정에 위배되는 결과를 가져온다. 이와 같은 결과는 1주 40시간의 법정근로시간을 채택하면서 근로자의 건강 및 안전과 삶의 질을 향상시키려는 근로기준법 개정의 취지와는 먼 것으로 생각된다. 또한 근로시간의 연장이 가산임금에 의하여 보상될 수 있다고 하더라도 가산임금제는 연장(시간외)근로를 억제하기 위한 수단일 뿐, 가산임금을 지급하기만 하면 아무 제약없이 연장근로를 정당화할 수는 없다. 근로시간은 노동력재생산의 가능성 여부, 신체적·정신적 긴장과 부담, 작업상의 안전, 가정·문화생활 등 객관적인 삶의 수준을 유지할 수 있는 한도 내에서 제한되어야 한다.[2] 1주 40시간이라는 법정근로시간제를 채택하고 있는 법의 취지에 비추어 다음과 같

---

1) 임종률, 「노동법」, 457면.

2) 법률에 의하여 근로시간을 규제하는 기본 취지는 근로자의 건강과 문화생활을 보호·보장하며, 생존수단으로서의 노동력의 재생산을 계속 가능하게 하기 위한 것이다. 따라서 노동시간 상한의 타당성(정당성)여부는 법률이 정한 연장근로시간의 단순한 산정(계산)으로 그치는 것이 아니라, 장시간 노동에 의하여 근로자의 '인간의 존엄성'이 침해되는지에 따라 가려져야 할 문제이다. 헌법 제32조 3항은 근로조건의 기준은 인간의 존엄을 보장하도록 법률로 정한다고 규정하고 있다. 인간의 존엄성은 기본적으로 생명, 신체, 건강의 보호를 통하여 유지되며, 생명, 신체, 건강의 유지 없이는 행복추구의 기초도 주어질 수 없다(헌법 제10조 1문 참조). 구체적으로 근로자가 휴게시간을 합하여 1일 15시간을 사업장에 머물며 노동하는 경우에 1일 24시간 중 15시간을 뺀 9시간으로 최소한의 일상생활에 필요한 수면, 식사, 목욕, 출퇴근, 그 밖에 육아 등의 가족생활을 영위한다는 것은 불가능한 일이다. 따라서 탄력적 근로에서 52시간까지 연장된 1주 근로시간(제51조 Ⅱ 단서)에 다시 12시간을 연장할 수 있다고 정한 제53조 2항의 규정은 헌법 제32조 3항의 규정과 이 규정을 기초로 제정된 근로기준법의 기본 취지에 반한다고 판단된다(자기모순).

은 목적론적 제한해석을 하는 것이 옳다고 생각한다. 즉, 제53조 2항 전단의 규정은 탄력적 근로시간제에 의한 1주 근로시간이 52시간 미만인 경우이면서 실제로 연장(시간외) 근로를 할 때 가산임금이 지급될 수 있는 것(예를 들면, 1주 근로시간이 48시간인 경우 4시간을 연장근로하면 4시간에 대해 가산임금을 지급하는 것)으로 해석하는 것이 타당할 것이다. 다만, 동 규정의 적용을 이와 같이 제한하는 경우에 제53조 1항의 규정이 있으므로, 동 규정은 실질적으로 무의미한 중복된 규정이 된다는 비판이 가해질 수 있다. 그러나 제53조 1항의 규정과 제51조 2항의 규정은 근본적으로 그 취지를 달리하는 것이다. 제53조 1항의 연장근로의 제한은「당사자 간에 합의하면 1주를 한도로」하는 것이지만, 제51조 2항의 탄력적 근로시간제는 3개월의 단위기간이라는 비교적 장기간에 걸쳐(반복도 가능함) 법정근로시간제의 적용을 배제하는 제도이다. 따라서 제53조 2항 전단의 규정에 대하여 목적론적 제한해석을 하는 것은 불가능하다고 생각되지 않는다. 다시 말하면 제53조 2항의「1주에 12시간을 한도로」라는 규정을 원칙규정으로 보면서 탄력적 근로시간제의 경우에도 그 한도 내(주 52시간)에서 당사자 간의 합의로 연장근로할 수 있다고 해석할 수 있을 것이다. 결론적으로 저자는 제53조 2항과 제51조의 연관적 해석에 있어서 근로기준법상 탄력적 근로시간제에서의 법정근로시간에 관한 연장한도는 1주 52시간, 1일 12시간이고, 제53조 2항의「12시간의 한도」는 상한기준을 정한 것으로 탄력적 근로(변형근로)에 의한 1주 근로시간이 1주 52시간 미만의 경우에 수용될 수 있는 규정이라고 해석하고자 한다.[1] 다만, 제59조의 경우에는 주 12시간을 초과하여 연장근로를 하게 할 수 있다. 이를 입법론적 문제에 불과하다고 하여 제한해석의 길을 봉쇄하는 견해[2]는 받아들이기 어렵다. 근로기준법 부칙 제3조는「고용노동부장관은 2022년 12월 31일까지 탄력적 근로시간제의 단위기간 확대 등 제도개선을 위한 방안을 준비하도록 한다」고 규정하고 있다.

c) 선택적 근로시간제의 경우 선택적 근로시간제에 있어서는 다음과 같이 해석된다. 근로기준법 제53조 2항 후단은「제52조 1항 2호의 정산기간(1개월 이내)을 평균하여 1주에 12시간을 초과하지 아니하는 범위에서 제52조 1항의 근로시간을 연장할 수 있다」고 규정하고 있다. 근로기준법 제52조는 제50조 1항을 기준으로 하여 1주 40시간을 초과할 수 있다고 규정하고 있을 뿐이고 그 상한한도를 명시하고 있지 않기 때문에 근로기준법 제53조 2항 후단의 규정에서 각 정산기간 중의 연장근로로 되는 시간은 정산

1) 위에서 설명한 문제점에 관해서는 대한변호사협회, '개정 노동법의 분석'(좌담회),「인권과 정의」(제247호), 1997. 3, 36면 이하 참고.

2) 김유성,「노동법」, 164면; 노동법실무연구회,「근로기준법주해 Ⅲ」(이정한 · 김진), 109면; 同旨: 임종률,「노동법」, 460면.

기간에서의 법정근로시간의 총계를 초과하는 부분이지만 1주에 12시간을 넘는 연장근로는 허용되지 않는다.

d) 제53조 제3항의 문제 신설된 동조항은 2021년 7월 1일부터 2022년 12월 31일까지 한시적으로 적용될 규정이지만 위에서 언급한 문제점을 가지고 있다. 이 조항은 15세 이상 18세 미만의 근로자에 대하여는 적용하지 않는다(제53조 Ⅵ).

e) 종합적 판단 근로기준법 제50조 내지 제52조의 1주 근로시간에 관한 규정들을 종합·정리해 보면 다음과 같다. 첫째, 제50조 1항은 1주의 법정근로시간을 40시간으로 하고 있다. 둘째, 제51조(제51조의2 포함)의 탄력적 근로시간제를 채택한 경우에는 특정주에 40시간에서 52시간까지 근로를 하게 할 수 있다. 다만 특정일의 근로가 12시간을 초과할 수 없다. 셋째, 제52조의 선택적 근로시간제를 채택하고 있는 경우 특정주에 40시간을 초과하여 근로하게 할 수 있으나, 연장근로제한에 관한 제53조 2항 후단에 따라 1주에 12시간(즉, 52시간)을 초과하지 않는 범위 안에서 선택적 근로시간을 연장근로할 수 있다고 보아야 한다. 넷째, 제53조의 연장근로의 제한에 관한 규정은 제56조의 가산임금과 관련된 규정이다. 따라서 동 규정은 제51조의 탄력적 근로시간제를 채택함으로써 1주 법정근로시간인 40시간을 초과한 경우에 이에 대해서 다시 12시간을 가산할 수 있는 근로시간제로 이해해서는 안 될 것이다. 제51조 2항의 특정주의 초과근로시간과 제53조 2항의 연장근로시간은 모두 제50조 1항을 기초로 하는 것으로 해석해야 한다. 제50조 내지 제53조의 일관된 해석을 도모하면서 근로시간상한에 관한 기본취지를 명확하게 하기 위해서는 입법적인 정비가 필요하다고 생각한다.

(3) 「특별한 사정」이 있는 경우의 연장근로

a) 근로기준법 제53조 4항은 「사용자는 특별한 사정이 있으면 고용노동부장관의 인가와 근로자의 동의를 받아 1항과 2항의 근로시간을 연장할 수 있다. 다만, 사태가 급박하여 고용노동부장관의 인가를 받을 시간이 없는 경우에는 사후에 지체 없이 승인을 받아야 한다」고 규정하고 있다.[1] 특별한 사정이 있는 경우란 통상적인 사업운영상 예상할 수 없어서 미리 이에 대한 대책을 강구하기 어려운 사태로서, 「재난 및 안전관리 기본법」에 따른 재난 또는 이에 준하는 사고(이하 "재난등"이라 한다)가 발생하여 이를 수습하기 위한 조치가 필요하거나 재난등의 발생이 예상되어 이를 예방하기 위하여 긴급한 조치가 필요한 경우, 인명을 보호하거나 안전을 확보하기 위하여 긴급한 조치가 필요한 경우, 갑작스런 시설·설비의 장애·고장 등 돌발적인 상황이 발생하여 이를 수습하기 위

---

1) ILO조약 제1호(1919년) 제3조, 조약 제30호(1930년) 제7조; 독일근로시간법(Arbeitszeitgesetz)(1994년) 제14조; 프랑스노동법전(Code du Travail) 제2권 제25조, 제40조; 일본 勞働基準法 제33조 참조.

한 긴급한 조치가 필요한 경우, 통상적인 경우에 비해 업무량이 대폭적으로 증가한 경우로서 이를 단기간 내에 처리하지 않으면 사업에 중대한 지장이 초래되거나 손해가 발생되는 경우 그리고 「소재·부품전문기업 등의 육성에 관한 특별조치법」 제2조 1호 및 1호의2에 따른 소재·부품 및 소재·부품 생산설비의 연구개발 등 연구개발을 하는 경우로서 고용노동부장관이 국가경쟁력 강화 및 국민경제 발전을 위하여 필요하다고 인정하는 경우를 말한다(근기법 규칙 제9조 Ⅰ, 2020. 1. 31 신설).

이상과 같은 특별한 사정이 발생한 경우에는 사용자는 사전에 고용노동부장관의 인가[1] 뿐만 아니라 근로자 본인의 동의를 얻어야 한다(근기법 제53조 Ⅳ 본문 참조). 사태가 급박하여 사전인가를 얻을 수 없는 경우에는 사후승인을 받아야 한다. 이에 위반하면 벌칙이 적용된다(근기법 제110조 ①, 제114조 ①). 고용노동부장관의 사전인가를 받지 않고 연장근로를 할 수 있는 경우는 극히 예외적인 경우로서 예기치 못했던 사태가 발생하여 갑자기 연장근로를 할 수밖에 없는 상황에 한정될 것이다. 예컨대 급박한 위험을 제거하는 경우와 같이 그 작업을 뒤로 미룰 수 없는 상황이 이에 해당한다. 구체적으로는 화재, 폭발, 홍수사태, 갑작스러운 눈사태로 인한 하역작업 등을 그 예로 들 수 있다.[2] 그러나 숙직 또는 일직의 근무로서 계속적인 업무를 하게 된 때에는 인가 또는 승인의 대상이 되지 않는다고 해석된다.

사전인가를 받지 아니하고 행한 근로시간의 연장이 부적당하다고 인정될 때에는 고용노동부장관은 그 후 연장시간에 상당하는 휴게 또는 휴일을 줄 것을 명할 수 있다(대휴명령(代休命令): 근기법 제53조 Ⅴ). 대휴명령에 위반하면 벌칙이 적용된다(근기법 제110조 ②).

b) 근로기준법 제53조 4항의 규정에 의한 요건이 갖추어져서 사용자가 연장근로를 명한 경우에 사용자는 동법 제53조 1항의 위반으로 인한 책임을 면하는 것은 당연한 일

1) 그런데 여기서 「인가」라는 용어가 위의 규정에 적합한 것인지가 문제된다. 행정법상 인가란 행정객체(사용자)가 제3자(근로자)와 하는 법률행위를 보충함으로써 그 법률행위의 효력을 완성시켜 주는 행정행위이고, 인가가 필요한 법률행위가 인가 없이 행해진 경우 그 법률행위의 효력은 발생하지 않는다. 인가의 대상은 반드시 법률적 행위이어야 한다. 이에 반해 허가란 법규에 의한 일반적 금지를 특정한 경우에 해제함으로써 적법하게 일정한 행위를 할 수 있게 하는 행정행위로서 허가를 요하는 행위를 허가 없이 하는 것은 제재의 대상이 되는 데 그치므로 명령적 행위이고, 그 대상은 반드시 법률적 행위임을 요하지 않는다는 차이가 있다.

이에 비추어 볼 때 사용자에 의한 연장근로의 활용은 「특별한 사정」이 있는 경우 그 금지를 해제해 주는 명령적 행위에 의하여 가능한 것이며, 이를 위반하는 사용자의 행위는 처벌(제재)의 대상이 된다. 따라서 「인가」는 「허가」로 대체되어야 한다고 판단된다(日本 勞働基準法 제33조에서는 「허가」라고 규정하고 있다).

2) ErfK/Wank, ArbZG § 14 Rn. 2 ff.

이다. 근로자가 근로계약상의 이행의무를 진다고 하기 위해서는 근로계약, 취업규칙 또는 단체협약에 이에 대한 명시 또는 묵시의 약정이 전제가 되어야 한다. 그러나 근로관계는 노사 사이의 계속적이고 협동적 신뢰관계를 바탕으로 하는 것이므로, 노사간의 신의칙을 기초로 하여 근로자의 근로의무가 인정되는 경우가 있을 것이다.[1] 이때에는 적어도 묵시적 동의가 있는 것으로 보아야 한다.

c) 18세 이상의 여성, 임산부 및 18세 미만자에 대하여 야간근로와 휴일근로를 제한한 제70조와 산후 1년이 지나지 않은 여성에 대하여 연장근로를 제한한 제71조에 의하여 특별보호를 받고 있는 여성과 연소근로자에 대하여 제53조 4항이 적용되느냐 하는 문제가 있다. 이에 대해서는 명문의 규정이 없으나, 노동보호법적 취지에 비추어 그 적용을 배제하는 것이 타당하다고 생각된다. 따라서 이 경우에 여성과 연소근로자가 연장근로에 응하지 않는다고 하여 근로계약상의 부수적 의무에 위반하는 것이라고 해석할 것은 아니다.

d) 연장된 근로시간에 대해서는 당연히 가산임금이 지급되어야 하며(제56조 Ⅰ), 사용자는 근로기준법 제53조 4항에 따라 연장 근로를 하는 근로자의 건강 보호를 위하여 건강검진 실시 또는 휴식시간 부여 등 고용노동부장관이 정하는 바에 따라 적절한 조치를 하여야 한다(제53조 Ⅶ, 2021. 1. 5 신설).

(4) 가산임금

a) 제56조의 규정 종래 근로기준법 제56조는「연장·야간 및 휴일 근로에 대하여 통상임금의 100분의 50 이상을 가산하여 지급하여야 한다」고 하나의 조문으로 포괄적으로 규정하고 있었으나, 개정법은 제56조에서 연장근로·휴일근로 및 야간근로에 관하여 별개의 항으로 나누어 규정하고 있다. 즉, 동조 제1항은 연장근로에 대하여 통상임금의 100분의 50 이상을 지급하여야 한다고 규정하고, 제2항에서는「제1항에도 불구하고」휴일근로에 대한 가산임금의 중복지급을 제한하는 규정을 두고 있으며, 제3항에서는 야간근로에 대하여 아무 제한 없이 통상임금의 100분의 50 이상을 가산하여 지급하여야 한다고 규정하고 있다.[2]

1) *ErfK*/Preis, BGB § 611a Rn. 745.

2) 보장시간제 약정에 관한 판례(大判 2019. 8. 14, 2018 다 244631):「근무형태나 근무환경의 특성 등을 감안하여 노동조합과 사용자 사이에 실제의 연장근로시간 또는 휴일근로시간과 관계없이 일정 시간을 연장근로시간 또는 휴일근로시간으로 간주하기로 합의하였다면 사용자로서는 근로자의 실제 연장근로시간 또는 휴일근로시간이 위 합의한 시간에 미달함을 이유로 근로시간을 다투는 것이 허용되지 않는다. 따라서 이러한 합의가 있는 경우 근로기준법상 통상임금을 기초로 구 근로기준법(2018. 3. 20. 법률 제15513호로 개정되기 전의 것) 제56조가 정한 기준에 따라 연장근로수당 또는 휴일근로수당을 산정할 때에는 실제의 연장근로시간 또는 휴일근로시간이 위 합의한 시간에 미달하더라도 합의한 시간을 기준으로 삼아야 한다.」이 사안에서 연장근로시간은 월 110시간분을, 휴일근로시간은 월 20시간분을 고정적으로 지급하기로 약정('보장시간제 약정')하였으므로 근로시간이 이에 미달한다

b) 가산임금의 원칙 사용자는 연장근로(근기법 제53조, 제59조 및 제69조 단서에 따라 연장된 시간의 근로를 말한다.)에 대해서는 통상임금의 100분의 50 이상을 가산하여 근로자에게 지급하여야 한다(개정근기법 제56조 I). 이를 통상 연장근로수당이라 부른다. 원래 가산임금제도는 근로자의 건강과 문화생활을 확보하기 위하여 연장근로를 억제할 목적으로 마련된 것이지만, 우리나라의 현실에 있어서는 임금수준이 낮기 때문에 근로자들 스스로가 연장근로를 희망하는 경우가 적지 않으므로 이 제도의 기능은 다양성을 띠게 된다. 그러나 동법 제56조의 가산임금의 지급은 적법한 연장근로(당사자 간의 합의에 의한 연장근로: 제53조 Ⅰ · Ⅱ, 제69조 단서 및 고용노동부장관의 인가를 얻을 경우의 연장근로: 제53조 Ⅳ) · 야간근로 · 휴일근로에 있어서 뿐만 아니라 위법한 연장 · 야간 · 휴일근로에 대해서도 당연히 적용된다.[1] 그리고 연장 · 야간 · 휴일근로에 대하여 가산임금을 지급한다고 해서 위법한 연장 · 야간 · 휴일근로가 정당화되는 것은 아니다(벌칙 제110조 ①, 제114조 ① 참조). 숙 · 일직의 경우 그 업무의 내용과 질이 통상근로와 마찬가지로 평가되는 경우 초과근무에 대해서는 연장근로수당을, 야간 · 휴일근로에 대해서는 해당 가산 수당을 지급하여야 한다.[2] 또한 소정근로시간이 근로기준법상의 법정근로시간보다 적게 약정되어 있는 경우(예를 들면 1일 7시간, 1주 35시간)에 근로자를 1시간 더 근로하게 하는 것(1일 8시간근로)은 근로기준법 내의 초과근로(법내초과근로)에 해당하므로 가산임금을 반드시 지급할 필요는 없다. 이 경우에 법내초과근로에 대하여 가산임금을 지급할 것인지의 여부에 관해서는 노사가 자유롭게 합의할 수 있을 뿐이다.[3]

c) 가산임금의 중복지급 연장근로와 야간근로가 겹치는 경우에는 연장근로수

고 하여 보장시간에 미달하는 시간을 기준으로 수당을 지급할 수 없다.

그러나 근로자들이 노사가 합의한 약정 기준시간보다 많은 시간을 근로하였다면 실제 근로시간에 따라 수당을 지급해야 할 것이다. '보장시간제 약정'은 노사 간의 협약으로서 최저보장기준을 정한 것이므로 근로자들에게 불리하게 해석 · 적용될 수 없기 때문이다(大判 2011. 10. 13, 2009 다 102452; 大判 2018. 11. 29, 2018 두 41532 참조).

1) [53] 6. ⑷ 참고. 실제로 근무한 실적에 따라 지급되어야 할 시간외, 야간 및 휴일수당 등 매월 일정액을 제수당으로 지급하는 내용의 계약을 체결하였다 하더라도 근로자에게 불이익이 없고 제반 사정에 비추어 정당하다고 인정될 때에는 이를 무효라고 할 수 없다(大判 2005. 6. 9, 2005 도 1089).

2) 大判 1995. 1. 20, 93 다 46254; 大判 2000. 9. 22, 99 다 7367. 숙 · 일직의 업무가 통상근로의 업무내용의 질에 크게 미치지 못하는 경우에 가산임금이 지급되어야 할 것인지는 검토되어야 할 문제로 남는다. 최근 대법원은 「당직근무 내용이 본래의 업무가 연장된 경우이거나 그 내용과 질이 통상의 근로와 마찬가지로 평가되는 경우라면, 그러한 초과근무에 대해서는 야간 · 연장 · 휴일 근로수당 등을 지급하여야 한다」고 하여 이와 달리 판단한 원심을 파기 · 환송하였다(大判 2019. 10. 17, 2015 다 213568). 이 사안에서 원고 근로자들은 오후 5시부터 다음날 오전 8시까지 당직근무를 하며 전기 · 설비 관련 시설에 대한 점검, 계기판 확인 및 입주자들로부터의 A/S 요청에 대한 처리, 전등 점검 및 교체, 전기 · 기계실 야간순찰 등의 업무를 수행했다.

3) 김형배, '근로시간단축에 따른 제문제', 「노동법연구」, 133면; 大判 1991. 6. 28, 90 다카 14758 참고.

당과 야간근로수당을 각각 지급해야 한다(개정 근기법 제56조 Ⅰ, Ⅲ 참조). 그러나 개정근로기준법에 따르면 연장근로와 휴일근로가 중첩하는 경우에는 소정의 휴일근로수당(개정근기법 제56조 Ⅱ)을 지급하면 된다. 이에 관해서는 후술한다([54] 3. (7), (8) 참고. 또한 [54] 3, (1), (2) 참고).

d) 이른바 '월 단위 상계약정' 단체협약 등에서 임금 산정 시간과 관련하여 주간(週間)근무일은 소정근로 8시간과 연장근로 1시간을 포함한 9시간, 연장근무일은 연장근로 5시간의 보장시간을 정하고, 보장시간에 미달하거나 초과되는 근로시간은 일 단위로 계산하지 아니하고 월 단위로 상계(相計)하기로 하는 '월 단위 상계약정'을 둔 사안에서, 이 상계약정은 월 단위로 합산한 실제 근로시간을 근무일 수에 따라 계산한 보장시간의 월간 합계와 비교하여 연장근로수당을 추가로 지급할 연장근로시간을 계산하는 방법을 취하고 있는 것인데, 이와 같이 임금산정의 대상이 되는 근로시간이 소정근로시간인지 또는 연장근로시간인지를 구분하지 않은 채 전체 근로시간만을 단순 비교하여 연장근로시간을 계산한 결과 실제로는 연장근로시간인데도 소정근로시간과 중첩되어 상쇄(相殺)되는 부분이 발생하는 경우에 그 부분에 대해서는 통상시급에 해당하는 금액만이 임금으로 산정되어 연장근로에 대해서는 통상임금의 100분의 50 이상을 가산해야 한다는 근로기준법 제56조 제1항이 정한 기준에 미달하게 되므로 그 한도에서 위 상계약정은 근로기준법에 위반되어 무효이다.1) 근로기준법은 근로기준의 최저기준을 정한 강행규정이므로 이에 위반하는 단체협약이나 노사합의는 그 한도에서 무효이다([16] 2. (2) c) 참고). 위 월 단위 상계약정은 근로기준법 제56조 제1항에 위반하는 한도에서만 무효이므로 사용자가 월 단위로 근로시간을 산정한 결과 보장시간 보다 유리한 임금을 지급하였더라도 그 부분을 부당이득으로 반환청구할 수 없다.

(5) 포괄임금제

a) 사용자가 근로계약을 체결함에 있어서 근로자의 기본임금을 먼저 정하고 이를 기초로 연장·야간·휴일근로수당 등 각종 수당을 정한 다음 합산 지급하는 것이 원칙이다.2) 그러나 업종(예: 운수업)이나 업태(예: 신문기자·영업사원·현장작업원) 또는 그 밖의 감시·단속적 근로 등에서와 같이 근로시간 및 근로형태와 업무의 성질을 고려할 때 근로시간의 산정이 어려운 경우(엄격해석론의 견해)3) 또는 근로시간의 측정이 어렵지 않더라도 계산의 편의와 직원의 근무의욕을 고취하기 위하여(확대해석론의 견해)4) 사용자와

---

1) 大判 2020. 11. 26, 2017 다 239984(이와 달리 본 원심판단에 법리오해 등의 잘못이 있다고 한 사례).
2) 大判 2012. 3. 29, 2010 다 91046; 大判 1998. 3. 24, 96 다 24699 등.
3) 大判 2010. 5. 13, 2008 다 6052; 大判 1992. 7. 14, 91 다 37256 등 참고.
4) 大判 1997. 4. 25, 95 다 4056(근로형태와 업무의 성질 등을 참작하여 계산의 편의와 직원의 근무

근로자 사이에 기본임금을 미리 산정하지 아니한 채 각종 수당을 합한 금액을 월 급여액이나 일당임금으로 정하거나, 기본임금을 정하고 매월 일정액을 근로시간 수에 상관없이 각종 수당으로 지급하는 내용의 임금지급제를 급여규정, 취업규칙 또는 단체협약으로 약정할 수 있다.[1] 이를 포괄임금제 또는 정액수당제라고 한다. 포괄임금제를 인정하는 것은 근로기준법상의 임금의 지급 및 산정 방법의 예외를 인정하는 것인데, 판례는 포괄임금제의 인정 범위에 관하여 다음에서 보는 바와 같이 기본적 태도를 명확히 정돈하고 있다.

b) 포괄임금약정은 그 내용이 근로기준법에서 정한 기준(제50조 이하, 제56조 등 참조)에 미치지 못하는 등 근로자에게 불이익하지 않아야 하고 여러 사정에 비추어 정당하다고 인정될 때에 유효하다.[2] 포괄임금제에 관한 약정이 성립하였는지 여부는 근로시간, 근로형태와 업무의 성질, 임금 산정의 단위, 단체협약과 취업규칙의 내용, 동종 사업장의 실태 등 여러 사정을 전체적·종합적으로 고려하여 구체적으로 판단하여야 하며,[3] 다만 개별 사안에서 기본급과는 별도로 연장·야간·휴일근로수당 등을 세부항목으로 명백히 나누어 지급하도록 급여규정이나 취업규칙, 단체협약 등에 정하고 있는 경우에는 포괄임금제는 인정되지 아니한다고 할 것이다.[4] 예컨대 버스회사의 운전기사가 격일제로 1일 5회 노선운행을 하는 근무형태에서 1일 총 17시간 또는 19시간 노무를 제공하는 경우에 비록 임금협정서에 「임금제도는 격일제 운행에서 발생할 수 있는 모든 수당을 포함한 포괄임금제로 하고, 임금조견표의 임금은 임금 지급의 편의를 위해 항목을 구분한 것일 뿐이라는 점을 상호 인정」 등의 문구가 기재되어 있더라도 실제로는 연장근로시간

의욕을 고취하는 뜻에서 근로자의 승낙하에 행하여져야 한다); 大判 1998. 3. 24, 96 다 24699; 大判 1990. 11. 27, 90 다카 6934 등 참고.

1) 大判 2019. 8. 14, 2018 다 244631('보장시간제 약정'에 관한 판례) 참고.

2) 大判 2009. 12. 10, 2008 다 57852; 大判 2010. 5. 13, 2008 다 6052; 大判 2012. 3. 29, 2010 다 91046; 大判 2014. 6. 26, 2011 도 12114; 大判 2016. 8. 24, 2014 다 5098(본소)·2014 다 5104(반소) 등. 따라서 포괄임금제를 채택하는 경우에는 그 포괄임금(정액수당)이 가산임금에 갈음하여 지급되는 것임을 명백히 해야 한다(土田, 「勞働契約法」, 299面).

3) 大判 2016. 10. 13, 2016 도 1060; 大判 2009. 12. 10, 2008 다 57852 등.

4) 大判 2009. 12. 10, 2008 다 57852; 大判 2010. 5. 13, 2008 다 6052; 大判 2012. 3. 29, 2010 다 91046. 위 판례에 따르면 단체협약 등에 기본급에 수당을 포함한 금액을 기준으로 임금인상률을 정하였다는 사정 등을 들어 바로 포괄임금제에 관한 합의가 있다고 섣불리 단정해서는 안 된다고 한다. 또한 大判 2020. 2. 6, 2015 다 233579(본소), 233586(반소): 임금(본소), 부당이득금(반소)(임금협정서에 포괄임금 방식으로 지급한다는 취지의 기재가 있더라도 임금협정서, 임금조건표, 급여명세서 등에 기본급과는 별도로 연장·야간·휴일근로수당 등을 세부항목으로 나누어 지급하도록 정하고 있는 경우에는 포괄임금제에 관한 약정이 성립하였다고 볼 수 없다. 피고 소속 버스기사인 원고들이 재산정한 통상임금을 기초로 한 추가법정수당의 지급을 구하는 사건).

수와 야간근로시간 수를 따로 정하면서 임금협정에 따라 근무일수별 연장근로수당 및 야간근로수당을 산정한 다음 월임금액에 포함시키고 있다면 이를 포괄임금제에 따른 임금액의 결정이라고 할 수 없다. 따라서 포괄임금제는 인정될 수 없다.[1] 그리고 판례는 「단체협약이나 취업규칙 및 근로계약서에 포괄임금이라는 취지를 명시하지 않았음에도 묵시적 합의에 의한 포괄임금약정이 성립하였다고 인정하기 위해서는, 근로형태의 특수성으로 인하여 실제 근로시간을 정확하게 산정하는 것이 곤란하거나 일정한 연장·야간·휴일근로가 예상되는 경우 등 실질적인 필요성이 인정될 뿐 아니라, 근로시간, 정하여진 임금의 형태나 수준 등 제반 사정에 비추어 사용자와 근로자 사이에 정액의 월급여액이나 일당 임금 외에 추가로 어떠한 수당도 지급하지 않기로 하거나 특정한 수당을 지급하지 않기로 하는 합의가 있었다고 객관적으로 인정되는 경우이어야 한다」고 판시하고 있다.[2] 따라서 근무형태와 업무의 성질상 근로시간이 불규칙하거나 감시·단속적이거나 또는 교대제·격일제 등의 형태에서 실제 근로시간의 산출이 어렵거나 당연히 연장·야간·휴일근로가 예상되는 경우가 아니라면 포괄임금계약이 체결되었다고 보기 어렵다.[3]

c) 결론적으로 근로시간의 산정이 어려운 경우가 아니라면 달리 근로기준법상의 근로시간에 관한 규정을 그대로 적용할 수 없다고 볼 만한 특별한 사정이 없는 한 근로기준법상의 근로시간에 따른 임금지급원칙이 적용되어야 하므로 이러한 경우의 포괄임금제는 허용되지 않는다.[4] 따라서 근로시간의 산정이 어렵다는 등의 사정이 없음에도 포괄임금제 방식으로 임금약정이 이루어진 경우 그 포괄임금에 포함된 정액의 법정수당이 근로기준법이 정한 기준에 따라 산정된 법정수당에 미달하는 때에는 그에 해당하는 포괄임금제에 의한 임금지급계약 부분(근로기준법 위반 부분)은 근로자에게 불이익하여 무효이고, 사용자는 근로기준법에 따라 미달되는 법정수당을 지급하여야 한다.[5] 즉, 포괄

---

1) 大判 2020. 2. 6, 2015 다 233579(회사 [버스회사]는 통상임금을 정하면서 상여금, 근속수당, 성실수당, 휴가비 등을 제외한 기본임금액만을 기준으로 삼았다. 근로자 A 등은 상여금 등을 포함하여 시간급 통상임금을 재산정하고 이에 따른 미지급 수당을 추가로 지급할 것을 구하는 소송을 제기하였다. 원심은 명시적으로 포괄임금약정이 성립하였다고 판단하고 추가법정수당의 지급을 구하는 원고 A 등의 청구를 배척하였으나, 대법원은 원심판결을 파기환송하였다).

2) 大判 2016. 10. 13, 2016 도 1060(포괄임금계약이 체결되었다고 보기 어렵다고 판단한 사례).

3) 大判 2016. 10. 13, 2016 도 1060. 동일한 노선을 운행하더라도 시외버스 운전자의 근로시간은 실시간 교통상황, 주행시간, 기상조건, 승무원의 근무태도, 운전습관 등 여러 가지 요인에 따라 달라져서 일정하게 산정하기 어려우므로 주행거리에 km수당을 곱해 총 주행수당을 계산하고 이를 기초로 각종 수당을 산정하는 것은 합리적 기준으로 보이며 근로자에게 불이익하지 않다. 따라서 이 사건 임금협정으로 정한 포괄임금제는 유효하므로 추가로 연장 및 야간 수당을 지급할 필요가 없다고 판단한 원심을 수긍하고 원고들의 상고를 기각한 판결(大判 2020. 6. 25, 2015 다 8803).

4) 大判 2010. 5. 13, 2008 다 6052; 大判 1992. 7. 14, 91 다 37256 등.

5) 大判 2014. 6. 26, 2011 도 12114; 大判 2016. 9. 8, 2014 도 8873.

임금제에 의한 수당의 액이 실제상의 연장근로에 대한 가산임금보다 높은 경우에는 그대로 유효하지만,[1] 실제의 가산임금보다 낮은 경우에는 근로기준법 제15조, 제50조, 제56조에 위반되므로 그 부분에 한하여 위법·무효이고, 무효인 부분은 근로기준법에서 정한 기준에 따른다.[2]

d) 예컨대 근무환경의 특성 등을 감안하여 노사 간의 합의로 월 60시간을 시간외근무시간으로 인정해 왔다면 사용자로서는 실제 근무시간이 노사 간 합의한 시간에 미달하더라도 이를 이유로 근무시간을 다툴 수 없다.[3] 이미 구체적으로 그 지급청구권이 발생한 임금에 대하여는 근로자의 개별적 동의나 수권을 받지 않는 이상 단체협약으로 이에 대한 포기나 지급유예와 같은 처분행위를 할 수 없다.[4]

(6) **보상휴가제**

a) **의의와 취지** 근로기준법 제57조(2003년 9월 15일 신설)는 「사용자는 근로자대표와의 서면 합의에 따라 제51조의3, 제52조 제2호 및 제56조에 따른 연장근로·야간근로 및 휴일근로 등에 대하여 임금을 지급하는 것을 갈음하여 휴가를 줄 수 있다」고 규정하고 있다(2021. 1. 5 개정).[5] 보상휴가제는 근로자와 사용자에게 임금과 휴가에 대한 선택의 폭을 넓히려는데 명목상의 취지가 있다고 설명되고 있다. 연장·야간·휴일근로를 행함으로써 가산임금의 수입을 올리려는 노동현장의 현실적 상황도 사용자에게는 부담이 아닐 수 없다. 이러한 임금지급 실태에서 오는 사용자의 부담을 완화하기 위하여 마련된 것이 보상휴가제이다.[6]

---

1) 大判 2011. 9. 8, 2011 다 37797; 大判 2012. 3. 29, 2010 다 91046; 大判 2016. 8. 29, 2011 다 37858 등 참고.
2) 大判 2010. 5. 13, 2008 다 6052; 大判 2016. 9. 8, 2014 도 8873.
3) 大判 2016. 8. 29, 2011 다 37858; 大判 2012. 3. 29, 2010 다 91046; 大判 2011. 9. 8, 2011 다 37797; 大判 2019. 8. 14, 2018 다 244631 등.
4) 大判 2000. 9. 29, 99 다 67536; 大判 2010. 1. 28, 2009 다 76317; 大判 2016. 8. 29, 2011 다 37858 등.
5) 이에 대해 노동부는 근로기준법시행지침(2003. 12)에서 다음과 같이 밝히고 있다: 「연장·야간·휴일근로에 대한 임금과 이에 갈음하여 부여하는 휴가 사이에는 동등한 가치가 있어야 하므로 근로기준법 제55조에 의한 가산임금까지 감안되어야 함. 따라서 연장근로를 2시간 한 경우 가산임금을 포함하면 총 3시간분의 임금이 지급되어야 하므로 3시간의 휴가가 발생함. 연장·휴일·야간근로가 중복된 경우에는 각각의 가산임금을 포함하여 산정된 임금에 해당하는 휴가가 발생함. 보상휴가제의 적용대상을 연장근로 등에 대한 가산임금을 포함한 전체임금으로 할지, 가산임금 부분만으로 할지는 노사 서면합의로 정한 바에 따름. 다만, 소정근로시간중에 발생한 야간근로에 대해서는 동 규정을 적용하는 것이 입법취지상 적절하지 않음」.
6) 부칙 제6조 2항이 「최초의 4시간에 대하여 제56조 중 "100분의 50"을 "100분의 25"로 본다」고 규정하고 있는 것도 같은 취지에 의한 것이다.

b) 내용과 문제점

1) 보상휴가제는 위에서 설명한 바와 같이 가산임금의 지급으로 인하여 사용자가 받는 임금지급의 압박을 덜어주기 위한 제도라고 할 수 있다. 근로기준법 제57조의 규정에 따르면 「사용자는 근로자대표와의 서면 합의에 따라」 연장·야간·휴일근로에 대하여 임금을 지급하는 것을 「갈음하여」 휴가를 줄 수 있다. 다시 말하면 사용자는 근로자대표와 합의하면 근로자가 근로를 제공하여 그 대가로서 취득한 임금청구권을 소멸시키고 이에 갈음하여 휴가를 줄 수 있는 것이다.

2) 이에 대하여는 다음과 같은 문제점이 제기되지 않을 수 없다. 첫째, 근로자가 근로를 제공하여 사용자에 대하여 임금채권을 취득한 경우에 사용자(채무자)가 제3자(근로자대표)와 합의하여 채권자인 근로자의 임금채권을 소멸시키고 그에 갈음하여 휴가를 주는 합의를 할 수 있는지가 문제된다. 사용자와 근로자대표(근기법 제24조 Ⅲ 참조)가 임금채권을 소멸시키는 것은 일종의 처분행위이므로 사용자나 제3자인 근로자대표는 그러한 권한을 가질 수 없다. 따라서 사용자와 근로자대표가 임금채권을 소멸하게 하는 처분적 행위는 무효라고 볼 수밖에 없다. 임금채권은 그 채권을 가지고 있는 근로자 개인의 재산권이다.[1] 둘째로 연장·야간·휴일근로에 의한 가산임금도 근로자가 근로의 대가로 받은 임금이므로 소정근로시간을 근로하여 그 대가로 받은 (통상)임금과 법률상 동일한 보호를 받는다. 가산임금에 대한 채권을 통상임금채권과 차별할 법률상의 근거는 존재하지 않는다. 설사 제3자가 근로자의 가산임금채권을 소멸케 하는 처분행위를 할 수 있도록 하고 있더라도 이는 근로자의 재산권을 침해하는 행위로서 무효라고 해야 한다.[2] 셋째로 임금은 근로자가 그의 생존을 확보하기 위한 유일한 생활재원이다. 따라서 법률의 규정에 근거하는 경우라도 근로자가 근로의 대가로서 취득한 임금채권을 휴가로 대체한다는 것은 근로자의 경제적 생활의 유지·향상을 위한 생존권을 침해하는 것으로 볼 수 있다. 근로기준법 제57조의 규정은 근로조건의 기준은 인간의 존엄성을 보장받도록 법률로 정하게 한 헌법 제32조 3항의 기본취지에 반하는 위헌적 요소를 가지고 있다고 보아야 한다. 임금은 휴가로 대체할 수 있는 성질의 것이 아니다.

3) 이상과 같은 이유에서 사용자가 근로자대표와 연장·야간·휴일근로에 대하여 임금을 지급하지 아니하고 휴가를 주는 내용의 합의를 하는 것은 무효이고, 이를 허용하

---

1) 근로기준법 제43조 1항 단서는 법령 또는 단체협약으로 임금의 일부를 '통화 이외의 것'으로 지급할 수 있다고 규정하고 있으나, '통화 이외의 것'이란 통화로 환가될 수 있는 현물, 주식, 상품교환권 등으로 근로자에게 불이익을 주지 않는 한도 내에서 허용되어야 하고, 현물지급은 엄격히 제한적으로 해석되지 않으면 안 된다.

2) 同旨: 大判 2011. 9. 8, 2011 다 22061 참고.

는 근로기준법 제57조의 규정은 헌법 제32조 3항에 위배되어 효력이 없다고 보아야 한다. 연장·야간·휴일근로를 하기 전에 사용자와 근로자대표가 근로의 대가인 임금의 지급에 갈음하여 휴가를 주기로 하는 합의도 당연히 무효임은 더 말할 필요가 없다.

c) 보상휴가제의 제한적 해석 위에서 살펴보았듯이 근로자의 임금채권은 그것이 소정근로시간의 근로에 의하여 발생된 임금채권이건 연장·야간·휴일근로에 의하여 발생된 임금채권이건 사용자와 근로자대표의 합의로 이를 소멸시키고 휴가로 대체할 수는 없다. 사용자가 근로자대표와의 합의로 임금지급을 갈음하는 휴가를 줄 수 있기 위해서는 임금청구권을 가지고 있는 각 근로자가 근로자대표에게 수권(授權)이나 동의를 한 경우이어야 한다. 이때의 수권행위나 동의는 개별 근로자의 자유로운 의사에 의한 것이어야 하고, 집단적 동의방식에 의한 것은 허용되지 않는다. 왜냐하면 근로자가 근로의 대가로 취득한 임금청구권(임금채권)은 각 근로자가 가지는 고유의 재산권이므로 집단적 동의(다수결에 의한 동의)에 의하여 그 권리의 주체인 개별 근로자의 수권이나 동의를 대신할 수 없기 때문이다(집단적 대표권의 한계). 따라서 개별 근로자가 보상휴가에 대하여 근로자대표에게 수권 또는 동의하지 않는 한 사용자는 가산된 임금을 지급하여야 한다.

7. 근로시간계산의 특례

(1) 서 설

최근 산업구조의 변화에 수반하여 근무형태가 다양화되면서 기존의 근로시간법상의 통상적인 방법으로는 적절한 근로시간의 산정이 곤란한 경우가 발생하고 있다. 이와 같은 이유에서 1997년의 제정 근로기준법은 근로시간규제의 탄력화의 일환으로 사업장 외근로와 재량근로에 대한 간주근로시간(또는 인정근로시간)제도를 신설하였다(제58조). 그 구체적인 내용은 다음과 같다.

(2) 사업장 밖 근로에 대한 시간계산(사업장 밖의 간주근로시간제)

a) 근로자가 근로시간의 전부 또는 일부에 걸쳐 사업장 밖에서 업무에 종사하는 경우에는 근로시간의 산정이 곤란한 경우가 많다. 따라서 근로자가 출장 및 사외영업업무 등을 이유로 사업장 밖에서 근로한 경우 실근로시간과 임금의 계산을 둘러싸고 분쟁이 발생할 가능성이 있다. 이 때문에 종래 근로기준법 시행령에서는 「근로자가 출장 기타 사업장 외에서 근로하는 경우에 근로시간을 산정하기 곤란한 때에는 1일 8시간 근로한 것으로 보되, 다만 사용자가 미리 별도의 지시를 하였을 경우에는 예외로 한다」고 규정하고 있었다(구 근기법 시령 제37조). 그러나 이 시행령의 규정은 법률로서의 효력이 없을 뿐만 아니라, 소정근로시간(8시간)을 넘어 근로하는 때에도 원칙적으로 소정근로시간의

근로로 간주한다고 규정하고 있어 불합리하다는 비판이 있었다. 따라서 영업업무와 출장 등에 의하여 사업장밖 근로가 증가하고 있는 현실에 비추어 그에 대한 근로시간의 산정을 보다 합리적이고 명확히 할 목적으로 근로기준법 제58조 1항과 2항에서 사업장밖 근로에 대한 근로시간계산의 특례를 규정하게 되었다. 동 규정의 내용은 다음과 같다. i) 근로자가 출장이나 그 밖의 사유로 근로시간의 전부 또는 일부를 사업장 밖에서 근로하여 근로시간을 산정하기 어려운 경우에는 소정근로시간을 근로한 것으로 본다(제58조 Ⅰ 본문). ii) 그 업무를 수행하기 위하여 통상적으로 소정근로시간을 초과하여 근로할 필요가 있는 경우에는 그 업무의 수행에 통상 필요한 시간을 근로한 것으로 본다(제58조 Ⅰ 단서). iii) 위의 ii)의 경우에도 불구하고 그 업무에 관하여 근로자대표와의 서면합의를 한 경우에는 그 합의에서 정하는 시간을 그 업무의 수행에 통상 필요한 시간으로 본다(제58조 Ⅱ). 이와 같이 신설된 규정은 종전의 시행령규정의 불명확성을 시정하면서 노사협정에 의한 「근로시간의 인정」이라는 새로운 제도도 도입하였다. 이를 사업장밖 간주근로시간(인정근로시간)제라고 한다. 다음에서 차례로 설명한다.

b) 간주근로시간제가 적용되는 사업장밖 근로는 상태적(常態的)인 사업장밖 근로(예: 취재기자·외근영업사원·신문판매요원 등)뿐만 아니라, 출장 등과 같은 임시적인 사업장밖 근로도 포함한다. 즉 근로시간의 전부를 사업장 밖에서 근로하는 경우뿐만 아니라 그 일부를 사업장 밖에서 근로하는 경우도 포함한다. 이때 사업장밖 근로가 1일의 소정근로시간대의 일부를 이용하여 이루어지는 경우에는 소정근로시간대에서의 사업장내근로를 포함하여 1일의 소정근로시간을 근로한 것이 된다. 또한 상태적(常態的) 사업장밖 근로에 부수하여 사업장내근로가 행해지는 경우에 당해 근로는 전체적으로 사업장밖 근로로 인정된다.[1]

간주근로시간제는 사업장밖 근로 중에서도 근로시간의 산정이 어려운 경우(제58조 Ⅰ 본문)에만 허용된다.[2] 예컨대 사업장밖 근로의 시업시와 종업시가 해당 근로자의 자유에 맡겨져 있고, 휴게시간의 운용이 자유로우며, 근로자의 조건이나 업무상태에 따라 근로시간의 장단이 결정되는 경우가 여기에 해당된다. 반면에 사업장밖 근로라 하더라도 근로시간을 산정할 수 있는 경우에는 간주근로시간제는 적용되지 않는다. 근로시간 산정의 가능성 여부는 사용자의 구체적 지휘·감독이나 시간관리가 가능한지의 여부에 따라 판단된다.[3]

---

1) 菅野, 「勞働法」, 517面.

2) 土田, 「勞働契約法」, 349面 이하 참고.

3) 土田, 「勞働契約法」, 349面. 일본의 행정해석은 다음과 같은 경우에는 사용자의 구체적인 지휘·감독이 미치고, 따라서 근로시간의 산정이 가능하다고 한다(昭和 63. 1. 1, 基發 1·婦發 1). 즉 (i) 그룹

c) 「소정근로시간을 근로한 것으로 본다」는 것은 실제로 사업장 밖의 근로시간의 다과를 묻지 않고 사업장 내에서 근로한 근로자에게 적용되는 소정근로시간의 근로를 한 것으로 본다는 의미이다. 따라서 내근자(內勤者)의 소정근로시간보다 짧게 근로한 것으로 볼 수는 없다(예컨대 내근자의 소정근로시간이 8시간인 경우 7시간을 근로한 것으로 볼 수 없다). 이 경우에 우선 근로가 전부 사업장 밖에서 행해진 경우에는 별 문제가 없다. 그러나 근로시간의 일부를 사업장 밖에서 근로한 경우가 문제된다. 이에 대해서는 사업장내근로와 사업장외근로를 일괄하여 소정근로시간을 근로한 것으로 간주하는 견해(일괄간주설)와 사업장내근로는 그 시간대로 산정하고 사업장외근로만을 간주시간의 대상으로 하여 별도로 보고 이를 합산하는 견해(별도간주설)가 있다. 근로시간 간주제는 근로시간의 산정이 곤란한 경우에 그 산정방법을 정하는 제도이므로 근로시간의 산정이 가능한 사업장내근로를 간주제의 대상으로 할 필요가 없다는 점에서 후설이 옳다고 보아야 한다.[1]

d) 당해 업무를 수행하기 위하여 통상적으로 소정근로시간을 초과하여 근로할 필요가 있는 경우에는 그 업무의 수행에 통상 필요한 시간을 근로한 것으로 본다(제58조 I 단서). 이를 「통상필요근로시간의 간주제」로 부르기도 한다. 당해 업무의 수행에 통상 필요한 시간이란 「평균인이 통상의 상태에서 그 업무를 수행하기 위해서 객관적으로 필요로 하는 시간」으로 정의된다.[2] 그런데 상태적이고 전형적인 사업장밖 근로에 대해서는 그 시간을 어떤 형태로든 산정해 두는 경우가 일반적이겠으나, 임시적이고 우연적인 사업장밖 근로에 대해서까지 사전에 이를 정해 둘 수는 없을 것이다. 따라서 이에 대한 약정이 없는 경우에는 당사자(주로 사용자)가 그 때마다 시간을 정하게 되고, 이 근로시간은 당해 업무의 수행에 통상 필요한 시간이 된다. 그러나 근로자가 인정받은 통상근로

으로 사업장밖 근로에 종사하는 경우에 그 그룹 중에 근로시간을 관리하는 자가 포함되어 있는 경우, (ii) 사업장 밖에서 업무를 수행하지만, 휴대폰 등에 의하여 수시로 사용자의 지시를 받으면서 근로하는 경우, (iii) 사업장에서 방문처와 귀사시각 등 당일의 업무에 관한 구체적인 지시를 받은 후 사업장 밖에서 지시대로 업무에 종사하고, 그 후 사업장에 복귀하는 경우 등이다. 또한 예컨대 근로자를 지방의 건설공사현장에 출장을 보내 방사능검사 등의 안전점검을 하도록 한 경우에 출퇴근시간 · 작업개시 · 종료시간 등이 기재된 작업보고서가 작성 · 제출되었다면, 근로시간을 산정하기 어려운 경우에 해당되지 않는다고 한다(日本 橫濱地裁川崎支決 昭和 49. 1. 26, 勞民集 25卷 1 · 2號, 12面). 그 밖에도 취재기자에게 일정시각에 정부요인의 기자회견에 출석하고 취재활동을 행하도록 하는 경우, 영업사원에게 방문해야 할 거래처를 지시하고 영업활동을 행하도록 지시하는 경우 등 사용자의 별단의 지시에 의하여 근로시간의 산정이 가능한 경우에는 간주근로시간제가 적용되지 않는다고 보아야 할 것이다.

1) 土田, 「勞働契約法」, 349面. 어느 견해에 의하든 큰 차이가 없다는 견해: 김유성, 「노동법」, 144면.
2) 예컨대 어떤 사업장의 영업업무에 대하여 8시간 50분이 소요되는 경우가 있는가 하면, 9시간 10분 정도 소요되는 경우가 있다 하더라도 각 일 각 근로자가 당해 업무의 수행에 소요되는 시간을 평균하면 9시간 정도인 경우에는 그 9시간이 통상 필요한 시간으로 된다.

시간이 적절하지 않다고 판단하는 경우에는 임금의 청구 또는 연장근로수당의 청구를 둘러싸고 노사간의 다툼이 발생할 수 있다.

e) 특히 당해 업무의 수행을 위하여 통상적으로 소정근로시간을 초과하는 근로의 필요성 여부 및 필요 근로시간 등에 관해서는 노사간에 분쟁이 발생할 수 있으므로 근로기준법은 해당 업무에 관하여 근로자대표와 서면합의가 있는 경우에는 그 합의로 정한 시간을 해당 업무의 수행에 통상 필요한 시간으로 본다고 규정하고 있다(제58조 Ⅱ). 노사합의에 의한 간주근로시간은 해당 업무를 수행하는 데 통상 소정근로시간을 초과하여 근로할 필요가 있는 경우에 인정되는 것이므로, 근로자대표와의 서면합의에서 정한 근로시간은 소정근로시간을 상회하게 된다. 또한 서면 합의의 대상이 되는 것은 사업장 밖의 근로에 한한다고 해석된다.[1] 사업장 안에서의 근로는 실근로시간으로 산정해야 하기 때문이다.

f) 사업장 밖의 간주근로시간제는 실제 근로시간의 다과(多寡)에 불구하고 소정근로시간 또는 통상필요근로시간을 근로한 것으로 보는(간주) 제도이다. 따라서 근로자가 실제로 소정근로시간을 초과했음을 반증하거나(제58조 Ⅰ 본문의 경우), 또는 실근로시간이 통상필요시간을 초과해서 근로했음을 반증하더라도(제58조 Ⅰ 단서의 경우) 그 주장에 따른 임금청구권은 인정되지 않는다.[2] 이와 같이 간주제도는 원칙적으로 반증을 인정하지 않는 효과를 가진다. 그러므로 사용자가 사업장 밖의 간주근로시간제를 실시할 때에는 간주시간 수를 가능한 한 실근로시간수에 근사하도록 설정해야 한다.

(3) 재량근로의 간주근로시간제

a) 재량근로의 간주근로시간제란 업무의 성질에 비추어 업무수행방법을 근로자의 재량에 위임할 필요가 있는 소정의 업무에 대하여 사용자가 근로자대표와 서면합의로 정한 시간을 근로한 것으로 보는 제도이다(제58조 Ⅲ). 이 제도는 최근 기업에 있어서 정보화·기술혁신·서비스경제화 등의 새로운 현상으로 인하여 업무수행방식에 대한 근로자의 재량의 여지가 커지고, 그 보수도 근로의 양에 의하는 것이 아니라 질이나 성과에 의하여 결정됨으로써 종래의 통상적인 방법에 의하여 근로시간을 산정하는 것이 부적절한 전문적 업무가 증가하고 있는 데 대응하기 위하여 마련된 것이다. 즉, 종래에는 일단 법정근로시간을 초과하여 근로가 행해진 경우에 그 근로에 대해서는 가산임금의 규정에 의하여 근로시간의 양에 비례한 임금산정이 이루어졌으나, 개정법(1996년 12월 31일 개정, 1997년 3월 13일 제정)은 고도의 전문적인 재량근로종사자에 대해서는 이와 같은 일률적

---

1) 同旨: 노동법실무연구회, 「근로기준법주해 Ⅲ」(이정한·김진·고종완), 308면.

2) 土田, 「勞働契約法」, 351面; 山川, 「雇用關係法」, 2008, 150面.

인 규제를 수정하여 실제의 근로시간수에 관계 없이 일정한 근로시간을 근로한 것으로 간주하고자 하고 있다. 이에 의하여 재량근로자에 대해서는 근로의 양에 관계 없이 그 질(내용) 내지 성과에 의하여 보수가 결정되도록 한 것이다.[1)]

b) 재량근로의 대상이 되는 것은 업무의 성질에 비추어 업무 수행 방법을 근로자의 재량에 위임할 필요가 있는 업무여야 하는데, 재량근로의 대상업무에 관해서는 시행령에서 별도로 정하고 있다(제58조 Ⅲ 1문; 근기법 시령 제31조).[2)]

c) 위의 재량업무(근기법 시령 제31조)에 대한 근로가 실시되는 경우에는 사용자가 근로자대표와 서면 합의로 정한 시간을 근로한 것으로 본다(제58조 Ⅲ 1문). 이 경우에 서면 합의에는 i) 대상업무, ii) 사용자가 업무의 수행 수단 및 시간 배분 등에 관하여 근로자에게 구체적인 지시를 하지 아니한다는 내용, iii) 근로시간의 산정은 서면 합의로 정하는 바에 따른다는 내용을 명시하여야 한다(제58조 Ⅲ 2문).[3)] i)의 사항과 관련해서 재량근로제의 대상업무는 대통령령(시령 제31조)으로 정하는 업무에 해당해야 한다. ii)의 사항과 관련해서 매뉴얼 등으로 노무제공방법을 사전에 지시하는 것은 배제된다. 다만, 기본적 업무수행방법을 정하거나 진행상황의 보고를 요구하는 것(기본적 노무지휘권)은 허용된다고 보아야 한다. 재량근로제는 출근 그 자체를 근로자의 재량에 맡기는 것은 아니므로 근로자는 소정근로일에 출근해야 한다. iii)의 사항과 관련해서 서면 합의에는 적어도 1일과 1주의 간주근로시간수를 정해야 할 것이다.

d) 재량근로가 실시되는 소정의 업무에 대하여는 사용자와 근로자대표가 서면합의에서 정한 시간을 근로한 것으로 본다. 재량근로 간주제도의 기본적 효과는 근로자가 실제로 근로한 시간에 관계없이(간주근로시간을 미달하건 초과하건) 노사협정에 정하여진 시

---

1) 매월 임금액을 실근로시간수에 비례하여 계산하는 종래의 임금제도하에서는 노사협정에서 당해 재량근로자들의 1일 내지 1주 단위의 통상근로시간수가 약정될 것이다. 그러나 재량근로제의 전형적인 형태는 연봉제 등과 같이 근로의 양에 관계 없는 임금제도(근로의 질 내지 성과에 의한 임금제도)하에서 당해 근로자들이 실제로 근로한 시간수를 문제삼지 아니하고 당해 사업장의 소정근로시간만 근로한 것으로 간주하는 것이다. 다만, 이와 같은 간주시간근로제가 타당하기 위해서는 당해 업무가 고도로 전문적이거나 관리직 업무이고, 그 수행에 대하여 고도의 자율성이 요구되며, 대상근로자가 충분히 대우를 받을 것이 기본이 되어야 할 것이다.

2) 재량근로의 대상업무는 다음과 같다(근기법 시령 제31조). (i) 신상품 또는 신기술의 연구개발이나 인문사회과학 또는 자연과학분야의 연구업무, (ii) 정보처리시스템의 설계 또는 분석업무, (iii) 신문, 방송 또는 출판사업에 있어서 기사의 취재, 편성 또는 편집업무, (iv) 의복·실내장식·공업제품·광고 등의 디자인 또는 고안업무, (v) 방송프로·영화 등의 제작사업에서의 프로듀서나 감독업무, (vi) 그 밖에 고용노동부장관이 정하는 업무(2019. 7. 31. 고용노동부고시 제2019-36호)이다.

3) 이러한 의미에서 노사협정은 재량근로에 관한 제도의 전제조건(필수요건)이라고 할 수 있고, 이는 합리적인 근로시간을 산정하기 위한 방식으로 활용되고 있는 사업장외근로에 대한 노사협정과는 구별된다.

간을 근로한 것으로 보는 것이다. 따라서 8시간 간주근로의 경우 근로자가 실제로 근로한 시간수를 들어 반증하더라도 간주시간의 효과를 번복할 수 없다. 예컨대 근로자가 실제로 9시간을 근로했음을 반증하더라도 9시간의 임금지급청구권은 인정되지 않는다. 그러나 근로자대표와 사용자가 서면합의로 법정근로시간을 초과하는 간주근로시간수를 정한 경우에는 시간외근로에 관한 가산임금이 지급되어야 한다. 휴게시간·야간근로·휴일근로·휴가 등의 근로기준법상의 규정은 그대로 적용된다고 보아야 한다.[1]

특히 야간근로와 휴일근로에 대해서 다음과 같은 문제가 제기된다. 즉, 사용자는 야간근로시간대에 관한 재량근로자의 근로시간을 파악해야 하고, 야간근로가 금지되는 근로자에 대해서는 야간근로를 간주근로시간의 대상으로 할 수 없을 것이다. 그 이외의 근로자에 대해서는 야간근로를 간주근로시간제의 대상으로 할 수 있지만, 이에 대하여 사용자는 가산임금을 지급해야 한다. 재량근로자에게는 시간배분에 대한 결정의 자유가 인정되고 있기 때문에 이에 대한 규제를 가하는 것이 타당하지 못한 측면도 있으나, 야간근로의 규제는 사회생활에 있어서 변칙적인 시간대의 근로를 대상으로 하는 것이므로 재량근로자에 대하여 이러한 규제를 배제해야 할 이유가 없다. 휴일근로에 대해서는 서면합의에서 특별한 약정이 없는 한 통상 예정되어 있지 않는 것이므로(근기법 제55조; 벌칙 제110조 ①) 간주근로시간의 대상이 되지 아니한다. 그러나 그에 관한 특별한 약정이 있으면 휴일근로에 관한 법적 규제가 그대로 적용된다(근기법 제56조 참조).

서면합의에서 정한 근로시간수가 법정근로시간수를 초과하는 경우에는 연장근로에 관한 약정이 병행적으로 체결되어야 하고, 그에 대한 가산임금이 지급되어야 한다.[2]

8. 근로시간 및 휴게시간의 특례

a) 근로기준법 제59조에 따르면 「통계법」 제22조 1항에 따라 통계청장이 고시하는 산업에 관한 표준의 중분류 또는 소분류 중 다음의 어느 하나에 해당하는 사업에 대하여 사용자가 근로자대표와 서면합의를 한 경우에는 제53조 1항의 규정에 따른 1주 12시

1) 土田, 「勞働契約法」, 357面 참고.

2) 근로기준법상의 가산임금률에 대해서는 임금과 간주근로시간의 대응 여부에 의하여 상이한 결론에 이르게 된다. 예를 들면 소정근로시간이 8시간이고, 간주근로시간이 10시간인 경우에 대하여 그 임금형태로서는 다음과 같은 세 가지 유형이 상정될 수 있다. (i) 임금이 10시간에 대응하는 경우, (ii) 임금이 8시간에 대응하는 경우, (iii) 임금이 8시간의 근로와 2시간분의 연장근로에 대응하는 경우 등이다. (i)의 경우에는 이미 소정시간외근로 2시간분의 임금이 지급되었으므로, 2시간분에 대하여 50%의 가산임금만 지급되면 된다. (ii)에서는 소정시간외근로인 2시간분에 대해서는 임금이 지급되지 아니하였으므로 임금지급률은 150%에 이르게 된다. (iii)에서는 소정시간외근로에 대하여 가산임금까지 이미 지급된 경우이므로, 다시 연장근로의 가산임금을 지급할 필요가 없게 된다.

간을 초과하여 연장근로를 하게 하거나[1] 제54조에 따른 휴게시간을 변경할 수 있다. 이 조항에 해당되는 사업은 다음과 같다(제59조 Ⅰ).

1. 육상운송 및 파이프라인 운송업. 다만 「여객자동차운수사업법」 제3조 1항 1호에 따른 노선(路線) 여객자동차운송사업은 제외
2. 수상운송업
3. 항공운송업
4. 기타 운송관련 서비스업
5. 보건업

b) 특례가 적용되는 사업에 대하여는 근로기준법 제53조 1항에 의한 1주 12시간의 연장근로 한도가 적용되지 않는다. 연장근로시에는 당연히 연장근로수당이 지급된다(근기법 제56조 I 참조). 다만, 1주 12시간을 초과하여 연장근로를 행하는 경우에는 사용자는 근로일 종료 후 다음 근로일 개시 전까지 근로자에게 연속하여 11시간 이상의 휴식시간을 주어야 한다(근기법 제59조 Ⅱ). 특례사업에 해당하더라도 연소근로자에 대해서는 근로기준법 제59조가 적용될 수 없다. 이 법 개정으로 특례사업은 대폭 줄게 되었다(26개인 특례업종을 5개로 축소).

[54] Ⅷ. 휴게·휴일 및 휴가

1. 총 설

휴식(휴게·휴일 및 휴가)은 근로자의 신체적·정신적 피로를 회복시킴으로써 노동의 재생산을 꾀하고 생산성을 유지하기 위하여 주어지는 것이다. 근로기준법 제4장은 근로시간과 함께 휴식에 관하여 규정하고 있다. 다만, 동법 제63조에 정한 사업과 근로자에게는 휴게와 휴일에 관한 규정이 적용되지 않는다([55] 참고).

2. 휴 게

a) 뜻 휴게란 근로시간 도중에 근로자가 사용자의 지휘·감독의 구속으로부터 완전히 벗어나는 시간 단위의 휴식을 말한다.[2] 따라서 휴게시간에는 근로자는 근로제공

---

1) 다만 개정근로기준법(1997. 3. 13) 부칙 제6조 1항에서는 이 법 시행일 또는 적용일부터 3년간 제59조 1항을 적용함에 있어 1주 12시간을 16시간으로 하도록 하고 있다.

2) 1980. 5. 15, 법무 811-28862(근기법 제53조에 관한 해석) 참고. 판례는 근로자의 휴게시간이 실질

의무를 부담하지 않으며 그 시간을 자유로이 이용할 수 있다.1) 휴게시간은 근로시간이 아니므로 그 시간에 대하여 임금이 지급되지 않는다(근기법 제50조 참조).

b) 휴게시간의 부여 사용자는 근로시간 4시간에 대하여 30분 이상, 8시간에 대하여 1시간 이상의 휴게시간을 근로시간 도중에 주어야 한다. 그리고 휴게시간은 근로자가 자유로이 이용할 수 있도록 하여야 한다(근기법 제54조 Ⅰ·Ⅱ; 벌칙 제110조 ①).2) 휴게시간은 근로자가 자유롭게 이용할 수 있는 것이므로 휴게시간중에 조합활동의 일환으로서 유인물배포행위 등을 하는 것은 시설관리상의 목적을 해치지 않는 한 적법하다고 보아야 한다.3) 판례는 근로시간 도중에 1시간의 식사시간을 주면 그 시간이 휴게시간이 될 수 있다는 견해를 취한다.4)

c) 분할부여 금지 휴게시간을 주는 방법에 대해서는 명문의 규정은 없으나 휴게는 원칙적으로 몰아서 주어야 할 것이다. 그러므로 휴게시간을 너무 짧게 쪼개어 준다면 휴게 본래의 취지를 충족할 수 없고, 오히려 이러한 세분화된 휴게시간은 근로시간에 포함된다고 보는 것이 마땅할 것이다.

d) 휴게시간 중의 재해 휴게시간은 사용자의 지배·관리로부터 완전히 해방되어 근로자가 자유롭게 사용할 수 있는 시간이므로 그 시간 중에 발생한 재해는 원칙적으로 업무상 재해로 인정될 수 없다. 업무상 재해는 업무상의 사유로 인한 근로자의 부상·신체장해 또는 사망을 뜻하는 것으로 업무와 재해발생 사이에는 상당적 인과관계가 있어야 하기 때문이다([58] 2. ⑶ 참고). 그런데 판례는 「휴게시간 중의 근로자의 행위는 휴게시간 종료 후의 노무제공과 관련되어 있으므로, 근로자의 휴게시간 중의 행위가 당해 근로자의 본래의 업무행위 또는 그 업무의 준비행위 내지 정리행위, 사회통념상 그에 수반되는 것으로 인정되는 생리적 행위 또는 합리적·필요적 행위 등 그 행위 과정이 사업주의 지배·관리 하에 있다고 볼 수 있는 경우에 발생한 재해는 업무상 재해로 인정하여야 한다」고 한다.5) 「사업주의 지시나 주최에 의하여 이루어지는 행사 또는 취업규칙,

---

적으로 사용자의 지휘·감독 아래 있는 경우, 근로기준법상의 근로시간에 포함되는 것으로 본다(大判 2006. 11. 23, 2006 다 41990).

1) 大判 1992. 4. 14, 91 다 20548; 大判 2006. 11. 23, 2006 다 41990 등.

2) 근로기준법 제53조 2항은 휴게시간중의 근로자의 행동에 대하여 사용자가 제약을 가하는 것을 금지하는 규정이다. 그러므로 휴게시간중 작업장을 이탈하는 것은 원칙적으로 근로자의 자유이다. 휴게중에 외출허가제를 시행하거나 스포츠를 금지하는 것은 합리적 규제를 벗어나는 것이므로 적법하다고 볼 수 없다.

3) 大判 1991. 11. 12, 91 누 4164; 荒木, 「勞働法」, 156面 참고.

4) 大判 1994. 3. 8, 93 다 32408.

5) 大判 2000. 4. 25, 2000 다 2023(근로자가 10분간의 휴게시간을 이용하여 회사 정문 옆 구내식당에 간식을 사러갔다가 회사의 사업장 시설인 제품하치장에서 교통사고를 당하였는데 휴게시간 동안에

단체협약 기타 관행에 의하여 개최되는 행사에 참가하는 행위 등 그 행위과정이 사업주의 지배·관리 하에 있다고 볼 수 있는 경우, 또는 그 이용하는 시설의 하자로 인하여 당해 부상을 입은 경우」에도 업무상 재해가 인정된다고 한다.[1] 판례의 태도는 휴게시간 중의 재해를 재해가 발생한 장소적 요소(사업장 또는 사업장 내에 있는 시설)나 사업주의 지배·관리의 개연성을 판단기준으로 삼고 있어 업무상의 재해 개념을 상대적으로 넓게 인정하는 것으로 보인다. 산재보험법 제37조 1항 마목은 '휴게시간 중 사업주의 지배·관리하에 있다고 볼 수 있는 행위로 발생한 사고'는 업무상 사고로 규정하고 있다. 예컨대 휴게시간 중에 간식을 사먹는 행위를 업무와 관련된 사업주의 지배·관리하에 있는 행위는 특별한 사정이 없는 한 업무상 재해로 보아야 할 것이다.

e) 특 례 이상의 휴게시간에 관한 원칙(근기법 제54조)에 대하여 다음과 같은 예외규정이 있다. 즉 근로기준법 제59조에 의하여 제54조의 규정에 의한 휴게시간은 변경될 수 있다(근기법 시령 제28조 참조)([53] 8. 참고).[2]

f) 위반의 효과 사용자가 휴게시간 부여의무를 위반하면 처벌(근기법 제110조 ①)을 받는 것 이외에도, 근로자가 노무로부터 벗어나지 못한 근로시간에 대하여는 임금을 지급하여야 하고[3] 이로 인하여 정신적 고통을 받았다면 그 정신적 손해를 배상하는 것이 마땅하다.

3. 휴 일

(1) 휴일의 의의

휴일은 근로자가 사용자의 지휘·명령으로부터 완전히 벗어나는 날로서, 계약상 애초부터 근로의무가 없는 날이다. 다시 말하면 휴일이란 근로기준법 제55조 1항의 유급주휴일만이 아니라, 유급주휴일이 아닌 공휴일(근로자의 날 제정에 관한 법률에 의한 근로자

간식을 사먹는 행위는 근로자의 본래의 업무행위에 수반된 생리적 또는 합리적 행위라고 할 것이므로 그 사고는 업무상 재해에 해당한다고 한다); 大判 1996. 8. 23, 95 누 14633.

1) 大判 1996. 8. 23, 95 누 14633(이 사건에서 점심시간 중에 사업장 내 축구장에서 노동조합 대의원끼리 친선 축구경기를 하다가 입은 부상은 업무상 재해에 해당하지 않는다고 판단하였다).

2) 육아시간: 생후 1년 미만의 유아를 가진 여성근로자는 이 법 제54조의 규정에 따른 휴게시간 이외에 1일 2회 각각 30분 이상의 육아시간을 청구할 수 있다. 사용자는 육아시간중 그 여성근로자를 사용할 수 없다(근기법 제75조; 벌칙 제110조 ①). 그러나 육아시간을 휴게시간이라고 볼 수는 없다. 쟁의행위와 휴게: 쟁의행위기간중 근로자는 실제로 근로를 하지 않으므로 그 기간에는 휴식을 필요로 하지 않는다. 그러나 노동부는 적법한 쟁의행위기간중의 휴무는 상여금 및 연차유급휴가 등 계산에 있어서 결근으로 보지 아니하나, 유급주휴일과 월차유급휴가를 얻을 권리는 취업규칙 또는 단체협약 등 별다른 규정이 없는 한 발생하지 않는다고 한다(1969. 10. 30, 기준 1455. 9-11347).

3) 근로자가 법정근로시간을 초과하여 근로를 한 때에는 연장근로에 대한 가산임금을 지급해야 한다.

의 날 등)이라든가 단체협약이나 취업규칙 또는 근로계약에 의하여 휴일로 정해져 있어서 근로자가 근로할 의무가 없으며 사용자와 근로자 모두에게 휴일로 인식되어 있는 날을 말한다.[1] 그리고 휴일로 정하였는지 여부는 단체협약이나 취업규칙 등에 있는 휴일 관련 규정의 문언과 그러한 규정을 두게 된 경위, 해당 사업장과 동종 업계의 근로시간에 관한 규율 체계와 관행, 근로제공이 이루어진 경우 실제로 지급된 임금의 명목과 지급금액, 지급액의 산정 방식 등을 종합적으로 고려하여 판단해야 한다.[2] 오늘날 7일 중 1일을 휴일(주휴일)로 하는 것은 세계적으로 보편화되어 있는 제도이며, 1921년의 ILO협약 제1호는 공업적 기업에서 근무하는 모든 근로자에게 7일의 기간 중 적어도 한번은 계속된 24시간의 휴식을 주어야 한다고 규정하고 있다(제14조). 이와 같은 주휴일은 1957년에 ILO협약 제106호로 상업과 사무실근로에 확대되었다.

2018년 3월 20일 국회에서 의결된 개정근로기준법은 제55조에 제2항(2018. 3. 20 신설)을 신설하여 주휴일 외에 이른바 법정공휴일(관공서의 공휴일: 어린이날, 삼일절, 근로자의 날,[3] 광복절, 추석, 설 연휴 등)도 유급휴일로 보장하였다('대통령령으로 정하는 휴일': 시령 제30조 Ⅱ). 관공서의 공휴일이 공무원에게만 휴일로 규정되어 있던 것을 공평의 원리에 맞게 일반 근로자에게도 법정 유급휴일로 보장한 것이다.

(2) **주휴일의 원칙**

ILO협약 제106호와 세계 각국의 근로자보호법은 일요일 또는 다른 특정일에 주 1일의 휴일을 근로자에게 부여하여야 한다고 규정하고 있다.[4] 오늘날 주휴일제는 근로자로 하여금 주근무일에서 오는 육체적·정신적 피로를 회복하도록 함으로써 노동의 재생산을 도모하고 휴식과 자유시간을 통하여 문화적 생활과 가족과 함께하는 여가를 확보하려는 데 있다.[5] 근로기준법 제55조 1항은 「사용자는 근로자에게 1주에 평균 1회 이상

1) 大判 1991. 5. 14, 90 다 14089; 大判 2020. 1. 16, 2014 다 41520 참고. 大判 2020. 6. 25, 2016 다 3386 참고.

2) 大判 2019. 8. 14, 2016 다 9704, 2016 다 9711(임금협정에서 만근(滿勤)을 22일(2월은 20일)로 정하고 휴일근로수당은 월간 근로일수가 22일을 초과한 경우에 임금산정표에 의하여 지급한다고 정하였는데, 임금산정표에 따르면 월간 근로일수 26일(2월은 24일)을 초과한 날에 대해서만 휴일수당을 지급하도록 되어 있고, 피고는 임금산정표에 따라 휴일수당 등을 지급한 사안에서, 피고 사업장에서는 만근 초과근로일 중 월간 근로일수 26일(2월은 24일)을 초과한 날에 대해서만 휴일로 정하고 있다고 보아 만근 초과근로일 전부에 대한 휴일근로수당의 지급을 구하는 원고들의 청구를 배척한 원심이 결론적으로 정당하다고 판단하여 상고기각한 사례) 참조.

3) 「근로자의 날 제정에 관한 법률」(2016. 1. 27 제정) 제13901호.

4) 일요일에 주휴일을 주는 것은 기독교 국가에서 비롯된 것이지만 근대사회에 와서는 모성(母性)보호, 청소년근로보호를 위해서, 그 이후에는 점포휴점법 등으로 확대·일반화 하였다.

5) 그러나 3교대 업무를 하는 경우에는 계속 24시간의 휴식을 주면 1일의 휴일이 된다(大判 1991. 7. 26, 90 다카 11636).

의 유급휴일을 보장하여야 한다」고 규정하고 있다. 이 규정은 1주(일요일부터 토요일까지) 1회 이상 휴일을 주어야 한다는 원칙을 정한 것으로 해석할 수 있다. 1일의 주휴일은 단순히 계속 24시간을 부여한다는 의미로 새길 것이 아니라, 역일(暦日)로서의 1일(0시부터 24시까지)을 뜻한다고 보아야 한다.[1] 다만, 휴일부여의무의 단위가 되는 주(週)는 반드시 일요일부터 토요일까지의 역주(暦週)라고 못박을 필요는 없으며 계속된 7일간이면 족하다고 해석된다.[2] 근로기준법은 주휴일을 어느 요일이라고 특정하고 있지 않으므로 사용자는 그 사업장 또는 근로자가 수행하는 업무의 성질(업종 등)이나 특성을 고려하여 주휴일을 어느 요일로 정해도 무방할 것이다.[3] 법 제55조는 '평균' 1회 이상의 휴일을 보장하여야 한다고 규정하고 있다. 여기서 평균이란 의미는, 예컨대 지난 주에 2일의 휴일을 주고, 이번주에는 휴일을 주지 않아도 된다는 뜻으로 해석해서는 안 될 것이다. 또한 주휴일을 지난 주에는 일요일에 주었다가 이번주에는 화요일에 주는 것도 주휴제의 원칙에 반하는 것으로 생각된다.[4] 일반 약정휴일은 근로자가 사용자와의 근로계약으로 근로의무를 부담하지 않기로 한 날을 뜻하므로, 이러한 약정휴일이 1주내에 있다고 하여 근로기준법이 정한 사용자의 주휴일 부여의무가 면제되거나 경감될 수 없다. 주 5일근무제가 시행되고 있는 사업장에서 1일은 법정주휴일이고 나머지 휴일은 법정외휴일이다(다음의 ⑺ 참고).

소정일수를 개근한 근로자가 주휴일에 주휴일 임금과 휴일근로수당을 받고 근로를 하면 주휴일의 원칙을 위반하는 결과가 발생한다. 이를 근로기준법 제55조 1항 위반(벌칙 제110조 ①)으로 볼 수 있는가? 이에 대하여 근로기준법은 아무 제한 규정을 두고 있지 않다. 연속적으로 주휴일에 근로를 하는 등 근로자의 건강과 생활리듬을 해치는 것을 방지하는 제한규정을 두거나, 단체협약 또는 노사협정으로 주휴일 근로를 규제하는 약정을 하는 것이 바람직하다.

⑶ 유급주휴일의 성립요건

a) 근로기준법 제55조 1항은 주휴일의 원칙을 정하고 있으면서, 다른 한편 그 주휴일을 유급으로 규정하고 있다. 주휴일을 유급으로 하는 입법례는 드물다.[5]

---

1) 독일근로시간법(Arbeitszeitgesetz) 제9조 1항은 이를 명문으로 규정하고 있다.

2) 同旨: 土田, 「勞働契約法」, 321面.

3) 同旨: 土田, 「勞働契約法」, 321面. 독일 근로시간법 제10조 참고. 노동부는 주휴일을 반드시 일요일이어야 하는 것은 아니나 취업규칙이나 단체협약으로 특정일을 정해서 부여해야 한다는 견해를 취한다(2004. 5. 24, 근로기준과-2580).

4) 異見: 임종률, 「노동법」, 470면; 2004. 5. 24 근로기준과-2580.

5) 유급주휴일을 여러 가지 이유를 들어 무급휴일로 개정하는 것이 바람직하다는 견해가 있다(임종률, 「노동법」, 470면 주 2).

근로기준법 시행령 제30조 1항은 「법 제55조 1항에 따른 유급휴일은 1주 동안의 소정근로일을 개근한 자에게 주어야 한다」고 규정하고 있다. 주휴수당은 통상임금을 기초로 산정된다.[1] 통상임금에는 연장·야간 근로수당은 포함되지 않는다. 이 규정은 「유급」휴일에 주목하여 성실근로를 유도·보상하기 위하여 소정근로일수의 개근을 유급휴일청구의 발생요건으로 정한 것으로 이해되지만, 동규정의 반대해석에 의하면 소정근로일수를 개근하지 못하면 주휴일 자체를 청구할 수 없게 되어 주휴일의 원칙을 부정하는 결과를 가져올 수도 있다. 이에 따라 모법의 위임없이 제정된 시행령 제30조는 그 한계를 일탈한 것으로 무효라는 견해가 제시되기도 하였다.[2] 현재의 판례는 「근로자가 소정의 근로일수를 모두 근무하지 아니하였다 하더라도 사용자에 대하여 유급휴일을 청구할 수 없을 뿐 휴일자체가 보장되지 않는다고 볼 수는 없다」고 하여 동시행령 조항에 대하여 제한해석을 하고 있다.[3] 이 판례에 따르면 근로자가 소정근로일수를 개근하지 않으면 유급주휴일을 청구할 수 없지만, 주휴제의 원칙은 아무 영향을 받지 않는다. 유급휴일제도는 「주 1일의 휴일 부여」의 기본 원칙에 반하여 해석될 수 없기 때문이다. 특히 지각·조퇴·외출 등으로 소정근로일의 근로시간 일부를 근로하지 못했다 하더라도 그 날을 결근으로 취급할 수는 없을 것이다.[4] 이에 관해서는 취업규칙이나 단체협약에 합리적 기준을 정해 놓는 것이 바람직할 것이다.

b) 유급휴일제는 평상적인 근로관계, 즉 근로자가 근로를 제공하여 왔고 또한 계속적인 근로 제공이 예정되어 있는 상태가 전제되어 있어야 한다. 그러므로 근로자가 개인적 사정으로 휴직 중에 있거나, 파업 참가로 근로제공 의무 등 주된 권리·의무가 정지되어 있는 경우에는 휴직 또는 파업기간 중에 포함된 유급휴일 청구권은 성립하지 않는다. 그리고 이와 같은 법리는 태업의 경우에도 적용된다.[5]

c) (유급)주휴일이 다른 유급휴일(예컨대 근로자의 날)과 중첩되는 경우 취업규칙이나 단체협약으로 다음날을 휴무하기로 하는 규정을 두고 있으면 이에 따라야 하지만 특별히 정하는 바가 없으면 하루의 유급휴일만이 인정된다고 보아야 한다. 그러나 연차유급

---

1) 大判 2010. 1. 28, 2009 다 74144.

2) 소정근로일 개근 여부에 관한 다양한 모습에 관하여는 노동법실무연구회, 「근로기준법주해 Ⅲ」(이정한·김진·여연심), 236면. 그러나 동시행령 조항이 모법인 근로기준법 제45조(현행 제55조)에 저촉되어 무효라고 할 수 없다는 과거의 판례(大判 1979. 10. 16, 79 다 1489)가 있다.

3) 大判 2004. 6. 25, 2002 두 2857; 同旨: 김지형, 「근로기준법 해설」, 2000, 429면.

4) 근로기준법 제60조(연차유급휴가) 6항은 「근로자가 업무상 부상 또는 질병으로 휴업한 기간, 임신 중의 여성이 제74조 1항부터 3항까지의 규정에 따라 휴가로 휴업한 기간은 출근한 것으로 본다」고 규정하고 있으나, 판례(大判 1979. 10. 16, 79 다 1489)는 위 법 조항이 제55조의 유급휴일의 경우에도 당연히 적용되어 출근한 것으로 볼 수는 없다고 한다. 異見: 임종률, 「노동법」, 471면.

5) 大判 2009. 12. 24, 2007 다 73277; 大判 2013. 11. 28, 2011 다 39946.

휴가 기간 중에 주휴일이 있으면 주휴일 일수는 연차유급휴가 기간에서 제외된다. 휴가는 근로의무일을 대상으로 근로자에게 근로제공의무로부터 벗어나 자유로운 시간을 확보해 주는 것이므로 휴일은 연차휴가일수에 포함될 수 없다.[1)]

(4) **법정공휴일의 보장**

2018년 3월 20일 국회를 통과한 개정근로기준법은 제55조 2항을 신설하여 대통령령으로 정하는 공휴일(법정공휴일)도 주휴일과 마찬가지로 유급휴일로 보장하였다(개정근기법 제55조 Ⅱ).[2)] 다만, 사업규모별로 그 시행시기를 다르게 정하고 있다(상시 300명 이상 근로자를 사용하는 사업 또는 사업장과 공공기관은 2020년 1월 1일, 상시 30명 이상 300명 미만 사업 또는 사업장은 2021년 1월 1일, 상시 5명 이상 30명 미만 사업 또는 사업장은 2022년 1월 1일부터 시행된다. 개정근기법 부칙 제1조 4항). '대통령령으로 정하는 공휴일'이란 「관공서의 공휴일에 관한 규정」을 의미한다(개정근기법 입법이유 및 부칙 제4조 참조). 다만, 근로자대표와 서면합의를 한 경우에는 공휴일을 갈음하여 특정한 근로일을 유급휴일로 대체할 수 있다(개정근기법 제55조 Ⅱ 단서).

(5) **교대제 근로와 주휴일**

교대·격일제 근무나 단시간제 근로의 경우에도 소정근로일을 개근하면 유급휴일이 부여되어야 한다(근기법 시령 별표 2 제4호 참조). 판례는 격일제 근무에 대해서도 주휴일에 관한 제55조의 규정이 적용된다고 한다.[3)] 교대제 근로에 있어서도 1회의 휴일이 되려면 24시간의 역일(曆日)(0시부터 24시까지)이어야 할 것이다. 행정해석은 3교대제 근무를 하는 경우에는 계속 24시간의 휴식을 주면 1일의 휴일이 된다고 한다.[4)]

교대제(격일제) 근무기간 중의 비번일은 전날의 근무일에 정상적인 근무가 이루어진 경우에 인정되는 휴일(비번일)일 뿐 전날의 정상적인 근무 여부와는 상관없이 인정되는 휴일, 즉 그 전의 소정근로일수를 모두 정상 근무한 것을 전제로 인정되는 휴일이 아니라 그 전의 정상근무와는 상관없이 근로의무 자체가 없는 날이다. 따라서 파업기간에 대하여 취업규칙에서 주휴일에도 근로의무가 있음을 전제로 하여 이를 결근일수에 포함

1) 同旨: 김유성, 「노동법 Ⅰ」, 181면.

2) 구 근로기준법(2018. 3. 20 개정되기 전의 것) 제56조(현행 제56조 2항 참조)에 따라 휴일근로수당으로 통상임금의 100분의 50 이상을 가산하여 지급하여야 하는 휴일근로에는 단체협약이나 취업규칙에 의하여 휴일로 정하여진 법정공휴일 등의 근로도 포함된다(大判 2018. 9. 26, 2016 다 212869; 大判 1991. 5. 14, 90 다 14089 등).

3) 大判 1989. 11. 28, 89 다카 1145; 大判 1991. 7. 26, 90 다카 11636; 大判 1997. 7. 22, 96 다 38995). 그러나 판례는 주휴일을 역일(曆日)로 주어야 하는지 또는 연속해서 24시간을 부여하면 되는지에 대해서는 명확한 견해를 밝히고 있지 아니하다.

4) 기준 1455. 9-6327, 1969. 6. 7. 독일 근로시간법은 휴일의 시작 또는 종료 시점을 최대 6시간까지 앞당기거나 늦추어 줄 수 있게 하여 휴일의 효율적 활용을 위한 조정을 하고 있다(제9조 Ⅲ).

시킨 부분은(근로기준법 제55조 1항의 주휴일의 원칙에 위배되어)효력이 없다고 보아야 한다.[1] 또한 출근관리는 통상근로자를 포함하여 모든 근로자에게 평등하게 적용되어야 할 것인데, 교대근무자에게 한하여 계속 결근시 결근기간 중의 휴일을 결근일수에 산입하도록 한 당해 취업규칙 규정은 주휴일에 관한 근로조건보호의 측면에서 교대근무자를 합리적인 이유없이 통상근로자보다 불리하게 대우하는 것으로서 근로기준법 제6조(균등처우)에 위배된다.[2]

⑹ 휴일대체제도

단체협약이나 취업규칙 또는 근로자와의 합의에 의하여 원래의 유급주휴일에 근무하고 통상의 다른 근로일을 휴일로 대체하는 이른바 휴일대체근무를 정해 놓을 수 있다. 이 경우에도 휴일의 대체여부를 사전에 결정하여 근로자가 휴일의 자유로운 사용에 지장을 받지 않도록 하여야 할 것이다.

휴일대체는 갑작스러운 작업의 수주(受注) 또는 일시적인 업무상의 필요에 대비하여 주휴일로 정해진 특정일을 근로일로 바꾸고 다른 날을 휴일로 대체변경하는 것을 말한다. 따라서 원래의 휴일은 통상의 근로일이 되어 휴일근로로 인한 가산임금이 지급되지 않는다.[3]

휴일대체는 사용자가 일방적으로 아무 때나 행할 수 있는 것이 아니므로 취업규칙이나 단체협약에 대체사유와 방법 및 절차 등을 정해 놓아야 할 것이다. 즉, i) 업무상의 필요성, ii) 휴일대체에 대한 예고, iii) 대체휴일의 사전적 특정을 통해서 사용자의 자의적 휴일대체 결정을 방지하고 근로자의 생활리듬이 유지되도록 해야 할 것이다.[4] 일단 확정된 대체휴일을 다시 변경할 때에는 근로자의 개별적 동의를 받아야 할 것이다.[5]

적법한 휴일대체근무제의 절차에 따르지 아니하고 특정된 주휴일에 근로를 하게

1) 大判 2004. 6. 25, 2002 두 2857.

2) 大判 2004. 6. 25, 2002 두 2857. 또한 하급심판례로 서울南部地判 2010. 12. 17, 2008 가합 26231 참고.

3) 大判 2008. 11. 13, 2007 다 590; 大判 2000. 9. 22, 99 다 7367(단체협약 등에서 특정된 휴일을 근로일로 하고 대신 통상의 근로일을 휴일로 교체할 수 있도록 하는 규정을 두거나 그렇지 않더라도 근로자의 동의를 얻은 경우, 미리 근로자에게 교체할 휴일을 특정하여 고지하면 달리 보아야 할 사정이 없는 한 이는 적법한 휴일대체가 되어, 원래의 휴일은 통상의 근로일이 되고 그 날의 근로는 휴일근로가 아닌 통상근로가 되므로 사용자는 근로자에게 휴일근로수당을 지급할 의무를 지지 않는다); 서울地判 2006. 10. 25, 2006 나 2710(대체휴일과 관련하여 근로자의 명시적인 동의서나 서명 없이 유급휴일에 근무하고 통상의 근로일에 휴무하였다면 이는 근로자의 동의가 없는 부적법한 대체휴일로서 이에 대하여 휴일근로수당을 지급할 의무가 있다).

4) 이러한 요건들을 갖추면 적법한 휴일대체로 볼 수 있다: 김유성, 「노동법 Ⅰ」, 182면. 大判 2000. 9. 22, 99 다 7367; 大判 2008. 11. 13, 2007 다 590.

5) 同旨: 土田, 「勞働契約法」, 323面.

하면 휴일근로가 되어 가산임금을 지급해야 한다. 이 경우에 다른 날에 쉬도록 하더라도 그 날이 주휴일로 되지는 않으며 단지 근로의무가 면제되는 날이 될 뿐이다. 이를 대휴(代休)라 한다.[1] 적법한 대체휴일제를 시행한 경우에는 원래의 주휴일에 근무하더라도 가산임금이 지급되지 않으나 대휴의 경우에는 가산임금이 지급되어야 한다.[2]

⑺ **휴일근로와 가산임금**

a) **원 칙** 사용자가 근로기준법 제55조에서 정한 휴일(주휴일뿐만 아니라 법정공휴일 및 대체휴일도 포함된다.)에 근로를 시키게 되면 8시간 이내의 휴일근로에 대하여는 통상임금 100분의 50 이상, 8시간을 초과한 휴일근로에 대하여는 통상임금의 100분의 100 이상을 가산하여 지급하여야 한다(개정근기법 제56조 Ⅱ). 이를 휴일근로수당(가산임금)이라 한다. 대법원은 이 규정이 신설되기 전에도 단체협약이나 취업규칙에 의하여 휴일로 정하여진 법정공휴일의 근로에 대하여 휴일근로수당이 지급되어야 한다고 판시한 바 있다.[3] 휴일로 정하였는지 여부는 단체협약이나 취업규칙 등에 있는 휴일 관련 규정의 문언과 그러한 규정을 두게 된 경위, 해당 사업장과 동종 업계의 근로시간에 관한 규율 체계와 관행, 근로제공이 이루어진 경우 실제로 지급된 임금의 명목과 지급금액, 지급액의 산정방식 등을 종합적으로 고려하여 판단하여야 한다.[4] 이러한 법리는 1일 근무하고 그 다음날 쉬는 격일제 근무 형태에서 근무가 없는 날에 근로를 제공한 경우에도 마찬가지로 적용된다. 따라서 위에서 본 사정들을 모두 고려하여 평가한 결과 단체협약이나 취업규칙 등에서 휴일로 정하였다고 볼 수 없다면 그 날의 근로제공에 대하여 근로기준법상 휴일근로수당이 지급되어야 하는 것은 아니다.[5]

---

1) 대휴(代休)라는 용어를 사용한 판례: 서울中央地判 2005. 12. 28, 2004 가단 273036.

2) 大判 2008. 11. 13, 2007 다 590; 大判 2000. 9. 22, 99 다 7367; 서울地判 2006. 10. 25, 2006 나 2710.

3) 大判 1991. 5. 14, 90 다 14089.

4) 大判 2019. 8. 14, 2016 다 9704, 2016 다 9711(병합)(버스운전근로자들이 월간 근무일수 15일(만근)을 초과한 날에 휴일근로 가산수당을 지급해온 것은 급여조견표의 휴일수당란에 월간 근무일수 15일을 초과하여 근무하는 날마다 8시간분 기본급의 50%를 가산하여 지급하는 것으로 기재되어 있고 실제로 만근(15일 만근)초과 근로일마다 휴일수당을 받아 왔으며, 급여명세서에도 휴일수당을 연장수당, 야간수당과 별도로 명시하고 있어 만근초과근로는 근로기준법상의 휴일근로라고 보아, 이와 달리 판단한 원심을 파기한 사례).

5) 大判 2020. 6. 25, 2016 다 3386(1일 근무하고 그 다음날 쉬는 격일제 근무를 하는 시내버스 운전기사인 원고 등이 근무가 없는 비번일에 취업규칙에 따라 사용자인 피고들이 시행한 안전교육·친절교육을 받은 것에 대하여 휴일근로에 따른 할증된 수당지급을 구한 사건에서, 이 사건 비번일은 근로제공 의무가 없는 날이지만 단체협약이나 취업규칙 등에서 휴일로 정한 바 없는 날이므로, 이러한 날에 이루어진 이 사건 교육은 근로기준법 제56조에서 정한 휴일근로에 해당하지 않아 휴일근로수당이 지급되어야 하는 것이 아니라고 판단하여 원심판결을 파기환송한 사례).

개정근로기준법 제56조 2항은 휴일근로에 대하여 연장근로수당이 겹쳐서 적용되는 것을 제한하고 있다. 일본에서는 중복적용이 인정되고 있지 않다.[1)]

b) **법정근로시간의 단축**(주 40시간으로의 단축)**과 휴무일** 2012년 2월에 개정된 근로기준법은 제50조 1항에서 법정근로시간을 1주 40시간으로 단축하였다. 그렇다면 1주 40시간으로의 단축이 곧 주 5일근무제를 의미하는가? 1일 8시간씩 소정근로하는 사업장에서 월요일부터 금요일까지 8시간씩 근로한 경우, 근로하지 않는 토요일은 휴일인가? 다시 말하면 주 40시간으로의 단축이 곧 주 5일근무제(다시 말하면 주휴 2일제)를 의미하는가? 근로기준법 제55조에 의한 1일의 유급휴일 외에 소정근로일에서 제외되는 1일(예컨대, 1일 8시간씩 소정근로하는 사업장의 경우)의 법적 성질을 어떻게 이해할 것인지가 문제된다.

근로기준법 개정이유에 따르면 「1주 44시간으로 되어 있는 법정근로시간을 40시간으로 단축하여 근로자의 삶의 질 향상을 도모하고자 한다」고 하여 입법자는 법정기준근로시간의 단축에 대해 적극적 의사를 밝히고 있으나 5일근무제를 채택한다는 의사를 밝히고 있지 않다. 즉, 근로기준법 제55조의 주 1일의 주휴일제도는 그대로 두고 있는 것으로 해석되어야 한다. 따라서 1일의 유급휴일 외에 1일 8시간 5일 근무를 함으로써 소정근로일에서 제외되는 1일은 근로시간 단축으로 인해 자연적으로 발생된 근로하지 않는 날, 다시 말하면 근로의무면제일 이른바 비번일 또는 휴무일로 해석될 수밖에 없다. 또한 어느 사업장에서 월요일부터 금요일까지는 1일 7시간(35시간) 토요일에는 5시간(합계 40시간) 근로하는 경우 토요일의 소정근로시간 5시간에 대하여 가산임금이 지급되지 않는다. 1일 소정근로시간을 7시간으로 했을 경우 휴무일이 없어진다고 해서 근로기준법 제55조에 위반된다고 할 수 없음은 물론이다. 다만 주 40시간을 초과하였거나 1일 8시간을 초과한 경우에는 연장근로로서 가산임금(근기법 제56조)이 발생한다.[2)]

사업장에서 1일 8시간 5일 근무제가 제도적 노동관행으로 확립되었거나 단체협약 또는 취업규칙 등을 통해 1일의 유급휴일 외에 근무일이 아닌 휴무일로 정해졌다면 그 날에 근로자가 근로하면 사용자는 휴일근로시의 가산임금(근기법 제56조 Ⅱ)을 지급해야 한다. 오늘날 1주 40시간·1일 8시간제(근기법 제50조 Ⅰ)가 시행되면서 많은 사업장에서 1주 5일 근무제가 정착되고 있으므로 그러한 사업장에서는 휴무일(일반적으로 토요일)에 근로를 하면 가산임금이 지급된다.[3)]

---

1) 휴일에 8시간을 초과하여 근로한 시간에 대해서도 똑같이 100분의 35 이상의 가산율을 적용한다(菅野, 「勞働法」, 498面 참고).

2) 결론적으로 同旨: 노동부, 「개정근로기준법 시행지침」, 2003. 12, 3면.

3) 大判 2018. 9. 28, 2016 다 212869(병합); 大判 2020. 6. 25, 2016 다 3386.

⑻ 가산임금의 중복지급

근로자가 1주에 이미 법정근로시간인 40시간을 근로한 뒤 휴일에도 근로를 제공하였다면 이는 휴일근로이자 동시에 연장근로에도 해당된다. 개정근로기준법(2018. 3. 20)은 휴일을 포함한 7일간에 대하여 모두 12시간까지만 추가로 근로할 수 있도록 수당 연장근로시간의 상한을 규정하고 있다. 그에 따라 휴일근로가 동시에 연장근로에 해당할 경우 가산임금(휴일근로수당, 연장근로수당)을 이중으로 지급해야 하는지(이른바 중복할증) 여부가 문제된다. 종전에는 하급심에서 중복할증을 인정하는 판결과 부정하는 판결이 대립하고 있었으나, 개정근로기준법은 휴일근로가 연장근로에 해당하는 경우에도 연장근로수당의 지급을 인정하지 않고 휴일근로수당만을 지급하도록 하였다(개정근기법 제56조 Ⅱ). 휴일근로에 대해서는 개정근로기준법 제56조 2항이 같은 조 제1항(연장근로수당)에 앞서 적용되는 특별규정으로서의 성격을 갖는다. 그에 따르면 사용자는 휴일근로시간이 8시간 이내인 때에는 통상임금의 100분의 50 이상, 8시간을 초과할 경우에는 통상임금의 100분의 100 이상을 휴일근로수당으로 지급하여야 한다(이 규정은 개정법이 공포된 날(2018. 3. 20)부터 시행된다. 개정근기법 부칙 제1조 Ⅴ).[1)]

대법원 전원합의체는 구 근로기준법 하에서 성남시 환경미화원이 시(市)를 상대로 휴일근로에 대하여 휴일근로가산임금 외에 연장근로가산임금의 지급을 청구한 임금소송(大判(전합) 2018. 6. 21, 2011 다 112391)에서 원고승소 판결한 원심을 파기환송 하였다.[2)] 대법관 다수의견은 구 근로기준법 상 '1주'에는 휴일이 포함되지 않는다고 한다. 구 근로기준법이 유급의 주휴일을 보장하고 휴일근로에 대하여 연장근로 및 야근근로와 동일한 가산율에 따른 가산임금을 규정하고 있는 규정(구 근기법 제56조 참고)의 취지가 1주의 법정근로시간과 연장근로시간은 휴일이 아닌 소정근로일을 대상으로 근로시간을 규제하려는데 있다고 봐야 한다고 한다.[3)] 이러한 입법자의 의사는 최대한 존중되어야 하며, 법률은 통일적 체계적 질서를 유지하는 방향으로 해석해야 한다고 한다. 또한 개정 근로기준법이 제2조 제1항 제7호에서 '1주란 휴일을 포함한 7일을 말한다.'는 새 정의규정을 추가하면서 부칙에서 그 시행시기를 달리 정하고 있으며, 장시간 노동을 필요로 하는 30인 미만의 사업장에 대해서는 특별연장근로를 허용하고 있는 것을 미루어 보면 휴일근로시간이 연장근로시간에 포함되지 않는다는 구 근로기준법의 입법 의사를 명백히 밝혀주는 근거가 될 수 있다고 한다. 이와 같은 해석은 또한 기존 노동관행이기도 하며 동시에 사회생활규범으로 평가할 수 있다고 한다. 따라서 휴일근

1) 제56조 제2항이 제1항에도 불구하고 1) 8시간 이내의 휴일근로에 대하여 통상임금의 100분의 50을 지급하도록 한 것은 휴일근로가산임금이라고 볼 수 있으나, 2) 8시간을 초과한 휴일근로에 대하여 통상임금의 100분의 100을 지급하도록 한 것은 그 날(1일)의 법정근로시간(8시간)을 초과한데 대한 연장근로가산임금을 더하여 추가한 것으로 볼 수 있다.

2) 또한 大判 2018. 9. 28, 2016 다 212869(병합) 참고.

3) 大判 2018. 12. 27, 2016 다 39538 · 2016 다 39545(병합); 大判 2019. 5. 10, 2015 다 56383 참조.

로가 연장근로에 해당한다고 해석하여 가산임금의 중복지급을 청구하는 것은 근로관계 당사자들의 오랜 신뢰에 반하며 법적 혼란을 초래할 것으로 보여 받아들이기 어렵다고 한다.

전원합의체 다수의견에 대하여는 1주는 통상 달력상의 7일을 의미하고, 구 근로기준법에 휴일을 제외한다는 별도의 규정이 없으므로 휴일근로는 연장근로에도 해당할 수 있어 가산임금의 중복지급이 가능하다는 반대의견(대법관 5명)이 있다.

4. 연차유급휴가

(1) 총 설

연차유급휴가는 1년간 계속근로한 근로자가 유급으로 휴가를 받는 것을 말하며, 근로자의 육체적·정신적 휴양(노동의 재생산의 유지와 문화적인 생활의 확보)을 위하여 마련된 것이다. 이 연차유급휴가제도는 1936년의 국제노동조약(연차유급휴가에 관한 조약) 제52호 제2조 및 제3조에 의하여 확립된 것으로서, 이 조약에 의하면 휴가일수의 최저기준을 초년도에는 6일, 16세 미만자는 12일로 하며, 근로연수에 따라 휴가일수를 증가시키도록 규정하였다. 그리고 휴가일에 대한 임금으로는 근로시에 받던 보수 또는 단체협약에서 정한 보수를 지급하여야 한다고 규정하였다. 제2차 세계대전 후에는 서구의 여러 나라에서 연차유급휴가에 관한 입법이 이루어졌다. 그리고 ILO에서는 1970년에 「연차유급휴가에 관한 조약」(1970년의 개정조약) 제132호를 채택하였다. 이 조약은 6개월 이상 계속 근로한 자에게(제5조 Ⅱ) 1년에 대하여 최저 3근로주(three working weeks)를 주어야 하고(제3조 Ⅲ), 휴가시기는 단체협약 또는 중재재정에서 정하거나 사용자와 근로자 또는 근로자대표가 협의에 의하여 정하여야 한다고 규정하고 있다(제10조).

(2) 근로기준법 규정 개관(연차휴가권의 성립요건)

근로기준법은 근속기간이 1년 이상인 경우와 미만인 경우를 구별하고, 출근율 80퍼센트 이상 출근한 경우와 월 개근한 경우를 기준(요건)으로 연차유급휴가일수를 정하고 있으며, 3년 이상 계속 근로한 근로자에게는 위의 휴가일수에 더하여 가산휴가를 주되 25일을 그 한도로 하고 있다(근기법 제60조 Ⅰ 내지 Ⅳ 참조).

a) 1년 이상 계속 근로한 경우 사용자는 1년간 소정근로일수의 80퍼센트 이상 출근한 근로자에게 15일의 유급휴가를 주어야 한다(근기법 제60조 Ⅰ, 벌칙 제110조 ①). 연차휴가일수에 관한 기본이 되는 규정이다. 출근율이 80퍼센트 이상이면 차별을 두지 않고 일률적으로 15일의 휴가일수가 주어진다. 출근율이 80퍼센트 미만이면 다음 b)에서 설명하는 제60조 2항 후단의 규정이 적용된다.

b) 근속기간이 1년 미만이거나 1년 출근율이 80퍼센트 미만인 경우 계속 근로한

기간이 1년 미만인 근로자 또는 1년간 80퍼센트 미만 출근한 근로자에게는 월을 단위로 하여 1개월 개근 시 1일의 유급휴가가 주어진다(근기법 제60조 Ⅱ, 벌칙 제110조 ①). 1년을 휴가일 산정단위로 하지 않는다는 점에서 1항의 경우와 구별된다. 1년 이상 근속한 근로자가 그 후 해당 1년간 80퍼센트 미만을 출근하였을 때에도 1개월 개근 시 1일의 휴가가 주어진다(근기법 제60조 Ⅱ 후단: 2012. 2. 1. 개정, 2012. 8. 2. 시행). 개정 전 근로기준법 제60조 2항은 이러한 경우에 관하여 직접 규정하고 있지 않았다. 이에 따라 근로자에게 징계기간, 정직·휴직기간, 개인적 부상·질병, 구속수감기간 등이 20퍼센트 이상이 되는 경우에는 연차휴가일이 주어지지 않아 휴가권이 발생하지 않는다는 문제가 발생하였다(근기법 제60조 Ⅰ 참조). 개정 근로기준법은 연차휴가의 계속 근로에 대한 보상적 성격을 고려하여 1년간 80퍼센트 미만 출근한 근로자에게도 계속 근속기간이 1년 미만인 근로자의 경우와 마찬가지로 1개월 개근 시 1일의 유급휴가를 부여하는 것을 내용으로 연차휴가의 적용을 확대하였다. 이 휴가(제1항·제2항 및 제4항에 따른 휴가)는 적치가 가능하며 발생일로부터 1년간(계속하여 근로한 기간이 1년 미만인 근로자의 제2항에 따른 유급휴가는 최초 1년의 근로가 끝날 때까지의 기간을 말한다) 사용할 수 있다고 보아야 한다(제60조 Ⅶ). 다만, 해당 근로 연도에 중도 퇴직한 근로자는 그때까지 개근한 달이 포함되어 있더라도 휴가를 청구할 수 없다.[1] 개정 근로기준법은 근로자의 최초 1년간의 근로에 대하여 유급휴가를 주는 경우 익년도 연차휴가에 해당 휴가기간을 합산하거나 이미 사용한 휴가기간을 차감하도록 한 제60조 3항을 삭제하였다(2017. 11. 28 개정, 2018. 5. 29 시행). 부당한 차별 규정이기 때문이다. 이 규정이 삭제됨으로써 1년차에 최대 11일, 2년차에 15일을 유급휴가를 받을 수 있게 되었다.

c) 가산휴가제 사용자는 3년 이상 근속한 근로자에게 제60조 1항에 따른 15일 휴가에 최초 1년을 초과하는 계속근로연수 매 2년에 대하여 1일을 가산한 유급휴가를 주어야 한다. 가산휴가를 포함한 총휴가일수는 25일을 한도로 한다(제60조 Ⅳ, 벌칙 제110조 ①). 가산휴가가 적용되기 위해서는 지난 1년 동안 80퍼센트 이상 출근하여야 한다. 그러나 지난 3년 동안 계속해서 매년 80퍼센트 이상 출근했어야 하는 것은 아니다.[2]

1) 憲裁 2015. 5. 28, 2013 헌마 619(다수의견은 헌법의 근로의 권리 및 평등권에 위반하지 않는다고 한다. 반대의견 있음).

2) 개정근로기준법이 시행되더라도 종전의 근속연수는 계속 인정되며 연차휴가 산정방법만 개정근로기준법에 의하게 된다.

《근속연수별 휴가 산정례》

1년	2년	3년	4년	5년	10년	15년	20년	21년	25년
15일	15일	16일	16일	17일	19일	22일	24일	25일	25일

※ 1년간 80퍼센트 이상 출근한 근로자 기준

지난 1년간 80퍼센트 미만 출근한 자는 15일의 연차휴가를 받을 수 없고 가산휴가도 주어지지 않는다. 그러나 개근한 월에 대해서는 1일의 휴가를 받을 수 있다(제60조 Ⅱ).

d) 근로기준법 규정에 따른 유형별 예시

1) 예컨대 8년 동안 근속한 근로자가 지난 1년 동안 80퍼센트 이상 출근한 경우 제60조 1항에 따라 기본적으로 받을 수 있는 연차휴가일수 15일에 더하여 동조 4항에 따라 3일의 가산휴가일수를 받게 되어 총휴가일수는 18일이 된다(제60조 Ⅰ, Ⅳ 참조).

2) 10개월 전에 입사한 신입사원이 지난 휴가년도에 6개월을 개근했거나, 3년 이상 근속한 근로자가 지난 휴가년도 1년간 80퍼센트 미만 출근하였고 그 중 6개월을 개근한 경우에는 각각 6일의 연차휴가가 주어진다(제60조 Ⅱ). 어느 경우에나 가산휴가일은 주어지지 않는다.

3) 6개월의 근로계약기간을 정하여 채용된 근로자가 그 후 기간의 정함이 없는 근로계약을 체결하게 된 경우에 지난 휴가년도 기간 중에 3일의 연차휴가(제60조 Ⅱ 전단 참조)를 이미 사용한 때에는 그 근로자가 지난 1년 동안 80퍼센트 이상 출근했더라도 연차휴가일수는 15일(제60조 Ⅰ 참조)에서 3일을 뺀 12일을 받게 될 뿐이다. 연차휴가일수 산정에 있어서 제60조 1항과 2항은 중복적용 될 수 없기 때문이다. 휴가년도 1년에 대하여 받을 수 있는 휴가일수는 총 15일을 넘을 수 없다. 기간제근로자로서 근무한 기간과 정규사원으로 전환되어 근무한 기간은 근로관계의 실질적 동일성이 인정되는 한 합산된다.[1]

(3) 휴가산정기간의 기산일, 출근·출근율

a) 휴가산정기간의 기산일　　휴가산정기간의 기산일은 근로자가 입사한 날이다. 특히 1년을 산정기간으로 하는 경우 사용자는 사업장의 모든 근로자의 연차휴가를 획일적으로 산정하기 위하여 어느 특정일을 산정기산일(예: 1월 1일)로 정할 수 있다. 다시 말하면 사용자가 노무관리의 편의를 위하여 회계연도 등을 기준으로 모든 근로자에게 일률적으로 연차휴가를 정할 수도 있을 것이다. 그러나 이 경우에도 산정기간(연도) 도중에 입사한 근로자에게 불이익을 주어서는 아니 되므로 다음 연도시작일(예: 1월 1일)에 근속기간에 비례하여 미리 휴가를 주어야 한다.[2]

1) 계속근로는 실질적으로 판단되어야 하므로, 예컨대 임시근로자가 정규사원으로 전환되거나, 전출된 근로자가 원기업에 복귀하거나, 단기근로계약이 여러 차례 갱신되는 경우에는 해당 근로자는 계속 근로한 것으로 보아야 한다(土田, 勞働契約法, 376面 이하 참고).

2) 예를 들면, 2013년 7월 1일 입사자의 경우 근속기간이 연차휴가 산정대상기간의 절반에 해당하므로 다음연도 1월 1일에 7.5일 이상의 휴가를 미리 부여하고, 그 다음연도 1월 1일부터 15일의 휴가를 부여하는 등 1년 단위의 정상적인 휴가산정을 하면 된다.

b) 소정근로일수·출근·출근율 소정근로일수란 근로계약, 취업규칙 등에 의하여 근로의무가 있는 날을 말한다. 다시 말하면 1년의 총 일수(총 역일(曆日))에서 법령, 단체협약, 취업규칙 등에 의하여 근로의무가 없는 날을 뺀 나머지 일수로서 1년 또는 월을 단위로 할 수 있다. 공휴일, 유급주휴일, 휴가일 그 밖에 약정휴일 등(예컨대 1주 5일 근무시 1일의 휴무일, 즉 휴일)은 소정근로일에서 제외된다. 소정근로일에는 근로할 의무가 있으므로 출근해야 한다. 출근율은 소정근로일수[1]에 대한 출근일수의 비율을 말한다.[2] 근로기준법은 연차휴가권의 기본 성립요건으로서 산정기간 1년, 출근율 80퍼센트를 기준으로 규정하고 있다(제60조 I 참조). 그러나 연차휴가권을 1개월의 산정기간에 따라 부여하는 경우도 있으며, 이때의 휴가청구요건인 출근율은 개근이다(제60조 II 참조). 이러한 요건의 구비여부에 따라 휴가의 종류, 휴가일수 등이 정해진다.[3]

연차유급휴가는 근로자가 사용자에게 근로를 제공하는 관계에 있다는 사정만으로 당연히 보장받을 수 있는 것이 아니라, 1년간 80퍼센트 이상 출근하였을 때(또는 1개월 개근 시) 비로소 부여받을 수 있는 것이므로 다른 특별한 사정이 없는 이상 1년간의 근로의 대가라고 볼 수 있고, 근로자가 연차유급휴가를 사용하지 못하게 됨에 따라 사용자에게 청구할 수 있는 연차휴가수당은 임금이라고 할 것이다.[4]

c) 출근율 산정과 근로하지 않은 날의 처리 근로할 의무가 있는 날에 근로자의 귀책사유로 출근하지 않으면 사용자의 승인유무에 관계없이 채무불이행이 되어 결근으로 처리된다. 그러나 근로자가 근로의무 있는 날에 노무를 제공하지 못하였다는 사실만으로 그 날을 결근처리하는 것이 부당하거나 휴가제도의 취지에 반하는 경우가 있을 수 있다. 이에 관하여는 법률이 직접 규정하고 있는 사안이 있는가하면, 판례가 휴가제도의 근로자보호취지를 기초로 법해석상의 태도를 밝히는 사안도 있다. 그 밖에 학설상 다양한 견해가 제시되고 있다. 근로자가 노무제공을 하지 못한 날을 출근한 것으로 볼 것인지 또는 결근으로 처리할 것인지, 아니면 소정근로일에서 제외할 것인지에 따라 출근율이 달라지고 휴가일수에 차이를 가져오게 되므로 이 문제는 근로자의 휴가권 확보라는

---

1) 고용노동부 지침(2007. 10. 25), 「연차유급휴가 등의 부여 시 소정근로일수 및 출근여부 판단기준」, 임금근로시간정책팀−3228 참고.

2) 大判 2013. 12. 26, 2011 다 4629; 大判 2014. 3. 13, 2011 다 95519.

3) 1년 중 취업규칙에 따라 근로제공 의무가 면제되는 방학기간 동안에는 연차휴가권이 발생하지 않으므로 15일보다 적은 연간 10일의 연차휴가를 부여한 것이 근로기준법에 위반된 것이라 볼 수 없다는 하급심 판례가 있다(水原地判 2013. 3. 22, 2011 가합 26325). 동 판례는 여러 가지 이유를 들어 1년간 소정근로일수가 365일에 현저히 미달되는지 여부와 관계없이 80퍼센트의 출근율 요건만 충족하면 반드시 근로기준법에 따른 최저 15일의 연차휴가를 부여하는 것은 합리적이라고 볼 수 없다고 한다.

4) 大判 2013. 12. 26, 2011 다 4629.

차원에서 신중히 처리하여야 한다. 다른 한편 출근·결근·소정근로일의 성질과의 관계를 명확히 하면서 판단해야 한다. 일반적으로 단순히 노무제공이 없었던 날을 소정근로일수에서 제외하는 것 보다는 결근한 것으로 보는 것이 근로자에게 불리하다.

1) **출근으로 보는 경우** 근로자가 업무상 부상 또는 질병으로 휴업한 기간,[1] 임신 중의 여성이 제74조 1항부터 3항까지의 규정에 따른 휴가로 휴업한 기간, 그리고 남녀고용평등법 제19조 1항에 따른 육아휴직으로 휴업한 기간은 출근한 것으로 본다(근기법 제60조 Ⅵ. 다만 육아휴직기간의 출근 인정은 추가 신설된 것으로 2018. 5. 29부터 시행되었다). 즉, 위의 기간은 제60조 1항부터 2항까지의 규정을 적용하는 경우에 출근한 것으로 본다.[2] 예비군 훈련(향토예비군훈련법 제10조), 민방위 훈련·동원(민방위기본법 제27조)의 기간은 법령상 출근한 것으로 보아야 하고, 근로자가 공민권의 행사나 공의 직무를 집행하는데 필요한 시간을 청구한 때에는 그 기간을 출근한 것으로 보아야 한다(공직선거법 제6조의2 참조). 생리휴가(제73조)기간도 출근한 것으로 산정된다. 사용자의 부당한(귀책사유로) 해고로 근로자가 근로하지 못하게 된 경우에도 근로자의 연차휴가권은 보호되어야 할 것이다. 판례에 따르면 사용자의 부당해고로 인하여 근로자가 출근하지 못한 기간을 근로자에게 불리하게 고려할 수 없으므로 그 기간은 소정근로일수 및 출근일수에 모두 산입되는 것으로 보는 것이 타당하고 근로기준법 제60조 1항의 요건을 충족하면 연차휴가수당이 지급되어야 하며, 부당해고기간이 연간 총근로일수 전부를 차지하고 있는 경우에도 달리 볼 수 없다고 한다.[3] 판례는 노무의 제공이 없는 기간이라는 사실의 측면보다 연차휴가「권」이라는 권리의 측면과 귀책사유 유무를 위주로 판단하고 있다. 위법한 직장폐쇄로 인하여 근로자가 출근하지 못한 기간은 근로자에게 불리하게 고려될 수 없다. 위법한 직장폐쇄가 없었다면 근로자가 출근했을 것이라고 전제할 수 있으므로 그 기간은 연간 소정근로일수 및 출근일수에 모두 산입되는 것으로 보아야 한다.[4]

---

1) '근로자가 업무상 재해로 휴업한 기간은 그 장단(長短)을 불문하고 소정근로일수와 출근일수에 모두 포함시켜 출근율을 계산하여야 한다. 설령 그 기간이 1년 전체에 걸치거나 소정근로일수 전체를 차지한다 하더라도, 이와 달리 볼 아무런 근거나 이유가 없다.' 근로자가 연차휴가에 관한 권리를 취득한 후 1년 내내 계속되는 업무상 재해 또는 퇴직 등의 사유로 연차휴가를 사용하지 못하게 된 경우에는 연차휴가일수에 상응하는 임금인 연차휴가수당을 청구할 수 있다(大判 2017. 5. 17, 2014 다 232296·232302; 大判 2005. 5. 27, 2003 다 48549·48556 등). 따라서 계속되는 업무상 재해로 이미 부여받은 연차휴가를 사용하지 않는데 따른 연차휴가수당 청구권을 제한하는 내용의 단체협약이나 취업규칙은 근로기준법에 반하는 것으로 효력이 없다(大判 1993. 5. 27, 92 다 24509; 大判 2017. 5. 17, 2014 다 232296·232302).

2) 大判 2017. 5. 17, 2014 다 232296·232302.

3) 大判 2014. 3. 13, 2011 다 95519. 日本 最判平成 25.6.6 民集 67卷 5號 1167面; 土田,「勞働契約法」, 377面 참고.

4) 大判 2019. 2. 14, 2015 다 66052.

2) 결근으로 보아야 할 경우 근로자의 귀책사유로 출근하지 않는 것은 기본적으로 채무불이행이 되므로 그 기간은 결근으로 보아야 한다. 근로자가 자의로 출근하지 않거나 휴직하는 기간은 사용자의 양해가 있더라도 결근으로 보아야 한다. 위법한 파업을 한 날도 마찬가지이다. 판례는 근로자가 징계로서 정직이나 직위해제를 받은 경우에 취업규칙에 따라 그 기간을 소정근로일수에 포함시키되 출근일수에는 포함시키지 않을 수 있다고 한다.[1] 즉, 그 기간 중에는 근로자의 근로의무가 면제된다는 점이 참작되기 때문이다. 지각이나 조퇴는 결근이 아니다. 예컨대 지각이나 조퇴가 여러 번(예컨대 3회) 반복되면 1일의 결근으로 처리하는 규정은 정당하지 않다고 보아야 한다.[2]

3) 소정근로일에서 제외해야 할 경우 주휴일, 근로자의 날, 회사창립휴일, 그 밖에 법령상 또는 노사 사이에 취업규칙이나 단체협약으로 사전에 근로하지 않는 날로 약정된 날은 소정근로일수에서 제외된다.[3] 휴업의 경우에는 사용자의 귀책사유로 인한 휴업이든, 노사 어느 쪽에도 책임이 없는 불가항력으로 인한 휴업이든 소정근로일에서 제외된다고 해석된다.[4] 사용자의 귀책사유로 근로자가 근로기준법 제46조 1항에 의한 휴업수당을 받거나 또는 민법 제538조 1항에 의한 임금상당액을 받은 경우 그 기간을 출근으로 하여 사용자에게 추가적 부담[5]을 주는 것은 휴가의 성질상 타당하지 않다고 생각된다. 병가의 사용기간도 마찬가지로 보아야 한다. 이 기간 동안 사실상 노무는 제공되지 않는다. 근로자가 적법한 파업에 참가한 기간 또는 적법한 직장폐쇄로 출근하지 못한 기간에는 근로관계의 주된 권리·의무가 정지되어 근로자들은 임금상실(무임금), 사용자는 생산중단에서 오는 손해를 부담하는 특별한 투쟁관계가 성립하므로 휴가기간의 산정에 있어서도 어느 일방에 대해서 유리 또는 불리한 판단을 하는 것은 옳지 않다고 생각된다. 따라서 그 기간은 연간 소정근로일에서 제외되어야 한다.[6] 다만 노동조합의 (위법한) 쟁의행위에 대한 방어적 수단으로 사용자의 적법한 직장폐쇄가 이루어진 중에 근로자가 위법한 쟁의행위에 적극 참가하면 그 기간은 근로자의 귀책으로 근로를 제공하지 않은 기간에 해당하므로 결근한 것으로 처리된다.[7]

---

1) 大判 2008. 10. 9, 2008 다 41666; 異見: 하갑래, 「근로기준법」, 2012, 360면.
2) 김유성, 「노동법 Ⅰ」, 185면, 김지형, 「근로기준법 해설」, 2000, 436면; 하갑래, 「근로기준법」, 2012, 359면.
3) 고용노동부 지침(2007. 10. 25), 「연차유급휴가 등의 부여 시 소정근로일수 및 출근여부 판단기준」, 임금근로시간정책팀 – 3228.
4) 異見: 임종률 「노동법」, 482면.
5) 휴업한 날에 근로자는 노무를 제공하지 않고 임금에 상당하는 급여를 받았기 때문이다.
6) 同旨: 大判 2017. 7. 11, 2013 도 7896; 大判 2019. 2. 14, 2015 다 66052 등 참조.
7) 大判 2019. 2. 14, 2015 다 66052.

판례는 「연간소정근로일수에서 쟁의행위 등 기간이 차지하는 일수를 제외한 나머지 일수를 기준으로 근로자의 출근율을 산정하여 연차유급휴가 취득요건의 충족 여부를 판단하되,1) 그 요건이 충족된 경우에는 본래 평상적인 근로관계에서 80퍼센트의 출근율을 충족할 경우 산출되었을 연차유급휴가일수에 대하여 '연간소정근로일수에서 쟁의행위 등 기간이 차지하는 일수를 제외한 나머지 일수'를 '연간소정근로일수'로 나눈 비율을 곱하여 산출된 연차유급휴가일수를 근로자에게 부여하는 것이 합리적」이라고 한다.2) 다만 적법한 직장폐쇄 중 근로자가 위법한 쟁의행위에 참가한 기간은 근로자의 귀책으로 근로를 제공하지 않은 기간에 해당하므로, 연간 소정근로일수에 포함시키고 결근한 것으로 처리해야 할 것이다.3) 한편 위법한 직장폐쇄가 이루어진 경우에 만일 직장폐쇄가 없었어도 근로자가 쟁의행위에 참가하여 근로를 제공하지 않았을 것이 명백하다면, 그 쟁의행위가 적법한 경우에는 그 기간을 소정근로일수에서 제외하고, 위법한 경우에는 연간 소정근로일수에 포함시켜 결근한 것으로 처리해야 할 것이다. 위법한 직장폐쇄가 없었다고 하더라도 근로자가 쟁의행위에 참가하여 근로를 제공하지 않았을 것이 명백한지는 쟁의행위에 이른 경위 및 원인, 직장폐쇄와의 관계, 해당 근로자의 쟁의행위에서의 지위 및 역할, 실제 이루어진 쟁의행위 참가 근로자의 수 등 제반사정을 신중히 판단해야 하고, 그 증명책임은 사용자에게 있다.4) 이에 반하여 근로자가 위법한 파업에 참가한 기간은 결근으로, 위법한 직장폐쇄로 출근하지 못한 기간은 출근으로 보는 것이 옳을 것이다. 위법한 직장폐쇄로 인하여 상대방인 근로자들이 법률상 보장된 권리를 상실하는 것은 정당화될 수 없기 때문이다.

4) 노조 전임자의 연차휴가일수 판례에 따르면 노동조합의 전임자는 휴직상태에 있는 근로자와 유사하므로 노조전임기간동안 현실적으로 노무를 제공하지 않는다. 그렇다고 하여 그 기간을 결근한 것으로 볼 수 없고, 노조및조정법 등 관련 법령에서 출근한 것으로 간주하는 규정도 없으므로 출근한 것으로 의제할 수도 없다. 따라서 근로제공의무가 면제되는 노조전임기간은 연간 소정근로일수에서 제외하는 것이 타당하

1) 판례에 따르면 단체협약에서 하기휴가비를 지급기준일 현재 재직 중인 자에 한하여 지급하되, 지급기준일 현재 휴직 중인 근로자에게는 지급하지 않는다고 정하고 있더라도 정당한 파업기간은 휴직기간에 해당하지 않으므로 휴가비 지급기준일에 파업에 참가하고 있는 근로자도 하기휴가비의 대상 기간 중 파업 기간을 제외한 나머지 기간의 일수에 비례한 만큼의 하기휴가비 지급을 구할 수 있다고 한다(大判 2014. 2. 13, 2011 다 86287).

2) 大判 2013. 12. 26, 2011 다 4629(연간 소정근로일수가 감소된 만큼 연차휴가일수도 그에 비례하여 감축하는 것이 합리적이라고 한다); 大判 2017. 7. 11, 2013 도 7896. 異見: 임종률, 「노동법」, 482면.

3) 大判 2019. 2. 14, 2015 다 66052.

4) 大判 2019. 2. 14, 2015 다 66052; 大判 2014. 3. 13, 2011 다 95519; 大判 2012. 9. 27, 2010 다 99279 등 참고.

다.[1] 그리고 노조전임기간이 연간 총근로일 전부를 차지하는 경우라면 단체협약 등에서 달리 정한 규정이 없으면 연차휴가청구권은 발생하지 않는다. 연간 소정근로일수에서 노조전임기간의 일수를 제외하더라도 나머지 일수('실질 소정근로일수')가 있으면 이를 기준으로 출근율을 산정하여 연차휴가 취득요건의 충족 여부를 판단하여야 한다. 즉 해당 근로자의 출근일수가 연간 소정근로일수의 80퍼센트를 밑도는 경우에 한하여 본래 평상적인 근로관계에서 80퍼센트의 출근율을 충족할 경우 산출되었을 연차휴가일수에 대하여 실질 소정근로일수를 연간 소정근로일수로 나눈 비율을 곱하여 산출된 연차휴가일수를 근로자에게 부여하는 것이 합리적이라는 것이 판례의 기본 태도이다.[2]

⑷ 연차휴가권의 발생 및 효과

a) 연차휴가일수의 성립 모습과 효과 연차휴가는 근로자가 1년을 단위로 소정근로일수의 80퍼센트 이상 출근한 경우(제60조 Ⅰ), 월을 단위로 소정근로일수를 개근한 경우(제60조 Ⅱ), 3년 이상 계속 근로하여 가산휴가가 주어지는 경우(제60조 Ⅳ)에 구체적으로 정해진다. 근로기준법 제60조 1항부터 4항은 위의 각 경우에 따라 개별적으로 또는 복합적으로 적용되면서 일정한 휴가일수의 연차휴가권이 성립한다.

근로자가 지난 1년간의 소정근로일의 80퍼센트 이상을 출근하였다는 객관적 요건이 갖추어지면 15일의 유급휴가권(근기법 제60조 Ⅰ)(1년의 기간이 지난 다음날에 유급휴가청구권이 발생)이,[3] 계속근로연수가 1년 미만이거나 1년간 80퍼센트 미만 근로한 근로자에게는 1개월 개근 시 1일의 연차유급휴가청구권이 「법률상 당연히」(ipso iure) 발생하므로(근기법 제60조 Ⅱ)[4] 이 휴가권은 근로자가 연차유급휴가를 구체적으로 실현하기 위한 청구권과는 구별된다. 「연차유급휴가는 근로자가 청구한 시기에 주어야」 한다는 법규정(근기법 제60조 Ⅴ 본문 전단)은 이미 발생하고 있는 연차휴가권에 대하여 그 휴가의 구체적 시기를 특정하기 위한 「시기지정권(時期指定權)」을 정한 것에 지나지 않는다. 그러므로 객관적 요건을 갖춤으로써 당연히 성립하는 연차휴가권과 휴가시기의 특정을 위한 휴가의 청구권은 구별해야 한다. 즉, 휴가기간 중 근로의무가 면제되는 유급휴가 지급청구권이 발생하는 것은 연차유급휴가권의 효과이고, 그 휴가는 시기지정권에 의하여 그 시기가 구체적으로 정하여진다. 근기법 제60조 1항 내지 4항에 의하여 성립한 휴가권을

1) 大判 2019. 2. 14, 2015 다 66052.

2) 大判 2019. 2. 14, 2015 다 66052(이러한 법리는 단체협약에서 연월차휴가취득을 위한 출근율과 실질소정근로일수를 기준으로 한 연월차휴가일수를 산정할 때에도 다른 정함이 없는 한 마찬가지로 적용된다고 한다); 大判 2013. 12. 26, 2011 다 4629 참조.

3) 大判 2011. 10. 13, 2009 다 86246; 大判 2014. 3. 13, 2011 다 95519; 大判 2017. 5. 17, 2014 다 232296 등.

4) 大判 1972. 11. 28, 72 다 1758; 大判 2017. 5. 17, 2014 다 232296 등.

기초로 근로자가 제60조 5항 본문 전단에 따라 사용자에게 휴가를 「청구」하는 것을 시기지정이라고 한다. 따라서 제60조 1항 내지 4항에 의하여 휴가권이 성립하고, 동조 5항 본문 전단에 따라 시기지정권이 행사된다. 휴가권의 법적 구조를 이와 같이 이분(二分)하여 이해하는 견해를 이분설(二分說)이라고 한다.[1] 따라서 근로자가 이미 성립한 휴가권을 기초로 시기지정('○월 ○일부터 ○월 ○일까지 휴가를 가겠다')을 청구하면 사용자가 제60조 5항 단서에 따른 시기변경권을 행사하지 않는 한 시기가 지정되어 그 시기부터 휴가가 성립되어 근로의무가 소멸한다. 따라서 시기지정의 효과는 사용자의 적법한 시기변경권 행사를 해제조건(민법 제147조 Ⅱ)으로 하여 발생한다. 사용자의 「승인」에 의하여 그 효과가 좌우되는 것은 아니다.[2]

b) 연차휴가권의 효과　　일정한 일수의 연차휴가권을 취득한 근로자는 근로기준법 제60조 5항 본문 전단의 규정에 의하여 시기지정권을 행사할 수 있다. 다시 말하면 휴가시기는 근로자가 청구한 때에 주어져야 한다. 따라서 원칙적으로 근로자는 시기지정권을 행사함으로써 자신의 휴가기간에 대하여 취업의무를 소멸시키고 법소정의 휴가임금의 지급을 청구할 수 있다. 휴가를 부여할 의무가 있는 사용자는 근로자가 유급휴가를 향유하는 것을 방해해서는 아니 되며(이른바 부작위의무), 근로자가 희망하는 휴가가 실현될 수 있도록 노력해야 한다.

연차휴가권의 법적 효과는 사용자가 근로자에게 원래 소정근로일임에도 취업의무를 부담하지 않는 휴가일을 부여하는 데 있으므로, 처음부터 취업의무가 없는 휴일 또는 휴직기간중의 날에 대해서는 휴가가 성립하(휴가일수로의 산입)지 않는다고 보아야 한다.[3] 연차휴가중에 지급되는 수당(임금)은 취업규칙이나 기타 노사의 협정으로 정하는 통상임금이나 평균임금으로 지급하여야 한다(근기법 제60조 Ⅴ 본문 후단). 근로자가 연차유급휴가를 사용하지 못하게 됨에 따라 사용자에게 청구할 수 있는 연차휴가수당은 임금이다.[4]

⑸ 연차휴가의 시기와 결정

a) 시기의 지정

1) 근로자는 취득한 연차휴가권을 구체화하기 위하여 시기지정권을 가진다. 근로기준법은 「사용자는 제1항부터 제4항까지의 규정에 따른 휴가를 근로자가 청구한 시기에 주어야 한다」고 규정하고 있다(근기법 제60조 Ⅴ 본문 전단). 근로자의 근로의무가 정지

1) 土田, 「勞働契約法」, 378面 참고.
2) 同旨: 土田, 「勞働契約法」, 379面.
3) 同旨: 大判 2014. 3. 13, 2011 다 95519.
4) 大判 2013. 12. 26, 2011 다 4629.

되는 시기를 정하는 것을 말한다. 여기서 「시기」(時期)란 휴가일이 구체적으로 시작하는 날과 끝나는 날을 포함하는 개념으로 이해된다.[1] 따라서 근로자가 자신이 가지는 휴가 일수의 범위 내에서 휴가의 시기(始期)와 종기(終期)를 결정(시기지정: 다음 1년간의 근로일 중에 휴가일이 실현되도록 정해져야 한다(제60조 Ⅶ 본문 참조).)해서 휴가를 청구한 때에는 사용자는 그 시기에 휴가를 주어야 한다(제60조 Ⅴ 본문 전단). 다만 「사업운영에 막대한 지장이 있는 경우」(근기법 제60조 Ⅴ 단서) 사용자는 그 시기를 변경할 수 있다. 시기지정권은 근로자가 처음부터 구체적 시기를 특정할 수 있는 형성권이지만,[2] 사용자는 그 시기의 변경을 요구할 수 있다. 여기서 실무상 취업규칙 등에 의하여 휴가를 가기 원하는 근로자가 일정시일 전에 시기지정을 하도록 규정하는 것이 적법한 것인지가 문제된다. 근로자의 시기지정권의 내용을 실질적으로 침해하지 않는 한 이러한 규정을 위법한 것으로 볼 수는 없을 것이다.[3]·[4] 근로자의 시기결정권은 일종의 형성권의 성질을 가지는 것이므로 사용자의 사전 승인이라는 관념을 용인할 여지는 없다.

2) 근로자가 개인의 긴급한 사정으로 결근한 경우에 결근일을 사후적으로 연차 휴가일로 대체를 요구하는 것은 정당하지 않다. 근로자가 결근일을 사후에 휴가일로 지정할 수 있는 권리를 당연히 가진다고 볼 수 없기 때문이다. 다만, 사용자가 이에 동의

1) 大判 1997. 3. 28, 96 누 4220; 大判 1997. 3. 25, 96 다 4930. 예컨대 근로자가 8월 중에 10일의 휴가를 가기를 원하는 신청을 하였다면 이는 시기를 지정한 것이 아니라 사용자(회사)측의 사정을 문의한 것으로 보아야 한다. 일본에서는 시계지정(時季指定)이라는 용어를 사용하면서 시계는 계절(季節)과 구체적 시기를 모두 포함하는 개념으로 쓰이고 있다. 따라서 근로자가 희망하는 계절과 시기를 지정·청구하여 사용자와 조정하여 구체적 시기를 결정하거나, 처음부터 구체적 시기(始期)와 종기(終期)를 특정하여 청구하는 경우가 있다고 한다.

2) 菅野, 「勞働法」, 537面; 土田, 「勞働契約法」, 387面.

3) 판례는 「취업규칙에 휴가를 받고자 하는 자는 사전에 소속장에게 신청하여 대표이사의 승인을 얻어야 한다고 규정하고 있는 경우 이는 근로기준법 제60조 5항이 규정하는 근로자의 휴가시기지정권을 박탈하기 위한 것이 아니라 단지 사용자에게 유보된 휴가시기변경권의 적절한 행사를 가능하게 하기 위한 규정이라고 해석되므로 위 규정을 근로기준법의 규정에 위배되는 무효의 규정이라고 볼 수 없다」(大判 1992. 6. 23, 92 다 7542; 大判 1992. 4. 10, 92 누 404)고 판시하고 있다. 저자도 동일한 태도를 취하고 있다(反對: 이병태, 「노동법」, 821면).

4) 대법원은 「연월차휴가권이 근로기준법상의 요건을 충족하는 경우에 당연히 발생하는 것이라 하더라도 발생된 휴가권을 구체화하기 위해서는 근로자가 자신에게 맡겨진 시기지정권을 행사하여 어떤 휴가를 언제부터 언제까지 사용할 것인지에 관하여 특정하여야 하며, 근로자가 이같은 특정을 하지 아니한 채 시기지정을 한 경우에는 이는 적법한 시기지정이라고 할 수 없으므로 그 효력이 발생하지 않으며, 그와 같은 불법휴가신청을 한 다음 사용자의 승인도 없이 출근하지 아니한 것은 무단결근」이라고 한다(大判 1997. 3. 25, 96 다 4930; 大判 2000. 11. 28, 99 도 317 참고). 근로자의 시기지정권은 사용자의 승인을 요하지 아니하는 형성권이므로 근로자는 자유롭게 휴가시기를 지정할 수 있는 것이고, 설령 취업규칙에서 사용자의 승인을 얻도록 한 규정을 두고 있는 경우에도 이는 사용자가 적법한 시기변경권을 행사하는지 여부를 확인하는 취지의 규정으로 이해되어야 한다.

한 때에는 휴가일로의 대체를 부정할 수 없다.[1]

3) 근로자의 시기지정권이 행사되면, 사용자가 시기변경권을 적법하게 행사하지 않는 한, 연차휴가권행사를 위한 효과(근로의무의 정지기간의 확정, 연차유급휴가수당의 취득)가 구체적으로 발생한다고 보아야 한다.

b) 시기변경권

1) 근로자의 시기지정권에 대하여 사용자가 가지는 시기변경권은 주로 구체적 시기의 지정에 대한 변경권의 행사로서 나타나게 된다(계절의 지정에 관해서는 노사 사이의 집단적 교섭 내지 조정에 의하여 이루어지는 것이 보통이다). 근로자의 구체적 시기지정에 대한 사용자의 변경권의 행사는 의사표시로 행하여지고, 「사업운영에 막대한 지장이 있는 경우」(제60조 V 단서)를 전제로 한다. 이 경우에도 근로자는 다른 날을 연차휴가로 지정할 수 있으므로 사용자가 어느 특정일을 결정하여 변경제시하더라도 권고 이상의 의미를 가지지 않는다. 「사업운영에 막대한 지장이 있는 경우」란 사업의 정상적인 운영을 현저히 저해하거나 중대한 영향을 주는 경우로서[2] i) 당해 근로자가 지정한 휴가일에 휴가를 주게 되면 해당 사업장 또는 부서의 업무 능률이나 성과가 크게 저하되어 영업상의 불이익 등이 초래될 것으로 염려되거나,[3] ii) 이를 위한 대체근로자를 확보할 수 없는 경우를 말한다. 근로자의 연차휴가로 통상 예상되는 대체인력의 확보는 사용자가 업무조직의 범위 내에서 또는 그 밖의 방법으로 사전에 대처해야 할 인사관리업무에 속하는 것으로 보아야 한다. 대체인력의 확보 자체가 '사업운영에 막대한 지장'을 주는 것이라고는 볼 수 없다.[4] 시기변경권 규정(제60조 V 단서)의 취지는 사용자로 하여금 가능한 한 근로자가 지정한 시기에 휴가를 갈 수 있도록 하기 위한 것이라고 해석되어야 한다.

2) 시기변경권이 적법하게 행사되면, 시기지정의 효과(근로의무면제시기의 특정, 연차유급휴가수당의 특정)가 소멸하고 근로자는 근로의무를 부담하게 된다. 따라서 그 날에

---

1) 이와 관련하여 근로자가 업무 외의 부상으로 출근하지 아니하면서 회사에 전화로 치료기간을 연차휴가로 대체해 줄 것으로 요청한 경우에 대하여 판례는 「취업규칙에 연차휴가청구절차에 관하여 달리 정함이 없는 경우에는 (전화상의 청구도) 적법하므로, 이에 대하여 회사가 근로기준법 제60조 5항 단서에 의한 시기변경권을 행사하였다고 볼 만한 자료가 없다면 위의 연차휴가권의 행사는 정당한 것이다」고 한다(大判 1992. 4. 10, 92 누 404).

2) 1968. 8. 14, 기준 1455. 9-7666.

3) 이를 판단함에 있어서는 기업의 규모, 업무량의 증대, 대체근로자의 확보 여부, 근로자가 담당하는 업무의 성질, 다른 근로자의 시기 지정과의 관계 등 제반 사정을 종합적으로 고려하여야 하고 그 요건의 충족에 관해서는 사용자가 증명해야 할 것이다(서울行判 2016. 8. 19, 2015 구합 73392).

4) 서울行判 2016. 8. 19, 2015 구합 73392; 서울行判 1999. 9. 17, 99 구 8731. 또한 서울高判 2019. 4. 4, 2018 누 57171 참고.

출근하지 않으면 근로자는 채무불이행(결근)이 된다. 이때 근로자가 다른 날을 특정하여 시기지정권을 행사할 수 있음은 물론이다.

(6) **연차휴가와 유급의 의미**

a) 연차휴가는 유급으로 주어진다. 따라서 연차휴가중에 근로의무가 면제되더라도 사용자는 휴가기간에 대하여 일정한 급여를 주어야 한다. 근로기준법은 「취업규칙 등에서 정하는 통상임금 또는 평균임금을 지급해야 한다」고 규정하고 있다(제60조 V 본문). 즉, 유급으로 지급되는 연차휴가수당은 취업규칙 또는 노사협정으로 통상임금 또는 평균임금으로 정할 수 있다. 근로기준법이 근로조건의 최저기준을 정한 법이라는 점을 고려할 때 적어도 통상임금 이상의 수당을 지급해야 할 것이다. 판례에 따르면 연차휴가수당은 취업규칙 등에서 산정기준을 정하지 않았다면 그 성질상 통상임금을 기초로 산정해야 한다고 한다. 연차휴가권을 취득한 후 1년 이내에 연차휴가를 사용하지 아니하거나 1년이 지나기 전에 퇴직하는 등의 사유로 더 이상 연차휴가를 사용하지 못하게 될 경우에도 취업규칙 등에 따른 정함이 없다면 마찬가지로 통상임금을 기초로 하여 산정한 연차휴가일수에 상응하는 수당을 청구할 수 있다.[1] 학설 중에는 연차휴가시 지급되는 급여는 고정적으로 통상임금으로 이해하는 견해[2]가 있다. 이러한 견해는 연차「유급」휴가를 통상 근로시에 지급되는 임금의 상실없이 근로의무를 면제받는 것으로 이해하는 데서 비롯된다고 생각된다. 그러나 연차유급휴가제도의 취지가 근로자에게 정신적 · 육체적 휴식과 능력향상 및 문화적 생활의 향상을 기하려는 데 있는 것이므로[3] 연차휴가의 유급의 의미를 단지 근로의무를 면제받으면서 근로시에 지급되는 통상임금을 지급받는 것으로 소극적으로 이해할 것은 아니다.[4] 그렇게 새기는 것은 법문에도 합치하지 않는다. 또한 연차휴가시 지급되는 급여는 성질상 해당 근로의 직접적 대가로 지급받는 임금과는 구별해야 할 것이다.[5] 연차휴가수당은 취업규칙 등에서 산정기준을 정하지 않은

1) 大判 2019. 10. 18, 2018 다 239110(연차휴가수당 산정과 관련하여 특별히 정한 바가 없으므로 원고인 근로자들이 평균임금 또는 통상임금 중 어느 하나를 선택하여 청구할 수 있다고 한 원심판단은 법리오해의 잘못이 있다고 파기한 판결). 大判 2017. 5. 17, 2014 다 232296.

2) 임종률, 「노동법」, 449면 이하(월급근로자는 1개월 동안 결근하지 않고 근무한 경우에 지급되는 임금, 일급근로자는 그 날에 지급되는 소정의 근로시간에 대해 지급되는 임금을 통상임금으로 보고 이를 '휴가임금'이라고 부른다).

3) 大判 1996. 6. 11, 95 다 6649; 大判 2008. 10. 9, 2008 다 41666 참고.

4) 따라서 연차휴가의 유급을 평상시의 근로에 대한 반대급부로 한정해서 통상임금이라고 못박을 필요는 없을 것이다.

5) 예컨대 연차유급휴가수당을 휴가「임금」으로 본다면 퇴직금산정시에 퇴직 전 3개월의 기간중에 연차휴가를 간 경우 휴가일을 이에 포함시켜 평균임금을 산정해야 할 것이다. 그러나 휴가일은 근로일이 아니므로 이에 포함되어서는 안 될 것이다. 마찬가지 논리로 휴가중에 받은 '통상임금'은 근로의 대가로 받은 '임금'이 아니다. 근로기준법 제60조 5항이 정한 통상임금 또는 평균임금은 연차유급휴

경우에는 휴가의 기본적 성질상 통상임금을 기초로 하여 산정하여야 한다는 것이 판례의 태도이다.1)

b) 연차유급휴가수당은 '유급휴가를 주기 전이나 준 직후의 임금지급일'에 지급해야 한다(근기법 시령 제33조).

(7) **연차휴가의 사용용도**(쟁의행위를 목적으로 하는 연차휴가의 사용)

연차휴가의 사용목적에 관해서는 근로기준법이 관여할 사항이 아니므로 휴가를 어떻게 사용할 것인가 하는 것은 근로자의 자유에 속하는 것으로 사용자가 간섭할 일이 아니다. 그러나 예컨대 휴가중에 근로자가 유상(有償)근로에 종사하는 것이 휴가제도의 목적에 반하는지가 문제된다. 이는 근로자 개인의 생활사정이나 건강관리와 관련된 문제이므로, 이를 근로기준법에 반하는 일이라고 단정할 수는 없을 것이다.

특히 논란이 되는 문제는 연차휴가이용자유의 원칙을 이유로 휴가를 쟁의목적에 이용할 수 있는가 하는 것이다. 쟁의행위는 사용자에 대한 집단적 투쟁목적을 관철하기 위한 하나의 집단행위로서 집단적 노동법상의 현상이므로 복수의 독립된 개별 근로자들의 행위의 단순한 총체([118] 1. 참고)는 아니다. 따라서 쟁의행위에 의한 집단적 투쟁목적을 수행하기 위하여 업무의 정상 운영을 거부하면서 근로자들이 연차휴가일을 일제히 사용하는 것은 근로기준법상의 휴가라고 볼 수 없다. 따라서 이와 같은 집단적 쟁의행위에 대해서는 아무리 연차휴가라는 명목을 붙인다 하더라도 「유급휴가」라는 효과가 부여될 수 없음은 물론, 그러한 집단행위의 정당성 여부는 노조및조정법에 의하여 판단되어야 할 것이다. 즉 근로자가 그가 소속된 사업장에서 업무의 정상적인 운영을 저해할 목적(노조및조정법 제2조 ⑥ 참조)으로 전원이 일제히 휴가신청서를 제출하고 직장을 이탈하는 「일제휴가투쟁」은 그 실질에 있어서는 연차휴가라는 이름을 빌린 동맹파업에 지나지 않으며, 본래적인 의미의 연차유급휴가권의 행사라고 할 수 없다([118] 3. (3) 참고). 연차휴가제도는 적어도 해당 사업장에서 정상적인 업무의 운영과 근무체제가 유지되는 것을 전제로 그러한 틀 안에서 인정되는 것이다. 근로자의 시기지정권에 대해서 사용자의 시기변경권을 정하고 있는 것도 그러한 배경에서 이해해야 한다. 따라서 자신이 근무하는 사업장에서 동맹파업을 단행하기 위하여 일제히 휴가투쟁(一齊休暇鬪爭)을 벌이는 것은 연차유급휴가제도의 취지에 반한다. 명목상의 휴가권을 행사하면서 동시에 동맹파업에 들어간 근로자들에게는 휴가수당청구권이 발생하지 않는다.2) 만일 이 경우에 「유급」휴

가수당 산정을 위한 기준에 지나지 않는다. 다시 말하면 10일의 연차휴가를 받았을 때 통상임금을 기초로 산출된 연차휴가급여는 10일간 근로한 대가로 지급되는 임금이 아니라 연차유급휴가수당이다.

1) 大判 2019. 10. 18, 2018 다 239110.

2) 菅野, 「勞働法」, 543面; 荒木, 「勞働法」, 213面 이하 및 그곳에 인용된 일본 판례(白石營林署事

가를 인정한다면, 파업기간중에 임금을 지급하는 결과가 되어 투쟁평등의 원칙에 반하는 쟁의행위를 인정하는 모순이 발생한다(노조및조정법 제44조 참조). 이때에는 노조및조정법이 적용되어 쟁의행위의 집단적 정당성 여부가 주체·목적·방법·절차상의 기준에 따라 판단될 뿐이다(노조및조정법 제37조 이하 참조). 쟁의행위가 위법한 경우에는 근로자들이 내세운 명목상의 휴가도 정당시될 수 없으므로 쟁의행위에 귀속되는 민·형사상의 책임 이외에 개별적 「휴가참가자」의 휴가도 위법한 것이 되어 당해 파업기간은 결근으로 처리된다. 그러나 다른 사업장에서 발생한 쟁의행위를 지원하기 위하여 휴가중의 근로자가 이에 동조·참여한 것이 당해 연차휴가권의 성립에 영향을 줄 수는 없을 것이다.[1)]

(8) 휴가 사용의 시한과 소멸된 휴가에 대한 휴가수당

a) 휴가 사용의 시한 연차유급휴가청구권은 언제까지 그 행사가 가능한가? 이것은 이른바 「연차유급휴가」의 소멸시효 또는 「연차유급휴가의 적치한계」 등의 문제로 논의되고 있는 것인데, 이에 관하여는 과거에 견해가 대립되고 있었다. 그러나 1980년 12월 31일의 법개정(현행 근기법 제60조 VII의 신설)으로 학설상의 대립은 명문으로 해결되었다. 즉 근로기준법 제60조 7항은 「제1항부터 제4항까지의 규정에 따른 휴가는 1년간 행사하지 아니하면 소멸된다. 다만, 사용자의 귀책사유로 사용하지 못한 경우에는 그러하지 아니하다」[2)] 고 규정하고 있다. 따라서 근로기준법 제60조 5항 본문 중 「휴가는 근로자가 청구한 시기에 주어야 하며」라는 규정과 관련하여 휴가의 청구시기는 근로자가 연차유급휴가청구권을 취득한 뒤, 즉 1년간의 근로를 마친 다음날(예컨대 매년 4월 1일부터 다음해 3월 31일까지의 1년을 단위로 하고 있는 경우 3월 31일 다음날인 4월 1일에 연차유급휴가청구권이 발생한다)부터 1년 이내에 근로자가 희망 또는 지정하는 시기에 주어야 하는 것으로 해석해야 한다.[3)] 따라서 근로자는 그 기간 내에 휴가를 사용해야 한다.

그러나 사용자의 귀책사유로 근로자가 유급휴가를 사용하지 못한 경우(근기법 제60조 VII 단서)에는 1년 이후에도 유급휴가를 청구할 수 있다.[4)] 이때에 사용자의 귀책사유

件·最二小判 昭和 48. 3. 2, 民集 27卷 2號, 191面; 津田沼電車區事件·最三小判 平成 3. 11. 19 民集 45卷 8號 1236面 참고. 후자의 판례는 연휴휴가를 취득한 자가 연휴기간 중에 자기의 사업장에서 사후적으로 발생한 파업에 적극적으로 참가한 경우에 사업장에서의 정상적인 근무체제를 전제로 하는 연휴제도의 취지에 반하므로 연휴의 효과는 인정되지 않는다고 판시하였다). 판례는 파업기간 중에 포함된 연차휴가에 대해서는 휴가수당을 청구할 수 없다고 한다(大判 2010. 7. 15, 2008 다 33399).

1) 菅野, 「勞働法」, 543面(白石營林署事件最二小判昭和48. 3. 2. 民集 27卷 2号 191面).

2) 동법 제60조 7항이 신설되기 전에도 저자는 연차유급휴가의 소멸시효에 대하여 법 제49조 「준용」을 반대하였다.

3) 大判 1972. 11. 28, 72 다 1758; 大判 1973. 9. 6, 73 다 305 참고.

4) 1985. 8. 28, 근기 01254-15753.

는 넓게 해석해야 한다. 「사업운영에 막대한 지장이 있는 경우」(동조 Ⅴ 단서)에 사용자가 휴가시기를 변경함으로써 1년 이내에 휴가를 받을 수 없게 된 때에도 위와 같이 해석해야 한다.

b) 미사용 또는 소멸된 휴가에 대한 휴가수당 근로기준법 제60조 5항 단서 및 7항 단서의 규정에 해당되지 않는 상황에서 근로자가 연차유급휴가를 사용하지 못하고 1년의 기간이 경과한 때에는 근로자의 「휴가」는 소멸된다(동조 Ⅶ 본문). 다시 말하면 유급(연차유급수당)으로 연차유급휴가를 사용할 권리는 근로자가 1년간 소정의 근로를 마친 것을 요건으로 하여 당연히 발생하는 것이지만 연차휴가권을 취득한 후 1년 이내에 연차휴가를 사용하지 아니하거나 1년이 지나기 전에 퇴직하는 등의 사유가 발생한 경우에는 더 이상 연차휴가를 사용할 수 없게 된다(제60조 Ⅶ 본문).[1] 그러나 휴가를 가지 못한 근로자는 그 연차휴가일수에 상응하는 통상임금 또는 평균임금, 즉 연차휴가 미사용 수당을 청구할 수 있다.[2] 이때의 연차휴가수당 역시 취업규칙 등에 별도의 정함이 없으면 연차휴가기간 중에 연차휴가수당을 받는 경우와 마찬가지로 통상임금을 기초로 산정한 수당을 받는다.[3] 연차휴가 미사용 수당의 불지급(이행지체)에 대해서는 근로기준법 제43조 1항 및 제109조가 적용된다. 따라서 그 지급일에 일시불로 지급해야 한다.[4] 미사용 휴가에 대하여 지급하는 연차휴가 미사용 수당은 3년의 시효가 완성되는 때에 소멸한다. 3년의 기간은 휴가권을 취득한 날로부터 1년의 경과로 휴가사용을 할 수 없게 된 다음날부터 기산된다.[5] 연차휴가를 사용하지 아니하고 연차휴가청구권도 행사하지 아니한 채 계속 근로하다가 퇴직한 경우에 그 근로자는 연차휴가권을 청구할 수 없으나 연차휴가수당청구권은 3년의 시효(퇴직일 다음날부터 기산된다)가 완성되지 않은 한 여전히 행사할 수 있다고 보아야 한다.

근로자가 연차유급휴가를 사용하지 아니하고 계속 근로한 경우에 유급휴가일의 근로에 대하여 지급된 소정의 통상임금 이외에 유급으로 당연히 지급되는 연차휴가수당, 즉 미사용휴가일수에 대하여 지급되는 휴가수당을 연차휴가근로수당이라고 부르는 경우가 있으

1) 연차휴가를 갈 수 있는 권리는 소멸한다(제60조 Ⅶ 본문)(大判 2013. 12. 26, 2011 다 4629).

2) 大判 1990. 12. 26, 90 다카 12493; 大判 2000. 12. 22, 99 다 10806; 大判 2005. 5. 27, 2003 다 48549·48556; 大判 2017. 5. 17, 2014 다 232296·232302; 大判 2013. 12. 26, 2011 다 4629(연차휴가수당은 임금의 성질을 가진다).

3) 大判 2019. 10. 18, 2018 다 239110(원고인 근로자들이 평균임금 또는 통상임금 중 어느 하나를 선택하여 그에 따라 산정한 연차휴가수당을 구할 수 있다고 전제한 다음 이러한 연차휴가수당을 평균임금에 포함시켜 퇴직금을 산정하는 것을 용인한 원심의 판단이 잘못되었다고 판결한 사례).

4) 大判 2017. 7. 11, 2013 도 7896.

5) 大判 1995. 6. 29, 94 다 18553; 大判 2017. 7. 11, 2013 도 7896 참고. 사용자가 제61조에 정한 유급휴가사용촉진을 위한 조치를 다한 경우에 연차휴가수당 청구권은 소멸한다(다음의 (9) 참고).

나 이러한 호칭은 개념의 혼란을 야기할 수 있어 적절치 않다.[1] 또한 계속 근로하였다고 하여 그 근로한 날의 근로시간에 대해서 가산임금을 정한 제56조가 적용되지 않는다.[2]

연차휴가청구권 혹은 연차휴가수당청구권은 그 전년도 1년간의 근로에 대한 대가에 해당한다. 이러한 연차휴가수당(통상임금 또는 평균임금)의 청구를 제한하는 내용의 단체협약이나 취업규칙은 근로기준법에서 정한 기준에 반하는 것으로 효력이 없다.[3]

c) 휴가일의 환가(換價) 휴가청구권이 발생하면 사용자는 1년의 기간 동안에 휴가를 주어야 할 의무를 부담한다(근기법 제60조 Ⅶ). 휴가는 근로자의 신체적·정신적 심신상태의 회복과 능력개선을 위하여 마련된 것이므로 사용자는 휴가일에 갈음하여 수당 또는 보상금 등을 주어 환가(또는 매수)할 수 없다. 이에 대해서는 벌칙이 적용되어야 할 것이다(근기법 제110조 ①). 이는 사용자가 근로자의 휴가권을 사실상 박탈하는 것이기 때문이다. 연차휴가의 실시를 시행하지 않을 목적으로 노사간에 근로계약이나 단체협약으로 환가 약정을 하는 것은 무효이다. 다만, 근로기준법 제60조 4항에 따라 가산휴가를 포함한 총 휴가 일수가 25일을 초과할 때에는 초과일을 환가하여 연차유급휴가수당을 지급할 수 있다.[4]

(9) 연차유급휴가의 사용촉진제도

a) 동 제도의 의의와 배경 위에서도 본 바와 같이, 근로자가 연차유급휴가를 사용하지 않고 근로한 경우에는 유급으로 당연히 지급되는 수당과 유급휴가일의 근로에 대한 소정의 통상임금이 지급된다. 휴가사용기간(1년)이 경과한 후 연차휴가청구권은 소

---

1) 大判 1990. 12. 26, 90 다카 13465; 大判 1991. 1. 15, 90 다카 25734 참고.

2) 大判 1990. 12. 26, 90 다카 13465.

3) 大判 2017. 5. 17, 2014 다 232296·232302; 大判 1993. 5. 27, 92 다 24509 등 참고. 최근의 판례는 연차휴가를 사용할 권리는 다른 특별한 정함이 없는 한 그 전년도 1년간의 근로를 마친 다음날 발생한다고 보아야 하므로 1년 기간 만료일에 퇴직 등으로 근로관계가 종료한 경우에는 연차휴가는 물론 연차휴가수당도 청구할 수 없다고 보아야 한다고 한다(大判 2018. 6. 28, 2016 다 48297). 이 사안에서 근로자(가로환경미화원)의 정년을 만 61세가 되는 12월 31일로 정하고 있고, 단체협약으로 정년퇴직하는 근로자에게 20일의 특별유급휴가를 부여하고 있는데 그 휴가가 퇴직하는 해 12월 31일까지 주어지고 있다면 그 해 12월 31일로 근로관계는 당연히 종료하므로 그 다음날 발생하는 연차휴가청구권뿐만 아니라 연차휴가수당청구권도 발생할 수 없다고 한다. 그러나 1년의 기간이 만료하는 날(12월 31일) 연차휴가권과 연차휴가수당지급채권은 그 발생요건을 갖추었다고 볼 수 있다. 다만 연차휴가권은 정년퇴직으로 구체적 청구권이 실현될 수 없으나 연차휴가수당채권은 그 실현이 가능하므로 이에 대한 청구는 가능하다고 볼 수 있다. 수당청구권이 휴가청구권과 일체를 이루는 것이므로 휴가청구권이 성립하지 않으면 수당청구권도 발생할 수 없다는 것이 판례의 입장인 듯하다. 이 청구권들은 별개의 두 권리라고 해석하는 것이 옳을 것이다. 단체협약으로 정한 특별유급휴가가 실제로 연차유급휴가의 소멸을 보상하는 기능을 가지고 있더라도 단체협약이나 취업규칙상의 규정이 근로기준법상의 연차유급휴가권을 제한하거나 축소하는 근거로 원용될 수는 없을 것이다.

4) 大判 1995. 6. 29, 94 다 18553 참고.

멸하지만, 휴가수당청구권은 여전히 존속한다(3년의 소멸시효).

그런데, 우리나라에서는 이러한 해석론을 이용하여 연차휴가제도를 금전보전의 수단[1])으로 이용하고 있는 경우가 적지 않다. 이는 근로자의 노동 재생산의 유지와 문화적 생활의 확보라는 휴가제도의 본래의 취지에 어긋난다. 따라서 휴가사용을 제고하기 위하여 개정근로기준법(2003년 9월 15일 개정)에서는 사용자의 적극적인 사용권유에도 불구하고 근로자가 휴가를 사용하지 않는 경우 사용자의 금전보상의무를 면제하는 규정(근기법 제61조)이 신설되었다.

b) 동 제도의 내용 사용자가 제60조 1항·2항 및 4항에 따른 유급휴가(계속하여 근로한 기간이 1년 미만인 근로자의 제60조 2항에 따른 유급휴가는 제외한다)의 사용을 촉진하기 위하여 다음의 조치를 하였음에도 불구하고 근로자가 휴가를 사용하지 아니하여 소멸된 경우(제60조 Ⅶ 본문: 1년간의 휴가청구권의 소멸시효의 완성)에는 사용자는 그 미사용휴가에 대하여 보상할 의무가 없고, 휴가권 소멸에 대한 사용자의 귀책사유도 인정되지 않는다(제61조 Ⅰ). 사용자의 조치로는 첫째, 휴가청구권의 소멸시효기간(제60조 Ⅶ 본문)이 끝나기 6개월 전을 기준으로 10일 이내[2])에 사용자가 근로자별로 미사용휴가일수를 알려 주고, 근로자가 그 사용 시기(時期)를 정하여 사용자에게 통보하도록 서면으로 촉구할 것(제61조 Ⅰ ①)과, 둘째, 이러한 촉구에도 불구하고 근로자가 촉구를 받은 때부터 10일 이내에 미사용 휴가의 전부 또는 일부의 사용 시기를 정하여 사용자에게 통보하지 아니하면 제60조 7항 본문의 규정에 의한 기간이 끝나기 2개월 전까지 사용자가 미사용휴가의 사용 시기를 정하여 근로자에게 서면으로 통보할 것(제61조 Ⅰ ②)이다.[3])

사용자가 계속하여 근로한 기간이 1년 미만인 근로자에게 제60조 2항에 따른 유급

1) 일본의 경우 사업주가 금전을 지급하고 휴가를 사용하지 않도록 하는 관행을 「연차휴가의 買上」이라고 하여 勞働基準法 위반(제39조)으로 보고 있지만, 사용하지 않은 연휴일수에 대해 수당을 지급하는 것은 勞働基準法 위반이 아니다(菅野, 「勞働法」, 544面).

2) 「제60조 7항 본문의 규정에 의한 기간이 끝나기 6개월 전을 기준으로 10일 이내에」(제61조 ①)의 의미: 연차유급휴가는 발생한 때로부터 1년간 사용할 수 있으므로 「연차휴가 사용기간 만료일 6개월 전을 기준으로 10일 내에」란 연차휴가가 발생하여 1년이 되는 날을 기준으로 6개월 전부터 10일간을 의미한다.

3) 大判 2020. 02. 27, 2019 다 279283(근로자가 미사용 연차휴가 21일 중 20일에 대하여 연차휴가 사용 계획서를 제출하였고 사용자가 이를 결재하였으나 휴가계획일 중 4일의 해외 출장이 예정되어 있었고 실제로 이 기간에 해외출장 등을 이유로 10일은 정상 출근해 근무하였으며 회사도 별다른 이의없이 노무수령을 하였다면 근로자가 미사용 연차휴가 21일 중 10일의 사용시기를 정해 통보하지 않았음에도 회사가 휴가 사용 가능 기간이 끝나기 2개월 전까지 휴가의 사용시기를 정해 근로자에게 서면으로 통보하지 않았으므로 휴가보상의무(연차 휴가수당의무)를 면할 수 없다. 이 기간에 휴가를 사용하지 않은 것이 근로자의 자발적인 의사에 따른 것이었다고도 볼 수 없어 미사용 연차휴가에 대한 보상의무가 면제되기 위한 요건을 충족하였다고 인정하기 어렵다고 한 사례).

휴가의 사용을 촉진하기 위하여 다음의 조치를 하였음에도 불구하고 근로자가 휴가를 사용하지 아니하여 제60조 7항 본문에 따라 휴가청구권이 소멸된 경우에는 사용자는 그 사용하지 아니한 휴가에 대하여 보상할 의무가 없고, 같은 항 단서에 따른 사용자의 귀책사유에 해당하지 아니하는 것으로 본다(제61조 Ⅱ, 2020. 3. 31. 신설). 사용자의 조치로는 첫째, 최초 1년의 근로기간이 끝나기 3개월 전을 기준으로 10일 이내에 사용자가 근로자별로 사용하지 아니한 휴가 일수를 알려주고, 근로자가 그 사용 시기를 정하여 사용자에게 통보하도록 서면으로 촉구해야하며, 다만 사용자가 서면 촉구한 후 발생한 휴가에 대해서는 최초 1년의 근로기간이 끝나기 1개월 전을 기준으로 5일 이내에 촉구하여야 한다(제61조 Ⅱ ①). 둘째, 이러한 촉구에도 불구하고 근로자가 촉구를 받은 때부터 10일 이내에 사용하지 아니한 휴가의 전부 또는 일부의 사용 시기를 정하여 사용자에게 통보하지 아니하면 최초 1년의 근로기간이 끝나기 1개월 전까지 사용자가 사용하지 아니한 휴가의 사용 시기를 정하여 근로자에게 서면으로 통보하고, 위 첫째의 단서에 따라 촉구한 휴가에 대해서는 최초 1년의 근로기간이 끝나기 10일 전까지 서면으로 통보하여야 한다(제61조 Ⅱ ②). 이 조항은 계속하여 근로한 기간이 1년 미만인 근로자의 연차휴가제도가 임금보전의 수단으로 이용되는 것을 개선함으로써 근로자가 적극적으로 연차유급휴가를 사용하도록 하기 위하여 신설된 것이다. 같은 이유로 계속근로한 기간이 1년 미만인 근로자의 연차유급휴가는 최초 1년의 근로가 끝날 때까지 행사하지 아니하면 유급휴가권은 소멸되도록 하였다(제60조 Ⅶ).

휴가사용촉진조치를 하는 경우에도 근로자의 시기지정권과 사용자의 시기변경권은 인정되지만, 휴가사용촉진조치는 휴가사용기간이 얼마 남지 않은 상태에서 이루어지는 것이므로 동 권리의 행사도 제한을 받게 된다. 따라서 근로자가 사용자의 휴가시기 지정 촉구에 따라 휴가시기를 지정한 경우에는 원칙적으로 그 지정한 시기에 휴가를 사용해야 하며, 다른 시기에 시기지정권을 행사할 수 없다. 또한 근로자가 휴가시기를 지정하지 않아 사용자가 그 휴가시기를 지정한 경우에도 근로자는 원칙적으로 그 지정한 시기를 변경할 수 없다. 그러나 사용자의 승인이 있으면 시기를 변경할 수 있다. 사용자는 지정된 시기에 휴가를 사용할 수 있도록 해야 하지만 사업운영에 막대한 지장이 있는 때에는 휴가시기를 조정하여 지정할 수 있다.

사용자는 지정된 휴가일에 근로자가 출근한 경우 노무수령 거부의사를 명확히 표시하여야 하며, 명확한 노무수령 거부의사에도 불구하고 근로를 제공한 경우에는 연차휴가근로수당을 지급할 의무가 없다. 사용자가 노무수령 거부의사를 명확히 표시하지 않았거나 근로자에 대하여 업무지시 등을 하여 근로자가 근로를 제공한 경우에는 휴가

일 근로를 승낙한 것으로 보아야 하므로 연차휴가근로수당을 지급해야 할 것이다.[1)]

⑽ **유급휴가의 대체**

1996년 12월 31일 법 개정과 1997년 3월 13일 법 제정으로 「유급휴가의 대체」에 관한 제도가 도입되었다. 즉 근로기준법 제62조는 「사용자는 근로자대표와의 서면합의에 따라 제60조에 따른 연차유급휴가일을 갈음하여 특정한 근로일에 근로자를 휴무시킬 수 있다」고 규정하고 있다. 이것은 일본의 '계획연휴(일본 노동기준법 제39조 Ⅵ)'[2)]를 우리 나름대로 도입한 것이다. 이 제도는 연차휴가의 계획적 또는 연속적 시행을 촉진하는 것을 목적으로 하는 것으로 근로자가 시기지정권을 행사하여 연차휴가를 개별적으로 정하는 경우와는 달리 특정기간에 몰아서 또는 일정한 계획안에 따라 시행되는 제2의 휴가 시행 결정방법이라고 볼 수 있다. 이러한 제도는 명절 전후의 근로일을 연차휴가로 대체하거나 징검다리휴일에 몰아서 휴가를 주거나(사업장 전체의 일제 휴가 또는 부서별 휴가), 하계 또는 동계 휴가를 일정한 계획표에 따라 시행(개인별 또는 부서별 휴가)할 때 등에서 활용된다. 제62조에 규정된 「유급휴가의 대체제도」는 근로자대표와의 서면합의에 의하여 그 기업 또는 사업장 전체에 걸쳐 유급휴가일을 특정 근로일에 배정함으로써 근로자들을 휴무시킬 수 있도록 하는 일종의 집단적 성질을 가진 휴가실시제도이다. 이 제도는 해당 기업 또는 사업장의 운영계획과 관련해서 노동력의 수요·공급을 시기적으로 적절하게 조절하기 위한 경영합리화를 그 기본취지로 하여 도입된 것으로 판단된다. 다시 말하면 기업 또는 사업장에서 휴가사용이 효율적으로 활용되는 것을 촉진하고, 다른 한편 노동력의 낭비를 방지함으로써 기업이익에 이바지하면서 동시에 기업성과의 향상을 기하고자 하는 제도로 이해된다. 이 규정은 현대적 노동법이 일반적으로 지니고 있는 경영적·합리적 사고와 협력적 노사관계를 토대로 한 제도로서 이해될 수 있다.

이 제도를 시행하기 위해서는 그 요건으로서 근로자대표와의 서면합의가 충족되지 않으면 안 된다(근로자대표와의 서면합의의 의미에 관해서는 [53] 5. ⑶ b) 다음의 설명 참고). 근로자대표와의 서면합의에서는 각 경우에 따라 특정 근로일을 휴가일로 정하는 이유, 그 시기(일수), 부서 및 인원 등에 관한 사항이 그 내용이 되어야 할 것이다.[3)] 대체휴가일은 근로기준법 제62조 규정의 내용과 취지 및 휴일의 의의 등을 고려할 때 특정한 근로일에 주어야 하므로 휴일을 대체휴가일로 정할 수 없음은 당연한 일이다. 연차유급휴가일로 특정할 수 있는 날은 주휴일로서 법정유급휴일인 일요일 이외에 법정공휴일(근기법 제55조 Ⅱ; 시령 제30조 Ⅱ), 회사창립기념일 등 취업규칙 등으로 정한 휴무일 또는 약

1) 大判 2020. 2. 27, 2019 다 279283. 노동부, 「개정근로기준법 시행지침」, 2003. 12, 16-17면 참고.
2) 일본의 계획연휴에 관해서는 菅野, 「勞働法」, 540面 이하 참고.
3) 異見: 임종률, 「노동법」, 489면.

정휴일을 제외한 근무일 중에서 정해야 한다.[1]

문제가 되는 것은 이 제도와 개별근로자의 시기지정권이 충돌하는 경우이다. 이에 대하여는 유급휴가의 대체에 의하여 근로자의 시기지정권과 사용자의 시기변경권은 원칙적으로 행사할 수 없는 것으로 보아야 한다. 그 결과 해당 휴가일에 근로자의 노무제공의무는 소멸하고, 연차휴가수당청구권을 취득하게 된다. 근로자가 특별한 사정으로 시기지정권을 행사하는 때에는 이를 충분히 고려해야 할 것이다. 유급휴가의 대체에 관한 사용자와 근로자대표의 서면합의는 유급휴가일을 특정하는 효력을 가지므로 특별한 사정 없이 이에 반대하는 근로자에 대해서도 효력을 미친다고 보아야 한다.[2] 그러나 유급휴가의 대체를 시행하는 이유가 '사업의 막대한 지장(근기법 제60조 V단서 참조)을 막기 위한 것인 때에는 사용자에게 변경권이 인정되어야 할 것이다.

⑾ 휴가 및 휴가수당 등의 소멸

a) 근로기준법 제60조 1항·2항 및 4항에 따른 연차휴가를 1년간 행사하지 않거나, 계속하여 근로한 기간이 1년 미만인 근로자의 근로기준법 제60조 2항에 따른 유급휴가를 최초 1년의 근로가 끝날 때까지 행사하지 아니하면 소멸된다(근기법 제60조 Ⅶ 본문). 예컨대 2010년 4월 1일부터 2011년 3월 31일 현재까지 계속 근무하고 있는 근로자의 경우에 그 계속 근무한 기간에 대하여 발생한 연차유급휴가청구권은 2011년 4월 1일부터 2012년 3월 31일까지의 1년 사이에 행사되지 않으면 소멸한다. 다만, 사용자의 귀책사유로 연차휴가를 그 1년 동안에 사용하지 못한 경우에는 연차휴가를 사용할 수 없었던 기간만큼 휴가청구권의 행사기간은 연장된다(근기법 제60조 Ⅶ 단서).

b) 휴가청구권이 아닌 연차휴가수당,[3] 연차휴가환가금(제60조 4항에 따라 가산휴가를 포함한 총 휴가일수가 25일을 넘는 일수의 환가금) 등의 청구권은 3년간 행사하지 않으면 시효로 소멸한다(근기법 제49조).[4]

---

1) 大判 2019. 10. 18, 2018 다 239110.

2) 일본의 지배적 견해: 菅野, 「勞働法」, 541面; 下井, 「勞働基準法」, 35面; 土田, 「勞働契約法」, 389面; 荒木, 「勞働法」, 211面.

3) 연차휴가수당은 임금의 성질을 가지므로 근로기준법 제43조 1항이 적용되고 그 지급을 지체하면 동법 제109조가 적용된다(大判 2017. 7. 11, 2013 도 7896).

4) 연차휴가수당청구권의 소멸시효의 기산점은 연차유급휴가권을 취득한 날로부터 1년이 경과되어 그 휴가의 실시가 불가능한 것으로 확정된 바로 다음날이다(大判 1995. 6. 29, 94 다 18553 참고).

[55] Ⅸ. 근로시간 및 휴게·휴일의 적용제외

1. 대상사업과 근로자

a) 총 설 근로기준법 제63조는 동법 제4장과 제5장에서 정한 근로시간, 휴게와 휴일에 대한 규정들이 적용되지 않는 사업과 근로자를 정하고 있다. 적용되지 않는 규정에 관해서는 다음의 2. 적용 제외규정 참고.

1) 토지의 경작·개간, 식물의 식재(植栽)·재배·채취사업, 그 밖의 농림 사업
2) 동물의 사육, 수산 동식물의 채취·포획·양식 사업, 그 밖의 축산, 양잠, 수산 사업[1]
3) 감시(監視) 또는 단속적(斷續的)으로 근로에 종사하는 사람으로서 사용자가 고용노동부장관의 승인을 받은 자
4) 대통령령이 정한 업무에 종사하는 근로자(근기법 시령 제34조 참조)

이와 같은 사업에 종사하는 근로자들의 출근·퇴근시간은 엄격하게 정해질 수 없을 뿐만 아니라, 연장근로에 대하여도 가산임금이 엄밀하게 산정되기 어려우므로 그 직무에 대하여 특별수당이 지급되는 것이 일반적 현실이다. 즉, 위의 사업과 근로자에 대해서는 근로시간규제에 관한 근로기준법상의 제규정을 제대로 시행하는 데에는 많은 난점이 수반된다. 제63조 1호 및 2호는 해당 사업을, 3호 및 4호는 해당 근로자를 근로기준법 적용제외 대상으로 규정하고 있다.

b) 1호 및 2호의 경우 제63조 1호 및 2호가 정하고 있는 사업은 토지경작·개간, 동·식물 등을 자연상태에서 생육하거나 채취·포획·재배사업 등 1차산업에 속하는 것이므로 여기서 종사하는 근로자의 업무는 기상이나 계절 등 자연조건의 영향을 받는다. 그러므로 일반적인 제조업이나 사무직업무에서와 같이 근로시간과 휴식을 일정하게 정하여 근무하는 방식이 가능하지 않다. 동조 1호 및 2호에 속하는 사업에서는 사업을 단위로 근로기준법의 적용제외가 인정되므로 해당 사업에 속하지 않는 사업장에서 근무하는 다른 업종 또는 직종의 근로자에 대해서 동조항은 적용되지 않는다. 다만, 해당 사업에서 다른 업무에 종사하고 있다 하여 그 일부 근로자에 대해서만 동조항의 적용을 배제할 수 없다는 것이 행정해석의 태도이다.[2]

---

1) 대법원(大判 1965. 11. 30, 65 다 1593)은 천일염제조업이 수산사업에 해당하므로 시간외수당을 지급하지 않아도 된다고 판시하고 있다(大判 1965. 7. 27, 65 다 970 참고).
2) 2002. 5. 21. 근기 68207-2012; 2004. 9. 23. 근로기준과-3204.

판례는 근로기준법의 규정(근로시간, 휴게와 휴일에 관한 규정을 적용하지 않는다는 규정)에도 불구하고 사용자가 취업규칙 등으로 초과 근로에 관하여 통상임금(예컨대 1일 8시간에 대한 임금) 외에 가산임금 등을 지급하기로 하는 취지의 규정을 둔 경우에 그에 따라 초과 근로에 대한 수당 등을 지급하기로 한 것으로 보아야 한다고 한다.[1)]

c) 3호의 경우 i) 우선 「감시적 근로」란 원칙적으로 일정부서에서 감시하는 것을 본래의 업무로 하며 상태(常態)적으로 그리고 정신적·육체적으로 피로가 적은 업무를 의미한다.[2)] 구체적으로, 경비업무, 화재·수로 등의 감시, 물품 감시, 계수기 감시 등과 같이 심신의 피로가 적으면서 유해·위험작업이 아닌 업무가 감시적 근로에 속한다.[3)] 예컨대 보안직 사원,[4)] 아파트 경비원,[5)] 청원경찰[6)]의 업무 역시 감시적 근로에 해당한다. ii) 단속적 근로(斷續的 勤勞)란 원칙적으로 근로의 형태가 간헐적·단속적인 것으로서 휴게시간 또는 대기시간이 많은 것을 말하며,[7)] 예컨대 평소의 업무는 한가하지만 기계고장수리 등 돌발적인 사고의 발생에 대비하여 대기하는 업무, 실근로시간이 대기시간의 절반 이하 정도인 업무로서 8시간 이내인 경우, 대기시간에 근로자가 자유로이 이용할 수 있는 수면 또는 휴게시설이 확보되어 있는 경우 등으로 유해·위험작업이 아닌 것을 의미한다.[8)] 사용자가 이와 같은 업무에 종사하는 근로자에 대해서 근로시간에 관한 제반규정을 적용하지 않으려면 고용노동부장관에게 승인신청을 얻어야 한다. 사용자의 자의적 판단에 따라 근로기준법상의 보호를 받지 못하는 근로자가 발생하지 않도록 하기 위해서이다.[9)] 고용노동부장관의 승인 없이는 적용제외가 인정될 수 없다. 고용노동부장관에게 승인신청을 하는 경우에 별도로 노동조합 또는 해당 근로자의 동의를

1) 大判 1990. 11. 27, 89 다카 15939(근기법 제63조 2호와 관련하여); 大判 2009. 12. 10, 2009 다 51158(근기법 제63조 1호와 관련하여).
2) 大判 1993. 7. 27, 92 다 46462; 大判 1999. 5. 28, 99 다 2881(사용자가 법 규정의 적용 제외에 대한 승인을 받은 이상 근로자에게 근로기준법 또는 취업규칙의 근로시간 및 휴일근로에 관한 규정들을 적용할 수 없다) 등. 근로기준법 시행규칙 제10조 2항 참조.
3) 1979. 5. 4, 법무 811-10511.
4) 大判 1996. 11. 22, 96 다 30571 등.
5) 大判 1995. 12. 22, 95 다 39618; 大判 2002. 6. 14, 2002 다 16958 등.
6) 大判 1997. 4. 25, 95 다 4056 등.
7) 근로기준법 시행규칙 제10조 3항 참조.
8) 1980. 6. 20, 법무 811-14769; 1954. 5. 2, 사로 제37호; 1988. 3. 4, 근기 01254-3286; 1989. 5. 10, 중앙 32600-1391; 下井, 「勞働基準法」, 310面; 厚生勞働省 勞働基準局 編, 「勞働基準法(上)」, 607面 이하 참고.
9) 또한 노동부훈령 607호(2005. 12. 1) 근로감독관 업무규정 제49조에서는 감시적 근로와 단속적 근로에 대한 제외 승인 기준을 자세히 정하고 있다. 법적 문제점에 관해서는 김재훈, '근로시간관련규정의 적용특례·배제조항에 대한 법적고찰', 「노동법의 쟁점과 과제」, 2000, 166면.

요하지 않는다는 것이 판례의 태도이다.[1]

d) 4호의 경우　동조 4호의 규정에 의한 '대통령령으로 정하는 업무'에 종사하는 근로자란 '사업의 종류에 관계없이 관리·감독 업무 또는 기밀을 취급하는 업무'(근기법 시령 제34조)를 말한다. 관리·감독 업무에 종사하는 근로자란 예컨대 근로조건의 결정 기타 노무관리(지휘·감독권한, 인사권한 등을 가지면서)에 있어서 경영자와 일체적 지위에 있고 출근·퇴근 등에 있어서 엄격한 제한을 받지 않으면서 보통의 직무수당을 받는 자를 말하고, 기밀을 취급하는 업무에 종사하는 근로자란 비서와 같이 그 직무가 경영자 또는 관리의 지위에 있는 자의 활동과 불가분하게 이루어짐으로써 출근·퇴근 등에 있어서 엄격한 제한을 받지 않는 사람을 말한다.[2] 이와 같이 관리·감독 업무 또는 기밀취급 업무에 종사하는 근로자는 그 직무의 성질상 일반 근로자와는 달리 근무와 출·퇴근상의 재량을 가지므로 엄격한 근로시간 규제에 관한 근로기준법상의 보호를 받지 않더라도 그들에 대하여 법적 보호의 소홀함이 발생하지 않는다는 것(적용제외의 보호적합성)이 동 규정의 기본 취지이다.[3] 판례는 회사의 감독이나 관리의 지위에 있는 자로서 기업경영자와 일체를 이루는 입장에 있고 자기의 근무시간에 대한 자유재량권을 가지고 있어서 근로기준법 제63조 4호에 해당하는 자는 시간외 근무나 휴일근무에 대하여 통상임금 상당의 근무수당을 지급받을 수 없다고 판시하고 있다.[4]

2. 적용제외규정

제63조의 적용으로 근로시간·휴게와 휴일에 관한 동법 제50조 1항, 제54조, 제55조, 제59조가 적용되지 않으며, 제53조 1항 및 3항, 제56조 중 연장근로시간 및 휴일근로에 관한 부분[5]과 제69조와 제71조도 그 적용이 제외된다. 그러나 야간근로는 근로시간과는 구별하여 사용되는 개념이므로 동법 제63조에서 말하는 「근로시간·휴게와 휴일에 관한 규정」 속에는 제56조의 규정 중에서 야간근로에 관한 부분과 제70조(여성과 연소자에 대한 야간근로 및 휴일근로 제한)의 규정이 포함되지 않는다고 해석해야 한다.[6] 제

1) 大判 1999. 5. 28, 99 다 2881; 2001. 10. 25, 근기 68207-3297.
2) 1965. 10. 27, 노정근 1455-4180; 1984. 4. 7, 근기 1451-9133; 1985. 11. 1, 근기 01254-19876; 1986. 6. 13, 근기 01254-9609; 1989. 4. 6, 근기 01254-5592. 土田, 「勞働契約法」, 367面 이하, 370面 참고.
3) 土田, 「勞働契約法」, 367面 참고.
4) 大判 1997. 7. 11, 96 다 45399; 大判 1989. 2. 28, 88 다카 2974.
5) 大判 1996. 12. 23, 96 다 39042; 大判 1997. 7. 11, 96 다 45399.
6) 同旨: 심태식, 「개론」, 376면; 서울民地判 1991. 5. 2, 89 가합 60616; 1983. 11. 11, 근기 1451-28034; 1984. 8. 1, 근기 1451-16633; 1986. 4. 1, 근기 01254-5549.

도상의 취지를 달리하는 휴가에 관련된 규정으로서 연차유급휴가에 관한 제60조, 생리휴가에 관한 제73조, 산전후휴가에 관한 제74조 및 육아 시간에 관한 제75조 등도 그 적용이 배제되지 않는다.[1] 근로기준법에 속하지 않는 산업안전보건법상의 규정(제139조)과 남녀고용평등법상의 규정(제18조의2, 제19조, 제19조의2)도 적용이 배제되지 않는다.

[56] X. 여성과 연소자의 보호

1. 의의와 경향

근로기준법 제5장(제64조 내지 제75조)은 여성과 연소자에 대한 특별보호에 관해서 규정하고 있다. 이는 헌법 제32조 4항과 5항에 명시된 여성과 연소자의 근로에 대한 특별보호를 기초로 그 내용을 구체화한 것이다.

그러나 오늘날 여성근로자의 특별보호에 대해서는 커다란 변화가 일고 있다. 즉, 여성의 특별보호에 대한 완화·축소라는 정책방향의 전환이 이루어지고 있는 것이다.[2] 노동력부족과 기술혁신 등으로 직장환경과 노동형태가 변화함에 따라 여성근로자들의 직업진출이 증가하게 되자, 여성에 대한 특별보호는 「과(過)」보호가 되거나, 남녀의 취업기회의 균등과 대우의 평등에 있어서 오히려 장애가 되는 경우가 생기게 되었다. 따라서 합리적 이유가 없는 특별보호는 완화되거나 축소되어 가는 추세에 있으며, 여성에 대한 보호규정의 내용은 모성기능 등 남녀의 생리적 차이에서 오는 필요범위로 제한·집중되고 있다. 우리나라에서도 2001년 8월 14일의 근로기준법개정(평등촉진과 보호의 완화(폐지)라는 측면에서 2001년의 근로기준법개정은 남녀고용평등법개정과 함께 이루어졌다)에서 여성근로자에 대한 특별보호규정 중 모성보호를 제외한 일반적 보호규정을 완화하였다.[3] 그 대상이 된 것은 시간외근로의 제한 그리고 야간·휴일근로의 원칙금지규정이었다.

그러나 여성보호규정의 완화는 반드시 규제완화라는 의미로만 이해할 것은 아니다. 왜냐하면 여성에 대한 특별한 보호를 완화한다고 하는 것 자체는, 남녀평등의 이념에서 본다면 당연한 요청이며 남녀에게 공통된 일반적인 법제도를 적용하는 것이 현실적으로

---

1) 1989. 7. 12, 근기 01254-10415.

2) 일본에서도 1997년에 勞働基準法 개정으로 여성근로자의 보호규정중 모성보호 이외의 규정은 기본적으로 폐지되었고, 이에 맞추어 男女雇用機會均等法이 남녀의 균등대우라는 방향으로 크게 개정되었다(일본의 여성근로자법제와 규제완화에 대해서는 萬井隆令·脇田滋·伍賀一道, 「規制緩和と勞働者·勞働法制」, 2001, 308面 이하; 土田, 「勞働契約法」, 757面 이하 참고).

3) 여성근로자에 대한 차별처우금지규정은 남녀차별금지의 일반규정 형태로 근로기준법과 남녀고용평등법에서 개정되었다.

필요하기 때문이다. 더욱이 우리나라에서는 현재 이러한 문제가 남녀고용평등법의 개정과 불가분의 관계에서 다루어지고 있다는 점에 유의하지 않으면 안 된다. 따라서 최근의 여성근로법제의 개정에서는 이러한 변화를 단순한 규제완화에서가 아니라 「규제완화(Deregulierung)와 새로운 규제(Re-Regulierung)」로 볼 수 있을 것이다. 즉, 근로기준법상의 여성보호규정이 완화되는 한편 남녀고용평등법상의 육아휴직·산전산후휴가규정 및 근로기준법상의 산전산후휴가규정(임산부의 보호)의 개정 등은 오히려 보호의 강화로 이해될 수 있기 때문이다.

2. 여성과 연소자에 대한 공통적 보호 — 획일적 규제로부터 모성보호와 직결된 적극입법으로 —

구 근로기준법에는 여성과 연소자에 대한 공통된 보호규정으로서 야간·휴일근로의 금지, 유해·위험사업에서의 사용금지, 갱내근로의 금지규정이 있었다. 그러나 현행 근로기준법에는 위에서 본 바와 같이 여성에 대한 보호규정은 모성보호에 치중되어 있다. 결과적으로 야간·휴일근로금지 및 유해·위험사업에서의 사용금지규정을 완화하면서 모성보호와 관련된 부분(임신·출산과 관련된 여성보호 부문)은 규제하고 일반여성에 대해서는 해당 규제를 폐지하였다.

(1) 야간·휴일근로의 규정

a) 기본원칙 구 근로기준법 제68조에서는 「사용자는 … 여성과 18세 미만자에 대해서는 야간근로와 휴일근로에 종사키지 못한다」고 규정함으로써 획일적으로 여성과 연소근로자에 대한 야간근로 및 휴일근로를 금지하였다. 그러나 현행근로기준법에서는 임산부 이외의 18세 이상의 일반 여성근로자에 대해서는 당해 근로자 본인의 동의가 있을 때에는 사용자는 야간근로 및 휴일근로를 시킬 수 있도록 하였다(근기법 제70조 Ⅰ). 따라서 일반여성근로자에게는 야간·휴일근로가 원칙적으로 허용되고 있다.[1)]

b) 야간근로 및 휴일근로 금지의 범위 사용자는 임산부와 18세 미만자(남녀를 구별하지 않음)를 야간(오후 10시부터 오전 6시까지) 및 휴일에 근로시키지 못한다. 다만, ⅰ) 18세 미만자의 동의가 있는 경우, ⅱ) 산후 1년이 지나지 아니한 여성의 동의가 있는 경우, ⅲ) 임신중의 여성이 명시적으로 청구하는 경우로서 고용노동부장관의 인가를 얻은

1) 야간·휴일근로의 전제조건으로서의 당해 여성근로자의 동의는 실질적으로 연장근로에서의 일반성인근로자의 동의(근기법 제53조 Ⅰ)와 차이가 없다. 특히 근로자의 동의를 통한 연장근로의 규제나 당해 여성근로자의 동의를 통한 휴일·야간근로의 규제는 결과적으로 근로기준법 제56조의 가산임금의 부과를 통해서 사용자에게 경제적 압력을 가함으로써 이들을 규제한다는 취지에서는 다를 바가 없다.

경우에는 야간 및 휴일근로를 하게 할 수 있다(근기법 제70조 Ⅱ).

(2) 유해·위험「사업」에 대한 사용규제

구 근로기준법 제63조는「여자와 18세 미만자는 도덕상 또는 보건상 유해·위험한 사업에 사용하지 못한다. 다만, 금지직종은 대통령령으로써 정한다」고 규정하고 있었다. 이 규정의 취지는 신체적으로 약한 여성근로자나 업무능력이 미숙하고 경험이 부족한 근로자를 도덕상 또는 보건상 유해·위험하다고 인정되는 업무에 종사시키는 것을 금지하여 이들의 신체·건강상의 안전 및 도덕성을 보호하는데 있다. 그러나 현대산업사회에서는 산업안전제도와 장치의 발달·보급으로 사고위험이 현저히 감소되었으며 여성의 취업능력과 의욕도 향상되었으므로 오히려 동조에 따른 광범위한 사용금지직종의 지정은 여성의 취업기회를 제한하는 결과를 초래할 수 있다. 따라서 현행근로기준법은 모성보호와 직접 관련된 여성근로자만을 보호하는 방향을 취하면서 다음과 같이 규정하고 있다.「사용자는 임신중이거나 산후 1년이 지나지 아니한 여성(이하 "임산부"라 한다)과 18세 미만자를 도덕상 또는 보건상 유해·위험한 사업에 사용하지 못한다(근기법 제65조 Ⅰ, 시령 제40조 별표 4). 사용자는 임산부가 아닌 18세 이상의 여성을 1항의 규정에 따른 보건상 유해·위험한 사업 중 임신 또는 출산에 관한 기능에 유해·위험한 사업에 사용하지 못한다(동법 제65조 Ⅱ)」(임산부 등의 사용금지직종: 시령 제40조 [별표 4] 참조). 임산부가 아닌 18세 이상의 일반 여성근로자이더라도 임신 또는 출산에 관한 기능에 유해·위험한 영향을 줄 수 있을 때에는 그러한 사업에 사용하지 못하도록 하여 사전에 모성(母性)을 보호하고 있다.

(3) 갱내근로의 규제

구 근로기준법 제70조에서는「사용자는 여자근로자와 18세 미만인 자를 갱내에서 근로시키지 못한다」고 규정하여 이들에 대해서 갱내근로를 예외 없이 전면적으로 금지하고 있었다. 그러나 현행 근로기준법은「사용자는 여성과 18세 미만인 사람을 갱내(坑內)에서 근로시키지 못한다. 다만, 보건·의료, 보도·취재 등 대통령령으로 정하는 업무를 수행하기 위하여 일시적으로 필요한 경우에는 그러하지 아니하다」(제72조; 시령 제42조)고 규정하여 일정한 범위 내에서는 일시적으로 갱내근로를 허용함으로써 갱내근로에 대해서도 규제를 완화하였다.[1)]

(4) 탄력적 근로시간제의 적용제외

15세 이상 18세 미만의 근로자와 임신중인 여성근로자에 대해서는 탄력적 근로시

1) 일시적으로 갱내에서 근로시킬 수 있는 업무(시령 제42조): 1) 보건, 의료 또는 복지 업무, 2) 신문·출판·방송프로그램 제작 등을 위한 보도·취재 업무, 3) 학술연구를 위한 조사 업무, 4) 관리·감독 업무, 5) 제1호부터 제4호까지의 규정의 업무와 관련된 분야에서 하는 실습 업무.

간제를 적용하지 않는다(근기법 제51조 Ⅲ).

3. 연소자에 대한 특별보호

⑴ 최저취업연령의 제한과 연소자증명서의 비치

근로기준법 제64조 1항은 「15세 미만인 사람(「초·중등교육법」에 따른 중학교에 재학중인 18세 미만인 사람을 포함한다)은 근로자로 사용하지 못한다. 다만, 대통령령으로 정하는 기준에 따라 고용노동부장관이 발급한 취직인허증(就職認許證)을 지닌 사람은 근로자로 사용할 수 있다」라고 하여 최저취업연령을 규정하고 있다. 동 단서규정에 따른 시행령(제35조 Ⅰ)에 의하여 취직인허증 발급대상연령을 13세 이상 15세 미만인 자로 하고 있다. 다만, 예술공연 참가를 위한 경우에는 13세 미만이더라도 취직인허증을 받을 수 있다(시령 제35조 Ⅰ 단서). 취직인허증은 본인의 신청에 따라 의무교육에 지장이 없는 경우에 직종(職種)을 지정하여서만 발행할 수 있다(제64조 Ⅱ). 고용노동부장관은 거짓이나 부정한 방법으로 취직인허증을 받은 사람에게는 그 인허를 취소하여야 한다(동조 Ⅲ)(취직인허증의 신청절차, 교부 및 비치: 시령 제35조 Ⅱ, Ⅲ; 제36조 참조).

또한 근로기준법 제66조는 「사용자는 18세 미만자에 대하여는 그 연령을 증명하는 가족관계기록사항에 관한 증명서와 친권자 또는 후견인의 동의서를 사업장에 갖추어 두어야 한다」고 규정함으로써 연소자의 취업을 감독하고 있다.

⑵ 미성년자의 근로계약과 임금청구

[39] 4의 상세한 설명 참고.

⑶ 연소자의 근로시간의 특례

근로기준법 제69조는 「15세 이상 18세 미만인 사람의 근로시간은 1일에 7시간, 1주에 35시간을 초과하지 못한다. 다만, 당사자 사이의 합의에 따라 1일에 1시간, 1주에 5시간을 한도로 연장할 수 있다」고 규정하고 있다(개정 근기법 제69조; 벌칙 제110조 ①). 연소근로자는 성인근로자와는 달리 신체적·정신적으로 아직 성장과정에 있으므로 근로시간의 규제를 통하여 건강의 유지와 건전한 성장을 보장받지 않으면 안 된다. 따라서 동조는 연소근로자에 대한 특별보호규정의 하나로서 근로시간에 대한 특례를 정한 것이다.

⑷ 선택적 근로시간제의 적용제외

15세 이상 18세 미만의 근로자에게는 선택적 근로시간제를 적용하지 않는다(제52조 ①).

4. 여성에 대한 특별보호

(1) 생리휴가의 보장

근로기준법 제73조는 「사용자는 여성 근로자가 청구하면 월 1일의 생리휴가를 주어야 한다」고 규정하고 있다. 동 규정은 2003년 9월에 개정된 것인데, 개정 전에는 근로자의 청구와 관계없이 월 1일의 유급생리휴가를 주도록 하였다. 일본에서는 생리일에 근로하는 것이 현저하게 곤란한 여성이 휴가를 청구한 경우에 사용자는 그 근로자를 근로하게 하여서는 아니된다고 규정하고 있다(일본 노동기준법 제68조).

현행 규정에 의하여 근로자의 청구가 있으면 사용자에게 1일의 생리(무급)휴가를 줄 의무가 발생한다. 근로자는 생리기간중의 특정일을 정해서 그 전에 청구해야 한다.[1)] 생리휴가는 무급이다. 생리휴가를 청구한 날에 근로자가 출근하여 근로를 하더라도 가산임금이 지급되지 않는다고 해석된다.[2)] 이 경우에는 생리휴가를 반납 또는 생리휴가권을 포기한 것으로 보는 것이 신의칙(금반언의 원칙)에 합당할 것이다.

생리가 없는 자(예컨대 고령인 자) 또는 중단되고 있는 자에게는 생리휴가청구권이 주어지지 않는다.[3)] 지정한 휴가일이 생리휴가일에 해당한다는 사실과 생리유무 자체의 증명책임은 구법하에서와는 달리 근로자가 이를 증명해야 할 것이다. 개정된 법률에 의하면 생리휴가권은 청구에 의하여 취득되는 권리이므로 그 발생요건(적극적요건)은 생리휴가권을 주장하는 근로자가 증명해야 하기 때문이다.[4)] 구법에서는 법률의 규정에 의하여 월 1일의 유급생리휴가를 주어야 할 사용자의 의무가 확정되어 있었으므로 사용자가 근로자의 휴가를 거부하려면 더 이상 생리를 하지 않는다는 사실(소극적 요건: 권리장애사유, 권리소멸사유)을 증명해야 했지만, 현행법은 근로자의 생리휴가권은 근로자의 청구에 의하여 발생하므로 근로자가 청구의 기초가 되는 사실을 증명해야 할 것이다.[5)]

(2) 출산전후휴가와 임산부의 보호

a) 출산전후휴가기간의 확대 근로기준법 제74조 1항은 「사용자는 임신 중의

1) 단체협약에 여자근로자에게 월 1일의 생리유급휴가를 주어야 하고, 월 중 1일 결근은 생리유급휴가로 대체하여 결근으로 간주하지 아니한다고 규정되어 있는 경우, 여자근로자가 3일 연속 결근 후 생리휴가관계에 대하여 아무런 언급이 없었다면 이는 모두 무단결근에 해당한다고 본 사례(大判 1991. 3. 27, 90 다 15631).

2) 다른 (유급)휴가제도와 마찬가지로 생리휴가일에 여성근로자가 근로를 하더라도 반드시 또는 당연히 가산임금(제56조)을 지급하여야 하는 것은 아니다(大判 1989. 2. 28, 86 다카 2567; 大判 1990. 12. 26, 90 다카 12493; 大判 1991. 6. 28, 90 다카 14758 참고). 同旨: 土田, 「勞働契約法」, 759面 참고.

3) 서울地判 1993. 5. 7, 92 나 27668 참고.

4) 오석락, 「입증책임론」, 2002, 50면 이하 참고.

5) 異見: 임종률, 「노동법」, 628면.

여성에게 출산 전과 출산 후를 통하여 90일, 한번에 둘 이상 자녀를 임신한 경우에는 120일의 출산전후휴가를 주어야 한다. 이 경우 휴가기간의 배정은 출산 후에 45일, 한 번에 둘 이상 자녀를 임신한 경우에는 60일 이상이 되어야 한다」고 규정하고 있다. 그리고 동조 2항은 「사용자는 임신 중인 여성 근로자가 유산의 경험 등 대통령령(시령 제43조 Ⅰ)으로 정하는 사유로 제1항의 휴가를 청구하는 경우 출산 전 어느 때라도 휴가를 나누어 사용할 수 있도록 하여야 한다. 이 경우 출산 후의 휴가 기간은 연속하여 45일(한 번에 둘 이상 임신한 경우에는 60일) 이상이 되어야 한다」고 규정하고 있다. 또한 「사용자는 임신중인 여성이 유산 또는 사산한 경우로서 그 근로자가 청구하면 대통령령(시령 제43조 Ⅱ)으로 정하는 바에 따라 유산·사산 휴가를 주어야 한다. 다만, 인공임신중절수술(모자보건법 제14조 Ⅰ의 규정에 의한 경우는 제외한다)에 의한 유산의 경우는 그러하지 아니하다(근기법 제74조 Ⅲ)」고 규정하고 있다. 구 근로기준법에서는 산전후에 걸쳐 60일, 한 번에 둘 이상 자녀를 임신한 경우에는 75일 이상의 유급보호휴가를 주도록 하고 산후에 30일 이상이 확보되도록 하였으나, 현행 근로기준법에서는 ILO협약[1] 등 국제적인 입법추세를 반영하여 휴가기간을 90일, 한 번에 둘 이상 자녀를 임신한 경우에는 120일로 확대하였다(2014. 7. 1 시행). 그리고 동조 「1항부터 3항까지의 규정에 따른 휴가 중 최초 60일(한 번에 둘 이상 자녀를 임신한 경우에는 75일)은 유급으로 한다. 다만, 남녀고용평등법 제18조에 따라 출산전후휴가급여 등이 지급된 경우에는 그 금액의 한도에서 지급의 책임을 면한다」(근기법 제74조 Ⅳ). 남녀고용평등법 제18조에 따르면 국가는 근로기준법 제74조의 규정에 의한 출산전후휴가 또는 유산·사산 휴가를 사용한 근로자 중 일정한 요건에 해당하는 자에게 그 휴가기간에 대하여 통상임금에 상당하는 금액(이하 '출산전후휴가급여 등'이라 한다)을 지급할 수 있다(남녀고평법 제18조 Ⅰ). 그리고 남녀고용평등법 제18조 1항의 규정에 따라 지급된 출산전후휴가급여 등은 그 금액의 한도 안에서 사업주가 지급한 것으로 본다(근기법 제74조 Ⅳ). 이러한 1항의 출산전후휴가급여 등을 지급하기 위하여 필요한 비용은 국가재정이나 「사회보장기본법」에 의한 사회보험에서 분담할 수 있는데, 이에 대해서는 고용보험법 제75조, 제76조에 자세히 규정하고 있다(자세한 것은 [139] 4. (4) 참고).[2] 즉, 원칙적으로 휴가급여는 사용자가 최초 60일(다태아 임신의 경우 75일)에 대하여 통상임금을 지급하고, 국가가 나머지 30일을 부담한다. 국가

1) ILO의 「모성보호에 관한 협약」(제103호, 1952년 제정) 제3조에서는 「부인의 출산휴가의 기간을 적어도 12주간으로 하며, 산후의 강제휴가의 기간은 어떠한 경우에도 6주 미만이 되어서는 안 되며, 산전휴가는 출산예정일과 실제의 출산일과의 사이에 경과한 기간만큼 연장하여야 하며, 이로 인하여 산후의 강제휴가기간이 감소되어서는 안 된다」고 규정하고 있다.

2) 또한 김형배·박지순, 「노동법강의」(제10판), 2021, 363면 참고.

가 부담하는 휴가급여는 고용보험에서 부담한다(남녀고평법 제18조 및 고보법 제75조). 고용보험에서 부담하는 휴가급여는 통상임금으로 하되, 구체적인 지급기간과 지급액은 별도로 규정하고 있다(고보법 제76조 참조).

b) 난임치료휴가의 보장 사용자는 근로자가 인공수정 또는 체외수정 등 난임치료를 받기 위하여 휴가(난임치료휴가)를 청구하는 경우에 연간 3일 이내의 휴가를 주어야 하며, 이 경우 최초 1일은 유급으로 한다. 다만, 근로자가 청구한 시기에 휴가를 주는 것이 정상적인 사업 운영에 중대한 지장을 초래하는 경우에는 근로자와 협의하여 그 시기를 변경할 수 있다(남녀고평법 제18조의3 Ⅰ). 사용자는 난임치료휴가를 이유로 해당 근로자에게 해고, 징계 등 불리한 처우를 하여서는 아니 된다(남녀고평법 제18조의3 Ⅱ)(2017. 11. 28 신설, 2018. 5. 29 시행).

c) 임신중 사무의 전환 및 시간외근로의 금지 근로기준법 제74조 5항은 「사용자는 임신중의 여성 근로자에게 시간외근로를 하게 하여서는 아니 되며, 그 근로자의 요구가 있는 경우에는 쉬운 종류의 근로로 전환하여야 한다」고 규정하고 있다. 또한 근로기준법 제51조 1항과 2항의 탄력적 근로시간제는 임신중인 여성근로자에 대하여는 실시할 수 없다(근기법 제51조 Ⅲ).

d) 태아검진시간의 허용 사용자는 임신한 여성근로자가 「모자보건법」 제10조에 따른 임산부 정기건강진단을 받는 데 필요한 시간을 청구하는 경우 이를 허용해 주어야 한다(근기법 제74조의2 Ⅰ). 사용자는 건강진단 시간을 이유로 임금을 삭감해서는 아니 된다(동조 Ⅱ).

e) 동일업무에의 복귀 근로기준법 제74조 6항은 「사업주는 1항에 따른 출산전후휴가 종료 후에는 휴가 전과 동일한 업무 또는 동등한 수준의 임금을 지급하는 직무에 복귀시켜야 한다」고 규정하고 있다. 임산부에게 출산전후휴가로 인한 불이익이 발생하지 않도록 하기 위한 규정이다. 그러나 임산부인 근로자에게 휴가 전에 그가 근무했던 부서의 그 자리에 복귀시켜 줄 것을 요구할 수 있는 권리가 보장되는 것은 아니라고 해석된다.

f) 근로시간 단축 근로기준법 제74조 7항은 「사용자는 임신 후 12주 이내 또는 36주 이후에 있는 여성 근로자가 1일 2시간의 근로시간 단축을 신청하는 경우 이를 허용하여야 한다. 다만, 1일 근로시간이 8시간 미만인 근로자에 대하여는 1일 근로시간이 6시간이 되도록 근로시간 단축을 허용할 수 있다」(신설 2014. 1. 21. 벌칙 제116조 Ⅰ ②). 또한 같은 조 8항은 「사용자는 제7항에 따른 근로시간 단축을 이유로 해당 근로자의 임금을 삭감하여서는 아니 된다」(벌칙 제116조 Ⅰ ②)고 규정하고 있다. 제7항에 따른 근로

시간 단축의 신청방법 및 절차 등에 필요한 사항은 대통령령으로 정한다(동조 Ⅸ, 시령 제43조의2).

g) 해고제한 사용자는 산전(産前)·산후(産後)의 여성이 근로기준법에 따라 휴업한 기간과 그 후 30일 동안은 해고하지 못한다(근기법 제23조 Ⅱ 본문 후단).

⑶ 육아시간

근로기준법 제75조는 「생후 1년 미만의 유아(乳兒)를 가진 여성 근로자가 청구하면 1일 2회 각각 30분 이상의 유급 수유(授乳) 시간을 주어야 한다」고 규정하고 있다. 이 규정에서 「유아」란 여성근로자가 출산한 자이든, 또는 자기가 출산한 자가 아니든 이를 불문한다.[1] 또한 육아시간을 청구할 수 있는 여성근로자는 기혼·미혼을 불문하고, 수유시간은 반드시 수유만의 시간을 의미하는 것이 아니라 여성근로자가 유아에 대한 수유 기타 유아를 보살피는 데 필요한 시간을 말한다. 수유시간은 유급이므로 임금을 지급해야 한다(벌칙 제110조 ①). 1일의 근로시간이 4시간 미만이면 1회의 수유 시간 부여로 충분한 것으로 해석된다.[2]

⑷ 시간외근로에 대한 규제완화

구 근로기준법 제69조는 18세 이상의 모든 여성근로자에 대해서 단체협약이 있는 경우라도 1일에 2시간, 1주일에 6시간, 1년에 150시간을 초과하는 시간외근로를 시킬 수 없도록 규정하고 있었다. 그러나 현행 근로기준법 제71조는 「사용자는 산후 1년이 지나지 아니한 여성에 대하여는 단체협약이 있는 경우라도 1일에 2시간, 1주에 6시간, 1년에 150시간을 초과하는 시간외근로를 시키지 못한다」고 규정함으로써 규제의 범위를 모성보호에 한정하였다(벌칙 제110조 ①). 이는 객관적 타당성이 없는 여성특별보호규정을 완화한 것으로 판단된다. 따라서 이 규정은 모성보호와 직결된 최소한의 시간외근로를 규제한 것이라고 해석된다. 현행법에 의하면 18세 이상의 여성근로자의 시간외근로에 대해서는 남성근로자와 동일하게 근로기준법 제53조가 적용된다. 근로기준법 제53조 3항에 따른 인가연장근로를 산후 1년이 지나지 않은 여성근로자에게도 적용할 수 있는지에 관해서는 견해의 대립[3]이 있으나, 제71조의 규정 범위 내에서는 그 적용이 가능하다고 판단된다.

1) 同旨: 심태식, 「해설」, 229면; 박상필, 「해설」, 357면.
2) 이병태, 「노동법」, 867면.
3) 부정하는 견해: 이병태, 「노동법」, 858면.

5. 일과 가정의 양립지원

⑴ 총 설

일과 가정의 양립이 가능하도록 근로자를 지원하는 것은 여성근로자에만 국한되는 것은 아니다. 하지만 원래의 남녀고용평등법은 여성근로자가 직장활동을 하면서 가사를 함께 돌볼 수 있도록 지원하는 취지에서 마련된 것이다. 즉, 이 법은 아이를 출산하였거나 육아를 해야 할 여성근로자가 가정일을 하면서 직장활동을 유지할 수 있도록 지원하는 것을 그 골자로 하고 있다.[1] 이와 같은 지원은 여성근로자에 대한 사업주의 의무로서의 지원 이외에 재량 또는 협의를 통한 지원과 노력의무 형태로서의 지원으로 다양하게 규정되어 있다. 또한 국가, 지방자치단체, 고용노동부장관에 의한 여러가지 지원과 협력이 규정되어 있다. 이곳에서는 출산과 육아에 관련된 지원에 관해서만 언급한다(남녀고평법 제3장 모성보호(제18조 이하) 및 제3장의2 일 가정의 양립지원(제19조 이하)).

⑵ 배우자 출산휴가

사업주는 근로자가 배우자의 출산을 이유로 휴가를 청구하는 경우에는 10일의 휴가를 주어야 한다. 이 경우 사용한 휴가기간은 유급으로 한다(제18조의2 Ⅰ). 다만, 사용자가 출산전후휴가급여등을 지급한 경우에는 그 금액의 한도에서 배우자에 대한 출산휴가급여 지급의무가 면제된다(제18조의2 Ⅱ). 휴가신청을 하려면 근로자의 배우자가 출산한 날부터 90일이 지나기 전에 해야 한다(제18조의2 Ⅲ). 배우자 출산휴가는 1회에 한하여 나누어 사용할 수 있다(제18조의2 Ⅳ).

출산휴가를 신청하는 근로자의 배우자(여성)는 같은 직장의 동료 근로자이거나 다른 직장의 근로자일 필요가 없다. 따라서 사업주가 고용하고 있는 여성근로자를 위하여 휴가 또는 육아시간을 주는 경우와는 그 청구 취지와 주체가 다르다. 출산한 여성의 남편인 근로자의 사용자가 그 남편근로자에게 휴가를 주는 것이므로 이 휴가는 가정을 돕기 위한 지원이고, 산모(産母)는 반사적(간접적)으로 보호를 받는 것이라고 볼 수 있다. 그러나 출산휴가를 정한 제18조의2의 규정은 모성보호의 장 안에 위치하고 있다. 엄격히 말하면 동 규정은 일·가정 양립지원의 장 속에 규정되는 것이 옳을 것으로 생각된다.

⑶ 육아휴직

a) 남녀고용평등법 제19조는 근로자가 고용관계를 유지하면서 일정기간 자녀의 양육을 위하여 휴직할 수 있도록 하여 직장생활과 가정생활을 조화롭게 양립시키고자 육

---

1) 남녀고용평등법은 이 이외에 근로자의 가족 돌봄 등을 위한 지원에 관하여 자세한 규정을 두고 있다(제22조의2 참조)(2012. 2. 1 개정, 2012. 8. 2 시행).

아휴직제도를 정하고 있다. 현행 육아휴직제도는 남녀('영아를 가진 근로자': 아버지·어머니) 모두를 육아휴직청구권자로 하고 있는 점이 특징이다. 영유아가 친자인지 입양자인지는 문제되지 않는다. 휴직청구권자가 아버지인 근로자이건, 어머니인 근로자이건 또는 어머니인 근로자를 대신하여 아버지가 신청한 경우이건 상관없다. 일과 가정의 양립을 지원하는 취지상 그렇게 새겨야 하기 때문이다.

b) 육아휴직의 주요 내용을 살펴보면, 첫째, 육아휴직을 하고자 하는 근로자가 육아휴직을 신청하는 경우에 사업주는 이를 허용하여야 한다(제19조 Ⅰ 본문).[1] 둘째, 육아휴직기간은 1년 이내로 하되(제19조 Ⅱ), 만 8세 이하 또는 초등학교 2학년 이하의 자녀(입양한 자녀 포함)이어야 한다(제19조 Ⅰ 본문). 육아휴직은 2회에 한정하여 나누어 사용할 수 있다(제19조의4 Ⅰ, 2020. 12. 8. 개정). 셋째, 육아휴직은 원칙적으로 무급휴직이다. 그러나 근로자가 생활 걱정을 하지 않고 육아(가사)를 할 수 있도록 국가는 생계비용의 일부를 지원할 수 있다(남녀고평법 제20조 Ⅰ). 즉, 고용보험법 제70조에 따라 일정한 요건[2]하에 육아휴직급여가 지급된다[3]([139] 4. ⑵ 참고). 넷째, 사업주는 육아휴직을 이유로 해고 기타 불리한 처우를 해서는 아니 되며, 육아휴직기간 동안에는 당해 근로자를 해고하지 못한다. 다만, 사업을 계속할 수 없는 경우에는 해고할 수 있다(제19조 Ⅲ 및 단서). 따라서 근로기준법상의 산전후휴가기간에서와 마찬가지로 육아휴직기간중의 해고는 원칙적으로 제한된다(근기법 제74조, 제23조 Ⅱ 참조). 다섯째, 사업주는 육아휴직을 마친 후에는 근로자를 휴직 전과 같은 업무 또는 같은 수준의 임금을 지급하는 직무에 복귀시켜야 한다. 또한 육아휴직기간은 근속기간에 포함된다(제19조 Ⅳ). 기간제근로자 또는 파견근로자의 육아휴직기간은 기간제및단시간법 제4조에 따른 사용기간 또는 근로자파견법 제6조에 따른 근로자파견기간에 산입하지 아니한다(제19조 Ⅴ). 여섯째, 육아휴직 중인 근로자가 새로운 육아휴직을 시작하거나 「근로기준법」 제74조에 따른 출산전후휴

1) ① 육아휴직 개시예정일의 전날까지 해당사업에서 계속 근로한 기간이 1년 미만인 근로자와 ② 같은 영아에 대하여 배우자가 육아휴직을 하고 있는 근로자에 대해서는 육아휴직을 허용하지 않을 수 있다(제19조 Ⅰ 단서; 시령 제10조).

2) 고용보험법 제70조 1항에서는 육아휴직을 30일 이상 부여받은 피보험자(근로자)에 대한 육아휴직 급여의 지급요건을 다음과 같이 규정하고 있다. 첫째, 육아휴직 개시일 이전에 피보험단위기간이 통산하여 180일 이상일 것, 둘째, 동일한 자녀에 대하여 피보험자인 배우자가 30일 이상의 육아휴직을 부여받지 아니하거나 남녀고용평등법 제19조의2에 따른 육아기 근로시간 단축을 30일 이상 실시하지 아니하고 있을 것이다(2011. 7. 21 개정).

3) 근로자가 육아휴직급여기간중에 그 사업에서 이직하거나 새로 취업한 경우에는 그 때부터 휴직급여는 중단된다(고보법 제73조 Ⅰ). 또한 근로자가 사업주로부터 육아휴직을 이유로 금품을 지급받은 경우에 대통령령이 정하는 바에 따라 육아휴직급여를 감액하여 지급할 수 있다(고보법 제73조 Ⅱ). 거짓이나 그 밖의 부정한 방법으로 육아휴직급여를 받았거나 받으려 한 자에게는 그 날부터 급여를 지급하지 아니한다(고보법 제73조 Ⅲ 본문).

가 또는 남녀고용평등법 제19조의2에 따른 육아기 근로시간 단축을 시작하는 경우에는 그 새로운 육아휴직, 출산전후휴가 또는 육아기 근로시간 단축 개시일의 전날에 육아휴직이 끝난 것으로 본다(고평법 시령 제14조 Ⅳ). 따라서 육아휴직중인 여성 근로자에 대해서도 산전후휴가를 받을 권리가 보장되어 있다.[1]

⑷ **육아기 근로시간 단축**

a) 사업주는 육아휴직(남녀고평법 제19조 Ⅰ)을 신청할 수 있는 근로자가 그 대신 근로시간 단축(이하 "육아기 근로시간 단축")을 신청하는 경우에는 이를 허용하여야 한다(제19조의2 Ⅰ 본문). 다만, 대체인력 채용이 불가능한 경우, 정상적인 사업 운영에 중대한 지장을 초래하는 등 대통령령(시령 제15조의2)으로 정하는 경우에는 그러하지 아니하다(제19조의2 Ⅰ 단서). 근로시간 단축을 허용하지 않는 경우에는 해당 근로자에게 그 사유를 서면으로 통보하고 육아휴직을 사용하게 하거나 그 밖의 지원할 수 있는 방안을 협의해야 한다(동조 Ⅱ).

육아기 근로시간 단축을 허용하는 경우 단축 후 근로시간은 주당 15시간 이상 35시간 이내로 하여야 하고(동조 Ⅲ), 그 기간은 1년 이내(육아휴직 기간 중 사용하지 아니한 기간이 있으면 이를 가산할 수 있다)로 한다(동조 Ⅳ). 육아기 근로시간 단축은 나누어 사용할 수 있다. 이 경우 나누어 사용하는 1회의 기간은 3개월 이상이 되어야 하며, 근로계약기간의 만료로 3개월 이상 근로시간 단축을 사용할 수 없는 기간제근로자에 대해서는 남은 근로계약기간이 되어야 한다(제19조의4 Ⅱ).

b) 사업주는 육아기 근로시간 단축을 하고 있는 근로자에 대해서 단순히 근로시간에 비례하여 차등적용되는 경우 외에는 육아기 근로시간 단축을 이유로 불리한 대우를 해서는 안 된다(제19조의3 Ⅰ). 근로시간에 비례하여 정해지는 임금 그 밖의 수당은 낮출 수 있으나, 힘든 일 또는 작업조건이 나쁜 일을 시키거나, 근무지를 옮기는 등 전직 또는 휴직 등 불이익을 주어서는 안 된다. 육아기 근로시간 단축제도의 활용을 사업주가 방해하지 못하도록 하기 위한 것이다. 근로시간의 단축으로 휴일이나 휴가일수가 줄어들 수 있으나, 이에 대해서는 단시간근로자에 대한 보호규정이 적용되는 것으로 해석하여야 한다(제19조의2 Ⅲ 참조).

육아기 근로시간 단축 중의 근로조건은 사업주와 근로자 간에 서면으로 정한다(제19조의3 Ⅱ). 육아기 근로시간 단축을 한 근로자의 평균임금을 산정할 때에는 그 기간을 평균임금 산정기간에서 제외한다(제19조의3 Ⅳ). 그 기간을 평균임금 산정기간에 포함시키는 것은 일·가정 양립을 위한 지원의 취지에 어긋나기 때문이다. 사업주는 단축근로

1) 大判 2014. 6. 12, 2012 두 4852 참고.

를 하고 있는 근로자에게 연장근로를 요구할 수 없으나, 근로자가 명시적으로 청구하는 경우(필수적인 생활비가 필요하거나 연장근로를 해야 할 다른 합리적 이유가 있는 경우)에는 주 12시간 이내에서 연장근로를 시킬 수 있다(제19조의3 Ⅲ).

c) 육아휴직의 경우와 마찬가지로 사업주는 육아기 근로시간 단축을 이유로 해당 근로자에게 해고나 그 밖의 불리한 처우를 해서는 아니 되며(제19조의2 Ⅴ; 벌칙 제37조 Ⅱ ④), 육아기 근로시간 단축이 끝난 후에는 그 근로자를 그 전과 같은 업무 또는 같은 수준의 임금을 지급하는 직무에 복귀시켜야 한다(제19조의2 Ⅵ; 벌칙 제37조 Ⅳ ⑤). 근로자가 부담 없이 동 제도를 활용할 수 있도록 하기 위한 것이라고 해석된다.

⑸ 근로자의 가족돌봄 등을 위한 지원

a) 가족돌봄휴직 또는 가족돌봄휴가

1) 사업주는 근로자가 조부모, 부모, 배우자, 배우자의 부모, 자녀 또는 손자녀(이하 “가족”이라 한다)의 질병, 사고, 노령으로 인하여 그 가족을 돌보기 위한 휴직(이하 “가족돌봄휴직”이라 한다)을 신청하는 경우 이를 허용하여야 한다. 다만, 대체인력 채용이 불가능한 경우, 정상적인 사업 운영에 중대한 지장을 초래하는 경우, 본인 외에도 조부모의 직계비속 또는 손자녀의 직계존속이 있는 경우 등 대통령령으로 정하는 경우에는 그러하지 아니하다(남녀고평법 제22조의2 Ⅰ). 사업주가 가족돌봄휴직을 허용하지 아니하는 경우에는 해당 근로자에게 그 사유를 서면으로 통보하고, 업무를 시작하고 마치는 시간 조정, 연장근로의 제한, 근로시간의 단축, 탄력적 운영 등 근로시간의 조정, 그 밖에 사업장 사정에 맞는 지원조치를 하도록 노력하여야 한다(남녀고평법 제22조의2 Ⅲ). 또한 사업주는 근로자가 가족(조부모 또는 손자녀의 경우 근로자 본인 외에도 직계비속 또는 직계존속이 있는 등 대통령령으로 정하는 경우는 제외한다)의 질병, 사고, 노령 또는 자녀의 양육으로 인하여 긴급하게 그 가족을 돌보기 위한 휴가(이하 “가족돌봄휴가”라 한다)를 신청하는 경우 이를 허용하여야 한다. 다만, 근로자가 청구한 시기에 가족돌봄휴가를 주는 것이 정상적인 사업 운영에 중대한 지장을 초래하는 경우에는 근로자와 협의하여 그 시기를 변경할 수 있다(남녀고평법 제22조의2 Ⅱ).

2) 가족돌봄휴직 기간은 연간 최장 90일로 하며, 이를 나누어 사용할 수 있다. 이 경우 나누어 사용하는 1회의 기간은 30일 이상이 되어야 한다(남녀고평법 제22조의2 Ⅳ ①). 가족돌봄휴가 기간은 연간 최장 10일로 하며, 일 단위로 사용할 수 있다. 다만, 가족돌봄휴가 기간은 가족돌봄휴직 기간에 포함된다(남녀고평법 제22조의2 Ⅳ ②). 사업주는 가족돌봄휴직 또는 가족돌봄휴가를 이유로 해당 근로자를 해고하거나 근로조건을 악화시키는 등 불리한 처우를 하여서는 아니 되며(남녀고평법 제22조의2 Ⅴ), 그 휴직 및 휴

가기간은 근속기간에 포함하지만 근로기준법상 평균임금 산정기간에서는 제외한다(남녀고평법 제22조의2 Ⅵ).

b) 가족돌봄 등을 위한 근로시간 단축 사업주는 ⅰ) 근로자가 가족의 질병·사고·노령으로 인하여 그 가족을 돌보기 위한 경우, ⅱ) 근로자 자신의 질병이나 사고로 인한 부상 등의 사유로 자신의 건강을 돌보기 위한 경우, ⅲ) 55세 이상의 근로자가 은퇴를 준비하기 위한 경우 또는 ⅳ) 근로자의 학업을 위한 경우 중 어느 하나에 해당하는 사유로 근로시간의 단축을 신청하는 경우에 이를 허용하여야 한다(이하에서는 육아기 근로시간 단축과 구별하여 "돌봄 근로시간 단축"이라 한다). 다만, 대체인력 채용이 불가능한 경우, 정상적인 사업 운영에 중대한 지장을 초래하는 경우 등 대통령령으로 정하는 경우에는 그러하지 아니하다(남녀고평법 제22조의3 Ⅰ). 사업주가 돌봄 근로시간 단축을 허용하지 아니하는 경우에는 해당 근로자에게 그 사유를 서면으로 통보하고 휴직을 사용하게 하거나 그 밖의 조치를 통하여 지원할 수 있는지를 해당 근로자와 협의하여야 한다(남녀고평법 제22조의3 Ⅱ). 사업주가 해당 근로자에게 돌봄 근로시간 단축을 허용하는 경우 단축 후 근로시간은 주당 15시간 이상이어야 하고 30시간을 넘어서는 아니 된다(남녀고평법 제22조의3 Ⅲ).

돌봄 근로시간 단축기간은 1년 이내로 하되, 위의 ⅳ) 학업 목적을 제외한 ⅰ)~ⅲ)의 사유 중 어느 하나에 해당하는 근로자는 합리적 이유가 있는 경우에 추가로 2년의 범위 안에서 돌봄 근로시간 단축의 기간을 연장할 수 있다(남녀고평법 제22조의3 Ⅳ). 사업주는 돌봄 근로시간 단축을 이유로 해당 근로자에게 해고나 그 밖의 불리한 처우를 하여서는 아니 되며(남녀고평법 제22조의3 Ⅴ), 돌봄 근로시간 단축기간이 끝난 후에 그 근로자를 근로시간 단축 전과 같은 업무 또는 같은 수준의 임금을 지급하는 직무에 복귀시켜야 한다(남녀고평법 제22조의3 Ⅵ).

사업주는 돌봄 근로시간 단축을 하고 있는 근로자에게 근로시간에 비례하여 적용하는 경우 외에는 근로시간 단축을 이유로 그 근로조건을 불리하게 하여서는 아니 되며(남녀고평법 제22조의4 Ⅰ), 돌봄 근로시간 단축을 한 근로자의 근로조건(근로시간 단축 후 근로시간을 포함한다)은 사업주와 그 근로자 간에 서면으로 정한다(남녀고평법 제22조의4 Ⅱ). 사업주는 돌봄 근로시간 단축을 하고 있는 근로자에게 단축된 근로시간 외에는 연장근로를 요구할 수 없으며, 다만 그 근로자가 명시적으로 청구하는 경우에는 주 12시간 이내에서 연장근로를 시킬 수 있다(남녀고평법 제22조의4 Ⅲ). 돌봄 근로시간 단축기간은 근로기준법상 평균임금의 산정기간에서 제외한다(남녀고평법 제22조의4 Ⅳ).

(6) 그 밖의 지원과 조치

근로기준법과 같은 근로자보호법은 근로계약 당사자인 근로자의 근로조건의 유지·개선을 위하여 사용자의 의무를 규정한 근로관계특별법이다(이에 관해서는 [29] 2. 참고). 그러나 오늘날의 근로자보호법은 그 보호영역을 확대하여 근로관계의 범위 밖에 대해서까지 사용자의 의무, 노력책무, 협의의무를 규정하고 있다. 그리고 보호의무 또는 책무를 부담하는 주체도 국가 또는 지방자치단체, 고용노동부장관에까지 확대되어 있다. 이러한 취지에 맞추어 보호라는 법률용어보다 그 의미가 넓은 '지원'이라는 표현이 사용되고 있다. 이는 우리 노동법이 변화하는 모습을 보여주는 한 단면이라고 할 수 있다(남녀고평법 제19조 이하 참조. 특히 제19조의5부터 제22조의4까지의 규정 참조).

(7) 여성보호와 일·가정의 양립지원의 체계와 이해

a) 근로기준법이 기준적 보호대상으로 하는 근로자는 18세 이상의 남성근로자이다. 연소근로자(18세 미만인 사람)와 여성근로자는 동법 제64조 이하에 의하여 특별보호를 받는다. 그러나 근로기준법은 국제적 추세에 따라 일반 여성근로자에 대한 특별보호를 대폭 완화하는 한편 임신 중이거나 산후 1년이 지나지 않은 여성(임산부), 육아여성(생후 3년 미만된 영유아가 있는 여성)에 대해서는 보호의 폭을 넓히면서 그 내용을 강화하고 있다(모성보호의 강화). 예컨대 야간 및 휴일근로의 금지(제70조 Ⅱ)와 도덕상 또는 보건상 유해·위험한 사업에서의 근로금지규정(제65조 Ⅰ)을 과거와는 달리 일반여성(18세 이상의 여성)에게 더 이상 적용하지 아니하고 임산부에 대해서 한정적용하고 있다(이에 관하여 자세한 내용은 다음의 [56] 4. (2) 참고). 그러나 남녀고평법은 일반 여성보호에서 모성보호로 그 보호의 방향이 전환되면서, 배우자 출산휴가, 육아휴직(제19조), 육아기 근로시간 단축(제19조의2), 육아휴직 근로자에 대한 직장복귀 지원(제19조의6 참조) 등 근로자에 대한 보호의 범위와 시야가 변화·확대되었다. 여기에서 더 나아가 사업주는 초등학교 취학 전까지의 자녀를 양육하는 근로자의 육아를 지원하기 위한 각종의 조치(업무시작과 종료시간의 조정, 연장근로의 제한, 근로시간의 탄력적 운영 등: 제19조의5)를 취할 노력을 해야 하고, 국가는 사업주가 육아를 위한 휴직이나 근로시간 단축을 허가하는 경우 그 근로자의 생계비용과 사업주의 고용유지비용의 일부를 지원할 수 있을 뿐 아니라(제20조 Ⅰ 참조), 해당 사업주에게 세제 및 재정을 통한 지원을 할 수 있도록 하고 있다(제20조 Ⅱ 참조). 이와 같은 규정들은 근로자와 사용자 사이의 근로관계를 중심으로 근로조건의 보호를 위하여 사용자의 의무를 규정하고 있는 근로기준법이나 기타 노동보호법과는 그 규율 목적과 보호범위 및 실현방법을 크게 달리하고 있다.

b) 남녀고용평등법은 i) 고용(채용·근로조건·퇴직·해고 등)에서 남녀의 평등한 대우

를 보장하기 위하여 사용자의 의무를 규정하고 있는가 하면, ii) 직장 내 성희롱을 금지·예방하기 위한 사용자의 의무, 노력책무를 정하고 있으며, iii) 여성의 직업능력 개발 및 고용 촉진과 모성보호에 관한 국가 및 고용노동부장관의 조치시행책무 등을 규정하는 한편, iv) 일·가정의 양립지원에 관한 각종의 규정(위의 설명 참고)을 두고 있다.

c) 성차별처우금지, 직장 내 성희롱, 여성의 직업능력개발 및 고용촉진, 모성보호, 일·가정 양립지원은 엄격히 말해서 공통적 성질을 가진 규율 대상은 아니다. 다만, 이 법은 연혁적으로 볼 때 여성의 보호를 목적으로 하는 법률(남녀고평법. 법률 제3989호, 1988. 4. 1 시행)을 시발점으로 하여 여성의 보호와 관련하여 발전·확대되어 왔다고 볼 수 있다. 또한 이 법의 규정들이 가지는 효력과 관련해서 보면 근로자에 대한 사용자의 의무, 노력책무 또는 재량을 규정한 것들이 있는가 하면, 국가의 정책의무, 노력책무, 재량을 정하고 있는 것들이 있다. 노동관계법은 근로자의 지위 및 권리를 유지·개선하는 사용자의 의무규정이 중심을 이룬다는 점을 고려할 때, 이 법의 모든 규정들이 근로자의 지위·권리에 관한 사용자의 의무를 정하고 있는 것은 아니다. 따라서 근로관계를 중심으로 근로조건 및 근로자의 지위를 직접 규율하는 규정과 그 밖의 규정은 노동보호법의 체계상 구별해서 이해해야 한다. 균등대우(차별금지) 및 모성보호에 관한 규정과 일·가정 양립지원에 관한 규정 중 일부는 근로조건 및 근로자의 지위를 직접 규율하는 규정이지만, 그 밖의 규정들은 그 성질을 달리 하고 있다.

d) 입법론적으로 볼 때 남녀고용평등법에는 각종의 규정들이 혼재되어 있으므로 그 규정내용의 목적과 보호대상 및 수규자(의무 부담자) 등을 기준으로 재편제(再編制)되는 것이 바람직한 것으로 생각된다.

[57] XI. 안전과 보건

1. 총 설

사용자의 지휘명령하에서 노무를 제공하는 근로자는 노무제공과정에서 다양한 신체적·정신적 위험과 만나게 된다. 자연재해나 기계의 취급에 기인하는 위험뿐만 아니라 사업장의 작업조건으로 인하여 발생하는 사고와 질병의 위험도 적지 않다. 그 때문에 상당수 국가에서는 근로자가 입게 될 재해를 예방하거나 사후적 보상을 목적으로 하는 특별한 법제도를 마련하였고, 계속 개선하여 왔다. 국제노동기구(ILO)도 근로자의 안전과 건강에 관한 다양한 개별 협약과 권고를 채택한 바 있으며, 1981년에는 포괄적인 내용을 가진「직업상 안전 및 건강 그리고 작업환경에 관한 협약」(155호 협약)을 채택하고 있다.

산업안전보건법은 산업 안전 및 보건에 관한 기준을 확립하고 그 책임의 소재를 명확하게 하여 산업재해를 예방하고 쾌적한 작업환경을 조성함으로써 노무를 제공하는 사람의 안전 및 보건을 유지·증진함을 목적으로 한다(제1조). 산업재해란 노무를 제공하는 사람이 업무에 관계되는 건설물·설비·원재료·가스·증기·분진 등에 의하거나 작업 또는 그 밖의 업무로 인하여 사망 또는 부상하거나 질병에 걸리는 것을 말한다(산안법 제2조 ①). 즉, 산업안전보건법은 노무제공자의 산업재해를 예방하기 위해 필요한 최저기준을 정할 뿐만 아니라 더 나아가 노무제공자의 안전과 보건의 유지·증진을 위해 쾌적한 작업환경을 실현하는데 취지가 있다.

2. 산업안전보건법의 연혁

a) 우리나라에서는 1953년 제정된 근로기준법에 안전과 보건에 관한 장(제6장) 안에 10개 조문을 두고 근로자들의 보건·안전에 관하여 규율하였다. 그러나 1970년 이후 급격한 산업화 과정에서 중대재해가 잇따르고 유해물질의 대량사용에 따라 새로운 직업병들이 증가하면서, 근로기준법의 규정만으로는 산업재해에 대한 적극적 예방에 한계가 있었다. 그에 따라 1981년 12월 종합적인 산업안전보건 관리에 필요한 위험방지 기준을 정하고, 사업장내 안전보건관리체제를 명확히 하며, 사업주와 전문단체의 자율 활동을 촉진함으로써 산업재해를 효율적으로 예방하고 쾌적한 작업환경 조성을 목적으로 산업안전보건법을 별도의 단행법률로 제정하였다. 그후 산업안전보건법은 크고 작은 수십차례의 개정을 거쳤으나, 그중에서도 1990년의 전부개정과 2019년의 전부개정 등 두차례의 전부개정은 새로운 노동환경의 변화와 노무를 제공하는 사람의 근무형태 다양화에 따른 산업안전보건법의 개선과 체계화에 부응하는 개혁적 입법이었다.

b) 1990년 1차 전부개정은 새로운 유해 화학물질의 사용 증가에 따른 직업병의 확산이 직접적인 계기가 되었다. 그에 따라 유해 화학물질로부터 근로자의 건강권을 확보하기 위하여 화학물질 관리 방안을 체계화하고, 화학물질에 노출된 근로자의 건강보호를 위한 사전 및 사후조치를 강화하였다. 그리고 직업병 예방을 위한 종합적인 대책도 이 시기에 이뤄졌다. 또한 사업장 안전보건관리대책을 개선하여 사업장내 자율적 재해예방활동을 촉진하였다. 안전보건관리책임자에게 안전장치와 보호구 적격성 확인 등 의무를 강화하고 산업보건의를 두어 보건관리자를 지도하도록 하였으며, 산업안전보건위원회를 노사동수로 구성하도록 하였다. 사고위험을 낮추기 위해 유해·위험업무에 종사

하는 근로자의 근로시간을 일 6시간, 주 34시간으로 제한하였다. 산업재해예방에 관한 정부의 책무를 명확히 하여, 노동부장관이 산업재해 예방을 위한 중장기 기본계획을 수립하고 산업안전보건정책심의위원회의 심의를 거치도록 하고, 산업재해예방사업을 추진하기 위한 재원확보를 위해 산업재해예방기금을 설치·운용하도록 하였다.

c) 그후에도 새로운 산업재해 발생 가능성에 대응하기 위하여 여러 차례에 걸친 산업안전보건법의 개정이 있었으나 기술발달과 산업구조의 변화 그리고 고용형태의 다양화로 인하여 산업안전보건법의 보호 사각지대가 확대됨으로써 산업재해의 체계적인 예방을 도모하는데 한계가 있었다. 그에 따라 2019년에 보호대상을 '근로자'에서 이른바 특수형태근로종사자 및 플랫폼의 중개를 통해 배달업무를 수행하는 자를 포함하기 위하여 '노무를 제공하는 사람'으로 확대하고, 하도급관계에서 노무를 제공하는 근로자를 보호하기 위하여 도급인(원청)의 산업재해 예방책임을 강화하는 내용으로 2차 전부개정이 단행되었다. 그밖에 전부개정된 산업안전보건법에 새로 도입된 주요 내용은 다음과 같다. 먼저, 일정 규모 이상의 주식회사 대표이사에게 기업의 안전보건에 관한 계획 수립 및 이사회 보고 및 승인의무를 신설하였다(제14조). 또한 산업재해가 발생할 급박한 위험이 있다고 믿을 만한 합리적 이유가 있는 경우 근로자에게 작업중지권([49] 1. (1) c) 참고)을 부여하고 필요한 조치를 하도록 하였다(제52조). 유해·위험 작업으로 인한 산업재해의 위험을 하청근로자에게 떠넘기는 이른바 '위험의 외주화'를 방지하기 위해 현행 사내도급인가 대상 작업(도금작업, 수은·납·카드뮴의 제련·주입·가공·가열 작업, 허가대상 물질을 제조·사용하는 작업)의 사내도급을 원칙적으로 금지하되, 일시·간헐적으로 작업을 하는 등 특별한 사정이 있는 경우에만 고용노동부장관의 승인을 얻어 도급할 수 있도록 규제를 강화하였다(제58조. 구 산안법은 사업주가 도금작업 등 유해·위험성이 매우 높은 작업을 고용노동부장관의 인가를 받으면 자신의 사업장에서 도급할 수 있도록 정하였었다). 물질안전보건자료의 작성·제출 등을 강화함으로써 근로자의 알권리를 강화하였다(제110조 및 제112조 등). 그리고 법 위반에 대한 벌칙을 강화하였다(제167조. 현행법은 안전조치 또는 보건조치 의무를 위반하여 근로자를 사망하게 한 자에 대하여 7년 이하의 징역 또는 1억 원 이하의 벌금에 처하도록 하고 있으나, 개정법은 제1항의 죄로 형을 선고받고 그 형이 확정된 후 5년 이내에 다시 같은 죄를 범한 자는 그 형의 2분의 1까지 가중처벌을 할 수 있도록 하였다).

3. 산업안전보건법의 주요 내용

(1) 적용범위

a) 산업안전보건법은 모든 사업에 적용한다. 다만, 유해·위험의 정도, 사업의 종류,

사업장의 상시근로자 수(건설공사의 경우에는 건설공사 금액을 말한다) 등을 고려하여 대통령령으로 정하는 종류의 사업 또는 사업장에는 이 법의 전부 또는 일부를 적용하지 아니할 수 있다(제3조, 시령 제2조 Ⅰ).

b) 산업안전보건법은 산업 안전 및 보건에 관한 기준을 확립하고 그 책임의 소재를 명확하게 하여 산업재해를 예방하고 쾌적한 작업환경을 조성함으로써 '노무를 제공하는 사람'의 안전 및 보건을 유지·증진함을 목적으로 한다(제1조). 여기서 노무를 제공하는 사람이란, 근로기준법상의 근로자(산안법 제2조 ③)뿐만 아니라 계약의 형식에 관계없이 근로자와 유사하게 노무를 제공하여 업무상의 재해로부터 보호할 필요가 있음에도 근로기준법 등이 적용되지 아니하는 사람으로서 ⅰ) 대통령령으로 정하는 직종에 종사할 것, ⅱ) 주로 하나의 사업에 노무를 상시적으로 제공하고 보수를 받아 생활할 것, ⅲ) 노무를 제공할 때 타인을 사용하지 아니할 것을 모두 충족하는 '특수형태근로종사자'(제77조 Ⅰ. 이에 관해서는 [58] 1. (6) 1) 참고), 이동통신단말장치(「이동통신단말장치 유통구조 개선에 관한 법률」 제2조 4호)의 중개를 통해 자동차관리법 제3조 1항 5호에 따른 이륜자동차로 물건을 수거·배달 등을 하는 사람(제78조, 이하 '배달종사자'라 한다) 그리고 「가맹사업거래의 공정화에 관한 법률」 제2조 2호에 따른 가맹본부 중 대통령령으로 정하는 가맹본부로부터 가맹점운영권을 부여받은 가맹점사업자(제79조 Ⅰ)도 산업안전보건법상 노무를 제공하는 사람으로서 보호대상에 포함되었다.

c) 이와 같이 산업안전보건법의 보호대상 확대에 따라 노무를 제공하는 사람의 안전 및 건강을 유지·증진시키고 국가의 산업재해 예방정책을 준수해야 하는 사업주에는 근로자를 사용하여 사업하는 자뿐만 아니라 특수형태근로종사자(제77조)로부터 노무를 제공받는 자와 물건의 수거·배달 등을 중개하는 자(제78조)를 포함한다. 또한 산업안전보건법 소정의 가맹본부는 가맹점사업자에게 가맹점의 설비나 기계, 원자재 또는 상품 등을 공급하는 경우에 가맹점사업자와 그 소속 근로자의 산업재해 예방을 위하여 가맹점의 안전 및 보건에 관한 프로그램을 마련·시행하도록 하는 등 일정한 조치를 부담한다(제79조).

⑵ 사업주의 의무

a) 사업주는 근로자(특수형태근로종사자, 배달종사자를 포함한다)의 안전 및 건강 유지·증진을 위해 ⅰ) 산업안전보건법과 이 법에 따른 명령으로 정하는 산업재해 예방을 위한 기준, ⅱ) 근로자의 신체적 피로와 정신적 스트레스 등을 줄일 수 있는 쾌적한 작업환경의 조성 및 근로조건 개선, ⅲ) 해당 사업장의 안전 및 보건에 관한 정보를 근로자에게 제공할 의무를 부담한다(제5조 Ⅰ).

또한 기계·기구와 그 밖의 설비를 설계·제조 또는 수입하는 자, 원재료 등을 제조·수입하는 자 및 건설물을 발주·설계·건설하는 자는 발주·설계·제조·수입 또는 건설을 할 때 이 법과 이 법에 따른 명령으로 정하는 기준을 지켜야 하고, 발주·설계·제조·수입 또는 건설에 사용되는 물건으로 인하여 발생하는 산업재해를 방지하기 위하여 필요한 조치를 하여야 한다(제5조 Ⅱ).

b) 사업주는 건설물, 기계·기구·설비, 원재료, 가스, 증기, 분진, 근로자의 작업행동 또는 그 밖의 업무로 인한 유해·위험 요인을 찾아내어 부상 및 질병으로 이어질 수 있는 위험성의 크기가 허용 가능한 범위인지를 평가하여야 하고, 그 결과에 따라 이 법과 이 법에 따른 명령에 따른 조치를 하여야 하며, 근로자에 대한 위험 또는 건강장해를 방지하기 위하여 필요한 경우에는 추가적인 조치를 하여야 한다(제36조).

c) 사업주는 법령이 정하는 구체적인 안전조치와 보건조치를 준수하여야 한다(제38조, 제39조). 안전조치의 대상은 ⅰ) 기계·기구, 그 밖의 설비에 의한 위험, ⅱ) 폭발성, 발화성 및 인화성 물질 등에 의한 위험, ⅲ) 전기, 열, 그 밖의 에너지에 의한 위험으로 인한 산업재해를 예방하기 위한 조치, 굴착·채석·하역·벌목·운송·조작·운반·해체·중량물 취급·그 밖의 작업을 할 때 불량한 작업방법 등에 의한 위험으로 인한 산업재해를 예방하기 위하여 필요한 조치, 근로자가 추락할 위험이 있는 장소, 토사·구축물 등이 붕괴할 우려가 있는 장소, 물체가 떨어지거나 날아올 위험이 있는 장소, 천재지변으로 인한 위험이 발생할 우려가 있는 장소에서 작업할 때 발생할 수 있는 산업재해를 예방하기 위하여 필요한 조치 등이며, 구체적인 사항은 고용노동부령으로 정한다(제38조 Ⅱ 내지 Ⅳ).

사업주가 준수해야 할 보건조치의 대상은 ⅰ) 원재료·가스·증기·분진·흄(fume, 열이나 화학반응에 의하여 형성된 고체증기가 응축되어 생긴 미세입자를 말한다)·미스트(mist, 공기 중에 떠다니는 작은 액체방울을 말한다)·산소결핍·병원체 등에 의한 건강장해, ⅱ) 방사선·유해광선·고온·저온·초음파·소음·진동·이상기압 등에 의한 건강장해, ⅲ) 사업장에서 배출되는 기체·액체 또는 찌꺼기 등에 의한 건강장해, ⅳ) 계측감시(計測監視), 컴퓨터 단말기 조작, 정밀공작(精密工作) 등의 작업에 의한 건강장해, ⅴ) 단순반복작업 또는 인체에 과도한 부담을 주는 작업에 의한 건강장해, ⅵ) 환기·채광·조명·보온·방습·청결 등의 적정기준을 유지하지 아니하여 발생하는 건강장해를 예방하기 위한 조치이다(제39조 Ⅰ). 보건조치에 관한 구체적인 사항은 고용노동부령으로 정한다(제39조 Ⅱ).

d) 사업주는 주로 고객을 직접 대면하거나 「정보통신망 이용촉진 및 정보보호 등에 관한 법률」 제2조 1항 1호에 따른 정보통신망을 통하여 상대하면서 상품을 판매하거나

서비스를 제공하는 업무에 종사하는 고객응대근로자에 대하여 고객의 폭언, 폭행, 그 밖에 적정 범위를 벗어난 신체적·정신적 고통을 유발하는 행위로 인한 건강장해를 예방하기 위하여 고용노동부령으로 정하는 바에 따라 필요한 조치를 하여야 한다(제41조 Ⅰ). 사업주는 고객의 폭언등으로 인하여 고객응대근로자에게 건강장해가 발생하거나 발생할 현저한 우려가 있는 경우에는 업무의 일시적 중단 또는 전환 등 대통령령으로 정하는 필요한 조치를 하여야 한다(제41조 Ⅱ).

⑶ 근로자의 의무

근로자는 산업안전보건법과 이 법에 따른 명령으로 정하는 산업재해 예방을 위한 기준을 지켜야 하며, 사업주 또는 근로기준법 제101조에 따른 근로감독관, 공단 등 관계인이 실시하는 산업재해 예방에 관한 조치에 따라야 한다(제6조). 또한 근로자는 사업주가 산업안전보건법 제38조(안전조치) 및 제39조(보건조치)에 따라 행한 조치로서 고용노동부령으로 정하는 조치 사항을 지켜야 한다(제40조).

⑷ 안전보건관리체제

a) 대통령령으로 정하는 사업의 사업주는 사업장을 실질적으로 총괄하여 관리하는 사람에게 사업장의 산업재해 예방계획의 수립에 관한 사항, 안전보건관리규정의 작성 및 변경에 관한 사항, 안전보건교육에 관한 사항 등 안전보건관리 업무 등을 총괄하여 관리하도록 해야 한다. 이를 안전보건관리책임자라 한다(제15조). 안전보건관리책임자는 안전관리자(제17조)와 보건관리자(제18조)를 지휘·감독한다.

b) 사업주는 사업장의 생산과 관련되는 업무와 그 소속 직원을 직접 지휘·감독하는 직위에 있는 자인 '관리감독자'에게 산업 안전 및 보건에 관한 업무로서 대통령령으로 정하는 업무를 수행하도록 하여야 한다(제16조 Ⅰ, 시령 제15조 Ⅰ). 관리감독자가 있는 경우에는 건설기술진흥법상 건설공사의 안전관리조직인 안전관리책임자와 안전관리담당자(제64조 Ⅰ ②, ③)를 각각 둔 것으로 본다(제16조 Ⅱ).

c) 대통령령으로 정하는 사업의 사업주는 사업장에 안전에 관한 기술적인 사항에 관하여 사업주 또는 안전보건관리책임자를 보좌하고 관리감독자에게 지도·조언하는 업무를 수행하는 사람으로서 '안전관리자'(제17조 Ⅰ)와, 보건에 관한 같은 업무를 수행하는 '보건관리자'를 두어야 한다(제18조 Ⅰ). 일정 규모 이하의 사업을 운영하는 사업주에 대해서는 안전관리전문기관 또는 보건관리전문기관에 안전관리자 또는 보건관리자의 업무를 위탁할 수 있다(제17조 Ⅳ, 제18조 Ⅳ).

d) 대통령령으로 정하는 사업의 사업주는 사업장에 안전 및 보건에 관하여 사업주를 보좌하고 관리감독자에게 지도·조언하는 업무를 수행하는 사람으로서 '안전보건관리

담당자'를 두어야 한다. 다만, 안전관리자 또는 보건관리자가 있거나 이를 두어야 하는 경우에는 그러하지 아니하다(제19조 Ⅰ). 일정 규모 이하의 사업에 대해서는 안전관리전문기관 또는 보건관리전문기관에 안전보건관리담당자의 업무를 위탁할 수 있다(제19조 Ⅳ).

e) 사업주는 근로자의 건강관리나 그 밖에 보건관리자의 업무를 지도하기 위하여 사업장에 산업보건의를 두어야 한다. 다만, 「의료법」 제2조에 따른 의사를 보건관리자로 둔 경우에는 그러하지 아니하다(제22조).

f) 고용노동부장관은 산업재해 예방활동에 대한 참여와 지원을 촉진하기 위하여 근로자, 근로자단체, 사업주단체 및 산업재해 예방 관련 전문단체에 소속된 사람 중에서 명예산업안전감독관을 위촉할 수 있다(제23조).

g) 대통령령으로 정하는 사업의 사업주는 사업장의 안전 및 보건에 관한 중요 사항을 심의·의결하기 위하여 사업장에 근로자위원과 사용자위원이 같은 수로 구성되는 산업안전보건위원회를 구성·운영하여야 한다(제24조 Ⅰ, Ⅶ). 산업안전보건위원회가 심의·의결권을 갖는 사항은 ⅰ) 안전보건관리책임자의 업무 중 일부(제15조 Ⅰ ① 내지 ⑤, ⑦), ⅱ) 안전보건관리책임자의 업무로서 산업재해의 원인 조사 및 재발 방지대책 수립에 관한 사항 중 중대재해에 관한 사항, ⅲ) 유해하거나 위험한 기계·기구·설비를 도입한 경우 안전 및 보건 관련 조치에 관한 사항, ⅳ) 그 밖에 해당 사업장 근로자의 안전 및 보건을 유지·증진시키기 위하여 필요한 사항 등이다. 산업안전보건위원회는 산업안전보건법 및 이 법에 따른 명령, 단체협약, 취업규칙 그리고 안전보건관리규정(제25조)에 반하는 내용으로 심의·의결해서는 아니 된다(제24조 Ⅴ).

h) 대통령령으로 정하는 사업의 사업주는 사업장의 안전 및 보건을 유지하기 위하여 ⅰ) 안전 및 보건에 관한 관리조직과 그 직무에 관한 사항, ⅱ) 안전보건교육에 관한 사항, ⅲ) 작업장의 안전 및 보건 관리에 관한 사항, ⅳ) 사고 조사 및 대책 수립에 관한 사항, ⅴ) 그 밖에 안전 및 보건에 관한 사항이 포함된 안전보건관리규정을 작성하여야 한다(제25조 Ⅰ, Ⅲ). 안전보건관리규정은 단체협약 또는 취업규칙에 반할 수 없다. 이 경우 안전보건관리규정 중 단체협약 또는 취업규칙에 반하는 부분에 관하여는 그 단체협약 또는 취업규칙으로 정한 기준에 따른다(제25조 Ⅱ). 사업주는 안전보건관리규정을 작성하거나 변경할 때에는 산업안전보건위원회의 심의·의결을 거쳐야 한다. 다만, 산업안전보건위원회가 설치되어 있지 아니한 사업장의 경우에는 근로자대표의 동의를 받아야 한다(제26조).

《「중대재해 처벌 등에 관한 법률」의 내용과 문제점》

1. 서 설

산업재해 예방을 위해 산업안전보건법이 제정·시행되고 있음에도 중대재해의 발생이 좀처럼 줄어들지 않아 중대재해 발생 시 사업주와 경영책임자를 직접 형사처벌하라는 노동계의 요구에 따라 산업안전보건법과는 별개로 사업주 및 경영책임자등에게 안전보건조치의무를 부과하고 이를 위반하여 중대재해가 발생할 경우 이들을 처벌하는 것을 주요 내용으로 하는 「중대재해 처벌 등에 관한 법률안」(이하 “중대재해처벌법”이라 한다)이 2021년 1월 26일 제정 및 공포되었다. 중대재해처벌법은 공포 후 1년이 경과한 날(2022. 1. 27.)부터 시행되며, 개인사업자 또는 상시근로자가 50명 미만인 사업 또는 사업장(건설업의 경우에는 공사금액이 50억원 미만인 공사)에 대해서는 공포 후 3년이 경과한 날(2024. 1. 27.)부터 시행된다. 다만, 중대재해처벌법은 상시근로자 5명 미만인 사업 또는 사업장에는 적용되지 않는다(제3조).

2. 주요 내용

1) **처벌대상인 중대재해의 개념** 중대재해처벌법은 중대재해를 ‘중대산업재해’와 ‘중대시민재해’로 나누어 정의한다(제2조 ①). 중대산업재해는 산업안전보건법 제2조 1호에 따른 산업재해 중 ⅰ) 사망자가 1명 이상 발생하거나, ⅱ) 동일 사고로 6개월 이상의 치료가 요구되는 부상자가 2명 이상 발생한 경우, ⅲ) 동일 유해요인으로 급성중독 등 대통령령으로 정하는 직업성 질병자가 1년 이내 3명 이상 발생하는 재해를 말한다(제2조 ②). 중대시민재해는 중대산업재해에 해당하지 않는 재해로서, 특정 원료 또는 제조물, 공중이용시설 또는 공중교통수단의 설계, 제조, 설치, 관리상의 결함을 원인으로 하여 발생한 재해로서 위의 ⅰ)에서 ⅲ)의 결과를 야기한 재해를 말한다(제2조 ③). 여기서는 산업재해와 관련된 사업주 및 경영책임자등의 처벌을 규정하는 중대산업재해에 대해서 설명한다.

2) **사업주 및 경영책임자등의 범위** 처벌대상이 되는 자는 사업주와 경영책임자등인데, 사업주란 자신의 사업을 영위하는 자, 타인의 노무를 제공받아 사업을 하는 자를 말하며(제2조 ⑧), ‘경영책임자등’이란 사업을 대표하고 사업을 총괄하는 권한과 책임이 있는 사람 또는 이에 준하여 안전보건에 관한 업무를 담당하는 사람과, 중앙행정기관의 장, 지방자치단체의 장, 지방공기업의 장, 공공기관의 장을 말한다(제2조 ⑨).

3) **종사자의 범위** 보호대상이 되는 종사자는 근로기준법상의 근로자와 도급, 용역, 위탁 등 계약의 형식에 관계없이 그 사업의 수행을 위하여 대가를 목적으로 노무를 제공하는 자를 말한다(제2조 ⑦). 산업안전보건법은 특수형태근로종사자 등 일정한 요건을 갖춘 경우에 한하여 안전보건 조치의무를 부담하는데 비하여 중대재해처벌법은 대가를 목적으로 노무를 제공하는 자를 포괄하고 있어 종사자의 범위가 넓다는 점에 유의해야 한다.

4) **사업주와 경영책임자등의 안전 및 보건 확보의무** 사업주 및 경영책임자등이 처벌되는 위반행위는 경영책임자로서의 안전 및 보건 확보의무(이하 "안전보건확보의무"라 한다)이다. 안전보건확보의무란 사업주나 법인 또는 기관이 실질적으로 지배·운영·관리하는 사업 또는 사업장에서 종사자의 안전보건상 유해 또는 위험을 방지하기 위하여 ⅰ) 재해예방에 필요한 인력 및 예산 등 안전보건관리체계의 구축 및 그 이행에 관한 조치, ⅱ) 재해 발생 시 재발방지대책의 수립 및 그 이행에 관한 조치, ⅲ) 중앙행정기관·지방자치단체의 관계법령에 따른 개선·시정명령 사항에 관한 이행조치, ⅳ) 안전·보건관계법령에 따른 의무이행에 필요한 관리상의 조치를 말한다. ⅰ)과 ⅳ)의 조치에 관한 구체적인 사항은 대통령령으로 정한다(제4조).

또한, 도급관계에 있는 원청의 사업주 또는 경영책임자는 제3자(도급, 용역, 위탁관계에 있는 자)에 대하여 실질적으로 지배·관리하는 책임이 있는 경우에는 그 제3자의 종사자에게 중대재해가 발생하지 않도록 안전보건확보의무를 부담한다(제5조).

5) **위반시 벌칙 및 손해배상** 사업주 및 경영책임자등은 안전보건확보의무를 위반하여 중대산업재해가 발생하면 사망사고의 경우 징역 1년 이상 벌금 10억원 이하(병과 가능), 상해사고의 경우 7년 이하 징역 또는 1억원 이하 벌금형에 처한다. 또한 형확정 후 5년 이내 재범시 형량 50%를 가중한다(제6조). 경영책임자등와 함께 법인에 대해서도 사망시 50억원 이하 벌금, 상해시 10억원 이하의 벌금형에 처한다(제7조). 나아가 사업주 또는 경영책임자등이 고의 또는 중대한 과실로 안전보건확보의무를 위반하여 중대재해를 발생하게 한 경우에는 피해자에 대하여 징벌적 손해배상으로서 손해액의 5배 이내에서 손해배상의무를 부담한다(제15조).

3. 문제점 및 쟁점 사항

중대재해처벌법은 규제대상이 광범위하고 위반사항의 범위가 추상적이어서 앞으로 위헌성과 해석론을 둘러싸고 논쟁이 계속될 것으로 보인다.

첫째, 중대재해처벌법이 적용되는 경영책임자등의 범위가 문제된다. 대표이사뿐만 아니라 대표이사가 아니더라도 안전보건에 관한 업무를 담당하는 임원에 대해서 경영책임자로서 처벌대상이 될 것이다. 다만, 그 범위가 등기임원에 한정되는지, 비등기임원이라도 대표이사에 준하여 사업을 총괄하는 경우, 비등기임원이 안전보건업무를 담당하는 경우, 산업안전보건법상 안전보건관리책임자와 유사하게 인정되는 것인지 논란이 될 것으로 보인다.

둘째, 산업안전보건법 제14조는 대표이사에게 매년 안전보건계획의 수립과 이사회 보고 및 승인을 받도록 의무를 부과하고 있으며, 안전보건계획의 내용에는 안전보건에 관한 비용, 시설, 인원 등의 사항이 포함되어 있다. 이와 같은 대표이사의 의무와 중대재해처벌법상의 경영책임자등의 안전보건확보의무의 관계를 어떻게 설명할 것인지 의문이다.

셋째, 경영책임자등이 부담하는 안전보건확보의무에는 안전보건관리체계의 구축 및 그 이행, 의무이행에 필요한 관리상의 조치 등과 같은 추상적인 용어가 사용됨으로써 이를 얼마나 구체화할 수 있는지, 중대재해 발생 시 경영책임자등이 이행의무를 이행한 것으로 판단하는 객관적 기준을 마련할 수 있는지 등이 문제된다.

넷째, 원청사업주 등이 도급, 용역, 위탁 등을 행할 때 그 시설, 장비, 장소 등에 대하여 '실질적으로 지배·운영·관리하는 책임'이 있는 경우에도 원청의 사업주 및 경영책임자등은 안전보건확보의무를 부담한다. 이로써 산업안전보건법상 원청의 안전보건조치의무보다 넓은 안전보건확보의무를 부담할 뿐만 아니라 원청의 경영책임자등에게 책임이 발생하는 경우는 도급인이 실질적으로 지배·운영·관리할 책임이 있는 경우인데, '실질적 지배 등의 책임'이 구체적으로 의미하는 바가 명확하지 않다는 문제점이 있다.

4. 산업안전보건법과 불법행위 및 근로계약관계

(1) 서 설

산업안전보건법은 산업재해를 예방하고 쾌적한 작업환경을 조성함으로써 근로자의 안전과 보건을 유지·증진함을 목적으로 하는 법이다. 이 법은 법체계상으로는 공법에 속하며, 이 법률과 시행령 등에서 정한 국가에 대한 사업주(사용자)의 의무(공법상의 의무) 규정은 본래 행정적 단속법규이다.[1] 따라서 이 법은 근로자에 대한 사용자의 사법상의 의무나 사용자에 대한 근로자의 사법상의 권리(청구권)를 규정하고 있는 것은 아니다. 산업안전보건법은 그 기본성격상 근로기준법이 — 국가적 근로감독하에 실효성의 확보를 받는 공법적 성질을 가진 법률이라고 하지만 — 사용자로 하여금 근로조건의 최저기준을 준수할 의무를 직접 근로자에 대하여 부담시키고 있는 것과는 구별된다. 근로기준법을 민법의 고용에 관한 규정(제655조 이하)의 특별법이라고 이해하고 있는 것과는 달리 산업안전보건법은 — 비록 근로기준법 제76조가 "근로자의 안전과 보건에 관하여는 「산업안전보건법」에서 정하는 바에 따른다"라고 규정하고 있지만 — 근로계약상의 근로조건의 기준이나 근로자에 대한 사용자의 의무를 직접 규율하고 있는 법률이라고 보기는 어려울 것이다. 다만, 동법 제5조 1항에 따르면 사업주는 그의 의무로서 i) 이 법과 이 법에 따른 명령이 정하는 산업재해 예방 기준을 지킬 것, ii) 근로자의 신체적 피로와 정신적 스트레스 등을 줄일 수 있는 쾌적한 작업 환경을 조성하고 근로조건을 개선할 것, 및 iii) 해당 사업장의 안전·보건에 관한 정보를 근로자에게 제공할 것을 이행함으로써 근로자의 안전과 건강을 유지·증진시키는 한편, 국가의 산업재해 예방시책에 따라야 한다(2013. 6. 12 개정). 이 규정은 근로자에 대한 사용자의 사법상의 의무를 정하고 있는

1) 헌법 제34조 6항 참조.

것은 아니다. 그러므로 사업주가 산업안전보건법령상의 의무를 위반한 경우에 1차적으로 벌칙이 적용되고, 업무상의 재해가 발생한 경우에는 피해근로자에게 산재보험급여가 지급된다. 그렇다면 사용자가 산업안전보건법령이 정하는 산업재해 예방을 위한 기준준수의무를 제대로 지키지 않은 경우에 산업안전보건법은 근로자에 대한 사용자의 손해배상책임의 근거규정으로 원용될 수 없는가? 다시 말하면 산업안전보건법이 사용자의 불법행위책임 또는 근로계약상의 채무불이행책임의 근거로 작용할 수 있는지가 문제된다.

⑵ **산업안전보건법과 불법행위**

사업주는 산업안전보건법 소정의 안전·보건 조치(제38조, 제39조)를 하여야 하며, 동법이 정하는 산업재해 예방을 위한 기준을 지켜야 할 의무를 부담한다. 즉, 사업주는 근로자의 건강장해를 예방함과 동시에 근로자의 생명과 건강을 해치지 않을 적절한 조치와 주의를 다하여야 한다(제5조 참조). 따라서 사업주가 산업안전보건법령 소정의 조치를 취하지 않거나 그 기준을 지키지 않은 경우에 그와 같은 강행법규 준수 위반행위(강행법규위반의 부작위)는 위법한 행위로서 그 위반행위와 근로자의 손해(생명·건강의 침해) 사이에 인과관계가 인정되면 사용자의 불법행위가 성립하게 될 것이다.[1] 그리고 사업주의 조치실행 기준 준수의무에 대한 위반행위가 있으면 그의 과실이 추정된다고 보아야 할 것이다. 판례[2]는 「사업주는 근로자의 생명 및 건강 등을 산업재해의 위험으로부터 안전하게 보호해야 할 주의의무를 부담」하며, 일신장해를 입을 위험성의 개연성이 높은 작업환경에서는 사용자의 위험발생의 예견가능성이 인정되고, 「산업안전보건법 소정의 조치를 통한 그 위험의 회피가능성도 있었다」고 한다면 「그와 같은 산업재해 예방을 위하여 필요한 주의의무를 다하지 못한 사용자는 근로자의 질환(저자 주: 손해)에 대하여 불법행위법상의 책임을 면할 수 없다」고 한다. 사업주는 고객응대근로자에 대하여 고객이 폭언·폭행 등으로 인한 건강장해가 발생하지 않도록 필요한 예방조치를 해야 할 의무를 부담한다(제41조). 고객의 폭언이나 폭행으로 인하여 근로자의 인격침해나 상해가 발생한 때에는 해당 근로자에 대한 고객의 불법행위가 성립할 수 있다(민법 제750조). 사용자가 예방조치의무를 다하지 않은 경우에는 ―근로계약상의 보호의무 위반에 의한

1) 산안법 제38조와 제39조는 타인(근로자)을 보호하기 위한 보호법규(Schutzgesetg)라고 볼 수 있으므로 이를 위반하는 행위는 불법행위를 구성한다고 보아야 할 것이다. 법인은 사법(私法)상의 권리의무의 주체가 될 수 있을 뿐 법률에 명문의 규정이 없는 한 범죄능력이 없고, 그 법인의 업무는 법인을 대표하는 자연인인 대표기관의 의사결정에 따른 대표행위에 의하여 실현될 수밖에 없으므로 원칙적으로 범죄주체가 되지 않는다(大判 2018. 10. 25, 2016 도 11847; 大判 1997. 1. 24, 96 도 524).

2) 大判 1989. 8. 8, 88 다카 33190. 신의칙상 인정되는 부수적 의무인 계약상의 보호의무위반에 의한 책임, 즉 채무불이행책임과 경합하여 불법행위로 인한 손해배상책임을 인정한 판례: 大判 1997. 4. 25, 96 다 53086.

채무불이행책임 외에 — 보호법규(Schutzgesetz) 위반에 의한 사용자의 불법행위를 물을 수도 있을 것이다.

(3) 산업안전보건법과 계약상의 책임

보호의무는 신의칙(민법 제2조 Ⅰ)에 근거한 근로계약법상의 의무([49] 3. (2) 참고)로서 공법에 속하는 산업안전보건법상의 사업주의 의무와는 그 성질을 달리한다. 그런데 사업주는 산업안전보건법에 따라 산업재해예방을 위한 기준을 지키며 근로조건을 개선하여 적절한 작업환경을 조성함으로써 … 근로자의 건강장해를 예방함과 동시에 근로자의 생명을 지키고 안전 및 보건을 유지·증진시켜야 할 의무를 부담한다(산안법 제5조 Ⅰ 참조). 따라서 이러한 의무 규정은 신의칙상의 보호의무 위반 여부를 판단하는 기준으로 작용할 수 있으며, 그 근거로서 기능할 수도 있다. 판례[1]에 따르면 사업주는 근로자가 「근로를 제공하는 과정에서 생명·신체·건강을 해치는 일이 없도록 물적 환경을 정비하고 필요한 조치를 강구할 보호의무 내지는 산업안전보건법 제23조(현행 제38조) 소정의 안전상의 조치의무를 부담한다」고 함으로써, 근로계약상의 보호의무와 함께 산업안전보건법을 원용하고 있다. 사용자가 이러한 보호의무를 위반함으로써 근로자에게 손해가 발생한 경우에 이를 배상할 책임이 있으나, 사용자에게 손해배상책임을 인정하기 위하여는 특별한 사정이 없는 한 그 사고가 근로자의 업무와 관련성을 가지고 있어야 하고 예측가능한 것이어야 한다.[2] 마찬가지로 사업주는 고객응대근로자가 고객의 폭언, 폭행 그밖에 부적정한 신체적·육체적 고통유발행위로 인한 건강침해를 당하지 않도록 필요한 예방조치를 강구할 보호의무 내지는 산업안전보건법 제41조 1항 소정의 건강장해 예방조치의무를 부담한다.

(4) 산업안전보건법과 보호의무의 상호관계

사업주가 산업안전보건법에 위반하여 근로자에게 손해가 발생한 때는 금지규범에 따른 위법한 불법행위가 성립할 수 있다. 다른 한편 동법의 안전보건조치의 준수의무규정이 근로계약관계에 부수하는 신의칙상의 보호의무의 근거가 될 수 있지만 산업안전보건에 관한 규정들이 — 근로기준법의 경우와 같이 — 곧바로 근로계약관계의 내용이 되는지는 의문이다.[3] "근로자의 안전과 보건에 관하여는 「산업안전보건법」에서 정하는 바에 따른다"(근기법 제76조)는 근로기준법의 규정과 동법 제15조와 연계하여 산업안전보

1) 大判 1998. 1. 23, 97 다 44676; 大判 2006. 9. 28, 2004 다 44506.

2) 大判 2006. 9. 28, 2004 다 44506; 大判 2000. 5. 16, 99 다 47129; 大判 2001. 7. 27, 99 다 56734 등.

3) 예컨대 근로자는 근로기준법 제46조 1항에 따라 사용자에게 휴업수당을 청구할 수 있지만, 산업안전보건법 제5조, 제38조를 근거로 안전조치에 관한 계약상의 청구권을 갖는 것으로 보기는 어려울 것이다.

건법의 규정이 근로계약관계의 내용을 구성한다는 견해가 주장될 수도 있다(이른바 내용설).[1] 판례[2]는 「명의대여자로서의 지입차주는 근로계약상의 책임을 지는 사용자로서 근로자(운전수)가 근로를 제공하는 과정에서 생명 · 신체 · 건강을 해치는 일이 없도록 물적 환경을 정비하고 필요한 조치를 강구할 보호의무 내지는 산업안전보건법 제23조(현행 제38조) 소정의 안전상의 조치의무를 부담한다」고 함으로써 산업안전보건법의 규정을 보호의무와 연관하여 이해하고 있으나 보호의무를 산업안전보건법상의 조치의무와 동일시하지는 않는다. 산업안전보건법은 직접 사법적(私法的) 권리 · 의무 내지 사법관계를 그 규율대상으로 하고 있지 않기 때문이다. 다만, 산업안전보건법은 보호의무(안전배려의무)가 구체적으로 문제되는 경우에 보호의무의 위반 여부를 판단하는 기준으로서 기능할 수 있다(이른바 기준설).[3] 예컨대 과중한 업무수행으로 인하여 허리디스크나 고혈압증이 악화된 근로자에 대하여 사용자는 보호의무를 부담한다. 이 경우에 산업안전보건법상의 '작업장소의 변경, 작업전환, 근로시간 단축' 등의 조치의무(현행 제132조 Ⅳ)는 보호의무의 기준으로서 마땅히 고려되어야 할 것이다. 다시 말하면 산업안전보건법은 근로자가 처한 구체적 상황에 따라 보호의무의 존부와 내용에 관한 해석기준이 될 수 있을 것이다.[4]

(5) 산업안전보건법 위반과 업무수행

사용자가 산업안전보건법상의 안전 · 보건조치(제38조, 제39조 참조)를 하지 않을 경우에 근로자는 노무제공의무의 이행을 거부(사용자의 업무명령거부)할 수 있는가? 개정법은 제51조에서 산업재해가 발생할 급박한 위험이 있을 때에는 즉시 작업을 중지시키고 근로자를 작업장소에서 대피시키는 등 안전 및 보건에 관한 필요한 조치를 취하여야 한다고 규정하는 한편, 제52조 1항은 「근로자는 산업재해가 발생할 급박한 위험이 있는 경우에는 작업을 중지하고 대피할 수 있다」고 규정함으로써 근로자의 작업중지권을 직접 규정하고 있다.[5] 근로자의 작업중지권은 본래 산업재해의 급박한 위험 발생에 대한 사

---

1) 일본에 있어서는 이러한 견해가 적지 않다(이에 관해서는 土田, 「勞働契約法」, 514面 참고).

2) 大判 1998. 1. 23, 97 다 44676.

3) 同旨: 土田, 「勞働契約法」, 514面 이하. 일본에서는 내용설이 유력하다.

4) 참고판례: 大判 1988. 4. 12, 87 다카 1609(근로자의 정기진단결과 고혈압증에 이환되어 있다는 사실을 알게 된 사용자가 근로자에게 진단결과를 알려주어 적절한 치료 내지 건강증진에의 주의를 하도록 통보하는 한편 당해 근로자로부터 당시 담당하고 있는 업무의 부담정도와 타 근무부서로의 전임희망여부 등을 확인한 결과 근로자로부터 당시 담당업무에 만족하고 있다는 취지의 의사통고를 받아들여 종전업무에 계속 근무하도록 한 것이라면 산업안전보건법 소정의 '근로자의 健康保持에 필요한 조치'를 하였다고 본 사례. 이 경우에 사용자는 보호의무(안전배려의무)를 다했다고 볼 수 있으며, 산업안전보건법의 해당규정은 보호의무의 해석기준으로 기능하고 있다고 할 수 있다).

5) 개정 전의 법 제26조 1항은 산업재해가 발생할 급박한 위험이 있을 때 또는 중대재해가 발생한 때

용자의 필요한 조치의무와 관련된 규정으로 볼 수 있지만, 그러한 급박한 위험 상황에서 근로자에게 작업을 중지할 수 있는 권리가 주어지는 것은 당연한 것이다. 근로자의 작업 중지권은 사업주가 필요·적절한 안전·보건조치를 사전에 취하였는지에 관계없이 인정되어야 하고, 급박한 위험이 있다고 믿을 만한 합리적 이유가 있는 때에는 급박한 위험성 인식에 대한 근로자의 착오가 있더라도 사용자는 작업을 중지한 근로자에게 책임을 묻거나 불이익을 주어서는 아니된다. 법 제52조 4항은 「사업주는 산업재해가 발생할 급박한 위험이 있다고 근로자가 믿을만한 합리적인 이유가 있을 때에는 제1항에 따라 작업을 중지하고 대피한 근로자에 대하여 해고나 그 밖의 불리한 처우를 하여서는 아니된다」고 규정하고 있다. 만일 산업재해의 발생이 워낙 급박하여 근로자가 제때에 대피하지 못하여 부상을 당하였거나 그 밖에 피해를 입은 경우에는—산재보상과 관계없이—그 사업재해의 발생원인이 사업주의 안전·보건에 관한 조치의무를 제대로 이행하지 않은 데 있고 그러한 조치의무위반이 보호의무위반에 해당하면 사업주는 불법행위책임(민법 제750조) 내지 계약상의 책임(민법 제390조, 제391조, 제655조)(위 6. (2), (3), (4)참고)을 부담해야 할 것이다.[1] 작업중지권은 실질적으로 노무급부거부권(Leistungsverweigerungsrecht)이라고 이해할 수 있다([57] 1. ⑴ c) 참고). 일반적으로 근로자의 생명·신체·건강에 대하여 특별한 또는 급박한 위험이 발생할 수 있는 상황하에서는 근로계약상의 노무제공의무는 발생하지 않는다고 보아야 할 것이다([49] 1. ⑵ c) 참고).[2] 그러한 노무제공의무는 근로계약의 범위에 속할 수 없기 때문이다. 다른 한편 근로자는 그러한 위험이 그에게 현실적인 재해를 가져오지 않는 한 그의 능력의 범위 내에서 위험의 확대를 저지해야 할 신의칙상의 성실의무(응급작업을 수행할 작위의무)를 부담하는 것으로 보아야 할 것이다([49] 1. ⑵ c)).[3] 고객의 폭언 등으로 인해 고객응대근로자에게 건강장해가 발생하거나 발생할 현저한 우려가 있는 경우에 사업주는 해당 근로자에 대하여 업무의 일시적 중단 또는 전환 등 필요한 조치를 하여야 한다(산안법 제41조 Ⅱ, 벌칙 제175조 Ⅳ ③). 해당 근로자가 스스로 업무를 중단할 수는 없으나, 사업주에게 업무의 일시적 중단 또는 전환 등 필요한 조치를 요구할 수 있다(동조 Ⅲ, 벌칙 제170조 ①).

에 사업주는 근로자의 작업을 중지시키고 대피시키는 등 필요한 안전·보건상의 조치를 한 후 작업을 다시 시작하여야 한다고 규정하고, 동조 2항은 「근로자는 산업재해가 발생할 급박한 위험으로 인하여 작업을 중지하고 대피하였을 때에는 지체없이 그 사실을 위 상급자에게 보고하고, 바로 위 상급자는 이에 대한 적절한 조치를 하여야 한다」고 규정하고 있었다.

1) Hromadka/Maschmann, *Arbeitsrecht*, Bd. 1 §7 Rn. 196 참고.

2) 同旨: 土田, 「勞働契約法」, 516面; 菅野, 「勞働法」, 556面.

3) *ErfK*/Preis, BGB §611a Rn. 744 f. Henssler/Preis, 독일근로계약법토의안, 제73조 1항 2문 참고.

[58] XII. 재해보상

1. 재해보상제도의 의의

(1) 총 설

a) 재해보상제도는 근로자가 근로중에 업무상의 사유로 부상하거나 질병에 걸리거나 장해를 입거나 또는 사망한 경우(업무상 재해)에 해당 근로자 또는 유족을 보호하기 위하여 마련된 것이다. 근로기준법은 업무수행과 재해간의 인과관계를 기초로 기업주에게 근로자들의 재해에 대한 보상책임을 규정함으로써 사용자의 무과실책임제도를 확립하여 보상의 내용을 근대화하였다. 이와 같은 재해보상제도는 생산조직이 기계화되고 대규모화됨으로써 빈번히 발생하는 재해를 구제하기 위한 것이다.

그러나 근로기준법이 재해보상을 사용자의 의무로서 규정하고 있더라도 실제로 특정재해가 발생하였을 때 사용자가 일정한 보상금을 지급하지 못한다면 재해보상제도의 입법상의 의의는 상실되고 만다. 따라서 보상을 확실하고 신속하며 공정하게 처리하기 위하여 — 사업의 성질 내지 다른 법률과의 관계를 고려하여 적용이 배제되는 일부의 사업을 제외한 — 모든 사업에 대해서 산재보험법에 의한 사회보험의 방식이 실시되고 있다(제6조. 산재보험이 적용되지 않는 사업에 관해서는 시령 제2조 참조).[1]

b) 안전과 보건에 관한 보호제도가 근로자의 상병방지(傷病防止)를 위한 사전적 또는 예방적인 일반조치에 관한 것이라면, 재해보상제도는 사후적 또는 구제적인 구체적 조치에 관한 제도라고 할 수 있다. 이 제도는 원래 근로자에 대한 은혜적인 부조제도(扶助制度)로부터 발전된 것이지만, 오늘날에 와서는 근로자의 인간다운 생활을 확보하기 위한 권리(근기법상의 보상청구의 권리)의 보장제도로서 인정되기에 이른 것이다. 그런 의미에서 재해보상제도는 근로자의 생존권확보에 그 본질적 성질이 있다고 주장되고 있다. 그러나 재해보상은 실손해의 전보가 아니라 정액화되어 있다는 점에서 실질보상으로서의 한계성을 지니고 있다.

c) 넓은 의미의 재해보상제도(근로기준법 및 산재보험법상의 보상제도)는 개인사용자의 재해보상(근기법상의 보상 제도)과 다수사용자의 책임분담 및 국고의 참여(산재법 제3조)라고 하는 사회보험으로 이원화(二元化)되어 있으며, 보상 자체는 법률상 정형화되어 가고 있다. 그러나 재해보상제도가 애초에는 개별적인 사용자의 손해배상책임, 불법행위책임

1) 산재보험법 적용 제외 사업의 범위를 대통령령에 위임하는 산재보험법 제6조 단서는 포괄위임금지원칙과 평등원칙에 위배되지 않는다고 본 헌재결정(憲裁 2018. 1. 25, 2016 헌바 466).

또는 계약책임에서 출발하였기 때문에(근기법 제78조 이하 참조, 산재법 제5조 ②, 제37조 I ① 가목 등 참조) 이러한 책임이론으로부터의 제약을 완전히 탈피할 수는 없다. 다시 말하면 재해보상책임은 기본적으로 사업주의 책임을 전제로 하는 것이므로 업무상의 재해냐 아니냐 하는 것이 중요한 판단의 기준이 되고 있다. 사용자들에 의한 사회연대책임으로서의 사회보험에 있어서도 업무상의 재해라고 하는 개념은 보험제도의 기본이 되고 있기 때문이다. 그러나 산업사회가 복잡해지고 다원화됨으로써 산업재해는 불가피하고 또한 빈번히 발생하고 있으므로 보상제도의 초점은 개별적인 사용자의 손해배상책임제도로부터 사회보험제도로 과감하게 이전되면서 보상의 범위도 확대되어가고 있다. 또한 사업주와의 종속적 근로관계에 있지 않은 중·소기업 사업주, 특수형태근로종사자에 대해서도 산재보험법의 적용이 확대되고 있다(동법 제124조, 제125조 참조). 재해보상제도가 사회보험화됨으로써 사용자는 큰 부담 없이 보험에 가입하여 재해를 입은 근로자를 실질적으로 보호할 수 있을 뿐만 아니라, 대규모의 재해책임으로 인한 기업체의 도산위험으로부터도 벗어날 수 있다. 「업무상」 재해의 의미와 인정범위도 이에 따라 확대되고 있다(특히 판례에 의하여, 최근에는 입법에 의하여).[1]

d) 일반근로자에 대한 현행 재해보상제도는 근로기준법상의 재해보상(동법 제78조 이하)과 산재보험법상의 재해보상으로 이원적 구조를 가지고 있다(다음의 5 참고).[2]

(2) 근로기준법의 재해보상

근로기준법의 재해보상제도는 근로자와 사용자 사이의 근로계약관계를 중심으로 하여 재해가 발생하였을 경우에 사용자에게 동법에서 정하고 있는 일정한 보상(제78조 이하)을 해 줄 것을 사용자 개인의 의무내용으로 하고 있다. 따라서 업무상의 재해로서 일정한 요건이 갖추어지면 근로자는 근로기준법의 해당규정을 근거로 사용자에게 재해보상을 요구할 수 있는 권리를 가진다. 즉, 근로기준법상의 재해보상은 사용자에 대한 근로자의 권리의 형태로 마련된 것이다.

근로기준법의 재해보상제도가 마련되기까지는 산업재해에 대한 종래의 시민법상의 구제가 근로자 보호에 적절·충분하지 못했다는 역사적 배경이 작용하였다. 즉, 근로자가 민법에 의하여 사용자에게 재해로 인한 손해배상을 청구하기 위해서는 근로자 또는 그 유족(遺族)이 사용자의 불법행위책임(민법 제750조) 또는 계약책임(채무불이행책임)(최근

1) 大判 2010. 8. 19, 2010 두 4216; 大判 2010. 8. 19, 2010 두 5141; 大判 2017. 3. 30, 2016 두 31272 등 참고.

2) 재해보상에 있어서 이원적 구조를 가지고 있는 나라는 일본과 우리나라밖에 없다. 이와 같은 이원제도는 이론상 실무상 많은 문제점을 안고 있다(오선균, '개정 「산재보험법」의 내용과 쟁점 및 평가', 「노동법포럼」(제2호), 2009, 5면 이하 참고).

에는 사용자의 보호의무위반으로 인한 채무불이행이 인정되기에 이르렀음([49] 3. ⑵ 참고))을 물어야 하는데, 이 중 불법행위책임에 기한 손해배상을 청구하기 위해서는 사용자의 행위의 위법성과 과실 및 가해행위와 재해 사이의 인과관계를 증명하지 않으면 안 된다. 또한 피해를 입은 근로자는 그가 현실적으로 입은 손해를 입증해야 한다. 그리고 피재자(被災者)에게 과실이 있으면 과실상계(민법 제396조)에 의하여 배상액이 감경된다. 그러나 근대 산업사회에 있어서 i) 산업재해가 기업활동에 수반하는 하나의 일반적 사고 또는 질병이라는 사실, ii) 기업활동으로 이익을 얻는 사용자는 기업에서 발생하는 재해를 사업위험으로서 스스로 부담해야 한다는 사상이 사회적으로 승인되면서 특별법인 근로기준법상의 재해보상제도가 탄생하였다. 즉, 근로기준법에서는 근로자의 재해에 대하여 사용자의 과실을 전제로 하지 않으면서 일정액의 보상액의 지급을 사용자의 의무로 규정하고 있다. 보상규정은 강행규정이다.

⑶ **산재보험법의 재해보상**(보험급여)

산재보험법은 국가(공단)가 보험제도를 운영하고, 사용자는 의무적으로 보험에 가입하여 보험료를 납부함으로써 산업재해를 입은 근로자가 국가(공단)로부터 보상급여를 받도록 하는 법률이다. 이와 같은 산업재해보상보험제도는 근로계약관계를 중심으로 한 사용자의 보상책임을 정한 것이 아니라 사회보장제도의 일환으로서의 성격을 갖는 것이라고 할 수 있다. 여러 선진국[1]에서는 산재보험법을 사회법(Sozialrecht)(사회보장법)으로 분류하여 노동법과 그 영역을 달리하여 이해하고 있다. 산재보험법을 제정한 배경과 관련해서는 근로기준법상의 보상책임이 사용자의 책임재산을 기초로 하고 있다는 취약점을 우선 지적하지 않을 수 없다. 산업화가 진전·확대되면서 업무상의 재해는 불가피하고 대형화됨으로써 사회적 문제로 대두되었다. 따라서 기업주들의 연대(連帶)와 국가의 지원하에 사회보험제도로서의 산재보험법(제정 1963. 11. 5 법률 제1438호)이 탄생한 것이다. 산재보험법의 제정으로 근로기준법상의 사용자의 개별적 보상책임제도(민법의 불법행위 또는 채무불이행에 의한 손해배상제도를 그 기초에 깔고 있는 특별법상의 제도)는 사회보험제도로서의 산재보험법에 그 자리를 내주고 있으며, 산재보험제도는 그 적용범위와 내용이 해가 갈수록 확대되고 있다.

⑷ **산업재해에 대한 각종 구제방법**

a) 재해가 발생했을 경우에 재해를 입은 근로자에게는 현행법상 산재보험법 또는 근로기준법 및 민법(불법행위에 관한 민법 제750조 이하, 제756조, 채무불이행에 관한 민법 390조 이하의 규정)에 의한 청구권이 성립될 수 있음을 유의해야 한다.

---

1) 독일, 오스트리아, 프랑스 등.

b) 재해보상제도의 형태는 일반근로자·선원 및 공무원과 사립학교교원에 관한 것으로 3분될 수 있다. 일반근로자의 재해보상에 관해서는 근로기준법(제78조 이하) 및 산재보험법이, 선원의 재해보상에 관해서는 선원법과 어선원및어선재해보상보험법이, 공무원과 사립학교교원의 재해보상에 관해서는 공무원연금법·사립학교교직원연금법이 각각 규정하고 있다. 이곳에서는 일반근로자의 재해보상을 중심으로 설명한다.

(5) 산재보험법의 적용범위

a) 적용사업 산재보험법의 적용사업(당연적용사업)은 근로자를 사용하는 모든 사업 또는 사업장이다. 다만, 위험률·규모 및 장소 등을 고려하여 대통령령으로 정하는 사업에 대해서는 산재보험법이 적용되지 않는다(산재법 제6조. 비적용사업에 대해서는 동법 시령 제2조 참조). 비적용사업은 근로복지공단의 승인을 얻어 산재보험에 임의가입할 수 있다(징수법 제5조 Ⅳ). 근로기준법은 상시 5명 이상의 근로자를 사용하는 사업 또는 사업장에 적용되나, 재해보상에 관한 규정(제78조 내지 제92조)은 상시 4명 이하의 근로자를 사용하는 사업 또는 사업장에도 적용되므로(근기법 시령 제7조 별표 1 참조), 근로기준법과 산재보험법의 적용범위는 원칙적으로 동일하다고 할 것이다. 다만, 산재보험법은 비적용사업을 규정하고 있으나 근로기준법은 비적용사업을 특별히 규정하고 있지 않다. 따라서 비적용사업이 산재보험에 임의가입하지 않더라도 사용자는 근로기준법상의 재해보상책임을 부담한다.

당연적용사업의 사업주는 그 사업이 시작된 날, 또는 비적용사업이 적용사업으로 된 경우는 그 적용사업이 되는 날에 당연히 산재보험법상 보험가입자가 된다(징수법 제7조 ②). 그 밖에 비적용사업으로서 임의가입한 경우에는 산재보험을 관장하는 근로복지공단(이하 '공단')에 보험가입승인신청서를 접수한 날의 다음 날에 보험관계가 성립한다(징수법 제7조 ③)([58] 4. (1) a) 2) 참고).

b) 적용근로자 근로기준법상 재해보상을 받을 수 있는 사람은 당연히 근로기준법상 근로자이다(근기법 제2조 Ⅰ ①). 산재보험법상의 근로자도 근로기준법상의 근로자를 말한다(산재법 제5조 ②). 따라서 취업 중에 재해를 당한 사람이 당연히 산재보험의 적용을 받을 수 있는 근로자인지 여부의 판단기준은 근로기준법상 근로자성 판단기준과 동일하다. 이와 같이 산재보험법의 적용대상자는 원칙적으로 근로기준법상의 근로자에 한정되지만 업무의 성격, 해당 취업자의 보호필요성 및 재해발생의 경위 등에 비추어 근로자가 아닌 사람에 대해서도 산재보험법을 적용하는 것이 타당하다고 인정되는 경우도 있다. 이를 위하여 산재보험법은 특례규정을 두어 일정한 유형의 취업자를 산재보험법의 근로자로 의제하여 보호대상으로 규정하고 있다(산재법 제122조 내지 제126조 참조)(다음 (6) 1) 참고). 이는 근로기준법상의 근로자가 아닌 사람에게도 산재보험법적용의 특례를 인정한 것으로 근

로자 개념의 의제에 의한 법의 적용확대 현상이라고 볼 수 있다. 그런데 원래 산재보험법은 근로기준법과 달리 근로계약관계의 당사자인 근로자에게만 적용되어야 하는 것은 아니다. 따라서 근로자의 「의제」라는 용어의 사용이 반드시 적절하다고 볼 수는 없다.

(6) 산재보험법 적용대상의 특례

근로자가 근로기준법상의 재해보상을 받으려면 근로계약관계의 당사자인 근로자(근기법 제2조 I ①)이어야 한다.[1] 산재보험법상의 근로자도 근로기준법에 따른 근로자를 말한다(산재법 제5조 ②).[2] 그러나 산재보험법은 특례 규정을 두어 일정한 유형의 근로자를 산재보험법의 보호대상으로 규정하고 있다. 이는 근로기준법상의 근로자가 아닌 비전형근로자에게 — 근로자와 사용자 사이의 근로계약관계를 매개로 하지 않고 — 산재보험법적용의 특례를 인정한 것으로 근로자개념의 의제(사회적으로 보호할 필요가 있는 노무공급자)에 의한 법적용의 확대현상이라고 볼 수 있다. 그러나 원래 산재보험법은 근로기준법과는 달리 근로계약관계의 당사자인 근로자에게만 적용되는 성질의 법은 아니다. 따라서 근로자의 「의제」는 반드시 부적절하다고 볼 수는 없다.

1) 특수형태근로종사자 특수형태근로종사자의 노무를 제공받는 사업은 산재보험법의 적용을 받는 사업으로 본다(산재법 제125조 I). 특수형태근로종사자는, 계약의 형식에 관계없이 근로자와 유사하게 노무를 제공함에도 「근로기준법」 등이 적용되지 아니하여(동법 제125조 I 전단), 업무상의 재해로부터 보호받을 필요가 있는 자로서 '주로 하나의 사업에 그 운영에 필요한 노무를 상시적으로 제공하고 보수를 받아 생활할 것'과 '노무를 제공함에 있어서 타인을 사용하지 아니할 것'의 요건을 모두 갖춘 사람으로서 대통령령이 정하는 직종에 종사하는 사람(동법 제125조 I ①·②)을 말한다. 대통령령(동법 시령 제125조)이 정하는 직종에 종사하는 사람이란 i) 보험을 모집하는 사람으로서 「보험업법」 에 따른 보험설계사와 「우체국 예금·보험에 관한 법률」에 따른 우체국

---

1) 근로기준법상의 '근로자'에 관해서는 [32] 2. 참고. 大判 2021. 4. 29, 2019 두 39314(요양급여 및 휴업급여 등을 받을 수 있는 근로자(산재법 제36조 II 참조)의 요건). 근로기준법과 산재보험법상의 근로자는 입법론상으로는 양분해야 할 충분한 이유가 있다(同旨: 菅野, 「勞働法」, 609面).

2) 大判 2019. 11. 28, 2019 두 50168(산재보험법은 이 법에 따라 보험급여를 받을 수 있는 근로자에 대하여 제125조가 정한 특수형태근로종사자에 대한 특례 등을 제외하고는 '근로기준법에 따른 근로자'를 말한다고 정하고 있다. 따라서 보험급여 대상자인 근로자는 원칙적으로 '근로기준법에 따른 근로자'에 해당하는지에 따라 결정된다). 국내에서 행해지는 사업의 사업주와 산재보험관계가 성립한 근로자가 국외에 파견되어 근무하게 되었으나 단순히 근무장소가 국외에 있는 것일 뿐 실질적으로는 국내 사업에 소속하여 사용자의 지휘에 따라 근무하는 경우 산재보험법의 적용대상이 된다(大判 2011. 2. 24, 2010 두 23705). 형식적으로는 영농조합법인의 조합원으로 되어 있으나 실질적으로는 근로기준법상의 근로자에 해당한다고 하여 산재보험법의 적용을 받는 근로자라고 한 예(大判 2017. 9. 7, 2017 두 46899).

보험의 모집을 전업으로 하는 사람, ii) 「건설기계관리법」 제3조 1항에 따라 등록된 건설기계를 직접 운전하는 사람, iii) 학습지 방문강사, 교육 교구 방문강사 등 회원의 가정 등을 직접 방문하여 아동이나 학생 등을 가르치는 사람, iv) 골프장에서 골프경기를 보조하는 골프장 캐디, v) 택배원인 사람으로서 택배사업(소화물을 집화·수송 과정을 거쳐 배송하는 사업)에서 집화 또는 배송 업무를 하는 사람과, vi) 주로 하나의 퀵서비스업자로부터 업무를 의뢰받아 배송 업무를 하는 사람,[1] vii) 대출모집인, viii) 신용카드회원 모집인, ix) 주로 하나의 대리운전업자로부터 업무를 의뢰받아 대리운전 업무를 하는 사람, x) 방문판매원 또는 후원방문판매원으로서 상시적으로 방문판매업무를 하는 사람, xi) 대여 제품 방문점검원, xii) 가전제품 설치 및 수리원으로서 가전제품을 배송, 설치 및 시운전하여 작동상태를 확인하는 사람, xiii) 「화물자동차 운수사업법」 상 화물차주로서 안전운임이 적용되는 수출입 컨테이너를 운송하는 사람, 시멘트를 운송하는 사람, 철강재를 운송하는 사람, 위험물질을 운송하는 사람, xiv) 「소프트웨어 진흥법」에 따른 소프트웨어기술자이다(자세한 것은 시령 제125조 ① 내지 ⑭). 특수형태근로종사자가 산재보험법을 적용받을 때는 그 사업의 근로자로 본다(동법 제125조 Ⅱ 본문). 특수형태근로종사자가 동법의 적용 제외를 신청한 경우에는 근로자로 보지 않는다(동법 제125조 Ⅱ 단서). 특수형태근로종사자가 적용제외 사유에 해당하는 경우에는 특수형태근로종사자 또는 사업주는 보험료징수법으로 정하는 바에 따라 근로복지공단에 이 법의 적용제외를 신청할 수 있다. 적용제외 사유는 i) 특수형태근로종사자가 부상·질병, 임신·출산·육아로 1개월 이상 휴업하는 경우, ii) 사업주의 귀책사유에 따라 특수형태근로종사자가 1개월 이상 휴업하는 경우, iii) 그 밖에 위에 준하는 사유로서 대통령령으로 정하는 경우이다(제125조 Ⅳ. 2021. 1. 5 개정). 특수형태근로종사자 또는 사업주가 위의 규정에 따라 적용제외를 신청하여 공단이 이를 승인한 경우에는 신청한 날의 다음 날부터 이 법을 적용하지 아니한다(제125조 Ⅴ. 2021. 1. 5 개정). 그 밖에도 보험급여의 산정기준이 되는 평균임금은 고용노동부장관이 고시하는 금액으로 한다(산재법 제125조 Ⅷ). 또한 업무상 재해

1) 배달대행업체에서 배달 업무를 수행하는 사람의 업무가 그 배달대행업체에 가맹한 음식점들이 프로그램을 통하여 요청한 그 내역을 확인하고 배달을 요청한 가맹점으로 가서 음식을 받아다가 가맹점이 지정한 수령자에게 배달하는 것이라면 한국표준직업분류표의 세분류에서 '9222 택배원'의 업무를 수행하는 것으로 보아야 하므로 산재보험법 시행령 제125조 제6호에 정한 택배원으로 봄이 타당하다(大判 2018. 4. 26, 2016 두 49372). 또한 동조 동호의 택배원은 '주로 하나의 퀵서비스업자로부터 업무를 의뢰받아 배송 업무를 하는 사람'이라고 규정되어 있는데 이 배달원들이 다른 배달업체의 스마트폰 앱을 이용할 가능성이 있다는 사정만으로 배달원의 '전속성'이 부정 될 수 없다. 그렇게 해석하는 것이 특수형태근로종사자 보호를 위해 특별규정을 둔 취지에 어긋나지 않는다(大判 2018. 4. 26, 2017 두 74719). 참고문헌으로는 방준식, "특수형태종사근로자의 '전속성' 판단에 대한 비판적 고찰", 「노동법포럼」(제31호), 2020. 11. 79면 이하.

가 보험료 체납기간 중에 발생한 경우에는 대통령령으로 정하는 바에 따라 그 업무상의 재해에 따른 보험급여의 전부 또는 일부를 지급하지 아니할 수 있다(산재법 제125조 Ⅹ).

특수형태근로종사자에 대한 보험급여 지급사유인 '업무상의 재해의 인정기준'은 일반 근로자의 업무상의 재해인정기준(동법 시령 제27조부터 제36조)을 준용한다. 이 경우 '근로자'는 '특수형태근로종사자'로 본다(동법 시령 제127조).

2) **중·소기업 사업주** 중·소기업 사업주는 근로자가 아니지만, 산재보험의 보호를 받을 필요성의 관점에서 보면 동법에 의한 보호대상이 될 수 있다. 다만, 일반 근로자와 같이 당연가입자가 되는 것은 아니며 대통령령이 정하는 사람에 한하여 공단의 승인을 받아 자기 또는 유족을 보험급여를 받을 수 있는 사람으로 하여 보험에 가입할 수 있다(산재법 제124조 Ⅰ). 산재보험에 가입할 수 있는 중·소기업 사업주는 ⅰ) 보험가입자로서 300명 미만의 근로자를 사용하는 사업주(이미 보험에 가입한 사람이 300명 이상의 근로자를 사용하게 된 경우에도 중·소기업 사업주 본인이 보험관계를 유지하려고 하는 경우에는 계속하여 300명 미만의 근로자를 사용하는 사업주로 본다)와 ⅱ) 근로자를 사용하지 않는 사람을 말한다(다만 산재보험법 제125조 1항 및 동법 시행령 제125조에 따른 특수형태근로종사자에 해당하는 사람은 제외된다)(산재법 시령 제122조 Ⅰ, Ⅱ). 근로자를 사용하지 않는 사람이 산재보험법 시행령 제122조 1항 2호에 따라 보험에 가입하여 300명 미만의 근로자를 사용하게 된 경우에는 300명 미만의 근로자를 사용하는 중·소기업 사업주로서 보험에 가입한 것으로 본다(산재법 시령 제122조 Ⅲ). 중·소기업 사업주의 업무상의 재해의 인정 기준 및 보험급여 지급의 제한에 관하여는 산재보험법 시행령 제123조 및 제124조가 규정하고 있다.

3) **현장실습생** 산재보험법이 적용되는 사업에서 현장실습을 하고 있는 학생 및 직업훈련생('현장실습생'이라 한다) 중 고용노동부장관이 정하는 현장실습생은 산재보험법을 적용받을 때는 그 사업에 사용되는 근로자로 본다(산재법 제123조 Ⅰ). 현장실습생이 실습과 관련하여 입은 재해는 업무상의 재해로 보아 보험급여(산재법 제36조 Ⅰ)를 지급한다(산재법 제123조 Ⅱ).

4) **그 밖의 경우** i) 자활급여수급자: 근로자가 아닌 자로서 자활급여수급자(국민기초생활보장법 제15조 참조) 중 고용노동부장관이 정하여 고시하는 사업에 종사하는 사람은 산재보험법의 적용을 받는 근로자로 본다(산재법 제126조 Ⅰ). ii) 해외파견자: 보험가입자(보험징수법 제5조 Ⅲ·Ⅳ)가 해외에서 하는 사업에 근로시키기 위하여 파견하는 사람('해외파견자'라 한다)에 대하여 공단에 보험가입신청을 하여 승인을 받으면 해외파견자를 그 가입자의 대한민국영역의 사업에 사용하는 근로자로 보아 산재보험법을 적용할 수 있다(산재법 제122조 Ⅰ). 국외의 사업에 대한 특례는 산재보험법 제121조가 규정하고 있다.

국내에서 행하여지는 사업의 사업주와 산재보험관계가 성립한 근로자가 국외에 파견되어 단순히 근무장소가 해외로 옮겨진 것일 뿐 실질적으로는 국내 사업에 소속하여 사용자의 업무지시에 따라 근무하고 있는 것으로 인정되면 산재보험법의 적용대상이 된다.[1)]

(7) **법체계와 실제적 적용**

우리나라의 재해보상제도는 위에서도 언급한 바와 같이 근로기준법과 산재보험법으로 구성되어 있다. 근로기준법은 근로계약을 중심으로 하는 개별적 근로관계법에 편입될 수 있으나, 산재보험법은 보험법에 속하는 사회보장법이므로 엄격한 의미에서는 개별적 근로관계법의 직접적 구성내용이 되는 것이 아니다. 선진 여러 나라에 있어서도 그와 같은 법체계적 인식하에 보험법을 사회법의 영역에서 다루는 것이 일반적이다.[2)] 그러나 실제로는 산재보험법이 근로기준법상의 재해보상의 기능을 대부분 담당하고 있다. 산재보험법의 실제적 적용은 근로기준법에 비교할 수 없을 정도로 지배적인 것이 현실이다. 이와 같이 근로기준법의 한정된 기능에도 불구하고 법체계상(개별적 근로관계법상)으로는 근로기준법이 기본법[3)]이라는 점은 부인할 수 없을 것이다. 다음에서는 산재보험법을 위주로 기존의 분류체계를 유지하면서 근로기준법과 산재보험법을 함께 대비하면서 기술·설명하기로 한다.

2. 재해보상의 요건인 업무상 재해

(1) **업무상의 재해의 의의**

근로기준법상의 재해보상이나 산재보험법상의 보험급여의 대상이 되기 위해서는 어떤 재해가 「업무상 재해」이어야 한다. 업무상 재해에 관하여 근로기준법은 아무 규정을 두고 있지 않으나, 산재보험법 제5조 1호는 「'업무상의 재해'란 업무상의 사유에 따른 근로자의 부상·질병·장해 또는 사망」이라고 정의하고 있다. 이와 같은 내용은 근로기준법의 재해보상(개별적 근로관계를 중심으로 전개되는 점을 유의할 것) 또는 산재보험법의 보험급여(보험법의 성격에 유의할 것)의 성격과 각 법률의 목적에 따라 보다 구체적으로 이해되어야 한다.[4)] 우선 산재보험법 제37조 1항에 의하면 근로자가 「'업무상 사고', '업

1) 大判 2011. 2. 24, 2010 두 23705(국내 회사에 채용되어 국내 현장에서 토목과장으로 근무하던 A가 필리핀 댐·용수로 공사현장에서 총괄 관리하던 중 뇌출혈 진단을 받고 근로복지공단에 요양신청을 하였으나 불승인처분을 받은 사안에서 A가 해외 공사현장에서 한 근무는 근로장소가 국외에 있는 것에 불과하고 실질적으로는 국내 사업에 소속하여 사용자의 지휘에 따라 근무하는 경우로 보아야 하므로 A에게 산업재해보상보험법이 적용된다고 본 원심판결을 수긍한 사례).

2) 일본에서는 근로기준법과 함께 산재보험법을 노동법에서 기술하고 있다(예: 菅野, 「勞働法」, 605面 이하).

3) 同旨: 菅野, 「勞働法」, 608面.

4) 근로자가 직장 안에서 타인의 폭력에 의하여 재해를 입은 경우, 그것이 가해자와 피해자 사이의 사

무상 질병', '출퇴근 재해'에 해당하는 사유로 부상 · 질병 또는 장해가 발생하거나 사망하면 업무상의 재해로 본다. 다만, '업무'와 '재해' 사이에 상당인과관계(相當因果關係)가 없는 경우에는 그러하지 아니하다」고 규정하고 있다. 판례에 따르면 「산재보험법 제37조 1항에서 말하는 '업무상의 재해'라 함은 업무수행 중 그 업무에 기인하여 발생한 근로자의 부상 · 질병 · 신체장애 또는 사망을 뜻하는 것이므로 업무와 재해발생 사이에는 인과관계[1]가 있어야 하고 그 인과관계는 이를 주장하는 측에서 증명하여야 하는바, 그 인과관계 유무는 반드시 의학적 · 자연과학적으로 명백히 증명되어야 하는 것이 아니라 규범적 관점에서 상당인과관계의 유무로써 판단되어야 한다」[2]고 한다. 업무상 재해로 인정되기 위한 기초 개념인 「업무」란 그 성질상 회사의 사업이나 업무 또는 그와 관련된 업무를 말하고, 회사의 노무관리업무와 밀접한 관련이 있는 업무도 회사의 업무라고 볼 수 있다.[3] 산재보험법은 제37조와 동 시행령 제27조 이하에서는 업무상 재해의 인정기준을 유형화하여 자세히 규정하고 있다.

적인 관계에 기인하는 경우 또는 피해자가 직무의 한도를 넘어 상대방을 자극하거나 도발한 경우에는 업무상 사유에 의한 것이라고 할 수 없어 업무상 재해로 볼 수 없으나, 직장 안의 인간관계 또는 직무에 내재하거나 통상 수반하는 위험의 현실화로서 업무와 상당인과관계가 있으면 업무상 재해로 인정하여야 한다(大判 2011. 7. 28, 2008 다 12408).

1) 산재보험법상의 보험급여는 근로자의 생활보상적 성격을 가지고 있을 뿐만 아니라 사용자의 과실을 요하지 아니함은 물론 법률에 특별한 규정이 없는 한 근로자의 과실을 이유로 급여지급책임을 부정하거나 책임범위를 제한하지 못하는 것이 원칙이므로 해당 재해가 산재보험법 제37조 제2항에 규정된 근로자의 고의 · 자해행위나 범죄행위 또는 그것이 원인이 되어 발생한 경우가 아닌 이상 재해 발생에 근로자의 과실이 경합되어 있음을 이유로 업무와 재해 사이의 상당인과관계를 부정하는 경우에는 신중을 기하여야 한다(大判 2017. 3. 30, 2016 두 31272). 大判 2010. 8. 19, 2010 두 4216(법률에 의한 특별한 규정이 없는 한 산재보험법에 의한 급여지급책임에는 과실책임의 원칙이나 과실상계의 이론이 적용되지 않는다.).

2) 大判 2011. 6. 9, 2011 두 3944(업무와 자살 사이에 인과관계가 있다고 하여 업무상의 재해를 인정한 사례).

3) 大判 2014. 5. 29, 2014 두 35232; 大判 2007. 3. 29, 2005 두 11418 참고([101] 3. 참고).
노동조합 전임자가 노동조합업무를 수행하거나 이에 수반하는 통상적인 활동을 하는 과정에서 업무에 기인하여 발생한 재해도 업무상 재해로 보아야 한다. 노동조합 전임자가 아닌 조합 간부가 사용자인 회사의 승낙에 의하여 노동조합업무를 수행하거나 이에 수반하는 통상적인 활동을 하는 과정에서 업무에 기인하여 발생한 재해에 대해서도 마찬가지 법리가 적용된다. 그러나 업무의 성질상 사용자의 사업과 무관한 상부 또는 연합관계에 있는 노동단체와 연관된 활동이나 불법적인 노동조합활동 또는 사용자와 대립관계로 되는 쟁의단계에 들어간 이후의 활동 등은 업무상 재해로 인정되기 위한 업무에 해당하지 않는다(大判 2014. 5. 29, 2014 두 35232). 다만, 노동조합 전임자나 조합 간부가 단체협약이나 사용자의 동의에 의하여 행하는 노동조합업무가 상급단체 또는 연합단체와 연관되어 있다거나 정당한 쟁의 단계에 들어간 이후의 활동이라도 그러한 활동이 노조및조정법에 의하여 정당한 활동으로 인정되는 경우에는 광의의 협약자치를 위한 활동으로 보아야 할 것이므로 회사의 노무관리업무와 무관하다고 볼 수 없고, 업무상 재해를 근로자가 회사의 통상적인 업무수행 중에 발생한 업무라는 의미로 좁게 해석하는 태도는 재검토되는 것이 바람직하다.

「업무상의 사유」라는 개념은 업무수행성과 업무기인성의 두 개의 요소로 나누어 이해되어 왔다. 그러나 실제에 있어서 이 두 개의 요건을 다 갖추어야 재해보상이나 보험급여를 청구할 수 있는 것은 아니며, 또 그 중의 하나의 요건만 갖추면 「업무상의 사유」라고 인정하는 것도 언제나 타당한 것은 아니다. 따라서 각종의 업무의 성질과 유해성 등을 고려하여 탄력적 해석을 해야 한다.[1] 업무상의 사유인 수행성과 기인성 중의 어느 하나 또는 그 모두에 해당하면 업무성이 인정되며, 업무와 재해 사이에는 상당인과관계가 존재하는 것이 된다(제37조 I 참조).

⑵ **업무수행성과 업무기인성의 의의**

업무상 재해는 업무 수행 중에 발생한 부상·질병·장해 또는 사망을 말하는데 업무의 종류와 성질에 따라 부상·질병·장해 등의 내용이 다를 수 있다. 따라서 업무상 재해는 업무수행(업무수행성)과 이로 인하여 발생한 재해(사고, 질병) 사이의 업무기인(업무기인성)이라는 두 단계로 나누어 판단하는 것이 합리적이다. 업무수행성은 「구체적인 업무의 수행 중」이라는 좁은 뜻으로 이해되지 아니하고 「근로자가 사업주의 지배·관리 하에」 업무를 수행하는 넓은 의미로 해석되며, 업무기인성이라고 함은 근로자가 근로계약에 기초한 업무 또는 업무행위를 사용자의 지배 하에서 수행하면서 이에 수반하는 위험의 현실화가 이루어져 업무와 재해 사이에 경험칙상 인과관계가 인정되는 뜻으로 이해되고 있다. 따라서 업무기인성에서 업무라는 것은 업무수행을 말하는 것이고, 기인성은 업무상의 행동 및 이와 관련된 작업조건 또는 작업환경과 재해 사이의 상당한 인과관계를 의미한다. 그러므로 구체적 업무수행 중에 발생한 재해만을 업무기인성이 있는 것으로 좁게 해석할 것은 아니다.[2]

---

1) 업무상의 사유에 의한 근로자의 부상, 질병은 업무상 사고와 업무상 질병으로 나누어 볼 수 있으며, 업무상 사고는 업무를 하던 중(업무수행성)에 발생한 사고이므로 시간적·공간적으로 비교적 명확히 인식할 수 있으나 업무상 질병은 장기간에 걸친 근로제공 과정에서 내재되어 있는 위험이 질병으로 발현되는 것으로 「업무」에 의한(업무기인성) 질병인지 개인적인 지병인지 판단하기 어려운 경우가 적지 않다. 공장 등에서 PVC 파이프(10 내지 30kg)의 포장·하차업무를 수행하면서 약 12시간씩 2주 간격으로 반복되는 주·야간 교대근무를 마친 후 숙소에서 휴식 중 심혈관 흉통으로 중증 호흡곤란 증세를 보여 병원으로 후송된 뒤 협심증 의심진단(1차 재해)을 받고, 11일간 집에서 요양한 후 야간 근무 직전 기숙사 화장실에서 쓰러진 채 발견되어 병원으로 이송되었으나 근로자가 사망(2차 재해)한 사안에서, 원심은 추운 날씨에 주·야간 교대제 근무로 육체적·정신적 피로가 누적되어 발생한 1차 질환을 업무상 재해로 보지 아니하고 근로자가 사망할 당시 객관적으로 과로 상태에 있지 아니하였다는 사실만을 고려하여 망인의 업무와 사망의 원인이 된 질병 사이의 상당인과관계를 인정하기 어렵다고 판단하였으나 대법원은 1차 질병이 업무상 재해에 해당한다고 하여 원심판단을 파기환송한 판결(大判 2020. 5. 28, 2019 두 62604). 1차 재해와 2차 재해는 업무상 재해에 해당하여 업무와 재해 사이에 상당인과관계에 있다고 판단한 것임.

2) 기존의 노동조합 지회가 사용자의 주도로 분열되어 제2의 기업별 노동조합이 설립된 상황하에 노

「업무상의 재해」라고 할 때 「업무상」이라는 말은 「업무에 기인한」이라는 뜻으로 이해되기도 하므로 근로자가 입은 부상·질병이 업무 종사 중에 발생한 것으로서 업무기인성이 확인되면 업무수행성 여부를 더 이상 따질 필요 없이 업무상의 재해가 인정될 수 있다는 견해가 있다. 그러나 업무 수행 중에 발생한 사고이더라도 예컨대 종업원 사이의 사적 폭행행위(불법행위)에 의한 것이라면 업무기인성이 인정되지 않으므로 업무상 재해는 성립할 수 없다. 그러므로 업무수행성과 업무기인성은 두 단계로 나누어 판단하는 것이 합리적이다. 산재보험법 제37조 및 동법 시행령 제27조 이하(업무상 재해의 인정 기준)의 규정을 해석할 때에는 업무수행성과 업무기인성을 구별하면서 유기적·체계적으로 새기는 것이 실제적일 것이다.

(3) 업무수행성과 업무기인성의 상관관계

업무수행성이 인정되지 않으면 업무기인성도 인정될 수 없으므로 업무상의 재해도 인정될 수 없다. 업무수행성은 비교적 넓게 인정되고 있으므로[1] 이를 유형적으로 분류하고, 각 유형에 따라 업무기인성 여부를 살피는 것이 합리적이고 실제적이다. 산재보험법 제37조 및 동법 시행령 제27조 이하의 규정은 사업주의 지배·관리 하에서 행하여진 업무와 업무행위를 중심으로 업무수행성을 인정하면서 업무수행성의 정도가 보다 낮은 경우와 사업주의 지배·관리 내지는 근로계약관계와의 연결이 단절되어 업무수행성이 부인되는 경우를 나누어 재해 사안을 유형별로 또는 세분하여 규정하고 있다. 다음에서는 업무수행성이 인정되는 재해를 단계별로 설명하고, 그 각 경우 업무기인성 인정 여부를 예를 들어 살피기로 한다.[2]

a) 1단계 i) 사업주의 지배 하에 있으면서 그 지배·관리(시설 관리 등) 아래서 업무에 종사하던 중에 발생한 재해로서 근로계약에 따른 업무나 그에 따른 행위를 하던 중에 발생한 사고가 대표적 전형적 예이다(산재법 제37조 I ①; 시령 제27조 I 각 호 참조). 사업주가 제공한 시설물 등을 이용하던 중 그 시설물의 관리 소홀로 발생한 재해도 마찬가지이다. 작업장 내에서 업무에 종사하던 중 발생한 사고·질병 등도 여기에 속한다.

ii) 사업장 내에서의 업무수행성이 인정되는 업무 중의 재해에 대해서는 그것이

조 지회 소속 조합원에게 정신적 스트레스로 인한 우울증이 발생한 사안에서 그 정신적 스트레스의 주된 원인이 단기적인 쟁의행위에 있다고 볼 수 없고 정상적인 업무 수행 중에 경험한 노사·노노의 갈등, 회사의 부당한 경제적 압박 및 강화된 감시와 통제가 더해져 비롯된 것으로 보이므로 이 사건 상병의 발생과 업무 사이에는 상당인과관계가 있다고 판단한 원심(서울高判 2018. 7. 18, 2018 누 34833)을 심리불속행으로 확정한 판결: 大判 2018. 11. 29, 2018 두 52808. 산재보험법 제37조 1항 2호 다목 참조.

1) 大判 2009. 5. 14, 2007 두 24548 참고.

2) 菅野, 「勞働法」, 612面 이하 참고.

천재지변이나 돌발적인 사태로 발생한 사고이더라도 원칙적으로 업무기인성이 인정되지만 그 재해(사고)가 근로자 자신의 업무 이탈, 사적 행위,[1] 또는 규율 위반 행위(취중(醉中) 작업)[2] 등에 의한 것이면 업무기인성이 인정될 수 없다(산재법 제37조 Ⅰ ① 바목; 시령 제31조 참조). 그러나 외부로부터의 사고이더라도 당해 사업장 인근에 있는 가연성물품 생산공장의 잠재적 화재 위험성이 현실화한 경우에는 이에 대한 사업주의 안전 조치 등을 고려하여 업무기인성 여부를 판단해야 할 것이다(시령 제27조 Ⅰ ④ 참조).

b) 2단계 ⅰ) 사업주의 지배·관리 하에 있으나 사업장 내에서 업무 대기 중이거나,[3] 시업(始業) 전 또는 종업(終業) 후에 작업장 내에서 필요한 행위를 하던 중의 재해도 업무수행 중의 재해이다(시령 제27조 Ⅰ ③).[4] 근로시간 중에 잠시 쉬고 있는 중에 발생한 사고에 대해서도 업무수행성이 인정된다.[5]

ⅱ) 업무수행성이 인정되는 휴식 중의 사고이거나 근로시간 중 용변행위나 구내 이동행위와 같이 업무와 관련성이 있으면 업무기인성이 인정된다(시령 제27조 Ⅰ ②).

c) 3단계 ⅰ) 사업주의 지배 아래 있으나, 그의 관리를 떠나서 업무를 수행하는 중에 발생한 재해이다. 사업장 밖에서 업무를 수행하고 있거나[6] 출장 중에 일어난 사고나 질병이 이에 해당한다(출장 중에는 원칙적으로 교통수단 이용이나 숙박 장소에서의 체류도 사적 업무처리나 방문 등의 특별한 사정이 없는 한 업무수행성을 수반하는 것으로 인정해야 할 것이다)(시령 제27조 Ⅱ). 외국에 출장 근무하면서 사업장 밖에서 임의적으로 현지의 지인들과 회사의 업무와는 무관하게 친목회를 갖는다거나 순수한 사적 행동을 하는 경우에는 업무수행성이 인정되지 않는다고 보아야 한다. 그러나 출장 근무를 위하여 일상생활에 필요한 식료품 그 밖의 생활필수품을 구입하거나 마련하는 등의 행위 중에 발생한 재해

1) 사적인 다툼으로 부상을 입은 경우(大判 1995. 1. 24, 94 누 8587; 大判 2011. 7. 28, 2008 다 12408 등).

2) 大判 2015. 11. 12, 2013 두 25276.

3) 大判 1983. 5. 27, 92 다 24509.

4) 大判 1993. 9. 28, 93 다 3363 등.

5) 大判 1996. 8. 23, 95 누 14633; 大判 2000. 4. 25, 2000 다 2023(휴게시간 중 구내매점에 간식을 사러 가다가 사고를 당한 경우).

6) 근로자가 근로계약에 따른 업무가 아닌 회사 밖에서의 모임에 참가하던 중 재해를 당한 경우, 이를 업무상 재해로 인정하려면 모임의 주최자, 목적, 내용, 참가인원과 강제성 여부, 운영방법, 비용부담 등의 사정들에 비추어 사용자의 지배나 관리를 받는 상태에 있어야 하고, 근로자가 그와 같은 모임의 정상적인 경로를 일탈하지 아니한 상태에 있어야 한다(大判 2017. 3. 30, 2016 두 31272: 회사의 업무총괄이사가 동료 직원과 함께 거래처 회사 직원을 접대하는 회식 후 술에 취한 상태에서 대리운전 기사를 기다리던 중 넘어지면서 머리를 다친 사안에서, 회식 등 접대비용을 회사의 업무비용으로 처리하였고 전반적 접대 과정이 그 모임의 정상적인 경로를 일탈하지 않았다면 사용자의 지배나 관리를 받는 상태에 있다고 봄이 타당하므로 업무상 재해를 인정한 판결); 大判 2007. 11. 15, 2007 두 6717 등 참고.

는 업무수행성을 가진다고 보아야 한다(산재법 제37조 Ⅲ 단서 참조).

ⅱ) 업무수행성이 인정되는 사업장 밖의 근로나 출장 중에 발생한 사고·질병(재해)에 있어서는 위험에 처하게 되는 범위가 비교적 넓다고 보아야 하므로 업무기인성도 그만큼 넓게 인정될 수 있다. 예컨대 출장 중 현지 호텔에 숙박하던 중 화재로 사망한 경우에는 업무기인성이 인정된다.

⑷ 인과관계와 증명

a) 인과관계 사용자의 재해보상의무 또는 산재보험법상 근로자의 보험급여청구권이 발생하기 위해서는 근로자가 입은 재해가 '업무상의 재해'이어야 한다. 여기서 '업무상'이란 위에서 살핀 바와 같이 근로자가 사용자와의 근로관계에 따라(사업주의 지배·관리 하에서) 업무에 종사하던 중에 그 업무로 인하여 발생한 재해와의 사이에 인과관계가 인정되는 경우에 사용되는 개념[1]이므로 그 업무는 '업무상' 사유(원인), 그 재해는 '업무상' 재해(결과)를 말한다.

업무와 재해 사이의 인과관계를 밝히려면 산재보험법 제37조 및 동법 시행령 제27조 이하에서 규정하고 있는 「인정기준」에 기초하여 당해 사안에서의 업무수행성과 업무기인성(위의 ⑵, ⑶ 참고)의 상관관계를 구체적으로 판단하여야 한다. 그러나 업무와 관련된 모든 사고나 질병이 법령이 규정하고 있는 인정기준에 포섭될 수 있는 것은 아니지만 산재보험법은 '그 밖에 업무와 관련하여 발생한 사고·질병'(산재법 제37조 Ⅰ ① 바목, 제37조 Ⅰ ② 라목)도 업무상 재해로 인정될 수 있다고 규정하고 있다. 따라서 업무상 재해의 인정 범위가 넓어지는 만큼 재해근로자의 보호 범위도 넓어지게 된다. 업무상 사고로 인정되는 그 밖에 업무와 관련하여 발생한 사고(법 제37조 Ⅰ ① 바목)에 관해서는 동법 시행령 제31조(특수한 장소에서의 사고), 제32조(요양 중의 사고), 제33조(제3자의 행위에 따른 사고)가 자세히 규정하고 있다. 그 밖에 업무와 관련하여 발생한 질병(법 제37조 Ⅰ ② 라목)에 관하여 시행령 제34조 3항 관련 [별표 3] 제13호는 이 별표에서 규정된 발병요건을 충족하지 못하였거나 여기서 규정된 질병이 아니더라도 근로자의 질병과 업무와의 상당인과관계가 인정되면 해당 질병을 업무상 질병으로 본다고 규정하고 있다. 판례도 이 규정을 근거로 이 기준에서 정한 질병이 아니라하여 업무와 관련해서 발생한 질병을 업무상 질병에

1) 전세버스 기사인 망인이 사망 전날까지 19일 동안 휴무없이 계속 근무하였고 사망 전 1주일간은 72시간이나 근무하는 등 업무상 부담이 단기간에 급증하여 육체적, 정신적 피로가 급격하게 증가하였고, 망인의 근무시간 중에 대기시간이 포함되어 있기는 하나 대기시간 전부가 온전한 휴식시간이었다고 보기는 어렵다는 등의 사정을 고려하여 망인의 업무와 사망(재해) 사이에 상당인과관계를 인정할 여지가 있다고 하여, 이와 결론을 달리한 원심을 파기환송한 판례(大判 2019. 4. 11, 2018 두 40515).

서 배제할 수 없다고 한다.[1] 업무상 사고의 경우와는 달리 업무상 질병의 경우에는 그 원인(업무상 사유)이 매우 다양하고 복합적이며 복잡하므로 업무상 질병의 인정기준을 보다 자세히 규정하고 있다. 즉 산재보험법 제37조 1항 2호는 업무상 질병의 인정기준을 ⅰ) 근로자가 업무 수행 중 물리적 인자(因子), 화학물질, 병원체 등 근로자의 건강에 장해를 일으킬 수 있는 유해·위험요인을 취급하거나 그에 노출되어 발생한 질병(동조항 2호 가목), ⅱ) 업무상 부상이 원인이 되어 발생한 질병(동조항 2호 나목), ⅲ) 근로기준법 제76조의2에 따른 직장 내 괴롭힘, 고객의 폭언 등으로 인한 업무상 정신적 스트레스가 원인이 되어 발생한 질병(동조항 2호 다목)(2019. 1. 15 신설: 2019. 7. 16 시행)과 ⅳ) 그 밖에 업무와 관련하여 발생한 질병(동조항 2호 라목)으로 분류하여 규정하고, 동법 시행령 제34조 1항은 근로기준법 시행령 제44조 1항 및 같은 법 시행령이 정한 자세한 업무상 질병의 범위 [별표 5]에 속하는 질병에 걸린 경우 일정한 요건(시령 제34조 Ⅰ ①·②·③)에 해당하면 업무상 질병으로 보고 있으며 동 시행령 제34조 3항은 더 나아가 ⅰ) 업무수행 중 유해·위험요인을 취급하거나 그에 노출되어 발생한 질병(산재법 시령 제34조 Ⅰ)과 ⅱ) 업무상 부상이 원인이 되어 발생한 질병(산재법 시령 제34조 Ⅱ)에 적용될 구체적인 인정기준을 [별표 3]으로 정하고 있다(산재법 시령 제34조 Ⅲ). 이와 같이 업무상 질병에 대하여 광범위하게 자세한 인정기준을 정한 것은 유해·위험요인을 취급하거나 이에 노출되거나, 업무상 부상이 질병의 원인으로 작용하거나 그 밖에 복합적·잠복적 원인이 질병으로 진행·발현된 경우에 업무상의 원인과 질병 사이의 인과관계를 신속하고 적절하게 판단할 수 있도록 하기 위한 것이다. 업무상 질병으로 인정되기 위해서는 유해· 위험요인에 의해 발생한 것이건 업무상 부상이 원인이 되어 발생한 것이건 그 인과관계가 의학적으로 인정되어야 하지만 근로기준법 시행령 [별표 5](제44조 1항 관련)와 산재보험법 시행령[별표 3](제34조 3항 관련)은 업무상의 원인과 각종 질병과의 사이의 업무기인성의 내용을 자세히 규정하고 있다. 이러한 범위와 한도 안에서「인정기준」은 업무상 원인과 질병 사이의 인과관계의 증명을 용이하게 하는 규정이라고 볼 수 있다.

건강한 성인 남성 근로자로서 평소 특별한 기초질환이 없었던 사람이더라도 오랜 기간 불규칙적으로 계속되는 주·야간 교대제 등 과중한 육체노동을 하면서 육체적·정신적 피로가 누적되어 왔고, 이러한 노동으로 인하여 취침시간의 불규칙, 수면부족, 생리리듬 및 생체리듬의 혼란으로 피로와 스트레스를 유별하여, 그 자체로서 면역력을 저하시켜 질병의 발병·악화를 초래할 수 있다.[2] 이러한 과중한 업무를 계속하는 가운데

1) 大判 2014. 6. 12, 2012 두 24214.

2) 大判 2020. 12. 24, 2020 두 39297; 大判 2003. 1. 10, 2002 두 8145; 大判 2007. 4. 12, 2006 두 4912 등).

균형있는 일상생활 유지가 어려운 상태에서 초기감염이 발생하고 그 후에도 제대로 쉬지 못한 채 4주 연속 야간근무를 하던 중 심장염이 발병하여 사망에 이르렀다면 업무와 재해(사망) 사이에 상당인과관계가 존재한다고 추단할 수 있을 것이다.[1] 이 경우는 기존질환이 없는 건강한 사람(만 37세)이 계속되는 과중한 업무로 인하여 사망한 사안에 대하여 업무상 재해를 인정한 것이므로 기존질환이 있는 근로자가 과중한 업무로 인해 그 질환이 악화되어 사망에 이른 경우와 구별된다. 그러한 의미에서 이 판결은 업무상 재해 인정에서 상당인과관계의 의미를 실질적으로 판단하였다는 점에서 중요한 의미를 가진다고 판단된다.

그러나 근로기준법 시행령 [별표 5](제44조 1항 관련)와 산재보험법 시행령 [별표 3](제34조 3항 관련)이 정하고 있는 업무상 질병에 관한 인정기준이 업무상 원인에 의하여 발생할 수 있는 모든 질병을 망라하고 있는 것은 아니며, 또한 근로자에게 발생한 어떤 질병이 외형상으로 법령이 규정하고 있는 질병(인정기준)에 해당한다고 하여 곧바로 업무상 질병으로 확정되는 것도 아니다. 업무상 재해에 관한 「인정기준」은 법령이 정한 추상적인 규정이므로 구체적 재해 사건에서 당해 질병이 업무상의 재해로 확정되려면 업무상의 원인(유해·위험물질에 의한 원인 또는 업무상의 부상)과 재해 사이의 구체적 인과관계가 의학적으로 인정되어야 한다(산재법 제37조 I 단서; 동법 시행령 제34조 I ③, Ⅱ ①). 인정기준에 규정된 질병에 대해서는 인과관계의 증명이 비교적 용이하다고 볼 수 있다. 그러나 업무상 질병은 법령이 규정하고 있는 업무상 질병에 한정되어 인정되는 것은 아니다. 산재보험법 시행령 [별표 3] 제13호는 '그 밖에 근로자의 질병과 업무와의 상당인과관계(相當因果關係)가 인정되는 경우에는 해당 질병을 업무상 질병으로 본다'고 규정하고 있다. 따라서 「별표 3」이 규정하고 있는 인정기준의 법적 성격은 예시적인 것이라고 볼 수 있으므로[2] 이 기준에서 정한 것이 아니라고 해서 업무와 관련하여 발생한 질병을 업무상 질병에서 배제할 수는 없다.[3] 인정기준에서 벗어난 업무상 사유(원인)와 이로 인하여 발생한 질병 사이의 의학적 인과관계를 증명하는 것은 이론상 예시된 질병의 경우에서 보다는 어려울 것이다. 그러나 판례는 다음에서 보는 바와 같이 상당인과관계에 관한 증명책임의 정도를 낮추고 있다.

1) 大判 2020. 12. 24, 2020 두 39297(유족급여및장의비부지급처분 취소사건).
2) 大判 2014. 6. 12, 2012 두 24214(산재보험법 시행령 제34조 3항 [별표 3] 제5호 가목 2)에서 정하고 있는 기준을 충족하지 아니한 경우라도 업무 수행 중 노출된 벤젠으로 인하여 백혈정, 골수형성이상 증후군 등 조혈기관 계통의 질환이 발생하였거나 적어도 발생을 촉진한 하나의 원인이 되었다고 추단할 수 있으면 업무상 질병으로 인정할 수 있다).
3) 大判 2014. 6. 12, 2012 두 24214.

b) 증명책임과 증명의 정도 업무상 사유로 인한 재해로 인정되려면 업무와 재해 발생 사이에 상당인과관계가 있어야 하고(산재법 제37조 I 단서) 그 증명책임은 원칙적으로 근로자에게 있다.[1] 판례는 업무와 질병 사이의 인과관계 증명의 정도를 완화하는 취지에서 '여기서 말하는 인과관계는 반드시 의학적·자연과학적으로 명백히 증명되어야 하는 것은 아니고 법적·규범적 관점에서 상당인과관계가 인정되면 그 증명이 있다고 보아야 한다'는 태도를 취하고 있다.[2] 그리고 산업재해의 발생 원인에 대한 직접적인 증거가 없더라도 근로자의 취업 당시 건강 상태, 질병의 원인, 질병 경위, 작업장에 발병 원인 물질이 있었는지 여부, 그 작업장에서의 근무기간 등의 여러 사정을 고려하여 경험칙과 사회통념에 따라 합리적인 추론을 통하여 인과관계를 인정할 수 있다고 한다.[3] 따라서 판례에서와 같이 규범적 관점에서 업무와 질병 사이의 상당인과관계가 경험칙과 사회통념에 따라 합리적으로 추론되거나 추단(추단의 경우에는 추정의 경우와는 달리 반증이 허용되지 않는다)되는 때에는 그 증명이 의학적·자연과학적으로 법령이 정한 「인정기준」을 충족하지 않더라도 위법하다고 판단할 수 없다.[4] 이때 업무와 질병 사이의 인과관계는 사회 평균인이 아니라 질병이 생긴 당해 근로자의 건강과 신체 조건을 기준으로 판단하여야 한다.[5] 근로자에게 발병한 질병이 첨단산업 현장에서 새롭게 발생하는 유형의 '희귀질환'인 경우 그 원인을 의학적·자연과학적으로 재해근로자 측에서 증명한다는 것은 거의 불가능한 일이다.[6]

1) 大判 2017. 11. 14, 2016 두 1066; 大判 2017. 4. 28, 2016 두 56134; 大判 2014. 6. 12, 2012 두 24214; 大判 2012. 2. 9, 2011 두 25661; 大判 2009. 3. 26, 2009 두 164 등. 업무와 재해 사이의 상당인과관계에 대한 증명책임을 이를 주장하는 근로자 측에 부담시키는 것은 재해근로자와 그 가족의 생활 보호를 일정한 수준에서 도모하면서 보험 재정의 건전성을 유지하려는데 있으므로 산재보험법 제37조 1항 단서 규정이 사회보장 수급권을 침해하는 것으로 볼 수 없다고 판단한 헌재 결정: 憲裁 2015. 6. 26, 2014 헌바 269).

2) 大判 2007. 4. 12, 2006 두 4912; 大判 2017. 11. 14, 2016 두 1066(삼성전자 반도체 공장 산재 인정 사건); 大判 2017. 8. 29, 2015 두 3867; 大判 2011. 6. 9, 2011 두 3944(산재보험법 제37조 1항에서 말하는 '업무상 재해'란 업무수행 중 그 업무에 기인하여 발생한 근로자의 부상·질병·신체장해 또는 사망을 모두 포괄하여 증명책임을 완화하면서 규범적 관점에서 상당인과관계의 유무를 판단해야 한다고 한다). 또한 大判 2017. 4. 28, 2016 두 56134 등 참고.

3) 大判 2017. 11. 14, 2016 두 1066; 大判 2014. 6. 12, 2012 두 24214(제반 사정을 고려할 때 업무와 질병 사이에 상당인과관계가 추단(推斷)되는 경우라면 그 증명이 있다고 볼 수 있다).

4) 大判 2014. 6. 12, 2012 두 24214; 大判 2017. 11. 14, 2016 두 1066; 大判 2017. 8. 29, 2015 두 3867 참조.

5) 大判 2004. 4. 9, 2003 두 12530; 大判 2007. 6. 14, 2005 두 4307; 大判 2009. 4. 9, 2008 두 23764; 大判 2017. 11. 14, 2016 두 1066 등.

6) 판례는 특정 산업 종사자군(群)이나 특정 사업장에서 그 질환의 발병률이 높거나, 사업주의 협조 거부 또는 행정청의 조사 지연 등으로 작업환경상 유해 요소들의 종류나 노출 정도를 구체적으로 특정할 수 없었다는 등의 특별한 사정이 인정된다면, 이는 상당인과관계를 인정하는 단계에서 근로자에

c) 특수한 경우의 업무 기인성 판단

ⅰ) 기존 질병의 발생 원인이 업무 수행과 직접적인 관계가 없더라도 업무상의 과로나 스트레스가 기존 질병의 원인과 겹쳐서 잠재적 질병을 발현 내지 악화시킨 경우, 또는 평소에는 정상적인 근무가 가능한 기초 질병이었지만 기존 질병이 업무 과중 등이 원인이 되어 자연적인 진행 속도 이상으로 급격하게 악화된 경우라면 상당인과관계가 증명된 것이라고 보아야 한다(산재법 시령 제34조 Ⅱ, [별표 3] ① 나목 참조).[1]

ⅱ) 근로자가 자살행위로 사망한 경우, 업무로 인하여 질병이 발생하거나 업무상 과로나 스트레스가 그 질병의 발생 원인과 겹쳐서 질병이 악화되어 심신상실 내지 정신착란 상태 또는 정신적 억제력이 현저히 저하된 상태에 빠져 자살에 이르게 된 것이라고 추단할 수 있을 때에는 업무와 사망 사이에 상당인과관계가 있다고 볼 수 있다.[2]

ⅲ) 근로자가 업무를 수행하는 작업장 환경에 여러 가지 유해물질이나 유해요소가 존재하는 경우에 개별 요인들이 특정 질환의 발병이나 악화에 복합적 누적적으로 작용할 가능성도 고려하여 인과관계 여부를 판단하여야 한다.[3]

ⅳ) 여러 개의 건설공사 사업장을 옮겨 다니며 근무한 근로자가 작업 중 질병에 걸린 경우 그 건설공사 사업장이 모두 산재보험법의 적용대상이라면 당해 질병이 업무상 재해에 해당하는지 여부를 판단할 때에 그 근로자가 복수의 사용자 아래서 수행한 모든 업무를 포함시켜 그 판단의 자료로 삼아야 한다.[4] 각 사업장별로 재해의 발생 원인을 나누어 판단한다면 업무상 재해의 인정기준을 충족시키지 않을 수도 있다. 이는 사회보험법으로서의 성격을 가진 산재보험법의 성질에 부합하지 않는다. 그러나 사업주 개인의 보상책임을 규정한 근로기준법에서는 이와 달리 판단해야 할 것이다.

게 유리한 간접사실로 고려될 수 있다고 한다(大判 2017. 11. 14, 2016 두 1066; 大判 2017. 8. 29, 2015 두 3867).

1) 大判 2009. 3. 26, 2009 두 164; 大判 2010. 1. 28, 2009 두 5794; 大判 2012. 2. 9, 2011 두 25661; 大判 2014. 6. 12, 2012 두 24214; 大判 2017. 4. 28, 2016 두 56134. 사용자의 지배·관리 하에서 진행된 겨울철 산행행사에 참여하여 기존 질병악화와 심장사 유발을 일으키게 된 경우 업무와 사망 사이에 상당인과관계가 있다고 한 사례(大判 2018. 6. 19, 2017 두 35097); 大判 2019. 11. 26, 2019 두 62604(2차 재해가 업무상 재해에 해당하는지는 1차 재해 당시에 망인(亡人)이 객관적 과로 상태에 있었는지 여부에 초점을 맞춰야 하며, 망인이 평소 장시간 근무와 장기간의 주·야간 교대근무를 수행하였다면 업무와 1차 재해 사이의 관련성이 인정될 수 있다).

2) 大判 2011. 6. 9, 2011 두 3944; 大判 2004. 9. 3, 2003 두 12912; 大判 2001. 7. 27, 2000 두 4538 등.

3) 大判 2017. 8. 29, 2015 두 3867; 大判 2017. 11. 14, 2016 두 1066.

4) 大判 2017. 4. 28, 2016 두 56134; 大判 1992. 5. 12, 91 누 10466.

(5) 업무상 재해의 인정 기준[1)]

업무상 재해에 해당 여부를 관련 법조문을 기초로 구체적으로 판단하는 것은 쉬운 일이 아니다. 산재보험법은 그 인정 기준을 마련하여 업무상 재해를 ⅰ) 업무상 사고, ⅱ) 업무상 질병, ⅲ) 출퇴근 재해로 유형화하여 규정하면서(산재법 제37조 Ⅰ ①, ②, ③, Ⅲ, Ⅳ), 구체적 인정 기준은 대통령령(시행령)으로 규정하고 있다(산재법 제37조 Ⅴ 참조). 업무상 재해의 인정 기준에 관한 산재보험법 및 동 시행령의 기본 조항들을 개관·도시(圖示)하면 다음과 같다.

〈산재보험법 및 시행령에 따른 업무상 재해의 인정 기준 조항의 구조〉

<table>
<tr><td rowspan="2">법
제37조</td><td rowspan="2">제1항
업무상 재해의 뜻. 업무와 재해 사이에 상당적 인과관계가 있을 것.</td><td>제1호 업무상 사고
가목 : 근로관계에 따른 업무나 그에 따른 행위로 발생한 사고(시령 제27조 Ⅰ,Ⅱ,Ⅲ).
나목 : 사업주가 제공한 시설물 등의 이용 중 그 시설물 등의 결함이나 관리소홀로 발생한 사고(시령 제28조 Ⅰ, Ⅲ).
다목 : 삭제(2017. 10. 24.)
라목 : 사업주가 주관하거나 사업주의 지시에 따라 참여한 행사나 행사 준비 중에 발생한 사고(시령 제30조).
마목 : 휴게시간 중 사업주의 지배관리 하에 있다고 볼 수 있는 행위로 발생한 사고
바목 : 그밖에 업무와 관련하여 발생한 사고(시령 제31조, 제32조, 제33조).</td></tr>
<tr><td>제2호 업무상 질병
가목 : 업무수행 과정에서 물리적 인자(因子), 화학물질, 분진, 병원체, 신체에 부담을 주는 업무 등 건강 장해를 일으킬 수 있는 요인을 취급하거나 그에 노출되어 발생한 질병(시령 제34조 Ⅰ, [별표 3](2017. 12. 6. 개정))
나목 : 업무상 부상이 원인이 되어 발생한 질병(시령 제34조 Ⅱ, [별표 3](2017. 12. 6. 개정))
다목 : 「근로기준법」 제76조의2에 따른 직장 내 괴롭힘, 고객의 폭언 등으로 인한 업무상 정신적 스트레스가 원인이 되어 발생한 질병(2019. 1. 15 신설. 2019. 7. 16 시행)
라목 : 그밖에 업무와 관련하여 발생한 질병(시행령[별표 3] 제13호 : 별표에서 규정된 질병이 아니더라도 상당인과관계가 인정되면 업무상 질병으로 본다. 판례는 업무와 질병 사이의 인과적 관련성을 넓게 해석하고 있음).[2)]</td></tr>
</table>

1) 산재보험법시행령 제127조의3(규제의 재검토): '고용노동부장관은 제34조 및 별표 3에 따른 업무상 질병의 인정기준에 대하여 2014년 1월 1일을 기준으로 3년마다(매 3년이 되는 해의 1월 1일 전까지를 말한다) 그 타당성을 검토하여 개선 등의 조치를 하여야 한다.'(본조 신설 2013. 12. 30).

2) 특정 산업 종사자군(群)이나 특정 사업장에서 그 질환의 발병률이 높다면 이는 상당인과관계를 인

		제3호 출퇴근 재해(2017. 10. 24 신설) 가목 : 사업주가 제공한 교통수단이나 그에 준하는 교통수단을 이용하는 등 사업주의 지배관리 하에서 출퇴근하는 중 발생한 사고(시령 제35조 Ⅰ ①, ②). 나목 : 그밖에 통상적인 경로와 방법으로 출퇴근 하는 중 발생한 사고.
	(제3항 및 제4항은 출퇴근 재해에 관한 규정이므로 이와 연결하여 제2항에 앞서 설명한다.) 제3항	본문 : 제1항 제3호 가목의 사고 중에서 출퇴근 경로 일탈 또는 중단 중의 사고 및 그 후의 이동 중의 사고는 출퇴근 재해로 보지 않는다. 단서 : 일탈 또는 중단이 일상생활에 필요한 행위로서 대통령령으로 정하는 사유가 있는 경우에는 출퇴근 재해로 본다(2017. 10. 24 신설)(시령 제35조 Ⅱ ① 내지 ⑦).
	제4항	출퇴근 경로와 방법이 일정하지 아니한 직종으로 대통령령으로 정하는 경우에는 제1항 제3호 나목에 따른 출퇴근 재해를 적용하지 아니한다(2017. 10. 24 신설)(시령 제35조의2(출퇴근 재해 적용 제외 직종 등) ① 내지 ③(2017. 12. 26 신설)).
	제2항	본문 : 근로자의 고의·자해 행위나 범죄행위 또는 그것이 원인이 되어 발생한 부상·질병·장해 또는 사망은 업무상 재해로 보지 않는다. 단서 : 그 부상·질병·장해 또는 사망이 정상적인 인식능력 등이 뚜렷하게 저하된 상태에서 한 행위로 발생한 경우로서 대통령령으로 정한 사유가 있으면 업무상 재해로 본다(시령 제36조 ① 내지 ③)(2020. 5. 26 개정).

산재보험법 제37조는 업무상 재해를 「업무상 사고」, 「업무상 질병」과 「출퇴근 재해」로 나누어 그 대표적 유형들을 규정하고(동조 Ⅰ ①·②·③), 업무상 재해의 구체적 인정 기준은 대통령령으로 정하고 있다(동조 Ⅴ, 동법 시령 제27조 이하). 그러나 근로자의 고의·자해(自害)행위나 범죄행위 또는 그것이 원인이 되어 발생한 부상·질병·장해 또는 사망은 업무상 재해로 보지 아니한다(동조 Ⅱ 본문). 종래 출퇴근 재해에 관해서는 업무상 사고의 한 종류로서 제37조 1항 1호 다목에서 규정하고 있었으나 이를 삭제·개정하여 업무상 사고(동조 동항 1호) 및 업무상 질병(동조 동항 2호)과 나란히 동조 동항 3호를 신설하여 「출퇴근 재해」에 관해 새로 규정하고, 동조 3항, 4항을 신설하여 출퇴근 재해 해당 제외 또는 적용 예외의 경우를 규정하였다. 또한 산재보험법 제5조 제8호를 신설하여 '출퇴근'의 뜻을 규정하였다. 출퇴근 재해에 관해서는 다음 c)에서 자세히 설명한다.

a) 업무상 사고 산재보험법 제37조 1항 1호는 업무상 사고의 유형으로 i) 근

정하는 관계에서 근로자에게 유리한 간접사실로 고려될 수 있다고 한다(大判 2017. 8. 29, 2015 두 3867; 大判 2017. 11. 14, 2016 두 1066).

로자가 근로계약에 따른 업무나 그에 따르는 행위를 하던 중 발생한 사고, ii) 사업주가 제공한 시설물 등을 이용하던 중 그 시설물 등의 결함이나 관리소홀로 발생한 사고,[1] iii) 사업주가 주관하거나 사업주의 지시에 따라 참여한 행사나 행사준비 중에 발생한 사고,[2] iv) 휴게시간 중 사업주의 지배·관리하에 있다고 볼 수 있는 행위로 발생한 사고,[3] v) 그 밖에 업무와 관련하여 발생한 사고를 말한다(동조 I ① 가목 내지 바목).[4] 업무상 사고에 관한 구체적 인정기준에 관해서는 산재보험법 시행령 제27조 이하에서 자세히 규정하고 있다. 종래 요양 중인 산재보험 의료기관 내에서 업무상 부상 또는 질병의 요양과 관련하여 발생한 사고만을 요양 중의 사고로 인정(산재법 시령 제32조 ②)하였으나 시행령 제32조 3호가 신설되어 업무상 부상 또는 질병의 치료를 위하여 거주지 또는 근무지에서 요양 중인 산재보험 의료기관으로 통원하는 과정에서 발생한 사고도 요양 중의 사고로 포함되었다(2018. 12. 11 신설).

b) **업무상 질병** 업무상 질병은 업무에 기인한 질병을 말하는데, 크게는 부상과 같이 시간적·장소적으로 확인된 특정한 재해가 매개가 되는 재해성 질병과 직업 또는 업무에 내재하는 유해성 또는 위험성이 장기간 신체에 누적되어 발병하는 직업성 질병(직업병)으로 나누어 볼 수 있다. 그러나 직업성 질병 여부를 명확히 밝히는 것은 언제나 쉬운 일이 아니다. 의학상 직업병으로 인정되지 않으면 단순히 개인적(사적) 질병으로 분류되므로 보상 또는 보험급여를 받으려면 근로자가 그 질병과 업무 사이의 인과관계를 스스로 입증하여야 한다. 그러나 이와 같은 입증은 매우 어려운 일이다. 산재보험법 제37조 1항 2호는 i) 업무수행 과정에서 물리적 인자(因子), 화학물질, 분진, 병원체, 신체에 부담을 주는 업무 등 근로자의 건강에 장해를 일으킬 수 있는 요인을 취급하거나 그에 노출되어 발생한 질병,[5] ii) 업무상 부상이 원인이 되어 발생한 질병, iii) 직장 내 괴롭힘, 고객의 폭언 등으로 인한 업무상 정신적 스트레스가 원인이 되어 발생한 질병, iv) 그 밖에 업무와 관련하여 발생한 질병을 말한다고 규정하고 있다(동조 I ② 가목 내지 라목).[6] 업무상의 부상 또는 질병에 따른 정신적 또는 육체적 훼손으로 인하여 노

1) 大判 2009. 3. 12, 2008 두 19147.
2) 大判 2009. 5. 14, 2007 두 24548; 大判 2009. 5. 14, 2009 두 58; 大判 2008. 10. 9, 2007 두 21082 등 다수. 회식 후 만취운전중 사망한 경우 업무상 재해를 부인한 사례: 大判 2009. 4. 9, 2009 두 508.
3) 大判 2000. 4. 25, 2000 다 2023; 大判 1996. 8. 23, 95 누 14633.
4) 회사체력단련실에서 업무를 위한 체력유지훈련중 사망한 경우 사망은 업무와 상당인과관계가 있는 업무상 재해에 해당한다고 한 사례: 大判 2009. 10. 15, 2009 두 10246.
5) 大判 2008. 7. 24, 2006 두 9771.
6) 과중한 업무와 업무상 스트레스로 기존의 우울증이 재발되거나 악화되어 자살에 이른 경우에도 업무와 사망 사이에 상당인과관계가 있다면 업무상 재해가 인정된다(大判 2017. 4. 13, 2016 두 61426;

동능력이 상실되거나 감소된 상태에서 그 부상 또는 질병이 치유되지 않은 상태를 '중증요양상태'라는 재해로 새로 규정하였다(산재법 제5조 ⑥). 그리고 '진폐'(塵肺)도 질병으로 규정하였다(제5조 ⑦). 산재보험법 시행령 제34조는 업무상 질병의 구체적 인정기준에 관하여 자세히 규정하고 있다.

c) 출퇴근 재해 2017년 12월 31일까지 적용되었던 산재보험법의 해당 규정에 따르면 출퇴근 중의 사고는 업무상 사고의 한 유형으로 규정되어 있었으며, 사업주가 제공한 교통수단이나 그에 준하는 교통수단을 이용하는 등 사업주의 지배·관리 하에서 출퇴근 중 발생한 사고로서 그 교통수단의 관리 또는 이용권이 근로자 측의 전속적 권한에 속하지 아니하였을 것을 재해 요건(인정 기준)으로 정하고 있었다(산재법 제37조 Ⅰ ① 다목; 시령 제29조). 출퇴근 사고를 업무상 재해로 인정하는 범위에 관해서는 그동안 많은 논란이 있었다.[1] 특히 헌법재판소는 공무원의 통상의 출퇴근 재해를 공무상 재해로 보면서 산재보험에 가입한 일반 근로자의 통상의 출퇴근 사고는 업무상 재해로 인정하지 않는 것이 자의적 차별이라고 볼 수 없다는 결정을 내리기도 하였다.[2] 그동안 대법원은 사업주가 제공한 교통수단을 이용하는 등 사업주의 지배·관리 하에서 출퇴근 중 발생한 사고만을 업무상 사고로 인정해 왔다.[3] 그러나 근래에 와서 판례는 출퇴근의 방법과 그 경로의 선택이 업무의 특성이나 근

大判 2015. 6. 11, 2011 두 32898 등: 업무와 사망사이의 상당인과관계의 인정을 위하여 고려할 사항).

1) 각국의 입법례에 관해서는 김형배, 「근로기준법」, 550면 참고. 다만, ILO의 「업무상 상병의 범위에 관한 조약」 제9조에 의하면 출·퇴근 사고를 산업재해로 간주할 수 있는 상태를 포함하여 산업재해에 대하여 규정하고, 또한 출·퇴근사고가 산재보상제도 이외의 사회보장제도에 의해 보호를 받아 이에 따라 지급되는 배상액이 총체적으로 산재법에서 요구하는 것과 최소한 동액일 경우에는 산업재해에서 제외할 수 있다고 규정하여 원칙적으로 통근재해를 업무상 재해에 포함시키는 태도를 취하고 있다. 또한 우리나라와 유사한 법제도를 취하고 있는 일본의 경우에는 통근재해(勞災保 제7조 Ⅰ ②)를 규정하면서 출·퇴근중에 발생하는 재해를 넓게 보호하고 있다(菅野, 「勞働法」, 626面 이하 참고).

2) 「공무원에 대해서는 통상의 출·퇴근 재해를 공무상 재해로 인정하여 주는 것과는 달리, 이 사건 법률조항(산재법 제37조 Ⅰ ① 다목)이 산재보험에 가입한 근로자의 통상의 출·퇴근 재해를 업무상 재해로 인정하고 있지 아니하더라도 그것이 현저히 불합리하여 입법자의 입법형성의 한계를 벗어난 자의적인 차별이라고 볼 수 없다」(憲裁 2013. 9. 26, 2011 헌바 271·2012 헌가 16).

3) ① 출·퇴근 중 재해가 업무상 재해로 인정될 수 있는지에 대한 판단기준(사업주의 지배·관리)에 대하여 그동안의 판례는 통일된 태도를 유지하여 왔다고 볼 수 없다. 대법원 전원합의체 판결 2007. 9. 28, 2005 두 12572는 이에 대하여 일정한 기준을 제시한 판례이다. 그러나 이 판례의 반대의견은 출·퇴근 중 재해를 보다 넓게 해석해야 한다는 견해를 제시한 바 있다. 이 판례의 「다수의견」은 다음과 같다. 「비록 근로자의 출·퇴근이 노무의 제공이라는 업무와 밀접·불가분의 관계에 있다 하더라도, 일반적으로 출·퇴근 방법과 경로의 선택이 근로자에게 유보되어 있어 통상 사업주의 지배·관리하에 있다고 할 수 없고, 산업재해보상보험법에서 근로자가 통상적인 방법과 경로에 의하여 출·퇴근하는 중에 발생한 사고를 업무상 재해로 인정한다는 특별한 규정을 따로 두고 있지 않은 이상, 근로자가 선택한 출·퇴근 방법과 경로의 선택이 통상적이라는 이유만으로 출·퇴근 중에 발생한 재해가 업무상의 재해로 될 수는 없다. 따라서 출·퇴근 중에 발생한 재해가 업무상의 재해로 되기 위해서는 사업주가 제공한 교통수단을 근로자가 이용하거나 또는 사업주가 이에 준하는 교통수단을 이용하도록 하는 등 근로자의 출·퇴근 과정이 사업주의 지배·관리하에 있다고 볼 수 있는 경우라야 한다」.

무지의 특수성 등으로 다른 선택의 여지가 없고 사회통념에 비추어 긴밀한 정도로 업무와 밀접·불가분의 관계에 있다고 판단되는 경우에는 출퇴근 사고를 사업주의 지배·관리 아래 있는 업무상 재해로 볼 수 있다고 판시하였다.1) 이는 출퇴근 재해의 인정 기준인「사업주의 지배·관리 하에서」라는 뜻을 확대 해석하는 것이다.

또한 헌법재판소는 2016년 9월 29일 산재보험법 제37조 1항 1호 다목의 규정은 도보나 자기 소유 교통수단 또는 대중교통수단 등을 이용하여 출퇴근하는 산재보험 가입 근로자(비혜택근로자)도 사업주가 제공하는 교통수단을 이용하여 출퇴근하는 산재보험 가입 근로자(혜택근로자)와 같은 근로자인데도 합리적 근거 없이 경제적 불이익을 받게 하여 자의적으로 차별하는 것이므로 헌법상 평등 원칙에 위배된다고 판단하고, 동조항에 대하여 헌법불합치 결정을 선고하면서 개선 입법이 있을 때(2017. 12. 31)까지 잠정 적용을 명하였다.2) 이에 따라

大判 1993. 5. 11, 92 누 16805; 大判 1994. 4. 12, 93 누 24186; 大判 1997. 7. 11, 97 누 6322 등.

② 근로자가 사업주의 지시에 따라 급여 외에 일정한 대가를 받고 자신의 승용차에 동료 직원을 태워 통상적인 경로에 따라 출근하다가 발생한 교통사고로 상해를 입은 사안에서, 근로자의 출·퇴근 과정이 사업주의 지배·관리하에 있다고 보아 '업무상 재해'에 해당한다고 한 사례가 있다(大判 2008. 5. 29, 2008 두 1191).

1) 출·퇴근의 방법과 그 경로의 선택이 근로자에게 맡겨진 것으로 보이나 업무의 특성이나 근무지의 특수성 등으로 출·퇴근의 방법 등에 선택의 여지가 없어 실제로 그것이 근로자에게 유보된 것이라고 볼 수 없고 사회통념상 아주 긴밀한 정도로 업무와 밀접·불가분의 관계에 있다고 판단되는 경우에는 그러한 출·퇴근 중에 발생한 재해는 사업주의 지배·관리 아래 있는 업무상의 사유로 발생한 것이라고 볼 수 있다(大判 2010. 4. 29, 2010 두 184; 大判 2012. 11. 29, 2011 두 28165; 大判 2014. 2. 27, 2013 두 17817). 또한 서울行判 2016. 8. 19, 2016 구단 52173 참고.

2) 憲裁 2016. 9. 29, 2014 헌바 254. i) 사건의 개요: 자전거를 타고 출근하다가 넘어지면서 버스 뒷바퀴에 왼손의 손가락이 부러지는 상처를 입은 근로자가 근로복지공단에 요양급여를 신청하였으나 공단이 산재보험법 제37조 1항 1호 다목에 정한 업무상 재해에 해당하지 않는다고 한 사안에서 근로자(청구인)는 공단을 상대로 요양불승인처분 취소를 구하는 소송을 제기하고 그 소송 중 처분의 근거가 된 위 산재보험법 규정이 헌법에 위반된다고 주장하며 위헌법률심판제청신청을 하였다. 법원은 청구인의 취소 청구와 위헌법률심판제청신청을 모두 기각하였다. 청구인은 산재보험법 제37조 1항 1호 다목과 동법 시행령 제29조가 헌법에 위반된다고 주장하면서 헌법소원심판을 청구하였다.

ii) 헌재의 판단: 헌법재판소는 위 산재보험법 규정이 평등원칙에 위배되어 헌법에 합치하지 아니한다는데 6인의 재판관이 의견을 같이하여 선례를 변경하였다(憲裁 2013. 9. 26, 2012 헌가 16에서도 헌법불합치 의견이 다수였으나, 위헌 선언에 필요한 정족수 6인에 미달하여 합헌 결정이 내려졌다). 헌법불합치 결정이 내려진 이유는 다음과 같다.「도보나 자기 소유 교통수단 또는 대중교통수단 등을 이용하여 통상의 출퇴근을 하는 산재보험 가입근로자('비혜택근로자')는 사업주가 제공하거나 그에 준하는 교통수단을 이용하여 출퇴근하는 산재보험 가입근로자('혜택근로자')와 같은 근로자인데도 통상의 출퇴근 재해를 업무상 재해로 인정받지 못한다는 점에서 차별 취급이 존재한다. 근로자의 출퇴근 행위는 업무의 전·후 단계로서 업무와 밀접·불가분의 관계에 있고, 사실상 사업주가 정한 출퇴근 시각 및 근무지에 기속된다. 심판 대상 조항(산재보험법 제37조 1항 1호 다목)이 '사업주가 제공한 교통수단이나 그에 준하는 교통수단을 이용하는 등 사업주의 지배관리 하에서 출퇴근 중 발생한 사고'만을 업무상 재해로 본다고 명시적으로 규정하여「혜택근로자」만 한정하여 보호하고 있다. 따라서 사업장의 규모나 재정 여건의 부족 또는 사업주의 일방적 의사나 개인 사정 등으로 사업주에 의한 교통수단의 지원을 받지 못하는「비혜택근로자」는 산재보험 피보험자이더라도 출퇴근재해에 대

출퇴근 사고에 관한 산재보험법 제37조 1항 1호 다목의 규정을 삭제하고 동조항 3호를 신설하여 「업무상 사고」 및 「업무상 질병」과 나란히 「출퇴근 재해」를 업무상 재해의 독립적 유형으로 새로 규정하면서 관련 규정들도 신설하였다(2017. 10. 24, 법률 제14933호). 개정·신설된 규정들은 2018년 1월 1일부터 시행되었다(산재법 부칙 제1조). 그런데 헌법재판소는 그 후 새로 신설된 규정(산재법 제37조 1항 3호 나목)을 헌법불합치 결정이 내려진 2016년 9월 29일 이후 발생한 출퇴근 사고로 재해를 입은 근로자에 대하여 소급적용하도록 한다고 판시하였다.[1)] 이를 반영하여 업무상 재해에 통상의 출퇴근 재해를 포함하도록 개정한 법조항은 2016년 9월 29일 이후 발생한 재해부터 소급하여 적용하도록 법을 개정하였다.[2)]

1) 산재보험법은 제5조에 8호를 신설하여 '출퇴근'이란 취업과 관련하여 주거와 취업 장소 사이의 이동 또는 한 취업 장소에서 다른 취업 장소로의 이동을 말한다고 규정하고 있다. 출퇴근 재해란 ⅰ) 사업주가 제공한 교통수단이나 그에 준하는 교통수단을 이용하는 등 사업주의 지배·관리 하에서 출퇴근하는 중 발생한 사고(산재법 제37조 Ⅰ ③ 가목 신설), ⅱ) 그 밖에 통상적인 경로와 방법으로 출퇴근하는 중 발생한 사고(동법 제37조 Ⅰ ③ 나목 신설)를 말한다. 그러나 동법 제37조 제1항 3호 나목의 사고 중에서 출근 경로 일탈 또는 중단이 있는 경우에는 해당 일탈 또는 중단 중의 사고 및 그 후의 이동 중의 사고에 대하여는 출퇴근 재해로 보지 아니한다. 다만, 일탈 또는 중단이 일상생활에 필요한 행위로서 대통령령으로 정하는 사유가 있는 경우에는 출퇴근 재해로 본다(제37조 Ⅲ 신설, 시령 제35조 Ⅱ: 2017. 12. 26 신설). 출퇴근 경로와 방법이 일정하지 아니한 직종으로 대통령령으로 정하는 경우에는 제37조 1항 3호 나목에 따른 출퇴근 재해를 적용하지 아니한다(제37조 Ⅳ 신설, 시령 제35조의2: 2017. 12. 26 신설). 이에 따라 동법 시행령 제35조와 제35조의2(출퇴근 재해 적용 제외 직종 등)가 신설되었다(2017. 12. 26).

2) 새로 개정·신설된 출퇴근 재해의 규정들을 종합해보면 다음과 같다. 신설된 제37조 1항 3호 가목의 규정은 개정 전 제37조 1항 1호 다목과 동일하므로 실질적으로는 '그 밖에 통상적인 경로와 방법으로 출퇴근하는 중 발생한 사고'(제37조 Ⅰ ③ 나목)를 업무상 재해의 범위에 넣음으로써 출퇴근 재해의 인정 기준을 확대한 것이다. 종래 대법

하여 보호를 받을 수 없게 되는데, 이러한 차별을 정당화할 수 있는 합리적 근거를 찾기 어렵다. 심판 대상 조항은 합리적 이유 없이 비혜택근로자에게 경제적 불이익을 주어 자의적으로 차별하는 것이므로 헌법상 평등 원칙에 위배된다.」

헌법재판소는 심판 대상 조항에 대하여 헌법불합치 결정을 선고하고, 입법자의 개선 입법이 있을 때(2017. 12. 31.)까지 잠정 적용을 명하였다. 법률이 아닌 대통령령은 헌법재판소의 심판 대상이 될 수 없으므로(헌법재판소법 제68조 Ⅱ) 산재보험법 시행령 제29조에 대한 심판 청구는 부적법하여 각하하였다. 이와 같은 헌재 결정에 대해서는 재판관 3인의 반대의견이 있다.

1) 憲裁決 2019. 9. 26, 2018 헌바 218, 2018 헌가 12(병합).

2) 산재보험법 부칙 제2조 참조.

원 전원합의체 판결(2005 두 12572)은 통상적인 방법과 경로에 의하여 출퇴근하는 중에 발생한 사고를 업무상 재해로 인정한다는 특별한 규정을 따로 두고 있지 않은 이상, 근로자가 선택한 출퇴근 방법과 경로의 선택이 통상적이라고 하여 출퇴근 중에 발생한 사고가 업무상 재해로 될 수 없다고 판단하였다. 따라서 이번 법 개정의 핵심은 통상적인 경로와 방법으로 출퇴근하는 중에 발생한 사고를 출퇴근 재해로 인정한 것이다. 그러나 동법 제37조 3항은 통상적인 출퇴근의 경로를 일탈 또는 중단함으로써 발생한 사고는 출퇴근 재해로 보지 않는다고 하여 통상적 출퇴근 재해의 인정 범위를 제한하면서, 다만 일탈 또는 중단이 일상생활에 필요한 행위로서 대통령령으로 정하는 사유가 있는 경우에는 출퇴근 재해로 본다고 규정하고 있다. 그리고 출퇴근 경로와 방법이 일정하지 않은 직종으로 대통령령이 정하는 경우에는 통상적 경로와 방법으로 출퇴근하는 기준은 적용되지 않는다(제37조 Ⅳ). 결론적으로 출퇴근 재해는 i) 사업주가 제공한 교통수단을 이용하는 등 사업주의 지배·관리 하에서 출퇴근하는 중 발생한 사고, ii) 통상적인 경로와 방법으로 경로 일탈 또는 중단이 없이 출퇴근 중에 발생한 사고이거나 일탈 또는 중단이 일상생활에 필요한 행위로서 대통령령으로 정하는 사유가 있는 경우의 출퇴근 사고, iii) 출퇴근 경로와 방법이 일정하지 않은 직종으로서 대통령령으로 정하는 경우에 해당하는 출퇴근 재해가 아니어야 한다(제37조 Ⅰ ③, Ⅲ, Ⅳ). 출퇴근 재해의 구체적 인정 기준은 다시 대통령령으로 정하고 있다(제37조 Ⅴ; 시령 제35조, 제35조의2). 출퇴근 재해에 관한 제5조 8호 및 제37조 1항 3호, 3항, 4항, 5항의 개정규정(2017. 10. 24)은 부칙(2017. 10. 24 법률14933)으로 이 법 시행(2018. 1. 1) 후 최초로 발생하는 재해부터 적용한다고 규정하였다(부칙 제1조, 제2조). 그러나 헌법재판소는 2018년 7월에 법원의 위헌법률심판제청을 받아들여 산재보험법 부칙 제2조가 출퇴근 관련 개정조항을 법 시행 이후 발생한 재해부터 적용한다고 정한 것은 헌법에 합치하지 않는다고 판단하였다. 헌법재판소는 부칙이 산재보험 재정과 적립금 보유액, 보험료율을 고려해 개정법의 소급적용을 제한한 것은 헌법상 평등의 원칙에 위반된다고 하면서 '심판대상조항(부칙)이 통상적인 경로와 방법으로 출퇴근하던 중의 사고가 헌법불합치결정 이후 개정법 시행일 이전에 발생했는지, 아니면 개정법 시행일 이후에 발생했는지에 따라 산재보험급여 지급 여부를 달리하는 데는 합리적 이유가 없다'고 판시하였다. 헌법재판소는 2019년 9월 26일 재판관 전원일치 의견으로 부칙의 헌법불합치 판정과 적용중지 명령을 내리면서 '입법자는 늦어도 2020년 12월 31일까지 개정입법을 이행하라'고 결정하였다(憲裁 2019. 9. 26, 2018 헌바 218, 2018 헌가 13 병합). 산재보험법 부칙(2017. 10. 24. 법률 제14933호) 제2조[출퇴근 재해에 관한 적용례]는 「제5조 및 제37조의 개정규정은 2016년 9월 29일 이후로 발생한 재해부터 적용한다」

(2020. 6. 9. 개정)고 규정하고 있다.[1]

《시행령에 의한 업무상 재해의 구체적 인정기준》

산재보험법 제37조 5항에 따라 동법 시행령은 다음과 같은 재해의 구체적 인정기준을 정하고 있다(시령 제27조에서 제34조까지). 업무상의 재해는 업무상 사고, 업무상 질병 및 출퇴근 재해로 구분하여 규정하고 있다.

1) **업무상 사고**(산재법 제37조 Ⅰ ①)

aa) 업무수행 중의 사고(산재법 제37조 Ⅰ ① 가목에 따른 시령 제27조)

ㄱ) 근로자가 i) 근로계약에 따른 업무수행 행위,[2] ii) 업무수행 과정에서 하는 용변 등 생리적 필요 행위, iii) 업무를 준비하거나[3] 마무리하는 행위, 그 밖에 업무에 따르는 필요적 부수행위, iv) 천재지변·화재 등 사업장 내에 발생한 돌발적인 사고에 따른 긴급피난·구조행위 등 사회통념상 예견되는 행위를 하던 중에 발생한 사고는 업무상 사고로 본다(시령 제27조 Ⅰ).[4]

ㄴ) 근로자가 사업주의 지시를 받아 사업장 밖에서 업무를 수행하던 중에 발생한 사고는 업무상 사고로 본다.[5] 다만, 사업주의 구체적인 지시를 위반한 행위, 근로자의 사적 행위 또는 정상적인 출장 경로를 벗어났을 때 발생한 사고는 업무상 사고로 보지 않는다(시령 제27조 Ⅱ).[6]

ㄷ) 업무의 성질상 업무수행 장소가 정해져 있지 않은 근로자가 최초로 업무수행 장소에 도착하여 업무를 시작한 때부터 최후로 업무를 완수한 후 퇴근하기 전까지 업무와 관련하여 발생한 사고는 업무상 사고로 본다(시령 제28조 Ⅲ).

bb) 시설물 등의 결함에 따른 사고(산재법 제37조 Ⅰ ① 나목에 따른 시령 제28조)

ㄱ) 사업주가 제공한 시설물, 장비 또는 차량 등의 결함이나 사업주의 관리 소홀로 발생한 사고는 업무상 사고로 본다(시령 제28조 Ⅰ).[7]

ㄴ) 사업주가 제공한 시설물 등을 사업주의 구체적인 지시에 위반하여 이용한 행위로 발생한 사고와 그 시설물 등의 관리 또는 이용권이 근로자의 전속적 권한에 속하는 경우에 그 관리 또는 이용 중에 발생한 사고는 업무상 사고로 보지 않는다(시령 제28조 Ⅱ).

---

1) 大判 2021. 6. 10, 2016 두 54114(이 사건 헌법불합치결정의 소급효가 미친다고 하여 원심을 파기 환송한 판결).

2) 근로계약에 따른 업무가 아닌 회사 밖에서의 모임 참가 중 발생한 사고를 업무상 재해로 인정하기 위한 요건: 大判 2017. 3. 30, 2016 두 31272.

3) 大判 2009. 5. 14, 2009 두 157.

4) 大判 1991. 11. 8, 91 누 3314 참고.

5) 大判 2017. 3. 30, 2016 두 31272 참고.

6) 출장도 사업주의 지배에 있는 것이므로 그 판단기준과 출장업무의 종료 시점의 판단기준을 제시한 판례(大判 2004. 11. 11, 2004 두 6709; 大判 2006. 3. 24, 2005 두 5185 참고). 출장중의 업무상 재해를 부인한 사례(大判 2007. 12. 27, 2007 두 3824).

7) 서울高判 1996. 11. 19, 96 구 24264 참고.

cc) 행사 중의 사고(산재법 제37조 I ① 라목에 따른 시령 제30조) 운동경기·야유회·등산대회 등 각종 행사(이하 "행사"라 한다)에 근로자가 참가하는 것이 사회통념상 노무관리 또는 사업운영상 필요하다고 인정되는 경우로서 다음 경우 중 어느 하나에 해당하는 경우에 근로자가 그 행사에 참가(행사 참가를 위한 준비·연습을 포함한다)하여 발생한 사고는 업무상 사고로 본다. i) 사업주가 행사에 참가한 근로자에 대하여 행사에 참가한 시간을 근무한 시간으로 인정하는 경우, ii) 사업주가 그 근로자에게 행사에 참가하도록 지시한 경우, iii) 사전에 사업주의 승인을 받아 행사에 참가한 경우, iv) 그 밖에 i)부터 iii)까지의 경우에 준하는 경우로서 사업주가 그 근로자의 행사 참가를 통상적·관례적으로 인정한 경우에 발생한 사고가 이에 해당한다(시령 제30조).[1]

dd) 휴게시간중 사업주의 지배·관리하에 있다고 볼 수 있는 행위로 발생한 사고[2](산재법 제37조 I ① 마목)

ee) 그 밖에 업무와 관련하여 발생한 사고로서 특수한 장소에서의 사고(산재법

1) 판례는 행사중의 재해를 업무상 재해로 인정하기 위한 판단기준을 세분화하여 제시하고 있다. 즉 행사중에 발생한 재해를 업무상 재해로 인정하기 위해서는 행사의 주최자, 목적, 내용, 참가인원의 강제성 여부, 운영방법, 그리고 비용부담 내지 장소제공 등의 여러 사정을 고려하여야 한다고 한다. 예컨대 회사직원 중 일부가 자신들의 친목을 도모하기 위하여 스스로 비용을 갹출하여 야유회를 갖고 또 야유회의 전반적인 과정이 회사의 지배나 관리하에 있다고 볼 수 없는 경우에 야유회의 참가로 인하여 발생한 재해(大判 1992. 10. 9, 92 누 11107), 또는 회식이 업무의 연장 또는 업무의 원활을 위한 것이 아니라 참석자들의 사적 내지 자의적인 유흥행위에 지나지 않을 경우에 그 회식에 참가하던 중 발생한 재해(大判 1986. 12. 23, 86 다카 556; 大判 1992. 7. 10, 92 누 6280; 大判 1995. 5. 26, 94 다 60509), 그리고 휴식시간중 자의에 의하여 운동경기를 하다가 부상을 입은 경우(1984. 5. 18, 보상 1458. 7-11661)에는 업무상 재해가 아니다. 또한, 팀장인 근로자가 직원의 인사이동에 따른 1차 회식을 가진 후 여직원들의 요청으로 1차 회식 참가자들 중 일부와 함께 나이트클럽으로 가서 2차 회식까지 마치고 야간근로자들의 작업상태를 확인하기 위하여 음주한 채 자신의 승용차를 운전하여 귀사하던 도중 교통사고로 사망한 사안에 대하여, 위 2차 회식은 참석이 강제되지 아니하여 사업주의 지배나 관리를 받는 상태에 있지 않았고, 회식 후 귀사 행위도 망인의 임의적 행위이며, 사고 자체가 망인 자신의 자동차 운전행위에 매개된 음주운전으로 발생한 것이므로 업무수행을 위한 귀사과정에서 통상 수반하는 위험의 범위 내의 것이라고 보기 어렵다(大判 1996. 6. 14, 96 누 3555)고 한 사례가 있으며, 노동조합 전임자가 일반근로자들의 기본근무시간 종료 후 노동조합이 개최한 노동조합 간부 체육대회에 참가하여 축구시합을 하던 도중 부상하였는데, 노동조합이 사전에 회사에 그 개최 사실을 알리고 회사 내 예비군훈련장을 행사장소로 사용하는 것을 허가받았으나, 체육대회의 주최자는 회사가 아닌 노동조합이고, 그 목적은 노동조합 전 간부의 단결을 과시하기 위한 것이며, 참가인원도 전체 근로자가 아닌 노동조합 전 간부에 국한하였고, 행사기간이 기본근무시간 이후이며, 참석이 회사에 의해 강제되지 아니하였고, 운영방법도 노동조합 자율로 정하여졌으며, 비용도 노동조합이 부담하였으므로 사회통념상 그 행사의 전반적인 과정이 사업주의 지배·관리를 받는 상태에 있었다고 보기 어려우므로 업무상 재해에 해당하지 아니한다(大判 1997. 3. 28, 96 누 16179; 同旨 大判 1996. 8. 23, 95 누 14633)라고 하여 업무상 재해와 사업주의 지배·관리와의 관계를 명확히 하고 있다. 그러나 산업별 노동조합의 단위사업장 분회의 부분회장인 전임자가 회사의 승낙하에 산별노조가 개최한 행사에 참가했다가 재해를 입은 경우 업무상 재해를 인정한 사례가 있다(大判 2007. 3. 29, 2005 두 11418).

2) 大判 2009. 5. 14, 2009 두 157.

제37조 I ① 바목에 따른 시령 제31조) 사회통념상 근로자가 사업장 내에서 할 수 있다고 인정되는 행위를 하던 중 태풍·홍수·지진·눈사태 등의 천재지변이나 돌발적인 사태로 발생한 사고는 업무상 사고로 본다. 그러나 근로자의 사적 행위, 업무이탈 등 업무와 관계없는 행위를 하던 중에 사고가 발생한 것이 명백한 경우는 제외된다(시령 제31조).

ff) 그 밖에 업무와 관련하여 발생한 사고로서 요양 중의 사고(산재법 제37조 I ① 바목에 따른 시령 제32조) 업무상 부상 또는 질병으로 요양을 하고 있는 근로자에게 i) 요양급여와 관련하여 발생한 의료사고, ii) 요양 중인 산재보험 의료기관(산재보험 의료기관이 아닌 의료기관에서 응급진료 등을 받는 경우에는 그 의료기관) 내에서 업무상 부상 또는 질병의 요양과 관련하여 사고가 발생하면 업무상 사고로 본다(시령 제32조).

gg) 그 밖에 업무와 관련하여 발생한 사고로서 제3자의 행위에 따른 사고(산재법 제37조 I ① 바목에 따른 시령 제33조) 제3자의 행위로 근로자에게 사고가 발생한 경우에 그 근로자가 담당한 업무가 사회통념상 제3자의 가해행위를 유발할 수 있는 성질의 업무라고 인정되면 그 사고는 업무상 사고로 본다(시령 제33조).

이와 같은 사고는 특히 근로자가 담당한 업무가 사회통념상 제3자의 가해행위를 유발할 수 있는 성질의 것이어야 한다는 점에서 근로자의 담당업무와 제3자에 의하여 유발된 재해 사이의 인과성이 인정되어야 한다(이와 관련해서는 산재법 제87조 참조. [58] 6. (4) 참고).[1]

2) **업무상 질병**(산재법 제37조 I ②) 산재보험법(제37조 I ②) 및 동법 시행령(제34조)이 규정하고 있는 업무상 질병의 인정 기준은 다음과 같다.[2]

aa) 업무수행과정에서 물리적 인자(因子), 화학물질, 분진, 병원체, 신체에 부담을 주는 업무 등 근로자의 건강에 장해를 일으킬 수 있는 요인을 취급하거나 그에 노출되어 발생한 질병에 대한 일반요건(산재법 제37조 I ② 가목에 따른 시령 제34조 I) 산재보험법 제37조 1항 2호 가목에 따라 동 시행령 제34조 1항은 근로기준법 시행령 제44

1) 근로자가 타인의 폭력에 의하여 재해를 입은 경우라 하더라도 그것이 사적인 관계에서 기인하였거나 피해자인 근로자가 직무의 한도를 넘어 상대방을 자극 또는 도발함으로써 발생한 경우에는 업무기인성이 인정되지 않으나 직장 안의 인간관계 또는 직무에 내재하거나 통상 수반되는 위험성이 현실화되어 있으면 업무상 재해로 인정되어야 한다(大判 2017. 4. 27, 2016 두 55919; 大判 1995. 1. 24, 94 누 8587).

2) 산재보험법 제37조 5항은 '업무상 재해의 구체적 인정기준은 대통령령으로 정한다'고 규정하고, 동법 시행령 제34조 3항은 '업무상 질병에 대한 구체적인 인정 기준은 별표 3과 같다'고 하면서 별표 3에서 '업무상 질병에 대한 구체적 인정 기준'을 규정하고 있다. 판례는 위 규정들의 내용, 형식과 입법 취지를 종합하면, 시행령 제34조 3항 및 별표 3이 규정하고 있는 '업무상 질병에 대한 구체적인 인정 기준'은 법 제37조 1항 2호 (가)목이 규정하고 있는 '업무수행 과정에서 유해·위험 요인을 취급하거나 그에 노출되어 발생한 질병'에 해당하는 경우를 예시적으로 규정한 것으로 보이고, 그 기준에서 정한 것 외에 업무와 관련하여 발생한 질병을 모두 업무상 질병에서 배제하는 규정으로 볼 수 없다고 한다(大判 2014. 6. 12, 2012 두 24214). 산재보험법이 보호의 대상으로 할 수 있는 질병의 종류와 그 정도를 법령에 의하여 완벽하게 규정할 수 없다는 점에서 판례의 법해석적 견해는 옳다고 판단된다.

조 1항이 정한 별표 5의 업무상 질병의 범위에 속하는 질병에 걸린 경우에 i) 근로자가 업무수행 과정에서 위의 유해·위험요인을 취급하거나 유해·위험요인에 노출된 경력이 있을 것, ii) 유해·위험요인을 취급하거나 유해·위험요인에 노출되는 업무시간, 그 업무에 종사한 기간 및 업무 환경 등에 비추어 볼 때 근로자의 질병을 유발할 수 있다고 인정될 것, iii) 근로자가 유해·위험요인에 노출되거나 유해·위험요인을 취급한 것이 원인이 되어 그 질병이 발생하였다고 의학적으로 인정될 것의 요건에 모두 해당하면 업무상 질병으로 본다고 규정하고 있다.[1]

bb) 업무상 부상(사고)으로 인한 질병의 일반요건(산재법 제37조 I ② 나목에 따른 시령 제34조 II)　산재보험법 제37조 1항 2호 나목에 따라 동 시행령 제34조 2항은 업무상 부상을 입은 근로자에게 발생한 질병이 i) 업무상 부상과 질병 사이의 인과관계가 의학적으로 인정될 것, ii) 기초질환 또는 기존 질병이 자연발생적으로 나타난 증상이 아닐 것의 요건 모두에 해당하면 업무상 질병으로 본다고 규정하고 있다. 전자의 것이 적극적 요건이라면, 후자의 것은 소극적 요건이다.

cc) 업무상 질병에 대한 구체적 인정기준　동 시행령 제34조 1항 및 2항에 따른 업무상 질병(진폐증은 제외)에 대한 구체적 인정기준은 동 시행령 별표 3과 같다(동법 시령 제34조 III).

dd) 업무상 질병 등의 판정시의 고려요소　공단은 근로자의 업무상 질병 또는 업무상 질병에 따른 사망의 인정여부를 판정할 때에는 그 근로자의 성별, 연령, 건강 정도 및 체질 등을 고려하여야 한다(동법 시령 제34조 IV).

3) 출퇴근 재해(산재법 제37조 I ③, III, IV, V에 따른 시령 제35조, 제35조의2) 산재보험법 시행령은 제35조 및 제35조의2를 신설(2017. 12. 26)하여 출퇴근 중의 사고와 출퇴근 재해 적용제외 등을 구체적으로 규정하고 있다.

aa) 우선 산재보험법 시행령 제35조 제1항은 i) 사업주가 출퇴근용으로 제공한 교통수단이나 사업주가 제공한 것으로 볼 수 있는 교통수단을 이용하던 중에 사고가 발생하고(동항 제1호), ii) 출퇴근용으로 이용한 교통수단의 관리 또는 이용권이 근로자측의 전속적 권한에 속하지 않을 것(동항 제2호)의 요건에 모두 해당하면 법 제37조 제1항 제3호 가목에 따른 출퇴근 재해로 본다고 규정하고 있다.[2] 이와 같은 경우는 사업주의 지배·관리 하에서 출퇴근하는 것으로 볼 수 있다.[3]

---

1) 이와 같은 규정형식은 근로기준법과 산재보험법상의 업무상 재해의 인정기준을 통일적으로 적용하는 것을 전제로 하는 것이라고 볼 수 있다.

2) 2017년 10월 24일의 법개정 이전의 판례: 大判(전합) 2007. 9. 28, 2005 두 12572 참고.

3) 출퇴근의 방법 등이 사회통념상 아주 긴밀한 정도로 업무와 밀접·불가분의 관계에 있다고 판단되는 경우에는 그러한 출퇴근 중에 발생한 재해는 사업주의 지배·관리 아래 있는 업무상의 사유로 발생한 것이라고 볼 수 있다고 판단한 예(大判 2010. 4. 29, 2010 두 184; 大判 2012. 11. 29, 2011 두 28165; 大判 2014. 2. 27, 2013 두 17817).

bb) 그 밖에 통상적인 경로와 방법으로 출퇴근하는 중 발생한 사고는 업무상 재해에 해당하지만(법 제37조 I ③ 나목), 출퇴근 경로 일탈 또는 중단 중의 사고 및 그 후의 이동 중의 사고에 대하여는 출퇴근 재해로 보지 않는다(법 제37조 Ⅲ 본문). 그러나 이 경우에도 일탈 또는 중단이 일상생활에 필요한 행위로서 ① 일상생활에 필요한 용품구입, ② 해당법률에 따른 직업교육훈련기관에서 직업능력 개발향상에 기여할 수 있는 교육이나 훈련등을 받는 행위, ③ 선거권이나 국민투표권의 행사, ④ 근로자가 보호하고 있는 아동 또는 장애인을 보육기관 또는 교육기관에 데려다주거나 데려오는 행위, ⑤ 의료기관 또는 보건소에서 질병의 치료나 예방을 목적으로 진료를 받는 행위, ⑥ 근로자의 돌봄이 필요한 가족 중 요양기관 등에서 요양중인 가족을 돌보는 행위, ⑦ 위의 ①에서부터 ⑥까지의 행위에 준하는 행위로서 고용노동부장관이 일상생활에 필요한 행위라고 인정한 행위의 어느 하나에 해당하면 출퇴근 재해로 본다(산재법 제37조 Ⅲ 단서; 시령 제35조 Ⅱ).

cc) 산재보험법 시행령 제35조의2는 출퇴근 재해 적용의 제외 직종과 그 직종에 종사하는 사람에 관하여 다음과 같이 규정하고 있다. 즉, 법 제37조 제4항에서 정한 "출퇴근 경로와 방법이 일정하지 아니한 직종"으로 위 시행령 규정이 정한 법령에 따른 사업 또는 업무의 어느 하나에 해당하는 직종에 종사하는 사람(산재법 제124조에 따라 자기 또는 유족을 보험급여를 받을 수 있는 자로 하여 보험에 가입한 사람으로서 근로자를 사용하지 아니하는 사람을 말한다)이 본인의 주거지에 업무에 사용하는 자동차 등의 차고지를 보유하고 있는 경우에는 법 제37조 제1항 제3호 나목에 따른 출퇴근 재해를 적용하지 아니한다(산재법 제37조 Ⅳ).

d) 자해행위와 업무상 재해 근로자의 고의·자해행위나 범죄행위[1] 또는 그것이 원인이 되어 발생한 부상·질병·장해 또는 사망은 업무상의 재해로 보지 않는다(산재법 제37조 Ⅱ 본문). 근로자 자신의 유책한 행위 또는 위법한 반사회적 행위로 인하여 발생한 재해는 보상의 대상이 될 수 없기 때문이다. 그러나 동조 동항 단서는 「부상·질병·장해 또는 사망이 정상적인 인식능력 등이 뚜렷하게 저하된 상태에서 한 행위로 발생한 경우로서 '대통령령이 정하는 사유'가 있으면 업무상 재해로 본다」고 규정하고 있다. 이는 비정상적인 정신상태에서 행하여진 자해행위에 대해서 예외를 규정한 것이라고 볼 수 있다. 비정상적인 정신 내지 인식능력 상태에서 재해를 입은 피재해자를 보호하기 위한 규정으로 볼 수 있다. 산재보험법 시행령 제36조는 i) 업무상의 사유로 발생한 정신

1) '근로자의 범죄행위가 원인이 되어 사망 등이 발생한 경우'란 근로자의 범죄행위가 사망 등의 직접 원인이 되는 경우를 의미하는 것이지, 예컨대 회사에서 지급한 야식비의 분배 문제로 후배 직원과 싸움을 벌이던 중에 바닥에 쓰러져 사망한 경우라면 근로자의 범죄행위가 사망의 직접 원인이라고 볼 수 없고 간접적 또는 부수적인 원인에 의한 사망이라고 보아야 함으로 산재보험법 제37조 2항 본문이 적용될 수 없다(大判 2017. 4. 27, 2016 두 55919).

질환으로 치료를 받았거나 받고 있는 사람이 정신적 이상 상태에서 자해행위를 한 경우, ii) 업무상의 재해로 요양 중인 사람이 그 업무상의 재해로 인한 정신적 이상 상태에서 자해행위를 한 경우, iii) 그 밖에 업무상의 사유로 인한 정신적 이상 상태에서 자해행위를 하였다는 것이 의학적으로 인정되는 경우 중 어느 하나에 해당하면 '대통령령이 정하는 사유'에 해당하는 것으로 규정하고 있다.

판례는 「근로자가 극심한 업무상 스트레스와 그로 인한 정신적인 고통으로 우울 증세가 악화되어 합리적인 판단을 기대할 수 없을 정도의 상황에 처하여 자살에 이른 것으로 추단할 수 있는 경우, 망인의 업무와 사망 사이에 상당인과관계가 인정될 수 있다」[1)2)]는 태도를 취한다. 그와 같은 자살도 업무상의 질병 또는 질병 현상으로 볼 수 있을 것이다. 그러나 치료과정 중에 의도적으로 정신이상 상태를 유발하여 자살에 이르게 하였다면 법 제37조 2항 본문과 단서 규정의 한계를 정하는 것이 어렵게 될 것이다.

e) 근로자의 중대한 과실과 재해보상의 제한사유 근로기준법 제81조에 의하면 「근로자가 중대한 과실로 업무상 부상 또는 질병에 걸리고 또한 사용자가 그 과실에 대하여 노동위원회의 인정을 받으면 휴업보상 또는 장해보상을 하지 아니하여도 된다」고 규정하고 있다. 그러나 그 밖의 요양보상 또는 유족보상 등에 있어서는 근로자에게 중대한 과실이 있어도 사용자가 이를 참작하여 그 보상 책임을 면하거나 과실상계(민법 제396조)의 이론에 따라 보상의 범위를 제한하지 못한다. 즉, 사용자는 특별한 사정이 없는 한 그 보상액 전액을 지급할 의무를 부담한다.[3)]

3. 재해보상의 종류와 내용

근로자가 업무상 부상을 당하거나 질병에 걸리거나 장해가 발생하거나 또는 사망(업무상 재해)한 경우에는 근로기준법의 재해보상 또는 산재보험법상의 보험급여지급이

1) 大判 2017. 5. 31, 2016 두 58840; 大判 2016. 1. 28, 2014 두 5262; 大判 2015. 1. 15, 2013 두 23461; 大判 2014. 10. 30, 2011 두 164692; 大判 2011. 6. 9, 2011 두 3944 등.

2) 망인이 회사에 약 17억원의 손해를 끼친 것이 감사원 감사에서 드러난 이후 징계를 받게 되어 승진이 누락될 가능성이 크며 구상권 청구까지 당할지 모른다는 압박감에 극심한 스트레스를 받아 극도의 불안감과 우울감을 계속 느껴오던 중 우울증으로 인한 정신적 장애 상태에서 자살에 이르렀다면 — 대법원은 망인의 우울증의 발생원인이라고 할 수 있는 부가가치세 공제를 하지 않은 채 공사대금을 지급함으로써 회사가 입은 손해에 관하여 망인에게 업무수행상 중대한 과실이 있는지 여부를 문제삼지 않고 있다 — 망인의 사망(재해)과 업무 사이의 상당인과관계를 부정하기 어려울 것이다(大判 2019. 5. 10, 2016 두 59010: 이와 다른 판단을 한 원심판결을 파기환송한 판결).

3) 大判(전합) 1981. 10. 13, 81 다카 351(근로자가 수령한 요양보상 중 과실 비율에 따른 금원을 부당이득이라 하여 사용자의 손해배상액으로부터 공제할 수 없다); 大判 2008. 11. 27, 2008 다 40847; 大判 2010. 2. 25, 2009 다 97314.

이루어진다. 근로기준법상의 보상으로는 요양보상(제78조), 휴업보상(제79조), 장해보상(제80조), 유족보상(제82조), 장의비(제83조)의 지급이 있고, 산재보험법상의 보험급여로는 요양급여, 휴업급여, 장해급여, 간병급여, 유족급여, 상병보상연금, 장의비, 직업재활급여(제36조 Ⅰ), 장해특별급여(제78조), 유족특별급여(제79조)가 있다. 다음에서는 근로기준법상의 보상, 산재보험법상의 보험급여가 같은 종류에 속하는 것은 대칭적으로 서술하고, 그 밖의 산재보험법상의 급여는 별도로 설명하기로 한다.

(1) 요양보상과 요양급여

a) 요양보상　근로자가 업무상 부상을 입거나 질병에 걸리면 사용자는 그의 비용으로 필요한 요양을 행하거나 필요한 요양비를 부담해야 한다(근기법 제78조 Ⅰ). 요양의 범위와 요양보상의 시기는 대통령령으로 정한다(근기법 제78조 Ⅱ; 벌칙 제110조 ①; 시령 제44조 Ⅰ, 별표 5). 요양의 범위는 i) 진찰, ii) 약제 또는 진료재료와 인공팔다리, 그 밖의 보조기의 지급, iii) 처치, 수술, 그 밖의 치료, iv) 입원, v) 간병, vi) 이송이다(근기법 시령 제44조 Ⅰ, 별표 5). 특히 근로자가 취업중에 업무상 질병에 걸리거나 부상 또는 사망한 경우에 사용자는 지체없이 의사의 진단을 받도록 해야 한다(동법 시령 제44조 Ⅱ). 요양보상은 매월 1회 이상 하여야 한다(동법 시령 제46조).[1] 그러나 근로자가 요양개시 후 2년을 경과하여도 부상 또는 질병이 완치되지 않는 경우에는 평균임금(근기법 제2조 Ⅰ ⑥; 산재법 제5조 ②)의 1,340일의 일시보상을 하여 그 후의 이 법에 따른 모든 보상책임을 면할 수 있다(근기법 제84조). 그러나 산재보험법 제66조는 상병보상연금제도를 두어 완치가 어려운 중증요양상태 등으로 장기요양을 필요로 하는 근로자를 보다 두텁게 보호하고 있다.

일시보상이 행하여진 경우라도, 예컨대 민사상의 손해배상책임(민법 제750조, 제390조[보호의무위반], 제758조, 제756조 참조)이나 위자료지급책임이 면제되지는 않는다. 근로기준법 제84조도 「이 법에 따른」(「근로기준법」에 따른) 책임을 면할 수 있다고 규정함으로써 이를 명백히 하고 있다.

b) 요양급여

1) 요양급여는 근로자가 업무상의 사유로 부상을 당하거나 질병에 걸린 경우에 공단(근로복지공단)이 해당 근로자에게 지급한다(산재법 제40조 Ⅰ). 부상 또는 질병이 3일 이내의 요양으로 치유될 수 있으면 요양급여를 지급하지 않는다(동조 Ⅲ). 요양급여는 요양비의 전액이다. 요양급여의 범위는 i) 진찰 및 검사, ii) 약제 또는 진료재료와 의지(義

1) 사용자가 적어도 요양보상의 사유가 발생한 달의 말일까지 요양보상을 행하지 아니한 때에는 처벌을 받을 수 있게 된다(大判 1992. 2. 11, 91 도 2913).

肢) 그 밖의 보조기의 지급,[1] iii) 처치, 수술, 그 밖의 치료, iv) 재활치료, v) 입원, vi) 간호 및 간병, vii) 이송, viii) 그 밖에 고용노동부령으로 정하는 사항이다(동조 Ⅳ).

간병급여는 요양중에 동법 제40조 4항에 의하여 받을 수 있으나, 부상이나 질병이 치유된 후에도 일정한 요건(시령 제59조)을 갖추면 간병급여를 받을 수 있다(동법 제61조).

요양은 산재보험법 제43조 1항(산재보험 의료기관의 지정 및 지정취소 등)에 따른 산재보험의료기관에서 받게 된다. 다만, 부득이한 경우에는 요양에 갈음하여 요양비를 지급할 수 있다(산재법 제40조 Ⅱ). 지정된 산재보험의료기관 이외의 곳에서 자기의 비용으로 요양을 하고 요양비를 지급받는 것은 부득이한 경우에 한정된다(제40조 Ⅵ).

2) 요양급여(제40조)를 받은 자가 치유 후 요양의 대상이 되었던 업무상의 부상 또는 질병이 재발하거나 치유 당시보다 상태가 악화되어 이를 치유하기 위한 적극적인 치료가 필요하다는 의학적 소견이 있으면 다시 제40조에 따른 요양급여를 받을 수 있다(재요양)(산재법 제51조 Ⅰ).[2] 그러나 증상이 남아 있더라도 부상의 경우 상처가 치유된 때, 질병의 경우 급성 증상이 쇠퇴하고 만성 증상이 남아 있어도 의료효과를 기대할 수 없는 상태가 된 때에는 치유된 것으로 보아야 한다.[3] 기왕증으로 인하여 업무상의 부상 또는 질병이 확대되었더라도 민법상의 과실상계(제396조)의 법리는 요양급여에 적용되지 않는다. 법률에 특별한 규정이 없는 한 산재보험법에 의한 급여지급책임에는 과실책임의 원칙이나 과실상계의 이론이 적용되지 않는다.[4]

선행상병의 치유 후 다시 증상이 자연 진행경과 이상으로 악화되어 후행상병이 발병하여 재요양이 필요한 상태가 되었음에도 재요양급여를 받지 못한 경우, 후행상병 치유시점에 장해급여청구권을 새로 취득하고, 그때부터 장해급여청구권의 시효가 다시 진행하는 것으로 보아야 한다.[5]

(2) 휴업보상과 휴업급여

a) 휴업보상 근로자가 업무상의 부상 또는 질병으로 인하여 취업하지 못할 경우[6]에 사용자는 그 요양기간중 평균임금(근기법 제2조 Ⅰ ⑥)의 100분의 60의 휴업보상

1) 의족은 단순히 신체를 보조하는 기구가 아니라 신체의 일부를 기능상 실질적으로 대체하는 장치로서, 업무상의 이유로 근로자가 장착한 의족이 파손된 경우는 산재보험법상 요양급여의 대상인 근로자의 부상에 포함된다고 보아야 한다(大判 2014. 7. 10, 2012 두 20991).

2) 요양중인 근로자의 상병을 호전시키기 위한 치료가 아니라 단지 고정된 증상의 악화를 방지하기 위한 치료만 필요한 경우 치료종결사유(산재법 규칙 제16조 Ⅰ)에 해당한다고 한 사례(大判 2008. 9. 25, 2007 두 4810).

3) 大判 2002. 3. 29, 2002 두 738.

4) 大判 2010. 8. 19, 2010 두 5141.

5) 大判 2020. 6. 4, 2020 두 31774.

6) 휴업급여기관은 요양기관에서의 요양기간뿐만 아니라 실제로 취업하지 못한 자가에서의 요양기간

을 지급하여야 한다(근기법 제79조 Ⅰ; 벌칙 제110조 ①). 휴업보상을 받을 기간에 그 보상을 받을 자가 임금의 일부를 지급받는 경우에는 사용자는 평균임금에서 그 지급받은 금액을 뺀 금액의 100분의 60의 휴업보상을 하여야 한다(근기법 제79조 Ⅱ). 휴업보상은 요양보상과 마찬가지로 매월 1회 이상 행하여야 한다(근기법 제79조 Ⅲ; 시령 제46조). 근로자의 중대한 과실이 있고 또한 사용자가 그 과실에 대하여 노동위원회의 인정을 받으면 근로기준법 제81조의 규정에 따라 사용자는 휴업보상을 지급하지 않을 수 있다. 원래 재해보상의 본질은 사용자의 지배하에 있는 위험이 현실화된 것을 보상하는 데 있으므로, 근로자의 중대한 과실이 있다고 하여 사용자의 보상책임을 면제하는 것이 반드시 타당하지는 않다. 사용자가 산업안전보건법에 위반한 경우 또는 담당 밖의 작업을 사용자가 묵인한 경우이면, 근로자의 중대한 과실을 문제삼을 수 없을 것이다. 그러나 근로자가 법령위반행위를 했다든가 또는 명백히 사용자의 지시·명령에 위반한 경우에는 근로자의 중대한 과실을 인정해야 한다.[1] 근로기준법상의 사용자의 보상은 기본적으로 당사자의 과책을 기본으로 하는 책임법에서 발전해 나온 것이기 때문에 보상책임의 제외규정(제81조: 휴업보상과 장해보상 책임의 면제)을 둔 것으로 생각된다. 사회보장적 성질을 가진 산재보험법에는 이와 같은 규정이 없다.

평균임금산정에 대해서는 근로기준법시행령 제5조의 특별규정이 있다. 이 규정은 휴업보상 이외에 장해보상, 유족보상, 장의비 및 일시보상을 행할 때에도 적용된다.[2]

b) 휴업급여

1) 휴업급여는 업무상 사유로 부상을 당하거나 질병에 걸린 근로자에게 요양으로 취업하지 못한 기간[3]에 대하여 지급하되, 1일당 지급액은 평균임금의 100분의 70에

도 포함한다(大判 1989. 6. 27, 88 누 2205).

1) 예를 들면 무면허 또는 만취상태에서 운전함으로써 교통사고가 발생한 때에는 근로자의 중대한 과실이 인정된다. 그러나 근로자의 중대한 과실 여부를 판단함에 있어서도 작업장의 환경, 시설의 적정성, 재해발생 당시의 업무의 과중정도를 고려하여야 할 것이다. 예컨대 「날씨가 무덥고 작업장 내 환기시설이 적절치 않은 상태에서 근로자가 업무시간 중에 유독성화공약품을 식수로 오인하여 마시고 사망하게 되었다면, 이는 업무환경에 기인한 중대한 착각으로 인하여 발생된 업무상 재해」라고 한 판례가 있다(大判 1992. 7. 14, 92 누 4625).

2) 시행령 제5조 1항에 의하면 「평균임금은 그 근로자가 소속한 사업 또는 사업장에서 같은 직종의 근로자에게 지급된 통상임금의 1명당 1개월 평균액(이하 "평균액"이라 한다)이 그 부상 또는 질병이 발생한 달에 지급된 평균액보다 100분의 5 이상 변동된 경우에는 그 변동비율에 따라 인상되거나 인하된 금액으로 하되, 그 변동 사유가 발생한 달의 다음 달부터 적용한다. 다만, 제2회 이후의 평균임금을 조정하는 때에는 직전 회의 변동 사유가 발생한 달의 평균액을 산정기준으로 한다」고 규정하고 있다. 그러나 동 시행령 제52조는, 재해보상을 하는 경우에는 사망 또는 부상의 원인이 되는 사고가 발생한 날 또는 진단에 따라 질병이 발생되었다고 확정된 날을 평균임금의 산정 사유가 발생한 날로 정하고 있다.

3) '요양으로 취업하지 못한 기간'이란 「근로자가 업무상 부상으로 요양을 하느라고 근로를 제공할 수

상당하는 금액으로 한다. 다만, 취업하지 못한 기간이 3일 이내이면 지급하지 아니한다(산재법 제52조). 휴업급여는 취업하지 못하는 기간에 임금을 받지 못하는 수급권자의 생계유지를 위한 것이다. 산재보험법의 휴업지급은 근로기준법의 그것(평균임금의 100분의 60)에 비하여 그 비율이 높다.[1)]

산재보험법에는 근로기준법 제81조(근로자의 중과실과 보상의 제외)에 해당하는 규정이 없다. 근로기준법이 사용자와 근로자 사이의 보상적 배상책임을 근거로 한 법률임에 비하여 산재보험법은 사회보장적 성격을 가진 입법이라는 데서 연유하는 것으로 해석될 수 있다.

2) 휴업급여 등(장해급여, 유족급여 등의 보험급여)의 평균임금은 근로기준법에 따른 평균임금을 말한다(산재법 제5조 ②). 평균임금의 산정과 관련해서는 산재보험법 제36조에 평균임금을 산정해야 할 사유가 발생한 날부터 1년이 지난 경우(동조 Ⅲ·Ⅳ), 근로자의 근로형태가 특이한 경우(동조 Ⅴ), 진폐 등 대통령령으로 정하는 직업병으로 보험금을 받게 되는 경우(동조 Ⅵ), 평균임금이 전체 근로자의 임금평균액의 1.8배를 초과하거나, 2분의 1보다 적은 경우(동조 Ⅶ), 최저 보상기준이나 최저 보상기준의 산정방법 및 적용기간 등(동조 Ⅷ)에 대해서 특별히 규정하고 있다.

3) 또한 저소득 근로자의 휴업급여(산재법 제54조), 고령자의 휴업급여(제55조), 재요양기간 중의 휴업급여(제56조)에 관해서 특별규정을 두고 있다.

4) 요양 또는 재요양을 받고 있는 근로자가 그 요양기간 중 일정기간 또는 단시간 취업을 하는 경우에는 그 취업한 날 또는 취업한 시간에 해당하는 그 근로자의 평균임금에서 그 취업한 날 또는 취업한 시간에 대한 임금을 뺀 금액의 100분의 90에 상당하는 금액을 지급할 수 있다(산재법 제53조 Ⅰ). 요양 또는 재요양을 받는 근로자가 휴업급여를 받으면서 취업을 하고 임금을 받는 때에는 원칙적으로 휴업급여를 받을 수 없는 것이 원칙이라고 할 수 있다. 그러나 근로자가 받은 임금이 평균임금에 미달하는 때에는 그 미달되는 부분의 100분의 90에 상당하는 금액을 보전해 줌으로써 기본적 생계유지에 지장이 없도록 하기 위한 것으로 해석된다. 이를 부분휴업급여라고 한다. 부분휴업급여

없었기 때문에 임금을 받지 못한 기간을 의미하는 것이라고 해석되므로, 근로자가 의료기관에서 업무상 부상을 치료받은 기간뿐만 아니라 근로자가 자기 집에서 요양을 하느라고 실제로 취업하지 못하였기 때문에 임금을 받지 못한 기간도 포함된다고 보아야 할 것이다」(大判 1989. 6. 27, 88 누 2205).

1) 요양중 휴업급여를 지급받은 재해근로자에게 같은 기간의 장해보상연금을 지급하는 경우에도 산재보험법 제56조 3항에 따라 1일당 장해보상연금액과 1일당 휴업급여액을 합한 금액이 장해보상연금의 산정에 적용되는 평균임금의 100분의 70을 초과하면 지급된 장해보상연금에서 '이미 지급된 휴업급여에 해당하는 금액을 공제'하고 지급하여야 한다(大判 2020. 12. 10, 2020 두 39228).

를 공단에 청구하기 위해서는 일정한 요건을 갖추어야 한다(산재법 시령 제49조, 제50조).

(3) 장해보상과 장해급여

a) 장해보상

1) 근로자가 업무상 부상 또는 질병에 걸리고, 완치된 후 신체에 장해가 있으면 사용자는 그 장해 정도에 따라 평균임금에 별표에서 정한 일수(제14급에서 제1급까지 나누어 50일에서 1,340일까지, 근기법 별표 참조)를 곱한 금액의 장해보상을 하여야 한다(근기법 제80조 Ⅰ; 벌칙 제110조 ①). 이미 신체에 장해가 있는 자가 부상 또는 질병으로 인하여 같은 부위에 장해가 더 심해진 경우에 그 장해에 대한 장해보상 금액은 장해 정도가 더 심해진 장해등급에 해당하는 장해보상의 일수에서 기존의 장해등급에 해당하는 장해보상의 일수를 뺀 일수에 보상청구사유 발생 당시의 평균임금을 곱하여 산정한 금액으로 한다(동조 Ⅱ). 장해보상의 형평성을 유지하기 위한 규정으로 해석된다(신설 2008. 3. 21).

2) 장해보상을 하여야 하는 신체장해등급의 결정기준과 장해보상의 시기는 대통령령으로 정한다(동조 Ⅲ[신설 2008. 3. 21]; 장해등급결정: 시령 제47조 및 별표 6). 사용자는 지급능력을 증명하고 보상받는 자의 동의를 받으면 보상금을 1년에 걸쳐 분할보상할 수 있다(제85조).

3) 근로자가 중대한 과실로 업무상 부상 또는 질병에 걸리고 또한 사용자가 그 과실에 대하여 노동위원회의 인정을 받으면 휴업보상에서와 마찬가지로 장해보상을 하지 않아도 된다(근기법 제81조).

b) 장해급여

1) 장해급여는 근로자가 업무상의 사유로 부상을 당하거나 질병에 걸려 치유된 후 신체 등에 장해가 있는 경우에 그 근로자에게 지급한다(산재법 제57조 Ⅰ). 장해로 인한 노동능력의 감소와 상실에 따른 수입의 감소·상실을 보전하기 위한 것이다.[1] 장해급여는 장해등급(제1급에서 제14급)에 따라 별표 2에 따른 장해보상연금(제7급 138일분에서 시작하여 제1급 329일분의 평균임금) 또는 장해보상일시금(제14급 55일분에서 시작하여 제1급 1,474일분의 평균임금)으로 하되, 그 장해등급의 기준(시령 제53조. 장해등급의 판정기준: 규칙 제46조, 제48조)은 대통령령으로 정한다(동조 Ⅱ). 장해보상연금 또는 장해보상일시금은

1) '불법행위로 인하여 사망하거나 신체상의 장해를 입은 급여소득자가 장래 얻을 수 있는 수입의 상실액은 상실되거나 감퇴된 노동능력에 관한 것이므로 사용자에 의하여 근로의 대상으로 계속적·정기적으로 지급되는 금품이라면 일실수입 산정의 기초가 되는 급여소득에 포함된다. 그러나 지급사유의 발생이 불확정적이고 일시적으로 사용자에 의하여 지급되는 금원은 근로의 대상으로 계속적·정기적으로 지급되는 금품이라고 볼 수 없으므로 이에 포함되지 아니한다'(大判 2015. 2. 26, 2014 다 227546: 휴업급여 및 장해급여에 대응하는 일실수입을 산정할 때 격려금과 성과금은 일실수입을 산정하는 기초수입에 포함되지 않는다는 사례. 참고판례: 大判 2011. 10. 13, 2009 다 86246).

수급권자의 선택에 따라 지급한다(동조 Ⅲ 본문). 장해보상연금은 수급권자의 신청에 의하여 미리 지급될 수 있다(동조 iv).

2) 공단은 장해보상연금 수급권자 중 그 장해상태가 호전되거나 악화되어 치유 당시 결정된 장해등급이 변경될 가능성이 있는 자에 대하여는 그 수급권자의 신청 또는 직권으로 장해등급을 재판정할 수 있다(산재법 제59조 Ⅰ 또한 Ⅱ·Ⅲ 참조).

3) 장해보상연금의 수급권자가 재요양을 받는 경우에도 그 연금의 지급을 정지하지 아니한다(산재법 제60조 Ⅰ). 재요양을 받고 치유된 후 장해상태가 종전에 비하여 호전되거나 악화된 경우에는 그 호전 또는 악화된 장해상태에 해당하는 장해등급에 따라 장해급여를 지급한다(동조 Ⅱ).[1]

4) 장해보상연금의 수급권자는 사망 등 기타의 사유가 있으면 수급권을 상실한다(산재법 제58조). 장해보상연금 수급권자의 수급권이 위의 사유(제58조)에 의하여 소멸한 경우에 이미 지급한 연금액이 장해등급에 따른 일시금(별표 2 참고)에 못 미치면 정해진 방법으로 산정한 금액을 유족 또는 그 근로자에게 일시금으로 지급한다(제57조 Ⅴ).[2]

(4) 유족보상과 유족급여

a) 유족보상 근로자가 업무상 사망한 경우에는 사용자는 근로자가 사망한 후 지체 없이 그 유족에게 평균임금 1,000일분의 유족보상을 하여야 한다(근기법 제82조 Ⅰ; 벌칙 제110조 ①). 유족의 범위, 유족보상의 순위 및 보상을 받기로 확정된 사람이 사망한 경우의 유족보상의 순위는 대통령령으로 정한다(동조 Ⅱ[신설 2008. 3. 21]; 시령 제48조에서 제50조까지). 민법상의 유산상속의 경우와는 그 취지를 달리한다. 유족보상의 지급은 근로자가 사망한 후 지체 없이 하여야 한다(동법 시령 제51조 Ⅱ).

b) 유족급여

1) 유족급여는 근로자가 업무상의 사유로 사망한 경우에 유족[3]에게 지급한다(산재법 제62조 Ⅰ).

유족급여는 산재보험법 [별표 3][4]에 따른 유족보상연금이나 유족보상일시금으로

1) 업무상 재해를 입은 사람이 장해급여를 청구하지 않아 전혀 보상을 받지 못하고 있다가 기존의 장애상태가 악화되어 장해등급이 변경된 후 비로소 장해보상연금을 청구한 경우 기존의 장해등급에 따른 장해보상일시금의 지급일수에 해당하는 기간만큼의 장해보상연금을 지급해야 한다. 기존의 장해등급에 대한 장해급여청구를 하지 않고 있던 중 청구권이 시효 소멸된 경우에도 마찬가지이다(大判(전합) 2015. 4. 16, 2012 두 26142. 시효로 소멸된 청구권은 부활하지 않는다는 반대의견이 있음).

2) 장해급여 청구와 근로복지공단의 심사 범위에 관한 대법원 판례: 大判 2016. 9. 28, 2014 두 14297 참고.

3) '유족'이란 사망한 사람의 배우자(사실상 혼인 관계에 있는 자 포함)·자녀·부모·손자녀·조부모 또는 형제자매를 말한다(산재법 제5조 ③; 근기법 시령 제48조 참조).

4) 유족급여의 종류: 유족보상연금(기본금액과 가산금액을 합한 금액)과 유족보상일시금(평균임금의

하되, 유족보상일시금은 근로자가 사망할 당시 산재보험법 제63조 1항에 따른 유족보상연금을 받을 수 있는 자격이 있는 사람이 없는 경우에 지급한다(제62조 Ⅱ). 유족보상연금을 받을 수 있는 자격이 있는 사람이 원하면 별표 3의 유족보상일시금의 100분의 50에 상당하는 금액을 일시금으로 지급하고 유족보상연금은 100분의 50을 감액하여 지급한다(동조 Ⅲ). 유족보상연금을 받던 사람이 그 수급자격을 잃은 경우 다른 수급자격자가 없고 이미 지급한 연금액을 지급 당시의 각각의 평균임금으로 나누어 산정할 일수의 합계가 1,300일에 못 미치면 그 못 미치는 일수에 수급자격 상실 당시의 평균임금을 곱하여 산정한 금액을 수급자격 상실 당시의 유족에게 일시금으로 지급한다(동조 Ⅳ). 유족보상연금의 지급 기준 및 방법, 그 밖에 필요한 사항은 대통령령으로 정한다(동조 Ⅴ).

2) 유족보상연금 수급자격자의 범위 및 유족보상연금 수급자격자의 자격 상실과 지급정지 등에 관해서는 동법 제63조[1]와 제64조에서 각각 정하고 있다. 그리고 유족보상일시금과 유족보상연금이 일시금으로 지급되는 특별한 경우(산재법 제57조 Ⅴ, 제62조 Ⅱ·Ⅳ)에 수급권자인 유족의 순위에 관해서는 동법 제65조가 규정하고 있다.

(5) 장 의 비

a) 장의비(근로기준법) 근로자가 업무상 사망한 경우에는 사용자는 근로자가 사망한 후 지체 없이 평균임금 90일분의 장의비를 지급하여야 한다(근기법 제83조; 벌칙 제110조 ①). 장의비는 실제로 장제를 지낸 자에게 지급할 수도 있다고 보아야 한다.[2] 장의비의 지급은 근로자가 사망한 후 지체 없이 하여야 한다(동법 시령 제51조 Ⅱ).

b) 장의비(산재보험법) 장의비는 근로자가 업무상의 사유로 사망[3]한 경우에 지

1,300일분).

1) 유족보상연금 수급자격자의 범위: ① 유족보상연금을 받을 수 있는 자격이 있는 사람(이하 "유족보상연금 수급자격자"라 한다)은 근로자가 사망할 당시 그 근로자와 생계를 같이 하고 있던 유족(그 근로자가 사망할 당시 대한민국 국민이 아닌 사람으로서 외국에서 거주하고 있던 유족은 제외한다) 중 배우자와 다음 각 호의 어느 하나에 해당하는 사람으로 한다. 이 경우 근로자와 생계를 같이하고 있던 유족의 판단 기준은 대통령령(시령 제61조)으로 정한다. 1. 부모 또는 조부모로서 각각 60세 이상인 사람, 2. 자녀 또는 손자녀로서 각각 19세 미만인 사람, 3. 형제자매로서 19세 미만이거나 60세 이상인 사람, 4. 제1호부터 제3호까지의 규정 중 어느 하나에 해당하지 아니하는 자녀·부모·손자녀·조부모 또는 형제자매로서 「장애인복지법」 제2조에 따른 장애인 중 고용노동부령으로 정한 장애등급 이상에 해당하는 사람, ② 제1항을 적용할 때 근로자가 사망할 당시 태아(胎兒)였던 자녀가 출생한 경우에는 출생한 때부터 장래에 향하여 근로자가 사망할 당시 그 근로자와 생계를 같이하고 있던 유족으로 본다. ③ 유족보상연금 수급자격자 중 유족보상연금을 받을 권리의 순위는 배우자·자녀·부모·손자녀·조부모 및 형제자매의 순서로 한다.

2) 산재보험법 제71조 1항 단서의 준용(산재법상의 장례비지급과 관련된 판례: 大判 1994. 11. 18, 93 다 3592).

3) 사망의 추정에 관해서는 산재법 제39조; 동 시행령 제37조 참조.

급하되, 평균임금의 120일분에 상당하는 금액을 그 장제를 지낸 유족에게 지급한다. 다만, 장제를 지낼 유족이 없거나 그 밖에 부득이한 사유로 유족이 아닌 사람이 장제를 지낸 경우에는 평균임금의 120일분에 상당하는 금액의 범위에서 실제 드는 비용을 그 장제를 지낸 사람에게 지급한다(산재법 제71조 Ⅰ). 장의비가 대통령령으로 정하는 바에 따라 고용노동부장관이 고시하는 최고 금액을 초과하거나 최저 금액에 미달하면 그 최고 금액 또는 최저 금액을 각각 장의비로 한다(동조 Ⅱ; 시령 제66조). 따라서 장의비는 최고 금액과 최저금액을 한도로 지급된다.

⑹ 산재보험법상의 그 밖의 급여

산재보험법 제36조 1항은 동법에서 지급하는 보험급여를 8가지로 정하고 있다. 이 중에서 근로기준법에 없는 보험급여가 간병급여, 상병보상연금, 직업재활급여이다.

a) 간병급여 간병급여는 요양급여를 받은 사람 중 치유 후 의학적으로 상시 또는 수시로 간병이 필요하여 실제로 간병을 받는 사람에게 지급한다(산재법 제61조 Ⅰ). 간병급여의 지급 기준과 지급 방법 등에 관하여 필요한 사항은 대통령령으로 정한다(동조 Ⅱ; 시령 제59조). 요양급여 중에도 간병은 요양급여에 포함되어 있으므로(산재법 제40조 Ⅳ ⑥), 치유 후의 간병은 하나의 독립된 보험급여이다.

b) 상병보상연금 요양급여를 받는 근로자가 요양을 시작한지 2년이 지난 이후에 i) 그 부상이나 질병이 치유되지 아니한 상태이고, 또한 ii) 그 부상이나 질병에 따른 중증요양상태의 정도가 대통령령(시령 제64조, 제65조)으로 정하는 중증요양상태등급 기준(시령 별표 8)에 모두 해당하고, iii) 요양으로 인하여 취업하지 못하였을 경우 휴업급여 대신 상병보상연금을 그 근로자에게 지급한다(산재법 제66조 Ⅰ). 상병보상연금은 중증요양상태등급(제1급은 평균임금의 329일분, 제2급은 평균임금의 291일분, 제3급은 평균임금의 257일분)(별표 4)에 따라 지급한다(동조 Ⅱ). 근로기준법이 이러한 경우에 일시보상(제84조)을 지급하는 것과 대비된다. 그 이외에 산재보험법은 저소득 근로자의 상병보상금 및 고령자(61세가 된 사람)의 상병보상연금에 관하여 제67조 및 제68조의 특별 (보호)규정을 두고 있다. 또한 재요양기간 중의 상병보상금에 관하여는 제69조가 규정하고 있다. 이상의 제66조부터 제69조까지의 규정에 따른 상병보상연금을 받으려는 사람은 중증요양상태를 증명할 수 있는 의사의 진단서를 첨부하여 공단에 청구해야 한다(산재법 시령 제64조 Ⅰ).

c) 직업재활급여 직업재활급여에는 2종류가 있다. 첫째는 장해급여를 받은 사람이나 또는 진폐보상연금을 받은 사람이나 장해급여를 받을 것이 명백한 사람으로서 대통령령으로 정하는 사람(장해급여자) 중 취업을 위하여 직업훈련이 필요한 사람(훈련대상자)에 대하여 지급하는 직업훈련비용과 직업훈련수당이다. 둘째는 업무상 재해가 발생

한 원래의 사업장에 복귀한 장해급여자에 대하여 사업주가 고용을 유지하거나 직장적응훈련 또는 재활운동을 실시하는 경우에 각각 지급하는 직장복귀지원금, 직장적응훈련비 및 재활운동비이다(산재법 제72조 Ⅰ. 직업훈련비용, 직업훈련수당, 직장복귀지원금 등에 관해서는 제73조에서 제75조까지 참조).

d) 장해특별급여 보험가입자인 사업주의 고의 또는 과실로 업무상 재해가 발생한 때에는 해당 근로자는 사업주에 대하여 불법행위(민법 제750조) 또는 채무불이행(부수적 의무인 보호의무의 위반)(민법 제655조, 제390조)으로 인한 손해배상(불법행위: 민법 제750조, 제751조, 제763조. 채무불이행: 제655조, 제390조, 제393조)을 청구할 수 있을 뿐 아니라 공단에 대하여 보험급여를 청구(산재법 제40조 이하)할 수 있으며, 근로기준법상의 보상(근기법 제78조 이하)을 받을 수도 있다(산재급여와 다른 보상이나 배상에 관해서는 산재법 제80조 참조). 산재보험법 제78조 1항은 특히 장해급여와 관련해서 보험가입자인 사업주의 고의 또는 과실로 발생한 업무상의 재해로 인하여 근로자가 대통령령으로 정한 장해등급에 해당하는 장해(시령 제73조 Ⅰ: 산재법 시령에서 정한 별표 6에 따른 제1급부터 제3급까지의 장해등급) 또는 진폐장해등급에 해당하는 장해를 입은 경우에 수급권자는 민법에 따른 손해배상청구를 갈음하는 장해특별급여를 청구하면 제57조의 장해급여 또는 제91조의3의 진폐보상연금 '외에' 대통령령으로 정하는 장해특별급여(산재법 시령 제73조 Ⅱ)[1]를 지급할 수 있다고 정하고 있다(제78조 Ⅰ 본문). 다만, 근로자와 보험가입자 사이에 장해특별급여에 관하여 합의가 이루어진 경우에 한한다(제78조 Ⅰ 단서).

《장해특별급여의 취지와 해석상의 문제점》

보험가입자인 사업주의 고의·과실로 업무상 재해가 발생한 경우에 피해근로자에게는 위에서 보험가입자인 사업주에게 민사상의 책임을 물어 실손해의 배상을 청구할 수 있는 권리와 산재보험법에 의한 보험급여청구권이 경합하여 발생한다. 이 경우에 보상(배상)액에 있어서 민사상의 손해배상청구를 택하는 것이 유리하다는 것은 더 말할 필요가 없다. 이런 점을 고려해서 산재보험법은 보험가입자의 고의·과실에 의한 업무상 재해에 대한 「책임」부분에 관하여 장해급여 외에 별도로 손해배상의 성질을 가지는 「특별」급여를 지급함으로써(일종의 대위책임: 제78조 Ⅲ 참조) 피해자인 근로자를 보호하는 차원에서 근로자가 소송을 통하여 손해배상을 받는 데 소요되는 경제적·시간적 부담을 덜어주고 보다 신속하게 배상을 받을 수 있도록 하고 있다. 그러나 근로자가 민사상의

---

1) 산재보험법 시행령 제73조 2항. 평균임금의 30일분에 별표 9에 따른 장해등급 노동력상실률과 별표 11에 따른 취업가능기간에 대응하는 라이프니츠 계수를 곱하여 산정한 금액에서 법 제57조에 따른 장해보상일시금을 뺀 금액.

손해배상을 관철할 것을 원할 경우에 이를 막을 수는 없기 때문에 근로자와 보험가입자 사이에 반드시 장해특별급여에 관한 합의, 즉 민사상의 손해배상을 청구하지 않겠다는 합의가 전제되어야 한다(제78조 Ⅰ 단서). 수급권자가 장해특별급여를 받으면 동일한 사유에 대하여 보험가입자에게 민법이나 그 밖의 법령에 따른 손해배상을 청구할 수 없다(제78조 Ⅱ). 공단이 근로자에게 장해특별급여를 지급하면 대통령령(산재법 시령 제75조 Ⅰ)으로 정하는 바에 따라 그 급여액 모두를 보험가입자로부터 징수한다.[1] 즉, 공단이 장해특별급여를 지급하는 것은 고의·과실 있는 보험가입자의 책임을 대위(代位)하여 한 것이므로 그 급여에 대하여 구상권을 가진다(제78조 Ⅲ 참조).

여기서 문제가 되는 것은, 첫째 장해급여와 장해특별급여의 합산액이 피해근로자가 민사청구를 통하여 받을 수 있는 손해배상액에 어느 정도 근접한 것인가 하는 점이다. 이는 근로자와 보험가입자 사이의 장해특별급여에 관한 합의에 대하여 실질적 영향을 줄 수 있기 때문이다. 둘째, 근로자와 보험가입자 사이의 합의는 일종의 계약인 법률행위이기 때문에 특히 민법 제103조 및 제104조에 의하여 무효가 될 수 있고, 근로자의 착오(민법 제109조) 또는 상대방의 강박(민법 제110조)이 있는 때에는 근로자는 그의 의사표시를 취소할 수 있다고 보아야 한다. 그러나 장해특별급여를 수령한 후에 근로자가 취소권을 행사하는 것은 신의칙에 반하여 효력이 없다고 보아야 할 것이다(민법 제2조).

e) 유족특별급여 보험가입자가 고의 또는 과실로 발생한 업무상 재해로 근로자가 사망한 경우에 수급권자(산재법 제63조 이하 참조)가 「민법」에 따른 손해배상청구를 갈음하여 유족특별급여를 청구하면 제62조의 유족급여 또는 제91조의4의 진폐유족금 외에 대통령령으로 정하는 유족특별급여(산재법 시령 제74조 Ⅰ·Ⅱ)를 지급할 수 있다(산재법 제79조 Ⅰ). 유족급여에 관하여는 장해특별급여에 관한 제78조 1항 단서(특별급여에 관한 수급권자와 보험가입자 사이의 합의)·2항(다른 배상이나 보상의 청구배제)·3항(보험가입자로부터의 전 급여액의 징수)이 준용된다(산재법 제79조 Ⅱ 1문). 이 경우에 "장해특별급여"는 "유족특별급여"로 본다(제79조 Ⅱ 2문). 따라서 장해특별급여에 관한 위의 d)에서의 이론적 설명은 유족특별급여에 대해서도 그대로 적용된다. 다만, 수급권자(사망한 근로자의 직계 존·비속 또는 배우자인 경우)가 불법행위에 의한 손해배상을 청구할 경우 민법 제752조가 적용될 수 있다.

1) 1년에 걸쳐 4회로 분납할 수 있도록 하고 있다(산재법 시령 제75조 Ⅰ).

4. 재해보상의 실시

(1) 보상관계의 성립과 종료

a) 적용범위와 성립

1) 근로기준법상의 재해보상관계는 근로자와 사용자 사이에 근로계약관계가 성립한 때부터 시작된다고 할 수 있다. 그러나 현실적으로는 근로자가 사용자의 사업 또는 사업장에서 근로(노무의 제공)를 개시한 때부터 재해발생이 문제될 것이다. 따라서 노무제공을 이미 개시한 때에는 명시적 계약이 없었더라도 묵시적 합의가 있는 것으로 추정해야 한다. 재해보상규정은 근로자 수와 관계없이 근로기준법이 적용되는 모든 사업 또는 사업장에 적용되며, 보상책임은 사용자 개인의 근로기준법상의 의무 책임(Haftung)이다.

2) 산재보험법은 근로자를 사용하는 모든 사업 또는 사업장에 원칙적으로 적용되며(산재법 제6조 본문),[1] 동법의 적용을 받는 사업의 사업주는 당연히 산재보험법에 의한 산재보험의 보험가입자가 된다(징수법 제5조 Ⅲ).[2] 따라서 산재보험의 당연가입자가 되는 사업의 경우에는 그 사업이 시작된 날에 보험관계가 성립한다(징수법 제7조 ②). 이때부터 보험가입자인 사업주와 근로복지공단(이하 '공단'이라 한다) 사이에 보험관계가 성립한다. 다시 말하면 사용자가 보험관계의 성립을 위한 신고행위(법률행위)를 하였는지 여부와는 관계없이 「사업이 시작하는 날」(사실상 재해가 발생할 수 있는 그 날) 이후에 재해를 입은 근로자는 산재보험법에 의하여 보험급여를 받을 수 있다. 산재보험법이 사회보장제도의 성격을 가지는 데서 오는 법률관계의 특별한 발생요건이라고 보아야 한다.

당연가입사업이 아닌 사업이더라도 공단의 승인을 얻어 보험에 가입할 수 있다(징수법 제5조 Ⅳ). 임의가입이 승인되면 당연가입사업장과 똑같이 산재보험법이 적용되지만, 보험관계 성립일은 가입신청서를 접수한 날의 다음날이다(징수법 제7조 ③).

b) 신 고 산재보험법상 당연보험가입자가 된 자는 보험관계(사업주와 공단 사이)가 성립한 날부터 14일 이내에 공단에 보험관계의 성립 신고를 해야 한다(징수법 제

---

1) 산재보험법 적용 제외 사업에 관해서는 사업의 위험률, 규모 및 사업장소 등을 참작하여 대통령령이 정한다(산재법 제6조 단서; 동 시령 2조).

2) 따라서 보험가입자인 사업주와 보험급여를 받을 근로자에 해당하는지 여부는 근로복지공단에 대한 신고 내용에 따라 결정되는 것이 아니라 해당 사실의 실질에 의하여 결정된다고 보아야 한다(大判 1999. 2. 24, 98 두 2201). 이를 바탕으로 하여 근로복지공단이 내린 요양승인처분에 대하여 사업주가 자신은 제3자임을 주장하며 사업주 변경 신청을 하였더라도 사업주에게는 법규상 또는 조리상 그러한 신청권이 인정되지 않는다. 산재보험적용사업장변경불승인처분은 항고 소송의 대상이 되는 행정처분이라 할 수 없다(大判 2016. 7. 14, 2014 두 47426. 또한 大判 2014. 7. 10, 2012 두 22966 등 참고). 보험의 의제가입에 관해서는 보험료징수법 제6조 참조.

11조 Ⅰ 본문).

c) 소 멸 근로기준법의 보상관계는 근로관계의 종료시 보상관계는 소멸한다고 보아야 하지만 근로기준법 제86조는 「보상을 받을 권리는 퇴직으로 인하여 변경되지 아니」한다고 규정하고 있다. 산재보험법상 보험관계는 사업이 폐업 또는 끝난 날의 다음 날 등에 소멸한다(징수법 제10조).

보험관계는 근로자와 공단 사이에 성립하는 보상관계와는 구별해야 한다(다음 5 참고).

(2) **보상의 청구와 절차**

1) 근로기준법상의 재해보상은 동법 제78조 이하의 요건이 갖추어지면 사용자는 해당 규정에 따른 보상의무를 이행함으로써 실현된다. 다시 말하면 재해를 입은 근로자는 사용자에 대하여 해당 법률규정에 의한 보상청구권을 가진다. 근로기준법의 규정에 따른 재해보상 청구권은 3년간 행사하지 않으면 시효로 소멸된다(근기법 제92조). 보상의 방법과 시기에 대해서는 각 규정에 정하는 바에 따른다. 사용자는 보상관계가 끝나거나 보상청구권이 시효로 소멸하기 전에는 재해보상에 관한 중요한 서류를 폐기해서는 안 된다(근기법 제91조; 벌칙 제116조 Ⅰ ②). 근로자에 대한 보상을 확보하기 위한 증빙자료가 되기 때문이다.

2) 산재보험법에 따른 보험급여는 수급권자의 청구에 따라 지급된다(산재법 제36조 Ⅱ). 판례[1]는 임신한 여성 근로자에게 업무에 기인하여 태아의 건강이 손상되어 업무상 재해가 발생하였다면 근로자 자신의 재해뿐만 아니라 태아의 재해에 대해서도 요양급여를 받을 수 있는 수급권을 가지고, 이후 태어난 출산아에게 선천성 질병이 있는 경우에도 출산아에 대한 요양급여를 수급(受給)할 수 있는 권리(수급청구권)를 상실하지 않는다고 한다. 따라서 여성 근로자는 아이가 선천성 질병을 가지고 태어나 독립적 인격주체가 된 이후에도 그 요양급여에 대하여 수급청구권을 가진다고 한다. 대법원 판결에 관하여는 다음에서 보론(補論)으로 언급하고 원심인 서울고법 판결에 관하여는 각주 1)을 참고하기 바란다.[2]

---

1) 大判 2020. 4. 29, 2016 두 41071.

2) 서울고법 판결(서울高判 2016. 5. 11, 2015 누 31307. 제1심 판결: 서울行判 2014. 12. 19, 2014 구단 50654)에 따르면, 「여성근로자가 임신 중에 업무상 질병을 야기할 수 있을 정도의 유해요소로 인하여 태아에게 건강손상이 생겼을 경우에 그 건강손상(심장질환)의 장애를 진단할 당시에는 태아는 모체(母体)와 단일체로서 독립적인 인격이 없어(민법 제3조 참조) 태아에 대한 법적 권리·의무는 어머니(여성근로자)에게 귀속되므로 태아의 건강손상은 어머니에 대한 업무상 재해이지만, 그러한 질병을 가지고 자녀(출산아)가 태어난 이상 재해발생과 요양급여 청구시점은 별개이어서 요양급여의 청구권은 어머니(여성근로자)에게 인정될 수 없다」고 한다. 또한 산재보험법(제36조 Ⅱ)이 보험급여의 수급권(보험급여 수급권은 법률에 의하여 구체적으로 형성되는 권리라고 하며 憲裁 2004. 11. 25, 2002 헌바 52 등을 인용)을 업무상의 사유로 부상을 당하거나 질병에 걸린 사람 본인에게 한정하고

있는 이상, 여성근로자에게 업무상 질병을 야기할 정도의 유해요소로 인하여 태아에게 건강손상이 발생한 것을 보험사고로 본다고 하더라도 출산 이후에는 이와 같은 보험사고로 인한 보험급여의 수급권의 주체를 출산한 자녀로 볼 수 있음은 별론으로 하고 적어도 여성 근로자 본인이 보험급여의 수급권자가 된다고 볼 수 없다고 한다. 어머니인 여성근로자가 입은 업무상 재해는 업무로 인하여 그에게 발생된 부상 또는 질병인데 태아에게 생긴 건강침해는 출산 후에는 어머니가 아닌 출산아가 지닌 선천성 질병으로 바뀌므로 그 업무상의 재해는 어머니인 여성근로자와는 독립된 법인격체인 여성근로자의 자녀에 대한 질병이라고 한다. 다른 한편 산재보험법이 「업무상 재해의 개념에서 업무에 기인하여 태아에게 발생한 건강손상을 아예 배제하고 있다거나, 이를 보험사고로 포함시키면서도 그 보험사고에 대하여 태아 또는 출산자녀에게 보험급여 수급권을 부여하지 아니하고 있다면 임신한 여성근로자와 태아 또는 출산자녀를 합리적 근거 없이 차별하는 것이어서 헌법상의 평등의 원칙에 위배될 수 있을지언정 여성근로자에게 출산한 자녀를 위한 보험급여 수급권을 인정하지 아니한 것 자체만으로 임신한 여성근로자를 불리하게 차별하는 것으로서 평등의 원칙에 위배된다거나 국가의 모성보호의무 등에 위반된다고 할 수 없다.」고 한다(이 사건 소송에서 근로복지공단은 근로자 본인이 아닌 자녀의 질병은 산재보험법상 업무상 재해에 해당하지 않는다고 한다). 따라서 어머니인 여성근로자는 출산자녀에 대한 보험급여의 수급권자가 될 수 없으므로 그 청구권도 인정될 수 없다고 한다.

산재보험법은 업무상 재해의 정의와 인정 기준을 정하면서 업무에 기인하여 발생한 태아의 건강손상이 업무상 재해에 해당하는지 그리고 이를 보험사고에 포함시킬 경우 태아가 출생한 후 누구에게 보험급여 수급권이 있는지에 대하여 아무 규정을 두고 있지 않다. 산재보험법에 이에 관한 규정이 없는 것은 법률의 흠결(Lücke des Gesetzes)이라고 볼 수 있다. 법률의 흠결에 대해서는 법원이 법형성적 판결을 통하여 이를 보충할 수 있다는 것이 독일의 학설과 판례법에서 일반적으로 인정된 법리이다(K. Larenz, *Methodenlehre der Rechtswissenschaft*, 6. Aufl., 1991, S. 368, 370 ff. 참고). 위의 서울고법 판결은 산재보험법상 이러한 법률의 흠결을 의식하며 태아에게 발생한 건강손상이 업무상 재해에 해당하는 보험사고(Versicherungsfall)이고 그 보험사고에 대하여 태아 또는 출산자녀가 보험급여 수급권을 가지는 것으로 보충해석 할 수 있음을 간접적으로 시사하면서도 출산자녀의 선천성 질병에 대한 여성근로자의 수급권을 민법 제3조와 산재보험법 제36조 제2항을 근거로 부인하고 있다(독일 사회법전 제7장 제12조는 '임신 중의 산모의 보험사고로 인하여 태아가 입은 건강손상도 보험사고이고, 태아는 피보험자이다. 태아의 건강손상이 산모의 직업병 발생의 일반적 원인이 되는 요인으로 인하여 발생된 것이면 보험사고로 인정된다.'고 규정하고 있다).

위 판결은 태아의 건강침해가 보험사고에 해당되고 출산 후에는 출산자녀가 보험급여 수급권을 가질 수도 있다는 전제하에 출산자녀의 질병에 대한 어머니인 여성근로자의 보험급여 수급권을 부인하면서 제1심 판결(여성근로자에게 출산 전·후를 불문하고 태아 또는 출산아의 치료를 위한 요양급여를 제한 없이 지급하여야 한다)을 배척하였다. 그러나 이 판결은 여기서 더 나아가 어머니인 여성근로자가 출산자녀의 수급권을 법정대리인으로서 공단에 대리 청구할 수 있는지에 관해서는 판단하지 않았다. 출산아를 소송상의 청구당사자로 하여 소를 제기하지 않았기 때문이다. 이는 법원이 구소송물이론에 따라 어머니인 여성근로자가 보험급여 수급권자인지 여부만을 법률 규정에 따라 형식적으로 판단하는데서 오는 결과라고 생각된다. 법원이 출산자녀가 보험급여 수급권의 주체가 될 수 있음을 부인하지 않으면서도 여성근로자가 출산자녀의 법정대리인으로서 보험급여의 지급을 청구할 수 있는지를 적극적으로 밝히지 않은 것은 법원의 석명권(釋明權) 행사의 범위가 제한되어 있는 소송상의 어려움 때문일 것이다(大判 1997. 4. 25, 96 다 40677; 大判 2003. 7. 11, 2011 다 60759 등 참고). 산재보험법은 업무상 재해로 인하여 부상을 입은 또는 질병에 걸린 근로자를 치료·요양할 수 있도록 신속한 보상을 하는 것을 그 기본 취지로 하고 있음을 고려할 때 소송지휘권은 법률이 정한 목적을 보다 적극적으로 실현할 수 있는 방향으로 행사되는 것이 적절할 것으로 생각된다.

《업무상 재해로 인한 태아의 건강손상과 출산 후의 요양급여청구권》

大判 2020. 4. 29, 2016 두 41071(임신한 여성 근로자에게 그 업무에 기인하여 발생한 태아의 건강손상은 여성 근로자의 노동능력에 미치는 영향이나 그 정도와 관계없이 여성 근로자의 업무상 재해에 해당한다. 모체(母體)의 일부인 태아의 건강이 손상되어 요양급여 수급관계가 성립되었다면 모체와 단일체를 이루던 태아가 분리되어 출생하였더라도 이미 성립한 요양급여 수급관계는 소멸된다고 볼 것은 아니므로 여성 근로자는 모체에서 분리되어 태어난 출산아의 선천성 질병 등에 관하여 요양급여를 수급할 수 있는 권리를 상실하지 않는다).

근로복지공단은 재해를 입고 태어난 아이는 근로자가 아니라는 이유로 원고인 여성근로자의 청구를 거절하였고(요양급여신청반려처분), 원심은 태아의 건강손상은 여성근로자에 대한 업무상 재해이지만 태아가 질병을 가지고 태어난 이상 재해발생과 요양급여시점은 별개이어서 요양급여 청구권은 원고인 여성근로자에게 인정될 수 없다고 하였다. 대법원은 태아의 선천성 질환은 업무상 재해에 해당하고, 태아가 모체와 분리하여 태어났다 하더라도 원고인 여성근로자는 이미 발생한 출산아의 선천성 심장질환에 관한 요양급여 수급권을 상실하지 않는다고 하여 '업무상 재해'와 '요양급여 수급권자'에 관한 법리를 오해하여 판단한 원심판결을 파기·환송하였다.

결론적으로 출산아의 선천성 심장질환도 업무상 재해이고 이에 대한 요양급여청구권이 인정된다는 점에 대해서는 이의(異意)가 있을 수 없다. 그러나 출산아의 선천성 질환이 누구의 업무상 재해인지, 그리고 재해보상 청구권자는 과연 누구인지는 좀 더 명확하게 검토할 필요가 있다. 이 문제에 관하여는 출생아가 근로자가 아니라는 점 그리고 요양급여 신청을 한 자와 근로복지공단의 요양급여신청반려처분에 대하여 취소소송을 제기한 자가 모(母)인 여성 근로자라는 점을 근거로 출생아의 선천성 질환이 여성 근로자의 업무상 재해로 전제되어 있고, 따라서 여성근로자는 출생아의 질환에 대하여 보험급여를 청구할 수 있는 수급권자로 이해되고 있다. 판례는 '이러한 내용의 요양급여를 제공받기 위하여 출산 이후에 요양급여 청구서를 모(母)인 여성 근로자 명의로 작성하여 제출하도록 할 것인지, 아니면 자녀인 출산아 명의로 작성하여 제출하도록 할 것인지는 법기술적인 제도 운용의 문제일 뿐'이라고 판시하고 있다. 이 사안에서 산재보험법에 의하여 보호를 받아야 할 주체가 모(母)인 여성 근로자인 것은 일면 당연하지만, 문제의 소재(Topoi)는 출생아의 선천적 질환을 업무상 재해로 보아야 하고 그런 관점에서 출생아가 보험급여의 청구주체가 될 수 있도록 산재보험법을 해석하는 법리를 전개·개발하는데 있다고 생각된다. 업무에 기인하여 발생한 '태아의 건강손상'이 산재보험법에 의한 보호를 받을 산재보험법상의 업무상 재해라면 그 재해가 임신한 여성 근로자의 재해인 동시에 태아의 재해이고, 여성 근로자의 재해라고 하더라도 출생아는 모체(母體)의 분신(分身)이므로 그 출생아의 재해는 모체인 여성 근로자의 재해로서 통일성의 원칙이 적용되어야 하므로 선천성 질환은 출생아의 업무상 재해이고 재해보상청구자도 출생아라고 확대해석하는 것이 옳다고 생각한다. 더욱이나 태아의 권리능력을 인정하는 유력설(E. Wolf, Allgemeiner Teil des bürgerlichen Rechts, 3. Aufl. 1981 S. 183 ff. 참고)에 따르면 태아는 권리능력을 가지는 독립된 생명체(권리능력의 주체)로서 보호된다. 그렇게 해석하는 것이 종족유지라는 국가 존립을 위한 기본질서의 원리에도 부합한다. 출산 이후에 요양급여 청구서를 모(母)인 여성 근로자의 명의로 작성하여 제출할 것인지, 아니면 출산아 명의로 작성하여 제출할 것인지는 제도 운용의 법기술적 문제에 그치는 것이 아니라 산재보험제도의 본질적인 실재적(實在的) 문제라고 생각한다. 출생아의 신체 내에 존재하는 업무상 재해인 질병에 대하여 전혀 다른 개체인 출산모가 요양급여 청구권을 가진다는 것은 업무상 재해인 질병을 가지고 있지 않은 사람이 수급권을 가지는 모순을 인정하는 것이 된다. 판례는 모(母)인 여성근로자가 태아에 대하여 가지고 있는 요양급여 수급권을 상실하지 않는다고 하지만 이와 같은 해석은 인격체로서의 출생아의 질병(선천성 심장질환)을 업무상 재해로서 직접 인정하지 않는 것이 되어 수긍하기 어렵다. 출생아는 모체에서 분리하여 태어나면서 모인 여성근로자가 가지고 있던 요양급여 수급권에서 자신의 선천성 심장질환(질병)에 관한 부분의 수급권을 당연히 인수받아 보유한다고 보아야 할 것이다. 산재보험법 제36조 2항의 '수급권자'에는 모인 여성근로자의 업무상 재해로 인하여 태아가 선천성 질환을 가지고 태어난 경우에 그 출생아도 포함되는 것으로 해석하는 것이 산재보험법의 기본 취지에도 어긋나지 않을 것이다. 현실적으로 모(母)인 여성 근로자가 요양급여 청구권을 가진다면 출산 후 여성 근로자가 사망하는 경우 출산아는 보험급여를 청구할 수 없게 될 것이다. 출산아가 모인 여성 근로자의 보험급여청구권을 상속할 수 있는 것인지도 의문이다. 출산아 자신의 질병에 대한 급여청구권을 모인 여성근로자로부터 상속받는다는 것도 실재론적(實在論的) 관점에서 보면 규범논리에 반한다. 이러한 점들을 일관해서 합리적으로 해결하기 위해서는 태아의 선천적 질환을 태아 및 출생아의 업무상 재해로 보면서 보험급여 신청권자도 출생아로 볼 수 있는 해석론이 마련되어야 한다. 입법적 조치가 이루어져야 하는 것은 별개의 문제이다. 원심판결에 관한 기존의 비판적 고찰은 그대로 남겨 놓기로 한다(위의 각주 1) 참고).

보험급여 청구의 상대방은 공단(근로복지공단)이다. 공단의 보험급여 지급 결정을 받기 위해서는 수급권자가 법률에 규정된 사항에 관하여 보고·신고하고 조사 또는 진찰 등에 응해야 한다(산재법 제114조 내지 제120조). 공단은 사업주에 대해서 필요한 보고 또는 관계서류의 제출을 요구할 수 있다(산재법 제114조 Ⅰ). 또한 사업주는 보험급여를 받을 사람이 사고로 보험급여의 청구 등의 절차 등을 행하기 곤란하면 이를 도와야 한다(산재법 제116조).[1] 공단은 신청을 접수하여 업무상 재해의 인정여부, 보험급여의 종류와

1) 사용자는 근로자가 보험급여를 신청한 것을 이유로 근로자를 해고하거나 그 밖에 근로자에게 불이익한 처우를 하여서는 아니 된다(산재법 제111조의2: 2016. 12. 27 신설·시행; 벌칙 제127조 Ⅱ ②:

급여내용 등을 결정한다(산재법 제11조 I ④ 참조). 보험급여는 지급결정일부터 14일 이내에 지급해야 한다(산재법 제82조).[1] 수급권자가 사망한 경우에 아직 지급되지 않은 보험급여가 있거나 또는 수급권자가 사망 전에 보험급여를 청구하지 아니하면 유족의 청구에 따라 그 보험급여를 지급한다(산재법 제81조).

(3) 재해보상 및 보험급여의 산정

재해보상과 보험급여는 평균임금을 기초로 한다.

a) 근로기준법상의 휴업보상, 장해보상, 유족보상, 장의비, 일시보상 등은 평균임금을 기초로 산정된다(근기법 제79조, 제80조, 제82조, 제83조, 제84조 등 참조).

b) 보험급여를 지급할 때에도 마찬가지이다(산재법 제52조, 제53조, 제57조, 별표2, 제62조, 별표 4, 제71조 등 참조). 보험급여를 산정할 경우 해당 근로자의 평균임금을 산정하여야 할 사유가 발생한 날부터 1년이 지난 후에는 매년 전체 근로자의 임금 평균액의 증감률에 따라 평균임금을 증감하되, 그 근로자의 연령이 60세에 도달한 이후에는 소비자물가변동률에 따라 평균임금을 증감한다(제36조 Ⅲ 및 Ⅳ 참조). 평균임금을 산정할 때 해당 근로자의 근로형태가 특이하거나 진폐 등의 직업병 등으로 평균임금을 적용하는 것이 적당하지 아니하거나 해당 근로자의 보호에 적정하지 아니할 때에는 대통령령으로 정하는 산정방법에 따라 산정한 금액을 평균임금으로 한다(제36조 Ⅴ·Ⅵ). 위의 경우(제36조 Ⅲ에서 Ⅵ까지)에 산정기준이 되는 평균임금이 전체 근로자의 임금 평균액의 1.8배(최고보상기준금액)를 초과하거나 2분의 1(최저보상기준금액)보다 적으면 그 최고보상기준금액이나 최저보상기준 금액을 각각 그 근로자의 평균임금으로 한다(제36조 Ⅶ 본문).[2] 최고·최저 보상기준금액의 산정방법 및 적용기간은 대통령령으로 정한다(제36조 Ⅷ; 시령 제26조). 피재근로자에게 적용될 평균임금의 적정성을 유지하기 위하여 합리적 조정을 함으로써 근로자를 보호하는 한편 부당한 과지급을 예방하기 위한 것으로 볼 수 있다.

2년 이하의 징역 또는 2천만원 이하의 벌금: 2016. 12. 27 신설·시행).

1) 보험급여를 받은 자가 거짓이나 그 밖의 부정한 방법으로 보험급여를 받은 경우 공단은 그 급여액의 2배에 해당하는 금액을 부당이득으로 징수해야 한다(산재법 제84조 I ①). 이 경우 수급자가 보험가입자(사업주)·산재보험의료기관의 거짓된 신고로 보험급여를 지급받았다면 보험가입자도 연대하여 책임을 진다(산재법 제84조 Ⅱ). 보험가입자에는 해당 사실의 실질에 비추어 보험가입자임이 인정되는 자는 물론(大判 1999. 2. 24, 98 두 2201), 해당 사실의 실질에 비추어 보험가입자의 요건을 갖추지 못하였다 하더라도 공단에 대한 관계에서 스스로 사업주로 행세하면서 재해 발생 경위를 확인해 준 자도 포함된다. 거짓된 신고나 확인이 보험가입자 본인이 아니라 대리인 또는 피용자에 의하여 이루어진 경우 거짓 신고에 대한 인식 유무는 본인은 물론 대리인 등 관계자 모두를 기준으로 판단해야 한다(원심 판결을 파기한 大判 2016. 7. 27, 2016 두 36079). 거짓이나 그 밖의 부정한 방법으로 보험급여를 받은 자는 2년 이하의 징역 또는 2천만원 이하의 벌금에 처한다(산재법 제127조 Ⅱ ①; 2016. 12. 27 신설·시행).

2) 憲裁 2014. 6. 26, 2012 헌바 382·468, 2013 헌바 21·318, 2014 헌바 113(병합) 참고.

⑷ 재해보상에 대한 이의절차

1) 근로기준법상의 이의절차 업무상의 부상, 질병 또는 사망의 인정, 요양의 방법, 보상금액의 결정, 그 밖에 보상의 실시에 관하여 이의가 있는 자는 고용노동부장관에게 심사나 사건의 중재를 청구할 수 있다(근기법 제88조 Ⅰ). 이때 고용노동부장관은 1월 이내에 심사나 중재를 하여야 한다(동조 Ⅱ). 한편 고용노동부장관은 필요에 따라 직권으로 심사나 사건의 중재를 할 수 있으며(동조 Ⅲ), 심사나 중재를 위하여 필요하다고 인정하면 의사에게 진단이나 검안을 시킬 수 있다(동조 Ⅳ). 고용노동부장관에 대한 심사·중재의 청구와 심사·중재의 시작은 소멸시효의 중단사유인 재판상의 청구로 본다(동조 Ⅴ).

고용노동부장관이 1월의 기간에 심사 또는 중재를 하지 아니하거나 심사와 중재의 결과에 불복하는 자는 노동위원회에 심사나 중재를 청구할 수 있다. 이 경우에도 노동위원회는 1개월 이내에 심사나 중재를 하여야 한다(근기법 제89조).

원래 근로기준법상의 재해보상에 관한 근로자의 권리는 법률(청구권의 기초)이 규정한 사용자에 대하여 가지는 청구권이므로 사용자가 근로기준법이 정한 보상의무를 제대로 이행하지 않으면 법원에 이행청구의 소를 제기할 수 있는 것으로 보아야 한다. 그러나 소송은 비용과 시간이 소요되는 것이므로 근로기준법에 심사·중재의 절차를 마련한 것이다. 하지만 고용노동부장관과 노동위원회의 심사·중재는 법적 구속력이 없으며, 권고적 성격을 가진 것으로서 행정처분이 아니라고 보아야 한다.[1] 따라서 고용노동부장관 또는 노동위원회의 심사·중재에 대하여는 행정소송을 제기할 수 없다.[2] 근로기준법 제87조가 「보상을 받게 될 자가 동일한 사유에 대하여 「민법」이나 그 밖의 법령에 따라 이 법의 재해보상에 상당한 금품을 받으면」이라고 규정하고 있는 것은 고용노동부장관이나 노동위원회의 심사·중재의 내용여하에 불문하고 민사소송을 제기할 수 있다는 취지의 규정이라고 해석된다.[3]

2) 산재보험법상의 이의절차 공단이 내린 보험급여결정(제103조 1항 각호)에 불복하는 사람은 그 결정 등이 있음을 안 날부터 90일 이내에 공단에 심사를 청구할 수 있고(산재법 제103조 Ⅰ·Ⅲ), 공단은 심사청구서를 받은 날(산재법 제103조 Ⅳ 참조)부터 60일 이내에 심사위원회(산재법 제104조 참조)의 심사를 거쳐 심사청구에 대한 결정

1) 大判 1982. 12. 14, 82 누 448; 大判 1977. 9. 13, 77 다 807; 大判 1966. 6. 21, 66 누 52.
2) 大判 1995. 3. 28, 94 누 10443.
3) 大判 1982. 12. 14, 82 누 448. 재해보상에 대한 권리가 사용자와 근로자 사이의 근로관계의 내용이 될 수 있는 권리라는 점을 감안하면 재해보상에 대한 사용자의 의무불이행은 마땅히 민사소송의 대상이 된다고 보아야 한다.

을 하여야 한다(산재법 제105조 Ⅰ 본문). 심사청구에 대한 결정에 불복하는 사람은 결정이 있음을 안 날부터 90일 이내에 산업재해보상보험재심사위원회(산재법 제107조)에 재심사청구를 할 수 있다(산재법 제106조 Ⅰ·Ⅲ). 심사위원회는 재심사청구서를 송부받은 날로부터 60일 이내에 재심사청구에 대한 재결을 해야 한다(제109조 Ⅰ, 제105조 Ⅰ·Ⅲ부터 Ⅴ까지). 보험급여결정 등에 대하여는 「행정심판법」에 따른 행정심판을 제기할 수 없다(산재법 제103조 Ⅴ).

재심사 청구에 대한 심리·재결에 관하여는 산재법 제105조 1항, 동조 3항부터 5항까지를 준용한다(산재법 제109조 Ⅰ 전단). 재심사위원회의 재결은 공단을 기속(羈束)한다(동조 Ⅱ). 산재보험재심사위원회의 재결은 행정처분이므로 이에 대해서는 행정소송을 제기할 수 있다. 다만, 공단을 상대로 재결의 취소를 구하는 행정소송을 제기할 때(행소법 제18조 참조) 그 재결은 행정심판에 대한 재결로 보기 때문에(산재법 제111조 Ⅱ) 행정심판을 거치지 아니할 수 있다(행소법 제18조 본문). 심사청구 및 재심사청구의 제기는 시효중단에 관하여 재판상의 청구(민법 제168조 ①)로 본다(산재법 제111조 Ⅰ).

(5) 보험급여의 지급제한과 부당이득의 징수

a) 보험급여 지급제한 공단은 ⅰ) 요양 중인 근로자가 정당한 사유 없이 요양에 관한 지시를 위반하여 부상·질병 또는 장해상태를 악화시키거나 치유를 방해한 경우, ⅱ) 장해보상연금 또는 진폐보상연금 수급권자가 제59조에 따른 장해등급 또는 진폐장해등급 재판정 전에 자해(自害) 등 고의로 장해 상태를 악화시킨 경우 보험급여의 전부 또는 일부를 지급하지 않을 수 있다(산재법 제83조 Ⅰ). 보험급여 지급 제한의 범위에 관해서는 시행령에 정하고 있다(산재법 제83조 Ⅲ 및 시령 제78조).

b) 부당이득의 환수 공단은 보험급여를 받은 자가 ⅰ) 거짓이나 그 밖의 부정한 방법으로 보험급여를 받은 경우, ⅱ) 수급권자 또는 수급권이 있었던 자가 산재보험법 소정의 신고의무(제11조 Ⅱ 내지 Ⅳ)를 이행하지 아니하여 부당하게 보험급여를 지급받은 경우, ⅲ) 그 밖에 잘못 지급된 보험급여가 있는 경우에는 그 급여액에 해당하는 금액을 징수하여야 한다. 위의 ⅰ)의 경우에는 그 급여액의 2배에 해당하는 금액을 부당이득으로 징수해야 하며, 이 경우 수급자가 보험가입자(사업주)·산재보험 의료기관의 거짓된 신고로 보험급여를 지급받았다면 보험가입자도 연대하여 책임을 진다(산재법 제84조 Ⅱ). 보험가입자에는 해당 사실의 실질에 비추어 보험가입자임이 인정되는 자[1]는 물론, 해당 사실의 실질에 비추어 보험가입자의 요건을 갖추지 못하였다 하더라도 공단에 대한 관계에서 스스로 사업주로 행세하면서 재해 발생 경위를 확인해 준 자도 포함된다.

1) 大判 1992. 2. 24, 98 두 2201.

거짓된 신고나 확인이 보험가입자 본인이 아니라 대리인 또는 피용자에 의하여 이루어진 경우 거짓 신고에 대한 인식 유무는 본인은 물론 대리인 등 관계자 모두를 기준으로 판단해야 한다.[1] 다만, 공단은 거짓이나 그 밖의 부정한 방법으로 보험급여, 진료비 또는 약제비를 받은 자(제2항에 따라 연대책임을 지는 자를 포함한다)가 부정수급에 대한 조사가 시작되기 전에 부정수급 사실을 자진 신고한 경우에는 그 보험급여액, 진료비 또는 약제비에 해당하는 금액을 초과하는 부분은 징수를 면제할 수 있다(산재법 제84조 Ⅳ. 2018. 6. 12 신설).

보험급여를 받은 자에는 진료비나 약제비에 해당하는 급여를 받은 산재보험 의료기관이나 약국도 포함된다(산재법 제84조 Ⅲ).

⑹ **보상받을 권리의 보호**

a) **근로기준법상의 재해보상청구권의 보호** 우선 보상을 받을 권리는 퇴직으로 인하여 변경되지 아니하고, 양도나 압류하지 못한다(근기법 제86조). 보상받을 권리는 각종의 보상청구권을 말한다. 따라서 사용자와 근로자 사이에 근로계약관계가 소멸하였다고 하여 (과거의) 사용자에 대한 권리가 소멸된다거나 변경되지 않으며, 사용자는 근로자의 그 권리에 대하여 여전히 채무자의 지위에 머문다. 이와 같은 보상청구권은 재해를 입은 근로자 자신의 신체·건강·유족의 보호를 위한 생존적 권리이므로 거래의 대상이 될 수도 없고 또한 근로자의 채권자라 하더라도 이를 압류할 수 없다.

b) **산재보험법상의 보험급여 수급권의 보호** 산재보험법에 있어서도 근로자의 보험급여 수급권은 퇴직하여도 소멸하지 않으며(제88조 Ⅰ), 양도 또는 압류하거나 담보로 제공할 수 없다(동조 Ⅱ). 그 이유는 위의 a)에서 설명한 바와 같다.

⑺ **하수급인 근로자의 보상권의 확보**

a) **근로기준법상의 보호** 사업이 여러 차례의 도급에 따라 행하여지는 경우에 재해보상에 대하여는 원수급인(元受給人)을 사용자로 본다(제90조 Ⅰ). 근로기준법상의 보상책임은 근로자를 고용하고 있는 사용자의 책임재산의 정도에 따라 그 실현 여하가 좌우되므로 하수급인의 일반적 영세성을 고려하여 이 규정이 마련된 것이다. 원수급인이 서면상 계약으로 하수급인에게 보상을 담당하게 한 경우에 그 수급인도 보상책임을 면할 수 없고 하수급인과 함께 책임을 부담한다(제90조 Ⅱ 본문). 다만, 원수급인이 보상의 청구를 받으면 보상을 담당한 하수급인에게 먼저 최고(催告)할 것을 청구할 수 있다(제90조 Ⅲ 본문). 따라서 원수급인은 일종의 보증채무를 부담하는 것으로 볼 수 있다. 그러나 원수급인을 민법상의 보증인, 하수급인을 주채무자로 엄격하게 해석할 수는 없다고 생

1) 大判 2016. 7. 27, 2016 두 36079.

각된다(민법 제428조, 제437조 참조). 민법 제437조가 정한 보증인의 항변권을 원수급인에게 인정하면 근로자의 보상청구권의 실현이 매우 어렵게 되기 때문이다. 하수급인이 파산의 선고를 받거나 행방이 알려지지 아니하는 경우에 원수급인은 최고권을 행사할 수 없으며 보상책임을 져야 한다(제90조 Ⅲ 단서).

b) 산재보험법상의 보호 건설업 등 대통령령으로 정하는 사업이 여러 차례 도급에 의하여 시행되는 경우에는 그 원수급인을 이 법을 적용받는 사업주로 본다(징수법 제9조 Ⅰ 본문).[1]·[2] 즉, 원수급인이 하수급인의 근로자를 위하여 보험료를 납부하게 되므로 하수급인의 보험가입 여부에 관계없이 재해가 발생하면 근로자는 보험급여를 받을 수 있게 된다. 이러한 규정은 근로기준법 제90조에 비해서 근로자가 보험급여를 받을 수 있는 권리를 보다 강화한 것이라고 볼 수 있다.

(7) 소멸시효

a) 근로기준법상의 재해보상청구권 근로기준법에 따른 재해보상청구권은 3년간 행사하지 아니하면 시효로 소멸한다(제92조).

b) 산재보험법상의 보험급여청구권 산재보험법 제36조 1항에 따른 보험급여를 받을 권리는 3년간 행사하지 아니하면 시효 완성으로 소멸한다(제112조 Ⅰ ① 내지 ⑤).[3] 다만 동 조항의 보험급여 중 장해급여, 유족급여, 장의비, 진폐보상금 및 진폐유족금을 받을 권리는 5년간 행사하지 아니하면 시효의 완성으로 소멸한다(산재법 제112조 Ⅰ 단서. 2018. 6. 12 개정). 소멸시효는 권리를 행사할 수 있는 때부터 진행하므로(제112조 Ⅱ, 민법 제166조 Ⅰ) 보험급여를 받을 권리의 소멸시효는 특별한 사정이 없는 한 재해근로자의

1) 따라서 근로자가 여러 하수급인의 사업장에서 근로를 하다가 과로 또는 스트레스가 누적되어 재해를 입게 되었고 그 사업장들이 산재보험법의 적용을 받는 사업장들이라면 그 사업장들에서의 작업을 모두 포함시켜 판단의 재료로 삼아야 한다. 원수급인을 사업주로 보기 때문이다(大判 2010. 1. 28, 2009 두 5794).

2) 헌법재판소는 원수급인을 사업주로 보아 보험료를 징수하는 것은 헌법에 위배되지 않는다고 판시한 바 있다(憲裁 2004. 10. 28, 2003 헌바 70).

3) 근로복지공단의 요양불승인처분에 대한 취소소송을 제기하여 승소확정판결을 받은 근로자가 요양으로 인하여 취업하지 못한 기간의 휴업급여를 청구한 경우, 그 휴업급여청구권이 시효완성으로 소멸하였다는 근로복지공단의 항변이 신의성실의 원칙에 반하여 허용될 수 없다는 대법원(전합)판결이 있다(大判(전합) 2008. 9. 18. 2007 두 2173). 이 사례에서 원고인 근로자는 요양불승인처분에 대한 취소소송을 하면서 요양급여청구권이 판결로 확정되기 전까지는 휴업급여청구를 할 수 없는 것으로 (잘못) 생각하고 있었다. 다시 말하면 근로복지공단이 요양불승인 처분을 함으로써 근로자가 휴업급여청구권의 시효완성 전에 권리행사를 하거나 시효가 중단되도록 하는 것을 사실상 불가능 또는 현저히 곤란하게 하였다고 볼 수 있다. 이러한 상황에서 근로복지공단이 시효완성을 원용하여 휴업급여청구권이 소멸되었다고 항변하는 것은 신의칙에 반한다. 요양급여비용의 정산금청구권은 산재요양승인결정을 한 때에 비로소 행사할 수 있으므로 산재요양승인결정을 한 때부터 3년간 행사하지 아니하면 소멸시효가 완성된다(大判 2014. 11. 27, 2014 다 44376).

업무상 재해가 산재보험법령이 규정한 보험급여 지급요건에 해당하여 근로복지공단에 보험급여를 청구할 수 있는 때부터 진행한다.[1] 제112조에 따른 소멸시효는 제36조 2항에 따른 청구로 중단된다. 이 경우 청구가 제5조 1호에 따른 업무상의 재해 여부의 판단을 필요로 하는 최초의 청구인 경우에는 그 청구로 인한 시효중단의 효력은 제36조 1항에서 정한 다른 보험급여에도 미친다(제113조).[2]

5. 보상관계와 보험관계

(1) 근로기준법의 보상관계

근로기준법상 근로자가 사용자로부터 보상을 받을 수 있는 보상관계는 근로계약이 체결되어 근로관계가 성립한 때로부터 시작된다. 그러나 실제로는 근로자가 사실상의 노무를 제공하기 시작한 때부터 보상관계가 문제될 수 있을 것이다(예컨대 채용내정의 경우를 생각하라). 보상관계는 근로관계가 종료하면 원칙적으로 종료하는 것으로 보아야 한다. 근로기준법 제86조는 「보상을 받을 권리는 퇴직으로 인하여」 변경되지 않는다고 규정하고 있으나, 이는 보상에 관한 권리 · 의무관계를 뜻하는 것이 아니라 이미 발생한 구체적 청구권을 말하는 것으로 보아야 한다.

(2) 산재보험법상의 3면관계

산재보험법의 적용에 있어서는 3면관계가 존재한다. 우선 산재보험법은 「근로자를 사용하는 모든 사업 또는 사업장」에 적용되므로(산재법 제6조 본문. 적용 예외의 사업에 관해서는 동조 단서, 시령 제2조) 사업주와 근로자 사이에는 근로계약관계가 존재한다. 그리고 이러한 사업의 사업주는 당연히 산재보험법에 의한 산재보험의 보험가입자가 되고, 가입과 함께 사업주(사용자)와 공단 사이에는 보험관계가 성립한다(징수법 제5조 Ⅲ, 제7조 ②). 사업주의 가입과 동시에 그 사업주(사용자)가 사용하는 근로자와 공단 사이에는 보상 관계가 성립하게 된다. 따라서 산재보험법에서는 보험에 가입해야 하는 사업자이냐 하는 것이 매우 중요하다(특히 시령 제2조 참조). 특히 건설업 등에서 사업이 여러 차례의

---

1) 大判 2019. 7. 25, 2018 두 42634.

2) 추가상병 요양승인을 보험급여청구권의 소멸시효 중단사유로 본 판례(大判 2019. 4. 25, 2015 두 39897): 원고(재해근로자)가 요양종결 직후 장해급여를 청구하였으나(1차), 피고 근로복지공단 직원의 안내에 따라 이를 철회하고 추가병상 요양승인을 받은 후 장해급여를 재청구하였으나(2차), 피고는 원고의 2차 청구가 요양종결일로부터 3년의 시효기간이 도과하여 장해급여청구권이 소멸하였다는 이유로 거부처분을 한 사안에서, 피고의 이 사건 추가상병 요양승인은 피고의 채무 승인에 해당하여 장해급여청구권의 소멸시효는 중단되었고, 원고가 그로부터 3년 이내에 다시 2차 장해급여청구를 함으로써 소멸시효가 다시 중단된 상태라고 보아, 이와 달리 장해급여청구권 소멸시효가 완성되었다고 본 원심판결을 파기환송한 판결.

도급에 의하여 행하여지는 경우가 이에 해당한다. 보험징수법 제9조는 원수급인을 사업주로 보는 것을 원칙으로 하고, 대통령령이 정하는 바에 따라 공단의 승인을 얻은 경우에는 하수급인을 사업주로 본다고 규정하고 있다(징수법 제9조 I 단서, 시령 제7조 Ⅲ). 산재보험법상의 사업주가 누구냐에 따라 그 사업주와 공단과의 보험관계가 성립하고, 그 사업주가 사용하는 근로자와 공단과 사이에 보상관계가 성립하게 되므로 산재보험법의 적용을 받는 사업주의 결정은 산재보상급여를 받을 근로자(수급권자)를 정하는 데 중요한 연결요소가 된다. 원수급인을 사업주로 보는 경우에 하수급인의 근로자는 원수급인이 사용하는 근로자가 되므로 원수급인은 보험료를 납부해야 한다.[1] 따라서 그 때부터 업무상 재해가 발생하면(산재법 제37조 참조) 근로자는 공단에 대하여 보험급여를 청구할 수 있다(산재법 시령 제21조 I 참조). 근로자의 보험급여를 받을 권리(청구권)는 사용자(사업주)와의 근로관계가 종료(퇴직 등)하여도 소멸되지 않는다(산재법 제88조 I). 판례는 근로관계종료 후에 새로이 발생한 질병 등도 근로관계 중에 그 원인이 있다고 인정되는 경우에는 산재보험법상의 보험급여를 받을 권리를 근로자에게 인정하고 있다.[2] 이와 같은 권리는 근로기준법을 통해서도 인정되어야 할 것이다.

산재보험법은 보험기술을 이용하여 사회보장방법으로 근로재해, 즉 업무상의 재해에 대한 보상에 관하여 규정하고 있다. 근로자가 보험자(공단)로부터 산재보험급여를 받으려면 우선적으로 그 법적 원인인 (산재)보험관계가 성립해야 한다. 산재보험관계는 보험가입자인 사업주를 적용대상(당사자)으로 하지만 산재보험법은 근로자를 보호대상으로 한다. 따라서 산재보험법은 보호대상인 근로자를 사용하고 있는 사업주이어야 산재보험료 부과대상이 되고 보험관계가 성립한다.

산재보험의 보험관계는 법령에서 예외로 규정한 사업(산재법 제6조 단서; 시령 제2조)을 제외하고는 사업 개시로 당연히 성립하고, 이처럼 보험관계가 성립하면 사업주는 보험료 신고·납부의무를, 보험자는 보험급여의 지급의무를 부담하게 된다. 사업주의 보험료 신고·납부의무와 보험자의 보험급여 지급의무는 위와 같이 법령의 규정에 의하여 부담하는 것이므로, 사업주는 보험관계 성립을 인식하지 못하여 보험급여를 청구하지 않았다고 하여 보험료 신고·납부의무를 면할 수 없고, 보험자도 보험관계 성립여부에 대한 착오로 보험료를 징수하지 않았다고 하여 보험급여의 지급을 거절할 수 없다(참조 법조항: 징수법 제5조 Ⅲ, 제7조 ②, 제13조 I, 제17조 I, Ⅱ, 제19조 I, Ⅱ, Ⅲ).[3]

1) 산재보험에서 보험료 납부의무 부존재확인의 소는 공법상의 법률관계 그 자체를 다투는 소송(행정소송)으로서 공법상 당사자소송이다(大判 2000. 9. 8, 99 두 2765; 大判 2016. 10. 13, 2016 다 221658).

2) 大判 1992. 5. 12, 91 누 10466.

산재보험법상의 3면관계를 도시하면 다음과 같다.

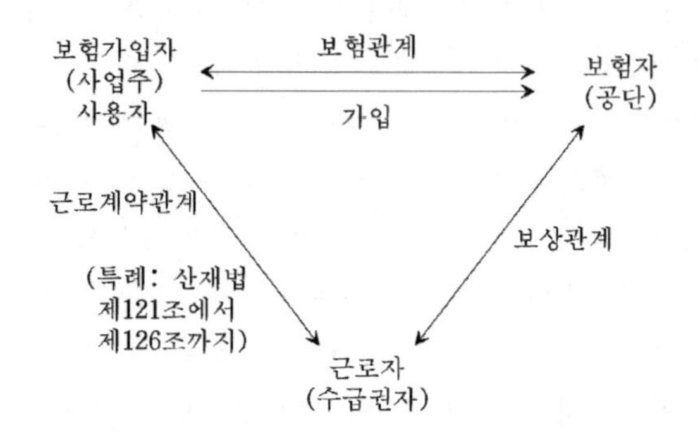

6. 재해보상·산재보험·손해배상의 조정과 대위

(1) 문 제 점

근로자가 업무상의 재해를 입으면 근로기준법이나 산재보험법상의 보상이나 급여를 받을 수 있다. 그러나 그 보상액이 평균임금을 기초로 정률·정액화되어 있으므로 피해를 입은 근로자의 실손해에 이르지 못하는 경우가 있다. 이는 재해에 대한 근로기준법상의 보상제도가 사용자의 고의·과실을 전제로 하지 않으며, 또한 산재보험법이 사업주의 손해배상책임에 대한 책임보험법이 아니라는 데서 오는 결과라고 볼 수 있을 것이다. 우리 근로기준법과 산재보험법은 재해보상과 보험급여 청구와 병행하여 「민법」이나 그 밖의 법령에 의한 손해배상청구를 인정하고 있으며, 배타적 보상우선주의를 택하고 있지 않다. 다만, 사용자의 이중부담과 근로자의 중복전보를 방지하기 위하여 보상책임과 손해배상책임을 조정하고 있다(이른바 경합조정주의).[1] 민법상의 손해배상은 그것이 불법행위에 의한 것이건 채무불이행에 의한 것이건 귀책사유(가해자 또는 채무불이행자의 고의·과실)를 요건으로 한다. 고의·과실이 인정되지 않을 때에는 그 손해의 발생이 사용자(사업주) 또는 제3자에 의한 민법상의 손해배상책임으로서 인정되지 않는다.

제3자에 의한 침해행위로 근로자(수급권자)에게 재해가 발생하고 사용자 또는 공단이 재해보상 또는 보험급여를 한 때에는 대위(代位)의 문제가 생길 수 있다.

3) 大判 2014. 2. 13, 2011 두 6745.

1) 경합조정제도는 우리나라, 일본, 제2차 대전 후 영국 등이 채용하고 있는 방법이다. 손해배상과의 조정문제에 관해서는, 오선균, '개정 「산재보험법」의 내용과 쟁점 및 평가', 「노동법 포럼」(제2호), 2009, 62면 이하 참고.

⑵ 사용자(사업주)의 귀책사유에 의한 재해(민사책임)

사용자의 귀책사유로 근로자에게 재해가 발생하여 근로자가 사용자(사업주)에 대해서 손해배상청구를 할 수 있기 위해서는 사용자 측에 i) 일반불법행위 책임(민법 제750조), ii) 경우에 따라서는 사용자책임(제756조)(다음의 ⑶ 참고), iii) 공작물의 설치 또는 보존의 하자로 인한 소유자 또는 점유자의 책임(민법 제758조), iv) 근로계약관계의 채무불이행책임(민법 제655조, 제390조)이 성립하여야 한다.

《사용자의 민사책임의 구조와 문제점》

우리나라에서는 종래 근로자에 대한 사용자의 민사책임을 묻는 경우에 불법행위책임[1](민법 제750조, 제756조, 제758조)을 우선 적용하는 경향을 보이고 있다. 그러나 근래에 와서 채무불이행책임(근로관계에 부수하는 보호의무 위반으로 인한 책임)을 기초로 손해배상청구를 하는 것이 적절하다는 견해가 유력시되고 있다. 불법행위책임은 채무불이행책임에 비하여 피해자인 근로자의 입증책임[2](가해자인 사용자의 귀책사유에 대한 입증), 사용자의 면책가능성(제756조 Ⅰ 단서. 또한 동료 근로자의 과실이 있는 경우의 사용자의 구상권 행사: 제756조 Ⅲ), 불법행위청구권의 단기소멸시효(민법 제766조 Ⅰ) 등에 있어서 근로자에게 불리하다. 또한 근로자와 사용자 사이에는 구체적인 법적 결합관계로서의 근로계약관계가 존재하고 있음에도 불구하고 피해자와 일반가해자 사이에서 적용되는 불법행위책임을 묻는 것이 이론적으로 온당하지 않다는 비판이 제기될 수도 있다. 여기에 더하여 근로자는 인적 종속관계에서 사용자에게 노무를 제공하면서 기업시설이나 기계, 원료, 보호구 그 밖의 작업환경의 위험에 노출되어 있으므로, 사용자는 근로계약상의 주된 의무인 대가(임금)지급의무 이외에 부수적 의무로서 보호의무를 부담한다. 근래의 판례는 근로계약에 수반하는 신의칙상(민법 제2조)의 부수적 의무로서 사용자의 보호의무를 인정하고 있다.[3] 다만, 보호의무위반을 이유로 사용자에게 손해배상책임을 인정하기 위해서는 특별한 사정이 없는 한 그 사고가 피용자의 업무와 관련성을 가지고 있어야 하고 예측가능한 것[4]이어야 한다고 한다([49] 3. ⑵ 참고).

근로자가 사용자에게 채무불이행으로 인한 손해배상책임을 묻기 위해서는 그 손해

---

1) 大判 1989. 8. 8, 88 다카 33190 등.
2) 大判 2000. 3. 10, 99 다 60115; 大判 2000. 5. 16, 99 다 47129; 大判 2006. 9. 28, 2004 다 44506 등.
3) 大判 2006. 9. 28, 2004 다 44506; 大判 2002. 11. 26, 2000 다 7301; 大判 2001. 7. 27, 99 다 56734; 大判 1997. 4. 25, 96 다 53086 등. 일본노동계약법(2007. 11. 28) 제5조는 사용자의 안전배려의무를 규정하고 있다. 또한 Henssler/Preis, 독일근로계약법토의안 제65조 1항도 마찬가지로 사용자의 보호의무를 명문화하고 있다.
4) 大判 2006. 9. 28, 2004 다 44506; 大判 2001. 7. 27, 99 다 56734. 사고발생의 예측가능성을 요건요소로 한다는 점에서 보호의무위반으로 인한 손해배상책임의 발생가능성은 제약을 받는다고 볼 수 있다.

가 사용자의 보호의무(안전·배려의무)위반으로 발생하였다는 사실을 입증하면 된다. 다시 말하면 손해가 발생한 원인 사실이 사용자의 보호·안전·배려·주의·통지의무의 범위 내에 속하는 것임을 입증하면 된다. 이에 대하여 사용자가 그 책임을 면하기 위해서는 구체적으로 보호의무가 존재하지 않는다는 사실, 보호의무에 따른 제반조치를 모두 이행하였다는 사실 또는 발생한 재해가 업무상의 재해가 아니며 예측가능성이 없다는 사실, 근로자 자신의 귀책사유 또는 불가항력과 같은 사유에 의하여 발생하였다는 사실(사용자는 그에게 귀책사유가 없음을 입증해야 함) 등을 입증하지 않으면 안 된다.[1]

(3) 조 정

1) 근로기준법상의 조정 피해자인 근로자(수급권자)가 「동일한 사유」에 대하여 「민법」이나 그 밖의 법령에 따라 「이 법의 재해보상에 상당한 금품을 받으면」 사업주는 그 가액(價額)의 한도내에서 보상의 책임을 면한다(근기법 제87조). 재해보상은 정신상 고통에 대한 손해를 배상하는 것이 아니므로 피해자가 제3자인 가해자로부터 받은 위자료는 위 보험급여에서 공제되어서는 아니 된다.[2]

2) 산재보험법상의 조정 산재보험법은 근로기준법상의 보상이나 민법상의 손해배상과의 관계에 대하여 3가지의 조정을 규정하고 있다. i) 수급권자(근로자)가 산재보험법에 따른 보험급여를 받을 수 있으면 보험가입자(사용자)는 「동일한 사유」에 대하여 근로기준법에 따른 재해보상책임이 면제된다(산재법 제80조 Ⅰ). ii) 수급권자(피해자, 근로자)가 「동일한 사유」에 대하여 산재보험법상의 보험급여를 받으면 보험가입자(가해자, 사업주, 사용자)는 그 금액의 한도 안에서 「민법」이나 그 밖의 법령에 따른 손해배상책임이 면제된다.[3] 이 경우에 장해보상연금 또는 유족보상연금을 받고 있는 사람은

---

1) 土田, 「勞働契約法」, 542面 이하 참고(일반적으로 채무불이행에 기한 손해배상을 청구하는 경우 의무의 특정과 의무위반 사실의 입증책임은 원고에게 있고, 귀책사유의 입증책임은 피고에게 있는 것으로 해석하는 것이 일본의 통설·판례의 기본적 입장이다). 사고원인이나 질병원인이 복잡하여 근로자가 재해의 원인 사실을 특정하여 사용자가 마땅히 예견했어야 할 의무위반사실을 입증한다는 것은 용이한 일이 아니다. 여기서 피해자 구제의 요청과 입증책임의 공정성 견지에서 근로자 측의 입증책임을 경감시켜야 한다는 견해가 제시되고 있다. 즉 원고인 근로자 스스로가 수집 가능한 자료에 기하여 간접사실을 증명하면 보호의무위반 사실이 추정되고, 이에 대하여 피고 측이 재해 원인의 상세한 정보를 제시하여 추정을 번복할 수 있는 입증책임을 지도록 하는 것이 옳다는 유력한 견해가 있다(山川, 「雇用関係法」(第4版), 2008, 230면).

2) 大判 1980. 10. 14, 79 다 2260; 大判 1981. 10. 13, 80 다 2928; 大判 1985. 5. 14, 85 누 12; 日本 最高裁判 昭和 41. 12. 1, 民集 20卷 10號, 2017面.

3) 「근로자가 업무상 재해로 사망함에 따라 근로복지공단이 구 산업재해보상보험법(2007. 4. 11. 법률 제8373호로 전문개정되기 전의 것)에 의한 유족급여를 수급권자에게 지급하였다 하더라도, 수급권자가 아닌 망인의 공동상속인들이 상속한 손해배상채권과 그 유족급여의 수급권은 그 귀속주체가 서로 상이하여 상호보완적 관계를 인정할 수 없으므로, 수급권자에 대한 유족급여의 지급으로써 그 수급권

재해보상일시금 또는 유족보상일시금을 받은 것으로 본다(산재법 제80조 Ⅱ).[1] iii) 수급권자(피해자, 근로자)가 「동일한 사유」로 「민법」이나 그 밖의 법령에 따라 산재보험법상의 보험급여에 상당한 금품을 받으면 공단은 그 받은 금품을 대통령령으로 정하는 방법에 따라 환산한 금액의 한도 안에서 산재보험급여(동조 Ⅱ 후단에 따라 수급권자가 지급받은 것으로 보게 되는 재해보상일시금 또는 유족보상일시금에 해당하는 연금액은 제외된다)를 지급하지 않는다(산재법 제80조 Ⅲ).[2]

재해보상이나 보험급여를 받고 그 밖의 민법상의 손해배상청구권을 포기한다는 내용의 사용자와 근로자(수급권자) 사이의 합의는 하자 없는 법률행위인 한 유효하다. 따라서 사업주는 이에 따라 손해배상책임을 면한다.[3] 그러나 근로자가 받은 정신적 손해에 대한 위자료(민법 제751조 참조)는 업무상 재해에 대한 재해보상이나 산재보험에 의한 보상의 대상이 되지 않기 때문에 근로자가 재해보상이나 보험급여를 받았다고 하여 사용자가 이러한 손해배상책임을 면할 수는 없다.[4] 또한 산재보험법은 근로자 또는 수급권자가 재해 발생에 대한 고의 또는 과실이 있는 보험가입자(가해자, 사용자, 사업주)에 대해서 민법상의 손해배상청구권에 갈음하여 장해특별급여(제78조) 또는 유족특별급여(제79조)를 청구할 수 있는 근로자(또는 수급권자)와 보험가입자 사이의 합의를 인정하고 있다.

자가 아닌 다른 공동상속인들에 대한 보험가입자의 손해배상책임까지 같은 법 제48조 2항에 의하여 당연히 소멸된다고 할 수는 없다」(大判(전합) 2009. 5. 21, 2008 다 13104).

1) 「산재보험법 제80조 2항 후문은 아직 그 지급이 현실화되지 않은 재해보상금도 공제의 대상으로 삼는 대신, 그 공제의 범위를 장해보상일시금 상당액으로 한정함으로써 피재근로자와 사용자의 이익과 책임을 조절하고 있다」(大判 2018. 10. 4, 2015 다 253184(본소)·2015 다 253191(반소). 憲裁 2005. 11. 24, 2004 헌바 97 참조). 「근로자가 업무상 재해로 사망함에 따라 발생하는 망인의 일실수입 상당 손해배상채권은 모두가 그 공동상속인들에게 각자의 상속분 비율에 따라 공동상속되고, 근로복지공단이 구 산업재해보상보험법(2007. 4. 11. 법률 제8373호로 전문 개정되기 전의 것)에 의하여 수급권자에게 지급하는 유족급여는 당해 수급권자가 상속한 일실수입 상당 손해배상채권을 한도로 하여 그 손해배상채권에서만 공제하는 것으로 해석하여야 하고, 이와 달리 망인의 일실수입 상당 손해배상채권에서 유족급여를 먼저 공제한 후 그 나머지 손해배상채권을 공동상속인들이 각자의 상속분 비율에 따라 공동상속하는 것으로 해석할 것은 아니다」(大判(전합) 2009. 5. 21, 2008 다 13104). 이 판례는 사망 재해에서 손해배상청구권의 상속인과 산재보험급여수급권자인 유족이 일치하지 않는 경우에 면책의 범위에 대해서 종래의 판례(大判 1977. 12. 27, 75 다 1098; 大判 1987. 6. 9, 86 다카 2581 등; 김진, '상속과 유족급여 공제 순서', 「사회보장판례연구」(이흥재 편저), 2010, 310면 이하 참고)가 공제 후 상속설을 취하여 왔던 것을 변경하여 상속 후 공제설의 견해로 바꾼 것임. 피재근로자가 보험가입자를 상대로 손해배상을 청구한 경우 현실적으로 지급받지 않은 장래의 보험금여액을 개호비 상당의 손해액에서 미리 공제할 수 없다(大判 2008. 11. 13, 2008 다 60933).

2) 그러나 사용자가 가입한 자기신체사고보험에 의해 근로자가 지급받은 보험금은 산재보험급여에서 공제될 수 없다(大判 2015. 1. 15, 2014 두 724).

3) 大判 1992. 12. 22, 91 누 6368.

4) 大判 1981. 10. 13, 80 다 2928; 大判 1985. 5. 14, 85 누 12.

다만, 이때에도 그러한 합의가 착오로 인한 것이거나 또는 사기·강박에 의한 것인 때에는 근로자는 그 의사표시를 취소할 수 있다(민법 제109조, 제110조). 또한 합의 내용이 공서양속(민법 제103조)에 반하거나 불공정(민법 제104조)한 것인 때에는 무효로 된다.

3) 사업주(보험가입자)**의 민법상의 손해배상 책임과 산재보험법상의 특별급여** 사업주(보험가입자)의 고의 또는 과실로 업무상의 재해가 발생하여 근로자가 재해를 입었거나 사망한 경우에 피해근로자는 산재보험법상의 보험급여를 받을 수도 있고 민법에 따른 손해배상을 청구할 수도 있다.[1] 이 경우 근로자가 소송을 통하여 민사상의 손해배상을 받으면 보험급여는 받을 수 없게 될 것이고, 보험급여를 먼저 받았으면 공단은 그 급여액의 한도에서 사업주에 대한 근로자의 손해배상청구권을 대위(代位)한다고 보아야 할 것이다(제80조 Ⅱ, Ⅲ). 다만, 보험가입자인 둘 이상의 사업주가 같은 장소에서 하나의 사업을 분할하여 각각 행하다가 그 중 사업주를 달리하는 근로자의 행위로 재해가 발생하면 그러하지 아니하다(제87조 Ⅰ 단서)[2](이에 관해서는 다음의 (4) b) 참고).

산재보험법은 소정의 장해를 입었거나 사망한 피해근로자 또는 수급권자가 보험가입자(업무상 재해에 대한 고의 또는 과실이 있는 가해자)와 합의한 후 민법에 따른 손해배상청구를 갈음하여 특별급여를 신청하면 공단이 이를 지급할 수 있도록 하고 있다(제78조, 제79조 참조). 이와 같은 특별급여 제도는 사업주가 민사상의 손해배상책임을 부담해야 하는 업무상의 재해에 대하여 국가(공단)가 간결하고 신속한 방법으로 사업주의 책임을 대신해서 실질적 급여를 우선적으로 시행함으로써 피해근로자 또는 유족을 사회보장적 차원에서 보호하는 것을 목적으로 하는 것이다. 다시 말하면, 특별급여제도는 국가가 사업주의 책임영역에 속하는 분야에까지 피재근로자 또는 유족에 대한 사회보장적 보호를 넓혀 민법에 따른 손해배상청구소송에서 발생하는 비용과 시간상의 부담을 덜어주면서 사업주의 지급능력에서 오는 위험을 함께 해결해 주고 있다. 장해특별급여와 유족특별급여에 관해서는 위에서((6) d)·e)) 설명하였다.

---

1) 사용자의 고의·과실로 근로자가 사망함으로써 손해배상청구를 위한 일실이익을 산정하는 경우 그 산정의 기초가 되는 가동연한이 문제될 수 있다. 그동안 대법원 전원합의체는 육체노동의 가동연한을 60세로 보아왔으나(大判(전합) 1989. 12. 26, 88 다카 16867), 최근 대법원 전원합의체는 이 기준을 깨고 「경험적 사실들의 변화에 따라 이제는 특별한 사정이 없는 한 만 60세를 넘어 만 65세까지 가동할 수 있다고 보는 것이 경험칙에 합당하다」고 판단하여, 원심판결 중 일실수입에 관한 원고들 패소 부분을 파기환송하였다(大判(전합) 2019. 2. 21, 2018 다 248909).

2) 이때 재해를 발생하게 한 근로자의 행위는 인(人: 사람)의 책임주체로서의 행위가 아니라 단순히 업무상 위험원(危險源)으로 규정되고 있는 것으로 해석된다. 의문이 아닐 수 없다(다음의 (4) 참고). 大判 2004. 12. 24, 2003 다 33691; 大判 2011. 7. 28, 2008 다 12408 등 참고.

⑷ 제3자의 귀책사유에 의한 업무상 재해와 대위 및 조정

a) 일 반 론 재해는 사업장 내의 다른 근로자에 의하여 발생될 수도 있고, 사업장의 동료 근로자가 아닌 제3자에 의하여 발생할 수도 있다.

재해가 사업장 내의 다른 근로자에 의하여 발생되었으나 그 근로자에게 고의·과실이 없는 경우에 그 재해가 업무와 관련된 것이면 근로기준법 또는 산재보험법상의 업무상 재해로서 피해근로자는 재해보상 또는 보험급여를 받을 수 있을 것이다. 그러나 그 재해가 다른 근로자의 고의·과실에 의하여 발생된 경우(이에 관해서는 다음의 c)에서 설명한다)에는 피해근로자는 가해근로자에게 불법행위로 인한 손해배상책임(민법 제750조)을, 사용자에 대해서는 사용자책임(민법 제756조)을 물을 수 있을 것이다. 다만, 후자의 경우 사용자에게는 면책가능성이 주어져 있다(민법 제756조 I 단서). 그러나 업무상 재해가 사용자의 지배·관리하에 있는 사업장에서 발생된 위험이라는 점을 고려할 때 면책가능성을 인정하는 것은 쉽지 않다. 사용자가 피해근로자에게 손해를 배상한 경우에 가해근로자에게 구상권(민법 제756조 Ⅲ)을 행사할 수 있으나, 이 또한 제한을 받고 있다.[1]

사용자는 근로자에 대하여 근로계약상 신의칙에 의한 부수적 의무로서 보호의무를 부담하고,[2] 이 의무를 이행함에 있어서 지휘·감독의 지위에 있는 상위의 근로자는 사업장 내의 다른 동료 근로자에 대해서 이행보조자의 지위에 설 수 있으므로, 이행보조자인 상위의 근로자의 행위에 의하여 재해가 발생한 때에는 피해근로자에 대하여 사용자 자신의 채무불이행책임이 발생한다(민법 제391조, 제390조).[3] 이때에는 사용자에게 면책가능성이 없다. 오늘날 기업의 운영 및 관리에 있어서 사용자가 적정한 경영위험([50] 7. ⑵ 참고)을 부담해야 한다는 점을 감안하면 사용자의 보호의무는 보다 신축적으로 인정되어야 할 것이다.

b) 제3자의 불법행위의 경우 재해가 그 사업장의 근로자가 아닌 일반 제3자에 의하여 발생한 경우, 예컨대 숙직근무중인 근로자가 강도에 의하여 부상을 입었거나, 사업장에서 공사를 하던 외부의 시설수리업체인 제3자의 과실로 근무중의 근로자가 피해를 입은 경우에도 보상관계가 문제될 수 있다. 이때 피해근로자는 첫째, 재해보상 또는 보험급여를 청구할 수 있고, 둘째, 제3자에 대하여 불법행위로 인한 손해배상을 청구할

1) 참고 판례: 大判 1987. 9. 8, 86 다카 1045; 大判 1994. 12. 13, 94 다 17246; 大判 1996. 4. 9, 95 다 52611 등.

2) 大判 2000. 5. 16, 99 다 47129; 大判 2006. 9. 28, 2004 다 44506 등.

3) 大判 2002. 7. 12, 2001 다 44338; 大判 2013. 8. 23, 2011 다 2141 등 참고. 파견근로관계에서 사용사업주뿐, 아니라 업무처리를 도급주고 있으나 근로자에 대하여 실질적으로 지배·관리 관계에 있다면 원도급인(회사)에게도 보호의무가 있다고 볼 수 있다(同旨: 土田, 「勞働契約法」, 550面 참고).

수 있을 것이다. 사용자가 근로기준법에 따라 재해보상을 지급한 경우 그 가액의 한도 안에서 사용자는 제3자에 대하여 근로자의 손해배상청구권을 대위할 수 있다(민법 제469조 참조).

산재보험법은 「공단은 제3자의 행위에 따른 재해로 보험급여를 지급한 경우에는 그 급여액의 한도 안에서 급여를 받은 사람(수급권자)의 제3자에 대한 손해배상청구권을 대위(代位)한다」(동법 제87조 Ⅰ 본문)고 규정하고 있다.[1]·[2] 또한 수급권자가 제3자로부터 동일한 사유로 보험급여에 상당한 손해배상을 받으면 공단은 그 배상액을 대통령령으로 정하는 방법에 따라 환산한 금액의 한도 안에서 보험급여를 지급하지 않는다(동조 Ⅱ). 그리고 보험가입자(보험료징수법 제2조 제5호에 따른 하수급인을 포함한다. 이하 이 조에서 와 같다)가 소속 근로자의 업무상의 재해에 관하여 이 법에 따른 보험급여의 지급 사유와 동일한 사유로 「민법」이나 그 밖의 법령에 따라 보험급여에 상당하는 금품을 수급권자에게 미리 지급한 경우로서 그 금품이 보험급여에 대체하여 지급한 것으로 인정되는 경우에 보험가입자는 대통령령으로 정하는 바에 따라 그 수급권자의 보험급여를 받을 권리를 대위한다(산재법 제89조). 판례[3]에 따르면 「건설업 등 대통령령으로 정하는 사업이 여러 차례의 도급에 의하여 시행되는 때에는 하수급인에게 고용된 근로자가 하수급인의 행위로 인하여 업무상 재해를 입은 경우 그 하수급인은 '보험료징수법 제9조 1항에 의한 보험가입자인 원수급인과 함께 직·간접적으로 재해근로자와 산재보험관계를 가지는 자'로서 산재보험법 제87조 1항이 정한 '제3자'에서 제외된다고 보는 것이 타당하다」고 한다(재판부가 전개한 법리에 관해서는 판결문을 자세히 읽을 것. 또한 징수법 제2조 5호, 제9조 1항 및 동법 시령 제7조 1항 참조). 판례에 따르면[4] 제3자의 불법행위로 재해를 입은 근

---

1) 공동불법행위와 손해배상청구권의 대위(구상)와의 관계: 산업재해가 보험가입자와 제3자의 공동불법행위로 인하여 발생한 경우 순환적인 구상소송의 방지라는 소송경제의 이념과 신의칙에 비추어 근로복지공단은 제3자에 대하여 보험가입자의 과실비율 상당액은 구상할 수 없다고 보아야 하므로, 근로복지공단은 구체적으로 피해자가 배상받을 손해액 중 보험가입자의 과실비율 상당액을 보험급여액에서 공제하고 차액이 있는 경우에 한하여 그 차액에 대해서만 제3자로부터 구상할 수 있다 할 것이다(大判(전합) 2002. 3. 21, 2000 다 62322; 大判 2005. 3. 11, 2004 다 68250; 大判 2010. 4. 29, 2009 다 98928; 大判 2005. 3. 11, 2004 다 68250 등. 과거의 변경된 판례: 大判 1989. 9. 26, 87 다카 3109; 大判 1996. 1. 26, 95 다 19751; 大判 1997. 1. 24, 96 다 39080 등).

2) 대위할 수 있는 대상채권은 재해근로자가 입은 노동력의 상실 등 재산상의 손해배상채권에 한정되고, 위자료청구권과 같은 정신적 손해의 전보는 제외된다(大判 1987. 4. 28, 86 다카 2348; 大判 1990. 2. 23, 89 다카 22487). 大判 2008. 12. 11, 2006 다 82793; 大判 2017. 10. 12, 2017 다 231119 참고.

3) 大判 2016. 5. 26, 2014 다 204666.

4) 大判 2007. 6. 15, 2005 두 7501. 大判(전합) 1978. 2. 14, 76 다 2119; 大判 2001. 7. 13, 2000 두 6268 참조.

로자가 제3자에 대하여 장해급여일시금을 초과하는 액수의 일실수입(逸失收入) 상당 배상금을 수령할 수 있었음에도 그 중 일부만을 수령하고 나머지 청구를 포기하기로 합의하였다면 근로자가 장해보상일시금과 장해보상연금 중 어느 것을 선택하였는지와 무관하게 근로복지공단의 장해급여 지급의무가 전부 소멸한다. 보험가입자인 둘 이상의 사업주가 같은 장소에서 하나의 사업을 분할하여 각각 행하다가 그 중 사업주를 달리하는 근로자의 행위로 재해가 발생한 경우에 보험급여를 지급한 사업주는 그 근로자에 대하여 산재보험법 제87조 1항 본문에 따른 손해배상청구권을 대위할 수 없다(동조 단서). 가해 근로자의 행위는 제3자의 불법행위로 규정되지 아니하고 단순한 재해발생의 원인인 위험으로 전제되고 있을 뿐이다. 이는 의문이 아닐 수 없다. 행위책임의 원칙에 반하기 때문이다(다음의 c) 참고).

c) **동료 근로자의 가해로 인한 업무상 재해와 제3자의 해석** 고의·과실에 의하여 다른 근로자에게 업무와 관련하여 손해를 입힌 동료 근로자가 산재보험법 제87조 1항 본문의 '제3자'에 해당하는지가 문제된다. 엄격한 의미에서 가해근로자도 피해근로자에 대해서는 제3자라고 할 수 있으나, 판례는 근로자가 동일한 사업주에 의하여 고용된 동료 근로자의 행위로 인하여 업무상 재해를 입은 경우, 그 동료 근로자는 산재보험법 제87조 1항 본문(구법 제54조 I 본문)에 정한 '제3자'에 해당하지 않는다고 한다. 판례에 따르면, 제3자란 피재(被災)근로자와 산재보험관계가 없는 자를 말한다. 동료 근로자는 보험가입자인 사업주와 함께 직·간접적으로 재해근로자와 산재보험관계를 가지는 자이므로 제3자가 될 수 없다고 한다.[1] 즉, 동료 근로자에 의한 가해행위로 인하여 다른 근로자가 입은 재해는 그 사업장이 갖는 하나의 위험이라고 볼 수 있기 때문이라고 한다.[2]

---

1) 大判 2004. 12. 24, 2003 다 33691; 大判 2007. 1. 25, 2006 다 60793; 大判 2011. 7. 28, 2008 다 12408. 산재보험법 제87조 제1항에 정한 '제3자'의 의미: 大判 2016. 5. 26, 2014 다 204666; 大判 2008. 4. 10, 2006 다 32910; 大判 2010. 4. 29, 2009 다 98928 등.

2) 大判 2004. 12. 24, 2003 다 33691: 「동료 근로자에 의한 가해행위로 인하여 다른 근로자가 재해를 입어 그 재해가 업무상 재해로 인정되는 경우에 있어서는 그러한 가해행위는 마치 사업장 내 기계기구 등의 위험과 같이 사업장이 갖는 하나의 위험이라고 볼 수 있으므로, 그 위험이 현실화하여 발생한 업무상 재해에 대하여는 근로복지공단이 궁극적인 보상책임을 져야 한다고 보는 것이 산업재해보상보험의 사회보험적 내지 책임보험적 성격에 부합하고, 여기에다가 사업주를 달리한다고 하더라도 하나의 사업장에서 어떤 사업주의 근로자가 다른 사업주의 근로자에게 재해를 가하여 근로복지공단이 재해 근로자에게 보험급여를 한 경우, 근로복지공단은 산재보험법 제87조 1항(구법 제54조 1항) 단서에 의하여 가해 근로자 또는 그 사용자인 사업주에게 구상할 수 없다는 점까지 감안하면, 근로자가 동일한 사업주에 의하여 고용된 동료근로자의 행위로 인하여 업무상의 재해를 입은 경우에 그 동료근로자는 보험가입자인 사업주와 함께 직·간접적으로 재해 근로자와 산업재해보상보험관계를 가지는 자로서 동법 제87조 1항(구법 제54조 1항)에 정한 '제3자'에서 제외된다고 봄이 상당하다」. 또한 大判 2011. 7. 28, 2008 다 12408.

이러한 판례의 결론에 대해서는 의문의 여지가 있다. 예컨대 고의나 중과실이 있는 동료 근로자의 가해행위에 대해서까지 그 행위를 마치 사업장 내의 도구·기계·시설 등에서 발생한 위험과 같이 취급하여 가해근로자에게 책임을 물을 수 없다면 이는 납득할 수 없는 일이다. 이러한 경우에는 공단도 피해근로자에게 지급한 보험급여의 범위 내에서 가해근로자에게 구상할 수 있다고 보아야 할 것이다. 만약 이를 부인한다면 민사책임의 기초가 되는 과실책임의 원칙이 근본적으로 부인될 것이다. 다만, 판례는 가해근로자에게 고의 또는 과실이 있는지의 여부를 직접 언급하고 있지 않아 법원의 태도를 정확하게 판단할 수 없다([49] 2. ⑶ 참고).[1] 만약 대법원이 동료 근로자도 보험가입자인 사업주와 직·간접적으로 재해근로자와 함께 산재보상보험관계를 가지는 자이므로 그가 고의나 중대한 과실로 피해근로자에게 손해를 가한 경우에 면책되는 것으로 해석하는 입장이라면 이는 산재보험관계에 있는 자가 책임보험법상의 보호를 받는 것이 되어 적법하지 않다. 산재보험법은 책임보험법(Haftpflichtversicherungsgesetz)과는 그 성질을 달리 한다.

⑸ **산재보험과 근로자 재해보장보험의 관계**

사용자가 보험회사와 근로자재해보장보험(이하 근재보험이라 약칭함)계약을 체결한 경우 그 보험약관에서 보험자(보험회사)는 피보험자(사용자)의 근로자에게 생긴 업무상 재해로 인하여 피보험자가 부담하는 손해배상 중 의무보험인 산재보험법에 의해 전보되는 범위('산재보상분')를 초과하는 부분에 대해서만 보상할 의무를 부담하는 것으로 정하였다면, 보험자가 인수한 위험은 산재보상분을 초과하는 부분에 대한 피보험자의 배상책임에 속하는 손해에 한정된다. 따라서 보험자는 산재보상분에 대하여 보험금 지급의무를 부담하지 않는다.[2]

근재보험회사가 피해 근로자에게 산재보상분에 해당하는 손해까지 보상한 경우 이는 민법 제469조에 의한 제3자 변제에 해당한다. 판례에 따르면 채무자가 아닌 제3자가 타인의 채무를 변제할 의사로 타인의 채무를 변제하고 채권자도 변제를 수령하면서 그러한 사정을 인식하였다면 타인의 채무는 소멸하고 제3자는 채무자에게 구상할 수 있다.[3] 신속한 보상은 산재보험법의 취지에 부합하는 것이므로 특별한 사정이 없는 한 제

1) 이에 관해서는 박지순, '근로자의 가해행위로 인한 업무상 재해와 산업재해보상보험법상의 구상권', 「노동법학」(제22호), 2006, 364면 이하(특히 380면 이하) 참고. 예컨대 독일사회법전 제7편(법정재해보험법) 제110조 1항은 책임이 제한되는 근로자에게도 고의 또는 중대한 과실이 있는 가해행위에 대해서는 책임을 지도록 하고 있다(*ErfK*/Rolfs, SGB Ⅶ §110 Rn. 1 ff. 참고).

2) 大判 2020. 7. 23, 2016 다 271455; 大判 2014. 7. 10, 2012 다 1870; 大判 2012. 1. 12, 2009 다 8581.

3) 大判 2020. 7. 23, 2016 다 271455; 大判 2010. 2. 11, 2009 다 71558.

3자가 먼저 피해 근로자에게 보상하는 것이 근로복지공단의 의사에 어긋난다고 보기 어렵다. 근재보험회사(보험자)가 한 변제가 채무자인 근로복지공단의 의사에 반한다는 이유로 유효하지 아니하여 피해 근로자가 수령한 보상금을 근재보험회사에 반환하여야 한다면, 피해 근로자는 다시 근로복지공단으로부터 산재보험급여를 지급받아야 보상절차가 완료될 수 있으므로 피해 근로자의 손해를 신속하게 보상하고자 하는 산재보험법의 취지에 어긋나며 비합리적이다.[1)]

[59] XIII. 기 숙 사

1. 의 의

a) 근로기준법은 특히 사업의 부속기숙사에 대하여 기숙근로자의 사생활의 자유, 기숙사생활의 자치, 기숙사생활의 질서 및 기숙사의 설비와 안전보건에 관한 규정을 둠으로써 기숙사에서 생활하는 근로자들을 보호하고 있다.

b) 원래 기숙사 자체는 당연히 근로조건이라고 할 수 없으며, 또한 근로관계의 내용을 이루는 것도 아니다. 그러나 기숙사가 근로조건과 관련을 가진다는 것은 말할 것도 없으며, 기업의 성격에 따라서는 기숙사의 이용이 실질적으로 예상되며, 또한 조건으로 되어 있는 경우도 없지 않다. 따라서 이러한 경우에 기숙사는 근로관계의 내용과 관련하여 고찰될 수 있을 것이다.

---

1) 大判 2020. 7. 23, 2016 다 271455(피해 근로자는 산재보험법에 따라 휴업급여 및 요양급여를 지급받았고, 당시 이 사건 사고로 인한 장해가 인정되지 않는다는 전문의의 소견에 따라 장해급여는 청구하지 않았다. 피해 근로자는 근재보험회사를 상대로 이 사건 사고로 인한 손해의 배상을 구하는 소를 제기하였는데 1심 법원은 신체감정을 근거로 피해 근로자에게 영구장해가 인정된다고 판결하였고, 회사가 항소하였으나 기각되어 위 판결은 확정되었다. 근재보험회사는 피해근로자에게 73,622,074원을 지급하였는데 이 보험금 액수 중에는 피해 근로자가 근로복지공단으로부터 받을 수 있는 장해보상일시금 14,454,000원이 포함되어 있었다. 따라서 근재보험회사가 자신에게 지급의무가 없음에도 피해 근로자에게 위 14,454,000원을 지급함에 따라 민법 제469조에 의하여 근로복지공단의 동액 상당의 장해급여 지급의무는 소멸하였으므로 보험회사는 공단에 대하여 이를 구상할 수 있다). 이 사안과 관련하여 산재보험법 제87조 2항 및 동법 시행령 제80조 참조. 위 판례는 산재보험법 제87조 1항 및 2항에서 규정하는 제3자는 피해 근로자에 대하여 불법행위책임이나 손해배상책임을 부담하는 자 또는 피해 근로자에 대하여 직접 손해배상책임을 지는 책임보험자를 의미하므로 근재보험회사는 이에 해당하지 않는다는 점을 지적하고 있으나, 이러한 규정을 근거로 민법 제469조의 제3자의 의미 내지 범위를 제한적으로 해석할 필요가 없다고 생각된다. 민법 제469조는 채권총칙에 속하는 채권의 소멸에 관한 일반 규정이므로 그 채권이 계약에 의하여 발생한 것이건, 불법행위에 의해서 발생한 것이건, 산재보험법에 기초한 것이건 또는 '제3자'(산재법 제87조 참조)가 그러한 채권에 대하여 이행할 의무(채무)를 지고 있는 자이건 이를 가릴 이유가 없다.

2. 기숙사생활의 자치의 보장

a) 근로자는 근로계약에 의하여 취업시간 중에는 사용자의 지휘·감독에 따라야 하지만, 취업시간을 벗어난 직장 밖의 생활에서는 사용자와 완전히 대등한 시민으로서 사적 생활의 자유를 가진다. 이것은 기숙사에서의 생활이 근로조건인 경우에도 마찬가지이다. 따라서 사용자는 사업장의 부속기숙사에 기숙하는 근로자의 사생활의 자유를 침범하여서는 아니 된다(근기법 제98조 Ⅰ).[1]

b) 사용자는 기숙사생활의 자치에 필요한 임원의 선거(구성수 선출방식 등)에 간섭하여서는 아니 된다(근기법 제98조 Ⅱ). 기숙사에서의 사적자치를 해칠 위험을 배제하기 위해서이다. 그러나 이러한 임원 이외에 기숙사설비의 관리자를 선임한다든지 또는 사감(舍監)을 선정하는 것은 사용자의 권한에 속한다.

3. 기숙사생활의 질서

사업장의 부속기숙사에 근로자를 기숙시키는 사용자는 일정한 사항[2]에 관하여 기숙사규칙을 작성하여야 한다(근기법 제99조 Ⅰ; 벌칙 제116조 Ⅰ ②). 이와 같은 기숙사규칙을 작성케 하는 것은 사용자가 그러한 시설의 이용방법에 관하여 일정한 기준을 정하도록 하여 질서를 유지케 하는 동시에 규칙설정에 의한 근로자의 사생활에 대한 침해가 없도록 하고, 나아가 안전·보건에 관한 배려를 도모하기 위한 것이다.

사용자는 이와 같은 규칙의 작성·변경에 관하여는 기숙사에 기숙하는 근로자의 과반수를 대표하는 사람의 동의를 얻어야 한다(근기법 제99조 Ⅱ·Ⅲ; 벌칙 제116조 Ⅰ ②).

4. 부속 기숙사의 설치·운영기준 및 유지관리 의무

(1) 설치·운영 기준

사용자는 부속 기숙사를 설치·운영할 때 1. 기숙사의 구조와 설비, 2. 기숙사의 설치 장소, 3. 기숙사의 주거 환경 조성, 4. 기숙사의 면적, 5. 그 밖에 근로자의 안전하고 쾌적한 주거를 위하여 필요한 사항에 관하여 대통령령으로 정하는 기준을 충족하도록

---

1) 기숙사에서 근로자 사생활의 자유를 침해하는 구체적 예: 1. 외출 또는 외박에 대하여 사용자의 승인을 받게 하는 것, 2. 교육·오락 그 밖의 행사에 대하여 강제하는 것, 3. 면회의 자유를 일반적으로 제한하는 것(다만, 공동의 이익을 해치는 장소 및 시간의 규제는 제외된다), 4. 전화나 사신(私信)에 대한 간섭·검열, 5. 사물(私物)의 점검, 6. 특정 종교를 믿도록 종용하는 것 등.

2) 기숙사 규칙으로 작성해야 할 사항: 1. 기상(起床), 취침, 외출과 외박에 관한 사항, 2. 행사에 관한 사항, 3. 식사에 관한 사항, 4. 안전과 보건에 관한 사항, 5. 건설물과 설비의 관리에 관한 사항, 그 밖에 기숙사에 기숙하는 근로자 전체에 관한 사항(근기법 제99조 Ⅰ).

하여야 한다(제100조(2019. 1. 15 개정: 2019. 7. 16 시행); 시령 제54조 이하; 벌칙: 근기법 제114조 제1호).

(2) 유지관리 의무

사용자는 제100조에 따라 설치한 부속 기숙사에 대하여 근로자의 건강유지, 사생활 보호 등을 위한 조치를 하여야 한다(제100조의2. 2019. 1. 15 신설: 2019. 7. 16 시행).

제6절 인사이동, 휴직, 징계

[60] Ⅰ. 서 설

a) 인사(人事), 주로 기업인사(企業人事)는 기업조직 내에서 노동력을 제공하는 근로자들을 효율적으로 확보하여 활용하며 처우하는 것을 말한다. 인사란 구체적으로는 근로자의 모집, 채용, 배치, 교육훈련·능력개발, 인사평가, 인사이동(승진, 배치전환: 전직·전보,전출, 전적), 휴직, 징계, 퇴직, 해고 등 근로관계의 전개과정에서 발생되는 인적 계약관계의 모든 변동과 현상을 뜻한다. 따라서 인사는 근로관계에 있어서 중요한 의미를 가진다.

b) 인사관리 및 인사제도에 있어서 그 법적 기초가 되는 것은 인사권이다. 인사권은 사용자(기업)가 일방적으로 행사하는 재량권이라고 할 수 있다. 사업 또는 사업장은 집단적 인적조직을 기초로 하기 때문에 기업조직을 편성·통솔하는 사용자에게는 기본적으로 일정한 인사재량권이 주어지지 않으면 안 된다. 기업주로서의 사용자는 계속적인 사업운영을 위해서 장기고용제도를 수립하면서 장기적 관점에서 인재를 개발·육성해야 하고 능력개발, 승진·승격, 배치전환 등의 인사를 유연하게 실시해야 할 필요[1]가 있으나, 다른 한편 고용보장의 요청에 부합하는 인사정책을 개발해야 하고 해고권의 제한에 대해서도 적정하게 대응하지 않으면 안 된다.

c) 기업의 운영은 법적으로 볼 때 근로계약관계를 매개로 실효(實效)적으로 기능하게 되므로 인사권은 사용자에게는 필수적인 권리라고 할 수 있으며, 근로계약의 체결을 통하여 당연히 발생하는 사용자의 권리라고 할 수 있다.[2] 따라서 필요한 범위 안에서 사용자의 기본적 인사권(재량권)은 마땅히 존중되어야 한다. 판례에 따르면 「기업이 그 활동을 계속적으로 유지하기 위하여는 노동력을 재배치하거나 그 수급을 조절하는 것이 필요불가결하므로, 대기발령을 포함한 인사명령은 원칙적으로 인사권자인 사용자의 고유권한에 속한다 할 것이고, 따라서 이러한 인사명령에 대하여는 업무상 필요한 범위 안에서 사용자에게 상당한 재량을 인정하여야 한다」고 한다.[3]

그러나 근로자의 보호라는 관점에서 보면 인사권의 부당한 내지 부적절한 행사는 근로자의 정당한 이익을 침해하게 된다. 사용자의 인사재량권 행사에 있어서 한계가 인

---

1) 서울高判 2006. 12. 13, 2006 누 9704 참고.
2) 土田, 「勞働契約法」, 394面 이하.
3) 大判 2002. 12. 26, 2000 두 8011.

정되어야 하는 이유이다. 따라서 인사권의 행사는 근로기준법 등에 위반하거나 권리남용에 해당하여서는 아니된다. 판례는 정당한 인사권의 범위에 속하는지 여부는 업무상의 필요성과 그에 따른 근로자의 불이익과의 비교교량, 근로자와의 협의 등 인사권 행사과정에서 신의칙상 요구되는 절차를 거쳤는지 여부 등에 따라 결정된다고 한다.[1] 인사권의 적정한 행사를 통해서 기업의 운영과 조직이 발전할 수 있도록 하면서 노사 사이의 최적의 이익조정이 이루어질 수 있도록 하는 것이 인사의 중요한 과제라고 볼 수 있다.[2] 근로자 자신이 자기의 직업 경력을 스스로 형성할 수 있도록 하는 것은 노동인격의 보호라는 관점에서 존중되어야 하므로 인사권의 행사시에 권리남용과 관련하여 이 점이 충분히 고려되어야 할 것으로 생각된다.

이 절에서는 인사이동, 휴직, 징계에 관해서만 설명하기로 한다.

[61] Ⅱ. 배치전환

1. 배치전환의 의의와 기능

(1) 배치전환의 의의

배치전환[3]이란 근로자의 직무내용 또는 근무장소가 같은 기업 내에서 상당히 장기간에 걸쳐 변경되는 것을 말한다. 보통 배치전환은 같은 사업장에서 근무부서가 변경되는 것을 말한다.[4] 특히 사업장을 달리하는 근무장소의 변경을 전근(轉勤)이라고 하며, 직무내용의 변경(이른바 전직(轉職))[5]과 개념상 구별한다. 배치전환이 있는 경우에 근무

1) 大判 2002. 12. 26, 2000 두 8011; 大判 1998. 12. 22, 97 누 5435 등.

2) 우리나라에는 아직 근로계약법이 존재하지 않으나, 근로계약법은 기본적으로 진정한 의미의 노사자치가 기능할 수 있도록 하는 것이 그 목적이므로 과도한 사용자의 재량권의 행사를 규제하고 노사가 대등한 지위에서 근로계약관계를 전개해 나가도록 하는 것을 그 과제로 한다고 보아야 한다(土田, 「勞働契約法」, 14面 이하 참고).

3) 배치전환을 전보(轉補)와 같은 뜻으로 사용하기도 한다(임종률, 「노동법」, 481면). 그러나 이에 관한 용어는 통일되어 있지 않은 실정이다(참고판례: 大判 1991. 2. 22, 90 다카 27389; 大判 1996. 12. 23, 96 다 16605; 大判 2000. 4. 11, 99 두 2963 등). Zöllner/Loritz/Hergenröder, *ArbR* § 15 Rn. 10 참고. 일본에서는 동일 사업장내에서 부서(部署)를 변경하는 것을 배치전환이라 하고, 다른 사업장으로 근무지를 변경하는 것을 전근(轉勤)이라 한다(土田, 「勞働契約法」, 410面).

4) 菅野, 「勞働法」, 684面. 이른바 배치전환(Versetzung)은 애매한 개념이라고 할 수 있다. 같은 일을 하면서 근무장소를 변경하는 경우뿐만 아니라, 같은 근무장소에서 다른 일을 하도록 하는 경우도 이에 포함될 수 있을 것이다. 근무장소와 관련해서는 근로자의 일상생활에 영향을 줄 수 있는 전근이, 작업내용과 관련해서는 근로계약내용의 범위를 벗어난 전직이 문제될 수 있다(Gamillscheg, *ArbR* Ⅰ, S. 250 f. 참고).

5) 근기법 제23조 1항은 정당한 이유 없이 근로자를 전직시킬 수 없다고 규정하고 있다.

장소와 함께 직무의 내용이 변경된다고 하지만 근로계약에서 정한 업무의 범주를 변경하는 것은 단순한 전직이라고 할 수 없을 것이다.[1] 이는 근로계약내용의 해석과 관련해서 사용자의 배치전환권의 범위를 확정하는 데 중요한 의미를 갖는다.[2]

⑵ 배치전환의 기능

배치전환은 적재적소에 노동력을 배치하여 근로의욕과 경영능률을 증진시키고, 부서간의 인사교류를 통해서 업무운영의 원활화를 위해 기업사회에 폭넓게 기여하는 기능을 한다. 과거에는 주로 간부사원이나 대졸사원들을 대상으로 정기인사이동의 일종으로 실시되는 경우가 많았다. 그러나 기업의 확장이나 경영의 합리화조치와 관련하여 추진되는 기업합병, 채산불량부서의 폐지와 신사업부서의 설립, 국내판매망의 확보를 위한 판매점의 설치, 사무자동화 내지 생산자동화시설의 확충 등은 필연적으로 기업 내 노동인력의 이동을 촉진시켰다. 이와 같이 오늘날에는 배치전환의 목적 및 기능이 다양해지고 있으며, 그 대상자도 확대되는 등 배치전환의 일반화현상이 나타나고 있다.[3]

⑶ 인사발령에 대한 분쟁의 발생

위에서 설명한 바와 같이 종래에는 대부분 관리직사원의 양성수단으로서 기능하던 배치전환이 기업활동규모의 확대와 더불어 고용조정을 위한 효과적인 수단으로 활용되면서 근로계약법상의 중요한 문제로 떠오른 것은 비교적 근래의 일이다. 즉 다른 직종(職種)간의 배치전환, 특히 격지(隔地)로의 전근으로 인한 생활상의 곤란을 이유로 사용자의 배치전환명령에 불응하는 경우가 적지 않으며, 이를 이유로 하는 해고 또는 징계처분 및 배치전환명령 자체의 효력 여부가 다투어지는 경우 또한 드물지 않게 발생하고 있다.[4]

2. 배치전환명령의 법적 규제

배치전환에 관한 법적 문제는 사용자가 어떠한 범위에서 배치전환명령권을 가지며, 어떠한 규제를 받는가 하는 점에 있다. 다음에서는 배치전환명령의 근거와 그 제한, 직무내용의 변경(전직)과 근무장소의 변경(전근)을 구분하여 살펴보기로 한다. 학설[5]과 판

1) 전근과 전직을 합쳐서 배치전환으로 보는 견해: 이병태, 「노동법」, 604면.

2) 菅野, 「勞働法」, 684面.

3) 高木紋支一, '配轉 · 出向', 「現代勞働法講座 ⑽」, 116面. 은행의 '후선역 관리방안'에 따라 '사고자 및 징계자' 중 현업배치 제한이 필요하다고 인정되는 직원을 업무지원역으로 발령하는 것은 이로 인하여 근로의 종류나 내용, 장소, 임금 등에 변경을 가져오는 불이익이 있더라도 기업활동의 유지를 위한 노동력의 배치와 수급 조절을 위해서 필요한 조치로서 사용자의 고유한 권한에 의한 인사발령이지 징계처분으로 볼 수 없다(大判 2013. 2. 28, 2010 두 20447).

4) 배치전환명령의 유효성에 관한 판례: 大判 1989. 2. 28, 86 다카 2567; 大判 1991. 5. 28, 90 다 8046; 大判 1991. 7. 12, 91 다 12752; 大判 1992. 1. 21, 91 누 5204 참고.

5) 이병태, 「노동법」, 627면; 임종률, 「노동법」, 527면.

례[1])는 전직이나 전보를 포괄적 의미로 사용하고 있다. 또한 근로기준법 제23조 1항은 전직이라는 용어를 사용하고 있다.

(1) **배치전환권의 근거**

사용자는 근로계약을 체결할 때에 근로자에게 임금, 소정근로시간, 휴일, 연차유급휴가와 함께 취업의 장소와 종사하여야 할 업무에 관한 사항을 명시하여야 한다(근기법 제17조 I ① 내지 ⑤, 시령 제8조). 또한 근로기준법 제23조 1항은 「사용자는 근로자에게 정당한 이유 없이 전직을 하지 못한다」고 규정하고 있다.[2]) 사용자와 근로자가 근로계약을 체결하면서 업무내용(직종) 및 근무장소를 명시하면서 이를 특정하거나 한정(限定)하는 합의를 하는 경우에는 이에 따라야 한다. 근로자의 직종·근무지가 특정되었는데도 근로자의 동의 없이 사용자가 일방적으로 직종·근무지를 변경하는 처분(명령)은 무효이다.[3]) 그러나 그러한 특약이 없는 한 사용자는 근로계약상 상당한 범위 내에서 배치전환의 권한을 가진다고 보아야 한다. 근로계약, 취업규칙, 단체협약 등으로 사용자의 배치전환권이 제한되는 경우가 아니거나, 사용자의 전직·전보명령이 부당한 이유로 무효(근기법 제23조 I 참조)가 아닌 한 사용자는 당초의 계약 범위 내에서 배치전환권을 가진다(계약설).[4]) 판례는 근로자에 대한 전직이나 전보처분은 원칙적으로 인사권자인 사용자의 권한에 속하므로 업무상 필요한 범위 내에서는 사용자는 재량권을 가지며 그것이 근로기준법 등에 위반되거나 권리남용에 해당하는 등의 특별한 사정이 없는 한 유효하다는 견해를 일관해서 취하고 있다. 즉, 「근로자에 대한 전직이나 전보처분은 근로자가 제공하여야 할 근로의 종류·내용·장소 등에 변경을 가져온다는 점에서 근로자에게 불이익한 처분이 될 수도 있으나, 원칙적으로 인사권자인 사용자의 권한에 속하므로 업무상 필요한 범위 안에서는 상당한 재량권을 인정하여야 하고, 그것이 근로자에 대하여 정당한 이유 없이 근로기준법 제23조 1항에 위배되는 행위이거나 권리남용(민법 제2조 2항)에 해당하는 등 특별한 사정이 없는 한 무효라고 할 수 없고, 전직처분 등이 정당한 인사권의 범위 내에 속하는지의 여부는 당해 전직·전보처분 등의 업무상의 필요성과 전직·전보에 따른 근로자의 생활상의 불이익을 비교·형량하고, 근로자가 속하는 노동조합(노동조합이 없으면 근로자 본인)과의 협의 등 그 전직·전보처분을 하는 과정에서 신의칙상 요구

---

1) 大判 2012. 11. 29, 2011 두 30069; 大判 2009. 4. 23, 2007 두 20157 등.

2) 근로기준법 제23조 1항은 '전직'만을 규정하고 있으나 판례는 '전보'도 이에 포함되는 것으로 해석하고 있다. 전보도 이에 포함하여 넓게 해석하는 것이 옳다고 생각된다.

3) 大判 1992. 1. 21, 91 누 5204.

4) 大判 2018. 6. 15, 2018 두 36929(심리불속행으로 원심을 확정한 판결. 원심: 서울高判 2018. 2. 1, 2017 누 70153).

되는 절차를 거쳤는지 여부를 종합적으로 고려하여 결정하여야 한다」고 한다.[1] 근로자에 대한 사용자의 전보 · 전직처분은 원칙적으로 사용자의 권한에 속하고 업무상 필요한 범위 내에서 상당한 재량을 가지며 전보처분 등을 함에 있어서 근로자 본인과 성실한 협의절차를 거쳤는지의 여부는 정당한 인사권 행사인지의 여부를 판단하는 하나의 요소라고는 할 수 있으나 그러한 절차를 거치지 아니하였다는 사정만으로 전보처분 등이 권리남용에 해당하여 당연히 무효가 된다고 볼 수 없다고 한다.[2] 따라서 사용자가 계약 체결시에 근로의 종류 · 내용(직종)과 근무장소에 대하여 근로자와 특별한 합의를 하여 사용자의 전직 · 전보권이 제한되지 않는 한 사용자는 근로자의 동의 없이 일방적으로 전직 · 전보처분을 할 수 있다.[3] 이와 같은 견해는 근로계약 체결시 노 · 사 사이에 전직 · 전보에 관한 별도의 합의가 없는 한 사용자의 배치전환권 행사를 포괄적으로 합의한 것으로 해석하는 태도라고 할 수 있다. 최근의 판례는 위에서도 살핀 바와 같이 사용자는 전직 · 전보처분을 하는 과정에서 근로자가 속하는 노동조합(노동조합이 없으면 근로자 본인)과의 협의 등 신의칙상 요구되는 절차를 거쳤는지 여부를 종합적으로 고려하여 판단하여야 한다고 한다.[4] 이러한 판례의 태도는 근로관계의 내용인 근로의 종류와 근무장소와 같은 근로조건의 변경에 관하여 당사자 간의 협의를 중요시하는 계약적 사고를 중요시하는 한편 기본적으로 인사상의 재량권을 보장하려는 것으로 볼 수 있다. 그러나 노동조합과의 사전협의를 해야 할 근거가 무엇인지는 명료하게 설명되고 있지 않다.

(2) 배치전환(전직 · 전보) 명령의 법적 성질

전직 · 전보는 근로의 종류 · 내용 · 장소 등을 변경하는 것이므로 근로조건의 변경이라는 법적 효과를 가져오는 법률행위(상대방 있는 의사표시)라고 볼 수 있다. 판례도 전직 · 전보명령을 근로의 종류 · 내용 · 장소를 변경하는 「처분」이라고 표현하고 있다. 따라서 근로자가 사용자의 전직 · 전보명령에 불복하는 경우에는 전직 · 전보처분이 무효임을 전제로 소송을 제기하여 전직 · 전보명령의 무효확인을 구하거나, 전직 · 전보명령 이전의 직종 또는 근무지에서 근무할 수 있는 지위의 확인을 구해야 한다. 또한 근로자는 노동위원회에 부당전직 구제신청을 할 수도 있다(근기법 제28조, 제23조 I 참조).[5] 판례에 따

1) 大判 2009. 4. 23, 2007 두 20157; 大判 2015. 10. 29, 2014 다 46969; 大判 2018. 6. 15, 2018 두 36929(심리불속행으로 상고를 기각한 판결. 원심: 서울高判 2018. 2. 1, 2017 누 70153); 大判 1995. 2. 17, 94 누 7959; 大判 1995. 5. 9, 93 다 51263; 大判 1991. 10. 25, 90 다 20428 등.

2) 大判 1995. 10. 13, 94 다 52928; 大判 1997. 7. 22, 97 다 18165, 18172 등.

3) 大判 1992. 1. 21, 91 누 5204, 또한 大判 2000. 4. 11, 99 두 2963 참고.

4) 大判 2015. 10. 29, 2014 다 46969; 大判 2009. 4. 23, 2007 두 20157; 大判 1997. 12. 12, 97 다 36316 등.

5) 大判 2018. 6. 15, 2018 두 36929(원심: 서울高判 2018. 2. 1, 2017 누 70153); 大判 2009. 4. 23,

르면 전직·전보명령은 처분행위이므로 사용자가 근로자에 대하여 일방적으로 행하는 법률행위로서 형성적 효력을 가진다. 그러므로 전보명령 무효확인의 소나 전보명령 이전의 근로자 지위 확인의 소는 모두 사용자의 처분행위의 효력(근로의 종류·내용·장소 등의 근로조건의 변경)을 다투는 것이 된다. 사용자의 처분행위가 정당한 인사권의 범위 내에 속하는 것이어서 근로조건의 변경이 유효한 것인지는 i) 근로자의 근로의 종류·내용·장소를 한정하는 근로계약상의 합의 또는 취업규칙·단체협약 상의 한정조항이 있는지 여부, ii) 근로기준법 제23조 1항 위배 여부, iii) 권리남용 해당 여부, iv) 근로자와의 협의 등 전직처분을 하는 과정에서 신의칙상 요구되는 절차를 거쳤는지 여부를 종합적으로 고려하여 결정된다. 사용자의 전직·전보처분이 정당한 인사권의 행사임에도 근로자가 이에 따르지 않을 때에는 사용자의 지시권을 위반하는 채무불이행 책임([49] 1. d) 참고)이 발생하고 그 근로자는 징계절차에 회부될 수 있다. 해당 근로자를 변경해고([74] 3. 참고) 할 수도 있을 것이다.

(3) 직종 및 근무지 한정의 합의

a) 총 설 사용자는 근로자가 제공하여야 할 근로의 종류·내용·장소 등의 변경에 관하여 업무상 필요한 범위 안에서 상당한 재량권을 가진다. 그러한 한도 내에서 근로계약의 내용을 일방적으로 변경할 수 있는 인사권이 사용자에게 유보되어 있다고 볼 수 있다. 종래 회사의 인사권을 규정한 취업규칙상의 규정을 근거로 사용자는 비교적 광범위한 배치전환권(인사권)을 행사해 왔다고 볼 수 있다. 그러나 채용 당시 근로자와 사용자 사이에 직종 또는 근무지 한정의 합의가 이루어진 경우에는 당사자 간의 특약이 취업규칙에 우선하므로 근로자의 동의 없이는 사용자는 배치전환권을 행사할 수 없다. 또한 근로관계가 계속되는 중에 직종·근무지 한정 합의가 이루어진 경우에도 개별적 특약이 우선한다.[1] 특히 근로자가 동일한 직종·근무지에서 여러 해 근무한 경우에 장기간 근무했다는 사실만으로 직접 한정 합의가 인정될 수는 없으나 채용 당시 및 채용 후의 사용자와의 교섭경위, 고용·대우상의 명확한 차이, 직무·자격·기술 등 전문성 등의 사정을 기초로 해당 근로자에게 그 직종·근무지 이외에 전직·전보를 하지 않는다는 취지의 묵시적 합의가 인정될 수 있다. 이러한 경우에는 근로자가 사용자의 배치전환명령을 거부할 수 있는 직종·근무지 한정의 묵시적 합의의 성립을 주장할 수 있을 것이다.[2]

단체협약에 사용자의 기본적인 배치전환권을 인정하고 있는 경우에 협약자치의 관점에서 그 노동조합의 조합원에 대해서는 그 협약의 효력이 미친다. 그러나 직종 또는

2007 두 20157; 大判 1997. 12. 12, 97 다 36316; 大判 1995. 2. 17, 94 누 7957 등.

1) 大判 2019. 11. 14, 2018 다 200709 참고.

2) 土田, 「勞働契約法」, 417面 참고.

근무지 한정에 관하여 근로자와 사용자가 개별적 합의를 한 경우에는 개별적 합의로 정한 직종·근무지 한정이 당해 근로자의 근로조건을 보다 유리하게 정한 특약이라고 보아야 하므로 유리한 조건 우선의 원칙이 적용된다고 해석해야 한다.[1] 단체협약의 규정으로 개별적 직종·근무지 한정 합의의 효력을 배제하는 규정은 협약자치의 한계를 벗어나는 것으로 무효라고 보아야 한다.

b) 직종의 제한 근로계약에 의하여 직종이 명시적 또는 묵시적으로 한정된 경우에 사용자가 해당 근로자의 직종을 변경하기 위해서는 근로자의 동의를 얻어야 한다.[2] 의사, 간호사, 아나운서, 신문기자, 보일러 기사 등 특수한 기술·기능·자격을 보유하고 있는 근로자에 대해서는 직종의 한정이 인정되고 있다. 판례에 따르면 언론사에서 근무하는 기자의 신분은 일반직원의 신분과 상당한 차이가 있는 것으로 받아들여지고 있고 근로자들이 회사에 입사할 때부터 기자직으로 입사하여 편집국에서 상당기간 근무하여 오면서 장래에도 같은 직장에서 근무하리라고 예상하고 있는데도 근로자들과의 사전협의를 거치거나 그들의 동의를 구함이 없이 급여의 일부가 감액되는 일반직으로 전직시켰다면 그 전직발령은 정당한 이유가 없는 것으로 무효라고 판시한 사례가 있다.[3] 채용 당시 근로계약 당사자 사이에 직종에 관한 명시적 한정특약이 없더라도 일정한 전문직·특수기능직에서는 근로자의 그러한 기술이나 자격 또는 신분이 근로계약 체결의 전제조건이 되는 것으로 보아야 할 경우가 있으므로 직종 제한의 묵시적 합의가 인정될 수 있다.

c) 근무지의 한정 근무지 변경(전근: 轉勤)에 있어서도 근무지 한정의 합의(주로 근로계약상의 합의)가 인정되면 사용자는 근로자의 동의를 얻어 전근명령을 하여야 한다.[4] 근무지를 한정하는 사유로는 대체로 두 가지 유형이 있다. 첫째는 현지 임시 근로자(주로 여성 직공 근로자)를 채용하면서 관행상 전근을 시키지 않기로 하거나, 사무보조

---

1) 同旨: 土田, 「勞働契約法」, 417面 주65) 참고.

2) 대표적으로 大判 2018. 6. 15, 2018 두 36929(심리불속행으로 원심을 확정한 판결. 원심: 서울高判 2018. 2. 1, 2017 누 70153).

3) 大判 2000. 4. 11, 99 두 2963. 대학 재학시부터 아나운서를 지망하여 그 분야의 공부를 하면서 어려운 아나운서 전문시험에 합격하여 20년 가깝게 아나운서 업무에 종사해 왔다면 직종은 채용계약시부터 한정되어 있다고 인정되고, 그 이외 직종으로의 배치전환은 당사자가 거부할 수 있다는 일본 판례가 있다(菅野, 「勞働法」, 685面 이하 참고).

4) 大判 1992. 1. 21, 91 누 5204(근로계약상 근무 장소가 국회 현장으로 특정되어 있는 미화원인 근로자를 다른 곳으로 전직발령하는 것은 비록 승진이기는 하나 근로자의 의사에 반하는 것으로 부당하고, 전직명령이 이루어진 시기와 경과 등에 비추어 그 전직명령은 근로자의 노동조합 활동을 이유로 그에 대한 불이익 처분으로서 부당노동행위에 해당한다고 보아야 하며 따라서 이를 거부한 것을 이유로 한 해고도 정당성을 갖지 못한다고 한 사례).

직으로 여성 종업원을 채용하면서 근로계약상 전근이 없는 근무를 전제로 하는 경우이다. 둘째로는 일반 정규사원을 채용하면서 기업의 인사관리 내지 인력개발정책상 전근을 예정하는 사원(社員)과 전근을 예정하지 않는 사원으로 나누어 종업원인 근로자로 하여금 그 과정을 선택할 수 있도록 하는 경우이다. 전자의 과정에서는 근무장소가 특정되어 있지 않으므로 전국의 지점, 영업소, 공장 등에서 근무한다는 취지의 합의가 이루어지는 것이 보통이다. 이러한 과정을 밟는 사원은 기업의 다양한 각종의 업무를 종합적으로 파악할 수 있는 경력을 쌓을 수 있으므로 장차 관리직 사원으로 승진될 가능성을 가지게 된다. 이와는 달리 근무지가 한정된 사원은 대체로 직종을 함께 한정하면서 전문직·기술직 요원으로 발전할 수 있는 전문 경력을 축적하게 된다. 회사로서는 종업원의 종류를 다양하게 개발·육성하는 인사정책을 개발해야 하므로 근무지 한정 여부는 인력의 효율화라는 관점에서 정하여지게 된다. 이와 같은 회사의 인력개발 또는 노동력의 확보·조정계획과 관련이 적은 단순 근로자의 고용에 있어서는 채용시의 제반사정 또는 종업원의 속성 등에 따라 근무지 한정의 합의가 이루어질 수 있다. 근무지 한정의 명시적 합의가 없는 경우에도 채용과정에서의 노사 간의 교섭경위, 채용 후의 특정 근무지에서 상당기간 안정적으로 근무해 온 사정 등을 기초로 근무지 한정의 묵시적 합의가 인정될 수 있다.[1)]

이상에서 살핀 바와 같이 직종이나 근무지에 대하여 명시적 합의가 없거나 묵시적 합의가 인정되지 않으면 사용자는 업무상 필요한 범위 내에서 배치전환권을 가진다. 다만 이때에도 근로계약관계의 당사자가 계약 내용을 일방적으로 변경하는 데는 한계가 있으므로 '정당한 이유'(근로기준법 제23조 1항 참조)가 인정되는 범위 내에서만 인사권을 행사할 수 있다. 당초의 계약 범위를 벗어나거나 근로자가 예상하지 못한 상당히 불이익한 처분이라면 정당한 인사권의 행사라고 보기 어려워 전직·전보권은 제한을 받게 된다.[2)]

⑷ 배치전환권의 제한

a) 총 설 사용자는 근로계약이나 취업규칙 또는 단체협약에 의하여 전직·전보권이 한정되지 않는 한 업무에 필요한 범위 내에서 상당한 인사재량권을 가진다. 그러나 이 경우에도 사용자의 전직·전보처분이 유효하기 위해서는 근로기준법 제23조 1항에 위배되거나 민법 제2조 2항의 권리남용에 해당하는 특별한 사정이 없어야 한다는

1) 土田, 「勞働契約法」, 418面 참고.

2) 大判 2018. 6. 15, 2018 두 36929(심리불속행으로 원심을 확정한 판결. 원심: 서울高判 2018. 2. 1, 2017 누 70153). 이 판례는 사용자의 인사권 행사를 계약설에 입각하여 해석하고 있는 것으로 판단된다.

것이 판례의 일관된 태도이다.[1)]

b) 근로기준법 제23조 1항에 의한 제한 근로기준법 제23조 1항은 사용자가 근로자에게 전직명령을 하려면 정당한 이유가 있어야 한다고 규정하고 있다. 근로기준법은 사회적 약자인 근로자를 보호할 것을 목적으로 하는 노동보호법으로서 공법적 성질을 가진 강행법률이다.[2)] 그러므로 사용자의 전직·전보명령이 이 법 제23조 1항에 위배되는지는 이 법의 취지인 근로자 보호라는 관점에서 「정당한 이유」의 존부를 검토하여 판단해야 한다. 정당한 이유가 무엇인지에 관하여 근로기준법은 직접 규정하고 있지 않으나, 판례는 해고의 경우 정당한 이유가 인정되려면 「사회통념상 고용관계를 계속시킬 수 없을 정도로 근로자에게 책임 있는 사유가 있다든가 부득이한 경영상의 이유」가 있어야 한다고 판시하고 있다.[3)] 따라서 근로기준법 제23조 1항의 정당한 이유는 적어도 사회적 상당성이라는 기준에 합당하는 객관적이고 합리적인 이유라고 이해되어야 할 것이다([72] 1. d) 참고). 근로기준법의 동 조항은 해고의 경우와 마찬가지로 정당한 이유 없이 전직을 하지 못한다고 제한하고 있으므로 그 제한 기준은 동일한 수준에서 판단되는 것이 옳다고 생각된다. 그러나 판례는 사용자의 전직·전보의 정당성 여부를 판단함에 있어서 근로기준법 제23조 1항을 원용하면서도 실질적으로는 사용자의 업무상 필요성과 그로 인하여 근로자가 입게 되는 불이익을 비교·형량하는 권리남용 법리를 적용하고 있다. 이와 같은 판례의 태도에 대한 비판적 고찰에 관해서는 다음에서 언급한다.

c) 민법 제2조 2항의 권리남용 법리에 의한 제한 권리남용은 상대방에 대한 권리의 행사가 신의칙에 반하여 정당한 권리의 행사로서 인정받지 못하는 것을 말한다. 민법 제2조 2항은 「권리는 남용하지 못한다」고 규정하여 권리남용 금지를 민법의 기본원칙으로 선언하고 있다. 권리남용 법리는 법률관계의 양 당사자를 대등한 관계에 있는 것

---

1) 大判 2018. 6. 15, 2018 두 36929(심리불속행으로 원심을 확정한 판결. 원심: 서울高判 2018. 2. 1, 2017 누 70153); 大判 2015. 10. 29, 2014 다 46969; 大判 2009. 3. 12, 2007 두 22306; 大判 1997. 7. 22, 97 다 18165, 18172; 大判 1994. 5. 10, 93 다 47677; 大判 1991. 10. 25, 90 다 20428 등 대부분의 판례.

2) 비교법적으로 보면, 독일은 해고제한법을 제정하여 사회적 정당성이 없는 해고는 무효라는 강행규정을 두고 있으나 전직에 관해서는 정하는 바가 없다. 일본에는 노동기준법(근로기준법)이 있으나 우리 근로기준법 제23조에 해당하는 규정을 두고 있지 않다. 다만 노동계약법(근로계약법)에서 해고는 객관적으로 합리적인 이유가 없고 사회통념상 상당하다고 인정되지 않는 경우에는 그 권리를 남용한 것으로 하여 무효로 한다(제16조)는 규정을 두고 있다. 배치전환에 관한 직접적인 규정은 없으나 노동계약법 제3조 5항에 근로자와 사용자는 근로계약에 기한 권리를 남용하여서는 아니된다고 규정하고 있다. 통설은 이 조항을 배치전환권의 한계를 판단하는 규정으로 해석하고 있다(土田, 「勞働契約法」, 413面, 421面).

3) 大判 1987. 4. 14, 86 다카 1875; 大判 1990. 11. 23, 90 다카 21589; 大判 1992. 4. 24, 91 다 17931; 大判 1992. 5. 22, 91 누 5884 등.

으로 전제하면서 어느 쪽의 당사자이든 권리를 행사하는 때에는 신의칙에 반하는 권리남용을 해서는 안 된다는 원칙이다. 따라서 권리남용의 법리는 일반 법률관계(물권·채권관계를 막론하고)에서 권리를 행사하는 자에게 적용되는 형평적 균형법리라고 보아야 한다. 우리나라에서 민법에 권리남용 금지 규정이 있음에도 특별법인 근로기준법 제23조 1항이 정당한 이유 없이는 근로자를 전직하지 못한다고 규정하고 있는 것은 정당한 이유라는 보다 엄격한 기준을 적용하여 부당한 전직으로부터 근로자를 두텁게 보호하기 위해서라고 해석해야 한다. 그렇다고 하여 권리남용 법리가 노동관계법에서 무용(無用)하다거나 활용될 수 없다고 말할 수는 없다. 전직·전보처분(사용자의 배치전환권 행사)의 정당성을 판단하는 데 있어서 권리남용의 법리는 정당한 이유를 근거짓는 하나의 방법으로 활용될 수는 있으나 그 판단기준은 아니라고 보아야 한다. 왜냐하면 사용자가 부당하게 전직 또는 전보권을 행사한 때에 그 부당성 여부를 판단하기 위하여 권리남용의 법리가 활용되었다고 하여 그것으로 근로기준법 제23조 1항의 정당한 이유의 요건이 당연히 충족되었다고 볼 수 없기 때문이다. 그렇게 해석하는 것이 특별법을 일반법과 구별하여 해석하는 기본원칙에 합당할 것이다. 판례에 따르면 사용자는 '정당한 이유'가 인정되는 범위 내에서만 인사권을 행사할 수 있다고 하면서 전보발령 등이 권리남용에 해당하지 않는 한 인사권 행사는 정당하다고 판단함으로써 실질적으로 권리남용 법리를 정당한 이유의 판단기준으로 삼고 있다.[1)]

우리나라의 법원이 전직·전보권의 행사에 대하여 권리남용 법리를 적용하게 된 것은 일본의 판례[2)]를 수용한 데서 비롯된다. 일본에는 우리 근로기준법 제23조 1항과 같은 규정을 두고 있지 않은 반면, 일본 노동계약법(근로계약법) 제3조 5항은 「근로자와 사용자는 근로계약에 기한 권리를 행사함에 있어서는 그 권리를 남용하여서는 아니된다」고 규정하고 있다. 일본의 통설은 사용자가 배치전환권을 행사할 때는 권리남용에 해당하지 않아야 한다고 하며,[3)] 판례는 오래전부터 권리남용 법리를 원용하고 있다.[4)] 우리

1) 대표적으로 大判 2018. 6. 15, 2018 두 36929(심리불속행으로 원심을 확정한 판결. 원심: 서울高判 2018. 2. 1, 2017 누 70153).

2) 일본에서는 배치전환권에 대하여 오래전부터 권리남용론을 적용하여 왔다. 그리고 1986년 東亜ペイント事件·最判 昭和 61. 7. 14 勞判 477号 6面(전근명령에 대하여 업무상의 필요성이 존재하지 않는 경우 또는 업무상의 필요성이 존재하는 경우라도 그 전근명령이 다른 부당한 동기·목적을 가지고 행하여진 경우이거나 근로자에 대하여 통상 감수해야 할 정도를 현저히 초과하는 불이익을 부담하게 하는 등, 특별한 사정이 존재하는 경우가 아닌 한 그 전근명령은 권리의 남용이 되지 아니한다)의 판결 이후 그 판결 취지가 계속 유지되고 있다(ケンウッド事件·最判 平成 12. 1. 28 勞判 774号 7面 등 참고).

3) 대표적으로 土田, 「勞働契約法」, 421面; 菅野, 「勞働法」, 687面 이하.

4) 東亜ペイント事件·最判 昭和 61. 7. 14 勞判 477号 6面 참조.

나라의 판례[1]에 따르면 ⅰ) 업무상의 필요성이 존재하지 아니하거나, ⅱ) 업무상의 필요성이 존재하더라도 당해 전근명령이 다른 부당한 동기·목적을 가지고 행하여지거나, ⅲ) 근로자가 통상 감수할 수 있을 정도를 현저히 초월하는 불이익을 받게 되는 등 특별한 사정이 존재하는 경우가 아닌 한 전근명령은 권리의 남용이 되지 않는다고 하여 소극적 판단(즉, 특별한 부정적 사정이 없는 한 권리의 남용이 되지 않는다는 판단)을 하고 있다. 따라서 권리남용의 법리에서는 업무상의 필요성이 없다는 사실, 업무상의 필요성이 존재하는 경우에는 부당한 동기나 목적을 위한 전근이라는 사실, 통상적인 감수(甘受)의 정도를 초월하는 불이익이 존재한다는 사실을 근로자 측에서 증명해야 한다. 그러나 근로기준법 제23조 1항은 「사용자는 정당한 이유 없이 전직을 하지 못한다」고 규정하고 있으므로 전직처분을 하는 자가 「정당한 이유」를 증명해야 한다.

따라서 사용자는 전직에 대한 업무상의 필요성이 존재한다는 사실[2]뿐만 아니라, 부당한 동기나 목적을 위한 처분이 아니라는 사실, 근로자가 감수할 수 있는 불이익이라는 사실에 관해서 사용자가 증명해야 한다. 부당한 전직은 근로기준법에 의하여 제한되기 때문이다.

(5) 업무상의 필요성과 근로자의 불이익

a) 업무상의 필요성 근로자에 대한 전직·전보발령이 정당한 인사권의 범위 내에 속하는지 여부를 판단하는 데 있어서는 당해 발령이 업무상의 필요성 요건을 갖추어야 한다. 전직·전보는 일반적으로 경제적 수익성 강화, 경영전략에 따른 노동력 적정배치, 업무능률 증진, 근로자의 능력개발, 근무의욕의 제고(提高), 동료 근로자들과의 인화를 위하여 행하여지는 것이지만, 구체적으로는 정기이동(定期異動), 후임·결원 보충의 필요성, 근로자의 능력부족·성적불량, 부서(部署)의 강화, 잉여인원의 재배치,[3] 근로자 본인의 건강상태, 동료와의 인간관계 조정 등에서 그 필요성이 인정될 수 있다.[4] 그런데 사용자의 전직·전보발령이 정당성을 충족하기 위해서는 더 나아가 전보발령을 통한 인원배치의 변경이 기업의 합리적 운영에 기여한다든가, 대상 근로자를 선정하는 데 있어

1) 大判 1995. 5. 9, 93 다 51263 참고.
2) 일반적으로 해고무효확인 소송에서 해고절차의 적법성에 관한 주장 및 증명책임은 사용자인 피고가 부담하지만, 판례에 따르면 부당해고구제 재심판정을 다투는 행정소송에 있어서는 해고의 정당성에 관한 주장·증명책임은 이를 주장하는 자가 부담한다(大判 1995. 2. 14, 94 누 5069).
3) 서울특별시장의 감축운행 지시에 따라 사용자가 노선별 운전기사의 수를 조정할 업무상 필요에 의하여 해당 근로자를 전보발령함으로써 그 근로자가 출퇴근 시간 및 비용이 조금 더 소요되는 생활상의 불이익을 입게 되었더라도 그 전보발령이 정당한 인사권의 범위 내에 속하는 것으로 유효하다고 판단한 사례(大判 2009. 3. 12, 2007 두 22306).
4) 土田, 「勞働契約法」, 422面 참고.

서 다른 근로자로는 그 자리를 대체하기 어렵다는 등 인원선택의 합리성이 요구되는 경우가 있다.[1] 임시직 또는 계약직에 있는 근로자가 담당할 수 있는 단순업무에 전문직 정규근로자를 배치하는 전보명령은 업무상 필요성이라는 관점에서 적재적소(適材適所)라는 인사원칙에 어긋나는 것으로 객관적 상당성이 부인된다.

b) 부당한 동기나 목적에 의한 배치전환　사용자가 부당한 동기나 목적을 가지고 배치전환을 명하는 것은 명목상 업무필요성을 내세우고 있더라도 정당한 인사권의 행사라 볼 수 없으므로 무효이다. 회사의 부정행위를 지적하거나 경영방침에 대하여 비판적 태도를 취하는 근로자에 대하여 한직(閑職)이나 지방으로 전보명령을 내는 것은 보복적 배치전환명령으로서 부당하다.[2] 표면적으로는 업무상 필요에 따른 전직명령이라고 주장하더라도 실질적으로는 노동조합활동을 하는 근로자에게 불이익을 주기 위한 조치로서 부당노동행위에 해당하는 처분이라면 그 인사권의 행사는 무효이다.[3]

c) 근로자가 입게 되는 불이익　배치전환명령으로 근로자가 입게 되는 불이익은 여러 가지 형태가 있을 수 있다. 첫째로는 직종이나 직무내용을 변경하는 것 자체가 근로자에게 불이익이 되는 경우이다. 전문적 능력을 발휘하며 근무하고 있는 근로자를 합리적 이유 없이 그 전문능력과 무관한 직무에 배치하는 것은 당초 근로계약의 범위를 벗어나는 것으로 근로자가 예상할 수 없는 불이익한 처분이어서 정당한 인사권의 행사라 보기 어렵다.[4] 연구직 또는 기술직에 있는 근로자를 그 직무분야와 관련이 없는 영업직이나 홍보직 등으로 배치전환하는 것도 부당한 인사처분이다. 다만, 근로자가 다양한 직종과 직무에 근무하면서 각 부서의 전반적 실무경험을 쌓음으로써 기업운영상의 경력을 축적하도록 하는 경우라면 전직명령이 해당 근로자에게 불리하다고 볼 수 없다. 기술직과 달리 영업·일반관리직은 재직 중 필요에 따라 그 업무가 변경되는 것이 일반적이다.

둘째로 근무지의 변경으로 생활상의 불이익을 입는 경우가 빈번히 발생되는 불이익유형의 전형적인 예이다. 특히 원격지(遠隔地) 전근으로 근로자가 별거를 해야 하거나,

---

1) 大判 2018. 6. 15, 2018 두 36929(심리불속행으로 원심을 확정한 판결. 원심: 서울高判 2018. 2. 1, 2017 누 70153) 참고. 인원선택의 합리성(그리고 그 수단의 적합성 등)에는 적임자의 선정, 직장질서의 유지나 회복, 근로자 간의 인화 등의 사정도 포함된다(大判 2013. 2. 28, 2010 두 20447).

2) 大判 2000. 4. 11, 99 두 2963(신문사 경영진에 비판적 입장을 취하였던 기자직 직원을 일반 업무직 직원으로 전직발령한 것을 권리남용에 해당하여 무효라고 본 사례).

3) 大判 1994. 4. 26, 93 다 10279. 자동차 안전운행을 위하여 회사가 지시한 이어폰 착용을 거부한 자동차운전원을 징계할 목적으로 행한 전보명령이 무효라고 본 예(大判 1997. 12. 12, 97 다 36316).

4) 大判 2018. 6. 15, 2018 두 36929(심리불속행으로 원심을 확정한 판결. 원심: 서울高判 2018. 2. 1, 2017 누 70153) 참고.

자녀교육에 지장이 생기거나, 병중인 가족 돌봄이 어렵게 되는 경우 등은 사생활 내지 가족생활에 커다란 불이익을 가져오게 된다. 판례는 생활상의 불이익이 근로자가 통상 감수하여야 할 정도를 현저하게 벗어난 것이 아니라면 이는 정당한 인사권의 범위 내에 속하는 것으로서 권리남용에 해당하지 않는다는 기본적 태도를 취하고 있다.[1] 변경된 근무지에 단신 부임하거나 가족을 대동하여 이사를 하여야 하는 생활상의 불이익이 있다고 하더라도 이러한 불이익은 전보나 전직에 따라 근로자가 통상 감수하여야 할 범위 내의 불이익에 불과하다고 한 예[2]가 있는가 하면, 30분 정도의 출퇴근 시간 연장과 그에 따른 출퇴근 비용의 증가는 생활상의 불이익이 현저하다고 보기 어렵다는 예도 있다.[3] 이는 개별적 사안에 따라 구체적 사정들을 종합적으로 고려해야 하는데서 오는 결과라고 판단된다. 근무지의 변경은 다수의 지역별 사업장을 가지고 있는 사업의 성격이나 순환보직제 등에 따라 상대적 성질을 가질 수 있다. 특히 근로자 본인이 단신 부임해야 한다든가, 가족과의 별거 또는 가족 전체 이주의 경우에는 근로자의 불이익을 경감·회피할 회사 측의 배려의무가 인정되어야 한다는 견해가 주장되기도 한다. 격지 전근된 근로자를 위해서는 건강대책, 교통비·숙박비 지원, 가족이 동반이주한 때에는 자녀를 위한 보육지원, 개호(介護)를 필요로 하는 가족원에 대한 대책지원이 배려조치로서 논의되고 있다.[4]

d) 임금 등 그 밖의 급여상의 불이익 　같은 기업 내에서 직무가 바뀌는 인사이동으로 임금을 인하하는 것은 부당한 근로조건의 변경이라고 보아야 한다. 직능자격제도 하에서는 임금(기본급)은 자격에 따라 연동할 수 있으나 직무가 바뀌었다고 하여 임금이 인하되어서는 아니 된다. 장기고용체제 하에서는 직무나 근무지에 의해서가 아니라 근속연수, 직능자격, 직위에 의하여 임금이 상향 변동 되는 것이므로 임금이 낮은 직종으로 근로자를 배치전환할 때에는 당연히 근로자의 동의를 얻어야 할 것이다.[5] 전근명령과 직위 강등이 동시에 행하여지면서 강등에 의하여 임금이 인하되는 경우에는 강등의 요건이 갖추어져야 하고 그 요건이 충족되지 않으면 양자가 모두 무효라고 보아야 한다.[6]

e) 협의절차를 거쳤는지 여부 　사용자의 배치전환명령이 정당한 것이기 위해서

1) 大判 1996. 4. 12, 95 누 7130; 大判 2009. 3. 12, 2007 두 22306; 大判 2018. 6. 15, 2018 두 36929 등 다수.
2) 大判 1996. 4. 12, 95 누 7130.
3) 大判 2009. 3. 12, 2007 두 22306.
4) 土田,「勞働契約法」, 426面; 菅野,「勞働法」, 689面 참고.
5) 菅野,「勞働法」, 689面 참고.
6) 菅野,「勞働法」, 689面 참고.

는 해당 근로자와 성실한 협의절차를 거쳐야 하는지 여부에 관하여 대법원은 「전보처분 등을 함에 있어서 근로자 본인과 성실한 협의절차를 거쳤는지 여부는 정당한 인사권의 행사인지 여부를 판단하는 하나의 요소라고는 할 수 있으나, 그러한 절차를 거치지 아니하였다는 사정만으로 전보처분 등이 권리남용에 해당하여 당연히 무효가 된다고 볼 수는 없다」[1]고 한다. 다만, 상대적으로 생활상 불이익이 큰 배치전환의 경우에는 사용자는 근로자에게 배치전환의 내용과 필요성을 설명하고 그의 의견을 듣는 것이 신의칙상 요구될 수 있으므로 배치전환명령의 유효성은 이 절차를 거쳤는지 여부를 포함하여 종합적으로 판단되어야 한다.[2] 직종변경에 있어서도 마찬가지로 판단해야 할 것이다.

(6) **부당한 배치전환의 효과**

사용자의 배치전환명령(전직·전보명령)이 위법, 부당하게 행하여진 경우 근로자는 법원에 전직·전보처분의 무효확인의 소를 제기할 수 있다. 법원이 그 처분의 무효확인 판결을 하면 근로자의 인사상의 변경은 전혀 없었던 것이 된다. 확인의 이익이라는 관점에서 보면 배치전환된 직무 또는 근무지에서의 근로의무 부존재 확인의 소라고 보는 것이 보다 정확할 것이다.[3] 또한 근로자는 근로기준법 제23조 1항에 위배되는 정당한 이유 없는 전직·전보처분에 대해서 노동위원회에 구제신청을 할 수 있다(근기법 제28조). 이때에는 근로자가 사용자의 전직명령이 근로기준법 제23조 1항에 위배되는 것으로 정당한 이유가 없는 것임을 주장하며 구제신청을 해야 한다. 그러나 사용자의 통상적 인사권 행사에 대하여 그 명령이 위법·부당하다고 하여 무효라고 주장하며 직접 노동위원회에서 다툴 수는 없다. 배치전환처분의 무효를 다투거나 그로 인한 손해배상을 다투는 경우에는 민사소송 절차에 따라야 하기 때문이다.

근로자가 배치전환명령에 따르지 않는 경우에 사용자는 해당 근로자를 징계하거나 변경해고[4]([74] 3. 참고) 할 수 있다. 이 경우에 근로자는 근로기준법 제28조에 따라 노동위원회에 부당징계 또는 부당변경해고 구제신청을 할 수 있다. 노동위원회는 그 징계 또는 변경해고가 정당한 이유에 의한 것인지를 판단하여야 한다. 노동위원회는 징계 또는 변경해고가 근로기준법 제23조 1항에 위배되어 부당한 인사권의 행사에 해당하는지를 심사하여 그 위법 여부를 판단해야 한다.

---

1) 大判 2013. 2. 28, 2010 다 52041; 大判 2009. 3. 12, 2007 두 22306; 大判 1997. 7. 22, 97 다 18165, 18172 등.

2) 大判 1995. 5. 9, 93 다 51263.

3) 해고 소송에서는 해고무효확인의 소보다 근로관계 존속확인의 소를 제기하는 것이 확인의 이익을 보다 명확하게 하는 것과 대비된다. 이러한 소송법상의 문제제기에 관해서는 土田, 「勞働契約法」, 429面, 884面 참고.

4) Hromadka/Maschmann, *Arbeitsrecht*, Bd. 1, §6 Rn. 92 참고.

[62] Ⅲ. 전출(轉出)

1. 전출과 전적의 구별

기업의 인사관리수단으로서 전근과 함께 전출·전적이 비교적 널리 이루어지고 있다.[1] 이 중 전출이란 근로자가 자기의 당초 소속기업(원기업)에 재적(在籍)한 채 타기업(전출기업)의 사업장에서 상당히 장기간 업무에 종사하게 되는 것을 말한다. 전적(轉籍)이란 외형상 근로자가 원래의 기업에서 타기업으로 옮겨서 업무에 종사하는 것은 전출과 같지만, 원래의 기업과의 근로계약관계를 종료시키고 다른 기업과 근로계약관계를 성립시키는 점에서 원래의 기업과의 근로계약관계를 존속시키는 전출과 구별된다. 전출의 경우에는 원래의 기업과의 관계에서는 휴직이 되는 경우가 일반적이며, 근로시간·휴일·휴가 등의 근무형태는 근무장소인 기업(전출기업)의 취업규칙에 따라 정해지고 노무수행에 대한 지휘·감독권은 전출된 사업의 사용자에게 이전된다.

2. 전출의 실제적 의의

전출이 활용되는 실제적 필요성은 i) 관련회사(또는 자회사)의 경영·기술지도, ii) 인사교류, 종업원의 능력개발, iii) 고용인력의 조정 등 다양한 측면에서 발생될 수 있다.[2]

다음에서는 전출을 설명하고, 전적은 항([63] 참고)을 바꾸어 설명하기로 한다.

《전출과 전적의 근로계약관계》

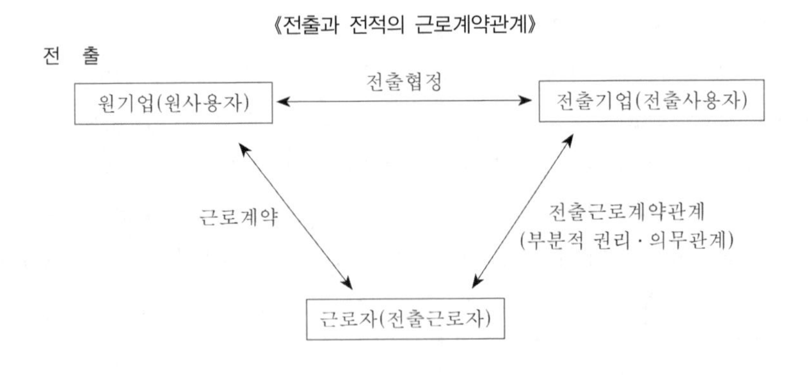

1) 일본에서는 전출을 출향(出向)이라고 한다. 전근을 기업 내 인사이동이라 한다면, 전출과 전적은 기업 간 또는 기업 외 인사이동이라고 할 수 있을 것이다.

2) 菅野, 「勞働法」, 690面; 荒木, 「勞働法」, 423面 참고.

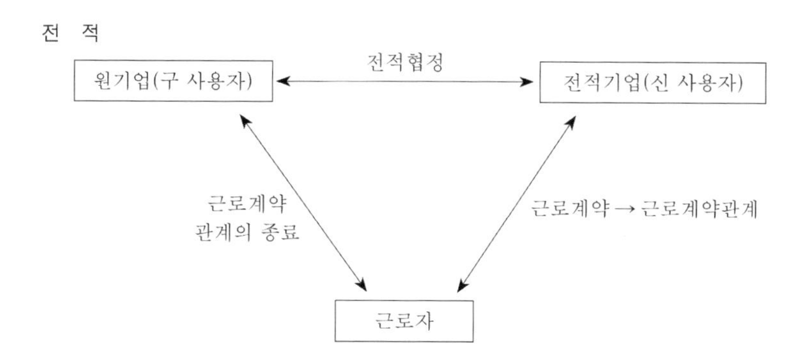

3. 전출명령의 유효요건

원래의 기업과 전출된 기업 사이의 합의(전출협정)만으로 당해 근로자로 하여금 전출기업에서 근로를 제공하도록 의무지울 수 없음은 물론이다. 이는 이른바 근로계약의 일신전속성(민법 제657조 Ⅰ)에 반한다. 전출은 근로계약상의 근로를 요구하는 권리를 실질적으로 양도(노무제공의 상대방변경)하는 것을 의미하므로 민법 제657조가 적용되어 「근로자의 동의」를 요한다. 그러나 이 규정에서 「근로자의 동의」는 양도시의 개별적 동의만을 의미하는 것은 아니며, 사전에 포괄적 동의(취업규칙·단체협약상의 근거규정이나 채용시에 행한 동의와 같은 명시적 근거를 가진 동의)가 있거나 근로관계의 전개과정에서 경영관행과 관련하여 근로자의 포괄적 동의가 추단되는 경우에도 동의가 있는 것으로 해석될 수 있다.[1] 그러나 전출에 있어서는 전근의 경우와는 달리 다음과 같은 점들이 고려되어야 한다. 전출 후에도 비록 당해 근로자와 원래의 고용기업체 사이의 기본적 근로관계가 유지되기는 하지만 실제로 근무하는 기업체가 변경됨으로써 임금, 직무내용, 기타 근로조건, 경력인정 등에 있어서 근로자가 불이익을 받을 수 있을 것이다. 이러한 점은 특히 포괄적 규정 내지 포괄적 사전동의에서 검토되지 않으면 안 된다. 따라서 근로자 보호의 차원에서 근로자가 실제로 근무하게 될 기업에서의 임금·기타 근로조건, 전출기간, 원래의 기업으로의 복직 등에 관한 전출규정이 원사용자와 근로자 사이 또는 원사용자·전출근로자 및 전출될 기업의 사용자 사이에서 사전에 마련되어 있어야 할 것이다.[2] 적어도 이와 같은 조건이 구비되어 있는 때 해당 근로자는 그의 직장에서 통상 이루어지는 인사이동으로서 전출을 받아들일 수 있다. 따라서 입사시 취업규칙이나 단체협약

1) 기업에서는 전출을 모자기업 간이나 밀접한 관련기업 사이에서 업무제공·기술습득·인사교류 등을 위하여 전근과 엄격히 구별하지 않고 일상적으로 행하며, 근로자도 채용시부터 이를 당연한 일로서 받아들이고 있는 경우가 있을 것이다(菅野, 「勞働法」, 691面 이하 참고).

2) 土田, 「勞働契約法」, 439面 참고; 菅野, 「勞働法」, 692面; 임종률, 「노동법」, 532면.

에 근로자의 포괄적 동의나 포괄적 규정이 있다는 추상적 이유만으로 당해 근로자에게 기대할 수 없는 불이익한 전출명령을 내리는 것은 정당하다고 볼 수 없다(근기법 제23조 I의 규정취지도 함께 고려될 수 있을 것이다).[1] 다시 말하면 전출은 노무제공을 받는 상대방기업의 변경(상대방의 변경)을 의미하며 중요한 근로조건의 변경에 해당한다고 볼 수도 있으므로, 사용자는 적어도 전출되어 가는 기업과의 기본사항 및 복귀(復歸)조건(복귀 후의 대우와 근로기간의 통산 등)과 근로조건 등 중요내용을 정한 취업규칙이나 단체협약의 규정에 대한 충분한 설명을 해야 하고 근로자와의 구체적 합의가 있을 때에 유효하다고 볼 수 있다(구체적동의설).[2] 해당 근로자와 직종·근무지 한정의 약정이 성립되어 있는 경우에는 배치전환은 물론 전출에 관해서도 근로자의 동의가 있어야 함은 물론이다.

4. 전출중의 근로관계

(1) 전출근로관계의 법적 성질

전출 후에도 전출시키는 원기업과 전출근로자 간의 기본적 근로계약관계는 존속한다. 전출근로자의 노무제공은 전출되어 가는 전출기업에서 이루어지므로 노무제공을 중심으로 하는 권리·의무는 전출기업의 사용자와 전출근로자 사이에 부분적으로 이전하며, 원기업과의 사실적 노무제공관계는 존재하지 않는다. 그러나 원기업의 취업규칙 중 노무제공을 전제로 하지 않는 부분은 그대로 적용된다. 한편 전출근로자는 전출사용자의 지휘·감독하에 노무를 제공해야 하므로 전출기업의 복무규율에 따르게 된다. 이를 전출근로관계라고 할 수 있다. 따라서 하나의 근로계약관계를 구성하는 권리·의무가 전출근로자와 원사용자 사이, 전출근로자와 전출사용자 사이에 나뉘어 존재하게 된다. 전출근로자와 전출사용자 사이의 근로관계(전출근로관계)에서도 각 당사자는 상대방이 부담하는 의무의 이행을 청구할 수 있으나, 전출근로자는 전출사용자의 종업원으로서 포괄적 근로관계의 당사자가 될 수 없다.[3] 전출사용자는 전출협정에 따른 권리·의무를 가질 뿐이고 그 밖의 권한 예컨대 해고 또는 징계해고를 할 수 있는 권리는 가질 수 없다. 따라서 전출근로자와 원사용자 사이 및 전출근로자와 전출사용자 사이에 각각 별개의 포괄적 근로계약관계가 존재하는 것은 아니다.

---

1) 일본노동계약법(2008. 3. 1. 시행) 제14조는 사용자가 전출을 명할 수 있는 경우에 당해 전출명령이 그 필요성, 대상근로자의 선정에 관한 사정 그 밖의 사정에 비추어 그 권리가 남용된 것으로 인정되는 때에는 그 명령은 무효라고 규정하고 있다(자세한 해설에 관해서는, 荒木·菅野·山川, 「詳說 勞働契約法」, 2008, 138面 이하 참고).

2) 土田, 「勞働契約法」, 438面 이하; 菅野, 「勞働法」, 691面 이하; 荒木, 「勞働法」, 424面; 新日本製鐵 最判平成 15. 4. 18, 勞判 847號 14面 참고.

3) 同旨: 菅野, 「勞働法」, 696面; 土田, 「勞働契約法」, 443面.

⑵ **노동보호법상의 사용자**(사업주)

근로기준법이나 산업안전보건법과 같은 노동보호법상의 의무 내지 책임을 부담하는 사용자(사업주)가 원사용자인지 또는 전출사용자인지가 문제된다. 이는 각 경우에 따라 당해 사항에 관하여 실질적 권한과 책임을 가지고 있는 자가 누구인가에 따라 구체적으로 결정된다. 원사용자와 마찬가지로 전출사용자도 자기의 권한과 책임을 가진 사항에 대해서는 사용자(사업주)(근기법 제2조 ②; 산안법 제5조 ③ 참조)로서 의무와 책임을 부담한다. 일반적으로 노무제공을 전제로 하는 규정은 전출사용자에게 적용되고, 근로제공을 전제로 하지 않는 규정부분은 원사용자에게 적용된다. 근로기준법의 총칙규정은 원사용자와 전출사용자 모두에게 적용되고, 근로계약에 관한 규정(제2장)은 주로 원사용자에게 적용되지만 제19조(근로조건의 위반), 제37조(미지급 임금에 대한 지연이자), 제39조(사용증명서), 제40조(취업 방해의 금지), 제41조(근로자의 명부) 등의 규정은 전출사용자에게도 적용된다고 보아야 한다. 임금(제3장)에 관한 규정은 원사용자와 전출사용자 중 누가 지급의무를 부담하느냐에 따라 적용관계가 다를 수 있다. 근로시간과 휴식(제4장)에 관한 규정과 산업안전보건법 및 산재보험법상의 책임은 근로제공을 전제로 적용 또는 부과되는 것이므로 전출사용자가 수규자(受規者) 내지 책임주체가 된다.[1] 연차휴가는 휴가를 청구할 시점에 전출기업에서 근무하고 있으면 전출사용자가 주어야 하고, 휴가일수의 산정(근기법 제60조 Ⅰ부터 Ⅳ 참조)에 있어서 전출기간은 통산된다. 취업규칙에 관한 의무는 원사용자와 전출사용자 각자가 가지는 권한과 책임에 따라 부담하게 된다.[2]

⑶ **전출근로관계에서의 근로자의 의무**

a) 전출협정에 의해서 근로자의 노무제공에 대한 지휘·감독권은 전출사용자에게 이전되므로 전출근로자는 전출사용자의 지시에 따라 노무를 제공할 의무를 부담한다. 따라서 전출기업의 근무관리·복무규정은 전출근로자에게 적용된다. 그러나 전출근로자의 근로의무는 전출협정과 당사자 사이의 합의에 따라 그 내용과 범위가 정해진다고 보아야 한다. 전출 중에도 원사용자와 전출근로자 사이에는 기본적 근로계약관계가 존속하고 있으므로 원사용자는 전출근로자에게 전출사용자의 지휘·감독에 따라 노무를 제공할 것을 지시할 수 있는 기본적 근로지휘권을 보유한다. 다만, 원사용자에 대한 전출근로자의 구체적 근로의무는 전출기간 동안 정지한다. 이러한 법률관계의 존속을 전제로 한다면 전출사용자에 대한 근로의무 위반이나 복무규정 위반행위는 원사용자에 대해서도 근로계약 위반행위에 해당하므로 원사용자는 자기 회사의 취업규칙에 따라 적절한

1) 원사용자와 전출사용자 간의 협정으로 원사업주를 산재보험법상의 사업주로 정할 수도 있을 것이다.
2) 土田, 「勞働契約法」, 447面 참고.

조치(해고나 징계)를 취할 수 있을 것이다.[1] 전출사용자도 전출근로자의 채무불이행에 대해서 책임을 물을 수 있으나, 직장질서위반행위에 대해서 자기의 사업장에 적용되는 취업규칙에 의하여 독자적인 징계처분을 할 수 있는지가 문제된다. 전출근로자의 행위가 명백히 징계규정에 위반되고, 전출사용자의 징계처분이 직장질서의 유지를 위하여 객관적으로 타당하며 합리적일 때에는 당해 징계처분은 유효하다고 보아야 한다.[2] 다만, 전출사용자에 의한 징계해고는 허용되지 않는다. 또한 전출근로자에 대한 휴직명령은 전출사용자가 독자적으로 행할 수 없고, 원사용자의 취업규칙 규정에 동일한 근거규정이 있는 경우에 인정된다고 보아야 한다. 전출근로자에 대한 징계해고나 휴직은 전출근로자와 원사용자 사이의 기본적 근로계약관계에 속하는 사항이고 전출사용자에게 부분적으로 이전된 권리·의무관계에 포함될 수 있는 사항은 아니라고 보아야 하기 때문이다.

b) 근로관계 존속 중에 발생하는 근로자의 충실의무(성실의무), 비밀유지의무, 경업금지의무는 전출근로관계에 있어서도 노무제공의무에 부수하여 신의칙상 당연히 발생한다. 원기업으로의 복귀 또는 퇴직후에도 이와 같은 부수적 의무는 원칙적으로 일정기간 존속하는 것으로 보아야 한다.[3] 전출근로관계가 포괄적 근로관계라고 할 수는 없으나 전출근로관계 기간 중의 전출근로자와 전출사용자 사이의 신뢰관계는 포괄적 근로관계의 경우와 유사하게 보호되는 것이 마땅하기 때문이다. 충실의무 또는 비밀유지의무의 중대한 위반행위가 있는 경우에는 전출근로자를 원기업에 복귀시켜 해고하도록 할 수도 있을 것이다.

(4) 전출근로관계에서의 사용자의 의무

전출근로자와 원사용자 사이에는 기본적 근로계약관계가 존재하고 있으므로 임금지급의무는 원사용자가 부담하는 것이 원칙이라고 볼 수 있다. 그러나 실제로는 i) 원사용자가 자기사업장의 기준에 따른 임금을 지급하면서 전출사용자는 자기분담액을 원사용자에게 지급하는 경우(분담금방식)가 있는가 하면, ii) 전출사용자가 자기 사업장 수준의 임금을 지급하고, 그 금액이 원기업의 임금수준에 미치지 못하는 때에는 차액분을 원사용자가 보전(補塡)하는 경우(차액보전방식)가 있다.[4] 원사용자가 주채무자로서 임금지급의무를 부담하지만 전출사용자도 자기의 지휘·명령 하에서 노무를 제공하는 전출근

1) 同旨: 土田, 「勞働契約法」, 444面 및 같은 쪽에 인용된 일본판례 참고.
2) 土田 교수는 징계규정을 전출근로자에게 적용하기 위해서는 취업규칙상의 명확한 규정이 있거나 전출근로자가 전출사용자에 의한 징계를 받아들인다는 동의가 필요하다고 한다(「勞働契約法」, 444面). 또한 菅野, 「勞働法」, 695面 참고.
3) 土田, 「勞働契約法」, 443面 이하 참고.
4) 菅野, 「勞働法」, 694面(차액보전방식 및 분담금방식이 일본에서 지배적 유형이라고 한다).

로자에 대하여 임금을 지급할 의무를 부담한다고 보아야 하므로 임금지급에 관하여 병존적 채무인수책임을 부담한다고 해석하는 것이 합리적이다. 따라서 원사용자와 전출사용자는 부진정연대채무관계에 있다고 볼 수 있다.[1)]

전출근로자의 퇴직은 원사용자에게 복귀한 후에 이루어지는 것이 원칙이다. 원사용자는 전출근무기간을 근속기간으로 합산하고 퇴직금을 산정하여 지급할 의무를 부담한다. 원사용자와 전출사용자가 내부적으로 전출협정에 의하여 각 사업장에서의 근속기간에 따라 퇴직금을 지급할 것을 합의하였더라도 퇴직금 총액은 전출근로자가 원사용자의 사업장과 전출사용자의 사업장에서 근무한 기간을 통산한 근속기간을 기초로 산정되어야 하고(이와 같은 산정방법은 퇴직금누진제가 채택되고 있는 경우 근로자의 퇴직금액을 보장할 수 있기 때문이다) 각 사업장에서의 근무기간의 비율에 따라 각 사용자는 퇴직금 지급의무를 진다. 이 경우에도 원사용자는 기본적으로 전출 중의 근무기간분에 해당하는 퇴직금의 지급의무를 면할 수 없다(특히 전출사용자가 지급능력이 없게 된 경우).[2)] 원사용자는 하나의 포괄적 근로계약관계의 사용자로서 전출기간 중 전출근로자와 전출사용자 사이에 이전된 근로관계(권리·의무관계)에 대해서도 채무자로서의 지위에 있다고 해석해야 하기 때문이다.

전출근로자와 전출사용자 사이에서는 실질적인 근로관계, 즉 사용자의 지휘·감독하에서 근로자가 노무를 제공하는 관계가 이루어지므로 전출사용자는 신의칙상 인정되는 보호의무를 부담한다. 또한 전출사용자는 전출근로자에게 성희롱을 하여서는 아니되며(고평법 제12조), 전출된 사업장의 종업원이 전출근로자에게 성희롱을 한 때에는 사용자책임(민법 제756조) 또는 보호의무의 불이행책임을 부담한다.

5. 원기업에의 복귀

전출은 통상 전출기간[3)]이 경과하거나 전출사유가 소멸하면 전출근로자가 원기업에 복귀함으로써 종료한다. 전출기간의 정함이 없는 경우 또는 전출기간중에 원기업의 사용자가 근로자의 동의없이 일방적으로 복귀를 명할 수 있는지가 문제된다. 전출근로자가 원기업의 종업원지위를 그대로 유지하면서 단지 근로의무나 근로조건을 변경하는 애초의 전출에 있어서도 근로자의 동의가 필요했던 것과 마찬가지로 근로관계의 내용(근로

1) 同旨: 土田, 「勞働契約法」, 446面 이하.

2) 土田, 「勞働契約法」, 446面.

3) 전출기간을 정하는 것은 전출명령(법률행위로서의 의사표시)의 종기(終期)를 붙이는 것으로 풀이되므로(민법 제152조 Ⅱ 참조) 기한이 도래한 때 전출근로관계는 종료하고 원사용자와의 근로계약관계는 당연히 복원되어 복귀가 실현된다.

의무나 근무장소·급여 등의 근로조건)을 다시 변경시켜 근로자를 복귀시킬 때에도 근로자의 동의가 있어야 하는 것으로 해석하는 것이 옳을 것이다.[1] 다만, 근로자의 동의는 반드시 개별적 동의일 필요는 없으며 전출 당시의 사전적 동의 또는 전출규정(단체협약, 취업규칙 등) 내의 근거조항이 있으면(이때에는 근로자가 그 규정의 존재를 알고 있는 것이 전제된다) 그것으로 족한 것으로 보아야 할 것이다.[2]

전출근로자 측에서 보면 전출기간의 정함이 있을 때에 사용자는 기한의 도래와 함께 근로자를 복귀시킬 채무를 부담하게 되므로 근로자는 당연히 복귀를 청구할 수 있다. 기간의 정함이 없는 때에도 전출의 취지상 근로자의 복귀는 예정되어 있는 것이라고 해야 할 것이므로 특별히 정한 바가 없으면 원사용자는 상당한 기간 내에 근로자를 복귀시킬 의무를 부담한다고 보아야 한다.

[63] Ⅳ. 전적(轉籍)

1. 전적의 의의

전적이란 근로자가 원래의 기업에서 타기업으로 옮겨서 업무에 종사한다는 점에서 외형상 전출과 비슷하지만, 원래의 기업(A기업)과의 근로계약관계를 종료시키고 다른 기업(B기업)과 근로계약관계를 성립시키는 점에서 원래의 기업과의 근로계약관계를 존속시키는 전출과 구별된다. 전적은 서로 긴밀한 협력관계에 있는 기업간에, 또는 독립된 모회사와 자회사간에 여러 가지 원인과 필요성에 따라 행하여질 수 있을 것이다.

2. 전적명령의 유효요건

a) 전적은 근로계약관계를 A기업에서 B기업으로 옮기는 것이기 때문에 다음과 같은 두 가지 방법[3]에 따라 행하여져야 한다. 첫째, 당해 근로자와 A기업 사이에 존재하는 근로계약관계를 양당사자 사이의 합의로 해지하고, 근로자는 B기업과 새로 근로계약을 체결해야 한다(이른바 합의해지형).[4] 원기업과 근로자 사이의 합의해지계약은 전적될

---

1) 土田, 「勞働契約法」, 448面.

2) 土田, 「勞働契約法」, 448面.

3) 大判 1993. 1. 26, 92 다 11695: 「전적은 이적하게 될 회사와 새로운 근로계약을 체결하는 것이거나 근로계약상의 사용자의 지위를 양도하는 것이므로 동일기업 내의 인사이동인 전직이나 전근과는 달리 특별한 사정이 없는 한 근로자의 동의를 얻어야 효력이 생기는 것이다.」

4) 大判 1997. 12. 26, 97 다 17575; 大判 1996. 12. 23, 95 다 29970; 大判 2002. 4. 23, 2000 다 50701; 大判 2003. 10. 23, 2003 다 38597; 大判 2006. 1. 12, 2005 두 9873 등.

기업과의 근로계약의 체결(성립)을 정지조건으로 하여 성립되는 것이므로 전적될 기업과의 계약이 유효하게 체결되지 않으면 합의해지계약도 조건의 불성취로 효력을 발생하지 않는 것으로 보아야 한다.1) 그러나 유효한 전적이 이루어진 경우에 종전 기업과의 근로관계는 단절되고, 이적하게 될 기업은 당해 근로자와 종전 기업 사이의 근로관계를 승계하지 않는 것이 원칙이다.2) 이른바 '아웃소싱'에 의한 비전문 인력의 송출을 위하여 협력회사(방호·경비 업무 회사)를 신설하고, 기존의 직원들 중에서 신청을 받아 신설·특화된 전문회사로 전적(轉籍)3)시키는 경우가 있다.

전적하게 될 근로자들은 종전 회사를 퇴직하고, 신설 회사와 새로운 고용계약을 체결하게 되는데 그 신청 과정에서 종전 회사의 간부가 전적할 회사에서 받게 될 임금 그 밖의 대우와 그 회사의 앞으로의 전망 등에 관하여 이메일로 전적 안내 절차를 알려왔다면, 이와 같은 이메일은 불특정 다수인에 대한 청약의 유인에 불과하여 근로자의 신청이 있을 때 비로소 청약의 의사표시가 되고 회사가 이에 대하여 승낙의 의사표시를 한 때에 전적 합의가 성립한다. 따라서 이메일 내용 자체는 곧바로 전적 합의의 내용이 될 수 없다는 판례가 있다.4) 이와 같은 해석에 따르면 전적 근로자들이 종전 회사의 간부로부터 통보받은 이메일 내용보다 불리한 근로계약을 체결하게 되더라도 근로기준법 제17조(근로조건의 명시) 및 제19조(근로조건의 위반) 규정은 적용될 수 없다.

둘째, A기업과 B기업 사이에서 A기업 및 당해 근로자 사이의 근로계약관계를 B기업이 인수할 수도 있으나 이때에는 반드시 근로자의 동의가 있어야 한다(이른바 양도형: 여러 개의 기업으로 이루어진 그룹에서 인력교류를 위하여 행하여질 수 있는 인사제도임).5)

1) 同旨: 土田, 「勞働契約法」, 434面.
2) 大判 1997. 12. 26, 97 다 17575; 大判 1996. 12. 23, 95 다 29970.
3) 大判 2016. 12. 15, 2014 다 66048에서는 전직(轉職)이라는 용어를 사용하고 있다.
4) 大判 2016. 12. 15, 2014 다 66048(원심의 판단을 수긍한 사례).
5) 이른바 계약인수(Vertragsübernahme): 우리 민법은 채무인수에 관하여 민법 제453조 이하에서 규정하고 있으나, 계약인수에 관하여는 직접 규정하는 바가 없다. 그러나 임대차와 관련해서 임차인이 임대인과의 임대차계약관계를 제3자에게 이전(계약인수)할 때에는 임대인의 동의를 얻어야 한다(김형배, 「채권각론(계약법)」, 2001, 470면 참고). 고용관계와 관련해서 민법 제657조 1항은 「사용자는 노무자의 동의 없이 그 권리를 제3자에게 양도하지 못한다」고 규정하고 있다. 동조항의 「그 권리」는 노무제공청구권(채권)을 의미하는 것으로 해석되며, 유기적 채권관계인 근로계약관계를 뜻하는 것은 아니다. 따라서 채권양도와 계약관계의 이전·인수는 구별해야 한다. 전적에서 문제되는 것은 근로계약관계의 이전·인수를 뜻한다. 노무제공청구권의 양도의 경우에도 근로자의 동의를 얻도록 한 민법 제657조 1항의 취지에 비추어 근로계약관계의 이전·인수에 있어서 근로자의 동의를 얻어야 하는 것은 자명한 일이다. 영업양도시에 있어서도 근로자가 동의를 하지 않으면 근로관계는 이전하지 않는다(김형배, 「채권각론(계약법)」, 2001, 579면 이하 참고). 참고판례: 大判 2006. 1. 12, 2005 두 9873; 大判 1993. 1. 26, 92 다 11695.

b) 근로자의 구체적 동의없이 관행에 의하여 전적이 이루어질 수 있으나 이때에는 그러한 관행이 규범적 사실로서 승인되어 있거나 사실상의 제도로 확정되어 있어야 한다.1)

c) 판례는 기업그룹 내부의 전적에 관하여 근로자의 포괄적 사전동의가 있으면 전적시킬 수 있다고 한다. 이 경우에 전적할 기업을 특정하고 그 기업에서 종사하여야 할 업무에 관한 사항 등의 기본적인 근로조건을 명시하여(근기법 제17조 참조) 근로자의 (사전) 동의를 얻어야 한다.2) 「포괄적 사전동의」는 그룹 내의 인사시스템의 원활을 위하여 필요한 수단일 수 있으나 근로자의 실질적 동의를 형해화할 위험이 있는 것으로 판단된다.

3. 전적 후의 근로관계

전적의 경우에는 원기업과의 근로계약관계가 종료하면서 한편으로는 전적기업과의 근로계약관계가 시작된다. 따라서 근로계약상의 사용자는 물론 근로기준법상의 사용자도 전적기업뿐이며, 전적근로자의 원기업과의 근로관계도 원칙적으로 전적기업에 승계되지 아니한다(해지형전적). 이와 관련하여 판례는 「전적은 종전기업과의 근로관계를 합의해지하고 이적하게 될 기업과의 사이에 새로운 근로관계를 체결하는 것이므로, 유효한 전적이 이루어진 경우에는 당사자 사이에 종전기업과의 근로관계를 승계하기로 하는 특약이 있거나, 이적하게 될 기업의 취업규칙 등에 종전기업에서의 근속기간을 통산하기로 하는 규정이 있는 등 특별한 사정(당사자 사이에 종전기업과의 근로관계를 승계하기로 하는 특약이 있거나 이적하게 될 기업의 취업규칙 등에 종전기업에서의 근속기간을 통산하도록 하는 규정 등)이 없는 한, 전적근로자와 종전기업과의 근로관계는 단절되는 것이고, 이적하게 될 기업이 당해 근로자의 종전기업과의 근로관계를 승계하는 것은 아니」라고 한다.3)·4) 따라서 이

---

1) 근로자의 동의없이 기업그룹 내의 다른 계열회사로 근로자를 전적시키는 관행이 있더라도 그 관행이 근로계약의 내용으로 인정되기 위해서는 「그와 같은 관행이 해당 기업에서 일반적으로 근로관계를 규율하는 규범적인 사실로서 명확히 승인되거나 기업구성원이 이에 대한 이의를 제기함이 없이 당연한 것으로서 받아들여 사실상의 제도로서 확립되어 있지 않으면 안된다」고 함으로써 판례는 엄격한 해석을 하고 있다(大判 1993. 1. 26, 92 다 11695; 大判 1996. 5. 10, 95 다 42270; 大判 1996. 12. 23, 95 다 29970; 大判 2006. 1. 12, 2005 두 9873; 大判 2002. 4. 23, 2000 다 50701; 大判 2006. 1. 12, 2005 두 9873 등.

2) 大判 1993. 1. 26, 92 누 8200; 大判 1993. 1. 26, 92 다 11695: 「전적은 종전 기업과의 근로관계를 합의해지하고 이적하게 될 기업과 사이에 새로운 근로계약을 체결하는 것으로서, 업무지휘권의 주체가 변경됨으로 인하여 근로자가 불이익을 받을 수 있으므로 원칙적으로 근로자의 동의를 얻어야 그 효력이 생기는 것이다」. 大判 1996. 12. 23, 95 다 29970; 大判 2003. 10. 3, 2003 다 38597.

3) 大判 1996. 12. 23, 95 다 29970; 大判 1993. 6. 11, 92 다 19315; 大判 1984. 6. 24, 84 다카 90; 大判 1996. 5. 10, 95 다 42270; 大判 1997. 12. 26, 97 다 17575; 大判 2000. 12. 22, 99 다 21806.

4) 그러나 전적 전 회사의 근로기간을 포함시켜 직급과 호봉을 산정하고 10년 근속상을 수여하였다는

적하게 된 기업의 취업규칙과 단체협약이 적용될 뿐이다. 이때에는 종전기업의 취업규칙보다 이적하게 된 기업의 취업규칙이 불이익하더라도 근로계약관계의 동일성이 인정되지 않으므로 취업규칙의 불이익변경의 문제는 발생하지 않는다. 그러나 당사자 사이의 근로계약 승계특약에 따른 전적에 있어서는 종전기업에서의 근로조건이 이적된 기업과의 근로관계에 포괄적으로 이전되므로 근로조건의 불이익변경은 원칙적으로 허용되지 않는다고 보아야 한다. 그러므로 전적이 해약형인지 승계형(또는 양도형)인지를 구별할 필요가 있다. 특히 퇴직금에 관하여 원기업과 전적기업에서의 근속연수를 통산하여 각 기업이 자기 기업에서의 근속기간에 비례한 퇴직금을 지급하도록 한 합의가 있는 경우에 각 기업은 그 합의에 따른 퇴직금을 지급해야 할 것이다. 전적기업이 도산하여 지급불능상태에 빠진 경우 원기업은 전적기업 재직기간분의 퇴직금을 지급할 의무가 없고, 원기업이 불능사태에 빠졌어도 퇴직금분담합의에 따라 전적기업은 지급의무를 지지 않는다. 그러나 위와 같은 퇴직금분담지급합의가 없고 원기업과 전적기업에서의 근속연수를 통산하여 퇴직금을 지급한다는 합의만이 있는 경우에는 원칙적으로 현재의 근로계약 당사자인 전적기업이 지급의무를 부담한다고 보아야 한다.[1)]

다만, 원기업으로의 복직, 임금차액의 지급 또는 근속기간의 통산 등에 관한 별도의 약정이 있을 때에는 그러한 한도 내에서 원기업과 해당근로자 사이에 채권채무관계가 성립한다.[2)]

[64] Ⅴ. 휴　　직

1. 의　　의

휴직은 사용자가 어떤 근로자를 그 직무에 종사하게 하는 것이 불가능하거나 적당하지 않은 경우에 근로계약관계를 해지하지 아니하고 일정한 기간 동안 근로의 제공을 면제 또는 금지하는 것을 말한다(일종의 인사에 관한 사용자의 처분행위).[3)] 휴직은 사용자

사실만으로 전적 전후의 근로관계의 승계를 인정할 수 없다는 판례가 있다(大判 1996. 5. 10, 95 다 42270).

1) 근로자가 기존회사를 퇴직하고 전적회사로 재입사할 당시에 기존회사에서의 근속연수만을 기초로 하여 산정한 퇴직금을 수령할 것인지 또는 그 퇴직금을 전적회사로 이체, 적립하여 근속기간의 통산을 받을 것인지를 근로자에게 선택하도록 하였는데 근로자가 퇴직금을 전적회사로 이체하고 근속기간을 통산하는 쪽을 선택하였다면 근로관계는 승계·계속될 수 있고 전적회사는 근속연수를 통산하여 퇴직금을 지급해야 한다는 취지로 판시한 사례(大判 1996. 12. 23, 95 다 29970).

2) 大判 1998. 12. 11, 98 다 36924.

3) 大判 2009. 9. 10, 2007 두 10440(휴직명령의 성격과 정당성).

가 일정한 사유를 이유로 휴직을 명하는 경우와 근로자의 사정으로 근로자가 휴직신청(청약)을 하고 이에 대하여 사용자가 승인(승낙)함으로써 성립하는 경우가 있다. 휴직의 중요한 유형으로는 i) 근로자의 업무외 상병을 이유로 하는 상병(傷病)휴직, ii) 상병 이외의 사고로 결근을 이유로 하는 사고결근휴직, iii) 형사사건으로 기소된 자를 일정기간 또는 판결확정시까지 휴직하도록 하는 이른바 기소(起訴)휴직, iv) 해외유학이나 공직취임을 위하여 행하여지는 휴직, v) 전출기간 중의 전출휴직, vi) 경영상의 필요를 이유로 하는 휴직 등이 있다. i)에서 iv)까지의 경우가 근로자 측에 존재하는 사유에 의한 휴직이라고 한다면, v)와 vi)의 경우는 사용자 측의 사유에 의한 것이다. 이와 같은 구별은 휴직기간 중의 급여 지급과 근속기간 산입에 대하여 각각 다른 효과를 미칠 수 있다(다음의 4. 참고).

2. 근로기준법 제23조 1항과 휴직

사용자의 일방적 의사표시로 근로자에게 휴직명령을 내리는 경우에는 정당한 사유가 있어야 한다. 휴직에 관해서는 취업규칙 또는 단체협약에 그 사유에 관하여 규정하고 있는 것이 보통이다. 판례[1]는 사용자에게 취업규칙 또는 단체협약상 일정한 사유를 근거로 한 휴직명령권(형성권)이 주어져 있는 경우라도 「당해 휴직규정의 설정목적과 실제 기능, 휴직명령권 발동의 합리성 여부 및 그로 인한 근로자가 받게 될 신분상, 경제상의 불이익 등 구체적인 사정을 모두 참작하여 근로자가 상당한 기간에 걸쳐 근로의 제공을 할 수 없다거나 근로제공을 함이 매우 부적당하다고 인정되는 경우에만 정당한 이유」가 있는 것으로 보고 있다. 최근의 판례[2]에 따르면 「휴직명령을 포함한 인사명령은 원칙적으로 인사권자인 사용자의 고유권한에 속하고, 따라서 이러한 인사명령에 대하여는 업무상 필요한 범위 안에서 사용자에게 상당한 재량을 인정하여야 한다」고 한다. 그리고 「경영상의 필요를 이유로 하여 휴직명령이 취해진 경우 그 휴직명령이 정당한 인사권의 범위 내에 속하는지 여부는 당해 휴직명령 등의 경영상의 필요성과 그로 인하여 근로자가 받게 될 신분상·경제상의 불이익을 비교·교량하고, 휴직명령 대상자 선정의 기준이

---

1) 大判 2005. 2. 18, 2003 다 63029(근로자가 형사사건으로 구속되었다가 불구속 기소된 이상 사용자의 인사규정에서 정한 명령휴직의 사유 그 자체는 발생하였다고 할 것이고 근로자가 석방되기 전까지는 상당한 기간에 걸쳐 근로의 제공을 할 수 없는 경우에 해당하므로 위 근로자에 대한 사용자의 명령휴직처분에는 정당한 이유가 있다고 볼 수 있으나, 구속취소로 석방된 후에는 근로자가 상당한 기간에 걸쳐 근로의 제공을 할 수 없는 경우에 해당한다고 할 수 없고 명령휴직규정의 설정 목적 등 제반 사정에 비추어 볼 때 근로자가 근로를 제공함이 매우 부적당한 경우라고도 볼 수 없어 위 명령휴직처분을 계속 유지하는 것에 정당한 이유가 없다고 한 사례); 大判 2007. 2. 23, 2005 다 3991 참고.

2) 大判 2009. 9. 10, 2007 두 10440; 大判 2009. 4. 23, 2007 두 20157.

합리적이어야 하며, 근로자가 속하는 노동조합과의 협의 등 그 휴직명령을 하는 과정에서 신의칙상 요구되는 절차를 거쳤는지 여부를 종합적으로 고려하여 결정하여야 한다」고 한다. 따라서 사용자의 휴직명령은 근로기준법 제23조 1항에 위배되는 등 특별한 사정이 없는 한 무효라고 할 수 없다고 한다.

3. 휴직신청과 사용자의 승낙

휴직은 노사 간의 합의에 의하여, 즉 근로자의 청약과 사용자의 승낙에 의하여 성립하는 경우도 있다. 휴직신청을 하는 근로자에게 합리적인 사유가 있는 한 사용자는 이를 승인(승낙)해 주어야 할 것이다. 근로자의 휴직신청사유에 대해서는 근로기준법 제23조 1항이 적용되지 않음은 물론이다. 따라서 사용자에게 기대불가능한 사유 또는 불가피한 사유가 없는 한, 사용자는 근로자의 휴직신청을 거부할 수 없다고 생각된다. 예컨대 근로자가 상사·동료의 폭행·협박으로 직장생활을 감당할 수 없음을 이유로 휴직신청을 했으나 회사가 이를 승인하지 않아 계속 그 승인을 요구하면서 무단결근을 한 경우, 사용자가 이에 대하여 징계면직처분을 내린 것은 징계권의 남용 또는 형평의 원칙에 반하여 무효라고 한 판례[1]가 있다. 타당한 판시라고 생각된다. 근로자의 상병, 가사(家事), 해외연수교육, 공직취임 등 근로자 측의 사유로 인한 휴직에 관해서는 취업규칙 등에 신청절차에 관한 규정을 두고 있는 경우가 있을 것이다. 이때에도 근로자는 신청에 의하여 사용자의 승낙을 얻는 형식을 취하게 될 것이다.

4. 휴직중의 법률관계

휴직중에 근로계약관계는 존속하지만 근로자의 노무제공의무는 정지된다. 그러나 휴직중에도 근로자는 신의칙상 비밀준수의무, 경업금지의무 등 부수적 의무를 부담한다. 근로자의 사유에 의한 휴직의 경우에는 근로자의 사유로 노무제공의 이행이 불능이 된 것이므로 근로자는 임금을 청구할 수 없다(이때의 휴직은 무단결근이 아니므로 사용자는 손해배상을 청구할 수 없다). 사용자의 정당한 휴직명령의 경우에도 마찬가지이다. 그러나 회사의 경비로 해외연수교육을 받은 기간은 형식적으로 휴직처리 되더라도 임금은 지급되고 연수기간은 근속기간에 산입된다. 이에 반하여, 사용자의 휴직명령이 정당한 이유가 없는 것으로 무효인 경우에는 사용자의 귀책사유로 인한 노무제공의무가 이행불능이 된 것이므로 근로자는 임금을 청구할 수 있다(민법 제538조 I 1문). 전출휴직기간 중에는 원기업 또는 전출된 기업에서 임금이 지급되고 전출된 기업에서의 근무기간은 근속기간에

---

1) 大判 1997. 7. 22, 95 다 53096.

산입된다고 보아야 한다. 경영상 필요에 의한 휴직기간 중의 세부사항은 노사간의 합의에 따라 처리될 것이지만 일정비율의 임금이 지급되고 근속기간에의 산입이 인정될 수 있다.

5. 휴직사유의 소멸과 복직

a) 근로자가 휴직을 신청한 경우에 휴직사유(상병, 사고, 기소)가 소멸되면 사용자는 근로자를 즉시 복귀시켜야 한다. 복직은 원직복직을 원칙으로 하는 것으로 해석되지만, 경영상의 필요, 작업환경 등을 고려하여 종전의 업무나 작업장소가 크게 다르지 않고 근로자에게 합당한 일을 시키는 것이라면 원직복직이 아니더라도 근로계약위반이라고 해석할 것은 아니다.[1)] 판례는 이 경우의 작업배치는 사용자의 고유권한인 경영권의 범위에 속하는 정당한 처분으로 판단하고 있다.[2)]

b) 휴직사유가 소멸(예컨대 질병의 치료)하여 근로자가 복직을 신청하면 사용자는 직무감당능력의 감소, 직무복귀지연 등을 이유로 복직을 거부할 수 없다.[3)] 상병휴직에 있어서 치료에 의한 회복은 반드시 완치를 의미하는 것이라고 볼 수 없으므로 종전의 담당업무에 비해서 가벼운 직무를 수행할 수 있을 정도로 상병이 치유된 경우라면 사용자는 신의칙상 해당직무에 배치시킬 배려의무를 진다고 보아야 한다.[4)]

c) 휴직기간 만료 후, 휴직사유가 해소되었음에도 불구하고 소정기간 내에 복직원을 제출하지 않거나 또는 소정기간이 경과되었음에도 휴직사유가 해소되지 아니하였음을 이유로 휴직연장원을 제출하지 않으면 자동퇴직(당연퇴직사유, [70] 7. 참고)한 것으로 본다는 단체협약상의 규정이 있는 경우에 이에 해당하는 사유가 발생한 때에 사용자의 별도의 처분 없이 단체협약 소정의 날짜에 근로자에 대한 퇴직처분이 있는 것으로 볼 수 있다는 판례가 있다.[5)] 이 경우에 휴직사유, 그 정도, 그 사유의 해소 가능성 여부, 휴직 또는 휴직의 연장으로 인하여 회사가 입었거나 입게 될 영향 등 제반 사정이 고려되기는 하지만 위 사실의 발생만으로 근로자에 대한 퇴직처분이 의제된다. 따라서 사용자의 별도의 처분(의사표시)은 필요하지 않다고 한다. 또한 동 판례는 당연퇴직조치는 근로기준법 제23조 1항 소정의 정당한 이유가 있는 것으로 보고 있다. 이러한 판례에 대해서는 의문이 제기된다([70] 8. 참고). 단체협약이 취업규칙과는 그 성질을 달리하여 노사의

---

1) 同旨: 大判 1997. 5. 16, 96 다 47074.
2) 大判 1997. 5. 16, 96 다 47074.
3) 大判 1992. 10. 27, 92 다 23933.
4) 土田,「勞働契約法」, 458面 참고. 건강상태에 관해서는 근로자에게 증명책임이 있다.
5) 大判 1995. 4. 11, 94 다 4011.

대등한 교섭에 의해서 이루어지는 자치적 규범력을 가지는 것이라고는 하지만, 위와 같은 경우에 근로자에 대한 퇴직처분이 의제되어 근로관계가 자동소멸(당연퇴직)된다고 보는 것은 단체협약자치의 한계를 벗어나는 해석이라고 생각된다. 이 경우에 사용자는 복직 또는 휴직연장원의 제출을 최고하고 일정한 기간이 경과한 후에 해고할 수 있다고 보는 것이 옳을 것이다.

6. 휴직기간의 만료에 의한 해고

판례에 따르면 「회사의 취업규칙에서 휴직한 직원이 휴직기간 만료일 또는 휴직사유 소멸일 5일 전까지 복직원을 제출하지 아니하여 복직되지 아니한 때에는 '자진퇴직으로 간주한다'고 규정하고 있더라도 휴직자의 면직 여부를 회사의 재량에 맡기고 있는 것이라면, 위 규정의 취지는 회사가 퇴직처분(해고)으로 근로관계를 종료시킬 수 있다는 의미로 해석하여야 할 것」이지, 동 자진퇴직간주규정에 구속되어 근로관계가 당연종료하는 것으로 보아서는 안 된다고 한다.[1] 여기서 휴직한 직원이 휴직기간 만료일 또는 휴직기간 소멸일 후 일정한 기간 내에 복직원을 제출하지 않은 것을 휴직자의 자진퇴직으로 간주한다는 취업규칙의 규정이 유효한 것인지가 원천적으로 문제된다. 자진퇴직은 휴직자(근로자)가 사용자와의 근로계약관계를 일방적으로 종료시키는 형성적 의사표시를 말하는 것인데 회사측이 작성하는 취업규칙 내에 이에 대한 간주(의제)규정을 둔 것은 그 자체가 효력이 없는 것으로 보아야 한다. 휴직자(근로자)에게 불이익을 귀속시키는 형성적 의사표시(자진퇴직의 의사표시)를 근로자의 의사확인 절차도 거치지 않은 채 이를 간주하는 것은 법률행위 자유의 원칙에 반하기 때문이다. 이 사건에서 판례도 취업규칙상의 자진퇴직 간주규정이 근로관계의 당연종료사유를 규정한 것으로 볼 수 없다고 한다. 판례에서 회사가 퇴직처분(해고)으로 근로관계를 종료시킬 수 있다는 의미는 근로기준법 제23조 1항이 정한 정당한 이유에 의한 제한을 받는다는 뜻이라고 보아야 한다. 어느 경우에나 자동퇴직 또는 자진퇴직은 의제될 수 없다고 보아야 한다.

또한 구속기소로 휴직처리된 종업원에 대한 퇴직사유로서 취업규칙이 '유죄판결을 받은 때'라고 정하고 있는 규정은 유죄의 제1심 판결(실형)을 선고 받으면 유죄판결의 대상이 된 범죄사실에 의하여 퇴직이라는 불이익처분을 한다는 뜻이 아니라, 휴직기간이 만료되는 제1심 판결의 선고 후에도 장기구속에 따른 장기결근의 계속으로 근로계약에 기한 근로제공의무의 이행이 근로자측의 사정으로 불가능하게 되었다는 사실에 따라

1) 大判 1993. 11. 9, 93 다 7464(이 판결은 단체협약의 규정에 의한 경우에는 근기법 제23조 1항에 의한 정당한 이유가 있는 것으로서 퇴직처분이 의제된다고 판시한 大判 1995. 4. 11, 94 다 4011과 대조된다). 또한 大判 1997. 2. 14, 96 다 43904 참고.

퇴직처분(해고)을 한다는 취지의 규정이다. 따라서 이때에도 근로기준법 제23조 1항이 적용되어 휴직기간 만료시에 조기 석방가능성의 유무, 구속이 직장에 미치는 영향, 당해 형사사건의 성질 등 제반 사정을 고려하여 정당한 이유를 합리적으로 판단해야 한다.[1)]

7. 휴 업

각 법률에서 '휴업'에 대해서는 그 용어사용이 통일되어 있지 않다. 근로기준법은, i) 사용자의 귀책사유로 휴업하는 경우(제46조 Ⅰ)에는 '휴업'(휴업수당), ii) 임산부의 출산 전후휴가를 주는 경우(제74조 Ⅰ)에는 '휴가'(출산전후휴가), 업무상 상병(傷病)으로 인한 요양을 위한 휴업의 경우(제79조 Ⅰ)에는 휴업(휴업보상)이라는 용어를 사용하고 있다. 남녀고용평등법은 iii) 배우자의 출산을 이유로 휴가를 청구하는 경우(남녀고평법 제18조의2 Ⅰ)에는 '휴가'(배우자 출산휴가), iv) 근로자가 만 8세 이하 또는 초등학교 2학년 이하의 자녀를 양육하기 위하여 '휴직'하는 경우(남녀고평법 제19조 Ⅰ)에는 휴직(육아휴직)이라는 용어를 쓰고 있다. 위의 i)의 휴업은 사용자의 귀책사유로 노무(취업)제공이 불가능하게 되어(이행불능) 근로자의 근로제공 의사에도 불구하고 휴업하는 것이고, ii), iii), iv)의 휴가 또는 휴직은 법률상의 제도에 의하여 근로자에게 노무로부터 해방되는 권리가 부여되는 경우이다. 따라서 후자의 것들은 일반휴가와 유사한 것이다. 각 '휴업' 또는 '휴가'의 내용은 해당 법률의 규정에 따라 그 내용이 달라진다. 근로자가 휴가 또는 휴직을 신청하는 경우에 이를 이유로 해고나 그 밖의 불리한 처우를 해서는 아니 된다(남녀고평법 제19조 Ⅲ 본문). 근로자의 권리행사가 저해받는 일이 없도록 하기 위해서이다.

8. 직위해제와 대기발령

실무상으로는 직위해제와 대기발령을 혼용하기도 하지만, 개념상으로는 이를 구별할 수 있다. 직위해제는 근로자가 보유하던 직위를 박탈하여 수행하지 못하도록 하는 것이지만 대기발령은 업무를 부여하지 않는 것을 의미한다. 흔히 직위해제 후에 대기발령이 뒤따르게 된다. 그러나 직위해제 없이 대기발령이 내려지기도 한다. 그리고 고유한 인사처분으로 내려진 직위해제 및 대기명령과 징계처분에 의한 그것과는 구별해서 이해할 수 있다.

(1) 직위해제 · 대기발령의 성질

직위해제는 일반적으로 근로자가 직무수행능력이 부족하거나 근무성적 또는 근무태도 등이 불량한 경우, 근로자에 대한 징계절차가 진행중인 경우, 근로자가 형사사건으

1) 大判 1992. 11. 13, 92 누 6082.

로 기소된 경우 등 당해 근로자가 장래에 계속 직무를 담당하게 되면 회사의 업무상의 장애 등이 예상되어 이를 예방하기 위해서 일시적으로 당해 근로자에게 직위를 부여하지 아니하여 직무에 종사하지 못하도록 하는 잠정적 조치로서의 인사처분을 말한다.[1) 보직을 해제하는 때에는 대기발령을 명하는 것이 보통이다. 직위해제 및 대기발령의 사유 등 그 밖의 관련사항에 관해서는 취업규칙이나 인사규정에 자세히 규정하는 것이 일반적이다. 근로자의 과거의 비위행위에 대하여 기업질서 유지를 목적으로 행하여지는 징벌적 제재(징계)로서의 직위해제와는 그 성질을 달리한다.[2) 또한 근로자는 직위해제 또는 대기발령 기간중에도 출근해야 하지만[3) 직무를 부여받지 못하므로 근로의 제공을 할 수 없는 상태에 놓이게 된다는 점에서 휴직과 구별된다. 무보직의 대기기간 중에도 당해 근로자는 예컨대 기본급이나 '고정급여의 80% 해당액'[4)만을 지급받는 것이 보통이다. 사용자의 귀책사유로 경영상의 필요에 따라 대기발령을 하였다면 근로기준법 제46조 1항에 따라 휴업수당을 지급해야 한다.[5) 대기기간 동안 해당 근로자가 일정한 급여를 받으며 출근을 해야 한다면 그 근로자는 출근 후 퇴근할 때까지 사용자의 지시·명령하에 있는 것으로 보아야 할 것이다.

(2) 직위해제·대기발령의 정당성

직위해제와 대기발령은 서로 밀접하게 연관되어 행하여지는 인사조치이다. 그러나 이와 같은 인사조치는 근로자에게 여러 가지 불이익(승진·승급제한, 급여 감액 등)을 주는 것이므로 해당 직위해제사유가 존재하여야 하고 직위해제에 관한 절차규정 등을 위반하지 말아야 한다.[6) 또한 대기발령을 포함한 인사명령이 원칙적으로 인사권자인 사용자의 고유한 권한에 속하고, 업무상 필요한 범위 안에서 이에 대한 사용자의 재량이 인정된다 하더라도 근로기준법(제23조 I 참조)을 위반하거나 권리남용에 해당되어서는 아니 된다.[7)

1) 大判 2004. 10. 28, 2003 두 6665; 大判 2005. 11. 25, 2003 두 8210; 大判 1996. 10. 29, 95 누 15926; 大判 2013. 5. 9, 2012 다 64833(잠정적 처분인지 전보 등 확정적 처분인지는 구체적 경위, 그로 인한 근로자 지위의 변화 등 제반 사정을 종합하여 판단해야 한다).

2) 大判 2004. 10. 28, 2003 두 6665; 大判 2005. 11. 25, 2003 두 8210 등.

3) 大判 2003. 7. 8, 2001 두 8018. 취업규칙으로 대기발령된 직원에게 출근을 금할 수도 있을 것이다(大判 2007. 2. 23, 2005 다 3991 참고). 징계처분으로 직위해제를 받은 근로자는 징계기간 중 근로의무가 면제될 수 있고, 그 기간은 근로일수에 포함되나 출근일수에 포함되지는 않는다(大判 2008. 10. 9, 2008 다 41666).

4) 大判 2007. 2. 23, 2005 다 3991; 大判 2005. 2. 18, 2003 다 63029; 大判 2010. 7. 29, 2007 두 18406 등 참고.

5) 大判 2013. 10. 11, 2012 다 12870; 大判 2007. 2. 23, 2005 다 3991.

6) 大判 2005. 11. 25, 2003 두 8210; 大判 2004. 10. 28, 2003 두 6665 등.

7) 大判 2007. 5. 31, 2007 두 1460; 大判 2006. 8. 25, 2006 두 5151.

판례는 「대기발령이 일시적으로 당해 근로자에게 직위를 부여하지 아니함으로써 직무에 종사하지 못하도록 하는 잠정적인 조치이고, 근로기준법 제23조 제1항에서 사용자는 근로자에 대하여 정당한 이유 없이 전직, 휴직, 기타 징벌을 하지 못한다고 제한하고 있는 취지에 비추어 볼 때, 사용자가 대기발령 근거규정에 의하여 일정한 대기발령 사유의 발생에 따라 근로자에게 대기발령을 한 것이 정당한 것」[1]이어야 하며, 「대기발령이 정당한 인사권의 범위 내에 속하는지 여부는 대기발령의 업무상의 필요성과 그에 따른 근로자의 생활상의 불이익과의 비교형량, 근로자와의 협의 등 대기발령하는 과정에서 신의칙상 요구되는 절차를 거쳤는지의 여부 등에 의하여 결정되어야 하며, 근로자 본인과 성실한 협의절차를 거쳤는지의 여부는 정당한 인사권의 행사인지의 여부를 판단하는 하나의 요소라고는 할 수 있으나 그러한 절차를 거치지 아니하였다는 사정만으로 대기발령이 권리남용에 해당되어 무효가 된다고는 할 수 없다」[2]고 한다. 그러나 직위해제나 대기발령이 징계처분의 하나로 규정되어 있는 경우에는 징계절차를 거쳐야 한다.[3] 위에서 살핀 바와 같이 대기발령은 근로자가 근로를 제공할 의사가 있는데도 그 의사에 반하여 취업이 거부되는 것인데 이 경우에 사용자에게 해당 근로자를 대기발령할 수 있는 정당한 이유가 있는 경우에는 그 대기발령은 근로기준법 제23조 제1항에서 정한 '휴직'에 해당한다고 볼 수 있다는 것이 판례의 태도이다.[4]

(3) 대기기간의 정당성과 직위해제사유의 소멸

직위해제 및 대기발령조치가 정당한 경우라도 「당해 대기발령 규정의 설정 목적과 그 실제 기능, 대기발령 유지의 합리성 여부 및 그로 인하여 근로자가 받게 될 신분상 · 경제상의 불이익 등 구체적인 사정을 모두 참작하여 그 기간은 합리적인 범위 내에서 이루어져야 하고, 만일 대기발령을 받은 근로자가 상당한 기간에 걸쳐 근로의 제공을 할 수 없다거나, 근로제공을 함이 매우 부적당한 경우가 아닌데도 사회통념상 합리성이 없을 정도로 부당하게 장기간 동안 대기발령 조치를 유지하는 것은 특별한 사정이 없는 한 정당한 이유가 있다고 보기 어려우므로 그와 같은 조치는 무효라고 보아야 한다」.[5] 그러므로 대기발령 사유가 해소되었다고 볼 수 있는 시점 이후에도 사용자가 아무런 직무도 부여하지 않고 있다면 근로자는 인사대기처분의 무효확인의 소를 제기할 수 있고, 대기

---

1) 大判 2007. 2. 23, 2005 다 3991.

2) 大判 2005. 2. 18, 2003 다 63029; 大判 2002. 12. 26, 2000 두 8011(대기발령 사유에 관하여 인사규정에는 규정이 있으나 그 형식 및 절차에 관해서는 인사규정, 취업규칙, 단체협약 등에 아무런 규정이 없어도 대기발령은 유효하다).

3) 大判 2013. 5. 9, 2012 다 64833.

4) 大判 2013. 10. 11, 2012 다 12870.

5) 大判 2007. 2. 23, 2005 다 3991; 大判 2013. 5. 9, 2012 다 64833.

발령 사유 소멸 이후 근로자가 계속 근로하였을 경우에 받을 수 있었던 임금(민법 제538조 I 참조)과 실제 지급받은 돈(예: 기본급 또는 고정급여의 80%)의 차액을 청구할 수 있다.[1]

원래 직위해제조치는 업무에 종사하지 못하도록 하는 잠정적 조치이므로 직위해제 후 대기기간 중에 직무수행능력의 회복, 근무태도 개선, 구속취소로 인한 석방 등 직위해제 소멸사유가 발생한 때에는 사용자는 근로자에게 지체없이 직위를 부여하여야 한다.[2]

(4) 직위해제 후 당연퇴직

인사규정 등에서 대기발령 후에 일정기간이 경과되어도 복직발령을 받지 못하거나 직위를 부여받지 못하는 때에는 당연퇴직되는 것으로 규정(예컨대 대기기간 3개월이 경과하면 당연히 퇴직된다)하는 것은 대기발령에 이은 당연퇴직을 일체로서 관찰하면 근로자의 의사에 반하여 사용자의 일방적 의사에 따라 근로계약관계를 종료시키는 실질적 해고 규정에 해당한다고 볼 수 있다. 따라서 사용자가 그와 같은 처분을 할 수 있기 위해서는 근로기준법 제23조 1항 소정의 정당한 이유가 있어야 한다. 대기발령이 인사규정 등에 의하여 정당하게 내려진 경우라도 일정한 기간이 경과한 후의 당연퇴직 자체가 인사권(내지는 징계권) 남용에 해당하지 않는 정당한 처분(보다 정확하게는 근로기준법 제23조 1항에 정한 정당한 이유를 갖춘 해고처분)이 되려면 대기발령 당시에 이미 사회통념상 당해 근로자와의 고용관계를 계속할 수 없을 정도의 (해고)사유가 존재하거나 대기발령 기간 중 그와 같은 사유가 확정되어 있어야 한다.[3] 이때 사회통념상 당해 근로자와의 고용관계를 계속할 수 없을 정도의 사유가 존재하는지 여부는 당해 근로자의 지위 및 담당직무의 내용, 비위행위의 동기와 경위, 이로 인하여 기업의 위계질서가 문란하게 될 위험성 등 기업질서에 미칠 영향, 과거의 근무태도 등 여러 사정을 종합적으로 검토·판단하여야 한다.[4]

---

1) 大判 2007. 2. 23, 2005 다 3991.

2) 大判 2005. 2. 18, 2003 다 63029.

3) 大判 2007. 5. 31, 2007 두 1460. 참고판례: 大判 2004. 10. 28, 2003 두 6665; 大判 1995. 12. 5, 94 다 43351 등. 취업규칙이나 복무규정 등에서 사용자가 징계에 해당하는 대기처분을 행하고 그 후 6개월이 지나면 당연퇴직(근로관계의 당연 소멸) 사유가 발생하는 것으로 규정하고 있더라도 자동해임처분은 근로자의 의사와 관계없이 사용자가 일방적으로 근로관계를 종료시키는 해고에 해당하므로 근로자는 자동해임처분이 근로기준법 제23조에 위배되어 무효임을 다툴 수 있고(大判 1993. 10. 26, 92 다 54210; 大判 2018. 5. 30, 2014 다 9632), 또한 자동해임처분과 별개로 대기처분의 무효 여부에 관한 확인 판결을 구할 수 있다(大判 2018. 5. 30, 2014 다 9632). 자동해임처분은 대기처분 후 6개월 동안의 보직 미부여를 이유로 삼고 있는 것이어서 이 사건 대기처분이 적법한지 여부가 자동해임처분 사유에도 영향을 주는 것이므로, 그렇다면 자동해임처분과 별개로 대기처분의 무효 여부에 관한 확인 판결을 받음으로써 근로자는 현재의 권리 및 법률상 지위에 대한 위험이나 불안을 제거할 법률상의 이익을 가진다고 보아야 한다(大判 2018. 5. 30, 2014 다 9632).

4) 大判 2007. 5. 31, 2007 두 1460; 大判 2006. 11. 23, 2006 다 48069; 大判 2003. 7. 8, 2001 두

(5) 직위해제 후 징계처분

직위해제처분 후 직위해제 사유와 동일한 사유로 징계처분을 하면 그 전에 있었던 직위해제처분은 소급적으로 소멸하여 처음부터 없었던 것과 같은 상태로 되는 것이 아니라 사후적으로 그 효력이 소멸할 뿐이다. 따라서 직위해제처분에 기하여 발생한 효과로서 승진·승급에 대한 제한, 급여의 감액 등의 법률상 불이익은 징계처분이 있을 때까지 그대로 남게 된다. 따라서 직위해제처분을 받은 근로자는 이러한 법률상의 불이익을 제거하기 위하여 그 실효된 직위해제처분에 대한 구제를 신청할 이익(소의 이익)을 가진다.[1)]

[65] Ⅵ. 기업질서와 징계

1. 기업질서, 징계권의 근거, 징계의 종류

(1) 기업질서의 의의

기업은 다수의 근로자가 공동으로 작업하는 곳이므로 기업운영상의 규율 확보를 위해 근로자의 행동을 규율할 필요가 있다. 따라서 사용자는 직장질서의 유지를 위하여 복무규정 또는 취업규칙으로 규율제도를 마련하고 있다. 근로기준법은 근로자보호법이므로 사용자의 징계권을 적극적으로 사용자의 권리로서 직접 규정하고 있지 않으나 동법 제93조 12호는 부당한 제재(制裁)로부터 근로자를 보호한다는 취지에서 취업규칙의 필요적 기재사항으로 「제재에 관한 사항」을 기재하도록 하고 있다. 복무규정 또는 직장규율은 이에 속하는 것이라고 볼 수 있다. 복무규정 또는 직장규율에는 근무질서와 관련된 것들이 있지만 그 밖의 근로자의 행동에 관한 규정, 경영질서에 관한 규정, 기업시설의 관리보존에 관한 규정, 기업외적 행동에 관한 규정들이 있다. 복무규정 중에는 노무의 수행과 관련된 i) 상급자 지시에 대한 복종의무, 복장(服裝)의무, 안전·보건규칙준수의무, 시설·물품 취급에 관한 의무, 지각·조퇴·결근에 관한 절차준수의무, 외출·면회 규제 등과 같은 규정이 있는가 하면, 근로자의 사업장 내에서의 행동을 규율하기 위한 ii) 직장 내 질서·풍기(風紀)에 관한 규정(폭행·도박·위험물 반입·성희롱 금지·직장 내 따돌림 금지 등), iii) 사업장 내에서의 정치활동(벽보·집회 등)의 제한규정, iv) 사업장 및 작업장 내의 중요 장소에의 출입에 관한 규정 등과 같은 기업질서 유지규정이 있다. 그 밖에

8018 등.

1) 大判 2010. 7. 29, 2007 두 18406.

v) 기업시설의 관리보전(기업시설 이용의 제한·금지, 회사물품의 보전규제 등)에 관한 규정과 vi) 기업의 신용과 명예의 유지, 겸직금지 등 기업 밖에서의 행동을 규율하는 규정들도 있다.

위의 규정들 중에서 i)의 복무규정들은 노무제공의무와 직접 관련된 근로계약 준수행위로 이해할 수 있으므로 이에 반하는 행위는 기업질서 위반행위로서 징계처분 대상으로 삼을 수는 없다고 생각된다. 예컨대 상급자의 업무지시에 대한 위반도 원칙적으로 사용자의 지시권 위반행위이므로 일종의 채무불이행에 해당한다. 그러나 ii)에서 vi)까지의 규정들은 근로제공의무 이행과는 구별되는 직장질서 유지를 실현하기 위한 것으로 그 규율목적이 i)의 경우와는 다르다. 여기서 기업질서 위반의 법적 성질과 징계와의 관계 및 징계의 적용한계를 규명해야할 필요가 있다.[1] 직장은 근무공동체로서 그 운영을 위해서는 각종의 질서유지가 전제되는 것이므로 직장질서를 위반한 근로자는 질서유지와 회복에 필요한 징계처분을 받게 되며 근로관계는 그에 따른 영향을 받게 된다. 따라서 직장질서위반과 징계는 직접적인 관련이 있다.[2]

⑵ 징계권의 근거

a) 일반적으로 사용자는 기업의 경영목적을 위하여 불가결하게 요청되는 기업질서를 정립하고 근로자의 기업질서위반행위에 대하여 견책·경고·감급에서 해고에 이르기까지 일정한 불이익조치를 부과하고 있다. 이와 같은 불이익조치를 통상 징계 또는 징계처분이라고 한다. 근로기준법은 사용자의 징계권의 근거를 명시적으로 규정하고 있지는 않지만 징벌(동법 제23조 Ⅰ) 또는 제재(동법 제93조 ⑪, 제95조)라는 표현을 사용함으로써 징계제도의 존재를 예정하고 있음을 알 수 있다. 따라서 사용자는 근로자를 정당한 이유 없이 징계할 수 없다고 보아야 한다(근기법 제23조 Ⅰ). 실제에 있어서 취업규칙이나 단체협약에서 징계사유와 징계의 종류를 규정하여 이를 기초로 사용자는 징계권을 행사하고 있다.

그렇다면 대등한 근로관계의 당사자인 사용자에게 징계권이 부여되는 근거는 어디에서 구할 수 있는가? 사법상의 일방당사자에 지나지 않는 사용자가 근로자를 징계할 수 있는 권한 즉 제재(制裁) 또는 징벌(懲罰)할 수 있는 권한을 평등한 사적 관계인 근로관계 자체에서 끌어 낼 수는 없다. 근로계약 위반의 효과로서는 계약해제·해지권이나 손해배상청구권이 발생할 수 있을 뿐이기 때문이다. 따라서 사용자가 징계권을 행사할 수 있기 위해서는 법률의 규정에 의하여 사용자에게 징계권이 주어지거나 사용자의 징계권

1) 土田, 「労働契約法」, 468面 이하 참고.
2) 土田, 「労働契約法」, 468面 이하.

을 정당화할 만한 사용자와 근로자 사이의 특별한 관계가 전제되어야 한다. 사업주인 사용자가 자신의 사적 기업의 존립과 사업의 원활한 운영 유지를 위하여 스스로 징계권을 가진다고 하는 것은 징계권에 대한 근거의 설명이 될 수 없다.

b) 징계권의 법적 근거에 관해서는 학설상 다양한 견해가 주장되고 있는데,[1] 그 중 주요 견해들을 유형화하면 대체로 다음과 같다.

1) **사용자의 고유권설** 징계권의 근거를 사용자의 고유권 내지 경영권에서 찾는 견해이다. 경영질서의 형성 및 유지와 그 위반에 대한 제재는 본래 사용자의 고유한 권한에 속한다고 하는 고유권설에 따르면, 사용자의 징계권은 취업규칙이나 단체협약에 아무 규정이 없는 경우에도 인정되며, 취업규칙에 징계사유가 열거되어 있더라도 그것은 예시적 열거에 지나지 않는다는 것이다. 예컨대 기업의 목적수행을 해치는 근로자의 행위에 대하여 사용자는 준거할 명시적 규범이 없더라도 필요한 때에는 그와 같은 행위에 적절한 제재를 가하는 것이 기업운영의 본질상 당연하다고 한다. 이와 같은 견해는 일본의 종래의 판례와 학설에 의하여 주장되었었다.[2]

2) **계 약 설** 근로자는 사용자에 의하여 편성된 노동조직(기업)에 편입되어 다른 근로자들과 공동작업에 종사함으로써 본연의 조직적 작업을 수행하게 되므로 이에 따라 기업질서의 유지에 어긋나는 행동을 하여서는 아니 된다. 그러나 기업질서의 유지를 명분으로 하는 징계는 근로계약상 당연히 예정되어 있는 것은 아니므로, 이를 행하기 위해서는 노사간의 특별한 합의가 있어야 한다. 그리고 이러한 합의는 실제로 취업규칙의 징계규정이 근로관계의 내용이 됨으로써 실현된다고 한다(근로자가 근로계약을 체결함에 있어서 징계규정이 포함된 취업규칙에 따라 계약을 체결하는 것이라면 이를 매개로 사용자의 징계권을 인정할 수 있다고 한다).[3] 즉, 징계에 관해서는 취업규칙에 그 근거규정이 있어야 한다. 그리고 취업규칙 내에 규정된 징계사유와 방법에 대해서는 합리적이고 한정적인 해석을 해야 한다고 한다. 계약설은 취업규칙 규정(근기법 제93조 ⑫)에 충실한 학설이라고 생각된다. 따라서 취업규칙이나 단체협약 등에 징계에 관한 규정을 두고 있지 않은 경우에는 사용자는 근로자를 징계할 수 없게 된다.[4]

3) **판례의 태도** 판례에 따르면「기업 질서는 기업의 존립과 사업의 원활

1) 中野, '使用者の懲戒權',「勞働法の爭點」(第3版), 2004, 156面 참고.

2) 日本 東京地決 昭和 26. 7. 18, 勞民集 2卷 2號, 125面(北辰精密工業事件); 日本 金澤地判 昭和 39. 3. 6, 勞民集 15卷 5號, 921面(高島鐵工所事件).

3) 일본에서의 통설: 菅野,「勞働法」, 659面; 土田,「勞働契約法」, 472面 이하; 下井,「勞働基準法」, 392面 이하; 荒木,「勞働法」, 457面 이하 참고.

4) 따라서 징계의 관행이 근로계약의 내용으로 된다는 것은 징계처분의 제재벌적 성질에 비추어 인정될 수 없다(下井,「勞働基準法」, 393面).

한 운영을 위하여 필요 불가결한 것이고, 따라서 사용자는 이러한 기업질서를 확립하고 유지하는 데 필요하고도 합리적인 것으로 인정되는 한 근로자의 기업질서 위반행위에 대하여 근로기준법 등의 관련 법령에 반하지 않는 범위 내에서 이를 규율하는 취업규칙을 제정할 수 있고, 근로자의 기업질서에 관련된 비위행위에 대하여 이를 취업규칙에서 해고 등의 징계사유로 규정하는 것은 원래 사용자의 권한에 속하는 것이므로…」[1]라고 하여 사용자의 징계권한을 기업질서의 존립과 사업의 원활한 유지라는 요청으로부터 도출하고 있다. 이는 기업질서의 정립과 유지에 대한 사업주의 고유권한 속에 징계권이 포함되어 있는 것으로 보는 견해로서 징계권의 실질적 근거를 기업질서 규율의 필요성에서 구하는 것으로 생각된다.[2] 이는 과거의 일본 판례[3]의 태도를 답습한 것으로 보인다. 이 판례에 대해서는 다음과 같은 의문이 제기될 수 있다. 즉, 징계는 근로관계에 있어서 근로자의 채무불이행에 대하여 사용자가 당연히 가지는 책임추급이나 해고처분과 구별되는 특별한 제재벌(制裁罰)이다.[4] 그러므로 대등한 근로관계의 일방당사자인 사용자가 그 상대방인 근로자를 징계할 수 있는 제재권을 가지기 위해서는 별도의 근거가 있어야 한다. 기업질서의 정립과 유지의 필요성(징계권의 실질적 근거)으로부터 직접 징계권을 도출하는 것은 충분한 법리적 설명이 될 수 없다. 징계는 사용자가 근로자의 근로계약위반(채무불이행)을 기초로 당연히 보유할 수 있는 계약해제·해지나 손해배상과 같은 책임추급수단과는 달리 특별한 제재벌(制裁罰)로서 이를 법률상의 권리로 파악하기 위해서는 별개의 근거가 있어야 한다.[5] 기업질서에 위반하는 근로자의 행위가 있다고 하여 사용자에게 징계처분권이 당연히 주어지는 것이라고는 볼 수 없다. 통상의 계약위반에 대한 조치와 구별되는 징계처분, 즉 제재를 가할 수 있기 위해서는 별도의 근거와 규정이 존재하지 않으면 안 된다.[6]

---

1) 大判 1999. 3. 26, 98 두 4672; 大判 2000. 9. 29, 99 두 10902.

2) 또한 판례에 따르면, 근로자에게 징계사유가 있어 징계처분을 하는 경우 어떠한 처분을 할 것인가는 원칙적으로 징계권자의 재량에 맡겨져 있으므로, 징계권자가 재량권을 남용한 경우에 한하여 징계처분이 위법한 것이 된다고 한다. 그리고 징계권의 남용 여부는 구체적 사례에 따라 직무의 특성, 징계사유가 된 비위사실의 내용과 성질 및 징계에 의하여 달성하려는 목적과 그에 수반되는 제반 사정을 참작하여 사회통념상 현저하게 타당성을 잃은 처분이라는 것이 객관적으로 명백한 경우인지에 따라 판단되어야 한다고 한다(大判 2012. 9. 27, 2010 다 99279).

3) 國鐵札幌運轉區事件 最判昭和 54. 10. 30, 民集 33卷 6號, 647面; 富士重工業事件 昭和 52. 12. 13, 民集 31券 7號, 1037面 참고.

4) 大判 1994. 9. 30, 93 다 26496; 大判 2010. 6. 10, 2009 다 97611 등.

5) 同旨: 土田, 「勞働契約法」, 472面 이하.

6) 土田, 「勞働契約法」, 473面. 공무원인 피징계자에 대한 징계처분의 적법성 판단: 공무원인 피징계자에게 징계사유가 있어서 징계처분을 하는 경우 어떠한 처분을 할 것인가는 징계권자의 재량에 맡긴 것이고, 다만 징계권자가 재량권의 행사로서 한 징계처분이 사회통념상 현저하게 타당성을 잃어

c) 생각건대 징계권을 사용자의 고유권 내지 지시권 또는 기업질서 유지의 필요성에서 도출하는 것은 타당하지 않다고 생각된다.[1] 징계는 징계자와 피징계자가 존재하는 경우에 가능한 것인데, 근로자와 평등한 당사자관계에 있는 사용자 일방이 근로자에 대하여 아무 법적 근거 없이 징계권을 갖는다는 것은 있을 수 없는 일이다.[2] 징계처분은 근로계약 위반의 경우의 책임추급과는 달리 근로자를 사용자의 지배적 관계에 종속시키는 위험도 초래할 수 있기 때문이다.

요컨대 징계는 기업의 공동질서(betriebliche Ordnung)[3]의 위반행위에 대한 제재를 규정한 노사의 공동규범에 그 근거를 두고 있어야 한다.[4] 기업의 공동질서를 교란하는 자에 대해서는 개별적 계약관계의 위반의 경우와는 달리 계속적·집단적 질서유지를 위하여 징계의 적용이 불가피하다. 또한 징계제도가 공동질서를 유지하기 위한 것이라면 이는 사용자에 의하여 전단적(專斷的)으로 제정·운영되어서도 안 된다. 그러므로 징계제도는 단체협약 또는 노사협정(사용자와 근로자대표 간의 합의)과 같이 노사가 공동으로 참여하여 제정하는 제도로서 정립되는 것이 바람직하다.[5] 이와 같이 징계제도는 단체협약과 노사협정을 통한 노사의 집단적·사회적 자치를 통하여 이루어지며, 따라서 징계제도의 설정은 그 기업공동체의 구성원들이 스스로 그들의 행위를 규율하는 규약의 정립행위와 같은 방식을 취하는 것이 옳을 것이다.[6] 취업규칙상의 제재에 관한 규정은 이에

징계권자에게 맡긴 재량권을 남용한 것이라고 인정되는 경우에 한하여 그 처분을 위법하다 할 것인데, 공무원에 대한 징계처분이 사회통념상 현저하게 타당성을 잃었다고 하려면 구체적인 사례에 따라 징계의 원인이 된 비위사실의 내용과 성질, 징계에 의하여 달성하려고 하는 행정목적, 징계 양정의 기준 등 여러 요소를 종합하여 판단할 때에 그 징계 내용이 객관적으로 명백히 부당하다고 인정할 수 있는 경우라야 한다(大判 2014. 2. 27, 2011 두 29540; 大判 2010. 11. 11, 2010 두 16172 판결 등 참조).

1) 土田, 「勞働契約法」, 472面; Schaub/Linck, *ArbRHandb* § 58 10 ff. 참고.

2) 단체협약, 경영협정 또는 개별계약을 징계처분의 법적 근거로 보는 견해가 독일에서의 통설이라고 생각된다(Zöllner/Loritz/Hergenröder, *ArbR* § 21 Rn. 93).

3) 저자는 기업의 공동질서를 사업주의 이익을 위한 「기업의 존립과 사업의 원활한 운영의 유지에 필요불가결한 기업질서」보다 엄격한 공동적 질서로서 파악한다. 일본에 있어서도 기업질서의 존립·유지와 사업의 원활한 유지에 필요한 제반 권한에 대하여 「기업질서」라는 개념을 인정함으로써 사용자의 포괄적 권한을 승인하는 것에 대하여 의문을 제기하는 견해가 있다(土田, 「勞働契約法」, 468, 472面 이하).

4) 大判 1994. 9. 30, 93 다 26496 참고.

5) Schaub/Linck, *ArbRHandb* § 58 Rn. 11, 14 참고. 윤리강령이나 서약서 자체는 강제적인 규범력을 가지는 것으로 볼 수 없으나, 근로자가 이에 서명하면 윤리강령이나 서약서는 직원으로서 준수해야 할 규범 및 의무 규정이 된다고 할 것이므로 이에 위반하면 징계사유가 될 수 있다(大判 2006. 6. 16, 2006 두 5335).

6) 일본의 통설인 계약설에 의하면 징계는 근로계약상 당연히 예정되는 조치라고 할 수 없으며, 징계를 행하기 위해서는 노사간에 특별한 합의(실제로는 취업규칙의 징계규정이 합리성·주지(周知) 요건

대한 근로자와 사용자의 합의를 통하여 공동규범으로서의 성질을 가지는 징계권의 근거 규정이 될 수 있을 것이다.[1] 그러므로 징계제도를 정립할 때에는 단체협약이나 노사협정 또는 취업규칙을 통한 노사의 규칙설정행위에 의하여 징계사유와 징계의 방법(요건), 징계의 집행주체와 징계절차 등을 명확히 규정하여야 한다.[2] 즉, 징계처분이 효력을 발생하기 위해서는 첫째, 징계규정이 공동규범으로 설정되어 근로자에게 충분히 주지되어야 하고, 둘째, 징계의 사유와 수단 등이 상세히 규정되어야 하며(취업규칙의 합리적·제한적 해석),[3] 셋째, 적법한 절차에 의하여 행해져야 하고, 넷째, 청문과 소명의 기회가 주어져야 한다. 징계에 관한 규정은 여러 가지 규율형식(단체협약 또는 취업규칙내의 규정, 별도의 노사협정)으로 존재할 수 있다. 중요한 것은 그 법적 성질을 어떻게 이해해야 하는가이다. 이러한 근거규정이 없으면 사용자는 징계권을 가질 수 없고, 따라서 징계처분(징계권의 행사)을 할 수 없다.[4]

을 갖추어 근로계약의 내용으로 되는 식의 합의)를 요한다고 한다. 이 설의 핵심은 징계권이 당사자의 합의에 기해서 발생한다는 데 있다(土田, 「勞働契約法」, 471面 이하 참고). 그러므로 노사당사자가 합의에 의하여 징계규정을 설정한다는 것은 실질에 있어서 공동규범설과 다를 바가 없다. 공동합의에 의한 협정이 형식상 취업규칙의 외형을 띠고 있다는 것은 문제되지 않는다. 노사합의에 의한 복무규정도 취업규칙이 될 수 있기 때문이다. 징계권의 근거가 되는 기업질서에 관한 규정은 단순한 근로조건을 규정한 취업규칙의 규정과는 구별되어야 한다. 또한 일반취업규칙의 경우와 같이 단순히 사회통념상 합리성이 인정된다고 하여(大判 2002. 6. 11, 2001 다 16722; 大判 2004. 7. 22, 2002 다 57362 참고) 기업질서에 관한 징계규정을 근로자에게 불리하게 사용자가 일방적으로 변경할 수는 없다.

일본의 계약설에 의하더라도 사용자의 징계처분은 근로자가 근로계약(넓은 의미에서는 노사간의 약정 또는 협정)에서 구체적으로 합의한 범위 내에서 가능하다고 한다. 징계처분은 기업질서 위반자에 대하여 사용자가 근로계약상 행하는 통상의 수단(보통해고, 배치전환, 손해배상청구, 승급·승진의 강등사정 등)과는 별개의 특별한 제재벌로서 사용자가 이러한 특별한 제재를 실시하기 위해서는 그 사유와 수단을 취업규칙에 명기하여 근로관계의 내용으로 설정하는 것이 필요하다고 한다. 근로기준법은 제재에 관한 제도를 정하는 경우(예컨대 복무규칙이나 복무규정은 노사의 합의로써 별도로 제정할 수 있음) 이를 취업규칙에 명기하도록 하고 있다(근기법 제93조 ⑫. 일본노기법 제89조 ⑨)(菅野교수는 취업규칙에 명기하여 계약관계의 규범으로 정립할 것을 요한다고 한다(「勞働法」, 660面)). 일본의 통설은 징계제도를 계약설에 입각하여 설명한다. 저자는 기업의 공동질서에 관한 징계제도를 근로자와 사용자가 합의에 의하여 설정한 일종의 자치규범으로 이해하고자 한다.

1) 취업규칙상의 제재에 관한 규정을 단순히 사용자 일방이 임의로 정한 사적 규정에 지나지 않는 것으로 이해한다면 그와 같은 규정에 근거한 징계는 실질적으로 사용자의 고유권에 기초한 징계와 다를 바가 없을 것이다. 판례는 이와 같은 취업규칙을 제정할 수 있는 권한을 사용자가 기본적으로 가지고 있는 것으로 판단하고 있는 것으로 보인다(大判 1999. 3. 26, 98 두 4672 등).

2) Schaub/Linck, *ArbRHandb* §58 Rn. 13 참고.

3) 大判 1993. 11. 9, 93 다 37915.

4) 징계권의 행사에 대해서는 법치주의적 원칙이 적용된다고 보아야 한다(ErfK/Kania, BetrVG, §87 Rn. 24). 그러나 근로자의 행위가 징계규정의 요건에 해당한다고 하여 사용자가 반드시 징계권을 행사해야 하는 것은 아니다. 정상을 참작하여 징계절차에 회부하지 않을 수도 있다. 편의주의원칙

판례는 피징계자에게 징계사유가 있어서 징계처분을 행하는 경우 어떤 처분을 할 것인지는 징계권자의 재량에 맡겨져 있다고 한다. 다만 징계권자의 징계처분이 사회통념상 현저하게 타당성을 잃어 징계권 남용이 인정될 경우에 한하여 그 처분이 위법하게 된다고 한다. 위법한 징계처분은 구체적 사례에 따라 징계의 원인인 비위사실의 내용과 성질, 징계로 달성하려는 목적, 징계양정의 기준 등 여러 요소를 종합하여 징계 내용이 객관적으로 명백히 부당하다고 할 경우에 인정되어야 한다.[1]

《취업규칙에 의한 징계》

판례에 따르면 기업질서는 기업의 존립과 사업의 원활한 운영을 위하여 필요불가결한 것이고, 이러한 기업질서를 확립하고 유지하는 데 필요하고도 합리적인 것으로 인정되는 한 사용자가 취업규칙에서 징계사유를 규정하는 것은 원래 그의 권한에 속한다고 한다.[2] 본래 취업규칙은 사용자가 일방적으로 작성할 수 있는 것이지만 징계사유 및 징계종류 등에 관한 규정은 사용자가 일방적으로 규정할 수 있는 권한을 가진다고 볼 수는 없다. 현대적 근로계약관계에서 징계권과 같은 제재권한을 근로계약의 일방 당사자인 사용자에게 부여하는 것은 타당하지 않다. 따라서 취업규칙에 의하여 징계제도가 마련되더라도 근로자와 사용자 사이에 이에 대한 별도의 합의가 있어야 한다. 이러한 합의는 근로계약상의 상대적 채무(임금이나 노무제공에 관한 의무)를 발생시키는 합의와는 구별되어야 한다. 일부 학설에 의하면 징계사유 및 수단이 취업규칙에 미리 규정되어 있으면 그에 근거하여 징계할 수 있다고 한다.[3] 이 견해에 의하면 징계는 제재벌이므로 죄형법정주의에 준하여 징계사유와 그 수단을 미리 규정해 놓으면 사용자에 의한 일방적 결정에 의하더라도 사용자는 근로자를 징계할 수 있다고 한다. 그러나 사용자는 국가와 같이 제재벌을 미리 정할 수 있는 지위에 있지 않으며, 근로자와 사용자 사이에는 처음부터 징계자와 피징계자의 관계와 같은 지배 내지 상하관계가 존재할 수 없으므로 사용자가 일방적으로 정하는 취업규칙에 징계사유와 징벌을 정해놓고 그 규정을 「근거」로 징계권을 행사하는 것은 정당하지 않다. 다시 말하면 사용자가 취업규칙에 미리 일방적으로 정한 징계사유에 관한 규정이 징계의 근거가 될 수는 없다. 위와 같은 견해에 따른다면 결과적으로 근로자는 근로계약 체결에 부수하여 기업질서준수의무를 부담하고, 사용자는 그 위반행위자에 대하여 당연히 징계를 과할 수 있다는 것이 되므로 이

(Opportunitätsprinzip)이 적용된다고 보아야 하기 때문이다(Hromadka/Maschmann, *ArbR*, Bd. 1, § 6 Rn. 184).

1) 大判 2017. 3. 15, 2013 두 26750; 大判 2002. 8. 23, 2000 다 60890, 60906; 大判 2005. 4. 29, 2004 두 10852 등.

2) 大判 2000. 9. 29, 99 두 10902; 大判 1999. 3. 26, 98 두 4672 등.

3) 임종률, 「노동법」, 540면.

는 실질적으로 고유권설과 구별될 수 없다. 또한 판례가 기업질서정립권으로부터 사용자의 징계권한을 직접 도출하면서 징계사유를 취업규칙에 규정하는 것을 사용자의 권한에 속하는 것으로 판단하는 것도 기본적으로 고유권설의 계보에 속하는 견해라고 생각된다.

(3) 징계의 종류[1]

기업질서위반행위가 있는 경우에 기업질서유지를 위하여 사용자가 종업원에 대해서 법적 책임을 물을 필요가 있다는 점은 부인될 수 없다. 그러한 행위가 채무불이행에 해당하는 경우에는 근로계약을 해지(해고)하거나 손해배상을 청구할 수 있을 것이지만 손해배상청구는 징계처분으로서 실질적 실효성이 인정되기 어렵다. 근로관계의 해지, 즉 해고는 그 실효성이 크다고 하더라도 근로자에게 가혹한 결과를 가져오는 것이며 근로기준법(제23조 이하)에 의하여 많은 제한을 받는다. 기업질서위반 행위에 대하여 근로자를 함부로 해고하는 것은 법적 측면을 도외시하더라도 기업의 합리적 경영이라는 관점에서나 근로자의 생활이익의 관점에서도 적절하지 않다. 따라서 견책·경고로부터 징계해고에 이르기까지 그 경중을 달리하는 여러 단계의 징계처분의 종류를 두는 징계제도가 합리적이라고 볼 수 있다.[2] 그러나 이러한 사용자의 징계처분이 계약법에 의하여 사용자에게 당연히 주어지는 권한이라고 볼 수는 없는 것이므로 징계사유와 그 종류는 직장질서를 규율하는 제도로서 정립되어 있지 않으면 안 된다. 근로기준법 제93조 12호는 이와 같은 취지에서 마련된 규정이라고 해석된다.

a) 견책·경고 　견책이란 통상적으로 사용자가 근로자에게 시말서(始末書)를 받는 방법을 통하여 징계하는 것을 말하며, 경고는 시말서의 제출까지는 요구하지 않으나 일종의 훈계로서의 의미를 갖는다. 이와 같은 방법은 현실적으로 불이익을 과하는 처분이 아니지만 승진·배치전환 등의 인사고과에 불이익한 영향을 미칠 수 있다.

b) 감　급 　감급은 노무제공상의 태만이나 직장규율의 위반에 대한 제재로서 근로자가 실제로 제공한 노무급부에 대한 임금액에서 일정액을 공제하는 것을 말한다. 감급의 한도에 관해서는 근로기준법 제95조가 규정하고 있다(이에 따르면 1회의 위반사항에 대하여는 1일 평균임금의 반액을, 총액이 1 임금지급기의 임금 총액의 10분의 1 이상을 초과할 수 없다).[3] 제95조의 제한을 초과하는 감급제재를 과할 필요가 있는 경우에는 그 초과부

1) 菅野, 「勞働法」, 661面 이하; 土田, 「勞働契約法」, 477面 이하 참고.

2) 사무실에서 상급자에게 고성과 욕설을 하고 업무지시를 거부한 근로자에 대한 강등처분은 정당하다고 판단한 예(서울高判 2019. 5. 2, 2018 누 71559).

3) 「1 임금지급기에 수회의 기업질서위반 행위에 대하여 수회의 감급을 하는 것은 무방하나, 그 감급 총액이 1 임금지급기의 임금 총액의 1할을 초과할 수 없으므로 이를 초과한 감급은 근로기준법 제95

분은 차기 임금지급기에 연장하여야 한다. 결근, 지각, 조퇴로 노무를 제공하지 못한 것을 이유로 임금이 삭감된 것은 징계로서의 감급에 해당하지 않는다.

c) 출근정지　출근정지 또는 정직은 근로관계를 존속시키면서 근로자의 노무제공을 일정기간 금지하는 것을 말한다. 이를 실무에서는 대기발령[1]이라고도 한다. 출근정지기간중 임금은 지급되지 않으나 이 기간은 근속연수에 산입되는 것이 일반적이다.[2] 출근정지에 있어서는 그 기간중 근로자의 근로제공이 이루어지지 않으므로 근로가 행하여지면서 임금액이 감액되는 감급과는 구별된다.

d) 징계해고　징계해고는 징계처분 중 제재로서의 효과가 가장 강한 것으로서 근로관계를 소멸시키는 사용자의 일방적 의사표시이다. 징계면직 또는 파면도 근로관계 소멸의 효과를 발생시킨다는 점에서 징계해고의 한 형태라고 볼 수 있다. 징계해고는 기업질서 위반행위로서 징계해고사유에 해당하는 경우 행하여지는 것이지만 그 해고처분이 당연히 정당한 것으로 되는 것이 아니라 사회통념상 고용관계(근로관계)를 계속할 수 없을 정도로 근로자에게 책임 있는 사유가 있어야 정당성이 인정된다.[3] 사회통념상 당해 근로자와의 고용관계를 계속할 수 없을 정도인지의 여부는 당해 사용자의 사업의 목적과 성격, 사업장의 여건, 당해 근로자의 지위 및 담당직무의 내용, 비위행위의 동기와 경위, 이로 인한 기업의 위계질서가 문란하게 될 위험성 등 기업질서에 미칠 영향, 과거의 근무태도 등 여러 가지 사정을 종합적으로 검토하여 판단하여야 한다.[4] 징계해고가 일반해고와는 달리 취업규칙, 단체협약 그 밖의 징계규정에서 규율되고 있더라도(징계해

조 위반이며, 위법하게 감급된 부분은 환급되어야 한다」(1994. 3. 22, 근기 68207-488).

1) 대기발령과 구별되는 것으로는 직위해제가 있다. 직위해제는 일반적으로 근로자가 직무수행능력이 부족하거나 근무성적 또는 근무태도 등이 불량한 경우, 근로자에 대한 징계절차가 진행중인 경우, 근로자가 형사사건으로 기소된 경우 등에서 당해 근로자가 장래에 계속 직무를 담당하게 될 경우 예상되는 업무상의 장애 등을 예방하기 위하여 일시적으로 당해 근로자에게 직위를 부여하지 아니함으로써 직무에 종사하지 못하도록 하는 잠정적인 조치로서의 보직의 해제를 의미하므로(大判 1996. 10. 29, 95 누 15926; 大判 1997. 9. 26, 97 다 25590; 大判 2005. 11. 25, 2003 두 8210; 大判 2007. 7. 23, 2005 다 3991 참고), 직위해제를 당한 근로자는 단순히 직위의 부여가 중지되는 것에 불과하고 근로관계가 종료되는 것이 아니어서 당연히 출근의 의무가 있다(大判 2003. 5. 16, 2002 두 8138). 직위해제는 징벌적 제재로서의 징계와는 구별되어야 한다(大判 2005. 11. 25, 2003 두 8210).

2) 土田, 「勞働契約法」, 480面.

3) 大判 2003. 7. 8, 2001 두 8018; 大判 2006. 4. 27, 2004 두 12766; 大判 1998. 11. 10, 97 누 18189; 大判 1995. 5. 26, 94 다 46596 등. 징계해고가 재량권의 범위를 일탈·남용한 것으로 본 사례: 大判 2009. 1. 15, 2008 두 16094.

4) 大判 2017. 3. 15, 2013 두 26750(버스운송요금 5만 원부터 7만5천 원을 횡령한 버스 운송기사를 징계해고한 것이 징계재량권을 벗어나거나 남용이라고 보기 어렵다고 한 사례); 大判 2011. 7. 28, 2008 두 11693; 大判 2003. 7. 8, 2001 두 8018; 大判 2002. 5. 28, 2001 두 10455. 또한 大判 2017. 4. 7, 2013 두 16418; 大判 2007. 12. 28, 2006 다 33999; 大判 2003. 7. 25, 2001 두 11069 등 참고.

고와 일반해고의 구별에 관해서는 다음의 2 참고) 근로관계를 종료시키는 해고이므로 근로기준법 제23조 1항의 적용을 받는다.[1] 따라서 징계해고에는 동 규정에 따라 「정당한 이유」가 있어야 한다. 징계해고에 대하여 사용자가 재량권을 가지는지는 의문이다. 근로기준법 제23조 1항은 강행규정이기 때문이다.

징계해고에 의하여 근로자에게 발생되는 여러 가지 불이익을 피하기 위하여 그 전 단계로서 권고사직을 권하는 경우가 있다. 사용자가 근로자에게 사직원의 제출을 권고하며 퇴직조치를 취하면서 근로자가 1개월 이내에 사직원을 제출하지 않은 경우에는 징계해고조치한다고 한 경우 권고사직과 징계해고는 사직서 부제출을 정지조건으로 하는 징계해고 또는 서로 불가분의 관계에 있는 하나의 징계조치이지 2개의 독립된 행위가 아니라는 것이 판례의 태도이다. 따라서 권고사직에 대한 무효확인을 징계해고와 떼어서 다툴 수는 없다.[2]

2. 징계제도의 구조

(1) 문 제 점

징계를 기업공동질서의 위반행위에 대한 제재로 이해한다면 징계사유는 일반적인 계약위반사유와는 구별되어야 한다. 노사관계의 실제에 있어서 사용자는 취업규칙 내에 여러 가지 징계사유를 규정하고 있는데, 이러한 사유들 중에는 일반적인 계약위반에 대한 경우와 명확히 구분되지 않는 것들이 적지 않다. 계약위반사유와 징계사유의 구체적 내용은 구별해서 이해되지 않으면 안 된다. 즉 일반해고 사유에 해당되는 경우와 징계사유에 해당되어 징계의 한 종류로서 해고처분이 내려지는 경우는 구별되어야 한다. 전자의 경우에는 근로관계유지의 종료를 뜻하는 해고의 정당성이, 후자의 경우에는 징계사유와 징계의 종류 사이의 균형성[3]과 그 정당성(근기법 제23조 I : 징벌에 대한 정당한 이유)이 함께 문제되기 때문이다. 이를 혼용하거나 혼동하여서는 안 될 것이다.[4]

---

1) 土田, 「勞働契約法」, 484面. 불륜을 저지른 은행간부(한국은행)에 대해 인사발령(배치전환) 이후에 그를 면직처분(해고)한 사안에서 면직처분이 이중징계에 해당하지 아니하고, 그의 부정행위로 은행이 그를 신뢰할 수 없게 되어 더 이상 근로관계를 유지하기 어려운 정도에 이르렀다고 보이므로 이 사건 면직처분이 재량권을 일탈·남용한 것이라고 인정하기 어렵다고 본 판결(서울中央地判 2019. 6. 27, 2018 가합 582086). [72] 3. f) 참고.

2) 大判 1991. 11. 26, 91 다 22070; 大判 1992. 11. 13, 92 다 11220.

3) 大判 1993. 3. 12, 92 누 12933; 大判 1991. 10. 25, 90 다카 21589; 大判 1992. 5. 12, 91 다 27518.

4) 회사의 매출채권관리내규에 따른 채권확보조치 없이 신용거래를 개시하고 거래 중에도 거래처의 신용상태악화에 따른 적절한 조치를 취하지 않음으로써 영업상의 제규정에 따른 의무 및 신의성실의무와 복종의무를 위반한 근로자에 대하여는 민사상의 책임을 물을 수 있는지 여부에 관계없이 징계

(2) 징계사유

우리나라에서는 취업규칙 내에 징계사유에 관한 규정을 두는 것이 보통인데, 취업규칙에서 규정한 징계사유가 본래적인 의미의 징계사유에 해당되는지가 문제되는 경우가 있다.[1] 다음에서는 징계사유를 각 주제별로 검토하기로 한다.

1) 노동력의 정상적 제공을 제대로 행하지 않은 '근무성적불량 및 업무명령위반'에 관한 사유이다. 근무성적불량이란 자주 지각을 한다든가 무단결근[2]을 함으로써 노무제공의무를 게을리하는 것인데, 이는 원칙적으로 채무불이행에 해당하는 것이므로 징계처분의 대상이 된다고 할 수 없다.[3] 업무지시와 관련해서 사용자의 지시를 위반한 경우에도 계약위반이 된다. 예컨대 운수회사에 근무하는 근로자가 운행경로이탈·배차거부·지시불응·운행중 장시간 무단주차 등의 행위를 한 경우에 이를 징계해고사유로 할 수 있느냐 하는 의문이 제기된다. 왜냐하면 이러한 사유들은 근로계약상의 의무와 사용자의 지시권을 중대하게 위반한 계약위반행위이기 때문이다. 이와 같은 사유들이 단체협약이나 취업규칙 내에 징계사유로서 규정되어 있다 하더라도 회사의 안전운행규칙에 반대하는 것이 아니고 단순히 우발적 개인행위에 지나지 않은 행위이면 그 성질상 계약위반행위로 파악되어야 한다. 대법원은 기업의 공동질서위반을 이유로 하는 징계권의 행사를

할 수 있다고 할 것이고, 이는 사회통념상 고용계약을 계속시킬 수 없을 정도로 근로자에게 책임이 있는 징계사유에 해당한다고 판시한 판례가 있다(大判 1997. 4. 25, 96 누 9508). 징계처분을 하려면 기업질서를 위반한 징계사유가 있어야 하고 그 사유는 노사 사이의 합의로 정해져 있어야 하는데 위의 사안에서는 징계사유의 내용을 정한 규정이 적시되어 있지 않다. 여기서 근로관계를 계속시킬 수 없을 정도의 무거운 일반해고사유는 인정될 수 있어도, 기업질서위반의 징계사유에 따른 징계해고는 인정될 수 있는지는 의문이다. 판례 중에는 무거운 일반해고사유를 징계사유로 보는 경우가 적지 않은 것으로 생각된다. 일반해고와 징계해고는 구별해야 한다.

1) 「단체협약이나 취업규칙에 근로자에 대한 징계해고사유가 제한적으로 열거되어 있는 경우에는 그와 같이 열거되어 있는 사유 이외의 사유로는 징계해고할 수 없다」(大判 1993. 11. 9, 93 다 37915).

2) 무단결근을 징계해고사유로 인정한 판례(大判 1989. 9. 26, 89 다카 5475; 大判 1992. 2. 11, 91 다 5976; 大判 1994. 6. 24, 93 다 28584).

3) 무단결근 등의 사유 외에도 예컨대 근무실적저조·직무능력부족 등의 사유는 징계처분의 대상이 될 수 없다. 실무에서도 이와 같은 경우에는 통상해고의 문제로 판단한다. 예컨대 「미수금관리를 임무로 하는 근로자가 1년간 미수금회수실적이 전혀 없고 그 다음해에도 같은 업무에 종사하는 다른 사원에 비해 극히 저조하였다면, 성실히 복무하여야 할 의무를 다하지 아니한 것으로 볼 수 있다」(大判 1987. 4. 14, 86 다카 1875). 「원고에 대한 해직이 징계해직사유가 아니라 근무수행능력이 부족하여 근무성적 또는 업무실적이 불량하고 소속직원에 대한 감독능력이 현저히 부족하다는 이유로 행하여진 조치라면 이 해고가 근기법 제27조(현행법 제23조)에 위반된다고 볼 수 없고, 징계해고에 따른 징계사유의 통지나 변명의 기회부여 등의 절차를 밟지 아니하였다 하여 잘못이 있다 할 수 없다」(大判 1989. 7. 25, 88 다카 25595). 「근무평점이 열등하고 이로 인해 다른 직원들이 함께 근무하기를 꺼리는 등 직원 상호 간의 융화부족을 이유로 행한 통상해고는 정당한 이유에 의한 것이다」(서울民地判 1990. 4. 12, 89 가합 33263).

계약위반행위에 대해서까지 확대하여 인정하고 있으나[1] 여기에는 일정한 한계가 있어야 할 것으로 생각된다.[2]

2) 기업재산 및 '물적 시설의 보전 및 안전규칙에 위반'한 것은 징계사유가 될 수 있다.[3] 관리직에 있는 자가 현재의 사장과 경쟁관계에 있는 후보자를 옹호하기 위하여 사장의 교체를 요구하는 서명활동을 벌이는 행위는 기업질서교란행위라고 볼 수 있다.

3) 사업장 내에서 '절취·폭행·업무방해 등 비행'을 저지르는 것은 민·형사상의 책임을 발생시키는 것과는 별도로 기업 내의 객관적 공동질서를 위반하는 것으로서 징계사유가 된다.[4] 회사의 업무를 적극적으로 방해할 목적으로 위법한 집단행위를 주도한 자의 행위는 기업질서에 반하는 것으로 징계의 대상이 될 것이다.[5] 노동조합의 대의원으로서 회사의 임금체계에 대한 문제점을 지적하는 문자메시지를 발송한 행위가 조합원들의 단결을 도모하여 근로조건의 향상을 증진하기 위한 노동조합 업무의 정당한 활동범위에 속하는 것이라면 징계사유에 해당하는 비위행위라고 할 수 없다.[6]

---

1) 大判 1990. 10. 23, 89 누 6792:「운수회사가 근로자를 징계해고함에 있어서 운행경로이탈·배차거부·지시불응·운행중 장시간 무단주차·교통사고재발 등의 단체협약과 취업규칙 소정의 징계사유를 이유로 한 것은 정당하다」. 다만, 출장명령, 안전교육에의 참석명령, 전보명령과 같이 복무규칙상의 지시·명령에 대한 위반은 단체적 직장질서에 관한 것인 한 징계사유가 될 수 있다(大判 1995. 8. 11, 95 다 10778; 大判 1994. 5. 10, 93 다 47677). 그러나 직장질서에 복종해야 할 근로자의 의무가 부당하게 확대되어서는 안 될 것이다(1980. 6. 2, 법무 811-13180).

2) 일본에서는 채무불이행이 업무에 관한 규율에 위반하거나 직장질서에 지장을 주는 경우(예컨대 직장의 사기에 악영향을 주는 경우)나 수차례의 주의·지도에도 불구하고 개선의 모습을 보이지 않는 경우에는 징계사유(징계해고)가 인정되어야 한다고 한다(土田,「勞働契約法」, 488面). 징계제도를 순수한 계약설에 따라 이해하는 데서 오는 결과라고 생각된다.

3)「폭발위험구역에서 단 1회 흡연을 하고 아무런 사고가 발생하지 않았을지라도 사규에 따른 징계해고는 정당하다」(大判 1991. 8. 27, 91 다 20418). 그 밖에도 기숙사에서의 풍기문란행위는 징계해고사유가 된다고 한 판례: 大判 1993. 4. 13, 92 다 48208; 大判 1987. 5. 26, 86 구 765.

4)「상사에 대한 폭언의 내용, 폭언이 지속된 시간 등에 비추어 볼 때 징계해고는 정당하다」(大判 1995. 6. 30, 95 누 2548; 大判 1994. 10. 14, 94 다 18355). 또한「사납금미납행위로 승무정지조치 후 징계에 회부되자 상사에게 협박·폭언·업무방해 등을 한 운전사에 대한 징계해고는 정당하다」(大判 1994. 8. 12, 94 누 1890). 노동조합 내부문제라도 회사의 손실 등을 준 경우에 징계해고를 정당한 것으로 본 사례: 大判 2009. 4. 9, 2008 두 22211. 반면에 사업장 밖에서의 근로자의 행위가 기업의 위신을 해친다는 사정만으로는 징계의 대상이 될 수 없다는 것이 오늘날의 일반적인 견해이다.

5) 불법파업행위 주도자에 대한 징계해고를 정당하다고 한 판례: 大判 2006. 2. 23, 2005 두 14767. 파업의 시기와 절차, 수단과 방법의 정당성이 인정되므로 파업을 주도한 노조간부에 대한 정직처분을 부당하다고 본 사례(大判 2018. 2. 13, 2014 다 33604).

6) 大判 2013. 5. 23, 2012 두 28490; 大判 2012. 1. 27, 2010 다 100919(사내 전자게시판에 게시된 문서에 기재된 문언이 타인의 인격, 신용, 명예 등을 훼손 또는 실추시키거나 그럴 염려가 있고, 또 문서에 기재되어 있는 사실관계 일부가 허위이거나 표현에 다소 과장 또는 왜곡된 점이 있다고 하더라도, 문서를 배포한 목적이 타인의 권리나 이익을 침해하려는 것이 아니라 근로조건의 유지·개선과 근로자의 복지증진 기타 경제적·사회적 지위의 향상을 도모하기 위한 것으로서 문서 내용이 전체적

4) '종업원의 지위와 관련된 사유'가 문제될 수 있다. 먼저 회사의 기밀이나 영업상의 비밀을 누설하는 경우에 기업의 공동질서를 위반하는 행위로서 징계의 대상이 되느냐에 대해서는 의문의 여지가 있다. 왜냐하면 기업의 기밀이나 직무상 알게 된 비밀을 누설하는 것은 근로계약상의 부수적 의무(성실의무)에 위반하는 것이 되기 때문이다. 그러나 그와 같은 행위가 기업의 업적이나 존립에 커다란 타격을 주거나 회사의 명예, 신용, 체면을 크게 손상하는 경우에는 징계의 대상이 된다는 것이 일반적 견해이다.[1] 의사나 간호사 또는 교환수가 직무상 알게 된 비밀을 누설하는 행위 등은 그 직장의 품위·신뢰·대외적 관계와 관련되는 공동질서를 위반하는 행위라고 평가될 수도 있다.[2] 근로자가 주된 직장 이외에 다른 사업장에서 노무를 제공하는 부업(副業), 겸직(또는 2중취업)을 사용자가 임의로 근로계약을 통하여 제한하는 것은 기본적으로 근로자의 직업선택의 자유에 위배될 수 있다. 다만 사용자가 근로자의 겸직을 제한할 정당한 이해관계를 가지는 때에는 근로자에 대하여 겸직하지 않을 것을 요구할 수 있다고 보아야 한다. 사용자가 정당한 이해관계를 가진다고 할 수 있으려면 근로자의 겸직으로 인하여 회사의 영업비밀이 누설될 가능성이 있다거나 경업(競業)상의 이해가 충돌되거나, 겸직에 따른 정신적·육체적 부담으로 근로자의 업무수행에 지장이 초래되는 경우에 한한다고 보아야 한다.[3] 근로자가 사용자의 허락을 정식으로 구함이 없이 겸직을 했다는 이유만으로 곧바로 채무불이행책임을 물을 수는 없다고 보아야 한다. 계약상의 겸직금지 약정이 없는 경우라도 근로자의 겸직취업이 근로계약상의 주된 근로의무와 충돌되는 때에는 주된 채무의 위반을 이유로 사용자는 근로자가 위반사실의 중지 또는 제거시까지 노무수령과 임금지급을 거절할 수 있다고 보아야 한다(민법 제536조 I 본문 참조). 징계해고는 원칙적으로 문제되지 않는다.[4] 사생활상의 비행을 이유로 징계권을 행사하는 것은 원칙적으로 인정될 수 없다. 공정성과 사회적 신뢰성을 사업의 존립기초로 하는 공사(公社)의 직원이 그가 지득한 정보를 활용하여 부동산 투기행위를 하여 그 공사의 신뢰를 직·간접으로 실

으로 보아 진실한 것이라면 이는 근로자의 정당한 활동범위에 속한다); 大判 2017. 8. 18, 2017 다 227325(선전방송이나 유인물을 통해 회사의 구조조정이나 전환배치 등에 비판한 유사 사례).

1) 土田, 「勞働契約法」, 488面; 菅野, 「勞働法」, 670, 672面. 이러한 경우도 일반적으로는 통상해고사유에 해당하지만 그 행위가 중한 경우에는 징계해고의 대상으로 판단하는 경향이 있는 것으로 생각된다.

2) 회사의 사회적 평가에 대한 훼손행위(서울行判 1999. 4. 5, 98 구 20376), 회사에 대한 명예실추와 허위사실유포행위 등도 이에 포함된다.

3) Preis, *IndividualArbR* Rn. 1196.

4) Preis, *IndividualArbR* Rn. 1197 f.; 또한 菅野, 「勞働法」, 671面 이하 참고. '윤리강령 및 서약서' 규정을 위반하고 회사의 승인 없이 임의로 외부출강을 강행한 것은 인사규정을 위반한 것이므로 징계사유에 해당한다고 한 사례(大判 2006. 6. 16, 2006 두 5335).

추시킨 행위는 징계 대상이 될 수 있다.[1] 이러한 경우는 단순한 사생활에서의 비행으로만 볼 것은 아니다. 노동조합의 간부가 사용자 측의 배임·횡령 또는 부당노동행위, 근로기준법·노조및조정법 위반 등을 이유로 한 고소·고발행위가 사실에 기초하고 있지 않거나 그 내용이 과장·왜곡되어 사용자와의 신뢰관계를 크게 훼손하는 경우에는 그러한 행위를 한 자에 대한 사용자의 징계처분(징계해고)을 부당하다고 할 수 없을 것이다.[2]

5) '근로시간중에 정치적 활동'으로서 선전물·신문 등을 배포하거나 서명운동을 기업 내에서 행하는 행위는 근로자들의 자유로운 휴게시간의 이용을 방해함으로써 전체근로자들의 작업능률을 저하시킬 수 있다는 점과 기업시설의 물적 관리를 방해할 수 있다는 점에서 징계사유가 인정될 수 있다.[3] 이 경우에는 징계에 관한 취업규칙이나 노사협정 또는 단체협약 내에 이에 관한 규정이 있어야 할 것이다.

6) **복수의 징계사유와 징계처분** 징계사유가 복수로 존재하는 때에는 징계사유의 경중에 따라 징계의 종류가 정해질 것이다. 그런데 「여러 개의 징계사유 중 일부가 인정되지 않더라도 인정되는 다른 일부 징계사유만으로 해당 징계처분(예컨대 해고)의 타당성을 인정하기에 충분한 경우에는 그 징계처분을 유지하여도 위법하지 아니하다. 다만, 여러 개의 징계사유 중 일부 징계사유만으로 근로자에 대한 해당 징계처분의 타당성을 인정하기에 충분한지는 해당 기업의 구체적인 상황에 따라 다를 수 있으므로, 사용자가 징계처분에 이르게 된 경위와 주된 징계사유, 전체 징계사유 중 인정된 징계사유의 내용과 비중, 징계사유 중 일부가 인정되지 않은 이유, 해당 기업이 정하고 있는 징계처분 결정 절차, 해당 기업의 규모·사업 성격 및 징계에 관한 기준과 관행 등에 비추어 인정된 징계사유만으로 동일한 징계처분을 할 가능성이 있는지를 고려하여 해당 징계처분을 유지하는 것이 근로자에게 예측하지 못한 불이익이 되지 않도록 신중하게 판단하여야 한다.

---

1) 도시개발공사 소속 근로자의 부동산투기행위는 도시개발공사의 설립목적, 그 업무의 종류와 태양, 부동산 보상 관련업무를 담당하는 근로자의 업무내용 등의 여러 사정을 종합적으로 고려하면 객관적으로 그 공사의 사회적 평가에 심히 중대한 악영향을 미치는 것으로 평가될 수 있는 경우라고 할 것이므로, 이는 그 공사의 인사규정 소정의 "공익을 저해하는 중대한 행위를 하였을 때"에 해당한다고 본 것은 정당하다고 한 사례(大判 1994. 12. 13, 93 누 23275). 도시개발공사는 공정성과 신뢰성을 사업의 존립기초로 하는 경향성을 가진 사업체인데 소속 근로자가 도시개발 정보를 이용하여 부동산 투기행위를 하는 것은 그 공사와의 근로관계를 더 이상 유지할 수 없는 직무질서 위반행위이다.

2) 大判 2020. 8. 20, 2018 두 34480 참고.

3) 「근로자가 배포한 유인물이 허위사실을 적시하여 사용자에 대한 적개심을 유발시킬 염려가 있으며, 이 유인물을 사용자의 공장 내에 은밀히 뿌렸으므로 사용자의 시설관리권을 침해하고 직장질서를 문란시킬 구체적인 위험성이 있기 때문에 이를 이유로 행한 징계해고는 정당하다」(大判 1992. 6. 23, 92 누 4253; 大判 1994. 5. 27, 93 다 57551). 「점심시간을 이용하여 개최한 집회라 하더라도 취업규칙소정의 절차를 밟지 않고 이루어진 이상 이는 징계사유에 해당한다」(大判 1994. 5. 13, 93 다 32002).

부당해고구제재심판정(근기법 제31조 I 참조)을 다투는 소송에서 해고의 정당성에 관한 입증책임은 이를 주장하는 사용자가 부담하므로, 인정되는 일부 징계사유만으로 해당 징계처분의 타당성을 인정하기에 충분한지에 대한 입증책임도 사용자가 부담한다.[1)]

'경력사칭'에 관해서는 다음의 3에서 별도로 설명한다.

이상에서 설명한 바와 같이 징계사유는 개별적 근로계약에서의 계약침해행위와는 구별되어야 하며, 이는 취업규칙이나 노사협정 또는 단체협약 내에 규정되어 있어야 한다. 판례에 따르면 취업규칙에서 정한 징계사유에 해당되지 않는 사유로 징계해고하였다면 이는 정당한 징계사유 없이 한 것으로 무효이다.[2)] 그리고 취업규칙과 단체협약의 관계를 살펴보면 노조및조정법 제33조 1항은 단체협약에 정한 근로조건 기타 근로자의 대우에 관한 기준에 위반하는 취업규칙 또는 근로계약의 부분은 무효라고 규정하고 있으므로, 단체협약의 징계규정에 위배되는 징계사유(근로자에게 불리한 경우임)를 정한 회사의 취업규칙은 무효이다.[3)] 다만, 단체협약에 특별한 규정이 없는 경우에 취업규칙에서 징계사유를 규정하고 있더라도 단체협약과 어긋나지 않는 한 당해 취업규칙의 징계규정을 무효라고 할 수 없다.[4)] 우리나라에서는 근로계약상의 위반행위가 징계의 대상으로 규율되고 있는 경우를 흔히 볼 수 있는데, 이에 대하여는 합리적 수정해석을 해야 할 것으로 판단된다.

⑶ 징계절차

a) 징계절차의 의의 기업질서의 위반에 대한 제재로서의 징계는 그 사유에 해당하는 위반행위의 인정 여부(징계사유 해당성)와 해당 사유에 적합한 징계처분의 정당성(처분의 정당성) 여부가 적절한 절차에 따라 이루어지지 않으면 안 된다. 따라서 징계절차의 정의(正義: 징계위원회의 구성과 심의)는 매우 중요한 의의를 지닌다.[5)] 특히 징계사유에 해당하는 근로자의 비위행위와 징계처분 사이에는 적정성 내지 형평성(비례성)이 유지되어야 한다. 이는 심의절차를 통하여 보장될 수 있다. 예컨대 노사협정(취업규칙 내의 규정 포함) 또는 단체협약 내에 노동조합과의 협의 또는 징계위원회의 결의를 거쳐야 한다고

---

1) 大判 2019. 11. 28, 2017 두 57318.
2) 大判 1992. 7. 14, 91 다 32329.
3) 大判 1994. 6. 14, 93 다 62126.
4) 大判 1993. 1. 15, 92 누 13035; 大判 1993. 2. 23, 92 나 40297; 大判 1993. 4. 27, 92 다 48697.
5) 기업별 단위노조가 사용자와 체결한 단체협약에서 징계위원회의 근로자측 위원의 자격에 관하여 아무 규정을 두고 있지 않은 경우에 그 후 기업별 노조가 산별노조의 지부 또는 분회로 조직변경되고 산별노조가 단체협약상의 권리·의무를 승계하더라도 그 후 새로운 단체협약이 체결되지 않았다면 근로자의 징계절차에는 기업별노조 때 체결된 단체협약이 그대로 적용되므로 근로자측 징계위원을 사용자 회사에 소속된 근로자로 구성한 것은 징계절차에 있어서 잘못이 없다(大判 2015. 5. 28, 2013 두 3351).

규정되어 있는 경우(규정상의 의무적 요건)에는 이에 따라야 한다. 「단체협약이나 취업규칙에 징계대상자에게 징계혐의 사실을 통지하여야 한다는 규정이 있는 경우에 이러한 절차를 거치지 않은 징계처분은 유효하다고 볼 수 없지만, 그러한 규정이 없는 경우에까지 반드시 그 사실을 통지하여 줄 의무가 있는 것은 아니다. 또한 단체협약이나 취업규칙에서 당사자에게 징계사유와 관련한 소명기회를 주도록 규정하고 있는 경우에도 대상자에게 그 기회를 제공하면 되는 것이며, 소명 자체가 반드시 이루어져야 하는 것은 아니다. 그리고 징계위원회에서 징계대상자에게 징계혐의 사실을 고지하고 그에 대하여 진술한 기회를 부여하면 충분하고, 혐의사실 개개의 사항에 대하여 구체적으로 통지서를 보내어 징계대상자가 이에 대하여 빠짐없이 진술하도록 조치하여야 하는 것은 아니다.」[1] 소명기회 부여는 이에 관한 규정의 유무에 불구하고 적정절차의 보장이라는 관점에서 필요하다고 판단된다. 사용자가 일방적으로 사정을 청취하는 것으로 그치는 절차는 충분하지 않다고 보아야 한다.[2] 본인을 위한 소명의 기회, 사내 징계위원회의 개최(징계위원회 개최시한의 기산점),[3] 징계위원회의 구성 및 징계위원의 자격, 노동조합과의 협의 등이 징계절차와 관련하여 주로 다루어진다. 그러므로 노사협정이나 단체협약에 규정된 절차를 거치지 않거나 불성실한 징계심의절차에 의한 사용자의 징계처분은 무효가 된다.[4] 판례는 징계절차가 단체협약이나 취업규칙 등에 규정되어 있는 경우에 징계

1) 大判 2020. 6. 25, 2016 두 56042. 참고 판례: 大判 1992. 9. 25, 92 다 18542; 大判 2007. 12. 27, 2007 다 51758; 大判 1995. 7. 14, 94 누 11491.

2) 大判 2006. 2. 26, 2005 두 14806. 土田, 「勞動契約法」, 507面 참고.

3) 大判 2013. 2. 15, 2010 두 20362 참고.

4) 大判 2001. 4. 10, 2000 두 7605. 「취업규칙에 의하면 피징계자에게 소명의 기회를 부여할 것인지의 여부는 인사위원회의 재량사항이라고 보이기는 하지만, 소명의 기회를 부여하는 것은 객관적 진상을 규명하고 징계처분의 절차적 정당성을 확보한다는 중요한 의미를 가지므로 별도의 징계위원회 등을 거치지 않고 징계대상자에게 소명의 기회를 주지 않은 징계해고는 무효이다」(大判 2006. 2. 26, 2005 두 14806). 「징계위원회의 개최일시와 장소를 개최하기 30분 전에 통고한 후 징계해고한 것은 무효이다」(大判 1991. 7. 9, 90 다 8077). 同旨: 大判 1991. 1. 26, 91 다 22070; 大判 1992. 10. 27, 92 다 31064; 大判 1992. 11. 13, 92 다 11220; 大判 1992. 11. 27, 92 누 10241 등. 「노조대표자를 위원으로 참석시킨다는 단체협약 규정에도 불구하고 노조대표자를 참석시키지 않고 진행된 징계위원회의 징계결의는 위법하다」(大判 2008. 1. 22, 2007 두 23293). 「단체협약, 취업규칙 또는 징계규정에서 징계대상자에게 징계위원회에 출석하여 변명과 소명자료를 제출할 수 있는 기회를 부여한 경우 그 통보의 시기와 방법에 관하여 특별히 규정한 바가 없다고 하여도 변명과 소명자료를 준비할 만한 상당한 기간을 두고 개최일시와 장소를 통보하여야 한다. 설사 징계대상자가 그 징계위원회에 출석하여 진술을 하였다 하여도 스스로 징계에 순응하는 것이 아닌 한 그 징계위원회의 의결에 터잡은 징계해고는 징계절차에 위배한 부적법한 징계권의 행사라 할 것」이다(大判 2004. 6. 25, 2003 두 15317). 그러나 「출석통지가 지체되어 징계대상자가 변명과 소명자료를 준비할 상당한 시간적 여유를 부여받지 않았더라도 징계대상자가 스스로 인사위원회에 출석한 다음 이에 대하여 이의를 제기함도 없이 충분한 변명을 하였다면 절차상의 흠은 치유된 것」이라고 한 판례가 있다(大判 1992. 11. 13, 92 다

권 행사는 징계사유가 인정되는지 여부와 관계없이 징계절차를 밟아야 하는 것은 징계의 유효요건이지만,[1] 이와 같은 징계절차규정을 두고 있지 않은 경우에 그러한 절차를 밟지 않았다고 해서 징계가 무효가 되는 것은 아니라고 한다.[2] 징계절차 규정의 유무에 불구하고 최소한 본인에 대한 변명의 기회는 부여되는 것이 징계사유의 해당성, 징계권의 정당한 행사를 확인하는 데 필요하다고 생각된다.

b) 징계절차 위반시 동일한 사유로 다시 징계해고 할 수 있는지 여부 징계절차의 위반을 이유로 해고무효의 판결이 확정된 경우에[3] 동일한 사유를 들어 다시 징계해고를 할 수 있는지 여부가 문제된다. 이 경우에 법원에서 징계절차의 위반 여부만이 다투어졌을 뿐 정당한 해고사유에 관해서는 실체적 판단이 이루어지지 않았다면, 그 후 동일한 징계사유를 들어 필요한 제반절차를 준수하여 다시 징계해고를 하더라도 이는 일사부재리의 원칙이나 신의칙에 반하지 않으며 확정판결의 기판력에도 저촉되지 않는다는 것이 판례의 태도이다.[4]

c) 징계절차상의 하자치유 가부 및 징계양정·징계사유의 수정 또는 보완 징계절차상의 하자는 재심과정에서 보완되면 치유될 수 있다.[5] 징계처분에 대한 재심절차는

11220). 同旨: 大判 1992. 12. 8, 92 다 32074; 大判 1999. 3. 26, 98 두 4672 등.

1) 大判 1991. 7. 9, 90 다 8077; 大判 2001. 4. 10, 2000 두 7605; 大判 2015. 8. 27, 2012 두 10666. 전보는 넓은 의미의 배치전환의 한 종류로서 사용자의 인사권 범위에 속하는 인사사항인 경우가 보통이므로 사용자는 해당 근로자를 전보시킬 수 있다. 그러나 전보가 징계의 한 종류로서 단체협약이나 취업규칙에 규정되어 있고, 징계를 할 때에는 징계절차를 거치도록 규정되어 있다면 징계절차를 거치지 않은 전보명령은 효력이 없다. 예컨대 회사의 취업규칙은 무단결근 연속 2일을 감봉사유로 정하고 있고, 단체협약은 전직을 징계의 종류로 포함시키고 있다면 회사가 무단조퇴와 무단결근 2일을 한 근로자를 전보한 것은 단체협약과 취업규칙에 어긋난다고 볼 수 있다. 따라서 단체협약에 규정된 징계절차에 따라 징계대상자에게 소명 기회를 주지 않은 전보는 무효이다(大判 2021. 1. 14, 2020 두 48017: 중앙노동위원회의 부당전보구제재심판정 취소).

2) 同旨: 大判 1986. 7. 8, 85 다 375, 85 다카 1591; 大判 1992. 4. 14, 91 다 4775; 大判 1993. 7. 13, 92 다 42774; 大判 1994. 9. 30, 93 다 26496; 大判 1995. 3. 24, 94 다 42082(당연퇴직사유가 동일하게 징계사유로도 규정되어 있는 경우를 제외하고는 당연퇴직처분을 함에 있어서 다른 일반의 징계절차를 거쳐야 한다고 할 수 없으며, 이는 당연퇴직사유가 실질적으로 징계사유로 보이는 경우에도 달리 해석할 것은 아니다); 大判 2000. 6. 23, 99 두 4235; 大判 2008. 9. 25, 2006 두 18423(단체협약 및 취업규칙에서 해고사유로 '징계해고가 결정되었을 때'와 '금고 이상의 형이 확정되었을 때' 등을 따로 규정하면서 징계해고가 아닌 해고에 대해서는 아무런 절차규정도 두고 있지 아니하고, 또 '금고 이상의 형의 확정'이 동시에 징계사유로도 규정되어 있지 않다면 보조참가인이 '금고 이상의 형의 확정'을 이유로 원고를 해고하면서 단체협약상의 징계절차를 거치지 않았다 하더라도 해고절차상의 위법이 없다).

3) 징계사유가 인정되는지의 여부에 관계 없이 절차상의 하자가 있으면 해고조치는 무효이다(大判 2001. 4. 10, 2000 두 7605; 서울高判 2000. 5. 12, 99 누 16520).

4) 大判 1981. 5. 26, 80 다 2945; 大判 1994. 9. 30, 93 다 26496; 大判 1995. 12. 5, 95 다 36138.

5) 大判 2016. 11. 24, 2015 두 54759.

원래의 징계절차와 함께 전부가 하나의 징계처분을 이루는 것으로 그 절차의 정당성도 징계과정 전부에 대하여 판단되어야 할 것이기 때문이다.[1)]

단체협약에서 예컨대 징계위원회의 개최를 징계사유 발생일로부터 15일로 정하고 있고 이에 따르지 않는 징계는 무효라고 규정하고 있으면, 이 규정은 원칙적으로 규범적 효력을 가지므로 이를 위반하여 개최된 징계위원회에서 한 징계결의는 무효이다. 다만, 징계대상자 및 징계사유의 조사·확정을 위하여 상당한 기간이 소요되어 이 규정을 준수하기 어려운 부득이한 사정이 있을 때에는 그러하지 않다고 보아야 한다. 징계위원회 개최시한의 기산점은 원칙적으로 징계사유가 발생한 때이지만, 쟁의기간 중 징계금지를 규정하고 있는 단체협약 등의 규정이 있는 경우([119] 3. (1) b) 참고)에는 쟁의기간 중 징계사유가 발생했더라도 쟁의행위가 종료된 때부터 개최시한의 기간이 기산된다.[2)] 징계절차에 하자가 있거나, 징계양정이 잘못된 경우 또는 징계사유의 인정에 잘못이 있음을 사용자가 스스로 인정한 때에는 노동위원회의 구제명령이나 법원의 무효확인판결을 기다릴 것 없이 스스로 징계처분을 취소할 수 있고, 나아가 새로이 적법한 징계처분을 하는 것도 가능하다.[3)] 징계해고처분이 취소되면 처음부터 해고가 없었던 것으로 보게 되므로 그 후에 새로운 사유를 추가하여 다시 징계처분을 한다고 하여 일사부재리의 원칙이나 신의칙에 위배된다고 볼 수 없을 것이다.[4)] 그리고 1차 징계처분의 효력이 다투어지고 있는 상태에서 그 1차 징계처분을 취소함이 없이 징계사유와 절차를 보완하여 행하여진 2차 징계처분을 단지 1차 징계처분의 효력이 없을 것에 대비하여 행하여진 징계처분이라면 이를 당연히 무효라고 할 수 없을 것이다.[5)]

---

1) 大判 2009. 2. 12, 2008 다 70336; 大判 1997. 11. 11, 96 다 23627; 大判 1992. 9. 22, 91 다 36123.

2) 大判 2013. 2. 15, 2010 두 20362. 징계사유 해당 여부(예컨대 업무상횡령 혐의)가 수사기관에 의하여 명백히 밝혀지기 전까지는 징계를 할 수 없으므로, 징계절차를 개시해도 충분할 정도로 징계사유가 증명되었음을 안 때부터 징계위원회의 개최시한이 기산된다(大判 2017. 3. 15, 2013 두 26750 참고).

3) 大判 1994. 9. 30, 93 다 26496; 大判 1994. 12. 27, 94 누 11132; 大判 2010. 6. 10, 2009 다 97611(사용자는 징계절차의 하자 등을 인정하고 스스로 징계처분을 취소한 후에 새로이 적법한 처분을 할 수 있다).

4) 大判 1994. 9. 30, 93 다 26496; 大判 1998. 6. 12, 97 누 16084.

5) 大判 1996. 4. 23, 95 다 53102. 同旨: 大判 2003. 10. 9, 2002 다 10202(징계절차가 위법함을 이유로 1차 징계처분이 무효임을 확인하는 판결이 확정되기 전에 2차 징계처분에 나아갔다 하여 이것이 중복징계에 해당하여 무효라고 볼 수 없다는 사례). 판례는 어떠한 사유에 의하여 근로자를 직위해제한 후 직위해제 사유와 동일한 사유를 이유로 그 근로자를 해임한 경우에는 그 해임처분으로써 원래의 직위해제 처분은 그 효력이 상실된다고 한다(大判 1997. 9. 26, 97 다 25590).

⑷ **법적 규제**(징계처분의 정당성)

취업규칙 또는 노사협정이나 단체협약의 규정에 따른 징계처분이라 하여 모두 정당한 것은 아니다. 근로기준법 제23조 1항은 사용자는 「근로자에게 정당한 이유 없이 해고, 휴직, 정직, 전직, 감봉, 그 밖의 '징벌'을 하지 못한다」고 규정하고 있다. 이 규정은 근로계약에 기한 일반해고에 대해서뿐만 아니라 징계에 대하여도 근로자보호규정으로서의 강행적 효력을 갖는다.[1] 즉, 이 조항은 징벌에 대한 정당한 이유 해당성에 대해서는 노사협정이나 단체협약의 규정에 불구하고 이 조항의 기본취지에 따라 법원이 독립적으로 판단한다는 것을 의미한다. 그러므로 노사협정 또는 단체협약의 규정에 의한 징계의 적정성 내지 정당성은 근로기준법 제23조 1항에 의하여 궁극적으로 법원의 통제를 받게 된다.[2] 다시 말해서 노사협정이나 단체협정의 규정도 근로기준법의 강행적 법규범의 통제를 벗어날 수 없는 것이다. 그러면 근로기준법 제23조 1항에 의한 통제의 범위는 어디까지 미치는 것인가? 근로기준법 제23조 1항의 규정은 강행적 효력을 가지므로 징계의 「정당한 이유」의 판단과 관련하여 법원이 징계사유와 처분의 균형상의 적정성에 대하여도 심리할 수 있다고 생각된다.[3] 따라서 취업규칙 또는 노사협정이나 단체협약에 규정된 사유와 처분이 균형을 상실한 때에는 제23조 1항에 의하여 그 효력이 인정되지 않는다.[4] 판례에 따르면 취업규칙이나 상벌규정에서 징계사유를 규정하면서 동일한 사유에 대하여 여러 등급의 징계가 가능한 것으로 규정하고 있는 경우에 그 중 어떤 징계를 적용할 것인지는 징계권자의 재량에 속한다. 다만 이러한 재량은 징계권자의 자의적이고 편의적인 재량이어서는 아니 되고 징계사유와 징계처분 사이에 사회통념상

1) 大判 2006. 4. 27, 2004 두 12766; 大判 1999. 3. 26, 98 두 4672 등.

2) Schaub/Linck, *ArbRHandb* § 58 Rn. 15 참고.

3) 징계사유와 이에 대한 처분(징계의 종류) 사이에는 적정한 균형이 유지되어야 한다. 판례에 따르면 사용자의 징계처분이 사회통념상 현저하게 타당성을 잃어 재량권이 남용된 것이라고 볼 수 있기 위해서는 직무의 특성, 징계사유가 된 비위사실의 내용과 성질 및 징계에 의해 달성하려는 목적과 기타 제반 사정을 참작하여 볼 때 객관적으로 명백히 부당하다고 인정되는 경우이어야 한다(大判 2002. 9. 24, 2002 두 4860; 大判 2018. 2. 13, 2014 다 33604; 大判 2017. 3. 15, 2013 두 26750; 大判 2018. 11. 9, 2015 두 56366 등 참조). Schaub/Linck, *ArbRHandb* § 58 Rn. 15 참고.

4) 이와 관련하여 판례는 징계권의 남용 여부를 판단하고 있다. 예컨대 시말서제출요구의 거부에 대한 해고처분은 무효라고 하거나(大判 1991. 1. 11, 90 다카 21176; 서울高判 1994. 9. 26, 92 구 1992), 동료직원이 만취하여 난동을 벌인 결과로 발생한 작업장이탈의 경우에 사용자가 작업장을 이탈한 근로자에 대하여 작업복귀지시 불이행을 이유로 한 징계해고는 무효라고 한다(大判 1993. 3. 12, 92 누 12933). 또한 버스운전사의 운행질서위반이 징계의 사유는 되지만, 그 내용·성질·정도 등을 종합하여 보면 징계사유와 징계처분 사이에 사회통념상 요구되는 균형성이 없으므로 징계해고는 무효라고 한 사례도 있다(大判 1993. 5. 25, 92 다 52139). 그리고 정년을 앞둔 근로자에게 경미한 징계사유를 문제삼아 해고한 것은 징계재량권의 범위를 일탈·남용한 것이라는 사례도 있다(大判 2003. 9. 26, 2003 두 6634).

상당하다고 인정되는 균형성 유지가 요구되므로 징계처분이 사회통념상 현저하게 타당성을 잃어 징계권자의 재량권 남용이 인정되는 경우에는 위법하다.1) 그러므로 법원의 통제는 근로자의 비위행위가 취업규칙이나 단체협약 내에 규율되어 있는 징계사유에 해당하는지의 여부만을 단순히 심리할 것은 아니다.2) 어떤 비위행위가 정당한 징계사유에 해당하는지 여부는 취업규칙상 징계사유를 정한 규정의 객관적 의미를 합리적으로 해석하여 판단하여야 한다.3) 예컨대 복무규정이라고 할 수 있는 윤리강령에 '임직원은 동료 또는 상하간에 직장생활에 필요한 기본예의를 지키며, 불손한 언행이나 임직원을 비방하는 행위를 하지 않는다'고 규정하고 있고, 인사와 근무에 관한 규정에 '법령, 정관, 규정, 명령 및 계약 사항을 위반하는 행위를 한 자는 파면, 해임, 정직, 견책 등 징계처분의 대상이 된다'는 규정을 두고 있다면 징계대상자의 비위행위가 위 해당규정에 해당하는지를 객관적·합리적으로 해석하여 판단해야 한다. 직장 내에서 그 비위행위를 집단적 괴롭힘이나 따돌림이라고 불리고 있더라도 이러한 행위에 해당하는지를 기준으로 징계사유의 성립 여부를 판단할 것은 아니다.4)

여러 개의 징계사유 중 일부가 인정되지 않더라도 다른 일부 징계사유만으로도 징계처분의 타당성을 인정하기에 충분한 경우에는 그 징계처분을 유지하여도 위법하지 아니하다.5)

징계사유요건의 해당성, 절차의 준수 및 징계처분의 적정성에 관한 입증책임은 사용자에게 있고,6) 징계사유의 부존재에 관한 입증책임은 근로자에게 있다.7)

---

1) 大判 2018. 2. 13, 2014 다 33604; 大判 1991. 2. 12, 90 누 5627; 大判 2008. 1. 31, 2005 두 8269 등 참조; 大判 2018. 11. 9, 2015 두 56366(회사에 관련된 허위사실을 유포하고 장기간에 걸쳐 경영진을 상대로 모욕적인 언사를 행한 것은 징계사유로 인정된다).

2) Schaub/Linck, *ArbRHandb* § 58 Rn. 15 참고. 大判 2014. 3. 27, 2013 두 24402(역무종사자가 반복하여 근무일의 밤늦은 시각에 근무지에서 상당히 떨어진 카지노에 출입하면서 수 시간 동안 도박을 하는 행위는 직무수행의 효율성을 크게 떨어뜨려 열차운행의 안전성을 심각하게 훼손할 수 있는 행위일 뿐만 아니라 당해 기관 소속 근로자의 근무기강과 질서를 해치는 행위로서 결코 가벼이 볼 수 없는 일로서 그 비위행위의 내용과 성질, 그로 인한 당해 기관의 복무질서 교란 및 사회적 평가 훼손 등은 무거운 징계사유가 될 수 있다. 그러므로 이러한 이유를 들어 행위자를 징계 해임한 것은 그 징계양정에 있어 징계권자가 재량권을 일탈하였거나 남용한 것이라고 볼 수 없다).

3) 大判 2016. 1. 28, 2014 두 12765; 大判 2020. 6. 25, 2016 두 56042. 또한 大判 2021. 4. 29, 2020 다 270770(정당한 징계사유에 해당하여 해고처분은 정당하다고 판단하므로써 징계사유의 해석에 관한 법리를 오해한 원심판단에 잘못이 있다고 한 판결).

4) 大判 2020. 6. 25, 2016 두 56042.

5) 大判 2004. 6. 25, 2002 다 51555; 大判 2014. 11. 27, 2011 다 41420; 大判 2019. 11. 28, 2017 두 57318(일부 징계사유만으로 징계처분의 타당성을 인정하기에 충분한지를 판단할 때 고려할 사항을 함께 제시한 판례) 등 참조.

6) 서울高判 1983. 12. 7, 82 나 3003. Schaub/Linck, *ArbRHandb* § 58 Rn. 15.

3. 경력사칭과 징계해고 및 근로계약의 취소

a) 징계해고의 문제점과 판례의 태도 사용자는 근로자를 채용할 때 근로자의 학력·지능·건강상태 등과 관련한 노동력의 평가자료를 얻고, 근로자의 경력·성격·기업에서의 적응성 등 기업조직에 필요한 사항을 판단하기 위하여 근로자의 신상에 관한 제반사항과 학력·경력 등에 대한 정보를 요구할 이익을 가진다([39] 5. (2) 참고). 경력사칭이란 이력서에 또는 채용면접시에 근로자가 그의 경력(직력·학력 등)을 허위로 기재·진술하는 것을 말한다. 경력을 높게 또는 낮게 기재·진술하거나, 없는 경력을 덧붙이거나 있었던 것을 숨기는 경우가 이에 해당한다.[1] 대부분의 기업은 취업규칙에서 경력사칭을 징계사유로 규정하고 있다. 엄격한 의미에서 경력사칭은 근로계약체결시에 문제되는 것이므로 근로계약의 존재를 전제로 하는 직장질서의 위반(종업원인 근로자의 비위행위)이라고는 볼 수 없다. 모집·채용과정중에 있는 응모자는 아직 모집기업과 근로계약을 체결하고 있지 않은 단계에 있으므로 그 기업의 근로자와 사용자 사이에 합의된 징계규정(취업규칙 내의 징계규정 또는 별도의 징계규정)은 적용될 수 없다. 계약설에 따르면 징계규정은 근로자와 사용자의 합의에 의하여 근로관계에 수용된다고 보고 있다. 다만, 근로자는 사용자에게 이력서를 제출함으로써 근로관계를 체결하려는 의사를 가지고 있는 것이므로 근로계약체결 과정중이라 하더라도 진실을 고지해야 할 신의칙상의 의무(진실고지의무)를 부담한다고 볼 수 있다(넓은 의미의 계약체결상의 과실).[2] 따라서 경력사칭은 기업질서위반에 기한 징계의 대상이라고 보는 것은 무리이고, 사용자는 채용 당시의 진실고지의무위반으로 인한 일반해고 또는 착오(민법 제109조), 사기(민법 제110조)에 의한 채용의 의사표시의 취소를 할 수 있다고 보아야 한다(이에 관해서는 [39] 6. (2) a) 참고).[3] 그러나 판례는 중요한 이력사항을 기만하여 채용된 것이 발견된 때에는 징계해고한다는 취업규칙규정에 응모자가 동의했다는 것을 그 근거로 하여 경력사칭을 이유로 한 징계해고를 할 수 있다는 태도를 일관하여 유지하고 있다[4]([39] 5. (4) b)).

판례는「기업이 근로자를 고용하면서 학력 또는 경력을 기재한 이력서나 그 증명

7) 서울民地判 1991. 1. 24, 90 가합 4464 참고.

1) 大判 1989. 1. 31, 87 다카 2410; 大判 1999. 3. 26, 98 두 4672 등.

2) 김형배,「채권각론(계약법)」, 2001, 116면 이하 참고.

3) 同旨: 土田,「勞働契約法」, 487面; 片岡外,「新勞働基準法」, 1982, 521面(西谷 敏); 東京大勞働法研究會編,「注釋勞働基準法(上)」, 2003, 258面(土田道夫).

4) 大判 2013. 9. 12, 2013 다 110316; 大判 1985. 4. 9, 83 다카 2202; 大判 1986. 10. 28, 85 누 851; 大判 1989. 1. 31, 87 다카 2410; 大判 1990. 10. 30, 89 다카 30846; 大判 1990. 12. 7, 90 다카 23912; 大判 1999. 3. 26, 98 두 4672 등 다수.

서를 요구하는 이유는 단순히 근로자의 노동능력 즉 노동력을 평가하기 위해서만이 아니라 노사간의 신뢰형성과 기업질서 유지를 위해서 근로자의 지능과 경험, 교육정도, 정직성 및 직장에 대한 정착성과 적응성 등 전인격적(全人格的) 판단을 거쳐 고용 여부를 결정하기 위한 판단자료로 삼기 위한 것이다. 근로자가 회사에 입사하면서 이력서를 제출함에 있어 허위로 경력을 사칭한 경우에는 회사가 위 근로자를 고용할 때에 위와 같은 내용을 알았더라면 그와 같은 고용계약을 체결하지 않았을 것이 경험칙상 명백하므로 이는 근로자가 성명, 이력서, 기타 중요한 사항을 기만하여 채용된 경우 징계해고사유가 된다고 규정한 회사의 취업규칙 및 상벌규정에서 정한 징계사유에 해당한다」[1]고 한다. 이러한 판례에 대해서는 계약체결과정중에 있는 채용 전의 응모자에게 취업규칙을 적용할 수 있는지, 경미한 경력사칭에 대해서도 징계해고를 할 수 있는지, 채용당시에 경력사칭을 알았더라면 채용을 하지 않았을 것이라는 가정적 인과관계가 인정되더라도[2] 근로자가 입사한 후 오랫동안 성실한 근무를 해 왔다면 그러한 경우에도 징계해고를 할 수 있는지, 그리고 해고사유(정당한 이유)에 대한 판단시점을 어느 때로 보아야 하는지에 관하여 의문이 제기되었다.[3] 그 후 판례의 내용은 다음에서 보는 바와 같이 여러 측면에서 수정되고 있는 것으로 판단된다.

근로기준법 제23조 1항은 해고에 대하여 정당한 이유가 있을 것을 요구하고 있다. 이 「정당한 이유」의 존부는 해고 당시를 중심으로 하여 객관적으로 판단되어야 하며, 채용 당시로 소급하여 경력사칭과 사용자의 주관적 판단 사이의 가정적 인과관계에 의해서 결정되어야 할 문제는 아니다.[4] 다시 말하면 근로기준법 제23조 1항에 의한 정당한 이유의 존부는 단순히 경력사칭 당시의 사용자의 주관적 내심과 사칭사실 사이의 가정적 인과관계에 의하여 결정될 것이 아니라 (징계)해고 당시에 과거의 사칭사실이 근로

1) 大判 1990. 10. 30, 89 다카 30846; 大判 1985. 4. 9, 83 다카 2202; 大判 1986. 10. 28, 85 누 851; 大判 1999. 12. 21, 99 다 53865.

2) 따라서 이와 같은 인과관계가 인정되지 않으면 사용자는 경력사칭을 이유로 해당근로자를 해고할 수 없다(大判 1986. 10. 28, 85 누 851).

3) 특히 김형배, '경력사칭과 징계해고 — 대법원 1985. 4. 9. 선고, 83 다카 2002판결에 대한 비판', 「노동법과 노동정책」(김진웅박사 회갑기념논집), 1985, 125면 이하 참고. 또한 하경효, '경력사칭과 해고', 「노동판례백선」(제2판), 2021, 178면 이하.

4) 이에 관해서 자세한 것은 김형배, '경력사칭과 징계해고', 「노동법연구」, 1991, 150면; 하경효, '학력은폐 징계해고의 타당성', 「노동법률」 1999, 6월호 참고. 경력사칭이 징계처분의 대상이 될 수 있다는 측면을 지적한 하급심 판례: 서울高判 1989. 10. 25, 89 나 9267(경력사칭을 이유로 근로자를 해고하기 위해서는 허위기재로 말미암아 근로자의 노동력·인격·신뢰성 등에 대한 사용자의 평가를 그르치게 하거나 또는 그렇게 하였을 위험성이 있다는 것만으로는 부족하고 임금수준·직급수준·직급결정 등 근로조건의 체계를 문란케 하거나 적절한 노무배치를 저해하는 등 현실적으로 기업질서를 문란케 하는 결과가 발생되어야 한다).

자의 해고를 '사회통념상' 정당화할 수 있는 것인지를 중심으로 결정되어야 한다. 왜냐하면 사용자의 해고권을 제한함으로써 근로자의 직장보호를 목적으로 하는 근로기준법 제23조 1항은 「근로관계의 존속」(근기법 제23조 I의 규정은 근로관계의 존속보호(Bestandsschutz)를 목적으로 하는 규정이다)을 유지하기 위한 규정이므로, 해고의 정당한 이유는 해고가 문제되는 당시(시점)의 제반 사정을 기초로 판단되어야 하기 때문이다. 경력사칭을 징계사유로 하는 경우에도 마찬가지이다. 판례는 가벼운 은폐[1]나 은폐사실의 추인[2] 또는 오랜 시일의 성실한 근무로 경력사칭이 치유되었다고 볼 수 있는 경우에는 징계해고를 인정하지 않는다.[3]

b) 최근 판례의 동향 최근의 판례[4]는 경력사칭행위가 징계해고사유에 해당하는 경우에도 근로기준법 제23조 1항이 마땅히 적용되어야 하므로 사회통념상 고용관계를 계속할 수 없을 정도로 근로자에게 책임있는 사유가 있는 경우에 한하여 해고의 정당성이 인정된다고 한다. 이때에 해고의 정당성을 판단하기 위해서는 경력사칭을 한 고용 당시의 사정뿐 아니라, 고용 후 해고에 이르기까지의 여러 사정을 종합적으로 고려해야 한다고 한다. 따라서 취업규칙에서 근로자가 고용 당시 제출한 이력서 등에 학력 등을 허위로 기재한 행위를 징계해고사유로 특히 명시하고 있는 경우에 이를 이유로 그 근로자를 해고하려면 고용 당시 및 그 이후 제반 사정에 비추어 사회통념상 근로관계를 계속시킬 수 없을 정도의 정당성이 인정되어야 한다. 이 판례는 경력사칭행위가 징계해고사유에 해당하는 경우에도 근로기준법 제23조 1항을 적용하여 해고시점까지의 제반 사정을 고려하여 사회통념상 고용관계를 계속할 수 없을 정도의 해고의 정당성이 인정되어야 한다고 판단한 점에서 기존의 판례 태도를 보완·수정하고 있다.[5] 타당한 판결이라고 생각한다. 또한 경력사칭행위가 취업규칙 등의 징계해고사유에 해당한다 하더라도 그에 따른 해고처분이 당연히 정당한 것으로 되지 않으며 사회통념상 고용관계를 계속할 수 없을 정도로 근로자에게 책임 있는 사유가 있는 경우에 행하여져야 그 정당성이 인정된다.[6]

---

1) 大判 2004. 2. 27, 2003 두 14338; 大判 1990. 12. 7, 90 다카 23912; 大判 2012. 7. 5, 2009 두 16763 참고.

2) 大判 1988. 12. 13, 86 다 204, 86 다카 1035.

3) 형사처벌을 받고 파면되었던 사실을 은폐하였더라도 이후 13년간 성실하게 근무한 경우 경력은폐를 이유로 한 징계해고는 「정당한 이유」가 없는 것이라고 한 판례(大判 1993. 10. 8, 93 다 30921)가 있는가 하면, 중학교 졸업자인 것처럼 사칭하고 졸업증명서를 위조·제출한 후 8년간 은폐한 채 계속 근무해 온 것이 징계해고사유에 해당한다고 한 판례(大判 1989. 3. 14, 87 다카 3196)가 있다.

4) 大判 2012. 7. 5, 2009 두 16763; 大判 2013. 9. 12, 2013 다 110316. 하경효, '경력사칭과 해고', 「노동판례백선」(제2판), 2021, 178면 이하 참고.

5) 이 판례는 종래의 저자의 견해와 유사한 것으로 생각된다. Waltermann, *ArbR* Rn. 364, 376 참고.

6) 大判 1998. 11. 10, 97 누 18189. 또한 大判 2002. 5. 28, 2001 두 10455; 大判 2006. 11. 23, 2006

또한 최근에 와서 판례는 경력·학력 사칭을 이유로 한 해고가 사회통념상 고용관계를 계속할 수 없을 정도의 것인지를 판단하는 요소로서 허위기재 사실을 알았더라면 근로계약을 체결하지 않았거나 적어도 동일한 조건으로 계약을 체결하지 않았을 것이라는 사정 이외에, 고용 이후 해고에 이르기까지 근로자가 종사한 근로의 내용과 기간, 허위기재를 한 학력 등이 종사한 업무의 정상적인 수행에 지장을 초래하는지 여부, 사용자가 학력 등의 허위기재 사실을 알게 된 경위, 알고 난 이후 당해 근로자의 태도 및 사용자의 조치 내용, 학력 등이 종전에 알고 있던 것과 다르다는 사정이 드러남으로써 노사간 및 근로자 상호 간 신뢰관계의 유지와 안정적인 기업경영과 질서유지에 미치는 영향 기타 여러 사정을 종합적으로 고려하여 판단해야 할 것이라고 판시하고 있다.[1] 이는 경력 사칭을 이유로 한 징계해고에 대하여 실질적인 관점에서 해고의 법리를 보다 충실하게 적용한 판결이라고 생각된다.

c) 경력사칭(기망행위)**과 근로계약의 취소** 경력사칭에 의한 근로계약의 체결은 근로자의 기망으로 인하여 사용자가 계약을 체결한 것이므로 사용자는 계약을 취소할 수 있다(민법 제110조)는 대법원 판결이 처음으로 나왔다(大判 2017. 12. 22, 2013 다 25194(본소)·2013 다 25200(반소)). 이에 관해서는 앞의 [39] 6. (2) b)를 참고하기 바란다. 저자는 경력사칭 사건은 원칙적으로 기망에 의한 계약취소 사건으로 다루는 것이 옳다고 생각한다.

물론 경력사칭을 이유로 근로자를 해고할 수도 있다. 즉, 사용자가 근로자의 기망행위를 이유로 한 근로계약의 취소를 하지 아니하면서 근로관계를 해지하고(근로자의 해고), 근로자 측에서도 임금청구를 하지 않으며 노무제공을 더 이상 실행하지 않는다면, 그것으로 근로관계는 종국적으로 종료되고 근로자와 사용자 사이의 이득반환의 청산 문제는 더 이상 발생하지 않는다.[2]

다 48069. 「징계해고사유에 해당한다 하더라도 그 해고가 정당한 것이 되기 위해서는 근로기준법 제23조 1항의 정당한 이유, 즉 사회통념상 당해 근로자와의 고용관계를 계속할 수 없을 정도의 이유가 있어야 한다」(大判 1995. 5. 26, 94 다 46596). 박사 학위 취득자를 채용 조건으로 하고 있는 경우에 학위논문에 부정 또는 하자(타인 작성 또는 중대한 표절 등) 등의 해고 사유가 있고, 해당 분야의 연구능력 및 전문지식을 활용할 연구원으로서의 진정성과 정직성 및 연구 환경 유지에 있어서도 상호 간 신뢰관계의 형성이 어렵게 될 수 있다면 앞으로의 제반 사정에 비추어 보더라도 고용관계를 계속할 수 없을 정도의 해고의 정당성이 인정된다(大判 2016. 10. 27, 2015 다 5170).

1) 大判 2012. 7. 5, 2009 두 16763; 大判 2013. 9. 12, 2013 다 110316.

2) *ErfK*/Preis, BGB § 611a Rn. 368 참고. 취소를 할 것인지 즉시해지를 할 것인지는 사용자의 선택에 달려 있다(Waltermann, *ArbR* Rn. 173).

4. 부당한 징계처분과 그 효과

징계사유에 해당하는 위반행위가 존재하지 않거나 징계사유와 징계의 종류 사이에 불균형이 인정되는 경우 그 징계처분은 근로기준법 제23조 1항에 위배되는 것으로서 무효이다. 부당한 징계처분은 근로자에게 불이익(예컨대 해고로 인한 취업기회의 상실, 감봉, 승진탈락 등)을 주게 되고, 명예, 신용을 해치거나 정신적 고통을 줄 수 있다. 부당한 징계처분으로 근로자가 손해를 입게 되고 사용자의 고의·과실이 인정되면 불법행위가 성립할 수 있다(민법 제750조). 근로자가 부당한 징계처분으로 정신상의 고통을 입은 경우에는 위자료를 청구할 수 있을 것이다(민법 제751조). 그러나 징계처분의 무효확인에 의하여 근로자의 정신상의 고통이 회복될 수 있는 경우에는 위법성이 부인된다는 견해가 있다.[1] 그러나 징계처분이 무효로 확인된다고 해서 언제나 위법성이 부인된다고 보아서는 아니 될 것이다. 이는 관련된 해당 사정들을 고려하여 제한적으로 해석해야 하기 때문이다. 그렇게 해석하는 것이 근로기준법 제23조 1항의 규정 취지에 부합할 것이다.

---

1) 土田, 「勞働契約法」, 508面.

제7절 사업변동과 근로관계의 이전

[66] Ⅰ. 의 의

1. 사업변동의 뜻

사업변동이라는 말은 현행법에 규정되어 있는 법률용어는 아니며 일반적으로 사업조직이 변경되는 모든 경우를 통칭하는 의미로 이해되고 있다.[1] 그러므로 사업변동에는 사업의 규모가 확대되는 경우뿐만 아니라, 축소되는 경우도 포함된다. 이와 같은 사업변동은 회사(사용자)의 소멸·교체·변동에 의하여 근로조건이 변경되고 근로관계에 영향을 미칠 수 있다. 근년, 특히 IMF 이후 시장경제의 세계화·개방화와 국내외의 사업 경쟁의 격화, 기업지배규율의 변화 등에 의한 M&A(Mergers and Acquisitions의 약칭)가 활발해지면서 주식의 취득·매각을 통하여 사업변동과 병행하여 사업조직의 변동이 증가하고 있다. 여기서 사업변동이란 회사의 합병, 분할 및 사업양도(영업양도)[2] 등 사업조직의 변동을 총칭하는 의미이다. 그런데 노동법적 관점에서 보면 사업변동은 사업주의 변경을 중심으로 나타나는 현상이라 할 수 있으므로 근로관계의 존속보호(직장상실로부터의 보호)와 근로관계의 내용보호(근로조건의 보호)가 주된 문제로 부각된다.

2. 사업변동과 근로관계 이전에 관한 형행 법규정의 태도

(1) 민법의 규정과 기본태도

현행 노동관계법에서는 사업변동시 근로관계의 승계 여부 및 근로관계 내용의 존속 여부 등에 관한 규정을 두고 있지 않다. 그렇다고 해서 민법에서 이에 관한 별도의 규정을 두고 있는 것도 아니다. 민법에서는 단지 고용계약관계에서의 권리·의무의 일신전속성에 관한 규정(민법 제657조)을 두고 있을 뿐이다.[3] 민법에서는 채권양도(제449조

---

1) 상법학자들은 사업변동과 관련해서 용어를 달리 사용하고 있다. 예컨대「회사의 구조조정」(이기수·유진희·이동승,「회사법」, 2002, 558면),「회사의 기본적 또는 기초의 변경」또는「회사의 변태(變態)」(정동윤,「상법(상)」, 2001, 731면, 843면),「회사의 기구변경」(정찬형,「상법강의(상)」, 2009, 450면),「회사의 기본적 결정사항」(김정호,「상법강의(상)」, 2001, 775면) 등으로 각각 표현하고 있으며, 이에 포함되는 내용에 있어서도 차이를 보여 주고 있다.

2) 영업양도의 개념에 관해서는 大判 2002. 3. 26, 2000 다 3347 참고.

3) 민법 제657조 1항은「사용자는 노무자의 동의 없이 그 권리를 제3자에게 양도하지 못한다」고 규정하고 있다. 그러나 이 규정은 고용관계의 포괄적 이전에 관한 규정은 아니며, 사용자가 가지고 있는 노무지급청구권을 노무자의 동의 없이 양도할 수 없음을 규정한 것에 지나지 않는다.

이하)와 채무인수(453조 이하)에 관한 제도를 두어 권리·의무의 개별적 이전을 인정하고 있으나, 유기적인 법률관계로서의 채권관계 자체를 포괄적으로 이전시키는 계약유형을 규정하고 있지 않다. 다만, 계약자유의 원칙상 양도인(구 사용자)과의 고용관계를 포괄적으로 양수인(신 사용사)에게 이전하는 계약인수(Vertragsübernahme)가 신·구 사용자 및 근로자 사이의 합의로 이루어질 수 있음은 물론이다.[1] 이때 3당사자의 합의를 필요로 하는 이유는 계약인수에는 채무(근로자의 노무제공의무)의 이전이라는 요소가 포함되어 있으므로 양도인(구 사용자)의 원계약상대방(근로자)의 의사가 존중되어야 하기 때문이다. 계약의 자유에 의하여 양도인(또는 소멸하는 기업의 계약당사자)과 양수인(또는 존속하는 기업의 계약당사자) 그리고 근로자 3자간의 합의가 있는 경우에 한해서, 근로계약관계의 이전이 인정될 수 있을 뿐이다. 양도인과 양수인 사이의 계약에 대해서 근로자가 동의하는 경우도 마찬가지로 판단된다. 결론적으로 민법은 사업변동시의 근로관계 이전에 관해서 특별 규정을 두고 있지 않다.[2]

⑵ **상법의 규정과 기본태도**

사업변동과 관련해서는 주로 상법에서 이에 관한 규정을 두고 있다. 상법은 영업양도에 관한 규정을 총칙부분에서 규정하고 있다(총칙편 제41조 이하).[3] 이어 회사편에서는 회사합병에 관한 개별규정(합명·합자의 경우 상법 제230조 이하, 주식회사의 경우 상법 제522조 이하, 유한회사의 경우 상법 제598조 이하 참조)을 두고 있다. 회사분할은 1998년 상법전

---

1) 김형배, 「채권총론」, 1999, 634면 이하; 大判 1987. 9. 8, 85 다카 733·734; 大判 1996. 9. 24, 96 다 25548. 이와 같은 3면계약의 대상은 양도인과 근로자 사이의 유기적인 계약관계 자체이며, 계약자유의 원리상 이의 양도·양수를 금지할 이유가 없다. 다만, 3면계약당사자의 일방이 근로관계의 이전에 반대할 때에는 계약관계는 승계되지 않는다. 그러나 사업이 양도되었다는 사실을 알면서 근로자가 이의를 제기함이 없이 근로를 계속하는 때에는 근로자의 동의가 추단될 수 있을 것이다.

2) 민법의 특별법인 주택임대차보호법은 사회적 약자인 임차인을 보호하기 위한 특별규정을 담고 있다. 동법 제3조 3항에 따르면 주택양수인은 주택양도인과 임차인 사이에 성립하고 있는 임대차관계를 승계하도록 하고 있는데, 이를 다른 법률관계에 유추적용할 수 있는 일정한 준칙규범으로 볼 수 있느냐 하는 문제가 제기될 수 있다. 즉, 주택임차인과 근로자의 지위는 양자 모두 일정한 기초(Subsrat: 주택과 사업)에 결부된 계속적 채권관계에 연결되어 있다는 점, 양자 모두 권리관계가 이미 이행상태에 있음을 전제로 한다는 점, 그리고 양자 모두 상대방 당사자 일방의 법률행위에 의하여 계속적 채권관계의 토대를 소멸시키지 못하도록 타방을 보호할 필요가 있다는 점에서는 유사한 측면을 지니고 있다. 그러나 주택임대차보호법은 그 적용대상을 주거용건물로 한정하는 예외적 법률로서 입법화되었고(제1조, 제2조), 그 적용에 있어서도 준물권적인 지위부여에 따른 공시방법(주택의 인도와 주민등록 또는 전입신고)을 매개로 하고 있다는 점에서 이를 다른 경우(기업변동의 경우)에 확대적용할 수 있는 일반 준칙규범으로 파악하는 것은 곤란하다(김형배·하경효·김영문, 「기업변동과 근로관계의 승계」, 1999, 112면 참고. 이와 유사한 독일에서의 논의에 관해서는 임종률, '사업주변경과 근로자의 법적 지위 — 독일에서의 문제처리를 중심으로 —', 「민법학논총」, 곽윤직교수 화갑기념논문집, 1985, 539－541면 참고).

3) 영업양도시의 사원의 동의절차에 관해서는 회사편에 별도로 규정되어 있다(상법 제374조).

개정시에 처음으로 도입된 제도(상법 제530조의2 이하 참조)로서 현행법은 주식회사에 대해서만 이를 인정하고 있다. 즉 상법은 영업양도와 합병 및 분할을 각각 다른 제도로 설정하면서, 법률효과도 서로 다르게 규정하고 있다.

일반적으로 상법은 기업에 관한 특별사법[1])으로 이해되고 있다. 그러므로 이때 기업의 의미(기업조직 내지 기업활동)를 어떻게 인식하느냐에 따라 상법이 가지는 성격과 규율대상에 관한 차이가 발생할 수 있다. 예컨대 기업의 보조자와 관련한 법률관계 중 상법은 대외적 법률관계만을 그 대상으로 하고, 대내적인 법률관계에 대해서는 전적으로 노동법적인 규율대상으로 삼는 경우가 있는가 하면, 후자까지도 포함한 광의의 기업법이 상법으로 이해되는 경우도 있다.[2]) 그런데 우리나라의 경우는 독일 등에서와 같이 광의의 기업법으로서의 의미를 지향할 수 있는 근거법률(공동결정법 등)이 없는 관계로 상법은 대외적 관계만을 대상으로 하는 협의의 기업법으로서의 지위를 가지고 있을 뿐이라고 판단되고 있다.[3]) 그렇기 때문에 현행 상법상의 제규정의 효과가 기업의 대내적인 관계에도 미치는 경우에는 노동법과의 관련하에서 정합적인 해결방안이 모색되어야 한다. 통상 기업활동과 관련된 새로운 제도가 상법에서 먼저 도입되고, 이와 관련된 추가적인 기업의 대내적 관계에 관한 문제들은 노동법의 영역으로 남게 된다. 그러므로 사업변동에 관한 노동법적 문제는 상법상의 사업변동에 따른 후속현상으로서의 의미와 지위를 갖게 된다고 볼 수 있다.[4])

3. 노동법상의 문제점과 새로운 인식의 필요성

a) 본래 기업활동 과정에서 경쟁력을 제고하고 기업운영의 효율성을 극대화하기 위하여 불필요한 기업부분을 매각하거나 필요한 다른 기업을 인수 또는 합병하는 행위는 통상적인 행위로 인정되고 있다. 기업이 경제환경의 변화에 대처하기 위하여 취하는 일련의 기업구조조정을 총칭하여 '사업변동'이라고 한다면, 이것은 다시 팽창적 사업변동의 형태와 축소적 사업변동의 형태로 나누어 볼 수 있다. 인수[5])·합병은 전자의 예에 해

---

1) 이에 관한 자세한 논의로는 이기수, '상법에서의 영업, 기업과 기업담당자', 「법학논집」(제23집), 고려대 법학연구소, 1985, 165면 이하 참조.

2) 정찬형, 「상법강의(상)」, 2009, 16면 이하, 77면 이하 참고; 同, '상법학상의 기업개념', 「기업법의 행방」, 1991, 253면 이하 참고.

3) 정찬형, 「상법강의(상)」, 2009, 77면 이하; 同, '상법학상의 기업개념', 「기업법의 행방」, 1991, 256면 이하; 정동윤, 「상법(상)」, 2001, 58면 참고.

4) 상법상 기업변동에 관한 제규정을 노동법적 문제해결을 위한 근거조항으로 적용하고자 할 때에는 이러한 체계상의 관계를 충분히 고려하여야 한다.

5) 회사의 인수를 주식의 인수를 통한 경영권의 획득이라는 의미에서 이해한다면, 이는 노동법적으로는 큰 의미가 없다. 왜냐하면 인수되는 기업은 단순히 기업주만이 바뀔 뿐이고 그 밖의 것은 아무 변

당하고, 사업양도·회사의 분할 등은 후자의 전형적인 예에 해당한다.

b) 사업의 변동시에 상법의 적용을 일차적으로 받게 되지만, 상법의 관심방향은 주로 기업의 경영주체인 기업주의 관점(기업주 및 기업주의 재산관계)에서 상사관계(재산·채무이전 Vermögens- und Schuldübergang)를 그 대상으로 파악하고 있기 때문에 노동법적인 관점과는 그 기본시각을 달리하고 있다. 그러므로 사업의 변동시에 발생하는 법적인 문제를 규율하는 상법 규정은 노동법적인 문제(근로관계의 승계, 근로조건의 유지, 단체협약·취업규칙 등의 계속적 적용 여부 등)해결을 위한 법제도와는 구별된다.

c) 사업의 변동시 제기되는 노동법적인 문제로는 여러 가지를 들 수 있다. 이를 크게 다음 세 가지 범주로 나누어 살펴볼 수 있다.

첫 번째로, 기업주의 변경에 따른 개별 근로자의 지위에 관한 문제이다. 즉 기업의 합병·분할 또는 사업의 양도가 이루어졌을 때, 개별 근로자의 근로관계 자체가 계속 존속(또는 존립)하게 되느냐의 여부가 우선 중심적 과제가 된다(종업원 지위의 유지). 더불어 근로관계가 계속 유지(존속)된다면 유지되는 근로관계의 내용이 구체적으로 어떻게 되느냐에 관한 문제가 함께 해명되어야 한다. 근로관계가 계속 존속된다고 할 때에도 존속되는 근로관계가 기존의 내용 그대로 아무 변경 없이 존속되는 것으로 보아야 할 것인지, 아니면 구체적인 내용의 변경가능성이 주어지는지가 문제된다. 다시 말하면 근로관계의 존속과 내용의 유지는 서로 구별해서 고찰해야 한다.

두 번째로, 집단적 노사관계의 질서를 규율하는 노사간의 합의사항에 대한 효력의 문제이다. 즉, 사업변동으로 단체협약체결의 일방 당사자인 기업 자체가 바뀌는 경우에 단체협약의 운명은 어떻게 되는 것인가? 신설되거나 또는 승계하는 기업이 소멸되는 기업의 단체협약의 당사자지위까지 함께 이어받는 것으로 볼 것인가? 그리고 집단적 약정의 다른 형태인 취업규칙 및 노사협정의 효력이 사업변동시 어떻게 되느냐도 아울러 고찰되어야 할 문제이다. 즉, 사업변동시에 집단적 노사관계가 개별적 근로관계와 동일한 법리에 따라 이전되는 것인지, 아니면 집단적 노사관계의 독자적 성격에 기초하여 달리 판단되어야 할 것인지가 문제된다. 집단적 노사관계당사자에 의한 법형성은 결국에는 근로관계의 구체적 내용형성으로 집약되기 때문에 첫 번째와 두 번째의 문제영역은 서로 독립되어 있는 것이 아니라 상호 관련되어 있다고 볼 수 있기 때문이다. 그러나 개별적 근로계약관계와 단체협약에 의한 근로조건의 형성방법과 적용원리는 서로 구별되며, 기업의 합병·분할·양도의 과정에서 개별적 근로관계와 집단적 노사관계가 모두 동일하게 취급될 수는 없기 때문에 그 문제해결의 접근방법에 있어 차이가 있을 수 있다.

함이 없이 그대로 유지·존속하기 때문이다.

세 번째는, 사업의 변동시에 제기되는 집단적 노사관계의 주체와 관련된 문제이다. 즉, 사업 자체가 변동됨으로써 집단적 교섭 상대방인 노동조합의 지위와 이에 따른 집단적 교섭상의 지위(단체협약 체결능력)도 함께 이전되는가 하는 문제이다. 다시 말하면 예컨대 사업양도시에 양도인과 노동조합 사이의 관계가 그대로 양수인에게 이전되는가 하는 것이다.

4. 종합적 검토와 문제의 소재

a) 위에서 설명한 바와 같이 사업변동은 회사의 합병(흡수합병·신설합병)·분할(존속분할·소멸분할)·양도에 의해서 발생한다. 그리고 양도에는 사업의 전부 또는 일부양도가 있으므로 사업변동의 모습도 다양하다. 이와 같은 사업변동은 일차적으로 상법상의 문제로서 논의의 대상이 되는 것이며, 그 핵심적 사항은 대내외적 재산의 이전에 있다고 볼 수 있다. 그러나 노동법의 문제영역인 근로관계의 이전(종업원지위의 유지)과 근로계약의 내용의 유지, 기존에 적용되었던 단체협약·취업규칙의 계속 적용 내지 효력유지, 기존 노동조합의 존속 등에 관해서는 상법에 아무 규정이 없음은 물론, 노동법 자체 내에도 이에 대하여 규정하는 바가 없다. 따라서 이러한 문제들은 전적으로 학설과 판례에 의한 해석에 맡겨져 있다고 볼 수 있다. 더구나 이에 관한 학설·판례의 견해가 매우 다양하게 전개되고 있으므로, 이에 관한 문제들을 어떤 특정 견해를 중심으로 종합·정리하여 이해한다는 것은 거의 불가능한 일이라고 할 수 있다. 이와 같은 각종의 견해의 분화 내지 난립은 가히 혼미상태에 있다고 해도 과언이 아닐 것이다.[1)]

b) 이런 혼란한 상황하에서 저자 자신의 학설적 견해를 주장한다는 것은 혼미상태를 더욱 가중시키는 것일지도 모른다. 그러나 이러한 문제들에 대해서 하나의 방법론 내지 관점을 제시한다는 것은 결코 무의미한 일은 아니라고 생각된다. 저자는 사업변동과 근로관계의 이전 및 집단적 노사관계에 대하여 다음과 같은 입장에서 문제해결에 접근하였다. 우선 사업변동시에 노동법적으로 문제되는 사항들에 대하여 노동법 내에 아무 규정을 두고 있지 않으므로, 일차적으로 사업변동의 원인이 되는 기업의 합병·분할·양도의 내용을 상법상의 규정을 기초로 해당 문제에 접근하였다. 상법상의 기업의 합병·분할·양도의 개념 내지 관련 규율에 의하여 노동법의 문제들이 무리 없이 해결되는 때에는 이에 따르는 태도를 취하였다. 다시 말하면 저자는 근로자의 보호를 무리하게 앞세워 사업변동의 원리에 반하는 이론을 전개하지 않았다. 각종의 법률들 사이에는

1) 1972년에 독일에서 제613조a가 민법에 신설되기 이전에도 학설과 판례는 매우 다양하였다(Seiter, Betriebsinhaberwechsel, 1980 참고).

총체적 균형이 유지되어야 하므로 전체 법질서 사이의 균형에 모순되는 이론의 주장은 자제하였다. 특히 단체협약·취업규칙의 존속 내지 효력유지의 문제에 있어서는 사업변동이 없는 일반적 상황에서 적용될 수 있는 법리를 기준으로 하여 문제해결을 시도하는 태도를 견지하였다. 사업변동의 경우라고 해서 정상적 경우에 적용 내지 수용될 수 없는 특별한 예외가 인정될 수는 없기 때문이다. 이와 같은 문제점은 노동조합의 지위승계에 있어서도 마찬가지로 발생할 수 있다. 다만, 노동법적 이론전개가 전체 법질서와 충돌되지 않는 한도 내에서는 법률의 흠결을 보완하는 기능적 해석을 적극 시도하였다.

c) 학설의 복잡한 대립과 혼미상태는 현실적 문제해결의 일관성 내지 법적 안정성을 위협하게 된다. 따라서 이와 같은 상태는 조속한 시일 내에 시정되어야 한다. 이에 대한 해결방법은 판례에 의해서 보다는 입법에 의해서 실현되는 것이 옳을 것이다. 왜냐하면 판례는 현행법의 테두리를 벗어나(contra legem) 법을 해석·적용할 수 없는 한계점을 가지고 있기 때문이다. 이 점은 학설에 있어서도 마찬가지라고 할 수 있다. 반면 특별법의 형식을 취하는 입법적 해결은 법적용의 일관성과 안정성을 확보하는 데 이바지하게 될 것이다. 현재 독일(민법 제613조a), 스위스(스위스채무법 제333조), 오스트리아(근로계약법·조정법(Arbeitsvertragsgesetz·Anpassungsgesetz) 제3조 1항), 유럽연합(2001/23EG(2001. 3))에서는 이 문제들을 입법적으로 해결하고 있다.

d) 이하에서는 사업변동의 유형(합병, 분할, 사업양도) 별로 근로관계의 승계, 근로조건의 유지 및 단체협약·취업규칙의 계속 적용 여부 등을 검토한다.

[67] Ⅱ. 합 병

1. 합병의 의의와 유형

합병은 복수의 회사가 「상법」의 규정에 따라 청산절차를 거치지 않고 합체하여 하나의 회사가 되는 것을 말한다. 기업조직이 전체로서 통합되는 것이 합병이므로, 기업의 어느 일부와 다른 기업의 어느 일부 또는 전부가 합체하는 것은 합병이 아니다.

회사의 합병은 그 방법에 따라 어느 일방 기업이 계속 존속하는 다른 기업에 흡수되는 흡수합병(상법 제523조 참조: 합병할 회사의 일방이 합병 후 존속하는 경우)과 복수의 회사들이 모두 합체하여 하나의 회사를 새로 설립하는 신설합병(상법 제524조 참조: 합병으로 인하여 회사를 설립하는 경우)이 있다. 어느 경우든 합병으로 인하여 소멸되는 기업의 권리의무관계는 합병에 의하여 설립되는 새로운 기업(흡수합병의 경우 존속회사, 신설합병의 경우 신설회사)에 포괄적으로 승계된다(포괄승계: 상법 제235조, 제269조, 제287조의41, 제530조, 제603조 참조).

2. 합병시 근로관계의 승계

(1) 학설의 태도

a) 합병의 경우, 상법학자들은 소멸회사 근로자의 근로관계의 대해서 아무 언급도 하지 않고 있다. 합병의 효과로서는 일반적인 권리·의무의 포괄승계와 이른바 사원[1]의 지위승계에 대해서만 언급되고 있을 뿐이다.[2] 그러나 합병시 근로관계의 승계에 관하여 명확하게 언급하고 있는 상법학자[3]도 있다. 이 견해에 의하면 합병에 의하여 근로관계는 원칙적으로 승계된다고 한다. 그러나 이에 대한 이론적 근거를 제시하고 있지는 않다. 이처럼 상법학자들이 근로관계에 미치는 합병의 효과에 대해 침묵하는 것은 근로관계를 포괄승계의 대상에 포함되지 않는 것으로 보려는 의도 때문이라기보다는 근로관계의 문제는 상법에서 다룰 사항이 아니라는 소극적 태도에서 비롯된 것으로 생각된다.

b) 노동법학자들은 일치하여 합병의 효과로서 근로관계의 승계를 인정하고 있다.[4] 그러나 승계를 인정하는 견해에 있어서도 특별한 논거를 제시함이 없이 판례를 그대로 인용하거나, 혹은 「합병 후 존속한 회사 또는 합병으로 인하여 신설된 회사는 합병으로 인하여 소멸된 회사의 권리·의무를 승계한다」는 상법의 규정(제235조)을 근거로 하거나, 혹은 상법 제235조의 규정은 기업의 존속보호의 범위를 넘어 상법과 직접 관련이 없는 근로자보호라는 기능을 함께 수행하는 것으로 보면서 상법규정의 확대적용을 주장하는 견해 등이 있다. 대체로 상법상의 합병의 효과규정을 준거규정으로 삼는 데에는 학설이 일치하고 있는 것으로 생각된다. 원래 합병은 별도의 청산절차 없이 이루어지는 것이므로 이때에 권리·의무의 포괄적 승계는 거래관계에 있던 제3자를 보호하기 위한 것이다.

---

1) 이때 사원이란 사단으로서의 회사의 구성원(예컨대 주주)을 지칭하는 것이기 때문에, 당해 회사에 고용되어 있는 근로자는 사원이 아니다.

2) 정동윤, 「상법(상)」, 2008, 919면; 정찬형, 「상법강의(상)」, 2011, 479면; 김정호, 「상법강의(상)」, 2005, 807면.

3) 최기원, 「신회사법론」, 2009, 1103면; 안동섭, 「회사의 합병·파산 및 정리 법률대응」, 1997, 40면.

4) 이병태, 노동법」, 620면; 임종률, 「노동법」, 550면; 김유성, 「노동법 Ⅱ」, 352면; 강대섭, '기업의 구조조정에 따른 근로관계의 승계와 그 내용', 「기업의 구조조정과 노동법적 과제」, 한국노동연구원, 1998, 122면 이하; 김영훈, '근로관계의 이전', 「근로관계소송상의 제문제(하)」(재판자료 제40집), 1987, 713면 이하; 김지형, '영업양도와 근로관계의 승계', 「민사재판의 제문제」(제8집), 민사실무연구회, 1994, 1032면; 현천욱, 'M&A와 노동문제', 「인권과 정의」(제252호), 1997, 33면; 박종희·김소영, 「사업변동시 노동법의 쟁점과 정책과제」, 한국노동연구원, 2000, 10면 이하; 이승욱, 「사업변동에 있어서 근로관계의 법적규율에 관한 정책적 과제」, 노동부용역보고서, 2000, 175면.

따라서 근로자 및 근로관계의 승계는 이러한 합병의 내용에 어긋나지 않는 것으로 보아도 좋을 것이다.[1)]

⑵ **판례의 태도**

합병시 근로관계의 포괄적 승계에 관한 노동법적 근거를 언급하고 있는 판례는 없으나, 대체로 이를 긍정하는 입장이라고 볼 수 있다. 판례는 상법 제235조 및 국세기본법 제23조의 규정들과 「회사합병의 법리에 비추어 보면 피합병회사의 권리·의무는 사법상의 관계나 공법상의 관계를 불문하고 그 성질상 이전을 허용하지 않는 것을 제외하고는 모두 합병으로 인하여 존속하는 회사에 승계되는 것으로 보아야」[2)] 한다는 태도를 취하고 있다. 그러므로 근로자의 근로계약관계도 그 성질상 이전이 허용되지 않는 것으로 볼 수 없는 이상, 합병을 통해 승계된다고 보는 것이 판례의 태도라고 이해된다.[3)]

결론적으로 학설과 판례가 근로관계의 승계를 인정하고 있다는 점에서는 견해를 같이 하고 있다.

⑶ **포괄승계의 효력**

흡수합병 또는 신설합병에 의하여 소멸회사 근로자의 근로계약관계도 존속회사 또는 신설회사로 포괄승계된다. 근로자의 동의가 없으면 사용자의 권리가 제3자에게 양도될 수 없다고 규정한 민법 제657조 1항은 포괄승계의 효력이 인정되는 합병에 대해서는 적용되지 않는다. 따라서 근로자의 동의 여부에 관계없이 소멸회사와의 종전 근로계약관계는 당연히 존속회사 또는 신설회사로 이전·승계된다. 마찬가지로 합병결의나 합병계약으로 근로계약의 전부 또는 일부를 승계하지 않겠다는 취지를 정하더라도 이는 무효라고 해야 한다. 한편, 합병시 근로계약관계에 대하여 포괄승계 효력을 인정한다면 합병을 원하지 아니하는 근로자(합병후 존속회사 또는 신설회사로의 이전을 원하지 않는 근로자)는 자신의 뜻에 반하여 근로계약이 승계되는 결과가 된다. 합병의 경우 회사분할과 달리 원래 소속된 회사가 소멸되기 때문에 존속회사 또는 신설회사에서 근로관계를 계속 유지할 수밖에 없고, 근로계약과 근로조건이 포괄승계되므로 승계강제에 따른 불이익이

---

1) Schaub/Ahrendt, *ArbRHandb* § 116 Rn. 5(합병계약에는 노동법적 사항이 포함되어야 한다. 독일 사업변동법(UmwG) 제324조는 민법 제613조a Ⅰ, Ⅳ내지 Ⅵ의 보호규정이 적용된다고 명시하고 있다); 박종희·김소영, 「사업변동시 노동법의 쟁점과 정책과제」, 한국노동연구원, 2000, 12면 참고.

2) 大判 1980. 3. 25, 77 누 265; 大判 1994. 3. 8, 93 다 1589; 大判 1994. 10. 25, 93 누 21231.

3) 이승욱, 「사업변동에 있어서 근로관계의 법적 규율에 관한 정책적 과제」, 노동부용역보고서, 2000, 175면. 그러나 이러한 견해에 대해서는 의문의 여지가 있다. 판례가 그 성질상 이전을 허용하지 않는 것으로 전제하는 것은 회사의 대외적인 법률관계를 대상으로 하는 것이다. 이에 반해 합병의 본질은 소멸하는 회사의 실체를 실제로 소멸시킴이 없이 존속하는 회사로서 그 전체를 이전하는 것이므로, 이런 점에서 본다면 근로자의 근로관계는 단순히 합병의 효과로서가 아니라 합병의 본질적인 요건의 의미에서 이해되어야 할 것이다.

없다는 점을 고려하면 근로자의 불이익이 특별히 크다고 보기 어렵다. 그럼에도 불구하고 합병을 원하지 않는 근로자에 대해서는 퇴직의 자유를 인정하면 충분할 것이다.

3. 근로조건의 승계 — 단체협약과 취업규칙의 승계

(1) 원 칙

합병의 경우 근로자 본인의 의사와 관계없이 근로계약관계가 존속회사 또는 신설회사에게 포괄승계되므로 근로계약에서 발생하는 권리의무의 내용도 원칙적으로 그대로 유지된다. 따라서 합병 전후의 근로조건은 동일하고 합병 그 자체에 의한 변경은 존재하지 않으므로 합병으로 소멸되는 회사의 근로자에게 불이익이 발생한다고 보기 어렵다.[1)] 다만, 포괄승계의 결과 존속회사 또는 신설회사에는 종전 2개 이상의 기업이 가지고 있던 서로 다른 근로조건이 병존하게 되고 그 결과 근로조건의 통일을 위해 근로조건의 (불이익)변경이 요구되는 경우가 적지 않다. 실무상 근로조건은 단체협약이나 취업규칙 그 밖의 노사협정에 의하여 규율 또는 형성되는 경우가 대부분이며, 따라서 근로조건의 통일화 문제는 단체협약이나 취업규칙의 (불이익)변경 절차를 통해 해소되는 것이 일반적이다.

(2) 단체협약의 승계

a) 합병의 경우 대부분의 학설은 단체협약의 승계를 인정하고 있다.[2)] 대법원도 「복수의 회사가 합병되더라도 피합병회사와 그 근로자 사이의 집단적인 근로관계나 근로조건 등은 합병회사와 합병 후 전체 근로자들을 대표하는 노동조합과 사이에 단체협약의 체결 등을 통하여 합병 후 근로자들의 근로관계 내용을 단일화하기로 변경·조정하는 새로운 합의가 있을 때까지는 피합병회사의 근로자들과 합병회사 사이에 그대로 승계되는 것이고, 합병회사의 노동조합이 유니언 숍의 조직형태를 취하고 있었다고 하더라도 위에서 본 바와 같은 피합병회사의 근로자들까지 아우르는 노동조합과 합병회사 사이의 새로운 합의나 단체협약이 있을 때까지는 피합병회사의 근로자들이 자동적으로 합병회사의 노동조합의 조합원으로 되는 것은 아니다」라고 판시하고 있다.[3)] 이 판례는 회사의

---

1) 상법 제232조 및 제527조의5는 회사의 합병에 대한 채권자 또는 주주의 권리보호를 위하여 합병결의에 대한 이의제기 절차를 규정하고 있는데 비하여 근로자는 근로계약상의 지위 그 자체에 대해서는 이의를 제기할 수 없다고 해석되고 이 점에서 근로자에 대한 상법상의 보호는 존재하지 않는다고 할 수 있다.

2) 김유성, 「노동법 Ⅱ」, 206면 이하; 김홍준, '기업변동에 있어서 노동법적 측면에 대한 소고', 「노동법연구」(제4호), 1994, 32면; 하경효, '기업의 구조조정과 단체협약, 노사협정 및 취업규칙의 효력', 「기업의 구조조정과 노동법적 과제」, 한국노동연구원, 1998, 192면 이하.

3) 大判 2004. 5. 14, 2002 다 23185, 23192.

합병에 의하여 종전의 근로관계는 포괄적으로 승계되므로 종전의 단체협약에서 정한 근로조건도 그대로 유지된다는 것이다.[1] 따라서 존속회사 또는 신설회사에 이미 노동조합이 있더라도 소멸회사와 그 근로자들 사이에 집단적 노사관계는 병존하게 되며, 다만 소멸회사의 근로자들까지 아우르는 노동조합과 존속회사 또는 신설회사가 단일 단체협약을 체결하면 소멸회사와 그 근로자들 사이에 존재하고 있던 집단적인 근로조건은 종료된다. 그러므로 대법원도 원칙적으로 합병의 결과로서 단체협약의 효력이 계속 유지된다는 입장에 서 있는 것으로 판단된다.

b) 이와 같이 대부분의 학설과 판례는 회사 합병의 경우 단체협약 자체의 승계를 인정하는 견해를 취하고 있다. 우리나라의 경우 기업별 노동조합이 대다수를 차지하고 있고 그에 따라 기업별 협약당사자가 체결한 단체협약에 의하여 근로조건의 대부분이 규율되고 있다. 여기서 단체협약의 존속에 관하여는 기존 단체협약의 일방 당사자인 기업이 합병으로 소멸하더라도 상법의 규정을 근거로 단체협약이 승계될 수 있느냐 하는 문제가 제기될 수 있다. 이에 대해서는 부정적 태도를 취하지 않을 수 없다. 협약당사자의 일방(소멸회사)이 소멸하는 한 그 사업장에 존재했던 단체협약이 별단의 조치없이 별개의 당사자(존속회사 또는 신설회사)에 그대로 승계된다는 것은 협약자치의 원칙에 반한다. 특히 기업별 단체협약의 경우 규범적 부분과 함께 채무적 부분도 적지 않기 때문에 협약당사자가 변경되었음에도 불구하고 단체협약 자체의 승계를 그대로 인정하는 것은 단체협약의 성질에 부합하지 않는다.[2] 이 경우 단순히 사업주의 교체라는 점만을 강조하고 단체협약의 승계를 인정하는 것은 집단적 노사관계의 기업별 특성을 전혀 고려하지 않는 태도라고 볼 수 있다.

따라서 단체협약의 승계에 대한 당사자 간의 특별한 합의가 없는 한 단체협약은 일방 당사자의 소멸로 실효되고, 단체협약의 내용은 근로계약의 내용으로 화체되어 존속하는데 지니지 않을 뿐 단체협약 그 자체가 승계되지는 않는다고 해석해야 한다.

(3) 취업규칙의 승계

a) 취업규칙을 계약적 성질을 가지는 것으로 이해하는 견해는 취업규칙의 부합계약적 성질을 근거로 근로관계와 함께 승계되는 것을 인정한다. 이 경우 근로관계의 승계는

---

1) 大判 2001. 4. 24, 99 다 9370(회사의 합병에 의하여 근로관계가 승계되는 경우에는 종전의 근로계약상의 지위가 그대로 포괄적으로 승계되는 것이므로(소멸회사의 퇴직금규정이 흡수회사의 퇴직금규정보다 근로자들에게 불리하다고 하더라도) 합병 당시 취업규칙의 개정이나 단체협약의 체결 등을 통하여 합병 후 근로자들의 근로관계의 내용을 단일화하기로 변경·조정하는 새로운 합의가 없는 한 합병 후 흡수회사는 해산회사에 근무하던 근로자들에 대한 퇴직금 관계에 관하여 종전과 같은 내용으로 승계하는 것이라고 보아야 한다).

2) 박종희·김소영, 「기업변동시 노동법적 쟁점과 정책과제」, 2000, 36면 이하.

단순히 종업원의 지위승계만을 뜻하는 것이 아니라 근로조건의 내용을 갖춘 근로관계가 승계되는 것으로 이해해야 하므로 소멸회사에 적용되던 구 취업규칙의 승계는 별도로 논할 필요가 없다. 취업규칙이 규범적 성질을 가지는 것으로 이해하는 견해는 합병시에도 구 취업규칙의 근로조건이 그대로 유지된다는 입장을 취한다. 그러나 사용자 일방에 의하여 작성·변경되는 취업규칙을 법규범으로 본다는 것 자체에 의문이 있지만, 합병의 효과로서 근로관계의 포괄승계 외에 소멸회사의 취업규칙이라는 법규범이 함께 승계된다는 것은 이론상 납득하기 어렵다. 법규범설을 취하면 취업규칙의 내용이 근로계약의 내용으로 화체되어 승계된다 하더라도 화체된 내용은 규범적 효력을 상실한다고 보아야 하므로 취업규칙 자체가 승계된다고 할 수 없다.[1]

b) 판례는 취업규칙의 법적 성질을 법규범설로 이해하면서도 그 구체적 근거를 제시하지 않은 채 취업규칙의 승계를 전제로 하는 태도를 취하고 있다.[2]

c) 합병에 의하여 포괄승계되는 것은 취업규칙 그 자체가 아니라 취업규칙에 의하여 형성된 근로관계의 내용이라고 이해해야 한다. 취업규칙 자체가 이전한다면 다음과 같은 모순이 생길 수 있다. 취업규칙 내에는 근로조건에 관한 사항뿐만 아니라, 사업장의 공동질서·제재 또는 각종 제도에 관한 사항이 포함되어 있다(근기법 제93조 참조). 이와 같은 사항들은 해당 기업체의 작업환경, 지역적 조건, 사업의 종류와 성격, 인적 구성, 재정상황 등의 특수성을 고려하여 작성되는 것인데 소멸회사의 사업장에 적용되었던 취업규칙의 내용이 존속회사 또는 신설회사에 그대로 승계된다는 것은 옳지 않다. 이는 하나의 사업장에 2개의 「규범」이 존재할 수 없다는 판례의 기본태도[3]에도 맞지 않는다. 취업규칙에 포함된 직장질서에 관한 부분은 해당 사업장(소멸회사)의 고유한 사항을 정한 것이므로 개별적 근로관계의 내용으로 보기도 어려울 뿐만 아니라 그 승계를 인정한다면 하나의 사업장에 복수의 상이한 직장질서를 인정하는 것이 되어 기업질서유지의 법리에도 반한다.

d) 합병시 존속회사 또는 신설회사에 승계된 근로관계의 내용은 단순히 개별적 근로계약관계의 내용으로서 승계되는 것으로 이해해야 한다. 따라서 그 내용은 강행적 효력을 가질 수 없고 새로운 사용자와의 합의를 통하여 변경될 수 있다. 존속회사 또는 신설회사의 취업규칙의 기준이 승계된 근로관계의 내용보다 근로자에게 불리한 경우에 근

---

1) 同旨: 박종희·김소영, 「기업변동시 노동법의 쟁점과 정책과제」, 한국노동연구원, 2000, 54면.

2) 회사의 합병 후 근로관계의 단일화를 위한 새로운 합의가 없는 한 퇴직금에 관한 종전의 취업규칙의 규정내용이 승계되는 것으로 본다(大判 1994. 3. 8, 93 다 1589; 大判 1995. 12. 26, 95 다 41659; 大判 1997. 12. 26, 97 다 17575; 大判 2001. 4. 24, 99 다 9370).

3) 大判(전합) 1992. 12. 22, 91 다 45165.

로기준법 제94조 1항 단서(취업규칙의 불이익변경)가 적용되어야 하느냐 하는 문제가 발생한다. 취업규칙의 승계를 인정하는 견해는 이에 대하여 긍정적 태도를 취한다. 그러나 합병 시 취업규칙이 승계되지 않는다는 태도를 취하는 한 취업규칙의 불이익변경이라는 문제는 발생하지 않으므로 동 규정이 적용될 여지가 없다.

예컨대 소멸회사에 적용되었던 취업규칙이 퇴직금에 관하여 단수제를 규정하고 있었고 존속회사 또는 신설회사의 취업규칙은 누진제를 채택하고 있을 경우에 승계된 근로자가 새 사용자의 취업규칙에 따를 것을 합의한 경우(특단의 의사가 없는 한 민법 제106조가 적용된다) 승계시점부터 새 취업규칙이 적용된다고 보아야 한다. 그렇다면 해당 근로자가 퇴직하는 경우에 퇴직금계산은 어떻게 할 것인가 하는 문제가 생긴다. 퇴직금이 임금후불적 성질을 가지고 있다는 점, 그리고 합병 시 그 근로자가 퇴직했었더라면 구 사용자의 취업규칙에 의하여 퇴직금이 산정되었을 것이라는 점(따라서 합병 시 신 사용자는 구 사용자의 취업규칙에 따라 산출된 퇴직금액에 대한 채무를 인수한다고 보아야 할 것이다) 등을 고려하여 합병 시를 기준으로 그때까지의 근속기간에 대하여는 그 당시 적용되었던 퇴직금규정에 따라 그리고 그 후의 기간에 대해서는 새 규정에 따라 각각 산출된 퇴직금을 합산하여 지급하는 것이 타당할 것이다.

e) 서로 다른 근로조건을 가진 복수의 회사가 합병될 경우 새로 합병된 회사에 소속된 근로자의 근로조건을 통일하기 위하여 근로조건의 변경은 특별한 의미를 갖는다. 그런데 합병시 취업규칙의 승계를 인정할 경우에는 근로조건의 통일을 위하여 불이익변경 절차를 밟아야 할 경우가 발생할 수 있고, 근로자들의 집단적 의사결정방법에 의한 동의가 없으면 근로조건의 통일은 사실상 어렵게 될 것이다. 그렇다면 취업규칙의 승계를 인정하지 않고 근로조건의 내용으로 화체된 근로조건을 변경하여 통일을 도모하는 것이 훨씬 더 효율적이라고 할 수 있다. 만약 그럼에도 근로조건 통일화 절차를 밟지 않아 소멸회사 근로자의 근로조건이 상당성을 잃을 정도로 불리한 결과가 될 경우에는 일반적인 균등대우의 원칙을 원용하여 근로관계의 내용을 통일하는 것이 타당할 것이다. 과거에 다른 회사에 근무했었다는 이유만으로 차별적 대우를 받는다는 것은 균등대우의 원칙에 어긋날 뿐만 아니라, 원칙적으로 전체 종업원에게 통일적으로 적용되는 취업규칙의 보편적 성격에도 부합하지 않는다.

[68] Ⅲ. 회사분할

1. 회사분할의 의의

회사분할이란 하나의 회사를 둘 이상의 회사로 나누는 것이다. 회사분할에는 하나의 회사를 분할하여 여러 개의 회사를 설립하거나(단순분할, 상법 제530조의2 Ⅰ), 회사를 분할하여 기존의 회사와 합병하는 방식(분할합병, 상법 제530조의2 Ⅱ)이 있다.

〈그림〉 단순분할

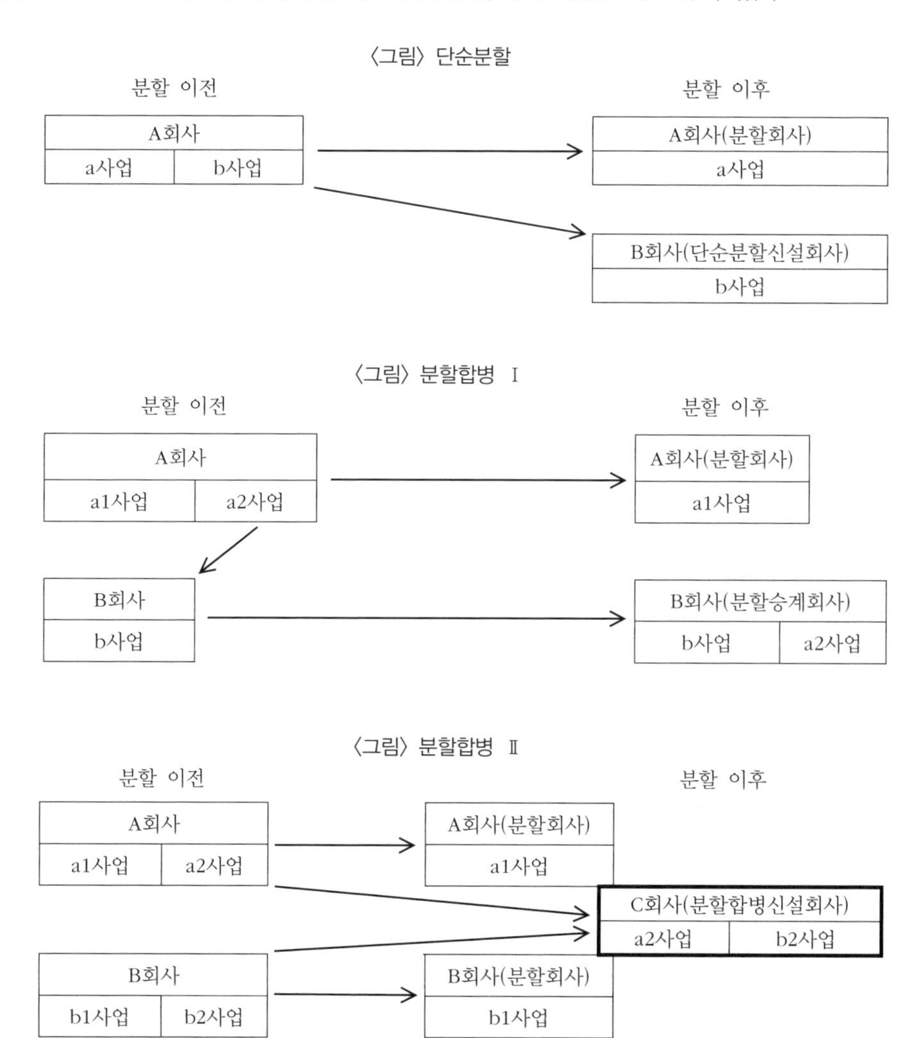

회사분할시에는 분할대상인 사업을 단순 분할하는 경우에는 분할계획서를, 분할합병하는 경우에는 분할합병계약서를 작성하여 주주총회의 승인을 받아야 한다(상법 제530조의3 Ⅰ). 분할계획서에는 분할에 의하여 설립하는 회사(단순분할신설회사)에게 이전해야 할 재산 등 법 소정의 사항을 기재해야 한다(상법 제530조의5 Ⅰ). 분할합병의 경우는 다시 두 유형으로 나뉘는데, 분할회사의 일부가 다른 회사와 합병하여 그 다른 회사(분할합병의 상대방 회사)가 존속하는 경우로서 그 존속하는 회사를 분할승계회사라고 한다(위의 그림 분할합병 Ⅰ). 다른 하나는 분할회사의 일부가 다른 분할회사의 일부 또는 다른 회사와 분할합병을 하여 회사를 설립하는 경우로서 그 설립된 회사를 분할합병신설회사라고 한다(위의 그림 분할합병 Ⅱ). 분할합병의 경우에는 분할합병계약서에 법 소정의 사항을 기재해야 한다(상법 제530조의6 Ⅰ, Ⅱ).

상법 제530조의10에 따르면 합병의 경우와 유사하게 단순분할신설회사, 분할승계회사 또는 분할합병신설회사는 분할회사의 권리와 의무를 분할계획서 또는 분할합병계약서에서 정하는 바에 따라 승계한다고 규정하고 있다. 이와 같이 회사분할의 효과는 포괄승계이고 분할계획서 또는 분할합병계약서에 기재된 권리의무는 당연히 신설 또는 승계회사에 승계된다. 포괄승계라는 효과는 합병과 동일하지만 전부승계되는 합병과 달리 포괄승계의 범위가 분할계획서 또는 분할합병계약서에서 분할 대상이 되는 부분에 한정된다는 점에서 부분적 포괄승계라고 할 수 있다.[1)]

2. 회사분할과 근로관계의 승계

a) 합병의 경우와는 달리 분할시의 근로관계의 승계 여부에 관해서는 아직 충분한 논의가 이루어지지 못하고 있다.[2)] 그 이유로는 회사분할제도가 1998년에 처음으로 상법전에 도입된 새로운 제도라는 점을 들 수 있다. 상법상 회사분할제도가 도입되기 전에는 회사의 사실상의 분할을 위한 우회적인 방법(이른바 사실상의 분할)이 활용되었다.[3)] 그러나 어떤 형태로든 간에 회사의 사실상의 분할의 경우에는 사업양도시 근로관계의 승계를 인정하는 법리를 적용하여 승계가 인정되어야 한다는 데에 견해가 일치한다.[4)] 새

1) 荒木, 「勞働法」, 438面.

2) 다만, 자세한 연구보고서로는 노동부, 「사업의 일부이전에 따른 근로관계의 이전 등 노동법상 제문제에 관한 고찰 및 개선방안 연구」, 연구기관: 한국노동법학회(연구책임자: 박종희, 공동연구자: 이승욱), 2002, 10면 이하 참고. 2002, 10면 이하 참고.

3) 정동윤, 「상법(상)」, 2006, 938년; 최기원, 「신회사법론」, 2009, 1142면 참고.

4) 김지형, '영업양도와 근로관계의 승계', 「민사재판의 제문제」(제8집), 민사실무연구회, 1994, 1031면; 김영훈, '근로관계의 이전', 「근로관계 소송상의 제문제(하)」(재판자료 제40집), 1987, 713면. 특히 판례(大判 1987. 2. 24, 84 다카 1409)는 「기업의 일부가 분리 독립하여 새로운 회사가 설립되었다 하

로운 회사분할제도가 도입될 전후의 시기에 제시된 학계의 주된 견해는, 분할시에도 근로관계의 승계가 인정되어야 한다는 입장이었다.[1] 분할이 합병의 대칭적인 의미를 가지고[2] 합병의 경우와 마찬가지로 법인격의 변동을 초래하는 특징이 인정된다면, 분할에 있어서도 합병에서처럼 근로관계의 승계가 인정되는 것이 바람직하다는 것이다. 상법 내의 동일한 조직법적 원리가 적용되는 두 제도에서 상이한 법률효과를 발생케하는 것은 타당하지 못하며, 더구나 현행 상법(1998년 개정법)은 분할의 법적 효과에 대해서도 합병의 경우에서처럼 (부분적) 권리·의무의 포괄승계를 인정하고 있으므로(상법 제530조의10), 근로관계의 승계에 있어서도 포괄승계의 효과를 확대적용하는 것이 해석상 타당하다고 판단된다.

b) 최근의 판례[3]는 상법 제530조의10의 규정을 기초로 회사분할시 근로관계가 신설회사에 승계되기 위한 요건 및 해당 근로자가 근로관계의 승계를 거부할 수 있는 경우에 대하여 판시한 바 있다. 그 판결요지는 다음과 같다. 「상법 제530조의10은 분할로 인하여 설립되는 회사(이하 '신설회사'라고 한다)는 분할하는 회사의 권리와 의무를 분할계획서가 정하는 바에 따라서 승계한다고 규정하고 있으므로, 분할하는 회사의 근로관계도 위 규정에 따른 승계의 대상에 포함될 수 있다. 그런데 헌법이 직업선택의 자유를 보장하고 있고 근로기준법이 근로자의 보호를 도모하기 위하여 근로조건에 관한 근로자의 자기결정권(제4조), 강제 근로의 금지(제7조), 사용자의 근로조건 명시의무(제17조), 부당해고 등의 금지(제23조) 또는 경영상 이유에 의한 해고의 제한(제24조) 등을 규정한 취지에 비추어 볼 때, 회사분할에 따른 근로관계의 승계는 근로자의 이해와 협력을 구하는 절차를 거치는 등 절차적 정당성을 갖춘 경우에 한하여 허용되고, 해고의 제한 등 근로자 보호를 위한 법령 규정을 잠탈하기 위한 방편으로 이용되는 경우라면 그 효력이 부정될 수 있어야 한다. 따라서 둘 이상의 사업을 영위하던 회사의 분할에 따라 일부 사업

더라도 신설회사와 구 회사 사이에 기업의 동일성을 유지하고 있고 구 회사에 속했던 근로자가 그 회사에서의 퇴직이나 신설회사에의 신규입사절차를 거침이 없이 신설회사에 소속되어 계속 근무하고 있다면 신설회사가 구 회사와는 별개 독립의 법인체로서 그 권리·의무를 포괄승계하지 않는 경우라 할지라도, 구 회사에 속한 근로자에 대한 근로관계는 신설회사에 포괄승계되어 근로의 계속성이 유지된다 할 것이므로 그 근로자에 대한 계속 근로연수를 계산함에 있어서는 구 회사에서의 근무기간까지를 통산하여야 할 것이다」라고 하여 같은 태도를 취하고 있는 것으로 보인다.

1) 하경효, '기업의 구조조정과 단체협약, 노사협정 및 취업규칙의 효력', 「기업의 구조조정과 노동법적 과제」, 한국노동연구원, 1998, 194면; 강대섭, '기업의 구조조정에 따른 근로관계의 승계와 그 내용', 「기업의 구조조정과 노동법적 과제」, 한국노동연구원, 1998, 133면; 오문완, '기업조직의 변경과 경영상 이유에 의한 해고', 「기업의 구조조정과 노동법적 과제」, 한국노동연구원, 1998, 105면; 박종희·김소영, 「기업변동시 노동법적 쟁점과 정책과제」, 한국노동연구원, 2000, 10면 이하.

2) 최기원, 신회사법론, 2009, 1143면.

3) 大判 2013. 12. 12, 2011 두 4282.

부문이 신설회사에 승계되는 경우 분할하는 회사가 분할계획서에 대한 주주총회의 승인을 얻기 전에 미리 노동조합과 근로자들에게 회사분할의 배경, 목적 및 시기, 승계되는 근로관계의 범위와 내용, 신설회사의 개요 및 업무 내용 등을 설명하고 이해와 협력을 구하는 절차를 거쳤다면 그 승계되는 사업에 관한 근로관계는 해당 근로자의 동의를 받지 못한 경우라도 신설회사에 승계되는 것이 원칙이다. 다만 회사의 분할이 근로기준법상 해고의 제한을 회피하면서 해당 근로자를 해고하기 위한 방편으로 이용되는 등의 특별한 사정이 있는 경우에는, 해당 근로자는 근로관계의 승계를 통지받거나 이를 알게 된 때부터 사회통념상 상당한 기간 내에 반대의사를 표시함으로써 근로관계의 승계를 거부하고 분할하는 회사에 잔류할 수 있다.」 즉, 회사분할의 경우는 대상이 된 사업이 포괄승계되므로 근로계약관계도 승계대상으로서 분할계획서(분할합병계약서)에 기재되면 자동적으로 승계되며, 그러한 한에서는 합병의 경우와 마찬가지로 민법 제657조 1항은 적용되지 않는다. 그러나 합병과 달리 회사분할에서는 회사가 전체로서 이전하는 것이 아니고 사업의 단위와 분할되는 단위가 반드시 일치되는 것도 아니어서 잔존 사업장에서의 계속취업 가능성도 부정할 수 없으므로 근로자의 지위에 큰 불확정요소가 발생할 수 있다. 따라서 위와 같은 대법원의 판시는 상법의 포괄승계 규정을 근로관계의 승계에 적용함에 있어 회사분할의 특수성을 감안하여 근로자의 불이익을 방지하기 위한 적절한 해석태도라고 할 수 있다.

3. 근로조건(근로자의 권리 · 의무)의 승계

(1) 원　칙

합병의 경우와 마찬가지로 회사분할의 경우에도 권리의무관계는 부분적으로 포괄승계되기 때문에 승계된 근로자의 근로조건은 분할 그 자체에 의한 변경은 발생하지 않고 분할 전후로 동일성이 유지된다. 신설 또는 승계회사 등이 회사분할 후에 해당 근로자의 근로조건을 변경할 경우에는 통상의 근로조건 변경 문제(취업규칙의 변경 등)로서 처리될 것이다.

(2) 단체협약 및 취업규칙의 승계

회사분할의 경우도 합병과 본질적으로 다를 바 없으므로 합병의 경우에 준하여 동일하게 판단하면 될 것이다([67] 3. 참고).

[69] Ⅳ. 사업양도

1. 사업양도의 의의

a) 사업양도(판례는 영업양도라는 용어를 사용하고 있다)란 사업의 전부 또는 일부를 그 동일성을 유지하면서 일체로서 양수인에게 이전하는 것으로서 이는 양도·양수 당사자 사이의 계약에 의하여 이루어진다. 양도 대상의 사업이 회사법상 주식회사인 경우 그 사업의 전부 또는 중요한 일부를 양도하려면 원칙적으로 주주총회의 특별결의가 있어야 한다(상법 제374조 Ⅰ, 제434조), 사업양도에서 사업이란 단순한 재산, 종업원이나 제3자에 대한 권리·의무의 집합체가 아니라 일정한 (사업)목적을 실현하기 위하여 유기적으로 운영되는 일체로서의 기업 조직이라고 할 수 있다.[1] 대법원은 영업의 양도란 「일정한 영업목적에 의하여 조직화된 업체 즉, 인적·물적 조직을 그 동일성을 유지하면서 일체로서 이전하는 것」으로 정의하고 있다.[2] 그러므로 사업양도 계약관계가 인정되려면 단지 어떠한 영업재산이 어느 정도로 이전되는가에 의하여 결정되는 것이 아니고 종래의 영업조직이 유지되면서 그 조직이 전부 또는 중요한 일부로서 기능할 수 있는가에 의하여 결정되는 것이므로, 예컨대 영업재산의 전부를 양도했어도 그 조직을 해체하여 양도했다면 영업의 양도는 되지 않는 반면에[3] 사업의 일부가 양도된 경우에도 그 양도된 부분만으로 종래의 조직이 동일성을 가지고 유지되어 있다고 사회관념상 인정되면 영업양도로 볼 수 있다.[4] 사업(영업)양도라는 명칭을 사용하지 아니하고 자산매매계약이라는 형식으로 매수인이 예컨대 자동차부품생산기업으로부터 전장사업부분인 영업목적상 일체화된 물적·인적 조직을 그 동일성을 유지한 채 포괄적으로 인수받았다면 사업양도에 해당한다.[5]

---

1) 사업이란 경영상 일체를 이루면서 유기적으로 운영되는 기업조직을 말한다(大判 1999. 8. 20, 98 다 765; 大判 2002. 3. 29, 2000 두 8155 등).

2) 大判 2002. 3. 29, 2000 두 8455; 大判 1991. 8. 9, 91 다 15225; 大判 1998. 4. 14, 96 다 8826 등.

3) 大判 2002. 3. 29, 2000 두 8455; 大判 2005. 6. 9. 2002 다 70822(양수회사가 양도회사로부터 버스와 운송사업면허권만을 양수하였을 뿐 그 밖의 사무실, 시설 등 부대시설을 양수한 바 없고, 소외 회사의 채권 채무 역시 일체 양수하지 아니하였으며, 양도계약에 따라 양도회사의 운전기사들 중 채용을 희망하는 일부 운전기사들과 일부 정비공을 반드시 필요한 근로자가 아닌데도 양도회사의 근로조건에 따라 채용한 것이라면 영업양도를 받은 것이라고 볼 수 없다); 위 大判 2001. 7. 27, 99 두 2680(삼미종합특수강사건) 등.

4) 大判 2002. 3. 29, 2000 두 8455; 大判 2005. 7. 22, 2005 다 602; 大判 1989. 12, 26, 88 다카 10128 등.

5) 大判 2002. 3. 29, 2000 두 8455(한국오므론전장사건).

b) 판례[1]에 따르면 자산양도의 형식을 취하여 영업 재산을 매수하면서 자산 양도인의 근로자들 중 상당수를 (자산)양수인이 채용하지 아니한 사안[2]에서 문제의 행위(양도)가 영업의 양도로 인정되느냐 안 되느냐는 단지 어떠한 영업재산이 어느 정도로 이전되었는가에 의하여 결정되어야 하는 것이 아니고 거기에 종래의 영업조직이 유지되어 그 조직이 전부 또는 중요한 일부로서 기능할 수 있는가에 의하여 결정되어야 하는 것이라고 함으로써 자산양도와 사업양도의 구별기준을 「조직의 동일성 유지」 여부에 의하여 판단하고 있다. 이 판례는 i) 공장의 자산과 함께 인적 조직(근로자들)을 포괄양도하는 방식으로는(즉 사업양도의 방식으로는) 양수희망자가 없어 결국 이 사건 공장의 자산만을 양도하기로 한 사실(이에 따라 자산매매계약의 체결에 이르게 된 사실), ii) 양수인은 양도인 소속근로자를 신규채용하면서 양도인의 인적 조직을 해체하여 양수회사의 기준 및 인사관리방법에 따라 재구성하여 조직화한 사실, iii) 양수인은 양도인의 채권·채무를 전혀 인수하지 않은 사실[3] 등을 기초로 위 사안에서의 양도행위를 자산양도로 판단함으로써 양수인에게 근로관계가 포괄적으로 승계되지 않음을 명백히 하였다.[4]

c) 사업양도는 전부양도와 일부양도로 구분된다. 전부양도의 경우 양도회사는 대개 그 실체성을 상실하고 해산절차를 거쳐 소멸에 이르게 된다. 일부양도는 양도회사의 사

1) 大判 2001. 7. 27, 99 두 2650(이른바 삼미특수강사건); 大判 2003. 11. 14, 2003 두 4287(호텔 서교사건); 大判 2003. 6. 10, 2001 다 17596; 大判 2005. 6. 9, 2002 다 70822 등.

2) 자세한 사안은 원심판결인 서울高判 1999. 1. 22, 97 구 53801을 참고, 또한 김형배·하경효·김영문, 「영업양도와 근로관계의 승계」, 1999, 194년 이하 참고.

3) 이 사건(大判 2001. 7. 27, 99 두 2680)의 원심은 위의 자산매매계약은 실질적으로는 영업양도에 해당한다고 판시하였다(서울高判 1999. 1. 22, 97 구 53801). 그 근거로서 다음과 같은 점들을 들고 있다. i) 원고와 삼미의 사업목적의 동일성, ii) 채무의 불인수가 영업양도 인정에 방해되지 않는다는 점, iii) 원고에 의해 신규재용된 근로자는 신규채용 후 삼미를 퇴직하였다는 점, iv) 채용인원의 구성비는 공장운영에 필요한 기능직이 중심이라는 점, v) 영업인원의 90%를 신규채용하여 기존 거래선을 유지하였다는 점, vi) 원고의 고유직원은 임직원, 노무관리직에 종사하여 사업운영에 비본질적이라는 점, vii) 신규채용 근로자의 수습기간중 정규직원에 상응하는 대우, viii) 고용불승계시 노동조합의 권리 및 근로자의 임금채권우선변제권의 침해가능성, ix) 삼미로부터 채용한 인적 자산을 통한 동일생산방식, 동일제품생산 등을 들어 영업상의 물적·인적 조직이 그 동일성을 유지하면서 포괄적으로 이전되었으므로 계약형식에도 불구하고 실질적인 영업의 양도이고, 또한 원고가 삼미와의 사이에 합의한 고용배제특약은 근로기준법 제23조 1항 소정의 「정당한 이유」가 없으며, 과다인력보유 여부의 불투명성과 원고의 원래 채용계획에 미달하는 인원의 채용으로 고용승계거부에 사회적 상당성이 없다고 한다.

4) 사업양도에 해당하는지 여부를 판단하는 기준으로서 독일판례는 다음과 같은 7개 사항(이른바 7개항 목록: 'Sieben-Prunkte-Katalog')을 제시하고 있다. i) 해당 사업 또는 기업의 종류, ii) 물적 사업재산의 이전, iii) 이전 당시의 실질적 자산의 가치, iv) 주된 종업원의 승계, v) 고객관계 및 공급자관계의 이전, vi) 영업양도 전 및 그 후의 사업활동의 동질성 유지의 정도, vii) 사업활동의 중단이 있는 경우에는 그 기간(Walternann, *ArbR* Rn. 408 및 그곳에 인용된 판례 참고)은 양도대상인 사업 또는 기업의 성질에 따라 각각 그 비중이 달라질 수 있다.

업 중 중요한 일부의 양도를 의미하고, 회사분할과 마찬가지로 기업의 분사화(分社化) 방법으로 활용된다. 사업양도는 합병과 달리 양도·양수 당사자 간의 계약에 의한 법률행위이므로 사업을 구성하는 개개의 권리·의무에 대한 승계절차가 있어야 하고, 그에 대한 채권자의 동의가 필요하게 된다(특정승계). 근로계약관계도 사업을 구성하는 권리의무에 해당하므로 사업양도에 의하여 근로계약관계가 양수회사에 승계되려면 원칙적으로 i) 양도회사와 양수회사 사이에 근로계약의 승계에 관하여 합의가 있어야 하고, ii) 민법 제657조 1항에 따라 근로계약의 승계에 대하여 채권자인 근로자의 동의를 필요로 하게 된다. 그에 따라 사업양도의 당사자가 양도계약을 체결하면서 일부 근로자의 승계를 배제하는 경우가 발생할 수 있고, 또한 근로자의 입장에서 양수회사로의 승계를 원하지 않아 동의를 거부하는 근로자가 있을 수 있다. 전자와 관련하여 양수회사로 근로관계가 이전되기를 희망하는 근로자로서는 근로관계의 승계가 배제되는 불이익이 발생하고, 후자와 관련해서는 양수회사로의 이전을 원하지 않는 근로자에게 근로관계의 승계를 강제하는 불이익이 발생할 수 있다.

그 밖에도 양도회사가 채산성이 낮은 사업부문을 분리하여 다른 회사에 일괄양도하는 경우에는 양수회사가 해당 부분의 근로자 전원을 인수할 수 없는 사정이 발생하게 되므로 일부 근로자를 해고하거나 선별 채용(또는 선별 배제)하는 결과가 발생할 수 있다. 그 경우 양수회사로의 승계 또는 재고용이 거부된 근로자의 법적 지위가 문제된다. 또한 양수회사의 근로조건이 승계된 근로자의 기존의 근로조건과 다를 경우 근로조건의 통일화 과정에서 근로조건의 불이익변경 문제가 발생할 수 있다.

2. 사업양도와 근로관계의 승계

(1) 양도인과 양수인의 합의 및 근로자의 동의

사업양도시에 양도·양수의 주된 대상은 i) 양도인의 재산이나 채권·채무와 ii) 인적 조직인 개별 근로자들의 권리·의무이다. 전자는 양도회사와 양수회사가 개별적으로 특정하여 합의(특정승계)하면 된다. 후자에 속하는 근로자들의 근로관계(양도인과 근로자 사이의 권리·의무관계)의 양도는 양도인이 근로자에 대한 노무제공청구권을 일시적으로 양수인에게 양도하는 것이 아니라 근로계약관계 자체를 양도(이전)하는 것을 말한다. 민법 제657조 1항은 사용자의 노무제공청구권(채권)을 근로자의 동의없이 이전할 수 없다고 규정하고 있다. 근로관계 자체의 이전(계약인수)에 관해서는 민법에 아무 규정을 두고 있지 않다.[1] 사업양도에 있어서도 근로관계의 이전·승계와 함께 민법 제657조 1항의

1) 김형배, 「채권각론(계약법)」, 2001, 580면 참고.

적용이 문제될 수 있다. 근로관계가 전적(轉籍)과 같이 개별적으로 이전하는 경우에는 민법 제657조 1항이 적용(엄격하게는 준용)된다고 보아야 할 것이다. 즉, 전적되는 근로자가 근로관계 이전에 관해 양도인에게 동의(합의)를 하고, 양도인과 양수인이 근로자의 근로관계 이전에 관한 합의(양도형전적)를 해야 할 것이다. 그러나 인적·물적 조직을 그 일체로서 동일성을 유지하며 이전하는 사업양도에는 근로관계의 포괄적 승계에 관한 합의가 내재적으로 포함되어 있는 것으로 해석될 수 있으므로 민법상의 근로자 동의 규정은 적용될 필요가 없으며,[1] 양도·양수인이 임의로 특정 근로자들의 근로관계 승계를 배제할 수 없다고 보아야 한다. 민법 제657조는 그 입법 취지상 영업양도(사업조직의 양도·양수)와 같은 경우에 적용하기 위하여 마련된 규정은 아니라고 판단된다. 다만, 근로자는 개별적으로 동조항을 근거로 근로관계의 이전 승계를 거부할 수 있는 권리를 가진다고 볼 수 있다. 근로관계 승계를 원하지 않는 근로자에게 승계강제의 불이익을 부담케 할 수는 없기 때문이다.

⑵ 사업양도시 근로관계 승계 요건

사업양도 당사자들 사이의 사업양도계약이 유효하게 성립하면 근로관계가 원칙적으로 승계된다. 그렇다고 사업양도 당사자들이 특정 근로자들의 근로관계만을 승계한다[2]는 특약을 하는 것은 인정되지 않는다. 물적·인적 조직의 동일성을 유지하면서 그 일체로서 사업 전부 또는 중요한 일부가 이전되어 기업활동이 종래와 같이 계속되고 있다면 사업주의 변경이 있다는 이유만으로 근로관계를 소멸케 하는 것은 정당하지 않다.

그러나 근로자는 양도회사로부터 퇴직하고 양수회사로 재고용되는 형식을 취할 수도 있다. 예컨대 근로자가 양도회사로부터 퇴직하고 양수회사와 계약자유의 원칙에 따라 재고용합의를 한 경우가 이에 해당한다. 판례에 따르면, 회사의 경영방침에 따라 일방적 결정으로 퇴직 및 재입사(채용)의 형식을 거친 것이라면 퇴직금을 받았더라도 근로관계는 단절되지 않는다.[3]

---

1) 일본에서는 특약필요설이 지배적이라고 생각된다. 즉, 근로계약관계의 승계에는 양도회사와 양수회사 사이의 승계합의가 필요하고, 민법 제62조 1항(우리민법 제657조 Ⅰ)이 적용되므로 근로계약관계 이전에 대한 근로자의 동의(승낙)가 필요하다고 한다. 판례는 사업양도의 경우 근로관계 승계에 대하여 기본적으로 특정승계를 전제로 하면서 승계합의의 의사해석에 따라 개별 사안에 합당한 해결을 도출한다고 한다(荒木, 「勞働法」, 434面 이하 참고).

2) 독일민법 제613조a 및 스위스채무법 제333조는 사업양도시 근로관계에 기한 모든 권리와 의무가 양수인에게 이전한다고 규정하고 있다. 스위스채무법은 1993년의 법개정으로 양도인과 근로자 사이의 근로관계 이전에 관한 약정필요요건을 삭제함으로써 입법적으로 독일민법의 경우와 같이 근로관계 자동승계의 태도를 분명히 하였다. 우리 민법이나 노동법(근로기준법)에는 이와 같은 규정(강행규정)이 없다.

3) 大判 2001. 11. 13, 2000 다 18608.

법률의 규정에 의하여(사업양도계약 없이) 사업주(사용자)가 교체되는 상속(민법 제1005조)의 경우에 상속인(신 사업주)이 피상속인(구 사업주)의 재산에 관한 포괄적 권리·의무를 승계할 뿐만 아니라 근로자에 대한 권리·의무(근로관계의 사용자지위)도 포괄적으로 승계한다고 보아야 할 것이다. 상속인이 미성년자인 경우에는 법정대리인이 그 권리·의무를 대리 행사·부담해야 한다. 상속인이 피상속인의 사용자 지위를 상속하지 않는다면 근로계약관계는 사용자의 부존재로 인하여 구체적 실현이 불가능한 상태에 빠지게 될 것이다. 따라서 근로관계의 승계문제는 발생하지 않는다.[1] 또한 국가 또는 지방자치단체가 수행하던 특정 사업을 법률에 의하여 새로 설립되는 공사에 이관하는 경우와 같이 공사의 설립에 관한 법률이나 공사의 정관 또는 취업규칙에서 근로관계의 승계에 관한 규정을 두고 있다면 관련 공무원들의 근로관계 승계는 그 규정에 따라 결정된다.[2] 이와 같은 사안은 사업(영업)양도에 해당하지 않는다고 보아야 할 것이다.

⑶ **근로관계 승계의 뜻**

근로관계의 승계는 사업양도시 근로관계 승계 요건을 갖추면 양도인과 근로자 사이에 존재하는 근로관계가 양수인과 근로자 사이에 그대로 이전·존속한다는 의미이다. 다시 말하면 종래 양도인의 근로자는 양수인과의 관계에서 종업원 지위를 그대로 유지하게 된다는 뜻이다. 그러나 근로관계가 포괄적으로 승계된다고 하더라도 다음과 같은 문제들은 해결되어야 할 사항으로 남게 된다. 즉, i) 양도인의 근로자들의 근로관계가 당연히 포괄적으로 승계되는지, ii) 일부 근로자들의 고용승계를 배제할 수 있는 경우가 인정되는지, iii) 근로관계가 승계된 근로자들의 종래의 근로조건(양도인과의 사이에서 근로계약, 취업규칙, 단체협약에 의하여 형성된 임금, 수당 그 밖의 근로조건)이 양수인에서도 그대로 유지될 수 있는지 등이 문제된다. i)에 관해서는 이곳에서, ii)에 관해서는 다음의 (4)에서 그리고 iii)에 관해서는 3.에서 설명한다.

사업양도시 근로관계가 포괄적으로 양수회사에 이전·승계된다고 하지만 이에 대해서는 자동승계설과 원칙승계설의 견해가 갈리고 있다.

a) 자동승계설 양도인과 양수인 사이에 사업양도에 관한 법률행위(매매·증여 등)가 있고 일정한 영업목적을 가진 조직화된 업체를 그 동일성을 유지하면서 일체로서 이전하면, 그것으로 종래의 근로관계는 그 전체가 포괄적으로 법률상 당연히(ipso iure) 양수인에게 이전된다는 견해이다. 독일과 스위스처럼 법률의 규정(독일민법 제613조a 및 스위스채무법 제333조 Ⅰ)으로 근로관계의 자동승계를 명문으로 규정하고 있는 경우에는

1) 사용자의 사망시 근로관계는 상속인에게 포괄승계한다는 독일의 통설: ErfK/Preis BGB §613 Rn. 5.

2) 大判 2005. 3. 25, 2003 다 39044; 大判 2011. 3. 24, 2008 다 92022.

근로관계가 포괄적으로 양수인에게 법률상 당연히 이전한다. 이러한 법률의 규정들은 양수인의 인수강제(Übernahmezwang)를 정하고 있는 것이 된다.[1] 따라서 근로관계의 이전에 대한 양수인의 동의는 필요하지 않으며, 양수인이 일정한 근로자를 배제하려고 할 때에는 해고제한법상의 정당한 이유가 있어야 한다.[2] 사업양도를 이유로 근로자측에서 근로관계를 해지하는 것은 별개의 문제이다.

자동승계설은 사업양도 시에 양수인에게 근로관계 이전의 효과가 법률상 당연히 발생하는 것을 전제로 하는 것이므로, 자동승계를 강행적으로 정한 법률의 규정이 없는 한 주장되기 어려운 견해라고 생각된다. 또한 임차인의 보호를 위한 주택임대차보호법 제3조 3항이나 정당한 이유 없는 해고를 금지하는 근로기준법 제23조 1항의 규정을 사업양도시의 자동적 고용승계의 (간접적) 근거규정으로 원용하는 것도 법이론상 무리라고 아니할 수 없다.[3]

b) **원칙승계설**(유기적 조직승계설) 원칙승계설 중에는 사업양도의 합의 속에 근로관계의 포괄적 승계를 거부하는 의사표시가 없는 한, 승계의 합의가 추정되는 것으로 해석하는 견해(의사추정설)가 있다.[4] 그러나 위에서 살폈듯이 사업양도의 대상이 되는 영업재산 자체 속에 근로관계(양도인과 근로자 사이의 권리·의무)가 조직적으로 편입되어 있으므로, 사용자가 변경되더라도 근로관계의 이전은 원칙적으로 아무 영향을 받지 않는다고 보아야 할 것이다.[5] 민법 제657조 1항의 취지가 노무제공청구권의 양도에 의하여 근로자가 받게 되는 불이익을 막으려는 데 있다면 근로관계의 원칙적 승계를 그 전제로 하는 원칙승계설에서는 민법 제657조 1항의 적용은 필요하지 않으며, 다만 승계배제특약은 근로기준법 제23조 1항의 제한을 받는다. 이와 같은 태도를 취하는 한 「원칙」승계설은 실질적으로는 당연승계설과 구별되기 어렵게 된다.[6] 원래 당연승계설은 (법률

---

1) Lieb/Jacobs, *ArbR* Rn. 294; ErfK/Preis, BGB § 613a Rn. 66 ff.

2) Lieb/Jacobs, *ArbR* Rn. 295 참고.

3) 同旨: 하경효, '영업양도와 고용승계', 「기업의 인수합병과 고용조정」(경총신서 53), 1997, 58면 이하; 김지형, '영업양도와 근로관계의 승계', 「민사재판의 제문제」(제8집), 민사실무연구회, 1994, 1044면; 이병태, 「노동법」, 614면.

4) 원직승계설은 특약필요설과 당연승계설의 절충적 입장이라고 보는 견해가 있으나 (민중기, 「근로기준법 주해 I」, 575면), 그렇게 보는 것은 엄밀한 의미에서 정확하지 않다. 원칙승계설에서는 특약에 의한 고용승계 배제가 인정되지 않는다고 보아야 하기 때문이다.

5) 김형배·하경효·김영문, 「영업양도와 근로관계의 승계」, 1999, 104면 이하; 김지형, '영업양도와 근로관계의 승계', 「민사재판의 제문제」(제8집), 민사실무연구회, 1994, 1041면 이하 참고.

6) 원칙승계설을 주장하면서도 영업의 동일성을 해치지 않는 범위 내에서 근로관계의 승계를 배제하거나 대체성 있는 근로자를 승계대상에서 제외하는 배제특약은 유효하다는 상법학자의 견해(임홍근, 「상법총칙」, 1987, 670면)가 있다. 이와 같은 견해도 현행법 하에서는 상법적 해석론상 주장될 수 없는 것은 아니나, 원칙승계설을 표방하면서 이러한 견해를 주장하는 것은 모순된다. 다른 한편 배제특

의 규정에 의하여) 양수인으로 하여금 포괄승계를 강제하는 견해이므로 배제특약은 인정될 수 없으며, 근로기준법 제23조 1항의 정당한 이유에 의한 해고는 근로관계의 승계와는 별개의 문제이다. 사업양도는 기업조직의 일체를 동일성을 유지하며 양도·양수하는 것이므로 해석론상 조직승계설로서의 원칙승계설이 타당하다고 생각한다. 판례도 원칙승계설(조직승계설)의 태도를 취하고 있다.[1)]

(4) **원칙승계와 배제특약**

a) 대법원은 「영업양도당사자 사이에 반대의 특약이 없는 한 영업의 양도에 관한 합의 안에는 원칙적으로 근로관계를 포괄적으로 승계하기로 하는 내용의 합의가 있는 것으로 사실상 추정되고, 근로관계의 전부 또는 일부를 제외하는 것은 지극히 예외적인 경우에 해당되므로, 이러한 승계제외의 특약이 유효하기 위해서는 영업양도시 근로관계의 승계를 배제할 만한 합리적 이유가 있어야 한다」[2)]고 함으로써 영업양도에 관한 합의 내에 근로관계를 포괄적으로 승계한다는 합의가 포함되어 있는 것으로 사실상 추정하고 있다. 그리고 더 나아가 대법원은 「영업양도당사자 사이에 근로관계의 일부를 승계의 대상에서 제외하기로 하는 특약이 있는 경우에는 그에 따라 근로관계의 승계가 이루어지지 않을 수 있으나, 그러한 특약은 실질적으로 해고나 다름이 없다 할 것이므로 근로기준법 제27조 1항(현행 근기법 제23조 I) 소정의 정당한 이유가 있어야 유효하다」[3)]고 한다.

이와 같은 판례의 견해에 따르면 사업양도의 합의가 있으면 근로관계에 대한 양수인의 구체적 승계의사가 있었는지 여부와 관계없이 그 합의 속에 근로관계의 포괄적 승계에 관한 합의는 추정되고, 근로관계의 승계를 배제하는 특약이 있는 때에는 그 특약은 인정되지만, 근로기준법 제23조 1항 소정의 정당한 이유가 없는 한 무효라고 한다. 또한 판례는 사업양도 그 자체는 해고사유가 될 수 없다고 한다.[4)] 이러한 판례의 태도는 다음과 같은 점에서 의문의 여지를 남기고 있다.

b) 사업양도의 합의 속에 근로관계의 포괄적 승계에 관한 원칙적 합의를 추정한다는 것은 이와 같은 합의와는 별개의 양도인·양수인 사이의 승계의 합의를 인정한다는 의미가 내포되어 있는 것이다. 그러나 양도인·양수인 사이의 구체적 승계합의에 해당하

약의 유효성을 근로기준법 제23조 1항의 정당한 이유가 있는 경우에 한하여 인정하게 되면, 실질적으로 원칙승계설은 당연승계설과 구별될 수 없게 될 것이다. 이런 의미에서 당연승계설과 원칙승계설을 구별하지 않는 견해도 있다(임종률, 「노동법」, 551면).

1) 大判 2002. 3. 29, 2000 두 8455; 大判 2005. 6. 9, 2002 다 70822; 大判 1994. 6. 28, 93 다 33173 등.
2) 大判 1994. 6. 28, 93 다 33173; 大判 2002. 3. 29, 2000 두 8455.
3) 大判 1994. 6. 28, 93 다 33173; 大判 2002. 3. 29, 2000 두 8455 등.
4) 大判 1994. 6. 28, 93 다 33173.

는 배제특약에 대하여 근로기준법 제23조 1항을 적용하는 것은 실질적으로 근로관계의 승계에 관한 당사자 사이의 자유로운 합의를 인정하지 않는 것과 다를 바가 없을 것이다. 왜냐하면 근로기준법 제23조 1항 소정의 「정당한 이유」가 있는 경우에 한해서 배제특약(실질적 승계합의)이 효력을 갖는다고 하면, 승계의 범위를 임의로 합의할 수 있는 여지는 존재하지 않기 때문이다. 근로기준법 제23조 1항에 의하여 사용자(양수인)가 근로자를 해고할 수 있는 것은 승계합의와는 관계없이 유효한 것이다. 이와 같은 결과는 결국 사업양도가 있는 경우에는 사업양도 당사자들의 의사와는 관계없이 근로관계는 「당연히」 승계되며, 배제특약은 인정될 수 없다고 하는 당연승계설과 실질적으로 다를 바가 없다. 따라서 원칙승계설을 일응 당연승계설과 구별하면서 배제특약의 효력의 한계를 근로기준법 제23조 1항에서 구한다는 것은 이론적으로 납득하기 어려운 일이다.[1] 적어도 원칙승계설이 당연승계설과 구별되는 독자성을 유지하기 위해서는 배제특약의 유효성을 사업양도계약을 체결하게 된 전후의 사정 및 경위와 양수인의 장래의 효율적 사업계획 및 특히 양수인이 계약을 체결하게 된 목적 등을 고려해서 보다 신축적으로 인정할 때에만 가능할 것이다. 따라서 이 경우에는 근로기준법 제23조 1항만을 엄격하게 적용할 것은 아니며, 제24조 1항의 규정취지도 함께 고려되어야 할 것이다.

c) 사업양도가 아닌 자산양도[2]인 경우에는 사업양도에 대한 합의가 존재하지 않으므로 근로관계의 포괄적 승계에 관한 양도인 · 양수인 사이의 합의도 추정될 수 없다. 따라서 이 경우에는 배제특약의 정당성도 문제될 수 없다.

d) 근로자가 영업양도 이전에 정당한 이유 없이 해고된 경우에 양도인과 그 근로자 사이의 근로관계는 여전히 유효하다고 볼 수 있으나 원직 복귀 이전에 영업양도가 이루어졌다면 복직은 사실상 불가능하게 되므로 양수인은 해당 근로자의 근로관계를 양수(승계)해야 하는가? 판례에 따르면 「영업양도 계약에 따라 영업의 전부를 동일성을 유지하면서 이전받는 양수인으로서는 양도인으로부터 정당한 이유 없이 해고된 근로자와의 근로관계를 원칙적으로 승계한다고 보아야 한다. 영업 전부의 양도가 이루어진 경우 영업양도 당사자 사이에 정당한 이유 없이 해고된 근로자를 승계의 대상에서 제외하기로 하는 특약은 실질적으로 또 다른 해고나 다름 없으므로 마찬가지로 근로기준법 제23조 제1항에서 정한 정당한 이유가 있어야」한다고 한다. 영업양도 전에 양도인이 근로자를

1) 근로기준법 제23조 1항에 의한 해고는 사업변동에 따른 근로관계의 이전과는 전혀 별개의 문제이다(Lieb/Jacobs, *ArbR* Rn. 292; Löwisch/Caspers/Klumpp, *ArbR* Rn. 883 참고),

2) 단순한 영업용재산의 양도는 개개의 재산 또는 그 집합체의 양도라고 하여 영업양도와 구별될 수 있으나, 동일성의 유지 및 그 재산이 활용되는 기능 등 여러 가지 사정을 고려하여 영업양도와 구별하여야 할 것이다(정동윤, 「상법(상)」, 2008, 116면 참고).

정당한 이유 없이 해고한 사실을 모르고 있었고 영업양도 약정시 관계서류에 해고된 근로자의 명단이 없었다면 양수인은 해당 근로자의 근로관계를 양수한다고 보기 어려울 것이다.[1)]

(5) 근로관계의 승계와 근로자의 거부권

a) 문제의 소재

1) 근로관계의 승계에 대하여 근로자의 동의가 필요한 것인가에 대해서는 학설상 견해가 갈린다. 긍정설[2)]은 i) 민법 제657조 1항의 취지, ii) 근로관계의 중요한 요소인 사용자 변경, iii) 사업양도시의 물적 시설과 인적 승계의 차별화, iv) 일부양도시의 잔존사업장에서의 계속취업의 가능성[3)]등의 이유를 들어 근로자의 동의를 요구한다. 부정설[4)]은 i) 민법 제657조 1항은 계약관계의 승계를 전제로 한 규정이 아니라는 점, ii) 근로관계의 승계는 기업변동의 원인, 예컨대 사업양도의 효과로서 발생한다는 점, iii) 근로자가 근로관계의 승계를 원하지 않을 경우에는 해지권을 행사할 수 있다는 점 등을 그 근거로 삼고 있다. 판례[5)]도 부정설(동의불필요설)의 태도를 취하는 것으로 생각된다. 판례는 일부양도시에 근로관계는 양도회사로부터 양수회사에 승계되는 것을 전제로 승계를 거부하는 근로자의 근로관계는 여전히 양도하는 기업과의 사이에 존속한다고 하고 있다.

2) 사업양도시에 근로관계의 승계에 대하여 근로자의 「동의」가 필요한가라는 식의 물음은 적절하지 않다고 생각된다. 왜냐하면 이 경우에 근로관계의 승계는 회사의 합병·분할, 사업양도 자체의 효과로서 포괄적으로 발생하는 것이므로 사업양도시에 근로자의 개별적 동의를 요건으로 하지 않을 뿐더러, 근로관계가 승계된 후에도 별도의 동의를 필요로 하지 않기 때문이다. 다만, 자신의 근로관계가 양도인으로부터 양수인에게 승계되는 것을 원하지 않는 근로자가 이를 거부 또는 항변할 수는 있어야 할 것이다.[6)] 사업의 일부양도에 있어서 양도회사의 사업장에 계속 일할 자리가 여전히 존재하는데 양

---

1) 大判 2020. 11. 5, 2018 두 54705.

2) 김영훈, '근로관계의 이전', 「근로관계소송상의 제문제(하)」(재판자료 제40집), 1987, 713면. 그 이외에 김홍준, '기업변동에 있어서 노동법적 측면에 대한 소고', 「노동법학」(제4호), 1994, 4면; 이용주, '영업양도와 근로관계', 「노동법연구」(제6호), 1997, 138면; 이상윤, 「노동법」, 429면 이하.

3) 大判 2012. 5. 10, 2011 다 45217 참고.

4) 김형배, 「노동법」(제13판), 423면; 이병태, 「노동법」, 615면; 임종률, 「노동법」, 551면 등.

5) 大判 2000. 10. 13, 98 다 11437.

6) 판례도 같은 태도를 취하고 있는 것으로 생각된다(大判 2000. 10. 13, 98 다 11437 참고). 독일의 판례는 근로자의 거부권행사의 근거를 그의 의사에 반해서 근로자가 「팔려(verkauft)」 가는 것은 근로자의 인격의 존엄성에 반한다는데서 구하고 있다(BAG AP Urt. v. 2. Okt. 1974−5 AZR 504/734). 또한 Henssler/Preis, 독일근로계약법토의안 제140조 5항 참고. 항변권의 법적 성질과 내용에 관해서는 이승욱, 「사업양도와 근로자의 지위」, 서울대 박사학위논문, 1997, 119면 이하 참고.

수할 사업으로 일자리를 옮기게 될 경우에 근로자의 입장에서 불리한 점이 많다고 판단될 때 근로자는 근로관계의 승계를 거부하게 될 것이다.

b) 사업의 일부양도의 경우 사업의 일부양도의 경우에 근로자가 근로관계의 이전에 반대하여 양도인의 사업장에 그대로 남기를 희망하는 때에는 양도인은 해당 근로자가 근무하던 사업부문이 양도되었다는 이유만으로 그 근로자를 해고할 수는 없을 것이다.[1] 이때에는 그 근로자가 근로관계의 이전에 반대하더라도 양도인이 ― 근로기준법 제24조에 따른 긴박한 경영상의 이유에 의한 경우가 아닌 한 ― 그 근로자를 해고할 수 없을 것이다.[2] 그리고 근로자가 일단 양수기업에 취업하기를 희망하는 의사를 표시했더라도 승계취업이 확정될 때까지는 그의 의사표시를 철회할 수 있다고 보아야 한다. 또한 근로자가 제출한 사직서가 형식상으로는 양도기업을 사직하는 내용으로 되어 있더라도 실질적으로는 양수기업에 대한 재취업신청을 철회 또는 포기하는 의사가 포함되어 있는 것으로 해석되는 경우에는 근로관계는 승계되지 않는다.[3] 근로자는 양도기업과 양수기업 모두에서 퇴직할 수도 있고, 자의에 의하여 계속적 근로관계를 단절할 의사로 양도기업에서 퇴직하고 양수기업에 새로이 입사할 수도 있다.[4] 근로관계 승계에 반대하는 의사는 근로자가 영업양도가 이루어진 사실을 안 날로부터 자신의 의사를 결정하는 데 필요한 시간 등 제반 사정이 고려된 상당한 기간 내에 양도기업 또는 양수기업에 대하여 표시하여야 한다.[5]

(6) 근로관계의 현실적 이전시기

사업양도는 채권계약인 법률행위에 의하여 실현된다. 그러나 양도인이 사업을 양도할 의무를 부담하게 되는 법률행위와 실제의 양도과정 자체는 구별해야 한다. 근로관계는 양도계약의 체결과 함께 양수인에게 즉시 이전되는 것이 아니며, 양수인이 해당 근로자들을 경영조직에 편입하는 때에 이전된다고 보아야 한다.[6] 왜냐하면 이 시기 이후에

1) 大判 2000. 10. 13, 98 다 11437; 大判 2012. 5. 10, 2011 다 45217; 大判 2002. 3. 29, 2000 두 8455 참고.

2) 同旨: 김지형, '영업양도와 근로관계의 승계', 「민사재판의 제문제」(제8집), 민사실무연구회, 1994, 1056면. 그러나 사업의 일부양도로 인한 경영상의 필요에 따라 감원이 불가피하게 된 사정으로 승계를 거부한 근로자를 근로기준법 제31조(현행 제24조)의 요건을 갖춘 경우 해고하는 것은 정당하다(大判 2000. 10. 13, 98 다 11437). 이 경우에 고용승계를 수용했더라면 일자리를 확보할 수 있었던 자가 이를 거부함으로써 잔존기업의 다른 근로자에게 경영상의 이유로 인한 해고의 불이익을 발생케 하는 것은 형평의 원리에 반한다(Lieb/Jacobs, *ArbR* Rn. 295).

3) 大判 2002. 3. 29, 2000 두 8455.

4) 大判 2012. 5. 10, 2011 다 45217.

5) 大判 2012. 5. 10, 2011 다 45217.

6) 同旨: 김지형, '영업양도와 근로관계의 승계', 「민사재판의 제문제」(제8집), 민사실무연구회, 1994, 1055면.

야 비로소 양수인이 승계된 근로자들과 관련된 경영상의 제반문제를 결정할 수 있기 때문이다. 따라서 근로관계는 양수인이 사업재산을 취득하기 전이나 또는 그 이후에 이전될 수도 있다. 그리고 근로관계의 사실상의 이전은 양수인이 승계된 근로자들과 관련된 경영조직을 인수하는 때를 기준으로 해야 하기 때문에 양도계약의 유효, 예컨대 부동산 이전행위의 유효가 그 전제가 되는 것은 아니다. 양도인이 사업활동의 이전을 위하여 사업장에서 활동을 하고 있더라도 양수인의 지시에 따르고 있다면 현실적인 이전이 개시된 것으로 보아야 한다. 그러므로 양수인의 명의로 사업장이 운영되고 있으며 외부에 대해서도 사업주로서 활동하는 때부터 현실적 사업이전이 인정된다. 해당 사업장의 종사근로자가 누구를 사업주로 여기고 있는지는 기준이 될 수 없다. 사업내적 운영권한의 이전만으로는 사업이전이라고 볼 수 없다.[1] 여기서 중요시되는 것은 양수인이 언제부터 기업운영에 대한 실질적 대내외적으로 권한을 행사하느냐 하는 점이다. 이 시점부터 양수인은 포괄승계한 근로자에 대하여 노동법상의 의무를 부담하게 되므로 자신이 해당 사업장을 운영할 의도를 주관적으로 가지고 있지 않다고 하여 사용자의 의무를 면할 수 없다.[2]

3. 사업양도와 근로조건의 승계

(1) 의 의

a) 사업양도시 근로관계의 내용보호란 존속보호와는 그 의미를 달리한다. 존속보호에서는 양수사업체에 근로관계가 이전·승계되는지, 다시 말하면 양수시 업체에서 종업원지위가 유지되는지가 문제되는 것이고, 근로관계의 내용보호에서는 양도인과 승계된 근로자 사이에 존재하였던 근로관계의 내용(근로조건)이 근로자에게 불이익을 주지 않고 그대로 이전되는지가 문제된다.

b) 우선 승계된 근로사가 양도인(구 사용자)에 대하여 가지고 있던 근로계약상의 권리가 사업양도에 의하여 소멸되거나 불리하게 변경되어서는 아니 될 것이다. 근로관계의 내용보호는 양수인과 양도인이 사업양도 이후에 근로자의 권리에 대하여 어떤 법적 지위(채무자로서의 지위 내지 책임법상의 지위)에 있는가의 문제로 요약될 수 있다. 다음으로 양도기업에서 양도인과 노동조합 사이에 체결된 단체협약의 규범적 부분(근로조건에 관한 규율부분)이 사업양도 후에도 승계된 근로자들의 근로관계에 대하여 강행적 효력을 계속 유지하느냐 하는 것이 문제된다. 양도인과 체결된 단체협약이 계속 효력을 가진다

1) ErfK/Preis, BGB § 613a Rn. 50.
2) ErfK/Preis, BGB § 613a Rn. 50.

면 승계된 근로관계는 단체협약에 의한 내용보호를 받을 수 있게 될 것이다. 끝으로 근로관계의 내용에 대하여 보호적 기능을 담당하는 양도기업의 취업규칙이 계속 적용될 수 있는 것인지 여부도 문제가 된다. 그러나 단체협약이나 취업규칙의 계속적 적용 내지 효력유지는 근로관계의 승계(종업원지위의 승계)와는 문제의 차원을 달리한다는 점에 유의해야 한다. 다시 말하면 사업양도에 의해서 근로관계는 원칙적으로(학설에 따라서는 자동적으로) 포괄승계되지만, 사업양도의 효과로서 단체협약이나 취업규칙이 승계된다고 볼 수는 없기 때문이다(위의 [67] 3. 참고). 근로계약관계의 승계와 단체협약 또는 취업규칙의 계속적 효력유지는 별개의 문제로서 검토되지 않으면 안 된다.

(2) **양수인**(신 사용자)**과 양도인**(구 사용자)**의 법적 지위**

a) 양수인의 법적 지위

1) 사업양도에 의하여 근로관계가 양수인에게 승계되면, 양수인은 기존의 근로관계에서 발생되는 모든 권리와 의무를 승계한다. 그러므로 양수인은 사용자의 지위를 보유하면서 인수한 근로자에 대하여 노무지시권과 함께 임금지급의무를 부담하게 되며, 근로자는 양수인에게 근로관계에서 발생되는 주된 근로급부의무와 종된 의무를 부담한다. 그리고 양수인은 근로관계의 이전과 함께 양도인(구 사용자)이 부담해야 할(사업양도 이전에 이미 발생한) 근로계약상의 채무(특히 임금지급채무)를 승계한다고 보아야 할 것이다.[1] 이 경우에 양도인에 의하여 변제되지 않은 채무에 대해서는 양수인도 그 채무를 면할 수 없다. 양도인은 원래의 근로계약상의 당사자로서, 양수인은 사업양도에 의하여 근로관계를 승계하는 새로운 당사자로서, 양도인과 양수인은 부진정 연대채무자의 지위에 있다고 볼 수 있다.[2] 따라서 양수인은 양도인이 임금·수당·상여금·그 밖의 급여에 대하여 양도인과 함께 연대채무를 부담한다. 연대채무는 양도인과 양수인이 인수된 근로자에 대하여 대외적으로 부담하는 채무(민법 제413조, 제114조 참조)이다. 양도인과 양수인 사이에는 각자의 지휘하에 있던 근로관계의 기간에 비례하여 각자의 부담부분을 산정할 수 있으므로, 공동면책을 위한 변제를 한 자는 상대방에게 구상권을 행사할 수 있

1) 大判 1991. 8. 9, 91 다 15225.

2) 독일민법 제613조a 2항 및 스위스채무법 제333조 3항은 영업양도시에 이미 성립한 근로자의 청구권에 대하여 양도인과 함께 양수인은 연대채무자(Gesamtschuldner)로서 책임을 부담한다고 규정하고 있다. 독일민법 제613조a 1항 및 2항에 따르면 양도인은 영업양도 전에 이미 발생된 채무와 영업양도 후 1년 내에 변제기에 도달한 채무에 관하여 양수인과 함께 연대채무를 부담한다. 스위스채무법 제333조 3항은 영업양도시에 이미 변제기에 도달한 채무와 그 후에 변제기에 도달하는 채무에 대해서 양도인과 양수인이 연대채무를 부담한다고 규정하고 있다. 다만, 후자의 경우에 근로관계의 일반해지 기간 또는 근로자가 근로관계의 승계를 거부하는 때에는 그 해지기간 내에 변제기에 도달한 채무에 대해서만 연대채무가 성립한다.

을 것이다(민법 제425조).

2) 양수인은 이미 퇴직한 근로자들의 퇴직금에 대해서는 원칙적으로 그 책임을 부담하지 않는다고 보아야 한다. 왜냐하면 사업양도 전에 이미 퇴직한 근로자의 근로관계는 양수인에게 승계되지 않기 때문이다.[1] 사업양도와는 관계없이 양도인의 근로자가 퇴직하거나 해고되고, 양수인이 그 근로자들을 재고용하는 경우(재고용형의 근로자 고용승계)에는 양도인과의 근로관계는 양수인에게 원칙적으로 승계되지 않는다. 다만, 사업 폐지의 경우에, 양도인이 일정 근로자를 해고하면서 퇴직금을 지급하지 아니한 채 사업을 양도한 때에는 궁극적으로 회사재산에 의하여 담보되는 퇴직금, 기타 임금채권의 우선변제권(근기법 제38조 I. 1 참조)을 해하게 된다는 문제점을 남기게 된다(청산절차가 없기 때문에). 양도인과 양수인 사이에 인수특약이 행하여지거나 추정되는 경우에는 퇴직금의 우선변제권은 보호받을 수 있다고 보아야 할 것이다(예컨대 양수대금으로부터 퇴직금액을 공제하는 경우).

3) 사업양수인이 사업양도가 있기 전부터 운영해 오던 별개의 사업이 있는 경우에는 사업양도에 의하여 승계된 근로자들의 근로조건과 종래 종사하고 있던 근로자들의 근로조건 사이에 차이가 발생할 수 있을 것이다. 이때에는 근로기준법상의 균등대우의 원칙(근기법 제6조), 퇴직금의 차등금지의 원칙(근퇴법 제4조 Ⅱ)은 적용될 수 없다고 해석된다.[2] 사업양수인은 인수근로자들의 근로관계의 내용을 그대로 승계한 것으로 해석되기 때문이다. 따라서 양수인은 인수된 근로자들의 근로조건이 보다 유리한 경우에는 이를 자신의 종래의 근로자들의 근로조건에 맞추어 일방적으로 조정할 수 없다. 그러나 하나의 사업 또는 사업장 내에서 근무하는 동종의 근로자들 사이에 서로 상이한 근로조건이 병존하는 것은 바람직하지 않다. 승계된 근로자들의 유리한 근로조건을 양수인의 사업장에 적용되는 불리한 취업규칙에 맞추는 것은, 결국 근로조건의 불이익변경에 해당한다. 이 경우에 판례에 따르면 해당 근로자들의 집단적 동의(근기법 제94조 Ⅰ 단서 참조)를 얻어야 한다고 한다.[3] 이와 같은 판례의 태도는 양도인의 사업장에 적용되었던 취업규칙을 양수인이 승계하는 것을 전제로 하는 것인데, 이에 대해서는 의문의 여지가 없지 않다. 왜냐하면 취업규칙의 불이익변경은 같은 사용자와 근로관계에 있는 근로자들 사

---

1) *MünchKomm*/Müller-Glöge, §613a Rn. 159; *EfrK*/Preis, BGB §613a Rn. 69; BAG AP Nr.60 zu §613a BGB = NJW 1987, 3031 = NZA 1987, 598. 異見: 이병태, 「노동법」, 617면; 임종률, 「노동법」, 555면 각주 1).

2) 同旨: 김지형, '영업양도와 근로관계의 승계', 「민사재판의 제문제」(제8집), 민사실무연구회, 1994, 1057면; 大判 1995. 12. 26, 95 다 41659 참고.

3) 大判 1997. 12. 26, 97 다 17575; 大判 1995. 12. 26, 95 다 41659; 大判 1994. 8. 26, 93 다 58714 등 참고.

이에서 발생되는 문제인데, 승계된 근로자들과는 이러한 관계가 존재하지도 않으며, 양도사업장의 취업규칙이 승계되는 것이라고 볼 수도 없기 때문이다([68] 4. 참고).

4) 양수인은 기존 사업장에서 근로자들이 근로했던 근속기간을 인정하여 인수사업장에서의 근속기간과 합산하여야 한다.[1] 이것은 예컨대 퇴직금 지급을 위한 근속기간, 또는 연차유급휴가청구를 위한 법정기간을 산정할 때 기존 사업장에서의 근무기간을 통산한다는 것을 뜻한다.

특히 양수인에게 부담이 되는 것은 퇴직금산정을 위한 근속기간의 합산일 것이다. 판례는 종전 사업장에서의 근속기간을 양수회사에서의 근속기간에 산입하지 않기로 하는 양도·양수 당사자의 합의조항은 근로자들의 동의가 없는 한 무효임을 명백히 하고 있다.[2] 사업양도에 있어서 기존의 근로관계의 내용은 변경 없이 이전되는 것이기 때문이다. 다만, 근로자의 요구가 있는 경우에 사용자는 근로자가 근로한 기간에 대한 퇴직금을 중간 정산할 수 있고, 이 경우에는 정산시점부터 퇴직금산정을 위한 기간은 새로이 기산된다(근퇴법 제8조 Ⅱ).[3]

5) 법률의 제정·개정 등으로 새로운 특수법인이 설립되어 종전에 동일한 기능을 수행하던 법인 등 단체의 활동기능을 흡수하면서 그 권리·의무를 승계하도록 하는 경우에 해산되는 종전 단체에 소속된 직원들과의 근로관계가 승계되는지의 여부가 문제된다. 판례[4]에 따르면 당해 법률에서 새로 설립되는 특수법인이 종전 단체의 직원들의 근로관계 승계에 관한 별도의 규정을 두지 아니한 채 단순히 종전 단체에 속하였던 모든 재산과 권리·의무는 승계한다는 규정만을 정하고 있다면 이 경과규정은 해산되는 단체의 재산상 권리·의무를 신설법인이 승계하도록 하여 종전단체의 해산 및 청산절차를 특별히 규정할 목적으로 규정된 것일 뿐이고, 해산되는 단체의 직원들의 근로관계를 당연히 새로 설립되는 특수법인에 승계하도록 하기 위한 것은 아니라고 한다. 이 판례에 따르면 신설된 법인이 승계하는 권리·의무는 재산상의 권리·의무뿐이고 종전단체와의 계약상 권리·의무(종업원들과의 근로관계 유지의무)는 이에 포함되지 않지만, 종전 단체의 해산시까지 발생한 근로자의 임금이나 퇴직금 등 채무는 종전 단체의 의무에 해당하여 근로관계 승계 여부에 관계없이 새로 설립되는 특수법인에 승계된다고 한다.[5]

---

1) *MünchKomm*/Müller-Glöge, §613a Rn. 97; BAG AP Nr. 35 zu §613 a BGB = NJW 1984, 1254 참고.

2) 大判 1991. 11. 12, 91 다 12806.

3) 大判 1991. 12. 10, 91 다 12035; 大判 1991. 5. 8, 90 다 16801.

4) 大判 2018. 9. 28, 2018 다 207588. 또한 大判 1995. 7. 25, 95 다 14404 참조.

5) 위 판례는 신설법인이 종전 단체로부터 승계할 권리·의무에서 근로관계의 승계가 제외되는 근거로서 관련 법규정(아시아문화도시법 부칙 제3조 제2항)에 i) 근로관계 승계에 관하여 정한 것이 없는

《사업양도 전에 양도사업체에서 퇴직한 근로자의 퇴직금 임금청구권》

사업양도에 있어서 인수되는 근로관계의 내용을 보호한다는 것은 근로자로서의 지위(즉 종업원으로서의 지위)가 승계된 것을 전제로 한다. 따라서 사업양도 전에 이미 양도인(사용자) 사업장에서 정년퇴직했거나 기타의 사유로 근로관계가 종료된(예컨대 해고) 자는 양수인과의 사이에 근로관계가 존속할 여지가 없다.[1] 따라서 사업양도 전에 퇴직한 자가 양수인과의 근로계약관계를 기초로 퇴직금 또는 체불된 임금을 청구하는 것은 불가능한 일이다. 사업양도시의 내용보호는 승계·인수된 근로관계의 내용을 보호하는 것을 의미하기 때문이다. 따라서 사업양도 전에 이미 퇴직한 근로자의 퇴직금 및 체불임금의 지급채무에 대해서는 양도인만이 책임을 부담한다.[2] 반면 근로관계의 승계와는 관계없이 퇴직근로자에 대한 양도인의 퇴직금 및 체불임금의 지급채무만이 사업양도의 내용으로서 양수인에게 승계된다고 볼 수 있는지는 의문이다(일반채권자에 대한 양수인의 채무의 인수). 이는 상법상의 영업양도의 효과 문제로 다루어져야 한다. 그러나 사업의 일부양도에 있어서는 퇴직한 근로자의 사용자(양도인)는 그대로 존속하므로 양도인에 대하여 퇴직금 및 체불임금청구권은 계속 존속한다. 이 이외에 양수인과 양도인 사이에 퇴직한 근로자에 대한 양도인의 채무를 인수하는 계약(민법 제454조 참조)을 체결한 경우에 양수인이 퇴직근로자의 퇴직금 및 체불임금에 대한 채무를 부담하는 것은 당연한 일이다.

근로관계가 승계된 근로자에 대하여 사업양도 전에 양도인이 체불한 임금에 대해서는 양수인이 채무를 승계한다.[3]

b) 양도인(구 사용자)의 법적 지위

1) 사업양도계약에 의하여 근로자의 근로관계가 양수인에게로 이전되는 법률효

점, ii) 신설 법인의 정관이나 취업규칙에도 이에 관한 규정이 없는 점, iii) 종전 단체와 신설 법인 사이에 근로관계 승계에 관한 별도의 약정이 없는 점을 제시하고 있다. 따라서 판례에 따르면 종전 단체의 권리·의무를 포괄승계한다고 하더라도 별도의 규정이나 약정이 없으면 근로관계의 승계는 승계할 의무에서 제외된다. 결과적으로 신설법인은 종전 단체의 사용자지위를 승계하는 것은 아니다. 신설법인의 경우 사업양도에서의 근로관계의 포괄적 승계 법리가 그대로 적용될 수 없는지가 문제된다. 해산된 법인과 신설법인의 실질적 동일성이 쟁점이 될 수 있다. 유력한 견해에 따르면 종업원의 승계는 소멸되는 단체와 새로 설립된 단체 사이의 합의 여부에 의해서만 결정되지 아니하고 기존 종업원의 수와 그들이 보유하고 있는 전문지식의 비중도 사업승계의 효과면에서 고려되어야 한다고 한다(Zöllner/Loritz/Hergenröder, *ArbR* § 23 Rn. 13 참고).

1) 同旨: 大判 1993. 5. 25, 91 다 41750.「그러나 양도인의 해고가 무효이며 양수인도 양도 시점에 무효사실을 알았다면 해고된 근로자의 근로관계도 양수인에게 승계된다」(大判 1996. 5. 31, 95 다 33238).

2) ErfK/Preis BGB § 613a Rn. 69; *MünchKomm*/Müller-Glöge, § 613a Rn. 159; BAG NZA 1987, 597 = DB 1987, 2047.

3) *Staudinger*/Richardi/Annuß, § 613a Rn. 152.

과를 발생시키므로 이와 동시에 양도인과 근로자 사이의 근로관계는 종료된다. 따라서 양도인은 근로관계에 기한 모든 권리와 의무를 장래에 대하여 상실하게 된다. 양도인이 권리·의무관계에서 벗어나는 시점은 사업이전 시점이 되므로, 그 이전에 발생한 채무에 대해서는 후술하는 바와 같이 사업이전(移轉) 이후에도 일정기간 연대책임을 부담하게 된다. 그러나 사업이전 이후에 새로 발생된 권리·의무에 대해서는 아무 책임을 부담하지 않는다.

2) 근로관계가 양수인에게 이전됨과 동시에 구 사용자인 양도인과의 근로관계는 소멸한다. 그러나 근로관계가 이전되기 전에 성립하였으나, 이전 이후에 이행기에 도달한 채무에 대해서는 양수인과 함께 부진정연대채무를 지게 된다는 것은 위에서 설명한 바와 같다.[1] 산재보험법이 적용되는 사업장이 양도되었을 때 보험료 납부의무자는 보험료 납부의무가 확정된 당시의 보험가입자인 사업주이다.[2]

3) 사업양도 후 양수인의 사업장에서 계속 근무하다가 퇴직하는 근로자의 퇴직금에 대하여는 양도인은 그 지급의무를 부담하지 않는다고 생각된다.[3] 근로관계가 종료되는 때에 퇴직금 지급의무는 그 당시의 사업주인 양수인(퇴직금 청구권발생 시의 사용자)에게만 발생하는 것으로 새기는 것이 옳다고 해석되기 때문이다.[4]

4) 사업양도계약이 법률상의 하자로 무효·취소됨으로써 양도인이 사업을 다시 인수하는 경우에는 그 사이에 근로자들에게 발생된 채권에 대하여 양도인은 양수인과 부진정연대책임을 부담한다고 해석된다.[5]

(3) 사업양도와 단체협약의 승계

a) 의 의

1) 사업양도의 경우에도 합병이나 회사분할의 경우와 마찬가지로 근로관계의 포괄적 승계가 인정되고, 근로관계가 양수인에게 이전·승계될 때에 그 근로관계의 내용

1) 독일민법 제613조a 2항 참고.

2) 大判 1991. 9. 10, 90 두 8848(산업재해보상보험법의 각 규정에 비추어 보면 이미 확정된 보험료의 납부의무는 당시의 보험가입자인 사업주가 지는 것으로서, 보험시행자인 국가는 특별한 법령상의 근거가 없는 한 당해 사업에 대하여 종전 보험가입자에게 귀속되었던 보험료를 새로운 보험가입자에게 다시 징수할 수는 없으며, 사업의 양도, 양수가 있어 그 사업에 관한 모든 권리의무가 포괄적으로 사업양수인에게 승계되었다거나 혹은 사업주들 간에 산재보험에 관한 사항을 승계하기로 한 약정이 있었다 하더라도 그 효력은 당사자 간의 사법적인 법률관계에 미칠 뿐이다).

3) 同旨: 김지형, '영업양도와 근로관계의 승계', 「민사재판의 제문제」(제8집), 민사실무연구회, 1994, 1061면, 異見: 김영훈, '근로관계의 이전', 「근로관계소송상의 제문제」(하)(재판자료 제40집), 1987, 709면.

4) 大判 1991. 6. 28, 90 다 14560; 大判 2002. 7. 12, 2002 도 2211 참고.

5) 김지형, '영업양도와 근로관계의 승계', 「민사재판의 제문제」(제8집), 민사실무연구회, 1994, 1061면.

(근로조건)도 마찬가지로 보호되어야 한다. 여기서 유의해야 할 것은 예컨대 사업양도와 같은 사업변동에 있어서 양도인과 노동조합이 체결한 단체협약이 근로관계의 승계와 동일한 원리에 의해서 양수인에게 이전될 수 있는가 하는 점이다. 실제적으로 양수인이 양도인으로부터 이전받은 사업을 통합하여 하나의 사업체로서 경영하는 경우(합병 및 분할합병의 경우도 이에 해당)에 근로조건이 서로 다른 근로자들이 병존하게 되는 것은 바람직하지 않으며, 이론적으로도 동일가치노동 동일임금의 원칙에 비추어 타당하지 않을 것이다. 그러나 이러한 문제에 대해서 노동법은 침묵하고 있다. 그러므로 사업양도의 효과로서 단체협약이 당연히 승계되는 것으로 볼 수는 없으며 이는 학설과 판례에 맡겨진 과제일 수밖에 없다.

2) 사업양도시에 양도인 사업장에서 양도인과 노동조합 사이에 존재했던 단체협약이 양수인에게 당연히 이전하는가? 이 문제는 여러 가지 측면에서 고찰될 수 있다. 첫째는 단체협약 자체가 양수인 사업장에 이전하는가, 둘째는 단체협약 자체는 이전하지 않더라도 양도인 사업장에 적용되었던 단체협약의 규범적 효력, 즉 근로관계의 내용(근로조건)에 대한 강행적 효력은 그대로 유지되는가,[1] 셋째로 양도인 사업장에 설립되어 있던 노동조합은 양수인 사업장에서 계속 노동조합의 지위를 유지할 수 있는가 하는 것 등이다. 이러한 논제들은 독립된 별개의 대상으로 논의될 수 있으나 실질적으로는 상호 연결된 하나의 문제이다. 왜냐하면 근로계약관계에 대하여 규범적 내지 기준적 효력을 가지는 규정들을 빼놓고는 단체협약을 논할 수 없으며, 노동조합이 없이는 단체협약이 성립·유지될 수 없기 때문이다. 이러한 의미에서 사업양도에 의하여 승계된 근로관계의 내용보호와 관련해서 논의되는 단체협약의 적용 문제는 단체협약 자체의 승계, 근로조건의 규범적 효력 유지 및 노동조합의 지위의 유지 등의 문제와 하나의 큰 틀 속에서 종합적으로 고찰하지 않으면 안 될 것이다.

3) 위의 문제들은 사업양도시 서로 다른 측면에서 논의될 수 있는 개별적 특수성을 지니고 있으므로 다음에서는 전체적인 관점을 유지하면서 각개의 문제를 개별적으로 논하기로 한다. 다만, 사업변동이 노동조합에 미치는 영향에 대해서는 별도의 항에서 살펴보기로 한다.

b) 단체협약의 존속과 효력 통설과 판례에 따르면 합병에서와 마찬가지로 사업양도에 있어서도 근로관계의 포괄적 승계를 근거로 단체협약이 당연히 승계된다고 한

---

1) Henssler/Preis, 독일근로계약법토의안은 「승계대상자에게 적용되었던 단체협약과 경영협정의 규범적 부분(근로조건)의 내용(권리·의무)은 승계되며 영업양도시부터 1년의 기한 내에는 변경될 수 없다. 다만 양수인측의 단체협약이나 경영협정에 의하여 그 근로관계의 권리·의무가 규율되어 있을 때에는 그러하지 아니하다」고 규정하고 있다(제140조 I 2·3문; 독일민법 제613조a 1항 2문 3문 참조).

다.[1] 사업 전부가 양도되는 경우에는 합병의 경우와 마찬가지로 단체협약이 당연히 승계된다고 볼 수 있을 것이다. 합병의 경우와 다르게 취급할 수 없기 때문이다. 그러나 사업의 일부양도가 이루어지는 경우로서 단체협약 체결당사자인 노동조합이 양도인의 잔존 사업부분에서 계속 존속하면서 사용자를 달리하는 양수인 사업장에 대하여 그 단계협약의 효력 승계를 주장할 수는 없다고 보아야 한다.

c) 단체협약의 강행적 효력의 유지 여부

1) 단체협약이 근로관계의 외곽에서 조합원들의 근로조건을 통일적으로 규율하는 하나의 규범적 기준으로서 존재하고 있는 것으로 이해하는 견해에 따르면 사업주의 변동으로 인해서 단체협약은 승계되지 않게 되어 협약에 의하여 규율되었던 근로관계의 내용은 공백상태가 된다. 이와는 달리 단체협약은 근로자(조합원)들의 근로관계의 내용을 형성·변경·보충해주는 법원이라고 이해하면,[2] 단체협약이 체결되면서 단체협약의 근로조건에 관한 부분(규범적 부분)은 근로관계의 내용으로 전이(轉移)됨으로써 사업양도에 의하여 단체협약 자체가 승계되지 않더라도 승계되는 근로관계에는 공백상태가 발생하지 않을 것이다(화체설: 化體說). 근로계약의 내용으로 화체된 부분은 단체협약이 유효하게 존재하는 한 기준적·직률적 효력(노조및조정법 제33조 I)을 유지할 수 있는 것이지만 사업양도에 의해서 단체협약이 승계되지 않으면, 단체협약에 의하여 형성·변경·보충되었던 근로관계의 내용은 강행적 효력을 가질 수 없다.[3] 즉 단체협약이 그 효력을 상실하게 된 후에는 소멸된 단체협약의 규범적 부분(근로조건에 관한 부분)은 근로관계의 내용으로 화체되어 있을 뿐이고 계속 강행적 효력을 가지는 것은 아니다. 화체설은 근로조건을 규정한 단체협약의 (규범적) 부분이 — 사용자와 근로자 사이의 일반적 계약내용과 같이 — 근로관계의 내용을 채워 준다는 뜻이고 화체된 부분이 단체협약과 같이 규범적 효력을 갖는다는 이론은 아니다. 따라서 사업양도에 의해서 단체협약이 승계되지 않는 한 개별적 근로관계는 단체협약에 의해서 형성된 내용으로서 강행적 효력을 보유함이 없이 승계될 뿐이다. 독일민법 제613조a 1항 2문 전단도 같은 취지의 내용을 규정하고 있다. 즉, 사업양도시에 단체협약의 규범적 부분에 의하여 규율되었던 내용은 개별적 근로관계의 내용이 된다고 규정하고 있다. 다만 동 근로관계의 내용이 규범적 효력을 유

1) 大判 2002. 3. 26, 2000 다 3347(한국오므론전장(電裝) 사건: 양도인과 노동조합 사이에 체결된 단체협약상의 권리·의무는 규범적 부분에 기한 것이건 채무적 부분에 기한 것이건 아무 구별없이 승계된다고 한다).

2) 同旨: Löwisch/Caspers/Klumpp, *ArbR* Rn. 878; 화체설의 기본 입장: 西谷, 「勞働組合法」, 341面 이하; 盛誠吾, 「勞働法總論·勞使關係法」, 334面. 외부규제설: 菅野, 「勞働法」, 876面; 荒木, 「勞働法」, 615面 이하.

3) Wiedemann, *ArbR* Rn. 589; Lieb/Jacobs, *ArbR* Rn. 497.

지하는 것은 화체 내지 전화(轉化: Transformation) 자체에 의해서가 아니라 동조 1항 2문의 법률의 규정(1년간의 불이익변경의 금지)에 의한 것이다.[1] 화체설과 독일민법 제613조a 1항 2문에 의한 전화 사이에 차이가 있는 것은 화체 및 전화의 시점이 다르다는 데 있다.

2) 그러면 근로관계의 내용이 된 과거의 단체협약의 규범적 부분은 노조및조정법 제32조 3항 1문에 의하여 사업양도시부터 3월까지 기준적 효력(강행적 효력)을 가질 수 있는가? 이에 대해서는 다음과 같은 이유에서 부정적으로 판단할 수밖에 없다.[2] 동조 동항은 사용자와 노동조합 사이에 새로운 단체협약의 체결을 위하여 교섭을 계속하고 있는 경우에 적용되는 규정이므로 사업이 양도되어 단체협약이 양수인에게 승계되지 않는 경우에는 적용될 여지가 없다고 생각된다. 독일민법 제613조a 1항 2문에서 단체협약의 규범적 부분이 근로계약관계의 내용으로 전화된 후부터 그 내용은 1년간 근로자에게 불이익하게 변경될 수 없다고 규정한 것은 화체 내지 전화 편입의 당연한 효과를 정한 것이 아니라, 이러한 특별규정이 없는 한 그 부문의 내용은 기준적 효력을 가질 수 없음을 전제로 하고 있는 것이다. 따라서 이와 같은 현행법상의 특별규정이 없는 우리나라에서는 근로관계의 내용으로 전화·화체된 내용은 — 채권·채무로서의 효력을 가진 — 개별적 근로관계의 내용으로서의 효력만을 가질 뿐이다.[3] 다시 말하면 승계된 근로자들과 양수인 사이에서 기존의 단체협약 내용의 준수합의(예컨대 집단적 합의) 또는 양수인의 약속이 없는 한 그 내용은 개별적 계약당사자 사이에서 임의로 변경될 수 있을 것이다. 그러나 사용자 일방에 의한 근로관계의 변경은 불가능하므로 양수된 근로자의 근로관계의 내용이 양수인 사업장의 기준보다 높다고 해서 이를 일방적으로 하향 조정할 수는 없다.[4]

3) 인수된 근로자가 인수인 사업장에 설립되어 있는 노동조합에 가입하는 경우에는 그 근로자의 근로관계의 내용은 인수사업장의 단체협약의 규범적 부분이 가지는 기준적 효력에 의하여 변경된다고 보아야 한다. 이때 유리한 조건 우선의 원칙(Günstigkeitsprinzip)은 적용되지 않는다.[5]

---

1) 김형배, 「노동법」(제26판), 658면.

2) 異見: 박종희·김소영, 「기업변동시 노동법적 쟁점과 정책과제」, 2000, 41면.

3) 김형배, 「노동법」(제26판), 658면 참고. 다만 독일민법 제613조a 1항 2문과 같은 규정이 있는 경우에는 규범적 효력을 가질 수 있다.

4) 판례는 사업양도 또는 기업합병 후 인수사업장의 퇴직금 규정이 승계전의 그것보다 불리하다면 근기법 제94조 1항 단서의 규정에 의하여 근로자 집단의 집단적 의시결정방법에 의한 동의를 얻어야 한다고 한다(大判 1995. 12. 26, 95 다 41659). 그러나 불리한 규정의 소급효를 인정할 수는 없다고 생각된다. 퇴직금은 임금후불적 성질을 갖기 때문이다.

5) 독일민법 제613조 1항 2문의 규정은 인수된 근로자의 근로관계의 전화된 내용은 근로자에게 불리하게 변경될 수 없다고 규정하고 있으나, 이 경우에는 동조항은 제한해석되어야 한다(Lieb/Jacobs,

4) 다만, 노동조합의 조직형태가 산별 또는 이와 유사한 유형을 가지고 있는 경우에는 사정이 다르다. 예컨대 양도인과 양수인이 동일한 사용자단체의 구성원으로서 동일한 노동조합과 산별단체협약을 체결하고 있는 때에는 단체협약의 승계문제는 처음부터 발생하지 않는다.[1]

(4) **사업양도와 취업규칙의 승계**

사업양도에 의하여 이전 및 승계의 대상이 되는 것은 양도인이 작성한 취업규칙 자체가 아니라 그 취업규칙에 의하여 형성된 근로관계의 내용이다. 따라서 양도인이 작성한 취업규칙에 대하여 사업양도 당사자 간에 승계 합의가 없는 한 이를 당연히 양수인이 승계한다고 보기 어렵다(이에 대해서는 위 [67] Ⅱ. 3. 참고).

a) 학설 및 판례

1) **학 설** 취업규칙을 계약적 성질을 가지는 것으로 이해하는 견해는 근로관계의 승계는 단순히 종업원의 「지위」승계만이 아니라 취업규칙의 기준이 화체된 근로관계의 내용을 승계한 것으로 이해하므로 양도인 사업장에서 적용되었던 취업규칙 자체의 승계를 별도로 문제삼지 않는다.

이와는 달리 취업규칙을 법규범적 성질을 가지는 것으로 이해하는 다수설은 합병 및 사업양도시에 양도인 사업장에 적용되었던 취업규칙의 근로조건이 그 자체로서 그대로 유지된다는 견해를 취한다.[2] 이에 대하여는 비판적인 견해가 있다.[3]

2) **판 례** 판례는 취업규칙이 법규범적 성질을 가지는 것으로 이해하고 있다.[4] 그리고 사업양도나 합병시 그 전 사업장의 취업규칙이 승계되는 것으로 전제하고 있다.[5]

b) 취업규칙 승계의 부적절성 취업규칙 내에는 근로조건에 관한 사항뿐만 아니라 사업장의 공동질서 · 제재 또는 각종 제도에 관한 사항이 포함되어 있다(근기법 제93조

ArbR Rn. 323 참고).

1) 보다 자세히는 김형배, 「노동법」(제26판), 659면 이하 참고.

2) 김지형, '영업양도와 근로관계의 이전', 「민사재판의 제문제」(제8집), 1994, 1057면; 이용구, '영업양도와 근로관계', 「노동법연구」(제6호), 1997, 139면; 임종률, 「노동법」, 555면 등.

3) 박종희 · 김소영, 「기업변동시 노동법적 쟁점과 정책과제」, 2000, 54면.

4) 大判 1977. 7. 26, 77 다 355.

5) 승계 전의 취업규칙에서 정한 퇴직금 규정보다 인수회사의 취업규칙이 불리한 경우 근기법 제94조 1항 단서에 따른 집단적 방식에 의한 동의 없이는 승계 후의 퇴직금 규정을 적용할 수 없다고 하거나(大判 1997. 12. 26, 97 다 17575; 大判 2001. 4. 24, 99 다 9370; 大判 2010. 1. 28, 2009 다 32362 등), 회사의 합병 후 근로관계의 단일화를 위한 새로운 합의가 없는 한 퇴직금에 관한 종전의 취업규칙의 규정내용이 승계되는 것으로 보고 있다(大判 1994. 3. 8, 93 다 1589; 大判 2001. 10. 30, 2001 다 24051 등).

참조). 이와 같은 사항들은 해당 기업체의 전통, 작업환경, 지역적 조건, 사업의 종류와 성격, 인적 구성, 재정적 능력 등의 특성을 고려하여 작성되는 것인데 양도인의 사업장에 적용되었던 취업규칙의 내용이 양수인의 사업장에 당연히 승계된다면 이는 적절한 것이라고 보기 어렵다. 특히 취업규칙 내의 직장질서나 인사에 관한 부분은 사업장 전체를 규율하는 해당 사업장 고유의 사항을 정한 것이므로 이를 개별적 근로관계의 내용으로만 이해하는 것은 불합리하다. 이러한 부분의 승계를 인정한다면 하나의 사업장에 복수의 직장질서와 인사제도가 존재하는 것이 되어 기업질서유지에 혼란을 가져올 수 있다.[1)]

c) **퇴직금지급청구** 취업규칙에 따라 퇴직금누진제가 적용되던 사업체가 양도되면서 포괄승계된 근로자가 얼마 후 퇴직한 경우에 해당 근로자는 전 사용자인 양도인에 대하여 누진율에 따라 산정된 사업양도시까지의 퇴직금을 청구할 수 있는지가 문제된다. 이에 대하여는 부정적으로 볼 수밖에 없다. 왜냐하면 양도인과 근로자 사이의 근로계약관계는 사업양도시에 양도인으로부터 양수인에게 포괄승계되어 양도인은 해당 근로자가 퇴직하는 시점에 사용자의 지위에 있지 않으며, 양수인이 양도인의 사용자 지위를 승계하였기 때문이다. 따라서 양수인은 일차적으로 승계된 근로자들의 권리·의무의 당사자로서 퇴직 근로자에 대한 퇴직금 지급채무를 부담한다고 보아야 한다. 이에 대하여는 법률에 아무 특별(보호)규정이 없다. 그러나 양수인이 양도인의 근로자들을 포괄승계하면서 근로자들에 대한 양도인의 권리·의무를 승계한 것으로 볼 수 있으므로 양수인은 양도인의 미지급임금이나 퇴직금 지급채무도 승계한 것으로 볼 수 있다. 이와 같은 채무인수약정은 일반적으로 사업양도계약에 포함되어 있거나 그렇게 해석될 수 있는 근거조항이 설정되어 있을 수 있다.[2)] 양수인 사업장에는 누진제가 적용되고 있지 않더라도 포괄승계가 이루어지는 시점에서 해당 근로자는 양도인 사업장의 취업규칙에 따라 누진적으로 산정·적치된 퇴직금액에 대하여 구체적 채권(재산권)을 가지며, 퇴직금은 임금후불적 성질을 가지므로 양수인이 퇴직금을 지급한다고 해서 포괄승계 이전의 기간에 대해서까지 양수인 사업장의 취업규칙을 적용하여 누진제 적용을 배척할 수 없다. 해당 근로자의 퇴직금은 퇴직시점에 누진적으로 산정된 금액으로 확정되고 있는 것으로 보아

1) 박종희, '기업변동에 따른 노동법적 과제', 「법학논집」(제35집), 고려대 법학연구원, 191면 참고.

2) 독일민법 제613조a 2항 1문은 양도인과의 근로계약관계 존속기간 중에 발생한 채무가 포괄승계 후 1년이 경과하기 전에 그 이행기가 도래한 것이면 양도인은 양수인과 그 채무에 대하여 연대채무를 부담한다고 규정하고 있다. 이미 이행기가 도래한 지체된 임금이나 각종 수당, 휴업수당, 상여금 등은 이에 속하지 않는다. 퇴직금은 근로관계가 승계되는 한 구체적 청구권이 이행기에 도래하지 않으므로 연대채무에 의하여 보호된다. 우리나라의 법률은 이에 관한 규정을 두고 있지 않으나 양도인과 양수인 사이의 양도계약에 의하여 또는 보충적 계약해석에 의하여 이를 인정할 수 있다(이에 대한 자세한 논의에 관해서는 ErfK/Preis, §613a Rn. 133).

야하므로 이를 소급해서 삭감하는 것은 근로자의 재산권을 침해하는 것이어서 위법하고, 이에 대한 제3자의 처분행위는 무효이다. 누진적으로 산정된 퇴직금은 주택구입 등 대통령령으로 정하는 사유로 근로자가 요구하는 경우에는 근로자가 퇴직하기 전에도 계속근로기간에 따라 퇴직금을 산정하여 지급받을 수 있는 확정적인 금액임을 전제로 하는 것이므로(근퇴법 제8조 Ⅱ, 동법 시령 제3조 참조) 이와 같은 퇴직금이 해당 근로자의 동의없이 삭감되는 것은 있을 수 없다. 다만 포괄승계된 근로자가 양수인 사업장에서 근무하면서 새로운 취업규칙의 적용을 받아 발생하는 퇴직금은 다를 수 있다. 이에 관해서는 위에서 설명하였다. 이상의 설명에서 알 수 있듯이 취업규칙은 사업양도시에도 원칙적으로 인수인 사업장에 승계되어 적용되지 않는다.

d) 승계된 근로관계 내용의 효력

1) 사업변동시에 양수인에게 승계된 근로관계의 내용은 단순히 개별적 근로계약관계(권리·의무관계)의 내용으로서 승계되는 것으로 이해해야 한다. 따라서 그 내용은 강행적 효력을 가질 수 없고 양수인인 사용자와의 합의를 통하여 변경될 수 있다고 보아야 한다. 다만 양수인 사업장의 취업규칙의 기준이 승계된 근로자에게 적용되었던 양도인 사업장의 취업규칙의 내용보다 근로자에게 불이익한 경우에 근로기준법 제94조 1항 단서(취업규칙의 불이익변경)가 적용되어야 하느냐 하는 문제가 발생한다. 취업규칙의 승계를 인정하는 견해는 이에 대하여 긍정적 태도를 취한다.[1] 이에 관해서는 위에서 언급하였다. 사업변동시 취업규칙이 승계되지 않는다는 태도를 취하는 한 취업규칙의 불이익변경이라는 상황은 발생하지 않으므로 동 규정이 적용될 여지가 없다.

2) 위의 경우와는 달리 양도인 사업장에서 적용되었던 취업규칙이 퇴직금에 관하여 단수제를 규정하고 있었으나 양수인 사업장의 취업규칙은 누진제를 채택하고 있는 경우에 승계된 근로자가 양수인 사업장의 취업규칙에 따를 것을 합의하고 2년간 근무하다가 퇴직하였다면 그 근로자의 퇴직금은 어떻게 산정할 것인가? 이때에는 사업양도시를 기준으로 그 때까지의 근속기간에 대하여는 양도인 사업장의 단수제 퇴직금규정에 따라, 그 후의 기간(2년)에 대하여는 양수인 사업장의 누진제 퇴직금규정에 따라 각각 산출된 퇴직금액을 합산하여 지급하는 것이 타당할 것이다.[2]

---

1) 大判 2001. 4. 24, 99 다 9370; 大判 1997. 12. 26, 97 다 17575; 大判 1995. 12. 26, 95 다 41659.

2) 사업주변경으로 인수인에게 근로관계가 승계되어 상당 기간 근무하다가 퇴직한 근로자의 퇴직금을 어떻게 산정할 것인지에 관해서는 판례가 아직 없는 것으로 보인다. 그러나 같은 회사에서 근무하던 기간 중에 직류변경이 있고 직류에 따라 퇴직금지급률에 차이가 있는 경우 퇴직 시의 평균임금으로 계산해야 한다는 판례(大判(전합) 1995. 7. 11, 93 다 26168(반대견해가 있음))가 있으나, 사업변동의 경우에 직접 원용될 수 있는 판례는 아니다.

4. 사업변동시 노동조합의 지위

a) 사업양도와 같은 사업변동시 노동조합의 지위는 양수회사에 그대로 승계되는가? 비교적 다수의 학설은 합병의 경우에 있어서나 사업양도의 경우에도 노동조합의 지위는 양수인 회사 및 존속회사에 그대로 이전되는 것으로 보고 있다.[1] 이 견해는 별단의 근거를 제시함이 없이 포괄승계된 조합원들의 근로관계와 함께 노동조합의 지위도 이전한다는 태도를 취하고 있다. 판례[2]에 따르면 「영업양도는 영업주체의 변경에 해당되는데 근로자가 영업양도에 관여할 수 없는 점 등을 고려하면 양수인에게 승계되는 근로관계는 사용자와 근로자 사이의 개별적 근로관계뿐만 아니라 양도인과의 관계에서 형성된 집단적 근로관계도 포함되고, 이미 설립된 노동조합은 영업양도에 의하여 그 존립에 영향을 받지 않고 양수인 사업장의 노동조합으로 존속한다고 봄이 상당하다」고 한다. 이에 따르면 영업양도는 영업주체의 변경이므로 양도인 사업장의 노동조합에 대한 양도인의 협약당사자로서의 지위도 변경될 수 있어, 양도인 사업장의 노동조합은 동일성을 유지하며 양수인 사업장의 노동조합으로 그대로 존속한다고 한다. 따라서 이 견해에 따르면 양수인 사업장에 이미 다른 노동조합이 설립되어 있더라도 승계된 근로자들이 소속된 노동조합은 구 노조및조정법(2011. 7. 1 이전의 법률)상의 복수노조금지규정에 저촉됨이 없이 양수인 사업장에서 그 지위가 유지된다고 하며,[3] 현행법 하에서는 복수의 노동조합이 존재하게 되는 결과를 가져온다고 한다.[4]

b) 과연 사업양도에 있어서 노동조합의 지위도 사업양도의 효과로서 근로자들과 함께 승계될 수 있는가? 근로관계의 포괄적 승계와 노동조합의 지위승계는 별개의 문제라고 생각된다. 양도인 사업장에 존재하고 있던 노동조합의 지위 자체가 양도의 대상 속에 포함된다고 보는 것은 사업양도의 개념과 취지에 부합하지 않는다.[5] 기존의 단체협

1) 김유성, 「노동법 Ⅰ」, 355면; 임종률, 「노동법」, 509면; 이상덕, '영업양도와 고용승계', 「노동법학」(제7호), 1997, 256면.

2) 제1심 서울南部地判 1998. 11. 24, 98 가단 28156. 이 판결을 인용한 원심 서울地判 1999. 12. 3, 99 나 1702 및 원심의 판결을 받아들인 대법원 판결: 大判 2002. 3. 26, 2000 다 3347.

3) 김유성, 「노동법 Ⅰ」, 356면(노동조합은 기업과는 독립하여 근로자들이 주체가 되어 설립되는 것이라고 한다); 이병태, 「노동법」, 618면(종래의 노동조합은 양수인 사업장에서 그대로 유지되고 오직 단체교섭이나 단체협약의 권리·의무만이 종래 양도인과 노동조합과의 관계에서 양수인과 노동조합의 관계로 변경된다).

4) 임종률, 「노동법」, 556면.

5) 하경효, '기업의 구조조정과 단체협약, 노사협정 및 취업규칙의 효력', 「기업의 구조조정과 노동법적 과제」, 1998, 192면; 유성재, 「사업양도시 고용승계에 관한 법제개선방안」, 한국법제연구원, 2000, 86면 참조.

약이 근로관계에 화체되어 사업양도 후 양수인과의 관계에서도 계속 유지되는 것과 노동조합의 지위승계는 별개의 문제이다.

c) 사업양도에 의하여 양도인 사업의 근로자들은 양수인 사업의 종업원으로서 그 지위가 변경되면서 그 근로자들이 귀속되어 있는 사업체 자체가 바뀌고 이에 따라 협약당사자인 사용자도 바뀐다. 이 경우에 양도인 사업장에 있던 노동조합은 더 이상 양수인 사업장의 노동조합이라고 할 수 없다. 사업양도에 의해서는 개별적 근로계약관계가 포괄적으로 승계되는 것이지 양도인의 노동조합에 대한 노조및조정법상의 지위(집단적 노사관계법상의 지위)가 승계되는 것은 아니기 때문이다.[1] 우선 양도인 사업의 노조조합원은 타 사업(양수사업)의 종업원으로서 그 지위와 신분이 바뀌었기 때문에 사업의 전부양도시 양도인 사업에 설립되어 있던 노동조합은 조합원 없는 노동조합(사원 없는 사단)이 되며, 양도인 사업이 부활하지 않는 한 그 노동조합은 더 이상 노동조합으로서 존립할 수 없게 된다. 또한 기존 양도인 사업의 사용자를 협약당사자로 하여 노동조합이 설립된 것이므로 —사업의 상속의 경우는 예외이지만— 사업양도에 의하여 양수인 사업의 사용자가 당연히 양도사업 노동조합의 협약당사자 지위를 승계하는 것이라고 볼 수 없다. 기업별 노동조합이 해당 기업의 종사근로자인 조합원들과 그 사업의 사용주 사이의 근로조건의 개선을 목적활동으로 하는 근로자단체라고 하면, 사용자를 같이 하는 노동조합의 조합원들이 더 이상 존재하지 않는 한 노동조합의 목적활동은 불가능하게 된다. 노동조합이 조합가입범위에 관한 규약을 내부적으로 정비하여 기존 조합원의 신분변동(양수사업의 종업원으로서의 지위인수)에 대응하여 양수인 회사의 종업원지위에 있는 근로자를 노동조합의 조합원으로 할 수 있는지는 의문이다.[2] 노동조합의 규약변경만으로 양수회사의 노동조합으로서 계속 활동할 수는 없다고 생각된다. 노동조합의 지위가 승계되지 않는 한 복수노조의 문제는 생기지 않으므로[3] 교섭창구단일화(노조및조정법 제29조의2 이

1) 기존의 양도인 사업장의 단체협약이 양수인 사업장에 적용되지 않는다는 것을 전제로 하고 있는 독일민법 제613조a 1항 2문에 의하면 기존 노동조합에 대한 교섭당사자 승계는 인정될 수 없다(*ErfK/*Preis, §613a BGB Rn. 112 ff. 참고).

2) 박종희·김소영, 「기업변동시 노동법적 쟁점과 정책과제」, 2000, 68면 이하 참고.

3) 다만 합병의 경우에 서로 조직대상이 중첩되지 않는 때에는 복수의 노조가 병존할 수 있으므로 복수노조금지의 문제는 발생하지 않는다(大判 1995. 10. 13, 94 다 34944; 초기업단위의 경우의 복수노조에 관한 판례로는 大判 1993. 5. 25, 92 누 14007). 합병 이후 노조의 조직대상이 중첩되는 경우에는 복수노조금지가 문제된다. 예전에 복수노조를 금지했던 이유는 기업별조직에서 서로 다른 내용의 단체협약의 병존을 막으려는 데 있으므로, 제2노조가 새로운 설립에 의한 것이건, 기업변동을 원인으로 발생한 것이건 이를 구별할 필요가 없다고 생각된다. 노조및조정법 부칙 제7조가 2011년 7월 1일부터 복수노조를 허용한다고 하지만, 그 때까지 교섭창구의 단일화를 위한 단체교섭의 방법·절차 기타 필요한 사항을 강구해야 하므로 기업변동시 노조의 지위이전을 인정하더라도 그 노조의 독자적 협약체결능력을 인정할지는 의문이다. 따라서 이 경우에는 노조및조정법 부칙 제7조 1항이 준용되는

하 참조)의 문제도 발생하지 않는다.[1)]

d) 기업의 일부양도·합병·분할의 경우에 대한 특수문제에 관해서는 이곳에서 다루지 않기로 한다.[2)]

것으로 보아야 한다.

1) 異見: 임종률, 「노동법」, 556면.

2) 이에 관해서는 하경효·박종희, 「기업의 구조조정과 노동법적 과제」, 박종희 집필부분('기업변동에 따른 노동조합의 지위 및 단체교섭당사자에 관한 고찰') 225면 이하 참고. 또한 박종희·김소영, 「기업변동시 노동법적 쟁점과 정책과제」, 2000, 65면 이하; 이승욱, '기업변동의 노동법상 재정과 과제', 「노동법강의」, 2002, 40면 이하 참고.

제8절 근로관계의 종료

[70] Ⅰ. 근로관계의 종료사유

1. 총 설

근로관계는 근로자와 사용자 사이의 계약에 의하여 성립([36] 참고)한 후에 일정기간 존속하게 되며, 일정한 사유에 의하여 소멸된다. 근로관계의 종료사유에는 i) 사직(의원사직, 자진사퇴), ii) 일괄사퇴, iii) 합의해지, 명예퇴직, 조건부해지, iv) 사용자에 의한 해고, v) 정년퇴직, vi) 당사자의 소멸(당사자의 사망, 법인의 소멸, 전적), vii) 기간의 정함이 있는 근로관계에 있어서 기간의 만료 등이 있다. 근로관계의 종료사유는 근로자에 대해서는 근로기회의 소멸원인을 의미한다. 그러므로 근로자가 스스로 원해서 또는 그의 귀책사유나 기타 정당한 사유에 의해서 근로관계가 소멸하는 경우에는 근로자도 이를 의당(宜當) 수용 내지 감수하지 않으면 안 된다. 그런 의미에서 근로자에 의한(자유로운 의사결정에 의한) 사직, 합의해지, 명예퇴직 등은 근로자의 직장보호라는 관점에서 원칙적으로 문제되지 않는다. 그러나 사용자에 의한 해고, 정년퇴직, 사업변동의 경우에는 근로자의 근로기회의 보호가 문제된다. 근로기준법은 해고에 관하여 제23조 내지 제28조에서 근로자의 근로관계의 존속을 보호하고 있으나, 정년퇴직 및 사업변동에 관하여는 아무 규정을 두고 있지 않다.

이곳에서는 먼저 의원사직, 일괄사퇴, 합의해지에 관하여 설명하면서, 이른바 「비진의의사표시」(민법 제107조 참조)의 문제점을 이어서 살펴본다. 다음으로 당사자의 사망, 법인격의 소멸(해산)에 관하여 간단히 설명한 뒤 기간의 정함이 있는 근로관계의 종료에 관해서 살피기로 한다. 해고와 정년퇴직에 관해서는 각각 독립된 항목으로 서술하기로 한다. 사업변동에 관해서는 위에서([66] 이하 참고) 설명하였다.

2. 사직(임의퇴직, 의원사직, 자진사퇴)

a) 사직(해지)은 근로자의 일방적 의사표시에 의하여 근로관계를 장래에 대하여 종료시키는 것을 말한다.[1] 사직은 사용자의 해고와 대칭되는 개념이다. 근로자에 의한 사직에 대해서는 민법의 일반규정이 적용된다. 기간의 약정이 없는 경우 근로자는 언제든

1) 사직을 해약의 고지라고도 하지만 해지통고라고 하는 것이 적절할 것이다(민법 제659조, 제660조, 제663조 참조).

지 해지(사직)의 통고를 할 수 있고, 사용자가 해지의 통고를 받은 날(사직의 의사표시가 사용자에게 도달한 날)로부터 1개월이 경과하면 근로관계는 소멸된다(민법 제660조 Ⅰ·Ⅱ).[1] 그러나 임금을 일정한 기간급(주급 또는 월급)으로 정하여 정기일에 지급하고 있을 경우에는 해지통고를 받은 당기의 다음 기간이 경과한 때에 해지의 효력이 발생한다(민법 제660조 Ⅲ).[2] 그러므로 해지의 의사표시가 근로자에게 도달한 후 1개월이 경과한 후에는 해지의 효력이 발생하여 고용계약관계가 소멸하여 사용자가 근로자에 대하여 한 고용관계 소멸의 통지는 관념의 통지에 불과하고 이를 해지(의사표시)라고 할 수 없다.[3] 민법 제660조는 근로자의 해지의 자유를 보장하는 규정으로 해석되므로 동 2항 및 3항보다 짧은 기간을 취업규칙에 정하고 있더라도 취업규칙의 규정에 따라 근로계약은 유효하게 해지·종료된다.[4] 근로자가 해지통고(의사표시)를 하고 근로관계가 소멸되기 전에 직장에 출근하지 않으면 이는 원칙적으로(사용자에 의한 근로제공의무의 면제 등 특별한 사정이 없는 한) 근로계약위반행위로서 채무불이행책임(손해배상책임)을 면할 수 없다.

그러나 사용자가 근로자와의 근로관계를 해지(해고)할 때에는 근로기준법 제23조가 적용되므로 정당한 이유가 없는 한 그 해고는 무효이다. 다만 상시 4인 이하의 근로자를 사용하는 사업장에는 근로기준법이 적용되지 않으므로 사용자는 근로자와의 근로관계를 민법의 규정에 따라 해지할 수 있다. 그러나 이러한 경우에도 사용자가 근로자와 기간의 정함이 없는 근로계약을 체결하면서 해고의 사유를 열거하고 그 사유에 의해서만 근로자를 해고할 수 있도록 하는 해고 제한의 특약을 했다면 해고 사유 없는 근로자를 해고하는 것은 무효이다.[5]

b) 사직의 의사표시는 근로관계를 소멸하게 하는 형성권적 효력을 가진 일방적 법률행위이므로 합의해지의 청약이 아니다. 따라서 그 의사표시가 상대방(사용자)에게 도달한 때에는 철회할 수 없다고 보아야 한다(민법 제543조 Ⅱ 참조).[6]

---

1) 노동부예규 제37호(1981. 6. 5) 제2조 참조.

2) 노동부예규 제37호(1981. 6. 5) 제3조 참조. 근로자의 해지의 의사표시(사직)가 효력을 발생하기 위한 해지기간에 대해서는 민법의 규정이 적용된다(大判 1996. 7. 30, 95 누 7765). 취업규칙에서 민법의 규정과 다른 규정(짧은 해지기간)을 둔 때에는 이 규정이 적용된다(大判 1997. 7. 8, 96 누 5087).

3) 大判 1996. 7. 30, 95 누 7765: 「회사가 근로자에게 개업 내지 취업준비를 위한 일정기간동안 종전과 동일한 급여를 지급하면, 근로자가 기간 종료시 자진퇴사하기로 하는 조건부 합의를 하였고 회사가 이 조건을 준수했다면, 근로자는 위 합의해지에 의해 당연퇴직되는 것이고 회사가 근로자에게 한 해고통지는 이 사실을 확인하는 관념의 통지일 뿐 근로기준법상의 해고라고 볼 수 없다」(大判 2007. 12. 27, 2007 두 15612).

4) 大判 2000. 9. 5, 99 두 8657; 大判 1997. 7. 8, 96 누 5087.

5) 大判 2008. 3. 14, 2007 다 1418.

6) 大判 2000. 9. 5, 99 두 8657; 서울中央地判 2019. 12. 9, 2018 가합 567254.

c) 사직의 의사표시는 객관적으로 명확한 것이어야 하며, 강압에 의한 것이 아니어야 한다. 일시적 감정에 의하여 표명된 퇴직의 의사표시는 진의에 의한 의사표시가 될 수 없거나(민법 제107조 참조),[1] 강박에 의한 것일 수도 있다(민법 제110조 참조).[2] 강박에 의한 의사표시는 취소할 수 있다(민법 제110조).

d) 사직의 의사표시는 특별한 사정이 없는 한 당해 고용(근로)관계를 종료시키는 취지의 통고로 보아야 한다는 것이 판례의 태도이다.[3]

3. 일괄사퇴

일괄사퇴는 근로자들이 집단적으로 사직서를 제출하는 것을 말하지만, 회사측에서 일정한 직급(예컨대 이사, 부장급)의 직원 또는 일정한 부서의 근로자들에 대하여 일괄적으로 사직서를 제출하게 하는 경우가 적지 않다. 회사의 종용에 의해서 사직서를 일괄 제출하고 사표가 선별적으로 수리되거나 대부분 반려되는 경우에는 일괄사퇴는 일방적·형성적 의사표시로 볼 수 없다. 일괄사퇴는 적어도 사용자측의 사표수리라는 의사표시를 기다려 이에 따르겠다는 의사를 표시한 데 지나지 않으므로 근로자들이 공동으로 사직의 청약을 한 것에 불과하다. 따라서 일괄사퇴는 실질적으로는 합의해지(다음의 5 참고)의 한 형태로 이해하는 것이 타당할 것이다.[4] 다만, 일괄사퇴에서 문제가 되는 것은 근로자들의 사퇴의 의사표시(청약)를 진의(眞意)의 의사표시로 볼 수 있는가 하는 점이다. 비진의의사표시에 해당한다면 민법 제107조 1항 단서가 적용될 수 있다. 이에 관해서는 다음 7에서 자세히 검토한다.

4. 합의해지

a) 합의해지(Aufhebung)는 근로자와 사용자가 합의에 의하여 근로계약관계를 장래에 대해서 소멸시키는 계약을 의미한다. 근로기준법의 해고에 관한 규정(제23조 내지 제28조)은 원칙적으로 합의해지에 대해서는 적용되지 않는다.[5] 이 경우에는 계약자유의

1) 비진의의사표시가 아니라고 본 사례: 大判 2000. 4. 25, 99 다 34475.
2) 회사측의 일방적 강요에 의한 사직서제출에 따른 정리해고는 부당해고이다(서울行判 2000. 10. 13, 99 구 12211).
3) 大判 2000. 9. 5, 99 두 8657.
4) 大判 1991. 7. 12, 90 다 11554.
5) 同旨: 大判 2000. 4. 25, 99 다 34475; 大判 2001. 9. 7, 2000 두 9977(근로자가 회사의 퇴직권유를 받아들여 퇴직할 경우와 이에 불응할 경우 예상되는 결과를 여러 모로 고려하여 스스로 퇴직하기로 결정하고 사직서를 제출하였다면, 이는 회사의 강요에 의하여 어쩔 수 없이 사직서를 제출하였다고는 볼 수 없으므로 근로계약관계는 근로자의 사직서제출과 이에 따른 회사의 수리로써 합의해지가 이루어졌다고 판단한 사례). 서울中央地判 2015. 4. 10, 2014 가합 563810(근로자가 회사로부터 사직의

원칙이 지배하기 때문이다. 그러나 민법상의 법률행위(의사표시)에 관한 규정(제103조, 제104조, 제105조, 제107조 이하)은 이에 적용된다.

b) 합의해지를 위한 청약으로서의 퇴직원의 제출은 — 의원사직의 경우와는 달리 — 사용자의 승낙의 의사표시가 있기 전까지는 철회할 수 있다(민법 제527조 참조). 판례[1]에 따르면 「근로자가 사직원을 제출하여 근로계약관계의 해지를 청약하는 경우 그에 대한 사용자의 승낙의사가 형성되어 그 승낙의 의사표시가 근로자에게 도달하기 이전에는 그 의사표시를 철회할 수 있고, 다만 근로자의 사직의 의사표시 철회가 사용자에게 예측할 수 없는 손해를 주는 등 신의칙에 반한다고 인정되는 특별한 사정이 있는 경우에 한하여 그 철회가 허용되지 않는다」고 한다. 원래 민법 제527조의 규정에 따르면 청약이 상대방에게 도달하면 이를 철회할 수 없는 것인데 판례는 사용자가 승낙의 의사표시를 하고 그 의사표시가 근로자에게 도달하기 전에는 일정한 조건하에 근로자는 그의 의사표시를 철회할 수 있도록 한 것이다. 이 판례는 민법 제527조의 내용을 근로자의 보호를 위하여 수정해석한 것이라고 볼 수 있다. 따라서 근로자의 철회의 의사표시가 유효한 이상 사용자가 사직원을 근거로 면직처분을 하는 것은 무효이다.[2] 또한 회사 측이 자발적인 퇴직의사가 없는 근로자에 대하여 퇴직권유를 한 경우에 근로자가 불쾌한 감정이 생겨 회사를 그만두겠다는 발언을 했다고 하여 이를 합의해지의 청약으로 보고 사용자가 승낙의 의사표시를 하여 곧바로 근로계약관계를 종료시킬 수는 없다고 보아야 한다. 근로자의 확정적 퇴직의 의사표시가 있다고 보기는 어렵기 때문이다(다음의 8 (2) 참고).[3]

5. 명예퇴직 · 조건부퇴직

(1) 명예퇴직(또는 희망퇴직)

명예퇴직은 정년연령에 도달하지 않은 근로자들에게 일정한 보상이나 가산퇴직금 또는 위로금을 지급하면서 정년 전에 퇴직케 하는 것을 말한다.[4] 즉, 명예퇴직은 퇴직

권유를 받은 후 짐을 챙겨 정리하고 인사담당팀장에게도 '그 동안 감사했다'는 인사 문자메시지를 보낸 후 출근하지 않으면서 회사 측이 마련한 송별식에 참석하고 퇴직금을 수령할 때까지 회사 측에 근로관계 종료에 대하여 별다른 이의를 제기하지 않았다면 회사가 제시한 사직일자에 근로계약 종료에 대한 합의가 있었다고 볼 수 있다. 이 경우에 회사의 사직권유에 대한 근로자의 사직의 묵시적 의사표시는 유효하다고 본 사례).

1) 大判 1992. 4. 10, 91 다 43138; 大判 2000. 9. 5, 99 두 8657 등.

2) 大判 1992. 4. 10, 91 다 43138(사용자의 승낙의사가 형성되기 전에 근로자가 사직의 의사표시를 철회하는 것이 사용자에 대한 불측의 손해를 주는 등 신의칙에 반한다고 볼 수 없는데도 근로자를 면직처분한 것은 무효라고 한 사례). 또한 大判 2003. 4. 25, 2002 다 1145(명예퇴직 신청의 경우).

3) 土田, 「勞働契約法」, 634面 참고.

4) 희망퇴직제도는 회사 내 인사적체를 해소하고 재무구조 개선을 위하여 도입된 제도이므로 한참 좋

희망자들의 신청을 받아 퇴직신청자들의 상황과 회사의 계획안(주로 구조조정계획안), 예컨대 명예퇴직조건과 인원 및 보상범위를 고려하여 회사가 퇴직자를 결정하는 제도이다. 따라서 회사가 퇴직희망자를 모집하는 행위는 청약의 유인[1]이라고 볼 수 있고, 퇴직희망자들의 신청행위는 청약이며, 회사의 희망퇴직자 결정은 승낙이다. 다시 발하면 명예퇴직은 변형된 합의해지의 한 형태라고 볼 수 있다.[2] 그러므로 사용자의 승낙에 의하여 (합의)해지가 성립되기 전에 근로자는 청약(명예퇴직신청)의 의사표시를 철회할 수 있다.[3] 명예퇴직의 합의의 효력(근로관계의 종료)은 명예퇴직대상자로 확정된 때가 아니라 명예퇴직일자에 발생한다.[4]

(2) 조건부퇴직

조건부퇴직이란 근로자측에 징계해고사유에 해당하는 비위사실이 있거나 외부의 압력[5](예컨대 비판적 언론인에 대한 해고 압력 등)에 의하여 회사가 근로자에게 먼저 사직을 권고하고 그 근로자가 일정 기간 내에 사직서를 제출하면 의원퇴직(또는 합의해지)으로 처리하는 것을 말한다. 다시 말하면 회사의 퇴직권고를 받아들이는 조건(예컨대 비위사실에 의한 징계처분을 문제삼지 않을 것을 조건으로 하는 것)으로 정상적 퇴직 또는 근로자에게 불리하지 않은 퇴직을 인정하는 것이다. 만약 회사의 권고에 불응할 때에는 회사는 일방적으로 징계해고 또는 근로자에게 불리한 해고처분을 내리게 된다. 이 경우에 조건부퇴직을 근로자의 일방적 의사표시에 의한 근로관계의 해지로 볼 것인지 아니면 합의해지로 볼 것인지가 명확하지 않으나, 후자의 것으로 판단하는 것이 옳을 것이다. 다만, 조건부 면직처분이 실체상 또는 절차상의 이유로 무효인 경우에는 이에 따라 제출된 사직원에 의한 의원면직처분도 특별한 사정이 없는 한 무효라고 보아야 할 것이다.[6]

은 실적을 올리는 직원이 경쟁업체에서 일하기 위해 회사의 만류에도 불구하고 자진 사퇴하는 경우에는 희망퇴직자에게 추가 지급되는 준정년 특별퇴직금에 관한 단체협약 및 취업규칙상의 규정은 적용되지 않는다(大判 2016. 9. 28, 2013 다 204119).

1) 참고판례: 大判 2003. 5. 13, 2000 다 45273; 大判 2001. 5. 29, 99 다 55601, 55618.

2) 大判 2001. 9. 7, 2000 두 9977.

3) 「사직원에 의하여 신청한 명예퇴직은 근로자가 명예퇴직의 신청(청약)을 하면 사용자가 요건을 심사한 후 이를 승인(승낙)함으로써 합의에 의하여 근로관계를 종료시키는 것으로 명예퇴직의 신청은 합의해지의 청약에 불과하여 이에 대한 사용자의 승낙이 있어 근로계약이 합의해지되기 전에는 근로자가 임의로 그 청약의 의사표시를 철회할 수 있다」(大判 2003. 4. 25, 2002 다 11458; 大判 2002. 8. 23, 2000 다 60890 · 60906; 大判 2000. 7. 7, 98 다 42172; 大判 2005. 11. 25, 2005 다 38270).

4) 大判 2002. 8. 23, 2000 다 60890 · 60906.

5) 大判 2000. 4. 25, 99 다 34475(정보누설에 대한 안기부의 내사통보압력: 해고된 근로자가 아무런 이의나 조건 없이 퇴직금을 수령한 후 오랜 기간이 지난 후에 해고의 효력을 다투는 소를 제기하는 것이 신의칙이나 금반언의 원칙에 위배되는지 여부: 한정 적극)의 사안 참고.

6) 大判 1995. 11. 14, 95 누 1422; 大判 1988. 4. 25, 87 다카 1280.

6. 비진의의사표시와 사직·합의해지 등

a) 진의의 뜻 근로관계의 소멸이 근로자의 비진의의사표시에 의하여 이루어지는 경우가 적지 않다. 이러한 경우에 근로자를 보호하는 것은 매우 중요한 일이다. 민법 제107조 1항은 「의사표시는 표의자가 진의 아님을 알고 한 것이라도 그 효력이 있다. 그러나 상대방이 표의자의 진의 아님을 알았거나 이를 알 수 있었을 경우에는 무효로 한다」고 규정하고 있다. 여기서 진의(眞意)의 뜻을 어떻게 해석해야 할 것인지가 문제된다. 우선 근로자의 사직의 의사표시가 비진의에 해당하지 않는 진의의 의사표시라고 한다면 제107조 1항은 처음부터 적용될 여지가 없다. 표의자의 내심의 의사와 표시행위가 일치하지 않음을 상대방이 알고 있는 경우에 표의자의 표시행위가 의사표시로서 효력을 가질 수 없음은 당연한 것이다. 그러나 근로자가 비진의의사표시를 했더라도 상대방인 사용자가 진의 아님을 알았거나 알 수 있었을 경우가 아니면 그 의사표시는 유효하다.[1] 거래의 안전상 상대방을 보호하기 위한 것이다. 판례에 따르면 「비진의의사표시에 있어서 진의란 특정한 내용의 의사표시를 하고자 하는 표의자의 생각을 말하는 것이지 표의자가 진정으로 마음속에서 바라는 사항을 뜻하는 것은 아니므로 표의자가 의사표시의 내용을 진정으로 마음속에서 바라지 아니하였다고 하더라도 당시의 상황에서는 그것을 최선이라고 판단하여 그 의사표시를 하였을 경우에는 이를 내심의 의사가 결여된 비진의의사표시라고 할 수 없다」[2] 고 한다.[3] 사직 또는 합의해지의 청약의 의사표시가 그 상황에서 최선의 선택이라고 판단하여 행하여진 것이면 진의의 의사표시가 되어 사직 또는 합의해지의 효력(근로관계의 소멸)이 발생한다. 사직 또는 해지청약의 의사표시가 진의(그 상황에서 최선의 선택이라고 판단하여 행하여진 의사표시)가 아니고 사용자도 진의 아님을 안 때에는 그 의사표시는 무효이다(민법 제107조 I 단서). 이 경우에 사용자가 사직의 의사표시 또는 해지청약을 받아들여 근로자를 해직처분하였다면 위법한 해고가 되어 근로기준법 제23조 1항이 적용된다. 다음에서는 진의의 의사표시를 부인한 경우와 인정한 경우를 판례 중심으로 검토하기로 한다.

b) 진의의 의사표시를 부인한 사례 「해외근로자가 업무상 재해의 치료를 위하

---

1) 大判 1980. 10. 14, 79 다 2168.

2) 大判 1996. 12. 20, 95 누 16059; 大判 2000. 4. 25, 99 다 34475; 大判 2001. 1. 19, 2000 다 51919·51926; 大判 2003. 4. 22, 2002 다 65066; 大判 2003. 4. 25, 2001 두 6081; 大判 2006. 4. 14, 2006 두 1074; 大判 2010. 3. 25, 2009 다 95974 등.

3) 따라서 설령 사용자가 근로자의 진정한 마음속의 의사를 알았다 하더라도 민법 제107조 1항 단서의 규정은 적용되지 않는다. 여기서 판례가 취하는 의사표시 해석에는 모순이 있다.

여 중도 귀국함에 있어 회사의 강요에 따라 본의아니게 사직의 뜻이 담긴 귀국청원서를 제출한 것이라면 그 사직의 의사표시는 진의 아닌 의사표시이고, 당시 회사도 그러한 점을 알고 있다면 그 의사표시는 무효이다. 따라서 회사의 의원면직처분은 부당해고에 해당한다」.[1] 또한 「근로자가 사용자의 지시에 좇아 일괄하여 사직서를 작성·제출함에 있어 그 사직서에 기하여 의원면직처리될지 모른다는 점을 인식하였다는 사정만으로 그의 내심에 사직의 의사(진의)가 있는 것이라고 할 수 없다」.[2] 「사용자가 근로자로부터 사직서를 제출받아 의원면직의 형식을 취하여 근로관계를 종료시킨다고 할지라도, 사직의 의사 없는 근로자로 하여금 어쩔 수 없이 사직서를 작성·제출하게 한 경우에는 실질적으로는 사용자의 일방적 의사에 의하여 근로관계를 종료시키는 것이어서 해고에 해당하고, 정당한 이유 없는 해고조치는 부당해고에 다름없는 것이다」[3](1980년 8월초 이른바 방송공사에 대한 언론인 강제해직조치와 병행하여 일직직원들이 일괄하여 면직 처리된 사례). 위 사건에서 해당 근로자는 어쩔 수 없이 사직서를 작성·제출한 것이므로 그의 내심에는 사직의 의사가 없는 것이고, 이와 같은 사직의 의사표시가 진의 아님을 사용자가 알고 있었던 것이므로 민법 제107조 1항 단서에 의하여 그 의사표시는 무효이다. 그럼에도 불구하고 사용자가 무효인 근로자의 의사표시를 기초로 면직시킨 것은 실질적으로 사용자의 일방적 의사에 의한 부당해고에 해당된다. 이 이외에 근로자가 사직원을 제출하여 퇴직처리되고 즉시 재입사하는 형식을 취하는 경우,[4] 기업이 동일성을 유지하면서 인적·물적 조직이 흡수·통합됨에 따라 포괄승계되는 양도사업체의 근로자들이 회사방침에 의하여 일괄사직하고 퇴직금을 수령한 형식을 취한 경우,[5] 회사 대표이사가 부장급 이상 간부들에 대하여 공제회 이사장에게 재신임을 구하겠다고 하면서 일괄사직서를 제출하도록 한 경우[6]에도 사직할 진의는 인정되지 않는다. 새로운 각오를 다지기 위해 형식적으로 제출한 사직서는 비진의의사표시에 의한 것으로 이를 이유로 한 해고는 부당해고이다.[7]

c) 진의의 의사표시를 인정한 사례 회사의 구조조정에 따라 근로자들이 자진해

---

1) 大判 1992. 9. 1, 92 다 26260.
2) 大判 1991. 7. 12, 90 다 11554.
3) 大判 1991. 7. 12, 90 다 11554; 大判 1992. 3. 27, 91 다 44681(특채사원에 대해 노동조합이 반발하자 노조 설득·협상용으로 사용한다며 받은 사직서는 비진의의사표시에 의한 것으로서 근로자의 사직의 의사표시는 무효이다(민법 제107조 I 단서)).
4) 大判 1988. 5. 10, 87 다카 2578.
5) 大判 1999. 6. 11, 98 다 18353; 大判 1997. 3. 28, 95 다 51397(근로관계는 단절되지 않는다).
6) 大判 1994. 4. 29, 93 누 16185; 大判 1991. 7. 12, 90 다 11554.
7) 서울行判 2008. 11. 25, 2008 구합 27674.

서 희망퇴직신청을 한 경우에 그 퇴직신청의 의사표시는 진의의 의사표시라고 해야 할 것이다. 즉, 「원고들은 사직을 선뜻 받아들일 수는 없었다 할지라도 그 당시의 경제상황, 피고회사의 구조조정계획, 피고회사가 제시하는 희망퇴직의 조건, 퇴직할 경우와 계속 근무할 경우에 있어서의 이해관계 등을 종합적으로 고려하여 당시의 상황으로서는 그것이 최선이라고 판단한 결과 사직원을 제출한 것으로 봄이 상당하고, 따라서 원고들과 피고회사 사이의 근로관계는 원고들이 피고회사의 권유에 따라 사직의 의사표시를 하고 피고회사가 이를 받아들임으로써 유효하게 합의해지」 되었다고 할 수 있다.[1] 또한 「근로자가 징계면직처분을 받은 후 당시 상황에서는 징계면직처분의 무효를 다투어 복직하기 어렵다고 판단하여 퇴직금을 수령하였으며 장래를 위하여 사직원을 제출하고 재심을 청구하여 종전의 징계면직처분이 취소되고 의원면직처리된 경우, 그 사직의 의사표시는 비진의의사표시에 해당하지 않는다」. 이 경우에 근로관계는 합의해지에 의하여 종료된다.[2] 마찬가지로 근로자들이 회사의 업무의 전문화 내지 합리화 조치에 대한 사용자의 권유와 설득을 받아들여 사직원을 제출하였다면 「어쩔 수 없이 사직서를 작성·제출하게 한 것」이라고는 볼 수 없을 것이다. 이때에도 사용자와 근로자 사이의 근로관계는 합의해지에 의하여 종료되는 것이므로 사용자의 의원면직처분을 부당한 해고라고 볼 수 없다.[3]

d) 판례의 태도 사직 또는 합의해지 사건에서 근로관계를 종료시키겠다는 근로자의 진의 여부에 관한 판단에서 판례는 다음과 같은 기본적 태도를 취하고 있다. i) 진의란 특정 내용의 의사표시를 하고자 하는 표의자의 생각을 말하는 것이고, 표의자가 내심 진정으로 마음속에서 바라는 것을 뜻하는 것은 아니며, ii) 당시의 상황에서 최선의 결정이라고 판단하여 의사표시를 하였을 경우에는 내심의 의사로서의 진의가 인정된다. iii) 의원면직처리될지도 모른다는 것을 인식하였다는 것만으로는 내심에 사직의 의사가 있는 것이라고 할 수 없다.[4] iv) 사직의 의사 없는 근로자로 하여금 어쩔 수 없이 사직서를 작성·제출하게 한 경우에는 진의의 의사표시가 인정되지 않는다. 위에서 살핀 바와 같이 사용자의 요구에 의하여 「어쩔 수 없이」(일괄)사표를 제출한 경우에는 진의의 의사표시가 인정되지 않으나, 희망퇴직(명예퇴직)의 경우와 같이 근로자가 제반사항을 종

1) 大判 2003. 4. 22, 2002 다 65066; 大判 2003. 4. 11, 2002 다 60528; 大判 2001. 1. 19, 2000 다 51919·51926.
2) 大判 2000. 4. 25, 99 다 34475; 大判 2003. 4. 25, 2002 다 11458; 大判 2006. 4. 14, 2006 두 1074.
3) 大判 1997. 8. 29, 97 다 12006(1985년 동양시멘트 청원경찰의 사직원 제출사건).
4) 大判 1991. 7. 12, 90 다 11554.

합적으로 고려하여 자발적으로 사직원을 제출한 때에는 합의해지가 인정된다.

이와 같이 판례의 태도에 따르면 근로자 스스로가 그의 결정에 의하여 최선의 선택으로서 사퇴의사를 표시한 때에는 진의의 의사표시가 있는 것이 된다. 그러나 여기서 의문이 생기는 것은 근로자가 진정으로 마음속에서 바라지 않았던 경우와 단순히 보다 불리한 결과를 회피하기 위하여 사직의 의사표시를 할 수밖에 없었던 경우 진의(眞意)의 존부를 과연 어떻게 구별할 수 있느냐 하는 것이다. 따라서 진의의 의사표시와 비진의의사표시 사이의 경계를 긋는 보다 구체적 기준이 마련되어야 할 것이다.

7. 당연퇴직사유

단체협약 또는 취업규칙에 의하여 어떤 사유의 발생을 당연퇴직 또는 면직사유로 규정하고 있는 경우에 사용자는 그에 따른 절차에 의하여 근로자의 근로관계를 소멸시킬 수 있는지가 문제된다. 근로자의 사망이나 정년, 계약기간의 만료 등 근로관계의 자동소멸사유로 볼 수 있는 경우를 제외하고는 단체협약 또는 취업규칙에 따른 당연퇴직 처분은 근로기준법 제23조 소정의 제한을 받는 해고라고 하는 것이 판례의 일관된 태도이다.[1] 당연퇴직은 해고의 의사표시나 해고절차(근기법 제26조 이하 참고)를 요하지 않고 일정한 요건이 갖추어지거나 사유가 발생하면 근로관계가 소멸하는 것을 뜻하며 사용자는 이에 대하여 통고(관념의 통지)를 하면 족한 것이다.[2] 예컨대 연령차별금지법 제19조가 시행되기 전에 사업장의 인사규정에 따라 입사 당시 작성된 인사기록카드상의 출생연월일을 기준으로 58세가 되는 해 12월 31일에 근로관계가 종료되어 정년에 이르렀다면 정년은 당연퇴직사유에 해당한다. 퇴직자는 동법 제19조 1항(…정년을 60세 이상으로 정하여야 한다)의 규정으로 항변할 수 없고, 사업장의 인사규정의 퇴직 조항에 대하여 과반수로 조직된 노동조합이 동의하였다면 절차적 유효요건을 갖추었기 때문이다.[3] 그러나 이와 같은 당연퇴직규정은 근로기준법 제23조 1항의 해고 제한에 의한 근로자의 직장보호를 잠탈할 가능성을 가지고 있는 경우가 있다. 형식적으로 단체협약이나 취업규칙에 정한 퇴직사유가 발생했다는 사실만으로 언제나 당연퇴직의 효력이 발생할 수 있는 것은 아니며, 따라서 근로기준법 제23조 1항에서 정한 정당한 이유가 당연히 인정되

---

1) 大判 2009. 2. 12, 2007 다 62840; 大判 2008. 2. 29, 2007 다 85997(정년연장여부는 특별한 사정이 없는 한 사용자의 권한에 속하는 것으로 해당근로자에게는 정년연장을 요구할 수 있는 권리가 없다); 大判 2007. 10. 25, 2007 두 2067; 大判 1993. 10. 26, 92 다 54210; 大判 1996. 10. 29, 96 다 21065; 大判 1999. 9. 3, 98 두 18848 등.

2) 大判 2008. 2. 29, 2007 다 85997.

3) 大判 2018. 11. 29, 2018 두 41082 참조.

는 것도 아니다.[1)] 단체협약이나 취업규칙은 근로기준법의 규범적 통제하에 있으며, 이에 반할 수 없기 때문이다(근기법 제3조, 제96조 참조. [16] 1.·2. 참고). 따라서 당연퇴직사유가 정당한 이유에 해당되지 않는 한 당연퇴직규정은 아무 효력을 가질 수 없고,[2)] 정당한 이유가 인정될 수 있는 경우에도 해고의 의사표시를 하여야 하며 이와 함께 법이 정한 절차를 밟아야 한다(제26조 이하 참조).[3)] 판례는, 직위해제처분 후 3월이 지나도록 직위를 부여받지 못하였다는 이유로 당연퇴직처리하는 것은 이를 일체로서 관찰할 때 근로자의 의사에 반하여 사용자의 일방적 의사에 따라 근로계약관계를 종료시키는 실질적 해고에 해당하므로 근로기준법에 의한 제한을 받는다고 한다.[4)] 또한 판례는 주차관리 및 경비요원을 파견하는 파견사업주(사용자)가 앞으로 근로자가 근무하게 될 건물의 소유자와의 관리용역계약이 해지될 때 근로자와의 근로계약관계도 해지되는 것으로 본다고 약정한 사안에서 그와 같은 해지사유는 근로관계의 자동소멸사유라고 할 수 없다고 한다.[5)] 타당한 견해이다.

근로자의 사망, 정년, 근로계약기간의 만료 등 근로관계의 자동소멸사유로 볼 수 있는 경우 당연퇴직을 규정한 취업규칙이나 단체협약은 유효하므로 그 사유의 발생만으로 그 사유발생일 또는 소정 일자에 근로관계는 당연히 소멸한다.[6)] 그러나 자동소멸사유로 볼 수 없는 사유의 발생으로 근로관계의 종료를 통고하는 것은 해고로서의 성질을 가지므로 근로기준법 제23조 1항의 제한을 받는다고 하는 것이 판례의 기본태도이지만, 구체적 사안에 따라 실질적으로 당연퇴직을 인정한 사례가 적지 않다. 신체장애의 경우,[7)] 운전면허의 취소의 경우,[8)] 휴직사유의 해소 후 복직원을 제출하지 않은 경우,[9)]

---

1) 大判 1993. 10. 26, 92 다 54210; 大判 1996. 10. 29, 96 다 21065.
2) 내용에 있어서 같은 취지: 大判 2009. 3. 26, 2008 다 62724.
3) 大判 1993. 10. 26, 92 다 54210(정당한 이유가 없는 경우에 퇴직처분무효확인의 소를 제기할 수 있음은 물론이다).
4) 大判 1995. 12. 5, 94 다 43351; 大判 2004. 10. 28, 2003 두 6665(직위해제처분의 법적성질 및 그 정당성에 관한 판단기준).
5) 大判 2009. 2. 12, 2007 다 62840; 大判 2017. 10. 31, 2017 다 22315(아파트 주민대표와 관리업체 사이의 아파트 관리계약이 종료되었다하여 관리업체와 근로자 사이의 근로관계가 당연히 소멸한다고 볼 수 없다. 이는 정당한 이유없는 해고에 해당한다).
6) 따라서 퇴직의 사유 및 시기를 공적으로 알려주는 퇴직처리는 '관념의 통지'에 불과할 뿐 근로자의 신분을 상실시키는 '해고처분'(의사표시)과 같은 새로운 형성적 행위가 아니다(大判 1995. 4. 11, 94 다 4011; 大判 2007. 10. 25, 2007 두 2067; 大判 2008. 2. 29, 2007 다 85997 등).
7) 大判 1996. 12. 6, 95 다 45934.
8) 大判 1993. 12. 21, 93 다 43866.
9) 大判 1995. 4. 11, 94 다 4011. 노동조합과 사용자와의 사이에 단체협약상의 합의가 있었다 하더라도 이를 기초로 근로자에게 불이익을 주는 당연퇴직을 의제하는 것은 의문이 아닐 수 없다.

형사상의 유죄판결의 경우,[1] 경력사칭의 경우[2] 등을 예로 들 수 있다. 이와 같이 당연퇴직을 비교적 넓게 인정하고 있는 판례의 태도에 대해서는 비판의 여지가 없지 않다.

8. 사직의 의사표시와 변태적 해고

(1) 문제점의 제기

a) 민법에 따르면 기간의 정함이 없는 고용계약관계는 당사자 중의 일방(사용자 또는 노무자)이 언제든지 계약해지의 통고(계약해지통고)를 할 수 있다. 이 경우 상대방이 해지의 통고를 받은 날로부터 1월이 경과하면 해지의 효력(고용관계의 소멸)이 생긴다(민법 제660조 Ⅰ, Ⅱ. 또한 제659조 참조). 즉, 사용자와 노무자(근로자)는 언제든지 일방적 의사표시에 의하여 고용관계를 종료시킬 수 있는 해지권(해지의 자유)을 가진다. 그러나 근로기준법 제23조 1항은 「사용자는 근로자에게 정당한 이유 없이 해고하지 못한다」고 규정함으로써 사용자가 일방적으로 근로관계를 종료시킬 수 있는 해지권, 즉 해고권을 제한하고 있다. 해고는 근로자의 의사에 반해서 사용자의 일방적 의사표시에 의하여 근로계약관계를 장래에 대하여 종료시키는 것을 말한다.[3] 다시 말하면 해고란 실제 사업장에서 불리는 명칭이나 그 방법 또는 절차에 관계없이 근로자의 의사에 반해서 사용자의 일방적 의사에 의하여 이루어지는 각종 형태의 근로관계의 종료원인을 의미한다.[4] 따라서 회사가 당연퇴직사유를 규정하고 그 절차를 통상의 해고나 징계해고의 경우와 달리 했더라도 근로자의 의사와 관계없이 사용자측에서 일방적으로 근로관계를 종료시키는 것이면 이는 해고에 해당한다.[5]

b) 근로자가 사직서(또는 사직원)를 제출한 것이 사용자의 강요나 강박에 의하거나 '관례적인 단순한 요식행위'라는 회사 측의 권유를 믿고 사직의 의사없이 이에 응한 것이라면 근로자의 자유로운 의사에 의하여 근로관계가 종료된 것이라고 볼 수 없다. 이 경우에 근로자의 의사표시는 그 형성과정에서 사용자의 주도적 지배 · 영향하에서 이루어진 것이어서 강박에 의한 또는 진의 아닌 의사표시에 해당하여 취소(민법 제110조 Ⅰ)

---

1) 大判 1988. 5. 10, 87 다카 2853. 憲裁 2010. 10. 28, 2009 헌마 442(금고 이상의 형의 집행유예를 사립학교 교원의 당연퇴직 사유로 하는 법률조항은 직업선택의 자유를 침해한다고 볼 수 없어 헌법에 위배되지 아니한다).

2) 大判 1992. 5. 9, 91 도 2221.

3) 大判 1993. 10. 26, 92 다 54210; 大判 2011. 3. 24, 2010 다 92148; 서울行判 2008. 9. 4, 2008 구합 15367 등.

4) 大判 1993. 10. 26, 92 다 54210.

5) 서울行判 2014. 3. 6, 2013 구합 18063.

또는 무효(민법 제107조 I 단서)가 될 수 있다.

판례는 일관해서 「사용자가 사직의 의사없는 근로자로 하여금 어쩔 수 없이 사직서를 제출하게 한 후 이를 수리하는 의원면직의 형식을 취하여 근로관계를 종료시키는 것은 실질적으로 사용자의 일방적 의사에 의하여 근로관계를 종료시키는 해고」[1]로 보고 있다. 이와 같이 외형적으로는 사용자에 의한 해고의 의사표시가 없으나 사용자의 강요나 강박 또는 그 밖의 방법으로[2] 사직의 의사 없는 근로자로 하여금 사직서 또는 사직원을 제출케 하는 형식을 취하면서 실질적으로 사용자의 일방적 의사에 의하여 근로계약관계를 종료시키는 행위를 변태적 해고라고 할 수 있다.[3] 변태적 해고에 대해서는 근로자가 노동위원회에 대하여 부당해고구제신청을 할 수 있다.

(2) **변태적 해고의 모습**

a) **합의해지의 경우** 사용자가 사직의 의사 없는 근로자로 하여금 어쩔 수 없이 사직서를 작성·제출하게 한 후 이를 수리하는 이른바 의원면직, 즉 합의해지의 형식을 취하여 근로관계를 종료시키는 경우 근로자의 사직원 제출은 진의 아닌 의사표시에 해당하여 무효(민법 제107조 I 단서)이므로 사용자의 그 수리행위[4]는 실질적으로 사용자의 일방적 의사에 의하여 근로관계를 종료시키는 해고에 해당한다. 따라서 이 경우에 근로자의 사직의 의사표시와 사용자의 사직원 수리에 의하여 합의해지(계약에 의한 근로관계의 종료)는 성립할 수 없다.[5] 의사결정의 자유가 상대방에 의하여 박탈된 상태에서 어쩔 수 없이 행한 의사표시는 비진의의사표시로서 아무 효력이 없기 때문이다. 그러나 예컨대 근로자들이 희망퇴직의 권고를 선뜻 받아들일 수 없었다 하더라도 그 당시의 경제

---

1) 大判 1991. 7. 12, 90 다 11554; 大判 1996. 7. 30, 95 누 7765; 大判 2003. 4. 11, 2002 다 60528; 大判 2004. 6. 25, 2002 다 68058; 大判 2005. 11. 25, 2005 다 38270; 大判 2010. 3. 25, 2009 다 95974. 식당 종업원이 식당주인인 사용자로부터 '식당 운영에 실패한 것 같다, 더는 모두를 책임질 수 없을 것 같다, 12월엔 월급마저 지급을 못할 상황이 올 수 있을 것 같으니 더 좋은 일자리를 알아보는 것이 좋을 것 같다'는 취지의 문자메시지를 받고 어쩔 수 없이 사직하였는데, 사용자는 이후 구직사이트를 통해 직원 및 아르바이트 채용 공고를 내자 종업원들이 해고예고수당과 지연손해금(임금)의 지급을 구하는 소송에서 대법원은 부당해고에 해당한다고 하여 원고패소 판결한 원심을 파기·환송한 사례(大判 2019. 10. 31, 2019 다 246795). 또한 大判 2018. 5. 30, 2014 다 9632 참고.

2) 그러나 사직서에 '사용자의 강요에 의한 사유'로 사직하고자 한다고 기재되어 있다는 사정만으로 사직의 의사표시가 없음에도 사용자 측의 강요에 따라 사직서를 제출하게 되었다고 볼 수는 없다(서울行判 2014. 9. 25, 2014 구합 4627의 사안 참고).

3) 의제해고라 부르는 견해도 있다(박지순, '근로관계 종료에 관한 의사표시 해석에 관한 연구', 「안암법학」 통권 제34호(2011), 580면 참고).

4) 이 경우에 사용자의 수리행위는 근로자의 청약의 의사표시가 무효이므로(민법 제107조 I 단서) 유효한 승낙의 의사표시가 될 수 없다. 무효인 합의해지를 기초로 별도로 면직처분을 하더라도 이것 또한 무효이다.

5) 大判 1996. 7. 30, 95 누 7765; 大判 2001. 1. 19, 2000 다 51919, 51926 등.

상황, 회사의 구조조정계획, 회사가 제시하는 희망퇴직의 조건, 정리해고를 시행할 경우 정리기준에 따라 정리해고 대상자에 포함될 가능성 등 제반 사항을 종합적으로 고려하여 심사숙고한 끝에 사직원을 제출하였다면 근로계약관계는 합의해지에 의하여 종료된다고 볼 수 있다.[1)]

b) **일괄사표** 예컨대 종래 총재(사용자)가 새로 취임하면 분위기를 쇄신한다는 의미에서 간부 직원들이 일괄사표를 제출하고 1주일 후에 반려받은 관례가 있는 상황에서 사무총장이 총재에게 신임을 묻도록 하자는 제안에 따라 간부직원들이 사표가 수리될 수 있다는 인식없이 간부회의의 분의기에 이끌려 어쩔 수 없이 사직서를 제출한 경우에 총재가 이를 수리하여 의원면직시켰다면 이는 사용자의 일방적인 의사에 의하여 근로계약관계를 종료시키는 것이어서 해고에 해당한다.[2)] 또한 사용자인 협회(생명보험협회)가 감독청(재무부장관)으로부터 일정 수의 임직원을 선발하여 해직시킬 것을 지시받고 이를 시행함에 있어 모든 직원들로 하여금 일괄적으로 사직서를 제출하도록 한 것이라면 사직할 의사가 없으면서도 부득이 다른 직원들과 함께 사직서를 제출한 경우 원고인 직원을 포함한 6명의 사직서만을 수리하여 면직시켰다면 이는 실질적으로 사용자의 일방적 의사에 의하여 근로관계를 종료시키는 것이어서 해고에 해당한다.[3)] 이 경우에 근로자가 사용자의 지시에 좇아 일괄하여 사직서를 제출하면서 그 사직서에 의하여 의원면직으로 처리될지 모른다는 인식을 하였다는 사정만으로 그의 내심에 사직의 의사가 있는 것으로 볼 수 없을 것이다.[4)] 면직처리될 위험성을 인식하면서 어쩔 수 없이 주변의 분위기에 밀려 거부할 자유를 제대로 발휘하지 못했다면 의사결정의 자유는 저해된 것으로 보아야 할 것이다. 근로자들이 근로계약관계를 종료시키고자 하는 내심의 의사 없이 일괄적으로 사직원을 제출하였고, 사용자도 이러한 사실을 알고서 사직원을 수리한 경우 위 근로자의 사직의 의사표시는 무효이다(민법 제107조 I 단서).[5)] 근로자의 청약(사직의 의사표시)이 무효이면 사용자의 승낙(사직원 수리)만으로는 합의 해지(계약)가 성립할 수 없으므로 의원면직은 무효이다. 이때에 사용자의 사직서의 수리는 외형상 의원면직의 형식을 취하면서 그의 주도하에 행하여진 해고로서 무효이다.[6)]

c) **해지통고(해지)의 경우** 일반적으로 사용자의 압력이나 강압 또는 강권에 의하여 근로자 개인이 사직원을 제출하거나 일괄사표를 내는 경우에는 합의해지의 형식을

1) 大判 2003. 4. 11, 2002 다 60528; 大判 2002. 8. 23, 2000 다 60890, 60906.
2) 大判 2002. 5. 14, 2000 두 4675; 또한 大判 1994. 4. 29, 93 누 16185 등.
3) 大判 1993. 2. 9, 91 다 44452 등.
4) 大判 1991. 7. 12, 90 다 11554.
5) 大判 1992. 8. 14, 92 다 21036; 大判 1996. 7. 30, 95 누 7765 등.
6) 大判 1996. 7. 30, 95 누 7765; 大判 2010. 3. 25, 2009 다 95974 참고.

취하는 것이 보통이다(위의 a), b) 참고).[1] 그러나 경우에 따라서는 근로자가 일방적으로 해지통고(제660조 참조)를 할 수도 있을 것이다. 근로자가 해지통고를 한 때에는 특별한 사정이 없는 한 사직의 의사표시가 사용자에게 도달한 때 그 효력이 발생한다(민법 제111조 참조).[2] 그러나 근로자가 행한 해지통고가 사직의 의사없이 사용자의 강압이나 위협으로 어쩔 수 없이 행하여진 것이고 사용자도 근로자가 사직의 의사없이 해지통고를 한 것임을 알고 있는 때에는 사직의 의사표시를 받고 이에 따라 근로계약관계의 소멸통지를 하였더라도 근로계약관계의 존속에는 아무 영향을 미치지 않는다. 근로자의 해약고지 자체가 무효이기 때문이다(민법 제107조 I 단서).

(3) 사직의 의사표시의 철회

근로자가 사직원을 제출하여 근로계약관계의 합의해지의 청약을 하는 경우 그에 대한 사용자의 승낙의사가 형성되어 그 승낙의 의사표시가 근로자에게 도달하기 이전까지는 근로자는 그 의사표시를 철회할 수 있다.[3] 그러나 기간의 정함이 없는 근로관계에서 근로자가 그의 자유로운 의사에 따라 해고통지를 한 경우에는 그의 의사표시가 사용자에게 도달하기 전에 철회해야 한다. 다만 변태적 해고가 인정되는 경우에는 의사표시의 철회에 관한 일반원칙은 적용되지 않는다.

(4) 퇴직금 수령 후의 해고처분무효확인의 소

사용자의 강압이나 압력에 못이겨 근로자가 사직의 의사없이 사직서를 제출하고 이에 따라 면직처분된 후에 근로자가 퇴직금을 수령하면서 아무런 이의의 유보나 조건을 제기하지 않았다면 특별한 사정이 없는 한 근로자는 면직처분에 의한 해고를 받아들인 것으로 볼 수 있다. 따라서 그로부터 오랜 기간이 지난 후에 해고의 효력을 다투는 소를 제기하는 것은 원칙적으로 신의칙이나 금반언의 원칙에 위배되어 허용될 수 없다.[4] 다만, 이와 같은 경우에도 해고의 효력을 인정하지 아니하고 이를 다투고 있었다고 볼 수 있는 객관적인 사정이 있거나 그 밖에 상당한 이유가 있는 상황하에서 퇴직금을 수령하는 등 반대의 사정이 있음이 엿보이는 때에도 명시적 이의를 유보하지 않고 퇴직금을 수령했다고 해서 일률적으로 해고의 효력을 인정하였다고 보아서는 안 된다.[5]

---

1) 大判 1996. 7. 30, 95 누 7765.
2) 大判 2000. 9. 5, 99 두 8657 참고.
3) 大判 2000. 9. 5, 99 두 8657.
4) 大判 1993. 7. 16, 92 다 41528; 大判 1996. 3. 8, 95 다 51847 등.
5) 大判 2005. 11. 25, 2005 다 38270(원고들이 사직한 직후 해고된 일부 다른 근로자들이 피고인 사용자를 상대로 정리해고를 다투고 있었기 때문에 법원의 판결을 기다렸다가 제1심판결이 선고되자 곧바로 소를 제기한 경우); 大判 2003. 10. 10, 2001 다 76229(사원들이 사직서를 제출하자 회사측이 사직처리와 동시에 사원들이 회사로부터 대출받은 대출금의 이율을 연 4%에서 연 22%로 올리겠다고

(5) 구제방법

변태적 해고는 근로자의 의원사직에 따라 이를 받아들이는 의원면직의 형식을 취하는 것이므로 겉으로는 사용자의 일방적 의사표시로서의 해고라는 외형을 취하지 않는다. 그러나 판례는 「실질적으로 사용자의 일방적인 의사에 의하여 근로계약관계를 종료시키는 해고」[1]에 해당한다고 봄으로써 근로기준법 제23조 1항에 위반하는 것으로 판단하고 있다. 따라서 사용자의 강요에 따라 사직원을 제출하고 사용자가 이를 수리하면서 의원면직된 근로자는 노동위원회에 부당해고구제신청을 할 수 있다.[2] 그리고 근로자는 그의 사직의 의사표시가 진의에 의한 것이 아니고 사용자도 그 의사표시가 진의아님을 알고 있었음을 이유로 그의 사직의 의사표시가 무효임을 주장하는 소를 법원에 제기할 수도 있다. 법원에 의하여 근로자의 사직의 의사표시가 무효로 인정되면 면직처분도 당연히 무효가 된다. 다만, 사용자의 악의는 근로자가 증명해야 한다.[3]

9. 당사자의 소멸

a) 사용자가 법인체가 아니고 자연인인 경우 그 자연인의 사망으로 또는 근로자 자신의 사망으로 근로계약상의 지위는 일신전속적인 것으로서 상속되지 않으므로(민법 제657조) 근로관계는 원칙적으로 이전되지 않는다. 그러나 사용자가 사망하더라도 그 기업이 상속인에게 상속되어 계속 운영되며(포괄적 승계: Gesamtrechtsnachfolge = Universalsukzession), 사용자와 근로자 사이의 인적 관계가 문제되지 않는 경우에는 근로관계가 종료되지 않는다. 이 경우에 상속인인 사용자가 근로자를 해고하려면 정당한 이유(근기법 제23조, 제24조 참조)가 있어야 한다.[4]

b) 사용자가 법인으로서 그 법인이 해산되는 경우에 근로관계는 늦어도 청산 종료시(법인격 소멸시)에 종료한다.

하므로 이에 이자부담을 두려워한 일부 사원들은 퇴직금으로 대출금을 상계하고 나머지 퇴직금을 수령하였으며, 퇴직금을 수령하지 않은 사원들에 대하여는 회사측이 일방적으로 대출금과 퇴직금을 상계처리한 후 나머지 퇴직금을 사원들의 은행계좌로 송금하였고, 해고된 직원들은 여러 차례 모여서 위와 같은 일방적인 사직서 수리조치가 부당하다며 항의하는 등 이의를 제기한 사정 등 해고 전후의 사정을 종합적으로 고려하여 보면 원고들이 해고된 후 약 9개월 내지 1년 8개월 남짓 지나 이 사건 해고무효의 소를 제기하였다는 사정만으로는 해고를 추인하였거나 그 소제기 행위가 신의칙에 반한다고 할 수 없다고 판단한 사례); 大判 1996. 3. 8, 95 다 51847.

1) 大判 1996. 7. 30, 95 누 7765; 大判 2003. 4. 11, 2002 다 60528; 大判 2005. 11. 25, 2005 다 38270; 大判 2010. 3. 25, 2009 다 95974 등.

2) 大判 1994. 4. 29, 93 누 16185; 大判 1996. 7. 30, 95 누 7765; 大判 2002. 5. 14, 2000 두 4675 등 참고.

3) 大判 1992. 5. 22, 92 다 2295. 吳錫洛, 「立證責任論」, 2002, 381面 참고.

4) Schaub/Linck, *ArbRHandb* § 121 Rn. 18; Zöllner/Loritz/Hergenröder, *ArbR* § 24 Rn. 2.

10. 법인의 파산의 경우

주식회사인 법인에 대해서 법원이 파산선고결정을 하게 되면 법인은 해산되고 파산절차에 의해 청산된다. 파산절차가 개시된 이후에도 파산법인의 법인격은 즉시 소멸하지 않고, 파산목적범위 내에서 존속한다. 파산법인의 재산(파산재단)에 대한 관리 및 처분의 권한은 파산관재인에게 전속된다. 파산절차가 진행되고 최후의 배당이 종결되어 파산절차 소기(所期)의 목적이 달성되었다면, 이후 법원의 파산절차 종결결정의 공고 시에 파산법인의 법인격은 소멸된다.[1)]

이러한 기업의 파산으로 인하여 사업은 폐지되고 기업이 해체되는 것이 일반적이므로 파산관재인이 근로자와의 근로계약관계를 종료시키게 될 것이다. 민법 제663조는 사용자가 파산선고를 받은 경우 근로계약에 기간의 정함이 있는 때에도 근로자 또는 파산관재인은 해지할 수 있다고 규정하고 있으며, 이 경우 해고근로자에게는 계약위반으로 인한 손해배상청구권이 인정되지 않는다.[2)] 해지의 시기와 방법은 파산관재인의 재량에 위임되어 있다. 파산선고 후 근로자의 임금채권은 전액 파산재단에 대한 채권이 되므로, 이러한 채권의 증가를 막기 위해서는 근로자 전원에 대한 신속한 해고가 이루어지게 될 것이다.[3)] 파산절차 과정에서 근로자를 해고하는 파산관재인의 해고권은 파산기업의 계속기업가치가 없어 파산관재인이 사업을 폐지하고 기업을 해체하는 경우에 인정되는 것으로서 당연한 권한이라 할 것이다.[4)] 따라서 사업의 폐지 및 기업의 해체는 근로기준법 제23조 1항이 정한 정당한 이유 또는 동법 제24조가 정한 긴박한 경영상의 이유에 의한 해고제한이 적용될 수 있는 일반적인 경우에 해당하지 않는다고 해야 한다. 판례[5)]

1) 참고판례: 大判 2005. 7. 8, 2002 두 8640(법인이 청산절차를 종료하지 않은 이상 해산결의를 완료하였다는 사유만으로 그 법인격이 소멸되어 더 이상 존재하지 않는다고 할 수 없으므로, 해산결의를 완료한 법인을 상대로 부당해고의 효력을 다투는 소의 이익이 없다고 할 수 없다).

2) 파산절차의 취지는 기업의 유지 내지 재건이라는 목적과는 다른 채권자의 공평한 보호(채권자평등)의 관점에서 이해되어야 한다. 또한 파산관재인에게는 계약당사자인 사용자의 모든 이행의무가 승계되지 않는다고 보아야 한다.

3) 伊藤新一郎, '破産管財人の執務上の諸問題', 「破産訴訟法」, 1985, 268面.

4) 이에 반해 기업의 재건과 관련된 회생절차(회사정리절차)의 경우에는 근로기준법 제24조의 경영상 이유에 의한 해고규정의 적용여부가 문제될 수 있다(이 문제에 대한 상세한 논의는 신유철, '기업정리제도와 근로관계', 「기업의 구조조정과 노동법적 과제」, 1998, 376면 이하 참고). 이와 관련하여 일본에서는 기업도산의 경우를 회사청산형(파산의 경우)과 재건형(민사재생과 회사정리의 경우)으로 나누어, 노동기준법 및 해고권남용법리의 적용문제를 논의하고 있다(이에 대한 상세한 논의로는 霜島甲一, 「倒産法大系」, 1990, 400, 401面; 上野久德, 「倒産處理と勞働問題」, 1977, 28面; 塚原英治, '企業倒産と勞働者の權利', 「講座 21世紀の勞働法」(第4卷), 298-299面 참고).

5) 大判 2001. 11. 13, 2001 다 27975.

는 사업의 폐지를 위하여 해산한 기업이 그 청산과정에서 근로자를 해고하는 것은 기업경영의 자유에 속하는 것으로서 정리해고에 해당하지 않으며, 해고에 정당한 이유가 있는 한 유효하다고 판시한다. 판례에 따르면 당해 해고가 파산기업의 유지·존속을 전제로 하면서 긴급한 경영상의 필요에 의하여 이루어지는 것이 아니라, 더 이상 파산기업이 그 존속을 전제로 한 영업활동을 수행할 수 없고 현존사무의 종결, 채권의 추심과 채무의 변제, 재산의 환가처분, 잔여재산의 분배 등으로 이루어지는 청산업무만이 남아 있는 상태에서 파산자의 청산인인 파산관재인이 파산자에 대한 청산업무의 일환으로 파산자의 근로자들을 전부 해고한 것이므로, 청산인인 파산관재인이 사실상 파산과 다름없는 청산의 상태에서 한 당해 해고는 근로기준법 제23조 1항 소정의 정당한 이유가 있는 것으로 보아야 한다고 한다. 저자는 일반적 파산의 경우에 단행되는 해고는 처음부터 근로기준법 제23조 1항 및 제24조의 적용대상이 될 수 없다고 생각한다. 왜냐하면 해고제한 규정은 기업의 존속이 전제되는 경우에 대해서만 적용될 수 있는 것이기 때문이다.

11. 기간의 정함이 있는 근로관계의 기간만료와 그 효과의 제한

(1) 총 설

a) 기간제및단시간법에 따르면 법 소정의 사유가 있는 경우를 제외하고 2년을 초과하지 않는 범위 내에서 기간을 정하여 근로계약을 체결할 수 있으며(제4조), 이때 근로계약관계는 그 기간이 만료됨으로써 당연히 종료하는 것이 원칙이다(민법 제662조 참조).[1] 반면 기간의 약정이 있는 근로관계는 부득이한 사유(즉시해지 사유: 민법 제657조 Ⅲ, 제658조, 제661조, 제663조)가 있는 때가 아니면 기간의 만료 전에 해지할 수 없다(민법 제661조 본문). 그리고 그 사유가 당사자 일방의 과실로 인하여 생긴 때에는 상대방에 대하여 손해를 배상하여야 한다(민법 제661조 단서). 따라서 근로자의 과실로 부득이한 사유가 발생하여 사직하게 된 경우에는 근로자는 손해배상책임을 부담하는 것이 원칙이다.

b) 민법 제662조 1항 본문은 '고용기간이 만료한 후 노무자가 계속하여 그 노무를 제공하는 경우에 사용자가 상당한 기간 내에 이의를 하지 아니한 때에는 전 고용과 동일한 조건으로 다시 고용한 것으로 본다'고 규정하고 있다(묵시적 계약갱신 간주).[2] 동조항 단서는 '그러나 당사자는 제660조의 규정에 의하여 해지 통고를 할 수 있다'(해지의 자유: 해고의 자유)고 규정하고 있어 사용자는 언제든지 해지 통고를 하여 고용관계를 소멸(노무자가 통고를 받은 날부터 1월이 경과하면 해지의 효력이 발생한다)시킬 수 있다. 동조항

1) 大判(전합) 1996. 8. 29, 95 다 5783; 大判 2014. 2. 13, 2011 두 12528; 大判 2011. 7. 28, 2009 두 2665; 大判 2007. 9. 7, 2005 두 16901; 大判 1998. 1. 23, 97 다 42489 등.

2) 기간제및단시간법 제4조 2항 비교 참조.

본문의 규정은 노무자(근로자) 보호규정이므로 강행규정으로서의 성질을 가지는 것으로 해석되지만, 동조항 단서 규정은 근로기준법 제23조 1항에 반하므로 노동법의 적용을 받는 근로자에게는 적용될 수 없다.[1] 묵시적 계약갱신 간주의 요건 중 '상당한 기간'은 구체적 상황에 따라 사회통념상 합리성이 있다고 인정되는 기간이어야 할 것이다.[2] 그리고 묵시적으로 갱신된 계약기간은 민법 제662조 1항 본문에 '전 고용과 동일한 조건으로 다시 고용한 것'이라는 문리(文理)에 따라 예컨대 기존의 계약기간이 1년이면 갱신된 계약기간도 1년으로 새기는 것이 합당할 것이다.[3]

c) 근로계약기간이 만료하면서 다시 그 근로계약을 갱신하거나 동일한 조건의 근로계약을 반복하여 체결한 경우에는 갱신 또는 반복된 계약기간을 합산하여 계속근로여부와 계속근로연수를 판단하여야 한다. 갱신되거나 반복 체결된 근로계약 사이에 일부 공백 기간이 있다 하더라도 그 기간이 전체 근로계약기간에 비하여 길지 않은 경우 근로관계 자체의 존속(근속기간의 인정)은 그 기간 중에도 유지된다.[4]

d) 그런데 판례는 기간을 정한 근로관계의 두가지 유형에 대하여 기간의 만료로 인한 근로관계의 종료효과를 부인하는 판례법리를 형성하여 정착시켜 왔다. 그 하나는 기간의 정함이 단순히 형식에 불과할 뿐이어서 실질적으로 기간의 정함이 없는 근로관계가 인정되는 경우이고, 다른 하나는 기간의 정함 자체는 유효하지만, 근로계약 갱신에 대한 정당한 기대권이 인정되는 경우이다. 전자의 경우에 갱신거절은 마치 기간의 정함이 없는 근로관계에서와 같이 부당해고가 되고, 후자의 경우에는 계약갱신의 「거절」이 효력을 가질 수 없을 뿐이므로 기간만료 후의 근로관계는 종전의 (기간의 정함이 있는) 근로계약이 갱신(반복)된 것과 같이 동일한 내용을 가진 근로관계가 존속하게 된다.

(2) 실질적으로 기간의 정함이 없는 것으로 인정되는 경우

기간을 정한 근로계약서를 작성하였다 하더라도 기간의 정함이 형식에 불과한 것이라고 보아야 할 사정이 인정되는 경우에 갱신계약 체결을 거절하는 것은 정당한 이유 없는 해고에 해당한다는 것이 판례의 태도이다. 즉, 판례는 단기의 근로계약이 여러 차

1) 김형배, 「채권각론」(계약법), 2001, 604면.

2) 판례 중에는 1년의 계약기간을 정하고 근무하던 근로자가 기간 만료 후 2개월간 계속 근로한 경우에 묵시적 근로계약 갱신을 인정한 사례가 있다(大判 1998. 11. 27, 97 누 14132).

3) 大判 1986. 2. 25, 85 다카 2096. 그러나 민법 제662조 1항 단서가 민법 제660조의 적용을 전제로 하는 해지의 통고를 규정하고 있으므로 갱신된 계약은 기간의 정함이 없는 계약으로 해석하는 것이 타당하다는 견해가 있다(김유성, 「노동법 Ⅰ」, 334면). 그러나 민법 제662조 1항 단서는 사용자가 갱신된 계약관계를 용이하게 해지할 수 있도록 한 규정으로서 근로기준법 제23조 1항에 위배되어 원용될 수 없다고 판단된다.

4) 大判 2006. 12. 7. 2004 다 29736.

례 반복·갱신되는 등 해당 근로관계의 전체적인 사정을 고려할 때 그 반복·갱신이 단지 형식에 불과한 것으로 인정되는 경우에 계약서의 문언에도 불구하고 사실상 기간의 정함이 없는 근로계약을 맺었다고 볼 것이며, 이 경우에 사용자가 정당한 이유 없이 갱신계약의 체결을 거절하는 것은 해고와 마찬가지로 무효라고 판시하고 있다.1) 그러나 해고제한 규정의 회피를 목적으로 체결된 단기의 근로계약이더라도 그 계약 자체(전체)가 소급해서 무효가 되는 것은 아니므로 이때에는 기간의 약정이 없는 계약이 체결된 것으로 본다.2) 「기간의 정함」이 단지 형식에 불과한 것인지 여부에 대해서는 근로계약 내용과 근로계약이 이루어지게 된 동기 및 경위, 기간을 정한 목적과 당사자의 의사, 동종의 근로계약 체결방식에 관한 관행 그리고 근로자보호법규 등 여러 사정을 종합적으로 고려하여 판단하여야 한다.3) 근로계약기간의 정함이 단지 형식에 불과하다고 볼만한 특별한 사정이 없다면 기간을 정하여 계약을 반복·갱신하여 온 경우에도 계약기간의 만료로 근로관계는 당연히 종료된다.4) 일반적인 반복·갱신의 경우와는 달리 종전의 (기간을 정한) 근로계약이 단절된 후 새로운 고용조건에 의한 근로계약이 체결되었다면 종전의 근로계약이 수차례 반복되었다는 사정만으로 그 정한 기간이 형식에 불과하여 사실상 기간의 정함이 없는 근로관계가 되는 것은 아니라고 보아야 한다.5)

(3) **갱신기대권이 인정되는 경우**([80] 2. 참고)

기간의 정함이 단지 형식에 불과한 것이 아니어서 실질적으로 기간의 정함이 있는 근로계약관계가 인정되는 경우에도 갱신계약의 체결을 거부하는 것은 실제로는 해고와 마찬가지로 근로관계를 종료시키는 것이 되는 경우가 있을 수 있다. 판례는 근로자에게 근로계약이 갱신될 수 있으리라는 정당한 기대권이 인정되는 경우 갱신거절은 부당해고와 마찬가지로 효력이 없다고 한다. 즉, 「근로계약, 취업규칙, 단체협약 등에서 기간이 만료되더라도 일정한 요건이 충족되면 당해 근로계약이 갱신된다는 취지의 규정을 두고 있거나, 그러한 규정이 없더라도 근로계약의 내용과 근로계약이 이루어지게 된 동기 및 경위, 계약갱신의 기준 등 갱신에 관한 요건이나 절차의 설정 여부 및 실태, 근로자가

1) 大判 2011. 7. 28, 2009 두 5374; 大判 2013. 2. 14, 2011 두 24361; 大判 2006. 2. 24, 2005 두 5673 등. 최초의 판례: 大判 1994. 1. 11, 93 다 17843.

2) 大判 2006. 12. 7, 2004 다 29736 참고.

3) 大判 1998. 5. 29, 98 두 625; 大判 2013. 2. 14, 2011 두 24361; 大判 2011. 7. 28, 2009 두 5374; 大判 2006. 2. 24, 2005 두 5673 등.

4) 大判 2011. 7. 28, 2009 두 5374; 大判 2007. 1. 25, 2006 두 7945(1년 단위로 근로계약을 체결하고 10년 가까이 근로계약이 갱신되어온 사정이 있더라도 계약기간이 형식에 불과하다고 볼 수 없어 계약갱신의 체결을 거절한 것이 유효하다고 본 사례).

5) 大判 2005. 10. 13, 2005 두 7648.

수행하는 업무의 내용 등 당해 근로관계를 둘러싼 여러 사정을 종합하여 볼 때 근로계약 당사자 사이에 일정한 요건이 충족되면 근로계약이 갱신된다는 신뢰관계가 형성되어 있어 근로자에게 근로계약이 갱신될 수 있으리라는 정당한 기대권이 인정되는 경우에는, 사용자가 이를 위반하여 부당하게 근로계약의 갱신을 거절하는 것은 부당해고와 마찬가지로 아무런 효력이 없고, 기간 만료 후의 근로관계는 종전의 근로계약이 갱신된 것과 동일하다」는 것이 판례의 태도이다.[1] 이와 같이 기간을 정한 근로계약이 체결되었더라도 일정한 요건이 충족되면 근로관계가 당연히 종료하는 것으로 해석할 것은 아니다. 따라서 근로자로서는 근로계약기간이 만료된 후에도 갱신거절의 유효 여부를 다툴 법률상의 이익을 가진다.[2] 특히 일정한 요건이 충족되면 근로계약이 갱신된다는 취지의 규정을 두고 있지 않더라도, 근로관계의 설정과 실태에 비추어 당사자 사이에 근로계약 갱신에 대한 신뢰관계가 형성되어 있어 근로자에게 정당한 기대권이 인정되는 경우에는 사용자가 이에 위반하여 근로계약 갱신을 거절하는 것은 정당한 이유없이 근로자를 해고하는 것과 마찬가지로 효력이 없다는 것이 판례의 태도이다.[3] 이와 같은 해석 태도는 근로기준법 제23조 1항이 기간을 정한 근로계약에도 간접적으로 적용된다는 법리에 기초한 것이라고 생각된다. 한편 사용자가 계약갱신을 거부하기 위해서는 합리적인 갱신거절의 사유가 존재하여야 하는데, 근로계약의 갱신거절이 통상적인 의미에 있어서의 해고 자체는 아니므로 갱신거절의 사유는 해고사유보다는 다소 넓게 인정된다는 하급심판결이 있다.[4] 정년이 지난 상태에서 기간제 근로계약을 체결한 경우에는 위에서 본 여러 사정 외에 해당 직무의 성격에서 요구되는 직무수행 능력과 근로자의 업무수행 적격성, 연령에 따른 직업능력 저하나 위험성 증대의 정도, 해당 사업장에서 정년이 지난 고령자가 근무하는 실태와 계약이 갱신된 사례 등을 종합적으로 고려하여 근로계약 갱신에 관한 정당한 기대권이 인정되는지를 판단하여야 한다. 근로자에게 이미 정당한 갱신기대권이 형성되어 있는데도 사용자가 이를 배제하고 계약갱신을 거절[5]하는데 합리적 이유가 있

1) 大判 2014. 2. 13, 2011 두 12528; 大判 2011. 7. 28, 2009 두 2665; 大判 2011. 4. 14, 2007 두 1729; 大判 2007. 12. 27, 2007 다 51758; 大判 2019. 10. 31, 2019 두 45647. 日本 最二少判平 21·12·18 民集 63卷 10号 2754面 비교 참고.
2) 大判 2017. 10. 12, 2015 두 59907.
3) 大判 2019. 10. 31, 2019 두 45647 등.
4) 서울行判 2007. 3. 22, 2006 구합 22088.
5) 사용자가 정당한 기대권을 보유한 기간제근로자에 대하여 재계약 절차를 거부하고 신규 채용 절차를 통하여 선발되어야만 계약갱신을 해주겠다고 하는 경우에는 경영상의 필요에 의한 해고에 준하는 사유가 있는지를 종합적으로 살펴 그 주장의 당부를 판단해야 한다는 사례(大判 2017. 10. 12, 2015 두 44493)가 있다. 즉 갱신기대권을 가진 근로자를 해고하려면 근로기준법상의 정당한 이유가 있어야 한다.

는지가 문제될 때에는 사용자의 사업목적과 성격, 사업장 여건, 근로자의 지위와 담당 직무의 내용, 근로계약 체결 경위, 근로계약의 갱신요건이나 절차의 설정 여부와 운용 실태, 근로자에게 책임 있는 사유가 있는지 등 여러 사정을 종합하여 갱신 거부의 사유와 절차가 사회통념에 비추어 볼 때 객관적이고 합리적이며 공정한지를 기준으로 판단해야 한다. 이러한 사정에 관한 증명책임은 사용자가 부담한다.[1)]

위와 같은 판례의 태도는 상태(常態)적 업무에 대하여 기간제 근로계약의 체결을 사실상 일상화(상용(常用)근로자의 대체화)하고 있는 실태를 고려한 것이라고 생각된다. 다만, 대법원은 갱신기대권의 법적 성질과 내용이 어떠한 것인지는 밝히고 있지 않다. 계약의 갱신을 기대하고 있는 근로자의 신뢰를 일종의 권리로서 보호할 만한 가치가 있는 것이라고 한다면 대법원은 그 기대권의 법적 성질과 내용을 명확히 해야 할 것이다.

갱신기대권은 기간제및단시간법 시행에 의해서 단절되는 것은 아니다. 즉, 이 법 시행 전에 이미 기간제근로자에게 갱신에 대한 정당한 기대권이 형성되어 있다면 이 법의 시행으로 그 기대권이 배제 또는 제한되지 않는다.[2)] 최근의 대법원 판례는 이 법 시행 이후에도 갱신기대권뿐만 아니라 기간의 정함이 없는 근로자로의 전환기대권이 인정될 수 있다는 견해를 취하고 있다[3)]([81] 2. f) 참고). 이와 같은 판례 취지의 근저에는 최초의 유기근로계약의 체결시부터 유기계약이 만료될 때까지의 제반사정을 종합적으로 고려할 때 기간의 정함이 있는 근로계약을 체결하였더라도 그 계약관계의 실질이 기간의 정함이 없는 계약관계와 구별할 것이 못 되어 그 계약기간 만료 후에도 근로관계의 계속을 기대할 합리성이 인정될 수 있어 계약갱신의 거절은 신의칙에 비추어 허용되지 않는다는 사고가 자리하고 있는 것으로 판단된다.[4)]

12. 근로자 해고 후 해고무효 확인소송(부당해고 구제절차) 기간 중의 근로관계와 임의적 취업계약

(1) 문제제기

a) 근로자에 대한 사용자의 해고처분은 정당한 이유가 있을 때에 그 효력을 가진다(근기법 제23조 Ⅰ, 제24조 Ⅴ). 그리고 사용자가 근로자를 해고하려면 적어도 30일 전에

1) 大判 2019. 10. 31, 2019 두 45647(이러한 법리는 선원법의 적용을 받는 선원이 체결한 기간제 근로계약이 종료한 경우에도 마찬가지로 적용된다).
2) 大判 2014. 2. 13, 2011 두 12528.
3) 大判 2016. 11. 10, 2014 두 45765.
4) 荒木, 「勞働法」, 498面 참고. 또한 일본 판례 龍神タクシー事件·大阪高判平成 3·1·16 勞判 581号 36面 참고.

해고이유와 해고시기를 명시하여 서면으로 근로자에게 통지하여야 한다(근기법 제26조 전단, 제27조 Ⅲ). 그러나 민법상으로는 고용관계에 있는 노무자를 사용자가 해고(근로관계의 해지)할 때에는 정당한 이유를 필요로 하지 않는다. 고용기간의 약정이 없는 경우 사용자는 언제든지 해지통고를 할 수 있고(해지권 행사의 자유), 노무자가 해지통고를 받은 날로부터 1개월이 경과하면 해지의 효력(고용관계의 종료)이 발생한다(민법 제660조).[1] 민법에 있어서는 사용자나 근로자가 다같이 해지의 자유를 가진다. 즉, 고용관계 당사자인 사용자나 노무자는 일정한 해지통고기간을 준수하여 일방적 해지의 의사표시를 하면 고용관계는 해지통고기간이 경과한 때 종료한다. 노동법이 적용되는 근로관계에 있어서나 민법의 고용관계에 있어서 해고예고기간 또는 해지통고기간이 경과하면 근로관계 또는 고용관계는 일단 종료한다. 다만, 노동법이 적용되는 근로관계에서는 해고예고기간이 경과하여 근로관계가 일응 종료되었다 하더라도 근로자는 사용자를 상대로 사용자가 제시한 해고사유가 정당하지 않음을 이유로 노동위원회에 부당해고의 구제신청을 하거나 법원에 해고무효확인의 소(또는 근로관계존속확인의 소)를 제기할 수 있다.[2] 그러나 근로자가 부당해고가 있었던 날부터 3개월 이내에 구제신청을 하지 않거나(근기법 제28조 참조) 해고의 정당성을 인정하고 소송을 포기한 때[3]에는 부당해고로부터 구제를 받을 수 없다.

b) 근로자가 노동위원회에 부당해고 구제신청을 할 경우에 노동위원회는 해고의 정당성 여부를 확인하기 위하여 조사와 신문절차를 거쳐 부당해고가 성립한다고 판정하면 사용자에게 구제명령을 내리게 된다. 구제명령은 원직복직과 해고기간 동안에 받지 못한 임금의 지급을 그 내용으로 할 수 있다. 그러나 노동위원회의 구제명령 또는 기각결정에 불복하여 사용자 또는 근로자는 중앙노동위원회에 재심신청을 할 수 있고, 재심판정에 대해서는 행정법원에 소를 제기할 수 있으며, 종국적으로 대법원에 상고할 수 있다. 그러므로 해고처분의 무효·유효의 다툼은 오랜 시일을 거친 후에 끝날 수도 있다. 해고무효확인의 소를 제기한 때에도 마찬가지이다. 여기서 다음과 같은 문제가 제기된다. 즉, 근로기준법(제23조, 제24조 참조)이 적용되는 근로관계에서는 사용자가 근로자를 해고하더라도 근로자가 노동위원회에 부당해고 구제신청을 하거나 법원에 해고무효확인의 소를 제기하는 한, 해고가 정당한 이유에 의한 것으로 확정되거나 또는 정당한 이유

1) 고용의 약정기간이 3년을 넘을 때에는 3년을 경과한 후에 각 당사자는 언제든지 해지통고를 할 수 있고 상대방이 해지통고를 받은 날로부터 3개월이 경과하면 해지의 효력이 발생한다(민법 제659조).
2) E. Wolf, *Lehrbuch des Schuldrechts*, Bd. 2., 1978, S. 213 ff.
3) 또한 객관적인 사정이나 상당한 이유 없이 오랜 기간이 지난 후 해고무효확인의 소를 제기하는 것이 신의칙상 허용될 수 없는 경우: 大判 1996. 3. 8, 95 다 51847 참고.

에 의한 것이 아니어서 무효인 것으로 확정될 때까지 근로관계도 확정적으로 소멸되었다고 보기 어렵다는 것이다. 일반적으로 사용자에 의한 해고는 해고예고기간이 경과한 때에 효력을 발생하므로 그 시점에서 근로관계는 종료(소멸)하는 것으로 이해되고 있다. 따라서 노동위원회가 사용자에 의한 해고가 정당한 이유에 의한 것이 아니어서 복직 및 임금소급지급명령을 하거나,[1] 법원이 사용자의 해고를 무효라고 판결하면 해고무효의 효력은 해고예고기간의 만료시점으로 소급하여 발생하게 된다. 즉, 해고에 의해서 근로관계가 종료한 시점부터 해고가 무효라고 판단된 시점까지 (사실상) 소멸하였던 근로관계는 다시 부활하는 것이 되어 그 기간의 임금은 민법 제538조 1항 전단에 의하여 근로자에게 지급되어야 한다.[2] 또한 부당하게 해고되었던 기간은 근속한 기간으로 산정되어 근로관계가 존속한 것과 같이 취급된다.[3]

c) 이상에서 설명한 바와 같이 민법 제659조 및 제660조에 의한 사용자의 해지의 경우에는 해지통고기간의 경과와 함께 고용관계는 종료 · 소멸되지만, 특별법인 근로기준법 제23조 및 제24조가 적용되는 근로관계에서는 사용자가 근로자를 해고하더라도 해고예고기간의 경과에 의하여 근로관계는 확정적으로 종료 · 소멸한다고 볼 수 없고, 해고의 정당한 이유 유무에 따라 근로관계는 소급해서 회복될 수 있는 잠재적 가능성을 보유하고 있는 것으로 보아야 한다. 그렇다면 사용자는 근로자를 해고한 후 해고의 정당성 유무가 확인될 때까지 근로자를 계속 취업시킬 의무를 부담하는가? 이에 대해서는 다음과 같이 판단하는 것이 적절하다고 생각된다. 해고예고기간이 경과한 시점에서 근로관계는 일단 종료된 것으로 보아야 하고, 다만 해고의 정당사유가 부인되어 해고무효확인판결 또는 부당해고에 대한 구제명령이 내려진 때 근로관계는 사후적으로 회복되는 것이므로 그 기간 동안 근로자는 취업청구권을 가진다고 볼 수 없다. 그러나 사용자측에서는 법원 또는 노동위원회에 의하여 해고가 무효 또는 부당해고로 판단되어 임금 등을 소급 지급하게 되는 불이익 내지 위험(Risiko)을 줄이기 위하여 해고의 정당성 유무가 확정될 때까

1) 노동위원회의 구제명령은 법원의 판결과는 달리 사용자에게 그 구제명령에 복종해야 할 공법상의 의무를 부담시킬 뿐 직접 근로자와 사용자 간의 사법(私法)상의 법률관계를 발생 또는 변경시키는 효력을 가지는 것은 아니다(大判 2011. 3. 24, 2010 다 21962; 大判 2006. 11. 23, 2006 다 49901; 大判 1998. 4. 23, 95 다 53102 등). 그러나 현실적으로 노동위원회의 구제명령은 실효성을 가지며, 근로기준법 제30조는 노동위원회의 구제명령을 이행하지 아니하는 사용자에 대하여 이행강제금을 부과할 수 있는 규정을 두고 있다. 따라서 노동위원회의 구제명령은 법원의 판결과 같은 효력을 가질 수 없으나 공법상의 의무를 부과함으로써 사실상 사법적(私法的) 효과를 거둘 수 있게 된다.

2) 大判 1992. 3. 31, 90 다 8763; 大判 1993. 9. 24, 93 다 21736; 大判 1995. 11. 21, 94 다 45753, 45760 등. 근로관계가 부활되지 않는다면 민법 제538조 1항을 적용할 수 없다. 노무제공의 수령의무에 관한 규정(독민법 제615조)을 적용하는 독일에 있어서도 마찬가지이다.

3) 大判 1992. 2. 25, 91 누 12615 참고.

지 해당 근로자를 임의적 약정에 의하여 기간부로 취업(고용)시키는 조치를 강구할 수 있을 것이다. 즉, 해고기간 동안 사용자는 근로자에게 잠정적 취업약정의 청약을 할 수 있고, 근로자는 특별한 사정이 없는 한 이를 거부할 수 없다고 보아야 할 것이다. 그러한 한도에서 사용자와 근로자 사이에는 해고기간 중에도 신의칙이 적용된다고 볼 수 있다.

(2) 해고 효력 다툼 중의 취업약정

a) 임의적 취업약정의 목적과 성립 　해고의 효력을 다투는 노동위원회의 구제절차 또는 해고소송 중에 근로자는 노무제공의무를 부담하지 않으나 부당해고가 인정되어 구제명령이나 해고무효 확인판결이 확정되면 근로관계가 소급해서 회복되므로 사용자는 그 동안 근로자가 노무제공의 중단으로 인하여 받지 못한 임금을 지급하여야 한다. 해고예고기간의 경과로 근로관계가 종료된 때부터 부당해고 내지 해고무효가 확정될 때까지 노동위원회의 구제절차 또는 소송이 여러 심급을 거치게 되면 근로자의 취업중단 기간도 장기화되므로 사용자의 임금소급지급으로 인한 손실은 그 만큼 커질 수 있다. 해고의 정당한 이유의 유무는 사용자가 미리 예단할 수 없는 것이므로 부당해고로 인한 임금의 소급지급은 사용자에게 일종의 위험(Risiko)으로 작용한다. 따라서 독일에서는 장래 발생할 수 있는 임금소급지급의 위험을 최소화하기 위하여 사용자는 해고소송 기간 중에 근로자와 임의적 취업약정을 체결하는 경우가 있다.[1)] 우리나라에서는 아직 이러한 실례가 없는 것으로 보이나 최근에 학술적인 논의가 제기되고 있다.[2)]

해고의 효력을 다투는 노동위원회의 구제절차 또는 해고무효확인의 소송 중에 행하여지는 취업약정은 해고예고기간의 경과로 근로관계가 종료된 후 노동위원회의 구제명령 또는 법원의 판결이 확정될 때까지의 기간 동안 근로자의 취업을 임의로 약정하는 계약이라고 볼 수 있다. 임의적·잠정적 취업약정은 부당해고로 인한 임금소급지급의 위험을 줄일 목적으로 이루어지는 것이므로 사용자가 취업약정의 청약을 하는 것이 보통이다. 그러나 해고가 정당한 것으로 판단되는 경우도 예상할 수 있으므로 근로자가 취업약정을 거절할 경우 일자리와 함께 그간의 임금소득의 기회를 모두 상실하게 된다. 사용자와 근로자가 '해고의 법적 다툼이 확정적으로 종결될 때까지' 취업하기로 합의한 경우에는 기간부 근로계약이 성립한 것으로 되고, '해고무효확인의 청구가 확정적으로 기각될 때까지' 취업을 합의한 경우에는 기각판결을 해제조건으로 하여 근로관계를 잠정적

1) Lingemann/Steinhauser, *Der Kündigungsschutzprozess in der Praxis — Freiwillige Prozeßbeschäftigung*, NJW 2014, 2165 ff. 참고.

2) 하경효, '해고통지 이후의 복직에 관련된 법적문제', 「노동법포럼」, 제13호(2014. 10), 164면 이하 참고.

으로 존속시키는 합의가 있는 것으로 해석된다.[1)] 해고가 정당한 해고로 판정되면 원래의 근로관계는 회복되지 않으며 기간부 취업약정관계도 소멸된다. 해고가 부당해고로 판단되어 원래의 해고가 무효로 확인되면 원래의 근로계약관계는 소급해서 존속하게 되고, 잠정적 취업약정관계는 종료된다.

b) 임의적 취업약정의 효력 해고의 법적 효력을 다투는 기간 중에 체결된 임의적 취업약정은 해고가 무효로 판단되는 경우에 사용자가 지급하게 될 임금의 지급위험을 최소화시키려는 데 그 목적이 있으므로 그 약정은 해지된 원래의 근로계약(계약관계)과는 별개의 고유한 계약이다. 취업약정에 따른 노무의 제공과 임금의 지급은 그 약정의 내용에 따라 이루어진다. 다만 해고가 부당해고로 판정된 경우에 취업약정에 따른 임금은 원래의 근로계약에 따라 소급하여 지급되어야 하는 임금(민법 제538조 Ⅰ 1문)에서 공제되는 중간소득(민법 제538조 Ⅱ 참조)으로서의 성질을 가진다. 취업약정에 의하여 근로자가 종래의 해지된 근로계약관계에 따른 근로를 계속하는 경우에는 민법 제538조 1항 1문에 따라 지급해야 할 임금의 소급지급청구권은 발생하지 않는다.[2)] 해고무효소송에 의하여 해고가 정당한 이유 있는 유효한 해고로 판단된 때에도 임의적 취업약정은 그대로 유효하다. 따라서 취업약정에 기한 노무제공과 임금지급은 해고소송의 종료를 해제조건으로 하여 기간부로 존속하게 된다. 잠정적 취업약정에 따른 노무제공과 그 대가로 지급된 임금은 부당이득이 되지 않음은 물론이다. 그러나 해고가 부당한 것으로 확정된 경우에 원래의 근로계약관계는 해고의 효력이 발생한 시점(해고예고기간의 만료시점)으로 소급하여 회복되면서 중단없이 계속 존속한 것으로 되며, 임의적·잠정적 취업약정은 종료한다. 이때에 원래의 근로계약에 따라 지급되어야 할 임금액(민법 제538조 Ⅰ 1문)에서 잠정적 취업약정에 따라 지급된 임금액은 공제되며(민법 제538조 Ⅱ), 차액이 생기면(취업약정에 따라 지급된 임금이 소급지급될 임금보다 적은 경우) 사용자가 이를 지급해야 한다.[3)]

c) 사용자에 의한 취업약정의 청약과 근로자의 청약거부 부당해고구제신청을 하거나 또는 해고무효확인소송을 제기하면서 근로자가 근로관계의 존속을 주장하는 것은 해고가 부당해고로 확정되면 그 직장에서 계속 근무할 것을 예정하고 있는 것으로 보아야 하며, 사용자도 해당 근로자를 계속 근무하게 할 가능성을 전제하고 있는 것으로 보

---

1) Lingemann/Steinhauser, NJW, S. 2166.

2) Lingemann/Steinhauser, NJW, S. 2167(즉 임금소급지급위험은 발생하지 않는다).

3) 통설. 그러나 판례는 민법 제538조 2항에 의하여 공제할 수 있는 중간수입은 근로기준법 제46조에 따라 평균임금의 100분의 70을 초과하는 금액에 한정하는 것으로 해석하고 있다(大判 1991. 6. 28, 90 다카 25277; 大判 1996. 4. 23, 94 다 446 등). 이에 대한 비판적 견해에 관해서는 [75] 2. d) 다음의 《해고기간 중의 임금과 중간소득공제》 참고.

아야 한다. 이러한 한도에서 사용자와 근로자 사이에는 일종의 신의칙 관계가 존재하는 것으로 해석될 수 있다. 그러므로 사용자가 근로자에게 잠정적 취업약정을 청약하는 경우에 그 업무와 보수가 원래의 근로계약의 수준에 미치지 못하더라도 그 직무의 내용, 보수액, 직급 등에 비추어 그 청약이 기대가능한 것임에도 근로자가 이를 거부하는 것은 신의칙에 반하며, 해고기간 중 근로자가 얻을 수 있는 중간소득기회를 악의적으로 거부하는 것으로 해석될 수 있다. 근로자의 승낙거절로 사용자가 중간소득공제를 받지 못하게 되어 입게 되는 손실은 근로자가 얻을 수 있었던 근로소득의 기회를 거부함으로써 발생한 것이므로 이를 공제해야 한다는 것이 독일민법과 해고제한법 및 판례의 태도[1]이다. 악의적 거부는 해고기간 중(독일민법에 의하면 이행지체 중: 제615조 1문) 근로자가 노무의 가능성, 노무제공의 기대가능성, 사용자에 대한 불이익 초래 등 제반 사정을 인식하면서도 고의로 노무제공을 하지 않거나 노무의 수용을 의도적으로 해태하는 경우, 즉 근로자에 대한 비난가능성이 있는 경우에 인정된다.[2] 근로자의 일신상의 사유 또는 경영상의 사유에 의한 해고에 있어서 잠정적 계속취업의 기대가능성은 대체로 긍정적으로 판단될 가능성이 크다. 그러므로 이러한 경우에 근로자가 사용자의 취업약정 청약을 거부하는 것은 악의적으로 소득기회를 해태하는 것이 되어 노무를 제공했을 경우 얻을 수 있었던 소득액은 공제의 대상이 될 수 있다.[3] 해고기간 중 취업약정의 청약은 기존의 근로계약에서 정한 근무지에 한정되는 것은 아니며, 근로조건이 다른 일자리에서 계속취업을 청약하는 것도 가능하므로 그러한 근로가 반드시 기대불가능하다고 볼 수는 없다.

d) 기간제및단시간법의 적용 여부 부당해고 여부가 확정될 때까지 당사자들의 다툼이 2년을 넘어 계속되는 경우에 2년을 초과하여 계속된 취업약정에 따른 근로관계가 기간제및단시간법의 적용을 받는지에 관해서는 문제가 제기될 수 있다. 해고소송기간 중의 노무급부의 중단으로 인하여 발생될 수 있는 사용자의 임금소급지급위험과 근로자의 임금상실을 합리적으로 해소할 목적으로 체결되는 취업약정의 취지와 (잠정적)

---

1) 독일민법(제615조 2호)과 해고제한법(제11조 2호)은 근로자가 기대가능한 업무를 악의적으로 해태한 경우 그 대가로서 지급받을 수 있었던 임금을 공제한다고 규정하고 있다. 또한 독일연방노동법원의 판례: BAG, NZA-RR 2012, 342; DB 2012, 238; NJW 2007, 2062 등(Lingemann/Steinhauser, NJW 2014, 2165 참고). 그러나 우리 민법 제538조 2항은 수용가능한 소득기회에 대한 악의적 해태에 관하여 직접 규정하고 있지 않다. 판례가 신의칙에 따라 민법 제538조 2항을 악의적 해태의 경우에 유추적용할 수 있을 것인지는 해석상의 문제로 남는다.

2) BAG, AP Nr. 98 zu §615 BGB=BeckRS 2003, 40726(Lingemann/Steinhauser, NJW 2014, 2165).

3) 독일민법 제615조 2문; 해고제한법 제11조 2호; BAG, NZA=RR 2012, 342=DB 2012, 238 등. 김형배, 채권각론(신정판), 2001, 174면 참고.

성격에 비추어 볼 때 기간제및단시간법을 적용하는 것은 옳지 않다고 생각된다.[1] 다만 임의적 취업계약에 있어서도 그 계약의 종료시기는 명확히 규정되어야 할 것이다(기단법 제4조 I 단서 참조)([81] 2. c) 참고).

[71] II. 해고의 자유에 대한 제한

1. 총 설

a) 해고는 근로자의 의사에 반하여 근로계약관계를 종료시키는 사용자의 일방적 형성적 의사표시에 의하여 이루어지는 근로관계의 종료사유(형성적 효력)를 의미한다.[2] 근로계약관계는 일반해고에서는 해고예고기간(30일)이 끝나는 다음날 종료(소멸)하지만 즉시 해고사유가 있는 때에는 즉시 종료한다.[3]

개인주의적 시장경제질서하에서 사용자는 그의 기업의 합리적인 경영을 위하여 근로자와 근로계약의 체결 및 해지를 자유로이 할 수 있는 것이 원칙이다(민법 제660조 I 참조). 이는 이론상 사용자와 근로자가 각각 평등한 인격자이므로 서로 자유로운 의사표시에 의하여 상호 간의 법률관계를 자유로이 성립시킬 수도 있고 소멸시킬 수도 있다는 시민법적 시장원리에 기초한 것이다. 그러나 사용자에 의한 해지의 자유는 경제적으로 또는 사회적으로 약자의 지위에 있는 근로자에게는 마땅한 일자리의 보장이 없는 한 대부분의 경우 직장상실을 의미할 뿐이다. 따라서 근로기준법은 근로의 기회를 보호하기 위하여 일반적으로 정당한 이유가 없거나 긴박한 경영상의 필요가 없는 해고를 제한하고, 또 구체적인 경우에 따라 여러 가지 해고금지에 관한 규정을 두고 있다.

b) 근로기준법상의 해고제한에 관한 규정을 보다 바르게 이해할 수 있으려면 먼저 민법상의 고용관계의 해지에 관해서 살펴볼 필요가 있다. 민법상 고용관계의 해지는 근로자측의 해지뿐만 아니라 사용자측의 해지를 서로 구별함이 없이 똑같이 취급한다. 즉 기간의 약정이 없는 고용관계는 당사자가 일정한 기간 전에 해지의 통고를 하면 이른바 정당한 이유가 없어도 소멸시킬 수 있으며(민법 제660조), 기간의 약정이 있는 경우에는 원칙적으로 그 기간이 만료하면 당사자의 의사표시가 없어도 고용관계는 당연히 소멸된다(예외: 민법 제659조).[4] 또한 기간의 약정유무에 불구하고 부득이한 사유(민법 제

1) 同旨: 하경효, 위의 논문, 167면.

2) 大判 1993. 10. 26, 92 다 54210; 大判 2011. 3. 24, 2010 다 92148 등.

3) Preis, *IndividualArbR* Rn. 2511 ff. 참고.

4) 기간의 약정유무를 불문하고 양당사자가 민법의 규정에 구애됨이 없이 고용관계를 合意解止(合意

661조),[1] 사용자의 파산(민법 제663조)[2] 및 그 밖의 사유(민법 제657조, 제658조)가 있을 때에는 고용관계는 해지권자에 의하여 즉시 해지될 수 있다. 따라서 민법상의 고용관계는 기간의 약정이 없는 경우 해지의 일방적 의사표시가 있은 다음 해지통고기간이 경과(통고받은 날부터 1개월이 경과하면 해지의 효력이 발생)한 때, 기간의 약정이 있는 경우 약정기간이 경과한 때, 그리고 기간의 약정유무에 불구하고 즉시해지사유가 있는 경우에는 해지의 의사표시가 상대방에게 도달한 때에 즉시 소멸된다. 민법상 기간의 약정이 없는 한 사용자와 근로자 양 당사자는 언제든지 해지권을 행사할 수 있고, 일정한 통고기간이 경과하면 해지의 효력이 발생한다. 이와는 달리 근로기준법은 근로자의 보호를 위하여 사용자의 해지권(해고권)을 자체를 제한하고 있다.

c) 근로기준법은 사용자의 해지와 근로자의 해지를 동일하게 취급하지 아니하고 사용자의 해지, 즉 해고에 대하여 여러 가지 제한을 가함으로써 근로자의 근로의 기회를 보호하고 있다. 따라서 근로자의 의사에 반하여 사용자의 일방적 의사표시로 근로관계를 종료시키는 경우는 일단 기간의 약정유무에 상관 없이 널리 해고제한에 의한 규제대상이 될 수 있다.[3]

2. 근로기준법상의 해고의 정당한 이유의 유형

구 근로기준법은 제27조 1항에서 사용자의 해고가 유효하기 위해서는 「정당한 이유」가 있어야 한다고만 규정하고 있다. 따라서 「정당한 이유」의 구체적인 내용에 관하여 학설과 판례는 대체로 i) 일신상의 사유, ii) 행태상의 사유, iii) 긴박한 경영상의 필요라는 세 가지 유형으로 분류하는 것이 일반적이었다.[4] 이와 같은 유형적 분류는 독일 해고제한법 제1조 2항을 본받은 것이다.

그런데 일신상의 사유나 행태상의 사유는 근로자측에 해고원인 내지 귀책사유가 있는 것으로서 근로계약관계의 유지가 기대불가능한 정도의 해고사유를 의미하는 것이다. 반면에 긴박한 경영상의 필요에 의한 해고는 기업의 경영상의 필요에 의한 조직의 변경이나 신기술의 도입, 구조조정, 합리화조치 등에 의하여 발생된 해고라는 점에서 양

解約=Aufhebungsvertrag)할 수 있음은 물론이다(앞의 [70] 2. 참고). 서울民地判 1971. 3. 17, 69 가 15105 참고.

1) 민법 제661조가 규정한 해지권은 사용자와 근로자가 행사할 수 있다. '부득이한 사유'에 관해서는 大判 2004. 2. 27, 2003 다 51675 참고.

2) 김형배, 「채권각론(계약법)」, 2001, 608면 참고.

3) 同旨: 大判 1993. 10. 26, 92 다 54210; 大判 2009. 3. 26, 2008 다 62724 등.

4) 김형배, 「노동법」(초판), 1974, 167면; 同, 「노동법」(제8판), 360면. 同旨: 大判 1987. 4. 14, 86 다카 1875; 大判 1991. 3. 27, 90 다카 25420; 大判 1992. 4. 24, 91 다 17931 등.

자는 서로 구별된다. 그런데 근로기준법은 민법상의 고용계약에 관한 특별법이므로 근로계약관계에서 발생한 해고사유에 관해서 직접 규율할 수 있지만, 후자의 사유(경영상의 사유)에 관해서까지 일반해고사유와 동일한 기준으로 규율하는 것은 체계상 반드시 타당하다고 생각되지는 않는다. 다만, 근로관계의 소멸이라는 효과면에서는 근로자의 일신 또는 행태상의 이유에 의한 것이건 기업경영상의 필요에 의한 것이건 이를 반드시 구별할 이유가 없다. 1997년 3월 1일의 근로기준법 개정으로 종래의 근로자 개인에 대한 일반해고 제한에 관한 규정 제27조 1항 이외에 긴박한 경영상의 이유에 의한 해고 제한에 관한 규정이 제27조의2로 신설되었다. 그 후 동법은 2007년 4월 11일에 개정되면서 제27조 1항은 제23조 1항(자세히는 [72] 참고)으로, 제27조의2는 제24조(자세히는 [73] 참고)로 바뀌어 현재까지 유지되고 있다. 이와 같이 현행 근로기준법상의 해고관계 규정은 해고사유와 요건을 구별하여 이원적 규율구조를 채택하고 있다.

《근로기준법상의 해고관계규율의 체계》

근로계약관계상의 사유	근로계약관계 외적인 사유
일신상의 사유, 행태상의 사유	긴박한 경영상의 필요에 의한 사유
제23조	제24조
제26조, 제28조	

3. 해고이유의 제한

현행 노동법은 특정한 사유들을 근로자의 해고 이유로 삼는 것을 금지하고 있다.

a) 노조및조정법 제81조 1항 1호는 근로자가 노동조합에 가입 또는 가입하려고 하였거나 노동조합을 조직하려고 하였거나 기타 노동조합의 업무를 위한 정당한 행위를 한 것을 이유로 근로자를 해고할 수 없다고 규정하고 있다. 헌법 제33조 1항이 보장하고 있는 노동기본권에 대한 침해행위는 특히 이를 부당노동행위([126] 이하 참고)라 하여 노조및조정법은 이에 대한 구제제도(노조및조정법 제82조 내지 제86조)를 마련하고 있는데, 이와 같은 부당노동행위로서의 해고의 효력은 사법상 무효라고 해석된다.[1] 노조및조정법 제81조 1항 1호의 규정은 강행규정으로서 이에 위반하면 불법행위에 해당할 수 있다고 보아야 하기 때문이다. 특히 근로자의 노동3권 행사와 관련해서 사용자가 행한 해고처분이 부당노동행위에 해당되나, 그 원인에 있어서 근로기준법 제23조의 「정당한 이유」

1) 同旨: 大判 1993. 12. 21, 93 다 11463; 大判 1978. 2. 14, 77 다 1648 등; 菅野, 「勞働法」, 993面 이하 참고.

를 함께 구비하고 있는 경우 그 처분의 효력이 문제된다. 이 경우에 노조및조정법이 그 법원적 효력(法源的 效力)에 있어서 근로기준법보다도 우위에 있다고 보아야 하기 때문에 사용자의 해고처분은 (근로기준법상 정당한 이유가 있는 해고에 해당되더라도) 부당노동행위로서 무효가 될 수 있으며 동시에 근로자의 지위는 부당노동행위구제절차를 통하여 원상으로 회복되게 된다(노조및조정법 제81조 Ⅰ ①-⑤, 제82조, 제83조 참조).[1] 다만, 근로기준법 제23조의 「정당한 이유」의 존재가 확실한 반면에 사용자의 부당노동행위로서의 해고는 단순히 개연성을 가지거나 불확실한 경우에는 해고는 무효라고 할 수 없을 것이다.[2]

b) 근로기준법 제6조는 남녀의 차별적 대우나 국적·신앙 또는 사회적 신분을 이유로 한 근로조건상의 차별적 대우를 금지하고 있다(벌칙: 근기법 제114조; 또한 남녀고평법 제7조 내지 11조 참조). 따라서 혼인을 이유로 한 해고(고평법 제11조 Ⅱ 참조)나 국적, 신앙 또는 사회적 신분을 이유로 한 해고는 무효이다.

c) 근로기준법 제104조 2항은 사용자가 근로기준법과 그 시행령 등을 위반하였음을 근로감독관에게 통고한 것을 이유로 근로자에게 해고 또는 기타 불이익처우를 하지 못한다고 규정하고 있다(벌칙: 근기법 제110조 ①). 따라서 동조 위반의 해고도 무효이다.

4. 해고시기의 제한

a) 근로기준법 제23조 2항은 근로자가 업무상 부상 또는 질병의 요양을 위한 휴업기간과 그 후 30일간 및 산전·산후의 휴업기간과 그 후 30일간은 원칙적으로 해고를 금지한다고 규정하고 있다(벌칙: 근기법 제107조). 따라서 해고가 금지되는 기간은 근로자의 업무상의 재해 또는 출산으로 인한 노동력의 상실기간인 휴업기간과 노동력의 회복을

---

1) 김형배, '근로기준법상의 해고제한과 부당노동행위로서의 해고금지', 「노동법연구」, 180면 이하, 특히 187면 이하 참고. 예컨대 사용자의 전보명령에 불응하거나 기타 근로자의 기업질서위반의 행태를 이유로 하는 「징계」해고의 경우(大判 1992. 11. 13, 92 누 9425; 大判 1991. 12. 10, 91 누 3789; 大判 1991. 4. 23, 90 누 7685; 大判 1990. 10. 23, 88 누 7729; 大判 1989. 11. 10, 89 누 2530 등), 기업합리화를 이유로 하는 정리해고의 경우(大判 1993. 12. 10, 93 누 4595; 大判 1993. 1. 15, 92 누 13035), 위장폐업에 의한 해고의 경우(中勞委 1990. 5. 1, 89 부노 280. 다만, 부당노동행위의사가 인정되더라도 실질적으로 폐업하였다면 부당노동행위의 구제실익이 없다: 大判 1990. 2. 27, 89 누 6501; 大判 1991. 12. 24, 91 누 2762), 영업양도시에 노동조합활동을 이유로 일부 근로자의 근로관계인수를 거부함으로써 사실상 해고하는 경우(大判 1995. 9. 29, 94 다 54245 참고) 그리고 기간의 약정이 있는 근로계약에 대하여 사용자가 계약갱신을 거절하는 경우(심태식, 「개론」, 211면 참고) 등에 있어서 사용자의 차별적 대우(불이익취급: 노조및조정법 제81조 Ⅰ ①, ⑤)의 의사가 취업거부 또는 해고의 동기로 인정되면 부당노동행위로서의 해고에 해당한다고 볼 것이다.

2) 同旨: 大判 1994. 12. 23, 94 누 3001; 大判 1996. 5. 31, 95 누 2487(적법한 징계해고사유가 있어 징계해고한 경우에는 사용자가 근로자의 노동조합활동을 못마땅하게 여긴 흔적이 있다거나 반노동조합의사를 갖고 있는 것으로 추정된다 하여 당해 해고가 부당노동행위에 해당한다고 할 수 없다).

위한 그 후의 30일간이다. 근로기준법 제23조 2항에 의하여 해고가 제한되는 시기는 업무상 부상 또는 질병의 요양을 위한 법정휴업기간과 그 후 30일간에 국한되므로 요양과 휴업 사이에는 상당인과관계가 존재하여야 한다. 근로자가 출근은 하면서 업무상의 질병 또는 부상을 치료받기 위하여 병원에 통원하는 일부 휴업의 경우도 근로기준법 제23조 2항의 해고가 금지되는 휴업기간에 해당되는지가 문제된다. 업무상의 부상 또는 질병이 있는 근로자가 완치될 때까지 부분적으로 휴업하고 있는 경우에 근로기준법 제23조 2항의 적용을 배제한다고 하면, 이 규정의 기본취지를 살릴 수 없을 것이다.[1] 또한 근로기준법 제23조 2항 단서 전단은 휴업기간이 장기화할 경우를 대비하여 사용자가 일시보상을 하고 근로관계를 소멸시킬 수 있는 가능성을 마련하고 있으므로, 일부휴업의 경우에도 해고가 금지된다고 해석하는 것이 타당할 것이다.

여성근로자가 출산 전에 휴업을 청구하지 않고 계속 취업하고 있는 경우에도 마찬가지로 해석해야 할 것이다. 그러므로 이 기간중에는 정당한 이유가 있더라도 근로자를 해고할 수 없음은 물론 즉시해고사유가 존재하고 있더라도 즉시해고를 하지 못하며, 해고의 예고도 허용되지 않는다고 새겨야 할 것이다.

판례[2]는 「트럭운전수가 업무상의 부상을 입고 통원치료기간중에 회사에 나와 파업농성을 주도했다는 것만으로는 부상의 요양을 위하여 휴업을 할 필요가 없는 경우라고 단정할 수는 없다」고 하여 요양을 위한 휴업기간중의 해고에 대하여 엄격한 제한을 가하고 있다.[3]

b) 요양기간중이라도 사용자가 제84조에 규정된 일시보상을 지급하였을 경우 또는 사업을 계속할 수 없게 된 경우에는 해고할 수 있다(제23조 Ⅱ 단서).[4]

---

1) 근로기준법 제23조 2항에 따라 해고가 제한되는 「업무상 부상 또는 질병의 요양을 위하여 휴업한 기간과 그 후 30일 동안」은 근로자가 노동력을 상실하고 있거나 노동력을 회복하고 있는 기간으로서 실직의 위험으로부터 절대적으로 보호받을 필요가 있다. 그러나 근로자가 업무상 부상 등을 입고 치료중이더라도 휴업하지 아니하고 정상적으로 출근하고 있는 경우 또는 휴업하고 있더라도 요양을 위하여 휴업할 필요가 있다고 인정되지 않는 경우에는 해고가 제한되는 휴업기간에 해당하지 않는다. 휴업이 필요한지 여부는 업무상 부상 등의 정도, 부상 등의 치료과정 및 치료방법, 업무의 내용과 강도, 근로자의 용태 등 객관적 사정을 종합하여 판단해야 한다(大判 2011. 11. 10, 2009 다 63205; 大判 1991. 8. 27, 91 누 3321).

2) 大判 1991. 8. 27, 91 누 3321.

3) 참고: 大判 1984. 4. 10, 84 도 367.

4) 구법 제30조 Ⅱ 단서 규정은 「천재·사변 기타 부득이한 사유로 인하여 사업계속이 불가능한 때」라고 규정하고 있어서 천재·사변 기타 이에 준하는 사유로 인하여 사업의 전부 또는 그 대부분을 계속할 수 없는 경우를 의미하는 것으로 해석되었다. 그러나 1999년 2월의 개정에서는 「사업을 계속할 수 없게 된 경우」로 규정됨으로써 사업계속의 불가능에 관한 요건을 완화하였다. 따라서 현행 규정은 천재·사변 기타 이에 준하는 사유로 인하여 사업의 전부 또는 대부분의 계속이 불가능한 경우뿐

5. 해고의 예고

(1) 의 의

근로기준법 제26조는 사용자가 근로자를 해고(제23조, 제24조)하고자 할 때에는 적어도 30일 전에 예고를 하여야 하고, 30일 전에 예고를 하지 아니하였을 때에는 30일분 이상의 통상임금을 지급하여야 한다고 규정하고 있다(벌칙: 근기법 제110조 ①). 이와 같은 해고의 예고(또는 예고수당의 지급)는 객관적으로 정당한 사유가 있건 없건 사용자가 해고의 의사표시를 하는 경우에 적용되는 것이므로, 해고의 예고를 했다고 하여 정당한 이유 없이 해고할 수 있다는 뜻은 아니다.[1] 해고예고는 근로자에 대한 해고(사용자에 의한 근로계약관계의 일방적 해지)를 대상으로 하는 것이므로 의사표시로 명확히 하여야 하며,[2] 해고사유와 해고시기를 서면으로 하지 않으면 통고로서의 효력이 없다(근기법 제27조 Ⅰ, Ⅱ, Ⅲ).[3] 불확정한 기한이나 조건을 붙인 예고도 예고로서의 효력이 없다. 해고수당과 함께 퇴직금을 수령했다 하더라도 그와 같은 사실이 해고예고를 갈음할 수 없다. 예고기간 중에는 근로자와 사용자가 정상적인 근로관계에 있는 경우와 마찬가지로 임금 또는 근로를 청구할 수 있음은 물론이나 근로자가 새로운 직장을 구하기 위하여 부득이 결근한 경우에는 사용자는 이에 대한 임금을 지급해야 한다.[4]

해고가 부당해고에 해당하여 무효가 되면 사용자는 근로자에게 해고한 날에 소급하여 임금을 지급해야 하므로 근로자가 지급받은 해고예고수당이 법률상 원인이 없는

만 아니라 불경기·자금난·자재부족·판매부진 기타 경영상의 사정으로 인한 사용자의 위험부담영역에 속하는 사유로 인하여 사업의 계속이 불가능한 경우도 모두 해고가 인정될 수 있는 경우로 규정되었다. 그러나 사업계속의 불가능성이 일시적인 것에 그침으로써 해고를 정당화할 수 없는 경우에는 「사업을 계속할 수 없는 경우」라고 보아서는 안 될 것이다. 다시 말하면 사업계속의 불가능성으로 인해서 근로자의 계속고용이 기대불가능한 경우에 해고는 정당화될 수 있을 것이다.

1) 大判 1971. 8. 31, 71 다 1400; 大判 1989. 10. 24, 89 다카 166; 大判 1990. 10. 10, 89 도 1882; 大判 1992. 3. 31, 91 누 6184; 大判 1994. 3. 22, 93 다 28553.

2) Preis, *IndividualArbR* Rn. 2519.

3) 사용자가 해고예고를 할 경우 해고시점을 명시하거나 언제 해고(근로계약관계의 종료)되는지를 근로자가 알 수 있는 방법으로 하여야 한다(大判 2010. 4. 15, 2009 도 13833). '사업자등록을 마치지 않을 경우 더 이상 근무할 수 없다'는 취지의 통보는 해고를 예고한 것으로 보기 어렵고, 해고예고에 해당하더라도 조건을 붙인 예고로서 효력이 없다(大判 2015. 5. 28, 2011 다 53638).

4) 大判 2010. 4. 15, 2009 도 13833 참조. 예고기간중 부득이 결근한 경우에 임금을 지급해야 한다는 것은 예고수당제도를 함께 두고 있는 취지에도 부합한다. 헌법재판소는 해고자가 다른 직장을 구할 수 있도록 최소한의 시간적 여유를 마련해 주거나 그 기간 동안 생계비를 보장하여 근로자의 경제적 어려움을 완화시켜주는 것이 해고예고제도의 취지라고 한다(憲裁 2001. 7. 19, 99 헌마 663). 독일민법 제629조는 고용관계의 해지통고 후 근로자가 청구하면 새로운 직장을 구하는 데 필요한 상당한 기간을 부여할 것을 규정하고 있다.

부당이득(민법 제741조 참조)이 되는지가 문제된다. 판례에 따르면 첫째로 근로기준법 제26조는 해고예고수당을 지급할 것을 규정하고 있을 뿐 해고가 유효인 경우에만 해고예고의무나 해고예고수당 지급의무가 성립한다고 해석할 근거가 없으며, 둘째로 동법 제26조의 해고예고제도는 해고통고를 받은 근로자에게 해고에 대비하여 새로운 직장을 구할 수 있도록 시간적·경제적 여유를 주려는 것으로 해고의 효력 자체와는 무관한 제도로서 해고가 결과적으로 무효가 되더라도 근로자에게 해고예고수당을 지급해야할 사용자의 의무는 달라지지 않는다고 한다.[1] 또한 해고가 무효로 판정되어 근로자가 복직을 하고 미지급임금을 받더라도 그것만으로 해고예고제도를 통해서 해고과정에서 근로자를 보호하고자 하는 동법 제26조의 입법목적이 충분히 달성되었다고 보기 어렵다는 것이 위 판례의 태도이다.

근로기준법 제23조는 「사용자는 근로자에게 정당한 이유없이 해고를 하지 못한다」고 규정하고 있다. 해고가 정당한 이유에 의한 것인지는 노동위원회나 법원에 의하여 가려질 것이지만 해고가 무효가 될 경우 사용자가 근로자에게 해고기간 중의 임금을 소급해서 지급한다고 해서 해고예고수당의 지급이 마치 부당이득처럼 다루어진다면 다음과 같은 법리적 모순이 생길 수 있다. 즉 해고의 의사표시가 사용자의 귀책사유로 이루어진 경우에 해고예고수당의 반환을 요구하는 것을 용인한다면 이는 귀책의 원리에 반한다. 근로기준법 제23조가 사용자는 정당한 이유없이 해고를 하지 못한다고 규정한 것은 부당해고가 아무 효력이 없음을 규정하는 것 이외에 정당한 이유없이 행한 해고에 관하여 사용자에게 엄밀한 의미의 귀책사유가 없더라도 해고로 인해서 발생한 손해에 대하여는 적어고 사용자가 일종의 위험(Risiko)책임을 부담해야 한다는 원칙이 동조의 규정에 내재해 있다고 보는 것이 타당할 것이다, 그러므로 해고가 부당해고로 판단되어 무효가 된 경우에 그로 인하여 발생한 손해나 불이익은 사용자가 부담하는 것이 마땅하다. 이와 같은 근거에서 사용자는 해고가 무효가 된 경우 해고예고수당의 반환을 청구할 수 없다. 해고무효시 임금 소급지급의무는 해고가 소급해서 무효가 됨으로써 발생하는 의무(민법 제538조 1항 본문)이지만 해고예고수당지급의무는 근로기준법 제26조와 제23조를 그 근거규정으로 한다고 보아야 한다.

예고수당 지급의무는 근로의 대가로서의 임금 지급의무와는 별개의 것이며, 퇴직금과 같이 계약에 따라 발생하는 것이 아니라 법률에 의하여 발생하는 것이다. 따라서 퇴직금규정에서 예고수당을 포함한다는 취지가 명시되어 있지 아니하면 퇴직금 이외에

1) 大判 2018. 9. 13, 2017 다 16778.

예고수당을 별도로 지급하여야 한다.[1] 예고수당에 대해서는 임금에 관한 보호규정이 적용될 수 있다.

(2) 해고예고의 예외

개정 전(2019년 1월 15일 전)의 근로기준법은 해고예고의 적용예외에 관하여 두 개의 규정을 두고 있었다. 첫째의 규정은 제26조 단서에서 천재·사변 등 부득이한 사유로 사업을 계속하는 것이 불가능한 경우 또는 근로자가 고의로 사업에 막대한 지장을 초래하거나 재산상 손해를 끼친 경우로서 고용노동부령으로 정하는 사유에 해당하면 해고예고를 적용하지 않는다는 것이고, 둘째의 것은 제35조에서 i) 일용근로자로서 3개월을 계속 근무하지 아니한 자, ii) 2개월 이내의 기간을 정하여 사용된 자, iii) 월급근로자로서 6개월이 되지 못한 자, iv) 계절적 업무에 6개월 이내의 기간을 정하여 사용된 자, v) 수습사용 중인 근로자에게는 제26조의 규정을 적용하지 않는다는 규정이다.

그런데 2015년 12월 23일에 헌법재판소는 구 근로기준법 제35조 3호의 '월급근로자로서 6개월이 되지 못한 자'에 대한 해고예고의 적용제외 규정이 평등권을 침해한다는 이유에서 위헌이라고 결정하였다.[2] 이를 계기로 2019년 1월 15일 근로기준법 개정 시에 제35조를 삭제하면서 제26조 단서 1호에 '근로자가 계속 근로한 기간이 3개월 미만인 경우'로 통합하여 신설 규정하였고, 종래 제26조 본문에 규정하였던 예외사유를 동조 단서 2호 및 3호로 나누어 신설 규정하였다.

제26조 단서 각 호의 예외사유가 있는 경우에 사용자는 해고예고 규정을 준수할 의무가 없으므로 해당 근로자를 즉시 해고할 수 있다. 그러나 사용자가 자진해서 예고기간에 맞추어 해고하거나, 근로자의 사정 등을 고려하여 상당기간의 예고통고를 하거나, 상당한 기간의 예고를 갈음하는 통상임금을 지급하는 것은 사용자의 임의에 속한다.

1) 3개월 미만 근로한 근로자에 대한 적용예외(제26조 단①) 이 규정은 구 근로기준법 제35조 각 호의 규정들을 통합하면서 신설된 것으로 해석되므로 계속 근로한 기간이 3개월 미만인 근로자가 일급 또는 월급근로자이거나, 계절적 업무를 수행하는 근로자이거나, 수습 또는 시용근로자이거나를 불문한다고 보아야 한다.

2) 천재·사변 그 밖의 부득이한 사유로 사업계속이 불가능한 경우(제26조 단②) 이러한 사유는 불가항력적인 돌발 사유에 해당하는 것이므로 사용자에 대해서 사회통념상 해고예고를 기대할 수 없는 경우(큰 화재 또는 지진으로 사업장이 소실된 경우)라고 할 수 있다. 사용자의 고의나 과실로 사고가 발생하였거나, 사업경영상의 어려

1) 大判 1962. 3. 22, 4294 민상 1301.
2) 憲裁 2015. 12. 23, 2014 헌바 3.

움이 발생하여 사업을 폐지하게 된 경우는 예외사유로 인정될 수 없다.

3) 근로자가 고의로 사업에 막대한 지장을 초래하거나 재산상 손해를 끼친 경우(제26조 단③) 이러한 경우의 근로자의 비위(非違)행위는 해고예고제도에 따른 보호를 부인하더라도 마땅하다고 판단되는 중대하고 비윤리적 행태 유형에 속한다. 근로자가 고의로[1] 사업에 막대한 지장이나 손해를 끼친 경우에는 즉시해고는 물론이고 불법행위로 인한 손해배상책임을 부담해야할 뿐 아니라 형사상의 책임을 면할 수 없다. 제26조 단서 3호는 이러한 '경우로서 고용노동부령으로 정하는 사유에 해당하는 경우'라고 규정하고 있는데 이 규정을 받아 근로기준법 시행규칙 제4조는「해고예고의 예외가 되는 근로자의 귀책사유」라는 표제 하에「법 제26조 단서에서 '고용노동부령으로 정하는 사유'란 별표와 같다」고 규정하고, 근로기준법 시행규칙 [별표]에서는 근로자의 귀책사유가 인정되는 사례 유형들을 열거하고 있다. 근로기준법 제26조 단서 3호는 근로자의 고의가 있는 경우를 전제로 하고 있는데 반해 시행규칙은 근로자의 귀책사유를 기준으로 하고 있어 예외범위를 인정하는 범위가 달라져 위임입법상의 문제가 제기될 수 있다. '고의'를 과실을 포함하는 개념인 귀책사유로 대체하는 것은 예외범위를 확대할 수 있는 위험을 초래할 수 있다. 따라서 별표의 행위 유형들은 고의에 의한 경우로 해석해야 한다.

⑶ 예고의무위반의 효력

「정당한 이유」가 없는 해고는 당연히 무효이므로 예고를 했느냐 하지 않았느냐 하는 것은 문제되지 않는다.[2] 그렇다면「정당한 이유」가 있는 경우에 해고예고를 하지 않으면 그 해고의 효력은 어떻게 되는가?[3]

이에 대하여는 견해가 나뉘어 있다. 첫째 유효설에 의하면 근로기준법 제26조는 단순한 단속규정에 지나지 않으므로 예고위반의 해고도 사법상(私法上)의 효력을 가진다고 하며,[4] 둘째 절대적 무효설에 의하면 예고위반의 해고는 해고로서 아무 효력이 없다고 하고,[5] 셋째 상대적 무효설은 예고위반의 해고가 즉시해고로서는 무효이지만 30일의 기간이 경과하거나 해고예고 후 제26조 소정의 예고수당을 지급하여 제26조의 요건을 결

1) 일본 勞働基準法 제20조 1항 단서는 근로자의 귀책사유를 기준으로 규정하고 있다.
2) 大判 1971. 8. 31, 71 다 1400; 大判 1990. 10. 10, 89 도 1882.
3) 근로기준법상의 벌칙(제110조 ①)이 적용됨은 물론이다.
4) 대법원은 해고의 사법상 효력은 원칙적으로 정당한 해고사유의 존부에 따라 판단해야 하고, 해고예고의무규정(근기법 제26조)은 효력규정이 아니라 단속규정이므로 동조 위반의 해고는 유효하다는 견해를 취하고 있다(大判 1993. 9. 24, 93 누 4199; 大判 1994. 3. 22, 92 누 2418). 결과에 있어서 同旨: 김유성,「노동법 Ⅰ」, 315면 이하.
5) 이병태,「노동법」, 646면.

과적으로 갖추면 효력을 발생한다고 한다.[1] 유효설에 따르더라도 근로기준법 제26조는 강행규정으로 보아야 하므로 근로자가 30일간 노무를 제공하였다면 받을 수 있었던 임금 또는 30일분 이상의 통상임금은 지급되어야 할 것이다.[2] 이 경우에 벌칙이 적용됨은 물론이다(근기법 제110조 ①). 유력설인 상대적 무효설은 유효설과 절대적 무효설을 절충한 견해로 볼 수 있는데, 해고통고 자체를 무효라고 보지 않으면서 해고통고 후 결과적으로 30일의 예고기간을 갖추거나 30일분의 통상임금을 지급하면 해고의 효력, 즉 근로관계가 종료한다고 한다. 그러나 이 설은 과거에 일본에서 행정해석으로 전개된 견해를 판례(최고재판소)가 채택한 것으로서 사용자가 즉시해고를 고집하는 것이 아닌 한 사후적으로 예고요건을 구비하면 이를 인정한다는 편의적 주장이어서 비판을 받고 있다.[3] 일본에서는 근년에 이상의 학설들을 극복하기 위하여 선택권설이 등장하였다. 이 설에 따르면 사용자가 즉시해고사유가 없음에도 예고기간을 주지 아니하고 예고수당을 지급하지도 않으면서 해고의 의사표시를 한 경우에는 근로자 측에서 해고무효를 주장할 것인지 아니면 해고유효를 전제로 예고수당을 청구할 것인지를 선택할 수 있다고 한다. 근로자에게 선택권을 준다는 점에서 상대적 무효설의 결함을 바로잡은 설이라고 하여 다수의 학자가 이 설을 따르고 있다.[4] 선택권설에 따르면 근로자가 해고무효를 주장할 때에는 예고수당의 지급청구를 할 수 없고, 예고수당 지급청구를 하면 해고무효를 주장할 수

---

1) 荒木, 「勞働法」, 293面 참고. 하경효, '해고예고규정위반과 단체협약에 따른 '노조와의 합의' 없이 행한 징계면직의 효력', 「경영계」, 1994. 7, 56면. 해고의 정당한 이유가 있는 경우에 퇴직일자를 2018년 12월 14일로 하여 이를 기준으로 급여(임금 그밖의 수당 등), 해고예고수당을 모두 지급했다면 회사 측이 해고통지문에 해고시기를 2018년 12월 10일로 기재했다고 하여 해고의 효력발생시기가 이날로 소급했다거나 2018년 12월 14일 이전까지 유효하게 존재하였던 근로관계가 소급적으로 부정되었다고 할 수 없으므로 해고는 무효라고 볼 수 없다(서울行判 2020. 4. 23, 2019 구합 74898).

2) 수습기간 중에 있는 근로자라 하더라도 3개월의 기간을 넘겼다면 해고예고기간 30일 전에 해고를 예고하여야 한다. 수습근로자의 업무적극성과 문제해결능력이 부족하다는 이유가 해고의 정당한 이유에 해당하더라도 사용자가 '업무능력과 업무태도가 개선되지 않으면 정식채용을 하지 않겠다'고 한 수습기간 중의 의사표시를 정당한 해고예고로는 볼 수 없다. 불확정한 조건을 붙여 행한 해고예고는 무효이기 때문이다. 따라서 사용자가 30일 전에 예고를 하지 않았다면 30일 이상의 통상임금을 지급해야 한다(서울高判 2019. 9. 10, 2019 나 2013832).

3) 일본의 최고재판소(細谷服裝事件 最二小判昭和 35·3·11 民集 14卷 3號 403面)가 「사용자가 즉시해고를 고집하는 취지로 해고통고를 한 것이 아닌 한 통고 후 동조(일본 노기법 제20조) 소정의 30일의 기간이 경과하거나, 또는 통고 후 동조 소정의 예고수당을 지급한 때에는 그 어느 것에 의해서든 해고의 효력이 발생한다」고 판시함으로써 상대적 무효설이 정립되었다. 그러나 이 설에 대해서는 사용자가 즉시해고를 고집하고 있는지 여부를 판단하는 것이 매우 곤란하고, 통상의 경우 사용자가 이에 대하여 아무 대응을 하지 않고 30일이 지나면 무효가 되는 해고를 유효로 전환하는 것이 되어 너무 편의적인 견해라는 비판이 가해지고 있다(荒木, 「勞働法」, 293面). 또한 사용자의 즉시해고의 고집 여부라는 주관적 요소를 판단의 기준으로 하는 점도 비판의 대상이 되고 있다(菅野, 「勞働法」, 735面).

4) 荒木, 「勞働法」, 294面; 菅野, 「勞働法」, 735面; 下井,「勞働基準法」, 189面; 土田, 「勞働契約法」, 655面.

없다고 한다. 이러한 견해는 해고예고제도와 해고의 효력을 구별하지 아니하고 혼동하는 것으로서 옳지 않다. 근로기준법 제26조의 해고예고제도와 제23조의 해고제한제도는 별개의 독립된 제도로서 근로자가 예고수당의 지급을 청구한다고 해서 노동위원회에 부당해고구제신청을 할 수 없다거나 해고무효확인의 소를 제기할 수 없는 것이 아니며, 또한 장래에 부당해고구제신청을 하거나 해고무효확인의 소를 제기한다고 해서 예고수당의 청구를 할 수 없는 것도 아니다. 만약 해고의 통지를 받은 근로자가 예고수당을 청구하면 부당해고 구제신청이나 소를 제기할 수 없다고 한다면 경우에 따라서는 정당한 이유가 없는 해고를 정당한 해고로 받아들이는 모순을 가져오게 될 것이다. 우리 대법원 판례[1]에 따르면 근로기준법 제26조에 따른 사용자의 예고수당 지급의무는 해고의 무효(정당한 이유 없는 해고)·유효(정당한 이유 있는 해고) 자체와는 상관없이 이행되어야 한다는 점을 명확히 하고 있다([71] 5. (2) 참고). 근로기준법 제26조의 예고수당 지급이 제23조 및 제28조에 따른 부당해고구제신청이나 해고소송에 영향을 줄 수 없을 뿐 아니라, 해고의 유효·무효가 해고예고수당 지급에 영향을 줄 수도 없다. 이러한 이유에서 선택권설은 수용될 수 없는 학설이다.

해고의 예고 또는 예고수당의 지급은 해고의 효력발생을 위한 하나의 강행적 요건이라고 판단되므로 예고위반의 해고는 무효이다(근기법 제27조 Ⅱ). 또한 근로기준법 제27조 3항(2014. 3. 24 신설)은 사용자가 해고의 예고를 해고사유와 해고시기를 명시하여 서면으로 한 경우에는 제26조에 따른 해고의 통지(제27조 Ⅰ)를 한 것으로 본다고 규정하고 있으므로, 이 규정의 반대해석에 의하면 예고기간(30일 전의 예고)을 위반한 예고는 해고통고로서의 효력이 없어 무효라고 보아야 한다. 따라서 근로자는 적법한 해고가 행해질 때까지 근로를 제공하고 임금을 청구할 수 있다. 무효설에 찬동한다. 사용자가 해고를 하려면 해고사유와 해고시기를 명시하여야 하므로(근기법 제27조 Ⅰ) 해고예고와 해고의 의사표시가 따로 분리되어 행하여지거나 순차적으로 행하여지는 것이 아니므로(제27조 Ⅰ, Ⅲ 참조) 해고사유를 명시하지 않은 해고예고(의사표시)가 무효인 것과 마찬가지로 해고시기 없는 해고의 의사표시도 무효이다. 따라서 해고예고 없는 해고는 무효라고 보는 것이 현행법상 타당하다.

6. 해고사유 등의 서면통지

해고는 근로관계를 장래에 대하여 해소시키는 것을 목적으로 하는 일방적 의사표시로서 상대방에게 도달되어야 효력이 발생한다(민법 제111조 참조). 종래 해고의 의사표

1) 大判 2018. 9. 13, 2017 다 16778.

시는 구두로도 가능하였지만 2007년 7월 1일부터는 새로 신설된 근로기준법 제27조에 의하여 서면으로 통지하도록 명문화되었다. 이와 같이 해고의 방식을 서면주의로 규정한 목적은 법적 안정성을 확보하려는 데 있다. 서면방식주의는 해고와 관련된 법적 분쟁이 발생된 경우 그 입증을 용이하게 하고 사용자가 근로자를 해고할 때에 신중을 기하게 할 수 있다.

사용자는 근로자를 해고하고자 하는 경우에는 해고사유 및 해고시기를 서면에 명시하여야 하며(근기법 제27조 Ⅰ), 서면으로 근로자에게 통지하지 않으면 해고(해고의 의사표시)는 효력이 없다(동조 Ⅱ). 해고사유와 해고시기를 서면으로 근로자에게 통지하도록 한 것은 사용자로 하여금 해고에 신중을 기하게 함과 아울러, 해고의 존부 및 시기와 그 사유를 명확하게 하여 사후에 이를 둘러싼 분쟁이 적정하고 용이하게 해결될 수 있도록 하고, 근로자에게도 해고에 적절히 대응할 수 있도록 하기 위해서이다. 따라서 사용자가 해고 사유 등을 서면으로 통지할 때에는 근로자가 해고의 사유를 구체적으로 알 수 있도록 해야 하고,[1] 특히 징계해고의 경우에는 해고의 실질적 사유가 되는 구체적 사실 또는 비위내용을 기재해야 하며, 단순히 징계대상자가 위반한 단체협약이나 취업규칙의 추상적 조문만을 나열하는 것으로는 충분하지 않다.[2] 다만 해고 대상자가 이미 해고사유가 무엇인지 구체적으로 알고 있고 그에 대해 충분히 대응할 수 있는 상황이었다면 해고통지서에 해고사유를 상세히 기재하지 않았더라도 근로기준법 제27조를 위반한 것으로 볼 수 없다.[3] 그러나 동규정의 내용과 취지를 고려할 때 해고 대상자가 해고사유가 무엇인지 알고 있고 그에 대해 대응할 수 있는 상황이었다고 하더라도, 사용자가 해고를 서면으로 통지하면서 해고사유를 전혀 기재하지 않았다면 이는 근로기준법 제27조에 위반한 해고통지에 해당한다고 보아야 한다는 것이 대법원의 견해이다.[4] 사용자가

1) 大判 2011. 10. 27, 2011 다 81609; 大判 2021. 6. 25, 2017 다 226605; 大判 2021. 7. 29, 2021 두 36103(해고사유 등을 서면으로 통지할 때 해고통지서 등 그 명칭과 상관없이 근로자의 처지에서 해고사유가 무엇인지를 알 수 있는 서면이면 충분하다).

2) 大判 2011. 10. 27, 2011 다 42324; 大判 2015. 11. 27, 2015 두 48136; 大判 2021. 2. 25, 2017 다 226605. '고용보험 피보험자격 상실 신고 사실 통지서'는 해고사유와 해고시기를 통지한 서면으로 볼 수 없다(大邱高判 2017. 4. 5, 2016 나 23299).

3) 大判 2014. 12. 24, 2012 다 81609; 같은 취지의 하급심 판결; 서울行判 2009. 5. 28, 2008 구합 48718.

4) 大判 2021. 2. 25, 2017 다 226605(고용계약에는 고용기간의 정함이 없으며, 피고 회사가 원고를 해고하려면 2개월 전에 통보하거나 2개월분의 임금을 지급해야 한다는 취지의 규정이 있을 뿐인데 계약종료통지서에는 해고사유가 전혀 기재되어 있지 않으므로 근로기준법 제27조를 위반한 통지에 해당하여 해고는 무효인데도, 원심은 원고가 해고사유가 무엇인지 구체적으로 알고 있고 그에 대해 적절하게 대응할 수 있는 상황이었다는 이유만으로 해고 통지가 근로기준법 제27조를 위반한 것이 아니라고 판단하였다. 이에 대하여 대법원은 원심판결을 파기하고 사건을 원심법원에 환송한 판결).

제26조에 따른 해고의 예고를 해고사유와 해고시기 등을 명시하여 서면으로 한 경우에는 제1항에 따른 해고의 통지를 한 것으로 본다(신설 2014. 1. 2. 공포, 2014. 7. 1, 시행: 근기법 27조 Ⅲ). 해고통보서에 근로자의 어떤 행위가 사규 위반에 해당하여 징계사유와(또는) 해고사유가 되는지를 명확히 구체적으로 기재하지 않는 것은 절차상 근로기준법 제27조에 위반하는 것으로 이에 따른 해고는 무효로 보아야 한다.[1] 판례에 따르면 근로기준법 제27조는 시용기간 중인 근로자에 대하여 본 근로계약 체결을 거부하는 경우에도 적용되므로 사용자는 실질적인 거부사유를 서면으로 통지하여야 하고 단순히 '시용기간의 만료로 해고한다'는 취지로만 통지한 것은 절차상의 하자가 있어 효력이 없다고 한다.[2]

판례는 '서면'이란 일정한 내용을 적은 문서를 의미하고 이메일(E-mail) 등 전자문서와는 구별되지만 i) 전자문서 및 전자거래 기본법 제3조 및 제4조 1항 규정의 취지, ii) 이메일이 가지는 문서로서의 기능과 저장 및 보관 가능성, iii) 해고사유와 해고시기에 대한 내용확인과 해고에 대한 적절한 대응을 하는데 아무 지장이 없는 등 이메일이 서면에 의한 해고통지의 역할과 기능을 충분히 수행하고 있다면 근로기준법 제27조의 입법취지를 해치지 아니하는 범위 내에서 구체적 사안에 따라 서면에 의한 해고통지로서 유효하다고 보아야 할 경우가 있다고 한다.[3] 해고통지의 서면은 사용자의 서명 또는 날인이 있어야 유효하다고 해석된다. 서면통지는 해고의 효력요건이므로 해고자의 진정한 의사가 분명히 드러나야 하기 때문이다.

공인전자서명이 포함된 전자문서도 전자서명법 제3조 1항에 의하여 서면으로서 인정된다.[4] 반면에 팩스나 복사 그 자체는 원칙적으로 서면방식의 요건을 충족하지 못하는 것으로 생각된다. 그 경우에는 사용자의 서명 또는 날인이 있다고 보기 어렵기 때문이다.[5] 그렇지만 해고사유의 발생 시 해고의 의사결정이 지체 없이 본인에게 통지될 수 있도록 하기 위하여 또는 원거리에 있는 근로자에게 가능한 한 신속하게 통지하기 위하여 팩스와 같은 통신수단을 이용할 수 있는 가능성이 부인되어서는 안 될 것이다. 따라

---

1) 大判 2011. 10. 27, 2011 다 42324; 서울行判 2012. 12. 18, 2012 구합 24535; 서울高判 2014. 2. 7, 2013 나 25400.

2) 大判 2015. 11. 27, 2015 두 48136.

3) 大判 2015. 9. 10, 2015 두 41401.

4) 大判 2015. 9. 10, 2015 두 41401(회사가 이메일로 '징계결과통보서'를 발송하더라도 해고사유와 시기가 구체적이고 명확하게 기재되어 있고, 근로자가 적절하게 대응할 기회를 받았다면, 이메일에 의한 해고통지는 유효하다); 大判 2010. 8. 6, 2010 다 33279.

5) 독일민법 제126조 1항은 법률이 서면방식을 규정하고 있는 경우에는 서면의 발행자는 서면에 자필로 성명을 기재하든가 아니면 공증인에 의하여 인증된 서명기호로 서명하여야 한다고 규정하고 있다. 이와 같은 요건을 갖추지 못한 경우에는 서면으로 인정하지 않는다. 자세한 내용은 *ErfK*/Preis, BGB §§ 125-127 Rn. 18 참고.

서 서면방식주의의 취지와 그 기술적 수단의 활용을 조화하기 위하여 원본서면이 합리적 수단에 의하여 합리적 기간 내에 도달될 것을 전제로 팩스를 이용하여 서면통지를 하는 것은 허용될 수 있다고 생각된다. 이 경우 팩스에 의하여 사본이 근로자에게 도달된 시점에 사용자의 해고의 의사표시가 도달된 것으로 볼 수 있을 것이다.

[72] Ⅲ. 근로자측의 사유에 의한 정당한 해고

1. 일반해고에 있어서 정당한 이유

a) 근로기준법 제23조 1항은 해고의 일반적 제한규정으로서 사용자는 근로자를 정당한 이유 없이 해고하지 못한다고 규정하고 있다. 우리나라에서는 이른바 해고자유설 또는 해고권남용설이 주장될 여지가 없다. 권리의 남용은 기본적으로 사용자의 해고의 자유 또는 권리를 전제로 하는 것인데, 근로기준법은 정당한 이유가 없는 한 해고의 효력을 인정하지 않기 때문이다.[1]

b) 단체협약이나 취업규칙(또는 법인의 정관)에서 당연퇴직, 해고 또는 징계해고 사유들이 규정되어 있다 하더라도 이러한 사유에 의한 해고가 유효하기 위해서는 그 사유가 근로기준법 제23조 1항이 규정하는 정당한 이유에 해당하는 것이어야 한다.[2]

c) 무엇이 「정당한 사유」인가에 관해서 근로기준법은 그 내용과 범위를 구체적으로 규정하고 있지 않다. 따라서 근로기준법 제23조 1항은 일반조항으로서의 성질을 가지고 있다. 노사관계의 실제에 있어서는 취업규칙이나 단체협약 내에 해고의 정당한 이유가 규정되는 것이 보통이다. 그러나 취업규칙이나 단체협약 내에 규정된 이유라고 해서 그 모두가 당연히 정당한 것은 아니므로[3] 해고의 이유에 관한 실질적 정당성은 궁극적으로 근로기준법 제23조 1항을 기초로 법원이 판단하게 된다.[4]

d) '정당한 이유'의 내용은 개별적 사안에 따라 구체적으로 판단되어야 할 것이지만, 그 일반적 내용은 해당 근로자와 사용자 사이의 근로관계를 계속 유지할 수 없을 정도의 이유, 다시 말하면 「사회통념상 고용관계를 계속 시킬 수 없을 정도로 근로자에게

---

1) 大判 1969. 3. 31, 69 다 135; 大判 1975. 12. 9, 75 다 1028.

2) 同旨: 大判 1993. 10. 26, 92 다 54210(취업규칙이나 단체협약에 의하여 종업원이 형사상 범죄로 유죄판결을 받을 때에는 당연퇴직된다고 규정되어 있더라도 해고로서의 정당성이 인정되지 않는다면 사용자의 면직처분은 효력이 없다. 정당한 이유가 없는 해고, 그 밖의 퇴직처분에 대해서는 그 무효확인의 소를 제기할 수 있다). 또한 大判 2005. 6. 10, 2004 두 10548 참고.

3) 大判 2009. 6. 11, 2009 두 3583.

4) 大判 1987. 4. 14, 86 다카 1875; 大判 1992. 4. 24, 91 다 17931; 大判 1998. 11. 10, 97 누 18189 등.

책임 있는 사유가 있다든가 부득이한 경영상의 필요가 있는 경우」를 말한다(이른바 근로계약관계상의 해고사유).[1] 판례에 따르면 해당 근로자와의 근로관계를 계속할 수 없을 정도인지의 여부는「당해 사용자의 사업의 목적과 성격, 사업장의 여건, 당해 근로자의 지위 및 담당직무의 내용, 비위행위의 동기와 경위, 이로 인하여 기업의 위계질서가 문란하게 될 위험성 등 기업질서에 미칠 영향, 과거의 근무태도 등 여러 가지 사정을 종합적으로 검토하여 판단하여야 한다」[2]고 한다. 대법원은 해고 이유의 정당성을 판단함에 있어서 기본적으로 해고의 사유, 근로관계유지에 대한 기대가능성 여부 그리고 사회적 상당성이라는 기준에 따른 검토를 거치는 것으로 생각된다. 해고의 사유에는 크게 근로자측의 사유와 경영상의 사유가 있다. 이는 객관적이고 합리적인 것이어야 한다. 예컨대 한두 차례의 채무불이행 사실이 있다는 이유만으로 해고가 정당화될 수는 없다. 근로관계는 계속적 신뢰관계이고, 근로자의 근무태도나 기능·기술은 반복적인 근무를 통하여 정착·개선될 수 있기 때문이다. 그러나 근로자의 근무실태나 능력이 사용자의 주의나 지도를 통해서 시정 또는 개선될 여지가 없거나, 사용자와의 신뢰관계가 근본적으로 훼손되어 더 이상 회복될 가능성이 없고 그 밖의 사용자의 노력(예컨대 휴직조치·배치전환 등)이 무의미한 경우에 해고사유는 객관적으로 존재한다고 보아야 한다. 이러한 사정하에서 사용자에게 해당 근로자를 계속 고용할 것을 기대하는 것이 기업의 규모와 그 밖의 현실적 사정을 고려할 때 가능한 일이 아니라면, 그 근로자의 해고는 정당하다고 보아야 할 것이다. 다만, 이러한 경우에도 해고로 인하여 근로자가 받게 되는 불이익이 근로자측을 비난할 수 없는 사정, 다른 근로자에 대한 처분과의 균형, 사용자측의 불충분한 대응이나 조치 등 제반 사정을 고려할 때 비례성(균형성)을 잃은 것이어서 사회적 상당성을 결한 것이라면 해고의 정당성은 인정되기 어려울 것이다. 이와 같은 원칙들은 추상적인 것이지만 사실관계의 구체적 검토를 통하여 합리적으로 반영되는 것이 바람직하다고 생각된다.[3] 근로기준법 제23조 1항은 사용자의 해고권한을 제한하는 규정이어서 사용자는 근로자를 정당한 이유없이 해고할 수 없으므로 정당한 이유가 될 수 있는 사실들은 사용자가 주장·입증하여야 한다.[4] 정당한 이유란 사용자가 해당 근로자와의 근로관

---

1) 大判 1987. 4. 14, 86 다카 1875; 大判 1989. 3. 14, 87 누 980; 大判 1989. 9. 26, 89 다카 5475; 大判 1990. 8. 10, 89 누 8217; 大判 1990. 11. 23, 90 다카 21589; 大判 1991. 3. 27, 90 다카 25420; 大判 1992. 4. 24, 91 다 17931; 大判 1992. 5. 22, 91 누 5884.
또한 Linck/Krause/Bayreuther/Krause, *KündigungsschutzG* § 1 Rn. 162 ff. 참고. 독일에서는 기대불가능성(Unzumutbarkeit)을 그 기준으로 하고 있다(앞의 문헌 Rn. 162 ff.).

2) 大判 2002. 5. 28, 2001 두 10455; 大判 2003. 7. 8, 2001 두 8018; 大判 2009. 5. 28, 2007 두 979.

3) Stahlhacke·Preis·Vossen/Preis, *Kündigungsschutz(Handb)* Rn. 916 ff. 참고.

4) 大判 1992. 8. 14, 91 다 29811.

계를 더 이상 유지할 수 없는 사유로 법원이 받아들일 수 있는 구체적 사실들을 말한다. 그러한 이유가 없는 해고는 무효이다.

e) 그동안 판례와 노동위원회의 판정, 그리고 행정해석을 통하여 상당수의 구체적인 해고사례들이 다루어졌으므로 이러한 사례들을 여러 가지 형태로 유형화하여 고찰하는 것이 바람직하다. i) 상병·건강상태, ii) 능력부족·적격성 결여, iii) 직무태만(결근, 직장이탈, 태도불량 등), iv) 직무규율위반, 업무명령위반, 부정행위, v) 기업외 행동(기업외적 범죄행위, 사용자의 신용·명예훼손 등) 등이 대표적인 것들이다. 여기서 대체로 위의 i), ii)는 근로자의 일신상의 사유에 해당하고 나머지 iii), iv), v)는 근로자에게 귀책될 수 있는 행태상의 사유에 해당한다. 다음에서는 근로자의 일신상의 사유와 행태상의 사유로 크게 양분하여 해고사유들을 설명하기로 한다.[1]

2. 근로자의 일신상의 사유

a) 의 의 근로자의 일신상의 사유란 계약상의 노무급부의무의 이행에 필요한 정신적·육체적 또는 그 밖의 적격성을 현저하게 저해하는 사정이 근로자에게 발생하여 그 결과 근로자가 사업장 내에서 자신의 지위에 상응하는 업무를 충분히 감당할 수 없게 된 경우를 말한다. 「일신상의 사유」는 근로자의 「행태상의 사유」와 명백히 구분하기 어려운 경우도 있다(이른바 복수요건해당성: Mischtatbestand).[2] 다만, 문제된 사안이 일신상의 사유, 행태상의 사유 또는 그 밖의 사유에 동시에 해당되는 경우에는 근로계약관계를 침해하는 해고사유가 주로 어느 분야에 존재하는지를 가려 그 사유에 관해서만 일관된 심리를 해야 하고 이와 거리가 있는 원인사실은 검토하지 않아도 된다는 견해가 있다. 그러나 이와 같은 견해는 옳다고 생각되지 않는다. 해고사유에 해당하는 사유들은 관련된 사실과 함께 개별적으로 종합적인 검토를 하는 것이 타당할 것이다.[3]

---

1) 이와 같은 유형화는 해고의 일반적 제한을 전제로 하고 있는 독일의 해고제한법(Kündigungsgesetz vom 10. August 1951)의 규율방식이다. 독일의 해고제한법 제1조는 사회적으로 부당한(sozial-ungerechtfertigt) 해고는 법적인 효력이 없다고 전제하고, 사용자의 해고가 근로자의 일신상의 사유, 근로자의 행태상의 사유, 긴박한 경영상의 필요에 의하지 않고 행하여진 경우에는 부당한 해고라고 규정하고 있다. 따라서 독일의 해고제한법상의 「사회적 부당성」의 개념은 법 자체에 의하여 그 외형이 구체화되어 있는 개념이다. 해고의 정당화사유를 적극적으로 유형화하여 규정하고 있는 독일해고제한법 제1조는 이와 같은 점에서 우리 근로기준법 제23조 1항의 「정당한 이유」의 해석에 관하여 일정한 기준을 제시해 줄 수 있을 것이다. 여기서는 비교법적 고찰을 병행하기로 한다.

2) 大判 1989. 7. 25, 88 다카 25595; 大判 2000. 6. 23, 98 다 54960 참고. Linck/Krause/Bayreuther/Krause, *KündigungsschutzG* §1 Rn. 271; Stahlhacke/Preis/Vossen/Preis, *Kündigungsschutz (Handb)* Rn. 924 참고.

3) ErfK/Oetker, *KSchG*, Rn. 96; Preis, *IndividualArbR* Rn. 2823.

일신상의 사유가 있는 경우에는 근로자의 귀책사유가 존재하지 않는 것이 보통이므로 그 사유로 인하여 노무제공능력이 뒤떨어지고 있더라도 잠정적 또는 일시적인 것이어서 상당한 기간 내에 회복될 가능성이 있다면 그러한 일시적 능력저하를 이유로 해고를 하는 것은 정당하다고 볼 수 없다. 이러한 배려는 해고제한규정이 근로관계의 존속보호(Bestandsschutz)를 그 목적으로 한다는 점에서 긍정적으로 수용하여야 한다. 독일의 학설과 판례는 이를 예후(豫後)기대의 원칙(Prinzip der Prognose)으로 받아들이고 있다. 따라서 사용자가 근로자를 해고하려면 일신상의 사유로 인하여 근로자가 장래에 근로계약상의 노무제공을 제대로 이행할 수 없다는 것을 입증하여야 한다.[1]

일신상의 사유로 인한 근로자의 장애가 사용자의 배치전환 등의 조치로 해소될 수 있는 때에는 해고가 정당화되기 어렵다. 이때에는 근로자가 배치전환에 따라 새로 수행할 업무나 전근근무에서 근로자의 일신상의 장애가 문제되지 않거나 아무 영향을 주지 않아야 한다. 근로자가 새 업무를 수행하려면 직무교육이나 훈련 또는 재교육을 받아야 할 필요가 있는 경우에는 그러한 교육이나 훈련의 실시가 사용자에게 기대가능한 것인 한 사용자는 근로자에게 그러한 기회를 제공하여야 한다. 근로자가 배치전환을 받아들이지 않는 경우에는 사용자는 변경해고([74] 3. 참고)를 하지 않을 수 없을 것이다. 해고는 곧 근로자의 직장상실을 가져오는 것이므로 사용자는 해고 전에 해고를 회피할 수 있는 가능성을 모색해야 한다. 해고는 최후적 수단(ultima ratio)으로 행사되어야 한다(최후수단의 원칙: ultima-ratio-Prinzip).

끝으로 근로자의 일신상의 사유로 야기된 사업장에 대한 피해나 장애가 구체적으로 형평의 원칙에 따라 사용자가 감수해야 할 것인지를 판단해야 한다. 여기서는 비교적 엄격한 기준이 적용되어야 한다는 것이 지배적 견해이다. 즉 해고의 대상이 되는 근로자의 근로계약관계와 구체적으로 관련된 모든 사정들이 고려되어야 한다. 특히 주목해야 할 것은 근로자의 근속연한, 근무실적 등이 고려대상이 된다는 점이다.[2]

b) 직무능력의 결여 업무에 대한 적성 또는 직무능력이 부족한 경우에는 일신상의 사유가 인정될 수 있다. 예를 들면 직업상 요구되는 자격증을 받지 못한 것, 직무상 요구되는 시험이나 검사의 불합격, 전문적 지식이나 기능의 부족 등이 이에 해당한다.[3] 다만, 자격상실이 단기간에 회복될 수 있는 경우에는 해고사유가 되지 않는다고

1) Hromadka/Maschmann, *Arbeitsrecht* Bd. 1, §10 Rn. 169.

2) Hromadka/Maschmann, *Arbeitsrecht* Bd. 1, §10 Rn. 170 f.

3) 「근무수행능력의 부족을 이유로 회사의 인사규정 제26조 1호 및 2호에 따른 대기발령을 한 뒤 동 규정 제22조 10호에 의한 자동해직처분을 한 것은 통상해고이다」(大判 1989. 7. 25, 88 다카 25595). 그리고 이러한 전문적 자격의 결여가 구체적인 급부의 흠으로 나타나는 경우에는 「행태상의 사유」로

보아야 한다.[1] 또한 회사가 새로운 작업방법을 도입한 뒤 근로자에게 이에 대한 충분한 훈련기간을 주었음에도 불구하고 성과가 없는 경우에는 해고할 수 있다.[2] 그러나 예컨대 인사고과에 의한 근무성적평정의 결과가 나쁜 경우 그 사실만으로 근로자를 해고할 수는 없으며, 근로자의 직무능력이 현저히 부족하다는 것이 객관적으로 판명되는 경우에만 일신상의 사유가 인정된다고 보아야 할 것이다.[3]

c) 성격상의 부적격성　근로자의 성격상의 사유에서 비롯된 개인적 부적격성도 일신상의 사유에 해당된다.[4] 예컨대 악단의 지휘자가 통솔능력이 부족한 경우,[5] 업무의 성격상 구성원의 긴밀한 협동정신이 요구되는 경우에 성격상의 결함으로 말미암아 그에 적응하지 못하는 경우[6]가 이에 해당된다.

d) 질　병　계약상의 노무급부를 곤란하게 하는 질병도 일신상의 사유에 해당된다. 그러나 질병을 이유로 하는 해고는 그로 인하여 사용자의 경영상의 이익이 침해되는 경우에만 고려되어야 한다. 따라서 사용자는 근로자의 질병상태와 그로 인한 경영상의 이익을 형량하여 질병에 걸린 근로자를 경미한 업무수행에서도 계속 취업시킬 수 없는 경우에 해고할 수 있고 이에 대해서는 사용자가 입증하여야 한다.[7] 예컨대 운전사

고려될 수도 있을 것이다. 박사학위 소지자일 것을 채용조건으로 하는 국책연구기관의 연구원으로 고용된 자가 채용 당시 제출한 박사 학위 논문에 부정 또는 하자가 있는 때 이를 해고 사유로 특히 명시하고 있는 경우에 해당 분야의 연구능력 및 전문지식과 함께 연구원으로서의 진정성과 정직성에 문제가 있는 것이고, 연구원 상호 간의 신뢰성 및 연구 환경 구축에도 어려움이 발생할 수 있으므로 이로 인하여 고용관계의 유지에 부정적 영향을 준다면 그를 해고하는 것이 부당하다고 볼 수 없다는 사례(大判 2016. 10. 27, 2015 다 5170).

1) 예컨대 영업용 택시운전사가 적성검사의 미필로 운전면허가 취소되었으나 운전면허재발급신청으로 곧 재발급을 받게 될 경우: 서울高判 1991. 1. 23, 90 구 10997.

2) 1980. 8. 29, 법무 811-21977(근무성적의 불량으로 인한 해고의 정당성 여부); LAG Düsseldorf v. 25. 11. 1960, BB 1961, 333; LAG v. 20. 12. 1962, DB 1964, 52.

3) 大判 1987. 4. 14, 86 다카 1875; 大判 1991. 3. 27, 90 다카 25420(보험계약을 체결하여 보험료를 입금시킨 실적이 불량한 사원을 해고한 사례); 서울民地判 1974. 5. 30, 73 가합 4840; 1963. 4. 8, 기준 1455. 9-6180. 회사가 근무성적불량인 근로자에 대해서 여러 차례 경고를 하였음에도 불구하고 변화가 없어 회사 타사업소에 전보발령하였으나 여전히 근무성적이 불량하기 때문에 능력부족을 이유로 해고한 것은 정당하다고 한 판례가 있다(서울民地判 1990. 4. 12, 89 가합 33263); 서울高判 2005. 12. 30, 2005 누 11489(예술단체 단원에 대한 실기평정과 근무성적 평정을 종합적으로 반영해 재위촉하지 않은 것은 사회통념상 타당하다고 본 사례).

4) Schaub/Linck, *ArbRHandb* § 131 Rn. 27 f.

5) BAG v. 29. 7. 1976, EzA § 1 KSchG Nr. 34.

6) 日本 東京高判 昭和 42. 1. 24. 참고.

7) 서울高判 1990. 6. 7, 90 구 1981; 1969. 9. 25, 기준 1455. 9-10291(고혈압을 이유로 한 해고); 1970. 10. 14, 근지 1455-9717(신체장애자에 대한 해고의 정당성 여부); BAG AP Nr. 27 zu § 611 BGB. 독일연방노동법원(BAG)은 사용자가 과도기적 조치를 취할 수 있는 경우에는 해고가 정당하지 않다는 태도를 취하고 있다(Stahlhacke/Preis/Vossen/Preis, *Kündigungsschutz(Handb)* Rn. 754

가 눈이 멀게 된 경우 또는 요리사가 불치의 전염병에 감염된 경우에는 일신상의 해고사유가 인정된다.[1] 그 밖에도 음주벽이나 약물중독도 의학적으로 질병에 해당할 정도인 때에는 일신상의 사유에 해당될 수 있다.[2] 질병의 경우 근로자의 귀책사유는 문제되지 않는다.

e) 복역으로 인한 근무불능 형의 집행으로 복역중인 자는 장기간 근무가 불가능하게 될 수 있다. 복역중 근무가 불가능하게 된 것은 이를 행태상의 사유로 보지 않고 일신상의 사유로 보는 것이 지배적 견해이고,[3] 또한 복역중의 근무불능을 바로 해고의 정당한 사유로 보지 않는 것이 일반적이다.[4] 따라서 근로자의 복역으로 인하여 사용자가 사업운영상 입게 되는 영향의 종류와 범위에 따라 해고의 정당성 여부가 가려져야 할 것이다.[5] 판례는 유죄의 확정 판결을 받은 경우를 신체 구속으로 인한 근로제공의 불능의 경우에 한정하여 이해하지 아니하고, 집행유예 판결을 받았다 하더라도 회사의 명예와 신용을 심히 훼손하거나 거래관계에까지 악영향을 미치게 되고, 신뢰관계의 상실로 근로관계의 유지가 기대될 수 없는 경우라면 그 해고는 근로기준법 제23조 1항에

참고).

1) 근로자의 질병은 일신상의 해고사유의 주된 유형이라고 볼 수 있다. 그 종류로는 ⅰ) 질병으로 인한 노무제공능력의 감소, ⅱ) 단기간 질병의 반복적 발생, ⅲ) 장기간 질병의 계속, ⅳ) 질병으로 인한 항구적 노동능력 상실 등이 있다. 이러한 경우들은 정당한 해고사유에 해당할 수 있다. ⅰ), ⅱ), ⅲ)의 경우에도 근로자가 장래에 근로계약상의 노무를 계속할 수 있는지를 고려해야 하고, 해고는 마지막 수단으로 활용해야 하며, 이익형량 원칙에 비추어 해고가 합리적이어야 한다(Hromadka/Maschmann, *Arbeitsrecht* Bd. 1 Rn. 172 f.). 버스운전기사의 질병이 사실상 운전업무에 종사할 수 없는 상태라면 해고사유에 해당한다고 본 사례(中勞委 2001. 10. 19, 2001 부해 368).

2) 신체장해시의 해고사유 여부에 관한 종합적 판단에 관해서는 大判 1996. 12. 6, 95 다 45934(근로자가 신체장해를 입게 된 경위 및 그 사고가 사용자의 귀책사유 또는 업무상 부상으로 인한 것인지의 여부, 근로자의 치료기간 및 치료 종결 후 노동능력 상실의 정도, 근로자가 사고를 당할 당시 담당하고 있던 업무의 성격과 내용, 근로자가 그 잔존노동능력으로 감당할 수 있는 업무의 존부 및 그 내용, 사용자로서도 신체장해를 입은 근로자의 순조로운 직장 복귀를 위하여 담당 업무를 조정하는 등의 배려를 하였는지 여부, 사용자의 배려에 의하여 새로운 업무를 담당하게 된 근로자의 적응노력 등 제반 사정을 종합적으로 고려하여 합리적으로 판단하여야 한다) 참고. 그러나 근로시간중의 음주행위나 약물투입 및 그 중독증세가 현존하는 경우에는 행태상의 사유 또는 즉시해고사유에 해당될 수 있을 것이다: Stahlhacke/Preis/Vossen/Preis, *Kündigungsschutz(Handb)* Rn. 682; Linck/Krause/Bayreuther/Krause, *KündigungsschutzG*, § 1 Rn. 295 f.; BAG v. 22. 7. 1982, EzA § 1 KSchG Nr. 10; 「고속버스운전기사의 음주행위에 대한 징계해고」(大判 1983. 11. 22, 83 다카 1243).

3) Linck/Krause/Bayreuther/Krause, *KündigungsschutzG* § 1 Rn. 425 ff.; Stahlhacke/Preis/Vossen/Preis, *Kündigungsschutz(Handb)* Rn. 752.

4) Stahlhacke/Preis/Vossen/Preis, *Kündigungsschutz(Handb)* Rn. 752.

5) 大判 1997. 5. 23, 97 다 9239; 大判 1997. 9. 26, 97 누 1600 등 참고. Stahlhacke/Preis/Vossen/Preis, *Kündigungsschutz(Handb)* Rn. 752 참고.

반하지 않는다고 한다.1) 여기서 유죄판결이란 해고처분 당시에 유죄의 확정 판결이 존재해야 한다는 것을 말한다.2)

f) 경쟁기업과의 긴밀한 관계 　기업경영상 비밀유지의무가 요구되는 지위에 있는 근로자가 경쟁기업주와 친·인척관계에 있거나, 해당 근로자와 가까운 친척 또는 친교관계(親交關係)에 있는 자가 경쟁기업체에 있는 경우 그로 인하여 사업상의 기밀이 누설될 위험개연성이 현실적으로 클 때에는 일신상의 사유가 인정된다.3)

g) 일신상의 사유의 치유 　근로자의 일신상의 사유인 업무능력이나 건강상태가 일정기간의 훈련이나 합리적인 기회의 부여 또는 적절한 치료행위 기타 작업환경의 개선 등으로 극복될 수 있는 경우임에도 불구하고 사용자가 해당 근로자를 해고하는 것은 신의칙상의 배려의무 또는 예후(豫後)기대의 원칙에 반하는 것으로 정당하다고 볼 수 없다.4) 특히 근로자의 건강악화가 직업상의 원인에 기인하거나 작업환경 기타 열악한 근로조건에 의해 발생한 경우에는 사용자가 근로자를 해고하는 것은 정당하지 않으며, 근로자의 능력에 상응하는 다른 직무로 배치전환해야 할 것이다.5) 일신상의 해고사유는 일반적으로 근로자의 유책사유에 의하여 발생하는 것이 아니라 대개는 질병이나 고령과 같이 근로자의 유책으로 돌릴 수 없는 적응력의 저하나 급부능력의 감퇴로 생기는 것이므로 근로자의 귀책사유로 발생하는 행태상의 사유와는 달리 해고의 정당한 원인이 되는 범위가 넓지 않다. 다만 중병으로 인하여 노동능력이 항구적으로 상실된 경우에는 근로관계의 유지가 사실상 불가능하게 되므로 해고를 막을 수 없다.6)

h) 그 밖의 중요한 일신상의 사유 　일신상의 사유의 그 밖의 구체적 사례들로는 다음과 같은 것들이 있다. i) 전염성이 있는 위험한 질병, ii) 고령(高齡), iii) 노동허가의 불취득, iv) 알콜·마약중독, v) 종교의 신조에 어긋나는 이혼으로 인한 해당 단체의 중대한 신교(信敎)의 침해(특히 경향사업체에서의 이혼), vi) 양심 및 신조에 반한다는 이유로 해당 노무를 거부하는 경우, vii) 업무계속이 불가능한 질병, viii) 운전기사의 음주운전으로 인한 운전면허박탈 등이 이에 속한다.7)

---

1) 大判 1997. 5. 23, 97 다 9239; 大判 1997. 9. 26, 97 누 1600; 大判 2008. 9. 25, 2006 두 18423.
2) 大判 1997. 5. 23, 97 다 9239; 大判 1994. 6. 24, 93 다 28584.
3) Linck/Krause/Bayreuther/Krause, *KündigungsschutzG* §1 Rn. 311. 그런데 근로자가 스스로 경쟁기업체에 대하여 사업 및 거래상의 기밀을 누설한 경우에는 행태상의 사유에 해당되며, 경우에 따라서는 즉시해고사유가 될 수도 있을 것이다.
4) 大判 1996. 12. 6, 95 다 45934 참고. 1970. 11. 13, 기준 1455. 9-10754.
5) 자세히는 Schaub/Linck, *ArbRHandb*, §131 Rn. 33, 6 참고.
6) 大判 1996. 10. 29, 96 다 21065 참고. Linck/Krause/Bayreuther/Krause, *KündigungsschutzG* §1 Rn. 384 ff.
7) Linck/Krause/Bayreuther/Krause, *KündigungsschutzG* §1 Rn. 291 ff. 참고.

3. 근로자의 행태상의 사유

a) 의 의 일반적으로 행태상의 사유란 근로자가 유책하게 근로계약상의 의무 위반행위를 한 경우[1])를 비롯하여 다른 동료 근로자와의 관계나 기타 사업장내적 또는 사업장외적인 제도 및 조직과의 관계 등에서 발생하는 사유를 의미한다.[2]) 특히 근로자는 사용자에 대해서 근로제공이라는 주된 의무 이외에 계속적 채권관계에 기하여 신의칙상 요구되는 부수적 의무로서 신의칙상 충실의무를 부담한다. 따라서 주된 업무 이외의 행태라 하더라도 그로 인해 사용자의 이익이나 지위가 구체적·계속적으로 침해받는 경우에는 부수적 의무위반으로 인한 행태상의 사유가 문제된다.[3]) 이와 같은 행태상의 사유는 그 사유가 노무급부와 관련되느냐 또는 노사의 공동작업질서와 관련되느냐의 여부에 따라 일반해고 또는 징계해고로 나누어질 수 있다. 예컨대 근로자가 직무태만 등으로 하자 있는 노무급부를 한 경우에는 근로계약상의 노무급부의무를 위반하게 되어 행태상의 사유에 기한 일반해고의 대상이 될 수 있지만, 해당 근로자가 기업전반의 질서유지와 관련해서 그 직무를 위반하는 행위는 징계해고의 사유가 될 수 있다. 여기서는 일반적인 해고사유로서의 행태상의 사유에 대해서 유형별로 살펴보기로 한다. 징계해고에 대해서는 이미 설명하였다([65] 참고).

b) 결근 및 지각·조퇴의 경우 근로자가 근로할 의사 없이 사용자의 경고에도 불구하고 개인적인 용무로 무단결근하거나 지각·조퇴를 반복하는 것은 노무급부의무의 위반으로서 행태상의 사유에 해당한다.[4])·[5]) 일반적으로는 단체협약·취업규칙에서 일정

---

1) 근로계약관계와 같이 계속적 계약관계는 당사자 상호 간의 신뢰관계를 기초로 하는 것이므로 신뢰관계가 파괴되었음을 이유로 계약을 해지할 수 있기 위해서는 당해 계약의 존속 중에 당사자 일방이 그 계약상의 의무를 위반함으로써 계약의 기초가 되는 신뢰관계가 파괴되어 계약관계를 그대로 유지하기 어려운 정도에 이르러야 하고, 그와 같은 정도에 이르지 않았는데도 신뢰관계가 파괴되었음을 이유로 일방적으로 계약을 해지할 수 없다(大判 2010. 8. 19, 2010 두 4971; 大判 2002. 11. 26, 2002 두 5948). 버스운송수입금에 대한 관리를 전적으로 맡고 있는 소속 버스 운전기사가 고객으로부터 수령한 운송수입금(46,400원) 중 일부(2,400원)를 횡령한 것은 그 액수의 다과를 불문하고 회사에 대한 기본적인 신뢰를 저버리는 중대한 위반행위에 해당하고, 회사가 운전기사의 횡령행위에 대해 엄격한 징계양정을 정한 것은 기사의 비위행위를 철저히 예방하고자 하는 취지에서 비롯되는 것이므로 노사합의에 의해 징계양정이 마련된 이상 이에 따라 해당 운전기사를 해고한 것은 정당하다고 한 사례(光州高判 2016. 1. 18, 2015 나 102250: 제1심 판결 취소, 원고의 청구 기각).

2) 大判 1999. 9. 3, 97 누 2528, 2535; 大判 1999. 12. 21, 98 두 7787(회사의 기밀, 명예, 신용을 훼손하는 행위) 등.

3) Stahlhacke/Preis/Vossen/Preis, *Küdigungsschutz(Handb)* Rn. 625(행태상의 사유에 있어서는 특히 계약상의 의무위반의 질(Qualität der Vertragsverletzung)이 문제된다).

4) 大判 1992. 4. 24, 91 다 17931; 大判 1994. 5. 10, 93 다 47677; 大判 2002. 12. 27, 2002 두 9063; 大判 2006. 6. 16, 2006 두 5335 등 참고.

5) 노동부업무지침(1984. 12. 10, 근기 1451-24180: 1. 해고의 사유 나. (가) ① 참고)에서는 정당한

기간을 초과하는 결근·지각·조퇴는 징계 내지 해고사유로 규정되어 있다. 그러나 단순히 이와 같은 사실이 있다는 이유로 해고할 경우에는 사용자의 자의적인 판단이 개입될 여지가 있으므로 각 사업장의 여건, 해당 근로자의 지위, 직종, 직무내용 및 기타의 상황을 고려하여 결근 여부 등을 결정해야 할 것이다. 즉, 이러한 관련사실을 고려함이 없이 형식적인 결근일수만을 기준으로 해고할 수는 없다고 해석해야 한다.[1] 단체협약이나 취업규칙에 구체적인 사유가 규정되어 있지 않더라도 계속 반복되는 근무해태, 무단결근은 중대한 채무불이행에 해당할 수 있으므로 이러한 경우의 해고는 정당하다고 보아야 한다.[2]

c) 근로의 거부 및 업무지시거부 근로자가 근로계약상의 근로제공의무를 거절하거나 해당 업무에 임하지 않는 것은 행태상의 사유에 해당한다. 일반적으로 근로계약의 체결시에 근로의 종류는 그 대강만이 정해지고, 근로의 구체적인 내용·장소·실현방법은 사용자가 지시권을 행사함으로써 확정된다. 그러므로 근로자가 사용자의 지시에 따르지 않는 경우에는 일반적으로 업무지시 위반에 해당될 것이다.[3] 또한 위법한 쟁의행위 및 조합활동을 함으로써 근로를 제공하지 않거나 고의로 업무능률을 저하시키는

이유 없이 장기간(통상 1주 이상) 무단결근하고도 사용자의 출근독촉에 따르지 아니하거나 출근 및 결근이 일정치 않는 등 평소 출근성적이 불량하여 사용자로부터 3회 이상 주의를 받고도 이를 시정하지 않은 경우를 해고사유로 예시하고 있다.

1) 판례도 「취업규칙에 3일 이상의 무단결근을 해고사유로 규정하고 있는 경우, 3일간 무단결근한 사실 이외에 과거 6개월 동안 3회에 걸쳐 합계 10일의 무단결근을 이유로 한 해고는 정당하다」(大判 1990. 4. 27, 89 다카 5451)고 하고, 또 「판매사원인 근로자의 판매실적이 저조하고 또한 판매부서의 인원감축이 불가피하여 그 근로자를 사내대기발령하였으나 5일간은 출근만 한 뒤 돌아갔고, 그 후 3, 4일간은 전화연락만 하고 결근한 경우에는 해고의 정당사유가 된다」(大判 1987. 4. 14, 86 다카 1875)고 하여 단지 일회의 결근일수만이 아니라 과거의 결근사실이나 관련사정을 함께 고려하고 있다. 그 밖에도 「집단적 무단결근이 단 1일에 그치고 이로 인하여 끼친 손해가 미미했던 사안에서 징계의 종류로서 가장 무거운 해고의 처분을 한 것은 징계권의 남용에 해당한다」고 한 판례가 있다(大判 1998. 11. 10, 97 누 18189).

2) 大判 1992. 4. 24, 91 다 17931; Stahlhacke/Preis/Vossen/Preis, *Kündigungsschutz(Handb)* Rn. 630 ff.(근로자가 노무제공의무의 이행을 완강히 거절할 경우에는 즉시해지도 가능하다고 해야 한다(민법 제661조 참조)).

3) 사용자가 업무상의 필요로 인하여 전보명령을 내렸으나 근로자가 이에 불응하여 부임을 거부하는 경우에는 그 전보명령이 정당한 한 업무거부행위는 해고사유가 된다(大判 1995. 8. 11, 95 다 10778; 大判 1994. 5. 10, 93 다 47677; 大判 1991. 9. 24, 90 다 12366). 그 밖에 사용자의 배차지시를 거부한 경우(大判 2005. 6. 10, 2004 두 10784; 大判 1994. 9. 13, 94 누 576), 근로자가 안전보건규칙을 위반한 경우(大判 1994. 9. 23, 94 다 5434), 상사에 대하여 폭언을 행한 경우(大判 1995. 6. 30, 95 누 2548) 등도 행태상의 사유에 해당될 수 있다. 사용자의 지시권에 복종해야 하는 것은 부수적 의무에 속하는 것이 아니라 주된 채무의 유책한 불이행이라고 보아야 한다(Stahlhacke/Preis/Vossen/Preis, *Kündigungsschutz(Handb)* Rn. 666). 사용자의 지시권은 근로기준법·단체협약·취업규칙뿐만 아니라 신의칙이나 선량한 풍속에 어긋나지 않는 범위 내에서 행사되어야 한다. 따라서 예컨대 범죄단체의 선전물인쇄를 거부한 인쇄공의 근로거부는 해고사유에 해당되지 않는다.

행위도 노무급부의무에 위반하는 것으로서 행태상의 사유에 해당된다.[1)]

d) 하자 있는 근로를 제공하는 경우 근로자가 업무에 필요한 능력과 적격성을 갖추고 있음에도 불구하고 반복하여 하자 있는 급부 내지 불완전한 노무를 제공하거나 또는 자신의 정상적인 작업능력을 밑도는 저급한 급부를 제공하는 경우는 행태상의 사유에 해당된다.[2)] 이와 같은 행위는 근로자의 고의 또는 과실에 의한 채무불이행에 해당되므로 행태상의 사유에 의한 해고가 인정될 수 있다.[3)] 이 경우에 근로자가 자기에게 귀책사유가 없음을 주장하는 때에는 이를 증명해야 한다. 사용자는 해고처분을 하기 전에 변경해고([74] 참고)를 할 수 있을 것이다.

e) 저성과자에 대한 해고

1) **저성과자의 업무능력 부족이나 근무성적 불량으로 인한 경우** 근무실적이 떨어지거나 업무내용이 부실하여 업무를 제대로 실현하지 못하는 경우(생산직에 종사하는 근로자의 업무와 경리직 · 연구직 · 법무직 · 의무(醫務)직에 종사하는 사람의 업무는 구별해서 판단하는 것이 합리적이다)에 우선 저성과자의 자질부족이나 업무성과의 부실(不實)은 계속적인 불량(不良)한 노무제공에 의하여 발생하는 것이므로 해고의 사유가 될 수 있다. 단순한 일시적 불완전이행(민법 제390조, 제655조 참조)과는 구별하여야 한다. 저성과자의 자질부족, 근무능력 미흡(未洽)은 저성과자가 일신상 또는 행태상 원천적으로 가지고 있는 흠이어서 해고 사유로 다루어지는 것이고 이에 대한 법리도 일반 채무불이행의 그것과 구별하여 고찰하는 것이 타당하다.[4)] 저성과자의 수준 이하의 노무제공이 사회통

---

1) 大判 1984. 12. 26, 84 누 135; 大判 1990. 11. 9, 90 누 3621; 大判 1992. 9. 22, 91 다 4317. 예컨대 노사간에 임금협약을 체결한 후에 이에 불만을 품은 일부 근로자가 회사 밖의 다른 장소에서 농성을 계속하던 중 사용자로부터 수차례의 경고를 받고도 이를 계속한 경우에 장기결근 등의 사유를 들어 징계해고한 것은 정당하다는 사례가 있다(大判 1990. 11. 9, 90 누 3621). 다만, 판례는 이와 같은 「근로거부」를 징계해고의 사유로 보았으나, 이는 직장질서를 해하지 않는 한 일반해고로서 행태상의 사유에 속한다고 생각된다. 상급단체에 노조전임자로 파견된 근로자가 불법파업을 주도하고, 근로제공거부를 넘어 회사에 경제적 손실 및 명예훼손을 야기한 경우에 회사가 해고처분을 한 것은 정당하다(大判 2004. 12. 9, 2004 두 7795).

2) 大判 1991. 3. 27, 90 다카 25420; 大判 1968. 11. 5, 68 다 1619; 大判 1977. 3. 22, 74 다 1403; 大判 1987. 4. 14, 86 다카 1875; 서울高判 1979. 3. 8, 78 나 1159.

3) Linck/Krause/Bayreuther/Krause, *KündigungsschutzG* § 1 Rn. 462; Stahlhacke/Preis/Vossen/Preis, *Kündigungsschutz(Handb)* Rn. 625; 大判 1987. 4. 14, 86 다카 1875 참고.
예컨대 계약관리와 미수금회수를 담당하는 판매관리사원이 평소 성실하지 못한 업무태도로 말미암아 미수금회수실적이 극히 저조한 경우(大判 1987. 4. 14, 86 다카 1875), 근로자가 근로시간중에 잠을 자거나 사적인 전화를 함으로써 그로 인하여 업무장애가 야기되었고 이러한 행위가 반복된 경우(大判 1971. 8. 31, 71 다 1400; 大判 1977. 3. 22, 74 다 1403; 1963. 4. 8, 기준 1455. 9-6180)도 행태상의 사유에 해당된다.

4) Schaub/Linck, *ArbRHandb* § 131 Rn. 46; Linck/Krause/Bayreuther/Krause, *KündigungsschutzG*

념상 근로관계를 더 이상 유지·계속할 수 없을 정도에 이르렀는지를 판단할 때에는 일신상의 사유로 인한 경우와 행태상의 사유로 인한 경우로 나누어 해고의 정당성 기준을 구별하는 것이 합리적이다. 실무에 있어서는 두 사유가 복합적으로 존재할 수 있다. 여기서는 이에 관한 법리적 설명을 한 다음에 대법원 판례에 관하여 살펴보기로 한다.

2) 일신상의 사유로 인한 저성과자의 해고의 경우 근로자의 업무역량이나 업무수행능력이 현저히 부족하여 그의 노무급부가 사용자의 정당한 급부기대에 미치지 못하여 현재의 근로계약을 아무 변경없이 계속 유지하는 것을 사용자에게 더 이상 기대하기 어렵고 근로자와 사용자 사이의 급부(노무제공)와 반대급부(임금 그 밖의 대우)의 등가성 회복을 장래에 대하여도 기대 내지 예측할 수 없는 경우에 해고는 정당하다고 볼 수밖에 없다.[1] 다만, 해고는 최후의 수단(ultima-ratio-Prinzip)으로 행사되어야 하므로 사용자는 해고를 통지하기 전에 저성과자의 업무능력·기능 등의 부족 상태를 개선하기 위하여 적절한 교육이나 기능·기술 연수의 기회를 제공하여야 한다. 여기서 가장 중요시해야 할 점은 저성과자의 업무능력 부족 또는 업무실적 미흡 여부를 판단할 때 그 수준을 어느 표준에 맞추어 정할 것인지의 문제이다. 저성과자도 근로계약을 체결하고 채용되었으므로 저성과자가 개별적으로 부담하는 정상적 급부(individuelle Normalleistung) 수준을 기준으로 해야 한다는 견해가 있다. 그러나 이러한 견해에 따르면 사용자의 요구(지시권 행사)에 따르지 못하는 노무제공을 근로자의 능력 또는 역량 부족으로 판단할 수 있으므로 이는 근로자에게 불공정하고 부당하다는 것이 독일 학설의 비판적 지적이다. 따라서 개별적 정상급부 수준을 기준으로 하는 것은 사용자의 주관적 판단에 좌우될 수 있어 적절하지 않다고 한다.[2] 이러한 자의적(恣意的) 모순을 회피·극복하기 위하여 독일연방노동법원(BAG)은 급부와 대가급부의 균형론을 수정하여 사용자로 하여금 근로자가 평균수준에 현저히 못미치는 저성과 급부를 하고 있음을 주장·증명하도록 하는 책임의 분배를 부과하고 있다. 결과적으로 판례는 일신상의 사유로 저성과자를 해고하는 경우에 주장·증명책임을 사용자에게 분배하는 우회(迂廻)적 방법을 통하여 저성과 기준을 객관화하고 있다. 그러므로 평균 이하의 저성과 급부는 저성과자 개인의 업무능력이나 업무역량이 기준이 되는 것이 아니고 비교대상자인 동료 근로자들의 업무능력이 기준이 된

(Kommentar) § 1 Rn. 418(독일에서는 저성과자를 새 낱말로 'Low-Performer'라고 하고 저성과자의 성과미달의 급부를 Minderleistung이라고 한다. 따라서 저성과자의 부실한 업무수행은 채무불이행 중 불완전이행(Schlechtleistung)에 속하지만 독일에서는 이를 Minderleistung이라고 하여 구별한다.

1) Schaub/Linck, *ArbRHandb* § 131 Rn. 46.

2) Linck/Krause/Bayreuther/Krause, *KündigungsschutzG* § 1 Rn. 420 ff.; Schuab/Linck, *ArbRHandb* § 131 Rn. 48.

다. 따라서 근로자가 이러한 기준에 부합하는 노무제공 내지 업무수행을 다하였다면 근로계약상의 의무를 제대로 이행한 것으로 보아야 한다. 사용자는 근로자와 별단의 합의를 하지 아니한 한 근로계약의 해석상 근로자(저성과자)에 대하여 객관적 정상 수준의 노무제공(objektive Normalleistung)에 대하여 청구권을 가진다.[1)]

3) 행태상의 사유로 인한 저성과자의 해고의 경우 근로자가 업무상의 하자 발생을 스스로 통제할 수 있는 경우라면 충분한 주의를 다하지 아니하여 발생한 업무상의 손실이나 성과하락은 근로자의 유책으로 돌릴 수 있는 행태상의 사유에 의한 것으로 보아야 할 것이다. 근로자가 자신의 업무능력을 충분히 발휘하면서 근무를 하였다면 업무결과에 흠이 생겼다 하더라도 계약상의 의무에 위반한 행위가 인정될 수 없기 때문이다. 비교대상이 되는 동료 근로자들의 평균적 업무상의 하자 건수(件數)를 상회하더라도 그런 이유만으로 계약위반 행위가 있다고 볼 수 없다.[2)] 그러나 장기간에 걸쳐 흠있는 노무급부를 반복하면서 그 횟수, 태양, 심각성, 연속성에 비추어 평균적 과오율을 명백히 능가하는 과오(過誤)행위가 계속된다면 저성과자의 귀책사유로 인한 근로계약 위반행위를 인정할 수 있는 충분한 근거가 된다. 따라서 소송에서 사용자가 이러한 사실들을 주장하면 저성과자는 현저하게 평균 이하의 업무하자나 업무실적의 부진이 있었으나 그의 업무능력과 역량을 다하여 충실하게 근무하였으므로 그에게 귀책사유가 없음을 증명해야 한다. 이 경우에 저성과자의 고령(高齡)으로 인한 업무상의 부실, 질병으로 인한 장애, 사업장 내의 제반 사정 등은 귀책사유 감면의 사유가 될 수 있다. 저성과자가 이러한 사정들을 납득할 수 있는 사유로 진술하는 때에는 사용자는 이를 반박할 수 있는 근거를 제시하여야 한다. 이에 대하여 저성과자가 이러한 근거 사실을 부인할 수 있는 사정들을 주장하지 못하면 사용자의 주장은 정당한 것으로 인정된다.[3)] 저성과자는 그의 업무역량을 다하지 않은 귀책사유를 면할 수 없기 때문이다. 그러므로 사용자는 저성과자에게 사전 경고(Abmahnung)([72] 3. f) 끝에 〈근로자에 대한 경고와 해고〉 참고)를 한 후에도 아무 개선이 이루어지지 않으면 다른 일자리로 배치전환하여 계속 취업시킬 수 있는 가능성이 없는 경우에는 저성과자를 해고할 수 있다.[4)]

4) 대법원 판례 그동안 저성과자에 대한 해고 가부 및 정당한 해고의 판단기준에 관해서는 다양한 논란이 있었다.[5)] 판례도 저성과자 해고의 정당성 판단기준에

1) Linck/Krause/Bayreuther/Krause, a.a.O. §1 Rn. 424.
2) BAG 17. 1. 2008 NZA 2008, 693.
3) Schaub/Linck, *ArbRHandb* §131 Rn. 47.
4) Linck/Krause/Bayreuther/Krause, §1 Rn. 653.
5) 참고 문헌: 이상익 '직무능력 성과부족과 해고의 정당한 이유' 「노동법포럼」(제17호), 2016 30면 이

따라 이를 인정하는 것과 인정하지 않는 것들이 있다.[1] 최근의 판례[2]에 따르면 저성과자의 직무수행 능력이나 업무역량 부족이 다른 근로자와 비교할 때 단순히 상대적으로 차이가 나기 때문이 아니라 직무능력이나 업무역량이 실질적으로 현저히 못미쳐 결여되어 있다면 그 근로자를 해고하는 것은 정당하다고 판단하고 있다. 이 사건의 개요는 다음과 같다. 선박건조 및 수리판매업을 영위하는 피고 회사에 근무하는 원고들(사무연구직 과장급 근로자 1, 2)은 종합인사형평가와 성과평가에서 2% 이내에 해당하는 저조한 직무역량을 보였으며, 그 후 직무역량 향상과 직무재배치를 위한 직무교육 대상에 포함되었고, 직무재배치 교육을 받은 다음에 각 부서에 재배치되어 근무하다가 약 6개월이 지나 실시된 성과평가에서 최저 등급인 D등급을 받았다. 피고 회사는 원고들이 근무성적 또는 능력이 현저히 불량하여 직무를 수행할 수 없다는 이유로 각각 해고하였다. 피고 회사의 취업규칙에 따르면 '근무 성적 또는 능력이 현저하게 불량하여 직무를 수행할 수 없다고 인정되었을 때'를 해고사유로 정하고 있다. 원고들은 해고가 정당하지 않다는 이유로 소를 제기하였다.

원심은 이를 받아들이지 않았다. 원고들은 인사평가 기준이 불공정하며, 해고에 정당한 이유가 없다는 이유로 상고를 제기하였다. 원심은 원고들에 대한 인사평가가 1차 평가자(팀장)의 평가를 토대로 2차 평가(부서장)와 최종평가(담당 임원)를 하여 인사평가 결과가 복수(3명)의 판단에 따라 정해지는 것이므로 자의적이라고 단정하기 어렵다고 판단하였고 대법원은 이를 인정하였다.

대법원은 저성과자에 대한 해고의 정당성 판단기준에 관하여 다음과 같이 판시하고 있다. 즉, 「사용자가 근무성적이나 근무능력이 불량하여 직무를 수행할 수 없는 경우에 해고를 할 수 있다고 정한 취업규칙 등에 따라 근로자를 해고한 경우, 사용자가 근로자의 근무성적이나 근무능력이 불량하다고 판단한 근거가 되는 평가가 공정하고 객관적인 기준에 따라 이루어진 것이어야 할 뿐 아니라, 근로자의 근무성적이나 근무능력이 다른 근로자에 비하여 상대적으로 낮은 정도를 넘어 상당한 기간 동안 일반적으로 기대되는 최소한에도 미치지 못하고 향후에도 개선될 가능성을 인정하기 어렵다는 등 사회통념상 고용관계를 계속할 수 없을 정도인지는 근로자의 지위와 업무의 내용, 그에 따라

하; 박지순, '지속적인 근무성적 및 근무태도 불량자 해고의 정당성 판단에 관한 연구', 「조정과 심판」(제43호), 2010.

1) 저성과자 해고의 정당성을 인정한 판례: 大判 1989. 7. 25, 88 다카 25595; 大判 1991. 3. 27, 90 다카 25420; 大判 2013. 1. 15, 2012 두 21369 등. 부정한 판례: 大判 2007. 2. 9, 2006 두 18287; 大判 2014. 2. 27, 2013 두 24273 등.

2) 大判 2021. 2. 25, 2018 다 253680.

요구되는 성과나 전문성의 정도, 근로자의 근무성적이나 근무능력이 부진한 정도와 기간, 사용자가 교육과 전환배치 등 근무성적이나 근무능력 개선을 위한 기회를 부여하였는지 여부, 개선의 기회가 부여된 이후 근로자의 근무성적이나 근무능력의 개선 여부, 근로자의 태도, 사업장의 여건 등 여러 사정을 종합하여 합리적으로 판단하여야 한다」고 한다. 취업규칙에 정한 '근무성적 또는 능력이 현저하게 불량하여 직무를 수행할 수 없다고 인정되었을 때'라는 해고사유 내지 해고 기준은 근로기준법 제23조 1항의 기준을 밑도는 내용으로 해석될 수 없으므로 근로자의 해고를 용이하게 하는 취업규칙은 무효이다. 따라서 원고들이 취업규칙의 규정이 근로기준법 제24조에 위반한다는 주장은 근거가 없다([72] 1. c) 참고).

원심은 원고들에 대한 해고가 정당한 이유에 해당하는 사정으로서 ⅰ) 원고들은 인사평가 결과 평가대상자인 전체 사무연구직 과장 이상 직원 3,859명 중 3,857위와 3,859위라는 저조한 업무수행실적을 보였다는 점, ⅱ) 원고들은 각각 3회와 4회의 직무경고(Abmahnung)를 받은 점, ⅲ) 직무재배치 교육을 마친 다음 직무재배치 이후에 실시된 다면평가에서 업무역량이 부족하고, 업무상 잘못으로 여러 차례 문제점이 발생하였다는 점 등이 지적되었다는 것을 원고들의 직무역량이 상대적으로 저조하였던 것이 아니라 피고가 부여하는 직무를 수행하기에 실질적으로 부족하였던 것으로 보인다고 판단하고 있다. 원고 1은 공동업무에 대한 관심이 부족하고 업무능력을 습득하려는 의지가 부족하다는 평가를 받았으며, 원고 2는 여러 차례 업무향상계획서의 제출을 거부하기까지 하였으며 업무능력 향상에 대한 열의가 없고, 능력부족을 개선하려는 의지가 부족하다는 평가를 받아왔다. 이러한 사정들은 원고들에게 장래에 대해서도 업무능력의 개선을 기대할 수 없게 하는 것이므로 원고들과의 근로계약관계를 더 이상 계속할 수 없는 이유가 된다. 결론적으로 대법원은 원심판결이 근로기준법 제23조 1항의 정당한 이유에 관한 법리를 오해한 잘못이 없다고 판단하면서 저성과자에 대한 해고 이유의 정당성 판단기준을 명확하게 정리하였다.[1]

f) 업무 밖의 행태로서의 범법행위 근로자의 범법행위가 직접 사용자에 대한 위법행위가 아니고 제3자에 대해서 행해진 것이라도 그것이 노무급부의무에 영향을 미칠 수 있는 경우에는 해고사유가 될 수 있다. 동료 근로자 또는 상급자에 대한 폭력행위가 (징계)해고사유에 해당될 수 있음은 당연하다.[2] 그러나 근로자가 직무 이외의 영역에서 행한 범죄로 인하여 형사상의 소추를 받는다든가 유죄판결을 받았다고 하여 사용자가

1) 비교법적으로는 Linck/Krause/Bayreuther/Krause, *KündigungsschutzG(Kommentar)* § 1 Rn. 418 ff., 651 ff. 참고.

2) 大判 1992. 3. 13, 91 다 39559.

그 근로자를 바로 해고할 수는 없지만,[1] 이로 인하여 장기간 노무급부가 불가능하게 되어 계약의 목적이 달성될 수 없는 경우(이는 원칙적으로 위의 2 e)에서 설명한 일신상의사유에 해당함)[2]로서 업무상 특별히 요구되는 근로자에 대한 신뢰나 품위 또는 사용자의 명예가 손상됨으로써 근로관계의 유지가 기대될 수 없는 경우[3]에는 행태상의 해고사유가 된다. 그러나 예컨대 택시운전기사의 교통사고 또는 교통법규위반행위와 같이 업무수행중에 발생한 사고로서 업무의 성질상 정신적·육체적 피로가 수반되어 통상 발생할 수 있는 범법사실은 언제나 정당한 해고사유로서 평가될 수는 없다.[4]

g) 부정행위 또는 비윤리적 행위 근로자의 사적 생활영역에서 발생하였으나 범죄행위에는 이르지 않은 부정행위 또는 비윤리적 행위는 원칙적으로 일신상 또는 행태상의 사유에 해당되지 않지만,[5] 업무의 성격이나 직무에 비추어 근로자의 사적 비행이

1) 헌법재판소는 「공무원이 금고 이상의 형의 선고유예를 받은 경우에는 공무원직에서 당연히 퇴직하는 것으로 규정한 국가공무원법 제69조 중 제33조 제1항 제5호 부분에 대하여, 같은 금고 이상의 형의 선고유예를 받은 경우라고 하여도 범죄의 종류, 내용이 다양하며, 일단 공무원으로 채용된 공무원을 퇴직시키는 것은 공무원이 장기간 쌓은 지위를 박탈해 버리는 것이므로 당연퇴직사유를 임용결격사유와 동일하게 취급하는 것은 타당하다고 할 수 없다」는 등의 이유로 위헌으로 판시하였다(憲裁 2003. 10. 30, 2002 헌마 684).

2) 大判 1993. 5. 25, 92 누 12452 참고.

3) 大判 1957. 12. 9, 4290 민상 495(구류처분을 받은 자에 대한 해고); 大判 1988. 5. 10, 87 다카 2853(공익법인인 농협중앙회가 금고 이상의 형의 집행유예를 받고 그 기간중에 있는 자를 해고한 것은 정당하다고 한 사례). 해고사유가 되는 유죄의 확정판결의 의미: 「근로자가 범죄행위로 인하여 유죄의 확정판결을 받은 사실을 징계규정에 해고사유(당연퇴직사유나 휴직중에 있는 근로자에 대한 퇴직사유의 경우와는 다름)로 규정하는 것은 i) 그 범죄행위로 인하여 근로자의 기본적인 의무인 근로제공의무를 이행할 수 없는 상태가 장기화되어 근로계약의 목적이 달성될 수 없는 경우뿐만 아니라 ii) 그 범죄행위로 인하여 사용자인 회사의 명예나 신용이 심히 실추되거나 거래관계에 악영향을 끼친 경우 또는 iii) 사용자와 근로자 간의 신뢰관계가 상실됨으로써 근로관계의 유지가 기대될 수 없는 경우에도 근로계약상의 의무를 침해한 것으로 보기 때문이라고 할 것이므로, 단체협약 등의 징계규정상 해고사유인 '유죄의 확정판결을 받은 자'는 '근로제공이 불가능한 신체의 구속상태가 해소되지 아니하는 내용의 유죄판결을 받은 자'만을 의미하는 것으로 볼 수는 없다」(大判 1997. 5. 23, 97 다 9239; 大判 2008. 9. 25, 2006 두 18423). 또한 거래업체로부터 금품이나 향응을 받는 행위(서울行判 2000. 3. 17, 99 구 2399), 버스운전기사가 손으로 요금을 받는 행위를 금지하는 단체협약상의 규정(승객이 직접 요금함에 요금을 넣도록 한 요금수령규정)을 위반한 행위(大邱地判 2000. 1. 28, 99 가합 9183)는 해고사유가 된다.

4) 업무수행중에 발생한 사고를 이유로 한 해고의 정당성을 인정한 판례: 大判 1997. 4. 25, 96 누 5421(근로자가 단기간 내에 계속적으로 교통법규 또는 사규를 위반하여 교통사고를 야기하고, 그로 인해 3회에 걸쳐 감봉 이상의 징계처분을 받은 전력이 있음에도 불구하고 다시 교통법규를 위반하여 교통사고를 일으키자 대형사고의 위험가능성 등에 비추어 징계해고한 처분은 정당하다고 한 판례).

5) 그러나 우월적 지위를 이용하여 반복적으로 고의성이 현저한 성희롱을 한 자의 해고를 정당하다고 한 사례: 大判 2008. 7. 10, 2007 두 22498. 남녀고용평등법 제12조는 「사업주, 상급자 또는 근로자는 직장 내 성희롱을 하여서는 아니 된다」고 규정하고 있으나 사업주가 이 규정에 위반한 경우에 대해서만 1천만원 이하의 과태료를 부과하고 있다(동법 제39조 Ⅰ).

특히 회사의 신뢰나 명예 또는 사회적 평가를 심히 손상케 하는 경우에는 행태상의 사유로 고려될 수 있다.[1]

《근로자에 대한 경고와 해고》

근로자의 근로계약위반행위(지각, 조퇴, 근무지 이탈, 결근, 근무태만 등) 또는 비위행위(거래업체로부터 뇌물을 받거나 관련 업체와 부당거래를 하는 행위 등)가 반복적으로 발생하는 경우에 사용자는 해당 근로자에게 경고(Abmahnung)를 할 수 있다. 계약위반행위나 비위행위를 시정할 기회를 주는 사전 경고를 했음에도 근로자의 행태가 시정되지 않은 경우에만 해고사유가 인정된다는 것이 독일연방노동법원에 의하여 정립된 판례이론이다.[2] 사용자의 사전 경고는 일신상의 사유에 의한 해고이건 행태상의 사유에 의한 해고이건 그리고 그 사유가 근로자의 유책(有責)에 의한 것이건 이에 상관없이 해고의 전제요건이 된다. 예컨대 유책성이 없는 알콜중독 근로자에게 작업 중의 금주를 요구·경고하거나, 저성과자(low performer)에게 적절한 노력과 연습·훈련을 통하여 급부능력의 개선을 촉구하는 것도 일종의 경고라고 할 수 있다. 알콜중독을 극복하지 못하거나 정상적 급부능력을 갖추지 못하면 해고될 수밖에 없다는 의미가 경고 속에 내포되어 있으므로 경고는 해고의 전단계라고 볼 수 있다. 따라서 사전 경고 없이 근로자를 막 바로 해고하는 사용자의 부적절한 조치로부터 근로자를 보호하려는 것이 경고 절차를 인정하는 취지이다.

그러나 계약위반행위나 비위행위가 매우 중대하고 그 행위의 위법성을 근로자 자신도 확실히 인식하고 있으며, 사용자 측에서 그러한 위반행위를 계속 감수하는 것이 명백히 부당한 경우에는 경고는 해고의 사전요건이 될 수 없다.[3] 또한 근로자 자신이 그의 행위의 위법성을 인식하면서도 계약침해행위나 비위행위를 끊임없이 계속하는 때에도 사용자는 경고 단계를 거치지 않고 근로자를 해고할 수 있다. 이러한 경우에는 민법 제661조 본문이 정한 부득이한 사유가 갖추어진 것으로 보아야 하므로 사용자는 근로자를 즉시 해고할 수 있을 뿐 아니라 기간의 정함이 있는 근로계약의 경우에도 이에 구애받지 않는다.[4]

비교되는 유사한 계약위반행위 또는 비위행위가 다시 발생한 때에는 사용자는 이미 그러한 행위에 대하여 경고 또는 시정명령을 했음을 원용할 수 있으므로 경고 또는 시정명령이 누적된다. 근로자를 해고하기 위해서는 몇 차례의 경고가 누적되어야 하는

1) 大判 1994. 12. 13, 93 누 23275; 大判 1998. 2. 10, 97 누 18523(유부녀인 여교사가 동료교사의 남편과 애정관계로 물의를 일으킨 경우); 大判 2001. 12. 14, 2000 두 3689.

2) Dütz/Thüsing, *ArbR* Rn. 211 ff. 및 그 곳에 인용된 판례 참고.

3) Hromadka/Maschmann, *ArbR* Bd. 1, § 10 Rn. 181.

4) 大判 2004. 2. 27, 2003 다 51675 참고.

지는 일률적으로 단언할 수 없다. 궁극적으로는 계약위반행위 또는 비위행위의 중대성(다시 말하면 근로관계를 유지할 수 없는 정도의 합리적 이유의 존재 여부)에 따라 판단해야 할 것이다. 근로자 측에서 판단한다 하더라도 반복된 유사 위반행위로 다음번에는 해고될 것이라고 진정으로 받아들일 수 있는 정도라면 그 해고는 사유상의 요건을 갖춘 것으로 보아야 한다. 그러나 지난번의 경고가 있은 후 오랜 기간이 경과하였거나 과거의 위반행위가 경미한 것이라면 이를 문제 삼을 수 없다. 사용자의 위협적 해고 발언에 진정성이 인정되지 않는다면 경고로서의 효과가 없다.[1)]

사용자가 어떤 위반행위에 대하여 근로자에게 경고한 때에는 그 경고행위가 동시에 해고로서의 효력을 가질 수 없다. 어떤 사유에 대한 사용자의 경고는 원칙적으로 그 사유에 대한 사용자의 해고권 행사를 갈음하는 것으로 해석되기 때문이다. 반면 사용자가 근로자를 해고하였으나 근로자의 위반·비위행위가 해고를 정당화하는 데는 불충분하더라도(따라서 해고가 무효로 기각되더라도) 그 해고행위는 경고로서의 효력을 가진다. 즉 그 후 근로자가 유사한 위반행위로 해고된 때에는 이미 한 차례의 경고가 있었던 것으로 보아야 하기 때문이다.[2)]

이러한 독일의 판례이론은 우리 근로기준법 제23조 1항의 해고의 「정당한 이유」의 해석·적용에서 고려할 만한 가치가 있는 것으로 생각된다.

4. 경향사업에 종사하는 근로자에 대한 해고제한의 특례

사용자가 경영하는 사업이 특정한 신조나 사상과 밀접한 관련을 가지고 있는 경우에 사용자는 그 특정의 신조나 사상에 반하는 행위를 한 자를 근로기준법 제23조 1항에서 정한 정당한 이유를 들어 해고할 수 있는지가 문제된다. 독일에서는 정치·노동조합·신앙·과학·미술·자선·교육·언론에 봉사하는 사업을 경향사업(Tendenzbetrieb)(독일 경영조직법 제118조 I 참조)이라 하고, 이러한 사업에 근무하는 종업원들 중에서 경향사업의 특징적 활동을 직접 수행해야 할 의무가 있는 자(Tendenzträger)(예컨대 교회에 고용된 목사·전도사, 신학교에 고용된 신학과목 담당교사, 오케스트라단에 고용된 연주자, 노동조합에서 발행되는 신문의 편집국장 등)가 그 경향사업에 반하는 행위를 할 경우에는 해고제한법의 규정에 관계 없이 해고될 수 있다는 것이 지배적 견해이다.[3)] 예컨대 카톨릭신학교의 여교사가 이혼한 남자와 혼인하는 경우,[4)] 카톨릭병원에 근무하는 의사가 낙태를 옹호하

---

1) Hromadka/Maschmann, *ArbR* Bd. 1, § 10 Rn. 182a.

2) Hromadka/Maschmann, *ArbR* Bd. 1, § 10 Rn. 182b.

3) Schaub/Linck, *ArbRHandb* § 133 Rn. 49; Linck/Krause/Bayreuther/Krause, *KündigungsschutzG* § 1 Rn. 428 ff. 따라서 독일에서는 일신상, 행태상 또는 경영상의 사유와 상관없이 경향사업에 반하는 행위를 하는 것 자체가 해고 사유가 될 수 있다.

4) BAG v. 31. 10. 1984, EzA § 1 KSchG.

는 의견을 언론을 통해 발표하는 경우[1]에는 해고사유가 된다. 마찬가지로 교회의 목사가 그 교회의 신앙에 반하는 언동을 했을 경우에는 반신앙적 행위를 이유로 해고될 수 있다. 우리 대법원은 공기업에서 용지보상(用地補償)업무를 담당하던 근로자가 부동산 투기행위를 한 것은 정당한 (징계)해고원인이 된다고 판단한 예가 있다. 그 공기업 사업의 투명성과 신뢰성이라는 경향성을 고려한 것으로 생각된다.[2] 그러나 경향사업에서도 일반사무원·경비원·자동차운전사·청소원 등은 경향사업에 합치하는 행위를 해야 할 충실의무를 부담하지 않으므로, 사용자가 이들을 해고할 때에는 일반근로자의 경우와 마찬가지로 정당한 이유가 있어야 한다.

경향사업에 대한 이와 같은 특례는 원칙적으로 근로기준법 제23조 1항의 적용에서도 인정될 수 있다고 판단된다.[3] 그러나 특례의 적용과 근로기준법상의 정당한 이유 있는 해고의 차이는 해고를 인정하는 정도의 차이에 지나지 않는 경우가 많을 것이다(예컨대 노동조합에서 발행되는 신문의 편집국장이 반노동조합적 기사를 실은 경우에 그 신문사의 사용자는 해당 근로자에 대하여 일차적으로 견책 또는 경고할 수 있으나, 그가 그런 기사를 여러 번 실은 경우에는 근로기준법 제23조 I에 따라 일반해고를 할 수도 있을 것이다).

5. 해고사유의 판단시점과 근로관계의 존속보호

이상에서 일반해고의 정당한 이유를 구체화하여 유형별로 검토하였다. 해고의 이유에 대해서는 실제로 단체협약이나 취업규칙에서 그 사업장의 근무상의 특성이나 사업의 성격과 신의도 등을 기준으로 여러 유형의 사안을 중심으로 정할 수 있음은 물론이다.

---

1) BAG BB 1982, 1923.

2) 大判 1994. 12. 13, 93 누 23275.

3) 택지의 개발과 공급, 주택의 건설·개량 및 관리 등을 통하여 시민의 주거생활안정과 복지향상에 이바지함을 목적으로 지방공기업법 제49조에 의하여 서울시가 전액 출자하여 설립한 「서울특별시 도시개발공사」의 직원이 부동산매매업을 영위하거나 부동산투기를 목적으로 다량의 부동산거래행위를 하였음을 이유로 위 공사가 해당 직원을 해임하였고, 이에 대하여 그 직원이 해당 법령이나 공사의 규정을 위반하여 부동산거래행위를 한 사실이 없기 때문에 부당해고라고 주장한 사건에서 중앙노동위원회는 다음과 같이 판단하였다. 즉 위 공사는 설립목적 및 사업내용에 비추어 경향사업체로서의 성격을 가지고 있으며, 해당 직원은 공사와의 근로계약의 성질상 그와 같은 경향성을 기초로 하는 공사의 투명성과 신뢰성을 유지해야 할 의무자임에도 불구하고, 지나친 부동산거래를 하였기 때문에 근로관계의 계속적인 유지가 정당화되지 않는다는 취지로 경향사업에서의 특례를 인정하였다(1993. 5. 3, 92 부해 276). 같은 사건에 대하여 대법원은 「근로자의 사생활에서의 비행은 사업활동에 직접 관련이 있거나 기업의 사회적 평가를 훼손할 염려가 있는 경우에 한하여 정당한 징계사유가 되며, 이 사건에서 공사의 설립목적, 업무의 종류와 모습, 해당 근로자의 업무내용 등의 사정을 종합적으로 고려할 때, 해당 근로자의 비행행위는 객관적으로 위 공사의 사회적 평가에 중대한 영향을 미치는 것으로 평가될 수 있으므로 이를 이유로 징계해임한 것은 정당하다」고 판시하였다(大判 1994. 12. 13, 93 누 23275).

그러나 단체협약이나 취업규칙에서 정한 해고사유가 곧바로 법률상의 기준적 효력을 가질 수는 없기 때문에 법원은 근로기준법 제23조 1항에 정한 「정당한 이유」의 규정취지에 비추어 그 사유의 효력을 검토하게 된다.1) 여기서 정당한 해고사유는 해고될 근로자와 사용자 사이의 근로관계의 계속을 기대할 수 없는 사유로서 이해되어야 하고, 그와 같은 사유의 존재는 해고의 시점을 중심으로 판단되어야 한다.2) 즉 과거에는 존재하였으나 현재는 더 이상 존재하지 않는 사유(이미 치유된 사유) 또는 장래에 존재하게 될 개연성이 있는 사유는 현재의 해고사유가 될 수 없다. 다시 말하면 해고의 정당한 이유는 해고 당시에 현존하는 것이어야 한다. 예컨대 입사 당시에 존재하였던 이유를 내세워 가정적 인과관계(과거에 그 사실을 알았더라면 해고했었을 것으로 판단되는 인과관계)를 근거로 해고하는 것은 — 그 이유가 현재의 근로관계에서 아무런 의미가 없는 한 — 정당하지 않다. 왜냐하면 근로기준법 제23조 1항은 근로관계의 존속보호에 관한 규정으로서 해고의 시점을 중심으로(특히 일신상의 사유에 의한 해고 시) 판단된 「정당한 이유」 있는 해고만을 인정하는 것이라고 해석되기 때문이다.3)

[73] Ⅳ. 경영상의 이유에 의한 해고

1. 서 설

a) 의 의 경영상의 이유에 의한 해고(정리해고)란, 경영자가 경영부진의 타개나 경영합리화의 추진 또는 일부 업종의 폐지 등을 위하여 인원삭감을 목적으로 단행하는 해고를 말한다. 정리해고는 i) 경영의 어려움이나 부진을 타개·극복하기 위해서 또는 ii) 그 전 단계에서 경영합리화나 경쟁력 강화를 목적으로 일정 사업부분을 폐지·축소하거나 잉여인력부담을 덜기 위해서 행해진다. 보통 전자의 유형을 위기회피형, 후자의 유형을 전략적 합리화형으로 부른다.4) 최근에는 사용자가 새로운 기계를 도입하거나 기업조직을 재편하는 등 경영합리화조치를 취하면서 공장 등의 사업의 일부를 폐쇄하거

1) 어느 경우에도 해고의 이유에 관한 실질적 정당성에 관하여 법원이 판단한다는 것은 이미 앞에서 설명하였다.
2) 大判 2012. 7. 5, 2009 두 16763; 大判 2013. 9. 12, 2013 다 110316 참고.
3) 김형배, '경력사칭과 징계해고', 「노동법연구」, 150면 이하, 특히 173면 이하 참고; Waltermann, *ArbR* Rn. 364. 그러한 의미에서 예컨대 大判 1986. 10. 28, 85 누 851; 大判 1989. 1. 31, 87 다카 2410; 大判 1989. 3. 14, 87 다카 3196; 大判 1991. 4. 9, 90 다카 27402; 大判 1993. 10. 26, 93 다 21484 등의 판결이유는 정당하지 않다. 이에 관해서는 [65] 3. 참고.
4) 土田, 「勞働契約法」, 693面 이하 참고.

나 폐지하는 후자의 정리해고가 흔히 이루어진다.

b) 헌법질서와 근로기준법 제24조 위의 경우에 사용자는 먼저 이에 관한 기본적인 계획을 수립하고 그 계획을 실시하기 위한 구체적인 일정과 방법을 작성하게 될 것이다. 이 과정에서 사용자는 근로자측에 대하여 그 계획을 설명하고 그들의 의견을 청취하기도 하며, 노동조합과 협의를 행하기도 한다. 이와 같은 기업의 경영 및 운영의 문제에 대하여 사용자가 기본적 내지 구체적 계획을 작성·결정하는 것은 기업주의 기업경영권 내지 경영정책결정권(unternehmerische Entscheidungsfreiheit)에 속하는 사항이라고 볼 수 있다.[1] 그렇다면 기업조직과 기업활동에 관한 기업주의 결단의 자유는 우리나라의 법질서 내에서 어떠한 형태로 보장되어 있는 것인가? 그리고 기업의 경영조직과 경제활동에 관한 기업주의 결정권은 정리해고와 관련해서 어떤 상관관계를 가지고 있는가? 우리 헌법은 개인의 경제상의 자유와 창의를 존중하는 자본주의적 자유경제질서(헌법 제119조 I)를 채택하고 있으며, 그 기초 위에 직업선택의 자유(헌법 제15조)와 재산권행사의 자유(헌법 제23조 I)를 기본권으로 보장하고 있다. 다시 말하면 모든 권리주체는 자연인과 법인을 막론하고 직업의 자유와 영업의 자유를 보장받고 있으며, 그 속에는 기업경영활동의 자유가 포함되어 있다고 할 수 있다. 이러한 뜻에서 기업주의 경영상의 조직권을 포함한 기업경영활동의 자유와 결정의 자유는 기업을 존속·운영하기 위한 불가결의 조건이고, 자본주의 시장경제질서의 기초적 조건이 된다.[2]·[3] 그러나 우리나라의 경제질서가 동시에 「사회적」 시장경제체제를 추구하고 있기 때문에 「노동시장」·「주택시장」·「에너지공급시장」에 있어서는 국가적 차원에서 사회적 약자(근로자, 임차인, 소비자 등)에 대한 보호·통제조치가 취해지며, 시장경제의 원리가 무제한하게 적용될 수 없다.

---

1) Otto, *ArbR* Rn. 399; BAG AP Nr. 24 zu §1 KschG 1969 Betriebsbedingte Kündigung; Linck/Krause/Bayreuther/Krause, *KündigungsG* §1 Rn. 682 ff.; 김형배, '긴박한 경영상의 필요에 의한 해고', 「조정과 심판」, 2000, 30면 이하; 同, '단체교섭권과 경영권', 「노동법학」(제18호), 2004, 69면 이하 참고. 대법원이 「기업 운영에 필요한 인력의 규모가 어느 정도인지, 잉여 인력은 몇 명인지 등은 상당한 합리성이 인정되는 한 경영판단에 속하는 것이므로 특별한 사정이 없다면 경영자의 판단을 존중해야 한다」고 판시한 것은 기본적으로 같은 취지로 이해된다(大判 2014. 1. 15, 2003 두 11339; 大判 2014. 11. 13, 2014 다 20875·20882).

2) 김형배, '단체교섭권과 경영권', 「노동법학」(제18호), 2004, 67면 이하; 大判 2003. 7. 22, 2002 도 7225; 大判(전합) 2003. 11. 13, 2003 도 687. 同旨: 허영, 「한국헌법론」 460면; 계희열, 「헌법(중)」, 477면.

3) 정리해고나 사업조직의 통폐합 등 기업의 구조조정 실시 여부는 경영주체의 고도의 경영상의 결단에 속하는 사항으로서 이는 원칙적으로 교섭대상이 될 수 없고, 노동조합이 이에 반대하기 위한 쟁의행위를 한다면 목적의 정당성이 인정되지 않는 위법한 파업이다(大判 2011. 1. 27, 2010 도 11030; 大判 2001. 4. 24, 99 도 4893; 大判 2004. 4. 9, 2002 도 7368; 大判 2006. 5. 25, 2002 도 5577; 大判 2014. 3. 27, 2011 두 20406 등).

사회적 시장경제체제를 경제질서의 기본으로 하는 우리나라에서는 기업활동의 보장과 노동의 보호라는 양면이 공존하지 않으면 안 된다. 여기서 사용자의 기업활동에 대한 조직·운영상의 권한과 근로자의 직장보호가 서로 대립되는 경우에는 어떠한 규율이 적절한가 하는 근본적인 문제가 제기된다. 이에 대한 해답은 궁극적으로 우리나라의 경제헌법이 자유시장경제와 사회국가적 체제 중의 어느 것을 중핵적 기본질서로 채택하고 있느냐에 따라 달라질 수 있다. 우리 헌법은 자유주의적 시장경제체제를 주축으로 하면서 그 주위에 여러 가지의 사회국가적 제도를 두고 있다고 해석된다.[1] 따라서 경기후퇴로 인한 수요의 감소, 판매부진, 수지불균형 등 경영외적 사유에 대하여 기업주는 작업공정의 변경, 새로운 작업방법의 도입, 합리화조치, 경영의 축소, 휴업, 일부 사업부서의 폐지, 하도급회사로의 업무의 위탁·하청 등 경영내적 조치와 결정을 강구하게 된다. 이와 같은 경영외적 원인에 대한 경영내적 조치와 결정을 기업주에게 보장하지 않는다면 시장경제체제하에서 기업의 경영은 유지될 수 없다. 그러므로 사업주의 경영적 결단에 의하여 부수적으로 또는 필연적으로 발생되는 인원정리 내지 정리해고는 원칙적으로 헌법에 의하여 보장되는 경영권 사항에 속하는 것으로서, 근로자들은 이를 감수하지 않으면 안 된다. 근로기준법 제24조는 사용자가 기업의 조직·운영상 긴박한 필요가 있을 때에는 해고조치를 취할 수 있음을 긍정하고 있다. 다만, 이와 같은 경영상의 이유에 의한 해고가 근로자측의 귀책사유 없이 행해진다는 점에서 인원정리의 결과를 가져오는 사용자의 경영운영상의 결정이 자의적이거나 비현실적이거나 남용되어서는 아니 된다. 근로기준법 제24조에 따르면 경영상의 이유에 기한 해고가 정당하기 위해서는 i) 긴박한 경영상의 필요가 있어야 하고, ii) 해고회피노력을 다해야 하며, iii) 합리적이고 공정한 기준에 따라 해고대상자를 선정해야 하고, iv) 해고회피노력과 해고대상자선발기준에 관하여 근로자대표와 성실하게 협의하여야 하며(4 요건설),[2] v) 사용자가 일정규모 이상의 인원을 해고하고자 할 때에는 고용노동부장관에게 신고해야 한다(제24조 Ⅰ 내지 Ⅴ).

c) 판례태도의 변화 그런데 1992년경부터 대법원은 경영상 이유에 의한 해고가 정당한 것이기 위해서는 근로기준법 제24조에 따라 「그것이 긴박한 경영상의 필요에 의한 것인지 여부, 사용자가 해고회피를 위하여 상당한 노력을 하였는지 여부, 객관적이고 합리적인 기준에 의하여 해고대상자를 선정하였는지 여부, 그 밖에 노동조합이나 근로자측과 성실한 협의를 거쳤는지 여부 등 여러 사정을 전체적·종합적으로 고려하여 당

1) 憲裁 1997. 8. 21, 94 헌바 19 등; 허영, 「한국헌법론」, 462면 참고.

2) 종래 대법원은 이 네 가지 요건을 갖추어야 정리해고를 할 수 있다는 엄격한 태도를 취하였다(大判 1989. 5. 23, 87 다카 2132; 大判 1990. 1. 12, 88 다카 34094; 大判 1992. 12. 22, 92 다 14779; 大判 1993. 12. 28, 92 다 34858).

해 해고가 객관적 합리성과 사회적 상당성을 지닌 것으로 인정될 수 있어야 한다」[1]고 하면서, 이와 같은 요건에 덧붙여 「위 각 요건의 구체적 내용은 확정적·고정적인 것이 아니라 구체적 사건에서 다른 요건의 충족 정도와 관련하여 유동적으로 정해지는 것이므로, 구체적 사건에서 경영상 이유에 의한 당해 해고가 위 각 요건을 모두 갖추어 정당한지 여부는 위 각 요건을 구성하는 개별 사정들을 종합적으로 고려하여 판단하여야 한다」[2]고 판시함으로써 경영상 이유에 의한 해고의 유효요건을 유연하게 해석하고 있다. 그러나 사용자의 경영권에 속하는 사항이라 하더라도 사용자와 노동조합이 자율적으로 단체교섭을 진행하여 단체협약을 체결하였다면, 이러한 단체협약에 위반하여 이루어진 정리해고는 원칙적으로 정당한 해고라고 볼 수 없다.[3]

판단컨대 경영상 이유에 의한 해고의 유효요건인 「4 요건」은 개개의 요건이 형식상 엄격하게 갖추어져야 하는 것은 아니라고 생각된다. 경영상 이유에 의한 해고도 해고 유형의 하나인 이상 독립적인 개별적 4 요건을 기계적으로 적용할 필요는 없으며, 통상 해고와 마찬가지로 각 요건을 종합하여 해고의 효력을 판단하면 충분하다고 생각된다(이른바 4 요소설; 종합설).[4] 그러나 긴박한 경영상의 이유, 해고회피노력, 합리적이고 공정한 기준의 설정(3 요건)은 어느 경우에나 경영상의 해고를 정당화하는 요건으로서 필요한 것이고, 다만 구체적 상황에 비추어 그 중 어느 하나의 요건이 다른 요건에 비해 상대적으로 그 비중이 크지 않을 때에는 그러한 사정이 고려되었다고 해서 전체적인 해고 자체를 무효라고 엄격하게 해석할 것은 아니라고 판단한다.

판례 중에는 실질적인 해고 회피 노력, 공정하고 합리적인 해고 대상자 선정 기준의 마련, 이에 대한 근로자대표와의 성실한 협의 등이 없었다면 설령 긴박한 경영상의

1) 大判 2003. 11. 13, 2003 두 4119; 大判 2006. 1. 26, 2003 다 69393; 大判 2002. 7. 9, 2001 다 29452; 大判 2002. 7. 9, 2000 두 9373; 大判 2000. 9. 8, 99 다 42308; 大判 1999. 5. 11, 99 두 1809 등.

2) 大判 2002. 7. 9, 2001 다 29452; 大判 2003. 11. 13, 2003 두 4119; 大判 2004. 10. 15, 2001 두 1154, 1161, 1178; 大判 2006. 1. 26, 2003 다 69393; 大判 2009. 12. 24, 2009 다 53949; 大判 2010. 9. 30, 2010 다 41089(영업의 부분양도로 인한 경영상의 필요에 따라 불가피한 감원을 긴박한 경영상의 필요성을 충족시킨 것으로 판단한 사례); 大判 2011. 1. 27, 2008 두 13972; 大判 2016. 3. 24, 2015 두 56144.

3) 大判 2014. 3. 27, 2011 두 20406.

4) 근기법 제24조가 규정하고 있는 4개의 요건을 모두 갖춘 경우에만 경영상의 이유에 의한 해고가 정당한 것으로 엄격하게 판단해야 한다면 용어상 '4 요건'이라고 할 수 있으나 판례의 견해와 같이 위의 iii), iv)의 요건은 필수적으로 충족되어야 할 필요가 없다는 입장을 취하게 되면 '4 요소'라는 표현이 적절하다. 일본에서는 법원의 판례가 4개의 요건이 정리해고의 필수적 효력요건이 아니라 해고의 정당성에 관한 종합적 판단을 위한 요소들이라고 하며, iv)의 요소는 해고의 유효성 판단에서 제외하고 있다. 일본의 지배적 학설은 이러한 판례의 태도를 수용하여 4 요소설이라는 용어를 사용한다(土田, 「勞働契約法」, 691面; 荒木, 「勞働法」, 304面; 菅野, 「勞働法」, 749面 이하 참고).

필요가 인정된다 하더라도 그 해고는 정당하다고 보기 어렵다는 원심의 판단을 정당한 것으로 인정한 예가 있다.[1)]

d) **경영상 해고의 기본 취지** 정리해고는 긴박한 경영상의 필요에 의하여 기업에 종사하는 인원을 줄이기 위하여 일정한 요건 아래 근로자를 해고하는 것으로서 기업의 유지·존속을 전제로 그 소속 근로자들 중 일부를 해고하는 것을 가리키는 것이고,[2)] 이와 달리 기업이 파산선고를 받아 사업의 폐지를 위하여 그 청산과정에서 근로자를 해고하는 것은 위장폐업이 아닌 한 기업경영의 자유에 속하는, 어쩔 수 없는 것으로 보아야 한다.[3)] 따라서 파산관재인이 파산선고로 회사가 해산한 후에 사업의 폐지를 위하여 행하는 해고는 정리해고가 아니라 통상해고이고 이러한 경우 단체협약에 정리해고에 관하여 노동조합과 협의하도록 규정되어 있다 하더라도 파산관재인은 이에 구속되지 않는다.[4)]

다음에서는(2에서 5까지) 정리해고의 유효요건에 관하여 차례로 설명한다.

2. 긴박한 경영상의 필요성(근기법 제24조 I)

(1) 의 의

a) 경영상의 필요에 의한 해고를 할 수 있기 위해서는 경영상의 필요와 해고 사이에 인과관계가 있어야 하고, 이러한 필요성을 기초로 한 사용자의 해고의 의사표시가 있어야 한다. 다시 말하면 경영상의 필요에 의하여 해당 근로자의 계속취업이 어려워지거나 불가능하게 되어야 한다. 따라서 경영상의 필요와 해고 사이의 인과관계가 존재하는 것으로 볼 수 없는 때에는 이와 같은 요건은 충족될 수 없다.

b) 여기서 「경영상」이라는 말은 경영기술상의 내용뿐만 아니라 널리 기업경영상의 이해(利害)를 포괄하는 의미로 이해된다.[5)] 그러므로 경영상의 필요라고 할 때에는 경영관리적 의미에서 어느 특정기업에 관계된 '경제상의 필요성'이라는 뜻으로 파악되어야 한다.

c) 그러나 경영상의 필요성이 있다고 해서 그 필요성과 상관관계에 있는 모든 해고

1) 大判 2016. 3. 24, 2015 두 56144.
2) 大判 2001. 11. 13, 2001 다 27975; 大判 2003. 4. 25, 2003 다 7005.
3) 大判 1993. 6. 11, 93 다 7457; 大判 1995. 10. 12, 94 다 52768.
4) 大判 2003. 4. 25, 2003 다 7005.
5) N. Colneric, *Richterliche Kontrolle von Kündigungen aus unternehmensbezogenen Gründen — ein deutsch-französischer Rechtsvergleich mit Konsequenzen*, in: Betriebsbedingte Kündigungen im Widerstreit. Dokumentation eines Gespräches der Otto Brenner Stiftung(Frankfurt am Main. 12. Dezember 1997), S. 32 참고.

가 정당화되는 것은 아니다. 경영상의 필요성과 해고 사이에 「긴박성」이 있는 경우에 한해서 그 해고는 정당화된다(근기법 제24조 I 참조). 다시 말하면 경영상의 필요라는 원인에 의해서 해고라는 결과가 인정되지 않을 수 없는 경우에 경영상의 필요는 긴박한 것이라고 할 수 있다.[1] 경영상의 필요 중에는 긴박한 것도 있고, 긴박하지 않은 것도 있다. 경영상의 필요는 경제적 단위인 경영체를 위해서 요청되는 것이므로 그 필요성 여부는 경영주체인 기업주의 주관적 차원에서 파악된다.[2] 그러나 경영주체의 관점에서 경영상의 필요가 인정된다고 해서 해당 근로자의 해고가 곧바로 정당화될 수는 없다. 경영주체의 경영상의 필요성은 그 중요성을 중심으로 객관적으로 평가되지 않으면 안 된다. 법원은 「긴박성」이라는 객관적 척도를 통하여 경영상의 필요와 해고의 정당성을 심사하고 통제하여야 한다. 그렇다고 법원(법관)이 기업주에게 '정당한' 기업경영정책을 제시한다거나 원가감축대책에 개입하는 것은 심사권한을 유월하는 것이다. 기업경영에 속하는 전문적 의사결정과 그 합목적성 및 타당성에 관하여 법원이 심리하는 것은 기업주체의 경영에 관한 결정의 자유를 침해하는 것으로 원천적으로 허용되지 않는다. 기업주가 내린 경영상의 결단이 옳은 판단에 의한 것인지 그리고 합목적적인 것인지는 법원의 사법심사의 대상이 될 수 없다. 이는 기업주의 기업운영에 대한 창의적 결정의 자유에 속하는 사항이기 때문이다. 법원이 구체적으로 심사해야 할 대상은 해당 사업장에서 해당 일자리가 사실상 필요 없게 되었는지 그리고 그에 따른 근로자의 감축결정이 객관성이 없거나 비합리적이거나 자의적인 것인지를 판단하는 것이다.[3] 즉, 법원은 긴박한 경영상의 필요에 따른 결정을 실현하기 위하여 해당 해고가 불가피한 것인지를 심사하여야 한다.[4]

d) 판례는 경영상 필요의 「긴박성」에 관하여 1990년 초를 전후하여 그 태도를 달리하고 있다. 1989년의 대법원판례에 따르면 기업경영의 안정적 유지가 위태로울 정도로 급박한 경영상의 필요성이 존재하여야 한다고 판시하고 있다.[5] 그 후의 판례는 경영

1) *MünchArbR*/Berkowsky, Bd. I, §112 Rn. 134 ff.; Stahlhacke/Preis/Vossen/Preis, *Kündigungsschutz(Handb)*, Rn. 950; N. Colneric, *a.a.O.*, S. 33 참고.

2) 생산을 계속할 것인지, 무엇을 생산할 것인지, 얼마나 생산할 것인지, 어느 곳에서 어떤 방법으로 생산할 것인지는 기업주가 결정하는 것이지 법원(法院)이 결정하는 것이 아니다. 장기간의 판매부진 또는 주문감소의 경우에도 생산량을 줄이지 않고 계속 생산시설을 가동시킬 것인지, 부분적으로 정지시킬 것인지, 장래의 경기변동에 대비하여 기업구조를 조정할 것인지, 시설합리화 조치를 취할 것인지는 기업주가 결정한다(Hromadka/Maschmann, *Arbeitsrecht*, Bd. 1, §10 Rn. 194 참고).

3) Hromadka/Maschmann, *Arbeitsrecht*, Bd. 1, §10 Rn. 194 참고.

4) 김형배, '긴박한 경영상의 필요에 의한 해고와 사법적 심사', 「조정과 심판」(제1호), 2000, 33. 34면 참고.

5) 大判 1989. 5. 23, 87 다카 2132; 大判 1990. 1. 12, 88 다카 34094; 大判 1990. 3. 13, 89 다카

상 필요의 긴박성이 기업의 도산을 피하기 위한 정도까지는 요구되지 않으나, 인원삭감이 객관적으로 보아 경영합리화조치로서 합리성이 있다고 인정되면 족하다고 하거나,[1] 기업이 재정상 심히 곤란한 처지에 놓일 개연성이 있으면 장래 기업재정의 악화를 우려하여 예방적 해고를 하는 것도 정당하다는 견해를 취하기도 한다.[2] 최근의 판례는 「긴박한 경영상의 필요란 반드시 기업의 도산을 회피하기 위한 경우에 한정되지 아니하고, 인원삭감이 객관적으로 보아 합리성이 있는 경우」에 인정된다고 하여 긴박성의 개념을 비교적 넓게 해석하고 있다.[3] 또한 판례는 긴박성을 판단함에 있어서 한결같이 기업전체의 경영사정을 종합적으로 검토하여야 할 것을 요구하고 있다.[4] 이러한 판례의 견해는, i) 기업전체의 경영사정을 널리 현재와 미래의 운영 전반에 걸쳐 종합적으로 검토하면서, ii) 이를 바탕으로 한 경영상의 필요와 인원삭감 사이의 객관적 합리성을 토대로 긴박성을 판단하고 있는 것으로 이해할 수 있다.[5] 해당 근로자에 대한 해고통지의 시점[6]을 기준으로 하여 근로자를 계속 고용하는 것이 기업전체의 경영사정에 비추어 더 이상 객관적으로 기대할 수 없는 합리성이 있을 때 그 해고는 긴박한 경영상의 필요에 의한 해고라고 할 수 있을 것이다.[7] 이 단계에서 사용자는 기업전체의 경영사정을 고려하면서 근로자의 계속고용가능성(근기법 제24조 Ⅱ 참조)[8]을 충분히 검토·강구하지 않으면 안 된다.

24445.

1) 大判 1991. 12. 10, 91 다 8647; 大判 1995. 12. 5, 94 누 15783; 大判 1995. 12. 22, 94 다 52119; 大判 2002. 7. 9, 2001 다 29452; 大判 2004. 10. 15, 2001 두 1154, 1161, 1178; 大判 2017. 6. 29, 2016 두 52194 등.

2) 大判 1990. 1. 12, 88 다카 34094.

3) 이러한 대법원의 견해는 1990년대부터 일관해서 유지되고 있다. 大判 1992. 5. 12, 90 누 9421; 大判 1991. 12. 10, 91 다 8647; 大判 1993. 1. 26, 92 누 3076; 大判 1997. 9. 5, 96 누 8031; 大判 1999. 5. 11, 99 두 1809; 大判 2002. 7. 9, 2001 다 29452; 大判 2004. 10. 15, 2001 두 1154, 1161, 1178. 특히 中勞委 1999. 10. 5, 99 부노 86 및 99 부해 350. 다만, 大判 1995. 11. 24, 94 누 10931은 예외적으로 1991년 이후의 대법원의 견해를 따르지 아니하고 1980년대의 견해를 취하고 있다.

4) 大判 1999. 4. 27, 99 두 202(해고의 정당성을 주장하는 자에게 입증책임이 있음). 同旨: 大判 1999. 5. 11, 99 두 1809; 大判 1997. 9. 5, 96 누 8031. 中勞委 1999. 6. 24, 99 부해 188 및 99 부해 195; 中勞委 1999. 9. 6, 부해 172; 中勞委 1999. 9. 6, 99 부해 191.

5) 특히 大判 2002. 7. 9, 2001 다 29452.

6) 긴박성에 대한 판단시점에 관한 자세한 설명에 관해서는 Linck/Krause/Bayreuther/Krause, *KündigungsschutzG* §1 Rn. 681 ff., 729 ff., 784 ff., 789 ff.

7) 예컨대 근로자에게 통고기간(해고의 효력발생시점)을 정하여 해지를 통고하였는데 통고기간 만료 전에 예상치 않았던 경영사정의 호전(예컨대 제품수주의 증가, 제품수출의 증가 등)으로 인원감축의 필요성이 소멸된 때는 해당 근로자는 재취업청구(Wiedereinstellungsanspruch)를 할 수 있다고 해야 한다(*KasselerArbR*/Isenhardt(Hrsg. v. Leinemann), Bd. Ⅰ, Rn. 556 zu 1. 3. 참고).

8) 특히 회피노력과 관련해서는 大判 1999. 4. 27, 99 두 202 참고.

e) 근년의 판례[1]가 「장래에 올 수도 있는 위기에 미리 대처하기 위하여 인원삭감이 객관적으로 보아 합리성이 있다고 인정되는 경우」까지도 경영상의 필요와 연계하여 긴박성의 요건을 완화하고 있는 것은 주목해야 할 일이다. 또한 전체 경영실적이 흑자를 기록하고 있더라도 일부 사업부문의 경영악화가 구조적인 문제 등에 기인하고 해당 사업부문을 그대로 유지한다면 결국 기업 전체의 경영상황이 악화될 우려가 있어 장래의 위기에 대처할 필요성이 인정된다면, 해당 사업부문을 축소·폐지하고 이로 인하여 발생하는 잉여인력을 감축하는 것이 객관적으로 불합리하다고 볼 수 없다는 판례가 있다.[2]

(2) **구체적 사례**

판례가 긴박한 경영상의 필요성을 인정한 구체적 사례로는 i) 생산중단·축소로 인해 작업부서가 폐지된 경우,[3] ii) 정부투자기관의 민영화과정에서 종래의 방만한 경영개선을 위해 기구를 축소·개편한 경우,[4] iii) 계속된 적자로 일부 사업을 하도급제로 전환하면서 일정 근로자를 감축한 경우,[5] iv) 계속적인 노사분규로 인한 적자경영을 극복하기 위해 일부 단위 부서를 폐지한 경우,[6] v) 자금지원에 의존하는 기업체에서 자금지원이 중단된 경우,[7] vi) 경영합리화를 위한 직제개편을 한 경우,[8] vii) 장래에 올 수도 있는 위기에 대처하기 위하여 필요한 인원 감축이 객관적으로 합리성이 있다고 인정된 경우[9] 등을 들 수 있다.[10]

이에 반해서 i) 노동조합의 파업으로 일시적 경영난에 빠진 경우,[11] ii) 정리해고 이후 신규로 근로자를 채용하는 등 사실상 경영사정이 곤란하다고 볼 수 없는 사정이 있는 경우,[12] iii) 일부영업부문의 적자가 발생하였을 뿐인 경우,[13] iv) 적자가 만성적이지만 앞으로

---

1) 大判 2002. 7. 9, 2000 두 9373; 大判 2003. 9. 26, 2001 두 10776, 10783; 大判 2006. 2. 24, 2005 두 16499; 大判 2014. 11. 13, 2014 다 20875·20882(쌍용자동차사건); 大判 2019. 11. 28, 2018 두 44647.
2) 大判 2012. 2. 23, 2010 다 3629.
3) 大判 1990. 1. 12, 88 다카 34094.
4) 大判 1992. 8. 14, 92 다 16973.
5) 大判 1995. 12. 22, 94 다 52119.
6) 大判 1992. 5. 12, 90 누 9421.
7) 大判 1995. 12. 5, 94 누 15783; 大判 2014. 11. 13, 2014 다 20875·20882 참고.
8) 大判 1991. 1. 29, 90 누 4433.
9) 大判 2014. 11. 13, 2012 다 14517, 2014 다 20875·20882(쌍용자동차 정리해고 사건).
10) 박종희, 「경영상 해고제도의 법리와 법정책적 운용방안」, 한국노동연구원, 1998, 6면 이하 참고; 전시춘, '정리해고에 관한 판례의 검토', 「법학연구」(제47호), 부산대학교, 1998; 최승욱, '정리해고 제한의 법리 및 판례의 동향', 「재판실무연구」, 광주지방법원, 2000.
11) 大判 1993. 1. 26, 92 누 3076.
12) 大判 1989. 5. 23, 87 다카 2132.
13) 大判 1990. 3. 13, 89 다카 24445.

는 그러한 상태가 계속될 가능성이 없는 경우[1] 등에서는 긴박성이 인정되지 않고 있다. 경영상의 필요성을 판단할 때에는 인원삭감의 합리성 이외에 법인의 어느 사업부분이 다른 사업부분과 인적·물적·장소적으로 분리·독립되어 있고 재무 및 회계가 분리되어 있어 경영여건도 서로 다른 예외적 경우가 아니라면 법인의 일부분의 수지관계만을 기준으로 할 것이 아니라 법인 전체의 경영사정을 종합적으로 검토하여 결정하는 것이 옳을 것이다.[2]

결국 근로기준법 제24조 1항에 의한 긴박한 경영상의 필요성은 기업의 인원감축을 「합리화」[3]시킬 수 있는 판단기준이라고 할 수 있지만, 이는 개별 사안에 대한 검토를 통하여 구체화되고 있다.[4] 따라서 경제적 필연성이 존재하지 않음에도 불구하고 단순히 수익을 극대화하기 위하여 인원을 감축하는 경우에는 —기업주의 주관적 경영결단 자체는 합리성을 가지고 있더라도— 해고의 유효요건으로서의 긴박한 경영상의 필요는 인정되지 않는다.[5] 적어도 근로자의 근로의 기회를 보호하고자 하는 근로기준법 제24조의 규정은 사용자의 자의적이고 비합리적 해고를 인정하는 방향으로 해석되어서는 안 될 것이다. 구조조정이나 조직의 변경, 신기술의 도입 내지 작업방법의 변경, 그리고 업종의 전환이나 일부 부서의 폐지 등과 같은 다양한 사용자의 경영활동상의 권한에 의한 인원정리가 정당화되기 위해서는 —합리성의 관점에서— 긴박한 경영상의 필요가 있어야 할 것이고, 그와 같은 조치를 취하지 않고서는 기업의 존립에 중대한 영향이 미치게 되거나 다른 기업과의 관계에서 경쟁력을 상실하게 될 우려가 발생할 수 있어야 할 것이다. 그리고 긴박한 경영상의 필요가 있는지 여부는 정리해고를 할 당시의 사정을 기준으로 판단해야 한다.[6]

(3) 경영악화방지를 위한 사업양도와 긴박한 경영상의 필요

경영악화를 방지하기 위한 사업의 양도, 기업의 합병·인수[7]는 이를 긴박한 경영상

1) 大判 1995. 11. 24, 94 누 10931.
2) 大判 2015. 5. 28, 2012 두 25873(회사의 사업장이 서울호텔사업부와 부산호텔사업부로 인적·물적·장소적으로 분리되어 있고 노동조합도 별도 조직되어 있더라도 사업부 전체의 인사와 재무를 관장하는 지원담당부서가 있다면 사업전체의 재정상태를 기초로 하여 긴박한 경영상의 필요 여부를 판단해야 할 것이고 서울호텔사업부만을 분리하여 판단할 것은 아니다. 근로자들을 경영상의 이유로 해고하기 전에 서울 및 부산호텔사업부 소속 직원들에게 통상임금의 200%에 해당하는 성과급을 지급하였고 41명의 신규인력을 공개 채용하기로 했다면 회사가 쉽게 개선되기 어려운 구조적인 문제가 있어 회사전체의 경영악화를 방지하기 위하여 인원을 감축해야 할 불가피한 사정이 있었다고 볼 수 없다); 大判 2006. 9. 22, 2005 다 30580; 大判 2019. 11. 28, 2018 두 44647 참고.
3) 大判 1992. 5. 12, 90 누 9421 이후 계속 유지되어온 판례의 태도이다.
4) 박종희, 「경영상 해고제도의 법리와 법정책적 운용방안」, 한국노동연구원, 1998, 80면 이하 참고.
5) Stahlhacke/Preis/Vossen/Preis, *Kündigungsschutz(Handb)* Rn. 952.
6) 同旨: 大判 2013. 6. 13, 2011 다 60193; 大判 1992. 11. 10, 91 다 19463.
7) 사업의 양도([69] 참고)란 사업목적을 위하여 조직화된 유기적 일체로서의 기능재산(적극적 재산과

의 필요에 의한 것으로 간주한다(근기법 제24조 I 2문)([67] 2. 참고). 예컨대 어느 기업이 경영악화를 방지하기 위하여 사업의 일부를 양도하는 경우에 양도대상인 기업에 대하여 구조조정 등과 같은 기업의 합리화 조치를 취할 수 있도록 한 것은 양도인의 사업 운영을 개선·정상화하는 한편 사업의 양·수도를 용이하게 하기 위한 것으로 이해할 수 있다. 다시 말하면 양·수도 전에 양도인이 경영의 합리화 또는 개선에 필요한 정리해고를 단행하도록 한 것이라고 볼 수 있다. 이 과정에서 사업의 양수를 원하는 양수인이 양도인에 대하여 정리해고의 범위와 내용에 대하여 어느 정도의 사실상의 영향을 미치는 가능성이 배제될 수 없다. 즉, 경영악화를 방지하기 위하여 사업의 양도·인수·합병을 하는 원인은 원천적으로 양도인·피인수인·피합병인측에서 발생하는 것이므로 경영상 이유에 의한 해고도 이들이 단행하게 될 것이다. 따라서 경영악화를 방지하기 위하여 사업의 양도·인수·합병이라는 결단을 내리지 않을 수 없게 된 것이 긴박한 경영상의 필요(경영 악화의 방지를 위한 것)에 의한 것임을 증명해야 할 자는 양도인·피인수인·피합병인이라고 보아야 한다. 근로기준법 제24조 1항 2문의 규정은 실제적으로 사업의 양도, 기업의 인수 또는 합병이 있기 전에 양도인·피양수인·피합병인이 경영악화를 방지하기 위한 사유로 경영상의 해고를 할 수 있도록 한 규정이라고 해석되고 있다.[1] 그러나 동 법조항의 법문은 사업의 양도, 기업의 인수 또는 합병을 한 사업주(사용자)가 정리해고를 할 수 있는 것으로 규정하고 있다. 따라서 사업의 양도인, 기업의 피인수인 또는 피합병인만이 정리해고를 하는 것으로 제한적으로 해석할 이유는 없을 것이다. 양도의 대상인 일부 사업체에 종사하는 근로자들만이 정리해고의 대상이 되거나 사업의 전체가 양도되는 경우에는 정리해고가 장래에 대하여 경영악화를 방지한다거나 경쟁력을 갖추도록 하는 것이 아니라, 일부 양도 자체가 경영악화 방지 기능을 하는 것이고 기업 전체를 양도할 때에는 장래의 경영악화 방지라는 문제는 더 이상 존재할 여지가 없다(기업 전체가 양도될 때에는 사업은 더 이상 존재하지 않기 때문이다). 이 경우에 양도인에게 정리해고권을

소극적 재산)을 양도하는 것, 다시 말하면 일정한 노동기술적 목적에 의하여 조직화된 총체 즉 물적·인적 조직을 그 기능을 유지하면서 양도하는 것이다(大判 1989. 12. 26, 88 다카 10128 참고). 이에 반해 인수·합병([67] 참고)이란 기업의 경영지배권획득을 목적으로 행해지는 모든 행위를 포괄적으로 지칭하는 것이다. 특히 합병은 해산회사의 모든 권리·의무가 당연히 존속회사 또는 신설회사에 포괄적으로 승계되는 것이므로 일부 합병은 있을 수 없다는 데 유의해야 한다. 다시 말하면 사업양도의 경우에는 양도의 대상이 되는 사업의 일부를 양도계약에 의하여 양도대상에서 제외할 수 있으나, 합병의 경우에는 그렇지 않다. 따라서 법문상 인수·합병의 대상을 사업으로 표현하고 있는 것은 잘못된 것이라고 생각된다. 인수·합병의 경우에는 기업의 인수·합병을 의미한다고 해석해야 한다.

1) 종래의 견해를 부분적으로 보완·수정한다. 이승욱, '기업변동에 따른 경영상 해고의 정당성', 「노동법학」(제8호), 1998, 413면 이하 참고.

주는 것은 단지 사업의 양·수도를 용이하게 하여 사업의 처분을 쉽게 하려는 데 지나지 않는다([67] 2. (2) b) 참고). 따라서 해고제한법적 관점에서는 사업의 양·수도를 용이하게 하려는 의도로 해고를 하는 것이 정당한 해고사유에 해당할 수 있는지의 의문이 제기될 수 있다. 긴박한 경영상의 필요라는 정리해고의 정당성 요건을 기초로 근로자를 해고할 수 있는 사용자(사업주)는 장래에 사업경영을 계속하는 사업주라고 보아야 하고, 이와는 달리 사업경영에서 완전히(사업 전체의 양도의 경우) 또는 해당 사업부분에서 손을 뗀(사업의 부분 양도의 경우) 양도인·피인수인 또는 피합병인은 원칙적으로 제외되는 것이 마땅하다. 따라서 경영악화를 방지하기 위하여 정리해고를 할 수 있는 사용자는 사업의 양수인, 기업의 인수인 및 합병인이라고 보는 것이 해고제한법의 원리상 타당하다고 볼 수 있다. 근로기준법 제24조 1항 2문이 사업의 양도인, 기업의 피인수인 및 피합병인에게만 정리해고권을 부여한 특별규정이라고 해석하는 것은 타당하다고 생각되지 않는다. 동조항의 문리에 따라 사업의 양도인 및 양수인, 기업의 인수인 및 합병인과 기업의 피인수인 및 피합병인이 모두 해고권자가 될 수 있다고 보는 것이 합리적이라고 생각된다. 사업의 양도·인수·합병에 의하여 기존 사용자의 근로자들의 근로관계가 새로운 사용자에게 포괄승계된 후에도 경영악화의 방지라는 문제가 여전히 남아있을 수 있으므로 이때에도 제24조 1항 2문이 적용되어야 할 것이다. 다만 어느 경우에나 정리해고가 정당한 것으로 인정되기 위해서는 사업의 양도·인수·합병이 경영악화를 방지 또는 제거하기 위한 목적으로 이루어진 것이어야 하며([67] 2. (2) b) 참고), 근로기준법 제24조에 의한 그 밖의 경영상 해고의 요건을 원칙적으로 모두 갖추어야 한다.[1)]

폐업 또는 파산의 경우와 같이 근로관계의 존립기초인 일자리 자체가 소멸하는 때에 그 폐업 또는 청산과정에서 근로자를 해고하는 것은 기업경영의 자유에 속하는 것으로서 이때의 해고는 정리해고가 아니라 통상해고(해지)이다.[2)] 따라서 이른바 정리해고를 예정하여 정한 해고수당에 관한 규정은 이들 해고 대상자에게 적용되지 않는다.[3)]

(4) 기업주의 결정과 사법심사

해고를 수반하는 구조조정·기술혁신·업종의 전환 등에 관한 기업주의 결정에 대하여 법원이 그 타당성 여부를 심사할 수 있는가? 법원은 어느 선까지의 조직변경이나 경영합리화 조치가 긴박한 경영상의 필요에 의한 기업주의 정당한 권한에 속하는 것인

1) 大判 2010. 9. 30, 2010 다 41089.
2) 大判 2004. 2. 27, 2003 두 902; 大判 1996. 10. 29, 96 다 22198(사업체가 소멸하게 되어 근로자에게 다른 합작기업으로의 전적을 권유하였으나 근로자가 이에 불응함으로써 이루어진 해고는 정리해고가 아닌 통상해고로서 정당한 이유가 있다).
3) 大判 2003. 4. 25, 2003 다 7005.

지를 구체적으로 제시할 권한을 가지고 있는가? 법원은 예컨대 감정인의 전문의견서(감정서)를 받아 기업주가 결행한 조직구조변경의 결정이 자의적이고 비합리적인가의 여부를 판단할 근거로 삼을 수 있을 것이다. 그러나 법원이 긴박한 경영상의 필요에 의한 경영합리화 내지 조직구조변경의 구체적 타당성기준을 결정 제시할 수 있는 권한을 가지고 있지 않다. 따라서 법원은 경영상의 어려움의 극복, 회사의 경쟁력 강화나 신규사업으로의 전환을 위한 결정을 실현하기 위하여 취해진 긴박한 경영상의 이유에 의한 「해고의 범위」와 「해고자의 선발기준」이 정당한 것인가에 관해서만 심사할 권한을 가진다고 보아야 한다(위의 2. (1) c) 참고). 다시 말하면 법원은 기업주가 일부 경영부서의 폐쇄, 생산량의 제한, 합리화방안의 도입, 생산방법의 개선, 작업형태의 변경 등 경영상의 결정이 적절하지 않다는 이유로 정리해고의 무효·유효를 판단할 수 없다.[1] 해고의 정당성에 관한 법원의 심사권한을 경영상 구조변경의 적정성에 대해서까지 인정한다면, 사용자의 기업경영활동의 자유는 본질적 제약을 받기 때문이다. 따라서 법원의 심사권한은 기업의 경영상의 결정을 대신할 수는 없다. 법원은 기업운영의 개선, 기업조직의 변경, 생산시설의 개선·합리화, 생산방법, 공장이전 등 기업주의 경영상의 결정에 관하여 그 정당성 내지 적절성을 심사할 권한을 가질 수 없고, 그러한 경영상의 결정에 의한 결과로 발생하는 해고, 전직 등의 정당한 이유 여부를 심사할 권한을 가진다. 경영상 이유에 의한 해고가 객관성이 없고 합리성을 결하며 자의적인 경우에는 정당성을 가질 수 없다. 해고 자체는 기업주(사용자)의 자유로운 경영상의 결단 영역에 속할 수 없다. 이를 인정한다면 근로기준법 제24조는 무의미하게 될 것이기 때문이다.[2] 경영의 합목적적인 조직과 형성에 대한 경제적 위험은 궁극적으로 사용자가 부담하는 것이므로, 법원이 기업주를 대신하여 다른 경영상의 결정을 강요할 수 없다.[3] 따라서 정리해고를 제한하는 법률(해고제한법)은 기업주의 경영조직상의 권한 자체를 규제대상으로 삼을 수 있는 것은 아니며, 그와 같은 경영상의 조치에 의하여 발생된 정리해고가 정당한 인과관계에 의하여 취해진 결과이냐의 여부를 규제할 수 있을 뿐이라고 해야 한다. 예컨대 기업의 잉여인력 중 적정한 인원의 결정에 관한 사항은 상당한 합리성이 인정되는 한 경영판단의 영역에 속하므로 특별한 사정이 없는 한 경영자의 판단과 결정을 존중해야 한다.[4]

---

1) *MünchArbR*/Berkowsky, Bd. Ⅰ, § 112 Rn. 38 ff.; Otto, *ArbR* Rn. 274; 김형배, '긴박한 경영상의 필요에 의한 해고와 사법적 심사', 「조정과 심판」(제1호), 2000, 30면 이하 참고.

2) Dütz/Thüsing, *ArbR* Rn. 412 참고.

3) 김형배, '긴박한 경영상의 필요성에 의한 해고의 법리', 「저스티스」(제29권 제3호), 1996, 119면 이하 참고.

4) 同旨: 大判 2013. 6. 13, 2011 다 60193. 또한 大判 2012. 2. 23, 2010 다 3629 참고.

부당해고구제재심판정을 다투는 소송(근기법 제31조 참조)의 경우나 해고무효확인 소송의 경우에 해고의 정당성에 관한 증명책임은 이를 주장하는 사용자가 부담하므로, 정리해고에서도 사용자가 정리해고의 요건을 모두 증명하여야 한다.[1]

3. 사용자의 해고회피노력(근기법 제24조 Ⅱ 1문 전단)

(1) 일반적 판단기준

사용자는 경영상의 이유에 의하여 근로자를 해고하기에 앞서 해고를 피하기 위한 노력을 다하여야 한다(근기법 제24조 Ⅱ 1문 전단). 사용자의 해고회피노력이란 경영상의 이유에 의한 해고를 단행하기에 앞서 해고를 회피할 수 있는 모든 다른 수단을 강구하여야 한다는 것을 의미한다. 구체적으로는 근로자가 취업하고 있던 일자리가 객관적으로 감소된 뒤에 해당 근로자를 해고할 필요가 있는 것인지를 결정하기 전에 사용자가 해고회피노력을 다하여야 한다. 다시 말해서 근로자에 대한 해고의 정당성은 사용자가 해당 근로자를 다른 일자리로 배치전환하여 계속 취업시키는 것[2]이 가능하지 않거나,[3] 조업단축 등과 같은 다른 기대가능한 조치를 취하더라도 일자리의 감소를 막을 수 없거나, 무급휴직 등을 실시하는 등의 조치가 가능하지 않은 경우에 인정될 수 있는 것이다.[4]

해고를 막을 수 있는 경영상의 가능성이 존재한다면 사용자는 일자리의 감축, 즉 해고라는 극단적인 조치를 취할 수 없으며, 다른 가능한 방법을 취하여야 한다. 이와 같이 사용자에게 해고회피노력의무를 부과하는 것은 해고제한법상의 일반원칙인 최후수단의 원칙 내지 필요성의 원칙[5]에 부합하는 것이라고 할 수 있다. 따라서 일자리의 소멸을 막을 수 있는 조치 내지 방법이 있다면 가능한 한 근로자에게 불리하지 않은 방법을 강구해야 한다.[6]

판례[7]는 해고회피노력을 「사용자가 근로자의 해고범위를 최소화하기 위하여 경영방침이나 작업방식의 합리화, 신규채용의 금지, 일시휴직 및 희망퇴직의 활용, 전근 등 가능한 조치를 취하는 것」이라고 하고 있다.[8] 위의 회피노력을 위한 조치는 예시적으로

---

1) 大判 2019. 11. 28, 2018 두 44647.

2) 大判 1993. 1. 26, 92 누 3076.

3) 大判 1992. 5. 12, 90 누 9421(인적·물적으로 완전히 분리되어 있는 사업부분으로의 배치전환이나 전근 조치를 가능한 것으로 보지 않은 사례).

4) 大判 2014. 11. 13, 2014 다 20875·20882(쌍용자동차사건 참고).

5) Stahlhacke/Preis/Vossen/Preis, *Kündigungsschutz(Handb)* Rn. 918(최후적 수단의 원칙은 비례성 원칙과 연계하여 설명되고 있다).

6) 이에 관해서는 *MünchArbR*/Berkowsky, Bd. Ⅰ, § 112 Rn. 141 ff. 참고.

7) 大判 2004. 1. 15, 2003 두 11339; 大判 1992. 12. 22, 92 다 14779.

8) 판례는 사용자측의 해고회피노력으로서 경영방침이나 작업방식의 합리화, 부분휴업, 임금동결, 순

열거된 것이므로, 그 밖에도 여러 다른 방법이 제시될 수 있을 것이다. 경기의 악화가 일시적이어서 조만간 정상적인 경영상태의 회복이 기대될 수 있는 경우에는 근로자의 해고를 유보하는 것이 타당하다.[1] 그리고 사전에 근로자에 대한 전직교육을 통하여 다른 근무장소에서 계속근로의 가능성이 주어질 수 있는 경우에는 사용자는 해고에 앞서 그 근로자에 대하여 기대가능한 전직교육 또는 직능교육의 조치를 취하여야 한다.[2]

판례는 「사용자가 정리해고를 실시하기 전에 다하여야 할 해고회피노력의 방법과 정도는 확정적·고정적이 아니라 당해 사용자의 경영위기의 정도, 정리해고를 실시하여야 하는 경영상의 이유, 사업의 내용과 규모, 직급별 인원상황 등에 따라 달라지는 것이고, 사용자가 해고를 회피하기 위한 방법에 관하여는 노동조합 또는 근로자대표와 성실하게 협의하여 정리해고실시에 관한 합의에 도달하였다면 이러한 사정도 해고회피노력의 판단에 참작되어야 한다」고 판시하고 있다.[3] 판례 중에는 정리해고를 전후하여 다수

환휴직, 사내협력업체 인원축소, 신규채용의 금지, 일시휴직 및 희망퇴직의 활용, 배치전환, 그리고 자산매각 등의 방법을 들고 있다(大判 2014. 11. 13, 2014 다 20875·20882 등). 그러나 해고회피노력으로서 어떤 조치를 어느 정도로까지 실시할 수 있는지에 대해서는 명확한 기준이 정립되어 있다고 보기 어려우며, 경영위기의 정도, 기업의 규모와 사업의 성질, 인원정리의 목적·긴급성의 정도 등에 비추어 해고회피노력의 정도는 사안에 따라 달라질 수 있을 것이다(大判 2002. 7. 9, 2001 다 29452; 大判 2011. 1. 27, 2008 두 13972; 大判 2019. 11. 28, 2018 두 44647 등 참고). 사용자의 해고회피노력의 존부를 판단하고 있는 사례: 「회사가 해고회피 내지 방지조치로서 일부 사업소를 폐쇄함에 따라 이 사업소의 상근직원 중의 일부를 본사 및 다른 사업소현장에 배치전환하고, 또 일부를 의원사직처리하며, 임시일용직을 일차적으로 정리하였음에도 남게 된 나머지의 근로자에 대한 정리해고는 이미 다른 사업소에도 동일직무의 근로자가 과잉되어 있어 더 이상 배치전환이 곤란한 사정이 있으면 이 요건을 충족한다」고 한 사례(大判 1990. 1. 12, 88 다카 34094), 「정리해고가 있기 전에 회사측에서 이를 회피하기 위하여 조업단축이나 배치전환 등의 조치를 취하였다고 인정할 증거가 없으므로 회사의 해고처분은 정리해고의 요건을 구비하지 못하여 무효」라고 본 사례(大判 1990. 3. 13, 89 다카 24445), 「섬유류를 제조·판매하는 회사가 본사·구로공장·성남공장을 각각 두고 본사에서는 국내여성용의류, 구로공장에서는 수출용의류, 성남공장에서는 양말류를 주로 제조하고 있으나, 구로공장의 사업계속이 불가능하게 되어 폐업을 결정하게 된 경우에 작업의 성질이나 근로조건에 비추어 이 사업장에 종사하는 근로자를 내수공장이나 성남공장에 각각 배치전환할 여지가 없으며, 다른 해고회피수단이 존재하지 않는다면 이 요건은 충족된 것」이라고 한 사례(大判 1992. 12. 22, 92 다 14779). '긴박한 경영상의 필요' 및 '정리해고를 회피하기 위한 노력'에 관한 법리를 오해하여 판단하였다는 이유로 원심판결을 파기한 사례(大判 2017 6. 29, 2016 두 52194). 폐과된 학과 소속 전공 교수의 직권면직이 해고회피 노력을 다 하지 않아 효력이 없다고 한 사례(大判 2017. 1. 12, 2015 다 21554) 등.

1) 경영형편상 과원을 이유로 인사대기처분을 하는 것 자체는 업무상 필요한 범위 안에서 정당한 이유가 있는 것으로 볼 수 있더라도 사회통념상 합리성이 없을 정도로 부당하게 장기간 동안 대기발령 조치를 유지하는 것은 무효(근기법 제23조 I 참조)라고 보아야 한다(大判 2007. 2. 23, 2005 다 3991).

2) Stahlhacke/Preis/Vossen/Preis, *Kündigungsschutz(Handb)* Rn. 1018.

3) 大判 2002. 7. 9, 2001 다 29452; 大判 2004. 1. 15, 2003 두 11339; 大判 2013. 6. 13, 2011 다 60193; 大判 2014. 11. 13, 2014 다 20875(쌍용자동차사건: 노사간 극심한 대립으로 기업의 존립 자

의 직원과 임원을 신규 채용한 점, 예년보다 고위직 승진 인사가 많았던 점, 정리해고 진행 무렵 상당한 성과급을 지급하였고, 1인당 교육비가 증가한 점, 근무시간 단축, 일시휴직, 순환휴직 등의 조치를 취하지 않았던 점 등을 들어 정리해고의 정당성을 부정한 예가 있다.[1)]

고용보험법은 「고용노동부장관은 경기의 변동, 산업구조의 변화 등에 따른 사업규모의 축소, 사업의 폐업 또는 전환으로 고용조정이 불가피하게 된 사업주가 근로자에 대한 휴업, 휴직, 직업전환에 필요한 직능개발 훈련, 인력의 재배치 등을 실시하거나 그 밖에 근로자의 고용안전을 위한 조치를 하면 대통령령으로 정하는 바에 따라 그 사업주에게 필요한 지원을 할 수 있다」(제21조 I, 동법 시령 제18조 I)고 규정함으로써 사용자의 해고회피노력을 지원하고 있다.

(2) 해고회피노력의 성질과 내용

a) 제24조 3항의 경영상 이유에 의한 해고의 「절차적 요건」으로서 근로자대표와 성실히 협의해야 하는 사용자의 해고회피노력의 성질과 내용을 어떻게 파악해야 할 것인가? 다시 말하면, 해고에 앞서 해고회피조치에 관하여 사용자가 노동조합 또는 근로자대표와 협의를 하였으나 의견합치에 도달하지 못한 경우에 사용자는 일방적으로 해고조치를 단행할 수 있는지, 다시 말하면 근로자측의 동의를 얻어야 비로소 해고가 가능한 것인지가 문제된다.

판례는 노사간의 협의는 절차상의 요건으로서 경영상의 해고에 대한 실질적 효력요건으로 보지 않고 있으며(따라서 요건이라고 하기보다는 요소라고 할 수 있다),[2)] 사용자의 해고회피노력의 존부에 대해서만 판단하고 있을 뿐이다.[3)] 근로기준법 제24조 3항의 해고회피방법에 대한 사용자와 근로자대표의 성실협의규정에서의 사전'협의'란 '동의'를 의미하는 것은 아니다. 여기서 말하는 사전협의란 경영상의 긴박한 해고조치와 관련해서 그 피해를 최소화함으로써 보다 합리적인 해결방안을 강구해 보려는 데 그 목적이 있으므로 당해 협의가 합의(내지 동의)에 이르지 못하더라도 당해 해고회피 방법 또는 조치를 부당하다고 볼 수 없을 것이다.

체가 위태롭게 되어 노사가 고육지책으로 마련한 무급휴직을 회사가 우선적으로 시행하지 않았다 하여 해고회피노력을 다하지 않은 것으로 보기는 어렵다. 회사가 정리해고에 앞서 부분휴업, 임금동결, 순환휴직, 사내협력업체 인원축소, 희망퇴직 등의 조치를 실시한 것은 해고회피노력을 다한 것으로 볼 수 있다).

1) 大判 2019. 11. 28, 2018 두 44647(이와 달리 판단한 원심을 파기한 사례).

2) 大判 2002. 7. 9, 2001 다 29452; 大判 1995. 12. 5, 94 누 15783; 大判 1994. 5. 10, 93 다 4892; 大判 1992. 11. 10, 91 다 19463 등.

3) 大判 1996. 5. 9, 95 구 19784; 大判 1992. 12. 22, 92 다 14779 등 참고.

b) 판례상 해고회피노력으로 인정되고 있는 사례는 i) 경영방침의 개선,[1] ii) 작업의 과학화 · 합리화,[2] iii) 사무실 규모축소, 임원의 임금동결,[3] iv) 임시직 · 유기근로자 등의 재계약정지,[4] v) 신규채용의 중지,[5] vi) 연장근로의 축소,[6] vii) 전직 등 배치전환,[7] viii) 일시휴업,[8] ix) 퇴직희망자의 모집[9] 등으로 유형화할 수 있다.[10]

(3) **단계적 해고회피 원칙의 적용**

사용자의 해고회피노력은 우선적으로 근로자의 이익이 적게 침해되는 조치의 모색에서부터 시작되어야 하고, 이러한 조치가 불가능한 경우에 그 다음 단계의 조치가 강구되어야 한다.[11] 판례에 따르면, 해고회피를 위한 노력을 다하여야 한다는 것은 사용자가 근로자의 해고범위를 최소화하기 위하여 경영방침이나 작업방식의 합리화, 신규채용의 금지, 일시휴직, 희망퇴직의 활용 및 전근 등의 가능한 조치를 취하는 것을 의미하고,[12] 해고회피노력의 방법과 정도는 확정적 · 고정적인 것이 아니라는 것은 위에서 설명하였다([73] 3. (1)).

최우선적으로는 근로관계의 유지를 전제로 하면서도 근로자의 기존 근로조건 및 이익이 유지될 수 있는 종합적이고 다양한 경영상의 자구조치가 실시되어야 한다. 즉, 인건비 이외의 기타 비용절감을 위한 노력(접대비 · 광고선전비의 절감, 광열비의 절감, 외주비용의 절감, 사무실의 축소 등) 및 수입증대를 위한 노력(불요불급한 자산의 매각, 새로운 판로의 개척, 판매조건의 완화 등) 등이 고려되어야 한다.[13] 기존 근로조건의 변경을 수반하는 해고회피조치는 그 다음으로 검토되어야 한다. 근로조건을 변경하여 고용을 계속 유지할 가능성이 있고 그 근로자가 이에 동의할 수 있는 경우이면, 근로자를 해고할 수 없을

1) 大判 1993. 11. 23, 92 다 12285.
2) 大判 1992. 12. 22, 92 다 14779.
3) 大判 1995. 11. 24, 94 누 10931.
4) 中勞委 1996. 12. 17, 96 부해 174.
5) 大判 1993. 12. 28, 92 다 34858; 노사협의에서 합의된 감원목표를 초과하여 해고가 이루어졌고, 정리해고 전후로 직원을 신규채용하는 등 적절한 해고회피노력이 이루어지지 않아 정리해고가 정당하다고 볼 수 없다고 한 사례(大判 2017. 6. 29, 2016 두 52194).
6) 大判 1990. 3. 13, 89 다카 24445.
7) 大判 1992. 12. 22, 92 다 14779; 大判 1993. 1. 26, 92 누 3076.
8) 大判 1992. 12. 22, 92 다 14779.
9) 大判 1992. 12. 22, 92 다 14779; 서울高判 2004. 7. 29, 2003 누 18363.
10) 土田, 「勞働契約法」, 695面 이하 참고.
11) 同旨: 이흥재, '경영해고의 판례 경향', 「노동법연구」(제10호), 2001, 117면; 조용만, '경영해고회피법리의 현재와 미래', 「노동법연구」(제13호), 2002, 112면; Stahlhacke/Preis/Vossen/Preis, *Kündigungsschutz(Handb)* Rn. 1005 참고.
12) 大判 1992. 12. 22, 92 다 14779; 大判 2011. 3. 24, 2010 다 92148 등 참고.
13) 조용만, '경영해고회피법리의 현재와 미래', 「노동법연구」(제13호), 2002, 113면.

것이다.[1] 그러나 근로자가 이를 거부하는 경우 사용자가 더 이상 다른 해고회피 방안을 마련할 수 없다면 그 근로자를 해고하는 것이 부당하다고 할 수 없을 것이다.[2)·3)]

4. 해고 대상자의 공정한 선정기준(근기법 제24조 Ⅱ 1문 후단)

(1) 의 의

a) 해고기준을 결정하고 그에 따라 해고대상자를 선정하는 과정은 기업이익과 근로자이익 사이의 이해충돌뿐만 아니라 근로자들 상호 간의 이익충돌을 조정하는 과정이라고 할 수 있다. 이러한 이해관계의 충돌을 조정하는 기본 원칙으로 근로기준법 제24조 2항 1문 후단은 「합리적이고 공정한 해고의 기준을 정하고 이에 따라 그 대상자를 선정하여야 한다」고 규정하고 있다. 긴박한 경영상의 필요에 의하여 근로자를 해고할 경우에 해고대상 근로자가 복수로 존재하는 것이 보통이므로 해고될 근로자를 선정할 때에는 합리적이고 공정한 기준에 의하여야 할 것이다. 그러면 합리적이고 공정한 선정기준은 어떻게 정해져야 하는가? 이에 대해서 근로기준법은 구체적으로 규정하는 바가 없다.

b) 참고로 외국의 입법례를 먼저 살펴보면 다음과 같다.

1) 독일해고제한법(제1조 Ⅲ 1문)은 해고대상자의 선정에서 근로자의 근속기간, 연령, 가족의 부양의무, 중증장애 등의 사회적 관점들이 고려되지 않거나 충분히 고려되지 않은 경우에 그 선정기준은 사회적으로 부당하여(sozial ungerechtfertigt) 무효라고 한다. 따라서 이러한 사회적 관점들은 해고대상자의 선정에서 근로자측에 대해서 유리하게 작용한다. 이와 같은 보호규정은 해고로 인하여 생활상의 타격을 비교적 적게 받는 근로자를 해고선발대상자로 정하고 있는 것으로 해석되고 있다.[4] 근로자의 요구가 있는 때에는 사용자는 그 선정기준을 제시하여야 한다. 그러나 사용자는 예외적으로 근로자의 지식, 능력, 공헌 또는 기업의 효율적 인사조직의 확보를 위한 계속고용의 필요성 등

---

1) Stahlhacke/Preis/Vossen/Preis, *Kündigungsschutz(Handb)* Rn. 1007.

2) 변경해고([74] 참고)는 변형된 해고의 한 형태라고 볼 수 있다. 변경해고는 경제적 어려움을 극복하기 위한 방법으로 활용되는 것이 보통이다. 즉, 사용자가 현재의 근로계약상의 조건을 유지할 수 없는 상황에서 근로조건의 불이익변경에 대한 근로자의 동의를 얻을 수 없는 경우에 변경해고의 통지를 하게 될 것이다. 즉, 사용자가 해당 근로자에게 변경해고의 통지를 하고, 근로자가 변경된 근로조건을 근로계약의 새로운 내용으로 수용하는 승낙의 의사표시를 하지 아니하고 이를 거절하는 때에는 해고의 효력이 발생하게 된다. 경영상의 이유로 변경해고가 행하여지는 경우에는 긴박한 경영상의 필요가 존재해야 함은 물론이다(Linck/Krause/Bayreuther/Krause, *KündigungsschutzG* §2 Rn. 139 ff.; Dütz/Thüsing, *ArbR* Rn. 497 참고).

3) 大判 1991. 9. 24, 91 다 13533(경영상의 필요에 의하여 직원의 수를 줄이기 위한 것이 아니라 기구와 인원배치를 조정함으로써 업무의 능률화를 기하기 위한 목적으로 행해진 배치전환 지시에 불응한 근로자를 사용자가 해고한 조치는 통상해고라고 본 사례).

4) Berkowsky, Die betriebsbedingte Kundigung, 5. Aufl. 2002 §6 Rn. 23 ff. 참고.

기업이익에 부합하는 기준에 해당되는 근로자들을 선정대상에서 제외할 수 있다(독일해고제한법 제1조 Ⅲ 2문). 해고로부터 보호되어야 할 근로자의 이익과 사업장의 이해관계의 상충은 제반 사정들을 종합적으로 고려하여 각 사안별로 이익형량을 통하여 해결되어야 한다. 사회적 약자인 근로자의 보호필요성이 높을수록 이에 대비하여 사업장에 필요한 인력확보의 이해관계도 못지않게 중요한 것이어야 한다.[1] 해고가 사회적으로 부당하다는 외형적(外形的) 사실(해고제한요건의 불구비)은 해당 근로자가 증명하지 않으면 안 된다(독일해고제한법 제1조 Ⅲ 3문).

2) 프랑스 노동법전(L. 321-1-1조 Ⅰ)은 사용자가 근로자대표와 협의하여 해고기준을 정할 때 반드시 고려하여야 할 사항으로 ① 가족부양(특히 홀로된 부모부양), ② 근속기간, ③ 재취업을 곤란케 하는 사회적 특성을 가지고 있는 근로자의 처지(특히 장애인·고령자) 등을 규정하고 있다.[2]

3) 미국의 경우에는 단체협약상의 선임권제도에 의해 근속기간이 상대적으로 짧은 자를 우선적으로 해고하는 원칙(Last In First Out)이 적용되고 있다.[3]

(2) 합리적이고 공정한 기준의 의미

a) 근로기준법이 규정하고 있는 「합리적이고 공정한 해고의 기준」은 — 해고로 인한 불이익이 가장 적은 자를 우선적 해고대상자로 선정하여야 한다는 독일이나 프랑스의 경우와 마찬가지로 — 이른바 「사회적 보호의 관점」을 고려하는 의미로 해석될 수 있는가? 과거의 학설은 대체로 이와 같은 관점에 서 있는 것으로 판단된다. 다시 말하면 해고대상자의 선정기준으로는 근속연수·연령·부양의무상의 부담·배우자의 소득·그 밖

1) Hromadka/Maschmann, *Arbeitsrecht*, Bd. 1, § 10 Rn. 218.

2) 단체협약에서 해고기준과 그 적용의 우선순위 등을 정한 경우 사용자는 이에 구속된다. 과거에는 근로자의 직업자질(les qualités professionnelles: 근로자의 직업적 능력을 의미함)도 반드시 고려하여야 할 해고기준의 내용으로 규정하였지만 최근의 법개정(2002년 1월 19일 사회현대화법률 제109조)에 의해 삭제되었다(조용만, '최근 프랑스 경영해고법의 개정내용과 그 평가 — 사회현대화법률(2002. 1. 17 공포) 중 경영해고법 개정사항을 중심으로', 「노사포럼」(제17호), 경총 노동경제연구원, 2002, 113면).

3) 선임권제도는 일시해고 및 재고용에 관한 사용자의 전권(專權)을 인정하면서도 해고대상자의 선정에 있어서 사용자의 자의와 차별을 방지하기 위하여 근속기간이라는 객관적 기준을 적용하도록 하는 단체협약상의 제도이다(中窪裕也, 「アメリカ勞働法」, 1995, 280, 281面). 즉, 선임권제도는 사용자측의 일반적 판단에 의한 인원삭감을 객관적 기준에 따라 시행하도록 함으로써 민주적 방법으로 해고가 이루어질 수 있게 하는 기능을 갖고 있다. 근속기간이 상대적으로 오래된 근로자는 선임권제도에 의해 해고로부터 보호되고, 이들의 상대적인 고용안정이 가능하게 된다. 그러나 해고대상자를 선정하는 모든 경우에 있어서 선임권(즉, 상대적으로 장기의 근속기간)이 유일한 기준으로 기능하고 있는 것은 아니다. 선임권과 더불어 근로자의 업무능력·실적 등 다른 기준을 함께 고려하기도 한다. 다만 업무능력이나 자격이 비교적 대등한 경우 단체협약상의 선임권제도는 해고대상자선정에서 결정적 기준으로 작용하게 된다(木下正義, 「整理解雇の展開と法理」, 1996, 148, 149面 참고).

의 재산정도 등이 일차적으로 고려되어야 하고, 기업주측의 이익을 보호하기 위한 기준은 이차적으로 고려될 수밖에 없다는 것이다.1)

이에 대해 판례는 근로자측의 기준(근속연수, 부양의무, 연령 등)과 사용자측의 기준(근무성적, 경영사정)을 동일선상에서 제시하고 있는 경우도 있으나, 사업주이익에 보다 큰 비중을 두면서 평소의 근무성적, 상벌관계, 경력, 기능의 숙련도 등 기업이익에 부합하는 기준에 의거한 해고의 정당성을 인정하고 있다.2) 인사고과에 의한 근무성적 또는 근무태도·업무능력을 기준으로 행해진 경영상 이유에 의한 해고의 정당성을 인정한 사례도 있다.3)·4) 또한 판례는 「합리적이고 공정한 기준 역시 확정적·고정적인 것은 아니고 당해 사용자가 직면한 경영위기의 강도와 정리해고를 실시하여야 하는 경영상의 이유, 정리해고를 실시한 사업부문의 내용과 근로자의 구성, 정리해고 실시 당시의 사회·경제상황 등에 따라 달라지는 것이고, 사용자가 해고의 기준에 관하여 노동조합 또는 근로자대표와 성실하게 협의하여 해고의 기준에 관한 합의에 도달하였다면 이러한 사정도 해고의 기준이 합리적이고 공정한 기준인지의 판단에 참작되어야 한다」5)고 판시함으로써 근로자측과의 협의를 통한 해고기준도 합리적이고 공정한 것일 수 있음을 밝히고 있다.

이러한 판례의 태도를 종합적으로 살펴볼 때, 대법원은 해고기준으로 어떠한 사항을 포함시키고 어느 정도의 평가비중을 둘 것인가에 대하여는 사용자가 상당한 재량을 가지고 결정할 수 있는 것으로 보고 있다. 즉, 해고대상자를 선정함에 있어서 사용자는 근로자 이익(즉, 사회적 보호의 관점)6)보다 기업이익(즉, 기업존속의 관점)을 우선적으로 고

1) 우리나라 학설은 근로자측과 사용자측의 사정을 종합적으로 비교하여 구체적으로 판단해야 한다거나(이병태, 「노동법」, 636면), 사안별로 구체적 사정에 따라 개별적으로 판단해야 한다고 한다(임종률, 「노동법」, 568면).

2) 근무성적과 경력 등을 해고대상자선정기준으로 한 사례(大判 1987. 5. 12, 85 누 690): 「불황으로 인한 경영합리화를 위한 인원조정책으로 감원을 함에 있어 종업원들의 평소 근무성적, 상벌관계, 경력, 기능의 숙련도 등의 기준에 의하여 감원대상자를 선정하는 등 그 감원기준이 객관적으로 합리성이 결여되거나 형평을 벗어난 것이 아니라면 이에 따른 부득이한 해고조치는 정당하다」. 가점기준과 감점기준을 정하여 정리해고 대상자를 선정한 것이 사용자의 재량권의 범위를 벗어나 사회통념상 현저히 불합리한 것이라고 볼 수 없다고 한 사례(大判 2011. 9. 8, 2009 두 14682).

3) 大判 2001. 1. 16, 2000 두 1454.

4) 大判 2012. 5. 24, 2011 두 11310(근무태도에 대한 주관적 평가로 해고 여부가 좌우된다면 그 선정기준이 합리적이고 공정하다고 인정될 수 없다고 하여 객관적 선정기준을 갖추어야 한다는 판례).

5) 大判 2002. 7. 9, 2001 다 29452; 大判 2006. 9. 22, 2005 다 30580; 大判 2011. 1. 27, 2008 두 13972; 大判 2011. 9. 8, 2009 두 14682; 大判 2012. 5. 24, 2011 두 11310; 大判 2013. 6. 13, 2011 다 60193.

6) 그러나 장기근속자를 우선적인 해고대상자로 정한 것이 합리성과 공정성을 결여한 것이라고 한 사례가 있음: 大判 1993. 12. 28, 92 다 34858.

려할 수 있으며, 더 나아가 불가피한 경우 근로자 이익을 고려하지 않더라도 반드시 합리성 및 공정성이 결여된 것으로 볼 수는 없다는 것이다.

b) 판단컨대, 판례의 태도는 타당하다고 생각된다. 어느 경우에나 사용자측의 이해관계를 근로자측의 개인적 이익보다 후순위적인 것으로 볼 수는 없다.[1)·2)] 따라서 사회적 관점에 의한 일방적 선정원칙은 재고되어야 한다고 생각된다. 문제는 해고대상근로자에 대한 공정한 선정에 있어서 사용자의 경영상의 이해관계를 어느 정도까지 고려할 수 있는가에 있다. 예컨대 사용자가 기업의 효율적 경영을 위하여 능력 있는 어느 특정 근로자를 계속 취업시켜야 하거나 경영의 능률적 조직체계를 유지하기 위하여 특정근로자가 필요한 경우가 문제된다.[3)] 이 경우 해고근로자의 개인적 사정과 사용자의 기업경영상의 이익이 서로 충돌될 수 있을 것이다. 따라서 근로자를 보호하기 위한 사회적 관점에 따른 선정기준에만 의존하여 해고대상자를 정하는 경우에 해고를 유발한 경영상의 원인이 확대 또는 심화되는 결과를 가져오는 때에는 이익형량의 방법에 의하여 기업경영의 이익을 적극적으로 평가하지 않을 수 없을 것이다.[4)·5)] 다시 말하면 경영상 이유에 의한 해고의 본질이 기업의 재건과 경쟁력 확보에 있다는 점을 고려할 때, 경영을 도외시하는 편면적 「사회적 관점에 의한 선정」은 재고될 필요가 있다. 기업의 존립과 경쟁력을 고려하여 기업 경영상의 특수한 사정도 해고대상자의 선정에 있어 유연하게 참작되어야 한다.[6)] 판례 또한 동일한 태도를 취하고 있다.[7)] 따라서 인사고과, 징계전력,

1) 同旨: 김소영, '합리적이고 공정한 정리해고대상자 선별기준의 판단', 「노동법률」(제58호), 1996. 3, 20면.

2) 일본의 판례는, i) 능력과 성적이 우수하고 기업공헌도가 높은 근로자를 선정대상으로 하는 것은 공정성을 결하여 기업재건의 견지에서도 바람직하지 않은 반면, ii) 정리해고가 근로자의 귀책사유 없는 해고인 이상 재취업이 어려운 고령자나 성적불량자만을 대상으로 하는 것은 가혹한 면이 있으므로 노사의 자주적 판단을 존중하여 위의 2개의 측면을 적절히 참작하여 판단하고 있다(土田, 「勞働契約法」, 698面 참고).

3) Linck/Krause/Bayreuther/Krause, *KündigungsschutzG* §1 Rn. 955 ff., 967 ff.

4) Linck/Krause/Bayreuther/Krause, *KündigungsschutzG* §1 Rn. 963 f. 참고.

5) 비교법적으로 독일해고제한법 제1조 3항 2문은 지식·능력 및 작업성과에 따라 또는 기업의 특출한 인력확보를 위하여 계속취업이 정당한 기업이익에 합치하는 근로자들은 사회적 선발 대상에서 제외된다고 규정하고 있다.

6) 김형배, 「근로기준법」, 709면. 결론적으로 同旨: 하경효, '기업구조조정과 근로자해고의 문제', 「비교사법」(제11호), 1999, 225면.

7) 어학능력이 필수적으로 요구되는 단체에서 직원을 감원함에 있어서 영어 구사능력이 부족하다고 생각되는 직원을 해고대상자로 선발한 사건: 「참가인 회의 직원의 조직구성이나 참가인 회의 업무성격상 대외적으로 미군 등과의 접촉을 하여야 하는 직원의 경우 능숙한 영어 구사 능력이 요청되는 점 등을 고려하여 볼 때 영어 구사 능력이 부족한 것으로 판단되는 원고를 해고대상자로 선정한 것도 합리적이라 할 것이며, 원고의 직책이나 경력 등에 비추어 원고에 대하여 배치전환 등을 고려할 형편도 아니고 원고와의 협의를 거친다 하더라도 해고조치 이외의 별다른 성과를 기대하기 어려운 것으로

현 직급에서의 승진가능성 유무, 현 부서에서의 보직 유무를 인원감축기준으로 하는 경우에도 경영상의 해고는 정당한 것으로 볼 수 있다.[1] 더욱이 근년의 판례는 당해 사용자가 직면한 경제위기의 강도와 정리해고를 실시해야 할 경영상의 이유, 정리해고를 실시한 사업부문의 내용과 근로자의 구성, 정리해고 실시 당시의 사회·경제적 상황 등을 종합하여 합리적이고 공정하게 판단하는 것을 중요시하고 있다. 요컨대 판례는 합리적이고 공정한 선정기준은 확정적·고정적인 것이 아니어서 경영상 해고의 필요성을 둘러싸고 문제되는 제반 사정과 여건 및 당시의 사회·경제적 상황까지도 종합하여 판단해야 한다고 한다.[2] 반면 해고대상자의 선정에 있어서 남녀의 성을 이유로 차별하여서는 아니 된다(근기법 제24조 Ⅱ 2문).[3] 결국 해고 대상자의 선발 기준은, 대상 근로자들의 사정뿐 아니라 사용자측의 경영상 이해관계와 관련된 객관적 사정도 합리성이 인정되는 한 함께 고려되어야 할 것이다.[4]

c) 판례에 따르면 해고의 선정대상자가 되는 범위는 예컨대 폐지되는 부서의 소속 근로자들에게만 한정되지 아니하고, 전체 부서에 소속한 근로자들과 그 직급이나 직책 등 직무기능이 동일하거나 유사한 모든 근로자들이 감원심사의 대상이 되어야 한다고 한다. 일부 부서를 폐쇄했다 하더라도 다른 부서에서 사업이 계속되고 있는 이상 사업은 축소된 것에 지나지 않으므로 그 부서의 폐쇄를 이유로 해당 부서 종사근로자만을 해고대상 범위로 한정할 수는 없다고 한다.[5] 다만, 경영상 사유와 직접 관련이 없는 기업 전체 또는 다른 부서에까지 해고 대상자 범위를 확대할 수는 없다.

보이는 점 등을 참작하여… 이러한 제반 사정을 전체적·종합적으로 고려하여 보면 원고에 대한 해고는 객관적 합리성과 사회적 상당성이 있는 것으로서 정당하다고 볼 여지가 있다 할 것이다」(大判 1996. 12. 5, 94 누 15783). 영진공사사건: 「정리해고가 기업의 합리적 경영의 유지 또는 증진을 위하여 잉여근로자들을 감축하거나 그 경영구조를 전환하기 위하여 행하는 해고임을 감안할 때 정리해고 대상자를 선정함에 있어 선발대상 근로자들의 주관적·개인적 사정에만 의존할 수는 없고, 사용자측의 경영상 이해관계와 관련된 사정도 함께 참작하여야 형평의 원칙에도 부합된다 할 것이므로 신청인이 근무하던 세척실에 자동화 기계가 설치되었고, 이에 따른 잉여인력을 정리해고 대상으로 선정한 것이 부당하다고 할 수는 없는 것이다」(中勞委 1998. 12. 22, 98 부해 554).

1) 大判 2002. 11. 13, 2000 두 5517.

2) 大判 2002. 7. 9, 2001 다 29452; 大判 2003. 9. 26, 2001 두 10776, 10783.

3) 大判 2002. 11. 8, 2002 다 35379(부부사원 중 1인을 해고대상자로 선정하는 기준을 정한 경우 부부가 자율적으로 결정할 수 있도록 하였으므로 차별을 인정하지 아니하였다).

4) 大判 2013. 6. 13, 2011 다 60193(해고 대상 근로자의 범위를 현실적으로 잉여인력이 발생한 생산직 근로자로 정한 다음, 근로자측 고려요소로 입사경력과 부양가족수 및 연령, 사용자측 고려요소로 근태불량과 정시 미출근을 함께 고려하는 선정기준을 정하고 그에 따라 해고대상자를 결정하였다면 해고대상자 선정기준이 불합리하다거나 불공정하다고 보기는 어렵다).

5) 大判 1993. 1. 26, 92 누 3076.

(3) 근로자의 설명요구권과 증명책임

a) 해고근로자의 요구가 있을 때에는 사용자는 선정기준에 따른 해고이유를 근로자에게 설명·통지해 주어야 할 것이다.[1] 이때에는 이른바 해고대상근로자에게 공통적으로 적용된 선정기준에 대해서뿐만 아니라 사용자가 적용한 기업운영상의 필요성기준에 관해서도 아울러 설명해야 한다.[2] 정당한 이유 없는 해고는 효력이 없으므로 사용자는 해고의 정당성을 뒷받침하는 이유를 설명하여야 한다. 이와 같은 사용자의 의무는 단체협약의 조항(사전통지의무)으로 설정될 수도 있고, 근로자참여협력법 제20조 1항 6호에 의해서도 인정될 수 있을 것이다.

b) 근로자는 사용자가 선정기준을 잘못 적용했음을 먼저 주장·증명하면서 대상자 선정에 항변할 수 있다고 보아야 한다. 증명의 정도는 선정기준을 제대로 적용하지 않았다는 것을 밝히는 것으로 충분하다고 생각된다. 이에 대하여 사용자는 선정기준을 하자 없이 적용했음을 구체적으로 증명하여야 하고, 기업운영상의 필요성기준에 대해서도 증명하여야 한다. 일반적으로 근로자는 선정기준의 불공정한 적용과 관련해서 대체로 (i) 선정기준이 잘못 시행되었다는 사실의 주장이나, (ii) 선정기준이 제대로 적용되었을 경우에 자신이 해고대상에서 제외될 수 있다는 주장을 할 수 있고, (iii) 근로자가 해고된 이유를 납득할 수 없을 경우에는 그 이유의 해명을 요구할 수 있으며, (iv) 사용자는 위의 근로자의 주장 또는 요구에 대해서 설명 또는 증명을 해야 한다. 이와 같은 고찰에 따르면 증명책임이 근로자로부터 사용자에게 전환되는 것처럼 보이나, 근로자가 사용자에 대하여 선정기준의 적용상의 과오를 충분히 증명하지 못하는 한 그 불이익은 근로자 측에 귀속된다고 보아야 한다.[3]

5. 근로자대표와의 성실한 협의(근기법 제24조 Ⅲ)

(1) 의　　의

사용자는 해고회피방법이나 해고기준 등에 관하여 당해 사업 또는 사업장에 근로자의 과반수로 조직된 노동조합이 있는 경우에는 그 노동조합, 근로자의 과반수로 조직된 노동조합이 없는 경우에는 근로자의 과반수를 대표하는 자(이하 "근로자대표"라고 한다)에게 해고를 하려는 날의 50일 전까지 통보하고 성실하게 협의하여야 한다(제24조 Ⅲ). 그러나 판례는 '근로자대표'와의 협의를 신축적·유동적으로 해석하고 있다.[4] 또한,

1) 독일 해고제한법 제1조 3항 2문 참고.
2) Dütz/Thüsing, *ArbR* Rn. 416 참고.
3) Linck/Krause/Bayreuther/Krause, *KündigungsschutzG* §1 Rn. 978 ff.
4) 大判 2004. 10. 15, 2001 두 1154·1161·1178; 大判 2006. 1. 26, 2003 다 69393; 大判 2009. 12.

사전협의는 「동의」를 의미하는 것은 아니다.

(2) 「근로자대표」의 의미

a) 근로자대표와의 협의가 이루어지면 그것으로 충분한 것이고 그 이외의 개개 근로자들과의 협의는 필요하지 않다.[1)]

b) 문제는 근로자과반수를 대표하는 노동조합 혹은 노사협의회조차도 구성되어 있지 않은 경우인데, 이러한 경우에는 특정부서 내지는 관념상 구분할 수 있는 직종이나 직위를 기초로 하는 대표도 「근로자대표」로서 인정될 수 있을 것이다. 다시 말하면 근로자들의 의사에 기하여 직급별·부서별로 안분된 직원들로 구성된 대표기구는 충분히 근로자들의 이익을 대변할 수 있으므로 협의 주체로서 인정될 수 있다고 보아야 한다.[2)] 예컨대 근로자들 중 일정급(一定級) 이상의 직원을 감원하기로 하는 경우 해당급 이상 직원들의 이익을 대변할 수 있는 근로자대표와 협의를 했다면 유효한 협의로서 인정되어야 한다.[3)] 그렇다면 「근로자의 의사가 반영되지 아니하고 사용자에 의하여 구성된 직원들의 대표기구」가 사전협의의 주체로서 인정될 수 있는가? 대법원은 근로자대표와의 사전협의와 관련하여 「회사와 협의한 상대방인 구조개선추진위원회가 직원들의 의사에 기하여 자발적으로 구성된 것은 아니라 할지라도 회사의 관리직원들은 평소 노동조합에 가입되어 있지 않아서 회사가 참가인들을 해고하기 이전에 직급별·부서별로 안분된 직원들로 위 추진위원회를 구성하여 수차례에 걸친 회의를 열(었다면) … 회사가 근로자측과의 성실한 사전 협의를 거쳤다는 요건도 충족된 것으로 봄이 상당하다 할 것」[4)]이라고 판시하고 있다. 판단컨대, 근로자대표의 구성방법 및 절차와 관련해서 위의 판례의 태도에 대해서는 의문이 간다. 근로자대표의 선출에 있어서는 해고대상자들의 의사가 반영될 수 있어야 하기 때문이다. 「직원들의 의사에 기하여 자발적으로 구성된 것이 아닌 기구」를 근로자대표로 인정하는 것은 근로자들의 의견을 반영할 수 있는 진정한 의미의 협의를 수행할 수 없게 되므로 근로기준법 제24조 3항의 취지에 반한다고 생각된다. 다만, 형식적으로는 근로자 과반수의 대표로서의 자격을 명확히 갖추지 못하였더라도 실

24, 2009 다 53949 등.

1) 同旨: 판례는 「정리해고가 실시되는 사업장에 근로자의 과반수로 조직된 노동조합이 있는 경우 사용자가 그 노동조합과의 협의 외에 정리해고의 대상인 일정급수(一定級數) 이상 직원들만의 대표를 새로이 선출케 하여 그 대표와 별도로 협의를 하지 않았다고 하여 그 정리해고를 협의절차의 흠결로 무효로 할 수는 없다」고 판단하고 있다(大判 2002. 7. 9, 2001 다 29452). 그리고 비조합원을 정리해고 하는 경우에 노동조합은 협의의 상대방으로서 대표성을 가질 수 없다는 하급심 판례가 있다(서울行判 2000. 8. 22, 99 구 27282).

2) 同旨: 大判 2002. 8. 27, 2000 두 6756, 2000 두 3061.

3) 大判 2005. 9. 29, 2005 두 4403.

4) 大判 2001. 1. 16, 2000 두 1454.

질적으로 근로자들의 의사를 반영할 수 있는 대표자로 볼 수 있는 사정이 있다면 그 대표자와의 협의는 제24조 3항의 요건을 충족하는 것으로 보아야 할 것이다.[1] 근로자대표자의 협의 절차를 거치도록 한 것은 「비록 불가피한 정리해고라 하더라도 협의과정을 통한 쌍방의 이해 속에서 실시되는 것이 바람직하다는 이유에서라고 할 것」이기 때문이다.[2]

⑶ 사전협의의 의미

a) 과거의 판례(1997. 4. 11. 근로기준법 전부개정 전의 판례)는 경영상의 이유에 의한 해고의 유효요건인 긴박한 경영상의 사유, 해고회피노력, 합리적이고 공정한 정리기준에 의한 해고대상자의 선정등이 충족된 경우, 사전협의를 거치지 않았더라도 전체적으로 다른 결과를 기대할 수 없는 경우라면, 협의절차를 거치지 않았다 하여 그 해고를 곧바로 무효라고 할 수 없다는 태도를 취하였다.[3] 현행 근로기준법은 노동조합 또는 근로자대표에 대하여 해고일 50일(구법에서는 60일) 전에 해고회피방법과 해고기준을 통보하고 성실하게 협의할 것을 규정하고 있다. 그럼에도 근래의 판례는 여전히 동 규정에 대하여 매우 유연한 해석을 하고 있다.[4] 동 규정은 절차적 규정이며 실질적 효력규정이 아니라

---

1) 大判 2006. 1. 26, 2003 다 69393; 大判 2004. 10. 15, 2001 두 1154, 1161, 1178.

2) 大判 2004. 10. 15, 2001 두 1154·1161·1178; 大判 2006. 1. 26, 2003 다 69393; 大判 2009. 12. 24, 2009 다 53949.

3) 이러한 사전협의의 유무가 직접 문제된 사례에서 법원은 다음과 같이 판단하고 있다. 「사용자가 해고에 앞서 노동조합이나 근로자측과 성실한 협의를 거쳐야 한다는 의미는 정리해고의 실질적 요건을 모두 갖추고 있는 경우라도 사용자는 노동조합의 단체교섭권보장이나 근로계약의 상대방보호의 관점에서 근로자측에 대하여 정리해고의 내용을 설명하는 등 성실한 협의를 거칠 것이 (원칙적으로) 요구된다는 뜻이겠으나, 정리해고의 실질적 요건이 충족되어 해고의 실행이 시급하게 요청되고 있고, 다른 한편 근로자들을 대표할 만한 노동조합 기타 근로자집단도 없고 취업규칙에도 그러한 협의조항이 없으며 또 해고대상근로자에 대하여는 해고조치 외에 마땅한 대안이 없어서 그 근로자와 협의절차를 거친다고 하여도 별다른 효과를 기대할 수 없는 등 특별한 사정이 있는 때에는 사용자가 근로자측과 사전협의 절차를 거치지 아니하였다 하더라도 그것만으로 정리해고를 무효라고 할 수는 없다」(大判 1992. 11. 10, 91 다 19463. 同旨: 大判 1992. 8. 14, 92 다 16973; 大判 1995. 12. 5, 94 누 15783; 서울高判 1994. 4. 29, 93 구 19425 등). 노동조합과의 합의를 거쳤고 정리해고의 실질적 요건을 갖추었다면 조합원이 아닌 일부 정리해고 대상자들과 사전협의를 거치지 않았더라도 전체적으로 볼 때 그 정리해고는 유효하다고 본 예: 大判 1992. 8. 14, 92 다 16973; 大判 1992. 8. 14, 92 다 21036.

4) 판례는 근로자대표와의 협의는 「정리해고의 절차적 요건을 규정한 것으로 근로기준법 제24조 1항, 2항이 규정하고 있는 정리해고의 실질적 요건의 충족을 담보함과 아울러 비록 불가피한 정리해고라 하더라도 협의과정을 통한 쌍방의 이해 속에서 실시되는 것이 바람직하다는 이유에서」 마련된 것이라고 한다(또한 大判 2002. 7. 9, 2001 다 29452). 또한 「근로자대표에게 통보하게 한 취지는 통보를 전달하는데 소요되는 시간, 통보를 받은 근로자들이 이에 따른 대처를 하는 데 필요한 시간을 주고, 근로자대표와의 성실한 협의를 최대한 허여하자는 데 있으므로 그 밖의 정리해고의 요건이 충족되었다면 해고는 유효하다」고 한다(大判 2003. 11. 13, 2003 두 4119). 이와 같이 판례의 태도는 협의절차가 정리해고의 효력요건이 아님을 시사하고 있다. 근로기준법이 1997년에 개정되기 전 1990년 초

는 것이 그 이유이다.[1] 또한 사전협의는 「동의」를 의미하는 것은 아니라고 한다.[2] 이에 관해서는 다음에서 자세히 살펴본다.

b) 협의는 해고회피를 위한 방법 및 해고기준 등에 관하여 이루어지는 것인데, 과연 이때의 협의가 단체교섭과 같은 성질을 가진 것인지가 문제된다.[3] 해고회피방법 및 해고기준이 사실상 집단적 분쟁의 대상이 될 수 있는 것이기는 하지만, 근로기준법 제24조 3항은 노동조합 및 근로자대표에 대하여 단체교섭권을 보장하고 있는 것은 아니다. 동조항이 「해고를 피하기 위한 방법과 해고의 기준 등에 관하여 … 노동조합에 … 통보하고 성실하게 협의해야 한다」고 규정하고 있는 것은 사용자측의 「협의의무」를 정하는 취지일 뿐이고, 경영상 해고에 관한 노동조합의 단체교섭권을 인정한 것이라고는 볼 수 없다. 더욱이 동 규정은 근로자의 과반수로 조직된 노동조합이 없는 경우에는 근로자의 과반수를 대표하는 근로자대표와 협의할 수 있도록 규정하고 있다. 이 근로자대표는 노동조합이 아니기 때문에 단체교섭권을 가질 수 없음은 물론이다. 여기서 협의가 가지는 의미는 「근로조건의 유지 또는 개선」이라는 노동조합의 적극적이고 고유한 활동을 뜻하는 것이 아니라, 「근로자의 과반수를 대표하는」 사람과의 협의를 통하여 경영상의 긴박한 사유에 의한 해고조치와 관련해서 그 피해를 최소화함으로써 보다 합리적인 해결방안을 강구해 보려는 데 있다. 근로기준법 제24조 3항이 근로자대표에 대하여 미리 통보하고 성실하게 협의해야 한다는 절차적 요건을 정한 것은 같은 조 1항 및 2항이 규정하고 있는 실질적 요건의 충족을 확실히 담보함과 아울러 비록 불가피한 정리해고

까지 판례는 「협의」요건의 구비를 엄격히 해석했으나(大判 1989. 5. 23, 87 다카 2132 이후) 그 후 태도를 바꾸어 「협의」 자체를 필수적 요건으로 보지 않고 있다(大判 1994. 5. 10, 93 다 4892; 大判 1995. 12. 5, 94 누 15783).

1) 大判 1994. 5. 10, 93 다 4892; 大判 2002. 7. 9, 2001 다 29452 참고.

2) 大判 2002. 2. 26, 99 도 5380; 大判 2003. 7. 22, 2002 도 7225 등. 해고기준에 관하여 근로자대표와 「합의」하기로 단체협약 등에서 약정되어 있는 경우에는 근로자대표와의 합의가 없는 한 해고기준은 설정될 수 없을 것이다. 그리고 일단 합의된 해고기준은 규범적 효력을 가지게 될 것이다.

3) 판례는 기본적으로 「사전협의를 거치지 아니하였다 하더라도」 실질적 요건(제24조 Ⅰ, Ⅱ 참조)을 포함하여 전체적 사정을 고려하면서 경영상 해고의 유효성을 판단하고 있으며(大判 1992. 8. 14, 92 다 16973), 또한 협의절차를 거친다고 하여도 별다른 결과를 기대할 수 없는 등 특별한 사정이 있는 경우에는 경영상 해고가 무효라고 볼 수 없다(大判 1992. 11. 10, 91 다 19463)는 태도를 취하고 있다. 대법원의 이러한 견해에 비추어 보면 「사전협의」는 단체교섭의 성질을 가진 것으로 볼 수 없다. 사전협의는 해고회피를 위한 방법, 해고기준, 해고대상자의 선정 등에 관하여 근로자들과 경영주체 사이의 이해관계를 조절하고 그 대책을 성실하게 협의하여 상대방의 납득과 이해를 구하면서 경영상의 어려움을 타개하는 협의절차라고 볼 수 있다. 다만 복수의 노동조합이 존재하는 경우 특정 노조의 조합원에게 차별적 불이익을 주어서는 아니 되고, 비조합원을 조합원보다 불리하게 차별해서도 아니 된다. 사용자는 형식적, 추상적 설명·협의에 그치지 않고 근로자 측이 충분히 납득할 수 있도록 노력을 다해야 한다(土田, 「勞働契約法」, 609面 이하 참고).

라 하더라도 협의과정을 통하여 쌍방의 이해 속에서 실시되는 과정을 마련하기 위한 취지라고 해석된다. 따라서 「협의」 자체가 어떠한 법적 확정적 효력을 가지는 요건은 아니다. 만일 경영상의 해고에 관한 사항을 단체교섭대상으로 삼을 수 있다고 한다면, 사용자와 노동조합이 합의에 이르지 못하여 주장이 불일치되는 경우 노동조합은 그들의 주장을 관철하기 위하여 쟁의행위를 할 수 있다는 결론에 도달할 것이다.[1)·2)] 이와 같은

1) 일반「해고」(제23조 참조) 및 경영상의 「해고」(제24조 참조)는 단체교섭 및 쟁의행위의 대상이 될 수 없다고 생각된다. 단체교섭 및 쟁의행위의 대상이 될 수 있는 것은 근로관계의 존속을 전제로 하는 근로조건에 관한 사항에 한정된다고 보아야 한다. 임금·근로시간·복지 기타 대우에 관한 사항이 그 대표적 예이다. 그런데 노조및조정법 제2조 5호는 근로조건으로서의 해고를 노동쟁의의 대상으로 규정하고 있다. 여기서 해고가 집단적 노사관계의 이익분쟁의 대상이 될 수 있는가 하는 것이 문제된다. 해고는 개별적 근로관계를 소멸시키는 사용자의 일방적 의사표시이다. 해고는 원칙적으로 개별적 권리분쟁이고, 이에 대한 다툼은 사법적 통제를 통해서 해결되어야 할 문제이다. 그러나 단체협약으로 정할 일반적 근로조건으로서 해고의 기준 및 절차에 관한 교섭이 행하여지며, 이에 대한 노사의 주장이 일치하지 않을 경우에는 해고에 관한 사항이 노동쟁의의 대상이 될 수 있을 것이다. 다시 말하면 이 경우에 해고에 관한 사항은 집단적 노사관계법상의 이익분쟁으로서의 성질을 가지고 있으므로 노동쟁의의 대상이 될 수 있다. 노조및조정법 제2조 5호의 「임금 … 해고 기타 대우 등 … 근로조건의 결정에 관한」 규정에서 해고란 사용자의 해고의 의사표시(해고처분)를 말하는 것이 아니고 집단적 노사관계법상의 규율 대상이 될 수 있는 해고의 기준 및 절차에 관한 사항을 뜻하는 것이라고 합목적적으로 해석해야 할 것이다. 또한 노동조합이 해고기준에 관하여 사용자와 교섭하는 경우에도 근로기준법 제23조 1항 및 제24조 5항의 「정당한 이유」의 한계 내에서 교섭이 이루어져야 할 것이다. 왜냐하면 「정당한 이유」의 내용과 한계는 법원이 판결에 의하여 결정할 전권적(專權的) 사항이기 때문이다. 만일 노동조합이 판례상 인정되고 있는 해고의 「정당한 범위」에 저촉되는 해고기준을 관철하기 위하여, 또는 사용자의 해고처분 자체를 저지하기 위하여 조합원들의 주장을 관철하려 한다거나 쟁의행위를 단행한다면, 해고에 관한 법원의 사법심사는 궁극적으로 무의미하게 될 것이다. 결론적으로 노동조합은 사용자의 해고처분행위 자체 ― 그것이 제23조의 일반해고이건 또는 제24조의 경영상의 긴박한 해고이건 간에 ― 에 대해서는 쟁의행위를 할 수 없다. 제24조 3항에 규정된 노동조합과의 「협의」도 같은 맥락에서 해석되어야 한다. 다시 말하면 동조항은 단체협약상의 해고기준을 설정하기 위한 단체교섭에 관한 규정이 아니라, 사용자의 경영상 해고와 직접 관련 된 사항에 관하여 규정하고 있는 것이다. 대법원 판례도 경영상 해고에 관한 사항은 근로자와 사용자 쌍방이 이해와 협조를 통하여 노사 공동의 이익을 증진하는 것을 목적으로 하는 노사협의회의 협의사항은 될 수 있다는 견해를 취하고 있다(大判 1997. 9. 5, 96 누 8031; 大判 2009. 12. 24, 2009 다 53949).

2) 대법원은 「회사와 노동조합이 체결한 단체협약서의 전체 내용, 단체협약 체결 당시의 상황 등 여러 사정에 비추어, '노동조합과의 합의에 의하여 정리해고를 실시할 수 있다'는 취지의 단체협약 조항의 진정한 의미는 '회사가 정리해고 등 경영상 결단을 하기 위해서는 반드시 노동조합과 사전에 합의하여야 한다는 취지가 아니라 사전에 노동조합에 해고 기준 등에 관하여 필요한 의견을 제시할 기회를 주고 그 의견을 성실히 참고하게 함으로써 구조조정의 합리성과 공정성을 담보하고자 하는 협의의 취지'로 해석하여야 하고, 그와 같은 단체협약 조항에 의하더라도 쟁의행위의 목적이 정당화될 수는 없다」는 태도를 취하고 있다(大判 2011. 1. 27, 2010 도 11030. 또한 大判 2014. 11. 13, 2011 도 393 등). 그러나 사용자의 경영권에 속하는 사항이라 하더라도 사용자와 노동조합이 임의로 단체교섭을 진행하여 단체협약(공장이전을 이유로 인위적 구조조정을 하지 않겠다는 고용보장조항)을 체결하였다면, 이러한 단체협약에 위반하여 이루어진 정리해고는 원칙적으로 정당한 해고라고 볼 수 없다(大判 2014. 3. 27, 2011 두 20406).

결과는 결국 긴박한 경영상의 필요에 의한 해고를 불가능하게 하여 기업의 경영악화나 도산 등을 막기 위한 기업주의 경영결정권을 침해하게 될 것이다. 이런 이유에서 2000년 초에 대법원은 사용자의 경영권은 헌법상(제119조 I, 제23조 I, 제15조) 보장되어 있는 실체적 권리임을 강조하면서 기업의 구조조정에 의한 해고 전에 노동조합과 사용자가 협약상 「합의」를 하도록 약정하였더라도 이를 「협의」의 취지로 해석해야 한다는 견해를 명백히 하고 있다. 노동조합의 「합의」가 있을 경우에만 구조조정을 할 수 있다면 경영주체에 의한 고도의 경영상의 결단, 즉 경영권은 부인되는 결과를 가져올 수 있다. 따라서 기업의 존립과 관련된 구조조정의 실시 여부는 원칙적으로 합의의 대상이 될 수 없고, 단체교섭의 사항이 되지 않는다.[1)] 경영상의 긴박한 필요에 의한 해고는 어느 특정 개인근로자의 근로조건에 한정되는 문제가 아니고(그런 의미에서 제23조에 의한 해고제한과 구별된다) 직접적으로 기업의 존립 내지 경제활동의 한계에 관련되는 문제이기 때문이다. 따라서 노동조합 또는 근로자대표와의 협의는 「단체교섭」을 의미하는 것이 아니라, 노사협의와 그 성격을 같이하는 것이라고 판단해야 한다. 근로자참여협력법(1997. 3. 13 제정) 제20조 1항 6호가 명문으로 「경영상 또는 기술상의 사정으로 인한 … 해고 등 고용조정의 일반원칙」을 협의사항으로 정하고 있는 것은 정리해고에 대한 노동법의 규율태도를 명백히 밝히고 있는 것이라고 할 수 있다. 따라서 경영상 해고의 기준에 관한 사항은 단체교섭 내지 쟁의행위의 대상이 될 수 없다. 판례[2)] 또한 「긴박한 경영상의 필요에 의하여 행하는 이른바 정리해고의 실시는 사용자의 경영상의 조치라고 할 것이므로, 정리해고에 관한 노동조합의 요구내용이 사용자는 정리해고를 하여서는 아니 된다는 취지라면 이는 사용자의 경영권을 근본적으로 제약하는 것이 되어 원칙적으로 단체교섭의 대상이 될 수 없고, 단체교섭사항이 될 수 없는 사항을 달성하려는 쟁의행위는 그 목적의 정당성을 인정할 수 없다」고 판시함으로써 저자와 동일한 태도를 취하고 있다. 다만 근로기준법 제24조 1항부터 3항에서 정한 유효요건을 갖추지 않은 해고(근기법 제24조 V 참조)에 대해서는 사법상(司法上)(법원에서) 다툴 수 있고, 이 경우에 해고의 기준은 심사의 대상이 될 수 있다. 따라서 정리해고는 사법심사의 대상이 될 수 있을 뿐이라고 판단된다. 따라서 노동조합이나 근로자대표는 사용자에 대하여 근로자들에게 유리한, 그리고 보다 합리적인 견해를 제시할 수 있으나, 사용자가 노동조합의 의견에 구속

1) 大判 2003. 7. 22, 2002 도 7225. 또한 大判 2002. 2. 26, 99 도 5380; 大判 2003. 2. 11, 2000 도 4169; 大判 2003. 2. 28, 2002 도 5881; 大判 2003. 3. 14, 2002 도 3883; 大判 2003. 3. 28, 2002 도 6060; 大判 2011. 1. 27, 2010 도 11030 등 참고. 김형배, '단체교섭과 경영권', 「노동법학」(제18호), 2004, 77면 이하, 89면 이하.

2) 大判 2001. 4. 24, 99 도 4893; 大判 2011. 1. 27, 2010 도 11030.

되는 것은 아니라고 생각된다. 노동조합이나 근로자대표와 협의를 거치지 않은 해고기준에 의한 해고는 효력이 없는 것으로 볼 수도 있으나[1](근기법 제24조 Ⅴ의 반대해석), 협의를 거친 해고기준에 의한 해고는 그 해고기준에 대하여 노동조합과의 합의가 이루어지지 않았더라도 유효하다고 해석해야 한다. 이 경우에 사용자의 해고처분에 불복하여 근로자가 해고의 효력을 다투기 위해서는 노동위원회에 구제신청을 하거나, 법원에 해고무효확인의 소를 제기해야 할 것이다.

결론적으로 해고의 기준에 관한 노동조합 또는 근로자대표와의 협의는 단체교섭을 의미하지 않으며, 협의 자체가 해고의 효력요건도 아니다.

c) 경영상 해고의 정당성 여부를 노동조합 또는 근로자대표의 「동의」에 구속시키지 않는 것은 궁극적으로 사용자의 기업활동의 자유와 창의성을 보장하기 위해서이다. 단체교섭의 대상이 될 수 없는 사용자의 경영권에 관한 사항에 대하여 노동조합과 '합의'하여 시행한다는 취지의 단체협약의 일부조항이 있는 경우 판례는 그 의미의 해석방법을 다음과 같이 제시하고 있다. 판례에 따르면 그 해당 조항만을 중심으로 사용자의 경영권의 일부 포기나 중대한 제한을 인정해서는 아니 되고, 그러한 협약체결에 이르게 된 경위와 당시의 상황, 협약의 다른 조항과의 관계, 노동조합이 경영에 대한 책임까지도 분담하고 있는지 여부 등을 종합적으로 검토해야 한다고 한다.[2] 여기서 '회사는 노동조합과의 합의에 의하여 정리해고를 할 수 있다'는 단체협약 조항의 진정한 의미는 사전에 노동조합에 해고 기준 등에 관하여 필요한 의견을 제시할 기회를 주고 그 의견을 성실히 참고하도록 함으로써 구조조정의 합리성과 공정성을 담보하고자 하는 데 있는 것이고, 회사가 정리해고 등 경영상의 결단을 내리기 위해서 반드시 노동조합과의 사전 합의가 있어야 한다는 취지는 아니다. 다만, 해고기준에 관하여 근로자대표와 협의한 결과 회사의 정당한 경영상의 결단을 해치지 않는 범위 내에서 합의가 이루어진 때에는 전체 근로자들의 의사가 폭넓게 대표되고 있는 한 그 규범적 효력이 인정되어야 할 것이다.

d) 여기서 유의해야 할 것은 해고의 예고기간(근기법 제26조)과의 상호관계이다. 근로기준법 제24조 3항은 사용자에게 해고하고자 하는 날(근로관계의 소멸이 예정되는 날)의 50일 전까지 근로자대표에게 통보하고 성실하게 협의를 하도록 하고 있는데, 동 규정이 해고예고를 정한 제26조의 「적어도 30일 전에 그 예고를 하여야」 한다는 규정과 어떤 관련이 있는지를 확실히 해 둘 필요가 있다. 양 규정의 조화로운 해석을 위해서는 다음

1) 판례는 근로자대표와의 협의를 정리해고의 유효요건으로 보지 않는다(大判 1992. 11. 10, 91 다 19463; 大判 2002. 7. 9, 2001 다 29452 등).

2) 大判 2011. 1. 27, 2010 도 11030; 大判 2002. 2. 26, 99 도 5380; 大判 2003. 7. 22, 2002 도 7225 참고.

과 같은 점들을 명백히 하여야 한다. 첫째, 근로자대표에 대한 통보 및 협의의 기간인 50일은 집단적 노사관계와 관련된 것이고, 해고의 예고에 있어서 30일의 예고기간은 개별적 근로관계에 있어서 해고의 효력에 관한 절차규정이다. 둘째, 근로기준법 제26조의 규정에 의한 30일의 예고기간은 절대적으로 확보되어야 하는 기간이다. 따라서 예를 들어 해고하고자 하는 날 50일 전에 근로자대표에게 통보하고 협의를 진행하였으나 노사간의 협의의 지연으로 50일이 경과된 후에 비로소 해고대상자가 확정되었다면, 제26조에 의한 해고의 예고는 그 때부터 다시 30일의 기간이 확보되지 않으면 안 될 것이다.

e) 근로기준법 제24조 3항이 「50일 전까지」 통보할 것을 규정한 것은 근로자대표와 성실한 교섭을 할 수 있는 기간을 최대한 산정·허여하자는 데 있는 것이고 이를 확정적이고 고정적인 요건으로 정한 것은 아니며, 또한 이 기간을 정리해고의 효력요건으로 볼 것은 아니라는 것이 판례의 태도이다. 따라서 성실하고 충분한 협의를 하는 데 소요되는 시간으로 부족하였다는 특별한 사정이 없다면 협의기간이 50일에 미치지 못하였더라도 그 밖의 요건들이 충족되었다고 볼 수 있는 한 그 해고는 유효하다고 보아야 할 것이지만,[1] 해고예고규정은 이와 별도로 준수되어야 한다.

6. 대량해고시 신고의무

사용자는 일정규모 이상의 인원을 해고하고자 할 때에는 시행령이 정하는 바에 따라 고용노동부장관에게 신고하여야 한다(근기법 제24조 Ⅳ). 사용자가 1개월 동안에 다음의 각 경우에 해당하는 인원을 해고하려면 최초로 해고하려는 날의 30일 전까지 고용노동부장관에게 신고하여야 한다. 즉 사용자가 상시 99인 이하의 근로자를 사용하고 있는 경우에는 10인 이상, 100인 이상 999인 이하의 근로자를 사용하고 있는 경우에는 상시 근로자의 10% 이상, 1,000인 이상의 근로자를 사용하고 있는 경우에는 100인 이상의 근로자를 해고하는 때이다(근기법 시령 제10조 Ⅰ). 신고서에는 i) 해고사유, ii) 해고예정인원, iii) 근로자대표와의 협의내용, iv) 해고일정 등을 기재하여야 한다(근기법 시령 제10조 Ⅱ). 이와 같은 신고제도는 대량해고에 대한 행정적 감시와 지도를 하기 위한 일종의 훈시규정이므로, 고용노동부장관에 대한 신고유무가 해고의 효력에 영향을 미치지는 않는다.

7. 우선재고용의무

a) 긴박한 경영상의 필요에 의하여 근로자를 해고한 사용자는 근로자를 해고한 날부터 3년 이내에 해고된 근로자가 해고 당시 담당하였던 업무와 동일한 업무에 새로 근

1) 大判 2003. 11. 13, 2003 두 4119; 大判 2004. 10. 15, 2001 두 1154, 1161, 1178.

로자를 채용하고자 하는 때에는 해고된 근로자가 원하는 경우 그 근로자를 우선적으로 고용하여야 한다(근기법 제25조 Ⅰ). 구법 조항(2007년 1월에 개정되기 전의 규정)에서는 사용자에게 경영상 이유로 해고한 근로자를 우선 고용하도록 노력할 의무를 부과할 뿐이었다(구 근기법 제31조의2). 이러한 규정은 ―노력의무가 법적 책임을 발생시키는 의무가 아니기 때문에― 해고된 근로자의 우선적 고용이라는 관행을 통하여 경영상의 해고에 대한 노사의 협조 및 신뢰의 기초를 마련하기 위한 것이었다.[1] 그러나 사용자에게 노력의무를 부과하는 것만으로는 해고된 근로자를 현실적으로 그 기업에 재고용되도록 하기는 어렵다. 이에 따라 2007년 1월 단행된 「선진화입법」에서 경영상 이유로 해고된 근로자가 원하면 사용자는 그 근로자를 우선적으로 고용하도록 법률상의 의무를 부과하게 된 것이다. 따라서 해고된 근로자가 근로기준법 제25조 1항의 요건에 해당하는 자이면 사용자는 해당 근로자를 우선적으로 고용할 의무(채용할 의무)를 부담한다. 이 경우에 사용자의 우선 고용의무는 사용자에 대한 법률상의 의무만을 뜻하는 것인지, 아니면 근로자에게도 우선 고용청구권을 발생케 하는 것인지는 법문상 명확하지 않다. 동조항의 「제24조에 따라 해고된 '근로자가 원하면'」이란 문언을 어떤 의미로 해석해야 할 것인지가 사용자의 고용의무의 성질을 결정짓는 요소가 될 것이다. 우선 해고된 근로자가 「원하면」(auf Verlangen)이란 뜻은 해고 전에 담당했던 업무에 다시 고용되기를 원한다는 주관적 의사결정(subjektive Determination)을 사용자에게 통고하는 것을 말한다. 이러한 근로자의 통고를 받은 사용자는 그 효과로서 근로기준법 제25조 1항에 따라 그 근로자를 우선적으로 고용해야 할 법률상 의무를 부담한다. 이때 사용자의 고용의무(채용의무)는 고용의 의사표시를 하여 고용계약을 체결해야 한다는 뜻이다. 해고 근로자가 재고용을 원한다는 사용자에 대한 통고만으로 사용자와 그 근로자 사이에 고용계약관계가 성립하지는 않는다. 해고 근로자의 통고를 근로계약관계의 성립에 관한 일방적·형성적 의사표시라고 해석할 수는 없기 때문이다. 만약 이를 긍정한다면 계약자유의 기본원칙을 부인하는 계약체결강제를 인정하는 것이 되어 부당하다. 그러므로 근로자가 재고용을 원하는데도 사용자의 재고용의무, 즉 재채용의무(재고용계약의 의사표시를 할 의무)를 실행하지 아니하고 있는 경우에 근로자는 법원에 사용자의 재고용의무를 확인하는 소를 제기할 수 있으나, 채용의 의사표시를 갈음하는 판결을 구할 수 있는 권리를 가지지 않는다. 이를 인정한다면 위와 같은 판결이 확정됨으로써 사용자와 근로자 사이에 고용관계가 성립하게 되어 계약체결강제를 허용하는 결과를 가져오기 때문이다. 따라서 해고된 근로자는 사용자의 재고용의무를 확인하는 소를 제기할 수 있을 뿐이다. 해고 근로자에 대한

1) 김형배, 「근로기준법」, 712면.

채용의 의사표시는 사용자의 자유로운 의사결정에 맡겨져야 한다.[1] 계약자유의 원칙은 민사법상의 기본원칙(Rechtsprinzip)으로서 민법과 노동법에 똑같이 적용되어야 한다. 법원은 이러한 원칙을 제한하는 판결을 내릴 수 있는 권한을 가지지 않는다.[2] 동법 제25조 1항은「사용자는 … 그 근로자를 우선적으로 고용하여야 한다」고 규정하고 있을 뿐이므로 사용자의 고용의무(고용계약을 체결할 의무)를 인정하는데 지나지 않는다. 그러므로 사용자가 해고 근로자로부터 재고용을 원한다는 통고를 받은 때에는 지체없이 근로자에게 재고용계약체결 시기 또는 고용계약 체결을 기대하기 어려운 특별한 사정 등이 있을 때에는 그 사유를 알려주어야 한다. 사용자가 재고용의무의 실행을 게을리하거나 정당한 사유없이 재고용을 거부하는 경우에 근로자는 고용의무(고용계약체결의무) 확인의 소를 제기할 수 있을 것이다. 근로자가 이러한 소송을 제기할 수 있는 권리는 근로기준법 제25조 1항에 따른 사용자의 재고용의무의 반사적 권리로서의 재고용요구권이다. 근로자와 사용자 사이에는 아직 고용계약관계가 성립되어 있지 않으므로 근로자는 사용자에 대하여 고용계약의 채무불이행책임(임금 상당의 손해배상책임)을 물을 수 없다. 사용자의 재고용의무가 확인되었음에도 사용자가 근로자의 재고용(채용)을 거부하거나 다른 근로자를 고용하여 재고용의 가능성을 소멸시킨 경우 사용자는 근로자의 재고용요구권을 침해하는 위법한 행위를 한 것이므로 불법행위에 의한 손해배상책임을 부담해야 하는 것으로 이해해야 한다(민법 제750조, 제751조). 위에서 설명한 바와 같이 근로자가 경영상의 긴박한 사유로 해고된 날부터 3년 이내에 사용자가 그 근로자가 담당하였던 업무와 같은 업무에 종사할 근로자를 채용하려고 할 경우 근로자가「원하면」그 근로자를 우선적으로 채용하여야 한다. 근로자가 경영상의 이유로 해고된 날부터 3년이 경과한 이후 사용자는 우선재고용의무를 부담하지 않는다. 그러나 사용자는 그 이후에 해당 근로자와의 도의적 신의를 고려하여 우선재고용을 할 수 있을 것이다. 새로 개정된 근로기준법은 우선재고용의무를 위반한 사용자에 대하여 벌칙규정을 두고 있지 않으므로 그 위반에 대하여는 벌칙이 적용되지 않는다. 계약의 자유를 침해할 가능성을 배제하기 위한 입법적 조치라고 판단된다.

근로자가 긴박한 경영상의 이유로 유효하게 해고되었다는 것은 회사의 정상적 경영회복을 위하여 그의 귀책사유없이 직장을 상실하는 희생을 감수하였음을 의미하는 것이므로 회사가 경영상의 어려움을 회복하여 근로자가 해고 당시 담당하였던 업무와 같은 업무를 수행할 근로자를 채용할 만큼 정상화되었다면 회사로서는 해고된 근로자가

---

1) 근로기준법 제25조 1항에 따른 사용자의 우선고용의무는 근로자파견법 제6조의2 1항이 정한 사용사업주의 직접고용의무와는 그 성질을 달리하므로 이와 유사한 것으로 해석하여서는 아니 된다.

2) F. Bydlinski, *Juristische Menthodenlehre und Rechtsbegriff*, 2. Aufl., 1991, S. 132. 참고.

원하면 특별한 사정이 없는 한 마땅히 그 근로자를 우선적으로 고용해야 할 의무를 부담한다고 보아야 한다. 그렇게 해석하는 것이 긴박한 경영상의 이유로 해고된 근로자와 회사 사이의 형평의식 내지 사회적 정의관념에 합당하다고 판단된다.

판례에 따르면 근로기준법 제25조 1항의 내용과, 자신에게 귀책사유가 없음에도 경영상의 이유에 의하여 직장을 잃은 근로자로 하여금 이전 직장으로 복귀할 수 있는 기회를 보장하여 해고 근로자를 보호하려는 입법취지를 고려하면, 해고 근로자가 해고 당시에 담당하였던 업무와 같은 업무를 수행할 근로자를 회사가 다시 필요하게 되어 채용하려고 한다면, 해고 근로자가 거절하는 의사표시를 하거나 고용계약을 체결하기 어려운 객관적인 사유 등 특별한 사정이 있는 경우가 아닌 한 해고 근로자를 우선 재고용할 의무가 있다고 판단하고 있다. 사용자가 우선 재고용의무를 이행하지 않는 경우 해고 근로자는 사용자를 상대로 고용의 의사표시를 갈음하는 판결을 구할 사법상의 권리가 있고, 판결이 확정되면 사용자와 해고 근로자 사이에 고용관계가 성립한다고 한다.[1] 저자는 이 판례가 나오기 전부터 해고 근로자는 사용자에 대하여 고용의무확인의 소를 제기할 수 있다는 견해를 취하고 있었는데 이 판결은 한 걸음 더 나아간 것으로 판단된다.[2] 이 판결은 이미 재고용관계가 성립하였음을 전제로 사용자가 근로자를 취업시키지 않았으므로 근로자는 고용의무(사실상 취업시킬 의무)불이행에 대하여 고용의무가 발생한 때(고용관계가 성립한 때)부터 취업상태가 실현된 때까지의 임금 상당 손해배상금을 청구할 수 있다고 한다. 이 판례는 손해배상청구의 발생시점을 아무리 늦어도 경영상의 이유로 원고 근로자와 소외 1인의 근로자를 해고한 이후 '원고 근로자가 해고 당시 담당하였던

1) 大判 2020. 11. 26, 2016 다 13437.

2) 근로자파견법 제6조 2항 2문 및 제6조의2 1항 3호 및 4호는 파견근로자를 2년을 초과하여 사용한 경우와 불법으로 파견근로자를 사용한 경우 '해당 근로자를 직접 고용하여야 한다'고 규정하고 있고, 근로기준법 제25조 1항은 '해고된 근로자가 원하면 그 근로자를 우선적으로 고용하여야 한다'고 규정하고 있다. 판례는 사용사업주가 파견근로자의 직접고용의무를 이행하지 않는 경우에 파견근로자는 사용사업주를 상대로 고용의 의사표시를 갈음하는 판결을 구할 사법상의 권리를 가지며, 판결이 확정되면 사용사업주와 파견근로자 사이에 직접고용관계가 성립한다고 판시해 왔다(大判 2016. 1. 28, 2012 다 17806; 大判 2015. 11. 26, 2013 다 14965 등). 즉 위의 법률상의 요건이 갖추어지면 간접고용관계(파견사업주를 사용자로 하는 파견근로자를 사용사업주가 사용하는 일종의 고용관계)에 있는 파견근로자를 직접고용하여야 하므로 그때부터 사용사업주를 사용자로 하는 기간의 정함이 없는 (직접)고용관계가 성립한다([90] 1. (2) b). 그러나 근로기준법 제25조 1항의 우선재고용의 경우에는 해고된 근로자와 사용자 사이에 고용 내지 취업관계가 존재하지 않으며 해고 근로자가 재고용을 원한다는 의사를 사용자에게 통고했다고 해서 사용자와 해고 근로자 사이에 고용관계가 성립한다고 볼 수는 없다. 근로자파견법 제6조 2항 2문 및 제6조의2 1항과 근로기준법 제25조 1항은 서로 다른 사안을 전제로 사용자의 '고용의무'를 정하고 있으므로 이를 구별하여 판단해야 할 것이다. 전자의 경우에는 사용사업주와 파견근로자 사이에 이미 근로(계약)관계가 성립하고 있음을 전제로 하는 것이지만 후자의 경우에는 그렇지 않다.

생활부업무 담당 생활재활교사 업무에 근로자를 2명째 채용한 2011. 11. 1. 무렵에는 피고(사회복지법인 은광복지재단)에게 원고에 대한 우선 재고용의무가 발생하였다'고 한다. 이에 반하여 원심[1]은 '원고 근로자가 피고 사용자에게 재고용을 원한다는 뜻을 표시한 이후'로서 피고가 신규채용을 한 때인 2013. 4. 1. 경에 피고의 우선 재고용의무가 발생한다고 한다. 저자는 우선 재고용의무의 발생시점은 해고된 근로자가 상대방인 사용자에 대하여 고용의무확인 또는 이행(재고용 의사표시)의 소를 제기할 수 있는 청구권(재고용요구권) 발생의 시점이라고 판단한다. 위 대법원의 판시에 따르면 피고(사용자)가 원고인 해고된 근로자가 담당하였던 생활재활교사를 여러 차례 채용하면서 원고에게 채용사실과 채용 조건을 고지하여 고용계약을 체결할 의사가 있는지 확인하지 않았다는 이유와, 생활재활교사들을 채용할 당시 원고가 고용계약을 체결하기를 원하지 않았을 것이라거나 피고에게 원고와 고용계약을 체결할 것을 기대하기 어려운 객관적인 사유가 있었다고 볼 자료가 없다는 이유를 들어 원고가 해고 당시 담당하였던 생활부업무 담당 생활재활교사 업무에 근로자 2명을 채용한 2011. 11. 1. 무렵에 피고에게 원고에 대한 우선 재고용의무가 발생하였다고 한다. 다시 말하면 피고인 사용자가 생활재활교사를 채용하기 전 원고인 근로자가 고용계약을 체결하기를 원하지 않은 것으로 볼 수 없거나 피고에게 원고와의 고용계약 체결을 기대할 수 없는 객관적 사유가 존재하지 않는 한, 원고인 근로자의 의사와 관계없이 고용관계가 성립한다는 것이 판례의 견해이다. 이와 같은 판결을 내리게 된 근거는 생활재활교사들이 채용되기 전에 원고에 대한 피고의 고용관계의 성립(판례는 우선 '재고용의무'라고 표현하고 있으나 이 의무를 기초로 해고 근로자가 사용자를 상대로 고용의 의사표시를 갈음하는 판결을 구할 사법상의 권리를 인정하고 있으므로 이는 단순히 고용계약을 체결할 의무를 뜻하지 않는다)을 우선적으로 확보하기 위한 것이라고 생각된다. 이러한 법리 전개는 경영상의 사유로, 아무 귀책사유 없이 해고된 근로자를 보호하기 위한 필요성에서 비롯되는 것이라고 판단되지만 권리·의무관계인 고용계약관계 당사자 자신의 의사 유무에 관계없이 법률관계가 성립하는 것으로 보는 것은 사법(私法)의 기본원칙인 의사자치에 반하는 것으로 수긍하기 어렵다. 우선 재고용의무는 사용자에게 주어지는 의무이긴 하지만 장래에 계약관계의 권리·의무의 주체가 될 당사자의 의사 유무에 관계없이 법률관계의 성립을 용인하는 근거가 될 수 없으며 근로기준법 제25조 1항의 법문에도 반한다. 또한 이러한 사정을 전혀 모르는 제3자인 생활재활교사 응모자에게 불측의 불이익을 줄 수 있다는 점도 사회적으로 가볍게 용인되어서는 안 될 것이다. 원심은 피고에게 재고용을 원한다는 뜻을 표시한 이후로서 피고가 신규고용을

1) 서울高判 2016. 2. 5, 2014 다 50038.

한 때(2013. 4. 1. 경)를 기준으로 우선 재고용의무가 발생한다고 판단한 반면 대법원 판결은 원고인 해고된 근로자의 재고용을 「원하는」 「의사표시」를 「의제」하였다. 이 사안에서 재고용의무의 성립(발생)은 청구권(재고용요구권)의 기초의 성립을 의미한다는 점, 청구권의 기초는 계약 등 법률행위 또는 법률의 규정에 의하여 발생한다는 점, 근로기준법 제25조 제1항은 고용계약관계가 계약에 의하여 발생한다는 전제하에 규정되어 있다는 점을 고려하면 대법원의 판단은 수긍하기 어렵다.

끝으로 근로자가 긴박한 경영상의 이유로 해고된 때부터 사용자의 재고용의무가 발생(고용관계의 성립)한 때까지 근로자와 사용자 사이에는 근로관계가 존재하지 않으므로 근로자가 그 기간 중에 취업 등으로 이득을 얻었다 하더라도 그 이득을 손해배상액에서 공제할 수 없음은 물론이다. 또한 근로자는 이 기간 동안 사용자에 대하여 근로기준법 제46조가 정하는 휴업수당을 청구할 수 없다는 것도 당연하다.[1] 그러나 사용자의 재고용에 따른 고용계약관계의 성립 후 업무부여의무(취업시킬 의무: Beschäftigungspflicht) 불이행을 이유로 근로자가 임금 상당액을 손해배상으로 청구할 수 있는 기간 중에 다른 직장 등에서 노무를 제공하여 얻은 이익은 손해배상을 산정할 때 공제하여야 한다.[2](민법 제538조 II 참조).

b) 이와 같은 법률상의 규정이 없더라도 근로자는 경영상 해고가 사용자의 잘못된 경영진단과 예측에서 비롯된 경우에는 신의칙에 기하여 재고용청구권(Wiedereinstellungsanspruch)을 가질 수도 있다. 즉, 경영상 해고에 있어서 긴박한 경영상의 필요가 있는지 여부는 해고통지가 도달된 시점을 기준으로 판단해야 한다. 해고통지후 비교적 단기간 내에 경영상태가 호전되거나 상황이 변동되어 신규채용 등의 사정이 발생한다면 경영상 해고를 단행한 사용자의 경영진단과 예측에 오류가 있었던 것으로 볼 수 있다. 따라서 이 경우에는 잘못된 경영진단과 예측에 기초하여 해고된 근로자에게 재고용청구권을 인정하는 것이 사회적 정의의 원리에 부합할 것이다.[3] 그러나 기업이 경영상 해고 등 구조조정을 단행하는 목적이 기업의 정상화 내지 지속적인 성장을 도모하는 데 있고, 기업의 성격과 규모 및 시장상황에 따라 그와 같은 구조조정의 효과가 발생하는 시점이 다를 수밖에 없기 때문에 경영진단의 오류를 밝히는 것은 쉬운 일이 아니다. 근로기준법은 경영진단의 오류에 대한 입증과 관계없이 3년 이내에 해고된 근로자가 담당하던 업무와 동일 업무에 근로자를 채용하는 경우에 근로자가 원하면 그 근로자를 우선적으로 고용하도록 법률상의 의무를 부과하고 있다는 점에서 근로자의 재고용청구권의 요건을

1) 大判 2020. 11. 26, 2016 다 13437; 大判 1992. 7. 24, 91 다 44100 등.
2) 大判 2020. 11. 26, 2016 다 13437; 大判 2017. 3. 22, 2015 다 232859.
3) Linck/Krause/Bayreuther/Krause, *KündigungsschutzG(Kommentar)* § 1 Rn. 227 f. 참고.

상당히 완화하고 있다(근기법 제25조 Ⅰ 참조).

정부는 경영상의 필요에 의하여 해고된 근로자에 대하여 생계안정·재취업·직업훈련 등 필요한 조치를 우선적으로 취하여야 한다(근기법 제25조 Ⅱ). 이 규정에 의하여 경영상의 필요에 의하여 해고된 근로자는 고용보험법상의 실업급여 등의 지급을 우선적으로 받을 수 있는 법적 근거가 마련되었다고 해석된다(고보법 제21조, 동법 시령 제22조 참조).

《피해고자에 대한 보상조치의 필요성》

a) 긴박한 경영상의 필요에 의하여 해고된 근로자는 그 자신의 일신상 또는 행태상의 귀책사유로 해고되는 것이 아니다. 경영부진의 타개 내지는 경영 활성화를 위하여 근로자들이 직장상실이라는 경제적 불이익 내지 부담을 감수하는 것이 이른바 정리해고이다. 이와 같은 비자발적·비유책적 실직자에 대해서는 기업체 및 국가의 차원에서 일정한 보상을 해 주는 것이 바람직할 것이다. 기업주의 경영조직상의 변경권한이 보장되는 반사적 효과로서 기업주가 근로계약상의 고용의무로부터 해방될 수 있는 것이라고 한다면, 그로 인해서 해고된 근로자에 대한 불이익은 보상되어야 할 것이다. 해고의 형식이 희망퇴직 또는 명예퇴직인 경우에도 마찬가지이다. 경제적 보상과 관련하여 그 방법으로는 (i) 일정한 근속연수에 대하여 일정률의 보상금을 지급하도록 하는 방법, (ii) 월평균임금에 보상개월수를 곱한 금액으로 보상금을 지급하는 방법, (iii) 퇴직금을 기준으로 하여 재직기간과 재직할 수 있는 기간을 감안하여 보상금을 추가지급하는 방법이 있을 수 있다.

b) 국가적 차원의 경제질서와 관련하여 경영상의 이유에 의한 해고의 정당성은 궁극적으로 자유시장경제체제를 기초로 용인되는 것이므로, 이로 인하여 해고된 근로자들에게는 사회적 보상적 보호가 주어져야 한다. 자유시장경제의 원리가 아무 수정 없이는 적용될 수 없는 노동시장에서 근로자들에게 가해진 경제적 부담 내지 불이익을 보상해야 하는 것이 사회적 국가(Sozialstaat)의 구체적 책무이기 때문이다. 기업의 경쟁력유지라는 국민경제적 차원에서 노동인력구조의 조정으로 인하여 불이익을 입은 해고 근로자들에게 일정한 보호조치를 강구해야 하는 것은 사회적 법치국가의 차원에서 국가가 부담해야 할 책무이다(헌법 제32조 Ⅰ 2문 참조). 따라서 국가는 고용정책·직업능력개발·고용보험금지급 등과 관련하여 고용정책기본법과 고용보험법 내에 정리해고된 근로자의 보호조치를 구체적으로 마련하는 것이 옳다(이에 대한 자세한 설명은 '제8장 고용의 안정·촉진 및 보험' 참고).

c) 이상에서 살펴본 바와 같이 기업주의 경제활동의 자유와 기업조직변경에 관한 결정권은 시장경제체제에 있어서 중심적 지위를 점하고 있으며, 근로자의 근로의 권리는 사회적 법치국가의 원리에 의하여 보호되어야 할 대상이다. 따라서 기업주의 경제활

동의 자유와 기업에 관한 결정권이 확실하게 보장되기 위해서는 근로자들의 근로권에 대한 사회적 보호장치가 함께 마련되지 않으면 안 된다. 다시 말하면 정리해고의 대상이 되는 근로자들에 대한 사회적 보호장치가 충분히 마련되지 않은 상태에서 기업의 경영상의 이유에 의한 해고만을 강화하는 것은 사회적 시장경제체제를 근간으로 하는 기본질서에 부합하지 않는다고 판단된다.

[74] V. 변경해고[1)]

1. 서 설

a) 모든 계속적 계약관계에 있어서와 마찬가지로 근로관계에 있어서도 계약내용(근로조건)을 변경해야 할 필요성이 발생할 수 있다. 특히 사용자측에서 근로자의 능력 또는 적응부족과 같은 일신상의 이유로 혹은 경영상의 이유로 해당 근로자에게 근로조건의 변경을 제안할 수 있다. 그러나 근로의 종류나 내용 또는 근무장소가 계약상 정해져 있는(한정되어 있는) 경우에 사용자가 이를 변경하려면 근로자의 동의를 얻어야 한다([61] 2. (1) 이하 참고). 근로자의 사전동의 없이 사용자가 근로관계의 내용을 일방적으로 변경하는 것은 무효이다.[2)] 따라서 사용자는 근로자측의 사유 또는 회사의 불가피한 사정과 이유를 들면서 사전에 근로자에게 근로조건변경에 응해 줄 것을 요구하는 것이 보통이다. 그러나 근로자가 근로조건변경제안을 수락하지 않을 경우에 사용자는 승낙을 얻어내기 위하여 근로관계의 해지(해고)와 연계하여 조건부 제안을 할 수 있다. 즉, 근로자가 근로조건의 변경을 받아들이면 변경된 근로조건하에서 근로관계를 유지할 것이지만 이를 거부하면 근로자를 해고한다는 통고를 할 수 있다.[3)] 이를 변경해고라고 한다. 다시 말하면 사용자는 근로자가 제안받은 근로조건의 변경을 거부하는 것을 정지조건(해고통고의 효력발생)으로 또는 변경의 수락을 해제조건(해고통고의 효력소멸)으로 해고를 통고할

1) 변경해고는 독일해고제한법상의 Änderungskündigung 을 번역한 용어이다. 변경해지라고 번역하여 사용되기도 한다. 근로계약관계에서 해지(Kündigung)라고 하면 계속적 근로관계를 일방적 의사표시에 의하여 종료시키는 것이지만 결국은 근로자를 해고하는 것을 말하므로 여기서는 변경해고로 번역하여 사용한다. Kündigungsachutzsgeaetz를 해고제한법으로 번역하여 사용하는 경우와 그 취지를 같이 할 수 있기 때문이다.

2) 大判 1992. 1. 21, 91 누 5204; 大判 1994. 2. 8, 92 다 893.

3) 해고의 조건인 근로자의 승낙 여부에 따라 정해지는 의사표시는 일방적·형성적 의사표시이고, 조건은 형성적 의사표시에 친(親)하지 않지만, 이 경우의 조건의 성취는 근로자가 임의로 변경의 수용 여부를 결정함으로써 이루어지므로(隨意條件) 변경해고통고는 허용된다고 볼 수 있다(김형배·김규완·김명숙, 민법학강의, 제15판, 311, 313면 참고).

수 있다.[1] 변경해고는 근로조건의 변경에 대한 의사표시와 이와 연관된 해고의 의사표시(2개의 의사표시)로 구성된다.

b) 근로자가 사용자의 변경해고통고를 받고 변경제안을 거부하면 해고를 당하게 된다.[2] 이때 근로자는 해고의 부당성을 주장하면서 부당해고의 구제신청 또는 해고무효확인의 소(訴)를 제기하여야 한다. 만약 부당해고구제신청(노동위원회)이 기각되거나, 패소(법원)하면 근로자는 직장을 잃게 된다. 따라서 근로자가 주관적으로 사용자의 근로조건변경의 제안이 부당하다고 생각하더라도 마음 놓고 그 제안을 거부할 수 없게 된다. 다시 말하면 승소의 가능성에 대한 자신이 없는 경우에 근로자는 불리한 근로조건을 감수하고서라도 직장을 유지하는 쪽으로 결정을 하게 될 것이다. 이와 같이 변경해고는 근로자에게 해고라는 압력을 가하며 근로조건의 저하를 감수하게 하는 수단으로 작용할 수 있다.

c) 변경해고는 형식적으로는 해고의 일종이라고 할 수 있으나, 해고가 근로조건의 변경을 달성하기 위한 수단으로 이용된다는 점에서 근로관계의 종료 자체를 목적으로 하는 통상의 종료해고(Beendigungskündigung)와는 구별된다. 변경해고는 근로관계가 가지는 계속적 채권관계의 속성상 인정될 수 있는 것이며, 기본적으로 근로관계의 단절 자체를 목적으로 하는 것은 아니다.[3] 따라서 변경해고의 정당성을 다툴 때에도 해고의 법리만이 문제되는 것이 아니고 근로조건 변경의 정당성의 규명이 중점적으로 다루어져야 한다. 특히 변경해고에서는 근로자에게 근로조건의 하향조정 또는 근무장소의 변경이라는 불이익과 함께 직장의 상실이라는 결과가 수반될 수 있는 것이므로 근로자의 보호라는 관점에서 노동법상 새로운 법리와 해석이 요청된다.

여기서는 변경해고를 독일해고제한법상의 변경해고제도(근로관계의 계속을 전제로 한

---

1) 변경해고통고의 방식으로는 i) 근로관계를 조건없이 해지하면서 새로 변경된 근로조건을 내용으로 하는 근로계약관계의 계속을 청약하는 경우와 ii) 사용자의 변경청약을 근로자가 거절하는 것을 정지조건으로 하여 해지통고를 하는 경우로 나누어 볼 수 있다. i)의 경우에는 근로관계가 일단 종료되고, 새로운 근로조건을 내용으로 하는 근로계약이 체결되는 것이지만, ii)의 경우에는 근로관계의 종료는 근로자의 거부 여부에 의존하게 되므로 근로자가 변경을 수락하면 근로관계는 새로운 근로조건을 내용으로 하면서 계속된다. 변경해고는 일반해고나 즉시해고의 어느 경우에도 수반될 수 있다(Dütz/Thüsing, *ArbR* §490).

2) 변경해고통고는 두 개의 의사표시로 구성되어 있다고 볼 수 있다. 그 하나는 기존의 근로조건을 변경하는 의사표시이고, 다른 하나는 해고의 의사표시이다. 근로자가 사용자의 근로조건변경의 의사표시(청약)를 승낙하면 해고의 의사표시는 소멸된다. 반대로 근로자가 변경의 의사표시(청약)를 거절하면 해고의 의사표시는 유효한 것으로 확정된다. 이와 같이 변경해고에서는 일반해고의 경우와는 달리 근로조건의 변경이 중심이 된다. 이는 변경해고의 요건과 정당성의 판단에 있어서 중요시된다.

3) 이승욱, '변경해지제도의 가능성과 그 한계', 「노동법의 쟁점과 과제」, 김유성화갑기념논문집, 2000, 158면 이하 참고.

제도)에 한정해서 설명하지 않는다.

2. 변경해고 제도의 3유형[1)]

(1) 통상해고형

첫째로 근로조건변경을 목적으로 하는 해고를 일반해고와 구별하지 않고 일반해고의 범주 안에서 거론하는 유형을 들 수 있다. 미국에서는 해고의 자유가 인정되고 있으므로 근로조건변경에 동의하지 않는 것을 이유로 하는 해고도 통상의 해고와 마찬가지로 적법하며, 일상적으로 행하여지고 있으므로 변경해고를 통상해고와 구별하여 특별한 유형으로 취급하고 있지 않다.[2)]

(2) 특수해고형

두 번째 것은 근로조건변경과 결부된 해고를 일반해고와 구별하여 해고의 특수한 형태로 보는 유형이다. 여기서는 근로조건변경에 대한 사용자의 제안에 대해서 근로자가 합의하지 않으면 그 근로자는 해고되므로 근로조건변경의 문제는 별도로 독립해서 취급되지 아니하고 해고의 효력을 다투면서 중점적으로 다루어진다. 넓은 의미에서 이 유형도 해고형에 포함된다고 볼 수 있으나, 근로조건변경의 정당성 판단이 해고의 정당성 여부를 판단할 때에 중요시된다.

(3) 근로조건변경형(유보부승낙제도)

셋째는 현행 독일해고제한법이 규정하고 있는 이른바 변경법리(제도)형[3)] 또는 유보부승낙형 변경해고(Änderungskündigung)를 들 수 있다. 동법은 근로관계의 존속보호(Bestandsschutz: 해고제한)뿐만 아니라 근로계약관계의 내용보호(Vertragsinhaltsschutz)를 함께 규정하고 있다.[4)] 해고형 변경해고가 근로자에 대하여 근로조건변경의 승낙이 아니면 그 거부에 따른 해고소송의 제기라는 이자택일(二者擇一)을 압박하는 수단으로서 사용자의 임의적 근로조건의 변경을 용이하게 한다는 점에 유의하여, 독일은 1969년 해고제한법을 개정함으로써 근로자가 사용자의 변경해고통고에 대하여 근로조건의 변경이 사회적으로 부당하지 않을 것(다시 말하면 정당할 것)을 유보적으로 승낙(Annahme unter dem Vorbehalt)하면서 노동법원에 근로조건변경이 정당하지 않다는 확인의 소(訴)를 제

---

1) 荒木, 「勞働法」, 399面 이하 참고.

2) 다만, 차별대우로서의 해고는 특별한 보호를 받는다(Rothstein/Craver/Schroeder/Shoben, *Employmeut Law*, p. 153 seq. 참고).

3) 荒木, 「勞働法」, 400面.

4) Löwisch/Spinner, *KSchG(Kommentar)* §1 Rn. 13. 독일해고제한법에 따른 변경제한소송(Änderungsschutzklage)에서의 소송물은 근로조건의 변경의 효력없음이고 그 사회적 정당성의 결어만이 아니다(동법 제4조 2문 참조(Dütz/Thüsing, *ArbR* §9 Rn. 495)).

기할 수 있는 권리와 소송방법을 마련하였다(동법 제2조, 제4조 2문, 제8조).[1] 즉, 근로조건변경에 동의하지 않는 근로자는 그 근로조건변경이 사회적으로 부당하지 않을 것(nicht sozial ungerechtfertigt)(이는 노동법원에 의하여 판정되는 것으로 우리법상 정당한 이유와 대비될 수 있다)을 유보하면서 (전제로) 사용자에게 변경제안을 수락할 수 있고(동법 제2조 1문)[2](이와 같은 유보적 승낙에 의하여 근로조건은 일단 유효하게 변경된다. 만약 근로자가 아무런 유보 없이 근로조건의 변경을 수락하면 근로조건의 변경은 그 시점에서 확정적으로 유효한 것이 된다), 이때에 근로자는 당해 근로조건의 변경이 사회적으로 부당하다거나 그 밖의 이유로 무효라는 확인의 소(訴)를 노동법원에 제기할 수 있다(동법 제4조 2문). 법원에 의하여 근로조건의 변경이 사회적으로 정당하지 않은 것으로 판정되면 근로조건의 변경은 처음부터 무효로 된다(동법 제8조).[3] 따라서 종래의 근로관계는 아무 변경없이 그대로 계속된다. 그러나 근로조건의 변경이 사회적으로 정당한 것으로 판정되면 변경된 근로조건은 확정된다. 이 경우에도 근로관계는 소멸하지 아니하고 변경된 근로조건을 근로관계의 내용으로 하여 계속 유지된다. 변경해고에 대한 근로자의 유보부승낙을 제도적으로 입법화한 것은 근로자의 확인의 소(訴)의 승·패에 관계없이 종래의 근로관계를 계속 유지시키려는 데 있다.

3. 우리법상의 변경해고

(1) 문 제 점

a) 우리 노동법은 변경해고를 직접 규율하는 규정을 두고 있지 않다. 근로기준법 제23조 1항은 사용자가 해고 이외에 전직이나 감봉(근로조건의 변경)을 하는 경우에 정당한 이유가 있어야 한다고 규정하고 있으나 동조항이 변경해고와 관련된 규정은 아니다. 또한 사용자는 정리해고시에 근로기준법 제24조 2항에 따른 해고회피노력의 한 방법으

---

1) 근로자가 사용자의 근로조건변경의 제안(청약)을 유보부로 승낙하면 사용자와 근로자 사이의 근로관계의 존속여부(해고)는 다툼의 대상(소송의 대상)이 되지 아니하고, 사용자가 의도한 근로조건의 변경이 유효한 것인지의 여부만이 문제된다. 따라서 유보부승낙 후에 제기된 확인의 소의 소송물은 일반해고 소송의 소송물(해고가 사회적으로 정당한 것인지의 여부)과 구별된다(Löwisch/Spinner, *KSchG(Kommentar)* §2 Rn. 81). 다시 말하면 유보부승낙이 있으면 근로관계의 계속을 전제로 근로조건의 변경이 사회적으로 정당한지의 여부를 법원의 판결을 통하여 확인할 수 있는 권리가 근로자에게 부여된다. 따라서 유보부승낙이 있으면 해고는 더 이상 다툼의 대상이 되지 않는다.

2) 사용자에 대한 유보부승낙은 해고통고기간 내에 하거나 적어도 해고통고를 받고 3주 이내에 하여야 한다(동법 제2조 2문).

3) 근로자가 승소하여 유보부승낙에 의한 근로조건의 변경(예컨대 임금삭감)이 처음부터 무효가 되면, 사용자는 그 때까지 삭감된 임금(종래의 임금과 삭감으로 인하여 감소된 임금과의 차액)을 지급해야 한다(Lieb/Jacobs, *ArbR* Rn. 397).

로 변경해고를 활용할 수 있으나 이 조항 역시 변경해고를 규율하거나 전제로 하고 있는 규정은 아니다.

b) 그러나 우리법에 변경해고에 대한 규정이 없다고 하여 사용자가 근로자의 능력이나 적성의 부족 또는 회사의 경영상의 이유를 들어 근로조건의 (불이익)변경을 제안하고 근로자가 이를 거부할 경우에 해고하겠다는 변경해고의 통고를 할 수 없는 것은 아니다. 다만 현행법상의 직접적인 규정이 없기 때문에 변경해고의 허용범위와 정당성의 판단은 해석론에 맡길 수밖에 없을 것이다. 변경해고는 단순한 해고(근로관계의 종료를 목적으로 하는 사용자의 일방적 의사표시)가 아니고, 근로조건변경에 대한 근로자의 승낙 여부와 결부되어 있는 해고이므로 근로조건의 변경통지(의사표시)와 근로관계의 종료통지(해고의 의사표시)의 상호 관계를 어떤 연관하에서 해석하여야 할 것인지가 문제로 남는다. 이에 대한 해석론은 크게 두 가지로 압축하여 논의될 수 있다. 첫째는 근로조건의 변경에 대한 합리성 내지 정당성을 변경「해고」의 정당성을 판단할 때에 반영하여 다루는 해석론(변경해고를 특수한 해고로 해석하는 태도)이고, 둘째는 독일법에서와 같은 유보부승낙제도를 기초로 유보부승낙을 시도하는 해석론이다. 이에 관하여는 다음에서 설명하기로 한다. 그러나 근로자가 유보부승낙을 하고 근로계약의 변경이 정당하다는 판결을 받아 패소하였다고 하여 해고의 효력이 발생하는 것은 아니라는 점에 유의하여야 한다.

(2) 특수한 해고로 보는 해석론

a) 기본태도

1) 변경해고의 통지를 받은 근로자가 변경의 청약을 수락하면 변경된 새로운 근로조건을 내용으로 하는 종래의 근로관계를 계속 유지할 수 있다. 그러나 근로자가 근로조건변경을 거절할 경우에는 변경해고의 정지조건이 성취되므로 해고의 의사표시는 효력을 발생하고, 이에 대하여 근로자는 해고무효확인의 소(訴)(또는 노동위원회에 대한 부당해고구제신청. 다음에서는 법원에 의한 소송을 중심으로 설명한다. 노동위원회에 의한 구제방법은 이에 준해서 검토하면 될 것으로 생각한다)를 제기하여 변경해고가 무효임을 다투어야 한다.

2) 변경해고에 대해서도 근로기준법 제23조 1항 및 제24조가 기본적으로 적용될 수 있다고 보아야 한다.[1] 즉, 변경해고의 정당한 이유가 있다고 하기 위하여는 근로자가 거절한 근로조건의 변경이 「사회통념상 고용관계를 계속시킬 수 없을 정도로 근로자에게 책임있는 사유에 의한 것이거나 부득이한 경영상의 필요에 의한 것이어야 할 것이다.」[2] 예컨대 근로자의 노동능력이 저하되거나 업무수행상의 적응력이 떨어져 비교되는

1) 同旨: 이승욱, 앞의 논문, 168면 이하.

2) 大判 1987. 4. 14, 86 다카 1875; 大判 1992. 4. 24, 91 다 17931 등 참고.

근로자의 평균수준에 미치지 못하는 경우에는 근로자측에 변경해고사유가 있게 되고, 경영상의 긴박한 이유로 기업의 운영이 어려워져 임금삭감이나 근로시간 단축과 같은 해고회피노력을 할 때에도 변경해고의 사유가 발생할 수 있다.[1] 일반적으로 변경해고에서 해고는 근로자가 근로조건의 변경을 수용하도록 하기 위한 수단으로 활용되는 것이므로 근로조건변경의 정당성 여부에 따라 해고의 정당성 여부도 영향을 받게 된다. 따라서 근로조건의 변경이 합리적이거나 긴박한 경영상의 필요에 의한 것인지가 우선적으로 문제된다. 그러나 사용자가 해고라는 압박수단을 이용하여 과도하게 불이익한 근로조건의 변경을 제시하는 경우가 있을 수 있으므로 근로조건변경의 합리성 또는 경영상의 필요성은 해고의 정당성 판단에 있어서 중점적으로 심리되지 않으면 안 될 것이다. 그러므로 변경해고의 경우에는 첫째 변경해고가 근로자의 일신상·행태상 또는 경영상의 긴박한 이유에 의한 것인가, 둘째 사용자가 변경해고를 함에 있어서 그 변경의 수준이 적절한(상당성이 있는) 것인가 하는 점이 단계적으로 검토되어야 한다.[2]

b) 정당성과 평가기준 첫째로 근로자의 직무, 임금 및 근로시간 또는 근무장소 등의 근로조건의 변경이 회사의 업무 운영에 있어서 필요한 것(변경 자체가 필요할 것)이어야 한다.[3] 둘째로 이와 같은 필요성은 근로자가 입는 불이익과 비교형량하면서 엄격하게 해석되지 않으면 안 된다.[4] 종래의 근로조건을 그대로 유지하는 것이 사용자측에 대하여 기대불가능한 것이어서, 새로 변경된 근로조건을 근로자에게 요구하는 것이 합리적이어야 하며,[5] 근로조건변경에 대한 기업측의 필요성이 근로자가 입게 될 불이익보다 더 중요시될 경우에 해고의 정당성이 인정된다.[6] 셋째로 변경해고도 일종의 해고이므로 근로조건의 변경을 해고와 결부시켜 변경해고를 할 때에는 최후적 수단의 원칙이 적용된다고 해야 한다.[7] 따라서 근로조건변경의 목적을 달성할 수 있는 보다 온건한 수단이 있을 때에는 그 방법을 사용한 후가 아니면 변경해고를 할 수 없다고 보아야 한다. 그런 의미에서 사용자는 해고회피노력의무를 부담한다고 보아야 할 것이다.[8] 넷째로 절차상의 문제로서 사용자는 근로조건의 자유로운 합의결정의 원칙(근기법 제4조) 및 신의

1) Waltermann, *ArbR* Rn. 394. 근무장소의 변경의 경우도 해당될 수 있다.
2) Stahlhacke/Preis/Vossen/Preis, *Kündigungsschutzsgesetz(Handb)* Rn. 1270.
3) 土田, 「勞働契約法」, 601面; 이승욱, 앞의 논문, 170면; スカンジナビア航空事件·東京地判 平成 7. 4. 13, 勞判 675號, 13面 참고.
4) Löwisch/Spinner, *KSchG(Kommentar)* §2 Rn. 40; 土田, 「勞働契約法」, 601面 이하 참고.
5) 독일의 판례의 태도(BAG v. 18. 10. 1984, 2 AZR 543 183); Lieb/Jacobs, *ArbR* Rn. 401.
6) スカンジナビア航空事件·東京地判 平成 7. 4. 13, 勞判 675號, 13面 참고(일본의 통설적 견해가 지지하는 판례).
7) Löwisch/Spinner, *KSchG(Kommentar)* §2 Rn. 40, 50; 土田, 「勞働契約法」, 602面.
8) 土田, 「勞働契約法」, 602面.

칙(민법 제2조 Ⅰ)에 따라 근로조건변경에 관하여 근로자에게 사전에 충분한 설명을 하고 양해와 동의를 얻도록 노력해야 할 설득의무를 부담한다고 보아야 한다. 이와 같은 사용자의 사전 설명 및 설득은 해고회피노력(해고와 결부된 근로조건변경을 단행하는 조치의 회피노력)을 다하였는지와 관련하여 정당성판단의 단계에서 고려되어야 한다.[1)]

c) 경영상의 해고와 변경해고

1) 경영상 필요에 의한 변경해고는 종업원수의 적정수준을 유지하기 위한 일반 종료해고(정리해고)를 사전에 회피할 목적으로 활용되는 것이 보통이다.[2)] 경영상의 이유에 의한 변경해고는 일반적인 정리해고의 경우보다 복잡한 문제를 포함하고 있으나, 기본적으로는 근로기준법 제24조의 규정이 변경해고에도 준용될 수 있다. 사용자의 해고회피노력의무는 변경해고의 경우에도 구체적이고 심도 있게 검토되어야 할 것이다. 왜냐하면 변경해고는 기본적으로 근로관계를 유지하는 것을 목적으로 행하여지는 것이라고 보아야 하기 때문이다.

2) 변경해고에서도 첫째 변경해고에 의하여 근로조건을 변경해야 할 필요성이 (긴박한) 경영상의 필요에 의하여 발생했을 것, 둘째 근로조건의 변경을 회피하기 위한 노력을 다해야 할 것, 셋째 합리적이고 공정한 기준에 따라 변경해고의 대상자를 선정하여야 할 것, 넷째 근로자대표와 해당 근로자와의 협의를 할 것 등이 그 적법성 판단의 기준이 될 것이다. 이에 관하여 다음에서 보다 자세히 설명한다.

aa) 변경해고는 근로조건의 변경이 주된 목적이므로 근로조건변경의 정당성 판단을 할 때에 긴박성의 요건을 완화하여 고려할 수 있는지가 문제된다. 변경해고에서도 경영상의 필요성이 충족되면 근로조건변경의 필요성이 인정되고 근로자가 근로조건변경을 거부할 경우 해고를 당할 수 있으므로 긴박한 경영상의 필요가 있을 때에만 변경해고가 가능하다고 보아야 할 것이다.[3)] 예컨대 인건비를 삭감해야 할 경영상의 긴박한 필요가 있으며 임금삭감을 하지 않으면 근로자들을 해고할 수밖에 없다면 임금삭감이라는 근로조건변경은 정당하다고 보아야 할 것이다. 왜냐하면 이때의 임금삭감의 필요성은 경영상의 긴박한 필요성에 의하여 발생된 것이고 근로자들의 해고를 회피할 수 있는 방법으로 취해진 것이기 때문이다. 사업의 만성적 채산성악화로 인한 기업의 정폐(停廢) 또는 근로자의 정리해고를 회피하기 위한 임금삭감은 정당하다고 판단될 수 있다.[4)] 임

1) 同旨: 土田, 「勞働契約法」, 602面 이하; 이승욱, 앞의 논문, 171면.

2) Stahlhacke/Preis/Vossen/Preis, *Kündigungsschutzsgesetz(Handb)* Rn. 1271.

3) 同旨: 이승욱, 앞의 논문, 170면.

4) 독일판례의 태도(BAG 20. 3. 1986 EzA § 2 KSchG Nr. 6; BAG 12. 11. 1998 EzA § 2 KSchG Nr. 13 등). Linck/Krause/Bayreuther/Krause, *KündigungsschutzG* § 2 Rn. 154; Stahlhack/Preis/

금은 근로조건 중 가장 중요한 내용이기 때문에 임금삭감은 기업의 구체적 상황을 고려하여 통상적 종료해고를 회피하는 데 필요하고 불가피한 것이어야 한다.

bb) 근로조건의 변경을 회피할 수 있는 방법이 있을 때에는 변경해고는 정당하다고 볼 수 없다. 예컨대 정규근로자를 단시간근무 작업장으로 전보하는 근로조건변경의 경우 다른 사업부서에 정규근로를 할 수 있는 일자리가 있고 해당 근로자가 그 곳에서 근무하는 것이 가능한 때에는 단시간근로변경은 정당하지 않다.[1]

cc) 변경해고의 대상자 선정에서도 그 기준의 합리성과 공정성이 확보되어야 한다. 판례는 합리적이고 공정한 기준은 확정적·고정적인 것이 아니고 당해 사용자가 직면한 경영위기의 강도와 사업부문의 사정, 근로자의 구성,[2] 인사고과, 징계전력, 승진가능성, 보직유무[3] 등을 종합적으로 고려해야 한다는 태도를 취하고 있다. 이와 같은 선정기준은 변경해고에 대해서도 원칙적으로 적용된다고 생각된다. 그러나 변경해고에서는 일반「해고」의 경우와는 달리 근로조건의 변경이 주된 목적이므로 이 점이 충분히 고려되지 않으면 안 된다. 따라서 실제적 합리성과 공정성을 확보하기 위해서는 구체적 경영상의 필요에 의한 변경해고의 기준을 설정하지 않으면 안 될 것이다.[4]

dd) 경영상의 이유에 의한 변경해고는 다른 변경해고의 경우와는 달리 그 대상자가 복수로 존재하는 것이 보통이므로 회피방법, 선정기준 등과 관련해서 집단적 문제가 생길 수 있다. 따라서 변경해고시에 사용자는 근로자대표와 협의하는 것이 필요하다(근기법 제24조 Ⅲ 준용). 근로자대표는 근로자들의 구체적 사정을 사용자에게 알리고 협의를 통하여 불이익한 근로조건의 변경을 완화하며 집단적 공정성 확보에 기여할 수 있을 것이다. 이 경우에 사용자는 해당 근로자와의 협의 또는 설득도 병행할 수 있다. 다만, 판례는 근로자대표와의 사전협의를 필수적 정당성 요건으로는 보고 있지 않다.[5] 그러나 변경해고에 있어서 근로자와의 사전협의는 중요시되지 않으면 안 된다(위의 3 ⑵ a) b) 참고).

⑶ 유보부승낙의 가부

위에서(2 ⑶) 설명한 바와 같이 '유보부승낙'은 근로관계의 계속을 유지하면서 근로조건변경의 정당성 여부를 다투는 것(부당성의 주장)을 인정하는 제도이다. 즉, 유보부승

Vossen/Preis, *Kündigungsschutzsgesetz(Handb)* § 3 Rn. 1273.

1) Löwisch/Spinner, *KSchG(Kommentar)* § 2 Rn. 49 참고.

2) 大判 2002. 7. 9, 2001 다 29452; 大判 2006. 9. 22, 2005 다 30580.

3) 大判 2002. 11. 13, 2000 두 5517.

4) Löwisch/Spinner, *KSchG(Kommentar)* § 2 Rn. 71 참고.

5) 大判 1992. 11. 10, 91 다 19463; 大判 1995. 12. 5, 94 누 15783 등.

낙은 변경해고통지(근로조건 변경을 근로자가 거절하는 것을 정지조건으로 또는 승낙하는 것을 해제조건으로 하는 변경「해고통지」)에 대하여 근로자가 당해 '근로조건변경의 부당성 확인(근로조건변경이 정당하지 않다는 법원의 확인판결)을 소급적 해제조건으로 하는 승낙의 의사표시'를 말한다.[1] 즉, 근로자가 근로조건변경의 정당성(상당성)에 대하여 이의를 유보하면서 사용자가 제안한 변경된 근로조건을 일단 조건부로 받아들이며 사후적으로 소송을 제기하고, 법원이 근로조건변경을 부당하다고 확인판결을 하면 해제조건이 성취되어 변경해고통지는 소급해서 효력을 잃게 된다.[2] 따라서 근로관계는 근로조건변경이 없는 상태로 계속 유지된다. 독일해고제한법은 근로자에게 유보부승낙을 할 수 있는 권리(동법 제2조 2문)와 소송방법 및 확인판결의 효력(동법 제4조 2문, 제8조)을 규정하고 있다.

우리나라에는 이러한 규정이 없으므로 해석을 통하여 유보부승낙의 가능성을 검토하는 도리밖에 없다. 우선 사용자가 근로자의 유보부승낙을 「임의로」 승인하면서, 즉 근로조건의 변경만을 문제삼기로 하면서 근로관계의 계속을 인정하는 경우에는 이에 좇아 근로조건변경의 문제를 처리할 수 있을 것이다. 다시 말하면 근로자가 소송을 제기하고, 법원이 근로조건의 변경을 정당한 이유가 없는 것으로 판단하면 해제조건이 성취되어 종전의 근로조건은 회복되고, 반대로 그 정당성을 인정하면 변경된 근로조건은 확정된다.[3] 사용자가 근로자의 유보부승낙을 임의로 승인하였다면, 사용자의 근로조건변경제안이 정당한 이유(합리성)가 없는 것으로 생각하는 근로자는 기존의 근로조건에 대한 권리를 주장하며 이행의 소를 제기함으로써 소송 중에 유보부승낙의 해제조건의 합리성 여부를 다툴 수 있다고 한다.[4] 이러한 해석론은 소송기술상 가능하다고 생각된다. 사용자가 근로자의 유보부승낙을 임의로 승인(명시적 승인)하지 않은 경우에는 통상적인 변경

---

1) Löwisch/Spinner, *KSchG(Kommentar)* § 2 Rn. 26; 荒木, 「勞働法」, 403面. 소급적 해제조건설을 적절한 견해라고 하면서도 민법 제534조(변경을 가한 승낙)가 존재하는 한 동 조항(일본 민법 제528조)을 적용하여 사용자의 승낙의무를 인정하는 법리구성을 주장하는 견해가 있다(土田, 「勞働契約法」, 604面). 다른 한편 민법 제534조는 계약체결시에 적용되는 규정이고 유보부승낙에서와 같이 변경해지의 경우에는 적용되지 않는다고 해석하는 견해가 있다(西谷, 「勞働法」, 425面).

2) 유보부승낙에 의하여 근로자가 수용하였던 변경된 근로조건이 임금삭감이었을 경우에는 해제조건이 성취하였을 때까지의 임금차익의 지급을 청구할 수 있다.

3) 그러나 이와 같은 해석에 대해서는 의문을 제기하는 견해도 있다. 즉, 사용자에 의해서 변경해고통지가 행하여진 경우에 근로자가 단순히 유보부승낙을 했다 하더라도 유보부승낙제도가 법률에 의하여 규정되고 있지 않는 한 근로조건변경의 정당성(합리성)에 관하여 법원이 심사권을 가질 수 없으며, 더 나아가 이의유보부승낙을 기초로 하는 특수한 소송유형이 인정되고 있지 않은 상황에서는 법원에 대하여 청구 자체를 할 수 없다는 견해가 있다(本久洋一, 「勞働條件變更の 法理」 道幸哲也 ほか 「職場ほどうなる 勞働契約法制の 課題」, 2006, 144面 이하).

4) 荒木, 「勞働法」, 404面 주) 209 참고. 荒木교수는 그러한 한도 내에서 새로운 입법은 필요하지 않다고 한다.

해고(근로자의 근로조건변경거부에 따른 해고)가 통지된 것으로 보아야 한다. 사용자가 근로자의 유보부승낙을 받아들이는 경우는 현실적으로 거의 기대할 수 없으므로, 우리나라에서 유보부승낙이 활용될 가능성은 희박하다고 볼 수밖에 없다.

(4) 변경해고와 입법론

개별적 근로관계의 내용은 그 당사자인 사용자와 근로자 사이의 합의에 의하여 자유로 결정되고, 그 변경도 당사자 간의 자유로운 합의에 따라 이루어진다. 위에서 설명한 바와 같이 일반적 변경해고통지에 대하여 근로자가 근로조건의 변경을 승낙하지 않으면 결국 해고의 부당성을 법원에서 다투어야 하므로 당사자의 합의에 의한 근로조건 변경의 원칙이 위협받을 수 있다. 그리고 해석론으로 유보부승낙을 인정하는 시도를 한다 하더라도 사용자가 실제로 근로자의 유보부승낙을 받아들이지 않는 한 사용자의 승인의무를 인정할 근거는 존재하지 않는다. 이러한 문제점들을 정면으로 대처하기 위해서는 입법에 의한 제도적 정비를 하는 도리밖에 없다. 이 경우에 독일해고제한법상의 유보부승낙제도가 모범적 유형으로 참고될 수 있다. 이 제도의 도입은 고용제도의 적정한 운영과 근로자의 보호차원에서 필요할 뿐 아니라, 근로조건의 변경을 주된 목적으로 하면서 해고를 이에 결부시키는 데서 오는 사용자의 압력을 차단하는 데에도 도움이 될 것이다.

[75] Ⅵ. 정당성이 결여된 해고의 효과와 구제수단

1. 사법상 무효

a) 정당한 이유 없이 근로자를 해고한 경우에는 그 해고는 사법상 당연히 무효이다(해고무효확인판결을 받은 경우). 부당해고는 사법상 무효이므로 근로관계는 해고(의사표시)가 있었던 시점부터 계속해서 존속한 것이 된다. 따라서 근로자는 사용자에 대하여 원직에 복직시켜 줄 것을 청구할 수 있다.

b) 부당해고에 대해서는 노동위원회에 그 구제신청(근기법 제28조 Ⅰ)을 할 수 있으며, 법원에 대해서 해고무효확인의 소를 제기하거나 근로계약관계 존속확인(근로자지위확인)의 소를 제기할 수도 있다. 다만 이의를 유보하지 않고 퇴직금을 수령하는 등 해고의 효력을 다투고 있었다고 볼 객관적인 사정이나 상당한 이유 없이 오랜 기간이 지난 후 해고무효확인의 소를 제기하는 것은 신의칙상 허용될 수 없다.[1] 해고무효소송을 하

1) 大判 1996. 3. 8, 95 다 51847.

는 경우에 소의 제기가 지체되더라도 소 제기에 대한 상당한 지체 사유나 특별한 사정이 있는 경우에는 그 소 제기에 의한 권리의 행사가 신의성실의 원칙에 위반되어 허용될 수 없는 것이라고 할 수 없다. 판례는 유사한 이유로 해고된 다른 근로자들이 제기한 같은 취지의 관련 소송의 추이를 기다렸다가 그 중 일부 근로자들이 승소판결을 얻자 비로소 제소에 이르렀음이 분명하다면, 뒤늦게 제소를 하였다고 하여 그 소 제기에 의한 권리의 행사가 실효의 원칙 내지는 신의성실의 원칙에 비추어 허용될 수 없는 것이라고 말할 수 없다고 한다.[1]

c) 해고무효확인의 소는 근로계약관계의 회복·유지를 목적으로 하는 것이므로 사실심 변론종결 당시 이미 인사규정에 의한 당연해직 사유인 정년이 지났으면 근로자의 지위는 회복될 수 없으므로 그러한 한도내에서 해고무효확인의 소는 확인의 이익이 없다.[2] 그러나 해고가 부당하다고 판단될 경우, 근로자가 계속 근무하였더라면 정년이 될 때까지 받을 수 있었을 임금에 대한 근로자의 청구(민법 제538조 I)의 이익은 여전히 존재한다.[3] 임금청구권의 확인은 해고무효확인과 별개의 소송물이기 때문에 해고무효확인 청구와 함께 임금지급에 대한 권리확인청구가 이루어져야 할 것이다. 또한 위와 같은 경우에 사용자의 부당한 해고가 불법행위의 책임요건을 갖춘 때에는 근로자는 손해배상청구(민법 제751조)를 할 수 있으므로[4] 그 전제가 되는 해고무효확인을 위한 소의 이익은 존재한다. 그러나 과거의 법률행위에 불과한 징계면직처분에 대하여 무효확인청구를 하는 이유가 단순히 사회적 명예의 손상을 회복하기 위한 것이라면 이는 현존하는 권리나 법률상의 지위에 대한 위험이나 불안을 제거하기 위한 것이라 할 수 없으므로, 그 무효확인을 구할 이익이 있다고 할 수 없다.[5]

구 근로기준법은 부당해고를 행한 사용자에 대하여 처벌규정을 두었으나(제110조) 2007년 1월 개정된 근로기준법에서는 제23조 1항 위반의 부당해고에 대한 처벌규정이 삭제되었다. 부당해고에 대하여 사법상의 효력을 인정하지 아니함으로써 근로계약관계가 유지될 수 있고 그것으로 개별적 노동보호법의 목적(근로계약관계의 존속보호)도 충

1) 大判 1994. 9. 30, 94 다 9092. 반면 퇴직금수령 후 오랜 기간이 경과한 후에 해고의 효력을 다투는 소를 제기하는 것은 신의칙이나 금반언의 원칙에 반한다는 판례(大判 2000. 4. 25, 99 다 34475)가 있다.
2) 大判 2013. 6. 13, 2012 다 14036; 大判 2004. 7. 22, 2002 다 57362 등.
3) 大判 2012. 2. 9, 2011 다 20034; 大判 2013. 6. 13, 2012 다 14036.
4) 大判 1993. 10. 12, 92 다 43586; 大判 1999. 2. 23, 98 다 12157; 大判 1997. 9. 26, 97 다 18974; 大判 2008. 6. 26, 2006 다 30730 등.
5) 大判 2013. 6. 13, 2012 다 14036.

분히 달성될 수 있다. 벌칙규정을 통하여 사용자의 해고권행사의 당부에 개입하는 것은 사법질서의 기본원리에 부합하지 않으며 경우에 따라서는 정당한 해고권의 행사까지 제약하는 결과를 초래할 수 있을 것이다. 즉 해고제한제도는 근로관계를 일방적으로 소멸시킬 수 있는 사용자의 형성권을 제한하는 것으로 그 목적이 달성되며 그 이외에 사용자를 형사처벌하는 것은 제도의 본래적 성격을 일탈하는 것이기 때문이다. 외국의 입법례에서도 부당해고를 이유로 사용자를 처벌하는 경우를 찾아보기 어렵다. 이와 같은 취지에서 부당해고를 이유로 하는 사용자 처벌규정을 삭제한 것은 타당하다.[1] 이에 반해 노조및조정법상의 부당노동행위로서의 해고는 근로기준법의 경우와는 달리 평가된다. 근로3권 보장질서는 일종의 공서(公序)이기 때문에 이에 위반하는 법률행위는 무효가 되며 그 행위는 불법행위로서의 위법성을 구비하게 된다. 그러므로 근로3권 보장질서를 침해하는 부당노동행위는 곧 공서를 침해하는 위법행위이며, 따라서 이에 대해서는 벌칙이 과해질 수 있을 것이다(노조및조정법 제90조 참조).

2. 부당해고기간 동안의 임금청구

a) 사용자의 부당한 해고처분이 무효이거나 취소된 때에는 피해고자의 근로자로서의 지위(근로관계)는 계속 존속하였던 것이 되고, 근로자가 그 동안에 근로의 제공을 하지 못한 것은 사용자의 귀책사유로 인한 것이므로 근로자는 민법 제538조 1항에 의하여 계속 근로하였을 경우에 받을 수 있었던 임금 전부의 지급을 청구할 수 있다.[2] 그러나 시혜적인 금품은 다른 특별한 사정이 없는 한 위 법조항에 의하여 근로자가 그 지급을 청구할 수 없다.[3] 판례에 따르면 「여기서 근로자가 그 지급을 청구할 수 있는 임금은 근로기준법 제2조에서 정하는 임금을 의미하므로, 사용자가 근로의 대가로 근로자에게 지급하는 일체의 임금으로서 계속적·정기적으로 지급되고 이에 관하여 단체협약, 취업

1) 헌법재판소는 근로기준법상의 부당해고에 대한 처벌규정(제110조)이 헌법에 위반되지 않는다고 결정하였다(憲裁 2005. 3. 31, 2003 헌바 12). 부당해고에 대한 벌칙규정의 문제점에 대한 자세한 설명은 김형배, 「노동법」(신판 제2판), 627면 이하 참고.

2) 大判 2013. 6. 13, 2012 다 14036; 大判 1995. 11. 21, 94 다 45753·45760; 大判 1991. 6. 28, 90 다카 25277; 大判 2012. 2. 9, 2011 다 20034. 이 경우 근로자는 자기의 채무를 면함으로써 이익을 얻은 때에는 이를 사용자에게 상환하여야 한다는 것이 판례의 태도이다(민법 제538조 Ⅱ 참조; 大判 1991. 6. 28, 90 다카 25277; 大判 1991. 12. 13, 90 다 18999; 大判 1993. 11. 9, 93 다 37915; 大判 1996. 4. 23, 94 다 446). 상환하여야 할 이익은 채무를 면한 것과 상당인과관계에 있는 것에 한한다고 해야 할 것이다. 저자는 중간수입공제부정설을 취한다(다음의 《해고기간 중의 임금과 중간소득공제》 참고).

3) 大判 2013. 2. 28, 2010 다 105815(단체협약 또는 취업규칙에 그 지급요건이 정하여져 있지 아니하고 사용자의 의사에 따라 지급 여부가 결정되며, 또 그 지급의 액수·시기·방법 등도 근로자의 개별적인 사정 또는 사용자의 사정에 따라 달라지는 특별보조금은 민법 제538조 1항에 의한 지급 청구의 대상이 될 수 없다).

규칙, 급여규정, 근로계약, 노동관행 등에 의하여 사용자에게 지급의무가 지워져 있다면 명칭 여하를 불문하고 모두 이에 포함되며, 반드시 통상임금으로 국한될 것은 아니[1]」라고 한다. 즉, 평균임금(근기법 제2조 I ⑥) 산정의 기초가 되는 임금의 총액에 산입될 임금이 전부 포함되고, 통상임금에 국한되지 않는다.[2] 따라서 상여금·근속수당도 지급받기로 되어 있던 것이면 그 평균액이 임금에 포함된다.[3] 시간외근로수당이더라도 해당 근로자가 해고되지 않고 계속 근로하였더라면 그 정도의 시간외근로를 했을 것으로 예상되는 한도 내에서의 임금은 근로자가 지급받을 수 있는 임금액에 포함된다.[4]

b) 해고된 근로자가 그 후 쟁의행위에 참가하였거나 쟁의행위 중 해고된 경우에 그 해고가 무효가 된 경우 만일 해당 근로자가 해고 당하지 않았더라도 쟁의행위에 참가하여 근로를 제공하지 않았을 것이 명백한 때에는 해당 근로자는 그 쟁의행위 기간 중의 임금을 청구할 수 없다(노조및조정법 제44조 참조)고 보는 것이 판례의 태도이다. 더욱이 근로자들의 귀책사유에 의하여 취업이 사실상 불가능한 상태가 발생한 경우라면 해당 근로자는 그 쟁의행위 기간 중의 임금을 청구할 수 없다고 보아야 한다.[5] 다만, 해고가 없었더라도 해당 근로자가 쟁의행위에 참가하여 근로를 제공하지 않았을 것이 명백한지의 여부(가정적 인과관계의 확실성)는 사용자가 증명해야 한다.[6]

c) 사용자에 의한 부당해고 또는 부당노동행위로 해고를 당한 근로자가 근로기준법 제28조 등 관계 법령에 따른 구제신청을 한 후 이에 관한 행정소송에서 권리관계를 다투는 것은 소멸시효 중단사유(민법 제168조 ①)인 「재판상 청구」에 해당한다.[7]

d) 노동위원회가 근로기준법 제29조에 따른 심문을 끝내고 부당해고 등이 성립한다고 판정하면 사용자에게 구제명령(원직복귀명령)을 내릴 수 있다(제30조 I 전단). 그러나 근로기준법 제30조 1항은 구제명령의 내용과 범위를 구체적으로 규정하고 있지 않

---

1) 大判 2012. 2. 9, 2011 다 20034; 大判 2006. 12. 7, 2004 다 29736. 예컨대 단체협약에 의하여 1년간 개근할 경우 연말에 금 1돈을 교부하여 표창하도록 규정되어 있다면 이것도 지급받을 임금에 포함된다(大判 2012. 2. 9, 2011 다 20034).

2) 大判 1993. 12. 21, 93 다 11463.

3) 大判 1992. 12. 8, 92 다 39860; 大判 1995. 11. 21, 94 다 45760; 大判 2002. 5. 31, 2000 다 18127 등.

4) 大判 1992. 12. 8, 92 다 39860(사용자와 노동조합 사이에 체결된 단체협약에 의하여 1주일에 12시간 정도의 시간외근로를 하여 그 수당을 지급받을 것이 예상된다고 판단한 사례). 보수규정에서 그 지급요건을 규정하고 있는 직책수당은 임금에 해당할 수 있다(大判 2013. 2. 28, 2010 다 105815).

5) 同旨: 大判 2012. 9. 27, 2010 다 99279.

6) 사용자는 쟁의행위에 이른 경위 및 원인, 해고사유와의 관계, 해당 근로자의 파업에서의 지위 및 역할, 쟁의행위에 참가한 수 및 이로 인해 중단된 조업의 정도, 해당 근로자에 대한 해고의 사유와 이전의 근무태도 등을 신중히 판단해야 한다(大判 2012. 9. 27, 2010 다 99279).

7) 大判 2012. 2. 9, 2011 다 20034.

다. 실무적으로는 부당해고가 성립하는 경우 노동위원회는 원직복귀와 부당해고가 없었다면 근로자가 당연히 받을 수 있는 임금의 지급(소급임금지급: back pay)을 구제명령의 내용으로 하여 판정한다. 원래 노동위원회의 구제명령은 근로자가 부당해고에 의하여 직장을 상실하는 생활상의 위험으로부터 근로자를 보호하는 것을 그 목적으로 한다고 보아야 한다. 근로기준법 제30조 1항 및 3항에 따르면, 노동위원회는 부당해고가 성립한다고 판정하면 사용자에게 구제명령을 하여야 한다고 규정하고 있는데 그 명령의 주된 내용은 원직복직(原職復職)이라고 할 수 있다. 그렇게 새기는 것이 근로기준법 제30조의 규정에도 부합한다. 노동위원회의 원직복직명령은 사용자에게 그 명령에 복종해야 할 공법상의 의무를 부담시킬 뿐 직접 근로자와 사용자 사이의 사법(私法)상의 법률관계를 확인 또는 변경시키는 효력을 가지는 것이 아니므로[1] 사용자의 해고(의사표시)의 효력이 부인되어 종료된 근로관계가 소급해서 부활하는 사법상의 효력을 발생시킬 수 없다. 해고무효확인의 판결이 내린 경우와는 달리 노동위원회의 원직복직명령은 소멸된 근로관계 자체를 회복시키지 못하므로 근로자는 민법 제538조 1항을 원용하여 사용자에게 임금의 소급지급을 청구할 수 없다.[2] 이러한 이유에서 노동위원회는 원직복직명령과 함께 임금소급지급명령을 병행해서 내리고 있다.[3] 이 경우에 임금소급지급명령도 사용자에게 공법상의 의무를 부과하는 데 지나지 않는다. 다만, 노동위원회의 구제명령은 이행강제금제도(근기법 제33조 참조)를 통하여 사실상의 강제력을 가질 수 있을 뿐이다.[4]

---

1) 大判 2011. 3. 24, 2010 다 21962; 大判 1998. 4. 23, 95 다 53102 등.

2) 기간제근로자가 근로계약기간 중에 해고되어 노동위원회에 구제신청을 하였으나 구제절차가 끝나기 전에 기간만료로 근로관계가 종료되면 노동위원회에서 더 이상 해고의 부당성을 다툴 수 없게 되며, 결국 민사소송을 제기하여 법원에서 해고무효와 임금청구를 구해야 하지만 이 또한 현실적으로 기대하기 어려운 일이다. 그러므로 부당한 해고로 지급받지 못하게 된 임금의 지급을 목적으로 하는 구제절차가 필요하다는 의견이 적지 않다.

3) 노동위원회는 부당해고된 기간 동안 받을 수 있었던 임금 상당액의 지급을 명하는 구제명령을 발할 수 없다는 하급심 판례: 서울行判 2013. 11. 15, 2013 구합 17022. 근로자를 해고처분 이전의 원직(팀장 직책)에 복직시킨 것이라고 보기 어려운 직책(팀장 직책을 부여하지 않은 타 부서 과장)에 복귀시킨 것은 중앙노동위원회 재심판정의 원직복직 명령을 불이행한 것으로서 불법행위에 해당한다고 하여 위자료와 임금에 대한 지연손해금 등을 포함해 4,700만원을 지급하라고 판결한 하급심 판례(서울中央地判 2020. 7. 14, 2019 가단 5154790).

4) 근로기준법상 노동위원회에 구제신청을 할 수 있는 대상은 동법 제23조 1항에 규정한 해고 등에 관한 것에 한정되므로(근기법 제28조 I) 임금이나 그 밖의 급여는 구제대상이 될 수 없다는 취지로 판단한 원심을 수긍하여 심리불속행 기각한 판결(大判 2017. 2. 23, 2016 두 60478. 원심: 서울高判 2016. 10. 26, 2016 누 50220).

《해고기간 중의 임금과 중간소득공제》

a) 근로자가 부당하게 해고된 것은 채권자(사용자)의 책임 있는 사유에 의한 것으로 볼 수 있으므로 해당 근로자는 그로 인하여 취업할 수 없었던 기간 동안의 임금을 청구할 수 있다(민법 제538조 Ⅰ). 그런데 해당 근로자가 해고기간(해고시부터 복직에 이르는 기간) 중에 다른 직장에 취업하여 얻은 수입이 있는 경우(이른바 중간수입)에 이는 채무자(근로자)가 자기의 채무를 면함으로써 이익을 얻은 것으로서 지급받아야 할 해고기간 중의 임금액으로부터 공제될 수 있는 것인지가 문제된다.[1] 이에 관해서 판례는 일관해서 다음과 같이 판단하고 있다. 「그와 같은 중간수입은 민법 제538조 2항에서 말하는 채무를 면함으로써 얻은 이익에 해당하므로, 사용자는 해당 근로자에게 해고기간 중의 임금을 지급함에 있어서 이 금액을 임금액에서 공제할 수 있다. 다만, 근로기준법 제46조는 근로자의 최저생활을 보장하려는 취지에서 사용자의 귀책사유로 인하여 휴업하는 경우에는 사용자는 휴업기간 중 당해 근로자에게 그 평균임금의 100분의 70 이상의 수당을 지급하여야 한다고 규정하고 있고, 여기에서의 휴업이란 개개의 근로자가 근로계약에 따라 근로를 제공할 의사가 있음에도 불구하고 그 의사에 반하여 취업이 거부되거나 또는 불가능하게 된 경우도 포함된다고 할 것이므로, 근로자가 지급받을 수 있는 임금액 중 근로기준법 제46조 소정의 휴업수당의 범위 내의 금액은 중간수입으로 공제할 수 없고, 휴업수당을 초과하는 금액만을 중간수입으로 공제하여야 한다」고 판시하고 있다.[2] 판례는 부당해고시에도 민법 제538조 1항 및 2항이 적용되지만, 제538조 2항의 적용과 관련하여 근로기준법 제46조가 함께 적용되어 소득공제의 한도가 제한될 수 있다고 한다. 그러나 이와 같은 견해는 재검토되어야 한다.[3] 그러나 대법원은 최근의 판례에서 근로기준법 제25조 1항의 경우와 같이 근로관계가 해소되어 존재하지 않는 경우라면 근로기준법 제46조가 정한 휴업수당에 관한 규정을 적용할 수 없다고 한다.[4] 근로기준법 제25조 1항에 따르는 사용자의 우선 재고용은 부당해고의 무효 내지 근로관계의 존속확인과는 전혀 다른 것이므로 대법원의 판시는 당연한 이치이다.

b) 여기서 다음과 같은 세 가지의 측면이 문제된다.

첫째로 사용자의 귀책사유로 근로자가 부당해고됨으로써 근로자의 노무급부가 불

1) 독일민법 제615조 2문 및 독일해고제한법 제11조 1문은 중간소득의 공제를 규정하고 있다. 공제의 대상이 되는 소득은 부당해고로 인하여 발생된 노무제공의 면제와 인과관계에 있는 취업으로부터 얻은 것이어야 한다. 그러므로 그러한 인과관계가 없는 평소의 부업에 의하여 얻은 소득은 공제대상이 될 수 없다. 인과관계에 대한 증명책임은 사용자가 부담한다(Löwisch/Spinner, *KSchG(Kommentar)* § 11 Rn. 9).

2) 大判 1991. 6. 28, 90 다카 25277; 大判 1991. 12. 13, 90 다 18999; 大判 1993. 11. 9, 93 다 37915; 大判 1996. 4. 23, 94 다 446.

3) 이에 관해서 자세한 것은 김형배, '부당해고를 이유로 복직된 근로자에 대한 중간이득공제', 「경영계」, 1996. 12, 44면 이하 참고.

4) 大判 2020. 11. 26, 2016 다 13437.

능이 된 제538조 1항의 사례와 사용자가 휴업하게 되어 근로자가 일을 할 수 없게 된 근로기준법 제46조의 사례는 그 법적 성질을 달리한다. 다시 말해서 사용자의 귀책사유로 근로자를 해고한 경우를 근로기준법 제46조가 적용될 수 있는 사안과 동일시하는 것은 부당하다. 근로기준법 제46조 1항은 '사용자의 귀책사유로 휴업하는 경우'라고 규정하고 있지만, 여기서 '귀책사유'란 사용자가 부담해야 할 경영상의 위험사유를 뜻하기 때문이다. 따라서 부당해고의 경우에 근로기준법 제46조를 적용하는 것은 옳지 않다.

둘째로 법률규정의 성질상 근로기준법 제46조는 민법 제538조 1항에 대한 특별규정이지, 중간소득공제에 관한 민법 제538조 2항과 직접적 관련이 있는 규정이 아니다. 다시 말하면 근로기준법 제46조는 법률논리상 근로자의 중간소득공제와 관련하여 원용될 수 있는 규정이 아니다.

셋째로 판례는 중간소득공제와 관련해서 근로기준법 제46조를 적용하는 것은 근로자의 최저생활을 보장하기 위한 것이라고 한다. 그러나 이와 같은 주장은 다음과 같은 구체적인 예에서 알 수 있듯이 타당하지 않다고 생각된다. 예컨대 100이라는 임금을 받을 수 있었던 해고기간 중에 근로자가 80의 중간소득을 얻었다고 하자. 민법 제538조 2항만이 적용될 경우 사용자는 80을 공제하고 20을 임금(손해배상)으로 지급하게 되어 그 기간 중의 근로자의 소득은 80+20=100이 된다. 그러나 이 경우에 근로기준법 제46조가 함께 적용될 때에 공제되는 금액은 평균임금의 100분의 30에 한정되므로 근로자는 사용자에 대하여 평균임금의 100분의 70(통상임금을 기준으로 할 때에는 100분의 70을 훨씬 초과하게 될 것임)에 해당하는 금액을 지급받을 수 있다. 만약 근로자가 해당 해고기간중에 50의 중간소득을 얻었을 경우에 민법 제538조 2항을 적용하면 사용자는 50을 공제할 수 있으므로, 근로자는 실질적으로 100을 얻게 된다. 그러나 근로기준법 제46조가 적용될 경우 사용자는 여전히 평균임금의 100분의 70을 주어야 하므로, 근로자는 50+(평균임금의 100분의 70)=120 이상을 취득하게 된다. 그러나 근로자의 중간소득이 30인 경우에는 민법 제538조 2항을 적용하거나 근로기준법 제46조를 적용하거나 그 결과는 대체로 같아질 것이다(그 한계점에서는 근로기준법 제46조를 적용하는 것이 실질적으로 근로자에게 유리하게 됨).

이상의 설명에서 명백해진 것처럼 근로기준법 제46조가 적용됨으로써 근로자에게 유리하게 되는 것은 근로자의 중간소득이 대체로 30 이상이 되는 경우이고, 이때에 근로자는 언제나 100 이상의 실질소득을 취득하게 된다. 그런데 판례는 제538조 2항에 의한 중간공제를 제한하기 위하여 근로기준법 제46조를 적용하는 것은 근로자의 최저생활을 보장하려는 취지라고 그 이유를 제시하고 있다.

민법 제538조 2항이 적용되어 중간소득을 공제하는 경우에도 근로자는 실질적으로 100이라는 소득을 취하게 되므로 '최저생활'을 위한 기본소득이 줄어드는 일은 생기지 않는다. 오히려 여기서 제기되는 문제는 근로자의 '최저생활'이 아니라, 사용자의 귀책사유로 노무급부를 할 수 없게 된 근로자가 그 기간에 다른 곳에서 일을 해서 얻은 이득을 사용자의 부담을 줄이기 위한 공제대상으로 삼는 것이 과연 정당한 것인가 하는 점이다. 다시 말하면 제538조 2항의 적용 자체에 대한 제한이 문제되어야 한다.

c) 해고된 근로자가 한편으로 부당해고의 효력을 다투면서 그 다툼(법원에서의 해고무효확인의 소 또는 노동위원회에서의 부당해고의 구제신청)이 어떤 결과를 가져올지 미리 예측할 수 없는 가운데 다른 직장에 취업하여 소득을 얻는 행위는 다분히 소송이나 기타 구제방법이 실패할 경우에 대비하는 것이므로, 근로자가 다른 직장에서 얻은 이익은 그 성질상 처음부터 공제대상이 되는 이중적 이득이라고 하기 어렵다. 더욱이 근로자가 해고를 다투기 위해서는 소송비용을 지출하게 되고, 그 비용을 충당하기 위하여 취업을 하여 소득을 얻었다면 그 소득은 공제대상이 될 수 없다고 보는 것이 옳을 것이다.[1] 따라서 결과적으로 부당해고가 무효로 확인되어 해고근로자가 임금을 소급해서 지급받게 되는 경우에 중간소득의 공제에 관해서는 근로기준법 제46조를 적용할 것은 아니라고 생각된다. 이 경우에는 사용자의 귀책사유로 원래의 취업이 불가능하게 된 것이므로, 해고기간 중 근로자가 다른 직장에서 일을 하여 얻게 된 소득은 귀책사유 있는 사용자에게 유리하게(소득공제) 작용할 수 없다. 따라서 부당해고로 인하여 해고기간 중에 근로자가 달리 취업함으로써 얻은 소득은 원칙적으로 공제대상이 될 수 없다고 판단된다.[2] 즉 제538조 2항은 이 경우에 그 적용이 제한된다.[3] 정당한 이유 없이 근로자가 해고되어 노무를 제공할 수 없게 됨으로써 임금을 받지 못하게 된 것은 사용자의 귀책사유로 인한 손해라고 볼 수 있는데 근로자가 근로를 면함으로써 얻은 이익(중간소득)이라 하여 사용자가 부담해야 할 손해배상액(지급받지 못한 임금액)으로부터 공제하는 것은 손해배상책임 원리에 반한다. 그러나 채무면제가 있으면 다른 직장에서의 취업과 상관없이 누구나 그러한 수입을 얻을 수 있는 경우, 즉 노무급부채무의 면제와 소득 사이에 당연한 인과관계가 있는 경우에 한해서만 소득공제를 인정하는 것이 타당할 것이다.[4] 이와 같은 결과는 민법 제538조 2항의 합목적적 제한해석을 통하여 얻어질 수 있

---

1) 久保敬治, '米極東空軍山田部隊事件判決評釋', 「判例評釋」(第53號), 4面 이하 참고.

2) 임종률(「노동법」, 614면) 교수는 저자가 소급임금에서 중간소득 전체를 공제할 수 있다는 견해를 취하는 것으로 인용하고 있으나, 이는 착오에 의한 것으로 생각된다.

3) 해고가 행하여지면 근로관계는 사실상 소멸되어 근로자의 노무제공의무와 사용자의 노무제공청구권은 더 이상 존속하지 않는다. 다만, 해고가 정당한 이유가 없는 것으로 판정되어 무효가 되면 근로관계는 해고한 시점으로 소급하여 연결될 뿐이다. 그러므로 해고기간 중에 해고 근로자가 해고의 효력(유효 또는 무효)이 불확실한 상태에서 일자리를 얻어 제3자로부터 소득을 얻었더라도 그것은 근로관계 존속기간 중에 근로자의 이행지체로 얻은 소득과는 법적 상황을 전혀 달리한다. 따라서 해고기간 중에 근로자가 제3자로부터 받은 중간소득은 해고가 무효로 확정되어 근로관계가 소급해서 회복되더라도 공제대상이 되지 않는다고 보아야 한다.

4) 노무제공과 직접 관련이 있는 교통비, 식대, 공구보상비 등은 공제대상이 될 수 있을 것이다. 근로자가 해고기간 중에 노동조합기금에서 지급받은 돈은 근로제공의무를 면한 것과 상당인과관계에 있는 이익이 아니므로 공제의 대상이 될 수 없다(大判 1991. 5. 14, 91 다 2656).

을 것으로 생각한다.

3. 부당해고와 금전보상

(1) 문제의 제기

정당한 이유 없는 해고는 당연히 무효이기 때문에 근로관계가 그대로 유지된다. 따라서 부당해고된 근로자는 법원에 대하여 해고가 위법하여 무효라는 확인을 구함과 동시에 해고된 기간 동안의 임금 또는 임금에 상당하는 금액의 지급을 구하는 것이 보통이다. 그러나 부당해고에 대한 구제수단으로 원직복귀를 전제로 하여 해고에 대한 법적 효과를 부인하는 것만으로는 해고근로자에게 뿐만 아니라 해고권자인 사용자에 대해서도 비합리적인 경우가 생길 수 있다. 부당해고에 대한 구제를 위해서는 당연히 분쟁당사자들의 의사를 존중하여 실효성이 있는 해결방안을 마련해야 하기 때문이다.[1] 예를 들어, 부당한 해고로 인하여 또는 해고를 다투는 과정에서 이미 노사간의 갈등이 심화되어 신뢰관계의 회복이 불가능하게 되어 버린 경우, 또는 해고소송이 장기화되면서 해고근로자가 안정적으로 재취업을 하였거나 해고로 인한 장기간의 공백으로 인하여 원직복귀를 하더라도 정상적인 직무수행을 기대할 수 없게 된 경우에는 원직복귀를 전제로 하여 부당해고를 법적으로 무효로 하기보다는 당해 해고근로자를 해고되기 이전과는 다른 근로조건(직무 또는 근무부서)으로 취업하게 하거나 고용관계의 해지를 전제로 하는 금전적 보상을 할 수도 있을 것이다.[2]

(2) 입법배경

「노사관계법·제도 선진화 방안」(노사관계제도선진화 연구회, 2003. 11)에서도 다음과 같은 문제의식을 가지고 입법론적 방안이 제시된 바 있다.

당사자 간에 근로관계의 지속을 객관적으로 기대하기 어려운 경우에도 일률적으로 해고무효에 따른 원직복직과 근로관계의 존속만을 해결방안으로 제시하는 것은 불합리하다고 볼 수밖에 없다. 또한 노동위원회의 구제명령이 그 자체로서 사법적인 집행력(해고무효의 효과)을 가질 수 없다는 점을 감안하면, 사용자가 임금을 지급하지 않을 경우 근로자는 법원을 통해 해고무효확인의 소와 임금지급의무 이행청구의 소를 제기할 수밖에 없다. 이는 부당해고 구제방법에 대하여 현행법이 지니고 있는 한계 내지 미비점이라고

1) 이정, '부당해고에 대한 사법구제 및 법적 효력', 「노동법학」(제13호), 2001, 39면.
2) 이정, '부당해고에 대한 사법구제 및 법적 효력', 「노동법학」(제13호), 2001, 40면. 이정 교수는 「최근 들어 기업에 대한 구조조정과 노동시장의 유연성이 절실히 요구되고 있는 한국의 현실을 감안할 때, 부당·위법한 해고에 대한 예방적 기능도 물론 중요하지만, 노동관계로부터 필연적으로 발생하는 해고분쟁이 효율적으로 해결될 수 있도록 해고의 사안에 따라 그 구제방법을 다양화하는 등 해고분쟁에 대한 구체적 기능도 강화할 필요가 있다고 본다」고 한다(이정, 위의 논문, 66면).

지적할 수 있다. 이로 인하여 부당해고에 관한 법적 다툼이 장기화될 수 있기 때문이다.

외국의 법제하에서는 해고가 부당한 것으로 판명된 경우에도 사용자가 해당 근로자의 복직을 원하지 않으면 금전적 배상과 함께 근로관계를 종료시키는 제도가 마련되고 있다. 이는 인적 신뢰를 바탕으로 하는 계속적 계약관계로서의 성격을 지닌 근로관계의 본질에 비추어 합리적 입법태도로 판단된다. 다만 독일의 경우에는 당사자 간의 신뢰파괴로 근로관계의 지속이 기대불가능한 때에 한하여 노동법원이 당사자 일방의 신청에 따라 보상금지급을 전제로 근로관계해소명령을 내릴 수 있도록 규율하고 있다(독일해고제한법 제9조 이하 참조).[1] 그러나 실무에서는 대부분의 해고분쟁이 당사자 간의 화해(보상금지급합의)를 통해 해결되고 있는 실정이다.[2]

우리나라에서도 부당해고의 경우 원직복직과 임금의 소급지급이라는 일률적인 구제제도보다는 해고분쟁의 내용과 성격, 당사자의 의사 등을 고려하여 보다 다양한 구제내용과 방법의 활용이 필요하다고 생각된다. 특히 복직이 현실적으로 기대될 수 없거나 당사자들에게 어려운 사정이 있는 경우에까지 복직명령을 내리는 것은 문제가 아닐 수 없다. 근로자가 복직 대신에 근로관계종료를 원하는 경우에는 원직복직 대신 보상금지급을 명할 수 있도록 하는 방법이 강구되어야 할 것이다.

(3) 개정내용

2006년 12월의 선진화입법에서는 이와 같은 문제인식하에 구제내용과 방법의 다양화를 위하여 노동위원회의 구제명령에 의한 금전보상제도를 도입하였다(근기법 제30조 Ⅲ, 2007년 7월 1일 시행). 즉, 정당한 이유 없이 해고된 근로자가 원직복직을 원하지 아니하면 노동위원회는 원직복직(原職復職)을 명하는 대신 근로자가 해고기간 동안 지급받을 수 있었던「임금 상당액 이상의 금품」지급을 명령할 수 있도록 한 것이다. 그러나 해고가 정당한 이유에 의한 것일 때에는 금전보상제도는 적용될 여지가 없다. 노동위원회의 구제명령은 그 제도의 본질상 해고 그 밖의 징벌(근기법 제23조 Ⅰ 참조) 자체에 대한 구제가 주된 내용이고 임금지급명령이나 보상지급명령은 부당해고 또는 징벌의 내용이 금전적 불이익을 부과하는 경우를 제외하고는 그 자체로 노동위원회가 내릴 수 있는 구제명령이 아니라는 것이 일반적 견해였다. 이를 인정한다면 노동위원회에 대하여 채무불이행(임금체불)에 대한 구제명령을 허용하는 결과를 가져올 수 있어 근로기준법 제23조 1

---

1) 근로자가 근로관계의 해소를 신청하는 경우에 법원은 적정한 보상금지급을 명할 수 있고, 사용자는 사용자와 근로자 사이에 더 이상 사업목적에 유익한 협력관계를 기대할 수 없는 경우에 동일한 신청을 할 수 있다. 근로자와 사용자는 항소법원의 구두변론종결시 전까지 근로관계 해소신청을 할 수 있다.

2) Stahlhacke/Preis/Vossen/Preis, *Kündigungsschutz(Handb)* Rn. 2012.

항, 제28조 1항의 입법의도에 반한다. 해고가 정당하여 유효인 경우에 노동위원회는 사용자에게 금전보상명령을 내릴 수 없다([39] 3. c) 참고).[1] 이러한 태도는 종래의 대법원 판례의 일관된 견해였다. 그러므로 해고 기간 중 지급받지 못한 임금은 민사소송을 통하여 청구하여야 하고, 특히 부당해고의 구제신청을 하여 해고의 효력을 다투던 중에 정년에 이르거나 근로계약기간이 종료된 경우에는 구제신청을 기각한 재심판정을 다툴 '소의 이익'이 없어 임금지급은 민사소송을 통하여 청구하여야 하므로 노동위원회의 구제대상은 아니라는 입장을 취하였다.[2] 그러나 최근의 전원합의체 판결[3]은 근로자가 부당해고 구제신청을 하여 해고를 다투던 중 정년의 도래, 근로계약기간의 만료 등의 사유로 원직에 복직하는 것이 불가능하게 된 경우(부당해고를 다투는 구제 대상(원직 복직: 근로관계의 회복에 의한 원직으로의 복귀)이 더 이상 존재하지 않는 경우)에도 해고기간 중의 임금 상당액을 지급받을 필요가 있다면, 구제신청을 기각한 재심판정을 다툴 '소의 이익'이 있다고 판시하고 이와 다른 취지의 종전 판례들을 변경·배제하였다.

2021년 5월 18일에는 위의 대법원 전원합의체 판결을 수용하여 근로기준법 제30조 4항이 신설되었는데 그 내용은 다음과 같다. 즉「노동위원회는 근로계약의 만료, 정년의 도래 등으로 근로자가 원직복직(해고 이외의 경우는 원상회복을 말한다)이 불가능한 경우에도 제1항에 따른 구제명령이나 기각결정을 하여야 한다. 이 경우 노동위원회는 부당해고 등이 성립한다고 판정하면 근로자가 해고기간 동안 근로를 제공하였더라면 받을 수 있었던 임금 상당액에 해당하는 금품(해고 이외의 경우에는 원상회복에 준하는 금품을 말한다)을 사업주가 근로자에게 지급하도록 명할 수 있다」(벌칙: 제33조 1항이 정한 이행강제금을 '2천만원'에서 '3천만원'으로 상향하였다. 제30조 제4항의 개정규정을 이 법 시행 후 노동위원회가 같은 조 제1항에 따라 구제명령이나 기각결정을 하는 경우부터 적용한다(부칙 제2조). 이행강제에 관한 제33조 1항의 개정규정은 이 법 시행 후 발생한 부당해고 등부터 적용한다(부칙 제3조)). 부당해고 다툼 중 근로계약기간 만료 시에 소의 이익 존부에 관해서는 다음의 5. (3) 2)를 참고하기 바란다.

새로 도입된 금전보상제는 다음과 같은 특징을 지닌다. 첫째 금전보상제는 노동위원회의 부당해고구제신청에 대하여 제한적으로만 허용된다. 다시 말하면 법원에서 민사소송으로 해고의 정당성을 다투는 경우에는 그 해고가 부당하다고 판정되더라도 법관은

1) 기본적으로 同旨: 大判 2019. 1. 17, 2018 두 58349(원심[大田高判 2018. 8. 31, 2018 누 11324]을 심리불속행으로 확정한 판결).

2) 大判 1995. 12. 5, 95 누 12347; 大判 2009. 12. 10, 2008 두 22136; 大判 2012. 6. 28, 2012 두 4036; 大判 2015. 1. 29, 2012 두 4746 등.

3) 大判(전합) 2020. 2. 20, 2019 두 52386.

원직복직을 대신하여 금전보상을 명할 수 없다. 둘째 외국의 입법례에서는 금전보상의 신청주체를 근로자뿐만 아니라 사용자에게까지 확대하거나, 당사자 간의 신뢰관계의 파괴로 근로관계의 유지가 객관적으로 불가능한 경우를 금전보상신청사유로서 인정하고 있다. 근로기준법은 우리나라의 노사관계 여건상 사용자에 의한 해고의 남용이 우려된다는 점을 고려하여 금전보상의 신청사유를 “근로자가 원직복직을 원하지 아니”하는 경우로 한정하고, 따라서 신청주체도 근로자로 한정하고 있다. 셋째 원직복직을 대신하는 금전보상의 범위에 관하여 근로기준법은 “임금상당액 이상의 금품”으로 규정하고 있다. 원직복직을 대신하는 “임금상당액 이상의 금품”은 해고기간 동안의 임금상당액과 위로금을 포함한 것으로 그 액수는 당사자의 귀책사유와 해고의 부당성의 정도 등을 고려하여 노동위원회가 결정한다.

현행 보상제도에 관해서는 다음과 같은 의문이 있다. 금전보상은 이미 해고가 부당하다고 판정된 후에 원직복직을 대신하여 직장을 떠나게 된 근로자의 직장상실에 대한 보상이어야 한다. 그런데 근로자가 원직에 복귀하더라도 당연히 받을 수 있는 ‘해고기간 동안 근로를 제공하였더라면 받을 수 있었던 임금 상당액’을 금전보상의 기준으로 삼는 것은 보상의 성질상 옳지 않다고 생각된다. 해고기간 동안 받을 수 있었던 임금은 사용자가 당연히 지급해야 할 돈이므로 보상의 범주에 들어갈 수 없기 때문이다. 따라서 해고기간 중 받지 못했던 임금에 추가하여 지급되는 위로금이 실질적 의미의 보상금의 성격을 갖는다고 보아야 한다. 그런 뜻에서 현행 보상금 규정은 미진한 것이라고 아니 할 수 없으며 보상금의 내용과 보상액의 범위는 입법론상 다시 규정하는 것이 바람직하다고 생각된다.[1] 근로기준법은 근로자가 노동위원회에 의하여 결정된 보상금액에 불복하는 경우에 그 불복절차에 관하여는 규정하고 있지 않다. 이 경우에도 부당해고 구제절차와 동일한 불복절차가 마련되는 것이 바람직하다.

4. 부당해고와 불법행위책임

판례에 따르면 사용자에 의한 해고(특히 징계해고)가 건전한 사회통념이나 사회상규상 용인될 수 없음이 분명한 경우에는 그 해고가 근로기준법 제23조 1항에서 말하는 정

1) 참고로 독일의 해고제한법(Kündigungsschutzgesetz) 제10조는 해고보상금(Abfindung)의 한도를 12개월분의 임금으로 정하고 있다. Henssler/Preis, 독일근로계약법토의안 제119조에 따르면, 해고에 의하여 근로관계가 소멸되지 않을 경우에 기업목적에 비추어 원직복귀가 바람직하지 않거나 그 밖의 이유에서 당사자 중의 일방에게 근로관계의 유지가 기대불가능한 때에는 법원은 근로관계의 유지를 원하지 않는 당사자의 청구가 있으면 적정한 보상금의 지급을 명할 수 있다(동조 Ⅰ). 보상금액은 18개월분의 임금을 한도로 정할 수 있으나, 정당한 사유가 있는 특별한 경우에는 그 한도액을 초과하여 정할 수 있다(제120조 Ⅰ).

당성을 갖지 못하여 효력이 부정되는 데 그치는 것이 아니라 위법하게 근로자에게 정신적 고통을 가하는 때에는 불법행위를 구성할 수도 있다고 한다.[1] 근로계약관계는 근로자의 노무제공의무와 사용자의 임금지급의무가 대가적 견련관계에서 결합된 법률관계에 지나지 않으므로 사용자가 해고권한을 남용했다 하더라도 원칙적으로 해고의 효력이 발생하지 않을 뿐이다. 따라서 사용자가 부당한 해고를 이유로 근로자에게 노동의 기회를 주지 않거나 이에 따라 임금을 지급하지 않는다면, 채무불이행책임을 부담하는 데 그쳐야 할 것이다(민법 제655조, 538조 I).[2] 그러나 사용자가 근로자를 해고할 만한 사유가 전혀 없음을 알고 있으면서도 오로지 근로자를 사업장에서 몰아내려는 의도하에서 객관적으로 존재하지도 않는 해고사유를 조작하여 부당한 해고를 시도함으로써 근로자에게 정신적 고통을 주었거나, 징계의 사유가 취업규칙 등 소정 규정의 해고사유에 해당하지 않는 것이 객관적으로 명백하고, 또 조금만 주의를 기울였더라면 이와 같은 사정을 쉽게 알 수 있는데도 징계해고를 하였다면, 채무불이행책임과는 별도로 그 행위의 위법성이 인정되어 불법행위의 책임요건이 갖추어지게 된다.[3] 이와 같이 불법행위책임이 인정될 때에는 계약상의 의무를 위반하는 것과는 별도로 근로자의 법익(예컨대 인격권. 근로자가 실현하는 업무의 성질에 따라 근로자는 근로를 통하여 그의 인격을 실현하는 경우가 적지 않다. 교직, 연구직, 예술·기술직에 종사하는 근로자의 업무수행과 관련된 인격실현은 존중되어야 한다)을 침해하거나 기타 정신상의 고통을 주게 된다(민법 제751조 참조).[4] 그러나 채무불이행책임과 병존해서 불법행위책임을 묻는 데 있어서는 신중을 기해야 할 것이다.[5]

5. 정당한 이유 없는 해고 등의 구제절차

(1) 노동위원회를 통한 구제신청의 의의

정당한 이유 없는 해고·휴직·정직·전직·감봉 기타 징벌에 대한 사용자의 처분행위를 다툴 때에 근로자는 일반법원에 무효확인의 소를 제기하는 것이 정도(正道)이다. 사법관계(私法關係)인 근로계약관계에서 발생되는 권리분쟁은 마땅히 일반법원이 관할권을 갖기 때문이다. 그런데 근로기준법에서는 정당한 이유 없는 해고 등의 구제에 대하여

1) 大判 1993. 10. 12, 92 다 43586; 大判 1993. 12. 21, 93 다 11463, 93 다 43866; 大判 1996. 4. 23, 95 다 6823; 大判 1997. 1. 21, 95 다 24821; 大判 1997. 9. 26, 97 다 18974; 大判 1999. 2. 23, 98 다 12157 등.
2) 同旨: 서울高判 1992. 8. 21, 92 나 15408.
3) 大判 1993. 10. 12, 92 다 43586; 大判 1994. 2. 8, 92 다 893; 大判 1996. 4. 23, 95 다 6823; 大判 1997. 9. 26, 97 다 18974; 大判 1999. 2. 23, 98 다 12157; 大判 2006. 7. 28, 2006 다 17355 등.
4) 大判 2008. 6. 26, 2006 다 30730.
5) 김희성, '부당해고와 불법행위', 「노동판례백선」, 2021, 210면 이하.

노동위원회가 관할할 수 있도록 하고(근기법 제28조 Ⅰ),[1] 구제신청과 심사절차 등에 대하여 규정하고 있다(근기법 제28조에서 제31조).[2] 정당한 이유 없는 해고 등의 구제를 노동위원회가 관할할 수 있게 한 것은 그 나름대로의 충분한 이유가 있다. 즉 법원에서의 소송은 비교적 오랜 시일을 요할 뿐만 아니라, 소송비용의 부담도 크다. 따라서 근로자들이 일단 해고 또는 기타 불이익한 처분을 받으면 소송을 제기하기 어려운 것이 사회적 현실이다. 그 밖에도 법원의 심리와 판결은 권리 · 의무의 내용과 법률의 규정들을 엄격히 따져서 요건사실의 충족 여부를 가려 판단하기 때문에 법정책적 고려는 원칙적으로 판단의 기초가 되지 않는다. 이와 같은 이유들이 해고 등의 구제를 노동위원회에서 수행할 수 있도록 법을 개정한 중요한 이유로 작용했을 것이다. 부당해고의 구제를 노동위원회에 신청할 수 있다고 하여 해고를 둘러싼 쟁송에 대한 민사소송상의 관할권이 침해되지는 않는다. 다만 해고무효확인의 소송에서 해고의 적법성에 관하여는 사용자가 입증책임을 부담한다.[3]

부당노동행위로서의 해고에 대해서는 노동조합도 노동위원회에 구제신청을 할 수 있다(노조및조정법 제82조 Ⅰ). 그러나 근로자 개인의 귀책사유 또는 그 밖의 해고사유로 근로자가 해고된 때(근기법 제23조 Ⅰ의 경우)에는 해당 근로자만이 부당해고 구제신청을 할 수 있다.[4]

(2) 심사절차와 구제명령

부당해고에 대한 노동위원회의 구제절차(근기법 제29조 내지 제30조)도 부당노동행위에 대한 노동위원회의 구제절차와 그 기본적 구조가 같다. 따라서 자세한 구제절차와 구제명령 등의 확정에 대해서는 부당노동행위의 구제절차에 관한 설명([128])으로 대신한다.

---

1) 근기법 제28조 2항은 부당해고 등이 있었던 날을 기산일로 하여 3개월 이내에 구제신청을 하여야 한다고 규정하고 있다. 대법원은 부당해고 등의 원처분이 있었던 날을 기산일로 하여 3개월의 구제신청기간을 제척기간으로 보고 있으며(大判 1997. 2. 14, 96 누 5926), 해고 등 불이익처분에 대하여 근로자가 취업규칙 등의 규정에 따른 재심절차를 밟고 있다고 하더라도 그 결론을 달리 할 수 없다고 한다(大判 1996. 8. 28, 95 누 11238). 그러나 하급심 판결 중에는 재심처분일을 기산일로 본 예가 있다(서울行判 2008. 4. 24, 2007 구합 29352; 서울高判 1997. 8. 29, 96 구 3328 참고). 이에 관해서는 구체적 검토가 필요할 것으로 생각된다.

2) 구법에서는 구제신청과 심사절차 등에 관하여는 노조및조정법 제82조 내지 제86조의 규정을 준용하도록 하였으나 2006년 12월의 근로기준법 개정에서 부당해고구제절차의 특성을 고려하여 별도의 규정을 신설하였다.

3) 大判 1991. 7. 12, 90 다 9353.

4) 大判 1992. 11. 13, 92 누 1114.

(3) 부당해고의 효력 다툼(부당해고구제 재심판정의 취소 소송) 중 근로계약기간 만료시 소(訴)의 이익 존부

1) 근로자가 부당해고 구제신청을 기각한 재심판정에 대해 소를 제기하여 해고의 효력을 다투던 중 사직하거나 정년에 도달하거나 근로계약기간이 만료하는 등의 이유로 근로관계가 종료한 경우, 해고기간 중에 지급받지 못한 임금을 지급받기 위한 필요성이 있더라도 임금청구소송 등 민사소송절차를 통하여 해결할 수 있다는 등으로 중앙노동위원회의 재심판정을 다툴 소의 이익을 부정해 온 것이 종래의 판례의 태도였다.[1] 과거의 판례는 노동위원회에 의한 부당해고의 구제를 해고 당한 근로자에 대한 원상회복, 즉 원직복귀(原職復歸)를 위주로 판단하여 왔으므로 해고기간 동안 정상적으로 근로하였다면 받을 수 있었던 임금 상당액의 지급명령은 부당해고구제명령에 포함되는 독립된 구제명령으로 인정하지 아니 하였다.[2] 이런 맥락에서 종래의 판례는 부당해고구제재심 취소소송을 제기하여 해고의 효력을 다투던 중에 정년, 근로계약기간의 만료, 그 밖의 당연퇴직 사유의 발생으로 근로관계가 종료하였다면 근로자는 해고기간 중에 지급받지 못한 임금을 지급받기 위한 사실상의 필요가 있다 하더라도 중앙노동위원회의 재심판정을 다툴 소의 이익을 부정하였다(주 4) 참조). 따라서 노동위원회에서 부당해고를 다투던 중 근로계약이 종료하는 사유가 발생하면, 해고기간 중 지급받지 못한 임금의 지급명령을 구하기 위한 노동위원회의 구제절차는 유지될 수 없다는 것이 종전 판례의 태도였다.

2) 대법원 전원합의체는 2020. 2. 20 의 판결[3](자판: 自判)에서 부당해고에 대한 노동위원회의 구제명령 중 「부당한 해고를 당한 근로자를 원직에 복귀하도록 하는 것과, 해고기간 중의 임금 상당액을 지급받도록 하는 것 중 어느 것이 더 우월한 구제방법이라고 말할 수 없다」고 전제한 다음 부당해고구제재심판정의 취소소송 중 근로기준법 제30조 제3항에 따라 임금 상당액 이상의 금품 지급명령을 구하는 근로자의 재심판정을 다툴 '소의 이익'을 아래와 같은 이유를 들어 인정하였다. i) 「근로자를 원직에 복직하도록 하는 것은 장래의 근로관계에 대한 조치이고, 해고기간 중의 임금 상당액을 지급받도록 하는 것은 근로자가 부당한 해고의 효력을 다투고 있던 기간 중의 근로관계의 불

---

1) 大判 1995. 12. 5, 95 누 12347; 大判 2009. 12. 10, 2008 두 22136; 大判 2011. 5. 13, 2011 두 1993; 大判 2015. 1. 19, 2012 두 4746 등.

2) 해고의 효력을 다투던 중 근로계약기간의 만료로 근로관계가 종료하였다면 근로자로서는 비록 이미 지급받은 해고기간 중의 임금을 부당이득으로 반환하여야 하는 의무를 면하기 위한 필요가 있다거나 퇴직금 산정시 재직기간에 해고기간을 합산할 실익이 있다고 하여도 그러한 이익은 민사소송절차를 통하여 해결될 수 있어 더 이상 구제절차를 유지할 필요가 없다는 판례가 있다(大判 2015. 1. 29, 2012 두 4746).

3) 大判(전합) 2020. 2. 20, 2019 두 52386.

확실성에 따른 법률관계를 정리하기 위한 것으로 서로 목적과 효과가 다르기 때문에 원직복직이 가능한 근로자에 한정하여 임금 상당액을 지급받도록 할 것은 아니다.」 부당해고라는 사실을 확인하여 해고기간 중의 임금 상당액을 지급받도록 하는 것도 부당해고구제명령제도의 목적에 포함된다. ii) 노동위원회의 구제명령이 내려지면 사용자는 이를 이행하여야 할 공법상의 의무를 부담하고, 이행하지 아니할 경우에는 이행강제금이 부과되며(근기법 제33조), 확정된 구제명령을 이행하지 아니한 자는 형사처벌의 대상이 되는 (근기법 제111조) 등 구제명령은 간접적인 강제력을 가진다. 근로자가 구제명령을 통해 해고기간 중의 미지급 임금과 관련하여 강제력 있는 구제명령을 얻을 이익이 발생하므로 이를 위해 재심판정의 취소를 구할 이익도 인정된다고 봄이 타당하다. iii) 해고기간 중의 임금 상당액을 지급받기 위하여 민사소송을 제기할 수 있다는 사실이 소의 이익을 부정할 이유가 되지 않는다. 신속·간이한 구제절차 및 이에 따른 행정소송을 통해 부당해고를 확인받고 부당해고로 입은 임금 상당액의 손실을 회복할 수 있도록 하는 것이 부당해고구제명령제도의 취지에 부합한다. iv) 2007. 1. 26 개정된 근로기준법 제33조의3 제1항(현행 근기법 제30조 제3항)은 부당한 해고의 구제방법을 다양화함으로써 권리구제의 실효성을 제고할 목적으로 근로자가 원직복직을 원하지 아니하면 원직복직을 명하는 대신 해고기간 동안 근로를 제공하였더라면 받을 수 있었던 임금 상당액 이상의 금품(금전보상)을 근로자에게 지급하도록 명할 수 있도록 하였다. 이와 같이 근로자가 금전보상을 받을 수 있는 이익은 원직복직이 불가능하거나 원직복직을 원하지 않는 경우에도 소의 이익으로서 인정하여 근로자가 구제받을 수 있도록 하는 것이 타당하다.

특히 기간의 정함이 있는 기간제근로자에 있어서는 부당해고구제재심 취소소송이 진행되는 중에 근로계약기간이 종료되는 경우가 적지 않아, 이러한 경우에 소의 이익을 인정하는 것은 매우 중요하다.

3) 대법원은 부당해고를 당한 근로자가 부당해고구제명령제도를 통하여 구제받을 수 있는 범위를 확대하였다. 그러나 해석론상 또는 입법정책상 논란과 비판의 여지가 없는 것은 아니다. 첫째로 해고와는 관계없이 근로자가 임금을 지급받지 못한 경우(일반적 채무불이행의 경우)에 노동위원회에 대하여 사용자에게 임금지급을 명하는 구제명령을 구하는 구제신청을 할 수 없음은 물론이다. 그렇다면 해고를 당한 근로자가 원직복직이 객관적으로 불가능한 경우에도 (부당해고구제절차 도중이 아니라) 노동위원회에 임금 상당액의 지급을 요구하며 부당해고구제신청을 할 수 있는가? 이때에는 원직복직을 구하는 부당해고구제신청은 처음부터 성립할 수 없으므로 부당해고로 인하여 지급받지 못하게 된 임금지급을 목적으로 하여 노동위원회에 구제신청을 할 수 있는지가 문제된다. 전원합

의체 판결에 따르면 반드시 명확하다고 볼 수는 없으나 이 경우에도 노동위원회에 대한 구제신청이 가능한 것으로 생각된다. 둘째로 대법원은 노동위원회의 임금지급에 관한 구제명령을 사용자가 이행하지 아니한 경우에도 근로기준법 제33조 1항에 따라 이행강제금이 부과된다는 견해를 취하고 있다. 그러나 이러한 해석이 원래의 입법취지에 부합하는지가 논란이 될 수 있다. 노동위원회의 간이 구제절차 및 이행강제금제도는 근로자의 생활터전인 원직으로의 복귀가 신속하게 이루어지도록 하는 효과를 거두기 위하여 마련된 특별한 제도라는 점을 고려하면 이 간접강제제도를 임금지급 구제명령의 불이행의 경우에까지 확대 적용할 것은 아니라는 의문이 있다. 대법원이 근거로 제시한 근로기준법 제30조 3항의 금품지급명령제도는 문언상 근로자가 원직복직을 원하지 아니할 경우에 적용 가능한 것이므로 원직복직이 사용자의 귀책사유 없이 객관적으로(근원적으로) 불가능한 경우에는 금품지급명령(금전보상)의 대상이 될 수 없다는 해석이 수긍될 수 있다.[1] 이때에는 이행강제금제도는 적용될 수 없다고 보아야 할 것이다. 민사소송구제절차에 따라 확인된 임금채권의 실현방법과의 형평성 차원에서도 문제가 제기될 수 있다. 셋째로 대법원이 판시한 바와 같이 해고로 인한 미지급 임금에 대하여 민사소송을 통한 권리구제의 어려움을 근거로 노동위원회 구제방법의 적용확대를 인정한다면 사용자의 임금체불에 대한 권리구제도 형평성의 차원에서 노동위원회의 관할에 속하는 것으로 판단할 여지가 있는지 논란이 될 수 있을 것이다. 이와 같이 노동위원회의 관할 범위가 확대되면 현재의 노동위원회 조직이나 운영방식에 대한 근본적인 개선 문제가 뒤따라야 할 것으로 생각된다. 민사책임의 공법화에 대하여도 함께 검토되어야 할 것이다.

5) 2021년 5월 18일의 근로기준법 개정으로 제30조 4항이 신설되므로써 근로자가 부당해고를 다투는 중에 근로계약관계가 종료하여 원직복직이 불가능한 경우에도 노동위원회는 구제명령이나 기각결정(동조 1항)을 하여야 하며, 노동위원회는 부당해고 등이 성립한다고 판정하면 근로자가 해고기간 동안 근로를 제공하였더라면 받을 수 있었던 임금 상당액에 해당하는 금품을 사업주가 근로자에게 지급하도록 명할 수 있다고 명문화 하였다(위의 3. (3) 참고). 이와 같은 법개정은 소송경제적 측면에서 근로자의 임금보호에 기여한다는 의미에서 긍정적 평가를 할 수 있으나 사법(私法)관계(근로관계)에 대한 행정기구의 공법상 효력범위 확대라는 부정적 측면을 부인하기 어렵다.

(4) 구제명령의 실효성확보수단과 이행강제금

a) 노동위원회가 구제명령을 하는 때에는 30일 이내의 이행기한을 정하여야 한다(근기법 시령 제11조). 사용자가 구제명령을 정당한 이유 없이 이행하지 아니하는 경우 이

---

1) 서울高判 2018. 8. 31, 2018 누 11324 및 大判 2019. 1. 17, 2018 두 58340(심리불속행 확정).

에 대한 제재수단이 없다면 구제명령은 실효성을 거둘 수 없다. 구제명령은 사법적(私法的) 집행력을 가질 수 없기 때문이다. 부당해고에 대한 벌칙이 삭제된 후 사용자의 해고남용에 대한 우려가 높아진 상황에서는 더욱 그러하다. 이와 같은 이유로 근로기준법은 노동위원회의 확정된 구제명령을 이행하지 아니하는 사람에 대하여 1년 이하의 징역 또는 1천만원 이하의 벌금을 부과하거나(제111조), 구제명령을 사용자가 이행하지 아니한 경우에는 이행강제금을 부과할 수 있도록 법적 근거를 마련하였다(제33조 Ⅰ, 2007년 7월 1일 시행). 후자의 경우에 확정된 구제명령은 물론 아직 확정되지 않은 구제명령(구제명령을 내용으로 하는 재심판정을 포함한다)의 불이행에 대해서도 이행강제금이 부과된다. 따라서 사용자가 구제명령에 불복하여 행정소송을 제기하는 경우에도 이행강제금이 부과된다.

b) 이행강제금의 부과절차는 다음과 같다. 먼저 노동위원회는 일정한 이행기한을 정하여 구제명령을 발한다(제33조 Ⅰ; 시령 제12조 Ⅰ·Ⅱ).[1] 이행기한이 도과한 후에도 구제명령이 이행되지 아니하면 노동위원회는 이행강제금을 부과하는 날의 30일 전까지 이행강제금을 부과·징수한다는 뜻을 사용자에게 미리 문서로써 알려 주어야 한다(제33조 Ⅱ; 시령 제12조 Ⅲ). 즉, 이행기간의 종료시점과 이행강제금 부과시점은 일치하지 않는다. 이행강제금의 부과를 위한 문서에는 이행강제금의 금액, 부과사유, 납부기한, 수납기관, 이의제기방법 및 이의제기기관 등이 명시되어야 한다(제33조 Ⅲ). 구제명령의 이행기한이 도래하였음에도 사용자가 구제명령을 이행하지 아니한 경우에 근로자는 이행기한이 경과한 때부터 15일 이내에 그 사실을 노동위원회에 통지할 수 있다(제33조 Ⅷ). 근로자의 신고가 있으면 노동위원회는 다시 이행강제금부과를 예고하여야 한다.[2] 이행강제금을 부과하는 위반행위의 종류와 위반 정도에 따른 금액, 부과·징수된 이행강제금의 반환절차, 그 밖에 필요한 사항은 대통령령으로 정한다(제33조 Ⅳ). 근로기준법 제33조 4항에 따른 위반행위의 종류와 위반 정도에 따른 이행강제금의 부과기준은 시행령 별표 3에서 규정하고 있다(시령 제13조).

구제명령 미이행에 대한 근로자의 신고를 이행강제금 부과의 절차적 요건으로 보아야 하는지가 문제된다. 법문상으로는 노동위원회는 직권으로 이행강제금을 부과할 수 있으며, 부과시에 근로자와 협력할 것을 규정한 것으로 해석된다.

---

1) 노동위원회가 사용자에게 '부당한 징계 및 해고기간 동안 정상적으로 근무하였다면 받을 수 있었던 임금상당액을 지급하라'는 구제명령을 하고 구제명령 불이행을 이유로 이행강제금을 부과한 사안에서, 위 구제명령에서 지급의무의 대상이 되는 '임금상당액'의 액수를 구체적으로 특정하지 않았다고 하더라도 구제명령의 이행이 불가능할 정도로 불특정하여 위법·무효라고 할 수 없으므로 이행강제금 부과처분은 적법하다(大判 2010. 10. 28, 2010 두 12682).

2) 이행강제금의 부과절차를 요약하면 다음과 같다: 구제명령 → 구제명령의 이행기간 → (근로자의 신고) → 이행강제금 부과예고 → 이행강제금의 부과 → 징수.

노동위원회는 최초의 구제명령이 있은 날을 기준으로 매년 2회의 범위 안에서 구제명령이 이행될 때까지 반복하여 이행강제금을 부과·징수할 수 있다. 이행강제금은 2년을 초과하여 부과·징수하지 못한다(제33조 Ⅴ). 노동위원회는 구제명령을 받은 사람이 구제명령을 이행한 때에는 새로운 이행강제금의 부과를 즉시 중지하되, 구제명령을 이행하기 전에 이미 부과된 이행강제금은 징수하여야 한다(제33조 Ⅵ).

노동위원회는 이행강제금 납부의무자가 납부기한 내에 이행강제금을 납부하지 아니하는 때에는 기간을 정하여 독촉을 하고, 지정된 기간 내에 제1항에 따른 이행강제금을 납부하지 아니하는 때에는 국세체납처분의 예(즉, 압류→매각→청산)에 따라 강제징수할 수 있다(제33조 Ⅶ).

c) 확정된 구제명령을 이행하지 아니한 사용자에 대한 고발권은 노동위원회만이 갖는다(제112조 Ⅰ). 고발권한을 노동위원회만이 갖도록 한 것은 원직복직을 이행하지 아니한 경우 이행강제금과 연계하여 운영하기 위해서이다. 벌칙과 이행강제금은 구제명령의 실효성 확보를 목적으로 도입된 제도라는 점에는 공통점이 있지만, 벌칙은 확정된 구제명령을 이행하지 않은 사람에게 부과될 수 있는 데 반하여 이행강제금은 확정되지 않은 단계에서도 부과가 가능하다는 점에서 양자는 구별된다. 따라서 확정된 구제명령을 이행하지 않은 사람에게는 벌칙과 이행강제금의 부과가 가능하지만 구제명령을 이행하지 않는 사람에게는 우선적으로 이행강제금을 부과하고 부과 이후에도 이행하지 않는 경우에만 벌칙을 부과하는 방향으로 양 제도의 조화로운 운영이 전제되어 있다. 그와 같은 취지에서 벌칙의 고발권을 노동위원회에 부여한 것이다.[1]

d) 이행강제금제도는 벌칙제도와 함께 노동위원회의 구제명령의 실효성을 보장하여 근로관계의 존속보호를 도모하기 위하여 도입된 것이다. 그런데 이행강제금은 행정목적의 실현을 위하여 예외적으로 허용되고 있는 집행벌로서, 비대체적 작위의무 또는 부작위의무를 이행하지 않을 경우 그 의무를 강제로 이행시키기 위하여 일정한 기간 안에 의무이행이 없을 때에 일정한 금전벌(金錢罰)에 처할 것을 계고하고 그 기간 안에 이행이 없는 경우에 금전벌을 과하는 행정상 강제집행[2]의 하나로 의무자를 심리적으로 압박하여 자발적으로 이행하도록 강제하는 것을 그 목적으로 한다.

1) 노동부, 노사관계 선진화 입법 설명자료, 2007. 1 참고.

2) 행정상 강제집행이란 법령 또는 이에 근거한 행정처분에 의하여 부과된 행정법상의 의무를 의무자 스스로 이행하지 아니한 경우에 행정청이 의무자의 신체 또는 재산에 실력을 가해서 장래에 대하여 그것을 이행하거나 이행한 것과 동일한 상태를 실현하는 작용을 의미한다. 이는 행정벌과 행정권의 양대 강제력을 구성하며, 통상 국민의 기본권과의 충돌이 예상되고 있기 때문에 남용되지 않도록 최대한 주의를 기울여야 한다.

⑸ 이행강제금제도에 대한 비판

이행강제금제도가 실질적으로 민사분쟁에 해당하는 「부당해고」의 구제수단으로서 타당한 것인지에 대하여는 다음과 같은 의문이 있다.

첫째, 이행강제금제도는 그 적용 자체가 의무이행을 강제하는 효력이 크기 때문에 실효성을 확보할 수 있는 제도라고 평가되지만, 이러한 강제수단은 통상 국민의 권익과의 충돌이 우려되므로 행정법에서 일반적으로 운영되고 있는 제도가 아니며 매우 예외적으로만 활용되고 있다.[1] 다시 말하면 행정목적의 실현이 공익을 위하여 필수불가결하고 전통적인 행정적 제재수단이 유명무실하게 되어 이를 대체할 수 있는 수단이 필요한 경우에 한하여 제한적으로 적용되어야 한다. 그렇지 않으면 행정편의적 수단으로 오용되어 국민들에게 과잉제재를 가함으로써 권익침해를 가져오게 되어 헌법상의 과잉침해금지원칙(Prinzip des Übermaßverbots)을 위반하는 것으로 평가될 수 있다.

둘째, 부당해고에 관한 분쟁은 사법관계인 근로계약관계에서 발생하는 분쟁으로서 원칙적으로 일반법원이 관할권을 갖는 권리분쟁이다. 따라서 부당해고에 대한 판단은 처음부터 행정적 처분의 대상이 될 수 없는 성질의 것이다. 다만 근로기준법은 소송경제적 이유에서 근로자의 보호를 효율적으로 실현하기 위하여 행정위원회인 노동위원회에 예외적으로 부당해고구제절차를 운영할 수 있는 권한을 부여한 데 지나지 않는다. 따라서 부당해고에 관한 노동위원회의 판정에 대하여 행정적 강제집행수단을 인정하는 것은 사안의 본질상 허용되기 어렵다(이 점에서 부당해고의 구제절차와 부당노동행위에 대한 구제절차는 본질적으로 구별되어야 한다. 이에 관하여는 다음의 ⑹ 참고). 그러므로 부당해고의 구제명령에 대하여 행정법률(강제금에 관한 일반법은 존재하지 않는다)에서도 예외적으로 인정되는 이행강제금제도를 부당해고시의 원직복귀 강제수단으로 활용하는 것은 공·사법(公·私法)의 한계를 더욱 흐리는 법적용으로서 위헌적 소지를 안고 있다고 판단된다.

그런데 헌법재판소는 헌재 2013 헌바 171[2] 결정으로 사용자에게 이행강제금을 부과하도록 하는 근로기준법 제33조 제1항 및 제5항이 헌법에 위반되지 아니한다고 판단하였다. 그러나 저자는 헌재결정에 대해서 다음과 같은 의문을 가지고 있다.

---

1) 조정찬, '이행강제금의 현황과 개선방안', 「법제」(제517호), 68, 69면. 현재 이행강제금이 도입된 사례는 건축법 제79조 1항 및 제80조, 대덕연구관리단지법 제9조 2항 및 제19조, 농지법 제11조 1항 및 제62조, 부동산실권리자명의등기에 관한 법률 제3조, 제6조, 제10조 3항 및 제12조, 독점규제 및 공정거래에 관한 법률 제7조, 제16조 및 제17조의3, 장애인·노인·임산부 등의 편의증진의 보장에 관한 법률 제23조 및 제28조 등이 있다. 그러나 여기에 열거된 모든 이행강제금제도가 타당성과 필요성을 갖추고 있다고 볼 수 없다는 지적이 있다. 조정찬, 앞의 논문, 72면 이하 참고.

2) 憲裁 2014. 5. 29, 2013 헌바 171.

노동위원회에 의한 부당해고 구제제도는 근로자와 사용자 사이의 해고무효확인의 소로 다투어져야 할 민사사건을 노동위원회의 구제명령(행정처분)을 빌어 행정사건의 형식으로 바꾸어 (변칙적으로) 처리하고 있는 것이다. 따라서 민사법상 사용자와 근로자를 당사자로 하는 사법(私法)관계가 노동위원회와 사용자를 당사자로 하는 행정법상의 관계로 변형된 것이다. 그러므로 이행강제금을 부과하는 경우에 그 기초가 되는 것은 노동위원회의 단순한 구제명령이고, 확정된 해고무효에 의한 사용자의 근로자원직복귀의무 불이행이 아니다. 그럼에도 헌법재판소는 심판대상조항이 달성하고자 하는 「공익」은 구제명령이 신속하게 이행되는 것이라고 한다. 민사상의 해고사건이 행정기관의 행정처분사건으로 되어 그 해결방법이 바뀌었다 하더라도 사용자와 근로자 사이의 사법상의 권리·의무의 기본 틀이 무시되어서는 아니 될 것이다. 따라서 확정되지 않은 사용자의 (공법상의) 채무를 이행하도록 함으로써 근로자를 보호한다는 명분이 공익에 부합한다고 볼 수는 없다. 해고에 대한 구제명령제도가 실현해야 할 공익은 구제명령이 신속하게 확정될 수 있도록 법적 정비를 갖춤으로써 달성될 수 있다. 확정되지 않은 구제명령이 중앙노동위원회의 재심판정이나 법원의 확정판결에 따라 취소되어 이미 징수했던 이행강제금이 노동위원회에 의하여 반환된다(근기법 시령 제15조 참조)고 하더라도 그 사정은 달라지지 않는다. 헌법재판소가 심판대상조항이 헌법에 합치하는지 여부를 판단할 때에 동조항이 달성하려는 공익의 의미를 위와 같은 내용으로 이해한다면 근로자와 사용자 사이의 사법관계에 대하여 행정기관인 노동위원회가 공법상의 의무와 이행강제금이라는 강제이행수단을 부과하더라도 어떤 모순이 발생하지 않을 것이다.

셋째, 원칙적으로 사법상의 권리분쟁에 대하여는 민사상의 강제집행제도가 마련되어 있다(민법 제389조 참조). 이 경우에 채무자의 이행의무가 먼저 확정되어야 한다. 노동위원회의 판정이 불복절차 등 소정의 절차에 의하여 확정되지 않는 한 일방 당사자(사용자)의 이행의무도 확정되지 않는다. 즉 사용자의 이행의무가 아직 확정되지 아니하였음에도 이를 행정적 강제수단으로 이행을 강제하는 것은 사법상 의무(채무) 없는 사람에 대하여 그 이행을 강제하는 것이 되어 법치주의에 반한다. 반면에 근로자파견법 제6조의2에서와 같이 위반사실이 명백하여 사용자의 고용의무가 발생한 때에는 이행강제금을 통하여 사용사업주의 고용의무를 강제하는 것이 인정될 여지가 있다.[1] 그런데 입법자는 이 경우에는 과태료를 부과하는 데 그치고 있을 뿐이다(파견법 제46조 Ⅱ). 뿐만 아니라 노동위원회의 구제명령에 대한 취소소송의 지연으로 근로자의 권리실현이 방해받을 우려가 있는 경우에는 민사집행법상 보전처분절차(예컨대 가처분)가 마련되어 있어 이를 통해서 부당해고로 인한 근로자의 긴급한 권리보호가 실현될 수 있다는 점에서 현행법상

1) 大判 2015. 11. 26, 2013 다 14965 참고.

의 일반적 구제수단이 결코 미흡하다고 볼 수만은 없다는 점도 고려되어야 한다.[1]

부당해고의 권리구제수단에 관한 기본적이고 체계적인 검토 없이 그 구제명령의 실효성 확보를 명분으로 해고의 무효가 확정되기도 전에 이행강제금을 부과하는 것은 행정편의적인 발상으로서 위헌적 요소가 있음을 지적하지 않을 수 없다.[2] 헌법재판소는 근로기준법 제33조 제1항 및 제5항(이행강제금의 부과)은 목적의 정당성과 수단의 적합성, 침해의 최소성, 법익의 균형성을 갖추어 과잉금지원칙에 위배되지 아니하므로 사용자의 재산권을 침해하지 않는다고 결정하였다.[3] 그러나 저자는 위에서 언급한 바와 같이 헌법재판소의 결정에 찬동하지 않는다. 특히 노동위원회에서의 심문 과정이나 다른 조사 과정에서 근로자가 사용자에 대한 이행강제금 부과에 찬동한 것으로 사용자가 인식하고 있다면 사용자와 근로자 사이의 신뢰 내지 협조관계는 회복하기 어려운 타격을 받게 되므로 이행강제금제도는 인적협력관계를 기본으로 하는 근로관계에는 안이하게 적용될 수 있는 제도는 아니라고 생각한다.

(6) 노동위원회에 의한 구제절차의 문제점[4]

부당한 해고 등에 대한 구제를 명할 수 있는 권한을 노동위원회에 부여한 것과 관련하여 다음과 같은 근본적인 문제가 있다. 해고 기타 불이익처분의 유효·무효의 분쟁은 엄격한 의미에서 권리분쟁이므로 이에 대한 해결은 원칙적으로 법원에서 재판을 통하여 행하여져야 한다. 해고무효확인의 소를 마치 부당노동행위의 구제절차와 같은 평면에서 이해한다는 것은 노동법의 구조적 성격을 잘못 이해하는 것으로 판단된다. 근로기준법 제23조의 규정은 「개개 근로자를 해고 및 기타 근로계약관계상의 불이익으로부터 보호하기 위하여 마련된 것으로서 그 내용은 엄격한 법의 해석·적용·집행을 통하여 실현되는 것인 데 반하여, 노조및조정법 제82조 이하의 부당노동행위의 구제절차는 「집단적 노사관계의 질서=근로3권 보장질서」의 유지를 담보하기 위하여 설정된 제도이다. 따라서 근로기준법 제23조가 규정한 해고의 보호는 개개 근로자의 직장상실로부터의 보호를 의미하는 것이며, 해고의 유효·무효는 개별적 근로계약관계의 권리·의무의 내용을 중심으로 판단된다. 이와는 달리 부당노동행위로서의

---

1) 同旨: 정진경, 「부당해고의 구제」, 2009, 531면 이하.

2) 근로기준법 시행령 제14조에는 이행강제금의 부과유예에 관하여, 동 시행령 제15조에는 이행강제금의 반환에 관하여 규정하고 있다. 제15조 1항에 따르면 「노동위원회는 중앙노동위원회의 재심판정이나 법원의 확정판결에 따라 노동위원회의 구제명령이 취소되면 직권 또는 사용자의 신청에 따라 이행강제금의 부과·징수를 즉시 중지하고 이미 징수한 이행강제금을 반환하여야 한다」고 규정하고 있다. 이 규정에 따르면 중앙노동위원회의 재심판정이나 법원의 확정판결에 따라 구제명령이 취소될 수도 있는 경우에 이행강제금의 납부를 명하는 것(근기법 시행령 제12조 이하)은 명백한 모순이 아닐 수 없다.

3) 憲裁 2014. 5. 29, 2013 헌바 171.

4) 김형배, '근로기준법상의 해고제한과 부당노동행위로서의 해고금지', 「노동법연구」, 180면 이하 참고.

해고는 근로자 또는 노동조합이 정당한 근로3권을 행사하는 것을 방해할 목적으로 행해진 근로자의 배제로서 파악되는 것이기 때문에 그 해고의 정당성 여부는 집단적 근로3권 보장 질서에 대한 사용자의 위반행위 여부를 중심으로 판단된다. 따라서 근로기준법 제23조는 개별적 근로관계의 내용을 중심으로 해고의 유효·무효를 판단하는 규범적 기초이고, 노조및조정법 제81조 이하의 규정은 집단적 근로3권 보장질서의 유지를 위하여 마련된 것으로서 직접 근로자의 직장상실로부터의 보호를 본질적 목적으로 하는 것은 아니다. 따라서 근로기준법 제23조의 「정당한 이유」는 법원의 해석을 통하여 그 법률적 내용이 판결에 의하여 확정·구체화되어야 한다. 근로기준법상 보장된 근로자의 권리에 관한 분쟁은 마땅히 법원의 관할에 속한다. 그러나 노조및조정법의 부당노동행위(제81조)의 존부에 관한 판단은 단순히 근로자 또는 노동조합의 주관적 권리의 침해 여부만을 판단하는 것이 아니라 헌법이 보장한 근로3권에서 생성되는 질서가 「사실상」 침해되었거나 침해될 우려가 있느냐의 여부에 따라 판단된다. 그러므로 부당노동행위에 대한 판단은 법원에 의한 주관적 권리·의무의 위반을 심리·판결하는 절차에 맡겨지기 보다는 집단적 노사관계의 침해 여부를 구체적으로 판단할 수 있는 전문기관에 맡겨지는 것이 합리적이고 효율적일 것이다. 다시 말하면 근로기준법 제23조의 해고의 유효·무효에 관해서는 법원이, 부당노동행위의 성립 여부에 대해서는 노동위원회가 관할권을 가지는 것은 그 관할대상의 성질이 다르기 때문인 것이다. 그러므로 현행 근로기준법이 제28조에서 근로기준법상의 해고의 구제절차를 노동위원회가 맡도록 한 것은 노동법의 제도적 기본구조를 경시한 것일 뿐만 아니라, 법원과 노동위원회의 성격을 제대로 준별(峻別)하지 못한 데서 비롯한 것이며, 법률분쟁을 자칫 정책적 판단에 의하여 해결하게 할 우려를 낳는다. 이와 같은 법개정은 한 마디로 권리분쟁의 해결을 사법기관으로부터 행정기관(비록 노동위원회를 준사법기관이라고는 하지만)으로 — 삼권분립의 원칙에 반하여 — 이전하는 모습을 보여준다.

일반법원에서의 소송수행이 근로자에게 소송기간과 비용의 부담을 주기 때문에 노동위원회에서 해고사건을 처리할 수 있도록 한 것이라면 이는 선후가 뒤바뀐 일이다. 노동위원회가 조정기능 이외에 판정적 기능을 보유하고 있긴 하지만, 이 판정적 기능을 수행하는 노동위원회가 반드시 권리분쟁을 해결할 수 있는 자질을 갖춘 기관이라고는 할 수 없다.[1] 따라서 근로기준법 제23조의 사건을 노동위원회의 관할로 이관하려면 먼저 노동위원회를 노동법원과 같은 조직으로 재구성하여야 할 것이다. 그리고 노동위원회의 판정은 일종의 행정처분이기 때문에 이에 대한 불복은 중앙노동위원회의 재심을 거쳐 결국 행정소송으로 연결된다. 사법관계(私法關係)인 근로계약관계에서 발생되는 권리·의무에 관한 분쟁이 행정소송의 대상이 된다는 것은 구제절차와 소송물에 관한 소송법의 기본원리에도 부합하지 않는 것으로 생각된다. 근로관계의 당사자인 사용자에 의한 해고처분의 유효·무효를 직접 판단하지 아니하고 해고된 근로자의 구제(원직회복)를 명한 노동위원회의 행정처분의 취소를 구하는 행정

1) 노동위원회법 제8조 각 호 참조.

소송의 절차를 통하여 근로기준법 제23조(실체법)를 운용한다는 것은 실체적 법률관계와 절차법 사이의 정당성을 유지할 수 없는 것으로 생각된다. 노동위원회제도의 유용성에도 불구하고 사법분쟁(私法紛爭)의 행정법적 처리는 여전히 문제로 남을 수밖에 없다.

[76] Ⅶ. 정년퇴직

1. 정년제의 의의

a) 정년제는 단체협약, 취업규칙 또는 근로계약에서 정한 일정한 연령(停年)에 도달하면, 근로자의 근로계속의 의사 및 능력 여하에 불구하고 근로계약관계를 종료시키는 제도이다.[1] 정년제의 목적과 기능은 두 가지로 요약될 수 있다. 첫째, 정년제는 일종의 최종기한부의 근로계약제이므로 사용자는 이 제도에 의하여 근로자로 하여금 기업에 대한 귀속의식을 갖게 하고, 근로자의 신분보장을 꾀한다는 점에서 고용안정을 도모할 수 있다. 둘째, 정년제는 노령화된 노동력을 배제시키는 기능을 하므로 기업의 합리적·능률적 운영을 돕게 된다. 즉 근로자가 높은 연령에 달하여 그의 노동력이 더 이상 기업이 요구하는 근로능력에 미치지 못할 때, 해고의 형태를 취하지 않고도 저하된 노동력을 배제시킬 수 있는 것이다. 그리고 노동력의 신진대사를 원활히 함으로써 새로운 노동력을 흡수할 수 있을 뿐만 아니라 젊은 층의 근로자를 계속 고용하여 연령구성상의 균형을 유지하고 후진들에게 승진의 기회를 부여하게 된다.[2] 또한 우리나라와 같이 임금체계가 아직도 연공서열체계(年功序列體系)로 되어 있는 경우에는 고용근로자의 평균연령이 높아짐에 따라 임금지급액이 증가하게 되므로, 기업의 입장에서는 정년제를 채택함으로써 인건비의 지출을 억제하고 경영을 합리화시킬 수 있다.[3]

b) 연령차별금지법 제19조 1항은 「사업주는 근로자의 정년을 60세 이상으로 정하여야 한다」고 규정하고 있다. 이 조항이 개정(2013. 5. 22, 시행 2016. 1. 1, 2017. 1. 1.)되기 전에는 사업주가 정년을 정하는 경우 60세 이상으로 하도록 노력해야 한다고 정하고 있

1) 土田, 「勞働契約法」, 639面 이하 참고.
2) 같은 취지의 법관의 정년에 관한 헌법재판소의 결정: 憲裁 2002. 10. 31, 2001 헌마 557 참고.
3) 그러나 정년제의 위와 같은 목적에도 불구하고 우리 기업에서 보편화되어 있는 55세를 전후한 정년제는 국민들의 평균수명과 노동가능연령의 대폭적인 신장, 고령자의 생활환경의 변화와 고령자의 정년 후의 재취업이 용이하지 않은 실정 등에 비추어 초기 고령자의 생활에 커다란 위협이 되고 있다. 우리나라가 빠른 속도로 고령화사회로 변하고 있음을 감안하면 이는 심각한 현상이다. 위와 같은 문제점을 해결하기 위하여 1991년 12월 31일 「고령자고용촉진법」(법률 제4487호)이 제정되었고, 2013년 5월 22일에 개정된 「연령차별금지법」(법률 제1179호)은 제19조에서 사업주는 근로자의 정년을 60세 이상으로 정하여야 한다고 규정하고 있다.

었으나 60세 정년제를 법으로 의무화한 것이다. 또한 동조 2항(개정시 신설)은 「사업주가 위 조항에도 불구하고 근로자의 정년을 60세 미만으로 정한 경우에는 정년을 60세로 정한 것으로 본다」고 규정하고 있다.[1] 따라서 근로자의 정년을 60세 미만이 되도록 정한 근로계약, 취업규칙, 단체협약은 위 규정에 위반되는 범위 내에서 무효이다.[2] 사용자가 법정정년 준수의무(연령차별금지법 제19조 참조)를 위반하여 근로자를 해고한 때에는 해고보호(근기법 제23조)를 받을 수 있으므로 노동위원회에 부당해고구제신청을 할 수 있음은 당연하다. 회사가 '임용시 제출한 서류상 생년월일'을 기준으로 정년 시점을 산정하는 인사규정을 두고 있더라도 연령차별금지법상의 정년은 실제의 생년월일을 기준으로 산정하는 것이므로 가족관계등록부상 생년월일을 정정하는 허가 결정을 받은 때에는 그 기재사항은 이를 번복할 만한 특별한 반증이 없는 한 구속력을 가진다.[3]

2. 정년제의 종류

정년제에는 정년퇴직제(停年退職制)와 정년해고제(停年解雇制)가 있다. 정년퇴직제는 근로자가 정년에 도달하게 되면 자동적으로(사용자의 해직의 의사표시 없이) 근로계약관계가 종료되는 제도이며, 정년해고제는 근로자가 정년에 도달한 것을 이유로 하여 사용자가 당해 근로자를 해고함으로써 고용관계를 소멸시키는 제도이다. 양자의 공통점은 정년에 도달한 시점에서 근로자의 의사와 관계없이 정년도달을 이유로 하여 근로계약관계가 소멸될 수 있다는 점이다.

다만, 정년해고제의 경우에는 근로관계를 종료시키기 위해서 해고의 의사표시를 필요로 하며 이에 대해서는 근로기준법 제23조의 규정이 적용된다. 정년제가 퇴직제인지 해고제인지 여부는 취업규칙 등 관련 규정의 내용과 실제 운용을 종합해서 판단해야 하지만 우리나라에서 정년해고제는 활용되고 있지 않다.[4]

---

1) 다만, 상시 300명 이상의 근로자를 사용하는 사업 또는 사업장, 「공공기관의 운영에 관한 법률」 제4조에 따른 공공기관, 「지방공기업법」 제49조에 따른 지방공사 및 같은 법 제76조에 따른 지방공단은 2016. 1. 1부터, 상시 300명 미만의 근로자를 사용하는 사업 또는 사업장, 국가 및 지방자치단체는 2017. 1. 1부터 시행하였다(부칙 참조).

2) 大判 2017. 3. 9, 2016 다 249236.

3) 大判 2017. 3. 9, 2016 다 249236. 大判 2018. 11. 29, 2018 두 41082(그러나 연령차별금지법 제19조가 시행되기 전에는 개별 사업장마다 정년 제도의 설정 여부나 기준 등을 자율적으로 정할 수 있었으므로 근로계약, 단체협약이나 취업규칙을 통해 정년을 60세 미만으로 정하거나 정년의 기산일을 실제 생년월일과 달리 정하였더라도 무효라고 할 수 없다고 판시하면서 이와 달리 판단한 원심판결을 파기한 사례).

4) 「정년이 되어 사용자가 퇴직통지를 한 것은 해당 근로자가 정년으로 인하여 당연퇴직하였음을 확인하여 알려 주는 사실의 통지에 불과한 것이지, 징계파면이나 면직과 같이 신분을 상실시키는 새로운 형성적 행위가 아니다」(大判 1994. 12. 27, 91 누 9244). 일본의 정년제에 관해서는 菅野, 「勞働法」,

판례는 정년을 근로관계의 당연소멸사유로 보고 있다. 따라서 정년에 도달한 근로자에 대하여 사용자가 그 정년을 연장하는 등의 방법으로 근로관계를 계속 유지할 것인지 여부는 특별한 사정이 없는 한 사용자의 결정에 속하는 것이므로 해당 근로자에게는 정년연장을 요구할 수 있는 권리가 없다고 한다.[1] 취업규칙이나 단체협약에 성실 근로 여부에 따라 정년을 연장하는 규정이 있는 경우 사용자가 이 규정의 적용 여부를 검토함이 없이 그대로 퇴직 발령을 내더라도 유효하다는 하급심 판례가 있다.[2] 사용자의 정년 연장 거부 조치의 정당성 여부는 해당 근로자에 대한 가혹성 또는 다른 근로자와의 비형평성만을 고려하여 판단할 것은 아니라는 것이 판례의 태도이다.[3]

3. 정년제와 취업규칙

정년제가 취업규칙 등에 명문으로 규정되어 있고 규범적 사실로서 명확히 승인된 관행[4]으로 확립되어 있는 경우에는 사용자는 채용시에 정년제를 명시한 것이 된다. 그러나 관행으로서 정년제가 존재하는 경우에는 근로계약에 명시하지 않는 한 근로계약의 내용이 될 수 없다.

그런데 사용자가 정년연령을 낮추어 취업규칙 내에 삽입하는 경우가 있다. 정년연령을 낮추는 것은 곧 근로자의 근로관계의 존속기간을 단축하는 것이 되므로 근로자들에게 불리한 것이다. 그러므로 기존의 취업규칙을 적용받고 있는 근로자에 대하여는 정년연령의 인하는 근로조건의 불리한 변경이 된다. 따라서 이에 대한 취업규칙의 조항이 효력을 가지려면 노동조합 또는 근로자대표의 집단적 동의를 얻지 않으면 안 된다(근기법 제94조 I 단서).[5] 근로자가 이미 확보하고 있는 근로계약상의 지위를 사용자가 취업규칙에 의하여 일방적으로 변경할 수는 없는 것이므로, 근로자의 동의를 얻지 못하는 이상 변경된 정년연령에 달하여도 해당 근로자의 근로관계는 자동적으로 종료되지 않는다. 법정정년(60세)에 미치지 못하는 정년을 정한 취업규칙 규정은 무효이다.[6]

708面 이하 참고. 퇴직제를 정년제(停年制)라 하고, 정년에 달하면 해고의 의사표시를 하여 근로계약관계를 종료시키는 것을 정년해고(停年解雇)라고 한다.

1) 大判 2008. 2. 29, 2007 다 85997.
2) 서울高判 2017. 1. 12, 2016 누 65277.
3) 大判 1996. 10. 29, 95 누 15926; 大判 2008. 2. 29, 2007 다 85997 등.
4) 大判 2002. 4. 23, 2000 다 50701 등.
5) 大判 1977. 7. 26, 77 다 355; 大判 1977. 9. 28, 77 다 681; 大判 1977. 12. 27, 77 다 1378 참고.
6) 大判 2017. 3. 9, 2016 다 249236.

4. 차등정년제

정년에 있어 직위·직급 등에 따라 차등을 두는 것은 사회통념상 합리성이 없다고 판단되지 않는 한 사업장의 특수성을 고려하여 당사자가 결정할 사항이다.

a) 직위 또는 직렬별 차등정년제　정년에 대하여는 당사자가 정하는 것이 원칙이므로 직위별로 정년을 달리할 수 있다. 따라서 이러한 직위별 차등정년제는 근로기준법 제6조의 균등처우에 반하는 것으로 볼 수 없다. 판례[1] 또한 「정년규정은 해당 사업장에 있어서 근로자가 제공하는 근로의 성질·내용·근무형태 등 제반여건에 따라 합리적인 기준을 둔다면, 같은 사업장 내에서도 직책 또는 직급에 따라 서로 차이가 있을 수 있는 것이다」라고 한다.[2] 그러나 어느 경우에나 법정 정년연령 60세 이상이 확보되어야 한다.

b) 성별·국적·신앙 등에 따른 차등정년제　정년을 정함에 있어 성별·국적·신앙·사회적 신분 등에 따라 차이를 두는 것은 근로기준법 제6조 위반이 된다. 특히 대다수가 여성인 직종의 정년을 합리적인 이유 없이 다른 직종보다 낮게 정하는 것은 차별적 처우(또는 간접차별)이다.[3] 그러므로 여성근로자의 체력적인 한계와 능률 및 작업의 성질 등을 고려하더라도 합리적인 근거가 없는 한 성별을 이유로 하는 차등정년제는 근로기준법 제6조와 남녀고용평등법 제11조 위반이 된다([37] 2. ⑶ 참고).[4]

5. 재고용제도

재고용제도란 기업이 기업 측의 편의나 근로자의 사정에 따라서 근로자가 정년에 달한 후에도 계속해서 근로자를 고용하는 제도를 말한다. 취업규칙에 명문으로 이를 규정하고 있거나 또는 관행으로 이를 시행하고 있는 경우가 있다. 이러한 제도가 존재하는 경우에는 근로자가 정년에 달했다고 하여 당연히 퇴직되는 것이 아니라 재고용의 가능성이 기대되고, 당해 근로자에 대한 재고용 여부의 의사표시가 행하여지기 전에는 정년

---

1) 大判 1991. 4. 9, 90 다 16245.

2) 大判 1996. 8. 23, 94 누 13589: 「한국통신 내 교환직렬에 있어서 당해 직렬의 인력의 잉여 정도, 연령별 인원구성, 정년차이의 정도, 차등정년실시에 대하여 노사간 협의를 거친 점, 신규채용을 하지 못한 기간, 현재의 정년에 대한 교환직렬직원의 의견 등에 비추어 교환직렬의 정년을 일반직직원보다 5년 짧게 한 것은 사회통념상 합리성이 있으므로 근로기준법 제6조 및 남녀고용평등법 제11조에 위반되지 않는다」. 그 밖에도 1991. 3. 16, 근기 참고.

3) 大判 1988. 12. 27, 85 다카 657(실제적으로 여성전용직종인 전화교환업무에 종사하는 근로자들에 대해서만 조기정년제를 정하고 있는 것은 합리적인 이유 없는 차별대우로서 근로기준법 제5조(현행 제6조)에 위반되어 무효라고 한 판례).

4) 大判 1993. 4. 9, 92 누 15765.

후의 근로자의 지위는 확정되지 않는다.1)·2) 정년에 도달한 근로자는 사용자에 대하여 재고용계약의 체결에 관한 의사표시를 구할 수 있는 권리를 가진다.

따라서 이러한 경우에 정년에 달한 근로자의 근로관계는 완전한 소멸이 유보된 상태에 있게 되며, 사용자가 당해 근로자에 대하여 정년제의 적용 또는 재고용의 의사표시를 명확하게 할 때 비로소 그 내용이 확정되게 된다.3)

6. 정년연장에 따른 임금체계 개편

연령차별금지법 제19조의2 제1항은 「제19조 제1항에 따라 정년을 연장하는 사업 또는 사업장의 사업주는 근로자의 과반수로 조직된 노동조합(근로자의 과반수로 조직된 노동조합이 없는 경우에는 근로자의 과반수를 대표하는 자를 말한다)은 그 사업 또는 사업장의

1) 日本 東京高判 昭和 50. 7. 24, 「判例時報」 第789號, 89面 참고.

2) 재고용의 의사표시가 이루어진 후의 근로관계와 해고: 「근로자가 정년이 지난 후에도 사용자의 동의 아래 기간의 정함이 없이 사용자와의 근로관계를 계속 유지하여 왔다면, 사용자는 특별한 사정이 없는 한 단순히 당해 근로자가 정년이 지났다거나 고령이라는 이유만으로 근로관계를 해지할 수는 없고, 당해 근로자를 해고하기 위해서는 근로기준법 제30조(현행 제23조) 1항 소정의 정당한 이유가 있어야 한다」(大判 2003. 12. 12, 2002 두 12809).

근로자가 정년이 된 후 사용자와 근로자가 기간제 근로계약의 체결을 반복·갱신하고 있는 경우 근로자에 대하여 사용자가 기간만료를 이유로 근로관계의 종료를 통고하였다면 근로자에게 이른바 갱신기대권이 (당연히) 인정될 수 있는가? 대법원은 해당 직무의 성격에 의해 요구되는 직무수행능력과 업무수행 적격성, 나이에 따른 직업능률이나 위험성 증대 정도, 해당 사업장에서 정년이 지난 고령자 근무 실태와 계약이 갱신되어 온 사례 등을 종합적으로 고려해 갱신기대권이 인정되는지를 판단하여야 한다고 전제하면서, 처음 근로계약을 체결한 때부터 근로계약을 3번 갱신하면서 정년이 지났다고 문제된 적이 없었다고 지적하였고, 나아가 이들의 건강이 근무에 지장을 줄 정도로 악화하거나 업무수행에 적합하지 않다고 판단할 만큼 업무수행 능력이 떨어졌다는 등의 사정을 찾아 볼 수 없다는 이유로 해당 근로자들에게 갱신기대권이 인정된다고 판시하였다(大判 2017. 2. 3, 2016 두 50563). 대법원이 일반적 갱신기대권이 인정되는 경우보다는 비교적 엄격한 판단기준을 제시한 것으로 인정되지만, 이미 정년에 달한 근로자에게 3차례나 계약갱신을 통하여 근로의 기회가 주어졌다 하더라도 사용자는 기간만료를 이유로 근로관계의 종료를 통고할 수 있다고 보아야 하고 특별한 사정이 없는 한 다시 갱신기대권의 인정 여부를 문제삼을 수는 없다고 판단된다. 근로자의 근로관계 존속보호를 위한 해고제도의 기본 취지나 고령근로자에 대한 기간제 사용기간 제한의 예외를 고려한다면 갱신기대권을 적용할 필요가 있는지 의문이다. 대법원 판결의 취지를 그대로 인정한다면 근로자의 건강상태와 직무수행능력이 유지되는 한 사실상 종신제와 유사한 갱신기대권을 인정하는 결과를 가져올 수 있을 것이다. 이는 정당하다고 판단되지 않는다.

3) 1984. 2. 18, 근기 1451-4377. 연령차별금지법은 제21조 1항에서 「사업주는 정년에 도달한 사람이 그 사업장에 다시 취업하기를 희망하는 때 그 직무수행능력에 맞는 직종에 재고용하도록 노력해야 한다」고 규정하여 사용자가 재고용제도를 채택하도록 권고하고 있으며, 재고용근로자의 근로조건에 관해서는 당사자의 합의에 따라 근로기준법 소정의 퇴직금규정과 연차유급휴가일수의 계산을 위한 계속근로연수산정에 있어서 종전의 근로기간을 제외할 수 있도록 하고 있다. 또한 임금에 관하여도 이를 종전과 달리 산정·결정할 수 있도록 함으로써 사용자에게 재고용에 따른 근로조건상의 부담을 경감시켜 줌으로써 고령자의 재고용이 촉진될 수 있도록 정책적인 배려를 하고 있다.

여건에 따라 임금체계 개편 등 필요한 조치를 하여야 한다」고 규정하고 있다. 임금체계 개편이란 정년이 60세로 연장됨으로써 종업원들의 근무기간이 연장되어 사업 또는 사업장에 임금·퇴직금 등의 부담요인이 발생하게 되어 이를 합리적으로 조정·개편하는 것을 말한다. 이러한 필요조치로서는 사업장이 부담하게 되는 재정적 부담 등을 고려하여 잉여인력의 배치, 승급과 승격, 근속연한의 연장에 따른 퇴직금의 산정, 임금피크제, 희망퇴직제 등을 조정하거나 도입하는 방안 등이 검토될 수 있을 것이다. 동법 제19조의2 제1항은 사업주와 과반수 노동조합 또는 근로자 과반수를 대표하는 사람은 사업장 여건에 따라 임금체계 등 필요한 조치를 하여야 한다고 정하고 있을 뿐이므로 사업주는 반드시 과반수 노동조합이나 근로자 대표자와 합의를 하여 구속력 있는 협약이나 협정을 체결해야 한다는 의미는 아니다. 따라서 근로자들에게 불리한 조치를 하게 되더라도 근로기준법 제94조 제1항 단서가 적용되지는 않는다고 판단된다. 법률의 신설규정에 의하여 정년이 연장되는 것은 사용자의 귀책사유나 사업영역에서 발생한 위험에 의한 것이 아니므로 「사업 또는 사업장의 (제반)여건에 따라」 노사가 협의하여 합리적으로 필요한 조치를 강구할 도리밖에 없다고 보아야 한다. 사용자로 하여금 과반수 노동조합 또는 근로자 과반수를 대표하는 사람과 필요한 조치를 강구하도록 한 것은 사용자의 일방적 결정에 의하여 근로자들이 불합리한 불이익이나 차별을 받지 않도록 하는 동시에 근로자들의 이해관계와 의견이 충분히 반영될 수 있도록 하기 위한 것으로 해석된다. 동법 제19조의2 제2항은 동조 제1항에 따라 「필요한 조치를 한 사업 또는 사업장의 사업주나 근로자에 대통령령으로 정하는 바에 따라 고용지원금 등 필요한 지원을 할 수 있다」고 규정하고 있다. 고용보험법 시행령(시행 2020. 1. 16)(대통령령 제30256호, 2019. 12. 24, 타법개정) 제28조 1항은 「고용노동부장관은 법 제23조에 따라 다음 각 호의 어느 하나에 해당하는 경우에는 근로자에게 임금피크제 지원금을 지급한다. 다만, 제2호에 해당하는 경우에는 사업주에게도 임금피크제 지원금을 지급한다」고 규정하고 있다.[1)] 동조 제3항 내지 제5항의 규정은 다음과 같다.

---

1) 고용보험법 시행령 제28조 1항의 각 호 규정:

1. 사업주가 근로자대표의 동의를 받아 정년을 60세 이상으로 연장하거나 정년을 56세 이상 60세 미만으로 연장하면서 55세 이후부터 일정나이, 근속시점 또는 임금액을 기준으로 임금을 줄이는 제도를 시행하는 경우
2. 사업주가 제1호에 따른 제도를 시행하거나 제4호에 따라 재고용하면서 주당 소정근로시간을 15시간 이상 30시간 이하로 단축하는 경우
3. 삭제 <2013. 12. 24.>
4. 정년을 55세 이상으로 정한 사업주가 정년에 이른 사람을 재고용(재고용기간이 1년 미만인 경우는 제외한다)하면서 정년퇴직 이후부터 임금을 줄이는 경우

제3항: 제1항에 따른 임금피크제 지원금은 해당 근로자의 피크임금과 해당 연도 임금의 차액, 임금인상률과 제1항 제2호에 따른 소정근로시간 단축으로 인한 사업주의 노무비용 증가액 등을 고려하여 고용노동부장관이 고시하는 금액으로 한다. 제4항: 제1항에 따른 임금피크제 지원금은 임금피크제가 적용되는 날부터 5년 동안 지급한다. 다만, 고용기간이 5년보다 짧은 경우에는 그 고용기간 동안 지급하고, 제1항 제1호에 따른 임금피크제 시행 이후 제1항 제4호에 따라 재고용한 경우에도 최대 지급 기간은 통산하여 5년으로 한다. 제5항: 제1항에 따른 임금피크제 지원금의 금액산정, 신청 및 지급 등에 필요한 사항은 고용노동부령으로 정한다.

[77] Ⅷ. 근로관계종료 후의 근로자의 청구권

1. 총 설

근로관계가 종료한 경우에 유기적 법률관계로서의 근로관계(주채무인 노무제공의무와 그 대가인 임금지급의무 및 그 밖의 부수적 의무 등) 자체가 소멸하는 것은 당연한 일이지만, 근로관계로부터 구체적으로 파생된 개별적인 권리·의무는 만족을 얻거나 이행되지 않는 한 소멸되지 않는다. 따라서 만족을 얻지 못한 임금청구권(미지급된 각종 수당지급청구권 등)이나 재해보상청구권(근기법 제78조 이하 참조)은 근로관계의 종료 후에도 소멸시효가 완성(근기법 제49조, 제92조)될 때까지 여전히 존속한다. 그 밖의 비밀유지의무 등도 일정기간 소멸되지 않는다. 그리고 근로관계의 종료 후에 근로자는 그가 보관했던 도구나 그 밖의 물품의 반환의무나 회사서류의 인도의무를 이행해야 한다.

특히 근로자는 근로관계종료 후에 그가 근무했던 사업장 또는 회사에 관한 비밀을 누설하지 않을 부작위의무(不作爲義務)를 진다(이에 관해서는 [49] 1. ⑵를 참고). 그러나 비밀준수의무의 정도에 대해서는 그때그때의 경우에 따라 구체적으로 검토해야 한다.

2. 금품청산

⑴ 청산의무의 내용

근로기준법 제36조는 「사용자는 근로자가 사망 또는 퇴직한 경우에는 그 지급사유가 발생한 때부터 14일 이내에 임금, 보상금, 그 밖의 모든 금품을 지급하여야 한다」고 규정하고 있다(벌칙: 근기법 제109조 Ⅰ). 이때 기타 일체의 금품이란 적립금·보증금·저축금·퇴직금(다음의 3 참고) 등 명칭 여하를 불문하고 근로자에게 귀속한 일체의 금품(보다 정확히는 금전채권)을 말한다(근기법 제2조 I ⑤). 구법에서는 '그 권리자가 청산을 요구한 때'로 되어 있었으나(구법 제30조) 현행법에서는 '그 지급사유가 발생한 때'[1]로 개정되었다. 이 개정은 이론상 당연한 것이다. 근로자의 사망 또는 기타의 퇴직사유로 사용자와 근로자 사이의 근로관계가 종료되면 지급사유가 발생한 때(퇴직시에는 퇴직한 때) 임금·보상금·퇴직금 기타 일체의 금품에 관하여 사용자에게는 지급의무가 발생하고, 근로자(또는 유족)에게는 지급청구권이 발생하기 때문이다. 사용자의 금품청산의무는 근로자의 요구 유무에 상관 없이 퇴직시에 발생한다는 것은 의심의 여지가 없다. 사용자에게 14일 이내에 금품을 지급하도록 한 것은 그 지급의무의 이행을 유예해 준 것이 아니므로 지급청구권 행사에 대한 장애라고 볼 수 없다. 예컨대 퇴직금 청구권은 퇴직한 다음 날부터 이를 행사할 수 있다.[2]·[3]

「특별한 사정이 있는 경우에는 당사자 간의 합의에 의하여 지급기일을 연장할 수 있다」(근기법 제36조 단서).[4]·[5] 판례[6]는 '근로기준법 제109조 제1항(벌칙: 3년 이하의 징역

1) 여기서 '그 지급사유가 발생한 때'란 사망한 때 또는 퇴직의 효력, 즉 근로계약관계가 종료한 때를 의미한다. 따라서 임금, 보상금 그 밖의 금품청구권이 발생한 때를 의미하는 것은 아니다. 이 규정은 금품 청산에 관한 규정이기 때문이다. 그러므로 사용자가 임금·상여금·그 밖의 수당 등의 지급을 지체하고 있는 때에는 이행지체로 인한 손해(일반 이자율에 의한 이자)를 포함한 금품을 청산하여야 한다(근기법 제37조 참조. 다음의 (2) 참고).

2) 大判 2001. 10. 30, 2001 다 24051.

3) 근로자의 부당해고 구제신청으로 복직발령을 받은 이상 그에 기한 퇴직금지급의무는 소급적으로 소멸되어 그동안의 퇴직금 미지급으로 인한 근로기준법 위반죄의 구성요건적 사실이 존재하지 않게 되어 근로기준법 제36조의 위반죄(제109조 I)도 성립할 수 없다(大判 2009. 11. 12, 2009 도 7908). 금품 청산의무 위반죄는 금품 지급사유 발생 시부터 14일이 경과한 때 성립한다고 보아야 할 것이다(大判 1995. 11. 10, 94 도 1477 참고).

4) 사용자가 지급을 연기할 수 있는 특별한 사정이란 천재지변 기타 이에 준하는 부득이한 사정과 사용자가 성의와 전력을 다하여 체불이 발생하지 않도록 노력하였음에도 불구하고 체불을 막을 수 없었던 상황을 말한다(大判 1989. 2. 9, 87 도 2509).

5) 구 근로기준법 시행령 제12조는 「법 제30조 단서의 규정에 의한 기일연장은 3월을 초과하지 못한다」라고 규정하고 있었다. 그러나 동 규정은 「근로기준법 자체가 기일연장의 한도를 규정한 바도 없고 대통령령에 아무런 위임을 한 바도 없으므로 … 위임입법의 한계를 벗어난 것으로서 무효」라고 대법원이 판시하였다(大判(전합) 1998. 10. 15, 98 도 1759). 이에 따라 1999년 3월 3일 근로기준법 시행령 개정시에 동 규정은 삭제되었다(이 판결에 대한 상세한 설명은 김형배, '금품청산의 기한을 설정한 근기법시행령의 효력', 「경영계」, 1999. 1, 68면 이하 참고).

6) 大判 2015. 2. 12, 2014 도 12753(모든 성의와 노력을 다했어도 임금이나 퇴직금의 체불이나 미불을 방지할 수 없었다는 것이 사회통념상 긍정할 정도가 되어 사용자에게 더 이상의 적법행위를 기대할 수 없거나 불가피한 사정이었음이 인정되는 경우에는 그러한 사유는 근로기준법(제109조 I)이나 근로자퇴직급여보장법(제44조 ①)에서 정하는 임금 및 퇴직금 등의 기일 내 지급의무 위반죄의 책임조각사유로 된다고 할 것이다); 大判 2008. 10. 9, 2008 도 5984; 大判 2007. 3. 29, 2007 도 97; 大判 2006. 2. 9, 2005 도 9230; 大判 2002. 11. 26, 2002 도 649 등.

또는 3천만원 이하의 벌금), 제36조(금품청산)에서 정하는 임금 및 퇴직금 등의 기일 내 지급의무 위반죄는 사용자가 그 지급을 위하여 최선의 노력을 다하였으나, 경영부진으로 인한 자금사정 등으로 지급기일 내에 지급할 수 없었던 불가피한 사정이 사회통념에 비추어 인정되는 경우에만 면책(위반범죄의 책임조각)되는 것이고, 단순히 사용자가 경영부진 등으로 자금압박을 받아 이를 지급할 수 없었다는 것만으로는 그 책임을 면할 수 없다'고 한다. 동 판례는 '임금이나 퇴직금을 기일 안에 지급할 수 없었던 불가피한 사정'이 있었는지 여부를 판단함에 있어서 사용자가 임금이나 퇴직금 등을 조기에 청산하기 위해 최대한 변제노력을 기울이거나 장래의 변제계획을 분명하게 밝혔는지 등 구체적인 판단기준을 제시하고 있다. 또한 판례는 근로자들의 퇴사일로부터 14일이 경과한 날 이전에 회사가 '파산선고'를 받고 그 회사의 대표이사가 퇴직금지급권한을 상실하게 되었다면, 그 대표이사에게 근로기준법 제109조 1항의 죄책을 물을 수 없다고 한다.[1] 그리고 기업에 대하여 회생절차개시결정이 있는 때에 관리인(채무자회생법 제56조 Ⅰ 참조)이 채무자회생법 등에 따라 이해관계인의 법률관계를 조정하여 채무자 또는 그 사업의 효율적인 회생을 도모하는 업무를 수행하는 과정에서 자금 사정의 악화나 관리인의 업무수행에 대한 법률상의 제한 등에 따라 불가피하게 근로자의 임금 또는 퇴직금을 지급기일 안에 지급하지 못한 것이라면 임금 및 퇴직금 등의 기일 내 지급의무 위반죄의 책임조각사유로 되는 하나의 구체적 사례로 볼 수 있다. 판례는 이러한 판단을 함에 있어서 고려해야 할 제반 사정들을 제시하고 있다.[2]

(2) 미지급 임금에 대한 지연이자[3]

근로기준법 제37조 1항(2005년 3월 31일 신설, 2010년 5월 17일 개정)은 임금 및 퇴직금의 지급지연에 대하여 고율(동법 시령 제17조: 연 20%)의 이자지급 의무를 부과함으로써 체불발생을 예방하고 조기청산을 유도하고 있다. 이 규정은 금품청산의 경우(제36조 참조)에만 적용되는 것이고, 임금의 일정기불의 경우(제43조 Ⅱ 본문; 벌칙 제109조 Ⅰ 참조), 즉 재직중의 임금체불의 경우에는 적용되지 않는다.

a) 내 용

1) 대상자 및 대상금품 제37조 1항의 적용대상자는 사망 또는 퇴직으로 근로관계가 종료된 근로자이고(제36조 및 제37조 참조), 대상금품은 미지급된 임금(제2조 Ⅰ ⑤) 및 퇴직급여보장법 제2조 5호에 따른 급여(일시금만 해당된다)의 전부 또는 일부를 말한다.

1) 大判 2010. 5. 27, 2009 도 7722.
2) 大判 2015. 2. 12, 2014 도 12753.
3) 이하 노동부, 「지연이자제 · 반의사불벌죄, 무료법률구조서비스 제도 해설」, 2005. 6. 참고.

2) 이자발생 기간 및 이자율 지급사유가 발생한 날(퇴사일)로부터 14일이 지난 날(15일째 되는 날)을 기산일로 하여 실제 지급일(변제일)까지 이자율(연 100분의 40 이내의 범위에서 「은행법」에 따른 은행이 적용하는 연체금리 등 경제 여건을 고려하여 대통령령으로 정하는 이율)이 적용된다. 그리고 당사자 간 지급기일 연장에 대하여 유효한 합의가 있었을 경우 그 자체가 근로기준법상 청산의무에 위반되는 것으로 볼 수 없지만(제36조 단서), 지연이자는 면할 수 없다. 다시 말하면 당사자 간에 합의한 기간 중에도 지급사유가 발생한 날로부터 15일째 되는 날을 기산일로 하여 실제 지급한 날까지 지연이자가 발생한다. 근로기준법 제37조 1항에서 「대통령령이 정하는 이율」이란 연 100분의 20을 말한다(동법 시령 제17조).

3) 적용제외 사유 1항의 규정은 사용자가 천재·사변 그 밖에 대통령령이 정하는 사유에 의하여 임금지급을 지연하는 경우 그 사유가 존속하는 기간에 대하여는 적용하지 아니한다(근기법 제37조 Ⅱ). 지연이자제의 주된 목적은 고의로 임금지급을 미루는 사용자에 대하여 경제적인 제재를 부과하여 체불임금 발생을 예방하고 조기청산을 유도하기 위한 것이므로, 천재·사변, 기업 도산 등의 사유로 사용자가 도저히 임금을 지급기일 안에 지급할 능력이 없는 것으로 판단되는 경우에는 그 사유가 존속하는 기간에 대하여 지연이자의 이율 적용을 면제하도록 한 것이다. 적용제외 사유가 존속하는 기간에 대해서는 근로기준법 제37조 1항에 의한 지연이자는 적용되지 않으나, 민법 제379조에 따른 이자(연 5%)까지 면제되는 것은 아니다.

적용제외 사유는 다음과 같다(근기법 제37조 Ⅱ; 동법 시령 제18조).

i) 천재·사변(제37조 Ⅱ) 「재난 및 안전관리기본법」 제3조의 '재난'이 이에 해당한다.

ii) 「임금채권보장법」 제7조 1항 각 호의 어느 하나에 해당하는 경우(근기법 시령 제18조 ①) 근로자가 체당금을 수령할 수 있는 경우로서 법률상 도산 및 사실상 도산이 모두 해당된다.

iii) 「채무자회생법」, 「국가재정법」, 「지방자치법」 등 법령상의 제약에 의하여 임금 및 퇴직금을 지급할 자금을 확보하기 어려운 경우(근기법 시령 제18조 ②) 「채무자회생법」 등 도산관계 법률에 의하여 재산보전처분 명령으로 재산처분이 불가하여 임금지불이 곤란한 경우와 「국가재정법」, 「지방자치법」 등 법령상 사용자가 임금 및 퇴직금의 지급에 충당할 자금을 마련하는 데 있어서 국회 및 지자체 의회 승인 등을 받아야 하는 경우이다.

iv) 지급이 지연되고 있는 임금 및 퇴직금의 전부 또는 일부의 존부(存否)를 법원이나 노동위원회에서 다투는 것이 적절하다고 인정되는 경우(근기법 시령 제18조 ③)[1] 이러한 경우 그 사유가 존속하는 기간에 대하여는 위와 같은 이율에 따른 지연이자를 지급하지 않아도 된다.[2] 다만, 사용자가 합리적인 이유 없이 지연이자의 지급의무를 면하면서 지급을 지연시킬 목적으로 다투는 경우에는 지연이율이 적용된다고 해석하여야 할 것이다. 다투는 것이 '적절한지 여부'에 대한 판단은 법원, 노동위원회가 내린다.

v) 그 밖에 제1호부터 제3호까지의 규정에 준하는 사유가 있는 경우 이에 준하는 사유에는 「임금채권보장법」에 따른 사실상 도산인정은 받지 못했지만 실질적으로 사업이 도산한 경우 등이 있을 수 있다.

4) **적용제외 사유 해당여부에 대한 판단 및 입증책임** 근로기준법 시행령 제18조 각 호의 어느 하나에 해당하는지에 대한 판단은 일차적으로 근로자와 사용자 당사자의 의사에 따를 것이나, 당사자 간에 이견이 있는 경우는 최종적으로 법원에서 판단하며, 적용제외 사유에 해당하는지에 대한 입증책임은 사용자에게 있다.

b) 임금체불 사용자에 대한 벌칙: 반의사불벌죄의 도입

1) **취 지** 체불 문제는 본질적으로 사적 권리분쟁이므로 민사절차를 통하여 해결하는 것이 타당하다. 종래의 제도는 이 문제를 형사화하여 진정인의 처벌의사 및 사업주의 지불능력·청산계획 등과 관계없이 지급명령 기한 내 전액청산을 못하면 처벌대상으로 하였다. 그 결과 형사처벌에 따른 당사자 간의 갈등이 심화되어 합의 또는 민사소송절차에 따른 권리구제 여지가 좁아지게 되었으며, 결과적으로 형사처벌은 체불임금예방 및 청산촉진기능을 발휘하지 못하였다. 따라서 「반의사불벌죄」를 도입하여 형사처벌을 합리화하는 한편, 지연이자제 및 무료법률구조서비스 등을 통하여 체불예방 및 조기청산을 유도함으로써 체불근로자의 실질적인 권리구제를 강화하였다. 이 제도는 금품청산의 경우에만 적용되는 것은 아니다.

2) **내 용** 근로기준법 제36조(금품청산), 제43조(임금지급), 제44조(도급사업에 대한 임금지급), 제44조의2(건설업에서의 임금지급 연대책임), 제46조(휴업수당) 또는 제

---

1) 大判 2011. 9. 29, 2011 다 46142; 大判 2017. 7. 11, 2015 다 54219; 大判 2021. 7. 21, 2021 다 225845.

2) 大判 2013. 12. 12, 2012 다 105741; 大判 2017. 7. 11, 2015 다 54219; 大判 2019. 10. 18, 2018 다 239110('원심에서 피고(회사)의 주장이 일부 받아들여져 원고의 청구금액 중 일부만이 인용된 이상 피고로서는 원고의 퇴직일부터 14일이 경과한 다음 날 이후로서 원고가 구하는 날부터 원심판결 선고일까지는 미지급 임금 등의 존부를 다투는 것이 적절하였다고 봄이 타당하다. 따라서 위 기간에 대하여는 근로기준법에서 정한 연 20%의 이율을 적용하는 것은 부당하고, 피고가 원고와 체결한 근로계약은 보조적 상행위에 해당하므로 상법에서 정한 연 6%의 이율을 적용하여야 할 것이다(大判 1977. 4. 12, 76 다 497; 大判 2006. 4. 27, 2006 다 1381 등 참조)').

56조(연장, 야간, 휴일근무)의 규정을 위반한 자에 대하여는 피해자(진정인, 고소인 등)의 명시한 의사에 반하여 공소를 제기(형사처벌)할 수 없다(근기법 제109조 Ⅱ). 또한 체불임금이 확인되더라도 피해자의 명시적인 '처벌불원 의사표시'가 있으면 체불임금의 일부 또는 전부가 청산되지 않았더라도 형사처벌을 할 수 없다.

3. 근로자퇴직급여보장법(퇴직금·퇴직연금)

(1) 입법배경

한국은 OECD 회원국 중 가장 빠른 속도로 고령화가 진행되고 있으나 근로자들의 노후생활에 대한 제도적 대비책은 미비한 상태여서 사회적 부담은 가중되고 있다. 특히 연봉제 확산, 근속연수 단축 등으로 퇴직금이 소액에 그치게 되어 일시적 생활자금으로 소진되는 경우가 적지 않다. 또한 사업주가 퇴직금을 장부상으로만 적립하고 있는 실정으로 인해 기업이 도산하면 근로자는 퇴직금을 청산받을 수 없게 된다. 법정복지제도(공무원연금법, 사립학교교원연금법 등 참고)의 보호대상이 되는 근로자들이 이와 같이 소외되고 있다는 것은 형평성 원칙에도 맞지 않는다. 또한 근로자 퇴직시 퇴직일시금 지급이 기업에 대하여 부담을 주고 있으며, 경영의 장애요인으로 작용하고 있다. 퇴직금제도는 1961년에 도입된 이후 40여 년이 경과되었으나, 그간 사회·경제적 여건이 급변함에 따라 사용자에게는 큰 부담이 되고, 근로자에게는 별 도움이 되지 못하고 있다. 따라서 노사에게 불이익 또는 부담이 없도록 하면서 노후소득 보장이라는 당초의 취지를 구현하기 위하여 2005년 1월 27일(법률 제7379호) 퇴직급여보장법이 제정되었다(전부개정 2011. 7. 25, 법률 제10967호, 개정 2018. 6. 12 법률 제15664호).

선원인 근로자는 선원법상의 퇴직금제도(선원법 제51조)에 의하여, 공무원들은 공무원연금법에 의하여, 그리고 사립학교 교직원은 사립학교 교직원연금법에 의하여 정해진 퇴직금을 받으며, 퇴직급여보장법의 적용을 받지 않는다.

(2) 퇴직급여제도의 적용

a) 적용대상

퇴직급여제도의 적용을 받는 근로자란 근로기준법 제2조 제1항 제1호에 따른 근로자를 말한다(근퇴법 제2조 ①). 따라서 회사의 상법상 이사로서 이사회 등을 통해 회사의 업무집행에 관한 주요 의사결정에 참여하며 일정한 범위의 사업경영에 관한 업무를 처리해 왔다면 근로기준법상의 근로자에 해당되지 않으므로 근로자퇴직급여법상의 근로자로 볼 수 없다.[1]

---

1) 大判 2013. 9. 26, 2012 다 28813(회사의 이사가 비록 영업팀장으로서의 업무를 함께 담당하는 과

b) 퇴직급여제도의 설정 · 변경(제4조)

1) 현행 퇴직금제도는 근로기준법에서 분리되어, 새로이 도입된 퇴직연금제와 함께 퇴직급여보장법 내에 규정되어 있다. 그리고 퇴직금과 퇴직연금을 퇴직급여제도로 총괄하였다(제2조 ⑥: "퇴직급여제도"란 확정급여형 퇴직연금제도, 확정기여형연금제도 및 제8조에 따른 퇴직금제도를 말한다).

2) 사용자는 퇴직하는 근로자에게 급여를 지급하기 위하여 퇴직급여제도 중 하나 이상의 제도를 설정하여야 한다. 다만, 계속근로기간이 1년 미만인 근로자, 4주간을 평균하여 1주간의 소정근로시간이 15시간 미만인 근로자에 대하여는 그러하지 아니하다(제4조 Ⅰ).

3) 그리고 사용자가 퇴직급여제도를 설정하거나 설정된 퇴직급여제도를 다른 종류의 퇴직급여제도로 변경하려는 경우 근로자의 과반수가 가입한 노동조합이 있는 경우에는 그 노동조합, 근로자의 과반수가 가입한 노동조합이 없는 경우에는 근로자 과반수(이하 "근로자대표"라 한다)의 동의를 받아야 한다(제4조 Ⅲ). 퇴직급여제도들은 각각 장단점이 있으므로 노사가 협의하여 선정하도록 한 것이다. 또한 사용자가 제3항의 규정에 따라 설정되거나 변경된 퇴직급여제도의 내용을 변경하려는 경우에는 근로자대표의 의견을 들어야 한다. 다만, 근로자에게 불리하게 변경하려는 경우에는 근로자대표의 동의를 받아야 한다(제4조 Ⅳ).

c) 5명 미만 사업장 확대적용(제3조, 부칙 제1조 및 제3조 참조) 이 법은 근로자를 사용하는 모든 사업 또는 사업장(이하 "사업"이라 한다)에 적용한다. 다만, 동거하는 친족만을 사용하는 사업 및 가구 내 고용활동에는 적용하지 아니한다(제3조). 근로기준법상의 퇴직금제도는 상시 5명 이상 근로자를 사용하는 사업에 적용되었으나 퇴직급여보장법은 법정복지제도의 형평성을 담보하기 위하여 근로자 5명 미만 사업장에 대해서도 확대 적용한다. 상시 4명 이하의 근로자를 사용하는 사업에서의 시행시기, 급여 및 부담금 등에 관해서는 특례가 규정되어 있다(부칙 제8조).

⑶ 퇴직금제도

a) 퇴직금제도의 설정 퇴직금제도를 설정하려는 사용자는 계속근로기간 1년에 대하여 30일분 이상의 평균임금을 퇴직금으로 퇴직 근로자에게 지급할 수 있는 제도를 설정하여야 한다(제8조 Ⅰ). 퇴직금 지급의무를 지는 사용자에 해당하려면 근로자와의 사이에 계약의 형식이나 법규의 내용에 관계없이 실질적 근로관계가 존재하여야

정에서 대표이사로부터 지시 등을 받은 경우가 있다 하더라도 등기 이사로서의 명칭이나 직위가 형식적 · 명목적인 것에 불과하다고 볼 수 없는 경우에는 근로기준법상의 근로자임을 전제로 근로자퇴직급여법이 규정한 퇴직금을 청구할 수 없다).

한다.[1)]

b) 퇴직금의 법적 성질 근로자가 상당한 기간을 근속하고 퇴직할 경우에 일시금으로서 퇴직하는 근로자에게 지급되는 것이 이른바 퇴직금이다. 퇴직금의 성질에 관해서는 학설상 공로보상설·임금후불설·생활보장설이 있으나,[2)] 우리나라의 학설[3)]과 판례[4)]는 임금후불설을 취하고 있다. 이러한 견해는 기본적으로 퇴직금은 근로자에게 지급되지 않았던 임금을 퇴직시에 사후적으로 지급하는 것으로 이해하기 때문에 퇴직금을 근로조건의 일환으로 파악하려는 입장이다.[5)] 예컨대 부실금융기관으로 지정되어 다른 종류의 금융기관으로 전환되는 과정에서 해고되어 지급받을 퇴직위로금은 후불적 임금의 성질을 가지는 것이 아니라 보상금의 일종으로 보는 것이 상당하다.[6)]

근로기준법 제43조 1항, 제49조의 규정들은 퇴직금에 대해서도 적용된다. 퇴직금은 그 명칭 여하에 상관없이 사용자가 그 전액을 단독으로 출연하여 지급하는 것이어야 한다.[7)] 퇴직금의 우선변제에 관해서는 퇴직급여보장법 제12조가 규정하고 있다(자세한 것은 [51] 1. (1)·(3) 참고).

c) 퇴직금채권의 성립과 근로연수의 계산 퇴직급여보장법 제8조 1항의 규정에

1) 大判 1999. 2. 9, 97 다 56235; 大判 2008. 10. 23, 2007 다 7973; 大判 2007. 3. 30, 2004 다 8333.

2) 각 학설의 내용에 관해서는 김형배, 「근로기준법」, 298면 이하 참고.

3) 박상필, 「노동법」, 242면; 이병태, 「노동법」, 1055면; 土田, 「勞働契約法」, 279面 이하 참고. 일본에서는 우리나라의 퇴직급여보장법 제8조와 같은 법률규정이 없다. 퇴직금은 퇴직수당으로 이해되기도 하며, 동종의 타회사로의 취직이나 징계해고는 퇴직금의 감액이나 몰수 사유로 논의되기도 한다(菅野, 「勞働法」, 422面 이하 참고).

4) 大判 1975. 7. 22, 74 다 1840; 大判 1973. 10. 10, 73 다 278; 大判 2007. 3. 30, 2004 다 8333 등. 그러나 헌법재판소의 결정례(憲裁 1995. 7. 21, 94 헌바 27·29)와 대법원의 판결례(大判 1995. 10. 12, 94 다 36186)에서는 누진제를 채택한 정부투자기관의 직원에 대한 퇴직금에 관하여 임금후불적 성격뿐만 아니라 공로보상적 성격을 함께 가지는 것으로 파악하고 있다. 여기서 문제가 된 것은 재직중에 있었던 소정 사유로 형을 선고받거나 징계에 의하여 파면된 직원에 대하여 퇴직금의 100분의 50을 감액할 수 있다는 퇴직금지급규정의 적법성 여부이다. 이 사건에서 헌법재판소와 대법원은 퇴직금이 임금후불적 성격 외에 공로보상적 성격을 가진다고 하여 감액의 정당성근거를 제시하고 있다. 누진제퇴직금의 경우에는 공로보상적 성격도 가진다는 견해, 임종률, 「노동법」, 594면. 누진퇴직금제를 설정할 수 있는 것은 계속근로기간 1년에 대하여 30일분 이상의 평균임금을 퇴직금 산정기준으로 자유로 정할 수 있는 것이므로 공로보상과 직접 관련이 있는 것은 아니라고 판단된다.

5) 퇴직금을 임금으로 보는 판례: 大判 1969. 1. 21, 68 다 2130; 大判 1969. 12. 30, 69 다 1977; 大判 1973. 10. 10, 73 다 278; 大判 1976. 9. 28, 75 다 1768 등. 「퇴직금청구권도 피전부적격(被轉付適格)이 있는 것이며, 퇴직금의 본질을 후불적 임금으로 보는 이상 이것에도 민사소송법 제579조 4호(현행 민사집행법 제246조 I ⑤ 참조)의 규정이 적용되는 것이라 할 것이니 그 지급시에 받을 금액의 2분의 1에 한하여 전부(轉付)의 대상이 되는 것으로 본다」(大判 1975. 7. 22, 74 다 1840; 大判 2018. 5. 30, 2015 다 51968).

6) 大判 2008. 7. 10, 2006 다 12527.

7) 大判 1999. 4. 23, 98 다 18568; 大判 1998. 3. 13, 95 다 55733.

따른 퇴직금을 청구할 수 있기 위하여는 적어도 근로연수가 1년 이상이어야 한다.[1] 그리고 동조 소정의 계속근로연수계산은 이 규정(구 근로기준법(1961. 12. 4, 법률 제791호) 제28조)의 시행(1961. 12. 4) 후에 퇴직사유가 발생한 이상 구법 시행일인 1953년 8월 9일까지 통산하여 정하여야 한다.[2] 또한 사업 또는 사업장이 근로기준법의 퇴직금적용대상이 아니었던 기간 동안에 근로자가 근로한 기간은 그 후에 당해 사업 또는 사업장이 근로기준법상의 퇴직금적용대상으로 되었다 하더라도 퇴직금산정의 기초인 계속근로연수에 삽입되지 않는다.[3] 재직기간 중 일부를 퇴직금 산정의 기초가 되는 근속기간에서 제외하는 것은 그러한 내용이 단체협약이나 취업규칙으로 규정되어 있어야 하고, 그와 같이 산정한 퇴직금 액수가 퇴직급여보장법에 따라 산정된 퇴직금의 액수보다 많은 등의 특별한 사정이 없는 한 허용되지 않는다.[4] 사용자의 퇴직금지급의무 이행에 대한 퇴직금지급청구권은 근로자의 퇴직시에 발생한다(제8조 I 참조). 그러나 일정한 사유가 있는 경우에는 중간 정산을 받을 수 있다(다음의 f) 참고).

《퇴직금의 지급의무와 퇴직금채권》

퇴직금의 성질이 근로계약관계가 존속하는 중에 근로의 대가로 받았어야 할 임금 전액에서 그 일부를 퇴직금으로 적치(積置)한 것이라면 적치된 임금에 대해서는 근로자가 그 채권을 보유한다. 그러나 적치된 퇴직금에 대해서 근로자가 수시로 지급청구를 할 수 있는 것은 아니다. 또한 정상적인 근무 중에 적치된 임금과 병가 또는 휴직 후에 적치된 임금에 대해서는 각각 그 계산을 달리하는 것이 마땅하다고 해야 할 것이다. 이에 관련해서 대법원 판례[5]는 근로관계가 존속하는 한 사업주의 퇴직금지급의무는 발생할 여지가 없고, 근로관계가 종료되는 때에 비로소 그 지급의무가 생긴다고 하여 퇴직하는 때를 시점으로 평균임금을 계산하여야 한다(근퇴법 제8조 I, 제2조 I ⑥)는 태도를 취하였다. 그러나 퇴직금지급의 이행기를 퇴직시 또는 근로관계의 종료시로 한 것은 근로자의 퇴직 후의 생활을 보호하기 위한 것이고, 근로관계존속 중에 적치되어가는 퇴직금에 대하여 근로자가 아무 권리도 갖지 않는다는 것을 의미하지는 않는다. 따라서 퇴직금에 대한 사용자의 지급의무가 생긴다는 것과 근로자의 퇴직금채권의 보유 및 근로관계의 존속기간에 따른 퇴직금액 산정에 따른 청구권 내용의 변동은 구별해야 한다.

---

1) 근로연수가 1년 미만인 경우란 근속연수가 전체적으로 1년 미만임을 말한다(大判 1971. 5. 11, 71 다 485). 한편 재직중의 군복무기간은 근속연수에 통산되지 아니한다(大判 1993. 1. 15, 92 다 41986).
2) 大判 1966. 5. 17, 66 다 576; 大判 1969. 2. 4, 68 다 2104; 大判 1976. 3. 9, 75 다 872; 서울民地判 1975. 1. 17, 74 가합 2226.
3) 大判 1996. 12. 10, 96 다 42024.
4) 大判 2011. 10. 27, 2011 다 42324; 大判 2007. 11. 29, 2005 다 28358.
5) 大判 1991. 6. 28, 90 다 14560 참고.

판례의 기본 태도가 근로관계가 종료되면서 사용자의 퇴직금지급의무가 생긴 때에 근로자의 퇴직금지급청구권이 구체적으로 발생하고,[1] 그 시점을 기준으로 해서 퇴직금의 산정기초인 평균임금을 산출해야 한다(근기법 제2조 Ⅰ ⑥)는 견해를 취하고 있는 것은 적어도 임금후불설에 더하여 생활보장설의 태도를 취하고 있는 것으로 생각된다.[2]

d) 퇴직금제도의 적용과 계속근로기간 등

1) 퇴직금을 청구할 수 있는 사람은 근로기준법상의 근로자(제2조 Ⅰ ①)이어야 하므로 근로자와 사용자 사이에는 근로관계(사용자의 지휘·감독에 복종하는 종속적 관계)가 존재하지 않으면 안 된다.[3] 퇴직금은 '계속근로기간', 즉 중단없이 계속된 근로관계 기간을 기초로 산정되기 때문이다(근퇴법 제8조 Ⅰ 참조). 여기서 유의해야 할 것은 근로관계가 단순히 형식적인 퇴직에 의해서는 종료하지 않는다는 점이다. 다시 말하면 근로자의 의사에 반해서 형식상 퇴직하였다가 재입사한 경우에는 근로관계가 계속된 것으로 보아야 한다. 따라서 평균임금산정일은 실질적인 퇴직일이다. 기간이 갱신되거나 동일한 근로계약을 반복 체결하여 계속된 기간은 합산된다.[4] 주로 문제가 되는 것은 (중간)퇴직

1) 大判 2018. 7. 12, 2018 다 21821(본소) 퇴직금, 2018 다 25502(반소) 부당이득반환청구 (최종 퇴직시 발생하는 퇴직금청구권을 미리 포기하는 것은 강행법규인 근로자퇴직급여보장법에 위배되어 무효이다. 그러나 근로자가 더 이상 근로계약관계에 있지 않은 상황에서 퇴직시 발생한 퇴직금청구권을 나중에 포기하는 것은 허용된다. 甲이 乙주식회사에서 고용되어 근무하다가 퇴직한 후 약 10개월에 걸쳐 미지급 급여와 퇴직금 등 명목으로 돈을 지급받으면서 '본인은 귀사에 밀린 급료(퇴직금 포함)를 모두 정리하였으므로 더 이상의 추가 금액을 요구하지 않을 것을 약속합니다.'라는 각서를 작성·교부하였다면 퇴직으로 발생한 퇴직금청구권을 사후에 포기한 것으로 보아야 한다.)

2) 근로기준법 제2조 1항 6호가 평균임금산정에 있어서 「이를 산정해야 할 사유가 발생한 날」, 즉 퇴직시를 기준으로 한 것은 퇴직시의 임금액이 그 이전의 임금액보다 높은 것이 일반적이기 때문에 근로자에게 보다 유리한 임금액을 기초로 평균임금을 산출할 수 있도록 하기 위한 것이다.

따라서 해외주재 직원의 퇴직시 평균임금산정기준에서도 정상적인 근무기간과 휴직한 기간 또는 해외파견근무기간중 현저하게 높은 임금을 지급받은 기간의 퇴직금은 각각 따로 계산하여 이를 합산한 금액을 퇴직금으로 지급하는 것이 퇴직금의 임금후불적 성질이나 근로기준법 소정의 법취지에 부합하는 것이라고 생각된다. 그러므로 해외근무시의 급여가 국내직원의 급여보다 높은 부분을 평균임금의 기초가 되는 임금의 총액에 전혀 반영하지 않는 것이 옳다고 한 판례의 태도(大判 1990. 11. 9, 90 다카 4683)에 대해서는 의문이 제기될 수 있다(자세한 내용에 관해서는 김형배, '휴직후 퇴직한 경우의 퇴직금의 산정방법', 「노동법학」(제3호), 1991, 161면 이하 참고).

3) 퇴직금지급의무를 지는 사용자에 해당하려면 사용자와 근로자 사이에 계약의 형식이나 관련 법규의 내용에 관계없이 실질적인 근로관계(大判 1999. 2. 9, 97 다 56235 참고)가 존재하여야 한다. 예컨대 일용직근로자 또는 임시직근로자(大判 1978. 3. 28, 78 다 195; 大判 1979. 10. 30, 79 다 1477; 大判(전합) 1995. 7. 11, 93 다 26168), 성과급·능률급과 같이 임금산정방법이 불규칙한 도급근로자(1985. 5. 22, 근기 01254-9485 등) 또는 수련의 등과 같은 전문직업인(1981. 3. 28, 법무 811-8495) 등도 퇴직금제도의 적용을 받는다. 김형배, '육상하역근로자의 근로기준법상의 지위', 「노동법연구」, 229면 이하 참고.

4) 大判(전합) 1995. 7. 11, 93 다 26168.

의 형식을 취하여 근로관계를 종료시킨 후 다시 계약을 체결하여 재입사하도록 하는 경우로서 이때에 계속근로의 단절을 인정할 수 있느냐 하는 것이 쟁점이 된다. 이에 대하여는 종전계약과 신규계약의 동일성, 기간단절의 사정 등을 고려하여 판단해야 한다.[1]

2) 기업의 합병·분할 또는 영업의 양도 등과 같이 사업주체가 변경되었으나 사업의 동일성이 유지되면서 포괄적으로 근로관계가 승계되어 계속되는 경우에는 승계 전후의 근로기간은 통산된다.[2] 왜냐하면 근로관계는 특정의 경영주에게 전속된 것이 아니라, 기업 내지 사업과 결합된 것으로 보아야 하며, 따라서 기업 또는 사업의 동일성이 유지되는 한 사업의 합병·양도·조직변경이 발생하더라도 기업과 유기적으로 합체하고 있는 계속적 근로관계는 법률상 당연히(ipso iure) 양수인 내지 새로운 사용자에게 이전되기 때문이다. 양도회사로부터 퇴직금을 받았다는 사실만으로 양수회사와의 근로관계가 새로 시작된다고 볼 것은 아니다. 근로자가 사직서를 제출하고 퇴직금을 받았다면 계속근로의 단절에 동의한 것으로 볼 여지가 있으나, 단지 회사의 경영방침에 따른 일방적 결정으로 퇴직 및 재입사의 형식을 거친 것이라면 퇴직금을 지급받았더라도 계속근로는 단절되지 않는 것으로 보아야 한다.[3]

1) 예컨대 해외취업근로자의 경우 기업의 업무상 형편에 따라 근로자의 의사에 반하여 퇴직절차를 밟게 하고 다시 재입사의 형식을 취하는 경우(大判 1976. 3. 9, 75 다 872; 大判 1988. 4. 25, 86 다카 1124), 취업규칙의 개정 등 회사의 경영방침에 따라 퇴사·재입사의 형식을 취하는 경우(大判 1988. 5. 10, 87 다카 2578; 大判 2006. 9. 22, 2006 도 3898) 등에서는 계속근로가 인정되고 있다. 이들 경우에는 실제 사직의 의사 없이 행해진 사직원의 제출행위는 상대방이 알고 있는 진의 아닌 의사표시이거나(민법 제107조 I 단서), 통정허위표시(민법 제108조)에 해당되어 무효이기 때문이다. 다만, 근로자가 경제적 필요에 의하여 자유의사로 재입사 형식을 빌어 퇴직금을 수령하고자 하는 경우(大判 1991. 5. 28, 90 다 20398), 승급이나 승진(예컨대 부장에서 이사로 승진하는 경우) 등 근로자의 경제적 이익 또는 신분상의 이익을 목적으로 당사자 사이에 중간정산을 합의한 경우(大判 1992. 5. 22, 92 다 2295)에는 이를 계속근로로 인정할 수 없을 것이다. 예컨대 사용자측의 경영방침에 의한 계열사간 업무이관에 따라 중간퇴직 및 재입사의 형식으로 근로자의 소속이 변경된 경우 근로자측이 인플레현상 등을 고려하여 스스로 그 이익을 도모하고자 중간퇴직에 따른 퇴직금의 지급을 요구하여 퇴직금이 지급되었다면, 종전의 근로관계는 적법하게 종료되고 그 후의 근로관계는 새로 시작된다고 보아야 한다(大判 1993. 12. 7, 93 다 32309). 또한 유효한 전적(轉籍)([63] 참고)이 이루어진 경우에는 특별한 사정이 없는 한 원칙적으로 해당 근로자의 종전기업과의 근로관계는 단절되는 것이며, 만약 그룹 내 다른 계열사로의 전적을 명하면서 종전기업에서의 근속연수만을 기초로 산정한 퇴직금을 수령할 것인지 또는 그 퇴직금을 이적하게 될 기업으로 이체·적립하여 근속기간의 통산을 받을 것인지를 근로자에게 선택하도록 하였는데 근로자가 자의에 의하여 퇴직금을 수령하는 쪽을 선택하였다면, 이 경우에는 근로자의 자유로운 의사에 기하여 당연히 종전기업과의 근로관계는 단절되고 새로 근속연수가 가산된다고 보아야 한다(大判 1996. 12. 23, 95 다 29970).

2) 大判 2005. 7. 8, 2003 다 40798·40804; 大判 1990. 11. 27, 90 다 5429; 大判 1994. 1. 25, 92 다 23834; 大判 2001. 7. 24, 2001 다 24662 등. 폐업회사와 신설회사가 실질적으로 동일한 경우: 大判 1987. 2. 24, 84 다카 1409; 大判 1997. 6. 27, 96 다 38551.

3) 大判 2005. 4. 29, 2004 두 14090; 大判 2001. 11. 13, 2000 다 18608.

3) 일용직근로자 또는 임시직근로자로서 근무하다가 정식직원으로 임명되어 계속근무한 경우에는 근무형태를 달리하였다 하더라도 계속근로를 인정해야 한다.[1)·2)]

4) 근로자가 실제로 근로하지 않은 기간이더라도 사용자의 귀책사유로 휴업한 기간, 업무상 질병·부상으로 휴업한 기간, 연차휴가기간, 산전후휴가기간, 부당해고와 부당한 징계로 근로를 제공하지 못한 기간, 그 밖에 정당한 쟁의행위기간, 노동조합 전임자로 종사한 기간 등은 근로기간에 포함되어 계속 근로한 것으로 보는 것이 통설이다.[3)] 또한 군복무를 위해 회사 방침에 따라 사직서를 제출하고 퇴직하였다가 제대 후 재입사하는 형식을 취하는 퇴직 및 재입사 처리는 무효이므로 군복무기간과 제입사 전날까지 기간은 계속근로기간에 포함된다는 것이 판례의 태도이다.[4)] 다만, 사용자가 명예퇴직 신청을 받아 명예퇴직을 명함으로써 명예퇴직자로 확정하였다면 그 때부터 일정기간 전직(轉職) 지원 교육을 시행하고 그 기간을 유급휴직으로 처리하더라도 그 휴직기

---

1) 大判 1975. 6. 24, 74 다 1625·1626; 大判 1980. 5. 27, 80 다 617; 大判 1986. 10. 28, 86 다카 1347; 大判 2000. 7. 26, 2000 다 27671; 大邱地判 1987. 7. 30, 87 가합 280; 서울地判 1996. 6. 28, 96 가합 16815. 수습·시용기간 및 촉탁기간도 이를 통산하여 인정해야 한다(1980. 11. 7, 법무 811-29015). 그러나 특수직직원으로 근무하던 근로자가 근로조건 등이 유리한 일반직직원으로 환직(換職)하기 위하여 환직고시에 자발적으로 응시하여 합격한 후 일반직직원으로 신규채용된 경우에 이 근로자가 특수직 근무기간에 상응하는 퇴직금을 지급받았다면, 종전의 근로관계는 일단 종료되고 일반직으로 신규채용된 때부터 새로이 근무기간이 기산된다(大判 1996. 9. 6, 95 다 29932).

2) 계속근무기간 중간에 직류의 변경이 있고, 직류에 따라 퇴직금지급률에 차이가 있는 경우의 퇴직금 산정방법에 관하여 대법원은 종래의 견해를 변경하였다. 즉 종래의 대법원의 견해에 따르면 근로자가 임시직용원에서 정규사원으로 직류가 변경된 경우 사원으로 임용되기 전의 근속기간에 대하여는 임시직용원에 대하여 적용되는 퇴직금지급규정을 기초로 지급일수를 산정하고, 정규사원으로 임용된 이후의 기간에 대하여는 사원에 대한 퇴직금지급규정에 의하여 산출된 지급일수를 합하여 전체 퇴직금지급일수를 산정한 후 여기에 퇴직 당시의 평균임금을 곱하여 퇴직금액수를 정하도록 하고 있었으나(大判 1994. 2. 22, 93 다 11654), 그 후 대법원 전원합의체판결은 다음과 같이 견해를 변경하였다(大判(전합) 1995. 7. 11, 93 다 26168; 大判 1996. 12. 23, 95 다 32631). 즉, 직류에 따라 퇴직금지급률의 차이가 있는 경우에는 우선 그 퇴직금산정방법에 관하여 취업규칙이나 단체협약에 규정이 있고, 그 규정이 근로기준법 제34조 1항(현행 근퇴법 제8조 Ⅰ)에 위반되지 아니하는 한은 그 규정에 따르면 적법하다. 그러나 그와 같은 별도의 규정을 두고 있지 아니한 경우에는 근기법 제34조 1항(현행 근퇴법 제8조 Ⅰ)을 해석의 가장 중요한 기준으로 삼아야 할 것인바, 동조항에 의하면 퇴직금계산에 있어서 가장 기본적인 요건은 계속근로연수, 퇴직금지급률 및 퇴직시의 평균임금이라고 할 수 있다. 그런데 퇴직자의 근무기간 중의 직류변경에도 불구하고 계속 근무하여 온 전기간을 계속근로기간으로 보고, 퇴직금계산의 기초가 되는 평균임금도 직류변경 후 퇴직시의 임금을 기준으로 하는 이상(근기법 제2조 Ⅰ ⑥), 그 지급률도 마땅히 퇴직 당시 직류의 지급률로 함이 근기법 제34조 1항(현행 근퇴법 제8조 Ⅰ)의 취지에 부합한다고 판시하였다. 이와 같은 태도는 퇴직금의 생활보장적 성질을 보다 중요시하는 것으로 해석될 수 있다.

3) 김유성, 「노동법 Ⅰ」, 113면; 이병태, 「노동법」, 698면; 임종률, 「노동법」, 595면; 하갑래, 「근로기준법」, 535면 이하.

4) 大判 2012. 10. 25, 2012 다 41045.

간 중에는 사용자의 업무와 관련된 실질적 근로관계는 사실상 이미 마무리되어 있는 것이므로 근로자퇴직급여보장법의 취지에 반하지 않는 등의 특별한 사정이 있으면 그 기간은 계속근로연수에서 제외될 수 있다는 취지의 판례가 있다.[1]

5) 최근에 부부일방의 장래의 퇴직금청구권이 협의이혼 시 재산분할의 대상이 된다는 대법원 전원합의체 판결이 나왔다.[2]

e) 퇴직금차등제도의 금지 퇴직급여보장법 제8조 1항에 규정된 퇴직금은 최저한도이므로 노사가 그 이상의 기준을 근로계약·취업규칙 또는 단체협약에서 정하는 것은 자유이다. 각 사업장에는 이른바 누진적 퇴직금제도가 채택되고 있는 경우가 적지 않은데, 이는 근로기준법에 정한 최저한도를 일정한 근속기간에 따라 상향하여 규정하고 있는 제도이다. 누진적 퇴직금제도는 취업규칙 또는 단체협약에 의하여 정하는 것이 보통이다.[3]

그러나 하나의 사업 내에서 직종별 또는 직위별로 퇴직금의 지급률(누진율)을 달리하는 제도를 두는 것은 퇴직급여보장법 제4조 2항의 규정에 의하여 명문으로 금지되고 있다. 직종과 직위에 따라 임금이 다르기 때문에 퇴직시에 산출된 평균임금에 차이가 생기는 것은 어쩔 수 없는 일이지만, 평균임금을 기초로 하여 퇴직금을 산출하는 조건을 달리할 수는 없는 것이다. 예컨대 직종(생산직과 관리직)과 직위의 다름에 따라 동일한 근속연수에도 불구하고 누진율을 다르게 한다거나 또는 누진율은 같이하되 일정직급(예컨

---

1) 大判 2007. 11. 29, 2005 다 28358(사용자가 근로자퇴직급여보장법 제8조에 따라 퇴직급여제도를 설정한 경우 사용자는 퇴직근로자에 대하여 계속근로년수 1년에 대하여 30일분 이상의 평균임금을 퇴직금으로 지급하여야 하는데 이때의 계속근로기간은 원칙적으로 근로자의 재직기간을 말하므로 단체협약이나 취업규칙에서 재직기간 중 일부를 퇴직금 산정의 기초가 되는 근속기간에서 제외하는 것은 그와 같이 하여 산정한 퇴직금의 액수가 근로자퇴직급여보장법에 따라 산정한 퇴직금의 액수 이상이라는 등의 특별한 사정이 없는 한 허용될 수 없다.)

2) 大判(전합) 2014. 7. 16, 2013 므 2250(대법원은 협의 이혼하는 부부의 일방이 아직 퇴직하지 아니하고 근무하고 있는 경우에 그의 장래의 퇴직급여는 재산분할의 대상에 포함시킬 수 없고 단지 장래의 그 수령가능성을 분할의 액수와 방법을 정하는 데 필요한 기타의 사정(민법 제839조의2 Ⅱ)으로 참작하면 충분하다는 견해를 취해왔으나, 그 견해를 변경하여 이혼 확정 전의 사실심 변론종결시를 기준으로 그 시점에서 퇴직할 경우 받을 수 있는 예상퇴직급여 상당액을 각자의 적극재산에 포함시켜 다른 재산과 함께 일괄하여 청산하거나 이에 준하는 적절하고 합리적인 방법으로 재산분할을 할 수 있다고 판시하였다). 공무원 퇴직연금의 재산분할에 관하여는 大判(전합) 2014. 7. 16, 2012 므 2888 참고.

3) 다만, 판례에 따르면 근로기준법 제28조(현행 근퇴법 제8조 Ⅰ)는 사용자가 퇴직하는 근로자에게 지급하여야 할 퇴직금액의 하한선을 규정한 것이므로 노사간에 급여의 성질상 근로기준법이 정하는 평균임금에 포함될 수 있는 급여를 퇴직금 산정의 기초로 하지 아니하기로 하는 별도의 합의가 있더라도, 누진제에 따라 산정한 퇴직금액이 근로기준법이 보장한 하한선을 상회하는 금액이라면 그 합의가 무효라고 할 수는 없다(大判 1998. 1. 20, 97 다 21086; 大判 1997. 2. 28, 95 다 49233 등)고 한다.

대 부장) 이상의 사람에 대하여는 실제 근속연수에 일정연한을 더 가산하여 다시 누진율을 적용하도록 하는 것은 퇴직금지급조건에 차등을 두는 것이라고 할 수 있다.[1] 이와 같은 차등제도는 구 근로기준법이 1980년 12월 31일(1981. 4. 1 시행)에 개정될 때에 제28조 2항을 신설함으로써 금지되었다. 현행 퇴직급여보장법도 마찬가지로 차등제도를 금지하고 있다(제4조 Ⅱ).

퇴직금차등제도의 금지는 동일사업 내의 근로자들 사이에서만 문제가 되는 것이므로, 해당 사업 이외의 사업의 근로자와의 차등은 이 조항의 금지대상이 되지 않는다. 여기서 「사업」이란 경영상의 일체를 이루는 기업체로서, 예컨대 법인체 또는 개인사업체를 말하는 것이라고 해석해야 한다.[2] 그러므로 경영상의 일체를 이루면서 조직상 유기적으로 운영되는 지점·출장소·공장 등은 모두 하나의 사업으로 총괄하여 파악되어야 한다. 따라서 하나의 사업이냐 아니냐 하는 문제는 장소적 관념에 따라 결정될 것은 아니다.[3]

취업규칙의 불이익변경과 관련된 대법원 판결([46] 4. 참고)은 그 판결의 대상이 된 퇴직금지급규정의 불이익변경에 관하여 그 변경이 근로자의 동의를 얻지 못하여 효력이 발생하지 않는다 하더라도 그 효과(불이익변경 부인의 효과)는 종전의 퇴직금지급규정이 적용되던 기존의 근로자에게만 해당되고 변경 후 새로 입사한 신규근로자에게는 변경된 퇴직금지급규정이 적용된다고 판시하고 있는바, 이는 결과적으로 퇴직금차등제도의 금지를 규정한 퇴직급여보장법 제4조 2항에 위반하는 것이 아닌가 하는 의문을 가져온다. 이 점에 관하여 대법원은 「변경된 퇴직금제도와 별개의 퇴직금제도를 적용하는 결과가 되었다 하여도 그러한 경우까지 위 법조(法條)(근퇴법 제4조 Ⅱ)에서 금하는 차등 있는 퇴직금제도를 설정한 경우에 해당한다고 볼 수는 없다」[4]고 한다. 이러한 결과는 불이익하

---

1) 구체적인 사례로는: 大判 1993. 2. 12, 91 다 22308(일반직원과 계약직 징수원에 대하여 적용되는 보수규정에 서로 다른 퇴직금 규정을 둔 사례); 大判 1997. 11. 28, 97 다 24511(국내 직원에 대하여는 취업규칙에 의하여 누진제를 적용하면서 해외기능공에 대하여는 개별 근로계약에 의해 단수제를 적용한 경우); 大判 2002. 6. 28, 2001 다 77970(입사일자에 따라 지급률에 차등을 둔 사례).

2) 大判 1993. 2. 9, 91 다 21381; 大判 1993. 10. 12, 93 다 18365; 大判 1999. 8. 20, 98 다 765.

3) 퇴직금차등제도는 대체로 관리직, 사무직 또는 상위직의 근로자들에게 유리하게 설정되는 것이 상례였다. 기존의 차등제도를 조정하는 방법으로서는 관리직, 사무직 또는 상위직을 위한 유리한 조건을 하향조정하거나 다른 직종과 직급의 불리한 조건을 상향조정하는 것을 생각할 수 있을 것이다. 불리한 조건을 상향조정하는 방법이 이론상으로 어려움이 없고 이상적일지 모르나 현실적으로는 기업의 부담이 가중되게 될 것이고 유리한 조건을 하향조정하는 방법은 기업의 부담을 덜어 줄 수는 있어도 이미 취득된 과거의 권리에까지 소급해서 소멸적 효력을 미치게 할 수 없다는 이론상의 문제를 제기하게 된다. 따라서 퇴직금지급과 관련하여 유리한 조건의 적용을 받을 수 있는 과거의 근무연수에 대하여는 새로 설정된 퇴직금제도의 소급적용을 배제하는 것이 옳을 것이다.

4) 大判(전합) 1992. 12. 22, 91 다 45165; 大判 1996. 12. 23, 95 다 32631.

게 변경된 취업규칙의 내용이 기존 근로자의 기득권을 침해할 수 없는 데서[1] 발생하는 것이기 때문이다. 퇴직금「제도」를 설정할 때 그 기초로 삼았던 경제적 사정이나 경영형편이 크게 달라진 경우(사정변경)에는 일정한 시점을 기준으로 퇴직금 지급기준이 유리하게 또는 불리하게 변경될 수도 있다고 생각한다. 따라서 애초의 퇴직금제도 설정시점과 그 상황을 달리하는 시기에 입사한 사원인 근로자에게는 새 제도가 적용되고, 이로 인하여 하나의 사업장에 두 개의 제도가 병존하더라도 퇴직급여보장법 제4조 2항이 적용될 여지는 없다고 판단된다.

f) 퇴직금중간정산제

1) 의의 및 요건 근로자는 퇴직하기 전이라도 일정한 사유가 있을 때에는 자신의 요구에 의하여 기왕에 계속 근로한 기간에 대한 퇴직금을 미리 정산하여 지급받을 수 있다(근퇴법 제8조 Ⅱ 전단). 중간정산제도는 1996년 12월 31일 및 1997년 3월 13일에 근로기준법이 개정 및 제정되면서 새로 도입되었다(근기법 제28조 Ⅲ 신설. 2005년 퇴직급여보장법 제8조 Ⅱ에 옮겨 넣음). 이 제도가 도입되기 전에는 퇴직금 지급청구는 퇴직 시에만 인정되었으므로 재직 중에는 이미 재직한 기간의 퇴직금에 대해서 그 지급청구가 허용되지 않는 것으로 해석되었다. 따라서 형식상의 퇴직과 입사라는 변태적 절차를 통하여 중간정산이 행해졌다.[2] 퇴직금중간정산을 쉽게 인정할 경우 근로자의 노후생활의 보장을 위하여 마련된 퇴직급여제도는 원래의 목적을 실현할 수 없게 될 것이다. 그리하여 2011년 7월에 퇴직급여보장법(2011. 7. 25 개정, 2012. 7. 26 시행) 제8조 2항을 개정하여 중간정산의 요건을「근로자의 요구가 있는 경우」에서「주택구입 등 대통령령으로 정하는 사유로 근로자가 요구하는 경우」로 제한하였다.

퇴직급여보장법 시행령(2012. 7. 24 전부개정, 2012. 7. 26 시행; 2015. 3. 23 일부개정, 2015. 5. 1 시행; 2015. 12. 15 시행) 제3조 1항은 다음 각 호의 어느 하나에 해당하는 경우를 중간정산 사유로 규정하고 있다. 즉, 1. 무주택자인 근로자가 본인 명의로 주택을 구입하는 경우, 2. 무주택자인 근로자가 주거를 목적으로「민법」제303조에 따른 전세금 또는「주택임대차보호법」제3조의2에 따른 보증금을 부담하는 경우. 이 경우 근로자가 하나의 사업에 근로하는 동안 1회로 한정한다(15. 12. 15 개정), 3. 6개월 이상 요양을 필요로 하는 다음 각 목의 어느 하나에 해당하는 사람(가. 근로자 본인, 나. 근로자의 배우자, 다. 근로자 또는 그 배우자의 부양가족)의 질병이나 부상에 대한 요양 비용을 근로자가 부담

1) 大判(전합) 1992. 12. 22, 91 다 45165; 大判 2011. 6. 24, 2009 다 58364; 大判(전합) 2003. 12. 18, 2002 다 2843 등.

2) 퇴직 및 재입사 형식을 빌어 퇴직금을 수령한 경우에 대한 1997년 이전의 참고판례: 大判 1991. 5. 28, 90 다 20398; 大判 1992. 5. 22, 92 다 2295; 大判 1996. 9. 6, 95 다 29932 등.

하는 경우(15. 12. 15 개정), 4. 퇴직금 중간정산을 신청하는 날부터 거꾸로 계산하여 5년 이내에 근로자가 「채무자 회생 및 파산에 관한 법률」에 따라 파산선고를 받은 경우, 5. 퇴직금 중간정산을 신청하는 날부터 거꾸로 계산하여 5년 이내에 근로자가 「채무자 회생 및 파산에 관한 법률」에 따라 개인회생절차개시 결정을 받은 경우, 6. 사용자가 기존의 정년을 연장하거나 보장하는 조건으로 단체협약 및 취업규칙 등을 통하여 일정나이, 근속시점 또는 임금액을 기준으로 임금을 줄이는 제도를 시행하는 경우(15. 12. 15 개정), 6의2. 사용자가 근로자와의 합의에 따라 소정근로시간을 1일 1시간 또는 1주 5시간 이상 변경하여 그 변경된 소정근로시간에 따라 근로자가 3개월 이상 계속 근로하기로 한 경우(15. 12. 15 개정), 6의3. 법률 제15513호 근로기준법 일부개정법률의 시행에 따른 근로시간의 단축으로 근로자의 퇴직금이 감소되는 경우(2018. 6. 19. 신설), 7. 재난으로 피해를 입은 경우로서 고용노동부장관이 정하여 고시하는 사유에 해당하는 경우(2020. 11. 3 개정)이다. 따라서 근로자의 요구가 있더라도 시행령에서 정한 중간정산 사유에 해당하지 않는 때에는 사용자는 중간정산 요구에 응할 의무가 없다. 다만, 중간정산 사유가 없음에도 사용자가 근로자의 요구에 응하여 중간정산을 해 주었다면 퇴직금지급으로서의 효력을 인정할 것인지 여부가 문제될 수 있다. 사용자가 중간정산 사유에 대한 확인의무를 부담하는지 여부도 해석상 논란이 될 수 있을 것이다. 관련 법률문언(시령 제3조 Ⅱ 참조)에 따르면 근로자가 중간정산 사유의 존재를 증명하는 자료를 제시하여 중간정산을 요구하는 경우에 한하여 사용자가 퇴직금을 미리 정산하여 지급할 수 있는 것이므로 중간정산 사유의 요건을 충족하지 아니한 경우에 사용자는 근로자의 중간정산 요구를 거절할 수 있다고 해석된다. 이에 관해서는 퇴직금중간정산의 적정성 확보를 위하여 시행령에서 명확한 규정을 마련하는 것이 필요하다고 생각된다. 왜냐하면 퇴직금 중간정산을 안이하게 인정하면 근로자의 안정적인 노후생활 보장에 이바지함을 목적으로 하는 퇴직금제도의 취지에 반하기 때문이다.

2) 중간정산과 계속근로기간 퇴직금을 근속기간 중에 미리 정산하여 지급한 후의 퇴직금 산정을 위한 계속근로기간은 정산시점부터 새로 계산한다(근퇴법 제8조 Ⅱ 2문). 다시 말하면 사용자와 근로자 사이에 별도의 정함이 없는 한 중간정산 전의 잔여기간이 있더라도 원칙적으로 계속근로기간으로 이어지지 않는다. 판례는 「퇴직금 누진제를 채택하고 있는 사업장에서 중간정산 전의 계속근로기간 중 일부 기간에 대하여만 중간정산이 이루어진 경우, 그 일부 기간이 최초 근로개시 시점으로부터의 일부 기간인 경우와 같이 그 정산이 이루어진 기간 다음부터 새로 계속근로기간을 기산하기로 한 것으로 볼 수 있는 경우이거나 중간정산 전의 계속근로기간 중 일정 기간에 대하여

중간정산을 하면서 중간정산 전의 잔여 근로기간을 중간정산 후의 계속근로기간에 포함시키기로 정한 경우가 아닌 한, 중간정산 전의 잔여 근로기간과 중간정산 후의 근로기간을 합산하여 계속근로기간을 산정하고 퇴직금 누진제를 적용할 수는 없다고 보아야 한다」[1]고 한다. 퇴직금의 산정과 관계가 없는 승진, 승급, 그 밖에 근속공로표창 등을 위한 계속근로기간 산정에 대해서는 퇴직금의 중간정산이 아무 영향을 주지 않는다고 해석해야 할 것이다.

3) 퇴직금의 사전정산약정 중간정산은 이미 계속근로한 기간에 대하여 발생한 퇴직금을 대상으로 한다. 아직 근로하지 아니한 장래의 기간에 대하여 미리 정산을 약정하는 것은 중간정산이 아니다. 대법원도 「사용자가 근로자들과 근로계약을 체결하면서 매월 (지급되는) 임금에 퇴직적립금을 합산하여 지급하기로 약정하고 그들로부터 '매월 급여 수령 시 퇴직금을 정산하여 지급받기를 희망하며 퇴직 시 회사에 퇴직금에 관한 일체의 이의를 제기하지 않을 것을 확약합니다'라는 내용의 퇴직금중간정산 신청서를 받았다 하더라도, 퇴직금 지급 내지 퇴직금중간정산의 효력을 인정할 수 없다」고 판시하고 있다.[2]

4) 중간정산(사전정산)**약정의 무효와 이미 지급된 퇴직금의 반환여부** 퇴직금 중간정산이 퇴직금지급으로서 무효가 된 경우에 근로자는 퇴직시 퇴직금 전액을 청구할 수 있다. 그 경우 미리 퇴직금이라는 명목으로 지급된 금품의 성격과 사용자의 부당이득반환청구권의 성립 여부 및 그 행사방법이 문제된다.

판례[3]는 연봉제를 시행하면서 퇴직금 명목의 돈을 고정연봉 속에 포함시켜 지급한 사건에서 「사용자와 근로자가 매월 지급하는 월급과 함께 퇴직금으로 일정한 금원을 미리 지급하기로 약정한 경우, 그 '퇴직금 분할 약정'은 원천적으로 무효이고 무효인 위 약정에 의하여 이미 지급한 퇴직금 명목의 금원은 부당이득에 해당」하므로 근로자는 사용자에게 그 돈을 반환해야 한다(민법 제741조의 적용)고 판시하였다. 그리고 사용자는 부당이득반환채권을 자동채권으로 하여 근로자의 퇴직금채권과 상계할 수 있으며, 그 상계의 허용범위는 민사집행법 제246조 1항 5호 및 민법 제497조에 의하여 퇴직금채권의 2분의 1을 초과하는 부분에 해당하는 금액에 관해서만 허용된다고 한다(전원합의체 다수의견).[4]

---

1) 大判 2012. 10. 25, 2012 다 41045.

2) 大判 2007. 11. 16, 2007 도 3725; 大判 2007. 8. 23, 2007 도 4171.

3) 大判(전합) 2010. 5. 20, 2007 다 90760(다음의 평석 참고).

4) 사용자와 근로자가 매월 지급하는 월급(또는 매일 지급하는 일급)과 함께 퇴직금으로 일정 금액을 미리 지급하기로 하는 「퇴직금분할약정」은 퇴직급여보장법 제8조 2항 전문 소정의 퇴직금중간정산으로 인정되는 경우가 아닌 한 강행법규인 동조에 위배되어 무효이어서 사후적으로 사용자의 민사상 지급책임이 인정된다고 하더라도 사용자에게 퇴직금 지급의무의 존부에 관하여 다툴 만한 근거가 있

《大判 2010. 5. 20, 2007 다 90760 전원합의체 판결에 대한 별개 및 반대의견과 저자의 평석》

i) 이 판결의 다수의견에 대한 별개 및 반대의견

① 퇴직금 분할 약정에 따라 월급과 함께 또는 그에 포함되어 퇴직금 명목으로 근로자에게 지급된 금원은 근로의 대가로 되는 임금의 일종으로 보아야 하므로 근로자는 정당한 임금을 수령한 것이어서 부당이득이 될 수 없고, 따라서 사용자는 그 반환청구권을 자동채권으로 하고 근로자의 퇴직금청구권을 수동채권으로 한 상계항변이 성립할 여지가 없다.

② 퇴직금지급으로서 그 효력을 인정할 수 없어 부당이득반환이 문제되는 때에는 이를 계산의 착오나 임금 또는 퇴직금의 초과지급의 경우와 같이 볼 수 없고, 지급된 퇴직금 명목의 금액이 정당하게 지급해야 할 퇴직금 수액에 접근할 정도로 다액인 경우 근로자의 경제생활 안정이 위협받을 가능성이 많고, 퇴직금 명목의 금전을 부당이득이라고 인정하는 데에도 다툼이 있을 수 있으므로 이러한 경우에 상계를 허용하여 사용자의 일방적 공제를 인정하게 되면 퇴직금제도의 취지와 임금의 지급에 관하여 상계를 금지한 당초의 제도적 취지에도 어긋나는 것이어서 사용자의 부당이득반환청구권을 자동채권으로 하여 근로자의 퇴직금채권과 상계할 수 없다고 해석하는 것이 합리적이다.

ii) 저자의 평석

이 판례는 여러 가지 관점에서 비판을 받을 수 있는 문제점을 가지고 있으나, 기본적으로는 다음과 같은 의문이 제기되지 않을 수 없다. 첫째, 다수의견에서와 마찬가지로 퇴직금청구권이 발생하기도 전에 월급과 함께 퇴직금 명목으로 일정 금원을 미리 지급하기로 하는 약정은 무효이므로 이러한 무효인 약정을 기초로 지급받은 금원은 부당이득이 될 수 있다. 또한 그 퇴직금 명목의 금원이 임금에도 해당되지 않으므로, 근로자는 법률상 원인없이 이득을 얻은 것이 된다. 둘째, 그러나 근로자가 급여받은 금원이 부당이득이 된다고 해서 곧바로 이를 반환해야 한다는 결론을 내릴 수는 없다. 다시 말하면 이러한 부당이득의 반환 여부를 결정하기 위해서는 누구에게 불이익을 귀속시키는 것이 공평한 것인지가 먼저 가려져야 한다. 이득을 반환해야 한다면 근로자가 불이익을 부담하는 것이 되고, 반환할 이유가 없다면 사용자가 불이익을 부담하는 것이 된다. 그런데 이 사건에서 공평성에 합치하는 기준을 구하기 위해서는 무효로 판단되는 '퇴직금 분할 약정'이 어느 측의 요구에 의해서 발의·주도되었는지를 검토하지 않을 수 없다. 이 사건에서 근로자가 본인의 자유의사에 따라 정규급여지급일에 지급해 줄 것을 요청한다는 요식적 서류를 제출했다고 하지만 이와 같은 일련의 과정이 사용자의 발의에 의한 것이고 근로자는 이에 수동적으로 응한 것에 지나지 않는다면 '퇴직금 분할 약정'은 사용자

을 때(퇴직금 상당액 등을 지급한 사실이 있을 때)에는 근로자들에게 퇴직금을 지급하지 아니한 데에 상당한 이유가 있다고 보아 사용자(피고인)에게 동법 제44조 1호, 제9조 위반죄의 고의가 있다고 단정하기 어렵다는 것이 판례의 태도이다(大判 2011. 10. 13, 2009 도 8248).

측의 발의와 주도에 의한 것이라고 할 수 있다(원심의 사실관계 참고). 셋째, 또한 퇴직금으로 일정한 금액을 미리 지급하는 퇴직금 분할 약정이 무효라는 것을 사용자는 알고 있었다고 볼 수밖에 없다. 다수의 근로자를 고용하며 기업을 운영하는 자가 퇴직급여보장법 제8조의 규정 내용(Ⅰ 및 Ⅱ)이 강행규정이라는 것을 모른다는 것은 납득할 수 없다. 그렇다면 동 약정이 무효임을 알면서 무효인 약정을 기초로 퇴직금 명목으로 일정한 금원을 급여한 것은 채무없음을 알면서 이를 변제한 것에 지나지 않는다(민법 제742조). 즉, 사용자는 강행규정인 퇴직급여보장법 제8조 2항에 반하는 약정을 주도적으로 체결하고 그 약정이 무효임을 알면서, 다시 말하면 채무없음을 알면서 금원을 급여하였으므로 그 반환을 청구할 수 없다고 보아야 한다.[1] 이 경우에 법원이 퇴직금 분할 변제의무 부존재에 대한 사용자의 인식 여부를 묻지 않고 단순히 '퇴직금 분할 약정'이 무효이고 무효인 약정을 기초로 지급된 금원은 부당이득이 되므로 이를 반환해야 한다고 판단하여 막바로 민법 제741조의 일반규정을 적용한다면 이는 심리를 다하지 않은 것으로 생각된다. 민법 제741조의 일반규정이 적용되기 위해서는 먼저 사용자에 의한 퇴직금 명목의 급여가 비채변제(민법 제742조)에 해당하는지를 검토했어야 할 것이다. 이 사건에 적용될 수 있는 특칙(민법 제742조 이하 참조)인 법조항의 적용 여부에 대하여 먼저 구체적 검토를 거치지 않고 일반조항(민법 제741조)을 그대로 적용하는 것은 법적 심리를 다하지 않은 것이라고 볼 수 있다.[2] 퇴직급여보장법 제8조가 강행규정임을 알면서 주도적으로 근로자와 위의 약정을 체결한 사용자에 대해서 부당이득반환청구권을 부인하는 것(민법 제742조의 적용)이 공평의 원리에 합당하다고 생각한다.

사용자가 「채무없음을 알고 변제」한 것인지의 여부를 대법원이 심리하지 않은 것은 이해하기 어렵다.

5) 퇴직금 분할 약정시 부당이득반환법리가 인정될 수 없는 경우 판례는 퇴직금 명목으로 지급한 돈을 부당이득으로 반환받을 수 있으려면 「퇴직금 제도를 강행법규로 규정한 입법취지를 감안할 때 사용자와 근로자 사이에 실질적인 퇴직금 분할 약정이 존재함을 전제로 할 것인바, 사용자와 근로자가 체결한 당해 약정이 그 실질은 임금을 정한 것에 불과함에도 불구하고 사용자가 퇴직금의 지급을 면탈하기 위하여 퇴직금 분할 약정의 형식만을 취한 경우에는 위와 같은 법리를 적용할 수 없다」고 한다. 「즉 사용자와 근로자 사이에 월급이나 일당 등에 퇴직금을 포함시키고 퇴직시 별도의 퇴직금을 지급하지 않는다는 취지의 합의가 존재할 뿐만 아니라, 임금과 구별되는 퇴직금 명목 금원의 액수가 특정되고, 위 퇴직금 명목 금원을 제외한 임금의 액수 등을 고려

1) 김형배, 「사무관리 부당이득」, 2003, 120면 이하.
2) 김형배, 「사무관리 부당이득」, 2003, 88면, 97면.

할 때 퇴직금 분할약정을 포함하는 근로계약의 내용이 종전의 근로계약이나 근로기준법 등에 비추어 근로자에게 불이익하지 아니하여야 하는 등, 사용자와 근로자가 임금과 구별하여 추가로 퇴직금 명목으로 일정한 금원을 실질적으로 지급할 것을 약정한 경우에 한하여」 부당이득반환법리가 적용된다고 한다.[1)]

g) 퇴직금감액사유 단체협약이나 취업규칙의 퇴직급여에 관한 규정에서 징계 또는 직무와 관련하여 금고 이상의 형을 받는 등의 퇴직금감액사유가 규정되어 있는 경우에 사용자는 퇴직금을 감액하여 지급할 수 있는지가 문제된다(공무원연금법 제64조 참조).[2)] 퇴직금의 성질을 후불되는 임금으로 이해한다면, 징계 등의 사유로 임금을 감액할 수 없으며, 근로자가 업무나 회사의 신용이나 명예와 관련하여 형을 받음으로써 사용자(회사)에 대하여 손해를 입게 한 때에는 별도로 손해배상청구를 하는 것이 옳을 것이다. 왜냐하면 임금의 성질을 가진 퇴직금에도 근로기준법 제43조 1항이 적용되어 그 전액을 지급해야 하기 때문이다.

그런데 판례는 다음과 같은 전제(요건)하에서 퇴직금감액규정의 효력을 인정하고 있다. 첫째, 그 규정이 임직원으로 하여금 재직 중 성실하고 청렴하게 근무하도록 유도하기 위한 정당한 목적을 가지고 있고, 둘째, 업무와 관련된 범죄행위로 인하여 금고 이상의 형을 선고받은 경우 등으로 한정되며, 셋째, 제한의 범위도 근로기준법(현행 근퇴법) 소정의 최저퇴직금제도에 위배되지 않아야 하고, 넷째, 퇴직금은 후불임금으로서의 성격 이외에도 사회보장적 급여로서의 성격과 공로보상으로서의 성격을 아울러 가지는 점에 비추어 (합리적인) 퇴직금감액규정은 퇴직금의 본질에 어긋나지 않는다고 한다.[3)] 이와 같이 판례가 퇴직금에 대하여 부가적으로 공로보상적 성질을 인정하더라도 법률(근퇴법 제8조 Ⅰ)이 보장하고 있는 최저한도의 퇴직금 이상을 감액할 수는 없다고 생각한다. 적어도 법정최저액은 공제대상에서 제외되어야 한다고 보아야 할 것이다. 그러나 판례는 퇴직급여의 100분의 50을 감할 수 있는 것으로 보고 있다.[4)] 이는 아마도 민사집행법 제246조(압류금지채권) 1항 4호의 적용을 염두에 두고 판단한 것으로 짐작되는데, 이는 타

1) 大判 2010. 5. 27, 2008 다 9150; 大判 2012. 12. 13, 2012 다 77006; 大判 2012. 10. 11, 2010 다 95147(퇴직금 분할 약정은 임금을 정한 것이어서 임금으로서 정당하게 수령할 금액에 포함된다고 하여 부당이득반환청구가 성립할 수 없다고 한 사례).

2) 大判 2018. 11. 10, 2018 두 48601(공사대금을 허위로 부풀려 사적인 용도로 사용한 행위를 이유로 해임처분을 받은 공무원 A의 행위가 구 공무원연금법 제64조 제1항 제3호에 규정된 '공금의 횡령·유용'으로서 퇴직급여 등 감액사유에 해당한다고 판단하여 상고를 기각한 사례).

3) 大判 2002. 9. 6, 2002 다 29442; 大判 2003. 5. 16, 2001 다 54977; 大判 2018. 11. 10, 2018 두 48601.

4) 大判 2002. 9. 6, 2002 다 29442(한국도로공사사건); 大判 2003. 5. 16, 2001 다 54977(한국수자원공사사건).

당하지 않다고 생각된다. 왜냐하면 퇴직금감액사유는 근로자가 사용자에 대하여 부담하는 '채무 자체'와 동일시 되는 것이 아니며, 근로기준법 제95조(제재규정의 제한)의 규정 취지에 비추어 보아도 근로자의 생존을 위한 퇴직금(임금)의 2분의 1을 형사처벌이나 징계사유 등을 이유로 공제한다는 것은 법적 정당성을 결하기 때문이다. 따라서 퇴직금이 감액되는 경우는 법정 퇴직금액 이상을 지급하도록 되어 있는 누진제 적용의 경우에 문제될 수 있다고 보아야 한다. 퇴직금의 감액이 확정된 경우에는 근로자는 감액분을 공제한 나머지 금액에 대해서만 청구권을 가진다. 그러므로 근로자가 퇴직 당시 퇴직급여 전액을 지급받았으나 퇴직 후 재직중의 직무와 관련하여 퇴직금감액사유가 인정되면 그 감액 상당액은 부당이득으로서 반환해야 한다.[1] 일반 근로자의 경우와는 달리 공무원연금법 제64조 1항에 의하면 공무원이거나 공무원이었던 사람은 재직중 직무와 관련이 있는 사유로 금고 이상의 형을 받은 등의 경우에 퇴직금 일부를 감액받게 된다.[2]

이와 같은 법리는 퇴직금의 중간정산이 실행된 경우에도 마찬가지로 적용된다. 즉 퇴직금 중산정산이 있은 후에 퇴직금급여규정에서 정하고 있는 퇴직금감액사유가 발생한 경우에는 이미 중간정산된 부분에 대하여도 퇴직금급여규정상의 감액규정이 적용되는 것이고, 사용자는 중간정산된 근로기간과 그 후의 근로기간에 대하여 각각 위 감액규정을 적용하여 중간정산 퇴직금액과 최종퇴직금액을 산정하고 여기에서 이미 지급된 금액을 공제하여 퇴직금을 지급(초과지급의 경우에는 환수)하게 된다.[3]

h) 퇴직금산정의 실제와 문제점 퇴직급여보장법 제8조 1항은 퇴직하는 근로자에게 지급되어야 할 액수의 하한선을 규정한 것으로서 근로자보호를 위한 강행규정이다.[4] 즉 이 규정은 퇴직금의 최저한도를 보장해 주려는 것이기 때문에 노사간의 근로계약, 취업규칙 또는 단체협약 등에 의하여 그 이상의 기준을 정하는 것은 얼마든지 가능하다. 실제에 있어서도 회사 내에 별도의 퇴직금규정을 두고 있는 경우가 적지 않다. 이 경우에 퇴직금산정의 기초가 되는 임금을 확정하는 것과 관련하여 논란이 발생되고 있다.

1) 퇴직금규정이 없는 경우의 퇴직금의 산정 회사 내에 별도의 퇴직금규정이 없는 경우에는 퇴직급여보장법 제8조 1항과 근로기준법 제2조 1항 6호의 규정을 근거로 퇴직금을 산정하고, 이를 퇴직하는 근로자에게 지급하면 된다. 따라서 이때의 퇴

---

1) 大判 2002. 9. 6, 2002 다 29442; 大判 2003. 5. 16, 2001 다 54977.

2) 헌법재판소는 재직중이더라도 공무원의 신분이나 직무상 의무와 관련이 없는 범죄를 이유로 퇴직급여 등을 제한하는 것은 헌법에 위반된다고 판시한다(憲裁 2007. 3. 29, 2005 헌바 33). 또한 퇴직 후의 사유로 인한 범죄행위를 퇴직금 감액사유로 삼는 것도 헌법에 위반된다고 판시한다(憲裁 2002. 7. 18, 2000 헌바 57).

3) 大判 2003. 5. 16, 2001 다 54977.

4) 大判 1997. 7. 25, 96 다 22174; 大判 1998. 3. 27, 97 다 49732 참고.

직금액은 근속연수 1년에 대하여 30일분(이상)의 평균임금이 되며, 평균임금은 상여금을 포함하여 평균임금산정기간 내에 근로의 대가로 지급받은 「임금의 총액」을 그 기간의 총일수로 나누어 산출하면 된다(근기법 제2조 I ⑥).

2) 퇴직금규정이 있는 경우의 퇴직금의 산정 회사 내에 별도의 퇴직금규정을 두고 있는 경우로서 그 규정의 내용이 퇴직급여보장법 제8조 1항에서 정한 기준을 상회할 때에는 동 규정에 따라 퇴직금을 산정하여 지급하면 된다. 별도의 퇴직금규정을 두고 있는 경우에는 누진제를 채택하고 있는 것이 일반적 현상이다.

누진적 퇴직금제도란 근로기준법에서 정한 퇴직금의 최저한도액을 일정한 근속기간에 따라 상향조정하여 산정하는 제도를 말한다. 따라서 퇴직금액 자체는 퇴직급여보장법이 정하는 최저수준 이상이 확보된다. 그러나 이 경우에 퇴직금산정방식과 관련하여 문제점이 제기될 수 있다. 구체적인 경우를 나누어서 살펴보면 다음과 같다.

3) 누진제를 채택하면서 퇴직금산정기초를 임의로 정한 경우 논란의 대상이 되는 것은 퇴직금산정의 기초인 평균임금을 산정함에 있어서 임금의 총액에서 상여금(또는 식대보조비, 연료보조비 등)을 제외하는 경우이다. 예컨대 퇴직금산정기초금액에 본봉과 각종 수당만을 산입하고, 상여금 등을 제외하면서 일정한 누진제를 채택하는 경우가 이에 해당한다. 이와 같은 산정방식에 의하더라도 퇴직금액은 퇴직급여보장법 제8조 1항(구 근기법 제34조 I)에서 규정하고 있는 최저한도를 상회하게 되는 경우가 있을 수 있다.

판례는 퇴직 당시에 퇴직금규정에 의하여 산출된 퇴직금액이 퇴직급여보장법 제8조 1항에서 규정한 금액을 상회하는 것이라면, 퇴직금규정은 유효하고[1] 위 규정의 일부가 근로기준법의 규정(근기법 제2조 I ⑥; 근퇴법 제2조 ④)과 달라 근로자에게 불이익한 점이 있다고 하더라도 그 부분만을 따로 떼어 무효로 볼 수 없다는 태도를 취하고 있다.[2] 판례의 이러한 태도는 평균임금을 강행규정인 근로기준법 제2조 1항 6호(근퇴법 제

1) 大判 1982. 11. 23, 80 다 1340; 大判 1987. 2. 10, 85 다카 187; 大判 1991. 12. 23, 91 다 32657; 大判 1995. 9. 26, 94 다 28123; 大判 1997. 2. 28, 95 다 49233·54339.

2) 大判 1987. 2. 24, 84 다카 1409; 大判 2006. 5. 26, 2003 다 54322 등. 그러나 노사 사이의 합의에 따라 산정한 퇴직금액이 퇴직급여보장법이 보장한 하한기준에 미달하면 그 합의는 위법(제8조 I 에 위반)한 것으로 무효이다(大判 2007. 7. 12, 2005 다 25113). 따라서 단체협약 등 퇴직금에 관한 규정이 개인연금보조비, 설·추석귀향비, 후생용품 등 일률적·정기적으로 지급된 금액을 평균임금산정의 기초가 되는 임금총액에 포함시키지 아니하고 퇴직금을 산정하였을 경우에 그렇게 계산된 금액이 퇴직급여보장법에서 규정(제8조 I)한 금액에 미달하는지의 여부를 판단하여 그 미달금액 범위 내에서만 퇴직급여보장법에 위반되어 무효라고 할 것이지, 근로자에게 불리한 규정(단체협약 등 퇴직금에 관한 규정)만을 따로 떼어 내서 그 규정을 무효라고 할 것은 아니다(大判 2006. 5. 26, 2003 다 54322·54339; 大判 1987. 2. 24, 84 다카 1409; 大判 1992. 2. 28, 91 다 30828). 그러므로 평균임금

2조 ④)가 정하는 바와는 다른 임의적인 방식으로 산정해도 무방하다는 결론을 취하는 것이 된다. 다시 말하면 판례의 기본적 입장은 회사의 독자적인 퇴직금규정이 임의적인 퇴직금산정방식을 채택하고 있다 하더라도 산출된 금액이 퇴직급여보장법 제8조 1항이 보장하고 있는 최저액을 상회하는 것이라면, 동조가 목적하는 최저기준규범으로서의 요건을 충족한다는 것이다. 이와 같은 해석태도는 일리가 없는 것은 아니나, 상여금도 임금의 일종으로서[1] 평균임금산출의 기초가 되는 임금의 총액에 당연히 포함되어야 하기 때문에 퇴직금의 산정시 상여금을 제외하고 평균임금을 산정하는 것은 강행규정인 근로기준법 제2조 1항 6호에 위반하는 것이 아닌가 하는 의문이 있다.[2]

4) 퇴직금규정에서 누진제를 채택하면서 상여금 등을 퇴직금산정기초에 포함시키는 경우 회사 내의 퇴직금규정에서 누진제를 채택하면서 상여금 등을 퇴직금산정기초에 포함시키고 있는 경우에는 퇴직금액 자체가 퇴직급여보장법이 규정하고 있는 최저한도를 상회할 뿐만 아니라(제8조 관련), 근로기준법 제2조 1항 6호의 평균임금 산정방식에도 부합하기 때문에 당연히 그 효력이 인정된다. 판례[3]도 이와 같은 퇴직금규정이 있는 경우에는 상여금 등을 퇴직금산정의 기초임금에 반드시 포함시켜야 한다는 태도를 취하고 있다.[4] 다시 말하면 이때에는 상여금을 퇴직금기초임금에서 공제하여 퇴직금을 산정하더라도 퇴직급여보장법 제8조 1항의 하한선을 초과한다는 이유로는 상여금 등을 퇴직금산정의 기초임금에서 제외할 수 없다고 한다. 타당한 판결이라고 판단된다.

i) 평균임금산정의 조정례(調整例) 퇴직금 제도의 취지는 근로자가 퇴직한 후에도 근로자의 통상의 생활을 보장하고자 하는 데 있다. 따라서 평균임금계산에 산입되는 임금총액이 특별한 사유로 통상의 경우보다 현저히 적거나 많을 경우 이를 합리적으로 조정하는 것이 옳을 것이다. 판례는 이러한 경우에 평균임금을 산정할 때 일정기간의 임금 또는 특별한 임금의 부분을 대체 또는 제외하여 불합리한 결과를 배제함으로써 실질적 생활 임금의 적정성을 기하는 법리를 전개하고 있다.[5] 평균임금산정의 기준일이 되

산정의 기초가 되는 임금총액에 포함되어야 할 임금이 포함되지 아니하고 퇴직금이 계산되었더라도 퇴직급여보장법이 규정한 금액보다 많으면 사용자의 퇴직금지급의무는 동법에 위반됨이 없이 유효하게 이행된 것이 된다(大判 2011. 8. 25, 2010 다 63393).

1) 大判 1980. 2. 26, 79 다 2120; 大判 1982. 10. 26, 82 다카 342; 김진웅, '퇴직금과 평균임금', 「판례연구」(제3집), 고려대 법학연구소, 1984, 95면 이하.

2) 자세한 것은 김형배, '퇴직금청구와 판례', 「노동법연구」, 140면 이하 참고.

3) 大判 1977. 2. 8, 76 다 2345; 大判 1977. 4. 12, 76 다 497; 1984. 5. 28, 근기 1451-12309.

4) 大判 2018. 8. 30, 2016 다 228802.

5) 大判 2009. 10. 15, 2007 다 72519(택시기사인 근로자가 퇴직금을 더 많이 받기 위하여 의도적으로 퇴직 직전 5개월 동안 평소보다 많은 사납금 초과 수입금을 납부한 사안에서, 근로자가 지급받은 임

는 근로기준법 제2조 6호의 '이를 산정하여야 할 사유가 발생한 날'이 구체적 사안에 따라서는 적절하지 못하여 그 날을 조정하거나 다른 기준으로 대체하는 것이 합리적인 경우가 발생할 수 있기 때문이다. 이와 같은 조정은 퇴직금 제도의 적정한 시행을 위해서 바람직하다고 보아야 한다.

판례는 평균임금의 계산에 산입되는 '그 사유가 발생한 날 이전 3개월간에 그 근로자에 대하여 지급된 임금의 총액'(근기법 제2조 I ⑥)이 특별한 사유로 인하여 통상의 경우보다 현저하게 적거나 많을 경우, 이를 그대로 평균임금산정의 기초로 삼을 수 없다는 일반원칙을 다음과 같이 판시하고 있다. 즉, 「평균임금은 근로자의 통상의 생활임금을 사실대로 산정하는 것을 그 기본원리로 하는 것으로서 평균임금의 계산에 산입되는 '그 사유가 발생한 날 이전 3월간에 그 근로자에 대하여 지급된 임금의 총액'이 특별한 사유로 인하여 통상의 경우보다 현저하게 적거나 많을 경우에는 이를 그대로 평균임금산정의 기초로 삼을 수 없는 것인바, 이와 같은 평균임금을 그 산정의 기초로 하는 퇴직금 제도는 직급, 호봉 등에 따른 근로자의 통상의 생활을 종전과 같이 보장하려는 데 그 취지가 있다고 할 것이므로, 퇴직급여가 특수하고 우연한 사정에 의하여 통상의 경우보다 현저하게 많거나 적은 금액으로 되는 것은 그 제도의 근본취지에 어긋난다고 할 것이다」.[1)]

j) **퇴직금규정부칙의 적용문제** 취업규칙 중 퇴직금규정을 변경하면서(평균임금×근속연수×누진제에 의한 연수) 부칙에 기존근로자의 일정기간까지의 근속기간에 대해서는 개정 전 퇴직금규정을 그 이후의 근속기간에 대해서는 개정퇴직금규정을 각각 적용

금의 항목들 중 사납금 초과 수입금 부분에 대하여는 의도적인 행위를 하기 직전 3개월 동안의 임금을 기준으로 평균임금을 산정하되 '의도적인 행위를 한 기간 동안의 동종 근로자들의 평균적인 사납금 초과 수입금의 증가율'을 곱하여 산출하고, 이를 제외한 나머지 임금 항목들에 대하여는 퇴직 전 3개월 동안 지급받은 임금총액을 기준으로 평균임금을 산정함이 적절하다); 大判 1990. 11. 9, 90 다카 4683(동등한 직급 호봉의 국내 직원에게 지급되는 급여를 초과하는 국외 주재직원에 대한 급여부분을 평균임금 산정 기초가 되는 임금총액에 산입하지 않은 사례). 또한 大判 2007. 11. 29, 2005 다 28358 참고.

1) 大判(전합) 1999. 5. 12, 97 다 5015; 大判 2020. 6. 25, 2018 다 292418(퇴직을 즈음한 일정 기간 특수하고 우연한 사정으로 인하여 임금액 변동이 있었고 근로기준법에 정한 기준에 따라 산정된 평균임금이 근로자의 전체 근로기간, 임금액이 변동된 일정 기간의 장단, 임금액 변동의 정도 등을 비롯한 제반 사정을 종합적으로 평가해 볼 때 통상의 경우보다 현저하게 적거나 많게 산정된 것으로 인정되는 예외적인 경우라면 통상적인 생활임금을 기준으로 퇴직금을 산출하고자 하는 근로기준법의 정신에 비추어 허용될 수 없는 것이므로 합리적이고 타당한 다른 방법으로 평균임금을 따로 산정하여야 한다). 그러나 위와 같이 통상의 경우보다 현저하게 적거나 많다고 볼 예외적인 정도에까지 이르지 않은 경우에는 근로기준법 등이 정한 원칙에 따라 평균임금을 산정해야 한다(大判 2010. 4. 15, 2009 다 99396).

한다는 경과규정을 둔 경우에 개정 전 퇴직금규정은 퇴직근로자에게 유리한 때에만 적용(제한적 적용)된다는 것이 종전의 판례의 태도였다. 그렇게 하는 것이 근로기준법상의 퇴직금차등금지원칙에 반하지 않기 때문이라고 한다.[1] 이와 같은 문제는 특히 급여체계의 변경으로 인하여 개정퇴직금규정의 적용이 퇴직근로자에게 불리하게 된 때에 제기된다. 그러나 대법원 전원합의체는「사용자가 근로자들에게 불리하게 취업규칙을 변경함에 있어서 근로자들의 집단적 의사결정 방법에 의한 동의를 얻지 아니하였다고 하더라도, 취업규칙의 작성, 변경권이 사용자에게 있는 이상 현행의 법규적 효력을 가진 취업규칙은 변경된 취업규칙이고 다만 기득이익이 침해되는 기존 근로자에 대하여는 종전의 취업규칙이 적용될 따름이며, 취업규칙 중 퇴직금규정을 기존 근로자들에게 불리하게 변경하면서 부칙의 경과규정에 의하여 퇴직금규정이 변경되기 전의 근속기간에 대하여는 종전의 퇴직금규정에 의하도록 하는 것은 근로기준법이 정한 차등퇴직금제도금지의 원칙에 위배되지 아니한다고 할 것인바, 기존 근로자들이라고 하더라도 현재의 법규적 효력을 가진 변경된 퇴직금규정에 의하여 산정한 퇴직금액이 종전 퇴직금규정에 의하여 산정한 퇴직금액을 초과하는 한 기득이익의 침해가 없으므로 변경된 퇴직금규정에 의하여 산정한 퇴직금액의 지급을 청구할 수 있을 뿐이고, 급여체계의 변경으로 변경된 퇴직금규정 중 그 부칙의 경과규정을 적용하는 것이 기존 근로자들에게 불리하게 되었다고 하여 위 경과규정의 적용을 배제하고 그 본문에 의하여 산정한 퇴직금액의 지급을 청구할 수는 없다」고 한다(반대의견 및 다수의견쪽 보충의견 참고).[2]

(4) 퇴직연금제도

a) 퇴직연금제도의 설정 사용자가 확정급여형 또는 확정기여형의 퇴직연금제도를 설정하려는 경우 근로자대표의 동의를 얻거나 의견을 들어「퇴직연금규약」을 작성하여 고용노동부장관에게 신고하여야 한다(근퇴법 제13조, 제19조). 퇴직연금규약을 작성한다는 것은 개별 사업장의 퇴직연금제도를 설계하는 성격을 가지는 것으로 그 규약에는 법정사항을 모두 기재하여야 하며, 그 이외의 사항 또는 법정수준을 상회하는 수준은 노사가 자유로이 정할 수 있다. 또한 그 경우 사용자는 근로자를 위하여 확정급여형 및 확정기여형 퇴직연금제도를 함께 설정할 수 있으며, 그 경우 급여 및 부담금 수준에 대해서는 퇴직급여보장법 제6조가 규율한다.

사용자는 원칙적으로 퇴직연금규약을 작성하여 근로자대표의 동의를 받아야 한다. 퇴직급여보장법 제4조 3항은 사용자가 퇴직급여제도를 설정하거나 설정된 퇴직급여제도

1) 大判 1999. 12. 28, 99 다 33823.
2) 大判(전합) 2003. 12. 18, 2002 다 2843.

를 다른 종류의 퇴직급여제도로 변경하려는 경우에는 근로자대표의 동의를 받아야 한다고 규정하고 있기 때문이다. 다만, 개정 퇴직급여보장법의 시행일(2012. 7. 26) 이후에 새로 성립(합병이나 분할된 경우는 제외한다)된 사업의 사용자는 근로자대표의 의견을 들어 사업의 성립 후 1년 이내에 퇴직연금제도를 설정하여야 한다. 새로 성립된 사업의 경우 퇴직급여에 관한 근로자의 기득권이 존재하지 않기 때문에 퇴직연금제도의 도입을 용이하게 할 목적으로 근로자대표의 동의가 아닌 근로자대표의 의견을 듣는 것으로 충분하다고 규정한 것이다.

퇴직연금제도를 설정한 사용자는 안전한 적립금의 운용관리를 위하여 퇴직연금사업자와 운용관리업무(근퇴법 제28조) 및 자산관리업무(근퇴법 제29조)의 수행을 내용으로 하는 계약을 체결해야 한다(구체적인 계약체결 내용은 근퇴법 제28조, 제29조 참조). 퇴직연금사업자는 퇴직연금제도의 운용관리업무 및 자산관리업무를 수행하기 위하여 퇴직급여보장법 제26조에 따라 등록한 자를 말한다.[1] 퇴직연금사업자는 선량한 관리자의 주의의무로써 운용관리업무를 수행해야 하며(근퇴법 제30조 참조), 퇴직급여보장법 제33조는 특별히 퇴직연금사업자의 책무를 구체적으로 규정하고 있다.

퇴직연금의 종류는 다음과 같다.

b) **확정급여형 퇴직연금제도**(근퇴법 제13조 이하) 확정급여형(Defined Benefit)이란 근로자가 받을 급여의 수준이 사전에 결정되고, 사용자의 적립부담은 적립금 운용결과에 따라 변동하는 제도를 말한다. 확정급여형퇴직연금제도의 가입기간은 해당 퇴직연금제도의 설정 이후 해당 사업에서 근로를 제공하는 기간으로 하며, 제도 설정 이전에 해당 사업에서 근로한 기간에 대하여도 가입기간으로 할 수 있다. 다만, 중간정산이 행해진 경우에는 중간정산 이후의 기간부터 가입기간이 인정된다(근퇴법 제14조 Ⅱ). 확정급여형퇴직연금의 급여수준은 가입자의 퇴직일을 기준으로 산정한 일시금이 계속근로기간 1년에 대하여 30일분의 평균임금에 상당하는 금액 이상이 되도록 하여야 한다(근퇴법 제15조).

확정급여형 퇴직연금제도를 설정한 사용자는 급여 지급능력을 확보하기 위하여 매 사업연도 말에 법률이 정한 기준금액의 100분의 60 이상을 최소적립금으로서 적립하여

1) 퇴직연금사업자로서 등록할 수 있는 자는 「자본시장과 금융투자업에 관한 법률」에 따른 투자매매업자, 투자중개업자 또는 집합투자업자, 「보험업법」 제2조 6호에 따른 보험회사, 「은행법」 제2조 1항 2호에 따른 은행, 「신용협동조합법」 제2조 2호에 따른 신용협동조합중앙회, 「새마을금고법」 제2조 3항에 따른 새마을금고중앙회 등 전문금융기관과 「산업재해보상보험법」 제10조에 따른 근로복지공단이다. 다만, 근로복지공단은 상시 30명 이하의 근로자를 사용하는 사업에 한하여 퇴직연금사업을 실시할 수 있다.

야 한다(이른바 사외적립금. 근퇴법 제16조). 퇴직연금의 급여 종류는 연금 또는 일시금으로 하되, 55세 이상으로서 가입기간이 10년 이상인 가입자에게는 연금으로 지급하며, 이때 연금의 지급기간은 5년 이상이어야 한다. 일시금은 연금수급 요건을 갖추지 못하거나 일시금 수급을 원하는 가입자에게 지급해야 한다(근퇴법 제17조 Ⅰ). 사용자는 급여지급 사유가 발생한 날부터 14일 이내에 퇴직연금사업자로 하여금 적립금의 범위 내에서 지급의무가 있는 급여 전액을 지급하도록 하여야 한다(근퇴법 제17조 Ⅱ). 사용자는 퇴직연금사업자가 지급한 급여수준이 퇴직급여보장법 제15조의 기준에 미치지 못할 경우에는 특별한 사정이 없는 한 급여지급사유가 발생한 날부터 14일 이내에 그 부족한 금액을 해당 근로자에게 지급하여야 한다(근퇴법 제17조 Ⅲ). 급여지급은 모두 가입자가 지정한 개인형퇴직연금(다음의 d) 참고)의 계정 또는 퇴직연금사업자가 운영하는 계정으로 이전하는 방법으로 하며, 다만 가입자가 55세 이후에 퇴직하여 급여를 지급받는 경우 등 대통령령이 정하는 사유가 있는 경우에는 그러하지 아니하다(근퇴법 제17조 Ⅳ·Ⅴ).

c) **확정기여형 퇴직연금제도**(근퇴법 제19조 이하) 확정기여형(Defined Contribution)이란 급여의 지급을 위하여 사용자가 부담하여야 할 부담금의 수준이 사전에 결정되고, 근로자의 연금급여는 적립금 운용결과에 따라 변동하는 제도를 말한다.

확정기여형 퇴직연금제도를 설정한 사용자는 근로자(가입자)의 연간 임금총액의 12분의 1 이상에 해당하는 부담금을 현금으로 근로자의 확정기여형 퇴직연금 계정에 납입하여야 한다(근퇴법 제20조 Ⅰ). 물론 가입자인 근로자는 사용자가 부담하는 부담금 외에도 스스로 부담하는 추가부담금을 자신의 확정기여형 퇴직연금 계정에 납입할 수 있다(근퇴법 제20조 Ⅱ). 사용자는 매년 1회 이상 정기적으로 부담금을 가입자의 확정기여형 퇴직연금 계정에 납입하여야 하며, 부담금의 납입을 지연할 경우에는 특별한 사정이 없는 한 지연일수에 대하여 법 소정의 지연이자도 함께 납입하여야 한다(근퇴법 제20조 Ⅲ·Ⅳ). 사용자가 가입자의 퇴직 등 대통령령이 정한 사유가 발생한 때에 그 가입자에 대한 부담금을 미납한 경우에는 그 사유가 발생한 날부터 14일 이내에 자신의 부담금과 지연이자를 해당 가입자의 확정기여형 퇴직연금 계정에 납입하여야 한다(근퇴법 제20조 Ⅴ).

확정기여형 퇴직연금제도에 가입한 근로자는 적립금의 운용방법을 스스로 선정할 수 있으며, 반기마다 1회 이상 적립금의 운용방법을 변경할 수 있다(근퇴법 제21조 Ⅰ). 이를 위해서 퇴직연금사업자는 반기마다 1회 이상 위험과 수익구조가 서로 다른 세 가지 이상의 적립금 운용방법과 운용방법별 이익 및 손실가능성 등 운용방법 선정에 필요한 정보를 제공하여야 한다(근퇴법 제21조 Ⅱ·Ⅲ). 확정기여형 퇴직연금제도에 가입한 근로자는 주택구입 등 대통령령이 정한 사유가 발생하면 적립금을 중도인출할 수 있다(근퇴법 제22조).

그 밖에 퇴직연금사업자는 둘 이상의 사용자를 대상으로 하나의 확정기여형 퇴직연금제도를 설정할 수 있으며(이른바 표준형퇴직연금제도), 이때에는 법 소정의 사항을 작성하여 고용노동부장관의 승인을 받아야 한다(근퇴법 제23조).

《관련판례: 확정기여형 퇴직연금제도에 가입한 근로자가 퇴직 후 사용자에게 퇴직금제도에 따라 계산한 추가 퇴직금의 지급을 청구할 수 있는지 여부》

확정기여형 퇴직연금제도가 설정된 사업 또는 사업장에서 사용자가 가입자인 근로자의 연간 임금총액의 12분의 1에 미치지 못하는 부담금만을 가입자의 확정기여형 퇴직연금제도 계정에 납입한 경우, 가입자인 근로자가 사용자에게 퇴직일로부터 14일이 지난 후에 직접 정당한 부담금액과 이미 납입된 부담금액의 차액 및 그에 대한 퇴직급여법에서 정한 지연이자의 지급을 청구할 수 있는지, 청구할 수 있다면 부족 부담금의 계산방법은 어떻게 해야 하는지, 부족 부담금의 지급청구와 별개로 퇴직금제도에 따른 추가 퇴직금의 지급을 청구할 수 있는지에 관하여 아직 대법원 판례가 없고 하급심의 판단이 엇갈리고 있는 상황이므로 이에 관한 법령의 해석 및 적용의 당부에 관하여 판단한다.

퇴직급여법의 입법취지와 확정기여형 퇴직연금제도 관련 규정 내용, 확정기여형 퇴직연금제도와 퇴직금제도의 관계 등을 종합하면, 퇴직급여 제도 중 확정기여형 퇴직연금제도가 설정된 사업 또는 사업장에서 사용자가 퇴직한 가입자에 대하여 그 가입기간 동안 매년 납입한 부담금이 연간 임금총액의 12분의 1(부담금의 액수를 연간 임금총액의 12분의 1을 넘는 금액으로 정한 경우에는 그 금액)에 미치지 못하는 경우, 가입자인 근로자는 특별한 사정이 없는 한 퇴직일로부터 14일이 지난 후에는 사용자에게 직접 정당한 부담금액과 이미 납입된 부담금액의 차액 및 그에 대한 퇴직급여법에서 정한 지연이자를 지급할 것을 청구할 수 있을 뿐, 퇴직금제도에 따라 평균임금의 재산정을 통해 계산하는 방식으로 추가 퇴직금의 지급을 청구할 수는 없다고 보아야 한다. 이때 확정기여형 퇴직연금제도에 따른 사업자의 미납 부담금액은 퇴직금제도에 따른 미지급 퇴직금액과 그 산정방식 등의 차이로 그 구체적인 산정금액이 다를 수 있다(大判 2021. 1. 14, 2020 다 207444).

d) 개인형 퇴직연금제도(근퇴법 제24조 이하) 개인형 퇴직연금제도(Individual Retirement Pension: IRP)란 가입자인 근로자의 선택에 따라 가입자가 납입한 일시금이나 사용자 또는 가입자가 납입한 부담금을 적립·운용하기 위하여 설정한 퇴직연금제도로서 급여의 수준이나 부담금의 수준이 확정되지 아니한 퇴직연금제도를 말한다. 이는 직장의 이동이 빈번하거나 퇴직금의 중간정산 등을 이유로 퇴직금이 노후자금으로 활용되

지 못하고 소액생활자금으로 소진되는 문제점이 다수 발생하고 있어 근로자가 직장을 옮기더라도 퇴직금을 그때그때마다 계속 적립했다가 은퇴시에 연금 또는 일시금으로 받을 수 있도록 퇴직연금사업자가 운영하는 개인형퇴직연금제도에 가입할 수 있게 한 것이다. 상시 10명 미만의 근로자를 사용하는 사업의 경우에는 근로자대표의 동의나 의견을 듣지 않고도 개별 근로자의 동의를 받거나 근로자의 요구에 따라 개인형 퇴직연금제도를 설정할 수 있도록 하고 있다(근퇴법 제25조).

(5) 퇴직연금채권의 양도 · 압류금지

a) 퇴직급여보장법 제7조 1항은 퇴직연금제도의 급여를 받을 권리는 양도하거나 담보로 제공할 수 없다고 규정하고 있다. 이 규정은 근로자의 안정적 노후생활의 보장에 이바지하는 노동보호법적 성질을 가진 강행법규에 해당한다고 볼 수 있다. 따라서 근로자가 회사에 대하여 가지는 퇴직연금채권은 특별한 보호를 받는 것이 마땅하다. 금전채권인 퇴직연금채권이 법률에 의하여 양도가 금지된 경우에는 특별한 사정이 없는 한 이를 압류하더라도 현금화가 불가능하게 되므로 압류도 금지되는 것으로 보아야 한다(피압류적격의 부인).[1] 따라서 양도 · 압류가 금지되는 퇴직연금채권에 대한 압류명령은 무효이고 실체법상 효력을 발생할 수 없다. 즉 근로자(채무자)의 채권자가 회사에 대하여 퇴직연금채권을 대상으로 압류채권의 추심금 청구를 하더라도 회사는 압류명령이 실체법상 무효임을 들어 그 지급을 거절할 수 있다.[2]

한편 민사집행법 제246조 1항 4호는 퇴직연금 그 밖에 이와 비슷한 성질을 가진 급여채권은 2분의 1에 해당하는 금액에 대하여 압류하지 못하는 것으로 규정하고 있다. 판례는 퇴직급여보장법상의 양도금지 규정은 위의 민사집행법 규정과의 사이에서 특별법과 일반법의 관계에 있으므로 퇴직연금채권은 그 전액에 관하여 압류가 금지된다고 판시하고 있다.[3]

퇴직연금채권은 담보로 제공될 수 없으므로 제3자가 담보권을 설정하여 변제를 받는 것이 불가능하다.

b) 퇴직급여보장법 제7조 1항에도 불구하고 무주택자인 가입자가 본인 명의로 주택을 구입하는 경우, 가입자, 가입자의 배우자, 가입자 또는 배우자의 생계를 같이 하는 부양가족이 질병 또는 부상으로 6개월 이상 요양하는 경우, 담보를 제공하는 날부터 거꾸로 계산하여 5년 이내에 가입자가 채무자회생 및 파산에 관한 법률에 따라 파산선고를 받은 경우 등 대통령령이 정한 요건을 갖춘 경우(같은 조 Ⅱ 본문 전단, 시령 제2조 Ⅰ

1) 大判 2014. 1. 23, 2013 다 71180; 大判 2000. 7. 4, 2000 다 21048 참조.
2) 大判 2014. 1. 23, 2013 다 71180; 大判 2000. 7. 4, 2000 다 21048 참조.
3) 大判 2014. 1. 23, 2013 다 71180.

각 호 참조)에는 대통령령으로 정하는 한도에서 퇴직연금제도의 급여를 받을 권리를 담보로 제공할 수 있다(같은 조 Ⅱ 본문 후단, 시령 제2조 Ⅱ 각 호 참조). 위의 경우에 같은 법 제26조에 따라 등록된 퇴직연금사업자는 제공된 급여를 담보로 한 대출이 이루어지도록 협력하여야 한다(제7조 Ⅱ 2문).

4. 임금·퇴직금 등 우선변제청구권

이에 관해서는 [51] 1. 에서 기본적인 설명을 하였다. 퇴직급여 등의 우선변제에 관해서는 퇴직급여보장법 제12조가 규정하고 있다. 퇴직급여 중 퇴직금, 동법 제15조에 따른 확정급여형퇴직연금제도의 급여는 계속근로기간 1년에 대하여 30일분의 평균임금으로 산정한 금액으로 한다(근퇴법 제12조 Ⅲ). 따라서 퇴직금 누진제가 실시되고 있더라도 계속근로연수 1년에 대하여 평균임금 30일분을 초과하는 퇴직금 부분은 최우선변제를 받을 수 있는 대상이 되지 않는다.

5. 귀향여비

근로계약 당시 명시된 근로조건이 사실과 다를 경우에는 근로자는 즉시 근로계약을 해제할 수 있고, 이 경우에 사용자는 취업을 목적으로 거주를 변경한 근로자에게 귀향여비를 지급하여야 한다(근기법 제19조 Ⅱ).

6. 사용증명서와 취업방해금지

근로자가 해고되거나 퇴직한 경우라도 사용자는 근로자의 청구가 있을 때에는 사용기간·업무의 종류·지위·임금 그 밖에 필요한 사항에 관한 증명서를 사실대로 기입하여 즉시 교부하여야 한다(근기법 제39조 Ⅰ; 벌칙 제116조 Ⅰ ②). 이 경우에 사용자는 근로자가 요구한 사항만을 기입하여야 한다(근기법 제39조 Ⅱ). 그리고 누구든지 근로자의 취업을 방해할 목적으로 비밀기호 또는 명부를 작성·사용하거나 통신을 하여서는 아니 된다(근기법 제40조). 따라서 사용자를 포함하여 어느 누구도 근로자의 취업을 방해할 목적으로 당해 근로자의 국적·신앙·사회적 신분 또는 노동조합활동 등에 관하여 사용증명서에 비밀기호를 사용하여 표시하거나, 따로 명부(이른바 black list)를 작성하는 행위 또는 통신의 수단을 이용하여 근로자의 취업을 방해하는 행위를 하는 것은 근로기준법 제40조에 의하여 금지된다(벌칙: 근기법 제107조).

사용증명서를 청구할 수 있는 근로자는 적어도 계속 30일 이상을 근무했어야 하며, 청구시기는 퇴직 후 3년 이내이어야 한다(근기법 시령 제19조).

제4장 비전형근로관계

제1절 서 설

[78] Ⅰ. 비전형근로의 개념과 유형

a) 비전형근로란 일반적으로 전형근로(또는 정규근로)에 대비되는 개념으로 표기되는 것이긴 하지만 법률상의 용어는 아니다.[1] 따라서 비전형근로의 의미를 노동법적으로 어떻게 이해할 것인가는 쉬운 일이 아니다. 비전형근로를 근로조건이나 근로자보호수준이 저하된 고용형태로 이해하는 사회학적 방법론에 의하면 직접적 고용관계에 있고 기간의 정함이 없으며 전일제근로를 수행하며 통상적 또는 평균적인 근로조건을 향유하는 고용형태를 일반적으로 전형근로라고 하고 이와 같은 고용형태에서 벗어나 「비정상적인 근로조건」을 가진 모든 종류의 고용형태를 비전형근로라고 부르는 경향이 있다.[2]

b) 근로관계의 전형성은 노동법의 보호목적과의 관련성을 고려하면서 규범적 기준을 가지고 판단되어야 한다. 다시 말하면 노동법은 근로관계의 성립, 존속 및 종료에 이르는 다양한 보호내용을 규율하고 있으며, 이와 같은 노동법상의 보호를 향유하는 자의 요건을 정하고 있다. 이 요건을 충족하여 노동법의 보호를 향유할 수 있는 경우에는 전형적 근로관계(typisches Arbeitsverhältnis, Normalarbeitsverhältnis)가 인정될 수 있고, 이

1) 비전형근로의 용어를 둘러싸고 여전히 의견이 분분하다. 노동계와 일부 문헌에서는 비정규근로라는 표현이 종종 사용되고 있다. 그러나 이 용어는 최근 확산되고 있는 다양한 고용형태가 정상적이지 못한 고용형태라는 의미로 사용되는 경향이 강하다. 여기서 다루는 비전형근로는 이미 노동시장의 수요와 공급법칙에 의하여 합법적으로 그리고 노동법의 테두리 내에서 수행되는 고용형태이므로 이를 비정상적인 것이라 하여 배제되어야 할 것을 전제로 사용되는 용어는 가능한 피해야 할 것이다.

2) 예를 들면 우리나라 통계청은 고용기간을 중심으로 정규직과 비정규직을 구분하고 있고(경제활동인구 조사자료 참고), 다른 한편으로는 고용기간과 근로제공방식 및 장소에 따라 비정규직의 유형을 구분한다. 미국의 노동통계청(Bureau of Labor Statistics: BLS)의 분류에 의하면 일자리의 성격이 일시적인지 상시적인지를 기준으로 전형근로와 비전형근로를 나누며, 노동법 문헌에서도 사용종속관계, 전일제에 따른 근로시간, 통상근로에 준하는 근로일수, 근로제공방식, 근무장소 그리고 근속연수에 따른 임금 등 근로조건의 결정 등을 기준으로 구분한다. 이에 관해서는 김소영, '특수고용관계에 있는 근로자들의 노동법적 문제', 「사회변동과 사법질서」, 김형배교수 정년퇴임기념논문집, 2000, 254면 이하; 오문완, '비전형근로의 법리', 「사회과학논집」, 울산대학교, 1998, 4면 이하 참고.

요건의 일부가 결여되어 제한적 보호만을 향유하거나 보호의 주체와 내용이 달라지는 경우를 비전형근로관계(atypisches Arbeitsverhältnis)로 이해할 수 있다. 이와 같은 개념형성방법에 의하면 우리 노동법상의 「전형적 근로관계」의 요건표지는 근로기준법이 규율하고 있다고 판단된다. 이에 의하면 노동법상의 보호를 향유하는 전형적인 근로관계란 근로자가 사용자에 대하여 사용종속관계에서(근기법 제2조 I ① 참조) 통상의 근로시간을 약정하여(동법 제2조 I ⑦ 참조) 노무를 제공하는 근로계약관계(동법 제2조 I ④ 참조)를 의미한다. 근로기준법 제2조 1항 9호는 이를 「통상근로자」로 표현하고 있다. 또한 근로기준법은 근로관계의 존속보호를 기간의 정함이 없는 근로관계에 대해서만 인정하고 있으므로 기간의 정함이 있는 근로관계(이하에서는 새로 제정된 기단법에 따라 기간제근로관계, 기간제근로계약 또는 기간제근로자로 표현한다)도 간접적으로 비전형적 요소를 갖게 된다. 따라서 현행법상 전형근로와 비전형근로를 구별하는 규범적 기준으로는 사용종속관계에 기초한 근로계약관계, 계약기간의 유무 그리고 근로시간의 길이를 들 수 있다. 이와 같은 근로기준법상의 전형적인 근로관계는 근로기준법이 전제하는 노동관(勞動觀)과도 밀접한 관계가 있다. 기간의 정함이 없는 근로계약에 기초한 전일제의 통상근로관계를 전형적인 고용형태로서 인식하게 된 것은 안정적이고 계속적인 노동이 보장되는 제조업생산체제 또는 산업경제활동의 확립 이후부터라고 할 수 있다. 다시 말하면 각 나라마다 또는 산업이나 업종에 따라 다르긴 하지만 일반적으로 지금의 전형적 고용형태의 모습은 대량생산체제의 산업사회의 필요에 따라 형성된 것이라고 할 수 있다. 계속적이고 안정적인 통상근로(kontinuierliche und stabile Vollzeitbeschäftigung)를 전형적인 취업형태로 여기는 관념은 성장경제하에서 지속되어 온 대량생산체제의 산업사회에서 정착된 제도적 모습인 것이다.[1] 이와 같은 전형적 고용형태의 핵심은 해고보호법에 의하여 사용자의 일방적인 해고의 자유를 제한하는 데 있고, 그 결과로서 원래 언제라도 해지가 가능한 불안정한 고용유형으로 취급되었던 기간의 정함이 없는 근로계약의 의미가 장기적 계속고용을 의미하는 근로계약의 전형이 되기에 이르렀다.[2] 근로기준법이 전제하고 있는 고용형태의 전형성은 바로 이와 같은 노동의 현실적 전개에 기초하고 있는 것이다.

c) 근로기준법은 기간제 근로계약(유기근로계약)의 경우에는 그 기간의 정함이 무효가 되지 않는 한 원칙적으로 해당 근로자가 근로관계의 종료와 관련하여 특별보호(즉, 해고보호)를 향유할 수 없다는 점을 전제로 하고 있다([70] 11. 참고). 기간제 근로계약의

1) Smentek, *Arbeitszeitflexibilisierung. Zwischen "kapitalistischer Zeitökonomie" und "sozialer Zeitkultur,"* 1991, S. 25; 菊池高志, '勞働契約の期間', 「講座 21世紀勞働法の展望」(第4巻), 日本勞働法學會, 2000, 68面.

2) 菊池高志, 前揭論文, 69面.

경우에는 기간의 도과로서 근로관계는 당연히 종료되기 때문이다(자세한 것은 제2절 참고). 그런데 해고로부터의 보호는 근로자보호의 핵심을 이루는 것이므로 이와 같은 보호를 받지 못하는 근로관계는 전형성을 상실하게 된다.

d) 근로기준법은 또한 근로시간적 요소에 의하여 전형성과 비전형성을 구별하고 있다. 동법 제2조 1항 9호는 단시간근로자를 「1주 동안의 소정근로시간이 그 사업장에서 같은 종류의 업무에 종사하는 통상 근로자의 1주 동안의 소정근로시간에 비하여 짧은 근로자」라고 정의하고 있다. 그런데 통상근로자의 근로시간은 단체협약, 취업규칙 또는 근로계약에 따라 정해지며, 반드시 근로기준법상의 법정근로시간을 의미한다고 볼 수 없다. 따라서 단시간근로자의 근로시간은 상대적인 것이다. 또한 주 소정근로시간의 산정방법은 동조에서 규정하고 있지 않다. 따라서 하루의 근로시간이 규칙적으로 짧은 경우도 있을 수 있지만, 이른바 호출부근로(Arbeit auf Abruf)의 경우처럼 근로시간이 불규칙한 경우도 있을 수 있다. 이때에는 일정 기간을 평균하여 산정한 주 근로시간이 소정근로시간으로 인정될 수도 있을 것이다.

e) 실질적인 노무제공관계는 비전형성을 판단하는 기준이 된다. 예컨대 파견근로관계에 있는 자는 근로계약을 파견사업주와 체결한 것이므로 실제 노무의 수령자인 사용사업주와는 근로계약관계가 없다. 그런데 사용사업주는 근로계약관계가 없음에도 불구하고 실질적인 지휘명령권을 행사하고, 법률에 의하여 파견근로자에 대해서 노동법상의 소정의 보호의무를 부담하게 된다. 즉 노동법상의 보호관계를 둘러싸고 사용사업주와 파견근로자 사이에는 비전형적인 관계가 성립하게 된다(자세한 것은 제4절 참고).

f) 비전형 근로관계는 근로관계를 전제로 한다는 점에서 처음부터 근로관계가 없는 독립사업자의 법률관계와 구별된다. 하지만 최근에 근로관계와 근로관계가 아닌 노무제공의 법률관계의 한계영역에 속하면서 노동법상의 보호필요성이 요청되는 이른바 특수고용형태의 취업자 또는 유사근로자집단(arbeitnehmerähnliche Personen)이 확산됨에 따라 이들을 노동의 새로운 형태 비전형근로자로서 파악하면서 넓은 의미의 비전형 근로관계 당사자로서 노동법의 규율대상에 포함하려는 경향이 점차 커지고 있다.[1] 따라서 유사근로자에게는 사용종속관계가 없지만 노동법상의 보호필요성이 있다는 점에서 그와 같은 고용형태를 비전형근로로 분류하여 다루고자 한다(자세한 것은 제5절 참고).

g) **플랫폼노동** 비약적으로 발전하고 있는 정보통신기술을 활용하여 시간과 공간의 경계를 넘어 기업과 사람, 사람과 사람의 다양한 이해관계를 연결시키고, 지식기

---

1) Walwei/Werner, *Beschäftigungsaspekte und soziale Fragen des EG-Arbeitsmarktes*, 1991, S. 38 참고.

술·데이터·지적 생산물·공간 등과 같은 자원뿐만 아니라 '노동력'(서비스)도 공유할 수 있는 디지털 플랫폼이 빠른 속도로 확산되고 있다. 그중에서도 디지털 플랫폼을 매개로 불특정한 개인이나 조직에게 서비스를 제공하고 보수를 얻는 것을 플랫폼노동(platform work) 또는 디지털 노동 플랫폼(digital labour platform)이라고 하고, 노무제공자와 노무서비스 이용자에 관련된 자료 및 정보를 수집·관리하여 이를 전자정보 형태로 기록하고 처리하는 시스템을 노무제공플랫폼이라 한다. 이와 같이 주로 일(jobs, tasks)의 배정 등에 영향을 미치는 플랫폼을 매개로 노무를 제공하는 사람을 '플랫폼 종사자'라고 부른다.[1] 플랫폼 종사자를 크라우드워커(crowdworker)라고 부르기도 하는데, 이는 기업들이 디지털 플랫폼을 이용하여 자신의 업무 중 일정부분을 불특정 다수(crowd)의 플랫폼 종사자에게 아웃소싱하는 방식을 크라우드소싱(crowdsourcing) 또는 크라우드워크(crowd-work)라고 부르는 데서 기인한다. 플랫폼 종사자의 법적 지위는 근로자에서 특수형태근로종사자를 넘어 순수한 개인사업자에 이르기까지 다양하다. 그중에서도 개인사업자의 지위를 갖는 플랫폼 종사자의 보호필요성 문제가 최근 논의의 중심으로 떠오르고 있다(이에 관해서는 제6절 참고).

[79] Ⅱ. 비전형근로의 현실적 의미와 노동법적 보호필요성

a) 비전형근로의 규모는 그 범위를 어떻게 정하는가에 따라 다르게 산정될 수 밖에 없다. 그 때문에 현재 노동계에서 사용되는 비전형근로에 관한 각종 통계는 조사의 기준을 어디에 두는가에 따라 상이한 결과를 나타내고 있다.[2] 다만 분명한 것은 비전형근로의 규모가 국내는 물론이고 국제적으로도 계속해서 증가하고 있다는 점이다.[3] 비전형근로의 고용형태가 급속하게 증가하는 이유를 한가지로 설명하는 것은 어려운 일이다. 그것은 비전형근로의 유형이 다양한데다 각각의 고용형태의 확대요인이 반드시 동일하지 않기 때문이다. 일반적으로 비전형근로의 확대현상의 원인으로는 다음과 같은 점들이

1) '플랫폼 종사자'는 2020. 12. 9. 정부가 발표한 「플랫폼 종사자 보호 대책」에서 사용하는 용어이다.

2) 예를 들면 통계청의 경제활동인구조사, 고용노동부의 사업체노동실태조사보고서, 매월노동통계조사, 한국비정규노동센터의 비정규노동실태조사 그리고 한국노동연구원의 통계가 모두 다른 결과를 보여 주고 있다.

3) 예를 들면 유럽연합의 27개국의 비전형근로의 비율을 조사한 자료(European Commission, Employment in Europe 2010)에 의하면 유기근로, 즉 기간제근로자의 비율은 2009년 현재 전체 취업인구의 14%, 단시간근로자가 19%에 이른다. 이는 1990년의 같은 조사보다 기간제근로자의 경우 약 4%, 단시간근로자의 경우 약 5%가 증가한 것이다.

지적되고 있다.[1] 첫째, 세계경제가 고도성장단계를 지나 장기적인 불황국면으로 진입하고 이른바 경쟁의 글로벌화가 진행되면서 종래의 장기적이고 안정적인 고용형태의 존립기반이 흔들리고 있다. 이에 따라 기업은 고정비용인 인건비를 절감하고 산업구조변화에 효율적으로 대응하기 위하여 신속하고 유연한 경영조직을 재구축하면서 이를 위하여 비전형 고용형태를 선호하고 있다. 둘째, 산업구조가 제조업 중심에서 서비스업 중심으로 재편되고 있다. 서비스업에서는 제조업에서와는 달리 생산된 재고품을 쌓아둘 수 없으므로 수요의 변동에 따른 인력투입의 유연성이 필수적으로 요청된다. 셋째, 최근 노동시장의 고학력화, 여성화 및 고령화가 급격히 진행되면서, 이들 구성원이 선호하는 취업형태가 다양화되고 있다. 여성근로자의 경우 가사부담으로 인하여 가정생활과 직장생활의 공존을 가능하게 하는 근로시간의 유연화를 선호하고, 고령근로자는 장기적인 휴가사용이 가능하도록 근무일의 조정이 가능한 업무를 선호하며, 고학력의 전문직은 기간의 정함이 없는 정규직보다는 일정 기간 동안 능력을 발휘하는 계약직을 선호하는 경향이 나타나고 있다. 뿐만 아니라 노동시장에 새로 진입하는 젊은 세대의 경우에도 조직에 대한 충성을 전제로 하는 평생직장의 관념보다는 개인중심의 가치관에 기초하여 기간제 또는 계약제의 취업형태를 선호하는 경향을 보이고 있다.[2] 이와 같이 비전형 근로형태의 확대는 인건비 절감과 고용의 유연성 확보 및 전문인력의 확보뿐만 아니라 가족과

1) Oechsler, *Flexibilisierungsbedarf auf Betriebsebene*, in: Die Zukunft der Arbeitswelt Flexi-bilisierung von Arbeitsbedingungen, Recht und Kommunikation 18, 1995; Walwei, *Neue Formen der Beschäftigung-Mehr Arbeitsplätze durch weniger soziale Sicherheit?*, Kontinuität und Wandel 1995, S. 141 참고.

2) 일본의 노동법유연화 및 규제완화론도 이 점을 중요한 근거로 내세우고 있다. 예를 들면, 花見 忠 교수(「規制緩和と勞働法制の再檢討」, 1995, 47面 이하)는 「전쟁 이전의 전근대적 근로자착취에 대한 규제라는 발상을 기본으로 하는 현행법제」는 시대착오적인 과잉규제를 포함하고 있다고 하고 그 전형으로서 영리직업소개와 근로자공급을 금지한 노동기준법·직업안정법의 규정을 들고 있다. 또한 근로계약기간의 상한규제도 비현실적이라고 평가한다. 더욱이 현행 근로시간법제는 「여전히 1일의 근로시간규제를 경직적으로 생각하는 공장노동적 발상의 극복이 아직 불충분」하다고 하고 「관리, 전문직과 프로젝트근로 등 새로운 유형의 유동적 노동에 있어서는 규제과잉, 규제부적절의 상황으로 되고 있다」고 비판한다. 요컨대 근로자상의 변화를 근거로 하여 시대에 뒤떨어져 있는 노동기준법의 개정에 의한 규제완화를 주장한다. 菅野和夫 교수도 근로자의 경제생활의 향상, 생활의 안정, 직업능력의 향상으로 인하여 이제 「선량하지만 무지하고 단순한 육체노동에 종사하면서 사용자의 지시대로 따를 수밖에 없는 근로자상은 오히려 예외가 되고 있다」며 이를 대신하여 「개인으로서 시장에서 평가될 만큼의 직업능력을 갖추고 시장거래에서 필요한 판단능력을 가지며 자기책임하에서 위험을 인수할 수 있는 거래를 행하는 근로자상이 부상하고 있다」고 한다. 이러한 인식을 기초로 노동법을 노동시장에서 개인교섭에서 불가결한 소프트시스템으로 보고 민영직업소개의 확대, 근로자파견대상업무의 확대, 계약기간의 상한규정의 완화, 재량노동제의 확대, 여자의 시간외·심야노동규제에 관한 contract-out 등의 규제완화가 요구된다고 주장한다(菅野和夫 外, '勞働市場の變化と勞働法の課題', 「日本勞働研究雜誌」(418號), 1994, 7面).

직장의 조화를 추구하는 개인적 가치관의 변화 등 현대적 노동시장의 현실적 필요의 결과로서 나타난 것이다. 이와 같은 현상은 경기상황에 종속되어 일시적으로 발생하는 것이 아니라 노동시장의 구조적 변화로서 지속적으로 확대될 가능성이 높은 것으로 예상된다.

b) 비전형근로의 확대는 현대적 노동시장의 일반적 현상이면서 동시에 노사관계의 불안정요소로 작용하고 있다. 다시 말해서 우리나라의 비전형 근로형태는 이미 노동시장에서 상당한 비중을 차지하고 있음에도 불구하고 그 종사자의 근로조건은 통상근로자에 비하여 매우 열악하다는 문제를 안고 있다.[1] 따라서 비전형 근로자의 고용상의 불안정성과 열악한 법적 지위를 해소하기 위한 법정책적인 노력이 있어야 한다는 것은 부인할 수 없다. 비전형 근로형태가 노동시장의 수요에 의하여 전개되고 있는 한 노동시장의 합리적인 발전을 위해서는 각각의 비전형 근로형태의 고유한 법적 성격에 부합되는 한에서 적절한 노동법적 보호가 부여되어야 할 것이다. 특히 비전형 근로관계가 전형적 근로관계와 공존하면서 조화롭게 발전하기 위해서는 균등대우원칙과 각각의 고용형태에 부합되는 적정한 근로자의 보호가 실질적으로 보장되어야 한다. 이와 같은 전제하에서만 비전형 근로관계에 대한 경제적 필요와 근로자 개인의 필요가 효율적으로 접목되어 노동시장의 현대적 취업모델로 정착될 수 있을 것이기 때문이다.

c) 그러나 여기서 비전형 근로관계(atypisches Arbeitsverhältnis)와 근로조건이 비정상적으로 열악한 근로관계(prekäres Arbeitsverhältnis)는 구별되어야 한다. 비전형 근로관계에 있는 상당수의 근로자가 상대적으로 낮은 근로조건으로 취업하고 있긴 하지만 양자는 개념상 반드시 일치하지는 않는다. 비전형 근로관계는 개념상 전형적인 근로관계에 비하여 노동법의 보호가 제한되거나 보호주체가 달라지는 근로형태를 의미하기 때문에 노동법의 보호가 제한된다는 이유만으로 자동적으로 비정상적인 근로관계가 되는 것은 아니다. 그런데 비전형 근로형태에 내재되어 있는 고유한 보호의 내용과 질이 객관적으로 현저히 감소되는 경우에는 이것이 비전형 근로형태이기 때문에 문제되는 것이 아니라 비전형근로의 통상적인 보호범위를 하회하는 근로조건의 열악화 또는 불안정성이 문제가 된다. 이러한 이유로 비전형 근로형태와 비정상적 근로조건은 엄밀히 구별되어야 하는 것이다. 이와 같은 비정상적인 근로조건을 노동법의 적용 또는 입법적 개선을 통하여 각각의 비전형 근로형태의 개성에 부합하도록 정상화하는 것이 노동법의 과제이며 모든 비전형 근로형태를 전형적인 근로형태로 전환하는 것은 노동법의 과제가 아니

1) 그 때문에 비전형근로자를 「노동시장의 시민권 없는 시민(citizens of labour market without civil rights)」이라고 표현하기도 한다. B. Veneziani, The New Labour Force, in: Blanpain/Engels(ed.), Comparative Labour Law and Industrial Relations in Industrial Market Economics, 1993, p. 204.

다. 다시 말하면 비전형 근로형태에 관한 노동법적 과제는 각각의 근로형태가 갖는 법적 의미와 노동법의 적용관계를 명확히 하고, 비전형 근로형태가 지니고 있는 근로조건상의 위험성을 가능한 한 감소시키는 데 있는 것이지 비전형근로 자체를 배제하는 데 있는 것이 아니다.

d) 2006년 11월 30일 국회에서 의결된 기간제및단시간법의 제정과 근로자파견법의 개정은 바로 이와 같은 노동법적 과제에 부응하기 위한 입법으로 평가된다. 양 법률은 비전형 근로자들이 부담하는 부당한 근로조건의 개선을 위하여 비합리적인 차별처우로부터 해당 근로자들을 보호하는 데 가장 중요한 목적을 두고 있다. 비전형근로의 사용을 금지 또는 제한하는 것은 그 목적이 아니다. 다시 말하면 이 입법의 기본방향은 한편으로 비전형 근로자들에 대한 차별과 사용남용을 억제시킴으로써 적정한 근로조건을 보장하고 다른 한편으로는 노동시장의 유연화를 통하여 기업경쟁력 강화에 기여하는 등 양자의 요청을 조화시키는 데 있다고 할 수 있다. 결국 근로자에 대한 적정한 보호와 기업의 경쟁력 제고를 통한 고용창출의 과제를 달성하는 길은 기업들이 비합리적 차별을 배제하면서 필요한 곳에서 비전형근로를 활용할 수 있도록 합리적인 고용기준을 마련해가는 데 있다고 볼 수 있으며 위의 입법은 그를 위한 법적 기초를 형성하는 첫 단계라고 볼 수 있다.

e) 그렇지만 차별시정제도가 도입된 지 10여년이 지났음에도 통상근로자와 비전형 근로자 간에 임금 등의 격차가 여전히 상존하고 있다. 2018년 8월 기준으로 통계청 근로형태별 부가조사 결과에 따르면 이른바 정규직 근로자의 월 평균임금은 300만9천원인데 비하여 기간제근로자를 포함한 한시적 근로자의 월 평균임금은 164만4천원으로 약 60% 수준에 그친다.[1)]

정부는 차별시정제도를 통해 근로조건의 격차를 실질적으로 해소하기 위해서 관련 법령을 지속적으로 개정하였다. 2012년 2월 1일 개정에서는 차별시정 신청기간을 연장하고 행정부에 적극적인 차별시정권한을 부여하였다. 2013년 3월 22일 개정에서는 차별시정의 대상이 되는 근로조건의 범위를 구체화하였다. 그리고 2014년 3월 18일 개정에서는 시정명령의 대상에 이른바 징벌적 배상을 포함하였으며 차별시정명령이 확정된 경우 고용노동부장관에게 직권조사와 시정명령 확대 조치를 할 수 있는 권한을 부여하였다. 또한 단시간근로자의 초과근로에 대해서도 가산임금이 지급되도록 하였다.

1) 통계청 경제활동인구조사 근로형태별 부가조사 결과, 2018. 8. 공공누리 참고.

제2절 기간제 근로관계

[80] Ⅰ. 서 설

1. 의 의

a) 기간의 정함이 있는 근로계약을 체결하고 고용된 근로자에 대하여 일반 실무에서는 기간제근로자 외에도 임시직, 계약직, 촉탁직 또는 단기근로자 등 다양한 표현이 사용되고 있다. 그렇지만 이들 고용형태는 일정한 시점의 도과 또는 일정한 목적의 달성 내지 일정한 조건의 충족으로 사용자의 별도의 해지통고(해고)가 없더라도 근로관계가 종료된다는 점에서 차이가 없다. 따라서 이들 고용형태는 구체적인 고용사유나 고용조건의 차이가 있다 하더라도 기간제 근로관계로서의 본질이 달라지는 것은 아니다.[1)]

b) 기간제근로는 여러 가지 이유와 필요에서 활용되고 있다. 첫째, 순수하게 임시적 필요에 의하여 행해지는 고용으로 예컨대 계절적 수요에 의한 고용(예컨대 여름철 휴양지에서의 서비스인력의 고용)과 기업에서의 임시적 고용필요성이 있는 경우(일시적인 증산이나 프로젝트, 건물·기계의 보수와 정비 등) 등이 있다. 둘째, 출산휴가중인 근로자나 장기출장중인 근로자의 업무를 수행하도록 하기 위하여 해당 기간 동안 대체근로로서 사용하는 경우가 있다. 셋째, 기간의 정함이 없는 근로자로 채용할 때까지 업무적격성 또는 노동능력을 평가하기 위하여 시용기간으로 활용되는 경우도 있다. 이상의 유형은 그 사유 자체가 기간의 정함을 정당화하는 이른바 객관적 사유가 인정되는 기간제 근로로서 대체로 그 사용기간이 일회적이거나 제한되어 있다고 할 수 있다. 그러나 현실적으로는 고용기간을 반복·갱신함으로써 장기에 걸쳐 상용되는 경우도 있고 기업활동의 기간부 사업에 투입되는 경우도 적지 않다. 이는 경기상황에 따라 이러한 근로자들을 인원조정의 대상으로 활용함으로써 "고용조정의 안전판"으로 삼고자 하는 목적에서 비롯된 것이라고 할 수 있다. 현재 우리나라에서 논란이 되고 있는 기간제근로의 쟁점은 바로 이와 같이 상용적(常用的) 목적 하에 기업의 상시적 업무를 담당하는 기간제근로자의 고용불안정성과 차별적 처우의 문제라고 할 수 있다.

2. 기간제및단시간법의 제정배경과 취지

a) 구 근로기준법하에서는 계약기간이 1년을 초과하지 않는 한 얼마든지 횟수에 관

1) 大判 2005. 2. 17, 2004 두 13295 참고.

계없이 기간제 근로계약을 체결할 수 있었다. 근로기준법 제16조(2007. 6. 30. 효력상실)는 근로계약의 기간에 대한 제한을 두고 있을 뿐 기간제 근로계약의 체결 자체는 제한하지 않았기 때문이다. 물론 수차에 걸쳐 반복된 근로계약의 갱신거부를 해고로 보아 근로기준법 제23조에 의한 정당한 사유의 요건을 갖추어야만 그 효력을 인정한 판례도 적지 않다(이른바 연쇄적 근로관계).[1] 그러나 현실적으로 연쇄적 근로관계가 인정되어 근로기준법 제23조의 적용을 받는 경우는 그리 많지 않다.[2] 따라서 사용자들은 근로기준법 제23조의 해고제한 규정을 회피하는 수단으로 상시적 수요가 있는 근로자에 대하여 1년 이내의 기간제 근로계약을 반복갱신함으로써 기간제근로자의 규모가 빠른 속도로 확대되고, 기간제근로자의 근속기간도 계속 늘어나고 있었다.[3]

《연도별 기간제근로자의 추이》

조사연도	2009년 8월	2010년 8월	2011년 8월	2012년 8월	2013년 8월	2014년 8월	2015년 8월	2016년 8월	2017년 8월	2018년 8월
기간제근로자의 수(단위: 만명)	350	328	344	340	343	351	364	366	371	382
임금근로자 중 비율(단위: %)	21.3	19.2	19.7	19.2	18.8	18.7	18.8	18.6	18.6	19.1

출처: 통계청 각 연도 경제활동인구조사 근로형태별 부가조사

b) 다른 한편 사용자가 해고보호법의 적용을 회피할 목적으로 기간제 근로관계를 남용하는 것은 근로관계의 존속보호라는 해고보호법의 규범목적에 반하는 것으로서 엄격히 제한되어야 할 것이다. 그렇지만 기간제 근로는 그 종료에 있어서 특별한 노동법적 규제가 없으므로 사용자가 경기변동에 따라 고용량을 적절하게 조절할 수 있다는 점에서 노동시장의 유연화라는 목표를 실현하는 데 유리한 고용형태라는 점도 부인될 수 없다. 전형적 고용형태에 대한 엄격한 노동법적 보호라는 부담으로 인하여 고용조정의 유연성이 상실되면 계속고용의 위험을 부담하지 않으려는 기업의 입장에서는 인력배치의 신속성과 효율성이 저하됨으로써 경쟁력을 유지하는 데 큰 어려움을 겪을 수밖에 없고, 신규투자나 신규창업이 포기될 수밖에 없을 것이다. 그 결과 고용의 유연화와 채용의 확대 사이에는 밀접한 함수관계가 발생하게 된다. 즉, 근로자 보호를 목적으로 기간제 근

1) 대표적으로 大判 1975. 6. 24, 74 다 1625; 大判 1994. 1. 11, 93 다 17843; 서울地判 1995. 8. 24, 94 가합 105377.

2) 연쇄적 근로관계가 인정되기 위해서는 당사자의 의사와 계약관행, 갱신에 대한 기대가능성, 직무상의 특성 등 다양한 사정들이 고려되기 때문이다.

3) 기간제근로자의 근속기간은 2001년 15개월에서 2003년 22개월, 그리고 2006년에는 25개월에 달하고 있다. 노동부, 「비정규 보호법률 해설」, 25면 참고.

로계약의 체결 자체를 제한할 경우에 현재 취업중인 근로자에 대해서는 보호목적이 실현될 수 있지만 고용의 경직성을 우려하는 사용자가 신규채용을 억제함으로써 실업중인 자에 대해서는 그만큼 취업의 기회가 줄어든다. 따라서 전체 노동시장적 관점에서 보면 긍정적 효과보다는 부정적 효과가 클 수밖에 없다는 점도 고려되어야 한다. 다음의 표에서도 볼 수 있듯이 특히 통화위기를 맞이하였던 1997년 후반기부터 급증하던 실업률이 1999년 후반기부터 다시 회복되어 평균 3~4%를 유지할 수 있는 배경에는 기간제 및 일용직 근로자의 증가가 큰 역할을 하고 있음을 알 수 있다. 이는 결국 상당수의 실업자가 비전형근로, 특히 기간제 근로형태로 노동시장에 편입되었음을 보여 주는 것이다.[1)]

《취업자와 임금근로자 중 비정규직의 비중》

연도	실업률 (%)	취업자수 (천명)	임금근로자수 (천명)	임금근로자 중	
				정규직(천명)	비정규직(천명)
2004	3.6	22382	14584	9190	5394
2005	3.6	22847	14968	9486	5483
2006	3.4	23164	15351	9894	5457
2007	3.1	23458	15882	10180	5703
2008	3.1	23617	16104	10658	5445
2009	3.7	23620	16479	10725	5754
2010	3.3	24005	17048	11362	5685
2011	3.0	24495	17510	11515	5995
2012	3.0	24859	17734	11823	5911
2013	3.1	25066	18240	12295	5946
2014	3.5	25599	18776	12699	6077
2015	3.6	25936	19312	13041	6271
2016	3.7	26235	19627	13183	6444
2017	3.7	26552	19883	13341	6542
2018	3.8	26822	20045	13431	6614
2019	3.8	27123	20559	13078	7481
2020	4.0	26904	20446	13020	7426

출처: 통계청 각 연도 경제활동인구 근로형태별 부가조사, 고용동향

1) 이와 같은 분석으로는 안주엽 외, 「비정규근로의 실태와 정책과제(Ⅰ)」, 2001, 한국노동연구원, 15면 이하 참고.

이와 같이 기간제 근로계약에 대한 노동법적 문제에 대한 해결을 위해서는 노동시장의 유연성 제고와 실업의 방지와 같은 노동시장적 관점과 해당 근로자에 대한 적정 근로조건의 보호라는 관점이 함께 고려되어야 할 것이다.

c) 현대 노동법이 지향해야 할 목표가 노동시장의 유연화와 근로자지위의 안정화라고 한다면, 이 두 가지 목표는 현대경제체제를 지탱하는 서로 보완적인 것으로서 조화되어야 한다. 노동법은 이와 같은 조화가 실현될 수 있도록 한편으로는 기업이 경쟁력을 갖추고 일자리를 창출할 수 있도록 효과적으로 뒷받침하면서 다른 한편으로는 그로부터 발생될 수 있는 사회적 위험(예를 들면 해고 또는 근로조건의 감소)으로부터 근로자를 보호하는 것을 그 과제로 한다. 그런데 우리나라의 경우 임시직 또는 계약직이라는 이름으로 행해지고 있는 기간제 근로관계가 이미 상용적인 근로관계에 버금갈 정도로 광범위하게 확대되고 있음에도 불구하고 이러한 근로관계에 종사하는 근로자의 근로조건에 대한 체계적이고 적정한 규율이 이루어지고 있지 않다. 기간제 근로관계가 노동시장의 수요자 측면에서 그 필요성이 크면 클수록 한시적 노무공급자에 대해서도 그 제도적 장점이 적정하게 안정적으로 보장되어야만 이러한 노무공급형태가 노동시장에서 제대로 기능할 수 있다. 반면에 기간제 근로관계에 대한 적절한 법적 규제 없이 기간제근로자가 노동법의 사각지대에 계속 방치된다면 근로자개인의 신체적·정신적 황폐화는 물론이고 사회 전체적으로도 불안요인이 됨으로써 국민경제적 관점에서 중대한 손실을 초래할 수밖에 없음을 우리는 현실적으로 경험하고 있다. 따라서 기간제 근로관계에 관한 보호체계를 재검토하고 개선하는 일은 매우 중요한 과제라 하지 않을 수 없다. 이는 외국의 입법례에서도 이미 보편화되고 있는 추세이다. 유럽연합은 1999년 기간제근로의 남용을 억제하는 법적 수단과 해당 근로자의 차별을 금지하는 것을 골자로 하는 「기간제 근로계약에 관한 입법지침」을 제정한 바 있으며,[1] 그에 따라 유럽연합의 회원국은 이 입법지침을 국내법으로 전환하는 입법을 단행하였다. 대표적으로 독일의 「단시간근로 및 기간제 근로계약법」(Teilzeit- und Befristungsgesetz)을 들 수 있다.[2]

1) Richtlinie 1999/70/EG des Rates vom 28. Juni 1999 zu der EGB-UNICE-CEEP-Rahmenvereinbarung über befristete Arbeitsverträge(ABl. EG Nr. L 175, 1999, S. 43). 이 입법지침은 유럽연합이 직접 규율한 것이 아니라 유럽연합 차원에서 활동하는 노사대표단체가 체결한 「기간제 근로계약에 관한 기본합의」(Rahmenvereinbarung über befristete Arbeitsverträge)를 자신의 입법지침으로 채택하는 입법기술을 사용하였다. 위의 기본합의의 성립과정과 내용에 관해서는 Preis/Sagan/Brose, EuArbR, 2. Aufl. 2019 Rn. 13. 1 ff. 참고.

2) 이 법률에 대한 자세한 소개는 박지순, '독일의 최근 노동입법동향', 「노동법학」(제12호), 2001, 233면 이하 참고. 독일의 단시간및기간제법에 관한 요약된 설명에 관해서는 Junker, *Grundkurs Arbeitsrecht*, Rn. 432 ff. 참고.

d) 기간제및단시간법은 한편으로는 기간제 근로형태의 남용을 막되 노동시장의 유연성 요청과의 조화를 꾀하고 다른 한편으로 기간제근로자에 대한 적정 근로조건의 보호를 현실화하기 위하여 기간제근로자의 사용기간의 제한과 그에 대한 불합리한 차별적 처우의 금지를 근간으로 하고 있다. 우리 사회에 만연되어 있는 비전형 근로형태의 남용을 억제하고 그들에 대한 비합리적으로 낮은 근로조건을 시정하는 데 그 일차적 목표를 둔 것이다(기단법 제1조 참조). 특히 기간제근로자의 경우 동일한 내용의 직무를 담당하는 정규직 근로자와 비교하여 임금이나 기타 후생복지 차원에서 낮은 수준의 고용조건으로 사용되고 있으며 이것이 사회양극화의 주된 요인의 하나로 평가되고 있는 것이 현실이다. 따라서 같은 내용의 노무를 제공함에도 불구하고 고용형태의 차이로 인하여 근로조건에서 불합리한 차별이 발생하는 경우를 방지하여 공정하고 합리적인 고용기준이 마련되어야 한다는 사회적 요청에서 동법률이 제정된 것이라고 평가된다. 기간제근로자에 대한 근로조건상의 차별금지는 기간제근로의 남용에 대한 중요한 억제수단으로서의 기능도 함께 지니고 있음을 부인할 수 없다.

《근로계약의 기간 및 갱신대기권에 대한 대법원판례의 경향》

근로기준법 제16조(2007년 7월 1일자로 효력을 상실하였다.)는 기간의 정함이 없는 경우와 일정한 사업완료에 필요한 기간을 정한 경우를 제외하고는 그 기간의 약정에 있어서 1년을 초과하는 계약기간을 체결할 수 없다고 규정하였다. 이 규정은 근로자가 장기간 사용자에게 구속되는 것을 방지함으로써 근로자의 퇴직의 자유를 보장하려는 데 그 취지가 있다고 할 수 있다. 따라서 이 규정은 근로자를 장기간 근로계약에 의하여 묶어 두려는 사용자의 고용행태를 규제하기 위한 것에 지나지 않는다.[1] 그런데 근로계약 기간의 제한규정과 관련해서는 실무상 다음과 같은 문제가 발생하였다.

a) 1년을 초과한 기간을 정하여 근로계약을 체결한 경우에 근로기준법 제16조가 정한 예외의 경우에 해당되지 않는 한 그 사법상의 효력에 관하여는 견해의 대립이 있었다. 먼저 종래의 통설 및 판례에 따르면 예컨대 3년의 기간으로 계약을 체결한 경우 근로계약은 무효가 되는 것이 아니라 1년의 기간을 가진 계약으로 인정되고, 그 이후의 근로관계는 특별한 사정이 없는 한 기간의 정함이 없는 것으로 보아야 한다는 것이다.[2]

1) 민법의 경우에도 기간의 약정이 없는 고용계약의 경우에는 계약당사자는 1개월의 예고기간을 두고 언제든지 계약을 해지할 수 있다(제660조 Ⅰ)고 하고 3년을 초과하는 기간의 약정을 한 경우에도 3년이 초과한 후면 각 당사자가 언제든지 해지를 통고할 수 있도록 함으로써(제659조 Ⅰ, 다만 이 경우에는 3개월의 예고기간을 준수해야 한다.) 당사자 쌍방이 장기간의 구속관계에서 벗어날 수 있도록 하고 있다. 근로기준법 제16조는 이에 대한 특칙이라고 할 수 있다. 참고판례: 大判 1980. 7. 8, 80 다 590; 大判 1992. 2. 25, 91 다 26232.

2) 大判 1989. 7. 11, 88 다카 21296.

따라서 이 경우에 1년을 초과하여 계속 근로하고 있는 근로자는 언제든지 계약해지(퇴직)의 의사표시를 할 수 있고, 사용자는 근로기준법 제23조 1항의 정당한 이유가 있는 경우에 한하여 해지(해고)할 수 있다고 해석되었다. 그러나 이 규정은 사용자에 의하여 근로자가 장기간 구속되는 것을 억제하려는 데 그 취지가 있고, 근로자의 고용보장적 측면까지도 제한하는 것을 목적으로 하는 것은 아니다. 예컨대 1년을 초과하여 3년의 기간을 정해서 근로자를 고용한 경우에 1년을 초과하면 근로자 측에서는 언제라도 근로관계를 해지할 수 있으나, 사용자는 근로기준법 제16조를 원용하여 근로관계의 종료를 주장할 수 없으므로 3년이 경과할 때까지는 근로자를 해고할 수 없다고 해석되었다.[1)]

대법원은 이와 같은 견해의 대립을 통일하기 위하여 전원합의체 판결로써 종래의 판례를 변경하였다.[2)] 대법원의 판시내용을 요약하면 다음과 같다. i) 근로기준법 제16조의 규정은 근로자의 퇴직자유를 보장하기 위한 것에 지나지 않고, ii) 계약기간은 근로기준법 제15조가 정한 근로조건(근로관계의 내용)이 아니라 근로계약관계의 존속기간에 지나지 않으며, iii) 당사자들은 근로기준법 제16조의 구속을 받지 않고 임의로 그 기간을 정할 수 있으므로 1년을 초과하는 근로계약기간을 정하더라도 기간의 약정 자체는 유효하므로, iv) 약정된 계약의 존속기간이 만료한 때에는 사용자의 해고 등 별도의 조치를 기다릴 필요 없이 근로관계는 당연히 소멸된다는 것이다. 저자는 이러한 대법원 전원합의체 판결에 원칙적으로 찬성한다. 그러나 이와 같은 대법원의 견해는 제한적으로 해석되지 않으면 안 된다. 즉 근로자가 1년을 초과하는 계약기간을 정한 것이 그의 자유로운 의사에 의한 것인 때에는 그 의사에 반하여 근로계약기간의 약정을 부인할 필요가 없으나, 사용자가 근로관계의 장기적 존속에 따른 법적 부담을 피하기 위하여 그 기간을 2년 또는 3년으로 정한 경우에는 기간의 만료와 함께 근로관계가 당연히 소멸한다고 보아야 할 것인지는 의문이다. 이 경우에 근로자의 장기적 구속이 문제되는 것이 아니라 오히려 근로관계의 조기종료, 즉 근로관계의 존속보호가 문제된다. 따라서 이때에는 일정한 사업완료에 필요한 기간을 정할 객관적 사정(예외사유: 기단법 제4조 I 단서 참조)이 존재했느냐의 여부와 근로자의 자유의사의 유무를 기준으로 기간만료에 따른 근로관계의 당연소멸의 타당성을 판단해야 한다.[3)]

b) 1년을 초과하지 아니한 기간을 정한 경우에는 기간의 만료시 당사자 쌍방의 합의에 의하여 다시 계약을 갱신하거나, 처음 계약을 체결할 당시에 당사자 일방의 이의신청이 없는 한 당연히 계약은 갱신된다는 취지로 이른바 자동갱신약정을 체결하는 것도 가능하다. 그러나 예컨대 이와 같은 특약 없이 1년의 기간으로 근로계약을 체결한 경우에 당사자의 계약종료통지 없이 1년의 기간이 도과한 후에도 사용관계가 계속되고

1) 大判 1992. 9. 1, 92 다 26260; 大判 1995. 7. 11, 95 다 9280.
2) 大判(전합) 1996. 8. 29, 95 다 5783.
3) 김형배, 「근로기준법」, 2002, 167면 이하 참고.

있다면 그 효력이 어떻게 되는가 하는 점이 문제된다. 이 경우에는 근로계약의 묵시적 갱신이 있는 것으로 보는 데 이견이 없다. 다만, 묵시의 갱신 후의 근로관계에 대해서는 견해의 대립이 있다. 즉 기간의 정함이 없는 근로계약으로 전환된다는 견해와 동일한 기간의 계약으로 갱신된다는 견해로 나뉜다. 우리 대법원은 후자의 견해를 취하고 있다.[1)]

c) 기간의 정함이 있는 근로계약을 체결하였으나 기간만료와 함께 사용자가 갱신을 거절한다면 그 근로관계는 당연히 종료하는가? 판례는 그 경우 해당 근로관계는 당연히 종료하는 것이 원칙이라고 하면서도, 근로계약·취업규칙·단체협약 등에서 기간이 만료되더라도 일정한 요건이 충족되면 근로계약이 갱신된다는 취지의 규정을 두고 있는 경우뿐만 아니라, 그러한 규정이 없더라도 「근로계약 내용과 근로계약이 이루어지게 된 동기 및 경위, 계약 갱신 기준 등 근로관계를 둘러싼 여러 사정을 종합하여 볼 때 근로계약 당사자 사이에 일정한 요건이 충족되면 근로계약이 갱신된다는 신뢰관계가 형성되어 있어서 근로자에게 근로계약이 갱신될 수 있으리라는 정당한 기대권이 인정되는 경우에는, 사용자가 이를 위반하여 부당하게 근로계약 갱신을 거절하는 것은 부당해고와 마찬가지로 아무런 효력이 없고, 이 경우 기간만료 후 근로관계는 종전 근로계약이 갱신된 것과 동일하다」고 판시하고 있다.[2)] 그리고 이때 설령 단체협약이 실효되었다고 하더라도 임금, 퇴직금이나 근로시간, 그 밖에 개별적인 근로조건에 관한 부분은 단체협약의 적용을 받고 있던 근로자의 근로계약 내용이 되어 그것을 변경하는 새로운 단체협약이나 취업규칙이 체결·작성되거나 또는 개별적인 근로자의 동의가 없는 한 여전히 사용자와 근로자를 규율하게 되므로 단체협약 중 계약 갱신의 요건 및 절차에 관한 부분도 계속해서 적용된다.[3)] 다만, 기간제및단시간법의 시행 이후에 신규로 체결된 기간제 근로계약은 다른 특별한 약정이 없다면 해당 근로관계가 2년 이내에 종료될 것이 예정되어 있고, 근로자에게 총 사용기간이 2년을 초과하여 재계약이 체결될 수 있으리라는 기대권이 인정되기 어렵다.[4)]

그러나 대법원은 기간제및단시간법 제4조의 입법 취지가 기간제 근로계약의 남용을 방지함으로써 근로자의 지위를 보장하려는데 있으므로 기간제및단시간법의 시행만으로 시행 전에 이미 형성된 기간제근로자의 정당한 기대권이 배제 또는 제한될 수 없고, 또한 위 규정에 의하여 기간제근로자의 갱신기대권의 형성이 제한되는 것도 아니라

---

1) 大判 1986. 2. 25, 85 다카 2096(민법 제662조에 의하면 고용계약이 만료된 후 노무자가 계속하여 노무를 제공하는 경우에 사용자가 상당한 기간 내에 이의를 하지 아니한 때에는 앞의 고용계약과 동일한 조건으로 고용한 것으로 보게 되어 있으므로, 당초의 해외취업계약기간이 1년이었다면 그 연장계약기간도 특단의 사정이 없는 한 1년으로 연장되었다고 보아야 한다).

2) 大判 2011. 4. 14, 2007 두 1729; 大判 2011. 7. 28, 2009 두 2665; 大判 2014. 2. 13, 2013 다 51674; 大判 2016. 11. 10, 2014 두 45765.

3) 大判 2011. 7. 28, 2009 두 2665. 또한 大判 2007. 12. 27, 2007 다 51758; 大判 2009. 2. 12, 2008 다 70336 참고.

4) 서울高判 2011. 8. 18, 2011 누 9821.

고 한다.[1] 따라서 기간제근로자에게 정당한 기대권이 인정될 수 있는 경우에는 최초 계약의 근로관계 개시일부터 2년이 경과되었다는 이유만으로 갱신 거절의 효력을 다투는 소의 이익을 부정할 것은 아니라고 한다.[2]

[81] Ⅱ. 기간제근로의 사용제한

1. 법률의 규정과 기본원칙 및 예외사유(합리적 사유)

a) 기간제및단시간법 제4조 1항 본문은 「사용자는 2년을 초과하지 아니하는 범위 안에서(기간제 근로계약의 반복갱신 등의 경우에는 그 계속근로한 총기간이 2년을 초과하지 아니하는 범위 안에서) 기간제근로자로 사용할 수 있다」고 규정하고 있다.[3] 다만, 합리적인 사유가 있는 경우에는 2년을 초과하여 기간제근로자를 사용할 수 있도록 예외를 인정하고 있다(동조 Ⅰ 단서). 그 예외사유는 i) 사업의 완료 또는 특정한 업무의 완성에 필요한 기간을 정한 경우,[4]·[5] ii) 휴직 또는 파견 등으로 결원이 발생하여 당해 근로자가 복귀할 때까지 그 업무를 대신할 필요가 있는 경우, iii) 근로자가 학업, 직업훈련 등을 이수함에 따라 그 이수에 필요한 기간을 정한 경우, iv) 고령자고용촉진법 제2조 1호의 고령자(만 55세 이상)와 근로계약을 체결하는 경우, v) 전문적 기술 및 지식의 활용이 필요한 경우와

---

1) 大判 2016. 11. 10, 2014 두 45765; 大判 2014. 2. 13, 2011 두 12528 등. '방과후학교 학부모 코디네이터(전담보조인력) 사업'에 따라 부산광역시와 학부모 사이에 체결된 채용계약 관계에는 기간제및단시간법 제4조 1항 단서 5호 및 동법 시행령 제3조 2항 1호에 정한 사용기간 제한의 예외 사유가 존재한다고 판단하여 원심 판결(갱신기대권 인정)을 파기환송한 판결(大判 2016. 8. 18, 2014 다 211053).

2) 大判 2017. 10. 12, 2015 두 59907.

3) 2년을 초과하여 기간제 근로계약을 체결할 수 없도록 한 것은 기간제근로자의 계약의 자유를 침해한다고 볼 수 없다는 헌재결정(憲裁 2013. 10. 24, 2010 헌마 219, 2010 헌마 265(병합)).

4) 이 경우에도 예컨대 특정의 토목공사의 완료까지 2년이라는 기간을 정하였으나 객관적으로 볼 때 그 기간이 합리적인 기간보다 긴 경우라든가 또는 막연히 「그 건축공사가 완료할 때까지」라고 하여 기간을 명백히 정하지 아니한 경우에 있어서는 문제의 여지가 있다. 이때에는 그 특정공사의 완료까지 통념상 합리적인 기간을 예정한 계약을 체결한 것으로 새겨 그 기간이 경과하면 근로관계가 종료한 것으로 보거나, 2년의 기간이 경과한 후에는 기간의 정함이 없는 계약으로 전환된 것으로 보아야 할 것이다.

5) 기간제법 제4조의 전체적인 내용 및 취지에 비추어 사업의 완료 또는 특정한 업무의 완성에 필요한 기간을 정한 경우에는 2년을 초과한 기간제근로가 가능하다고 해석될 뿐, 사전에 계약기간이 정해져 있음에도 실제로 사업이 완료되거나 특정한 업무가 완성될 때까지 계속하여 고용을 보장해야 한다는 의미로까지 해석될 수는 없다고 한 하급심판례가 있다(서울行判 2012. 8. 24, 2012 구합 7585). 특정 프로그램의 제작 및 방송을 위한 기간제 근로계약은 그 프로그램이 종료된 날로 그 근로관계도 종료한다(大判 2014. 4. 10, 2011 두 19390).

정부의 복지정책·실업대책 등에 의하여 일자리를 제공하는 경우로서 대통령령이 정하는 경우(동법 시령 제3조 Ⅰ·Ⅱ 및 [별표 2] 참조),[1] vi) 그 밖에 대통령령(동법 시령 제3조 Ⅲ ① 내지 ⑧)이 정하는 경우 등이다.[2] 그리고 2010년 2월 4일의 동법 시행령 개정(시행일 2010. 2. 4)으로 시간강사, 연구원, 명예교수, 겸임교원, 초빙교원 등의 경우가 추가되었다(동법 시령 제3조 Ⅲ ④·⑧ 참조).

b) 기간제및단시간법의 규정은 기간제 근로에 대한 사용을 제한하는 원칙을 정한 것이다. 근로기준법은 기간제 근로에 대하여 제16조(2007. 7. 1부터 효력 상실)의 근로계약의 기간 외에는 아무런 규정을 두고 있지 않았다. 따라서 근로기준법은 1회의 기간제 근로계약에 대한 계약기간의 제한만 두었을 뿐 기간제 근로계약을 체결할 수 있는 사유의 제한은 물론 기간제 근로계약의 반복체결이나 총기간의 제한을 두지 않았다. 이와 같은 규율태도가 기간제 근로의 남용을 초래한 원인의 하나가 되었다는 지적이 적지 않았다. 그 때문에 기간제 근로계약의 체결은 객관적 사유가 있어야만 허용하자는 견해가 대두되었다.

《독일에서의 기간제 근로계약체결에 대한 사유제한》

기간제 근로계약은 관련 법률이 제정되기 전까지 오래 전부터 특히 독일의 노동법학계와 실무계의 중요한 주제의 하나였다. 예를 들면 독일의 제국노동법원(Reichs-arbeitsgericht: RAG)은 「사용자가 해고보호를 면탈할 목적으로」 기간제 근로계약이 연속해서 체결되는 연쇄적 근로관계를 무효라고 판단하였다.[3] 다시 말하면 해고보호를 면탈할 사용자의 주관적 의도가 없다면 얼마든지 기간제 근로계약의 체결이 —또한 연쇄적으로도— 가능하다는 것이다. 그렇지만 사용자의 주관적 의도를 입증하는 일은 현

1) 기간제및단시간법 제4조 1항 본문과 2항은 사용자가 2년을 초과하여 기간제근로자로 사용하는 경우 원칙적으로 그 기간제근로자는 기간의 정함이 없는 근로계약을 체결한 근로자로 본다고 규정하고 있다. 이 규정은 국가나 지방자치단체의 기관에 대하여도 적용된다(기단법 제3조 3항 참조). 다만 기단법 제4조 1항 단서 5호와 시행령 제3조 2항 1호에 따르면 기간제근로자 사용기간 제한 예외 사유의 하나로 '고용정책 기본법, 고용보험법 등 다른 법령에 따라 국민의 직업능력 개발, 취업 촉진 및 사회적으로 필요한 서비스 제공 등을 위하여 일자리를 제공하는 경우'를 들고 있다. 국가나 지방자치단체가 국민 또는 주민에게 제공하는 공공서비스는 그 본질적 특성상 사회적으로 필요한 서비스의 성격을 가지고 있다. 따라서 국가나 지방자치단체가 공공서비스를 위하여 일자리를 제공하는 경우, 기간제및단시간법 제4조 1항 단서 5호, 시행령 제3조 2항 1호에 해당하는지는 해당 사업의 시행 배경, 목적과 성격, 사업의 한시성이나 지속가능성 등 여러 사정을 종합적으로 고려하여 판단해야 한다(大判 2012. 12. 26, 2012 두 18585). 大判 2016. 8. 18, 2014 다 211053 참고.

2) 기간제근로자가 학교·직장·지역사회 또는 체육단체 등에서 체육을 지도하는 업무에 종사하는 경우 기간제및단시간법 시행령 제3조 제7호에 해당하여 동법 제4조 제1항 제6호가 적용될 수 있다고 해석함이 타당하다(大判 2017. 11. 9, 2015 두 57611). 또한 한국표준직업분류 대분류 2 직업종사자의 근로소득 상위 100분의 25에 해당하는 준법감시인은 기간제근로자 사용기간 제한의 예외에 해당하는 기간의 정함이 있는 근로자라 할 것이다(서울行判 2012. 6. 29, 2012 구합 5558).

3) RAG ARS 13, 42 ff.; 19, 272 ff.; 32, 174 ff.

실적으로 매우 어렵기 때문에 독일연방노동법원(Bundesarbeitsgericht: BAG)은 이와 같은 주관적 의도설을 단념하고 객관적으로 해고보호가 이루어질 수 없는 경우에도 기간제 근로계약의 효력을 인정하지 않았다.[1] 즉, 기간의 정함에 대한 객관적이고 수긍할 만한 사유가 없는 경우에는 해고보호의 면탈에 관한 사용자의 주관적 의도와는 관계없이 이미 객관적으로 해고보호가 좌절되는 것이므로 기간제 근로계약의 체결이 허용되지 않는다는 것이다. 이렇게 해서 오랫동안 독일 노동법에서는 기간제 근로계약은 객관적으로 정당화될 수 있는 사유가 있는 경우에만 허용되는 것으로 법리가 구성되었다. 계약기간의 설정에 대한 객관적 사유가 없으면 사용자는 단지 기간의 도과를 원용하여 근로관계의 종료를 주장할 수 없고 그 근로관계는 기간의 정함이 없는 근로관계로 전환되었다. 그러나 구체적으로 언제 그와 같은 객관적 사유가 인정되는가에 대해서는 사안에 따라 개별적으로 판단되어 왔을 뿐이었다. 그런데 독일 입법자는 2000년 12월 21일 「단시간근로 및 기간제 근로계약법」을 제정하여 기간제 근로계약의 체결을 정당화하는 객관적 사유를 구체적으로 열거하였다(제14조 I 참조). 그에 의하면 i) 노무급부에 대한 경영상의 필요가 일시적으로만 존재할 때(예컨대 계절노동의 경우), ii) 직업훈련생이나 학생아르바이트 중인 자의 연계취업을 완화해줄 목적으로 과도적으로 기간제 근로계약을 체결하는 경우,[2] iii) (와병중이거나 휴가중인) 다른 근로자의 업무를 대리하기 위하여 취업되는 경우, iv) 노무급부의 속성상 기간의 정함이 정당화되는 경우, v) 시용근로관계의 경우, vi) 근로자측의 일신상의 사정에 의하여 기간이 정해지는 경우, vii) 특히 공공부문에서 재정법상 기간제근로자의 취업에 대해서 정해진 예산으로부터 보수가 지급되는 경우 그리고 viii) 법원의 화해나 조정에 의하여 취업기간이 정해지는 경우 등이다.[3] 이와 같은 객관적 사유가 있다면 기간의 제한 없이 그 객관적 사유가 허용하는 범위 내에서 계약기간의 설정이 가능하게 된다. 독일 단시간기간제법 제14조 1항이 규정하고 있는 객관적 사유들은 확정적·배타적인 것이 아니다. 그러나 다른 유사 사유들은 동조의 취지와 내용에 따른 평가기준에 합치하는 때에만 정당성을 가질 수 있다.[4]

c) 그러나 기간제 근로계약을 이와 같이 객관적 사유가 있는 경우에만 허용할 경우에는 가중되는 실업난 속에서 실업자의 채용이 현실적으로 저해된다는 문제가 발생한다. 즉 기간제 근로계약의 체결을 정당화하는 객관적 사유는 그것이 업무의 속성이나 근로자측의 사정에서 기인하는 것이므로 이를 기간제 근로계약체결의 필수적 요건으로 한

1) BAG (GS) AP Nr. 16 zu §620 BGB Befristeter Arbeitsvertrag.
2) 우리나라의 이른바 인턴사원도 이에 해당될 수 있을 것이다.
3) 이들 열거된 개별 사유에 대한 자세한 설명으로는 특히 Preis/Gotthardt, DB 2000, 2065, 2071 ff.; Annuß/Thüsing/Maschmann, *Teilzeit- und BefristungsG* §14 Rn. 23 ff. 참고.
4) Junker, *Grundkurs ArbR* Rn. 436.

다면 사용자가 기간제 근로형태를 고용의 유연성을 확보하기 위한 목적으로 활용하는 것은 제약될 수밖에 없기 때문이다. 일부에서는 이른바 기간설정의 「합리적 사유」라는 개념하에서 객관적 사유와 사용자의 고용유연성의 필요성을 포괄적으로 구성하자는 견해도 있으나,[1] 객관적 사유와 고용유연화가 같은 평면에서 이해될 수 있는지 의문이다. 이 두 가지의 기간설정사유는 그 본질이 다를 뿐만 아니라 같은 범주에서 규율할 경우에 기간상한의 규제에 대하여 일관성을 가질 수 없다. 이른바 객관적 사유가 있는 경우에는 기간은 그 사유에 따라 정해질 수밖에 없으나 고용의 유연화를 이유로 하는 기간제 근로계약의 체결에는 일정한 기간의 제한은 필수적이기 때문이다. 따라서 업무의 속성이나 근로관계의 성격에 기초한 객관적 사유와 고용유연성의 보장은 구별되어 규율되는 것이 바람직하다. 이와 같은 관점에서 유럽연합의 입법지침은 연속되는 기간제 근로계약의 체결을 통한 기간제 근로의 남용을 방지하기 위하여 회원국들에게 특정산업 또는 근로자집단의 특성을 고려하여 다음의 요건 중에서 하나 또는 복수를 택할 것을 규정하고 있다. 그것은 i) 기간제 근로계약의 연장을 정당화하는 객관적 사유가 있을 것, ii) 기간제 근로계약의 반복적 체결이 허용되는 총기간의 설정 또는 iii) 기간제 근로계약의 반복적 체결이 허용되는 횟수의 설정 등이다.[2]

새로 제정된 우리 기간제및단시간법도 이와 같은 외국의 입법례를 충분히 고려한 것으로 보인다. 기간제및단시간법이 기간제 근로형태의 남용을 방지하기 위하여 도입한 기본원칙은 기간제 근로계약의 반복적 체결을 허용하는 총기간을 2년으로 제한하는 것이다.[3] 그리고 그와 같은 총기간규제의 예외로서 객관적 사유를 규정하고 있다.

2. 기간제근로자의 사용제한위반의 효과

a) 원 칙 기간제및단시간법은 동일한 근로자와 기간제 근로계약을 체결할 수 있는 총기간을 2년으로 제한하면서 다만 법 소정의 객관적 사유(예외 사유)가 있는 경우에만 해당 사유가 소멸할 때까지 2년을 초과하여 기간제 근로계약을 체결할 수 있다고 규정하고 있다. 만약 그와 같은 객관적 사유가 없거나 소멸되었음에도 불구하고 2년을 초과하여 근로자를 계속 사용하고 있는 경우에는 해당 근로관계 당사자 사이에는 기

1) 노사정위원회, 「기간제 · 파견 · 단시간근로 논의자료집」, 2003. 10, 85면 이하 참고.

2) 기간제근로에 관한 입법지침이 채택한 노사대표의 기본합의(Rahmenvereinbarung) 제5조 1호 참고.

3) 참고로 영국의 경우는 같은 원칙을 채택하되 그 기간을 4년으로 규정하고 있으며, 독일의 경우에는 입법지침의 두 번째 요건과 세 번째 요건을 채택하여 총기간을 2년으로 규정하면서 반복될 수 있는 횟수를 3회로 제한하고 있다(단시간기간제법 제14조 Ⅱ).

간의 정함이 없는 근로계약이 체결된 것으로 본다(이른바 기간의 정함이 없는 고용의제, 제4조 Ⅱ)(다음 e) 이하 참고).[1] 기간제및단시간법 제4조 제2항은 강행규정이므로 근로계약 당사자가 동 조항의 효력을 배제하기로 하는 합의를 하더라도 그 효력이 인정되지 않는다. 따라서 사용자가 노동조합과 2년을 초과하는 기간을 기간제 근로기간으로 합의했더라도 그 합의는 무효이므로 근로자들이 이러한 협약상의 합의 내용과 달리 2년이 경과한 때에 제4조 제2항에 따라 기간의 정함이 없는 근로계약을 체결한 근로자로 간주되어야 한다는 주장에 대하여 사용자가 신의칙 위반을 내세워 항변하더라도 원칙적으로 강행법규에 우선하여 신의칙을 적용할 만한 특별한 사정이 있는 경우로 인정되지 않는다.[2]

b) 2년을 초과한 기간제근로계약과 계속근로의 판단 기간제및단시간법 제4조 1항 단서의 사유(이른바 객관적 사유 또는 예외 사유)가 없는 경우에는 계속근로의 기간이 2년을 초과하지 않는 범위 안에서 기간제근로자를 사용할 수 있고, 2년을 초과하면 기간의 정함이 없는 근로계약을 체결한 근로자로 간주한다고 하는 것은 2년이 초과한 시점부터 기간의 정함이 없는 근로자로 본다는 것으로 새겨야 할 것이다.[3] 즉, 그 근로자와 사용자의 근로계약관계 전체가 처음부터 기간의 정함이 없는 근로관계로 인정된다는 것은 아니다. 왜냐하면 객관적 사유(예외 사유) 없이 2년을 초과하였더라도 2년까지의 기간제 근로계약은 유효하게 성립된 것이므로 이를 법정 무효사유로 하지 않는 한 소급하여 기간의 정함이 없는 근로계약의 성립으로 인정될 수는 없다. 객관적 사유에 해당하는 기간이 2년 6개월이라면 그 기간은 기간제근로로서 인정되지만 그 기간을 넘으면 그 때부터 기간의 정함이 없는 근로계약관계가 성립한 것으로 본다.

판례[4]에 따르면 기간제근로자에 대한 갱신거절이 부당해고와 마찬가지로 효력이

---

1) 단순히 '조교'라는 명칭으로 임용되었더라도 '고등교육법 제14조에 따른 조교'에 해당하지 않는 한 그 조교를 2년 이상 사용하면 기간의 정함이 없는 근로계약이 체결된 것으로 본다(光州地判 2014. 11. 13, 2014 가합 54221).

2) 大判 2018. 6. 15, 2016 두 62795. 신의칙 적용에 관해서는 大判(전합) 2013. 12. 18, 2012 다 89399 참조.

3) 공개채용되기 전 사용자 측의 긴급한 사정으로 1개월 간 근무한 기간은 기간제및단시간법상 '계속근로기간'에 포함되지 않는다. 계약기간을 1개월로 정하면서 계약기간 중이라도 정규직이 선발되는 경우 계약관계가 자동 종료된다는 내용의 계약을 체결하고 채용된 자가 기간제근로자의 공개채용 절차를 통해 선발되었다 하더라도 공개채용 절차는 객관적이고 합리적인 기준에 따라 실질적인 경쟁이 이루어진 신규채용 절차이므로 이러한 신규 선발채용은 기존 기간제 근로계약의 단순한 반복 또는 갱신이 아닌 새로운 근로관계의 형성이므로 그 시점에서 기존의 근로관계는 단절되었다고 보아야 한다. 그러므로 그 전의 1개월을 근로계약기간으로 합산할 수 없어 '계속 근로한 총기간이 2년을 초과하지 않으므로 기간의 정함이 없는 근로계약을 체결한 근로자라고 볼 수 없다'고 판시한 사례(大判 2020. 8. 27, 2017 두 61874).

4) 大判 2018. 6. 19, 2013 다 85523; 大判 2011. 4. 14, 2007 두 1729 등 참고.

없고, 기간제근로자의 계약갱신에 대한 기대권이 갱신거절 이후까지 존속하지 않는다고 볼 만한 사정이 없으면 갱신거절로 인해 기간제근로자가 실제로 근로를 제공하지 못한 기간도 기간제및단시간법 제4조 2항의 사용제한기간 2년에 포함된다고 보아야 한다. 따라서 부적법한 갱신거절로 근로관계가 종료하지 아니하여 동법 제4조 2항에 따른 기간이 충족되면 기간제근로자는 기간의 정함이 없는 근로계약을 체결한 근로자로 보아야 한다.[1)]

다만 계속근로한 총기간 2년의 산정과 관련하여 그 통산기준과 방법이 문제될 수 있다. 예컨대 해당 근로자와 사용자가 최초로 근로계약을 체결한 것이 아니라 기간제 근로계약의 체결 전에 이미 근로계약관계에 있었다면 그 기간도 계속근로의 총기간에 포함해야 할 것인가? 생각건대 계속근로인지 여부는 기간제및단시간법의 취지를 고려하여 실질적인 관점에서 판단해야 할 것이다. 즉, 취업조건이나 업무내용이 다르더라도 기간제및단시간법상 기간의 정함에 관한 조건 자체를 달리 평가할 근거가 없다면 그 근로계약기간은 계속근로로서 통산해야 할 것이다. 반면에 기간제및단시간법 제4조 1항 단서에 의하여 기간상한의 규제를 받지 않는 근로관계와 기간상한의 규제대상인 근로관계는 기간약정의 원인이 다르므로 전자의 근로관계기간은 계약기간 통산의 조건을 갖추지 않은 것으로 보아야 한다(다음 d) 참고).[2)]

c) 기간제근로계약이 반복해서 체결된 경우 여러 차례의 기간제근로관계가 그 사이에 공백기간을 두고 거듭되었더라도 그 전후의 근로관계가 상호 연관해서 계속되었다고 평가할 수 없어 그 근로기간을 합산하여 기간제및단시간법 제4조 2항에 따라 기간의 정함이 없는 근로관계가 성립(기존의 기간제근로관계가 기간의 정함이 없는 근로관계로 전환)하였다고 볼 수 없다면 근로관계는 그대로 종료하고 해고의 문제는 발생할 여지가 없다.[3)] 반복하여 체결된 기간제근로계약 사이에 근로관계가 존재하지 않는 공백기간이 있

1) 공무원인 국립대학교 조교의 근무관계는 사법상의 근로관계가 아닌 공법상의 근무관계에 해당한다. 공무원인 조교의 근무관계에 관하여도 공무원의 '근무조건 법정주의'에 따라 기본적으로 법령에 의해 그 권리의무의 내용이 정해지고 있다. 국립대학교의 장에 의하여 근무기간이 1년으로 법정된 조교에 대하여 '기간의 정함이 있는 근로계약을 체결한 근로자'에게 적용되는 기간제및단시간법을 곧바로 적용하는 것은 임용주체의 임명행위에 의해 설정되는 공법상 근무관계의 성질은 물론, 조교의 근무기간이 1년으로 법정된 취지 등에도 반하는 것이어서 허용될 수 없다(大判 2019. 11. 14, 2015 두 52531).

2) 기간제근로자의 총 근로기간의 중간에 사용기한 제한의 예외 사유(객관적 사유)에 해당하는 기간이 포함되어 있는 경우에는 그 기간을 제외하고 예외 기간의 전후 기간을 합산하여 산정해야 한다(大判 2016. 12. 29, 2016 두 52385).

3) 大判 2019. 10. 17, 2016 두 63705(사용자가 기간제근로자인 근로자에 대한 부당해고를 인정한 중앙노동위원회의 부당해고 구제재심판정에 대한 취소를 구한 사건에서, 근로자와 사용자 사이의 근로관계가 2012. 12. 31. 기간 만료로 종료하여 다음날인 2013. 1. 1.부터 2013. 3. 31.까지 공백기간이

는 경우에는 공백기간의 길이와 공백기간을 전후한 총 사용기간 중 공백기간이 차지하는 비중, 공백기간이 발생한 경위, 공백기간을 전후한 업무내용과 근로조건의 유사성, 사용자가 공백기간 동안 해당 기간제근로자의 업무를 대체한 방식과 기간제근로자에 대해 취한 조치, 공백기간에 대한 당사자의 의도나 인식, 다른 기간제근로자들에 대한 근로계약 반복·갱신 등을 종합하여 공백기간 전후의 근로관계가 단절 없이 계속된 것으로 평가될 수 있는지 여부를 가린 다음, 공백기간 전후의 근로기간을 합산하여 기간제및단시간법 제4조의 계속 근로한 총 기간을 산정할 수 있는지를 판단하여야 한다.[1] 기간제및단시간법은 2년의 총기간 제한을 원칙으로 하며, 총기간 중에 반복·갱신되는 횟수의 제한을 하지 않고 있다. 따라서 계약당사자는 기간제근로의 사용기간의 범위 내에서 자유롭게 계약기간을 정할 수 있음은 물론 반복 체결도 가능하다고 해석된다(기단법 제4조 I 본문).

d) 객관적 사유(예외 사유)**가 있는 경우와 그러한 사유가 없는 기간이 연결되어 있는 경우** 객관적 사유에 의하여 사용된 기간제근로자의 경우에도 해석상 논란이 있을 수 있다. 왜냐하면 법문(제4조 II)에 따르면 「(제4조) 1항 단서의 사유가 없거나 소멸되었음에도 불구하고 2년을 초과하여 기간제근로자로 사용하는 경우에는 그 기간제근로자는 기간의 정함이 없는 근로계약을 체결한 근로자로 본다」고 규정되어 있으므로 객관적 사유의 소멸 이후 2년이 초과된 근로자에 대하여만 기간의 정함이 없는 근로계약의 체결이 의제되는 것으로 이해될 수 있기 때문이다.[2] 이와 관련하여 판례는 객관적 사유가 있는 기간과 그러한 사유가 없는 기간이 연속되어 있는 경우에 「2년 초과」 여부를 판단하는 해석 방법을 제시하고 있다. 즉 판례는 기간제및단시간법상 ① 기간제근로자 사용기간 제한의 예외 사유(합리적 사유)에 해당하지 않는 기간(4개월 25일) 종료 후 이어서 ② 사용기간 제한의 예외 사유에 해당하는 기간(기간제법 제4조 1항 단서 5호 및 시령 제3조

존재하였다가 근로자와 사용자가 2013. 4. 1. 근로계약을 체결함으로써 새롭게 개시되었고, 위 공백기간 전후의 근로관계가 단절없이 계속되었다고 평가될 수 없어 공백기간 전후의 근로기간을 합산하여 기간제및단시간법 제4조의 계속근로한 총 기간으로 산정할 수 없으므로, 근로자가 기간제및단시간법 제4조 제2항에 따라 무기계약근로자로 전환되었다고 볼 수 없고, 따라서 부당해고가 인정되지 않는다고 판단하여 상고기각한 사례. 이 사건에서 근로자는 2013. 1. 1. 퇴직하면서 2011. 2. 14부터 2012. 12. 31.까지의 기간에 대한 퇴직금을 받았고, 근로자도 중앙노동위원회 심문회의에서 사용자의 해고통보를 진정한 의미로 받아들이는 발언을 하였다).

1) 大判 2018. 6. 19, 2017 두 54978; 大判 2019. 10. 17, 2016 두 63705.

2) 근로자가 여러 차례 단시간근로자(기단법 제4조 I 단서 ⑥과 같은 법 시령 제3조 Ⅲ ⑥에 정한)로 그 후에는 상근근로자로 근로계약을 체결하여 오다가 해당 근로관계가 종료한 후에 일반 기간제 근로계약을 체결하게 된 경우 단시간근로자로 근무한 기간은 같은 법 제4조 2항의 '2년'에 포함되지 않으므로 사용자와 근로자 사이에는 기간의 정함이 없는 근로계약이 성립한 것으로 볼 수 없다는 것이 판례의 태도이다(大判 2014. 11. 27, 2013 다 2672).

2항 1호에 해당하는 4년)을 근무하고 다시 ③ 사용기간 제한의 객관적 사유에 해당하지 않는 기간(2년)을 근무한 경우 ②의 기간(4년)을 제외하고 ①, ③의 기간을 함께 합산하여 2년 초과 여부를 판단하는 것이 동법의 입법 목적에 부합한다고 한다. 그리고 객관적 사유에 해당하지 않는 기간은 중단 없이 2년을 초과하여 계속해서 근무한 경우에 한하여 무기계약직 근로자로 전환된다고 해석하여야 한다.[1] 따라서 이 판례의 견해에 따르면 사용기간 제한을 받지 않는 객관적 사유에 해당하는 기간이 객관적 사유에 해당하지 않는 기간 전에 있건 중간에 있건 또는 그 후에 있건 그 기간은 제4조 2항이 정한 2년에 포함되지 않으며, 또한 사용기간 제한을 받지 않는 객관적 사유에 해당하는 기간이 2년을 초과하더라도(위 사건에서는 그 기간이 4년임) 그 후에 다시 객관적 사유에 해당하지 않는 기간의 기간제 근로계약을 체결하여 그 총합이 2년을 초과하지 않는다면 제4조 2항은 적용되지 않는다.[2] 이러한 경우에 기간제근로계약관계 사이의 중간 공백기간이 길어서 그 전후의 기간제근로관계의 업무 연속성이 단절되어 있다면 총 근로기간은 공백기 이후 근무기간으로 한정된다는 것이 대법원 판례[3]의 견해이다. 그러나 객관적 사유에 해당하는 기간과 해당하지 않는 기간은 각각 구체적 기간제 근로계약의 체결과 종료에 의하여 명확히 구분되지 않으면 안 된다. 위 판례도 같은 태도를 취하고 있다. 따라서 예컨대 3년 동안 휴직한 정규직 근로자의 대체 직원으로 기간제 근로계약을 체결한 경우 3년의 기간은 제4조 1항 단서 2호에 의하여 일단 유효하지만 휴직근로자가 복귀하여

---

1) 大判 2016. 12. 29, 2016 두 52385(상고심 절차에 관한 특례법 제5조에 의하여 상고를 기각하고 원심을 인용한 판결. 원심: 大田高判 2016. 9. 8, 2016 누 10884. 제1심: 大田地判 2016. 4. 21, 2015 구합 105635. 이 사건에서는 객관적 사유에 해당하지 않는 앞뒤의 기간이 2년을 초과하였으므로 기간의 정함이 없는 근로계약의 체결이 간주되었다. 大判 2018. 6. 19, 2017 두 54975; 大判 2010. 12. 9, 2010 다 58490; 大判 2006. 12. 7, 2004 다 29736. 공백기간의 비중, 공백기간이 발생한 경위, 공백기간을 전후한 업무내용과 근로조건의 유사성 등을 이유로 계속 근로를 인정하지 않은 사례(大判 2019. 10. 17, 2016 두 63705).

2) 반복하여 체결된 기간제 근로계약 사이에 예외사유(기단법 제4조 I 단서)에 해당하는 기간이 존재하더라도, 계약체결의 경위와 당사자의 의사, 근로계약 사이의 시간적 단절 여부, 업무내용 및 근로조건의 유사성 등에 비추어 예외사유 기간 전후의 근로관계가 단절 없이 계속되었다고 평가되는 경우에는 예외사유에 해당하는 기간을 제외한 전후의 근로기간을 합산하여 기간제법 제4조 2항의 계속 근로한 총 기간을 산정하는 것이 타당하다(大判 2018. 6. 19, 2017 두 54975).

3) 大判 2019. 10. 18, 2016 두 60508(근로자 A는 처음에 2개월간 기간제근로자로 채용되었고 이후 1~2개월 단위로 15개월 동안 근무하다가 기간 만료로 근로관계가 종료되었다. 5개월여의 중간 공백기간이 있은 후 새로이 기간제근로계약이 체결되었으나 계약기간이 만료되자 10개월 후 해고(계약갱신 거부)됐다. 근로자 A는 중간 공백기간을 제외한 25개월을 근무하였으므로 무기계약근로자로 전환되었다면서 해고는 무효라고 주장하였다. A는 공백기간 중 사용자였던 부산시의 공개채용절차에 참가하기도 했다. 대법원은 공백기간이 5개월여로 근로기간에서 차지하는 비중이 적지 않고, 그 기간 동안 실업급여를 받기도 했다며, 총 근로기간은 공백기간 이후로 한정된다고 하여 원심의 판단을 파기하고 환송하였다).

사실상 객관적 사유(예외사유)가 소멸했음에도 불구하고 사용자가 기간제 근로관계의 만료를 통고하지 아니하고 계속 해당 근로자를 고용한 때에는 객관적 사유가 소멸한 날을 기준으로 기간의 정함이 없는 근로계약의 체결이 간주된다고 보아야 할 것이다. 그렇게 해석하는 것이 객관적 사유 없이 기간제 근로계약을 체결한 근로자와의 형평성을 유지할 수 있고 제4조 1항 단서 2호의 예외 규정을 둔 취지에도 부합할 것이다.

기간제및단시간법 제4조 1항 단서 6호, 동법 시행령 제3조 3항 1호는 다른 법령에서 기간제 근로자의 사용기간을 동법 제4조 1항과 달리 정하거나 별도의 기간을 정하여 근로계약을 체결할 수 있도록 한 경우에는 2년을 초과하여 기간제근로자를 사용할 수 있다고 정하고 있다. 예컨대 초·중등교육법 제22조는 정규 교원 외에 산학겸임교사, 명예교사 또는 강사 등을 두어 학생의 교육을 담당할 수 있도록 하고 있고, 이에 따라 동법 시행령 제42조 1항은 산학겸임교사 등의 종류로 영어회화 전문강사를 규정하고, 동조 5항은 영어회화 전문강사를 기간을 정하여 임용할 때 그 기간은 1년 이내로 하되, 필요한 경우 계속 근무한 기간이 4년을 초과하지 아니하는 범위에서 그 기간을 연장할 수 있다고 정하고 있다. 따라서 영어회화 전문강사를 2년을 초과하여 사용할 수 있으나 기간제 근로계약이 반복 또는 갱신되어 '계속 근로한 총기간'이 4년을 초과한 때에는 영어회화 전문강사는 기간의 정함이 없는 근로계약을 체결한 근로자로 보아야 한다(기간제및단시간법 제4조 2항의 유추적용). 영어회화 전문강사와 그가 근무한 공립학교 및 그 상부기관인 지방자치단체(부산광역시) 사이의 근로관계는 4년을 초과한 날에 새로운 근로관계(기간의 정함이 없는 근로관계)가 형성되었으므로 그 날 후에 영어회화 전문강사에게 한 계약기간 만료통보는 부당해고에 해당한다.[1)]

---

1) 大判 2020. 8. 20, 2018 두 51201. 위의 사안에서와 같이 영어회화 전문강사가 근무기간 4년이 지난 후 기간의 정함이 없는 근로계약을 체결한 근로자로 전환되지 않은 예: 기존 기간제 근로계약관계를 종료시키는 절차를 거친 다음 공개채용 절차를 거쳐 새로이 영어회화 전문강사로 근무하게 되었으나 기존의 기간제 근로관계와 공개채용 후의 기간제 근로관계가 단절되는 경우에 관한 판례: 大判 2020. 8. 20, 2017 두 52153(공개채용 절차가 자격증 유무, 교육 경력 등을 평가기준으로 삼는 서류심사와 교수학습과정안 작성, 영어수업 실연, 영어심층면접 등을 통해 시행되었고, 최종 선발된 영어회화 전문강사 43명 중 6명은 기존 영어회화 전문강사가 아닌 신규응시자였으며, 공개채용 절차는 객관적이고 합리적인 기준에 따라 실질적인 경쟁이 이루어진 신규채용 절차로 평가되고, 그 밖의 여러 사정을 고려하면 원고(광주광역시)가 기존 영어회화 전문강사들을 계속 채용하겠다는 의사를 가지고 채용 기준을 변경한 것이라고 보기 어렵다. 따라서 원고는 공개채용된 보조참가인들을 이전의 기간제 근로계약을 반복 또는 갱신한다는 인식이나 의사를 가지고 있었던 것으로 보이지 않는다. 그러므로 공개채용 절차를 거쳐 임용된 영어회화 특별강사는 새로운 기간제 근로계약을 체결한 것이고, 참가인과 원고 사이에 기존 기간제 근로계약의 단순한 반복 또는 갱신이 있다고 볼 수 없다. 기존의 기간제 근로관계(4년)는 공개채용된 후의 기간제 근로관계 기간(1년)과 단절되어 합산되지 않으며, 참가인은 기간제및단시간법 제4조 2항에 따라 기간의 정함이 없는 근로계약을 체결한 근로자라고 할

e) 무기계약관계로의 전환의 효과 기간제및단시간법 제4조 2항에 따라 기간의 정함이 없는 근로계약의 체결이 의제된 경우 그 법률효과에 대하여도 해석상 논란이 있을 수 있다. 즉 i) 사용자가 2년을 초과하여 기간제근로자를 사용한 경우에는 기간제근로자로서의 제반 근로조건은 그대로 유지되면서 단지 근로기준법 제23조 1항에 의한 정당한 이유가 없는 한 근로자를 해고할 수 없을 뿐이라는 제한적 효과설과, ii) 기간의 정함이 없는 근로계약의 체결이 의제되면 이는 정규직 근로자로 전환된 것이므로 해고규정뿐만 아니라 근로조건 전체에 대하여 정규직 근로자와 동등한 근로조건이 보장되어야 한다는 일반적 효력설의 견해가 있을 수 있다. 생각건대 법문의 규정에 따르면 2년의 계약기간을 초과한 기간제근로자는 그 시점부터 기간의 정함이 없는 근로계약을 체결한 근로자로 보게 되므로 종전 근로계약과는 별개의 새로운 근로계약을 체결한 근로자로 볼 수 있다. 따라서 이때부터 당사자 사이에 달리 정함이 없다면 회사의 취업규칙이 적용될 것이므로 사실상 정규직 근로자와 동일한 법적 지위를 갖는다고 보는 것이 합당하다고 생각된다.[1] 판례에 따르면 기간제및단시간법 제4조 2항은 2년을 초과하여 기간제근로자를 사용한 경우의 효과에 관하여 근로계약기간을 정한 것만이 무효로 된다거나 또는 나머지 기존 근로조건은 여전히 유효하다는 식으로 규정하고 있지 않으며, 동법 제8조 1항 규정(차별적 처우의 금지)의 취지에 비추어보더라도 다른 특별한 사정이 없는 한 동종 또는 유사업무에 종사하는 기간의 정함이 없는 근로계약을 체결한 근로자에게 적용되는 근로조건보다 불리하게 간주 근로자를 처우해야 할 이유가 없고(근로계약의 내용보호), 따라서 이러한 기간제및단시간법의 목적(제1조), 관련 규정 체계와 취지(제4조 1항, 2항), 제정 경위 등을 종합하면 사용자의 사업 또는 사업장 내에 동종 또는 유사한 업무에 종사하는 기간의 정함이 없는 근로계약을 체결한 근로자가 있다면 다른 특별한 사정

수 없다. 원고가 공개채용 후 1년이 지나 참가인과의 기간제 근로계약관계를 갱신하지 아니하고 적법하게 해지하였다면 참가인은 부당해고를 이유로 근로관계의 존속을 주장할 수 없다. 원심판결을 파기환송한 판결).

1) 일본 노동계약법 제18조(유기(有期)근로계약의 기간의 정함이 없는 근로계약으로의 전환) 제1항에서 「두 차례 이상의 유기계약의 계약기간이 통산하여 5년을 초과한 근로자가 당해 사용자에 대하여 현재 체결하고 있는 유기근로계약의 계약기간이 만료하는 날까지의 동안에 당해 만료하는 날의 다음 날부터 기간의 정함이 없는 근로계약의 체결을 청약한 때에는, 사용자는 당해 청약을 승낙한 것으로 본다. 이 경우에 당해 청약에 따른 기간의 정함이 없는 근로계약의 내용인 근로조건은, 현재 체결하고 있는 유기근로계약의 내용인 근로조건과 동일한 근로조건(별단의 정함이 있는 부분은 제외한다)으로 한다」고 규정하고 있다. 별단의 정함이 있는 부분이란 단체협약, 취업규칙상의 규정 또는 개별적 합의를 말하는 것이므로 이때에는 근로조건이 변경된다(지배적 견해: 荒木, 「勞働法」, 495面; 土田, 「勞働契約法」, 789面). 무기계약전환 후에 무기계약근로자에게 당연히 적용되는 것으로 이해되는 정규직사원(正社員)의 근로조건에 관한 취업규칙이 일본에는 현실적으로 적지 않으며, 이러한 규정들은 「별단의 규정」으로 볼 수 있다고 한다(菅野, 「勞働法」, 319面 참고).

이 없는 한 그 근로자에게 적용되는 근로조건이 간주 근로자에게도 동일하게 적용된다고 해석하는 것이 타당하다고 한다.[1] 이 판결에 찬동한다.

f) 총기간 내에서의 반복 체결 기간제및단시간법은 2년의 총기간 제한을 원칙으로 하며, 총기간 중에 반복갱신되는 횟수의 제한을 하고 있지 않다. 따라서 계약당사자는 기간제근로의 사용기간의 범위 내에서 자유롭게 계약기간을 정할 수 있음은 물론 반복 체결도 가능하다고 해석된다.

g) 법 시행 이후 갱신기대권 법리의 적용 여부 기간제및단시간법이 2007년 7월 1일부터 시행된 이후에도 판례에 의하여 형성된 갱신기대권 법리가 그 이전과 마찬가지로 적용될 수 있는지에 관해서 학설은 대체로 부정적 견해를 취하고 있다.[2] 다음에서 살피는 바와 같이 대법원은 기간제및단시간법의 시행으로 기간제근로자의 계약갱신기대권은 제한되지 않는다는 태도를 취하고 있다. 기간제및단시간법 시행 이후 갱신기대권의 법리가 원용될 수 없다는 학설에 따르면 동법이 규정하고 있는 만큼 근로계약관계가 연장되는 경우가 제한을 받는다고 하는 반면 대법원 판례는 갱신기대권 뿐 아니라 한 걸음 더 나아가 무기계약관계로의 전환기대권의 법리까지도 인정하고 있다. 대법원은 기대권 법리를 기초로 유기계약근로자를 무기계약근로자로 전환하는 것은 기간제및단시간법의 기본 취지에 어긋나지 않는다는 견해를 취하고 있다.[3]

대법원은 2016년 11월 10일의 판결[4]로 기간제및단시간법 제4조 1항 및 2항 규정들의 입법취지가 기본적으로 기간제근로계약의 남용을 방지함으로써 근로자의 지위를 보호하려는데 있음을 전제로 기간제및단시간법의 시행만으로 그 시행 전에 이미 형성된 기간제근로자의 갱신에 대한 정당한 기대권이 배제 또는 제한된다고 볼 수 없다는 기존의 판례[5]를 재확인하면서 「나아가 위 규정들에 의하여 기간제근로자의 갱신에 대한 정당한 기대권 형성이 제한되는 것도 아니」라고 하여 이 법 시행 후에도 갱신기대권 법리가 여전히 적용될 수 있음을 명백히 하였다.[6] 대법원은 위 법규정에 더하여 같은 법 제

1) 大判 2019. 12. 24, 2015 다 254873(간주 근로자에게 기존 동종 또는 유사 업무에 종사하는 정규 근로자에 적용되던 사용자의 취업규칙이 적용된다고 보아 위 취업규칙에 따라 기존 정규직 근로자들과 동일한 호봉 정기승급 및 각 임금 항목의 차액 지급을 인정한 사례).

2) 반대하는 학설: 김희성, '기간제법 시행 이후 갱신기대권 법리적용과 그 인정여부', 「노동법률」, 2017, 1월호, 130면 이하; 이정, '기간제근로자의 갱신기대권에 대한 비교법적 연구', 「노동법포럼」, 제18호(2016. 7.), 169면 이하. 반대하는 판례: 서울高判 2011. 8. 18, 2011 누 9821. 찬성하는 하급심 판례: 서울行判 2016. 10. 20, 2015 구합 71068 등.

3) 大判 2016. 11. 10, 2014 두 45765 등. 또한 大判 2017. 2. 3, 2016 다 255910 참고.

4) 大判 2016. 11. 10, 2014 두 45765.

5) 大判 2014. 2. 13, 2011 두 12528.

6) 大判 2014. 2. 13, 2011 두 12528.

5조(기한의 정함이 없는 근로자로의 전환 채용 노력), 제8조 1항(차별적 처우의 금지) 및 제9조 1항(차별적 처우의 시정신청) 규정의 내용과 입법취지에 앞서 본 기대권에 관한 법리를 접목하여 「(기간제및단시간법 시행 이후에도) 근로계약 당사자 사이에 일정한 요건이 충족되면 기간의 정함이 없는 근로자로 전환된다는 신뢰관계가 형성되어 있어 정당한 기대권이 인정되는 경우에는 사용자가 이를 위반하여 합리적 이유 없이 기간의 정함이 없는 근로자로의 전환을 거절하며 근로관계의 종료를 통보하더라도 부당해고와 마찬가지로 효력이 없고, 그 이후의 근로관계는 기간의 정함이 없는 근로자로 전환된 것과 동일하다고 보아야 한다」고 판시하였다.[1] 이 판결은 기간제및단시간법 시행 이후에도 계약갱신기대권 법리가 여전히 적용될 수 있음을 재확인 하면서 한 걸음 더 나아가 기간의 정함이 없는 근로자로 전환될 수 있으리라는 기대권까지도 처음으로 인정한 것이다.

여기서 유의해야 할 것은 이 법 제4조 2항의 규정에 의하여 기간의 정함이 없는 근로계약을 체결한 근로자로 간주되는 경우와 무기근로자로의 전환기대권이 인정되는 경우는 (엄격히) 구별해야 한다는 점이다. 사용자가 기간제근로자를 2년을 초과하여 사용하는 때에는 법률의 규정(제4조 2항)에 의하여 무기근로계약이 체결된 것과 같은 효력이 발생하는 것이므로 근로관계 당사자 사이에 무기계약근로자로의 전환에 대한 신뢰관계가 형성되었는지 여부는 더 따질 필요가 없다.[2] 이때에는 기간의 정함이 없는 근로계약의 체결이 간주되기 때문이다.[3] 이와는 달리 기대권에 의한 무기계약관계의 성립이 인정되기 위해서는 「i) 근로계약, 취업규칙, 단체협약 등에서 기간제근로자의 계약기간이 만료될 무렵 인사평가 등을 거쳐 일정한 요건이 충족되면 기간의 정함이 없는 근로자로 전환된다는 취지의 규정을 두고 있거나, ii) 그러한 규정이 없더라도 근로계약의 내용과 근로계약이 이루어지게 된 동기와 경위, 기간의 정함이 없는 근로자로의 전환에 관한 기준 등 당해 근로관계를 둘러 싼 여러 사정을 종합하여 볼 때, 근로관계 당사자 사이에 일정한 요건이 충족되면 기간의 정함이 없는 근로자로 전환된다는 신뢰관계가 형성되어 있어 정당한 기대권이 인정」될 수 있어야 한다. 이 경우에 근로관계의 종료 통보는 부당한 해고 통지로서 무효이고 그 이후의 근로관계는 기대권 법리에 따라 기간의 정함이

---

1) 大判 2016. 11. 10, 2014 두 45765; 원심판결: 서울高判 2014. 11. 6, 2013 누 53679.

2) 제4조 2항은 강행규정이므로 이와 다른 내용의 약정은 무효이다(同旨: 서울高判 2011. 8. 18, 2011 누 9821). 大判 2019. 10. 17, 2016 두 63705(갱신기대권 및 무기계약근로자의 전환을 인정할 수 있는 경우에 해당하지 않는 사례).

3) 기간제및단시간법 제4조 2항의 적용을 회피하기 위하여 형식적으로 사업의 완료 또는 특정한 업무의 완성에 필요한 기간을 정한 근로계약을 반복 갱신하여 체결하였다면(이른바 쪼개기 계약) 제4조 1항 단서는 적용될 여지가 없고 제4조 2항이 적용되어 기간의 정함이 없는 근로관계로의 전환이 간주된다(同旨: 大判 2017. 2. 3, 2016 다 255910).

없는 근로관계로 전환된다. 따라서 2016년 11월 10일의 판례(2014 두 45765)는 2011년 4월 14일(2007 두 1729)의 판례에서 정립된 갱신기대권 법리([80] 2. d) 끝의 《근로계약의 기간 및 갱신기대권에 대한 대법원 판례의 경향》 참고)를 이어 받아 기간제및단시간법 시행 이후에도 그대로 적용됨을 확인하면서 기간의 정함이 없는 근로관계로의 전환에 대해서까지 기대권 법리를 확대한 것이다.

갱신기대권은 기존 근로관계의 내용(동일성)을 그대로 유지하면서 계약기간을 갱신·연장시키는 효력을 가지지만, 무기계약관계로의 전환기대권은 계약기간과 그 밖의 근로조건을 새로 형성하는 효력을 가진다고 보아야 한다(정규직근로자로의 전환). 다만 이러한 기대권의 법리에 대해서는 앞으로 보다 정밀한 검토가 필요하다고 생각된다.

h) 갱신기대권의 인정 여부 기간제근로자에게 갱신기대권이 인정되는지 여부 및 사용자의 갱신 거절의 정당성 여부는 원칙적으로 기간제 근로관계의 종료 당시를 기준으로 제반 사정들을 종합하여 판단해야 한다([70] 11. (3) 참고).[1] 예컨대 계약 체결 당시부터 1년을 단위로 퇴직금을 지급하면서 새로운 계약을 체결하여 왔고, 사용자(부산광역시)측에서 근로계약을 해지할 수 있는 사유('보건복지부의 건강증진기금 관련 예산의 폐지, 감소, 또는 시, 군, 구 업무의 조정 등에 의하여 근로계약을 계속 유지할 수 없을 때')를 규정하고 있으나 일정한 요건이 갖추어지면 근로계약이 갱신된다는 취지의 규정을 두고 있지 않았으며 무기계약직 전환을 위한 근무평정 등도 실시하지 않았다면 근로계약의 갱신이나 무기계약직으로의 전환은 처음부터 인정될 수 없다는 것이 판례의 태도이다.[2] 이 판례는 기간제및단시간법 제4조가 기간제근로자의 고용안정을 도모할 목적뿐만 아니라 경기변동에 따른 사용자의 고용량 조정을 통한 노동시장의 유연성을 함께 추구하면서 기간제근로자의 총 사용기간을 원칙적으로 2년으로 제한하고 있을 뿐이고, 기간제 근로계약 재체결에 대한 정당한 사유의 존재를 요구하거나 기간제 근로계약의 반복적 체결이 가능한 횟수를 제한하지 않고 있다는 점을 밝히면서 동 규정의 취지를 신축적으로 해석하고 있다.[3] 이 판례의 태도는 기존 판례에 의하여 전개된 갱신기대권 내지 무기계약 전환 기대권에 대하여 해석상의 제한을 가한 것으로 생각된다.

i) 갱신거절의 정당성 여부 판례는[4] 근로자에게 이미 형성된 갱신에 대한 정당한 기대권이 있음에도 불구하고 사용자가 근로계약의 갱신을 거절하려면 다음과 같은

---

1) 大判 2011. 4. 14, 2007 두 1729; 大判 2014. 2. 13, 2011 두 12528.

2) 大判 2017. 1. 18, 2016 두 57830(제1심과 원심 판결을 수긍하여 심리불속행으로 기각한 판결. 제1심 판결: 서울行判 2016. 5. 26, 2015 구합 77233; 원심 판결: 서울高判 2016. 10. 13, 2016 누 50978).

3) 大判 2017. 1. 18, 2016 두 57830.

4) 大判 2017. 10. 12, 2015 두 44493.

여러 사정을 종합적으로 고려하여 그 갱신 거부의 사유와 절차가 사회통념에 비추어 볼 때 객관적이고 합리적이며 공정한지를 기준으로 판단해야 한다고 한다. 즉, 사용자의 사업 목적과 성격, 사업장의 여건, 근로자의 지위 및 담당 직무의 내용, 근로계약 체결 경위, 근로계약 갱신에 관한 요건이나 절차의 설정 여부와 그 운용 실태, 근로자에게 책임 있는 사유가 있는지 여부 등의 사정을 검토하여 갱신 거절을 위한 합리적 이유의 존부를 판단해야 한다.[1] 이러한 사정에 대한 증명책임은 사용자가 부담해야 한다. 특히 갱신에 대한 정당한 기대권을 보유한 기간제근로자에 대하여 재계약 절차가 아닌 신규채용 절차를 통하여 선발되어야만 계약 갱신을 해주겠다고 하는 것은 갱신에 대한 정당한 기대권을 전면적으로 배제하는 것이므로 경영상의 필요에 의한 해고에 준하는 사유가 있는지를 종합적으로 살펴 그 주장의 당부를 판단해야 한다고 한다.[2]

j) 고령자의 2년 초과 사용 기간제및단시간법 제4조 1항 단서 4호는 고령자를 2년을 초과하여 기간제근로자로 사용할 수 있는 (예외적) 경우를 규정하고 있다. 그리고 고령자차별금지법 제21조는 사업주는 정년에 도달한 사람이 그 사업장에 다시 취업하기를 희망할 때 그 직무수행 능력에 맞는 직종에 재고용하도록 노력하여야 하며(1항), 고령자인 정년퇴직자를 재고용할 때 당사자 간의 합의에 의하여 퇴직금과 연차유급휴가일수 계산을 위한 계속근로기간을 산정할 때 종전의 근로기간을 제외할 수 있고 임금의 결정을 종전과 달리할 수 있다(2항)고 규정하고 있다. 판례에 따르면 갱신기대권 법리와 함께 기간제및단시간법과 고령자차별금지법의 제반 규정들의 입법 취지에 비추어 고령자, 특히 정년퇴직자에 대해서도 갱신기대권에 관한 법리의 적용이 배제될 수 없다고 한다.[3] 다만 이미 정년이 지난 상태에서 기간제 근로계약을 체결한 경우에는 해당 직무의 성격에 의하여 요구되는 직무수행 능력과 당해 근로자의 업무수행 적격성, 연령에 따른 작업능률 저하 위험성의 정도, 해당 사업장에서 정년을 넘긴 고령자가 근무하는 실태 및

---

1) 기존의 용역업체에서 석탄관리작업을 하던 근로자들과 새 용역업체 A가 계속 동일한 내용의 근무를 하도록 근로계약을 체결하면서 같은 일을 했던 C에 대해서만 고용할 의사가 없다고 했다면 A는 C를 해고한 것과 다름이 없다는 판결이 나왔다. C가 같은 광업소에서 여러 차례 근로기간의 단절 없이 근무해왔다면 그 근로자는 용역업체가 바뀌어도 고용승계 기대권이 인정되므로 새 용역업체는 그 근로자에 대한 고용승계의무가 있음을 인식하고 있었다고 밝혔다(大判 2021. 6. 23, 2020 두 45308). 이 판례는 동일사용자에 대한 계약갱신 기대권과는 다른 차원의 고용승계 기대권을 인정하는 것이므로 새로운 법리적 검토가 필요한 것으로 판단된다. 이것은 일종의 계약체결강제에 해당한다고 볼 수 있을 것이다. 기존 용역업체에서의 근로관계가 종료된 C와 새 용역업체 A 사이에서는 신의칙이 적용될 수 없다. A의 고용승계의무의 근거에 관하여 보다 엄밀한 검토가 필요하다고 생각한다.

2) 大判 2017. 10. 12, 2015 두 44493(김천시가 김천시립교향악단 단원들과 2년마다 계속해서 재계약을 해오다가 재위촉 전형을 하지 않고 사전 동의나 협의를 거치지도 않으면서 신규채용 전형을 받도록 한 사안); 大判 2012. 6. 14, 2010 두 8225 등.

3) 大判 2017. 2. 3, 2016 두 50563.

계약이 갱신되어 온 사례 등을 종합적으로 고려하여 근로계약 갱신에 관한 정당한 기대권이 인정되는지 여부를 판단하여야 한다고 한다.[1] 그러나 판례에 따르면 연령차별금지법 제2조 1호 규정(시령 제2조 참조)의 취지상 고령자는 일반 근로자와 마찬가지로 2년을 초과하여 사용되더라도 기간의 정함이 없는 근로계약을 체결한 것으로 간주되지 않는다. 고령자에 대한 채용 자체가 기피되어 고령자에 대한 고용이 위축될 수 있기 때문에 위의 규정을 둔 것이라고 해석되고 있다.[2]

3. 근로조건의 서면명시

근로자에게 적용되는 취업규칙이 없거나 또는 채용시 근로조건을 명시하지 아니하는 경우에는 계약상 또는 근로기준법상의 권리보장이 불안정하게 될 수 있다. 따라서 근로기준법은 사용자가 근로계약의 체결 시 근로자에 대하여 임금, 소정근로시간, 휴일, 연차유급휴가 그 밖에 대통령령으로 정하는 근로조건을 명시하도록 하고 있으며, 특히 임금의 구성항목·계산방법·지급방법, 취업의 장소, 종사하여야 할 업무, 소정근로시간, 휴일, 연차유급휴가에 관한 사항은 서면으로 명시하고 근로자에게 이를 교부하도록 규정하고 있다(근기법 제17조 및 동법 시령 제8조, 제8조의2). 그런데 기간제및단시간법은 기간제근로자의 특수성을 감안하고 그의 권리보호를 강화하기 위하여 근로계약기간, 근로시간과 휴게시간, 임금의 구성항목과 계산방법 및 지급방법에 관한 사항, 휴일·휴가에 관한 사항, 취업의 장소와 종사하여야 할 업무에 관한 사항 그리고 근로일 및 근로일별 근로시간에 대하여는 서면으로 명시하도록 규정하고 있다(기단법 제17조). 기간제및단시간법 제17조는 기간제근로자를 적용대상으로 하는 근로기준법 제17조의 특칙이라고 할 수 있다. 그러한 범위에서 기간제근로자에 대해서는 근로기준법 제17조의 적용은 배제된다. 서면명시의 방법은 근로계약서에 명시하거나 주요 근로조건이 취업규칙에 이미 명시되어 있을 경우 근로계약서는 개별 근로자에 해당하는 것만 기재하고 그 외의 사항은 취업규칙의 내용을 주지시키는 방법 등이 고려될 수 있을 것이다.

---

1) 大判 2017. 2. 3, 2016 두 50563. 원심은 원고들에게는 정년이 도과하여 기간의 정함이 없는 근로자로 전환될 수는 없다고 하더라도 근로계약이 갱신되리라는 정당한 기대권이 인정된다고 판단하였다(서울高判 2016. 9. 1, 2016 누 40568). 大判 2019. 10. 31, 2019 두 45647(선원법상 선원에 해당하는 기간제근로자들(이미 정년이 도과한 상태에서 기간제근로계약을 체결한 근로자 포함)에 대해서도 갱신기대권에 관한 법리를 인정한 원심을 수긍하고 상고를 기각한 사례).

2) 大判 2017. 2. 3, 2016 두 50563.

[82] Ⅲ. 기간제근로자에 대한 차별금지와 시정절차

1. 법률의 규정

근로기준법은 남녀의 성·국적·신앙 또는 사회적 신분을 이유로 차별적인 대우를 하지 못하도록 규정하고 있고(근기법 제6조), 남녀고용평등법은 채용과 모집, 임금 및 임금 이외의 금품의 지급, 승진과 정년 및 해고 등에 있어서 남녀의 차별을 금지하고 있지만(남녀고평법 제7조 이하 참조) 고용형태(기간제, 단시간, 파견근로 등)를 이유로 하는 차별적 처우를 금지하는 규정은 없었다. 물론 예컨대 기간제근로자라는 지위가 근로기준법 제6조가 규정한 '사회적 신분'에 해당하는지 여부에 대하여 해석론상 논란이 있으나, 기간제근로자라는 지위는 근로계약상의 지위이지 사회적 신분이 아니므로 근로기준법 제6조는 고용형태를 이유로 하는 차별처우의 금지까지 적용대상으로 하지 않는다.[1] 또한 기간제 근로형태는 대부분 여성들을 대상으로 하는 업종에서 일반화되어 있으므로 사실상 남녀의 차별적 처우, 즉 간접차별의 성격을 가지고 있다. 따라서 남녀고용평등법이 적용되는지 여부도 문제된다. 간접차별은 근로조건의 차별이 직접 특정의 성(性)을 이유로 행하여지는 것은 아니지만(예컨대 주로 여성으로 이루어진 단시간근로자에 대하여 특정한 급여와 관리를 배제하는 경우), 그와 같은 차별적 처우의 대상이 주로 특정의 성에 관련됨으로써 사실상 차별적 처우로 인정될 수 있는 경우를 의미한다(예컨대 일정 수당의 지급조건을 군복무 경력이 있는 자에게 유리하게 적용하는 경우 그와 같은 조건은 여성을 간접적으로 차별하는 것이 된다([37] 1. (3) b) 참고). 그렇지만 간접차별의 인정여부는 상당히 엄격한 요건하에 판단되기 때문에 기간제근로에서 언제나 간접차별의 문제가 발생하는 것은 아니다. 따라서 기간제및단시간법의 제정 이전에는 고용형태를 이유로 하는 차별적 처우를 금지하는 법적 근거는 존재하지 않았다.

또한 기간제근로자와 정규직 근로자 사이에 발생하는 근로조건의 격차는 기간제근로자에 대한 노동조합가입자격이 처음부터 부인되어 단체협약의 적용을 받지 못하는 데 기인하는 경우도 적지 않다. 그러나 조합원자격이 없는 기간제근로자에 대하여 노조및조정법 제35조에 의한 단체협약의 일반적 구속력의 확장을 고려해 볼 수 있다. 이를 위

1) 같은 취지의 일본 판례: 富士重工業事件·宇都宮地判 昭和 40. 4. 15, 勞民集 16卷 2號 256面. 우리 대법원은 연관된 사건에서 정규직 근로자와 다른 기간제근로자의 고용형태상의 지위가 사회적 신분에 해당하는지에 관하여 판단하지 않았다(大判 2015. 10. 29, 2013 다 1051 참고). 그러나 하급심 판례 중에는 사업장 내의 직종, 직위, 직급도 근로자 자신의 의사나 능력 발휘에 의해서 회피할 수 없는 사회적 분류에 해당하는 경우에는 사회적 신분에 해당할 수 있다고 판단한 예가 있다(서울南部地判 2016. 6. 10, 2014 가합 3505).

해서는 기간제근로자가 동조의 「동종의 근로자」에 해당되는가가 문제된다. 우리 대법원은 이미 여러 차례의 판례를 통하여 동종의 근로자의 판단기준을 협약당사자가 정한 조합원 가입자격 또는 협약당사자의 의사에서 구하고 있는 것으로 생각된다. 그 결과 사업장 단위의 단체협약이 일반적 구속력을 가질 수 있는 요건이 제한되고 있다. 구체적인 직무내용과 성질 그리고 근무형태를 기준으로 동종의 근로자 여부를 판단하지 않는 한 조합원 가입자격이 없는 기간제근로자에 대하여 단체협약상의 근로조건이 미칠 수 있는 여지는 거의 없게 된다(이에 관해서는 [112] 2. 참고).

그런데 기간제및단시간법 제8조 1항은 기간제근로자임을 이유로 당해 사업 또는 사업장에서 동종 또는 유사한 업무에 종사하는 기간의 정함이 없는 근로계약을 체결한 근로자에 비하여 차별적 처우를 하여서는 아니 된다고 명시적으로 규정하고 있다.

2. 차별적 처우의 개념과 요건

a) 의 의 기간제및단시간법 제8조 1항이 금지하고 있는 '차별적 처우'란 임금, 정기상여금·명절상여금 등 정기적으로 지급되는 상여금, 경영성과에 따른 성과금 그리고 그 밖에 근로조건 및 복리후생 등에 관한 사항에 있어서 합리적인 이유[1] 없이 불리하게 처우하는 것을 말한다(제2조 ③).[2] 따라서 합리적 이유에 의한 근로조건의 차이는 이 법에서 금지하는 차별적 처우에 해당되지 않는다. 그렇지만 이 규정만으로는 차별적 처우의 개념이 정확하게 정리되지 않는다. 왜냐하면 비교대상이 없는 차별은 존재할 수 없기 때문이다. 그러므로 기간제및단시간법 제2조 3호의 '차별적 처우'는 다시 제8조 1항에 의하여 보완적으로 해석되어야 한다. 그에 의하면 당해 사업 또는 사업장에서 동종 또는 유사한 업무에 종사하는 기간의 정함이 없는 근로계약을 체결한 근로자를 비교대상으로 하고 있다. 따라서 차별적 처우의 개념과 요건은 기간제및단시간법 제2조 3호와 제8조 1항에 의하여 확정될 수 있다. 기간제근로자에 대하여 차별적 처우가 인정되기 위해서는 당해 사업 또는 사업장에서 동종 또는 유사한 업무에 종사하는 기간의 정함이 없는 근로계약을 체결한 근로자와 비교하여 근로조건의 차이가 발생하여야 한다. 다음으로 그와 같은 근로조건의 차이에 합리적 사유가 없어야 한다. 이를 나누어 설

---

1) 합리적 이유 존부의 판단: 大判 2014. 9. 24, 2012 두 2207 등 참고.

2) 大判 2012. 1. 27, 2009 두 13627(기간제근로자에 대하여 합리적 이유 없는 불리한 내용의 임금의 지급 또는 근로조건의 집행 등과 같은 구체적인 차별행위가 기간제법의 차별금지 규정이 시행된 이후에 행하여진 경우에는, 그와 같은 구체적인 차별행위의 근거가 되는 취업규칙의 작성, 단체협약 내지 근로계약의 체결 또는 근로의 제공 등이 위 차별금지 규정의 시행 전에 이루어졌다 하더라도 원칙적으로 위 차별금지 규정이 적용된다고 볼 것이다); 서울高判 2012. 7. 18, 2012 누 6324.

명하면 다음과 같다.

b) **차별적 처우의 대상** 차별적 처우가 금지되는 대상은 임금, 정기상여금·명절상여금 등 정기적으로 지급되는 상여금, 경영성과에 따른 성과금 그리고 그 밖에 근로조건 및 복리후생 등에 관한 사항이다(기단법 제2조 ③). 구법에서는 "임금 그밖의 근로조건"이라 하였으나 '근로조건'은 매우 포괄적인 용어이기 때문에 구체적으로 어디까지 차별금지 및 시정대상 범위인지 논란이 있었다. 개정법(2013. 3. 22)에서는 차별시정의 효과를 높이기 위해서 임금과 그 밖의 근로조건 내용을 구체화하였다. 특히 현실적으로 가장 차별이 많이 발생하는 대상이 정기상여금과 성과금이라는 점을 고려하여 이를 차별금지 및 시정대상으로 명시한 것이 큰 특징이라고 할 수 있다.[1] 그 밖에 복리후생적 급여도 현물이나 현금을 묻지 않고 차별금지 대상으로 규정하였다. 따라서 개정법에서 규정하고 있는 "그 밖에 근로조건 등에 관한 사항"이란 앞에서 열거된 금품 외에 근로시간, 휴일, 휴가, 교육훈련, 배치전환, 안전보건, 재해보상, 해고 등 취업관계와 연관성을 가진 조건을 의미한다.[2]

c) **비교대상 근로자의 확정** 비교대상자가 확정되어야 한다. 비교대상자가 직제상 존재하지 않는다면 차별 자체가 존재할 수 없다.[3] 기간제및단시간법 제8조 1항은 「기간제근로자임을 이유로 당해 사업 또는 사업장에서 동종 또는 유사한 업무에 종사하는 기간의 정함이 없는 근로계약을 체결한 근로자에 비하여 차별적 처우를 하여서는 아니 된다」고 하여, 비교대상자의 확정을 위한 요건을 두고 있다. 구체적으로 검토하면 다음과 같다.

첫째, 장소적으로 비교대상 근로자는 기간제근로자와 동일한 사업 또는 사업장에서 근무하고 있어야 한다. 이때 동일한 사용자가 복수의 사업 또는 사업장을 두고 있는 경우에 장소적 범위의 확정이 문제될 수 있다. 우선 비교대상 근로자가 동일한 사업장에

1) 기간제근로자를 경영평가성과금의 지급대상에서 배제한 것은 차별적 처우에 해당한다(서울行判 2008. 10. 24, 2008 구합 6622). 또한 교통비, 급식비, 가족수당 등을 차별하여 지급한 것을 차별적 처우에 해당한다고 본 사례: 서울高判 2011. 1. 27, 2010 누 22940; 서울行判 2010. 4. 29, 2009 구합 36651; 서울行判 2010. 6. 18, 2009 구합 55553; 서울行判 2010. 8. 19, 2010 구합 17861. 기간제근로자에 대한 중식대와 통근비를 비교대상 근로자에 비해 불리하게 지급한 것은 차별적 처우에 해당한다(大判 2012. 10. 25, 2011 두 7045); 한편 장기근속수당을 차별하여 지급한 것이 합리적인 이유가 있다고 판단한 사례(大判 2014. 9. 24, 2012 두 2207).

2) 박종희 외, 앞의 책, 132면.

3) 大判 2019. 9. 26, 2016 두 47857; 大判 2015. 10. 29, 2013 다 1051(차별적 처우란 본질적으로 같은 것을 다르게, 다른 것을 같게 취급하는 것을 말하며, 본질적으로 같지 않은 것을 다르게 취급하는 경우에는 차별 자체가 존재한다고 할 수 없다. 따라서 차별적 처우에 해당하기 위해서는 우선 그 전제로서 차별을 받았다고 주장하는 사람과 그가 비교대상자로 지목하는 사람이 본질적으로 동일한 비교집단에 속해 있어야 한다).

존재한다면 그를 비교대상 근로자로 확정할 수 있을 것이다. 다만 기간제근로자와 동일한 사업장에 비교대상 근로자가 없는 경우에는 같은 사용자가 운영하는 동일 사업의 다른 사업장 소속의 근로자를 비교대상 근로자로 삼을 수 있을 것이다.[1)]

둘째, 동종 또는 유사한 업무에 종사하는 근로자를 비교대상으로 한다. 따라서 기간제근로자에 비교대상이 되는 근로자는 기간제근로자와 동일한 직무를 수행하는 근로자로 한정되어서는 아니 된다. 법률은 동종의 업무에서 더 나아가 유사업무로까지 비교대상 근로자의 해당 요건을 확대하고 있기 때문이다.[2)] 동종 또는 유사성에 기초한 구체적인 판단기준으로 i) 해당 업무에 있어서 각 근로자집단의 상호대체 가능성, ii) 각 근로자집단이 수행하는 해당 업무의 성격적 유사성 그리고 iii) 해당 업무가치의 유사성[3)] 등이 제시될 수 있다.[4)·5)] 또한 판례는 동종 또는 유사한 업무에 해당하는지 여부는 취업규칙이나 근로계약 등에서 정한 업무 내용이 아니라 근로자가 실제 수행하여 온 주된 업무의 내용을 기준으로 판단하여야 한다고 한다.[6)]

셋째, 기간제근로자의 비교대상 근로자는 기간의 정함이 없는 근로자이어야 한다. 비교대상이 되는 동종 또는 유사 업무에 종사하는 근로자는 기간의 정함이 없는 근로계약을 체결한 근로자 중에서 선정해야 하고, 이러한 근로자가 당해 사업 또는 사업장에 현실적으로 근무하고 있을 필요는 없으나, 직제에 존재하지 않는 근로자를 비교대상 근로자로 삼을 수는 없다.[7)] 즉, 동일한 기간제근로자들 사이에 있을 수 있는 근로조건의 차이는 이 법률에서 금지하고 있는 차별적 처우에 해당하지 않는다.[8)] 동일한 기간제근로자

1) 박종희 외, 「비정규직 차별금지 판단기준 및 운영에 관한 연구」, 노동부학술용역보고서, 2006, 119면 참고.

2) 자세한 것은 박종희 외, 앞의 책, 120면 이하 참고.

3) 업무가치의 판단 요소에는 숙련도, 육체적 및 정신적 능력, 책임, 작업조건 등이 고려된다.

4) 大判 2016. 12. 1, 2014 두 43288; 大判 2014. 11. 27, 2011 두 5391(정규직과 기간제근로자가 수행하는 업무가 서로 완전히 일치하지 아니하고 업무의 범위 또는 책임과 권한 등에서 다소 차이가 있다고 하더라도 주된 업무의 내용에 본질적인 차이가 없다면 특별한 사정이 없는 이상 이들은 동종 또는 유사한 업무에 종사한다고 보아야 할 것이다).

5) 대법원은 공공부문 비정규직 종합대책에 따라 비정규직인 계약직에서 일반직으로 전환되는 근로자와 공개경쟁시험을 통해 일반직으로 임용되거나 정규직 내의 직렬 통합에 따라 일반직으로 자동 전환된 직원들 사이에는 임용경로에 차이가 있고, 임용경로의 차이에서 호봉의 차이가 발생한 것으로, 양 집단은 이러한 임용경로의 차이에 의하여 본질적으로 동일한 비교집단에 속한다고 볼 수 없고 이로 인한 호봉의 차이는 차별적 처우에 해당하지 않는다고 하였다(大判 2015. 10. 29, 2013 다 1051).

6) 大判 2012. 3. 29, 2011 두 2132; 大判 2012. 10. 25, 2011 두 7045; 大判 2013. 3. 14, 2010 다 101011; 大判 2014. 11. 27, 2011 두 5391; 大判 2016. 12. 1, 2014 두 43288 등.

7) 大判 2019. 9. 26, 2016 두 47857.

8) 원고인 기간제근로자가 장기근속수당의 산정에 있어서 기간제 근무기간을 근속기간으로 인정받지 못한 것과 관련하여, 기간제근로자에서 정규근로자로 전환된 근로자에게는 기간제 근무기간이 장기

들 사이의 차별대우에 대해서는 근로기준법, 남녀고용평등법이 적용된다고 보아야 한다.

넷째로 판례[1]는 근로조건 중 가장 중요한 임금의 차별에 있어서 차별처우의 유무를 판단하는 비교방법(판단기준)을 제시하고 있다. 이에 따르면 기간제근로자가 불리한 치우라고 주장하는 임금은 세부 항목별로 비교대상 근로자와 비교하여 불리한 처우의 존재 여부를 판단하여야 한다. 다만 기간제근로자와 비교대상 근로자의 임금이 서로 다른 항목으로 구성되어 있거나, 기간제근로자가 특정 항목별로 유불리를 달리하는 경우 등과 같이 항목별로 비교하는 것이 곤란하거나 적절하지 않은 특별한 사정이 있는 경우라면, 상호 관련된 항목들을 범주별로 구분하고 각각의 범주별로 기간제근로자가 받은 임금 액수와 비교대상 근로자가 받은 임금액수를 비교하여 기간제근로자에게 불리한 처우가 존재하는지를 판단하여야 한다. 이러한 경우 임금의 세부 항목이 어떤 범주에 속하는지는 비교대상 근로자가 받은 항목별 임금의 지급 근거, 대상과 그 성격, 기간제근로자가 받은 임금의 세부 항목 구성과 산정 기준, 특정 항목의 임금이 기간제근로자에게 지급되지 않거나 적게 지급된 이유나 경위, 임금 지급 관행 등을 종합하여 합리적이고 객관적으로 판단하여야 한다.

d) 합리적 이유의 존부 근로조건의 차이에 합리적 이유가 없어야 차별이 인정된다. 같은 근로자들 사이에도 근로조건이 반드시 동일한 것은 아니다. 각자의 기술과 능력 그리고 성과에 따라 근로조건은 다를 수 있다. 이 경우에는 근로조건의 차이에 합리적인 이유가 존재하기 때문이다.[2] 따라서 기간제및단시간법이 금지하는 차별적 처우에 해당되기 위해서는 그와 같은 합리적 이유[3]가 없는 경우라야 한다. 즉 다른 합리적

근속수당 산정에 필요한 근속기간에 포함되지 아니하므로, 그 자체로 비교대상 근로자인 정규근로자에 비하여 불리한 처우를 받았다고 봄이 상당하다. 그러나 장기근속수당은 장기근속을 장려하기 위한 목적에서 지급되는 것으로 볼 수 있는 점, 근로형태와 근로범위나 권한 등에 따라 차별 지급될 수도 있는 점 등을 종합하여 고려할 때에는 기간제 근로기간을 근속기간에 포함시키지 않고 장기근속수당을 지급한 데에는 합리적 이유가 있다고 할 것이다(大判 2014. 9. 24, 2012 두 2207).

1) 大判 2019. 9. 26, 2016 두 47857(차별적 처우를 받았다고 주장하며 차별시정을 신청한 경우 불리한 처우가 존재하는지 판단하는 방법).

2) 서울行判 2010. 1. 22, 2009 구합 28155(중형버스 운전원과 대형버스 운전원간에 통상시급과 상여금, 무사고수당 등에 차이를 둔 것은 합리적인 이유가 있는 차별이라고 한 사례); 서울行判 2011. 8. 18, 2010 구합 41802(계약직 근로자와 정규직 근로자 사이에 기본급 및 직무급의 지급에 관하여 차이를 둔 것은 합리적인 이유가 있는 차별이라고 한 사례).

3) 합리적인 이유가 없는 경우란 기간제근로자를 다르게 처우할 필요성이 인정되지 않거나 다르게 처우할 필요성이 인정되는 경우에도 그 방법·정도 등이 적정하지 않은 경우를 의미하며, 합리적인 이유가 있는지 여부는 개별 사안에서 문제된 불리한 처우의 내용과 사용자가 불리한 처우의 사유로 삼은 사정을 기준으로 기간제근로자의 고용형태, 업무의 내용과 범위, 권한과 책임, 임금 그 밖의 근로조건 등의 결정요소 등을 종합적으로 고려하여 판단하여야 한다(大判 2012. 3. 29, 2011 두 2132; 大判 2012. 10. 25, 2011 두 7045; 大判 2012. 11. 15, 2011 두 11792). 원고 은행이 이 사건 근로자들

이유없이 고용형태만을 이유로 하는 근로조건의 차이는 차별적 처우에 해당된다.[1] 또한 합리적 이유가 있는지 여부를 판단하는 데 있어서 근로기준법 제18조가 단시간근로자에 대하여 적용하고 있는 이른바 시간(기간)비례의 근로조건결정원칙(pro-rata-temporis-Prinzip)을 고려하여야 한다. 이 원칙에 따르면 사용자는 기간약정을 이유로 임금이나 휴가와 근로시간과 같은 근로조건을 차별적으로 적용하여서는 아니 되며,[2] 근로조건을 기간에 비례하여 분할적 보호가 가능한 것과 그렇지 아니한 것으로 구분하여 전자는 그 계약기간의 범위에 상응하는 정도로, 후자는 전체로서 보장되어야 한다. 이때 약정된 계약기간은 근로관계의 기간에 따라 보장되는 모든 근로조건이나 사회보험상의 급여산정에서 해당 근로자에게 불리하게 적용되어서는 안 된다.[3]

3. 차별적 처우의 시정

기간제및단시간법의 중요한 내용의 하나는 기간제근로자에 대한 차별을 단순히 금지하는 데 그치지 아니하고 그와 같은 차별을 시정하기 위한 적극적인 행정절차를 마련해 놓고 있다는 점이다. 즉 기간제및단시간법 제9조는 기간제근로자가 차별적 처우를 받은 경우에는 노동위원회에 그 시정을 신청할 수 있다고 규정하고 있다.[4] 이를 위하여 노동위원회에 차별시정위원회를 신설하여 차별적 처우의 판단과 시정명령을 내릴 수 있

에게 정규직인 비교대상 근로자보다 불리하게 차별 지급한 통근비와 중식대는 실비변상적인 것으로서 업무의 범위나 난이도, 업무량 등에 따라 차등지급할 성질의 것이 아닌 점, 정규직 직원들에 대한 장기근속 유도 목적은 원고 은행이 마련하고 있는 각종 제도로 충분히 달성할 수 있을 것으로 보이는 점으로 보아 통근비 및 중식대 지급과 관련한 차별적 처우에 합리적인 이유가 있다고 볼 수 없다고 한 사례(大判 2012. 3. 29, 2011 두 2132). 장기근속수당은 장기근속을 장려할 목적에서 지급되는 것으로 볼 수 있는 점, 비교대상 근로자들의 정규직 근로형태가 채용목적, 근로 범위나 권한 등의 측면에서 차이가 있다는 점을 종합해 볼 때 기간제 근무기간을 수당 산정을 위한 기간에 포함하지 아니한 데는 합리적 이유가 있다(大判 2014. 9. 24, 2012 두 2207). 또한 근속기간, 업무의 범위, 능력 등의 차이를 이유로 특별상여금, 호텔봉사료를 기간제근로자에게 지급하지 아니한 것은 합리적 이유가 있다고 인정한 사례(서울行判 2015. 9. 24, 2015 구합 64053).

1) 동종 또는 유사한 업무에 종사하고 있음에도 채용절차가 다르다 하여 차별하는 것은 합리적 이유가 있다고 볼 수 없다(서울高判 2012. 3. 28, 2009 누 32576).

2) 大判 2019. 9. 26, 2016 두 47857.

3) 참고로 독일의 단시간 및 기간제 근로계약법 제4조 2항은 기간제근로자에 대하여 명시적으로 기간비례적 균등대우원칙을 규정하고 있다. 그 밖에 자세한 합리적 이유의 판단기준에 관하여는 박종희 외, 앞의 책, 137면 이하 참고. 일본에서의 불합리한 근로조건 차별에 관해서는 특히 土田, 「勞働契約法」, 790面 이하 참고.

4) 중앙노동위원회는 1년 단위 근로계약이 여러 차례 반복 갱신되어 온 사례에서 차별구제신청 근로자들은 사실상 기간의 정함이 없는 근로계약을 체결한 것으로 보아야 한다는 이유로 차별구제신청 당사자적격을 부인하였다(中勞委 2008. 6. 25, 2008 차별 20). 같은 취지로 서울行判 2010. 2. 18, 2009 구합 26234 참고.

도록 하였다. 또한 노동위원회에 의한 차별시정제도 외에 행정관청을 통한 적극적 · 예방적 차별시정을 촉진할 목적으로 고용노동부장관의 차별시정지도 및 그에 따른 노동위원회의 구제명령제도를 새로 도입하였다(기단법 제15조의2. 2012년 7월 1일 시행).

(1) **차별시정의 신청**

차별시정절차는 차별적 처우를 받았다고 주장하는 근로자의 신청으로 개시된다. 즉, 차별적 처우를 받았다고 주장하는 근로자는 그 차별적 처우가 있은 날로부터 6개월[1] 이내에 노동위원회에 차별시정을 신청할 수 있으며, 계속되는 차별적 처우의 경우는 그 종료일로부터 6개월 이내에 신청하여야 한다(기단법 제9조 I. 2012년 2월 1일 법개정으로 종전 3개월에서 6개월로 연장되었다.).[2] 기간제및단시간법은 애초 차별시정 신청기간을 3개월로 규정하였다. 이는 노동위원회에 대한 부당해고 또는 부당노동행위의 구제신청기간과 조화를 이루기 위한 것이라고 할 수 있다. 그러나 다른 근로자와의 비교 없이도 사용자의 행위가 명확히 확정될 수 있는 부당해고나 부당노동행위와는 달리 차별적 처우는 그 확인이 용이하지 아니한 경우가 많을 뿐만 아니라 기간제근로자가 차별시정절차를 활용하고 싶어도 계속고용에 대한 기대 때문에 차별시정신청을 미루거나 포기하는 경우도 적지 않았다. 따라서 해당 근로자가 차별시정신청절차를 적절하게 활용할 수 있도록 차별시정신청기간을 연장하여야 한다는 요구가 많았고 그에 따라 2012년 2월 개정시 그 기간을 6개월로 연장한 것이다. 신청기간의 기산점은 차별이 있는 날이다. 다만, 계속되는 차별적 처우의 경우에는 그 종료일부터 신청기간이 기산된다. 특히 임금차별의 경우 이를 계속되는 차별로 볼 것인지 여부를 둘러싸고 논란이 있다. 임금은 사용자가 근로의 대가로 근로자에게 지급하는 일체의 금품으로서 근로관계가 유지되는 이상 매일 계속적으로 발생하는 것이고, 임금지급일에 비로소 발생하는 것이 아니다. 임금지급일은 사용자와 근로자가 위와 같이 계속적으로 발생하는 임금을 정기적으로 정산하는

1) 「제9조 1항이 정한 차별적 처우의 시정신청기간은 제척기간이라고 할 것이므로 그 기간이 경과하면 그로써 기간제법에 따른 시정을 신청할 권리는 소멸하나, 계속되는 차별적 처우의 경우 그 종료일부터 6월 이내에 시정을 신청하였다면 그 계속되는 차별적 처우 전체에 대하여 제척기간을 준수한 것이 된다고 할 것이다. 한편, 사용자가 계속되는 근로 제공에 대하여 기간제근로자 또는 단시간근로자에게 차별적인 규정 등을 적용하여 차별적으로 임금을 지급하여 왔다면 특별한 사정이 없는 이상 그와 같은 임금의 차별적 지급은 기간제법 제9조 1항 단서가 정한 '계속되는 차별적 처우'에 해당한다고 봄이 상당하다」(大判 2011. 12. 22, 2010 두 3237).

2) 기간제근로자들이 임금차별을 당한 사안에서 중앙노동위원회는 임금에 있어서의 차별적 처우는 임금 지급일에 발생하는 것을 전제로 임금지급일로부터 3개월이 경과한 임금에 대해서는 차별구제신청을 인정하지 않았으나(中勞委 2008. 11. 3, 2008 차별 25), 서울행정법원은 임금 지급에 있어서 차별적 처우는 원고들의 각 입사 당시부터 매일 성립한 임금에 대하여 발생하였다는 것을 이유로 계속적 차별에 해당한다고 판단하였다(서울行判 2009. 5. 22, 2008 구합 48794).

날에 불과하다. 따라서 임금차별의 시정을 목적으로 하는 시정절차의 신청기간은 근로관계가 종료된 시점부터 기산된다.[1] 주된 시정절차는 사용자의 차별적 처우로 말미암아 기간제근로자에게 발생한 불이익을 해소하여 차별적 처우가 없었더라면 존재하였을 상태를 회복함으로써 근로조건을 보호하려는데 그 주된 목적이 있으므로 기간제근로자의 지위를 회복하거나 근로계약기간 자체를 보장하기 위한 절차는 아니다. 따라서 시정신청 당시에 혹은 시정절차 진행 도중에 근로계약기간이 만료하였다는 이유만으로 기간제근로자가 차별적 처우의 시정을 구할 시정이익이 소멸하지는 않는다.[2] 대법원은 노동위원회의 시정명령 내용 중의 하나인 금전보상명령 또는 배상명령은 과거에 있었던 차별적 처우의 결과로 남아 있는 불이익을 금전적으로 보상하기 위한 것으로서 그 성질상 근로계약기간이 만료한 경우에도 발할 수 있는 것으로 해석하고 있다.[3] 타당한 견해라고 생각된다.

근로자가 차별시정신청을 하는 때에는 차별적 처우의 내용을 구체적으로 명시하여야 한다(기단법 제9조 Ⅱ). 차별적 처우의 내용이 구체적으로 명시되지 아니한 채 신청을 하게 되면 노동위원회는 차별시정신청을 각하하게 된다. 따라서 명시해야 할 내용의 충족 여부는 신중하게 판단되어야 한다. 해당 근로자가 알기 어려운 사항까지 명시할 것을 요구한다면 차별시정의 취지를 몰각시킬 수 있기 때문이다. 반대로 단순히 차별이 있었다는 심증만을 명시(제시)하는 것으로 충분하다면 차별시정신청의 남용이 발생할 수 있다. 명시하여야 할 차별적 처우의 내용은 제도의 취지와 목적에 부합하도록 적정하게 결정되어야 한다. 따라서 차별적 처우가 있었음을 일응 인정할 수 있는 최소한의 사항은 명시되어야 할 것이다.

판례는 합리적 이유 없이 불리하게 처우하는 것을 차별적 처우로 정의하고 있는 기간제및단시간법 제2조 3호의 규정 내용을 고려하면 임금 세부 항목이 아닌 각 범주별로 기간제근로자에게 불리한 처우가 있는지를 판단할 때에는 합리적 이유가 있는지 여부도 범주별로 판단하여야 한다고 하면서 합리적인 이유가 없는 경우의 의미와 합리적인 이유가 있는지 판단하는 방법을 기존 판례를 보완하여 판시하고 있다.[4]

---

1) 서울高判 2011. 1. 27, 2010 누 22940(가족수당, 정액급식비, 교통보조비 등은 임금의 성질을 가지며, 따라서 그에 관한 차이는 기단법 제9조 1항 단서에 규정된 '계속되는 차별적 처우'에 해당한다고 한 사례).

2) 大判 2016. 12. 1, 2014 두 43288; 원심: 서울高判 2014. 9. 17, 2013 누 51093(상여금 등을 평균임금에 포함하지 아니하고 퇴직금을 산정한 경우에 그 차액을 차별적 처우로 인한 손해로 본 사례).

3) 大判 2016. 12. 1, 2014 두 43288.

4) 大判 2019. 9. 26, 2016 두 47857; 大判 2012. 3. 29, 2011 두 2132; 大判 2012. 10. 25, 2011 두 7054 등 참고.

구체적인 차별시정신청의 절차와 방법 등에 관하여는 중앙노동위원회가 별도로 정한다(기단법 제9조 Ⅲ).

⑵ 조사 · 심문절차와 사용자의 증명책임

a) 노동위원회는 기간제근로자가 차별시정신청을 접수하면 해당 사건을 담당할 차별시정위원회를 구성한 후 지체 없이 필요한 조사와 관계당사자에 대한 심문을 개시하여야 한다(기단법 제10조 Ⅰ; 노위법 제15조 Ⅰ). 차별시정위원회는 차별시정담당 공익위원 중 3인으로 구성하되, 위원장은 부득이한 사유가 있는 경우에는 심판담당 공익위원 중에서 차별시정위원회 위원을 지명할 수 있다(노위법 제15조 Ⅳ · Ⅵ). 차별시정위원회는 심문절차에서 관계당사자의 신청에 의하거나 직권으로 증인을 출석하도록 하여 필요한 사항을 질문할 수 있으며(기단법 제10조 Ⅱ), 이 경우 차별시정위원회는 관계당사자에게 증거의 제출과 증인에 대한 반대심문을 할 수 있는 충분한 기회를 주어야 한다(동조 Ⅲ). 그 밖의 조사 · 심문의 방법 및 절차에 관하여 필요한 사항은 중앙노동위원회가 따로 정한다(동조 Ⅳ).

b) 기간제및단시간법은 차별시정절차의 실효성을 높이기 위하여 차별금지와 관련된 분쟁에서 입증책임을 사용자가 부담하도록 규정하였다(제9조 Ⅳ). 이는 사용자가 근로자보다 차별적 처우의 판단에 관련된 정보를 많이 보유하고 있어 근로자가 입증하는 것이 어려울 것이라는 현실에 기초한 것이다. 따라서 기간제근로에 의하면 근로자가 차별적 처우의 내용을 구체적으로 명시하여 차별시정신청을 행하면 사용자는 차별적 처우의 부존재 또는 그러한 처우가 합리적 이유에 근거한 것임을 입증하여야 한다.

⑶ 조정 · 중재

기간제근로자에 대하여 차별적 처우가 있는지 여부를 판정하는 것은 쉽지 않은 문제이며 법적인 판단이 언제나 합리적이라고 할 수 없는 사정도 존재할 것이다. 따라서 차별시정의 실효성을 높이기 위해서는 차별 여부의 법적 판단에만 의존할 것이 아니라 조사 및 심문과정에서 조정(調停)과 중재절차를 활용하도록 함으로써 당사자 간의 자율적 해결을 촉진할 필요성이 제기된다. 이와 같은 취지에서 노동위원회는 심문과정에서 관계당사자 쌍방 또는 일방의 신청 또는 직권에 의하여 조정절차를 개시할 수 있으며, 관계당사자가 미리 노동위원회의 중재결정에 따르기로 합의하여 중재를 신청한 경우에 중재할 수 있도록 규정하였다(기단법 제11조 Ⅰ). 조정 또는 중재신청은 차별시정을 신청한 날로부터 14일 이내에 하는 것이 원칙이지만, 노동위원회의 승낙이 있는 경우에는 14일 이후에도 신청할 수 있도록 하였다(동조 Ⅱ). 노동위원회는 특별한 사정이 없는 한 조정절차를 개시하거나 중재신청을 받은 때로부터 60일 이내에 조정안을 제시하거나 중재결정을 하여야 한다(동조 Ⅳ).

노동위원회는 관계당사자 쌍방이 조정안을 수락한 경우에는 조정조서를 작성하고 관계당사자와 조정에 관여한 위원 전원이 서명·날인하여야 하고, 중재결정을 내린 경우에는 중재결정서를 작성하고 관계당사자를 제외한 관여위원 전원이 서명·날인하여야 한다(동조 Ⅴ·Ⅵ). 이와 같은 절차를 거친 조정조서와 중재결정서는 그 이행의 실효성을 담보하기 위하여 재판상 화해와 동일한 효력을 갖는다(동조 Ⅶ). 재판상 화해는 확정판결과 동일한 효력을 가지므로(민소법 제220조) 향후 소송에서 이에 저촉되는 내용으로 다툴 수 없고(기판력), 관할법원에서 집행문을 부여받아 압류 등 강제집행이 가능하게 된다(집행력).

문제는 차별시정심판절차는 차별시정위원회가 담당하지만, 조정 내지 중재의 담당 기구가 어디인지 불분명하다는 점이다. 즉 조정절차 또는 중재가 개시되면 이는 노동위원회 내의 조정 또는 중재위원회가 담당하는지, 아니면 계속해서 차별시정위원회가 담당하는지 여부가 분명하지 않다. 생각건대 조정 또는 중재는 차별시정의 실효성을 실현하기 위한 대체적 수단에 지나지 않는 것이며 조정의 개시 또는 중재의 회부에 의하여 차별사건이라는 사안 자체의 성격이 달라지는 것이 아니므로 절차진행의 계속성과 효율성을 위해서도 차별시정위원회가 담당하는 것이 타당하다고 판단된다.

⑷ 시정명령과 확정

a) 차별시정위원회는 심판절차를 종료한 후 근로자의 신청내용이 차별적 처우에 해당된다고 판단한 경우에는 사용자에게 시정명령을 발하고, 차별적 처우에 해당하지 아니한다고 판정한 때에는 그 시정신청을 기각하는 결정을 하여야 한다(기단법 제12조 Ⅰ). 시정명령이나 기각결정은 서면으로 하되 그 이유를 구체적으로 명시하여야 하며, 시정명령의 내용과 이행기한 등이 구체적으로 기재되어야 한다(기단법 제12조 Ⅱ). 시정명령의 내용에는 차별적 행위의 중지, 임금 등 근로조건의 개선(취업규칙, 단체협약 등의 제도개선 명령을 포함한다) 또는 적절한 배상 등이 포함될 수 있다(기단법 제13조 Ⅰ 2014. 3. 18 신설). 이때 배상액은 차별적 처우로 인하여 기간제근로자 또는 단시간근로자에게 발생한 손해액을 기준으로 하되, 노동위원회는 사용자의 차별적 처우에 명백한 고의가 인정되거나 차별적 처우가 반복되는 경우에는 손해액을 기준으로 3배를 넘지 아니하는 범위에서 배상(징벌적 손해배상)을 명령할 수 있다[1](기단법 제13조 Ⅱ 2014. 3. 18 신설).

b) 지방노동위원회의 시정명령 또는 기각결정에 대하여 불복하는 관계당사자는 시정명령서 또는 기각결정서를 송달받은 날부터 10일 이내에 중앙노동위원회에 재심을 신청할 수 있으며(기단법 제14조 Ⅰ), 중앙노동위원회의 재심신청에 대하여 불복하는 관계

1) 서울高判 2017. 5. 17, 2016 누 79078.

당사자는 재심결정서의 송달을 받은 날부터 15일 이내에 행정소송을 제기할 수 있다(기단법 제14조 Ⅱ). 이 기간 내에 재심을 신청하지 않거나 행정소송을 제기하지 아니한 때에는 시정명령 등은 확정된다(기단법 제14조 Ⅲ). 이와 같은 불복절차 내지 확정절차는 현행 부당해고 및 부당노동행위구제신청의 불복절차에 준하여 규정된 것이다.

c) 노동위원회의 시정명령이 확정되면 그 실효성을 확보하기 위하여 노동부장관은 확정된 시정명령에 대하여 사용자에게 이행상황을 제출할 것을 요구할 수 있으며, 시정을 신청한 근로자는 사용자가 확정된 시정명령을 이행하지 아니한 경우에 이를 고용노동부장관에게 신고할 수 있다(기단법 제15조). 또한 사용자가 정당한 시정명령을 정당한 이유 없이 이행하지 아니한 경우에는 1억원 이하의 과태료에 처하도록 함으로써 벌칙을 현실화하였다(기단법 제24조 Ⅰ).

(5) 고용노동부장관의 시정요구

a) 2012년 2월 1일 법 개정시 차별시정을 촉진하고 차별적 처우에 대한 예방적 기능을 강화하기 위하여 노동위원회에 의한 차별시정절차 외에 근로감독관에 의한 차별시정제도가 새로 도입되었다. 현행 차별시정제도는 당사자의 신청주의를 기초로 개별적·사후적으로 차별을 시정하는 구조로 되어 있다. 그러나 당사자가 근로관계상의 불이익을 우려하여 차별시정신청을 하지 않는 경우가 적지 않아 근로조건의 격차가 좀처럼 해소되지 아니하는 상황이다. 따라서 근로자가 직접 노동위원회에 차별시정을 신청하지 않더라도, 근로감독관이 사업장 점검시 임금 등 근로조건에 대한 차별을 확인하고 이를 시정할 수 있도록 예방적 지도를 할 수 있는 권한을 부여받음으로써 차별시정의 효과를 촉진할 수 있을 것이다.

b) 기간제및단시간법 제15조의2에 따르면 고용노동부장관은 사용자가 기간제근로자에 대하여 동법 제8조를 위반하여 차별적 처우를 행한 경우에는 그 시정을 요구할 수 있다(기단법 제15조의2 Ⅰ). 고용노동부장관은 사용자가 그 시정요구에 응하지 않을 경우에는 차별적 처우의 내용을 구체적으로 명시하여 노동위원회에 통보하고, 이 사실을 해당 사용자 및 근로자에게 통지하여야 한다(동조 Ⅱ). 노동위원회는 고용노동부장관의 통보를 받은 경우에는 지체 없이 차별적 처우가 있는지 여부를 심리하여야 하며, 이 경우 해당 사용자 및 근로자에게 의견을 진술할 수 있는 기회를 부여하여야 한다(동조 Ⅲ). 그 구체적 심리 및 그 밖의 시정절차 등에 관해서는 위의 시정절차에 관한 규정을 준용하며(동조 Ⅳ), 해당 노동위원회의 심리 등에 관한 사항은 중앙노동위원회가 별도로 정하도록 위임하고 있다(동조 Ⅴ).

c) 이 절차가 위의 차별시정구제절차와 구별되는 것은, 후자가 개별 근로자의 신청

에 의하여 그 근로자에게 현실적으로 발생한 차별적 처우를 구제하는 데 그 취지가 있다면, 이 절차는 개별 근로자가 신청인으로 등장하지 아니한 상태에서 단지 해당 사용자의 처우가 차별이라고 볼 수 있는 경우에 고용노동부장관의 통보에 의하여 차별시정절차가 개시된다는데 있다.

d) 고용노동부장관은 기간제및단시간법 제14조(제15조의2 4항에 따라 준용되는 경우를 포함한다)에 따라 확정된 시정명령을 이행할 의무가 있는 사용자의 사업 또는 사업장에서 해당 시정명령의 효력이 미치는 근로자 이외의 기간제근로자 또는 단시간근로자에 대하여 차별적 처우가 있는지를 조사하여 차별적 처우가 있는 경우에는 그 시정을 요구할 수 있다(확정된 시정명령의 효력 확대: 기단법 제15조의3 Ⅰ 2014. 3. 18 신설). 종전에는 차별시정신청을 한 근로자에 대해서만 시정명령을 하도록 되어 있어, 차별시정명령을 받은 사업주의 사업장에서 동일 또는 유사한 차별행위가 존재해도 차별시정신청을 하지 않으면 차별시정명령의 효력이 미치지 않았으나, 제15조의3의 신설에 의하여 고용노동부장관이 직권으로 같은 사업 또는 사업장 내에 다른 기간제근로자 또는 단시간근로자에게도 차별적 처우가 있는지 조사하여 해당 근로자 외에 차별을 받는 다른 근로자의 차별적 처우가 개선될 수 있도록 확정된 시정명령의 효력을 확대한 것이다. 이때 사용자가 시정요구에 응하지 아니하는 경우에는 기단법 제15조의2 2항부터 5항까지의 규정을 준용한다(기단법 제15조의3 Ⅱ).[1]

⑹ 불리한 처우의 금지

사용자는 기간제근로자가 i) 제6조 2항의 규정에 따른 사용자의 부당한 초과근로 요구의 거부, ii) 기간제및단시간법 제9조에 의하여 차별시정신청을 한 경우, iii) 제10조의 규정에 의하여 노동위원회에 참석하거나 진술한 경우, iv) 제14조의 규정에 의하여 재심신청 또는 행정소송을 제기한 경우, v) 제15조 2항의 규정에 의하여 시정명령 불이행을 신고한 경우 그리고 vi) 제18조의 규정에 의하여 고용노동부장관 또는 근로감독관에 대하여 이 법의 위반사항을 통고한 경우 등을 이유로 해고 그 밖의 불리한 처우를 하지 못하며 이를 위반하여 해당 근로자에게 불리한 처우를 한 경우에는 벌칙이 적용된다(기단법 제16조(불리한 처우의 금지), 벌칙 제21조).

1) 同旨: 大判 2016. 12. 1, 2014 두 43288 참고.

제3절 단시간 근로관계

[83] Ⅰ. 서 설

1. 단시간근로자의 정의

a) 단시간근로자란 취업형태가 단시간근로(part-time work, Teilzeitarbeit)인 자로서 근로기준법 제2조 1항 9호에 따르면 「1주 동안의 소정근로시간이 그 사업장에서 같은 종류의 업무에 종사하는 통상근로자의 1주 동안의 소정근로시간에 비하여 짧은 근로자」로 정의되고 있다(기단법 제2조 ② 참조). 이 규정에 따르면 단시간근로자는 「통상근로자」에 대비되는 근로자로서 통상근로자와는 주 소정근로시간에서만 차이를 가질 뿐이다.

b) 비교법적인 관점에서 참고할 수 있는 법제로는 우선 1997년 12월 15일 제정된 유럽연합의 단시간근로에 관한 입법지침[1)]을 들 수 있다. 이 입법지침에 의하면 단시간근로자는 「주 소정근로시간을 기준으로 또는 일년의 취업기간을 평균하여 주 소정근로시간이 비교가능한 통상근로자보다 짧은 근로시간을 근로하는 자」로 정의된다(제3조 Ⅰ). 이때 비교가능한 통상근로자란 i) 동일한 사업장에서, ii) 동일한 종류의 근로관계 또는 취업관계에 있으며, iii) 동종 또는 유사한 노무나 업무를 수행하는 근로자를 말하며, 또한 경우에 따라서는 iv) 근속연수와 숙련도 그리고 그 밖의 고려사항이 함께 참작될 수 있다(제3조 Ⅱ). 그런데 동일한 사업장에 비교가능한 통상근로자가 없을 경우 기준이 되는 소정근로시간은 단체협약에서, 그 단체협약에서도 규율되고 있지 않은 경우에는 법령과 관습에 따라 정해진다(제3조 Ⅱ 2문). 이 입법지침을 국내법으로 전환한 독일의 「단시간근로 및 기간제 근로계약법」(Teilzeit- und Befristungsgesetz)에 의하면 단시간근로자란 「비교가능한 통상근로자에 비하여 규칙적인 주 소정근로시간이 짧은 근로자」를 말한다(제2조 Ⅰ 1문). 이때 비교가능성은 사업장을 기준단위로 하여 근로관계의 종류와 수행되는 업무의 동일성 내지 유사성에 따라 판단된다. 사업장에 비교가능한 통상근로자가 없을 경우에는 단체협약에서 그 기준을 정할 수 있고, 협약상의 규정이 없는 경우에는 동종부문의 통상적인 근로시간이 기준이 된다. 그 밖에 단시간근로자의 주 소정근로시간이 약정되어 있지 않은 경우에는 1년까지의 근로시간을 평균하여 주 소정근로시간을 결정한다(동조 Ⅰ 2문 내지 4문 참조).[2)]

---

1) Richtlinie 97/81/EG zur Teilzeitarbeit, Amtsblatt 1998 Nr. L 14/9.

2) 자세한 것은 Bauer, *Neue Spielregeln für Teilzeitarbeit und befristete Arbeitsverträge*, NZA 2000, 1039; 박지순, '독일의 최근 노동입법동향', 「노동법학」(제12호), 2001, 233면 이하 참고. 또한

c) 이와 같이 외국의 입법례를 보더라도 단시간근로자는 일반적으로 통상근로자에 비하여 근로시간이 짧은 근로형태를 갖는 자를 의미한다는 점에서 차이가 없으며, 그 밖의 근로형태상의 특징은 규범적 구별기준이 되지 않는다. 또한 통상근로자와 단시간근로자를 구별하는 근로시간의 길이는 주 소정의 근로시간을 기준으로 하며, 이때 근로기준법은 통상근로자의 근로시간에 비하여 짧다고만 규정하고 있으므로 실제 근로일의 범위 또는 1일의 근로시간의 길이와 관계없이 1주의 근로시간에서 1시간이 짧더라도 단시간근로자에 해당된다.[1)] 따라서 단시간근로 여부를 확정하기 위해서는 실무상으로 주 소정근로시간을 확정하는 일이 선행되어야 한다. 여기서 소정근로시간이란 반드시 법정근로시간을 의미하는 것이 아니고, 법정근로시간의 범위(근기법 제50조, 제69조; 산안보법 제139조 I) 내에서 근로관계당사자가 약정한 근로시간을 의미하므로(근기법 제2조 I ⑧) 단시간근로자의 한계획정기준이 되는 통상근로자의 주 소정근로시간은 법정근로시간을 하회할 수 있음에 주의해야 한다.

d) 근로자 중에서 단시간근로자의 비중이 점차 확산되고 있다.

〈단시간근로자수 추이〉 (단위: 천명)

연도	2010	2011	2012	2013	2014	2015	2016	2017	2018	2019
인원	1,623	1,708	1,828	1,883	2,035	2,236	2,488	2,663	2,709	3,156

자료: 통계청,『경제활동인구조사 부가조사』원자료, 각 연도 8월

2019년 기준으로 단시간근로자(통계청 조사에서는 시간제근로자라는 용어를 사용한다)는 전체 임금근로자 중 15.4%, 비정규근로자 중에서 42.2%를 차지한다. 단시간근로자 중에는 여성이 231만명으로 73.2%이고, 60대 이상이 33.4%로 연령별로 가장 많은 비중을 차지하고 있다. 이와 같이 단시간근로는 경력이 단절된 여성과 고령자의 노동시장 진입을 촉진하여 고령화시대에 적합하고 일·가정 양립에 기여할 수 있는 일자리로 기대되고 있다. 이는 선진국의 단시간근로자 비율이 2020년 6월 기준으로 네덜란드 50.7%, 영국 23.8%, 독일 26.8% 그리고 일본의 경우도 23.9%에 이르고 있다는 점에서도 확인된다.[2)] 정부도 이 점을 고려하여 고용률 70%를 실현하기 위한 중요한 정책과제의 하나로 이른바 양질의 '시간선택제근로'(단시간근로)의 확산을 추진하고 있다.

Preis, *IndividualArbR*, Rn. 1904 참고.

1) 同旨: 임종률,「노동법」, 646면.

2) 한국노동연구원, 2019 해외노동통계; Statista 2020. 10.

2. 단시간근로자의 근로조건결정의 원칙

a) 근로기준법은 근로시간의 길이를 기준으로 단시간근로자와 통상근로자를 구별하고 있다. 따라서 단시간 근로자는 「근로시간이 짧다」는 것 외에는 「근로자」의 지위에 아무런 차이가 없으므로 근로기준법은 물론 그 밖의 노동보호법규(최저임금법, 남녀고용평등법, 노조및조정법 등)의 적용을 받게 된다. 뿐만 아니라 개별적 근로조건에 관해서도 근로시간의 길이에 따른 합리적 차별을 제외하고는 근로조건 및 기타 대우에 관해서 통상근로자와 차별대우를 받아서는 안 될 것이다. 1994년 6월 24일에 ILO가 채택한 단시간근로협약(협약 제175호)과 단시간근로권고(권고 제182호)에 의하면 단시간근로자에 대해서도 통상근로자와 마찬가지로 균등하게 보호하도록 하는 한편, 단시간근로의 촉진을 위해서 이 고용형태의 활용을 저해할 수 있는 법제도를 정비하도록 정하고 있다.[1] 유럽연합의 1997년 입법지침도 단시간근로의 촉진과 단시간근로자에 대한 균등대우원칙의 실현을 그 입법적 과제로 삼고 있다. 이와 같은 관점에서 볼 때 단시간근로에 대한 노동법상의 문제는 해당 근로자에게 통상근로자에 비례하여 형평에 맞는 보호를 하는 한편, 사용자에 대해서는 과도한 부담을 주지 않는 적정한 기준을 정하여 단시간 근로의 활용이 촉진될 수 있도록 하는 데 있다고 판단된다.

b) 근로기준법 제18조는 단시간근로가 갖는 노동시장적 의의를 다음과 같은 방법으로 규율·실현하고 있다(1996. 12. 31 신설). 우선 단시간근로자의 근로조건 결정의 원칙으로 당해 사업장의 동종업무에 종사하는 통상근로자의 근로시간을 기준으로 산정한 비율에 따라 결정되어야 한다고 규정하고 있다(근기법 제18조 I 이를 이른바 시간비례의 근로조건결정원칙(pro-rata-temporis-Prinzip)이라고 부른다). 그러나 이와 같은 추상적인 원칙만으로는 단시간근로자에 대한 적정한 근로조건을 확보하기가 어렵기 때문에 제18조 2항은 근로조건을 결정함에 있어서 기준이 되는 구체적인 사항을 시행령에서 정하도록 위임하고 있다. 이에 따라 근로기준법 시행령 제9조 1항에서는 별도로 「단시간근로자의 근로조건 결정기준 등에 관한 사항」(근기법 시령 [별표 2] 이하에서는 「단시간 근로자의 근로조건 결정기준」이라 부른다)을 규정하여 단시간근로자가 근로조건에 대하여 부당하게 차별

---

1) ILO, Part-time Work, International Labour Conference 81th Session, 1994, Report Ⅳ (1). 이 협약의 주요 내용은 다음과 같다.

① 단시간근로자의 단결권, 산업안전 및 보건, 고용 및 직업상 차별금지, ② 단시간근로자의 기본급을 근로시간에 비례하여 산정하되 통상근로자에 비해 낮지 않도록 하고, 국내 입법 및 관행과도 부합하도록 할 것, ③ 단시간근로자의 작업환경을 고려하면서 근로시간, 기여금 또는 소득에 비례하여 사회보장제도를 둘 것, ④ 모성보호, 고용종료, 유급연차휴가 및 유급공휴일 등에서 통상근로자와 동등한 대우를 보장할 것, ⑤ 단시간고용의 촉진을 위하여 노력할 것 등이다.

을 받지 않도록 강구하고 있다.[1] 이와 같이 시간 비례의 근로조건 결정원칙과 단시간근로자에 대한 불합리한 차별의 배제라는 요청의 기저(基底)에는 균형의 이념과 사회적 보호라는 관념이 자리하고 있다. 다른 한편 4주 동안을 평균하여(4주 미만으로 근로하는 경우에는 실제 근무한 그 주간) 1주 동안의 소정근로시간이 15시간 미만인 근로자(이른바 초단시간근로자)에 대해서는 근로기준법의 일부규정이 적용되지 아니할 수 있다(근기법 제18조 Ⅲ). 동 규정에 의하여 적용하지 아니하는 근로기준법의 규정은 제55조(주휴일제도) 및 제60조(연차유급휴가)이다.[2] 물론 이 경우에도 이들 규정을 제외한 다른 근로기준법상의 보호규정은 다른 단시간근로자와 마찬가지로 시간비례의 근로조건 결정원칙에 따른 기준이 적용되어야 한다. 이와 같이 현행 근로기준법은 단시간근로자의 근로조건에 대해서는 시간비례의 근로조건 결정원칙에 의하여 근로기준법이 적용되어야 함을 명백히 하면서도, 다른 한편으로는 근로기준법의 일부 규정의 적용이 배제되는 단시간근로자의 범위를 정함으로써 사용자측의 과도한 부담을 경감하고 있다.

3. 기간제및단시간법에 의한 단시간근로자의 보호

a) 단시간근로자도 노동법상의 근로자인 한 당연히 노동법상의 보호를 받아야 할 것이나, 그 보호의 내용은 시간제근로의 특성을 고려하여 구체적으로 정해져야 할 것이다. 따라서 노동보호법상의 어떤 규정이 단시간근로자에 대해서 그 적용이 배제 또는 제한될 수 있으며, 그 근거는 무엇인가 하는 점을 중점적으로 고찰할 필요가 있다. 이는 결국 단시간근로자에 대한 노동법적 보호 측면과 노동력 및 생산시설의 신축적·효율적 운용이라는 측면을 어떻게 조화 있게 조정할 것인가 하는 문제로 귀결될 수 있다. 그러나 이 문제는 결코 법이론이나 해석론만으로 해결될 수 있는 것은 아니며, 사회정책과의 밀접한 관련하에서 입법적으로 해결해 나가야 할 과제라고 생각된다.

---

1) 1일 8시간 1주 40시간을 근무하는 소위 '풀타임(Full-time)' 근로자들과 달리 단시간근로를 하는 '단시간근로 직업상담원'의 호봉재확정에서 '상근'근로자를 '풀타임'으로 근로하는 '통상근로 직업상담원'으로 한정 해석하여 '단시간근로 직업상담원'을 배제하는 것은 '상근'의 개념을 문언의 통상적 의미에 반하여 법률을 해석하는 것이어서 옳지 않고 이에 관한 법령의 규정에도 어긋나므로 타당한 해석방법이라고 할 수 없다. 단시간으로 정하여진 근무시간(1일 5시간)을 통상적인 근무일인 주 5일 동안, 매일 규칙적으로 1일 5시간씩(휴게시간 제외) 근무하였다면 '상근'으로 근무하였다고 보아야 한다. 따라서 '단시간근로 직업상담원'의 근무경력은 공무원 초임호봉재획정에 반영되어야 한다(大判 2020. 6. 4, 2020 두 32012. 법률규정의 해석방법에 관하여는 大判 2013. 1. 17, 2011 다 83431 참고).

2) 학원강사들이 기숙학원에서 한 특강시간도 정규반 강의나 질의응답 시간과 마찬가지로 학원측이 주도·결정하여 배정된 시간에 지정된 장소에서 이루어졌다면 소정근로시간에 포함된다고 한 사례. 이와 같이 산정된 소정근로시간이 4주간을 평균하여 1주간 15시간 이상을 계속 근로하였다면 주휴일수당, 연차휴가근로수당 및 퇴직금을 지급해야 한다(大判 2019. 1. 17, 2018 다 260602).

b) 최근에는 특히 서비스산업 등을 중심으로 요일과 시간대에 따른 업무밀도의 차이가 크고 장시간영업이 증가하면서 그에 따른 탄력적인 근로시간 관리의 필요성이 커지고 있다. 또한 가정주부를 중심으로 여성인력의 노동력화가 확대되면서 가사 및 육아와 노동의 병존이 가능하도록 근로시간을 조절할 수 있는 단시간근로의 장점이 크게 부각될 뿐만 아니라 학생아르바이트의 증가도 주목할 만한 분야가 되고 있어, 그 결과 단시간근로의 적극적 기능이 노사쌍방에 의하여 인정되고 있다. 이에 따라 단시간근로의 육성과 활용을 위한 조건을 정비해 가는 것이 현안의 정책방향이 되고 있으므로 이를 위해서는 무엇보다도 단시간근로의 근로조건이 합리적으로 개선되어야 한다. 특히 단시간 근로계약을 체결한 자가 통상근로자의 근로시간을 일하면서도 그 근로조건은 단시간근로의 범위에서 결정되는 불합리한 사례가 적지 않다.[1] 따라서 단시간근로의 본래의 취지가 훼손되지 않도록 단시간근로자의 연장근로시간의 상한이 정해져야 한다. 또한 통상근로자에 비하여 구체적인 근로조건의 격차가 크게 발생하지 않도록 차별금지를 적극적으로 적용하여야 할 것이다. 그 밖에도 단시간근로자가 통상근로자로 또는 그 반대로도 용이하게 전환될 수 있도록 근로자에게 근로형태전환청구권을 부여하는 방안도 고려해야 할 것이다.

c) 이와 같은 입법론적 검토를 토대로 단시간근로자에 대해서는 근로기준법의 적용 외에도 기간제및단시간법이 제정되어 특별한 보호내용을 규율하고 있다. 그 주요내용으로는 i) 단시간근로자의 초과근로의 제한(기단법 제6조), ii) 통상근로자로의 전환노력(기단법 제7조), iii) 차별적 처우의 금지 및 시정 그리고 iv) 근로조건의 서면명시 등을 들 수 있다. 따라서 이하에서는 근로기준법상의 보호규정과 기간제및단시간법상의 보호규정을 토대로 단시간근로자의 근로관계의 내용을 설명하기로 한다.

《일본의 「파트타임·유기고용 노동법」의 기본 내용과 우리나라 법규정과의 비교》

일본에서는 1993년에 「파트타임 노동법」(정식 명칭: 短時間労働者の雇用管理の改善等に関する法律)이 제정된 후 2007년과 2014년에 두 차례에 걸쳐 중요한 개정이 단행되었고, 2018년 6월에는 기간제근로자의 균등대우원칙을 규정한 일본 「勞働契約法」 제20조를 삭제하여 기간제근로자와 단시간근로자의 차별 문제를 통합해서 규율하는 통합법률이 제정되어 2020년 4월부터 시행되기 시작하였다. 이 법률의 명칭은 「短時間労働者及び有期雇用勞働者の雇用關係の改善等に関する法律」(일본에서는 이 법률을 '파트유기고용노동법'이라고 부른다. 이하에서는 '파트유기노동법'으로 약칭한다)이다. 다만, 이 법률은 단시간근로자와 기간제근로자의 근로계약관계 전반을 규율하는 것이 아니라 통상근로자

1) 자세한 것은 노사정위원회, 「기간제·파견·단시간근로 논의자료집」, 2003. 10. 참고.

(正社員)와의 균형적 대우를 확보하는데 목적을 둔 것이다(파트유기노동법 제1조 참고). 통합법률은 기존 파트타임노동법의 차별금지 및 균형대우원칙을 부분적으로 수정하여 기간제근로자에게로 확대하였다. 그에 따라 기간제근로자에 대한 불합리한 근로조건의 금지를 정한「勞働契約法」제20조는 폐지되어 파트유기노동법 제8조의 불합리한 처우의 금지 규정에 통합되었고, 통상근로자와 동일시되는 파트타임근로자의 차별취급 금지를 정한 파트유기노동법 제9조는 기간제근로자에게로 확대되었다. 2020년 4월부터 시행되기 시작한 파트유기노동법의 균형대우 및 차별금지규정을 소개하면 다음과 같다.

1) 통상근로자와 동일시해야 할 단시간·유기고용근로자의 차별취급 금지(파트유기노동법 제9조)　파트유기노동법은 통상근로자와 동일시해야 할 단시간·유기고용근로자에 대하여 차별적 취급을 금지하였다. 통상근로자(正社員)와 동일시하기 위한 요건으로서는 "직무의 내용"이 동일하고, "해당 사업장의 관행 그밖의 사정에 비추어 해당 사업주와의 고용관계가 종료할 때까지의 전기간에 걸쳐 그 직무내용 및 배치가 해당 통상근로자의 직무내용 및 배치의 변경 범위와 동일한 범위에서 변경될 것이 예상되는 경우"라고 규정하고 있다. 즉, 고용기간의 전체 기간에 걸쳐 통상근로자와 직무내용의 동일성 뿐만 아니라 배치 변경의 범위도 동일할 것을 요건으로 하고 있다. 이러한 요건을 갖춘 근로자가 단시간·유기고용 근로자라는 이유로 기본급, 상여금, 그밖의 대우(제수당 및 복리후생이 포함된다) 각각에 대하여 차별적 취급을 하는 것은 금지된다. 이 규정의 문언 및 규제취지에 비추어 제9조는 민사상의 효력을 가지는 것으로 해석되고 있다. 따라서 이 규정에 위반하는 행위는 불법행위의 위법성을 갖춘 것으로 인정되어 손해배상책임을 발생시킨다. 이 규정에 반하는 법률행위는 무효이다(菅野,「勞働法」, 360面; 荒木,「勞働法」, 516面 등). 무효가 된 계약 내용은 일본「勞働基準法 」제13조(우리 근로기준법 제15조)에 따라 보충된다(菅野,「勞働法」, 360面 참고).

2) 불합리한 대우의 금지(파트유기노동법 제8조)　이 원칙은 삭제된「勞働契約法」제20조의 취지를 승계하여 종전 파트타임노동법 제8조에 통합하여 규율한 것이다. 파트유기노동법 제8조에 따르면「사업주는 단시간·유기고용 근로자의 기본급, 상여금, 그밖의 대우 각각에 대하여 해당 대우에 대응하는 통상근로자의 대우 간에 해당 단시간·유기고용 근로자 및 통상근로자의 업무내용 및 해당 업무에 수반하는 책임의 정도(이하 "직무의 내용"이라 한다), 해당 직무의 내용 및 배치 변경의 범위, 그밖의 사정 중 해당 대우의 성질 및 해당 대우를 하는 목적에 비추어 적절하다고 인정되는 것을 고려하여 불합리하다고 인정되는 차이를 두어서는 아니 된다.」이 규정을 삭제된「勞働契約法」제20조와 비교하면 다음과 같은 차이가 보인다. 먼저 ① 근로조건을 "기본급, 상여금, 그밖의 대우"라고 명시하여 근로조건의 내용을 명확히 하였다. ② "대우의 각각에 대하여 해당 대우에 대응하는 통상근로자의 대우의 간에"라고 하여 개별 대우 각각에 대하여 통상근로자의 대우와 비교하는 것을 명확히 하였다. ③ "해당 대우의 성질 및 해당 대우

를 하는 목적에 비추어 적절하다고 인정되는 것을 고려"할 것을 명시하여 대우의 성질과 목적을 고려요소에 포함하였다는 점 등이다. 이와 같이 각각의 개별 근로조건별로 근로조건의 취지와 성질·목적을 고려하도록 한 것은 일본 최고재판소 판결의 취지를 반영한 것이다. 이 규정에 위반한 행위에 대해서도 민사적 효력이 인정되는 것으로 해석되고 있으므로 그러한 행위는 불법행위에 해당하고, 법률행위는 무효가 된다(荒木, 「勞働法」, 518面; 菅野, 「勞働法」, 355面 이하 참고). 다른 한편 단시간근로자의 직무내용이 통상근로자의 직무내용과 동일하더라도 이 법 제8조에 따라 동일한 대우를 강행력을 가지고 요구할 수 있는 것은 아니며 대우의 차이가 균형을 잃은 것이라고 볼 수 없어 불합리하다고 평가되지 않으면 제8조 위반은 문제되지 않는다고 한다(荒木, 「勞働法」, 518面).

3) 설명의무의 강화(파트유기고용노동법 제14조) 파트유기노동법 제14조는 단시간 및 기간제근로자를 고용하는 사업주에게 다음과 같은 "설명의무"를 부과하고 있다. 먼저 같은 조 1항에서는 사업주에게 단시간 및 기간제근로자를 고용할 때 동법 제8조 내지 제13조의 사항(고용관리의 개선 등에 관한 조치내용)을 설명해야 할 의무를 부과하고, 동법 2항에서는 단시간 및 기간제근로자의 요청이 있을 경우 통상근로자와의 대우의 차이의 내용 및 그 이유와 함께 제6조 내지 제13조의 조치를 결정하는데 있어서 고려한 사항을 설명해야 할 의무를 사업주에게 부과하였다. 이 제2항의 내용이 특히 중요한 의미를 갖는다. 이때 사업주가 설명해야 할 사항에 대해서는 「단시간 및 유기고용 노동지침」 제3항에서 상세하게 기술하고 있다. 그중에서 중요한 점은 "비교대상이 되는 통상근로자는 직무내용 및 배치의 변경 범위 등이 단시간·기간제근로자의 직무내용, 직무내용 및 배치의 변경 범위 등에 가장 가까운 것으로 사업주가 판단하는 통상근로자일 것"이라고 기술하고 있다는 점이다. 즉, 비교대상이 되는 통상근로자를 사업주가 일방적으로 선정하기 때문에 적절한 비교대상자인지 여부에 대하여 논란이 제기될 수 있다. 다라서 해당 근로자가 사업주에게 설명을 요구할 때에는 사업주가 지정한 통상근로자가 아니라 비교대상이 되어야 할 통상근로자를 특정하여 설명을 요구해야 한다.

우리 노동법 체계와의 비교 고찰 우리나라 노동법 체계하에서는 ⅰ) 단시간근로자의 근로조건의 보호는 기본적으로 동종 또는 유사업무에 종사하는 통상근로자의 근로시간을 기준(근기법 제2조 Ⅰ ⑨ 참조)으로 산정된 비율에 따라 결정된다(근기법 제18조 Ⅰ). ⅱ) 근로조건을 결정할 때 기준이 되는 사항이나 그 밖에 필요한 사항은 시행령으로 정한다(근기법 제18조 Ⅱ, 시행령 제9조 Ⅰ [별표2]). ⅲ) 4주 동안을 평균하여 1주 동안의 소정근로시간이 15시간 미만인 근로자(초단시간근로자)에 대해서는 유급 주휴일규정(근기법 제55조) 및 연차유급휴가규정(제60조)을 적용하지 않는다. 이와 같이 근로기준법은 통상근로자 또는 단시간근로자의 근로시간을 기준으로 근로조건을 비례적으로 결정하거나 해당 권리의 부여 가부를 정하고 있는 반면, ⅳ) 기간제및단시간법은 「사용자는 단시간근로자임을 이유로 당해 사업 또는 사업장의 동종 또는 유사한 업무에 종사하는 통상근로자에 비하여 차별적 처우를 하여서는 아니된다」고 규정하고 있다(기단법 제8조 Ⅱ). 따라서 근로기준법에서 시간을 기준으로 비율적으로 정해진 근로조건이 당해 사업장의 동종 또는 유사 업무에 종사하는 통상근로자에 비하여 차별적 처우에 해당하는지를 다시 판단해야 한다. 다시 말하면 단시간근로자에 대한 보호법상의 규제는 이원적(二元的)으로 구성되어 있다고 볼 수 있다. 또한 단시간근로자의 근로시간이 통상근로자의 근로시간과 실질적으로 차이가 없고, 단시간근로자가 수행하는 업무의 내용과 그 업무수행에 수반하는 책임의 정도가 동일하며, 근로관계가 종료할 때까지의 직무내용·배치의 변경 범위가 동일하다면 단시간근로자를 차별처우하는 것이 기간제및단시간법 제8조 2항을 위반하는 것인지가 문제될 수 있다. 일본의 파트유기노동법은 단시간근로자의 근로조건의 결정에 있어서 직무내용과 업무수행에 따른 책임, 직무내용·배치의 변경 범위, 그 밖에 사정 등을 기준으로 또는 고려하여 통상근로자와 동일시되는 단시간근로자(기간제근로자도 포함)에 대해서는 차별적 처우를 금지하는 균등대우원칙을 적용하고 있다. 이는 우리 법의 규정들이 근로시간의 길이라는 기준을 위주로 판단하는 것과 비교된다. 또한 일본 파트유기노동법은 비록 통상근로자와 동일시되지는 않더라도 해당 대우(처우)의 성질 및 목적에 비추어 적절하다고 인정되는 점도 고려하여 불합리한 대우를 금지하고 있으므로, 이는 근로조건의 불합리한 격차를 해소하는데 목적을 둔 이른바 균형처우의 원칙을 정한 것으로 이해된다. 또한 일본 파트유기고용노동법 제14조 2항이 단시간 및 기간제근로자의 근로조건의 내용에 대하여 정보의 불균형을 시정하고, 균등대우 및 균형대우 원칙의 실효성을 확보할 수 있도록 하며, 사용자에게 합리적으로 설명가능한 임금체계를 구축할 수 있는 계기를 마련하기 위해 설명의무를 강화한 것도 근로조건의 실질적인 격차완화를 도모할 수 있는 의미있는 개정이라고 생각된다. 이에 비하여 우리 기간제 및 단시간법은 근로계약 체결시 주요 근로조건에 대하여 근로기준법 제17조보다 다소 강화된 서면명시의무를 규정하고 있는데 그치고 있다.

[84] Ⅱ. 단시간근로에 대한 근로조건의 보호

1. 단시간근로계약의 체결

(1) 근로조건의 서면명시와 근로계약서의 교부

a) 단시간근로계약을 체결할 경우에도 임금, 소정근로시간, 휴일, 연차유급휴가 그 밖에 근로조건이 서면으로 명시되어야 한다는 것은 통상근로자의 경우와 다를 바가 없다(근기법 제17조 참조). 기간제근로자와 마찬가지로 단시간근로자에 대해서도 기간제및

단시간법 제17조가 특칙으로서 근로기준법 제17조에 우선하여 적용된다([81] 3. 참고). 동 규정에 의하면 근로시간과 휴게에 관한 사항, 임금의 구성항목·계산방법·지급방법에 관한 사항, 휴일·휴가에 관한 사항, 취업의 장소와 종사해야 할 업무에 관한 사항 그리고 근로일 및 근로일별 근로시간에 대하여는 서면으로 명시하여야 하며, 단시간근로자이면서 기간제근로자인 경우에는 근로계약기간에 관한 사항도 명시하여야 한다(벌칙 제24조 Ⅱ ②). 그런데 「단시간근로자의 근로조건 결정기준(근기법 시령 [별표 2])」에 의하면 근로계약의 체결과 관련하여 「사용자가 단시간근로자를 고용할 때에는 임금·근로시간 기타의 근로조건을 명확히 기재한 근로계약서를 작성하여 근로자에게 내주어야 한다」고 하고, 「단시간근로자의 계약서에는 계약기간, 근로일, 근로시간의 시작과 종료시각, 시간급임금 그 밖에 고용노동부장관이 정하는 사항이 명시되어야 한다」(제1호 나목)고 규정함으로써, 명시되어야 할 근로조건과 명시방법을 구체적으로 적시하여 단시간근로자의 권리가 보장되도록 하고 있다.[1] 이 규정이 갖는 의미는 기간제및단시간법 제17조와 근로기준법 제17조가 서면명시의무만을 원칙으로 규정하고 있는 데 비하여(근기법 제17조는 근로자의 요구가 있으면 교부하도록 하고 있을 뿐이다) 위의 규정은 그와 같은 근로조건을 포함한 근로계약서의 작성과 교부의무를 적극적으로 규정하고 있다는 점이다.

b) 근로계약의 체결은 원칙적으로 서면과 같은 특별한 방식을 요건으로 하지 않는다. 그런데 「단시간근로자의 근로조건 결정기준(근기법 시령 [별표 2])」에서 단시간근로계약의 체결시에 사용자에게 구체적인 근로조건이 명시된 근로계약서의 작성·교부의무를 부과한 것을 어떻게 이해해야 할 것인가? 만약 이를 단시간근로계약의 체결에 대하여 서면방식주의를 규정한 것으로 본다면 근로계약의 유효요건이 되므로 이를 준수하지 않는다면 해당 근로계약은 무효가 될 것이다. 그러나 위의 근로계약서 작성 및 교부의무는 그와 같은 의미의 서면방식주의를 규정한 것으로 보기는 어렵다. 오히려 근로조건의 명확화와 근로관계의 내용에 관한 입증가능성을 확대하고 이를 통해서 법적 안정성을 제고하기 위하여 근로자에게 중요한 근로조건이 명시된 근로계약서의 작성 및 교부청구권을 부여한 것으로 보는 것이 타당하다고 판단된다. 다만 기간제및단시간법 제24조 1항 2호는 「제17조의 규정을 위반하여 근로조건을 서면으로 명시하지 아니한 자」에게는 500만원 이하의 과태료를 부과한다고 규정하고 있으므로 명시 의무가 벌칙에 의하여 강화되고 있다. 그렇다고 하여 서면에 의한 명시·교부 의무가 벌칙 규정을 근거로 효력요건으로 해석될 것은 아니다.[2]

1) 일본의 「단시간노동법」은 단시간근로자의 채용시에 근로조건을 명시한 「고용통지서」를 교부하도록 사용자의 노력의무를 규정하고 있다(제6조).

2) 유사한 견해: 菅野, 「勞働法」, 352面 이하; 土田, 「勞働契約法」, 809面 참고.

⑵ 단시간근로자와 취업규칙

근로기준법상 상시 10명 이상의 근로자를 사용하는 사용자는 취업규칙을 작성하여 고용노동부장관에게 신고해야 한다(근기법 제93조). 따라서 단시간근로자를 포함하여 상시 사용근로자가 10명 이상이면 사용자는 반드시 취업규칙을 작성해야 한다. 그런데 통상근로자에 대한 취업규칙만 있고 단시간근로자의 취업규칙이 따로 정해져 있지 않은 경우에 전자의 취업규칙이 후자에게도 당연히 적용되는 것인지가 문제된다. 현실적으로 통상근로자와 거의 같은 업무를 수행하며 취업하고 있는 단시간근로자가 늘어나고 있는 사정에 비추어 볼 때, 원칙적으로 통상근로자의 취업규칙이 단시간근로자에 대해서도 적용되는 것이 바람직하다. 그러나 기술적으로는 단시간근로자에 대한 특별규정을 같은 취업규칙 내에 둘 수도 있으며, 별도의 취업규칙을 제정할 수도 있다. 「단시간근로자의 근로조건 결정기준(근기법 시령 [별표 2])」에 의하면, 단시간근로자에게 적용될 별도의 취업규칙이 작성되지 아니한 경우에는 원칙적으로 통상근로자에게 적용되는 취업규칙이 적용되지만([별표 2] ⑤ 다목 본문), 통상근로자의 취업규칙에서 단시간근로자에 대하여 적용이 배제되는 규정을 두거나 달리 적용한다는 규정을 두는 경우에는 그에 따르며([별표 2] ⑤ 다목 단서), 단시간근로자에 대해서만 적용되는 취업규칙을 별도로 작성할 수도 있다([별표 2] ⑤ 가목). 단시간근로자에게 적용되는 취업규칙을 작성하거나 변경하는 경우에는 근로기준법 제18조 1항의 취지(이른바 시간비례의 근로조건 결정원칙)에 반하는 내용이 포함되어서는 아니 되고([별표 2] ⑤ 라목), 단시간근로자에게 적용되는 취업규칙의 작성·변경시에도 일반취업규칙과 마찬가지로 적용대상이 되는 단시간근로자의 과반수의 의견을 들어야 하며, 불이익변경시에는 그 동의를 얻어야 한다([별표 2] ⑤ 나목).[1]

2. 근로관계의 내용

⑴ 근로시간의 적용

a) 단시간근로자에 대해서도 근로기준법상 근로시간제도가 원칙적으로 그대로 적용된다. 즉, 소정근로시간의 범위 내에서 탄력적 근로시간 등 근로시간의 유연화가 이뤄질 수 있으며, 연장·야간·휴일근로에 대한 규제가 행해진다.[2]

b) 단시간근로자에게도 휴게시간에 대한 근로기준법상의 원칙이 동일하게 적용된다(4시간근로의 경우 30분 이상, 8시간근로의 경우 1시간 이상: 근기법 제54조 Ⅰ).

---

1) 통상근로자와 단시간근로자 모두에게 적용되는 취업규칙의 작성·변경시에는 단시간근로자를 포함한 전체근로자의 의견을 듣거나 동의를 얻어야 할 것이다.

2) 이때 사용자는 제6조 1항에 따른 초과근로에 대하여 통상임금의 100분의 50 이상을 가산하여 지급하여야 한다(기단법 제6조 Ⅲ 2014. 3. 18 신설).

⑵ 휴일 및 휴가의 적용

a) 휴일은 근로자가 사용자의 지시권으로부터 완전히 벗어나는 날로서, 휴게시간과 달리 1일 근로시간의 장단에 관계없이 매주 1일 이상의 휴일이 주어져야 한다(근기법 제55조). 따라서 단시간근로자에게도 최소한 매주 1회의 휴일을 주어야 한다(주휴제원칙). 다만, 1주간의 소정근로시간이 15시간 미만인 초단시간근로자에 대해서는 주휴제원칙이 적용되지 아니한다(근기법 제18조 Ⅲ).[1)]

b) 단시간근로자가 근로기준법 제60조의 요건을 충족하는 경우에는 연차유급휴가권이 발생한다. 이때 「단시간근로자의 근로조건 결정기준」은 통상근로자의 소정근로시간과 단시간근로자의 소정근로시간의 비율을 고려하여 구체적인 휴가일수를 계산하도록 하고 있다([별표 2] ④ 나목). 그러나 이는 불필요한 계산방법이다. 연차유급휴가는 단시간근로자의 1일의 소정근로시간에 관계없이 근로일에 대하여 부여되어야 하므로, 통상근로자에게 발생하는 휴가일수와 단시간근로자에게 발생하는 휴가일수는 차이가 있을 수 없기 때문이다.

c) 여성인 단시간근로자에 대하여는 근로기준법 제73조의 규정에 의한 생리휴가 및 제74조의 규정에 의한 출산전후휴가를 주어야 한다. 이들 규정은 여성에 대한 특별보호적 성격을 갖는 제도이므로 통상근로자의 휴가일수와 차이를 두어서는 아니 된다([별표 2] ④ 다목).

⑶ 임금의 보호

a) 단시간근로자가 받는 임금 및 상여금 등의 금전적 대우는 통상근로자와 많은 차이가 있다. 문제가 되는 것은 직종 및 업무상의 경험, 근속기간이 통상근로자와 유사한 단시간근로자에 대하여 통상근로자보다 적은 시간당 임금을 지급하는 것이 타당한 것인가 하는 점이다. 단시간근로자에 대하여 채용기준·배치·교육훈련 등에 있어서 통상근로자와 달리 취급되고 업무의 범위와 책임도 통상근로자에 비해 제한되어 있으며, 복무규율도 보다 완화되어 적용된다면 이러한 점들은 근로조건(임금) 차등의 「합리적 이유」로 제시될 수 있다.[2)] 「단시간근로자의 근로조건 결정기준」에 의하면 단시간근로자의 임금계산에 관하여 다음과 같이 규정하고 있다. 즉 단시간근로자의 임금산정단위는 시간급을 원칙으로 하며, 시간급 임금을 일급 통상임금으로 산정할 경우에는 1일 소정근로시간 수에 시간급 임금을 곱하여 산정한다([별표 2] ② 가목). 이때 단시간근로자의 1일 소정근로시간 수는 4주간의 소정근로시간을 그 기간의 통상근로자의 총 소정근로일수로

---

1) 4주에 4일 이상 휴일을 주는 사용자에게는 주휴제 원칙이 적용되지 않는 일본의 경우(勞基法 제35조 Ⅱ)와는 다르다.

2) 土田, 「勞働契約法」, 813面 이하; 菅野, 「勞働法」, 354面 이하 참고.

나눈 시간 수로 한다([별표 2] ② 나목). 시간급은 유급휴가시에 지급하여야 하는 임금의 기준이 되고([별표 2] ④ 마목), 일급 통상임금은 주휴일과 여성근로자에 대한 유급생리휴가 및 출산전후휴가에 대하여 그 지급기준이 된다([별표 2] ④ 라목). 그 밖에 단시간근로자에 대한 각종의 수당들은 원칙적으로 근로계약·취업규칙 또는 단체협약에 의하여 정해진다. 취업규칙 등에 아무 규정이 없는 경우에도 통상근로자에 비하여 불이익이 없도록 해야 하므로 통상근로자의 소정근로시간을 산정기준으로 하여 근로시간 수에 대응하는 비율로 계산하는 것이 합리적일 것이다.[1] 그리고 취업규칙 등에 다른 규정이 없는 한 통근수당·가족수당 등도 통상근로자의 소정근로시간을 기준으로 하여 기본적으로 근로시간 수에 대응하는 비율로 계산해야 할 것이다.

b) 퇴직급여제도는 1주간 소정근로시간이 15시간 미만인 근로자를 제외한 모든 단시간근로자에게 적용된다(근퇴법 제4조 I 단서). 퇴직금계산을 위한 평균임금을 산정함에 있어서 근로기준법 제2조 2항의 규정에 의하여 당해 근로자의 통상임금보다 저액인지 여부를 판단할 경우에는 사유발생일 전 3개월간에 지급된 임금총액을 그 기간의 총일수로 나눈 1일의 평균임금과 「단시간근로자의 근로조건 결정기준」 제2호 가목에 의한 일급 통상임금을 비교한다.

⑷ 시간외근로 및 휴일근로와 초과근로의 제한

a) 단시간근로자는 통상근로자에 비해 소정근로시간이 짧거나 소정휴일이 비교적 많은 것을 특색으로 하므로, 시간외·휴일근로의무의 발생요건을 어떻게 해석할 것인지가 문제된다. 단시간근로자의 시간외·휴일근로의무에 대한 판단을 할 때에는 단시간근로자의 근로계약이 가지고 있는 본질적 성격을 고려할 필요가 있다. 단시간근로자는 소정근로시간과 근로일수가 통상근로자보다 짧기 때문에 근로시간의 길이·시간대·근로일수가 단시간근로자의 생활과 행동계획에 맞추어 구성된 것이므로 개인의 생활설계가 존중되어야 하며, 시간외·휴일근로의무의 범위가 적절히 제한되어야 한다.[2] 이와 같은 기본방침을 전제로 하여 단시간근로자의 시간외·휴일근로의무는 그 일시가 구체적으로 특정된 경우에만 발생한다고 해석된다. 「단시간근로자의 근로조건 결정기준」도 「사용자는 단시간근로자에 대하여 소정근로일이 아닌 날에 근로시키거나 소정근로시간을 초과하여 근로시키고자 할 경우에는 근로계약서·취업규칙 등에 그 내용 및 정도를 명시하여야 하며, 사용자는 근로자와의 합의가 있는 경우에만 초과근로를 시킬 수 있다」([별표 2] ③)고 규정하고 있다. 다만, 시간외·휴일근로가 긴급히 필요한 경우에 단시간근로자는

1) Schaub/Linck, *ArbRHandb* § 43 Rn. 27 ff., 44 ff. 참고.
2) 東京大勞働法硏究會, 「注釋 勞働時間法」, 1991, 463面.

신의칙상 근로의무를 부담할 수도 있으나, 사용자는 그러한 경우에도 통상근로자를 우선적으로 배치함으로써 사태에 대처해야 하므로 단시간근로자의 근로는 예외적인 경우로 한정되어야 할 것이다.

b) 위의 규정에도 불구하고 단시간근로자에 대해서는 소정근로시간을 초과하는 초과근로시간을 제한하는 규정이 없다면 사용자는 얼마든지 법정근로시간의 범위 내에서 초과근로를 요구할 수 있다. 그 결과 단시간근로계약을 체결하였음에도 불구하고 사실상 초과근로에 의하여 통상근로자와 다를 바 없는 근로시간을 취업하는 경우가 드물지 않다. 이와 같은 과도한 초과근로시간의 남용을 막고 단시간근로를 선택한 근로자의 근로시간보호를 위하여 법정근로시간 이내라 하더라도 초과근로를 1주에 12시간으로 제한하였다. 이는 절대적 기준으로서 당사자의 합의로도 변경할 수 없다(기단법 제6조 Ⅰ). 또한 사용자가 1주 12시간의 범위 내에서 초과근로를 요구하는 경우에도 해당 근로자의 동의가 있어야 하며, 단시간근로자는 사용자가 본인의 동의 없이 초과근로를 하게 하는 경우에는 이를 거부할 수 있다(기단법 제6조 Ⅰ · Ⅱ).

c) 초과근로의 실효적 제한을 위하여 2014년 3월 18일 기간제및단시간법 개정에서 사용자는 단시간근로자에게 발생한 초과근로에 대하여 통상임금의 100분의 50 이상을 가산하여 지급하도록 새로 규정하였다(기단법 제6조 Ⅲ). 종전까지는 별도의 약정 없이는 법정근로시간의 범위 내에서 이뤄지는 이른바 법내 초과근로에 대해서 가산임금의 지급을 청구할 수 없었으나, 이 개정으로 단시간근로자의 법내 초과근로에 대해서도 가산임금이 지급되도록 한 것이다.[1] 다만, 단시간근로자의 시간외근로가 법정 기준근로시간을 초과하더라도 가산임금이 이중으로 지급되는 것은 아니라고 해석된다. 기간제및단시간법 제6조 3항은 근로기준법 제56조의 적용이 미치지 아니하는 범위 내에서 그 효력을 갖는다고 보는 것이 타당하기 때문이다.

3. 통상근로자로의 전환의무

단시간근로는 기간제근로와 달리 기간의 정함이 없는 통상근로자 중에도 가사나 학업 등의 이유로 일시적으로 단시간근로로 전환하고 그와 같은 사유가 소멸하면 다시 통상근로자로 복귀하여 노무를 제공하고자 하는 경우에 활용될 수 있는 고용형태이다. 따라서 가정과 직장의 양립과 조화를 위하여 앞으로 그 활용가능성이 점점 더 확대되어 간다고 할 수 있다. 이를 위하여 단시간근로와 통상근로자 상호 간의 전환가능성을 촉진

1) 그렇지만 통상근로자의 경우에도 소정근로시간이 법정근로시간에 미달하는 경우가 있을 수 있으므로 법내 초과근로시간이 발생할 수 있으나, 단시간근로자에 대해서만 가산임금을 지급하도록 하는 것은 형평성의 문제를 발생시킬 수 있다.

하는 제도의 마련이 요청된다고 하겠다. 독일의 단시간 및 기간제 근로계약법은 통상근로자에게 단시간근로청구권을 인정하고 반대로 단시간근로자에게는 통상근로자로의 전환청구권을 인정하는 입법을 단행한 바 있다. 우리 기간제및단시간법 제7조는 사용자가 통상근로자를 채용하고자 하는 경우에 당해 사업 또는 사업장의 동종 또는 유사한 업무에 종사하는 단시간근로자를 우선적으로 고용하도록 노력하여야 하며(제7조 Ⅰ), 또한 사용자는 가사나 학업 그 밖의 이유로 통상근로자가 단시간근로자로의 전환을 신청하는 때에는 당해 근로자를 단시간근로자로 전환하도록 노력하여야 한다(제7조 Ⅱ)고 규정함으로써 그와 같은 방향으로 규율하고 있다. 다만, 근로자에게 적극적인 사법상의 청구권은 인정하지 아니하고 사용자에게 단지 노력의무만을 규정하고 있을 뿐이다.[1]

4. 차별적 처우의 금지

사용자는 단시간근로자임을 이유로 당해 사업 또는 사업장의 동종 또는 유사한 업무에 종사하는 통상근로자에 비하여 차별적 처우를 하여서는 아니 된다(기단법 제8조 Ⅱ). 단시간근로자에 대한 차별적 처우의 금지와 그 시정절차 그리고 그에 따른 불리한 처우의 금지는 기간제근로자에 대한 것과 동일하다(이에 대한 자세한 내용은 앞의 [82]를 참고).

---

1) 일본에서는 통상근로자로의 전환을 추진하는 취지에서 사업주는 ⅰ) 통상근로자를 모집하는 경우 모집내용을 고용하고 있는 파트타임근로자에게 주지한다, ⅱ) 통상근로자의 배치에 관하여 사내공모(社内公募)를 하는 경우 고용하고 있는 파트타임근로자에게 응모(應募)기회를 준다, ⅲ) 파트타임근로자의 통상근로자로의 전환시험제도 등의 전환추진조치와 같은 조치를 도모해야 한다는 규정을 두고 있다(단시간법 제13조 1항).

제4절 파견근로관계

[85] Ⅰ. 서 설

1. 의 의

a) 근로자파견이란 파견사업주가 근로자를 고용한 후 그 고용관계를 유지하면서 파견사업주와 사용사업주 사이의 근로자파견계약에 따라 사용사업주의 지휘·명령을 받으며 사용사업주를 위한 근로에 종사하게 하는 것을 말한다(파견법 제2조 ①).[1] 즉 근로자파견관계(Arbeitnehmerüberlassungsverhältnis)란 파견사업주가 파견근로자를 사용사업주에게 파견하여 파견근로자가 사용사업주를 위하여 노무를 제공하는 특수한 노무공급관계이다. 이러한 근로자파견계약에 기하여 사용사업주는 파견사업주에게 약정된 보수를 지급하고, 파견근로자의 노무급부를 수령할 권한을 갖는다. 따라서 사용사업주와 근로자 사이의 파견근로제공관계(노무제공관계)는 파견사업주와 근로자 사이의 근로계약관계[(Leih)Arbeitsverhältnis]와는 구별된다.[2] 근로자파견관계의 기본적 모델과 그 개념을 도시하면 다음과 같다.

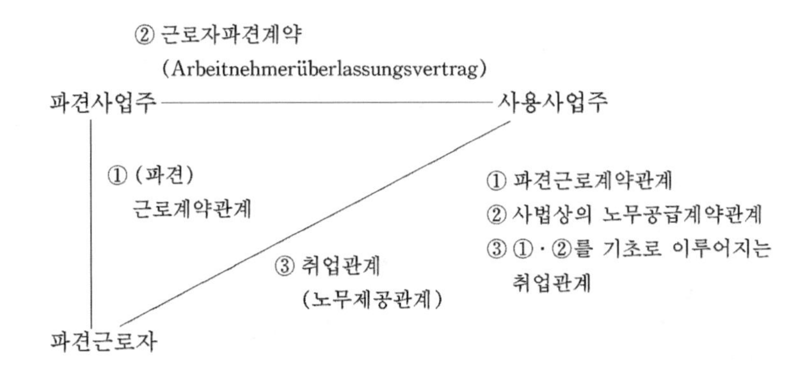

이와 같은 노무공급방식은 종래의 일반적인 고용형태(도식적으로 말하면 단선적 고용

1) 근로자파견의 판단기준에 관한 지침(2007. 4. 19, 노동부 비정규 2007. 4. 19) 참고. 파견과 도급에 관한 기존의 고시 제98-32호는 폐기됨.

2) Zöllner/Loritz/Hergenröder, *ArbR* § 29 Rn. 30 ff.; Hromadka/Maschmann, *Arbeitsrecht* Bd. 1 Rn. 50a f. 파견사업주·파견근로자·사용사업주 사이의 3각 관계에 대한 체계적 설명에 관해서는 *ErfK*/Wank, *AÜG Einl* Rn. 16 ff. 참고.

형태)와는 구별되는 특수한 노무공급형태로서 노동력수급제도의 새로운 분야를 이루고 있다.[1] 특히 근로자파견관계에 있어서는 사용자(파견사업주)와 근로자 사이에 제3자(사용사업주)가 개입한다. 따라서 근로자와 (파견)사용자 사이의 관계는 취업기회의 단속성(斷續性)으로 인하여 불안정하게 된다. 즉 근로계약의 당사자인 (파견)사용자 이외에 근로자의 노무를 제공받는 사용사업주가 개입되어 취업관계는 가변적인 것이 되기 때문이다. 이와 같이 근로자파견관계에 있어서는 고용과 사용의 분리라는 새로운 고용형태가 도입됨으로써 종래의 사용종속관계를 중심으로 하는 근로자·사용자개념의 변화, 근로자보호 내지 근로조건의 개선에 있어서의 당사자관계 등 여러 가지 새로운 문제들이 발생하고 있다. 즉 파견근로자에 대한 근로기준법상의 근로조건준수의무자는 누구인가, 파견근로자의 단체교섭의 상대방은 누구인가 하는 중요한 문제가 제기된다.

b) 이와 같은 파견근로관계는 우선 진정대여근로관계(echtes Leiharbeitsverhältnis)와 구별된다. 이는 일반적으로 스스로 자기 사업을 수행하는 사용자(사업주)가 자기의 사업을 수행하기 위하여 근로계약관계를 맺은 근로자를 제3자에게 일시적으로 또는 상당기간(예컨대 사업장 일부의 휴업으로 인한 잉여 노동인력이 생긴 경우), 그러나 임시로 대여해 줌으로써 발생되는 관계를 의미한다. 이 경우에 대주인 사용자(사업주)는 그가 직접 사용하던 근로자를 제3자에게 임시로 대여해 주는 것이 된다. 대여자인 사용자는 그의 근로자를 사용사업주에게 대여하는 기간 중에도 그 근로자의 사용자로서의 지위를 가진다. 다시 말하면 대여자인 사용자는 원칙적으로 그의 근로자에 대하여 임금 지급의무와 그 밖에 연차휴가에 대한 휴가급여 등 그 밖의 수당 지급의무를 부담한다고 보아야 한다. 대여관계에 따라 노무를 제공하는 근로자와 사용사업주 사이에는 근로계약관계가 존재하지 않으므로 근로자는 사용사업주에 대하여 계약상의 청구권을 가지지 않는다.[2] 이때에는 민법 제657조 1항이 적용되어 대여관계는 근로자의 동의를 얻어서 행해지지 않으면 안 된다. 예컨대 사용자가 근로계약을 체결하고 직접 사용하고 있는 근로자를 다른 사업주(사용자)의 업무에 종사하도록 대여하는 경우가 이에 해당할 것이다. 이와는 달리 파견근로관계는 사업주가 처음부터 근로자의 대여를 목적으로, 즉 근로자파견을 업(業)으로(gewerbsmäßig) 하면서 근로자를 채용한 경우를 말한다(파견법 제2조 ②).[3] 다시 말하면

1) 근로자파견제도와 유사한 노무공급형태에 대한 상세한 설명은 김형배, 「항운노조조합원과 사용자 사이의 법적 관계」, 1996, 233면 이하 참고.

2) Schaub/Koch, *ArbRhandb* §120 Rn. 5. 참고.

3) 하급심판례 중에는 파견사업주가 행하는 근로자파견이 반드시 영리를 목적으로 이루어지는 경우가 아니더라도 근로자파견법의 적용이 배제되지 않는다는 판결(서울高判 2019. 11. 12, 2019 나 2001310)이 있다. 그 내용을 요약하면 다음과 같다. 계열사 전출에 의해 계열사에서 근무했던 근로자들이 근로자파견관계 및 직접고용의무(파견법 제6조의2 참조)를 주장한 사안에서, 근로자파견을 '업'

사업주가 스스로 채용한 근로자의 노동력을 사용할 사업체를 가지고 있지 아니한 경우에는 사업주와 근로자 사이에는 추상적 근로계약관계가 성립 · 존속할 뿐이고, 취업관계 내지 사용관계는 존재하지 않는다. 여기서 파견사업주와 파견근로자 사이에 존재하는 근로계약관계는 장래에 파견사업주가 파견근로자를 사용사업주에게 파견하여 사용사업주의 지시 · 명령 하에 노무를 제공하도록 하는 것을 내용으로 하는 채권 · 채권관계가 존재하는 것을 말한다. 파견근로자가 사용사업주에게 노무를 제공하는 기간 중에 사용사업주가 파견사업주의 지위를 승계(파견사업주와 파견근로자 사이의 근로계약관계의 인수)하는 것이 아니다. 파견근로기간은 원칙적으로 1년을 초과할 수 없으며, 1년을 초과하지 않는 범위에서 연장할 수 있다(파견법 제6조 참조). 파견사업주와 파견근로자 사이의 근로계약관계는 사용사업주와 파견근로자 사이의 단기간의 단속적(斷續的) 파견근로관계를 매개로 하는 계속적 채권관계이다. 파견근로자는 사용사업주의 지시권에 복종하며 노무를 제공해야 하며 사용사업주는 파견근로자에 대하여 보호의무를 부담하는 반면, 파견사업주에 대하여는 임금청구권을 가진다. 이와 같이 파견근로관계에서는 임금지급의무와 노무제공의무가 파견사업주와 사용사업주에게 분열되어 있다. 이와 같은 파견근로관계는 앞의 진정대여근로관계와 구별하여 부진정대여근로관계(unechtes Leiharbeitsverhältnis)라고 한다. 근로자파견법은 이와 같은 부진정대여근로관계(파견근로관계)를 적용대상으로 하며 진정대여근로관계에 대해서는 원칙적으로 적용되지 않는다.[1]

으로 하는 파견사업주가 행하는 근로자파견에 대해서 파견법이 적용되는 것이지만, 이때 근로자파견을 '업'으로 하는지 여부는 파견을 한 경위, 파견행위의 반복 · 계속성 여부, 규모, 횟수, 기간, 영업성의 여부 등을 종합적으로 고려하여 사회통념에 따라 판단하여야 하고, 반드시 영리적 목적이 요구되는 것은 아니며, 근로자파견을 '업'으로 하였다고 인정되는 이상 계열사 간 전출이라는 이유로 파견법의 적용이 배제되지 않는다고 한다. 이 판결에 대해서는 찬동하기 어렵다. 전출근로자와 원사용자 사이에는 온전한 근로계약관계가 살아있고 원기업으로의 복귀발령이 나면 기존의 근로계약관계가 현실화되어 계속 존속하게 되기 때문이다. 전출은 원칙적으로 진정대여근로관계로 보아야 할 것이다. 근로자파견법이 적용되는 파견근로자는 파견사업주가 그 근로자를 고용할 당시 파견근로자로서 고용한다는 취지의 서면을 명시적으로 알려준 근로자를 말한다(파견법 제24조 Ⅰ). 파견근로자로 고용하지 아니한 근로자를 근로자파견의 대상으로 하려는 경우에는 미리 해당 근로자에게 그 취지를 서면으로 알리고 그의 동의를 받아야 한다(파견법 제24조 Ⅱ). 위의 사안에서 전출근로자는 원칙적으로 파견근로자에 해당하지 않는다고 보아야 할 것이다. 근로자를 계열사에 전출시킨 원사용자는 근로자파견법상의 파견근로자로 볼 수 없기 때문이다.

독일 근로자파견법(약칭 Arbeitnehmerüberlassungsgestz－AÜG)은 근로자파견이 영리를 목적으로 이루어지는 경제적 행위에 대하여 적용되었으나 동법 제1조 1항 1문이 2011년 12월 1일에 개정됨으로써 영리를 목적으로 하는 의사에 상관없이 자선활동과 같이 공공이익을 위한 인원파견에 대하여도 적용될 수 있도록 하였다(Schaub/Koch, *ArbRHandb* § 120 Rn. 7 참고). 따라서 파견사업을 하려는 자는 영리를 목적으로 하지 않더라도 사업허가를 받아야 한다. 위의 사안에서 전출근로자에 대하여 근로자파견법을 적용할 수 있는지는 의문이다.

1) Schaub/Koch, *ArbRHandb* § 120 Rn. 5 ff.; Zöllner/Loritz/Hergenröder, *ArbR* § 29 Rn. 21, 23;

c) 그 밖에도 파견근로관계와 구별되어야 할 제도로는 업무도급계약에 기한 근로관계가 있다.[1] 즉, 수급인인 수탁기업이 도급인인 위탁기업에 대하여 약정된 일의 완성에 대한 채무를 이행하기 위하여 자신의 근로자를 위탁기업의 사업장에서 자신(수급인)의 지휘·감독하에 사용하는 경우에 외형상으로는 파견근로와 유사한 취업관계가 발생할 수 있다. 파견근로자는 통상 사용사업주의 사업장에 조직적으로 편입되어 사용사업주의 지휘·명령을 받아 업무를 수행하지만, 도급관계에서 노무를 제공하는 근로자는 위탁기업과 업무처리(일의 완성)의 도급계약을 체결한 자신의 사용자(수탁기업)의 근로자 또는 이행보조자로서 업무를 수행한다. 따라서 위탁기업은 원칙적으로 수탁기업의 근로자에 대하여 지휘·명령권을 갖지 않는다. 다만 도급계약의 성질상 도급인인 위탁기업은 수급인인 수탁기업이나 그의 이행보조자인 근로자에 대하여 도급업무의 이행에 필요한 한도 내에서 지시를 내릴 수 있다(민법 제669조 참조). 그렇지만 이는 근로계약상의 지휘명령관계와는 구별되어야 함은 물론이다.[2] 이와 같은 도급계약에 기한 노무제공관계는 비록

Watermann, *ArbR* Rn. 433 ff. 참고. 독일파견법은 특별규정을 두고 있다.

1) 이에 관해서는 BAG AP Nr. 8 zu §10 AÜG; 임종률, 「노동법」, 653면 이하; 김영문, 「외부노동력 이용과 노동법」, 2010, 167면 이하. 특히 파견근로관계와 업무도급계약의 구별에 관한 비교법적 검토에 관해서는 하경효 외, 「사내하도급과 노동법」, 88면 이하 참고. 또한 근로자파견의 판단기준에 관한 지침(고용노동부 비정규 2007. 4. 19) 참고.

2) 대법원은 컨베이어벨트를 이용한 자동흐름방식으로 진행되는 자동차 조립·생산 작업의 의장공정에 종사하면서 정규직 근로자들과 함께 단순·반복적인 업무를 수행해 온 甲 자동차 제조회사의 하청업체 근로자들이 근로자파견법상 甲회사와 근로자파견관계에 있다고 판시한 바 있다(大判 2012. 2. 23, 2011 두 7076). 그리고 수급인 업체 소속 근로자들이 도급인 사업장 내의 자동차 생산작업에 배치된 방식 및 내용, 수급인 업체 소속 근로자들에 대한 단위작업서·조립사양서·작업지시서·포장작업사양서 등 각종 업무표준의 작성 및 배포, 도급인 회사 소속 근로자의 결원이나 물량 증가로 인한 수급인 업체 소속 근로자들에 의한 인원충원에 있어서 그 절차나 방식, 수급인 업체 소속 근로자들에 대한 근무시간이나 연장·야간·휴일근무여부의 결정과 근태관리 및 직무교육의 실태, 도급인 회사가 수급인 업체들에 대하여 지급할 도급비를 결정하는 방식 및 그 내역, 도급인 회사와 수급인 업체들 사이에서 체결된 도급계약의 내용 및 수급인 업체 소속 근로자들의 업무수행과정에서의 노무제공의 내용과 방식, 이에 관한 도급인 회사의 지배 통제의 내용과 범위 등에 비추어 도급인 회사와 수급인 업체 사이에 체결된 계약의 명칭이나 형식 여하에 불구하고 수급인 업체에 소속된 근로자들이 도급인 사업장에 파견되어 도급인 회사의 지휘·명령 아래 도급인 회사를 위한 근로를 제공하는 때에는 근로자파견관계가 인정된다는 판례가 있다(大判 2013. 2. 28, 2011 도 34). 또한 일반적인 도급계약과 달리 도급업무가 완성될 목적물 또는 일의 결과물이 명확히 특정되어 있지 않고 단지 '포장과 관련된 직무'를 수행하는 것으로만 되어 있어 포괄적이며, 직접적인 작업지시가 없었더라도 작업배치를 결정하거나 구체적인 업무를 지시한 주체가 근로자를 고용한 수급인이 아니라 도급계약에 따라 근로를 제공받은 도급인이라고 볼 수 있고, 근로자에 대한 근태관리도 도급인이 더욱 직접적으로 해 온 것으로 볼 수 있다면 그 도급인이 관련 근로자에 대하여 직접적인 지휘·명령권을 행사하였다고 봄이 상당하여 위의 도급계약은 실질적으로 근로자파견법상 근로자파견계약이라고 한 사례가 있다(大判 2011. 7. 1, 2011 두 6097). 보다 구체적인 판단 기준을 제시한 대법원 판례로는 大判 2017. 1. 25, 2014 다 211619; 大判 2016. 1. 28, 2012 다 17806; 大判 2015. 2. 26, 2010 다 93707 등. 협력작업 계약을

그 업무가 위탁기업의 사업장에서 수행된다 하더라도 노동보호법상의 의무주체(수급인의 사용자 지위)가 달라지지 않는다. 다만 그 업무가 도급에 의하여 위탁기업의 사업장에서 수행된다는 점에서 도급인인 위탁기업의 사업주도 법률의 규정에 의하여 책임을 부담한다(근기법 제44조, 제90조; 산안보법 제15조 등 참조).[1] 사업주가 고용한 근로자가 타인(제3자: 원청업체)의 사업장에서 근로를 제공하는 경우 그 사업장을 직접 관리·통제하고 있지 않는다는 사정만으로 고용사업주의 재해발생 방지의무가 부정되지 않는다. 협력업체인 고용사업주의 직원이 원청업체 사업장에서 일하다가 사망한 경우 원청업체뿐만 아니라 협력업체도 산업안전보건법상 재해방지의무와 형사책임(산안법 제38조, 제39조, 벌칙: 제167조 참조)을 진다. 업무상 재해를 입은 근로자들과 협력업체 사이의 실질적 고용관계가 성립되고 있는 이상 그 근로자들을 사용해 사업을 행한 회사들은 산업안전보건법상에서 정한 사업주(산안법 제2조 ④)이기 때문이다.[2] 순수한 도급계약에 기한 노무제공관계는 근로자파견법의 적용대상에 해당되지 않는다.

2. 파견근로자보호 등에 관한 법률의 제정 및 개정배경과 취지

우리나라는 종래 노동조합에 의한 근로자공급사업 및 특별법에 의하여 허용된 일부사업[3]을 제외하고는 어떠한 형태의 근로자파견도 직업안정법을 통하여 금지하는 엄격한 입법태도를 취해 왔다. 그러나 근년에 와서 국내외적으로 산업구조 및 노동시장 여건이 변화함에 따라 파견근로와 같은 비전형근로가 증가하고 있는 실정이다. 따라서 이미 노동시장 내에서 새로운 고용형태로서 자연발생적으로 확산되고 있는 파견근로에 대한 규제의 필요성이 제기되어 왔다. 이에 따라 근로자파견사업을 제도적으로 양성화할 경우 그 자격요건의 강화 및 난립방지, 그리고 파견사업주와 사용사업주의 노동법상의 책임소재를 명확히 함으로써 파견근로자의 근로조건을 보호해야 할 입법적 과제가 대두된 것이다. 이러한 배경에서 그 동안 준비·마련되어 왔던 법률초안(1991년, 1993년, 1995년안 참고)을 수정·보완하여 1998년 2월 20일 「파견근로자보호 등에 관한 법률」(법률 제5512호, 1998. 7. 1부터 시행)이 제정되기에 이르렀다.[4] 동법 제1조에 의하면 「'파견근로자

체결하여 협력업체 근로자들이 상대방 업체에 실질적으로 편입되어 작업한 경우 근로자파견관계를 인정하더라도 협력업체인 파견사업주의 징계면직 처분은 사용사업체와 파견근로자 사이의 고용관계에 아무 영향을 미치지 않는다(光州高判 2016. 8. 17, 2013 나 1128).

1) 임종률, 「노동법」, 653면.

2) 大判 2020. 4. 9, 2016 도 14559(LG디스플레이 사건).

3) 경비업법에 의한 경비용역사업(제2조), 공중위생관리법에 의한 청소용역사업(제2조), 엔지니어링산업 진흥법에 의한 기술용역사업이 이에 해당한다.

4) 정부는 1993년에 「근로자파견사업의 규제 및 파견근로자의 보호에 관한 법률안」을 마련하여 입법

보호 등에 관한 법률'은 근로자파견사업의 적정한 운영을 기하고 파견근로자의 근로조건 등에 관한 기준을 확립함으로써 파견근로자의 고용안정과 복지증진에 이바지하고 인력수급을 원활하게 함을 목적으로 한다」고 규정하고 있다. 따라서 동법은 파견근로자의 보호와 원활한 인력수급을 그 목적으로 하고 있다고 할 수 있다.

그러나 근로자파견법 시행 하에서도 불법파견에 대한 제재나 파견근로자의 보호에 있어서 여전히 많은 문제점이 지적되었으며, 그렇다고 노동시장의 활성화를 위한 파견근로제도의 장점이 충분히 활용되지도 못하였다. 이에 따라 2006년 11월 30일 이른바 비정규직 보호입법으로 개정되었다. 그 주요내용은 불법파견시 사용사업주에 대한 벌칙을 강화하고 파견기간 초과시 사용사업주의 직접고용의무에 대한 요건을 구체화함과 동시에 종래 사실상 형식적으로만 존재하였던 균등처우 원칙의 실효성을 높이기 위하여 차별시정절차를 도입하는 것 등이다. 다른 한편 파견근로의 활용범위가 합리적으로 조정될 수 있도록 파견대상업무를 현행대로 대상업무 열거방식을 유지하되, 현실에 맞게 확대·조정하도록 요건의 일부를 수정 및 보완하였다.

2012년 2월에는 파견근로자의 보호를 더욱 강화하기 위하여 일부 개정이 단행되었다. 즉, 현행 근로자파견법(제6조의2 I ④, ⑤ 참조)에서는 파견근로자가 2년을 초과하여 근로할 경우에만 사용자에게 직접 고용의무가 발생하므로 사용사업주로 하여금 불법파견의 여지를 제공하는 문제가 있었다. 따라서 불법파견(파견대상업무 위반, 파견기간 위반

을 추진하여 왔으나 좌절된 바 있다. 그리고 과거 근로자파견법의 제정 과정에서도 의견이 크게 대립되었던 일이 있다. 근로자파견법 자체를 반대하는 입장에서는 근로자파견사업이 중간착취에 불과하며, 정규근로자의 수를 감소시키고 노사관계에 악영향을 미치므로 규제해야 한다고 주장하는 반면에, 찬성하는 입장에서는 파견근로는 인력의 수요와 공급이라는 노동시장의 자생적 요구에 의해 발생하는 것이라고 하면서 파견근로의 경제적 기능을 들어 파견근로의 양성화를 주장하였다(이에 대한 논의는 윤성천, '한국에서의 근로자파견의 법제화문제', 「노동법학」(제6호), 1996, 151면 이하; 김소영, 「고용형태변화에 따른 노동법적 대응」, 한국노동연구원, 1995, 64면 이하; 김유성, '근로자파견의 의의와 근로자파견법(안)의 검토', 「법학」(제37권 2호), 1996, 59면 이하 참고). 그러나 유럽이나 일본에서는 이미 오래 전부터 파견근로가 법률에 의하여 규율되고 있다. 예컨대 독일의 경우에는 1972년, 벨기에는 1967년, 덴마크는 1971년, 프랑스는 1972년, 영국은 1973년, 아일랜드는 1971년, 그리고 일본의 경우에는 1985년에 근로자파견법을 제정하여 시행하고 있다. 그리고 1997년 6월의 ILO 제85차 회의에서도 노동시장기능에 있어서 유연성의 중요성이 인식되어 민간직업안정기구를 허용하는 태도를 취하면서 파견근로제도를 인정하는 「파견근로자보호를 위한 협약」을 채택하게 되었다(International Labour Conference, Provisional Record, 16, 16A, 16B, Eighty-fifth Session, Geneva, 1997). 유럽연합에서는 기간제근로나 단시간근로와 달리 파견근로에 관한 입법지침의 제정을 오랫동안 유보해 오다가 마침내 지난 2008년 11월 파견근로관계에 관한 입법지침(Richtlinie 2008/104/EG über Leiharbeit)을 제정하였다. 파견근로에 관한 입법지침은 파견근로자에 대한 균등대우원칙의 준수를 통한 파견근로자의 보호와 유연한 인력운영을 위한 파견근로의 촉진을 함께 규율하고 있다. 이 입법지침의 배경과 내용에 관해서는 Preis/Sagan/Sansone, *EuArbR*, 2. Aufl. 2019 Rn. 12.1 ff.; Schüren/Riederer von Paar, *AÜG(Kommentar)*, Rn. 603 ff. 참고.

또는 무허가파견의 경우)이 발생한 경우에는 2년을 기다리지 아니하고 즉시 사용사업주의 직접고용의무를 부과하도록 하였다. 또한 기간제및단시간법과 마찬가지로 파견근로자에도 기간제근로자와 마찬가지로 근로감독관이 차별을 확인하고 이를 적극적으로 시정할 수 있는 권한을 부여하여 차별시정을 촉진하도록 하였다.

2013년 3월에는 기간제및단시간법의 개정에 따라 파견근로자에 대한 차별금지영역을 임금, 상여금, 성과금, 그밖의 복리후생에 관한 사항 등으로 구체화하였다(제2조 ⑦). 2014년 3월에는 다시 기간제및단시간법 제15조의3(확정된 시정명령의 효력 확대)의 신설에 따라 근로자파견법에도 같은 취지의 규정이 신설되었다(제21조의3). 2017년 4월에는 공중위생 또는 공중도덕상 유해한 업무에 취업시킬 목적으로 근로자파견을 한 자에 대하여 5년 이하의 징역 또는 5천만원 이하의 벌금에 처하도록 한 현행 근로자파견법 제42조 1항 중 '공중도덕상 유해한 업무' 부분에 대하여 죄형법정주의에서 파생된 명확성의 원칙을 위반한다는 이유로 위헌결정을 선고한 2016년 11월 24일 헌법재판소 결정에 따라 '공중도덕상 유해한 업무'를 구체적으로 적시하는 내용으로 개정하였다(제42조 Ⅰ). 2019년 1월에는 산업안전보건법 전부개정에 따라 근로자파견법의 관련 규정도 정비하였으며, 같은 해 4월에는 법률 문장의 표기를 한글화하고 복잡한 문장을 간결하게 다듬는 개정을 하였다. 2020년 12월에는 근로자파견사업 허가를 받은 자가 변경허가를 받아야 하는 중요사항 외의 변경사항에 대한 신고는 수리가 필요한 신고임을 명시하고(제7조 Ⅳ 신설), 미성년자 · 피성년후견인 · 피한정후견인 또는 파산을 이유로 근로자파견사업의 허가가 취소된 경우 취소된 날부터 3년이 경과되지 아니한 자는 허가를 받을 수 없도록 하던 것을 앞으로는 해당 결격사유가 해소된 때에는 바로 근로자파견사업의 허가를 받을 수 있도록 결격사유에 관한 제도를 개선하였다(제8조 ⑤).

《파견근로의 실태와 문제점 및 개선과제》

1. 실태와 문제점

파견근로는 기간제근로와 함께 비전형근로의 대표적인 유형으로서 그 비중이 높아지고 있다. 파견근로는 사업주가 근로자를 직접 고용하지 않고도 필요한 업무에 전문인력을 사용할 수 있다는 점에서 노동법상의 부담을 줄이고 노동력투입의 유연성을 높일 수 있는 근로형태로서 장점을 지니고 있다. 이와 같은 이유로 파견근로는 특히 실업자를 노동시장에 용이하게 진입시킬 수 있는 고용형태로서 높은 실업률로 곤란을 겪고 있는 독일과 프랑스 등 유럽연합의 주요국가에서는 그 활용방안이 적극적으로 논의되고 있으며 새로 입법화되고 있다. 우리나라의 경우 파견근로의 구체적인 통계를 파악하기가 쉽지 않다. 그것은 파견사업체로서 허가를 받지 아니한 채 파견사업을 행하는 무허가파견이 많을 뿐만 아니라 근로자파견법상의 부담을 피하기 위하여 파견근로의 형식이 아니라 업무도급 등의 형식으로 고용형태를 위장하는 경우도 적지 않기 때문이다. 고용노동부의 실태조사에 의하면 적법하게 파견근로에 종사하는 자의 수는 아래 표와 같다.

《파견근로자현황》

연도	2010. 8	2011. 8	2012. 8	2013. 8	2014. 8	2015. 8	2016. 8	2017. 8	2018. 8	2019. 8
취업자수 (천명)	211	197	214	204	194	210	201	188	189	182
임금근로자 대비 비율(%)	1.2	1.1	1.2	1.1	1.0	1.1	1.0	0.9	0.9	0.89

자료: 고용노동부, 통계청 각 연도 경제활동인구조사 근로형태별 부가조사

파견근로는 노동시장의 유연화와 근로자의 노동시장진입을 원활하게 하는 고용형태이지만 현실에서는 제대로 활용되지 못하고 있다는 지적이 있다. 그것은 현행 근로자파견법이 한편으로는 파견대상업무와 파견기간을 비합리적으로 제한하고 있어 파견근로가 활성화되는 데 걸림돌이 되고 있다는 점과, 다른 한편으로는 불법파견의 확산에 따라 파견근로자의 보호가 사각지대에 방치되고 있는데 대하여 실효성 있는 규제방안이 미흡하다는 점에 기인한다. 따라서 이와 같은 문제점을 합리적으로 개선함으로써 파견근로형태가 노동시장에서 실효성을 가질 수 있도록 근로자파견법이 정비되어야 한다.

2. 구체적 개선과제

(1) 상용형 파견근로의 정착과 개선점

근로자파견법이 제정되기 전에 우리나라에서의 파견근로관계 형태는 상용계약형태(상용형), 등록계약형태(등록형) 그리고 모집계약형태(모집형) 세 가지가 있었다. 상용형은 파견사업주가 근로자를 상시 고용하면서 사용사업주와 근로자파견계약을 체결하여 일정기간 동안 사용사업주의 사업장에 해당 근로자를 파견하는 형태이다. 등록형은 파견사업주가 파견근로할 근로자를 근로자명부에 등록시켜 두었다가 사용사업주가 파견근로를 요청하면 파견사업주는 사용사업주와 근로자파견계약을 체결하고, 근로자와는 근로자파견계약과 동일한 기간을 정하여 근로계약을 체결하는 형태이다. 모집형은 사용사업주가 근로자파견을 요청하면 파견사업주가 파견할 근로자를 일시에 모집하여 사용사업주와는 근로자파견계약을, 근로자와는 그와 동일한 기간을 정하여 근로계약을 체결하는 형태이다. 앞에서 지적한 바와 같이 근로자파견법 제2조 1호는 파견사업주와 파견근로자 사이의 근로관계가 계속되는 것을 전제로 하고 있으므로, 상용형이 우리 근로자파견법에 부합하는 계약형태이다. 반면에 등록형과 모집형은 근로자파견계약과 동일한 기간의 정함이 있는 근로계약을 체결함으로써 파견사업주는 미취업상태에 있는 근로자

의 임금을 부담해야 하는 위험을 처음부터 회피하는 계약형태이다. 뿐만 아니라 등록형이나 모집형의 경우에는 파견근로의 수요에 따라 근로자를 알선하거나 소개하는 것 이상이 아니며, 파견사업주는 아무런 고용상의 위험을 부담하지 아니하므로 파견사업주와 파견근로자 사이의 근로계약관계를 설명할 수 있는 법적 근거가 미약하다. 파견근로의 법적 실태를 현행법과 마찬가지로 삼당사자 간의 법률관계로서 이해하기 위해서는 상용형이 가장 부합되는 파견근로형태라 아니할 수 없다. 그렇지만 우리나라에서는 상용형보다는 등록형 또는 모집형이 파견근로의 대부분을 차지하고 있는 것이 현실이다. 따라서 파견근로가 건전하게 발전될 수 있도록 장기적으로 상용형으로 유도해가야 할 것으로 생각된다. 이를 위해서는 파견이 없는 기간에 대하여 파견사업주의 부담이 과도하지 않도록 적정한 휴업수당의 지급방안이 모색되어야 할 것이고 뿐만 아니라 이 기간을 사실상 「고용중의 실업」으로 평가하여 고용보험법상의 실업급여지급방안을 모색할 수 있을 것으로 생각된다. 또한 파견사업주가 파견근로자를 채용함에 있어서 예상되는 파견근로기간만을 고용기간으로 하는 이른바 기간동일화(Synchronisation)를 금지시킴으로써 파견사업주의 고용주로서의 책임을 강화하는 방안도 고려될 수 있을 것이다.[1)]

⑵ 파견대상업무의 확대

파견근로를 상용형으로 정착시키고 근로자의 근로조건을 합리적으로 보호할 수 있다면 파견대상업무를 제한하는 것은 큰 의미가 없을 것이다. 이미 외국의 경우에도 파견이 제한되는 업종은 필요최소한으로만 규정되거나 대부분 소극적으로만 규율되고 있다(이른바 negative list). 이에 비하여 우리나라의 경우에는 파견근로가 허용되는 적극적 대상만을 규율하고 있는데(positive list)(파견법 시령 [별표 1]〈개정 2007. 6. 18〉 근로자파견대상업무(제2조 Ⅰ 관련)) 이는 불법파견의 여지를 높일 뿐만 아니라 파견근로의 활성화를 통한 노동시장의 유연성제고라는 기본적 전제에도 부합하지 아니한다. 따라서 파견대상업종은 현재보다 명백히 확대되어야 하며 그 제한방법으로서 소극적 열거주의를 채택하는 것이 타당하다고 생각된다.

⑶ 파견기간의 유연화

현행 근로자파견법은 파견기간을 원칙적으로 최고 1년으로 제한하며, 3 당사자의 합의가 있음을 전제로 1년을 더 연장할 수 있다고 규정하고 있다(제6조Ⅰ·Ⅱ). 파견기간

1) 기간동일화금지원칙은 원래 독일근로자파견법이 규정하고 있었으나 최근 법개정에서 이를 삭제하였다. 그 이유는 독일이 처해 있는 노동시장적 문제와 관련된다. 독일은 높은 만성적 실업률을 감소시키기 위해서 채용효과를 높이는 다양한 방안을 입법화하고 있다. 그 중에서 근로자파견과 관련된 각종 규제를 가능한 한 폐지함으로써 파견근로의 채용효과를 극대화하고자 한다. 그럼에도 불구하고 상용형이라는 파견근로의 근간은 여전히 유지되고 있다. 근로자파견법의 개정에 관하여 자세한 것은 박지순, '독일의 노동시장 및 노동법개혁', 「노동법학」(제18호), 2004, 308면 이하 참고. 그러나 파견근로에 관한 독일의 노동시장상황과 우리나라의 노동시장상황은 명백하게 구별된다. 우리나라의 파견근로문제는 불법파견으로 인한 근로자의 고용불안정을 해소하는 데 우선점이 놓여 있다.

은 법적 통일성의 관점에서 앞에서 기간제 근로관계에서 제시한 바와 마찬가지로 원칙적으로 2년으로 하며, 노동시장에서 불리한 위치에 있는 고령자의 경우에는 파견기간을 확대하는 방안을 고려할 수 있을 것이다.[1] 뿐만 아니라 경제적 전망이 불투명한 신규창업회사가 파견근로를 희망할 경우에도 그 기간을 유연하게 결정할 필요가 있다고 판단된다.

[86] Ⅱ. 파견사업의 요건

1. 근로자파견사업의 적용범위

a) 근로자파견사업을 하기 위해서는 먼저 근로자파견을 '업'으로서 행해야 한다(파견법 제2조 ②). 「'업'으로」란 일정한 목적을 위하여 동종의 행위를 반복하여 계속하는 것을 말하는 것으로서 영리를 목적으로 하는가의 여부는 묻지 않는다. 그러나 기업의 고용조정이나 인사관리를 위하여 행하여지는 반복·계속적 파견은 「업」으로서 행하는 것이라고 볼 수 없다.[2] 또한 원칙적으로 누구나 업으로서 근로자파견사업을 영위할 수 있지만 i) 식품위생법 제36조 1항 3호에 의한 식품접객업, ii) 공중위생법 제2조 1항 1호 가목에 의한 숙박업, iii) 가정의례에관한법률 제5조의 규정에 의한 결혼상담 또는 중매행위를 하는 업 그리고 iv) 기타 대통령령으로 정하는 사업을 하는 자는 근로자파견사업을 할 수 없다(파견법 제14조).

b) 근로자파견대상업무에 한정되어야 한다. 근로자파견사업은 제조업의 직접생산공정업무를 제외하고 전문지식·기술·경험 또는 업무의 성질 등을 고려하여 적합하다고 판단되는 업무로서 대통령령이 정하는 업무[3]를 대상으로 한다(파견법 제5조 Ⅰ; 시령 제2조 Ⅰ 및 [별표 1] 참조). 다만, 출산·질병·부상 등으로 결원이 생긴 경우 또는 일시적·간헐적으로 인력을 확보하여야 할 필요가 있는 경우에는 예외로 하지만(동조 Ⅱ), 이 경우에 사용사업주는 당해 사업 또는 사업장의 근로자대표와의 성실한 협의를 거쳐야 한다(동조 Ⅳ). 그러나 i) 건설현장에서 이루어지는 업무, ii) 항만운송사업법·한국철도공사법·농수산물유통 및 가격안정에 관한 법률·물류정책기본법에 의한 하역업무로서 직업안정법 제33조의 규정에 의하여 근로자공급사업 허가를 받은 지역의 업무, iii) 선원법에 의

1) 개정법률에서는 만 55세 이상의 고령자에 대해서만 기간제한을 폐지하였으나 고령자의 범위를 다소 낮출 수 있을 것으로 생각된다.

2) 파견과 전출의 구별에 관해서는 菅野, 「勞働法」, 375面 이하, 696面 참고.

3) 러시아 국적의 대중유흥업소 무용수를 근로자파견법 시행령 제2조 소정의 「연예준전문가」에 해당된다고 한 사례(大判 2001. 9. 7, 2000 도 5070).

한 선원의 업무, iv) 산업안전보건법에 의한 유해 · 위험한 업무, v) 그 밖에 근로자보호 등의 이유로 근로자파견사업의 대상으로서 적절하지 못하다고 인정되어 대통령령으로 정하는 업무는 근로자파견사업이 행해질 수 없다(동조 Ⅲ).

그리고 누구든지 「근로자파견법」 제5조 1항 내지 4항의 규정을 위반하여 근로자파견사업을 행하거나 그러한 근로자파견사업을 행하는 자로부터 근로자파견의 역무(役務)를 제공받아서는 아니 된다(동조 Ⅴ). 동 규정에 위반하여 근로자파견사업을 행한 자와 근로자파견의 업무를 제공받은 자에 대해서는 벌칙(동법 제43조 ①: 3년 이하의 징역 또는 3천만원 이하의 벌금)이 적용된다.[1] 파견법 제42조 1항에 따르면 성매매 행위, 부정식품 제조 등 행위, 부정의약품 제조 등 행위, 부정유독물 제조 등 행위, 부정의료 행위, 유해식품 등의 판매 등 행위, 병든 동물 고기 등의 판매 등 행위, 대통령령으로 정한 이에 준하는 행위가 이루어지는 업무(성매매 알선 등 행위의 처벌에 관한 법률, 보건 범죄 단속에 관한 특별조치법, 식품위생법 해당 조항 참조)에 취업시킬 목적으로 근로자 파견을 한 자는 5년 이하의 징역 또는 5천만 원 이하의 벌금형에 처해진다.[2] 동조 제1항의 미수범은 처벌한다(제42조 Ⅱ).

c) 근로자파견대상업무라 하더라도 다음과 같은 경우에는 근로자를 파견할 수 없다. 첫째, 쟁의행위중인 사업장에 그 쟁의행위로 중단된 업무의 수행을 위하여 근로자를 파견할 수 없다(파견법 제16조 Ⅰ; 벌칙 제44조 ②). 사용사업주가 쟁의행위로 중단된 업무를 파견근로자로 하여금 대체근로시키는 경우는 당연히 노조및조정법 제43조 1항에 위반되기 때문이다(노조및조정법 벌칙 제91조). 둘째, 누구든지 근로기준법 제24조의 규정에 의한 경영상의 이유에 의한 해고를 한 후 대통령령이 정하는 일정기간이 경과하기 전에는 당해 업무에 파견근로자를 사용하여서는 아니 된다(파견법 제16조 Ⅱ; 시령 제4조).[3] 해

1) 헌법재판소는 「파견근로자보호 등에 관한 법률」 제5조 5항에 위반하여 근로자파견사업을 행한 자를 형사처벌하도록 한 규정(동법 제43조 ①)은 근로자파견에 관한 정의 규정, 법적 성질, 민법상 도급과의 구별 가능성 등을 종합할 때 '근로자파견' 부분이 죄형법정주의의 명확성원칙에 위반되지 않고, 근로자파견사업을 하려는 자의 직업의 자유를 제한하기는 하나 법상 그 허용범위가 넓으며, 과태료 등 행정적 제재수단만으로는 입법목적을 달성하는 데에 충분하지 아니하다는 점을 고려할 때 과잉금지원칙에 위배되지 않으므로 헌법에 위반되지 아니한다는 결정을 하였다(憲裁 2013. 7. 25, 2011 헌바 395).

2) 2017년 4월 개정 전의 제42조 1항은 「공중위생 또는 공중도덕상 유해한 업무에 취업시킬 목적으로 근로자 파견을 한 자…」라고 규정하고 있었으나, 헌법재판소는 동조항 중 '공중도덕상 유해한 업무' 부분에 대해서 어떤 행위가 이에 해당하여 금지되는 것인지 그 종류와 범위를 예측하기 어렵고 불명확하여 죄형법정주의의 명확성의 원칙에 위배된다는 이유로 위헌 결정을 선고하였다(憲裁 2016. 11. 24, 2015 헌가 23). 이에 따라 국민의 신체의 자유와 직결되는 형벌 법규로서의 성질을 가진 동조항의 「공중도덕상 유해한 업무」는 개정되어 구체적으로 규정되었다.

3) 근로자파견법 제16조 2항의 규정에 의하여 근로기준법 제24조의 규정에 의한 경영상의 이유에 의

고권 행사의 남용을 방지하기 위해서이다.

2. 파견사업의 허가 및 그 요건

a) 근로자파견사업을 하고자 하는 자는 고용노동부령이 정하는 바에 의하여 고용노동부장관의 허가를 받아야 한다. 허가받은 사항 중 고용노동부령이 정하는 중요사항을 변경하는 경우에도 마찬가지이다(파견법 제7조 Ⅰ). 그리고 위의 중요사항 이외의 사항을 변경하고자 하는 경우에는 고용노동부령이 정하는 바에 의하여 고용노동부장관에게 신고하여야 한다(파견법 제7조 Ⅱ). 허가의 기준으로는 i) 신청인이 당해 근로자파견사업을 적정하게 수행할 수 있는 자산 및 시설 등을 갖추고 있어야 하며, ii) 당해 사업이 특정한 소수의 사용사업주를 대상으로 하여 근로자파견을 행하는 것이 아니어야 한다(파견법 제9조). 사용사업주가 의도적으로 해고보호규정의 적용을 회피하기 위한 수단으로 파견근로를 이용할 가능성이 있기 때문이다. 위의 요건을 갖추지 않으면 고용노동부장관의 허가를 받을 수 없다.

b) 구법에서는 사용사업주가 무허가 파견사업주로부터 근로자파견의 역무를 제공받는 것을 금지하는 규정이 없었고 따라서 사용사업주에 대해서는 무허가 근로자파견으로 인하여 어떠한 벌칙도 적용받지 아니하였다. 무허가파견사업주만 처벌하고 그로부터 역무를 제공받는 사용사업주에 대해서는 아무런 규제를 하지 않는 것은 불합리할 뿐만 아니라 허가제도의 취지에도 부합되지 아니한다. 이에 따라 개정 근로자파견법은 사용사업주가 무허가 파견사업주로부터 역무를 제공받는 것을 명시적으로 금지하고, 이를 위반한 경우에는 벌칙이 적용되도록 개정하였다(제7조 Ⅲ; 벌칙 제43조 ②).

c) 또한 근로자파견법 제8조는 근로자파견사업의 허가를 받을 수 없는 자의 「결격사유」에 관하여 규정하고 있다. 그에 따르면 i) 미성년자 · 피성년후견인 · 피한정후견인 또는 파산선고를 받고 복권되지 아니한 사람, ii) 금고 이상의 형(집행유예를 제외한다)의 선고를 받고 그 집행이 종료되거나 집행을 받지 아니하기로 확정된 후 2년이 경과되지 아니한 사람, iii) 근로자파견법, 직업안정법, 근로기준법 제7조, 제9조, 제20조부터 제22조까지, 제36조, 제43조부터 제46조까지(제44조의3은 제외), 제56조 및 제64조, 최저임금법 제6조, 선원법 제110조의 규정을 위반하여 벌금 이상의 형(집행유예를 제외한다)의 선고를 받고 그 집행이 종료되거나 집행을 받지 아니하기로 확정된 후 3년이 지나지 아니

한 해고를 한 후 당해 업무에 파견근로자를 사용할 수 없는 기간은 2년으로 한다. 다만, 당해 사업 또는 사업장에 근로자의 과반수로 조직된 노동조합이 있는 경우에 그 노동조합(근로자의 과반수로 조직된 노동조합이 없는 경우에는 근로자의 과반수를 대표하는 자를 말한다)의 동의가 있는 때에는 6월로 한다.

한 사람, iv) 금고 이상의 형의 집행유예선고를 받고 그 유예기간 중에 있는 사람, v) 이 법 제12조의 규정에 의한 당해 사업의 허가가 취소(같은 조 1호에 해당하여 허가가 취소된 경우는 제외한다)된 후 3년이 지나지 아니한 사람, 그리고 vi) 임원 중 1호 내지 5호까지의 어느 하나에 해당하는 사람이 있는 법인은 근로자파견사업의 허가를 받을 수 없다.

d) 허가는 3년의 기간으로 부여되며, 허가의 유효기간 만료 후 계속하여 근로자파견사업을 하고자 하는 자는 고용노동부령이 정하는 바에 의하여 갱신허가를 받아야 하고, 갱신허가의 유효기간은 당해 갱신 전의 허가의 유효기간이 만료되는 날의 다음날부터 기산하여 3년으로 한다(파견법 제10조).

e) 고용노동부장관은 파견사업주가 다음의 경우에 해당하는 때에는 근로자파견사업의 허가를 취소하거나 6개월 이내의 기간을 정하여 영업정지를 명할 수 있다(파견법 제12조 Ⅰ). 다만, 근로자파견사업 허가를 거짓이나 그 밖의 부정한 방법으로 받은 경우(동조 Ⅰ ①)와 근로자파견사업의 허가를 받을 수 없는 결격사유에 해당하게 된 경우(동조 Ⅰ ②)에는 그 허가를 취소하여야 한다(동조 Ⅰ 단서). 고용노동부장관이 위의 규정에 의하여 허가를 취소하고자 하는 경우에는 청문을 실시하여야 한다(동조 Ⅲ).

《허가취소 내지 영업정지사유》(파견법 제12조 Ⅰ)

· 제7조 1항 또는 제10조 2항에 따른 허가를 거짓이나 그 밖의 부정한 방법으로 받은 때
· 제8조의 규정에 의한 결격사유에 해당하게 된 때
· 제9조의 규정에 의한 허가의 기준에 미달하게 된 때
· 제5조 5항을 위반하여 근로자파견사업을 행한 때
· 제6조 1항·2항 또는 4항을 위반하여 근로자파견사업을 행한 때
· 제7조 1항 후단을 위반하여 허가를 받지 아니하고 중요한 사항을 변경한 때
· 제7조 2항에 따른 변경신고를 하지 아니하고 신고사항을 변경한 때
· 제11조 1항에 따른 폐지신고를 하지 아니한 때
· 제13조 2항을 위반하여 영업정지처분의 내용을 사용사업주에게 통지하지 아니한 때
· 제14조에 따른 겸업금지의무를 위반한 때
· 제15조를 위반하여 명의를 대여한 때
· 제16조 1항을 위반하여 근로자를 파견한 때
· 제17조에 따른 준수사항을 위반한 때
· 제18조에 따른 보고를 하지 아니하거나 거짓의 보고를 한 때
· 제20조 1항에 따른 근로자파견계약을 서면으로 체결하지 아니한 때
· 제24조 2항을 위반하여 근로자의 동의를 얻지 아니하고 근로자파견을 행한 때

· 제25조를 위반하여 근로계약 또는 근로자파견계약을 체결한 때
· 제26조 1항을 위반하여 파견근로자에게 제20조 1항 2호·4호부터 제12호까지의 사항을 알려주지 아니한 때
· 제28조에 따른 파견사업관리책임자를 선임하지 아니하거나 결격사유에 해당하는 자를 선임한 때
· 제29조에 따른 파견사업관리대장을 작성하지 아니하거나 보존하지 아니한 때
· 제35조 5항을 위반하여 건강진단결과를 송부하지 아니한 때
· 제37조에 따른 근로자파견사업의 운영 및 파견근로자의 고용관리 등에 관한 개선명령을 이행하지 아니한 때
· 제38조에 따른 보고명령을 위반하거나 관계 공무원의 출입·검사·질문 등의 업무를 거부·기피·방해한 때

이와 같이 허가의 취소 또는 영업정지처분을 받은 파견사업주는 그 처분 전에 파견한 파견근로자와 그 사용사업주에 대하여는 그 파견기간이 종료될 때까지 파견사업주로서의 의무와 권리를 가진다(파견법 제13조 Ⅰ).

f) 고용노동부장관은 허가를 받지 아니하고 근로자파견사업을 하거나 허가취소 또는 영업정지의 처분을 받은 후 계속하여 사업을 하는 자에 대하여는 관계공무원으로 하여금 당해 사업을 폐쇄하기 위하여 일정한 조치를 취할 수 있다(파견법 제19조 Ⅰ). 이외에 명의대여의 금지(파견법 제15조), 파견사업주 등의 준수사항(파견법 제17조), 사업보고(파견법 제18조) 등에 관한 규정이 있다.

[87] Ⅲ. 파견사업주와 사용사업주의 관계

1. 근로자파견계약의 성립

a) 파견사업주와 사용사업주 간의 근로자파견계약(Arbeitnehmerüberlassungsvertrag)은 고유한 성질을 가진 쌍무계약이다. 이 계약에 의하여 파견사업주는 근로자를 파견할 채무를 부담하고, 사용사업주는 약정된 파견보수(Überlassungsvergütung)를 지급할 채무를 진다. 근로자파견법은 파견근로자의 보호를 위하여 근로자파견계약을 서면으로 작성하고 일정한 사항을 기재할 것을 규정하고 있다(파견법 제20조 Ⅰ). 필요적 기재사항은 다음과 같다. i) 파견근로자의 수, ii) 파견근로자가 종사할 업무의 내용, iii) 파견사유(파견법 제5조 Ⅱ의 규정에 의하여 근로자파견을 행하는 경우에 한한다), iv) 파견근로자가 파견되어

근로할 사업장의 명칭 및 소재지 기타 파견근로자의 근로장소, v) 파견근로 중인 파견근로자를 직접 지휘 · 명령할 자에 관한 사항, vi) 근로자파견기간 및 파견근로 개시일에 관한 사항, vii) 시업 및 종업의 시각과 휴게시간에 관한 사항, viii) 휴일 · 휴가에 관한 사항, ix) 연장 · 야간 · 휴일근로에 관한 사항, x) 안전 및 보건에 관한 사항, xi) 근로자파견의 대가, xii) 기타 고용노동부령이 정하는 사항(파견사업관리책임자 및 사용사업관리책임자의 성명 · 소속 및 지위)이 그것이다.

b) 근로자파견계약의 기재사항은 파견근로 자체에 관한 계약조건에 관한 것이다. 그런데 후술하는 파견근로자에 대한 차별금지규정(파견법 제21조, [90] 2. 참고)의 신설에 따라 파견사업주가 파견근로자에 대하여 차별적 처우를 하지 못하도록 하기 위해서는 파견사업주도 사용사업주가 운영하는 사업 내의 동종 또는 유사한 업무를 수행하는 근로자의 근로조건 관련정보를 알 필요가 있다. 이와 같은 이유로 근로자파견법 제20조 2항은 사용사업주가 근로자파견계약을 체결할 때에는 파견사업주에게 차별적 처우 금지에 관한 제21조 1항의 규정을 준수하도록 하기 위하여 필요한 정보를 제공하여야 한다고 하여 사용사업주의 정보제공의무를 규정하였다. 이 경우 제공하여야 할 정보의 범위 및 제공방법 등에 관한 사항은 차별적 처우의 금지의 취지를 감안하여 사용사업주의 사업 내의 동종 또는 유사한 업무를 수행하는 근로자의 유무 및 이들 근로자의 근로조건에 관한 사항으로서 대통령령으로 정한다. 다만 이와 같은 사용자의 정보제공의무의 위반에 대하여는 벌칙이 없다.

2. 근로자파견계약당사자의 권리와 의무

a) 근로자파견계약은 특수한 종류의 노무조달계약(Dienstverschaffungsvertrag)이라고 할 수 있다.[1] 근로자파견계약은 고용계약이나 도급계약과는 달리 노무급부 자체 또는 일의 완성에 대한 채무를 부담케 하는 계약이 아니고, 노무를 제공하게 될 (파견)근로자를 조달할 의무를 부담하는 계약이다. 파견사업주는 스스로 사용사업주에 대하여 노무를 제공할 의무를 부담하지 않기 때문에 파견근로자는 파견사업주의 이행보조자(민법 제391조 참조)가 아니다.[2] 파견사업주와 사용사업주 사이에는 근로계약 관계가 성립하고 있지 않다. 따라서 파견근로자의 단순한 불완전이행에 대하여 파견사업주는 책임을 지지 않는다.[3] 파견사업주는 사용사업주가 필요로 하는 직업 또는 기술상의 자격을 갖춘

1) Schüren/Hamann, *AÜG(Kommentar)* §1 Rn. 215; *MünchKomm*/Müller-Glöge §611 Rn. 38; Dütz/Thüsing, *ArbR* Rn. 343.
2) Dütz/Thüsing, *ArbR* Rn. 343.
3) Schüren/Schüren, *AÜG(Kommentar)*, Einleitung Rn. 125.

근로자(들)을 파견기간 동안 공급하는 것이 그의 주채무이다.[1] 이 근로자파견채무는 일종의 종류채무(Gattungsschuld)이다.[2] 이와 같은 목적으로 사용사업주에게 파견된 파견근로자는 사용사업주의 지시권에 복종해야 하며, 사용사업주의 지시에 따라 노무를 제공해야 한다.

b) 근로자파견계약은 근로자파견법 제20조의 규정에 정한 내용을 기재하여 서면으로 체결해야 한다. 따라서 이 계약은 요식행위이다. 근로자파견계약이 요식을 갖추지 못함으로써 무효가 된 경우에는 파견사업주와 사용사업주 사이의 관계는 민법 제741조의 규정에 의하여 부당이득반환의 문제로서 처리되는 것이 원칙일 것이다. 따라서 파견사업주는 파견근로자가 제공한 노무의 명목상의 가치(보수)를 부당이득으로 청구할 수는 없으며, 사용사업주가 실제로 얻은 이득의 반환을 청구할 수 있을 뿐이다. 왜냐하면 파견근로자에게 보수(임금)를 지급할 의무자는 사용사업주가 아니라 파견사업주이기 때문에, 이때에는 사실적 계약관계론[3]이 적용되지 않는다. 그러나 이와 같은 견해에 대해서는 비판의 여지가 없지 않다.

c) 근로자파견법 제13조 1항은 「제12조의 규정에 의한 허가의 취소 또는 영업의 정지처분을 받은 파견사업주는 그 처분 전에 파견한 파견근로자와 그 사용사업주에 대하여는 그 파견기간이 종료될 때까지 파견사업주로서의 의무와 권리를 가진다」고 규정하고 있다. 허가의 취소는 원칙적으로 소급적 효력을 가지지만, 취소처분 전에 파견된 근로자와 해당 사용사업주에 대해서 파견사업주는 그 파견기간이 종료할 때까지 허가의 취소가 없었던 것과 같이 정상적인 의무와 권리를 가진다. 따라서 파견사업주는 파견근로자로 하여금 사용사업주에게 노무를 제공할 것을 청구할 수 있을 뿐 아니라, 임금을 지급할 채무를 부담한다. 그리고 사용사업주에 대하여는 사용사업주가 필요로 하는 자격 있는 근로자를 조달·공급해야 할 의무를 부담하고, 그 보수를 청구할 권리를 가진다. 근로자파견법 제13조 1항의 규정은 근로자파견계약이 무효가 된 경우에도 유추적용될 수 있을 것으로 생각된다.

그리고 근로자파견법 제13조 1항의 경우에 파견사업주는 그 처분의 내용을 지체없이 사용사업주에게 통지하여야 한다(파견법 제13조 Ⅱ). 사용사업주로 하여금 적절한 조치를 취할 수 있도록 하기 위한 것이다.

d) 파견사업주와 사용사업주가 근로자파견계약 내에 근로기준법을 위반하는 내용

1) Schaub/Koch, *ArbRHandb* §120 Rn. 88.
2) Schüren/Schüren, *AÜG(Kommentar)*, Einleitung Rn. 124; Schaub/Koch, *ArbRHandb* §120 Rn. 71 ff., 86 ff. 참고.
3) 김형배, 「채권각론(계약법)」, 2001, 574면 이하 참고.

을 포함시키고, 그 계약조항에 따라 파견근로자를 근로하게 함으로써 근로기준법을 위반한 때에는 양당사자를 모두 근로자파견법 제15조의 규정에 의한 사용자로 보아 해당 벌칙규정을 적용한다(파견법 제34조 Ⅳ).

3. 근로자파견계약관계의 기간 및 그 종료

a) 근로자파견계약은 근로자파견법 제5조 2항(파견대상업무가 아니지만 일시적 사용을 위하여 파견이 허용되는 업무)의 규정에 해당하는 경우를 제외하고는 1년을 초과할 수 없다(파견법 제6조 Ⅰ). 다만 파견사업주·사용사업주·파견근로자 간의 합의가 있는 경우에는 파견기간을 연장할 수 있으나, 이 경우 1회를 연장할 때 그 연장기간은 1년을 초과하지 못하며, 연장된 기간을 포함한 총 파견기간은 2년을 초과하지 못한다(동법 제6조 Ⅱ, 파견기간 위반에 대한 법적 효과는 다음의 [90] 1. 참고). 구법에서는 1년의 범위 내에서 1회에 한하여 파견기간을 연장할 수 있도록 하였으나, 이 법의 개정에서 연장횟수에 대한 제한을 삭제한 것이다. 따라서 1회의 파견기간이 1년을 초과하지 아니하고, 연장된 총 파견기간이 2년을 초과하지 아니하는 범위 내에서 파견기간의 연장횟수의 제한이 없게 되었다. 예컨대 6개월로 근로자파견계약을 체결한 후 총 파견기간 2년 이내에서 파견기간을 3회 연장한 경우 구법에서는 연장횟수의 위반에 해당되지만 개정법에서는 위반이 아니다. 연령차별금지법 제2조 1호의 규정에 의한 고령자(만 55세 이상, 연령차별금지법 시령 제2조 Ⅰ)인 파견근로자에 대하여는 파견기간에 대한 예외가 인정되어 2년을 초과하여 근로자파견기간을 연장할 수 있다(파견법 제6조 Ⅲ). 이는 재취업이 어려운 고령자의 취업활성화를 위한 정책적 규정으로서, 고령자인 파견근로자의 경우에는 파견사업주와 사용사업주 그리고 파견근로자 간의 합의가 있는 경우에는 연장횟수 및 총파견기간에 대한 제한 없이 파견기간을 연장할 수 있다.[1] 다만 근로자파견법 제6조 1항에 의한 각 파견근로계약의 단위기간은 고령자의 경우에도 1년을 초과하지 못한다. 출산·질병·부상 등 그 사유가 객관적으로 명백한 경우에는 그 사유의 해소에 필요한 기간을 초과하여 근로자파견기간을 정할 수 없고, 일시적·간헐적으로 인력을 확보할 필요가 있는 경우에는 3월을 초과할 수 없으나 그 사유가 해소되지 아니하고 파견사업주·사용사업주·파견근로자 간의 합의가 있는 경우에는 1회에 한하여 3월의 범위 내에서 그 기간을 연장할 수 있다(파견법 제6조 Ⅳ).

b) 파견사업주는 사용사업주가 근로기준법 등에 위반한 경우에는 근로자파견을 정

1) 이 규정은 노동시장에서 불리한 위치에 있는 고령자의 노동시장진입을 완화하는 차원에서 도입된 규정이라고 할 수 있다. 입법론적으로는 경제적 전망이 불투명하여 정규직 근로자를 충분히 채용하기 곤란한 신규창업회사가 파견근로를 희망할 경우에도 그 기간을 유연하게 할 필요가 있다고 판단된다.

지하거나 파견계약을 해지할 수 있다(파견법 제22조 Ⅱ). 그러나 사용사업주는 파견근로자의 성별·종교·사회적 신분이나 파견근로자의 정당한 노동조합의 활동 등을 이유로 근로자파견계약을 해지하여서는 아니 된다(동조 Ⅰ).

[88] Ⅳ. 파견사업주와 파견근로자의 관계

1. 기본적 관계

a) 근로자파견이란 파견사업주가 그에 의하여 고용된 근로자를 타인(사용사업주)을 위하여 노무를 제공할 목적으로 그 타인의 지휘·명령체계에 편입시키는 것을 말한다.[1] 파견사업주와 근로자 사이의 근로관계는 처음부터 제3자(사용사업자)에게 노무를 제공하는 것을 목적으로 하는 근로계약관계이다. 즉, 근로자는 파견사업주와의 고용계약에 의해 근로제공의무를 부담하고 파견사업주가 근로제공에 대한 임금지급의무를 지는 것은 일반적인 고용계약과 동일하지만, 노무제공에 대한 구체적 청구를 할 수 있는 자는 파견사업주가 아니라 근로자파견계약에 근거하여 파견사업주로부터 근로자에 대한 노무의 지휘·명령권을 위임받아 노동력을 사용·수익하는 사용사업주라는 점에서 일반적 고용관계와 구별된다. 따라서 근로자와 파견사업주 간에 체결되는 계약은 전형계약으로서의 고용계약과는 달리 계약의 상대방(파견사업주)에게 노무를 제공하는 것이 아니라 제3자(사용사업주)에게 노무를 제공하는 것을 전제로 하는 계약이라는 데 그 특징이 있다. 즉 파견사업주와 근로자 간에 체결되는 근로계약 내에는 처음부터 그와 같은 내용이 약정되어 있거나, 사후적으로 파견사업주가 그 취지를 알려 주고 근로자의 동의를 얻는 것이 전제된다. 근로자파견법은 이와 같은 법률관계를 당사자 간에 명확히 하도록 파견사업주에 대하여 서면통지의무를 부과하고 있다. 즉 파견사업주가 근로자를 파견근로자로 고용하고자 할 경우에는 미리 당해 근로자에게 그 취지를 서면으로 알려 주어야 하고(파견법 제24조 Ⅰ), 이미 고용한 근로자를 사후에 근로자파견의 대상으로 하고자 할 경우에도 역시 그 취지를 서면으로 알려 주고 해당 근로자의 동의를 얻어야 한다(동조 Ⅱ).

b) 이와 같이 파견근로자와 파견사업주 간의 근로계약은 통상의 근로계약과는 그 성질을 달리하므로, 파견근로자를 보호하고 그의 법적 지위를 명확히 하기 위하여 근로자파견법은 근로자파견계약체결시에 필요적 기재사항을 명시하도록 요구하고 있으며(파견법 제20조 Ⅰ 참조), 파견에 앞서 파견사업주가 당해 근로자에게 필요적 기재사항을 서

---

1) *MünchArbR*/Schüren, Bd. Ⅱ, § 318 Rn. 67 f.

면으로 알려 주도록 규정하고 있다(파견법 제26조 Ⅰ; 벌칙 제46조 Ⅲ). 또한 파견근로에 대해서는 파견사업주가 사용사업주로부터 받은 근로자파견의 대가와 파견근로자에게 지급하는 임금 사이에 과도한 중간공제가 발생할 우려가 있음을 고려하여 파견근로자가 파견사업주에게 근로자파견의 대가(동법 제20조 Ⅰ ⑪)에 관하여 그 내역의 제시를 요구할 수 있으며 이 경우 파견사업주는 지체 없이 서면으로 그 내역을 제시하여야 한다(동법 제26조 Ⅱ · Ⅲ; 벌칙 제46조 Ⅴ ②의2).

2. 개별적 근로관계법상의 보호

(1) 계약관계의 성질

a) 파견사업주와 파견근로자 사이에는 근로계약관계가 존재하는 것으로 보아야 한다(파견법 제2조 ⑥).[1] 따라서 파견사업주는 파견근로자와의 관계에서 근로기준법의 적용을 받는다(파견법 제34조 Ⅰ 단서 전단 참조).

b) 파견근로자는 파견사업주와 근로계약을 체결한 계약당사자이지만 사용사업주에게 노무제공을 하게 되므로, 「노무급부」에 관하여 제3자를 위한 계약(민법 제539조)이 근로계약 내에 부관(附款)으로서 포함되어 있다고 볼 수 있다(파견법 제2조 ④ 참조). 따라서 사용사업주는 근로자파견계약(지시권의 부여를 포함함)의 범위 내에서 파견근로자의 「노무급부」를 청구할 수 있는 채권을 보유하게 된다. 이러한 청구권에 기초해서 사용사업주는 파견근로자에게 지시권을 행사할 수 있다.

(2) 주된 채무

a) 파견근로자는 제3자인 사용사업주에게 종속적 노무를 제공할 채무를 부담하고, 파견사업주는 노무급부에 대한 임금을 지급할 채무를 부담한다(파견법 제34조 Ⅱ 참조). 위에서도 언급한 바와 같이 파견근로에 있어서는 노무급부가 제3자인 사용사업주의 지시를 받으며 행하여지기 때문에 근로자파견법은 파견근로자의 보호를 위하여 여러 가지 조치를 강구하고 있다(파견법 제23조 이하, 제30조 이하, 제34조 이하 참조). 특히 파견사업주와 사용사업주는 파견근로자가 사용사업주의 사업 내의 동종근로자와 비교하여 부당하게 차별적 처우를 받지 않도록 해야 한다(파견법 제21조). 사용사업주의 귀책사유로 임금지급을 하지 못한 때에는 사용사업주는 파견사업주와 연대책임을 진다(파견법 제34조 Ⅱ 1문). 사용사업주의 귀책사유란 사용사업주가 정당한 사유없이 근로자파견계약을 해지한 경우와 사용사업주가 정당한 사유없이 근로자파견계약에 의한 근로자파견의 대가를 지급하지 아니한 경우를 말한다(파견법 시령 제5조). 휴일, 생리휴가, 산전·산후휴가시 유급

1) Schüren/Schüren, *AÜG(Kommentar)*, Einleitung Rn. 175.

으로 지급되는 임금은 파견사업주가 지급해야 한다(파견법 제34조 Ⅲ).

b) 파견근로자가 일정한 사용사업주에게 그의 노무를 계속 제공하면서 사실상의 취업상태를 유지하지 못하고, 다음의 취업을 위하여 대기하고 있는 기간에 파견사업주가 임금을 지급해야 하는가? 독일의 학설 및 판례에 따르면 근로자가 그의 노동력을 사용자의 처분하에 두고 노무제공을 할 준비상태에 있다면, 이에 대하여 사용자는 임금을 지급해야 한다고 한다. 왜냐하면 파견사업주와 근로자 사이의 근로관계는 상용형(常傭型)으로 규정되어 있기 때문이다. 따라서 학설은 취업대기 중의 파견근로자에 대한 임금지급위험은 파견사업주가 부담해야 한다고 한다.[1] 원칙적으로 파견사업주와 파견근로자 사이의 근로계약관계는 기간의 정함이 없는 것으로 해석되고, 일정한 사용사업주에게 취업되는 기간 동안만 파견사업주와 파견근로자 사이에 근로계약관계가 존속한다고 보아서는 안 된다. 근로자파견법 제2조 1호(「… 근로자를 고용한 후 그 고용관계를 유지하면서…」)는 파견사업주와 파견근로자 사이의 근로관계는 계속적으로 유지되는 것을 전제로 하고 있다. 다시 말하면 사용사업주와의 취업관계가 종료되면, 파견사업주와의 근로계약관계도 당연히 종료하는 것으로 해석되어서는 안 된다. 이것은 파견근로자의 고용관계를 매우 불안정하게 할 뿐만 아니라, 결과적으로 파견근로자의 위험부담하에 파견사업주가 사업을 운영하는 것이라고 할 수 있다(파견법 제9조 Ⅰ ② 참조). 이와 같은 근거에서 파견사업주는 파견근로자가 대기하는 기간 동안의 임금을 지급하는 것이 원칙이다. 다만, 파견사업주와 파견근로자 사이의 고용관계가 추상적 근로관계(노무제공과 임금지급의 쌍무적 채권관계를 그 구체적 내용으로 하지 않으며, 사용사업주에게 파견근로를 제공할 수 있는 기회를 얻는 것을 그 내용으로 하는 관계)라는 점을 감안할 때 파견사업주의 임금지급의무는 기대가능성의 원리에 의하여 결정되는 것이 옳을 것이다.

(3) 부수적 의무

파견근로자는 일반근로자와는 달리 그의 노무제공을 계약당사자가 아닌 사용사업주에게 제공하기 때문에 파견사업주와 파견근로자 사이의 성실의무·배려의무도 그 근로계약관계에 합당하게 해석되지 않으면 안 될 것이다.

a) 파견근로자는 근로계약관계가 존속하는 동안 파견사업주에 대해서뿐만 아니라, 파견근로기간 동안에는 사용사업주에 대해서도 비밀유지의무와 경업피지의무를 부담한다고 해야 한다. 특히 파견사업주와 파견근로자 사이의 고용관계가 종료된 후에 당해 파견근로자가 사용사업주에게 고용되는 것을 금지하는 근로계약의 체결은 무효이다(파견법 제25조 Ⅰ). 근로자가 「파견」근로자로서의 지위를 벗어나 「상용」근로자로서의 안정된 자

1) Schüren/Schüren, *AÜG(Kommentar)*, Einleitung Rn. 182 f. u. Rn. 202 ff.

리를 얻기 위하여 과거의 사용사업주와 근로계약을 체결하는 것은 파견사업주에 대한 성실의무에 반하지 않을 뿐만 아니라, 파견사업주가 이를 금지하는 계약을 요구하는 것은 직업선택의 자유(헌법 제15조)를 침해하는 것이 되어 무효라고 해야 한다. 이와 같은 내용의 근로자파견계약을 체결하는 것도 역시 무효이다(파견법 제25조 Ⅱ).

b) 파견사업주는 특히 파견근로자가 사용사업주에게 제공해야 할 노무급부 등 중요한 사항을 알려 주어야 하고(파견법 제26조), 노무제공으로 얻을 수 있는 수입 및 기타 직업상의 발전가능성 등을 설명해 주어야 한다.[1] 특히 파견근로자의 노무가 사용사업주의 사업장에서 이루어지게 되므로 근로자의 안전에 관해서는 사용사업주가 책임을 부담하지만(파견법 제35조 Ⅰ 참조), 파견사업주가 영향력을 행사할 수 있는 한도 내에서는 이에 대한 배려의무를 부담한다(파견법 제20조 ⑩ 참조).[2]

⑷ 근로관계의 종료와 해고보호

a) 파견사업주와 파견근로자 사이의 근로관계는 기간의 정함이 없는 것과 기간의 정함이 있는 것으로 나누어지는데, 기간의 정함이 없는 경우가 원칙일 것이다(파견법 제2조 ① 참조). 파견사업주는 파견근로자를 보통 1년 이내의 기간 동안 사용사업주에게 파견하게 되며(파견법 제6조 Ⅰ 참조), 이에 따라 계속적으로 근로자들을 새로운 사용사업주에게 파견해야 하는 부담을 안고 있다. 파견사업주가 근로자들을 중단없이 계속적으로 취업시키지 못하게 되는 경우에는 사용자로서의 부담(임금지급 기타 근기법상의 부담)을 안게 된다. 따라서 파견사업주는 근로자들이 취업을 할 수 없는 이른바 비생산적 기간(unproduktive Zeiten)에 대해서는 임금지급의무를 면하려는 경제적 이해관계를 가지게 된다. 비생산적 기간이란 근로자파견계약이 체결되지 않는 기간 또는 근로자가 질병·출산·휴가 등으로 노동력을 제공할 수 없는 기간을 말한다. 이상과 같은 경제적 이유에서 파견사업주는 근로관계의 존속을 파견기간의 존속기간으로 하거나, 파견기간 종료시에 맞추어 합의해지를 하거나 파견근로가 없는 기간 동안 무급휴가를 보내는 편법을 쓸 수 있다. 그러나 위에서도 설명한 바와 같이 파견근로기간에 맞추어 근로계약기간이 동시에 종료하도록 하는 것은 근로자파견법 제2조 1호에 위반되는 것으로 해석된다.

b) 파견근로자도 근로기준법 제23조(해고 등의 보호) 및 제24조(경영상 이유에 의한 해고의 제한)의 보호를 받는다(파견법 제34조 Ⅰ 단서 전단). 따라서 파견사업주는 파견근로자를 정당한 이유 없이 해고할 수 없다. 파견사업주가 근로자를 경영상의 이유로 해고할 경우에 「긴박한 경영상의 필요」를 어떻게 해석할 것이냐 하는 것이 문제된다. 경영상의

---

1) Schüren/Schüren, *AÜG(Kommentar)*, Einleitung Rn. 243 참고.

2) Schüren/Schüren, *AÜG(Kommentar)*, Einleitung Rn. 244 참고.

긴박한 필요란 근로자파견계약의 신청이 없는 경우에 파견사업주에게 어느 정도의 기간까지 무취업상태에 있는 근로자의 임금지급을 인정하는 것이 기대가능한가 하는 한계의 문제로 귀착될 것이다. 대체로 3월 이상의 무취업상태가 계속되는 경우에는 파견사업주가 해당 근로자를 경영상의 이유로 해고하더라도 정당하다는 것이 독일에서의 학설의 견해이다.[1)]

c) 파견사업주와 파견근로자 사이에 근로계약이 체결되어 있더라도 계약당사자들의 합의에 의하여 사후적으로 근로관계를 종료시키는 것은 정당하다. 그러나 근로계약 체결시에 처음부터 파견기간의 종료에 맞추어 근로관계를 종료케 하는 합의해지는 정당하지 않다고 판단된다.[2)]

3. 집단적 노사관계법상의 보호

(1) 노동조합 및 노동관계조정법

파견근로자도 헌법상의 근로3권을 향유할 수 있는 근로자이다. 따라서 근로자파견법에는 아무런 규정이 없으나, 파견근로자는 파견사업체 내에서 노동조합을 결성하거나 당해 노동조합에 가입할 수 있다.[3)] 판례와 학설은 근로계약관계가 있는 당사자 사이에서는 당연히 단체교섭관계를 인정하고 있다. 그러나 파견근로자들이 노동조합을 조직하여 파견사업주에 대하여 단체교섭을 요구한다 하더라도 교섭대상은 임금, 연장·야간·휴일근로, 연차유급휴가, 재해보상 등에 대한 사항에 한정된다(파견법 제34조 I 단서 전단 참조). 왜냐하면 근로시간, 휴일, 월차유급휴가, 생리휴가, 산전·산후휴가, 육아시간, 교육시설 등에 관한 사항에 대해서는 사용사업주가 사용자로서의 지위에 있기 때문이다. 그리고 파견근로자들의 노동조합이 파견사업주에 대하여 근로조건의 개선을 위한 쟁의행위를 하는 것은 제한될 수밖에 없다고 생각된다. 왜냐하면 파견사업주는 근로자파견계약의 체결을 통해서만 근로자들의 근로조건을 개선할 수 있으며, 이와 같은 파견계약의 체결은 그의 영향권범위 밖에 존재하는 경우가 많기 때문이다.

(2) 근로자참여 및 협력증진에 관한 법률

근로자파견법에는 노사협의회의 설립이나 운영에 관해서 명문의 규정이 없으나, 파견근로자는 사용사업체에서 근무하고 있는 동안에도 근로자참여협력법상 파견사업주의 사업장에 고용되어 있는 종업원이라고 할 수 있으므로, 파견근로자는 파견사업자의 사

1) Schüren/Schüren, *AÜG(Kommentar)*, Einleitung Rn. 279; Becker, *Der Arbeitgeber*(Zeitschrift), 21(1984), 35, 45.
2) Schüren/Schüren, *AÜG(Kommentar)*, Einleitung Rn. 252.
3) Schüren/Schüren, *AÜG(Kommentar)*, Einleitung Rn. 300.

업장에서 노사협의회의 선거권 내지 피선거권을 행사할 수 있다(근참법 제6조 참조).

[89] V. 사용사업주와 파견근로자의 관계

1. 개별적 근로관계법상의 권리 · 의무

(1) 사용관계의 성질

a) 사용사업주와 파견근로자 사이의 법적 관계에 대해서는 크게 두 가지 견해가 주장되고 있다. 첫째 견해에 의하면 사용사업주와 파견근로자 사이에는 노동법상의 채권관계(Schuldverhältnis)가 존재한다고 한다. 이러한 관계를 기초로 사용사업주에게는 파견근로자에 대한 고유한 노무급부청구권이 주어지고, 이를 기초로 사용사업주는 파견근로자의 채무불이행행위에 대하여 직접 손해배상을 청구할 수 있다고 한다.[1] 그러나 이와 같은 견해는 파견근로를 규율하는 현행법에 부합하지 않는다(파견법 제2조 ④ 참조). 두번째 견해는 사용사업주가 노무급부지시청구권을 가지는 것은 파견사업주가 그 권리를 양도하기 때문이고, 또한 파견사업주와 파견근로자 사이의 근로계약에서 「노무급부」에 관해서는 제3자를 위한 계약(부관(附款), 민법 제539조)이 행하여지기 때문이라고 한다. 오늘날 후자의 견해가 지배적인 지위에 있다.[2] 또한 파견근로자는 사용사업주와의 동의하에 사용사업주의 사업장에 편입됨으로써 양당사자 간에는 노동법상의 성실의무와 배려의무(보호의무)가 발생되는 계기가 마련된다고 볼 수 있다.[3] 따라서 사용사업주는 노무에 관한 구체적 계획과 활용방법을 정할 수 있으며, 파견근로자는 사용사업주의 사업장에 적용되는 근로시간제도와 복무규율에 따르지 않으면 안 된다(파견법 제34조 I 단서 후단 참조).[4]

b) 파견근로자의 불완전이행이 발생한 경우에는 파견근로자와 사용사업주 사이에 계약관계가 없기 때문에 파견사업주가 불완전이행(적극적 채권침해)으로 인한 손해배상을 부담한다. 이 경우에도 파견근로자측에서는 일반적인 근로계약상의 책임제한에 관한 원칙이 적용될 수 있을 것이다.[5] 다만, 파견근로자가 사용사업주에게 불법행위를 한 경우에는 직접 사용사업주에게 손해배상책임을 부담한다.[6]

---

1) 예컨대 Mayer-Maly, ZfA, 1972, 22 ff.

2) Schüren/Schüren, *AÜG(Kommentar)*, Einleitung Rn. 116; Preis, *IndividualArbR* § 311.

3) Schaub/Koch, *ArbRHandb*, § 120 Rn. 65 ff.; Konzen, ZfA, 1982, 259, 275 ff. 참고.

4) *MünchArbR*/Schüren, Bd. Ⅱ, § 318 Rn. 43 f.

5) Schaub/Koch, *ArbRHandb*, § 120 Rn. 68. 근로자의 책임제한에 관해서는 앞의 [49] 2.를 참고.

6) 이상에서 살핀 바와 같이 파견근로자는 파견사업주와의 관계에서 고용계약관계에 있을뿐 사용사업

⑵ 파견근로자와 사용사업주의 부수적 의무

파견근로자는 사용사업주에 대하여 계약상의 의무에 유사한 신의칙상의 부수적 의무를 부담한다. 그 내용으로는 대체로 비밀유지의무와 주의의무가 있고, 이에 대한 위반이 있으면 손해배상의무를 부담한다.1) 그러나 파견근로자의 책임에 대해서는 몇 가지 특수성이 존재한다. 우선 파견근로자에 의하여 야기된 물적 손해에 대해서도 통상근로자의 경우와 마찬가지로 책임제한이 인정되어야 한다. 다른 한편 사용사업주는 파견근로자에 대하여 보호의무(안전배려의무)를 부담한다([49] 3. ⑵ 참고). 사용자업주는 파견근로자와 직접 근로계약을 체결하지는 않았다 하더라도 이들에 대해서 지휘·명령을 하며 자신의 사업목적을 위해 계속 사용하는 관계에 있으므로, 사용사업주와 파견근로자 사이에는 보호의무(안전배려의무)에 관한 묵시적 합치가 있다고 보아야 한다.2) 이러한 보호의무는 계약상의 의무에 해당하므로 사용자가 보호의무에 위반하면 채무불이행책임을 부담해야 할 것이다.3) 특히 근로자파견법 제35조 1항·2항·3항은 산업안전보건법상의 사용자로서의 특례를 규정하고 있다. 그리고 사용사업주는 파견근로자가 소지한 물품에 대해서도 부수적 의무로서 보관의무를 부담한다. 사용사업주가 유책하게 배려의무를 위

주와의 사이에서는 고용관계에 있지 않다. 따라서 사용사업주는 파견근로자를 고용한 사용자가 아니다. 외국인이 대한민국에서 취업하려면 취업활동을 할 수 있는 체류자격을 받아야 하며, 누구든지 체류자격을 가지지 아니한 사람을 사용하여서는 아니 된다(출입국관리법 제18조 Ⅰ, Ⅲ). 위 법 제18조 3항에 위반하여 체류자격을 가지지 아니한 사람을 고용한 사람에게는 벌칙(동법 제94조 ⑨: 3년 이하의 징역 또는 3천만원 이하의 벌금)이 적용된다. 대법원은 「사용사업주가 근로자파견계약 또는 이에 준하는 계약을 체결하고 파견사업주로부터 그에게 고용된 외국인을 파견받아 자신을 위한 근로에 종사하게 하였다고 하더라도 이를 출입국관리법 제94조 제9호, 제18조 제3항이 금지하는 '고용'이라고 볼 수 없다」는 태도를 취한다(大判 2020. 5. 14, 2018 도 3690).

1) Schaub/Koch, *ArbRHandb* § 120 Rn. 72 참고.

2) Schaub/Koch, *ArbRHandb* § 120 Rn. 73 참고.

3) 大判 2013. 11. 28, 2011 다 60247(근로자파견에서의 근로 및 지휘·명령 관계의 성격과 내용 등을 종합하면, 파견사업주가 고용한 근로자를 자신의 작업장에 파견받아 지휘·명령하며 자신을 위한 계속적 근로에 종사하게 하는 사용사업주는 파견근로와 관련하여 그 자신도 직접 파견근로자를 위한 보호의무 또는 안전배려의무를 부담함을 용인하고, 파견사업주는 이를 전제로 사용사업주와 근로자파견계약을 체결하며, 파견근로자 역시 사용사업주가 위와 같은 보호의무 또는 안전배려의무를 부담함을 전제로 사용사업주에게 근로를 제공한다고 봄이 타당하다. 그러므로 근로자파견관계에서 사용사업주와 파견근로자 사이에는 특별한 사정이 없는 한 파견근로와 관련하여 사용사업주가 파견근로자에 대한 보호의무 또는 안전배려의무를 부담한다는 점에 관한 묵시적인 의사의 합치가 있다고 할 것이고, 따라서 사용사업주의 보호의무 또는 안전배려의무 위반으로 손해를 입은 파견근로자는 사용사업주와 직접 고용 또는 근로계약을 체결하지 아니한 경우에도 위와 같은 묵시적 약정에 근거하여 사용사업주에 대하여 보호의무 또는 안전배려의무 위반을 원인으로 하는 손해배상을 청구할 수 있다고 할 것이다. 그리고 이러한 약정상 의무에 따른 채무불이행책임을 원인으로 하는 손해배상청구권에 대하여는 불법행위책임에 관한 민법 제766조 1항의 소멸시효 규정이 적용될 수 없다). 또한 仁川地判 2016. 5. 31, 2015 가단 213185(근로자파견계약에 의한 안전배려의무의 중첩적 인수).

반한 경우에는 이로 인하여 발생한 손해를 배상하여야 한다.

⑶ **근로기준법상의 사용자로서의 지위**

사용사업주와 파견근로자 사이에도 사실상의 취업관계가 성립하므로, 이 점에 관한 한 사용사업주는 사용자로서의 책임을 부담한다는 것은 당연하다(사용자기능의 분열). 따라서 근로자파견법도 사용사업주가 부담해야 할 노동법상의 책임을 규정하고 있다. 즉 근로시간·휴게·휴일 등의 구체적인 운용에 관해서는 사용사업주를 법률상 사용자로 보고 있으며, 산업안전보건법상의 안전보건책임을 사용사업주가 부담하도록 하고 있다(파견법 제34조, 제35조). 특히 특례규정을 두어 근로시간·휴게·휴일(근기법 제50조 내지 제55조, 제58조, 제59조, 제63조), 유급휴가의 대체(근기법 제62조), 여성 및 연소근로자의 근로조건(근기법 제69조 내지 제75조) 등의 보호에 있어서는 사용사업주만을 파견근로자의 사용자로 보고 있다(파견법 제34조 I).

원래 근로기준법 등 노동보호법상의 사용자는 근로계약의 당사자이므로 원칙적으로 파견사업주가 사용자이다. 그러나 실제로 노무지휘명령권은 사용사업주가 행사하면서 파견근로자의 노무를 그의 사업목적을 위하여 사용하고 있으므로 사용사업주도 그 범위 내에서 근로기준법의 사용자(근로기준법 준수자)로 보아야 한다. 근로자파견법은 이러한 파견근로관계의 특성을 고려하여 파견 중인 근로자에 대하여는 파견사업주와 사용사업주를 모두 근로기준법 제2조 1항 2호에 따른 사용자로 보면서(제34조 I 본문), 동시에 양 사업주가 함께 책임을 분담하는 사항과 각 사업주가 책임을 분담하는 사항을 나누어 규율하고 있다.

이와 달리 산업안전보건법의 적용에 있어서는 사용사업주를 동법상의 사업주로 본다(파견법 제35조). 다만 산업안전보건법의 일부 규정에 대해서는 사용사업주와 파견사업주를 함께 동법의 사업주로 보고 있다. 이를 도시(圖示)하면 다음과 같다.

[1] 파견사업주와 사용사업주에 대한 근로기준법의 적용관계

사용자책임의 소재	근로기준법상의 규정
파견사업주만의 부담	제15조 내지 제36조(근로계약기간, 근로조건의 명시, 근로조건의 위반, 위약예정의 금지, 전차금상계금지, 강제저축의 금지, 해고 등의 제한, 경영상 이유에 의한 해고제한, 해고예고, 정당한 이유 없는 해고 등의 구제신청, 퇴직금제도, 금품청산), 제39조(사용증명서), 제41조(근로자의 명부), 제42조(계약서류의 보존), 제43조 내지 제48조(임금지불의 방법, 도급사업에 대한 임금지급, 비상시 지불, 휴업수당, 임금대장), 제56조(연장근로 등에 대한 가산임금의 지급), 제60조(연차유급휴가), 제64조(최저연령과 취직인허증), 제66조 내지 제68조(연소자

	증명서, 미성년자의 근로계약과 임금청구), 제78조 내지 제92조(재해보상편), 휴일·생리휴가·출산전후휴가 시 유급으로 지급되는 임금(파견법 제34조 Ⅲ)
사용사업주만의 부담	제50조 내지 제55조(근로시간, 탄력적 근로시간제, 선택적 근로시간제, 연장근로의 제한, 휴게, 휴일), 제58조 내지 제59조(근로시간계산의 특례, 근로시간 및 휴게시간의 특례), 제62조(유급휴가의 대체), 제63조(근로시간·휴게·휴일규정의 적용 제외), 제69조 내지 제75조(여자와 연소근로자의 근로시간, 야간·휴일·시간외·갱내근로의 금지, 생리휴가, 출산전후휴가, 육아시간)
파견사업주와 사용사업주의 공동부담	위의 규정을 제외한 근로기준법상의 규정들, 사용사업주의 귀책사유로 파견사업주가 임금을 지급하지 못한 때: 이 경우 제43조(임금지불방법) 및 제68조(미성년자의 임금청구)의 규정적용 시 파견사업주 및 사용사업주를 근로기준법상의 사용자로 봄(파견법 제34조 Ⅱ). 파견사업주와 사용사업주가 근로자파견계약 내에 근로기준법을 위반하는 내용을 포함시키고, 그 계약조항에 따라 파견근로자를 근로하게 함으로써 근로기준법을 위반한 때(파견법 제34조 Ⅳ)

[2] 파견사업주와 사용사업주에 대한 산업안전보건법의 적용관계

사용자책임의 소재	산업안전보건법상의 규정
사용사업주만의 부담	원칙적으로 사용사업주를 산업안전보건법상의 사용자로 봄(파견법 제35조 Ⅰ)
파견사업주만의 부담	산업안전보건법 제129조 및 제130조의 규정에 의하여 사업주가 정기적으로 실시하여야 하는 건강진단 중 고용노동부령이 정하는 건강진단과 근로자를 채용할 때에 실시하여야 하는 건강진단(파견법 제35조 Ⅳ)
파견사업주와 사용사업주의 공동부담	제5조(사업주의 의무), 제132조 2항 단서, 같은 조 4항(작업장소의 변경, 작업의 전환 및 근로시간단축의 경우에 한한다), 제157조 3항(감독기관에 대한 신고를 이유로 한 불이익처우의 금지), 파견사업주와 사용사업주가 산업안전보건법을 위반하는 내용을 포함 근로자파견계약을 체결하고 그 계약에 따라 파견근로자를 근로하게 함으로써 산업안전보건법을 위반한 경우(파견법 제35조 Ⅵ)

(4) 도급과 파견관계

도급인회사가 외형적으로 수급인 업체와 도급계약관계를 맺으면서 수급인 업체의 근로자들을 도급인회사의 사내근로자로 사용하고 있는 경우에 도급인회사와 수급인의 근로자들의 관계가 파견근로관계에 해당하는지 여부가 문제된다. 종래의 판례는 원고용주(수급인)에 고용되어 제3자(도급인)의 사업장에서 제3자의 업무에 종사하는 자를 제3자의 근로자라고 할 수 있으려면 원고용주는 사업주로서의 독자성이 없거나 독립성을 결하여 제3자의 노무대행기관과 동일시 할 수 있는 등 그 존재가 형식적, 명목적인 것에 지나지 아니하고, 사실상 당해 피고용인은 제3자와 종속적인 관계에 있으며, 실질적으로

임금을 지급하는 자도 제3자이고, 또 근로제공의 상대방도 제3자이어서 당해 피고용인과 제3자 간에 묵시적 근로계약관계가 성립되어 있다고 평가될 수 있어야 한다고 하였다.[1] 도급은 노동의 결과를 계약의 목적으로 하는 반면, 근로자의 파견은 노동력 자체를 넘겨주는 것(Überlassung)을 계약의 목적으로 한다는 점에서 구별된다.[2]

근년에 와서 대법원은 구체적인 판단 기준을 제시하며 도급과 파견관계를 둘러싸고 발생하는 문제를 보다 명료하게 해결할 수 있는 해석상의 법리를 정립하였다.[3] 원고용주(수급인)가 그의 근로자로 하여금 제3자(도급회사)를 위한 업무를 수행하도록 하는 경우 그 법률관계가 근로자파견법의 적용을 받는 것인지 여부는 제3자가 해당 근로자에 대하여 업무 수행 자체에 대한 구속력 있는 지휘·명령을 하는지 이외에 원고용주의 근로자가 제3자 소속 근로자와 하나의 작업 집단을 구성하여 공동작업을 하는 등 제3자 사업장에 실질적으로 편입되었는지, 원고용주가 작업에 투입될 근로자의 선발과 그 인원수 그 밖의 교육·훈련, 작업·휴게시간, 휴가, 근무태도 점검 등에 관한 결정 권한을 독자적으로 행사하는지, 계약의 목적이 구체적으로 그 범위가 한정된 업무의 이행으로 확정되어 제3자 소속 근로자의 업무와 구별되며 그러한 업무에 전문성·기술성이 필요한지, 원고용주가 계약의 목적을 달성하기 위하여 필요한 독립적 기업 조직이나 설비를 갖추고 있는지 등의 요소를 바탕으로 근로관계의 실질에 따라 판단해야 한다고 판시하고 있다.[4] 파견근로관계가 인정되려면 사용사업주(원청회사인 도급회사)가 자기 회사의

---

1) 大判 2010. 7. 22, 2008 두 4367; 大判 2008. 7. 10, 2005 다 75088; 大判 2003. 9. 23, 2003 두 3420; 大判 2015. 2. 26, 2010 다 106436; 大判 2020. 4. 9, 2019 다 267013 등 다수.

2) 憲裁 2013. 7. 25, 2011 헌바 395.

3) 2015년 2월 26일에 3개의 관련 판결이 나왔다. 大判 2015. 2. 26, 2010 다 93707(남해화학 사건); 大判 2015. 2. 26, 2012 다 96922(한국철도공사 사건); 大判 2015. 2. 26, 2010 다 106436(현대자동차 사건). 또한 大判 2016. 1. 28, 2012 다 17806; 大判 2016. 7. 22, 2014 다 222794; 大判 2017. 1. 25, 2014 다 211619; 大判 2017. 12. 22, 2015 다 32905(금호타이어 사건); 大判 2020. 3. 26, 2017 다 217724·217731(병합); 大判 2020. 4. 9, 2017 다 179551(근로자파견관계에 해당하지 않는다) 등 참고.

4) 대법원은 위에서 적시한 판단 기준에 따라 다음과 같은 이유로 원고용주(사내하도급인)의 근로자들과 도급회사인 제3자와 사이의 근로관계의 성립을 부인한 예가 있다. 즉, 도급회사가 업무매뉴얼을 두긴 하였으나 하도급기업의 현장책임자, 현장대리인을 통하여 작업에 관한 지시를 하였고 이 하도급기업 소속 근로자들이 도급회사가 마련한 작업요령에 따라 업무를 수행한 것은 도급계약에 따른 의무이행에 해당하며, 도급회사 소속 근로자들과 하도급기업 소속 근로자들이 함께 근무한 바 있지만 그 업무 내용이 서로 달라 독립적으로 이루어지며, 도급회사 소속 근로자들의 결원이 발생하여도 하도급기업 소속 근로자들이 그 대체 업무를 수행하지 않았고, 하도급기업이 필요한 교육을 자체적으로 실시하며 채용·징계 등에 관한 권한을 가지고 직접 임금을 지급하였으며, 독립된 사업주체로서 작업배치권과 변경권을 행사하였으며, 조퇴·휴가 등 근태관리를 독자적으로 하였다. 도급회사가 비록 해당 인력의 인건비 단가를 기초로 협상을 통해 도급 금액을 산정하였으나 이는 노무도급이라는 도급업무의 특수성에 기인한 것이다. 위에 지적한 점들을 모두 고려하면 도급회사에 대한 관계에서 하도

근로자에게 행하는 것과 마찬가지로 파견근로자에 대해서도 업무 수행 자체에 대한 지휘·명령을 하는 것이 기본적인 기준이 될 것이다.[1] 파견근로자가 사용사업주의 노동조직에 편입되어 사용사업주의 지휘·명령 하에서 노무를 제공한다면 도급관계와는 구별되는 파견근로관계가 존재하는 것이 된다.[2]

2. 집단적 노사관계법상의 보호

(1) 노동조합 및 노동관계조정법의 적용

a) 파견근로관계에서 파견근로자들의 노동조합은 근로조건의 개선을 위하여 사용사업주에 대하여 단체협약의 체결을 위한 단체교섭을 요구할 수 있는가? 다시 말하면 사용사업주는 파견근로자에 대하여 노조및조정법상의 사용자의 지위에 있는가? 이 문제에 관해서 근로자파견법은 아무 규정을 두고 있지 않다.

b) 이에 대해서 우리 대법원은 집단적 노사관계당사자로서의 지위는 개별적 근로관계 내지 이와 유사한 사용종속관계를 전제로 한다는 태도를 취하고 있다. 따라서 사용사업주를 단체교섭의 상대방으로 보는 데는 부정적 견해를 취하고 있다.[3]

급기업 소속 근로자들은 파견근로자에 해당한다고 보기 어렵다(大判 2017. 1. 25, 2014 다 211619).

원청회사 근로자에 결원이 발생한 때도 하도급업체인 사내협력업체 근로자들이 대체투입되어 업무를 수행하는 경우를 찾아보기 어려운 등 작업 공정이나 업무별로 외주화가 이루어져 사내협력업체 근로자가 담당하는 업무와 원청회사 근로자가 담당하는 업무가 그 내용 및 범위가 구분 가능한 것이라면 불법파견이라고 볼 수 없다고 한 예(大判 2018. 12. 13, 2016 다 240406: 한국타이어 사건); 大判 2019. 8. 29, 2017 다 219072, 2017 다 219089(병합)(한국도로공사 통행료 수납업무자(파견근로자)의 근로자지위확인: ① 한국도로공사와 수납업무 용역계약을 체결한 외주사업체 소속 수납원들이 불법파견을 주장하여 한국도로공사를 상대로 근로자지위확인 등을 청구한 사건에서 「원고들과 피고 직원은 상호 유기적인 보고와 지시, 협조를 통해 업무를 수행하였고, 피고는 업무범위를 지정하는 것을 넘어 규정이나 지침을 통하여 원고들의 업무수행 자체에 관하여 지시를 하였다고 볼 수 있으며, 원고들과 피고 영업소 관리자는 전체적으로 하나의 작업집단으로서 피고의 필수적이고 상시적인 업무를 수행한 점 등」을 들어 원고들과 피고가 파견근로관계에 있다고 본 원심판결을 확인한 판결.

② 한편 수납업무 근로자가 2000년 7월 당시 파견근로를 제공하였고 제정 근로자파견법에 따라 직접고용관계 성립이 간주되었다고 하더라도, 이후 피고(사용사업주)에게 실제로 직접고용된 후 퇴사하였다면 특별한 사정이 없는 한 더 이상 근로자 지위에 있다고 주장할 수 없다. 이러한 퇴사의 의사표시는 직접적 고용관계(근로관계)가 성립하고 있는 사용사업주에 대한 사직의 의사표시이므로 파견사업주와의 근로관계를 종료하고자 하는 의사표시는 원칙적으로 사용사업주와 파견근로자 사이의 직접고용간주 또는 직접고용의무와 관련한 법률관계(근로관계)에 영향을 미칠 수 없다(大判 2019. 8. 29, 2017 다 219072).

한국수력원자력 협력업체 직원을 파견근로자가 아니라고 판단한 원심을 수긍한 판결(大判 2020. 4. 9, 2017 다 17955).

1) 同旨: 박귀찬, '근로자 파견성' 판단기준 재정립의 모색, 「노동법포럼」(제27호), 2019, 66면 이하 참고.

2) Preis, *IndividualArbR* Rn. 308. 독일 근로자파견법 제1조 1항 2문 참조.

3) 대표적으로는 大判 1993. 11. 23, 92 누 13011.

그러나 단체협약의 기준적 기능(노조및조정법 제33조)은 반드시 근로계약관계를 전제로 해서만 발휘되는 것은 아니다. 즉 노동조합이 사용자와 단체교섭을 통해서 단체협약을 체결하는 취지는 근로조건 또는 취업조건의 일정한 「기준」을 설정하기 위한 것으로, 그 기준을 사용자가 함부로 낮게 설정하거나 근로조건을 일방적으로 결정하는 것을 막으려는 데 있는 것이다. 다시 말하면 노동조합은 일정한 업종 · 사업장 · 지역에서 근로계약의 체결 없이 집단적으로 노무를 제공하고 있는 조합원들에게 적용될 「근로조건의 기준」을 설정하는 것을 그 임무로 하는 것이다. 따라서 근로계약을 체결하고 있는 근로자들의 근로조건 또는 취업조건의 개선을 위해서만 노동조합이 단체교섭을 요구할 수 있고, 그렇지 않은 경우에는 단체교섭을 요구할 수 없다는 주장은 정당하다고 생각되지 않는다. 이와 같은 주장은 개별적 근로계약과 집단적 노사관계를 구별하지 못하는 것으로써 집단적 노사관계법상의 적법한 질서형성을 부당하게 제약하는 태도이다([107] 1. ⑶ 참고).[1]

c) 오늘날 개별적 근로관계에 있어서의 사용자 개념은 근로계약체결 당사자뿐만 아니라 이와 동등시할 수 있는 자로 확대(Erweiterung)되어 가고 있으며, 다른 한편 집단적 노사관계에 있어서는 근로계약의 당사자와는 관계 없이 집단적 노사관계에 대하여 영향력과 지배력을 행사할 수 있는 자도 노조및조정법상의 사용자가 될 수 있다는 점에서 사용자의 개념은 분열(Aufspaltung)되는 현상을 보이고 있다. 예컨대 파견근로의 경우 파견사업체와 근로자 사이에는 근로계약이 존재하며, 따라서 파견사업주는 근로계약상의 사용자임에 틀림없다. 이와는 달리 노무제공을 받는 사용사업주는 근로계약의 당사자가 아니다. 그러나 파견근로자들의 노무공급을 중심으로 취업에 관한 근로조건에 관하여 지배력과 영향력을 행사하고 있으며, 그러한 한도에서 사용사업주는 제2의 사용자라고 아니할 수 없다. 따라서 노동조합은 고용주인 사용자(파견사업주)에 대해서뿐만 아니라, 실제 노무제공을 받는 사용자(사용사업체)에 대해서도 단체교섭을 요구할 수 있다. 다만, 노동조합은 전자의 사용자에 대해서는 임금 기타 대우에 관하여 단체교섭을 요구하고 단체협약을 체결할 수 있으나 후자의 사용자에 대해서는 실제로 노무를 공급함으로써 발생되는 작업조건, 즉 근무시간의 배정 · 휴식, 작업환경 등 취업과 관련되는 제반조건에 관하여 단체교섭을 요구할 수 있다.[2] 근로자파견법도 파견근로자의 사용과 관련된 사항에 관해서는 사용사업주를 사용자로 보고 있다(제34조 I 단서 후단).

⑵ 근로자참여 및 협력증진에 관한 법률

파견근로자는 사용사업주의 사업장에서는 노사협의회의 근로자위원에 대한 선거권 ·

1) 김형배, 「항운노조조합원과 사용자 사이의 법적 관계」, 1996, 359면.

2) 이에 관한 대표적인 판례로는 일본 朝日放送事件(最高裁判 平成 7. 2. 28)이 있다. 이 판결의 내용 및 평석에 관해서는 김형배, 「항운노조조합원과 사용자 사이의 법적 관계」, 1996, 350면 이하 참고.

피선거권을 가지지 못한다. 따라서 파견근로자는 사용사업체에 있어서 노사협의회 설치를 결정하는 종업원수에 산입될 수 없다(근참법 제4조; 시령 제2조 참조). 다만, 사용사업주는 파견근로자로부터 파견근로에 관한 고충의 제시가 있는 경우에는 그 고충의 내용을 파견사업주에게 통지하고 신속·적절하게 고충을 처리하도록 해야 한다(파견법 제31조 I).

[90] VI. 사용자의 직접고용의무와 차별적 처우의 금지

1. 불법파견과 고용의무

(1) 불법파견의 요건과 벌칙의 적용

불법파견의 확산을 방지하고 파견근로의 건전성을 제고하기 위해서는 파견근로의 요건과 그 위반에 따른 법률효과를 명확히 규율하여야 한다. 불법파견이 확산되는 배경에는 공급자인 파견사업주의 탈법행위도 문제지만 그 수요자인 사용사업주의 책임도 적지 않기 때문에 불법파견의 요건이 충족될 경우 파견사업주와 사용사업주에 대한 책임을 달리 볼 근거가 없을 뿐만 아니라 파견근로자의 보호라는 근로자파견법의 입법목적을 고려할 때 파견근로자와 사용사업주의 직접적 근로관계를 인정하는 범위를 확대하여야 할 것이다.

이를 위해서는 우선 불법파견의 요건과 그에 대한 벌칙의 적용관계를 명확히 하여야 한다. i) 근로자파견법에 의하면 파견대상업무를 위반한 경우(파견법 제5조 V), ii) 파견기간을 도과한 경우(파견법 제6조 I, II, IV) 그리고 iii) 파견사업허가를 위반한 경우(파견법 제7조 I)를 불법파견의 요건으로 규정하고 있다. 불법파견으로 인정되면 파견사업주와 사용사업주에 대해서 우선 벌칙이 적용된다(파견법 제43조). 구법에서는 파견사업주와 사용사업주에 대한 벌칙의 내용이 차별적으로 규정되었으나 일반적으로 사용사업주가 파견사업주보다 계약조건 등의 결정에 있어서 영향력이 큼에도 불구하고 불법파견에 대한 벌칙이 파견사업주에 비하여 약하게 규정됨으로써 형평성과 법규정의 실효성에 큰 문제가 있음이 지적되었다. 이에 따라 현행법에서는 사용사업주의 벌칙을 강화하여 파견사업주와 같은 수준의 벌칙이 적용되도록 하였다. 뿐만 아니라 사용사업주가 무허가 파견사업주로부터 파견역무를 제공받은 경우에 과거에는 벌칙의 적용이 없었으나 개정법에서는 다른 불법파견요건과 동일한 벌칙이 적용되도록 규정하고 있다.

다만 파견사업주가 허가를 얻어 파견사업을 수행하고 있으나 뒤에 허가가 취소되거나 영업의 정지처분을 받은 경우(그 사유에 대해서는 파견법 제12조 I 참조)에는 적어도 해당 파견계약의 유효기간 동안에는 이를 불법파견으로 인정하지 아니하고 따라서 파견사업주와 사용사업주 그리고 파견사업주와 파견근로자 사이의 권리·의무관계는 적어도 해당 기간 동안 적법하게 유지된다(파견법 제13조 I)는 점에 유의하여야 한다([87] 2. c) 참고). 그러므로 허가의 취소는 실제 근로관계 당사자 사이에 아무런 규제적 기능을 하지 않으며, 파견근로자만이 사실상 고용불안정상태에 놓이게 된다. 따라서 파견사업주와 사용사업주의 책임을 강화하고 파견사업의 건전한 활성화를 기대할 수 있기 위해서는 허가의 사후적 취소에 대해서도 불법파견의 요건으로 규정할 필요가 있다고 판단된다.

(2) 사용사업주의 직접고용의무

a) 불법파견의 요건이 충족하면 파견사업주와 사용사업주의 근로자파견계약은 사법상 무효가 된다. 그러나 근로자파견계약도 역무의 제공을 목적으로 하는 계속적 계약관계를 형성하므로 그 효력은 장래에 대하여 발생한다고 새기는 것이 타당하다. 따라서 무효사유가 발생한 시점까지는 근로자파견계약에 의한 노무제공관계는 여전히 유효하지만 그 이후에는 사용사업주와 파견근로자 간의 노무제공관계의 법적 원인이 소멸한다(파견법 제13조 I 참조). 따라서 원칙적으로 파견근로자는 파견사업주에게 복귀한다. 그렇지만 그와 같은 결과가 근로자의 보호에 기여하는지 여부는 의문이다. 결과적으로 해당 근로자는 일을 할 수 있는 기회를 제한받기 때문이다. 따라서 외국의 입법례 중에는 불법파견으로 인하여 근로자파견계약이 무효가 되는 경우에는 파견근로자와 사용사업주 사이에 직접적인 근로관계를 인정함으로써 근로자보호를 실현하는 경우도 있다.[1] 우리 근로자파견법은 종래 사용사업주가 2년을 초과하여 계속적으로 파견근로자를 사용하는 경우에 해당 근로자의 명시적인 반대의사가 없는 한 2년의 기간이 만료된 다음 날부터 파견근로자를 고용한 것으로 의제하는 규정을 두고 있었다(구 파견법 제6조 III). 그렇지만 동조의 고용의제의 요건이 적법파견에 대한 파견기간위반에 대해서만 적용되는지 아니면 불법파견을 포함한 모든 파견유형의 기간위반에 대해서도 적용되는지 논란이 적지 않았다.[2] 이에 따라 사용사업주와 파견근로자 사이에 직접적인 고용의무가 발생하는 요

1) 대표적으로 독일의 근로자파견법을 예로 들 수 있다. 독일 근로자파견법은 파견사업주의 파견업허가취소사유를 넓게 규정하고 무허가파견사업주에 의하여 사용사업주에 파견된 근로자는 해당 사용사업주와 직접적인 고용관계를 의제하는 법적 효력을 규정하고 있다.

2) 판례의 대체적인 견해는 파견기간초과 이외의 불법파견에 대해서는 고용의제의 명문규정이 없다는 이유로 고용의제의 적용을 부인하였다(예컨대 大判 2004. 4. 16, 2004 두 1728). 그러나 대법원 전원합의체는 근로자파견이 위법한 경우라도(구법 제5조 I · II 참조) '직접고용간주규정'(구법 제6조 III)을 적용할 수 있다고 하여 기존의 태도를 변경하였다(大判(전합) 2008. 9. 18, 2007 두 22320; 大判 2010. 7. 22, 2008 두 4367; 大判 2015. 2. 26, 2010 다 106436; 大判 2019. 8. 29, 2017 다 219072 등). 대법원 전원합의체는 구법 제6조 제3항이 사용사업주와 파견근로자 사이의 사법관계에서 직접 고용관계 성립을 의제함으로써 근로자파견의 상용화·장기화를 방지하고 그에 따른 파견근로자의 고

건을 명확히 할 필요가 발생하였고 개정 근로자파견법은 제6조의2를 신설하여 그 요건과 효과를 규정하였다. 2012년 2월의 개정에 의하면 사용사업주는 다음의 사항 중 어느 하나에 해당하는 경우에는 해당 파견근로자를 직접 고용해야 할 의무를 부담한다. i) 근로자파견법 제5조 1항에서 정하고 있는 파견대상업무에 해당하지 않는 업무에서 파견근로자를 사용하는 경우이다. 그러나 일시적·간헐적 사유에 의한 근로자파견의 경우(파견법 제5조 Ⅱ)는 제외한다. ii) 파견금지업무(파견법 제5조 Ⅲ)에 파견근로자를 사용하는 경우이다. iii) 파견대상업무라 하더라도 근로자파견법 제6조 2항을 위반하여 2년을 초과하여 계속적으로 파견근로자를 사용한 경우이다.[1] iv) 근로자파견법 제6조 4항을 위반하

용안정을 도모하는 데 있다고 판시하면서, 동법 제5조에 정한 파견의 경우에만 직접고용관계의 성립을 의제할 것은 아니라고 한다. 그러나 2008년 7월 3일에 개정된 동법 제6조의2 2항은 「직접 고용하여야 한다」고 규정함으로써 사용사업주에게는 고용 「의무」(채무)가 부과되고 있을 뿐이다. 구법하에서의 직접고용간주 규정에 관한 판례: 수급인(협력업체)의 근로자들과 도급인 사이에 파견근로관계의 성립이 인정되고 도급인(사용사업주)과 근로자(파견근로자) 간에 직접고용관계의 성립이 간주되며, 직접고용관계가 성립한 시점부터 당해 파견근로자와 동종 또는 유사업무를 수행하는 근로자가 있으면 그 근로자에게 적용되는 취업규칙 등에서 정하는 근로조건이 적용되고, 파견근로자에게 이미 귀속된 권리를 파견근로자의 동의 없이 소급적으로 변경하는 노동조합과 사용자 사이의 합의는 효력이 없다. 고용간주 규정은 헌법에 위배되지 않는다(昌原地判 2014. 12. 4, 2013 가합 3781·4456(병합); 釜山高判 2016. 1. 21, 2015 나 130·147(병합). 위 원심을 확정한 大判 2016. 6. 10, 2016 다 10254·10261(병합). 또한 大判 2016. 6. 23, 2012 다 108139 참고).

1) 파견업체가 여러 번 바뀌었어도 사용사업주가 전체적으로 2년을 초과하여 특정 파견근로자를 사용하였다면 그 파견근로자와 사용사업주 사이에 직접고용관계가 성립한다(서울地判 2012. 8. 9, 2010 가합 124781).

지주회사(KB금융지주) B에서 5개월 동안 근무한 파견근로자(자동차운전기사) A가 계열사(KB은행) C로 근무지를 옮겨 2년이 채 안되는 기간 동안 근무하다가 계열사 C에서 파견근로를 마치면서 퇴직하였다. A는 지주회사 B에서 임원 H의 수행 운전기사로 일했으며, H가 지주회사 B를 사퇴하고 계열사 C의 지역본부장으로 입사·부임함에 따라 H의 요청을 받아들여 계열사 C에서 계속 근무하였다. A가 계열사 C에서 파견근무를 마칠 때 지주회사 B에서 근무한 기간을 합산하면 2년을 초과하여 계속 근무한 것이 된다. A는 계열사 C에 대하여 2년을 초과하는 시점에 A를 정규직으로 직접 고용했어야 하므로(파견법 제6조의2 1항 3호 참조) A가 정규직이 되었으면 받았을 임금의 지급을 청구하는 소송(손해배상청구소송)을 제기하였다. 서울고등법원은 원고승소 판결한 1심을 취소하고 원고패소 판결했다(서울高判 2019. 5. 17, 2018 나 204341). 그 이유는 다음과 같다. ① 파견근로자 A는 파견사업주회사와 근로계약을 체결하였고, 파견사업주회사는 지주회사 B와 근로자 파견계약을 체결하면서 A를 파견하였으며, 그 후 계열사 C에 A를 파견했을 때에도 별도의 근로자파견계약을 체결하였다. ② A는 지주회사 B의 임원인 H의 운전기사로 근무하였는데 5개월 후 H는 지주회사 B에서 임원직을 사임하고 계열사 C에 입사하여 지역본부장의 직에 부임하였으며, A가 C사로 근무지를 옮기게 된 것은 H의 개인적 요구에 동의한데서 생긴 일이고 계열사 C가 A의 파견근로관계를 승계한 것으로 보기 어렵다. ③ 지주회사 B와 계열사 C는 별도의 조직과 사업목적을 가진 별개의 법인으로 각각 근로자파견회사와 근로자파견에 관한 기본계약을 체결하고 근로자를 별개로 파견받아 왔다. ④ 파견회사와 계열사 C 사이에 새로 체결된 근로자파견계약은 기존의 B회사와의 계약과는 별개의 것으로 업무내용은 동일하지만 파견기간, 파견장소, 파견료 등이 다르다. ⑤ 따라서 계열사 C와 지주회사 B 사이에

여 파견근로자를 사용하는 경우이다. v) 근로자파견법 제7조 3항을 위반하여 사용사업주가 무허가 파견사업주로부터 근로자파견의 역무를 제공받은 경우이다. 2012년 2월 개정법 이전에는 위의 ii)를 제외하고는 모두 파견근로자가 2년을 초과하여 근로할 경우에만 사용사업주에게 직접고용의무가 발생한다고 규정하였으나, 사용사업주로 하여금 불법파견의 여지를 제공한다는 문제가 있어 개정법에서는 근로자파견법 위반사유가 발생한 즉시 직접고용의무의 효과가 발생하도록 개정하였다(2012년 8월 2일부터 시행). 다만, 위의 규정은 해당 파견근로자가 명시적으로 반대의사를 표시하거나 대통령령으로 정하는 정당한 이유가 있는 경우에는 적용하지 아니한다(파견법 제6조의2 Ⅱ, 시령 제2조의2). 불법파견이 인정되는 것은 형식적으로 도급관계에 있는 1차 협력업체에 소속된 근로자들에 대해서뿐만 아니라 2차 협력업체(원청회사로부터 수급 받은 회사의 협력업체) 소속 근로자에 대해서도 근로자파견법이 인정될 수 있다. 따라서 이들에게도 직접 사용사업주의 고용의무가 발생할 수 있다. 그리고 협력업체 소속 근로자가 직접 생산 공정에서 작업을 하는지 간접 생산 공정(예컨대 생산관리, 포장, 물류 공정 등)에서 작업을 하는지는 크게 문제되지 않으며 업무에 대한 상당한 지휘명령이 있다면 파견관계가 인정되어야 할 것이다. 협력업체 소속 근로자에 대한 사용사업주의 직접고용의무가 발생하면 결과적으로 원청회사와 근로자 사이에 기간의 정함이 없는 근로관계가 성립하게 되므로[1] 근로자가 소속되었던 협력업체에 사표를 제출했다거나, 협력업체로부터 해고를 당하거나 정년으로 퇴직하게 되었더라도 고용의무의 효과를 상실하게 하는 사유가 될 수 없다.[2]

b) 사용사업주의 직접고용의무는 근로자에 대한 사법상의 의무이다. 따라서 근로자는 사용사업주에 대하여 소정의 요건이 갖추어지면 직접고용청구권을 갖는다. 판례에 따르면 파견근로자는 사용사업주가 직접고용의무를 이행하지 아니하는 경우 사용사업주를 상대로 고용의 의사표시를 갈음하는 판결을 구할 사법상의 권리를 가지며, 판결이 확정되면 사용사업주와 파견근로자 사이에 직접고용관계가 성립한다. 이때 사용사업주와 파견근로자 사이에 성립하는 근로관계는 특별한 사정이 없는 한 기간의 정함이 없는 것

A에 대한 사용사업주 지위를 승계한다거나 근로자파견관계를 승계하기로 하는 합의 내지 묵시적 합의가 이루어졌다고 인정하기에 부족하고 이를 인정할 증거가 없다. ⑥ 계열사 C가 사용사업주 지위를 승계하면 근로자파견법 제6조의2 1항의 법적 의무를 부담할 가능성이 커지는데 이를 수용할 이유가 없어 보인다. A가 계열사 C에 대하여 직접고용의사를 표시하라고 요구하는 것은 정규고용계약관계에서 발생하는 임금지급채무를 인정하라는 취지이다. A는 이미 퇴직하였으므로 그 이후의 장래에 대하여 근로계약관계의 존속을 주장할 수 없다고 보아야 한다. 이 사건에서 계열사 C에게는 직접고용의무가 발생하지 않는다.

1) 大判 2016. 1. 28, 2012 다 17806; 大判 2016. 3. 10, 2012 두 9758.

2) 서울高判 2017. 2. 10, 2014 나 49625.

으로 보아야 한다.[1] 또한 파견근로자는 사용사업주의 직접고용의무 불이행에 대하여 직접고용관계가 성립할 때까지의 임금 상당의 손해배상금을 청구할 수 있다(파견법 제6조의2 Ⅰ, 민소법 제248조, 민법 제390조).[2] 또한 사용사업주가 파견기간 제한을 위반하여 파견근로자에게 대상업무를 계속 수행하도록 한 경우 파견기간 중 파견사업주가 변경되었다는 이유만으로 근로자파견법 제6조의2 1항 3호의 적용을 배제할 수 없다(3천만원 이하의 과태료, 파견법 제46조 Ⅱ).[3]

c) 위의 규정에 의하여 고용의무가 발생한 사용사업주가 파견근로자를 직접 고용해야 하는 경우에 사용자가 부당하게 낮은 근로조건으로 직접고용하는 것을 방지하고 당사자 간의 법적 관계를 명확히 하기 위하여 해당 파견근로자의 근로조건의 기준을 법률로 정하였다(파견법 제6조의2 Ⅲ). 그에 의하면 파견근로자가 직접고용될 경우의 근로조건은 i) 사용사업주의 근로자 중 당해 파견근로자와 동종 또는 유사업무를 수행하는 근로자가 있는 경우에는 그 근로자에게 적용되는 취업규칙 등에서 정한 근로조건에 의하고,[4] ii) 그와 같은 근로자가 없는 경우에는 당해 파견근로자의 기존 근로조건의 수준보

1) 大判 2016. 1. 28, 2012 다 17806; 大判 2016. 3. 10, 2012 두 9758; 大判 2020. 5. 14, 2016 다 239024·239048(병합); 大判(전합) 2008. 9. 18, 2007 두 22320 참조.

2) 大判 2020. 3. 26, 2017 다 217724·217731(병합).

3) 大判 2015. 11. 26, 2013 다 14965; 大判 2016. 7. 22, 2014 다 222794[이 판례는 사용사업주가 파견근로자를 사용한 지 2년이 초과된 시점에 그 근로자를 직접 고용할 의무가 발생하였다고 보고, 사용사업주가 근로자의 고용승계 요구를 거절함으로써 직접고용의무를 이행하지 않았다면 이에 대하여 근로자에게 임금 상당의 손해배상금을 지급해야 한다는 원심 판단을 인용하였다. 이러한 견해는 사용기간 2년이 초과된 시점(사용사업주의 직접고용의무가 발생한 때)에 근로계약관계가 성립한 것으로 보는 것과 실질적으로 다를 바 없다. 직접고용의무가 단순히 사용기간 2년이 초과된 시점에 사용사업주가 파견근로자와 근로계약을 체결해야 할 일반 채권법상의 채용 채무(근로계약 체결을 위한 청약의 의사표시를 해야 할 의무)를 부담한다는 뜻은 아니다. 그리고 사용사업주가 직접고용의무를 사실상 이행(실행)하지 않을 경우, 파견근로자가 사용사업주를 상대로 고용의 의사표시를 갈음한 판결을 구하는 소는 이미 발생한 고용의무의 이행 확인을 구하는 소송으로 보아야 할 것이다. 그렇게 해석하는 것이 사용사업주가 고용의무 불이행에 대하여 고용관계가 실현 단계에 들어갈 때까지의 임금 상당 손해배상금의 지급을 청구할 수 있는 파견근로자의 권리를 인정한 판례의 취지에도 부합한다]. 또한 大判 2020. 5. 14, 2016 다 239024·239048(병합); 大判 2020. 3. 26, 2017 다 217724·217731(병합). 반면 일본의 판례와 다수설은 사용자의 직접고용(신청)의무에 대한 사법적 효력을 부인한다. 대표적으로 菅野, 「勞働法」, 394面 이하; 大阪地判 平成 19. 4. 26, 勞判 941號 5面 참고. 일본 파견법은 사용자의 직접고용(신청)의무 위반에 대하여 厚生勞働大臣의 조언·지도(제48조 Ⅰ), 고용계약신청의 권고(제48조의2 Ⅰ), 기업명의 공표(제49조의2 Ⅲ)와 같은 제재를 할 수 있는 것으로 규정하고 있다. 그러나 2012년 4월 일본에서는 파견법이 개정되어 종전에 공법상의 의무였던 직업고용청약의무가 사법적 효력을 가진 직접고용청약간주의무로 바뀌었다. 이에 관해서는 이정, '일본 파견법상의 고용의무조항에 대한 고찰', 「노동법포럼」 제9호(2012), 41면 이하 참고.

4) 大判 2016. 1. 14, 2013 다 74592; 大判 2016. 1. 28, 2012 다 17806; 大判 2016. 3. 10, 2012 두 9758; 大判 2020. 5. 14, 2016 다 239024·239048 등(병합)(한국도로공사의 안전순찰원의 직접고용

다 저하되어서는 아니 된다.

d) 불법파견이 아닌 경우에도 사용사업주는 파견근로자를 사용하고 있는 업무에 근로자를 직접 고용하고자 하는 경우에는 당해 파견근로자를 우선적으로 고려하도록 노력하여야 한다(파견법 제6조의2 Ⅳ). 기간제근로자나 단시간근로자에 대한 통상근로자로의 전환노력의무(기단법 제5조, 제7조)에 준하여 파견근로자에 대한 사용사업주의 직접고용노력의무를 규정한 것이다.

2. 차별적 처우의 금지 및 차별시정제도

a) 구 근로자파견법 제21조는 파견근로자가 사용사업주의 사업 내의 동일한 업무를 수행하는 동종근로자와 비교하여 부당하게 차별적 처우를 받지 아니하도록 하여야 한다고 규정하고 있었다. 그러나 이 규정은 아무런 벌칙이 없는 훈시규정에 불과하여 파견근로자에 대한 불합리한 차별처우를 방지할 수 있는 실효성 있는 수단이 되지 못하였다. 이와 같은 이유로 2006년 12월 21일 동조를 개정하여 "파견사업주와 사용사업주는 파견근로자임을 이유로 사용사업주의 사업 내의 동종 또는 유사한 업무를 수행하는 근로자에 비하여 파견근로자에게 차별적 처우를 하여서는 아니 된다"(파견법 제21조 Ⅰ)고 규정하면서 그 비교대상을 동종 또는 유사한 업무를 수행하는 근로자로 확대하고, 차별적 처우에 대한 시정절차를 도입하여 그 실효성을 담보하도록 하였다(동조 Ⅱ).[1]

b) 차별적 처우를 받은 파견근로자는 파견사업주 또는 사용사업주를 상대로 노동위원회에 차별시정을 신청할 수 있으며[2] 그 절차는 기간제및단시간법의 차별시정절차를 준용한다(동조 Ⅲ. 절차에 관한 자세한 내용은 [82] 3. 참고).[3] 그런데 근로자파견법 제21

의무를 인정한 사건) 등.

1) 최근 개정된 독일의 근로자파견법은 파견근로자의 보호를 위하여 균등대우원칙을 명문으로 규정하고 엄격하게 적용하고 있다. 새로 규정된 근로자파견법 제3조 1항 3호에 의하면 파견근로자는 임금 및 휴가, 근로시간과 같은 중요한 근로조건에 대해서는 사용사업 내의 동종근로자와 동등하게 대우받아야 한다(equal pay, equal treatment). 파견사업주가 이를 위반하면 파견사업허가를 더 이상 갱신해 주지 않을 뿐 아니라 근로자파견계약의 무효사유가 된다(박지순, '독일의 노동시장 및 노동법개혁', 「노동법학」(제18호), 2004, 312면 참고). 프랑스의 경우에는 구체적으로 파견근로자의 보수액을 사용사업의 통상근로자의 보수와 같게 지급하고, 파견종료수당, 유급휴가보상수당, 악천후보상수당 등을 구체적으로 규정함으로써 사실상 균등대우가 실현되도록 보장하고 있다(최홍엽, 「외국의 근로자파견제도의 최근동향」, 한국법제연구원, 1998, 64면 이하 참고).

2) 형식상 도급계약상의 업무에 투입된 근로자들에 대하여 원도급인(사용사업주)이 지휘·명령 등 지시권을 행사하고 있는 경우에 이들 근로자는 실질상 파견근로자로 봄이 상당하며, 따라서 불법파견근로자도 차별시정신청권자로 볼 수 있다(서울行判 2009. 12. 11, 2009 구합 22164).

3) 2012년 2월 개정된 기간제및단시간법에 따라 근로자파견법상 차별시정신청기간도 3개월에서 6개월로 연장되었다(파견법 제21조 Ⅲ 참조).

조 1항은 "파견사업주와 사용사업주는 파견근로자임을 이유로 사용사업주의 사업 내의 동종 또는 유사한 업무를 수행하는 근로자에 비하여 파견근로자에게 차별적 처우를 하여서는 아니 된다"고 규정하고, 동조 2항은 "파견근로자는 차별적 처우를 받은 경우 노동위원회에 그 시정을 신청할 수 있다"고 규정하고 있다. 그런데 문언상으로는 파견근로자가 누구를 차별시정의 상대방으로 해야 하는지 명확하지 않다. 차별시정의 신청은 언제나 파견사업주와 사용사업주 모두를 상대로 해야 하는지, 아니면 사안에 따라 처분권한이 있는 자에 대하여 차별시정신청을 제기해야 하는지 여부를 둘러싸고 논란이 있다. 한편으로는 파견사업주와 사용사업주 모두가 차별금지의 주체로 설정되어 있다는 의미를 양자가 함께 차별시정신청절차의 피신청인의 지위에 있으며, 차별적 처우의 시정에 대해서도 연대해서 책임을 지는 것으로 보는 견해가 있는 반면,[1] 다른 한편으로는 차별시정과 관련하여 이들이 각각 부담하는 책임의 내용은 근로자파견법 제34조에 따라 파견사업주와 사용사업주가 각각 근로기준법상 사용자 책임을 지는 분야에 대해서만 부담하는 것으로 보는 견해[2]가 있다. 생각건대 근로자파견법 제21조가 파견사업주와 사용사업주 양자를 규정하고 있다 하더라도 그 규정이 모든 차별시정에 대해서 양자의 피신청적격성을 인정한 규정으로 볼 수는 없다. 근로계약 및 법률상의 의무부담주체가 차별시정신청의 상대방 및 시정명령의 이행의무자가 되어야 하기 때문이다. 이 점은 동조 3항이 시정신청 그 밖의 시정절차에 관하여는 기간제및단시간법의 해당 규정(제9조 내지 제16조)을 준용하면서 이 경우 "사용자"는 "파견사업주 또는 사용사업주"로 본다고 규정하고 있다는 점에서도 확인할 수 있다. 그에 따르면 노동위원회는 차별적 처우에 해당된다고 판정한 때에는 파견사업주 또는 사용사업주에게 시정명령을 발하여야 한다(기단법 제12조 참조). 다시 말하면, 파견사업주와 사용사업주를 모두 차별시정신청의 상대방으로 보아야 한다면 시정명령의 이행의무자도 파견사업주와 사용사업주 모두가 되어야 하지만, 위 규정은 사안에 따라 파견사업주나 사용사업주를 상대로 시정명령을 발하도록 규정하고 있기 때문이다. 실제로 차별처우를 한 자로서 차별처우를 시정할 수 있는 자가 시정명령의 이행의무자가 될 것이다.[3]

---

1) 박종희 외 4인, 「비정규직 차별금지 판단기준 및 운영에 관한 연구」, 고용노동부, 2006, 225면 이하.
2) 고용노동부, 「비정규직법령 업무매뉴얼」, 2007, 168~169면.
3) 한국도로공사가 외주사업체와 고속도로 안전순찰업무 등에 관한 용역계약을 체결하여 외주사업체에 고용되어 있는 고속도로 안전순찰원들을 그 업무에 편입시켜 사용하던 중 안전순찰원 甲 등이 한국도로공사를 상대로 근로자 지위 확인 등을 구한 사안에서, 대법원은 한국도로공사가 근로자파견법상 사용사업주에 해당하여 법 제6조의2에 정한 직접고용의무를 부담하고 이를 이행하지 아니하는 경우 파견근로자에게 사용사업주인 한국도로공사를 상대로 고용의사표시를 갈음하는 판결을 구할 사법상의 권리가 있음을 확인하였다. 또한 대법원은 같은 한국도로공사에서 동종 또는 유사한 업무를 수

고용노동부장관은 제21조 3항 또는 제21조의2 4항에 따라 준용되는 「기간제 및 단시간근로자 보호 등에 관한 법률」 제14조에 따라 확정된 시정명령을 이행할 의무가 있는 파견사업주 또는 사용사업주의 사업 또는 사업장에서 해당 시정명령의 효력이 미치는 근로자 이외의 파견근로자에 대하여 차별적 처우가 있는지를 조사하여 차별적 처우가 있는 경우에는 그 시정을 요구할 수 있다(근로자파견법 제21조의3 Ⅰ). 파견사업주 또는 사용사업주가 제1항에 따른 시정요구에 응하지 아니할 경우에는 제21조의2 2항부터 4항까지의 규정을 준용한다(근로자파견법 제21조의3 Ⅱ).

c) 파견근로자의 차별적 처우의 금지 및 시정절차에 관한 규정은 사용사업주가 상시 4명 이하의 근로자를 사용하는 경우에는 이를 적용하지 않는다(동조 Ⅳ). 근로자파견법은 원칙적으로 상시근로자 1명 이상의 모든 사업장에 적용되지만 기간제및단시간법이 상시 5명 이상의 근로자를 사용하는 사업 또는 사업장에만 적용되는 점을 고려하여 이와 형평을 맞추기 위하여 적용범위를 조정한 것이다.

d) 파견근로자에 대한 차별시정제도를 활성화하고 예방적 기능을 강화하기 위하여 근로자파견의 경우에도 기간제근로의 경우와 마찬가지로 근로감독관이 직접 차별 여부를 확인하고 그에 따라 고용노동부장관이 차별시정을 요구할 수 있도록 근거규정을 새로 도입하였으며, 파견사업주와 사용사업주가 이에 응하지 아니할 경우 노동위원회에 이를 통보해서 차별시정절차에 따라 시정명령을 발할 수 있도록 하였다(근로자파견법 제21조의2, 2012년 8월 2일 시행. 이에 관한 자세한 설명은 앞의 제2절 Ⅲ. 3. (5) 참고).

행하고 있는 안전순찰원들이 파견근로자인 안전순찰원의 비교대상 근로자이므로 파견근로자는 한국도로공사의 직접고용의무 발생일부터 동 공사에게 직접고용되었다면 받았을 임금차액 상당의 손해배상금을 청구할 수 있다고 판단하였다. 한국도로공사가 합리적 이유없이 파견근로자인 안전순찰원을 차별한 것은 동 공사의 귀책사유에 의한 위법한 행위로서 불법행위에 해당한다고 판단하였다(大判 2020. 5. 14, 2016 다 239024, 239048 등(병합)). 최근 서울행정법원은 파견사업주에게 1차적 책임이 있음을 전제로 하면서, 근로자파견법 제21조 3항에 의하여 준용되는 기간제및단시간법 제12조 1항과 제13조 1항이 각각 정한 시정명령과 배상명령은 파견근로자와 파견사업주 사이의 근로계약 자체에서 정한 근로조건을 직접 변경하는 것이라고 볼 수 없으므로 사용사업주가 근로계약상의 당사자가 아니라는 사정만으로 차별시정신청의 피신청인 자격이 부인될 수는 없다고 판단하였다. 나아가 파견근로자가 사용사업주의 근로자와 동등한 임금을 지급받지 못한 귀책사유가 사용사업주와 파견사업주 중 어느 쪽에 있느냐를 가려서 그 중 한 쪽에 있는 경우에는 그 쪽만이 책임을 지고, 양쪽 모두에 있는 경우에는 양자가 연대하여 책임을 부담해야 한다고 한다. 이 사건에서 서울행정법원은 파견사업주와 사용사업주의 연대책임을 인정하면서 손해액의 2배를 금전배상금으로 지급할 것을 명한 중앙노동위원회의 명령을 받아들여 징벌적 배상을 인정한 첫 판결을 내놓게 되었다(서울行判 2016. 11. 18, 2015 구합 70416).

제5절 특수형태근로종사자의 노무제공관계[1)]

[91] Ⅰ. 서 설

1. 실태와 문제점

우리나라에서는 전력회사의 위탁수금원,[2)] 학습지회사의 상담교사,[3)] 입시학원의 강사,[4)] 보험설계사,[5)] 골프장의 캐디,[6)] 레미콘차량기사[7)] 그리고 화물트럭기사, 대리운전기사,[8)] 신문판매원[9)] 등의 사례에서 보듯이 해당 노무제공자의 근로자성(근로기준법상의

1) 이에 관해서 자세한 것은 김형배·박지순, 「근로자개념의 변천과 관련법의 적용」, 한국노동연구원, 2004 참고.

2) 大判 1978. 7. 25, 78 다 510.

3) 大判 1996. 4. 26, 95 다 20348. 또한 학습지교사는 회사와의 사이에 사용종속관계에서 임금을 목적으로 근로를 제공하는 근로자로 볼 수 없어 이들을 조합원으로 하는 노동조합은 노조및조정법상의 노동조합으로 볼 수 없으므로 회사가 위 조합의 단체교섭요구에 응하지 않은 것을 부당노동행위로 볼 수 없다고 한 사례(大判 2005. 11. 24, 2005 다 39136). 최근의 판례는 학습지교사를 노조및조정법상의 근로자라고 한다(大判 2018. 6. 15, 2014 두 12598, 12604(병합)).

4) 大判 1996. 7. 30, 96 도 732.

5) 大判 1990. 5. 22, 88 다카 28112; 大判 2000. 1. 28, 98 두 9219.

6) 골프장캐디를 근로기준법상의 근로자에 해당하지 않는다고 보는 것이 대법원의 일관된 판례 태도(大判 1996. 7. 30, 95 누 13432; 大判 2014. 2. 13, 2011 다 78804; 大判 2014. 2. 27, 2010 두 29284; 大判 2014. 3. 27, 2013 다 79443)이지만 골프장캐디에 대하여 노조및조정법상의 근로자성을 인정하는 판례도 있다(大判 1993. 5. 25, 90 누 1731; 大判 2014. 2. 13, 2011 다 78804; 大判 2014. 3. 27, 2011 두 23139). 이와 같은 판례의 태도에 대한 비판에 관해서는 김형배, '골프장캐디의 노동법상의 지위', 「노동법 포럼」, 2014, 10(제13호), 1면 이하 참고. 골프장캐디를 근로기준법상의 근로자에 해당한다고 본 하급심 판례: 서울高判 2013. 10. 11, 2012 나 83515. 골프장 캐디인 청구인들이 근로기준법상 근로자에 해당하는지 여부를 다투는 소송계속 중 근로기준법 제2조 1항 1호에 대해 위헌법률심판제청을 신청하였으나 기각 당하자 헌법소원심판을 청구한 사안에서, 헌법재판소는 이 사건 심판청구는 성질상 근로기준법이 전면적으로 적용되지 못하는 특수형태근로종사자의 노무조건·환경 등에 대하여 근로기준법과 동일한 정도의 보호를 내용으로 하는 새로운 입법을 요구하는 것과 다르지 않아 실질적으로 진정입법부작위를 다투는 것으로서 헌법소원(헌법재판소법 제68조 Ⅱ)에서 이를 다투는 것 자체가 허용되지 않는다는 이유로 이 사건 심판청구는 모두 부적법하다고 보아 각하 결정을 하였다(憲裁 2016. 11. 24, 2015 헌바 413·2015 헌바 414). 이 사건 심판청구는 심판대상조항이 불완전한 입법임을 다투는 부진정입법부작위에 대한 헌법소원심판청구로서 적법하다는 반대의견(재판관 김이수)이 있다.
과거에 신문배달원, 한전수금원(채권수금원) 등이 특수형태근로종사자로 이해되었다가 근로기준법상의 근로자로 인정된 사안을 비교·고찰할 때 '특수형태근로종사자'는 근로기준법이 적용될 수 없는 노무제공자의 '절대적 분류' 개념에 속하는 것이 아니라 구체적 사실적 사안에 따라 '근로자의 개념'과 부분적으로 중첩될 수 있는 유동적 개념이라고 생각된다.

7) 大判 2006. 9. 8, 2003 두 3871; 大判 2006. 5. 11, 2005 다 20910.

8) 大邱地判 2008. 5. 9, 2007 가단 108286.

9) 大判 2009. 3. 12, 2008 다 86744.

근로자)은 부인되지만,[1] 사회적 보호필요성의 관점에서는 근로자와 유사한 요소를 지니고 있는 직업군이 늘고 있다. 이러한 취업형태를 특수형태근로 또는 특수형태고용이라고 하며 그 종사자에 대한 보호방안이 널리 모색되고 있다. 앞에서 이미 지적하였듯이 특수형태고용이라는 범주는 원래 근로관계를 전제로 하는 것이 아니므로 엄밀한 의미에서 비전형근로의 범주에 넣기가 어려운 것이 사실이다(앞의 제1절 I f) 참고). 그렇지만 산업구조가 고도화되면서 근로자와 자영업자의 구별이 문제되는 이른바 중간영역에 속하는 취업집단의 규모가 최근 상당히 확대되고 있다. 아래의 표[2]에서 알 수 있듯이 전체 취업자 중에서 자영업자의 비율이 선진산업국가의 경우 8~15%인 것에 비하여 우리나라의 경우 약 24.6%에 이른다. 다시 말해서 취업자 중 자영업자의 비율이 압도적으로 높다고 할 수 있다. 물론 모든 자영업자가 근로자 유사의 사회적 보호필요성을 가지고 있는 것은 아니지만 1997년의 외환위기 이후에 대량해고된 실업자가 안정적인 독립사업자로 전환되기보다는 현실적으로 불안정한 특수고용형태에 종사하는 경우가 많음을 감안한다면 근로자와 독립사업자의 한계영역에서 노무를 제공하는 특수형태근로종사자층도 그에 비례하여 많을 것으로 추정된다.[3] 특히 수년 전부터 일부 기업에서 근로자를 취업시킬 때의 장점과 자영업자를 취업시킬 때의 장점을 서로 결합시키는 인력관리정책이 시도되면서 새로운 고용형태에 관한 논의가 급속하게 전개되고 있다. 이러한 직업군에 속하는 자들은 유럽에서 이미 외관자영업자(外觀自營業者: Scheinselbständige), 새로운 유형의 자영업자(neue Selbständige) 또는 유사사업자(quasi-self-employed) 내지 유사근로자(quasi-employee) 등으로 표현되면서 그 법적 지위가 논란이 되고 있다.[4] 따라서 특수

1) 참고판례: 大判 2006. 12. 7, 2004 다 29736; 大判 2008. 5. 15, 2008 두 1566 등.

2) 취업자 중 자영업자 비율(2019년 기준, %)

한국	일본	캐나다	영국	독일	미국	EU 19개국 평균
24.6	10	8.2	15.6	9.6	6.1	14.7

※ 자료: OECD, 「http://stats.oecd.org/, ALFS Summary tables_Self-employment % of employment」 2020. 12

3) 그러나 특수형태근로종사자의 노동법적 보호방안을 논의함에 있어서 현실적이고 신뢰할 수 있는 특수형태근로종사자집단의 통계지표가 없다는 것은 매우 유감스러운 일이다. 특수형태근로종사자에 대한 경험적 분석이 전제되어야만 실효성 있는 보호방안이 마련될 수 있다는 점에서 구체적인 통계작업이 시급히 요청된다.

4) 특히 독일에서 이 문제와 관련된 대표적 사례로서 다루어진 예는 다음과 같다. 일정한 사용료를 지급하고 특정 상품 또는 서비스의 고유명칭과 상표 내지 그 판매기법 등에 대하여 배타적 사용권을 획득하는 프랜차이즈에서 그 가맹계약자(Franchisenehmer)의 법적 지위(BAG EzA §611 BGB Arbeitnehmerbegriff Nr. 32), 신문배달업무(BAG EzA §611 BGB Arbeitnehmerbegriff Nr. 61), 근로관계에 있지 않으면서 정기적으로 일정 수의 사진 등을 제공하기로 한 카메라기자의 지위(BAG EzA §5 BetrVG Nr. 51), 방송 등 미디어업종에서 프로그램의 제작에 종사하는 자의 법적 지위(BAG EzA §

형태근로종사자의 노동법적 보호방안에 대한 논의는 이미 국제적으로도 일반화된 현상이라고 할 수 있다. 이와 같이 비록 사용종속관계가 없기 때문에 근로자로서의 지위가 부인되긴 하지만 노동법상의 보호필요성이 현실적으로 요청되는 자영업자가 존재한다는 점에서 이들에 대한 노동법의 적용문제가 널리 논의되고 있다(이에 관한 기본적인 설명은 앞의 [8] 2. (3) 참고).

2. 특수형태근로종사자의 확대요인과 노동법의 대응

사용종속관계로 대표되는 전통적인 근로자개념(자세한 것은 [8] 참고)에 의하면, 사업주의 경영조직에 편입되어 있지 않거나 느슨하게 편입되어 있을 뿐 사업주의 지시권에 상대적으로 구속되어 있지 않은 노무제공자들을 통상 자영업자(Selbständige, self-employed person)로 분류한다. 그러나 이들 중에는 자신의 고유한 사업조직을 가지고 있지 않을 뿐만 아니라, 피용자와 마찬가지로 사용자와의 경업을 회피해야 할 의무도 부담하기 때문에 순수한 사업자로서의 지위가 인정되기 어려운 경우도 적지 않게 존재한다. 이미 상당수의 업종에서 전통적으로 근로자에 의하여 수행되던 업무가 당사자 사이의 계약상의 합의에 의하여 자유로운 사업자로서의 활동으로 바뀌어 가고 있다. 그 원인으로서는 다음과 같은 점이 지적된다. 우선 이와 같이 노사의 결합형태가 바뀌게 되는 주된 원인은 기업측 사정에서 연유한다. 즉, 근로자를 사업자로 대체하는 것이 생산품목의 다양화와 유연성을 확보하는 데 유리하고, 경우에 따라서는 생산성이 보다 개선될 수 있기 때문이다.[1] 더 근본적인 문제로서는 기업측의 인건비 절감의 효과를 빼놓을 수 없

611 BGB Arbeitnehmerbegriff Nr. 55), 근거리 운송, 택배업종에 종사하는 자로서 소형운송사업자로 등록하고 자기 차량을 지입하여 업무를 수행하는 자의 법적 지위(BAG EzA §611 BGB Arbeitnehmerbegriff Nr. 53, 63), 자신이 선택한 장소나 사용자 또는 사업주에 의하여 장비가 갖추어진 장소에서 회사의 정보처리시설과 연결하여 단순 또는 전문적인 업무를 수행하거나 통신시설을 통해 사업주의 경영과 연결되어 업무를 수행하는 이른바 통신근로(Telearbeit)에 종사하는 자의 법적 지위(Wank, *Telearbeit*, 1997, Rn. 57 참고), 종합적인 교양강좌를 개설하고 있는 학원이나 시민대학 그리고 그 밖에 음악학원의 교사나 강사의 법적 지위(BAG EzA §611 BGB Arbeitnehmerbegriff Nr. 31, 46, 60), 보험분야에서 보험대리인의 법적 지위, 그 밖에 유한회사의 출자사원이면서 동시에 일정한 업무에 종사하는 자(BAG EzA §611 BGB Arbeitnehmerbegriff Nr. 60) 및 그 업무집행사원(BAG EzA §611 BGB Arbeitnehmerbegriff Nr. 68) 또는 법인의 대표기관의 구성원(BAG EzA §5 ArbGG 1979 Nr. 33) 그리고 단체구성원의 신분에 기하여 그 규약에 따라 노무를 제공하는 경우(BAG EzA Ar. 140 GG Nr. 26) 등이다. 독일상법 제84조에 의하여 대리상의 법률관계에 있는 자는 일반적으로 근로자가 아니다(BAG EzA §611 BGB Arbeitnehmerbegriff Nr. 60; BAG NZA 2000, S. 534). 그러나 하급심판례 중에는 사업상의 위험부담에 상응하는 경제적 기회가 보장되어 있지 않다는 이유로 근로자의 지위를 인정한 예도 있다(LAG Nürnberg LAGE Nr. 34 zu §611 BGB Arbeitnehmerbegriff).

1) Bauschke, RdA 1994, 209, 211.

다.[1] 반대로 노무제공자의 입장에서도 자영업자가 근로자에 비하여 상대적으로 유리한 점도 있다. 즉 자영업자에게는 근로자에 비하여 고소득의 기회가 주어지고, 기업이나 사용자에 대하여 활동의 자유를 가질 수 있다. 또한 사회보험의 가입이 강제되지 않고, 세법상 사업자로서 융통성이 더 있다는 점도 경우에 따라서는 장점으로 작용할 수도 있다.[2]

노무를 공급하려는 자가 노무를 필요로 하는 상대방과 계약자유에 기초하여 스스로 어떤 계약관계하에서 노무를 제공할 것인지를 결정한다. 이때 근로자와 근로자가 아닌 자의 구별은 각각의 계약관계에 내재되어 있는 급부내용과 당사자의 자유로운 의사형성에 따라 결정된다. 그러나 현실적으로 노무제공자가 구조적인 교섭력의 불균형으로 말미암아 상대방에게 자신의 이익을 충분히 관철시킬 수 없다면, 그리고 현실의 노무공급과정에서 그 경제적 종속성으로 인하여 사실상 시장적 지위를 향유할 수 없다면, 불평등한 조건에서 이루어진 계약관계의 내용에 대하여 일정한 수정이 가해지지 않으면 안 된다. 뿐만 아니라 이와 같은 근로자와 자영업자의 구분이 현실적으로 용이하지 않은 경우가 대부분이다. 따라서 근로자의 인정 여부가 문제되는 상당수의 사례는 근로자와 자영업자의 한계영역에 속하는 경우가 많다. 그런데 우리 노동법이 취하고 있는 흑백논리적 적용관계는 이러한 현실적 요청에 부합되지 않는다. 이 문제에 대하여는 일반적으로 두 가지 방안이 논의된다. 하나는 현행법상 또는 실무상의 비현실적인 근로자 개념 내지 그 요건을 수정하여 기존의 근로자 개념을 현실에 맞게 변화시킴으로써 현실과의 괴리를 좁히는 것이며,[3] 다른 하나는 노동법 적용의 다원화, 즉 근로자 개념을 다층화함으로써 현실 노동시장의 전개에 탄력적으로 대응하는 방안이다.[4]

3. 근로자와 특수형태근로종사자의 체계적 구별의 필요성

현행법체계는 경제적 약자를 보호하기 위한 제도로 노동법만을 두고 있는 것은 아닙니다. 개별 거래에서 소비자도 경제적 약자로 이해되며, 자영업자간의 거래라 하더라도 당사자 일방의 시장적 지위가 상대적으로 우월한 경우에는 그 상대방은 경제적 약자의 지위에 있을 수밖에 없다. 전자에 대해서는 약관규제법 등 소비자보호법체계가 보호필

---

1) Mayer, FS für Däubler, 1999, S. 77, 79 f.

2) Worzalla, *Arbeitgeber*, 1995, 47.

3) 이 입장에서는 현재의 근로자개념을 수정함으로써 그 범위를 확대하려고 시도한다. 대표적으로 Wank, *Arbeitnehmer und Selbständige*, 1988; v. Einem, BB 1994, 60 ff.; Steinmeyer, DVBl. 1995, 962, 967.

4) 이른바 노동법의 다층적 구조론(Abstufungstheorie)을 주장하는 그룹이 이에 속한다. Hromadka, NZA 1997, 569 ff.; Heinze, NZA 1997, 1 ff.

요성의 요청을 충족하고 있으며, 후자에 대해서는 특히 최근 비약적으로 발전하고 있는 경제법의 규정들, 그 중에서도 시장적 지위의 남용을 제한하는 각종 규정들이 시장적 지위가 우월한 상대방의 경제적 힘의 남용을 제한함으로써 경제적 약자의 보호체계를 이루고 있다.[1] 특히 자영업자로서 한 사업주만을 상대로 노무를 제공하는 자는 그에 대한 의존도가 절대적일 뿐만 아니라 자신의 자유로운 경제적 활동이 상대적으로 우월한 상대방에 의하여 제약되거나 부당한 위험을 감수해야 하는 경우가 있으므로 이 규정들은 이러한 사례에 개입함으로써 정상적인 경쟁을 촉진할 수 있다. 이를 통하여 경제적 자유와 경쟁에 기초한 거래가능성이 보장된다. 약관규제법이나 그 밖의 상법상의 규정들, 예컨대 경쟁의 제한에 따른 경제적 이익조정청구권 내지 경쟁금지의 제한에 관한 규정들 또한 일반적으로 이러한 기능을 수행하게 된다.[2] 근로자 개념을 이러한 영역에까지 확장하여, 경제적 위험과 기회의 적정한 분배가 이루어지고 있지 않은, 즉 시장적 지위가 약한 노무제공자까지 전면적으로 노동법의 보호범위에 포함시켜야 한다면 현행법체계의 기초를 전면적으로 재구성하여야 할 것이다. 이 경우 자유로운 노무공급계약에 의하여 상대적으로 근로자와는 다른 지위에서 노무를 급부하는 자가 다른 일반적인 자영업자에 비하여 사업주에 대한 그의 경제적 종속성이 매우 현저함으로써 사실상 근로자에 준하여 보호될 필요성이 있음을 전제로 이들에 대해서 사법상의 계약적 지위(즉, 자영업자로서의 법률관계)를 보장하면서 노동법상의 개별보호규정을 제한적으로 적용하는 방법은 합리적인 해결책이 될 것으로 판단된다. 즉, 이들에 대해서는 경제법적 보호와 제한된 노동법적 보호가 하나의 체계를 이루게 되는 것이다.[3] 반면에 이들 자영업자를 일반적으로 근로자에 포섭하는 것은 근로자와 자영업자의 법률관계를 분명히 구별하고 있는 우리 법체계에서는 수용될 수 없는 일이다. 현행법상 근로자는 절대적인 후견적 보호를 필요로 하는 근로관계의 당사자로 이해되기 때문이다.

다른 한편으로 특수형태근로종사자의 범주를 통하여 제한적이나마 노동법의 보호를 받는 중간지대를 설정함으로써 다양한 사회적 보호규정으로 중무장된 노동법과 단순히 경제법상의 경쟁규정을 중심으로 규율되는 자영업자에 관한 법이 서로 배타적으로 적용되는 현행법의 경직된 체계를 유연한 체계로 전환시킬 수 있다는 점 또한 긍정적인 요소로 제시될 수 있다. 직업활동에 종사하는 취업자가 구체적인 사회적 보호필요성의 크기에 따라 서로 차별적으로 노동법의 보호영역에 포섭될 수 있다면 전부 아니면 전무로 대표되는 흑백논리적인 현행 노동법의 경직된 체계는 노동시장의 변동에 탄력적으로

1) 특히 이에 관해서는 Rieble, ZfA 1998, 327 ff. 참고.
2) 자세히는 Buchner, NZA 1998, 1146, 1151 참고.
3) 특히 Buchner, NZA 1998, 1144, 1151에서 이 관점이 강조되고 있다.

대처할 수 있는 체계로 유연화될 수 있을 것이다.[1)]

[92] Ⅱ. 특수형태근로종사자의 개념과 요건

1. 특수형태근로종사자의 개념과 사회적 보호의 요청

특수형태근로종사자의 개념은 다음과 같이 설명될 수 있다. 특수형태근로종사자는 해당 사업주와 특정 노무의 제공을 약정하고 그 업무수행과 관련하여 사업주의 특정한 지시 내지 지휘·감독에 구속되지 않는다는 의미에서 근로계약이 아닌 그 밖의 노무공급계약, 즉 자유로운 고용계약 또는 도급이나 위임에 의거하여 노무제공의무를 부담하는 자이다. 따라서 특수형태근로종사자의 급부관계에 대해서는 원칙적으로 각각의 법률관계의 기준이 되는 법이 적용된다. 그러나 특수형태근로종사자는 일반적인 자영업자와 달리 주로 특정사업주에 대해서 노무를 제공하고, 자신의 사업조직이나 자신이 고용한 종업원과 함께 노무를 제공하는 것이 아니라 오로지 일신상으로 노무를 제공함으로써 사업주에 경제적으로 의존되어 있으며 시장의 수요에 따라 자신의 노동력을 처분할 수 있는 가능성이 사실상 없다는 점에서 근로자와 유사한 경제적·사회적 조건에서 노무를 제공하는 자이다. 따라서 특수형태근로종사자에게는 근로자에 준하는 사회적 보호필요성이 요청되고 그 때문에 원래의 급부관계와 노동법관계가 한정적으로 혼합되어 있는 영역을 이룬다. 특수형태근로종사자에 대해서 제한적인 노동법 적용이 요청되는 헌법상의 근거는 다음과 같이 설명될 수 있다. 우선 경제적 종속관계로 이해되는 당사자의 시장적 지위의 차이는 대부분의 경우 계약상의 교섭력의 차이를 가져온다. 원래 헌법은 개개인의 자기결정의 자유를 보장하기 위하여 사적자치를 인정하고 있다. 그러나 계약당사자의 일방이 계약 내용을 사실상 일방적으로 결정할 수 있을 정도로 상대방에 대하여 우월적 지위에 있을 때에는 그 상대방에게는 자기결정이 아닌 타인결정만이 주어지게 된다.[2)] 물론 이 경우에 그와 같은 구조적인 불평등이 현실적으로 인식가능한 상태에 있어야 한다. 어쨌든 종속적 지위에 있는 계약당사자에 대하여 그 계약의 효과는 현저히 불리하게 작용할 수 있으므로 사적자치의 헌법상 보장 및 이른바 사회국가의 원칙으로부터 이러한 계약에 대한 내용통제가 정당화된다. 이러한 원칙은 특수형태근로종사자에 대한 실체법적 보호에 대해서도 하나의 기본관점이 될 수 있다. 특수형태근로종사자의

1) 이러한 관점에서 같은 취지로 Heinze, NZA 1997, 1 ff.

2) BVerfGE 89, 214 f.(Bürgschaft); BVerfGE 81, 242 ff.(Handelsvertreter-Entscheidung).

법률관계에서 사실상 사업주가 계약내용을 일방적으로 결정할 수 있을 정도로 당사자 사이의 대등성이 결여되어 있는 때에는 이 계약은 내용통제의 대상이 된다. 그리고 실제 노무공급 과정에서 근로자에 준하는 보호필요성이 인정될 만한 사정이 있는 경우에는 특수형태근로종사자가 보호상태에서 제외되지 않도록 국가에게 보호의무가 주어져야 하는 것이다.[1)]

2. 특수형태근로종사자의 요건

a) 일반적으로 특수형태근로종사자는 사업주에 대하여 경제적으로 종속되어 있고 근로자에 준하여 사회적으로 보호필요성이 있다는 점에서 그 밖의 자영업자와 구별된다. 따라서 첫째 요건은 특수형태근로종사자의 경제적 종속성이다. 취업자가 본질적으로 하나의 사업주를 위하여 노무를 제공하고 그로부터 얻는 보수가 그의 생존의 근거를 이룰 때 경제적 종속성이 인정된다.[2)] 다시 말하면 한 사업주를 위한 노무의 제공이 경제적 종속성의 중점을 이룬다. 특수형태근로종사자의 개념을 정의하고 있는 독일단체협약법 제12조a의 요건을 참고로 하면 취업이 주로 한 사업주에 의하여 이루어지거나 한 취업관계로부터 적어도 자기 수입의 대부분을 얻는 경우가 이에 해당된다. 반면에 업무활동이 넓게 분산되어 있어 한 사업주에게 자기 전체 업무시간의 절반 이상을 사용하지 않으며 또한 전체 수입의 절반 이상을 한 사업주에게서 받고 있지 않다면, 경제적 종속성이 인정되지 않는다.[3)] 두 번째 요건으로 경제적 종속성 외에 근로자에 준하는 사회적 보호필요성이 인정되어야 한다. 이는 개별적 사안의 구체적인 사정을 고려하여 급부되는 노무가 사회적 관점에서 근로자의 노무와 비교가능한 경우에 인정된다. 그러나 실제로는 특히 경제적 종속성과의 관계에서 논란이 되고 있다. 독일의 다수설에 의하면 이 경우에 재정적 관점도 중요한 고려의 대상이 된다고 한다. 즉, 노무제공자가 다른 수입을 통해서 충분히 사회적으로 생존해 나갈 수 있는지 여부가 중요한 기준이 된다고 한다.[4)] 그러나 그렇게 보면 경제적 종속성과 사회적 보호필요성 요건이 각자 독자적인 구성요건임에도 불구하고 그 의미가 뒤섞여 버리기 쉽다. 따라서 사회적 보호필요성은 취업자가 자신의 사업조직을 갖지 아니하고 보조 노동력의 협력 없이 순전히 일신전속적

1) Appel/Fantzioch, AuR 1998, 93, 96.
2) BAG AP Nr. 2 zu §2 BUrlG mit Anm. G. Hueck; BAG AP Nr. 9 zu §5 ArbGG 1979; Boemke, ZfA 1998, 209, 218.
3) AP Nr. 9 zu §5 ArbGG 1979; Boemke, ZfA 1998, 209, 218.
4) BAG AP Nr. 1 zu §12 a TVG mit Anm. Otto; Löwisch/Rieble, *TarifvertragsG(Kommentar)* §12a Rn. 29 ff.

으로 노무를 제공한다는 점을 그 특징으로 삼는 것이 타당할 것이다.

b) 우리나라에서는 특수형태근로종사자의 개념 및 요건에 관해서 규정한 법률은 산업재해보상보험법과 산업안전보건법 그리고 2020년 12월 국회를 통과한 고용보험법 개정법률이 있다. 산업재해보상보험법 제125조와 산업안전보건법 제77조 1항은 특수형태근로종사자를 「계약의 형식에 관계없이 근로자와 유사하게 노무를 제공하여 업무상의 재해로부터 보호할 필요가 있음에도 「근로기준법」 등이 적용되지 아니하는 사람으로서, ⅰ) 대통령령으로 정하는 직종에 종사할 것, ⅱ) 주로 하나의 사업에 노무를 상시적으로 제공하고 보수를 받아 생활할 것, ⅲ) 노무를 제공할 때 타인을 사용하지 아니할 것의 요건을 모두 충족하는 사람」으로 정의하고 있다. 즉, 경제적 종속성과 사회적 보호필요성의 요건을 충족해야 하며, 이에 더하여 시행령에서 구체적으로 해당 직종을 정하는 규율방식을 채택하고 있다. 이에 비하여 개정 고용보험법 제77조의6 1항은 특수형태근로종사자에 준하여 "노무제공자"라는 용어를 사용하면서 이를 「근로자가 아니면서 자신이 아닌 다른 사람의 사업을 위하여 자신이 직접 노무를 제공하고 해당 사업주 또는 노무수령자로부터 일정한 대가를 지급받기로 하는 계약(노무제공계약)을 체결한 사람 중 대통령령으로 정하는 직종에 종사하는 사람」으로 정의한다. 고용보험법의 노무제공자 개념은 산재보험법 등의 특수형태근로종사자에서 이른바 경제적 종속성의 핵심적 지표라고 할 수 있는 전속성 요건을 제외하였다는 점에서 차이가 있다.[1] 고용보험에 의한 사회적 보호 범위를 특수형태근로종사자로 한정하지 아니하고 직접 노무를 제공하는 자영업자에게 널리 확대할 수 있도록 규정한 것이다.

[93] Ⅲ. 특수형태근로종사자에 대한 노동법의 적용관계

1. 사법일반의 적용

우리 민법상의 고용관계규정은 피용자의 사회적 보호규정(예컨대 독일민법 제616조 내지 제619조 참조)을 두고 있지 않다. 다만 근로자의 책임제한의 문제라든지 또는 사용자의 경영위험부담이론 등이 법형성적 방법에 의하여 전개될 가능성이 논의되고 있는 정도이다. 물론 고용의 대부분은 현실적으로 근로계약으로 분류되고 따라서 근로기준법의 보호하에 놓여 있다. 그렇지만 우리 민법 자체에 사회적 현실을 반영하는 보호규정이

1) 이 규정이 타인을 사용하지 않고 1인 사업자로서 직접 노무를 제공하는 사람만을 노무제공자라고 정의한 것인지는 명확하지 않다. 자신이 직접 노무를 제공하면서 보조 노동력을 사용할 수 있는 가능성도 열어 둔 것처럼 해석되기 때문이다.

빈약하다는 것은 규율대상과의 관계에서 법률상의 흠결로 인정하지 않을 수 없다. 이로 인하여 민법의 규율대상이 될 수 있는 사항들이 대부분 특별법에 의하여 보완·규율되지 않을 수 없는 상황에 있다. 이 점은 현실적으로 특수형태근로종사자에 대해서도 근로기준법상의 일부 보호규정을 직접 적용할 수밖에 없도록 하는 한계로 작용한다.

2. 특수형태근로종사자에 대한 근로기준법의 적용관계

(1) 문 제 점

근로기준법은 전형적으로 공장근로자의 노동보호를 그 기준으로 하여 제정된 것이고 이러한 성격은 지금도 크게 변하지 않고 있다. 그 단적인 예는 취업규칙에 관한 규정에서 찾아볼 수 있다. 즉 사용자는 여전히 노동과정에서 필수적인 기본적 근로조건의 대부분을 일방적으로 규율할 권리를 가지고 있으며 그에 의하여 작성된 기준에 관해서는 법률에 준하는 효력이 사실상 인정되고 있다. 물론 새로 그 기준을 변경할 경우에 그것이 종전의 기준에 비하여 불리한 때에 한하여 근로자의 대표에 의한 동의를 받도록 함으로써(근기법 제94조 I) 부분적으로 민주적 진전을 하였지만 사용자의 일방적인 규율권한 자체는 본질적으로 변함이 없다. 근로기준법의 이러한 성격은 필연적으로 공장 내지 경영에 대한 조직적 구속성을 본질적인 요건으로 한다.[1] 다시 말해서 근로자는 경영에 대하여 테일러 내지 포드시스템적인 결속관계에 있을 것을 요구한다. 특히 근로기준법상의 근로자개념을 다룬 우리 판례의 대부분이 경영에 대한 긴밀한 소속성을 중요한 표지로 다루는 것은 바로 이 점과 관련이 있다. 이와 같이 종래의 산업사회적 모델을 지향하고 있는 근로기준법의 구조는 서비스사회로 변화되고 있는 현실의 발전에 비추어 보면 이미 낡은 것으로 판단된다. 그러나 주로 서비스산업에 집중되어 있는 새로운 노무공급형태에 대하여 근로기준법상의 보호제도들을 그 목적에 따라 각각의 적용범위를 달리 결정한다는 것은 간단한 문제가 아니다. 이하에서는 이와 같은 근로기준법의 구조적인 한계를 전제로 하면서 특수형태근로종사자에게도 적용될 수 있는 보호규정을 검토한다.

(2) 임금보호에 관한 규정

일반적으로 근로자에게 임금은 생존을 확보하는 데 유일한 수단이기 때문에 근로기준법과 퇴직급여보장법에서 임금지급방법과 비상시지급, 휴업시의 일정한 임금의 계속지급 및 퇴직금제도를 규정하고 있고, 별도의 최저임금법을 통하여 기초적인 최저임

1) 우리 근로기준법이 5인 이상의 사업장에 대해서 적용되는 것은 바로 이와 같은 관점에서 이해될 수 있다.

금액을 보호하고 있다. 특수형태근로종사자도 사업주로부터 획득하는 수입에 자신의 생계를 전적으로 의존하고 있다는 점에서 일반근로자와 차이가 없다. 따라서 특수형태근로종사자의 생계보장적 차원에서 임금보호에 관한 근로기준법 및 최저임금법의 규정은 원칙적으로 확대적용되어야 할 것이다.

⑶ 연차유급휴가에 관한 규정

독일의 연방휴가법은 경제적 종속관계에 있는 특수형태근로종사자에 대해서도 유급휴가권을 인정하고 있다. 특수형태근로종사자도 그의 경제적 종속성으로 인하여 유급휴가에 대한 청구권을 가짐으로써 자기 노동력에 대하여 일반 근로자와 원칙적으로 동일한 보호를 필요로 하기 때문이다.[1] 다만 이 경우에 휴가지정권이 사업주에 유보되어 있는지, 아니면 특수형태근로종사자가 직접 시기를 지정할 수 있는지 여부가 문제될 수 있으나, 특수형태근로종사자는 근로자와 달리 자신의 업무내용과 업무시간을 스스로 결정할 수 있는 위치에 있기 때문에, 즉 사업주의 지시권에 종속되어 있지 않기 때문에 원칙적으로 스스로 휴가의 시기를 정할 수 있다고 보는 것이 타당하다. 다만 특수형태근로종사자는 휴가권의 실행시 민법상의 신의칙에 따라 사업주의 이해관계를 적절하게 고려해야 할 의무를 부담한다고 새겨야 할 것이다.[2] 반면에 특정장소와 시간 동안 사용자의 지휘·감독하에 노무를 제공하는 것을 전제로 하여 마련된 휴게 및 휴일제도는 제도의 취지상 특수형태근로종사자에 대해서 적용될 수 없을 것이다.

⑷ 근로시간에 관한 규정

근로기준법상의 근로시간은 근로자가 사용자의 지휘·감독하에 근로계약상의 근로를 제공하는 시간을 말한다. 구체적인 근로시간의 결정은 원칙적으로 사용자의 지시권 행사에 의하여 결정된다. 따라서 업무시간을 자유롭게 선택하고 결정할 수 있는 특수형태근로종사자에 대해서는 기본적으로 그 보호의 실익이 없을 것이다. 다만 예외적으로 사업주의 경영조직하에서 개별적으로 또는 그 경영에 소속된 다른 근로자와의 협력을 통하여 업무를 수행하는 특수형태근로종사자의 경우에는 근로자에 준하여 근로시간에 관한 근로기준법의 적용이 요구될 수 있을 것이다.

⑸ 산업안전 및 재해보상에 관한 규정

사업주가 제공하는 장소 또는 그가 제공하는 수단과 재료를 가지고 업무를 수행하는 경우에는 근로자와 특수형태근로종사자를 구별함이 없이 노무제공자의 생명과 건강을 보호해야 할 필요성이 인정된다. 노무제공자의 안전과 보건에 관한 보호는 사실상 노

---

1) Neumann/Fenski, *Bundesurlaubsgesetz*, 9. Aufl., 2003, § 2 Rn. 68.

2) Herschel, DB 1977, 1188 ff.

동법의 범위에 한정되는 것은 아니기 때문이다. 특수형태근로종사자는 산재보험법 제125조의 요건에 해당하는 범위 내에서 동법의 적용을 받는다([58] 1. (5) 1) 참고).

(6) 해고보호에 관한 규정

우선 노동법상의 해고보호제도의 보호목적을 어디에 두는가에 따라 특수형태근로종사자에 대한 그 적용 여부가 결정될 수 있다. 즉, 노무제공자의 경제적 생존에 우선적 보호목적이 있는가[1] 아니면 노무제공자의 자유보호적 효과에 그 본질이 있는가가 문제된다. 전자의 견해를 취한다면 전통적인 근로자의 범주를 넘어 특수형태근로종사자에 대해서도 해고보호제도의 적용이 가능하게 되지만, 후자의 견해를 취하면 노무제공자의 경제적 생존의 관점은 그 적용범위에 대하여 아무런 역할을 하지 못하며 노무제공자가 자신의 노무제공범위에서 사용자나 동료 근로자에 의한 통제와 규율의 위험에 내맡겨져 있는지 여부가 중요하게 고려될 것이다.[2] 이에 대한 해답은 결국 이와 같은 개별제도가 전체 보호체계와 어떻게 관련되어 있는가에 의하여 주어질 수 있다. 해고보호제도가 일찍 정착된 독일의 경우 최초의 일반적인 해고보호는 1920년의 경영협의회법(Betriebsrätegesetz)에서였다. 이에 의하면 경영조직적 권리와 자유를 보호하기 위하여 해고보호가 도입되었다.[3] 그 후 1951년의 해고보호법에서는 그와 같은 경영조직법과의 직접적인 관계가 해소되긴 하였지만 그 보호목적을 개별근로자의 경제적 생존의 보호에 둔 것이 아니라 사업 내에서의 근로자의 대상적 지위의 극복에 두었다. 즉, 근로자는 해고보호를 배경으로 경영에서의 권리와 자유를 향유할 수 있는 지위에 있게 된 것이다.[4] 이러한 이유에서 독일해고보호법은 사업소속성을 해고보호의 요건으로 하고 있으며, 특수형태근로종사자에 대하여 그 적용이 인정되지 않고 있다.[5] 우리 근로기준법의 태도도 이와 크게 다르지 않다. 근로기준법은 상시 5인 이상의 근로자를 사용하고 있는 사업 또는 사업장에 적용되며(제11조 Ⅰ), 상시 4인 이하의 근로자를 사용하는 사업 또는 사업장에 대해서는 시행령에서 적용가능한 일부규정들을 정하도록 하고 있는데(제11조 Ⅱ 및 시령 제7조, [별표 1]), 일반적인 해고보호규정인 제23조 1항과 제24조의 규정은 여기서 배제되어 있다. 이는 해고보호제도가 개별 근로자의 사업소속성 내지 사업과의 관계를 그 요건으로 한다는 점을 분명히 하고 있는 것이다. 일반적으로 소규모의 사업을 운영하는 사업주는 자신의 종업원과 긴밀한 관계에서 서로 협력하고 있기 때문에 그 사업의 경영

1) Hilger, RdA 1981, 265, 267.
2) Reuter, FS für Dieterich, S. 482.
3) Herschel, BB 1977, 708, 709 참고.
4) Herschel, RdA 1975, 28, 30 f.; Reuter, FS für Dieterich, S. 473, 483.
5) BAG AP Nr. 7 zu §5 ArbGG 1953; BAG AP Nr. 6 zu §611 BGB Abhängigkeit.

평화와 경영의 기능력을 위하여 불가피하게 요구되는 해고를 완화하는 데 그 목적이 있다고 설명된다.[1)] 다시 말해서 종속적 지위에 있는 취업자가 모두 해고보호제도를 향유하는 것은 아니며, 더욱이 사업에 대한 긴밀한 소속성이 일반적으로 결여되어 있는 특수형태근로종사자에 대해서는 근로기준법의 해고보호는 인정되기 어려울 것이다. 다만, 특수형태근로종사자에 대해서는 민법 제2조 및 제103조의 적용을 통하여 해고보호의 일반원칙이 고려될 수 있다.[2)] 즉 계속적 채권관계에 대한 민법상의 신의칙 및 권리남용의 원칙의 적용에 의하여 최소한의 보호가 도출될 수 있을 것이다.

3. 특수형태근로종사자와 집단적 노동법의 적용관계

a) 독일단체협약법 제12조a는 특수형태근로종사자에 대하여 협약자율을 인정하고 있다. 그리고 이는 단체교섭의 당사자가 특수형태근로종사자를 적용대상으로 하는 협약의 체결을 위하여 교섭하고 쟁의행위를 행사할 수 있음을 의미한다.[3)] 독일단체협약법 제12조a에는 이에 관한 아무런 언급이 없지만 쟁의행위에 관하여 독립적인 법률을 두고 있지 않은 독일의 사정을 감안한다면 법률이 특수형태근로종사자에게 협약자율의 권리를 승인한 것은 그 실현을 위한 수단, 즉 쟁의행위의 사용을 승인하였음을 두 권리(협약체결권과 쟁의행위권)의 내적인 관련성으로부터 당연히 도출할 수 있다. 따라서 특수형태근로종사자의 적법한 파업은 기존의 계약관계를 소멸시키는 것이 아니라 단지 그 주된 의무를 정지시킬 뿐이다.[4)] 다른 한편으로 독일단체협약법의 이와 같은 규율태도를 비판

---

1) 이에 대해서는 독일해고보호법의 입법이유서 참고: BT-Drucksache I/2090, S. 11 및 취업촉진법에 대한 입법이유서: BT-Drucksache 13/4612, S. 9 참고.

2) 특히 Endemann, AuR 1954, 210, 213.

3) *MünchArbR*/Ricken, Bd. Ⅱ, §200 Rn. 20. 이에 대한 반대의 견해로는 Stolterfoht, DB 1973, 1068, 1073. Lieb교수의 견해에 따르면 특수형태근로종사자(arbeitnehmerähnliche Personen)는 사업을 영위하는 타인을 위하여 노무를 제공하지만 어느 특정사용자와 근로계약을 체결함으로써 자기의 노무에 대한 처분가능성(자기 자신의 사업을 위한 노무의 처분가능성: unternehmerische Dispositionsmöglichkeit)을 상실한 자가 아니므로(Lieb/Jacobs, *ArbR* Rn. 13), 그러한 처분가능성을 특정 사용자에게 이전한 일반근로자와는 달리 쟁의행위 수단의 보호를 받을 수 없다고 해석하는 것으로 보인다. 따라서 Lieb교수는 특수형태근로종사자가 파업을 하는 것은 존속중인 고용 또는 도급계약에 따른 노무제공을 거부하는 것으로서 위법한 계약침해이고 계약상의 채무불이행이 된다는 입장을 취한다. 특수형태근로종사자는 장래에 사업자에 의하여 제시되는 새로운 업무 위탁에 대하여만 집단적 노무제공 거부행위를 할 수 있다고 한다(RdA 1974, 257, 268). 그러나 특수형태종사근로자에게 단체협약체결권이 주어져 있는 한 파업권은 협약자율을 실현하기 위해서 헌법상 보장되는 보완적 수단이고 이 점을 승인한다면 그와 같은 제한은 근거가 없다고 보는 것이 일반적인 견해이다(특히 Wiedemann/Wank, *TarifvertragsG(Kommentar)* §12a Rn. 136; Löwisch/Rieble, Arbeitskampf- und Schlichtungsrecht, 1997, 70. 2, Rn. 268).

4) Wiedemann/Wank, *TarifvertragsG(Kommentar)* §12a Rn. 136; Löwisch/Rieble, *Arbeitskampf-*

적으로 보는 견해도 적지 않다. 그것은 협약자율의 권리가 보장되기 위해서는 그 전제로서 단결권의 행사가 보장되거나 또는 현실적으로 단결체의 형성이 가능하여야 하는데, 서로 이해관계가 판이하게 다른 특수형태근로종사자집단 내에서 이것이 현실적으로 가능한지 의문이 제기되기 때문이다.[1] 그러나 더 본질적인 문제제기는 협약자율의 본질에서 비롯된다. 즉 협약자율제도는 주로 근로관계에 있어서 교환의 정의를 개선하는 수단이라는 점이다. 협약자율제도를 그와 같이 이해하는 것은 종래의 동종의 근로자집단의 투쟁적 관점을 그 기초로 삼기 때문이다. 다만 개인적 교환계약에서 집단적 교환계약으로 바뀌어지는 과정에서 교환계약의 정당성 확보의 근거가 되는 경쟁이라는 조건이 배제되고 있음이 제대로 인식되지 못하고 있다는 것이다.[2] 집단적 노사관계법에서 경쟁이론을 대신하고 있는 힘의 균형이론은 당사자 일방에 대한 상대방의 독단적 지위를 방어하는 데 중요한 수단이 되지만 이른바 경쟁원리에 반하는 교환계약의 내용은 제3자 및 일반공중의 이익과 조화되지 않을 수도 있다. 이러한 관점에서 법적 지위가 사업자인 그룹에 대하여 경쟁제한적인 권한을 부여한다는 것은 자명한 것으로 받아들여지기 어려울 것이다.[3] 그럼에도 불구하고 독일단체협약법 제12조a가 도입될 수 있었던 것은 단결 및 협약자율의 권리를 기본권으로 정하고 있는 독일기본법 제9조 3항이 그 적용대상을 노동법상의 근로관계로 제한하고 있지 않다는 사정에서 기인하고 있다. 즉, 독일기본법 제9조 3항은 그 인적 적용범위를 구체적으로 정하고 있지 않으며, 단지 「근로조건 내지 경제조건」이라는 개념을 사용하고 있음을 근거로 이것이 종속노동질서에 적용되는 것이라고 판단하고 있는 것이다.[4] 그렇지만 이를 인격적 종속성하에서 노무를 제공하는 근로자에게만 인정되는 것이 아니라 경제적 종속관계에 있고 그로 인하여 사회적 보호필요성이 인정되는 자에 대해서도 넓게 인정될 수 있다고 하는 것이 다수설의 견해이다. 넓은 의미에서 종속적인 지위에서 취업하고 있는 자는 그의 계약상대방에 대하여 열악한 지위에 있게 되고 따라서 집단적으로 그에 대항할 수 있는 조직과 단체협약을 통한 집단적인 이해관계의 규율이 요청되기 때문이다.[5] 따라서 단체협약에 의한 규율이 가지고 있는 경쟁제한적 요소에도 불구하고(노조의 산별체제를 생각할 것) 특수형태근로종사자에 대하여 사업주를 상대로 하는 집단적인 이익추구의 길을 열어 놓음으로써 카르텔법과의 충돌을 예방하고 있다.

---

und Schlichtungsrecht, 1997, 70.2, Rn. 268.

1) Buchner, NZA 1998, 1144, 1148.

2) Reuter, *Die Stellung des Arbeitsrechts*, S. 28 f.

3) 특히 Buchner, NZA 1998, 1144, 1148.

4) Löwisch/Rieble, *TarifvertragsG(Kommentar)*, § 12a Rn. 3 f.

5) 특히 Löwisch/Rieble, *TarifvertragsG(Kommentar)*, § 12a Rn. 2 및 동면에 언급된 문헌 참고.

b) 그런데 우리나라의 규율체계에서는 문제가 좀 더 복잡하다. 왜냐하면 독일기본법과는 달리 우리 헌법은 명시적으로 근로자에 대하여 근로3권을 보장하고 있기 때문이다(헌법 제33조). 따라서 하위 법률 또는 법형성적 판례에 의하여 근로자가 아닌 자에 대하여 근로3권을 보장하게 되면 당장 헌법에 위반될 소지가 발생할 수도 있다. 그러나 법형식적으로는 근로자가 아닌 사업자로 분류되지만 경제적, 사적 또는 지식정보적 이유에서 사업자로서의 자주성을 갖지 못할 뿐만 아니라 사업주의 경쟁을 통하여 독자적인 이해관계의 조율을 할 수 없는 직업군이 상당수 존재하고, 이에 속한 취업자수 또한 무시할 수 없을 정도이다. 이미 위에서 지적한 것처럼 원칙적인 관점에서 상호 연대적인 이익추구를 목적으로 하는 단체협약 내지 쟁의행위법이 이들에 대하여 전혀 적용되지 못할 바도 아니다. 왜냐하면 이러한 권리는 전통적인 근로자개념으로서 사용종속관계를 요건으로 하는 것이 아니라 취업관계의 성립과 관련하여 교섭력의 대등성이 결여되어 있는 그룹에 대해서 적용되어야 하기 때문이다. 따라서 이러한 필요성과 헌법상의 규정을 조화하기 위해서는 결국 노동법상의 일반 법개념으로서 특수형태근로종사자개념의 독자성이 인정되어야 한다. 이렇게 함으로써 헌법 제33조상의 근로자는 일반적인 근로자 외에 특수형태근로종사자도 포함하는 개념으로 이해될 수 있을 것이다. 노조및조정법 제2조 1호의 근로자개념은 바로 이러한 해석을 가능하게 하는 신축성을 지니고 있다. 즉 이 규정에 의하면 이 법에서의 근로자요건을 「직업의 종류를 불문하고 임금, 급료 기타 이에 준하는 수입에 의하여 생활하는 자」로 정하고 있을 뿐이다. 특히 근로기준법에서와는 달리 경제적 생활관계를 요건으로 한 것은 이 법이 전통적인 의미에서의 근로자뿐만 아니라 특수형태근로종사자에 대해서도 적용될 수 있는 근거로 해석될 수 있다. 따라서 이 요건을 판례처럼 근로기준법상의 사용종속관계, 다시 말해서 엄격한 인격적 종속관계로 해석할 아무런 근거가 없다. 이 점은 이미 실업 중인 자도 동법의 근로자로 해석하고 있다는 데서도 분명하다.[1] 또한 최근의 판례는 노조및조정법상의 근로자에 대한 판단기준의 징표로서 임금의 종속성 또는 인적 종속성 보다는 사용자의 지휘·감독의 정도 및 근로자의 사업영위주체로서의 독립성 여부, 즉 업무의 종속성 및 독립사업자성을 판단요소로 삼으면서 골프장 캐디와 학습지교사에 대하여 노조및조정법상의 근로자성을 인정하고 있다.[2] 다만 위에서 지적한 것처럼 사용자에 의하여 조직된 사업에서

1) 大判 2004. 2. 27, 2001 두 8568.

2) 大判 2014. 2. 13, 2011 다 78804. 종래 판례는 노조및조정법상의 근로자란 타인(사용자)과의 사용종속관계에서 노무를 제공하며 그 대가로 임금을 받아 생활하는 자를 말하고, 사용종속관계는 사용자와 노무제공자 사이에 지휘·감독관계의 여부, 노무의 성질과 내용 등 그 노무의 실질관계에 의하여 결정된다(大判 1993. 5. 25, 90 누 1731; 大判 2006. 10. 13, 2005 다 64385 등)고 판단하고 있다. 위의 판례

다른 근로자와의 단체적 관계에서 사용자에 대하여 상대적으로 동일한 이해관계를 가지고 있는 일반근로자와는 달리 특수형태근로종사자의 법률관계는 각각의 독자적인 이해관계를 중심으로 개별적으로 결합되어 있다. 따라서 이러한 서로 다른 이해관계를 현실적으로 어떻게 통일하여 교섭할 수 있는지 여부가 문제될 수 있다. 그 밖에 다양한 사업주를 상대로 노무를 제공하는 파편적인 특수형태근로종사자를 하나의 단결체로 결집하는 것 자체가 의문일 뿐만 아니라 그 단결체에 대한 상대방을 누구로 특정할 수 있는지는 더더욱 어려운 문제이다. 따라서 우선은 경영조직적 체계상의 유사성을 가진 취업군에 대해서만 즉, 한 사업주를 상대로 다수의 특수형태근로종사자가 취업하고 있는 경우에만 이와 같은 협약자율의 가능성이 인정되는 것이 현실적이라고 생각된다.

4. 특수형태근로종사자와 노사협의회

특수형태근로종사자에 대한 근로자참여협력법의 적용가능성은 해고보호제도에서와 마찬가지로 이 법의 보호목적을 어디에 두는가에 따라 달리 판단될 것이다. 즉, 근로자참여협력법이 근로자의 경제적 종속성에 대한 대응으로서 근로자의 대표자로 하여금 사용자와 함께 노사협의회를 구성하여 종속적인 근로자를 위해서 근로조건의 형성에 개입하는 것을 목적으로 한다면 동일한 사정에 있는 특수형태근로종사자에 대해서도 이 법이 적용될 수 있을 것이다. 실제로 독일의 경영조직법에 대해서는 이와 같은 취지로 그 보호목적을 설명하는 견해가 있다.[1] 반면에 경영협의회를 통하여 전체 근로자이익을 대표하도록 한 것은 근로자의 명예와 존엄 그리고 인격의 발현이 근로관계에서 실현되도록 보장하는 데 그 보호목적이 있으며, 더불어 근로조건의 형성에 대하여 협력함으로써 참여의 목적을 추구하는 데 있다고 설명하는 견해도 있다.[2] 이에 의하면 사업에서의 지배관계가 부분적으로 민주화되는 데 의의가 있다고도 한다.[3] 이 경우에는 경영조직법은 사업관련적 근로관계에 대한 특별법으로서 그 요건은 사용자 및 동료 근로자와의 밀접

는 과거의 판례의 태도를 일부 수정하는 것으로서 주목할 필요가 있다. 그러나 골프장 캐디와 회사 사이에는 임금 그 밖의 대우 등 근로조건의 결정이나 변경의 기초가 되는 근로계약관계가 존재하지 않는다는 점을 고려할 때 캐디를 조합구성원으로 하는 노동조합의 목적활동이 무엇인지를 명확히 해야 할 것이다. 노동조합의 고유한 목적은 그 구성원인 조합원의 근로조건을 유지·개선하는 데 있기 때문이다. 또한 학습지교사의 노조및조정법상 근로자성에 관해서는 大判 2018. 6. 15, 2014 두 12598·12604. 대법원판례의 의의와 문제점에 관하여 자세한 것은 [96] 2. 참고.

1) Rieble, *Arbeitsmarkt und Wettbewerb*, 1997, Rn. 1418 ff.; Reichold, *Betriebsverfassung als Sozialprivatrecht*, 1995, S. 542 ff. 및 Richardi, *Betriebsverfassung und Privatautonomie*, 1973 참고.

2) Reuter, FS für Dieterich, S. 473, 489 f.

3) GK/Wiese, *BetrVG*, 6. Aufl., 1997, Einleitung Rn. 434 ff.

한 공동협력관계 내지는 위계질서로 특징되는 사업소속성에 있게 된다.[1] 만약 사업소속성은 없으나 경제적 종속관계에 있는 자라고 하여 이들에게 이 제도를 확대적용한다면 거대한 공급회사와의 계약을 통하여 그 근로조건이 결정되는 소규모의 판매상(예를 들면 정유회사와 개별 주유소의 관계, 기타 프랜차이즈관계)에게도 동일한 권리를 보장해야 하고 그렇지 않다면 헌법상의 평등권위반의 문제가 발생할 수도 있음이 지적되고 있다.[2] 근로자참여협력법은 경제적 종속관계에 있는 근로자를 위한 계약상의 보조장치로 이해하기에는 아직 미비한 점이 많으며, 더욱이 현행법상 동일한 사업장 단위로 조직되어 있는 노동조합이 이러한 목적을 집중적으로 수행하고 있음을 감안한다면 오히려 소유권에 기한 배타적 경영질서에 대하여 근로자의 참여와 협력을 통해서 산업민주주의를 실현하는 데 이 법의 주된 목적이 있는 것으로 이해될 수 있다. 따라서 이 제도를 특수형태근로종사자에 대해서 확대적용하는 것은 현행법의 구조상 어려울 것으로 판단된다.

5. 특수형태근로종사자와 사회보험법의 적용관계

a) 사회보장기본법 제3조 2호에 의하면 사회보험은 국민에게 발생하는 사회적 위험을 보험방식에 의하여 대처함으로써 국민건강과 소득을 보장하는 제도를 말한다. 구체적으로 사회보험의 과제는 수급권자의 건강과 급부능력의 보호, 유지, 개선 및 재생산을 위한 불가결한 조치를 보장하고 질병, 모성, 생계능력의 감소 내지 연령으로 인한 경제적 불안정을 배려하는 데 있다.[3] 우리의 경우 건강보험법, 국민연금법, 고용보험법 그리고 산재보험법 등이 대표적인 사회보험으로 분류될 수 있다. 그런데 사회보험법은 원칙적으로 모든 국민을 적용대상으로 하지만 근로자에 대해서는 특별한 지위를 인정하고 있다. 산재보험법과 고용보험법은 근로자에게 당연피보험자의 지위를 인정하고 있으며, 국민연금법과 국민건강보험법은 근로자에 대하여 사업장가입자 또는 직장가입자의 지위를 부여하고 보험료부담을 경감하고 있다. 반면에 자영업자는 산재보험과 고용보험의 경우 일정한 요건을 충족하는 자에 한하여 예외적으로 임의가입이 인정되고, 국민연금법과 국민건강보험법의 경우에는 지역가입자로서 본인이 전액 보험료를 부담한다. 즉, 자영업자는 근로자에 비하여 사회보험 적용 범위가 제한될 뿐만 아니라 경제적 부담도 높다. 그러나 재정 능력이 부족하고 생계수단의 대부분을 특정 사업주로부터 받는 수입에 의존하고 있는 특수형태근로종사자는 근로자에 준하는 사회적 보호를 받을 필요가 있기 때문에 이들에게는 사회보험법상 자영업자가 아니라 근로자의 지위를 인정하는 입

1) Reuter, *a.a.O.*, S. 488, 490 f.

2) Reuter, *a.a.O.*, S. 490.

3) Waltermann, *Sozialrecht*, 2000, Rn. 37 참고.

법적 고려가 필요하다고 판단된다.

b) 이러한 취지에서 산재보험법은 2007년 12월 14일 개정시 특수형태근로종사자의 보험적용을 위한 특례를 도입하였다. 산재보험법 제125조 1항은 「계약의 형식에 관계없이 근로자와 유사하게 노무를 제공함에도 근로기준법 등이 적용되지 아니하여 업무상의 재해로부터 보호할 필요가 있는 자로서 주로 하나의 사업에 그 운영에 필요한 노무를 상시적으로 제공하고 보수를 받아 생활하는 자 또는 노무를 제공함에 있어서 타인을 사용하지 아니하는 자 중」에서 「대통령령으로 정하는 직종에 종사하는 자(이하 이 조에서 "특수형태근로종사자"라 한다)의 노무를 제공받는 사업은 제6조에도 불구하고 이 법의 적용을 받는 사업 또는 사업장으로 본다」고 규정하고 있다(동조 동항 ①·② 참조). 동법 시행령 제125조는 보험설계사, 콘크리트믹서트럭을 소유하여 그 콘크리트믹서트럭을 직접 운전하는 사람, 학습지교사, 골프장 캐디, 택배원인 사람으로서 택배사업에서 집화 또는 배송업무를 하는 사람, 택배원인 사람으로서 고용노동부장관이 정하는 기준에 따라 주로 하나의 퀵서비스업자로부터 업무를 의뢰받아 배송업무를 하는 사람, 대출모집인, 신용카드원 모집인, 주로 하나의 대리운전업자로부터 업무를 의뢰받아 대리운전업무를 하는 사람, 방문판매원, 가전제품수리원, 소프트웨어기술자 등을 특수형태근로종사자로 규정하고 있다. 특수형태근로종사자에 대한 보험급여의 산정기준이 되는 평균임금, 보험급여 지급사유인 업무상 재해 인정 기준은 대통령령으로 정하도록 하고 있다(산재법 제125조 Ⅷ, Ⅸ).

제6절 플랫폼노동과 노동법

[93a] Ⅰ. 플랫폼노동의 의의와 종사자의 법적 지위

a) 앞에서 설명한 바와 같이 노동의 디지털화로 인하여 발생하는 새로운 취업형태의 중심에는 crowdwork, 즉 플랫폼노동과 그에 종사하는 플랫폼 종사자가 있다([78] Ⅰ. g) 참고). 플랫폼노동(크라우드워크)은 업무위탁자(고객)가 요구하는 특정 작업(과제)을 노무제공플랫폼을 통해 통상 불특정 다수의 사람들(crowd)에게 배정하는 것을 의미한다. 그렇지만 플랫폼노동이라는 용어에 대한 통일적인 개념이 없기 때문에 구체적인 노무제공 모습도 다양하게 전개되고 있다. 플랫폼노동은 장소에 관계없이 플랫폼에 의하여 매개되고 배정되는 업무의 제공으로 좁게 이해하는 경우(이를 웹기반형 플랫폼노동, 이른바 cloudwork 또는 협의의 crowdwork라고 한다)와, 플랫폼으로 중개되며 노무제공의 장소가 정해진 업무(이를 지역기반형 플랫폼노동, 이른바 gigwork라고 한다)로 대별되고 양자를 합하여 광의의 플랫폼노동이라고 한다.[1)]

b) 플랫폼노동에 참여하는 관계자는 통상 3자관계 또는 다면적 법률관계를 갖게 되고, 거래모델도 매우 다양하며 그에 따라 플랫폼의 역할도 나누어진다. 일부 플랫폼은 단순히 기술적인 인프라조직을 제공하고 중개자의 역할로 제한된다. 이 경우 플랫폼은 업무위탁자와 노무제공자와 플랫폼이용에 관한 약정만 체결하고, 구체적 계약관계는 업무위탁자와 노무제공자가 직접 체결한다(이를 '직접적' 플랫폼노동이라고 한다). 이와 달리 플랫폼이 플랫폼과 노무제공자 간의 구체적인 급부관계에서 스스로 계약당사자가 되며, 업무위탁자와 노무제공자 사이에는 직접적인 계약관계가 존재하지 않는 경우도 있다(이를 '간접적' 플랫폼노동이라 한다).

c) 플랫폼 종사자가 현행 노동법의 보호를 받으려면 원칙적으로 근로자로 인정되어야 한다. 이를 위해서는 사용자와 플랫폼 종사자 사이에 사용종속관계가 존재해야 한다(이에 관하여 자세한 내용은 [32] 2. 참고). 플랫폼노동의 거래모델은 매우 다양하기 때문에 플랫폼 종사자의 법적 지위를 단일하게 획정하는 것은 불가능하다. 하급심에서 특정 플랫폼 종사자의 법적 지위를 다룬 사례가 있지만, 근로자로 인정된 경우, 산재보험법상 특수형태근로종사자로 인정된 경우, 개인사업자로서 프리랜서에 해당하는 경우도 발견

---

1) 배달, 택배, 가사서비스, 운전서비스 등의 플랫폼이 대표적인 지역기반형 플랫폼노동의 예이고, 데이터정리·분류, 로고디자인, 광고, 번역 업무 등이 주요 웹기반형 플랫폼노동이라고 할 수 있다.

된다. 이와 같이 다양한 형태의 플랫폼노동의 법적 성격을 규명하기 위해서는 어떤 관계자들 사이에 실제로 계약관계가 존재하는지, 그 계약관계의 법적 성격이 지휘명령관계로 인정될 수 있는지 여부가 개별 사례마다 구체적으로 판단되어야 한다.

앞의 [78] Ⅰ g)에서 설명한 바와 같이 플랫폼노동의 유형 중 직접 및 간접 플랫폼노동은 이러한 3자관계의 특성을 고려한 분류 방법이라고 할 수 있다.

직접적(direct) 플랫폼노동	간접적(indirect) 플랫폼노동
• 플랫폼은 중개자 • 플랫폼 종사자와 업무위탁자(고객) 사이에 직접 업무위탁계약 체결	• 플랫폼 종사자와 플랫폼 사이에 업무위탁계약 체결 • 업무위탁자와 플랫폼 종사자 사이에는 직접적인 계약관계 없음

〈그림 1〉 간접적(indirect) 플랫폼노동

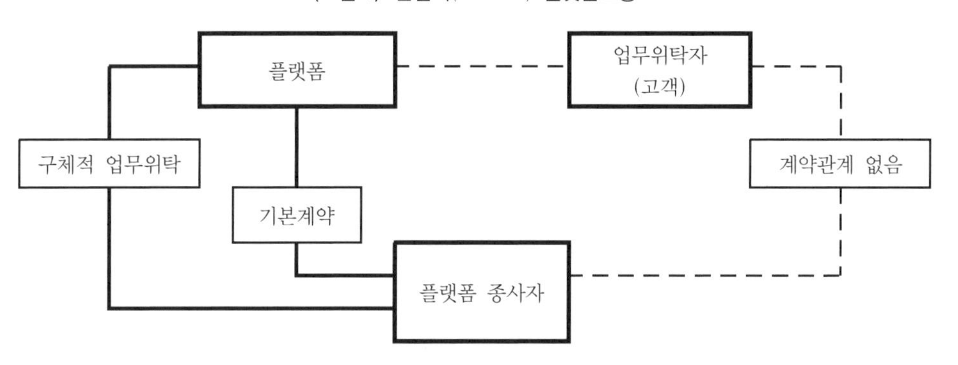

〈그림 2〉 직접적(direct) 플랫폼노동

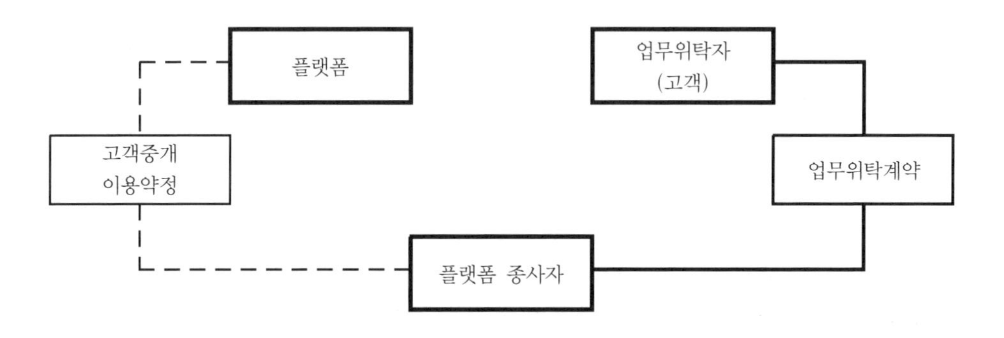

위의 그림에서 볼 수 있듯이 플랫폼노동에서는 플랫폼과 플랫폼 종사자가 체결한 기본약정에 기초한 이용관계와 구체적인 업무위탁관계가 구별되고, 구체적 업무위탁관계는 다시 플랫폼과 체결하고 플랫폼 종사자와 고객 사이에는 아무런 접촉이 없는 경우(그림 1)와, 플랫폼은 단순히 중개만 할 뿐이고 실제 계약관계는 플랫폼 종사자와 고객이 직접 체결하는 경우(그림 2)로 구별된다.

대개 웹기반의 플랫폼노동(좁은 의미의 crowdwork)에서는 플랫폼 종사자는 근로시간, 장소, 근무방식에 대한 구체적인 지휘감독을 받지 않고 플랫폼의 사업조직에 대한 편입이 인정되기 어렵다. 즉 디지털 플랫폼의 이용과 그에 기초한 플랫폼과 종사자 사이의 이용관계만으로는 양자 사이에 사용종속관계가 인정되기 어렵다. 지역기반의 플랫폼노동(이른바 gigwork)에서는 플랫폼 종사자가 플랫폼과 직접 계약관계를 맺고 고객에게 서비스를 제공하는 경우(그림 1)와 플랫폼은 단지 업무를 중개만 할 뿐 실제 계약관계는 고객과 종사자가 체결하는 경우(그림 2) 모두 가능하다. 따라서 지역기반의 플랫폼노동에 대해서도 그 법적 성격을 일률적으로 판단하기가 곤란하다. <그림 2>와 같이 플랫폼이 단순히 중개자의 지위에만 그친다면 플랫폼과 종사자 사이에는 근로관계를 인정할 수 없지만, <그림 1>에 해당하면서 노무제공의 시간과 장소뿐만 아니라 노무과정에 대해서도 플랫폼이 상세하게 정한 바에 따라 플랫폼 종사자가 노무를 제공해야 한다면 플랫폼과 종사자 사이에 근로관계가 인정될 수 있을 것이다.

[93b] Ⅱ. 플랫폼 종사자의 사회적 보호 필요성

1. 특수형태근로종사자?

a) 플랫폼이 단순히 업무를 중개하는 위치에 있거나 사용자로서의 지휘명령관계가 인정되지 않아 플랫폼 종사자의 근로자성이 부인될 경우 플랫폼 종사자가 특수형태근로종사자로 인정될 수 있는지 여부가 중요하다. 그렇지만 특수형태근로종사자로서 인정되기 위해서는 주로 하나의 사업에 노무를 상시적으로 제공하고 보수를 받아 생활할 것이 요구되는데(산재보험법 제125조 Ⅰ ①, 산안법 제77조 Ⅰ ② 참고), 플랫폼이 업무중개자로서 종사자에게 소득(所得)활동의 기회를 보장한다는 것만으로 양자 사이에 경제적 종속관계를 발생시킨다고 단정할 수는 없다. 업무위탁자(고객)와의 관계에서도 통상 경제적 종속성이 인정되기 어렵다. 업무수행시간이 대체로 단기 내지 초단기적이고 불특정 다수의 고객을 위하여 업무를 수행하기 때문이다. 다만, 플랫폼 종사자가 주로 특정 플랫폼을

위하여 업무를 수행하고 이 플랫폼이 단순히 업무를 중개하는데 그치지 아니하고 종사자와 계속적 계약관계에 있다고 인정되는 경우(그림 1 참고)에는 특수형태근로종사자로서 경제적 종속관계가 인정될 수 있을 것이다.

b) 독일에서는 최근 플랫폼 종사자를 가내노동법(Heimarbeitsgesetz, HAG)의 적용을 받는 가내노동자(Heimarbeiter)에 포함하자는 견해가 주장되고 있다. 독일 가내노동법상의 가내노동자는 "제3자의 위탁에 의하여 자신의 집에서 노무에 종사하고 그 결과를 업무위탁자에게 이전하는 사람"으로 정의하고 있다(독일 가내노동법 제2조 Ⅰ). 독일 연방노동법원(Bundesarbeitsgericht, BAG)은 회사의 IT업무 담당 직원으로 취업하다가 회사를 퇴직한 후 오랜 기간 그 회사를 위하여 개별 도급관계로 자신의 집에서 업무를 수행하였던 IT프로그램전문가의 근로자성을 부인하면서 가내노동법상 가내노동자의 지위를 인정한 바 있다.[1] 전통적으로 가내노동자는 자신의 집에서 사업주의 위탁으로 옷이나 모자, 인형 등을 만들거나 붙이는 일에 종사하는 경우가 대부분이었으나 위의 판결에 의하여 IT전문가와 같은 고급 전문기술분야 종사자도 가내노동법의 적용범위에 포함시킨 것이다. 이 판결은 자신의 집이나 스스로 선택한 작업장에서 노무를 제공하는 모든 플랫폼 종사자가 가내노동법의 적용대상이 되는지에 관한 논쟁을 유발하였다. 가내노동법 적용에 비판적인 견해는 플랫폼의 업무배정 방식이 전통적인 가내노동법과 비교될 수 없고, 가내노동에서는 일정 기간 계속적으로 노무제공이 행해져야 하는데 이는 초단기적인 업무수행이 대부분인 플랫폼노동과 부합되지 않는다는 이유로 가내노동법의 적용을 비판한다.[2]

c) 참고로 독일 정부는 2016년 플랫폼 종사자에게 특별한 보호를 도입하는 것을 골자로 하는 "노동 4.0"이라는 백서를 간행한 바 있다.[3] 이 백서는 가내노동법의 모델을 지향하는 노동법적 규율과 플랫폼 종사자를 포함한 1인 자영업자를 공적 연금제도에 포함시키는 사회안전망 개선방안을 담고 있다. 하지만 가내노동법을 단순하게 플랫폼노동에 확대 적용하는 것은 바람직하지 않다. "가내노동"이라는 개념은 새로운 취업형태인 플랫폼노동에 적합하지 않고, 보호목적이나 방향도 플랫폼노동의 특성과 맞지 않기 때문이다. 따라서 플랫폼노동에 맞는 새로운 현대적인 보호입법이 필요하다.

2. 플랫폼 종사자의 보호 방안

a) 우리나라에서도 최근 늘어나는 플랫폼 종사자의 보호를 위하여 일부 입법이 있었다. 산업안전보건법은 2019년 1월 전부개정시 스마트폰 앱 등을 이용하여 물건의 수

1) BAG NZA 2016, 153.
2) Krause, Gutachten B, DJT 2016, B 105.
3) BMAS, Weißbuch "*Arbeit 4.0*", 2016 S. 175 f.

거·배달 등을 중개하는 플랫폼에 대하여 그 플랫폼의 중개를 받아 이륜자동차로 물건을 수거·배달하는 사람의 산업재해 예방 조치를 의무화하였다(산안법 제78조). 2020년 12월 국회를 통과한 고용보험법 개정법률은 제77조의7에 "노무제공플랫폼사업자에 대한 특례 규정"을 신설하여「노무제공사업의 사업주가 노무제공자와 노무제공사업의 사업주에 관련된 자료 및 정보를 수집·관리하여 이를 전자정보 형태로 기록하고 처리하는 시스템(노무제공플랫폼)을 구축·운영하는 사업자(노무제공플랫폼사업자)와 노무제공플랫폼 이용에 대한 계약(노무제공플랫폼이용계약)을 체결하는 경우 노무제공플랫폼사업자는 대통령령으로 정하는 바에 따라 노무제공자에 대한 제15조 제1항에 따른 피보험자격의 취득 등을 신고하여야 한다」는 규정을 두고 있다. 이와 같이 플랫폼 종사자에 대해서는 산업재해 및 실업으로부터 보호를 목적으로 사회안전망을 확대하는 입법이 이루어지고 있다. 다만, 산업안전보건법은 이륜자동차를 이용하여 물건의 수거·배달 업무를 수행하는 플랫폼노동에 대해서만 제한적으로 적용하기 때문에 플랫폼노동 일반에 대한 노동법적 보호 규정으로 보기 어렵다.

b) 정부는 2020년 12월「플랫폼 종사자 보호 대책」을 발표하고, 구체적인 정책과제를 제시한 바 있다. 그에 따르면 지역기반형과 웹기반형을 포괄하여 전체 플랫폼 종사자의 규모를 179만 명(전체 취업자의 7.4%)으로 추정하면서, 이들을 모두 포괄할 수 있는 보호방안이 필요하다는 점을 강조하고 있다. 정부는 플랫폼의 다양성을 고려한 플랫폼 종사자의 권익 보호, 사회안전망 확충, 안전하게 일할 수 있는 환경 조성, 플랫폼 일자리 생태계 조성 등을 중점 추진사항으로 제시하였다. 구체적으로 플랫폼 종사자 권익보호 방안으로, ① 플랫폼 종사자 보호 입법 추진, ② 공정한 계약 및 관행 형성, ③ 권리보호를 위한 고용형태 명확화를 제시하였다. 사회안전망 확충 방안으로는 ① 전국민 산재보험과 전국민 고용보험 기반 마련, ② 플랫폼 종사자 복지 확충을 제시하였으며, 안전하게 일할 수 있는 환경 조성을 위하여 ① 일터에서의 안전 보장, ② 걱정 없이 일할 수 있는 환경 조성을 제시하였다. 또한 플랫폼 일자리 생태계 조성을 위하여 ① 온라인 플랫폼 기업 책임 강화, ② 이해당사자 간 대화·협력 촉진, ③ 정부의 지원을 제시하였다. 이를 위하여 향후 "온라인 플랫폼 종사자 보호 및 지원에 관한 법률"과 "온라인 플랫폼 중개거래의 공정화에 관한 법률"을 제정하고, 고용정책기본법, 직업안정법, 근로복지기본법 등 관련 법률을 개정하는 방안을 제시하였다.[1]

---

1) 구체적인 보호방안에 대해서는 정책정부 관계부처 합동, 사람 중심의 플랫폼 경제를 위한 플랫폼 종사자 보호 대책, 2020. 12., 7면 이하 참고.

제5장 집단적 노사관계법

제5장 집단적 노사관계법

제1절 서 설

[94] I. 집단적 노사관계법의 개념

a) 근로자 개인의 권리·의무관계는 개별적 근로관계를 중심으로 구체적으로 실현되고 있으며, 이를 규율하는 법으로는 이른바 근로자보호법(Arbeitnehmerschutzrecht)인 근로기준법·선원법·최저임금법·남녀고용평등법 등이 있다. 기간제및단시간법, 근로자파견법도 이에 속한다.

그러나 근대적인 의미의 근로자들은 근로자보호법이 마련한 근로조건의 최저기준에 만족하지 아니하고, 노동조합을 배경으로 하여 근로조건 개선을 위한 집단적 노사관계를 전개해 왔다. 즉, 근로자들은 노동조합을 중심으로 사용자와의 실질적 평등관계를 유지하면서 그들의 지위향상을 도모하는 가운데 집단적 자치를 구축하고 있다. 오늘날 노사간의 근로관계는 주로 집단적 노사관계를 바탕으로 하여 개선되고 있다고 해도 과언이 아니며, 집단적 노사관계의 전개과정 속에서 종래의 시민법질서 내지 시민법이론은 많은 수정을 받고 있다.

b) 개별적 근로관계법이 근로자 개인과 사용자 사이의 개별적 관계를 그 규율대상으로 한다면, 집단적 노사관계법은 다수의 근로자가 참여한 노동조합과 그 활동(조합활동·단체교섭·단체협약의 체결·쟁의행위), 이와 관련된 집단적 분쟁처리(노동쟁의의 조정) 및 사업장 내에서의 노사협의 등을 규율대상으로 한다. 따라서 집단적 노사관계법은 노동조합, 단체교섭, 단체협약, 노동쟁의와 그 조정·노사협의에 관련된 사항을 규율하는 노동법의 일부분이라고 말할 수 있다.[1] 그러나 집단적 노사관계법의 궁극적 목적도 개별적 근로자의 경제적 또는 사회적 지위향상에 있음은 더 말할 필요가 없다([9] 1. 참고).

---

1) 노동법을 개별법과 집단법으로 양분하는 것에 대한 비판적 견해로는 Adomeit, *Rechtsquellenfragen*, S. 9 u. S. 74 ff.; Zöllner/Loritz/Hergenröder, *ArbR* § 14 ff., § 36 ff. 참고.

[95] Ⅱ. 집단적 노사관계법의 구성

a) 집단적 노사관계법의 구성과 그 내용을 어떻게 이해할 것인가 하는 것은 용이한 문제가 아니며, 학자에 따라서 그 견해가 다양하다. 일반적인 견해에 의하면 집단적 노사관계법(kollektives Arbeitsrecht)은 근로자와 노동조합과의 관계, 노동조합의 활동, 단체교섭, 쟁의행위, 부당노동행위, 근로자대표와 사용자대표 사이의 사업 또는 사업장 내에서의 협의 등을 둘러싼 근로자집단에 관한 제반 사항들을 그 규율대상으로 한다. 따라서 현행 실정법을 중심으로 형식적 고찰을 한다면 노조및조정법(구 노동조합법·노동쟁의조정법)·근로자참여협력법(구 노사협의회법)이 집단적 노사관계법에 속할 것이다.[1] 그러므로 집단적 노사관계법의 실질적 내용은 노동조합의 조직과 운영, 단체교섭, 단체협약, 노동쟁의와 그 조정, 부당노동행위, 노사협의 등으로 구성될 것이다.

그러나 집단적 노사관계법은 평면적 고찰만으로는 그 실체가 파악될 수 없다. 왜냐하면 단체교섭을 중심으로 하여 전개되는 노조및조정법의 기본이념 및 법리와 노사협의회를 중심으로 하여 전개되는 근로자참여협력법의 기본이념 및 법리는 서로 그 성질을 달리하는 것이라고 이해되기 때문이다. 즉 노동조합을 주체로 하여 전개되는 단체교섭과 쟁의행위는 사용자의 기업소유권과 밀접한 관련이 있는 경영권 및 인사권을 존중하는 가운데 다만 「근로조건」의 유지·개선을 투쟁적으로 추구하는 것인 데 반하여, 사업체(기업체)를 단위로 하여 이루어지는 노사협의는 노동조합이 반드시 근로자의 대표기구일 필요가 없으며 또한 근로조건의 개선만을 목적으로 하는 것이 아니라 경영에 관한 참여와 협력을 그 기본적 성향으로 하고 있다. 다시 말하면 노동조합의 조직·가입 및 활동은 근로3권을 보장한 헌법 제33조에 그 기초를 두고 있지만, 노사협의는 이 조항을 근거로 하는 것이 아니며, 아직은 헌법상의 기반을 가지고 있지 않다(이에 관해서는 [134] 참고).

그러므로 집단적 노사관계법은 실질적 체계상 근로3권을 기초로 하여 이루어지는 노동조합의 결성, 단체교섭, 단체협약, 노동쟁의 및 그 조정에 관한 부분과 노사협의에 관한 부분으로 양분하여 고찰하는 것이 타당할 것으로 생각된다.

b) 근로3권을 기초로 한 집단적 노사관계법의 주체는 노동조합이다. 노동조합은 각국의 역사적, 경제적 및 사회적 사정에 따라 산업별, 기업별, 직종별 노동조합 또는 여러 가지 산업이나 직종을 대상으로 한 일반 노동조합 등으로 그 조직형태가 다를 수는 있으나 근로자들의 단체라는 점에서 공통적 성격을 가지고 있으며, 다른 법분야(민·상법)

---

1) Junker, *Grundkurs ArbR* §7, §10 참고.

의 단체와는 여러 가지 면에서 구별되고 있다. 노조및조정법 제2장은 노동조합에 관해서 규정하고 있다.

노동조합의 행위 또는 행태로는 조합활동·단체교섭·단체협약의 체결·쟁의행위 등을 들 수 있다. 이와 같은 행위 또는 행태는 궁극적으로 임금 및 그 밖의 근로조건의 향상 등 근로자들의 지위개선을 목적으로 하는 것이다. 근로자 개인은 단체교섭이나 노동쟁의의 적법한 주체가 될 수 없고, 언제나 노동조합과 그 상대방인 사용자 또는 사용자단체가 주체가 된다.

구법 하에서는 노동조합의 설립·운영 및 노동조합의 평화적 행위인 단체교섭·단체협약의 체결에 관하여는 노동조합법이 규정하고, 노동조합의 투쟁적 행위인 쟁의행위와 그 조정에 관하여는 노동쟁의조정법이 규정하고 있었다. 원래 노동조합법이나 노동쟁의조정법은 단체협약의 체결을 위한 근로조건의 집단적 규율과 노사의 평화적 질서형성(산업평화의 조성)이라는 공통의 목적을 가지고 있다(구 노조법 제1조 및 구 노쟁법 제1조 참조). 즉 노동조합은 사용자와 단체협약을 체결하는 근로자의 자주적 조직체이고, 단체교섭은 단체협약을 체결하기 위한 노동조합의 목적활동이며, 조정제도는 목적활동인 단체교섭에 대한 보조적 수단이고, 쟁의행위는 단체교섭의 촉진수단이다. 그리고 단체협약은 노사의 교섭에 의하여 체결된 노사의 집단적 약정이다. 따라서 노동조합·단체교섭·조정·쟁의행위, 그리고 단체협약의 각 제도는 협약자치라는 집단적 노사관계법의 이념 하에서 유기적·통일적으로 파악되어야 한다(다음의 도표 참조).

따라서 노동쟁의와 그 조정을 쟁의행위의 해결이라는 정책적 목적하에 단체교섭이나 단체협약체결과 분리하여 별도의 독립법률로 규율하는 것은 원리적으로 타당하지 않으며, 법체계상 정합성을 유지하기 어렵다(예컨대 민사면책과 형사면책이 분리 규정된 점, 쟁의행위와 관련된 내용이 노동조합법에도 규정된 점 등). 이와 같은 이유로 1996년 노동관계법의 개정에서 노동조합에 관한 사항, 단체교섭 및 단체협약의 체결에 관한 사항, 쟁의행위에 관한 사항, 노동쟁의의 조정에 관한 사항, 그리고 부당노동행위제도에 관한 사항 등 협약자치의 조성과 관련된 제도들은 통합되어 노조및조정법으로 단행법률로 되었다.[1)]

1) 저자는 집단적 노사관계법의 단일법률화의 필요성을 이미 여러 곳에서 지적한 바 있다. 이에 관해서는 김형배·윤성천·임종률·하경효, 「집단적 노사자치에 관한 법률－시안과 입법이유－」, 1992; 김형배, '한국노동법의 개정방향', 「법학논집」(제30집), 고려대 법학연구소, 1994, 123면 참고.

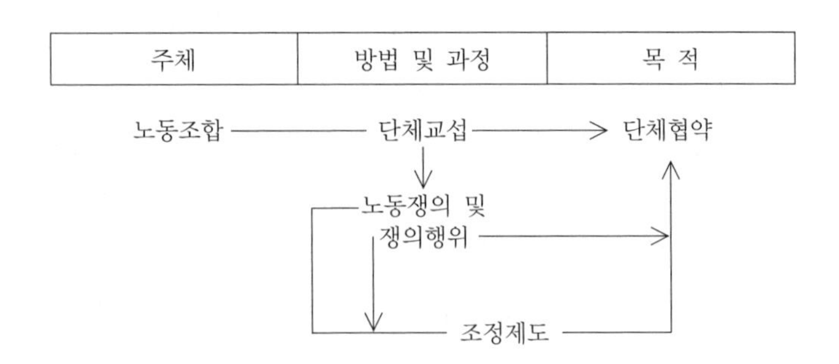

c) 노사협의회는 사업 또는 사업장 단위로 근로자와 사용자를 대표하는 위원으로 구성된다. 근로자위원은 근로자가 선출하지만, 그 사업 또는 사업장에 근로자의 과반수로 조직된 노동조합이 있는 경우에는 노동조합의 대표자와 그 노동조합이 위촉하는 자로 한다. 노사협의회는 정기적으로 개최되어야 하며, 노사협의회에서는 생산성 향상과 성과 배분, 근로자의 채용·배치 및 교육훈련, 근로자의 고충처리, 안전, 보건, 그 밖에 작업환경 개선과 근로자의 건강증진, 인사·노무관리의 제도 개선, 경영상 또는 기술상의 사정으로 인한 인력의 배치전환·재훈련·해고 등 고용조정의 일반원칙, 작업 및 휴게시간의 운용, 임금의 지급방법·체계·구조 등의 제도 개선, 신기계·기술의 도입 또는 작업공정의 개선, 작업수칙의 제정 또는 개정, 종업원지주제와 근로자의 재산형성에 관한 지원, 직무 발명 등과 관련하여 해당 근로자에 대한 보상에 관한 사항, 근로자의 복지증진, 사업장 내 근로자 감시 설비의 설치, 여성근로자의 모성보호 및 일과 가정생활의 양립을 지원하기 위한 사항, 그 밖의 노사협조에 관한 사항에 관하여 협의하고(근참법 제20조 Ⅰ), 근로자의 교육훈련 및 능력개발 기본계획의 수립, 복지시설의 설치와 관리, 사내근로복지기금의 설치, 고충처리위원회에서 의결되지 아니한 사항, 각종 노사공동위원회의 설치 등에 관해서는 노사협의회에서 의결하여 시행하며(동법 제21조), 사용자는 경영계획 전반 및 실적, 분기별 생산계획 및 실적, 인력계획, 기업의 경제적·재정적 상황 등에 관한 사항에 대하여 보고·설명해야 한다(제22조 Ⅰ). 특히 경영·생산·인사에 관한 사용자의 보고·설명의무를 규정한(제22조 Ⅰ) 근로자참여협력법은 근로자의 소극적 경영참가를 인정한 획기적 입법이라고 평가되고 있다. 이와 같은 노사의 협력체제는 기업의 경쟁력 강화와 근로자의 지위 개선을 위하여 보다 내실화되지 않으면 안 된다.

제2절 노 동 조 합

[96] Ⅰ. 현행법상의 노동조합의 지위와 해석

1. 헌법 및 노조및조정법상의 노동조합

a) 노조및조정법은 「'노동조합'이라 함은 근로자가 주체가 되어 자주적으로 단결하여 근로조건의 유지·개선 기타 근로자의 경제적·사회적 지위의 향상을 도모함을 목적으로 조직하는 단체 또는 그 연합단체를 말한다」고 규정하고 있다(제2조 ④ 본문). 이와 같은 노동조합의 정의는 헌법 제33조 1항의 「근로자는 근로조건의 향상을 위하여 자주적인 단결권·단체교섭권 및 단체행동권을 가진다」는 규정을 기초로 한 것이다. 이 두 규정을 종합해서 살펴보면 노동조합은 근로자가 자주적으로 단결하여 설립한 단체로서 근로조건의 유지·개선과 근로자의 경제적·사회적 지위 향상을 도모함을 목적으로 조합활동을 하면서 단체교섭권과 단체행동권을 행사할 수 있는 주체를 말한다. 개별적 근로관계에서는 개개 근로자가 사용자를 상대방으로 하는 근로기준법상의 보호주체인 데 반하여 노동조합은 집단적 노사관계에서, 다시 말하면 노동조합의 구성원인 근로자들을 대표하여 사용자 또는 사용자단체를 상대방으로 하여, 단체교섭권과 단체행동권을 행사하고 단체협약을 체결할 수 있는 집단적 노사관계법상의 주체이다.

노동관계법은 근로자의 보호를 위하여 3층 구조적 체계를 가지고 있는데, 1층 구조의 대표적 법률인 근로기준법과 남녀고용평등법에서는 개별 근로자(근기법에서는 고용된 근로자(제2조 Ⅰ ①). 고평법에서는 고용된 또는 취업할 의사를 가진 개별 근로자(제2조 ④))가 보호 주체이고, 2층 구조인 노조및조정법에서는 노동조합이 단체교섭, 단체행동 및 단체협약체결의 주체이면서 단체협약이 정한 근로조건 개선 조항의 적용을 받는 보호대상자는 노동조합의 구성원인 개별조합원(근로자)이고, 3층 구조인 근로자참여협력법에서는 근로자위원 또는 노동조합의 대표자와 그 노동조합이 위촉하는 자가 노사협의의 주체이다.

b) 헌법 제33조 1항은 근로자는 단결권·단체교섭권·단체행동권을 가진다고 규정하고 있으므로 근로3권을 가지는 근로자의 지위는 헌법상 보장되어 있다고 해석하는 것이 당연하다. 그러나 단체교섭권과 단체행동권은 노동조합만이 행사할 수 있고 그러한 권리행사(노동조합의 대표자를 통하여)의 결과로서 단체협약을 체결할 수 있는 권한도 노

동조합만이 가지므로 이러한 권리와 권한을 보유한 노동조합의 지위도 헌법상 보장되어 있다고 보아야 한다. 따라서 헌법상의 보호대상인 노동조합과 노조및조정법의 보호대상인 노동조합의 지위는 법해석상 구별해서 고찰하는 것이 적절할 것이다. 이와 같이 노동조합은 헌법과 노조및조정법에 의하여 중층적 보호와 규율을 받고 있다. 노조및조정법은 헌법이 보장한 근로3권의 기본권을 기초로 제정된 법률이므로 상위법인 헌법에 위배되어서는 아니 된다. 같은 이유에서 노조및조정법상의 노동조합에 해당하지 않는다고 하여 헌법상의 보호를 받는 근로자단체의 범위를 합리적 근거 없이 협의로 해석해서는 안 될 것이다.

c) 노동조합은 i) 근로자가 주체가 되어 자주적으로 단결하여 ii) 근로조건의 개선을 목적으로 조직된 단체라는 기본적(적극적) 요건을 갖추어야 하고(노조및조정법 제2조 ④ 본문), 이러한 단체는 근로3권의 보장을 받는 주체가 될 수 있다. 그러나 처음부터 그 단체의 목적이 공제·수양 기타 복리후생만을 목적으로 한다거나(제2조 ④ 단서 다목), 주로 정치운동을 목적으로 하는 단체(제2조 ④ 단서 마목)는 당연히 노동조합으로 볼 수 없다. 이와는 달리 근로자들의 단체가 노동조합으로서의 자주성과 목적성을 갖추고 있다면 사용자의 이익을 대표하는 자가 일부 참가하고 있다거나(제2조 ④ 단서 가목 참조), 경비의 일부분을 사용자로부터 원조 받거나(제2조 ④ 단서 나목, 제24조 Ⅱ, 제81조 Ⅰ④ 단서 참조), 근로자가 아닌 자가 일부 가입되어 있는 경우(제2조 ④ 단서 라목 참조) 이로 인하여 노동조합의 자주성이 부분적으로 손상을 받을 수 있지만 이와 같은 소극적 요건들이 어느 정도로 자주성을 해치느냐에 따라 노동조합의 자격 유무를 구체적으로 가려서 판단해야 할 것이다. 그러나 법 제2조 4호 가, 나, 라목에서 규정하고 있는 바와 같이 i) 사용자 또는 항상 그의 이익을 대표하여 활동하는 자의 참가를 허용하여 가입이 개방된 경우, ii) 노동조합 경비의 주된 부분을 사용자로부터 원조받는 경우, iii) 근로자(이른바 노조법상의 근로자)가 아닌 자의 가입을 허용하는 경우에는 그 단체는 노동조합으로 보지 않는다. 개정법(2021. 1. 5)은 제2조 4호 라목 단서의 「해고된 자가 노동위원회에 부당노동행위의 구제신청을 한 경우에는 중앙노동위원회의 재심판정이 있을 때까지는 근로자가 아닌 자로 해석하여서는 아니된다」는 규정을 삭제하였다. 삭제된 규정은 제5조 3항으로 옮겨 「종사근로자인 조합원이 해고되어 노동위원회에 부당노동행위의 구제신청을 한 경우에는 중앙노동위원회의 재심판정이 있을 때까지는 종사근로자로 본다」는 내용으로 신설되었다(2021. 1. 5). 이 규정을 둔 취지는 노동조합의 설립신청 중에 조합원인 종사근로자가 해고되어 「근로자가 아닌 자의 가입을 허용하는 경우」로 해석되므로써 노동조합 설립신청서가 반려되고(제12조 Ⅲ ①), 제7조 1항에 따른 부당노동행위의 구제를 신청할

수 없게 되는 일이 없도록 하기 위해서이다. 또한 해고된 근로자도 스스로 구제신청을 할 수 있음은 물론 노동조합에 의한 구제신청을 통하여 제81조 1항 1호·2호 및 5호의 규정에 따른 보호를 받을 수 있다(제7조 Ⅱ 참조). 이상의 규정취지에 비추어 보면 제2조 4호 단서 라목의 「근로자가 아닌 자」의 의미는 기업별 노조의 종사근로자가 아닌 자로 해석된다. 이러한 맥락에서 신설된 제5조 2항의 「사업 또는 사업장에 종사하는 근로자(이하 "종사근로자"라 한다)가 아닌 노동조합의 조합원은 사용자의 효율적인 사업 운영에 지장을 주지 아니하는 범위에서 사업 또는 사업장 내에서 노동조합 활동을 할 수 있다」는 규정은 종사근로자가 아닌 자(사용자와의 근로계약관계에 있지 않은 자)의 기업별 노조의 가입을 인정하는 규정이 아니라, 산별노조 또는 노조연맹에 속한 조합원의 지부 사업장에서의 노동조합활동을 허용하는 규정이라고 해석된다(신설 2021. 1. 5).(이와 관련하여 제29조의2, 제41조 Ⅰ 참조).

노조및조정법은 근로자들의 단체가 기본적 요건을 갖추고 있으면서 소극적 요건에 해당하는 요소나 성향을 가지고 있지 않으며, 노동조합 설립신고서에 규약을 첨부하여 행정관청에 신고함으로써 설립신고증을 교부받으면(제10조, 제11조, 제12조 참조) 헌법이 보장한 근로3권의 보장을 받는 노동조합으로 인정됨은 물론 '이 법(노조및조정법)에 의하여 설립된 노동조합'(이른바 법내노조[1])으로서 노조및조정법이 규정한 여러 가지 법적 보호를 받는다(제7조 참조). 그리고 근로자들의 단체가 노조및조정법상의 절차상의 규정을 따르지 못하고 있더라도 규약을 구비하고 노동조합에 관한 기본적 요건(제2조 ④ 분문)을 갖추고 있으면 헌법 제33조 1항의 단결권·단체교섭권·단체행동권의 향유주체(이른바 헌법상의 노동조합)에 해당한다고 보아야 한다.[2] 이러한 근로자의 단체에 대해서는 헌법상의 효과로서 민사면책(제3조) 및 형사면책(제4조)의 규정이 적용된다고 해야 한다.

2. 노조및조정법상의 근로자

a) 근로기준법은 '근로자'란 임금을 목적으로 사업이나 사업장에 근로를 제공하는 자를 말한다고 규정하고 있다(제2조 ①). 이 규정에 따르면 근로기준법에서의 근로자는 특정 사용자에게 고용되어 현실적으로 취업하고 있는 자를 말한다. 이와는 달리 노조및조정법은 근로자란 「직업의 종류를 불문하고 임금·급료 기타 이에 준하는 수입에 의하여 생활하는 자」를 말한다고 규정하고 있다(제2조 ①). 이 규정을 근거로 노조및조정법상의 근로자 개념은 근로기준법의 경우와 달리 넓게 해석되고 있다.

1) 일본에서는 법적합조합이라고 부르기도 한다(菅野, 「勞働法」, 788面; 荒木, 「勞働法」, 572面 등).
2) 憲裁 2012. 3. 29, 2011 헌바 53; 大判 2016. 12. 27, 2011 두 921.

저자는 노동법의 체계를 이해하는 방법론적 사고를 독자들에게 전달하기 위하여 일본법과 독일법을 검토하면서 비교적 자세하게 노조및조정법상의 근로자개념에 관하여 비판적으로 검토하였다. 저자의 견해에 대한 찬동 여부에 관계없이 노동법을 체계적으로 이해하는데 도움이 되기를 바란다.

《노조및조정법상의 근로자 개념을 근로기준법상의 근로자 개념과 달리 해석하게 된 입법상 및 해석상의 배경》

우리나라에서 노조및조정법상의 근로자를 근로기준법상의 근로자와 달리 정의(定義)하는 규정을 두고 있는 것은 일본 노동조합법의 해당 규정을 그대로 받아들인데서 기인한다. 일본 노동조합법(제3조)은 「이 법률에서 「노동자」란 직업의 종류를 불문하고 입금, 급료 그 밖에 이에 준하는 수입에 의하여 생활하는 자를 말한다」고 규정하고 있다. 현재 아무 수입이 없더라도 급료를 받아 생활하는 자이면, 직업의 종류를 불문하고 근로자에 해당하므로 여기에는 실업자도 포함된다. 일본에서는 근로자가 특정 기업에 취업하여 근로계약관계를 가지기 전에 미리 직업별 노동조합에 가입하거나(우리나라에서는 항운노조근로자의 예를 들 수 있다), 특정 기업과의 근로계약관계가 종료된 후에도 초기업 노동조합의 조합원 지위를 유지할 수 있으므로 노동조합법상의 근로자 개념은 이러한 기본적 전제 사실이 입법에 반영된데서 유래한다.[1] 노조및조합법상의 근로자개념을 이와 같이 정의하고 이해하는 것은 옳지 않다. 노조및조정법상의 근로자를 근로기준법상의 근로자와 구별하는 것은 근로기준법에 의한 보호를 받지 못하더라도 노조및조정법상의 보호를 받을 수 있도록 하기 위해서인데(일본 및 우리 判例의 기본 태도) 특정 기업과의 근로계약관계가 없는 급료생활자를 광범위하게 인정하여 노조및조정법상의 근로자로 삼는 것은 동법의 기본적 적용대상자가 될 수 없다는 점에서 옳다고 생각되지 않는다. 일본에서도 근년에 이에 대한 자성적(自省的) 인식이 대두되고 있다. 일본의 노동조합법은 2차 대전이 끝난 1945년 12월에 제정되었고, 노동기준법은 1947년 4월에 제정되었다. 이 두 법률은 그 심의·기초과정에서 각 법률의 입법 목적과 내용에 관하여 독자적인 검토가 이루어졌으나, 각 법률의 적용대상인 근로자의 정의에 대해서 두 법률 사이에 어떤 통일이나 연계가 논의되었거나 그러한 흔적이 없다는 사실이 지적되고 있다.[2] 그럼에도 불구하고 일본에서는 노동조합법상의 근로자의 정의(定義)는 노사대등관계를 실현하기 위하여 단체교섭의 보장을 받아야할 자를 정한 것이라는 관점에서 동법의 입법 목적·경위·배경을 고려하더라도 노동기준법의 근로자와는 다른 독자적 개념으로 파악해야 한다는 견해가 일반화되었다. 학설상으로는 전후(戰後) 한때 독일노동법학

1) 菅野, 「勞働法」, 782面 이하; 西谷, 「勞働組合法」, 76面. 참고.
2) 菅野, 「勞働法」, 782面; 東大勞硏, 「注解勞働組合法上卷」, 9~22面, 219面 이하 참고.

의 종속노동론의 영향을 받아 노동조합법과 노동기준법의 근로자 개념을 종속노동의 개념을 축으로 하여 통일적으로 파악하려는 시도가 있었으나 이러한 견해는 자리를 잡지 못하였고, 오히려 각 법률의 근로자 개념의 독자성을 인정하면서 각 법률의 입법 목적에 적합한 근로자 개념을 명확하게 하는 사고방법이 지배적으로 되었다고 한다.1) 그 후 일본에서는 노동조합법상의 근로자 개념에 해당하는 지의 여부를 논의하는 가운데 근로계약에 해당하지 않는 계약 형태에 의하여 노무를 제공하는 가내노동자, 관현악단원이나 프로야구선수와 같은 자유출연계약자(自由出演契約者), 업무의 외주화(外注化)에 따른 업무수탁(業務受託)계약자가 노동조합법상의 근로자성을 가진다는 견해가 대두하였다. 이와 같이 노동조합법상의 근로자 개념의 독자성이 인정되고 그 외연(外延)이 확대된 것은 근년에 중앙노동위원의 명령을 최고재판소가 긍정적으로 인용하는 판결을 내놓으면서 법리적으로 정착되었다.2) 최고재판소의 판례를 기점으로 노동조합법상의 근로자 개념은 노동기준법상 근로자의 판단요소를 부분적으로 포섭하면서 단체교섭의 보호를 부여받을 필요가 있는, 그러나 근로계약상의 근로자가 아닌, 노무공급자에 대하여 그 외연을 넓힌 것이다. 이러한 태도를 취하는 견해는 단체교섭의 보호를 받을 노동조합법상의 근로자는 어떤 자를 말하는가라는 관점에서 구체적 판단을 할 수 있는 독자적 기준이 마련되어야 한다고 주장하며, 노동조합법상의 근로자는 노동기준법상의 근로자와는 그 개념이 다르다는 입장을 취한다.3) 菅野교수는 이와 같은 관점에서 제안된 독자적 판단기준을 중앙노동위원회의 명령과 최고재판소의 판결을 기초로 제시하고 있다. 이 판단기준은 노동기준법상 근로자의 판단기준도 부분적으로 포함하고 있으므로 먼저 노동기준법상의 근로자 개념의 판단기준을 살펴보기로 한다.

종래 노동기준법상의 근로자인지의 여부는 i) 노무제공에 대한 낙부(諾否)의 자유 유무(근로계약체결의 자유 유무), ii) 업무수행상의 지휘 감독, iii) 시간적·장소적 구속성, iv) 업무의 대체성, v) 보수의 산정·지급방법, vi) 기계·기구(器具)에 대한 부담 여부, vii) 보수액(임금 또는 도급액) 등에 따른 사업자성의 존부, viii) 노무전속성 등의 기준에 따라 판단되었다. 그런데 노동위원회에서는 계속하여 업무위탁계약 등에 의하여 노무를 제공하는 자가 노동조합법상의 근로자에 해당하는지를 판단할 때에 노동조합법상의 근로자 판단기준에 해당하는지를 일일이 대비·검토하면서 i) 발주기업의 업무수행에 불가결한 노동력으로서 회사조직에 편입되고 있는지, ii) 계약내용이나 업무수행방법이 일방적·정형적(定型的)으로 결정되는지, iii) 보수의 계산·결정 방식 등에서 노무에 대한 대가성이 인정될 수 있는지를 중심적 판단기준으로 하면서, 부수적으로 iv) 개개의 업무의뢰(위탁)관계를 단절하는 것이 사실상 곤란한지, v) 노무공급자가 업무수

1) 菅野, 「労働法」, 782面; 東大労研, 「注解労働組合法上」, 227面 이하.
2) 中央労働委員会命令(INAXメンテナンス 事件 — 中労委平 19.10.3 命令集 139(2)号 1285面)을 인용한 INAXメンテナンス 事件 — 最三判平 23.4.12 労判 1026号 27面.
3) 菅野, 「労働法」, 782, 785面 참고.

행의 일시(日時)·장소·방법에 관하여 회사의 구속을 받으며 그 지휘 감독하에 있는지, ⅵ) 설비·기계·기구의 소유 또는 사용과 관련해서 현저하게 사업자성이 인정되는지를 보충적 판단기준으로 하는 판단방법에 의하여 명령례(命令例)를 형성하여 왔다.[1] 이에 따라 위 노동위원회의 명령례 중 ⅰ), ⅱ)의 기준들은 노동기준법상의 근로자 개념을 판단하는 기준으로 볼 수 없는 것으로서 단체교섭의 보호를 부여해야할 필요성과 적절성을 검토하는 과정에서 형성된 노동조합법상의 근로자인지를 판단하는 독자적 판단기준이라는 견해가 대두되었다. 노무위탁계약 등에 의한 노무를 제공하는 자가 기업의 업무수행에 불가결한 노동력을 공급하는 자로서 사업조직에 편입되고 그들의 취업조건이 당해 기업에 의하여 일방적·정형적(定型的)으로 결정되는 노무공급관계에 있다면 노동기준법상의 근로자라고는 인정될 수 없어도 노동조합법이 예정하는 단체교섭에 의한 근로조건의 집단적 결정시스템이 필요·적절하게 적용될 전형적 노동관계에 있는 자라고 한다.[2] 菅野교수는 이러한 종합적 판단은 주도면밀한 판단방법에 따른 것이라고 할 수 있으며, 「사용종속성과 연속(連續)되어 있는 노동조합법의 독자적 판단기준에 따른 판단방법」이라고 한다.[3] 결론적으로 노동조합법상의 근로자에 해당하는지를 판단하는 방법으로 ⅰ) 사업조직에의 편입, ⅱ) 계약내용의 일방적·정형적(定型的)결정, ⅲ) 보수의 노동대가성 등 단체교섭 친화성(親和性)을 중심적 요소로 검토하면서 노무(일)의 의뢰(업무부여)에 대한 응락(應諾)의 자유 여부, 지휘감독, 시간적·장소적 구속성의 유무와 정도에 의한 사용종속성을 보충적으로 검토하며 근로자성을 긍정할 수 있는 사정이 어느 정도로 존재하는지 그리고 근로자성을 부정할 수 있는 현저한 사업자성을 인정할 수 있는 사정이 존재하는지를 총체적으로 판단하여야 한다고 한다. 이상과 같은 판단방법은 중앙노동위원의 계속된 명령에서 시발되어 학계의 다수설로서 수용되었고, 최고재판소도 이에 찬동하는 견해를 취하고 있다.[4] 그러나 최고재판소 판례가 나오기 전에 하급심 판례 중에 노동조합법상의 근로자를 사용종속관계에 있는 근로자로 해석하여 근로자성을 부인한 판결이 나오기도 하였다.[5] 이러한 판결들이 동경고등재판소에서 연속하여 나오면서 논의를 일으킨 점은 주목할 필요가 있다.[6] 최근에는 노동기준법과 노동조합

1) 菅野, 「勞働法」, 785面 이하; 山川隆一, 「勞働者概念をめぐる覺書」 勞委勞協 651号 12~13面; INAX メンテナンス 事件 － 中勞委平 19. 10. 3 命令集 139(2)号 1285面 등 참고.

2) 菅野, 「勞働法」, 785面 이하; 山川隆一, 「勞働者概念をめぐる覺書」 勞委勞協 651号 12面 이하 참고.

3) 菅野, 「勞働法」, 786面, 이에 관하여 자세히는 그의 논문 「勞務委託契約者の勞働者性 － 勞組法上の勞働者の範圍に關する 最高裁二判決」 ジュリ 1426号 4面 이하 참고.

4) 일본에서는 다음의 3개의 판결을 대표적인 것으로 본다. 新國立劇場運營財団事件 － 最三小判平 23. 4. 12 民集 65卷 3号 943面; INAXメンテナンス事件 － 最三小判平 23. 4. 12 勞判 1026号 27面; ビクター 事件 － 最三小判平 24. 2. 21 民集 65卷 3号 955面.

5) 新國立劇場運營財団事件 － 東京地判平 20. 7. 31 勞判 967号 5面.

6) 新國立劇場運營財団事件 － 東京高判平 21.3.25 勞判 981号 13面; INAXメンテナンス 事件 － 東京高判平 21. 9. 16 勞判 989号 12面; ビクターサービスエンジニアリング事件 － 東京高判平 22. 8.

법상의 근로자 개념은 통일적인 것이라는 주목할 만한 견해가 나타나고 있다.1)

비판적 고찰 노동조합법상의 근로자 개념의 독자성을 주장하는 견해는 노동조합법상의 근로자와 사용자 사이에 근로계약관계가 존재하지 않더라도 그 근로자들은 노동조합을 통하여 사용자에 대해서 그들의 취업조건(근로조건)의 인하를 저지하거나 개선을 목적으로 단체교섭을 요구할 수 있다고 한다. 단체교섭의 대상인 취업조건은 실질적으로 근로계약관계의 내용인 근로조건을 말하는 것인데 근로계약관계에 있지 않은 자에게 교섭대상인 근로조건이 어떻게 인정될 수 있는 것인지 근본적인 의문이 생긴다. 과연 노동조합법이 근로계약관계가 아닌 위임관계나 도급관계에 있는 자의 취업조건을 규율 대상으로 하고 있다고 볼 수 있을까? 이러한 의문은 이 견해에 내재하고 있는 취약점이라고 할 수 있다. 노무제공에 대한 대가성, 업무수행의 일시·장소·방법에 대한 사용자의 지시, 지휘 감독 등을 중요한 보충적인 표지로 판단하면서 이러한 고찰방법을 「사용종속성과 연속(連續)된 노동조합법 독자(獨自)의 판단요소에 따른 판단방법」이라고 칭하는 것은 규범논리에 어긋난다고 생각한다. 오히려 외형상 위임관계나 도급관계를 실질적인 근로관계에 해당한다고 설명하는 것이 솔직하고 명확하지 않을까? 다시 말하면 근로기준법상의 근로자 개념의 외연을 확대하는 시도를 하는 것이 노동법의 중층적 체계에 부합하는 것이 아닐까?

우리나라나 일본에서와 같이 개별적 근로계약관계에 관한 근로자보호법(근로기준법 및 각종의 특별법 등)과 집단적 노사관계법(노동조합법, 노동쟁의조정법, 단체협약법 등)의 노동법 체계를 가지고 있는 독일에서는 노동법 내에 근로자에 대한 일반 개념을 직접 규정하고 있지 않다. 다만 노동관계법이 적용되려면 근로계약관계(Arbeitsverhältnis)와 근로관계의 당사자인 근로자(Arbeitnehmer)가 존재하여야 한다. 이와 같은 법리(法理)는 학설과 판례에 의하여 확립된 이론이다. 이를 기초로 독일민법 제611조a는 근로계약(Arbeitsvertrag)이라는 표제 하에 근로계약관계, 근로자 및 사용자의 개념을 간접적으로 규정하고 있다. 우선 근로계약관계는 근로자가 인적 종속관계에서 사용자의 지휘명령 하에 노무를 제공하며 그 대가로 임금을 받는 계약관계를 말한다. 사용자는 근로자의 노무의 내용·수행장소에 대하여 구체적 지시권을 행사하는 것이 보통이다. 노무제공자가 그의 업무의 내용과 근로시간을 자유로 결정할 수 없고 상대방 당사자의 지시에 따라 노무를 제공하는 자이면 근로자로 볼 수 있다. 인적 사용종속성의 정도는 해당 업무의 성질에 따라 다를 수 있다. 근로계약관계가 존재하는지 여부는 모든 사정을 종합적으로 고려하여 판단한다. 노무를 제공하는 어떤 계약관계의 실질적 실현 모습이 근로관계에 해당하는 것으로 판단될 때에는 계약의 명칭은 문제되지 않는다(독일민법 제611

26 勞判 1012号 86面 등.

1) 특히 유형론적 법해석방법론에 입각한 문헌으로서 橋本陽子, '勞働者の 概念形成', 菅野和夫 先生古稀記念「勞働法學の展望」, 2013 29~48面; 川口美貴, 「労働者概念の再構成」, 2012 참고.

조a 1항). 이러한 근로관계가 존재하거나 근로자성(Arbeitnehmereigenschaft)이 인정되면 노동관계법(개별적 근로관계법 및 집단적 노사관계법)이 적용된다. 근로관계의 존부는 종속적 관계에서 수행되는 특징적 노무급부에 의하여 정해지는 것이고, 근로자는 사법상의 계약에 따라 사용종속관계에서 지시권의 구속을 받으며 (타인 결정의)근로를 사용자를 위하여 제공하는 자를 말한다.[1] 이와 같이 독일 민법 제611조a는 근로계약관계의 존재 여부를 구체적으로 확정하기 위해서는 해당 사안의 모든 사정을 종합적으로 고려하여야 한다고 규정하고 있다.[2] 따라서 근로자 개념은 그 내용과 범위가 고정되어 있지 않은 유형적 개념(typologischer Begriff)으로서 말하자면 개방적인 판단기준에 의하여 충족되는 개념이라고 할 수 있다.[3] 그러므로 근로자의 개념은 그것 자체로서는 신축적이지만 통일적 개념으로 이해되고 있다. 개별적 근로관계법인 해고제한법이나 집단적 노사관계법인 단체협약법은 통일적인 개념으로 정의되는 근로자에게 적용된다. 독일에는 노동조합법이 존재하지 않으나 학설이나 판례에서 노동조합법상의 근로자를 달리 이해하거나 정의하고 있지 않다. 일본에서도 개개의 노동관계법률의 입법목적에 따라 별도의 독자적 판단기준에 의하여 근로자의 개념을 세분화하는 것은 의미가 없으므로 근로자 개념은 통일적으로 형성되어야 한다는 견해가 논의되고 있다. 이 견해에 따르면 통일적 근로자 개념은 기본개념인 동시에 유형개념이므로 각 규범의 실현 목적과 계약 내용의 특색에 따라 신축적으로 그 외연(外延)이 넓혀질 수 있다고 한다.[4] EU법원의 판례도 특별히 특정 국가의 법률이 적용되어야 할 경우가 아닌 한 타인의 지휘 명령을 받으며 일정기간 타인(사용자)을 위하여 임금을 받고 노무를 제공하는 자를 근로자의 기본개념으로 규정하고 있다.[5]

일본의 다수설과 최고재판소[6]에 의하여 수용되고 있는 노동조합법상 근로자 개념에 관한 판단방법에 대해서 저자는 다음과 같은 3가지 이유에서 찬성하지 않는다. 첫째 이 견해에 따르면 노동조합법상의 독자적 근로자 개념은 노동기준법상의 근로자에 해당하지 않는다는 전제 위에 서 있다. 따라서 노동조합법상의 근로자와 그 상대방 사이에

1) Junker, *Grundkurs ArbR* Rn. 91.

2) 우리 판례도 근로기준법상의 근로자에 해당하는지 여부를 판단할 때에는 마찬가지 태도를 취하고 있다. 大判 2006. 12. 7, 2004 다 29736; 大判 2016. 10. 27, 2016 다 29890; 大判 2017. 1. 25, 2015 다 59146 등.

3) 이에 관한 요점적인 설명과 참고문헌 및 판례에 관해서 Junker, *Grundkurs ArbR* Rn. 100 참고.

4) 橋本陽子, '「勞働者」の概念形成 — 法解釋方法論における 類型概念論を手がかりにして', 菅野和夫先生 古稀記念「勞働法學の 展望」, 2013 29面 이하(특히 44~48面). 기본적으로 노동기준법과 노동조합법상의 근로자 개념이 이질적인 것이 아니라는 견해(西谷,「勞働組合法」, 78, 80面).

5) Preis/Sagan, *Europäisches Arbeitsrecht*, 2. Aufl., 2019 1. 111 f. 참고.

6) 위의 판단방법을 받아들인 3개의 최고재판소 판례; 新國立劇場運營財団事件 — 最三小判平 23. 4. 12 民集 65巻 3号 943面; INAXメンテナンス 事件 — 最三小判平 23. 4. 12 勞判 1026号 27面; ビクター 事件 — 最三小判平 24. 2. 21 民集 66巻 3号 955面.

는 근로계약관계가 존재하지 않으나 그 근로자는 상대방에게 취업조건의 인하 등의 문제를 해결하기 위하여 단체교섭을 요구할 필요성과 적절성을 인정받는 자라고 한다. 여기서 취업조건의 인하란 취업자의 보수 등의 인하를 뜻하는 것이므로 실질적으로 노무제공의 대가인 근로계약상의 임금과 다를 것이 없다. 그렇다면 고유한 의미의 노동조합법상의 근로자와 노동기준법상의 근로자의 구별은 어려워지게 된다. 노동조합법에 따른 독자적 판단 방법에 의한 근로자도 결과적으로 근로조건의 유지·개선이라는 법적 보호와 연결된다면 노동기준법상의 근로자와 겹치게 된다. 둘째 일본 노동조합법 제3조(우리 노조및조정법 제2조 1항)의 근로자 개념에 관한 규정은 특정 기업과 근로계약관계에 있다가 퇴사한 자가 그 이전에 초기업적 노동조합에 가입하고 있는 경우 조합원 지위가 유지된다거나, 독립적 자영업자가 아닌 자가 노무의 대가로 급료를 받아 생활하는 자이면 현재 잠정적으로 실업 상태에 있더라도 직장을 얻기 위하여 노동조합에 미리 가입할 수 있으므로(항운노동조합의 경우) 이러한 사람을 노동조합법상의 근로자로 볼 수 있는 근거로 해석되고 있다. 그러나 현재 특정 기업과의 근로계약관계에 있지 않은 자에 대하여는 노동기준법이 적용되지도 않고 단체협약의 근로조건조항이 적용될 여지가 없으므로 이러한 사람을 지목하며 노동조합법상 근로자에 해당한다고 하는 것은 특별한 의미가 없다. 그런데 위의 일본의 지배적 견해가 노동기준법상의 근로자에 해당하지 않는 노동조합법상의 독자적 개념을 구성하면서 노동조합법 제3조의 규정을 원용하고 있는 것은 적절하지 않다. 노동조합법 제3조는 원래 노동기준법상의 근로자에 해당하지 않는 노동조합법상의 고유한 근로자를 예정하고 있지 않다는 문헌사적 지적이 있다.[1] 이 규정은 원래 속칭 급료생활자이면 모두 근로자로 이해하는 취지로 마련된 것이라고 한다. 셋째 일본 헌법 제27조(우리 헌법 제32조 4항, 5항)와 제28조(우리 헌법 제33조 1항)는 근로자보호를 위한 노동법의 기초가 되는 기본권 조항이다. 이 규정들은 근로자의 보호방법과 그 적용범위를 달리하고 있을 뿐 근로자 개념을 구별하고 있지 않다. 개별적 근로관계법(노동기준법, 근로기준법)은 근로자와 사용자 사이의 근로계약관계의 성립(계약체결)·내용(근로조건)·종료(해고제한)를 강행적 규정과 국가의 감독을 통해서 규율하고, 집단적 노사관계법(노동조합법, 노조및조정법)은 노동조합이 사용자와의 단체교섭을 통하여 체결한 단체협약을 중심으로 근로자를 보호한다. 단체협약은「근로조건 기타 근로자의 대우에 관한 기준」을 정하는 것을 그 핵심적 내용으로 하므로 근로계약관계의 내용을 개선하는 것을 주된 목적으로 한다. 단체협약에서 정해지는 기준은 근로기준법에서 정하고 있는 기준보다 개선된 기준이거나 근로기준법에 없는 새로운 내용의 기준을 정하는 것이므로 단체협약의 적용을 받으려면 사용자와 근로자 사이에 근로계약관계가 존재하여야 한다. 근로계약관계의 존재가 전제되지 않는다면 단체협약의 적용대상은 존재하지 않는 것이 된다. 위의 견해에 따르면 근로계약관계에 있지 않은 업무위탁 계약자

1) 西谷,「勞働組合法」, 76面. 이 곳에 인용된 末弘嚴太郎,「勞働組合法解說」, 1946 21面 참고.

를 노동조합법상의 근로자에 해당한다고 하며, 그 「취업자」의 「취업조건」은 단체교섭의 대상이 된다고 한다.[1] 노동법 체계는 근로계약관계(Arbeitsverhältnis)를 중심으로 중층적(重層的)으로 구성된 것인데 노동조합법상의 근로자 개념의 독자성을 인정하여 근로계약관계에 있지 않은 취업자의 취업조건을 단체교섭의 대상이 된다고 주장하는 것은 노동법의 구조적 체계에 반한다. 노동법의 체계 속에는 노동기준법과 노동조합법의 적용을 받는 근로자 외에 근로기준법상의 근로자가 아닌 노동조합법상의 근로자가 별도로(독자적으로) 존재할 수 없다. 근로자의 노무제공형태가 다양하게 전개됨에 따라 근로계약관계에 있는 근로자와 그 범위 밖에 있는 자의 구별이 어려워지면서 이른바 한계적 회색지대(gray zone)에 있는 근로자들이 발생한다고 하여 노동조합법상의 근로자의 독자성이 정당시 되는 것은 아니다. 오히려 근로계약관계와의 유사성을 인정함으로써 근로기준법상의 근로자 개념의 범위를 신축적으로 확대하는 해석방법을 모색하는 것이 순리적이고 합체계적이라고 생각된다. 통일적 기본적 근로자 개념을 구성하여 이를 신축적으로 적용하는 것이 옳을 것이다. 근로계약관계에 있지 않은 사람이 같은 사업장에 존재하는 기존의 단체협약의 적용을 받지 못하면서 독자적인 단체협약을 체결할 수 있는 단체교섭권을 가진다고 하는 것도 합체계적이라고 할 수 없다.

일본의 다수설과 최고재판소의 판례의 태도를 따르고 있는 것으로 생각되는 우리나라의 판례에 대해서는 다음 해당 항목에서 저자의 견해를 밝히기로 한다.

b) 근로기준법은 근로계약관계에 있는 개개 근로자의 근로조건 개선을 위하여 그 최저기준을 확보해 주는 법률인 데 반하여, 노조및조정법은 근로자들이 자주적으로 결성한 노동조합을 통하여 사용자와의 단체교섭을 거쳐 보다 향상된 단체협약을 체결함으로써 조합원인 근로자들의 근로조건의 개선을 도모하는 법률이다. 근로기준법이나 노조및조정법은 다 같이 근로자들의 근로조건의 유지·개선을 목적으로 하는 것으로, 다만 근로조건 개선 방법이 다를 뿐이다. 이 두 법률은 전형적인 근로자를 보호대상으로 한다는 점에서 대표적 근로자보호법이라고 할 수 있다. 이 법률들의 제정 근거규정인 헌법 제32조 3항과 제33조 1항은 모두 동일한 의미의 근로자를 전제로 하고 있다. 근로기준법의 보호대상인 근로자가 근로계약관계에 있는 자인 것과 마찬가지로 노조및조정법의 보호대상인 근로자(사용자에 대하여 경제적 종속관계에 있으면서 대등한 교섭력을 가지고 있지 못한 근로자)도 기본적으로 근로계약관계에 있는 자로 보아야 한다. 판례[2]도 「노조법상의 근로자란 타인과의 종속관계하에서 노무에 종사하고 그 대가로 임금을 받아 생활하

1) INAXメンテナンス 事件 — 最三小判平 23. 4. 12 勞判 1026号 27面; ビクター 事件 — 最三小判平 24. 2. 21 民集 66巻 3号 955面 참고. 이에 관한 요약된 설명으로는 土田, 「勞働法概說」, 348面.

2) 大判 1993. 5. 25, 90 누 1731; 大判 2006. 10. 13, 2005 다 64385 등.

는 자」라고 판시하고 있다. 그러나 대법원은 근년에 와서 노조및조정법상의 근로자 개념을 근로기준법상의 근로자 개념과는 달리 해석함으로써 근로계약관계에 있지 않은 자도 노동조합법상의 근로자에 해당할 수 있다고 판단하고 있다. 이에 관해서는 다음의 e)에서 보다 자세히 설명한다.

c) 우선 노조및조정법의 근로자의 범위를 도급이나 위임관계에 있는 근로자에게까지 확대하는 것은 수급인이나 수임인이 근로자의 경우와는 달리 종속적 관계에서 사용자의 지휘·감독을 받으며 노무를 제공하는 자가 아니라는 점에서 노동법(근로기준법 및 노조및조정법 등)의 보호대상이 될 수 없다고 보아야 한다. 다만, 형식적으로는 수급인 또는 수임인이라고 하더라도 실질적으로는 사용자에 종속되어 근로조건의 결정에 있어서 대등한 교섭력이 없이 사용자가 일방적으로 정한 임금 그 밖의 근로조건 기준을 수동적으로 수용하면서 노무를 제공하는 자는 근로자라고 보아야 한다. 판례[1]도 근로자성 여부를 판단하는 핵심 징표인 노무제공자의 사용종속관계는 당해 노무형태가 고용, 도급, 위임, 무명계약 등 어느 형태이든 상관없이 사용자와 노무제공자 사이에 지휘·감독관계의 여부, 보수의 노무대가성 여부, 노무의 성질과 내용 등에 의하여 실질적으로 결정되어야 한다고 한다. 따라서 도급인이나 위임인의 지휘·감독을 받지 않는 일반적인 수급인이나 수임인을 '기타 이에 준하는 수입에 의하여 생활하는 자'로서 노조및조정법상의 근로자라고 볼 수는 없다.[2]

d) 다음으로 실업자 또는 구직자와 같이 어떤 형태로든 취업상태에서 노무를 제공하고 있지 않은 자는 현실적으로 사용자와의 관계에서 경제적 종속관계에 있다거나 교섭상의 취약성을 가진 노무제공자라고 할 수 없으므로 단체협약의 적용을 받을 수 있는 근로자가 아니며, 노조및조정법상의 근로자에 해당한다고 볼 수 없다. 노조및조정법 제2조 1호의 '기타 이에 준하는 수입에 의하여 생활하는 자'에 실업자 또는 구직자를 포함시키는 해석상의 견해[3]는 노조및조정법의 실질적 보호(단체협약의 적용)를 받을 수 없는

1) 大判 1993. 5. 25, 90 누 1731; 大判 2006. 10. 13, 2005 다 64385 등.

2) 특히 업무위탁근로자의 근로자성과 관련하여 최근의 일본 최고재판소 판결들(2011년~2012년)은 노조법상의 근로자 여부를 판단함에 있어서 1) 노무공급자가 사업운영에 불가결한 노동력으로서 사업조직에 편입되고 있는가, 2) 계약당사자의 인식이나 계약의 실제운용에서 노무공급자가 상대방의 개별적 업무의 청약이나 의뢰에 응한 관계에 있는가, 3) 계약조건이 일방적으로 결정되어 있는가, 4) 지휘·감독하에서 행하여지는 노무인지와 장소적·시간적 구속의 정도, 5) 보수가 근로제공의 대가인가 등 구체적 지표를 제시하면서 종합적 고려를 하고 있다(新國立劇場運營財事件·最三少判平 23. 4. 12 民集 65卷 3號 943面; INAX メンテナンス事件·最三少判平 23. 4, 12 勞判 1026號 27面; ビクターサービスエンジニアリング事件·最三少判平 24. 2. 21 勞判 1043號 5面(西谷, 「勞働組合法」, 78面 이하; 菅野, 「勞働法」, 784面 참고).

3) '기타 이에 준하는 수입에 의하여 생활하는 자'란 형식적으로는 도급이나 위임관계 등에 의한 보수

자를 노조및조정법상의 근로자에 포함시키는 것이므로 실효성이 없는 근로자 개념의 확대에 지나지 않는다.1) 실업자나 구직자가 산업별, 직종별 또는 지역별 노조에 가입하여 조합활동을 할 수 있다 하여 이를 노조및조정법상의 근로자로 보는 태도는 노조및조정법에 의한 보호를 제대로 받을 수 없는 자를 노조및조정법상의 근로자로 정의하는 것이나 마찬가지이므로 불완전한 개념구성이라고 생각된다. 실업자나 구직자는 노동조합에 가입할 수 있는 근로자이긴 하지만 단체협약의 적용을 받을 수 있는 근로자라고 볼 수는 없으므로 근로3권 보장에 의한 근로조건 개선의 보호를 받을 수 있는 노조및조정법상의 근로자로 볼 수 없다고 생각한다.2) 예컨대 일시적으로 실업중인 사람이 특정기업과의 노무공급관계에 들어가기 전에 직종별 또는 지역별 노동조합에 가입하거나, 취업중인 근로자가 특정기업과의 노무공급관계가 끝난 후에도 노동조합에의 가입상태를 유지하고 있더라도 그러한 노동조합을 노동조합으로 보지 않을 수 없는 것이 산업별·직종별·지역별 노동조합의 기본적 성질에 부합된다3)고 해서 실업중인 사람이 취업중인 근로자와 마찬가지로 노조및조정법상의 근로자라고 할 수는 없다.4)

를 받고 있으나 실질적으로는 다른 수입이 없이 사용자와의 종속적 관계에서 노무의 대가를 받아 생활하고 있는 근로자뿐만 아니라, 그런 수입으로 생활할 수밖에 없는 자로서 현재 노무공급을 하고 있지 않은 자(실업 중인 구직자)도 단결활동 내지 노동조합 운동의 주체로서 보호할 필요성이 있는 잠재적 노무공급자이면 노조및조정법상의 근로자에 포함된다고 해석하는 견해가 적지 않다(노동법실무연구회, 「노동조합및노동관계조정법 주해 Ⅰ」(권두섭), 130면 이하 및 인용된 문헌 참고).

1) 단체협약의 체결을 포기한 조합원들로 구성된 노동조합과 그 구성원인 조합원들을 노조법상의 노동조합 또는 근로자라고 볼 수 없는 것과 마찬가지로 영구적으로 실업상태에 있는 자로서 단체협약의 적용을 받을 가능성이 없는 사람들도 노조및조정법상의 근로자라고 볼 수 없다.

2) 판례(大判 2014. 2. 13, 2011 다 78804)는 골프장 운영자(회사)와 골프장 캐디 사이에 근로계약관계의 존재를 부인하면서 골프장 캐디들이 지역별 노동조합에 가입하는 것은 정당하다고 하며, 골프장 캐디들은 정당한 조합원으로서 지역별 노동조합의 직장분회를 통하여 골프장 운영자와 단체협약을 체결할 수 있다고 한다. 그러나 골프장 운영자와 캐디 사이에 근로계약관계가 존재하지 않는다면 근로조건의 개선을 목적으로 하는 단체협약의 적용대상이 존재하지 않는 것이 되어 사용자가 근로기준법상의 근로자가 아닌 근로자들을 구성원으로 하는 노동조합과 단체교섭을 하는 것은 모순된 일이다(김형배, '골프장캐디의 노동법상의 지위', 「노동법포럼」, 제13호, 2014, 24면 이하 참고). 위 대법원 판례를 인용하면서 근로기준법의 근로자가 아니더라도 노조및조정법상의 근로자에 해당하는 방송연기자들의 노동조합이 교섭단위분리 신청을 한 것을 정당하다고 한 하급심 판례(서울高判 2015. 1. 22, 2013 누 50946)가 있다.

3) 菅野, 「勞働法」, 782面 참고. 판례(大判 2004. 2. 27, 2001 두 8568)는 일시적으로 실업상태에 있는 자나 구직중인 자도 노조법상의 근로자에 해당하므로 구직중인 노동자가 근로자가 아니라는 이유로(노조및조정법 제2조 4호 단서 라목 본문 참조) 노동조합설립신고를 반려한 행정관청의 처분은 위법하다고 한 원심의 판단을 정당하다고 하였다. 또한 大判(전합) 2015. 6. 25, 2007 두 4995; 大判 2016. 11. 10, 2015 도 7476 참고.

4) 노조및조정법상의 근로자성을 부인한 사례들: 大判 2006. 6. 30, 2004 두 4888; 大判 2006. 9. 8, 2003 두 3871; 지입차주(大判 1995. 6. 30, 94 도 2122; 大判 1997. 12. 26, 97 누 16534; 서울高判

e) 판례는 출입국관리법상 취업자격이 없는 외국인 근로자도 노조및조정법상의 근로자의 개념에 포함될 수 있다고 한다.[1]) 그러나 이에 대해서는 찬동할 수 없다.

최근의 대법원 판례[2])에 따르면 근로기준법의 근로자는 계약의 형식에 구애받지

1996. 9. 6, 95 나 37171); 골프장캐디(大判 1996. 7. 30, 96 누 587); 유흥업소의 접대부(大判 1996. 9. 6, 95 다 35289: 이 사건에서는 당해 접대부에 대하여 최소계약기간의 정함이 없고, 출·퇴근이 비교적 자유로우며, 팁 이외의 고정급이 없고, 그 액수를 통제하거나 사용·관리하지 않으며, 근로소득세의 원천징수도 없음을 근거로 하고 있다); 자동차판매중개인(서울高判 2006. 7. 14, 2006 나 9516).

그런데 차량소유주와 회사가 차량위탁관리운영계약(이른바 지입계약)을 체결하여 형식적으로 화물운송업을 경영하고 있고, 실제로는 지입차주가 자신의 계산으로 영업활동을 수행하고 있는 경우, 이 지입차주가 운전기사를 채용하여 사용하고 있다면 이 운전기사에 대한 사용자는 지입차주인가 회사인가 하는 점이 문제된다. 판례는 회사와 지입차주의 관계는 대내적인 것에 불과하고 대외적으로는 회사가 자동차를 소유하고 운영하는 주체이므로 회사가 그 사업장의 근로자와의 관계에 있어서도 직접 근로관계에 대한 책임을 지고 있는 사용자라고 판단하고 있다(大判 1992. 4. 28, 90 도 2415). 그 밖에도 예컨대 학습지를 제작·판매하는 회사와 위탁업무계약을 체결한 교육상담교사의 근로기준법상의 근로자 지위에 관하여 판례는 「상담교사가 위탁업무의 수행 과정에서 업무내용이나 방법, 그리고 시간 등에 관해서 회사로부터 직접 지휘·감독을 받고 있지 아니하고, 회사로부터 지급받는 수수료도 상담교사가 제공하는 근로의 내용이나 시간과는 관계 없이 오로지 신규회원의 증가나 월회비의 등록에 따른 수급실적이라는 객관적으로 나타난 위탁업무의 이행실적에 따라서만 지급 여부와 그 지급액이 결정되는 것이므로 근로의 대가인 임금이라 보기 어려우며, 업무수행시간의 정함도 없기 때문에 상담교사는 회사와의 사이에 사용종속관계하에서 임금을 목적으로 근로를 제공한 근로자로 볼 수 없다」고 한다(大判 1996. 4. 26, 95 다 20348). 또한 최근 크게 증가하고 있는 입시학원강사의 지위에 관해서도 판례는 「근로조건에 대한 구체적인 내용을 담은 근로계약 등을 체결하지 아니한 채 단과반의 수학 등 해당 과목을 강의하기로 하면서 강사료는 수강료의 50%씩을 학원측과 배분하기로 하였고, 근로소득세를 원천징수하지 아니하며, 업무수행과정에서 학원측으로부터 강의내용 등에 대해 구체적·직접적으로 지휘·감독을 받지 아니하였고, 강의시간 외에는 시간적 구속을 받는 별도의 출·퇴근시간이 없으며, 강의를 게을리하거나 해태하더라도 단순히 학원측과 계속적 거래관계가 해지될 뿐이라면 학원강사들은 학원에 대하여 사용종속관계하에서 임금을 목적으로 근로를 제공하는 근로자로 볼 수 없다」고 한다(大判 1996. 7. 30, 96 도 732). 그 밖에도 구 노동조합법 제3조 단서 4호의 해고의 효력을 다투고 있는 근로자(구법하에서는 최종 확정판결시까지로 해석되었으나, 현행 노조및조정법에서는 조합원자격유지기간을 단축하여 해고권자가 부당노동행위구제신청을 한 경우에는 중앙노동위원회의 재심판정이 있을 때까지로 하고 있다)의 경우에도 근로기준법상의 근로자로 인정되는지 여부가 문제된다. 그러나 이 규정은 노동조합의 설립 및 존속을 보호하고 사용자의 부당한 인사권 행사에 의하여 노동조합의 활동이 방해받는 것을 방지하기 위한 규정으로서 노동조합의 구성원이 될 수 있는 자격에 관하여 규정한 것일 뿐 사용자와 근로자와의 근로관계에 관한 규정은 아니므로 노동조합의 조합원으로서의 지위와 관련하여서만 적용이 되어야 할 것이고, 근로자와 사용자의 개별적 근로계약 일반의 효력에 확대적용될 수는 없다(大判 1993. 6. 8, 92 다 42354). 근로자에 해당하지 않으므로 퇴직금 청구를 기각한 원심판결을 수긍한 사례(大判 2011. 7. 14, 2009 다 37923).

1) 大判(전합) 2015. 6. 25, 2007 두 4995.

2) 大判 2018. 6. 15, 2014 두 12598, 12604(병합). 또한 大判 2018. 12. 12, 2015 두 38092(방송연기자 사건); 大判 2019. 6. 13, 2019 두 33712(카마스터와의 계약 해지 사건); 大判 2019. 2. 14, 2016 두 41361(철도역 내 매장의 매장운영자들이 노동조합법상의 근로자에 해당하지 않으므로 이들이 가

않고 실질적으로 사업 또는 사업장에서 임금을 목적으로 종속적 관계에서 근로를 제공하였는지에 따라 판단해야 하지만, 노조및조정법은 근로계약관계를 규율하기 위해 제정된 근로기준법과는 달리 헌법에 의한 노동3권 보장을 통해 근로조건의 유지·개선과 근로자의 경제적·사회적 지위 향상 등을 목적으로 제정된 것이므로 노조및조정법상의 근로자는 동법의 입법목적과 근로자에 대한 정의 규정 등을 고려하면 노무제공관계의 실질에 비추어 노동3권을 보장할 필요성이 있는지의 관점에서 판단해야 하므로 반드시 근로기준법상 근로자에 한정할 것은 아니라고 한다. 노조및조정법상의 근로자성 판단기준은 경제적·조직적 종속성을 주된 판단 표지로 삼아야 하며, 'ⅰ) 노무제공자의 소득이 특정 사업자에게 주로 의존하고 있는지, ⅱ) 노무를 제공받는 특정 사업자가 보수를 비롯하여 노무제공자와 체결하는 계약 내용을 일방적으로 결정하는지, ⅲ) 노무제공자가 특정사업자에게 그 사업수행에 필수적인 노무를 제공함으로써 특정 사업자의 사업을 통해서 시장에 접근하는지, ⅳ) 노무제공자와 특정 사업자의 법률관계가 상당한 정도로 지속적·전속적인지, ⅴ) 사용자와 노무제공자 사이에 어느 정도 지휘·감독관계가 존재하는지, ⅵ) 노무제공자가 특정 사업자로부터 받는 임금·급료 등 수입이 노무제공의 대가인지 등을 종합적으로 고려해 판단해야한다'고 한다. 재판부는 노조및조정법상의 근로자인 학습지교사의 위탁사업계약을 회사가 일방적으로 해지하는 것은 노동조합을 와해시키려는 목적에서 이루어진 부당노동행위에 해당한다고 하면서 이를 제대로 살피지 않은 원심 판결을 파기환송하였다. 위 대상판결에 따르면 회사와 위탁사업계약을 체결한 학습지교사는 근로기준법상 근로자에 해당하지 않으나 노조및조정법상의 근로자에 해당한다고 한다.

대법원은 이번 판결로 노조및조정법상 근로자성 인정범위가 근로기준법상 근로자성 인정범위보다 넓다는 점을 분명히 하고, 근로기준법상의 근로자 판단기준과 구별되는 노조및조정법상의 근로자 판단기준을 구체적으로 제시했다고 보고 있다.[1] 현실적으로는 근로기준법상의 근로자로 인정받지 못하는 노무종사자들도 일정한 판단기준에 해당하면 노조및조정법상의 근로자로 인정받아 헌법상의 노동3권을 적법하게 행사할 수 있다고 한다.

이 대상판례 및 같은 취지의 판례들[2]에 대해서는 현행 노동법의 이론적 체계와 관

입한 노동조합이 노동조합법상의 노동조합이 아니어서 단체교섭 요구를 할 수 없다고 판단한 원심판결을 파기·환송한 판결). 대법원 판례는 일본의 학설 및 판례의 영향을 받은 것으로 생각된다. 일본의 노조법상의 근로자의 판단방법에 관해서는 특히 菅野, 「勞働法」, 784面 이하 참고.

1) 大判 2018. 6. 15, 2014 두 12598, 12604(병합) 부당해고 및 부당노동행위구제재심판정취소 사건 보도자료(대법원 공보관실) 참고.

2) 大判 2004. 2. 27, 2001 두 8568; 大判 2011. 3. 24, 2007 두 4483(노동조합설립신고반려처분취소); 大判 2014. 2. 13, 2011 다 78804(부당징계무효확인); 大判(전합) 2015. 6. 25, 2007 두 4995(노동조합설립신고서반려처분취소); 大判 2019. 6. 3, 2019 두 33712(판매용역 계약을 체결한 카마스터 사건); 大判 2018. 10. 12, 2015 두 38092(방송연기자의 노조및조정법상의 근로자) 등.

련하여 다음과 같은 의문이 제기된다.

1) 첫째로 우리 노동법은 근로기준법상의 근로자와 노조및조정법상의 근로자를 양분하여 각 법률의 보호대상을 달리하는 구조로 제정된 것은 아니다. 노동법의 체계가 크게는 근로기준법(개별적 근로관계법)과 노조및조정법(집단적 노사관계법)으로 구분되어 있으나, 이 법률들은 근로자를 보호하는 방법을 달리하고 있을 뿐이고 보호대상이 되는 근로자를 구별하고 있는 것으로 볼 수는 없다. 노동법은 임금을 목적으로 사용자에 종속적 근로를 제공하는 근로자를 보호하는 법역(法域)을 총칭하는 것이므로 그러한 근로자이면 누구에게나 근로기준법이 적용되어 국가의 관리·감독에 의한 법의 보호를 받는다. 또한 근로자들은 스스로 노동조합을 결성하여 사용자에게 단체교섭을 요구하고 단체협약을 체결함으로써 자주적으로 근로조건을 개선할 수 있는 권리를 제도적으로 보장받고 있다. 헌법 제32조 3항은 '근로조건의 기준'은 법률로 정한다고 규정하고 있으며, 제33조 1항은 '근로자는 근로조건의 향상을 위하여' 자주적인 단결권·단체교섭권·단체행동권을 가진다고 규정하고 있다. 이 두 개의 헌법조항을 기초로 근로기준법과 노조및조정법이 제정된 것이므로 두 법률은 사용자와 근로관계에 있는 근로자를 보호대상으로 하고 있다. 그러므로 근로기준법 제2조 2항 1호는「근로자란 직업의 종류와 관계없이 임금을 목적으로 사업이나 사업장에서 근로를 제공하는 자를 말한다」고 정의하고 있다. 그리고 노조및조정법 제2조 1호가「근로자라 함은 직업의 종류를 불문하고 임금·급료 기타 이에 준하는 수입에 의하여 생활하는 자」라고 정의하고 있는데, 대상판례는 이 규정을 근거로 개별적 근로관계를 규율하는 근로기준법과 달리 노무제공관계의 실질에 비추어 노동3권을 보장할 필요성이 있는지의 관점에서 근로자인지를 판단하는 것이 노조및조정법의 입법목적에 합치하므로 노조및조정법상의 근로자는 반드시 근로기준법상 근로자에 한정된다고 할 것은 아니라고 한다. 이와 같은 해석이 옳은 것인지는 의문이다.

2) 둘째로 학습지교사인 노무제공자가 노조및조정법상의 근로자에 해당한다면 노동조합에 가입하여 조합활동을 할 수 있음은 물론 그가 가입한 노동조합이 체결한 단체협약의 적용을 받아 근로조건의 개선을 향유할 지위를 갖는다. 이는 곧 학습지교사와 사용자 사이에 근로계약관계 내지 이에 준하는 고용관계가 존재한다는 것을 뜻한다. 그렇다면 노조및조정법상의 근로자 개념을 사용자와의 개별적 근로계약관계에서 분리하여 구성하는 것은 옳지 않다고 보아야 하며, 노동법의 체계와 모순된다. 노조및조정법은 근로기준법에 의한 개별적 보호만으로는 불충분하기 때문에 근로자들이 근로기준법상의 최저기준 이상의 근로조건을 추구할 수 있고 근로기준법이 규정하고 있지 않은 사항에 대해서도 그들의 권익을 창설적으로 설정할 수 있도록 집단적 협약자치 제도를 마련하여 근로자들을 두텁게 보호하는 법이다. 근로기준법 제96조 1항과 노조및조정법 제33조 1항은 노동법 체계의 기초를 이루는 기본적 법조항으로서 일체적(一体的)으로 이해되어야 한다. 따라서 근로기준법과 노조및조정법이 보호 대상으로 하고 있는 근로자는 서로

다를 수 없다고 보아야 한다. 근로계약관계에 있지 않으나 노동조합에 가입할 수 있는 '근로자' 또는 사용자와의 근로계약관계가 인정되지 않는 '노무제공자'를 노조및조정법상의 근로자로 확대 해석하는 것은 무의미하거나 모순된 일이다. 판례는 구직자인 실업자의 노동조합가입을 인정하거나, 현재 근로계약관계에 있지 않으나 임금(근로계약관계에 있지 않는 자가 '임금'을 받는다는 것은 모순이다)·급료 기타 이에 준하는 수입에 의존하여 생활하는 자를 노조및조정법상의 근로자로 인정하고 있으나 이 법의 핵심이 단체협약의 보호인 점을 고려하면 노조및조정법상의 근로자 개념을 동법에 의한 보호와 무관하게 확대할 것은 아니다.

3) 셋째로 대상판결은 사용자와의 근로계약관계에 있지 않아 근로기준법의 보호를 받을 수 없다하더라도 '노무제공관계의 실질에 비추어 노동3권을 보장받을 필요성'이 인정되면 그 노무제공자는 노조및조정법상의 근로자라고 한다. 그러나 여기서 노동3권을 보장받을 「필요성」은 사실개념이 아니라 법적 개념으로 이해되어야 한다. 다시 말해서 노동3권과 노조및조정법은 종속적 근로관계에서 노무를 제공하는 근로자를 보호할 필요와 목적에서 헌법상 기본권으로 보장되고 법률로 제정된 것이므로 그 단계에서 「노동3권을 보장할 필요성」이 거론될 수 있는 규범적 개념이지 그러한 맥락을 떠나서 사실상의 필요성으로 이해되는 개념은 아니라고 생각된다. 만약 필요성 개념을 종속적 근로계약관계와 무관하게 사실적 필요성으로 이해한다면 노조및조정법상 '근로자'의 범위는 넓게 확대되어 노동법 체계가 흔들리게 될 것이다. 이와 같은 해석은 헌법 제33조 1항의 법문에도 반한다고 판단된다. 동 규정은 근로자는 '근로조건의 향상을 위하여' 자주적인 노동3권을 가진다고 규정하고 있기 때문이다.

4) 넷째로 판례에 따르면 노동조합법상의 근로자는 반드시 근로기준법상 근로자에 한정되는 것은 아니라고 한다.[1] 예컨대 ○○자동차 주식회사와 판매용역계약을 체결하고 그 업무를 수행하는 카마스터(car master)는 회사와의 사이에 근로계약관계에 있지 않으므로 근로기준법상의 근로자에 해당하지 않지만 노동조합법상 근로자에 해당한다고 한다. 「노동조합법상 근로자는 사용자와 사용종속관계에 있으면서 노무에 종사하고 대가로 임금 그 밖의 수입을 받아 생활하는 사람을 말하고, 사용자와 사용종속관계(인적종속관계를 의미하지 않음)에 있는 한 노무제공계약이 고용, 도급, 위임, 무명계약 등 어느 형태이든 상관없다」는 것이 판례의 태도이다.[2] 카마스터는 회사와 자동차용역계약을 체결하였으므로 근로기준법상의 근로계약을 체결했다고 볼 수 없으나, 노동조합법상의 근로자에 해당하므로 사용자가 카마스터와의 판매용역계약을 해지한 것은 노동조합탈퇴를 종용하는 부당노동행위에 해당하여 무효라고 한다. 그러나 카마스터와의 용역계약

1) 大判(전합) 2015. 6. 25, 2007 두 4995; 大判 2014. 2. 13, 2011 다 78804; 大判 2018. 6. 15, 2014 두 12598, 12604; 大判 2018. 10. 12, 2015 두 38092 등 참조.
2) 大判 2019. 6. 13, 2019 두 33712.

을 해지(大判 2019 두 33712 참고)하는 것이 단결권을 침해하는 것이므로 카마스터는 노조및조정법상의 근로자라고 우회적(迂廻的)으로 판단하는 것은 불완전한 판단방법이라고 생각된다. 카마스터들이 노동조합을 통해서 그들의 근로조건에 관하여 사용자와 교섭할 수 있는 자에 해당하는지 여부는 직접적으로 판단해야 할 것이다.

《출입국관리법상 취업자격 없는 외국인의 노조및조정법상 지위》

대법원은 취업자격이 없는 외국인도 노조및조정법상 근로자의 범위에 포함된다고 한다. 대법원의 견해에 의하면 「출입국관리 법령에서 외국인고용제한 규정을 두고 있는 것은 취업자격 없는 외국인의 고용이라는 사실적 행위 자체를 금지하고자 하는 것 뿐이지, 나아가 취업자격 없는 외국인이 사실상 제공한 근로에 따른 권리나 이미 형성된 근로관계에 있어서 근로자로서의 신분에 따른 노동관계법상의 제반 권리 등의 법률효과까지 금지하려는 것으로 보기는 어렵다」[1]고 한다. 따라서 타인과의 종속관계에서 근로를 제공하고 그 대가로 임금을 받아 생활하는 사람이면 취업자격 없는 외국인이더라도 노조및조정법상 근로자의 범위에 포함되어 노동조합에 가입할 수 있다고 한다. 그러나 대법원은 취업자격 없는 외국인이 노조및조정법상 근로자의 개념에 포함된다고 하여 출입국관리 법령상 취업자격을 취득하게 된다거나, 그 체류가 합법화되는 효과를 발생하는 것은 아니라고 한다.[2]

이 판례에 대해서는 다음과 같은 이유에서 찬동하기 어렵다. 첫째, 출입국관리법이 취업자격 없는 외국인에게 고용을 금지하고 있는 것(동법 제18조 Ⅰ, Ⅱ, Ⅲ, Ⅳ, Ⅴ 참조)은 취업자격을 취득하지 못한 외국인은 적법한 근로계약관계를 체결할 수 없다는 취지로 해석되어야 한다(벌칙 제94조, 제95조 참조). 따라서 취업자격 없는 외국인이 어느 사업장에 사실상 채용되어 노무를 제공하였더라도 그 취업관계가 취업자격을 취득한 외국인의 근로계약관계와 같이 합법적인 근로관계로서 노동관계법의 보호를 받는 것이라고 볼 수는 없다. 취업자격 없는 외국인과의 근로계약은 출입국관리법 제18조 1항을 위반한 일종의 흠이 있는 근로계약이라고 볼 수 있다.[3] 취업자격이 없는 외국인이 사실상 채용되어 이미 노무를 제공한 부분에 대하여 부당이득반환의 법리를 적용하지 아니하고 마치 적법한 근로관계가 성립한 경우처럼 임금이나 그 밖의 대우나 보상을 지급받도록 하는 것은 근로자 보호의 관점에서 근로자에게 불이익을 주지 않기 위해서이다. 그러나 이러한 법적 취급은 어디까지나 이미 수행된 과거의 노무제공에 대하여 근로자보호차원에서 이루어지는 것(예컨대 임금 및 수당 등의 청산, 업무상 재해에 대한 보상)이고 취업자격 없는 외국인의 취업관계 자체가 노동관계법의 적용을 받을 수 있는 적법한 근로(계

1) 大判 1995. 9. 15, 94 누 12067; 大判(전합) 2015. 6. 25, 2007 두 4995([32] 2. d) 참고).
2) 大判(전합) 2015. 6. 25, 2007 두 4995의 다수의견.
3) Hromadka/Maschmann, *Arbeitsrecht*, Bd. 1, §5 Rn. 97 f., 100, 149 참고.

약)관계를 형성하기 때문은 아니다. 판례는 취업자격 없는 외국인이 근로를 제공하다가 작업도중 부상을 입은 경우와 같이 근로자의 인신(人身)상의 보호가 요구되는 사안에서 산재보험법의 적용과 관련하여 고용계약이 당연히 무효라고 보지 않는다는 해석을 하고 있다.[1] 그러나 대상판결에서와 같이 취업자격 없는 외국인이 일단 사용자와의 고용계약을 체결하면 노동관계법의 적용을 받을 수 있는 적법한 근로관계가 성립하는 것처럼 일반화하는 것은 출입국관리법 해당 규정의 취지에 반한다고 판단된다.

둘째, 대상판결이 인용하고 있는 대법원 판례[2]에 의하면, 외국인의 취업자격은 대한민국 내에서 취업활동을 가능케 하는 전제가 되는 것이므로 이미 형성된 근로관계가 아닌 한 취업자격 없는 외국인과의 근로관계는 정지되고, 당사자인 사용자는 언제든지 취업자격 없음을 이유로 근로계약을 해지할 수 있다. 이 경우에는 근로기준법 제23조 1항(해고제한규정)은 적용되지 않는다.[3] 그런데 근로자가 노동조합을 조직하고 이에 가입하는 것은 장차 그가 가입하고 있는 노동조합이 사용자와의 단체교섭 및 단체협약의 체결을 통하여 그의 근로조건의 유지·개선을 실현해 줄 것을 기대하기 때문이므로 그 근로자의 근로관계가 장래에도 계속 유지·존속되는 것을 전제로 한다. 그러나 취업자격 없는 외국인의 근로관계는 언제라도 정지되고, 사용자는 그 외국인 근로자와의 근로계약관계를 언제든지 해지할 수 있으므로 장래의 근로관계가 보장될 수 없는 근로자를 노조및조정법상의 근로자에 해당되는 것으로 보는 것은 처음부터 의문이 아닐 수 없다(同旨: 대상판결의 반대의견).

셋째, 판례는 특정 사용자에게 고용되어 취업하고 있는 사람뿐만 아니라 일시적으로 실업상태에 있는 사람이나 구직 중인 사람을 포함하여 근로3권을 보장할 필요성이 있는 사람도 노조및조정법상의 근로자의 개념에 포함시키고 있으나,[4] 저자는 노조및조정법상의 근로자는 원칙적으로 사용자와의 적법한 근로계약관계를 유지하고 있는 근로자이어야 한다고 생각한다. 근로기준법과 마찬가지로 노조및조정법상의 근로자도 근로조건의 유지·개선에 관한 한 근로계약관계의 당사자 지위에 있어야 하기 때문이다([96] 2. b) 참고). 노조및조정법상의 근로자를 이와 같은 관점에서 이해한다면 취업자격이 없는 외국인 근로자는 애초부터 노동조합에 가입할 수 있는 근로자의 개념에 포함될 수 없다.

대상판결은 국제적 입법 및 판례 동향이나 국내의 중소기업 등에서의 노동력 수급상의 현실에 비추어 오랫동안의 사전 연구와 검토 끝에 전원합의체에서 내려진 「정책적」 판결이라고 생각된다. 그러나 출입국관리법 및 노동관계법의 해석과 적용에 있어

---

1) 大判 1995. 9. 15, 94 누 12067 참고.

2) 大判 1995. 9. 15, 94 누 12067.

3) Hromadka/Maschmann, *Arbeitsrecht*, Bd. 1, § 5 Rn. 167; 김형배, '경력사칭(기망행위)과 근로계약 취소의 소급효'「勞動法論叢」(제42집), 2018, 162면 이하 참고.

4) 大判 2004. 2. 27, 2001 두 8568; 大判 2015. 1. 29, 2012 두 28247 등 참고.

체계적 통일성과 조화를 도모하고 있지 못한 이 판결에 대해서는 찬동하기 어렵다(同旨: 대상판결의 반대의견).

3. 노조및조정법상의 사용자 및 사용자단체

a) 노조및조정법 제2조 2호는 「'사용자'라 함은 사업주, 사업의 경영담당자 또는 그 사업의 근로자에 관한 사항에 대하여 사업주를 위하여 행동하는 자를 말한다」고 규정하고 있다. 이는 근로기준법 제2조 2호의 사용자의 정의규정과 문언상 다르지 않다. 그러나 노조및조정법상의 사용자는 집단적 노사관계에 있어서 근로자나 노동조합과의 관계에서 그 상대방이 되는 당사자를 의미한다. 따라서 사용자는 노동조합의 단체교섭 요구에 대하여 성실하게 응해야 하며, 단체협약을 체결할 수 있고(제30조 Ⅰ, Ⅱ 참조), 노동조합의 쟁의행위에 대항하여 직장폐쇄를 할 수 있으며(제46조 Ⅰ; 벌칙 제91조 참조), 부당노동행위(제81조; 벌칙 제90조 참조)를 해서는 아니 되는 자의 지위에 있는 사업주, 사업의 경영담당자 또는 근로자에 관한 사항에 대하여 권한과 책임을 부여받은 자라고 할 수 있다. 판례는 노조및조정법상의 사용자 개념에 대하여도 사용종속관계를 전제로 하고 있다.[1] 사용자 개념은 궁극적으로 단체협약의 내용인 근로조건의 기준을 이행해야 할 의무를 지는 협약상의 당사자 개념으로 집약될 수 있기 때문이다. 그러나 근로자에 대하여 직접적인 사용종속관계에 있지 않더라도 근로자의 기본적인 근로조건 등에 관하여 그 근로자를 직접 고용한 사업주(사내하도급자)의 권한과 책임을 일정 부분 가지고 있다고 볼 수 있을 정도로 실질적이면서 구체적으로 지배·결정을 할 수 있는 지위에 있는 자(원도급인)가 부당노동행위를 한 경우에는 그 시정을 명하는 구제명령을 이행할 주체로서의 사용자에 해당한다.[2]

노조및조정법에서는 근로조건의 결정, 인사·해고 등에 관하여 처분권한을 가지는 자가 단체협약체결 당사자가 될 수 있으므로 사업주 또는 경영담당자[3]는 사용자가 될 것이다. 사업주는 개인일 수도 있고 법인일 수도 있다. 법인 사업의 경우에는 법인이 사업주이다.[4]

b) 노조및조정법 제2조 3호는 「'사용자단체'라 함은 노동관계에 관하여 그 구성원

1) 大判 2008. 9. 11, 2006 다 40935; 大判 1997. 9. 5, 97 누 3644; 大判 1995. 12. 22, 95 누 3565 등.
2) 大判 2010. 3. 25, 2007 두 8881.
3) 사업주로부터 사업 경영의 전부 또는 일부에 대하여 포괄적 위임을 받고 대외적으로 사업을 대표하는 지위에 있는 자를 경영담당자라고 할 수 있다(大判 2008. 4. 10, 2007 도 1199 등). 회사정리 절차 또는 파산 이후의 관리인(大判 1989. 8. 8, 89 도 426), 사립대학교 총장, 대학교 의료원장(大判 2008. 4. 10, 2007 도 1199)도 단체교섭 당사자가 될 수 있다.
4) 大判 1998. 1. 23, 97 다 44676 참고.

인 사용자에 대하여 조정 또는 규제할 수 있는 권한을 가진 사용자의 단체를 말한다」고 규정하고 있다. 사용자단체가 그 구성원인 사용자에 대하여 조정 또는 규제 권한을 가지기 위해서는 그 정관이나 규약에 그와 같은 통제력이 주어져 있어야 한다. 규약에 의하여 구성원인 사용자를 위하여 단체교섭을 하고 단체협약을 체결할 수 있는 권한이 주어지면 사용자단체(단체교섭을 목적으로 하는 통제력을 가진 단체)는 노조및조정법상 단체교섭, 단체협약체결 및 노동쟁의의 당사자가 될 수 있다.[1]

[97] Ⅱ. 노동조합의 조직형태[2]

노조및조정법은 노동조합의 조직형태에 대하여 특별한 규정을 두고 있지 않다. 해석론상 헌법은 근로자들에게 자주적 단결권을 보장하고 있으므로 어떤 종류 또는 형태의 노동조합을 결성·조직할 것인지는 헌법상 근로자들의 선택에 맡겨져 있다고 볼 수 있다. 모든 형태의 노동조합은 노동조합으로서의 실질적 요건을 갖추고 있는 한 노조및조정법상 적법한 노동조합이 될 수 있다.

1. 조직범위에 의한 구별

노동조합의 조합원이 되는 범위를 기준으로 하는 조직유형에는 다음과 같은 것들이 있다.

(1) **직종별**(직업별) **노조**(craft union)

동일한 직종 또는 직업에 종사하는 근로자를 구성원으로 하는 유형의 노동조합을 말한다. 직종별 노동조합은 근로자 자신의 기능·기술에 대한 이익(기능·기술의 유지와 일정수준의 임금의 개선)을 옹호하기 위하여 기업과 산업을 초월하여 횡적으로 광범한 지역에 걸쳐 조직되는 노동조합이다. 노동조합의 고전적 조직유형이라고 볼 수 있다.

이 조직유형의 장점으로는 첫째, 임금 기타 근로조건에 관한 제안을 명확하게 할 수 있다는 점, 둘째, 단결력이 강고하여 어용화의 위험이 적다는 점, 셋째, 직장단위를 조직의 중심으로 하지 않으므로 실업근로자도 가입할 수 있다는 점을 들 수 있다. 반면에 단점으로는 첫째, 근로자인 조합원과 사용자와의 유대가 희박하다는 점, 둘째, 배타적이고 독점적이어서 근로자 전체의 경제적 및 사회적 지위의 향상을 위해서는 적응력이 떨어진다는 점, 셋째, 교섭상대방이 복수이고 유동적이라는 점 등을 들 수 있다.

---

1) 大判 1999. 6. 22, 98 두 137; 大判 1992. 2. 25, 90 누 9049 등.

2) 노동조합의 조직형태의 법적 문제에 관해서는 Gamillscheg, *Kollektives ArbR*, Bd. Ⅰ, S. 397 ff. 참고.

⑵ **산업별 노조**(industrial union)

동일산업에 종사하는 근로자들이 직접 노동조합에 가입하여 초기업적·횡단적인 대규모의 조직형태를 취하는 노동조합을 말한다. 산업별 노조는 대량의 미숙련근로자들이 노동시장에 진출하면서부터 발달한 것으로 오늘날 대규모의 산업시설을 갖춘 구미 각국에서 일반적으로 채택되고 있는 조직유형이다. 산업별 노조는 대산업별 방식과 중산업별 방식으로 구분될 수도 있으나, 숙련공·미숙련공의 구별 없이 조직의 강화와 통일을 기하려는 데 그 목적을 두고 있다. 구미 각 국에서 예컨대 철강산업, 자동차산업, 해운산업 등의 분야에서 널리 채택되고 있는 조직유형이다.

산업별 노조는 사용자단체나 중요대기업주들을 교섭상대방으로 하여 동종산업에 종사하는 근로자의 지위를 통일적으로 개선할 수 있다는 점에서 장점을 가지고 있으나, 각 직종의 특수성에 적합한 근로조건을 정하는 데에는 어려움을 겪는다. 또한 산업별 노조에 속한 기업들의 경제적·재정적 능력의 격차로 인하여 산업별 단체협약을 일률적으로 적용하는 데에도 현실적 난점이 있다. 이를 조정하기 위하여 서구 산업국가에서는 여러 가지 방안(예컨대 단체협약에 의한 개방조항: Öffnungsklausel)이 강구되기도 한다. 우리나라는 현재 전국전력, 전국담배인삼, 한국철도산업, 전국금속, 전국대학, 전국언론, 전국운수산업, 전국건설, 한국교원 등이 산업별 조직형태를 취하고 있다. 이 외에도 현재 약 131개의 산별노조가 존재한다.[1)]

⑶ **일반노조**(general union) **및 지역노조**(regional union)

직종·산업을 구별하지 않고 각종 직업과 산업을 대상으로 조직된 노조를 말한다. 조직대상이 되는 직업과 산업이 특징되어 있지 않으므로 구성원 사이에 단체성이 약하다. 서구에서는 산업별 노조가 다른 산업분야에 조직을 확대하는 경우에 거대한 일반노조로 조직되기도 한다. 특히 특정지역에서 기업단위로 조직화되기 어려운 중소기업의 근로자들이 업종과 직종을 초월하여 노동조합을 조직하기도 한다. 이를 지역노조라고 부르기도 한다.

⑷ **기업별 노조**(enterprise union)

특정의 기업 또는 사업장에서 근로하는 근로자를 직종의 구별 없이 조직대상으로 하는 노동조합을 말한다. 우리나라의 노동조합은 현재 90% 이상이 기업별 조직유형을 취하고 있다. 이러한 조직유형은 직종별 또는 산업별의 경우처럼 기업을 초월·횡단하지 못하므로 종단조직(縱斷組織)이라고 불리기도 한다. 우리나라에서 기업별 조합은 이른바 정규직 근로자를 중심으로 조직·발전하여 왔다. 또한 동종산업 또는 직종이라 하더라도

1) 고용노동부, 2014년 전국노동조합 조직현황, 2015 참고.

단위기업 사이에 시설규모나 지급능력의 차이로 말미암아 기업별 조직유형이 자연스럽게 수용되고 있다는 점도 무시될 수 없다.

이 조직유형의 장점으로는 첫째, 단위기업체 내의 근로자들의 근로조건을 통일적으로 정할 수 있고, 둘째, 사용자와의 관계가 긴밀하여 이른바 노사협조가 잘 이루어질 수 있다는 점을 들 수 있다. 반면 단점으로는 첫째, 각 직종의 근로자들의 지위개선에 공평을 기하기가 어렵고, 둘째, 사용자에 의한 직접·간접적인 지배·개입이 용이하기 때문에 노동조합이 어용화될 위험이 있다. 우리나라에서는 산업화과정에서 (기업별)노동조합의 어용화와 부당노동행위가 노동운동에 부정적 영향을 미친 것이 사실이다. 이를 극복하기 위하여 기업별, 사업장별 노조가 상급단체인 연합단체를 조직하여 이에 가입하는 과정을 거쳐왔다(기업별 노조가 상급단체인 연맹에 단체교섭을 위임하는 경우가 적지 않다). 또한 하나의 사업장에 하나의 기업별 노동조합만을 설립할 수 있도록 한 구노동조합법의 규정은 복수노동조합제도를 도입하는 원인으로 작용하기도 하였다([14] 4, [97] 5. 참고). 근년에 와서는 정규직 근로자의 상대적 감소와 비정규직 근로자의 증가로 기업별 노조는 조직상의 어려움을 겪고 있다.

2. 구성원이 개인 또는 단체인가에 따른 구별

(1) 단위노조

단위노조는 근로자가 직접 개인자격으로 노동조합에 가입(가입원서의 제출)하고, 독자적인 단체로서의 규약과 기관을 가지고 활동하는 노동조합을 말한다. 단위노조는 기업별 차원에서 구성될 수도 있고(기업별 단위노조), 초기업적 차원에서 조직될 수도 있다(산업별 단위노조 또는 지역별 단위노조). 전국적 규모의 단위노조인 산업별 노조에서는 각 지역이나 기업별로 지부 또는 분회를 둘 수 있다. 기업별 노조도 사업장 또는 작업장별로 지부·분회를 둘 수 있다. 그러나 이 지부나 분회는 단위노조가 아니기 때문에 단위노조의 위임이 없이는 독자적인 단체교섭활동을 할 수 없다. 각 지부나 분회가 어느 정도의 독자성을 가지느냐 하는 것은 조직내부에 관한 규약상의 문제이다.[1]

(2) 연합노조

그 구성원이 노동조합인 경우의 노동단체를 말한다. 노조및조정법은 연합노조라고 하지 아니하고 연합단체라는 용어를 쓰고 있다(노조및조정법 제10조 Ⅰ ⑤·⑥, Ⅱ, 제11조,

1) 그러나 노조및조정법 시행령 제7조는 「근로조건의 결정권이 있는 독립된 사업 또는 사업장에 조직된 노동단체는 지부·분회 등 명칭 여하에 불구하고 법 제10조 1항의 규정에 의한 노동조합의 설립신고를 할 수 있다」고 규정하고 있다. 이 규정은 노동조합의 조직원리에 반하는 것으로 조직상의 혼란을 야기할 수 있다.

제13조 등 참조). 사업장(작업장, 공장)을 중심으로 결성된 단위노동조합들이 기업단위로 결성한 기업별 연합노조가 있을 수 있고, 기업별 단위노조나 기업별 연합노조가 산업별 규모로 결성한 산업별 연합노조가 있을 수 있다.

(3) 혼합노조

그 구성원이 근로자 개인과 기업별 노조(사업장근로자 전체)인 노동조합을 말한다. 우리나라에서는 화학관련 업종 등을 중심으로 형성된 지역단위노조에서 이러한 조직형태가 나타나기 시작했다.

3. 전국적 규모의 중앙조직

우리나라에는 전국적 규모의 노동조합총연맹으로 한국노동조합총연맹과 전국민주노동조합총연맹이 있다. 이 총연맹에는 기업별 노조, 지역별·업종별 노조, 산업별 노조, 산업별 연맹 등이 가입되어 있다.

4. 노동조합의 조직형태와 조합활동의 주체

a) 기업별 노조에서는 그 기업의 근로자(종업원)가 기업별 노조에 가입(가입신청서의 제출)하여 조합원이 된다. 기업근로자들이 주체가 되어 노동조합을 결성하고 이에 가입하여 기업별 노조가 탄생(설립신고)하게 되면, 이 노동조합이 단위노조로서 조합활동을 직접 수행하는 주체가 된다. 즉, 단체교섭, 쟁의행위, 단체협약의 체결, 노조활동의 방향과 지침의 결정 및 집행 등 그 밖의 모든 조합운영에 관한 권한을 행사한다.

산업별 노조에 있어서는 그 노동조합의 구성원인 근로자들이 직접 산업별 노조에 가입(가입원서의 제출)하므로 그 산업별 노조에 가입한 근로자들이 사용자가 다른 기업체의 근로자라 하더라도 그 산업별 노조가 '단위'(單位)노조로서의 지위를 가지고 모든 근로자를 '대표'하여 그 근로자들을 고용하고 있는 사용자들, 즉 사용자단체와 직접 단체교섭을 하고 단체협약을 체결하며 그 밖에 노동조합의 운영·조직에 관한 모든 권한을 행사하는 주체가 된다. 이것은 산업별 조직의 노동조합에 적용되는 기본 원칙이다.

따라서 기업별 단위노조 및 산업별 단위노조는 모두 개개 근로자를 그 구성원으로 하고 그 가입근로자들을 직접 대표하여 사용자 또는 사용자단체와 단체교섭 등 집단적 활동을 하는 당사자가 된다.

b) 기업별 노조나 산업별 노조는 각각 지부 또는 분회를 둘 수 있다. 기업별 노조가 사업장, 또는 공장 단위로 지부나 분회를 둔 경우도 기업별 노조가 규약에 따라 단체교섭 등 사용자와의 집단적 행동을 하는 지위를 보유하므로, 지부·분회는 기업별 노조

의 산하조직에 지나지 않으며 기업별 노조의 지시와 통제하에서 위임받은 범위 내에서만 사용자와의 교섭을 할 수 있다. 따라서 지부·분회는 독립된 노동조합으로서의 자격을 가질 수 없다. 마찬가지로 단위노조인 산업별 노조에 있어서도 그 산하에 기업 또는 사업(장)별로 지부·분회를 두고 있는 경우에 지부나 분회는 산업별 노조가 그 규약에 기초하여 행사하는 조직상의 권한 행사와 통제에 따라야 하며 위임받은 사항과 범위 내에서만 사용자와의 집단적 행위를 할 수 있다.

그러나 단위노조인 기업별 노조들이 연합노조를 결성하고 종래의 기업별 노조를 조직상 지부·분회라고 부를 수도 있다. 여기서 유의해야 할 것은 기존의 단체교섭권을 가지고 있던 기업별 단위노조가 연합노조에 가입한 후에 지부·분회라는 이름으로 불린다고 해서 노동조합으로서의 지위와 권한이 축소되거나 바뀌는 것은 아니라는 점이다. 다시 말하면 기업별 단위노조가 연합노조에 가입한 후에 그 기업의 사용자와 단체교섭을 하게 되는 경우에 단체교섭 당사자는 여전히 기업별 노조이고 연합노조는 아니다. 연합노조가 교섭에 참여하거나 교섭을 행할 수 있는 것은 기업별 노조의 위임에 의한 것이라고 보아야 한다.

노조및조정법 시행령 제7조는 「근로조건의 결정권이 있는 독립된 사업 또는 사업장에 조직된 노동단체는 지부·분회 등 명칭여하에 불구하고 법 제10조 1항의 규정에 의한 노동조합의 설립신고를 할 수 있다」고 규정하고 있다. 이 규정은 지부·분회가 단위노조가 될 수 있는 요건을 갖추고 있는 경우에 적용될 수 있는 것으로 해석해야 할 것이다([97] 4·6; [107] 1. (1) e) 참조). 산업별 단위노동조합의 기업별 산하조직인 지부·분회가 산별 단위노조의 승인이나 위임없이 독자적 단체교섭권한을 가질 수 없다는 것은 노동조합의 조직원리상 당연한 일이다.[1)]

5. 복수노조의 문제

2011년 7월 1일부터 하나의 사업 또는 사업장에 조직형태에 관계없이 2개 이상의 노동조합의 설립이 가능하게 되었다. 따라서 하나의 사업 또는 사업장에 복수의 노동조합이 존립할 수 있다. 그러나 노동조합은 교섭창구를 단일화하여(교섭대표노동조합을 정하여) 사용자에게 단체교섭을 요구할 수 있고, 다만 사용자가 교섭창구 단일화절차를 거치지 아니하기로 한 경우에만 개별교섭을 할 수 있다(노조및조정법 제29조의2 I 참조). 따라서 위에서 설명한 내용들은 개별노조와 교섭대표노동조합 또는 공동교섭대표단에 차별적으로 적용된다는 점에 유의하여야 한다(노조및조정법 제29조의2 내지 제29조의5 참고)

1) 大決 2011. 5. 6, 2010 마 1193 참고.

([107] 1. (2) 참고).

6. 우리나라 노동조합의 조직형태

a) 우리나라 노동조합은 1963년 노동조합법이 개정[1]되기 전까지는 현실적으로 기업별 또는 사업장별 조직의 형태를 취하였다. 그러나 1963년에 산업별 조직형태를 지향하는 법개정이 이루어졌다. 그러다가 유신헌법(1972년)에 따른 1973년의 노동조합법의 개정으로 산업별 조직형태를 지향 또는 전제하는 규정들이 다시 삭제되고, 노동조합법 시행령 제7조가 개정되어 노동조합지부 또는 분회로 하여금 노동조합설립신고를 의무화함으로써 노동조합의 조직을 기업별 형태로 전환하려는 입법이 시도되었다. 이는 산업별 노동조합조직을 약화하려는 것으로 단결권의 내용인 노조조직선택의 자유(권리)에 반한다. 그리고 제5공화국의 탄생과 더불어 1980년의 노동조합법 개정(제13조 참조)에서는 노동조합의 조직을 기업별로 강제하는 명문의 규정을 두었다.

그러나 1987년 '민주화'의 여파로 같은 해 11월 28일에 노동조합법(법률 제3966호)이 개정됨으로써 기업별 조직강제에 관한 규정이 삭제되고, 근로자의 자유로운 선택에 따라 조직형태를 정할 수 있도록 하였다. 그리고 시행령 제7조의 규정은 임의규정의 형식으로 바뀌었다.

2019년 말 우리나라에는 한국노동조합총연맹(약칭 한국노총, 40.2%)과 전국민주노동조합총연맹(약칭 민주노총, 41.3%) 산하에 각각 25개와 16개의 전국 규모 산업별 연합단체 및 산업별 노동조합이 있다. 지역별·업종별 노조 및 연합단체 소속 산별노조와 소규모 산별노조까지 합치면 양 노총 산하 초기업별 노조의 수는 매우 많다. 그 규모는 매우 미미하지만 공공노동조합총연맹(1.9%)과 전국노동조합총연맹(0.6%)도 총연맹으로 설치되어 있다.[2] 조합원 수 5천명 이상인 산별노조로는 특히 전국담배인삼노조, 전력노조, 철도노조 등을 들 수 있는데, 이들은 실질적으로 단위노동조합으로서의 기능을 하고 있다.

b) 현행 노조및조정법은 조직유형에 대한 강제조항을 두고 있지 않다(제5조, 제10조 참조). 노동조합의 조직유형을 산업별로 할 것인가, 기업별로 할 것인가, 또는 직종별로

---

1) 1953년에 제정된 노동조합법에서는 노동조합의 조직에 관하여 아무런 규정도 두고 있지 않았으나, 1963년 12월 7일에 개정된 동법에서는 전국적 규모(주로 산업별 조직)의 단일조직형태를 지향 내지 전제하는 규정(제13조 Ⅰ ⑤·Ⅲ, 제14조 ⑪, 제26조 Ⅱ; 노쟁법 제12조 Ⅱ)을 두었다. 그러나 1973년 3월 13일 이 법의 개정에 의하여 전국적인 규모의 단체 또는 산하단체에 관한 규정을 삭제하였다가 1980년 12월 31일의 개정시에는 기업별 조직을 강제하였다(제13조).

2) 고용노동부, 2019년 전국노동조합 조직현황, 2020 및 한국노총 홈페이지, 민주노총 홈페이지 참고.

할 것인가 하는 문제는 단결권의 행사주체인 근로자들이 스스로 선택하여 결정할 사항이다. 대사용자적 관계에서 자주성을 유지하면서 조합원의 민주적 의사결정을 기초로 하여 근로조건의 유지·개선을 추구할 수 있는 최적의 노동조합유형을 선택할 권리가 단결권의 내용으로 보장되어 있기 때문이다. 따라서 법률이 특정한 조직유형을 강제하는 것은 근로자들에게 보장된 헌법상의 기본권을 제약하는 것이 된다. 2019년 말 기준으로 조직형태별 노동조합 수는 기업별 노조가 41.8%(5,632개), 초기업별 노조(산업별, 지역별 노조)가 58.2%(521개)를 차지하고 있다.[1)]

[98] Ⅲ. 노동조합의 요건과 자주성

1. 노동조합의 개념과 자주성

a) 노동조합(trade union, labor union, Gewerkschaft, syndicat ouvrièr)이란 임금근로자들이 주체가 되어 자주적으로 그들의 근로조건을 유지 또는 개선할 목적으로 조직한 단체를 말한다.[2)] 노조및조정법 제1조는 근로자들이 헌법에 의하여 보장된 근로3권을 기초로 그들의 경제적·사회적 지위의 향상과 복지를 증진·도모하는 것을 동법의 기본목적으로 규정하고 있다. 그리고 동법은 이와 같은 목적을 추구하는 노동조합의 정의(개념)를 자세히 규정하고 있다(노조및조정법 제2조 ④ 참조). 노동조합의 정의규정은 단순히 형식적 또는 이념적인 것에 그치는 것이 아니라 집단적 노사관계를 형성할 수 있는 노동조합의 성질과 목적 그리고 법적 보호를 받을 수 있는 적법성을 정한 것으로서 노동조합의 활동인 단체교섭, 단체협약의 체결 및 그 효력, 그리고 쟁의행위의 정당성의 판단에 대하여 중요한 의의를 가진다(노조및조정법 제2조 ④).

b) 노조및조정법 제2조 4호 본문에 의하면 「노동조합이라 함은 근로자가 주체가 되어 자주적으로 단결하여 근로조건의 유지·개선 기타 근로자의 경제적·사회적 지위의 향상을 도모함을 목적으로 조직하는 단체 또는 그 연합단체를 말한다」. 이 규정에 의하면 노동조합은 근로자들의 지위향상을 목적으로 하는 자주적 단체이어야 한다. 즉, 노동조합은 사용자, 정부 그 밖에 사회적 세력에 대하여 대외적 자주성을 갖춘 목적단체이어야 한다(노동조합의 실질적 요건). 따라서 노동조합은 근로자가 주체가 되어 자주적으로

1) 고용노동부, 2019년 전국노동조합 조직현황, 2020 참고.

2) "A trade union is a continuous association of wage-earners for the purpose of maintaining or improving the conditions of their working lives"(Sydny and Beatrice Webb, *The History of Trade Unionism*, 1920, p. 1).

단결한 단체로서 그 운영과 사용자와의 교섭 등 그 밖의 조합활동에 있어서도 자주성을 유지하여야 한다.

2. 노동조합의 실질적 요건

노동조합은 자주성을 갖춘 단결체여야 하므로 이에 반하는 비자주적 성격을 가지고 있어서는 안 된다. 따라서 자주성 요건을 적극적 요건, 비자주적이어서는 아니될 요건을 소극적 요건(결격 요건)이라고 할 수 있다. 또한 자주성 요건(적극적 요건)은 노동조합이 실질적으로 갖추어야 할 요건이므로 노동조합의 설립과 심사에 관한 형식적 요건과 구별된다. 다음에서는 노동조합의 개념에 관한 노조및조정법 제2조 4호에 규정된 노동조합의 적극적 요건과 소극적 요건을 나누어 설명한다.

(1) 적극적 요건

a) 동조에서 규정하고 있는 노동조합의 개념을 분설하면, 노동조합이란 i) 근로자가 주체가 되어, ii) 자주적으로, iii) 근로조건의 유지·개선 기타 근로자의 경제적·사회적 지위향상을 도모함을 목적으로, iv) 단결하여 조직하는 단체 또는 그 연합단체를 말한다.

b) 먼저 「근로자가 주체가 되어」란 근로자 자신이 노동조합의 주체가 된 단체일 것을 말한다.[1] 이 경우에 주체가 되는 근로자라는 의미는 헌법 제33조 1항의 근로자와 동일한 개념으로서, 노조및조정법 제2조 1호에 규정된 근로자의 정의개념에 해당하는 자를 말한다.[2] 그러므로 제2조 1호에 해당하는 근로자가 아닌 자의 가입을 허용하는 단체는 노동조합이 될 수 없다(동조 4호 단서 라목 참조).

c) 「자주적」이라는 뜻은 두 가지 의미로 해석된다. 그 하나는 「근로자가 주체」가 되어 사용자나 그 밖에 제3자(국가기관이나 종교단체 또는 특정 정당 등)의 지배·영향을 받지 않을 자주성과 독립성을 갖추어야 한다는 것이다.[3] 다른 하나는 가입 또는 결성주체

---

1) Gamillscheg, *Kollektives ArbR*, Bd. Ⅰ, S. 394.

2) 판례 중에는 노조및조정법상의 근로자를 노무공급계약의 형태(고용, 도급, 위임, 무명계약 등) 여하에 불구하고 사용자와 노무제공자 사이에 지휘·감독이라는 사용종속관계가 있어야 한다는 견해(大判 1993. 5. 25, 90 누 1731)를 취한 경우(캐디의 근로자성 인정)가 있었으나, 근년에 와서는 구직중의 근로자, 즉 실업자도 노조및조정법상의 근로자에 포함될 수 있다는 태도를 취하는 경우가 일반적이다(大判 2004. 2. 27, 2001 두 8568; 大判 2015. 1. 29, 2012 두 28247 등)([96] 2. c), 다음의 (2) d) 참고).

3) 노동조합은 대외적으로 경제적, 정치적, 사회적, 종교적으로 영향을 받지 않을 때에 비로소 조합원들의 근로조건의 유지·개선과 경제적·사회적 지위향상을 도모할 수 있는 자주적 의사결정을 할 수 있는 것이므로 노동조합의 자주성이 확보되지 않는다면 사용자와의 단체교섭이나 단체행동권의 행사도 제대로 이루어질 수 없게 된다(노조및조정법 제2조 ④ 단서 가, 나, 다목 참조). Zöllner/Loritz/Hergenröder, *ArbR* §10 Rn. 20.

가 되는 근로자가 자주적으로, 즉 타율적인 가입강제 없이 자유로운 설립·가입을 전제로 한다는 의미이다.[1] 후자의 자주성과 관련해서 노동조합은 가입과 탈퇴의 자유가 보장된 사법상의 계약형태로 조직된 단체일 것이 전제된다. 이는 자유권적 기본권으로서의 단결권의 본질에 기초하는 것이다. 일반적으로 자주성이라고 하면 사용자로부터의 자주성(Gegnerunabhängigkeit)을 뜻하는 것이므로 노동조합 내의 요직에 사용자 측의 간부가 참여하거나 노동조합이 사용자로부터 상당한 재정지원을 받는 것은 노동조합의 자주성을 해칠 수 있다. 노동조합은 조직상, 인사상, 재정상 사용자로부터 자유로워야 한다. 따라서 사용자의 이익을 대표하는 자들과 근로자들로 구성된 이른바 화합단체('Harmonie-Verband')는 노동조합이라고 할 수 없다.

d) 노동조합은 헌법 제33조 1항에 기초한 「근로조건의 유지·개선 기타 근로자의 경제적·사회적 지위의 향상」을 목적활동으로 삼아야 한다. 집단적 노사관계도 개개 근로자들의 개별적 근로관계가 전제되지 않는다면 아무 존재의의가 없기 때문에 노동조합은 개별적 근로관계의 내용인 근로조건의 유지·개선을 통한 근로자들의 지위향상을 도모함을 그 주된 목적으로 삼아야 한다. 그러나 노동조합의 목적활동이 제한 없이 확대될 수는 없는 것이므로 노동조합의 주된 활동은 헌법 제33조 1항 및 노조및조정법의 목적(제1조)과의 체계적 관련하에서 「단체협약의 체결」을 중심으로 구체화되어야 한다. 노조및조정법 제11조는 노동조합의 목적과 사업을 규약의 명시사항으로 규정하고 있으며, 제16조 1항 3호는 단체협약에 관한 사항을 총회의 의결사항으로 규정하고 있다. 또한 제29조 이하에서 노동조합은 단체교섭을 할 수 있으며, 단체협약을 체결할 권한을 가진다는 규정을 두고 있다.[2] 이상과 같은 제규정과 동법의 주된 목적에 비추어 근로조건의 유지·개선은 궁극적으로 「단체협약의 체결」을 의미하는 것이 된다.

e) 「단결하여」란 「단결체」를 구성한다는 의미로서, 우선 헌법 제33조 1항에 보장된 단결권의 주체인 근로자의 조직결성을 뜻한다. 그러므로 모든 노동조합은 단결체의 지위를 갖는 것으로 이해된다.[3] 나아가 노동조합이기 위해서는 적어도 단체적인 조직적

1) Waltermann, *ArbR* Rn. 491; Zöllner/Loritz/Hergenröder, *ArbR* §10 Rn. 20.

2) 쟁의행위를 행할 적극적 투쟁의사(Arbeitskampfbereitschaft)나 그 밖에 사회적 압력을 가할 의사는 노동조합의 개념 내용에 속하지 않으나, 노동조합이 협약체결능력(협약체결능력의 요건)을 갖추었다고 하기 위해서는 실효적 압력행사능력을 갖추어야 한다는 것이 독일의 지배적 학설과 판례의 태도이다(Waltermann, *ArbR* Rn. 491, 573; Zöllner/Loritz/Hergenröder, *ArbR* §10 Rn. 24, §37 Rn. 5). 우리 노조및조정법 하에서는 설립신고증을 교부받은 노동조합은(제12조 Ⅰ)은 노동조합이라는 명칭을 사용할 수 있을 뿐 아니라(제7조) 단체교섭 권 및 협약체결권을 가진다(제29조 Ⅰ). 신고증을 받지 못하였다 하더라도 노동조합으로서의 실질적 요건을 갖춘 근로자들의 단결체는 헌법상 보호를 받으므로 근로3권의 향유주체가 된다는 것이 학설·판례(大判 2016. 12. 27, 2011 두 921 등)의 견해이다.

3) 독일헌법(제9조 3항)은 근로조건과 경제조건을 형성함에 있어서 그 이익을 유지·추구하기 위한 근

구성을 갖출 것이 요구된다[1](「조직하는 단체」). 이 경우에 단체로서의 조직성이란 민법상의 사단으로서의 조직성을 의미한다. 즉 2인 이상의 근로자를 구성원(민법 제77조 Ⅱ의 반대해석)으로 하면서 단체의 정관(규약), 대표의 방법, 총회, 집행기관, 재산의 관리 그 밖의 주요사항을 갖출 것이 요구된다(민법 제40조, 제49조; 노조및조정법 제10조, 제11조 참조).

f) 이상과 같은 요건을 갖춘 「단체 또는 그 연합단체」는 노동조합으로서의 자격을 가진다(노조및조정법 제2조 ④ 본문). 이 경우에 문언상 「단체」에 해당하는 노동조합은 단위노동조합을 의미하며, 「그 연합단체」란 단위노동조합인 「단체」들이 결합한 조직체(산업별 연합단체, 기업별 연합단체, 일반연합단체)를 의미한다. 노조및조정법 제10조 2항은 설립신고와 관련하여 연합단체는 동종산업의 단위노동조합을 구성원으로 하는 산업별 연합단체와 산업별 연합단체 또는 전국규모의 산업별 단위노동조합을 구성원으로 하는 총연합단체를 말한다고 규정하고 있다.[2]

노동조합인 단체는 민법상 사단(제40조 이하 참조)에 해당한다. 따라서 민법상의 조합(제703조)과는 구별해야 한다. 사단은 2인 이상의 구성원이 일정한 목적활동을 위하여 기본규칙(정관, 규약)을 정하여 설립되는 것으로 구성원들은 변동될 수 있어도 사단의 목적활동을 중심으로 단체의 동일성과 독립성은 계속 유지된다. 따라서 규약 내에는 단체의 목적활동을 위한 의사결정기관(총회), 업무집행을 위한 대표기관, 구성원(사원)자격의 득실 등에 관한 규정들이 포함되어야 한다.

노조및조정법 제2조 4호는 노동조합을 정의한 규정이므로, 이러한 노동조합이 단체협약을 체결하는 당사자의 지위를 가지느냐 하는 것은 다른 차원에서 다시 검토되어야 할 사항이다([107] 1. (1) 참고).

로자들 및 사용자의 단체를 단결체(Koalition)라고 규정하고 있다. 독일헌법과 법률은 노동법상의 단결체를 규정하고 있지 않다. 노동법적 단결체의 개념은 판례와 학설에 의하여 구성된 것이다(이에 관해서는 Waltermann, *ArbR* Rn. 488 ff. 참고).

1) 大判 1992. 7. 10, 92 다 2431; 大判 1997. 1. 24, 96 다 39721·39738; 大判 1999. 4. 23, 99 다 4504 등. 노동조합은 단체성이 요구되므로 법인이 아닌 노동조합이 일단 설립되었다고 할지라도 중도에 조합원이 1인밖에 남지 아니하게 된 경우에는, 그 조합원이 증가될 일반적 가능성이 없는 한, 노동조합으로서의 단체성을 상실하여 법적 당사자능력이 없다(大判 1998. 3. 13, 97 누 19830).

2) 노동조합을 정의하고 있는 법 제2조 4호 본문은 연합단체의 조직형태에 대하여 아무 언급을 하고 있지 않으나 법 제10조 2항에서는 연합단체의 조직형태를 구체적으로 규정하고 있다. 따라서 법 제10조 2항에 규정되어 있지 않은 형태의 연합단체이지만 법 제2조 4호 본문 소정의 연합단체에 합치하면 '법'상의 노동조합으로 설립될 수 있다고 보아야 할 것인지가 문제된다. 이에 대하여 대체로 긍정적으로 보면서 유보적 태도를 취하는 판례(大判 1993. 5. 25, 92 누 14007)가 있으나 긍정적으로 해석하는 것이 타당할 것이다. 근로3권 보장의 취지에 비추어 근로자들의 사회적·경제적 지위향상을 위한 활동을 하면서 법의 보호를 받을 필요가 있는 노동조합이라면 반드시 법 제10조 2항이 규정한 조직형태에 한정해서 연합단체를 인정할 것은 아니라고 생각된다.

⑵ 소극적 요건(결격요건)

노조및조정법 제2조 4호 단서에는 노동조합의 소극적 요건을 규정하고 있다. 소극적 요건은 노동조합의 자주적 지위를 해치거나 노동조합으로서의 지위 자체를 부인하게 되는 사유로서, 이에 해당되면 노동조합으로 인정되지 않는다. 각 경우를 나누어 설명하면 다음과 같다.

a) 제2조 4호 단서 가목 노동조합은 '사용자 또는 항상 그의 이익을 대표하여 행동하는 자'의 참가를 허용하여서는 아니 된다(노조및조정법 제2조 ④ 단서 가목).[1] 그러한 사람들의 참여를 허용하면 노동조합의 결성·운영에 있어서 노동조합이 자주성을 확보할 수 없게 되며, 더 나아가 어용조직화될 가능성이 있기 때문이다. 여기서 '사용자'란 주로 노조및조정법 제2조 2호의 '그 사업의 근로자에 관한 사항에 대하여 사업주를 위하여 행동하는 자'로서 근로자의 인사·급여·후생·노무관리 등 근로조건의 결정 또는 업무상의 명령이나 지휘·감독을 하는 등 사용자로부터 일정한 권한과 책임을 부여받은 자를 말하므로[2] 노동조합에 가입할 수 없는 자를 말한다(예: 직원의 업무분장·근태관리 등에 관하여 전결권을 부여받은 과장급 이상의 직원들). 그리고 '항상 그(사용자)의 이익을 대표하여 행동하는 자'란 근로자에 대한 인사·급여·징계·감사·노무관리 등 근로조건 결정에 직접 참여하거나 사용자의 근로관계에 대한 계획과 방침에 관한 기밀사항 업무를 취급할 권한이 있는 경우처럼 그 직무상의 의무와 책임이 조합원으로서의 의무와 책임에 직접 저촉되는 위치에 있는 자를 의미한다. 그 저촉 여부는 일정한 직급이나 직책 등에 의하여 일률적으로 판단되는 것이 아니라, 그 직무의 수행과 조합원으로서의 활동 사이에 실질적 충돌이 발생할 수 있는지의 여부에 따라 구체적으로 결정되어야 한다. 따라서 그 업무의 내용이 단순히 보조적·조언적인 것에 불과한 때에는 조합원 활동과의 실질적 충돌관계가 문제되지 않는다(예: 단순히 보조적 역할을 하는 주임 이하의 직원의 경우).[3]

b) 제2조 4호 단서 나목 노동조합은 그 경비의 주된 부분을 사용자로부터 원조받아서는 아니 된다(노조및조정법 제2조 ④ 단서 나목). 이 요건은 노동조합이 재정적으로 사용자로부터 자주성을 유지하기 위하여 필요한 것이다. 여기서 '경비'라고 함은 노동조합운영을 위한 경비이므로 조합사무소의 중요 설비·비품 등의 비용뿐만 아니라 노조전임자(조합간부)의 급여[4]도 모두 이에 포함된다. 그리고 원조의 방법도 현금지급에만 국

1) 사용자의 이익을 대표하여 행동하는 자에 대하여 노조활동금지 가처분을 인정한 사례(大判 2004. 11. 26, 2004 다 51139). 또한 大判 2011. 9. 8, 2008 두 13873 참고.

2) 大判 2011. 9. 8, 2008 두 13873; 大判 1989. 11. 14, 88 누 6924.

3) 大判 2011. 9. 8, 2008 두 13873.

4) 우리나라에서는 과거에 단체협약의 규정에 의하여 노조전임자(조합간부)의 급여를 사용자가 지급

한되는 것은 아니며 금전외적 이익공여도 이에 해당된다. 그러나 근로자가 근로시간중 사용자와 교섭한 경우의 임금지급, 후생자금 또는 복리기금의 기부, 최소한의 규모의 노동조합사무소의 제공은 경비의 원조라고 할 수 없을 것이다(노조및조정법 제81조 I ④ 단서; 벌칙 제90조 참조)([127] 6. ⑶ 참고). 또한 근로시간면제제도에 의한 원조도 동조항의 원조에 해당하지 않는다(제24의2 참조)([101] 3. ⑺ 참고).[1]

c) 제2조 4호 단서 다목　노동조합은 공제(共濟)·수양(修養) 기타 복리사업만을 목적으로 하여서는 아니 된다(노조및조정법 제2조 ④ 단서 다목). 이것은 노동조합의 목적(노조및조정법 제1조 참조)에 비추어 당연한 일이므로, 조합원의 근로조건의 유지·개선이라는 본래의 목적활동을 떠나 공제·수양 기타 복리사업만을 목적으로 하는 단체는 노동조합이라고 할 수 없다. 그러나 노동조합이 조합원의 근로조건의 유지·개선이라는 목적을 추구하면서 합리적인 범위 안에서 공제사업 기타 복리사업을 영위하는 것은 무방하다.

d) 제2조 4호 단서 라목　노동조합은 근로자가 아닌 자의 가입을 허용하여서는 아니 된다(노조및조정법 제2조 ④ 단서 라목).[2]

1) 노동조합법상의 근로자　구체적으로 「근로자가 아닌 자」의 정의가 문제되는데, 이에 대해서는 노조및조정법상의 근로자개념에 관한 논의가 선행되어야 한다. 학설은 대부분 노조및조정법상의 근로자가 되기 위하여 사용자와의 근로계약관계가 반드시 전제되는 것은 아니라고 한다. 따라서 현재 구체적 근로계약관계에 있으면서 현실적으로 취업하고 있는지의 여부는 문제되지 않으며, 실업자나 해고된 근로자라 하더라도 노조및조정법상의 근로자에 해당될 수 있다고 한다(노조및조정법 제2조 ①)(이 문제에

하는 것이 일반적인 현실이었으며, 노조전임자의 급여지급은 노동조합이 사용자에 대하여 쟁취한 전리품이기 때문에 조합이 어용화할 우려가 없다는 견해도 있었다. 그러나 이와 같은 해석론(同旨: 大判 1991. 5. 28, 90 누 6392 참고)은 위의 규정취지에 부합하지 않을 뿐만 아니라 전리품이론은 노동조합의 자주성과 독립성에 반하기 때문에 정당하다고 볼 수는 없다(大判 2016. 1. 28, 2014 다 78362; 大判 2016. 1. 28, 2013 다 72046). 노조전임자의 급여지급에 관한 정당성시비는 노조및조정법의 개정시에(1996. 12. 31) 그 지급이 금지됨으로써 입법적으로 해결되었을 뿐 아니라(제24조 Ⅱ), 그와 같은 급여지급행위는 부당노동행위로 규제(제81조 ④)되고 있다(大判 2016. 1. 28, 2014 다 78362; 大判 2016. 1. 28, 2013 다 72046). 다만, 동 규정은 그동안 적용이 유예되다가 2010년 7월 1일부터 시행되고 있다(노조및조정법 부칙 제8조). 이에 관해서는 [101] 3. ⑺ 참고.

1) 憲裁 2018. 5. 31, 2012 헌바 90 비교 참고.

2) 노조및조정법 제2조 1호 및 4호 단서 라목의 '근로자'라 함은 특별한 사정이 없는 한 사용자에게 고용되어 현실적으로 취업하고 있는 자에 한정되는 것이 원칙이다(大判 2011. 3. 24, 2007 두 4483). 위의 라목 단서는 「기업별 노동조합」의 조합원이 사용자로부터 해고됨으로써 근로자성이 부인될 경우를 대비하여 마련된 규정이라고 해석하는 것이 판례의 태도이다(大判 2004. 2. 27, 2001 두 8568). 그러나 항운노동조합의 조합원에 대해서는 예외가 인정된다(大判 2011. 3. 24, 2007 두 4483). 공무원노동조합의 설립과 관련해서는 大判 2016. 12. 27, 2014 도 15054; 大判 2014. 4. 10, 2011 두 6998 참고.

관해서는 [96] 2. 참고).[1] 이에 대하여 판례는 종래 사용자와의 사이에 근로계약관계 내지 사용종속관계가 없으면 노조및조정법상의 근로자에 해당하지 않는다고 함으로써 근로기준법상의 근로자개념과 노조및조정법상의 근로자개념을 실질적으로 동일한 것으로 판단하고 있었다.[2] 기업별 노동조합 조직에서는 근로기준법상의 사용자와 노조및조정법상의 사용자가 일치한다는 점에서 그렇게 새겨야 한다. 그러면 산업별·직종별·지역별 노조에 있어서는 달리 보아야 하는가? 판례[3]는 「근로기준법은 현실적으로 근로를 제공하는 자에 대하여 국가의 관리·감독에 의한 직접적인 보호의 필요성이 있는가라는 관점에서 개별적 노사관계를 규율할 목적으로 제정된 것인 반면에, 노조및조정법은 노무공급자들 사이의 단결권 등을 보장해 줄 필요성이 있는가라는 관점에서 집단적 노사관계를 규율할 목적으로 제정된 것으로서 그 입법목적에 따라 근로자의 개념을 상이하게 정의하고 있다」고 판시함으로써 노조및조정법상의 근로자를 근로기준법상의 근로자와 구별하고 있다. 이러한 점을 근거로 「노조및조정법 제2조 1호 및 4호 단서 라목 본문에서 말하는 근로자에는 특정한 사용자에게 고용되어 현실적으로 취업하고 있는 자뿐만 아니라, 일시적으로 실업상태에 있는 자나 구직중인 사람도 노동3권을 보장할 필요성이 있는 한 그 범위에 포함된다」고 판단하고 있다.[4] 그러나 여기서 명확히 구분해야 할 것은 단순히

---

1) 大判 2004. 2. 27, 2001 두 8568(노조및조정법 제2조 4호 단서 라목의 '근로자가 아닌 자'의 해석에 관해서 「지역별 노동조합이 그 구성원으로 '구직 중인 여성노동자'를 포함하여 노동조합설립신고를 한 경우, 단지 노조및조정법의 근로자가 아니라는 이유로 노동조합설립신고를 반려하는 것은 위법하다」고 한 판례); 大判(전합) 2015. 6. 25, 2007 두 4995; 이병태, 「노동법」, 115면 이하; 임종률, 「노동법」, 49면 이하; 外尾, 「勞働團體法」, 32面; 菅野, 「勞働法」, 782面.

2) 「노동조합의 구성원인 근로자와 사용자 사이에는 고용에 따른 종속관계가 있어야 하고, 이러한 관계가 없는 자는 노동조합법이 정한 적법한 노동조합을 조직할 수 있는 근로자가 될 수 없다」(大判 1970. 7. 21, 69 누 152; 大判 1993. 5. 25, 90 누 1731; 大判 2006. 10. 13, 2005 다 64385 등). 또한 같은 취지에서 항운노조의 조합원인 근로자들을 공급받아 하역작업을 수행하는 회사와 항운노조의 조합원들 사이에 명시적 또는 묵시적 근로계약관계가 없음을 이유로 단체교섭의 당사자지위를 부인한 사례: 大判 1986. 12. 23, 85 누 856; 大判 1993. 11. 23, 92 누 13011; 大判 1995. 12. 22, 95 누 3565 참고.

3) 大判 2004. 2. 27, 2001 두 8568. 참고판례: 大判(전합) 1990. 11. 27, 89 도 1579; 大判 1992. 3. 31, 91 다 14413; 大判 1997. 5. 7, 96 누 2057 등.

4) 「일정한 사용자에의 종속관계를 조합원의 자격요건으로 하는 기업별 노동조합의 경우와는 달리 산업별·직종별·지역별 노동조합 등의 경우에는 원래부터 일정한 사용자에의 종속관계를 조합원의 자격요건으로 하는 것이 아닌 점에 비추어, 그 구성원으로 '구직중인 여성 노동자'를 포함시키고 있다 하더라도, '구직중인 여성 노동자' 역시 노조법상의 근로자에 해당한다」(大判 2004. 2. 27, 2001 두 8568; 또한 大判 2014. 2. 13, 2011 다 78804 등). 출입국관리법상 취업자격이 없는 외국인이 사실상 근로관계에 있는 경우 노조및조정법상 근로자에 해당된다는 대법원의 판례(大判(전합) 2015. 6. 25, 2007 두 4995)(이에 대한 비판에 관해서는 [96] 2. e) 참고).

또한 항운노동조합의 조합원들만이 취업할 수 있는 closed shop 체제하에서 「항만의 건설공사가

노동조합에 가입할 수 있는 근로자와 노동조합에 가입하여 그 노동조합이 체결한 단체협약의 적용을 받을 수 있는 근로자는 그 의미를 달리한다는 점이다. 예컨대 구직중인 실업자도 노동조합에 가입할 수 있지만 사용자와의 근로계약관계에 있지 않으므로 단체협약의 적용을 받을 수 없다. 이와는 달리 노동조합의 교섭상대방인 사용자에 고용되어 사용종속관계에 있는 근로자는 노동조합에 당연히 가입할 수 있고 단체협약의 적용을 받을 수 있는 근로자이므로 단순히 노동조합에 가입할 수 있는 근로자와는 구별된다. 노조및조정법상의 근로자라고 하면 동법에 의한 보호, 즉 단체협약의 적용을 받아 근로조건의 개선이라는 보호를 받을 수 있는 후자에 속하는 근로자라고 이해하는 것이 노동보호법의 기본적 이념에 합치할 것이다([96] 2. 참고). 노조및조정법 제2조 4호 단서 라목은 노동조합에 가입할 수 있는 근로자를 지목하여 마련된 규정이고, 노조및조정법상의 근로자를 정면으로 규명하려는 것은 아니다.1)

2) **개정 전의 법 제2조 4호 라목 단서의 삭제** 제2조 4호 라목 단서는「해고된 자가 노동위원회에 부당노동행위 구제신청을 한 경우에는 중앙노동위원회의 재심결정이 있을 때까지는 근로자가 아닌 자로 해석하여서는 아니된다」고 규정하고 있었다. 이 규정의 의미에 대하여 판례는「기업별 노동조합의 조합원이 사용자로부터 해고됨으로써 근로자성이 부인될 경우에 대비하여 마련된 규정으로서, 이와 같은 경우에만 한정적으로 적용되고, 원래부터 일정한 사용자에의 종속관계를 필요로 하지 않는 산업별·직종별·직역별 노동조합 등의 경우에까지 적용되는 것은 아니다」라고 판시한 바 있다.2) 그러나 이 규정은 2021년 1월 5일에 노조및조정법이 개정되면서 삭제되었다. 이 단서 규정이 삭제되기 전에도 학설은 판례의 견해와 마찬가지로 이 규정이 적용되는 경우를

이미 착공된 상태로 준공이 예정되어 있고, 원고 조합이 노동조합법에 의하여 설립되는 경우 조합원들의 취업은 그 시기를 특정할 수 없을 뿐이지 취업 자체는 확실시되어 이 사건 항만에서 원고의 조합원들에 의한 노무공급은 당연히 이루어질 수 있다는 점에서, 원고의 조합원은 일반적인 의미에서의 단순한 실업자 내지 구직자와는 구별되는」 것이므로 근로자가 아닌자로 볼 수 없다(大判 2011. 3. 24, 2007 두 4483). 그러나「항만인력공급체제의 개편을 위한 지원특별법」(2006. 3. 24 시행, 2011. 5. 19 개정)에 의하여 항운노동조합이 항만운송사업자에게 항운노동조합원을 공급하는 방식에서 항만운송사업자 등이 항운노동조합원을 직접 상시 고용하는 방식으로 전환하는 계획이 정하여짐으로써 직업안정법에 의한 항운노동조합의 근로자공급은 장래에는 더 이상 유지될 수 없게 되었다(동법 제4조 Ⅰ, Ⅱ 참조).

1) 판례의 태도에 따르면 노조및조정법 제2조 4호 (라)목 단서는 일정한 사용자와의 종속관계가 전제되는 기업별 노동조합에 대해서만 적용되는 것이므로 초기업적(산업별·직종별·지역별) 노동조합에 대해서는 적용되지 않는다(大判 2004. 2. 27, 2001 두 8568; 大判 2015. 1. 29, 2012 두 28247; 大判 2016. 6. 29, 2014 도 7129). 따라서 현재 실업 상태에 있거나 구직 중인 자가 조합원으로 있더라도 초기업적 노동조합을 법외노조라 할 수 없다(大判 2017. 6. 29, 2014 도 7129).

2) 大判 2004. 2. 27, 2001 두 8568; 大判 2016. 1. 28, 2012 두 15821 등.

한정적으로 해석하였다. 제2조 4호 라목 단서가 삭제되면서 제5조 3항이 신설되어 「근로자가 아닌 노동조합의 조합원은 사용자의 효율적인 사업 운영에 지장을 주지 아니하는 범위에서 사업 또는 사업장 내에서 노동조합 활동을 할 수 있다」는 규정이 신설되었다(2021. 1. 5)(이에 관해서는 [102] 1. (2) c) 참고).

e) 제2조 4호 단서 마목 노동조합은 주로 정치운동을 목적으로 하여서는 아니된다(노조및조정법 제2조 ④ 단서 마목). 노동조합은 근로조건의 유지·개선 기타 근로자의 경제적·사회적 지위향상을 도모하는 것을 본래의 목적으로 하므로 정치운동을 주로 하는 단체는 노동조합이 아니다. 노동조합은 그 본래의 목적을 사용자와의 단체협약의 체결을 통해 성취할 수 있는 것이지만, 이와 같은 경제적 기능만으로는 그 목적을 충분히 실현할 수 없는 경우가 있다. 특히 노동조합의 정치적 활동이나 사회운동의 영역이 점차 확대되어가는 것이 사회적 추세임을 감안한다면, 노동조합의 활동에 대하여 법률이 특별한 제한이나 규제조치를 취하지 않는 한 노동조합의 부수적 정치활동을 모두 목적범위 밖의 활동이라거나 노동조합이 행해서는 안 되는 행위라고 판단할 수는 없다.[1]

구 노동조합법 제12조는 「① 노동조합은 공직선거에 있어서 특정정당을 지지하거나 특정인을 당선시키는 행위를 할 수 없다. ② 노동조합은 조합원으로부터 정치자금을 징수할 수 없다. ③ 노동조합기금을 정치자금에 유용할 수 없다」고 규정하고 있었다. 동 규정은 그 규정형식이나 내용이 너무 포괄적이어서 실제로 노동조합에 의한 경제 및 사회정책적 조합활동까지도 이 규정에 의하여 봉쇄될 우려가 있으며, 노동조합의 정치활동에 관하여 노동관계법에서 제한규정을 두는 것은 바람직하지 않다는 견해가 유력하게 제시되면서,[2] 1996년 12월 31일의 법개정시에 삭제되었다.[3] 그렇지만 동 규정의 삭제가 노동조합의 정치활동을 제한 없이 인정하는 것이 아님은 이미 지적한 바와 같다.[4]

---

1) 日本 最高裁三小判 昭和 50. 11. 28, 民集 29. 10. 1698; 東京大勞働法硏究會, 「注釋 勞働組合法(上)」, 154面 이하 참고. 그러나 근로자의 경제적·사회적 지위의 향상과 정치적 지위의 향상을 같은 차원의 노동조합의 주된 목적이라고 볼 수는 없다(大判 1997. 2. 11, 96 누 2125 참고).

2) 동 규정의 문제점에 관해서는 김형배·윤성천·임종률·하경효, 「집단적 노사자치에 관한 법률」, 46면 참고. 동 규정이 헌법상의 기본권을 침해하였다는 이유로 헌법소원이 제기되기도 하였으나 헌법재판소는 그 청구가 헌법소원의 청구기간을 넘겨 청구하였다는 이유로 이에 관한 헌법소원을 각하하였다(憲裁 1994. 12. 29, 91 헌마 2). 따라서 노동조합의 정치활동에 관한 헌법재판소의 공식적 견해는 아직 공표된 바 없다.

3) 노동조합의 선거운동과 관련해서는 大判 2005. 1. 28, 2004 도 227 참고. 또한 「공직선거 및 선거부정방지법」(2004. 3. 12 법률 제7189호로 개정되기 전의 것) 제87조 참고.

4) 구 노동조합법 제12조 외에도 구 정치자금에 관한 법률(1980. 12. 31, 법률 제3302호) 제12조 5호가 노동조합의 정치자금 기부를 금지하고 있었다. 이 규정은 사용자단체의 정치헌금을 허용하면서 유독 노동단체에게만 정치자금의 기부를 금지한 것으로 노동단체를 다른 사회단체와 달리 차별대우한다는 이유로 헌법재판소에 의하여 위헌결정이 내려졌다(憲裁 1999. 11. 25, 95 헌마 154). 이 결정

[99] Ⅳ. 노동조합의 설립과 심사

1. 노동조합의 설립

노동조합은 헌법 제33조에 의하여 그 존립에 관한 제도적 보장과 함께 활동에 관한 기능적 보장을 받고 있다([23] 1.·2. 참고). 노조및조정법은 이와 같은 단결권의 구체적인 실현을 용이하게 하고 또 가능하게 하기 위하여 근로자의 단체가 일정한 요건(제2조 ④ 참조)을 갖추면 노동조합으로서 인정하는 태도를 취하고 있다. 노조및조정법 제5조가 「근로자는 자유로이 노동조합을 조직하거나 이에 가입할 수 있다」고 규정하고 있는 것도 이러한 이유에서 이해되어야 한다. 노조및조정법이 행정관청으로 하여금 노동조합 설립 전에 신고절차(제10조, 제12조)를 통하여 노동조합의 본질적 요소인 자주성을 확인하도록 한 것은 노동조합의 자유설립주의 원칙에 반하지 않는다.[1]

(1) **설립신고**

현행 노조및조정법은 구법(1980년에 개정된 구 노동조합법에서는 기업별 노조형태를 강제하였으나, 1987년의 개정에서 이를 삭제하였다. 여기서 구법이란 1980년의 법률을 말한다. 이에 관해서는 [12] 참고)과 달리 노동조합의 설립요건에 관하여 조직유형상 아무 제한을 두고 있지 않다(노조및조정법 제10조 참조). 따라서 근로자는 기업별·산업별·직종별로 자유롭게 노동조합의 조직형태를 정할 수 있다. 또한 노동조합에 대해서는 민법상 사단에 관한 규정이 적용되므로 근로자 2인 이상이면 노동조합을 설립할 수 있다고 보아야 한다(민법 제77조 Ⅱ 참조). 노동조합을 설립하고자 하는 자는 설립신고서에 규약을 첨부하여 연합단체인 노동조합과 2 이상의 특별시·광역시·도·특별자치도에 걸치는 단위노동조합은 노동부장관에게, 2 이상의 시·군·구(자치구)에 걸치는 단위노동조합은 특별시장·광역시장·도지사에게, 그 외의 노동조합은 특별자치도지사[2]·시장·군수·구청장(자치구의 구청장을 말한다)에게 제출하여야 한다(노조및조정법 제10조 Ⅰ).[3] 그리고 근로조건의 결정권

이후 정치자금법은 노동조합이 별도의 기금조성을 통해 정치자금을 기부할 수 있도록 허용하였다가(2000. 2. 26, 법률 제6270호), 다시 개정(2004. 3. 12, 법률 제7191호)되어 기업과 노동조합을 포함한 모든 법인과 단체의 정치자금 기부가 금지되었다(현행 정치자금법 제31조).

1) 憲裁 2012. 3. 29, 2011 헌바 53 참고.

2) 제주특별자치법의 제정으로 제주특별자치도가 신설됨에 따라 특별자치도를 일반도와 구분하여 별도로 명시하고, 제주특별자치도의 경우 산하에 시나 자치구가 없으므로 해당지역 단위노동조합은 특별자치도지사에 노조설립신고서를 제출하도록 하였다.

3) 1996년 12월 31일의 법 개정 전에는 연합단체인 노동조합과 2개 시·도 이상에 걸치는 단위노동조합은 고용노동부장관에게, 그 외의 노동조합은 서울특별시장, 광역시장 또는 도지사에게 설립신고서를 제출해야 한다고 규정하고 있었으나(구 노조법 제13조 Ⅰ), 노동행정의 통일성·신속성·전문성을

이 있는 독립된 사업(장)에 조직된 노동단체는 지부·분회·지회 등의 명칭 여하에 불구하고 법 제10조 1항에 의한 노동조합의 설립신고를 할 수 있다(동법 시령 제7조).[1] 「지부」·「분회」의 명칭 여하에 불구하고 노동조합의 설립신고를 할 수 있도록 한 것은 주로 지역별 또는 산업별 조직하에서 문제가 될 것이지만, 기업별 단위노동조합 조직하에서도 그 조직이 지역적으로 분산되어 있고, 각 사업장의 업무의 성질이 서로 상이하여 조직상 독립적인 경영체제를 갖추고 있다면, 이 경우에도 독립된 지부·분회가 조직될 수 있을 것이다. 원래 단위노조로서의 지역별·산업별 조직에서는 지역단위노동조합이나 산업별 노동조합이 단체교섭권을 보유하고 지부나 분회는 지역단위노동조합 또는 산업별 노동조합으로부터 단체교섭권을 위임받아 행사할 수 있을 뿐이다. 즉, 지부나 분회는 원칙적으로 독립적인 단체교섭권을 가질 수 없다.[2] 일반적으로 지부나 분회는 상급단체(노동조합)의 구성부분에 지나지 않으며, 독자적인 규약과 집행기관을 갖춘 독립된 조직체로서 고유한 활동을 하는 단결체가 아니다. 「지부」·「분회」에 대하여 독립된 노동조합 설립신고를 할 수 있도록 하는 위 시행령(제7조)은 노동조합의 조직과 설립의 자유주의 원칙(노조및조정법 제5조 전단)을 기본으로 하고 있는 현행법하에서는 적절한 규정이라고 볼 수 없다. 왜냐하면 지부·분회가 상급노동조합으로부터 독립하여 노동조합을 설립할 것인지는 상급노동조합과 지부·분회에서 자주적 결정에 따라 정할 문제이고 국가가 그 가부를 법령으로 규정할 성질의 사항은 아니기 때문이다.

연합단체란 동종산업의 단위노동조합을 구성원으로 하는 산업별 연합단체와 산업별 연합단체 또는 전국규모의 산업별 단위노동조합(예컨대 철도노조·체신노조·담배인삼노

강화하기 위하여 1996년 12월 31일의 개정시에 관할행정관청을 고용노동부장관으로 일원화하였으며, 1998년 2월 20일 개정에서는 1996년 12월 31일의 개정 전의 규정내용으로 환원하였다.

1) 지부·분회가 상급노조의 구성부분에 지나지 않는 경우에는 근로조건에 대한 결정권이 없으므로 동 시행령 제7조는 적용될 여지가 없다. 그러나 지부·분회가 상급노조의 통제하에 있지 아니하고 독자적인 규약 및 집행기관 등을 갖추고 독립된 조직체로서 그 조직과 조합원을 위하여 고유한 활동을 하고 있다면 단순히 상급노조의 구성부분이라고 할 수 없으므로 상급노조가 동일성을 상실하고 별개의 조직체로 변경되거나 해산 등의 사유로 소멸되더라도 그 지부·분회는 그 명칭여하에 불구하고 노동조합의 설립절차를 밟기 전이라도 그 조직이나 조합원에 대한 고유사항에 관해서 단체교섭이나 단체협약의 체결을 할 수 있는 지위에 있고, 노조및조정법 시행령 제7조의 규정에 따른 설립신고를 하였는지 여부에 영향을 받지 아니한다(大判 2001. 2. 23, 2000 도 4299; 大判 2008. 1. 18, 2007 도 1557). 사업 또는 사업장에 조직되어 있는 독립된 노동단체가 지부·분회라는 명칭을 가지고 있더라도 노조및조정법 제10조에 따라 노동조합의 설립신고를 할 수 있음은 당연한 일이다. 상급노조의 구성부분으로서 근로조건의 결정권이 없는 지부·분회는 노동조합의 설립신고를 할 수 있는 자격이 없다. 시행령 제7조가 꼭 필요한 규정인지는 의문이다. 노동조합의 조직변경과 관련해서는 大判(전합) 2016. 2. 19, 2012 다 96120; 大判 2016. 3. 24, 2013 다 53380 참조.

2) 大決 2011. 5. 6, 2010 마 1193.

조)을 구성원으로 하는 총연합단체(예컨대 한국노동조합총연맹)를 말한다. 따라서 산업별 연합단체나 총연합단체는 단체협약 체결능력의 보유 여하를 불문하고 노동조합 설립에 필요한 서류를 고용노동부장관에게 제출하여야 한다(노조및조정법 제10조 Ⅰ·Ⅱ).

여기서 노조및조정법 제10조 2항이 정한 연합단체가 동법 제2조 4호에 규정된 연합단체와 어떤 관계에 있는지가 검토되어야 한다. 다시 말하면 제10조 2항이 제2조 4호에서 말하는 연합단체에 대한 정의규정이라고 할 수 있느냐 하는 것이 문제된다. 이에 관하여 양자는 그 규정의 취지를 달리 하는 것으로 보는 것이 타당하다고 생각한다. 제10조 2항에서 규정하고 있는 연합단체의 의미는 바로 동조 1항의 설립신고서 작성과 관련한 사실적 유형으로서의 산업별 연합단체를 지칭할 뿐이고, 노동조합의 개념을 규정하는 제2조 4호상의 연합단체를 구체적으로 정의한 것으로 볼 수는 없다. 이렇게 해석하지 않을 경우, 다음과 같은 두 가지의 문제점이 발생한다. 첫째로는 헌법 제33조 1항의 단결권은 자유권적 기본권으로 어떤 조직유형이나 형태를 예정한 것이 아니다. 따라서 근로자는 자신들의 결정에 따라 자유롭게 조직유형을 선택할 수 있다(노조및조정법 제5조). 만일 동법 제10조 2항에서 규정한 연합단체, 즉 단위노동조합의 산업별 조직이 입법자에 의해 강제된 것이라고 본다면, 이는 입법자의 규율권한을 일탈한 것으로 평가하지 않을 수 없다. 이와 같은 조직유형의 강제는 노동조합의 조직을 근로조건의 결정권이 있는 사업 또는 사업장 단위별로 강제했던 1980년대 초의 입법과 다를 바가 없게 된다. 따라서 동법 제10조 2항은 설립신고와 관련해서 노동행정의 편의를 도모하려는 의도에서 예시적으로 규정된 한정적 의미만을 가진 것으로 새겨야 할 것이다. 둘째로 제10조 2항 규정의 의미를 확대해석하여 제2조 4호와 연계짓는 해석론을 전개하려면 적어도 제10조 2항의 규정은 체계상 제2조의 정의규정 내에 위치해야 한다. 이는 사용자단체에 대한 정의규정이 제2조 3호에 규정되어 있는 취지와 비교할 때 더욱 분명해진다.[1]

(2) 설립신고서의 기재사항

신고서에는 i) 노동조합의 명칭, ii) 주된 사무소의 소재지, iii) 조합원수, iv) 임원의 성명과 주소, v) 소속된 연합단체가 있는 경우에는 그 명칭,[2] vi) 연합단체인 노동조

1) 이와 관련해서 제2조 3호에 규정된 사용자단체로서의 요건, 즉 구성원에 대한 조정·규제권한을 가져야 한다는 표지를 노동조합인 연합단체에도 준용할 수 있다는 해석론도 가능할 것이다. 그러나 그렇게 해석할 경우 조정·규제권한의 구체적 내용이 제시되어 있지 않아 그 의미를 동법의 목적과 체계에서 이끌어 낼 수밖에 없다. 조정과 규제를 할 수 있는 권한이란 적어도 단체교섭 및 단체협약체결과정에서 구성원에 대해 행사할 수 있는 권한을 지칭하는 것으로 새기는 것이 합목적적일 것이다. 이런 의미에서의 조정과 규제는 사용자단체(또는 연합단체) 스스로가 단체교섭 및 협약체결권한을 가지고 구성원에 대한 사실상의 통제력을 행사할 수 있는 지위를 일컫는 것으로 새길 수 있을 것이다.

2) 설립신고서에 소속된 연합단체의 명칭을 기재케 하는 것은 설립시부터 단위노조와 연합단체 또는

합에 있어서는 그 구성노동단체의 명칭, 조합원수, 주된 사무소의 소재지 및 임원의 성명·주소를 기재하여야 한다(제10조 Ⅰ).

노동조합은 위의 설립신고된 사항 중 i) 명칭, ii) 주된 사무소의 소재지, iii) 대표자의 성명, iv) 소속된 연합단체의 명칭에 변경이 있을 때에는 변경이 있는 날로부터 30일 이내에 행정관청[1]에 변경신고해야 한다(제13조 Ⅰ).

노조및조정법은 제10조의 규정에 의하여 설립신고서에 규약을 첨부하여 행정관청에 설립신고를 하고 신고증을 교부받도록 규정함으로써(제12조) 노동조합의 (유효한) 설립에 대하여 신고주의를 채택하고 있다.[2] 이러한 노동조합의 설립신고제도는 노동조합의 자유로운 설립에 대한 제한이 되는 것이 사실이나, 이 제도는 노동조합의 대외적 자주성과 대내적 민주성을 확보하려는 노동행정상의 목적을 위하여 마련된 것에 불과한 것이며 결코 노동조합의 자유설립을 저지하려는 것은 아니라고 해석된다.[3] 그러므로 설립신고를 하는 것은 행정관청으로부터 설립허가를 얻기 위하여 출원하는 것은 아니다.[4] 따라서 노동조합의 설립에 있어서 자유설립주의를 원칙으로 하면서 신고제도를 가미하고 있다고 해석해야 한다.[5] 민법이 비영리사단법인의 설립에 있어서 허가주의(민법 제32조)를 채택하고, 상법이 회사설립에 있어서 준칙주의(상법 제172조)를 취하는 것과 대조된다. 노동조합의 설립에 있어서 신고제도를 채택하고 있는 취지는 노동조합의 자주성

연합단체와 총연합단체간의 조직적 연대를 입법적으로 유도한다는 의미를 가진다. 그러나 연합단체에의 소속은 노동조합의 설립 이후에도 가능할 뿐만 아니라 노조조직 내부의 사정에 따라서는 설립시에 연합단체나 총연합단체에 소속되지 않는 경우도 있기 때문에 일률적으로 소속된 연합단체의 명칭을 의무적으로 기재케 할 성질의 것은 아니다. 판례 또한 「규약과 설립신고서에 소속된 연합단체의 명칭을 기재하도록 한 노조법 제11조 5호와 제10조 1항 5호는 강제규정이 아니라 당해 조합이 산업별 연합단체 또는 총연합단체에 가입한 경우에 한하여 기재하도록 하는 취지의 규정으로 해석하여야 할 것」(大判 1992. 12. 22, 91 누 6726)이라고 한다(언론노동조합연맹의 노조법 제10조 1항 5호와 제11조 5호에 대한 위헌제청신청에 대하여 이들 규정의 취지는 상급단체에 가입한 경우에 한하여 기재하도록 하는 것이라고 하여 기각한 판례: 서울高決 1990. 8. 14, 90 부 75 참고).

1) 고용노동부장관·특별시장·광역시장·도지사·특별자치도지사 또는 시장·군수·구청장을 이하에서는 「행정관청」이라 한다(노조및조정법 제12조 Ⅰ).

2) 서울高判 1976. 9. 29, 74 구 209; 大判 1969. 12. 23, 69 누 100; 大判 1979. 12. 11, 76 누 189; 大判 1996. 6. 28, 93 도 855(설립신고증을 받았더라도 실질적 활동을 하지 않는 경우에는 노조및조정법상의 「노동조합」이라고 할 수 없다. 총회의 개최, 단체교섭 등의 노조활동을 한 실적이 없는 경우가 이에 해당한다) 참고.

1953년에 제정된 노동조합법 제11조에서는 「노동조합은 신고를 하였을 때 성립한다」고 규정함으로써 자유설립주의에 입각하고 있었다.

3) 同旨: 大判 1997. 10. 14, 96 누 9829.

4) 同旨: 憲裁 2012. 3. 29, 2011 헌바 53(행정관청의 설립신고서 수리 여부에 대한 결정은 재량사항이 아니라 의무사항으로 그 요건이 충족되면 설립신고서를 수리하고 그 신고증을 교부하여야 한다).

5) 同旨: 김치선, 「강의」, 320면; 박상필, 「노동법」, 406면.

과 민주성을 행정적 차원에서 형식적으로라도 확인한다는 점에서 긍정적으로 평가될 수 있다.[1)]

구 노동조합법에서는 노동조합의 설립에 관하여 직접 근로관계를 맺고 있는 근로자나 당해 노동조합이나 법령에 의하여 정당한 권한을 가진 자(구 노위법 제16조 참조)를 제외하고는 누구든지 관계당사자를 조종·선동·방해하거나, 기타 이에 영향을 미칠 목적으로 개입하는 행위를 하여서는 아니된다는 규정을 두었었다(구 노조법 제12조의2). 종래 총연합단체인 노동조합(한국노동조합총연맹)이나 산업별 연합단체인 노동조합(전국산업별 노동조합연맹)은 직접 근로관계를 맺고 있는 근로자들의 노동조합이 아니라는 이유에서 단위노동조합의 설립 기타 조합활동에 대하여 협조, 지원 또는 지도를 할 수 없다는 해석상의 견해가 있었다. 여기서 구 노동조합법 제12조의2의 제3자개입금지조항이 원용되었다. 그러나 이와 같은 견해는 노동조합의 조직원리나 단결권의 본질에 반하는 것이기 때문에 1986년 12월 31일에 개정된 노동조합법 제12조의2에서는 단서를 신설하여 「총연합단체인 노동조합 또는 당해 노동조합이 가입한 산업별 연합단체인 노동조합의 경우에는 제3자개입으로 보지 아니한다」고 규정함으로써 산하단체인 노동조합의 설립 및 단체교섭에 대한 상급단체의 지원을 합법적인 것으로 인정한 바 있다. 여기서 다시 금지의 대상이 되는 제3자의 범위가 문제되었는데, 구 노동조합법 제12조의2에 따르면 제3자란 직접 근로관계를 맺고 있는 근로자나 당해 노동조합 또는 사용자 기타 법령에 의하여 정당한 권한을 가진 자[2)]를 제외한 모든 자를 말한다고 규정하고 있었다. 그러나 이와 같은 정의규정은 너무 광범위하고 막연할 뿐만 아니라, 금지내용인 조정·선동·방해 기타 개입이라는 개념이 추상적이고 포괄적이어서 이 조항은 노동조합의 정당한 활동을 제약하는 수단으로 악용 또는 남용될 여지가 있었다.[3)] 헌법재판소에서도 이 규정에 대한 위헌 여부가 다투어진 일이 있으나, 헌법재판소는 이 규정이 금지하는 제3자개입은 근로자가 단순한 조언·자문 및 교육 등의 조력을 받는 것을 말하는 것이 아니고 노동관계당사자의 자주적 의사결정을 방해하는 것을 의미하므로 동 규정이 헌법에 위배되지 않는다고 하였다.[4)] 그러나 이 규정은 단결활동을 포괄적으로 침해할 수 있는 가능성을 내포하고 있다는 점에서 폐지되어야 한다는 견해가 지배적이었다.[5)] 이와 같

---

1) 大判 1997. 10. 14, 96 누 9829 참고.
2) 공인노무사는 노동관계법령 및 노무관리에 관한 상담·지도·노무관리진단 등의 직무를 수행할 수 있는바(공인노무사법 제2조), 법령에 의하여 정당한 권한을 가진 자이다.
3) 김형배 외, 「집단적 노사자치에 관한 법률 — 시안과 입법이유 —」, 216면 참고.
4) 憲裁 1993. 3. 11, 92 헌바 33. 이와 같은 헌법재판소의 결정취지에 맞추어 판례도 제3자개입 여부를 구체적 사안에 따라 상대적으로 판단하였다.
5) 제3자개입금지조항은 ILO 제87호 조약(단결권보장에 관한 조약) 제3조에 위배된다는 비판이 있다. 또한 1995년 7월 19일 UN인권이사회에서 이 조항이 1992년 7월 7일 「시민정치적 권리에 관한 국제

은 비판에 직면하여 1996년 12월 31일의 노동관계법개정시에 구 노동조합법 제12조의2는 삭제되고 노조및조정법 제40조에서 제3자에 의한 간여나 조종·선동이 금지되는 대상 분야가 단체교섭 또는 쟁의행위로 특정되고, 노사가 자문이나 지원을 받을 수 있는 제3자의 범위가 구체적으로 열기·규정되었다가 2006년 12월 30일의 개정시에는 제40조도 완전히 삭제되었다. 이와 같은 노동조합법 개정의 역사는 노동운동에 대한 국가의 전근대적 규제의 단면을 보여주는 것이다.

2. 노동조합의 심사

노동조합은 대외적으로는 자주성(노조및조정법 제2조 ④)을, 대내적으로는 민주성(노조및조정법 제10조, 제11조 및 제15조 참조)을 갖추어야 한다. 노동조합이 갖추어야 할 자주성 및 민주성 요건과 그 밖의 노동단체로서 구비해야 할 요건들의 확인 내지 인정은 공적인 (행정관청의) 설립신고제도를 통하여 심사되고 있다.[1] 이러한 요건들을 갖추지 못하여 설립신고증을 받지 못한 근로자단체는 노조및조정법상의 일정한 불이익을 면치 못하게 되거나 노동조합으로서의 자격을 가질 수 없게 된다.[2]

(1) 설립신고

노조및조정법은 위에서 설명한 바와 같이 노동조합의 설립신고주의를 채택하고 있다. 다시 말하면 노동조합은 스스로 노동조합의 자주성과 민주성을 법이 마련한 절차에 따라 확인 내지 증명해야 한다. 이 절차가 이른바 행정관청에 의한 심사제도이다(노조및조정법 제10조, 제11조, 제12조 참조).[3] 노동조합의 자격은 노동조합이 현실적으로 자주성과 민주성을 갖추는 한 부여되어야 하는 것이므로, 행정관청의 심사행위에 의하여 창설적으로 인정되는 것은 아니다. 왜냐하면 근로3권 행사의 적격성 여부가 행정관청의 심사행위에 의하여 좌우될 수는 없기 때문이다.[4]

규약」 제19조 2항의 표현의 자유를 침해하고 있으므로, 이를 재검토하라는 내용을 우리나라에 통보해 온 일이 있다.

1) 신고제도를 둔 것은 근로자들이 자주적이고 민주적인 단결권을 행사하도록 하기 위한 것으로 노동조합의 실체를 갖추지 못한 단체들의 난립 사태를 방지하기 위한 것이다(憲裁 2012. 3. 29, 2011 헌바 53). 법 제2조 4호 라목에 해당하는지를 실질적으로 심사한 것을 적법하다고 한 사례(大判 2014. 4. 10, 2011 두 6998).

2) 大判 1969. 5. 13, 68 누 163; 심태식, 「개론」, 143면.

3) 노동조합이 갖추고 있어야 할 실질적 요건(제2조 ④)을 행정관청은 적절한 방법에 의한 합리적 판단을 통하여 실질심사를 할 수 있는 권한을 상당한 정도로 가지고 있다고 한 판례(大判 1979. 12. 11, 76 누 189).

4) 同旨: 이영희, '노동조합의 설립신고제도와 문제', 「노동법학」(제1호), 1987, 65면 이하 참고.

⑵ 심사 및 신고증 교부

노동조합을 설립하고자 할 때에는 규약을 첨부하여 설립신고서를 행정관청에 제출해야 한다(노조및조정법 제10조 Ⅰ). 행정관청이 규약과 신고서의 제출을 요구하는 것은 노동조합이 자주성과 민주성을 갖추도록 하기 위한 것이다. 그러므로 행정관청이 규약과 신고서를 접수받은 후에는 이에 대한 일정한 심사를 거쳐 수리하는 과정(절차)을 밟게 된다.[1] 여기서 행정관청이 가지는 심사권의 내용이 문제된다. 노조및조정법이 행정관청으로 하여금 설립신고를 한 단체가 노조및조정법 제2조 4호 각 목에 해당하는지 여부를 심사하도록 한 취지가 노동조합으로서의 실질적 요건을 갖추지 못한 노동조합의 난립을 방지하려는 데 있으므로 그러한 심사는 근로자의 자주적이고 민주적인 단결권 행사를 보장하는 데 필요한 실질적 심사라고 보아야 한다.[2] 다만, 행정관청에 광범위한 심사권한을 인정할 경우 행정관청의 자의적인 심사가 이루어져 신고제가 사실상 허가제로 변질될 우려가 있으며, 노조및조정법 제10조 1항 및 제12조 1항 등을 고려하면 행정관청은 일단 제출된 설립신고서와 규약의 내용을 기준으로 노조및조정법 제2조 4호 각 목의 해당 여부를 심사하되, 설립신고서를 접수할 당시 그 해당 여부가 문제된다고 볼 만한 객관적인 사정이 있는 경우에 한하여 설립신고서와 규약 내용 외의 사항에 대하여 실질적인 심사를 거쳐 반려여부를 결정할 수 있다.[3]

행정관청은 특별한 사정이 없는 한 설립신고서를 접수한 날로부터 3일 이내에 신고증을 교부하여야 한다(노조및조정법 제12조 Ⅰ).[4] 다만, 3일 이내에 신고증을 교부하지 않을 수 있는 예외적 경우가 있다. 첫째는 i) 설립신고서에 규약이 첨부되어 있지 아니하거나 설립신고서 또는 규약의 기재사항 중 누락 또는 허위사실이 있는 경우, ii) 임원의 선거 또는 규약의 제정절차가 노조및조정법 제16조 2항부터 4항까지 또는 같은 법 제23조 1항에 위반되는 경우(노조및조정법 시령 제9조 Ⅰ)로서, 이때에 행정관청은 20일 이내의 기간을 정하여 보완을 요구하여야 한다. 보완된 설립신고서 또는 규약을 접수한

1) 행정관청의 설립신고서 수리 여부에 대한 결정은 재량사항이 아니라 의무사항으로 그 요건이 충족되면 설립신고서를 수리하고 신고증을 교부하여야 한다(憲裁 2012. 3. 29, 2011 헌바 53).

2) 노조및조정법이 노조설립신고주의를 택하고 있는 취지는 소관행정당국으로 하여금 노동조합이 자주성과 민주성을 갖춘 조직으로 존속할 수 있도록 노동조합을 보호·육성하고 그 지도·감독에 철저를 기하기 위한 노동정책의 목적 실현에 있다. 또한 노동조합의 설립신고주의를 택함으로써 사용자는 무자격 조합이 생기지 않는다는 이익을 받고 있다고 볼 수 있다(大判 1997. 10. 14, 96 누 9829).

3) 大判 2014. 4. 10, 2011 두 6998.

4) 그 기간 내에 설립신고서의 반려 또는 보완지시가 없는 경우에는 설립신고증의 교부가 없어도 노동조합이 성립된 것으로 본다는 취지는 아니다. 그러므로 행정관청은 그 기간이 경과한 후에도 설립신고서에 대하여 보완요구 또는 반려처분을 할 수 있다(大判 1990. 10. 23, 89 누 3243).

때에는 다시 3일 이내에 신고증을 교부하여야 한다(노조및조정법 제12조 Ⅱ). 둘째는 i) 설립신고서를 제출한 노동조합이 노동조합의 자주성을 규정한 법 제2조 4호 단서 각목의 1에 해당하거나(노조및조정법 제12조 Ⅲ ①), ii) 행정관청이 제12조 2항에 의하여 보완을 요구하였음에도 불구하고 그 기간 내에 보완을 하지 아니하는 경우에는 신고서를 반려하도록 하고 있다(동조 Ⅲ ②).[1)]

a) 신고서 또는 규약의 보완 첫째의 경우에는 규약 및 신고서의 기재사항 중에 누락된 것을 확인하고, 임원의 선거 또는 규약의 제정이 노동조합의 민주적 절차(노조및조정법 제16조 Ⅱ · Ⅲ · Ⅳ, 제23조 참조)에 따라 이루어졌는가를 심사하게 된다. 이 경우에 행정관청의 심사는 형식적 심사에 그치게 된다. 이와 같은 심사는 설립총회 회의록에 의하게 될 것이다. 따라서 행정관청은 설립신고 시에 회의록의 제출을 요구할 수 있다고 보아야 한다.

b) 신고서의 반려 둘째의 i)의 경우에는 당해 노동조합이 자주성을 구비하고 있느냐 하는 것을 심사하는 것으로서 이른바 실질적 심사가 문제된다. 그러나 단위노동조합의 설립신고의 경우(노조및조정법 제10조 Ⅰ 참조)와는 달리 산업별 연합단체, 전국규모의 산업별 단위노동조합 또는 노동조합총연합단체(노조및조정법 제10조 Ⅱ 참조) 등에 대해서는 그 심사를 현실화하기가 어려울 것이다. 그리고 형식적으로는 노조및조정법 제2조 4호 단서 각목의 1(소극적요건)에 부분적으로 해당하더라도 실질적으로는 근로자들의 단체로서 자주성을 보유하고 있는 경우가 많을 것이므로 노동조합의 자주성의 상실, 즉 어용조합 여부에 관한 심사에 있어서는 그 한계성이 인정되지 않을 수 없다.[2)]

노동조합이 행정관청으로부터 설립신고증을 「교부받은 후」 노조및조정법 제2조 4호 단서 각목의 1의 위반으로 인한 설립신고서의 반려사유(노조및조정법 제12조 Ⅲ ①)가 발생한 경우에는 행정관청은 30일간의 기간을 정하여 그 시정을 요구하고, 그 기간 내에 이를 이행하지 아니하는 경우에는 당해 노동조합에 대하여 이 법(노조및조정법)에 의한 노동조합으로 보지 아니함을 통보[3)]하여야 한다(노조및조정법 시령 제9조 Ⅱ). 따라서 그 노동조합은 노동조합의 명칭을 사용(이에 위반하면 노조및조정법 제93조 ①의 벌칙적

1) 노조및조정법 제12조 3항 1호에 해당하여 자주성을 갖추지 못한 단체의 설립신고서를 반려하도록 하는 것은 과잉금지원칙에 위배되어 근로자의 단결권을 침해한다고 볼 수 없다(憲裁 2012. 3. 29, 2011 헌바 53). 동조항은 헌법상 금지된 단체결성에 대한 허가제에 해당하지 않는다.

2) 판례는 노동조합의 설립자유를 인정하면서 노조가 자주성과 민주성을 갖출 수 있도록 지도 · 감독하려는 것이 설립신고주의의 취지라고 파악하고 있다(大判 1997. 10. 14, 96 누 9829).

3) 이러한 통보는 노동조합의 지위로부터 발생하는 권리 · 의무에 영향을 주는 행위이므로 단순한 사실 또는 관념의 통지가 아니라 행정처분에 해당하므로 이에 대해서는 행정소송으로 다툴 수밖에 없을 것이다(서울行判 2010. 4. 8, 2009 구합 44690).

용)[1]하거나 동법이 정하는 절차(예컨대 노동쟁의조정절차)에 참여하거나 또는 동법상의 구제신청(예컨대 부당노동행위구제신청)을 할 자격이 없다(노조및조정법 제7조 참조).

여기서 설립신고서의 반려처분(노조및조정법 제12조 Ⅲ)이 위법·부당하다는 이유로 그 취소를 구하는 당사자적격을 가지는 자가 누구인지가 문제된다. 판례에 따르면, 설립신고서를 받지 못한 노동조합은 노동조합으로 인정되지 아니하고 노동조합의 명칭을 사용할 수 없지만, 설립신고를 한 그 근로자단체는 노동조합 설립을 위하여 조합의 규약을 작성하고 대표자를 정하여 노동조합 설립신고서를 행정관청에 제출할 만큼 조직적 활동을 하고 있는 인적인 조직체(노동조합 설립과정에 있는 근로자의 조직체)로서 사회적 실체를 가지고 있으므로 당사자 적격을 가질 수 있고, 따라서 노동조합 설립신고서 반려처분의 취소를 법원에 구할 수 있다고 한다.[2]

노동조합은 제10조 1항의 규정에 의하여 설립신고된 사항 중 명칭, 주된 사무소의 소재지, 대표자의 성명, 소속된 연합단체의 명칭에 해당하는 사항에 변경이 있는 때에는 그 날부터 30일 이내에 행정관청에 변경신고를 해야 한다(노조및조정법 제13조 Ⅰ, 동 시령 제10조 Ⅰ 내지 Ⅲ).

c) 노조설립 후 결격사유 발생과 '노조아님통보'의 효력 교원노조법 제14조 1항에 따라 교원노동조합에 대하여도 노조및조정법 제2조 4호 단서 라목 본문이 적용되므로 근로자(교원)가 아닌 자의 가입을 허용하는 경우 「노동조합」(교원노조)으로 보지 아니한다. 노조및조정법 제12조 3항 1호는 교원노조에도 적용되므로 설립하고자 하는 교원노조가 근로자가 아닌 자(교원노조법 제2조 참조)의 가입을 허용하는 경우(노조규약 또는 그 밖의 규칙으로 해직된 자를 조합원으로 인정하고 있는 경우), 행정관청(고용노동부장관)은 설립

---

1) 헌법재판소는 노조및조정법에 따라 설립된 노동조합이 아니면 노동조합이라는 명칭을 사용할 수 없도록 하고 이에 위반한 경우 처벌하도록 한 동법 제7조 3항, 제93조 1호에 대하여는 재판관 전원일치로, 청원경찰로서 국가공무원법 제66조 1항의 규정에 위반하여 노동운동 기타 공무 이외의 일을 위한 집단적 행위를 한 자를 처벌하도록 규정한 청원경찰법 제11조에 대하여도(합헌: 4, 한정위헌: 1, 위헌: 4) 헌법에 위반되지 아니한다는 결정을 하였다. 노동조합설립신고주의를 기초로 한 노조및조정법의 해당조항이 과잉금지의 원칙에 위배되어 청구인의 단결권이나 평등권을 침해한다고 볼 수 없으며, 청원경찰법의 해당조항도 과잉금지의 원칙에 위배되어 청구인의 근로3권을 침해한다고 보기 어렵다고 하였다(憲裁 2008. 7. 31, 2004 헌바 9).

2) 大判 1979. 12. 11, 76 누 189. 다만, 설립신고 반려처분의 직접 상대방이 아닌 제3자도 당해 처분의 취소를 구할 법률상의 이익이 있는 경우에는 취소소송의 원고적격이 인정된다(大判 1993. 7. 27, 93 누 8139; 大判 1994. 4. 12, 93 누 24247). 따라서 조합위원장으로 선출된 자에게 결격사유가 없음에도 행정관청이 판단을 잘못하여 설립신고를 반려하였다면 조합위원장으로 선출된 자는 당해 처분의 취소를 구할 법률상의 이익을 갖는 자이다. 행정소송에 의해서 그 취소를 구하는 것은 처분청의 책임을 묻는 데 그 목적이 있는 것이 아니라, 객관적인 행정법 질서를 유지함으로써 이해관계인의 권익을 보호하려는 데 있으므로 제3자인 조합위원장의 원고적격은 인정되어야 한다(大判 1979. 12. 11, 76 누 189).

신고서를 반려하여야 한다. 또한 노조및조정법 시행령 제9조 2항에 따라 행정관청은 노동조합이 설립신고증을 교부받은 후이더라도 법 제12조 3항 1호에 해당하는 설립신고서의 반려사유가 발생한 경우 30일의 기간을 정하여 시정을 요구하고 그 기간내에 이를 이행하지 아니하는 때에는 당해 노동조합에 대하여 이 법에 의한 노동조합으로 보지 아니함을 통보하여야 한다. 이상의 내용을 요약하면 노조및조정법 제2조 4호 단서 라목 본문의 '근로자가 아닌 자의 가입을 허용하는 경우'에는 설립중의 노동조합이건, 이미 설립신고서를 받은 노동조합이 그 이후에 그러한 결격사유를 가지게 되건 부적격 노동조합에 해당한다. 따라서 행정관청은 전자의 경우 설립신고서를 반려하고, 후자의 경우 30일의 기간을 정하여 근로자가 아닌 자의 가입을 허용하는 규약이나 규칙을 제거하도록 하는 시정을 요구하고 그 기간 내에 이를 이행하지 아니하는 때에는 당해 노동조합에 대하여 노조및조정법에 의한 노동조합으로 보지 아니함을 통보하여야 한다.

그런데 2020년 9월 3일에 대법원 전원합의체(다수의견)는 해직 교원의 조합원 자격을 허용하는 규약을 보유하고 있는 원고 전교조(전국교직원노동조합)에 대하여 피고 고용노동부장관이 규약의 개정과 해직교원의 탈퇴 처리 등 시정을 요구하였으나 이를 이행하지 아니하였다는 이유로 원고에게 '교원노조법에 의한 노동조합으로 보지 아니함'을 통보한 사안에서 피고의 법외노조 통보처분은 위법하다고 판결하였다.[1] 전원합의체 다수의견의 내용을 요약하면 다음과 같다. 「법외노조 통보는 이미 법률에 의하여 법외노조가 된 것을 사후적으로 고지하거나 확인하는 것이 아니라 그 통보로써 비로소 법외노조가 되도록 하는 형성적 처분이다. 이러한 법외노조 통보는 단순히 노동조합에 대한 법률상의 보호만을 제거하는 것에 그치지 않고 헌법상 노동3권을 실질적으로 제약한다. 그런데 노동조합법은 법상 설립요건을 갖추지 못한 단체의 노동조합 설립신고서를 반려하도록 규정하면서도, 그보다 침익적인 설립 후 활동 중인 노동조합에 대한 법외노조 통보에 관하여는 아무런 규정을 두고 있지 않고, 이를 시행령에 위임하는 명문의 규정도 두고

1) 大判(전합) 2020. 9. 3. 2016 두 32992. 고용노동부가 2013년 9월에 해직된 교사 9명을 노동조합에서 배제하라는 시정요구(고용노동부는 2010년 3월, 2012년 9월, 2013년 9월에 3차에 걸쳐 해직자 조합원 인정 규정의 시정명령을 내린바 있고, 2012년 1월 대법원은 고용노동부의 시정명령이 정당하다고 판결한 바 있음)를 이행하지 않는다는 이유로 전교조에 법외노조 통보처분을 하였다. 이에 대하여 전교조는 법외노조 통보처분 취소소송을 제기하였다. 서울행정법원(1심)은 2014년 6월에 법외노조 통보처분은 정당하다고 판단하였고, 서울고법(2심)은 2014년 9월에 교원노조법 제2조(교원으로서 현직에 있지 않은 자는 조합원으로 인정되지 않는다는 '교원'의 정의 규정)의 위헌법률심판을 제청(전교조의 신청에 따른 것)하였으며, 2015년 5월에 헌법재판소는 해직자를 조합원으로 인정하지 않는 교원노조법 제2조가 합헌이라고 결정하였다. 이에 따라 서울고법(원심)은 2016년 1월에 전교조에 대한 법외노조 통보처분이 정당하다고 판결하였다. 이에 대하여 대법원 전원합의체는 2020년 9월 3일에 전교조 법외노조 통보처분은 위법하다고 하여 원심판결을 파기하고 서울고법으로 환송하였다.

있지 않다. 더욱이 법외노조 통보 제도는 입법자가 반성적 고려에서 폐지한 노동조합 해산명령 제도와 실질적으로 다를 바가 없다. 결국 이 사건 시행령 조항(제9조 2항)은 법률이 정하고 있지 아니한 사항에 관하여, 법률의 구체적이고 명시적인 위임도 없이 헌법이 보장하는 노동3권에 대한 본질적인 제한을 규정한 것으로서 법률유보원칙에 반한다. 피고(고용노동부장관)는 이 사건 시행령 조항이 유효함을 전제로 이에 근거하여 이 사건 법외노조 통보를 하였다. 앞서 본 바와 같이 이 사건 시행령 조항은 헌법상 법률유보원칙에 위배되어 그 자체로 무효이다. 따라서 이 사건 시행령 조항에 기초한 이 사건 법외노조 통보는 그 법적 근거를 상실하여 위법하다고 보아야 한다.」 다수의견의 핵심적 요점에 따르면 이미 설립신고증을 받아 노동조합으로서 노동3권을 향유하고 있는 노동조합에 대하여 행정관청(고용노동부장관)이 법률의 근거 없이 시행령만으로 법외노조 통보를 하는 것은 그 시행령 조항 자체가 헌법상 법률유보원칙에 위반되어 무효이므로 이 시행령 조항에 기초한 행정관청의 통보는 그 법적 근거가 없어 위법이라고 한다.

이러한 다수의견에 대해서는 두 가지 점에서 다음과 같은 비판이 제기된다. 첫째로 다수의견이 무효라고 보고 있는 노조및조정법 시행령 제9조 2항은 동법 제2조 4호 단서 라목 본문과 제12조 3항을 기초로 하고 있는 것이므로 법률유보원칙에 위반된다고 볼 수 없다. 동법 제2조 4호 단서 라목 본문은 설립중의 「노동조합」에 대해서나 이미 설립된 노동조합에 대해서도 적용된다는 것은 자명하다. 이 규정을 기초로 한 동법 제12조 3항은 노동조합을 설립하고자 설립신고서를 제출한 경우에 규약 그 밖의 구비서류에 동법 제2조 4호 단서 라목 본문에 위반하는 내용이 있으면 행정관청은 이를 시정하여 다시 신고하도록 설립신고서를 반려하여야 하는 규정이다. 마찬가지로 노동조합이 설립신고를 한 경우에 규약 등에 동법 제2조 4호 단서 라목 본문에 위반하는 사유가 없어 설립신고서를 교부하였다 하더라도 그 후에 법 제12조 3항 1호에 해당하는 설립신고서 반려사유가 발생하거나 그러한 사유를 은폐하였다는 사실이 발견된 때에는 행정관청은 30일의 기간을 정하여 시정을 요구하고 그 기간내에 이를 이행하지 아니하면 해당 노동조합에 대하여 이 법에 의한 노동조합으로 보지 아니함을 통보하여야 한다. 다수의견이 해직된 교원을 조합원으로 인정하는 규약상의 규정을 가지고 있으면서 해직 교원을 조합원으로 활동하도록 하고 있는 노동조합에 대하여 법외노조 통보를 한 것은 설립신고증을 교부받은 노동조합에 대한 실질적인 노동3권의 제한으로서 위법하다고 한다면 이는 법해석상 법학방법론상 옳지 않다. 법 제2조 4호 단서는 노동조합의 결격사유에 관한 노조및조정법상의 기본원칙을 정한 것이고, 이 규정에 의하여 이미 노동조합으로서의 적격성을 상실하고 있는 노동조합(사실상 근로자단체)에 대하여 사후적으로 이를 확인하여 통고하는 법외노조 통보에 관한 동법 시행령 제9조 2항은 법률의 규정에 의하여 이미 발생한 효과를 행정관청으로 하여금 확인·통고하도록 하는 (확인적 성질은 가지는 행정처분) 규정에 지나지 아니한다.[1] 행정관청(고용노동부장관)은 법외노조 확인 통보를 하기 전에 3차례에 걸쳐(2010년 3월, 2012년 9월, 2013년 9월) 시정명령을 하였다. 이 시정명령은 노조및조정법 제2조 4호 단서 라목 본문과 제12조 3항 1호의 법률규정 자체를 그 근거로 하고 있는 것이지 위 시행령에 기초한 것으로 볼 수 없다.[2] 노동조합이 설립 당시에는 근로자가 아닌 자의 가입을 허용하고 있지 않다가 그 후 이를 허용하는 규약 규정을 두었다면 그때부터 해당 노동조합은 노동조합으로서의 적격성을 상실하게 되는 것이므로 법외노조 통보는 이미 발생된 적격성 상실 상태를 확인 통고하는 확인처분으로 보아야 한다. 따라서 법외노조 통보행위가 헌법상 노동3권을 실질적으로 제약하거나 설립 후 활동 중인 노동조합에 대하여 침익적이라고 볼 수 없다. 다수의견에서와 같이 법외노조 통보가 위법하다고 하는 법리에 따른다면 일단 설립신고증을 받은 노동조합은 「근로자가 아닌 자」인 해직 교원의 조합원 자격을 허용하는 규약을 이미 보유하고 있거나 그 후에 그러한 규약을 두고 해직 교원들을 조합원으로 활동하도록 하고 있더라도 어떠한 시정요구의 대상이 될 수 없다는 것이 된다. 이러한 주장은 법 제2조 4호 단서 라목 본문 규정에 반한다. 왜냐하면 법외노조임을 통보하는 것은 노동조합으로서의 부적격성을 사후적으로 확인하여 알려주는 것에 불과하고 적법한 노동조합의 자격을 부당하게 박탈하여 노동3권의 정당한 행사를 창설적으로 금지하는 것이 아니기 때문이다.[3]

둘째로 법 제 2조 4호 단서 라목 본문에 해당하여 「노동조합으로 보지 아니한다」는 것은 — 나목이나 다목의 경우와 같이 노동조합으로서의 자주성을 유지할 수 없거나 근로조건의 유지·개선 그밖에 근로자의 경제적·사회적 지위의 향상을 목적으로 하지 아니하는 단체가 아니라고 본다는 것은 아니므로 — 노조및조정법에 의하여 주어지는 보호를 받지 못한다는 뜻에 지나지 않는다(제7조 1항, 3항 참조). 다시 말하면 법 제12조 3항 1호에 따라 설립신고서의 반려를 받은 「노동조합」이거나 시행령 제9조 2항(교원노조법 제9조 2항)에 따라 '이 법에 의한 노동조합으로 보지 아니함을 통보'받은 「노동조합」은 노조및조정법에 따른 보호를 받지 못할 뿐이다. 이 법 제7조 1항 및 3항은 '이 법에 의하여 설립된 노동조합이 아니면 노동위원회에 노동쟁의의 조정 및 부당노동행위의 구제를 신청할 수 없'으며, '노동조합이라는 명칭을 사용할 수 없다'고 규정하고 있다. 그러나 이

1) 同旨: 大判(전합) 2020. 9. 3, 2016 두 32992의 반대의견.

2) 同旨: 大判(전합) 2020. 9. 3, 2016 두 32992의 반대의견; 김중권, '전교조 법외노조 통보의 법적 성질과 문제', 「법률신문」 2020. 9. 21. 제4829호 13면 참고.

3) 同旨: 大判(전합) 2020. 9. 3, 2016 두 32992의 반대의견; 김중권, 앞의 논문.

러한 법외노조인 근로자단체이더라도 노동조합으로서의 부적격한 지위를 스스로 제거하여 적격성을 회복하는 행위를 할 수 있는 것이므로 그러한 자격이나 능력까지 부인되지는 않는다. 근로자가 아닌 자의「노동조합」가입을 허용하는 규약 조항을 변경·삭제하는 행위(법 제11조 ⑩, 제16조 Ⅰ ① 참조)는「노동조합」총회의 의결(제16조 Ⅱ 단서)을 통하여 실현되는 것이므로 법외노조도 그런 범위의 조합활동을 할 수 있는 단결권을 가진다고 보아야 한다. 또한 근로자가 아닌 자의「노조」가입을 허용하는 규약조항을 제거한 후에 그 근로자단체가 흠이 없는 규약을 구비하고 노조및조정법 제2조 4호 본문이 정한 기본적 요건을 갖추면 행정관청에 설립신고를 하기 전이라도 법 제7조의 규정에도 불구하고 헌법 제33조 1항의 단결권·단체교섭권을 향유하는 주체가 된다고 보아야 한다([96] 1. c) 참고).[1] 법 제7조 1항은 사용자가 단체교섭에 응하지 않은 경우에 이 법에 의한 노동조합이 아니면 노동위원회에 부당노동행위(제81조 Ⅰ ③ 참조)의 구제를 신청할 수 없다고 규정하고 있을 뿐이므로 사용자가 임의로 단체교섭에 응하고 단체협약을 체결한다면 그 단체협약은 법외노조와 사용자 사이에 유효하게 성립한다고 보아야 한다([100] 1. 2. 참고).[2] 노동조합으로서의 실질적 요건을 갖춘 근로자단체가 설립신고증을 받지 않았다는 이유만으로 단체교섭권이나 협약체결권을 가지지 못한다면 노동조합을 인정한 역사적 사회적 의의에 어긋나며 노동3권을 노동기본권으로 보장한 기본취지에도 반한다고 보아야 한다. 단체행동권은 단체교섭의 궁극적 목적인 단체협약의 체결을 실현하기 위하여 행사되는 것이므로 법외노조가 그 목적·방법 및 절차에 있어서 법령 기타 사회질서에 위반하지 아니하는 쟁의행위를 조직·주도한다면 그러한 파업행위는 정당하다고 보아야 한다.[3] 이와 같은 지위를 가지고 있는 법외노조는 언제라도 설립신고서에 규약을 첨부하여 행정관청에 제출하므로써 설립신고증을 받아「이 법에 의하여 설립된 노동조합」이 될 수 있는 잠재적 자격을 가진 실질적「노동조합」(근로자단체)이라고 볼 수 있으므로 전원합의체 다수의견이 '법외노조 통보는 헌법상 노동3권을 실질적으로 제한하며, 법외노조 통보 제도는 입법자가 반성적 고려에서 폐지한 노동조합 해산명령제도와 실질적으로 다를 바 없다'고 하는 비판적 언명(言明)은 아무 근거가 없다고 판단된다. 결론적

1) 憲裁 2012. 3. 29, 2011 헌바 53; 憲裁 2015. 5. 28, 2013 헌마 671; 大判 2016. 12. 27, 2011 두 921.

2) 同旨: 하갑래,「집단적 노동관계법」(제5판), 2018, 250, 286면.

3) 憲裁 2008. 7. 31, 2004 헌바 9는 실질적 요건을 갖춘 법외노조에 대하여 단체교섭 및 단체협약능력을 인정하고 있으나 단체행동권에 관해서는 언급하고 있지 않다. 그러나 노동3권을 통일적으로 파악해야 한다는 법해석적 관점에 입각하고 있다면 이를 인정하는 것으로 보아야 한다. 독일에서는 협약자치라는 큰 틀 안에서 단체행동은 협약체결을 위한 보조적 수단으로 파악되고 있다(Hromadka/Maschmann, *Arbeitsrecht*, Bd. 2 §14 Rn. 18 참고).

으로 저자는 전원합의체 반대의견에 찬동한다([100] 2. 4. 참고).

위의 전원합의체 판결이 있은 후에 노조및조정법 시행령 제9조 2항의 개정안(2021. 3. 고용노동부)이 나왔다. 그 내용은 다음과 같다. 「노동조합이 설립신고증을 교부받은 후 법 제12조 3항 1호에 해당하는 설립신고의 반려사유가 발생한 경우에는 행정관청은 30일의 기간을 정하여 시정을 요구할 수 있다.」 이 규정은 현행 제9조 2항의 후단규정(「그 기간 내에 이를 이행하지 아니하는 경우에는 당해 노동조합에 대하여 이 법에 의한 노동조합으로 보지 아니함을 통보하여야 한다」)을 삭제한 것에 불과하다. 동조항 후단 부분이 삭제되었다고 하여 설립신고서의 반려사유를 가지고 있는 근로자단체가 이 법에 의한 노동조합으로 인정되는 것은 아니라(위 판결 반대의견 참고)고 해석된다.

3. 노동조합의 성립시기

근로자의 단체가 사실상의 조합에서 노조및조정법상의 형식적인 자격을 갖춘 조합으로 성립되기 위해서는 동법 제10조에 따라 설립신고서를 제출하여야 한다. 그리고 행정관청은 설립신고서를 접수한 때에는 3일 이내에 신고증을 교부하도록 되어 있다(노조및조정법 제12조). 노동조합이 신고증을 교부받은 경우에는 설립신고서가 접수된 때에 설립된 것으로 본다(제12조 Ⅳ). 동 규정은 1996년 12월 31일의 노동관계법 개정시에 신설된 조항이다.

동 규정이 신설되기 전에는 노동조합의 성립시기를 어느 때로 볼 것이냐에 관해서 여러 견해가 갈려 있었다. 즉, 신고서접수시설[1]· 신고서수리시설 및 신고증교부시설이 그것이다. 우선 노동조합이 신고서와 규약을 제출하면 그것만으로 성립한다고 주장하는 것은 아무리 자유설립주의가 현행법의 기본원칙이라 하더라도 신고제도의 취지에 맞지 않는다고 생각된다. 신고가 유효하려면 행정관청이 신고행위를 유효한 것이라고 판단하여 수리할 의사를 표시하는 준행정행위가 전제되어야 한다. 왜냐하면 노동조합의 자주성과 민주성은 마땅히 확인되어야 할 사항이기 때문이다.[2] 그러므로 이론적으로는 노동조합의 성립은 행정관청의 수리행위를 필요로 하며 또 그것으로 족하다고 볼 수 있다. 따라서 신고증교부시에 노동조합이 성립한다고 하는 견해[3]도 정당하지 않다. 다만, 행정관청의 신고서수리시를 구체적으로 확인한다는 것은 매우 어려운 일이므로 실제로 신고서수리시에 성립한다고 하는 것도 적절하지 않다. 그러므로 노조및조정법의 기본태도

1) 이병태, 「노동법」, 122면.

2) 大判 1996. 6. 28, 93 도 855 참조.

3) 大判 1969. 12. 23, 69 누 100; 大判 1979. 12. 11, 76 누 189; 大判 1990. 10. 23, 89 누 3243. 신고증교부시설은 성립시기를 외관상 명확히 할 수 있다는 장점을 가지고 있다.

가 자유설립주의에 서 있고 또 행정관청의 심사는 형식적 심사에 그친다는 점을 고려하여 노조및조정법 제12조 4항에 따라 노동조합은 행정관청(고용노동부장관)에 의한 유효한 신고증 교부를 조건으로 신고서접수시에 성립한다고 보는 것이 적절할 것이다(종래의 견해 부분수정).1)·2) 이와 같은 해석에 의하면 신고증 교부 전에 설립 중인 노동조합이 그 이름으로 행한 행위는 신고서 접수 후에 행한 것인 때에는 그 노동조합의 행위로서 유효한 것으로 보아야 한다. 예컨대 노조설립신고서의 제출사실을 알고 있는 사용자가 설립신고증을 교부받기 전에 설립중의 노동조합과 조합원들에 관한 약정을 하였다면 그 약정은 노동조합과 사용자 사이의 합의로서 유효한 것으로 보아야 할 것이다. 설립신고증을 교부받지 못하면 노동조합은 설립되지 않은 것이 된다.

4. 복수노조의 설립

지난 1997년 3월 13일에 노조및조정법이 제정될 때에 사업 또는 사업장 단위에서 조직대상을 같이 하는 새로운 노동조합(복수의 노동조합)의 설립을 인정하는 노동조합 설립의 자유가 구체적으로 보장됨에 따라(노조및조정법 부칙 제5조 참조) 이를 2002년 1월 1일부터 시행하기로 하고, 고용노동부장관은 2001년 12월 31일까지 교섭창구 단일화를 위한 단체교섭의 방법, 절차 기타 필요한 사항을 강구하기로 하였다(노조및조정법 부칙 제5조 Ⅲ). 그러나 그 후에 복수노조제도의 시행시기를 연기하는 두 차례의 노조및조정법의 개정(2001년 3월 28일, 2006년 12월 30일)에 의하여 2010년 1월 1일부터 관련 제도가 시행될 예정이었다. 그리고 노동조합의 복수설립과 교섭창구단일화에 관한 제도는 노동조합 전임자에 대한 급여지급에 관한 제도(노조및조정법 제24조 Ⅱ)와 더불어 그 시행시기를 같이하기로 예정되어 있었다(2010. 1. 1 개정 전의 부칙 제6조 Ⅰ). 하지만 노조및조정법의 개정에 있어서 노·사 단체, 공익대표 및 정부가 합의안을 이루어내지 못하였고, 법 개정 시한에 쫓기다가 결국 국회 환경노동위원장이 제안한 안이 2010년 1월 1일 국회를 통과함으로써 노조및조정법이 개정되었다(법률 제9930호). 그 내용을 살펴보면, 복수노조의 설립과 교섭창구 단일화에 관한 규정은 2011년 7월 1일부터 시행하도록 부칙이 다시 개정되었으며(부칙 제1조), 노조전임자 급여에 관한 규정 중 제24조의2(근로시간면제심의위원회: 2010. 6. 4. 시행)를 제외한 다른 규정들은 2010년 7월 1일부터 적용하기로 하는 부칙이 개정되었다(부칙 제1조, 제8조 참조).

---

1) 백재봉, '노동조합설립의 자유', 「노동문제논집」(제2집), 고려대 노동문제연구소, 1971, 116면.

2) 노조및조정법 제12조의 규정에 의하여 고용노동부장관은 3일 이내에 신고증을 교부해야 하는데, 3일이 경과했음에도 불구하고 신고증을 교부하지 아니할 때에는 헌법 제33조 1항에 근거하여 유효한 수리행위가 있는 것으로 보아야 한다(同旨: 이병태, 「노동법」, 120면). 異見: 「… 행정관청은 그 기간(3일) 경과 후에도 설립신고서에 대하여 보완지시 또는 반려처분을 할 수 있다」(大判 1990. 10. 23, 89 누 3243).

⑴ 단결권과 복수노조

단결권의 보장에 의하여 근로자들은 「자유로이」 노동조합을 조직하고 가입할 수 있다(헌법 제33조 Ⅰ; 노조및조정법 제5조). 이와 같은 단결권의 행사는 원칙적으로 조직의 단위(산업, 지역, 직종, 사업, 사업장)에 의하여 제한되거나 금지되어서는 안 될 것이다. 우리 노조및조정법은 그동안 하나의 사업 또는 사업장에 이미 노동조합이 조직되어 있는 경우에는 그 노동조합과 조직대상을 같이하는 새로운 노동조합을 설립할 수 없도록 금지하여 왔으나(2010. 1. 1 개정 전의 부칙 제5조 Ⅰ·Ⅲ), 복수노조의 설립을 금지하는 것은 단결권을 침해하는 위헌의 소지가 있다는 견해가 주장되어 왔다.[1] 위에서 언급한 바와 같이 노조및조정법의 개정으로 2011년 7월 1일부터 근로자들은 같은 사업장에 기존의 노동조합이 있더라도 조직대상을 같이하는 새로운 노동조합을 자유로이 설립할 수 있게 되었다. 복수노조를 설립할 경우에 추가적 요건을 갖추어야 한다든가 그 밖의 제한이 가해지지는 않으며(노조및조정법 제29조의2 Ⅰ 참조).[2] 앞에서 설명한 설립요건(위 1 참고)만 갖추면 제2 또는 제3의 노동조합은 설립된다.

⑵ 복수노조의 지위

a) 하나의 사업 또는 사업장에 제2의 노동조합이 설립되면 기존의 노동조합과 새로 설립된 노동조합은 복수노조의 지위에 있게 된다. 기존의 노동조합이 이미 사용자와 단체협약을 체결하고 있는 경우에는 새로 설립된 노동조합은 사용자에 대하여 단체교섭 또는 단체협약의 체결을 요구할 수 없다. 신설노조는 기존 노동조합의 단체협약 유효기간 만료일 3개월 전부터 (비로소) 사용자에게 단체교섭을 요구할 수 있고, 단체교섭을 하기 위해서는 교섭창구 단일화 절차를 거쳐야 한다(노조및조정법 제29조의2 이하 참조).[3] 다만 제29조의2 3항에 따라 교섭대표노동조합을 자율적으로 결정하는 기한 내에 사용자가 교섭창구 단일화 절차를 거치지 아니하고 개별교섭에 동의한 경우에는 복수의 노동조합과 개별교섭을 할 수 있다(동조 Ⅰ 단서)([107] 1. ⑵ 참고). 이미 존재하는 조직중복노조(기

1) 복수노조 금지는 ILO협약(제87호 및 제98호) 위반이라는 견해가 일반적이다.

2) 사업이란 경영상의 일체를 이루는 기업체 그 자체를 말하며, 경영상의 일체를 이루면서 유기적으로 운영되는 기업조직은 하나의 사업이다(大判 1993. 2. 9, 91 다 21381; 大判 1993. 10. 12, 93 다 18365 등). 이에 반하여 사업장은 장소적으로 분리되어 있는 하부조직을 말한다.

3) 하나의 사업 또는 사업장에 단수로 존재하였던 노동조합을 교섭요구노동조합으로 받아들여 유효기간 1년의 단체협약을 체결하였는데 그 후 과반수 노조인 기업별 노조가 추가로 설립되면서 노동조합이 복수로 존재하게 되어 교섭창구 단일화 절차를 거친 다음 기업별 노조와 유효기간 2년의 단체협약을 체결하였다면 기존의 단수노조였던 노동조합은 노조및조정법 시행령 제14조의10 1항 2호의 규정을 원용하여 교섭대표노조의 지위를 주장할 수 없다. 교섭창구 단일화 절차를 거친 교섭대표노조로서의 지위에 있지 않기 때문이다(大判 2016. 6. 10, 2016 두 33797: 제1심과 원심 판결을 수긍하여 상고를 심리불속행한 판결).

업별 단위노조, 산별노조지부 등), 사업변동으로 생긴 노동조합, 공장단위 사업장별 복수노조, 직종별 복수노조가 있는 경우에도 마찬가지라고 판단해야 할 것이다.

b) 복수노조는 노동조합으로서의 존립상의 독자성을 가지고 있기 때문에 고유한 조직과 규약을 가지고 있음은 물론이고, 조합사무소나 기타 재정기반을 가지고 운영된다. 따라서 사용자는 복수노조들에 대하여 차별적 처우를 해서는 안 될 것이다(노조및조정법 제81조 ④ 단서, 벌칙 제90조; 제29조의4 참조). 복수노조 중 어느 노동조합이 교섭대표노동조합이 되지 못하거나 공동교섭대표단에 참여하지 못한 경우(예컨대 그 조합원 수가 교섭창구 단일화 절차에 참여한 노동조합 전체 조합원 100분의 10 이상이 되지 못하는 노동조합: 제29조의2 Ⅳ 2문)라도 노동조합으로서의 지위는 그대로 유지할 수 있으며, 단체교섭이나 쟁의행위의 수행 등을 제외한 조합활동은 계속할 수 있다. 따라서 조합조직의 확장을 위하여 조합으로서의 활동계획과 목표를 홍보할 수 있을 뿐만 아니라, 다른 조합과의 연대활동을 하거나 근로자들을 위한 사항에 관하여 협의할 수도 있다고 보아야 한다. 헌법재판소는 교섭창구 단일화제도가 소수 노동조합의 단체교섭권을 침해한다고 볼 수 없다고 판단한다.[1)]

⑶ 복수노조의 존재 의의

복수노조를 인정하는 것은 노동조합의 조직 및 가입의 자유를 보장한 헌법질서에 의하여 이론적으로 정당시되는 것이지만, 현실적으로는 하나의 사업 또는 사업장에 하나의 노동조합만을 인정하고 있는 경우에 기존 노조의 자주성과 민주성을 담보하기가 쉽지 않다는 점을 지적하지 않을 수 없다. 우리나라도 기업별 노조가 어용화되거나 비민주화된 역사적 경험을 가지고 있다. 복수노조제도가 채택되고 있는 경우 노동조합들은 조직력의 강화를 위하여 경쟁을 하지 않을 수 없게 되고, 조직대상이 되는 근로자들은 보다 자주적이고 민주적인 노동조합을 선택하게 될 것이다. 따라서 경쟁대상이 되는 복수의 노동조합이 존재한다는 것은 그것 자체로서 노동조합의 대외적 선명성과 대내적 투명성을 유지하게 되는 요인으로 작용하게 한다. 그러나 다른 한편 과도한 경쟁의식으로 인하여 상대방 노동조합에 대한 비판이나 비우호적 태도로 인하여 경쟁 조합원들 사이에 갈등과 대립이 발생할 수 있다. 우리나라에서 채택하고 있는 복수노조체제하에서는 원칙적으로 교섭창구 단일화를 통하여 1사업 또는 1사업장 1단체협약의 기본원칙을 채택하고 있으므로 경쟁노조는 교섭창구 단일화 절차를 통하여 교섭대표 노동조합이 되기 위하여 폭넓은 조합원의 지지를 받을 수 있도록 노력하게 될 것이다. 근로자는 복수노조 중의 어느 하나를 선택하여 가입할 수 있다. 복수노조들은 조합원 확보를 위하여 근로자

1) 憲裁 2012. 4. 24, 2011 헌마 338.

들을 위한 조합정책과 근로조건 개선방안 등을 홍보할 수 있으나 다른 노동조합의 조합원을 이중으로 가입시켜서는 안 될 것이다. 노동조합에 이중가입을 허용하는 것은 복수노조제도의 취지에 반한다. 따라서 노동조합이 이중가입을 제한하거나 이를 위반한 조합원을 제재하더라도 이를 근로자의 단결권 침해라고 볼 수 없다([102] 1. ⑶ 참고).[1]

⑷ 복수노조와 교섭창구 단일화

하나의 사업 또는 사업장에 두 개 이상의 복수노조가 있는 경우 사용자와 단체교섭을 함에 있어 그 창구를 단일화하도록 하고, 교섭대표가 된 노동조합에게만 단체교섭권을 부여하고 있는 노조및조정법 제29조 2항, 제29조의2 1항이 소수 노동조합의 단체교섭권을 침해하는지가 문제될 수 있다. 이에 대해서는 학설상 견해의 대립이 있다.

복수노조제도를 인정하는 것은 궁극적으로 노동조합 사이의 선명하고 자유로운 경쟁을 통하여 보다 자주적이고 민주적인 노동조합으로 하여금 조합원들을 대표할 수 있도록 하기 위해서이다. 교섭창구 단일화제도는 근로조건의 결정권이 있는 사업 또는 사업장 단위에서 복수 노동조합과 사용자 사이의 교섭절차를 일원화하여 효율적이고 안정적인 교섭체계를 마련하고, 소속 노동조합과 관계없이 조합원들의 근로조건을 통일적으로 규율하기 위한 것이다. 교섭창구 단일화제도가 적용됨으로써 교섭대표노동조합이 되지 못한 소수 노동조합은 단체교섭권의 제한을 받지만, 소수 노동조합도 교섭대표노동조합을 정하는 절차에 참여함으로써 교섭대표노동조합이 사용자와 대등한 지위에 설 수 있는 기반을 함께 구축하는 기능을 한다. 그리고 현재 소수 노동조합의 지위에 있더라도 장래에 교섭대표노동조합이 될 수 있는 가능성은 모든 복수노조에 열려 있으므로 단체교섭권의 행사가 소수 노동조합에 영구적으로 봉쇄되어 있는 것은 아니다.[2] 다른 한편 모든 복수노조에 대하여 단체교섭권을 인정하면 하나의 사업장에 둘 이상의 협약이 체결·적용됨으로써 동일한 직업적 이해관계를 갖는 근로자들 사이에 근로조건의 차이가 발생될 수 있음은 물론, 복수의 노동조합은 각자 보다 유리한 단체협약 체결을 위하여 불합리한 대립과 분열을 일으키게 되어 공정한 경쟁을 통한 단결의 강화와 노사자치가 실현되기 어렵게 될 수도 있을 것이다. 이러한 이유 등을 근거로 헌법재판소는 교섭창구 단일화제도가 소수 노동조합의 단체교섭권을 침해한다고 볼 수 없다고 판단하고 있다.[3]

---

1) 同旨: 蔚山地決 2011. 12. 9, 2011 카합 722; 西谷, 「勞働組合法」, 92面. 다만 기업별 노조와 지역별 노조에의 이중 가입은 문제점을 달리 한다.

2) 大判 2019. 10. 31, 2017 두 37772; 大判 2018. 8. 30, 2017 다 218642 참고.

3) 憲裁 2012. 4. 24, 2011 헌마 338.

[100] V. 노동조합 및 노동관계조정법상의 노동조합이 아닌 단체(법외조합)

1. 법외조합의 개념

노동조합은 대외적인 자주성(노조및조정법 제2조 ④ 참조)과 대내적인 민주성(제11조 참조)을 갖추고 설립신고증을 교부받으면(제12조 참조) 노조및조정법이 인정하는 노동조합으로서의 자격을 가진다.[1] 즉, 노조및조정법에 의하여 설립된 노동조합은 동법이 정한 보호와 지원을 받을 수 있다. 동법 제7조는「이 법에 의하여 설립된 노동조합이 아니면」 노동위원회에 노동쟁의의 조정 및 부당노동행위의 구제를 신청할 수 없으며(동조 Ⅰ), 노동조합이라는 명칭을 사용할 수 없다고 규정하고 있다(동조 Ⅲ, 벌칙 제93조 ①). 그렇다면 어떤 근로자의 단체가 현실적으로 자주성(실질적요건)과 민주적 규약을 갖추고 있으나 설립신고증을 교부받지 못한 경우에 그 단체에 대하여 노동조합으로서의 자격을 일체 부인할 수 있을 것인가? 노조및조정법 제2조 4호에 따르면 근로자의 단체가 일정한 실질적 요건을 갖춘 때에 이를「노동조합」이라고 정의하고 있다. 그러므로 노조및조정법 제2조 4호와 제7조의 상호관계에 대해서는 각각 그 조항에 적합한 합리적인 해석을 내려야 한다. 즉, 제7조의「이 법에 의하여 설립된 노동조합」은 자주성과 민주성을 갖추고 설립신고를 필한 노동조합을 말하는 것이고, 제2조 4호에 의한「노동조합」이란 노동조합이 갖추어야 할 본질적 요건인 자주성을 구비한 근로자 단체를 말한다. 따라서 제2조 4호에 의한 자주성을 갖추고 민주적 규약(제11조 참조)을 구비하였으나 신고증을 교부받지 못한 근로자 단체는 제7조에서 정한 불이익 외에 노조및조정법 및 다른 법이 정한 일정한 법의 보호와 지원 등을 받을 수 없으나 노동조합으로서의 지위와 기능이 전적으로 부인되지 않는다.[2] 이러한 근로자 단체는 근로조건의 향상을 위하여 근로자들이 자주적으로 단결한 단체로서 헌법 제33조 1항의 보호를 받기 때문이다. 노동조합으로서의 자주성을 갖추고 설립신고증의 교부를 받은 노동조합을 법내조합(이 법에 의하여 설립된 노동조합: 제7조 참조)이라 하고, 실질적 자주성 요건을 갖추었으나 설립신고증을 교부받지 못한 근로자 단체를 법외조합이라고 부른다.

2. 법외조합의 지위

근로자 단체가 노조및조정법 제2조 4호의 자주성을 갖추고 또한 민주적 규약을 구

1) 大判 1996. 6. 28, 93 도 855.
2) 同旨: 憲裁 2012. 3. 29, 2011 헌바 53; 大判 2014. 4. 10, 2011 두 6998; 大判 2016. 12. 27, 2011 두 921. 이병태,「노동법」, 124면 이하; 임종률,「노동법」, 65면 이하.

비하고 있으나 설립신고를 하지 않은 경우에는 제7조 1항 및 3항(벌칙 제93조 ①) 등이 규정한 불이익을 받지 않을 수 없으나, 그렇다고 그 단체가 노동조합으로서의 활동을 할 수 있는 자격을 전혀 가질 수 없는 것은 아니다. 왜냐하면 이러한 사회적 실체로서의 근로자 단체는 헌법상의 노동기본권의 보호대상에 합치하기 때문이다. 그러므로 이러한 근로자 단체는 노동조합에 대하여 헌법이 보장한 이익의 향유를 방해받지 않는다.[1] 노동조합의 개념과 노동조합에 대한 법적 보호가 구체적으로는 노조및조정법에 의하여 정하여진다 하더라도 이와 같은 법률상의 보호는 궁극적으로 헌법의 근로3권의 내용에 부합하기 때문이다. 따라서 근로자의 단체가 자주성과 사단으로서의 조직성을 구비하고 있으면, 단체교섭 및 단체협약체결뿐만 아니라 정당한 쟁의행위시 민·형사상의 면책의 보호(노조및조정법 제3조, 제4조)를 받는다고 보아야 한다.[2] 다만 노조및조정법은 신고증을 교부받지 않은 단결체에 대하여 노동위원회의 노동쟁의의 조정 및 부당노동행위의 구제를 신청할 수 없다(노조및조정법 제7조 Ⅰ). 그러한 단체에 대하여는 노동위원회가 노동조합으로서의 실질적 요건을 갖추었는지를 확인하는 것이 용이하지 않으며, 또한 사용자와의 사이의 안정적 노사관계의 유지를 위해서도 신고절차를 필하지 않은 단결체는 일정한 불이익을 감수해야 할 것이다. 그러나 이러한 불이익은 어디까지나 신고증을 교부받지 않은 단결체에 대해서만 미치는 것이므로 그 단결체의 구성원인 근로자가 단결체의 조직 가입 또는 쟁의행위 참가로 불이익을 받는 등(제81조 Ⅰ ①,②,⑤ 참조)의 부당

1) 이러한 노동조합을 헌법상 노동조합이라고 부르기도 한다.

2) 憲裁 2008. 7. 31, 2004 헌바 9(명칭의 사용을 금지하는 것은 이미 형성된 단결체에 대한 보호정도의 문제에 지나지 아니하고 단결체의 형성에 직접적인 제약을 가하는 것도 아니며, 또한 위와 같은 단결체의 지위를 「법외의 노동조합」으로 보는 한 그 단결체가 전혀 아무런 활동을 할 수 없는 것은 아니고 어느 정도의 단체교섭이나 협약체결 능력을 보유한다 할 것이므로, 노동조합의 명칭을 사용할 수 없다고 하여 헌법상 근로자들의 단결권이나 단체교섭권의 본질적인 부분이 침해된다고 볼 수 없다). 대법원도 우리 노조및조정법이 노동조합의 자유설립을 원칙으로 하면서도 설립에 관하여 신고주의를 택한 취지는 노동조합의 조직체계에 대한 행정관청의 효율적인 정비·관리를 통하여 노동조합이 자주성과 민주성을 갖춘 조직으로 존속할 수 있도록 보호·육성하려는데 있으며, 신고증을 교부받은 노동조합에 한하여 노동기본권의 향유 주체로 인정하려는 것은 아니라고 하면서, 노조및조정법 제2조 4호에서 정한 노동조합의 실질적 요건을 갖춘 근로자단체가 신고증을 교부받지 아니한 경우에도 노조및조정법상의 부당노동행위의 구제신청 등 일정한 보호를 받을 수 없을 뿐, 노동기본권의 향유 주체에게 인정는 일반적 권리까지 보장받을 수 없는 것은 아니라고 판시하고 있다(大判 2016. 12. 27, 2011 두 921). 노조및조정법상의 단체교섭에 관한 규정(노조및조정법 제29조 이하), 쟁의행위에 대한 민·형사상의 면책규정(노조및조정법 제3조, 제4조), 불이익취급 및 비열계약으로부터의 개인보호(노조및조정법 제7조 Ⅱ, 제81조 ①·②·⑤)에 관한 규정은 헌법상의 노동기본권을 구체적으로 확인한 규정이라고 할 수 있다. 異見: 김유성, 「노동법 Ⅱ」, 161면. 법외노조의 노조및조정법상의 권리를 인정한 하급심 판례: 서울行判 2005. 4. 21, 2004 구합 35356 참고. 대법원도 「노조법상의 노동조합이 아닌 근로자의 단결체는 무조건 단체교섭권 등을 가질 수 없다는 것은 아니다」라고 한다(大判 1997. 2. 11, 96 누 2125).

노동행위에 대해서는 그 구제를 부인하는 취지로 해석되어서는 아니된다(제7조 Ⅱ). 따라서 그 단체의 구성원인 개인근로자는 그에 대한 해고나 그 밖에 불이익한 처우가 부당노동행위에 해당할 경우에는 자신의 명의로 또는 해당 단결체의 명의로 노동위원회에 구제신청을 할 수 있다. 그러나 신고증을 교부받지 않은 단결체가 노동위원회에 노동쟁의 조정신청이나 부당노동행위 구제신청을 할 수 없는 것과는 관계없이 사용자가 그 단결체의 정당한 단결활동을 침해하는 등으로 손해를 가한 경우 그 단결체는 불법행위로 인한 손해배상을 청구할 수 있다고 보아야 한다. 헌법상의 보호를 받는 단결체가 그 존립과 그 밖에 조합활동에서 위법한 침해를 받는 것은 허용되지 않기 때문이다.[1]

3. 법외조합에 대한 보호의 배제

노조및조정법에 의하여 설립된 노동조합이 아닌 이른바 법외조합은 노조및조정법상 다음과 같은 불이익(설립된 노조가 받는 보호의 배제)을 받는다.

첫째, 법외조합은 노동쟁의의 조정신청을 할 수 없다(노조및조정법 제7조 Ⅰ). 둘째, 법외조합은 노동위원회에 부당노동행위의 구제신청을 할 수 없다(노조및조정법 제7조 Ⅰ). 따라서 법외조합의 구성원에 대한 사용자의 불이익 취급, 사용자에 의한 단체교섭의 거부, 지배·개입(노조및조정법 제81조 Ⅰ ① 이하 참조)이 있더라도 법외조합 자신은 노동위원회에 대하여 그 구제신청을 할 수 없다. 그만큼 법외조합은 사용자의 부당노동행위에 대하여 법의 보호로부터 소외되어 사실상 집단적 노사관계의 형성에 있어서 어려움을 겪게 된다. 그러나 법외조합의 구성원인 근로자에 대한 불이익취급(제81조 Ⅰ ①,②,⑤) 및 비열계약(반조합계약)(제81조 Ⅰ ②)이 있는 경우에 법외조합에 대한 구제신청거부가 근로자의 보호를 부인하는 취지로 해석되어서는 아니 되므로(노조및조정법 제7조 Ⅱ), 해당 근로자 개인은 물론 해당 단결체도 부당노동행위 또는 부당해고를 이유로 노동위원회에 대하여 구제신청을 할 수 있다고 보아야 할 것이다. 이에 위반하면 벌칙이 적용된다(제81조 Ⅰ ①,②; 벌칙 제90조). 셋째로 법외조합은 노동조합이라는 명칭을 사용할 수 없다(노조및조정법 제7조 Ⅲ; 벌칙 제93조 ①).[2] 이와는 달리 설립신고증을 교부받고 노동조합이라는 명칭을 사용할 수 있는 단체는 각종 법률에 의하여 일정한 권한과 의무 및 행정법상

---

1) 大判 2016. 12. 27, 2011 두 921.

2) 大判 2016. 12. 27, 2014 도 15054; 大判 2014. 4. 10, 2011 두 6998; 大判 2019. 10. 31, 2019 도 8505('전국대리운전노동조합'이 행정관청으로부터 노동조합 설립신고증을 교부받지 못하였음에도 불구하고 그 위원장 및 간부인 피고인들이 노동조합의 명칭을 사용하여 주식회사 카카오와 업무양해각서를 체결하고 자문위원으로 위촉되어 자문하였다는 이유로 기소된 사안에서, 피고인들의 상고를 기각하고 위원장에게 벌금 100만원, 간부 2명에게 벌금 70만원을 선고한 원심을 확정한 판결) 참고.

의 지위를 향유·부담하는 법률상의 권리·의무의 주체가 된다.[1] 넷째, 설립신고증이 없는 법외조합은 법인등기를 할 수 없다. 법인등기를 하기 위해서는 설립신고증을 첨부해야 하기 때문이다(노조및조정법 제6조 Ⅰ·Ⅱ; 동 시령 제2조, 제4조). 다섯째, 법외조합은 노동조합이라는 법률상의 지위를 가지지 못하므로 조세면제를 받을 수 없다(노조및조정법 제8조). 그 밖에 노조및조정법 제21조, 제35조, 제36조, 제39조 등은 그 규정의 취지상 적용되지 않는다고 보아야 한다.

4. 법외조합과 소극적 요건

이른바 법외조합 중에는 노조및조정법 제2조 4호 본문이 규정하고 있는 실질적 요건 중의 적극적 요건을 외형적으로 갖추고 있으나 동조 동호 단서의 소극적 요건 중의 그 어느 하나에 해당되는 경우가 있을 수 있다. 이때에는 노동조합의 설립신고 시에 설립신고서가 반려될 것이다(노조및조정법 제12조 Ⅲ ① 참조). 동조 동호 단서에 따르면 「다음 각 목의 1에 해당하는 경우에는 노동조합으로 보지 아니한다」고 규정하고 있다. 따라서 단서 각 목의 어느 하나에 해당하면 제2조 4호 본문이 정한 「노동조합」이 될 수 없다. 이에 대해서는 각 목의 규정 취지에 따라 구체적 판단을 하는 것이 옳을 것이다. 우선 동 단서 가목 또는 라목에 해당하는 경우로서 사용자의 이익을 대표하는 자 또는 근로자가 아닌 자가 참가 또는 가입하고 있더라도 근로자 단체로서의 자주성 내지 주체성에 아무 영향을 주지 않는다면 그 단체를 헌법상의 보호대상에서 제외할 수 없을 것이다. 다만, 동 단서 나목·다목 및 마목에서와 같이 근로자단체로서의 자주성에 정면으로 위배하여 주된 경비 원조를 사용자로부터 받거나(노조및조정법 제81조 Ⅰ ④ 본문 후단 참조) 근로조건의 유지·개선을 목적으로 하지 않는 단체는 처음부터 제2조 4호 본문이 정하는 노동조합에 해당되지 않는 무자격 단체라고 보아야 할 것이다.[2]

법외조합이라는 근로자 단체의 범주를 인정하는 취지는 노조및조정법 제2조 4호

---

1) 憲裁 2008. 7. 31, 2004 헌바 9(…노동조합법상의 실질적인 요건과 형식적인 요건을 모두 갖춘 노동조합에 한하여 노동조합이라는 명칭을 사용하게 함으로써 적법한 노동조합을 적극적으로 보호하고, 이에 반하여 형식적인 요건을 갖추지 못한 단결체에 대하여는 노동조합의 명칭을 사용하지 못하게 하는 등 보호의 대상에서 제외하여 기본적으로 노동조합법에 따른 적법한 노동조합의 설립을 유도하기 위한 것이므로, 그 목적의 정당성과 수단의 적정성이 인정된다. …노동조합의 명칭을 사용하기 위하여는 실질적인 요건을 갖추어 노동조합 설립신고를 해야만 하는 불이익이나 불편함의 정도인데 반하여, …노동조합의 명칭을 사용하는 단결체는 법이 정한 정당한 요건을 모두 갖춘 노동조합이라는 공신력을 줄 수 있어 근로자들의 단결권을 강화하는 효과도 있으며, 노동행정에 있어서도 관리, 감독, 지원에 편의를 기할 수 있는 등 그로 인한 공익이 매우 커서 법익의 균형성을 갖추었다고 할 것이다).

2) 김유성, 「노동법 Ⅱ」, 69면; Dütz/Thüsing, *ArbR* Rn. 524 참고.

본문의 자주성과 민주적 규약(노조및조정법 제11조 참조)을 갖추었으나, 노동조합으로서의 설립신고증을 교부받지 못한 근로자 단체에 대하여 헌법상의 보호를 부여하려는 데 있다고 할 것이다.[1] 따라서 처음부터 자주성 자체를 갖추지 못하였거나 근로조건의 유지·개선을 목적활동으로 하지 않는 이른바 무자격 단체는 법외조합에 해당하지 않는다고 보아야 한다. 이와 같은 단체가 근로3권의 보호 밖에 있다는 것은 더 말할 필요가 없다.

[101] Ⅵ. 노동조합의 운영과 민주성

1. 노동조합 조직 및 운영상의 민주성 요청의 근거

노동조합의 조직과 운영에 관해서는 민주성이 요구된다. 즉, 노동조합은 공정하고 민주적으로 조직·운영되어야 한다. 노동조합의 민주적 운영은 노동조합의 구성원인 조합원이 평등한 지위에서 자신의 이익과 의사를 다수결의 원칙에 따라 공정하게 반영할 수 있을 때 실현된다. 조합간부나 일부 조합원들이 노동조합을 운영하면서 다른 조합원들의 이익이나 의사를 무시하거나 배제하며 독단적 또는 관료적으로 노동조합을 운영·지배한다면 조합민주화는 구현될 수 없다. 노조및조정법 제22조 본문은 「노동조합의 조합원은 균등하게 그 노동조합의 모든 문제에 참여할 권리와 의무를 가진다」고 규정함으로써 조합원이 조합운영에 평등하게 참여할 것을 규정하고 있다. 또한 동법 제9조는 노동조합의 조합원은 인종, 종교, 성별, 연령, 신체적 조건, 고용형태, 정당 또는 신분에 의하여 차별대우를 받지 않는다고 규정함으로써 예컨대 노동조합 임원의 선거권이나 피선거권의 제한 또는 차별을 금지하고 있다.[2] 노조및조정법은 노동조합의 중요한 사항은 조합원 총회의 의결을 거치도록 하고 있으며 의결방법에 대해서도 직접 규정하고 있다(제16조). 이는 노동조합의 민주적 운영을 확보하기 위한 것이다. 노동조합의 민주성 요청의 근거는 노동조합이 가지는 본래의 조직적·기능적 측면과 단체협약의 구속력과 관련된 측면에서 검토되어야 한다.

a) 노동조합은 일반 결사체와는 달리 근로자의 단결권에 기초하는 조직체이다. 따라서 노동조합은 근로3권 보장취지에 적합한 조직과 운영을 갖출 것이 요구된다. 그런데 이와 같은 단결권보장은 단순한 근로자의 단결체의 성립과 존속 보장에 국한되는 것

1) 大判 2016. 12. 27, 2011 두 921.

2) 菅野, 「勞働法」, 796面 이하, 노동법실무연구회, 「노동조합및노동관계조정법 주해 Ⅰ」(이정한), 315면 이하 참고.

이 아니라, 근로3권의 유기적 일체의 관념하에서 노사간의 이익을 집단적·자율적으로 조정하는 기능에 중점을 두고 있다. 이는 개개 근로자가 사용자에 대해 가지는 열세의 지위를 집단적으로 결집된 힘을 통하여 회복하고 궁극적으로는 사용자와 대등한 지위에서 근로조건의 향상을 도모하도록 하려는 것이다. 그러므로 노동조합의 조직과 운영은 이러한 본질적인 기능면에 비추어 개개 근로자의 총의가 결집·발현될 수 있도록 이루어져야 한다. 그렇지 않고 노동조합의 운영이 소수 노동조합간부의 자의적인 판단과 결정에 좌우된다면, 이는 노사자치의 본질에 반하는 것이 된다. 근로자가 주체가 되어 근로조건의 향상을 도모하는 노동조합의 자주성은 단순히 가입대상과 관련한 주체성의 확보 측면만을 주목하려는 것이 아니라, 내부적으로는 조합원의 의사를 기초로 노동조합의 의사가 형성·결정되어야 한다는 자율성, 즉 조직과 운영의 민주성으로 연결되는 것이다.[1] 내부적 민주성확보는 곧 노동조합의 자주성유지의 기반으로 이어지기 때문이다.[2]

b) 노동조합의 주된 목적활동은 조합원을 위한 단체협약의 체결에 있다(노조및조정법 제29조 참조). 이 경우에 「근로조건 기타 근로자의 대우에 관한 기준」은 단체협약의 본질적 구성부분을 이루며(규범적 부분), 이 부분에 대해서는 규범적 효력이 인정되어, 이에 반하는 취업규칙 또는 근로계약의 부분은 무효로 된다(노조및조정법 제33조). 이런 점에서 단체협약은 비록 계약의 형태를 빌어 체결되지만(노조및조정법 제31조 I 참조), 보통의 계약과는 달리 집단적 규범계약으로서의 특수성을 갖는다([109] 3. 참조). 이와 같은 단체협약의 규범적 효력이 인정되기 위해서는 규범수규자(즉, 조합원인 근로자)의 수권적 동의(授權的 同意)가 있어야 한다. 따라서 노동조합이 체결하는 단체협약의 규범적 효력이 당해 조합원에게 직접 미치기 위해서는 조합원의 조합가입시 노동조합의 단체협약 체결활동에 대한 조합원의 사전적 승인이 전제되어야 하는 것이다. 이러한 규범수규자의 노동조합에 대한 수권적 동의는 규범적 효력 귀속의 정당성기초(Legitimationsgrundlage)를 이룬다.[3] 나아가 단체협약의 규범적 효력의 정당성기초는 조합원들이 노동조합내부의 의사형성과정에 직접적으로 참여할 수 있는 기회의 보장을 전제로 한다. 의사형성과정에서의 전체조합원의 참여가 보장되지 않은 조합내부의 조직과 운영은 노동조합의 대표성과 단체협약의 규범적 효력의 귀속을 정당화하지 못한다. 이와 같은 조합구성원과 노동조합의 자동성의 원칙(自同性의 原則)(Grundsatz der Identität)은 조합의 민주성원칙, 즉 노동조합의 조직과 운영에 있어 조합원의 총의가 지배하고 조합원

1) 노동조합의 내부 운영에 있어서 조합민주주의의 원칙을 확인한 판례: 大判 1998. 2. 27, 97 다 43567 참고.

2) Zöllner/Loritz/Hergenröder, §10 Rn. 23; Gamillscheg, *Kollektives ArbR*, Bd. I, S. 400 ff.

3) Preis, *KollektivArbR* Rn. 87.

의 총의를 존중하는 노동조합내부의 질서원리인 동시에 단체협약의 규범적 효력의 귀속에 대한 정당성의 기초로 작용한다.

2. 노동조합의 규약과 운영공개

a) 노동조합의 기본규범으로서의 규약 노동조합은 법인격을 가지는 경우에는 물론, 법인격을 가지지 않더라도 사단으로서 하나의 통일적인 조직체를 이룬다. 이러한 단체의 운영을 위한 「헌법」이 바로 노동조합의 규약이다. 따라서 단체의 기본규범으로서의 조합규약은 단체의 의사결정방법, 집행기관 및 구성원인 조합원의 단체에 대한 지위 등에 관하여 명확히 규정해야 한다. 노동조합은 근로자들의 경제적·사회적 지위향상을 위하여 결성된 자주적인 조직체이므로 법률이 노동조합에 개입할 때에는, 일반 거래활동을 주목적으로 하는 경제단체의 경우와는 그 규제와 규율을 달리해야 한다. 그러므로 노동조합에 대한 조합원의 지위, 조합의사의 결정방법, 임원의 선임방법, 규약의 개정,[1] 조합의 조직변경 및 해산 등에 관하여는 적절한 법적 기준설정이 필요하나(노조및조정법 제11조: 규약의 필수적 기재사항: ① 명칭, ② 목적과 사업, ③ 주된 사무소의 소재지, ④ 조합원에 관한 사항(연합단체인 노동조합에 있어서는 그 구성단체에 관한 사항), ⑤ 소속된 연합단체가 있는 경우에는 그 명칭, ⑥ 대의원회를 두는 경우에는 대의원회에 관한 사항, ⑦ 회의에 관한 사항, ⑧ 대표자와 임원에 관한 사항, ⑨ 조합비 기타 회계에 관한 사항, ⑩ 규약변경에 관한 사항, ⑪ 해산에 관한 사항, ⑫ 쟁의행위와 관련된 찬반투표 결과의 공개, 투표자 명부 및 투표용지 등의 보존·열람에 관한 사항, ⑬ 대표자와 임원의 규약위반에 대한 탄핵에 관한 사항, ⑭ 임원 및 대의원 선거절차에 관한 사항, ⑮ 규율과 통제에 관한 사항), 그 이상의 개입은 타당하지 않을 것이다. 다만, 노동조합이 대외적 자주성을 잃게 되면 대내적 민주성을 상실하게 되고, 또 반대로 대내적 민주성을 잃게 되면 대외적 자주성을 상실하게 되므로 법률에 의한 국가의 개입은 그러한 한도 내에서 계몽적 보호·감독에 그쳐야 할 것으로 생각된다. 그러므로 조합민주화의 견지에서 무엇을 어떻게 규약에서 정해야 할 것인가, 그리고 노동조합을 어떻게 운영할 것인가 하는 것은 원칙적으로 노동조합의 자주적·민주적 결정에 맡겨야 한다. 다만, 노동조합의 규약이 노동관계법령에 위반하는 경우에 행정관청은 노동위원회의 의결을 얻어 그 시정을 명할 수 있다(노조및조정법 제21조 Ⅰ; 벌칙 제93조 ②).[2] 따라서 노

1) 노동조합의 규약에 '규약 개정은 대의원회의 의결사항으로 한다'고 규정하고 있더라도 노동조합은 총회를 열어 출석 조합원 3분의 2 찬성으로 규약을 변경할 수 있다고 보아야 한다. 규약의 제정은 총회의 의결사항으로서 규약의 제정 및 변경은 조합원 전원으로 구성된 총회의 본질적 권한에 속하고 대의원회의 성립과 권한은 규약에 의하거나 규약에 대한 의결로부터 유래되기 때문이다(大判 2014. 8. 26, 2012 두 6063).

2) 大判 1969. 5. 13, 68 누 163.

동조합의 내부적 민주성을 확보하기 위하여 조합규약에 법률이 요구하는 (민주적) 내용을 갖추는 것을 노동조합의 형식적 요건의 구비라 한다.[1] 이러한 틀 속에서 노동조합은 단결자치를 향유한다. 조합원 총회에서 규약을 제정하고 변경하는 사항에 관하여 규정한 부분(노조및조정법 제16조 Ⅱ 단서 참조)은 강행규정이다.

b) 중요서류의 비치와 보존　　노동조합의 민주적 운영을 위하여 노조및조정법 제14조는 조합설립일로부터 30일 이내에 주된 사무소에 i) 조합원명부(연합단체인 노동조합에 있어서는 그 구성단체의 명칭), ii) 규약, iii) 임원의 성명·주소록, iv) 회의록, v) 재정에 관한 장부와 서류를 비치할 것과 회의록, 재정에 관한 장부와 서류는 3년간 보존할 것을 규정하고 있다(벌칙 제96조 Ⅰ ①).

c) 회계감사의 실시 및 공개　　노동조합의 대표자는 그 회계감사원으로 하여금 6개월에 1회 이상 당해 노동조합의 모든 재원 및 용도, 주요한 기부자의 성명, 현재의 경리상황 등에 대한 회계감사를 실시하게 하고 그 내용과 감사결과를 전체 조합원에게 공개하여야 한다(노조및조정법 제25조 Ⅰ). 노동조합의 회계감사원은 필요하다고 인정할 경우에는 당해 노동조합의 회계감사를 실시하고 그 결과를 공개할 수 있다(동조 Ⅱ).

d) 운영상황의 공개　　노동조합의 대표자는 회계연도마다 결산결과와 운영상황을 공개하여야 하며 조합원의 요구가 있을 때에는 이를 열람하게 하여야 한다(노조및조정법 제26조).[2]

3. 노동조합의 기관

(1) 개　설

노동조합은 법인격의 유무에 불구하고 사단으로서의 성질을 가지는 것이므로 단체의 의사를 결정하는 기관으로서 총회 또는 대의원회, 집행기관으로서 위원장(대표)·부위원장·사무국장 등의 집행위원 또는 집행위원회, 그리고 감사기관으로서 회계감사 등을 담당하는 감독위원이 필요하다(노조및조정법 제10조, 제11조, 제16조 이하 참고).[3] 노조및조

---

1) 규약의 필수적 기재사항 중 '소속된 연합단체의 명칭'(노조및조정법 제11조 ⑤)은 연합단체에 가입한 경우에 그 연합단체의 명칭을 기재하면 되는 것이고, 연합단체에 가입하지 않았으면 기재할 의무가 없는 것이므로 연합단체의 명칭을 기재하지 않았다고 해서 노동조합의 설립요건을 갖추지 않은 것으로 판단되어서는 안 될 것이다. 또한 大判 1992. 12. 22, 91 누 6726; 大判 1993. 2. 12, 91 누 12028 참고. 구법에서 '소속된 연합단체의 명칭'이라고 규정하고 있던 것을 1997년의 법제정시에 현행 규정으로 개정하였다.

2) 노동조합의 대표자 그 밖에 각종 기관장은 그 임무에 반해서 노동조합에 대하여 손해를 입힌 경우에는 대내적으로 위임계약상의 채무불이행책임을 부담한다고 한다(菅野, 「勞働法」, 807面, 노동조합 기관의 법률문제에 관해서는 菅野, 앞의 책, 804면 이하 참고).

3) 법인인 노동조합에 대해서는 노조및조정법에 규정된 것을 제외하고는 민법 중 사단법인에 관한 규

정법은 임원의 선거와 해임에 관한 사항을 총회의 의결사항으로 정하고(노조및조정법 제16조 Ⅰ ②), 조합원의 직접·비밀·무기명투표에 의하도록 하고 있다(노조및조정법 제16조 Ⅳ). 그리고 노동조합의 임원의 자격은 규약으로 정한다. 이 경우 하나의 사업 또는 사업장을 대상으로 조직된 노동조합의 임원은 그 사업 또는 사업장에 종사하는 조합원 중에서 선출하도록 정한다(노조및조정법 제23조 Ⅰ). 임원의 임기는 규약으로 정하되 3년을 초과할 수 없다(노조및조정법 제23조 Ⅱ). 조합의 능률적 또는 탄력적 운영을 위해서는 노동조합의 자주적 결정에 일임하는 것이 이상적일 것이지만, 과거 우리나라의 노동조합의 실태는 조합의 민주성에 역행하는 일이 많았다. 그러므로 위 규정들은 이러한 점을 고려하여 정립된 것이라고 볼 수 있다.

⑵ 총 회

노동조합의 최고의사결정기관은 총회이다. 총회는 전체조합원에 의하여 구성되는 것이 보통이나 대규모의 노동조합에서는 전체조합원의 직접 참가가 어려운 일이므로 총회를 갈음하는 대의원회를 둘 수 있다(노조및조정법 제11조 ⑥·⑭, 제17조 Ⅰ).

노조및조정법은 조합의 의사가 민주적으로 결정될 것을 기대하여 다음의 중요한 안건은 반드시 총회의 의결을 거치도록 규정하고 있다(제16조 Ⅰ). 즉 i) 규약의 제정과 변경에 관한 사항, ii) 임원의 선거와 해임에 관한 사항, iii) 단체협약에 관한 사항, iv) 예산·결산에 관한 사항, v) 기금의 설치, 관리 또는 처분에 관한 사항, vi) 연합단체의 설립·가입 또는 탈퇴에 관한 사항, vii) 합병·분할 또는 해산에 관한 사항, viii) 조직형태의 변경에 관한 사항, ix) 기타 중요한 사항이 그것이다.

노동조합은 단위노조이건, 연합단체인 노동조합이건 모두 적어도 매년 1회 이상 총회를 개최하여야 하며, 노동조합의 대표자는 총회의 의장이 된다(노조및조정법 제15조). 그리고 노동조합의 대표자는 총회를 소집하며(노조및조정법 제18조 참조), 적어도 회의개최일 7일(종전에는 15일이었으나, 1996년 12월 31일의 개정시에 7일로 단축되었다) 전에 그 회의에 부의할 사항을 공고하고 규약에 정한 바에 따라 회의를 소집하여야 한다(노조및조정법 제19조 본문).[1] 그러나 노동조합이 동일한 사업장 내의 근로자로 구성된 경우에는 그 규약으로 공고기간을 단축할 수 있다(노조및조정법 제19조 단서). 총회는 취업시간 이

정이 적용되므로(제6조 Ⅲ), 법인이 아닌 노동조합에 대해서는 사단에 관한 민법규정이 준용될 수 있다. 일본에서는 2006년에 「일반사단법인 및 일반재단법인에 관한 법률」(공포: 2006년 6월 2일 법률 제48호, 시행: 2006년 12월 1일)이 제정됨에 따라 노동조합법 내에 새로 법인에 관한 규정을 신설하였다(제12조 내지 제13조의13).

1) 구법하에서 회의개최일 15일 전에 공고하지 아니한 총회소집은 절차상 하자가 있으므로 총회에서의 의결은 당연무효란 행정해석이 있다(1990. 3. 26, 노조 01254-4313).

외의 시간에 개최하여야 한다. 업무의 특수성으로 인하여 조합활동이 불가피하고, 단체협약에 취업시간중의 조합활동을 허용하고 있는 때에는 취업시간중에도 총회를 개최할 수 있다.[1] 단체협약에 아무 정함이 없는 경우에는 사용자와 사전협의를 하여야 할 것이다.

총회는 재적조합원 과반수의 출석과 출석조합원 과반수[2]의 찬성으로 의결한다(일반의결정족수)(노조및조정법 제16조 Ⅱ 본문). 다만, 규약의 제정·변경과 임원의 해임, 그리고 합병·분할·해산 및 조직형태의 변경에 관한 사항은 재적조합원 과반수의 출석과 출석조합원 3분의 2 이상의 찬성이 있어야 한다(노조및조정법 제16조 Ⅱ 단서). 그러나 동조 단서규정과 관련하여 다음과 같은 의문이 제기된다. 노동조합의 조직과 운영에 대한 민주성확보라는 취지에서 동조항이 설정된 것이라면, 이는 적어도 일반 사단법인의 경우보다도 조합원총의를 더 중시하는 방향으로 그 요건이 입법되었어야 마땅하다. 일반사단에 관한 민법규정은 정관의 변경을 총사원의 3분의 2 이상의 동의가 있는 경우에 한하여 가능하도록 하고 있음에 반해서(민법 제42조), 동조 단서규정은 그보다도 요건이 완화되어 있으므로 조합원의 총의에 기초하여야 한다는 민주성의 요청에 충실한 것이라고 보기 어렵다. 적어도 동조항이 노동조합의 민주성에 부합하려면 일반사단법인의 경우만큼 엄격해야 할 것이다. 그러므로 동조항은 비민주화의 수단으로 악용되지 않도록 그 적용에 제한을 둠과 아울러 입법론적으로 개선되어야 할 사항으로 지적된다. 이 밖에도 동조 단서의 규정이 임원의 해임을 규약의 제정과 합병·분할·해산 및 조직형태의 변경 등 조직에 관한 사항과 동일한 비중을 가지고 의결한다는 데는 문제점이 있다.[3] 양자를 구별하여 따로 규정하는 것이 타당하다고 생각된다. 규약의 제정·변경과 임원의 선거·해임은 조합원의 직접·비밀·무기명투표에 의하여야 한다(노조및조정법 제16조 Ⅳ). 임원의 선거에 있어서는 투표방식의 특례가 규정되어 있다. 즉 출석조합원의 과반수의 찬성을 얻는 자가 없는 경우에는 규약이 정하는 바에 따라 결선투표를 실시하여 다수의 찬성을 얻은 자를 임원으로 선출할 수 있다(노조및조정법 제16조 Ⅲ: 1996년 12월 31일의 개정시 신설).[4] 노동조합이 특정조합원에 관하여 의결을 할 경우에는 그 조합원은 표결권이 없다(노조및조정법 제20조). 이는 당연한 규정이다.

총회의 소집이나 의결절차에 법령이나 조합규약에 위배되는 하자가 있는 때에는

1) 大判 1995. 3. 14, 94 누 5496.
2) 여기서 출석조합원의 과반수의 찬성이란 기권자와 무효투표자를 제외한 유효투표자의 과반수의 찬성이 아니고 총투표자수의 과반수를 말한다(大決 1995. 8. 29, 95 마 645).
3) 규약의 제정 및 조직형태의 변경은 노동조합의 자주성과 민주성에 직결되는 사항이므로 총회의 의결을 거쳐야 한다(同旨: 노동법실무연구회, 「노동조합및노동관계조정법 주해 Ⅰ」(유승룡), 390면).
4) 총회의 의결정족수를 규정하고 있는 노조및조정법 제16조 2항 및 3항의 규정은 조합민주주의를 실현하기 위한 기본이 되는 것이므로 강행규정으로 보아야 한다(大決 1995. 8. 29, 95 마 645 참고).

총회에서의 결의는 원칙적으로 무효라고 할 것이다. 그러나 총회소집이나 의결절차에서 당해 절차상의 하자가 근소한 것이라면 총회에서의 결의를 무효라고 할 수는 없을 것이다.[1)]

노동조합이 이 이외의 사항을 규약에 의하여 총회의 의결사항으로 규정할 수 있음은 노동조합자치의 원리상 당연한 일이다. 그러나 i) 행정관청은 노동조합의 규약이 노동관계법에 위반한 경우에는 노동위원회의 의결을 얻어 그 시정을 명할 수 있다(노조및조정법 제21조 I; 시정명령에 위반한 자에 대한 벌칙 제93조 ②). 또한 ii) 행정관청은 노동조합의 결의 또는 처분이 노동관계법령 또는 규약에 위반된다고 인정할 경우에는 노동위원회의 의결을 얻어 그 시정을 명할 수 있다. 다만, 규약위반 시의 시정명령은 이해관계인의 신청이 있는 경우에 한한다(노조및조정법 제21조 II; 벌칙 제93조 ②). 규약은 노동조합의 총회에서 자주적으로 제정하고 변경하는 자치적 규범인데 노동조합이 규약에 위반하는 의결을 했다고 하여 행정관청이 노동조합의 대표자 또는 임원 등(총회에서 결의된 사항에 대하여 누구를 처벌대상자로 정할 것인지는 명확하지 않다)을 처벌하는 것도 그 법적 근거가 반드시 명확하다고 볼 수 없다. 행정관청이 노동조합의 자율적 활동에 개입할 우려가 없지 않기 때문이다. 동법 제21조 2항 단서가 규약위반시의 시정명령을 이해관계인의 신청이 있는 경우로 제한하고 있는 것도 그러한 이유에서라고 판단된다. 따라서 노동조합의 결의 또는 처분이 예컨대 폭력이나 파괴행위에 해당하는 쟁의행위나 개인의 권리를 침해하는 불법한 행위를 승인하는 등 특별한 경우가 아닌 한 행정관청은 노동조합에 대하여 시정만을 명할 수 있는 것으로 축소해석하는 것이 타당할 것이다.[2)] iii) 동법 제21조 1항 또는 2항의 규정에 따라 시정명령을 받은 노동조합은 30일 이내에 이를 이행하여야 한다. 다만, 정당한 이유가 있는 경우에는 그 기간을 연장할 수 있다(노조및조정법 제21조 III; 시정명령을 위반한 자에 대한 벌칙 제93조 ②).

《소집절차를 위반한 총회결정사항의 효력과 조합민주주의의 원칙》

노조및조정법 및 노동조합규약에 의한 소정의 절차를 위반하여 개최된 총회의 결

1) 「대의원대회소집에서 조합규약에 위반한 절차상 하자가 있다 하더라도 동 대회에 모든 대의원이 참석하였고 거기서 다른 안건의 상정에 관하여 어떠한 이의도 없었으므로, 위 하자는 경미한 것이어서 동 대회에서 한 결의는 유효하다」(大判 1992. 3. 27, 91 다 29071. 同旨: 大判 1992. 3. 31, 91 다 14413).

2) 행정관청의 개입에 대한 비판적 견해에 관해서는, 노동법실무연구회, 「노동조합및노동관계조정법 주해 I」(유승룡), 447면 이하 참고. 유인물을 배포한 조합원을 노동조합 임시대의원회의를 개최하여 제명 의결한 것이 소명의 기회를 주지 않은 제명처분으로서 정관(규약) 규정에 위반한 절차상의 흠이 있는 것이므로 무효라고 한 사례(서울東部地判 2011. 8. 18, 2011 가합 3204).

의내용이 유효한지의 여부가 현실적으로 문제되는 경우가 적지 않다. 예컨대 총회소집 공고기간(노조및조정법 제19조)을 위반하여 소집된 총회에서 결의된 사항의 효력 여부가 그 중 하나이다. 원래 총회개최의 공고기간을 설정한 취지는 총회에 참석하는 조합원들에게 조합의 운영 및 활동방침에 대하여 발인하거나 부의사항에 대한 적절한 판단을 내릴 수 있는 충분한 준비를 할 시간을 보장해 주기 위한 것이다. 따라서 그와 같은 회의 소집절차의 준수는 그 회의의 민주적 운영상의 정당성을 보장하기 위한 요건이기 때문에 소집절차를 위반하여 소수의 조합원만이 참여할 수 있었던 총회결의는 원칙적으로 무효라고 해야 할 것이다.[1] 그런데 현실적으로는 긴급히 조합총회나 대의원대회를 소집하여야 할 필요성으로 인하여 규약에 규정된 절차를 제대로 지키지 못하고 회의를 소집하는 경우가 발생할 수 있다. 특히 기업별로 노동조합이 조직되어 있는 사업장에서는 소집공고기간을 정확히 지키지 아니한 채 조합원 상호 간의 비상연락망을 통하여 회의를 소집하는 경우가 적지 않다. 이와 같은 경우에 조합원 대다수 또는 대의원 전원이 참석하여 의결을 하였음에도 불구하고 절차상의 하자를 이유로 총회 또는 대의원회의 결의를 당연히 무효라고 할 것인지 여부가 문제된다. 조합원의 대다수가 총회에 참석하였고 또한 조합원들이 그 사안에 대하여 사전에 충분한 인식을 하고 있었기 때문에 총회의 의결과정에서 아무런 이의가 없었고 장애를 받지 아니하였음에도 불구하고, 절차상의 하자를 이유로 이 총회결의를 무효로 한다면 오히려 노동조합의 정상적인 운영을 저해하게 되는 결과를 초래할 것이다. 따라서 규약상의 절차가 부득이하게 지켜지지 아니하였으나 그 원인이 사안의 성질상 긴급을 요하는 것이고, 소집공고기간이 규약상의 규정보다 단축되었더라도 조합원이 총회에 부의할 안건을 이미 알고 있었으며, 그 안건에 대하여 자신의 의사를 결정할 시간적 여유를 충분히 가지고 있었고, 또한 조합원의 대다수가 총회에 참석하여 아무런 장애 없이 의사결정을 하였다면 그와 같은 총회결의의 효력을 부인한다거나 무효라고 해석할 필요는 없을 것이다. 대법원도 노동조합의 대의원대회 또는 총회가 규약상의 소집공고기간을 준수하지 않고 개최된 경우라 하더라도 대의원의 전원참석 내지 총회에 조합원 90% 이상이 참석하였고, 회의진행에 어떠한 지장이나 방해를 받지 않았다면 그와 같은 절차상의 하자는 경미한 것이어서 총회의 결의는 유효하다고 판시하고 있다.[2]

1) 日本 東芝勞組事件·東京地決 昭和 24. 10. 15, 勞民集 1卷 1號, 125面; 全遞熊本地本事件 熊本地判 昭和 29. 2. 23, 勞民集 5卷 1號, 10面.

2) 大判 1992. 3. 31, 91 다 14413; 大判 1992. 3. 27, 91 다 29071. 또한 예컨대 비록 경제적 단체이긴 하지만 주식회사에 있어서 주주총회의 소집을 위한 공고기간은 법률에서 정하여져 있으나(기명주주에 대해서는 2주 전 통지, 무기명주주에 대해서는 3주 전 공고: 상법 제363조 Ⅰ·Ⅲ), 이와 같은 소집기간이 흠결되더라도 전체주주가 주주총회의 개최에 동의하여 출석하면, 그 총회에서 이루어진 결의는 유효하다고 하는 것이 판례의 태도이다(大判 1966. 9. 20, 66 다 1187·1188; 大判 1993. 2. 26, 92 다 48727 참고). 이는 법률상의 소집기간이 주주에게 출석의 기회와 준비의 시간을 주기 위한 것인데, 법률에 정한 공고기간 위반에도 불구하고 모든 주주가 총회에 참석한 이상 이를 유효한 총회

⑶ 대의원회

노동조합은 규약으로 총회에 갈음할 대의원회를 둘 수 있다(노조및조정법 제17조 Ⅰ, 제11조 ⑥·⑭). 대의원회를 두는 이유로는 대체로 노동조합의 대규모화, 사업장의 분산, 조합업무의 전문화 등을 예로 들 수 있다.[1] 그러나 대의원회를 두는 경우라도 조합운영의 민주성확보를 위하여 대의원은 조합원이 직접·비밀·무기명투표로 선출하여야 하며(노조및조정법 제17조 Ⅱ),[2] 하나의 사업 또는 사업장을 대상으로 조직된 노동조합(기업별 노동조합)의 대의원은 그 사업 또는 사업장에 종사하는 조합원 중에서 선출하여야 한다(노조및조정법 제17조 Ⅲ)(신설 2021. 1. 5.). 해당사업장의 종사근로자가 아닌 상급단체 또는 지역노조에 속한 조합원은 대의원이 될 수 없다. 사업 또는 사업장을 대상으로 조직된 노동조합은 사용자와 그 사업 또는 사업장의 종사근로자들의 근로조건 그 밖의 대우 등에 관하여 단체교섭을 하고 단체협약을 체결하며 그 사업을 중심으로 한 제반 노사관계에 관하여 협의하는 것을 목적으로 하는 것인데 그 사업에 종사하지 않는 자를 노동조합총회에 갈음한 대의원회의 구성원으로 선출하는 것은 종사근로자인 조합원들을 직접 대표하는 자라고 보기 어렵기 때문이다(제23조 Ⅰ, 제29조의2 Ⅹ, 제41조 Ⅰ 참조). 총회에 관한 규정은 대의원회에도 이를 준용한다(노조및조정법 제17조 Ⅴ). 여기서 문제가 되는 것은 노조및조정법 제16조 4항에서 「규약의 제정·변경과 임원의 선거·해임에 관한 사항은 조합원의 직접·비밀·무기명투표에 의한다」고 규정하고 있는데, 대의원회에서 이에 대한 의결을 하는 경우에는 조합원의 직접·무기명투표의 원칙은 수정된다는 점이다. 조합의 민주적 운영을 위하여 이 조항은 그 적용에 신중을 기해야 할 것이다. 그 밖에 대의원의 임기는 규약으로 정하되 3년을 초과할 수 없다(노조및조정법 제17조 Ⅳ).[3]

노동조합의 조직상 총회의 지위는 대의원회에 대하여 상위에 있다. 예컨대 '규약변경에 관한 사항', '연합단체의 설립·가입 또는 탈퇴에 관한 사항'이 규약에서 대의원회의 의결사항으로 규정되어 있다 하더라도 총회가 규약을 변경할 수 있는 권한은 소멸되

로 인정해야 하기 때문이라고 설명되고 있다.

1) 행정해석은 조합규약으로 총회의 의결사항을 대의원회에 위임한 경우에는 당해 의결사항을 총회에서 의결할 수 없다고 한다(1994. 5. 24, 노조 01254-697).

2) 동조는 강행규정이며, 이에 반하는 규약은 무효이다(大判 2000. 1. 14, 97 다 41349). 따라서, 노동조합의 최고의결기관인 총회에 갈음할 대의원회의 대의원을 조합원의 직접·비밀·무기명투표에 의하여 선출하도록 규정하고 있는 취지는 노동조합의 구성원인 조합원이 그 조합의 조직과 운영에 관한 의사결정에 관여할 수 있도록 함으로써 조합 내 민주주의, 즉 조합의 민주성을 실현하기 위한 것이고 이는 강행규정이라고 할 것이므로, 다른 특별한 사정이 없는 한 위 법 조항에 위반하여 조합원이 대의원의 선출에 직접 관여하지 못하도록 간접적인 선출방법을 정한 규약이나 선거관리규정 등은 무효이다.

3) 구법에서는 대의원의 임기를 차기 정기대의원회에 참석할 대의원의 선출 전일까지로 하였으나 임원의 임기와 통일을 기하기 위하여 1996년 12월 31일에 현행과 같이 개정되었다.

었다고 볼 수 없으므로 총회는 노조및조정법 제16조 2항 단서에 정해진 정족수를 갖추어 기존의 규약 내용을 변경할 수 있다고 보아야 한다.[1)]

⑷ 임시총회, 임시대의원회

노동조합의 대표자는 필요하다고 인정할 때에는 임시총회 또는 임시대의원회를 소집할 수 있다(노조및조정법 제18조 Ⅰ). 그 이외에 노동조합의 대표자는 조합원 또는 대의원의 3분의 1 이상(연합단체인 노동조합에 있어서는 그 구성단체의 3분의 1 이상)이 회의에 부의할 사항을 제출하고 회의의 소집을 요구한 때에는 지체 없이 임시총회 또는 임시대의원회를 소집하여야 한다(노조및조정법 제18조 Ⅱ).[2)] 이 경우(노조및조정법 제18조 Ⅱ의 경우)에 노동조합의 대표자가 회의의 소집을 고의로 기피하거나 이를 해태하여 조합원 또는 대의원의 3분의 1 이상이 소집권자의 지명을 요구한 때에는 행정관청은 15일 이내에 노동위원회의 의결을 요청하고 노동위원회의 의결이 있는 때에는 지체없이 회의의 소집권자를 지명하여야 하거나(노조및조정법 제18조 Ⅲ),[3)] 당해 노동조합에 총회 또는 대의원회의 소집권자가 없는 경우에는 조합원 또는 대의원 3분의 1 이상이 회의에 부의할 사항을 제시하고 소집권자의 지명을 요구한 때에는 행정관청은 15일 이내에 회의의 소집권자를 지명하여야 한다(노조및조정법 제18조 Ⅳ). 이는 조합간부의 비민주적 운영을 견제하기 위한 것으로 생각된다. 대의원의 소집권자 지명요구에 대해서는 비판적 견해가 제기될 수 있다.

⑸ 집행기관(임원)

노동조합은 사단으로서 단체의 성질을 가지므로 노동조합의 의사결정기관인 총회(노조및조정법 제15조) 또는 대의원회(노조및조정법 제17조)가 결정한 사항을 집행하고 노동조합을 대외적으로 대표할 기관이 필요하다(민법 제58조, 제59조 참조). 노조및조정법은 규약에서 대표자와 임원에 관한 사항을 정하도록 규정하고 있다(노조및조정법 제11조 ⑧). 대표자도 민법의 이사와 마찬가지로 임원에 해당한다(노조및조정법 제10조 Ⅰ ④, 제11조 ⑧, 제16조 Ⅰ ②, 제23조 참조). 따라서 대표자와 임원의 수, 권한, 대표자와 일반임원과의 관계, 집행위원회의 구성 및 운영방법 등은 규약으로 정할 수 있다. 보통 대표자(노조위원장)는 집행위원회의 의결을 거쳐 업무를 집행하며, 대외적으로는 노동조합을 단독으로

1) 大判 2014. 8. 26, 2012 두 6063.

2) 1965. 5. 5, 법무 810-666 참고.

3) 판례는 「소집권자의 지명요구에 대하여 행정관청이 이를 거부하는 조치를 취한 경우에도 그 자체로서 조합원에게 어떠한 권리의무를 설정하거나 법률상의 이익에 직접적인 변동을 초래케 하는 처분이라고 할 수 없으므로, 이는 행정소송의 대상이 되는 행정처분이 아니…」(大判 1989. 11. 28, 89 누 3892)라고 한다.

대표한다. 대표자가 단독으로 집행할 수 있는 업무의 종류와 내용은 규약이 정하는 바에 따라 다를 수 있다. 실제로 노동조합은 노조위원장, 부위원장, 사무총장이 주축이 되고 그 밖에 몇 명의 임원이 집행위원회를 구성한다. 기업별 노조에서는 전임임원도 종업원의 신분을 가지고 있으므로 임원재임기간이 종료되면 종업원으로 복귀하게 될 것이다.

임원이 될 수 있는 피선거권과 임원을 선출하는 선거권은 모든 조합원이 평등하게 가진다(노조및조정법 제22조 본문, 제23조 I, 제9조 참조).[1] 노동조합 설립·운영의 민주성 확보를 위해서 당연한 것이다. 다만 규약으로 조합비를 납부하지 아니하는 조합원의 권리는 제한할 수 있다(노조및조정법 제22조 단서).

노동조합의 대표자를 포함하여 임원의 자격은 규약으로 정한다(제23조 I 전단)(신설 2021. 1. 5.). 이 경우 하나의 사업 또는 사업장을 대상으로 조직된 노동조합의 임원은 그 사업 또는 사업장에 종사하는 조합원 중에서 선출하도록 (규약으로) 정한다(제23조 I 후단)(개정 2021. 1. 5.). 기업별 노조의 임원은 그 사업장에 종사하는 조합원들을 대표하거나 그 노동조합과 조합원들을 위하여 활동하는 것이므로 규약에서 그렇게 정하는 것이 옳다. 산업별 노조나 연합단체 자체의 임원은 규약으로 정하는 바에 따라 종사근로자가 아닌 조합원 중에서 선출할 수 있으나, 산업별 노조나 연합단체의 지부 또는 지회가 사업장을 대상으로 조직되어 사용자와 단체교섭을 할 수 있는 노동조합이면 제23조 1항 후단이 적용된다. 대표자를 포함하여 임원은 총회에서 규약으로 정한 방법에 따라 선출되어야 한다(제16조 I ②·Ⅲ·Ⅳ). 임원의 임기는 규약으로 정하되 3년을 초과할 수 없다(제23조 Ⅱ). 제23조는 강행규정이다.

무엇보다도 중요한 것은 대표자와 임원은 조합의 업무를 성실하게 수행하여야 한다는 점이다. 노동조합의 모든 조합원이 조합원으로서의 기본적 의무를 성실히 이행해야 하지만, 대표자와 임원은 보다 고도의 의무(선관주의의무)를 부담한다고 해석된다.[2] 특히 대표자와 임원이 규약을 위반하는 행위를 했을 경우에는 탄핵의 대상이 될 수 있다. 이에 관한 규정은 규약의 필수기재사항이다(노조및조정법 제11조 ⑬). 대표자와 임원은 규약에 정한 노동조합의 목적활동 그 밖의 업무를 합법적·민주적으로 집행·운영하고, 대외적으로는 특히 단체교섭 등의 활동을 충실하게 이행해야 할 의무를 부담한다.

---

1) 임원의 피선거권에 대하여 규약으로 일정한 제약(예컨대 조합원 경력 1년 이상일 것 또는 일정수의 조합원 추천을 받을 것 등)을 정하더라도 법 제22조 본문에 반하지 않는다는 판례: 大判 1992. 3. 31, 91 다 14413.

2) 노동조합의 대표자 그 밖에 각종 기관장은 그 임무에 반해서 노동조합에 손해를 입힌 경우에는 대내적으로 위임계약상의 채무불이행책임을 부담한다고 한다(菅野, 「労働法」, 807面, 노동조합 기관의 법률문제에 관해서는 菅野, 앞의 책, 804면 이하 참고).

이는 조합의 민주적 운영을 위해서 매우 중요한 일이다. 이러한 사항은 임원자격을 정하는 규약에 반영할 수 있을 것이다.

(6) **노동조합의 전임자**(노조전임자)

a) **노조전임자의 의의** 노조전임자란 종업원으로서의 지위를 그대로 유지하면서 근로계약상의 노무를 제공하지 않으며, 노동조합의 업무만을 전담하는 근로자를 말한다. 노조전임제도는 기업별 노조형태가 보편화되어 있는 우리나라와 일본에서 주로 인정되고 있다. 노조및조정법 제24조 1항에서는「근로자는 단체협약으로 정하거나 사용자의 동의가 있는 경우에는 근로계약소정의 근로를 제공하지 아니하고 노동조합의 업무에 종사할 수 있다」고 규정함으로써 명문으로 노조전임제도를 인정하고 있다(1996. 12. 31 노동법 개정시 신설). 동조항은 2021년 1월 5일의 법개정으로「노동조합의 전임자」라는 제목을「근로시간 면제 등」으로 바꾸고 노조전임자가 될 수 있는 자를 근로계약관계에 있는 종사근로자로 전제하고 있다(제24조 II 참조). 따라서 노조전임자는 기업별 노동조합에서 인정되는 것이며, 그 기업에 재적하고 있는 근로자로 보아야 한다. 이와 같은 관점에서 일본에서는「재적전종(在籍專從)」이라는 표현을 사용하고 있다.

《노동조합의 전임자에 관한 노조및조정법 제24조의 개정》

1) 2021년 1월 5일의 법개정으로 제24조는 전면적으로 개정되어 2021년 7월 6일부터 시행된다. 개정 전의 (현행) 동조 1항은「단체협약으로 정하거나 사용자의 동의가 있는 경우에는 근로계약 소정의 근로를 제공하지 아니하고 노동조합의 업무에만 종사할 수 있는」 근로자를 노동조합의 전임자로 정하고 있으며, 동조 2항은「제1항에 따라 사용자로부터 급여를 받는 근로자('근로시간 면제자')는 사업 또는 사업장별로 종사근로자인 조합원 수 등을 고려하여 제24조의2에 따라 결정된 근로시간 면제한도를 초과하지 아니하는 범위에서 임금의 손실없이 사용자와의 협의·교섭, 고충처리, 산업안전 활동 등 이 법 또는 다른 법률에서 정하는 업무와 건전한 노사관계 발전을 위한 노동조합의 유지·관리업무를 할 수 있다」고 규정하고 있다(2021. 1. 5. 개정). 그리고「사용자는 제1항에 따라 노동조합의 업무에 종사하는 근로자의 정당한 노동조합 활동을 제한하여서는 아니된다」(제24조 3항)(2021. 1. 5. 개정)고 규정하고 있다. 이를 요약하면 노조전임자는 단체협약으로 정하거나 사용자의 동의가 있는 경우에는 근로계약 소정의 근로를 제공하지 아니하고 노동조합의 업무에만 종사할 수 있는 근로자로서 사용자로부터 급여를 지급받거나 근로시간면제 한도를 초과하지 않는 범위에서 임금의 손실 없이 사용자와 협의·교섭 등 노동조합의 유지·관리업무를 할 수 있는 전임 조합원을 말한다. 사용자는 제1항에 따라 노동조합의 업무에 종사하는 근로자의 정당한 노동조합활동을 제한하여서는 아니 된다(2021. 1. 5. 개정).

2) 위와 같은 내용의 현행규정(2021. 1. 5.의 개정)이 이루어지기까지의 그 개정과정과 배경을 노동입법사(勞動立法史)적으로 살펴보는 것이 개정·신설된 제24조의 조항들을 이해하는데 도움이 될 것으로 생각되어 먼저 이에 관하여 언급한다. 노동조합의 전임자에 대하여 사용자가 급여를 지급하는 것은 1980년대부터 노사 사이에 오랜 관행으로 이어져 왔다. 사용자 측에서는 노동조합과 유화(宥和)적이고 타협적인 관계를 유지하기 위하여 전임자에 대한 급여 지급을 감수해 왔으며, 노동조합 측에서는 노동조합 재정(財政)의 어려움을 이유로 사용자로부터의 급여 수령을 당연시하거나 투쟁에 의하여 쟁취한 전리품인 것처럼 받아들이기도 하였다. 노조전임자에 대한 급여지급 관행은 전국적으로 확산되고, 사업장별 유급전임자의 수도 증가하게 되었다. 그러나 유급전임자 관행에 대하여 비판적 견해가 대내외적으로 확대되면서 이를 시정해야 한다는 견해가 사용자 측, 정부 측, 학계에서 제기되면서 노동조합 측에서도 이를 긍정적으로 받아들이지 않을 수 없게 되었다. 사용자에 대하여 대립·투쟁적 관계에 서면서 조합원(근로자)들의 근로조건을 개선해야 할 노조전임자들이 사용자로부터 급여를 받는 것은 기본적으로 노동조합의 자주성과 순수성에 반하며, 사용자가 노동조합의 운영에 개입하는 부당노동행위의 계기가 될 수 있다는 비판적 견해가 제기되었다. 더욱이나 사용자로부터 급여를 받는 대부분의 노조전임자가 노동조합의 집행위원(임원)인 경우에는 노동조합이 자주성을 잃게 되어 노동조합으로서의 기능을 제대로 발휘할 수 없게 된다는 지적이 확대되었다.[1] 외국(예컨대 일본, 독일)에서는 노동조합의 관리·운영업무에만 종사하는 노조전임자가 사용자로부터 급여를 지급받는 예는 찾아 볼 수 없다. 이런 상황에서 1996년 12월 31일에 노조및조정법 제24조 2항(신설)에서 '제1항의 규정에 의하여 노동조합의 업무에만 종사하는 자('전임자')는 그 전임기간 동안 사용자로부터 어떠한 급여도 지급받아서는 아니 된다'고 정하고, 동법 제81조 4호에서는 '노동조합의 전임자에게 급여를 지원'하는 행위를 부당노동행위로 정하여 전임자에 대한 급여지급을 금지하였다. 그러나 노조및조정법 부칙 제6조에서 2006년 12월 31일까지 위 규정들의 적용을 유예하였으며, 2006년 개정법에서는 2009년 12월 31일까지 동 규정들의 적용을 다시 유예하였다. 이와 같이 노조및조정법 제24조의 2항과 제81조 4호 본문 후단의 규정은 신설제정된 지 13년만인 2010년 1월 1일부터 적용되었다. 그만큼 노조전임자를 무급으로 규정하는 법 개정은 난항을 거듭하였다. 오랜 기간 동안 상당히 많은 수의 노조전임자(조합원인 근로자의 수가 많을수록 노조전임자의 수는 증가하였고, 여기에 더하여 노동조합은 사용자에 대하여 노조전임자의 증원을 요구하기도 하였다)의 급여를 사용자로부터 지급받았던 노동조합으로서는 그 급여를 노동조합의 재원(기금)에서 충당하는 것이 어려운 상황이었고, 달리 노동조합의 재원을 마련할 수 있는 방법이 없는 한 노조전임자의 수

1) 과거의 판례 중에는 노조전임자에 대한 급여지급은 부당노동행위가 아니라는 판결(大判 1991. 5. 28, 90 누 6392)이 있다. 학설 중에도 저자와 다른 입장을 주장하는 견해도 있었다.

를 현실화하여 감축하는 길밖에 없었다.[1] 노조전임자의 수가 필요이상으로 증가하였던 상황에서 특히 재정이 부실한 노동조합으로서는 이를 극복할 방안이 막연하였다. 이러한 사정하에서 2010년 1월 1일부터 적용하기로 예정되었던 제24조 2항과 81조 4호 본문 후단의 규정은 다시 유보되어 2010년 7월 1일부터 시행되게 되었다(부칙 제8조). 이러한 배경 하에서 제24조 2항의 신설로 노동조합이 받게 될 경제적 부담을 고려하여 제24조 4항의 규정이 신설되었다(2010. 1. 1.). 즉, 「제2항에도 불구하고 단체협약으로 정하거나 사용자가 동의하는 경우에는 사업 또는 사업장별로 조합원 수를 고려하여 제24조의2에 따라 결정된 근로시간 면제 한도를 초과하지 아니하는 범위에서 근로자는 임금의 손실 없이 사용자와의 협의 · 교섭, 고충처리, 산업안전 활동 등 이 법 또는 다른 법률에서 정하는 업무와 건전한 노사관계 발전을 위한 노동조합의 유지 · 관리업무를 할 수 있다」는 애매한 규정이 탄생하였다. 이 규정에 따르면 노조전임자의 급여 지급을 금지하는 제24조 2항에도 불구하고 근로시간 면제 한도 범위에서는 단체협약으로 정하거나 사용자가 동의하는 경우에는 노조전임자에게도 급여를 지급할 수 있으므로 동조 제2항 규정의 원래의 취지, 즉 노동조합의 자주성 내지 순수성 원칙은 실질적으로 무의미 내지 희석(稀釋)되고 말았다. 왜냐하면 근로시간 면제 한도 내의 지급은 사용자가 지출하는 금전적 지급으로서 임금의 손실을 보상하는 것이기 때문이다. 근로시간 면제 한도 범위에서의 지급을 받는 근로자는 일반 조합원들을 그 대상으로 하고 있지만, 이 항 첫머리의 '제2항에도 불구하고'라는 문언은 노조전임자를 이 규정의 적용대상으로 하고 있는 것이 분명하다. 그렇다면 이 법 제24조는 노동조합의 자주성 내지 순수성 원칙에 온전(穩全)하게 부합하는 규정이라고 할 수 없다.

동조 3항은 「사용자는 제1항에 따라 노동조합의 업무에 종사하는 근로자의 정당한 노동조합 활동을 제한하여서는 아니 된다」고 규정하고 있다. 이는 당연한 규정이다. 그러나 노조전임자가 사용자로부터 근로시간 면제 한도의 명목으로 급여를 받으므로써 노동조합 활동에 영향을 받을 수 있는 경우가 발생할 수 있다는 점도 부인하기 어렵다.[2]

---

1) 당시 「노사관계법 · 제도선진화방안」에 의하면 법령이 정한 기준 내의 노조전임자에 대한 급여지원은 부당노동행위로 보지 않는다는(노동조합의 자주성원칙에 반하지 않는다는) 안(案)을 내놓기도 하였다. 사용자가 단체협약 등에 따라 노동조합 전임자에게 일정한 돈을 지급하는 경우, 이를 근로의 대가인 임금이라고 볼 수 없음은 물론이다(大判 2003. 9. 2, 2003 다 4815 · 4822 · 4839. 또한 大判 2011. 8. 18, 2010 다 106054).

2) 노동조합의 위원장, 부위원장, 사무총장은 노동조합의 총회 또는 대의원회(의사결정기관)가 결정한 사항을 집행하여, 대외적으로 노동조합을 대표하는 집행기관이다. 집행위원에는 조합업무에만 종사하는 노조전임자와 종사근로자로서 근로계약상의 업무에 종사하면서 노동조합의 업무를 집행하는 비전임자도 있을 수 있다. 노동조합의 업무에만 종사하는 노조전임자가 집행위원(임원)인 경우 이들은 동조합의 기관이므로 원칙적으로 노동조합으로부터 급여를 받아야 한다. 다만, 비전임자는 근로시간 면제 한도에서 급여를 받을 수 있을 것이다. 일본에서는 비전임자에 대해서 사실상 취업시간 중 조합활동이 인정되는 경우가 많다고 한다(西谷, 「勞働組合法」, 110面). 독일은 산업별 노동조합 조직을 취하고 있으므로 우리나라의 경우와 직접 비교할 수는 없다. 그러나 사업장 소속 조합원(betriebs-

그리하여 제81조 4항 단서는 「다만, 근로자가 근로시간 중에 제24조 제4항(개정법 제24조 2항)에 따른 활동을 하는 것을 사용자가 허용함은 무방하」다고 규정하고 있다(2010. 1. 1. 개정). 이 조항에서 정하고 있는 '근로자'에는 노조전임자도 포함되어 있다(개정법은 근로시간 면제 한도의 급여를 받는 근로자에는 노조전임자가 당연히 포함되는 것으로 전제되어 있다). 따라서 근로시간 면제 한도의 급여를 지급하는 사용자로서는 한편으로 노조전임자에게 급여를 지급하면서 다른 한편으로는 전임자의 정당한 조합활동을 제한하여서는 아니 되는(개정 전의 법 제24조 3항. 2010. 1. 1. 신설) 어정쩡한 입장에 서있다. 개정법 제24조 3항은 이러한 내용을 보다 명확하게 규정하고 있다(2021. 1. 5. 개정; 2021. 7. 6. 시행). 그러므로 노동조합의 자주성 원칙에 비추어 보면 법리상 사용자는 이중적(二重的) 내지 모순적 부담을 지고 있다고 볼 수 있다.

3) 2021년 1월 5일에 개정·신설되고, 2021년 7월 6일부터 시행되는 제24조는 개정 전의 규정과는 전혀 다른, 즉 노동조합의 자주성원칙을 실질적으로 무시하는 내용으로 바뀌었다. 이에 대하여 살펴보기로 한다.

우선 제24조 1항의 제목이 「노동조합의 전임자」에서 「근로시간 면제 등」으로 바뀌었다. 노조전임자를 근로시간 면제 한도에서 급여를 받는 일반 근로시간 면제자에 포함시키고 있으나(제24조 1항, 2항 및 3항 참조), 노동조합의 전임자가 실재(實在)한다는 데는 아무 변함이 없다. 제24조 1항은 「근로자는 단체협약으로 정하거나 사용자의 동의가 있는 경우에는 사용자 또는 노동조합으로부터 급여를 지급받으면서 근로계약 소정의 근로를 제공하지 아니하고 노동조합의 업무에 종사할 수 있다」고 규정하고 있다.[1)] 동조 2항은 「제1항에 따라 사용자로부터 급여를 지급받는 근로자('근로시간 면제자')는 사업 또는 사업장 별로 종사근로자인 조합원 수 등을 고려하여 제24조의2(근로시간면제위원회)에 따라 결정된 근로시간 면제 한도를 초과하지 아니하는 범위에서 임금의 손실 없이 사용자와의 협의·교섭, 고충처리, 산업안전 활동 등 이 법 또는 다른 법률에서 정하는 업무와 건전한 노사관계 발전을 위한 노동조합의 유지·관리 업무를 할 수 있다」고 규정하여, 개정 전의 「노조전임자는 전임기간 동안 사용자로부터 어떠한 급여도 받아서는 아니된다」는 규정(제24조 2항)에도 불구하고 근로시간 면제 한도의 지급을 받고 노동조합의 유지·관리업무를 할 수 있다고 한 규정과는 달리 「제1항에 따라 사용자로부터 급

angehörige Gewerkschaftsmitglieder)을 노동조합의 대변인으로 위임하여 해당 사업장에서 조합의 업무(노동조합의 정책을 대변하면서 조합원의 모집, 조합비 수금, 조합활동의 홍보, 조합의결사항의 통지, 조합원에 대한 노동법상·단체협약법상의 권익보호 지원 등)를 수행하고 종업원들의 현안의 문제와 관련 사항에 관해서 노동조합에 보고하도록 하고 있다. 이들에게는 노동조합의 활동이 보장되고(독일기본법 제9조 3항), 단체협약에 의하여 해고제한법에 따른 특별보호가 주어지지만 그 활동에 대한 비용보상청구권이 사용자에 대한 관계에서는 물론 노동조합에 대한 관계에서도 인정되지 않는다(Dütz/Thüsing, *ArbR* Rn. 891).

1) 사용자로부터 급여의 지급을 받으면서 노동조합의 업무에만 종사할 수 있는 노조전임자제도를 두고 있는 나라는 찾아 볼 수 없다.

여를 지급받는 근로자는 근로시간 면제 한도의 지급을 받아 임금의 손실 없이 노동조합의 유지·관리업무를 할 수 있다」고 규정한 것이다. 따라서 제42조 1항의 '사용자로부터 급여를 받으면서 근로계약 소정의 근로를 제공하지 아니하고 노동조합의 업무에 종사하는 근로자'(노조전임자)는 근로시간 면제 한도의 지급 이외의 급여를 받을 수 있다는 의미로 해석되지 않는다. 그리고 동조 3항은 「사용자로부터 급여를 받으면서 근로계약 소정의 근로를 제공하지 아니하고 노동조합의 업무에 종사하는 근로자의 정당한 노동조합 활동은 제한해서는 아니된다」고 규정하고 있다. 동조 4항은 「사용자가 지급하는 근로시간 면제 한도를 초과하는 내용을 정한 단체협약 또는 사용자의 동의는 그 부분에 한정하여 무효로 한다」는 당연한 내용을 규정하고 있다. 끝으로 개정 전 「노조전임자는 전임기간 동안 사용자로부터 어떠한 급여도 지급받아서는 아니된다」는 규정(제24조 2항)과 근로시간 면제 한도를 초과하지 아니하는 범위에서의 급여 지급규정(제24조 4항)을 위반하는 요구를 관철할 목적으로 쟁의행위를 하여서는 아니 된다는 제24조 5항은 삭제되었다. 한 마디로 해서 2021년 1월 5일의 제24조의 개정 내용은 사용자로부터 근로시간 면제 한도의 급여를 지급받으면서 근로계약 소정의 노무를 제공하지 아니하고 노동조합의 업무에 종사하는 근로자(노조전임자 포함)의 정당한 노동조합 활동을 사용자는 제한해서는 아니된다는 취지로 요약된다. 제24조와 연관해서 제81조 1항 4호와 제24의 2도 함께 개정되었다.

2020년 6월 9일의 법 개정으로 제81조가 1항과 2항으로 나누어지고, 기존의 제81조 1호부터 5호가 제81조 1항 1호부터 5호로 되었으며, 4호의 규정이 개정되면서 이와 관련해서 제2항이 신설되었다. 첫째 개정 전 제81조 4호 본문의 「노동조합의 전임자에게 급여를 지원」하는 행위는 「근로시간 면제한도를 초과하여 급여를 지급」(제81조 1항 4호 본문)하는 행위로 개정되었고(2021. 1. 5.), 둘째 제81조 1항 4호 단서에 「그 밖에 이에 준하여 노동조합의 자주적인 운영 또는 활동을 침해할 위험이 없는 범위에서의 운영비 원조행위는 예외로 한다」는 규정이 추가되고, 셋째 이를 받아 제81조 2항이 신설되어 「제1항 제4호 단서에 따른 '노동조합의 자주적 운영 또는 활동을 침해할 위험'여부를 판단할 때에는 다음 각 호의 사항을 고려하여야 한다. 1. 운영비 원조의 목적과 경위, 2. 원조된 운영비 횟수와 기간, 3. 원조된 운영비 금액과 원조방법, 4. 원조된 운영비가 노동조합의 총수입에서 차지하는 비율, 5. 원조된 운영비의 관리방법과 사용처 등」을 정하고 있다. 제81조 1항 4호 단서 후단과 2항이 개정·신설된 것은 개정전 제81조 4호 본문 후단이 「노동조합의 전임자에게 급여를 지급하거나 노동조합의 운영비를 원조하는 행위」를 아무 제한 없이 부당노동행위로 규정하고 있으므로 헌법재판소가 이 조항을 '헌법에 불합치하는 것으로 결정하였기 때문이다[1]([127] 6. (3) b) 참고). 그리하여 2020년 6월 9일의 법개정으로 제81조 1항 4호 단서 후단에 「그 밖에 이에 준하여 노동조합의

1) 憲裁 2018. 5. 31, 2012 헌바 90. 저자는 기본적으로 반대의견에 찬동한다.

자주적인 운영 또는 활동을 침해할 위험이 없는 범위에서의 운영비 원조행위는 예외로 한다」는 규정과 제81조 2항의 '노동조합의 자주적 운영 또는 활동을 침해할 위험'판단 기준 규정이 신설되고, 2021년 1월 5일의 법개정으로 제81조 1항 4호 본문 후단에 「근로시간 면제 한도를 초과하여 급여를 지급하」는 행위를 부당노동행위로 추가하였다. 이를 반대해석하면 근로시간 면제 한도를 초과하지 않는 범위에서의 급여 지급은 정당한 행위가 된다는 뜻이 된다.

4) 2021년 1월 5일에 개정된 노조및조정법 제24조와 제81조를 종합·요약하면 다음과 같다. 사업 또는 사업장 별로 종사근로자인 조합원 수 등을 고려하여 사용자로부터 근로시간 면제한도의 급여를 받는 근로자들은 노동조합의 유지·관리업무를 할 수 있고, 사용자는 이들의 정당한 노동조합 활동을 제한해서는 아니 된다. 근로시간면제자에는 노조전임자가 포함된다. 노동조합의 자주적인 운영 또는 활동을 침해할 위험이 없는 범위에서의 운영비 원조행위는 부당노동에 해당하지 않는다.

또한 근로시간면제심의위원회를 「경제사회노동위원회법」에 따른 경제사회노동위원회에 둔다고 제24조의2를 개정하였다(2021. 1. 5. 개정: 2021. 7. 6. 시행). 고용노동부에서 이관한 것이다.

우리나라의 노동조합은 선진 산업국가의 노동조합과 마찬가지로 선진화된 노사관계를 미래지향적으로 형성해 나아갈 수준에 도달하였고, 노동조합 조합원들의 임금도 노동조합을 자주적으로 지원·운영할 수 있는 단계에 도달하였다고 판단된다. 우리나라와 유사한 수준에 있는 산업국가들 중에서 근로계약상의 노무제공의무를 면제받으며 사용자로부터 급여를 지급받는 노조전임자제도를 수용하고 있는 국가가 얼마나 되는지 의문이 제기된다. 이는 노사관계법상의 노동조합의 자주성원칙에 어긋나는 문제에 그치지 아니하고, 선진화된 노동조합 자긍심(自矜心)의 문제인 동시에 노사관계법의 수준의 문제이기도 하다.

b) 노조전임제의 인정근거 노조전임자는 노조및조정법 제24조 1항에 의하여 '단체협약으로 정하'거나 '사용자의 동의'가 있는 경우에 둘 수 있다. 다시 말하면 노동조합과 사용자 사이에 단체협약상의 협정이 있거나 사용자의 동의[1](실질적으로 노사의 합의)가 있는 때에 노조전임자는 인정될 수 있다. 그런데 문제가 되는 것은 노조전임제를 단체협약으로 정할 수 있다고 한 규정이 노조전임제를 단체교섭의 대상으로 인정한 것으로 볼 수 있느냐 하는 점이다. 이를 긍정한다면 사용자가 노조전임제에 관한 사항에 대하여 단체교섭에 응하지 않으면 노동조합은 사용자의 부당노동행위를 이유로 노동위

1) 大判 2011. 8. 18, 2010 다 106054(전임제의 인정은 물론 노조전임자의 선임과 해임절차, 전임기간, 전임자 수, 전임자의 대우 등 구체적인 제도에 관하여도 기본적으로 사용자의 동의에 기초한 노사합의에 의하여 유지된다).

원회에 구제신청을 할 수 있을 뿐만 아니라 적법한 절차를 밟아 쟁의행위를 할 수도 있다고 보아야 할 것이다.1) 그러나 이와 같은 견해는 다음과 같은 이유에서 옳지 않다고 판단된다. 첫째, 노조전임제는 단체교섭이나 쟁의행위의 대상이 되는 근로조건이라고 볼 수 없다(노조및조정법 제1조, 제2조 ⑤ 참소). 둘째, 노조전임제가 단체교섭의 대상이 되는 것이라면 동법 제24조 1항의 '사용자의 동의'가 있는 경우에 관한 규정은 실질적으로 무의미해지기 때문이다. 따라서 동조항에서 '단체협약으로 정'할 수 있다는 규정의 취지는 단체협약 내에 협정을 둘 수 있다는 뜻으로 새기는 것이 옳을 것이다(일종의 조직적 부분 또는 이른바 임의적 교섭사항부분으로 볼 수 있을 것이다. [111] 5. 참고).2) 다시 말하면 노조전임제를 인정할 것인가의 여부는 노사간의 자주적 협정 또는 사용자의 동의에 의하여 결정될 사항이다. 즉, 노조전임제를 요구할 수 있는 권리가 법적으로 당연히 보장되어 있는(예컨대 단결권 내에 포함되어 있는) 것은 아니다.3) 판례는 「노조전임제가 노동조합에 대한 사용자의 편의제공의 한 형태로서 사용자가 단체협약 등을 통하여 승인하는 경우에 인정되는 것이며, 단순히 사용자와 노동조합이 단체교섭을 함에 있어 임의적으로 교섭할 수 있는 사항에 불과하다」4)고 한다. 따라서 사용자가 노조전임제에 동의하지 않는 것이 정당한 이유 없이 단체교섭을 거부하는 부당노동행위가 되지 않는다. 결론적으로 노조전임제의 인정여부는 노사간의 임의적 교섭에 의하여 결정될 수 있는 사항에 지나지 않으며, 현행 노조및조정법 제24조 1항의 규정취지도 그와 같이 해석되어야 한다.5) 노동조합의 집행기관(임원)이라 하더라도 당연히 전임자의 지위를 가지는 것은 아니며, 노사합의에 의하여 노동조합에 전임제도에 대한 포괄적 운용권이 부여되었다 하더라도

---

1) 이병태, 「노동법」, 220면 참고. 異見: 大判 1996. 2. 23, 94 누 9177; 大判 2011. 8. 18, 2010 다 106054 참고.

2) 최승부, '노동조합 전임자와 근로시간면제한도 방식의 시행상 제문제', 「노사공포럼」, 2010 제4호 통권 제20호, 68면. 大判 1996. 2. 23, 94 누 9177; 大判 2011. 8. 18, 2010 다 106054.

3) 하경효, '노조전임자 급여지급관행', 「경영계」, 1996. 7, 12면 이하; 大判 1995. 11. 10, 94 다 54566; 大判 1996. 2. 23, 94 누 9177; 1989. 7. 27, 노조 01254-11115; 菅野, 「勞働法」, 809面; 三菱重工業長崎造船事件·最高裁一小判 昭和 48. 11. 8.

4) 大判 1996. 2. 23, 94 누 9177; 大判 1997. 10. 10, 97 누 4951. 노조전임자 제도에 관한 사항이 이른바 「임의적 교섭사항」임에도 불구하고 중재재정을 할 수 있다고 한 하급심판례(서울高判 1997. 11. 7, 95 구 30316)에는 찬동할 수 없다. 중재재정은 강행적 효력을 가지기 때문이다.

5) 판례는 「전임제를 인정할 것인지 여부는 물론 노동조합 전임자의 선임 및 해임절차, 전임기간, 전임자 수, 전임자에 대한 대우 등 구체적인 제도 운용에 관하여도 기본적으로 사용자의 동의에 기초한 노사합의에 의하여 유지되는 것이므로, 전임제 시행 이후 경제적·사회적 여건의 변화, 회사 경영 상태의 변동, 노사관계의 추이 등 여러 사정들에 비추어 합리적 이유가 있는 경우에는 사용자는 노동조합과의 합의, 적정한 유예기간 설정 등 공정한 절차를 거쳐 노조전임제의 존속 여부 및 구체적 운용 방법을 변경할 수 있다고 보아야 한다」(大判 2011. 8. 18, 2010 다 106054)고 한다.

그 행사(노조위원장에 의한 조합전임자의 지명 등)가 법령의 규정 및 단체협약에 위배되거나 권리남용에 해당하는 특별한 사정이 있으면 그 내재적 한계를 위반한 것으로 무효가 될 수 있다.[1] 권리남용 해당여부는 단체협약을 체결하게 된 경위와 당시의 상황, 조합원의 수 및 노조업무의 분량 그로 인하여 사용자에게 발생하는 사용자의 부담, 비슷한 규모의 다른 노동조합의 전임자 운용 실태 등 제반 사정을 종합적으로 검토하여 판단하여야 한다.

c) 노조전임자의 법적 지위에 관한 판례 판례[2]와 다수 학설[3]은 노조전임자의 지위를 휴직상태에 있는 근로자와 유사한 지위에 있다는 견해를 취하고 있다. 판례는 노조전임자가 행하는 노동조합의 활동을 근로자들에 관한 회사의 노사 관리업무를 수행하는 것처럼 정상적인 근로를 하는 것으로 인정하고, 이에 근거하여 출퇴근 등의 업무규율상의 사규(社規)가 적용된다고 하며, 또한 노동조합업무를 수행하던 중에 입은 재해를 업무상의 재해로 인정하고 있다. 판례의 태도를 구체적으로 살펴보면 다음과 같다. 첫째, 노조전임자라 할지라도 사용자와의 사이에 기본적 근로관계는 유지되므로, 취업규칙이나 사규의 적용이 전면적으로 배제되는 것은 아니다. 노동조합의 업무는 안정된 노사관계의 형성이라는 면에서 볼 때 사용자의 노무관리업무와 밀접하게 관련되어 있으므로 노조전임자가 취업규칙 등의 소정의 절차를 취하지 않은 채 출근하지 않은 것은 무단결근에 해당한다. 따라서 노조전임자는 근로계약 소정의 본래의 업무이행의무를 면하지만 통상적인 노조업무가 수행되는 노동조합 사무실에서 노동조합업무에 착수할 수 있는 상태에 임하는 출근을 해야 한다고 한다.[4] 둘째, 노조전임자가 노동조합업무 수행중 육체적·정신적 과로로 재해를 입은 경우에 이는 업무상 재해에 해당한다. 노조전임자의 노동조합업무는 회사의 노무관리업무와 밀접한 관련을 가지는 것으로서 사용자가 본래의 업무 대신에 이를 담당하도록 하는 것이므로 그 자체를 회사의 업무로 볼 수 있기 때문이라고 한다.[5]

---

1) 大判 2009. 12. 24, 2009 도 9347; 大判 2010. 7. 22, 2010 도 3249.

2) 大判 2019. 2. 14, 2015 다 66052; 大判 1998. 4. 24, 97 다 54727; 大判 2004. 2. 27, 2003 다 51675; 大判 2013. 11. 28, 2011 다 39946(기본적 근로관계의 유지를 인정한 판례); 大判 2003. 9. 2, 2003 다 4815·4822·4839; 大判 2011. 2. 10, 2010 도 10721(전임자는 휴직상태에 있는 자와 유사하므로, 회사가 이들에게 지급한 일정금액은 근로의 대가로서의 임금은 아니다).

3) 이병태, 「노동법」, 155면; 하갑래, 「집단적 노동관계법」, 2010, 193면.

4) 大判 1995. 4. 11, 94 다 58087; 大判 1993. 8. 24, 92 다 34926; 大判 2000. 7. 28, 2000 다 23297. 이와는 달리 사용자와 노조전임자 사이에는 전임기간 동안 근로제공에 관한 기본적 권리·의무관계와 이에 수반되는 부수적 권리·의무가 정지되므로 이 점에서 노조전임자에 대해서는 원칙적으로 출퇴근에 관한 취업규칙이나 사규의 적용이 배제된다고 한 하급심 판례가 있다(서울高判 2005. 4. 29, 2003 누 22409).

5) 大判 1994. 2. 22, 92 누 14502; 大判 2007. 3. 29, 2005 두 11418; 大判 2014. 5. 29, 2014 두 35232(노동조합업무 전임자가 근로계약상 본래 담당할 업무를 면하고 노동조합의 업무를 전임하게 된 것이 단체협약 혹은 사용자인 회사의 승낙에 의한 것이라면, 이러한 전임자가 담당하는 노동조합

셋째, 노조전임자가 될 근로자를 노동조합이 지명하고[1] 사용자가 이에 동의하는 데 지나지 않은 경우라면 노조전임자의 지명은 단결권 행사의 한 행위유형으로 볼 수 있으므로 사용자가 노조전임자를 지명할 인사권을 가진다고 볼 수는 없다. 그리고 노조전임자의 재직기간 중에 특별한 사유(예컨대 징계 · 해고사유 등)가 없는 한 전임자에 대한 (반조합적) 인사조치는 부당노동행위가 될 수 있다. 넷째, 사용자는 노조전임자의 정당한 노동조합 활동을 제한하여서는 아니 된다(제24조 Ⅲ).[2]

d) 노조전임기간에 관한 판례의 평가 노조전임자는 사용자와의 관계에서 근로계약관계를 유지하고 있는 해당 기업의 종업원 신분을 유지하고 있지만 근로계약상의 노무를 제공할 의무를 부담하지 않고 조합업무에만 종사하는 자이므로 휴직상태에 있는 자라고 보아야 한다.[3] 판례는 노조전임자가 수행하는 조합업무를 근로계약상 사용자에 대하여 부담하는 회사의 업무로 보면서 사규로 전임자의 출퇴근을 규제할 수 있다고 하나, 이는 정당하다고 볼 수 없다. 노조전임자로 하여금 조합업무에 충실히 근무하도록 하는 것은 노동조합 자체가 규제할 사항이지 사용자가 통제 · 감독할 대상은 아니다. 그런 의미에서 노조전임자는 임금을 목적으로 노무를 제공하는 일반 근로자와 구별된다.[4] 노동조합과 조합원에 관한 업무가 근로자의 근로조건개선, 복지향상 등 일반 근로자들의 인사 · 노무관리와 유기적 관련을 가질 수 있어 회사의 업무와 간접적으로 관련성이 있으나 노조전임자의 복무를 사용자가 작성한 취업규칙이나 복무규정에 종속시키는 것

업무는 업무의 성질상 사용자의 사업과는 무관한 상부 또는 연합관계에 있는 노동단체와 관련된 활동이나 불법적인 노동조합활동 또는 사용자와 대립관계로 되는 쟁의단계에 들어간 이후의 활동 등이 아닌 이상, 회사의 노무관리업무와 밀접한 관련을 가지는 것으로서 사용자가 본래의 업무 대신에 이를 담당하도록 하는 것이어서 그 자체를 바로 회사의 업무로 볼 수 있고, 따라서 전임자가 노동조합업무를 수행하거나 이에 수반하는 통상적인 활동을 하는 과정에서 업무에 기인하여 발생한 재해는 산업재해보상보험법 제5조 제1호 소정의 업무상 재해에 해당한다. 이러한 법리는 노동조합업무 전임자가 아닌 노동조합 간부가 사용자인 회사의 승낙에 의하여 노동조합업무를 수행하거나 이에 수반하는 통상적인 활동을 하는 과정에서 업무에 기인하여 발생한 재해의 경우에도 마찬가지로 적용된다).

1) 단체협약으로 노동조합에 대하여 전임자의 전임운용권(추천 · 임명권)이 주어지는 경우가 있다(大判 2009. 12. 24, 2009 도 9347 참고).

2) 그러나 노조전임자인 공무원이 정당한 노동조합활동의 범위를 벗어난 행위를 한 경우 국가공무원법에 정한 성실의무, 복종의무, 직장이탈금지의무가 면제되지 않는다(大判 2008. 10. 9, 2006 두 13626).

3) 조합원들을 위하여 노동조합의 업무를 수행하는 노조전임자는 단결권의 보호를 받는 지위에 있으므로 노동조합(위원장)이 전임자 지위를 박탈하기 위해서는 조합 규약에 따로 정한 규정이 있으면 이에 따라야 하고, 그러한 규정이 없으면 규약에서 정한 불신임 의결을 거쳐야 할 것이다. 노조위원장이 단독으로 전임자해임처분을 하는 것은 무효라고 보아야 한다(서울中央地判 2016. 7. 22, 2016 가합 506392).

4) 大判 2011. 8. 18, 2010 다 106054 참고.

은 노동조합의 자주성과 노동조합활동의 독립성을 해칠 염려가 있으므로 타당하지 않다. 노조전임기간 중 근로계약상의 근로제공의무는 정지상태에 있으므로 조합업무를 본래의 근로제공의무 대신에 담당하는 회사의 업무로 보는 것은 옳지 않다. 다만, 노조전임자와 사용자 사이에 근로계약상의 주된 권리·의무는 정지하고 있으나[1] 그 밖의 부수적 의무는 여전히 존속되고 있으므로 노조전임자와 사용자는 이에 반하는 행위를 해서는 아니 될 것이다. 또한 노동조합 사무실이 사업장 내에 존재하는 경우 사업장의 질서유지에 필요한 복무질서는 노조전임자에게도 적용된다. 반면 노조전임자가 노동조합 업무수행 중 입은 재해를 업무상 재해로 인정하는 판례의 태도는 정당하다고 할 수 있다. 산재보험법의 보호대상이 되는 업무상 재해는 근로계약상 사용자에게 이행해야 할 회사의 업무에만 한정되는 것으로 좁게 해석할 것은 아니며, 근로3권에 의하여 보호를 받는 근로자로서 사업 또는 사업장에 소속되어 근로관계 당사자의 지위에 있으면서 조합활동을 하는 중에 발생한 재해도 업무상 재해로 넓게 해석하는 것이 동법의 근로자 보호 취지에 합치하는 것으로 판단된다. 판례는「전임자가 노동조합업무를 수행하거나 이에 수반하는 통상적인 활동을 하는 과정에서 업무에 기인하여 발생한 재해는 산재보험법 제5조 제1호 소정의 업무상 재해에 해당한다. 이러한 법리는 노동조합업무 전임자가 아닌 노동조합 간부가 사용자인 회사의 승낙에 의하여 노동조합업무를 수행하거나 이에 수반하는 통상적인 활동을 하는 과정에서 업무에 기인하여 발생한 재해의 경우에도 마찬가지로 적용된다」고 한다.[2]

(7) 노조전임자의 급여와 근로시간면제제도

a) 사용자에 의한 급여

1) 노동조합의 전임자에 관한 제24조의 규정이 2021년 1월 5일에 개정(2021. 7. 6. 시행)되기 전의 동조 2항은「제1항의 규정에 의하여 노동조합의 업무에만 종사하는 자(노조전임자)는 그 전임기간 동안 사용자로부터 어떠한 급여도 받아서는 아니된다」고 규정하고 있었다. 동조 4항은「제2항에도 불구하고 단체협약으로 정하거나 사용자가 동의하는 경우에는 사업 또는 사업장별로 조합원 수 등을 고려하여 제24조의2에 따라 결정된 근로시간 면제 한도를 초과하지 아니하는 범위에서 근로자는 임금의 손실 없이 사용자와의 협의·교섭, 고충처리, 산업안전 활동 등 이 법 또는 다른 법률에서 정하는 업

1) 노조전임기간은 연차휴가일수 산정을 위한 연간 소정근로일수에서 제외하고 나머지 일수가 있으면 이를 기준으로 연차휴가일수를 산정해야 한다는 대법원 판례(大判 2019. 2. 14, 2015 다 66052)는 노조전임근무기간이 출근기간에 해당하지 않음을 전제하고 있다고 판단된다.

2) 大判 2014. 5. 29, 2014 두 35237; 大判 2007. 3. 29, 2005 두 11418(전임자인 분회장이 산별 노조가 개최한 행사에 참여 중에 입은 재해를 업무상 재해로 인정한 사례).

무와 건전한 노사관계 발전을 위한 노동조합의 유지·관리 업무를 할 수 있다」고 규정하여 노조전임자에게도 근로시간 면제 한도의 급여를 지급할 수 있도록 하였다. 또한 동조 5항은 「노동조합은 제2항과 제4항을 위반하는 급여 지급을 요구하고 이를 관철할 목적으로 쟁의행위를 하여서는 아니된다」고 규정하고 있었다. 개정법은 제24조의 제목을 '노동조합의 전임자'에서 '근로시간 면제 등'으로 바꾸고, 제1항에서 「근로자는 단체협약으로 정하거나 사용자의 동의가 있는 경우에는 사용자 또는 노동조합으로부터 급여를 받으면서 근로계약 소정의 근로를 제공하지 아니하고 노동조합의 업무에 종사할 수 있다」고 규정하고 있으며, 법개정 전의 제24조 2항의 노조전임자에 대한 급여지급금지 규정을 삭제하였다. 그리고 법개정 전의 제24조 4항을 2항으로 옮겨 그대로 유지하였다. 개정법의 내용을 요약하면 노조전임자는 근로시간 면제 한도의 급여를 지급받으며 근로계약 소정의 근로를 제공하지 아니하고 노동조합의 업무에만 종사하는 (일반)근로자 속에 포함되고 있다(이에 관해서는 위의 (6) a)항의 노동조합전임자에 대한 노조및조정법 제24조의 개정 참고). 따라서 노조전임자의 급여는 다음에서 설명하는 근로시간 면제 한도의 급여(제24조의2 Ⅱ: 시령 제11조의2 참조)를 뜻한다. 근로시간 면제한도를 초과하는 내용을 정한 단체협약 또는 사용자의 동의는 그 부분에 한정하여 무효이므로(제24조 Ⅳ, 제81조 Ⅰ ④ 본문) 노조전임자는 근로시간 면제 한도를 초과하는 급여를 요구할 수 없다. 개정법은 개정전의 제24조 5항의 규정(노조전임자의 근로시간 면제 한도를 초과하는 급여 또는 그 밖의 급여 지급을 요구하고 이를 관철할 목적으로 쟁의행위를 하여서는 아니된다)은 삭제하였으나, 개정법 하에서도 이 규정의 내용은 여전히 유효한 것으로 판단된다.[1] 노조전임자의 급여는 근로계약 소정의 노무를 제공하고 있는 일반 근로자의 임금과는 그 성질을 달리하는 것이기 때문이다.[2] 제24조에서 노조전임자라는 표현이 없어졌지만 노조전임자가 실재하는데는 변함이 없다.

2) 노조전임자에 대한 임금 지급이 금지되더라도 전임자는 사용자와 기본적 근로계약관계를 유지하고 있으므로 사용자는 각종 사회보험에 대한 사용자측의 부담금 지급의무를 진다. 그러나 근로의 대가성을 가지는 복리후생을 위한 급여는 지급되어서는 안 될 것이다.[3] 근로의무와는 관계없이 모든 재직 종업원에게 지급되는 것으로서 노동조합의 자주성에 아무 영향을 미치지 않는 급여는 금지대상에서 제외될 수 있을 것이다

1) 憲裁 2014. 5. 29, 2010 헌마 606 참고.

2) 사용자가 단체협약 등에 따라 노동조합 전임자에게 돈을 지급하는 경우, 이를 근로의 대가인 임금이라고 볼 수 없다(大判 2003. 9. 2, 2003 다 4815·4822·4839; 大判 2011. 8. 18, 2010 다 106054).

3) 大判 1996. 2. 23, 94 누 9177. 구법하에서 연월차휴가청구권을 부인한 판례: 大判 1995. 11. 10, 94 다 54566.

(노조및조정법 제81조 I ④ 단서 후단 참고).

b) 근로시간면제제도

1) **배 경** 노조전임자의 급여는 노동조합이 스스로 부담하는 것이 원칙이다.[1] 그동안 사용자가 노조전임자의 급여를 지급하여 왔던 우리나라의 상황에서 이론상 부당노동행위의 문제가 제기되면서도, 노동조합이 노조전임자의 수를 늘리거나 급여를 증액하는 요구가 계속되는 부조리한 현실이 전개되었다. 하지만 노동조합의 재정적 자립(자주성)과 적정한 전임자 수의 유지라는 관점에서 유급근로시간 면제 제도를 도입한 2010년 1월 1일의 노조및조정법의 개정은 노사관계의 선진화에 기여할 것으로 기대하면서 이루어진 것이다.

새로 도입된 이 제도는 노사공동의 업무에[2] 종사하는 시간에 대하여 이를 근로시간으로 인정해 주는 것으로서 선진 외국에서 비교적 널리 활용되고 있다. 이를 법률에 의하여 규정하고 있는 국가 중 프랑스나 이탈리아의 경우 면제시간뿐만 아니라 인원수도 함께 정하고 있다.

2) **취지와 기본골격**

aa) 노조및조정법 제24조 2항은 「단체협약으로 정하거나 사용자가 동의하는 경우에는 사업 또는 사업장별로 조합원 수 등을 고려하여 제24조의2(근로시간면제심의위원회에 관한 규정)에 따라 결정된 면제한도(이하 "근로시간면제한도"라 한다)를 초과하지 아니하는 범위에서 근로자는 임금의 손실 없이 사용자와의 협의·교섭, 고충처리, 산업안전 활동 등 이 법 또는 다른 법률에서 정하는 업무와 건전한 노사관계발전을 위한 노동조합의 유지·관리업무를 할 수 있다」고 규정하고 있다. 근로시간의 면제 한도는 사업 또는 사업장별로 종사근로자인 조합원 수와 법 제24조 2항에서 정한 근로시간면제자의 업무의 범위 등을 고려하여 시간 단위로 정한다. 이 경우 그 시간을 활용할 수 있는 인원을 정할 수 있다(노조및조정법 시령 제11조의2).[3] 면제한도의 적정성을 기하기 위하여 시

1) 각국의 예: 미국, 일본, 독일, 프랑스. 특히 일본노동조합법 제2조 및 제7조 참조.

2) 다만, 제24조 4항의 '노동조합의 유지·관리업무'를 하는 근로자에게 유급으로 근로시간을 면제하는 것이 부당노동행위에 해당하지 않는다고 잘라 말하기는 어려울 것이다. 동조항이 '건전한 노사관계 발전을 위한'이라는 규정을 통하여 노동조합의 유지·관리업무의 성질을 노사공동의 이익에 부합하는 취지로 정한 것이라 하더라도, 노동조합의 이익을 위하여 확대적용될 가능성은 여전히 남아있는 것으로 생각된다. 따라서 조합활동 중에서 유급이 인정되는 대상과 범위의 한계를 정하는 것이 필요하다. 급여지급청구권의 인정과 부당노동행위의 성립 여부에 직접 관련되기 때문이다.

3) 노조및조정법 시행령 제11조의2가 근로시간면제한도의 경우와는 달리 모법(노조및조정법 제24조 Ⅱ, 제24조의2 Ⅳ)의 근거규정 없이 사용가능인원을 한정할 수 있다고 정하고 있는 것은 그 자체가 무효라는 견해가 있다. 시행령을 근거로 위원회가 행한 사용가능인원의 의결이 상한(上限)적·강행적 효력을 가질 수 없다는 것은 분명하지만 이를 포함하고 있는 위원회의 의결 및 고용노동부장관에 의

간 단위의 기준을 기초로 하였고, 면제시간을 활용할 수 있는 인원을 정한 것은 업무의 통일성과 인사노무관리상의 일관성을 고려한 것으로 생각된다.

bb) 근로시간 면제 한도를 정하기 위해서 경제사회노동위원회에 근로시간면제심의위원회(이하에서 "위원회"라 한다)를 둔다(제24조의2 Ⅰ). 위원회는 근로시간 면제 한도를 심의·의결하고, 3년마다 그 적정성 여부를 재심의하여 의결할 수 있다(동조 Ⅱ). 경제사회노동위원회 위원장은 위원회가 의결한 사항을 고용노동부장관에게 즉시 통보하여야 하고(동조 Ⅲ), 고용노동부장관은 경제사회노동위원회 위원장이 통보한 근로시간 면제 한도를 고시하여야 한다(동조 Ⅳ). 위원회는 고용노동부장관의 심의 요청을 받은 때에는 그 요청을 받은 날부터 60일 이내에 심의·의결해야 한다(노조및조정법 시령 제11조의6 Ⅰ).

cc) 위원회가 심의·의결하고 이에 따라 고용노동부장관이 고시한 '근로시간면제한도' 내에서 사용자와 노동조합은 근로시간이 면제되는 시간과 그 면제시간이 적용되는 대상 업무 및 사용인원을 '단체협약'(근로시간면제협정)으로 정할 수 있으며, 노동조합의 요구에 대하여 사용자가 동의하는 형식으로 이를 정할 수도 있다(제24조 Ⅰ; 시령 제11조의2). 즉, 근로자가 임금의 손실없이 위의 업무를 수행할 수 있는 것은 협약자율 내지 노사자치를 기초로 한다. 근로시간면제한도와 그 적용대상업무를 노사간의 단체협약으로 정할 경우에 이와 같은 교섭사항은 채무적 부분에 해당한다고 보는 것이 일반적 견해이다. 이러한 사항은 근로계약 소정의 근로를 제공하는 일반 근로자의 근로조건과는 그 성질을 달리하는 것이기 때문이다. 근로시간이 면제되는 대상 업무의 내용에 관하여는 노사간의 견해가 대립할 수 있다. 그러나 근로시간면제의 대상이 되는 업무의 범위에 대한 분쟁은 근로조건에 관한 분쟁이라고 보기는 어려우며, 제24조 4항의 「사용자와의 협의·교섭, 고충처리, 산업안전 활동 등 이 법 또는 다른 법률에서 정하는 업무와 건전한 노사관계발전을 위한 노동조합의 유지·관리업무」의 범위에 관한 (법률규정의) 해석의 분쟁이라고 생각된다. 따라서 이러한 분쟁은 해당 규정의 유권해석을 구하여 그 기초 위에서 해결되는 것이 옳다고 생각된다. 결국 이로 인하여 노사간에 분쟁이 발생한 때에도 해당 규정의 해석을 바탕으로 분쟁이 해결되어야 할 것으로 생각된다. 대상 업무에 관하여 단체협약에 규정이 있는 경우 그 해석에 관하여 당사자 간에 의견의 불일치가 있을 때에는 노동위원회에 그 해석 또는 이행방법에 관한 견해의 제시를 요청할 수 있다(노조및조정법 제34조 Ⅰ). 근로시간 면제 한도 내에서 면제시간을 정할 때에도 노동조합과 사용자 사이에 주장의 불일치가 생길 수 있으나, 노동조합은 그의 주장을 쟁의행위를 통하여 관철할 수는 없다고 생각한다.

한 고시가 무효라고 해석되어서는 안 될 것이다(서울行判 2010. 8. 13, 2010 구합 23781).

근로시간을 면제하여 사용자측에서 임금의 손실이 없도록 지원하는 것은 노조전임자나 그 밖의 근로자의 근로조건에 해당하는 임금을 지급하는 것이 아니다. 유급근로시간 면제제도의 취지는 노사 사이의 협의·교섭, 고충처리 등 건전한 노사관계의 발전을 위한 것이므로, 이는 노사 공동의 이해관계에 속하는 업무를 지원하려는 데 있는 것이고, 근로자의 근로조건인 임금을 지급하는 것과는 구별해야 한다. 또한 이와 같은 유급근로시간 면제제도는 해당 사업 또는 사업장의 노사관계를 지원하려는 것이므로 그 사업 또는 사업장 밖의 (초기업적) 산업별 노조 또는 노조연맹이나 그 곳에 파견된 전임근로자의 지원에는 적용되지 않는다고 보아야 한다.[1] 다만 노조전임자가 노동조합을 대표하여 조합원들의 근로조건 개선에 관한 교섭을 할 때에는 그 교섭사항은 이익에 관한 사항이므로 쟁의행위의 대상이 될 수 있다. 이러한 측면에서 보면 노조전임자에 대한 사용자의 급여지원은 일종의 모순관계에 있다고 말할 수밖에 없다.

유급근로시간 면제제도는 하나의 사업 또는 사업장에 한정적으로 적용되는 것으로 해석해야 할 것이다(사업 또는 사업장 단위 교섭창구 단일화의 취지). 따라서 사업장과 무관한 순수한 상급단체활동에 대해서는 근로시간면제에 의한 지원은 주어지지 않는다.[2]

4. 노동조합의 법인격

a) 노동조합은 근로자의 경제적·사회적 지위의 향상을 목적으로 하는 단체이지만, 그 목적 수행을 위해서는 재산상의 거래관계가 발생한다. 이런 경우에 노동조합이 법인격을 갖추고 있으면 조합재산의 귀속 및 재산거래, 민사책임관계(손해배상책임) 등의 법률관계가 명확하게 될 수 있다. 그러나 노동조합의 실체성은 조직의 목적에 부합하는 자주성과 민주성에 있기 때문에, 노동조합의 성립요건 내지 실체성의 인정에는 형식적 법인격이 문제되지 않는다. 외국의 입법례도 노동조합에 대하여는 법인격을 요구하지 않는 것이 일반적 경향이며, 이와 같은 입장을 지지하는 학설을 조직설(théorie organiciste)이라고 한다.[3] 따라서 노동조합은 법인(사단법인) 설립등기를 하고 있지 않더라도 단

---

1) 상급단체에서 근무한 전임자의 급여를 노동조합과의 합의를 거쳐 그 지급을 중단한 것은 유효하다고 한 사례(大判 2011. 8. 18, 2010 다 106054). 조합원이 노사합의로 인정하는 단체 등의 공직에 취임하는 경우 그 조합원에게 급여를 지급하도록 하는 것이 아니라 노조전임자의 처우에 관한 규정을 준용하도록 한 단체협약 조항은 그 자체가 노조및조정법(제81조 4호)을 위반한 것이 아니라는 판례가 있다(大判 2016. 4. 15, 2013 두 11789).

2) 고용노동부, 근로시간면제 한도 적용매뉴얼, 2010, 15면. 大判 2016. 4. 15, 2013 두 11789 참고.

3) Cf. Manitakis, *Le droit des conventions collectives en Belgique et dans les autres Etats-Membres de la Communauté Economique Européenne*, Revue de Droit International et Droit Comparé, Nos 1-2(1971), p. 49.

체교섭·쟁의행위 및 단체협약의 체결 등의 적법한 행위를 하는 데 아무 지장을 받지 않는다.

b) 실제에 있어서 법인격을 갖추지 않은 노동조합은 예컨대 조합명의로 예금을 한다든가 토지·건물을 등기하는 일이 곤란하며 때로는 대외적으로 재산상의 책임(예컨대 부당한 쟁의행위시의 손해배상책임)도 져야 할 때가 있으므로, 이러한 점을 고려하여 노조및조정법은 규약이 정하는 바에 따라 노동조합이 법인격을 취득할 수 있는 길을 열어놓고 있다(제6조 Ⅰ).

노동조합이 법인이 되고자 할 때에는 동법 시행령 제2조 내지 제6조의 규정에 따라 등기절차를 밟아야 한다(노조및조정법 제6조 Ⅱ). 그리고 노동조합이 등기 후 법인격을 취득하면 노조및조정법에 규정된 것을 제외하고는 민법의 사단법인에 관한 규정이 준용된다(노조및조정법 제6조 Ⅲ) (민법 제34조, 제35조, 제36조, 제57조, 제58조 Ⅱ, 제59조, 제60조, 제62조, 제64조, 제80조 내지 제96조 참조).

c) 법인인 노동조합이 소송당사자능력을 가지는 것은 말할 것도 없으나, 법인이 아닌 노동조합이 당연히 당사자능력을 가진다고 볼 수는 없다. 민사소송법은 법인이 아닌 사단으로서 대표자 또는 관리인이 있으면 그 사단의 이름으로 당사자가 될 수 있다(민소법 제52조)고 규정하고 있으므로, 해당 노동조합이 이 규정에 의한 사단으로서 인정되는 한 당사자능력을 가진다. 따라서 이러한 노동조합은 그의 이름으로 소송을 할 수 있다.[1]

d) 법인이 아닌 노동조합은 법인격 없는 사단에 해당하므로 노동조합의 행위와 대외적 책임에 대해서는 원칙적으로 민법의 사단법인에 관한 규정이 준용된다(특히 민법 제35조 참조).

5. 조합재산의 귀속과 운용

노동조합이 법인격을 취득하면 독립된 권리주체가 된다. 따라서 노동조합의 재산은 법인인 노동조합의 단독소유로 된다. 그러나 법인이 아닌 노동조합에 있어서는 권리능력 없는 사단의 재산귀속방식에 따라 노동조합 구성원 전원이 재산을 총유(總有)(민법 제

1) 법인격이 없는 단체라 하더라도 사회생활을 함에 있어서 그 구성원으로부터 독립한 조직체를 이루어 그 이름으로 활동하고 있는 경우에는 이에 대하여 소송의 주체성을 부여하는 것이 사회의 실정에 맞으며, 소송의 합리화에도 적합하다. 그러므로 노동조합이 이와 같은 입법취지에 부합하는 사단이라고 인정되는 때에는 노조및조정법상의 조합은 물론, 법외조합에 대하여도 당사자능력을 인정할 수 있다(참고판례: 大判 1966. 3. 22, 65 누 126; 大判 1979. 12. 11, 76 누 189). 그리고 법인이 아닌 노조가 설립되었다가 조합원이 1인만 남게 된 경우, 노조로서의 단체성을 상실하여 청산목적과 관련되지 않는 한 당사자능력이 부인된다(大判 1998. 3. 13, 97 누 19830).

275조)하고 부채(채무)도 이들에게 총유(또는 준총유)적으로 귀속한다. 따라서 총유의 주체는 법인격을 취득하지 못한 인적 결합체를 총칭하는 법인격 없는 사단이다. 부동산의 총유는 이를 등기하여야 하며, 등기는 법인격 없는 사단(노동조합)의 명의로 그 대표자가 신청한다(부등법 제26조 Ⅱ). 총유물인 노동조합 재산에 대해서는 조합원의 지분이나 총유물분할청구권이 인정되지 않는다[1](이 점에서 민법상의 조합원이 조합재산에 대해서 지분권을 가지는 합유(合有)(민법 제704조)와 구별된다). 조합원의 조합비 기타 기부행위로 이루어지는 노동조합의 재산은 민법상의 조합(제703조)의 경우와 같이 출자자들의 공동사업의 경영을 목적으로 하는 재산과는 달리 조합원 전체의 근로조건 개선을 위한 목적재산이다. 따라서 노동조합의 재산은 노동조합의 목적활동에 맞게 운영되어야 한다. 노조및조정법은 기금의 설치·관리 또는 처분과 예산은 총회의 의결을 거치도록 규정하고 있다(제16조 Ⅰ ⑤ 참조).

일본의 노동조합법은 노동조합이라는 단체의 특수성을 인정하여 2006년에 동법을 개정하여 법인이 된 노동조합에 관하여 동법 제11조 이하에서 대표자와 그의 권한, 권한위임, 이익상반행위 등에 관하여 규정하고 있으며, 또한 노동조합이 해산된 경우 청산에 관해서도 동법 제13조 이하에서 상세한 규정을 두고 있다.[2]

6. 조 합 비

(1) 조합비 납부의무

a) 조합원은 노동조합에 가입함으로써 노동조합의 모든 활동에 참여할 권리와 의무를 가지며, 특히 조합비를 납부할 의무를 부담한다(노조및조정법 제22조). 노동조합은 조합원들의 근로조건 개선을 위한 주된 활동 이외에 사회적·경제적·정치적 활동을 하기도 한다. 따라서 조합비 중에는 일반조합비와 임시조합비가 있다. 일반조합비는 조합운영 등 일반적인 조합활동에 필요한 기금의 기초가 되는 조합원 부담금을 말한다. 일반조합비의 액수,[3] 지급시기 및 지급방법은 조합규약에서 구체적으로 규정되지 않으면 안된다(노조및조정법 제11조 ⑨ 참조). 조합비를 납부하지 아니한 조합원에 대해서는 조합규약에서 정한 바에 따라 제재(제명 등 통제처분)를 가할 수 있다. 노조및조정법 제22조 단서는 '노동조합은 그 규약으로 조합비를 납부하지 아니하는 조합원의 권리를 제한할 수

1) 大判(전합) 2005. 9. 15, 2004 다 44971 참고.
2) 西谷, 「勞働組合法」, 127面 이하 참고.
3) 구 노동조합법(1996년 12월 31일 개정 전의 것)에서는 월조합비는 임금의 100분의 2를 초과할 수 없다고 규정하고 있었으나 1996년의 법 개정시에 조합비규정(제24조 Ⅰ)이 삭제되었다.

있다'고 규정하고 있다. 조합비 납부의무는 근로자가 노동조합에 가입시 조합규약을 준수할 것을 합의하면서 발생한다. 따라서 노동조합은 조합원에 대하여 조합비 납부를 청구할 수 있는 권리를 가진다.

b) 일시적 필요와 특수한 목적에 따라 그 납부의무가 부과되는 임시조합비의 징수 근거와 조합원의 납부의무는 일반조합비의 경우와 구별해서 이해되어야 할 것이다. 특별한 목적을 위해서 임시로 징수되는 조합비 중에는 예컨대 쟁의행위 특별지원기금, 정치활동 지원자금 등이 있다. 정당한 쟁의행위를 지원하기 위한 비용은 일반 조합기금에서 지출되어야 할 것이다. 위법한 쟁의행위를 지원할 목적으로 임시조합비를 징수하는 것은 정당하다고 볼 수 없으므로 조합원은 납부의무를 부담하지 않는다고 보아야 한다. 위법한 쟁의행위에 참가할 것을 조합원에게 강제할 수 없는 것과 마찬가지로 판단할 수 있다. 그러나 쟁의행위가 부분적으로 위법하더라도 전체적으로 위법성이 인정되지 않는 경우라면 조합원은 납부의무를 부담해야 할 것이다. 쟁의기금 징수의결 당시에 쟁의행위의 위법성이 명백히 드러나 있지 않았고 사후에 그 쟁의행위가 위법한 것으로 확정되었다면 그 기금이 위법한 쟁의행위에 사용될 미필적 가능성이 있었더라도 모금결의와 모금행위가 위법하다고 볼 수 없다는 하급심판례가 있다.[1] 다른 노동조합을 지원하기 위한 모금결의와 조합원의 비용부담의무에 대해서 긍정적으로 판단하는 견해도 있다.[2] 이러한 경우에 조합원이 납부의무를 부담하지 않는다고 해서 노동조합이 제재를 가한다는 것은 의문이 아닐 수 없다. 조합원은 협력의무를 부담할 뿐이라고 해석해야 하기 때문이다.[3] 특정 정당이나 정치인을 지원하기 위한 목적으로 특별조합비를 징수하는 노동조합의 결의는 노동조합의 정치자금 기부행위 금지에 반하고 조합원 개인의 시민적·정치적 자유와 충돌할 여지가 있으므로 납부의무나 협력의무를 발생시킬 수 없다. 그러나 근로자들의 근로조건 개선 등 근로자의 경제적·사회적 지위 향상과 직접 관련이 있는 입법조치 등을 촉구 또는 반대하기 위한 활동비를 징수하는 것은 긍정적으로 평가할 수 있다.[4]

임시조합비의 징수를 노동조합의 기관에서 결정했다 하더라도 조합원의 납부의무 내지 협력의무를 부과할 수 있으려면 그 징수 목적이 근로조건 개선 등 근로자의 경제

1) 水原地判 2003. 9. 24, 2002 나 18463.
2) 임종률, 「노동법」, 95면; 西谷, 「勞働組合法」, 115面.
3) 西谷, 「勞働組合法」, 115面. 단순히 협력의무를 부담하는 임시조합비를 납입할 의사가 없음에도 불구하고 노동조합이 일방적으로 일괄공제(check-off)하였다면 해당 조합원은 부당이득반환청구를 할 수 있다는 견해가 있다(西谷, 「勞働組合法」, 116面 및 인용된 판례 참고).
4) 노동법실무연구회, 「노동조합및노동관계조정법 주해 I」(이병희), 463면; 菅野, 「勞働法」, 814面 참고.

적·사회적 지위 향상이라는 노동조합의 목적 범위 내에서 이루어져야 하고 조합활동의 실효성과 조합원의 기본적 이익에 반하지 않아야 하며, 조합규약이 정한 절차에 따라 결정되어야 할 것이다.

(2) **조합비 원천징수제도 또는 조합비 일괄공제제도**(check-off system)

조합비 원천징수제(check-off)란 사용자가 노동조합을 위하여 조합원인 근로자의 임금으로부터 조합비 기타 조합의 징수금을 공제하여 직접 노동조합에 인도하는 것을 말한다. 이러한 조합비 공제제도는 일반적으로 노동조합과 사용자가 단체협약으로 조합비 공제를 합의함으로써 마련될 수 있다(근기법 제43조 I 단서 참조). 그러나 이 제도가 전액지급의 원칙(근기법 제43조 I 본문)에 반하지 않기 위해서는 어떤 형태로든 사용자에 대한 근로자의 조합비 공제위임 또는 동의, 혹은 노동조합에 대한 조합비에 상당하는 금액의 채권양도가 전제되지 않으면 안 된다.[1] 조합비 납부의무와 조합비 공제는 구별해야 한다. 조합규약이 조합원의 조합비 납부의무를 규정하고 있으나 조합비 공제에 관해서는 아무 규정을 두고 있지 않으면 조합원이 조합가입시에 조합규약 준수를 약속했더라도 조합원의 조합비 공제 처분행위(채권양도)가 없는 한 노동조합은 조합비 공제권을 가질 수 없다고 보아야 한다. 마찬가지로 사용자가 조합원의 공제승낙이나 위임없이 노동조합과 단순히 조합비 공제약정을 하는 것은 제3자에게 불이익한 계약(민법 제539조 참조)을 체결하는 것으로서 원칙적으로 허용될 수 없다.

조합비를 어떻게 징수할 것인지는 노동조합과 조합원들 사이에서 내부적으로 결정할 문제이다. 우리나라에서도 조합비일괄공제제도가 비교적 넓게 활용되고 있다. 조합원들이 은행계좌를 이용하여 조합비를 자동이체할 수 있는 편리한 방법이 있지만 노동조합으로서는 조합비를 사용자를 통하여 일괄공제 받는 것이 가장 확실한 징수방법이라고 할 수 있다. 이와 같은 조합비공제는 노동조합과 사용자가 단체협약에서 합의함으로써 이루어지는 것인데 법적으로는 근로기준법 제43조 1항의 전액불원칙과의 관계, 조합원 개인의 사용자에 대한 위임 여부, 복수노조 하에서의 일괄공제의 문제점 등이 검토되어야 한다.

1) 첫째로 근로기준법 제43조 1항 본문은 임금의 전액불원칙을 규정하면서 그 단서에서 법령 또는 단체협약에 특별한 규정이 있는 경우에는 임금의 일부를 공제하여 지급할 수 있다고 정하고 있다. 이 규정에 따르면 노동조합과 사용자가 — 개개 근로자의

---

1) 1995. 7. 11, 노조 01254-774. 같은 뜻의 일본 판례로서는 エッツ石油事件·最一少判 平成 5·3·25 勞判 650 6面(조합원이 사용자에게 조합비 상당액을 공제하여 노동조합에 지급할 것을 위임(조합비변제 위임계약의 체결)하였다 하더라도 언제든지 위임계약을 해지하면(일본민법 제651조, 우리민법 제689조 I) 사용자는 조합비 공제를 중지해야 한다) 참고.

노동조합에 대한 조합비공제협약의 응락 또는 사용자에 대한 조합비공제의 위임을 전제로 — 조합비공제협약을 한 경우에는 임금전액불원칙 위반의 문제는 발생하지 않는다. 조합원이 노동조합에 가입할 때에 조합규약을 준수할 것과 함께 조합비일괄공제에 합의하는 경우가 일반적이다.

2) 둘째로 사용자가 조합원들의 임금(근로의 대가인 보수: 월급, 주급 등)에서 조합비를 공제하여 노동조합 측에 인도하기 위해서는 어떠한 형태로든(예컨대 노동조합에 대한 조합비상당액의 채권양도와 대위청구승인) 조합원의 개별적 지급위임(노동조합에 대한 조합비 변제의 위임)이 있어야 할 것이다.[1] 따라서 조합원이 조합비공제중지를 청구하면 사용자는 조합비를 공제할 수 없을 것이다.[2] 그러나 이에 반대하는 견해도 있다. 하나의 견해는 조합비납입의무가 조합원의 기본적 의무라는 점, 조합비징수방법으로서 일괄공제가 간편하다는 점을 들면서 조합비공제가 노동조합의 통제권의 범위 밖의 사항이 아니라고 하며 조합원이 노동조합에 가입하고 있는 한 개별적으로 공제중지를 청구할 수 없다고 한다.[3] 다른 하나의 견해는 조합비공제협정이 단체협약으로 이루어진 것이면 그 내용(근로자가 조합비변제를 사용자에게 위임하고, 사용자는 공제한 조합비를 노동조합에 지급할 것을 근로자에게 약속하는 것)은 「근로자의 대우에 관한 기준」(일본 노조법 제16조, 우리 노조및조정법 제33조 I)에 해당하는 것으로 풀이할 수 있으므로 규범적 효력을 가지고 사용자와 근로자 사이의 계약관계를 규율한다고 한다. 따라서 근로자가 그 노동조합에 가입하고 있는 한 협약의 규범적 효력에 반하는 공제지급중지를 신청할 수 없다고 한다.[4] 그러나 근로자가 사용자에게 조합비변제를 위임하는 약정내용을 단체협약의 규범적 부분으로 해석하는 것은 노조및조정법 제33조 1항의 형식이나 내용에 비추어 수긍될 수 없는 주장이다. 「근로조건 기타 근로자의 대우에 관한 기준」은 근로계약관계의 내용인 근로조건에 관하여 노동조합과 사용자가 단체협약을 체결할 때에 인정되는 것이기 때문이다. 다만 조합원 다수가 조합비일괄공제방법에 찬성하여 이에 기초해서 노동조합과 사용자가 단체협약과는 관계없이 조합비공제협정을 체결하였다면 이에 찬성한 조합원뿐 아니라 새로 노조에 가입한 조합원에 대해서도 구속력을 가지는지가 문제된다. 이러한 협정에는 조합원 전원의 지급위임의 취지가 포함되어 있고 노조에 가입하여 조합원의 지위에 있는 동안에는 그 협정이 주지되어 있어 구속력을 가진다고 해석할 수 있을 것이다. 따

1) 東大勞硏, 「注釋勞働組合法」(下), 717面.

2) エッソ石油事件 — 最一小判平 5. 3. 25 勞判 650号 6面(이 판결은 조합비일괄공제협약 적용 후 개개 조합원의 공제중지신청이 있으면 당해 조합원에 대한 조합비공제를 중지해야 한다는 견해를 명백히 밝히고 있다).

3) 菅野, 「勞働法」, 810面; 西谷, 「勞働組合法」, 272面.

4) 荒木, 「勞働法」, 591面.

라서 근로자가 노조에 가입하여 조합원으로 있는 동안에는 조합비위임관계를 개별적으로 철회할 수 없다고 보아야 한다.1)

3) 셋째로 하나의 사업 또는 사업장에 노동조합이 복수로 존재하는 경우에는 각 노동조합은 사용자에 대하여 별개의 조합비공제협정을 체결할 수 있다고 보아야 한다. 사용자가 어느 특정 노동조합과는 조합비공제협정을 체결하고 징수한 조합비를 그 노동조합에 일괄하여 인도하는 반면, 다른 노동조합에 대해서는 회사방침에 비협조적이라는 이유로 조합비공제협정의 체결을 거부하는 것은 그 노동조합에 대하여 지배·개입하는 부당노동행위에 해당한다는 판례가 있다.2) 타당한 견해라고 생각한다. 복수노조의 경우가 아니라도 사용자가 합리적 근거와 이유를 밝히지 아니하고 조합원들이 조합비공제를 위임했음에도 일괄공제를 거부하는 것은 지배·개입의 부당노동행위에 해당할 수 있고, 불법행위가 될 수 있다.3) 근로기준법 제43조 1항 단서의 규정 취지에 비추어 보더라도 노동조합이 사용자에게 조합비공제협약의 체결을 요구하는 것은 정당한 행위라고 볼 수 있기 때문이다.

[102] Ⅶ. 조합원지위의 취득과 상실(조합가입·탈퇴)

1. 조합원지위의 취득

조합원으로서의 지위 또는 자격은 자주적인 조합의 결성 혹은 조합가입에 의하여 취득된다. 다시 말하면 노동조합에 대하여 근로자의 조합원으로서의 법적 관계가 성립되기 위해서는 근로자가 노동조합을 결성하거나 기존 노동조합에 가입하지 않으면 안 된다. 노동조합의 설립은 다수 근로자들의 합동행위이며, 노동조합에의 가입은 노동조합과 근로자 사이의 계약으로서 법률행위라고 보는 것이 통설이다.4)

(1) 노동조합의 결성

노동조합의 결성행위는 근로자들이 공동으로 조직체를 창설하고 스스로 그 조직체의 구성원이 되는 것을 내용으로 하며(사단적 성질), 이와 같은 행위의 당사자인 근로자

1) 菅野, 「勞働法」, 810面; 西谷, 「勞働組合法」, 272面.
2) 大判 2018. 9. 13, 2016 도 2446. 또한 서울行判 2002. 7. 23, 2001 구 51974 참고.
3) 西谷, 「勞働組合法」, 272面 이하 및 그 곳에 인용된 일본 판례 참고. 大判 2004. 3. 12, 2003 두 11834(사직서를 제출하여 근로관계가 단절되고 조합원자격을 상실한 자에 대한 조합비 공제를 중단한 행위는 지배·개입의 부당노동행위가 아니다).
4) 이병태, 「노동법」, 133면; 노동법실무연구회, 「노동조합및노동관계조정법 주해 Ⅰ」(이정한), 301면 등. 西谷, 「勞働組合法」, 90面 참조.

들은 공동목적을 실현하기 위하여 협력하는 관계에 있다.[1]·[2] 노조및조정법 제5조 본문은 근로자는 자유로이 노동조합을 조직하거나 이에 가입할 수 있다고 규정하고 있다.

a) 민법의 규정에 따르면 미성년자는 단독으로 법률행위를 할 수 없는 것이 원칙이지만(제5조, 제7조, 제920조, 제938조, 제949조. 법정대리인의 승낙, 대리행위 등에 의한 제한) 이러한 규정들은 미성년자의 노동조합 결성 및 노동조합 가입 행위에 적용되기 어렵다. 미성년자인 근로자도 단독으로 노동조합을 결성하거나 기존의 노동조합에 (선택)가입할 수 있다고 해석해야 할 것이다.

b) 노동조합의 결성과 가입은 시민 상호 간의 개별적 재산거래와는 달리 단체법 내지 조직법상의 현상이다. 노동조합은 기본적으로 개개 근로자가 그들이 처해 있는 약자의 지위를 극복하고 경제적·사회적 지위를 향상시키는 것을 목적으로 하며, 노동조합의 활동은 서로 유기적 관련하에 있는 조합원의 집단적 행위로 나타난다.

따라서 본래 개개 시민 상호 간의 재산상의 거래를 예정하고 있는 행위능력제도는 집단적 노사관계법에는 그대로 적용될 수 없다. 또한 조합원의 권리·의무는 조합원에게 일신전속적으로 귀속되는 성질의 것이므로, 여기에 민법상의 대리행위의 관념을 도입할 여지는 없다고 생각된다. 같은 맥락에서 미성년자를 대리하여 법정대리인이 조합결성이나 가입행위를 행한다는 것은 노동조합의 본질상 허용될 수 없다고 판단된다.[3]·[4] 단결권보장의 법리 속에는 근로자의 지위에 조합결성권과 가입권이 불가분적으로 결합되어 있는 것이라고 해석되기 때문에 미성년자의 조합결성행위와 가입행위를 분리하여 법정대리인의 동의가 있는 경우에만 조합결성의 효력이 인정된다면 조합의 결성과 조합가입을 제한하는 것이 되어 적절하지 않다.

⑵ 노동조합에의 가입

a) 노동조합의 조직 노동조합은 조합원들의 임금·근로시간 그 밖의 근로조건의 개선을 목적으로 근로자들의 자발적 의사에 기초하여 결성된 단체를 말한다. 노동조합의 가장 중요한 과제는 사용자와 대등한 지위에서 협약당사자로서 교섭을 하고 단체협약을 체결하는 것이다. 이러한 노동조합의 결성행위는 근로자들이 자주적인 조직체를

---

1) 사단법인의 설립행위의 성격에 관해서는 이영준, 「한국민법론(총칙편)」, 2003, 776면; 김형배 외, 「민법학강의」(제15판), 129면(1,133) 이하 참고.

2) 일본에서는 노동조합의 설립행위는 사단 설립의 경우와 마찬가지로 합동행위로 보는 견해가 유력하지만, 가입에 대해서는 노동조합과 근로자의 계약으로 보는 것이 통설과 판례의 태도이다(西谷, 「勞働組合法」, 90面).

3) 外尾, 「勞働團體法」, 125面.

4) 「산업체부설 중·고등학교의 학생은 당해 산업체의 근로자신분을 전제로 하고 있으므로 당연히 노동조합에 가입할 수 있다」(1986. 10. 22, 노조 01254-17092).

결성하고 스스로 그 단체의 구성원이 될 것을 내용으로 하는 공동행위(일종의 합동행위)이다.[1] 노동조합은 사단과 같은 독립된 단체이므로 그 구성원인 조합원의 가입·탈퇴 등의 변동에 의하여 그 통일성이 영향을 받지 않는다. 노동조합은 집단적 노사관계의 주체이므로 단체교섭을 행하고, 단체협약을 체결할 수 있는 권한을 가지지만 개별 조합원은 그러한 권한을 가질 수 없다(노조및조정법 제29조 I 참조). 노조및조정법 제5조 1항은「근로자는 자유로이 노동조합을 조직하거나 이에 가입할 수 있다」고 규정하고 있다. 따라서 개별 근로자들은 노동조합을 자유로이 조직하고 스스로 조합원이 되거나, 이미 조직·설립된 노동조합에 가입할 수 있으나, 노동조합과 그 구성원인 조합원은 구별해야 한다.

b) **노조가입의 법적 성질** 조합원의 자격은 노동조합설립에 참여(노조조직참여)하거나 설립된 노동조합에 가입하므로써 취득된다. 그리고 노동조합의 탈퇴, 노동조합에 의한 제적(除籍)·제명(除名) 또는 사업장 종사자(기업별 노조의 경우)의 지위변동(퇴직, 해고, 경영담당자 등으로의 승진)으로 조합원 지위가 상실된다.

노동조합의 가입행위는 외형적으로 노동조합 가입신청서의 제출이라는 형태를 취하는 것이 일반적이지만 노동조합과 근로자 사이의 계약으로 보는 것이 통설이다.[2] 이때에 계약의 내용은 조합원으로서의 지위 취득에 관한 노조와 근로자 사이의 합의이므로 단결권을 바탕으로 하는 집단적 노사관계법상의 특수한 합의라고 볼 수도 있다. 노동조합의 조합원의 지위에 있는 근로자에 대해서는 노동조합이 사용자와 체결한 단체협약의 규범적 부분(근로조건 기타 근로자의 대우에 관한 기준)이 자동적으로 적용된다(노조및조정법 제33조). 또한 대내적으로 근로자는 노동조합의 규약에 따른 권리와 의무를 가진다. 노조및조정법 제22조는「노동조합의 조합원은 균등하게 그 노동조합의 모든 문제에 참여할 권리와 의무를 가진다. 다만, 노동조합은 그 규약으로 조합비를 납부하지 아니하는 조합원의 권리를 제한할 수 있다」고 규정하고 있다.

노동조합 가입행위도 법률행위인 계약에 해당하므로 미성년자는 원칙적으로 법정대리인의 동의(민법 제5조 본문)를 얻어 노동조합에 가입할 수 있다고 해야 할 것이다. 그러나 미성년자가 이미 법정대리인의 동의를 얻어 근로계약을 체결하고 특정 회사 또는 특정 사업분야에서 근무하고 있다면 그 근무행위와 관련된 통상적인 거래행위 내지 법률행위에 관하여는 성년자와 같은 행위능력을 가진다고 보아야 할 것이다(민법 제8조 참조). 사용자와의 근로계약관계의 존속기간 중에는 미성년자에 대하여도 단체협약의 효력이 미치는 것이 마땅하므로 미성년자는 취업 당시의 법정대리인의 동의를 기초로 노동

1) 유력설: 西谷,「勞働組合法」, 90面; 外尾,「勞働団体法」, 124面.
2) 大判 2004. 11. 12, 2003 다 264. 또한 菅野,「勞働法」, 797面 참고.

조합에 가입하거나 탈퇴할 수 있는 권한을 가진다고 보아야 한다.[1)]

c) **노동조합 가입자격**(종사근로자) 노동조합에의 가입 자격과 가입 절차 등은 원칙적으로 조합규약에서 정하는 바에 따른다. 노조및조정법 제2조 4호 단서 라목은 근로자가 아닌 자의 가입을 허용하는 경우를 노동조합(기업별 노동조합)의 결격사유로 규정하고 있으므로 근로자(종사근로자)에 대해서만 가입자격이 인정된다. 이는 당연한 규정이다. 대법원은 일시적으로 실업상태에 있거나 구직중인 자도 근로3권의 보장을 받을 필요성이 있다면 노동조합을 조직하거나 노동조합에 가입할 수 있다는 견해를 취하고 있다.[2)] 이러한 「근로자」들은 현직에서 노무에 종사하고 있지 않더라도 산업별 또는 직종별 노동조합에 가입할 수 있으나 기업별 노동조합에는 가입할 수 없다고 보아야 한다.[3)] 기업별 노동조합에 가입하는 목적은 그 노동조합이 체결한 단체협약의 유리한 근로조건의 기준을 적용받으면서 노동조합의 보호를 받기 위한 것인데 해당 사업 또는 사업장의 종사근로자가 아닌 사람이 자신과 아무 관계가 없는 기업별 노동조합에 가입하여 조합원이 된다는 것은 본래적인 노동조합 가입 목적에 합치하지 않는다. 해당 기업 또는 사업장과 근로계약관계에 있지 않은 사람이 단순히 조합활동을 하기 위하여 그 기업별 노동조합에 가입한다는 것은 해당 기업의 종사근로자들이 기업별 노조를 설립하고 이에 가입하는 기본적 목적에 부합하지 않는다. 조합활동은 사용자와 근로관계에 있는 조합원들이 노동조합을 통해서 근로조건 개선에 관하여 교섭하고 단체협약을 체결하므로써 자신들의 근로조건을 향상시키는 것을 기본적인 출발점으로 하는 것이므로 사용자와의 근로계약관계에 있지 않은 사람은 기업별 노동조합에 가입할 수 없다고 보아야 한다. 다만 산업별 또는 지역별 노동조합은 그 산하에 사용자를 달리하는 지부 또는 지회로 구성되는 조직을 가지고 있거나, 사업 또는 사업장을 달리하는 근로자들이 직접 산업별 또는 지역별 노동조합에 가입신청을 하여 조합원의 자격을 취득하므로 현재 실직상태에 있거나 구직중인 사람(특정 사용자와 근로계약관계에 있지 않은 사람)이 장래 해당 산업별 또는 지역별 노동조합의 단체협약이 정용되는 사업장에 취업하여 종사근로자가 될 수 있으므로 미리 산업별 또는 지역별 노동조합에 가입하여 조합원의 지위를 취득하여 조합활동을 하더라도 초기업적 노동조합의 조직원리에 반하지 않는다. 대법원도 같은 견해를 취하고 있다.[4)] 따라서 개정법에 의하여 신설된 노조및조정법 제5조 2항('사업 또는 사업장에

---

1) Schaub/Treber, *ArbRHandb* § 190 Rn. 34.

2) 大判(전합) 2015. 6. 25, 2000 두 4995; 大判 2016. 11. 10, 2015 도 7476.

3) 노조및조정법 제5조 2항의 「"종사근로자"가 아닌 노동조합의 조합원」은 산업별 또는 직종별 노동조합의 조합원을 말한다고 해석해야 한다.

4) 大判 2004. 2. 27, 2001 두 8565; 大判(전합) 2015. 6. 25, 2007 두 4995; 大判 2016. 11. 10, 2015

종사하는 근로자("종사근로자")가 아닌 노동조합의 조합원, 즉 산업별 또는 지역별 노동조합의 조합원은 사용자의 효율적인 사업 운영에 지장을 주지 아니하는 범위에서 사업 또는 사업장 내에서 조합활동을 할 수 있다')(2021. 1. 5. 신설, 2021. 7. 6. 시행)의 「노동조합의 조합원」은 기업별 노조의 조합원이 아니라 산업별 또는 지역별 노조의 조합원이라고 해석해야 한다. 이 조항은 조합가입에 관한 규정이 아니라 노동조합의 활동에 관한 규정이라고 보아야 한다. 또한 제5조 3항('종사근로자인 조합원이 해고되어 노동위원회에 부당노동행위 구제신청을 한 경우에 중앙노동위원회의 재심판정이 있을 때까지는 종사근로자로 본다')의 규정을 반대해석하면 종사근로자인 조합원이 해고되면 종사근로자의 지위를 상실하지만 중앙노동위원회의 재심판정이 있을 때까지는 이 규정에 의하여 예외적으로 종사근로자로 인정될 뿐이므로, 재심판정에 의하여 해고가 정당한 것으로 판정된 때에는 더 이상 종사근로자로 보지 않는다는 뜻이 된다. 종사근로자인 조합원이 해고되어 사용자와의 근로계약관계가 소멸되었다 하더라도 노동조합에 가입할 수 있다고 하면 제5조 3항의 규정을 둘 필요가 없을 것이다. 따라서 노동조합의 조직·가입과 관련해서 이 규정을 신설한 것은 노동조합의 설립신고 시에 해고된 조합원(종사근로자가 아닌 자)을 한시적으로 종사근로자로 인정하여 노동조합설립신고서의 반려사유의 발생으로부터 노동조합의 설립(노동조합의 조직)을 보호하려는 데 있다. 그러므로 이 조항은 기본적으로 종사근로자가 아닌 자는 기업별 노동조합에 가입할 수 없음을 전제로 하고 있다고 해석해야 한다.

d) 조직대상 노동조합이 어떤 산업의 어떤 직종·신분·지위에 있는 근로자를 조직 대상으로 할 것인지는 노동조합 자치의 범위에 속하는 사항이므로 노동조합이 스스로 결정할 수 있다고 보아야 한다. 예컨대 노동조합이 단시간 근로자, 아르바이트 근로자, 촉탁근로자 등을 조직대상에서 제외하는 것이 조합활동의 통일성을 기하기 위해서 또는 근로자들 상호 간의 이해관계의 상충을 피하기 위한 것이라면 이를 법적으로 금지하거나 부당하다고 할 수 없을 것이다.

다만, 노동조합에 대한 반조합적 언행으로 제명을 당한 특별한 사정이 있었던 것이 아니고, 단지 노동조합 지도부의 노조운영방침과 노동운동방향에 대하여 건설적 비판을 한 조합원이 노조를 탈퇴하였다가 재가입을 하려고 하는 경우 일정 수의 조합원의 동의를 받아야 한다거나 대의원회 또는 조합원 총회에서 3분의 2 이상의 찬성을 얻어야 한다는 식으로 실질적으로 조합가입을 봉쇄하는 것은 불법행위에 해당하거나[1] 권리남용 내지 신의칙 위반에 해당한다고 보아야 한다.[2] 자격제한에 의하여 노조가입을 거부하는

도 7476; 大判 2014. 2. 13, 2011 다 78804 등 참고.

1) 菅野, 「勞働法」, 798面 참고.

2) 大判 1996. 10. 29, 96 다 28899 참고.

행위가 권리남용 내지 신의칙에 위반하는 경우에 노동조합은 불법행위에 의한 손해배상 책임을 면할 수 없으나 조합가입 희망자에게 조합원지위확인청구를 인정할 수 있는지는 의문이다. 조합원 가입거부가 위법한 경우라 하더라도 국가의 법률로 노동조합으로 하여금 근로자를 조합원으로 가입시킬 것을 강제하는 것은 단결자치에 대한 과잉개입이 되어 허용될 수 없다는 것이 일반적 견해이다.[1)]

e) 차별대우의 금지 노조및조정법 제9조는「노동조합의 조합원은 어떠한 경우에도 인종, 종교, 성별, 연령, 신체적 조건, 고용형태, 정당 또는 신분에 의하여 차별대우를 받지 아니한다」고 규정하고 있다.[2)] 이 규정은 조합가입 후의 차별대우를 금지하는 것일 뿐만 아니라, 조합가입에 있어서도 차별대우를 금지하는 것이라고 해석되어야 한다. 단결권은 근로자의 생존권에 직결되는 권리이며, 근로자의 단결체는 근로자로서의 동질성과 실질적 평등성 위에 존립하고 있다. 따라서 노동조합은 근로자의 가입자격에 관하여 특정분야의 근로자의 이익의 옹호를 위하여 직종과 직위와 관련해서 일정한 범위를 설정할 수 있다고 하더라도, 직업상의 지위나 자격과 관계없는 인종, 종교, 성별, 연령, 신체적 조건, 정당 또는 신분 등을 이유로 차별대우를 하는 것은 허용될 수 없다. 특정한 사상·신앙 등을 이유로 조합가입을 거부하는 조합규약은 노조및조정법 제9조에 반하므로 무효라고 해야 한다. 또한 노동조합의 결성 또는 가입을 이유로 사용자가 근로자를 차별하는 것은 부당노동행위(노조및조정법 제81조 I ①·② 참조)에 해당할 뿐 아니라 차별대우의 금지를 규정한 제9조에도 위배된다. 노동조합이 이른바 계약자유의 원칙을 내세워 정당한 이유 없이 가입을 수리하지 않는 것은 위법하다. 조합을 탈퇴한 근로자가 다시 가입을 신청하는 경우에도 마찬가지이다.[3)]

f) 조합원의 권리와 의무 근로자가 조합에 가입하면 다른 조합원과 마찬가지로 균등하게 그 노동조합의 모든 문제에 참여할 권리와 의무를 가진다. 다만, 노동조합은 그 규약으로 조합비를 납부하지 아니하는 조합원의 권리를 제한할 수 있다(노조및조정법 제22조).

⑶ 노동조합에의 이중가입

노조및조정법 시행령 제14조의7 6항은 근로자가 2개 이상의 노동조합에 가입하는

1) 西谷,「勞働組合法」, 91面; 菅野,「勞働法」, 798面; 荒木,「勞働法」, 584面 등.

2) 불법체류 외국인이라 하더라도 우리나라에서 현실적으로 근로를 제공하면서 임금·급료 기타 이에 준하는 수입에 의하여 생활하는 이상 노동조합의 결성이나 가입이 가능한 근로자에 해당한다고 본 판례가 있다(大判(전합) 2015. 6. 25, 2007 두 4995; 서울高判 2007. 2. 1, 2006 누 6774 참고)([96] 2. e) 참고).

3) 大判 1996. 10. 29, 96 다 28899.

것을 전제로 한 규정을 두고 있다. 그러나 노동조합에 이중가입하는 것은 다수근로자의 지지를 받는 노동조합에 대표성을 부여하는 복수노조 창구단일화제도의 취지에 부합하지 않는다고 생각한다. 복수의 노동조합들은 기본적으로 (선의의) 경쟁관계에 있어야 하고 근로자들은 노동조합의 선택권을 가지며, 이에 따라 다수노동조합과 소수노동조합이 결정되게 마련이다. 복수노조제도는 동일한 범위의 근로자들을 조직대상으로 하는 경합관계를 전제로 하는 것이므로(동일기업 내의 복수노조) 이중가입을 허용하는 것은 이 제도의 취지에 반한다. 그러나 노조및조정법 시행령 제14조의7 6항은 i) 조합비를 납부하는 노동조합이 1개인 경우 그 노동조합의 종사근로자인 조합원 수에 1을 더하고, ii) 조합비를 납부하는 노동조합이 2개 이상인 경우 숫자 1(이중가입한 근로자는 어느 경우에나 1명(實數)임)을 조합비를 납부하는 노동조합의 수로 나눈 후 그 산출된 숫자를 조합비를 납부하는 노동조합의 종사근로자인 조합원 수에 각각 더하며, iii) 조합비를 납부하는 노동조합이 하나도 없는 경우 숫자 1을 조합원이 가입한 노동조합의 수로 나눈 후에 그 산출된 숫자를 그 가입한 노동조합의 종사근로자인 조합원 수에 각각 더한다(동항 1호 내지 3호)고 규정하고 있다. i)의 경우에는 해당 노동조합의 종사근로자인 조합원 수에 변동이 없고, ii)의 경우에는 조합비를 납부하는 노동조합이 2개이면 이중가입한 근로자는 ½이라는 조합원 수로서 해당 노동조합에 나누어 더해지며, iii)의 경우에는 조합비를 납부하지 않고 이중가입만 하고 있는 노동조합이 3개이면 그 근로자는 ⅓이라는 조합원으로서 해당 노동조합에 나누어 더해진다. 이러한 셈법은 그 자체로는 공정하고 합리적이라고 말할 수 있을지 모르지만 인간(근로자)의 노조가입 결정행위는 이를 수량화하여 노동조합 가입정원을 정하는 여러 개의 행위로 분산(分散)할 수는 없다고 판단된다. 복수노조제도는 보다 자주적이고 민주적인 노동조합이 출현하여 조합원을 위해 발전적이고 진보된 노동조합활동의 방향을 제시하면서 서로 경쟁하는 것을 전제로 하는 것이므로 근로자들의 올바른 노동조합 선택권은 복수노조제도의 존립에 있어서 중요한 몫을 차지한다. 이러한 점을 고려한다면 노조및조정법이 근로자들의 이중·삼중가입을 허용하면서 다수노조와 소수노조를 구별하는 조합원수의 산출방법을 수량화하여 규정하는 것은 복수노조제도를 오도하거나 퇴색시킬 위험성을 지니고 있다고 판단된다. 따라서 노동조합이 스스로 조합원인 근로자의 이중가입을 제한하거나 이를 위반한 해당 조합원을 제명하는 등 제재하더라도 이는 근로자의 단결권을 침해하는 것이라고 볼 수 없다.[1] 복수노조 중 어느 하나

---

1) 同旨: 蔚山地決 2011. 12. 9, 2011 카합 722; 西谷, 「勞働組合法」, 92面(이중가입은 이를 정당화하는 특별한 사정이 없는 한 중대한 통제위반으로서 제명처분의 이유가 된다. 이와는 달리 복수노조가 조직적인 경합관계에 있지 않은 경우, 예컨대 기업별 노조에 소속된 조합원이 동시에 지역노조에 가입하는 경우, 이를 문제시하는 특별한 사정이 없는 한 노동조합은 조합원의 책임을 물을 수 없다).

를 선택하여 가입하는 근로자의 의사결정을 예컨대 2분의1 또는 3분의1로 수량화(數量化)하여 관념화하는 것은 실재론(實在論)적으로 옳지 않다. 동 시행령 제14조의7 6항은 삭제되어야 한다고 생각한다. 복수노조제도하에서는 이중가입을 인정하는 것은 옳지 않다.

2. 조합원지위의 상실

조합원으로서의 지위는 조합원의 사망, 조합규약에 정한 조합원자격의 상실, 탈퇴, 제명에 의하여 상실된다. 조합원의 사망에 관해서는 더 이상 설명을 요하지 아니하며, 제명에 관해서는 조합의 통제권([103] 1.·3. 참고)과 관련하여 후술하기로 하고, 여기에서는 규약에 의한 조합원자격의 상실과 탈퇴에 관해서만 살펴보기로 한다.

(1) 조합원자격의 상실

조합원이 조합규약에서 정한 자격[1]을 상실한 경우에는 원칙적으로 조합원으로서의 지위를 잃는다. 예컨대 조합원이 승진·승급함으로써 사용자의 이익을 대표하는 자(노조및조정법 제2조 ④ 단서 가목 참조)가 된 경우가 이에 해당한다. 우리나라의 노동조합은 기업별 조직형태를 취하면서 조합규약 또는 단체협약에 의하여 조합원의 자격을 종업원에게 한정하고 있는 경우가 많다. 예컨대 「회사의 종업원이 아니면 이 노동조합에 가입할 수 없다」고 정한 조항이 그것이다. 우선 노동조합의 가입범위를 노동조합과 사용자가 단체협약으로 정하는 것은 빗나간 일로 보이지만[2] 사업 또는 사업장을 단위로 하는 기업별 노조 조직에서 종업원이 아닌 자, 즉 퇴직한 자, 해고된 자는 사용자와 근로계약관계에 있지 않으므로 사용자 측에서도 종업원이 아닌 자를 노동조합의 조합원으로 인정하지 않는데 직접 이해관계를 가진다(노조및조정법 제2조 ④ 라목 참조). 기업별 노동조합의 경우 조합규약에서 회사의 종업원이 아니면 이 노동조합에 가입할 수 없다고 정하는 것은 근로계약관계에 있는 종업원만이 단체협약상의 근로조건기준의 적용을 받을 수 있기 때문이다. 산업별, 지역별 노동조합에서는 현재 어느 특정 사업이나 사업장에서 근무하는 종업원일 것을 노조가입 요건으로 하고 있지 않다. 대법원도 같은 견해를 취하고 있다.[3] 따라서 기업별 노조의 경우 어느 조합원이 퇴직 또는 해고되어 근로관계가 종료

---

1) 사용자, 사용자의 이익대표자, 근로자로 볼 수 없는 자 또는 조합규약에 의하여 정한 일정 직급 이상의 관리자, 시간제근로자, 임시공, 촉탁 등은 조합원의 자격을 가질 수 없다. 조합원 자격은 노동조합의 구성원이 되는 근로자의 성질, 조직규모, 업종 등에 따라 노동조합이 규약에서 자주적으로 정할 수 있다. 노조및조정법에서는 조합원에 관한 사항을 규약의 필수적 기재사항으로 규정하고 있다(제11조 ④).

2) 노동조합의 가입범위를 노동조합과 사용자 사이의 교섭으로 체결되는 단체협약에 의하여 정하는 것은 옳지 않다고 생각된다. 왜냐하면 조합가입의 문제는 근로자와 노동조합의 자치에 관한 사항이기 때문이다. 참고판례: 大判 2003. 12. 26, 2001 두 10264.

3) 大判 2018. 6. 15, 2014 두 12598; 大判 2018. 10. 12, 2015 두 38092; 大判 2019. 2. 14 2016 두

하면 그 시점에서 조합원으로서의 지위를 잃는다. 그러나 해고된 조합원이 그 해고의 효력을 다투는 경우에는 중앙노동위원회의 재심판정이 있을 때까지 조합원의 지위는 상실되지 않는다(노조및조정법 제5조 Ⅲ 참조)([98] 2. ⑵ d) 2) 참고).[1]

⑵ 탈 퇴

a) 탈퇴란 조합원이 그의 의사에 의하여 조합원의 지위를 종료시키는 것을 말한다. 노동조합은 근로자의 자발적 의사를 기초로 조직되는 단체이기 때문에 조합원의 탈퇴의 자유는 단체의 성질상 당연한 논리적 귀결이다. 탈퇴는 노동조합이라고 하는 단체의 구성원으로서의 지위를 종료시키는 법률행위로서 노동조합에 대한 해지의 의사표시이다.

그러므로 조합규약 내에 이에 대한 어떤 규정이 없다 하더라도 조합원은 자유로이 탈퇴의 의사표시를 할 수 있으며, 탈퇴에 대하여 조합의 승인을 요한다는 내용의 조합규약이 있더라도 조합원의 탈퇴의 자유를 제한할 수 없다. 조합원의 탈퇴의 자유를 실질적으로 제한하는 조합규약은 무효라고 해석된다. 왜냐하면 단결권의 내용은 단결선택의 자유를 포함하고 있으므로 근로자가 원하지 않는 노조로부터의 탈퇴의 자유도 함께 보호되지 않으면 안 되기 때문이다.[2] 특히 복수노조체제하에서는 단결선택의 자유와 탈퇴의 자유는 반드시 보호되어야 한다. 따라서 특정 노동조합의 조합원 지위를 유지할 것을 내용으로 하는 사용자와 근로자 사이의 합의는 무효이다. 탈퇴의 효과(조합원지위의 상실)는 조합의 승인 여하에 불구하고 조합원의 일방적 의사표시에 의하여 발생한다. 다만, 탈퇴의 자유를 실질적으로 제한하지 않는 경우로서, 예컨대 탈퇴의 통지를 문서로 집행위원회에 제출할 것을 요구하거나 또는 조합원증의 반환을 요건으로 하는 등의 규정이 있는 경우에는 탈퇴의 의사표시는 이와 같은 절차에 따라 이루어져야 할 것이다.

b) 탈퇴의 의사표시에 대해서는 민법의 일반원칙이 적용되므로 탈퇴는 노동조합에 대하여, 또는 노동조합의 수권에 의하여 탈퇴의 의사표시의 수령을 대리하는 권한을 가진 기관(예컨대 집행기관)에 대하여 행하여야 한다.

탈퇴의 효과는 그 의사표시가 상대방(집행기관)에게 도달할 때에 발생한다(도달주의: 민법 제111조 Ⅰ). 다만, 조합원의 탈퇴에 대하여 조합규약에 조합의 승인절차를 규정한 경우라도 탈퇴의사를 확인하는 절차에 지나지 않는 것이라면 이를 위법하다고 볼 수 없

4136 등.

1) 大判 1992. 3. 31, 91 다 14413.

2) 同旨: 심태식, 「개론」, 157면; 박상필, 「노동법」, 407면; 1981. 8. 25, 노조 1454-25861. 조합으로부터의 자유로운 탈퇴를 금지하는 것은 적극적 단결권에 반하는 것으로 정당화될 수는 없다. 이와 같은 조직강제는 허용될 수 없다(西谷, 「勞働組合法」, 92面).

다. 규약소정의 절차에 따라 탈퇴의 의사표시를 했음에도 조합이 정당한 이유 없이 이를 승인하지 않는 경우에는 노동조합의 승인이 없더라도 탈퇴의 효력이 발생한다고 보아야 한다.[1] 쟁의행위 중에 탈퇴하는 것은 탈퇴의 자유를 남용하는 것으로 효력이 없다는 견해[2]가 있으나, 그러한 탈퇴제한이 타당하지 않다는 견해도 있다.[3] 다만, 영향력이 있는 지위를 가진 조합원이 노동조합의 결속을 약화시키면서 사용자에 대해서는 유리한 상황을 조성할 목적으로 노동조합의 탈퇴를 선언하는 등의 행위를 한다면 이러한 탈퇴행위는 권리남용으로서 그 효력이 인정될 수 없다고 판단해도 부당하지 않을 것이다. 이때에는 조합비납입의무는 그대로 존속하게 되고, 노동조합 측에서는 통제권을 행사하여 해당 조합원을 제명할 수도 있을 것이다.[4] 다만 노동조합의 쟁의행위 결정이 위법한 것이거나 다수 조합원의 의사에 반하는 것이라면 탈퇴의 효력은 부인될 수 없다.

(3) **제적**(除籍)

조합원이 조합비 납부의무를 이행하지 않는 경우에 규약에 따른 절차를 거쳐 제적될 수 있다. 제적은 조합원이 조합원으로서의 의무(채무)를 불이행하는 경우에 조합원관계를 종료시키는 조합계약관계의 해지라고 보아야 할 것이고, 제명(除名)처럼 통제처분(제재)의 성질을 갖는 것은 아니다. 제적은 기본적으로 탈퇴와 같은 효력을 가진다.[5]

(4) **제명**(除名)

노동조합은 근로자들에 의하여 자주적으로 조직된 단체로서 그 조직을 유지·운영하며 조합 목적을 달성하기 위해서는 조합원에 대하여 일정한 규제와 강제를 행사할 수 있고, 이러한 통제에 따르지 않는 자에 대해서는 통제처분([103] 4. (5) 참고)으로서 제재를 가할 수 있다(조합자치의 원칙). 그 중 제명은 노동조합의 존립·활동 등을 위태롭게

---

1) 1989. 12. 20, 노조 01254-21134. 그리고 노동조합이 조합원의 탈퇴서를 수리하지 아니하고 조합비를 월급에서 공제하는 것은 근로기준법(근기법 제43조 Ⅰ)을 위반하는 행위라는 행정해석이 있다(1986. 7. 3, 노조 01254-10877). 탈퇴한 조합원이 미납한 조합비가 남아 있다면 노동조합은 탈퇴 후에도 그 지급을 청구할 수 있다(西谷, 「勞働組合法」, 93面).

2) 노동조합의 조합원이 탈퇴의 자유를 갖는다고 하지만, 탈퇴의 자유는 구체적으로 단결권을 침해하는 형태로 행사되어서는 안 된다는 견해가 있다. 왜냐하면 개인의 소극적 결사의 자유는 단결권에 우선할 수 없기 때문이라고 한다. 예를 들면 파업의 결의가 조합규약에 따라 민주적으로 행하여진 이상 이에 반대한 조합원들도 조합결의에 구속되는 것이므로, 모든 조합원은 파업종결의 결의가 있을 때까지 단결을 교란시키는 행위를 해서는 안 된다고 한다. 파업기간중에 조합탈퇴의 의사표시를 하는 것은 설령 그 탈퇴가 조합규약에 따른 것이라 하더라도 권리남용으로서 무효라고 한다(外尾, 「勞働團體法」, 132面); 西谷, 「勞働組合法」, 93面(따라서 조합탈퇴의 효력은 발생하지 않으며, 조합비 납부의무는 여전히 존속한다. 다만 노동조합에 의하여 제명될 가능성은 부정될 수 없다).

3) 菅野, 「勞働法」, 798面.

4) 西谷, 「勞働組合法」, 94面.

5) 西谷, 「勞働組合法」, 94面.

하거나, 노동조합의 명예나 대외적 신뢰를 해치는 반조합적 행위를 한 것을 이유로 규약 소정의 절차에 따라 행해지는 가장 엄한 제재로서 조합원의 자격을 박탈하는 것이다. 조합원의 제명 등 제재에 관한 다툼은 법해석에 관한 문제에 해당하므로 법원의 사법(司法)심사의 대상이 된다고 보아야 한다.1)

3. union shop 협정과 노동조합 가입 및 탈퇴

a) 노동조합과 사용자가 단체협약으로 union shop 협정을 체결한 경우에 근로자들은 노동조합에 가입하지 않으면 신분상의 불이익(해고)을 받는다. 노조및조정법은 노동조합이 당해 사업장에 종사하는 근로자의 3분의 2 이상을 대표하고 있을 때에는 사용자와 union shop 협정(그 노동조합의 조합원이 될 것을 고용조건으로 하는 단체협약의 조항)을 체결할 수 있다(노조및조정법 제81조 I ② 단서 전단). 따라서 근로자는 당해 사업장에 고용되어 근로관계를 계속 유지하려면 그 노동조합에 가입하지 않으면 아니되므로 노동조합에의 가입자유와 노동조합의 선택자유도 제한된다(이른바 제한적 조직강제. [24] 3., 4. (3) c) 참고). 그러나 사용자는 근로자가 「그 노동조합에서 제명된 것 또는 그 노동조합을 탈퇴하여 새로 노동조합을 조직하거나 다른 노동조합에 가입한 것을 이유로 근로자에게 신분상의 불이익한 행위를 할 수 없다」(노조및조정법 제81조 I ② 단서 후단). 그러므로 근로자가 그 노동조합을 탈퇴한 후 새로 노동조합을 조직하지도 않고 다른 노동조합에 가입하지도 않은 경우에는 신분상의 불이익을 받게 된다. 이때에 그 근로자에게는 노동조합을 탈퇴할 수 있는 자유가 제한될 뿐 아니라 해고와 같은 신분상의 불이익이 주어지므로 직장마저 박탈될 수 있다. 이러한 조항은 노동조합의 조직을 강화하기 위한 조직강제를 근로자의 생존권보다 우선시키는 것으로서 헌법 제33조 1항의 취지와 모순된다.2) union shop 협정의 체결을 허용하는 노조및조정법 제81조 I 2호 단서 규정은 적극적 단결권(헌법 제33조 I)의 내용인 단결선택의 자유에 반하며 근로자의 생존권을 부당하게 침해하는 것으로서 정당하다고 볼 수 없다.3)

b) 복수노조제도가 시행(2010년 7월 1일부터 시행)되고 있는 현행 법제하에서는 노조및조정법 제81조 I 2호 단서가 정하고 있는 union shop 제도가 그러한 형태로 유지되기는 어렵다고 판단된다. 판례는 union shop 협정에 대하여 부분적 무효라는 견해를 취하

---

1) 大判 1993. 3. 9, 92 다 29429. 西谷, 「勞働組合法」, 123面 이하 참고. 노동위원회는 법해석에 관한 (사법적) 심사권한이 없다.

2) 다른 해고의 정당한 이유가 없는 한 해고권의 남용으로서 무효라는 견해: 西谷, 「勞働組合法」, 104面; 大判 2016. 1. 28, 2012 다 17806.

3) 同旨: 西谷, 「勞働組合法」, 100面 이하, 103面 이하.

고 있다.[1] 이에 관해서는 [24] 4. (3) c), [111] 7. (2) 및 [127] 4. d)에서 자세히 설명하였다.

[103] Ⅷ. 노동조합의 통제권

1. 통제권의 필요성

노동조합이 강고한 단결력을 보유하여야 한다는 것은 그 존립을 위하여 필요불가결한 요건이라고 할 수 있다. 궁극적으로 노동조합의 교섭력은 조직력의 크기와 단합력에 따라 좌우되는 것이므로, 노동조합이 통일된 조합의사와 조합규약의 내용을 실현하기 위해서 대내적으로는 조합원에 대하여 일정한 규제와 통제(통제처분)를 가하는 것은 피할 수 없는 일이다. 그리하여 조합원의 통일적·집단적 행동의 전개를 위하여 노동조합은 조합의 지시·명령에 위반하거나 또는 단결의 유지·강화에 반하는 행위를 하는 조합원에 대하여 제재(징계)를 가하지 않을 수 없다. 이와 같은 관점에서 노동조합의 내부적 통제를 위하여 통제권의 필요성이 허용된다. 노조및조정법은 제11조 15호에서 '규율과 통제에 관한 사항'을 노동조합 규약의 필수적 기재사항으로 규정하고 있다.[2] 그러나 노동조합은 다수의 근로자들이 자발적·자주적으로 결성한 단결체이고 민주적으로 운영되어야 하는 단체이다. 또한 노동조합의 힘은 다수 근로자들의 자발적 의사가 집결될 때에 최대한으로 발휘될 수 있는 것이므로 노동조합의 강한 통제와 제재를 일방적으로 강조하는 태도는 문제가 아닐 수 없다.

노동조합이 내부의 통제를 유지하기 위하여 그 해당 조합원에게 과하는 제재에 관해서는 조합규약에 규정하는 것이 일반적인 현상인데, 그 종류로서는 견책·제재금의 부과·권리정지·제명 등이 있다. 이 중에서도 제명은 조합원으로서의 권리와 자격을 박탈하는 것이라는 점에서 가장 무거운 제재이다.

2. 통제권의 근거

a) 노동조합의 통제권의 근거에 관한 학설로는 단체고유권설, 단결권설, 계약설 등의 견해가 있다. 첫째로 단결체에는 고유한 권리로서 통제권이 인정되어야 한다는 일반적 견해가 있고, 둘째는 헌법 제33조 1항의 단결권의 보장 속에는 노동조합의 통제

1) 大判 2019. 11. 28, 2019 다 47377.

2) 노동조합의 규약은 노동조합 내부의 조직과 운영 및 근로자에 대한 제반규율사항을 정한 기본규범으로서 노동조합의 존립을 강화하고 그 운영의 적정을 기하기 위하여 조합원에 대한 노동조합의 통제권을 정할 수 있다.

권이 포함되어 있다는 견해가 있다. 전자를 단체고유권설이라고 하고, 후자를 단결권설이라고 한다.[1)]

b) 단체고유권설에 따르면 어떤 단체가 그 존립을 위하여 또는 그 단체의 고유한 목적수행을 위하여 구성원에 대해서 통제력을 행사하는 것은 당연한 이치라고 하며, 노동조합의 통제력도 이와 같은 단체고유의 통제력에서 나오는 것이라고 한다. 즉 어떤 단체를 막론하고 그 조직을 유지하기 위해서는 내부적 규제를 필요로 하며, 단체의 목적수행과 활동에 반하는 행동을 하는 구성원에 대하여는 제재를 가함으로써 단체의 원활한 운영을 확보하는 것이 단체의 필연적 법리라고 한다. 따라서 이에 대하여는 법률의 특별한 규정을 요하지 않는다는 것이다. 노동조합도 하나의 단체인 이상 통제권을 갖는 것은 당연한 것이라고 한다.[2)]

단결권설은 통제권의 근거를 헌법 제33조 1항의 단결권의 보장에서 구하며, 내부통제권과 징계권이 인정되는 이유는 노동조합의 목적과 기능을 실현하기 위해서라고 한다.[3)] 그러나 단결권설을 취하면서 일반적인 사단의 법리를 완전히 부정하고 이것과는 이질적인 노동조합의 특성을 기초로 통제권과 징계권의 법리를 구성하려는 견해(순수단결권설)[4)]가 있는가 하면, 사단의 단체법리를 받아들이면서 노동조합이라는 특수한 단결체에서는 노조설립시 또는 가입시에 통제처분을 용인한다는 취지의 합의에서 구하는 견해(합의설)[5)]가 있다.

c) 노동조합은 단체로서의 성질을 가지고 있지만 일반적인 사단과는 구별되는 특성을 지니고 있다([101] 참고). 노동조합은 조직을 가진 단체로서 그 구성원에 대하여 합리적인 범위 내에서 통제권(이와 같은 통제권에 대하여는 근로자가 노동조합을 결성 또는 가입하면서 이에 따를 것과 제재를 감수할 의사를 가지고 있는 것으로 전제된다)을 행사할 수 있지만, 다른 한편 노동조합이 헌법상 단결권의 보장을 받고 있다는 의미에서 노조의 통제권은 일반적인 단체의 경우와는 구별된다고 할 수 있다. 노동조합은 근로자들에 의하여 자주적으로 설립되는 것이며, 그들 자신에 의하여 민주적으로 운영된다. 그리고 노동조합

---

1) 학설의 논의에 관해서는 蓼沼謙一, '勞働組合の統制力', 「勞働法大系(1)」, 214面; 外尾, 「勞働團體法」, 156面 이하; 西谷敏, 「勞働法における個人と集團」, 163面 이하 참고.

2) 石井, 「勞働法」, 312面.

3) 김유성, 「노동법」, 90면; 이병태, 「노동법」, 165면; 大判 2005. 1. 28, 2004 도 227; 蓼沼謙一, 앞의 論文, 217面; 外尾, 「勞働團體法」, 157面.

4) 이병태, 「노동법」, 165면; 김유성, 「노동법 Ⅱ」, 90면.

5) 통제처분을 단결권 내지 결사의 자유에서 구하면서 노동조합의 내부관계에서는 조합원들의 제재감수에 대한 합의에서 찾는 견해로는 西谷, 「勞働組合法」, 119面; 盛誠吾, 「勞働法總論·勞使關係法」, 185面 참고.

의 존립과 운영은 조합원들이 제정한 규약에 따라 자율적으로 이루어진다. 따라서 노동조합의 통제권은 한편으로는 헌법 제33조 1항을 그 근거로 삼고 있으면서, 다른 한편으로는 노동조합과 근로자 사이의 내부관계에서 자율적으로 형성되는 것으로서 일정범위의 조합의 통제에 따를 것과 그 통제에 위반한 때에는 일정한 제재를 감수할 것을 전제로 하고 있는 것이므로 이러한 조합원의 의사는 조합 통제권의 실질적 근거로 볼 수 있다.[1] 조합원에 대한 규율과 통제에 관한 사항은 노동조합규약의 필수적 기재사항이다(노조및조정법 제11조 ⑮). 노동조합의 규약은 노동조합의 존립과 운영에 관한 기본규범(규약의 제정과 변경에 관한 사항은 노동조합 총회의 의결사항이다)으로서 헌법 제33조 1항과 연계하여 이해되어야 한다. 이러한 이유에서 근로자의 단결권의 보장 속에는 당연히 단결의 유지·강화를 위한 자율적 통제권과 징계권에 대한 가능성이 포함되어 있다고 해석하는 것이 타당하다.[2] 그리고 통제권의 행사에 대해서는 단결체의 구성원의 합의의사가 단결의 결성·가입시에 전제되는 것으로 볼 수 있다.[3]

3. 통제권의 범위

노동조합의 통제 및 징계권한은 단결권보장의 취지에 따라 단결을 유지하고 조합의 진정한 목적을 달성하기 위하여 꼭 필요한 한도 내에서만 신중하게 행사되어야 한다.[4]

4. 통제권이 미치는 사항

노동조합의 통제권이 미치는 중요한 사항은 주로 조합원으로서의 기본적 의무에 관한 것들이다. 예컨대 규약의 준수의무, 결의·지시에 대한 복종의무, 조합비 납부의무가 이에 해당한다. 이와 같은 사항들은 노동조합규약 속에 규정되는 것이 보통이다. 조합원에 대한 통제가 행하여지는 것은 주로 규약이나 결의 또는 지시에 위반하는 경우이다. 구체적으로 논란의 대상이 되는 사항들은 다음과 같다.

(1) 노동조합의 결의·지시

노동조합이 정당한 절차를 거쳐 결정한 방침이나 결의에 반대하여 일부 조합원들

---

1) 조합원의 의사를 중시하는 합의설의 입장: 西谷, 「勞働組合法」, 119面 이하(西谷교수는 사견(私見)이라고 밝히면서 통제권은 노동조합이 당연히 가지는 권한은 아니며, 어디까지나 조합원의 합의에 근거한 권한으로서 그 한계도 조합원의 합의에 의하여 정해질 수 있다고 한다. 이 견해에 찬동한다.).

2) 外尾, 「勞働團體法」, 166面.

3) 西谷, 「勞働組合法」, 119面.

4) 조합원의 행위가 「노동조합의 본질적 기능을 침해하고 노조의 존재의의를 부인하는 정도에 이를 때에는 노조의 목적달성과 다른 조합원의 보호를 위하여」 제명처분이 허용된다는 판례: 大判 2004. 6. 10, 2004 다 11032.

이 독자적인 활동을 감행하거나 노동조합의 지시에 따르지 않음으로써 단결력을 약화·교란하는 행위는 통제처분의 대상이 될 수 있다.1) 그러나 노동조합의 활동영역 내에서 조합원이 집행부에 대하여 정당한 비판을 하는 행위는 노동조합의 민주적 운영을 위한 개인의 단결권 행사로서 허용되어야 하며 통제의 대상이 될 수 없다.2)

노동조합이 위법한 지시를 하는 경우에도 조합원은 이에 따라야 할 복종의무를 지는지가 문제된다. 예컨대 정당한 직장폐쇄에 대항하여 사업장 출근을 강요하는 노동조합 지시를 따르지 않는 조합원들을 제명처분하는 것은 그 지시 자체가 객관적으로 위법한 것이므로 조합원의 복종의무가 성립할 수 없다는 일본의 판례가 있다.3) 정당한 직장폐쇄에 의하여 사용자는 조합원들의 노무제공을 정당하게 거부할 수 있으므로([120] 2. ⑶ a) 참고) 노동조합이 조합원의 출근과 취업을 강요하는 것은 위법한 지시로서 무효이고 이에 따르지 않는 자에게 제재를 가하는 것은 허용될 수 없다.4)

⑵ 단체교섭 타결에 대한 저해행위

노동조합이 주도하는 쟁의행위(파업)는 근로자들의 근로조건을 개선하기 위한 집단적 행위로서 사용자와의 단체교섭을 유리하게 타결하기 위한 목적으로 수행된다. 따라서 노동조합이 결의·지시한 쟁의행위(노조및조정법 제41조 I 참조)에 참가하지 않는 행위는 통제처분의 대상이 된다.5) 마찬가지로 정상적인 단체교섭이 진행되면서 교섭의 타결이 예상되고 있는 상황에서 일부 조합원들이 독자적인 비공식 파업(wildcat strike)을 행함으로써 단체교섭 자체를 저해하는 행위도 통제처분의 대상이 된다.6)

⑶ 조합원의 정치적 활동과 통제

노동조합은 정치활동을 목적으로 하는 단체가 아니기 때문에(노조및조정법 제2조 단서 ④ 마목 참조) 노동조합의 정치적 방침과 태도에 찬성하지 않는 조합원에 대하여 통제를 가하는 것은 정당하지 않다.7) 반면 조합원의 정치적 소신이나 태도가 노동조합의 노선이나 활동에 반하는 경우에는 통제의 문제가 될 수 있다. 그러나 조합원도 국민의 한

1) 김유성, 「노동법 Ⅱ」, 91면; 菅野, 「勞働法」, 819面.
2) 同旨: 光州高判 2005. 1. 29, 2004 나 1037; 大判 2006. 3. 24, 2005 다 58557. 노사분쟁의 자제를 요청하면서 해고자복직투쟁에 동참하지 않았다는 이유로 조합원을 제명한 것은 재량의 범위를 일탈한 것이라고 본 사례(서울南部地判 2007. 1. 12, 2006 가합 11938); 菅野, 「勞働法」, 819面.
3) 大日本鑛業發盛勞組事件 - 秋田地判昭和 35·9·29 勞民集 11卷 5號 1081面; 國勞廣島地本事件 - 最三小判昭和 50·11·28 民集 29卷 10號 1634面.
4) 菅野, 「勞働法」, 820面; 西谷, 「勞働組合法」, 120面. 다만, 노동조합 지시의 위법성이 명확하지 않고 그 지시가 정식 절차를 거친 것이면 조합원은 이에 따라야 할 것이다(西谷, 「勞働組合法」, 120面).
5) 김유성, 「노동법 Ⅱ」, 90면; 菅野, 「勞働法」, 820面.
6) 노동법실무연구회, 「노동조합및노동관계조정법 주해 Ⅰ」(이병희), 451면 참고; 菅野, 「勞働法」, 820面.
7) 西谷, 「勞働組合法」, 120面 참고.

사람으로서 정치적 문제에 대하여 자신의 신념에 따라 자유로운 의사결정을 할 수 있으므로(헌법 제10조, 제19조 참조) 정치적 소신이 노동조합의 정치적 기본 방침(특정 정당이나 후보자의 지지 등)에 반한다는 이유로 통제권이 행사될 수는 없을 것이다.[1] 근로자들의 경제적 이익에 직접 관계되는 정치활동(예컨대 특정 노동관계법의 개정)에 있어서는 노동조합 전체의 차원에서 판단할 수 있을 것이다. 다만, 노동조합의 존립과 활동에 정면으로 도전하는 반조합적 행위를 정치활동이라는 이름으로 감행할 때에는 그 행위가 조합원으로서의 책무와 모순되는 한 노동조합은 통제권을 행사하여 적절한 조치를 취할 수 있을 것이다.

(4) 조합원의 언론의 자유와 통제

집행부나 조합의 방침을 건전하게 비판하는 조합원의 행위는 조합민주주의(union democracy)의 활성화 및 그 유지를 위하여 마땅히 허용되어야 한다. 조합의 방침이나 집행부의 결정에 대하여 여론조사를 행하는 것에 대해서도 마찬가지로 판단해야 한다. 즉 비판의 내용이 사실에 기초하여 공정성과 타당성을 유지하고 있는 때에는 당연히 허용되는 행위라고 해야 한다.[2] 그러나 사실을 왜곡하거나 집행부에 대한 중상 또는 악의적인 공격을 목적으로 불필요한 비판을 하는 것은 통제처분의 대상이 된다고 해석된다.[3]

(5) 통제처분의 내용

통제처분의 종류로는 경고, 견책, 제재금의 부과, 권리정지, 제명 등이 있다. 제명은 근로조건의 보호(단체협약상의 보호)를 받을 수 있는 권리를 박탈하는 것이므로 그 사유와 절차가 엄격히 규제되어야 하고(다음 5 참고), 최후적 통제수단으로만 인정될 수 있다.[4]

5. 통제처분의 절차

통제처분은 노동조합이 조합원에 대하여 일방적으로 행하는 불이익처분이다. 그런데 제명과 같이 조합원의 자격을 박탈하는 경우에는 조합원에게 큰 불이익을 줄 수 있다. 그러므로 제재「사유」와 마찬가지로 제재「절차」 역시 통제처분결의의 공정성을 확보

1) 노동조합이 그 조합원에 대하여 특정 정당이나 후보자를 지지·반대하거나 지지·반대할 것을 권유하거나 설득하는 정도를 넘어서 노동조합 총회의 결의 내용을 따르지 아니하는 조합원에 대하여는 노동조합의 내부적인 통제권에 기초하여 여러 가지 불이익을 가하는 등 강력하게 대처하겠다는 내용의 속보를 제작·배포한 행위는 조합원인 근로자 각자의 공직선거에 관한 의사결정을 방해하는 정도의 강요행위에 해당한다(大判 2005. 1. 28, 2004 도 227).

2) 서울地判 1996. 10. 15, 95 가합 108953.

3) 菅野, 「勞働法」, 819面.

4) 大判 2004. 6. 10, 2004 다 11032; 大判 1994. 5. 10, 93 다 21750 참고.

하는 것이 중요한 의미를 지닌다. 그러므로 조합규약에 제재절차에 관한 규정이 있을 때에는 반드시 이에 따라야 하고, 규약에 이에 관한 규정이 없을 때에는 노동조합 운영의 기본원리에 따라 일정한 절차가 마련되어야 한다. 통제처분에 있어서도 절차상의 정의(due process)가 준수되어야 하기 때문이다. 구체적으로 i) 조합원의 의사가 반영되는 조합총회나 대의원회에서 결정되어야 하고, ii) 해당조합원에게 변명의 기회가 주어져야 하며, iii) 중복해서 처분을 받는 일이 없어야 한다.[1] 또한 iv) 조합원의 위반행위와 통제처분 사이에는 균형성이 있는지를 확인하는 절차가 마련되어야 한다. 이러한 절차적 요건은 규약내의 처분절차조항 유무에 관계없이 필수적으로 준수되어야 할 기본적 유효요건이라고 해석해야 할 것이다.[2] 절차상 중대한 흠이 있을 때에는 그 제재는 무효라고 판단해야 한다. 중대한 흠이 있는 통제처분은 사법심사의 대상이 될 수 있다.

(1) 결정기관

조합원에 대한 제재는 노동조합의 집단적 의사가 공정하게 형성되어 표명되는 민주적 절차에 의하지 않으면 안 된다. 징계처분은 조합원의 총의가 반영되는 조합총회의 결의에 의하는 것이 원칙이다.

조합원에 대한 제재를 조합총회에서 의결할 것을 조합규약 내에 규정하고 있는 경우에는 당연히 조합총회에서 결정해야 한다. 규약에서 정한 것과는 다른 기관이 제재권한을 행사하는 것은 허용되지 않는다. 그리고 조합규약에 의하여 제재권한이 집행위원회(또는 중앙위원회)·대의원회 등의 하급의결기관에 주어진 경우에는 그와 같은 규정 자체가 법적으로 정당한 것인지가 문제된다. 대체로 제명 이외의 제재는 조합원의 자격을 박탈하는 것이 아니고 위반행위를 금지·제거하려는 것에 지나지 않으며 신속성을 요하는 경우가 많으므로 조합규약의 규정으로 이에 대한 권한을 하급의결기관에 위임할 수 있을 것이다. 그러나 제명은 조합원을 조합으로부터 배제하는 처분이므로 제명처분을 하지 않고서는 단결을 유지하기 곤란하다는 조합의 집단적 의사가 확인되지 않으면 안 된다.[3] 따라서 제명처분은 조합의 최고의사결정기관인 조합총회의 전권사항이어야 하며(노조및조정법 제16조 I ⑨ 참조), 다른 의결기관에 그 권한을 위양하는 것은 허용되지 않는다고 보아야 한다.

---

1) 통제권의 근거에 대하여 노동조합의 민주적 운영을 중요시하는 합의설 내지 규약준거설에 따르면 이러한 요건들은 통제처분의 유효 여부를 결정하는 절차적 요건이라고 한다(특히 西谷, 「勞働組合法」, 129面 이하).

2) 西谷, 「勞働組合法」, 127面.

3) 조합원의 행위가 조합의 본질적 기능을 침해하고 조합의 존재의의를 부인하는 정도에 이른 경우에 조합의 목적달성과 다른 조합원들의 보호를 위하여 제명처분을 인정한 판례: 濟州地判 1998. 9. 17, 97 가합 3930 참고.

조합규약에 제재결정기관에 관한 규정이 없는 경우에는 제재는 원칙적으로 조합총회에서 결정되어야 한다. 이는 조합원의 권리보호와 조합운영의 민주성 확보를 위한 기본적 요청이다. 다만 가벼운 처분대상 사실 내지 처분사유에 대해서는 노동조합(집행위원회 등)에 의하여 통제처분을 할 수 있다고 보아야 한다. 총회를 소집하여 조합원의 의결을 거쳐야 할 만큼 중요한 사항이 아니라면 그렇게 하더라도 노동조합의 민주적 운영에 어긋나지 않을 것이다. 조합원의 제명은 총회의 결정을 거쳐야 하고, 그 의결방법은 비밀투표에 의한 것이어야 한다.

(2) **변 명 권**

조합이 조합원에 대하여 제재를 가하는 경우에는 피처분자에게 제재의 사유를 미리 알리고 제재를 결정하는 기관에 출석케 하여 방어(변명)를 위한 충분한 기회를 주어야 한다. 조합규약에는 이에 관한 절차규정이 명시되어야 하며, 이에 관한 규정이 없는 경우라도 소명의 기회를 주는 것이 심리의 공정성을 확보하는 불가결의 요건이라고 해석된다. 그러므로 특히 제명의 경우에 소명의 기회를 주지 않고 행한 처분에 대해서는 그 절차상의 무효를 다툴 수 있다고 보아야 한다.[1] 이러한 통제처분은 사법심사의 대상이 된다. 그러나 노동조합이 피처분자에게 소명의 기회를 제공했음에도 불구하고 피처분자가 그 권리를 행사하지 않은 경우에는 그대로 제재가 결정되더라도 절차상의 위법·무효를 다툴 수 없다.

6. 통제처분과 사법심사

단결자치는 현실적으로 노동조합에 대한 사회적 신뢰가 높아질수록 보다 넓게 용인된다. 노동조합 내에 지도적 세력 사이에 노동운동 방향과 방법에 대한 대립이 격화되면 반대파에 대한 배척이 결과적으로 통제처분이라는 형태로 나타날 수 있다. 따라서 노노분쟁(勞勞紛爭)은 법원의 사법심사에 의한 개입과 반비례적 관계에 서게 된다고 볼 수 있다. 노동조합의 자치를 내세워 외부로부터의 개입을 반대하기에 앞서 노동조합의 자주적·민주적 운영이 정착되어야 하고, 조합원의 개인적 권리와 자유가 존중받으며 높이 평가받는 조합의 내부운영관례의 확립이 선행되어야 한다.[2] 노동조합의 통제처분의 근거에 관하여 단결권설을 주장하는 학설이 단결자치의 존중 필요성이라는 명제를 내세워 사법심사의 개입을 비판하는 것은 적절하지 않다. 또한 법원에 의한 사법심사를 단결자치와 대치시켜 또는 이와 무관하게 일반론으로서 적극적으로 찬동하거나 반대하는 것도

1) 1969. 6. 2, 노정 1452-6162; 菅野, 「勞働法」, 821面; 西谷, 「勞働組合法」, 127面.
2) 西谷, 「労働法における個人と集団」, 1992 223面 이하 참고.

옳지 않다고 판단된다. 법원의 사법심사는 해당 사안을 중심으로 구체적으로 심사여부와 심사내용을 판단해야 할 것이다.[1] 예컨대 제명과 같이 조합원의 자격을 박탈하는 무거운 제재가 가해질 때에는 그것이 가혹한 것이거나, 절차를 위반하는 것이거나, 공정성을 잃은 것인 경우(예컨대 비판적 조합원에 대한 압력수단 또는 배제수단으로 사용되는 경우)에는 단결자치의 범위를 벗어나 개인 조합원의 권리에 대한 부당한 침해라는 문제가 제기된다. 여기에 제명이 사법심사의 구체적 대상이 될 수 있는 이유가 있다. 통제처분에 의하여 근로자의 단결권, 근로의 권리(일 자리에 대한 권리) 등의 중요한 기본권이 침해될 가능성이 있고, 처분의 위협으로부터 근로자의 조합원으로서의 표현의 자유, 조합간부(위원장 등) 입후보의 기본적 권리의 행사가 구체적으로 제약 받을 경우에는 조합 내의 분쟁해결기구를 거쳐 법원의 사법심사를 받을 수 있을 것이다.

그러나 법원의 개입은 조합의 자주적 기본적 통제권의 행사를 존중한다는 전제하에서 이루어져야 하므로, 법원의 개입정도에 관해서는 다음과 같이 판단하는 것이 좋을 것이다. 즉 조합규약에 통제처분에 관한 규정이 없거나 또는 추상적·일반적 규정밖에 존재하지 않는 경우에는 법원은 당해 위반행위를 이유로 하는 통제처분의 적부에 관한 판단을 할 수 있으나,[2] 조합규약에 징계사유와 절차에 관한 상세하고 구체적인 규정이 있는 경우에는 당해 처분이 징계사유로부터 현저하게 일탈되어 있다거나 또는 양형이 크게 잘못된 경우가 아니면 법원은 노동조합의 자주적 결정을 존중해야 한다.[3]·[4] 따라서 법원이 개입하여 사법심사를 하는 경우에는 처분대상사실의 존부, 처분사유의 존부, 처분의 종류, 처분의 정도, 처분절차를 면밀하게 검토하여 판단해야 한다.[5]

---

1) 西谷, 「勞働組合法」, 124面. 이와 같은 사고는 西谷 교수의 견해를 따른 것이다.

2) 사법심사를 할 수 있는 경우에 제명사유의 존부 및 당부에 관한 증명책임은 노동조합이 부담한다(서울東部地判 2009. 8. 12, 2009 가합 6613).

3) 外尾, 「勞働團體法」, 169面.

4) 제명된 조합원의 지위는 규약에 정한 바에 따르며, 법원에 소송이 계류중이라 하여 조합원의 지위가 당연히 유지되는 것은 아니다(1990. 1. 20, 노조 01254-843; 1990. 4. 12, 노조 01254-5246).

5) 노동조합 조합원의 제명에 관한 것은 아니지만, 판례는 개인택시여객운송연합회와 같은 단체의 구성원인 조합원의 제명처분에 관하여 다음과 같이 판시하고 있다. 「조합과 같은 단체의 구성원인 조합원에 대한 제명처분이라는 것은 조합원의 의사에 반하여 그 조합원인 지위를 박탈하는 것이므로 조합의 이익을 위하여 불가피한 경우에 최종적인 수단으로서만 인정되어야 할 것이고, 또 조합이 조합원을 제명처분한 경우에 법원은 그 제명사유의 존부와 결의내용의 당부 등을 가려 제명처분의 효력을 심사할 수 있다 할 것이다. 이와 반대의 견해에서 조합원의 제명은 조합의 자치영역에 속하는 것으로서 법원의 심사대상이 될 수 없다고 하는 소론주장은 받아들일 수 없다」(大判 1994. 5. 10, 93 다 21750).

[104] Ⅸ. 노동조합의 활동

1. 노동조합활동의 의의

조합활동을 어떻게 이해할 것인가? 노동조합은 헌법 제33조 1항이 보장하는 단결권·단체교섭권·단체행동권의 주체로서 조합의 존립과 조직의 강화를 위한 각종 활동을 할 수 있으며, 사용자 측에 단체교섭을 요구하여 단체협약을 체결할 수 있고, 단체교섭이 결렬될 때에는 쟁의행위(파업)를 조직·주도할 수 있다. 이와 같은 노동조합의 활동은 근로자와 함께 노동조합이 가지는 단결체 특유의 활동으로서 헌법 제33조 1항의 직접적인 보호를 받는다.[1] 이러한 노동조합의 활동 내지 행위는 근로자의 근로조건 유지·개선과 근로자의 경제적·사회적 지위의 향상을 도모하는 것을 목적으로 한다(노조및조정법 제1조 참조). 일반적으로 「조합활동」이라고 할 때에 노동조합의 본래적 목적인 단체협약의 체결을 위한 단체교섭이나 단체행동 즉 쟁의행위(파업 등) 이외의 활동을 가리킨다. 예컨대 i) 노동조합의 조직과 운영에 필요한 일상적 활동(각종 회의·집회의 개최, 조합원과의 연락, 회의록의 작성과 보관, 각종 서류의 준비, 조합비·그 밖의 조합재산의 관리 등), ii) 조합원 및 비조합원 근로자에 대한 정보제공, 비조합원에 대한 노조가입권유활동 등, iii) 단체교섭이나 단체행동을 준비하기 위한 사전적 관련행위(기업 내외에서의 방송, 유인물 게시 및 배포, 플래카드의 설치 등) 등이 이에 해당한다. iii)에 속하는 행위들은 직접적으로 업무의 정상적 운영을 저해하는 쟁의행위는 아니지만 그 실태에 있어서는 이를 명확히 구별하기 어려운 경우가 없지 않다.[2] 조합활동은 노동조합의 조직적 계획과 지시에 의하여 행해지는 것이 보통이며, 단순한 근로자 개인의 행위는 아니다. 노조및조정법 제81조 1항 1호에서 '노동조합의 업무를 위한 (정당한)행위'는 노동조합의 정당한 활동을 가리키는 것으로 이해되고 있다. 조합원이 노동조합의 결의나 구체적인 지시에 따라서 한 노동조합의 조직적인 활동 그 자체가 아니더라도 그 행위의 성질상 노동조합의 활동으로 볼 수 있거나 노동조합의 묵시적인 수권 혹은 승인을 받았다고 볼 수 있을 때에는 그 행위는 노동조합의 업무를 위한 행위로서 보호(특히 부당노동행위로부터의 보호)의 대상이 될 수 있다.[3] 노조및조정법 제24조 2항 및 제81조 1항 4호 단서에서 규정하고 있는 '건전한 노사관계 발전을 위한 노동조합의 유지·관리업무'와 '제24조 2항에 따른 활동'도 광

1) 이러한 권리는 근로자와 노동조합을 위하여 보장된 것이므로 이중적 기본권(Doppelgrundrecht)이라고도 한다(Junker, *Grundkurs Arbeitsrecht* Rn. 468, 475 ff.).

2) 大判 1991. 11. 12, 91 누 4164; 西谷, 「勞働組合法」, 231面.

3) 大判 2011. 2. 24, 2008 다 29123; 大判 2017. 8. 18, 2017 다 227325 등 참고.

의의 조합활동을 의미하는 것으로 이해된다. 근로자의 단결체인 노동조합이 근로3권 보장에 따른 목적을 제대로 달성하기 위해서는 노동조합의 일상적 운영에 필요한 조합활동도 마땅히 보호되어야 한다. 노동조합의 존립과 단체교섭, 단체행동을 헌법과 노조및조정법에 의하여 보장하면서 조합활동을 보호하지 않는다면 이는 법이 보장한 노사관계의 구체적 실현에 어긋나는 모순된 일이다. 따라서 헌법 제33조 1항에 정한 근로3권 보장 속에는 노동조합 운영에 불가결한 조합활동은 그 보호대상으로 당연히 포함된다고 보아야 한다. 이를 보다 명확하게 살피기 위하여 다음에서 비교법적 고찰을 하기로 한다.

2. 비교법적 고찰

독일기본법(헌법) 제9조 3항은 우리나라 헌법 제33조 1항과는 달리 단결의 자유(Koalitionsfreiheit: 근로조건 및 경제적 조건의 유지·개선을 위하여 단결체를 결성할 권리)만을 보장하고 있을 뿐이다. 원래 집단적 단결의 자유, 즉 집단적 단결권은 단결체를 조직·유지할 존립에 관한 권리를 의미하는 것이지만 근로조건 및 경제적 조건을 개선하기 위한 목적을 실현하기 위해서는 단결체에 특유한 활동(spezifisch koalitionsmäßige Betätigungen, 또는 koalitionsspezifische Verhaltensweisen)이 마땅히 함께 보장되지 않으면 안 된다. 단결체에 특유한 활동이란 단체협약을 체결하기 위한 단체교섭상의 모든 행위뿐 아니라 협약체결을 목적으로하는 각종 단체행동 등 집단적 투쟁수단을 선택·실행하는 행위를 말한다. 단결권의 내용을 단결의 존립과 단결자치(조합규약에 따른 규약자율)의 범위를 넘어 단결체의 활동에까지 확대하여 보호하는 것은 단결체의 목적이 제대로 실현될 수 있도록 하기 위한 필수적 내용이다. 협약자치제도(독일에는 단체협약법이 제정되어 있다)를 집단적 노사관계법의 중심적 제도로 삼고 있으면서 단결체(노동조합)의 존립과 규약자치만을 보장한다면 집단적 단결권은 공허한 것이 될 것이다.[1] 단결체의 본래적 기능을 확보하기 위해서는 단결체 특유의 모든 활동이 보장되지 않으면 안 된다.[2] 따라서 단결체 특유의 모든 활동은 헌법적 차원의 법익과의 충돌이 없는한 법적 보호를 받을 수 있는 것으로 해석되고 있다.[3] 이와 같이 단결체의 활동에 대한 보호범위가 확대됨으로써 예컨

1) Preis, *Kollektivarbeitsrecht* Rn. 119; Junker, *Grundkurs Arbeitsrecht* Rn. 479 참고.

2) 독일 헌법재판소는 종래 단결체의 특유한 활동은 절대적으로 불가결한 영역에 한정된다는 입장을 취하므로써 이른바 '핵심영역설'(Kernbereichslehre)을 정착시켰으나(BVerfG v.18.12.1974 – NJW 1975,1265), 1995년에 이르러 이러한 제한적 해석 태도를 버리고 단결활동은 처음부터 불가결한 영역에서만 제한적으로 보호되는 것이 아니라고 판시하였다(BVerfG v.14.11.1995 – NJW 1996,1201, 1202).

3) Preis, *Kollektivarbeitsrecht* Rn. 122; Hanau, *Die Koalitionsfreiheit sprengt den Kernbereich*,

대 노조간부가 신규조합원의 확보를 위하여 각 사업장에 출입하는 행위가 넓게 보호받게 되었다[1](독일에서는 노동조합이 산업별 조직형태를 취하고 있으므로 노조사무실은 사업장 밖에 있다. 따라서 조합간부가 산하 조직 사업장의 조직강화를 위하여 해당 사업장을 방문할 경우 종업원이 아니라는 이유로 출입이 금지 당하기도 하였다).[2]

노동조합은 조합홍보활동의 내용·장소 및 구체적 방법에 관해서 스스로 결정할 수 있다. 또한 사용자와의 교섭방법이나 쟁의행위를 수행하는 수단에 관해서도 노동조합이 그 실효성을 고려하여 여러 가지 전략적 선택을 할 수 있다.[3] 이 이외에 노동조합은 조합원의 부당한 해고, 차별 대우 등과 관련하여 소송에서 또는 소송외적으로 조합원을 대리하거나 자문할 수 있다. 근로조건이나 경제조건의 유지·개선과 관련이 있는 사항이나

ZIP 1996, 477.

1) Schaub/Treber, *ArbRHandb* §189 Rn. 27; BAG 22.5.2017, NZA 2012,1176.

2) 최근에 우리 대법원은 산별노동조합 간부들이 회사의 별다른 허락 없이 산업안전보건법 위반 사실의 증거 수집을 위하여 산하 지회 노동조합이 있는 개별 사업장에 들어간 행위가 정당한 조합활동에 해당하여 처벌할 수 없다(노조및조정법 제4조, 형법 제20조 참조)고 판결한 바 있다(大判 2020. 7. 29, 2017 도 2478; 원심판단을 수긍한 판결). 또한 산업별 연합단체 간부가 소속 지회 조합원들의 쟁의행위를 지원하고 조력하기 위하여 해당 사업장의 부분적·병존적 직장점거에 참여하였다면 이는 노조의 조합활동의 성격을 가진다고 보아야 한다는 판례도 있다(大判 2020. 7. 9, 2015 도 6173). 그러나 독일의 산별노조는 연합단체가 아니라 해당 산업 내지 업종에 속하는 기업들의 근로자들이 직접 해당 산별노조에 가입하고 있는 순수한 의미의 산별노조이다. 따라서 해당 산별노조와 사용자단체가 단체교섭을 하고 단체협약이 체결되면 그 협약은 해당 기업 또는 사업장의 조합원들에게 통일적으로 적용된다. 기업별 또는 사업장별로 노동조합이 독립적으로 존재하지 않는다. 산별노조에 의한 쟁의행위가 발생하면 조합원인 근로자들은 출근하지 않으므로써 집단적으로 업무를 거부하게 될 뿐이고 직장을 점거하여 집회를 가지거나 업무의 정상적 운영을 방해하는 집단행위를 하지 않는다. 다만 직장 입구에서 피켓행위를 행하는 것이 일반적 현상이다. 따라서 산별노조에 의한 쟁의행위가 발생하는 경우 노조간부가 직장점거를 하고 있는 조합원들을 지원·격려하는 차원에서 개별 사업장을 방문하는 일은 생기지 않으며, 이러한 노조간부의 행위가 노조의 정당한 조합활동인지 여부의 문제도 실제로 논의되지 않는다. 우리나라에서는 연합단체(산별노조?)산하에 있는 각 기업의 지부 또는 지회노조들 간에는 횡적인 조직상의 연계관계가 존재하지 않는다. 각 기업별로 단체협약이 체결되고 있기 때문이다. 어느 기업의 지부 또는 지회노조의 조합원들이 쟁의행위를 한다고 하여 다른 기업의 지부 또는 지회 조합원들이 지원파업을 하는 것은 동정파업으로서 정당하지 않다. 이를 정당한 조합활동이라고 볼 수도 없다. 연합 단체인 노동조합과 그 산하 지부 또는 지회노조 사이에는 종적 연계관계가 있으나 연합노조 산하의 지부 또는 지회노조들 상호간에는 단체교섭이나 단체협약에 의한 횡적 연계관계가 없다. 그러나 연합단체인 노동조합의 간부가 평상시에 지부 또는 지회 노동조합이 있는 사업장을 방문하여 조합원들을 격려하거나 의견을 듣는 행위 또는 쟁의행위가 발생한 사업장을 방문하여 조합원들을 지원하거나 격려하는 행위 등은 정당한 조합활동으로 볼 수 있다. 독일과 같은 산별노조하에서는 조합원들이 초기업적으로 조직되어 있으므로 종적·횡적으로 연계되어 있다. 우리나라의 연합노조의 조직관계를 독일의 산별노조의 조직관계와 유사한 것으로 또는 동일한 것으로 대비할 수 없는 이유가 여기에 있다. 2021년 1월 5일의 법개정으로 노조및조정법 제5조 2항이 신설된 것은 산별노조 조직하에 있는 노조의 조합활동을 위해서 뜻있는 일이다.

3) Preis, *KollektivArbR* Rn. 130.

사건에 관해서 조합원들이 서명활동을 벌이는 행위도 조합활동으로 보호받을 수 있다는 헌법재판소의 판례가 있다.[1)]

이상의 내용을 우리 헌법 제33조 1항 및 노조및조정법과 비교 요약하면 다음과 같다. 첫째는 독일기본법 제9조 3항은 단결의 자유, 즉 단결권만을 보장하고 있으나 헌법재판소가 단결에 특유한 활동을 동조항의 보장 내용으로 인정하면서 단결권의 보호범위를 단체교섭과 쟁의행위의 영역에까지 확대하였다. 우리 헌법 제33조 1항은 단결권·단체교섭권·단체행동권을 노동기본권의 내용으로 규정하고 있으므로 단결체에 특유한 활동을 보장한다는 것은 노동3권을 온전하게 보장한다는 것에 지나지 않는다. 독일기본법 제9조 3항은 명문으로 단결권만을 보장하고 있으므로 단체교섭을 통하여 단체협약을 체결할 수 있는 권리나 쟁의행위(파업 등의 투쟁적 단체행동)를 할 수 있는 권리는 단결권에 포함되어 있는 것으로 해석될 뿐이다. 둘째로 독일헌법재판소는 1995년에 핵심영역설(Kernbereichslehre)의 입장에서 벗어나 단결권의 보호범위를 넓게 해석하면서 노동조합의 유지·보존, 단체교섭·단체협약의 체결, 쟁의행위 등과 직접 관련이 없더라도 단결체에 특유하고 필요한 활동이면 모두 제9조 3항의 보호범위에 포함된다고 판단하였다. 이때부터 '조합활동'(노동조합활동)은 본격적으로 헌법의 차원에서 보호를 받게 되었다.[2)] 그러므로 독일기본법 하에서 '조합활동'은 단결권의 보호를 받는다. 셋째로 독일에서는 노동조합이 산업별로 조직되어 있으므로 조합사무실은 사업장 밖에 두고 있으며 조합활동도 사업장 밖에서 행하여지는 것이 전통적 모습이었다. 그러나 근년에 와서 연방노동법원은 사업장 또는 기업 내에서의 조합활동을 일정한 범위 내에서 인정하고 있다.[3)] 예를 들면 취업시간 외에 또는 휴게시간 중에 노조가입홍보자료나 조합활동상황 유인물을 배포하거나 전달사항을 사업장 근로자의 E·mail주소로 발신[4)]하거나, 조합활동 목적으로 기업 내의 게시판을 사용[5)]하더라도 적법하다는 연방노동법원 및 헌법재판소의 판례가 나오고 있다. 사업장 내에서의 홍보·선전 활동 등이 기업질서(Betriebsfrieden)나 업무의 정상적 운영(Arbeitsablauf) 등 사용자의 중대한 이익에 반하지 않는 한 정당하다는 판례도 있다.[6)] 기업별 조직형태를 취하고 있지 않은 노동조합의 활동이 이처럼 광범위하게

1) BVerfG v. 6. 2. 2007 - NZA 2007.394 ff.

2) 현재 독일에서는 핵심영역이라는 표현은 더 이상 사용하지 않으며 헌법 제9조 3항에 의한 보호범위(Schutzbereich)라는 용어를 사용한다(Kissel, *ArbeitskampfR* §4 Rn. 42 ff. 참고).

3) BAG 19. 9. 2006 NZA 2007, 518; BAG 22. 5. 2012 NZA 2012, 1176.

4) BAG 20. 1. 2009 NZA 2009, 615.

5) BVerfGE 93, 352.

6) BAG 28. 2. 2006 NZA 2006, 798. 그 밖에 법원이 부적법하다고 판단한 사례에 관해서는 Hromadka/Maschmann, *Arbeitsrecht*, Bd. 2, §12 Rn. 43a 참고.

사업장 내에서 인정되고 있다는 점은 주목해야할 일이다.[1] 사업장 내에 노동조합 사무실을 두고 있는 기업별 노동조합체제 하에서는 사업장 내에서의 조합활동이 보다 넓은 폭으로 이루어질 수밖에 없고,[2] 사용자는 사업장 내 노사관계의 성격에 부응하는 수용적 태도를 취하는 것이 현실적이다.

---

1) 독일에서 1990년에 동·서독이 통일되어 구동독의 저임금 근로자들이 서독으로 대거 유입되고 하르츠개혁 후 비정규직 근로자의 증가로 산업별 노동조합의 조직율이 크게 저하하였다. 사용자 단체(Arbeitgeberverband)에서 탈퇴하는 사용자와 동 단체에 가입하지 않는 사용자가 증가하였으며, 이에 부수하여 기업별 단체협약(Firmentarifvertrag, Unternehmenstarifvertrag 또는 Haustarifvertrag이라고 함)의 체결도 증가하였다. 이러한 현상은 산별노조와 사용자단체가 체결한 산별단체협약(Verbandstarifvertrag 또는 Flächentarifvertrag이라고 함)의 통일적 기준이 많은 개별 기업체에 대해서 경제적 부담으로 작용한 데에서 기인한다. 독일은 이를 계기로 어느 특정 기업에 대해서만 효력을 가지는 기업별 단체협약(이른바 'untermehmensbezogener Verbandstarifvertrag')을 인정하기에 이른 것이다. 기업별 단체협약에서는 기업주인 사용자(Unternehmensträger) 즉 개인 사용자가 협약당사자가 될 수 있으나 노동조합 측에서는 통상적으로 산별노조의 지역노조대표가 협약당사자가 된다. 우리나라에서와 같이 기업체의 종업원인 근로자를 조합원(노동조합의 구성원)으로 하는 기업별 노동조합은 독일에서 인정되지 않는다. 독일에서는 산별단체주의원칙(Industrieverbandsprinzip)에 따른 초기업적 노동조합 조직원칙이 적용되기 때문이다. 따라서 기업별 단체협약을 체결할 때에 사용자 측에서는 사용자 개인이 협약당사자가 될 수 있으나 노동조합측에서는 산별노조의 지역대표가 단체교섭 및 단체협약 체결의 주체가 된다. 이러한 이유에서 기업별 단체협약을 해당기업에 관한 산별단체협약(ein firmenbezgoner Verbandstarifvertrag)이라고 한다. 어떤 기업(예컨대 VW자동차회사)의 근로자들이 독일 금속산별노조(IG Metall)에 가입하고 있다면 사용자인 기업주는 금속산업노조와 단체교섭을 할 수 있는 사용자단체(Arbeitgeberverband)에 가입하여 그 구성원이 되므로써 금속산별노조와 교섭 상대방인 사용자단체가 산별단체협약을 체결하게 되고 그 단체협약은 금속산별노조에 가입하고 있는 모든 조합원들과 사용자단체에 가입하고 있는 사용자들에게 통일적으로 적용된다. 그런데 예컨대 VW자동차회사가 기업의 경영난으로 인하여 금속산별노조 단체협약의 근로조건 기준을 준수할 수 없다는 이유로 산별노조 지역대표에 대하여 기업별 단체협약의 체결을 신청하면 노조지역대표와 기업주인 사용자는 산별단체협약의 해당조항(규범적 부분에 속하는 조항)에 대하여 예외를 인정하는 기업별 단체협약을 체결할 수 있다. 이러한 기업별 협약은 통상 이른바 개방조항(Öffnungsklauseln)에 의하여 실현된다. 독일에서 기업별 단체협약이 체결되는 경우가 근년에 크게 증가하였다(통계에 의하면 250개 이상의 업종에 종사하는 2,100만명의 근로자에 대하여 3만 여개의 산별단체협약이 적용되고 있는가 하면 400만명에 가까운 근로자들에 대하여 약 4만 2천개의 기업별 단체협약이 적용되고 있다)(Hromadka/Maschmann, *Arbeitsrecht*, Bd. 2 § 13 Rn. 36 ff.; Wiedenmann/Thüsing, *TarifvertragsG* § 1 Rn. 59 ff. 참고).

위에서 살핀 바와 같이 독일에서 기업별 단체협약의 체결은 산별노동조합의 주도하에 이루어지는 것이라는 점에 유의하여야 한다. 산별노조의 통일적 역할이나 활동이 상대적으로 저하하였으나, 그렇다고 하여 산별단체주의원칙이 바뀌었거나 우리나라나 일본에서와 같은 기업별노동조합의 조직이 인정되고 있는 것은 아니다. 따라서 조합활동과 관련하여 기업별 노동조합의 사무실이 사업장 내에 설치되어 있거나, 조합활동이 사업장을 중심으로 이루어지거나 파업이 조합원들의 직장점거라는 행태로 실행되지는 않는다. 조합활동을 비교·고찰할 때에 특히 유념해야 할 차이점들이다.

2) 大判 2020. 7. 29, 2017 도 2478; 大判 2020. 7. 9, 2015 도 6173 참고.

3. 조합활동권의 근거와 효과

(1) 조합활동권의 근거

a) 위에서 살핀 바와 같이 조합활동은 노동조합의 존립과 유지·확보를 위한 활동일 수도 있고 단체교섭의 준비 또는 이에 관한 조합원들과의 협의 활동일 수도 있으며 파업의 계획이나 참여조합원의 지명과 파업지원에 관한 활동일 수도 있다. 따라서 조합활동의 실태에 따라 단결권, 단체교섭권 또는 단체행동권(노동3권)을 그 근거라고 이해할 수 있다. 조합활동 전체를 단결권의 보호범위 속에서 설명하거나 넓은 의미의 단체행동권[1]을 중심으로 파악하는 것이 이론적으로 불가능한 것은 아니지만 구체적 조합활동의 내용이나 목적에 따라 단결권, 단체교섭권 또는 단체행동권을 그 근거로 이해하는 것이 우리 헌법의 규정형식에 비추어 타당할 것이다.[2] 예컨대 비조합원인 사업장 근로자들에 대하여 노동조합 가입을 독려하며 노동조합의 업적을 홍보하는 행위는 단결권의 보호를 받는다고 볼 수 있으나, 노동쟁의가 발생한 후 조합원들에게 쟁의행위에 적극 참여할 것을 호소하며, 비조합원에게는 파업의 불가피성을 역설하는 행위는 단체행동권(쟁의행위권)의 보호를 받는다고 보는 것이 옳을 것이다. 각 경우에 법적 평가를 위하여 적용될 수 있는 규정이 다르기 때문이다(노조및조정법 제3조, 제4조, 제5조, 제7조, 제29조, 제29조의 4, 제37조 이하, 제81조 I, II 등 참조).

조합활동은 궁극적으로 노동조합의 목적을 실현하기 위한 활동이므로 노동조합이 주체가 되어야 한다. 노조의 존립을 확보하며 노조의 목적을 수행하는 활동이 구체적으로는 조합원 개개인의 행위를 통해서 실현되더라도 그 행위는 조합활동으로서 보호를 받는다고 보아야 한다. 조합원의 활동이 노조의 위임 없이 자신들의 자발적 발의에 의하여 행하여졌더라도 객관적으로 조합활동으로서의 성질을 가지고 있는 때에는 그 조합원들의 행위는 보호된다.[3] 노조및조정법은 제5조 2항을 신설(2021. 1. 5.)하여 「사업 또는 사업장에 종사하는 근로자(종사근로자)가 아닌 노동조합의 조합원은 사용자의 효율적인

---

1) 菅野(「勞働法」, 36面 이하) 교수는 헌법 제28조의 단체행동권은 쟁의권과 쟁의행위 이외의 조합활동을 할 권리를 포함하는 것으로 해석하는 것이 정확하다고 한다. 따라서 벽보부착, 유인물 배포, 집회, 강연 등의 조합활동은 단체행동권의 보호를 받는다고 한다(또한 外尾, 「勞働團体法」, 9面). 이러한 견해는 '단체행동'이라는 용어에 치중한 해석이라고 판단된다. 쟁의행위와 조합활동은 동일한 개념으로 포괄될 수 있는 성질의 행위는 아니라고 생각한다.

2) 大判 2020. 7. 29, 2017 도 2478(노동3권을 근거로 한다는 견해). 西谷, 「勞働組合法」, 234面(단결권이나 단체행동권을 근거로 한다는 견해) 참고.

3) 大判 2020. 7. 29, 2017 도 2478(노동조합의 묵시적인 수권 혹은 승인을 받았다고 볼 수 있는 조합원들의 행위는 성질상 조합활동으로 보아야 한다). Preis, *KollektivArbR* Rn. 141 및 그 곳에 인용된 독일 판례 참고.

사업 운영에 지장을 주지 아니하는 범위에서 사업 또는 사업장 내에서 노동조합 활동을 할 수 있다」고 규정하고 있다. 이 규정은 특히 산업별 노동조합 또는 지역노동조합의 조합원이 그 산하 지부 또는 분회 사업장 등에 출입하여 조합활동을 할 수 있는 정당성 근거와 한계를 정한 조합활동 보장규정이라고 볼 수 있다. 판례도 산업별 노동조합의 조합원이 산하 지회 등의 사업장에서의 조합활동을 정당한 노동3권의 행사로 판단하고 있다.[1]

b) 노동조합 혹은 조합원이 조합의 존립과 조직력 강화를 위한 활동에 대하여 단결권의 보장법리에 의하여 보호를 받는다면, 사용자는 상대적으로 근로계약에 따라 근로자에 대한 노무지휘권과 시설물에 대한 지배권(소유권 또는 임차권에 기한 물권적 청구권: 민법 제213조, 제214조, 제204조 내지 제207조 참조)을 가진다. 노무지휘권이란 근로자가 제공하는 노동력을 사용자가 사용하는데 필요한 계약상의 권리를 뜻한다. 또한 사용자는 사업 운영을 위하여 필수불가결한 물적 시설을 보유하고 있으며, 물적 시설에 대한 기본적인 권리는 물권으로 나타난다. 물건에 대한 지배권은 민법상의 권리이다. 물권에 대한 사용자의 권리는 재산권보장이라는 기본권(헌법 제23조)의 법리에 따라 사용자에게 보장된다. 근로자가 사용자에게 고용되어 사용자의 지시·명령에 따라 일정 부서에 배치되어 노무를 제공하는 근로계약관계에는 사용자의 물권적 지배권에 속하는 기업시설의 사용을 근로자에게 인정하는 내용이 포함되어 있다고 볼 수 있다. 이는 근로계약과 결부되어 있는 것으로서, 근로자의 입장에서는 노무제공의무의 이행을 위해 필연적으로 사용자의 시설을 이용할 수밖에 없으며, 물품생산의 경우에는 사업시설과 자재의 이용을 통하여 노무제공이 비로소 가능하게 된다(물론 섭외직의 경우 예외가 인정된다). 그러므로 근로자가 사용자의 기업시설을 이용하는 권한은 근로계약의 체결이라는 합의 속에 이미 당연히 내포되어 있는 것으로 볼 수 있다. 그러나 근로자가 기업시설을 이용할 수 있는 권한은 어디까지나 근로계약의 이행, 즉 노무제공의무의 이행에 수반해서 필요하다고 인정되는 범위 내에서만 허용된다. 그러므로 업무수행과 관련이 없는 경우에 기업의 시설 또는 장소를 이용하는 것이 당연히 인정되지는 않는다. 마찬가지로 노무제공의무가 정지되는 쟁의행위 기간 동안 파업참가근로자는 기업시설을 정당하게 이용할 수 있는 권한이 정지된다고 보아야 한다. 이러한 경우에 근로자들과 노동조합이 기업시설을 사용하기 위해서는 사용자의 별도의 허가를 받아야 할 것이다.[2]

---

1) 大判 2020. 7. 29, 2017 도 2478(산업별 노조간부가 산하 지회 사업장의 산업안전보건법 위반 사실의 증거수집 등을 목적으로 공장을 방문하여 현장순회를 한 활동); 大判 2020. 7. 9, 2015 도 6173(산업별 노조간부가 산하 지회의 쟁위행위를 지원·원조하기 위하여 사업장의 부분적·병존적 직장점거에 참여한 조합활동).

2) 취업시간 외에 이루어진 활동이라도 사용자가 승인한 정당한 조합활동이 아닌 한 그것이 사업장 시

c) 사용자가 가지는 경영권([27] 3.)과 물적 지배권(재산권)은 헌법상 기본권 영역에 속하는 사용자의 권리이다. 그러므로 이러한 사용자의 권리는 다른 기본권들이 보장되어 있는 것과 마찬가지로 보호되어야 한다. 따라서 근로자들이 조합활동을 할 경우에는 사용자가 가지는 기본적인 권리, 즉 노무지휘권과 시설지배권을 침해하지 않는 범위 내에서 그 보호범위가 정해진다.1) 따라서 다른 근로자들의 업무를 방해할 수 있는 근무시간중에 노동조합의 유세·홍보활동을 하는 것은 원칙적으로 적법하다고 판단되지 않는다. 휴게시간이나 근무시간 후에 노조활동을 하는 것은 원칙적으로 허용된다고 할 것이다.2)

설 내에서 행해졌다면 사용자의 소유권 또는 관리권에 기한 규율이나 제약을 받는다(大判 1992. 9. 25, 92 다 18542).

1) 이와 관련한 일본 최고재판소(國鐵札驛事件－最三少判昭和 54. 10. 30, 「勞働判例大系(11)」, 266-267面; 民集 33卷 6号 647面)의 판결을 소개하면 다음과 같다. 기업에 고용된 근로자에게는 기업이 소유·관리하는 물적 시설의 이용이 처음부터 허용되는 경우가 적지 않다. 그러나 이러한 허용은 특단의 합의가 없는 한 고용계약의 취지에 따라 노무제공을 위하여 필요한 범위에서 또는 기업질서유지에 어긋나지 않는 한도에 그친다고 봄이 타당하므로, 당해 근로자에 대하여 위의 범위를 넘거나 위와 다른 태양으로 기업시설을 이용할 수 있는 권한이 부여되는 것이라고 할 수는 없다. 노동조합에 대하여 당해 기업의 물적 시설을 이용하는 권리가 당연히 보장된다고 해석하여야 할 이유는 없기 때문에 노동조합 또는 조합원이라 하여 사용자의 허가 없이 위 물적 시설을 이용할 수 있는 권한을 가진다고 할 수 없다. 당해 기업에 고용된 근로자만으로 조직되는 노동조합의 경우 당해 기업의 물적 시설을 그 활동의 주요한 장으로 하지 않을 수 없는 실정이어서 그 활동과 관련하여 물적 시설을 이용할 필요성이 크다는 점은 부정할 수 없지만, 이용의 필요성이 크다고 하여 노동조합 또는 조합원이 조합활동을 위하여 기업의 물적 시설을 이용할 수 있는 권한을 취득한다거나 노동조합 또는 조합원이 조합활동을 위하여 행하는 기업의 물적 시설의 이용을 사용자가 수인하지 않으면 안 될 의무를 진다고 보아야 할 이유는 없다. 노동조합 또는 조합원이 사용자가 소유·관리하고 기업질서하에서 사업운영을 위하여 이용되는 물적 시설을 사용자의 허가 없이 조합활동을 위하여 이용하는 것은 허용되지 않는다고 해야 할 것이다. 따라서 사용자의 허락 없이 기업의 물적 시설을 이용하여 조합활동을 행하는 노동조합 또는 조합원에 대하여 그 이용을 허가하지 않는 것이 당해 물적 시설에 대하여 사용자가 가지는 권리의 남용이라고 인정될 만한 특단의 사정이 있는 경우를 제외하고는 당해 노동조합 또는 조합원의 행위는 사용자의 권한을 침해하고 기업질서를 교란하는 것이므로 정당한 조합활동으로 허용되는 것이라 할 수 없다. 이 판결에 대한 비판적 견해: 西谷, 「勞働組合法」, 236面 이하 참고. 그러나 노동조합과 사용자 사이의 합의가 없어도 조합활동의 권리가 당연히 기업시설의 이용권을 가져오는 것은 아니라고 한다(같은 책, 240面).

2) 판례는 조합활동의 정당성을 비교적 신축적으로 인정하고 있다. 즉, 「다른 근로자의 취업에 나쁜 영향을 미치거나 휴게시간의 자유로운 이용을 방해하거나 구체적으로 직장질서를 문란하게 하는 것이 아닌 한 허가를 얻지 아니하였다는 이유만으로 정당성을 잃는다고 할 수 없다」(大判 1991. 11. 12, 91 누 4164)고 한다. 다만, 취업시간 중의 조합활동이더라도 취업규칙·단체협약 등에 이를 허용하는 약정이 있거나 사용자의 승낙을 얻었거나 관행(大判 1995. 2. 17, 94 다 44422)이 존재하는 때에는 조합활동은 정당하다고 할 것이다. 취업시간 중에 행해지는 조합활동에 대해서는 원칙적으로 사용자의 동의를 얻어야 한다고 생각된다. 다만, 노조집회의 선례, 사전 통보 등 사용자법익에 대한 충분한 배려와 이에 대한 대책마련, 회사의 근무형태, 조합활동시간의 합리성 등 사용자의 법익을 실질적으로 침해한다고 볼 수 없는 특별한 사정이 존재하는 때에는 정당한 활동으로 볼 수 있을 것이다(참조판례: 大判 1994. 2. 22, 93 도 613; 大判 1995. 2. 17, 94 다 44422 등 참고. 참고문헌으로는

⑵ 조합활동권의 효과

a) 면책적 효과와 사용자의 부당노동행위 조합활동을 노동조합 운영을 위한 일상적 활동으로 이해하는 한, (좁은 의미의) 조합활동은 노조설립행위, 단체교섭, 쟁의행위와는 구별된다. 그러므로 노동조합이 행하는 단체교섭과 쟁의행위에 대하여 적용되는 민·형사책임 면책에 관한 규정(노조및조정법 제3조, 제4조)은 모든 종류의 조합활동에 당연히 적용되지는 않는다.

노동3권의 보호범위에 포함되는 것으로 판단되는 조합활동은 사실행위이건 법률행위이건 헌법의 보호를 받으므로 이를 제한하는 법령은 헌법위반으로 그 효력이 인정될 수 없다. 노조및조정법 제4조는 「형법 제20조의 규정은 노동조합이 단체교섭·쟁의행위 기타의 행위로서 제1조의 목적을 달성하기 위하여 한 정당한 행위에 적용한다」고 규정하고 있으므로 정당한 노동조합의 행위는 이 규정에 의한 형사면책을 받는다고 보아야 한다. 폭력이나 파괴행위를 수반하는 행위는 처음부터 정당한 행위가 될 수 없다(동조 단서 참조).

노조및조정법 제3조는 「사용자는 이 법에 의한 단체교섭 또는 쟁의행위로 인하여 손해를 입은 경우에 노동조합 또는 근로자에 대하여 그 배상을 청구할 수 없다」고 규정하고 있다. 노동조합은 단체교섭이나 쟁의행위에 관하여 사전에 그 행위의 일시·장소를 협의하거나 상대방에게 그 일시와 장소를 통지하는 것이 보통이다.[1] 따라서 사용자는 단체교섭이나 쟁의행위로 인하여 업무의 정상적 운영을 방해받지만 가능한 한도에서 이에 미리 대비할 수 있다. 그럼에도 불가피하게 발생한 손해는 사용자가 감수하여야 한다.[2] 따라서 기업별 노동조합이 사업의 정상적 운영을 저해할 수 있는 조합활동을 계획

菅野, 「勞働法」, 925面; 김유성, 「노동법 Ⅱ」, 102면 이하 참고). 그러나 이러한 특별한 사정이 쉽게 인정되어서는 안 될 것이다. 정당하지 않은 쟁의행위를 결행할 것인가를 의결하기 위하여 취업시간 중 조합활동을 하는 것은 인정될 수 없다(大判 1994. 9. 30, 94 다 4042).

1) 노조및조정법 시행령 제17조는 「노동조합이 쟁의행위를 하고자 할 경우에는 행정관청과 관할 노동위원회에 쟁의행위의 일시·장소·참가인원 및 그 방법을 미리 서면으로 신고하여야한다」고 규정하고 있다.

2) 최근의 독일연방노동법원의 판례(BAG 18. 11. 2014, NZA 2015, 306)에 따르면 노동조합이 단체교섭 진행 중 관련 사업장 소속 조합원 근로자 수를 상대방 사용자 측에 통고해주지 않는 것도 노동조합의 활동으로서 보호를 받는다고 한다. 노동조합의 쟁의행위전략은 해당 기업에서의 노동조합의 조직률과 조합원 수에 따라 크게 영향을 받으므로 사용자 측에서 이에 관한 정보를 지득한다면 단체교섭 전략에 활용할 수 있기 때문에 노동조합으로서는 이에 대한 정보를 알리지 않는 것이 보다 유리한 교섭 결과를 달성하는데 도움이 된다. 독일에서와 같이 산별노조체제 하에서는 기업별 노조가 존재하지 않으므로 개별 사업장의 사용자는 사업장 별로 노동조합에 관련된 정보를 가지고 있지 않다. 산별노조체제에서는 산별노조가 조합활동의 주체이므로 조합활동의 정당성도 산별노조의 활동을 중심으로 판단된다(Hromadka/Maschmann, *Arbeitsrecht*, Bd. 2, § 12 Rn. 43b 참고). 결론적으로 독일

하면서 이를 사용자에게 예고하거나 알리지 아니하고 갑자기 조합활동(예컨대 취업시간 중 조합원회의의 소집·개최)을 단행함으로써 사전에 회피할 수 있었던 손해를 사용자에게 발생하게 하였다면 이는 신의칙에 반하는 것이 되어 노동조합이나 해당 근로자는 민사면책을 주장할 수 없다고 판단해야 한다[1]([118] 2. (3) b) 참고). 그러나 사용자가 정당한 조합활동을 방해·간섭하는 행위는 부당노동행위에 해당할 수 있다(노조및조정법 제81조 4호 본문 전단 참조). 예컨대 정당한 조합활동을 조직·지도한 조합간부나 조합원을 타지로 인사발령하거나 징계 등의 불이익 처분을 내리면 그 처분은 무효이고 간섭·방해 행위는 지배·개입의 부당노동행위를 구성할 수 있다([127] 6. (1) 참고).

b) 사용자의 수인의무(受忍義務)와 조합활동 조합활동은 기본적으로 헌법상의 보호를 받는다고 하지만 사용자의 각종 권리와 충돌하는 경우가 적지 않다. 우리나라와 마찬가지로 일본에서도 기업별 노조가 노동조합의 주된 조직형태이므로 조합활동(유인물배포 등)이 취업시간 중에 이루어지고, 조합 집회가 회사의 식당·회의실 또는 강당에서 개최되며, 구내(構內)에서 고성으로 비판적 의견을 발표하거나, 플래카드를 설치하는 일이 적지 않다. 이와 같은 조합활동이 그것 자체로서 위법하지 않더라도 사용자의 노무지휘권이나 시설관리권과 충돌할 수 있음은 부인할 수 없다. 이 경우에 사용자는 조합활동의 금지 또는 그로 인하여 발생한 손해배상을 노동조합에 청구할 수 있는지 그리고 위반자에 대하여 징계처분을 내릴 수 있는지가 문제된다. 노동조합이 사용자의 노무지휘권이나 시설관리권을 침해할 가능성이 있는 조합활동에 관하여 사전에 사용자의 양해나 승낙을 받거나, 단체협약이나 회사 복무규칙(취업규칙)에 이에 관한 규정이 있거나 종래 이에 관한 노사 간에 관례(관행)가 있는 때에는 이에 따르면 될 것이다.[2] 이러한 규정이나 관례에 따라 행하여진 조합활동에 의하여 불가피하게 발생하는 불이익이나 손실은 사용자가 감수하지 않으면 안 된다. 그러나 이상과 같은 규정이나 관례가 없는 경우에도 일본에서는 학설상 이른바 수인의무설이 유력하게 주장되었다. 이에 따르면 조합활동이

의 학설과 판례는 단결할 권리 외에 단체교섭을 할 권리, 쟁의행위를 할 권리와 조합활동을 할 권리를 모두 포함해서 노동조합의 활동할 권리(Betätigungsfreiheit)로서 기본법 제9조 3항의 보호를 받는다고 해석하고 있다. 산별노조의 조합활동권은 기업별노조의 조합활동권과 달리 그 활동의 상대방을 기업별 사용자로 한정하고 있지 않는다.

1) 菅野, 「勞働法」, 91面; 荒木, 「勞働法」, 641面 참고. 異見: 西谷, 「勞働組合法」, 256, 425面 참고. 예컨대 업무시간 중에 행하여진 노동조합의 정기총회라 하더라도 이러한 행사를 사용자가 미리 알고 있으면서 아무런 반대의사를 표시하지 않았다면 조합활동에 대한 양해 또는 묵시적 승인이 있는 것으로 볼 수 있을 것이다(大判 1995. 2. 17, 94 다 44422 참고).

2) 취업시간 중의 조합활동이더라도 취업규칙·단체협약 등에 이를 허용하는 약정이 있거나 사용자의 승낙을 얻었거나 관행(大判 1994. 2. 22, 93 도 613; 大判 1995. 2. 17, 94 다 44422)이 존재하는 때에는 조합활동은 정당하다 할 것이다.

사용자의 특정 권리에 저촉되더라도 일정한 범위 내에서 사용자는 스스로 이를 수인(受忍)해야할 경우가 있다고 한다. 이 견해는 조합활동에 의하여 사용자의 소유권(민법 제214조: 방해제거, 방해예방청구권) 내지 노무지휘권·시설관리권이 침해되는 경우에 언제나 사용자의 권리가 우선한다는 관점에서 이러한 충돌을 이해할 것은 아니므로 근로자의 조합활동도 사용자의 제반 권리와 대등하게 존중되어야 할 경우가 있음을 부인할 수 없다고 한다. 기업별 노조의 조합활동은 대부분 사업장 내에서 이루어질 수밖에 없는 불가피한 활동이므로 이로 인하여 기업운영이나 업무수행이 저해되어 사용자가 어떤 권리의 제약을 받더라도 이를 수인해야할 경우가 인정될 수 있다.[1] 그러나 수인의무설을 받아들인다고 해서 모든 조합활동을 수인해야할 사용자의 의무를 인정하는 것은 아니며, 또한 조합활동을 수행하는 노동조합이나 해당 조합원들에 대해서 기업시설을 이용할 구체적 권한이 인정되는 것도 아니다. 수인의무설의 핵심은 노동3권의 보호범위에 포함될 수 있는 조합활동이 사용자의 제반 권리와 저촉되는 경우에 노동조합 측에 대하여 면책적 효과를 부여하는 근거로 원용될 수 있다는데 있다. 일본에서는 1970년까지 판례와 학설의 지배적 견해는 조합활동과의 관계에서 사용자의 시설관리권도 일정한 제약을 받는다는 태도를 취하였다. 그러다가 1970년대에 들어서면서 일련의 판례가 수인한도설을 명확하게 부인하였다. 한 동경고등재판소 판결에 따르면「근로자의 조합활동은 원칙적으로 취업시간 밖에서 그리고 사업장 밖에서 행하여져야 하며, 근로자들이 사업장 내에서 조합활동을 하는 것은 사용자의 승인이 없는 한 당연히는 허용되지」않는다는 일반 원칙을 선언하고 기업 내에서 사용자의 허락 없이 전단지 배포행위를 한 근로자의 징계처분을 용인하였다.[2]

위 판결이 있은 후 일본최고재판소(1143면 각주 1) 판결 요약 참고)는 위 고등재판소의 판시 내용을 굳히는 판결을 내놓았다. 이 판례의 내용을 다시 요약하면 다음과 같다. 「사용자는 기업의 유지·운영을 위해서 기업의 인적 요소와 물적 시설을 총체적으로 배치·정비하고 조직하여 기업질서를 정립할 권한을 가지고 있다. 기업 내 노동조합이 조합활동을 위하여 기업시설을 이용할 필요성이 크다고 하더라도 사용자는 노동조합 또는 조합원에 의한 기업의 물적 시설의 이용을 수인하지 않으면 아니될 의무를 부담해야 할 이유가 없다.」 이 판결은 물적 시설관리권보다 상위에 위치한 사용자의 기업질서정립권

---

1) 수인의무설을 전개한 대표적 판례: 名古屋地判昭 38. 9. 28 判時 359号 67面. 찬성하는 대표적 학설: 西谷,「勞働組合法」, 235面 이하 참고. 또한 中村和夫, '組合活動の正當性',「勞働法の爭点」, 2014, 195面.

2) 日本エヌ·シー·アール事件－東京高判昭 52. 7. 14. 勞民集 28卷 5－6号 491面 (西谷,「勞働組合法」, 236面 참고).

을 기초로 명확하게 수인의무설을 부인하면서 노동조합은 원칙적으로 노사합의 없이 또는 사용자의 승낙 없이는 기업시설을 이용할 수 없다는 원칙을 정립하였다. 즉 최고재판소는 사용자가 노동조합에 대하여 시설이용을 허용하지 않는 것이 권리남용이라고 할 수 있는 특별한 사정이 있는 경우가 아니면 허락 없이 기업시설을 이용한 노동조합의 활동은 기업질서를 어지럽힌 것으로 정당한 조합활동으로서 인정되지 않는다고 하였다.[1] 이러한 견해를 「허락설」이라고 부른다. 최고재판소는 그 후에도 같은 태도를 계속 유지하고 있다. 이런 최고재판소의 「기업질서론」에 대해서 학설은 비판적이다.[2]

(3) 조합활동에 대한 학설·판례의 동향

a) 조합활동의 정당성에 관한 판단에 관하여는 여전히 통일된 견해 또는 다수·유력설이 정립되어 있다고 보기 어려운 것으로 보인다. 대체로 수인의무설과 기업질서설이 절충된 다양한 견해가 전개되고 있다고 볼 수 있다. 조합활동이 사용자의 노무지휘권 또는 시설관리권과 저촉되는 경우에 사용자의 수인의무를 기본적으로 수용하는 견해는 이익형량에 의한 민사면책을 중심으로 문제를 해결하려고 하고, 기업질서를 존중하는 견해는 불법행위 및 위법성조각설을 토대로 하는 법리를 전개하고 있다. 다만 구체적 조합활동의 태양에 따라 활용되는 법리는 다양하다고 볼 수 있다. 1990년대 초의 판례에 따르면 노동조합활동이 정당하다고 하기 위해서는 i) 주체의 측면에서 조합원들의 행위가 노동조합의 활동으로 볼 수 있거나 노동조합의 묵시적 수권 또는 승인을 받은 것으로 볼 수 있어야 하고, ii) 목적의 측면에서 근로조건의 유지·개선과 근로자의 경제적 지위의 향상을 도모하기 위하여 필요하고 단결강화에 도움이 되는 행위이어야 하며, iii) 시기의 측면에서 취업규칙이나 단체협약에 별도의 허용규정이 있거나 관행 또는 사용자의 승낙이 있는 경우 외에는 원칙적으로 취업시간 외에 행하여져야 하고, iv) 수단·방법의 측면에서 사업장 내의 조합활동에 있어서는 사용자의 시설관리권에 바탕을 둔 합리적인 규율이나 제약에 따라야하며 폭력과 파괴행위 등의 방법에 의하지 않는 것이어야 한다고 한다.[3]

---

1) 國鐵札幌駅事件－最三少判昭 54. 10. 30 民集 33巻 6号 647面(노동조합에 의한 기업시설의 이용은 사용자와의 단체교섭으로 이루어진 합의에 따라 행하여져야 할 것이고, 이용의 필요성이 크다고 하여 노조가 이용권한을 취득한다든가 사용자가 수인의무를 진다고는 할 수 없다. 노동조합이 사용자의 허락을 얻지 아니하고 기업시설에서 조합활동을 하는 것은, 그 이용을 허락하지 아니하는 사용자의 행위가 시설관리권의 남용으로 인정되는 특별한 사정이 없는 한, 정당성을 가질 수 없다).

2) 이에 관해서는 橫井芳弘, '「企業秩序」と勞働者権の交錯' 季勞 117号 4面 이하; 角田邦重, '企業秩序と組合活動', 「勞働法の爭点」(新版), 1990 34面 이하; 西谷, 「勞働組合法」, 237面 이하 참고.

3) 大判 1994. 2. 22, 93 도 613; 同旨: 大判 1992. 4. 10, 91 도 3044. 또한 大判 2020. 7. 29, 2017 도 2478.

이 판결(93도613) 사건에서 노동조합은 쟁의발생신고를 한 후 회사측과 임금협상을 계속하여도 협상이 이루어지지 않자 쟁의행위 돌입여부를 묻는 조합원 찬반투표를 실시하기 위하여 노동조합의 임시총회를 개최할 예정이니 협조를 구한다는 서면통보를 2회에 걸쳐 회사측에 통보했으나 회사가 이를 거부하자 노동조합측에서는 야간근무 조합원들을 포함한 조합원 모두를 소집할 수 있는 것은 아침시간 뿐이어서 오전 8시부터 12시까지 회사 본관 앞 광장에서 조합원들을 모아 놓고 총회 준비작업과 투표방법에 관한 설명 등을 거친 다음 투표에 들어갔으며 투표 후의 여흥시간을 포함해 모든 활동이 12시에 종료되었다. 이 투표실시에 대하여 대법원은 임시총회가 노조및조정법상의 쟁의행위를 하기 위한 필수적 요건인 조합원 투표를 위한 것으로서 2회에 걸친 사전서면통보를 거쳐 개최되어 회사가 이에 대비할 여유가 충분히 있었고, 일부 조합원들이 야간근무를 하는 회사의 근무형태 때문에 조합원들이 모두 총회에 참석하려면 야간근무가 끝나고 주간근무가 시작되는 교대시간에 총회를 소집하는 것이 필요하였으며, 쟁의행위 개시 찬반 여부를 결정하기 위하여는 의견교환 등도 필요하였다는 사정 등과 조합원의 수 등에 비추어 보면 위 총회가 근무시간 중에 열렸다는 사정만으로 위법하다고 볼 수 없다고 판시하였다. 그 당시의 모든 사정을 고려해 보더라도 총회 개최를 연기하거나 달리 변경하는 것은 기대할 수 없는 것이었다. 이 사안에서 쟁의행위의 찬반을 묻기 위한 임시총회의 개최는 단순한 협의의 조합활동이라고 볼 수는 없으며, 쟁의행위와 밀접하게 관련되어 있다. 따라서 쟁의행위 개시 찬반을 묻는 임시총회의 개최에 대하여는 노조및조정법 제3조 및 제4조가 적용된다고 보아야 한다. 이 판례는 노조집회의 선례, 사전통보 등 사용자 법익에 대한 충분한 배려와 이에 대한 대책마련, 회사의 근무형태, 조합활동시간의 필요성과 합리성 등에 비추어 사용자의 법익을 실질적으로 침해한다고 볼 수 없는 특별한 사정이 존재하는 경우로서 근무시간 중의 임시총회 개최는 정당한 조합활동이라고 한다. 대법원은 기본적으로 허락설의 입장에 서있지만 이 사안에서는 조합활동의 정당성을 인정하였다. 최근에 대법원은 조합활동이 그 시기·수단·방법과 관련하여 사용자의 노무지휘권·시설관리권 등과 충돌하는 경우에 그 정당성을 판단하는 기준을 다음과 같이 요약 판시하고 있다. 즉 「조합활동의 필요성과 긴급성, 조합활동으로 행하여진 개별 행위의 경위와 구체적 태양, 사용자의 노무지휘권·시설관리권 등의 침해 여부와 정도, 그 밖에 근로관계의 여러 사정을 종합하여 충돌하는 가치를 객관적으로 비교·형량하여 실질적 관점에서 판단하여야 한다.」[1] 판례의 태도에 찬동한다.

---

1) 大判 2020. 7. 29, 2017 도 2478. 참조판례: 大判 1994. 2. 22, 93 도 613; 大判 1995. 3. 14, 95 누 5496; 大判 1995. 2. 17, 94 다 44422 등.

일반적으로 조합활동은 노동3권에 의하여 보장된 노동조합의 각종 활동을 뜻하는 것이므로 사용자를 직접 비방하거나 명예를 훼손하는 등으로 행하여지는 행위는 이에 속하지 않는다. 따라서 근로자가 뚜렷한 자료도 없이 사실을 허위로 기재하거나 왜곡하여 소속 직장의 대표자, 관리자 등을 수사기관에 고소·고발하거나 진정하는 행위는 징계규정에서 정한 징계사유(징계해고 등)에 해당할 수 있다. 다만 고소·고발이 합리적 근거에 의한 것인 한 적법한 권리행사라고 할 수 있다. 판례에 따르면 노동조합 또는 노동조합의 대표자가 사용자 측을 근로기준법이나 노조및조정법 위반 등으로 수사기관 등에 고소·고발·진정한 내용에 과장되거나 왜곡된 부분이 있더라도, 그것이 대체로 사실에 기초하고 있고 그 목적이 사용자에 의한 조합원들의 단결권 침해를 방지하거나 근로조건에 관한 법령을 준수하도록 하는 것이라면 고소·고발 등은 노동조합의 정당한 활동범위에 속하는 조합활동에 해당한다고 한다. 따라서 이 경우에 노동조합의 대표자에게 불이익(징계해고)을 주는 것은 원칙적으로 허용되지 않는다.[1] 다만, 사용자에 대한 고소·고발·진정행위 자체는 조합활동이라고 볼 수는 없을 것이다.

다음에서는 사용자의 수인의무와 민사면책에 관해서 설명한다.

b) 헌법 제33조 1항이 규정하고 있는 단결권·단체교섭권·단체행동권은 사용자에 대한 관계에서 근로자(및 노동조합)의 권리를 보장하고 있으며, 이 권리들의 실현과 불가분적으로 연결된 조합활동은 사용자를 그 상대방으로 하는 경우가 대부분이다. 우리나라와 같이 기업별 노동조합 체제하에서는 사업장 내에 노동조합 사무실이 존재하고 있으며, 조합원들도 그 사업장에서 함께 근무하고 있다. 따라서 조합활동이 자연적으로 사업장 내에서 이루어질 수밖에 없는 것이 노사관계의 현실이다. 기업별 노동조합이 오랜 기간 동안 존재하고 있는 상황에서는 통상적 조합활동은 관행으로 정착되고 노동조합이 기업시설을 이용하는 것은 사전에 사용자가 알고 있거나 노사 간에 묵시적 합의가 성립하고 있는 경우가 일반적이라고 볼 수 있다. 더욱이 조합원들이 임금의 손실 없이 근로시간 면제를 받으며 건전한 노사관계 발전을 위한 노동조합의 유지·관리 업무를 수행하는 노사협력제도가 도입되고 있는 현행법 하에서는 사용자가 조합활동을 적극적으로 수용·승인하는 것이 노조및조정법의 기본취지에도 부합하는 것으로 해석된다(동법 제24조 4항 참조).

c) 사업장 내에는 여러 가지 시설이 있다. 임원진·회사간부를 위한 부속실, 전용회의실이 있는가 하면 처음부터 회사종업원인 근로자를 위한 시설로서 휴게실, 식당, 교육시설, 회의실, 강당 등이 있다. 이러한 시설들에 대해서는 회사 내에 관리규정이나 이용

---

1) 大判 2020. 8. 20, 2018 두 34480.

목적·이용절차·이용방법에 관한 규정이 마련되어 있는 것이 일반적이다. 시설관리권은 사용자가 가지고 있으나 그 시설은 회사 측이 주최하는 행사와 각종 회의나 교육을 제외하면 종업원들의 자치적 모임이나 회의장소로 이용된다. 기업 내에 노동조합이 설립되어 있고 노조사무실이 사업장 내에 위치하고 있는 경우에는 조합원은 회사의 종업원으로 구성되어 있으므로 노조의 조합활동은 회사운영의 한 측면을 차지한다고 볼 수도 있다. 따라서 노동조합이 조합활동을 위하여 회사 시설을 이용하는 경우에 회사의 사용허가를 요청하였으나 정식 허가를 받지 못하였더라도 해당 조합활동 자체가 정당한 것이고 달리 조합행사나 활동을 변경할 방법이 없는 경우라면 시설관리와 회사 업무에 관한 사용자의 권한이 어느 정도 침해받더라도 일정한 범위 내에서 사용자는 수인해야 할 의무를 진다고 해석해야 할 것이다. 이 경우에는 조합활동의 불가피성과 사용자의 권한이 충돌하게 되므로 노사 사이의 권리와 이익의 침해를 비교 형량하여 사용자의 수인의무가 인정될 수 있다.[1] 이에 대하여 수인의무를 인정하지 않는 견해에 따르면 사용자의 허락을 얻지 못한 하자(위법성)가 조합활동상의 불가피한 필요성에 의하여 일정 한도 범위 내에서 조각되는 것으로 보아야 한다고 한다.[2]

d) 사용자가 일정 범위 내에서 수인의무를 진다는 것은 조합활동으로 인해서 침해받은 불이익에 대하여 노동조합(또는 조합원)의 책임을 묻지 않는다는 것을 의미한다. 즉, 사용자의 수인의무를 인정하는 경우에는 그 부분의 조합활동에 대하여 민사책임이 면제된다. 노조및조정법 제3조는 「사용자는 이 법에 의한 단체교섭 또는 쟁의행위로 인하여 손해를 입은 경우에 노동조합 또는 근로자에 대하여 그 배상을 청구할 수 없다」고 규정하고 있다. 이 규정은 문언상 단체교섭과 쟁의행위에 대해서만 적용되므로 이에 해당하지 않는 조합활동으로 손해가 발생한 때에는 민사면책을 받을 수 없다는 견해[3]가 있으나 일반적 찬동을 받지 못하고 있다. 조합활동은 헌법 제33조 1항에 의한 노동3권을 그 보호근거로 하고 있으므로 그 보호범위에 속하는 정당한 조합활동의 경우에는 사용자의 권한과 저촉되더라도 비교·형량에 의한 일정 범위 내에서는 민사면책이 인정된다고 보아야 한다.[4] 노조및조정법 제3조는 민사면책의 범위를 단체교섭과 쟁의행위의 경우에

1) 同旨: 西谷, 「勞働組合法」, 238面 이하; 盛誠吾, 「勞働法總論·勞使關係法」, 439面. 일본 판례로는 ミスミ電機事件 − 東京高判昭 63. 3. 31 勞判 516号 5面; 國産自動車交通事件 − 最三小判平 6. 6. 7 勞旬 1349号 58面 참고.

2) 菅野, 「勞働法」, 925面.

3) 山口浩一郎, 「勞働組合法」(第二版), 1996, 290面; 下井隆史, 「勞使關係法」, 1995, 82面 이하.

4) 西谷, 「勞働組合法」, 240面. 민사면책과 관련하여 위법성조각이라는 법리를 활용하더라도 그러한 판단과정이 수인의무설과 모순된다고 볼 수는 없을 것이다. 다만 기업시설에 대하여 「허가설」을 취하는 판례의 견해는 기본적으로 「위법성조각설」에 서있다고 볼 수 있다.

한정해서 인정하는 취지의 규정은 아니다.[1]

노동조합이 사용자의 승낙을 얻지 못하고 불가피하게 기업시설을 이용하므로써 사용자의 권한을 침해한 경우에 일정한 한도에서 조합활동의 정당성이 인정된다하더라도 노동조합이 당연히 기업시설에 대한 구체적 이용권을 가지게 되는 것은 아니며 그 범위 내에서 민사책임의 면책을 받을 뿐이라고 새겨야 한다.[2]

4. 사용자 동의에 의한 조합활동 범위

a) 근로자가 사용자의 시설을 이용할 수 있는 권한은 근로계약 이외에 다른 형태의 계약적 합의를 통해서도 인정될 수 있다. 대표적인 예로 근로자로 하여금 기숙사 시설을 이용케 하거나, 노동조합 사무실과 같이 기업시설 일부를 무상으로 사용할 수 있게 하는 경우를 들 수 있다. 먼저 근로자가 사용자에 의하여 제공된 기숙사를 이용하는 경우에는 근로계약체결 이외의 별개의 기숙사이용에 관한 계약적 합의가 함께 성립하는 것으로 보아야 한다.[3] 어떤 형태로든「사업장 내」에 있는 기숙사를 근로자에게 이용하도록 대차한 경우에는[4] 계약에 의하여 정해진 범위 내에서 근로자는 시설물을 사용할 수 있는 권리를 가진다. 이러한 권리는 계약적 합의를 기초로 사용자가 인정한 것이므로 대차계약관계가 종료하기 전까지는 시설물을 사용할 권리도 방해받지 아니한다. 그러므로 계약상의 사용 목적에 반하지 않는 한 근로자가 기숙사에서 다른 조합활동에 필요한 준비작업을 한다든가 혹은 다른 기숙근로자들과 조합활동을 위한 분임토의를 하는 것을 사용자는 방해할 수 없다. 사업장 내에 있는 기숙사를 이용하도록 허락한 경우에 이와 통상 관련성을 가진 다른 일련의 행위에 대해서도 사용자는 수인(受忍)의무를 부담해야 한다. 또한 파업기간 동안에도 기숙사 시설물의 이용관계는 다른 특별한 약정이 없는 한 계속 유효하게 존속하므로 근로자는 기숙사를 이용할 수 있으며, 기숙사를 위한 별도의 출입문이 없어 사업장 출입문을 이용하는 경우에는 직장폐쇄의 기간 동안에도 기숙사

---

1) 西谷,「勞働組合法」, 239面; 菅野,「勞働法」, 31面; 外尾,「勞働團体法」, 1975, 317面 등.

2) 일본의 학설 중에는 단결권 내지 조합활동권을 근거로 노동조합은 기업시설에 대한 일정한도의 이용권을 가진다는 견해가 있다. 이 견해 또한 수인의무설을 기초로 한 학설상의 주장이다. 이 학설이 출현한 후 수인의무설은 이른바 이용권형(利用權型) 수인의무설과 책임면제형(責任免除型) 수인의무설로 구분되기도 하였다(西谷,「勞働組合法」, 240面 각주 30)에 인용된 문헌 참고. 또한 菅野,「勞働法」, 925面 참고).

3) 양자는 별도로 성립할 수도 있으나, 일종의 혼합계약 형태로 체결될 수도 있을 것이다.

4) 근로기준법상 기숙사란 사업의 부속기숙사를 의미하며, 이는 사업경영의 필요에 의하여 그 일부로서 설치·운영되는 근로자의 숙소를 말한다. 이러한 기숙사가 사업장 밖 인근에 위치하는 경우에 사업장 시설 이용과 직접 관련이 없지만 기숙사가 사업장 내에 위치하고 있는 경우에는 사업장 시설의 일부로 볼 수 있다. 회사가 제공하는 사원주택의 경우 그 주택은 기숙사로 볼 수 없다.

출입을 위해 필요한 범위 내에서의 사업장 출입은 허용되어야 한다.

b) 기업별 노동조합의 기본형태를 유지하여 온 우리나라의 노사관행에서 통상 사용자는 기업 시설 내에 노동조합 사무실을 제공하고 있다. 이는 노동조합의 규모가 대체로 작고 재정상태가 넉넉하지 못하기 때문에 최소한의 조합활동의 편의를 제공해 주기 위한 것이다. 그러므로 사용자의 조합사무실 제공은 조합활동을 위한 사용자의 임의적인 편의제공일 뿐, 근로3권 보장법리에 포함되는 노동조합의 권리를 기초로 하는 것은 아니다. 노동조합은 근로자들의 자주적인 단체로서 기업과는 별개의 기구이며, 설사 기업별 노동조합이더라도 노동조합의 사무실 등은 노동조합이 스스로 마련하는 것이 원칙일 것이다. 그러나 사용자가 사업장 내의 시설 일부를 노동조합의 사무실로 사용토록 허용한 행위에는 노동조합과 관련된 제반 조합활동도 함께 용인하는 것으로 해석하여야 한다. 예컨대 조합원의 노조사무실 출입을 인정하지 않는다는 전제에서 사무실을 제공하는 것은 모순이라고 아니할 수 없다. 부분적·병존적 직장점거의 행태로 이루어지는 쟁의행위에 대하여 판례[1]가 정당성을 인정하는 것도 같은 수인(受忍)의 법리에서 그 근거를 찾을 수 있을 것이다. 한편 이때에도 사용자의 시설관리권은 침해되지 않는다는 것이 판례의 태도이다. 결국 사용자의 법익과 조합활동의 필요성을 비교형량하여 조합활동과의 관계에서 사용자의 시설관리권 등도 일정한 제약을 받는다고 보아야 할 것이다.

5. 조합활동과 시설관리권

a) 사용자는 기업시설에 대해서 소유권, 임차권 등을 기초로 관리권을 가지므로 타인이 기업시설을 이용하는 것을 허용하거나 일정한 조건하에서 사용할 것을 인정할 권한을 가진다. 기업시설의 이용을 필요로 하는 조합활동도 이러한 시설관리권과의 관계에서 제약을 받는다고 보아야 한다. 그러나 우리나라와 같이 노동조합이 기업별로 조직되어 있는 상황에서 노동조합이 조합활동을 위해서 기업시설을 이용할 필요가 생기는 경우에는 사용자가 단지 제3자에게 기업시설의 이용을 허용하는 차원에서 이해할 것은 아니다. 넓은 의미의 조합활동은 사용자와의 협의·교섭, 고충처리, 산업안전활동 등의 업무와 건전한 노사관계 발전을 위한 노동조합의 유지·관리업무(노조및조정법 제24조 Ⅳ 후단 참조) 등도 포괄하는 것으로 이해될 수 있으므로 조합활동은 사용자의 이익과 완전

---

1) 大判 2007. 12. 28, 2007 도 5204(조합원 20여명이 회사 회의실 안에 있던 책상과 회의탁자 등을 한 곳을 민 다음, 바닥에 매트를 깔아두고 상주하는 방법으로 회의실을 점거한 것이 … 직장 또는 사업장 시설을 전면적, 배타적으로 점거하여 조합원 이외의 자의 출입을 저지하거나 사용자 측의 관리지배를 배제하여 업무의 중단 또는 혼란을 야기케 하는 것과 같은 행위는 이미 정당성의 한계를 벗어난 것이라고 볼 수밖에 없다.) 등.

히 분리되어 있는 것은 아니다. 또한 종업원인 조합원들에게는 일정한 범위에서 기업시설의 이용이 예정되어 있다고 볼 수 있는 경우도 적지 않다.

b) 기업시설 중에는 다수 종업원들의 이용을 전제로 하는 공동시설(중·소회의실, 휴게실, 강의실, 식당 등), 운동장 등이 있는가 하면 임원실, 응접실, 특정 목적을 위한 시설과 같이 사용자측 또는 특정인의 전용시설이 있고, 회의실·집회실처럼 중간적 성격을 가지는 시설도 있다. 조합활동시에 필요로 하는 시설은 주로 공동시설이므로 이러한 시설의 이용은 조합활동의 정당성 판단에 있어서 충분히 고려되어야 한다. 즉 사용자측에서도 시설관리권의 차원에서 승낙의 유무 또는 기업시설의 안전과 정상적 기업운영의 유지라는 추상적 기준에 따라 조합활동을 규제할 것은 아니라고 생각된다. 공용시설이나 중간적 성격의 시설에 대해서는 사용자의 기본적 권리의 침해가 없고 조합활동의 시기적·장소적 필요성 등이 충분히 인정되는 때에는 사용자의 관리권은 내재적 제한을 받는다고 보아야 할 것이다. 따라서 시설의 이용을 정당한 이유없이 거부하는 것은 권리남용이 될 수 있다고 보아야 할 것이다.[1]

6. 조합활동의 정당성과 구체적 모습

(1) 일반적 정당성

a) 단체교섭이나 쟁의행위는 단체교섭의 주체가 될 수 있는 노동조합이 행하여야 하지만 조합활동은 반드시 노동조합이 행동의 주체가 되는 것은 아니며 단결체의 통제하에 활동하는 경우이면 조합원 개인이더라도 조합활동을 할 수 있다. 또한 조합원이 노동조합으로부터 구체적 지시를 받아 이에 따라 행위를 하는 것이 아니더라도 노동조합의 규약이나 기본 방침에 따른 것이거나 그 성질상 노동조합의 활동으로 볼 수 있는 것이면 노동조합의 묵시적 승인이 있는 것으로 보아야 한다.[2] 단결권의 효력은 그러한 범위에까지도 미치는 것으로 볼 수 있다.[3] 예컨대, 노조조합원이 조합대의원으로 출마한 행위는 노동조합의 행위에 해당하는 것이 분명하다.[4]

1) 西谷, 「勞働組合法」, 242面 이하 참고.

2) 大判 2011. 2. 24, 2008 다 29123; 大判 1991. 11. 12, 91 누 4164. 이에 반하여 「조합원의 일부가 노동조합 집행부와 조합원 전체의 의사에 따르지 않고 노동조합의 결정이나 방침에 반대하거나 이를 비판하는 행위는 행위의 성질상 노동조합의 활동으로 볼 수 있다거나 노동조합의 묵시적인 수권 혹은 승인을 받았다고 인정할 만한 사정이 없는 한 조합원으로서의 자의적인 활동에 불과하여 노동조합의 활동이라고 할 수 없다」(大判 1992. 9. 25, 92 다 18542).

3) Preis, *KolletivArbR* Rn. 141(노동조합의 위임이 없더라도 개별조합원의 행위가 노동조합의 존립과 목적에 적합한 것이면 조합활동으로서 보호를 받는다. 이를 인정한 독일연방노동법원 판례: BAG 20. 1. 2009—NJW 2009, 1990; BAG 15. 10. 2013—NZA 2014, 319 Rn. 36).

4) 大判 1990. 8. 10, 89 누 8217; 大判 1991. 11. 12, 91 누 4164(근로자가 노동조합의 위원장으로

b) 현실적으로 민감한 문제로 대두되는 사항으로서 근로자의 권리와 이익에 직접적으로 관련되는 입법, 행정조치 등을 촉진 또는 반대하는 활동은 일면 정치활동으로서의 성격을 띠고 있으나, 노동조합 본래의 목적을 달성하기 위한 경제적·사회적 활동 내지는 이에 부수하는 활동으로 볼 수도 있다.1) 이 경우에 노동조합이 주체가 되어 조합원의 협력을 구하는 행위는 노동조합의 목적 범위 내의 정당한 조합활동으로 볼 수 있다는 견해가 지배적이다.2)

그러나 예컨대 노동조합의 입장과 다른 경영방침을 가지고 있다는 이유에서 사용자 또는 재단의 인사나 운영에 간섭·반대하는 행위는 조합활동으로 정당화될 수 없다.3)

(2) 각종의 활동 모습

근무시간중 사업장 내에서 행하여지는 조합활동은 기본적으로 사용자의 노무지시권이나 시설관리권을 침해해서는 아니 될 것이다. 그런 의미에서 근로계약상의 노무제공의무, 성실의무에 위반하거나 업무를 저해하는 등의 행위는 허용되지 않는다고 보아야 한다. 따라서 조합활동은 원칙적으로 취업시간중에 행하여져서는 아니 되고, 기업시설의 이용과 관련해서는 기업시설관리권과 기업시설의 운영질서를 부인하는 차원에서 행할 수 없다(위의 5 참고). 조합활동이 취업시간 외에 사업장 밖에서 행하여지더라도 사

출마한 행위는 노동조합의 업무를 위한 정당한 행위에 해당함이 분명하고, 다수의 노동조합위원장 입후보자 중 일부만 사퇴하고 복수 이상의 후보자가 남았는데 그 중 한 사람이 사퇴자의 사퇴이유를 왜곡하여 그의 선거운동에 이용하는 경우, 당해 사퇴자가 그의 사퇴이유를 유인물 배포로 조합원에게 알리는 행위를 하는 것도 조합의 업무를 위한 행위에 포함되는 것으로 해석하는 것이 상당하며 후보자가 한 사람만 남아 가·부의 투표를 하게 되는 경우라고 하여 달리 볼 것은 아니다).

1) 취업규칙과 노사협의에 의하여 지급하도록 정하여진 수당을 지급하지 않는다고 고용노동부에 진정한 행위는 노동조합의 목적인 근로조건의 유지 개선, 기타 근로자의 경제적 지위향상을 도모하기 위한 행위로서 조합의 묵시적 승인 내지 수권을 얻은 정당한 조합활동행위이다(大判 1990. 8. 10, 89 누 8217).

2) 菅野, 「勞働法」, 923面; 荒木, 「勞働法」, 657面. 이러한 활동에 대하여 조합원의 협력의무를 인정한 일본의 판례(國勞廣島地本事件·最三少判 昭和 50. 11. 28 民集 29卷 10號 1698頁).

3) 大判 2003. 11. 13, 2003 도 687(경영권이 근로3권과 충돌하는 경우 이를 조화시키는 한계를 설정함에 있어서는 기업의 경제상의 창의와 투자의욕을 훼손시키지 않고 오히려 이를 증강시키며 기업의 경쟁력을 강화하는 방향으로 해결책을 찾아야 한다). 이 판례에 따르면 헌법 제23조 제1항, 제119조 제1항, 제15조 규정들의 취지를 기업활동의 측면에서 보면 모든 기업은 그가 선택한 사업 또는 영업을 변경(확장·축소·전환)하거나 처분(폐지·양도)할 수 있는 자유를 가지고 있고, 이는 헌법에 의하여 보장되고 있다고 한다. 이에 관해서는 [27] 3. (2), (3) 참고. 大判 2006. 5. 26, 2004 다 62597(전국교직원노동조합 소속 교원들이 '족벌재단 퇴진' 등과 같은 내용의 리본, 배지, 조끼를 패용·착용한 행위는 단순히 노동조합의 내부적 단결을 위한 행위가 아니라 학교운영자들에게 유형적 위력을 보이는 외부적인 집단행동에 해당한다고 볼 수 있고, 설령 위와 같은 리본 등의 패용·착용행위가 '단결권'에 관한 것이라 하더라도 근로조건의 향상과 별다른 관계가 없는 내용이므로 이를 금지하는 것은 근로자나 노동조합의 적법한 단결권행사에 어떠한 제한을 부과하는 것이 아니라고 한 사례).

용자의 영업을 적극적으로 방해(원자재 또는 생산제품의 운송차량 출입을 방해·제지하는 활동)하거나 회사의 명예와 신용을 해치는 형태로 행하여져서도 아니 될 것이다.

a) 유인물 배포 유인물 배포가 사용자의 승인 없이 직장 내에서 행하여지는 경우 사용자의 작업질서와의 관계가 문제될 수 있다. 벽보부착과는 달리 유인물 배포는 유인물을 직접 개별종업원에게 건네거나 작업장소에 놓아두는 행위로서 근로자에 대한 의사전달이 주된 목적이므로 기업시설의 물적침해는 문제될 것이 없다. 취업규칙이나 단체협약에 유인물 배포에 관한 규정이 있으면 이에 따라 배포하면 될 것이므로 유인물 배포 자체가 기업질서를 위반하는 행위라고 볼 수는 없다. 유인물 자체를 금지하는 것은 노동조합에 대한 지배·개입으로서 부당노동행위(노조및조정법 제81조 ④ 본문)에 해당할 수 있다.

그러나 그 유인물의 내용이 사용자의 적법한 지시에 대해 반대를 하는 것이거나, 유인물을 무질서하게 장소를 가리지 않고 투척하거나, 작업에 지장을 줄 수 있는 근무시간에 유인물을 배포하는 것은 유인물 배포라는 조합활동 자체의 정당성이 문제되기에 앞서 그 내용,[1] 배포방법, 실시시기에 있어서 위법한 행위가 될 수 있다. 판례는 「유인물의 배포가 정당한 노동조합의 활동에 해당되는 경우라면 사용자는 비록 취업규칙 등에서 허가제를 채택하고 있다 하더라도 이를 이유로 유인물의 배포를 금지할 수 없을 것이지만, 배포한 유인물은 사용자의 허가를 받지 아니하였을 뿐 아니라 허위사실을 적시하여 회사를 비방하는 내용을 담고 있는 것이어서 근로자들로 하여금 사용자에 대하여 적개감을 유발시킬 염려가 있는 것이고, 위 유인물을 근로자들에게 직접 건네주지 않고 사용자의 공장에 은밀히 뿌렸다는 것이므로 이는 사용자의 시설관리권을 침해하고 직장질서를 문란시킬 구체적인 위험성이 있는 것으로서, 비록 위 유인물의 배포시기가 노동조합의 대의원선거운동기간이었다 할지라도 위 배포행위는 정당화될 수 없다」[2]고 한다. 취업시간이 아닌 휴게시간중의 배포는 다른 근로자의 취업에 나쁜 영향을 미치거나 휴게시간의 자유로운 이용을 방해하거나 구체적으로 직장질서를 문란하게 하는 것이 아닌 한 승인을 얻지 아니하였다는 이유만으로 정당성을 잃는다고 할 수 없다는 것이 판례의 기본 태도이다.[3] 이 경우 유인물의 내용, 매수, 배포의 시기, 대상, 방법, 이로

1) 大判 2000. 6. 23, 98 다 54960(근로자들이 노동조합을 결성한 후 자신들의 직장의 원청회사에 노동조합 설립에 관한 벽보나 현수막을 부착하고 원청회사 직원들에게 유인물을 배포하여 원청회사가 하청계약의 해지통지를 할 정도에 이른 경우, 근로자들의 이와 같은 유인물 배포행위 등이 사회적 상당성을 갖추었다고 볼 수 없어 정당한 노동조합활동이라고 할 수 없다고 한 사례).

2) 大判 1992. 6. 23, 92 누 4253.

3) 大判 1991. 11. 12, 91 누 4164. 同旨: 大判 2017. 8. 18, 2017 다 227325.

인한 기업이나 업무에의 영향 등이 정당성 판단의 기준으로 작용할 수 있다.[1]

반면에 사용자의 허가 없이 이루어진 선전방송이나 유인물의 내용으로 타인의 인격·신용·명예 등이 훼손 또는 실추되거나 그렇게 될 염려가 있고 또 사실관계의 일부가 허위이거나 그 표현이 다소 과장 또는 왜곡된 점이 있더라도, 그 선전방송이나 문서를 배포한 목적이 타인의 권리나 이익을 침해하려는 것이 아니라 조합원들의 단결이나 근로조건의 유지 개선과 근로자의 경제적·사회적 지위 향상을 도모하기 위한 것이고, 선전방송이나 문서의 내용이 전체적으로 보아 진실한 것이라면 그와 같은 행위는 노동조합의 정당한 활동범위에 속하는 것으로 볼 수 있다는 판례가 있다.[2]

b) 벽보 등의 부착

1) **벽보 부착행위의 특성** 유인물 그 밖에 붓글씨나 물감 또는 페인트 등으로 쓴 벽보를 사업장 내의 게시판이나 기업시설물에 붙이는 행위는 미관상의 문제를 일으킬 수 있고, 단순한 의사를 표현하는 수단을 넘어 조합원들의 투쟁 의욕을 환기시키거나 사용자에 대한 압력을 가하는 시위행위로서의 성격을 띠는 경우가 적지 않다. 이러한 벽보 부착행위는 노사 간에 분쟁이 발생하였거나 쟁의행위 기간 중에 행하여지는 경우가 적지 않기 때문에 사용자의 강한 거부감을 촉발하는 원인이 된다. 벽보 부착행위가 노동조합의 일상적 조합활동의 범위를 넘는 경우가 있으므로 학설·판례도 이에 대하여 여러 가지 견해를 제시하고 있다. 우리나라에서도 산업화 초기에 근로조건이 열악하고 노사관계가 제도적으로 안정적으로 정착되지 않았던 시기에는 노사의 대립이 첨예했으며, 이 시기의 벽보부착 등 조합활동은 때로는 과격하였다. 대체로 학설은 이와 같은 활동에 대하여 노동조합이 취할 수 있는 통상적 연대·압력 수단이라는 입장에 섰던 반면, 판례는 비교적 엄격한 기준을 제시하며 그 행위의 정당성 여부를 판단하였다. 그러나 노사관계가 안정되고, 작업장 시설과 그 밖의 기업시설이 근대화하는 한편 근로자의 의식이 변화하면서 조합활동은 유연하게 변모하였고 과격한 벽보 부착행위도 크게 감소한 것이 사실이다.

2) **정당성 판단기준** 벽보부착행위는 미관풍치(美觀風致) 유지의 관점에서 또는 타인의 재산권과 시설관리권 보호의 관점에서 규제의 대상이 되고 있으나, 학설은 필요·최소한의 규제라는 관점에서 벽보부착의 장소, 주위의 상황, 벽보의 매수(枚數)(필요 이상으로 과다한지 여부), 문언상의 내용, 벽보의 형상(形狀), 부착 방법(접착제 사용 등)[3] 등을 종합적으로 고려하여 규제 범위를 결정해야 한다고 한다. 현재 일본의 판례는

1) 大判 2011. 9. 8, 2009 두 14682.
2) 大判 2017. 8. 18, 2017 다 227325.
3) 김유성, 「노동법Ⅱ」, 105면; 임종률, 「노동법」, 115면; 西谷, 「勞働組合法」, 247面.

1979년의 최고재판소의 판결[1]에 의하여 수인의무설([104] 3. (2) 6) 이하 참고)이 부인되면서 사용자의 허락 없이 노동조합은 기업시설에 벽보 부착을 해서는 아니된다는 원칙이 확립되었다고 볼 수 있다. 다만 이 판결은 사용자가 기업시설의 이용을 허락하지 않는 것이 권리남용에 해당할 때에는 벽보부착행위는 위법하지 않다고 판단하고 있다. 우리나라의 판례는 기본적으로 기업시설의 이용은 사용자의 허락을 받아야 하며(허락설) 기업질서를 해쳐서는 아니된다는 입장을 취하고 있다.[2] 학설은 기본적으로 이러한 판례의 태도에 찬성하면서 조합활동으로 행하여진 기업시설의 이용에 대하여는 일정한 범위 내에서 특별한 보호를 해야 한다고 한다. 하나의 견해에 따르면 사용자가 노동조합의 시설이용상의 편의제공에 응하지 않은 가운데 노동조합으로서는 정보전달이나 의사표시의 적절한 수단을 가지고 있지 않은 경우에 벽보부착 등은 조합활동의 일환(一環)으로 보아야하기 때문에 응분의 보호를 받아야 한다고 한다. 이 견해는 결과적으로 사용자의 승낙거부에도 불구하고 기업시설에 벽보를 부착하는 행위는 시설관리권의 침해이고 원칙적으로 위법한 것이지만 실질적 지장을 주지 않는 한 위법성이 조각된다고 하는 견해[3]에 속하다고 볼 수 있다. 그러나 사용자의 승낙거부가 권리남용에 해당하는 경우는 좀처럼 인정되기 어렵다. 다른 하나의 견해는 수인의무설이다. 헌법상의 단결권·단체행동권의 보장을 기초로 조합활동이 일정한 범위 내에서 보호를 받음으로써 사용자의 시설관리권은 그 한도에서 제약을 받게 되고, 그 결과 사용자의 승낙을 얻지 않고 행하여진 벽보부착행위도 정당한 조합활동으로 판단되는 한 사용자는 일정한 범위 내에서 수인의무를 부담한다고 한다. 이 설에 따르면 구체적으로 조합활동권과 시설관리권이 충돌하는 경우, 즉 조합활동으로서 불가결한 행위의 필요성과 그로 인하여 사용자가 입게 되는 업무운용상·시설관리상의 지장이 상충하는 경우, 조합활동권과 불가피한 사용자의 시설관리권 침해로 인한 손해를 비교형량하여 문제를 해결해야 한다고 한다.[4] 수인의무설이 일본의 다수설인 것으로 보인다.[5]

벽보부착행위는 특히 쟁의행위가 발생한 때에 빈번하게 그리고 보다 과격하게 행하여지는 것이 일반적 현상이다. 기업시설을 더럽히거나, 미관(美觀)을 크게 해치거나 강

---

1) 國鐵札幌駅事件 — 最三少判昭 54. 10. 30 民集 33卷 6号 647面.
2) 大判 1992. 3. 13, 91 누 5020; 大判 1994. 9. 30, 94 다 4042; 大判 1997. 12. 23, 96 누 11778; 大判 2000. 6. 23, 98 다 45960 등 참고. 그러나 구체적으로 직장질서를 문란하게 하는 것이 아닌한 허가를 얻지 아니하였다는 이유만으로 정당성을 잃는다고 할 수 없다(大判 2017. 8. 18, 2017 다 227325; 大判 1991. 11. 12, 91 누 4164).
3) 下井隆史, 「勞使關係法」, 1995, 80面; 山口浩一郎, 「勞働組合法」, 1996, 294面.
4) 西谷, 「勞働組合法」, 239, 248面.
5) 荒木, 「勞働法」, 660面 참고.

력접착제를 사용하거나 벽면에 도료(塗料) 등을 사용하는 경우가 있기 때문이다. 보통 노사의 교섭이 실패로 끝나면 노동조합이 근로자들의 주장을 관철하기 위하여 쟁의행위를 단행하게 되므로 이 기간 중에는 벽보부착행위의 허용범위가 당연히 넓게 해석되어야 한다는 견해가 있다.1) 그러나 저자는 이러한 견해에 대하여 찬동하지 않는다. 기업시설은 사용자의 소유권이나 시설관리권이라는 사적 권리의 차원을 넘어서 근로자들이 업무수행을 하면서 수입을 얻으며 직무능력을 개발하는 직장의 시설이다. 기업시설이 가지는 이와 같은 의미는 노사의 의견이 대립하여 쟁의행위가 발생한 기간에나 정상적인 근무가 이루어지고 있는 기간에나 다를 것이 없다([118] 4. (4) c), [121] 2. (3) 참고). 따라서 업무의 정상적 운영이 집단적으로 저해되고 있는 쟁의행위 중에 벽보 부착행위의 허용범위를 넓게 인정해야 한다는 견해는 파업기간 동안에도 여전히 살아있는 근로계약관계의 신의칙상의 의무에 반한다. 쟁의행위 기간 중에는 벽보부착의 목적과 장소, 부착된 벽보의 형상·매수·미관, 벽보부착방법, 사업장 내 게시판의 존재 여부·개수·장소, 벽보의 내용,2) 그동안의 사용자의 발언과 약속 등이 벽보 부착행위의 정당성을 판단하는 고려사항이 될 수 있다. 벽보부착행위의 정당성 여부는 객관적으로 판단되어야 한다. 다만, 벽보를 부착한 목적이 일정한 시간 후에 소멸한 때에는 원래 정당한 벽보부착이었더라도 위법한 것으로 판단될 수 있다.

3) 정당하지 않은 벽보 부착의 효과 정당하지 않은 벽보부착 행위자에 대해서 사용자는 징계처분을 할 수 있다. 사용자가 근로자를 징계할 수 있는 근거는 근로자가 근로계약상의 부수적 위무를 위반하여 사용자의 건물소유권을 침해(물권적 방해배제청구권: 민법 제214조)한데 있다고 볼 수 있다. 강력접착제 또는 도료 등을 사용하여 기업시설을 훼손한 경우에 사용자는 행위자에 대하여 불법행위책임을 물을 수 있을 것이다.

사용자는 벽보부착으로 기업시설이 훼손될 위급한 상황이 발생한 때에는 벽보부착 중지의 가처분 신청을 할 수 있다고 보아야 한다. 이때에는 벽보부착의 정당성이 부인되고 피보전(被保全)권리가 인정되어야 한다.

정당하지 않은 벽보부착에 대하여 사용자가 노동조합에 대하여 철거를 요구하였으나, 이에 응하지 않는 경우3) 사용자는 자력 철거를 할 수 있다고 보아야 한다. 사용자가 자력으로 벽보를 철거한 경우에는 철거비용을 노동조합과 실행행위자에게 청구할 수 있

1) 西谷, 「勞働組合法」, 248面. 또한 이 곳에 인용된 판례 참고.

2) 大判 2000. 6. 23, 98 다 54960; 大判 1992. 6. 23, 92 누 4253 참고.

3) 西谷, 「勞働組合法」, 251面; 菅野, 「勞働法」, 930面; 下井隆史, 「勞使關係法」, 82面(菅野 교수와 下井 교수는 벽보첨부행위의 위법성과 위법성조각 여부를 기초로 사용자의 철거청구와 자력철거를 인정한다).

다.[1] 이때 사용자의 청구권의 기초는 노동조합 또는 실행행위자인 근로자의 불법행위로 인한 손해배상청구권이다.

c) 리본, 완장, 머리띠 등의 착용　취업시간 중에 임금인상, 사용자의 교섭촉구 등을 요구하는 내용의 리본 또는 완장 등을 착용하고 근무를 하는 것이 업무를 저해하는 행위인지가 문제된다. 근로자는 업무수행중에는 이른바 직무에 전념할 성실이행의무를 부담하므로 위의 행위들은 이에 반할 수 있다.

종래 일본의 다수설은 리본, 완장 등의 착용이 노무제공에 지장을 주지 아니하고 사용자의 업무를 방해하지 않는 경우에는 조합활동으로서 정당성이 인정된다는 견해를 취하였다. 업무의 저해 여부는 리본의 크기, 기재내용, 착용목적, 근무장소, 근로자의 지위, 업종 등을 고려하여 판단된다(과거 일본 판례의 태도). 그러나 근래에 와서 일본의 판례는 취업시간중 리본의 착용은 업무에 대한 지장과는 관계없이 주의력의 전부를 업무에 집중하지 않는 것으로 직무전념의무(職務專念義務)에 위반하는 것이어서 정당한 조합활동으로 인정될 수 없다는 태도를 취하는 방향으로 바뀌고 있다.[2] 은행, 병원, 호텔, 백화점 등과 같이 고객이나 환자를 직접 대하는 서비스업에서는 리본착용이 그 기업 또는 병원의 영업 및 운영에 영향을 줄 수 있지만, 고객이나 외부시민과 거의 접촉이 없이 한정된 작업장 내에서 노무를 제공하는 업종에서는 리본착용이 사업의 정상적 운영에 별다른 영향을 주지 않는다. 이러한 경우에는 취업시간 중에 리본이나 뺏지를 달고 업무를 수행한다고해서 근로계약상의 성실근로의무에 반한다고 볼 수 없다. 전자의 업종에서는 리본의 문구·형상뿐만 아니라 리본착용 자체가 상대방 고객에게 나쁜 인상이나 혐오감을 주는 것이 보통이다. 따라서 이러한 사실을 알면서 리본, 완장(예컨대 장례용 완장), 머리띠 등을 착용하는 것은 성실한 근로의무이행에 따른 행위라고 볼 수 없다. 리본착용 등 조합활동의 정당성 여부는 추상적 일률적으로 판단할 것이 아니라, 당해 사업의 업종, 근로자의 직무내용, 노무의 구체적 내용과 태양, 직장의 모습에 따라 달리 실질적으로 판단해야 할 것이다.[3]

---

1) 일본판례로는 勤勞甲府支部事件 — 東京地判昭 50. 7. 1 勞民集 26卷 4号, 567面; エッソ石油事件 — 東京地判昭 63. 1. 28 勞判 515号 53面(菅野, 「勞働法」, 930面에서 인용) 등 참조.

2) 國鐵鹿児島自動車営業所事件 — 最二少判平 5. 6. 11 勞判 632号 10面; JR 東海 [新幹線支部]事件 — 最二小判平 10. 7. 17 勞判 744号 15面(菅野, 「勞働法」, 724面; 西谷, 「勞働組合法」, 258面 참고). 그러나 학설의 대세는 사용자의 업무를 구체적으로 저해하지 않는 행위는 반드시 직무전념의무에 반하지 않는다는 태도를 취하고 있다(荒木, 「勞働法」, 556面 참고).

3) 同旨: 菅野, 「勞働法」, 924面(구체적 상황하에서 노무 수행에 전혀 지장을 주지 않으며 업무 운영을 저해할 염려가 없는 리본착용은 조합활동으로서 정당성을 가진다고 보아야 한다). 西谷, 「勞働組合法」, 258面; 盛誠吾, 「勞働法總論·勞使關係法」, 442面 등.

판례는 병원에 근무하는 직원인 조합원들이 병원에서 모두 착용하도록 되어있는 위생복 위에 구호가 적힌 주황색 조끼를 근무중에도 착용하는 것은 병원의 환자들에게 불안감을 주는 등 병원 내의 정숙과 안정을 해치는 행위이고 인사규정소정의 징계사유인 '직무상의 의무를 위반 및 태만히 하거나 직무상의 정당한 명령에 복종하지 아니하는 행위'라고 판단하고 있다.[1] 기업이나 사업장의 품위와 대외적 신뢰를 유지하는 것은 사용자의 이익에 국한되는 문제만은 아니다.

d) 조합활동과 성실의무위반의 효과 근로자가 근무시간중 사업장 내에서 조합활동을 하는 것은 사용자의 노무지휘권이나 시설관리권과 충돌될 수 있으므로 원칙적으로 사용자의 허가나 승인을 받아야 할 것이다. 취업시간이 아닌 휴식시간중에 사업장 내에서 조합활동을 하는 것도 그 구체적 행위가 직장질서를 문란하게 하는 한 정당성이 인정될 수 없다(예컨대 고성방가를 하거나 회의실 내에 텐트를 치고 침식을 하며 농성을 하는 행위). 따라서 근무시간 외에 사업장 밖에서 행하는 조합활동은 일단 사용자의 노무지휘권이나 시설관리권과 충돌되지 않는다. 이때에는 배포된 유인물, 게시물, 현수막의 내용이 신의칙상의 부수적 의무인 성실의무(Treuepflicht)에 위배되는지가 문제될 것이다. 예컨대 사실과 다른 내용을 유포하여 회사의 명예를 훼손하고, 이러한 유인물 배포행위에 의하여 근로자들로 하여금 사용자에 대한 적개심을 유발시켜 직장질서를 문란시킬 구체적 위험성이 있는 때에는 그러한 행위를 한 자는 근로계약상의 성실의무를 (중대하게) 침해한 것이 되며, 사회통념상 근로계약을 더 이상 계속시키기 어려울 정도의 귀책사유가 인정되면 해고될 수 있다.[2]

그러나 판례[3]는 다른 한편 문언의 내용이 타인의 인격·명예 등을 훼손 또는 실추시킬 염려가 있더라도 「그 문서를 배포한 목적이 타인의 권리나 이익을 침해하려는 것이 아니라 조합원들의 단결이나 근로조건의 유지 개선과 근로자의 복지증진 기타 경제적·사회적 지위의 향상을 도모하기 위한 것이고, 또 그 문서의 내용이 전체적으로 보아 진실한 것이라면, 그와 같은 문서의 배포행위는 노동조합의 정당한 활동범위에 속하는 것으로 보아야 한다」고 한다. 근로계약상의 성실의무를 위반하는 행위는 근무시간 중 사업장 내에서는 물론 근무시간 후 사업장 밖에서도 마찬가지로 문제될 수 있다. 이때 그 위반의 정도가 크고, 행위자의 귀책사유가 인정된다면, 사용자는 행위자를 해고할 수 있다.

---

1) 大判 1996. 4. 23, 95 누 6151.

2) 大判 1994. 5. 27, 93 다 57551.

3) 大判 1993. 12. 28, 93 다 13544; 또한 大判 2011. 2. 24, 2008 다 29123; 大判 2017. 8. 18, 2017 다 227325 등.

[105] X. 노동조합의 조직변동과 해산

1. 서 설

a) 의 의 노동조합의 조직변동이란 노동조합의 조직상의 변화를 가져오는 모든 현상을 말한다.[1] 일반적으로 노동조합의 합병·분할·조직변경 및 해산 등을 통틀어 노동조합의 조직변동이라고 한다.[2] 노동조합의 합병·분할·조직변경에서는 노동조합의 조직이 바뀌어 조직변동 전의 형태로는 노동조합이 더 이상 존재하지 않게 되지만(소멸) 새로운 형태의 조직으로 노동조합은 계속 실존(實存)한다고 볼 수 있으므로 해산의 경우처럼 노동조합의 조직 자체가 소멸하여 더 이상 존재하지 않게 되는 변동과는 구별해야 한다. 따라서 노동조합의 합병·분할·조직변경은 해산과는 구별해야 한다. 그런데 노조및조정법 제28조는 합병·분할을 해산사유로 규정하고 있다(동조 I ②). 합병·분할을 해산사유로 규정한다면 조직변경(제16조 I ⑧)도 해산사유로 보아야 할 것이다. 저자는 노동조합의 합병·분할·조직변경을 해산사유로 보는 것은 옳지 않다고 생각한다. 노동조합을 합병·분할·조직변경할 때에는 해산신고(제28조 II)를 할 것이 아니라 합병·분할·조직변경 신고를 하는 것이 타당하다고 판단한다. 그런 범위 내에서 법을 정비(개정)하는 것이 바람직하다고 생각한다. 저자는 노동조합의 조직변동은 합병·분할·조직변경만을 의미하는 개념으로 사용하고 해산은 이와는 별개의 것으로 이해하려고 한다. 조직의 소멸도 넓은 의미에서 변동이라고 볼 수 있으나, 조직형태를 바꾸어 계속 존재하는 경우와 조직의 실체(實体) 자체가 소멸하는 경우는 구별해야하기 때문이다.

b) 조직변동이 일어나는 요인 노동조합이 기업별 조직형태를 취하고 있는 경우에 사용자에 대한 교섭력을 보다 강화하기 위하여 사업장별로 존재하는 노동조합들이 합병하여 하나의 노동조합을 설립할 수도 있고, 기업이 합병되어 이에 따라 노동조합의 조직을 통합하기 위하여 기존 노조들이 합병할 수도 있다. 이와는 달리 기업의 일부가 제3자(양수인)에게 양도(영업양도)되는 경우에 노동조합의 분할이 발생할 수 있다. 또한 산별노동조합의 지부였던 노동조합이 기업별 단위노동조합으로 그 조직형태를 변경할 수 있고, 역으로 기업별 단위노조가 산별지부로 조직형태를 바꿀 수도 있다. 이와 같은 조직변동은 외부적 이유에 의하기도 하지만 노동조합의 조직확대나 교섭력 강화와 같은 내부적 요인에 의하여 발생하는 경우도 적지 않다.

---

1) 이병태, 「노동법」, 177면.
2) 대표적으로 東大勞研, 「注解勞働組合法」(上), 601面 참고.

c) 각 조직변동에서의 공통점 노동조합의 합병·분할·조직변경은 해당 노동조합(합병의 경우에는 복수의 노동조합, 분할·조직변경의 경우에는 하나의 노동조합)이 총회의 의결(노조및조정법 제16조 Ⅰ ⑦ 및 ⑧, Ⅱ 단서)절차를 거쳐야 한다. 노동조합의 해산은 규약에서 정한 해산사유가 발생하거나, 총회 또는 대의원회의 해산결의(제16조 Ⅰ ⑦)가 있거나, 노동조합의 임원이 없고 조합활동이 1년 이상 휴면상태에 있는 경우에 행정관청이 노동위원회의 의결을 얻은 때에 성립한다. 해산의 경우에는 노동조합 자체가 소멸하게 되므로 청산이 발생하고, 조합의 잔여재산은 노동조합의 귀속에서 벗어나 규약의 규정 또는 총회의 결의에 따라 제3자에게 귀속되거나 조합원에게 분배될 수 있다. 이와는 달리 조직변동에서는 청산이 일어나지 않으며, 조합재산은 합병의 경우 신설된 또는 존속하는 노동조합(흡수합병의 경우 흡수합병하는 기존 노조)에 승계되거나, 분할의 경우 분할된 노동조합에 분할 승계된다. 또한 기존의 사용자와의 단체협약관계(정확하게는 단체협약에 의하여 발생한 권리·의무관계와 단체교섭을 요구하고 단체협약을 체결할 수 있는 지위)는 단절되지 않고 승계된다. 노동조합의 합병에서 신설합병의 경우 복수의 노동조합이 각각 형식상 일단 해산하고 새로운 노동조합을 설립하는 절차를 밟는다거나, 흡수합병의 경우 흡수되는 노동조합이 해산하고 합병에 따른 새 노동조합의 설립절차를 밟을 필요 없이 합병하는 복수의 노동조합 사이에서 합병에 관한 협정이 성립하고, 각 노조가 총회의 결의를 거치면 합병의 효력이 발생한다고 보아야 할 것이다.[1] 이때 합병에 의하여 신설된 노동조합의 대표자는 합병에 의한 노동조합 설립신고를 하면 될 것이다. 이와 같은 법리는 노동조합의 분할의 경우에도 원칙적으로 마찬가지로 적용된다. 노동조합의 조직변경의 경우에는 노동조합의 실체는 그대로 유지되면서 조직형태가 변경되는 것이므로 노조의 동일성이 상실되지 않는 이상 노조의 재산관계와 단체협약의 주체로서의 지위는 그대로 유지될 수도 있다.[2] 그러나 노동조합의 조직변경은 그 형태가 다양하므로 이에 대한 판단은 각 경우에 따라 명확히 할 필요가 있다.

d) 서술의 구성과 순서 저자는 위에서(a)) 언급한 바와 같이 해산과 조직변동(합병·분할·조직변경)을 분리하여 이해하는 입장을 취한다.[3] 저자는 2. 조직변동의 제목 하에서 (1) 합병·분할, (2) 조직변동, (3) 분열을 설명하고, 3. 해산은 마지막에서 설명한다. 2.의 (3)으로 분열이라는 항목을 넣은 것은 노조및조정법에 규정되어 있는 사항은 아니지만 이미 오래전부터 일본에서 학설·판례상 논의되어온 현실적인 쟁점 문제이고 우리나라에서도 실제로 논란의 대상이 되고 있기 때문이다. 분열은 노동조합 내부에서

1) 西谷, 「勞働組合法」, 134面; 菅野, 「勞働法」, 828面.
2) 大判 2018. 1. 24, 2014 다 203045.
3) 盛誠吾(「勞働法總論·勞使關係法」, 197面 이하) 교수도 같은 견해를 취한다.

사실적 분쟁이 발생하여 조합원들이 집단적으로 탈퇴하여 새로운 노동조합을 설립하고 기존 노동조합에 대하여 조합재산의 분할을 청구하거나 노동조합으로서의 정통성을 주장하는 분쟁을 말한다.

이상에서 설명한 분류와 서술 순서를 도시(圖示)하면 다음과 같다.

노동조합의 조직변동과 해산

1. 서설
   a) 의의
   b) 조직변동이 일어나는 요인
   c) 각 조직변동에서의 공통점
   d) 서술의 구성과 순서
2. 조직변동
   (1) 합병·분할
   a) 합병
   b) 분할
   (2) 조직변경
   a) 조직변경의 의의
   b) 조직변경의 유형
   c) 조직변경의 절차
   d) 조직변경의 효과
   (3) 분열
   a) 분열의 뜻
   b) 분열의 법적 문제
   c) 일본 판례의 태도
   d) 분열의 요건과 효과
      1) 요건
      2) 효과
3. 해산
   (1) 해산의 의의
   (2) 해산사유
   (3) 해산의 효과(해산절차)
   (4) 노동조합의 임원이 없고 조합활동을 1년 이상 하지 않은 경우

2. 조직변동

⑴ 합병·분할

a) 합 병

1) 노동조합의 합병이란 2개 이상의 노동조합이 그 존속중에 하나의 노동조합으로 통합되는 것을 말하는 것인데, 회사의 합병과 마찬가지로 A와 B 양 노동조합을 합병하여 새로운 C 노동조합을 결성하거나(신설합병)[1] A 노동조합에서 B 노동조합을 흡수하여 A 노동조합으로 존속시키는 방식(흡수합병)이 있다.[2]

aa) 신설합병

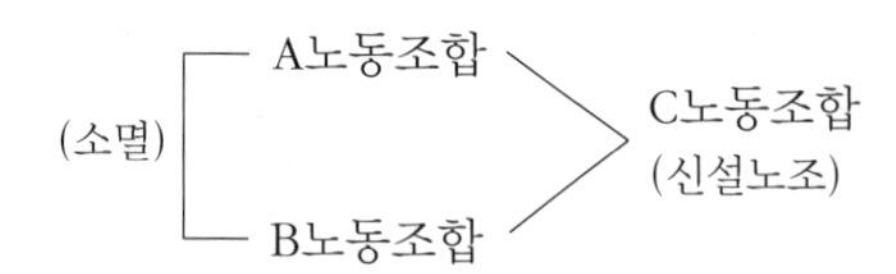

bb) 흡수합병

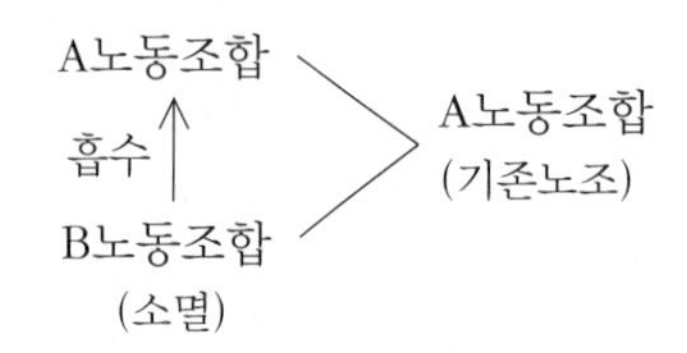

이와 같은 노동조합 합병의 개념과 절차 및 효과에 대하여 노조및조정법은 별도의 명문규정을 두고 있지 않다. 상법의 회사신설합병에 관한 규정을 유추적용하는 방법이 있을 수 있다.[3] 따라서 노동조합의 합병을 위해서는 회사인 법인의 경우와 마찬가지로 A와 B 양 조합간에 합병에 관한 협정을 성립시킨 후 각각의 조합에서 협정에 기초하여 총회에서 합병결의를 하는 것이 당연한 순서가 될 것이다.[4] 이 경우 합병결의는 노조및

1) 합병에 의하여 신설되는 노동단체는 노조및조정법 제2조 4호에서 정한 노동조합의 실질적 요건을 갖추어 노동기본권의 향유 주체로 인정되는 때(설립신고가 수리되는 때)에 합병이 완료되어 기존 노동조합은 소멸하면서 설립되는 것이므로 신고증을 받아야만 합병의 효력(기존 노조의 소멸과 동시에 신설 노조의 단체협약체결능력과 그 밖의 근로자단체로서 활동할 수 있는 능력의 발생)이 생기는 것은 아니다. 다만 그 근로자단체가 노조및조정법상의 노동조합으로 일정한 보호를 받기 위해서는 신고증을 교부받아야 한다(大判 2016. 12. 27, 2011 두 921).

2) 공무원노동조합의 합병의 요건과 효과에 관하여는 大判 2016. 12. 27, 2011 두 921 참고.

3) 이러한 합병을 '사실상 합병'과는 구분하여 이해하는 것이 일반적이다(이병태, 「노동법」, 182면; 김유성, 「노동법 Ⅱ」, 118면). 상법상 회사합병규정의 유추적용을 긍정하는 입장에서의 노조 합병의 구체적인 절차 및 사실상 합병의 구체적인 절차 등의 기술에 관해서는 박종희·김소영, 「기업변동시 노동법적 쟁점과 정책과제」, 2000, 96-108면 참고.

4) 西谷, 「勞働組合法」, 134面.

조정법에서 규정하고 있는 특별의결정족수에 따라야 한다(제16조 Ⅱ 단서).

2) 사용자와의 노사관계(단체협약 관계)에 있어서는 조합의 합병에 의하여 종래의 A 및 B 조합과 사용자와의 노사관계가 당연히 종료되는 것이 아니라 합병에 의해 결성되는 C 조합 또는 B 조합을 흡수합병한 A 조합에 그대로 승계된다고 해석하는 것이 일반적 견해이다(상법 제530조 Ⅱ, 제235조 참조).[1] 합병으로 인하여 서로 내용을 달리하는 복수의 단체협약이 병존하는 결과가 발생하는 때에는 새 노동조합과 사용자가 단체교섭이나 협의를 거쳐 조정해 나가야 할 것이다. 다만, 합병이라는 사정의 변경으로 그 존재의의를 상실하게 된 조항은 당사자의 합리적 의사에 비추어 실효된다고 해석해야 할 것이다.[2]

합병의 재산적 효과로서 노동조합의 적극재산, 노동조합에 대한 조합원의 권리·의무관계는 그대로 합병 후의 노동조합에 승계된다.[3] 이에 반해 소극재산, 즉 합병 전의 A와 B 양 노동조합이 제3자에 대하여 부담하고 있는 채무의 처리에 관하여는 견해의 대립이 있으나 합병 후의 노동조합이 각 노조의 채무를 승계한다는 견해가 통설이다.[4] 포괄승계설이 타당하다고 생각한다. 즉, 합병 후의 노동조합은 재산관계를 본질적 법률관계로 하여 존립하는 단체가 아닐 뿐더러 노동조합에 대하여 다수의 채권자가 존재하는 것도 아니다. 또한 합병에 의해 조합의 재정적 기반이 강고하게 되는 것이 일반적이므로, 채무관계의 포괄승계가 허용되더라도 채권자에게 불이익이 되지는 않을 것이다. 노동조합의 채권자라고하여 특별히 불이익을 받게 되는 이유가 존재하는 것도 아니다.

b) 분 할 분할은 예컨대 기업조직의 재편 또는 영업양도 등을 이유로 조합 내부의 합의와 의결을 거쳐 기존의 하나의 노동조합에서 2개 이상의 새로운 노동조합이 설립되고 종래의 노동조합이 소멸되는 것을 말한다. 그러나 기존 노동조합은 여전히 존속하면서 일정 부분이 분할되어 새로운 노동조합으로 신설되는 경우도 있다. 다만 이러한 예는 드물다. 전자를 완전분할(소멸분할), 후자를 불완전분할(존속분할)이라고 한다.

1) 1997. 6. 18, 노조 01254-543 참고. 西谷, 「勞働組合法」, 134面.
2) 西谷, 「勞働組合法」, 134面; 盛誠吾, 「勞働法總論·勞使關係法」, 199面.
3) 西谷, 「勞働組合法」, 134面; 盛誠吾, 「勞働法總論·勞使關係法」, 199面; 外尾, 「勞働團體法」, 1975, 107面 이하.
4) 外尾, 「勞働團體法」, 1975, 108面은 일반적으로 합병에 의해 조합의 재산적 기반이 강고해짐을 그 이유로 든다. 菅野, 「勞働法」, 828面.

aa) 완전분할(소멸분할)

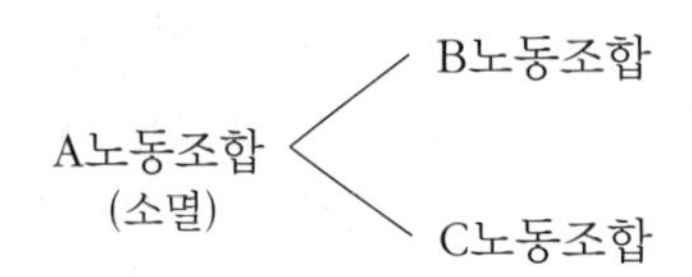

bb) 불완전분할(존속분할)

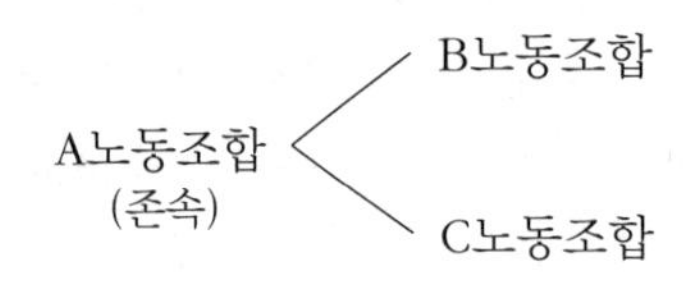

분할과 구별해야할 현상으로서 집단적 탈퇴가 있다. 분할이 노동조합 내부의 협의와 총회의 의결을 거쳐 이루어지는 법이 인정한 노조의 조직변동의 한 유형이라면 집단적 탈퇴 내지 분열은 사실상의 조직변동현상이므로 이를 사실상 분할 또는 분열(分裂)이라고 부르기도 한다. 분열은 분할과는 구별되는 차원의 문제점을 가지고 있으므로 다음의 (3)항에서 별도로 다루기로 한다. 분할에 의하여 새로운 2개의 노동조합이 생긴 경우에 동일성이 인정되지 않으면 기존 노동조합과 사용자가 체결한 단체협약은 소멸하지만,[1] 집단적 탈퇴의 경우에는 그로 인하여 조합원수가 감소하더라도 종래의 노동조합이 그 동일성을 유지하는 한 단체협약은 여전히 효력을 가진다.

(2) 조직변경

a) 조직변경의 의의 노동조합의 조직변경은 1997년 노조및조정법 제정시에 처음 도입된 제도이다. 종래 학설은 노동조합의 조직변경에 관하여 서술[2]하고는 있었으나 실정법적 근거를 두고 한 것은 아니었다. 현행법에서도 조직변경에 대해서는 그 정의나 유형 및 효과 등에 관하여 아무 규정을 두고 있지 않다. 다만, 조직변경이 총회의 의결사항이고 특별의결정족수를 요한다는 것만을 규정하고 있을 뿐이다(노조및조정법 제16조 Ⅰ ⑧, Ⅱ 단서). 따라서 노동조합의 합병·분할 등의 경우와 마찬가지로 조직변경의 문제도 이론을 통하여 해결할 수밖에 없다.

1) 분할은 합병과 반대방향의 조직변동으로서 분할 전후의 조직 사이에 실질적 동일성을 합병의 경우와 같이 인정해야 한다는 점에서 단체협약이 신조합에 승계되어 효력을 유지한다고 보는 반대의 입장도 있다(임종률, 「노동법」, 105면).

2) 당시 학설이 인정한 조직형태변경의 유형은 연합체가 단일조합으로 변경되는 경우와 혹은 단일조합이 연합체로 변경되는 경우를 예정하면서(박상필, 「한국노동법」, 415면), 구성원 실질에 변경이 없는 한 구 조직을 해산하고 신 조직을 조직하는 이중절차를 거치지 않고 규약개정에 의하여 조직형태변경을 할 수 있는 것으로 이해하였다(심태식, 「노동법개론」, 415면).

노동조합의 조직변경에 대해서 학설[1]과 판례[2]는 노동조합이 그 동일성을 유지하면서 조직형태를 변경하는 것을 의미하는 것으로 정의하고 있다. 이는 상법상 회사의 조직형태변경에 관한 일반적인 정의[3]를 원용하여 설명하는 것으로 이해할 수 있다. 노동조합의 조직변경의 특징은, 그 제도의 도입경위 내지 이에 대한 학설과 판례의 주류적인 입장 등을 고려할 때, 구 노동조합의 해산과 신 노동조합의 설립이란 절차의 번거로움을 생략하면서 조직형태를 변경할 수 있도록 하려는 취지로 이해할 수 있다. 다만 조직변경의 법적 효과로서 명문의 규정은 없으나 상법 규정의 유추 및 제도의 취지 등을 감안할 때 변경 전의 조합의 재산관계 및 단체협약 관계 등이 그대로 유지·승계되는 것을 전제로 입안된 제도이므로 조직변경이 있기 전후의 노동조합 간에 동일성이 유지된다.

노동조합의 조직변경이 가지는 다른 하나의 특징은 노동조합의 합병이나 분할의 경우와는 달리 하나의 노동조합이 그대로 있으면서 외형상 조직형태를 변경하는데 지나지 않는다는 점이다. 조직형태는 바뀌더라도 그 노동조합의 실질적 동일성은 그대로 유지된다고 보아야 한다.[4] 그러므로 조직변경에 의하여 노동조합의 성격이 근본적으로 변하지 않는 한 종전의 대내외적 관계는 그대로 계속 유지된다고 보아야 한다. 조직변경 전의 기존 노동조합의 권리·의무가 변경 후의 노동조합에 「승계」되는 것이 아니라 그대로 존속한다고 보는 것이 보다 정확할 것이다.[5] 노동조합의 조직변경의 경우에는 변경 전 기존 노조의 소멸이라는 문제는 발생하지 않으므로 노조및조정법 제28조 1항 2호에 조직형태의 변경이 포함되어있지 않으며 제16조 1항에서도 7호의 합병·분할·해산과 분리하여 8호에서 따로 규정하고 있는 것은 그러한 이유에 근거한 것으로 해석된다.

b) 조직변경의 유형 노동조합의 조직유형으로는 일반적으로 단위조직에 의한 유형구분과 단위조직들의 결합방식에 의한 유형구분 등을 들 수 있다. 전자는 기업별 노동조합·직종별 노동조합 및 산업별 노동조합 등으로 구분하는 방식이며, 후자의 경우는 단위조직과 그 조직들의 연합체 조직으로 구분하는 방식이다. 그런데 단위조직에 의한 유형구분은 법적으로 특별한 의미가 있는 것이 아니라 노동조합 스스로가 조직범위를 어떻게 설정하느냐의 차이에 따른 사실적인 구분방식에 불과하다. 즉, 기업별 노동조합

1) 이병태, 「노동법」, 178면; 김유성, 「노동법 Ⅱ」, 121면; 임종률, 「노동법」, 105면 이하 참고.

2) 大判 1997. 7. 25, 95 누 4377; 大判 2002. 5. 10, 2000 다 31649.

3) 상법학계에서는 회사가 인격의 동일성을 유지하면서 새로운 형태의 회사로 되는 경우를 조직변경으로 이해하는 데에는 이론이 없는 것 같다(이기수, 「회사법학」, 1999, 139면; 최기원, 「신회사법론」, 1999, 93면).

4) 상법상 회사의 경우 합명회사와 합자회사 상호간, 주식회사와 유한회사 상호간에 조직변경이 이루어져 회사형태가 달라지더라도 실질적 동일성이 유지되는 것에 비유하기도 한다.

5) 西谷, 「勞働組合法」, 135面 참고.

과 산업별 노동조합은 조직의 내부체계와 관련하여 본질적인 차이점은 없으며 단지 가입주체를 특정 기업에 종사하는 근로자로 할 것인지 아니면 특정 산업에 종사하는 근로자로 할 것인지의 차이에 불과할 뿐이다. 그러나 결합방식을 달리하는 단위노조와 연합체(예컨대 노동조합연맹)의 경우에는 가입주체인 구성원이 다를 뿐만 아니라 조직의 내부체계도 서로 달리 하는 경우이어서 이들 조직 상호 간의 변경은 서로 다른 노동조합으로의 조직변경으로 평가받게 된다. 기업별 단위노동조합이 연합단체인 노동조합에 가입하거나 탈퇴하는 것은 단위노조 자체의 조직변경에 해당하지 않는다. 마찬가지로 노동조합이 조합원의 범위(노동조합 구성원)를 예컨대 같은 사업장 내에서 확대하거나 줄이는 것도 조직변경에 해당되지 않는다.[1] 이곳에서는 그동안 논의되었던 여러 가지 유형의 조직의 변경(광의의 조직변경)에 관하여 살펴보기로 한다.

1) **연합단체를 단위노조로 하는 경우** 산업별 연합단체가 산업별 단위노조로 전환하는 경우는 조직변경에 해당된다. 즉, 구성원이 단위노동조합으로 이루어진 연합단체가 개별 근로자를 구성원으로 하는 산업별 노동조합으로 변경되는 경우는 가입주체 및 단체의 의사결정기관 구성을 달리하는 서로 다른 조직체이므로 조직변경에 해당한다.[2]

2) **단위노조를 연합단체로 하는 경우** 위의 경우와는 반대로 단위노조를 연합단체로 변경하고자 하는 경우에도 구성원 및 내부조직체계의 근본적인 변화를 수반하는 새로운 노동조합으로의 전환을 추진하는 것이므로 조직변경에 해당하는 것으로 볼 수 있다.

3) **조합원 가입범위를 변경하는 경우** 노동조합에 가입할 수 있는 조합원의 가입범위를 변경하는 것은 노동조합의 의사결정구조나 내부 조직체계 등의 근본적인 변화를 초래하여 새로운 노동조합을 설립하는 것과 같은 조직형태를 변경하는 것이 아니라 기존의 노조 대표자, 의사결정기관의 유지 등 기존 노동조합의 조직형태를 계속 유지하면서 단순히 노동조합에 가입할 수 있는 근로자의 범위만을 변경하는 것이므로 이는 규약변경의 대상에 불과하고, 조직변경이라고 볼 수 없다. 노조및조정법 제16조 2항 단서는 규약의 제정·변경에 대하여는 특별의결정족수를 규정하고 있다. 그런데 판례[3]는 「노동조합이 존속 중에 그 조합원의 범위를 변경하는 조직변경은 변경 후의 조

1) 이러한 사항은 단순한 규약변경에 관한 것이므로 노조및조정법 제16조 2항 본문(일반의결정족수에 의한 총회의결)이 적용된다.

2) 菅野, 「勞働法」, 823面.

3) 大判 2002. 7. 26, 2001 두 5361; 同旨: 大判 1997. 7. 25, 95 누 4377(서울상공회의소 노동조합이 조직을 변경해 그 조합원의 자격을 별도 독립법인인 대한상공회의소의 근로자에 대하여까지 확장하

합이 변경 전의 조합의 재산관계 및 단체협약의 주체로서의 지위를 그대로 승계한다는 조직변경의 효과에 비추어 볼 때 변경 전후의 조합의 실질적 동일성이 인정되는 범위 내에서 인정되고, 노동조합은 구성원인 근로자가 주체가 되어 자주적으로 단결하고 민주적으로 운영되어야 하므로 어느 사업장의 근로자로 구성된 노동조합이 다른 사업장의 노동조합을 결성하거나 그 조직형태 등을 결정할 수는 없다」고 함으로써 조합원의 범위를 변경하는 조직변경의 허용범위에 대하여 한계를 설정하고 있다.[1] 여기서 말하는 노동조합(조직변경결의를 할 수 있는 주체)에는 근로조건의 결정권이 있는 독립된 사업 또는 사업장에 조직된 산별·지역별·직종별 단위노조의 지부 또는 분회도 포함된다.[2] 그러나 '다른 사업장'이 동일한 사용자(사업주)에 의하여 운영되며 동일한 업무를 수행하는 근로자들을 사용하여 운영되는 사업체로서 근로조건이나 업무환경이 동일하여 장소적으로만 분리되어 있다면 같은 업무를 수행하는 사업장에 설립된 노동조합이 다른 사업장의 근로자들을 조합원으로 가입하도록 하여 조직범위를 확대하더라도 다른 사업장 근로자들의 단결권을 침해한다고 볼 수 없을 것이다.

4) 기업별 단위노조에서 다른 산업별 노동조합의 하부조직으로의 편입

이러한 경우를 조직변경의 한 형태로 보는 견해도 있다.[3] 그러나 기업별 단위노조가 다른 산업별 노조의 하부조직으로 편입하면서 종전의 독립된 조직이나 지위를 그대로 유지하는 경우에는 단순히 기업별 단위노조에 가입한 조합원들이 산업별 노조의 조합원으로 추가 가입하는 경우가 대부분이다. 기업별 노조가 해체되고 산업별 노조가 신설되는 것[4]이 아니라, 기업별 노조가 해체됨이 없이 산업별 노조의 지부로 되는 것에 불과하기 때문에 기존 노동조합의 소멸과 새로운 노동조합의 설립이란 조직형태의 변화가 전제되지 않는다. 이 경우는 기존의 기업별 노조 조직체계는 여전히 유지되면서 기존 조합원에게 산업별 노조의 조합원이라는 지위가 추가로 더 설정되는 것에 불과할 뿐이다.[5] 이를 조직변경으로 본다면 특별의결정족수에 따른 총회의 의결이 있어야 할 것이다(노조및조정법 제16조 Ⅰ ⑧, Ⅱ 단서). 최근에 대법원은 기업별 단위노동조합이 총회의 의결을 거쳐

는 것은 조합의 인적 구성에서 실질적인 동일성이 유지되지 아니하여 허용될 수 없을 뿐만 아니라, 대한상공회의소 근로자들의 노동조합 조직형태 선택의 자유와 가입이 강제되는 것이므로 노동조합의 자주성과 민주성에 반하여 허용될 수 없다고 한 사례).

1) 판례는 조합원의 범위의 확대를 전후하여 노동조합의 동일성이 유지되는 한 원칙적으로 조직변경을 인정하는 태도를 취한다. 또한 김유성, 「노동법 Ⅱ」, 121면; 이병태, 「노동법」, 179면 참고.

2) 大判 2002. 7. 26, 2001 두 5361.

3) 이병태, 「노동법」, 179면; 2002. 3. 20, 노조 68107-246.

4) 기업별 노동조합에 가입했던 조합원들이 모두 탈퇴하여 산업별 노동조합에 가입했다면 기업별 노조는 더 이상 존재하지 않게 되어 해체되므로 조직변경은 일어날 수 없다.

5) 박종희, '노조 조직형태변경에 관한 소고', 「노동법학」(제18호), 2004, 247면 이하.

산업별 노동조합의 하부조직인 지회로 편입되는 것은 노조및조정법이 예정하고 있는 조직형태 변경의 한 유형이고, 이 경우 산업별 노동조합은 기존의 단위노동조합의 권리·의무를 승계할 수 있으므로 그 개별 노동조합이 수행하던 부당노동행위 관련 소송절차를 수계할 수 있다고 판시하고 있다.[1] 그러나 단위노조의 조합원들이 단위노조를 탈퇴하여 산업별 노조에 가입하고 기존 단위노조는 산업별 노조의 단순한 지부가 되는 경우에는 해산의 경우에 준하는 절차를 거쳐야 할 것이다.[2]·[3]

5) 산업별 노조의 하부조직에서 기업별 단위노조로의 분리

i) 위에서 설명한 4)와 반대의 경우로 산업별 노조의 독립된 하부조직이 산업별 노조로부터 분리하여 기업별 단위노조가 되는 경우가 이에 해당한다. 이 경우 또한 조직변경으로 보는 입장[4]이 있으나 다음과 같은 문제점이 남는다.[5] 이때에도 종전 하부조

1) 최초의 판례: 大判 2016. 12. 29, 2015 두 1151; 大判 2016. 12. 29, 2015 두 1175(삼성에버랜드 사건).

2) 菅野, 「勞働法」, 824面; 西谷, 「勞働組合法」, 135面.

3) 판례에 따르면, 기업별 단위노동조합이 단체협약을 체결한 후 산업별 단위노동조합의 지부 또는 분회로 조직이 변경되고 그에 따라 그 산업별 단위노동조합이 단체교섭, 단체협약의 체결 등의 권리·의무를 승계한다고 하더라도 노동조합의 조직이 변경된 후 새로운 단체협약이 체결되지 않았다면 근로자의 징계절차에 대하여 기존의 기업별 단위노동조합일 때 체결된 단체협약이 적용되므로 근로자 측 징계위원은 사용자 회사에 소속된 근로자에 한정되어야 한다고 한다. 따라서 산업별 노동조합이 추천한 사용자 회사 소속 근로자가 아닌 노동조합 간부의 징계위원 선정을 거부하고 사용자 회사가 자체적으로 선정한 징계위원을 근로자 측 징계위원으로 구성한 징계위원회에서 징계해고 또는 정직처분을 한 것은 징계위원 구성에 있어서 단체협약을 위반한 위법이 없다고 판시한 바 있다(大判 2015. 5. 28, 2013 두 3351).

4) 행정해석은 「근로조건의 결정권이 있는 독립된 사업(장)에 조직되어 있는 산업별 노동조합의 분회가 노조및조정법 제16조 2항의 규정에 의한 의결정족수 이상의 결의에 의해 기업별 노동조합으로 조직형태를 변경하고, 그 후속조치로서 기업별 노동조합으로서의 규약제정 및 임원선출을 적법하게 한 후 행정관청에 설립신고서를 제출하였다면 비록 기존 산업별 노동조합의 분회에 대한 명시적인 해산결의가 없다 하더라도 기존 산업별 노동조합의 분회가 그 조직적 동일성을 유지하면서 기업별 노동조합으로 전환되었다고 보는 것이 타당할 것이므로 신규로 설립되는 기업별 노동조합을 복수노조로 보기는 어려울 것」이라고 하고 있다. 따라서 「근로조건의 결정권이 있는 독립된 사업(장)에 조직된 산업별 노조의 지부·분회가 기업별 단위노조로 조직형태를 변경하는 결의를 한 경우, 동 결의를 위한 총회 등 회의가 당해 산업별 노조의 승인을 받지 않았다는 이유만으로 당해 사업(장) 근로자들이 상기 방법에 따라 행한 조직형태변경결의의 효력을 부인하기는 어려울 것」이라고 한다(2001. 3. 19, 노조 68107-325). 그리고 「특정 사업(장) 근로자들이 동법에서 정한 절차와 방법에 따라 산업별 노조의 지부·분회에서 기업별 노조로의 조직형태변경결의를 한 경우 동법 제16조 2항 내지 4항의 규정에 따라 규약제정 및 임원을 선출하여 행정관청에 설립신고를 하여야 기업별 노조로 전환되는 것이며 기업별 노조로 전환되기 전까지는 기존의 산업별 노조의 지부·분회가 계속 존속하는 것이므로 당해 사업(장) 소속의 일부 근로자들이 다른 노동조합을 설립하거나 이에 가입하는 것은 동법 부칙 제5조 1항의 사업(장) 단위 복수노조의 금지규정에 위배된다」고 한다(2001. 5. 23, 노조 68107-585).

5) 지부·분회가 독립한 조직이 아닌 경우에는 단일조합의 조직원리에 비추어 지부·분회 등은 어디까지나 단일조합의 활동(운영)의 편의를 위한 하부조직(구성부분)에 지나지 않으므로 그 하부조직이 조

직의 소멸과 새로운 기업별 노조의 설립이라는 현상은 일어나지 않으므로 종래 독립된 하부조직이 여전히 독립된 기업별 노조로 명칭만 변경하여 계속 존속하는 것과 다를 바 없다. 이 경우는 실제적으로 산업별 노조에 가입한 하부조직 조합원들이 산업별 노조로부터 집단적으로 탈퇴한 것에 불과할 뿐이다. 산업별 조직에서 분리되기 이전이나 이후 여전히 그 조직은 독립된 조직체의 모습을 그대로 유지하는 것이다. 이처럼 집단적 탈퇴의 효과가 발생하기 위해서는 탈퇴하고자 하는 조합원들의 직접적인 의사표시가 있어야 하며, 따라서 전원의 동의가 필요하다.[1] 따라서 이때에는 노조및조정법 제16조 1항 1호 및 2항 단서가 적용된다. 그러나 산업별 단위노조의 구성부분에 지나지 않는 지부 또는 분회가 기업별 단위노조로 변경되는 경우에는 변경 전후의 조직체 사이에 동일성이 인정될 수 없으므로 조합원들이 산별조직에서 탈퇴하여 기업별 단위노조를 설립해야 할 것이므로(시령 제7조 참조) 노조및조정법 제16조 2항 단서에서 말하는 조직변경에 해당하지 않는다.

ii) 대법원은 산업별 노동조합의 지부, 분회 또는 지회가 산업별 노동조합의 지회라는 외형에서 벗어나 독립한 기업별 노동조합으로 전환할 수 있는 조직형태의 변경을 할 수 있는지 가부 및 그 요건 등에 관하여 그동안 명확한 입장을 밝힌 바가 없다.[2] 대법원은 2016년 2월 19일 전원합의체판결로 산업별 노동조합의 지부·분회 또는 지회(다음에서는 지회 등으로 표기함)가 기업별 노동조합으로 조직변경을 할 수 있는 주체적 요건 등에 관하여 비교적 자세한 법리적 근거와 함께 그 견해를 제시하였다.[3] 이 판결에 따르면 조직형태 중 어떠한 조직형태를 갖출 것인지 그리고 그 조직형태를 유지 또는 변

직을 이탈하는 결정은 그 결정권한의 범위를 유월하는 것이 되므로, 산업별 노조 지부·분회가 기업별 노조로 조직형태를 변경하는 것은 원칙적으로 허용되지 않는 것으로 보는 입장이 있다(菅野, 「勞働法」, 824面 이하; 西谷, 「勞働組合法」, 135面 이하). 그러나 지부·분회가 명목상으로는 상부단위노조의 하부조직이지만 실질적으로 독자적 규약·의사결정기관·재정·임원 등을 가지고 독립성을 가진 단위노조에 유사하다면(따라서 상부단위노조는 실태상 연합단체에 유사하다면) 해산에 준하여 내부적으로 특별의결정족수에 의한 총회의 의결을 거치면 상부조직으로부터의 이탈이 가능하다고 한다(菅野, 「勞働法」, 824面; 西谷, 「勞働組合法」, 135面 이하; 盛誠吾, 「勞働法總論·勞使關係法」, 200面. 全日運東乳支部事件·東京地判 昭和 42. 4. 12, 勞判集 18卷 2號, 339面).

1) 산업별 노동조합의 지회 소속 조합원들이 지회의 운영규칙 등에 정한 총회 소집절차를 거치지 않고 그들 스스로 소집권자를 지정하여 총회를 소집한 후 조합의 조직형태를 산업별 노동조합의 지회에서 기업별 노동조합으로 변경하기로 결의한 사안에서, 그 결의가 소집절차에 중대한 하자가 있어 무효라고 한 사례(大判 2009. 3. 12, 2008 다 2241).

2) 다만 산업별 노조의 지부·분회가 기업별 노조로 전환하는 것을 조직형태 변경의 한 유형으로 전제하는 판례들이 있었을 뿐이다: 大判 2008. 10. 9, 2007 두 15506; 大判 2009. 3. 12, 2008 다 2241; 大判 2012. 8. 17, 2010 다 52010 참고.

3) 大判(전합) 2016. 2. 19, 2012 다 96120(발레오전장(電裝) 사건).

경할 것인지 등의 선택은 단결권의 주체인 근로자의 자주적이고 민주적인 의사 결정에 맡겨져 있다고 전제하면서 노조및조정법 제16조 1항 8호 및 2항 단서(특별의결정족수)는 노동조합이 그 존속 중에 총회를 통하여 그 조직형태를 선택하거나 변경할 수 있는 자유를 실질적으로 뒷받침하기 위한 규정이라는 견해를 취하고 있다.

재판부(다수의견)의 견해에 따르면 노조및조정법 제16조 1항 8호 및 2항 단서는 「(산업별) 노동조합의 단순한 내부적인 조직이나 기구에 대해서는 적용되지 아니하지만, 산업별 노동조합의 지회 등이라 하더라도 실질적으로 하나의 기업 소속 근로자를 조직대상으로 하여 구성되어 독자적인 규약과 집행기관을 가지고 독립한 단체로서 활동하면서 해당 조직이나 그 조합원의 고유한 사항에 관하여 독자적인 단체교섭 및 단체협약체결 능력이 있어 기업별 노동조합에 준하는 실질을 가지고 있는 경우에는, 산업별 연합단체에 속한 기업별 노동조합의 경우와 실질적인 차이가 없으므로, 위 규정에서 정한 결의 요건을 갖춘 소속 조합원의 결정을 통하여 산업별 노동조합에 속한 지회 등의 지위에서 벗어나 독립한 기업별 노동조합으로 전환함으로써 그 조직형태를 변경할 수 있다고 보아야 하고」, 「산업별 노동조합의 지회 등이 독자적으로 단체교섭을 진행하고 단체협약을 체결하지는 못하더라도 법인 아닌 사단의 성질을 가지고 있어 기업별 노동조합과 유사한 근로자단체로서 독립성이 인정되는 경우에, 그 지회 등은 소속 근로자로 구성된 총회에 의한 자주적 민주적인 결의를 거쳐 그 지회 등의 목적 및 조직을 선택하고 변경할 수 있으며 단결권 행사 차원에서 노동조합의 실체를 갖추고 행동할 수 있어 기업별 노동조합에 준하는 실질을 가지게 되고 나아가 소속 근로자의 의사결정을 통하여 산업별 노동조합의 지회 등이라는 외형에서 벗어나 독립한 기업별 노동조합으로 전환할 수 있다고 보는 것이 타당하다」고[1] 한다. 노조및조정법 제16조 1항 8호 및 2항 단서의 규정을 이상과 같이 해석·적용하는 것은 근로자들에게 결사의 자유와 노동조합 설립의 자유를 보장한 헌법 및 노조및조정법의 정신에 부합한다는 것이 재판부의 견해이다.[2] 다만 산업별 노동조합의 지회 등이 산업별 노동조합의 활동을 위한 내부적인 조직에 그친다면 기업별 노동조합으로의 조직변경 결의는 허용될 수 없다고 한다.

노동조합법이 노동조합의 조직형태 변경을 허용하고 있는 것은 위에서 언급한 바와 같이 노동조합의 해산·청산과 설립 절차를 밟지 않고도 조직형태 변경을 할 수 있도

1) 大判(전합) 2016. 2. 19, 2012 다 96120; 大判 2016. 3. 24, 2013 다 53380; 大判 2016. 3. 24, 2013 두 12331(조직형태변경 이후의 임원 선출 결의도 유효). '조직형태변경 법적 주체에 대한 비판적 검토'에 관하여는 같은 제목의 박종희, 「노동법률」, 2016. 4, 42면 이하 참고.

2) 이 판결은 단체협약체결능력이 조직형태변경 결의의 주체 요건이 아니라는 태도를 취한다(또한 大判 2009. 3. 12, 2008 다 2241 참고).

록 함으로써 노동조합을 둘러싼 종전의 재산상의 권리·의무나 단체협약의 효력 등 법률관계가 새로운 조직형태의 노동조합에 그대로 유지·승계 될 수 있도록 하기 위한 것이다. 그런데 산업별 노동조합의 지회 등이 기업별 노동조합에 준하는 실질이나 기업별 노동조합과 유사한 근로자단체로서 법인 아닌 사단의 실질을 갖추지 못한 경우에는 총회 등을 통하여 기업별 노동조합으로 조직형태를 변경하면서 조합비 등 기존 재산 전부를 새로운 기업별 노동조합에 포괄적으로 이전하는 결의를 하더라도 그러한 결의는 조직변경 결의로서 뿐 아니라 재산을 이전하는 결의로서도 효력이 없다. 이를 허용한다면 조직형태 변경의 주체가 될 수 없는 지회 등이 사실상 조직형태를 변경하는 것과 마찬가지의 결과를 가져오게 되어 조직형태 변경 제도의 취지가 잠탈될 수 있다.[1] 이는 산업별 노동조합조직 기본원리에 반한다. 조직형태 변경을 결의할 수 없는 근로자단체 특히 산업별 노동조합의 지회로서 법인 아닌 사단의 실질조차 갖추지 못한 산하기구는 조직변경의 효과를 가져 올 수 있는 결의를 할 수 없다.

이상의 전원합의체 다수의견에 대해서 반대의견이 있다. 이에 따르면 이 사건 산업별 노동조합 지회는 i) 근로자와 조합원관계를 형성하면서 지회나 조합원의 고유한 사항에 관하여 독자적으로 단체교섭을 진행하여 단체협약을 체결할 능력이 없고, ii) 지회의 규약 및 총회 등의 기구와 지회장 등 임원도 어디까지나 산업별 노동조합의 조직관리의 필요성 차원에서 마련된 것이어서 조직형태 변경의 주체가 되는 노동조합이 아니므로 지회의 총회결의는 무효라고 한다.[2] 다수의견은 조합원인 근로자들의 단결선택권을 옹호하는 측면에서 조직형태 변경의 주체를 신축적으로 해석[3]하고 있는 반면, 반대의견은 산업별 노동조합의 조직원리와 노동조합의 조직체계를 보다 중요시하는 태도를 취하고 있다.

c) 조직변경의 절차 일반적으로 조직변경의 절차로서는 조직변경에 필요한 의결정족수의 찬성을 얻은 다음 조합규약의 개정과 명칭변경의 절차가 뒤따르는 것으로 충분하며 특별히 조합 해산과 신조합의 설립절차를 필요로 하지 않는다고 해석된다.[4] 예

---

1) 大判 2018. 1. 24, 2014 다 203045; 大判 2016. 12. 29, 2015 두 1151 등. 다만 산업별 노동조합의 지부는 처음부터 조직형태를 변경할 권한이 없다는 견해는 2012 다 961201 전원합의체 판결 이후에는 더 이상 유지 될 수 없으나, 모든 산업별 노조의 지부나 지회가 조직형태를 스스로 변경할 권한이 있는 것은 아니다.

2) 전원합의체 재판부(다수의견)는 지회 총회의결이 무효라고 판단한 원심판결을 파기환송하였으나, 반대의견은 원심판결이 유지되는 것이 옳다는 입장이다. 총회의결이 유효한 경우 전환된 기업별 노조는 지회의 재산을 승계한다.

3) 박지순, '노동조합의 조직형태변경에 관한 연구', 「사법」(34호), 2015. 12, 93면 이하 참고.

4) 石井(石井·有泉亨 編), 「勞働法大系(1)」, 1963, 83面; 大分地判 昭和 24. 5. 19, 勞判集 4卷, 145面.

를 들면, 타당한 방법은 아니지만 조직변경의 방법으로 연합체가 해산결의를 하고 단일 조합의 결성결의를 한다 하더라도 그것은 해산의 형식을 취하는 것뿐이지만,[1] 양 결의의 일련의 절차가 조직변경이라는 하나의 행위로 인정된다는 견해가 있다.[2]

조직변경은 총회의 의결을 거쳐야 하며(노조및조정법 제16조 Ⅰ ⑧), 어느 경우를 막론하고 규약변경이 필수적이므로 노조및조정법 제16조 2항 단서 및 4항이 적용되어, 재적조합원과반수의 출석과 출석조합원 3분의 2 이상의 찬성이 있어야 하고, 조합원의 직접·비밀·무기명투표에 의하여야 한다.

구체적으로 연합체를 단일조합으로 조직변경하고자 하는 경우에는 연합체 및 각 구성노조의 총회에서 조직변경 취지의 결정을 하고 필요한 규약개정을 할 필요가 있다. 이때의 결정을 위한 의결정족수로는 법에서 요구하는 재적조합원 과반수 출석과 출석 조합원의 직접 무기명투표에 의한 3분의 2 이상의 찬성이 있어야 한다. 실제 조직변경제도를 도입하게 된 배경도 연합체를 산업별 단위노조로 간편하게 전환할 수 있도록 하기 위해서이다.

반대로 단일노조를 연합체로 조직변경하고자 하는 경우에는 종전 단일노조는 총회를 개최하여 법률에서 요구하는 조직변경에 대한 찬성결의를 획득하는 것이 필요하며(노조및조정법 제16조 Ⅱ), 이때의 조직변경에 대한 안건에는 새로이 성립하게 되는 단위노조에 대한 기본사항까지 포함하여 함께 이루어져야 하는 것으로 보는 것이 상당하다. 이에 따라 연합체의 구성노조가 되는 조직들은 별도의 총회를 개최하여 규약 등을 새로이 정할 필요가 있다.

d) 조직변경의 효과 노동조합의 동일성을 상실하지 않는 조직변경인 이상 변경 전의 재산관계 및 단체협약의 지위는 변경 후에도 그대로 유지된다.[3] 판례는 조직형태 변경에 있어서 '실질적 동일성'에 관하여 실질적·적극적 인정기준을 제시하고 있지 않으나, 예컨대 별개의 사업장에 종사하는 근로자들을 조합원의 범위에 포함시키는 내용의 조직대상 확대를 위한 조직변경은 노동조합의 자주성 및 민주성에 반할 뿐 아니라, 인적 동일성이 유지되지 않을 수 있어 조직변경결의가 인정될 수 없다고 한다. 그러므로 기업별 노조가 산업별 노조의 지부가 된다거나 거꾸로 산업별 노조의 지부가 기업별 노조로 조직변경을 하는 경우 그 구성원인 조합원에 특별한 변화가 없는 한 산업별 노조의 지

1) 石井(石井·有泉亨 編), 「勞働法大系(1)」, 1963, 83面.

2) 萩澤, '勞働組合の分合と解散', 「總合判例研究叢書(5)」, 1959, 17面. 다만 조합이 조직 전후의 동일성을 상실시킬 취지가 명확해서 이 절차를 취한 경우에까지 이러한 해석이 타당하지 않다는 것은 당연하다.

3) 大判 2002. 7. 26, 2001 두 5361.

부 또는 기업별 노조라는 형태는 그 노동조합의 활동방식·조직상의 유대관계 등의 변화를 가져오더라도 그 인적 조직은 동일성을 이룬다고 보아야 한다.1)

1) **재산법상의 처리** 조직변경의 전후를 통해 그 조합이 법률상 동일성을 가진 이상, 조합과 제3자, 특히 조합채권자와의 관계는 원칙적으로(조직변경에 대응해 당연히 변용을 가져오는 측면과는 별도로) 그대로 계속된다.2) 또한 노동조합이 존속 중에 그 조합원의 범위를 관련 기업의 종업원에게까지 그 가입자격을 인정하는 조직변경을 하더라도 변경 후의 노동조합은 변경 전의 노동조합의 재산관계 및 단체협약의 주체로서의 지위를 그대로 승계·유지한다.3)

2) **단체협약** 주로 변경 전후의 단체협약의 효력 여부를 둘러싸고 문제가 제기될 수 있는데 조직변경의 전후를 통해 노동조합이 법률상 동일성을 가지고 있는 한 그 노동조합과 사용자와의 관계(단체협약에 의하여 발생한 권리·의무관계와), 즉 단체협약의 주체로서의 지위(조합원에 대한 단체협약의 적용관계 및 단체교섭을 요구하고 단체협약을 체결할 수 있는 지위)는 원칙적으로(조직변경에 대응해 당연히 변용을 가져오는 측면과는 별도로) 그대로 승계된다고 해석된다.4)

(3) 분 열

a) 분열의 뜻 분열은 노동조합의 내부적 대립으로 인해서 조합원들이 집단적으로 탈퇴하여 새로운 노동조합을 결성·설립함으로써 복수(대개는 2개)의 조합으로 분리되는 것을 말한다. 분열은 노동조합의 분할과는 달리 총회의 의결을 거치는 것이 아니기 때문에 분할의 효과(노동조합 재산의 승계와 기존 단체협약관계의 당사자 지위의 유지)가 발생하지 않으므로 노동조합의 사실적 분열로 인식될 뿐이다. 노동조합 내부에서 집행부의 독선적 노조운영이나 노동운동의 노선 및 방향을 둘러싸고 조합원들 사이에서 의견이 대립 분쟁화하면서 분파(分派)된 조합원들이 집단탈퇴하여 새로운 노동조합을 결성하면 이를 분할과 구별하여 분열(分裂)(또는 사실적 분할)이라고 한다. 연합단체 내에서 대립상태가 발생하면서 그 구성원인 단위 노동조합이 잇달아 분열할 수도 있고, 단위노동조합(산별노조, 기업별노조) 내에서 그 구성 조직이나 조합원들이 대립하여 분열할 수도 있다.

1) 노동조합의 성격을 본질적으로 변경하는 것이 아니라면 기본적으로 단결의 내부 자치에 속하는 문제가 있을 뿐이고 곧바로 대외적인 영향을 미치는 조직변경이 있는 것이라고 할 수 없다는 견해가 있다(西谷, 「勞働組合法」, 135面).

2) 石井(石井·有泉亨 編), 「勞働法大系(1)」, 1963, 82面. 石井, 「勞働法」, 138面도 조직의 동일성이 유지되고 있는 경우에는 조직변경이 해산과 설립의 이중의 절차에 의해 이루어진 경우에도 해산 후 구조합의 권리·의무는 청산절차를 요하지 않으므로 직접 신조합이 승계한다고 해석하고 있다.

3) 大判 1997. 7. 25, 95 누 4377; 大判 2002. 5. 10, 2000 다 31649. 菅野, 「勞働法」, 824面.

4) 西谷, 「勞働組合法」, 135面; 菅野, 「勞働法」, 852面; 外尾, 「勞働團體法」, 1975, 103面 이하.

여기서는 기업별 노조에서의 분열을 중심으로 설명하기로 한다. 분열의 기본적 현상이라고 볼 수 있기 때문이다.

b) 분열의 법적 문제 기존 노조로부터 조합원들이 집단적으로 탈퇴하여 설립한 노동조합이 기존 노조가 보유하고 있던 조합재산에 대하여 분할청구를 할 수 있는가 그리고 기존노동조합이 체결하였던 단체협약은 분열된 노조에도 당연히 승계되는가 하는 문제가 제기된다. 이는 분열된 노동조합을 법적으로 기존 노조의 분신(分身)으로 인정할 수 있느냐의 여부에 따라 승계권의 가부가 달라질 것이다. 기존 노조의 총회의 의결에 따라 분할된 노동조합과는 달리 분열된 노조는 당연히 승계할 지위를 가진다고 볼 수 없기 때문이다. 학설상으로도 조합분열 자체를 법적으로 부정하는 견해와 인정하는 견해가 나누어지고 있다. 일본에서는 조합분열을 법적 개념으로 인정할 것인지가 논란이 되고 있다. 이를 부정하는 견해에 따르면 조합원의 탈퇴와 새로운 노동조합의 결성 및 설립은 사실적 현상으로 처리하면 되는 것이므로 조합재산의 승계나 단체협약관계의 승계는 인정될 수 없다고 한다. 분열에 따른 새로운 노동조합의 승계권을 인정한다면 단결권의 보장질서가 무너지고 노동조합의 존속을 보호하려는 노동조합법의 기본정신이 침해받게 된다고 한다.[1] 이 경우에 기존 노동조합은 소멸하지 않고 동일성을 유지하게 되므로 조합재산은 기존 노조가 계속 보유하게 되고 단체협약관계도 그대로 지속된다. 긍정설에 따르더라도 모든 분열을 법적으로 인정하지는 않는다. 예컨대 사용자의 개입에 따른 분열은 통상 부당노동행위와 연계(連繫)된 것으로 판단될 수밖에 없으므로 이를 법적으로 인정할 수 없는 것은 명백하다. 그러나 노동조합의 운동방침이나 노선 또는 대사용자관계의 합리적 개선방침 등이 노조 내부의 분쟁으로 발전하여 분파(分派)가 생기고 이러한 대립이 결과적으로 집단탈퇴 · 새로운 노동조합 설립으로 이어졌다면 이와 같은 분열상태를 단순한 사실문제로 처리하는 것은 정당하지 않다. 이 경우에 노동조합 활동의 기반이 되는 조합재산을 기존 노조에 단독 귀속시키는 것은 그 재산이 주로 조합원들의 조합비 등에 의하여 조성(造成)된 점, 탈퇴조합원의 수, 분열의 원인과 경위 등을 고려할 때 형평의 원칙에 반한다고 볼 여지가 충분하다고 판단된다.[2]

c) 일본판례의 태도 초기의 하급심 판례는 법적 의미의 분열을 긍정함으로써 탈퇴조합원의 조합재산에 대한 지분분할청구를 인정하는 태도를 취하기도 하였다. 그 후 최고재판소가 탈퇴조합원은 조합분열의 경우이건 아니건 이를 묻지 않고 지분분할청구권을 가지지 않는다고 판시한 이래 판례는 법적 분열을 인정하는데 신중을 기하고 있

1) 片岡 昇, 「勞働法」(第4版), 2007, 117面; 下井隆史, 「勞使關係法」, 1995, 57面 등 참고.
2) 同旨: 西谷, 「勞働組合法」, 132面.

다.[1] 그 후 1974년에 이르러 최고재판소는 그 이전과는 달리 법적 의미의 조합분열을 보다 엄격한 전제 하에서 인정하는 판례를 내놓으면서 학계에서 논의의 대상이 되었다. 이 최고재(最高裁) 판례[2]를 간단히 소개한다. 최고재는 노동조합의 내부대립으로 그 통일적 존속과 활동이 극히 고도로 그리고 연속적으로 곤란하게 되어, 그 결과 구 조합원의 집단적 이탈 및 이에 따른 새로운 노조의 결성이라는 사태가 발생한 경우에 비로소 노조의 분열이라는 특별한 법리(法理)의 가부에 관하여 검토할 여지가 생긴다고 판시함으로써 법적 의미의 조합분열이 성립하기 위한 전제조건(가능성)을 엄격하게 한정하는 태도를 취하였다. 최고재의 이러한 입장은 노동조합의 분열을 문제 삼는 단계에서부터 제한하겠다는 것으로 해석된다. 따라서 노동조합의 내부 대립으로 그 통일적 존속과 활동이 고도로 그리고 영속적으로 곤란하다고 볼 수 있는 경우에 한해서 법적 의미의 노조 분열이라는 문제를 검토하는 전제적 요건으로 삼겠다는 것이다.[3]

d) 분열의 요건과 효과

1) **요 건** 기존의 노조집행부의 독선적 운영이나 조합활동노선에 대한 비판이나 개선 방향을 둘러싸고 노조 내부에서 분쟁이 발생하여 조합원들이 집단적으로 탈퇴하여 새로운 노동조합을 결성·설립하였다고 하여 곧바로 법적 분열을 인정한다면 이는 노동조합의 단결권 보장 내지 존속 보호를 기본골격으로 하는 노조및조정법의 정신에 반한다.[4] 또한 복수노조제도를 채택하고 있는 현행법 하에서는 노노(勞勞)갈등 내지 불안정 상태가 빈발할 가능성이 있다. 법적으로 분열을 인정한다는 것은 분열된 새로운 노조에 대하여 조합재산분할청구를 인정하는 것이기 때문이다. 그렇다고 하여 일본 최고재의 판결에서와 같이 분열을 검토하기 위한 전제요건으로서 i) 노동조합의 통일적 존속과 활동이 극히 고도로 그리고 영속적으로 어렵게 되었고, ii) 조합원이 집단적으로 탈퇴하여 새로운 노동조합을 결성·설립하였다는 엄격한 기준을「분열」분쟁에 대한 제소(提訴)요건처럼 인정해야 할 것도 아니다. 노동조합의 존립이 고도로 그리고 영속적으로 불가능하게 되지 않았더라도 내부적 갈등과 대립으로 노동조합의 존속이 이미 실질적으로 무의미하게 되어 조합기능 자체가 정지되었다면 분열은 사실적으로 존재한다고 보아야 한다. 조합 내 대립으로 새로운 노조가 설립된 경우 어느 노조에 대해서도 기존

1) 이에 관해서는 菅野,「勞働法」, 825面 이하; 西谷,「勞働組合法」, 131面 이하, 盛誠吾,「勞働法總論·勞使關係法」, 202面; 東大勞研,「注解勞働組合法上」, 636面 이하 참고.

2) 名古屋ダイハツ勞組事件 — 最一少判昭 49. 9. 30 判時 760号 97面.

3) 西谷교수는 분열의 존재를 검토할 수 있는 전제 요건이 너무 엄격하여 그 판결 이후 분열을 인정하는 재판례가 멈추고 있다고 지적한다(「勞働組合法」, 131面 참고).

4) 片岡 昇,「勞働法(1)」, 2007, 117面 참고.

노동조합과의 동일성이 인정되지 않는다면 법적 「분열」의 가능성은 인정되어야 할 것이다. 노조 분열의 문제는 궁극적으로 노동조합의 본래적인 기능의 회복이라는 객관적 기준을 토대로 형평의 관점에서 판단되어야 할 것이다. 분열을 법적으로 승인한다는 것은 주로 기존 조합의 재산에 대하여 새로운 노조의 분할청구를 인정하는 법적 문제와 직접 연결되어 있으므로 분열에 이르기까지의 과정에 대한 법적 평가는 공정하고 엄격하게 이루어져야 한다.[1]

분열은 단위노동조합에서나 연합체노동조합에서 일어날 수 있다. 연합체의 경우에는 사단(社團)적 조직을 갖추고 있더라도 그 구성원인 각 단위노조의 독립성이 강하므로, 재산의 소유 행태는 공유에 유사한 것으로 보는 것이 옳을 것이다. 이러한 점을 고려한다면 연합체의 분열은 단위노조의 경우보다는 용이하게 인정될 수 있을 것이다. 이에 반하여 전국에 걸쳐 통일체로서의 조직을 갖춘 단위노조(예컨대 산별노조)가 기업별로 그 산하에 지부 또는 지회를 두고 있는 경우에는 분열이 용이하게 인정되기 어려울 것이다.[2]

2) 효　　과 　법적 분열이 인정되는 경우 기존 노동조합의 재산은 분열에 의하여 설립된 각 노조의 조합원들이 분할청구권을 가진다는 견해가 있었으나, 지배적 견해는 새로 설립된 복수의 노동조합이 조합재산을 공유하는 것으로 보아야 한다고 한다.[3] 이 설은 분열을 기존 노조의 실질적인 해산으로 파악하고 있으므로 분열로 인하여 새로 생긴 각 노조는 조합구성원에게 조합재산이 총유적으로 귀속하는 것을 인정하는 것으로 해석되고 있다.[4] 그 이유는 각 노조의 지분 비율은 기본적으로 조합원 수에 따라 결정되어야 한다고 보기 때문이다. 법적 분열을 인정하는 것은 정식절차에 따른 협의와 총회의 의결을 통하여 이루어지는 분할과 같은 효과를 부여하는 것이 된다. 통상적인 법적 분열의 경우 각 노조의 조합원 수를 분할비율의 기준으로 삼는 것은 타당성이 있다고 보아야 한다. 다만, 복수의 노조 사이에서 협정이 이루어진 때에는 이에 따르면 될 것이지만 그런 가능성은 기대하기 어렵다.

위의 지배적 견해는 분열은 분할과 달리 기존 노조의 소멸을 전제로 하고 있다. 그러나 노조 내의 두 파(派)가 각자 자기 노조가 정통성을 가진다고 주장하면서 기존 노조

1) 西谷, 「勞働組合法」, 132面 참고.

2) 國勞大分地本事件－最一少判昭 49. 9. 30 民集 28卷 6号 1382面(분열을 인정한 제1심판결을 부정한 항소심(원심) 판결을 유지한 판결). 菅野, 「勞働法」, 827面 참고.

3) 石井, 「勞働法」, 327面; 西谷, 「勞働組合法」, 133面.

4) 盛誠吾, 「勞働法總論·勞使關係法」, 203面 이하; 山川隆一, '勞働組合の組織変動(解散·分裂·離脱)' 「勞働法の爭點」, 2014, 175面.

가 기능마비 상태에 빠지게 되어 결국 법적 분열을 인정하게 되었다면 기존 노동조합은 소멸하더라도 새로운 두 노조는 단체협약을 승계하는 것으로 볼 여지가 있다고 한다. 다만 분열에 따른 사정변경으로 그 의의를 상실한 것으로 볼 수 있는 조항은 제외된다고 한다.[1] 분열은 기존 노조와의 내부적 분쟁·대립으로 발생한 문제이므로 새로운 노조들이 대외적 관계에서는 기존 노조와 단체협약상의 이해관계를 같이하고 있다면 단체협약상의 권리·의무관계를 승계한다고 볼 수 있을 것으로 판단된다. 기업별 노조에서 2개의 새로운 노조들이 설립되었다면 복수노조의 문제가 발생한다.

3. 해 산

(1) 해산의 의의

노동조합의 해산이란 노동조합 자체가 당연히(ipso jure) 소멸하는 것을 말하는 것이 아니라 해산사유의 발생으로 노동조합의 정상적인 활동이 일단 정지되고 기존의 법률관계(채권·채무관계 등)를 정리하기 위한 청산(清算)으로 들어가는 것을 뜻한다. 즉, 노동조합이 '소멸하게 되었다'는 것을 의미하는 것이다. 노동조합의 해산사유가 발생하면 노동조합은 단체교섭이나 쟁의행위 그 밖의 조합활동은 사실상 정지하게 된다.

(2) 해산사유

a) 노조및조정법 제28조 1항은 ① 규약에서 정한 해산사유가 발생한 경우(동조항 1호), ② 합병 또는 분할로 소멸한 경우(동 2호), ③ 총회 또는 대의원회의 해산결의가 있는 경우(동 3호), ④ 노동조합의 임원이 없고 노동조합으로서의 활동을 1년 이상 하지 아니한 것으로 인정되는 경우로서 행정관청이 노동위원회의 의결을 얻은 경우(동4호)를 노동조합의 해산사유로서 규정하고 있다. 위의 1호 내지 3호와 관련해서 노조및조정법은 노동조합 자치를 존중하는 입장을 취하고 있다고 평가되고 있다.

b) 법 제28조 1항 2호가 합병 또는 분할로 소멸한 경우를 해산사유로 규정하고 있는 것에 대하여 저자는 청산절차를 거치지 않는 합병·분할·조직변경·분열을 조직변동(組織變動)으로 이해하고 해산은 조직변동에 속하지 않는 별개의 노동조합의 소멸사유로 분류하는 체계를 취한다([105] 1. a) 이하 참고). 노조및조정법 제28조 1항은 i) 규약에서 정한 해산사유가 발생한 경우, ii) 총회의 해산 결의가 있는 경우, iii) 합병 또는 분할로 노동조합이 소멸한 경우(법 제16조 1항 8호에서 정하고 있는 조직변경은 제28조 1항에 포함시키고 있지 않으나 동법의 체계에 따른다면 여기에 함께 포함되어야 할 것임)를 모두 해산사유

---

1) 西谷, 「勞働組合法」, 133面. 기존 노조와의 관계에서 존속하였던 단체협약과 권리·의무 관계는 소멸·청산된다는 같은 뜻의 견해가 있다(盛誠吾, 「勞働法總論·勞使關係法」, 204面).

즉 조직변동이라는 구성체계를 전제로 하고 있다.

c)「해산사유」와 총회의 의결정족수 규약에서 정한 해산사유에 해당하는 사실이 발생하면 노동조합은 해산한다. 그러나 합병·분할·조직변경으로 기존 노조의 조직형태가 더 이상 존재하지 않는 경우(법 제28조 1항 2호의「소멸한」경우라는 표현은 노동조합 자체의 소멸을 의미하는 것으로 오해될 수 있다)와 총회의 해산결의가 있는 경우에는 재적조합원 과반수의 출석과 출석조합원 3분의 2 이상의 찬성이 있어야 한다(법 제16조 I ⑦·⑧, II 단). 이 경우의 조직변동과 해산 결의는 노조의 총회를 통하여 자치적으로 이루어진다. 이 의결 정족수에 관한 규정은 강행규정이라고 해석된다. 따라서 규약에 의하여 이보다 가볍게 의결정족수를 정한 규정은 효력이 없다고 해야 한다.[1)]

(3) **해산의 효과**(해산절차)

a) 규약에서 정한 해산사유(법 제28조 I ①, ③)가 발생하면 노동조합은 청산에 필요한 범위 안에서 존속하게 되므로 본래의 목적활동을 하지 못한다. 노조및조정법 제28조 2항은「노동조합이 해산한 때에는 그 대표자는 해산한 날부터 15일 이내에 행정관청에 이를 신고하여야 한다」고 규정하고 있다(벌칙: 제96조 II: 300만 이하의 과태료). 이 규정에 의하여 노동3권을 기초로 정당한 조합활동을 할 수 있는 노동조합의 부존재, 강행적 효력을 가지는 단체협약의 부존재, 부당노동행위제도에 의한 보호를 받을 수 있는 근로자 단체의 부존재를 대외적으로 공시하는 의무가 발생하는 것이라고 볼 수 있다. 해산신고의무를 벌칙을 가지고 강제하고 있는 취지는 집단적 노사관계의 주체적 역할을 담당하는 노동조합의 존재를 노동행정적으로 마감하는 기준시점을 명확하게 하기 위하여 그 신고 의무를 노동조합 대표자에게 부과하는 것이라고 해석된다. 해산신고를 받은 행정관청은 지체 없이 그 사실을 관할노동위원회와 당해 사업 또는 사업장의 사용자나 사용자 단체에 통보하여야 한다(노조및조정법 시령 제13조 IV).

b) 법인인 노동조합에 대하여는 노조및조정법에 규정된 것을 제외하고는 민법의 사단법인에 관한 규정을 적용하므로(노조및조정법 제6조) 청산에 관해서는 민법 제80조 이하의 규정이 적용된다. 법인이 아닌 노동조합도 일반적으로 사단으로서의 성격을 갖추고 있으므로 민법의 해당 규정들이 준용된다. 따라서 해산한 노동조합은 청산에 필요한 범위 내에서만 권리가 있고 의무를 부담한다(민법 제81조). 청산인은 채권의 추심, 채무의 변제, 그리고 잔여재산의 인도 등의 직무를 행한다. 노동조합의 잔여재산이 채무를 완제(完濟)하는데 부족한 것이 명백한 때에는 청산인은 파산절차개시의 신청을 하고(민법

1) 일본에서는 의결정족수 4분의3 요건(노동조합법 제10조 2호)의 완화와 관련하여 학설은 대립하고 있다. 반대하는 견해(石井,「勞働法」, 332面; 外尾,「勞働團体法」, 112面; 片岡,「勞働法」, 118面; 西谷,「勞働組合法」, 137面 등)가 다수설이다. 찬성하는 견해; 菅野,「勞働法」, 822面.

제79조 참조), 파산절차개시의 결정이 내려진 때에는 파산관재인에게 그 사무를 인계하고 그 임무를 종료한다(민법 제93조 참조)(2006년에 개정된 일본 노동조합법 제13조의9 참고).

해산한 노동조합의 잔여재산은 규약으로 지정한 자에게 귀속한다는 것이 민법상의 규정(제80조 Ⅰ)이지만,[1] 노동조합의 법인격 유무에 관계없이 조합규약에 이에 관한 규정이 있으면 이에 따르면 될 것이고, 규약에 이에 관한 규정이 없는 경우에는 해산할 때의 조합총회의 의결에 따라 조합원에게 분배해야 한다는 견해가 일반적 지지를 받고 있다.[2] 노동조합은 민법상의 비영리법인이 아니므로 민법 제80조 2항 본문을 적용할 필요가 없다고 판단된다.[3] 법인 아닌 사단인 노동조합의 재산은 조합원 전원이 총유(總有)하기 때문이다.

(4) 노동조합의 임원이 없고 조합활동을 1년 이상 하지 않은 경우

임원이 없고 조합활동을 1년 이상 하지 않는 경우는 노동조합의 기능이 사실상 유명무실하게 된 경우이다. 즉, 노동조합의 대내적 통솔과 대외적 활동을 담당하는 기관인 위원장·부위원장 등이 없고, 1년 이상 노동조합으로서의 기능을 수행하지 못하여 앞으로 더 이상 조합활동을 기대할 수 없는 경우에는 노동조합은 사실상 소멸한 것이나 다름없다. 노동조합의 기관인 임원이 일시 궐석인 때에는 문제되지 않는다. 노조및조정법 시행령 제13조 1항은 「법 제28조 제1항 제4호에서 노동조합으로서의 활동을 1년 이상 하지 아니한 경우라 함은 계속하여 1년 이상 조합원으로부터 조합비를 징수한 사실이 없거나 총회 또는 대의원회를 개최한 사실이 없는 경우를 말한다」고 규정하고 있다. 즉 노동조합이 적어도 하나의 단체로서 존립하기 위해서는 최소한의 재정적인 기초와 조합원들로 구성된 의사결정기관의 활동이 있어야 하는데 이러한 사실이 없는 경우에는 단체로서의 실질을 상실한 것으로 보게 된다. 따라서 노조및조정법이 규율·보호 대상으로 예정하고 있는 노동조합이란 적어도 자주적이며 실질적인 조직체계를 갖추고 최소한의 조직활동을 전제로 하는 단체이어야 한다.

---

1) 일본 노동조합법 제13조의10 1항은 해산한 법인인 노동조합의 재산은 규약에서 지정한 자에게 귀속한다고 규정하고 있다.

2) 石井, 「勞働法」, 333面; 盛誠吾, 「勞働法總論·勞使關係法」. 198面; 西谷, 「勞働組合法」, 137面 이하.

3) 민법 제80조 2항 본문은 「정관으로 권리귀속자를 지정하지 아니하거나 이를 지정하는 방법을 정하지 아니한 때에는 이사 또는 청산인은 주무관청의 허가를 얻어 그 법인의 목적에 유사한 목적을 위하여 그 재산을 처분할 수 있다」고 규정하고, 동항 단서는 「그러나 사단법인에 있어서는 총회의 결의가 있어야 한다」고 정하고 있다. 민법 제80조 3항(처분되지 않은 잔여재산의 국고귀속)도 노동조합에 대하여 적용되기 어렵다. 비합리적이기 때문이다.

《노조및조정법 제28조 1항 4호와 동법 시행령 제13조의 관계》

노조및조정법 제28조 1항에서 규정한 노동조합의 해산사유 중에서 1호 및 3호의 사유는 그 사유의 발생 자체에 의하여 노동조합이 실질적으로 소멸하게 된다. 다시 말해서 법문의 규정에 의한 해산사유의 발생으로 그 시점에서부터 노동조합은 더 이상 존재할 수 없게 되므로, 동조 2항에 따른 해산신고가 없더라도 해당 노동조합의 교섭능력(협약능력)은 사실상 존재할 수 없게 된다. 따라서 이 경우에는 2항에 의한 해산신고는 단순히 해산의 기준시점을 노동행정적으로 공시하는데 그 의의가 있을 뿐이다.

이와는 달리 동조 1항 4호의 해산사유는 그 사유의 발생으로 노동조합의 부존재를 결론지을 수 없을 것이다. 동 제4호는 노동조합의 휴면상태가 장기적으로 방치되는 것이 노사관계뿐만 아니라 근로자의 권익보호라는 관점에서 바람직하지 않다는 정책적인 고려에서 1987년의 법개정시에 신설된 것이다. 다른 한편 휴면하고 있는 노동조합은 얼마든지 회생하여 조합의 활동과 교섭재개의 상태를 회복할 수 있다. 그런 의미에서 동조 1항 4호는 1호 및 3호와는 그 성격을 달리한다고 보아야 한다. 따라서 동법 시행령 제13조는 특별히 제28조 1항 4호의 해산사유의 실질적 요건을 보다 명확하게 규정하기 위해서 신설된 것이라고 보아야 한다. 동법 시행령 제13조는 먼저 1항에서 「1년 이상 활동이 없는 경우」에 대한 구체적인 판단기준으로서, '계속해서 1년 이상 조합원으로부터 조합비를 징수한 사실이 없거나 총회 또는 대의원회를 개최한 사실이 없는 경우'라고 규정하고 있다. 그리고 2항에서는 그와 같은 해산사유가 있는 경우에는 '행정관청이 관할노동위원회의 의결을 얻은 때에는 해산된 것으로 「본다」'고 규정하고 있다. 따라서 노동위원회의 의결이 있는 때에 비로소 해산의 실질적 요건이 갖추어진 것으로 보아야 한다. 이와 같이 동법 시행령상의 요건이 갖추어진 때 비로소 1항 4호의 해산사유도 1호 및 3호의 해산사유와 마찬가지로 명확성과 객관성을 보유할 수 있을 것이다. 노동위원회는 동 시행령 제13조 2항에 의한 의결을 함에 있어서 법 제28조 1항 4호의 규정에 의한 해산사유 발생일 이후의 당해 노동조합의 활동을 고려하여서는 아니되므로(시령 제13조 Ⅲ) 당해 노조가 총회 또는 대의원회의 소집이나 개최를 하더라도 노동위원회의 의결에 영향을 줄 수 없다. 행정관청은 노동위원회의 의결이 있는 때에는 지체없이 당해 사업 또는 사업장의 사용자나 사용자 단체에 통고하여야 한다(시령 제13조 Ⅳ).

제3절 단 체 교 섭

[106] Ⅰ. 단체교섭의 의의와 방식

1. 의　　의

a) 근로자들은 「근로조건의 유지·개선과 근로자의 경제적·사회적 지위의 향상」을 도모할 것을 목적으로(노조및조정법 제2조 ④ 본문 참조) 노동조합을 결성한다. 노동조합은 단결력을 배경으로 하여 때로는 쟁의행위에 호소함으로써 그 요구를 관철한다. 그러나 이와 같은 단결과 쟁의행위 사이에는 노동조합이 평화적인 방법에 의하여 구체적으로 그 목적을 실현하는 단체교섭이 존재한다.[1] 단결하고 교섭하며, 교섭이 결렬되면 쟁의행위를 하는 것이 집단적 노사관계의 주된 발현현상이다. 그러므로 단체교섭을 전제하지 않은 단결이나 쟁의행위는 무의미하며, 그런 점에서 집단적 노사관계의 핵심은 단체교섭 내지 단체협약의 체결에 있다고 해야 할 것이다.[2] 헌법(제33조 Ⅰ)이 단결권 및 단체행동권과 함께 단체교섭권을 근로자의 기본권으로 보장한 것은 이와 같은 이유에서 매우 의미있는 일이다.[3] 좁은 의미의 단체교섭은 사실행위인 교섭행위만을 가리키는 것이지만 넓게는 법률행위인 단체협약의 체결까지를 포함한다.[4] 단체협약을 전제하지 않은 단체교섭은 아무 의미가 없기 때문이다. 그러나 모든 단체교섭의 대상이 단체협약의 대상이 되는 것은 아니므로 단체교섭권과 단체협약(체결)권은 동일한 것이 아니다. 오늘

---

1) 노동조합이 사용자에게 교섭을 요구하는 때에는 노동조합의 명칭, 그 교섭을 요구한 날 현재의 조합원 수 등 고용노동부령으로 정하는 사항을 적은 서면으로 하여야 한다(노조및조정법 시령 제14조의2 Ⅱ). 교섭요구를 서면으로 할 것을 요구하는 것은 교섭요구자의 기본적인 정보를 교섭상대방 및 사업장 내에 존재하는 다른 노동조합이 파악할 수 있도록 하여 단체교섭을 요구한 노동조합을 특정하고 교섭요구일자를 명확히 하려는 데 그 목적이 있으므로 '서면'을 반드시 원본으로 한정하여 해석할 필요는 없고, 또한 서면 전달 방법을 교부에 의한 방법만을 의미하는 것으로 제한 해석할 이유가 없을 것이다. 따라서 팩스로 단체교섭을 요구한 것이 노조및조정법 시행령 제14조의2 2항에 어긋나 부적법한 것으로 볼 수 없다(서울高判 2016. 6. 29, 2015 누 50247). 그러나 팩스를 발송한 노동조합은 수신자인 교섭상대방과 다른 노동조합에게 팩스 발송 사실을 알려야 할 것이다.

2) Zöllner/Loritz/Hergenröder, *ArbR* §10 Rn. 5; Birk 외(김형배 역), 「집단적 노사분쟁의 규율에 관한 법률」, 16면. 「단체교섭권은 근로조건의 향상을 위한다는 생존권의 존재목적에 비추어 볼 때 근로3권 가운데에서 중핵적 권리이다」 大判 1990. 5. 15, 90 도 357: 이 판결은 단체교섭권이 없는 행위주체는 적법한 쟁의행위를 할 수 없다고 판시하였다. 西谷 교수는 단체교섭이 근로조건의 개선을 위한 중심적 수단이라고 하며, 이때 노동조합의 교섭력을 바쳐주는 것은 파업을 중심으로 하는 쟁의행위라고 한다(「勞働組合法」, 281面).

3) 독일기본법이나 프랑스헌법은 단체교섭권을 별도로 보장하고 있지 않다.

4) 憲裁 1998. 2. 27, 94 헌바 13·26, 95 헌바 44(병합).

날 단체교섭은 노사의 집단적 관계의 효율적 운영을 조율하는 기능도 수행하고 있다. 그러나 단체교섭의 주된 목적은 어디까지나 근로조건의 유지·개선을 위한 단체협약의 체결에 있으므로 이러한 기능이 원천적으로 배제된 교섭은 단체교섭이라고 할 수 없다.

b) 노조및조정법은 헌법 제33조 1항을 근거로 하여 단체교섭권을 다음과 같이 구체적으로 보장하고 있다.

1) 단체교섭권은 근로자들의 지위향상을 위하여 행사될 수 있다(노조및조정법 제1조, 제29조 Ⅰ).

2) 정당한 단체교섭행위는 민·형사상 면책된다(제3조, 제4조).[1)]

3) 노동조합의 대표자는 그 노동조합 또는 조합원을 위하여 사용자나 사용자단체와 교섭하고 단체협약을 체결할 권한을 가진다(제29조 Ⅰ).

4) 노동조합은 단체교섭권을 위임할 수 있다(제29조 Ⅲ).

5) 노동조합과 사용자 또는 사용자단체는 신의에 따라 성실히 교섭하고 단체협약을 체결하여야 하며 그 권한을 남용해서는 아니 된다(제30조 Ⅰ).

6) 노동조합과 사용자는 단체교섭 또는 단체협약의 체결을 정당한 이유 없이 거부 또는 해태하여서는 아니 된다(제30조 Ⅱ, 제81조 Ⅰ ③). 국가 및 지방자치단체는 기업·산업·지역별 교섭 등 다양한 교섭방식을 노동관계 당사자가 자율적으로 선택할 수 있도록 지원하고 이에 따른 단체교섭이 활성화 될 수 있도록 노력하여야 한다(제30조 Ⅲ)(2021. 1. 5. 신설). 국가 및 지방자치단체의 비협조적인 개입을 배제하고 노사간의 자주적이고 다양한 교섭방법을 통하여 산업평화가 정착될 수 있도록 국가의 협조와 노력을 선언적으로 규정한 것이다.

7) 취업시간중 사용자가 허용한 단체교섭을 행한 데 대하여 임금을 지급하더라도 경비원조에 해당되지 않는다(제81조 Ⅰ ④ 단서, 제24조 Ⅱ 참조).

8) 노동관계당사자는 단체협약에 노동관계의 적정화를 위한 노사협의 기타 단체교섭의 절차와 방식을 규정하고 노동쟁의가 발생한 때에는 이를 자주적으로 해결하도록 노력해야 한다(제48조).

c) 현행 노조및조정법에 의하면 노동조합의 대표자(기관인 노조위원장은 노동조합을 대표한다)는 그 노동조합 또는 조합원을 위하여 사용자나 사용자단체와 교섭하고 단체협약을 체결할 권한을 가진다(제29조 Ⅰ).[2)] 또한 노동조합과 사용자 또는 사용자단체로부

1) 여기서 문제되는 것은 협박죄(형법 제283조)·업무방해죄(형법 제314조) 등의 형사책임이다.

2) 개인 근로자와 사용자가 행하는 사적인 교섭은 단체교섭이라고 할 수 없고, 추상적인 단체 자체가 교섭당사자는 아니다. 단체교섭은 사실적인 행위이면서 의사표시를 통하여 이루어지는 것이므로 노동조합의 '대표자'로서 단체교섭을 하고 단체협약을 체결할 수 있는 자(자연인)이어야 한다.

터 교섭 또는 단체협약의 체결에 관한 권한을 위임받은 자는 그 노동조합과 사용자 또는 사용자단체를 위하여 위임받은 범위 안에서 그 권한을 행사할 수 있다(제29조 Ⅲ). 이와 같이 현행법은 노동조합의 대표자가 교섭권한뿐만 아니라 협약체결권도 가지고 있음을 명백히 하였고, 위임을 받은 자도 위임의 내용과 범위(위임하는 자는 교섭사항과 교섭범위를 정하여 위임하여야 한다: 시령 제14조 Ⅰ) 안에서 교섭권한 또는 협약체결권한을 행사할 수 있음을 규정하고 있다(이에 관해서 자세한 것은 다음의 [107] 2. ⑵ 참고). 한편 구법은 노동조합이 교섭권한을 연합단체인 노동조합에게 위임할 경우에는 단위노동조합의 총회 또는 대의원회의 의결을 거쳐야 한다고 규정하고 있었으나(구 노조법 제33조 Ⅱ), 현행 노조및조정법은 노동조합으로부터 위임을 받을 수 있는 자의 범위와 절차에 관하여 아무런 제한을 두고 있지 않다.[1] 그러나 단체협약에 관한 사항이 총회의 의결사항으로 규정되어 있으므로(노조및조정법 제16조 Ⅰ ③), 교섭 및 협약체결의 위임은 총회의 의결을 거쳐야 하는 것으로 해석된다. 위임을 받는 제3자의 범위와 관련해서도 노동조합의 자주성을 침해하지 않는 범위 내에서만 가능한 것으로 제한해석하여야 할 것이다. 즉 자연인이든 특정단체이든 제3자에게는 교섭권한의 위임내용이 구체화된 경우에만 원칙적으로 위임이 가능하다고 보아야 할 것이다. 그렇지 않고 제3자에게 교섭권한을 포괄적으로 위임하는 것은 노동조합의 자주성을 위태롭게 할 수 있으므로 허용되지 않는다고 해석해야 한다. 노조및조정법 제29조 3항의 '위임받은 범위 안에서'라는 문언의 의미와 동시행령 제14조 1항의 '교섭사항과 권한범위를 정하여', 또는 동조 2항 2호의 '교섭사항과 권한범위 등 위임의 내용'에 관한 상대방에 대한 통보도 이러한 취지로 이해해야 할 것이다. 현행법하에서도 연합단체는 단체교섭권한을 위임받아 행사할 수 있다고 해석된다.

실제로 노동조합이 기업별로 조직되어 있는 경우에는 사용자와의 교섭에서 대등한 교섭력을 유지하기가 쉽지 않으며, 또한 동종의 각 사업장 사이에 근로조건의 평준화 내지 조정을 기하기 위하여 노동조합은 대표자 이외의 자에게 교섭사항과 권한내용을 정하여 단체교섭을 위임하는 것이 바람직한 경우가 있다. 원칙적으로 교섭권한을 가진 자가 스스로 그의 권한을 위임하는 것은 자유이며, 노동조합이 단체교섭권을 효율적으로 행사할 수 있기 위해서는 교섭권위임의 제한을 받지 않아야 한다. 이와 같은 이유에서 현행 노조및조정법이 단체교섭의 위임을 연합단체에 한정하지 않고 널리 인정하고 있는 것은 타당한 태도라고 생각된다. 교섭 또는 단체협약의 체결에 관한 권한을 위임한 때에는 그 사실을 상대방에게 통보하여야 한다(제29조 Ⅳ; 시령 제14조 Ⅱ).

d) 하나의 사업 또는 사업장에 노동조합이 복수로 존재하는 경우 노조및조정법 제

---

1) 김형배 외, 「집단적 노사자치에 관한 법률 — 시안과 입법이유 —」, 100면 참고.

29조의2에 따라 결정된 교섭대표노동조합의 대표자는 교섭을 요구한 모든 노동조합 또는 조합원을 위하여 사용자와 교섭하고 단체협약을 체결할 권한을 가진다(제29조 Ⅱ). 한편 교섭대표노동조합도 교섭 또는 단체협약의 체결에 관한 권한을 위임할 수 있다고 보아야 할 것이다. 권한을 위임할 때에는 교섭창구 단일화에 참여한 모든 노동조합의 의견을 들어야 할 것으로 해석된다. 그렇게 해석하는 것이 노조및조정법 제16조 1항 3호의 규정 취지에 부합할 것이다.

2. 단체교섭의 형태

단체교섭은 노사의 교섭력(bargaining power)의 관계를 배경으로 하는 거래라고 이해되는 이상, 단체교섭의 방법 또는 형태는 노동운동의 성격과 노동조합의 조직형태에 따라 상이한 모습을 취할 수 있다. 현행 노조및조정법은 단체교섭 자체의 방식에 관하여 아무 규정을 두고 있지 않으나 대체로 다음과 같은 것들을 생각할 수 있다.

⑴ 기업별교섭

우리나라의 단체교섭은 대부분 기업별 내지 사업장별로 이루어지고 있다. 이것은 특정기업 또는 사업장 내의 노동조합과 그 상대방인 사용자 간에 단체교섭이 이루어지는 것을 말한다. 기업별 내지 사업장별 교섭에 있어서는 기업 내지 사업장에서 오는 제약 때문에 교섭력의 행사에 여러 난점이 발생한다([97] 4. 참고).

⑵ 통일교섭

노동조합이 명실상부하게 산업별 또는 직종별로 조직되어 있어서 노동시장을 전국적으로 또는 지역적으로 지배하고 있는 경우에 단체교섭은 산업별 또는 직종별 노동조합과 그에 대응하는 사용자단체와의 통일적인 교섭형태를 취하게 된다. 우리나라에서는 전국금융산업노조, 택시노조(지역별), 교원노조(지역별) 등이 통일교섭을 하고 있다.

통일교섭·대각선교섭·공동교섭·집단교섭 등은 특히 근로자 측에서 노동조합의 교섭력 강화를 위하여 활용된다고 볼 수 있다.

⑶ 대각선교섭

초기업적 단위노조와 개별 사용자가 행하는 교섭을 대각선교섭이라고 할 수 있다. 이것은 산업별 노동조합에 대응할 만한 사용자단체가 없거나 또는 이러한 사용자단체가 있더라도 각 기업에 특수한 사정이 있을 때에 이 방식이 사용될 수 있다. 초기업적 단위노조와 대표적인 사용자와 교섭을 하고 이른바 모범계약이 체결되면 다른 사용자도 이를 수용하는 식의 교섭이나, 복수의 사용자들을 하나의 교섭장소에 나오도록 하여 행하여지는 집단적 성격의 교섭도 대각선교섭의 한 형태로 볼 수 있다.

현행법상으로는 산업별 연합단체도 단체교섭 당사자가 될 수 있으므로(노조및조정법 제29조 Ⅰ, Ⅲ) 대각선교섭이 가능하다. 기업별 단위노조의 위임에 의하여 산업별 연합단체가 기업의 사용자와 교섭하는 대각선교섭은 기업별 노조의 교섭력 강화를 위한 목적으로 적지 않게 행해지고 있다. 이 경우에 산업별 연합단체에서는 그 대표자가 참석하게 된다.

⑷ **공동교섭**

단위노동조합으로부터 위임을 받거나 독자적인 단체교섭권이 있는 산업별 연합단체와 단위노동조합인 기업별 노조가 공동으로 해당 기업의 사용자와 교섭하는 것이 대표적인 예이다. 기업별교섭과 대각선교섭이 합쳐진 교섭형태이다.

⑸ **집단교섭**

밀접한 공동의 이해관계를 가진 수개의 기업별 단위노조가 이에 대응하는 사용자들과 교섭하는 형태를 집단교섭(또는 연합교섭)이라고 할 수 있다. 기업별 단위노조의 대표자들이 연명으로 다수의 사용자와 공통된 사항에 관하여 단체교섭을 하는 경우도 집단교섭이라고 할 수 있다. 기업별 개별교섭과 통일교섭이 혼합된 형태로 볼 수 있으나, 본래 산별노조체제에 의하여 이루어질 수 있는 교섭이다.

3. 성실교섭의무

a) 노동조합과 사용자 또는 사용자단체는 신의에 따라 성실히 교섭하고 단체협약을 체결하여야 하며, 그 권리를 남용해서는 안 된다(제30조 Ⅰ). 단체교섭은 집단적 당사자인 노동조합과 사용자 사이에서 합리적 주장이 조화를 이루면서 진행되는 것이 이상적이라고 할 수 있다. 즉, 경제적 압력(파업, 임금불지급 등)의 행사가능성과 합리적인 토의를 통하여 양당사자들은 상대방의 주장과 자기의 주장 사이의 간격을 좁혀 나가야 하고, 교섭대상의 범위와 내용에 대하여 실현가능한 해결점을 모색해야 한다. 따라서 교섭당사자들은 신의에 따라 성실하게 교섭할 의무를 부담한다. 구체적으로 교섭당사자는 상대방의 요구와 주장을 수동적으로 듣는 것에 그쳐서는 아니 되고, 그에 대한 성의 있는 회답과 그 이유 및 근거와 자료 등을 제시하면서 합의에 도달할 수 있는 가능성을 진정으로 모색해야 할 의무를 부담한다.[1] 노조및조정법은 성실하고 적극적인 단체교섭의 활성화를 위하여 근로자가 근로시간중에 사용자와 협의 또는 교섭하는 것을 경비원조에 해당하는 부당노동행위에서 제외하고 있다(제81조 ④ 단서). 성실한 교섭에 의하지 않고서는 노사간의 집단적 교섭사항의 해결이 불가능하며, 종국에는 노사간의 분쟁으로 연

1) 菅野, 「勞働法」, 855面 이하; 荒木, 「勞働法」, 608面 참고.

결될 수도 있기 때문이다. 그러나 성실교섭의무는 상대방 주장에 양보하여 합의할 의무를 뜻하는 것은 아니다.

b) 노동조합과 사용자는 정당한 이유[1] 없이 교섭이나 단체협약의 체결을 거부하거나 해태해서는 아니 된다(제30조 Ⅱ). 이는 넓은 의미에서 신의성실에 반하는 행위라고 해석할 수 있다. 노조및조정법 제81조 3호는 사용자가 단체협약의 체결 기타의 단체교섭을 정당한 이유 없이 거부하는 것을 부당노동행위로 규정하고 있다.[2]

c) 복수노동조합과 그 근로자들을 대표하는 교섭대표노동조합과 사용자는 공정대표의무를 부담한다(제29조의4). 즉, 이 의무도 넓은 의미에서 신의에 따라 성실하게 교섭할 의무라고 볼 수 있다. 다만, 일반적인 성실교섭의무가 교섭당사자 간의 의무라고 한다면, 공정대표의무는 협약당사자가 교섭창구단일화 절차에 참여한 노동조합(교섭에 참여하지 않았거나 참여하였더라도 소수의 노동조합)과 그 조합원에 대하여 부담하는 의무라고 할 수 있을 것이다([108] 2. b) 참고).

[107] Ⅱ. 단체교섭의 당사자와 담당자

1. 단체교섭의 당사자

단체교섭의 당사자란 자기의 이름으로 단체교섭을 하고 단체협약을 체결할 수 있는 주체를 말한다. 노동조합측에서는 노동조합이, 사용자측에서는 사용자 개인 또는 사용자단체가 교섭당사자이다(노조및조정법 제29조, 제30조 참조).[3] 단체협약체결능력(Tariffähigkeit)을 가진 자가 아니면 단체교섭 당사자가 될 수 없다. 노조및조정법 제29조 1항과 2항은 이를 명확하게 규정하고 있다. 근로자 측에서는 노동조합만이 단체교섭 당

1) 사용자의 교섭거부에 정당한 이유가 있는지 여부는 노동조합측의 교섭권자, 노동조합 측이 요구하는 교섭시간, 교섭사항 및 그의 교섭태도 등을 종합하여 사회통념상 사용자에게 단체교섭의무의 이행을 기대하는 것이 어렵다고 인정되는지 여부에 따라 판단하여야 한다(大判 2006. 2. 24, 2005 도 8606), 노동조합이 회사와의 사전협의 없이 일방적으로 단체교섭을 요구하는 교섭요구서를 팩스로 보냈고, 구체적인 단체교섭의 사항을 기재하지도 않았으며, 교섭일시를 문서전송일로부터 2일 후로, 교섭장소도 교섭요구서를 보낸 조합원의 조합사무실로 정하였던 사안에서 사업주가 교섭요구서에 정해진 일시·장소에 출석하지 않았다는 것만으로 정당한 이유 없이 단체교섭을 거부 또는 해태한 것이라고 판단하기 어렵다고 한 사례가 있다(大判 2009. 12. 10, 2009 도 8239). 정당한 이유가 있는 사용자의 단체교섭 거부 또는 해태행위는 신의성실에 반하지 않으며(제30조 Ⅰ, Ⅱ 참조) 부당노동행위에 해당하지도 않는다(제81조 Ⅰ ③).

2) 憲裁 2002. 12. 18, 2002 헌바 12.

3) Waltermann, *ArbR* Rn. 570 f.; 荒木, 「勞働法」, 602面.

사자가 될 수 있고, 조합원 개인은 교섭당사자가 될 수 없다. 사용자 측에서는 사용자 개인 또는 사용자 단체가 단체교섭 당사자가 된다.

(1) **노동조합측 당사자**

a) 의 의 헌법 제33조 1항은 근로자들이 단결하여 노동조합을 통해서 사용자와 단체교섭을 할 권리를 보장하고 있다. 그러므로 단체교섭의 당사자라고 하면 개개 근로자가 아니라 노동조합 자체를 말한다.1) 이 경우에 노동조합은 적어도 노동조합으로서의 실질적 요건을 갖추어야 한다2)(노조및조정법 제2조 ④)([98] 참고). 또한 사단으로서의 조직성도 갖추고 있어야 할 것이다. 이러한 요건을 충족하는 한 그 노동조합은 예컨대 해당 기업체에 있어서 소수의 근로자를 대표하고 있다고 하더라도 사용자와 교섭할 수 있는 지위를 갖는다.

판례는 「노동조합으로서의 실질적 요건을 갖추지 못하였다면 단체교섭권의 정당한 주체로 될 수 있는 노동조합이라고 볼 수 없으나 노조및조정법상의 노동조합(신고증을 교

1) 菅野, 「勞働法」, 840面 이하. 西谷 교수는 단체협약을 체결할 수 있는 당사자만이 단체교섭 당사자가 될 수 있다는 견해는 합리적 근거 없이 단체교섭의 주체를 한정하는 것으로 옳지 않다고 한다. 단체교섭과 단체협약은 서로 밀접한 관계에 있지만 상대적으로 구별해야 한다고 한다. 단체협약체결능력이 없는 노조 지부나 분회도 나름대로 의미가 있는 단체교섭을 할 수 있다고 하면서 교섭당사자의 범위를 넓게 해석하고 있다(「勞働組合法」, 286面). 교섭사항에 대하여 보다 전문적인 지식과 정보나 경험을 가진 사람이 교섭을 위임받아 유리한 교섭 결과를 얻을 수 있다면 그러한 가능성을 차단할 이유가 없다고 보아야 한다. 그러나 단체교섭당사자와 단체교섭담당자는 구별해야 한다.

2) 노동조합은 아니지만 사용자와의 사이에 근로조건에 관해서 대립관계가 있고 일정한 목적을 달성하기 위하여 결성한 근로자단체, 즉 일시적인 쟁의단(爭議團)도 단체교섭의 당사자지위를 가진다는 견해가 있으나(이병태, 「노동법」, 199, 232면; 김유성, 「노동법 Ⅱ」, 130면; 박홍규, 「노동단체법」, 234면; 菅野, 「勞働法」, 841, 847面.), 이에는 찬동할 수 없다. 쟁의단은 노조및조정법 제2조 4호의 노동조합의 개념에 합치하지 않고 사단으로서의 조직적 실체를 갖추고 있지 않다. 누가 어떠한 근거에서 교섭권한을 가지는지가 명확하지 않은 집단에 대하여 사용자에게 교섭에 응할 의무를 부과하는 것은 정당치 않기 때문이다(同旨: 박상필, 「노동법」, 439면). 하급심판례 중에는 예컨대 「민주택시운전자협의회(민운협)는 적법한 노동조합이 아니지만 사용자측에서 근로자대표성을 인정하여 임금협상에 임한 이상 노동조합에 준하는 지위를 가진다」(서울高判 1990. 2. 22, 88 구 8489)고 하거나, 「비상대책위원회가 합법적인 노동조합이 아니고 따라서 이 위원회와 맺은 합의도 단체협약이 아니지만, 회사측이 이 위원회를 농성근로자측대표로 인정하고 맺은 계약인 이상 이에 준하는 효력이 있다」(仁川地判 1991. 3. 31, 91 가합 15764)고 판시한 예가 있다. 그러나 이 판례들은 노동조합이 아닌 근로자단체에 대하여 단체교섭의 당사자지위를 당연히 인정한 것이 아니고, 다만 사용자가 임의로 교섭에 응하고 계약을 체결하였다면 그러한 한에서 그 계약의 효력을 인정할 수밖에 없다는 것에 불과할 뿐이며, 따라서 이들 단체의 교섭요구에 사용자가 성실하게 응해야 할 의무가 발생하는 것이라고 본 것은 아니다. 위 서울고등법원의 판결에 대한 상고심에서 대법원(大判 1991. 6. 25, 90 누 2246)은 「민운협의 간부로서 임금협상에 참가하기 위하여 부득이 회사에 결근하였다 할지라도 비합법노동단체에 가입하여 활동한 것이므로 정당한 조합활동이 아니며, 따라서 취업규칙 등의 소정의 절차를 거치지 아니한 경우에는 무단결근이 되어 징계사유가 된다」고 판시함으로써 쟁의단에 대하여 노동조합에 대해서와 같은 지위를 부여하고 있지 않다.

부받은 노동조합)이 아닌 근로자의 단결체라 하여 무조건 단체교섭권이 없다고 할 수는 없다」고 함으로써 이른바 헌법상의 노동조합도 단체교섭의 주체가 될 수 있음을 밝히고 있다.[1] 그러나 단체성 등 노동조합으로서의 실질적 요건을 갖추지 못한 일시적 쟁의단(爭議團)은 단체교섭 및 단체협약체결의 정당한 당사자가 될 수 없다.[2]

b) 노조대표자의 단체협약체결권과 조합원의 인준투표제

1) 노조및조정법 제29조 1항에 따르면 노동조합(단체)의 대표자(기관)는 그 노동조합 또는 조합원을 위하여 사용자나 사용자단체와 교섭하고 단체협약을 체결할 권한을 갖는다.[3] 노동조합이 복수로 존재하는 경우에는 제29조의2에 따라 결정된 교섭대표노동조합의 대표자는 교섭을 요구한 모든 노동조합 또는 조합원을 위하여 사용자와 교섭하고 단체협약을 체결할 권한을 가진다(제29조 Ⅱ).[4] 따라서 노동조합의 대표자가 체결한 단체협약은 노동조합 자체와 조합원인 근로자에 대해서 효력을 가진다. 즉, 단체의 기관으로서의 노동조합의 대표자는 노조및조정법에 의하여 정당하게 조합원들(교섭대표

1) 大判 1997. 2. 11, 96 누 2125.

2) 大判 1991. 5. 24, 91 도 324; 大判 1996. 1. 26, 95 도 1959; 大判 1997. 2. 11, 96 누 2125 참고. 異見: 김유성, 「노동법 Ⅱ」, 128면; 이병태, 「노동법」, 198면; 임종률, 「노동법」, 123면; 西谷, 「勞働組合法」, 290面 이하; 外尾, 「勞働団体法」, 367面 등. 이 견해는 일본노동조합법 제7조 2호를 그 근거로 삼고 있다.

3) 구 노동조합법 제33조 1항은 「노동조합의 대표자 또는 노동조합으로부터 위임을 받은 자는 그 노동조합 또는 조합원을 위하여 사용자나 사용자단체와 단체협약의 체결 기타의 사항에 관하여 교섭할 권한이 있다」고 하여 교섭권한만을 규정하고 있었다. 그 때문에 이 규정의 해석을 둘러싸고 종래 견해의 대립이 있었다. 즉 구 노동조합법 제33조의 단체교섭권이란 동조 5항에서 협약체결이라는 표현을 사용하고 있음에 비추어 볼 때 협약체결권을 포함하는 넓은 개념으로 이해해야 한다는 견해(이종복, '노동조합법 제33조 1항의 단체교섭권의 의미', 「판례월보」(제255호), 1991, 29면 이하; 大判(전합) 1993. 4. 27, 91 누 12257; 大判 1993. 5. 11, 91 누 10787; 大判 1998. 1. 20, 97 도 588 참고)가 있었는가 하면, 노동조합의 대표자는 원칙적으로 교섭 및 협약체결권한을 함께 보유하지만 조합규약이나 총회의 결의에 의하여 체결권한이 제한되는 경우에는 단체협약체결권한도 제한된다고 하는 견해(이병태, 「노동법」, 206면; 이광택, 「노동법학」(제3호), 1991, 175, 182면)와 처음부터 조합대표자는 교섭권한만을 가지고 있고, 다만 조합규약 등에서 체결권을 부여하는 경우에 한하여 단체협약체결권한을 갖는다라는 견해(김유성, 「노동법 Ⅱ」, 133면 이하; 박홍규, 「노동법론」, 957면 이하; 釜山高判 1991. 9. 25, 90 구 3232; 釜山高判 1991. 10. 16, 91 구 1332)가 있었다. 그러나 이와 같은 견해의 대립은 1996년 12월 31일의 노동관계법개정에서 노동조합의 대표자는 교섭권한뿐만 아니라 단체협약을 체결할 권한도 갖는다고 명시적으로 규정함으로써 입법적으로 해결되었다. 또한 憲裁 1998. 2. 27, 94 헌바 13 등; 大判 2005. 3. 11, 2003 다 27429; 大判 2000. 5. 12, 98 도 3299 등 참고.

4) 노동조합은 해당 사업 또는 사업장에 단체협약이 있는 경우에는 노조및조정법 제29조 1항 또는 제29조의2 1항에 따라 그 유효기간 만료일 이전 3개월이 되는 날부터 사용자에게 교섭을 요구할 수 있다(시령 제14조의2 Ⅰ 본문). 사용자가 노동조합으로부터 교섭요구를 받은 때에는 그 요구를 받은 날부터 7일간 그 교섭을 요구한 노동조합의 성명 등의 사항을 해당 사업 또는 사업장의 게시판 등에 공고하여 다른 노동조합과 근로자가 알 수 있도록 하여야 한다(시령 제14조의3 Ⅰ).

노동조합은 모든 노동조합 또는 조합원들)을 '대표'하고 있으므로, 노동조합의 대표자가 그 권한 내에서 조합원들을 위하여 행한 의사표시는 직접 조합원들에게 효력이 발생할 수 있으며(민법 제114조, 제59조 Ⅱ 참조), 또한 노동조합의 대표자가 사용자와 체결한 단체협약의 내용 중 「근로조건 기타 근로자의 대우」에 관한 부분은 노조및조정법 제33조 1항에 의하여 보장된 강행적 효력을 갖는다. 이와 같이 노동조합의 대표자가 체결한 단체협약은 다시 조합원들의 동의를 받을 필요없이 직접 조합원들에게 강행적 효력을 가지고 적용된다. 이것은 민법상의 법인의 대표가 가지는 권한과 행위에 관한 일반이론에 비추어 정당할 뿐만 아니라 노동조합법의 단체주의원칙[1] 내지 단체협약의 산업평화 유지기능에도 부합한다. 그러므로 노동조합의 대표자가 체결한 단체협약은 하자 있는 의사표시(특히 민법 제109조 이하 참조)에 의한 것이 아닌 한, 협약당사자 사이에서뿐 아니라 조합원들에 대해서 강행적 효력(노조및조정법 제33조 참조)을 가진다. 예컨대 노동조합규약에서 노동조합대표자의 협약체결권을 제한하거나 일정한 조건하에서만 인정하는 규정을 두고 있는 경우(노동조합의 인준을 얻을 것을 조건으로 체결권행사를 인정하는 경우. 또한 민법 제41조 참조)에도 노동조합대표자의 협약체결권은 사용자와의 대외적 관계에 있어서 아무 영향을 받지 않는다고 해석된다. 노조및조정법 제29조 1항 및 2항은 이를 명확히 규정하고 있다.

2) 단체교섭 당사자의 교섭권한만을 규정하고 있었던 구 노동조합법하에서 대법원 전원합의체[2]는 동법 제33조 1항의 '단체협약의 체결에 관하여 교섭할 권한'에 단체협약체결권한도 포함되어 있다고 해석하는 한편, 단체교섭 대표자(노동조합 대표자)가 사용자와 합의하여 단체협약안을 마련한 후 조합원총회의 결의를 거치도록 한 단체협약의 규정은 위 법규정에 위배된다고 판시하였다. 대법원은 단체교섭권이란 사실행위로서의 단체교섭의 권리만이 아니라, 교섭의 결과로 타결된 내용을 단체협약으로 체결할 수 있는 권리도 포함한다고 판단하였다. 대법원에 따르면 단체교섭의 권한은 있으나 단체협약을 체결할 권한은 없다고 한다면 마치 대리에 있어서 계약조건을 협상할 권한은 있으나 계약을 체결할 권한은 없다고 하는 것과 같아서 노동조합의 대표자가 그와 같은 지위에 있는 것이라고 한다면 제대로 대표자의 역할을 할 수 없으므로 결과적으로 단체교

1) 이종복, '노동조합법 제33조 1항의 단체교섭권의 의미', 「판례월보」(제255호), 1991, 29면 참고. 이 교수의 견해에 따르면 우리나라의 단체교섭제도는 단체설에 기초하고 있으므로 노동조합 자체의 단체협약체결권과 노동조합대표자의 조합원에 대한 대표성은 서로 별개의 문제이어서 대표자의 대표성에 어떠한 장애가 발생하더라도 그 장애는 대내적 관계에 그칠 뿐이며, 국가의 수권(授權)에 기초를 둔 노동조합 자체의 단체협약체결권에는 영향을 미치지 못하기 때문에, 일단 체결된 단체협약은 그것 자체로서 대외적으로 유효하다고 한다.

2) 大判(전합) 1993. 4. 27, 91 누 12257.

섭권한 자체가 무의미한 것으로 되고 말 가능성이 있고, 노사 쌍방이 어렵게 합의를 도출하더라도 다시 다른 결정절차(노동조합 총회의 결의)를 거쳐야만 그 합의의 효력이 발생할 수 있는 상황이라면 사용자측으로서는 결정의 권한 없는 교섭대표와의 교섭 내지 협상을 회피하든가 설령 교섭에 임한다 하더라도 성실한 최후의 양보안을 제시하는 것을 꺼리게 될 것이어서, 그러한 사용자측의 교섭회피 내지 해태를 정당한 이유 없는 것(노조및조정법 제81조 ③ Ⅰ 참조)이라고 비난하기 어려울 것이라고 한다.

또한 대법원은 「교섭대표자 또는 수임자가 단체교섭의 결과에 따라 사용자와 단체협약의 내용을 합의한 후에 다시 그 협약안의 가부에 관하여 조합원 총회의 결의를 거쳐야만 한다는 것은 대표자 또는 수임자의 단체협약체결권한을 전면적·포괄적으로 제한함으로써 사실상 단체협약체결권한을 형해화하여 명목에 불과한 것으로 만드는 것이어서 조합대표자 또는 수임자의 단체협약체결권한을 규정한 법 제33조 1항(현행 제29조 1항 및 2항 비교 참조)의 취지에 위반되는 것이라고 아니할 수 없다.」[1]고 한다. 대법원 전원합의체 판결이 명확하게 한 점은 노동조합 대표자의 단체교섭권한에는 단체협약체결권한이 포함되어 있다는 것과 노동조합대표자에게 조합원들의 총의(總意)에 따른 제약을 가하려면 단체협약 내용에 대한 합의 전에 이루어져야 할 것이지[2] 노동조합대표자와 사용자가 단체협약의 내용을 합의한 후에도 다시 그 협약안의 가부에 관하여 조합원 총회의 결의를 거칠 수 있도록 한다고 하면(그러한 내용의 단체협약의 조항 또는 노동조합규약) 이는 법 제33조 1항 본문의 규정(현행 제29조 1항 및 2항 비교 참조)에 위반된다는 것이

1) 大判(전합) 1993. 4. 27, 91 누 12257; 또한 大判 1998. 1. 20, 97 도 588; 大判 2000. 5. 12, 98 도 3299; 大判 2002. 6. 28, 2001 다 77970; 大判 2005. 3. 11, 2003 다 27429; 大判 2013. 9. 27, 2011 두 15404.

2) 노동조합 대표자에게 교섭권한과 함께 협약체결권한이 주어졌다고 하더라도(노조및조정법 제29조 Ⅰ) 노동조합규약에 협약체결 전에 노동조합의 인준을 받도록 하는 것은 얼마든지 가능하고 적법하다(大判 2014. 4. 24, 2010 다 24534; 大判 2013. 9. 27, 2011 두 15404). 협약체결 전에 협약안에 대한 조합총회와 인준을 거치지 않은 단체협약이 대외적 효력을 가지느냐는 문제와 인준투표제도 자체의 적법성 문제는 구별해야 한다. 조합원들의 근로조건에 직접적 영향을 미치는 단체협약의 체결에 신중을 기하기 위하여 노조대표자가 사용자와 정식협약을 체결하기 전에 가협약을 체결하는 것도 계약체결의 자유의 일반원리에 비추어 얼마든지 가능한 일이다. 그러나 가협약을 거치지 않고 (본)협약을 체결했다고 하여 그 단체협약이 효력을 가질 수 없는 것은 아니다. 일본에서는 단체협약 타결(妥結)권한과 협약체결권한은 규약 등에서 교섭권한과는 명확히 구별되고 있는 것이 통례라고 한다. 협약이 타결되면 가협약이 체결되고 조합집행부는 조합총회의 승인을 거쳐 정식협약을 조인(調印)하는 것이 통상적 과정이라고 한다(菅野, 「勞働法」, 848面). 단체협약의 체결은 단체교섭과는 달리 조합원의 유·불리(有·不利)에 결정적 영향을 미치는 것이므로 단체교섭에 참여한 노동조합대표자가 아무 제약없이 단체협약에 서명하여 단체협약을 체결할 권한을 가진 것으로 해석될 수 없으며, 조합규약이나 노동조합총회결의로 협약체결권한을 부여받아야 한다고 한다. 즉 민주적 절차를 거쳐 형성된 조합원의 집단적 의사가 협약체결에 반영되어야 한다고 한다(西谷, 「勞働組合法」, 293, 336面 이하).

다.[1] 마찬가지로 노동조합 대표자가 사용자와 단체교섭 결과 합의에 이른 경우에도 단체교섭위원들이 연명으로 서명하지 않는 한 단체협약의 효력을 부인하는 규약상의 규정도 노조및조정법 제29조 1항 및 2항의 취지에 반한다.[2] 따라서 노동조합 대표자가 사용자와 협의하여 단체협약안을 마련하였더라도 다시 협약안의 가부에 관하여 조합원 총회의 결의를 거친 후에만 단체협약을 체결할 것임을 사전에 명백히 밝혔다면, 사용자가 최종적인 결정 권한이 없는 교섭대표자와의 교섭을 회피하거나 해태하더라도 노조및조정법 제81조 1항 3호가 정하는 부당노동행위에 해당한다고 보기 어렵고 그에 대항하여 단행된 노동조합의 쟁의행위는 그 목적에 있어서 정당한 쟁의행위라고 볼 수 없다.[3]

위의 내용을 요약하면 노사 쌍방이 단체협약의 내용에 합의하기 전에 노동조합 대표자는 총회의 의결을 거쳐 조합원들의 의견을 수렴한 후 그 의견을 반영하여 단체교섭을 하거나 또는 단체교섭을 하는 과정에서 사용자와의 실질적 합의에 이르기 전에 총회의 의결을 거칠 수 있으므로(노조및조정법 제16조 ③ 참조)[4] 노동조합규약에서 노동조합대표자가 사용자와의 합의 전에 조합총회의 의결이나, 전체 조합원의 의견수렴 절차를 거쳐야 한다는 취지의 규정을 두는 것은 노조및조정법 제29조 1항 및 2항에 위배되지 않는다.[5] 이와 같은 내용의 총회인준규정을 두는 것은 조합원들의 「근로조건 기타 대우에 관한 기준」을 정하는 단체협약의 체결시에 노동조합 대표자의 단체협약 체결권한의 행사가 노동조합의 자주성과 조합민주주의 요청에 부합하도록 하는 담보조치로서 필요할 것이다. 단체협약의 체결이 조합원의 총의에 기초한 것이 아니면 그 협약체결은 효력이 없다는 견해가 있으나 이와 같은 주장은 노동조합의 자주적·민주적 운영의 불완전

1) 판례의 태도에 반대하는 견해: 노동법실무연구회, 「노동조합및노동관계조정법 주해 Ⅰ」(권영국), 584면 이하(근로조건 등에 관한 규범형성기능을 하는 단체협약을 체결할 때에는 조합원의 총의를 통한 정당화 과정을 거치도록 하는 것이 조합민주주의의 요청에 부합한다는 것을 그 근거로 들고 있다. 그러나 이러한 과정은 협약안 합의 전에 거쳐야 한다); 이병태, 「노동법」, 206면. 저자는 위 전원합의체판결(91누 32257)에 찬동한다. 노동조합 대표자와 조합원들 사이의 내부적 신뢰관계 내지 책임문제를 아무 귀책사유가 없는 사용자와의 대외적 관계에서 단체협약의 체결을 불안정하게 하는 위험원인으로 만드는 것은 교섭과정의 공평성의 원리에 반한다.

2) 大判 2013. 9. 27, 2011 두 15404.

3) 大判 1998. 1. 20, 97 도 588. 또한 노동조합의 규약에 합의된 단체협약안에 대하여 조합원의 결의로 다시 동의를 얻어야 효력을 갖는다는 내용이 있음에도 노동조합 측이 단체교섭에 임하는 대표자가 최종적인 결정권한을 갖고 있음을 사용자에게 확인시키지 않으면서 단체교섭만을 요구하는 것은 단체교섭의 성과를 무로 돌아가게 할 위험성을 해소시키지 않으면서 일방적으로 교섭을 요구하는 것이므로 그러한 상황에서 단체교섭이 결렬되었더라도 이를 이유로 하는 쟁의행위는 그 목적, 시기 및 절차에 있어서 정당한 쟁의행위라고 볼 수 없다(大判 2000. 5. 12, 98 도 3299).

4) 大判 2014. 4. 24, 2010 다 24534.

5) 大判 2013. 9. 27, 2011 두 15404. 단체협약의 내용에 합의하기 전에 노조대표자로 하여금 총회의 의결을 받도록 하는 규약상의 규정은 행정관청의 시정명령 대상이 될 수 없다.

내지 내부적 절차의 불비에서 오는 문제와 대외적 공정성담보의 문제를 충분히 구별하지 못하고 있는 것이다. 노동조합 내부의 절차적 하자에 대하여 사용자도 함께 불이익 내지 책임을 부담해야 할 근거는 적어도 현행법상 인정되기 어렵다.[1)]

3) 현실적으로 문제되는 것은 노동법상 근로자의 지위개선과 관련해서 사용자에 의하여 어용화된 조합대표자를 어떻게 통제할 것인가 하는 점과 조합원들이 인준거부를 남용함으로써 집단적 노사관계의 전개가 방해받는 상황을 어떻게 방지할 것인가 하는 점일 것이다. 전자의 경우에는 노동조합이 스스로 조합원의 총의가 수렴·반영될 수 있는 제도를 강화해야 할 것이고, 후자의 경우에 대해서는 인준권 남용에 의하여 집단적 노사관계의 안정적 정착을 방해하는 측에서 그 불이익을 부담해야 할 것이다. 노동조합이 조합원들의 의사를 반영하고 조합대표자의 단체교섭 및 단체협약 체결 업무의 수행에 대한 적절한 통제를 위하여 조합규약 등에 일정한 내부 절차를 거치도록 하여 대표자의 단체협약 체결권한의 행사를 절차적으로 제한하는 것은 노동조합의 자주성과 민주성 확보 차원에서 필요한 것이지만 단체협약체결권한을 전면적·포괄적으로 제한하여서는 안 될 것이다.[2)] 단체협약의 체결이 장기간 지연되면 근로자들 측에서 불이익을 받게 되는 경우가 보다 많을 것이다.

4) 단체협약 효력의 실질적 귀속 주체가 조합원이고 노동조합의 대표자는 단체협약을 체결함에 있어 조합원들의 의사를 반영할 의무를 부담한다 하더라도, 노조대표자는 노동조합의 위임에 따라 그 사무를 집행하고 노동조합을 대표하는 기관으로서 노동조합에 대하여 선량한 관리자의 주의의무를 부담할 뿐이고(민법 제681조 참조), 개별 조합원에 대해서까지 위임관계에 따른 선량한 관리자의 주의의무를 부담하는 것은 아니다. 따라서 노동조합대표자가 규약이 정한 내부 절차를 거치지 아니하고 교섭과정에서 논의되지도 않은 근로조건에 관하여 종전보다 불리한 내용으로 단체협약을 체결하였다 하더라도 개별 조합원에게 선량한 관리자의 주의의무 위반에 따른 손해배상책임을 지지 않는다.[3)]

다른 한편 노조및조정법 제22조 본문은 '노동조합의 조합원은 균등하게 그 노동조합의 모든 문제에 참여할 권리와 의무를 가진다.'고 규정하고 있고, 동법 제16조 3호는 「단체협약에 관한 사항」을 총회의 의결사항으로 정하고 있다. 이러한 규정들은 조합원들

---

1) 下井, 「勞使關係法」 1995, 110面 참고. 西谷, 「勞働組合法」, 336面도 이러한 측면을 간접적으로 인정하고 있다.

2) 大判 2014. 4. 24, 2010 다 24534.

3) 大判 2014. 4. 24, 2010 다 24534(원심인 서울高判 2010. 1. 8, 2009 나 28150은 조합원들에게 정신적 고통을 가하였다는 이유로 선량한 관리자의 주의의무 위반에 따른 손해배상책임을 인정하였다).

이 그들의 근로조건을 정하는 단체협약 체결과정에 참여할 권리를 법률로 보호하고 있는 것으로 해석된다. 따라서 노조대표자는 조합원들의 근로조건을 정하는 단체협약을 체결하기 전에 조합원들의 의사가 민주적으로 수렴·반영되도록 제반 절차를 강구해야 한다. 노조대표자가 조합원들의 중요한 근로조건에 영향을 미치는 사항에 관하여 조합원들의 의사를 결집·반영하는 규약상의 절차를 전혀 거치지 않은 채 사용자와 단체협약을 체결하였더라도 그 단체협약은 그대로 조합원들에게 규범적 효력을 미친다. 노조대표자가 조합원들의 의사를 수렴·반영하지 않으므로써 단체협약의 체결에서 조합원들에게 불이익한 결과를 가져오게 되었다면 이러한 노조대표자의 행위는 헌법(제33조 I)과 법률(노조및조정법 제22조)에 의하여 보호되는 조합원의 단결권 또는 노동조합의 의사 형성과정(협약자치 형성과정)에 참여할 권리를 침해하는 불법행위에 해당한다고 보아야 한다. 따라서 이로 인해 비재산적 손해를 입은 조합원은 노동조합과 그 대표자에게 위자료를 청구할 수 있다.[1]

c) 단위노동조합 노동조합의 조직과 관련하여 근로자가 직접 그 구성원이 되어 있는 단위노동조합은 기업별 조직이건 산업별 조직이건 단체교섭당사자가 된다. 이는 조직원리상 당연한 일이다. 노동조합의 조직유형은 근로자가 자율적으로 결정할 수 있는 자유설립주의에 기초하고 있기 때문이다(노조및조정법 제5조 참조). 따라서 노동조합이 기업별로 조직되어 있는 경우에는 기업별 노동조합이, 산업별로 조직되어 있는 경우에는 산업별 노동조합이 단체교섭당사자의 적격성을 보유하게 된다.

d) 연합노동조합

1) **일반적 견해** 단위노동조합(특히 기업별 단위노동조합)의 상급단체인 연합단체가 단체교섭당사자가 될 수 있는지가 문제된다. 연합노조도 노동조합이고(노조및조정법 제2조 4호 본문) 교섭할 권한을 가진 노동조합(노조및조정법 제29조 I)에 해당하므로 연합단체의 독자적 사항(연합노조의 상대방인 사용자 또는 사용자단체와의 교섭절차 등)이나 연합단체에 가입한 단위노조들의 공통적(통일적) 사항(근로조건의 통일적 규율)에 대해서는 위임이 없더라도 당연히 교섭당사자가 된다고 하는 견해가 있다.[2] 이 견해에 따르면 연

---

1) 大判 2018. 7. 26, 2016 다 205908(단체협약 체결 전에 총회 의결을 거치지 않은 노조대표자와 노동조합에 대하여 손해배상책임을 인정한 최초의 대법판결: 원심인용). 원심 판결: 서울高判 2015. 12. 16, 2015 나 2026878(이 사안에서 노조대표자는 특별명예퇴직 및 임금피크제 시행, 복지제도변경 등의 사항에 관하여 사용자와 단체협약을 체결하였다.) 이 판례도 규약상의 인준절차에 의하여 노조대표자의 단체협약체결권한의 행사를 절차적으로 제한하는 것은 그것이 단체협약체결권한을 전면적·포괄적으로 제한하는 것이 아닌 이상 허용된다는 기존의 판례태도(大判 2014. 4. 24, 2010 다 24534)를 따르고 있다.

2) 임종률, 「노동법」, 122면 이하; 하갑래, 「집단적 노사관계법」, 255면 등.

합단체(상부단체)가 가지는 교섭권은 연합단체 고유의 단체교섭권이고, 연합단체는 근로조건의 통일적 규율에 관하여 통일적 교섭당사자 적격을 가진다고 한다. 이와는 달리 연합단체는 당연히 단체교섭의 당사자로 인정되는 것은 아니고, 소속 노동조합에 대하여 단체교섭에 관한 통제력을 확보하고 있는 경우에 한하여 단체교섭의 당사자가 될 수 있다는 견해도 있다.[1)]

2) **저자의 견해** 노동조합이 단체교섭의 당사자가 된다는 것은 노동조합(대표자)이 자기의 이름으로(교섭당사자의 자격(적격)을 가지고) 사용자와 근로자들의 근로조건의 유지·개선에 관하여 유효한 교섭을 할 수 있는 권한을 가진다는 것을 뜻한다. 이와 같은 권한은 사단의 일반원리와 규약에 의하여 노동조합의 구성원인 조합원들의 수권(授權)을 기초로 주어지는 것이다. 다시 말하면 근로자들이 노동조합에 가입함으로써, 즉 노동조합규약의 준수를 승인함으로써, 노동조합에 대하여 대표권을 부여하고 이를 토대로 노동조합이 사용자와 단체교섭을 할 수 있는 권한을 가지게 되는 것이다. 그러므로 기업별 단위노조나 산업별 단위노조가 단체교섭의 당사자가 될 수 있는 것은 근로자들이 해당 노동조합에 가입함으로써 조합원이 된 근로자들의 수권에 의하여 교섭권한을 직접 부여받고 있기 때문이다. 이러한 근거에서 기업별 또는 산업별 노동조합이 사용자 또는 사용자 단체와 교섭의 결과로 체결된 단체협약은 교섭권한을 부여한 그 노동조합의 구성원인 조합원에게 당연히 적용된다(단체협약의 구속력의 범위). 그런데 연합단체인 노동조합에서는 그 구성원이 (기업별)단위노동조합이고 근로자(조합원)가 아니기 때문에 당연히 근로자를 직접 대표할 수 있는 교섭권한을 가지고 있지 않다. 근로자의 수권(직접적 수권) 없이 근로자를 대표하여 근로자들의 근로조건에 관한 교섭을 행한다는 것은 조직(사단)의 원리와 수권의 원칙에 부합하지 않는다. 연합노조가 그 구성원인 기업별 단위노조와 관련된 사항, 이른바 연합단체의 독자적 사항(상대방 사용자 또는 그 단체와의 교섭절차, 시기 등)에 관해서는 교섭권한을 가질 수 있지만, 이는 교섭 절차나 시기에 관한 일반적 권한에 속하는 것이고, 근로자들의 근로조건 개선을 위한 노동법상의 고유한 단체교섭 사항은 아니다.[2)]

---

1) 김유성, 「노동법 Ⅱ」, 130면; 菅野, 「勞働法」, 843面 이하(다만 통제력을 확보하고 있는 경우에 교섭당사자가 될 수 있는 것을 예외적으로 인정한다) 및 西谷, 「勞働組合法」, 289面도 연합노조의 통제력을 전제로 가맹노조의 전조합원에 공통된 사항에 관하여 교섭권을 가진다고 한다.

2) 연합단체도 노동조합(노조및조정법 제2조 ④ 본문)이고 교섭권한을 가진 노동조합(동법 제29조 Ⅰ)이므로 연합단체의 독자적 사항과 단위노조의 공통적 사항에 대해서는 당연히 교섭당사자가 된다는 견해(임종률, 「노동법」, 122면)와 독자적 사항에 대해서는 당연히, 단위노조의 공통적 사항에 대해서는 통제력을 갖추고 있으면 단체교섭의 주체가 된다는 견해(노동법실무연구회, 「노동조합및노동관계조정법 주해 Ⅰ」(권영국), 573면)가 있다.

3) 연합단체에 대한 단체교섭권의 위임 연합노조가 근로자들을 위한 교섭권한을 행사하려면 기업별 단위노동조합에 의한 교섭권한의 위임이 있어야 한다. 그리고 교섭권한의 위임은 근로자들을 대표하는 권한의 수권적(授權的) 위임이라고 볼 수 있으므로 원칙적으로 규약에 의하거나 총회의 의결을 거치거나 그러한 위임을 추단할 수 있는 특별한 사정이 존재해야 할 것으로 생각된다(노조및조정법 제11조 ⑧, 제16조 ③의 유추확대해석). 연합단체가 그 교섭권한을 위임받아 교섭을 할 경우에는 위임자인 단위노조의 수임인의 지위에 있으므로 위임받은 범위 안에서 교섭권한을 행사하여야 한다(노조및조정법 제29조 Ⅲ; 시령 제14조 Ⅰ·Ⅱ).[1] 연합노조가 단체협약체결권한까지를 위임받은 경우에 협약체결당사자(본인)는 기업별 단위노조이고, 그 단체협약은 당사자인 기업별 단위노조와 사용자가 직접 체결한 것과 같은 효력을 가지게 된다(민법 제114조 참조). 따라서 단체협약서에는 단위노조위원장과 사용자가 서명날인하고 연합노조는 대리인(수임인)으로서 기명하여야 한다. 연합단체가 그 구성원인 단위노조들의 공통적 사항(조합원들의 근로조건의 규율)에 관하여 단체고유의 단체교섭권을 가진다는 견해는 이론상 수긍하기 곤란하다. 연합단체가 그 구성원인 기업단위노조에 대하여 통제력(統制力)을 보유하고 있다는 이유에서 단위노조의 구성원인 조합원에 대하여 교섭권한을 가진다는 것은 이론적 비약이라고 생각된다. 연합노조도 노동조합의 개념 표지를 갖춘 노동조합이고 노동조합이면 단체교섭권한을 가질 수 있다고 하지만, 이와 같은 교섭권한을 정당화하는 근거로 법 제2조 4호 본문과 제29조 1항의 규정을 원용하는 것은 정당하지 않다. 왜냐하면 이 규정들은 노동조합의 개념과 단체교섭 및 협약체결 권한에 관한 일반적·추상적 원칙규정에 지나지 않기 때문이다. 연합단체도 노동조합이고 가입단위노조에 대해서 통제력을 갖는다는 이유에서 그 구성원인 단위노조의 조합원 근로자들을 직접 대표하여 단체교섭권한을 행사할 수 있는 고유한 단체교섭권을 갖는다고 할 수는 없다. 위 규정들은 연합단체의 이러한 단체교섭권의 근거규정이 될 수 없다. 연합단체는 그 구성원인 단위노조의 조합원 근로자를 직접 대표하여 단체교섭 및 협약체결을 할 수 있는 교섭당사자가 될 수 없다.[2]

단위노동조합은 단체교섭을 위임할 수 있으나, 연합단체에 단체교섭권한을 이전하거나 양도할 수 없다.

---

1) 단체교섭의 위임이란 단체교섭을 하는 사무처리를 맡기는 것을 뜻하고, 위임자인 단위노동조합은 그 위임 후 이를 해지하는 별개의 의사표시를 하지 않았다 하더라도 여전히 단체교섭권한을 수임자의 단체교섭권한과 중복하여 경합적으로 보유한다(大判 1998. 11. 13, 98 다 20790).

2) 異見: 임종률, 「노동법」, 122면.

e) 단위노동조합의 지부·분회

1) 노동조합은 상부조직 → 단위노조 → 지부·분회와 같이 계층구조를 가지고 있는 경우가 적지 않다. 그러므로 노동조합의 조직실태와 방침에 의하여 어느 수준에서의 단체교섭에 중심을 두느냐에 따라 교섭활동에 차이가 있을 수 있다. 그러나 어느 경우를 막론하고 단위노조가 단체교섭권한을 행사하는 중심 주체가 된다는 점에서는 이론의 여지가 없다. 따라서 단위노조가 단체교섭권한을 독점하고 상황에 따라 지부·분회에 교섭을 위임하여 담당하도록 하는데 그치는 것이 노동조합 조직이론상 정상적이라고 볼 수 있다. 그러나 단위노조가 특정 사항(특히 지부·분회 조직에 관련된 사업 또는 사업장에 관한 사항)에 관해서는 지부·분회의 독자적 교섭을 인정하거나 관례상 지부·분회의 교섭을 승인하고 있는 사례도 있다. 이 경우에 단위노조 이외에 지부·분회가 단체교섭 당사자가 될 수 있는지가 문제된다. 이에 대해서는 여러 가지 견해가 제시되고 있으나, 그 기초에는 두 개의 근거가 뒷받침하고 있다. 첫째는 수권이론(授權理論)이다. 노동조합이 단체교섭의 당사자 자격을 가지는 것은 그 구성원인 조합원들의 수권(노조가입에 의한 수권)에 의하여 대표권한을 가지게 되므로 단위노조는 사용자와의 교섭에 있어서 당연히 교섭당사자가 될 수 있다. 따라서 지부·분회는 단위노조로부터 교섭권한을 수여받지 않는 한 교섭당사자가 될 수 없다. 이를 수권론적 근거라고 할 수 있다. 둘째로 노동조합의 지부·분회는 그 조직형태에서 보면 단위노조의 구성기구이어서 조합원들의 수권을 기초로 결성된 독립적 노동조합이라고 볼 수 없지만, 지부·분회가 사단으로서의 조직성과 규약을 갖추고 있으며 독립적 조합활동을 하고 있으면 그 범위 내에서 교섭당사자가 될 수 있다는 것이다. 이를 조직실체적 근거라고 할 수 있다. 전자의 논지는 조합원에 의한 수권을, 후자의 논지는 지부·분회의 단결체로서의 독자적 실체성을 중요시한다. 학설은 이러한 근거들의 어느 측면을 얼마만큼 중요시하느냐에 따라 그 견해가 나뉘고 있다.[1)]

2) 상부조직으로서의 단위노조가 그 조직하에 있는 모든 기업 또는 사업장에 미

---

1) ① 상부단위노조의 수권 또는 위임이 있는 경우 또는 실질적으로 단위노조와 다를 바 없는 노동조합으로서의 실체를 갖추고 있는 경우에 교섭당사자 지위를 인정하는 견해: 임종률, 「노동법」, 123면. ② 지부·분회가 독자적 규약과 집행기관을 가지고 단체로서 활동을 하고 있으면 당해 조직에 관한 특유한 사항에 대하여 단체교섭의 당사자가 될 수 있으나, 상부노동조합의 통제에 따라야 한다는 견해: 김유성, 「노동법 Ⅱ」, 129면; 또한 大判 2001. 2. 23, 2000 도 4299; 大判 2008. 1. 18, 2007 도 1557. 大判(전합) 2016. 2. 19, 2012 다 96120 참고. ③ 지부·분회가 독립된 단체조직을 갖추고 단위노조의 규약으로 하부조직에 교섭을 허용하고 있는 경우에 교섭당사자 지위를 인정하는 견해: 김기덕, '초기업 단위노조 하부조직의 단체교섭 당사자 지위의 판단기준', 「노동판례비평」, 2000, 229면; 노동법실무연구회, 「노동조합및노동관계조정법 주해 Ⅰ」(권두섭), 223면.

치는 단체협약의 체결권한을 가진 단체교섭 당사자의 지위에 있으나 실질적으로 지부·분회의 개별적 또는 특수한 사항들까지 규율할 수 있는 통제력과 조직력을 가지고 있지 않는 반면, 지부·분회는 그 구성조합원의 지지를 바탕으로 독자적 조직과 규약을 갖추고 독립적인 활동을 하고 있는 경우에는 그 지부·분회는 단체교섭의 당사자가 될 수 있을 것이다. 그러나 지부·분회가 단체교섭 당사자의 자격을 갖추더라도 단위노조가 단체교섭 주체로서의 지위를 상실하는 것은 아니므로 지부·분회와 단위노조 사이에 단체교섭 당사자 경합의 문제가 생길 수 있다.[1] 이러한 경우에는 단위노조의 규약으로 지부·분회에 대한 교섭권한 부여, 교섭사항의 범위 등을 정할 수 있을 것이다. 따라서 지부·분회가 단체교섭의 당사자 지위를 가지려면 원칙적으로 단위노조의 규약에 의한 교섭권한의 부여 또는 개별적 권한위양(委讓)이 있어야 할 것이다. 지부·분회가 단체로서의 사실상의 실체성을 갖추었다고 하여 단위노조 규약에 따른 권한위양 없이 독자적 교섭당사자가 될 수 있다면 이는 노동조합의 조직원리와 대표성의 원칙에 반한다. 다만, 지부·분회가 실질적으로 단위노조의 통제로부터 벗어나 조직변경(지부에서 기업별 단위노조로)을 할 수 있을 정도로 독립성을 확보하고 있으며 단위노조의 규약상 교섭권한 배분에 관해서 명확히 규정하는 바가 없으면 독자적 사항에 관하여 단체교섭 당사자 지위를 갖는다고 보아야 할 것이다.

3) 판례는 지부·분회가 독자적 규약과 집행기관을 가지고 독립된 조직체로서 활동하는 경우에는 설립신고(노조및조정법 시령 제7조)를 필했는지 여부에 관계없이 독자적으로 단체교섭을 하고 협약을 체결할 수 있다는 견해를 취하고 있다.[2] 산하조직인 지부나 분회가 어느 정도의 사실적 실체성을 갖추었다고 하더라도 상부단위 노조의 활동을 위한 내부적인 조직에 그친다면 교섭당사자의 지위를 가질 수 없다고 보아야 한다.[3]

f) 유일교섭단체조항 우리나라의 단체협약에는 「회사는 이 노동조합이 회사 내에 있는 조합원을 대표하는 유일한 교섭단체로 인정한다」고 규정하고 있는 예가 있다. 이것은 사용자가 특정노동조합을 단체교섭의 상대방으로 인정하고 다른 노동조합과는 교섭하지 않을 것을 약속하는 이른바 유일교섭단체조항이다. 현행 노조및조정법하에서는 복수노조의 설립이 인정되고, 교섭창구 단일화를 통해서 단체교섭이 이루어질 수 있

---

1) 西谷, 「勞働組合法」, 288面 이하. 大判 1998. 11. 13, 98 다 20790 참고.

2) 大判 2001. 2. 23, 2000 도 4299: 「노동조합의 하부단체인 분회나 지부가 독자적인 규약 및 집행기관을 가지고 독립된 조직체로서 활동을 하는 경우 당해 조직이나 그 조합원에 고유한 사항에 대하여는 독자적으로 교섭하고 단체협약을 체결할 수 있고, 이는 그 분회나 지부가 노조법 시행령 제7조의 규정에 따라 그 설립신고를 하였는지 여부에 영향을 받지 아니한다」. 또한 大判 2002. 7. 26, 2001 두 5361; 大判 2008. 1. 18, 2007 도 1557; 大判 2011. 5. 26, 2011 다 1842·1859·1866·1873.

3) 大判(전합) 2016. 2. 19, 2012 다 96120 참고.

기 때문에 유일교섭단체조항의 설정은 현행법에 반한다.[1] 사용자가 복수의 노동조합과 개별교섭을 하기로 결정한 때(제29조의2 I 단서 참조)에도 유일교섭단체조항의 설정은 위법한 것으로서 효력이 없다. 사용자가 제2의 노동조합과 단체교섭을 거부하는 것은 정당하지 않으므로 노조및조정법 제81조 1항 3호의 부당노동행위가 된다.

(2) 복수노조와 교섭창구 단일화

a) 교섭창구 단일화의 의의와 방법

1) 하나의 사업 또는 사업장에서 노무를 제공하는 근로자들이 동종의 업종에 종사하고 있음에도 서로 다른 노동조합에 소속되어 있다고 하여 서로 다른 내용의 단체협약의 적용을 받는다는 것은 불합리한 일이다. 동일한 사용자에 고용되어 동종의 업무를 수행하는 근로자들에게는 통일된 근로조건의 기준이 적용되는 것이 노조및조정법(집단적 노사관계법)의 기본원칙이라고 할 수 있기 때문이다. 따라서 하나의 사업 또는 사업장에 2개 이상의 노동조합이 설립되어 있을 때에는 교섭창구를 단일화하여 근로조건을 통일하고 단체교섭을 효율화해야 할 뿐 아니라, 복수의 노동조합 사이의 마찰을 피하고 사용자와 노동조합들간의 복잡한 관계를 조화시킬 필요가 있다.[2] 개정된 노조및조정법 제29조 2항(2010. 1. 1 신설, 시행일 2011. 7. 1)은 교섭창구 단일화 절차(제29조의2)에 따라 결정된 「교섭대표노동조합의 대표자는 교섭을 요구한 모든 노동조합 또는 조합원을 위하여 사용자와 교섭하고 단체협약을 체결할 권한을 가진다」고 규정함으로써 복수노조 하에서의 단체교섭과 단체협약의 통일화를 제도적으로 채택하고 있다.[3]

2) 교섭창구를 단일화하여 교섭할 수 있는 노동조합을 정하는 방법에는 크게 3가지가 있다. 첫째는 교섭대표노동조합을 자율적으로 정하는 방법이고(제29조의2 III), 둘째는 자율적 결정을 하지 못하고 사용자가 개별교섭에 동의하지 않은 경우에는 노동조합의 전체 조합원 과반수로 조직된 노동조합을 교섭대표노동조합으로 하는 것이며(제29조의2 IV),[4] 셋째는 위의 두 방법에 의하여 교섭대표노동조합이 정해지지 못한 경우에는 공동교섭대표단을 구성하는 방법이다(제29조의2 V). 셋째의 경우에 공동교섭대표단의 구성에 합의하지 못할 경우에 노동위원회가 해당 노동조합의 신청에 따라 조합원 비율

1) 노조및조정법 부칙 제7조는 하나의 사업 또는 사업장에 2011년 6월 30일까지는 조직대상을 같이 하는 새로운 노동조합을 설립할 수 없다고 규정하고 있었다. 2011년 7월 1일부터 복수노조의 설립이 가능하게 되었다.

2) 같은 뜻의 판례: 大判 2018. 8. 30, 2017 다 218642; 大判 2017. 10. 31, 2016 두 36956.

3) 헌법재판소는 하나의 사업장에 복수의 노동조합이 있는 경우 각 노동조합의 단체교섭권을 하나로 묶어 교섭창구를 단일화하는 것이 교섭대표노동조합이 아닌 노동조합의 단체교섭권을 침해하는 것이 아니라는 결정을 하였다(憲裁 2012. 4. 24, 2011 헌마 338).

4) 서울行判 2013. 12. 13, 2013 구합 18995 참고.

을 고려하여 공동교섭대표단을 결정할 수 있다(제29조의2 Ⅵ). 다만, 교섭대표노동조합을 자율적으로 결정하는 기한 내에 사용자가 교섭창구 단일화 절차를 거치지 아니하기로 동의한 경우에는 복수노조와 개별교섭이 이루어지게 된다(제29조의2 Ⅰ 단서). 따라서 이 때에는 단체교섭과 단체협약의 통일화는 실현될 수 없다.[1] 이를 도시(圖示)하면 다음과 같다.

자율단일화에 → 조합원과반수노조 → (자율적) 공동교섭대표단 → 노동위원회의 결정:
의한 교섭대표 공동교섭대표단
노동조합
↓
복수노조와의 개별교섭(사용자의 동의가 있는 경우)

b) 교섭창구 단일화 절차

1) 우선 하나의 사업 또는 사업장에서 조직형태에 관계없이 근로자가 설립하거나 가입한 노동조합이 2개 이상인 때에는 노동조합은 교섭대표노동조합(2개 이상의 노동조합 조합원을 구성원으로 하는 교섭대표기구를 포함한다)을 정하여 교섭을 요구하여야 한다(제29조의2 Ⅰ 본문). 이는 노동조합이 복수로 존재하는 경우에 교섭창구를 단일화할 것을 원칙으로 정한 것이다.

조직형태에 관계없이 사업 또는 사업장에 복수로 존재하는 노동조합이란 기업별 노조, 사업장별 노조, 공장단위별 노조, 사업변동으로 생긴 노동조합 등이 이에 해당할 것이다. 산업별 노조의 경우에는 그 사업 또는 사업장에 지부 또는 분회가 노동조합으로서의 실체를 갖추고 있으면 교섭창구 단일화에 참여할 수 있는 노동조합이라고 보아야 할 것이다.[2] 그러나 노동조합으로서의 실체를 갖춘 노동조합은 존재하지 아니하고 산업별 노동조합에 소속된 근로자들만이 존재할 때에는 이들은 그 사업 또는 사업장에 설립하거나 가입한 노동조합의 조합원으로 볼 수는 없을 것이다. 이러한 근로자들도 (산업별) 노동조합에 의하여 보호(산별 노조가 체결한 단체협약의 적용을 통하여 보호)되는 조합원이라는 점에서는 다른 노동조합의 근로자와 다르지 않지만 교섭창구 단일화 절차에 참여할 수 있는 지위는 단체교섭 당사자의 자격을 가진 「노동조합」([107] 1. ⑴ e) 참고)에 대해서만 부여하고 있으므로(제29조의2 Ⅰ) 이 근로자들이 교섭창구 단일화에 참여할 수 있기

1) 이 경우에 사용자는 교섭을 요구한 모든 노동조합과 성실히 교섭하여야 하고, 차별적으로 대우하여서는 아니 된다(제29조의2 Ⅱ. 2021. 1. 5, 신설). 제30조 1항·2항의 원칙규정에 비추어 당연한 규정이라고 판단된다.

2) 大決 2011. 5. 6, 2010 마 1193.

위해서는 노동조합으로 인정될 수 있는 요건(독자적인 규약 및 집행기관을 가지고 독립한 단체로서 활동을 하면서 당해 조직이나 그 조합원에 고유한 사항에 대하여는 독자적으로 단체교섭 및 단체협약체결능력을 가지고 있을 것)을 갖춘 노동조합의 조합원이어야 할 것이다.[1] 직종별 노조에 있어서도 마찬가지라고 생각된다. 교섭창구 단일화 절차에 참여할 수 있는 노동조합은 하나의 사업 또는 사업장에 있는 노동조합이라고 보아야 할 것이므로 그 사업 또는 사업장 밖에 존재하는 초기업적 산업별 노동조합이나 직종별 노동조합은 단일화 절차에 직접 참여할 수 없다고 판단된다(제29조의3 Ⅰ 참조).[2] 노동조합이 교섭대표노동조합을 정하여 사용자에게 교섭을 요구할 수 있기 위해서는 해당 사업 또는 사업장에 단체협약이 있는 경우 그 유효기간 만료일 이전 3개월이 되는 날부터이다. 다만, 2개 이상의 단체협약이 있는 경우에는 그 중 먼저 도래한 단체협약의 유효기간 만료일 이전 3개월이 되는 날부터 사용자에게 단체교섭을 요구할 수 있다(시령 제14조의2 Ⅰ). 단체교섭 요구사실의 공고, 교섭을 요구한 노동조합 외에 교섭에 참여하고자 하는 노동조합의 교섭참여 요구 시기 및 방법, 교섭참여 노동조합의 확정에 관해서는 시행령(시령 제14조의3 내지 제14조의5)이 자세히 규정하고 있다. 교섭대표노동조합을 자율적으로 결정할 기한(교섭요구 노동조합이 확정된 날부터 14일. 시령 제14조의5, 제14조의6 Ⅰ 참조) 내에 사용자가 교섭창구 단일화 절차를 거치지 아니하기로 동의한 경우에는 개별교섭이 행하여진다(제29조의2 Ⅰ 단서).

2) 교섭대표노동조합 결정절차("교섭창구 단일화 절차")에 참여한 모든 노동조합(시령 제14조의5에 따라 교섭을 요구한 노동조합으로 확정 또는 결정된 노동조합)은 대통령령으로 정하는 기한(시령 제14조의6 Ⅰ)[3] 내에 자율적으로 교섭대표노동조합을 정한다(제29조의2 Ⅲ). 자율적으로 결정된 교섭대표노동조합은 그 대표자, 교섭위원 등을 교섭창구 단일화 절차에 참여한 모든 노동조합이 연명으로 서명 또는 날인하여 사용자에게 통지해야 한

---

1) 참고판례: 大判 2001. 2. 23, 2000 도 4299; 大判 2008. 12. 24, 2006 두 15400; 大判 2002. 7. 26, 2001 두 5361. 또한 大決 2009. 4. 17, 2008 마 759 참고.

2) 사업 또는 사업장 밖에 존재하는 산별 또는 지역별 노조의 조합원들을 교섭창구 단일화 절차에 참여하게 한다면 그 조합원들을 대표하는 노동조합은 복수로 존재하게 되어 산별노동조합과 교섭대표노동조합이 체결한 복수의 단체협약이 적용되는 결과를 가져올 수 있다. 만약 교섭대표노동조합의 단체협약만이 적용되도록 한다면 산별노동조합은 실질적으로 그 구성원인 조합원을 상실하게 되는 결과가 발생하게 될 것이다.

3) 교섭대표 자율결정기간의 기산일이 되는 '시행령 제14조의5에 따라 확정 또는 결정된 날'(시령 제14조의6 Ⅰ)은 교섭 요구 노동조합 확정 절차가 종료된 날을 의미하는 것으로 해석되므로 시행령 제14조의5에 따른 사용자의 공고에 대하여 노동조합이 이의를 신청하지 아니한 경우에는 그 공고기간이 만료된 날(교섭 요구 노동조합 확정 절차가 만료된 날, 노동조합이 이의를 신청하여 사용자가 수정 공고를 한 경우에는 그 기간이 만료된 날)을 의미한다(노조및조정법 시령 제14조의5 Ⅰ·Ⅱ, 제14조의6 Ⅰ 참조)(大判 2016. 2. 18, 2014 다 11550).

다(시령 제14조의6 Ⅰ).[1] 다수의 노동조합이 있음에도 스스로 교섭을 요구하지 않으면서 교섭창구 단일화 절차에 참여하지 않은 노동조합에 대해서 교섭대표노동조합은 대표자의 지위에 있지 않으므로 체결된 단체협약의 효력이 미치지 않는 것으로 판단된다. 단체교섭 및 단체협약의 체결에 관한 위임이 없다고 생각되기 때문이다(제29조 Ⅱ 참조).

3) 자율적으로 기한 내 교섭대표노동조합을 정하지 못하고 개별교섭에 대한 사용자의 동의를 얻지 못한 경우에는 교섭창구 단일화 절차에 참여한 노동조합의 전체 조합원 과반수로 조직된 노동조합(2개 이상의 노동조합이 위임 또는 연합 등의 방법으로 교섭창구 단일화 절차에 참여한 노동조합 전체 조합원의 과반수가 되는 경우를 포함한다)이 교섭대표노동조합이 된다(제29조의2 Ⅳ; 시령 제14조의7). 과반수 노동조합은 소정의 기일 이내에 사용자에게 노동조합의 명칭, 대표자 및 과반수 노동조합이라는 사실 등을 통지하여야 한다(시령 제14조의7 Ⅰ). 노동조합에의 이중가입에 관해서는 [102] 1. (3) 참고.

4) 교섭대표노동조합이 자율적으로 또는 과반수 조합원에 의한 방법으로 결정되지 않은 경우에는 교섭창구 단일화 절차에 참여한 모든 노동조합은 공동교섭대표단을 구성하여 사용자와 교섭한다(제29조의2 Ⅴ 전단; 시령 제14조의8). 이때 공동교섭대표단에 참여할 수 있는 노동조합은 그 조합원 수가 교섭창구 단일화 절차에 참여한 노동조합 전체조합원의 100분의 10 이상인 노동조합으로 한다(제29조의2 Ⅴ 후단). 공동교섭대표단을 구성한 노동조합은 소정의 기간 내에 그 대표자, 교섭위원 등을 연명으로 서명 또는 날인하여 사용자에 통지해야 한다(시령 제14조의8 Ⅰ).

5) 공동교섭대표단의 구성에 합의하지 못한 경우에 공동교섭대표단 구성에 참여할 수 있는 노동조합의 일부 또는 전부는 노동위원회에 제29조의2 6항에 따라 공동교섭대표단 구성에 관한 결정 신청을 하여야 한다(시령 제14조의9 Ⅰ). 노동위원회는 그 신청을 받은 날부터 10일 이내에 총 10명 이내에서 각 노동조합의 조합원 수에 따른 비율을 고려하여 노동조합별 공동교섭대표단에 참여하는 인원 수를 결정하여 그 노동조합과 사용자에게 통지하여야 한다. 다만, 그 기간 이내에 결정하기 어려운 경우에는 한 차례에 한하여 그 기간을 연장할 수 있다(시령 제14조의9 Ⅱ). 공동교섭대표단 구성에 참여하는 노동조합은 사용자와 교섭하기 위하여 노동위원회가 결정한 인원 수에 해당하는 교섭위원을 각각 선정하여 사용자에게 통지하여야 한다(시령 제14조의9 Ⅳ). 공동교섭대표단의 대표자는 공동교섭대표단에 참여하는 노동조합이 합의하여 정한다. 다만, 합의가 되지 않을 경우에는 조합원 수가 가장 많은 노동조합의 대표자로 한다(시령 제14조의9 Ⅴ).

---

1) 사용자의 공고에 대하여 노동조합이 노동위원회에 시정을 요청하여 노동위원회가 결정을 한 경우에는 결정이 당사자에게 송달되어 효력이 발생한 날부터 기산한다(大判 2016. 1. 14, 2013 다 84643, 84650). 또한 大判 2016. 2. 18, 2014 다 11550 참고.

6) 제29조의2 1항 및 3항부터 5항까지의 규정에 따른 교섭대표노동조합을 결정함에 있어 교섭요구 사실, 조합원 수 등에 이의가 있을 때에는 노동위원회는 대통령령이 정하는 바에 따라 노동조합의 신청을 받아 그 이의에 대한 결정을 할 수 있다(제29조의2 Ⅶ).

7) 사용자는 노동조합으로부터 '교섭요구를 받은 때'(노조및조정법 시령 제14조의2)에는 그 요구를 받은 날부터 7일간 교섭을 요구한 노동조합의 명칭 등 고용노동부령으로 정하는 사항을 해당 사업 또는 사업장의 게시판 등에 공고하여 다른 노동조합과 근로자가 알 수 있도록 하여야 한다(동 시령 제14의3 Ⅰ). 교섭요구를 받은 때란 복수노조의 경우(노조및조정법 제29조의2 Ⅰ)뿐만 아니라 단수노조의 경우(동법 제29조 Ⅰ)도 포함하는 것으로 해석되고 있다.[1]

c) 교섭단위 및 그 분리결정 교섭대표노동조합을 결정하여야 할 단위는 하나의 사업 또는 사업장으로 한다(노조및조정법 제29조의3 Ⅰ). 따라서 교섭창구 단일화 절차가 적용되는 단위에는 일정 지역 또는 산업은 해당되지 않는다.[2] 다만, 하나의 사업 또는 사업장에서 현격한 근로조건의 차이, 고용형태, 교섭 관행 등을 고려하여 교섭단위를 분리하거나 분리된 교섭단위를 통합할 필요가 있다고 인정되는 경우에 노동위원회는 노동관계당사자의 양쪽 또는 어느 한 쪽의 신청을 받아 교섭단위를 분리하거나 분리된 교섭단위를 통합하는 결정을 할 수 있다(제29조의3 Ⅱ; 시령 제14조의11).[3] 단체협약에 의한 집단적 규율을 근로조건이나 고용형태에 따라 분리하거나 통합하여 행하는 것은 합리적이어서 노사쌍방의 실질적 이익을 도모할 수 있기 때문이다. 노동위원회의 결정에 대한 불복절차 및 효력에 관해서는 노조및조정법 제69조와 제70조 2항을 준용한다(제29조의3 Ⅲ).[4] 교섭단위 분리·통합 신청에 대한 노동위원회의 결정이 있기 전에 노동조합의 교

1) 서울高判 2014. 3. 19, 2013 누 16175 참고.

2) 노조및조정법은 교섭단위를 원칙적으로 사업 또는 사업장 단위로 하고 있어 초기업적 단위로 확장할 수 없는 현행 제도의 문제점을 지적하는 견해가 적지 않다(노동법실무연구회, 「노동조합및노동관계조정법 주해 Ⅰ」(권영국), 674면 및 인용된 문헌 참고). 창구단일화제도는 하나의 사용자를 상대방으로 하는 기업별 조직에서 서로 다른 단체협약의 적용으로 인한 모순을 피하려는 데 있을 뿐이고 초기업적 노조의 설립을 막으려는 데 있는 것은 아니다.

3) 大判 2018. 9. 13, 2015 두 39361; 大判 2018. 10. 12, 2015 두 38092(방송연기자를 조직대상으로 하는 노동조합이 한국방송공사와의 단체교섭에서 방송연기자들과 한국방송공사 소속의 다른 근로자들을 각각의 교섭단위로 분리하여 줄 것을 신청한 사안에서 방송연기자는 노조및조정법상의 근로자에 해당한다고 보는 것이 타당하므로 이들을 조합원으로 하는 노동조합은 동법상의 노동조합으로서 교섭단위 분리를 신청할 자격이 있다고 본 원심판단이 정당하다고 한 사례). 서울行判 2016. 5. 19, 2015 구합 12007; 서울高判 2016. 9. 30, 2016 누 33782(중앙노동위원회의 재심 결정을 받아들여 제1심 판결을 취소하고 원고(제주지역자동차노동조합)의 청구를 기각한 예).

4) 大判 2018. 9. 13, 2015 두 39361(교섭단위 분리 신청에 대한 노동위원회의 결정에 불복할 경우 그 결정이 단순히 어느 일방에 불리한 내용이라는 사유만으로는 불복이 허용되지 않고 그 절차가 위법

섭요구(시령 제14조의2)가 있을 때에는 노동위원회의 교섭단위 분리·통합 여부에 관한 결정(제29조의3 Ⅱ)이 있을 때까지 교섭창구 단일화 절차의 진행은 정지된다(시령 제14조의11 Ⅴ). 교섭단위 분리 또는 결정을 통지받은 경우에 노동조합은 해당 교섭단위에 단체협약이 있는 때에는 그 유효기간 만료일 이전 3개월이 되는 날부터 시행령 제14조의2 2항에 따른 교섭을 요구할 수 있다(시령 제14조의11 Ⅳ).

d) 교섭대표노동조합(및 공동교섭대표단)의 지위 및 유지기간

1) 교섭대표노동조합은 모든 교섭요구노동조합과 그 조합원들을 위하여 사용자와 단체교섭을 하고, 단체협약을 체결한다. 체결된 단체협약은 교섭대표노동조합에 의하여 대표되는 모든 노동조합과 조합원에게 적용된다(제29조 Ⅱ, 제33조). 교섭대표노동조합은 해당 사업 또는 사업장에서 배타적 교섭력을 가지므로 사용자는 교섭대표노조와 교섭을 할 수 있을 뿐이고, 다른 노동조합과의 교섭은 거부할 수 있다. 이는 교섭창구단일화의 당연한 귀결이다. 그 밖에 일반 노동조합에 적용되는 규정은 교섭대표노동조합에도 그대로 적용된다. 노조및조정법 제29조의5는 제2조 5호, 제29조 3항·4항, 제30조, 제37조 2항·3항, 제38조 3항, 제42조의6 1항, 제44조 2항, 제46조 1항, 제55조 3항, 제72조 3항 및 제81조 1항 3호 중 '노동조합'은 '교섭대표노동조합'으로 본다고 규정함으로써 교섭대표노동조합이 노조및조정법상 가지는 지위를 명백히 하고 있다. 다만 대법원은 법령에서 특별히 권한으로 인정하지 아니한 이상 교섭대표노동조합이 가지는 대표권의 범위는 단체교섭 및 단체협약 체결(보충교섭이나 보충협약 체결을 포함)과 체결된 단체협약의 구체적인 이행과정에만 미치는 것이고, 이와 무관하게 노사관계 절반에까지 당연히 미친다고 볼 수는 없다고 판시한 바 있다.[1] 만일 교섭대표노동조합의 대표권을 광범위하게 인정하게 된다면 소수노동조합의 단결권을 침해하는 결과를 가져오게 될 수 있다. 교섭대표노동조합의 대표권은 창구단일화라는 취지에 합당한 범위 내에서 인정된다고 보아야 한다.

2) 교섭대표노동조합(제29조의2 Ⅰ부터 Ⅴ까지의 규정에 따라 결정된 노동조합)은 그 결정된 때부터 다음의 구분에 따른 날까지 교섭대표노동조합의 지위를 유지하되, 새로운 교섭대표노동조합이 결정된 경우에는 그 결정된 때까지 교섭대표노동조합의 지위를 유지한다. i) 교섭대표노동조합으로 결정된 후 사용자와 체결한 첫 번째 단체협약의 유효기간이 2년인 경우 그 단체협약의 유효기간이 만료되는 날까지 교섭대표노동조합의

하거나, 노조및조정법이 정한 교섭단위 분리결정의 요건에 관한 법리를 오해하여 교섭단위를 분리할 필요가 있다고 인정되는 경우인데도 그 신청을 기각하는 등 내용이 위법한 경우 또는 그 밖에 월권에 의한 경우에 한하여 불복할 수 있다).

1) 大判 2019. 10. 31, 2017 두 37772. 또한 大判 2018. 8. 30, 2017 다 218642 참고.

지위는 유지된다. ii) 교섭대표노동조합으로 결정된 후 사용자와 체결한 첫 번째 단체협약의 유효기간이 2년 미만인 경우 그 단체협약의 효력이 발생한 날을 기준으로 2년이 되는 날까지 교섭대표노동조합의 지위는 유지된다(시령 제14조의10 Ⅰ ①·②). 위의 유지기간이 만료되었음에도 불구하고 새로운 교섭대표노동조합이 결정되지 못한 경우 기존 교섭대표노동조합은 새로운 교섭대표노동조합이 결정될 때까지 기존 단체협약의 이행과 관련해서 교섭대표노동조합의 지위를 유지한다(시령 제14조의10 Ⅱ).[1] 법 제29조의2에 따라 결정된 교섭대표노동조합이 그 결정된 날부터 1년 동안 단체협약을 체결하지 못한 경우에는 어느 노동조합이든지 사용자에게 교섭을 요구할 수 있다. 이 경우 시행령 제14조의2 2항 및 제14조의3부터 제14조의9까지의 규정을 적용한다(시령 제14조의10 Ⅲ).

e) 공정대표의무 노동조합이 2개 이상 존재하는 경우 교섭대표노동조합은 그 사업 또는 사업장의 모든 노동조합과 그 조합원들을 대표하기 때문에 그 노동조합과 조합원에게 보다 유리한 또는 다른 노동조합과 그 조합원에게 불리한 단체교섭을 하거나 단체협약을 체결해서는 안 된다. 이러한 의무는 교섭대표노동조합은 물론 교섭상대방인 사용자도 부담한다. 이를 공정대표의무라고 한다. 제29조의4 1항은 「교섭대표노동조합과 사용자는 교섭창구 단일화 절차에 참여한 노동조합 또는 그 조합원간에 합리적 이유 없이 차별을 하여서는 아니 된다」고 규정하고 있다. 교섭창구 단일화의 기본목적이 하나의 단위사업 또는 사업장 내에 서로 다른 내용의 단체협약이 적용되는 불합리한 사태를 방지하려는 데 있으므로 교섭대표노동조합과 사용자가 공정대표의무(duty of fair representation)를 부담하는 것은 당연한 것이다.[2] 공정대표의무의 내용에는 소수노동조합(교섭창구 단일화 절차에 참여한 노조 및 그 조합원)도 교섭대표노동조합을 통해서 단체교섭권을 실현할 수 있다는 의미가 포함되어 있다고 해석되어야 한다. 교섭대표노동조합

1) 복수의 노동조합들이 교섭창구 단일화 절차를 통하여 교섭대표노동조합을 확정하면 그 노동조합의 대표자는 일정 기간 모든 교섭요구노동조합 또는 조합원을 위하여 사용자와 교섭하고 단체협약을 체결할 권한과 지위를 가진다(노조및조정법 제29조의2; 시령 제14조의10 참조). 이와 같은 권한과 지위는 교섭대표노동조합에게만 주어지는 것이므로 하나의 사업 또는 사업장 단위에서 유일하게 존재하는 노동조합은 이런 지위를 취득할 수 없다. 따라서 제2노동조합이 설립되어 단일화 절차를 거쳐 교섭대표노동조합으로 확정되면 종래 교섭권과 단체협약권을 가지고 있었던 노동조합은 더 이상 단체교섭권한을 가질 수 없게 되고 사용자가 그 노동조합에 대하여 단체교섭을 거부하더라도 이는 부당노동행위(노조및조정법 제81조 Ⅰ ③)에 해당하지 않는다(大判 2017. 10. 31, 2016 두 36956).

2) 공정대표의무는 미국의 철도노동법(Railway Labor Act)의 적용하에서 미국 연방대법원의 판례(Steel v. Louisville & Nashville R. Co. 323 U.S. 192, 65 S. Ct. 226, 89 L. Ed. 173(1944))에 의하여 확립되었다(Gorman/Fuikin, *Labor Law*, p. 981 seqq. 참고). 연방대법원은 공정대표의무 위반행위에 대하여는 금지명령과 금전적 구제(손해배상 또는 보상)가 적절한 구제방법이라고 판시하였다(Ray/Sharpe/Strassfeld, *Understanding Labor Law*, §16.03 참고).

과 사용자가 부담하는 공정대표의무는 i) 단체교섭과정에서 뿐만 아니라, ii) 단체교섭의 결과로서 체결되는 단체협약의 내용 결정과 그 이행과정에서도 공정하게 준수되어야 한다.[1] 최근의 판례[2]에 따르면 단체교섭과정의 동적인 성격, 교섭대표노동조합 대표자가 단체교섭 과정에서 보유하는 일정한 재량권 등을 고려할 때 교섭대표노동조합의 소수노동조합에 대한 정보제공 및 의견수렴의무에는 일정한 한계가 있을 수밖에 없다고 한다. 따라서 교섭대표노동조합이 교섭과정에서 중요한 사항인 잠정합의안에 대하여 자신의 대의원들에게만 이를 알리고 대의원회의 결의를 거쳤을 뿐 소수노조에 대해서는 잠정합의안 마련 사실을 알리거나 이에 대하여 설명하고 그로부터 의견을 수렴하는 절차를 전혀 거치지 않은 것은, 단체교섭의 전 과정을 전체적·종합적으로 살펴볼 때 교섭대표노동조합이 가지는 재량권의 범위를 일탈하여 소수노동조합을 합리적 이유 없이 차별함으로써 절차적 공정의무를 위반한 것이라고 한다. 그리고 교섭대표노동조합이 공정대표의무를 고의 또는 과실에 의하여 위반한 것이 인정되면 절차적 차별에 의한 공정대표위반행위는 불법행위가 되어 교섭대표노동조합으로서는 이로 인한 위자료 배상책임을 부담한다고 한다. 다른 한편 교섭대표노동조합이 단체협약 체결 여부를 결정하기 위하여 잠정합의안에 대한 자신의 조합원 총회결의를 갈음할 대의원회의를 거치면서 소수노동조합의 대의원 또는 조합원들에게 동등하게[3] 해당 절차에 참여할 기회를 부여하지 않았다고 하더라도 차별의 문제는 발생하지 않으므로, 차별의 존재를 전제로 하는 절차적 공정대표의무 위반은 인정하기 어렵다고 한다.[4] 이 판례에 따르면 교섭대표노동조합은 교섭창구 단일화 절차에 참여한 노동조합 및 조합원 전체를 대표하여 독자적 단체협약체결권을 가지므로 단체협약 체결 여부에 대하여 원칙적으로 소수노동조합이나 그 조합원의 의사에 기속되지 않으며, 교섭대표노동조합의 규약에서 잠정합의안에 대한 조합원 찬반투표를 거칠 것을 규정하고 있더라도 그것은 당해 교섭대표노동조합 조합원들의 의사결정을 위하여 마련된 「내부절차」일 뿐 소수노동조합 등에 대하여 법률상 요구되는 절차는 아니라고 한다.

---

1) 大判 2018. 8. 30, 2017 다 218642(교섭대표노동조합에는 상시적으로 사용할 수 있는 노동조합사무실을 제공한 반면 소수노조에 대하여는 물리적 한계나 비용부담을 이유로 노조사무실을 전혀 제공하지 않거나 일시적으로 회사 시설을 사용할 수 있는 기회를 부여한 차별은 합리적 이유에 의한 것으로 볼 수 없다고 한 사례). 또한 大判 2020. 10. 29, 2019 다 262582 참고.

2) 大判 2020. 10. 29, 2019 다 262582(이 부분에 관한 원심판단은 공정대표의무의 법리를 오해한 잘못이 있다고 하여 파기·환송되었다).

3) 판결문에 '동등하게'라는 의미는 교섭대표노동조합의 대의원 또는 조합원의 수와 동일하게라는 뜻이 아니라 동등한 자격으로라는 의미로 이해된다. 결의에 참여할 소수노조의 대의원 또는 조합원의 수는 비례적으로 산정된 수라고 이해된다.

4) 大判 2020. 10. 29, 2019 다 262582. 같은 취지의 판례: 大判 2020. 10. 29, 2017 다 263192.

이 판례의 견해에 대하여 저자는 다음과 같은 이유에서 찬동하지 않는다. 이 사안에서 교섭대표노동조합은 소수노동조합에 대하여 잠정합의안이 마련된 사실을 알리지도 않고 이에 관하여 설명하고 의견을 수렴하는 절차를 전혀 거치지 않았으며 단체협약 체결을 위한 대의원회의 의결을 거치면서도 소수노동조합에 해당 절차에 참여할 기회를 부여하지 않았다. 잠정합의안 마련 사실을 알리지 않은 상황에서 교섭대표노동조합이 단체협약체결을 내부적으로 확정하였다면 협약체결의 상대방인 사용자와 단체협약서에 서명 또는 날인하는 일만을 남겨놓은 상태에 이른 것이므로 단체교섭의 전 과정을 전체적·종합적으로 살펴볼 때 교섭대표노동조합이 「교섭과정 중 중요한 사항」에 관하여 소수노동조합에 알리거나 그 의견을 수렴한 것은 아무것도 없다고 보아야 한다. 교섭대표노조가 모든 사항을 단독으로 처리·결정했기 때문이다. 교섭대표노동조합이 잠정합의안 마련에 관하여 소수노동조합의 의견을 수렴하지도 않았고 소수노조의 참여도 없이 대의원회의 결의를 거쳐 내부적으로 단체협약의 내용으로 확정한 것은 공정대표의무를 위반한 것으로 보아야 한다. 교섭창구단일화제도의 취지에 비추어 보면 체결된 단체협약은 교섭대표노동조합과 그 조합원뿐 아니라 소수노동조합과 그 조합원에게 똑같이 적용되므로 교섭대표노동조합과 소수노동조합은 해당 단체협약의 일방 당사자인 노동조합의 실질적 구성원이므로 단체교섭의 진행과정에서나 단체협약의 체결과정에서 원칙적으로 평등한 지위에 있다고 보아야 하고, 하나의 사업장 내의 복수의 모든 노동조합은 기본적으로 헌법 제33조의 근로3권의 주체로서의 지위를 갖추고 있는 것으로 전제되므로 사용자와 개별교섭을 할 수도 있으며 공동교섭대표단을 구성할 수도 있고, 자율적으로 교섭대표노동조합을 정할 수도 있다(노조및조정법 제29조의2 참조).[1] 따라서 교섭대표노동조합을 정한 경우에 교섭대표노동조합은 마치 애초부터 배타적 단체교섭권 내지 단체협약체결권을 가지는 지위에 있었던 것처럼 광범위한 교섭상 또는 협약체결상의 재량권을 가지지 않는다.[2] 소수노동조합은 자신의 단체교섭권한 내지 단체협약체결권한의 행사를

1) 개정법은 제30조 3항을 신설하여 교섭방식을 노동관계 당사자가 자율적으로 선택할 수 있도록 지원하고 단체교섭이 활성화될 수 있도록 노력해야 한다고 규정하고 있다(2021. 1. 5.). 이러한 취지를 교섭대표노동조합은 소수노조에 대하여 대표권을 남용해서는 아니될 것이다.

2) 미국에서는 하나의 사업장 내지 교섭단위(bargaining unit)의 동일 종사근로자들의 임금, 근로시간, 그 밖의 근로조건에 관하여 과반수노동조합에게 배타적 교섭대표권한을 판례상 인정해 오다가 이를 NLRA(National Labor Relations Act) 제90조a로 입법화하였다. 이를 배타성원칙이라고 한다. 배타성원칙은 의무적 교섭사항에만 적용되므로 사용자는 임의적 교섭사항에 관해서는 개별적 합의나 다른 근로자집단과의 협정을 하므로써 과반수 노동조합의 배타적 교섭대표에서 벗어날 수 있다. 과반수 노조는 공정대표의무(duty of fair representaion: DFR)를 부담하지만 판례는 과반수노조에 대하여 '광범위한 합리성'(wide range of reasonableness)을 바탕으로 하는 범위에서 재량적 권한을 인정하고 있다. 교섭단위 내에서는 배타적 교섭력을 가지는 하나의 노동조합만이 인정되고 그 이외의 제2, 제3

교섭대표노동조합에 위임한 것으로 해석되어야 한다. 따라서 교섭대표노동조합은 수임인으로서의 의무를 부담하는 지위에 있음을 소홀히 보아서는 아니될 것이다. 일본에서는 하나의 사업장 내에 복수의 노동조합이 설립되어 있더라도 교섭창구단일화제도를 두고 있지 않으므로 사용자는 각 노동조합과 개별적으로 평등하게 교섭을 해야 하고, 소수노동조합과의 관계에서 다수노동조합에 비하여 차별적으로 불성실한 교섭을 하거나 불리한 단체협약을 체결하는 것은 부당노동행위로 처리되고 있다.[1] 따라서 우리나라에서와 같이 교섭대표노동조합의 공정대표의무에 관한 규정은 존재하지 않는다. 이상의 외국제도를 비교·참고할 때 노조및조정법상 교섭대표노동조합에 대하여 광범위한 재량권을 인정한다거나, 교섭창구 단일화 절차에 참여한 소수노동조합과 그 조합원의 이해관계에 어긋나는 독자적 단체협약체결권한을 허용하는 법리전개는 정당시 될 수 없다. 교섭대표노동조합의 재량권은 소수노동조합이 근로3권의 잠재적 주체라는 점을 고려할 때 특별한 경우에 제한적으로 인정되어야 할 것이다. 교섭대표노동조합이 복수 노동조합 전체에 적용될 단체협약 체결 여부를 결정하기 위하여 잠정합의안을 조합원 총회 또는 대의원회의 의결을 거쳐 확정하는 절차에 소수노동조합의 (간접적으로라도) 참여기회를 부여하지 않는 것이 차별의 문제가 될 수 없다는 판례의 견해는 수긍하기 어렵다고 판단된다. 복수노조 간의 이해관계의 상충으로 이른바 노노갈등의 위험(risk)을 회피한다는 명분을 앞세워 소수노조의 단체협약 체결과정에의 참여기회 부여를 부인하는 것은 원칙적으로 공정대표의무에 위반하는 것으로 판단된다. 따라서 교섭대표노동조합은 사용자와의 단체교섭 과정 중에 소수노동조합에 대하여 적정한 정보 제공 및 의견 수렴 등을 하여야 하고, 최종 잠정합의안에 관한 소수노동조합의 설명 요구에 원칙적으로 응해야 한다. 특히 최종 단체협약안에 대해서 소수노조 조합원들을 찬반투표 대상에서 배제하는 것은 수권적 동의(권한 위임) 또는 조합민주주의(조합대표민주성)원칙(노조및조정법 제16조 I ③)에 위배되는 것으로 공정대표의무에 반한다.

노조(복수노조)는 인정되지 않는다. 따라서 공정대표의무는 특히 배타적 노조의 조합원이 아닌 개별 근로자에 대한 의무를 말한다. 공정대표의무는 근로자의 과반수 또는 절대 다수를 대표하는 배타적 노동조합에 대하여 비조직 개별 근로자들이 가지는 공정대표요구권의 이면을 말한다. 역사적으로 배타적 교섭권을 가지는 노조는 비조직 근로자, 특히 흑인 근로자에 대하여 차별적인 교섭을 하여왔으므로 다수에 의한 포악한 잠재력을 행사한 것이 사실이다. 이러한 역사적 배경 하에서 연방대법원(Steele v. Louisville&Nashville R. R. Co. :323 U.S. 192(1944))이 공정대표의 원칙을 확립하기에 이른 것이다. 따라서 미국의 공정대표의무를 우리 노조및조정법 제29조의4의 공정대표의무와 직접 대비하는 것은 적절하지 않다(Ray/Sharpe/Strassfeld, Understanding Labor Law, §16.02~03; Cox/Box/Gorman/Finkin, Labor Law, p.391 이하 참고. 미국에서는 과반수노조의 배타적 교섭대표를 "exclusivity"라는 용어로 표현하고 있다).

1) 菅野, 「勞働法」, 845面; 荒木, 「勞働法」, 602面; 西谷, 「勞働組合法」, 56面 이하 참고.

또한 교섭대표노동조합이 단체협약에서 노사협의의 주체를 교섭대표노동조합으로 한정하는 것, 노동조합창립기념일을 교섭대표노동조합의 창립기념일로 한정하는 것,[1] 근로시간면제한도 배분을 노동조합별로 유·불리하게 차별한 것은 모두 공정대표의무에 위배된다(교섭대표노동조합과 사용자의 공정대표의무 위반).[2] 공정대표의무는 단체교섭 진행 중 교섭절차 과정에서, 체결된 단체협약 내용에서, 그 밖의 노사협의 등에서 문제될 수 있다.[3] 특히 사용자의 의무위반 행위는 소수 노동조합에 대한 부당노동행위에 해당하는 경우가 있을 수 있다.[4] 교섭대표노동조합과 사용자가 단체교섭을 할 권리가 없는 소수 노동조합과 그 조합원에 대하여 불리한 내용의 단체협약을 체결하거나 추후 차별적 대우를 할 수 있는 보충협약이나 협의를 할 수 있는 근거규정을 두고 있는 경우에 그러한 규정들은 공정대표의무에 반할 뿐만 아니라 소수노동조합에 대한 지배·개입이라는 부당노동행위에 해당할 수 있다. 다만 현행법상 부당노동행위는 사용자에게만 인정되기 때문에 사용자는 그의 부당노동행위의사가 인정되는 때에 한하여 공정대표의무 위반의 책임 이외에 부당노동행위 위반책임(노조및조정법 제90조(벌칙) 2년 이하의 징역 또는 2천만 이하의 벌금)을 부담한다. 예컨대 사용자인 회사가 교섭대표노동조합에게는 조합원 수 감

1) 大判 2019. 10. 31, 2017 두 37772.

2) 서울高判 2017. 8. 18, 2016 나 2057671(정보 제공이나 의견 수렴을 하지 않고, 최종 잠정합의안에 대한 설명 요구를 거부한 경우 공정대표의무 위반 및 불법행위에 해당하여 손해배상책임을 인정. 단체협약을 체결하면서 소수노조 조합원들을 찬반 투표에서 배제한 조치가 공정대표의무 위반이라고 인정하면서도 불법행위책임은 부정.

3) 사용자가 교섭대표노동조합과 체결한 단체협약에서 다른 노동조합 소속 조합원들을 포함한 사업장 내 근로자의 근로조건에 대하여 단체협약 자체에서는 아무런 규정이 없이 추후 교섭대표노동조합과 사용자가 합의·협의하거나 심의하여 결정하도록 정한 경우, 그 문언의 의미와 관계법령 규정의 내용·취지 등에 비추어 위 합의·협의 또는 심의결정이 단체협약의 구체적 이행 또는 보충협약에 해당한다고 볼 수 없을 때에는 이는 단체협약에 의하여 단체협약이 아닌 다른 형식으로 근로조건을 결정할 수 있도록 포괄적으로 위임된 것이라고 보는 것이 타당하다. 그럼에도 불구하고 교섭대표노동조합이 다른 노동조합을 위 합의·협의 또는 심의결정에서 배제하도록 하는 것은 그 노동조합이나 조합원을 합리적 이유 없이 차별하는 것으로서 공정대표의무에 반한다고 할 것이다(大判 2019. 10. 31, 2017 두 37772).

4) 차별행위는 노동조합 사무실 제공, 노조게시판 사용, 근로시간면제한도 배분(노조전임자에 대한 과다지급: 大判 2016. 4. 28, 2014 두 11137 등)이나 후생복리금, 체육대회 지원금, 격려금 및 성과금 지급 등 이행과정에서 문제될 수 있다(大判 2018. 8. 30, 2017 다 218642). 공정의무를 부담하는 사용자가 노동조합들 사이의 차별을 묵인 또는 방관하는 행위는 합리적 이유 없이 차별받은 노조에 대하여 부당노동행위(노조및조정법 제81조 Ⅰ ④)에 해당할 수 있다(서울行判 2016. 9. 29, 2015 구합 70089; 서울行判 2016. 8. 25, 2015 구합 61535 참고). 서울行判 2016. 9. 1, 2015 구합 82259(교섭대표노조가 아닌 노조의 조합원들에게 낮은 성과등급을 부여하고 성과상여금을 지급하자 불이익취급의 부당노동행위 구제신청을 한 것에 대한 중노위의 부당노동행위 기각 결정을 취소한 사례). 또한 서울中央地判 2016. 7. 21, 2014 가합 60526 참고.

소에도 불구하고 관계법령에 따른 한도를 초과하는 근로시간면제를 부여하고 소수노동조합에게는 근로시간면제를 배분하지 않은 행위는 지배·개입의 부당노동행위에 해당한다고 한 하급심 판결이 있다.[1] 이와는 달리 교섭대표노동조합은 공정대표의무 위반의 책임만을 부담한다. 또한 교섭대표노동조합에 대해서만 특정한 명목의 지원금을 지급한다는 단체협약 규정을 두고 있다면 실제로 그 지원금이 지급된 일이 없더라도 해당 단체협약 조항(청구권의 기초)이 존재하는 것만으로도 노동조합간 차별이 존재한다고 보아야 한다.[2] 교섭창구 단일화 절차에 참여한 다른 노동조합 또는 그 조합원을 차별한 것으로 인정되는 경우에 그와 같은 차별의 합리적 이유에 관해서는 교섭대표노동조합이나 사용자에게 증명책임이 있다.[3] 노동조합은 교섭대표노동조합과 사용자가 차별을 한 경우에 그 행위가 있은 날(즉 단체협약의 내용이 공정대표의무에 반하는 경우에는 그 단체협약이 체결된 날)부터 3개월 이내에 노동위원회에 그 시정을 요청할 수 있으며(제29조의4 Ⅱ; 시령 제14조의12 Ⅰ),[4] 노동위원회는 그 신청에 대하여 합리적 이유 없이 차별을 하였다고 인정될 때에는 그 시정에 필요한 명령이나 결정을 서면으로 해야 한다(시령 제14조의12 Ⅴ). 노동위원회의 명령 또는 결정에 대한 불복절차 등에 관해서는 제85조 및 제86조를 준용한다(제29조의4 Ⅳ). 구제명령에 위반한 자에 대해서는 벌칙이 적용된다(제89조 ②).

판례는 공정대표의무 위반 행위로 인해 소수노동조합(실질적으로는 노동조합 임원들과 그 조합원들)이 무형의 손해(정신적 손해)를 입었다면 사용자는 그 노동조합에게 불법행위에 기한 손해배상으로서 위자료를 지급할 의무가 있다고 한다.[5]

---

1) 서울行判 2018. 8. 30, 2018 구합 2483. 또한 서울行判 2018. 5. 3, 2017 구합 77626 참고.

2) 同旨: 서울行判 2016. 8. 25, 2015 구합 61535.

3) 大判 2018. 8. 30, 2017 다 218642.

4) 공정대표의무 위반에는 교섭대표노동조합 또는 그 조합원과 교섭창구 단일화 절차에 참여한 노동조합 또는 그 조합원 사이에 단체협약상의 실질적 차별 적용(예컨대 근로시간면제 시간의 배정, 조합사무실의 제공 등) 외에도 단체교섭 중에 교섭창구 단일화 절차에 참여한 노동조합에 대하여 교섭대표노동조합이 마련한 단체교섭요구안 또는 잠정합의안 등을 알려주지 않거나 설명해 주지 않는 등 절차상의 불공정 행위도 포함될 수 있다. 교섭대표노동조합은 노조및조정법에 따라 독자적으로 사용자와 단체교섭을 행하고 단체협약을 체결할 수 있는 권한을 부여받고 있으므로 교섭창구 단일화 절차에 참여한 다른 노동조합의 위임을 받아 타인의 사무로서 사용자와 단체교섭을 진행하고 단체협약을 체결하는 것은 아니어서 다른 노동조합의 의견을 수렴할 공정의무를 부담하나 동의까지를 받아야 하는 것은 아니다. 하급심 판례 중에는 공정의무 위반 자체로 단체협약이 무효가 되는 것은 아니지만, 그러한 단체협약이 민법 제103조에 반하는 때에는 무효가 될 수 있다는 판결이 있다. 공정대표의무에 위반하여 체결된 단체협약의 적용으로 손해를 입은 노동조합 또는 그 조합원은 교섭대표노동조합과 사용자에 대하여 불법행위를 이유로 손해배상 책임을 물을 수 있다(서울中央地判 2016. 7. 21, 2014 가합 60526; 또한 서울行判 2013. 6. 26, 2013 구합 50777; 大判 2018. 8. 30, 2017 다 218642 참고).

5) 大判 2018. 8. 30, 2017 다 218642.

(3) 사용자측 당사자

a) 근로계약에 의하여 근로자들을 채용한 계약상의 당사자인 사용자는 노동조합에 대해서 단체교섭 및 협약체결 당사자가 될 수 있다. 근로계약의 사실적 존부와는 관계없이 계속적 취업관계에 있는 근로자들에 대하여 지배적 지위에 있으면서 그들의 근로조건을 결정하는 실질적 고용관계에 있는 사용자도 단체교섭상의 사용자가 될 수 있다. 즉 노동조합에 대해서 단체교섭의 당사자가 되는 사용자의 개념은 노조및조정법이 규정하고 있는 여러 제도(노동조합의 설립, 단체교섭, 단체협약의 효력, 부당노동행위 등)의 취지에 비추어 합목적적으로 해석되어야 할 것이고, 개별적 근로계약법의 틀 안에서 제한적으로 이해되어서는 안 될 것이다.1) 또한 노동조합과 단체협약을 체결하는 것을 그 목적으로 하며, 구성원인 개별 사용자에 대하여 조직적 통제력을 가지고 있는 사용자단체도 교섭권한을 가질 수 있다.2) 따라서 원칙적으로 단체교섭의 당사자로서의 사용자개념과 개별적 근로계약상의 사용자개념은 구별되지 않으면 안 된다.3) 즉, 단체교섭의 당사자로서의 사용자란 외부적인 계약형식에 관계없이 해당 근로자들과의 관계를 고려할 때 실질적으로 사용자권한을 행사하는 자로서 근로조건의 전부 또는 일부에 대하여 구체적 영향력 내지 지배력(처분적 권한)을 미치는 자라고 해석해야 할 것이다.4) 사용자 여부의

---

1) 「국가의 행정관청이 사법상 근로계약을 체결한 경우 그 근로계약관계의 권리·의무는 행정주체인 국가에 귀속되므로, 국가는 그러한 근로계약관계에 있어서 노조및조정법 제2조 2호에 정한 사업주로서 단체교섭의 당사자의 지위에 있는 사용자에 해당한다」(大判 2008. 9. 11, 2006 다 40935). 위 판례는 (고용)지방노동청장과 사법상 근로계약을 체결한 직업상담원들의 노동조합에 대한 관계에서 단체교섭의 상대방은 지방노동청장이 아니라 국가임을 명백히 하고 있다. 왜냐하면 국가의 행정관청이 사법상 계약을 체결한 경우 그 근로관계의 권리·의무는 행정주체인 국가에 귀속되기 때문이다.

2) 大判 1999. 6. 22, 98 두 137.

3) 집단적 노사관계의 사용자개념을 근로계약의 당사자로 한정하는 사고는 최근의 사회·경제적 발전과 더불어 새롭게 전개되고 있는 복잡한 노사관계의 제반문제에 대하여 적절하게 대응할 수 없다는 점에서 마땅히 극복되어야 한다. 이에 관해서는 김형배, '항운노동조합의 단체협약능력에 관한 연구'(상·하), 「판례월보」(제299·300호), 1995. 8·9 참고. 대법원은 사용자의 부당노동행위와 관련하여 항운노조의 조합원인 근로자와 사용자(냉동·냉장 창고회사) 사이에 사용종속관계가 없다는 이유로 사용자는 항운노조의 교섭요구에 응할 의무가 없다고 한다(大判 1997. 9. 5, 97 누 3644).

4) 일본의 학설·판례의 지배적 견해. 특히 日本 朝日放送事件·最高裁判 平成 7. 2. 28 및 이 판결의 評釋: 馬渡淳一郎, '雇用主との間の請負契約により勞働者の派遣を受けている事業主が勞働組合法七条にいう「使用者」に當たるとされた事例', 「民商法雜誌」, 96(114-2-88), 280面 이하; 土田道夫, '下請企業の勞働者に對する受入企業の團體交涉上の使用者性', 「ジュリスト」 No. 1075, 1995. 9, 147面 이하 참고. 또한 大判 2018. 6. 15, 2014 두 12598 참조. 大判 1992. 2. 25, 90 누 9049(수산업협동조합이 그 정관상 '조합원의 경제적 이익을 도모하기 위한 단체협약의 체결'을 정하고 있어 단체교섭 기타의 단체협약의 체결을 그 목적으로 하고 있으며, 조합원의 제명에 관하여 규정하고 있어 노동관계에 관하여도 그 조합원을 조정 또는 규제할 권한이 있으므로 단체교섭의 당사자인 사용자 단체에 해당한다).

구체적 판단기준으로서는 i) 업무에 대한 지휘·명령권 내지 작업 계속성의 유무, ii) 해당 근로자가 기업조직의 틀 속에 편입되는지 여부, iii) 해당 근로자의 노무에 대한 대가의 지급유무 등을 들 수 있다. 이러한 관점에서 집단적 노사관계에 있어서 단체교섭의 당사자인 사용자는 다음과 같이 세 가지 유형으로 분류될 수 있다. 첫째, 가장 일반적인 유형으로서 근로계약상의 고용주가 동시에 단체교섭의 사용자인 경우(개인기업에서는 개인사업주, 법인기업에서는 법인이 사용자이다), 둘째, 예컨대 업무대행업체로부터 근로자들을 자기 기업의 업무수행에 조직적으로 편입시켜 직접 지시·감독하는 경우와 같이 그 근로자들과 사용자 사이에 묵시적 근로관계가 성립한 경우 근로계약상의 고용주와 현실적으로 취업을 시키는 사용자가 분열되어 있는 경우,[1] 셋째, 근로계약상의 고용주가 없으면서 집단법상의 사용자만 있는 경우(예컨대 항운노동조합의 조합원의 노무제공관계) 등이다. 둘째의 경우에 사용자의 개념은 형식상 분열(Aufspaltung)되고, 셋째의 경우에 사용자의 개념은 확대(Erweiterung)된다고 할 수 있다. 따라서 단체교섭의 당사자로서의 사용자는 구체적인 취업실태를 고려하여 유형적으로 고찰해야 할 것이다.[2] 사용자의 개념이 분열·확대되는 경우에는 실질적인 사용자의 지위에 있는 자에게 교섭의무가 인정될 수 있다.[3]

단체교섭의 당사자가 될 수 있는 자는 개인·주식회사 기타의 영리법인 또는 공익법인 등을 묻지 않는다.

b) 노조및조정법에 의하면 개별 사용자나 사용자단체가 모두 단체교섭의 당사자가 될 수 있다(제2조 ②·③). 이때 사용자단체란 노동관계에 관해서 그 구성원인 사용자에 대하여 조정 또는 규제할 수 있는 권한(통제권한)을 가진 사용자의 단체를 말한다(제2조 ③).[4]

c) 이사 또는 공장장, 사업소장 등은 근로자들의 근로조건 그 밖의 대우에 관하여

---

1) 도급의 경우에도 도급인이 공사에 필요한 장비 및 시설을 제공함은 물론 하도급근로자의 작업을 실질적으로 지휘·감독하는 경우에는 수급인 이외에 도급인이 사용자의 지위에 있을 수 있다. 참고 판례: 大判 2008. 7. 10, 2005 다 75088; 大判 2010. 7. 22, 2008 두 4367 등. 또한 大判 2020. 4. 9, 2019 다 267013 참고.

2) 참고: 中勞委 1994. 2. 23, 93 부노 161(근로자들이 어느 한 회사에 전속되어 있지 않더라도 근로자들의 집단적 노동력 제공을 통해 기업을 유지하고 있는 자는 개별적인 근로계약을 체결하지 않을지라도 집단적인 노동력을 제공하는 근로자단체와의 단체교섭에 응해야 할 사용자로 보아야 한다); 中勞委 1995. 7. 7, 95 부노 64. 반대의 입장: 大判 1986. 12. 23, 85 누 856; 大判 1993. 11. 23, 92 누 13011; 大判 1995. 12. 22, 95 누 3565. 이 판례들은 항운노조조합원의 노동력을 공급받아 하역작업을 수행하는 회사에 대하여 항운노조조합원과의 사이에 명시적 또는 묵시적으로 체결된 개별적 근로계약관계가 없음을 이유로 단체교섭의 당사자지위를 부인하였다.

3) 西谷, 「勞働組合法」, 292面 참고. [90] 1. ⑵ 참고.

4) 大判 1992. 2. 25, 90 누 9049; 大判 1979. 12. 28, 79 누 116; 서울高判 1979. 3. 14, 78 구 81.

집단적 교섭을 하고 단체협약을 체결할 권한을 가지지 않으므로 단체교섭 당사자로서 사용자가 될 수 없다. 그러나 부당노동행위 규정의 수규자의 지위에 있으므로 그런 의미에서 노조및조정법의 사용자가 될 수 있을 뿐이다([127] 1. (1), (2) 참고).[1]

d) 사용자도 교섭권한과 협약체결권한을 갖는다고 보아야 한다(노조및조정법 제29조 Ⅰ, Ⅲ 참조). 노조및조정법은 사용자가 단체협약체결 기타 단체교섭을 정당한 이유없이 거부하거나 해태하는 것을 부당노동행위로 규정(제81조 ③)하고 있으므로 교섭당사자로서의 사용자의 단체교섭은 의무적 측면에서 더욱 중요시된다.

e) 회사정리개시 결정이 있는 경우에는 회사 사업의 경영과 재산의 관리 및 처분을 하는 권한이 관리인에게 전속되므로, 관리인이 근로계약상의 사용자의 지위에 있게 되고, 따라서 단체교섭과 협약체결의 당사자 및 담당자는 관리인이 된다.[2]

2. 단체교섭의 담당자

(1) 개 념

단체교섭의 담당자라고 함은 노사간의 단체교섭을 사실상 직접 담당하는 자를 말한다. 교섭담당자는 현실적으로 교섭행위를 하고, 협약을 작성하는 등 구체적 행위를 하는 자를 말하므로 자연인이어야 한다.[3] 단체교섭의 담당자는 현실적으로 교섭상의 대화를 하는 자를 가리키기 때문에 단체협약이 체결된 경우에 협약상의 권리·의무의 주체가 되는 단체교섭의 당사자와는 구별된다.

단체교섭의 담당자는 교섭의 상대방과 구체적인 단체협약을 체결할 수 있는 대리권을 보유할 필요는 없다. 보통 교섭담당자에게 교섭을 위임할 때에는 단체교섭을 수행할 대리권이 주어지는 것으로 해석되지만 협약체결권한까지 인정되지는 않는다. 사실행위인 단체교섭을 할 수 있는 자로서의 지위는 교섭상대방과 대화를 할 권한을 가진 자의 지위를 말하므로 단체협약의 체결과 같은 법률행위를 할 권한이 전제가 되는 것은 아니다. 실제에 있어서는 노동조합의 대표자와 회사의 대표이사가 각각 그 단체의 기관으로서 단체교섭의 담당자라고도 할 수 있지만, 단체교섭의 수행만을 위임하는 경우가 있음을 감안할 때 교섭담당자와 단체교섭의 당사자의 개념은 이를 명확히 구별하지 않으면 안 된다. 노동조합이 상부단체인 노동조합위원장에게 단체교섭을 위임하였다면 그 위원장이 교섭담당자로서 사용자와 단체교섭을 할 권한을 가지게 되므로 사용자가 상부단체인 노조위원장의 교섭출석을 거부하고 이를 이유로 단체교섭을 거부하는 것은 부당

1) 大判 2010. 3. 25, 2007 두 8881 참고.

2) 大判 2001. 1. 19, 99 다 72422; 현행 「채무자회생 및 파산에 관한 법률」 제56조 1항 참조.

3) 菅野, 「勞働法」, 848面. 반대: 西谷, 「勞働組合法」, 294面.

노동행위(노조및조정법 제81조 I ③ 참조)에 해당한다.[1)]

노동조합과 사용자 또는 사용자단체로부터 교섭 또는 단체협약의 체결에 관한 권한을 위임받은 자는 그 노동조합과 사용자 또는 사용자단체를 위하여 위임받은 범위 내에서 그 권한을 행사할 수 있다(제29조 Ⅲ). 여기서 단체교섭담당자의 지위 확정과 관련해서 먼저 노조및조정법 제29조 1항과 3항의 상호관계에 대한 검토가 필요하다. 동조 1항에서 교섭권한과 협약체결권한을 갖는 노동조합은 동법 제2조 4호에 해당하는 노동조합임을 전제로 한다. 이때 노동조합은 대표자(기관)를 통하여 직접 교섭하고 단체협약을 체결한다(민법 제59조 참조). 이에 반하여 동조 3항에서 규정하고 있는 위임의 경우에는 수임인이 위임인을 위하여 위임인의 이름으로 교섭을 행하거나 또는 협약을 체결하는 형식을 취한다(민법 제680조 이하). 이 경우에 수임인은 대리인의 지위에 서게 된다(민법 제114조 이하). 그러므로 수임인이 체결한 단체협약의 효과는 수임인이 아닌 위임인에게 귀속하게 된다. 이런 의미에서 수임인은 단체교섭을 실제로 「담당」한다 하더라도 자신의 고유한 단체협약능력을 가진 「단체교섭당사자의 지위」에 있는 것은 아니다.

(2) 노동조합측 담당자

단위노동조합의 대표자는 또는 단위노동조합으로부터 위임을 받은 자는 교섭할 권한이 있으므로(노조및조정법 제29조 I, Ⅲ) 단체교섭의 담당자가 될 수 있음은 당연하다. 노동조합이 복수로 있는 경우 제29조의2에 따라 결정된 교섭대표노동조합의 대표자는 교섭을 요구한 모든 노동조합 또는 조합원을 위하여 사용자와 교섭할 수 있으므로(제29조 Ⅱ) 단체교섭의 당사자인 동시에 담당자가 될 수 있다.

a) 단위노동조합 단위노동조합의 대표자는 사업 또는 사업장별로 이루어지는 단체교섭에 있어서의 당연한 교섭담당자(노조및조정법 제29조 I 참조)가 된다. 노동조합의 대표자란 총회에서 조합규약에 의하여 선출된 대표임원(노조및조정법 제11조 ⑧, 제16조 I ② 참조)을 말하므로, 노동조합의 위원장 또는 부위원장 등이 이에 해당된다. 대표자의 교섭권한은 규약이나 총회에서 이를 제한할 수 있으나, 아무 제한이 없을 때에는 교섭대상이 될 수 있는 모든 사항에 관하여 교섭권한이 있다고 해석된다. 왜냐하면 노동조합의 대표자는 단체의 기관으로서 당연히 그와 같은 권한을 가져야 하기 때문이다.

b) 수 임 자 노동조합으로부터 위임을 받은 자란 사실행위인 단체교섭을 행할 위임을 받은 자이다.[2)] 조합의 위임을 받을 수 있는 자의 범위에 관하여는 노조및조정법

1) 同旨: 西谷, 「勞働組合法」, 294面.

2) 단체교섭권한을 위임한 경우 그 수임자의 단체교섭권한과 함께 위임자인 노동조합의 단체교섭권한은 중복하여 경합한다고 하는 것이 판례의 태도이다. 단위노동조합이 상부단체인 연합단체에 교섭을

이 특별히 정하고 있지 않으나 조합내부의 자이건 외부의 자(예컨대 변호사, 상급단체의 임원, 노무사 등)이건 이를 묻지 않는다. 또한 위임의 방식에 관해서도 노조및조정법은 아무 규정을 두고 있지 않으나 위임자인 노동조합은 교섭사항과 권한범위를 정하여 위임하여야 하므로 수임자는 위임받은 범위 안에서 그 권한을 행사할 수 있다(제29조 Ⅲ; 시령 제14조 Ⅰ). 그리고 교섭담당자는 사용자와의 교섭에 있어서 조합의 위임이 있었음을 증명하면 된다.[1] 이와 같은 위임의 존재를 증명하지 못하면 사용자가 단체교섭을 거부하더라도 부당노동행위가 되지 않는다. 노동조합으로부터 위임을 받은 자는 위임받은 범위 안에서 교섭권한뿐만 아니라 협약체결권한까지 보유할 수 있으나(제29조 Ⅲ), 특별히 협약체결권한에 관한 위임이 명시되지 아니한 경우에는 교섭권한만을 수임한 것으로 해석된다. 단체협약의 체결은 교섭당사자에게 종국적으로 권리·의무를 귀속시키는 법률행위이므로 사실적인 교섭이나 교섭타결과는 구별해야 하기 때문이다. 노조및조정법 제29조 3항과 동 시행령 제14조 1항은 '교섭 또는 단체협약의 체결'에 관한 권한이라고 규정하면서 교섭사항과 '권한범위'를 정하여 위임할 것을 명백히 하고 있다(시령 제14조 Ⅰ). 또한 교섭권한 또는 협약체결권한을 위임한 자는 위임사실을 상대방에게 통보해야 하고(노조및조정법 제29조 Ⅳ; 시령 제14조 Ⅱ) 위임사실의 통보시에는 위임을 받은 자의 성명(위임을 받은 자가 단체인 경우에는 그 명칭 및 대표자의 성명)과 '교섭사항' 및 '권한범위' 등 위임의 내용을 함께 통보해야 한다(시령 제14조 Ⅱ).

c) 제3자 위임금지조항 노사는 단체협약으로 노동조합에 대하여 단체교섭을 조합원 이외의 제3자에게 위임하지 않는다는 내용의 협정을 하는 경우가 있다. 이것을 제3자 위임금지조항이라고 하는데, 사용자측이 조합원 이외의 자가 단체교섭의 담당자로 나오는 것을 꺼리는 데서 연유하는 현상이라고 볼 수 있다. 그러나 노동조합 측도 교섭당사자인 사용자 이외의 자와 교섭하는 것을 원하지 않을 수도 있다.

단체협약 내의 제3자 위임금지조항에 대해서는 노조및조정법 제29조 3항의 규정과 관련하여 다음과 같은 문제가 있을 수 있다. 예컨대 기업별 단위노동조합이 위임금지조항을 체결한 상태에서 단체교섭상 특수한 사정이 발생하여 연합단체인 노동조합에 교섭을 위임한 경우에 사용자는 위임금지조항의 체결을 이유로 연합단체인 노동조합과의 교섭을 적법하게 거부할 수 있는가? 다시 말하면 사용자의 단체교섭거부는 부당노동행위(노조및조정법 제81조 Ⅰ ③)라고 할 수 없는가? 이에 대하여는 위임금지조항의 성질과 노조및조정법 제29조 3항의 교섭위임의 성질을 어떻게 파악하느냐에 따라 견해가 달라질

위임한 경우 교섭권한이 경합한다고 한 판례: 大判 1998. 11. 13, 98 다 20790.

1) 수임인의 범위 및 위임의 방식에 관해서는 노동조합의 규약으로 정할 수 있을 것이다.

것이다. 즉 이 조항의 유효를 인정하는 견해[1]에 의하면 사용자의 단체교섭거부는 부당노동행위에 해당하지 않게 될 것이며, 이 조항의 체결 자체를 단체교섭의 기능에 대한 부당한 제약으로 보는 견해(무효설)[2]에 따르면 사용자의 단체교섭거부는 부당노동행위가 될 것이다.

이에 대해서는 다음과 같이 판단한다. 위임금지조항은 노사가 교섭담당자를 자주적으로 제한하는 것(채무적 효력을 가지는 약정)인 이상 그 자체를 무효라고 볼 수 없다. 다만, 노조및조정법 제29조 3항에 의하여 교섭권한을 수임한 연합단체인 노동조합은 단위노동조합과의 관계에서 보면 상급단체에 해당하므로 그 노동조합을 엄격한 의미의 「제3자」라고 할 수는 없을 것이며, 오히려 연합단체와 단위노동조합 사이의 내부관계에 있어서는 조직상의 연대성이 존재한다고 보아야 할 것이다. 따라서 제3자 위임금지조항이 상급단체인 연합단체가 하부단체인 단위노동조합의 위임을 받아 단체교섭권한을 행사하는 것을 위임금지조항에 의하여 차단하는 것은 노동조합의 단체교섭권 보장 취지에 반한다.[3] 노동조합이 전문적인 내용의 교섭사항에 관하여 제3자로부터 자문과 정보 등을 구하는 일은 얼마든지 가능한 일이다. 다만, 노동조합이 충분한 교섭능력과 교섭사항에 대한 자료와 정보를 갖추고 있어 자유로운 결정에 의하여 단체교섭을 제3자에게 위임하지 않을 것을 약정한 경우에는 그 효력을 배제할 수 없다.[4]

(3) 사용자측 담당자

a) 개인 사업주, 법인 사업의 대표자 개인사업에 있어서는 사용자 개인이 단체교섭의 당사자이므로 그가 직접 노동조합과 교섭을 할 때에는 별 문제가 없다. 법인사업에서 그 대표자(예컨대 주식회사의 대표이사)가 직접 단체교섭을 담당하는 경우에도 마찬가지다. 회사정리개시 결정이 있는 경우에는 회사사업의 경영과 재산의 관리 및 처분을 하는 권한이 관리인에게 전속되므로, 관리인이 근로계약상의 사용자 지위에 있게 되고, 따라서 단체교섭과 협약체결의 당사자 및 담당자는 관리인이 된다.[5]

b) 사용자 단체의 대표자 초기업적 산별체제에서는 사용자단체가 교섭당사자

1) 박상필, 「노동법」, 430면; 이병태, 「노동법」, 208면; 石井, 「勞働法」, 353面 이하; 菅野, 「勞働法」, 849面 이하; 西谷, 「勞働組合法」, 294面 이하; 한정적 긍정설: 임종률, 「노동법」, 135면. 이 조항의 효력을 인정하면서도 노동조합이 제3자에게 교섭을 위임한 경우에 사용자가 이 조항을 이유로 단체교섭을 거부하면 부당노동행위가 된다는 견해: 김유성, 「노동법Ⅱ」, 135면.

2) 노동법실무연구회, 「노동조합및노동관계조정법 주해 Ⅰ」(권영국), 582면.

3) 제3자 위임금지조항이 유효하다고 하더라도 상부단체(연합단체)가 가지는 독자적 단체교섭권은 영향을 받지 않는다는 견해: 西谷, 「勞働組合法」, 295面.

4) 西谷, 「勞働組合法」, 295面; 菅野, 「勞働法」, 849面.

5) 大判 2001. 1. 19, 99 다 72422; 현행 「채무자회생 및 파산에 관한 법률」 제56조 1항 참조.

이고 그 대표자는 교섭담당자가 된다. 그러나 사용자단체의 대표자는 노동조합의 경우 처럼 강력한 조직적 통제력을 가지고 있지 않으므로 그 단체의 규약에 의하여 일정한 범위 내에서 단체교섭 및 협약체결상의 제약을 받을 수 있다.

c) 지점의 지배인 등 기업대리권으로서의 포괄적 대리권(상법 제11조) 또는 특별한 위임을 기초로 하여 본점 또는 지점의 지배인은 단체교섭의 담당자가 될 수 있다. 주식회사의 총무부장 또는 과장도 일정범위의 대리권 또는 특별위임을 근거로 단체교섭의 담당자가 될 수 있다(노조및조정법 제2조 ② 참조).

[108] Ⅲ. 단체교섭의 대상과 방법

1. 대 상

(1) 법적 기초

단체교섭의 대상은 노동조합과 사용자가 교섭의 대상으로 삼을 수 있는 사항을 말한다. 헌법 제33조 1항은 '근로조건의 향상'을 위하여 근로자들에게 근로3권을 부여하고 있으며, 노조및조정법 제1조 및 제2조 4호는 '근로조건의 유지·개선과 기타 근로자의 경제적·사회적 지위의 향상'을, 그리고 동법 제2조 5호는 '임금·근로시간·복지·해고 기타 대우 등 근로조건'을, 동법 제33조 1항은 '근로조건 기타 근로자의 대우'를 단체교섭의 대상으로 전제하고 있다. 따라서 단체교섭의 대상은 근로3권을 보장한 원래의 취지에 비추어 근로조건 내지 근로자의 지위개선에 관한 사항을 그 주된 내용으로 하지만 이에 한정되지 아니하고, 단체교섭 당사자가 노사간의 집단적 관계를 합리적·발전적으로 규율할 수 있는 사항이면 모두 이에 포함된다고 볼 수 있다. 다시 말하면 노동조합이 근로3권을 보장한 원래의 취지에 비추어 사용자에 대하여 (단체)교섭할 권리를 가진 사항, 즉 임금, 근로시간, 그 밖의 대우에 관한 사항과 이와 관련된 단체협약 체결에 관한 사항은 단체교섭의 주된(핵심적) 대상이 되지만, 이 밖에도 단체교섭의 성질과 취지에 비추어 교섭할 수 있는 사항이면 교섭당사자가 자율적으로 그 대상으로 삼을 수 있다. 한마디로 말해서 단체교섭 내지 협약자치의 범위에 속할 수 있는 사항이면 교섭의 대상이 된다고 보아야 한다. 다만 여기서 유의해야 할 것은 단체교섭의 대상사항이 될 수 있다고 해서 그 사항이 모두 쟁의행위의 대상이 되는 것은 아니다. 단체교섭의 대상은 쟁의행위의 대상보다 그 범위가 넓다.[1)]

---

1) 단체협약의 채무적 부분이 근로조건의 유지·개선과 관련되어 있는 성질의 것이면 쟁의행위의 대상이

(2) 이른바 교섭대상 3분설

학설 중에는 단체교섭의 대상을 의무적 교섭사항(mandatory subjects), 임의적 교섭사항(nonmandatory subjects, permissive subjects), 불법적 교섭사항(unlawful subjects)으로 3분하는 견해[1]가 있다.

이와 같은 분류는 우리나라와 같이 근로조건의 향상을 위하여 근로3권을 헌법에서 보장하면서 노조및조정법상 단체교섭 및 단체협약과 노동쟁의의 대상 범위를 비교적 구체적으로 규정하고 있는 법제하에서는(노조및조정법 제29조 이하, 제33조, 제2조 ⑤, 제37조 이하, 제92조 ② 참조) 불필요하거나 혼란을 야기할 수 있다고 판단된다. 미국의 연방 노동관계법은 제8조 (d)[2]에서 단체교섭의 대상만을 규정하고 있을 뿐이며 우리 법과 같이 그 교섭사항과 쟁의행위 및 단체협약과의 관계를 자세히 규정하고 있지 않으므로, 이를 해석과 판례를 통하여 그 한계를 구분할 필요가 있을 것이다. 우리 헌법 제33조 1항은 근로조건에 관한 사항이 단체교섭의 대상임을 명시하고 있으며, 이 규정을 받아 노조및조정법 제2조 5호(또한 제33조 참조)는 단체교섭의 대상을 보다 구체적으로 규정하고 있는 것으로 볼 수 있다. 따라서 단체교섭의 대상사항이 될 수 있느냐의 여부는 헌법과 노조및조정법의 해석을 통하여 정해져야 한다. 이러한 이유에서 노동조합은 헌법과 노조및조정법을 기초로 사용자에 대해서 단체교섭을 요구할 수 있는 「권리」를 보장받고 있는 것으로 이해되어야 한다. 다시 말하면 교섭사항은 노동조합의 단체 「교섭권」 행사의 대상이라는 측면에서 이해되어야 하고, 노동조합이나 사용자가 단체교섭에 응해야 할 「의무」라는 관점에서 파악되어야 할 문제는 아니라고 생각된다. 그리고 우리 노동법에

될 수 있으나 그렇지 않은 경우에는 자유로운 교섭대상이 될 뿐이라는 견해가 지배적이다(Hromadka/Maschmann, *Arbeitsrecht* Bd. 2, § 14 Rn. 44 ff.; Wiedemann/Thüsing, *TarifvertragsG(Kommentar)* § 1 Rn. 9 참고).

1) 임종률, 「노동법」, 138면 이하; 이상윤, 「노동법」, 649면; 또한 판례 大判 1996. 2. 23, 94 누 9177 등 참고. 이에 대한 비판적 견해로는 김형배, '단체교섭권과 경영권', 「노동법학」(제18호), 2004, 62면 이하 주 5); 또한 김유성, 「노동법 Ⅱ」, 143면 참고.

2) 이와 같은 분류방법은 미국 연방노동관계법(NLRA) 제8조 (d)를 기초로 미국 학계와 판례가 인정하는 분류 방법이다. 동조항(NLRA) 제8조 (d)는 단체교섭 당사자로 하여금 임금, 근로시간 및 그 밖의 근로조건에 관하여 교섭의무를 부과하고 있다. 이와는 달리 동법 제8조 (d)의 교섭사항은 아니지만 교섭의 요구가 불법적이라고 볼 수 없는 교섭 대상사항을 임의적 교섭사항이라고 한다. 교섭 당사자들은 이 사항에 대해서는 교섭의무가 없으며, 또한 쟁의행위를 할 수도 없다. 그러나 양당사자가 임의로 협약(이때의 협약은 일반적인 약정을 의미한다)을 체결하는 것은 허용된다. 끝으로 불법적 사항(예컨대 노조전임자의 급여지급을 요구하는 사항: 개정 전 및 개정 후의 노조및조정법 제24조 Ⅰ, Ⅱ, Ⅳ 참조)에 대해서는 교섭당사자가 교섭요구를 할 수 없을 뿐 아니라, 쟁의행위는 물론 협약체결도 허용되지 않는다. 따라서 이러한 사항에 대한 교섭요구는 그 자체가 적법하지 않다(미국법상의 단체교섭사항에 관해서는 Gorman/Finkin, *Labor Law*, p. 661 seqq; Ray/Sharpe/Strassfeld, *Understanding Labor Law*, § 7.04[B] 참고).

서 단체교섭이라는 용어는 노동조합이 주체가 되어 쟁의행위라는 투쟁을 통하여 교섭사항(협약체결대상)을 관철할 수 있는 경우에 사용되는 법률개념이다. 따라서 헌법 제33조 1항 및 노조및조정법 제2조 5호 등의 규정들을 기초로 하지 아니하고 노사가 단순히 자유로운 합의를 근거로 한 이른바 임의적 교섭사항은 노동법에서 보장하고 있는 단체교섭사항, 즉 노동조합이 단체교섭권을 기초로 교섭을 요구할 수 있는 사항과는 구별되어야 한다. 임의적 교섭사항은 근로3권에 의해서 보장된 단체교섭의 교섭대상이 아니다. 예컨대 사용자가 단체교섭의 대상이 되지 않는 경영에 관한 사항에 관하여 노동조합과 협의할 것을 합의한 경우에 그 협상대상은 당사자 간의 임의적 합의(일반적 계약)를 기초로 한 교섭대상에 지나지 않으며, 헌법이 단체교섭권을 기초로 노동조합에 대해서 교섭권을 보장한 교섭사항은 아니다. 따라서 노동법상의 단체교섭의 대상으로 의무적 교섭사항과 함께 임의적 교섭사항을 포함시켜 이해하는 것은 법체계상 적절하지 않다. 사용자가 근로조건 기타 근로자의 대우와 같은 단체교섭사항이 아닌 사항에 대하여 사적자치의 원리에 터잡아 임의로 교섭을 하기로 약정하였으나 어떤 사정으로 인하여 교섭할 수 없게 되었다면, 교섭할 계약상의 의무를 이행하지 않은 채무불이행책임을 부담해야 하지만 이것이 곧 단체교섭거부에 따른 부당노동행위(노조및조정법 제81조 I ③)에 해당되는 것은 아니다. 또한 이 경우에 노동조합은 쟁의행위를 할 수도 없다. 왜냐하면 사용자가 임의로 노동조합과 교섭하기로 한 사항은 처음부터 헌법과 노조및조정법이 보장한 단체교섭권의 대상에 속하지 않는 것이기 때문이다. 단체교섭의 대상이 되지 않는 사항을 사적자치의 차원에서 교섭의 대상으로 삼아 협의하기로 했다고 하여 그 사항이 의무적 교섭사항(헌법의 근로3권과 노조및조정법상의 보호를 받는 교섭대상)으로 전환되는 것은 아니다.[1] 다만, 미국에서도 의무적 사항과 불법적 사항을 구별하는 것은 판례법상 비교적 용이한 것으로 판단되고 있으나, 임의적 사항의 범주와 한계를 어떻게 규명해야 할 것인지에 관해서는 아직까지 명확한 기준이 존재하지 않는다.[2] 이상에서 설명한 바와

1) 원래 단체교섭의 대상이 아닌 사항을 계약자유의 원칙에 따라 협약당사자들이 임의로 교섭의 대상으로 삼기로 한 것은 사실상의 교섭에 의한 의견교환을 통하여 해결을 모색해보자는 데 있는 것이지 그 사항 자체를 헌법과 노조및조정법의 보호를 받는 단체교섭의 대상으로 성질 전환을 하여 다루자는 데 있지 않다. 합의의 내용은 당사자 간의 계약(법률행위)의 해석에 따라 정해지는 것이다. 예컨대 노조전임자에 관한 사항에 대하여 교섭하기로 협약당사자가 합의했다고 하여 그 사항이 '근로조건에 관한 사항'으로 전환되는 것은 아니다.

2) 미국의 판례는 의무적 교섭사항과 임의적 사항에 관한 명확한 기준을 제시하지 못하고 있다. 대체로 사용자와 근로자들 사이의 관계를 규율하는 사항을 의무적 사항으로 인정하고 있다(441 US, 488(1979)). 그러므로 이 기준에 의하여 타방 당사자의 전권사항(專權事項)(matters falling within the sovereignty of the other party)에 속하는 사항은 의무적 사항이 아니다(Ray/Sharpe/Strassfeld, *Understanding Labor Law*, §7.04[B] p. 179 참고).

같이 미국에서 행하여지고 있는 교섭사항의 3분론(三分論)은 객관적으로 확정되어 있는 교섭사항의 범주를 명확하게 구분하고 있지 못하다. 따라서 우리 법체제에서의 단체교섭 대상 및 범위를 명확히 하는데 도움이 되는 이론은 아니다.

(3) 교섭대상의 집단성

노조및조정법은 단체교섭의 대상의 범위와 한계에 관하여 구체적 규정을 두고 있지 않으나 근로자들의 근로조건의 결정에 관한 사항과 단체협약의 체결 기타 이와 관련된 사항이 본래적인 교섭대상이 된다는 점에 대해서는 이론의 여지가 없다(제1조, 제2조 ⑤, 제29조 Ⅰ, 제33조 Ⅰ, 제92조 ② 등 참조). 그런데 단체교섭은 노동조합이 그 구성원인 조합원들의 근로조건 그 밖의 대우에 관한 기준을 유지 및 개선하는 것을 목적으로 하는 것이므로 교섭의 대상은 집단성을 가지고 있어야 한다. 다시 말하면 교섭의 대상이 될 수 있는 사항은 모든 조합원에게 적용될 수 있는 공통적 근로조건이거나 집단적 이익에 관련된 것이어야 한다. 따라서 단체협약은 근로계약과 같이 근로자 개인과 사용자 간의 개별적 권리·의무를 규율하는 것이 아니라, 노동조합의 구성원인 조합원들의 근로조건 그 밖의 이익에 관한 기준(노조및조정법 제33조 Ⅰ)을 집단적으로 규정하는 것이다. 그런 의미에서 단체교섭은 집단적 교섭이다.[1] 다만, 집단성이라고 하는 것은 그 교섭사항이 미치는 영향범위를 말하는 것이므로 어느 특정인의 문제(노조대표에 대한 부당한 인사처분 등)라 하더라도 그것이 조합원들의 이해와 관련된 사항인 때에는 교섭사항이 될 수 있다고 보아야 한다. 집단성을 단수근로자가 아닌 복수근로자의 총화(總和)로만 해석할 것은 아니다.

개인의 권리 또는 이익에 관한 분쟁사항(예컨대 일반근로자의 부당해고, 특정근로자에 대한 근로계약상의 채무불이행, 특정개인의 승진요구, 균등대우요구 등)은 원칙적으로 민사소송, 고충처리(근참법 제26조 이하; 동법 시령 제7조 이하 참조)나 노사협의(근참법 제20조 참조)의 대상은 될 수 있어도 단체교섭의 대상은 될 수 없다.[2] 다시 말하면 특정 일반조합원의 채용, 이동, 징계 또는 해고[3]에 관한 사항은 그것이 집단적 성격을 가지지 않거나 조합원 전체의 인사에 관한 기준 또는 절차에 관련된 사항이 아닌 한 단체교섭의 대상이 되지 않는다. 즉, 근로계약에 의하여 개별적으로 정해져야 할 사항에 지나지 않는 내

---

1) 異見: 임종률, 「노동법」, 141면.

2) 일본에서는 개인 근로자의 해고, 징계처분, 배치전환, 임금사정, 승진, 고충 등의 사항도 교섭대상이 된다고 한다(西谷, 「勞働組合法」, 297面 이하). 同旨: 菅野, 「勞働法」, 851面. 어느 특정 개인 근로자에 국한되는 사항은 노사협의(근참법 제20조 참조)나 고충처리(근참법 제26조 이하 참조)의 대상은 될 수 있어도 단체교섭의 대상이 될 수 없는 것이 원칙이다.

3) 부당노동행위로서의 조합간부의 해고(노조및조정법 제81조 Ⅰ ①·⑤)는 집단성을 띠므로 단체교섭의 대상이 될 수 있다.

용은 단체교섭의 대상이 될 수 없다고 보아야 한다. 따라서 조합원 전체에 관한 임금·근로시간 기타 근로조건은 물론 작업시설·근로환경·복리후생시설에 관한 사항과 조합활동 등은 단체교섭의 대상이 된다. 여기서 「단체교섭의 대상이 되는 단체교섭사항에 해당하는지 여부는 헌법 제33조 1항(근로조건 기타 근로자의 대우에 관한 기준)과 노조및조정법 제29조에서 근로자에게 단체교섭권을 보장한 취지에 비추어 판단하여야 하므로 일반적으로 노동조합의 구성원인 근로자의 노동조건 기타 근로자의 대우 또는 당해 단체적 노사관계 운영에 관한 사항으로서 사용자가 처분할 수 있는 사항은 단체교섭대상이 될 수 있다」.[1)]

노동조합에 대한 편의제공, 노조전임자, 단체교섭의 절차, 쟁의행위에 관한 절차, 노동조합과 사용자 사이의 여러 가지 관계 등에 관한 사항은 노사간의 집단적 사항에 속하므로 단체교섭의 대상이 될 수 있다. 그러나 근로3권에 의하여 보장된 교섭 대상이라고 볼 수는 없다. 이러한 사항들이 단체협약에 규정될 경우 이는 채무적 부분에 해당한다[2)]([111] 4. 참고).

⑷ 권리분쟁사항

예컨대 임금의 인상이나 특정수당의 신설 등에 관한 집단적 이익분쟁이 아니라, 법령 내지 단체협약의 준수·해석·적용에 관한 이른바 「권리분쟁」은 단체교섭의 대상이 될 수 없다. 단체교섭은 앞으로 정하여질 권리나 의무에 대하여 타협과 양보를 하면서 결과적으로 단체협약의 체결을 이끌어내기 위한 교섭이지, 이미 확정되어 존재하고 있는 권리나 의무에 관한 분쟁을 해결하기 위한 수단은 아니다. 다시 말하면 사법적(司法的)보호 또는 기타 법적 해결방법의 길이 열려있는 권리분쟁에 대하여 단체교섭을 요구하는 것은 허용될 수 없다. 법률과 단체협약 그 밖의 규정의 해석과 적용에 의하여 권리·의무의 존부나 내용을 확인하기 위한 권리분쟁사항(예컨대 근로기준법, 단체협약, 취업규칙상의 권리·의무에 관한 분쟁사항)은 단체교섭의 대상이 될 수 없다.[3)] 협약자율(Tarif-autonomie)에 어긋나기 때문이다. 따라서 쟁의행위의 대상이 될 수도 없다. 다만, 권리분쟁사항이더라도 노사당사자의 합의로 교섭대상으로 삼아 평화적 해결을 시도하는 것은 사적자치의 일반원리에 비추어 얼마든지 가능한 일이다. 이는 단체교섭권을 기초로 한

1) 大判 2003. 12. 26, 2003 두 8906.

2) 荒木, 「勞働法」, 607面.

3) 일본에는 해고, 징계처분 등의 사항도 다른 조합원에 대하여 영향을 미치는 한 의무교섭사항이 된다는 견해가 있다. 사용자가 해고 유효라는 그의 견해를 고집하며 단체교섭을 거부하는 것은 부당노동행위에 해당한다고 한다. 해고 등이 객관적으로 유효한 것인지 아닌지는 별개의 문제이므로 노동위원회나 법원은 해고 등의 법적 평가와는 별개로 단체교섭거부의 부당노동행위성을 판단하여야 한다고 한다(西谷, 「勞働組合法」, 298面 참고). 찬동하기 어려운 견해이다.

교섭과는 무관한 것이다. 따라서 교섭이 아무 성과 없이 끝나더라도 노동조합이 그 목적을 관철하기 위하여 쟁의행위를 할 수는 없다.

단체교섭대상이 되는 사항은 노동조합이 단체교섭권과 단체행동권(헌법 제33조 I, 노조및조정법 제29조 이하, 제81조 ③ 등 참조)을 기초로 그에 대한 단체교섭을 요구하고 그 주장 관철을 위하여 쟁의행위를 할 수 있으며, 정당한 이유 없이 사용자가 교섭을 거부하면 부당노동행위가 되는 그러한 근로조건 사항 등을 말한다. 권리분쟁 사항은 그런 의미의 단체교섭 사항이 될 수 없다.

(5) 경영권에 관한 사항

앞에서([27] 3. 참고) 자세히 논한 바와 같이 경영권은 헌법 제119조 1항, 제23조 1항 및 제15조에 의하여 헌법상 실체적 권리로서 보장되어 있다. 이에 따라 기업주는 경영상의 의사결정의 자유를 가진다. 따라서 기업의 목적활동, 즉 영업활동을 위하여 기업주는 경영상의 의사결정권을 가지며, 구체적인 경영조치를 취할 수 있다. 인력배치, 수주량(受注量)의 조절, 신기계의 도입, 사업일부의 증설·축소, 기업확장, 경영정책의 변경, 구조조정, 작업방법의 변경·개선, 기업조직의 개편, 새로운 사업을 위한 투자, 사업양도·합병·분할 등에 대해서 의사결정을 단행할 수 있다. 이와 같은 결정권과 경영조치가 인정되지 않는다면 경영권을 기초로 한 창의적 경제활동은 불가능하게 될 것이다. 그러나 기업주의 경영조치에 의하여 근로자의 근로조건이 영향을 받는 경우가 적지 않다. 그렇다고 하여 이 경우에 근로조건에 관계되거나 영향을 준다는 이유에서 위의 경영조치들이 모두 단체교섭의 대상이 될 수는 없을 것이다.[1] 단체교섭의 대상 여부는 구체적 사항별로 판단해야 할 것으로 생각된다. 예컨대 기업투자, 회사의 폐업, 사업양도 등 경영주체의 고유한 경영권한에 속하는 사항은 이로 인하여 근로조건에 영향을 주더라도 단체교섭의 대상이 될 수는 없을 것이다. 그리고 구조조정에 따른 경영상의 해고는 근로기준법 제24조에 의하여 해결되어야 한다. 따라서 여기서는 노동조합 또는 근로자대표와의 「협의」(근기법 제24조 Ⅲ 참조)만이 문제될 것이다. 기본적으로 경영권의 본질적 내용을 이루는 사항은 단체교섭의 대상이 될 수 없다고 판단된다. 다만, 노사가 정리해고나 사업조직의 통폐합 등 기업의 구조조정에 관하여 임의로 단체교섭을 진행하여 단체

1) 大判 2003. 7. 22, 2002 도 7225; 大判 2003. 12. 26, 2001 도 3380; 大判 2002. 2. 26, 99 도 5380; 大判 2002. 1. 11, 2001 도 1687. 「경영권」의 존재를 부인하는 견해: 西谷, 「勞働組合法」, 299面 이하 참고. 예컨대 영업양도, 공장이전, 특정 부분이나 업무의 도급이나 외주화(外注化) 등은 근로자의 고용이나 근로조건에 중대한 영향을 미치는 경우 당연히 의무적 교섭사항이 된다고 한다(西谷, 앞의 책, 299면 및 이곳에 인용된 하급심 판례).

협약을 체결할 수 있고, 그 내용이 강행법규나 사회질서에 위배되지 않는 이상 단체협약으로서의 효력이 인정된다. 따라서 사용자와 노동조합이 자유로운 협상에 따라 정리해고를 제한하기로 하는 내용의 단체협약을 체결하였다면 그 단체협약은 특별한 사정이 없는 한 강행법규나 사회질서에 위배된다고 볼 수 없고 근로조건에 관하여 정한 규정으로서 규범적 효력을 가지므로 이에 반하여 이루어지는 정리해고는 정당한 해고라고 볼 수 없다. 그러나 단체협약을 체결할 당시의 사정이 현저하게 변경되어 사용자에게 단체협약의 이행을 강요하는 것이 객관적으로 명백히 부당한 경우에는 사용자는 그 단체협약의 구속에서 벗어나 정리해고를 할 수 있다.[1)]

경영권의 행사와 근로3권의 보장과의 관계에서 비례성·형평성에 반하여 내려진 사용자의 경영조치는 효력이 없다고 보아야 할 것이므로 교섭대상이 될 수 있다고 보아야 할 것이다. 이에 대해서는 해당 조치가 내려진 배경 및 이유와 필요성, 회사의 존립과의 관계, 노사간의 이해관계 등을 구체적 사안에 따라 종합적으로 판단해야 할 것이다(자세한 설명은 '[27] 3. 근로3권과 경영권'의 부분을 참고).

⑹ 인사에 관한 사항

a) 문 제 점 인사는 기업조직 내에서 근로자의 노동력을 효율적으로 활용하거나 개발하고 근로자를 처우하는 것을 말한다. 구체적으로는 채용·배치·교육훈련·능력개발·인사고과·인사이동(승진·전직·전보·전출·전적), 휴직·징계·퇴직·해고 등 고용관계(근로관계)의 모든 과정에서 발생하는 인사적 사항이 이에 속한다. 근로자와 사용자 사이의 근로계약관계는 기업이라는 집단적 조직과 분리되어 독립적으로 존속하는 것이 아니므로 그 조직을 편성·통솔하는 사용자는 인사관리, 인사제도에 대하여 일정범위의 기본적 권한(재량권)을 보유할 필요가 있다.[2)] 인사권은 사용자가 일방적으로 행사하는 권한을 말한다. 이와 같이 인사사항은 기업의 조직·운영과 기획에 관한 경영상의 성질을 가지면서 다른 한편으로는 근로조건으로서의 성질을 함께 가질 수 있으므로 인사사항이 어떤 범위 내에서 단체교섭의 대상이 될 수 있는지가 문제된다.

인사에 관한 사항이 단체교섭의 대상이 된다 하더라도 인사사항의 종류와 내용에 따라 교섭의 내용과 범위는 다를 수 있다. 인사사항의 성격과 내용에 따라 사용자가 가지는 인사권의 범위가 다를 수 있기 때문이다. 특히 노사관계에서 중요한 논점이 되는 것은 노동조합이 조합원(근로자)의 인사에 관하여 일정한 절차를 거칠 것을 요구할 수 있는 협약조항 또는 조합원이나 조합간부에 대한 사용자의 해고나 징계를 제한하는 협

1) 大判 2014. 3. 27, 2011 두 20406.

2) 배치전환에 관한 일관된 판례의 태도: 大判 1995. 10. 13, 94 다 52928; 大判 1998. 12. 22, 97 누 5435; 大判 2002. 12. 26, 2000 두 8011 등.

약조항을 체결하기 위하여 교섭을 요구할 수 있느냐 하는 문제이다.[1)]

b) **사용자의 기본적 인사권과의 관계** 근로자의 채용·전보·교육·인사고과·승급·승진에 관한 사항에 대해서 사용자는 기본적으로 인사권을 가진다. 사용자는 이러한 사항에 대해서는 업무상 필요한 범위 내에서 상당한 재량권을 가진다. 사용자의 인사처분은 근로기준법에 위배되거나 권리남용(또는 정당한 이유)에 해당되지 않는 한 유효하다.[2)] 사용자의 기본적 인사권 자체를 제한하는 교섭사항은 이른바 단체교섭의 의무적 교섭사항이 될 수 없다. 특히 어느 특정 개인의 채용, 전보, 승진발령을 내용으로 하는 인사에 관한 구체적 조치, 즉 기존의 인사제도나 인사기준의 구체적 적용에 따른 인사조치와 같이 사용자의 고유한 인사권의 행사는 교섭의 대상이 될 수 없다. 그러나 사용자의 기본적 인사권을 침해하지 않는 한 인사제도나 인사기준(이유, 요건) 및 인사절차의 새로운 설정에 관한 사항은 교섭대상이 될 수 있다고 보아야 할 것이다. 예컨대 인사절차의 내용인 인사사유의 서면통보, 진술기회의 부여, 조합과의 협의, 인사협의위원회의 구성과 심의·의결방법 등은 교섭대상이 될 수 있다.

인사·경영에 관한 사항으로서 단체교섭의 대상이 될 수 없다고 판시한 예로서 다음과 같은 것들이 있다.

i) 경영상 불가피하게 취해진 기업의 특정사업부의 폐지결정은 경영상의 의사결정에 의한 경영조직의 변경에 해당되므로 단체교섭의 대상이 되지 않는다.[3)] ii) 사용자의 재량적 판단이 존중되어야 할 기구의 통·폐합에 따른 조직변경 및 업무분장 등에 관한 결정권은 사용자의 경영권에 속하는 사항으로서 단체교섭사항이 될 수 없고, 단체교섭사항이 될 수 없는 사항을 달성하려는 쟁의행위는 그 목적의 정당성이 인정될 수 없다.[4)] iii) 기업의 구조조정의 실시 여부는 경영주체에 의한 고도의 경영상 결단에 속하는 사항으로서 이는 원칙적으로는 단체교섭의 대상이 될 수 없고, 그것이 긴박한 경영상의 필요나 합리적인 이유 없이 불순한 의도로 추진되는 등의 특별한 사정이 없는 한 노동조합이 그 실시를 반대하기 위하여 벌이는 쟁의행위에는 목적의 정당성이 인정될 수 없다.[5)]

c) **해 고** 해고(근로관계 해지의 일방적 의사표시) 자체는 단체교섭의 대상이 될 수 없다.[6)] 다시 말하면 사용자가 노동조합의 사전 동의가 있을 때에만 해고를 할 수

1) 大判 2012. 6. 28, 2010 다 38007 참고.
2) 大判 2002. 12. 26, 2000 두 8011; 大判 1995. 10. 13, 94 다 52928.
3) 大判 1994. 3. 25, 93 다 30242.
4) 大判 2002. 1. 11, 2001 도 1687.
5) 大判 2002. 2. 26, 99 도 5380; 大判 2003. 2. 11, 2000 도 4169; 大判 2003. 2. 28, 2002 도 5881; 大判 2003. 3. 14, 2002 도 5883; 大判 2003. 3. 28, 2002 도 6060; 大判 2003. 11. 13, 2003 도 687 등.
6) 징계해고를 포함한 해고는 근로조건이므로 단체교섭 사항이 될 수 있다는 견해가 있으나 이는 오해

있도록 하는 사항(해고사전동의사항)은 단체교섭대상이 될 수 없다. 그러나 사용자가 임의로 동의조항을 단체교섭대상으로 수용하여 협약을 체결할 수는 있을 것이다. 판례는 ―특히 노동조합간부 인사에 대해서― '협의'라는 용어와 구별하여 해고사전 '동의'라는 용어를 사용한 경우에 '동의'는 노동조합과 의견을 성실하게 교환하여 노사 간에 '의견의 합치'를 보아 인사권을 행사하여야 하는 사전합의의 뜻으로 해석하고 있다.[1] 그리고 정리해고에 있어서도 사전협의와 구별하여 의도적으로 이와 구별되는 사전'합의'를 요건으로 정하였다면 원칙적으로 노사 간에 사전'합의'를 규정한 것이라고 해석해야 한다고 한다.[2] 통상해고에서도 노동조합과의 동의조항이 체결된 경우 근로자의 해고를 보다 두텁게 보호할 수 있다. 그러나 회사가 노동조합과 성실하고 진지한 합의노력을 했음에도 조합측이 합리적 이유의 제시도 없이 무작정 반대하는 등 사용자의 해고처분을 완전히 봉쇄하려는 의도로 사전합의권을 남용하거나 스스로 사전합의권을 포기하는 경우에는 노동조합의 동의 없이 한 사용자의 해고(인사처분)는 유효하다.[3] '해고사전동의조항'이 당연히 단체교섭의 대상이 될 수 있는지의 문제와 동조항이 체결된 후의 효력문제는 구별해서 판단해야 한다.

d) 징 계 노동조합이 징계의 이유와 종류 및 절차에 관하여 단체협약에 명문규정을 둘 것을 요구하는 내용의 주장은 교섭대상이 될 수 있다. 그러나 이러한 단체협약규정에 의하여 별도의 징계규정이 만들어지고 근로기준법 제23조 1항 등 강행법규에 반하지 않는 이상 그 징계규정의 내용에 대하여 다시 노동조합이나 근로자의 합의를 요하는 것은 아니라는 것이 판례의 태도이다.[4] 그러나 특히 징계의 절차는 징계권 행사

의 소지(素地)를 가지고 있다. 정당한 이유를 갖춘 해고, 취업규칙에 정한 징계해고사유에 해당하고 소정의 절차를 갖춘 징계해고에 대해서는 사용자가 해고권(해고권한 내지 해고재량권)을 가지고 있다. 이러한 범위에 속하는 사용자의 해고권의 행사, 즉 근로자의 해고는 단체교섭의 대상이 될 수 없다. 다만 이와 같은 사용자의 기본적 해고권을 침해하지 않는 범위 내에서 해고 사유나 절차를 마련하는 사항은 단체교섭의 대상이 될 수 있을 뿐이다. 따라서 해고 자체가 근로조건에 속한다고 해서 아무 유보없이 당연히 단체교섭의 대상이 된다고 표현하는 것은 적절하지 않다. 근로기준법 제23조 1항 규정에 따른 정당한 이유 있는 사용자의 해고권은 단체교섭에 의하여 제한할 수 없다. 노동위원회나 법원에 의해서 사용자에 의한 구체적 해고사유의 주장이 인정되지 않을 수도 있다는 것은 별개의 문제이다.

1) 大判 2007. 9. 6, 2005 두 8788.

2) 大判 2012. 6. 28, 2010 다 38007(이 판례에 따르면 다른 특별한 사정 없이 단지 정리해고 실시 여부가 경영주체에 의한 고도의 경영상 결단에 속하는 사항이라는 사정을 들어 이를 사전'협의'를 하도록 규정한 것이라고 해석할 수 없다고 한다. 이와 같은 견해는 大判 2003. 7. 22, 2002 도 7225; 大判 2003. 2. 11, 2000 도 4169 등을 수정한 것으로 생각된다); 大判 1993. 7. 13, 92 다 50263.

3) 大判 2012. 6. 28, 2010 다 38007; 大判 2007. 9. 6, 2005 두 8788 등.

4) 大判 1994. 9. 30, 94 다 21337(단체협약에 명문으로 징계규정을 별도로 제정하기로 하였고, 그 협약규정에 의하여 징계규정이 만들어진 이상 다시 구체적인 징계규정의 내용에 관하여 회사와 근로자

의 효력에 직접적 영향을 미친다. 따라서 사용자에 의한 정당한 징계권의 행사라 하더라도 징계절차에 따르지 않은 징계처분은 효력을 가질 수 없다는 것이 판례의 일관된 태도이다.1)

e) 조합원에 대한 인사 조합원 또는 조합간부의 인사(임명, 배치전환, 교육 등)에 관하여 노동조합과 사전'협의' 또는 '합의'를 거치도록 규정한 단체협약이 체결되는 경우가 있다. 조합원의 인사에 관한 '협의'의무는 사용자가 협의과정을 거치지 않았다고 하여 사용자의 인사처분에 영향을 주는 강제력을 가지지 않는다.2) 그러나 일반조합원과 구별하여 조합간부의 인사에 대하여 특별히 '동의조항'을 두고 있는 경우 그 절차를 거치지 않은 인사처분은 원칙적으로 무효로 보는 것이 판례의 태도이다.3) 다만 노동조합이 동의권을 남용하거나 스스로 동의권 행사를 포기한 경우에는 사용자가 합의 없이 한 인사처분은 유효하다고 본다.4) 사용자의 인사권이 완전히 부인되거나 정당한 합리적 이유 없이 배제될 수 없기 때문이다.

2. 방 법

a) 평화적 교섭 노조및조정법 제4조 단서는 어떠한 경우에도 폭력이나 파괴행위로써 단체교섭을 할 수 없음을 규정하고 있으며, 동법 제81조 3호는 정당한 이유 없이 사용자가 단체교섭을 거부하는 것을 금지하고 있다. 헌법이 단체교섭 자체의 행사를 보

간에 합의가 있어야 한다고 말할 수 없고, 근로자의 상벌 등에 관한 인사권은 사용자의 고유권한으로서 그 범위에 속하는 징계권 역시 기업운영 또는 근로계약의 본질상 당연히 사용자에게 인정되는 권한이기 때문에 그 징계규정의 내용이 강행법규나 단체협약의 내용에 반하지 않는 한 사용자는 그 구체적 내용을 자유롭게 정할 수 있고, 그 규정이 단체협약의 부속서나 단체협약 체결절차에 준하여 제정되어야 하는 것은 아니다).

1) 大判 2004. 6. 25, 2003 두 15317; 大判 2008. 1. 22, 2007 두 23293 등.

2) 단체협약에서 「조합원의 인사」에 관하여 노동조합이 이의를 제기하는 경우 노동조합과 사전협의를 거치도록 한 취지는 사용자의 자의적 인사권 행사를 방지하고 노동조합으로부터 제시된 의견을 참고자료로 고려하게 하려는 것에 지나지 않는 것이라고 보는 것이 상당하고, 사전협의를 거치지 않았다고 하여 반드시 그 인사의 효력이 없는 것이라고 할 수는 없다(大判 2011. 7. 28, 2008 두 11693). 또한 大判 1993. 7. 13, 92 다 50263; 大判 1993. 7. 13, 92 다 45735 등.

3) 大判 2012. 6. 28, 2010 다 38007; 大判 1993. 7. 13, 92 다 50263; 大判 1992. 12. 8, 92 다 32074 등.

4) 大判 2012. 6. 28, 2010 다 38007(A회사가 조합간부 B를 정리해고하면서 노동조합과 사전합의를 하지 아니한 것은 적법한 해고절차를 갖추었다고 볼 수 없지만, 제반 사정에 비추어 위 정리해고는 필요성과 합리성이 객관적으로 명백하고 A회사가 노동조합측과 정리해고에 관한 합의 도출을 위하여 성실하고 진지한 노력을 다하였는데도 노동조합측이 합리적 근거나 이유제시 없이 정리해고 자체를 반대하고 불법적인 쟁의행위에 나아감으로써 합의에 이르지 못하였으므로, 이는 노동조합이 동의권을 남용하거나 스스로 동의권 행사를 포기한 경우에 해당한다는 이유로 A회사의 B에 대한 정리해고를 무효라고 볼 수 없다고 한 사례).

장하고 있는 한(제33조 Ⅰ) 평화적인 방법에 의한 단체교섭은 정당행위로서 형사상 면책이 되는 것이 당연한 일이지만, 폭력이나 파괴행위를 수반하는 단체교섭은 용납되지 않는다. 따라서 평화적인 단체교섭에 대하여는 사용자가 성실하게 이에 응해야 할 의무가 있으나, 노동조합이 폭력적인 태도로 단체교섭에 임하려고 할 때에는 사용자가 이에 불응하더라도 부당노동행위가 성립되지 않는다.

b) 성실교섭의무 및 그 위반 등

1) **노조및조정법상의 규정과 그 취지** 노동조합과 사용자 또는 사용자단체는 신의에 따라 성실히 교섭하고 단체협약을 체결하여야 하며 그 권한을 남용해서는 아니 되며(노조및조정법 제30조 Ⅰ),[1] 정당한 이유 없이 교섭 또는 단체협약의 체결을 거부하거나 해태하여서는 아니 된다(제30조 Ⅱ). 동 규정은 노사 양측에 성실교섭의무를 부과하고 있는 것이다. 원래 구법에서는 사용자에 대해서만 성실교섭의무를 부과하고(구 노조법 제33조 Ⅴ) 이를 위반할 경우에는 부당노동행위로 처벌하였으나, 현행법에서는 사용자뿐만 아니라 노동조합에 대해서도 성실교섭의무를 부과함으로써 노사가 다같이 자율과 책임을 기초로 성실하게 교섭에 임하도록 하였다. 그러나 사용자의 「단체협약체결 기타의 단체교섭을 정당한 이유없이 거부하거나 해태하는 행위」에 대해서는 부당노동행위로서 처벌할 수 있도록 하고 있는 데 반하여(노조및조정법 제90조, 제81조 Ⅰ ③), 노동조합의 교섭거부나 해태행위에 대해서는 아무런 벌칙을 두고 있지 않다. 근로3권의 보장에 관한 규율을 목적으로 하는 노조및조정법 내에 노동조합의 부당노동행위를 직접 규율하는 것은 체계상 문제점이 있으나, 노동조합의 불성실한 교섭태도로 인하여 단체교섭이 원만하게 진행될 수 없게 된 경우에 사용자는 단체교섭을 정당하게 거부할 수 있을 것이다. 이때에는 사용자가 단체교섭을 거부하더라도 부당노동행위가 성립되지 않는다(노조및조정법 제81조 Ⅰ ③ 참조). 따라서 사용자의 단체교섭거부에 의한 부당노동행위의 성립 여부도 노동조합의 성실한 교섭태도와의 상관적 관련하에서 상대적으로 판단되어야 한다(노조및조정법 제81조 Ⅰ ③). 판례에 따르면 단체교섭에 대한 사용자의 거부나 해태에 정당한 이유가 있는지 여부는 「노동조합측의 교섭권자, 노동조합측이 요구하는 교섭시간, 교섭사항 및 그 교섭태도 등을 종합하여 사회통념상 사용자에게 단체교섭의무의 이행을 기대하는 것이 어렵다고 인정되는지 여부에 따라 판단할 것」이라고 한다.[2]

1) 사용자가 노동조합의 의견을 수용하지 않았다거나 현격한 의견차이를 보였다고 해서 불성실한 교섭을 했다고 볼 수 없다(大判 2005. 6. 9, 2005 두 2964).

2) 大判 1998. 5. 22, 97 누 8076; 大判 2006. 2. 24, 2005 도 8606; 大判 2010. 4. 29, 2007 두 11542 등. 정당한 이유없이 단체교섭을 거부나 해태한 것으로 단정하기 어렵다고 한 사례(大判 2009. 12. 10, 2009 도 8239 참고). 노동조합이 교섭일시를 특정하여 사용자에게 단체교섭을 요구하였더라도

당사자가 성의있는 교섭을 계속했음에도 단체교섭이 교착상태에 빠져 교섭의 진전이 더 이상 기대될 수 없는 상황이라면 이는 교섭거부의 정당한 사유가 될 수 있다. 그러나 쟁의행위 기간중이라는 사정이 있다고 하여 그것만으로 교섭거부가 정당화될 수는 없다. 쟁의행위는 단체교섭을 촉진하기 위한 수단으로서의 성질을 가지는 것이므로 노동조합으로부터 새로운 타협안이 제시되는 등 교섭재개를 기대할 만한 사정변경이 생기면 사용자는 쟁의행위 기간중이라도 마땅히 단체교섭에 응해야 하기 때문이다.[1]

노조및조정법 제29조의2 2항은 동조 1항 단서에 따라 사용자가 교섭창구 단일화 절차를 거치지 아니하기로 동의한 경우 「사용자는 교섭을 요구하는 모든 노동조합과 성실히 교섭하여야 하고, 차별적으로 대우해서는 아니된다」(2021. 1. 5. 신설)고 규정하고 있다. 즉 사용자가 복수의 노동조합이 교섭대표노동조합을 결정하는 교섭창구 단일화에 동의하지 아니하면, 모든 노동조합과 성실하게 개별 교섭을 하여야 하고, 소수노조라고 하여 차별하여서는 아니된다. 제29조의4의 공정대표의무에 관한 규정이 교섭대표노동조합의 결정 후에 교섭대표노동조합과 사용자에 대하여 교섭창구 단일화 절차에 참여한 노동조합 또는 조합원 간에 차별을 금지한 조항인 반면, 제29조의2 2항은 사업 또는 사업장 내의 모든 복수 노동조합에 대하여 사용자가 개별적으로 성실히 교섭하고, 차별적 대우를 하여서는 아니된다는 규정이다.

2) 성실교섭의 뜻 교섭당사자들은 상대방의 요구 및 주장과 자기의 주장 사이의 간격을 좁혀 나가면서, 상대방이 신뢰할 수 있는 성실한 방법으로 교섭사항의 해결을 모색해 나가야 한다. 구체적으로 교섭당사자는 상대방의 요구와 주장을 수동적으로 듣는 것에 그쳐서는 아니 되고, 성의 있는 회답을 하며 회답의 논거와 자료 등을 제시하면서 타협과 양보를 통하여 합의에 도달할 수 있는 가능성을 진정으로 모색해야 할 의무를 부담한다.[2] 성실교섭은 상대방의 주장을 조건없이 받아들이면서 양보하는 것을 뜻하는 것은 아니므로 상대방의 요구나 주장을 받아들일 수 없을 때에는 그 논거를 제시하면서 그 이유와 근거를 납득할 수 있도록 반론(反論)을 펴는 노력을 해야 한다. 요컨대 성실교섭의무는 상대방의 주장에 대하여 성실하게 대응하고 상대방도 신뢰를 가지고 교섭에 임하므로써 합의달성의 가능성을 모색해 나가는 의무를 뜻한다. 교섭당사자 일

사용자가 교섭사항 등의 검토와 준비를 위하여 필요하다는 등 합리적 이유가 있을 때에는 노동조합측에 교섭일시의 변경을 구할 수 있으나, 사용자가 합리적 이유 없이 노조제안 일시의 변경을 구하다가 노동조합측이 이를 수용하지 않았음에도 아무런 의사표시 없이 그 일시에 단체교섭에 응하지 않았다면 사용자의 단체교섭 거부에 정당한 이유가 있다고 할 수 없다(大判 2006. 2. 24, 2005 도 8606).

1) 大判 2006. 2. 24, 2005 도 8606.

2) 菅野, 「勞働法」, 855面 이하; 荒木, 「勞働法」, 608面 참고.

방이 합의달성을 위한 노력을 태만히 하는 경우에는 상대방의 성실교섭의무는 그에 대응해서 경감되는 것으로 볼 수밖에 없다. 따라서 성실교섭의무는 교섭당사자 어느 일방의 의무가 아니라 쌍방의 대응적 의무라고 이해되어야 한다.

3) 교섭 및 협약체결 거부의 뜻 단체교섭 및 단체협약의 체결을 거부하는 행위는 노조및조정법상의 성실교섭의무에 위반하는 것이지만, 특히 사용자측의 위반행위는 부당노동행위에 해당할 수 있음은 위에서 설명한 바와 같다. 거부행위의 구체적인 예로는 사용자가 처음부터 노동조합과 합의할 의사가 없음을 선언하는 경우는 물론 노동조합의 요구를 거부하면서 그 근거가 되는 구체적 자료나 대안을 제시하지 않는 경우 등이 있다. 또한 상대방이 도저히 수용할 수 없거나 전혀 합리성이 없는 제안을 하면서 그 이유와 근거자료를 제시함이 없이 자기측의 주장만을 고집하는 경우도 교섭거부행위라고 볼 수 있다.[1] 사용자가 노동조합과 협의사항에 대하여 합의를 해놓고서도 단체협약서의 작성과 서명을 정당한 이유없이 거부·해태하는 것도 노조및조정법 제30조 2항을 위반하는 행위로서 부당노동행위에 해당할 수 있다.[2] 다만, 노·사 사이에 합의가 이루어진 사항이 전체 교섭대상 중의 일부분에 지나지 않고 나머지 사항에 대해서는 여전히 교섭이 진행 중이어서 합의된 일부 사항만을 서면화하여 단체협약서를 작성하는 것이 적절한 것인지 여부는 신중히 검토하여 단체협약체결 거부 여부를 판단해야 할 것이다.[3]

c) 교섭개시절차에 관한 협정 단체교섭의 개시와 진행이 원만하게 진행될 수 있도록 노동조합과 사용자는 교섭의 당사자, 담당자(교섭위원) 및 교섭사항을 사전에 명확하게 해 놓아야 할 것이다. 이에 관해서는 노동조합 측에서 단체교섭을 신청하는 서면으로 명시하는 것이 통상적이라고 볼 수 있다. 이 과정에서 노동조합과 사용자는 교섭담당자의 인원수와 그 성명, 필요한 경우 교체 인원, 교섭일시와 장소 등을 보다 구체적으로 합의하게 될 것이다. 이러한 사항들을 사전에 명확하게 정해 놓는 것은 단체교섭의 절차와 진행이 원만하게 이루어질 수 있게 하기 위해서이다. 노사간에 협의가 제대로 진전되지 않거나 사용자의 소극적 거부행위로 합의에 도달하지 못하는 경우에는 노동위원회에 조정을 신청하거나 부당노동행위구제신청을 할 수 있을 것이다.[4]

---

1) 荒木, 「勞働法」, 608面 이하 참고.

2) 이에 대하여 노동조합은 노동위원회에 구제신청을 할 수 있다고 보아야 한다. 同旨: 노동법실무연구회, 「노동조합및노동관계조정법 주해 Ⅱ」(권창영), 22면; 荒木, 「勞働法」, 609面; 西谷, 「勞働組合法」, 306面.

3) 同旨: 西谷, 「勞働組合法」, 313面 이하; 荒木, 「勞働法」, 609面.

4) 菅野, 「勞働法」, 859面 이하; 荒木, 「勞働法」, 609面 이하; 西谷, 「勞働組合法」, 315面 이하 참고.

d) 단체교섭 응낙의 소(교섭이행의 소)**와 교섭거부에 대한 손해배상청구** 노동조합과 사용자가 단체협약에 교섭사항에 대하여 단체교섭에 응할 의무를 협약상의 채무로 규정하고 있는 경우에 교섭당사자인 노동조합 또는 사용자는 정당한 이유없이 교섭에 응하지 않는 상대방에 대하여 단체교섭에 응할 채무의 이행을 청구할 수 있고,1) 이행을 지체하는 경우에는 교섭 응낙을 구하는 소송(이행의 소)을 제기할 수 있다. 하급심 판례 중에는 단체협약의 교섭의무규정과 관계없이 그리고 노동위원회에 의한 부당노동행위 구제제도와 별도로 단체교섭권을 사법(司法)절차에 의하여 강제할 수 있는 사법(私法)상의 권리로 인정하고, 단체교섭권을 피보전권리로 하여 가처분을 구하는 것이 허용된다는 판결례가 있다.2)·3)

다른 한편 대법원은 「사용자가 '노동조합의 단체교섭을 거부하여서는 아니 된다'는 취지의 가처분결정을 받기 전에 해당 노동조합과의 단체교섭을 거부한 것은 불법행위가 되지 않으나, 위 가처분결정 후에도 해당 노동조합과의 단체교섭을 거부한 것은 그 노동조합에 대하여 불법행위가 된다」고 판시하고 있다.4) 이 판결에 따르면 사용자의 단체교섭 거부행위가 원인과 목적, 과정과 행위태양, 그로 인한 결과 등에 비추어 건전한 사회통념이나 사회상규상 용인될 수 없다고 인정되는 경우에는 부당노동행위로서 단체교섭권을 침해하는 행위로 평가되어 불법행위의 요건을 충족하는바, 노동조합과의 단체교섭을 거부하여서는 아니 된다는 취지의 집행력 있는 판결이나 가처분결정을 받고도 이를 위반하여 단체교섭을 거부하였다면, 그 단체교섭 거부행위는 노동조합의 단체교섭권을 침해하는 불법행위가 된다고 한다. 이 판결의 취지에 따르면 노동조합과 단체교섭을 거부하여서는 아니된다는 집행력있는 판결이나 가처분결정을 받은 후에는 적어도 노조및조정법의 (구체적) 단체교섭권이 확인된 것으로 볼 수 있으므로 그 후에도 사용자가 단체교섭을 거부하면 단체교섭권을 실질적으로 침해하는 불법행위가 성립되어 손해배상책임을 부담한다. 노조및조정법 제2조 4호에 해당하는 노동조합은 동법 제29조 1항·2항·3항(단체교섭 및 단체협약체결 권한), 제29조의2 1항·2항(교섭대표노동조합 또는 복수노조의 단

1) Hromadka/Maschmann, *Arbeitsrecht*, Bd. 2, § 13 Rn. 55; Zöllner/Loritz/Hergenröder, *ArbR* § 36 Rn. 29.

2) 釜山地決 2000. 2. 11, 2000 카합 53(노동조합은 사용자에 대해서 구체적 사항에 관하여 교섭장소에 나와 성실하게 교섭을 진행할 것을 요구할 수 있는 구체적 권리를 가진다); 서울議政府地決 2002. 5. 17, 2002 카합 240; 仁川地判 2003. 8. 28, 2002 가합 9543(단체교섭권은 노동조합이 사용자에 대하여 성실하게 단체교섭에 임하도록 하는 작위의 급부행위를 요구하는 채권의 일종으로서 청구권에 해당한다).

3) 사법(私法)상의 단체교섭권 및 이를 피보전(被保全)권리로 하는 가처분 청구에 관한 일본에서의 학설·판례상의 논의에 관해서는 菅野, 「勞働法」, 862面 이하; 西谷, 「勞働組合法」, 316面 이하 참고.

4) 大判 2006. 10. 26, 2004 다 11070.

체교섭 및 단체협약체결 권한), 제30조(성실교섭, 교섭·협약체결 거부금지)와 제33조(단체협약의 효력) 등의 규정을 기초로 2가지 측면에서 단체교섭을 요구할 권리를 가진다고 볼 수 있다. 첫째는 노동조합과 사용자 사이에서 사전적 예비협의를 통하여 구체적 교섭사항, 교섭 일시(日時)·장소, 교섭 당사자 또는 담당자가 명확하게 정해져 있다면 노동조합은 사용자에 대해서 구체적 교섭청구권을 가진다고 볼 수 있다. 둘째는 노동조합이 사용자와의 사전협의나 예비 절충을 통하여 교섭사항, 교섭일시·장소 등을 아직 명확하게 결정하지 못하고 있다면 구체적 교섭청구권을 가진다고 볼 수는 없다. 그러나 사용자가 해당 노동조합의 교섭당사자로서의 적격성, 즉 단체교섭을 요구할 수 있는 지위를 부정하는 경우에는 당해 노동조합은 그 사용자와의 관계에서 단체교섭을 구하는 법적 지위에 있음을 확인하는 확인청구(또는 그 지위에 대한 가처분청구)의 소를 제기할 수 있다. 또한 사용자가 어느 특정 교섭사항에 관하여 노동조합의 교섭할 지위를 부인하는 경우에도 당해 노동조합은 그 교섭사항에 관한 교섭지위의 확인 내지 가처분 청구를 할 수 있다고 보아야 한다.[1] 이상의 내용을 간추리면 노동조합이 상대방 사용자에 대하여 단체교섭을 요구하는 권리는 i) 사용자의 단체교섭응락의무의 인정을 구하는 구체적 교섭청구권의 행사단계와 ii) 그 전 단계인 단체교섭을 구하는 법적 지위를 확인하는 확인청구의 단계로 나누어 볼 수 있다. 위의 대법원 판결은 노동조합의 단체교섭요구권을 피보전(被保全)권리로 하여 사용자에 대한 단체교섭응락가처분을 인정하고 있으므로 노동조합의 교섭청구권이 사법(私法)상의 교섭청구권[2]으로서의 성질을 가지고 있음을 인용하는 판결이라고 볼 수 있다. 사법상의 교섭청구권이 인정되지 않는다면 노동조합은 사용자에 대하여 단체교섭에 응할 것을 구하는 법적 지위에 있음을 확인하는 확인청구 및 그 청구권을 피보전권리로 하는 가처분 청구를 인정하는데 그치게 될 것이다.[3]·[4]

1) 菅野, 「勞働法」, 863面 및 그곳에 인용된 판례 참고. 다만 단체교섭의 대상범위에 관해서는 일본과 우리나라의 학설·판례상 견해의 차이가 있는 것으로 생각된다.

2) 사법상의 교섭청구권에 관한 학설상의 논의에 관해서는 이준희, 「단체교섭법론」, 2017, 77면 이하, 398면 이하; 박종희, '협약자치의 견지에서 본 단체교섭응락가처분결정인용에 관한 비판적 고찰', 「안암법학」(제31호), 안암법학회, 2010 133면 이하; 하경효, '단체교섭거부에 대한 구제방법과 내용' 「민사법의 현대적 과제와 전망」(「서광민 박사 정년기념」, 2007 524면 이하 참고).

3) 일본에는 사법상의 단체교섭권 및 이를 피보전권리로 하는 교섭응락가처분을 부정하는 견해(菅野, 「勞働法」, 863面 이하; 荒木, 「勞働法」, 612面; 新聞之新聞社事件—東京高決昭50. 9. 25 民集26券5号 723面) 등)와 인정하는 견해(西谷, 「勞働組合法」, 318面 이하; 外尾, 「勞働団体法」, 298面 등)가 대립하고 있다. 구체적 교섭청구권의 인정을 부인하는 견해에 따르면 단체교섭 개최조건, 교섭당사자, 교섭의 성실성 등에 관한 구체적 분쟁은 단체교섭을 요구할 수 있는 지위, 즉 단체교섭의 기초적 권리·의무관계의 틀 안에서 생기는 상대적 유동적 분쟁에 지나지 않으므로 노동쟁의조정절차나 부당노동행위구제절차에 맡겨야 한다는 이유에서 사법(私法)상의 단체교섭권을 인정할 것은 아니라고 한다(菅野, 「勞働法」, 864面).

사용자의 단체교섭 거부행위에 대하여 법원이 가처분결정이나 불법행위의 성립을 인정하여 손해배상책임을 부과하는 것은 사용자에 대하여 단체교섭에 응할 것을 강제하는 의미를 가지는 것인데 계속적 인적 상호(相互)관계를 기본 바탕으로 하는 집단적 노사관계에서 단체교섭을 협조적으로 실현하는 적절한 수단이라고 생각되지 않는다. 부당노동행위에 대한 구제절차와 함께 형벌규정(노조및조정법 제90조)까지 마련되어 있는 현행법하에서 이에 더하여 가처분결정과 손해배상책임의 부과 등 사법(司法)구제절차를 활용하는 것은 법이론상 잘못된 것은 아니나 바람직한 구제방법이라고는 할 수 없다. 가처분결정은 교섭거부로 인하여 집단적 노사관계에서 불안정한 상태가 초래되어 노사관계의 정상적 기반이 훼손되는 등 노사자치를 크게 위협하거나 노사관계의 안전상태를 긴급히 회복할 필요가 있는 경우에 인용되어야 할 것으로 생각된다.[1)]

독일에서의 판례와 학설을 소개하면 다음과 같다. 독일은 우리나라와는 달리 헌법(기본법)에 단결할 자유(Koalitionsfreiheit: 실질적으로 단결권)을 보장하고 있을 뿐 단체교섭권을 직접 보장하고 있지 않다. 따라서 법률적 근거에서 교섭청구권이 인정된다면 그 전제적 요건은 무엇이며 교섭청구권의 내용은 어떻게 구성되어야 하는지에 관하여 학설상 논쟁이 분분한 상태이다. 판례는 지금까지 이에 대하여 가능한 근거조항의 제시를 완강히 거부하고 있으며 연방노동법원은 모든 관련 판결에서 현재에 이르기까지 사용자(=사용자단체)의 단체협약체결 교섭의무를 부정하여 왔다(최근의 판례로는 BAG 25. 9. 2013, BAGE 146, 133). 그러나 교섭당사자 사이에 이에 관한 약정이 있는 경우에는 구체적 협약교섭에 대한 청구권 또는 해당 단체협약의 체결에 대한 청구권(Anspruch auf konkrete Tanifverhandlungen oder auf Abschluss eines bestimmten Tarifvertrages)이 인정되고 있다. 교섭의무에 관한 약정은 기존 단체협약에서 또는 부가적 사전협정으로 정해 놓을 수 있다. 이러한 청구권은 원칙적으로 청구소송의 대상이 된다(BAG 25. 9. 2013, BAGE 146, 133. Wiedenmann/Thüsing, *TarifvertragsG(Kommentar)* §1 Rn. 200 참고). 지배적 학설에 따르면 사용자의 일반적 교섭의무는 이에 관한 협약규정 또는 부가적 협정의 존부와 관계없이 인정된다고 한다. 그 근거는 기본법(헌법)이 규정하고 있는 단결활동보장이라고 한다. 즉 기본법 제9조 3항은 단결목적의 효과적 추구를 위하여 필요한 수단의 보호를 널리 보장하고 있는데, 여기에는 단체협약의 체결과 그 전제가 되는 단체교섭이 속한다. 교섭청구는 집행이 가능하며(독일 민소법 제888조 1항), 교섭을 해야할 때가 지났는데도 협약교섭을 거부하면 가처분청구(독일 민소법 제935조, 제938조)를 할 수 있다. 교섭에 응할 내심의 의사는 강제할 수 없으므로 소의 청구는 교섭일시(日時)·교섭장소, 교섭의제(議題), 사용자의 주장과 노동조합의 주장 등 교섭에 관한 상황을 적시하여 구체화하여야 한다(Wiedemann/Thüsing, *TarifvertragsG(Kommentar)* §1 Rn. 203, 210 f. 참고).

4) 손해배상청구는 원활한 단체교섭관계를 장래에 대하여 수립하기 위한 절차가 아니고, 과거의 위법행위에 따른 보상조치이며 부차적 구제조치로서의 구실을 할 뿐이라는 견해가 있다(菅野, 「勞働法」, 865面). 이 견해는 사법상의 교섭청구권을 인정하지 않는다.

1) 독일에서는 위법한 쟁의행위의 경우에 법원은 쟁의행위중지 가처분결정을 내리고 있으나, 일부 학설은 이에 반대하거나, 또는 쟁의행위의 위법성이 명백하거나 상대방의 존립을 위협하는 경우에 인정되어야 한다고 한다. 단체교섭거부에 대한 가처분결정도 엄격한 요건하에서 행하여지는 것이 바람직하다(Hromadka/Maschmann, *Arbeitsrecht*, Bd. 2, §14 Rn. 197 ff. 참고).

제4절 단 체 협 약

[109] I. 총 설

1. 의 의

a) 근로자들은 노동조합의 단결력을 배경으로 사용자와 단체교섭을 행하고, 평화적인 교섭에 실패할 때에는 쟁의행위를 단행하여 그들의 임금 및 그 밖의 근로조건에 관한 주장의 관철을 도모하게 된다. 이와 같이 평화적인 교섭이나 투쟁적 쟁의행위를 거쳐서 얻어진 유리한 근로조건을 협약이라는 형태로 노동조합과 사용자가 서면화한 것이 단체협약이다. 따라서 단체협약의 체결은 노동조합의 단결력과 쟁의행위라는 투쟁력을 바탕으로 한 근로관계의 집단적 규율형식이다.[1] 이와 같은 단체협약의 기능을 근로조건 개선 기능이라고 한다.

b) 단체협약에 의하여 일정기간 동안 근로조건 등에 관하여 일정한 기준을 설정해 놓으면 그 기간 동안에는 노사간의 추가 분쟁을 회피할 수 있을 뿐만 아니라, 그 기준을 유지하기 위하여 노사는 서로 협약내용을 성실히 준수할 의무를 지게 된다. 이것이 단체협약의 질서적 기능이다.[2] 이 기간 동안 단체협약은 조합원의 근로조건의 안정을 유지하면서 노사간의 평화상태를 유지하는 기능(평화적 기능)을 발휘한다.[3]

c) 최근에 단체협약의 기능으로서 근로자의 보호 기능 이외에 기업주에 대한 카르텔(기업동맹) 기능을 지적하는 견해[4]가 있다. 단체협약은 적어도 그 유효기간 동안에는 임금 기타 대우에 관한 제반조건이 평화의무를 기초(경비 등의 지출의 예측가능성)로 고정되기 때문에 적어도 기업운영과 관련해서는 확실한 계산의 기초를 마련해 준다는 것이다. 따라서 근로조건의 평준화를 기할 수 있으며, 불필요한 경쟁을 방지할 수 있다. 그러나 이와 같은 카르텔 효과는 단체협약이 전국적 산별규모로 체결될 경우에 기대될 수

---

1) 단체협약의 의미는 무엇보다도 개별근로관계에 결여되어 있는 교섭력의 균형을 확보하는 데 있으며, 이때 그 교섭력의 균형은 국가의 간섭에 의하여 이루어져서는 안 된다. 노동조합과 사용자는 그들의 책임하에서 단체협약을 체결하여야 하고, 그 범위 내에서 국가는 중립의무(Neutralitätspflicht)를 준수해야 하며, 단체협약 체결을 위한 교섭과정에 대하여 영향력행사를 억제할 것이 요구된다(수동적 중립성). 또한 국가는 협약당사자들이 협약을 통하여 그들의 이익을 조정할 수 있도록 기본조건을 형성해 주어야 한다(형성적 중립성)(Birk 외(김형배 역), 「집단적 노사분쟁의 규율에 관한 법률」, 16-17면).

2) Preis, *KollektivArbR* Rn. 228.

3) Preis, *KollektivArbR* Rn. 227.

4) Löwisch/Caspers/Klumpp, *ArbR* Rn. 980 참고.

있는 것으로서, 우리나라에서와 같이 노동조합이 기업별로 조직된 상황에서는 높은 수준의 내용을 정한 단체협약이 기업 사이에서 오히려 근로조건의 상호적 자극을 유발하는 요인으로 작용할 수 있다. 따라서 이러한 점을 고려한다면 단체교섭이 지역별 내지 지역직종별 교섭으로 행하여질 필요성이 인정될 수도 있다.

2. 개 념

단체협약은 협약당사자인 노동조합과 사용자가 체결하는 서면상의 계약의 형식을 띠고 있으나(노조및조정법 제29조, 제31조 Ⅰ), 그 내용은 여러 가지 상이한 요소로 구성되어 있다. 따라서 단체협약은 노동조합과 사용자 또는 사용자단체가 근로조건 기타 노사관계에서 발생하는 사항에 관하여 체결하는 서면상의 협정이다.[1)]

단체협약은 단체협약체결능력(Tariffähigkeit)을 가진 당사자(노동조합, 사용자 또는 사용자단체)에 의하여 체결되어야 하고, 서면으로 작성되어야 하며 협약당사자들이 서명·날인하여야 하고, 조합원들의 근로조건 기타 대우에 관한 협정내용이 포함[2)]되어 있어야 한다. 이와 같은 표지(標識)들은 단체협약의 유효요건인 동시에 개념의 구성요소이다.[3)] 단체협약에는 임금, 근로시간 기타 근로자의 대우에 관한 사항, 조합원의 범위, 조합활동을 위한 절차와 요건, 인사·징계에 관한 사항, 교육훈련, 안전보건 및 재해보상, 단체교섭절차, 쟁의행위에 관한 사항 등이 포함된다.[4)] 이상의 내용들은 단체협약의 적용을 받는 조합원들의 「근로조건 기타 근로자의 대우에 관한 기준」에 대한 부분(규범적 부분), 협약당사자인 사용자와 노동조합 사이의 권리·의무를 규율하는 부분(채무적 부분) 및 경영 내의 여러 제도에 관한 부분(조직적 부분)으로 나눌 수 있고, 이 부분들은 각각 상이한 효력을 가진다.

3. 법적 성질

a) 단체협약은 이상에서 언급한 바와 같이 노동조합과 사용자가 단체교섭을 거쳐 체결되는 협정(계약)을 말한다.[5)] 단체협약은 협약당사자에 의하여 체결되는 계약의 형식

1) 大判 1992. 7. 24, 91 다 34073. 단체협약은 일종의 계약이므로 법률행위에 해당한다. 따라서 그 해석도 법률행위의 해석방법에 따라야 한다(大判 2005. 9. 9, 2003 두 896).

2) 大判 2014. 2. 13, 2011 다 86287; 大判 1996. 9. 20, 95 다 20454.

3) Wiedemann/Thüsing, *TarifvertragsG(Kommentar)* §1 Rn. 3.

4) 노동조합의 대표자와 사용자 사이에서 사용자가 해고된 근로자의 취업을 알선하기로 한 약정은 근로관계의 근로조건 기준에 관한 노사간의 교섭내용을 담고 있지 아니하므로 단체협약으로 볼 수 없다(大判 1996. 6. 28, 95 다 23415). Gamillscheg, *Kollektives ArbR*, Bd. Ⅰ, S. 482.

5) Waltermann, *ArbR* Rn. 535; Wiedemann/Thüsing, *TarifvertragsG(Kommentar)* §1 Rn. 1 ff.

을 취하고 있으나 그 주된 목적은 노동조합의 조합원인 근로자들의 근로조건(개별 근로자와 사용자 사이의 근로관계의 내용)을 집단적으로 규율하고 그 실현(이행)을 확보하는 데 있다. 그리고 노조및조정법(제33조)은 '근로조건 기타 근로자의 대우에 관한 기준'을 정한 단체협약의 규정에 대해서는 강행적(직률적) 효력을 부여하고 있다. 단체협약이 협약당사자에 의하여 체결되는 약정으로서 기본적으로 계약적 성질을 가지므로 협약 내의 규정이 협약당사자에 관한 사항(이른바 채무적 부분)이건, 조합원의 근로조건 등에 관한 사항(이른바 규범적 부분)이건 전체적으로 채무적 효력을 가지며,[1] 이에 더하여 법률은 근로자의 보호를 위하여 근로조건 등에 관한 사항에 대해서는 특별히 강행적 효력을 부여하고 있다.[2] 따라서 단체협약은 계약적 성질과 규범적 성질을 복합적으로 가지고 있다.[3]

b) 단체협약의 법적 성질에 관하여 학설[4]은 대체로 법규범설과 계약설로 크게 나누어진다.

1) **법규범설**(사회자주법설) 이 설은 단체협약이 사회규범으로서 내재적으로 법률과 같이 법원(法源)으로서 규범적 효력을 가진다는 비교적 오래된 학설(자주법설)이다.[5] 종래 일본에서는 사회자주법설이라는 이름으로 여러 가지 근거를 기초로 법규범설이 주장되었다. 단체협약은 사회규범으로서 관습법처럼 법규범성을 인정받을 수 있다거나, 협약체결 당사자의 법적 확신을 바탕으로 사회규범으로서 규범성을 가진다는 견해들이 주장되기도 하였다.[6] 우리나라에서도 사회적 자치규범설이 존재하였다. 이에 따르면 단체협약의 기준에 위반한 개개의 근로계약이 강행법규 위반의 경우와 같이 무효로 되는 것은 단체협약이 법규범과 같이 실질적으로 사회적 작용을 하기 때문이라고 한다.[7] 이 설은 단체협약의 법규범적 효력이 단체협약의 체결에 의하여 생성되거나 단체협약에 내재하는 것을 전제로 한다. 이 설에 의하면 노조및조정법 제33조는 단체협약이

참고.

1) 단체협약은 협약당사자(노동조합과 사용자) 사이에서 계약적 성질을 가지는 것이므로 채무적 부분은 물론 규범적 부분에 대하여 사용자가 이행을 하지 않는 경우에는 협약체결당사자인 노동조합에 대하여 — 상용자에 대한 조합원인 근로자의 이행청구와는 관계없이 — 실행의무위반으로 인한 채무불이행책임(채무적 효력)을 진다. 단체협약의 채무적 효력은 규범적 부분에 대하여도 발생한다(菅野, 「勞働法」, 875面; 西谷, 「勞働組合法」, 363面). 즉 사용자는 노동조합에 대하여 채무적 부분의 이행채무와 조합원들에 대한 규범적 부분의 이행채무인 실행(實行)채무를 노동조합에 대하여 부담한다.

2) 西谷, 「勞働組合法」, 328面 참고.

3) 同旨: 西谷, 「勞働組合法」, 328面 이하.

4) 단체협약의 법적 성질에 관한 비교법적 서술로는 Wiedemann/Thüsing, *TarifvertragsG(Kommentar)* §1 §32 ff. 참고.

5) Hromadk/Maschmann, *Arbeitsrecht*, Bd. 2, §13 Rn. 11 참고.

6) 西谷, 「勞働組合法」, 326面; 菅野, 「勞働法」, 868面 참고.

7) 심태식, 「개론」, 169면.

스스로 가지고 있는 규범적 효력을 주의적으로 확인하는 데 지나지 않는 것이 된다.[1)]

2) **계약설**(수권설: 授權說) 이 설에 따르면 단체협약은 노동조합과 사용자(또는 사용자단체) 사이의 계약으로 이루어지지만, 노조및조정법(제33조)은 '단체협약에 정한 근로조건 기타 근로자의 대우에 관한 기준'에 대해서 근로자의 보호와 노사관계의 안정을 위하여 규범적 효력(개개의 근로계약관계를 직접 규율하는 법적 효력)을 부여하고 있다고 한다.

즉 이 설은, 노조및조정법이 정책적으로 협약당사자에게 법규범설정권한을 수권(授權)한 것이므로, 「수권설」이라고도 불린다.[2)] 따라서 노조및조정법 제33조는 단체협약의 규범적 효력을 창설하는 규정이라고 한다.

단체협약은 협약체결 당사자의 의사(의도)에 따라 그 성립여부가 결정되고, 협약내용이 해석되어야 하므로 그런 점에서 계약적 성질을 가진다고 한다.[3)]

3) **집단적 규범**(기준) **계약설** 단체협약은 협약당사자 사이의 계약이므로 그 협약 내용은 협약당사자인 노동조합과 사용자에게 효력이 미치는 것은 당연하다. 그 합의 내용이 협약 당사자 사이의 권리·의무에 관한 사항이건 조합원의 근로조건에 관한 사항이건 협약당사자는 그 내용을 준수해야 할 채무를 부담한다(계약으로서의 기본적 효력). 그러나 협약당사자가 단체협약을 체결하는 주된 목적은 조합원(근로자)들의 근로조건 등을 직접 규율하는 데 있으며, 조합원들은 협약당사자들이 약정한 기준에 따르는 것을 전제로 하고 있다. 전자의 채무적 효력 관계(협약체결 당사자 간의 채무적 관계)는 계약법적으로 이해될 수 있으므로 별 문제가 없다. 후자의 효력관계, 즉, 단체협약이 협약당사자가 아닌 다수의 근로자(조합원)들에게 기준적(규범적) 효력을 미치는 관계는 단순한 당사자 간의 계약이론을 가지고는 설명될 수 없고, 적어도 두 단계로 나누어 고찰되지 않으면 안 된다.

첫째는 개개 근로자가 자발적으로 노동조합에 가입하여 그의 근로관계의 규율을 노동조합에 위임함으로써 노동조합은 조합에 가입한 조합원들을 대표하여 근로조건 기타 대우에 관한 사항을 사용자와 교섭하고 단체협약을 체결할 수 있는 권한을 가지게 된다(노조및조정법 제29조 Ⅰ).[4)] 따라서 단체협약은 단체(노동조합) 구성원들의 (집단적) 의

1) 일본에는 헌법이 단결권과 단체교섭권을 보장한 이상 노사가 자주적으로 형성한 사회규범으로서의 단체협약에 대하여 법규범성을 인정하는 것은 당연하다는 견해가 있다(盛誠吾, 「勞働法總論·勞使關係法」, 2002, 325面; 外尾, 「勞働団体法」, 583面.

2) 김유성, 「노동법 Ⅱ」, 159면; 임종률, 「노동법」, 154면; 菅野, 「勞働法」, 869面 이하.

3) 菅野, 「勞働法」, 869面.

4) 大判 2014. 4. 24, 2010 다 24534.

사(노조및조정법 제16조 I ③ 참조)를 수용하여 체결된다는 점에서 집단적 계약이며, 또한 단체협약이 단체구성원들에게 공통적으로 적용된다는 점에서 기준적 효력을 가진다. 노동조합은 사용자에 대하여 노동조합의 구성원인 조합원들에게 단체협약에 정한 근로조건 등을 준수·이행할 것을 요구(청구)할 수 있으며, 조합원들도 단체협약이 정한 기준의 이행을 직접 사용자에게 청구할 수 있다.[1] 이와 같이 노동조합이 근로자들의 집단적 의사를 기초로 단체협약을 체결함으로써 근로관계를 집단적으로 규율하도록 하는 것은 근로자 개인의 개별적 계약자유가 사실상 형해화(形骸化)되어 있는 노사관계의 현실을 집단적 차원에서 극복·개선하기 위한 것이다.[2] 그러므로 단체협약은 개별적 근로계약관계에 대하여 우위성(優位性)[3]과 기준력을 가진다고 보아야 한다.

둘째로 단체협약의 우위성이 사적자치의 차원에서뿐 아니라 대외적으로 법률적 차원에서 규범적 구속력을 확보하기 위해서는 법률에 의하여 강행적(직률적) 효력이 부여되어야 한다.[4] 노조및조정법 제33조는 '근로조건 기타 근로자의 대우에 관한 기준'에 대하여 강행적 효력을 부여 내지 승인한 규정이다.[5] 따라서 근로조건 기타 근로자의 대우에 관한 단체협약의 부분은 협약당사자 사이에서 채무적 효력(노동조합이 사용자에게 조합원들에게 이행할 것을 구할 수 있는 효력)을 가질 뿐 아니라 객관적 규범(법률)과 같은 강행적 효력(근로조건 등에 관한 기준에 위반하는 취업규칙과 근로계약의 효력을 무효로 하는 효력)을 가진다. 단체협약은 단체구성원들의 의사를 기초로 한다는 점에서 집단적 계약이며 취업규칙과 근로계약에 대해서 강행적(직률적)효력을 가진다는 점에서 집단적 규범 계약이다.

'근로조건 기타 근로자의 대우'는 그 내용과 범위가 객관적으로 해석되어야 하고 협약당사자의 의사에 따라 확대 또는 축소되어서는 안 될 것이다. 수권설에 따르면 협약당사자가 법규범을 설정할 수 있는 권한을 가진다고 하지만 근로조건 기타 대우에 관한 법률적 개념을 확대 또는 축소할 수 있는 권한을 가지고 있지는 않다. 따라서 협약규정의 문리(文理)에 충실하게 해석되어야 하고, 협약체결 당사자의 진정한 의사는 협약규정에 표현되어 있는 경우에 참작될 수 있다.[6]

---

1) 사적자치에 의한 단체법적 위임설에 관해서는 Wiedemann/Thüsing, *TarifvertragsG(Kommentar)* §1 Rn. 46 ff. 참고.
2) Löwisch/Rieble, *TarifvertragsG(Kommentar)* Grundl. §1 Rn. 1 ff., 92 ff., 107 ff.
3) 同旨: 西谷, 「勞働組合法」, 328面 이하.
4) 저자의 기존의 견해를 부분적으로 보완한다.
5) Wiedemann/Thüsing, *TarifvertragsG(Kommentar)* §1 Rn. 43, 985 ff. 참고.
6) 단체협약의 해석에 관한 판례의 태도에 관하여는 [111] 6. (1) 참고. Wiedemann/Wank, *TarifvertragsG (Kommentar)* §1 Rn. 969 참고.

《협약자치와 단체협약》

단체협약은 노동조합과 사용자가 자주적으로 노사 사이의 관계를 규율하는 협약자치(Tarifautonomie)의 산물이라고 볼 수 있다. 협약자치의 목적은 근로계약관계에서 근로자와 사용자 사이의 힘(교섭력)의 불균형을 보상하는 데 있으므로 이에 대한 법적 장치는 교섭력의 균형을 확보하는 데 있다. 따라서 단체협약법은 충분한 자력(自力)을 갖춘 단체(노동조합)에 대해서만 단체협약을 체결할 수 있도록 하는 것이 마땅하다. 이와 같은 협약자치는 헌법 제33조 1항에 의하여 제도적으로 보장되고 있지만[1] 기본적으로 사적자치의 한 영역이므로 역사적 사회적 관점에서는 근로자들과 협약당사자들의 자발적 의사를 기초로 하는 제도적 장치라고 할 수 있다.[2] 법률을 중심으로 단체협약의 성질을 이해할 때에는 협약자치의 근거는 헌법 제33조 1항이고, 협약자치의 과제영역과 효과는 헌법 제33조 1항과 노조및조정법의 해당조항들에 의하여 정해진다.[3] 그러므로 노동조합과 사용자에 의한 협약자치는 헌법과 노조및조정법의 취지 및 기본원칙에 반하지 않는 한 근로조건의 유지·개선과 근로자의 경제적·사회적 지위의 향상을 위한 범위 안에서 허용된다. 협약자치의 핵심적 과제는 협약당사자들이 노동조합의 구성원인 근로자들의 대우에 관한 기준을 정하는 데 있다. 이러한 기준은 강행적 효력(이 기준에 미달하는 취업규칙 또는 단체협약의 부분을 무효로 하는 효력: 노조및조정법 제33조 Ⅰ)과 보충적 효력(근로계약에 규정되지 아니한 사항 또는 강행적 효력에 의하여 무효로 된 부분을 채우는 효력: 제33조 Ⅱ)을 가진다. 단체협약의 법적성질을 기본적으로 계약으로 보는 계약설 중에는 노조및조정법(국가)이 협약당사자에게 법규범 설정권한을 부여하고 있으므로 계약설을 수권설(授權說)로 부르기도 한다.[4] 그러나 국가가 사법상의 근로관계 내지 노사관계를 규율할 목적으로 사법상의 주체인 협약당사자에게 국가의 고유권한인 법규범 설정권한을 수권한다는 것은 있을 수 없다.[5] 단체협약의 「기준」은 국가수권에 의하여 설정된 법규범은 아니며, 사법상의 준칙에 지나지 않는다. 다시 말하면, 노조및조정법 제33조는 근로조건 등에 관한 「기준」에 대하여 강행적 효력을 승인하는 규정으로 보아야 한다. 노조및조정법에 의하여 단체협약 규정에 대해서 기준적 효력(강행적·보충적)이 부여된다고 하여 단체협약의 자율적·집단적 계약으로서의 성질이 달라지는 것은 아니다.[6] 단체협약은 협약당사자인 노동조합과 사용자 상호 간에 효력을 미치는 권리·의무관계를 규율하는 것을 목적으로 하는 계약이 아니다. 단체협약의 주된 목적은 협약당사

1) 憲載 1998. 2. 27, 94 헌바 13·26, 95 헌바 44(병합).
2) Zöllner/Loritz/Hergenröder, *ArbR* §36 Rn. 22 f. 참고.
3) Watermann, *ArbR* Rn. 635 ff.
4) 菅野, 「勞働法」, 869面; 또한 임종률, 「노동법」, 154면.
5) Dütz/Thüsing, *ArbR* Rn. 560a; Zöllner/Loritz/Hergenröder, *ArbR* §36 Rn. 24; 異見: Watermann, *ArbR* Rn. 544 ff. 참고.
6) Löwisch/Rieble, *TarifvertragsG(Kommentar)* Grundl. Rn. 30 f.

자인 노동조합의 구성원들(조합원들)과 사용자 사이의 근로계약관계에 효력을 미치는 '근로조건 기타 근로자의 대우에 관한 기준'을 정하는 것이다. 이러한 기준의 설정은 협약당사자의 집단적 규율의사를 근거로 하는 것이고 노조및조정법 제33조는 이러한 기준규정에 대하여 규범적 효력(직률적 효력)을 부여하고 있을 뿐이다(승인설). 따라서 협약당사자들은 협약자치를 기초로 규범적 효력을 가지게 되는 기준을 설정할 수 있는 권한을 가진다.

[110] Ⅱ. 단체협약의 성립

1. 협약당사자

단체협약을 체결할 수 있는 법률상의 능력을 협약체결능력(Tariffähigkeit)이라 하고, 이러한 능력을 가진 당사자를 단체협약의 당사자라고 한다.[1] 그러나 단체협약의 체결에 있어서는 일반적인 계약체결의 경우와 같이 자연인 또는 법인이 모두 그 당사자가 될 수 있는 것은 아니다. 노조및조정법에 의하면 노동조합과 사용자 또는 사용자단체만이 단체협약의 당사자가 될 수 있다(제29조 Ⅰ). 단체협약은 집단적 성격을 가지기 때문에 개인근로자인 조합원은 단체협약의 당사자가 될 수 없다. 노동조합이 단체협약체결능력을 갖기 위해서는 노조및조정법 제2조 4호의 노동조합의 개념에 적합한 단체로서 사단으로서의 조직성을 갖추어야 하므로, 일시적 집단이나 쟁의단은 단체협약의 당사자가 될 수 없다([107] 1. (1) 참고).[2] 그리고 노동조합이 단체협약을 체결하기 위해서는 반드시 법인격을 취득할 필요가 없음은 이상([101] 4. 참고)에서 설명한 바와 같다.[3] 교섭대표노동조합도 협약당사자가 된다(제29조 Ⅱ).

1) 大判 1996. 6. 28, 94 다 49847 참고.

2) 미조직근로자가 일시적으로 단결하여 사단조직을 갖추지 않은 채 단체교섭을 하여 협약을 체결한 경우 이 협정은 단체협약으로 인정되지는 않는다. 다만 이러한 쟁의단의 협정도 직장협정의 경우와 같이 개개 근로자를 대리하여 일괄 체결된 근로계약으로서의 법적 효력을 가지는 것으로 볼 수는 있다고 한다(菅野, 「勞働法」, 871面; 西谷, 「勞働組合法」, 332面).

3) 학교법인과 노동조합 사이의 단체협약체결에 있어서는 대학교 총장이 아니라 학교법인 대표자가 체결당사자이다(大判 1997. 1. 21, 95 다 24821). 「단체협약의 사용자측 당사자는 "사용자 또는 그 단체"이고, 그중 "사용자"라 함은 개인기업인 경우에는 그 기업주 개인, 법인 내지 회사기업인 경우에는 그 법인 내지 회사를 의미한다고 할 것이나 구체적인 단체교섭의 당사자는 경영담당자 또는 사용자의 이익대표가 되는 경우가 많으며, 이들이 사용자의 위임에 의하여 단체교섭을 진행한 후 사용자가 단체협약서에 서명 또는 날인함으로써 단체협약이 체결된 경우에도 그 단체협약은 유효하게 성립한다고 할 것이다」(大判 2002. 8. 27, 2001 다 79457).

2. 단체협약의 방식(요식)

a) 단체협약은 반드시 서면으로 작성하여 당사자 쌍방이 서명 또는 날인(捺印)하여야 한다(노조및조정법 제31조 Ⅰ).[1] 서면에 의하지 않은 단체협약은 아무 효력이 없다. 단체협약의 체결을 요식행위로 한 취지는 노사 사이의 제반관계를 규율한 단체협약은 규범계약으로서의 성질을 가지므로, 그 내용을 명확히 함으로써 후일에 분쟁이 생길 것을 방지하기 위한 것이다.[2] 「합의서」 또는 「임금협정」 등의 제목을 붙이더라도 단체협약으로서의 효력에는 아무 영향을 주지 않는다.[3] 그러므로 협약당사자는 그들의 최종적 합의 내용을 서면화하고, 특히 규범적 부분(근로조건에 관한 부분)에 관해서는 그 합의내용을 객관적으로 명확히 표시하여 해석상의 다툼이 생기지 않도록 하여야 할 것이다.

b) 요식행위(노조및조정법 제31조 Ⅰ 참조)를 갖추지 않은 단체협약의 효력에 관하여는 견해가 갈려 있다. 첫째 견해에 의하면 단체협약 작성의 요식행위를 법이 정한 것은 정책적인 배려에 의한 것이기 때문에 이러한 요식을 따르지 않은 단체협약이더라도 그 본래적 효력인 규범적 효력은 인정되어야 하고, 다만 정책적 제도인 단체협약의 효력확장(노조및조정법 제35조, 제36조)은 부인된다고 한다.[4] 둘째 견해는 노조및조정법 제31조가 정한 요식행위가 단체협약의 효력발생요건이라고 함으로써 이 요식에 따르지 않은 단체협약은 아무 효력이 없다고 한다.[5] 단체협약의 효력이 노조및조정법에 의하여 창설

---

1) 2006년 12월 30일의 법 개정 전에는 서명·날인하여야 한다고 규정하고 있었다. 2006년 전의 판례로서, 단체협약의 진정성과 명확성을 확보할 수 있는 것이면 기명·날인도 서명·날인과 같은 것으로 본 판례: 大判 2002. 8. 27, 2001 다 79457(원심: 光州高判 2001. 10. 31, 2000 나 5076); 서명·무인(署名·拇印)도 무방하다는 결정: 大決 1995. 3. 10, 94 마 605; 기명·서명한 단체협약도 유효하다는 판례: 大判 2005. 3. 11, 2003 다 27429(서명·날인 절차를 거치도록 한 것은 체결당사자와 그들의 의사를 확인함으로써 협약의 진정성을 확보하고자 하는 것으로서, 기명 옆에 서명만 하였다 하더라도 이를 무효라 할 수 없다). 노사 일방의 기명날인이 빠져있는 경우(기본적으로 계약적 효력을 가진) 단체협약으로서의 효력을 부인한 사례(大判 2001. 1. 19, 99 다 72422).

2) 정식의 단체교섭절차가 아닌 노사협의회의 협의를 거쳐 성립된 합의사항을 서면으로 작성하여 노동조합과 사용자 쌍방의 대표자가 서명·날인한 경우, 단체협약으로 볼 수 있는지 여부(적극): 「단체협약은 노동조합이 사용자 또는 사용자단체와 근로조건 기타 노사관계에서 발생하는 사항에 관한 협정(합의)을 문서로 작성하여 당사자 쌍방이 서명·날인함으로써 성립하는 것이고, 그 협정(합의)이 반드시 정식의 단체교섭절차를 거쳐서 이루어져야만 하는 것은 아니라고 할 것이므로 노동조합과 사용자 사이에 근로조건 기타 노사관계에 관한 합의가 노사협의회의 협의를 거쳐서 성립되었더라도, 당사자 쌍방이 이를 단체협약으로 할 의사로 문서로 작성하여 당사자 쌍방의 대표자가 각 노동조합과 사용자를 대표하여 서명·날인하는 등으로 단체협약의 실질적·형식적 요건을 갖추었다면 이는 단체협약이라고 보아야 할 것이다」(大判 2005. 3. 11, 2003 다 27429).

3) 菅野, 「勞働法」, 873面.

4) 이병태, 「노동법」, 235면; 石井, 「勞働法」, 432面.

5) 大判 2001. 5. 29, 2001 다 15422·15439(노조및조정법 제31조 1항이 단체협약은 서면으로 작성하

되는 것은 아니라 하더라도 단체협약의 보호적 내지 규범적 기능과 안정적 기능을 고려할 때 후설이 타당하다고 생각된다.[1] 단체협약은 노동조합과 그 상대방인 개인사용자, 회사로서의 법인 또는 사용자단체 사이에 체결되는 것이므로 단체협약서에는 노동조합 및 협약체결권자인 사용자와 대표자, 회사법인 및 대표자 또는 사용자단체 및 대표자가 서명 또는 날인하여야 한다. 사용자가 합리적 이유 없이 합의내용의 서면화를 거부하면 부당노동행위로서 문제될 수 있다.[2]

c) 단체협약의 당사자는 단체협약의 체결일로부터 15일 이내에 이를 행정관청에 당사자 쌍방의 연명으로 신고하여야 한다(노조및조정법 제31조 Ⅱ; 시령 제15조).[3] 그러나

여 당사자 쌍방이 서명·날인 하여야 한다고 규정하고 있는 취지는 단체협약의 내용을 명확히 함으로써 장래 그 내용을 둘러싼 분쟁을 방지하고 아울러 체결당사자 및 그의 최종적 의사를 확인함으로써 단체협약의 진정성을 확보하기 위한 것이므로, 그 방식을 갖추지 아니하는 경우 단체협약은 효력을 가질 수 없다고 할 것인바, 강행규정인 위 규정에 위반된 단체협약의 무효를 주장하는 것이 신의칙에 위배되는 권리의 행사라는 이유로 이를 배척한다면 위와 같은 입법 취지를 완전히 몰각시키는 결과가 될 것이므로 특별한 사정이 없는 한 그러한 주장이 신의칙에 위반된다고 볼 수 없다고 보아야 할 것이다); 大判 2001. 1. 19, 99 다 72422; 심태식, 「개론」, 179면; 박상필, 「노동법」, 442면; 김유성, 「노동법 Ⅱ」, 164면(채무적 효력은 부인되지 않는다고 한다); 박홍규, 「노동단체법」, 273면; 菅野, 「勞働法」, 873面(구두에 의한 합의나, 서명 또는 기명·날인이 없는 서면에 의한 합의는 합의내용이 명확하더라도 단체협약이라고 할 수 없다). 협약당사자의 합의가 문서화되지 않은 경우이거나, 협약서에 서명 또는 날인이 없는 경우에는 단체협약의 규범적 효력은 부정될 수밖에 없다. 규범적 효력은 노조및조정법 제33조에 의하여 단체협약에 주어지는 것이므로 법 제31조의 요건을 갖추지 않은 합의는 「근로조건 기타 근로자의 대우에 관한」 규범적 효력을 가질 수 없을 뿐 아니라 법 제35조 및 제36조가 정한 일반적·지역적 구속력의 기초가 되는 규범적 효력을 가질 수 없다고 보아야 한다. 이와 같이 단체협약이 규범적 효력을 가지고 성립하면 조합원의 근로조건에 대해서 뿐 아니라 비조합원의 근로조건에 대해서도 중요한 영향을 미치게 되므로 협약당사자는 신중을 기하며 사후적인 분쟁을 예방·회피할 수 있도록 협약 내용을 객관적으로 서면화하고 서명 또는 날인하도록 하는 것이 필요하다. 이와 같이 해석하는 것이 단체협약의 규범적 효력의 발생요건을 현행법에 부합하도록 해석하는 합리적 태도라고 생각한다. 다만 법 제31조의 요건을 갖추지 않은 협약상의 합의라 하더라도 노동조합과 사용자 사이의 계약의 성질을 가지고 있으므로 조합원에 대한 규범적 효력은 인정될 수 없으나 협약 당사자 사이의 채무적 효력은 부정될 수 없다. 따라서 사용자는 노동조합에 대하여 실행의무를 부담하고, 노동조합은 사용자에 대하여 이행청구, 확인청구를 할 수 있다고 보아야 한다(同旨: 西谷, 「勞働組合法」, 339面 이하).

1) 단체협약에 서명 또는 날인 대신 서명 또는 무인을 한 경우에도 효력이 부인되지 않는다(大決 1995. 3. 10, 94 마 605). 이 판례의 취지를 서명 또는 날인이 흠결된 단체협약의 효력을 인정한 것이라고 보는 견해도 있으나(이병태, 「노동법」, 235면), 우리나라의 일반적 관행을 고려하여 날인 대신에 무인을 하더라도 날인과 동등한 효력을 갖는다는 것이지, 서명 또는 날인이 흠결된 단체협약의 효력을 인정한 것으로 볼 수는 없다. 최종적 의사를 확인함으로써 단체협약의 진정성을 확보할 수 있는 경우이면 기명 옆에 서명만 하였더라도 이를 무효라고 볼 수는 없다(大判 2005. 3. 11, 2003 다 27429).

2) 菅野, 「勞働法」, 873面.

3) 단체협약신고 시 사본을 원본에 갈음하여 또는 사본 그 자체를 원본으로 제출할 수도 있다(大判

행정관청에 대한 신고가 단체협약의 효력요건은 아니다.[1)]

d) 행정관청은 단체협약의 내용 중에 위법한 내용이 있는 경우에는 노동위원회의 의결을 얻어 그 시정을 명할 수 있다(노조및조정법 제31조 Ⅲ). 노조및조정법 '제31조 3항의 규정에 의한 명령에 위반한 자'는 500만원 이하의 벌금에 처할 수 있다(제93조 ②). 헌법재판소는 동 법률조항이 죄형법정주의에 위반되는지 여부에 대하여 부정적 태도를 취하고 있다.[2)] 그러나 단체협약은 노사의 자치에 의하여 이루어지는 것이므로 협약의 내용 중에 위법·부당한 내용이 있을 때에는 협약당사자들이 이를 스스로 시정하거나 무효·취소를 주장할 수 있는데, 구태여 행정관청에 대하여 시정명령권을 주는 것은 별 의미가 없는 것으로 생각된다.[3)]

e) 노동조합의 쟁의행위는 헌법상 보장된 근로자들의 단체행동권의 행사로서 노조및조정법에 의하여 그 정당성이 인정되는 범위 내에서 보호받고 있는 것이므로(제37조 이하 참조) 단체협약이 노동조합의 쟁의행위 끝에 체결되었고 사용자측의 경영상태에 비추어 그 내용이 다소 합리성을 결하였다고 하더라도 그러한 사정만으로 이를 궁박한 상태에서 이루어진 불공정한 법률행위(민법 제104조)에 해당한다고 할 수 없다.[4)]

[111] Ⅲ. 단체협약의 효력

1. 서 설

단체협약도 단체협약 당사자(노동조합과 사용자 또는 사용자단체) 사이에서 이루어지는 계약이라는 점에서 계약법의 일반 원칙인 계약성실의무가 협약당사자에게도 적용된다. 그러므로 협약당사자들은 상대방에게 협약의 내용을 성실하게 이행하여야 할 의무를 부담한다. 그런데 단체협약의 (주된) 목적은 조합원들의 근로관계를 규율하는 데 있으며, 근로조건을 정한 부분은 노조및조정법(제33조)에 의하여 규범적 효력을 가진다는 특성을 지니고 있다. 이때 규범적 효력이란 단체협약에 정한 근로조건 기타 근로자의 대우에 관한 기준(규범적부분)에 미치지 못하는 취업규칙 또는 근로계약의 부분을 무효로 하는 효력을 말한다. 따라서 단체협약 당사자들은 한편으로는 이와 같은 규범적 효력

2002. 8. 27, 2001 다 79457. 민사소송법 제355조 Ⅰ 참조).

1) 同旨: 심태식, 「개론」, 178면; 박상필, 「노동법」, 439면; 김유성, 「노동법 Ⅱ」, 164면; 노동법실무연구회, 「노동조합및노동관계조정법 주해 Ⅱ」(마은혁), 53면.

2) 憲裁 2012. 8. 23, 2011 헌가 22.

3) 憲裁 2012. 8. 23, 2011 헌가 22의 반대의견 참고.

4) 大判 2007. 12. 14, 2007 다 18584.

을 가지게 되는 규정을 설정하는 권능을 가지고 있으면서, 다른 한편으로는 규범적 부분이 제대로 실행될 수 있도록 성실한 노력을 다할 의무를 부담한다(특히 사용자는 조합원들에게 규범적 부분(근로조건을 정한 부분)을 성실히 이행할 의무를 부담한다. 따라서 사용자는 규범적 부분에 관하여 노동조합에 대해서 조합원들에게 성실한 이행을 할 협약상의 의무와 함께 조합원들에게는 직접 규범적 부분을 실행할 의무를 진다). 즉 단체협약 당사자들은 규범적 부분의 실현이 방해받지 않고 제대로 이행될 수 있도록 성실한 노력을 다할 채무를 부담한다. 다시 말하면 협약당사자들은 단체협약이라는 계약에 내재하는 평화의무와 실행의무를 부담한다. 이와 같은 효력을 협약당사자에 대한 내재적·채무적 효력이라 할 수 있다. 그리고 협약당사자들은 그들 상호 간에 준수해야 할 단체교섭의 절차, 쟁의행위에 관한 제반 사항, 그 밖에 노사관계에 관한 사항에 관하여 규율할 수 있다. 이러한 규정들이 일반적인 계약과 마찬가지로 협약당사자에게 채무적 효력을 발생케 하는 것은 당연한 이치이다. 이 부분을 규범적 부분과 구분하여 채무적 부분으로 이해하는 것이 보통이다.

그러므로 단체협약의 효력은 규범적 부분이 가지는 규범적 효력, 규범적 부분을 제대로 유지하기 위하여 협약당사자에게 협약상 내재적으로 발생하는 평화의무 및 실행의무와 같은 채무적 효력, 그리고 협약당사자 상호 간에 규범적 부분과는 별도로 약정한 제반 사항을 준수할 채무적 효력으로 구분하여 이해할 수 있다. 따라서 단체협약은 규범계약인 동시에 채권계약이다.[1]

이 책에서는 이 외에 조직적 부분의 특수성을 인정하여 이를 독립된 항에서 설명한다.

2. 규범적 부분과 그 효력

(1) 규범적 부분

단체협약 내에 「근로조건 기타 근로자의 대우에 관하여 정한 부분」을 이른바 규범적 부분이라고 한다(노조및조정법 제33조 I 참조). 노조및조정법 제33조 1항은 「기준」(근로조건 기타 근로자의대우에 관한 '기준')이라는 용어를 사용하고 있는데 이는 근로조건 기타 근로자의 대우에 관한 규정들이 구체적 준칙으로서 규범적 효력을 가진다는 뜻으

1) 정부가 예산의 범위 안에서 출연하고 결산서에 대하여 승인을 하며 정부가 추천한 이사가 함께 참여하는 이사회가 사업계획 및 예산·결산 등 중요한 사항을 심의·의결하도록 되어 있는 학교법인 한국기술교육원이 노동조합과 임금피크제의 도입을 단체협약으로 정하였다 하더라도 이는 필연적으로 인사규정의 변경과 예산 및 신규 고용 규모 등의 변경을 수반하는 것이어서 그 내용 확정이나 이행을 위해서는 이사회의 의결이 있어야 하므로 이사회 의결을 거치지 않은 단체협약의 내용은 교육원이나 교육원 직원에게 효력을 미치지 않는다(大判 2016. 1. 14, 2012 다 96885).

로 사용된 것으로 해석된다.[1] 구체적인 예를 들면 임금액, 임금지급방법, 근로시간, 유급휴일, 유급휴가, 상여금지급, 경조금지급 및 기타 후생에 관한 협정, 안전보건, 직장환경, 교육훈련, 복리후생, 재해보상의 종류 및 그 산정, 누진퇴직금 지급협정, 승급, 전직, 전적, 정년제에 관한 협정 등은 이에 속한다. 이 이외에 근로조건과 직접적 관련이 있는 복무규율·징계·휴직·해고(근기법 제23조 이하의 규정에 반하지 않는 한) 등도 규범적 부분에 속한다. 그러나 근로계약성립 전의 「채용」에 관한 협약규정은 규범적 효력을 가질 수 없다. 규범적 부분은 그 적용대상인 개별적 근로계약관계를 전제로 하기 때문이다.

근로조건에 관한 「기준」의 의미와 범위는 협약자치의 기능과 범위에 비추어 계약자유의 실질적 회복이라는 관점에서 신축적으로 해석되어야 한다. 기준적 효력을 가지는 단체협약 규정은 강행적 직률적(直律的) 효력을 가지므로 이 기준에 위반하는 취업규칙 또는 근로계약의 부분은 무효이다(노조및조정법 제33조 Ⅰ). 또한 단체협약은 근로조건 그 밖의 근로자의 대우를 개선하는 것을 목적으로 하므로 노조및조정법은 근로계약에 규정되지 아니한 사항 또는 단체협약 규정에 의하여 무효로 된 부분을 단체협약에 정한 기준에 의하여 보충하도록 규정하고 있다(제33조 Ⅱ).

단체협약의 규범적 부분은 근로조건의 개선을 목적으로 하는 단체협약의 핵심적 기능을 실현하는 개념본질적 부분이기 때문에 규범적 부분을 전제로 하지 않는 협정은 단체협약이라고 할 수 없다.[2]

(2) 규범적 효력

규범적 부분은 개별적 근로관계에 대하여 강행적·직접적(보충적), 그리고 자동적으로 적용된다.[3] 독일의 학자들은 특히 강행적(zwingend)·직접적(unmittelbar)(보충적) 효력을 가리켜 직률적 효력(Unabdingbarkeit)이라고 한다(제33조 Ⅰ·Ⅱ 참조). 이에 대하여 분설하기로 한다.[4]

a) 강행적 효력 강행적 효력이란 근로조건 기타 근로자의 대우에 관한 단체협약의 기준에 위반하는 취업규칙 또는 근로계약의 부분을 무효로 하는 효력이다(노조및조

1) 「기준」의 의미에 관한 해석론에 관해서는 菅野, 「勞働法」, 881面 이하; 西谷, 「勞働組合法」, 346面 이하 참고.

2) 大判 1996. 6. 28, 95 다 23415. Zöllner/Loritz/Hergenröder, ArbR §36 Rn. 5; 異見: Wiedemann/Thüsing, *TarifvertragsG(Kommentar)* §1 Rn. 9(규범설정 자체가 개념본질적 요소가 아니라는 견해).

3) 단체협약의 규범적 효력은 협약체결 당사자인 노동조합의 구성원인 조합원(근로자)과 그 상대방 당사자인 사용자 또는 사용자단체의 구성원인 사용자 사이의 개별적 근로계약상의 권리·의무관계를 그 규율대상으로 한다(大判 1996. 6. 28, 94 다 49847).

4) Junker, *Grundkurs ArbR* Rn. 545.

정법 제33조 Ⅰ). 원칙적으로 규범적 부분의 모든 조항은 강행적 효력을 갖는다.1) 이와 같이 단체협약이 개별적 근로조건에 대하여 가지는 기준적 효력은 다음에서 설명하는 직접적 효력과 함께 단체협약제도를 인정하는 데서 오는 본래적인 효력이고, 노조및조정법 제33조는 이에 더하여 대외적으로 규범적 구속력을 확보하기 위하여 강행적(직률적) 효력을 부여 내지 승인한 규정이다([109] 3. b) 3) 참고).

그러나 단체협약의 강행적 효력에 의하여 개별적 근로계약의 일부가 무효로 되었다고 하여 근로계약 당사자는 계약 전부를 무효로 할 수는 없다. 근로계약 당사자들은 무효가 된 부분이 없었더라면 계약을 체결하지 않았을 것이라는 것을 주장할 수 없다. 따라서 민법 제137조 본문은 여기에 적용되지 않는다. 단체협약의 강행적 효력은 단체협약 규정의 내용에 어긋나는 계약상의 약정이나 규정을 허용하지 않는다는 것을 의미한다. 다만 근로자에게 유리한 내용을 정한 약정이나 규정은 그러하지 아니하다(근기법 제96조 참조; [111] 2. (3); [16] 3. (2) 참고). 그런 의미에서 단체협약의 규범적 부분은 근로조건 그 밖의 근로자의 대우에 관하여 최저기준을 정한 것으로 볼 수 있다(근기법 제3조 비교 참조).2)

단체협약이 강행적 효력을 미치는 경우로는 첫째 존속중인 근로계약이 협약위반의 약정내용(권리·의무)을 정하고 있을 때, 둘째 근로계약이 단체협약에 위반하는 약정내용을 가지고 성립한 때, 셋째 존속중의 근로계약을 단체협약에 위반하여 변경한 때 그리고 넷째 법률에 반하는 탈법행위에 의하여 단체협약의 강행적 효력을 회피하려는 약정을 한 때이다.3) 전형적인 탈법행위는 주로 단체협약상의 임금지급을 회피하려고 하는 데서 찾아볼 수 있는데, 예를 들면 실질적으로 정규근로자의 작업을 시키면서 형식적으로는 견습근로자 또는 수습근로자로 채용하는 경우가 이에 해당된다. 이때에는 차별금지에 관한 규정이 함께 적용될 수 있을 것이다.

---

1) 大判 1994. 6. 14, 93 다 62126:「단체협약에 징계사유를 규정하면서 그 단체협약의 규정에 의하지 아니하고는 징계할 수 없다고 규정하고 있다면, 취업규칙에서 새로이 정한 징계사유는 위 단체협약에 반하는 한 그 사유로는 징계할 수 없다」.

2) Junker, *Grundkurs Arbeitrecht* Rn. 549(따라서 규범적 부분은 편면적(片面的)으로 강행적 효력을 가진다).

3) Nipperdey(Hueck/Nipperdey, *Grundriß*, S. 246)에 의하면 탈법행위는 사용자와 근로자 간의 합의에 의하여 또는 기타의 방법으로 개별적 근로관계에 대한 협약규범의 적용을 배제하려는 경우에 인정된다고 한다. 이때에 계약당사자가 단체협약의 존재를 인식하고 있느냐 또는 인식하고 있지 않느냐 하는 것은 문제되지 않으며, 탈법행위에 대한 의식 또는 탈법행위의 고의도 그 요건이 아니라고 한다. 따라서 탈법행위에 의하여 단체협약에 위반하는 약정이 객관적으로 존재하는 것으로 충분하다. Nikisch(*ArbR*, Bd. Ⅱ, S. 396)도 탈법행위는 무효라고 주장하지만 탈법의 의식 또는 탈법고의가 없는 행위에 대하여 「탈법행위」(Umgehung)라는 말을 붙일 수는 없다고 하며, 문제의 핵심은 단체협약의 강행력을 막는 어떠한 행위도 용납되지 않는다는데 있다고 한다.

단체협약은 취업규칙에 대해서도 강행적 효력을 미친다(근기법 제96조; 노조및조정법 제33조 Ⅱ).[1] 취업규칙은 사업 또는 사업장에 종사하는 근로자들에게 공통적으로 적용되는 근로조건 등 기타 징계에 관한 사항을 정한 법원(法源)의 일종으로서 그 효력의 계위(階位)가 개별 근로계약보다는 상위에 있으나(근기법 제97조) 단체협약과의 관계에 있어서는 하위에 있다. 취업규칙은 사용자가 일방적으로 작성·변경할 수 있는 것이지만(근기법 제94조 참조), 단체협약은 사용자에 대해서 대등한 교섭력을 갖춘 노동조합의 단체교섭을 거쳐 체결되는 것이므로 취업규칙에서 정한 기준보다 근로자에게 유리한 기준을 확보할 수 있다. 다만, 취업규칙은 사업 또는 사업장에서 종사하는 모든 근로자(종업원)에게 적용되는 반면, 단체협약은 노동조합의 구성원인 조합원에게 한하여 적용되므로(단체협약의 구속력 범위)(([111] 3. 참고) 비조합원인 근로자에게는 적용되지 않는다. 따라서 단체협약의 규범적 부분에 위반하는 취업규칙 부분은 조합원에 대한 관계에서는 효력이 없고,[2] 비조합원에게는 취업규칙의 규정이 적용된다.[3]

b) **직접적 효력**(보충적 효력)   직접적 효력이란 단체협약이 개별적 근로관계에 대하여 직접 지배적인 효력을 미치는 것을 말한다. 즉 개별적 근로계약에 아무 약정이 없는 경우, 또는 단체협약의 강행적 효력에 의하여 개별적 근로계약의 일부가 무효로 된 경우에 이를 직접적으로 보충하는 효력을 가리킨다(노조및조정법 제33조 Ⅱ). 직접적 효력은 협약의 구속을 받는 근로자들의 개별적인 동의 또는 인식을 전제로 하지 않고 자동적으로 효력을 발생하는 것을 말한다.[4] 단체협약의 규범적 부분은 직접적으로 적용되기 때문이다.[5] 직접적 효력의 기간은 단체협약의 효력존속기간과 같으므로 단체협약성립 전부터 근로계약이 존속하고 있거나, 또는 단체협약종료 전에 근로계약이 체결되어 있는 경우에 한하여 직접적 효력도 문제된다. 일반적으로 직접적 효력과 강행적 효력은 근로계약관계에 대하여 동시에 발생하는 것이 보통이지만, 경우에 따라서는 그 중 하나만이 발생하는 경우도 있다. 예를 들면 개별적인 근로계약 내에 규범적 부분과 상충하는 규정이 전혀 없을 때에는 직접적 효력(보충적 효력)만이 생기게 되지만 단체협약 내에 어떤 금지규정만이 있고 이를 대체할 보충규정을 두고 있지 않으면 해당 부분의 단체협약 조항은 강행적 효력만을 가진다.[6]

---

1) 1963년 4월 17일 노동조합법 개정시에 '취업규칙'이 추가 규정되었다.
2) 大判 2000. 12. 22, 99 다 21806; 大判 2012. 6. 28, 2010 다 10795 등.
3) 大判 1992. 12. 22, 92 누 13189.
4) Junker, *Grundkurs ArbR* Rn. 546.
5) Hueck/Nipperdey, *Lehrbuch*, Bd. Ⅱ/1, S. 534; Nikisch, *ArbR*, Bd. Ⅱ, S. 385; Waltermann, *ArbR* Rn. 603.
6) Hueck/Nipperdey, *Grundriß*, S. 243.

c) **자동적 효력**(화체설) 자동적 효력이란 단체협약의 조항이 강행적 또는 직접적인 방법에 의하여 근로계약의 내용이 되는 것을 말한다(이른바 화체설(化體說)). 대체로 이와 같은 자동적 효력은 프랑스에서는 일반적으로 인정되고 있으나,[1] 독일에서는 단체협약의 의의나 목적에 비추어 이를 인정하지 않는 것이 지배적 견해이다. Nipperdey에 의하면 단체협약의 규범적 부분은 어디까지나 순수한 법규범(echte Rechtsnormen)이기 때문에 그 법규범이 근로관계의 내용은 될 수 없고, 근로관계에 대하여 직접적으로 지배적 효력을 미칠 뿐이라고 한다.[2] 따라서 단체협약은 근로계약관계의 밖에서(von auβen) — 근로관계의 내용으로 화체(化體)됨이 없이 — 근로관계에 영향을 미친다고 한다(외부규율설).[3] 그러나 단체협약이 개별 근로계약의 교섭력의 취약성을 보상하기 위한 집단적 자치 차원에서 조합원의 의사가 집약되어 이루어지는 협정으로서 계약적 성질을 가지는 것이므로 오히려 조합원과 그들의 근로계약의 시각에서 이해해야 할 것이다.[4] 따라서 단체협약은 근로관계의 내용을 형성(화체설)하여 이에 위반하는 취업규칙이나 근로계약 부분의 효력을 소멸시킨다. 외부규율설은 단체협약에 위반하는 근로계약 부분을 외부로부터 축출하며 단체협약의 효력이 만료되면 근로계약 부분이 소생한다고 하지만 이러한 견해는 단체협약의 기능이나 규범적 성질에 부합하지 않는다.[5]

화체설을 인정하는 학자들은 단체협약이 종료한 후에도 근로계약관계는 여전히 협약상의 근로조건을 그대로 수용하고 있으므로, 계약당사자가 별단의 합의를 하거나 또는 이와 다른 내용의 새로운 단체협약이 체결되지 않는 한 구 단체협약의 근로조건은 개별적 근로관계의 내용으로서 그대로 존속한다고 한다.[6] 그러나 단체협약 효력기간 만료 후에는 화체된 부분은 강행적 효력을 상실한다고 보아야 한다. 단체협약의 효력기간 만료 후의 협약의 효력에 관해서는 노조및조정법 제32조 3항이 규정하고 있다([114] 참고).

---

1) Rouast/Durand, *Droit du travail*, p. 293 et suiv.; Camerlynck/Lyon/Caen, *Droit du travail*, p. 588.

2) Hueck/Nipperdey, *Lehrbuch*, Bd. Ⅱ/1, S. 536.

3) 독일에서의 지배설: Lieb/Jacobs, *ArbR* Rn. 467; Wiedemann/Wank, *TarifvertragsG(Kommentar)* § 4 Rn. 321; 하경효, '구조조정과 근로조건 변경', 「대한민국 건국 50주년 기념 제1회 한국법학자대회 논문집 Ⅱ」, 1998, 429면 이하; 菅野, 「勞働法」, 876面.

4) Löwisch/Rieble, *TarifvertragsG(Kommentar)* § 1 Rn. 1, § 4 Rn. 736 ff. 근로계약으로의 화체를 인정하는 견해: 西谷, 「勞働組合法」, 341面 이하, 392面 이하. 이병태, 「노동법」, 247면. 유사한 견해: 菅野, 「勞働法」, 876, 901面(단체협약 실효 후 또는 노동조합 탈퇴 후 근로계약관계의 공백을 보충할 필요가 있으므로 합리적 처리방법을 찾아야 한다고 하면서 화체설과 유사한 해석이 가능하다고 한다).

5) Löwisch/Rieble, *TarifvertragsG(Kommentar)*, § 4 Rn. 750. 또한 西谷, 「勞働組合法」, 341面 이하; 土田, 「勞働契約法」, 177面; 盛誠吾, 「勞働法總論·勞使關係法」, 334面.

6) 同旨: 임종률, 「노동법」, 194면 이하; 김유성, 「노동법 Ⅱ」, 170면.

근로자는 단체협약에 정한 근로조건 기타 근로자의 대우에 관한 기준을 직접 사용자에게 요구할 수 있고, 또한 사용자가 이 기준을 불이행하는 것은 근로자에 대한 채무불이행이 되므로 단체협약의 자동적 효력을 인정하는 것이 적절하다. 자동적 효력을 인정하는 것이 단체협약의 본래적 성격([109] 3. 참고)에도 부합한다고 생각한다.[1] 외부규제설에 따르면 단체협약의 효력기간이 만료되어 협약에 의해서 규율되던 근로계약의 해당부분이 공백으로 남게 되는 곤란한 문제가 발생할 수 있다.

d) **단체협약에 정한 근로조건의 소급적 적용** 단체협약의 효력 만료기간이 훨씬 지나 새로운 단체협약이 체결되고, 그 협약 내의 근로조건을 구 협약 만료기간 직후부터 적용할 것을 노동조합과 사용자가 합의한 경우 그와 같은 협약의 효력은 단체협약 체결당시 그 노동조합의 조합원으로서의 지위를 가진 자에게만 적용되는 것이 원칙이고(예외 제35조, 제36조 참조) 새 협약 체결 이전에 퇴직한 근로자에게는 적용되지 않는다. 따라서 협약 체결 이전에 퇴직한 자는 새로 체결된 단체협약에서 정한 근로조건의 이행을 청구할 수 없다.[2]

⑶ 유리한 조건 우선의 원칙

a) 일반원칙과 노조및조정법 제33조 1항

1) **편면적용적 해석** 노조및조정법 제33조 1항은 「단체협약에 정한 근로조건 기타 근로자의 대우에 관한 기준에 위반하는 취업규칙 또는 근로계약의 부분은 무효로 한다」고 규정하고 있다. 여기서 단체협약 기준에 위반한다는 뜻은 그 기준에 못미치거나 어긋나서 근로자들에게 불리한 내용이라는 의미로 이해해야 할 것이다. 예컨대 취업규칙이나 개별 계약에 의하여 정하여진 임금·각종수당·상여금 등이 협약상의 기준에 미치지 못하거나(미달하거나), 그 밖에 승급에 필요한 근속기간이 길거나, 징계내용이 무겁거나, 휴직기간 중에 받는 처우가 낮아서 협약기준에 어긋나면 그러한 규정은 무효가 되어 효력을 상실한다. 그러나 이러한 규정들이 근로자에게 협약의 기준보다 유리한 것이면 이에 위반한 것이라고 할 수 없다. 이에 관해서는 노조및조정법이 직접 규정하고 있지 않으나, 단체협약제도가 대등한 교섭력을 가진 노동조합과 사용자를 협약당사자로 하는 집단적 자치를 통하여 근로계약상의 약정이나 취업규칙 규정보다 개선된 근로조건

---

1) 同旨: 西谷, 「勞働組合法」, 342面.

2) 大判 2017. 2. 15, 2016 다 32193(노동조합이 기존의 임금, 근로시간, 퇴직금 등 근로조건을 결정하는 기준에 관하여 소급적으로 동의하거나 이를 승인하는 내용의 단체협약을 사용자와 체결하는 경우에 동의나 승인의 효력은 단체협약이 시행된 이후 해당 사업장에서 근무하면서 단체협약의 적용을 받게 될 조합원이나 근로자에 대해서만 생길 뿐 단체협약 체결 이전에 퇴직한 근로자에게는 그 효력이 미칠 여지가 없다); 大判 2000. 9. 29, 99 다 67536; 大判 2002. 5. 31, 2000 다 18127 참고.

의 수준을 확보하기 위하여 마련된 것이므로 단체협약의 기준을 상회하는 근로조건이나 그 밖에 근로자의 대우에 관하여 근로계약관계 당사자들이 별도의 약정을 하는 것은 계약자유의 영역에 속한 사항이라고 보아야 한다.[1] 협약 당사자인 노동조합은 이러한 사항에 대하여 개입하여 규제할 권한까지 가진다고 볼 수 없다. 따라서 단체협약은 편면적(片面的)효력을 가진다고 보아야 한다.

근로기준법 제3조는「이 법에서 정하는 근로조건은 최저기준」이라고 규정하고 있으며, 제15조는「이 법에서 정하는 기준에 미치지 못하는 근로조건을 정한 근로계약은 그 부분에 한하여 무효로 하며, 무효로 된 부분은 이 법에서 정한 기준에 따른다」고 규정하고 있다. 그리고 제96조는「취업규칙은 해당사업 또는 사업장에 대하여 적용되는 단체협약과 어긋나서는 아니되며, 고용노동부장관은 단체협약에 어긋난 취업규칙의 변경을 명할 수 있다」고 규정하고 있다. 제97조는「취업규칙에서 정한 기준에 미달하는 근로조건을 정한 근로계약은 그 부분에 관하여는 무효로 한다. 이 경우 무효로 된 부분은 취업규칙에 정한 기준에 따른다」고 규정하고 있다. 이 규정들을 종합해 보면 취업규칙의 기준에 미달하는 근로계약 부분은 취업규칙 수준으로 대체되고, 단체협약에 어긋나는 취업규칙은 고용노동부장관의 명령에 의하여 상향·변경될 수 있다(벌칙 제114조 ②). 또한 노조및조정법 제33조 2항은 단체협약의 기준에 위반하여 무효로 된 부분은 단체협약에 정한 기준에 의한다고 규정하고 있다. 이러한 규정들의 취지에 비추어 보면 취업규칙의 기준에 미달하여 근로계약의 해당 부분이 상향·대체되거나, 단체협약에 위반하여 근로계약이나 취업규칙의 해당 규정이 상향·대체되는 경우 취업규칙이나 단체협약의 기준은 최저기준으로서의 효력을 가질 뿐이므로 취업규칙의 기준보다 유리한 내용을 가진 근로계약의 해당 규정을 취업규칙의 수준으로 끌어내린다거나, 단체협약의 기준보다 유리한 내용을 가진 근로계약 또는 취업규칙의 해당 규정을 단체협약의 수준으로 끌어내리지는 않는다. 취업규칙이나 단체협약의 기준은 최저기준이지 최고기준이 아니기 때문이다. 특히 단체협약제도는 근로자의 근로조건 그 밖의 대우의 개선·향상을 도모하기 위하여 마련된 것이므로 그렇게 해석하는 것이 타당하다. 이러한 노동법상의 원칙을 유리한 조건 우선의 원칙(Günstigkeitsprinzip)이라고 한다([16] 3. (2) 참고). 집단적 자치에 의한 단체협약은 사적 자치를 그 제도적 기초로 하고 있으므로[2] 단체협약의 기준보다 유리한 근로조건을 근로계약 당사자가 근로계약의 내용으로 약정한다고 하여 이를 배척할 수 없다. 취업규칙에 대해서도 유리한 조건 우선의 원칙이 적용된다고 보아야 할 것이다. 따라서

1) 근로기준법 제4조 참조. Lowisch/Rieble, *TarifvertragsG* §4 Rn. 531.

2) Zöllnar/Loritz/Hergenröder, *ArbR* §36 Rn. 24.

유리한 조건 우선의 원칙은 강행적 성질을 갖는다고 보아야 한다. 협약당사자들은 이 원칙을 배제하는 규범적 또는 채무적 약정을 할 수 없다.[1] 단체협약은 편면적(片面的)으로 강행적 효력을 가지며 최저기준으로서의 효력을 가진다. 유리한 조건 우선의 원칙은 단체협약의 성립 이전에 이미 존속하고 있는 근로계약 또는 취업규칙상의 청구권이건 그 이후에 발생한 청구권이건 이에 상관없이 적용된다.[2] 독일은 단체협약법 제4조 3항[3]에 유리한 조건 우선의 원칙에 관하여 규정하고 있으나 우리나라와 일본은 이에 관한 규정을 두고 있지 않다.

2) **양면적용설** 이와는 달리 유리한 조건 우선의 원칙은 적용될 수 없다는 견해가 있다. 이에 따르면 우선 우리법에는 독일단체협약법 제4조 3항과 같은 명문규정이 없으며, 노조및조정법 제33조 1항의 규정은 근로조건의 최저기준을 정한 것이 아니라, 근로조건의 「기준」을 정한 것이므로 그 기준보다 불리하거나 또는 유리한 근로계약이나 취업규칙은 모두 단체협약에 위반하여 무효라고 한다. 그리고 우리나라에는 노동조합이 기업별로 조직되어 있는 것이 일반적 현실이므로 유리한 조건 우선의 원칙을 인정하게 되면 노동조합의 지지기반과 통제력이 약화될 가능성이 있고, 단체교섭기능의 저하를 초래하게 되며,[4] 결과적으로 사용자의 불성실 교섭 또는 지배·개입 등으로 인한 부당노동행위가 조장될 우려가 있다고 한다.[5] 이 견해에 따르면 단체협약의 기준은 해당 사업 또는 사업장의 모든 근로자에게 현실적으로 적용될 기준을 규정한 것이므로 그 기준은 최저기준인 동시에 최고기준으로서 양면적(兩面的)으로 규범적 효력을 갖는다고 한다.[6]

3) **양면적용설 비판** 단체협약에 정한 근로조건에 관한 부분이 양면적으로 적용된다는 견해에 대해서는 다음과 같은 의문(비판)이 제기된다. 첫째, 노조및조정법 제33조 1항이 정하고 있는 근로조건 기타 근로자의 대우에 관한 「기준」[7]은 조합원인 다수근로자의 보호를 위하여 사용자가 준수해야 할 수준을 뜻하는 것이고, 「기준에 위반」한다는 것은 취업규칙이나 근로계약이 그 기준보다 불리하게 정하여진 경우를 의미하는

1) Hromadka/Maschmann, *Arbeitsrecht*, Bd. 2 Rn. 277.
2) Preis, *KollektrivArbR* Rn. 119; Dütz/Thüsing, *ArbR* Rn. 609.
3) 단체협약법(Tarifvertragsgesetz:TVG) 제4조 3항은 「단체협약의 규정에서 벗어나는 약정은 단체협약으로 이를 허용하거나 근로자들에게 유리한 규율의 변경을 포함하고 있는 한에서만 인정된다」고 규정하고 있다. Löwisch/Rieble, *ArbR* Rn. 1061.
4) 김유성, 「노동법 Ⅱ」, 170면; 임종률, 「노동법」, 162면.
5) 김유성, 「노동법 Ⅱ」, 170면; 임종률, 「노동법」, 163면; 同旨: 하갑래, 「집단적 노동관계법」, 5판 2018, 365면.
6) 임종률, 「노동법」, 162면.
7) 「기준」이라는 용어는 근로기준법 제97조에서도 사용되고 있다.

것으로 새기는 것이 단체협약의 기능인 근로조건 개선의 취지에 합당하다. 단체협약의 「기준」을 최저기준인 동시에 최고기준으로 보면서, 이 기준보다 유리한 내용을 정한 취업규칙이나 근로계약을 기준에 「위반」하는 것으로 새기는 것은 근로자보호를 목적으로 하는 노동법의 기본 이념에 어긋날 뿐 아니라 용어의 뜻에도 합치하지 않는다([16] 3. (2) b) 참고). 단체협약의 기준이 양면적 강행성을 가진다고 하기 위해서는 법률에 명문의 규정을 두어야 할 것으로 생각된다.[1] 둘째, 사용자가 정한 취업규칙이나 근로계약 내의 유리한 조건을 단체협약의 기준보다 우선하도록 할 경우, 노동조합의 입지가 약화되고 사용자가 노동조합을 무력하게 하는 부당노동행위가 조장될 수 있다는 주장은 현실적 가능성이나 타당성이 없다고 생각된다. 특히 경영·인사 또는 노무관리상의 필요에 의하여 해당 근로자(예컨대 특별한 능력이나 성과를 달성한 근로자)에게 단체협약의 기준보다 유리한 근로조건이나 대우(일부 근로자에 대한 연봉의 개선)를 개별적으로 약정할 수 있는 계약의 자유를 사용자에 대해 부인한다는 것은 사적자치의 원리에 반한다고 볼 수밖에 없다.[2] 유리한 조건을 약정하는 사용자의 행위가 「일반적으로」 노동조합의 활동을 위축시킨다거나, 그 노동조합에 대한 조합구성원들의 신뢰나 지지에 손상을 주는 반조합적 행위로서 위법하다거나 부당노동행위에 해당하는 것이라고 볼 수는 없을 것이다. 사용자가 반조합적 의사를 가지고 노동조합을 무력화하거나 조합원의 지지를 약화시킬 목적으로 노동3권 보장질서에 반하는 행위로서 유리한 근로조건을 약정하는 것이 명백히 부당노동행위에 해당한다고 판단될 때에는 부당노동행위에 대한 구제신청을 하면 될 것이다. 유리한 조건의 약정을 한 사용자의 모든 행위를 부당노동행위로 본다거나, 노조및조정법 제33조 1항에 정한 근로조건의 「기준」에 위반하는 것으로 해석하는 것은 동 규정의 근로자보호의 취지에도 어긋날 뿐 아니라, 노동조합의 활동을 사적자치에 우선시키는 것으로 생각된다. 근로자보호를 기본 목적으로 하는 노동법에 있어서도 사적자치는 함부로 훼손되어서는 아니 되므로 유리한 조건 우선의 원칙은 노동법을 지배하는 보편적 기본 원칙이라고 보아야 할 것이다.[3] 헌법 제33조 1항을 근거로 한 노동조합의 집단적 행위 내지 협약자치는 헌법 제10조를 기초로 한 사적자치를 배제할 수 없으며, 오히려 행동의 자유를 기본으로 하는 사적자치의 대원칙하에서 조화롭게 행사되어야 한다.[4] 셋째, 노조및조정법 제33조 1항은 취업규칙이 단체협약에 위반하는 경우도 함께 규정하

1) Jacobs/Krause/Oetker/Jacobs, *TarifvertragsR* §7 Rn. 20 참고.

2) 同旨: 西谷, 「勞働組合法」, 345面.

3) Jacobs/Krause/Oetker/Jacobs, *TarifvertragsR* §7 Rn. 20.

4) 憲裁 2003. 5. 15, 2001 헌바 98; Jacobs/Krause/Oetker/Jacobs, *TarifvertragsR* §7 Rn. 15; Löwisch/Rieble, *TarifvertragsG(Kommentar)* §4 Rn. 532 참고.

고 있다. 이와 같은 입법취지는 단체협약에 대하여 하위에 있는 취업규칙도 근로계약과 마찬가지로 단체협약의 기준에 미치지 못하는 한 효력이 없다는 뜻(유리한 조건 우선의 원칙의 지배)으로 해석할 수 있다. 근로계약의 경우와는 달리 취업규칙의 작성·변경에 있어서는 해당사업 또는 사업장에 「근로자의 과반수로 조직된 노동조합이 있는 경우에는 그 노동조합, 근로자의 과반수로 조직된 노동조합이 없는 경우에는 근로자의 과반수의 의견을 들어야」하므로(근기법 제94조 I 본문) 사용자의 일방적 의사에 의해 근로조건이 정해지는 것은 아니다. 단체협약이 양면적으로 강행적 효력을 가진다면, 노동조합 또는 근로자 과반수의 의견을 들어 작성·변경된 취업규칙의 경우에도 단체협약의 기준을 상회하는 부분은 무효라고 해야 할 것이다.[1] 이와 같은 주장이 모순이라는 것은 길게 설명할 필요가 없다.[2] 따라서 노조및조정법 제33조 1항은 유리한 조건 우선의 원칙에 대하여 백지(白紙)[3]의 태도를 취하고 있다고 할 수 없다.[4] 넷째, 사용자가 개별적으로 근

1) 종전의 단체협약에서 상여금을 600퍼센트로 정하고 있었으나 그 후 회사의 경영실적이 호전되어 취업규칙의 개정으로 상여금을 700퍼센트로 인상하였다면 취업규칙의 해당 규정이 단체협약의 상여금 규정에 위반한다고 하여 무효라고 할 수 없다(大判 2014. 12. 24, 2012 다 107334 참고). 단체협약의 불이익변경에 관해서는 [113] 참고.

2) 일본의 노동조합법 제16조는 우리 노조및조정법 제33조 1항과는 달리 근로계약의 경우만을 규정하고 있으므로 취업규칙에 의한 「위반」의 문제는 일반적으로 논의되지 않는다. 다만 西谷교수는 유리원칙(有利原則)에 관한 서술부분 말미에 근로계약상의 유리한 조항의 경우와 마찬가지로 협약당사자가 취업규칙의 유리한 조항의 효력을 부정할 의도를 가지고 있고 이를 뒷받침할 만한 근거가 있는 경우에는 해당 조항은 무효가 된다는 입장을 취하고 있다(「勞働組合法」 346面. 또한 385面 참고).

3) 일본의 菅野(「勞働法」, 877面)교수는, 일본의 노동조합법은 유리한 조건 우선원칙에 대하여 백지의 입장을 취하고 있다고 하면서 노동조합이 교섭을 통하여 마련한 협약상의 근로조건은 통상 해당사업 또는 사업장의 조합원에 대한 현실의 근로조건이라고 보아야 하고 최저기준은 아니라고 한다. 따라서 기업별 협약의 경우, 협약은 일반적으로 양면적으로 규범적 효력을 가진다고 한다. 우리 근로기준법 제15조, 제96조 1항, 제97조와 노조및조정법 제33조 1항들은 모두 같은 취지의 노동법의 일반적 기본원칙(최저기준의 원칙)을 정한 것이라고 이해한다면 노조및조정법 제33조 1항은 유리한 조건 우선의 원칙에 대하여 백지의 태도를 취하고 있다고 볼 수는 없을 것이다(Jacobs/Krause/Oetker/Jacobs, *TarifvertragsR* §7 Rn. 20 참고).

4) 기업별 협약은 해당사업 또는 사업장에서 현실적으로 적용될 표준적 근로조건을 상세히 규정하고 있으므로 사용자가 이보다 유리한 근로계약이나 취업규칙을 시행하는 것은 신의칙에 반한다는 견해가 있다(임종률, 「노동법」, 163면 이하). 이와 같은 주장은 사용자가 단체협약의 기준보다 유리한 개별적 약정을 함으로써 결과적으로 단체협약을 준수하지 않게 되어 노동조합에 대해서 신의를 저버리고 노동조합의 입지를 어렵게 만들기 때문이라는 뜻으로 풀이되는데, 단체협약의 채무적 부분에서 사용자에게 이와 같은 신의칙 위반행위를 인정할 수 있는지는 의문이다. 조합원 및 비조합원에게 유리한 조건의 급여를 한 것이 노동조합에 대하여 신의칙 위반이 된다면 근로자와 노동조합의 이해관계는 서로 상반되는 것임을 전제로 해야 한다. 이러한 견해는 노동법의 기본목적인 근로자보호 이념에 부합하지 않는다. 다만, 노동조합의 지위를 약화하기 위한 목적만을 위하여 사용자가 조합원들에게 유리한 급여를 했다면 그와 같은 사용자의 행위를 부당노동행위로 문제삼을 수도 있을 것이다. 그렇다고 하여 근로자에 대한 사용자의 급여행위 자체가 무효가 된다고 볼 수는 없을 것이다.

로자와 임금이나 그 밖의 대우에 관하여 단체협약의 규정보다 유리한 약정을 하고 있었는데 그 후에 노사가 그 수준에 밑도는 내용을 정한 단체협약을 체결하였다면 계약의 약정은 효력을 상실하고 단체협약의 새 규정이 적용(또는 대체)되는가? 이 문제는 실질적으로 새로운 단체협약의 체결 또는 개정으로 근로자에게 불리한 근로조건이 정해지더라도 협약상의 새 규정은 규범적 효력을 가지고 조합원을 구속하여 기존의 유리한 근로조건을 끌어내리느냐는 문제로 귀결된다. 사업 또는 사업장을 그 적용범위로 하는 기업별 단체협약은 그 사업장에 현실적으로 적용되는 표준적 근로조건을 정하는 것이므로 그 기준을 상회(上廻)하는 근로계약의 유리한 규정은 노조및조정법 제33조 1항에 「위반」하는 것이라는 견해가 있다. 이에 따르면 근로조건을 불이익하게 변경하는 단체협약의 규정도 표준적 효력을 갖는다고 한다. 이러한 견해의 기초에는 동규정이 유리한 조건 우선의 원칙을 인정하지도 부정하지도 않는 백지(白紙)의 태도를 취하고 있다는 사고가 자리잡고 있고, 기업별 단체협약은 그 사업 또는 사업장에 대하여 정형적(定型的) 기준으로서의 효력을 가지는 것이며, 유리한 조건 우선의 원칙을 인정할 것인지 않을지는 협약 당사자의 의도(意圖)내지 의사에 의하여 결정되므로 유리원칙을 인정한다는 의사가 명확하지 않으면 이를 부정하는 취지로 해석하여 그 단체협약은 해당 사업장에 대해서 양면적으로 규범적 효력을 가진다고 한다.[1] 이와는 달리 유리한 조건 우선의 원칙에 대하여 열려있는 (보다 긍정적인) 유력설에 따르면 협약 당사자의 의사가 유리원칙을 배제하는지 여부의 취지가 명확하지 않은 경우에는 기업별 단체협약에 대해서도 유리원칙은 긍정되어야 한다고 한다.[2] 협약당사자인 노동조합과 사용자가 단체협약으로 근로자의 근로조건 그 밖의 대우 등을 인하(引下)하여 불이익하게 결정하는 것도 집단적 협약자치(kollektive Tarifautonomie)의 범주에 속하므로 불가능한 일이 아니다. 그러나 여기에는 두 가지 요건이 갖추어져야 한다고 판단된다. 첫째는 경기불황으로 인하여 기업의 운영이 위기에 처하였다든가 낙후된 경쟁력을 강화하기 위하여 기업의 조직체계를 전반적으로 바꾸고 근로조건 그 밖의 대우를 인하하는 단체협약의 (불이익) 변경이 기업의 위기타개의 방법으로서 불가피하고 합리적인 경우에는 이를 수용해야 할 것이다. 예컨대 임금·상여금의 인하, 근로시간의 단축 또는 연장, 승급기간의 연장, 배치전환, 임금피크제,

1) 일본에서의 다수설의 견해: 菅野, 「勞働法」, 877面(菅野교수는 협약당사자의 의도라는 의미로 단체협약의 취지라는 표현을 사용하고 있는 것으로 보인다); 荒木, 「勞働法」, 617面(협약당사자가 유리원칙을 긍정하는 취지로 해석되면 이를 인정하지만, 협약당사자의 의사가 불명확한 경우에는 일본의 기업별 교섭의 실태에 비추어 단체협약은 양면적 구속력을 인정하는(유리원칙을 부정하는) 취지로 해석하는 것이 타당하다).

2) 西谷, 「勞働組合法」, 345面.

명예퇴직, 조기퇴직 등의 협약 조항들이 이에 해당한다. 둘째로는 단체협약의 불이익 조항들이 강행적 효력을 가지기 위해서는 규약에 정한 민주적 절차에 따른 조합원들의 실질적 평등이 보장되는 가운데 총회의 의결(집단적 자치)이 있어야 한다. 조합원들의 집단적 의사를 무시하거나 도외시하고 조합간부와 일부 조합원들의 의도에 따라 사용자와의 타협적 합의로 단체협약의 불이익 규정들이 이루어진다면 그러한 단체협약의 내용은 법원에 의한 사법심사의 대상이 된다고 보아야 한다.[1] 조합원의 실질적 평등의 원칙에 기초한 집단적 의사자치를 거치지 않은 단체협약의 불이익 규정에 대해서는 노조및조정법 제33조 1항이 규정한 강행적 효력이 주어지지 않는다고 보아야 한다.[2] 따라서 이러한 원칙에 반하는 단체협약의 불이익 규정은 양면적 효력을 가질 수 없다. 일부 학설에 따르면 유리한 조건 우선의 원칙을 인정하게 되면 근로자들의 단결을 뒷받침하는 결속력이 흐트러져서 노동조합의 통제력에 영향을 미치게 된다고 한다.[3] 노동조합의 통제력 유지를 근로자들의 총의보다 앞세우는 것은 집단적 자치원칙에 반한다. 단체협약의 기준이 편면적 효력을 가지는지 아니면 양면적 효력을 가지는지를 결정하는 기준이 협약당사자의 의도라고 한다면 여기서 말하는 협약당사자는 노동조합의 대표자를 포함한 노조간부나 집행위원들을 의미하는 것은 아니다. 노조대표자나 지도적 간부들이 노동조합의 통제력을 계속 유지하기 위하여 단체협약의 양면적 효력을 지지하는 의도를 가지고 있더라도 그와 같은 의도가 민주적 절차에 따른 조합원들의 총의(總意)에 반한다면 노조및조정법 제33조 1항에 따른 규범적 효력을 가질 수 없다. 유리한 조건 우선의 원칙을 부정하는 근거를 조합원에 대한 노동조합의 통제력 유지에서 구하는 것은 타당하지 않다.

4) **판례의 태도** 판례는 유리한 조건 우선의 원칙에 대하여 직접 판단하고 있지는 않다. 예컨대 판례가 「이미 구체적으로 그 지급청구권이 발생한 임금(상여금 포함)은 근로자의 사적 재산영역으로 옮겨져 근로자의 처분에 맡겨진 것이기 때문에 노동조합이 근로자들로부터 개별적인 동의나 수권을 받지 않는 이상, 사용자와의 사이의 단체협약만으로 이에 대한 포기나 지급유예와 같은 처분행위를 할 수 없다」[4]고 한 것은 유리한 조건 우선의 원칙을 인정한 것이라고 볼 수는 없다. 위의 대법원의 판단은 당연한

1) 西谷, 「勞働組合法」, 361面 이하; Zöllner/Loritz/Hergenröder, *ArbR* §41, §§23, 28(단체협약의 강행적 조항을 인용하는 법관은 부수적으로 그 단체협약이 유효하게 성립하였는지, 그 협약규범이 적법한지를 심사하여야 한다. 따라서 그 협약규정은 사법통제를 받는다).

2) 同旨: 西谷, 「勞働組合法」, 362面.

3) 山口, 「勞働組合法」, (第2版), 1992, 193面.

4) 大判 2002. 4. 12, 2001 다 41384; 大判 2010. 1. 18, 2009 다 76317; 大判 2016. 8. 29, 2011 다 37858 등.

것이기 때문이다.[1] 또한 다른 판례에 따르면 취업규칙과 단체협약이 징계로서의 면직기준(무단결근으로 인한 면직기준을 월 7일 이상인 경우로 정함)을 동일하게 규정하고 있었는데 취업규칙의 규정은 변경하지 아니한 채 단체협약의 개정으로 무단결근자의 면직기준일 수를 월 7일에서 월 5일로 단축하는 불이익 변경을 하는 것은 정당하다고 한다.[2] 단체협약을 이와 같이 개정하기에 이른 경위와 취지는 무단결근이 경영상 큰 장애가 됨을 노사가 다같이 인식하고 그 방지를 위하여 상습적인 무단결근자를 엄중히 징계하기 위한 것이다. 판례는「단체협약의 개정에도 불구하고 종전의 단체협약과 동일한 내용의 취업규칙이 그대로 적용된다면 단체협약의 개정은 그 목적을 달성할 수 없으므로 개정된 단체협약에는 당연히 취업규칙상의 유리한 조건을 배제하고 개정된 단체협약이 우선적으로 적용된다는 내용이 포함된 것이라고 봄이 당사자의 의사에 합치한다고 할 것이고, 따라서 취업규칙상의 면직기준에 관한 규정의 적용은 배제된다고 보아야 할 것」이라고 한다. 그러나 이 판례가 유리한 조건 우선의 원칙을 부인하고 단체협약의 양면적 효력을 인정하고 있는 것이라고 단정할 수는 없을 것이다. 왜냐하면「상습적인 무단결근자를 엄중히 징계」하기로 하는 단체협약의 합의는 근무질서를 바로잡기 위한 규칙을 새로 마련하는 기준설정행위로서의 성질을 가지고 있으며 임금이나 그 밖의 대우 등 근로조건을 불리하게 정하는 것이라고 보기는 어렵기 때문이다. 또한 단체협약의 불이익 변경은 기존의 단체협약을 새로운 단체협약에 의하여 불리하게 바꾸는 것이므로 동일한 계위(階位)의 법원(法源)간의 변경이므로 질서의 원칙(다음의 (4) 참고)이 적용된다는 점에서 유리한 조건 우선의 원칙의 지배를 받지 않는다는 점에 유의해야 할 것이다. 그러므로 사용자가 보다 우수한 전문인력이나 경험이 많은 근로자를 확보하기 위하여 해당 근로자와 협약상의 기준보다 유리한 근로조건이나 대우의 제공을 근로계약상의 합의로 약정하였다면 그러한 개별 합의가 합리적 근거를 가지는 한 협약상의 기준보다 우선하여 적용된다고 해석해야 할 것이다.[3] 현실적으로 특수한 기술이나 능력을 가진 계약사원의 확보

---

1) 다만 판례는 매월 2개월마다 지급되는 상여금의 채권이 '구체적 지급청구권으로 되는 시기는 해당 월의 말일로 봄이 상당하다고 한다. 그러므로 지급기일이 도래하지 않은 상여금 채권은 근로자의 개별적인 동의나 수권을 받지 않고 단체협약의 규정만으로 소멸시킬 수 있다고 한다(大判 2002. 4. 12, 2001 다 41384). 그러나 이러한 견해는 의문의 여지가 있다. 취업규칙이나 기존의 단체협약에 의하여 상여금의 금액과 지급기일이 명확하게 정해져 있다면 지급기일 이전에 근로자는 사용자에 대하여 현실적인 상여금의 지급의 이행을 청구할 수 없을 뿐 상여금청구권은 구체적인 채권으로서 객관적으로 존재하는 권리이므로 양도가능한 근로자의 재산으로 실재(實在)하고 있다고 보아야 한다. 그러므로 지급기일 이전의 상여금채권(청구권)이라고하여 재산적 실체성을 부인하는 것은 정당하지 않다.

2) 大判 2002. 12. 27, 2002 두 9063. 또한 大判 2001. 1. 19, 2000 다 30516, 30523, 30530, 30547 (병합) 등 참고.

3) 同旨: 西谷,「勞働組合法」, 345面. 또한 Junker, *Grundkurs Arbeitsrecht* Rn. 549; Löwisch/Rieble,

가 기업의 경쟁력 강화와 기술혁신을 위하여 중요한 과제로 대두되고 있는 현실을 고려할 때 모든 종업원에 대하여 고정된 근로조건과 대우를 통일적으로 적용하는 것은 사실상 기대하기 어려운 일이므로 유리한 조건 우선의 원칙을 인정해야 할 상황은 확대되고 있다고 보아야 할 것이다. 취업규칙에 대해서도 원칙적으로 같은 법리가 적용된다 판단한다.

b) 유리성 비교

1) **유리성 비교 대상자의 구별** 유리성 비교는 기존의 단체협약과 새 단체협약을 비교하는 것이 아니다(이러한 문제는 단체협약의 불이익 제목(題目)하에서 다루어진다([113] 참고)). 유리성 비교는 그 계위(階位)를 달리하는 근로계약 또는 취업규칙의 규정과 단체협약의 기준 사이에서 발생하는 유리성 여부를 비교·검토하는 것이다. 그러므로 유리성 비교에서는 해당 단체협약 기준(협약규범)이 개별 근로자(조합원)의 보호를 목적으로 하는 것인지 사업장 종업원인 근로자 전체의 보호를 목적으로 하는지를 나누어서 판단하는 것이 적절할 것이다. 단체협약이 개별 근로자를 대상으로 하여 권리(임금·각종 수당 등)를 부여하는 경우에는 근로자와 사용자가 개별적 근로계약에 의하여 협약상의 기준보다 유리한 약정을 하였는지를 비교·판단해야 할 것이다. 이때에는 근로계약상의 규정이 해당 근로자에게 유리하면 그 약정은 유효하다고 보아야 한다.[1] 장기간의 경력을 쌓은 이른바 경력사원으로 채용된 근로자이거나 특수한 기술이나 능력을 평가받고 고용된 계약사원의 유리한 계약상의 약정은 단체협약상의 기준에 우선하여 효력을 가진다. 그러나 유리성 비교 자체가 어려운 경우도 있다. 예컨대 노동조합과 사용자가 구조조정안을 마련하면서 단체협약으로 52세 이상인 근로자들에 대하여 일정액의 보상금을 받고 조기퇴직을 하거나, 현재의 연봉 기준 이하의 임금을 받고 비정규직으로 전환하는 새로운 근로계약을 체결하도록 규정하고 있다면 해당 근로자가 개별적으로 사용자와 어떤 합의를 하는 것이 유리한지는 일률적으로 판단하기 어려울 것이다. 주택구입이나 자영업 개업을 위해 목돈이 필요한 근로자에게는 조기퇴직이 유리한 반면 고용의 기회를 상실하는 것보다 삭감된 임금을 받더라도 정년까지 일자리를 유지하는 것이 유리하다고 판단하는 근로자도 있을 것이다. 이러한 경우에는 유리성 여부를 객관적으로 판단할 수 있는 기준이 존재하지 않으며 따라서 유리성 비교 문제도 발생하지 않으므로 단체협약의 규정은 그대로 규범적 효력을 가진다고 보아야 할 것이다.[2] 이 경우에 근로자는 보상금

TarifvertragsG(Kommentar) §4 Rn. 531 참고.

1) Löwisch/Rieble, *TarifvertragsG(Kommentar)* §4 Rn. 588 f.

2) Junker, *Grundkurs Arbeitsrecht* Rn. 553; Wiedemann/Wank, *TarifvertragsG(Kommentar)* §4 Rn. 498 f., 511 참고. JKOS/Jacobs, *Tarifvertragsrecht* §7 Rn. 45 f. 참고. 근로계약상의 약정이 사실

을 받고 조기퇴직을 하거나 삭감된 임금을 받고 비정규직으로 전환되는 불이익한 선택밖에 할 수 없으므로 유리성 비교는 처음부터 성립할 수 없다고 보는 것이 타당할 것이다.

단체협약이 사용자에게 어떤 권리를 부여하는 경우에는 그것이 사용자 개인을 위한 규범으로서 이루어진 것이건 사업장에 대한 규범으로서 이루어진 것이건 관계없이 개별 근로자 또는 종업원인 근로자 전체에 유리한 예외 규정은 우선적으로 적용된다고 보아야 한다. 예컨대 절도(竊盜: 도둑)나 기업기밀의 누설(漏泄)로부터 사용자를 보호하기 위하여 단체협약 내에 기업의 안전·보안에 관한 규범으로서 출입문 통제규정을 두고 있다면 그러한 통제를 받을 필요가 없는 근로자는 개별 근로계약을 통해서 통제를 면제받을 수 있다. 그러나 주요방위산업체나 우주항공산업체 등 안전·보안상의 위험이 있는 사업장에서 저격(狙擊)이나 납치(拉致)등 인신침해로부터 전체 종업원들을 보호하기 위하여 출입통제를 단체협약으로 규정하고 있는 경우에는 개별적 근로계약으로 면제약정(즉 유리한 예외 특약?)을 체결할 수 없다. 이 경우에는 개별적 근로계약에 의한 유리한 조건 우선의 원칙은 적용될 수 없다.[1]

2) 비교 대상사항 기본임금·상여금·승급기간 등 단일 항목에 관하여 단체협약에서 정한 기준보다 근로계약의 규정이 유리하게 규정하고 있는 경우에는 유리성 비교는 어렵지 않다. 예컨대 시간급 임금액을 근로계약에서 단체협약상의 시간급보다 특정 근로자에게 유리하게 규정하고 있다면 근로계약상의 규정이 우선하여 적용되므로 유리성 비교의 결과는 명백하다. 실무상으로도 단일 항목의 근로조건 기준에 관한 유리성 다툼은 거의 발생하지 않는다. 그러나 단체협약과 근로계약은 그 규율대상들에 관하여 중점적으로 치중하여 규정하는 항목들이 상이하고 각각 고유한 복합적인 규율구조를 가지고 있다. 이로 인하여 유리성을 비교하는 방법에 관하여 여러 가지 견해가 나누어지고 있다. 첫째로 해당 근로계약상의 규정을 개별적으로 따로 떼어서 단체협약상의 기준보다 유리하면 그 규정을 우선하여 적용해야 한다는 견해(개별조항비교설)가 있다.[2] 이

상의 상황 진전에 따라 근로자에게 유리할 수도 있고 불리할 수도 있어 그 결과를 미리 예측할 수 없으므로 그 약정의 효과가 불명한 경우(이른바 양면 상반(相反)적 규정: ambivalente-oder zweischneidige Regelungen), 예컨대 근로계약으로 단체협약의 기준보다 높은 포괄임금을 정하고 있으나 노무제공기회 증감 여부에 따라 근로자에게 유·불리가 달라지는 경우에는 유리한 조건 우선의 원칙이 적용될 수 없으므로 단체협약의 해당 규정이 그대로 강행적 효력을 가진다. 양면 상반적 규정과는 달리 처음부터 근로자에게 유리하지도 불리하지도 않은 이른바 유리성중립적 (근로계약상의) 약정(günstigkeitsneutrale Regelungen)도 있다. 이러한 약정의 우선적 효력 여부에 관해서는 학설이 첨예하게 대립하지만 지배적 견해는 단체협약규정의 우선 적용을 지지한다(Löwisch/Rieble, *TarifvertragsG* §4 Rn. 635; JKOS/Jacobs, *Tarifvertragsrecht* §7 Rn. 46 참고).

1) Löwisch/Rieble, *TarifvertragsG* §4 Rn. 595 참고.

2) Däubler/Deinert, *Kommentar zum TarifvertragsG* §4 Rn. 663.

견해는 노사가 단체협약과 근로계약을 체결하는 경우 각 항목을 협상하면서 목표로 하는 약정내재적 중요성이나 규율 상호간의 관계를 각각 상이한 관점에서 조율하고 있다는 점을 무시하는 것이어서 수긍하기 어렵다.1) 둘째로 앞의 개별조항비교설과 대립되는 견해로서 단체협약 내의 규율 전체와 근로계약 내의 규율 전체를 대비·비교하는 것이 옳다는 견해(전체비교설)가 있다. 이 견해는 결과적으로 단체협약을 적용하거나 근로계약을 적용하는 양자택일적 결론에 이른다. 어느 규율구조를 전체적으로 유리한 것으로 판단할 것인가를 평가하는 것은 단체협약과 근로계약이 서로 다른 대상들을 서로 상이한 관점에서 규율하고 있으므로 실제로 가능하다고 볼 수 없다. 이와 같은 견해는 실질적으로 유리한 조건 우선의 원칙을 부인하는 것과 같다. 유리성 비교에서는 근로계약에 의하여 근로자에게 유리하게 변경된 근로계약상의 규정들과 해당 단체협약상의 규정들만이 비교대상이 된다고 보아야 한다.2) 셋째로 이상의 두 견해가 가지는 약점과 모순을 극복한 견해로서 실질항목비교(Sachgruppenvergleich)설이 있다. 이 설은 실질적으로 연관된 단체협약규정과 근로계약상의 유리규정(단체협약 규정과 달리 정한 규정: abweichende Abmachungen)만을 비교대상으로 삼는다.3) 내적 실질관계에 있는지를 결정하는 것은 일차적으로 근로계약과 단체협약의 해석을 통하여 결정해야 한다. 그리고 단체협약과 근로계약에 별단의 근거규정이 없으면 실질적으로 동일한 규율대상에 관련된 규정들을 서로 비교하여야 한다. 예컨대 기본임금, 각종 수당, 상여금, 승급기간, 해고수당, 해고기간, 정년, 기간제 근로관계에서 근로계약의 갱신요건과 무기계약직으로의 전환요건 등은 원칙적으로 동일한 규율대상에 속한다고 보아야 한다. 그러나 서로 다른 업무 내용의 수행과 같은 노무제공을 비교할 경우에는 그 노무제공이 기능상 동일가치의 노동(남녀고평법 제8조 참조 [37] 3. (3) c) 2) 참고)인지 여부를 먼저 판단하여야 한다. 동일 가치 노동이 인정되지 않는 경우에는 유리성 비교는 원칙적으로 불가능하다.

위의 실질항목비교설이 가지는 특성 중의 하나는 서로 실질적 연계관계에 있는 기본임금, 각종 수당, 특별장려금, 상여금에 관한 규정들을 전체적으로 대비·비교할 때 결과적으로 근로자에게 유리한 효과를 가져오는 경우에 그 중 어느 항목에 대해서는 지급을 낮추어 정할 수 있는 가능성을 근로관계 당사자에게 허용하고 있다는 점이다. 이와

1) JKOS/Jacobs, *Tarifvertragsrecht* §7 Rn. 36.

2) JKOS/Jacobs, *Tarifvertragsrecht* §7 Rn. 37. 독일 단체협약법 제4조 3항 2문은 그러한 취지로 규정되어 있다.

3) 독일의 판례의 견해이고 학설의 다수·지배설이다(BAG 1. 7. 2009 NZA 2010, 53; Gamillscheg, *Kollektives ArbR*, Bd. I S. 852 ff.; Lieb/Jacobs, *ArbR* Rn. 486; Löwisch/Rieble, *TarifvertragsG (Kommentar)* §4 Rn. 598 f.; Wiedemann/Wank, *TarifvertragsG(Kommentar)* §4 Rn. 516 f.).

같은 이른바 상쇄적(相殺的) 약정(kompensatorische Abreden)의 장점은 특히 근로계약관계의 당사자들에게 유연성있는 관계를 조성하는데 이바지한다고 하여 긍정적으로 평가되고 있다.[1] 유리한 조건 우선 원칙이 내세우는 목적이 근로자의 보호[2]에 있지만 결과적으로 근로자에게 유리한 때에만 상쇄적 약정이 인정되는 것이므로 단체협약제도상의 규범목적은 훼손(毁損)되지 않는다. 실질항목비교에 의하여 근로자에게 유리한 결과가 주어지지 않는다면 단체협약의 기준이 그대로 강행적 효력을 가진다.

3) **근로자의 선택권** 과거에 저임금을 받고 장시간근로를 하던 시대에는 근로시간의 단축이 건강보호와 여가시간의 확보라는 이유로 근로자에게 유리한 조건으로 판단되었으나, 법정근로시간이 단축되면서 그만큼 임금이 삭감되거나 불경기로 인하여 소정근로시간 단축에 따라 수입이 감소되는 경우에 연장근로는 근로자에게 반드시 불리한 것이라고 볼 수 없게 되었다. 단체협약 내에 정한 근로시간이 강행적 최저기준인가에 대하여 의문이 제기되었다. 근로자의 정년(예컨대 65세)이 보장되어 있고 연금제도에 의하여 안정된 노후생활의 지원을 받을 수 있는 근로자에게는 근로시간의 단축 또는 연장근로 중 어느 것이 유리한 것인지는 개인의 사정(주관적 고려)에 따라 다를 것이다. 따라서 이러한 경우에는 근로자에게 선택권을 주는 것이 바람직하다.[3] 정년까지의 근무 또는 명예퇴직(상당액의 보상금 또는 위로금을 추가로 지급받는 경우)에 대해서도 마찬가지로 해석해야 할 것이다.

(4) **질서의 원칙**(Ordnungsprinzip)

a) 단체협약이 그 효력의 만료로 소멸하고, 새 단체협약이 성립되면 앞의 구 단체협약은 새 단체협약에 의하여 대체된다. 새 단체협약 내에는 구 단체협약의 규정들을 그대로 계수한 것도 있고, 구 협약에 비하여 유리한 규정 또는 불리한 규정도 있을 수 있다. 그러나 일단 새 단체협약이 효력을 발생하면 구 단체협약은 더 이상 적용되지 않으므로 부분적인 유·불리에 불문하고 새 단체협약이 구 협약을 전체적으로(집단적으로) 해소시키고 대체한다(그때부터 구 협약은 법원성을 잃는다).[4] 구 단체협약 내의 불리한 부분은 소멸되고 유리한 부분은 그대로 존속하지는 않는다. 이는 집단적 성질을 가진 단체협약이나 노사협정에 적용되는 원칙으로서 '후에 성립한 법이 그 전의 법에 우선한다'(Lex

---

1) JKOS/Jacobs, *Tarifvertragsrecht* §4 Rn. 39. 이 문제에 관하여 자세히는 위 문헌 및 그곳(§7 Rn. 37 f.)에 인용된 문헌·판례 참고.

2) Lieb/Jacobs, *ArbR* Rn. 489 참고.

3) JKOS/Jacobs, *Tarifvertragsrecht* §7 Rn. 42, 64; Löwisch/Rieble, *TarifvertragsG(Kommentar)* §4 Rn. 638.

4) Löwisch/Rieble, *TarifvertragsG(Kommentar)* §1 Rn. 1569.

posterior derogat legi priori)는 일반원칙을 기초로 한다.[1] 따라서 구 협약이 소멸하고 새 협약으로 대체되는 경우에는 신·구 협약 사이에서 유리한 조건 우선의 원칙은 적용되지 않는다.[2] 즉, 새 단체협약이 구 단체협약보다 전체적으로 또는 부분적으로 불리하더라도 새 단체협약이 그대로 적용된다.

그러나 일정한 범위 즉, 임금·근로시간·퇴직금 등 근로조건을 개선한 기준에 관하여 소급적용을 규정하는 협약의 체결이 해소의 원칙에 반하는 것은 아니다.[3] 다만 불리하게 변경된 협약의 내용을 소급적용하는 것은 신뢰보호라는 차원에서 질서의 원칙에 의하여 제한을 받는다고 해석해야 할 것이다.[4]

b) 노동조합은 경제불황 또는 회사의 경영난을 고려하여 협약효력기간만료 전에 사용자와 일시적으로 상여금을 인하하거나, 특정수당의 지급을 정지시키거나 근로시간을 연장하는 협정을 할 수도 있다. 이 경우는 새 단체협약이 구 단체협약을 전체적으로 대체하는 경우와는 구별된다. 이에 관해서는 단체협약의 불이익변경의 문제로서 다음에서([113] 참고) 설명한다. 단체협약 당사자들이 근로조건의 내용을 근로자에게 불리하게 변경하는 것은 다른 한편으로 근로자의 취업상태를 유지(해고의 회피)하기 위한 조치로서 취해질 수도 있기 때문에 장기적 관점에서는 근로자에게 반드시 불이익한 것이라고만 볼 수는 없을 것이다. 이는 궁극적으로 노동조합과 사용자가 자주적으로 협약을 체결 또는 변경할 수 있는 협약자치의 범위 내지 한계에 관한 문제로 이해되어야 한다([113] 3. 참고).

(5) 개방조항

산업별체제하의 노사관계에서는 단체협약이 해당 산별노동조합의 구성원인 근로자와 이에 대응하는 사용자단체의 구성원인 모든 기업주에게 직접적·강행적 효력을 미친다. 이와 같은 단체협약의 효력은 산별 사용자단체의 구성원인 기업주에 대해서 최저근로조건으로서의 카르텔효과를 미친다. 그러나 경제적 급부능력이 약한 개별 기업체에 대해서는 커다란 부담이 될 수 있다. 이런 점을 고려할 때 산업별 단체협약은 각 기업에 적응할 수 있는 유연성의 결여라는 문제점을 안고 있다는 비판을 받는다. 따라서 산업별 단체협약에 정한 근로조건 그 밖의 대우에 관한 기준을 그 규모나 생산능력, 경쟁력, 지급능력, 이윤의 규모가 다른 기

1) 해소의 원칙은 단체협약을 집단적 규범「계약」으로 보는 경우에도 마찬가지로 적용된다. 동일한 당사자가 서로 다른 두 개의 법률행위를 한 경우에도 나중에 체결된 법률행위를 유효한 것으로 보아야 하기 때문이다(Löwisch/Rieble, *TarifvertragsG(Kommentar)* §1 Rn. 1570).

2) Lieb/Jacobs, *ArbR* Rn. 490.

3) 소급적용을 규정한 단체협약의 효력을 인정한 판례: 大判 2002. 4. 23, 2000 다 50701; 大判 1992. 7. 24, 91 다 34073. 그러나 단체협약이 체결되기 이전에 퇴직한 근로자에게는 그 효력이 미치지 않는다(大判 1992. 7. 24, 91 다 34073).

4) Lieb/Jacobs, *ArbR* Rn. 490.

업체들에 대하여까지 일률적·강행적으로 적용하는 것은 사실상 어려운 일이다. 그리하여 2000년대를 전후하여 독일에서는 산업별 단체협약제도를 정책적으로 유연화·분산화하는 논의와 함께 기업별 단체협약(Haustarifvertrag, unternehmensbezogener Tarifvertrag 또는 Firmentarifvertrag)을 인정하는 이른바 개방조항(Öffnungsklausel)을 산별 단체협약 내에 규정하는 사례가 점차 증가하게 되었다([104] 2. 마지막 부분 및 각주 참고).[1] 독일에는 우리나라처럼 기업별 노조가 존재하지 않으므로 기업별 단체협약이란 기업주인 사용자와 산별노조의 산하 기구인 지역노조가 체결하는 협약을 뜻한다. 그러나 단체협약 당사자인 산별노동조합과 사용자단체는 여전히 개방조합 설정에 대한 열쇠(권한)를 쥐고 있으므로 산별 단체협약의 카르텔 효과를 제한하므로써 근로조건의 기업별 유연화와 분산화 여부에 대한 노동정책적 책무도 부담하고 있다.

우리나라의 현실적 노사관계(독일은 산업별 노동조합만을 인정하고 있는 반면 우리나라에서는 기업별 노동조합조직이 대세이고 산별 노조와 노조연맹이 있으나 단체협약을 체결할 수 있는 협약당사자는 복잡한 양상을 띄고 있다)와 노사관계법은 독일의 그것과는 동일시되지 않거니와 유사하지도 않다. 그러나 노동조합의 조직형태가 산별화 방향으로 변화하고 있는 한편 기업들의 지급능력상 격차는 여전한 현재의 상황에서는 개방조항의 실효성에 관한 검토가 필요할 것으로 생각된다.

(6) **협약자치의 한계**

1) 협약자치는 노동조합과 사용자 또는 사용자단체가 조합원인 근로자들의 근로조건 그 밖의 대우에 관한 사항들을 자치적으로(autonom) 규율하는 것을 말한다. 근로자보호라는 관점에서 보면 협약자치는 협약체결능력을 가진 노동조합이 조합원들의 근로조건을 사용자와 자율적으로 보다 유리하게 정하는 것을 일컫는다. 그러므로 협약자치에는 근로자들을 위하여 근로조건을 정할 수 있는 노동조합의 권한뿐만 아니라 이러한 권한행사로부터 발생하는 책임도 포함되어 있다고 보아야 한다. 여기서 가장 중요한 것은 단체협약을 체결할 수 있는 협약당사자(노동조합)의 의사(意思)는 오직 조합원인 근로자들의 총의(總意)를 기초로 형성되어야 한다는 점이다. 노동조합은 그 협약상대방인 사용자에게 의존하거나 종속되어서는 아니되고 그 밖에 정당·사회단체나 국가단체로부터도 자유로워야 한다. 따라서 첫째로 노동조합의 대표자와 집행간부들은 원천적으로 민

---

1) 독일에서 과거에 개방조항의 설정을 자제 내지 거부하였던 (산업별) 노동조합의 부정적 태도는 결국 단체협약 당사자의 의사와 상관없이 법률의 규정으로 개방조항을 인정·도입하는 법정책적 논의를 유발하게 되었다. 그러나 2005년에 독일의 연립내각은 협약자치의 유지를 명확하게 지지(법률규정에 의한 개방조항의 설정 반대입장의 표명)하면서 동시에 일자리를 위한 사업장 연대('betriebliche Bündnisse für Arbeit')를 추진하는 데 찬성하였다(JKOS/Jacobs, *Tarifvertragsrecht* §7 Rn. 88 참고. 노동을 위한 사업장 협정에 관해서는 위 문헌 §7 Rn. 117 ff. 참고).

주적인 절차를 통하여 선출·구성되어야 한다. 그렇지 않고는 협약당사자인 노동조합의 의사가 제대로 형성되었다고 볼 수 없기 때문이다. 둘째로 노동조합 총회에서 규약에 정한 절차(노조및조정법 제16조 Ⅰ ⑥, Ⅱ 참고)에 따라 조합원들의 집단적 의사가 민주적으로 형성되는 노동조합의 민주적 운영 매커니즘기능이 작동하지 않는다면 협약상대방인 사용자와의 실질적 합의는 인정될 수 없다. 단체협약의 체결을 의도하는 노동조합의 집단적 의사가 민주적 절차에 따라 형성되지 않았다면 조합원의 근로조건을 정한 단체협약 부분에 대하여는 노조및조정법 제33조 1항에 따른 강행적 효력이 주어지지 않는다고 보아야 한다. 단체협약에 대하여 규범적 효력을 승인하는 실질적 근거인 민주적 절차에 따라 형성된 조합원들의 집단적 의사가 결여되어 있다면 협약자치는 내재적 제한을 받을 수밖에 없다.[1)]

2) 단체협약을 통하여 근로자들의 근로조건을 집단적으로 개선할 수 있는 권한은 노동조합에만 부여되어 있으므로(노조및조정법 제29조 참조) 노동조합은 조합원인 근로자들의 권익을 위하여 적극적으로 사용자와 단체교섭을 추진하고 단체협약을 체결할 책무를 부담한다. 이러한 책무는 협약자치의 한 측면이라고 볼 수 있다. 그러나 노동조합의 교섭 가능성과 성과는 협약상대방인 사용자와의 상호적 이해관계와 기업의 실질적 능력에 의하여 영향을 받는 것이므로 노동조합이 조합원들을 위하여 어떤 내용의 근로조건을 어떤 수준에서 협약상대방인 사용자와 협의해야 할 것인지 그리고 어떤 방법으로 추진할 것인지에 관해서는 조합원들의 총의를 존중하는 범위 안에서 자율적인 결정을 할 수 밖에 없다. 예컨대 사용자가 근로자들의 임금인하를 하지 못하면 사업을 폐쇄(閉鎖)하거나 사업장(공장)을 이전할 수밖에 없다고 통고한 경우 근로자들은 노동조합에 대하여 현재의 일자리를 유지하면서 임금만을 소폭 하향 조정하는 내용의 단체협약 체결안을 일방적으로 요구할 수는 없다. 왜냐하면 노동조합이 현재의 임금수준을 근로자들이 희망하는 대로 인하하면서 현위치의 일자리를 보존하도록 하는 것이 가능한지 또는 어느 정도로 가능한지는 사용자와의 교섭·협의 과정을 통하여 결정되는 것이지 근로자들의 일방적·집단적 의사에 의하여 관철될 수 있는 것은 아니기 때문이다.[2)] 단체협약

1) 同旨: 西谷, 「勞働組合法」, 355面(西谷교수는 특히 조합원들의 실질적 평등을 기초로 한 규약소정에 따른 절차를 위반하는 경우에는 법원의 사법심사를 면할 수 없다고 한다: 앞의 책 361면 이하 참고); Zöllner/Loritz/Hergenröder, *ArbR* § 41 Rn. 23, 28, § 36 Rn. 24. 또한 김형배, '취업규칙의 불이익변경과 근로계약의 유리한 규정', 「노동법포럼」 제29호(2020. 2.) 15면 참고.

2) 大判 2014. 3. 27, 2011 두 20406(회사의 매각이나 구조조정은 원칙적으로 노동조합의 동의권 대상이 아니라는 판결) 및 大判 2013. 2. 14, 2010 두 17601(회사의 매각이나 구조조정은 경영주체의 고도의 경영상의 결정에 속하는 사항이지만 회사의 매각에 따른 고용안정 등의 요구사항은 단체교섭의 대상이 될 수 있다고 한 판결) 참고.

의 일방 당사자인 노동조합의 의사형성에 있어서는 조합원들의 집단적 의사가 기초가 되는 것이지만 협약상대방인 사용자와의 단체교섭과 단체협약 체결에 있어서는 집단적 자치, 즉 협약자치의 원칙이 지배한다. 노동조합 내부에서의 집단적 의사(kollektiver Wille)에 의한 의결과 노동조합과 사용자간의 외부적 관계에서의 협약자치(Tarifautonomie)는 구별되어야 한다. 노동조합은 조합원들의 집단적 의사를 기초로 협약상대방인 사용자와의 교섭·협의 과정에서 조합원들을 대표하여 근로조건 개선 합의에 노력하는 고유한 역할을 담당하기 때문이다. 노동조합이 가지는 이와 같은 단체교섭 및 단체협약 체결의 주체적 지위는 헌법 및 노조및조정법에 의하여 보장되어 있다. 그런 의미에서 조합원들은 노동조합에 대하여 일정한 수준 또는 내용의 단체교섭 및 단체협약의 체결을 청구할 수 있는 권리를 가지고 있지 않다. 따라서 노동조합이 개별 근로자들의 요구에 미흡한 단체협약을 체결했다고 하여 협약자체의 한계를 벗어났다고 볼 수 없다.

위에서 살핀 바와 같이 개별 근로자들은 노동조합에 대하여 일정한 내용의 협약규범의 설정을 청구할 권한을 가지고 있지 않으나, 노동조합의 대표자와 집행간부들이 불법적인 협약을 체결하면서 조합원들과의 신뢰관계에 위배하여 조합원들에게 손해를 발생하게 하였다면 불법행위책임을 면할 수 없다.[1]

3) 회사의 폐업·매각, 사업양도, 신규사업을 위한 투자, 기업조직의 개편 등은 경영주체의 고유한 경영권한에 속하는 사항이므로 이로 인하여 근로조건에 불가피한 영향을 주더라도 단체교섭의 대상이 될 수 없으므로 단체협약의 규율 대상이 될 수 없다[2] (자세히는 [108] 1. (5); [27] 3. 참고).

4) 단체협약이 강행적 효력을 가지는 법률의 규정에 위반하거나 개인 근로자의 권리로서 확정·귀속된 구체적 재산권 또는 개별 근로자가 스스로 정하기로 되어 있는 사항과 충돌하는 경우에 그 협약은 효력을 가질 수 없다. 이러한 경우에는 협약자치가 인정되지 않는다. i) 우선 단체협약의 내용은 법원(法源)의 계위라는 관점에서 강행법률에 위반할 수 없다. 예컨대 근로기준법, 남녀고용평등법, 기간제및단시간법, 근로자파견법, 산업안전보건법, 노조및조정법 등에 위반하는 협약규정은 무효이다. 다만, 근로기준법 제43조 1항 단서에서와 같이 단체협약의 특별한 규정에 대하여 해당 법률이 그 효력

1) 大判 2018. 7. 26, 2016 다 205908: 단체협약 체결 전에 총회 의결을 거치지 않은 노조대표자와 노동조합의 행위는 노동조합의 의사 형성과정(단체협약 체결을 위한 집단적 의사 형성과정)에 참여할 조합원들의 헌법 및 노조및조정법상의 권리를 침해한 불법행위에 해당하므로 그로 인하여 손해가 발생하였다면 배상책임이 발생한다고 판결한 최초의 판례)(민법 제35조, 750조, 제751조 I: 위자료청구)([107] 1. (1) b) 4) 2번째 단락 및 각주 참고).

2) 大判 2003. 7. 22, 2002 도 7225; 大判 2003. 12. 26, 2001 도 3380; 大判 2002. 2. 26, 99 도 5380; 大判 2011. 5. 26, 2001 두 7526 등 참조.

을 인정하는 때에는 그러하지 않다.[1] 단체협약의 내용이 공서양속에 위반하는 때에도 그 효력이 없다(민법 제103조). ii) 조합원인 근로자 개인의 권리가 이미 발생하고 있는 이상 노동조합이 단체협약에 의하여 그 기득권(임금·상여금·퇴직금 채권 등)을 제한·변경·처분(소멸)할 수 없다([113] 2. (1), 3 (5) 참고).[2] 다만, 조합원의 수권(授權)이 있을 때에는 해당 협약규정은 효력을 가진다고 보아야 한다.[3] iii) 단체협약은 조합원의 근로계약관계가 존립하고 있음을 전제로 그 내용을 집단적으로 규율(개선)하는 것을 목적으로 하므로 이미 결정된 개별 근로자의 채용을 소멸케 하거나, 특정 근로자를 퇴직 혹은 전적(轉籍)[4]하도록 하는 것은 노동조합의 권한 밖의 사항으로서 협약체결의 대상이 될 수 없다. iv) 근로자 개인이 정하기로 되어 있는 또는 정해야 할 근로조건인 근무내용, 근무장소나 전출, 배치전환 등에 대해서도 협약자치를 인정할 수 없을 것이다.[5]

3. 단체협약의 구속력범위(Tarifgebundenheit)

a) 단체협약의 규범적 효력 또는 직률적 효력은 원칙적으로 근로자측에서는 단체협약체결당사자인 노동조합의 조합원들, 사용자측에서는 사용자단체의 구성원 — 개인사용자인 경우에는 그 사용자 — 에게만 미치는데, 이것을 단체협약의 구속력범위라고 한다. 그 결과 협약체결당사자인 노동조합의 구성원으로서의 조합원들은 단체협약의 규정을 청구권의 기초로 삼을 수 있다.[6] 이와 같이 단체협약의 효력을 협약체결당사자의 구성원에게 한정하는 것은 협약의 본래적 성격이라고 할 수 있다(위 [111] 2. (2) 참고). 노조및조정법은 이에 대한 명문의 규정을 두고 있지 않으나 동법 제35조 및 제36조의 반대해석에 의하면 이를 전제하고 있는 것이라고 할 수 있다.[7] 그러므로 개개의 단체협약 내

1) 독일에서는 이러한 법률을 단체협약에 개방된 법률(tarifdispositives Gesetz)이라고 한다. 산별노조체제를 취하고 있는 나라에서는 노동조합의 교섭력이 강하므로 단체협약에 의한 하향조정이 이루어지더라도 근로자 보호에 지장이 없다(보다 자세히는 JKOS/Krause, *Tarifvertragsrecht* §1 Rn. 143 f. 참고).

2) 大判 2000. 9. 29, 99 다 67536; 大判 2002. 4. 12, 2001 다 41384; 大判 2010. 1. 28, 2009 다 76317.

3) 大判 2002. 4. 12, 2001 다 41384; 大判 2010. 1. 28, 2009 다 76317.

4) 전적에 관해서는 大判 1993. 1. 26, 92 다 11695; 大判 1996. 12. 23, 95 다 29970 등 참고([63] 2.).

5) 西谷, 「勞働組合法」, 358面. 판례는 연장근로는 원칙적으로 사용자와 근로자의 개별적 합의에 따라 행하여질 수 있으나(근기법 제53조 Ⅰ), 개별근로자의 합의권을 박탈하거나 제한하지 아니하는 범위 내에서 단체협약에 의한 합의도 가능하다고 한다(大判 1993. 12. 21, 93 누 5796; 大判 1995. 2. 10, 94 다 19228).

6) Hanau/Adomeit, *ArbR*, 14. Aufl., 2007, Rn. 212.

7) 大判 2003. 12. 26, 2001 두 10264. 독일단체협약법 제3조는 단체협약의 구속력범위를 규정하고 있다.

에 정한 인적 또는 지역적 효력범위(Geltungsbereich)[1]와 구속력의 범위는 개념상 엄격히 구별되어야 한다. 따라서 사용자는 비조합원에 대해서는 단체협약 내의 기준을 준수할 의무를 부담하지 않는다.

그러나 실제에 있어서 단체협약은 조합원이 아닌 근로자들의 근로관계에 대하여도 적용되고 있는 것이 일반적 상황이다. 다시 말하면 단체협약은 협약당사자인 노동조합의 구성원이 아닌 근로자들의 근로관계에 대하여도 적용된다. 이때에 비조합원들에게 단체협약이 적용되는 것은 단체협약의 당연한 효력에 의한 것이 아니고 사용자가 개별적 근로관계의 평면에서 이를 임의로 적용해 주거나[2] 단체협약이 사실상 보통거래약관과 같이 작용하기 때문이다. 그러므로 비조합원인 근로자들은 사용자에 대하여 노조및조정법 제33조에 기하여 단체협약이 정한 근로조건 기타 근로자의 대우에 관한 기준을 청구할 권리를 가지지 않는다. 다시 말하면 비조합원이 사용자와 단체협약의 기준보다 불리한 내용의 개별적 약정을 하더라도 노조및조정법 제33조에 위반하는 것은 아니다.

b) 단체협약의 적용을 받는 조합원이 단체협약의 존속기간중에 노동조합으로부터 탈퇴하면 어떻게 되는가? 이에 대하여는 현행법상 아무 규정이 없기 때문에 단체협약의 기준이 그대로 근로관계의 내용으로 유지되지만, 규범적 효력은 없다고 해석하는 것이 옳을 것이다.[3]

c) 이에 반하여 어느 사용자가 사용자단체에 가입하면, 그 사용자는 당해 사용자단체가 체결한 단체협약의 구속력범위 내에 들어가게 된다. 따라서 그 사용자의 사업장에서 취업하고 있는 근로자들 중에 당해 사용자단체와 단체협약을 체결한 노동조합의 조합원이 있을 때에는 그들에게도 그 단체협약은 적용된다.

4. 채무적 부분과 그 효력

(1) 채무적 부분

단체협약은 집단적 노사관계와 관련하여 단체협약당사자들 사이의 권리·의무를 규

1) 단체협약당사자는 자율적으로 예컨대 일정한 직종, 부서 또는 사업장에 대하여 단체협약의 적용을 한정 또는 제외할 수 있다.

2) Löwisch/Caspers/Klumpp, *ArbR* Rn. 1074.

3) 同旨: 菅野, 「勞働法」, 883面. 독일단체협약법 제3조 3항은 단체협약의 구속력은 그 단체협약이 종료할 때까지 유지된다고 규정하고 있으므로 조합원이 노동조합에서 탈퇴하거나 제명된 경우에도 당해 단체협약의 존속기간중에는 그 협약의 구속력이 유지된다고 해석되고 있다(Gamillscheg, *Kollektives ArbR*, Bd. Ⅰ, S. 724; BAG AP Nr. 3, 14 zu §3 *TVG*). 근로자가 조합원인 때에는 조합원 자격에 기해서 단체협약의 구속력이 생기지만 근로자가 노동조합에서 탈퇴하는 때에는 탈퇴절차가 마무리되는 시점에서 의제에 따른 협약구속력이 생긴다고 한다(JKOS/Oetker, *Tarifvertragsrecht* §6 Rn. 37). 그러나 노동조합이 해산된 경우에는 그렇지 않다.

정할 수 있다. 이와 같이 협약당사자 상호 간의 권리·의무를 규율하는 단체협약상의 규정들은 채무적 내용의 협정이라고 이해할 수 있다. 이러한 규정들은 조합원들의 근로관계에 대하여 직접 직률적 효력을 미치는 것이 아니며 협약체결당사자에게만 그 효력이 한정된다. 채무적 부분은 단체협약의 고유한 부분이 아니기 때문에 채무적 내용으로만 이루어지는 단체협약, 다시 말하면 규범적 부분이 없는 단체협약은 본래적인 의미의 단체협약이라고 볼 수 없다.[1]

구체적으로 어떤 조항들이 채무적 부분에 속하느냐 하는 것은 반드시 명백하지는 않으며 현행 노동법은 이에 대하여 아무 규정을 두고 있지 않다. 일반적으로 평화의무, 평화조항, 조합활동에 관한 편의제공조항(전임간부의 수, 조합사무실 기타 시설제공 등), 단체교섭의 절차 및 기타 규칙(위임금지조항, 단체교섭의 시간·순서 등), 단체협약 체결에 관한 사항, 쟁의행위에 관한 사항(쟁의행위개시통지 및 절차·보안작업협정 등), 근로자의 인사(전출, 전적, 해고 등)에 관한 사전협의 등이 이에 속한다. 그러므로 채무적 부분만으로 구성된 단체협약을 상정할 수 없는 것은 아니다.

(2) **채무적 효력**

a) 단체협약은 협약당사자 사이에서는 계약의 성질을 가지고 있으므로 단체협약이 성립하면 노동조합과 사용자는 합의된 협약 내용을 상대방에 대하여 성실하게 이행하여야 한다(계약성실의무). 협약당사자는 단체협약의 규범적 부분을 제대로 실현하기 위하여 단체협약에 내재하는 평화의무와 실행의무를 부담한다. 이 외에 협약당사자는 그들 상호 간에 준수해야 할 단체교섭의 절차에 관한 사항, 쟁의행위의 사전통고, 그 밖에 노사관계에 관한 사항을 규율할 수도 있다. 이러한 사항에 관한 규정은 일반 계약에서와 마찬가지로 채무적 효력을 가진다.

계약상의 채무를 실행할 의무(Durchführungspflicht)는 이행의무(실행의무)와 영향의무(Einwirkungspflicht)로 구분된다.[2] 예컨대 단체협약을 체결할 협약당사자는 단체협약

---

1) Schaub/Treber, *ArbRHandb* §200 Rn. 1 f. 참고.

2) 협약당사자는 단체협약의 체결당사자이므로 규범적 부분이 현실적으로 이행되도록 할 의무를 협약체결상대방에 대해서 부담한다. 예컨대 사용자단체는 그 단체의 구성원인 사용자가 협약의 규범적 부분을 준수하지 않을 경우, 그 이행을 촉구해야 할 실행의무를 노동조합에 대하여 부담한다(Dütz/Thüsing, *ArbR* §12 Rn. 564; Junker, *Grundkurs Arbeitsrecht*). 이러한 사용자의 실행의무를 기초로 노동조합이 행사하는 규범적 부분에 대한 이행청구 또는 확인청구는 개개 조합원이 규범적 효력을 기초로 직접 사용자들에게 청구할 수 있는 권리와 구별된다. 사용자에 대한 노동조합의 이행청구는 개개 조합원이 사용자에게 청구권을 행사할 수 있는 한 소의 이익이 없다고 할 수 있다. 그러나 개개 근로자에 의한 청구권의 행사만으로 규범적 부분의 실현을 기대할 수 없을 때에는 노동조합 자체에 의한 이행청구가 허용되어야 할 것이다. 작업환경·작업체제(실내온도·습도·세면장소의 설치·작업밀도 등) 등의 근로조건에 관한 이행청구가 이에 해당할 것이다. 또한 규범적 부분에 관한 노동조합

에서 합의된 내용을 스스로 상대방에게 성실하게 이행해야 할 채무를 부담할 뿐만 아니라 그 구성원들(노동조합에 있어서는 조합원들, 사용자 단체에 있어서는 그 구성원인 사용자들)도 단체협약 내에 규정된 준수사항들을 제대로 지키도록 할 의무를 부담한다. 이때 전자를 이행의무(실행의무)라 하고, 후자를 영향의무라고 한다. 특히 단체협약에서는 규범적 부분에 대한 사용자의 이행의무가 주된 채무가 된다고 볼 수 있다. 즉 사용자가 단체협약의 규범적 부분을 노동조합의 조합원인 근로자들에게 실현하는 것은 조합원에 대한 의무를 이행하는 것일 뿐 아니라, 노동조합에 대한 협약상의 채무를 이행하는 것이 된다.

b) 「단체협약의 당사자인 노동조합은 단체협약의 유효기간중에 단체협약에서 정한 근로조건 등에 관한 내용의 변경이나 폐지를 요구하는 쟁의행위를 행하지 아니하여야 함은 물론, 조합원들에 대하여도 통제력을 행사하여 그와 같은 쟁의행위를 행하지 못하게 방지하여야 할 이른바 평화의무를 지고 있다」.[1] 이행의무와 영향의무는 집단적 노사관계의 안정을 기하기 위한 평화의무(Friedenspflicht)([111] 4. (4) 참고)의 내용을 이룬다고 볼 수 있다. 특히 영향의무는 노동조합이 그의 조합원에게 단체협약의 내용을 정확하게 알리고 조합원이 단체협약 내의 준수사항을 제대로 지키지 않을 때에는 적절한 조치를 취하여야 할 의무를 그 내용으로 한다.[2] 그러므로 예컨대 몇몇 조합원이 단체협약에 위반하여 노동조합이 주도하지 않은 (비공식) 파업(wildcat strike)을 단행하였을 경우에 노동조합은 그 조합원들에 대하여 징계권을 행사할 수 있다.[3] 즉 영향의무는 노동조합이 조합원들로 하여금 단체협약의 준수사항을 사실상 지키도록 하기 위한 의무를 말한다. 원래 노동조합은 조합원 각자의 협약상의 의무위반행위에 대하여 직접 책임을 지지 않는 것이 원칙이므로, 몇몇 조합원들이 단체협약에 위반하는 행위를 했다고 하여 곧바로 영향의무위반을 이유로 사용자에 대한 노동조합의 책임을 문제삼을 수는 없다. 그러나 단체협약의 협정내용이 조합원 전체 또는 일부에 의하여 조직적으로 무의미하게 됨으로

의 확인의 소의 이익은 다음과 같은 경우에 인정될 수 있다. 사용자와 조합원 사이에 단체협약상의 근로조건의 불명확성에 기인한 다툼이 있으나 이를 해결하는 데 있어서는 단체협약에 대한 유권적 해석을 통하여 집단적으로 해결될 수 있는 경우가 이에 해당한다. 예컨대 노동조합에 의한 단체협약 규정의 확인청구가 개개 조합원에 의한 근로계약상의 권리확인의 청구에서보다 직접적인 분쟁해결방법이 되는 경우에는 노동조합의 확인의 소의 이익을 인정할 수 있을 것이다(예: 단체협약상의 7시간 근로규정의 유효확인). 그러나 이 경우에 노동조합과 사용자 사이의 확인소송의 기판력은 조합원과 사용자 사이의 근로계약관계에 미칠 수 없으므로 노동조합의 확인의 소의 이익이 인정될 수 없다는 비판이 있다(菅野, 「勞働法」, 885面 이하 및 그 곳에 적시된 일본판례와 문헌 참고).

1) 大判 1992. 9. 1, 92 누 7733.

2) Zöllner/Loritz/Hergenröder, *ArbR* § 38 Rn. 26 f. 참고; Schaub/Treber, *ArbRHandb*, § 200, Rn. 8, 12 참고.

3) Brox/Rüthers, *Arbeitskampfrecht* § 10 Rn. 353.

써 집단적 노사관계의 질서가 손상되는 경우에는 노동조합은 사용자에 대하여 영향의무 위반으로 인한 손해배상책임이 문제될 수 있다. 또한 반대의 경우도 인정된다.[1)]

c) 단체협약의 규범적 부분에 대해서는 사용자가 개개 근로자에게 성실하게 이행해야 할 단체협약상의 의무를 부담한다고 볼 수 있다. 그러나 이 부분의 협정은 단체협약의 적용을 받는 조합원인 근로자가 사용자에 대하여 그 이행을 청구할 수 있는 권리의 기초가 되는 것으로 이해하는 것이 보다 적절할 것이다. 그리고 노동조합은 규범적 부분에 대한 개별적 이행청구나 확인청구를 할 수 있는 당사자로 볼 수는 없기 때문에 사용자에 대하여 개별 근로자에게 이행할 것을 청구하거나 소를 제기하는 것은 원칙적으로 인정될 수 없다고 생각한다.

(3) **채무적 효력의 문제점**

a) 채무적 부분의 내용을 이행해야 할 채무자는 단체협약당사자인 노동조합과 사용자 또는 사용자단체이다. 그러므로 협약당사자는 원칙적으로 채권관계의 당사자로서 단체협약에서 합의한 내용을 상대방에게 이행할 채무가 있다. 그리고 당사자의 일방이 협약상의 채무를 이행하지 않으면 그 상대방은 원칙적으로 강제이행을 법원에 청구하거나(민법 제389조), 채무불이행책임(민법 제390조 이하 참조)[2)]을 묻거나, 단체협약을 해지할 수 있다.

그러나 단체협약의 채무적 부분은 재산적 거래를 목적으로 하는 시민법상의 쌍무계약과는 달리 근로자의 권익보호와 관련된 협약으로서 편무계약적 성질을 가지며, 단체협약위반행위는 주로 작위(作爲)의무(예컨대 성실한 단체교섭에 임할 의무) 또는 부작위(不作爲)의무(단체협약 효력기간 중에 쟁의행위를 하지 않을 의무) 등 집단적 노사관계를 중심으로 이루어지기 때문에 채권법상의 강제이행(특히 간접강제: 민법 제389조 Ⅱ·Ⅲ 참조), 채무불이행으로 인한 손해배상청구(특히 손해액의 산정곤란), 해지 등의 방법은 적절한 구제수단이 되기 어려운 것이 사실이다.[3)]

b) 그러나 이와 같은 규정들의 적용의 곤란성은 사실상의 문제에 지나지 않으며, 단체협약의 채무적 부분에 대하여 계약상의 불이행 규정들을 적용할 수 없다는 근거가 될 수는 없다. 예컨대 단체협약상의 채무를 위반(쟁의행위개시 전의 통고기간 부준수, 보안작업의 불이행, 평화의무 또는 평화조항의 위반)하여 노동조합이 쟁의행위를 단행했을 경우에

1) Zöllner/Loritz/Hergenröder, *ArbR* §38 Rn. 29 참고.

2) 노동조합이 채무불이행으로 인한 책임을 지는 경우에 그 책임재산의 대상은 노동조합의 재산에 국한된다.

3) 심태식, 「개론」, 187면 이하; 박상필, 「노동법」, 446면; 外尾, 「勞働團體法」, 640面. 단체협약위반에 대한 계약책임에 관해서는 Löwisch/Rieble, *TarifvertragsG(Kommentar)* §1 Rn. 1431 ff. 참고.

노동조합은 협약상의 의무를 위반한 불이행책임을 부담하는 것이 마땅하므로 그로 인하여 발생된 사용자의 경제적 손실에 대하여 손해배상책임을 져야 한다.[1] 왜냐하면 그와 같은 쟁의행위는 협약위반행위로서 노동법의 보호를 받을 수 없는 것이며 위법한 행위가 되기 때문이다. 만약 단체협약상의 평화의무나 평화조항(평화조항위반의 효과에 관해서는 다음의 7 (1) 이하 참고)을 단순히 단체협약 존속기간 중의 투쟁행위를 하지 않겠다는 사실적인 노력의 표명으로만 생각한다면, 쟁의행위에 의하여 필연적으로 침해되는 사용자의 법익은 법의 보호와 구제를 받을 수 없게 될 것이다. 이 경우에 쟁의행위를 주도한 자를 사용자가 징계처분한다 하더라도 협약위반의 쟁의행위의 위법성이 제거되지는 않는다. 단체협약당사자가 협약 내에서 합의한 내용을 성실하게 이행해야 할 채무를 진다는 것은 당연한 일이며, 채무불이행시에 민법상의 구제방법이 적용될 수 있는 한에서는 이를 긍정하는 것이 마땅하다.

(4) 평화의무

a) 평화의무란 단체협약의 당사자가 현행 협약의 유효기간중 협약 내에 정한 근로조건 또는 그 밖의 사항의 변경·폐지를 요구하는 쟁의행위를 하지 않을 의무와 그 통제 하에 있는 구성원들이 이와 같은 쟁의행위를 행하지 못하게 하는 의무를 말한다(상대적 평화의무). 판례도 같은 입장을 취하고 있다. 현재 적용되고 있는 단체협약 규정들에 위반하는 경우에만 평화의무 위반의 문제가 발생한다는 것이 판례의 기본적 태도이다. 따라서 노동조합이 단체협약에 규정되어 있지 않은 사항에 대해서 또는 차기의 단체협약 체결을 위하여 단체교섭을 요구한다고 하여 이를 평화의무 위반이라고 보지 않는다.[2] 판례는 절대적 평화의무(absolute Friedenspflicht)(단체협약의 효력기간 중에는 단체협약 내에 규정되어 있는지 여부에 관계없이 어떠한 사항에 관해서나 단체교섭이나 쟁의행위를 하여서는 아니 될 의무)를 인정하지 않는다. 이러한 견해는 독일의 통설의 견해이기도 하다. 그

1) 菅野, 「勞働法」, 889面; 西谷, 「勞働組合法」, 370面. 판례는 조합간부의 불법행위에 대한 노동조합의 책임(민법 제35조 1항의 유추적용)을 인정하여 손해배상책임을 묻는다(大判 1994. 3. 25, 93 다 32828·32835 등).

2) 大判 1992. 9. 1, 92 누 7733(단체협약이 새로 체결된 후 뚜렷한 무효사유를 제시하지 않은 채 단체협약의 전면무효화를 주장하면서 행한 쟁의행위는 평화의무위반으로 정당성이 상실된 노동조합활동이라고 한 예); 大判 2003. 2. 11, 2002 두 9919(단체협약 유효기간중에도 노동조합은 차기의 협약체결을 위하거나 기존의 단체협약에 규정되지 아니한 사항에 관하여 사용자에게 단체교섭을 요구할 수 있다고 할 것이고 또한 단체협약이 형식적으로는 유효한 것으로 보이지만 단체협약을 무효라고 주장할 만한 특별한 사정이 인정되는 경우에도 노동조합으로서는 단체협약의 유효기간중에 사용자에게 단체협약을 무효라고 주장하는 근거를 제시하면서 기존의 단체협약의 개폐를 위한 단체교섭을 요구할 수 있다고 보아야 할 것이며, 이러한 경우 사용자로는 기존의 단체협약의 유효기간이 남아 있고, 따라서 노동조합의 위와 같은 행위가 평화의무에 반하는 것이라는 이유만을 내세워 단체교섭 자체를 거부할 수는 없다).

러므로 노사간의 규율이 필요한 사항에 관하여 단체협약이 아무 규정을 두고 있지 않다고 하여 어떤 투쟁조치도 금지된다고 해석되어서는 아니된다.[1] 평화의무는 단체협약의 평화적 기능([109] 1. 참고)에 내재하는 본래적 의무라고 파악되고 있다.[2] 이러한 평화의무는 단체협약 내에 명문의 규정이 없더라도 협약당사자가 부담하는 의무이다. 계약법상 당사자가 일정한 사항에 관하여 약정한 이상 그 유효기간 중에 이를 존중하는 것은 당연한 의무이기 때문이다. 평화의무는 계약상의 신의칙에 비추어 보더라도 단체협약의 성질에 부합하는 것으로 생각된다.[3] 협약의 존속기간 중에 일체의 쟁의행위를 하지 않을 협약상의 절대적 평화의무와는 구별된다.[4]

b) 평화의무를 위반한 쟁의행위에 대한 책임은 주로 노동조합측에서 문제가 된다. 대체로 이에 대하여는 형법상의 범죄(예: 업무방해죄)의 구성요건에 해당되지 않는 한 형사면책을 인정하는 것이 통설이지만 민사책임은 부인할 수 없다.[5] 평화의무위반의 쟁의행위에 대하여는 상당인과관계가 있는 모든 손해를 배상할 책임이 있다는 설과 신뢰관계를 파괴한 데서 오는 정신적인 손해에 대하여 위자료를 지급할 책임이 있다는 설로 나누어진다. 그러나 단체협약의 평화의무는 일종의 계약상의 채무에 해당되기 때문에[6] 이에 대한 위반은 채무불이행으로 인한 손해배상책임(민법 제390조, 제393조 참조)을 발생케 한다.[7] 다만, 평화의무는 원래 노동조합 자체의 의무이므로 노동조합만이 그 책임주

---

1) Gamillscheg, *Kollektives ArbeitsR*, Bd. I S. 1078. 절대적 평화의무는 유효한 단체협약이 체결되어 있다는 사실만으로 인정될 수 있는 것은 아니다. 이러한 의무가 인정되기 위해서는 협약 내에 이에 관한 명문의 규정이 있어야 한다는 것이 일반적 견해(Kissel, *ArbeitsKampfR* § 26 Rn. 2 등)이지만 협약 당사자인 노동조합의 자유로운 결정이 저해되었다고 볼만 한 특별한 사정이 없는 경우에만 그 규정의 설정은 유효하다고 해야 한다(同旨: 西谷, 「勞働組合法」, 374面). 절대적 평화의무는 실제로는 문제되지 않는다.

2) 이른바 내재설(본래적 의무설): 大判 1992. 9. 1, 92 누 7733; 菅野, 「勞働法」, 886面; Waltermann, *ArbR* Rn. 592; Lieb/Jacobs, *ArbR* Rn. 480; Gamillscheg, *Kollektives ArbR*, Bd. I, S. 1075.

3) 菅野, 「勞働法」, 886面.

4) 평화의무와 구별해야 할 것으로 단체협약 내의 「평화조항」이 있다. 이에 관하여는 [111] 7. (1) 참고.

5) 평화의무위반은 협약당사자가 단체협약상의 채무를 위반하는 것이기 때문에 계약상의 채무불이행에 의한 책임 문제를 일으킬 수 있지만 강행법률을 위반한 불법성 내지 위법성과 연계되지는 않는다. 평화의무에 위반한 쟁의행위(특히 파업)가 위법한 것인지는 노조및조정법 제37조 이하의 규정에 의하여 판단되어야 하므로 단체협약상의 채무불이행과는 별개의 차원의 문제이다.

6) 단체협약의 평화의무는 단체협약의 채무적 효력 속에 내재하는 것으로 보아야 한다(Löwisch/Rieble, *TarifvertragsG(Kommentar)*, § 1 Rn. 364; Kissel, *ArbeitskampfR* § 8 Rn. 30). 異見: 김유성, 「노동법 II」, 177면(묵시적 합의설); 임종률, 「노동법」, 169면(신의칙설).

7) 同旨: 이병태, 「노동법」, 256면; 박홍규, 「노동법론」, 997면; 石井, 「勞働法」, 435面 참고. 그 밖에도 평화의무위반의 쟁의행위에 대하여 이의 중지를 요구하는 가처분이 가능한지가 문제된다. 이에 관해서는 아직 우리 판례는 보이지 않는다. 일본판례 중에는 이를 긍정하는 판례와 부정하는 판례로 나누어지고 있는데, 긍정설에 따르면 상대방의 쟁의행위로 인하여 회사가 회복할 수 없는 손해를 입게

체가 되지만, 노동조합의 만류 · 설득에도 불구하고 일부 조합원들이 쟁의행위를 행한 경우에는 노동조합은 책임을 지지 않는다.[1]

과거에는 단체협약은 노사가 자주적으로 설정한 법규범이므로 그 효력기간 중에 이를 준수하는 것은 당연하다는 전제하에 평화의무 위반의 쟁의행위는 법규범 설정 자체와 모순되는 자살적 현상이므로 전면적으로 위법한 쟁의행위가 되어 형사상 · 민사상의 면책(免責)을 받을 수 없다는 견해가 주장되기도 하였다.[2] 그러나 단체협약 위반의 쟁의행위는 기본적으로 채무불이행에 해당하므로 — 그러한 한도 내에서 정당성이 인정되지 않더라도[3] — 형법상의 구성요건(주로 형법 제314조의 업무방해죄)에 해당하지 않는 한 형사책임을 물을 수 없지만 민사상의 손해배상 책임을 면할 수는 없다.[4] 단체협약상의 평화의무를 이행해야 할 책임주체는 어디까지나 협약당사자인 노동조합과 사용자(또는 사용자단체)이므로 그 책임은 채무불이행 책임이라고 보아야 하고 구체적 사안에 따라 불법행위책임이 인정되는 경우(기업질서위반 또는 재산권 침해)도 있다.[5]

독일의 학설과 판례는 단체협약 상의 평화의무를 침해하는 쟁의행위는 위법하다는 견해를 취한다. 쟁의행위가 평화의무에 위반하는지 여부는 일반적으로 협약상의 해당 규정과 쟁의행위의 목적을 대비 · 검토하므로써 결정된다. 쟁의행위가 평화의무를 위반한 경우 평화의무와 무관한 요구가 쟁의행위의 목적 내에 함께 포함되어 있더라도 그 쟁의행위는 전체적으로 위법하다는 것이 학설 · 판례의 견해이다.[6] 따라서 위법한 쟁의행위를 단행한 측에서는 상대방에게 손해배상책임을 부담해야 한다.[7] 독일에서도 평화의무

될 우려가 있는 경우에는 가능하다고 하며(ノースウエスト 航空事件 · 東京高決 昭和 48. 12. 26, 勞民集 24卷 6號 666面; Kissel, *Arbeitskampfrecht* §65 Rn. 9), 부정설에 의하면 평화의무는 노동법상 고유한 의무이므로 피보전권리의 존재 자체가 인정되지 않는다고 한다(日本信託銀行事件 · 東京地決 昭和 35. 6. 26, 勞民集 11卷 3號 674面). 이에 관해서는 다음의 [111] 7. (1) d)를 참고.

1) 단체협약상의 평화의무를 위반한, 또는 단체협약을 위반한 쟁의행위에 참가하는 개개 근로자들은 정상적인 노무제공을 하지 않거나 동료 근로자의 노무제공을 방해하므로써 근로계약상의 의무를 침해하게 된다. 그러므로 노동조합의 단체협약 위반행위(평화의무 위반행위와 단체협약 위반행위)와 개인근로자들의 근로계약위반행위는 이를 구별해야 한다.

2) 石井, 「勞働法」, 384面.

3) 大判 1994. 9. 30, 94 다 4042; 大判 2007. 5. 11, 2005 도 8005; 大判 1992. 9. 1, 92 누 7733 참고.

4) 노사간의 신뢰관계를 침해한 데 대한 정신적 손해인 위자료 책임만을 부담한다는 견해도 있다(김유성, 「노동법 II」, 179面.

5) 菅野, 「勞働法」, 887面. 민사책임을 인정하는 견해는 평화의무를 과대평가하는 것이라고 하여 부정적 태도를 취하는 견해가 있다(西谷, 「勞働組合法」, 369面).

6) Wiedemann/Thüsing, *TarifvertragsG(Kommentar)* §1 Rn. 858(§859 이하에서는 평화의무 위반 사례들이 자세히 설명되어 있다).

7) 자세히는 Kissel, *ArbeitskampfR* §26 Rn. 140 ff.; Waltermann, *ArbR* §30 Rn. 679; BAG 26. 7. 2016 – 1 AZR 160114 참고.

는 상대적 평화의무로 해석되고 있으므로 단체협약 효력기간 중에 단행된 쟁의행위가 협약상의 규정에 위반하는 경우에만 위법하다. 다만, 단체협약 내에 명확하게 규정하지 않은 사항이더라도 협약 내에 명확하게 규정된 사항과 실질적으로 내적 관계가 있으면 그러한 사항의 실현을 목적으로 하는 쟁의행위는 위법하다.[1] 단체협약의 효력이 종료된 후 여후효(余後效)를 가지는 협약규정들(독일 단체협약법 제4조 5항 참조)에 대해서는 평화의무가 인정되지 않는다.[2]

c) 사용자는 평화의무 위반의 쟁의행위에 참가한 개별 근로자에 대해서는 근로계약 위반에 따른 채무불이행 책임을 물을 수 있을 것이다. 그렇다면 사용자는 쟁의행위 참가 근로자에 대하여 채무불이행 책임 외에 징계처분도 할 수 있는가? 평화의무 위반이 노동조합과 사용자 간의 채무불이행의 문제라면 평화의무 위반이 곧바로 참가근로자 개인의 단체협약 위반행위가 된다거나 기업질서 위반행위에 해당한다고 볼 수는 없다.[3] 평화의무 위반의 쟁의행위가 정당성을 결하면(이에 관해서는 [118] 2. (3) c) 참고) 쟁의행위에 참가한 개별 근로자에 대해서는 평화의무 위반으로 인해서가 아니라 정당성이 없는 쟁의행위에 참가한 것을 이유로 징계처분이 가능하다고 할 수 있다.[4] 평화의무(부작위의무)의 위반행위에 대해서 보전(保全)의 필요성이 인정되면 가처분 청구도 가능하다고 보아야 한다.[5]

---

1) Hromodka/Maschmann, *Arbeitsrecht*, Bd. 2 § 14 Rn. 44.

2) Hromodka/Maschmann, *Arbeitsrecht*, Bd. 2 § 14 Rn. 46.

3) 日本 最高裁三少判 昭和 43. 12. 24, 民集 22巻 13号 3194面(또한 개별 조합원이 그러한 쟁의행위에 참가하는 것도 근로계약상의 채무불이행에 지나지 않는다고 보는 것이 상당하므로 징계처분을 내릴 수 없다).

4) 평화의무 위반의 쟁의행위는 단체협약 내에 규정되어 있는 사항에 관하여 노사간에 분쟁이 발생하여 쟁의행위로 발전되는 것이므로 이러한 쟁의행위의 당사자는 협약당사자인 노동조합이고 그 쟁의행위가 정당성을 결하면 노동조합의 채무불이행(단체협약상의 채무인 평화의무 위반의 채무불이행)이 문제된다. 따라서 이러한 쟁의행위에 참가한 조합원의 행위는 노동조합의 협약위반 행위의 한 부분을 이룬다. 노동조합의 협약위반 행위가 정당성을 결한 때에는 조합원의 쟁의행위 참가행위는 근로계약상의 노무제공의무에 위반하는 것이 되므로 채무불이행 책임을 부담하게 되고 그 위반행위가 근로계약상의 신뢰관계를 크게 훼손하는 정도에 이르렀다면 사용자가 해당 근로자를 징계처분한다고 하여 이를 부당하다고 볼 수 없다(징계처분의 가능성을 지적한 견해로서는 荒木, 「勞働法」, 625面. 징계처분은 손해의 전보와는 달리 기업의 규율과 질서유지의 문제라고 하면서 쟁의행위의 단체책임과 개별 근로자의 책임을 구별하는 견해로는 菅野, 「勞働法」, 936面 참고). 평화의무 위반의 쟁의행위가 정당성을 상실하지 않으면 정당한 쟁의행위에 참가한 개별 근로자를 징계처분할 수 없음은 당연하다(西谷, 「勞働組合法」, 370面).

5) 협약당사자인 노동조합은 조합원들에 대하여 평화의무에 위반하는 쟁의행위를 개시하거나 계속하지 않도록 할 영향의무를 부담한다. 노동조합은 규약을 갖춘 사단으로서 조직적 단체이므로 그 구성원인 조합원이 단체협약의 준수를 방해하는 행위를 하는 경우에는 규약에 정한 제재를 과할 수 있다. 그러나 노동조합이 조합원들의 일탈행위를 방지 또는 저지하기 위한 노력을 다 하였으나 집단적 노

5. 조직적 부분과 그 효력

(1) 조직적 부분(제도적 부분)

단체협약 내에는 집단적 노사관계를 제도적으로 규율하는 조항이 있는데, 이를 특히 조직적 부분이라 하여 규범적 부분이나 채무적 부분과 구별할 수 있다. 오늘날 노사간의 협동적 관계가 긴밀해지고 있으므로 이와 관련하여 조직적 부분은 그 독자성이 인정될 수 있다.

그러나 근로자참여협력법에 의하여 근로자의 복지증진·교육훈련·노사분규예방·고충처리 등에 관한 사항뿐만 아니라 징계·해고 등 인사에 관한 협의기구의 구성 및 운영 등은 노사협의의 대상(근참법 제20조 참조)이 될 수 있으므로, 단체협약의 조직적 부분의 의의는 그만큼 약화되었다고 볼 수 있다.[1] 그럼에도 불구하고 소비협동조합·공제조합 등의 구성과 운영에 관하여 단체협약을 통해서 사용자에게 그 기금의 일부를 부담케

무거부행위가 발생하였다면 노동조합은 조합원들에 대한 영향의무(단체협약상 사용자에 대하여 부담하는 채무)를 이행한 것이므로 쟁의행위로 인하여 발생한 손해를 배상할 책임이 없다(Wiedemann/Thüsing, *TarifvertragsR(Kommentar)* §1 Rn. 838). 이러한 경우에 상대방 협약당사자인 사용자는 위법한 쟁의행위의 중지가처분 신청을 할 수 있는지가 문제된다. 쟁의행위에 대한 중지가처분은 사후적 조정(調整)으로서의 손해배상과는 달리 단체행동의 행사를 억제하는 것으로 국가의 중립의무에 저촉될 가능성이 크며, 당사자자치를 통한 협약자치를 집단적 노사관계법의 기본원칙으로 하는 노동법체계에 어긋나는 것이어서 원칙적으로 허용될 수 없다는 유력한 견해가 있다(菅野, 「勞働法」, 887面; 西谷, 「勞働組合法」, 371面; 山口, 「勞働組合法」(第2版), 1996, 268面). 그러나 쟁의행위의 위법성이 명백하고 법원이 개입하지 않을 수 없을 만큼 상대방에 대한 중대한 권리침해가 있고 사후적인 손해의 배상으로는 회복될 수 없는 손실이 예상되는 등의 요건이 갖추어지면 예외적으로 가처분이 용인되어야 한다는 견해가 있는가 하면(西谷, 「勞働組合法」, 451面), 노사관계의 안정을 목적으로 하는 단체협약의 기능을 고려할 때 보전(保全)의 필요성 요건이 충족되면 가처분을 인정해야 한다는 보다 긍정적인 견해도 있다(荒木, 「勞働法」, 624面). 독일에서는 평화의무를 위반한 쟁의행위는 위법한 것으로 보므로 위법한 파업에 대해서는 금지청구를 인정한다(Gamillscheg, *Kollektives ArbR*, Bd. I S. 1085). 단결권과 조합활동을 보장한 기본법 제9조 3항은 적법한 쟁의행위를 보호할 뿐이고 쟁의행위에 대한 중지가처분은 위법한 쟁의행위의 제지를 위해서만 인용되는 것이이므로 가처분 제도가 단결권을 보장한 기본법 제9조 3항의 기본취지에 반하지 않는다는 견해가 지배적이다. 협약당사자의 일방이 상대방의 위법한 쟁의행위를 저지하기 위한 법적 보호수단으로서 가처분을 활용하는 것을 거부할 목적으로 기본법 제9조 3항을 원용할 수는 없다고 한다(Kissel, *ArbeitskampfR* S. 915; Gamillscheg, *Kollectives ArbeitsR*, Bd. I S. 1293). 다만 법원이 가처분으로 쟁의행위의 금지를 명하기 위해서는 명확한 사실에 근거하여 쟁의행위의 위법성이 증명되어야 한다. 특히 금지가처분은 위법한 쟁의행위로 피해를 입게될 협약당사자에게 회복하기 어려운 긴급한 방지를 요하는 손해의 발생 위험이 존재해야 한다. 예컨대 생필품운송업이나 항공운송업에서의 위법한 파업에 대한 금지처분은 정당성 근거를 가진다(Zöllner/Loritz/Hergenröder, *ArbR* §44 Rn. 110).

1) 징계·해고·인사에 관한 사항은 근로조건에 직접적 관련이 있는 한 규범적 부분이 될 수 있음은 물론이다([111] 2. (1) 참고).

하거나, 집단적 노사관계와 관련하여 사용자에 의한 징계해고권의 남용을 견제하기 위해서 징계절차를 제도화하는 것은 단체협약의 조직적 부분으로서 중요시된다. 그러나 조직적 부분이 가지는 효력은 반드시 일정하지 않기 때문에, 예컨대 해고협의(또는 동의) 조항은 이를 규범적 부분 또는 채무적 부분 또는 조직적 부분이라고 하여 의견이 갈릴 수 있다. 조직적 부분은 근로조건의 기준이나 협약당사자 상호 간의 권리·의무에 관한 조항이 아니라 집단적 노사관계의 규율을 위한 제도 또는 사업장에서 적용될 제반 절차 및 규제에 관한 조항이라는 점에서 그 특이성이 인정되는 것이므로, 이 부분이 가지는 효력을 일률적으로 논하는 것은 현실적으로 어려운 일이다.

(2) 조직적 부분의 효력

조직적 부분의 효력은 그 부분의 성격에 따라 결정되어야 한다. 원칙적으로 조직적 부분이 가지는 제도적 효력은 규범적 효력이다. 예컨대 단체협약 내에 징계위원회의 구성[1]과 징계절차에 관한 규정이 있는 경우, 징계위원회의 의결을 거치지 않은 징계처분은 무효라고 해야 한다.[2] 징계위원회에 관한 규정을 근로자의 징계에 관하여 정한 것으로 본다면 이 규정을 규범적 부분으로 해석할 수도 있을 것이다. 그러나 징계위원회의 구성과 운영절차에 관한 조항은 조직적 부분으로서 징계의 효력에 관한 부분과 구분하여 이해하는 것이 옳을 것이다. 따라서 징계절차를 거치지 않은 징계해고가 절차의 흠결을 이유로 무효가 되었다면 절차를 구비하여 다시 징계해고 할 수 있다.[3]

6. 단체협약의 해석과 이행방법에 관한 분쟁처리절차

(1) 단체협약의 해석

단체협약의 내용에 관하여 노동조합과 사용자 사이에 해석상의 견해의 차이 내지 다툼이 생긴 경우에는 노동조합과 사용자가 법률행위(계약상의 합의)를 거쳐서 이루어진 단체협약서를 기초로 그 문언의 내용을 명백히 하여야 할 것이다. 단체협약서는 법률행위인 단체협약체결의 내용을 서면화한 처분문서이기 때문이다. 판례[4]에 의하면 「단체협

---

1) 기업별 노조와 사용자가 단체협약에서 근로자 측 징계위원의 자격에 관하여 아무 규정을 두고 있지 않은 경우 근로자 측 징계위원은 사용자 회사에 소속된 근로자에 한정되고, 기업별 노조가 산업별 노조의 지부 또는 분회로 조직 변경된 후에도 새로운 단체협약이 체결되지 않았다면 근로자 측 징계위원은 사용자 회사에 소속된 근로자에 한정된다(大判 2015. 5. 28, 2013 두 3351).

2) 同旨: 大判 2009. 3. 12, 2008 두 2088; 大判 2008. 9. 11, 2007 두 10174; 大判 1990. 12. 7, 90 다 6095; 大判 1999. 3. 26, 98 두 4672 등([65] 2. (2), [111] 7. (7) 참고).

3) 大判 1994. 9. 30, 93 다 26496; 大判 1995. 12. 5, 95 다 36138 참고. 징계절차의 치유에 관한 판례: 大判 2016. 11. 24, 2015 두 54759.

4) 大判 2011. 10. 13, 2009 다 102452(사용자와 노동조합이 체결한 단체협약 가운데 「임금 미지급분에 대해서는 출근시 당연히 받아야 할 임금은 물론 평균임금의 100%를 가산 지급」하기로 하는

약서는 그 진정성립이 인정되면 특별한 사정이 없는 한 그 단체협약서에 기재되어 있는 문언의 내용에 따라 당사자(노동조합의 교섭당사자와 사용자)의 의사표시가 있었던 것으로 객관적으로 해석하여야 한다. 그러나 교섭당사자 사이에 계약의 해석을 둘러싸고 이견이 있어 단체협약서에 나타난 당사자의 의사해석이 문제되는 경우에는 문언의 내용, 그와 같은 약정이 이루어진 동기와 경위, 약정에 의하여 달성하려는 목적, 당사자의 진정한 의사 등을 종합적으로 고찰하여 논리와 경험칙에 따라 합리적으로 해석하여야 한다.[1] 한편 단체협약과 같은 처분문서를 해석함에 있어서는, 단체협약이 근로자의 근로조건을 유지·개선하고 복지를 증진하여 그 경제적·사회적 지위를 향상시킬 목적으로 근로자의 자주적 단체인 노동조합과 사용자 사이에 단체교섭을 통하여 이루어지는 것이므로, 그 명문의 규정을 근로자에게 불리하게 변형 해석할 수 없다」고 한다.[2] 이 판례는 단체협약이 협약당사자의 의사표시에 의하여 이루어진다는 점과 근로자의 보호를 위한 처분문서임을 명백히 하고 있다. 따라서 단체협약은 그 문언에 따라 합리적이고 합목적적으로 해석되어야 한다. 단체협약은 그 성립과정에서 보면 계약으로서의 성격을 가지지만 규범적 부분이 가지는 효력의 측면에서 보면 단순히 채권계약으로서 해석될 것은 아니어서 협약당사자의 주관적 잠재적 의사에만 의존할 것은 아니다. 해당 규정의 적용을 받는 조합원들과 사용자들(산별노동조합과 사용자단체가 체결한 단체협약의 경우)의 입장에서도 내용의 명료성과 법적 안정성이 유지될 수 있도록 해석되어야 한다. 그렇다고 단체협약의 규범적 부분이 마치 법률인 것처럼 협약당사자의 '객관적' 의사를 기준으로 해

규정의 해석이 문제된 사안에서, 미지급 임금 지급시 가산 지급되는 「평균임금의 100%」는 근로자가 부당해고 부당징계로 인하여 해고 등 당시부터 원직복직에 이르기까지의 전 기간에 걸쳐 지급받지 못한 임금을 의미한다고 보아야 한다고 한 사례); 大判 2014. 2. 13, 2011 다 86287; 大判 2017. 2. 15, 2016 다 32193; 大判 2017. 3. 22, 2016 다 26532; 大判 2018. 11. 29, 2018 두 41532 등 참고.

1) 장기간의 노사분규와 경기불황으로 휴직제를 실시하면서 '무급휴직자에 대해서는 1년 경과 후 생산물량에 따라 순환근무가 이루어질 수 있도록 하며, 실질적 방안으로 주간 2연속 2교대를 실시한다'는 노사합의서(단체협약)의 문언의 의미를 '노사합의일로부터 1년 후 무급휴직자를 무조건 복귀시키기로 한 것'이라는 원고 근로자들의 주장을 배척한 원심을 받아들여 노사합의일로부터 1년이 지난 날부터 복직 시점까지의 임금을 청구한 원고의 상고를 기각한 판결(大判 2016. 10. 27, 2014 다 82026(쌍용자동차 사건). 또한 大判 2014. 2. 27, 2011 다 109531; 大判 2014. 6. 26, 2014 다 14115 등 참고); 大判 2018. 11. 29, 2018 두 41532.

2) 大判 2019. 11. 28, 2017 다 257869(단체협약에서 '쟁의기간 중에는 징계나 전출 등의 인사조치를 아니한다'고 정하고 있는 경우, 이는 쟁의기간 중에 쟁의행위에 참가한 조합원에 대한 징계 등 인사조치 등에 의하여 노동조합의 활동이 위축되는 것을 방지함으로써 노동조합의 단체행동권을 실질적으로 보장하기 위한 것이므로, 쟁의행위가 그 목적이 정당하고 절차적으로 정당하게 개시된 것이라면, 비록 쟁의 과정에서 징계사유가 발생하였더라도 쟁의가 계속되고 있는 한 징계절차를 포함한 일체의 징계 등 인사조치를 할 수 없다).

석될 것은 아니다.[1] 다만 단체협약에서 명시적으로 「회사는 정당한 노동쟁의행위에 대하여 간섭·방해, 이간행위 및 쟁의기간 중 여하한 징계나 전출 등 인사조치를 할 수 없다」고 정하고 있다면, 비위사실이 쟁의행위와 관련이 없는 개인적 일탈에 해당한다거나 노동조합의 활동이 저해될 우려가 없는 경우에는 정당한 쟁의행위 기간 중에도 회사가 징계권을 행사할 수 있다는 식으로 단체협약 규정의 적용 범위를 축소하여 해석하여서는 아니 될 것이다.[2] 단체행동권의 실질적 보장을 위한 취지에 반하기 때문이다.

판례에 따르면, 단체협약에서 조합원의 징계 및 해고가 행정기관의 판정 또는 법원의 확정 판결로 부당한 징계 또는 해고 무효로 확인된 경우 회사는 그 조합원을 복직 조치한다는 규정과 함께 미지급분의 임금 이외에 가산보상금으로서 통상임금의 100퍼센트를 지급해야 한다는 규정을 '인사'편에 두고 있으나, 경영상 이유에 의한 해고 제한에 관해서는 그 편별을 달리하여 '고용보장'편에서 규정하면서 해고 무효나 복직 조치 그리고 가산보상금에 관해서 전혀 언급하고 있지는 않은 경우에 그와 같은 단체협약이 성립한 과정과 가산보상금 규정과 관련된 노동조합의 태도 및 그로부터 추단되는 단체협약 당사자의 진정한 의사 등 여러 사정을 종합적으로 살펴보면 가산보상금 규정은 개별적인(개인적인) 징계 또는 해고의 부당성이 밝혀진 경우에 적용되는 것을 전제하고 있는 제도일 뿐 그와 성격을 달리하는 '경영상의 이유에 의한 해고'의 경우에까지 당연히 적용될 것을 예정하고 있는 것은 아니라고 해석하는 것이 타당하다고 한다. 따라서 이를 두고 단체협약의 명문 규정을 근로자에게 불리하게 변형 해석하는 경우에 해당한다고 하기 어렵다고 한다.[3]

(2) 협약분쟁처리절차

노조및조정법 제34조 1항에 의하면 단체협약의 해석 또는 이행방법에 관하여 관계 당사자 간에 의견의 불일치가 있는 때에는 '당사자 쌍방 또는 단체협약에 정하는 바에 의하여 어느 일방'이 노동위원회에 그 해석 또는 이행방법에 관한 견해의 제시를 요청할 수 있다(시령 제16조 참조). 단체협약 내의 근거규정 없이는 당사자 일방이 견해의 제시를 요청할 수 없다. 구법하에서는 단체협약의 해석·적용·이행과 관련된 집단적인 권리분쟁은 사법적 심사에 의해서만 해결될 수 있었기 때문에 그에 관한 분쟁이 장기화될 수

1) Löwisch/Rieble, *TarifvertragsG(Kommentar)* § 1 Rn. 1677(독일연방노동법원은 단체협약의 수규자(受規者)의 지평에서 양당사자의 의사를 합목적으로 해석해야 한다고 한다: BAG 22.4.10 – NZA 2011, 1293).

2) 大判 2019. 11. 28, 2017 다 257869.

3) 大判 2017. 3. 22, 2016 다 26532.

있을 뿐만 아니라 소송비용의 부담 등 현실적인 어려움이 발생하였다. 이와 같은 이유에서 노동위원회의 판단을 통하여 당해 분쟁의 신속한 해결을 도모할 필요가 있다는 지적에 따라 1996년 12월 31일의 노조및조정법 개정시에 동 규정이 신설된 것이다. 노동위원회는 관계당사자로부터 단체협약의 해석 또는 그 이행방법에 관하여 견해제시를 요청받은 경우에는 그 날부터 30일 이내에 명확한 견해를 제시하여야 하며(제34조 Ⅱ), 노동위원회가 제시한 해석 또는 이행방법에 관한 견해는 중재재정과 동일한 효력을 가진다(제34조 Ⅲ).[1)·2)] 그리고 노동위원회가 제시한 견해에 불복할 때에는 노동위원회가 행한 중재재정의 효력을 다투는 절차(불복절차)를 정한 노조및조정법 제69조에 의하여야 한다.[3)] 협약당사자는 단체협약의 해석·이행에 관한 분쟁이 발생한 경우에는 노동위원회 외에 법원에서도 이를 다툴 수 있음은 물론이다.

단체협약의 해석 또는 이행방법에 관한 견해가 제시될 때까지는 관계당사자는 노동위원회의 중재의 대상이 된 단체협약의 해석 또는 이행에 관하여 쟁의행위를 할 수 없다(노조및조정법 제60조 Ⅴ 유추적용).

7. 단체협약의 제조항

(1) 평화조항

a) 의 의 이 조항은 단체협약에 내재하는 평화의무와는 달리 협약 내에 구

---

1) 그런데 동 규정에서는 노동위원회의 어느 부서에서 이에 대한 분쟁절차를 담당할 것인지에 관하여 아무런 규정을 두고 있지 않다. 협약당사자가 자율적으로 체결한 단체협약의 해석에 관한 분쟁은 일종의 권리분쟁이므로, 이에 관해서는 심판위원회가 담당하는 것이 타당할 것이다. 따라서 노동위원회의 위원장은 단체협약의 해석 또는 이행방법에 관하여 협약당사자로부터 견해의 제시를 요청받은 경우에는 지체 없이 심판담당공익위원 중 3인을 지명하여 이를 처리하도록 해야 할 것이다(노위법 제15조 Ⅲ 참조).

2) 「노동조합 및 노동관계조정법 제34조 3항을 근거로 단체협약의 해석 또는 이행방법에 관하여 단체협약 당사자의 견해 제시의 요청에 응하여 노동위원회가 제시한 견해는 중재재정과 동일한 효력을 가지는바, 중재재정서에 기재된 문언의 객관적 의미가 명확하게 드러나지 않는 경우에는 그 문언의 내용과 중재재정이 이루어지게 된 경위, 중재재정절차에서의 당사자의 주장, 그 조항에 의하여 달성하려고 하는 목적 등을 종합적으로 고찰하여 사회정의와 형평의 이념에 맞도록 논리와 경험의 법칙, 그리고 사회일반의 상식과 거래의 통념에 따라 합리적으로 해석하여야 할 것이므로, 위 법 제34조 3항에 기하여 노동위원회가 제시한 견해 역시 같은 방법으로 그 객관적 의미를 해석하여야 한다.」(大判 2010. 1. 14, 2009 다 68774, 참고판례: 大判 2009. 8. 20, 2008 두 8024).

3) 단체협약의 해석 또는 이행방법에 관하여 노동위원회가 제시한 견해의 효력을 다투고자 할 때에는 노동위원회가 행한 중재재정의 효력을 다투는 절차를 정한 노조및조정법 제69조에 의하여야 하고, 노동위원회가 단체협약의 해석 또는 이행방법에 관하여 잘못된 견해를 제시하였다면 이는 법률행위인 단체협약의 해석에 관한 법리를 오해한 위법을 범한 것이므로 노조및조정법 제69조에서 정한 불복사유인 위법사유에 해당한다(大判 2005. 9. 9, 2003 두 896).

체적으로 이에 관한 규정을 둠으로써 효력을 발생한다. 이것은 노사 쌍방이 쟁의행위를 미연에 방지하고 분쟁을 평화적으로 해결할 것을 목적으로, 예를 들면 단체교섭에서 쌍방이 성의를 가지고 노력했음에도 불구하고 해결을 보지 못한 경우에는 노사의 자주적인 조정기구에 조정(노조및조정법 제47조, 제52조 참조)을 신청한다는 등의 단체협약 내에 규정된 조항을 말한다. 그러므로 노사 사이에 분쟁이 발생한 때에는 먼저 조정기구에 의한 해결을 시도하여야 하며, 이에 실패한 경우에 한해서 쟁의행위를 할 수 있다. 따라서 평화조항이란 노사간의 분쟁이 쟁의행위로 발전하는 것을 가능한 한 막기 위하여 협약당사자가 준수해야 할 절차를 정한 조항을 말한다.

단체협약의 성질을 계약으로 파악하는 한 평화조항에 대한 위반행위는 채무불이행으로 인한 책임을 발생케 한다.

b) 손해배상책임 평화조항의 당사자는 협약당사자이므로 평화조항 위반행위(쟁의행위)로 손해가 발생한 때에는 그 위반행위와 손해 사이에 인과관계가 인정되면 위반행위를 한 자는 손해배상책임을 부담해야 한다. 이에 관하여는 평화의무 위반의 경우([111] 4. (4) 참조)에 준해서 판단하면 될 것이다.

(2) union shop 조항

a) 근로자를 신규채용할 때에 그 고용조건으로서 근로자가 채용된 후 일정 기간 내에 노동조합에 가입하지 않을 경우에 사용자가 신분상의 불이익(예컨대 해고)을 주도록 하는 단체협약상의 조항을 union shop 조항이라고 한다. 노조및조정법 제81조 1항 2호 단서는 제한적 조직강제조항으로서의 union shop을 허용하고 있다. 이 조항에 의하여 사용자는 노동조합에 가입하지 않은 근로자를 해고해야 할 협약상의 채무를 노동조합에 대하여 부담하게 되므로 이 조항은 채무적 효력을 가진다.[1)]

b) 현행 노조및조정법상의 union shop에 관한 규정은 노동조합의 자유설립과 복수노조 제도의 취지에 반하는 것으로 그 효력을 유지하기 어렵게 되었다. 제81조 1항 2호 단서는 「노동조합이 당해 사업장에 종사하는 근로자의 3분의 2 이상을 대표하고 있을 때에는 근로자가 그 노동조합의 조합원이 될 것을 고용조건으로 하는 단체협약의 체결」을 부당노동행위로 보지 않는다고 규정하고 있다. 우선 당해 사업장의 3분의 2 이상의 조직력을 가진 노동조합에 대하여 그 노동조합에 가입할 것을 강제하는 제한적 조직강제 수단을 허용하는 것은 복수노조하에서는 허용될 수 없다. 조합원의 수의 다과에 불구하고 모든 노동조합은 대등한 단결권을 가진다는 기본원칙과 근로자들의 단결선택권

---

1) 복수노조제도가 시행(2011. 7. 1)되기 전의 대법원(大決 2002. 10. 25, 2000 카기 183)과 헌법재판소(憲裁 2005. 11. 24, 2002 헌바 95·96, 2003 헌바 9(병합))는 노조및조정법 제81조 2호 단서 규정이 단결권을 보장한 헌법 제33조 1항에 위반되지 않는다는 태도를 밝힌 바 있다.

(단결권의 내용)에 반하기 때문이다. 현재 당해 사업장에 하나의 노동조합만이 설립되어 있는 경우라도 제한적 조직강제조항인 union shop 협정의 체결을 허용하는 것은 장래의 새로운 노동조합의 설립을 보호하는 노동조합 자유설립의 원칙(복수노조주의)에 반한다(union shop 협정을 체결한 노조가 이미 그 사업장의 모든 근로자를 그 구성원으로 조직한 경우에는 제2노조의 설립이 사실상 어려워질 것이다).[1] 이미 노동조합이 복수로 존재하여 교섭대표노동조합 또는 공동교섭대표단이 구성되고 단체협약체결능력을 보유하면서 당해 사업장의 근로자 3분의 2 이상을 조직하고 있더라도 그 교섭대표노동조합(2개 이상의 노동조합 조합원을 구성원으로 하는 교섭대표기구 포함) 또는 공동교섭대표단이 당해 노동조합의 조합원이 될 것을 고용조건으로 하는 union shop 협정을 체결하는 것 역시 소수 또는 그 밖의 노동조합의 단결권과 근로자들의 단결선택권을 침해한다는 점에서는 마찬가지로 현행 노조및조정법의 기본원칙에 위반된다.

c) 제81조 1항 2호 단서 후단은 「사용자는 근로자가 그 노동조합을 탈퇴하여 새로 노동조합을 조직하거나 다른 노동조합에 가입한 것을 이유로 근로자에게 신분상 불이익한 행위를 할 수 없다」고 규정하고 있다. 이 규정(2006년 12월 30일 개정)은 복수노조체제에 대비하여 union shop 조항의 내용을 조율한 것이라고 이해되고 있다. 그러나 다수노조 또는 교섭대표노조가 근로자의 3분의 2 이상을 조직하고 있다고 해서 그 노동조합(협약당사자인 노조)의 조합원이 될 것을 고용조건으로 하는 union shop 협정(제한적 조직강제조항)을 체결할 수 있도록 한다면 그 자체가 노동조합의 대등한 보호 원칙에 반한다. 「근로자가 그 노동조합을 탈퇴하여 새로 노동조합을 조직하거나 다른 노동조합에 가입」할 수 있다고 하여 union shop 조항이 허용될 수는 없다. 이러한 union shop 조항은 복수노조를 인정한 기본원칙에 원천적으로 반하기 때문이다. 또한 교섭대표노동조합이 이와 같은 union shop 협정을 체결하는 것은 제29조의4의 규정이 정한 공정대표의무에 반하는 것이 되어 허용될 수 없다고 보아야 한다.

d) 위에서 살핀 바와 같이 제한적 조직강제를 전제로 하는 union shop 협정은 복수노조체제하에서는 어느 경우에나 허용될 수 없다고 보아야 한다. 그렇다면 일반적 조직강제로서의 union shop 협정은 허용될 수 있는지가 문제된다. 일반적 조직강제로서의 union shop 조항은 어느 노동조합이건 노동조합에 가입할 것을 강제하는 것인데, 이는 union shop 조항을 체결하는 협약당사자인 노동조합이 자기 노동조합 이외에 다른 노동조합에 가입할 것까지를 포괄적으로 강제하는 것이다. 이와 같은 union shop 협정은 복수노조체제의 취지에 반하지 않으나 협약당사자인 당해 노조의 고유한 권한에 속

1) 異見: 임종률, 「노동법」, 77면.

하지 않는 사항을 교섭대상으로 삼는다는 점(협약자치의 한계를 벗어난 권한유월)에 문제가 있다.1)

교섭대표노동조합이 제한적 또는 일반적 조직강제조항으로서의 union shop 협정을 체결할 수 없다고 하면 제81조 1항 2호 단서의 규정은 실질적으로 무의미한 규정으로 해석될 수밖에 없다. 따라서 입사 후 처음부터 노동조합에 가입하지 않거나, 노동조합을 탈퇴한 후 새로 노동조합을 조직하거나 다른 노동조합에 가입하지 않는 비조합원인 근로자에 대해서는 더 이상 union shop 조항에 의한 조직강제가 행하여질 수 없게 되었다고 보아야 할 것이다.2) 이와 같은 결과는 복수노조 교섭창구단일화제도를 도입하는 데서 오는 당연한 귀결이라고 생각된다. 노동조합의 자유로운 설립과 근로자들의 단결선택의 자유는 아무 제한 없이 보장되어야 하므로 union shop 협정을 현행 규정(제81조 1항 ② 단서)의 형태로 유지시키는 것은 옳다고 생각되지 않는다([24] 4. ⑶ d)·e), [127] 4. d) 참고).

⑶ 조합원의 범위에 관한 조항

a) 이에 관하여도 앞에서([98] 2. ⑵ d) 및 [102] 1.·2. 참고) 이미 설명하였다. 원래 노동조합에의 가입자격은 노동조합이 자주적으로 결정할 문제이나, 실제에 있어서는 단체협약에서 비조합원의 범위를 노사가 협정하는 것이 일반적 실정이다. 그러나 단체협약에 의하여 비조합원의 범위를 노동조합과 사용자가 정한다는 것은 이에 대한 검토 또는 확인을 한다는 상호 간의 의무를 규정한 것에 지나지 않는다. 따라서 조합원의 범위에 관한 조항에 의하여 노조및조정법 제2조 4호 단서 가목에 해당되지 않는 근로자의

1) 西谷, 「勞働組合法」, 103面 이하 참고.

2) 노조및조정법 제81조 2호 단서 후단이 2006년 12월 30일 개정된 후 대법원은 유니온 숍 조항의 적용을 제한적으로 적용하는 판례를 내놓았다(大判 2019. 11. 28, 2019 두 47377). 이에 따르면 「근로자의 노동조합 선택의 자유 및 지배적 노동조합이 아닌 노동조합의 단결권이 침해되는 경우까지 지배적 노동조합이 사용자와 체결한 유니온 숍 협정의 효력을 그대로 인정할 수는 없고, 유니온 숍 협정의 효력은 근로자의 노동조합 선택의 자유 및 지배적 노동조합이 아닌 노동조합의 단결권이 영향을 받지 아니하는 근로자, 즉 어느 노동조합에도 가입하지 아니한 근로자에게만 미친다. 따라서 신규로 입사한 근로자가 노동조합 선택의 자유를 행사하여 지배적 노동조합이 아닌 노동조합에 이미 가입한 경우에는 유니온 숍 협정의 효력이 해당 근로자에 미친다고 볼 수 없고, 비록 지배적 노동조합에 대한 가입 및 탈퇴 절차를 별도로 경유하지 아니하였더라도 사용자가 유니온 숍 협정을 들어 신규입사 근로자를 해고하는 것은 정당한 이유가 없는 해고로서 무효라고 보아야 한다」고 한다. 판례의 견해는 당연한 것으로 판단된다. 일본에는 1989년의 최고재판소 판례(三井倉庫港運事件·最一小判平元. 12. 14 民集 43卷 12号 2051面)가 있고 사용자의 해고의무를 정한 부분은 민법 제90조(우리 민법 제103조)에 의하여 무효라고 한다. 판례는 노조및조정법 제81조 1항 2호 단서 규정에 의한 유니온 숍 협정은 사용자의 부당노동행위에 해당하지 않는다는 것을 전제로 하고 있으나 저자는 복수노동조합제도 하에서 근로자의 단결권을 보장한 헌법 제33조 1항의 단결권의 내용에 합치하지 않는다고 판단한다.

노동조합가입 자체를 제한할 수 있는 것은 아니며, 다만 단체협약의 적용범위를 규제할 수 있는 것으로 해석해야 한다.[1] 조합원 범위에 관한 조항은 조합비 공제 대상이 되는 종업원의 범위를 파악한다는 점에서 사용자에게도 필요한 것일 수 있으나 사용자의 이익에 관련된 규정은 아니다.

b) 조합원의 범위에 관한 조항과 관련하여 우리나라의 단체협약에는 「조합원은 회사의 종업원이어야 한다」는 조항이 있는데, 이 조항은 단체협약의 적용범위에 관한 협정에 지나지 않으며, 비종사근로자의 노동조합가입을 당연히 규제하는 효력을 가지는 것은 아니다([98] 2. ⑵ d) 참고). 기업별 노조에서 종업원이 아닌 자를 조합원으로 한다는 것은 실제로 무의미한 일일 것이다. 또한 단체협약이 적용되는 조합원의 범위를 노사가 협의하여 단체협약으로 정했다고 하면 그 규정이 노동조합의 규약에 배치된다고 하여 무효라고는 볼 수 없다.[2]

c) 조합원의 범위에 관하여는 규약으로 정하는 것이 단결권을 기초로 한 노동조합의 자주성의 원칙에 합치한다. 그러나 노조규약에는 단순히 추상적으로 회사 종업원을 노동조합 가입의 대상으로 한다는 규정을 두고 있을 뿐, 조합원이 될 수 없는 자의 범위에 대해서는 단체협약으로 정하는 경우가 적지 않다. 특히 사용자의 인사·경영에 관한 사항인 총무·인사·노무, 경리·회계·출납·재정, 기밀사무·보안업무, 기획·회사정책·방침결정 분야에서 근무하는 근로자를 노동조합 가입범위에서 제외하는 것은 다분히 회사의 기밀을 유지하려는 사용자 측의 이해관계가 반영된 것으로 판단된다. 본래 조합가입을 제한하는 것은 노동조합이 자주적으로 결정해야 할 사항에 대하여 영향을 미칠 수 있는 관리직에 있거나 고위직에 있는 자를 조합가입 범위에서 제외하려는 데 그 취지가 있다. 다른 한편 이러한 관리직 또는 고위직에 있는 사람을 매개로 노동조합이 경제상의 원조를 받게 된다면(노조및조정법 제2조 4호 단서 나목 참조) 노동조합의 소극적 요건이 갖추어지게 되어 그 노동조합은 존립을 위협받게 될 수도 있다.[3] 그러나 형식상으로는 관

---

1) 일반직 3급으로서 업무지휘·감독권을 행사하는 지위에 있는 자는 노조및조정법 제2조 4호 단서 가목에 따른 사용자 또는 사용자의 이익을 대표하여 행동하는 자에 해당하므로 노동조합에 가입할 수 없으나 징계처분을 받은 후 보직을 부여받지 못하고 있는 한 노동조합에 가입할 수 있고 조합원으로서 단체협약의 적용을 받을 수 있다. 따라서 단체협약이 조합원인 직원의 정년을 60세로 규정하고 있다면 인사규정(취업규칙)에서 일반직 3급 이하 직원의 정년을 57세로 규정하고 있더라도 단체협약의 규정이 우선하여 적용되므로 조합원인 그 직원을 57세를 정년으로 하여 퇴직발령하는 것은 부당해고에 해당하여 효력이 없다(大判 2016. 5. 27, 2016 두 33315(심리불속행 기각); 원심: 서울高判 2016. 1. 14, 2015 누 45689).

2) 大判 2004. 1. 29, 2001 다 5142; 大判 2003. 12. 26, 2001 두 10264.

3) 일본에서는 이 규정(일본 노동조합법 제2조 단서 1호 및 2호)의 의의와 관련하여 노동조합의 자주성의 존부를 실질적으로 판단해야 한다는 견해(실질설 또는 예시설: 外尾, 「勞働団体法」, 40面; 盛誠

리직에 있거나 과장 또는 차장 등과 같은 직함을 가지고 있더라도 실질적으로 그 직무를 수행하는 자가 사업의 경영을 담당하거나 그 사업의 근로자에 관한 사항에 대하여 사업주를 위하여 행동하는 자라고 할 수 없다면 노동조합의 자주성에 영향을 주는 자라고 볼 수 없으므로 단순히 단체협약 규정에 반한다는 형식적 이유만으로 조합원 자격이 부인되거나 단체협약의 적용에서 배제되어서는 아니 될 것이다.

조합원의 범위를 정한 단체협약의 규정은 근로자의 근로조건을 정한 것이 아니기 때문에 채무적 효력을 가지는 것으로 해석되어야 한다. 그러면 이 규정과 관련해서 노동조합이 조합에 가입한 근로자를 단순히 단체협약의 규정에 반한다는 이유로 제명 또는 탈퇴시켜야 할 의무를 부담하는가? 근로자의 단결권(노동조합에 가입할 수 있는 기본권)은 강행적 효력을 가지기 때문에 이에 반하는 노동조합과 사용자의 약정은 무효라고 보아야 할 것이다.[1] 따라서 단체협약에 의하더라도 근로자의 단결권을 제한할 수 없다.

⑷ **조합활동조항**[2]

a) 의 의 우리나라의 단체협약에는 조합활동을 보장한다든가, 또는 일정한 조건하에 규제한다는 등의 조항을 두는 경우가 많다. 단체협약이 기업별 단위로 체결되기 때문에 조합활동과 기업활동이 충돌되는 경우가 있어 이러한 조항이 필요한 것으로 생각된다. 즉 노동조합은 조합활동의 자유가 보장되기를 원하며, 사용자측은 원활한 기업활동을 위하여 조합활동을 제한하려고 할 것이다. 그러므로 노동조합과 사용자는 조합활동의 시간·장소·방법에 관해서 조화·타협하려고 한다. 이론적으로는 노동조합의 단결권과 사용자의 지휘·감독권 및 시설관리권 사이에 조정의 문제가 발생한다.[3] 조합활동조항은 단체협약의 채무적 부분으로 볼 수 있다.

b) 노조 및 조정법 제5조 2항의 해석 개정 노조및조정법 제5조 2항(2021. 1. 5. 신설: 2021. 7. 6. 시행)은 「사업 또는 사업장에 종사하는 근로자('종사근로자')가 아닌 노동조합의 조합원은 사용자의 효율적인 사업 운영에 지장을 주지 아니하는 범위에서 사업 또는 사업장 내에서 노동조합 활동을 할 수 있다」고 규정하고 있다. 그동안 노조의 조합

吾, 「勞働法總論·勞使關係法」, 150, 152面)와 이 규정은 노동조합인지의 여부를 판단하는 독립적 요건을 정하는 것이라고 하는 견해(독립요건설 또는 형식설: 菅野, 「勞働法」, 780面. 이 요건을 결한 노동조합도 헌법상의 노조라고 한다)가 대립하고 있다.

1) 독일기본법 제9조 3항 2문은, 단결권을 제한하거나 방해하는 약정은 무효이며 이러한 의도로 취해진 조치는 위법하다고 규정하고 있다.

2) 자세히는 [104] 참고.

3) 단체협약에는 「조합활동은 취업시간외에 행함을 원칙으로 하며, 부득이하여 취업시간 중에 조합활동을 하고자 할 때에는 서면으로 사전협의한 경우에만 근무한 것으로 인정한다」든가 「노동조합은 사전에 이를 회사에 통보하여야 하며 노사가 협의하여 이를 허용한다. 회사와 협의한 경우에만 조합원은 근로한 것으로 인정한다」는 등의 규정을 두고 있는 것이 일반적이다.

원들이 조합활동을 하거나 또는 안전·보건에 관한 현황을 조사하고 자료를 수집하기 위하여 사업·사업장에 출입하는 것을 제한 받지 않도록 대법원이 조합활동의 차원에서 허용하는 판례를 낸 바 있다.[1] 개정법 제5조 2항은 조합활동을 보장하는 규정으로서 산별 또는 지역별 노동조합의 조합원들이 사업장에 출입하여 「사용자의 효율적인 사업 운영에 지장을 주지 아니하는 범위에서」 조합활동을 할 수 있도록 명문화한 것이다. 이 규정은 종사근로자가 아닌 「근로자」의 기업별 노동조합 가입을 허용하는 규정이 아니다. 그렇게 해석하는 것이 동 규정의 문리(文理)상으로도 명백하다고 판단된다.

c) **근무시간중의 조합활동** 근무시간중의 조합활동은 근로자의 취업의무와 충돌하므로 제한 또는 금지된다. 따라서 근무시간중의 조합활동은 원칙적으로 단체협약 또는 취업규칙에 별도의 허용규정이 있거나, 사용자의 승낙이 있어야 한다.[2] 노동조합은 조합활동이 사용자의 노무지휘권이나 시설관리권 또는 사업운영에 관한 권리를 침해하는 일이 없도록 단체협약상의 해당 규정을 준수해야 한다.

(5) **인사 및 해고협의**(또는 동의)**조항**[3]

a) 근로기준법 제23조에 따르면 해고·휴직·정직·전직·감봉 기타 징벌은 정당한 이유가 없이는 이를 행할 수 없다. 그러므로 단체협약 내에 해고협의(또는 동의)조항을 노동조합과 사용자가 약정한다는 것은 근로기준법의 규정을 전제로 해서 이루어진다. 다시 말하면 노사간의 단체협약이라 하더라도 근로기준법 제23조 1항의 「정당한 이유」에 미달(위반)하는 기준(해고를 보다 용이하게 하는 기준)을 노동조합과 사용자가 약정할 수는 없다. 왜냐하면 근로기준법의 규정은 강행적 효력을 가지기 때문이다. 그러므로 단체협약 내의 해고협의(또는 동의)조항이 실제로 의미를 가지는 것은 정당한 이유가 있는 해고가 단행되었으나 해고협의기구의 협의를 거치지 않았다거나 노동조합의 동의절차를 어긴 경우이다. 즉, 해고협의(또는 동의)조항에 위반한 해고의 효력을 어떻게 판단할 것인지가 문제된다. 이에 대하여는 다음과 같은 점들이 논의될 수 있다.

첫째, 근로기준법상 정당한 이유가 없는 해고는 해고협의기구를 거쳤거나 또는 노동조합의 동의를 얻었다 하더라도 무효이다. 왜냐하면 노동조합과 사용자는 근로기준법상의 강행규정의 효력을 부인하거나 제한하는(용이하게 하는) 협정을 체결할 수 없기 때문이다.[4] 둘째, 해고에는 정당한 이유가 있으나 그 해고에 관하여 사전에 해고협의기구

---

1) 大判 2020. 7. 9, 2015 도 6173; 大判 2020. 7. 29, 2017 도 2478.

2) 大判 1994. 2. 22, 93 도 613; 大判 1995. 2. 17, 94 다 44422 등.

3) [108] 1. (6) 참고.

4) 해고의 실질적 정당성에 관해서는 근로기준법 제23조 1항을 기초로 법원이 판단하므로(大判 1992. 4. 24, 91 다 17931; 大判 1998. 11. 10, 97 누 18189 등) 판례의 기준에 미치지 못하는 단체협약은

의 절차를 거치지 않았거나, 노동조합의 동의를 얻지 못한 경우가 문제된다. 해고협의(또는 동의)조항이 규범적 효력을 갖는 것이라고 하면 개별적 근로관계에 대하여 강행적 효력을 미치므로 이 조항위반의 해고는 무효라고 할 것이고, 이 조항이 협의당사자 사이의 권리·의무를 정한 것으로서 채무적 효력을 갖는 것이라고 하면 사용자가 이 조항에 위반하여 해고를 하더라도 그 해고의 효력(사용자와 근로자 사이의 개별적 근로관계의 소멸) 자체에는 아무 영향을 받지 않는다. 해고 그 밖의 인사처분에 관한 동의 또는 협의조항은 사용자의 해고 그 밖의 인사권을 절차적으로 제한하는 것으로 동의·협의의 주체가 노동조합이라는 점에서 실질적인 근로조건 기준을 설정하는 단체협약의 규범적 부분이라고 볼 수는 없다. 노동조합이 해고 그 밖의 인사에 관하여 동의·협의·의견청취·사전통지 등의 절차를 통하여 근로자의 인사상의 권익을 보호할 목적으로 개별적 근로관계에 직접·간접적으로 관여한다 하더라도 이러한 근로자 보호 기능을 내세워 해고 등 동의 또는 협의조항을 규범적 부분이라고 판단하는 것은 타당하지 않다.[1] 다만 정당한 해고로 인정될 수 없는 구체적 기준을 예시(例示)하는 것은 규범적 부분이라고 할 수 있다.

b) 조합원의 인사처분[2]에 관하여 노동조합의 사전동의나 승인을 얻어야 한다는 단체협약의 조항이 사용자가 인사처분을 하는 데 신중을 기하고 노동조합으로 하여금 단순히 의견을 제시할 수 있는 기회를 주도록 하는 데 있다면 그 절차를 거치지 않았더라도 인사처분에는 아무 영향이 없다 할 것이지만, 노사간의 협상을 통해 사용자의 해고권을 제한하는 뜻에서 노동조합이 동의한 경우에 한하여 해고권을 행사할 수 있다는 의미로 해고사전합의조항을 두었다면 그 절차를 거치지 않은 인사처분은 원칙적으로 무효이다.[3] 특히 최근에 와서 판례는 정리해고가 경영주체에 의한 고도의 경영상 결단에 속하는 사항이라는 사정을 들어 사전 '합의'를 사전 '협의'로 해석해서는 안 된다는 태도를

효력을 가질 수 없다. 그러나 판례의 기준보다 해고를 어렵게 하는 협약은 유효하다고 보아야 한다.

1) 異見: 西谷, 「勞働組合法」, 251面. 근로자의 인사에 관하여 사용자가 노동조합에 대하여 사전통고, 의견청취, 협의 절차를 준수하지 않았다고 하여 그와 같은 인사처분이 곧 무효라고 볼 수는 없다. 이 경우에 사용자의 의무위반행위는 인사처분에 대하여 규범적 효력을 미치지 않기 때문이다.

2) 한국산업인력공단의 성격과 설립목적, 운영자금의 조달, 국가의 관리·감독에 관한 규정, 정년 연장의 예산의 지출 등을 종합적으로 고려하면, 공단이 단체협약에 따라 정년연장을 위하여 개정하려던 인사규정이 이사회의 의결을 거치지 못한 경우, 단체협약을 반영한 인사규정이더라도 그 인사규정은 아무 효력이 없고, 나아가 단체협약의 내용은 협약당사자인 한국산업인력공단이나 직원에게 효력을 미치지 못한다(大判 2015. 1. 29, 2012 다 32690; 大判 2015. 2. 12, 2012 다 110392; 大判 2011. 4. 28, 2010 다 86235).

3) 大判 2007. 9. 6, 2005 두 8788; 大判 2012. 6. 28, 2010 다 38007(단체협약의 인사협의(합의)조항에 노동조합간부 인사에 대하여는 사전 '합의'를, 조합원 인사에 대해서는 사전 '협의'를 하도록 용어를 구별하여 사용하고 있다면 조합간부의 인사는 노사간에 '의견의 합치'(동의)를 전제로 하는 것이라고 해석해야 한다); 大判 1994. 3. 22, 93 다 28553 등.

취하고 있다.[1]) 이러한 견해는 종래 대법원의 판례태도[2])를 수정한 것으로 보인다. 정리해고는 근로자에게 귀책사유가 없는데도 사용자의 경영상 필요에 의하여 단행되는 것이므로 정리해고의 대상과 범위, 해고회피방안 등에 관하여 노동조합의 합리적 의사를 반영할 필요가 있고 사전 '협의'와 구별되는 용어를 의도적으로 사용하여 사전 '합의'를 요하도록 규정하였다면 이 합의를 협의로 해석할 수 없다고 한다.[3]) 이러한 해석에 따르면 노사간의 합의절차 없이 행하여진 정리해고는 효력을 가질 수 없게 될 것이다. 다만 이와 같은 사전합의조항을 단체협약에 두고 있다 하더라도 「사용자의 인사권이 어떠한 경우에도 노동조합의 동의나 합의가 있어야만 행사될 수 있는 것은 아니고 노동조합이 사전합의권을 남용하거나 스스로 사전합의권의 행사를 포기하였다고 인정되는 경우에는 사용자가 이러한 합의없이 한 인사처분은 유효하다고 보아야 한다」.[4])

「노동조합이 사전합의권을 남용한 경우란 노동조합 측에 중대한 배신행위가 있고 이로 인하여 사용자 측의 해고 절차의 흠결이 초래되었거나, 인사처분의 필요성과 합리성이 객관적으로 명백하며, 사용자가 노동조합과 사전합의를 위하여 성실하고 진지한 노력을 다했음에도 불구하고 노동조합 측이 합리적 근거나 이유 제시도 없이 무작정 인사처분에 반대함으로써 사전 합의에 이르지 못하였다는 등의 사정이 있는 경우」등을 말한다.[5]) 이러한 판례에 따르면 단체협약에 해고사전동의조항이 있다 하더라도 인사처분의 필요성과 합리성이 객관적으로 명백히 존재하고 사용자가 성실한 사전합의노력을 다하였으나 노동조합이 사전합의를 거부하였다면 이는 실질적으로 사전합의권의 남용이라고 볼 수밖에 없으므로 사용자는 인사처분권한을 정당하게 행사할 수 있다. 단체협약 내의 인사처분 특히 해고에 관한 노동조합의 사전동의 또는 승낙에 관한 조항은 그 자체로서 채무적 또는 규범적 효력을 갖는 것이 아니라, 그러한 조항을 둔 취지가 사용자가 인사처분에 앞서 신중을 기하고 노동조합의 의견제시를 받아 참고하려는 데 있는 것인지 아니면 그의 해고권을 실질적으로 제한하려는 데 있는지에 따라 그 효력이 달리 해석될 수 있다. 다시 말하면 단체협약 내의 해고동의조항이 당연히 규범적 효력을 가지는 것은 아니며 협약 당사자의 의사해석을 통하여 그 효력이 판단되어야 할 것이다. 이와

1) 大判 2012. 6. 28, 2010 다 38007; 同旨: 大判 2007. 9. 6, 2005 두 8788.
2) 大判 2003. 7. 22, 2002 도 7225; 大判 2003. 3. 28, 2002 도 6060; 大判 2011. 1. 27, 2010 도 11030 등.
3) 大判 2012. 6. 28, 2010 다 38007.
4) 大判 1993. 8. 13, 92 다 44725; 大判 2003. 6. 10, 2001 두 3136; 大判 2004. 3. 11, 2003 두 10978; 大判 2012. 6. 28, 2010 다 38007.
5) 大判 2012. 6. 28, 2010 다 38007; 大判 2007. 9. 6, 2005 두 8788; 大判 2003. 6. 10, 2001 두 3136 등. 西谷, 「勞働組合法」, 352面 참고.

같은 입장은 인사처분, 해고 등에 관한 협의나 동의절차를 곧 근로조건에 관한 절차로 인정하는 것은 아니다. 더욱이 정당한 해고 사유가 있고 해고의 필요성과 합리성이 있는 경우에 사용자가 노동조합과 성실하고 진지한 사전합의 노력을 다했다면 사용자의 해고권은 부인될 수 없다고 해야 할 것이다. '해고사전동의'는 단체교섭의 대상(이른바 의무적 교섭 대상)이 될 수 없으며, 사용자가 교섭에 불응했다고 하여 곧바로 부당노동행위가 될 수 없고, 노동조합이 해고사전동의조항의 체결을 위하여 쟁의행위를 하는 것은 정당하지 않다([108] 1. (6) 참고).

(6) **고용안정협약**

예컨대 A회사가 B회사를 인수하면서 인위적인 구조조정을 실시하지 않겠다는 내용의 합의를 노동조합과 문서화한 것을 말한다. 「고용안정협약」은 근로조건 기타 근로자의 대우에 관하여 정한 부분으로서 단체협약의 규범적 부분에 해당된다고 볼 수 있다. 회사를 인수하면서 사용자가 되는 것을 전제로 스스로 경영상 결단에 의하여 그 회사 소속 근로자들에 대한 정리해고를 제한하기로 한 것이기 때문이다. 이와 같은 협약은 정리해고나 기업의 구조조정의 실시 여부에 관한 경영주체의 경영권 행사를 사용자와 노동조합이 자유로운 협상을 통하여 제한하는 규범적 효력을 가지는 약정이다.[1] 고용안정협약은 보통 고용불안과 근로조건의 변화에 대처하여 이루어지는 것이므로 단순히 해당 협약 체결의 계기가 되었던 회사인수 등에 국한하여 설정되는 것이 아니며 구조조정을 이유로 근로관계를 종료시키지 않겠다는 내용의 고용보장을 일반적으로 확약한 것으로 보아야 하고, 앞으로도 정리해고를 제한하기로 하는 내용의 단체협약으로 해석하는 것이 판례의 태도이다. 다만 협약을 체결할 당시의 사정이 현저히 변경되어 기업 자체가 존폐위기에 처할 심각한 재정적 상황에 이르렀거나 예상하지 못한 긴박한 경영의 악화 상황이 발생하는 등 협약의 효력을 유지하는 것이 객관적으로 기대불가능하게 된 때에는 협약의 효력은 유지될 수 없다.[2] 판례는 이와 같이 「고용안정협약」의 효력을 엄격하게 해석하고 있다. 다만, 이러한 협약의 효력도 그 협약이 체결되게 된 경위와 배경, 당해 협약 조항의 객관적 의미 내용, 경영 및 재정상 기업의 전망 등을 고려하여 종합적으로 판단되어야 할 것이다. 이와 같이 「고용안정협약」이 어떠한 경우의 해고도 절대적으로 부인하는 규범적 효력을 가지는 것은 아니므로 그 한계가 인정되어야 한다([108] 1. (5) 참고).

---

1) 大判 2014. 3. 27, 2011 두 20406.
2) 大判 2014. 3. 27, 2011 두 20406; 大判 2011. 5. 26, 2011 두 7526; 원심판결: 서울高判 2011. 2. 9, 2010 누 18552.

(7) 징계절차조항

이 조항은 기업질서를 위반한 근로자에 대하여 사용자가 징계처분을 할 때에 일정한 징계절차를 거치도록 하는 규정이다. 따라서 징계처분의 한 종류로서 징계해고가 행하여지는 경우에 그 징계'해고'는 일반해고와는 구별해야 할 것이다. 징계처분에서는 기업질서 위반행위가 있었는지의 여부를 확인하는 징계절차의 구비가 징계처분의 효력을 좌우하는 필수적 요소가 된다. 이에 반하여 일반해고에 있어서는 징계처분의 경우와는 달리 그 해고가 사회통념상 근로관계를 계속 시킬 수 없는 정도의 정당한 이유가 있는 것이면 사용자는 해당 근로자를 일방적 의사표시에 의하여 해고할 수 있는 이른바 해고권(인사권)을 가진다. 따라서 징계처분으로서의 해고의 경우와는 달리 해고협의절차의 구비 자체는 해고의 효력요건이라고 볼 수 없다. 판례도 징계절차가 단체협약이나 취업규칙에 규정되어 있는 경우에 그 절차를 밟아야 하는 것은 징계의 유효요건이라고 하고 있지만,[1] 해고의 정당한 이유를 갖추고 있는 일반해고에서는 해고협의조항의 절차를 갖추지 아니하였더라도 그 해고를 무효로 볼 수 없다고 한다.[2] 따라서 단체협약 규정 내의 징계해고에 관한 징계절차조항은 규범적 효력을 가지지만 통상해고에 관한 해고협의조항은 원칙적으로 채무적 효력을 가지는 것으로 해석해야 한다.

(8) 면책특약

쟁의행위를 거쳐 단체협약이 체결되는 경우에 협약당사자들은 당해 쟁의행위로 발생한 민·형사상 책임을 묻지 않기로 하는 특약을 할 수 있다. 일반적으로 「파업기간중의 일체의 민·형사상 책임을 묻지 않는다」는 내용의 약정이 체결된다. 이 면책특약은 협약당사자 사이의 권리·의무를 규정한 채무적 부분이라고 해석되지만, 민사면책과 형사면책을 구별해서 판단해야 할 것이다. 노동조합 자체는 형사책임의 주체가 될 수 없기 때문이다. 민사책임의 면제는 근로자에 대한 손해배상청구를 사용자가 면제를 의미하므로 일종의 처분행위라고 볼 수 있다. 형사책임의 면제는 국가의 형벌권과 관련되므로 단지 사용자가 형사상 고소·고발을 하지 않는다는 것을 의미하는 데 지나지 않는다.[3] 문

---

1) 同旨: 大判 2009. 3. 12, 2008 두 2088(단체협약에서 징계위원회의 구성에 근로자측의 대표자를 참여시키도록 되어 있음에도 불구하고 이러한 징계절차를 위배하여 징계해고를 하였다면 그 징계권의 행사는 징계사유가 인정되는지 여부에 관계없이 절차에 관한 정의에 반하는 처사로서 무효라고 보아야 할 것이다); 大判 1994. 6. 14, 93 다 29167; 大判 1999. 3. 26, 98 두 4672; 大判 2008. 9. 11, 2007 두 10174; 징계위원회 개최를 통보하지 않은 경우(大判 1990. 12. 7, 90 다 6095), 노동조합의 동의를 받지 않은 경우(大判 1993. 9. 28, 91 다 30620) 등은 징계절차에 하자가 있는 구체적 예들로서 실질적으로 징계절차를 제대로 밟지 않은 사례이다. 따라서 이 경우에는 징계해고는 무효이다.

2) 大判 1993. 7. 13, 92 다 50263·45735; 大判 1993. 9. 28, 91 다 30620 등.

3) 서울高判 1990. 6. 13, 89 나 3863 참고.

제는 이 면책특약의 범위 내에 징계책임의 면제도 포함되는가 하는 것이다. 판례[1]는 면책특약의 범위 내에는 농성기간중의 행위뿐만 아니라 그 농성과 일체성을 가지는 준비행위·유발행위에 대한 민사상의 책임은 물론 징계책임도 포함된다고 한다.[2] 면책특약(합의)에 위반하여 행한 징계위원회의 징계는 절차의 정당성을 결한 것으로 무효이다.[3] 그런 점에서 면책특약 조항은 규범적 효력을 가진다고 볼 수 있다. 면책합의는 해당 행위를 징계사유로 삼는 것을 무효로 하는 효력을 가질 뿐, 그 후에 그러한 근무내력의 비위행위가 있었던 점을 해고의 정당성을 판단하는 자료로 삼는 것까지 금하는 것은 아니다.[4]

그러나 국가기관의 소추권 또는 수사권의 행사에까지 면책특약이 효력을 미칠 수 없음은 물론이다.[5] 또한 구속·고발·고소사건 자체에 대해서까지 구속자를 징계하지 않겠다는 의미로 면책조항을 확대하여 해석하는 것은 옳지 않다고 생각된다.[6] 이는 면책특약이 가지는 단체협약상의 채무적 효력을 벗어나는 것이기 때문이다.

(9) 강행법규 및 사회질서 위반의 단체협약

단체협약은 조합원의 근로조건 그 밖의 대우 개선을 기본적 규율 대상으로 한다. 단체협약에 의하여 근로조건을 규율하는 것은 헌법과 노조및조정법에 의하여 제도적으로 보장되어 있다. 근로조건 개선에 관한 사항이 아니더라도 이와 관련된 것이거나 협약자치에 속하는 사항[예컨대 집단적 분쟁조정절차사항, 협약조항 위반에 따른 비용부담(손해배상) 사항 등]에 대해서는 협약당사자가 임의로(freiwillig) 협약을 체결할 수도 있다.[7] 그러나 단체협약의 내용이 강행법규나 사회질서에 위배(민법 제103조)되는 경우에는 그 해당 조항은 단체협약으로서의 효력을 가질 수 없다.[8] 예컨대 「조합원이 업무상 재해로 사망

1) 大判 1992. 7. 28, 92 다 14786; 大判 1993. 5. 25, 92 다 19859; 大判 1993. 6. 8, 92 다 36984.
2) 大判 1991. 1. 11, 90 다카 21176. 노동조합과 회사 사이에 임금교섭기간중 발생한 민·형사상의 문제는 각각 취하하고, 회사는 고소된 근로자들을 면책키로 하는 등의 면책약정을 체결한 후 노동조합이 다시 비합법적인 단체행동을 저질러 위 약정을 위반하였다면 회사로서도 이를 이유로 위 약정을 해제할 수 있고 그 해제에 의하여 위 면책약정은 실효되는 것이라고 할 수 있다(大判 1992. 5. 8, 91 누 10480). 왜냐하면 면책약정은 약정 이전의 위법한 단체행동을 면책하는 것이므로 약정 이후에 다시 비합법적인 단체행동을 반복함으로써 면책약정 자체의 존재의의를 부인한다면 회사에 대하여 약정을 해제할 수 있는 권한을 부여하는 것이 신의칙상 합당할 것이기 때문이다. 同旨: 大判 1994. 9. 30, 94 다 21337.
3) 大判 2009. 2. 12, 2008 다 70336.
4) 大判 1995. 9. 5, 94 다 52294.
5) 同旨: 임종률, 「노동법」, 177면.
6) 大判 1993. 5. 11, 93 다 1503.
7) 이에 관해서는 [108] 1. (2) 참고; Wiedemann/Thüsing, *TarifvertragsG(Kommentar)* §1 Rn. 914 ff.
8) 大判 2014. 3. 27, 2011 두 20406 등.

한 경우 직계가족 또는 배우자 중 1인을 6개월 이내에 특별채용 하도록 한다」는 단체협약 조항이 유효한지 여부가 문제된다.[1] 그동안 하급심 판례는 노동조합과 사용자가 이 조항의 체결에 임의로 합의했더라도 그 내용이 '선량한 풍속 기타 사회질서에 위반한 사항(민법 제103조)으로 판단된다면, 그 합의(법률행위) 자체가 무효라는 전제하에서 사용자의 안전배려의무(보호의무)위반과 근로자의 사망 사이에 인과관계가 인정되고 그 사망이 업무상 재해에 해당하더라도 망인의 상속인은 사용자에 대하여 망인이 입은 손해의 배상책임을 물을 수 있을 뿐이라는 견해를 취하였다(유족급여는 공단이 유족에게 지급한다). 사망한 조합원의 직계가족 또는 배우자는 위의 단체협약조항을 기초로 특별채용청구를 할 수 없다고 판단하였다. 그 이유로 첫째 사망한 조합원의 직계가족 등에게 특별채용의 기회를 주도록 의무화한 단체협약 조항은 사실상 일자리의 대물림을 제도화하는 것으로 고용정책기본법 제7조가 정한 균등한 취업기회 보장과 헌법 제11조 1항의 평등원칙에 위배되고 우리 사회의 정의 관념에 반하며, 둘째 사망한 조합원의 직계가족 등을 특별채용할 것을 교섭내용으로 하는 노동조합의 요구는 유족의 생계보장이라는 측면에서 수긍할 만한 측면이 없지 않으나, 이를 단체협약으로 규정하는 것은 사용자의 인사권을 제도적으로 제약하는 동시에 구직자(求職者)의 공정한 경쟁을 제한하여 직업선택의 자유마저 침해하는 결과를 가져올 수 있다는 법리가 제시되었다. 따라서 위 단체협약 조항은 사회질서(민법 제103조)에 위배되는 것이므로 그 약정행위는 원천적으로 무효이다. 업무상 재해로 사망한 근로자의 유족을 보상·지원하는 것은 그것 자체로는 반사회적이라고 볼 수 없으나 그 직계가족 등을 강행적 효력을 가지는 단체협약으로 채용을 강제하는 것은 반사회적 성질을 띠게 된다.[2] 최근에 대법원(전원합의체)판결[3]은 업무상 재해로 사망한 근로자의 직계가족 등을 특별채용하도록 하는 단체협약 규정이 선량한 풍속 기타 사회질서에 반하여 무효인지를 판단하는 기준을 제시하면서 산재유족 특별채용 조항이 무효라고 판단한 원심판결[4]을 파기하였다. 대법원은 「사용자가 노동조합과의 단체협약에 따라 업무상 재해로 인한 사망 등 일정한 사유가 발생하는 경우 조합원의 직계가족을 채용하기로 하는 내용의 단체협약을 체결하였다면, 그와 같은 단체협약이 사용자의 채용의 자

1) 서울高判 2016. 8. 18, 2015 나 2067268 사건 참고.
2) 서울高判 2016. 8. 18, 2015 나 2067268.
3) 大判(전합) 2020. 8. 27, 2016 다 248998.
4) 서울高判 2016. 8. 18, 2015 나 2067268(근로자의 사망을 업무상 재해로 인정하고 회사가 유족에게 위자료와 치료비 등을 지급해야 한다고 판결했으나 장녀를 특별채용해달라는 유족의 주장 즉 고용계약 체결의 청약에 대해 승낙의 의사표시를 구하는 청구는 받아들이지 않았다. 유족의 특별채용을 정한 단체협약의 조항은 구직자들의 취업기회를 빼앗고 기업의 채용권을 침해하므로 무효라고 판단하였다).

유를 과도하게 제한하는 정도에 이르거나 채용기회의 공정성을 현저하게 해하는 결과를 초래하는 등의 특별한 사정이 없는 한 선량한 풍속 기타 사회질서에 반한다고 단정할 수 없다. 이러한 단체협약이 사용자의 채용의 자유를 과도하게 제한하는 정도에 이르거나 채용기회의 공정성을 현저히 해하는 결과를 초래하는지 여부(판단기준)는 단체협약을 체결한 이유나 경위, 그와 같은 단체협약을 통해 달성하고자 하는 목적과 수단의 적합성, 채용대상자가 갖추어야 할 요건의 유무와 내용, 사업장 내 동종 취업규칙 유무, 단체협약의 유지 기간과 그 준수 여부, 단체협약이 규정한 채용의 형태와 단체협약에 따라 채용되는 근로자의 수 등을 통해 알 수 있는 사용자의 일반채용에 미치는 영향과 구직희망자들에 미치는 불이익 정도 등 여러 사정을 종합하여 판단하여야 한다」고 한다. 대법원은 위 법리에 따라 i) 산재유족 특별채용 조항은 조합원의 근로조건을 단체협약 내에 정한 것이고, ii) 특별채용 조항은 조합원의 업무상 재해로 인한 사망을 보상하고 유족을 보호한다는 목적에 적합하고, iii) 피고 회사의 채용의 자유를 과도하게 제한하지 않으며, iv) 산재유족 특별채용조항에 따라 채용된 유족의 숫자가 많지 않아 구직희망자들의 채용기회에 중대한 영향을 미친다고 보기 어려운 점 등을 근거로 선량한 풍속 기타 사회질서에 위반되지 않는다고 판단하고 있다. 대법원은 이러한 이유로 이 사건 산재유족 특별채용조항이 무효라고 판단한 원심판결을 파기하였다. 이러한 다수의견에 대하여 이 사건 산재유족 특별채용 조항은 기업측의 필요성이나 근로자의 업무능력과는 무관한 채용기준을 설정한 것으로서 일자리를 대물림함으로써 구직희망자들을 차별하는 합의이고, 공정한 채용에 관한 정의관념과 법질서에 위반되어 무효라는 두 대법관의 반대의견이 있다. 대법원의 다수견해는 산재유족 특별채용조항 자체가 민법 제103조에 위배되는 것이 아니며 사용자의 채용의 자유를 과도하게 제한하거나 채용기회의 공정성을 현저하게 해치는 경우에만 동조 위반으로 인한 무효가 문제된다고 한다.

대법원은 업무상 재해로 사망한 근로자의 직계가족 등을 특별채용하는 것은 근로자의 근로조건에 관한 것이므로 특별채용을 단체협약 내에 규정하는 것은 당연한 것으로 전제하고 있다. 그러나 i) 업무상 재해로 사망한 조합원의 직계가족 등을 특별채용하는 것이 조합원의 근로조건에 해당되는 것인지, ii) 이러한 특별채용에 관한 규정을 집단적 규범(Kollektivnorm)인 단체협약에 포함시킬 수 있는지에 관하여 의문이 제기된다. 첫째로 근로조건은 근로자의 노무제공과 관련하여 그 대가인 임금·수당·그 밖의 대우, 근로시간과 휴식, 근무환경, 재해보상, 인사, 해고·퇴직보호 등을 의미하는 것이므로 근로자의 사망한 후 사용자가 유족의 생계를 지원 내지 보호하기 위하여 직계가족 등을 특별채용 하는 것은 근로자의 실질적인 근로조건과는 직접 관련이 없다고 판단된다. 근로자의 희생에 대한 넓은 의미의 보상이나 유족보호라는 목적에 적합하다고 하여 직계가족 등의 특별채용이 근로조건이 된다고 보기는 어려울 것이다. 근로자가 업무상 재해로 부상을 입거나 질병에 걸려서 요양급여 등의 보상을 받거나 근로자가 업무상 재해로 사망한 경우에 유족이 유족급여를 받는 것은 근로자에 대한 보상으로서 넓은 의미의 근로조건이라고 할 수 있다. 그러나 근로자의 직계가족 등을 특별채용하는 것은 근로조건이라고 보기는 어렵다. 이 경우에 사용자가 업무상 재해로 사망한 종업원(회사가족)의 유족에게 복지차원에서 취업규칙 등 사규로 특별지원에 관한 규정을 두는 것은 별개의 문제이다. 이에 관해서는 다음에서 자세히 설명한다. 둘째로 단체협약은 일종의 집단적 규범이다. 특히 근로조건 그 밖의 근로자의 대우 등에 관한 규범적 부분은 법률의 규정(노조및조정법 제33조)에 의하여 강행적 효력을 가진다. 대규모의 산별노동조합의 단체협약이 체결되거나 노동조합연맹의 세력과 영향하에 단체협약이 체결되는 경우에는 단체협약의 집단적 규범으로서의 성격이 강하게 나타난다. 따라서 단체협약에서는 개별적 계약의 경우와는 달리 공공의 이익에 대한 정당성 담보라는 요청이 요구된다. 공익과의 조화, 제3자 이익의 침해에 대한 고려, 협약 당사자들이나 조합원에게 주어지는 이익의 적절성, 특정 집단에 대한 차별 금지 등은 협약자치의 내재적 한계를 긋는 기준이 될 수 있다. 이러한 한계를 유월했는지 여부는 해당 단체협약 조항이 헌법규정, 강행법규, 선량한 풍속 기타 사회질서의 일반원칙에 따라 검토되어야 한다.[1] 국가는 이러한 협약자치의 한계를 유월한 단체협약에 대해서까지 규범적 효력을 수권(授權)하였다고 볼 수 없다.[2] 법원은 단체협약의 정당성확보(Richtigkeitsgewähr) 위반 여부에 관하여 심사할 통제권을 가진다. 저자는 결론적으로 유족의 특별채용조항은 근로조건조항이라고 볼 수 없고 공정한 채용질서를 해치며 채용응모자의 이익에 반하여 제3자의 이익과 평등원칙에 어긋난다고 생각한다. 노조및조정법 제33조 1항에서 근로조건에 대하여 규범적 효력을 부여하고 있는 것은 근로조건에 관한 규정이 집단적 규율로서 보편·타당성을 가진다는 것을 전제로 하는 것이다. 저자는 이러한 이유에서 대법원 판결에 동의하지 않는다. 업무상 재해로 사망한 근로자의 직계가족 등의 특별채용에 관한 규정은 별도의 결격요건이 없는 한 취업규칙이나 신규채용절차 규정에서 유족에 대한 보상 내지 지원 차원에서 수용하는 것이 옳다고 생각한다.[3] 특별채용 이외의 방법으로 유족에 대하여 보상하거나 지원하는 조치에 관해서는 적극 찬동한다. 유족의 특별채용을 단체협약으로 수용하는

---

1) Wiedemann/Thüsing, *TarifvertragsG*, § 1 Rn. 249.

2) Wiedemann/Thüsing, *TarifvertragsG*, § 1 Rn. 249. 참고.

3) 결론에 있어서 同旨: 이정, '산재유족 '특별채용' 단체협약의 법적 효력', 법률신문, 2020. 6. 4(제4801호), 13면.

것에 찬동하지 않는 다른 하나의 이유는 이 특별채용조항의 설정을 위하여 단체교섭을 요구하거나 단체교섭의 결과 협약체결이 거부될 경우 노동조합이 쟁의행위를 할 수 있는지 그리고 유족이 요구하는 직계가족의 특별채용의 구체적 이행을 둘러싸고 분쟁이 발생하는 경우 노동조합이 쟁의행위를 할 수 있는지가 문제되기 때문이다. 유족인 직계가족의 특별채용이 근로조건이고 단체협약의 규율대상이 될 수 있다는 이유로 쟁의행위에 의한 강제수단을 용인한다면 이는 협약자치의 한계를 벗어나는 것이라고 판단한다.

8. 단체협약의 이행확보

a) 단체협약의 이행확보를 위하여 단체협약을 불이행한 자를 형사처벌(1,000만원 이하의 벌금)할 수 있도록 한 구 노동조합법 제46조의3은 헌법재판소의 위헌결정으로 그 효력이 상실되었다. 동 결정은 위 조항이 「그 구성요건을 '단체협약에 … 위반한 자'라고만 규정함으로써 범죄구성요건의 외피(外皮)만 설정하였을 뿐 구성요건의 실질적 내용을 직접 규정하지 아니하고 모두 단체협약에 위임하고 있어 죄형법정주의의 기본적 요청인 '법률'주의에 위배되고, 그 구성요건도 지나치게 애매하고 광범위하여 죄형법정주의의 명확성의 원칙에 위배된다」고 하였다.[1] 이 위헌결정 이후 단체협약의 실효성을 확보하기 위한 방안이 논의되었으며, 2010년 1월 1일 노조및조정법 개정시에 다음과 같은 규정(제92조 2호)이 신설되었다. 즉, 노조및조정법 제92조(벌칙) 2호는 「제31조 1항의 규정에 의하여 체결된 단체협약의 내용 중, 임금·복리후생비, 퇴직금에 관한 사항, 근로 및 휴게시간, 휴일, 휴가에 관한 사항, 징계 및 해고의 사유와 중요한 절차에 관한 사항, 안전보건 및 재해부조에 관한 사항, 시설·편의제공 및 근무시간중 회의참석에 관한 사항, 쟁의행위에 관한 사항을 위반한 자는 1천만원 이하의 벌금에 처한다」고 규정하고 있다.

b) 이 규정은 단체협약의 이행확보를 위해 「단체협약불이행에 대한 형사처벌조항」을 정비하면서 마련된 것이다. 동 규정은 특히 단체협약의 핵심인 규범적 부분과 기타 대우, 징계절차 등의 사항을 불이행하는 경우에 벌칙을 통해서 단체협약의 실효성을 확보하고자 한 것이다. 그러나 단체협약을 계약적 성질을 가지는 것으로 보면, 그 위반자에 대하여 벌금을 부과하는 것이 여전히 문제가 되지 않을 수 없다. 위에서 언급한 헌법재판소 결정에서 지적하였듯이 단체협약의 위반 내용을 구체화한 점은 긍정적으로 받아들일 수 있으나 단체협약의 규범적 부분의 위반을 일반적인 법률위반과 같이 보는 것은 협약자치의 관점에서 보면 의문점을 남긴다. 또한 시설·편의제공, 근무시간 중 회의참

1) 憲裁 1998. 3. 26, 96 헌가 20; 조성혜, '단체협약 불이행에 대한 처벌조항의 위헌성 여부', 「노동법률」, 1995. 8, 17면.

석, 쟁의행위 등에 관한 사항이 규범적 부분처럼 다루어질 수 있는지도 의문이다. 단체협약의 불이행에 있어서는 사용자의 협약상의 의무(규범적 부분 및 채무적 부분에 관한 의무)를 이행하도록 하는 방안 내지 조치를 규정하는 것이 보다 중요하다. 즉, 근로자의 근로조건에 관한 규범적 부분을 확보하는 방법이 먼저 강구되어야 할 것이다. 이와 관련하여 강제이행(민법 제389조)과 같은 노동법상의 방안이 구체적으로 마련되는 것이 바람직할 것이다. 채무적 부분에 대해서도 집단적 노사관계에 적합한 간접강제 등의 구제 방법이 연구되어야 할 것이다.

c) 단체협약의 이행확보를 위한 방안으로는 여러 가지 견해가 제시되고 있다. i) 단체협약 불이행에 대하여 쟁의행위를 허용하는 방안, ii) 단체협약 불이행시 노동위원회에 의한 이행명령제도를 두는 방안 등이 그것이다.[1]

[112] Ⅳ. 단체협약의 효력확장(일반적 구속력)

1. 의 의

a) 단체협약의 「규범적 부분」의 효력이 협약당사자의 구성원에게만 미치는 것(단체협약의 구속력범위)은 단체협약이 가지는 본래적 효과이다. 단체협약은 비조합원에게는 그 효력이 미치지 않는다(이에 관해서는 [111] 3. 참고). 그러나 단체협약의 효력확장제도에 의하면 협약의 규범적 부분은 협약체결당사자의 구성원이 아닌 자에게까지 그 적용이 확대·강행된다.

대체로 단체협약은 그것이 적용되는 사업장 또는 지역에 있어서는 일반적으로 사실상의 질서로서 작용하며, 또 근로계약의 체결시에 마치 보통거래약관처럼 비조합원에게도 적용되는 것이 보통이다. 그러나 경기가 후퇴하고 실업자수가 증가하여 단체협약 기준 이하의 조건으로 노동력을 제공하려는 근로자가 많아지면 사용자는 조합원인 근로자의 채용을 꺼려할 뿐 아니라 조합원인 근로자들을 될 수 있는 대로 비조직근로자로 대체하려고 한다(그런 의미에서 근로자의 보호가 문제될 수 있다).[2] 한편 노동조합이 없는

1) 참고문헌: 김인재, '단체협약의 실효성 확보를 위한 처벌규정의 입법방안', 「단체협약이행방안(노사정위원회 토론회 자료집)」, 1999, 7면; 김영문, '단체협약 이행의 실효성 확보를 위한 형사처벌규정의 개정', 「단체협약이행방안(노사정위원회 토론회 자료집)」, 1999, 40면; 김선수, '단체협약의 이행확보 방안에 대한 검토', 「노동법학」(제10호), 2000, 78면 이하; 고태관, '단체협약의 이행촉진방안', 「단체협약이행방안(노사정위원회 토론회 자료집)」, 1999, 48면.

2) Lieb/Jacobs(*ArbR* Rn. 549) 교수는 애초에는 이와 같이 조직근로자를 비조직근로자로 대체하는 것을 막으려는 취지에서 일반적 구속력 선언제도가 마련되었다고 한다.

사업장의 사업주(사용자)들은 값싼 노동력을 이용하여 낮은 원가로 상품을 생산할 수 있기 때문에 단체협약이 적용되는 사업장의 사업주(사용자)는 불리한 경쟁을 할 수밖에 없다(특히 지역단위 구속력확장제도의 경우 참고).[1] 이러한 이유에서 단체협약의 효력범위를 전 지역에 확장하는 것(근로조건의 통일)은 조직 또는 비조직근로자들의 보호를 위해서뿐만 아니라(근로자보호의 측면) 사용자 사이의 공평하지 않은 경쟁을 막음으로써(공정한 경쟁을 확보하는 측면) 조직근로자에게 미치는 불이익을 제거하기 위한 장치라고 할 수 있다.[2] 오늘날 지배적인 견해에 따르면 단체협약의 효력확장은 협약체결당사자인 노동조합의 조합원의 이익을 방어하는 동시에 높은 기준의 협약의 적용을 받는 기업을 낮은 노동비용을 지급하는 기업들과의 불공정한 경쟁으로부터 보호하려는 데 있다.[3] 단체협약의 규범적 부분의 효력을 비조합원에게 확장하는 제도는 원래 산업별 노동조합 체제를 취하고 있는 독일과 프랑스에서 확립된 일반적 구속력선언제도(Allgemeinverbindlicherklärung)에서 영향을 받은 것으로 볼 수 있다. 단체협약의 효력확장은 협약당사자의 청구에 의하여 설정될 수 있는 것이지만, 원래 단체협약에 의한 구속을 받지 않는 사용자와 근로자에게까지 그 효력이 미치는 것이므로 단체협약의 본래적 성질이나 내재적 요청에 따른 것이 아니라, 일정한 정책적 목적을 위해서 마련된 제도라고 할 수 있다.[4] 우리 노조및조정법은 지역단위의 협약효력확장제도(제36조) 이외에 독일이나 프랑스법에 없는 사업장단위 확장제도(제35조)를 채택하고 있다.[5] 독일에는 우리나라나 일본에서처럼 기업별 노동조합이 존재하지 않으므로 사업장 단위 확장제도가 있을 수 없다.

b) 노조및조정법은 단체협약이 비조합원들에게 대하여 확장효력(구속력)을 인정하는 두 경우를 규정하고 있다. 첫째는 사업장 단위에서 일정한 요건을 갖추면 단체협약이 법률상 당연히 그 효력이 확장되는 경우(제35조)이고, 둘째는 일정한 요건하에 지역적으

---

1) Hromadka/Maschmann, *Arbeitsrecht*, Bd. 2, §13 Rn. 250; Waltermann, *ArbR* Rn. 649 f.; Zöllner/Loritz/Hergenröder, *ArbR* §40 Rn. 56 참고.

2) 지역적 구속력제도의 취지에 관해서는 釜山地判 1992. 8. 12, 91 노 2411 참고. Zöllner/Loritz/Hergenröder, *ArbR* §40 Rn. 56.

3) Otto, *ArbR* Rn. 696; Waltermann, *ArbR* Rn. 649; Löwisch/Rieble, *TarifvertragsG(Kommentar)* §5 Rn. 32; Wiedemann/Wank, *TarifvertragsG(Kommentar)* §5 Rn. 8 f.

4) 西谷, 「勞働組合法」, 374面; 東京大學勞働法硏究會, 「注解 勞働組合法」, (下)(1982), 836面 이하.

5) 이러한 법제를 가지게 된 것은 일본의 노동조합법의 예를 따랐기 때문이다. 다만, 기업단위 효력확장을 규정한 제35조의 표제를 '일반적 구속'으로, 지역단위 효력확장을 규정한 제36조의 표제를 '지역적 구속'으로 표현하고 있는 것은 개념상의 혼란을 일으킬 수 있어 전자를 '사업단위 구속력' 또는 '사업장내 구속력'(이병태, 「노동법」, 259면, 264면; 임종률, 「노동법」, 180면)으로 수정하는 것이 옳을 것이다. 일본에서는 사업장단위 구속력을 '일반적 구속력', 지역적 구속력을 '지역적 일반적 구속력'이라고 하여 일반적 구속력을 일반 개념으로 사용하고 있다.

로 단체협약의 효력이 확장되는 경우(제36조)이다. 이와 같이 비조합원에 대해서까지 단체협약의 효력이 확장되는 것을 「일반적 구속력」이라고 한다.

2. 사업장단위의 일반적 구속력

a) 제도의 취지 이 제도의 취지는 다양하게 해석되고 있다. 첫째 노동조합에 가입하고 있지 않은 비조합원들의 노동력을 싼 값으로 거래함으로써 근로조건 수준을 인하시키는 상황을 방지하는 것은 노동조합의 근로조건 규제 권한을 강화하기 위한 것이라는 견해, 둘째 비조합원의 근로조건을 조합원의 수준까지 끌어올려 이들을 보호하기 위한 것이라는 견해(그러나 이에 대해서는 비조합원이 스스로 노동조합에 가입하면 조합원과 동일한 수준의 보호를 받을 수 있으므로 비조합원 보호의 필요성에 대해서 의문을 제기하는 견해가 있다), 셋째 하나의 단체협약의 적용을 받는 동종의 근로자가 반수 이상이 되면 그 단체협약에 정한 근로조건을 공정근로조건으로서 그 사업장에 통일적으로 적용하기 위해서라는 견해 등이 있다.[1] 대체로 세 번째 견해를 지지하는 견해가 다수이다.[2]

사업장단위 협약효력확장을 규정한 제도가 비조직근로자의 근로조건을 협약수준으로 끌어올림으로써 사용자가 조합원을 비조합원보다 우선적으로 해고한다거나 노동조합으로부터 탈퇴하도록 압력을 행사하는 것을 간접적으로 방지하는 효과도 무시할 수 없는 것이라면 비조합원은 조합원에게 발생할 수 있는 불이익을 방지하기 위해 반사적 이익을 얻는다고 볼 수 있지만 그런 이유를 이 제도의 취지라고 볼 수는 없다.[3]

b) 요 건 노조및조정법 제35조는 「하나의 사업 또는 사업장에 상시 사용되는 동종의 근로자 반수 이상이 하나의 단체협약의 적용을 받게 된 때에는 당해 사업 또는 사업장에 사용되는 다른 동종의 근로자에 대하여도 당해 단체협약이 적용된다」고 규정하고 있다.

1) 「하나의 사업 또는 사업장」이라고 정한 것은 우리나라의 단체협약이 사업장별로 체결되는 현실을 감안한 규정이라고 생각된다. 그러므로 단체협약의 효력이 확장

---

1) 菅野, 「勞働法」, 888面; 西谷, 「勞働組合法」, 374面 이하 참고.

2) 菅野, 「勞働法」, 888面; 西谷, 「勞働組合法」, 375面; 임종률, 180면 이하 참고. 일본에서는 하나의 단체협약을 적용받는 동종의 근로자가 4분의 3 이상일 것을 효력확장의 요건으로 하므로 협약효력의 통일을 기하기 위한 명분이 있지만 우리법에서는 그 요건을 「반수 이상」(지역적 구속력의 경우에는 3분의 2 이상)으로 하고 있으므로 효력확장의 근거가 약하다. 단체협약의 효력을 안이하게 비조합원에게 확장하는 것은 단결권 보장의 취지에도 부합하지 않기 때문이다. 일본에서는 노동조합에 가입하고 싶지만 어떤 이유에서든 가입하기가 곤란한 비조합원들을 위해서 동 규정이 마련된 것이라는 견해도 있으나 우리법에서는 받아들여지기 어렵다.

3) 同旨: 西谷, 「勞働組合法」, 382面 및 인용된 문헌 참고.

되려면, 그 사업 또는 사업장의 동종의 근로자 반수 이상이 단체협약의 적용을 받아야 한다. 다시 말하면 단체협약의 적용을 받는 반수 이상의 근로자를 산출하는 단위가 사업 또는 사업장이라는 뜻이다. 사업 또는 사업장이란 개인사업체 또는 독립된 법인격을 갖춘 회사와 같이 경영상의 일체를 이루면서 계속적·유기적으로 운영되고 있는 하나의 기업체조직을 의미한다.[1)]

2) 「상시 사용되는 근로자」란 사실상 계속적으로 사용되는 근로자를 의미한다. 이 요건은 단체협약이 반수 이상의 근로자에게 적용되고 있느냐를 판단하는 기초가 되는 것으로서 상시 사용되고 있는 근로자들의 총 수에 중점을 둔 것이므로 사회통념에 의하여 객관적으로 판단하여 상태적(常態的)으로 존재하는 수를 기준으로 해야 한다. 그러므로 여기서 「사용」되는 근로자란 당해 사업장에 계속 근무하는 근로자뿐 아니라 그때그때 필요에 의하여 사용되는 일용근로자를 포함하는 것으로 해석된다.[2)] 일용직이나 임시직이라도 노동조합의 구성원이 될 수 있으므로 상시 사용되는 근로자의 범주에 포함할 수 있을 것이다. 근로자의 지위나 종류(직원·공원·촉탁), 고용기간의 정함의 유무(상용직·임시직), 근로계약상의 명칭 등에 관계없이 계속 사용되고 있는 자이면 상시 사용되는 근로자이므로 단기의 계약이 반복적으로 갱신되면서 실질적으로 계속 사용된 사람이면 상시 사용되는 근로자에 해당한다.[3)]

단체협약의 적용을 받는 근로자의 과반수 산출에 있어서, '하나의 단체협약의 적용을 받게 된 때'의 근로자란 협약 당사자인 노동조합의 조합원 전체를 말하지만 단체협약이 근로자 일부에게만 그 적용범위를 한정한 경우에는 그 한정된 조합원만을 말한다. 따라서 실제로 단체협약의 적용을 받고 있는 근로자가 과반수 산출의 기초가 된다.[4)] 사용자의 임의로 단체협약의 내용을 적용받게 되는 근로자(단체협약의 구속력범위에 속하지 않는 근로자)는 단체협약의 적용을 받는 자가 아니다.

3) 「동종의 근로자」란 제35조가 규정하고 있는 단체협약의 적용 또는 확장 적용을 받을 수 있는 협약의 적용대상자를 기준으로 하여 결정된다. 다시 말하면 해당 협약의 적용이 예상되는 자[5)]를 가리킨다. 우선 규약 및 단체협약의 규정에 의하여 조합원의 자격이 없는 근로자는 처음부터 단체협약의 적용이 예상된다고 할 수 없어 단체협약의 일반적 구속력이 미치는 동종의 근로자라고 할 수 없다.[6)] 다음으로 조합원의 자격이 있

1) 大判 1993. 10. 12, 93 다 18365; 大判 1999. 8. 20, 98 다 765 등.
2) 大判 1995. 3. 14, 93 다 42238; 大判 2000. 3. 14, 99 도 1243 등.
3) 大判 1992. 12. 22, 92 누 13189. 同旨: 심태식, 「개론」, 193면; 박상필, 「노동법」, 463면.
4) 大判 2005. 5. 12, 2003 다 52456.
5) 大判 2003. 12. 26, 2001 두 10264; 大判 2005. 4. 14, 2004 도 1108 등.
6) 大判 2003. 12. 26, 2001 두 10264; 大判 2005. 4. 14, 2004 도 1108; 大判 1997. 10. 28, 96 다

는 자(단체협약의 본래적 적용대상자)이더라도 단체협약으로 기능직 또는 일반직 근로자를 특정하여 적용범위를 정한 때에는 그 범위에 드는 자만이 단체협약의 적용이 예상되는 자로서 동종의 근로자에 해당한다.[1] 그러나 단체협약 규정상 사용자에 해당하지 않는 한 직종의 구분 없이 사업장 내의 모든 근로자가 노동조합의 조합원으로 가입하여 단체협약의 적용을 받을 수 있도록 되어 있다면, 기능직 근로자나 일반직 근로자의 구별 없이 모든 근로자가 협약 적용대상자로서 동종의 근로자라고 할 수 있다. 다시 말하면 사업장 단위로 체결되는 단체협약의 적용범위가 특정되지 않았거나 협약조항이 모든 직종에 걸쳐서 공통적으로 적용되는 경우에는 직종의 구분 없이 사업장 내의 모든 근로자가 동종의 근로자에 해당된다.[2]

구체적으로 임시종업원, 단시간종업원이 정규근로자 노동조합의 규약에 의하여 가입대상자로 규정되어 있지 않은 경우, 이들이 조합원 자격이 있는 근로자들과 직무내용이나 근무형태가 같거나 유사하고 인사처우의 체계가 크게 다르지 않다면 해당 노동조합에 가입할 수는 없다 하더라도 당해 단체협약의 적용이 예상되는 동종의 근로자로 볼 것인지가 문제된다. 이에 대해서는 학설상 사업장단위 일반적 구속력 규정의 기본 취지가 미조직근로자의 보호에 있다는 이유에서 긍정적 태도를 취하는 견해[3]가 있는가 하면, 제35조 규정의 입법취지에 맞지 않는다는 이유에서 부정적 해석을 하는 견해[4]도 있다. 사업장 단위의 일반적 구속력제도가 사업장의 근로조건을 통일하는 데 그 중요한 취지가 있는 것이라면 임시종업원에게 당해 노동조합에 가입할 자격이 인정되지 않는다는

13415; 大判 2004. 1. 29, 2001 다 5142(단체협약 당사자인 노동조합과 사용자 사이에 체결된 단체협약은 당해 노동조합의 구성원으로 가입한 조합원 모두에게 적용되는 것이 원칙이다. 다만 단체협약에서 노사간의 상호협의에 의하여 규약상의 근로자의 범위와는 별도로 조합원이 될 수 없는 자를 특별히 규정함으로써 일정 범위의 근로자들에 대하여 단체협약의 적용을 배제하고자 하는 취지의 규정을 둔 경우에는 이러한 규정이 노동조합 규약에 정해진 조합원의 범위에 관한 규정과 배치된다 하더라도 무효라고 볼 수 없다([111] 7. (3) 참고). 회사의 과장급 이상의 직급에 있는 자는 '그 사업의 근로자에 관한 사항에 대하여 사업주를 위한' 직무를 수행하는 자(노조및조정법 제2조 ②참조)라고 볼 수 있으므로 노동조합 규약에서 과장급에 있는 자를 노동조합의 조직 대상이 되는 근로자의 범위에 속하는 자(조합원이 될 수 있는 자)로 규정하고 있더라도 노사간의 협의에 의하여 체결된 단체협약에서 이들을 조합원의 범위에서 배제한다면(단체협약의 규정 예: '과장급 이상의 직책을 가진 자는 조합원이 될 수 없다.') 이들에게는 단체협약이 적용되지 않는다. 회사의 과장으로 근무하여 왔으면서도 노동조합에 가입하였더라도 위 단체협약의 규정에 따라 단체협약의 적용을 받을 수 없고 위 단체협약의 적용이 예상된다고 할 수도 없으므로 노조및조정법 제35조의 규정에 따라 단체협약의 적용을 받게되는 '동종의 근로자'에 해당한다고 볼 수도 없다).

1) 大判 1999. 12. 10, 99 두 6927; 大判 2003. 12. 26, 2001 두 10264 등.

2) 大判 1992. 12. 22, 92 누 13189; 大判 1999. 12. 10, 99 두 6927.

3) 김유성, 「노동법 Ⅱ」, 196면.

4) 임종률, 「노동법」, 181면. 日野自動車工業事件·最 一小判 昭 59. 10. 18 勞判 458號, 4面 참고.

외형적 이유만으로 동종의 근로자성을 부정하는 것은 적절하지 않을 것이다.1) 임시종업원도 노조및조정법상의 근로자의 지위를 가지고 있으므로 특정 노동조합의 규약에 따라 해당 노동조합에 가입할 수 없다고 하여 노조및조정법 제35조 규정의 보호대상에서 제외하는 것은 옳지 않다고 생각된다. 이는 노조및조정법 제35조 규정의 해석의 문제이지 노동조합 규약에 의하여 그 적용여부가 결정되어야 하는 것은 아니다.

4) 교섭대표노동조합(제29조의2 이하 참조)이 사용자와 체결한 단체협약에 대해서도 제35조의 규정이 적용된다.2)

5) 하나의 단체협약이라는 표현은 반드시 기업별 단위노동조합이 체결한 단체협약만을 의미하는 것으로 좁게 해석할 필요는 없다. 노조및조정법 제35조 규정의 취지상 해당 사업장의 반수 이상의 동종 근로자에게 적용되는 것이면 산업별·지역별·직종별 노동조합이 체결한 단체협약이더라도 확장적용의 대상이 된다고 보는 것이 옳을 것이다.3)

c) 효 과

1) 노조및조정법 제35조의 요건이 갖추어지면 다른 동종의 근로자에 대해서도 당해 단체협약이 적용된다. 이때 확장 적용되는 단체협약은 규범적 부분에 국한된다. 채무적 부분은 노동조합과 사용자 사이의 관계를 규율하는 부분이므로 그 성질상 확장 적용될 여지가 없다.

2) 노조및조정법 제35조의 요건이 갖추어지면 단체협약의 규범적 부분은 그 효력이 당연히 확장되므로, 이에 따라 단체협약의 적용을 받는 근로자는 사용자에 대하여 법률상 당연히(ipso iure) 단체협약에서 정한 기준적 급부에 대하여 청구권을 취득한다고 해석해야 한다. 다만 비조직근로자가 그 효력이 확장된 단체협약의 기준을 청구할 수 있는 청구권의 기초(Anspruchsgrundlage)는 노조및조정법 제35조 자체이다. 그러므로 비조직근로자의 청구권은 법률의 규정에 의한 것이다. 이 조항의 규정에 의하여 단체협약에서 정한 기준(규범적 부분의 기준)의 이행을 청구하는 자는 상시 사용되는 동종의 근로자의 반수 이상이 그 단체협약의 적용을 받고 있다는 사실을 입증해야 한다. 단체협약을 체결한 노동조합의 구성원인 조합원이 단체협약 내의 규범적 부분의 이행을 청구할 수 있는 기초는 단체협약 자체이다. 협약당사자인 노동조합의 조합원에게는 당해 단체협약이 직접 적용되기 때문이다.

3) 비조직근로자에게 단체협약이 확장되는 경우에도 근로계약의 내용이 단체협약

1) 결과에 있어서 같은 취지: 菅野, 「勞働法」, 890面 이하.
2) 異見: 노동법실무연구회, 「노동조합및노동관계조정법 주해 Ⅱ」(마은혁), 229면.
3) 同旨: 임종률, 「노동법」, 183면.

의 기준보다 유리한 때에는 근로계약의 내용이 그대로 적용된다. 이 경우에도 유리한 조건 우선의 원칙([111] 2. ⑶ 참고)이 지배하기 때문이다.[1] 단체협약의 효력확장으로 비조합원의 근로조건을 끌어내려야 할 근거는 존재하지 않는다.[2] 판례는 경영정상화를 위한 상여금·휴가비 등의 반납을 규정한 단체협약의 규정도 비조합원에게 확장 적용될 수 있음을 전제로 하고 있다. 즉, 근로자에게 불리한 협약내용도 확장 적용된다는 태도를 취한다.[3]

4) 사업장을 단위로 한 일반적 구속력은 반드시 반수 이상의 근로자가 단체협약의 적용을 받을 것을 요건으로 하기 때문에 비조합원의 신규채용 또는 조합원의 탈퇴 등으로 「반수 이상의」 요건을 갖추지 못하게 될 때에는 일반적 구속력은 당연히(ipso iure) 종료하는 것으로 해석된다.[4] 단체협약이 효력기간의 만료로 효력을 상실하면 때를 같이 하여 확장적용의 효력도 소멸한다. 이때 사용자가 비조직근로자와 기존의 단체협약 내용과 다른 근로조건을 약정하는 것은 유효하다고 보아야 한다. 단체협약 종료 후의 근로관계의 내용과 효력에 관한 문제와 같이 볼 수 있기 때문이다([114] 2. 참고).

5) 복수노조하에서 교섭대표노동조합이 체결한 단체협약은 교섭창구 단일화 절차에 참여한 노동조합과 조합원에 대하여 적용되므로 노조및조정법 제35조에 의하여 그 단체협약은 비조합원에게도 확장 적용된다.[5] 하나의 사업 또는 사업장에 같은 종류의

---

1) 비조합원에 대한 관계에서 유리한 조건 우선의 원칙을 긍정하는 견해: 김유성, 「노동법 Ⅱ」, 197면; 西谷, 「勞働組合法」, 380面. 異見: 임종률, 「노동법」, 184면 이하; 菅野, 「勞働法」, 878面.

2) 外尾, 「勞働團體法」, 647面.

3) 大判 2005. 5. 12, 2003 다 52456(노동조합이 사용자와 체결한 상여금·휴가비 등을 반납하는 내용의 단체협약은 그 협약의 작성 당시 노동조합에 가입한 근로자의 수가 노동조합에 가입할 수 있는 총 근로자의 반수에 이르지 못하였던 이상 당해 단체협약은 일반적 구속력을 부여받을 수 없어 노동조합원이 아닌 근로자에게는 효력이 미치지 않는다고 한 사례. 역으로 말하면 조합원 수가 총 근로자의 반수를 넘으면 상여금·휴가비 등의 반납을 정한 단체협약 규정이 확장적용된다는 내용의 판례). 同旨: 大判 2004. 2. 12, 2001 다 63599.
일본의 판례는 비조합원이 다수노조의 의사결정에 참여하는 입장에 있지 않으므로 단체협약의 확장적용이 현저하게 불합리한 것으로 인정될 특별한 사정이 있을 때에는 적용되지 않는다고 한다(朝日火災海上保險事件·最三小判 平 8. 3. 26, 民集 50卷 4號, 1008面. 菅野, 「勞働法」, 893面 참고). 이와 유사한 견해: 노동법실무연구회, 「노동조합및노동관계조정법 주해 Ⅱ」(마은혁), 233면 이하.

4) 東京大勞働法硏究會, 「注釋 勞働組合法(下)」, 8514面; 石井, 「勞働法」, 441面. 異見: 久保, 「勞働法」, 183面(확장적용의 관계를 복잡하지 않게 하기 위해서라고 한다).

5) 교섭창구 단일화에 관한 개정법이 시행되기 전에 대법원은 「기업별 단위노동조합에 독자적으로 단체교섭권을 행사하여 체결한 단체협약이 존재하고 그 단체협약이 노조법 제35조 소정의 일반적 구속력을 가진다는 사정이 존재하더라도, 동일한 사업 또는 사업장에 근로자가 설립하거나 가입한 산업별·직종별·지역별 단위노동조합이 가지는 고유한 단체교섭권이나 단체협약 체결권이 제한된다고 할 수 없다」고 판단한 바 있으나(大決 2011. 5. 6, 2010 마 1193), 개정법 시행 후에는 위의 노동조합이 해당 사업 또는 사업장에 대하여 가지는 고유한 단체교섭권이나 단체협약권은 교섭창구 단일화 절차에 의하여 제한된다고 보아야 한다. 따라서 현행법 하에서는 단체협약 경합의 문제는 일어나

근로자들이 소수 노동조합에 가입하고 있는 경우로서 사용자가 교섭창구단일화를 거치지 아니하기로 한 경우(노조및조정법 제29조의2 Ⅰ 단서)에는 소수노조의 단체교섭권은 그대로 유지되므로 그 노동조합이 체결한 단체협약은 유효하다고 보아야 한다. 따라서 소수노동조합의 조합원에 대한 효력확장은 인정되지 않는다.[1] 현행법상의 복수노조제도의 취지에 어긋나지 않기 때문이다. 사용자가 교섭창구단일화를 거치지 아니하기로 하여 다수노조의 단체협약이 소수노조의 조합원들에게 확장 적용되지 않으므로써 각 노조의 조합원들 사이에 근로조건 격차가 발생할 가능성이 있다. 이와 같은 격차의 원인이 사용자가 각 노조와 단체협약을 체결하면서 사용자와의 친화적인 관계 등 비합리적인 이유에 기인하여 발생한 것이라면 그러한 차별적 단체협약 체결행위는 부당노동행위에 해당한다고 보아야 할 것이다.[2] 따라서 부당노동행위 구제절차가 하나의 해결방법이 될 것이다.

3. 지역단위의 일반적 구속력

a) 제도의 취지 지역별 구속력 제도는 비조직 근로자의 값싼 노동력을 사용하여 임금 그 밖의 근로조건을 저하시키는 것을 방지함으로써 근로자 일반의 지위 향상을 꾀하고, 단체협약 적용의 부담을 받는 사용자에 대한 불리한 경쟁을 제한함으로써 조직근로자에게 돌아갈 수 있는 반사적 불이익을 막는 데 있다(위의 [112] 1. a) 참고). 이 제도는 초기업적 산업별, 지역별 노동조합의 조직형태가 지배하는 지역에서 활용될 수 있다.[3]

b) 요 건 노조및조정법 제36조 1항은 「하나의 지역에 있어서 종업(從業)하는 동종의 근로자의 3분의 2 이상이 하나의 단체협약의 적용을 받게 된 때에는 행정관청은 당해 단체협약의 당사자의 쌍방 또는 일방의 신청에 의하거나 그 직권으로 노동위원회의 의결을 얻어 당해 지역에서 종업하는 다른 동종의 근로자와 그 사용자에 대하여

지 않는다.

1) 同旨의 일본의 지배적 견해: 山口浩一郎, 「勞働組合法」(第2版), 1996, 199面; 菅野, 「勞働法」, 893面; 西谷, 「勞働組合法」, 382面 이하. 사용자가 교섭창구 단일화를 거치지 아니하고 개별 교섭을 하기로 한 경우 다수노조에 속하지 않는 근로자들이 소수노조에 가입하여 단체협약을 체결하였다면 그 근로자들은 고유한 노동조합의 조합원으로서 그 노동조합이 체결한 단체협약의 적용을 받을 것을 전제로 하고 있는 것이므로 다수노조의 단체협약이 유리하다고 하여 이를 적용하도록 하는 것은 복수노조 대등의 원칙에 반하여 소수노조의 자주적 자존적(自尊的) 주체성에도 반한다. 또한 다수노조가 체결한 단체협약을 소수노조의 승인이나 교섭을 거치지도 않은 채 소수노조 조합원에게 그대로 적용하게 된다면 경우에 따라서는 부당노동행위가 성립할 가능성이 있다(西谷, 「勞働組合法」, 383面). 일본에서는 이에 관하여 다양한 견해가 존재한다(菅野, 「勞働法」, 893面 이하; 西谷, 「勞働組合法」, 382面 이하 참고).

2) 西谷, 「勞働組合法」, 383面 참고.

3) 노동조합의 산업별 조직체계를 취하고 있는 독일에서는 지역단위의 일반적 구속력 제도(Allgemeinverbindlischekeit)만을 규정하고 있다(Löwisch/Caspers/Klumpp, *Arbeitsrecht* Rn. 1028 ff. 참고).

도 당해 단체협약을 적용한다는 결정을 할 수 있다」고 규정하고 있다. 이와 같은 지역단위의 일반적 구속력선언은 산업별 노동조합의 단체협약 또는 지역별 노동조합의 단체협약의 경우에 문제될 수 있다.

1) 「하나의 지역」이란 단체협약당사자와 관련이 있는 동일한 경제적 지역, 즉 근로조건·노사관계 등이 유사하여 하나의 노동시장을 형성하고 있는 지역을 가리킨다. 그리고 동종의 근로자는 제35조의 경우에 준해서 판단하면 될 것이다(위의 2. b) 3) 참고).

2) 「지역을 단위로 하는 일반적 구속력선언」에 있어서는 제35조의 경우와는 달리 행정관청이 단체협약당사자의 쌍방 또는 일방의 신청에 의하거나 또는 그 직권에 의하여 노동위원회의 의결을 얻어 해당 단체협약의 확장을 결정할 수 있다. 행정관청이 단체협약의 확장적용에 관하여 노동위원회의 의결을 얻으려면 지역의 범위와 확장 적용될 해당 단체협약규정의 범위를 정하여 요청해야 할 것이다. 노동위원회는 행정관청의 요청내용을 변경 또는 수정할 수 없다고 보아야 한다.[1] 행정관청이 위의 결정을 한 때에는 지체 없이 공고하여야 한다(노조및조정법 제36조 Ⅱ).

c) 효 과

1) 단체협약은 해당 지역에서 종사하는 동종의 근로자에게 적용된다. 따라서 제35조의 경우와는 달리 단체협약의 효력이 확장되는 해당 지역의 다른 사용자도 구속하게 된다. 적용 개시일은 행정관청의 결정에 따르게 될 것이다(노조및조정법 제36조 Ⅰ 참조).

2) 이 경우에도 확장 적용되는 것은 해당 단체협약의 규범적 부분에 한정된다.

3) 확장 적용되는 규범적 부분에 대해서도 유리한 조건 우선의 원칙이 적용된다.[2]

d) 단체협약의 경합[3] 해당지역 내에 동종의 근로자가 다른 노동조합을 결성하여 이미 다른 단체협약을 체결하고 있고 그 협약의 적용을 받는 근로자가 확장 적용될 단체협약 적용대상자보다 소수인 경우에 소수노조의 단체협약은 효력을 유지할 수 있는지가 문제된다. 원래 단체협약의 일반적 구속력제도는 비조합원(미조직근로자)에 대하여 단체협약을 확장 적용하는 것을 그 기본 취지로 하는 것이며, 이미 단체협약을 체결하고 있는 노동조합이나 근로자들의 단결권·단체교섭권 또는 단체행동권을 제한하며 통일적 협약적용을 확보하려는 것이 아니므로 이때에는 지역단위의 일반적 구속력제도는

---

1) 同旨: 김유성, 「노동법 Ⅱ」, 201면; 임종률, 「노동법」, 186면. 異見: 이병태, 「노동법」, 266면. 일본 노동조합법 제18조 2항은 「노동위원회는 전항의 의결을 하는 경우에 당해 단체협약에 부적당한 부분이 있다고 인정하는 경우에는 이를 수정할 수 있다」고 규정하고 있다. 西谷교수는 요건 충족에 관한 판단시 어느 정도의 재량을 인정한다(「勞働法」, 383面).

2) 同旨: 西谷, 「勞働組合法」, 384面.

3) 단체협약의 개념에 관하여 특히 Löwisch/Rieble, *TarifvertragsG(Kommentar)* § 4a Rn. 327 참고.

적용될 수 없다고 보아야 한다.[1] 소수노조가 근로3권의 보장을 받고 있는 지위는 다수노조의 그것과 대등하다고 보아야 하기 때문이다. 판례[2]도 같은 취지에서 「노동조합법 제36조가 규정하는 지역단위의 일반적 구속력 제도의 목적을 어떠한 것으로 파악하건 (다른) 노동조합이 독자적으로 단체교섭권을 행사하여 이미 별도의 단체협약을 체결한 경우에는 그 협약이 유효하게 존속하고 있는 한 지역적 구속력 결정의 효력은 그 노동조합이나 그 구성원인 근로자에게는 미치지 않는다고 해석하여야 할 것이고, 또 협약 외의 (다른) 노동조합이 위와 같이 별도로 체결하여 적용받고 있는 단체협약의 갱신체결이나 보다 나은 근로조건을 얻기 위한 단체교섭이나 단체행동을 하는 것 자체를 금지하거나 제한할 수는 없다고 보아야 할 것」이라고 한다. 이와 같이 어떤 노동조합과 사용자가 이미 단체협약을 체결하여 근로자들에 대한 협약자치를 시행하고 있는 경우에는 근로3권의 자주적 향유상태는 보장되어야 한다. 따라서 소수노조의 단체교섭행위와 쟁의행위는 지역적 구속력 선언에 의하여 영향을 받지 않는다고 보아야 한다.[3]

단체협약이 수직적 관계에서 경합 내지 충돌하는 경우, 예컨대 산업별 노동조합의 지부 또는 지회였다가 기업별 노동조합으로 조직변경된 노동조합이 체결한 단체협약이 산별 노동조합의 단체협약과 충돌하는 경우에 기업별 노동조합의 단체협약이 우선적으로 적용된다고 보아야 한다. 왜냐하면 단체협약을 체결한 기업별 노동조합은 독립적인 협약자치의 주체일뿐 아니라 산별 노조가 사용자단체를 협약 상대방으로 하는 것과는 달리 그 기업의 사업주(사용자)를 직접적인 교섭 내지 협약 체결 상대방으로 하고 있기 때문이다.[4] 이 경우에 기업별 노조의 단체교섭권이 무시되어서는 아니 된다. 따라서 기업별 노조의 단체협약이 산별 노조의 단체협약 보다 불리하더라도 우선 적용된다. 일반적 구속력 제도는 비조직 근로자의 보호를 위한 것이지 조합원들을 위한 것은 아니므로 그렇게 해석하는 것이 이 제도에 비추어 모순되지 않는다. 이때에는 협약자치의 원칙이 우선적으로 적용된다.[5]

e) 확장된 단체협약의 실효 확장 적용되는 단체협약의 효력이 그 기간의 만료

---

1) JKOS/Jacobs, *TarifvertragsR* §7 Rn. 227 f.
2) 同旨: 大判 1993. 12. 21, 92 도 2247; 大判 1998. 2. 27, 97 도 2543; 김유성, 「노동법 Ⅱ」, 202면; 임종률, 「노동법」, 187면.
3) 同旨: 김유성, 「노동법 Ⅱ」, 202면; 임종률, 「노동법」, 187면; 大判 1993. 12. 21, 92 도 2247. 단체협약의 지역별 확장 효력은 사업장별 확장 효력과 달리 그 지역에 대한 최저기준으로서의 효력을 가지므로 유리한 조건 우선의 원칙이 적용되며 기존의 다른 단체협약이 적용되고 있더라도 이에 구애받지 않는다는 견해: 西谷, 「勞働組合法」, 384面.
4) JKOS/Jacobs, *TarifvertragsR* §7 Rn. 227; Wiedemann/Wank, *TarifvertragsG(Kommentar)* §4a Rn. 227.
5) JKOS/Jacobs, *TarifvertragsR* §7 Rn. 227.

로 실효되거나 지역단위의 일반적 구속력의 요건이 상실되면 행정관청의 결정도 당연히 효력을 잃는다.[1] 해당 단체협약이 동일성을 유지하면서 개정된 경우에는 지역단위의 일반적 구속력은 계속된다고 보아야 한다.

4. 지역단위의 일반적 구속력선언의 법적 효력과 행정소송

지역을 단위로 하는 단체협약의 효력확장에 관한 행정관청의 결정(일반적 구속력선언)이 법적으로 어떤 성질을 가지는 것이냐에 대해서는 세 가지 견해가 대립되어 있다.

i) 행정행위설에 따르면 일반적 구속력선언은 추상적이고 일반적인 법규를 설정하는 것이 아니며, 어떤 구체적인 단체협약을 국가의 명령을 통하여 확장하는 것에 지나지 않는다고 한다.

ii) 법규명령설에 따르면 일반적 구속력선언 자체가 단체협약의 규범적 부분의 적용범위를 비조직근로자에게 확장하는 것이므로, 일반적 구속력선언이 법규명령이라는 것이다.

iii) 절충설에 따르면 일반적 구속력선언은 법적으로 이중적 성질을 갖는다고 한다.[2] 즉, 일반적 구속력선언은 비조직근로자에 대하여는 일방적인 법규설정행위와 같지만, 단체협약당사자에 대하여는 행정행위와 같다고 한다.

하자있는 일반적 구속력선언에 대하여 단체협약당사자는 행정소송으로 그 취소를 청구할 수 있어야 하고, 또 단체협약당사자가 협약확장에 대한 신청을 부당하게 거부하는 것을 막을 수 있는 길을 열어 놓기 위해서는 절충설이 타당하다고 생각된다. 지역적 구속력 선언은 행정소송법상 처분성을 갖는다고 볼 수 있기 때문이다.[3]

[113] V. 단체협약의 불이익변경

1. 문제의 소재

(1) 단체협약의 본래적 기능

헌법 제33조 1항은 근로자들의 「근로조건의 향상을 위하여」 근로3권을 보장하고

---

1) 단체협약에 규정되어 있던 근로조건은 근로관계의 내용으로 화체(化体)된다(西谷, 「勞働組合法」, 384面).

2) 독일에서의 지배적 견해: Wiedemann/Wank, *TarifvertragsG(Kommentar)* §5 Rn. 83, 87; JKOS/Jacobs, *TarifvertragsR* §6 Rn. 89 참고.

3) 김남진·김연태, 「행정법 Ⅰ」, 2008, 690면 이하 참고.

있으며, 노동조합에 의한 근로조건의 개선은 궁극적으로 단체협약의 체결에 의하여 실현된다. 따라서 근로자들에게 불이익하게 단체협약을 변경하는 것은 정상을 벗어난 경우에 해당한다. 노동조합과 사용자 사이에서는 근로자들의 근로조건과 경제적·사회적 지위를 향상하기 위하여 이른바 협약자치가 인정되고 있는 것이다. 여기서 협약자치의 목적과 기능을 근로조건의 개선이라는 의미로 좁게 해석할 경우에 노동조합이 근로조건의 불이익한 변경에 합의하는 것은 정당화될 수 없을 것이다. 그러나 노동조합도 기업의 경영위기에 대해서는 공동의 이익을 위하여 위기극복에 협력해야 할 넓은 의미의 협약자치의 당사자임을 부인할 수 없을 것이다.[1] 노동조합이 사용자와 함께 경영상의 어려움을 극복함으로써 기업의 회생에 노력하는 것은 동시에 고용기회의 감축 또는 직장상실의 위험으로부터 근로자들을 보호할 수 있기 때문이다. 장기적 안목에서 볼 때에는 사업 경영상의 위기를 극복하기 위하여 노동조합이 사용자의 단체협약의 불이익 변경 제안을 승낙하는 것이 조합원들을 보호하기 위한 불가피한 선택이라는 측면이 있음을 부인할 수 없다.

(2) 노동조합과 기업과의 관계

a) 현행 근로기준법은 긴박한 경영상의 필요에 의한 해고(제24조), 취업규칙의 불이익변경(제94조 I 단서) 등의 규정들을 두어 사업의 경영곤란의 개선, 경쟁력회복 등을 위해서 근로자에게 불이익이 주어질 수 있는 가능성을 열어놓고 있다. 그러나 집단적 노사관계를 규율하고 있는 노조및조정법에는 이와 대비할 만한 규정들이 존재하지 않는다. 동법에서는 노동조합이 사용자에 대해서 교섭상의 대등성을 갖추고 있기 때문에 사용자의 힘에 밀려 단체협약상의 불이익변경을 감수해야 할 가능성은 적어도 이론상(기업별 노동조합 조직형태에 있어서는 현실적으로 노조의 어용위험성이 존재하지만) 존재하지 않는다고 볼 수 있다. 뒤집어 말하면 노동조합이 단체협약의 불이익변경을 수용하는 경우에는 적어도 노동조합 스스로가 이에 대하여 기업의 어려운 사정과 구제책을 자주적으로 인정하기 때문이라고 할 수 있다. 예컨대 경제적 사정의 악화로 기업이 도산위기에 처하게 된 경우에 이를 회생 또는 정상화시키기 위하여 노동조합이 자진해서 상여금규정을 하향조정하거나, 특별수당을 삭감하거나, 임금가산 없이 근로시간을 연장하는 등 단체협약의 불이익변경을 수용하는 것이 이에 속할 것이다. 노동조합이 교섭의 대등성을 보유하고 있는 한 이러한 협약의 정당성은 부인될 수 없다. 이 경우에 불이익변경된 단체협약 부분은 규범적 효력을 가진다.[2]

1) 大判 2011. 7. 28, 2009 두 7790 참고.

2) 同旨: 西谷, 「勞働組合法」, 359面. 또한 最高裁判例: 朝日火災海上保險(石堂)事件—最一小判平9·3·27 勞判 713号 27面.

b) 이 경우에 노동조합과 사용자 사이의 관계를 어떻게 볼 것인가 하는 점을 유의할 필요가 있다. 기업이 이윤을 내면서 흑자운영되는 경우에 노동조합은 유리한 근로조건의 쟁취를 위하여 활동하는 것이 정상적이라고 보아야 하므로 이러한 상황에서의 노사관계는 일반적으로 대립·투쟁관계로 이해되고 있다. 그러나 기업의 경영이 악화되어 회사가 도산위기에 처한 경우에도 노동조합이 사용자에 대하여 대립·투쟁적 관계를 유지한다면 이는 무모한 일일뿐 아니라, 결국 근로자들에게도 불이익이 돌아오게 될 것이다. 회사가 도산하거나 일부 부서 또는 사업장을 폐쇄하게 된다면 근로자들은 직장을 잃게 될 것이다. 따라서 이러한 경우에 노동조합과 근로자들이 기업의 회생을 위하여 협력하며 불이익을 감수하는 것은 기업의 존립과 생존에 불가분의 동력이 되기 때문이다. 그러므로 노동조합과 기업 사이의 관계를 대립·투쟁적 측면에서만 이해하는 것은 옳지 않다. 기업운영에 필수적인 노동력을 제공하는 근로자들은 기업운영의 가장 중요한 인적 주체를 구성하고 있다. 노동조합과 사용자가 사회적 반려자(Sozialpartner)라고 불릴 수 있는 현실적 정당성도 이와 같은 경우에 인정될 수 있다. 근로자들의 실업을 막기 위해서 임금을 일시 하향조정한다거나 근로시간의 단축을 통하여 수입의 감축을 연대하여 부담하는 것도 노사협력관계의 한 형태로 볼 수 있다.

(3) 이론적 문제점

a) 단체협약의 불이익변경에서는 여러 가지 법이론적 문제가 제기될 수 있다. 위에서도 언급한 바와 같이 근로자에게 불이익을 주는 단체협약의 변경은 노동법의 이론만으로는 완전하게 설명될 수 없다. 따라서 계약법 또는 법의 일반원리를 원용하지 않을 수 없으며, 동시에 그 정당성 여부도 근로자와 사용자 사이의 이해관계를 고려하여 종합적이고 거시적인 관점에서 고찰하지 않을 수 없다. 기업의 경쟁력 유지 또는 노동시장의 문제와 근로자보호 사이의 관계, 근로조건의 하향조정과 직장상실 사이의 이해관계 비교 등도 고려해야 할 중요한 사항들이다.

b) 특히 문제가 되는 것은 첫째 협약자치의 범위, 둘째 노사합의의 형식, 셋째 조합원에 대한 불이익변경의 유효요건, 넷째 단체협약의 효력기간중의 협약변경의 가부, 다섯째 불이익변경에 대한 사법심사(司法審査) 등이다. 이에 관해서는 다음에서 대법원의 판례내용을 살펴본 후에 구체적으로 검토하기로 한다.

2. 판례 및 검토할 문제점

일반적으로 단체협약의 불이익변경은 회사측의 제안에 대하여 노동조합이 이를 받아들이는 형식으로 이루어진다. 이곳에서는 주목할 만한 최근의 판례를 예로 들어 이를 중심으로 문제되는 사항들을 순차적으로 고찰하기로 한다.

(1) 판 례

대법원은 상여금지급률의 하향과 관련해서 다음과 같이 판시하고 있다. 「협약자치의 원칙상 노동조합은 사용자와 사이에 근로조건을 유리하게 변경하는 내용의 단체협약뿐만 아니라 근로조건을 불리하게 변경하는 내용의 단체협약을 체결할 수 있으므로, 근로조건을 불리하게 변경하는 내용의 단체협약이 현저히 합리성을 결하여 노동조합의 목적을 벗어난 것으로 볼 수 있는 경우와 같은 특별한 사정이 없는 한 그러한 노사간의 합의를 무효라고 볼 수는 없고,[1] 노동조합으로서는 그러한 합의를 위하여 사전에 근로자들로부터 개별적인 동의나 수권을 받을 필요가 없으나, 이미 구체적으로 그 지급청구권이 발생한 임금(상여금 포함)은 근로자의 사적 재산영역으로 옮겨져 근로자의 처분에 맡겨진 것이기 때문에, 노동조합이 근로자들로부터 개별적인 동의나 수권을 받지 않는 이상, 사용자와 사이의 단체협약만으로 이에 대한 포기나 지급유예와 같은 처분행위를 할 수 없다」.[2] 단체협약이 현저히 합리성을 결하였는지의 여부[3]는 단체협약의 내용과 체결 경위, 협약체결 당시 사용자측의 경영상태 등 여러 사정에 비추어 판단해야 한다.[4]

(2) 검토할 문제점

위 판례에서 우선 문제되는 것은 i) 협약자치의 범위이다. 다음으로 ii) 합의 내지 협정의 형식, iii) 불이익변경이 인정될 수 있는 근거, iv) 단체협약기간 만료 전에 단체협약 내용 일부의 변경, v) 이미 조합원의 사적 「재산」이 된 권리에 대한 소급적 불이익 귀속, vi) 단체협약의 불이익변경이 장래에 대해서 효력을 미치는 경우에 대한 유효요건 등이다. 또한 vii) 불이익변경에 대한 사법심사의 가부도 문제된다.

---

1) 그러나 노사협의(근참법 제20조 이하 참조)에서는 근로자대표와 사용자대표가 근로조건을 불이익하게 변경하는 합의를 할 수 없다는 것이 판례(大判 1994. 6. 24, 92 다 28556; 서울地判 1994. 9. 16, 94 가합 40258)의 태도이다. 노사협의에서는 노동조합과 사용자 사이에서처럼 교섭력이 유지되는 대등한 협의 자체가 이루어질 수 없기 때문이다.

2) 大判 2010. 1. 28, 2009 다 76317(이 판례에 대한 평석으로는 김재훈, '단체협약에 의한 근로조건 불이익변경의 한계', 「노동판례비평」, 민주사회를 위한 변호사모임, 2001 참고); 大判 2002. 11. 26, 2001 다 36504. 또한 大判 2000. 9. 29, 99 다 67536(이 판례에 대해서는 '조용만, 근로조건의 불이익변경에 관한 협약자치의 한계', 「노동판례백선」(한국노동법학회)(제2판), 2021, 330면 이하 참고); 大判 2011. 9. 8, 2011 다 22061.

3) 예컨대 정년을 60세에서 54세로 단축하기로 합의한 단체협약에서 정년단축을 한시적으로 적용하기로 하면서 정년을 매년 1년씩 단계적으로 연장하기로 하였다면 정년단축을 시행하기로 한 해에 54세 이상이 된 근로자들에게만 불이익을 주는 것이 되므로 이러한 단체협약의 불이익변경조항은 객관적·일반적 기준을 설정한 것이 아니고 일정연령 이상의 조합원을 차별하는 것이어서 현저히 합리성을 결한 것이 되어 효력이 없다고 보아야 할 것이다(大判 2011. 7. 28, 2009 두 7790).

4) 大判 2011. 7. 28, 2009 두 7790.

3. 불이익변경의 정당성의 기초와 제문제

(1) 협약자치의 범위

근로3권의 보장에 의한 이른바 협약자치제도가 근로자의 근로조건의 개선과 사회적 · 경제적 지위향상을 목적으로 한다는 데에는 이의가 있을 수 없다.[1] 그러나 단체협약제도가 시장경제체제하에서 기업의 경제적 능력범위를 벗어나 유리하게만 기능할 수 없다는 데에 그 보호기능의 한계가 있다. 다시 말하면 근로자들의 이익을 대표하는 노동조합은 시장법칙을 존중하면서 기업의 지급능력의 범위 내에서 실현가능한 근로조건 그 밖의 대우에 관한 기준을 단체협약으로 정하지 않을 수 없다. 즉, 협약당사자들은 변화된 경제적 · 경영상의 상황에 적합하게 근로조건을 적응시킬 수 있는 권한과 임무를 함께 가지고 있다고 할 수 있다.[2] 따라서 협약당사자들이 협약규범(Tarifnorm · 근로조건에 관한 규범적 부분)을 유리하게 변경하는 것은 물론이고 불리하게 바꿀 수도 있다고 보아야 한다.[3] 이와 같은 단체협약의 불이익변경은 주로 기존의 단체협약을 새 협약으로 대체(Ablösung)하는 경우에 문제되는 것이지만, 단체협약 효력기간의 만료 전에라도 협약당사자의 합의(협약)가 있을 때에는 부분적 불이익변경이 가능하다고 보아야 한다.[4] 또한 우리나라에서와 같이 기업별 조직인 노동조합이 기업의 경제적 위기를 극복하기 위하여 기업의 지급능력에 적정한 또는 기업의 회생을 위한 단체협약변경에 협력하는 것은 근로자의 직장을 보호하기 위한 하나의 자구적 보호조치일 수도 있다. 판례[5]도 같은 취지의 태도를 취하고 있는 것으로 생각된다. 위와 같은 근거에서 기업의 경제적 위기 내지 기업의 도산을 막기 위한 단체협약의 불이익변경은 협약자치의 범위를 이탈하는 것으로 볼 수 없다. 판례는 「근로조건을 불리하게 변경하는 내용의 단체협약이 현저히 합리성을 결하여 노동조합의 목적을 벗어난 것으로 볼 수 있는 경우와 같은 특별한 사정이 없는 한 그러한 노사간의 합의를 무효라고 할 수 없다」[6]고 한다.

1) Wiedemann/Jacobs, *TarifvertragsG(Kommentar)*, Einl. Rn. 60 ff. 참고.

2) Gamillscheg, *ArbR* Ⅰ, S. 760, 861. Gamillscheg교수는 협약당사자가 변화된 경제적 상황과 경영부진 상태에 적절히 대응하지 못한다면 사용자는 근로자들을 변경해고([73] 참고)의 통고를 할 수 밖에 없게 될 것이고, 경우에 따라서는 근로자 해고 소송이 발생하여 더 불리한 결과를 가져올 수 있다고 지적한다(앞의 책 760면 이하).

3) 大判 2014. 12. 24, 2012 다 107334. Schaub/Treber, *ArbRHandb* § 207 Rn. 14 ff.; Gamillscheg, *ArbR* Ⅰ, S. 760; 西谷, 「勞働組合法」, 359面; 菅野, 「勞働法」, 879面.

4) 大判 2005. 5. 12, 2003 다 52456.

5) 大判 2003. 7. 22, 2002 도 7225(기업이 쇠퇴하고 투자가 줄어들면 근로의 기회가 감소되고 실업이 증가하게 되는 반면, 기업이 잘되고 새로운 투자가 일어나면 근로자의 지위도 향상되고 새로운 고용도 창출되어 기업과 근로자가 다함께 승자가 될 수 있기 때문이다).

⑵ 협약당사자의 합의

a) 위에서 언급한 사안을 살펴보면, 노동조합과 사용자는 단체협약의 효력기간중에 단체협약의 불이익변경에 합의하였다. 따라서 단체협약의 효력기간 만료로 새 단체협약이 체결된 경우와는 구별된다. 위 사안에서 노동조합과 사용자는 상여금의 하향조정을 결정·합의하는 별도의 합의서를 작성한 것이다. 이와 같은 「합의서」를 단체협약으로 볼 것인지에 관해서 의문이 제기될 수 있으나, 노동조합과 사용자가 서명·날인한 서면에 의하여 작성된 것으로서 근로조건에 대해서 집단적 효력을 미칠 것을 목적으로 한 협정이라고 하면 그 형식에 구애받음이 없이 단체협약으로 이해해야 할 것이다. 구 단체협약의 효력기간 만료 후에 새로 작성된 협약만을 단체협약으로 볼 것은 아니다. 판례[1]도 같은 태도를 취하고 있다.

b) 다만, 협약의 불이익변경은 법리상 다음과 같은 특수한 성질을 가지고 있는 것으로 보아야 할 것이다. 일반적인 단체협약의 체결과정에서는 노동조합이 근로3권을 바탕으로 사용자에게 단체교섭을 요구하고 노동조합의 요구를 관철하기 위하여 때로는 파업을 단행하기도 한다. 다시 말하면 노동조합은 단체협약 체결을 위하여 헌법상의 권리(근로3권, 특히 단체교섭권)를 행사하는 것이다. 그러나 단체협약의 불이익변경에서는 회사(사용자)측에서 근로조건의 하향 조정을 요구해 오고 노동조합은 이에 대하여 수동적으로 합의를 하는 과정을 거치는 것이므로, 이와 같은 합의가 근로3권의 행사에 의한 산물이라고 보기는 어려울 것이다. 그렇다고 하여 이 경우에 사용자가 노동조합의 단체교섭권을 침해한 위헌적인 행위를 했다고 볼 수 없음은 물론이다. 노동조합은 사용자와의 대등한 교섭력을 상실하지 않은 상태에서 자발적으로 회사의 위기극복을 위하여 불이익변경에 합의하는 것이기 때문이다. 따라서 노동조합과 사용자 사이에서 합의된 내용이 근로자들에게 불리한 것이라는 이유만으로 이를 사법심사의 대상(근로3권을 침해한 것이라는 이유에서)으로 삼을 수는 없다. 이 경우에 헌법상의 기본권(제33조 Ⅰ)의 침해, 강행법규 위반, 신의칙위반, 노동법의 일반원칙의 위반사실 등이 있다고 볼 수는 없을 것이다.[2]

⑶ 불이익변경이 인정될 수 있는 법적 근거

a) 단체협약의 성질에 관해서는 학설이 대립되어 있으나, 단체협약이 집단적 사적자치(kollektive Privatautonomie)를 기초로 하는 집단적 계약(privatautonomer Gesamtvertrag)

---

6) 大判 2000. 9. 29, 99 다 67536; 大判 2002. 4. 12, 2001 다 41384; 大判 2011. 7. 28, 2009 두 7790.

1) 大判 2002. 4. 12, 2001 다 41384. 또한 大判 2000. 9. 29, 99 다 67536. 同旨: 大判 2005. 5. 12, 2003 다 52456.

2) Schaub/Treber, *ArbRHandb* § 207 Rn. 14 ff. 참고.

의 성질을 가지고 있다는 것은 부인할 수 없다.[1] 단체협약의 핵심적 내용은 근로조건에 관한 규범적 부분이다. 그리고 이 부분은 사용자가 근로자에게 이행해야 할 채무의 기초가 된다. 그리고 단체협약이 존속하는 한 규범적 부분에 대한 불리한 개별적 변경(근로자 개인과의 근로계약에 의한 변경)은 허용되지 않는다(노조및조정법 제33조 Ⅰ). 따라서 경제적 상황이 악화되었다거나 기타 예견할 수 없는 사태의 발생으로 인하여 사용자가 협약상의 의무를 사실상 이행할 수 없는 특별한 상황이 발생하지 않는 한 단체협약의 규범적 부분은 준수되어야 한다. 그러나 경제적 위기 또는 기업운영상의 어려움 등으로 사용자의 단체협약 이행을 기대할 수 없게 된 때에는 당해 협약의 준수는 실현될 수 없는 상황에 빠지게 된다. 이 경우에 사용자가 노동조합에 대하여 근로조건의 불이익변경(하향조정)을 제안할 수 있을 것이다. 다만, 그 근거를 어디에서 구할 것인지가 문제된다. 경제상의 불경기나 경영상의 위험은 사용자의 귀책사유 없이, 기존 단체협약의 체결시에 예견할 수 없었던 사유로, 협약체결시에 전제되었던 사정에 중대한 변화가 생긴 것이라고 할 수 있다. 이와 같은 사정하에서 사용자에게 협약내용의 준수를 강제하는 것은 기대불가능한 것이므로, 그로 인하여 발생된 불이익(위험)은 양당사자가 함께 부담하는 것이 옳을 것이다. 단체협약이 기본적으로 계약적 성질을 가진 것으로 이해하는 한 민법의 원리인 사정변경의 원칙이 이 경우에 적용될 수 있을 것이다.[2]

b) 사정변경의 원칙 적용에 의한 일차적 효력은 변경된 사정에 적합하게 계약을 조정해 줄 것을 상대방 당사자에게 청구할 수 있는 권리(청구권)의 발생이다. 이 청구권은 상대방에 대하여 새로운 협상에 응하도록 하는 것을 그 내용으로 한다.[3] 단체협약이 계약적 성질을 가지는 한 사용자는 사정변경의 원칙에 따라 노조측에 대해서 협약의 불이익변경을 제의(제안)할 수 있을 것이다. 이에 응해서 노동조합이 사용자와 교섭을 함으로써 약정이 이루어지면 이는 집단적(규범)계약으로서 단체협약의 효력을 갖는다고 보아야 한다.

c) 노동조합의 단체협약 불이익변경을 조합원들이 수용한다는 것은 내부적으로 조합원들의 집단적 의사가 민주적 절차에 의하여 뒷받침되어 있다는 것을 뜻한다. 판례[4]

1) Wiedemann/Thüsing, *TarifvertragsG(Kommentar)* §1 Rn. 1 ff. 참고.

2) 판례에 따르면, 「계약 성립의 기초가 된 사정이 현저히 변경되고 당사자가 계약의 성립 당시 이를 예견할 수 없었으며, 그로 인하여 계약을 그대로 유지하는 것이 당사자의 이해에 중대한 불균형을 초래하거나 계약을 체결한 목적을 달성할 수 없는 경우에는 계약준수 원칙의 예외로서 사정변경을 이유로 계약을 해제하거나 해지할 수 있다」(大判 2017. 6. 8, 2016 다 249557). 종래 우리 판례는 사정변경의 원칙의 적용에 관하여 소극적 태도를 취해 왔다(大判 2007. 3. 29, 2004 다 31302; 大判(전합) 2013. 9. 26, 2012 다 13637 등 참조). 2002년 1월부터 개정·시행된 독일채권법에서 제313조 1항은 이를 명문으로 입법화하였다.

3) Haas·Medicus·Rolland·Schäfer·Wendtland/Medicus, *Das neue Schuldrecht*, 2002, Rn. 178.

4) 大判 2000. 9. 29, 99 다 67536; 大判 2002. 11. 26, 2001 다 36504; 大判 2010. 1. 28, 2009 다

에 따르면 근로조건의 불이익변경을 내용으로 하는 단체협약을 체결할 때에 「노동조합으로서는 그러한 합의를 위하여 사전에 근로자들로부터 개별적인 동의나 수권을 받을 필요가 없다」고 판시하고 있으나 조합원들의 집단적 의사가 민주적 절차(노조및조정법 제16조 I ③ 참조)를 통하여 반영될 필요성이 부인된다는 의미는 아닐 것이다. 조합원들의 실질적 승인 절차를 거치는 것은 노동조합의 민주적 운영을 위하여 중요한 일이다.1)

⑷ **단체협약의 일부변경**(효력상실)

위에서 설명한 바와 같이 사정변경에 의하여 근로조건은 하향조정(상여금지급률의 하향조정)될 수 있다. 이와 같은 협정은 별도의 합의서로서 이루어지게 되지만 원래의 단체협약에 포함된 해당부분(규범적 부분)은 그 한도 내에서 효력을 상실하게 될 것이다. 일부 학설은 이러한 결과를 기존 단체협약의 일부해지로 이해하지만 그와 같은 견해는 정당하지 않다. 원래 해지는 계속적 채권관계에서 원칙적으로 양당사자에게 해지의 자유가 주어지는 데서 오는 일방적 형성권의 행사인 의사표시인데 단체협약의 불이익변경은 사용자의 일방적 해지권의 행사로 이루어지는 것은 아니다. 사정변경을 이유로 한 단체협약의 불이익변경은 개별적 근로관계에 대하여 규범적 효력을 미치는 협약의 변경 「합의」로 이해해야 한다.2)

⑸ **불이익변경의 소급적 효력**

판례3)는 「이미 구체적으로 그 지급청구권이 발생한 임금(상여금 포함)은 근로자의 사적 재산영역으로 옮겨져 근로자의 처분에 맡겨진 것이기 때문에 노동조합이 근로자들로부터 개별적인 동의나 수권을 받지 않은 이상 사용자와 사이의 단체협약만으로 이에 대한 포기나 지급유예와 같은 처분행위를 할 수 없다」고 한다.4) 타당한 판결이라고 생각된다. 이미 근로자 개인에게 귀속된 권리(사권)는 근로자만이 처분권을 가지는 개인의 재산(권)이다. 따라서 제3자인 노동조합과 사용자가 근로자의 권리를 소멸시키거나 또는

76317; 大判 2011. 9. 8, 2011 다 22061. 西谷, 「勞働組合法」, 361面.

1) 西谷, 「勞働組合法」, 361面; 菅野, 「勞働法」, 880面; 荒木, 「勞働法」, 620面 이하 참고.

2) 여기서 합의(Vereinbarung)와 계약(Vertrag)을 구별하는 것은 별 의미가 없다. 협약당사자가 일정한 법적 구속효과를 의도하는 의사합치에 이르면 단체협약이 성립하는 것으로 보아야 한다(Wiedemann/Thüsing, *TarifvertragsG(Kommentar)* §1 Rn. 4).

3) 大判 2002. 4. 12, 2001 다 41384; 大判 2009. 9. 29, 99 다 67536.

4) 또한 大判 2010. 1. 28, 2009 다 76317; 大判 2017. 2. 15, 2016 다 32193; 大判 2019. 10. 18, 2015 다 60207(회사 A와 노동조합이 소정근로시간은 기존보다 단축하고 사납금은 인상하는 내용의 임금협정을 체결하였고, 이에 따라 회사 A가 B 등의 근로자(운전기사)를 상대로 사납금 인상분을 소급하여 반환할 것을 구하는 사안에서, 개별 근로자의 동의나 수권을 받지 아니한 이상 위 노동조합의 합의 및 임금협정만으로 이미 B 등에게 지급된 임금 중 일부를 사납금 인상분 명목으로 A 회사에 소급하여 반환하기로 하는 내용의 처분행위는 무효라고 한 사례).

처분하는 약정을 한다면 이는 제3자에게 불리한 계약(Vertrag zuungunsten Dritter)으로서 무효이다.[1] 다만, 개인 근로자들이 개별적으로 권리포기의 명백한 의사표시를 한 때에는 그의 권리는 소멸 또는 지급유예될 수 있다. 여기서 이른바 개인 근로자의 「부동의의 자유(不同意의 自由)」를 침해할 수 있는 위력이나 강박이 행사되어서는 안 될 것이다(민법 제110조 참조). 근로자 개인의 명백한 권리포기 또는 처분행위 없이 노동조합과 사용자가 근로자 개인의 기득권(청구권)을 소멸시키는 약정부분은 무효이다.

어느 경우를 막론하고 노동조합이 기존의 임금, 근로시간, 퇴직금 등 근로조건을 결정하는 기준에 관하여 소급적으로 동의하거나 이를 승인하는 내용의 단체협약을 체결하는 경우에 동의나 승인의 효력은 단체협약이 시행된 이후 해당 사업장에서 근무하면서 단체협약의 적용을 받게 될 조합원이나 근로자에 대해서만 발생할 뿐, 단체협약 체결 이전에 근무하였던 또는 퇴직한 근로자에게는 미칠 여지가 없다.[2]

⑹ **불이익변경의 장래에 대한 효력**

협약당사자의 단체협약 불이익변경이 협약자치의 범위를 일탈하지 않는 것이면, 사정변경의 원칙이 적용될 수 있는 경우와 같이 사용자에게 기존 협약내용의 준수를 기대할 수 없는 한, 그 합의의 효력(규범적 효력)은 인정되어야 한다. 이 경우에 불이익변경은 소급효를 가질 수 없는 것이 원칙이다(위의 ⑸ 참고). 따라서 불이익변경에 대한 합의서의 내용은 장래에 대해서 효력(ex nunc)을 가지며, 그 부분에 관한 기존 단체협약의 부분은 효력을 상실하거나 변경된 것으로 해석되어야 한다.

⑺ **사법적 심사**

노동조합과 사용자 사이의 협약내용의 합목적성, 정당성 특히 형평성 여부는 원칙적으로 사법심사의 대상이 될 수 없다고 생각된다.[3] 왜냐하면 노동조합은 사용자에 대해서 대등한 교섭력을 가지고 있는 것으로 전제되고 있으며 단체협약은 규범적 성질을 가지고 있기 때문이다.[4] 또한 노동조합은 근로자에게 불리하게 변경할 수도 있다. 따라서 단체협약의 규범적 부분을 적용하는 법원은 단체협약이 유효하게 성립하였는지 헌법과 노동관계법의 강행규정을 위반하였는지를 심사하는 규범통제(Rechtskontrolle)를 할 수 있을 뿐이고 이른바 내용의 적절성 여부에 관한 내용통제(Inhaltskontrolle)는 원칙적으로 할 수 없다.[5] 다만 단체협약이 공서양속(민법 제103조)에 위반한 때에는 그 부분에

1) 김형배, 「채권각론(계약법)」, 2001, 178면.
2) 大判 2002. 5. 31, 2000 다 18127; 大判 2017. 2. 15, 2016 다 32193.
3) Schaub/Treber, *ArbRHandb* § 199 Rn. 15, § 3 Rn. 12 참고.
4) Wiedemann/Thüsing, *TarifvertragsG(Kommentar)* § 1 Rn. 237 f.
5) Wiedemann/Jacobs, *TarifvertragsG(Kommentar)* Einl., § 111.

관하여 효력이 인정되지 않는다.[1] 그러나 우리나라에서와 같이 노동조합이 기업별로 조직되어 있는 여건하에서는 노동조합의 집행부가 어용화될 가능성이 없지 않다는 것도 사실이다.[2] 따라서 현실적으로 노동조합이 대등한 교섭능력을 상실한 상태에서 불이익한 협약이 체결되어 심히 균형을 상실한 변경이라고 볼 수 있다거나, 심지어는 불필요한 불이익변경을 한 경우에는 그 협약은 사법심사의 대상이 된다고 볼 수 있을 것이다. 판례[3]는 이러한 노사의 협약이 「현저히 합리성을 결여하여 노동조합의 목적을 벗어난 것으로 볼 수 있는 경우와 같은 특별한 사정이 없는 한 그러한 노사간의 합의를 무효라고 볼 수는 없다」고 판시하고 있다. 다시 말하면 노동조합이 자주적 교섭력을 유지하고 있는 한 그러한 합의는 합리성을 결여한 것으로 볼 수 없고 사법심사의 대상이 되지 않을 것이다. 그러나 노동조합의 민주적 운영을 위해서, 그리고 근로조건의 직접적인 불이익을 입는 조합원들과의 의견조율을 위해서 노동조합의 집행부가 조합원 전원의 집단적 의사를 확인하는 절차를 거치는 것(노조및조정법 제16조 I ③ 참조)은 단체협약의 규범적 효력발생을 위한 하나의 요건이라고 판단된다. 여기서 단체협약의 불이익변경은 단순히 계약적 측면에서만 고찰되어서는 아니되고 조합원들에 대한 집단적 불이익 귀속의 합리성 내지 정당성의 측면에서도 살펴야 할 것이다. 판례[4]는 「단체협약이 현저히 합리성을 결여하였는지 여부는 단체협약의 내용과 그 체결경위, 당시 사용자측의 경영상태 등 여러 사정에 비추어 판단해야 한다」고 함으로써 계약법리에 따른 통제를 전제로 하고 있는 것으로 보인다. 노동조합의 어용화에 의하여 노동조합의 교섭력의 불균형상태가 초래되어 불합리한 협정이 체결되었다면 단체협약의 내용에 대한 사법심사가 문제되지 않을 수 없다.

특히 일부 조합원에 대해서 크게 형평에 어긋난 불이익을 주는 협약조항은 설령 민주적 절차를 거쳐 체결되었더라도 현저히 합리성을 결여한 것이라면 내용심사의 대상이 되지 않을 수 없다. 근로자의 단결과 그 궁극적 목표인 단체협약의 체결은 조합원의 실질적 평등을 전제로 하는 것인데 일부 조합원들은 불이익을 감수해야 하는 반면 다수

1) Zöllner/Loritz/Hergenröder, *ArbR* §41 Rn. 28.

2) 노동조합이 어용화하면 조합원들 사이에 균열이 발생하여 노조집행부를 지지하지 않는 조합원들에 대하여 불이익한 단체협약 조항이 생길 수도 있다. 조합원의 실질적 평등원칙이 확보되지 않으므로써 일부 조합원에게 불이익을 부과하는 단체협약 조항의 설정은 신뢰보호의 원칙, 합리성의 관점에서 조합원 평등보호라는 노동조합의 목적에 어긋나는 것이므로 법원의 내용심사의 대상이 된다고 보아야 할 것이다. 일부 특정 조합원에게 통상 감수해야 할 범위를 초과하여 불이익을 주는 협약조항은 규범적 효력의 전제조건을 결하는 것으로 판단된다(Zöllner/Loritz/Hergenröder, *ArbR* §41 Rn. 23, §36 Rn. 24; 西谷, 「労働組合法」, 362面; 荒木, 「労働法」, 621面).

3) 大判 2000. 9. 29, 99 다 67536; 大判 2002. 4. 12, 2001 다 41384.

4) 大判 2014. 12. 24, 2012 다 107334; 大判 2002. 12. 27, 2002 두 7063 등.

조합원들은 이익을 향수하는 단체협약이라면 이는 법원의 내용심사의 대상이 된다고 보아야 할 것이다.[1)]

[114] Ⅵ. 단체협약의 종료

1. 단체협약의 종료사유

단체협약은 유효기간(존속기간)의 만료, 합의해지, 사정변경, 당사자의 변동 등의 사유로 종료된다.

(1) 유효기간의 상한

단체협약의 유효기간은 3년을 초과하지 않는 범위에서 노사가 합의하여 정할 수 있다(노조및조정법 제32조 Ⅰ. 2021. 1. 5 개정). 유효기간을 3년 미만으로 정하는 것은 무방하지만, 단체협약에 그 유효기간을 정하지 않거나 3년을 초과하는 유효기간을 정한 때에는 그 유효기간은 3년으로 한다(노조및조정법 제32조 Ⅱ).[2)] 단체협약의 유효기간을 너무 길게 하면 적절한 사회적·경제적 여건 변화에 적응하면서 근로조건을 적절하게 유지·개선하고 노사관계의 안정을 도모하고자 하는 목적에 어긋날 수 있다. 따라서 협약당사자들은 단체협약의 유효기간 상한(3년)의 범위에서는 노사가 합의하여 신축적으로 정할 수 있다. 유효기간의 상한(上限)에 관한 한 노조및조정법 제32조 1항 및 2항은 강행규정이다.[3)] 유효기간이 만료되기 전에 새 단체협약이 체결되면 구 단체협약은 유효기간의 만료와 함께 소멸된다.

---

1) 西谷, 「勞働組合法」, 362面. 우리 노조및조정법 제22조도 조합원의 실질적 평등을 기본 원칙으로 전제하고 있는 것으로 해석된다.

2) 개정 전의 법에서는 2년을 유효기간으로 정하고 있다(동조 Ⅰ, Ⅱ). 피고 고려대학교의료원이 근로기준법상 근로자대표 지위를 가지는 원고 보건의료노조 고려대의료지부와 근로기준법 제59조의 근로시간 및 휴게시간에 관하여 체결한 특례합의는 단체협약에 해당하므로 2년의 유효기기간이 경과하면 효력을 상실하는데도 이를 인정하지 아니하는 피고 학교법인 고려중앙학원을 상대로 원고가 특례합의무효확인의 소를 제기한 사안에서, 대법원은 이 사건 특례합의는 단체협약 체결능력이 있는 원고지부와 사용자인 피고가 근로시간이라는 근로조건에 관한 사항에 관하여 합의를 하고 서면으로 작성하여 쌍방이 날인함으로써 성립한 것이므로(노조및조정법 제31조 Ⅰ) 노조및조정법이 정한 단체협약에도 해당하며, 이 특례합의에는 유효기간에 대하여 정함이 없으므로 노조및조정법 제32조 2항에 따라 체결일로부터 2년이 경과한 날 유효기간 만료로 효력을 상실한다고 하여 심리불속행으로 상고를 기각하고 원심판결을 확정하였다(大判 2021. 4. 15, 2020 다 299474).

3) 大判 2016. 3. 10, 2013 두 3160. 이와는 달리 大判 2015. 10. 29, 2012 다 71138은 소극적 견해를 취한다.

⑵ 법률에 의한 유효기간의 연장(노조및조정법 제32조 3항 본문)

a) 의 의 일반적으로 단체협약당사자들은 단체협약 유효기간이 만료되는 때를 전후하여 새로운 단체협약을 체결하기 위해서 단체교섭을 시도한다. 그러나 단체교섭을 계속했음에도 불구하고 새로운 단체협약이 체결되지 않을 경우에 노조및조정법은 무협약상태에서 오는 불안정한 노사관계의 발생을 방지하면서 자주적인 새로운 단체협약의 체결을 지원하기 위하여 단체협약의 유효기간을 3개월 동안 연장하도록 규정하고 있다. 이와 같은 단체협약의 효력연장은 법률의 규정에 의한 것으로 무협약 상태를 방지하려는 데 그 입법 취지가 있다.

b) 유효기간 연장의 요건과 내용 단체협약의 효력이 3개월 연장되기 위해서는 첫째 단체협약의 효력이 만료되었을 것, 둘째 기간만료를 전후하여 협약당사자 쌍방이 단체협약을 체결하고자 새로운 단체교섭을 계속하였으나 협약체결이 이루어지지 않았을 것, 셋째 다른 약정 내지 자동연장조항 등이 없을 것을 요건으로 한다(노조및조정법 제32조 Ⅲ 본문). 당사자 쌍방이 새로운 단체협약을 체결하려는 의사가 없어 상호 간에 아무 교섭이 없는 경우라면 구태여 국가가 나서서까지 협약의 효력을 연장하는 도움을 줄 필요가 없을 것이다. 협약자치의 원칙에 어긋나기 때문이다. 그렇다면 협약당사자 사이에 단체교섭 의사가 없었던 것은 아니나 부득이한 사정으로 협약기간 만료 후에야 비로소 단체교섭이 개시된 경우에는 당사자들에게 무협약 상태를 방치하려는 의사가 있었던 것이 아니므로 법정연장규정(제32조 Ⅲ 본문)의 효력은 발생하는 것으로 보는 것이 타당할 것이다.[1] 새로운 단체협약이 체결되지 않을 경우를 대비하여 노사간에 별도의 약정(예컨대 자동연장협정)이 있는 경우에는 법률에 의한 단체협약의 효력연장은 인정되지 않는다(제32조 Ⅲ 단서 전단).[2]

c) 효 과 효력이 연장된 종전의 단체협약은 그 효력만료일부터 3개월간 채무적 효력(채무적부분)과 규범적 효력(규범적부분)을 유지한다. 연장된 3개월이 경과해도 새로운 단체협약이 체결되지 않은 때에는 협약 없는 상태가 발생한다(이에 관해서는 다음의 2. 참고).

⑶ 자동연장조항과 자동갱신조항

a) 자동연장조항 단체협약 내에 「협약의 유효기간이 경과한 후에도 새로운 단체협약이 체결되지 아니한 때에는 새로운 단체협약이 체결될 때까지 종전 단체협약의 효력을 존속시킨다」는 취지의 별도의 약정(단체협약 내의 조항)이 있는 경우에는 이에 따른다(노조및조정법 제32조 Ⅲ 단서 전단). 이러한 약정은 협약당사자가 새로운 단체협약이

1) 노동법실무연구회, 「노동조합및노동관계조정법 주해 Ⅱ」(마은혁), 75면 및 그 곳에 인용된 문헌 참고. 異見: 임종률, 「노동법」, 189면.

2) 同旨: 大判 1993. 2. 9, 92 다 27102.

체결되지 않을 경우를 대비하여(단체협약의 공백상태가 발생하는 것을 대비하기 위하여) 미리 단체협약 내에 합의해 놓은 조항을 말하는 것으로 새로운 단체협약이 체결될 때까지 종전의 단체협약의 효력을 연장시키는 것이므로 보통 자동연장조항이라고 부른다.[1] 제32조 3항 본문 전단에 정한 「별도의 약정」도 자동연장조항이라고 이해하는 것이 법문의 취지에 합치할 것이다.[2] 자동연장조항은 단체교섭이 진행되는 동안 단체협약의 공백 상태를 피하려는 것일 뿐 구협약의 효력을 일시적으로 연장하는 것이므로 그 기간 중 평화의무가 인정되지 않는다는 견해[3]가 있다. 이러한 견해는 협약효력 연장기간 중 새로운 단체협약의 체결을 위한 노동조합의 교섭력을 약화시키지 않으려는 뜻으로 풀이되나 이에 대해서는 의문의 여지가 있다. 제32조 3항 단서 후단에 따르면 당사자 일방은 이러한 자동연장의 약정을 해지기간 6개월 전에 상대방에게 통고하고 종전의 단체협약을 해지(해지통고 후 6개월이 되면 단체협약의 효력이 소멸됨)할 수 있다고 규정하고 있다. 이와 같은 규정은 기한의 정함이 없는(불확정기한부) 자동연장을 전제로 하는 것으로 판단된다. 기간의 정함이 있는 자동연장의 경우에는 당사자 일방에 의한 해지는 인정될 수 없기 때문이다. 이 규정(제32조 Ⅲ 단서 후단)과 관련해서는 다음과 같은 문제가 제기된다. 즉, 제32조 3항 단서 후단이 정하고 있는 해지권은 당사자 일방이 새로운 단체협약의 체결 여부에 관계없이 행사할 수 있는 것이므로 이는 무협약상태를 방지하려는 자동연장조항의 본래의 취지에 합치하지 않을 수도 있다. 그러나 기간의 정함이 없는 자동연장의 경우에 새로운 단체협약체결에 대한 상대방의 무성의 또는 고의적 회피로 인하여 단체교섭의 진전이 없고 종전 단체협약이 존속하는 한 단체행동을 취할 수도 없는 상황이 발생할 수도 있으므로 타방당사자에게 해지권을 부여하는 것은 타당하다고 생각된다. 그렇게 함으로써 종전의 단체협약에 안주하는 것을 막을 수 있을 것이다.[4] 다른 한편 해지통고기간을 6개월로 비교적 길게 정한 것은 협약당사자 사이에서 새 단체협약의 체결을 위한 충분한 교섭이 이루어지도록 하고 무협약상태가 발생하지 않도록 하기 위한 것이라고 볼 수 있다. 판례[5]는 단체협약이 본래의 유효기간이 경과한 후 불확정기한부 자동연장조항에 따라 그 효력을 유지하게 된 경우(노조및조정법 제32조 Ⅲ 단서 전단 참조)

---

1) 단체교섭의 계속을 요건으로 하는 경우에도 교섭절차에 관한 규정을 준수하지 않았지만 자동연장을 인정한 예가 있다(大判 2006. 6. 29, 2006 도 3005 참고).

2) 자동연장약정은 노조및조정법 제32조 3항의 취지에 위반되지 않는다(大判 1992. 4. 14, 91 누 8364).

3) 노동법실무연구회, 「노동조합및노동관계조정법 주해 Ⅱ」(마은혁), 87면; 西谷, 「勞働組合法」, 388面; 外尾, 「勞働團體法」, 644面.

4) 판례도 같은 태도를 취하고 있다(大判 2015. 10. 29, 2012 다 71138).

5) 大判 2015. 10. 29, 2012 다 71138; 大判 1993. 2. 9, 92 다 27102.

그 유효기간이 일률적으로 2년(동법 제32조 Ⅰ, Ⅱ. 개정법에서는 3년으로 해석될 수 있다)으로 제한되지 않는다고 보는 것이 타당하다고 한다. 기한을 정하지 않은 자동연장조항에 의하여 유효기간이 경과한 단체협약의 효력을 새로운 단체협약이 체결될 때까지 연장하는 것을 허용하되 단체협약의 유효기간을 2년(현행 3년)으로 제한한 입법취지가 훼손되지 않도록 새로운 단체협약의 체결을 촉진하기 위하여 6개월의 기간을 두고 해지권을 행사하여 언제든지 불확정기한부로 연장된 단체협약의 효력을 실효시킬 수 있기 때문이라고 한다. 그러나 단체협약의 장기적 효력유지가 변동하는 산업사회의 경제적 여건 변화에 대응하지 못하거나 협약당사자 일방에게 장기간 부당한 구속과 부담을 주는 경우도 발생할 수 있을 것이다. 2016년 3월 10일의 대법원 판례[1]는 단체협약의 유효기간을 제한한 노조및조정법 제32조 1항 및 2항과 단체협약의 해지권을 정한 동법 제32조 3항 단서의 규정은 모두 성질상 강행규정이어서 당사자 사이의 합의에 의하더라도 단체협약의 해지권 행사를 못하도록 하는 등 동 규정의 적용을 배제하는 것은 허용되지 않는다고 판시하고 있다. 타당한 판결이라고 생각한다. 해지권 행사 기한 6월을 연장하여 해지권의 행사를 제한하는 합의도 동법 제32조 3항 단서를 위반하는 것으로 허용될 수 없다고 보아야 한다.

b) 자동갱신조항　　자동갱신조항은 협약기간의 만료 전 일정기일까지 양당사자의 어느 쪽에서도 협약의 개정이나 기타 종료 등의 통고(의사표시)가 없으면 종전 단체협약을 동일한 기간(또는 일정기간) 존속시킨다는 내용의 조항(단체협약 내의 규정)을 말한다. 자동연장조항이 새로운 단체협약의 타결이 이루지지 않는 경우에 대비하여 마련된 것이라면, 자동갱신조항은 단체협약 변경의사가 없는 경우에 대비하여 정해 놓은 것이라고 보아야 한다. 예컨대 「이 협약의 기간만료 30일 전까지 당사자의 일방이 단체협약의 개폐의 의사표시 또는 변경안의 제시가 없는 경우에는 기간만료일로부터 다시 3년간 유효한 것으로 본다」고 하는 협정을 말한다. 자동갱신협정은 노조및조정법 제32조 3항 단서가 전제로 하고 있는 자동연장조항과 구별되지만 동 규정의 취지에 어긋나지 않는다.[2] 자동갱신조항에 의하여 연장되는 종전 단체협약의 효력기간은 3년을 초과할 수 없다고 보아야 한다(제32조 Ⅰ · Ⅱ 참조).[3] 자동갱신조항에 의하여 그 효력이 연장된 단체협약에 대해서는 당사자 일방의 해지권(제32조 Ⅲ 단서 후단)이 인정되지 않는다. 자동연장조항이 적용되는 경우와는 달리 협약의 변경의사가 처음부터 인정될 수 없는 새 단체협약의 성립으로 전제되기 때문이다. 이와 같이 단체협약의 갱신은 새로운 단체협약의 체결과 같

1) 大判 2016. 3. 10, 2013 두 3160.
2) 大判 1993. 2. 9, 92 다 27102.
3) 大判 1993. 2. 9, 92 다 27102.

은 취지로 해석되므로, 동일한 내용의 단체협약이 통산하여 3년을 초과하여 존속하더라도 노조및조정법 제32조 1항 위반의 문제는 발생하지 않는다.[1] 묵시적 합의에 의한 협약갱신의 인정은 신중한 검토를 요한다.

(4) 취소 및 해지

a) 취 소 단체협약은 노사의 의사표시에 의하여 성립하는 것이므로 협약내용의 중요부분에 착오가 있거나(민법 제109조) 사기 또는 강박에 의한 내용이 있는 경우에는(민법 제110조) 당사자의 일방에 의하여 취소될 수 있다. 그러나 단체협약 전체에 대한 취소는 현실적으로 있을 수 없고, 특정 조항의 성립에 대해서만이 문제될 수 있을 것이다. 착오(민법 제109조)나 사기·강박(민법 제110조)에 의한 의사표시로 이루어진 협약조항은 취소될 수 있다. 취소된 부분이 효력을 상실하더라도 나머지 단체협약의 존속 자체에는 영향을 미치지 않는 것이 일반적이다. 취소된 부분은 노동조합과 사용자가 다시 교섭을 개시하여 보충해야 할 것이다. 그러나 단체협약의 규범적 부분은 계속적 채권관계인 근로관계에 적용되는 것이기 때문에 그 취소는 장래에 대해서만 효력을 미친다.[2]

b) 해 지 단체협약당사자의 상대방이 협약 중의 어느 일정한 조항을 위반(불이행)했다고 하여 단체협약 전체를 해지(실질적으로는 장래에 대하여 효력을 가지는 해제권(민법 제544조 참조)의 행사)한다는 것은 곤란한 일이다.[3] 노사관계를 사실상 규범적으로 규율하고 있는 단체협약에 대하여 계약해지에 관한 이론을 안이하게 적용하는 것은 옳지 않다. 그러나 협약의 일방이 평화의무를 위반한다든가 또는 단체협약에 의하여 정립된 근로조건의 기준을 계속 무시하는 등과 같이 단체협약의 존재의의를 무의미하게 할 정도로 중대한 위반행위를 한 때에는 그 상대방은 협약을 해지하고 단체협약의 구속으로부터 벗어날 수 있을 것이다.[4] 단체협약의 해지는 중대한 사유가 있는 경우에 최후적 수단으로 행해져야 한다. 예컨대 사용자가 예측하지 못한 경제사정의 일시적 악화상황이 발생하였다거나 또는 물가상승으로 생활비 부담이 증가했다는 사실(일방 당사자의 위험영역에 속하거나 쌍방의 위험영역에 속하는 사정) 등은 협약을 해지할 수 있는 중대한 사유가 될 수 없다.[5]

---

1) 西谷, 「勞働組合法」, 389面 참고.

2) Zöllner/Loritz/Hergenröder, *ArbR* §36 Rn. 45. 김형배, '경력사칭(기망행위)과 근로계약 취소의 소급효', 「勞動法論叢」(第42輯), 2018. 4, 156면 이하 참고.

3) 同旨: 大判 1994. 12. 13, 93 다 59908.

4) 同旨: 박상필, 「노동법」, 468면; 西谷, 「勞働法」, 390面; 山口浩一郎, 「勞働組合法」, 1983, 180面.

5) Gamillscheg, *Kollektives ArbR*, Bd. Ⅰ, S. 771 f. 보다 자세히는 Wiedemann/Wank, *TarifvertragsG (Kommentar)* §4 Rn. 32, 60 참고.

일방적 의사표시에 의한 해지와는 달리 양당사자가 합의에 의하여 협약을 해지(Aufhebung)하는 것은 계약자유의 원칙에 의하여 행하는 것이므로 상대방의 협약불이행과 같은 귀책사유나 기타의 특별한 사유를 전제로 하지 않는다. 단체협약의 해지나 합의해지는 규범적 부분이 포함되는 한 노조및조정법 제31조 1항의 요식성을 갖추어야 할 것이다.[1] 채무적 부분에 대해서는 구두에 의한 합의해지가 가능하다고 해석해도 무방하다.

(5) 사정변경원칙의 적용

단체협약은 일정한 경제적·사회적 상태를 협약존립의 현실적 전제로 삼고 있기 때문에 이러한 전제에 중대한 변화(당사자가 협약체결시에 예상할 수 없었던 특별한 사정이 생겨 협약내용을 유지하는 것이 현실적으로 기대불가능한 경우)가 생긴 경우에는 이른바 사정변경의 원칙에 따라 협약당사자는 단체협약의 변경 또는 실효를 주장할 수 있을 것이다.[2] 그러나 사정변경의 원칙은 신중하게 적용되어야 한다. 예컨대 경영사정의 악화가 사용자의 귀책사유로 발생하였다거나 그의 위험영역에서 발생한 경우에는 사정변경의 원칙은 적용될 수 없다. 이 원칙은 협약이 체결되었던 당시의 사정이 크게 변화되어 그 불이익을 당사자 일방에게 감수하도록 하는 것이 기대불가능한 경우에 적용될 수 있다. 그리고 이로 인한 불이익은 양당사자가 분담해야 하므로 사정변경으로 협약내용을 준수할 수 없게 된 당사자(주로 사용자)는 상대방(노동조합)에 대해서 협약내용의 변경조정(Anpassung)을 제안하게 될 것이다.[3] 통칭 단체협약의 불이익변경([113] 참고)은 사정변경의 원칙이 활용될 수 있는 경우이다. 그러나 이 원칙은 일차적으로 단체협약내용의 조정을 그 목적으로 하는 것이고, 즉시 해지를 할 수 있는 근거로서 활용되는 것은 아니다. 사정변경에 의한 단체협약의 실효(失效)는 인정될 수 없다.

(6) 협약당사자의 변경과 단체협약의 존속

a) 사용자측이 회사인 경우에 단체협약은 회사의 해산·조직변경(상법 제242조, 제286조, 제604조)·합병(상법 제174조)에 의하여 당연히 종료하지 않는다. 회사가 해산한 때에는 청산절차중에 전체 근로자를 해고함으로써 단체협약은 실효한다. 조직변경([105] 2. (2) 참고)의 경우에는 원칙적으로 회사의 동일성이 인정되는 한 단체협약은 그대로 존속한다. 그리고 합병의 경우에는 피합병회사 자체는 소멸하나 그 회사의 권리·의무관계는 포괄승계되므로 합병회사와의 사이에 단체협약은 그대로 존속한다. 사

---

1) 同旨: 임종률, 「노동법」, 191면; 菅野, 「勞働法」, 898面; 荒木, 「勞働法」, 633面; 西谷, 「勞働組合法」, 390面.

2) 同旨: 심태식, 「개론」, 201면; 박상필, 「노동법」, 468면; 菅野, 「勞働法」, 898面; 西谷, 「勞働組合法」, 390面.

3) Wiedemann/Wank, *TarifvertragsG(Kommentar)* §4 Rn. 69 참고.

업양도의 경우에는 견해의 대립이 있다.[1)]

개인기업의 경우에는 사용자가 사망하더라도 상속인이 사업을 계속하는 한 단체협약은 존속한다[2)](포괄적 권리·의무승계)([70] 9. 참고).

b) 노동조합이 해산되는 경우 협약당사자의 실체가 없어지기 때문에 단체협약은 실효한다. 기존의 단체협약의 적용을 받던 근로자들의 근로계약관계의 내용은 그 단체협약의 규범적 부분에 의하여 화체되어 존속하지만 강행적 효력을 유지할 수는 없다.[3)] 해산된 노동조합이 체결한 단체협약은 해산 후 별개의 노동조합이 결성되더라도 효력을 유지할 수 없다. 그러나 노동조합이 형식적으로만 해산하고 그 실질에 있어서는 단순히 명의만을 변경한 경우에 단체로서의 동일성이 계속되는 한 단체협약은 실효하지 않는다고 보아야 한다.

조직변경으로 인하여 연합체가 단일조합으로, 또는 단일조합이 연합체로 재조직되는 경우에도 조직상의 실질적 동일성이 인정되는 한 단체협약은 존속한다.[4)]

노동조합에서 조합원들이 탈퇴하더라도 단체협약은 존속한다. 그러나 노동조합이 분열하여 새로운 두 개의 노동조합이 결성된 때에는 종래의 노동조합은 소멸되기 때문에 단체협약도 소멸한다([105] 2. (3) 참고).[5)]

2. 단체협약종료 후의 근로관계

a) 단체협약이 그 전체로서 일단 소멸하면 존재론적으로 어떠한 효력도 미칠 수 없는 것이기 때문에 소멸된 단체협약이 규율하고 있었던 개별적 근로관계의 내용이 협약 없는 상태에서 어떻게 처리되어야 할 것인가는 단체협약 자체의 효력의 문제가 아니다.[6)] 그러나 단체협약에 의하여 규율되었던 근로조건 기타 근로자의 대우에 관한 근로관계의 내용은 어떻게 처리되어야 할 것인가 하는 문제가 발생한다.[7)·8)] 저자는 이 문

1) 사업변동시 단체협약의 존속과 효력에 관해서는 [68] 3. 참고.

2) Wiedemann/Wank, *TarifvertragsG(Kommentar)* §4 Rn. 86.

3) 大判 2009. 2. 12, 2008 다 70336.

4) 同旨: 심태식, 「개론」, 200면; 1990. 9. 12, 노조 01254-12770.

5) 同旨: 西谷, 「勞働組合法」, 391面(원칙적 소멸) 참고.

6) 石井(「勞働法」, 447面 이하 참고) 교수는 「여후효」란 있을 수 없다고 말하면서 현재의 노사관계가 소멸된 단체협약의 내용에 따라 전개되어 왔음을 존중하여 개별적 근로관계당사자의 합리적 의사에 따라 일단 지금까지 전개되어 온 내용의 근로계약관계를 존속하도록 하는 해석을 해야 한다고 한다.

7) 독일단체협약법 제4조 5항에 따르면 단체협약의 종료 후 단체협약의 법규범(규범적 부분)은 다른 약정(단체협약, 경영협정 또는 근로계약)에 의하여 대체될 때까지 계속 효력을 갖는다고 규정하고 있다. 이와 같은 효력을 여후효(Nachwirkung)라고 한다. 그러나 채무적 부분은 완전히 실효된다. 다만, 규범적 부분에 의하여 규율되었던 근로조건에 관한 부분은 그 수준을 그대로 유지한다. 단체협약의 여후효는 강행적 효력을 가지지 않으며, 직접적(보충적) 효력을 가질 뿐이다. 여후효는 협약 없는

제를 법리상 다음과 같이 이해한다. 즉, 단체협약 내의 근로조건 기타 근로자의 대우에 관한 부분은 그 협약의 효력 발생과 더불어 개별적 근로관계의 내용이 되는 것이므로 ([111] 2. ⑵ c) 참고), 그 단체협약이 실효하더라도 개별적 근로관계의 내용으로 화체된 부분은 여전히 존속하게 된다.[1] 근로관계 속에 화체된 근로조건에 관한 부분은 단체협약의 공백을 메워 주며 기존 근로자의 근로관계의 내용을 유지하는 기능을 한다. 다만, 단체협약이 소멸하기 전까지 협약이 보유하고 있었던 강행적 효력(노조및조정법 제33조)은 더 이상 존재하지 않으므로 사용자는 개개의 근로자와의 교섭에 의하여 근로관계의 내용을 변경할 수 있다. 근로계약의 내용으로 화체된 근로조건에 관한 부분은 새로운 단체협약, 취업규칙의 체결 등으로 변경될 수 있음은 물론 개별적인 근로자의 동의를 얻어 변경될 수 있다.[2] 그러나 노사가 일정한 조건이 성취되거나 기한이 도래할 때까지 특정 단체협약 조항에 따른 합의의 효력이 유지되도록 명시하여 단체협약을 체결한 경우에는 그 단체협약 조항에 따른 합의는 노사의 합치된 의사에 따라 해제조건의 성취로 효력을 잃는다.[3] 당연한 이치이다. 다만, 새로운 단체협약이 늦게 체결됨에 따라 근로관계에 기존 단체협약에서 정한 근로조건이 근로계약관계 내에 화체되어 3년 넘게 적용된다고 하

기간을 새 협약 체결시까지 가교(架橋)시키며 근로계약의 내용을 유지·보호하는 기능을 담당한다 (Löwisch/Rieble, *TarifvertragsG(Kommentar)* §4 Rn. 736 ff.). 우리 법(노조및조정법)은 여후효에 관한 규정을 두고 있지 않다. 따라서 효력이 소멸된 단체협약의 규범적 부분이 규율했던 근로조건 내용의 존속과 효력을 어떻게 이해해야 할 것인지는 해석의 문제로 남게 된다.

8) 교섭대표노동조합의 지위 유지기간과 관련해서 노조및조정법 시행령 제14조의10 2항은 「제1항에 따른 교섭대표노동조합의 지위 유지기간이 만료되었음에도 불구하고 새로운 교섭대표노동조합이 결정되지 못한 경우 기존 교섭대표노동조합은 새로운 교섭대표노동조합이 결정될 때까지 기존 단체협약의 이행과 관련해서는 교섭대표노동조합의 지위를 유지한다」고 규정하고 있다. 여기서 '기존 단체협약의 이행'이라는 표현은 기존 단체협약의 효력기간 만료 후에도 기존협약이 여전히 채무적 또는 규범적 효력을 유지한다는 의미로 사용된 것은 아니라고 보아야 한다. 이 문제는 노조및조정법 제32조 및 협약종료 후의 근로조건에 대한 해석론에 따라 규율되어야 할 것이다. 따라서 기존의 교섭대표노동조합은 이와 관련해서 노동조합의 지위를 유지할 뿐이고, 새로운 단체교섭이나 협약체결을 요구할 수 있는 지위를 가질 수 없다. 따라서 기존 교섭대표노동조합은 기존 단체협약의 이행을 유지·관리하기 위하여 사용자에 대하여 사실적 요구를 할 수 있다고 해석된다.

1) 同旨: 大判 2000. 6. 9, 98 다 13747; 大判 2007. 12. 27, 2007 다 51758; 大判 2009. 2. 12, 2008 다 70336; 大判 2011. 7. 28, 2009 두 2665(재계약 내지 계약 갱신의 요건과 절차에 관한 부분도 근로계약의 내용으로 화체되어 사용자와 근로자를 규율한다는 판례); 이병태, 「노동법」, 276면; 임종률, 「노동법」, 193면 이하; 西谷, 「勞働組合法」, 393面. 유효기간 만료 후에는 근로관계의 내용이 된 협약상의 규정이 그대로 규범적 효력을 갖는다는 견해가 있으나(김유성, 「노동법 Ⅱ」, 210면), 이와 같은 해석은 노조및조정법 제32조 3항 본문과 모순된다고 생각된다.

2) 大判 2009. 2. 12, 2008 다 70336; 大判 2007. 12. 27, 2007 다 51758; 大判 2000. 6. 9, 98 다 13747; 大判 2018. 11. 29, 2018 두 41532.

3) 大判 2018. 11. 29, 2018 두 41532.

여 노조및조정법 제32조 1항의 위반의 문제가 발생하지는 않는다.[1)]

단체협약내의 근로조건에 관한 조항이 아니면 근로관계의 내용으로 화체될 수 없으므로 그 밖의 조항은 단체협약의 소멸과 함께 효력을 상실한다. 예컨대 노동조합과 사용자 사이의 단체교섭에 관한 절차 또는 쟁의행위 사전통지의무에 관한 조항과 같은 채무적 부분은 단체협약의 소멸과 함께 그 효력을 잃는다. 단체협약소멸 후에 이른바 가교적(架橋的) 기능(Überbrückungsfunktion)을 하는 이른바 여후효(余後效)를 인정하는 것은 개별적 계약내용의 공백이 생기는 것을 막으려는 데 있는 것이고 단체협약을 일정기간 온전하게 유지하려는 것이 아니다. 따라서 여후효에 의하여 단체협약을 교체하는 질서적 기능이 생기는 것은 아니다.[2)] 해고협의 또는 동의조항이 채무적 효력을 가지느냐 규범적 효력을 가지느냐에 관해서는 견해의 다툼이 있으나, 설령 규범적 효력을 가진다 하더라도 단체협약의 소멸 후에는 해고의 정당한 이유가 존재하는 한 협의를 거치지 않거나 동의를 얻지 않았다 하더라도 해고의 효력에는 영향을 미칠 수 없다.[3)] 단체협약의 효력이 소멸한 후에는 강행적 효력을 상실하기 때문이다.

b) 협약 없는 상태에서는 노동조합과 사용자 사이에 평화의무가 존재하지 않기 때문에 근로관계를 다시 집단적으로 규율할 수 있는 단체협약의 체결을 위하여 단체교섭과 쟁의행위를 할 수 있음은 더 말할 나위가 없다.[4)] 새로운 단체협약이 성립하면, 그 협약 내의 새 규정이 근로계약관계를 규율하게 된다.[5)]

c) 단체협약이 더 이상 존재하지 않게 되면 협약당사자 사이의 권리·의무를 규율하던 채무적 부분은 소멸한다.

《외부규율설》

이 설에 따르면 단체협약의 규범적 효력은 근로계약에 대하여 외부로부터 규율하는 것이므로 단체협약이 실효하면 외부로부터 규율하는 효력도 소멸한다고 한다. 그러나 외부규율설도 근로계약의 계속적 성질과 계약당사자의 합리적 의사 등을 고려하여

---

1) 大判 2000. 6. 9, 98 다 13747.
2) Löwisch/Rieble, *TarifvertragsG(Kommentar)* §4 Rn. 743 ff.
3) 판례는 단체협약 중 해고사유 및 해고의 절차에 관한 부분도 새 단체협약이 체결되기까지는 여전히 조합원인 근로자와 사용자 사이의 근로계약관계의 내용으로서 유효하게 존속한다고 한다(大判 2009. 2. 12, 2008 다 70336; 大判 2007. 12. 27, 2007 다 51758). 그러나 노조전임제의 근거규정인 단체협약이 유효기간의 만료로 그 효력을 상실한 경우, 원직 복귀명령에 불응한 노조전임자를 해고한 것은 부당노동행위에 해당하지 않는다고 한다(大判 1997. 6. 13, 96 누 17738).
4) Löwisch/Rieble, *TarifvertragsG(Kommentar)* §4 Rn. 736.
5) 상향된 임금 및 기타 근로조건의 소급적용에 합의한 새 단체협약의 내용은 그 협약의 시행 당시 및 그 이후의 조합원에 대해서만 적용되고, 그 단체협약체결 이전에 이미 퇴직한 근로자에게는 효력을 미치지 않는다(大判 2000. 6. 9, 98 다 13747).

계약의 해석을 통해서 계속적 근로계약관계에 공백이 생기는 것을 메우려고 한다.1) 외부규율설에 대해서는 유력한 비판적 견해2)가 있다.

독일에서는 단체협약의 규범적 부분이 근로관계의 내용을 형성한다는 견해와 외부에서(von auβen) 법률과 같이 효력을 미친다는 견해(지배적 견해)로 나누어져 있다.3) 독일의 지배적 견해는 외부규제설에 따르지만 여후효를 가지는 단체협약은 직접적 효력을 유지할 뿐 강행적 효력을 가지지 않는다고 한다.4)

1) 荒木, 「勞働法」, 635面; 菅野, 「勞働法」, 875 이하, 901面 참고. 유사한 견해: 김유성, 「노동법 Ⅱ」, 209면.

2) 西谷, 「勞働組合法」, 393面 이하.

3) 이에 대한 논의에 관해서는 Löwisch/Rieble, *TarifvertragsG(Kommentar)* §4 Rn. 750 이하; Wiedemann/Wank, *TarifvertragsG(Kommentar)* §4 Rn. 341 ff. 참고.

4) Wiedemann/Wank, *TarifvertragsG(Kommentar)* §4 Rn. 347.

제5절 쟁 의 행 위

[115] Ⅰ. 총 설

근로자들은 노동조합을 결성하여 그 단결의 힘을 배경으로 사용자와 대등한 지위에서 근로조건의 유지 및 향상을 위하여 교섭을 행한다. 그러나 이와 같은 평화적 단체교섭이 난항을 거듭하다가 결렬된 경우에는 노사관계는 분쟁상태에 들어가게 되고, 노사는 자기측의 주장을 유리하게 전개하기 위하여 실력행사로서의 쟁의행위를 하게 된다.

근로자의 전형적 쟁의행위인 파업은 근로자들이 집단적으로 노무제공을 거부하면서 그들의 주장을 관철하려는 일종의 실력행사이므로 노동운동이 일찍이 발달되었던 영국에 있어서도 초기에는 형사상의 공모죄(共謀罪)(conspiracy)에 해당된다 하여 금지되었으며, 그 후에도 민사법상 여러 가지 제약을 받아 왔다. 쟁의행위권은 단결권의 보장과 더불어 법적으로 확립되었으나 그 행사에 있어서는 여러 가지 제한이 가해져 왔다.

쟁의행위는 근로자들에 의한 것이든 사용자에 의한 것이든 간에 노사 쌍방에게뿐만 아니라 국민의 사회·경제생활 및 공공이익에 대하여도 부정적 영향을 끼칠 수 있는 것이기 때문에 노사 사이의 분쟁은 평화적으로 타결되는 것이 가장 이상적이다. 그러나 사유재산제도와 시장경제체제를 구조적 요소로 하는 자본주의사회에서 근로자들이 그들의 근로조건을 실질적으로 대등한 지위에서 교섭할 수 있는 방법으로 쟁의행위가 차지하는 의의 및 비중은 매우 크다. 그러므로 쟁의행위는 근로자들의 생존을 확보하기 위한 불가피한 수단이라고 말할 수 있다. 바로 여기에 자본주의체제하에서 집단적 노사관계의 안정과 노사의 공생을 위한 거시적 선진화 제도가 모색되어야 할 필요성이 있다. 이곳에서는 현행 헌법 제33조와 노조및조정법 및 그 밖의 관련 법률하에서 쟁의행위의 의미와 구조적·제도적 정당성 문제를 중심으로 검토한다.

[116] Ⅱ. 쟁의행위의 개념과 종류

1. 노동쟁의·쟁의행위·단체행동

(1) 정 의

노동쟁의와 쟁의행위에 대해서는 노조및조정법 제2조 5호 및 6호에 그 법률상의 개념이 각각 규정되어 있으므로 이를 구별할 수 있으나, 단체행동은 쟁의행위와 동의적인 의미로 사용되는 경우가 많다. 이에 대하여 각각 구체적으로 설명하기로 한다.

a) 노동쟁의란 노동조합과 사용자 또는 사용자단체 사이에 임금·근로시간·복지·해고[1] 기타 대우 등 근로조건의 결정에 관한 주장의 불일치로 인하여 발생한 분쟁상태를 말한다(노조및조정법 제2조 ⑤ 1문). 이 경우 주장의 불일치란 당사자 간에 합의를 위한 노력을 계속하여도 더 이상 자주적 교섭에 의한 합의의 여지가 없는 경우를 말한다(노조및조정법 제2조 ⑤ 2문). 그러므로 단체교섭의 결렬로 인해서 더 이상 평화적인 방법으로 단체협약의 체결을 기대할 수 없게 된 경우에는 구체적인 실력행사를 하지 않더라도 노동쟁의는 발생한 것으로 된다.

b) 쟁의행위란 노동조합 또는 사용자가 이상과 같은 분쟁상태를 자기측에게 유리하게 전개하여 그 주장을 관철할 목적으로 행하는 투쟁행위와 이에 대항하는 행위로서 업무의 정상적인 운영[2]을 저해하는 것을 말한다. 따라서 쟁의행위는 노동쟁의와는 달리 파업, 태업 또는 직장폐쇄와 같은 투쟁행위 내지 대항행위를 가리킨다(노조및조정법 제2조 ⑥). 그런데 근로자측의 쟁의행위인 파업은 근로자들이 계약상 부담하는 노무제공을 집단적으로 거부하는 것을 그 핵심적 내용으로 하여 행해지며, 사용자의 직장폐쇄는 이에 대항하여 근로자들의 노무제공을 집단적으로 수령 거절하는 것이다.

c) 단체행동(헌법 제33조 Ⅰ 참조)이란 집단적 행위를 말하는 것으로 근로자측의 경우, 동일한 목적을 추구하는 다수근로자의 의식적이며 의욕적인 공동행위를 가리킨다.[3] 예를 들면 쟁의행위인 파업·태업 등은 물론, 그 이외의 가두시위·집회·완장착용·피케팅(picketing) 등 쟁의행위와 연계 또는 부수하여 행하여지는 집단적 행동이 모두 이에 속한다. 사용자측에서는 사용자들이 단체를 구성하고 있지 않는 한 다수사용자의 공동적인 집단행위라는 것은 있을 수 없으나(산업별 노동조합의 상대방인 사용자단체의 구성원인 사용자들이 집단적으로 직장폐쇄를 한다면 단체행동이라 할 수 있다), 개인사용자라 하더라도 다수근로자들을 상대로 직장을 폐쇄하는 것은 그 행위 자체가 집단성을 띠게 된다.

---

1) 노동쟁의의 대상으로서의 해고에 대한 합의에 관해서는 [73] 5. ⑶ 참고.

2) 업무의 「정상」적인 운영의 의미와 관련하여 학설과 판례상 견해의 대립이 있다. 즉 관계법률에 따른 적법한 업무운영으로 해석하는 견해(이를 법적평가설 또는 법률정상설이라고도 한다: 大判 1979. 3. 13, 76 도 3657; 이병태, 「노동법」, 293면)가 있는가 하면, 사실상 내지 관행적으로 실시되어 온 통상의 업무운영으로 해석하는 견해(이를 사실평가설 또는 사실정상설이라고도 한다: 大判 1991. 10. 22, 91 도 600; 박상필, 「노동법」, 528면)도 있다. 이 문제는 특히 준법투쟁의 쟁의행위 여부를 판단하는 데 주로 관련되어 있기 때문에 해당 항([116] 3. ⑴ c))에서 자세히 설명하기로 한다.

3) Vgl. Bulla, *Das zweiseitig kollektive Wesen des Arbeitskampfes*, in: Festschrift für Nipperdey, 1955, S. 183.

집단적 행위인 단체행동은 반드시 업무의 정상적인 운영의 저해를 수반하지 않는다는 점에서 쟁의행위보다 그 개념이 넓다.[1] 그리고 단체행동이 노동쟁의와 같이 단순한 노사간의 분쟁상태를 뜻하는 것도 아니다. 단체행동은 헌법 제33조 1항에서 규정하고 있는 단체행동권의 보호대상인 쟁의행위와 그 이외의 조합활동을 포괄하는 개념으로 이해하는 것이 근로3권을 보장한 헌법규정에 비추어 합당할 것이다. 단체행동에는 쟁의행위뿐만 아니라 노동조합의 설립·조직·홍보 등을 위시하여 단체교섭의 준비와 대외적 선전 및 근로자들의 요구의 정당성을 알리는 모든 집단적 조합활동이 포함될 수 있다. 따라서 단체행동은 쟁의권과 조합활동권의 보호를 받을 수 있는 집단적 행위로 이해하는 것이 옳을 것이다.

⑵ **구별 실익과 법의 적용**

a) 노동쟁의와 쟁의행위를 구별하는 실익은 평화적인 단체교섭이 결렬되어 분쟁상태가 발생한 다음 다시 실력행사인 투쟁상태에 돌입하는 시기를 확정하여 노동법상의 제반규정을 적용하는 데 있다. 노동쟁의는 평화적인 단체교섭이 실패하면 사실상 발생되는 것이지만, 노조및조정법상으로는 제45조 1항에 의하여 노동관계 당사자(노동조합과 사용자 또는 사용자단체) 중 어느 일방이 상대방에게 노동쟁의의 발생을 서면으로 통보한 때부터 객관적으로 존재하는 것으로 볼 수 있다. 이와는 달리 쟁의행위란 업무의 정상적인 운영을 저해하는 행위이다. 쟁의행위가 노조및조정법상 적법하게 행하여지기 위해서는 먼저 조정을 신청해야 하고(제45조 Ⅱ, 제53조), 일정한 조정기간이 경과되지 않으면 안 된다(제54조). 따라서 쟁의행위의 사실적 개념과 적법성의 개념은 구별해서 이해해야 된다. 또한 노동쟁의와 쟁의행위는 그 발생시기와 내용의 측면에서 구별된다.

b) 노조및조정법은 쟁의행위에 대하여는 조합원에 의한 가부투표(노조및조정법 제41조 Ⅰ), 방위산업에 관한 특별조치법에 의하여 지정된 주요 방위산업체에 종사하는 근로자 중 전력, 용수 및 주로 방산물자를 생산하는 업무에 종사하는 근로자의 쟁의행위의 금지(노조및조정법 제41조 Ⅱ), 폭력행위 등의 금지(노조및조정법 제42조 Ⅰ·Ⅱ), 조정기간(노조및조정법 제54조)·중재 및 긴급조정시의 쟁의행위의 금지 또는 중지(노조및조정법 제63조, 제77조) 등 여러 가지 제한을 가하고 있다. 그러나 이와 같은 제한규정들은 동법 제2조 6호에 규정된 쟁의행위에만 적용되는 것이므로 쟁의행위가 아닌 단체행동으로서의 전단살포·완장착용·피케팅 등에는 이로 인하여 업무의 정상적인 운영이 저해되지 않는 한 이상의 제한규정들이 적용될 여지가 없다. 쟁의행위의 일부분을 구성하거나 부수되

1) 회사가 폐업신고를 한 경우 정상적인 운영이 저해될 우려가 없으므로 근로자들의 농성행위는 쟁의행위가 아니다(大判 1991. 6. 11, 91 도 204).

는 행위로서의 단체행동에 대해서는 제37조(쟁의행위의 기본원칙) 및 제38조 1항(노동조합의 지도와 책임) 등이 적용될 수도 있다. 그러므로 헌법 제33조 1항의 단체행동(특히 조합활동)이 모두 노조및조정법상의 제한을 받는 것은 아니다.[1]

2. 노조및조정법상의 쟁의행위의 개념

a) 노조및조정법 제2조 6호는 '쟁의행위'를 「파업·태업·직장폐쇄 기타 노동관계 당사자가 그 주장을 관철할 목적으로 행하는 행위와 이에 대항하는 행위로서 업무의 정상적인 운영을 저해하는 행위를 말한다」고 정의하고 있다. 이에 따르면 동법은 쟁의행위를 i) 노동관계 당사자(노동조합과 사용자 또는 사용자단체)의 행위일 것, ii) 노동쟁의의 원인이 된 주장(요구)을 관철하거나 이에 대항하는 행위일 것, iii) 업무의 정상적 운영을 저해하는 행위일 것 등 세 가지 측면을 중요한 개념표지로 규정하고 있다. 쟁의행위의 정의규정은 쟁의행위의 정당성을 판단하기 이전에 쟁의행위의 개념을 포괄적으로 정하는 것인데 동법 제2조 6호의 규정은 그와 같은 기준에 따라 정하여진 것으로 보기는 어렵다. 예컨대 노동조합이 주도하지 않는 파업, 파업·태업 이외의 집단적 노무거부행위, 사용자에 대한 요구나 주장이 아니거나 그 상대방이 뚜렷하지 않은 집단적 행위 등도 쟁의행위의 범주로 볼 수 있는 경우도 발생하기 때문이다. 따라서 동 규정은 노조및조정법의 적용대상이 될 수 있는 쟁의행위의 전형적인 유형을 규정한 것으로 제한적으로 해석하는 것이 좋을 것이다. 또한 이 규정은 헌법이 보장한 단체행동권의 보호를 받는 근로자들의 쟁의행위만을 대상으로 한 것이 아니라 이에 대항하는 사용자의 직장폐쇄도 함께 규정하고 있다. 다만, 이 규정은 어디까지나 정의규정이기 때문에 어떤 쟁의행위가 이 규정에 포섭(해당)되더라도 민사 및 형사상의 면책(노조및조정법 제3조, 제4조 참고)이 되거나 부당노동행위(제81조)에 해당하지 않으려면 별도의 정당성 기준에 따른 평가를 거치지 않으면 안 된다. 특히 노조및조정법 제37조는 쟁의행위의 기본원칙으로 쟁의행위는 노동조합에 의하여 주도(主導)되어야 할 것과 목적·방법 및 절차에 있어서 법령 기타 사회질서에 위배되어서는 아니될 것을 명백히 하고 나아가, 동법은 위법한 쟁의행위 규제에 관한 규정을 두고 있다(노조및조정법 제37조 이하 참고). 사용자의 쟁의행위는 헌법상의 보호를 받는 투쟁수단은 아니지만 노조및조정법상의 요건(제46조)을 갖추면 그 정당성이 인정된다. 따라서 업무의 정상적 운영을 저해하는 근로자들의 또는 사용자의 집단적 투쟁행위가 쟁의행위로서 법적 보호를 받기 위해서는 먼저 노조및조정법 제2조 6

1) 쟁의행위가 아닌 단체행동에 대해서는 헌법의 단체행동권보장의 취지에 반하지 않는 한 집회·시위·표현의 자유에 대한 법률적 제약을 받게 된다.

호에 해당하는 쟁의행위에 해당되고, 나아가 동법이 정한 정당성 요건을 갖추어야 한다. 그런 의미에서 쟁의행위의 개념과 정당성은 구별되어야 하고, 정당성에 대한 판단을 할 때에는 쟁의행위의 주체·목적·수단 및 절차가 중요한 판단기준이 된다. 처음부터 노조및조정법 제2조 6호에 해당하지 않는 행위는 노조및조정법상 보호의 대상이 될 수 없다고 보아야 한다.

1) 주 체 쟁의행위를 할 수 있는 노동관계당사자는 근로자측에서는 노동조합이고, 사용자측에서는 사용자 개인 또는 사용자단체이다(노조및조정법 제2조 ⑤ 참조). 쟁의행위는 평화적인 단체교섭의 결렬로 인하여 단체협약의 체결에 실패한 경우에 행하여지는 것을 전제로 하고 있으므로, 단체교섭의 당사자와 쟁의행위의 당사자는 같은 것으로 이해해야 한다. 그러므로 단체교섭권한이 없는 일시적인 근로자의 단체나 비조직근로자들의 쟁의단[1] 또는 근로자 개인은 노조및조정법 제2조 5호 및 6호에서 말하는 '노동관계 당사자'가 될 수 없다.[2]

2) 목 적 쟁의행위는 단체교섭에 의하여 타결하려는 임금·근로시간·복지·해고 기타 대우 등 근로조건의 결정에 관한 노동관계 당사자의 주장의 불일치로 인하여 발생된 분쟁상태(노동쟁의)에서 자기측 주장의 관철수단으로 행사되는 것이므로, 쟁의행위는 근로조건을 집단적으로 유지 내지 개선하는 것을 목적으로 한다(노조및조정법 제2조 ⑤·⑥ 참조).[3] 그러므로 이러한 목적을 관철하기 위하여 행하는 것이 아닌 동정파업(同情罷業)이나 정치파업은 노조및조정법상의 쟁의행위가 아니다.[4] 또한 근로조건과 직접적인 관련이 없는 사용자의 고유한 인사권과 경영권의 부분적 쟁취나 부인을 목적으로 하는 실력행사는 쟁의행위라고 할 수 없다.

3) 수 단 쟁의행위는 업무의 정상적인 운영을 저해하는 행위이므로 동맹파업과 같이 집단적인 노무제공을 거부하거나 혹은 직장폐쇄와 같이 근로자들의 조업을 집단적으로 봉쇄하는 것이어야 한다. 그러므로 평상시의 업무를 수행하면서 완장 또는 리본착용 등에 의한 시위적 단체행동(조합활동)을 하는 것은 엄격한 의미에서 노조및조정법상의 쟁의행위로 볼 수 없다. 근무시간 외에 사업장 밖에서의 집회·시위 또한 쟁

---

1) 大判 1992. 7. 14, 91 다 43800; 大判 1994. 9. 30, 94 다 4042; 大判 1996. 1. 26, 95 도 1959; 大判 1997. 4. 22, 95 도 748; 大判 1999. 6. 25, 99 다 8377 등 참고.

2) 同旨: 憲裁 1990. 1. 15, 89 헌가 103.

3) 사용자가 행하는 쟁의행위의 목적은 노동조합이 행하는 쟁의행위의 목적과 일치하지 않는다. 사용자에 의한 쟁의행위는 방어적 성격을 가지기 때문이다.

4) 大判 1991. 1. 23, 90 도 2852(구속된 근로자에 대한 항소심구형량이 1심보다 무거워진 것에 대한 항의와 석방촉구를 목적으로 이루어진 조합원들의 집단적 업무저해행위는 근로조건의 유지·개선과 직접 관련이 없으므로 구 노동쟁의조정법상의 쟁의행위가 아니라고 한 사례).

의행위로 볼 수 없다.1) 그리고 근로관계를 종국적으로 종료시키기 위한 총사직(總辭職)도 그것 자체로서는 쟁의행위라고 볼 수 없다.

4) **절 차** 노조및조정법 제2조 5호, 제41조 1항 및 제45조는 협약당사자 간에 주장의 불일치가 있는 경우에 자주적 해결노력을 기울일 것과 일정한 절차(조정절차 및 조합원의 찬성결정 등 법령이 규정한 절차)를 거칠 것을 전제 내지 규정하고 있으며 판례도 일정한 해결절차를 거칠 것을 쟁의행위의 정당성의 한 요건으로 판단하고 있다.2)

b) 일반적으로 「쟁의행위」가 파업, 태업 또는 직장폐쇄 등의 상위개념인 것처럼 생각되고 있으나 이는 타당하지 않다. 예를 들면 상인파업, 학생파업 또는 공무원파업 등은 쟁의행위에 해당되지 않는다. 따라서 파업이나 직장폐쇄가 쟁의행위의 범주에 속하려면, 주체·목적·수단의 측면에서 쟁의행위(Arbeitskampf)로서의 성격을 가져야 한다.

3. 쟁의행위의 종류

(1) 근로자측의 쟁의행위

a) 파 업 파업은 근로자의 쟁의행위 중 가장 오랜 역사를 가진 전형적 투쟁형태이다.

1) **파업의 개념** 파업은 다수의 근로자가 근로조건의 유지 또는 개선이라는 목적을 쟁취하기 위하여 조직적인 방법으로, 그리고 공동으로 노무제공을 거부하는 행위이다.3) 그러나 근로자들이 집단적으로 노무를 거부하는 것은 그들이 요구하는 개선된 근로조건하에서 앞으로 근로를 계속할 것을 전제하고 있는 것이므로, 파업이 종료한 후에 근로자들이 근로를 계속할 의사를 가지고 있다는 것은 파업의 또 하나의 개념표지(標識)가 된다.4)

이와 같이 근로자들이 파업 후에 계속 근로할 의사를 가지고 있다는 개념표지는 파업기간 중의 근로관계와 파업종료 후의 근로관계에 대한 법적 판단을 위하여 매우 중요한 요소가 된다([121] 2. (5) 참고).

2) **파업의 종류** 파업은 여러 가지 관점에서 이를 구별할 수 있으나 여기서는 가장 일반적인 유형들을 일정한 기준에 의하여 구분해 보기로 한다.5) 그러나 이

---

1) 大判 2010. 4. 8, 2007 도 6754.
2) 大判(전합) 2001. 10. 25, 99 도 4837; 大判 2003. 12. 26, 2003 두 8906 등 다수. [118] 2. (3) 참고.
3) Waltermann, *ArbR* Rn. 663; Kissel, *ArbeitskampfR*, §47 Rn. 2; Brox/Rüthers, *Arbeitskampfrecht*, Rn. 26.
4) Seiter, *Streikrechtrecht und Aussperrungsrecht*, 1975 S. 260 f. 또한 Nikisch, *ArbR*, Bd. Ⅱ, S. 84; Hueck/Nipperdey, *Lehrbuch*, Bd. Ⅱ/2, S. 879 f.; Zöllner/Loritz/Hergenröder, *ArbR* §43 Rn. 40.
5) 파업의 유형분류에 관해서는 Brox/Rüthers, *Arbeitskampfrecht*, Rn. 32 ff.를 참고하였다.

구분은 상대적인 것이므로, 어떤 파업은 이 구분에 의한 여러 개의 유형에 동시에 해당될 수 있다.

aa) 조직상의 구별 이것은 노동조합의 조직 하에 행하여지는 조합원파업과 노동조합의 주도(主導) 또는 지시에 위반하는 조합원파업 및 비조합원파업으로 구별하는 것을 말한다. 전자를 조직파업(organisierter Streik)이라고도 하는데, 노조및조정법은 이와 같은 파업을 쟁의행위로 전제하고 있다(제2조 ⑥, 제37조 Ⅱ 참조). 후자의 비조직파업에는 비조합원들의 파업은 물론, 조합원들의 파업이라 하더라도 노동조합에 의하여 주도되지 않는 것은 모두 이에 포함된다. 특히 노동조합이 아닌 (소수)조합원에 의하여 행하여지는 파업을 wildcat strike(unofficial strike: 비공식파업)라고 한다. 이 구별은 파업의 정당성을 판단하는 기준이 되기도 한다(제37조 Ⅱ 참조).

bb) 전략상의 구별 노동조합은 파업에 참가하는 근로자들의 범위와 인원을 조절하면서 여러 가지 투쟁전략을 구사할 수 있다. 일정산업 또는 일정기업의 모든 조직근로자가 파업에 참여할 때 이를 전면파업(Vollstreik)이라고 하고, 일정산업의 일부 또는 일정기업의 일부(특히 핵심이 되는 중요 부서)의 근로자들만이 파업에 참가하는 경우에 이를 부분파업 또는 중요부서파업(Teil- oder Schwerpunktstreik)이라고 한다.[1] 부분파업이냐 또는 별개의 파업이냐 하는 것은 하나의 공동목적의 존부 여하에 따라 구별된다.

총파업(General- oder Massenstreik)은 전면파업보다 그 범위가 넓은 것으로서 전산업에 걸쳐 또는 전국적으로 행하여지는 파업이다.

cc) 투쟁행위의 선후에 의한 구별 쟁의행위는 노사간의 공방적 실력행사이므로 파업이 사용자의 직장폐쇄보다 선제적으로 행하여질 때 이를 공격적 파업이라 하고, 선제적 직장폐쇄가 있은 다음에 행하여질 때 방어적 파업이라고 한다. 그러나 공격적이냐 방어적이냐 하는 것은 반드시 물리적인 시간의 선후관계에 따라 판단될 수 있는 것만은 아니다. 특히 이 방어성의 문제는 주로 직장폐쇄의 정당성 및 그 효과와 관련하여 논의가 되고 있다([120] 2. (3) b)). 노조및조정법 제46조 1항은 「사용자는 노동조합이 쟁의행위를 개시한 이후에만 직장폐쇄를 할 수 있다」고 규정하고 있다.

dd) 투쟁목적상의 구별 파업이 그 상대방인 사용자의 주장을 꺾고 자기들의 주장을 관철하려는 목적을 가지고 행하여질 때 이를 투쟁파업이라고 하고, 사용자에 대한 직접적인 투쟁목적이 없을 때 이를 시위파업 또는 항의파업이라고 한다. 시위파업은 단순히 근로자들의 의사를 알리는 것으로 그치는 것이 가장 순수한 형태이지만, 때로

1) 부분파업과 유사한 것으로 파상파업(波狀罷業)이 있다. 파상파업이란 근로자들의 요구가 관철될 때까지 노무의 제공을 계속 거부하는 것이 아니고, 작업을 계속하면서도 1일에 1시간 또는 1시간에 10분씩 노무제공을 간헐적으로 거부하는 파업이다.

는 정부 또는 사용자의 조치에 대한 항의의 표시로 행하여짐으로써 간접적으로 사용자에 대한 근로자들의 요구가 결부되는 경우가 있다. 그러므로 투쟁파업과 시위파업의 구별은 실제상 어려울 수 있다. 그러나 정부를 상대로 하는 정치파업이나 단순한 시위파업은 노조및조정법상의 쟁의행위가 아니다.

ee) 투쟁상대방에 의한 구별 파업의 투쟁상대방이 사용자일 경우 이를 노동법상의 파업이라 하고, 그 상대방이 행정부나 의회일 경우 정치파업이라고 한다. 정치파업의 투쟁목표는 보통 일정한 노동정책이나 또는 근로자들을 위한 법률의 제정과 그 통과를 실현하려는 것이 일반적이다. 그러므로 정치파업은 노조및조정법상의 쟁의행위가 아니다.

ff) 독자성유무에 의한 구별 파업을 수행하는 근로자들 자신의 주장을 관철하려고 할 때 이를 자조적(自助的) 파업이라고 하고, 다른 파업의 지원을 목적으로 하는 경우에는 이를 동정파업, 연대파업 또는 지원파업이라고 한다. 동정파업에 참가하는 근로자들은 이 파업에 의하여 경제적 압력을 받는 상대방 사용자에게 직접 어떤 요구를 관철하려는 것이 아니다. 따라서 동정파업 또는 지원파업은 노조및조정법상의 파업이라고 볼 수 없다.

b) 태 업 태업(soldiering)은 근로자들이 작업을 중단하거나 작업장을 이탈함이 없이 단결해서 의식적으로 작업능률을 저하시키는 것을 말한다.[1] 그러므로 이론적으로는 작업을 하지만 실제적으로는 작업을 하지 않거나[2](theoretisch arbeiten, praktisch nicht arbeiten) 또는 필요 이상으로 완만하게 작업하는 것을 말한다. 이에 반하여 사보타지(sabotage)는 생산 또는 사무를 방해하는 행위로서 단순한 태업에 그치지 않고 의식적으로 생산설비를 파괴하거나 거친 노무제공을 함으로써 불량품을 생산하는 행위까지를 포함하는 개념이다. 파업이 노동력을 생산수단 및 시설과의 결합상태에서 분리시키고 사용자의 노동력에 대한 지휘·명령으로부터 근로자들을 완전히 벗어나게 하는 것이라면, 태업 또는 사보타지는 사용자의 지휘·명령을 그대로 따르지 않게 하는 데 그 특성이 있다.

이상과 같은 태업·사보타지에 대해서는 사용자가 직장폐쇄를 하는 것이 보통이기 때문에 쟁의행위로서는 그다지 효과적이지 못하다.

c) 준법투쟁 근로자는 근로기준법에 정한 법정근로시간 이상의 연장근로를 거부할 수 있는 권리와 휴가에 관한 권리 등을 가진다. 그리고 근로자는 노무제공에 있어

1) 大判 1979. 3. 13, 76 도 3657.

2) 태업은 근로를 불완전하게 제공하는 쟁의행위로서 그러한 범위 내에서 근로제공이 정지되고 무노동 무임금의 원칙이 적용된다(大判 2013. 11. 28, 2011 다 39946).

안전과 보안에 관한 규칙을 준수할 의무를 진다. 그런데 이러한 권리·의무를 근로자단체의 통일적인 투쟁계획에 의하여 다수의 근로자가 동시에 엄격하게 행사 또는 준수하는 경우, 파업이나 태업과 같은 효과가 발생할 수 있다. 이와 같이 근로자들이 그들의 주장을 관철하기 위하여 법규정을 엄격히 준수하거나, 법률에 정한 근로자의 권리를 동시에 집단적으로 행사(예컨대 근로기준법상의 연차휴가권을 집단적으로 일시에 행사하는 경우)하여 평상시에 비해 사업능률을 저하시킴으로써 사용자의 업무를 저해하는 행위를 일반적으로 준법투쟁이라 한다.[1] 준법투쟁에 있어서는 업무의 정상적인 운영을 저해하는 쟁의행위의 수행(근로자측의 주장을 관철할 목적으로 사용자의 업무의 정상적인 운영을 저해한다는 점에서)과 권리·의무의 실현(법률상 부여된 권리의 행사 및 의무의 이행이라는 점에서)이라는 양면성이 나타나게 된다. 그러면 이와 같은 준법투쟁이 어떠한 조건에서 투쟁행위로 평가될 수 있는가? 다음에서는 그 모습에 따라 구체적으로 살펴보기로 한다.

첫째, 연장근로가 「관행화된 경우에」 근로자들이 집단적으로 연장근로를 거부하는 것(근기법 제53조 I을 이유로)은 업무의 정상적인 운영을 저해하는 것(노조및조정법 제2조 ⑥ 참조)이므로 쟁의행위라고 볼 수 있다(사실 정상설)([116] 1. (1) b) 주 2) 참고).[2] 휴일근로(근기법 제55조)의 경우도 위와 같이 판단하여야 할 것이다.[3] 둘째, 연차유급휴가를 일제히 사용하는 것은 사용자의 시기변경권과의 관계에서 권리행사의 요건이 결여된 것이므로 쟁의행위로 보아야 한다.[4] 셋째, 안전·보안에 관한 법규 또는 취업규칙이나 단체협약상의 규정을 철저히 준수하는 행위는 그것이 당해 규정에서 객관적으로 요구하는 준칙행위에 해당한다면 행위의 목적이 사용자로 하여금 그 법규를 준수하게 하려는 것

---

1) 大判 1991. 11. 8, 91 도 326. 업무의 정상적인 운영이란 사실상 또는 관행적으로 행해지는 업무운영의 상태를 말한다. 이에 대해 이른바 안전투쟁의 경우에는 쟁의행위의 개념요소인 업무저해성 판단의 전제가 되는 업무 자체가 존재하지 않거나 저해대상이 된 업무 자체가 보호가치가 없는 업무라고 보아야 하므로 이를 쟁의행위 개념에 포섭하는 것은 타당하지 않다는 견해도 있다(김유성, 「노동법 Ⅱ」, 253면).

2) 「연장근로가 당사자합의에 의하여 이루어지는 것이라고 하더라도 근로자들을 선동하여 근로자들이 통상적으로 해 오던 연장근로를 집단적으로 거부하도록 함으로써 회사업무의 정상적인 운영을 저해하였다면, 이는 쟁의행위로 보아야 한다」(大判 1996. 2. 27, 95 도 2970. 同旨: 大判 1995. 4. 7, 94 다 27342).

3) 同旨: 大判 1991. 7. 9, 91 도 1051(단체협약에 작업상 부득이한 사정이 있거나 생산계획에 차질이 있는 등 업무상 필요가 있을 때에는 사용자인 회사가 휴일근로를 시킬 수 있도록 정하여져 있어서, 회사가 이에 따라 관행적으로 휴일근로를 시켜 왔음에도 불구하고, … 회사가 지시한 휴일근로를 집단적으로 거부한 것은 회사업무의 정상적인 운영을 저해하는 것이다); 大判 1992. 10. 9, 91 다 14406; 大判 1995. 4. 7, 94 다 27342.

4) 同旨: 大判 1992. 3. 13, 91 누 10473; 大判 1994. 6. 14, 93 다 29167; 憲裁 2004. 7. 15, 2003 헌마 878(집단적 연차휴가를 쟁의행위로 보고 있다). 월차휴가의 경우: 大判 1991. 12. 24, 91 도 2323.

이든, 자신의 주장이나 요구를 시위·관철하려는 것이든 쟁의행위라고 볼 수 없다. 그러나 위의 행위가 당해 규정이 객관적으로 요구하는 정도와 내용을 벗어나는 방법으로 법규를 「준수」함으로써 작업의 능률을 저하시키는 경우에는 태업과 유사한 쟁의행위로 보아야 한다.[1)]

d) 보이콧(boycott) 보이콧은 사용자 또는 그와 거래관계에 있는 제3자의 제품(製品)의 구입 또는 시설의 이용을 거절한다든가, 사용자 또는 그와 거래관계에 있는 제3자와 근로계약의 체결을 거절할 것을 호소하는 투쟁행위이다. 이 경우에 근로자들이 그들의 사용자에 대하여 압력을 가하는 것을 1차적 보이콧(primary boycott)이라고 하고, 사용자와 거래관계에 있는 제3자에게 사용자와의 거래를 단절할 것을 요구하고 이에 응하지 않을 때에는 제품의 구입이나 노동력의 공급(근로계약의 체결)을 중단하도록 하겠다는 압력을 가하는 것을 2차적 보이콧(secondary boycott)이라고 한다. 이와 같은 보이콧은 실제에 있어서는 파업을 지원하기 위한 부수적 수단으로 행하여지는 경우가 많으며, 주로 미국에서 그 예를 찾아볼 수 있다.

e) 피케팅(picketing; Streikpostenstehen; Boykottstehen) 피케팅은 파업을 효과적으로 수행하기 위하여 근로희망자들의 사업장 또는 공장 출입을 저지하고 파업동참에 협력할 것을 구(설득)하는 행위이다. 현실적으로는 사용자와 거래관계에 있는 자 또는 사용자측의 관리직 사원에 대해서도 감시 또는 설득행위가 행해질 수 있다.[2)] 즉, 피케팅은 근로를 희망하는 근로자에게 파업에 참가할 것을 호소하고, 제3자가 파업이 일어난 사업장에서 일하려는 것을 저지하며(노조및조정법 제38조 I 후단 참조),[3)] 공중(公衆)으로 하여금 분쟁에 대한 주의를 환기시켜 노동조합의 요구에 대한 공중의 이해를 얻는 행위이다.[4)] 이것은 파업중인 사업장의 사용자에 대하여 노동력의 제공을 철저히 차단함으로써 보다 효과적으로 경제적 타격을 가하려는 것이다. 보통 피케팅은 사업장 또는 공

---

1) Kissel, *ArbeitskampfR* § 61 Rn. 10; 菅野, 「勞働法」, 918面; 東京大勞働法硏究會, 「注釋 勞働組合法(上)」, 529面 이하. 예컨대 「택시회사의 노동조합간부들이 준법운행을 주도하여 실행하면서 그 준법운행사항 외에 수입금의 상한선까지 정하여 1일 입금액을 통제함으로써 회사에 손해를 입히고, 일부 조합원들이 이에 맞추기 위하여 파행적인 운행까지 하였다면, 이는 태업 또는 부분파업에 해당한다」고 한 판례가 있다(大判 1991. 12. 10, 91 누 636). 異見: 김유성, 「노동법 Ⅱ」, 253면 이하; 이병태, 「노동법」, 296면 이하. 이 견해에 의하면 법령·취업규칙에 의한 안전의무의 이행은 처음부터 「업무」와의 관련성이 인정될 수 없다고 한다.

2) 제품의 출하업무의 저지, 관리직 사원의 출입통제까지도 피케팅의 개념에 포함시키는 견해: 김유성, 「노동법 Ⅱ」, 250면; 菅野, 「勞働法」, 918面 이하; 大判 1992. 2. 11, 91 도 1834; 大判 1991. 6. 28, 91 도 944. 피케팅에 관한 형사·민사 책임 및 언론에 관한 자세한 설명에 관해서는 菅野, 「勞働法」, 918面 이하 참고.

3) 노조및조정법 제38조 1항의 규정은 정의규정이 아니라 정당성에 관한 규정이다([118] 3. (5) 참고).

4) Birk 외(김형배 역), 「집단적 노사분쟁의 규율에 관한 법률」, 67-68면.

장의 입구에서 플래카드를 들고 있거나 또는 확성기 등을 이용하여 출입자를 감시하고 근로희망자들에게 파업에 참여할 것을 설득·요구하는 행위로 나타난다.[1] 원래 피케팅은 그것 자체로서는 독립된 투쟁행위라고 할 수 없으며, 파업이나 보이콧에 수반되는 보조적 현상이다.[2]

f) **직장점거** 직장점거는 파업을 할 때에 사용자에 의한 방해를 막으면서 변화하는 사태에 기민하게 대처하기 위하여 사용자의 의사에 반해서 사업장에 체류하는 행위이다. 따라서 직장점거는 파업에 참가한 근로자들이 단결을 유지하고 더불어 파업의 실효성을 확보(조업방해)하려는 의도에 수반되는 부수적 쟁의행위이므로, 연좌 또는 농성을 하는 연좌파업(Sitzstreik)의 모습을 띠는 경우도 있다(직장점거의 정당성에 관해서는 [118] 3. ⑹ 참고)(점거가 금지되는 시설에 관해서는 노조및조정법 제42조 Ⅰ 후단 및 동 시행령 제21조가 규정하고 있다. 이 규정들은 위법한 점거행위를 정한 것이다).[3] 직장점거는 주로 노동조합이 기업별 조직형태를 가지고 있는 경우에 문제되며, 조업(操業)을 방해하지 않는 한도 내에서 정당하다고 보아야 한다. 최근에 노조및조정법 제37조 3항이 신설(2021. 1. 5.)되어 「노동조합은 사용자의 점유를 배제하여 조업을 방해하는 형태로 쟁의행위를 하여서는 아니된다」고 규정하고 있다. 제42조 1항 후단의 규정이 쟁의행위에 의한 점거가 금지되는 생산 그 밖에 주요업무에 관련된 시설에 관한 규정(시령 제21조)이라면 제37조 3항은 사용자의 점유하에 운영되는 조업의 방해를 금지하는 규정이라고 볼 수 있다.

⑵ **사용자측의 쟁의행위**

a) **직장폐쇄**

1) **개 념** 직장폐쇄는 집단적 분쟁시 사용자가 그의 주장을 관철하기 위하여 일정한 산업 또는 사업체 내의 다수의 근로자를 취업상태로부터 집단적·조직적으로 봉쇄하는 것을 말한다. 즉, 근로자들이 파업을 통해 사용자에게 노무의 제공을 거부함으로써 경제적 타격을 주는 것과 마찬가지로 직장폐쇄는 사용자가 근로자들이 제공하

---

1) Vgl. Kim, *Streikpostenstehen*, S. 13 ff.; Kissel, *ArbeitskampfR* § 342 Rn. 76, 쟁의행위의 특수성을 고려하여 어느 정도의 실력저지를 인정하는 견해: 김유성, 「노동법 Ⅱ」, 252면.

2) 미국에 있어서는 picketing for union security 또는 organizing and jurisdictional picketing과 같이 파업이나 보이콧을 전제로 하지 않는 것들이 있다(Mueller and Myers, *Labor Law and Legislation*, pp. 189, 237 f. and 239 f.). 그러나 우리나라에서는 피케팅을 파업과 분리해서 그리고 파업의 정당성과 별도로 그 개념과 정당성을 논의하는 것은 옳지 않다고 생각된다.

3) 西谷, 「勞働組合法」, 436面 이하(직장점거를 직장체류, 부수적 직장점거 및 적극적 직장점거로 나누어 설명하고 있다); Zöllner/Loritz/Hergenröder, *ArbR* § 44 Rn. 43(사업장 봉쇄와 사업장 점거로 나누어 설명하고 있다) 참고.

는 노무의 수령을 집단적으로 거부함으로써 임금의 부지급(不支給)에 의한 경제적 압력을 가하려는 것이다. 직장폐쇄는 사용자가 노동쟁의의 상대방인 근로자들에 대하여 노동쟁의를 자기에게 유리하게 이끌어가려는 투쟁수단으로 사용되는 것이므로, 파업과 직장폐쇄는 노동조합의 목적달성(예: 임금인상)을 위한 행위와 이에 대항하는 사용자의 행위가 서로 교차하면서 발생할 수 있다(노조및조정법 제2조 ⑥ 참조). 그러나 직장폐쇄시에도 사용자는 일단 쟁의행위가 종료되면 노무수령을 거부했던 근로자들을 다시 취업시킨다는 것이 전제되어 있는 것이다(노조및조정법 제43조 I 참조).[1] 그러므로 직장폐쇄는 집단적 해고는 아니며, 직장폐쇄중 근로계약관계의 주된 권리·의무를 정지시킬 뿐이다(이미 부분파업이 진행중이면 전면적 직장폐쇄에 의하여 파업에 참가하지 않은 근로자들의 근로관계에 대하여도 정지적 효과를 발생케 한다). 그리고 직장폐쇄는 어디까지나 노사 사이의 집단적 분쟁상태(노동쟁의)를 전제로 하는 것이기 때문에 경영운영상 또는 경영기술상의 이유에서 휴업 또는 정업(停業)(근기법 제46조 참조)을 하는 것과는 구별해야 한다. 직장폐쇄는 사용자가 근로자들의 노무제공을 집단적으로 거부하여 임금지급을 거부하므로써 (파업)근로자들에게 경제적 압박을 가하는 것을 목적으로 하는 것이므로 그러한 사용자의 의사가 근로자들에 통보 또는 선언을 통하여 전달되므로써 성립한다는 견해가 있는가 하면,[2] 그와 같은 통보 또는 선언만으로는 충분하지 않고 공장 또는 사업장의 출입구를 봉쇄함으로써 통념상 사업장에의 출입과 노무제공 등이 불가능하다고 생각되는 상태를 발생케 해야 하다는 견해가 있다.[3] 직장폐쇄가 행하여지는 실제적 현상에 비추어 보면 집단적 통보와 선언[현실적으로는 쟁의행위 당사자인 노동조합의 대표자에 대한 통보와 직장폐쇄의 이유와 개시 일시의 게시(揭示) 등]과 사업장 출입을 통제하고 생산시설을 차단하는 행위가 함께 이루어지는 것이 보통이다.[4] 직장폐쇄가 근로자들의 노무제공을 집단적으로 거부하면서 임금지급의무를 면하는데 그 법적 의의가 있다는 점에 유의하면 노동조합 대표자와 조합원에 대한 통보를 중요시 하지 않을 수 없다.

사용자는 조합원인 근로자에 대해서만 직장폐쇄를 할 수 있는지, 비조합원에 대해

1) Hueck/Nipperdey, *Lehrbuch*, Bd. Ⅱ/2, S. 879 f.; Zöllner/Loritz/Hergenröder, *ArbR* §45 Rn. 19, 31. 독일에서도 직장폐쇄는 원칙적으로 정지적 효력을 가질 뿐이다.

2) 이병태, 「노동법」, 310면; 김유성, 「노동법Ⅱ」, 292면; 外尾, 「労働団体法」, 551面 이하; 西谷, 「労働組合法」, 453面.

3) 박상철, 「노동법」, 529면; 임종률, 「노동법」, 273면.

4) 東大労働法研究會, 「注釋労働組合法」(上), 581面 참고. 노동조합의 조합원 또는 근로자집단이 머리띠를 두르거나 완장 등을 착용하고 봉쇄된 사업장 안으로 들어오려는 몸싸움을 전개하는 것을 사용자가 저지하는 행위는 이미 통보 또는 선언된 직장폐쇄의 정상적 상태를 유지하려는 방해배제적 성격을 가지는 것으로 볼 수 있다(西谷, 「労働組合法」, 457面 참고). 따라서 이러한 사용자의 저지행위는 직장폐쇄 자체와는 구별해야 한다.

서도 행할 수 있는지에 대해서는 견해가 대립하고 있다.[1] 이에 관하여 독일의 지배적 견해는 조합원인 근로자에 대하여만 선별적으로 직장폐쇄를 단행하여 임금불지급의 불이익을 주는 것은 적법하지 않다고 한다.[2] 왜냐하면 파업에 동참하지 않은 근로자들이 실제로 노무제공을 계속할 의사를 가지고 있으면서 파업에 반대하는 입장을 취하고 있는 것인지, 노동조합이 전략적·의도적으로 사업장 운영의 중요 부서 근로자들만을 파업에 참가하도록 하므로써[지명(指名)파업] 사업장 전체를 실질적으로 마비시키려는 것인지를 판별할 수 없기 때문이다.[3] 업무의 정상적 운영을 저해하는 집단적 쟁의행위의 관점에서 보면 사업장의 종사근로자들은 조합원·비조합원의 구별에 상관없이 일체성을 구성한다고 볼 수 있다.[4] 또한 비조합원인 근로자들은 조합원 근로자들이 결성한 노동조합 주도하의 파업과 사용자의 직장폐쇄에 맞서면서 쟁취한 단체협약의 유리한 근로조건을 간접적으로 향유하므로 직장폐쇄의 대상이 되더라도 부당하다고 볼 수 없다. 쟁의행위 기간 중에 사용자는 비조합원에 대해서 노무제공의 기회를 부여하므로써 임금소득의 기회를 보장해 주어야 할 의무를 부담하지 않는다. 비조합원도 파업기간 중에 파업의 취지에 찬동하여 이에 참여할 수 있는 쟁의행위권을 가진다고 보아야 하므로[5] 사용자는 비조합원에 대하여도 직장폐쇄를 할 수 있다.[6]

직장폐쇄는 파업이 있은 다음에 그 반격으로써 취하여지는 것이 보통이므로 임금 기타 근로조건의 저하를 위하여 공격적으로 행하여지지는 않는다(직장폐쇄의 방어성에 관한 노조및조정법 제46조의 규정은 직장폐쇄의 정당성요건을 정한 것임)(직장폐쇄의 정당성에 관해서는 [120] 2. (3)·(4) 참고).

2) 종 류 파업의 경우에서처럼 직장폐쇄의 종류도 여러 가지로 나누어 생각할 수 있다([120] 2. (1) 참고).

b) 보 이 콧 직장폐쇄를 단행한 사용자 또는 파업을 당한 사업장의 사용자는 해당 근로자들이 직장폐쇄 또는 파업기간중 다른 사용자로부터 취업할 기회를 얻지 못하도록 보이콧활동을 벌일 수 있다. 그러나 이와 같은 보이콧은 직장폐쇄나 파업의 보조

1) Lieb/Jacobs, *ArbR* Rn. 660; Kissel, *ArbeitskampfR* §55.
2) Kissel, *ArbeitskampfR* §55 Rn. 8.
3) Lieb/Jacobs, *ArbR* Rn. 659; Kissel, *ArbeitskampfR* §55 Rn. 7 ff.
4) Lieb/Jacobs, *ArbR* Rn. 659; Däubler/Walter, *ArbeitskampfR* 3. Aufl. 2011 §17 Rn. 88.
5) Schaub/Treber, *ArbRHandb* §192 Rn. 29 참고. 파업의 주관적 사권(das subjektiv-privates Streikrecht)의 개념 및 체계적 구성에 관해서는 Seiter, *Streikrecht und Aussperrungsrecht*, 1975 S. 46 ff. 참고.
6) Kissel, *ArbeitskampfR* §55 Rn. 9. 일본에서는 비조합원에 대한 직장폐쇄는 허용되지 않으며, 사용자는 기본적으로 비조합원에 대하여 임금지급의무를 면할 수 없다는 견해가 지배적인 듯하다(西谷, 「勞働組合法」, 456面; 菅野, 「勞働法」, 946面).

적 또는 부차적 투쟁수단이며 실제에 있어서는 독립적인 의미가 없다.

[117] Ⅲ. 근로자의 쟁의행위와 면책

1. 정당한 쟁의행위의 면책근거

노조및조정법 제4조는 근로자들이 근로조건을 유지·개선하기 위하여 단체교섭·쟁의행위 등을 함에 있어서 그 행위가 정당성(이에 관하여는 [118] 참고)을 가지는 한 형법 제20조의 사회상규(社會常規)에 위반하지 않는 행위로서 이를 처벌하지 않는다고 규정하고 있으며(형사상의 면책), 또한 동법 제3조는 「사용자는 이 법에 의한 단체교섭 또는 쟁의행위로 인하여 손해를 입은 경우에 노동조합 또는 근로자에 대하여 그 배상을 청구할 수 없다」(민사상의 면책)고 하여 근로자들의 정당한 단체교섭·쟁의행위 기타의 행위의 면책을 규정하고 있다.[1] 정당한 직장폐쇄에 대해서도 쟁의행위 평등의 원칙(Prinzip der Kampfparität)에 비추어 민·형사상의 책임이 면제된다고 보아야 한다. 그러면 이러한 형사상·민사상의 면책은 어떻게 그 법리가 구성되어야 할 것인가?

2. 법리구성에 관한 학설

정당한 쟁의행위의 민·형사상의 면책에 관한 법리구성에 있어서는 위법성조각설과 구성요건해당성조각설이 있다.

위법성조각설은 쟁의행위가 민법·형법상의 채무불이행 또는 불법행위 혹은 범죄의 구성요건에 해당하는 것이지만, 근로자의 단체가 이를 정당하게 행하는 경우에는 그 위법성이 조각된다고 하며,[2] 구성요건해당성조각설은 정당한 쟁의행위는 시민법에 접목된 하나의 예외적으로 합법적인 사회현상이 아니라 노동법에 의하여 독자적 성격과 고유한 가치가 승인된 원칙적으로 합법적인 행동유형이라고 한다.[3] 이와 같은 시각의 차이는 쟁의행위의 적법성 판단의 관점을 달리하는 데 지나지 않는 것이 아니라, 쟁의행위가 전체 법질서에서 차지하는 정당성의 근거를 새로 정립한데서 기인한다고 판단된다.

---

1) 구 노동쟁의조정법 제8조에서는 면책범위에서 단체교섭이 빠져있었으나 1996년 12월 31일 현행 규정과 같이 개정되었다.

2) 大判 2007. 3. 29, 2006 도 9307; 大判 2006. 5. 25, 2002 도 5577; 大判 2004. 5. 27, 2004 도 689; 大判 1990. 7. 10, 90 도 755; 大判 1990. 10. 12, 90 도 1431; 大判 1991. 5. 24, 91 도 324; 이병태, 「노동법」, 346면; 石井, 「勞働法」, 89, 371面.

3) 憲裁 2010. 4. 29, 2009 헌바 168. 또한 大判(전합) 2011. 3. 17, 2007 도 482(특히 반대의견); 大判 2012. 6. 14, 2012 도 3305; 大判 2011. 10. 27, 2010 도 7733 참고.

3. 면책근거

(1) 적법성판단

쟁의행위의 면책근거에 관한 이론적 해명이 특히 어려움에 봉착하는 것은 쟁의행위의 적법성판단에 있어서 개별적 근로계약의 침해문제, 불법행위의 성립 여부의 문제, 형법의 구성요건해당성에 관한 문제들이 동시에 발생할 수 있기 때문이다. 그러나 정당한 쟁의행위를 주도한 노동조합이나 이에 참가한 근로자가 면책된다고 할 때에는 계약법·불법행위법 및 형법상의 면책근거에 대하여 개별적 판단에 앞서 쟁의행위에 대한 통일적인 면책근거를 찾아야 한다.

(2) 헌법 제33조에 의한 면책

a) 헌법 제33조 1항은 근로자의 근로3권을 보장하고 있다. 즉, 근로자들은 노동조합을 조직하여 근로조건의 향상을 위해서 사용자와 단체교섭을 하고 교섭이 결렬되어 그들의 주장을 실현할 수 없을 때에는 쟁의행위를 할 권리를 가진다. 이와 같이 헌법은 근로자들의 단결체인 노동조합이 사용자와 근로조건 그 밖의 대우에 관한 사항을 자치적으로 규율할 수 있도록 근로자들에게 근로3권을 보장하고 있다. 그러므로 쟁의행의권(단체행동권)은 단체교섭에 따른 노·사간의 합의가 이루어지지 않는 경우에 근로자들의 교섭상의 요구를 관철하는 권리로서 보장된 것이다. 쟁의행위가 보장되지 않는다면 노사 사이의 교섭력의 실질적 균형이 이루어질 수 없으므로 협약자치의 궁극적 목적인 단체협약의 체결은 기대하기 어렵게 된다.[1] 교섭력의 균형이 유지되지 않는다면 근로자들은 사용자가 임의적으로 승인하는 근로조건을 수동적으로 수용할 수밖에 없는 지위에 처하게 되므로 협약자치는 현실적으로 무의미한 것이 되고 말 것이다.[2] 그런 의미에서 헌법재판소는 단체행동권(쟁의행위권)을 근로3권 중에서 중심이 되는 권리로 판단하고 있다.[3] 따라서 단체행동권의 보장 취지에 부합하는(노동조합이 주도하여 단체교섭을 거친) 쟁의행위는 처음부터 정당한 행위라고 보아야 하며 채무불이행이나 불법행위 또는 업무방해죄에 해당하는 행위라고 볼 것은 아니다. 헌법에 의하여 보호를 받는 정당한 쟁의행위가 일단 근로계약이나 법률에 저촉되는 위법한 행위로 평가를 받았다가 법률이 정한 정당성 기준에 적합한 것으로 인정되면 위법성이 조각되는 것으로 이해한다면 정당한 행위와 위법한 행위를 모두 동렬(同列)에 세워놓고 구성요건해당성을 일률적으로 인정하는 것과 다를 바 없다. 집단적으로 노무를 거부하는 행위가 바로 헌법이 보장한 정당한

---

1) 同旨: 憲裁 1996. 12. 26, 90 헌바 19.

2) 憲裁 1998. 2. 27, 94 헌바 13·26, 95 헌바 44(병합).

3) 憲裁 1996. 12. 26, 90 헌바 19(이른바 단체행동권 중심설).

쟁의행위인데 이를 먼저 채무불이행이나 불법행위 또는 업무방해죄에 해당하는 위법한 행위로 추단한 다음 다시 법률이 정한 정당성 기준에 비추어 위법성을 조각하는 식으로 사고하는 것은 법원(法源)의 계위질서(階位秩序)에 반할 뿐 아니라 정당한 쟁의행위 자체가 동시에 위법한 성질을 띠고 있다는 모순된 논리 위에 기초하고 있는 것이라고 밖에 할 수 없다. 정당한 쟁의행위(집단적 노무거부행위)를 위법한 채무불이행이라고 할 수 없는 것과 마찬가지로 불법행위나 업무방해죄에 해당하는 행위로 볼 수 없다.[1] 다만, 쟁의행위는 과잉침해금지(Übermaβverbot)의 원칙에 위반할 수 없고[2] 헌법 제33조 1항을 기초로 제정된 노조및조정법의 정당성 기준의 틀 안에서 행사되어야 한다. 그러나 이러한 원칙이나 법률의 규정들이 쟁의행위 자체 또는 본질을 제약하는 것은 아니다.

쟁의행위로 인하여 중단되는 업무가 국민의 생존에 직접 관련된 것(전기·수도·운송·의료)이거나, 공익과 안전에 필요한 것인 경우에는 일정한 제한을 받을 수 있다. 또한 그 수단과 방법이 사용자의 재산권과의 조화를 이루어야 할 뿐 아니라, 다른 기본적 인권을 침해하지 아니하는 등 그 밖의 헌법의 요청과 조화되어야 한다.[3] 그러나 이러한 제약은 쟁의행위의 내재적 제한으로서 쟁의행위 자체에 대한 본질적 제한이라고 볼 수 없다.

b) 본래 근로자에게 단체행동권을 보장한 기본취지는 근로자들의 경제적·사회적 지위의 향상을 위한 실력행사를 보장한 것일 뿐만 아니라, 그와 같은 실력행사의 법적 효과로서 민사상·형사상의 면책을 위시하여 쟁의행위를 했다는 이유로 근로자에게 해고 기타 불이익을 주는 것을 막으려는 데 있다. 이와 같은 법적 효과는 근로자가 쟁의행위로서 행한 모든 행위측면(계약법상의 행위, 불법행위법상의 행위, 형사상의 행위 등)에 대하여 당연히 인정되지 않으면 안 된다. 여기서 면책의 대상이 되는 쟁의행위는 헌법에서 단체행동권을 보장한 취지에 적합한 것이어야 하며, 따라서 그 범위를 벗어나는 것은 「정당성」을 가질 수 없다. 그러므로 쟁의행위는 헌법 제33조의 취지에 따라 노동조합에 의하여, 근로조건의 개선을 목적으로, 업무의 정상적인 운영을 저해하는 방법으로 행하여지는 한([118] 2. 참고) 정당한 행위로 평가된다. 이때 쟁의행위의 정당성은 결국 단체행동권보장에 따른 법적 효과를 어떻게, 평가할 것인가 하는 문제로 귀결된다.

「정당한」 쟁의행위라고 할 수 있으려면 계약법상의 사전 해지통고의 제약으로부터 벗어날 수 있는 것이어야 하며,[4] 또한 사용자에 대한 불법행위를 구성하지 않는 것이어

1) 憲裁 2010. 4. 29, 2009 헌바 168.

2) 憲裁 2009. 10. 29, 2007 헌마 1359(과잉금지의 원칙). 하경효, '쟁의행위에 있어서 과잉침해금지의 적용', 「노동법학」(제3호), 1991, 75면 이하 참고.

3) 大判 2003. 12. 26, 2003 두 8906; 大判 2007. 5. 11, 2006 도 9478 등.

4) Löwisch, *ArbR* Rn. 382 f. 참고. 노조및조정법 제43조 1항에서 「사용자는 쟁의행위기간중 그 쟁의

야 한다.[1] 뿐만 아니라 형사법상으로도 처음부터 구성요건에 해당되지 않아야 할 것이다.[2] 쟁의행위의 정당성이 부정된다고 하더라도 곧바로 민사 또는 형사상의 「책임」이 인정되는 것은 아니다. 정당성이 부정된다는 것은 책임의 구성요건 중의 하나인 위법성이 존재한다는 데 지나지 않으므로, 민사상의 손해배상책임(민법 제390조, 제750조)이 성립하기 위해서는 고의·과실 및 쟁의행위와 손해 사이에 인과관계가 있어야 하고, 형사책임이 발생하기 위해서는 해당 구성요건의 구비와 유책성이 있어야 하기 때문이다. 또한 징계나 해고가 문제되더라도 징계를 정한 규정(징계규칙)이나 해고 등의 정당한 이유(근기법 제23조)라는 별개의 요건에 해당하여야 한다.[3]

(3) 노동법상의 면책규정

노조및조정법 제3조는 「사용자는 이 법에 의한 단체교섭 또는 쟁의행위로 인하여 손해를 입은 경우에 노동조합 또는 근로자에 대하여 그 배상을 청구할 수 없다」고 규정하고 있다. 이는 쟁의행위에 의한 채무불이행 또는 불법행위로 인하여 손해배상책임이 처음부터 노동조합이나 근로자에게 발생되지 않는다는 것을 명백히 한 것이다. 다시 말하면 쟁의행위가 노동조합에 의하여 근로조건의 개선을 목적으로 업무의 정상적인 운영을 저해하는 방법으로 행하여지는 한 민사상의 채무불이행이나 불법행위에 해당되지 않는다.

노조및조정법 제4조 본문은 「형법 제20조(사회상규에 적합한 행위)는 노동조합이 단체교섭·쟁의행위 기타의 행위로서 제1조의 목적을 달성하기 위하여 한 정당한 행위에 대하여 적용된다」고 규정함으로써 정당한 쟁의행위는 형법상 정당행위로서 면책된다는 점을 확인하고 있다. 동조 제2문 단서는 「다만, 어떠한 경우에도 폭력이나 파괴행위는 정당한 행위로 해석되어서는 아니된다」고 규정하고 있다. 이와 같은 제한은 형사면책뿐만 아니라 민사면책 및 그밖의 불이익취급(노조및조정법 제81조 I ⑤참고) 등 다른 보호규정에도 적용된다고 봄이 타당하다.

이상과 같이 정당한 쟁의행위에 대하여는 민사상·형사상의 면책이 인정되며, 노조

행위로 중단된 업무의 수행을 위하여 당해 사업과 관계 없는 자를 채용 또는 대체할 수 없다」고 규정하고 있는 것은 근로자들이 쟁의행위를 하기 전에 해지통고를 할 필요가 없음을 명백히 시사(示唆)하고 있는 것이다.

1) Zöllner/Loritz/Hergenröder, *ArbR* § 44 Rn. 7. 사용자의 주문자 및 자재공급자 등 제3자에 대한 관계에 있어서의 법적 효과에 관해서는 Dütz, *ArbR* Rn. 678 참고.

2) 憲裁 2010. 4. 29, 2009 헌바 168. 대법원은 업무방해죄의 성립과 관련하여 2011. 3. 17의 전원합의체 판결로 종래의 위법성조각설의 입장을 축소·수정하였다. 이에 반하여 전원합의체 반대의견은 정당한 쟁의행위는 업무방해죄를 구성하지 않는다고 한다([119] 4. (2) 참고).

3) 同旨: 菅野, 「勞働法」, 909面; 東京大勞働法研究會編, 「注釋勞働基準法(上)」, 1979, 505面 이하; 임종률, 「노동법」, 220면 참고.

및조정법 제3조와 제4조의 면책규정은 헌법 제33조 1항의 근로3권 보장의 내용을 확인한 것에 지나지 않는다고 해석된다.[1] 다만 제4조가 정하고 있는 「제1조의 목적」은 근로조건의 유지·개선을 실현하기 위한 목적으로 제한해석되어야 할 것이다. 그렇게 해석하지 않으면 해당 쟁의행위의 정당성 범위가 부당하게 확대될 염려가 있기 때문이다.[2]

[118] Ⅳ. 근로자의 쟁의행위의 정당성

1. 총 설

a) 쟁의행위는 정당하게 수행되는 한 형사상 처벌의 대상이 되지 아니하고[3] 민사상 손해배상책임이 발생되지 않으므로, 그 정당성의 한계는 매우 중요한 문제이다. 이와 같은 정당성을 갖추기 위해서는 쟁의행위가 집단적 노사관계의 전개를 용인하는 노조및조정법의 목적[4]과 현행법질서 전체에 부합하여야 함은 물론, 실정노동법규에 위배되지 않아야 한다. 그런데 쟁의행위는 「개개 쟁의참가자의 행위」에 의하여 이루어지는 「집단적 행위」라는 특성을 가지고 있다. 즉, 쟁의행위의 집단적 행위 측면은 개별적 행위 측면과는 별개의 법적 평가의 대상이 될 수 있다.[5] 오늘날의 지배적 견해에 의하면 쟁의행위의 집단적 행태가 1차적 평가의 대상이 되며, 집단적 행위로서의 쟁의행위가 적법하면, 그 쟁의행위의 적법성은 개별적 근로관계에 대해서도 영향을 미친다. 다시 말해 쟁의행위가 전체적으로 적법하면, 쟁의행위에 참가한 개개 근로자의 행위가 근로계약에 반하는 것이라도 채무불이행이 되지 않는다(이른바 집단적 쟁의행위론). 그러므로 쟁의행위의 적법성의 판단은 우선 집단적 쟁의행위를 보장한 헌법과 실정노동법의 해석을 통하여 그 적법성의 기준을 검토한 다음 개별적 근로계약과 불법행위법에 의한 적법·위법의 문제를 살펴야 한다.[6]

b) 쟁의행위의 정당성이란 집단적 행위인 쟁의행위 자체의 일반적 정당성을 말하는 것이지만, 이러한 정당성을 갖춘 쟁의행위라 하더라도 노조및조정법과 기타의 법규에 의한 일정한 제한규정을 위반해서는 안 된다. 이 두 개의 문제는 일단 법이론상 구별

1) 大判(전합) 2011. 3. 17, 2007 도 482 참고.
2) 大判(전합) 2001. 10. 25, 2001 구 24388 참고.
3) 大判 2006. 5. 26, 2004 다 62597; 大判 1991. 1. 23, 90 도 2852 등.
4) 大判 2000. 5. 26, 99 도 4836; 大判 2003. 11. 13, 2003 도 687 참고.
5) 大判 2003. 12. 26, 2003 두 8906; 大判 2003. 11. 13, 2003 도 687; 大判 2008. 9. 11, 2004 도 746 등 참고.
6) Zöllner/Loritz/Hergenröder, *ArbR* § 44 Rn. 3 ff., 19 ff. 참고.

될 수 있는 것이므로 전자를 쟁의행위의 정당성(실질적 정당성)의 한계문제라 하고, 후자를 쟁의행위의 법규위반의 문제라고 하기로 한다. 현행 노조및조정법은 제37조 1항에서 쟁의행위는 그 목적·방법 및 절차에 있어서 법령 및 기타 사회질서에 위반되어서는 아니 된다고 규정하고, 2항에서 조합원은 노동조합에 의하여 주도되지 아니한 쟁의행위를 하여서는 아니 된다고 규정하고 있다. 이 규정은 쟁의행위의 정당성과 관련하여 학설과 판례에 의하여 정립된 일반원칙들을 입법화한 것으로 생각된다. 노조및조정법 제37조와 그 이하의 규정들은 쟁의행위의 실질적 정당성의 한계문제와 법규의 준수문제를 통합해서 규정하고 있다. 따라서 쟁의행위는 1차적으로(실질적으로) 주체, 목적, 방법, 절차에 있어서 적법한 것이어야 한다.

이곳에서는 우선 근로자들의 쟁의행위의 실질적 정당성문제를 그 주체·목적·개시시기 및 절차와 수단 및 태양에 따라 설명하고,[1] 근로자들의 쟁의행위의 유형별 정당성을 고찰한 다음, 쟁의행위의 제한·금지규정을 중심으로 살펴보고자 한다. 다만, 여기서 유의해야 할 것은 쟁의행위가 실질적 정당성을 가지지 못하면 그 쟁의행위가 전체로서 위법하게 되어 형사상·민사상의 면책을 받지 못하게 될 수 있으나(형사·민사상의 책임을 정한 규정의 요건에 해당하는 한), 쟁의행위가 노동법상의 일정한 제한규정에 위배되었다고 해서 반드시 쟁의행위 전체가 위법성을 띠는 것은 아니라는 점이다. 특히 쟁의행위의 적법성 판단에 있어서는 노동조합이 주도하는 집단적 행위와 그 구성요소인 개별 행위 간의 상호연관성은 구체적 사안 별로 판단해야 한다.

노조및조정법상의 제한규정은 사용자의 쟁의행위에도 적용된다.

c) 헌법 제33조 3항과 노조및조정법 제41조 2항의 규정에 의하면 방위사업법(2011. 7. 25, 법률 제10907호)에 의하여 지정된 주요 방위산업체에 종사하는 근로자 중 전력·용

---

1) 우리나라의 판례는 쟁의행위의 정당성에 관하여 다음과 같은 일반적 기준을 제시한다. 「노동조합의 쟁의행위가 (형법상) 정당하기 위해서는 그 주체가 단체교섭의 주체로 될 수 있는 자(단체협약체결능력을 가진 자)이어야 하고, 노동조합과 사용자의 교섭과정에서 노사대등의 입장에서 근로조건의 향상 등 근로자의 경제적 지위를 향상시키려는 목적에서 발생한 것이어야 하며, 사용자가 근로자의 근로조건 개선에 관한 구체적인 요구에 대하여 단체교섭을 거부하거나 단체교섭에서 그와 같은 요구에 반대의 의사표시를 하거나 묵살하고 반대하고 있는 것을 분명하게 하고 있을 경우에 개시할 수 있으며 특별한 사정이 없는 한 (조합원의 찬성 등) 법령이 규정한 절차를 밟아야 하고, 그 수단과 방법이 사용자의 재산권과 조화를 이루어야 할 뿐 아니라, 다른 기본적 인권을 침해하지 아니하는 등 그 밖의 헌법상의 요청과 조화되어야 한다. 다만 이 경우에도 당해 쟁의행위 자체의 정당성과 이를 구성하거나 부수되는 개개의 행위의 정당성은 구별되어야 하므로 일부 소수의 근로자가 폭력행위 등의 위법행위를 하였다고 하더라도 (주된 목적 내지 진정한 목적의 당부에 의하여 그 쟁의목적의 당부를 판단해야 하므로) 전체로서의 쟁의행위가 위법하게 되는 것은 아니다」(大判 2003. 12. 26, 2003 두 8906. 同旨: 大判 2003. 11. 13, 2003 도 687; 大判 2007. 5. 11, 2006 도 9478; 大判 2008. 9. 11, 2004 도 746).

수 및 주로 방산물자(防産物資)를 생산하는 업무에 종사하는 근로자는 쟁의행위를 할 수 없다. 그러므로 이러한 근로자들에게는 처음부터 쟁의권의 행사가 금지되어 있다는 사실에 유의해야 한다(자세한 것은 [118] 4. (3) 참고).

d) 노동조합은 쟁의행위를 하고자 할 경우에는 고용노동부령이 정하는 바에 따라 행정관청과 관할 노동위원회에 그 일시·장소·참가인원 및 그 방법을 미리 서면으로 신고해야 한다(노조및조정법 시행령 제17조). 그러나 이를 쟁의행위의 정당성 요건으로 볼 수는 없다([118] 4. (4) e) 참고).

2. 쟁의행위의 실질적 정당성[1]

노조및조정법 제37조는 쟁의행위의 기본원칙으로서 i) 조합원은 노동조합에 의하여 주도되지 아니한 쟁의행위를 하여서는 아니 되고(동조 Ⅱ), ii) 쟁의행위는 그 목적·방법 및 절차에 있어서 법령 기타 사회질서에 위반되어서는 아니 되며(동조 Ⅰ), iii) 노동조합은 사용자의 점유를 배제하여 조업을 방해하는 형태로 쟁의행위를 하여서는 아니 된다(동조 Ⅲ. 2021. 1. 5. 신설)고 규정하고 있다. 따라서 쟁의행위는 노동조합에 의하여 주도(主導)되어야 하고, 목적·방법 및 절차에 있어서 정당하여야 하며, 사용자의 점유를 배제하여 조업(操業)을 방해하는 형태로 할 수 없다. 제37조는 근로자들(노동조합)의 쟁의행위에 관한 일반조항이지만 유추적용이 가능한 범위에서 사용자의 쟁의행위(직장폐쇄)에도 적용될 수 있다. 이 조항은 오랜 기간에 걸쳐 학설·판례에 의하여 형성된 일반원칙을 입법화한 것으로 볼 수 있다.

(1) 주체에 의한 정당성

a) 쟁의행위의 주체　　쟁의행위(파업)는 사용자와 단체교섭을 하고 단체협약을 체결할 수 있는 노동조합이 주체가 되어야 한다. 쟁의행위의 궁극적 목적은 조합원들의

---

1) 대법원 전원합의체 판결(大判(전합) 2001. 10. 25, 2001 구 24388)은 쟁의행위의 정당성을 주체, 목적, 시기(절차), 수단의 기준으로 나누어 판단하였다. 즉, 근로자의 쟁의행위가 정당성을 갖추기 위하여는 i) 그 주체가 단체교섭이나 단체협약 체결 능력이 있는 노동조합이어야 하고, ii) 그 목적이 근로조건의 향상을 위한 노사간의 자치적 교섭을 조성하기 위한 것이어야 하며, iii) 그 시기는 사용자가 근로자의 근로조건 개선에 관한 구체적인 요구에 대하여 단체교섭을 거부하거나 단체교섭의 자리에서 그러한 요구를 거부하는 회답을 했을 때 개시하되, 특별한 사정이 없는 한 법령이 정하는 바에 따라 조합원의 찬성결정 및 노동쟁의발생신고를 거쳐야 하고, iv) 그 방법은 소극적으로 노무의 제공을 전면적 또는 부분적으로 정지하여 사용자에게 타격을 주는 것이어야 하며, 노사관계의 신의성실의 원칙에 비추어 공정성의 원칙에 따라야 하고, 사용자의 기업시설에 대한 소유권 기타의 재산권과 조화를 이루어야 함은 물론 폭력이나 파괴행위를 수반하여서는 안 된다. 대법원은 그 이전에도 같은 내용의 판결을 하였다(大判 1992. 7. 14, 91 다 43800 등). 쟁의행위의 형사상 정당성을 판결할 때에도 같은 취지의 판결을 하였다(大判 2009. 6. 25, 2007 두 10891; 大判 2001. 6. 12, 2001 도 1012 등).

근로조건을 개선하는 것을 내용으로 하는 단체협약의 체결에 있기 때문이다. 따라서 사용자와 단체교섭을 성실하게 시도하였으나 단체협약체결에 성공하지 못한, 단체협약체결능력 있는 노동조합(노조및조정법 제29조 Ⅰ·Ⅱ 참조)이 쟁의행위를 조직하고 주도하여야 한다(노조및조정법 제37조 Ⅱ).[1] 여기서 말하는 노동조합은 노조및조정법상의 형식적 요건(노조및조정법 제10조, 제12조 참조)까지를 갖춘 것을 의미하는 것은 아니며, 조합으로서의 결격사유(노조및조정법 제2조 ④ 단서 참조)가 없는 실질적 조합이면서 사단으로서의 조직성을 갖춘 것이면 족하다고 해석해야 한다. 왜냐하면 이와 같은 근로자의 단체는 노동관계 당사자로서 헌법의 보호를 받을 수 있기 때문이다. 그러나 노동조합에 의하여 주도되지 아니한 쟁의행위인 이른바 비공식파업(앞의 [116] 3. (1) a) 2) aa) 참고)은 그것이 일부 조합원에 의하여 수행된 것이라 하더라도 정당성을 가질 수 없다.[2] 현행 노조및조정법은 쟁의행위의 기본원칙으로서 조합원이 노동조합에 의하여 주도되지 아니한 쟁의행위를 하여서는 아니 된다고 규정하고 있고(제37조 Ⅱ), 이에 위반하여 쟁의행위를 하는 자에 대하여는 벌칙이 적용된다(노조및조정법 제89조 ①). 비조합원들이 집단을 이루어 파업을 하는 경우에 정당한 쟁의행위로 인정되지 않는 것은 당연하다.

b) 노동조합의 지도와 책임

1) 노동조합은 쟁의행위가 적법하게 수행될 수 있도록 지도·관리·통제할 책임이 있다(노조및조정법 제38조 Ⅲ). 이 조항은 노동조합이 쟁의행위를 수행하는 중에 그 쟁의행위가 현행 법령이나 사회질서를 준수하고 있는지를 확인할 것과 적법하게 쟁의행위가 수행될 수 있도록 조합원에 대하여 조직·지도를 해야 할 것을 정한 것이다. 이와 같은 노동조합의 지도의무는 노동조합이 단체협약 체결능력을 가진 집단적 노사관계법상의 주체로서 적법한 쟁의행위를 수행해야 할 의무로부터 당연히 연유하는 것이다. 따라서 노동조합이 법령에 반하거나 사회질서를 준수하지 않는 조합원들의 집단적 행위를

---

1) 「근로자의 쟁의행위가 정당성을 갖추기 위해서는 그 주체가 단체교섭이나 단체협약체결능력이 있는 자, 즉 노동조합이어야 한다」(大判 1992. 7. 14, 91 다 43800). 또한 大判 1997. 2. 11, 96 누 2125. 전국기관차협의회는 노동조합법상의 노동조합이라고 볼 수 없으므로 쟁의행위의 정당한 주체가 될 수 없고, 따라서 이 단체가 주체가 된 파업은 그 주체의 면에서 정당성을 인정할 수 없다. 일부 조합원의 집단이 노동조합의 승인 없이 또는 지시에 반하여 쟁의행위를 하는 경우에 형사책임이 면제될 수 없다고 한 판례(大判 1995. 10. 12, 95 도 1016. 또한 大判 1997. 4. 22, 95 도 748; 大判 1999. 6. 25, 99 다 8377 참고).

2) 大判 2008. 1. 18, 2007 도 1557; 大判 1999. 9. 17, 99 두 5740; 大判 1995. 10. 12, 95 도 1016 참고. Hueck/Nipperdey, *Grundriß*, S. 300; Kissel, *ArbeitskampfR*, § 25 Rn. 2 ff.; Zöllner/Loritz/Hergenröder, *ArbR* § 44 Rn. 94 f.; 菅野, 「勞働法」, 910面. 또한 노동조합이 비노조파업에 대하여 재정적 지원을 했다고 하여도 그 파업을 노동조합에 의한 파업이라고 볼 수는 없다[Birk 외(김형배 역), 「집단적 노사분쟁의 규율에 관한 법률」, 89면].

조직적으로 의도하거나 용인하는 경우에는 쟁의행위 자체가 위법한 것이 될 것이다. 그러나 노동조합의 영향 범위를 벗어난 조합원 개인의 일탈행위에 대하여는 노동조합이 책임을 부담하지 않는다.[1] 이와 같은 근로자들의 개별적 탈선행위로 쟁의행위 자체의 정당성이 부인되어서는 안 된다. 노동조합은 일탈행위를 한 조합원에 대하여 규약에 따라 징계를 하거나, 일탈행위자가 사용자에 대하여 민사책임을 부담하는 것은 별개의 문제이다.

2) 일부 조합원들이 일시적으로(ad hoc) 노동조합의 파업결정과는 관계없이 독자적으로 행하는 쟁의행위를 비노조파업이라고 한다.[2] 이러한 파업집단(쟁의단)은 협약체결능력을 가질 수 없으므로 정당한 쟁의행위를 할 수 없다고 보아야 한다.[3] 노동조합이 이를 단순히 묵인하는 경우에도 마찬가지로 판단해야 할 것이다. 노동조합은 비노조파업의 예방·방지 등의 영향의무가 인정되는 범위에서만 책임(민사책임)이 인정될 수 있다. 다만 노동조합이 조합원들에 의한 비노조파업을 사후적으로 정비·주도하여 쟁의행위의 주체성을 갖춘 때에는 그 때부터 정당한 파업으로 인정될 수 있다. 그러나 그 이전의 위법행위가 치유된다고 볼 수는 없다. 노동조합이 일부 조합원의 비노조파업을 인수(Übernahme)하는 때에는 사용자에게 인수사실을 통지하여야 하고, 행정관청과 관할노동

---

1) 大判 2017. 7. 11, 2013 도 7896.

2) 흔히 wild strike라는 표현이 사용되지만 독일에서는 wilder Streik라고 하면 우발적이거나 노동조합과 같은 조직의 배경이 없는 파업을 의미하는 것이어서 적절한 표현이 아니라는 비판이 있다. 따라서 '비노조 파업'('nichtgewerkschaftlicher Streik')이라는 표현을 주로 사용한다(Gamillscheg, *Kollektives ArbR*, Bd. Ⅰ §20 Ⅰ 1. (6) S. 914). Wilder Streik에 해당하는 용어로서 'grève sauvage', 영미에서는 'wildcat strike'라는 표현을 사용한다. 영국법은 노동조합이 주도하지 않은 파업을 'unofficial strike)라고 칭한다. 그러나 일본에서는 노동조합의 하부조직(예컨대 산별노조 또는 연합노조의 지회 등)이 자체적으로 규약을 구비하고 독립적인 협약체결능력을 가진 쟁의행위의 주체가 될 수 있으나 상부조합의 공인절차(公認節次)를 거치지 않은 채 파업을 단행한 경우에 그러한 파업을 비공인(非公認)파업(unofficial strike)이라고 한다. 이러한 파업에 대해서는 쟁의행위로서의 정당성이 부인되지 않는다(西谷, 「勞働組合法」, 426面). 엄격한 의미의 산별 노동조합 제도를 유지하고 있는 독일과 같은 나라에서는 일본이나 우리나라에서 볼 수 있는 비공인파업은 발생할 수 없다. 따라서 wildcat strike나 unofficial strike는 실질적으로 구별할 실익이 없다. 다만 wildcat strike(우리말로는 살쾡이 파업, 일본에서는 山猫スト라고 한다)는 비조직 근로자의 파업을 포함하는 넓은 의미로 사용될 수도 있다. 일반적으로 살쾡이 파업은 단체교섭 당사자가 될 수 없는, 즉 협약체결능력이 없는 조합원의 집단이 노동조합의 통제를 벗어나서 행하는 파업을 가르키는 것으로서 그 쟁의행위는 원칙적으로 정당성이 인정되지 않는다(菅野, 「勞働法」, 910面; 또한 西谷, 「勞働組合法」, 428面(다만 일시적 시위파업은 정당성을 가진다고 한다)). 결론적으로 비공인 파업은 하부 조직체인 노동조합이 상부조직의 공인(公認)을 받지 않고 주도하는 파업이고, 이른바 살쾡이 파업(wildcat strike)은 비노조파업이다. 단체협약체결능력이 있는 노동조합이 주도하는 파업은 쟁의행위로서의 정당성을 가지지만, 단체협약체결능력이 없는 근로자집단의 파업은 (원칙적으로) 정당성을 가질 수 없다.

3) Kissel, *ArbeitskampfR* §25 Rn. 3.

위원회에 서면으로 신고하여야 할 것이다(노조및조정법 시령 제17조 유추적용).[1] 인수의 철회는 인정되지 않는다고 보아야 한다.[2] 왜냐하면 인수의 통지와 신고에 의하여 사용자와 조합원인 근로자들 및 노동조합 사이의 노사관계에 대하여 쟁의행위에 관한 노조및조정법상의 규정(특히 제37조 이하 등) 및 단체협약상의 규정들과 쟁의행위 종료에 관한 규정 및 일반 원칙이 적용되기 때문이다. 다만 비노조파업의 위법성으로 인하여 발생된 불법행위, 채무불이행, 부작위 청구 등으로 파업근로자들이 부담할 손해배상책임 등을 노동조합의 책임으로 귀속시키는 것은 정당하다고 볼 수 없을 것이다.[3] 파업에 참가한 조합원들에 대한 노동조합의 영향의무를 소급해서 인정하는 것도 문제가 아닐 수 없다.

《쟁의행위 주체에 관한 정당성 관련 판례》

산업별 노동조합(전국금속노동조합: 금속노조)이 A주식회사를 포함하여 산업별 노조에 속한 모든 기업에 적용되는 산업별 노동조합 단위 중앙교섭사항, 충남지부단위에 적용되는 집단 교섭사항, A주식회사(그 근로자인 조합원으로 구성된 지회를 A지회라 한다)에 적용되는 보충교섭사항에 관한 단체교섭[4]이 결렬되어, 금속노조 충남지부는 지방노동위원회에 조정신청을 하였으나 조정이 이루어지지 않아, 쟁의행위 찬반투표를 실시하여 조합원 과반수의 찬성을 얻어 쟁의행위를 결의하였다. A지회 조합원들은 충남지부 및 대전충북지부 조합원들과 A주식회사 아산공장 부근에서 부당징계 철회, 노동탄압 분쇄, 야간노동 철폐를 위한 결의대회를 진행하던 중 방송용 차량을 앞세우고 A주식회사 아산공장 정문을 통하여 공장내 주차장에 진입하였다. 대전충북지부 조합원들과 충남지부 조합원들은 A지회 조합원들과 함께 직장을 점거하여 구호를 외치고 파업가 등을 제창하였다. 이들은 A지회의 조합원이 아니어서 A지회에서 이루어진 쟁의행위의 주체가 아니므로 이 쟁의행위를 통하여 A지회와 A주식회사 사이에 체결된 단체협약의 적용을 받는 근로자가 아니다. 따라서 이들은 A주식회사의 종업원이 아닌 자로서 회사의 허락 없이 A주식회사에 들어가 파업행위에 동참한 것은 공동주거침입과 업무방해에 해당할 수 있다. 그러나 대법원[5]은 산업별 금속노조가 주체가 되어 단체교섭을 하였고 교섭결렬 후 그 주장을 관철하기 위하여 적법한 절차를 거쳐 집회를 하였으며, 이 집회는 쟁의행위로서 정당성이 인정되는 부분적 · 병존적 점거이므로 A주식회사의 조합원이 아닌 대전

1) Kissel, *ArbeitskampfR* § 25 Rn. 17 참고.
2) 독일연방노동법원은 소급효를 인정하지만 학설의 견해는 갈려있다.
3) Kissel, *ArbeitskampfR* § 25 Rn. 18 f.; Seiter, *Streikrecht und Aussperrungsrecht*, 1975 S. 255 f. 참고.
4) 민주노총이 사용자단체와 체결한 단체협약에는 이와 같은 교섭방법에 관하여 규정하고 있다. 일종의 대각선교섭이라고 할 수 있다.
5) 大判 2020. 7. 9, 2015 도 6173.

충북지부 조합원들이 충남지부 조합원들과 함께 집회를 하였다고 하여 쟁의행위의 정당성이 달라지지 않는다고 판시하였다. 또한 이 사건 집회 참여 행위는 A지회 및 그 소속 조합원들의 쟁의행위를 지원·조력하기 위한 산별 노동조합의 조합활동으로서의 성격을 가진다고 한다. 그러나 이 사건 쟁의행위는 A주식회사와 그 기업의 근로자인 조합원들로 구성된 A지회 사이의 단체행동이란 점을 고려하면 A주식회사 종업원이 아닌 근로자들이 개별 기업의 사업장에 들어와 쟁의행위에 참여하는 행위를 '지회 및 그 소속 조합원들의 쟁의행위를 지원·조력하기 위한 산별 노동조합의 조합활동'이라고 보는 것은 조합활동의 정당성 범위(노조및조정법 제5조 Ⅱ 참조: 2021. 1. 5 신설)를 넓게 해석하고 있다.

(2) 목적의 정당성

a) 단체교섭의 대상 쟁의행위는 근로자들이 자본주의질서하에서 사용자와 대등한 입장에서 단체교섭을 할 수 있도록 하기 위하여 보장된 것이므로 사용자와의 관계에서 근로자들의 경제적 지위 향상을 목적으로 하여야 한다. 다시 말하면 헌법 제33조 1항은 단체교섭을 통한 노사의 협약자치의 법적 기초를 마련해 준 것이므로 쟁의행위를 할 수 있는 권리는 단체교섭이 실질적으로 기능하도록 하는 권리로서 보장된 것이다. 따라서 쟁의행위는 쟁의권을 보장한 범위 내에 들어올 수 있는 단체교섭상의 목적(교섭)사항을 관철하기 위하여 수행되지 않으면 안 된다(노조및조정법 제37조 Ⅰ 참조).[1]

2001년 6월 26일 대법원판결[2]은 「쟁의행위의 목적은 "전년 대비 6.6%~9.0%의 임금인상" 등을 내용으로 하는 임금협약안의 체결, "정리해고시 노동조합과의 사전합의, 노동시간단축을 통한 일자리창출, 실업대책의 일환으로 일정한 기금의 노사분담마련" 등을 내용으로 한 고용안정협약안의 체결, "인사징계위원회의 노사동수구성, 노조활동보장, 산업안전장치제도 및 후생복지제도 보장" 등을 내용으로 하는 공동단체협약안의

1) 同旨: 大判 1994. 9. 30, 94 다 4042(근로자의 쟁의행위가 정당성을 갖추기 위해서는 … 그 목적이 근로조건의 향상을 위한 노사간의 자치적 교섭을 조성하기 위한 것이어야 하며, 이는 그 쟁의에 의하여 달성하려는 요구사항이 단체교섭사항이 될 수 있는 것임을 의미한다); 大判 2001. 5. 8, 99 도 4659(지방공장의 영업양도는 회사의 구조조정을 위하여 취해진 조치로 경영주체의 경영의사결정에 의한 경영조직의 변경에 해당하고 그 양도대금 또한 영업활동을 통한 수익이라고는 볼 수 없어 그 귀속 내지 사용에 관한 결정 자체는 단체교섭사항이 될 수 없으므로 노동조합이 단체교섭사항이 될 수 없는 보상금의 지급을 요구하며 이를 관철시킬 목적으로 쟁의행위로 나아간 것이므로 동 쟁의행위는 그 목적에 있어서 정당하다고 할 수 없다고 한 사례). 구조조정 자체를 반대하는 쟁의행위를 목적의 정당성을 결한 것으로 본 판례: 大判 2011. 1. 27, 2010 도 11030; 大判 2003. 12. 26, 2001 도 3380; 大判 2003. 7. 22, 2002 도 7225; 大判 2002. 2. 26, 99 도 5380. 노조전임자 및 근로시간 중 조합활동, 계열사의 라인 증설 및 부지 매입에 관한 요구사항은 쟁의행위의 주된 목적이 될 수 없다는 원심의 판단을 수긍한 판례(大判 2016. 3. 10, 2013 도 7186); 大判 2018. 2. 13, 2014 다 33604.

2) 大判 2001. 6. 26, 2000 도 2871; 원심판결 淸州地判 2000. 6. 9, 99 노 534.

체결 등에 있고, 그 중 정리해고에 관한 사항은 여러 목적 가운데 주된 목적이 아니므로, 같은 취지에서 이 사건 쟁의행위는 그 목적에 있어 정당성이 인정된다는 원심의 판단은 정당하다」고 판시하고 있다.[1] 이 판결은 다음과 같은 두 가지 문제점을 가지고 있다. 첫째, 당해 쟁의행위의 목적 중 '정리해고에 관한 사항'을 '쟁의행위의 여러 목적 가운데 주된 목적이 아니'라는 이유에서 그것이 단체교섭의 대상이 되지 않더라도 쟁의행위의 정당성에 대하여 영향을 주지 않는다고 판단하고 있다. 그러나 위의 판결요지에서 보듯이 쟁의행위의 목적사항 중의 하나인 '고용안정협약안의 체결' 중 핵심부분은 '정리해고시 노동조합과의 사전합의'인 것이 명확하다(원심판결요지를 보면 확연히 드러난다. 각주 1) 참고). 따라서 정리해고에 관한 사항은 당해 쟁의행위의 주된 목적이 아니라고 하는 것은 옳지 않다(오히려 원심판결에서는 당해 쟁의행위의 주된 목적을 고용안정협약체결이라고 확인하고 있다). 또한 당해 사항이 주된 목적사항이든 부차적인 목적사항이든 당해 사항의 관철을 위해 쟁의행위를 실행하였다면, 쟁의행위의 정당성은 당해 목적사항이 쟁의행위의 정당한 목적범위에 포함되는지의 여부를 가지고 판단하여야 한다.[2] 그러므로 쟁의행위의 목적을 주된 목적과 부차적인 목적으로 이분화하여 그 정당성을 판단하는 판례의 태도는 쟁의행위의 목적과 실행의 유기적 관련성을 고려하지 않은 판단으로서 옳지 못하다. 노동조합이 부차적 목적이라는 이유에서 단체교섭의 대상이 될 수 없는 사항을 의도적으로 쟁의행위의 목적 속에 포함시키는 것은 쟁의행위의 정당성에 대하여 영향을 미친다고 보아야 하기 때문이다. 둘째, 이 판결은 「… 정리해고시 노동조합과의 사전합의 문제도 근로자의 근로조건의 개선 · 유지 및 경제적 · 사회적 지위향상에 밀접한 관련이 있으므로 사용자의 경영권을 근본적으로 제약하지 않는 범위 내에서 단체교섭의 대상이 될 수 있으므로, 결국 고용안정협약체결을 목적으로 하는 노동조합의 위 쟁의행위는 그 목적에 있어 정당성이 인정된다」는 원심의 판단을 정당하다고 판시함으로써, 정리해고에 관한 사항도 쟁의행위의 정당한 목적범위에 포함될 수 있다는 견해를 간접적으로 받아들이고 있는 듯하다. 그러나 앞의 '경영상 이유에 의한 해고' 편([73] 5. (3) 참고)에서 보았듯이 '정리'해고의 실시 여부는 단체교섭 및 쟁의행위의 대상이 될 수 없다고 생각된다.[3] 단체교섭 및 쟁의행위의 대상이 될 수 있는 것은 근로관

---

1) 쟁의행위에서 추구되는 목적이 여러 가지이고 그 중 일부가 정당하지 못한 경우 쟁의행위의 정당성 여부를 판단하는 기준: 주된 목적 내지 진정한 목적의 당부에 의하여 그 쟁의목적의 당부를 판단하여야 할 것이고, 부당한 요구사항을 제외하였다면 쟁의행위를 하지 않았을 것이라고 인정되는 경우에는 그 쟁의행위 전체가 정당성을 갖지 못한다고 보아야 한다(大判 2011. 1. 27, 2010 도 11030; 大判 2004. 4. 9, 2002 도 7368. 同旨: 大判 2013. 2. 15, 2010 두 20362(회사의 매각 금지 및 정리해고 등을 교섭의 대상으로 포함시켰으나 그러한 사항들이 쟁의행위의 진정한 목적이 아니라고 판단한 경우) 등 참고).

2) 경영상 해고에 관한 사항을 단체교섭의 대상으로 삼을 수 없다는 판례: 大判 2003. 11. 13, 2003 도 687; 大判 2003. 7. 22, 2002 도 7225; 大判 2002. 2. 26, 99 도 5380 참고.

3) 同旨: 大判 2001. 4. 24, 99 도 4893. 판례는 기업의 구조조정의 실시 여부는 경영주체에 의한 고도

계의 존속을 전제로 하는 근로조건의 개선에 관한 사항에 한정된다고 보아야 한다.

b) 사용자의 처분가능성　쟁의행위의 목적은 업무의 정상적인 운영을 저해받으면서까지 사용자가 당해 쟁의행위의 필연적 결과를 감수하도록 하는 것이어야 하므로, 넓은 의미의 노동조합활동의 목적과는 구별되어야 하며, 또 사용자가 직접 법률적으로나 사실적으로 처리할 수 없는 것(사용자가 처분권한을 가지고 있지 않은 것)을 요구하는 것은 쟁의행위의 정당한 목적의 범위 내에 포함될 수 없다. 근로자들을 위한 특정법령의 제정을 요구하는 것을 목적으로 하는 정치파업은 정당하지 않다.[1] 정치파업의 상대방이 정부·국회·법원·지방자치단체인 경우 사용자는 노동조합의 요구에 대하여 아무런 영향력을 행사할 수 없으며, 근로자들의 집단적 노무거부로 경제적 손해를 입게 될 뿐이다. 헌법 제32조가 국가로 하여금 최저임금을 보장하고 근로조건을 정하도록 규정하고 있는 질서하에서는 헌법 제33조의 쟁의행위를 통하여 달성할 것을 규정한 '근로조건의 향상'은 단체교섭에 의하여 뿐 아니라 입법을 통해서도 이루어질 수 있는 것이므로 단체교섭을 통한 근로조건의 향상은 물론 국가의 입법 등을 통한 근로조건의 향상도 쟁의행위의 목적에 포함될 수 있다는 견해[2]가 있다. 그러나 헌법 제32조는 국가(국회)가 근로

의 경영상 결단에 속하는 사항으로서 그것이 긴박한 경영상의 필요나 합리적인 이유 없이 불순한 의도로 추진되는 등의 특별한 사정이 없는 한, 그 실시를 반대하기 위한 노동조합의 쟁의행위에는 목적의 정당성을 인정할 수 없다는 일관된 태도를 보이고 있다(大判 2003. 7. 22, 2002 도 7225).

1) 同旨: 박상필, 「노동법」, 532면; 大判 1991. 1. 23, 90 도 2852([118] 2. ⑵ b) 참고). '교육행정정보시스템(NEIS)반대집회' 참석을 위한 전교조소속 교사들의 집단연가투쟁은 정치적 목적의 파업으로서, 노조법이 인정하는 정당한 쟁의행위에 해당하지 않는다(전교조사건. 憲裁 2004. 7. 15, 2003 헌마 878 기소유예처분취소). 독일과 일본의 통설 및 판례의 태도이다(독일: Zöllner/Loritz/Hergenröder, *ArbR* § 45 Rn. 122 f.; BAG GS AP Nr. 1 zu Art. 9 GG Arbeitskampf. 일본: 菅野, 「勞働法」, 911面 이하; 最高裁判 昭和 48. 4. 25, 刑集 27卷 4號, 547面). 異見: 임종률, 「쟁의행위와 형사책임」, 1982, 37면 이하; 이병태, 「노동법」, 313면; 박홍규, 「노동법론」, 804면; 김유성, 「노동법 Ⅱ」, 225면 이하; 임종률, 「노동법」, 244면(이른바 정치파업이분론). 정치파업이분론(二分論)에 따르면 정치파업을 노동법적·경제적 정치파업과 순수정치파업으로 구별하여 전자에 대하여는 정당성을 인정하고 있다. 판례(大判 2002. 4. 26, 2000 두 4637)는 「① 비록 원고가 주도한 위 파업이 사용자를 상대로 근로조건의 유지 또는 향상을 도모하기 위하여 행해진 것은 아니나 노동관계법은 근로자 내지 노동조합의 경제적 이익과 밀접하게 관련된 것이어서 순수한 정치적 목적의 쟁의행위와는 구별되는 측면이 있는 점, ② 소속상급단체인 한국노총에서 노동관계법 개정에 반대하는 무기한 연대파업에 돌입하도록 결의함에 따라 위 파업에 이르게 된 점」 등의 이유를 들어 원고를 징계면직까지 한 것은 징계권남용의 범위를 일탈 또는 남용한 것으로 부당하다는 판결을 내린 바 있다. 이 판례가 정치파업의 정당성의 한계를 직접 판시한 것이라고는 볼 수는 없다. 이 판례는 징계「면직」의 사유의 정당성에 관한 것이라고 보는 것이 옳을 것이다.

2) 특히 일본에서는 정치파업의 정당성에 관하여 그 견해가 크게 두 가지로 나누어져 있다. 첫째는 정치파업은 사용자를 쟁의행위의 상대방으로 하고 있지 않으므로 일본 헌법 제28조의 보장을 받는 정당한 단체행동이 아니라고 한다. 이러한 입장에 서 있는 견해에 따르면 쟁의행위권은 단체교섭의 촉

조건에 관한 입법을 통하여 근로자의 기초적 보호를 해야 할 책무를 정한 것이다. 이에 반하여 헌법 제33조 1항은 직접 근로자들로 하여금 노동조합의 결성과 그 활동을 통하여 사용자와의 관계에서 집단적으로 근로조건의 향상을 창설해 나갈 수 있는 노사자치를 제도적으로 보장한 것이다. 헌법 제32조와 제33조 1항은 근로조건의 향상을 실현해야 할 주체와 방법을 전혀 달리하고 있다. 헌법 제32조에서 정한 목적을 실현하기 위하여 헌법 제33조 1항이 규정한 쟁의행위를 끌어들여 노동입법을 목적으로 하는 정치파업의 정당성을 시도하는 해석론은 타당하다고 볼 수 없다. 헌법 제32조와 제33조 1항의 취지와 보장내용은 차원을 달리하기 때문이다.

파업참가근로자들이 직접 고용되어 있는 당해 사업장의 사용자에 대한 요구를 관철하려는 것이 아니고, 다른 사업장에서의 파업을 지원하기 위한 동정파업도 정당한 쟁의행위가 될 수 없다.[1] 사용자에 대하여 가지고 있던 종래의 주장을 그 기회에 유리하게 전개하기 위한 동정파업은 자기의 사용자에 대한 쟁의행위라는 측면이 있으므로 정당한 것이라고 하지 않을 수 없다는 견해[2]도 있으나, 자기의 사용자와 구체적 단체교섭이 전개되어 있지 않는 한 적법하다고 볼 수 없다.[3] 다른 기업 또는 사업장의 쟁의행위의 목적을 지원하기 위하여 그 목적과 아무 관련이 없는 기업 또는 사업장의 업무의 정상적인 운영을 저해하는 쟁의행위는 정당하지 않다. 쟁의행위의 상대방인 사용자에게 쟁의행위의 목적을 실현할 수 있는 처분가능성이 없기 때문이다.

c) 단체협약에 의한 규율가능성 근로자들의 경제적 지위향상을 목적으로 한다고 할 경우에 그 목적은 임금 기타 근로조건의 개선에만 한정되는 것인가? 임금과 근로조건의 개선이 경제적 지위의 향상을 위한 가장 중요한 부분이긴 하지만 쟁의행위의 목적은 단체교섭제도와의 관련하에서 유기적으로 이해되어야 하므로 단체협약으로 체결될 수 있는 사항을 요구하는 것이면 원칙적으로 정당한 목적범위에 포함된다고 하여야 한

진을 목적으로 보장된 것이라고 하며 사용자가 처리 불가능한 목적을 실현하기 위한 정치파업은 사용자가 해결할 수 있는 범위를 넘는 것으로서 사용자에게 손해를 감수케 할 뿐이므로 정당하지 않다고 한다(石井, 「勞動法」, 377面; 石川, 「勞動法」, 1978, 249面; 菅野, 「勞動法」, 911面; 下井, 「勞使關係法」, 1995, 179面 등). 둘째는 경제적 정치파업은 일본헌법 제28조에 보장되어 있다는 견해이다. 헌법 제28조는 사용자에 대하여 종속적 지위에 있는 근로자들을 근로조건결정과정에 또는 경제적 지위 향상을 위한 파업에 실질적으로 관여하도록 할 목적으로 보장되어 있다는 견해이다. 특히 노동기준법 등의 노동입법의 개악과 같이 근로조건의 수준이 법률의 제정이나 개정에 의하여 크게 좌우되고 있는 일본에서는 근로자들의 단체행동에 의한 관여가 필요하다고 한다. 따라서 물가, 세금, 사회보장 등에 관한 정치파업도 헌법 제28조에 의하여 보장되어 있다고 한다(특히 西谷, 「勞動組合法」, 415面).

1) 독일의 다수설: Brox/Rüthers, *Arbeitskampfrecht*, Rn. 143 ff.; Gamillscheg, *Kollektives ArbR*, Bd. Ⅰ, S. 1138; Kissel, *ArbeitskampfR*, §74 Rn. 13; 菅野, 「勞働法」, 912面 이하.

2) 박상필, 「노동법」, 529면; 石井, 「勞働法」, 378面.

3) 同旨: 菅野, 「勞働法」, 912面.

다.[1] 따라서 정당한 조합활동의 보장에 관한 협정의 체결을 요구하는 쟁의행위 등도 정당하다. 이 외에도 예를 들면 공장장이나 회사간부의 퇴진을 요구하는 것이라 하더라도 그것 자체를 직접적인 목적으로 하지 않고 근로조건의 유지·개선을 실현하기 위한 필요한 수단으로서 주장할 때에는 정당하다고 하는 견해[2]가 있으며, 회사로서는 실현불가능한 임금액을 요구한다든가 또는 회사 이사의 선임에 있어서 노동조합의 승인을 얻어야 한다는 내용의 단체협약의 체결요구도 상황에 따라서는 그 목적이 부당하다고 볼 수 없다는 견해[3]가 있다. 그러나 이 문제에 대해서는 쟁의행위라는 수단과 쟁의행위가 쟁취하려는 목적과의 균형성 및 단체협약제도의 기본정신에 따라 구체적인 판단을 내려야 한다. 어느 경우를 막론하고 이사 등 임원의 선임에 관하여 노동조합의 동의나 협의를 요건으로 할 것을 요구하거나, 특정인의 임원으로의 선임 또는 선임반대를 내용으로 하는 쟁의행위는 정당하다고 볼 수 없다.[4] 회사측이 경영상의 이유로 사업기구 또는 부서의 통폐합 계획을 시행하는 것을 저지하기 위한 쟁의행위도 정당하지 않다.[5] 왜냐하면 이러한 요구사항은 헌법과 노조및조정법의 보호를 받을 수 있는 단체교섭사항 내지 단체협약 규율사항이 될 수 없기 때문이다.[6] 또한 '조합원의 자격에 관한 사항'도 '쟁의행위에 관한 사항'에 해당하지 않는다(노조및조정법 제92조 ② 바목 참조).[7] 노조전임자 내지 근로시간면제자의 급여 지급에 관한 사항은 임의적 교섭사항이 될 수 있으나 의무적 교섭은 아니므로([101] 3. (6) b) 참고)[8] 노동조합이 노조전임자 등의 급여 지급 요구를 관

1) 憲裁 1990. 1. 15, 89 헌가 103; 大判 1992. 5. 12, 91 다 34523; 大判 1991. 5. 14, 90 누 4006(사용자측이 정당한 이유 없이 근로자의 단체협약체결요구를 거부하거나 해태한 경우의 쟁의행위는 정당하다고 한 판례). Dütz/Thüsing, *ArbR* § 13 Rn. 702 ff.; Löwisch/Caspers/Klumpp, *ArbR* Rn. 1116 ff.(독일의 지배적 견해는 쟁의행위의 목적을 단체협약의 체결이라는 범위로 한정하여 이해한다).

2) 예컨대 大判 1992. 5. 12, 91 다 34523(근로자들이 쟁의행위를 함에 있어서 연구소장의 퇴진을 요구하였다 하더라도 이는 부차적인 것이고, 주된 목적은 일부 근로자들에 대한 파면처분이 노동조합의 핵심적 관심사항인 연구자율수호운동을 주도한 데 따른 보복조치라고 하여 이의 철회를 구하는 것이고, 그 뜻이 조합원의 근로조건의 개선요구에 있다고도 볼 수 있다면 이는 단체교섭사항이 될 수 있는 것이므로 그를 위한 쟁의행위는 목적에 있어서 정당하다); 日本 最高裁判 昭和 24. 4. 23, 刑集 3卷 5號, 592面; 菅野, 「勞働法」, 913面(해고·배치전환·징계 등의 조합원의 인사에 관하여 노조와의 협의나 동의를 요건으로 할 것을 요구하는 것은 의무적 교섭사항이 된다는 견해. 이러한 견해는 우리 판례의 태도를 벗어난 것으로 판단된다).

3) 石井, 「勞働法」, 380面 이하 참고.

4) 大判 1999. 3. 26, 97 도 3139; 大判 2008. 6. 26, 2004 도 746(외국인 조종사의 채용을 동결하고 외국인 부기장 채용을 반대하는 내용의 쟁의행위는 경영권의 내용을 본질적으로 침해하는 것이어서 그 목적의 정당성을 가질 수 없다).

5) 大判 2002. 1. 11, 2001 도 1687; 大判 1994. 3. 25, 93 다 30242 등.

6) 同旨: 菅野, 「勞働法」, 913面 참고.

7) 大判 2012. 1. 27, 2009 도 8917.

8) 임의적 교섭사항이라고 하는 판례: 大判 1996. 2. 23, 94 누 9177; 大判 1997. 10. 10, 97 누 4951.

철하기 위하여 단행하는 쟁의행위는 정당성을 가질 수 없다. 노조전임자는 그 전임기간 동안 휴직으로 처리되고 그의 급여는 임금의 성질을 가지지 않으므로 근로조건에 해당한다고 볼 수 없기 때문이다.[1] 구 노조및조정법 제24조 5항이 삭제(2021. 1. 5. 개정, 2021. 7. 6. 시행)되더라도 마찬가지로 해석해야 한다.

방송의 제작·편성·보도 등 구체적인 업무수행 과정에 있어서 방송의 공정성을 실현하기 위하여 마련된 제도적 장치가 제대로 기능할 수 있도록 사용자에게 요구하는 것은 실질적으로 근로환경 내지 근로조건의 개선 또는 시정을 요구하는 것이므로 이를 관철하기 위하여 부득이 쟁의행위로 나아가는 것은 그 목적에 있어서 정당성을 가진다고 보아야 한다.[2]

d) 이익분쟁(권리분쟁이 아닐 것) 임금의 인상이나 특정수당의 신설 등에 관한 집단적 이익분쟁이 아니라, 예컨대 법령 내지 단체협약의 준수·해석·적용에 관한 이른바 「권리분쟁」을 원인으로 한 쟁의행위가 정당한지 여부가 문제된다. 쟁의행위는 앞으로 정하여질 이익이나 의무를 보다 유리하게 결정하기 위하여 행하여지는 단체교섭, 즉 단체협약의 체결을 유리하게 전개하기 위한 수단이지 이미 확정되어 존재하고 있는 권리나 의무의 내용에 관한 분쟁을 해결하기 위한 수단은 아니다. 다시 말하면 사법적(司法的) 보호 또는 해결방법의 길이 열려 있는 권리분쟁을 해결(?)하기 위하여 사법구제에 의한 방법을 외면하고 쟁의행위를 하는 것은 정당(적법)하지 않다.[3] 즉, 쟁의행위는 법적 청구권을 관철하려는 것이 아니라, 근로조건의 집단적 규율설정을 목적으로 한다. 다시 말하면 쟁의행위는 법적 다툼(Rechtsstreit)이 아니라, 규율설정의 다툼(Regelungsstreit)이다.[4] 그러므로 근로자에게 주어진 협약상의 권리(법을 통하여 구제받을 수 있는 권리)는 법원을 통하여 실현해야 하며, 이를 쟁의행위에 호소하여 관철하려는 것은 허용되지 않는다.[5] 마찬가지로 사용자의 권리나 처분권한 자체도 쟁의행위의 대상이 될 수 없

1) 大判 2011. 2. 10, 2010 도 10721; 大判 2003. 9. 2, 2003 다 4815·4822·4839(경합); 이병태, 「노동법」, 155면.

2) 서울高判 2015. 4. 29, 2014 나 11910.

3) Seiter, *Streikrecht und Aussperrungsrecht*, 1975, S. 496 ff.; Kahn-Freund, *Labour and the Law*, pp. 240-241 참고.

4) Dütz/Thüsing, *ArbR* §13 Rn. 659 ff.; Waltermann, *ArbR* Rn. 666; Kissel, *ArbeitskampfR* §68 5 f. 참고.

5) 이에 대하여 쟁의행위는 단체협약의 체결만을 위하여 법적으로 보장된 것은 아니며 사법적으로 그 해결이 가능한 사항이라 하더라도 오히려 당사자 사이에서 자주적으로 해결되는 것이 바람직하므로, 쟁의행위를 이익분쟁에 국한할 필요가 없다는 견해도 있다(임종률, 「쟁의행위와 형사책임」, 1982, 52면). 대법원의 판례 중에는 위와 유사한 입장을 취하고 있는 것도 있다(大判 1990. 5. 15, 90 도 357; 大判 1990. 9. 28, 90 도 602 참고). 그러나 이와 같은 견해는 옳지 않다고 생각된다(같은 취지의 하급심 판결: 서울南部地判 2007. 4. 26, 2005 가합 14459). 독일에서도 권리분쟁과 이익분쟁을 분리하

다. 예컨대 노조및조정법 제2조 5호는 해고를 단체교섭 및 노동쟁의의 대상으로 규정하고 있는데, 이 조항을 어떻게 해석해야 할 것인지가 문제된다. 여기서 단체교섭 및 노동쟁의의 대상이 될 수 있는 「해고」는 사용자의 해고처분(근로관계의 소멸을 의도하는 법률행위로서의 사용자의 일방적 의사표시)권한을 의미하는 것이 아니라, 단체협약의 규율대상이 되는 해고의 기준 및 절차 등과 같이 조합원들에게 집단적으로 적용될 일반적 기준에 관한 사항을 의미한다([73] 5. (3) 참고). 동조 5호의 근로조건의 「결정」에 관한 주장의 불일치라는 표현도 앞으로 「정하여질」 집단적 기준에 대한 의견의 불일치를 뜻하는 것이다. 다시 말하면 개별적 근로관계법상 특정근로자에 대하여 행하여진 사용자의 해고처분 자체가 단체교섭이나 노동쟁의의 대상이 될 수는 없는 것이다.[1]

회사의 매각금지 및 해고금지 또는 회사의 구조조정은 경영주체의 경영상의 결정에 속하는 사항이지만, 회사의 매각에 따른 고용안정을 위한 요구사항은 기존의 단체협약의 규율을 받고 있지 아니한 사항이거나 사회적 경제적 변화에 따라 수정이 요구되는 사항으로서 단체교섭의 대상이 될 수 있으므로 이를 관철하기 위한 쟁의행위는 목적의 정당성을 가질 수 있다.[2] 그러나 고용안정협약이 어떠한 경우의 해고도 절대적으로 부인하는 규범력을 가지는 것으로 이해되어서는 아니 된다([111] 7. (6) 참고).[3]

e) 쟁의목적이 명확할 것 및 쟁의목적이 복수인 경우 사용자에 대하여 노동조합이 관철하려고 하는 구체적인 주장이 없다거나 또는 그 주장을 항상 변경함으로써 무엇이 조합측의 요구인지를 알 수 없는 경우의 쟁의행위는 정당하지 않다. 그러나 쟁의행위에 의한 요구내용이 단체교섭의 내용에서 약간 변경되었다 하더라도 그 요구가 본래의 요구와 실질적으로 같은 것일 때에는 단체교섭을 거치지 않은 쟁의행위라고 볼 수 없다.[4] 또한 노동조합이 정당한 쟁의행위를 계속하고 있는 도중에 주된 목적과 관련된 새

는 것이 엄격하게 지켜지지 않는 경우도 있다. 예컨대 독일 노동법원법 제101조에 따르면 단체협약의 인적 적용범위가 무대연예인, 영화제작자, 선장 등을 대상으로 하는 경우에 그 협약의 적용을 받는 근로계약관계에서 발생한 민사상의 권리분쟁에 관하여 협약당사자간 중재위원회(Schiedsgericht)의 판정에 따르기로 하는 명시적 합의를 통하여 노동법원의 재판권을 배척할 수 있다. 이때에는 해당 당사자들은 명시적인 서면합의를 해야 한다. 그러나 이러한 예외가 인정된다고 하여 법적인 권리분쟁을 다시 단체교섭의 대상으로 삼는다거나 쟁의행위를 통하여 해결할 수 있다는 것은 아니다(Kissel, *ArbeitskampfR* §68 Rn. 5 참고).

1) 종래의 대법원은 노동쟁의를 이익분쟁과 권리분쟁을 모두 포함하는 것으로 풀이하여 중재위원회의 중재대상이 되는 것으로 판시하여 왔다(大判 1990. 5. 15, 90 도 357; 大判 1990. 9. 28, 90 도 602; 大判 1991. 3. 27, 90 도 2528).

2) 大判 2013. 2. 14, 2010 두 17601.

3) 회사의 매각이나 구조조정 등에 대한 노동조합의 동의권을 대상으로 하는 것은 원칙적으로 인정되지 않는다(大判 2014. 3. 7, 2011 두 20406).

4) 日本 最高裁判 昭和 35. 4. 26, 民集 14卷 6號, 1004面.

로운 쟁의사항이 부가되었다 하더라도 그 목적의 동일성이 유지된다면 다시 그 사항에 관하여 별도의 노동쟁의 발생신고를 하고 조정절차를 거칠 의무는 없다고 보아야 할 것이다.[1] 그리고 쟁의행위가 추구하는 목적이 여러 가지이고 그 일부가 정당하지 못한 경우(예컨대 회사의 매각금지)에는 주된 목적 내지 진정한 목적(예컨대 고용안정이나 임금인상 등 근로조건의 유지 및 개선)의 당부에 의하여 그 쟁의목적의 정당성 여부를 판단해야 한다.[2] 만일 부당한 요구사항을 뺐더라면 쟁의행위를 하지 않았을 것이라고 인정될 때에는 그 쟁의행위 전체가 정당성을 가지지 못한다는 것은 논리적으로 당연하다.[3]

(3) 개시시기 및 절차상의 정당성

a) 단체교섭을 거칠 것 쟁의행위는 노사 사이에 평화적 단체교섭이 결렬되어 더 이상 교섭을 진행시키는 것이 무의미한 경우에 최후적 수단(ultima ratio)으로 사용되어야 한다(노조및조정법 제2조 ⑤ 2문, 제45조 참조).[4] 따라서 예컨대 노동조합은 사용자가 구체적 요구사항에 대하여 단체교섭을 종국적으로 거부했거나 단체교섭을 계속하여도 합의에 이를 여지가 없는 경우에 쟁의행위를 정당하게 개시할 수 있다.[5] 단체교섭을 계속할 필요가 여전히 남아있거나 다른 방법(예컨대 임의조정 등)으로 주장의 대립을 해결할 가능성이 있는데도 쟁의행위를 단행하여 상대방에게 피할 수 있었던 손해를 가하는 것은 비례성 원칙에 반하여 정당하다고 보기 어렵다. 다만, 이 경우에 단체교섭의 불필요성은 쟁의행위를 개시하는 당사자의 주관적 · 일방적 기준에 의하여 판단되어서는 아니 되며, 객관적 · 구체적으로 판단되어야 한다.[6] 마찬가지로 사용자에 대하여 단체교섭을 요구하기 전에 위력 또는 세력과시를 위해서 먼저 쟁의행위를 행하는 것도 정당하지 않다.[7]

1) 유사한 취지: 大判 2013. 2. 15, 2010 두 20362; 大判 1992. 11. 10, 92 도 859.

2) 大判 2013. 2. 14, 2010 두 17601; 大判 2011. 1. 27, 2010 도 11030; 大判 2009. 6. 23, 2007 두 12859 등.

3) 大判 2001. 6. 26, 2000 도 2871; 大判 2002. 2. 26, 99 도 5380; 大判 2009. 6. 23, 2007 두 12859; 大判 2011. 1. 27, 2010 도 11030; 大判 2018. 2. 13, 2014 다 33604 등.

4) 독일의 지배적 견해에 의하면 쟁의행위는 모든 평화적인 방법을 거친 다음에 최후적인 수단으로 행사되어야 한다고 하며, 이러한 원칙을 ultima-ratio-Prinzip이라고 한다. 그리고 이러한 원칙에 위배되는 쟁의행위는 과잉침해금지의 원칙에 반하여 정당성을 가질 수 없다고 한다(Preis, *Kollektiv-ArbR* Rn. 1289 ff.; Löwisch/Caspers/Klumpp, *ArbR* Rn. 1128 ff.). 최후수단의 원칙에 대하여 의문을 제기하는 견해: Kissel, *ArbeitskampfR* Rn. 46 ff. 참고.

5) 大判 2003. 12. 26, 2003 두 8906; 大判 2007. 5. 11, 2006 도 9478; 大判 2008. 9. 11, 2004 도 746 등 참고.

6) Zöllner/Loritz, *ArbR*, 4. Aufl., S. 416.

7) 독일에서는 이른바 경고파업(Warnstreik)이 연방노동법원의 판례에 의하여 한정적으로 인정된 일이 있으나, 오늘날에는 최후적 수단의 원칙에 반하는 것으로 그 정당성이 인정되지 않는다. 1988년 6월 21일의 판결(BAG 21. 6. 1988-1 AZR 651/86)로 경고파업 내지 교섭을 동반하는 경고파업은 더 이상 적법한 것으로 인정되지 않으며, 이러한 견해는 계속되는 판례로 유지되고 있다(Kissel,

b) 상대방에 대한 예고 단체교섭을 진행하는 과정에서 아무 예고 없이 쟁의행위를 단행하는 것은 일반적으로 위 a)에서 설명한 최후적 수단의 원칙에 반하는 것이지만, 단체교섭의 계속을 더이상 기대하기 어려운 경우라도 상대방에게 통고 없이 쟁의행위를 함으로써 사업운영에 예측불가능한 손해와 혼란을 초래하는 때에는 그 쟁의행위는 정당화될 수 없을 것이다. 통상적으로 파업을 의결하기에 앞서 조정절차에 이르는 동안에 노사간의 합의나 교섭을 통하여 노동조합의 요구는 구체화되며 사용자도 이러한 사정을 인식할 수 있지만 노동조합이 파업을 결정한 때에는 그 사실을 사용자에게 공식적으로 통지하여야 한다.[1] 파업을 의결하면서 공식적인 통고를 통하여 사용자에 대한 요구를 명확하게 전달하지 않은 경우에는 최후수단의 원칙에 위반하는 쟁의행위의 적법성 결여가 문제될 수 있다. 그렇다고 하여 노동조합이 파업 결의 후에 취해질 구체적 파업행위의 과정에 관하여 사전에 통고해야할 의무를 부담하지는 않는다. 이 부분은 노동조합의 쟁의행위전략에 속하는 것이므로 예컨대 한정된 파업근로자를 통하여 특정 부서 업무의 정상적 운영을 최대한으로 저해하는 부분파업은 단체행동권의 정당한 행사로 보아야 한다.[2] 예컨대 항공사의 승무원노동조합이 비행기의 출발직전에 아무 사전통고 없이 승무원 지명파업을 단행하고, 회사가 그와 같은 지명파업을 예견할 수 없었을 경우에는 그 쟁의행위는 최후 수단의 원칙과 노사 사이의 신의칙에 반하는 것이 되어 정당성을 가질 수 없다고 판단된다. 그러나 쟁의행위는 상대방에게 경제적 압력을 가하는 투쟁행위이므로 그 효과를 높이기 위하여 노동조합이 파업전략상 그 개시시점을 유리한 단계에서 결정할 수 있음은 물론이다.

노조및조정법 시행령 제17조에 의하면 노동조합은 쟁의행위를 하고자 하는 경우에 행정관청과 관할노동위원회에 쟁의행위의 일시·장소·참가인원 및 그 방법을 미리 서면으로 신고하여야 한다. 그러나 이러한 세부적·형식적 절차의 준수는 쟁의행위의 적법성 여부를 가리는 본질적 요소는 아니다.[3] 이와 같은 신고는 사업운영에 혼란과 불필요한 손해를 예방하기 위하여 요구되는 사용자에 대한 사전통고와는 구별된다.[4]

ArbeitskampfR § 41 Rn. 27 ff. 참고; 경고파업에 관한 독일 연방노동법원의 3차례에 걸친 판결 내용의 변경에 관한 요약에 관하여는 Junker, *Grundkurs ArbR* § 9 Rn. 614 ff. 참고). 판례는 경고파업이라는 용어를 사용하지 않는다. 단기파업(Kurzstreik)이란 용어를 쓰고 있다.

1) Kissel, *ArbeitskampfR* § 42 Rn. 15; Birk 외(김형배 역), 「집단적 노사분규의 규율에 관한 법률」, 64면 이하(이 교수법안은 모든 투쟁조치는 12시간 전에 고지하도록 규정하고 있다).

2) Kissel, *ArbeitskampfR* § 42 Rn. 15.

3) 大判 2007. 12. 28, 2007 도 5204.

4) 판례는 「민사상 그 배상책임이 면제되는 손해는 정당한 쟁의행위로 인한 손해에 국한된다고 풀이하여야 할 것」이라고 함으로써 쟁의행위로 인한 손해의 발생을 최소화할 것을 시사하고 있다(大判 2006. 9. 22, 2005 다 30610).

c) 평화의무·평화조항 위반 단체협약 존속기간 중에는 협약당사자뿐 아니라 그 구성원들도 평화의무를 준수해야 하므로 이 기간에는 쟁의행위를 할 수 없다. 단체협약은 노동조합과 사용자 사이의 집단적 규범계약([109] 3. 참고)이다. 따라서 단체협약의 평화의무나 평화조항에 반하는 쟁의행위는 단순히 노동조합과 사용자 사이의 계약위반에 그치지 아니하고, 개개 근로자들의 계약위반으로 인한 채무불이행이라는 결과를 가져온다. 그 뿐만 아니라 단체협약상의 평화의무는 단체협약의 규범적 부분이 법률의 규정(노조및조정법 제33조)에 의하여 강행적 효력을 가지고 법률과 헌법에 의하여 보호되는 이면적(裏面的) 효과로서 발생하는 것이므로 단순히 계약상의 의무에 그치는 것이 아니라 단체협약 효력기간 중에 집단적 쟁의행위를 규범적으로 제한하는 효력을 가진다. 따라서 단체협약이 효력을 가지는 기간 중에는 평화의무에 위반하여 단행된 쟁의행위는 헌법상의 보호를 받을 수 없다. 따라서 평화의무에 위반하여 파업을 단행하는 경우에 노동조합은 사용자에 대하여 계약상의 평화의무 불이행책임(계약상의 책임)을 부담할 뿐 아니라 — 귀책사유가 인정되는 한 — 불법행위책임을 면할 수 없다.[1] 따라서 평화의무위반의 쟁의행위는 정당한 것으로 볼 수 없다. 이 경우에 정당성 여부의 판단은 구체적으로 해당 단체협약규정의 형태, 쟁의행위의 목적(예컨대 협약에 정한 임금액, 그 밖의 수당의 개선요구) 등이 종합적으로 고려되어야 할 것이다.[2] 노동조합은 평화의무 존속기간 중 조합원들에 대하여 평화의무를 준수하도록 하는 영향의무를 부담한다.

d) 조합원의 직접·비밀·무기명투표 노조및조정법 제11조 12호는 쟁의행위와 관련된 찬반투표결과의 공개 등을 조합 규약의 기재사항으로 규정하고 있다. 실제로 노동조합의 민주적 운영을 위하여 쟁의행위 개시 전에 조합원에 의한 직접·비밀·무기명투표를 규약에 규정한 바에 따라 실시하는 것이 일반적이다. 그러면 이와 같은 조합규약상의 쟁의행위 찬반투표절차를 거치지 아니한 쟁의행위는 정당한 것인가? 이에 대해서는 견해가 갈릴 수 있다. 먼저 쟁의행위에 대한 조합원의 찬반투표는 조합내부의 의사형성에 관한 문제이므로, 규약에 관련 규정이 있더라도 쟁의행위의 대외적 책임의 여부를 판단하는 정당성에 대해서는 직접 영향을 미치지 않는다는 견해가 있다.[3] 다시 말하면

---

1) 同旨: Zöllner/Loritz/Hergenröder, *ArbR* §44 Rn. 50. 평화의무 위반의 쟁의행위가 계약위반에 그친다고 일률적으로 잘라서 말할 수 없고 정당성 평가에 영향을 주는 하자를 가진 쟁의행위라고 하는 견해: 菅野, 「勞働法」, 916面 이하 참고. 평화의무위반의 쟁의행위는 위법하므로 사용자는 노동조합에 대하여 부작위청구권과 손해배상청구권을 가진다는 견해: Kissel, *ArbeitskampfR* §26 Rn. 140 ff.

2) 大判 1992. 9. 1, 92 누 7733; Zöllner/Loritz/Hergenröder, *ArbR* §44 Rn. 46 ff.; Kissel, *ArbeitskampfR*, §26 Rn. 8, 140. 同旨: 菅野, 「勞働法」, 915面 이하.

3) Zöllner/Loritz/Hergenröder, *ArbR* §44 Rn. 74; Brox/Rüthers, *Arbeitskampfrecht* Rn. 203; Seiter, *Streikrecht und Aussperrungsrecht*, 1975 S. 509 ff. 참고.

규약상의 쟁의행위 찬반투표에 관한 규정은 노동조합 내부의 민주적 운영을 확보하기 위한 것이지, 쟁의행위의 대외적 정당성 근거를 마련하기 위한 것은 아니라고 볼 수도 있다. 이와는 달리 쟁의행위의 정당성에 영향을 미친다는 견해도 있다.

노조및조정법 제41조 1항은 「노동조합의 쟁의행위는 그 조합원(제29조의2에 따라 교섭대표노동조합이 결정된 경우에는 그 절차에 참여한 노동조합의 전체 조합원)의 직접·비밀·무기명투표에 의한 조합원 과반수의 찬성으로 결정하지 아니하면 이를 행할 수 없다. 이 경우 조합원 수 산정은 종사근로자인 조합원을 기준으로 한다」고 규정하고 있다(2021. 1. 5 개정)(위반시 제91조의 벌칙 적용).[1] 동 규정들은 쟁의행위의 찬반을 묻는 노조의 민주적 운영에 관한 규정인 동시에 쟁의행위의 대외적 정당성을 정한 규정으로 보아야 할 것이다.[2] 제41조 1항의 규정은 조합원 과반수의 찬성을 받은 노동조합에 대하여 대외적으로(다시 말하면 사용자에 대하여) 정당한 쟁의행위를 할 수 있는 권한을 부여하는 효력요건 조항이라고 해석된다.[3] 종래의 판례[4]에 의하면 노조및조정법 제41조 1항의 규정에 의한 투표절차를 거치지 아니한 경우에도 조합원의 민주적 의사결정이 실질적으로 확보된 때에는 단지 노동조합 내부의 의사형성과정에 흠이 있는 정도에 불과한 경우로서 쟁의행위의 (형사상의) 정당성을 부인하지 아니하였다.[5] 그러나 얼마 후 대법원 전원합의체는 종전의 판결을 변경하여 조합원의 찬·반투표를 거치지 아니한 쟁의행위는 정당성이 없다고 판시하였다.[6] 이 판례에 의하여 노동조합 존립의 실질적 요건 중의 하나인

1) 노조및조정법 제41조 1항은 조합원의 직접·비밀·무기명 투표에 의한 찬반투표를 하도록 규정하고 있을 뿐 투표 방식을 제한하는 규정을 두고 있지 않다. 따라서 모바일(mobile) 투표라도 직접·비밀·무기명 투표의 원칙이 보장될 수 있는 조치가 강구된 조건에서라면 이를 위 법조항에 위배된다고 볼 수 없다(서울中央地判 2017. 4. 28, 2016 가합 520510).

2) 노동조합이 조합원 찬반투표를 거쳐 1차 파업에 돌입하였다가 노사 간에 주장의 불일치를 타결하지 못하여 파업을 종료하였으나 그 후 여전히 분쟁상태가 계속되는 상태에서 노동조합이 2차 파업을 단행하였다면 다시 조합원 찬반투표를 거칠 필요가 없다. 1·2차 파업은 동일성을 가진 하나의 노동쟁의(노조및조정법 제2조 5호)에 따른 연속된 쟁의행위(동조 6호)이기 때문이다(서울高判 2019. 1. 11, 2017 누 74728 참고).

3) Preis, *KollektivArbR* § 114 Rn. 1265 참고.

4) 大判 2000. 5. 26, 99 도 4836[노조및조정법 제41조 1항 위반죄(동법 제91조)로 처벌됨은 별론으로 하고 형법상 업무방해죄가 성립하지 않는다] 등. 異見: Hueck/Nipperdey, *Lehrbuch*, Bd. Ⅱ/2, S. 1025 f.; Birk 외(김형배 역), 「집단적 노사분쟁의 규율에 관한 법률」, 제6조(2면, 62면 이하).

5) 그러나 같은 만도기계사건에서 앞의 판결과 달리 쟁의행위의 정당성을 부인하여 노조및조정법 제41조 1항의 위반죄(동법 제91조)는 물론 형법상 업무방해죄의 성립을 인정한 판결도 있다(大判 2000. 3. 10, 99 도 4838).

6) 大判(전합) 2001. 10. 25, 99 도 4837(이 전원합의체 판결로 99 도 4836 판결은 명시적으로 폐기되었다. 大判 2001. 11. 27, 99 도 4779); 大判 2004. 9. 24, 2004 도 4641. 산업별 노동조합의 경우 해당 지부의 파업은 지부조합원의 과반수찬성을 얻으면 정당성을 갖는다(大判 2009. 6. 23, 2007 두 12859).

노동조합의 민주성, 즉 민주적 의사결정절차가 근로자들의 집단적 행위(쟁의행위)의 정당성요건으로서 승격·강화되었다고 볼 수 있다. 판례에 따르면, 조합원의 민주적 의사결정절차를 엄격하게 해석하지 않는다면 공개결의나 사후결의, 사실상의 찬성 간주 등의 비민주적 의사결정을 용인하는 결과가 될 것이라고 한다. 또한 판례는, 노조및조정법 제41조 1항의 규정은 근로자들이 사후에 그 쟁의행위의 정당성 유무와 관련하여 어떠한 불이익(민·형사상의 책임)을 당하지 않도록 그 개시에 관한 노동조합의 의사결정에 더욱 신중을 기하기 위한 것이라고 한다(다수 의견). 그러나 형사책임을 묻는 이 사건에 있어서와 같이 노동조합 내부적으로 찬반투표절차를 거치지 않은 쟁의행위에 참가했다는 단순한 이유만으로 일반 조합원들에게 형사상의 업무방해죄를 묻는 것은 정당하다고 생각되지 않는다. 쟁의행위가 절차상의 결함으로 인하여 정당성을 구비하지 못하는 경우에 노동조합의 민사상의 책임을 면제할 수 없다고 하여, 그러한 쟁의행위에 가담한 개인 근로자에게 곧바로 형사책임을 묻는 것은 타당하지 않기 때문이다. 조합원 개인의 형사처벌에 대해서는 쟁의행위에 대한 찬반투표절차의 구비와는 별개로 당해 근로자의 쟁의행위 가담방식과 그 정도 등을 고려하여 구체적 사안에 따라 각자의 (위법한) 행위가 형법상의 업무방해죄의 구성요건을 갖춘 행위인지의 여부가 개별적으로 검토되어야 할 것이다.[1]

노동조합 지도부의 임의적 또는 일방적 의사결정에 의하여 조합원들의 총의가 날조되거나 왜곡됨으로써 파업개시에 있어서 내부적 민주성이 침해되고 대외적으로 사회적 타당성을 갖추지 못하는 때에는 그 쟁의행위는 절차상 위법하다고 해야 할 것이다. 이 경우에 파업결의에 주도적으로 참여한 노조간부는 민사책임은 물론 형사책임을 면하지 못하게 될 수 있을 것이다.[2]

규약상 투표권이 있는 조합원은 단체교섭의 결렬로 쟁의행위에 참가하게 될 노동조합의 종사근로자인 조합원이다. 지역별·산업별·업종별 노동조합이 쟁의행위를 주도하는 경우에 특정 지부·분회에서의 교섭결렬로 쟁의행위를 하게 될 때에는 당해 지부·분회 소속의 조합원만이 투표에 참가할 수 있고, 그 과반수의 찬성을 얻으면 쟁의행위는 절차적으로 적법하다고 할 것이다.[3] 마찬가지로 개별기업과 산별노조가 대각선교섭을 진행하는 경우에 쟁의행위 찬반투표는 당해 기업의 조합원들에 한하여 실시하여야 한다.[4]

1) 大判(전합) 2001. 10. 25, 99 도 4837의 반대의견 참고.
2) 업무방해죄의 성립에 관한 변경된 판례: 大判(전합) 2011. 3. 17, 2007 도 482; 大判 2011. 10. 27, 2010 도 7733.
3) 大判 2004. 9. 24, 2004 도 4641; 大判 2009. 6. 23, 2007 두 12859.
4) 서울行判 2006. 9. 14, 2005 구합 35902.

사용자를 달리하는 사업장 소속 지부나 분회의 근로자는 찬반투표에 참여할 수 없고 파업 중인 사업장에 들어가 쟁의행위에 참여할 수 없다. 단체협약자치의 원리상 당연한 논리이다. 하나의 사업 또는 사업장에 교섭대표노동조합이 결정되어 쟁의행위를 주도하는 경우에 찬반투표에 참여할 수 있는 자는 교섭창구단일화 절차에 참여한 노동조합의 종사근로자인 조합원을 기준으로 조합원 수를 산정한다(노조및조정법 제41조 I 후단). 즉 교섭대표노동조합의 결정 절차에 참여한 복수노조의 모든 종사근로자인 조합원 과반수의 찬성이 있으면 정당한 쟁의행위를 할 수 있다.

e) 조정전치의 원칙과의 관계

1) 쟁의행위의 개시시기와 관련해서 노조및조정법 제45조 2항 본문은 조정전치주의(調整前置主義)를 규정하고 있다. 이 규정은 「쟁의행위는 조정절차를 거치지 아니하면 이를 행할 수 없다」고 정하고 있다. 따라서 협약당사자는 (충분한 자주적 교섭을 행한 다음에) 노조및조정법 제53조 이하에 규정된 조정절차를 거친 후에 최후적 수단으로 쟁의행위를 개시해야 한다. 다시 말하면 동 규정(제45조 II 본문)의 문언상 원칙적으로 협약당사자들은 노동위원회의 조정절차를 거친 후에 쟁의행위를 하여야 그 쟁의행위가 정당한 것으로 판단된다. 그러나 조정절차의 진행을 이유로 근로자의 기본적인 쟁의행위권이 장기간 제약되어서는 아니되므로 노조및조정법은 관계당사자 일방의 조정신청이 있는 때로부터 일반사업의 경우 10일, 공익사업의 경우 15일 이내에 조정절차가 종료되도록 하고 있다(노조및조정법 제53조, 제54조 I). 또한 이 조정기간은 관계당사자의 합의로 일반사업의 경우 10일, 공익사업의 경우 15일 이내에서 연장할 수 있다(제54조 II). 다만, 노동조합이 노동위원회에 노동쟁의 조정신청을 하여 조정절차가 마쳐지거나 조정이 종료되지 아니한 채 조정기간이 끝나면(제60조 II 참조) 조정이 성립(당사자 쌍방에 의한 조정안의 수락과 조정안의 작성 및 서명 또는 날인: 제60조 II, 제61조 I)되지 않았더라도 조정절차를 거친 것으로 보아야 한다(제54조 II).[1]

2) 조정신청을 하였으나 노동위원회가 단체교섭을 계속할 여지가 있음을 이유로(노조및조정법 제2조 ⑤ 2문 참조) 행정지도(노조및조정법 시령 제24조 II; 노동위원회 규칙 제153조 참조)를 반복하면서 조정신청을 접수하기를 거부한 상황에서 행한 쟁의행위는 조정을 거친 것과 마찬가지로 본다는 것이 판례의 태도이다.[2]

이러한 경우에 조정절차를 거치지 않은 쟁의행위의 정당성에 관해서는 궁극적으로 법원이 최후수단의 원칙 내지 과잉금지의 원칙에 따라 판단해야 할 문제라고 생각한

1) 大判 2008. 9. 11, 2004 도 746; 大判 2003. 12. 26, 2001 도 1863 등.

2) 大判 2001. 6. 26, 2000 도 2871; 大判 2003. 12. 26, 2001 도 1863.

다.[1] 그러나 노동조합이 처음부터 조정절차를 신청하지 아니하거나, 조정절차가 진행되고 있는 조정기간 만료 전에 쟁의행위를 개시하는 것은 노조및조정법 제45조 2항의 문언 및 제91조 벌칙규정에 비추어 정당하다고 볼 수 없다.[2]

3) 노동쟁의발생신고를 하고 조정기간을 거쳐 정당한 쟁의행위를 계속하고 있는 도중에 새로운 쟁의사항이 부가되었다 하더라도 그 사항이 기존의 쟁의사항과는 전혀 구별되는 독립된 중요한 내용의 것이 아닌 한 이에 대하여 별도의 노동쟁의발생신고를 하고 조정기간을 거쳐야 정당성이 인정되는 것은 아니다.[3]

---

1) 김형배, '조정신청 후의 행정지도와 쟁의행위의 정당성', 「조정과 심판」(제7호), 2001, 29면. 결과에 있어서 同旨: 大判 2001. 6. 26, 2000 도 2871; 大判 2003. 12. 26, 2001 도 1863.

2) 노동위원회의 조정으로 조정안이 제시되었더라도 노사당사자 쌍방 또는 일방이 이를 받아들이지 않거나 조정기간이 종료한 때에는 쟁의행위를 할 수 있으나 단체교섭을 계속하여 분쟁사항을 해결할 가능성이 여전히 존재하는 때에는 노사 쌍방은 당해 사항을 해결하기 위한 모든 평화적 노력을 다해야 한다. 교섭을 더 이상 진행하는 것이 무의미하거나 상대방 당사자가 교섭을 포기한 때에는 쟁의행위의 최후수단의 원칙은 적용되지 않는다(Preis, *KollektivArbR* Rn. 1289 ff. 참고). 판례(大判 2020. 10. 15, 2019 두 40345: 한국철도공사와 국토교통부는 2013년 철도공사 자회사를 통해 수서발 KTX 노선을 운영하고 경쟁체제를 도입하는 방안을 추진하면서 철도 민영화를 발표하였다. 전국철도노동조합은 철도 민영화에 반대하였으나 철도공사가 이를 받아들이지 않자 쟁의행위의 단행을 결의하고 2013년 11월 임금인상, 철도 민영화 계획 철회 등을 요구하며 중앙노동위원회에 노동쟁의의 조정을 신청하였다)에 따르면 중앙노동위원회의 노동쟁의조정절차가 끝나기 전에 노동조합이 파업 찬반투표를 실시했어도 절차상 문제가 없다고 하면서 다음과 같이 그 이유를 판시하고 있다. 즉 「노동조합법은 조합원 찬반 투표를 거쳐 쟁의행위를 하도록 제한하고 있을 뿐, 그 실시시기를 제한하는 규정을 두고 있지 않다. 노동조합은 자주성을 보장받아야 하므로 쟁의행위에 대한 조합원 찬반투표 실시시기가 법률로 제한되지 않은 한 자주적으로 찬반투표시기를 결정하는 것이 헌법상 노동3권 보장의 취지에 부합한다. 노동조합법에서 조정절차를 정한 것은 쟁의행위 발생을 회피하는 기회를 주려는 것이지 조합원 찬반투표 당시 노동쟁의조정절차를 거쳤는지 여부를 기준으로 쟁의행위의 정당성을 판단할 것은 아니다」라고 한다. 그러나 이 판결은 비판의 여지를 남기고 있다. 노동조합이 조정절차가 진행되는 기간 중에 파업 찬반투표를 결행하는 것은 노동위원회의 조정안을 받아 보지도 않고 쟁의행위에 돌입하겠다는 의도를 표명하므로써 상대방 당사자인 사용자를 압박하는 것으로 조정전치주의 원칙에 반하며 평화적 교섭을 통한 해결방법을 사전에 포기(중앙노동위원회에서 조정절차가 진행중에 쟁의행위 찬반투표가 단행되어 80%의 찬성을 얻어 가결된 후 중노위가 「의견조율이 어렵다」며 조정종료를 결정한 것은 노동조합이 단체교섭을 통한 해결방법을 포기한 객관적 징표로 볼 수 있다)하는 것으로 성실교섭의무에 위반하는 것이고 단체교섭권을 남용하는 것으로 볼 수 있다. 이러한 노동조합 대표자와 조합간부들의 행위가 단순히 노조및조정법에 쟁의행위 찬반투표의 시기를 규정하고 있지 아니하다는 이유만으로 정당화될 수 있는 것은 아니라고 판단된다(철도공사는 쟁의행위를 주도한 조합간부들에 대하여 조정전치주의원칙 및 쟁의행위 목적(철도민영화 반대)상의 부적법행위를 이유로 징계처분을 하였으나 서울지노위는 일부 조합원에 대한 징계가 부당하다고 판정하였으며, 중노위는 서울지노위의 판정을 취소하고 조합원들의 구제신청을 모두 인용하였다. 철도공사는 조정종료 전에 찬반투표를 한 것은 위법하다며 소송을 제기하였다. 철도공사의 민영화에 반대하여 철도노조가 쟁의행위를 하는 것은 경영주체의 고유한 경영권을 침해하는 것으로 목적의 정당성을 가질 수 없다고 볼 여지가 있다. 참고 판례: 大判 2003. 7. 22, 2002 도 7225; 大判 2000. 10. 13, 99 도 4812 등).

3) 大判 2013. 2. 14, 2010 두 17601; 大判 2012. 1. 27, 2009 도 8917.

조정기간(제54조) 및 중재시의 쟁의행위 금지기간(제63조) 내에 조정이 종료되지 아니하거나 중재재정이 이루어지지 아니한 경우에는 쟁의행위를 할 수 있다(제45조 Ⅱ 단서). 조정(調停)의 경우와는 달리 중재의 경우에는 중재회부 후 쟁의행위를 할 수 없는 15일의 기간 내에 관계 당사자를 구속하는 중재재정[1]이 내려지는 것이 일반적이라는 점을 감안하여 중재는 조정의 전치에서 빼는 것이 바람직하다는 견해[2]가 있으나, 노조및조정법 제62조는 관계 당사자의 쌍방이 함께 중재를 신청한 때(동조 ①) 또는 당사자의 일방이 단체협약에 의하여 중재를 신청한 때(동조 ②) 비로소 노동위원회는 중재를 행하므로 그렇게 할 이유가 없다. 노조및조정법 제76조에 의하여 긴급조정이 결정·공포된 경우에는 즉시 쟁의행위를 중지하여야 하며, 그 공포일로부터 30일간 쟁의행위를 할 수 없다(제77조).

(4) 수단·방법의 정당성

a) 통일적·조직적 활동　근로자들의 쟁의행위는 노동조합에 의한 하나의 통일적이고 조직적인 활동으로 파악되어야 함은 상술한 바와 같다([118] 2. (1) 참고). 쟁의행위의 수단이나 방법이 정당한 것이냐 하는 것은 통일적인 조직활동으로서의 쟁의행위 전체와 관련하여 판단해야 할 것이므로, 쟁의행위가 하나의 통일적인 행위로서 정당하게 행하여진 경우에는 소수의 근로자가 폭행·협박 등의 탈선행위를 했다고 하여 당연히 전체의 쟁의행위가 위법한 것이 되지는 않는다.[3] 다만, 그러한 위법행위를 한 자는 민사상·형사상의 면책을 받을 수 없게 되어 손해배상책임은 물론 징계처분이나 형사상의 처벌을 받는 경우가 생길 수 있다. 그러나 쟁의행위를 통일적으로 주도하는 노동조합간부가 계획적·조직적으로 위법행위를 권유·자극하고, 근로자들이 이에 동조함으로써 쟁의행위가 집단적으로 폭력화되는 경우에는 쟁의행위 전체가 위법한 것이 될 수 있다.

b) 인신의 자유와 안전 침해 금지　쟁의행위는 업무의 정상적인 운영을 저해하는 노무제공의 집단적 거부행위로서 소극적으로 행하여지는 것이므로(노조및조정법 제2조 ⑥) 폭행이나 협박·감금·상해 등과 같이 폭력을 행사하여 인신의 자유와 안전을 침해해서는 안 된다(제4조 단서, 제42조 Ⅰ 전단, 벌칙 제89조 ① 참조). 판례[4]는 오래전부터 폭력의 행사는 인신의 자유와 안전이라는 법질서의 기본원칙에 반하는 것으로 허용될 수 없다는 태도를 유지해왔다. 이와 같은 폭력행위가 일반 형법에 정하여진 폭행·협박·상해

1) 중재재정은 단체협약과 같은 효력을 가지므로(제70조 Ⅰ) 중재재정의 내용을 거부하고 단행된 쟁의행위는 정당성이 인정되지 않는다(大判 1994. 3. 25, 93 다 32828·32835).

2) 임종률, 「노동법」, 237면.

3) 大判 2017. 7. 11, 2013 도 7896.

4) 大判 1990. 5. 15, 90 도 357; 大判 1992. 7. 14, 91 다 43800; 大判 1999. 9. 17, 99 두 5740 등.

또는 불법감금·명예훼손과 같은 범죄를 구성하는 때에는 이에 따른 형벌이 가해질 수 있음은 물론이다.[1] 노조및조정법 제42조에서 금지의 대상으로 삼고 있는 폭력행위 등은 집단적 행위로서의 쟁의행위에 의한 것이므로 개별근로자가 노동조합의 지도를 벗어나 폭력 등을 행사했다 하더라도 쟁의행위 전체가 언제나 위법하다고 판단할 것은 아니다.

다만, 쟁의행위중 불가피했던 위협적 의사표시나 거친 언동이 모두 폭력적인 것이라고 단정할 수는 없으므로, 그 행위가 행하여진 상황을 참작하여 구체적인 판단을 해야 할 것이다.

c) 재산권과의 조화 및 기업시설의 유지 쟁의행위는 소극적으로 업무의 정상적 운영을 저해함(노무제공의 집단적 거부)으로써 사용자에게 경제적 타격을 주는 것을 본래의 모습으로 하는 것이고,[2] 이는 노사관계의 신의성실의 원칙에 비추어 공정성의 원칙에도 부합한다. 따라서 근로자들의 쟁의행위권의 행사는 사용자의 기업시설에 대한 소유권 및 그 밖의 재산권과 조화를 이루어야 함은 물론 파괴행위를 수반해서는 아니 된다.[3] 또한 쟁의행위중이라도 사용자의 조업계속의 자유나 기업시설에 대한 권리가 침해되어서는 아니 된다. 노조및조정법은 생산 기타 주요업무에 관련되는 시설과 이에 준하는 시설로서 대통령령이 정하는 시설을 점거하는 형태로 쟁의행위를 할 수 없다고 규정하고 있으며(제42조 I 후단, 벌칙 제98조 ①), 동법 시행령(제21조)은 이에 준하는 시설로서 i) 전기·전산 또는 통신시설, ii) 철도(도시철도를 포함한다)의 차량 또는 선로, iii) 건조·수리 또는 정박중인 선박, iv) 항공기·항행안전시설 또는 항공기의 이·착륙 또는 여객·화물의 운송을 위한 시설, v) 화약·폭약 등 폭발 위험이 있는 물질 또는 「유해화학물질 관리법」에 의한 유독물을 보관·저장하는 장소, vi) 기타 점거될 경우 생산 기타 주요 업무의 정지 또는 폐지를 가져오거나 공익상 중대한 위해를 초래하는 시설로서 고용노동부장관이 관계중앙행정기관의 장과 협의하여 정하는 시설 등을 정하고 있다(쟁의행위의 유형으로서의 직장점거의 정당성 판단기준에 관해서는 [118] 3. ⑹을 참고). 이를 위반하는 경우에는 벌칙(노조및조정법 제89조 ①)이 적용됨은 물론 쟁의행위의 정당성도 상실된다고 보아야 할 것이다.

근로자들이 이 조항을 위반하는 쟁의행위를 한 경우에는 사용자는 행정관청과 관

1) 大判 1991. 12. 10, 91 누 636(지하철 공사의 파업에서의 업무방해 및 폭력행위).

2) 大判 1992. 7. 14, 91 다 43800 등.

3) 대법원의 일관된 입장: 大判 1994. 9. 30, 94 다 4042; 大判 1992. 7. 14, 91 다 43800; 大判 1991. 5. 24, 91 도 324; 大判 1990. 5. 15, 90 도 357; 大判 2003. 12. 26, 2003 두 8906; 大判(전합) 2001. 10. 25, 99 도 4837 등.

할노동위원회에 각각 신고하여야 한다(노조및조정법 시령 제18조).

d) 보안·응급작업의 유지 근로자들의 쟁의행위는 그 기간 동안 사용자로 하여금 근로자들의 노동력을 기업의 경영·생산을 위하여 이용할 수 없게 하여 경제적 타격을 주려는 데 있다. 그러므로 기업 활동의 정폐(停廢)로 인하여 근로자 또는 그 밖의 해당 관계자들에게 생명·신체·건강에 대한 위험을 발생케 하거나 무의미한 작업시설의 손상이나 원료·제품의 변질 또는 부패를 방치하는 것을 쟁의행위로 해서는 안 된다. 정당한 쟁의행위 기간 동안 근로자들의 근로계약상의 권리의무는 정지될 뿐이므로 쟁의행위가 종료한 후에는 파업참가 근로자들에 의한 기업의 생산·영업 활동은 정상적으로 계속될 수 있어야 한다. 따라서 노동조합과 해당 근로자들은 쟁의행위로 인하여 인신의 침해 위험이 발생할 수 있는 경우에는 그와 같은 위험을 방지할 조치를 취해야 하고, 업무의 중단 자체가 그러한 위험을 초래할 수 있는 경우에는 노무를 거부할 수 없다. 마찬가지로 작업시설의 손상이나 원료·제품의 보존을 방치하여 손해를 자초하는 행위는 쟁의행위로 할 수 없다고 보아야 한다. 이와 같은 법리는 보안·응급작업에서 뿐만 아니라, 공익사업의 업무중에서 특히 쟁의행위가 제한되는 필수유지업무에 있어서도 마찬가지로 적용된다(다음 e) 참고).

공장·사업장 기타 직장에 대한 안전보호시설의 정상적인 유지·운영(보안작업)을 정지·폐지 또는 방해하는 행위는 쟁의행위로써 할 수 없으며(노조및조정법 제42조 Ⅱ, 벌칙 제91조),[1] 작업시설의 손상이나 원료·제품의 변질 또는 부패를 방지하기 위한 작업(응급작업)은 쟁의행위기간 중에도 정상적으로 수행되어야 한다(노조및조정법 제38조 Ⅱ, 벌칙 제91조). 응급작업을 집단적으로 중단하는 쟁의행위는 위법하다.[2] 쟁의행위 중에는 당사자의 주된 의무만이 정지될 뿐이므로, 사용자의 보호의무 및 근로자의 충실의무와 같은 부수적 주의의무는 여전히 존속한다. 따라서 쟁의행위기간 중이라도 사용자의 경영시설의 유지를 위하여 불가결하게 요구되는 작업은 수행되어야 한다. 이와 같은 작업을 보안·보존작업(Notdienst oder Erhaltungsarbeit)이라고 하며, 여기에는 안전보호시설의 손상을

1) 안전보호시설의 유지·운영을 방해하는 쟁의행위는 정당성이 없음을 인정한 판례: 大判 2005. 9. 30, 2002 두 7425; 大判 2006. 5. 12, 2002 도 3450; 大判 2006. 10. 26, 2005 도 9825('안전보호시설'이란 사람의 생명이나 신체의 위험을 예방하기 위해서나 위생상 필요한 시설을 말하고, 이에 해당하는지 여부는 당해 사업장의 성질, 당해 시설의 기능, 당해 시설의 정상적인 유지·운영이 되지 아니할 경우에 일어날 수 있는 위험 등 제반 사정을 구체적·종합적으로 고려하여 판단하여야 한다. 따라서 위 규정의 목적이 불명확하다거나 해석기준이 불명료하여 죄형법정주의의 명확성원칙에 반한다는 취지의 주장은 받아들일 수 없다. 그러나 사전에 필요한 안전조치를 취하는 등으로 인하여 사람의 생명이나 신체에 대한 위험이 전혀 발생하지 않는 경우에는 노조및조정법 제42조 2항의 위반죄(동법 제91조)가 성립하지 않는다).

2) 大判 2011. 7. 28, 2009 두 4180 참고.

방지(보안작업)하거나 작업시설의 손상 및 원료·제품의 변질이나 부패 또는 파손을 예방(응급작업)하는 데 필요한 작업이 포함된다.[1)]

노동조합에 의하여 파업이 정당하게 개시된 경우에 조합원들은 파업에 참여하여 노무를 거부할 수 있고 파업참가자의 근로관계는 정지하므로 채무불이행책임은 발생하지 않는다. 그러나 근로계약상 보안업무나 시설 및 원료·제품의 보존업무와 관련된 업무를 수행하는 근로자들은 모두 파업에 참가할 수 없다고 보아야 할 것인가? 노조및조정법 제42조 2항은 정상적인 보안작업의 유지·운영을 정지·폐지 또는 방해하는 행위는 쟁의행위로서 이를 행할 수 없다고 규정하고 있으므로 노동조합 측은 보안작업의 정지 또는 방해를 방지해야 할 책무를 부담하고 있다고 보아야 할 것이다. 그러나 구체적으로 보안작업을 수행할 근로자의 인적범위가 명확하지 않은 경우에 노동조합은 사용자와의 사이에서 보안작업협정(단체협약 등)을 체결하는 것이 바람직하다. 이러한 협정에 의하여 보안작업에 배치될 근로자의 범위가 정해지거나, 이미 정해져 있다면 해당 근로자는 파업에 참가할 권리를 가질 수 없고 파업 중에도 그의 근로계약상의 노무제공의무는 계속 유지된다고 보아야 한다. 위의 경우와는 달리 보안작업협정에서 보안작업을 수행할 근로자가 직접 지정되어 있지 않고 노동조합이 보안업무를 제공할 근로자를 선정하여 배치하도록 규정되어 있으면 보안업무수행에 지명된 근로자는 파업에 참가할 수 없으며 근로계약상의 노무제공을 이행할 의무를 부담한다. 따라서 사용자는 해당 근로자에 대하여 직접 근로계약상의 노무제공청구권을 행사할 수 있다. 이때에는 해당 근로자의 근로계약관계는 정지되지 않으므로 파업기간 중에도 계속 노무를 제공해야 한다. 어느 경

1) 노조및조정법 제42조 2항의 안전보호시설에 대한 정상적인 유지·운영을 위한 작업과 제38조 2항의 작업시설의 손상이나 원료·제품의 변질 또는 부패를 방지하기 위한 작업은 파업기간중에도 계속하여야 한다. 이 규정들은 독일의 판례와 학설에 의하여 발전된 이른바 보안·보존작업(Notstandarbeit 또는 Erhaltungsarbeit)에 대한 법리의 영향을 받아 입법화된 것이다. 전자는 안전보호시설의 유지·운영, 후자는 작업시설의 손상이나 원료·제품의 변질 또는 부패방지를 목적으로 한다는 점에서 서로 구별될 수 있으나 실질적으로는 기업시설의 보존과 파업행위의 필요성의 한도에 대한 기준을 정한 규정이라는 점에서는 입법목적을 같이 한다[Birk 외(김형배 역), '집단적 노사분쟁의 규율에 관한 법률' 제10조에서는 이 두 유지업무를 보안작업이라는 내용으로 통합하여 규정하고 있다]. 다만 현행 노조및조정법은 이를 분리하여 규정하고 있으므로 제42조 2항 규정의 안전보호시설 유지업무를 '보안작업', 제38조 2항 규정의 작업시설의 손상이나 원료 등의 변질·부패 방지작업을 '보존작업'이라고 불러도 좋을 것이다. 임종률(「노동법」, 232면 이하) 교수는 전자를 보안작업, 후자를 긴급작업이라고 부른다. 입법론상으로는 위 두 규정은 하나의 규정 속에 통일하여 정하는 것이 합리적이라고 생각된다. Kissel, *ArbeitskampfR* § 43 Rn. 4 ff.; Löwisch/Caspers/Klumpp, *ArbR* Rn. 1131 참고. 보안작업과 보존작업에 대해서는 같은 벌칙규정(제91조)이 적용된다. 전자의 안전보호시설의 유지·운영을 위한 보안작업은 사람의 생명이나 신체의 위험을 예방하기 위한 작업이라고 한다면, 후자의 보존작업은 재산권과의 조화의 관점에서 작업시설 및 자재에 대한 불합리한 손실을 방지하기 위한 작업이라고 볼 수 있다.

우에나 보안작업의 대상 범위와 보안작업을 수행할 근로자가 구체적으로 지정되어 있으면 해당 근로자는 근로계약상의 주된 의무로서 노무제공의무를 이행해야 한다.[1] 제42조 2항과는 달리 제38조 2항은 「작업시설의 손상이나 원료·제품의 변질 또는 부패를 방지하기 위한 작업은 쟁의행위 기간 중에도 정상적으로 수행되어야 한다」고 규정하고 있다. 이 규정에 따르면 보전업무를 담당하고 있는 근로자는 파업에 참가할 수 없고(파업에 참가할 수 있는 단체행동권의 제한) 보존작업을 중단없이 수행하여야 한다. 따라서 근로계약관계는 단절없이 존속하게 되므로 해당 근로자는 근로계약상의 주채무인 보존작업의 이행의무를 계속 부담하는 것이 된다. 이 규정은 보전업무를 담당하는 근로자의 파업참가권(단체행동권)을 직접 제한하는 것으로 해석된다. 보전업무의 범위 및 보전작업을 수행할 의무가 있는 근로자에 해당하는지 여부는 일차적으로 해당 업무를 수행하는 근로자의 근로계약에 의하여 정해질 것이지만 부차적으로는 사업장에서의 업무수행 실태에 의하여 정해질 수도 있을 것이다.

원래 쟁의행위는 사용자에게 생산중단 등에 의하여 발생되는 경제적 손실을 주는 데 그쳐야 하며, 인명에 피해를 준다거나 물적 시설 자체에 손해를 가하는 것은 정당한 쟁의행위의 범위를 넘는 것이라고 할 수 있다.[2] 더욱이 쟁의행위가 종료되면 근로자들은 다시 그 공장 또는 사업장에 복귀하여 취업할 것이 예정되어 있으므로(노조및조정법 제43조 참조), 보안·보존작업의 거부는 사업장의 파괴를 초래하는 일종의 자해적(自害的) 행위로서 근로계약상의 신의칙에 반한다.[3] 그러므로 예컨대 동력실근무, 용광로작업,

---

1) Kissel, *ArbeitskampfR* § 43 Rn. 50 ff. 참고.

2) 헌법재판소도 안전보호시설의 정상적인 유지·운영을 정지·폐지 또는 방해하는 행위를 금지한 노조및조정법 제42조 2항(벌칙 제91조)의 위헌 여부를 다툰 헌법소원에서 다음과 같이 합헌결정(憲裁 2005. 6. 30, 2002 헌바 83)을 내렸다: 「1. … 2. 이 사건 법률조항들의 보호법익인 사람의 생명·신체의 안전은 질적·양적으로 중대한 법익이고 이 사건 법률조항들이 규정하는 범죄는 그 죄질이 약하다 할 수 없으며, 한편 이에 비추어 볼 때 그 형벌인 1년 이하의 징역 또는 1천만 원 이하의 벌금은 과도한 형벌이라 할 수 없으므로, 범죄와 형벌간의 비례원칙상 수긍할 수 있는 정도의 합리성이 있어 책임주의 내지 비례원칙에 위반하지 아니한다. 3. 이 사건 법률조항들이 근로자의 헌법상 기본권인 단체행동권을 제한하는 규정이기는 하지만, 사람의 생명·신체의 안전보호라는 입법목적의 정당성을 인정할 수 있고, 안전보호시설의 유지·운영을 정지·폐지 또는 방해하는 내용의 쟁의행위를 제한하는 것은 위 목적을 달성하기 위한 효과적이고 적절한 수단이어서 방법의 적정성도 인정되며, 그 제한은 안전보호시설의 중요성에 비추어 볼 때 최소한의 제한으로 평가되므로 피해의 최소성도 갖추었고, 추구하는 공익인 '사람의 생명·신체의 안전'과 제한되는 사익인 청구인들의 '단체행동권'을 비교하여 볼 때 법익균형성도 갖추었으므로 청구인들의 단체행동권을 과도하게 침해한다고 할 수 없다」.

3) 독일에서는 파업기간중 근로계약관계의 주된 채권·채무만이 정지하고 종된 의무로서의 성실의무 또는 배려의무는 유지되므로, 근로자가 보안·응급작업을 거부하는 것은 성실의무위반행위라고 한다. 따라서 보안·보존작업을 거부하는 근로자는 즉시해고의 대상이 된다. 그리고 쟁의행위 중 보안·보존작업의 유지에 대해서는 쟁의행위 종료 후 업무의 정상적 운영을 재개할 수 있도록 노사가 공동으로

탄광에서의 가스폭발방지시설작업,[1] 낙반방지시설작업(落磐防止施設作業), 통기배수시설작업(通氣排水施設作業), 냉난방보일러실작업, 원료와 제품의 보관작업 등은 쟁의행위 중이라도 계속하여야 한다.[2] 쟁의행위 중의 보안·보존작업에 관해서는 노사간의 단체협약으로 규율하는 것이 바람직하며, 노동조합은 쟁의행위 중이라도 보안·보존작업이 중단되지 않도록 조합원에 대하여 지도와 통제를 행해야 할 영향의무(Einwirkungspflicht)를 부담한다고 해석하는 것이 옳을 것이다(노조및조정법 제38조 Ⅲ 참조).[3] 그러므로 노동조합이 보안·보존작업의 거부를 조직적으로 계획한 경우에는 쟁의행위 전체가 정당성을 상실하게 될 것이다.

노조및조정법 제38조 2항은 쟁의행위기간 중 작업시설의 손상이나 원료·제품의 변질 또는 부패를 방지하기 위한 작업의 계속을 집단적 노사관계의 측면에서도 노동조합의 지도와 책임에 속하는 범주로 규정하고 있으며, 제42조 2항은 안전보호시설의 정상적 유지·운영을 쟁의행위에 대한 일반적 제한의 범주와 관련해서 규정하고 있다. 이 두 규정에 위반하는 행위를 노동조합이 집단적 쟁의행위로 할 수 없음은 물론이다. 다른 한편 이러한 업무에 직접 종사하거나 또는 조직적·유기적으로 관련된 근로자들은 노동조합의 지시나 지도가 없더라도 쟁의행위기간 중에 당해 노무제공을 거부할 수 없다고 보아야 한다. 이러한 노무를 거부하거나 해태하는 것은 근로계약상의 주채무인 노무제공의무에 위반하거나(제38조 2항의 경우와 보안작업협정에서 보안작업자로 지명된 경우) 신의칙

조직상의 의무를 부담한다고 한다(Dütz/Thüsing, *ArbR* §756). 뿐만 아니라 쟁의행위에 대한 과잉침해금지의 원칙에 의하면 보안작업의 거부는 이른바 필요성의 원칙(Grundsatz der Erforderlichkeit) 및 비례성의 원칙(Grundsatz der Verhältnismäßigkeit im engeren Sinne)에 반하므로, 그러한 집단적 쟁의행위는 정당성을 가질 수 없게 되어 결국 이를 지시한 노동조합간부와 이에 참가한 근로자들은 민사상의 면책을 받을 수 없게 된다(Löwisch/Caspers/Klumpp, *ArbR* Rn. 1131). 이와 같이 보안·보존작업은 개별적 근로계약의 측면에서뿐 아니라, 집단적 쟁의행위의 측면에서도 노동법의 원리상 그 수행이 거부될 수 없다. 노조및조정법 제38조 3항은 '노동조합은 쟁의행위가 적법하게 수행될 수 있도록 지도·관리·통제할 책임이 있다'고 규정하고 있다. 보안·보존작업에 관해서 자세히는 Kissel, *ArbeitskampfR* §43 Rn. 16 ff. 참고. 근래에 와서는 공정한 투쟁행위의 원칙(Prinzip fairer Kampfführung)을 적용하여, 보안·보존작업의 수행을 정당시한다(Lieb/Jacobs, *ArbR* §7 Rn. 607 등).

1) 가연성, 폭발성, 유독성이 강한 석유화학제품을 생산하는 시설과 이 제품의 생산 및 유지를 위해 전기, 증기, 공업용수, 압축공기 등의 동력을 생산해 공급하는 동력부문으로 구분되는 이 사업장은 '노조및조정법'에서 정한 사람의 생명이나 신체의 안전을 보호하는 '안전보호시설'에 해당한다(大判 2005. 9. 30, 2002 두 7425).

2) 또한 기차선로공사를 하는 건설회사의 노동조합이 역구 내에서 도로포장을 하던 중에 임금인상 등을 요구하며 자갈운반전용화차에 적재되어 있던 포장용 쇄석(碎石)을 철로에 덮은 후 작업을 중지한 행위는 철도시설이 갖는 보안상의 중요성에 비추어 볼 때 소정의 보안시설의 안전확보요청을 게을리한 것으로서 정당성이 결여되었다고 한 일본의 판결례가 있다(日本 新瀉地判 昭和 51. 10. 30, 勞判 265號: 第一建設工業事件).

3) Kissel, *ArbeitskampfR* §42 Rn. 17.

상의 부수적 의무인 충실의무에 중대하게 반하는 것으로 생각된다. 특히 제42조 2항의 안전보호시설의 유지는 공장의 시설, 생명·건강 및 신체에 직접 관련된 것으로 그 작업의 중지로 인하여 발생되는 위험을 고려하여 행정관청이 노동위원회의 의결을 얻어 안전보호시설에 대한 쟁의행위를 중지할 것을 통보할 수 있도록 법적 근거를 마련하고 있다(노조및조정법 제42조 Ⅲ, 시령 제22조). 이 경우에 보안작업자로 지명된 근로자는 단체행동권이 제한된다고 해석된다.

사용자는 쟁의행위가 법 제38조 1항·2항, 제42조 1항 또는 2항에 위반되는 경우에는 즉시 그 상황을 행정관청과 관할 노동위원회에 신고하여야 한다(노조및조정법 시령 제18조).

e) **필수유지업무에 대한 쟁의행위의 제한** 필수유지업무의 정당한 유지·운영을 정지·폐지 또는 방해하는 것을 목적으로 하는 쟁의행위는 금지된다(노조및조정법 제42조의2 Ⅱ, 벌칙 제89조 ①).[1)] 필수유지업무란 필수공익사업(노조및조정법 제71조 Ⅱ, 자세한 것은 다음의 [125] 1.을 참고)의 업무 중 그 업무가 정지되거나 폐지되는 경우 공중의 생명·건강 또는 신체의 안전이나 공중의 일상생활을 현저히 위태롭게 하는 업무를 말하며 그 구체적인 내용은 대통령령으로 정한다. 대통령령에서는 법률의 기준에 따라 각 필수공익사업의 특성을 고려하여 공익사업별로 필수유지업무의 내용을 규정한다(노조및조정법 제42조의2 Ⅰ및 시령 제22조의2, 별표 1).[2)]

실제로 쟁의행위가 금지되는 구체적인 범위와 규모는 노동관계 당사자가 자율적으로 협의·결정하여 준수하여야 한다. 이를 필수유지업무협정이라 한다. 노조및조정법 제42조의3에 따르면 노동관계 당사자는 쟁의행위 기간 동안 필수유지업무의 정상적인 유지·운영을 위하여 해당 업무의 최소한의 유지·운영수준, 대상직무 및 필요인원 등을 서면으로 체결하여야 한다(예컨대 병원사업의 경우 응급실, 중환자실, 수술실 업무 및 이와 관련된 지원업무를 50% 유지하기 위하여 일정수의 간호사, 혈액검사 인력, x-ray 촬영인력 등은 필수유지업무로 근무하여야 한다는 취지의 협정을 체결할 수 있다). 필수유지업무협정은 당사자 쌍방의 서명이나 날인이 있어야 효력이 발생한다.

노동관계 당사자 쌍방 또는 일방은 필수유지업무협정이 체결되지 아니하는 때에는

---

1) 제42조의2 2항규정의 뜻은 필수유지업무의 정당한 유지·운영을 정지·폐지 또는 방해하는 행위는 정당한 쟁의행위가 될 수 없다는 것이지, 예컨대 총회개최로 필수유지업무가 정지 또는 방해받았다고 해서 그 행위가 당연히 쟁의행위로 간주된다는 의미는 아니며, 또한 필수유지업무를 정지·방해하는 쟁의행위가 있었다 하더라도 공중의 생명·건강 또는 신체의 안전이나 공중의 일상생활에 대한 구체적 위험이 발생하지 않은 경우에는 노조및조정법 제42조의2 제2항의 위반죄(벌칙 제89조 ①)가 성립하지 않는다고 해석함이 타당하다고 하여 원심을 인용, 검사의 상고를 기각한 판결(大判 2017. 4. 13, 2016 도 17412; 大判 2016. 4. 12, 2015 도 17326 참고).

2) 필수유지업무의 구체적 범위에 관해서는 노조및조정법 시행령 제22조의2 참조.

노동위원회에 필수유지업무의 필요 최소한의 유지 · 운영수준, 대상직무 및 필요인원수준, 대상직무 및 필요인원 등의 신청을 해야 한다(노조및조정법 제42조의4 Ⅰ). 신청을 받은 노동위원회는 사업 또는 사업장별 필수유지업무의 특성 및 내용 등을 고려하여 이에 대한 결정을 할 수 있다(제42조의4 Ⅱ). 이와 같은 노동위원회의 결정은 노조및조정법 제72조에 의한 특별조정위원회가 담당하며(동조 Ⅲ), 그 결정의 해석 또는 이행방법에 관하여 관계당사자 사이에 의견이 일치하지 아니하는 경우에는 특별조정위원회의 해석에 따른다. 이 해석은 노동위원회의 결정과 동일한 효력을 갖는다(노조및조정법 제42조의4 Ⅳ). 노동위원회의 결정에 대한 불복절차 및 효력에 관하여는 중재재정의 관련규정(노조및조정법 제69조, 제70조 Ⅱ)을 준용한다(동법 제42조의4 Ⅴ). 노동위원회의 결정에 의하여 필수유지업무가 확정된 경우에 그에 따라 쟁의행위를 한 때에는 필수유지업무를 정당하게 유지 · 운영하면서 쟁의행위를 한 것으로 본다(노조및조정법 제42조의5). 노동관계 당사자의 협정 또는 노동위원회의 결정에 따른 필수유지업무를 유지하지 않으면서 쟁의행위를 한 때에는 쟁의행위의 정당성이 문제될 수 있으나, 그 판단은 쟁의행위의 발생 후 사후적으로 쟁의행위의 전체적인 모습을 보고 판단해야 할 것이다.[1] 그러나 협정이나 결정을 지키지 않은 상태에서 쟁의행위를 함으로써 발생될 수 있는 위험발생 가능성에 대해서는 그 책임자 또는 행위자에 대하여 응분의 책임을 물을 수 있을 것이다.

노동조합은 필수유지업무협정이 체결되거나 노동위원회의 결정이 있는 경우에는 사용자에게 필수유지업무에 근무하는 조합원 중에서 쟁의행위 기간 동안 근무하여야 할 조합원을 통보하여야 하며, 사용자는 이에 따라 근로자를 지명하고 이를 노동조합과 그 근로자에게 통보하여야 한다. 다만 노동조합이 쟁의행위의 개시 전까지 이를 통보하지 아니한 경우에는 사용자가 필수유지업무에 근무하여야 할 근로자를 지명하고 이를 노동조합과 그 근로자에게 통보하여야 한다(노조및조정법 제42조의6 Ⅰ).[2] 위의 통보 · 지명시 노동조합과 사용자는 필수유지업무에 종사하는 근로자가 소속된 노동조합이 2개 이상인 경우에는 각 노동조합의 해당 필수유지업무에 종사하는 조합원 비율을 고려하여야 한다(제42조의6 Ⅱ). 그런데 사용자가 지명한 근로자가 다른 근로자로 하여금 필수유지업무를 수행하도록 하고 본인은 파업에 참가하는 것이 허용되는지가 문제된다. 법률은 필수유지업무를 수행하여야 할 근로자를 사용자가 지명할 수 있도록 규정하고 있으며, 필수유지업무의 도입 자체가 공공의 관점에서 쟁의권을 제한하는 것이므로 구체적으로 필수유

---

1) 노동법실무연구회, 「노동조합및노동관계조정법 주해 Ⅱ」(구민경), 400면 참고.

2) 사용자의 지명권 행사가 부당노동행위에 해당하거나 협정이나 결정의 내용에 어긋날 경우에는 해당 근로자나 노동조합은 그 효력을 다툴 수 있을 것이다(노동법실무연구회, 「노동조합및노동관계조정법 주해 Ⅱ」(구민경), 398면 참고.

지업무 수행자를 사용자가 결정하더라도 이를 개별 근로자의 쟁의권을 부인하는 의미로 해석할 것은 아니다. 특히 지명된 자 이외의 자가 그의 능력이나 전문성에 비추어 해당 업무를 제대로 유지할 수 없는 경우에는 필수유지업무를 수행할 수 없게 된 원인과 책임소재를 따져 해당 당사자에게 책임을 물을 수 있을 것이다.

3. 쟁의행위의 유형에 따른 정당성한계

근로자의 쟁의행위의 유형에 따른 개념에 관해서는 위에서 설명하였으므로, 이 곳에서는 정당성의 문제만을 고찰하기로 한다.

(1) 파업의 경우

a) 파업은 근로자들이 노무제공을 집단적으로 거부하는 것이므로 원래 소극적 성격을 가지는 것이며, 그 외적 현상은 「직장에 나오지 않는 것」이 기본적 형태이다. 이러한 파업이 정당한 것은 당연한 일이다. 그러나 이와는 달리 파업에 참가한 근로자들이 적극적으로 사용자에 의한 재산의 지배·관리를 저지하는 것은 정당하지 않다.[1] 예컨대 수도사업장의 용수를 방류하는 행위는 허용되지 않으며(제71조 Ⅱ ②, 제42조의2 Ⅱ 참조),[2] 환자의 생명·신체의 안전에 직접 관계되는 의료행위를 거부한다든가(제71조 Ⅱ ③, 제42조의2 Ⅱ 참조),[3] 작업시설의 손상이나 원료·제품의 변질 또는 부패를 방지하기 위한 작업은 정상적으로 수행해야 하며(제38조 Ⅱ),[4] 공장 또는 사업장의 안전에 관한 보안작업을 거부하는 행위(제42조 Ⅱ)[5]는 쟁의행위로서 행할 수 없다(특히 파업으로서 제한·금지되는 쟁의행위의 종류에 관해서는 다음의 4. (4) 이하 참고).

b) 파업은 반드시 전면파업만이 정당한 것이 아니기 때문에 쟁의행위를 전략상 효과적으로 수행하기 위하여 중요부서의 특정 근로자들에게 파업을 지시하는 지명파업(중점파업)은 부분파업으로서 정당한 것으로 판단된다. 부분파업은 조합원의 최소인원을 투입하여 조직적 재정적 부담을 줄이면서 노동조합의 투쟁목적을 효과적으로 달성하려는

---

1) 특히 직장점거 및 농성파업과 관련하여 문제가 된다. 자세한 것은 다음의 [118] 3. (6) 참고.

2) 日本 最高裁判 昭和 33. 12. 25, 刑集 12卷 16號, 1255面.

3) 日本 最高裁判 昭和 39. 8. 4, 民集 18卷 7號, 1263面; Scherer, *Grenzen des Streikrechts in den Arbeitsbereichen der Daseinsvorsorge*, 2000, S. 120 f. 참고.

4) 大判 2011. 7. 28, 2009 두 4180 참고.

5) Brox/Rüthers, *ArbeitskampfR* Rn. 290 ff.; Kissel, *ArbeitskampfR* § 43 Rn. 16 ff., 48 ff. 독일에서는 보안작업의 거부를 쟁의행위로 할 수 없다는 금지규정은 없으나, 학설과 판례는 쟁의행위기간 중에는 계약상의 주채무만이 정지되므로 보안작업을 행할 충실의무(Treupflicht)는 여전히 존속한다는 입장을 취하고 있다([121] 참고). 필요의 원칙(Grundsatz der Erforderlichkeit) 또는 비례의 원칙(Grundsatz der Verhältnismäßigkeit)이 원용되기도 한다(Löwisch/Caspers/Klumpp, *ArbR* Rn. 1131).

데 있다. 부분파업이 근로자의 일부만이 파업에 참여하는 쟁의행위라면 중점파업은 핵심부서에 근무하는 근로자들의 파업을 주목하여 일컫는 파업이다.[1] 파업이 전출이나 배치전환명령을 거부하기 위해서 행하여지는 경우가 있다. 그러나 이러한 지명파업은 개념상 쟁의행위에 해당하지 않으므로 정당하다고 볼 수 없다.[2] 다만, 노동조합이 전근명령의 철회를 요구하면서 명령을 받은 근로자를 지명파업에 투입하는 것은 그것이 명령이행의 철회(부임거부) 자체를 목적으로 하는 것이 아니라 명령철회요구에 관한 단체교섭의 수단으로서 행하여지는 때에는 정당성이 인정된다는 견해가 있다.[3] 그러나 이러한 견해에 대해서는 의문이 제기될 수 있다. 전근명령은 사용자의 인사권에 관한 사항이고, 이에 대한 다툼은 법적 분쟁이기 때문이다(근기법 제23조 I 참조). 파업은 반드시 계속적으로 행하여야 하는 것은 아니기 때문에 파상파업(波狀罷業)도 위법한 쟁의행위가 아니다.[4] 그러나 이에 대하여는 사용자가 직장폐쇄를 단행할 수 있다.

(2) 태업의 경우

a) 태업(soldiering, slow down)이 작업능률을 저하시키는 데 그치는 한 위법한 쟁의행위는 아니다. 그리고 이와 같은 태업으로 인하여 전체근로자의 주의력이 산만하게 되어 상품제조상 어느 정도의 손해가 생기더라도 그 행위가 당연히 위법한 것은 아니다.[5] 그러나 태업은 사용자의 지휘·명령을 따르지 아니하고 조합의 지시에 의하여 불완전한 노무세공(불완전한 이행)[6]을 하는 것이기 때문에, 예컨대 자재가 폐품이 된다는가 기계가 파손되는 것을 의식하면서 행하는 쟁의행위는 소유권 침해가 된다. 이와 같은 태업에 대하여 사용자가 직장폐쇄를 단행함으로써 그의 손해를 방지하는 대항수단을 강구할 수 있음은 물론이다.

b) 태업의 경우와는 달리 의식적으로 생산 또는 사무를 방해하고 생산설비 등을 파괴하는 이른바 사보타지(sabotage)가 위법한 쟁의행위임은 더 말할 필요가 없다.

(3) 준법투쟁의 경우

준법투쟁(법령, 단체협약, 취업규칙 등의 내용을 엄격하게 준수함으로써 작업능률을 저하시

1) Kissel, *ArbeitskampfR*, § 14 Rn. 11.
2) 最二小判平6·1·31 勞判 663号 15面.
3) 菅野, 「勞働法」, 917面; 新興サービス 事件－東京地判昭 62. 5. 26, 判時 1232號, 147面.
4) 菅野, 「勞働法」, 916面.
5) 菅野, 「勞働法」, 916面; 西谷, 「勞働組合法」, 430面. 大判 1991. 12. 10, 91 누 636(택시회사 근로자들의 태업을 위법한 쟁의행위라고 판단한 사례).
6) 태업으로 인한 불완전급부에 대해서는 정상근무시의 급부와 비교하여 그 비율에 따라 임금이 삭감될 수 있다. 부분적 근로제공의 정지로 무노동 무임금의 원칙이 적용될 수 있기 때문이다([121] 2. (1) a), 또한 [121] 2. (4) 참고). 大判 2013. 11. 28, 2011 다 39946.

켜 사용자에게 압력을 행사하는 집단적 행위)이 쟁의행위로서의 성질을 가지느냐는 그 유형에 따라 판단된다([116] 3. (1) c) 참고).[1] 근로조건의 결정에 관한 주장을 관철할 목적으로 집단적 의사연락하에 이루어진 행위이면 통상적인 사실상의 업무운영을 저해하는 쟁의행위로 볼 수 있다. 준법투쟁 중 쟁의행위에 해당되는 집단행위에 대해서도 원칙적으로 그 정당성이 부인될 수 없다. 다만, 정당성판단에 있어서는 구체적 사정이 고려되어야 할 것이다. 예컨대 안전보건에 관한 법규를 철저히 지키면서 작업을 수행하는 경우에 그 법규가 객관적으로 요구하는 정도의 법준수행위에 그칠 때에는 그러한 준법투쟁의 목적이 사용자로 하여금 해당 법규를 준수하도록 하는 데 있거나 또는 기타의 요구를 시위·관철하려는 데 있더라도 준법투쟁 자체를 비난하거나 부당하다고 할 수는 없다. 준법행위의 정당성 여부를 판단하는 데 있어서는 개개 근로자의 개별적 준법행위가 정당한 권리행사에 해당한다 하더라도 전체적인 쟁의행위가 그 주체, 목적, 시기 및 절차, 구체적 방법 등의 측면에서 정당성을 인정받을 수 있어야 한다.[2]

(4) **보이콧의 경우**

보이콧[3]은 쟁의수단으로서는 사용자 회사(분쟁기업)의 제품을 사지 않도록 하거나 사용자회사에 원료를 공급하는 등의 거래관계를 단절하도록 촉구하여 사용자에게 경제적 압력을 가하도록 하는 집단적 행위를 말한다. 근로자들이 담합하여 사용자 회사의 제품을 불매(不買)하거나 일반 근로자들과 시민들에게 불매운동에 동참해 줄 것을 호소할 수도 있다. 이러한 보이콧을 1차 보이콧이라고 한다. 보이콧 중에는 사용자와 거래관계(사용자 회사의 제품 또는 반제품을 구입하는 제조업자 또는 수출업자가 있는가 하면, 제품원료를

---

1) 또한 노동법실무연구회, 「노동조합및노동관계조정법 주해 Ⅱ」(정재헌), 363면 이하 참고.

2) 집단적 휴일·연장근로 등의 거부사례: 大判 1991. 7. 9, 91 도 1051; 大判 1991. 10. 22, 91 도 600; 집단적 연·월차휴가의 사용사례: 大判 1994. 6. 14, 93 다 29167; 大判 1996. 7. 30, 96 누 587; 大判 2004. 8. 30, 2003 도 2146; 집단적 정시출근사례: 大判 1996. 5. 10, 96 도 419 등. 판례(大判 2014. 6. 12, 2012 도 2701)는 잔업(야간연장근로) 및 특근(토요일근로)을 거부하도록 지시한 조합간부와 이에 참가한 조합원들의 집단행위가 사용자측이 예측할 수 없는 시기에 전격적으로 이루어져 그 사업운영에 심대한 혼란 내지 막대한 손해를 초래하였다고 보기 어렵고, 따라서 사용자측의 사업계속에 관한 자유의사를 제압·혼란케 할 수 있는 위력에 해당한다고 단정할 수 없다고 판단하였다. 잔업 및 특근 거부는 일종의 준법투쟁으로서 이를 집단적으로 행할 경우 쟁의행위의 정당성 요건을 갖추어야 민·형사책임이 면책되는 것으로 판단되어 왔으나, 이 사건에서는 조합원들의 찬반투표절차를 거치지 않은 잔업·특근의 집단적 거부행위에 대하여 조합간부 및 일부 조합원들의 업무방해죄가 성립하지 않는다고 판시하였다. 이는 파업의 업무방해죄 해당성을 제한한 대법원 2007 도 482(2011. 3. 17) 전원합의체 판결의 영향을 받은 것으로 생각된다. 연장·휴일근로의 집단적 거부를 이유로 해고한 것은 징계재량권의 남용 또는 일탈에 해당한다고 한 하급심판례가 있다(서울行判 2014. 3. 28, 2012 구합 33805).

3) 보이콧(Boycott)이란 명칭은 19세기 중반에 영국의 대농장 관리인인 Ch. C. Boycott이 아이랜드 소작인들을 부당하게 취급하다가 아이랜드에서 보이콧을 당하게 되었다는데서 유래한다.

공급하는 제조업자 등이 있다)에 있는 제3자에게 거래관계를 끊을 것을 직접적으로 촉구하는 압력을 행사하는 경우가 있다. 이러한 투쟁수단을 2차 보이콧이라고 한다.

근로자들은 파업을 하지 않으면서 2차적 보이콧 행위를 하는 것은 사용자와 제3자 사이의 채권관계를 침해하는 것으로서 사용자 또는(및) 제3자가 이로 인하여 손해를 입는 경우 2차적 보이콧을 주도한 노조간부나 근로자들에게 불법행위책임을 물을 수 있을 것이다.[1] 2차적 보이콧이 정당한 파업을 지원하는 부수적 행위로서 행하여졌다고 하더라도 이를 정당한 쟁의행위라고 보기는 어렵다.[2] 다만, 2차적 보이콧 호소에 의하여 사용자나 제3자가 그들 사이의 계약상의 권리·의무관계의 실현에 실질적으로 제약을 받지 않았다면 노조간부나 근로자들에게 책임을 물을 수 없다.[3]

노동조합이 파업을 단행하지 않으면서 조합원들로 하여금 회사제품의 불매를 결의·촉구하는 행위는 노조및조정법 제2조 6호가 규정하고 있는 쟁의행위라고 볼 수 없다. 쟁의행위의 방법과 수단을 선택하는 것은 근로자들과 노동조합의 자유에 맡겨져 있는 것이지만 보이콧을 결의하여 사용자에게 압박을 가하는 것은 비례성원칙에 반하여 위법하다고 보아야 한다. 또한 사용자로서는 보이콧 행위에 대하여 적절하게 대응할 방어적 대항수단이 없다는 점도 지적되고 있다. 유력한 견해에 따르면 보이콧 행위는 쟁의행위로서의 적절성 및 헌법상의 단체행동으로서의 필요성이란 관점에서 적법한 쟁의행위 수단으로 정당화될 수 없다.[4] 오늘날 보이콧은 실제로 쟁의행위 수단으로 행하여지고 있지 않다.

2차적 보이콧은 미국의 Taft-Hartley법(제8조 (d))에서는 노동조합의 부당노동행위로서 위법한 것으로 규정되어 있다.[5] 쟁의행위가 원래 교섭당사자에 대한 실력행사임을 고려한다면 2차적 보이콧은 제3자에 대하여 압력을 가함으로써 그 영향이 사용자에게 간접적으로 미치게 하는 것이므로 원칙적으로 위법이라고 보아야 한다.[6] 그러나 제3자가 자발적으로 또는 그의 직장에서의 파업의 압력을 받고 사용자와의 거래를 중단한 경우에는 2차적 보이콧이라 하더라도 사용자와의 관계에서 위법한 것이 아님은 말할 것도

---

1) Kissel, *ArbeitskampfR* § 61 Rn. 124 ff.; Otto, *Arbeitskampf- und Schlichtungsrecht* 2006 § 11 Rn. 25 ff. 참고.

2) 근로자가 자기를 고용하고 있는 기업의 제품을 불매(不買)할 것을 호소하는 것(1차적 보이콧)은 근로계약상의 성실의무에 반하는 것이므로 보이콧은 파업을 지원하는 부수적 행위로서 행하여져야 하고 파업 없이 독립적인 행위로서는 정당하지 않다는 견해가 있다(菅野, 「勞働法」, 921面).

3) Kissel, *ArbeitskampfR* § 61 Rn. 124 f.

4) Birk/Konzen/Löwisch/Raiser/Seiter, *Gesetz zur Regelung Kollektiver Arbeitskonflikte*, 1988 S. 36; Kissel, *ArbeitskampfR* § 61 Rn. 126; Schaub/Treber, *ArbRHandb* § 192 Rn. 53 참고.

5) Gorman/Finkin, *Labor Law*, 313 et. seq.

6) 仁川地判 1989. 8. 30, 89 고단 2276; 이병태, 「노동법」, 304면; 임종률, 「노동법」, 256면.

없다.

⑸ 피케팅의 경우

피케팅은 원래 파업이나 태업과 같은 주된 쟁의행위의 보조적인 수단으로 행하여지는 것이므로 우선 파업이나 태업 자체가 쟁의행위로서 위법하지 않은 경우에 적법하다. 그러나 파업이나 태업이 적법하다 하더라도 피켓활동을 하는 근로자들이 근로를 희망하는 비조합원이나 조합원들에게 위협적 언동이나 폭력을 사용하여 파업참가 또는 태업에의 동조를 요구할 수 없는 것이므로(노조및조정법 제38조 Ⅰ), 피케팅은 평화적 설득(peaceful persuasion; friedliche Überredung)에 머무르는 한 정당성이 인정된다.[1] 현행 노조및조정법 제38조 1항은 당해 쟁의행위와 관계없는 자 또는 근로를 제공하고자 하는 자의 출입·조업 기타 정상적인 업무를 방해하는 방법으로 쟁의행위가 행하여져서는 아니 되며, 쟁의행위의 참가를 호소하거나 설득하는 행위로서 폭행 또는 협박을 사용하여서는 아니 된다고 하여 피케팅 내지 파업참가 촉구행위의 정당성 판단기준을 규정하고 있다. 이에 따르면 폭력행사를 하거나 공장 또는 사업장 입구에서 스크럼을 짜서 출입을 봉쇄하거나 취업중인 근로자들을 에워싸고 작업 및 집무를 방해하는 행위[2]는 비조합원에 대해서는 물론 조합원인 근로희망자에 대한 경우에도 위법하다. 조합원으로서 파업에 참가하지 않는 것은 조합근로자들의 연대의식을 파괴하고 쟁의행위의 관철력을 약화시키며 노동조합의 지시에 위반하는 행위이긴 하지만, 그렇다고 해서 이러한 조합원들에 대한 폭력행사가 정당화될 수는 없다.[3] 조합원인 근로자라 하더라도 쟁의행위에 참가할 것인가는 그 자신이 스스로 자유롭게 결정할 수 있기 때문이다. 이 이외에 사용자

---

1) Kim, *Streikpostenstehen*, S. 60 ff.; Kissel, *ArbeitskampfR* §35 Rn. 33, §42 Rn. 76 ff.; Manderla, *Die Rechtmäßigkeit der Verweigerung von Streikarbeit durch Arbeitnehmer*, Diss. Köln, 1990; Gamillscheg, *Kollektives ArbR*, Bd. Ⅰ, S. 1014; 菅野,「勞働法」, 919面. 同旨: 大判 1990. 10. 12, 90 도 1431(파업의 보조적 쟁의수단인 피케팅은 파업에 가담하지 않고 조업을 계속하려는 자에 대하여 평화적 설득, 구두와 문서에 의한 언어적 설득의 범위 내에서만 정당성이 인정된다); 大判 1990. 5. 15, 90 도 357; 大判 2011. 4. 14, 2010 도 16485 참고.「평화적 설득의 범위를 넘어 폭행·협박 또는 위력에 의한 실력적 저지나 물리적 강제는 정당화될 수 없다」는 판례: 大判 1992. 7. 14, 91 다 43800.

2) 日本 東京地判 昭和 50. 4. 16, 勞働經濟判例速報 880號(東京洗染機械製作所事件).

3) 大判 1991. 5. 14, 90 누 4006. 파업불참 조합원에 대하여는 조합내부의 제재에 의하여, 예컨대 제명을 시키는 등 징계조치를 취할 수 있을 뿐이다. 조합원인 파업이탈자에 대한 실력행사(스크럼에 의한 출입봉쇄)는 허용된다고 하는 견해(특히 外尾,「勞働團體法」, 463面)가 있으나, 이에는 찬동할 수 없다. 파업참가설득에 의하여 조합원이 그의 자유로운 의사결정에 따라 파업에 참가하도록 영향을 미치는 행위는 정당하지만, 그 한도를 넘어 강제력을 행사하는 것은 용인될 수 없기 때문이다. 출입증 또는 통행증을 발급하여 출입을 통제하는 행위도 정당하지 않다(Zöllner/Loritz/Hergenröder, *ArbR* §44 Rn. 43).

가 출하업무(出荷業務)를 비조합원으로 하여금 실행하려는 경우에 실력을 행사하여 출하를 저지하는 피케팅도 정당한 행위가 아니다.1) 예컨대 보안작업이나 보존작업을 수행할 인원의 출입에 대하여 출입증 제시를 요구하는 행위도 정당하다고 볼 수 없다.2) 파업기간 중이라 하더라도 사용자는 특히 비조합원인 종업원을 사용하여 조업을 계속하는 것은 그의 자유이다.3) 그러나 대체근로의 투입을 저지하기 위한 적정한 실력행사는 위법하다고 볼 수 없다.4)

피케팅의 정당성 근거를 언론의 자유(헌법 제21조)에서 도출하려는 견해가 있으나 타당하지 않다. 피케팅은 파업이나 태업의 보조적 행위로서 파업이나 태업의 공동적인 목표를 관철하려는 집단적 쟁의행위의 일부분에 지나지 않으므로 피케팅의 정당성도 쟁의행위의 정당성 근거에서 찾아야 한다.5) 노조및조정법 제38조 1항은 피케팅이 노동조합의 지도와 책임하에 이루어지는 것을 전제로 하고 있다. 그러므로 쟁의행위 자체가 정당성을 갖추지 못한 경우에는 피케팅도 정당성을 가질 수 없다. 파업이나 태업이 정당하다 하더라도 피케팅은 근로희망자의 정상적 업무를 방해하거나 폭력·협박 등을 통해 파업동참을 강제하는 방법으로 행해져서는 안 된다. 노동조합이 위법한 피켓행위를 조직적으로 집단화하여 실행하는 경우에는 파업 전체가 위법한 것이 되어 노동조합이 이에 대한 책임을 부담해야 한다.6)

(6) 직장점거의 경우

a) 파업의 실체는 근로자들이 근로계약상 부담하는 근로제공을 집단적으로 거부하는 데 있으며, 그 수단과 방법은 소극적으로 사용자에게 그들의 노동력을 제공하지 않는 것이므로 직장점거는 원칙적으로 쟁의행위권의 행사범위를 이탈하여 사용자의 영업의 자유 및 기업시설에 대한 권리를 침해하는 위법한 행위라고 할 수도 있다.7) 그러나 기

---

1) 日本 最高裁判 昭和 32. 2. 21, 刑集 11卷 2號, 877面; 日本 大阪高判 昭和 32. 3. 19, 勞刑集 7卷(千曲製作所事件); Hueck/Nipperdey, *Grundriß*, S. 303; Zöllner/Loritz/Hergenröder, *ArbR* §44 Rn. 43.

2) Kissel, *ArbeitskampfR* §42 Rn. 77.

3) 구 노동쟁의조정법 제15조(사용자는 쟁의기간중 쟁의에 관계없는 자를 채용 또는 대체할 수 없다)와는 달리 현행 노조및조정법 제43조는 「사용자는 쟁의행위기간중 그 쟁의행위로 중단된 업무의 수행을 위하여 당해 사업과 관계 없는 자를 채용 또는 대체할 수 없다」고 하여 사업 내의 쟁의불참가자에 의한 대체근로를 허용하고 있다(이에 관해서는 다음의 [120] 1. 참고). 외국에 있어서는 쟁의행위기간중 사용자에 의하여 채용된 제3자와 피켓근로자 사이에서 많은 사고가 발생하고 있음은 널리 알려진 사실이다.

4) 大判 1992. 7. 14, 91 다 43800.

5) Kim, *Streikpostenstehen*, S. 64 ff.

6) Kim, *Streikpostenstehen*, S. 24, 64 ff.; Zöllner/Loritz/Hergenröder, *ArbR* §44 Rn. 43.

7) 특히 독일에 있어서는 직장점거(Bertriebsbesetzung)는 위법하다는 것이 지배적 견해이다. Zöllner/

업별 노동조합의 형태를 취하고 있는 우리나라에서는 노동조합이 사업장 내에 사무소를 가지고 있으며 사업장 내에서 조합활동이 행하여지는 것이 일반적 현상이므로, 쟁의행위 기간 중에 근로자들이 직장을 점거한다고 하여 이로 인해 곧 사용자의 기업시설에 대한 권리(점유권 및 소유권)가 침해된다거나(민법 제203조 이하 및 제213조 이하 참조) 또는 주거침입죄(형법 제319조 이하 참조)가 성립된다고 볼 수는 없다. 또한 파업파괴의 방지를 목적으로 하는 직장점거는 그것 자체로서 당연히 위법하다고 해야 할 것은 아니다. 따라서 직장이나 사업장시설을 전면적·배타적으로 점거하지 않은 상태에서 조업을 방해하지 않는 부분적·병존적 직장체류는 위법하다고 할 수 없다.[1] 판례에 따르면 직장점거는 사용자측의 점유를 배제하지 아니하고 그 조업도 방해하지 않는 부분적·병존적 점거일 경우에 한하여 쟁의권의 행사방법으로서 정당성을 가진다고 한다.[2] 따라서 직장 또는 사업장 시설을 전면적·배타적으로 점거하여 조합원 이외의 자의 출입을 저지하거나 사용자 측의 관리·지배를 방해하는 것은 위법하다.[3] 파업기간 중에도 사용자는 근로희망자(파업불참자)를 사용하여 생산활동 등 조업(操業)을 계속할 수 있으므로 직장점거자들이 근로자들의 업무수행을 방해하거나 작업시설을 점거하는 행위는 위법하다고 보아야 한다.[4] 노조및조정법 제37조 3항(2021. 1. 5. 신설: 2021. 7. 6. 시행)은 「노동조합은 사용자의 점유를 배제하여 조업을 방해하는 형태로 쟁의행위를 하여서는 아니된다」고 규정하고 있다. 여기서 사용자의 점유는 정상적 조업을 위한 생산시설은 물론 작업에 필요한 공간(작업장소)에 대한 사실상의 지배를 의미한다고 보아야 한다.[5] 예컨대 파업참가근로

Loritz/Hergenröder, *ArbR* § 44 Rn. 43 m.w.N.; Gamillscheg, *Kollektives ArbR*, Bd. I, S. 1057 ff.; Birk 외(김형배 역), 「집단적 노사분쟁의 규율에 관한 법률」, 69면. 자세히는 Kissel, *ArbeitskampfR*, § 61 Rn. 78 ff. 참고.

1) 大判 2007. 12. 28, 2007 도 5204; 大判 1990. 10. 12, 90 도 1431; 大判 1991. 6. 11, 91 도 383(직장 또는 사업장시설의 점거범위가 일부분에 그치고, 사용자측의 출입이나 관리지배를 배제하지 않는 병존적 점거에 지나지 않을 때에는 정당한 쟁의행위로 볼 수 있으나, 이와 달리 직장 또는 사업장시설을 전면적·배타적으로 점거하여 조합원 이외의 자의 출입을 제지하거나 사용자측의 관리지배를 배제하는 것은 위법하다). 따라서 사용자의 기업시설을 장기간에 걸쳐 전면적·배타적으로 점유하는 것은 사용자의 시설관리권능에 대한 침해로서 정당화될 수 없다(大判 2017. 4. 7, 2013 두 16418; 大判 2007. 12. 28, 2007 도 5204 등).

2) 大判 1991. 6. 11, 91 도 383; 大判 1992. 7. 14, 91 다 43800; 大判 2007. 12. 28, 2007 도 5204 등.

3) 大判 2007. 12. 28, 2007 도 5204; 大判 2017. 4. 7, 2013 두 16418. 同旨: 石井, 「勞働法」, 399面; 菅野, 「勞働法」, 921面. 그러나 이와 다른 견해로서 대체근로의 저지를 목적으로 하는 직장점거는 전면적·배타적 점거에 이르지 않는 한 원칙적으로 정당하고, 주거침입·불퇴거죄나 업무방해죄에 해당하지 않는다는 학설이 있다(西谷, 「勞働組合法」, 437面).

4) Kissel, *ArbeitskampfR* § 61 Rn. 78 ff. 참고.

5) 신설된 제37조 3항에 따르면 파업근로자들에 의한 직장 또는 사업장시설의 점거범위에 관계없이 「사용자의 점유를 배제하는 형태로 쟁위행위를 하여서는 아니」되므로 쟁의행위에 의한 점거행위는 실

자들이 근로희망자의 사업장 출입을 저지하여 원자재 반입 또는 생산된 제품의 반출을 저지하거나, 작업장에 들어와 근로자들의 정상 조업을 방해하는 행위는 사업장에 대한 사용자의 점유·사용권한을 박탈하는 불법행위에 해당한다. 사용자가 업무 전용(專用)으로 설치한 인터넷이나 내부 전용 통신망을 쟁의행위 수행 목적으로 무단 사용하는 행위도 위법하다. 이러한 행위들이 쟁의행위를 주도하는 노동조합 간부들에 의하여 사용자를 위압하기 위한 전략적 수단으로 사용되는 경우에는 파업행위 전체가 위법한 것이 된다. 현행 노조및조정법 제42조 1항은 쟁의행위가 생산 기타 주요 업무에 관련되는 시설 및 이에 준하는 시설로서 대통령령(시령 제21조)[1]이 정하는 시설을 점거하는 형태로 행해져서는 안 된다고 규정함으로써 그 점거를 금지하고 있다(벌칙: 노조및조정법 제89조 ①). 또한 동조 2항은 안전보호시설의 정상적인 유지·운영을 방해하는 쟁의행위를 금지하고 있다(벌칙: 노조및조정법 제91조). 사용자의 집무실을 점거하거나 건물에 페인트를 칠하는 등 훼손행위를 하는 것은 당연히 그것 자체로서 위법한 행위라고 아니할 수 없다.[2]

b) 판례에 따르면 적법하게 직장점거를 개시하였다 하더라도 사용자가 적법하게 직장폐쇄를 단행하면 사용자의 사업장에 대한 물권적 지배권이 전면적으로 회복되는 결과 사용자는 점거 중인 근로자의 퇴거를 요구할 수 있고 그 이후의 직장점거는 위법하게 되므로 이에 불응하여 직장점거를 계속하는 행위는 퇴거불응죄(형법 제319조)를 구성한다고 한다.[3] 반면에 직장폐쇄가 정당한 쟁의행위가 아닌 경우 사용자가 직장을 점거하고 있는 근로자들에게 퇴거요구를 하더라도 근로자들의 쟁의행위가 적법한 것인 때에는 이에 불응하여 직장점거를 계속하는 행위는 퇴거불응죄를 구성하지 않는다고 한다.[4] 이러한 판례의 태도에 의하면 직장점거는 파업의 일부분을 구성하는 행위로 이해되고 있으며, 사용자의 사업장에 대한 물권적 지배권도 직장폐쇄의 정당성 유무에 의하여 영

질적으로 보다 널리 제한되어 직장점거의 금지의 외연(外延)이 확장되었다고 해석할 수 있고, 점거행위의 위법성 여부의 판단기준도 명확하게 되었다. 참고문헌: 김희성, '개정 노동조합 및 노동관계조정법 제37조 제3항과 제42조 제1항의 체계적·유기적 해석에 관한 연구 — 직장점거 금지범위의 외연(外延) 확장과 관련하여 —; 「勞動法論叢」 2020. 8. 참고. Zöllner/Loritz/Hergenröder, *ArbR* §44 Rn. 43.

1) 시행령 제21조에 의하여 점거가 금지되는 시설은 1) 전기·전산 또는 통신시설, 2) 철도의 차량 또는 선로, 3) 건조·수리 또는 정박중인 선박, 4) 항공기·항행안전시설 또는 항공기의 이·착륙이나 여객·화물의 운송을 위한 시설, 5) 화약·폭약 등 폭발 위험이 있는 물질 또는 「유해화학물질관리법」에 의한 유독물을 보관·저장하는 장소, 6) 기타 점거될 경우 생산 기타 주요 업무의 정지 또는 폐지를 가져오거나 공익상 중대한 위해를 초래할 우려가 있는 시설로서 고용노동부장관이 관계중앙행정기관의 장과 협의하여 정하는 시설이다.

2) 大判 1990. 5. 15, 90 도 357.

3) 大判 2004. 1. 27, 2003 도 6026; 大判 2005. 6. 9, 2004 도 7218.

4) 大判 2007. 3. 29, 2006 도 9307; 大判 2007. 12. 28, 2007 도 5204 등.

향을 받는 것이 된다.[1] 사법(私法)상 절대권인 물권적 지배권이 노동법의 집단법적 이론에 의하여 어느 범위까지 제한을 받을 수 있는 것인지는 더 연구해 보아야 할 것으로 판단된다. 직장점거가 파업의 필수적 부분을 구성하는 것이 아닌 한 사용자의 물권적 지배권이 함부로 제한받아서는 안 될 것이다.[2] 최근의 판례에 따르면 직장폐쇄가 정당한 경우에도 노조사무실과 생산시설이 장소적·구조적으로 분리될 수 없는 관계에 있다면 합리적 대안으로서 노조사무실 대체장소를 제공하지 않는 한 노조사무실의 출입을 제한할 수 없다고 한다.[3] 다른 한편 쟁의행위의 주된 목적이 정당성을 가질 수 없는 불법파업인 경우 이에 참가한 근로자들의 사업장 무단출입이 조합원의 수와 진입 경위 등에 비추어 사용자 측의 점유를 배제하기 위한 것인 이상, 설령 그 무렵까지 직장폐쇄를 유지한 것이 위법하다고 하더라도 근로자들의 행위는 정당행위로서 허용된다고 볼 수 없다는 판례가 있다.[4] 파업과 직장폐쇄는 노사 간의 집단적 행위로서 그 정당성 유무에 따라 그 책임 여부가 판단되는 것인데 파업행위가 그 목적에 있어서 정당하지 않은 경우라면 그 구성행위로 단행된 사업장 무단출입과 직장점거가 사용자 측의 점유를 배제하는 정도에 이르렀다면 정당화될 수 없고 직장폐쇄의 위법성 여부에 따라 달리 판단되어야 할 것은 아니라고 보아야 한다.[5]

《쟁의행위의 장소적 제한》

쟁의행위는 노동관계 당사자가 상대방에게 경제적 압력을 가하여 자기의 주장을 관철하기 위해서 행하는 것으로 「업무의 정상적인 운영을 저해하는 것」을 말한다. 따라서 근로자들이 행하는 파업은 노무제공을 집단적으로 거부하는 것으로서 「사업장에 출근하지 않는 것」을 말하며, 사용자가 행하는 직장폐쇄는 사업장을 폐쇄하여 근로자들의 노무제공을 수령하지 아니하는 것을 뜻한다. 그러므로 쟁의행위는 개념본질상 소극적 성질을 가지는 것이며, 파업은 근로자들이 그들의 사업장을 떠남으로써 이루어지게 마

1) 그러나 다른 판례는 건조물침입죄(형법 제319조)는 사실상의 주거의 평온을 그 보호이익으로 하는 것이므로 건조물 관리자의 의사에 반하여 건조물에 침입함으로써 성립하는 것이어서 직장폐쇄가 적법한지 여부는 건조물침입죄의 성부를 가르는 전제가 될 수 없음을 명백히 하고 있다(大判 2016. 3. 10, 2013 도 7186). 타당한 견해이다.

2) 판례는 사용자가 기업시설에 대한 방해배제 내지 방해예방청구권(민법 제214조)을 피보전권리로 하여 노동조합과 소속조합원을 상대로 임시의 지위를 정하는 가처분을 구하거나 같은 내용의 본안소송을 제기할 수 있음을 명확히 하고 있다(大判 2011. 2. 24, 2010 다 75754).

3) 大判 2010. 6. 10, 2009 도 12180.

4) 大判 2017. 4. 7, 2013 두 16418(大判 2016. 4. 12, 2015 도 17326; 大判 2005. 6. 9, 2004 도 7218 비교 참고).

5) 참고 판례: 大判 2007. 12. 28, 2007 도 5204(사업장을 점거한 근로자들의 퇴거불응죄의 성립을 직장폐쇄의 정당성 여부에 따라 달리 판단한 사례).

련이다. 또한 쟁의행위를 행하는 근로자들이 당해 사업장 밖에서 시위를 한다거나 기타 활동을 하는 것은 단체행동권의 내용으로서 당연히 보장되어 있는 것은 아니며, 노동법의 규율영역이라고 볼 수 없다. 그런데 구 노동쟁의조정법 제12조 3항에 의하면 「쟁의행위는 당해 사업장 이외의 다른 장소에서는 이를 행할 수 없다」고 규정하고 있었다(1980년 12월 31일 동조 신설). 동 규정은 원래 사업장 이외의 공공장소를 점거하여 시위나 집회를 하지 못하도록 하려는 데 그 입법의도가 있었던 것이지만, 위에서 지적한 것처럼 사업장 밖에서의 시위 및 집회의 금지는 노동법의 규율대상이라고 볼 수 없다. 뿐만 아니라 법문의 표현에 의하면 역으로 사업장 내에서의 점거파업이나 농성 등은 정당시되거나 사업장 밖인 정문에서 행해지는 피케팅 등은 금지되는 것처럼 해석될 여지가 있었다. 이와 같은 문제점으로 인하여 동 규정은 1996년 12월 31일의 노동법개정에서 삭제되었다. 우리나라의 판례와 학설은 일본에서와 같이 파업중에 사업장의 부분적·병존적 직장점거를 적법한 것으로 인정하고 있으나 산업별 노동조합 조직형태를 취하고 있는 유럽의 여러 나라 특히 독일에서는 직장점거(Betriebsbesetzung)를 적법하지 않은 쟁의행위 수단으로 판단하는 것이 판례와 학설의 지배적 다수설이다(이에 관해서는 [104] 2.에서 비교법적으로 고찰하였다).[1] 노조및조정법은 제37조 3항을 신설(2021. 1. 5.)하여 「노동조합은 사용자의 점유를 배제하여 조업을 방해하는 형태로 쟁의행위를 해서는 아니된다」고 규정하고 있다. 다른 한편 종사근로자가 아닌 상급단체인 노동조합의 조합원(예컨대 산업별 노동조합 또는 연맹 노동조합 간부인 조합원)이 쟁의행위 중에 그 산하 사업장에 들어와 파업에 협력할 것을 평화적으로 호소하는 행위는 노동조합의 활동으로서 제5조 2항(2021. 1. 5. 신설)에 의하여 원칙적으로 허용된다고 볼 수 있다. 그러나 이때에도 노동조합의 활동이란 명분하에 사용자의 점유를 배제하여 정상적 조업을 방해하여서는 아니된다(제37조 Ⅲ).

4. 쟁의행위의 제한·금지법규와 쟁의행위의 정당성

(1) 총 설

헌법은 공무원인 근로자에 대하여 법률로 인정된 자에 한하여 쟁의행위를 인정하고 있으며(헌법 제33조 Ⅱ; 국공법 제66조; 지공법 제58조 등), 방위사업법에 의하여 지정된 방위산업체에 종사하는 근로자 중 전력, 용수 및 주로 방산물자를 생산하는 업무에 종사하는 근로자는 쟁의행위를 할 수 없다(헌법 제33조 Ⅲ; 노조및조정법 제41조 Ⅱ, 벌칙 제88조; 시령 제20조)고 규정하고 있다. 그리고 일반근로자의 쟁의행위에 대하여는 노조및조정법에 의하여 여러 가지 제한이 가해지고 있다. 쟁의행위에 대한 이러한 제한·금지에 관해서는 헌법에 의한 단체행동권 보장과의 관계에서 여러 가지 근본적인 문제가 제기될 수

---

1) Kissel, *ArbeitskampfR* § 61 Rn. 59 ff.

있다. 그러나 이 곳에서는 근로3권을 제한하는 이러한 법규 자체의 타당성을 검토하려는 것이 아니고, 이러한 제한·금지에 위반하여 행하여진 쟁의행위의 노동법상의 정당성 문제를 고찰하려고 한다. 여기에서는 공무원의 쟁의행위 금지, 주요방위산업체에 종사하는 근로자의 쟁의행위 금지(제42조의2, 제71조 Ⅱ 참조)에 관해서만 살펴보기로 한다. 끝으로 쟁의행위의 정당성과 제한·금지에 관한 규정을 체계적으로 이해하기 위하여 노조및조정법 「제4장 쟁의행위」의 내용을 종합적으로 개관하기로 한다.

(2) **공무원의 쟁의행위의 금지**

공무원도 「임금·급료 기타 이에 준하는 수입에 의하여 생활하는 자」(노조및조정법 제2조 ①)라는 점에서 근로자로서의 성질을 가진 자임에는 틀림없으나 공무원은 법률로 인정된 자에 한하여 단결권·단체교섭권 및 단체행동권을 가질 수 있다고 헌법은 규정하고 있다(헌법 제33조 Ⅱ). 이러한 헌법의 규정을 기초로 하여 국가공무원법 제66조와 지방공무원법 제58조는 「사실상 노무에 종사하는 공무원」 이외에는 「노동운동 기타 공무 이외의 일을 위한 집단적 행위」를 할 수 없다고 규정하고 있다(노조및조정법 제5조 Ⅰ 단서 참조).[1] 그러므로 사실상 노무에 종사하는 공무원 이외의 일반공무원들의 쟁의행위는 전적으로 금지되어 있다.[2]

구 노동쟁의조정법 제12조 2항에서는 국가·지방자치단체에 종사하는 근로자는 쟁의행위를 할 수 없다고 규정되어 있었다. 다시 말하면 구 국가·지방자치단체 및 방위산업에 관한 특별조치법(제2조 ①·③, 제18조)에 의하여 지정된 방위산업체에 종사하는 근로자는 공무원의 신분 여하에 불구하고 쟁의행위가 금지되었다. 따라서 이 규정에 의하면 「사실상 노무에 종사하는 공무원」도 쟁의행위를 할 수 없는 결과를 가져왔다. 따라서 동조항이 헌법 제33조 2항의 규정에 위배된다는 위헌의 문제가 제기되었다. 이에 대해서 헌법재판소는 다음과 같은 결정을 내렸다. 즉 이 조항의 문언은 모든 공무원에게 단체행동권, 즉 쟁의권을 일률적으로 부인하고 있으며, 이로 인하여 헌법 제33조 2항이 예정하는 일정범위 밖의 공무원에까지 쟁의권이 제한·금지되는 결과가 되므로, 이 조항은 헌법 제33조 2항과 충돌되고 저촉되어 헌법에 불합치한다고 하였다([27] 2. (2) 참고).[3] 이에 따라 노조및조정법에서 국가·지방자치단체에 종사하는 근로자의 쟁의행위

1) 헌법재판소는 공무원의 집단적 행위를 금지하고 있는 지방공무원법 제58조 1항 등이 헌법에 반하지 않는다고 본다(憲裁 2005. 10. 27, 2003 헌바 50·2003 헌바 62·2004 헌바 96·2005 헌바 49).

2) 大判 2005. 7. 29, 2004 도 6166(전국공무원노동조합(전공노)이 기자회견문이나 성명서 등을 통해 조합원의 찬반투표 참여를 독려하여 온 사실 등을 고려하여 볼 때, 이러한 행위는 '노동운동'에 해당하거나 법률에 의해 금지되는 쟁의행위를 위한 준비행위로서 '기타 공무 이외의 일을 위한 집단행위'에 해당한다).

3) 憲裁 1993. 3. 11, 88 헌마 5.

를 금지하는 동 규정이 삭제되었다. 따라서 쟁의행위가 금지되는 공무원의 범위에 대해서는 현행 국가공무원법 및 지방공무원법 소정의 규정에 따라 판단하면 된다.

사실상 노무에 종사하는 공무원(국공법 제66조 Ⅱ 참조)이란 행정부 공무원의 경우 현업기관 작업현장에서 노무에 종사하는 우정직공무원으로서, 서무 · 인사 및 기밀업무에 종사하는 자, 경리 및 물품출납사무에 종사하는 자, 노무자 감독 사무에 종사하는 자, 보안업무규정에 의한 보안목표시설의 경비업무에 종사하는 자, 승용자동차 및 구급차의 운전에 종사하는 자에 해당하지 아니하는 자를 말한다(국가공무원 복무규정 제28조). 사실상 노무에 종사하는 공무원에게는 노조및조정법이 적용된다.

현역군인 · 경찰관리 · 형무관리와 소방관리인 공무원은 근로3권을 가질 수 없으므로(군인복무규율 제13조; 경찰공무원복무규정 제20조; 국공법 제66조; 국가공무원복무규정 제28조) 쟁의행위를 할 수 없다. 그리고 교육공무원에게는 국가공무원법 제66조가 준용된다(교육공무원법 제53조)([27] 2. ⑴ a) 참고).[1]

⑶ 주요 방위산업체에 종사하는 근로자의 쟁의행위의 금지

노조및조정법 제41조 2항은 헌법 제33조 3항의 규정을 받아 '「방위사업법」에 의하여 지정된 주요 방위산업체에 종사하는 근로자 중 전력, 용수 및 주로 방산물자를 생산하는 업무에 종사하는 자는 쟁의행위를 할 수 없'다고 규정하고 있다.[2] 「주로 방산물자를 생산하는 업무에 종사하는 자」란 방산물자의 완성에 필요한 제조 · 가공 · 조립 · 정비 · 재생 · 개량 · 성능검사 · 열처리 · 도장 · 가스취급 등의 업무에 종사하는 자를 말한다(시령 제20조).[3] 그러나 방위산업체로 지정된 업체라 하더라도 방산물자생산을 포기하고 그 생산조직과 활동을 폐지하여 방산물자(防産物資) 생산업체로서의 실체가 없어진 때에는 헌법 제37조 2항(기본권제한의 필요성과 한계)의 취지에 따라 형식상 방위산업체 지정처분이 취소되지 않았다 하더라도 쟁의행위가 제한되는 방위산업체에 해당한다고 보아서는 안 된다.[4] 또한 노조및조정법 제41조 2항과 동법 시행령 제20조의 문언, 내용, 체계와 목

1) 사립학교의 교원은 교육공무원이 아니지만, 사립학교법 제55조는 사립학교교원의 복무에 관하여 국공립학교의 교원에 관한 규정을 준용하고 있다(자세한 것은 [27] 2. ⑴ c) 참고).

2) 大判 2017. 7. 18, 2016 도 3185(주요 방위산업체 종사근로자의 범위는 엄격하게 제한적으로 해석하여야 한다.)([27] 2. ⑵ 참고).

3) 노조및조정법 제41조 2항과 동시행령 제20조는 쟁의행위가 금지되는 근로자(행위주체)의 범위를 특정하는 규정이지 쟁의행위가 허용되지 않는 범위를 구체적 상황에 따라 결정하기 위한 기준을 정한 규정은 아니다(昌原地判 2015. 11. 9, 2015 고단 1165 참고).

4) 大判 1991. 1. 15, 90 도 2278; 大判 1993. 4. 23, 93 도 493(방위산업체에 종사하는 근로자의 쟁의행위를 제한한 구 노동쟁의조정법 제12조 2항(현행 노조및조정법 제41조 Ⅱ)의 규정은 헌법 제33조 3항의 유보조항에 근거를 둔 것이고, 또 방위산업체에 종사하는 근로자에 한하여 특별히 쟁의행위를

적을 종합하여 판단할 때 중요 방위산업체로 지정된 회사가 그 사업의 일부를 사내하도급 방식으로 다른 업체에 맡겨 방산물자를 생산하는 경우에 그 하수급업체에 소속된 근로자는 노조및조정법 제41조 2항의 쟁의행위를 금지하는 근로자에 해당하지 않는다고 보는 것이 대법원 판례의 견해이다.[1)]

방위산업체는 아니지만 공항, 항만, 원자력발전소 등 국가 중요시설의 특수 경비 등에 종사하는 자들에 대해서도 쟁의행위가 금지된다(경비업법 제15조 Ⅰ, 시령 제2조).

⑷ 쟁의행위의 사전신고

노동조합이 쟁의행위를 하고자 할 때에는 고용노동부장관과 관할노동위원회에 쟁의행위의 일시·장소·참가인원 및 그 방법을 미리 서면으로 신고하여야 한다(노조및조정법 시령 제17조).[2)] 그러나 이러한 쟁의행위의 사전신고제도의 취지는 신고가 없이는 쟁의행위를 할 수 없다는 의미라기보다는 쟁의행위에 대처할 행정상의 편의와 예방가능한 손해발생의 방지 등을 위한 것이라고 해석되므로 원칙적으로 쟁의행위를 제한하는 규정으로는 해석되지 않는다. 사전신고위반의 쟁의행위에 대해서는 아무 벌칙규정이 없으며, 사전신고위반이 쟁의행위 자체의 정당성에 직접적인 영향을 미치는 것은 아니라고 생각한다.[3)]

《조합활동 등에 대한 제3자의 지원》

구 노조및조정법 제40조는 단체교섭 또는 쟁의행위와 관련하여 당해 노동관계 당사자와 직접 관련이 없는 제3자는 행정관청에 신고하거나 기타 법령에 의하여 정당한 권한을 가진 자를 제외하고는 단체교섭 또는 쟁의행위에 간여하거나 이를 조종·선동하여서는 아니 된다고 규정하였다(위반시 처벌규정: 동법 제89조 ①). 이 규정의 취지는 노동조합이나 사용자 또는 사용자단체가 단체교섭과 쟁의행위를 함에 있어서 정당이나 종교단체 또는 기타 사회단체를 통하여 상대방에게 압력을 가함으로써 노사의 분쟁이 노사자치의 범위를 넘어 본래의 단체활동의 목적을 이탈하는 것을 막으려는 데 있었다.[4)] 그러나 2006년 12월의 노조및조정법 개정시 노사의 자율성을 강화하고 국제기준에 맞

금지한다 하여 평등원칙에 위배되는 것이라고 볼 수 없다).

1) 大判 2017. 7. 18, 2016 도 3185.

2) 쟁의행위당사자 일방이 유효하게 신고를 하였다면 분쟁중에 새로운 쟁의사항이 추가되더라도 그 사항에 관하여 다시 별도로 쟁의발생신고를 할 필요는 없다(大判 1992. 11. 10, 92 도 859).

3) 大判 2007. 12. 28, 2007 도 5204(서면신고의무는 쟁의행위를 함에 있어 그 세부적·형식적 절차를 규정한 것으로서 쟁의행위에 적법성을 부여하기 위하여 필요한 본질적인 요소는 아니므로, 신고절차의 미준수만을 이유로 쟁의행위의 정당성을 부정할 수는 없다).

4) 구 노동쟁의조정법 제13조의2에 대한 위헌소송에서 헌법재판소의 결정: 憲裁 1990. 1. 15, 89 헌가 103.

는 법제도를 구축한다는 취지로 동 규정 및 관련 처벌규정을 삭제하였다. 따라서 노동관계 당사자는 조합활동이나 단체교섭 나아가 쟁의행위의 경우에도 아무런 제한 없이 상급단체나 전문가들의 조력을 받을 수 있게 되었다.

(5) 쟁의행위에 관한 법규정과 그 규율대상

a) 일반원칙 노조및조정법 제4장의 쟁의행위에 관한 각종의 규정들은 헌법이 보장한 단체행동권의 기본취지의 범위 안에서 근로자의 근로조건의 유지·개선과 경제적·사회적 지위 향상을 도모할 수 있도록 노사간의 정당한 집단적 투쟁의 요건과 한계를 비교적 자세히 규정하고 있다. 다른 한편 공공이익의 보호와 사회질서를 유지하는 가운데 사용자의 재산권을 존중하면서 분쟁 사업장에 대해서는 그 피해가 최소한에 머물도록 하고 있다. 기본적으로 근로자의 쟁의행위(파업)에 대하여 사용자의 쟁의행위(직장폐쇄)는 방어적인 한도 내에서 그 정당성이 인정되고 있다(노조및조정법 제46조). 파업은 일정한 기본원칙(주체·목적·방법·절차의 측면)하에 수행되어야 한다(제37조, 제41조 Ⅰ, 제42조 Ⅰ 전단 참조). 또한 쟁의행위(특히 파업)는 그로 인한 노사 당사자 및 일반국민에 대한 피해를 고려하여 최후적 수단으로서 단행되는 것이 옳다(제45조, 제62조 이하, 제2조 ⑤ 참조). 그리고 쟁의행위 기간중 노사 당사자 간의 손해부담의 공정성 확보를 위하여 임금지급은 정지된다(제44조 참조).

b) 공공의 이익의 보호 일반 공중의 생명·건강 및 신체의 안전을 보호하고 공중의 일상생활이 침해받지 않도록 하기 위하여 '필수유지업무'에 관한 자세한 규정을 두어 쟁의행위를 제한하고 있다(제42조의2 이하 참조). 이는 단체행동권이 국민의 공익보호의 차원에서 그 행사범위에 있어서 일정한 제한을 받고 있음을 뜻한다.

c) 근로관계의 유지와 사업장의 보호 파업기간 중에도 근로자들의 근로관계(고용관계)는 계속 유지되므로(제43조 Ⅰ 참조), 노동조합의 조합원이라 하더라도 작업시설의 손상이나 원료·제품의 변질 또는 부패를 방지하기 위한 작업은 계속하여야 하고(제38조 Ⅱ 참조), 사업장의 안전보호시설의 정상적인 유지·운영을 위한 보안작업은 중단할 수 없다(제42조 Ⅱ 참조). 이와 같은 규정은 파업 중인 사업장이 파업 종료 후에 근로자들이 바로 작업을 계속 수행할 작업장이라는 것을 전제로 하고 있는 것이다. 그런 의미에서 쟁의행위는 근로조건과 노사관계의 유지·개선을 목적으로 하는 최소한의 노무제공의 집단적 거부에 그쳐야 하는 것이며, 노사의 결별을 뜻하는 것은 아니다.

d) 규율대상 쟁의행위에 관한 노조및조정법 제37조 이하의 규정들은 쟁의행위의 정당성에 관하여 정하고 있으며, 노동조합, 조합 간부 또는 근로자(조합원) 개인을 그

규율대상으로 삼고 있다. 그러나 각 규정들이 특정 대상만을 배타적으로 규율하고 있는 것은 아니므로 해당 규정의 내용에 따라서는 중첩적으로 적용될 수 있는 경우도 있다. 따라서 각 조항의 적용에 있어서는 합목적적 해석을 하지 않으면 안 된다. 우선 쟁의행위의 기본원칙에 관한 제37조의 규정은 노동조합 내지 조합간부를 대상으로 하는 집단적 쟁의행위에 대한 일반조항(기본원칙)이라고 할 수 있다. 근로자(조합원) 개인은 쟁의행위의 주체가 될 수 없으므로 동 규정은 개인 근로자에게는 적용되지 않는다. 노동조합이 주도하는 집단적 쟁의행위가 동 규정에 위반하여 위법한 것으로 판단될 때에 노동조합 간부의 지시에 따라 파업에 단순 참가한(단순히 노무제공을 하지 않은 것에 불과한) 개개 조합원(근로자)은 노동조합 또는 조합 간부들과는 달리 (불법행위)책임을 부담하지는 않는다.[1] 노동조합은 쟁의행위가 적법하게 수행될 수 있도록 지도·관리·통제할 책임이 있다고 규정한 제38조 3항의 규정도 노동조합 및 그 간부를 규율대상으로 하는 일반규정이다. 조업방해, 사업장출입방해에 관한 제38조 1항의 규정은 일차적으로 노동조합의 간부를 규율대상으로 하므로 그러한 방해행위를 조직적·집단적으로 행하는 것을 금지하는 규정이지만, 동시에 개별 근로자에 대해서도 그러한 행위를 금지하는 규정으로 보아야 한다. 작업시설이나 원료·제품에 대한 보존작업의 유지에 대한 동조 2항의 규정도 마찬가지로 해석하여야 할 것이다. 쟁의행위는 폭력행위나 파괴행위 또는 생산 기타 중요업무에 관한 시설의 점거 등의 형태로 행할 수 없다고 규정한 제42조 1항과 조업방해를 금지한 제37조 3항의 규정은 기본적으로 쟁의행위의 방법 내지 행태의 정당성을 정한 제37조 1항과 연관된 규정으로서 일차적으로 노동조합 및 쟁의지도부(간부)를 그 규율대상으로 한다. 동조항들이 규정하고 있는 쟁의행위는 노동조합 간부의 주도에 의한 조직적·집단적 행위를 뜻하는 것으로 해석되기 때문이다('쟁의행위는 … 형태로 이를 행할 수 없다'). 그러나 조합간부의 지도나 통제를 벗어나 개개 근로자가 폭력이나 파괴행위 또는 주요업무시설의 점거행위도 이 규정에 의하여 금지된다고 보아야 한다. 기본적으로 조합원은 노동조합에 의하여 주도되지 아니한 쟁의행위를 하여서는 아니 된다(제37조 Ⅰ).

e) **책임**(민사책임, 노동법상 및 일반 형법상의 형벌) 위법한 쟁의행위를 한 행위자는 민사상 또는 형사상의 책임을 부담할 수 있다. 노동조합 또는 조합 간부가 조직적·집단적으로 위법한 쟁의행위를 기획하고 지시하는 때에는 그 책임을 면할 수 없다. 그러나 노동조합은 자연인이 아니기 때문에 형사책임 중 신체형의 형벌대상은 될 수 없으며 벌금형(재산상의 형벌)의 부과대상이 될 뿐이다. 따라서 노동조합이 법인이거나 법인이 아닌 단체인 경우(단체인 경우: 노조및조정법 제94조 참조) 그 대표자 및 간부(노조위원장, 규

1) 大判 2006. 9. 22, 2005 다 30610.

약에 의하여 또는 노조위원장의 위임을 받아 쟁의행위를 지도 · 관리 · 통제하는 권한을 가진 집행기관으로서의 간부)가 쟁의행위의 수행과 관련하여 위에서 언급한 위법한 행위(제88조 내지 제91조 참조)를 한 때에는 행위자인 대표자 및 간부를 처벌하는 외에 노동조합에 대하여는 해당 조항의 벌금형이 과해진다(제94조). 다만, 법인 · 단체 또는 개인이 위반행위 방지를 위하여 상당한 주의와 감독을 게을리하지 아니한 경우에는 그러하지 아니하다(제94조 단서. 2020. 6. 9 개정). 그리고 노동조합의 대표자 또는 간부(집행기관)에 의하여 기획 · 지시, 지도하는 등으로 조직적 · 집단적으로 행하여진 위법한 쟁의행위가 불법행위(민법 제750조)에 해당할 때[1]에는 민법 제35조 1항의 유추적용에 의하여 노동조합은 손해배상책임을 부담하게 된다.[2] 위법한 쟁의행위를 조직 · 지도한 조합 간부는 노조및조정법상의 해당 조항에 따라 형벌을 받게 되며(예컨대 제89조, 제91조 등 참조), 그 위법한 쟁의행위가 불법행위에 해당하는 때에는 민법 제750조의 규정에 따라 사용자에 대하여 손해배상책임을 부담한다.[3] 결국 불법쟁의행위(파업)로 인한 손해배상책임은 노동조합뿐만 아니라 그 쟁의행위를 기획 · 주도한 노조 간부들도 부담하며, 이 경우 노동조합과 노조 간부들의 손해배상책임은 부진정연대책임의 관계에 있다.[4] 개인 근로자가 폭력행위를 하거나 보안 · 보존작업 등을 수행하지 않음으로써(근로내용 및 작업공정의 특수성에 비추어 그 노무를 정지할 때 발생할 수 있는 위험 또는 손해 등을 예방하기 위하여 근로자가 준수하거나 중단하지 말아야 할 사항이나 업무를 제대로 이행하지 않은 경우) 노조및조정법의 해당규정(제42조 Ⅰ, 제42조 Ⅱ, 제38조 Ⅱ 참조)에 위반하는 행위를 한 때에는 처벌되며(제91조), 그 행위가 불법행위(민법 제750조)에 해당될 때에는 손해배상책임을 부담해야 한다.[5] 폭력 · 파괴행위, 안전보호시설의 유지 · 운영 불이행, 보존행위의 불이행을 노동조합은 쟁의행위로 할 수 없다. 안전보호시설의 유지 · 운영, 보존행위 등은 파업기간 중에도 노동조합의 지도하에 계속되어야 한다. 위법한 쟁의행위를 조직 · 지도한 조합간부와 위법한 쟁의행위에 적극 가담하거나 보안 · 보존작업 또는 필수유지업무의 수행을 이행하지 않은 개인 근로자는 계약상의 채무불이행 책임을 져야 함은 물론 징계를 받을 수 있다.[6] 위법한 쟁의행위를 조직 · 지도하거나 이에 가담하여 행한 불법행위가 사용자와의 관계에서 사

1) 大判 1994. 3. 25, 93 다 32828 · 32835.
2) 大判 1994. 3. 25, 93 다 32828 · 32835.
3) 大判 2006. 9. 22, 2005 다 30610.
4) 大判 2006. 9. 22, 2005 다 30610; 서울高判 2005. 4. 22, 2004 나 61992.
5) 大判 2006. 9. 22, 2005 다 30610.
6) 필수유지업무자가 파업에 참가하여 필수유지업무 결정을 위반(노조및조정법 제42조의2 Ⅱ; 벌칙 제91조)했더라도 필수유지업무의 정당한 유지 · 운영을 정지 · 폐지 또는 방해하는 결과를 초래하지 않았다면 처벌될 수 없다는 원심 판결을 수긍한 사례(大判 2016. 4. 12, 2015 도 17326).

회통념상 근로관계를 더 이상 계속시킬 수 없을 만큼 중대한 것인 때에는 해당 지도 간부나 근로자는 해고될 수 있을 것이다.

사용자가 위법한 직장폐쇄를 한 경우에 제94조의 양벌규정과 제91조의 벌칙규정에 해당하는 때에는 처벌된다.

위법한 쟁의행위를 한 자에 대하여는 노동법상의 형벌규정(제88조 내지 제93조 참조) 이외에 일반 형법이 적용될 수도 있다. 특히 형법 제314조의 업무방해죄는 주로 위법한 쟁의행위를 기획·조직한 조합 간부에 대하여 적용되어 왔다. 노동법상의 형벌 이외에 일반 형법상의 형벌을 부과하기 위해서는 해당 형법 조항의 구성요건의 구비 여부를 추가적으로 검토하여야 할 것이다. 그러나 대법원은 쟁의행위의 형법상의 정당행위 여부를 민법상의 정당성 요건과 동일하게 판단하고 있다.[1] 따라서 이러한 요건을 구비하지 않은 쟁의행위를 주도한 조합간부에 대해서는 업무방해죄가 부과될 수 있게 된다. 다만, 대법원은 최근에 전원합의체 판결로 '쟁의행위로서의 파업이 언제나 업무방해죄에 해당하는 것으로 볼 것은 아니'라고 하여 업무방해죄의 구성요건인 위력의 개념내용을 제한하고 있다([119] 4. (4) 참고).[2]

f) 단체교섭과 단체협약 체결과의 관계 쟁의행위는 단체교섭이 결렬됨으로써 발생된 투쟁행위이지만 투쟁상대방으로부터 수용가능한 제안이나 조건이 제시되면 협약당사자인 노동조합이나 사용자는 쟁의행위기간 중이라도 단체교섭에 응해야 하며, 노사가 합의에 이르면 단체협약이 체결될 수 있다. 이와 같이 단체교섭의 개시와 단체협약의 체결은 쟁의행위가 적법하게 진행되고 있건 위법한 행태로 행하여지고 있건 간에 쟁의행위기간중에도 언제나 열려 있는 것으로 보아야 한다. 쟁의행위가 부분적으로 폭력이나 파괴행위를 동반하고 있거나, 일부 업무시설을 점거하는 형태로 행하여지고 있거나, 보안·보전작업을 부분적으로 거부하는 상태로 진행되거나, 필수유지업무를 소홀히 하면서 수행되고 있더라도 분쟁의 합리적 해결을 위한 노동조합의 성실한 교섭제의가 있는 때에는 사용자는 교섭에 응해야 하고 이를 거부하는 것은 부당노동행위에 해당한다. 사용자의 교섭제의가 있을 때에도 마찬가지이다. 위법한 쟁의행위에 대한 책임의 문제와 성실한 교섭의 개시와 진행은 구별해서 판단해야 한다. 쟁의행위기간 중에도 단체교섭은 원칙적으로 어느 때나 행해질 수 있으며, 단체협약도 체결될 수 있다. 다만, 노동조합이 주도하지 않은 파업에 있어서는 협약체결능력을 가진 주체가 존재하지 않으므로 단체교섭과 단체협약의 체결은 행하여질 여지가 없다.

---

1) 大判(전합) 2001. 10. 25, 99 도 4837; 大判 2003. 11. 13, 2003 도 687.
2) 大判(전합) 2011. 3. 17, 2007 도 482.

노조및조정법상 쟁의행위에 관한 제4장의 규정들(제37조 이하)은 단체교섭·단체협약에 관한 제3장의 규정들(제29조 이하) 및 노동쟁의의 조정에 관한 제5장의 규정들(제47조 이하)과 연관하여 이해·해석되어야 한다.

(6) 쟁의행위와 비조합원의 지위

a) 비조합원들은 스스로 쟁의행위를 조직하여 수행할 수 있는 단체행동권의 주체가 아니다. 또한 비조합원은 노동조합의 구성원이 아니므로 쟁의행위(파업)가 발생한 경우에 노동조합의 간부의 지시에 따라 쟁의행위에 참가할 의무를 부담하지 않는다. 그러나 파업이 발생한 경우에 비조합원이 참여하지 않는다면 쟁의행위의 성과(임금인상 등 근로조건 개선에 관하여 정한 단체협약의 체결)는 그만큼 기대하기 어려울 것이다. 더욱이 노동조합의 조직율이 낮은 상황에서는 비조합원의 동참이 쟁의행위의 성패를 좌우할 수 있다.[1] 또한 파업에 의하여 쟁취된 단체협약의 근로조건은 비조합원에게도 간접적으로 적용되기 때문에 비조합원들이 파업에 동참하지 않고 노무를 계속 제공하면서 조합원들이 파업손실(파업기간 중의 임금불지급)을 감수하며 쟁취한 단체협약상의 이익을 얻는 것은 동일한 사용자에 의하여 고용된 근로자의 입장에 비추어 보면 공정하지 않다고 볼 수 있다. 독일의 지배적 견해에 따르면 노동조합이 주도하는 적법한 파업에는 조합원은 물론 비조직근로자인 근로자들도 이에 참여하여 노무제공을 거부할 수 있는 파업권을 가진다고 한다.[2] 그러나 조합원들이나 비조합원들이 파업에 참가하지 않는 경우 사용자는 이들에게 임금을 지급하여야 하므로 직장폐쇄를 단행하므로써 노무제공의 수령을 집단적으로 거부하고 임금지급의무를 면할 수 있다. 이 경우에 사용자는 비조합원에 대하여도 직장폐쇄를 단행할 수 있다는 것이 독일의 지배적 견해이다.[3] 이상의 내용을 종합

---

1) Zöllner/Loritz/Hergenröder, *ArbR* § 44 Rn. 22; Lieb/Jacobs, *ArbR* § 7 Rn. 670 참고.

2) Kissel, *ArbeitskampfR* § 38 Rn. 12; Lieb/Jacobs, *ArbR* § 7 Rn. 670; Zöllner/Loritz/Hergenröder, *ArbR* § 44 Rn. 22. 그러나 비조합원의 파업참가 즉 노무제공의 거부가 개별적 근로계약상 채무불이행에 해당하는 것이 아닌지에 관하여 이론적 해명이 여전히 불명확한 것이 사실이다. Lieb교수는 노동조합의 파업결의가 조합원들에게는 물론 비조합원들에게도 근로계약상 적법한 노무제공거부의 근거를 제공한다고 한다(Lieb/Jacobs, *ArbR* § 7 Rn. 573). 또한 Seiter교수는 노동조합의 가입여부에 불구하고 모든 근로자들의 쟁의행위권을 주관적·사적 쟁의행위권(subjektiv-privates Arbeitskampfrecht)으로 이해하는 이론을 전개하므로써 비조합원의 파업참가에 따른 노무제공 거부의 적법성 근거를 제시하고 있다(Seiter, *Streikrecht und Aussperrungsrecht* 1976, 특히 S. 183 ff. 참고). 비조직근로자의 사용자에 대한 파업참가의사 통지는 파업참여에 따른 노무제공 거부에 의하여 추단된다(Dütz/Thüsing, *ArbR* Rn. 667).

3) Lieb/Jacobs, *ArbR* § 7 Rn. 569 f., 670 참고: Zöllner/Loritz/Hergenröder *ArbR* § 44 Rn. 23; Kissel, *ArbeitskampfR* § 38 Rn. 14. 다만 이 경우에 사용자는 조합원인 근로자에 대해서만 선택적 직장폐쇄를 할 수 있는지에 관하여는 학설이 대립하고 있다. 부정설이 지배적 견해이다: Junker, *Grundkurs ArbR* § 9 Rn. 619; Löwisch/Caspers/Klumpp, *ArbR* Rn. 1148; Kissel, *ArbeitskampfR* § 55 Rn. 8 f.;

해 보면 근로자들의 파업에 관한 한 조합원 또는 비조합원 여부에 불구하고 파업이 발생한 사업장의 전체 종사근로자(Belegschaft)에 대하여는 쟁의행위권 통일의 원칙이 적용된다고 볼 수 있다.[1] 이러한 원칙은 사업장 내의 단체협약 통일(Tarifeinheit)의 원칙 및 조합원과 비조합원에 대한 일반적 균등처우의 원칙과 맥을 같이 한다.

이상과 같은 원칙이 적용되는 배경에는 적법한 쟁의행위의 성과로서 체결된 유리한 단체협약은 사용자의 임의로, 관행에 의하여 또는 일반적 구속력(노조및조정법 제35조) 제도에 따라 비조합원에 대하여도 간접적으로 적용되는 단체협약의 실제적 기능이 자리하고 있다. 다만 파업이 위법한 경우에는 이른바 쟁의행위권 통일의 원칙은 적용될 여지가 없다.

[119] V. 정당성이 없는 쟁의행위와 책임귀속

1. 총 설

정당성이 없는 위법한 쟁의행위는 근로자들에 의하여 수행된 집단행위 전체를 말하는 것이고 개인근로자의 개별적 쟁의참가행위를 뜻하는 것은 아니다. 마찬가지로 위법한 쟁의행위에 대한 책임도 집단적 쟁의행위를 행한 주체의 책임과 그 책임 내용을 가리키는 것이다. 이러한 관점에서 노동조합, 조합 간부, 개인근로자의 민사책임과 형사책임은 구별해서 판단해야 한다. 집단행위로서의 파업이 정당한 때에도 조합 간부 또는 개인근로자의 민·형사책임이 문제되는 경우가 있음은 위에서 여러 번 지적하였다. 이곳에서는 민사상 손해배상책임, 징계처분, 형사책임에 따라 노동조합, 조합 간부, 개인근로자의 책임 여부를 설명하기로 한다.

2. 손해배상책임의 귀속

(1) 민사책임의 주체와 내용

a) 노조및조정법 제3조는 「사용자는 이 법에 의한 단체교섭 또는 쟁의행위로 인하여 손해를 입은 경우에 노동조합 또는 근로자에 대하여 그 배상을 청구할 수 없다」고 규정하고 있다. 쟁의행위는 개인근로자들이 통일적·집단적으로 행하는 조직적 행위로서

Lieb/Jacobs, *ArbR* § 7 Rn. 670; Brox/Rüthers, *Arbeitskampfrecht* § 8 Rn. 216). 독일연방노동법원(BAG)에 따르면 사용자가 조합원에 대하여만 직장폐쇄를 하는 것은 부당한 차별에 해당하므로 비조합원에 대하여도 직장폐쇄를 해야 한다고 한다(Lieb/Jacobs, *ArbR* § 7 Rn. 670 참고).

1) Kissel, *ArbeitskampfR* § 38 Rn. 15; Lieb/Jacobs, *ArbR* § 7 Rn. 670.

노동조합 간부들의 지시와 관리를 통하여 구체적으로 실현된다. 그러므로 쟁의행위가 위법한 경우에는 노동조합, 조합 간부 및 위법쟁의행위에 참가한 근로자 개인이 책임주체로서 문제된다. 민사책임으로는 일반적으로 불법행위 및 채무불이행에 의한 손해배상책임이 주된 책임내용이 된다. 그러나 쟁의행위가 정당하지 않다고 해서 곧바로 불법행위와 채무불이행에 의한 책임이 발생하는 것은 아니며 책임주체를 중심으로 각 책임요건(고의·과실, 행위위법성, 행위와 손해발생 사이의 인과관계)이 갖추어졌는지를 검토해야 할 것이다.

b) 쟁의행위는 이에 참가한 각 근로자의 개별적 행위의 단순한 총화(總和)가 아니며 하나의 통일적·집단적 행위이므로 이를 조직·지도하면서 주도적 역할을 한 조합 간부의 행위가 매개되지 않고서는 이 법에 의한 쟁의행위가 이루어질 수 없다. 사용자의 정상적 업무를 저해하는 행위는 조합 간부에 의해서 주도적으로 조직화된 통일적 집단행위이며, 그러한 집단적 행위가 정당성을 결한 경우에 개인 조합원에 앞서 노동조합과 조합 간부가 일차적 책임을 부담해야 한다. 정당성이 없는 쟁의행위에 참가하여 노무를 거부한 개인 근로자는 근로계약상의 노무제공의무를 이행하지 않은 것이 되어 채무불이행 책임을 부담할 수 있다. 따라서 다음에서는 노동조합의 책임, 조합 간부의 책임, 근로자 개인의 책임의 순으로 민사책임의 내용을 설명하기로 한다.

(2) 노동조합 자체의 책임

쟁의행위는 조직적이고 통일적으로 수행되는 집단적 행위이다. 위법한 쟁의행위도 노동조합의 기획과 주도하에 결행되며 그 지시에 따라 구체적으로 수행되는 것이 보통이다.

노동조합의 주도하에 쟁의행위가 행하여진다는 것은 구체적으로 쟁의행위를 기획·조직·지시하는 등으로 주도하는 노조위원장 기타 집행 간부들에 의하여 수행된다는 것을 뜻한다. 위법한 쟁의행위는 사용자에 대하여 불법행위(민법 제750조)를 구성하므로 이로 인하여 발생된 손해에 대하여 노동조합은 손해배상책임을 부담한다. 노동조합이 손해배상책임을 부담하는 것은 노동조합이 직접 불법행위를 했기 때문이 아니라, 민법 제35조 1항의 유추적용에 따라 노동조합의 집행기관인 조합 간부들의 행위에 대하여 책임을 지기 때문이다.[1] 노동조합이 법인이 아닌 권리능력 없는 사단인 경우에도 마찬가지이다.[2] 즉, 노조 간부들의 행위는 노동조합인 단체의 행위라고 할 수 있다. 노동조합 자

1) 大判 1994. 3. 25, 93 다 32828·32835.

2) 大判 1994. 3. 25, 93 다 32828·32835(노동조합의 간부들이 불법쟁의행위를 기획·지시·지도하는 등 주도한 경우에 이와 같은 간부들의 행위는 조합의 집행기관으로서의 행위라 할 것이므로, 이러한 경우 민법 제35조 1항의 유추적용에 의하여 노동조합은 그 불법쟁의행위로 인하여 사용자가 입은 손

체는 자연인이 아니기 때문에 스스로 불법행위능력을 가지고 구체적 행위를 할 수 있는 실체가 아니며, 노조 간부들의 책임이 귀속되는 책임주체이다. 그리고 노동조합이 책임을 부담한다는 것은 노동조합재산(책임재산)이 사용자의 손해배상청구에 대한 집행대상이 된다는 것을 의미한다. 위법한 쟁의행위를 기획, 지시, 지도하는 등으로 주도한 노조 간부들도 노동조합의 책임과는 별도로 불법행위책임(민법 제750조, 제35조 Ⅱ)을 부담하므로,[1] 노동조합과 조합 간부들(집행부)은 사용자에 대하여 부진정연대채무를 지게 된다.[2]

노동조합은 근로계약 당사자가 아니기 때문에 채무불이행책임의 주체가 될 수 없음은 물론이다. 노동조합이 평화의무 위반의 위법한 쟁의행위를 단행한 경우에 사용자는 단체협약에 내재하는 평화의무를 근거로 노동조합에 대하여 평화의무의 이행, 즉 쟁의행위의 중지(부작위)를 청구할 수 있고 쟁의행위로 인하여 손해가 발생한 때에는 채무불이행(단체협약에 내재하는 평화의무의 채무불이행)으로 인한 손해배상을 청구할 수 있다고 보아야 한다.[3]

위법한 쟁의행위가 발생한 경우에 사용자는 노동조합이 쟁의행위를 빠른 시일 내에 중단할 것을 명하는 가처분을 법원에 신청할 수 있다.[4]

⑶ 조합 간부의 책임

조합 간부는 쟁의행위를 조직·주도하는 지위에 있으면서 근로자들의 노무제공거부를 집단화하여 적극적으로 권유·지시·명령하는 행위자이다. 따라서 노조 간부가 당해 회사의 종업원인 때에는 근로계약위반으로 인한 채무불이행책임을 부담하면서,[5] 위법한 집단적 쟁의행위를 조직·기획하여 실행한 행위에 대해서는 불법행위(민법 제750조)로 인하여 발생된 손해 전체에 대하여 책임(연대책임)을 부담해야 한다. 이 경우에 조합 간부

해를 배상할 책임이 있고, 다른 한편 조합 간부들의 행위는 단체로서의 행위 외에 개인의 행위라는 측면도 지니고 있으므로 쟁의행위가 개개 근로자의 노무정지를 조직하고 집단화하여 이루어지는 집단적 투쟁행위라는 본질적 특징을 고려한다면 노동조합의 책임 외에 불법쟁의행위를 주도한 조합의 간부들 개인에 대하여도 책임을 지우는 것이 상당하다); Zöllner/Loritz/Hergenröder, *ArbR* § 44 Rn. 38; Kissel, *ArbeitskampfR* § 47 Rn. 38; BAG AP Nr. 108 zu Art. 9 GG Arbeitskampf. 일본에서의 노동조합의 불법책임근거에 관한 설명으로는 菅野, 「勞働法」, 933面; 日本 長野地判 昭和 42. 3. 28, 勞民集 18卷 2號〔みすず豆腐事件〕 참고. 위의 견해와는 달리 노동조합인 단체도 일본 민법 제709조(우리 민법 제750조)의 불법행위에 관한 일반규정에 따라 직접 불법행위책임을 부담하는 것으로 해석하면 된다는 견해가 있다(西谷, 「勞働組合法」, 449面 등).

1) 大判 1994. 3. 25, 93 다 32828·32835.

2) 大判 2006. 9. 22, 2005 다 30610. Zöllner/Loritz/Hergenröder, *ArbR* § 44 Rn. 38.

3) Zöllner/Loritz/Hergenröder, *ArbR* § 44 Rn. 46; Kissel, *ArbeitskampfR* § 47 Rn. 58 f.

4) 大判 2011. 2. 24, 2010 다 75754; 서울西部地判 2007. 7. 24, 2007 카합 1159 참고.

5) 채무불이행책임은 각자의 노무정지로 인하여 발생한 손해부분에 대한 개별적 책임으로 보아야 할 것이다(同旨: 菅野, 「勞働法」, 934面 이하). 그 밖에 징계책임도 문제될 수 있다.

의 행위는 사용자가 근로자에 대하여 가지는 채권(노무급부청구권)을 침해한 불법행위 또는 사용자의 영업권 또는 경영에 대한 의사결정의 자유를 침해한 불법행위에 해당된다. 노조 간부는 복수인 경우가 보통이므로 이들은 「조직 · 주도자」로서 공동불법행위로 인한 손해 전체에 대하여 연대책임을 부담한다(민법 제760조, 제413조 이하 참조). 노조 간부들의 불법행위로 노동조합이 사용자에 대하여 불법행위책임을 지는 경우에 노조 간부들은 노동조합과 함께 부진정연대채무를 부담한다(민법 제35조 I 참조).[1] 이 경우에 피케팅, 불법한 직장점거 또는 전단살포 등을 통하여 노무제공의 집단적 거부를 지시 · 지도한 자도 공동불법행위자로서 연대책임을 부담할 수 있다(노조및조정법 제38조, 제42조 II 참조).

(4) 개별 근로자의 책임

a) 정당성이 없는 집단적 쟁의행위에 참가한 개별 근로자의 노무제공 거부행위는 근로계약의 노무제공의무에 반하는 것이 되어 각 근로자는 채무불이행책임(민법 제390조, 제655조)을 부담한다(노조및조정법 제3조의 반대해석).[2] 이때 채무불이행책임의 내용은 사용자가 입은 전체의 손해에 대한 참가근로자들과의 연대책임이 아니라, 각자의 노무정지로 인하여 발생한 손해 부분에 대한 개별적 계약상의 책임에 한정되는 것으로 보아야 한다.[3] 정당성이 없는 쟁의행위에 단순히 참가한 개인 근로자에게는 노무제공을 거부한 채무불이행(계약위반)만이 문제될 수 있다. 노동조합의 주도하에 근로자들의 노무제공 거부행위가 집단적으로 조직화되어 사업의 정상적인 운영을 저해함으로써 사용자에게 손해를 가하는 때에는 사용자의 영업권 내지 결정의 자유가 침해된다. 이 경우에 불법행위책임의 주체는 조합원들의 노무제공 거부행위를 조직적으로 집단화한 노동조합과 조합간부들이지만(제37조 II, 제38조 III 참고)[4](위의 (2), (3) 참고) 개별 근로자라 하더라도 이와 같은 조직적 집단행위에 적극 참여하여 주도적인 역할을 함께 하였다면 불법행위책임을 연대하여 부담해야 할 것이다. 판례[5]는 노동조합 등의 지시에 따라 단순히 노무를 정지한 일반조합원에 대해서는 노동조합 또는 조합 간부들과 함께 공동으로 불법행위책임(손해배상책임)을 부담하지 않는다고 하여 개별근로자의 불법행위책임을 제한하고 있다.

---

1) 판례는 민법 제35조(법인의 불법행위능력)를 유추적용하여 노동조합 자체의 배상책임과 조합간부들의 배상책임을 인정하는 태도를 취한다(大判 2006. 9. 22, 2005 다 30610; 大判 1994. 3. 25, 93 다 32828 · 32835).

2) Zöllner/Loritz/Hergenröder, *ArbR* § 44 Rn. 20; Dütz/Thüsing, *ArbR* Rn. 773, 789 ff. 참고.

3) 菅野, 「勞働法」, 934面 이하; Kissel, *ArbeitskampfR* § 47 Rn. 69 참고.

4) 菅野, 「勞働法」, 934面 이하; 西谷, 「勞働組合法」, 442面 이하(노동조합 자체를 대외적 책임주체로 보는 견해) 참고.

5) 大判 2006. 9. 22, 2005 다 30610; 大判 2011. 3. 24, 2009 다 29366.

즉, 쟁의행위는 언제나 단체원의 구체적인 집단적 행동을 통해서만 현실화되는 집단적 성격을 가지며, 근로자의 단결권은 헌법상 권리로서 최대한 보장되어야 하는데 일반조합원에게 쟁의행위의 정당성 여부를 일일이 판단할 것을 요구하는 것은 근로자의 단결권을 해칠 수도 있는 점, 쟁의행위의 정당성에 관하여 의심이 있다 하여도 일반조합원이 노동조합 및 노동조합 간부들의 지시에 불응하여 근로제공을 계속하기를 기대하기는 어려운 점 등에 비추어 보면, 일반조합원이 불법쟁의행위시 노동조합 등의 지시에 따라 단순히 노무를 정지한 것만으로는 노동조합 또는 조합 간부들과 함께 공동 불법행위책임(민법 제760조)을 진다고 할 수 없다고 한다.[1] 다만, 근로자의 근로내용 및 공정의 특수성과 관련하여 그 노무를 정지할 때에 준수하여야 할 사항 등이 정하여져 있고(노조및조정법 제38조 Ⅱ, 제42조 Ⅱ, 제42조의2 Ⅱ 참조), 당해 근로자가 이를 준수하지 않고 노무를 정지함으로써 그로 인하여 손해가 발생하였거나 확대되었다면, 그 근로자가 일반조합원이라고 하더라도 그와 상당인과관계에 있는 손해를 배상할 책임이 있다고 한다. 이때에 「그와 상당관계에 있는 손해」란 집단적 쟁의행위에 의하여 발생된 손해를 말하는 것이 아니라 준수해야 할 노무제공의무를 정지함으로써 발생·확대된 손해를 가리킨다.

쟁의행위 자체가 정당성을 가지고 있는 경우라도 개별 근로자가 노동조합 지도부의 지시에 위반하여 폭력행위를 한다거나 불법적인 직장점거 또는 파괴행위를 행한 경우(제42조 Ⅰ 참조)에는 — 벌칙(제89조 ①)이 적용되는 외에 — 그러한 행위와 손해 사이에 상당적 인과관계가 있는 범위 안에서 불법행위책임을 져야 한다.[2] 이 경우에 해당 근로자는 해고되거나 그 밖의 징계책임을 질 수 있다(다음의 3 참고).[3]

비조합원인 근로자도 정당한 쟁의행위인 파업에 참가할 수 있다고 보아야 한다. 이들은 노동조합의 구성원인 조합원이 아니더라도 적법한 파업에 참가하여 그 성과로서 체결된 단체협약의 적용을 간접적으로 받을 수 있으므로 그 한도에서 헌법상 단체행동

1) 노동조합이 주도하는 불법파업에서 파업참가자의 과책은 원칙적으로 부인된다는 견해가 독일에서의 통설이다(Waltermann, *ArbR* Rn. 707 f.).

2) Zöllner/Loritz/Hergenröder, *ArbR* §44 Rn. 43. 노동조합이 주도한 쟁의행위 중에 일부 조합원의 불법행위에 의하여 손해가 발생한 경우에, 그 조합원들은 손해배상책임을 부담한다는 일본의 판결례가 있다(日本 岐阜地判 昭和 56. 2. 23, 勞判 367號[帝國與信所事件]). 이 판례를 요약하면 다음과 같다. 노동조합이 조직·주도한 쟁의행위에 가담한 일부 조합원들이 대량의 유인물을 회사 내의 벽과 천정, 그리고 유리창 등 시설에 부착함으로써 회사가 이를 제거하는 데 상당한 비용을 지출한 사건에서, 비록 쟁의행위의 목적이 정당하다 할지라도 기업시설의 이용권과 관련하여 그 수단에 있어서 정당성을 벗어난 일탈행위가 있다면 그로 인하여 발생한 손해에 대하여 행위자인 조합원들은 공동불법행위책임을 부담한다고 한다. 또한 기업의 시설관리권을 침해한 위법한 유인물부착행위에 대하여 그 부착행위를 지령한 노동조합과 이를 실행한 개별조합원은 연대하여 손해를 배상할 책임이 있다는 판례도 있다(日本 東京地判 昭和 50. 7. 15, 勞働法律旬報 888號).

3) 菅野, 「勞働法」, 936面 참고.

권의 주체라고 볼 수 있다. 근로조건 개선을 목적으로 하는 쟁의행위(파업)와 관련하여 비조합원은 조합원과 이해관계를 같이하므로 노동조합이 주도하는 파업에 동참하여 노무제공을 적법하게 거부할 수 있고, 노무제공 거부로 인한 채무불이행 책임을 부담하지 않는다. 반면 사용자는 조합원인 근로자와 함께 비조합원에 대하여도 직장폐쇄를 단행하므로써 노무제공의 수령을 적법하게 거부하고 그 기간 동안 임금을 지급하지 않을 수 있다([118] 4. (6) 참고).[1]

《위법쟁의행위에 참가한 개별 근로자 책임의 부정론》

일본에서는 단체의 조직적·통일적 행동으로서 행하여지는 위법한 쟁의행위에 있어서 개별 근로자의 책임을 일체 부인하려는 견해(단체단독책임설)가 주장되고 있다.[2] 이 견해에 의하면 개개 근로자의 행위는 다수결의 원리에 따라 형성되는 단체의 집단적 의사에 구속을 받으면서 조직적·통일적 행동 속에 매몰되어 버리기 때문에 그 집단적 행위에 대한 책임주체가 될 수 없다고 한다.[3]

위의 견해는 타당하다고 볼 수 없다. 개별 근로자의 행위가 단체 속에 매몰된다고 하나, 쟁의행위는 개인의 자유로운 의사결정을 기초로 하여 근로조건을 개선해 나가는 하나의 법인(法認)된 제도로서 인정되고 있는 것이므로 실행행위의 주체로서의 개인의 책임은 원칙적으로 부인될 수 없다. 현행법상 쟁의행위가 정당성을 가지고 있는 경우에 한해서 근로자의 민사상의 책임이 면제될 수 있는 것이라고 판단되므로(노조및조정법 제3조 참조), 정당성이 없는 쟁의행위에 적극 참가한 근로자(조합간부 등)의 책임을 면제한

---

1) Zöllner/Loritz/Hergenröder, *ArbR* §44 Rn. 22 f. 다만 독일의 학설·판례에 따르면 사용자는 조합원에 대하여만 직장폐쇄를 할 수 있다는 설(Seiter, JZ 1980, 749; Konzen, FS BAG, 1979, S. 273 ff.)과 비조합원에 대해서도 직장폐쇄를 할 수 있다는 설(Brox/Rüthers, *Arbeitskampfrecht* §8 Rn. 216)로 나누어지고 있다. 특히 직장폐쇄가 파업에 대한 대항수단으로서의 의의를 가지는 것은 부분파업이 발생하여 사업장이 실질적으로 조업을 계속할 수 없게 되었거나 영업을 수행할 수 없게 된 경우에 노동조합 측은 적은 파업비용을 지출하는 반면 사용자는 파업에 참가하지 않는 조합원과 비조합원에 대하여 임금을 지급해야 하므로 이러한 부담에서 벗어나기 위한 수단으로서 사용자는 전면적 직장폐쇄를 단행하지 않을 수 없기 때문이다. 사용자는 직장폐쇄를 통해 노무제공의 수령을 집단적으로 거부하여 임금지급의무를 면할 수 있다(Marhold/Mayer-Maly, *Österreichbes Arbeitsrecht*, Bd. Ⅱ 2. Aufl., 1999 S. 106).

2) 西谷,「勞働組合法」, 442面 이하 참고. 우리나라에서도 최근 일부 문헌에서 같은 취지의 견해가 주장되고 있다(특히 박홍규,「노동법론」, 877면).

3) 淺井淸信, '行動としての 爭議行爲',「日本勞働法學會誌」15號, 10面; 西谷,「勞働組合法」, 443面 이하(개인 근로자들의 집단적 행위를 통해서 쟁의행위가 현실화되며, 이때에는 쟁의노동관계라는 특수한 관계가 형성되어 쟁의행위가 위법한 경우에도 쟁의노동관계의 주체는 노동조합이므로 사용자는 이러한 집단적 관계를 받아들여야 할 단결승인의무가 있고, 따라서 노동조합을 대외적 책임주체로 보아야 한다고 한다. 쟁의행위가 위법한 것으로 평가된 경우 누가 지도하였으며 적극적으로 참여하였는지를 추궁하여 책임을 묻는 것은 단결자치에의 부당한 개입을 의미한다고 한다).

다는 것은 현행노동법의 기본취지 내지 명문규정에 반한다.[1)]

《조합 결의를 얻은 위법쟁의행위에 대한 단체책임과 개인책임의 관계》

단체책임(노동조합책임)과 개인책임(특히 쟁의행위를 조직·기획·집단화한 조합간부의 책임)의 관계에 관하여 단체중심적 책임에 치우친 주장을 펴는 견해가 있다. 이에 따르면 위법한 쟁의행위가 노동조합총회에 의하여 투표로 결의·승인된 경우에 그 쟁의행위는 노동조합의 공식적 쟁의행위가 되므로 노동조합이 1차적 책임주체가 되고, 행위자 내지 참가자는 2차적 책임주체가 된다고 한다. 즉, 노동조합은 사용자에 대하여 손해배상의 주채무자로서 1차 책임을 부담하고, 행위자 내지 참가자는 2차적 책임자로서 부종성(1차책임이 변제, 상계, 시효로 소멸하면 2차 책임도 소멸)과 보충성(최고 및 검색의 항변권: 민법 제437조)을 가지는 보증채무를 부담할 뿐이라고 한다.[2)] 이와 같은 견해는 쟁의행위가 집단적 단체행위라는 점을 고려하여 단체책임과 개인책임을 구별·의제한 것으로서 다음과 같은 법 적용상의 문제점을 가지고 있다. 노동조합에 대해서 불법행위책임이 귀속되는 것은 조합간부인 조직자[3)]의 불법행위(민법 제750조)를 전제로 민법 제35조 1항 규정의 적용에 의한 것이고, 노동조합 스스로가 불법행위(민법 제750조)의 행위주체자이기 때문은 아니다. 노동조합 총회에서 위법한 쟁의행위를 공식적으로 결의·승인하였다고 하여 조직자인 조합간부들의 불법행위책임이 단체책임의 배후로 돌아가 보증책임으로 바뀔 수는 없다. 피해자인 사용자에 대한 불법행위책임이 조합원들의 결의에 의하여 노동조합에 집중된다고 하여 불법행위자인 조직자(조합간부)의 책임이 보증책임으로 바뀐다고 주장하는 것은 법률상의 원인 없는 법률관계의 변동을 인정하는 것으로서 불가능한 일이다. 보증관계가 성립하려면 사용자와 조직자 사이에 보증계약이 체결되어야 한다. 위에서도 설명한 바와 같이 불법쟁의행위를 기획·지도하는 등 이를 주도한 노조 간부 개인은 불법쟁의행위로 인하여 발생한 손해 전부에 대하여 노동조합과 함께 사용자에게 부진정 연대채무관계에서 배상책임을 부담한다는 것이 판례의 태도이다.[4)]

b) 개별 근로자의 근로계약상의 책임은 각자가 노무제공의무를 이행하지 않음으로써 발생된 손해를 배상할 책임을 부담하는 데 그치고, 집단적 쟁의행위에 의하여 발생된

1) 菅野, 「勞働法」, 434面 이하 참고. Kissel, *ArbeitskampfR* § 47 Rn. 73. 위법성의 착오가 불가피했던 경우에는 행위자의 과책을 인정하지 않는 것이 타당할 것이다(Löwisch, *ArbR* Rn. 379; 하경효, '불법파업에 있어서의 손해배상책임', 「경영계」(제164호), 11면 참고).

2) 菅野, 「勞働法」, 935面; 임종률, 「노동법」, 261면.

3) 菅野 교수는 쟁의행위를 조직·집단화하는 자를 조직자라 하고 조직자는 위법한 쟁의행위에 대하여 2차적 책임을 진다고 한다(菅野, 「争議行爲と損害賠償」, 1978, 236面 이하).

4) 大判 2006. 9. 22, 2005 다 30610.

손해 전체에 대해서는 배상의무를 부담하지 않는다.[1] 그러나 예컨대 노동조합이 조직 · 주도하지 않은 위법한 쟁의행위를 조직하여 단행한 근로자들의 행위는 공동불법행위에 해당하므로 이로 인하여 발생된 손해 전체에 대하여 참가근로자들은 연대하여 배상의무를 부담하게 된다(민법 제760조). 비조합원들의 쟁의행위에 있어서도 마찬가지이다.[2]

(5) 손해배상의 범위

위법한 쟁의행위가 불법행위를 구성하는 경우에 노동조합, 조합간부 등이 배상해야 할 손해의 범위는 그 위법한 쟁의행위와 상당인과관계에 있는 모든 손해에 미친다(민법 제35조, 제750조, 제763조, 제393조).[3] 위에서 설명한 바와 같이 노동조합임원 및 조합간부 등은 부진정연대책임을 부담하게 된다. 일반적으로 당해 제품이 생산되었다면 그 후 판매되어 그 사업체가 매출이익을 얻을 수 있었을 것으로 추정되면 그 이익은 일실이익으로서 손해의 범위에 포함된다.[4] 또한 영업의 운영을 위하여 고정적으로 지출되어야 하는 비용은 파업으로 인한 조업중단에도 불구하고 사용자가 그 지출을 계속할 수밖에 없는 것이므로 그 비용도 손해에 포함되어야 할 것이다.[5]

불법행위로 인한 손해배상액을 정하는 데 있어서는 사용자가 성실교섭의무를 다하지 않거나, 노동조합과의 기존 합의를 파기하는 등 불법쟁의행위에 원인을 제공하였다고 볼 사정이 있는 경우에는 사용자측의 과실을 참작하여 과실상계(민법 제396조) 할 수 있다(민법 제763조).[6]

1) 同旨: 菅野, 「勞働法」, 935面; 東京大勞働法研究會, 「注釋 勞働組合法(上)」, 546面 이하; Seiter, *Streikrecht und Aussperrungsrecht*, 1975, S. 470 ff.

2) 大判 1997. 4. 22, 95 도 748 참고.

3) 大判 1994. 3. 25, 93 다 32828 · 32835; 大判 2006. 9. 22, 2005 다 30610; 大判 2011. 3. 24, 2009 다 29366 등.

4) 쟁의행위로 인하여 감소한 생산량 중 판매량으로 이어질 수 있었으나 그렇지 못한 수량에 회사의 영업이익률 상당을 곱한 액. 大判 1993. 12. 10, 93 다 24735; 大判 1994. 3. 25, 93 다 32828 · 32835; 大判 2018. 11. 29, 2016 다 11226(손해배상을 구하는 사용자 측에서는 조업중단으로 인하여 일정량의 제품이 생산되지 못하였다는 점과 생산되었을 제품이 판매될 수 있었다는 점을 증명하여야 한다. 다만 판매가격이 생산원가에 미치지 못하는 이른바 적자(赤字)제품이거나 조업중단 당시의 불황으로 제품판매의 가능성이 없었다거나 제품의 결함이나 하자로 판매가 정상적으로 이루어질 수 없었다는 등 특별사정의 간접반증이 없어야 한다); 같은 뜻의 판결: 大判 2018. 11. 19, 2016 다 12748.

5) 大判 1993. 12. 10, 93 다 24735; 大判 1996. 7. 12, 94 다 61885 · 61892; 회사가 지출한 비용이 이 사건 쟁의행위에 의한 고정비 지출로 인한 손해에 해당하지 않는다고 판단한 원심을 파기환송하여 고정비 지출로 인한 손해도 인정될 수 있다고 한 판결(大判 2018. 11. 29, 2016 다 12748); 앞의 사건에서와는 달리 — 유사한 사건임에도 — 쟁의행위로 일정량의 제품을 생산하지 못하였다거나 생산하지 못한 제품을 판매할 수 없게 되어 고정비 회수가 불가능하게 되었다고 단정할 수 없다고 판단한 원심을 수긍하여 회사측의 상고를 기각한 판결(大判 2018. 11. 29, 2016 다 11226).

6) 大判 2006. 9. 22, 2005 다 30610.

일단 발생한 손해배상책임은 쟁의행위 당시 위법성 판단의 기준이 되었던 법률규정이 개정(예컨대 직권중재회부 제도의 폐지)되었다고 하여 소멸되지 않는다.[1)]

3. 징계처분

(1) 징계처분의 가부론

a) 위법한 쟁의행위를 주도했거나 이에 참가했거나 쟁의행위중 파괴행위 등을 한 자에 대하여 사용자는 징계처분을 할 수 있다. 쟁의행위의 집단적 성질만을 인정하여 개인의 행위는 집단행위 속에 매몰되므로, 개인 근로자는 책임주체가 되지 않는다는 견해에 따르면 징계처분의 가능성도 부인될 것이다. 그러나 이와 같은 개인책임부정론[2)]은 재산책임과 관련해서 노동조합으로 하여금 손해배상책임을 전담케 하고 개인 근로자에게 부담이 미치는 것을 막으려는 의도에도 부합되지 않을 뿐 아니라, 더욱이 징계처분의 가부(可否)에 대해서까지 영향을 미칠 수는 없다. 징계처분은 손해의 전보와는 그 성질을 달리하는 것으로서 기업의 규율과 질서유지를 위하여 행하여지는 것이기 때문이다.[3)]

b) 쟁의행위가 그 목적·절차 등이 정당한 경우에는 단체협약에서 쟁의기간 중의 징계나 전출 등의 인사 조치를 금하고 있는 한 그 쟁의 과정에서 징계사유가 발생하였다 하더라도 쟁의기간 중 사용자는 해당 근로자에게 징계 등 인사 조치를 할 수 없다. 쟁의기간 중에 쟁의행위에 참가한 조합원에 대하여 징계 등을 금지하는 것은 노동조합의 활동이 위축되는 것을 방지함으로써 노동조합의 단체활동권을 실질적으로 보장하기 위한 것으로 보아야 하기 때문이다.[4)] 단체협약 내에 '쟁의 중 신분보장' 규정으로서 '회

1) 大判 2011. 3. 24, 2009 다 29366.

2) 박홍규, 「노동법론」, 885면; 西谷, 「勞働組合法」, 445面 이하 참고. 다만, 정당성이 없는 쟁의행위에 단순히 참가하여 채무불이행책임을 지는 개인 근로자에 대하여 징계처분을 하는 것은 옳지 않다고 생각된다.

3) 同旨: 大判 1993. 5. 11, 93 다 1503; 大判 1992. 12. 8, 92 누 1094(피징계자들이 철도공무원이고 철도는 공익사업인 점, 그들이 주도한 전국적인 철도파업으로 인하여 국민들의 불편과 피해가 적지 않았다는 점, 파업의 정당성이 인정되지 아니하는 점 등의 제반 사정과 징계를 통하여 달성하려고 하는 조직 내부의 고유한 행정목적 등을 종합하여 고려할 때 당해 징계처분은 정당하다); 日本 最高裁三小判 昭和 53. 7. 18, 民集 32卷 5號(全逓東北地本事件)(근로자의 쟁의행위는 집단적 쟁의행위이지만 그 집단성으로 인하여 참가자 개인의 행위로서의 측면이 당연히 상실되는 것은 아니므로 위법한 쟁의행위에 참가하여 복무상의 규율에 위반한 자는 징계책임을 면할 수는 없다); 日本 最高裁判 大法廷 昭和 27. 10. 22, 民集 6卷 9號(朝日新聞社小倉支店事件); 임종률, 「노동법」, 261면; 菅野, 「勞働法」, 936面 이하.

4) 大判 2013. 2. 15, 2010 두 20362; 大判 2009. 2. 12, 2008 다 70336; 大判 2018. 10. 4, 2016 다 242884(단체협약에 '쟁의 중 신분보장'에 관한 규정이 있음에도 정당한 쟁의행위에 참가한 근로자를 징계처분함으로써 징계절차상 하자로 그 처분이 취소된 이후, 다시 동일한 사유를 들어 동일한 처분에 이른 해고를 그 자체로서 부당노동행위에 해당할 가능성이 높고 징계양정기준으로서의 합리성을

사는 정당한 노동쟁의 행위에 대하여 간섭방해, 이간행위 및 쟁의기간 중 여하한 징계나 전출 등 인사조치를 할 수 없으며 쟁의에 참가한 것을 이유로 불이익 처분을 할 수 없다'고 규정하고 있다면 쟁의행위 기간 중에는 일체의 징계를 금지한다는 의미로 해석해야 할 것이므로 위 규정의 문언 및 그 객관적인 의미보다 근로자에게 불리하게 해석하여(개인적 일탈행위에 해당한다거나 노동조합 활동이 저해될 우려가 없다는 식으로) 사용자가 징계권을 행사하여 해당 근로자를 해고한 것은 위 규정에 위배되어 무효라고 봄이 타당하다고 한 판례가 있다.[1] 이 판례에 대해서는 비판의 여지가 없지 않다. 쟁의행위 기간 중에 특히 노조간부나 적극적인 쟁의참가자의 신분을 보장하려는 취지는 참가근로자들의 단결력이 약화되어 사용자에 대한 투쟁적 압력이 저하되므로써 노동조합의 요구실현이 좌절되지 않도록 하기 위해서이다. 다시 말하면 사용자에 대한 노동조합의 교섭력이 침해받음이 없이 유지되도록 하기 위한 방편으로 '쟁의 중 신분보장'이 필요한 것이다. 그러나 쟁의참가자가 폭언·폭행을 하거나 회사시설을 훼손하거나 조업(操業) 중인 근로자들의 업무를 실력으로 방해하거나 필요한 원료의 회사반입을 물리력을 동원하여 저지한다면 이러한 행위는 징계처분대상이 될 뿐 아니라 사용자는 그 행위자를 쟁의 중에도 징계처분할 수 있다고 보아야 한다. 쟁의행위 중에 사용자가 파업참가자의 폭언·시설훼손 행위에 대하여 전혀 방어할 수 없다면 쟁의행위 중 비례성(Vehältnismäßigkeit)의 원칙과 필요성(Erforderlichkeit)의 원칙은 유지되기 어렵게 될 것이다. 파업참가자의 폭력·훼손행위에 대하여 사용자에게 일체의 징계를 금지한다고 하면 공정한 투쟁수단의 원칙은 유지될 수 없게 되어 부당하다고 판단된다.[2] 판례가 단체협약 문언의 문리적 해석을 통하여 (어떠한) 사유를 불문하고 쟁의행위 기간 중에는 회사가 조합원에 대하여 징계권을 행사할 수 없다고 하는 것은 타당하다고 볼 수 없다. 오히려 법원은 과잉행위를 통제(Exzesskontrolle)함으로써 비례원칙과 필요성원칙이 훼손되지 않도록 구체적인 사법통제를 할 것이 요청된다.[3]

구비하였다고 볼 수 없어 징계권의 남용으로 무효라고 본 원심판결을 확정한 판결).

1) 大判 2019. 11. 28, 2017 다 257869('쟁의 중 신분보장' 규정에 위배되지 않아 해고가 유효하다고 본 원심판결을 파기환송한 사례). 또한 大判 2018. 10. 4, 2016 다 242884; 大判 2013. 2. 15, 2010 두 20362(상세히는 원심판결 서울高判 2010. 8. 26, 2009 누 27208 참고).

2) Lieb/Jacobs, *ArbR* §7 Rn. 604, 607; Kissel, *ArbeitskampfR* §29 Rn. 24, 28, 33, 35 참고. 大判 2019. 11. 28, 2017 다 257869에 대한 비판적 평석에 관해서는 김희성, "단체협약 상 '쟁의 중 신분보장'규정의 의미 및 한계" 「법률신문」 2020. 11. 23. 30면. 大判 2018. 10. 4, 2016 다 24284에 대한 비판적 평석에 관해서는 이정, '쟁의 중 신분보장을 정한 단체협약의 효력', 「노동법률」 2020. 9 (vol. 352) 49면 이하 참고.

3) Lieb/Jacobs, *ArbR* §7 Rn. 604; Birk/Konzen/Löwisch/Raiser/Seiter, *Gesetz zur Regelung Kollektiver Arbeitskonflikte*, S. 34 f. 참고.

(2) 간부책임

위법한 쟁의행위와 관련하여 징계처분이 행하여지는 것은 일반적으로 쟁의행위를 지시·지도한 노조 간부의 책임을 묻기 위한 것이다. 현실적으로는 노사관계에서 징계처분이 노조 간부에 치중하여 행하여지고 있는 것이 문제점으로 지적되고 있다. 노동조합의 임원이나 집행위원 등의 노조 간부가 그러한 지위에 있다는 이유만으로 당연히 위법한 쟁의행위에 대하여 조합원을 대표하는 책임을 진다는 것은 있을 수 없는 일이다. 징계처분은 문제가 된 행위에 대하여 그 행위자의 행태와 역할이 기업질서의 침해와의 관계에서 구체적으로 검토되지 않으면 안 되며,[1] 취업규칙 등에 규정된 징계사유는 근로기준법 제23조 1항의 「정당한 이유」에 의한 제한을 받는다. 그러나 조합임원이 위법한 쟁의행위를 현실적으로 기획·지시·지도함으로써 기업질서 침해라는 결과발생에 대하여 실질적으로 중요한 역할을 담당한 경우에는 그 현실적인 행태에 대해서 일반조합원보다 무겁게 제재를 받더라도 부당하다고 할 수 없다.[2] 위법한 쟁의행위를 조직·집단화·지시하는 행위는 일반조합원의 단순한 개별적 행위와 구별되는 집단적 쟁의행위의 주동적 부분을 차지하기 때문이다.[3] 그런 의미에서 노조 간부는 쟁의행위를 포함한 그 밖의 협약자치에 관한 행위를 적법하게 수행할 책무를 부담하고 있으며, 조합원의 위법한 집단적 탈선행위를 방지할 이른바 영향의무(노조및조정법 제38조 Ⅲ 참조)([111] 4. (2) a) 이하 참고)를 지고 있다고 해석된다.[4] 그러나 노조 간부가 조합원들의 위법한 집단행위의 계획이나 발생을 알지 못했거나 알 수 없었던 경우에까지 방지·통제의무를 인정할 수는 없을 것이다.

---

1) 예컨대 쟁의행위가 과격하게 행사되었으나 그 기획·지시 및 실현단계에서 병상에 있었던 투쟁위원장에 대해서는 설령 그 실력행위의 지시가 그의 명의로 행하여졌다 하더라도 책임을 물을 수 없을 것이다(日本 東京高判 昭和 30. 10. 28, 勞民集 6卷 6號, 843面 참고).

2) 공무원노동조합 전임자가 목적과 절차상 정당성이 인정되지 않는 파업을 주동하고 이에 참가하여 다른 조합원의 파업참가를 선동한 행위는 국가공무원법 제56조의 성실의무, 제57조의 복종의무, 제58조 1항의 직장이탈금지의무에 위반한 것이라고 한 사례: 大判 2008. 10. 9, 2006 두 13626.

3) 大判 2006. 2. 23, 2005 두 14767(목적·절차·수단 등의 정당성을 상실한 불법파업의 주도자에 대한 징계파면을 정당한 것으로 인정한 예). 大判 1993. 5. 11, 93 다 1503(근로자가 임금교섭이 뜻대로 되지 않는다는 이유로 조합원을 선동하여 불법파업을 주도하였고, 그 행위로 인하여 구 노동쟁의조정법 위반 및 업무방해죄로 벌금형이 확정되자 사용자가 해당 근로자를 취업규칙에 의하여 징계해고한 사례에서, 비록 경미한 형을 선고받았다 할지라도 근로자가 불법파업에 이르게 된 경위와 방법 및 취업규칙과 단체협약규정의 취지 등에 비추어 볼 때 근로자의 이와 같은 행위는 기업의 정상적인 질서를 깨뜨리고 경영활동을 방해함으로써 회사에 손해를 끼친 것으로서 그 정도가 지나쳐 근로계약을 더 이상 지속시킬 수 없는 정도에 이르렀다고 인정되면 그 징계권행사는 정당하다).

4) 同旨: Kissel, *ArbeitskampfR* § 37 Rn. 10; 菅野, 「勞働法」, 936面 이하; 日本 東京高判 昭和 39. 9. 29, 勞民集 15卷 5號, 1036面 참고.

4. 형사책임의 귀속

(1) 파업과 형법상의 정당성

판례에 따르면, 근로자의 쟁의행위가 형법상 정당행위가 되기 위해서는 첫째, 그 주체가 단체교섭의 주체가 될 수 있는 자(단체협약체결 능력자)이어야 하고, 둘째, 그 목적이 근로조건의 향상을 위한 노사간의 자치적 교섭을 조성하는 데 있어야 하고, 셋째, 사용자가 근로조건 개선에 관한 구체적 요구에 대하여 단체교섭을 거부하였을 때 개시하되 조합원의 찬성결정 등 법령이 규정한 절차를 거쳐야 하고, 넷째, 그 수단과 방법이 사용자의 재산권과 조화를 이루어야 함은 물론 폭력의 행사에 해당되지 아니하여야 한다고 한다.[1] 「쟁의행위는 근로자가 소극적으로 노무제공을 거부하거나 정지하는 행위만이 아니라 적극적으로 그 주장을 관철하기 위하여 업무의 정상적인 운영을 저해하는 행위까지 포함하는 것으로 쟁의행위의 본질상 사용자의 정상업무가 저해되는 경우가 있음은 부득이한 것으로서 사용자는 이를 수인할 의무가 있고, 다만 이러한 근로자의 쟁의행위가 정당성의 한계를 벗어날 때에만 근로자는 업무방해죄 등 형사상 책임을 지는 것이다」.[2] 종래의 판례에 따르면 「집단적 노무제공의 거부가 본질적으로 위력성을 가져 외형상 업무방해죄의 구성요건에 해당한다 하더라도 그것이 헌법과 법률이 보장하고 있는 범위 내의 행사로서 정당성이 인정되는 경우에는 위법성이 조각되어 처벌할 수 없는 것」이라고 한다.[3] 2011년 3월 17일에 대법원 전원합의체는 '쟁의행위로서의 파업이 언제나 업무방해죄에 해당하는 것으로 볼 것은 아니'라고 판시하여 업무방해죄의 구성요소인 위력의 개념을 제한하였다.[4] 종래의 일부 대법원 판례는 사용자의 정상적인 업무 운영을 저해하고 손해를 발생하게 한 근로자들의 집단적 근로제공 거부행위는 당연히 위력

---

1) 大判(전합) 2001. 10. 25, 99 도 4837; 大判 1991. 7. 12, 91 도 897(고함을 치고 북과 꽹과리를 치면서 직원들의 업무를 방해한 행위는 쟁의행위의 정당한 수단으로 볼 수 없다). 임금 인상 요구와 함께 공정 방송 복원, 낙하산 사장 퇴진, 해직자 복직 등을 회사 측에 주장하며 임원실 내부의 응접실을 점거하는 등 파업행위가 그 주된 목적이 임금 인상에 있었고(大判 1992. 1. 21, 91 누 5204 등 참고), 파업에 들어가기 전에 조정 신청과 조합원 찬반투표도 거쳤으며, 응접실 등의 점거가 직장의 일부를 점거하는데 그쳐(大判 1992. 7. 14, 91 다 43800 참고) 파업의 목적, 절차, 수단의 정당성이 인정된다고 판단한 원심을 수긍한 사례(大判 2017. 3. 16, 2016 도 16172. 원심: 서울中央地判 2016. 9. 30, 2016 노 2087; 제1심: 서울中央地判 2016. 6. 2, 2014 고단 2810(YTN 사건)).

2) 大判 2001. 2. 9, 2000 도 5235; 大判 2012. 8. 30, 2010 도 4420(행위의 주된 목적이 근로조건의 향상이 아니라 회사의 경영권에 속하는 토지자산의 매도에 따른 이익분배에 관한 주장 관철에 있었던 사례).

3) 大判 2003. 12. 26, 2001 도 1863.

4) 大判(전합) 2011. 3. 17, 2007 도 482.

에 해당하고, 노동관계법령에 따라 정당한 쟁의행위로서 위법성이 조각되지 않는 한 업무방해죄를 구성한다는 입장을 취하였다.[1] 그러나 위의 대법원 전원합의체판결로 일부 대법원 판례가 취하고 있던 입장, 즉 근로자들의 쟁의행위는 당연히(정당한 파업이건 위법한 파업이건) 위력에 해당하여 업무방해죄(형법 제314조)를 구성한다는 위법성조각설의 태도를 수정하였다.[2] 위의 전원합의체판결은 업무방해죄의 구성요건인 '위력'을 축소해석함으로써 그러한 범위에서 결과적으로 구성요건해당성 여부를 검토하는 단계에서 업무방해죄 성립을 제한하는 태도를 취하게 되었다. 이에 앞서 헌법재판소는 2010년 4월 29일의 결정으로 「단체행동권의 행사로서 노동법상의 요건을 갖추어 헌법적으로 정당화되는 쟁의행위를 업무방해죄의 구성요건에 해당하는 행위로 인정하되 다만 그 위법성이 조각된다는 해석은 헌법상의 기본권의 보호영역을 하위 법률에 의하여 지나치게 축소한다」는 이유로 부당하다고 판단하였다. 이 결정은 헌법상 정당한 쟁의행위는 처음부터 업무방해죄의 구성요건인 위력에 해당하지 않는다는 것을 지적한 것이다.[3]

⑵ 쟁의행위의 개념과 업무저해성

노조및조정법 제2조 6호에서 쟁의행위는 「파업·태업·직장폐쇄 기타 … 업무의 정상적인 운영을 저해하는 행위」라고 규정함으로써, 업무를 저해하는 행위로서 규정하고 있다. 따라서 다수의 근로자들이 상호 의사연락하에 집단적으로 근로의 제공을 거부하는 쟁의행위가 헌법에서 보장하는 정당한 쟁의행위라 하더라도 필연적으로 업무저해성이 수반되기 때문에 이에 대한 법적 판단을 어떻게 할 것인가 하는 문제가 제기된다.

쟁의행위에 대한 형사면책(동법 제4조)에 관하여 학설상으로 구성요건해당성배제설과 위법성조각설이 있다. 구성요건해당성배제설은 헌법상 보장된 정당한 쟁의행위를 한 경우 업무저해로 인한 위법성을 인정하지 않으나, 위법성조각설은 헌법에 보장된 단체행동권의 행사라도 일단 집단적 쟁의행위는 외형상 위력업무방해죄의 구성요건을 충족하고 있다고 전제하며, 다만 해당 쟁의행위에 대하여 노조및조정법상의 정당성이 인정되는 경우 위법성이 조각된다고 본다. 판례는 기본적으로 위법성조각설을 따르면서 쟁의행위의 업무저해성을 기초로 하여 형법상 업무방해죄를 인정하고 있었으나,[4] 위에서

1) 大判 2004. 5. 27, 2004 도 689; 大判 2006. 5. 12, 2002 도 3450; 大判 2006. 5. 25, 2002 도 5577 등.
2) 다음의 ⑷ 참고.
3) 憲裁 2010. 4. 29, 2009 헌바 168.
4) 형법 제314조의 업무방해죄(「위력」) 규정에 대한 위헌제청신청을 기각한 사례(大判 2004. 5. 27, 2004 초기 139(2004 도 689)): 쟁의행위가 본질적으로 위력성을 가져 외형상 업무방해죄의 구성요건에 해당한다고 하더라도 그것이 헌법과 법률이 보장하고 있는 범위 내의 행사로서 정당성이 인정되는 경우에는 위법성이 조각되어 처벌할 수 없는 만큼, 헌법이 보장하는 근로3권의 내재적 한계를 넘어선 행위(헌법의 보호영역 밖에 있는 행위)를 규제하는 것일 뿐 정당한 권리행사까지 처벌하는 것은

언급한 바와 같이 2011년 3월 17일의 전원합의체판결로 그 태도를 수정하였다. 학설로는 구성요건해당성배제설이 소수의 견해이다(다음의 (3) 참고).[1]

《노동법상 위법한 쟁의행위와 형법상의 위법성》

문제된 쟁의행위가 노동법상 부당한 쟁의행위라고 하더라도 종래의 판례의 태도에서처럼 당연히 형법상 위법한 범죄행위라고 할 수 있는가? 형법의 보충성은 형법의 적용에 앞서 다른 법적 통제수단이 내린 적법판정을 형법이 존중하도록 요구하고 있다. 각 법령 또는 법역이 예정하는 위법에는 강약의 차이가 있어, 어느 한 법역에서 위법하다고 평가되었다 하더라도 이 평가가 그대로 다른 법역에까지 옮겨지는 것은 아니다.

일반적으로 민사책임의 적용 범위는 형사책임의 그것보다 더 넓은 것이기 때문에, 쟁의행위의 정당성은 민법상의 위법성조각이라는 더 광범위한 기준에서 판단되고 있다. 그것은 노동법상 부당성(바꾸어 말하면 위법성)이 민법상의 위법성과 일치할 수 있으나 반드시 형법상의 위법성과 합치하는 것은 아니라는 것을 의미한다. 그러므로 형법상으로는 「형벌을 과할 만한 정도」의 더 강한 위법성이 구비되어야 하기 때문에, 노동법에서 위법하다는 판단이 형법에 그대로 수용될 수는 없다(위법의 상대성론).[2] 따라서 노동법상 위법으로 평가되는 쟁의행위에 대하여 다시 한번 노동법규범과 형법규범을 종합한 전체법질서의 견지에서 형법 제20조의 '사회상규에 위배'되는지 여부, 즉 형벌을 과할 만한 정도의 위법성이 인정되는지 여부를 구체적·개별적으로 판단하여야 한다. 또한 노동법상 정당성이 결여된 위법한 행위라도 그것이 예컨대 업무방해죄에 해당하려면 동조항(형법 제314조)의 기타의 요건과 유책성을 갖추어야 한다.[3]

아니고, 위력으로써 사람의 업무를 방해한 자에 대하여 형법상의 범죄로 처벌하는 것이 입법자의 입법재량의 범위를 일탈한 것이라고 볼 수 없으므로, 이 사건 조항이 강제노동을 강요하거나 또는 근로자라는 신분만으로 그들을 불합리하게 차별하는 것은 아니고, 헌법상의 근로자의 근로의 권리나 단체행동권을 침해한다거나, 헌법 제10조의 기본적 인권의 보장조항, 헌법 제37조의 국민의 자유와 권리의 제한조항 및 과잉금지의 원칙에 위배되어 헌법에 위반된다고 볼 수 없다. 또한 大判 2003. 12. 26, 2001 도 1863; 大判 2003. 12. 26, 2001 도 3380; 大判(전합) 2001. 10. 25, 99 도 4837; 大判 1992. 2. 11, 91 도 1834; 大判 1991. 4. 23, 90 도 2771; 大判 1991. 1. 23, 90 도 2852; 大判 1991. 4. 23, 90 도 2961; 大判 1990. 7. 10, 90 도 755. 또한 헌법재판소의 결정으로는 憲裁 1998. 7. 16, 97 헌바 23이 있다.

1) 김형배, '쟁의행위와 책임', 「법학논총」(제12집), 2000, 289면 이하; 김형배, '단순한 집단적 노무제공거부행위에 대한 포섭의 위헌성', 「노동법률」(통권 제91호), 1998(12월호), 15면 이하; 김영문, '쟁의행위의 위력에 의한 업무방해규정의 위헌성', 「노동법학」(제8호), 1998, 468면; 박주현, '쟁의행위와 형사책임', 「노동법연구」(제1호), 1991, 135면.

2) 김형배, '쟁의행위와 책임', 「법학논총」(제12집), 2000, 290면 이하; 大判(전합) 2011. 3. 17, 2007 도 482의 반대의견; 大判(전합) 2001. 10. 25, 99 도 4837의 반대의견.

3) 특히 大判(전합) 2011. 3. 17, 2007 도 482 판결 이후 대법원은 「파업의 목적의 정당성이 인정되지 않는다는 이유만으로 업무방해죄에 해당한다고 판단하는 것은 부당하다」(大判 2014. 8. 20, 2011 도

⑶ 형사책임의 주체

a) 노동조합 노동조합은 법인 또는 단체이기 때문에 민사책임의 경우와는 달리 행위자책임의 원칙에 따라 형사책임의 주체가 되지 않는다. 다만, 노조및조정법 제94조(양벌규정)와 같이 특별한 규정이 있는 경우, 노동조합에게도 벌금형이 부과될 수 있다. 즉, 노동조합의 대표자·대리인·사용인 그 밖의 종업원이 노동조합의 업무에 관하여 위법행위(동법 제88조 내지 제93조)를 한 경우에는 노동조합도 벌금을 내야 한다.

b) 노동조합 간부 노동조합 간부가 정당하지 아니한 쟁의행위를 결의·주도·지시하였거나 이에 참여한 경우, 혹은 전체적으로 정당한 쟁의행위이라도 불법적인 농성이나 피케팅 등 보조적인 수단을 주도·지시 또는 스스로 이에 참여하였거나 혹은 일부 조합원의 위법행위를 지시한 경우(노조및조정법 제38조 Ⅲ 참조), 관련 범죄의 공동정범 또는 공범의 죄책이 인정될 수 있다. 단순히 노동조합 간부라는 지위를 가지고 있다고 하여 형사책임이 귀속될 수 없음은 물론이다.

1) **위법한 쟁의행위의 공모공동정범** 공모공동정범의 성립을 인정하는 우리나라 판례[1]에 따르면, 행위지배설의 입장에서 범죄의 실현에 대하여 공동의 실현이라고 하기에 족한 힘과 강도를 구비한 경우 또는 범죄를 조직하고 지휘하거나 범죄의 실행자를 지정하여 실행하는 때와 같이 전체 계획의 중요한 기능을 담당하였다고 인정되는 경우에는 공모공동정범이 인정된다. 따라서 위법한 쟁의행위를 결의하는 데 적극적으로 노력하고 그 결의된 위법쟁의행위를 직접 실행하거나 또는 조합원에게 구체적으로 지시한 조합 간부는 공모공동정범으로 처벌될 수 있다.[2]

2) **일반 조합원의 폭력·파괴행위에 대한 부작위범의 성립 여부** 노조및조정법 제38조 3항은 「노동조합은 쟁의행위가 적법하게 수행될 수 있도록 지도·관리·통제할 책임이 있다」고 규정하고 있다. 일부 조합원의 위법행위에 대하여 조합간부가 소극적 태도를 취한 경우 어떠한 책임을 부담해야 할 것인지가 문제된다. 형사책임에서 부작위는 원칙적으로 처벌되지 않고, 작위와 동등한 평가를 내릴 수 있을 만한 「부작위」 즉 「법적인 작위의무가 있는 자의 부작위」가 작위에 의한 구성요건의 실행과 같이 평가될 수 있는 요소를 갖춘 경우, 즉 행위정형의 동가치성(同價値性)이 있는 경우에 한하여

468; 大判 2014. 11. 13, 2011 도 393; 서울西部地判 2014. 12. 22, 2014 고합 51 등 참고)는 태도를 취하고 있다.

1) 大判 1990. 9. 11, 90 도 1639.

2) 임종률, 「쟁의행위와 형사책임」, 1982, 136면; 大判 1992. 11. 10, 92 도 1315. 공모공동정범의 공모자들에게 공모한 범행 외에 부수적으로 파생된 범죄에 대하여도 암묵적 공모와 기능적 행위지배가 있다고 인정하기 위한 판단기준(大判 2011. 1. 27, 2010 도 11030; 大判 2007. 4. 26, 2007 도 428 등).

처벌된다. 따라서 조합간부가 단순히 위법한 쟁의행위를 저지하지 아니하였다는 것만으로 형사책임을 부담해서는 안 될 것이다.[1] 그러나 쟁의행위의 조직·지도·관리·통제 권한을 가진 조합간부가 조합원들의 폭력·파괴행위나 주요 생산 업무시설의 위법한 점거행위를 의도적 또는 묵시적으로 방치하는 부작위행위는 그의 의무에 반하는 작위적 구성요건의 실행과 등가적인 행위로서 평가될 수 있다.

c) 개별 조합원 쟁의행위는 개개 쟁의참가자의 행위에 의하여 행해지는 집단적 현상이기 때문에 쟁의행위의 집단적 행위가 1차적 평가의 대상이 되지만, 그 법적 평가는 쟁의행위에 참가한 개개 조합원에게도 영향을 미친다. 먼저 노동조합이 주도하는 정당한 쟁의행위에 참가한 개별 조합원에 대해서도 집단행위의 형사면책의 효과가 주어진다. 그러나 노동조합의 주도 또는 조합원의 찬성 없이(노조및조정법 제37조 Ⅱ, 제41조 참조) 쟁의행위를 조직·선동하거나 노동조합의 지시통제에 위반하여(제38조 Ⅲ 참조) 쟁의행위를 한 경우, 근로자 개인도 이론상 업무방해죄의 주체가 될 수 있다.[2] 또한 조합원이 쟁의행위과정에서 폭행, 손괴 행위를 행한 경우(제42조 Ⅰ 전단 참조), 그 위법행위에 대하여 형사책임을 질 수 있다(형법 제257조 Ⅰ, 제366조 참조). 다만 위법한 쟁의행위에 단순히 가담(소극적 노무제공의 중단)한 조합원의 행위는 위력의 구성요건에 해당되지 않거나 유책성이 충족되지 않는다는 점에서 업무방해죄(형법 제314조)의 성립이 부인되어야 할 것이다.[3]

⑷ 쟁의행위와 위력에 의한 업무방해죄(형법 제314조)

a) 판례에 따르면, 위력이란 사람의 자유의사를 제압·혼란케 할 만한 일체의 세력으로서, 유형이든 무형이든 묻지 아니하므로 폭행·협박은 물론 경제적 지위에 의한 압박도 이에 포함된다.[4] 또한 업무방해죄를 정한 형법 제314조의 보호법익은 업무인데, 여기서 업무란 사람이 직업 또는 사회생활상 그 지위에서 계속적으로 종사하는 사무 또는 사업의 일체를 의미한다.[5] 그리고 업무를 「방해한다」함은 업무의 집행 자체를 방해하는 것은 물론, 업무의 경영을 저해하는 것도 포함한다.[6]

b) 종래의 판례에 따르면 다수의 근로자들이 상호 의사연락하에 집단적으로 작업

1) 박주현, '쟁의행위와 형사책임', 「노동법연구」(제1호), 1991, 107면.
2) 大判 1995. 10. 12, 95 도 1016.
3) 西谷, 「勞働組合法」, 440面 이하 참고.
4) 大判 2010. 4. 8, 2007 도 6754; 大判 2005. 3. 25, 2003 도 5004; 憲裁 2010. 4. 29, 2009 헌바 168 등.
5) 大判 2010. 4. 8, 2007 도 6754; 大判 2005. 4. 15, 2004 도 8701; 憲裁 2010. 4. 29, 2009 헌바 168 등.
6) 大判 2010. 4. 8, 2007 도 6754; 大判 1999. 5. 14, 98 도 3767.

장을 이탈하거나 결근하는 등 근로의 제공을 거부함으로써 사용자의 생산·판매 등 업무의 정상적인 운영을 저해하여 손해를 발생하게 하였다면 채무불이행책임을 지게 되는 것은 별론으로 하고, 그와 같은 행위가 노동관계 법령에 따른 정당한 쟁의행위로서 위법성이 조각되는 것이 아닌 한 다중의 위력으로 타인의 업무를 방해하는 행위에 해당하여 업무방해죄를 구성한다는 태도를 취하였다.1) 다시 말하면 근로자들이 집단적으로 노무제공을 거부함으로써 업무의 정상적 운영을 저해하여 손해가 발생하였다면, 그와 같은 행위는 업무방해죄에 해당하고, 다만 예외적으로 노동관계법상의 정당성(노조및조정법 제37조 이하 참조)을 갖춘 행위인 경우에는 위법성이 조각된다는 것이다(위법성조각설).

파업은 근로자들이 집단적으로 정상적인 노무제공을 거부함으로써 사용자에게 경제적 압력을 가하여 근로자들의 주장을 관철하려는 것이므로 사용자가 저해된 생산·판매활동 등 사업상의 업무를 정상화하려면 노동조합의 요구를 수용하거나 자기 주장 또는 의사를 수정하여 노동조합과 타협하지 않으면 안 된다. 이와 같이 파업은 폭력이나 파괴행위를 수반하지 않은 단순한 집단적 노무제공의 거부라 하더라도 사용자에 대해서는 의사제압적 위력의 요소를 가지고 있다. 그렇다고 하여 모든 쟁의행위가 형법상의 업무방해죄에 해당하여 위법한 것이라고 한다면 이는 헌법이 보장한 근로자의 기본권인 단체행동권을 무의미하게 할 것이다.

c) 헌법재판소2)는 2010년 4월 29일 헌법상 기본권의 행사로서 단행되는 파업에 본질적으로 수반되는 업무의 저해가 당연히 업무방해죄에 해당하여 원칙적으로 위법이라고 할 수 없다고 판단하였다. 노동관계법상의 요건을 갖추어 헌법적으로 정당시 되는 행위도 일단 형법상의 범죄행위의 구성요건에 해당되고, 다만 위법성이 조각될 뿐이라는 법리로 쟁의행위(파업)의 정당성을 해석할 수 없다는 것이다. 헌법재판소는 종래의 판례가 헌법상의 기본권이 보호하는 보호영역(쟁의행위)을 하위 법률(노동관계법)을 통해서 지나치게 축소하는 것이라고 비판하였다. 즉, 헌법재판소는 헌법이 보장한 단체행동권의 행사로서 업무의 정상적 운영을 저해하는 노동관계법상 정당한 집단적 노무제공 거부행위는 처음부터 업무방해죄에 해당하지 않는다는 견해를 명확히 하였다(구성요건해당성조각설의 태도). 종래의 대법원 판례가 쟁의행위는 노동관계법상의 정당성 여부에 관계없이 일단 업무방해죄의 구성요건에 해당하고, 노동관계법상 정당한 쟁의행위만이 위법성이 조각된다는 태도와 상치된다.

d) 이상과 같은 배경에서 2011년 3월 17일 대법원 전원합의체3)는「쟁의행위로서

1) 大判 2006. 5. 25, 2002 도 5577; 大判 1991. 4. 23, 90 도 2771; 大判 2004. 5. 27, 2004 도 689 등.
2) 憲裁 2010. 4. 29, 2009 헌바 168.
3) 大判(전합) 2011. 3. 17, 2007 도 482.

의 파업이 언제나 업무방해죄에 해당하는 것으로 볼 것은 아니고, 전후 사정과 경위 등에 비추어 i) 사용자가 예측할 수 없는 시기에 전격적으로 이루어져 ii) 사용자의 사업운영에 심대한 혼란 내지 막대한 손해를 초래하는 등으로 iii) 사용자의 사업계속에 관한 자유의사가 제압·혼란될 수 있다고 평가할 수 있는 경우에 비로소 그 집단적 노무제공의 거부가 위력에 해당하여 업무방해죄가 성립한다고 봄이 상당하다」(i), ii), iii)의 표기는 저자에 의한 것임)고 판시하였다. 이 전원합의체 판결은 근로자들이 집단적으로 근로제공을 거부(이른바 소극적 '단순파업')하여 사용자의 업무의 정상적 운영을 저해하고 손해를 발생하게 한 행위가 당연히 업무방해죄의 위력에 해당하고 노동관계법상 정당한 쟁의행위로서 위법성이 조각되지 아니하는 한 업무방해죄에 해당한다는 취지로 판시한 기존의 판례들[1)]을 변경하였다. 이 전원합의체 판결은 근로자들의 집단적 노무제공 거부행위(단순파업)에 대한 업무방해죄의 구성요건해당성 검토 단계에서 '위력'의 개념을 좁게 해석함으로써 결과적으로 업무방해죄가 성립할 수 있는 범위를 축소하였다. 이 판결에 의하여 단순파업인 쟁의행위가 업무방해죄의 위력에 해당할 수 있는 범위가 축소됨으로써 근로자들의 단체행동권 행사를 형사법상의 형벌을 통하여 제한하는 가능성은 줄었다고 볼 수 있다. 이는 집단적 노사관계에 있어서 하나의 큰 변화라고 할 수 있다.

또한 이 전원합의체 판결 이후에는 근로자들의 집단적 노무제공의 거부가 노동관계법상 정당성을 갖추지 못하고 있는 경우라도 파업행위가 그 결행시기의 전격성 및 막대한 손해발생의 가능성 요건을 갖추고 있지 않으면 채무불이행으로 인한 손해배상책임이나 노동관계법상의 벌칙(예컨대 노조및조정법 제38조 2항, 제41조 1항, 제42조 2항, 제91조 등)이 적용될 수는 있으나 업무방해죄에는 해당될 수 없게 되었다고 보아야 한다. 그런 의미에서 대법원이 「단체교섭의 대상이 될 수 없는 구내식당 외주화 반대를 주된 목적으로 한 열차의 안전운행투쟁(이른바 준법투쟁)은 정당한 쟁의행위로 볼 수 없으나 쟁의행위로서의 정당성이 인정되지 않는다는 점만을 들어 안전운행투쟁이 곧바로 업무방해죄에 해당한다고 볼 수 없다」[2)]고 판단한 것은 판례상의 변화라고 할 수 있다. 그렇다면

1) 大判 1991. 4. 23, 90 도 2771; 大判 2004. 5. 27, 2004 도 689; 大判 2006. 5. 12, 2002 도 3450; 大判 2006. 5. 25, 2002 도 5577 등.

2) 大判 2014. 8. 20, 2011 도 468(그러나 같은 판결에서 한국철도공사 선진화 정책 저지를 목적으로 단행된 철도노조의 순환파업 및 전면파업에 대해서는 업무방해죄를 인정하였다). 철도노조가 「철도민영화」(수서발 KTX 법인설립 출자 결의)를 반대하기 위하여 행하는 파업은 경영주체인 철도공사의 고도의 경영상 결단을 침해하는 것으로 그 목적의 정당성이 인정될 수 없어 정당한 쟁의행위로 볼 수 없으나, 그 파업 결행이 오래 전부터 예상되어 왔으며 철도공사도 비상수송대책 등을 세우고 있고 노조위원장 등 피고들도 이를 알고 있었다면 파업이 예측할 수 없는 시기에 전격적으로 이루어졌다고 인정하기 어렵고, 파업이 예측할 수 없는 시기에 이루어진 것이 아니라면 집단적 근로제공 거부로 인해 막대한 손해가 발생했다 하더라도 그 파업은 사용자의 사업 계속에 관한 자유의사를 제압할 정도

거꾸로 노동관계법상 정당한 쟁의행위라도 사용자가 예측할 수 없는 시기에 전격적으로 이루어져 막대한 손해를 초래하게 하였다면 업무방해죄가 성립한 것으로 보아야 하는가? 만약 이를 인정한다면 근로자의 헌법상의 기본권인 단체행동권은 부인되는 결과를 가져오게 될 것이다. 이 경우에는 형법상의 업무방해죄가 성립할 수 없음은 물론 민사상의 손해배상책임(채무불이행 또는 불법행위에 의한)도 성립할 수 없다고 보아야 할 것이다.

e) 쟁의행위가 정당행위로서 형법상의 위법성이 조각되는 것(또는 구성요건에 해당되지 않는 것)은 원칙적으로 근로자들(조합원)과의 근로계약관계에 있는 사용자에 대한 관계에서 인정되는 데 그치므로 제3자의 법익을 침해한 경우에는 (원칙적으로) 정당성이 인정되지 않는다. 도급인은 수급인인 소속 근로자의 사용자가 아니므로 수급인 소속 근로자들의 쟁의행위가 도급인 사업장에서 일어나 도급인의 형법상 보호되는 법익을 침해한 경우에는 그 쟁의행위가 수급인에 대한 관계에서 정당성을 갖추었다고 하더라도 그러한 이유만으로 도급인에 대한 관계에서까지 법령에 의한 정당한 행위로서 법익 침해의 위법성이 조각된다고 볼 수는 없다.[1)] 그러나 다음과 같은 사안(아래의 주16) 참고)에서는 예외가 인정될 수 있을 것이다. 수급업체가 도급인 ○○공사(公社)와 용역위탁계약을 체결하여 수급인 소속 근로자들이 도급인 공사 사업장에 출퇴근하면서 노무를 제공하고 있고, 또한 그 근로자들은 노동조합(○○○노동조합총연맹 노동조합지부 공사지회)에 가입한 조합원들로서 공사가 공사지회의 정당한 노동조합활동을 보장하기 위하여 노동조합 사무실을 제공하여 왔다면 수급인 소속 근로자에게는 공사 사업장이 유일한 작업장이라고 볼 수 있다. 공사 측은 수급인 소속 근로자들로부터 직접 시설관리 업무의 수행과 청소미화작업을 통하여 이익을 누리고 있으며 공사의 시설과 사업장은 수급인 소속 근로자들의 근로제공의 장소이므로 도급인인 공사는 수급인 소속 근로자들에 대한 관계에서 제3자에 지나지 않을 뿐이라고 볼 수는 없다. 따라서 공사 사업장에서 쟁의행위가 발생

의 위력에 해당한다고 보기 어렵다. 따라서 피고들의 파업 결행 행위는 업무방해죄에 해당하지 않는다(大判 2017. 2. 3, 2016 도 1690: 피고들의 무죄를 선고한 제1심 판결을 유지한 원심의 조치는 정당하다고 한 판결). 이 판례는 2011년 3월 17일의 2007 도 482 전원합의체 판결의 법리를 재확인한 것이지만 다음과 같은 비판이 제기될 수 있다. 노동조합의 파업은 상대방인 사용자에 대하여 근로자들의 주장을 관철할 목적으로 행하여지는 쟁의행위이다. 그러므로 상대방인 사용자가 파업이 단행될 것을 예상하고 있고 이에 대한 대처 방안을 강구하고 있더라도 노동조합이 그 주장을 충분히 관철할 수 있는 압력수단으로서의 범위를 넘어 무의미할 정도로 사용자에게 막대한 손해를 가하여 파업으로 실현하려는 목적과 압력수단 사이에 균형이 유지되지 않는다면 그러한 행위가 사회적으로 정당시될 수 있는지 의문이다. 목적상 정당시되지 않는 파업이더라도 민사상 노동법상의 책임과는 관계없이 형법상의 업무방해죄의 성립은 독립적으로 판단하는 것이 이론상 잘못이 없으나 '전격성' 및 '막대한 손해'라는 요건을 추상적으로만 해석하여 적용하는 데는 한계가 있는 것으로 생각된다.

1) 大判 2020. 9. 3, 2015 도 1927.

하여 그로 인해서 도급인인 공사가 일정부분 법익 침해를 받더라도 사회통념상 이를 용인하여야 하는 경우가 있을 수 있다. 판례는「사용자인 수급인에 대하여 정당성을 갖춘 쟁의행위가 도급인의 사업장에서 이루어져 형법상 보호되는 도급인의 법익을 침해한 경우, 그것이 항상 위법하다고 볼 것은 아니고, 법질서의 정신이나 그 배후에 놓여있는 사회윤리 내지 사회통념에 비추어 용인될 수 있는 행위에 해당하는 경우에는 형법 제20조의 '사회상규에 위배되지 아니하는 행위'로서 위법성이 조각된다」고 한다. 그리고 이러한「경우에 해당하는지 여부는 쟁의행위의 목적과 경위, 쟁의행위의 방식·기간과 행위태양, 해당 사업장에서 수행되는 업무의 성격과 사업장의 규모·특성과 종래 이용관계, 쟁의행위로 인해 도급인의 시설관리나 업무수행이 제한되는 정도, 도급인 사업장 내에서의 노동조합활동 관행 등 여러 사정을 종합적으로 고려하여 판단하여야 한다」고 한다.[1] 도급인의 사업장에서 행하여진 수급인 소속 근로자들의 파업이 도급인에 대하여 형법 제20조의 사회상규에 어긋나지 않아 위법하지 않다고 하는 대법원 판결은 결과적으로 수급업체가 도급인인 공사에 대한 용역대금의 인상요구를 압박하는 효과를 가져오게 될 것이다. 그러므로 실질적으로 수급인 소속 근로자들의 파업은 도급인인 공사에 대한 압력행사로서 작용한다고 볼 수 있다.

《단순한 집단적 노무제공거부행위가 '위력에 의한 업무방해죄'에 해당하는가?》

a) 과거의 헌법재판소 결정(1998년)[2]은 대법원 판례의 정당성을 인정하면서 '파업 등의 쟁의행위는 본질적·필연적으로 위력에 의한 업무방해의 요소를 포함하고 있어 폭행·협박 또는 다른 근로자들에 대한 실력행사 등을 수반하지 아니하여도 그 자체만으

1) 大判 2020. 9. 3, 2015 도 1927(수급인 소속 근로자들은 도급인 공사(公社)사업장에서 시설관리업무, 청소미화업무 등의 근로를 제공하는 조합원이다. 이들 조합원들이 소속된 노동조합 공사지회는 공사가 제공한 노조사무실을 공사건물 내에 가지고 있다. 이 사건 노동조합은 수급업체들을 상대로 임금인상 등에 관한 단체교섭을 거쳤으나 노사합의에 이르지 못하고 노동위원회 쟁의조정 절차도 불성립으로 종결되자 조합원들의 찬반투표를 거쳐 파업에 돌입하였으므로 쟁의행위는 그 목적과 절차상 적법한 것이다. 파업은 공사 본사 건물과 다른 건물 사이의 인도에서 총 3일에 걸쳐 각각 2시간 30분, 1시간, 1시간 20분 동안 같은 장소에서 평화적으로 실시되었고, 공사의 시설관리권을 배제하거나 사업장에 대하여 전면적·배타적 점거없이 이루어 졌다. 파업에 참가한 근로자들이 대체근로자들을 저지하는 방법도 소극적·방어적이었다. 따라서 조합원인 근로자들의 파업은 수급인들에 대하여 정당한 쟁의행위였고, 공사 사업장을 점거하여 행한 파업행위와 대체근로자들(노조및조정법 제43조 참조)을 저지하는 행위는 도급인인 공사에 대한 업무방해 등 형법상 보호법익을 침해했다고 볼 수 없다. 위의 근로자들의 행위들은 도급업체에 대한 관계에서나 대체근로자들에 대한 관계에서도 마찬가지로 위법성이 조각된다). 대법원은 원심의 판단을 인용하여 상고를 모두 기각하였다.

2) 憲裁 1998. 7. 16, 97 헌바 23. 이 결정의 내용은 憲裁 2010. 4. 29, 2009 헌바 168의 결정에 의하여 변경되었다.

로 위력에 해당하므로, 정당성이 인정되어 위법성이 조각되지 않는 한 업무방해죄로 형사처벌할 수 있다'고 인용하였다. 그리고 과거의 대법원 판례(2003년)[1]에 의하면 '쟁의행위는 그 개념상 집단적 행동이며 … 집단적 행동이라는 면에서 위력의 개념요소인 「위세와 인원수」요건을 충족하고 있으며, 압력을 가하는 실력행사라는 점에서 자유의사를 제압하는 성질을 가진다'고 한다. 위의 판례 내용에 의하면 근로자들의 쟁의행위가 소극적인 집단적 노무제공거부에 의하여 이루어진 단순 파업에 지나지 않더라도 위력에 해당하여 일단 업무방해죄를 구성한다는 것이다.

원래 근로자들의 쟁의행위인 파업은 집단적인 행위로서 노무를 동시에 거부함으로써 사용자에게 경제적 타격을 가하여 근로자들의 근로조건 개선의 주장을 관철하기 위한 하나의 통일적 행위이다. 다시 말하면 파업은 다수 근로자의 의식적 공동행위로서 특정한 공동목적을 추구하는 하나의 전체행위로서 단순한 개별행위의 집합체와는 구별되는 독자적 의의를 가진다. 이와 같이 파업은 근로자들이 노무를 집단적으로 거부함으로써 사용자에게 경제적 타격을 주고 근로자들로서는 임금부지급의 손실을 감수하면서 사용자와의 분쟁상태(이익분쟁)를 실력으로 해결하려는 일종의 투쟁적 교섭방법이다.[2] 이러한 실력행사는 노동법 영역 밖에서는 그 예를 찾아볼 수 없는 제도적으로 허용된 교섭방법이다. 헌법 제33조 1항이 보장하고 있는 단체행동권은 근로자들이 근로조건의 개선을 위하여 집단적으로 노무제공을 거부함으로써 그 상대방인 사용자에게 압력을 가할 수 있는 쟁의행위(실력행사)를 허용하고 있다. 쟁의행위는 노무제공의 집단적 거부라는 부작위로 이루어지지만 필연적으로 사용자의 자유의사를 압박하는 힘으로 작용한다. 헌법 제33조 1항에 의하여 보장된 근로자의 단체행동권의 기본 취지는 근로자들의 쟁의행위가 사용자의 자유의사에 대한 압력을 가할 수 있는 집단적 교섭력을 발휘하게 하는 데 있다. 따라서 헌법이 보장한 단체행동권의 행사로서 근로자들이 단순히 노무제공을 소극적으로 거부한 것이 — 폭력이나 협박을 수반하지 않은 경우에도 — 사실상 사용자의 자유의사를 제압·혼란케 할 수 있다고 하여 형법 제314조 1항 소정의 위력에 해당한다고 한다면 헌법이 보장한 집단적 노무제공거부라는 행위는 근본적으로 부인되는 것이므로 부당하다. 그런 의미에서 단체행동권의 행사로서 노동법상의 요건을 갖추어 헌법적으로 정당화되는 단순 파업행위를 먼저 범죄행위의 구성요건에 해당하는 것으로 판단하고, 다만 사후적으로 위법성을 조각할 뿐이라고 해석하는 것은 헌법상의 기본권의 보호영역을 하위 법률이 축소시키는 것이 되어 부당하다.[3] 이와 같은 쟁의행위는 처음부터 업무방해죄의 적용대상이 될 수 없다.

b) 비록 단순한 파업이라 하더라도 파업은 근로자들이 사용자에게 압력을 가하여

1) 大判 2003. 12. 26, 2001 도 1863 참고.
2) Kissel, *ArbeitskampfR* §14 Rn. 1 f.; BAG 22. 3. 1994; BAGE 76, 196.
3) 憲裁 2010. 4. 29, 2009 헌바 168.

그들의 주장을 관철하기 위하여 집단적으로 업무의 정상적인 운영을 저해(방해)하는 것이므로, 이를 형법상 부진정부작위로 볼 수 있는지가 문제된다. 왜냐하면 형법 제314조 1항의 업무방해죄의 구성요건으로서의 위력은 사람의 자유의사를 제압·혼란케 할 만한 일체의 세력을 의미하고, 이와 같은 위력은 작위에 의해서뿐만 아니라 소극적 행위인 부작위에 의해서도 실현될 수 있기 때문이다. (단순) 파업은 근로자들이 소극적으로 노무제공을 거부하는 집단적 부작위에 해당하며 이는 사용자에 대하여 위력으로서 작용할 수 있다. 그러나 이러한 부작위가 업무방해죄를 구성할 수 있기 위해서는 부작위 행위자가 상대방(사용자)의 자유의사를 제압·혼란케 할 위험이나 결과의 발생을 방지해야 할 보증인적 지위에 있어야 한다. 즉, 부작위 행위자가 그 법익 침해의 위험으로부터 상대방의 법익을 보호해 주어야 할 법적 의무(즉, 작위의무)를 부담하여야 한다. 그러나 단순 파업을 기획·주도하는 노동조합의 집행부가 이와 같은 의무를 부담한다면, 집단적 노무제공의 거부를 그 보장 내용으로 하는 단체행동권의 행사 자체가 부인되는 결과를 초래하게 된다. 집단적 노무거부에 의하여 사용자가 생산·영업 업무 등을 수행할 수 없게 됨으로써 야기되는 사용자에 대한 법익침해는 단체행동권의 행사에 의하여 필연적으로 발생되는 것이며 이는 근로자들이 사용자에게 가할 수 있는 정당한 압력수단으로서 사용자가 근로자의 쟁의목적을 수용하거나 이에 타협하지 않는 한 마땅히 수용하여야 할 압력이다.[1] 따라서 단순파업은 부진정부작위가 아니다.

근로자들의 집단적 노무거부에 의하여 사용자가 입게 되는 경제적 불이익으로서의 압력은 사업의 규모가 크면 클수록, 다시 말하면 근로자의 수가 많으면 많을수록 더욱 커지는 것은 당연한 것이다. 소수의 근로자들(예컨대 10인의 근로자)이 집단적으로 노무제공을 거부한 단순 파업은 위력에 해당하는 요소를 포함하지 않으나, 다수의 근로자들(예컨대 1,000명 또는 10,000명의 근로자)이 집단적으로 노무제공을 거부한 파업은 위력에 해당하는 요소를 지닌다는 식의 판단은 현상에 대한 사실적인 관점에서는 긍정할 수 있으나, 단체행동권의 행사라는 관점에서는 동일한 하나의 단순 파업을 달리 판단하는 데 지나지 않는다.[2] 따라서 판례가 '위세와 인원수'를 기준으로 하여 업무방해죄의 구성요건인 위력에의 해당 여부를 판단하는 것은 옳지 않다. 단체행동권의 행사로서 노동법상의 정당성을 갖추며 헌법적으로 정당화되는 단순 파업은 참가 근로자들의 수에 상관없이 업무방해죄의 구성요건에 해당하지 않는다.[3]

c) 2011년 3월 17일의 대법원 전원합의체는 '쟁의행위로서의 파업이 언제나 업무방해죄에 해당하는 것으로 볼 것은 아니'라고 하여, 모든 쟁의행위가 당연히 위력에 해당함을 전제로 위법성이 조각되지 않는 한 업무방해죄를 구성한다는 취지의 종래의 판

1) 大判(전합) 2011. 3. 17, 2007 도 482의 반대의견; Kissel, *ArbeitskampfR* §14 Rn. 2. 참고.
2) Kissel, *ArbeitskampfR* §14 Rn. 2(집단적 노무거부로 인하여 발생된 손해의 크기는 원칙적으로 문제되지 않는다).
3) 憲裁 2010. 4. 29, 2009 헌바 168 참고.

례들을 변경하면서, 다만 유보적으로 i) 전후 사정과 경위 등에 비추어 사용자가 예측할 수 없는 시기에 전격적으로 이루어져 ii) 사용자의 사업 운영에 심대한 혼란 내지 막대한 손해를 초래하는 등으로 iii) 사용자의 사업 계속에 관한 자유의사가 제압·혼란될 수 있다고 평가할 수 있는 경우에 비로소 그 집단적 노무제공의 거부가 위력에 해당하여 업무방해죄가 성립한다고 판시하였다(다수의견).[1] 다시 말하면 위의 유보적 경우에 해당하지 않는 한 단순 파업(집단적 노무제공의 거부)은 처음부터 업무방해죄의 구성요건인 위력에 해당하지 않는다고 판단하고 있다(구성요건해당성배제설).[2]

이에 반하여 전원합의체 반대의견은 단순 파업(집단적 노무제공의 거부)은 위의 유보적인 경우에도 위력에 의한 업무방해죄를 구성할 수 없고, 노동법상 정당성 요건을 갖추지 못한 경우에도 민법상의 채무불이행 책임은 발생할 수 있으나 죄형법정주의의 관점에서 위력에 의한 업무방해죄는 성립하지 않는다고 한다. 그러므로 근로제공을 집단적으로 거부하였으나 폭행·협박·강요 등의 수단이 수반되지 않는 한 노조및조정법상의 규정을 위반하여 쟁의행위로서의 정당성을 갖추지 못하였다 하더라도 그러한 단순파업 참가자에 대해서는 민사상의 채무불이행 책임과 함께 노조및조정법의 해당 위반죄를 물을 수 있을 뿐이라고 한다.

⑸ 폭 행 죄

폭력이나 파괴행위는 어떠한 경우에도 정당한 행위로 해석되지 아니한다(노조및조정법 제4조 단서). 폭력이나 파괴행위는 금지되는 것이며(노조및조정법 제42조 Ⅰ) 위반행위에 대해서는 3년 이하의 징역 또는 3천만원 이하의 벌금이 처해진다(노조및조정법 제89조).

1) 2011년의 전원합의체 판결 이후의 같은 취지의 판결; 大判 2012. 6. 14, 2012 도 3305; 大判 2011. 10. 27, 2010 도 7733(미국산 쇠고기 수입 반대를 주된 목적으로 조합 산하 사업장의 전국규모의 총파업 사건); 大判 2017. 4. 28, 2015 도 5825 등.

2) 야간연장근로 및 휴일근로의 거부 지시를 하여 집단적으로 잔업 및 특근을 거부하는 파업을 하도록 하였더라도 회사에 실질적인 손해를 끼치지 않았다면 업무방해죄로 처벌할 수 없다는 사례(大判 2014. 6. 12, 2012 도 2701). 이에 반하여 전국철도노조가 필수업무 유지율을 지켰더라도 단체교섭의 대상이 될 수 없는 구조조정 실시 자체를 주된 목적으로 하는 순환파업 및 전면파업은 실제로 강행하리라고 예측될 수 없었고 또한 심대한 혼란 내지 막대한 손해를 초래하여 한국철도공사의 사업계속에 관한 자유의사를 제압, 혼란하게 할 만한 세력으로서 업무방해죄의 위력에 해당한다고 보기에 충분하다(大判 2014. 8. 20, 2011 도 468; 大判 2014. 8. 26, 2012 도 14654; 大判 2014. 8. 26, 2013 도 875).

[120] Ⅵ. 사용자의 쟁의행위

1. 파업과 조업계속의 자유

a) 노동조합에 의한 파업이 단행된 경우에도 그 사업장 내에 파업에 가담하지 않은 당해 사업장의 근로자들에 의한 조업이 가능한 경우에 사용자는 이들을 사용하여 작업을 계속할 수 있다. 다만, 사용자는 쟁의행위로 인하여 중단된 작업의 수행을 위하여 당해 사업과 관계가 없는 제3자[1]를 채용하거나 이들로 하여금 대체근로를 시킬 수 없으며(노조및조정법 제43조 Ⅰ, 벌칙 제91조: 1년 이하의 징역 또는 1천만원 이하의 벌금),[2] 또한 쟁의행위기간 중에 그 쟁의행위로 중단된 업무를 도급 또는 하도급 줄 수 없다(노조및조정법 제43조 Ⅱ, 벌칙 제91조). 그러나 파업기간중이라고 하여 사용자의 정당한 인사권 행사까지 부인되지는 않는다고 보아야 한다.[3] 사용자의 조업계속에 맞서서 노동조합은 평화

---

1) 노조및조정법 제43조 1항을 위반하여 처벌 대상이 되는 자는 사용자이므로, 사용자에게 채용 또는 대체되는 자는 이 법조항(노조및조정법 제91조)에 의하여 처벌되는 자가 아니다. 쟁의행위 기간 중 그 쟁의행위로 중단된 업무 수행을 위하여 당해 사업과 관계없는 자를 채용 또는 대체하는 사용자에게 채용 또는 대체되는 자의 행위에 대하여는 일반적인 형법 총칙상의 공범 규정을 적용하여 공동정범, 교사범 또는 방조범으로 처벌할 수 없다(大判 2020. 6. 11, 2016 도 3048. 대향범에 관한 大判 1988. 4. 25, 87 도 2451; 大判 2004. 10. 28, 2004 도 3994 등 참조). '당해 사업과 관계없는 자'의 구체적 예에 관해서는 노동법실무연구회, 「노동조합및노동관계조정법 주해 Ⅱ」(이명철), 407면 이하 참고. 김희성, '쟁의행위기간 중 대체근로제한에 관한 연구', 「노동법학」(34호), 2010. 6, 232면 이하 참고.

2) 파업기간중 근로희망자로 하여금 쟁의행위로 인하여 중단된 업무를 수행하도록 하는 것 자체를 노조및조정법 제43조가 금지하는 것은 아니다. 그러나 근로희망자는 그의 근로계약상 합의된 작업의 종류에 속하는 일을 수행할 의무를 부담하는 것이므로 쟁의행위기간이라 해서 계약내용과 전혀 다른 종류의 작업을 해야 할 의무를 부담하는 것은 아니다(Kissel, *ArbeitskampfR* § 42 Rn. 91; Löwisch/Caspers/Klumpp, *ArbR* Rn. 1155). 그러나 보안작업이나 긴급을 요하는 작업은 수행가능한 것인 한 이를 수용하는 것이 신의칙상 타당하다고 생각된다. 정당한 파업의 경우에 파업에 참가하지 않은 근로자가 대체작업을 해 주는 것은 정당한 파업을 방해하는 것으로서 파업의 상대방인 사용자를 지원하는 것이므로 이를 거절할 수 있다는 견해(Kissel, *ArbeitskampfR* § 42 Rn. 91)가 지배적이다. 그러나 노조및조정법 제43조 1항은 「당해 사업과 관련없는 자를 채용 또는 대체」하여 「쟁의행위로 중단된 업무의 수행」을 할 수 없다고 하여 제한적으로 금지하고 있다. 노동조합은 그 규약으로 파업대체근로(Streikbrecherarbeit)를 금지하는 의무조항을 둘 수 있고, 이를 위반한 조합원을 제명할 수 있다는 견해가 유력하다(Kissel, *ArbeitskampfR* § 42 Rn. 91; BGH 19. 1. 1978 EzA GG Art.9 Arbeitskampf Nr.21 참고). 위법한 파업의 경우에는 대체근로가 허용되어도 투쟁평등의 원칙에 반하지 않는 것으로 생각된다(한국노동연구원, 「노사관계법·제도 선진화 방안」, 2003, 72면 참고).

3) 大判 2008. 11. 13, 2008 도 4831(사용자가 쟁의기간중 쟁의행위로 중단된 업무를 수행하기 위해 당해 사업과 관계있는 자인 비조합원이나 쟁의행위에 참가하지 아니한 조합원 등 당해 사업의 근로자로 대체하였는데 대체한 근로자마저 사직함에 따라 사용자가 신규채용하게 되었다면, 이는 사용자의 정당한 인사권 행사에 속하는 자연감소에 따른 인원충원에 불과하고 노조및조정법 제43조 1항 위반죄를 구성하지 않는다). 노조및조정법 제43조 1항 위반죄(동법 제91조)의 성립여부에 관한 판단기

적 설득이나 시위를 통하여 노동력을 제공하는 근로자들에게 영향력을 행사할 수 있으나, 그 한계를 넘어서는 저지행위를 할 수는 없다.[1] 파업기간 중이라고 해서 사용자는 조업을 중단해야 할 의무가 있는 것은 아니다. 따라서 사용자는 당해 사업 내의 쟁의행위로 중단된 업무와 관계있는 자, 예컨대 비조합원으로서 다른 업무에 종사하는 근로자나 관리직 직원을 사용하여 조업을 계속할 수 있다.

여기서 쟁의행위기간 중의 대체근로가 허용되는 단위로서의 「사업」(노조및조정법 제43조 I 참조)이란 경영상의 일체성을 갖는 유기적인 조직하에 계속적으로 행하여지는 사업을 말한다.[2] 따라서 하나의 사업인가 아닌가는 그 업무가 일관된 공정하에 통일적으로 수행되고 있는가에 의하여 결정되어야 하며, 장소적 관념만을 기준으로 판단할 것은 아니다. 따라서 동일한 장소에 있더라도 업무나 노무관리가 서로 독립해서 행하여지고 있는 부문이면 하나의 사업으로 볼 수 없으며, 반면에 장소가 분산되어 있더라도 조직적 일체성을 가지고 사업의 일관성을 유지하는 경우에는 하나의 사업으로 볼 수 있을 것이다. 동 규정상의 사업의 개념은 쟁의행위기간 중의 대체근로의 허용범위를 정하는 기준이 되므로 파업근로자들의 단체행동권이 침해됨으로써 교섭상의 불균형이 초래되지 않도록 그 범위가 합리적·객관적으로 해석되는 것이 타당하다.[3] 파업행위가 정당하지 않은 경우 노무제공 거부에 의한 근로자들의 투쟁은 보호 받을 수 없으므로 대체근로제한에 관한 규정은 적용되지 않는다고 보아야 한다.

b) 쟁의행위기간 중 신규채용, 대체근로, 도급 등의 제한은 필수공익사업(제71조 II)에 대해서는 적용되지 않는다. 다시 말하면 필수공익사업의 사용자는 쟁의행위기간 중에 한하여 당해 사업과 관계없는 자를 채용 또는 대체하거나 그 업무를 도급 또는 하도급 줄 수 있다(노조및조정법 제43조 III). 필수공익사업에 대한 직권중재제도가 폐지(노조및조정법 2006. 12. 30 개정, 2008. 1. 1 시행)됨으로써 필수공익사업에서도 쟁의행위가 가능해

준: 결원충원을 위한 신규채용 등이 위 조항 위반인지 여부는 표면상의 이유만으로 판단할 것이 아니라 종래의 인력충원과정·절차 및 시기, 인력부족 규모, 결원발생시기 및 그 이후의 조치내용, 쟁의행위기간 중 채용의 필요성, 신규채용 인력의 투입시기 등을 종합적으로 고려하여 판단해야 한다(大判 2008. 11. 13, 2008 도 4831 참고). 위 채용제한 규정을 위반한 사례(大判 2000. 11. 28, 99 도 317).

1) 大判 2011. 4. 14, 2010 도 16485 참고.

2) 大判 1993. 2. 9, 91 다 21381; 大判 1993. 10. 12, 93 다 18365 등.

3) 이와는 반대로 사용자의 영업의 자유를 이유로 「사업」의 범위를 확대하여 사업의 내용에 관계없이 기업조직 전반에 대하여 대체근로가 가능하다는 견해가 주장될 수 있으나 이는 타당하지 않다. 왜냐하면 근로자측의 쟁의행위는 사용자에 대하여 경제적 압박을 가하면서 근로자들도 그 기간 동안 임금상실을 감수하는 손실부담행위이기 때문이다. 만일 사용자에게 쟁의행위기간중에 광범위한 대체근로를 허용한다면 사용자의 경제적 손실은 거의 없는 반면에 파업근로자만 임금상실의 불이익을 부담하게 되어 쟁의행위의 대등성은 깨지게 되어 협약자치가 기능하기 어렵게 될 것이다.

짐에 따라 국민의 일상생활이나 생명 · 건강 유지를 위하여 없어서는 안 될 필수서비스의 중단이 현실화될 수 있는 위험(노조및조정법 제71조 Ⅱ 참조)이 발생하였고, 이에 따라 공익보호의 관점에서 그에 대한 보완방안이 마련된 것이다. 즉, 한편으로는 필수유지업무제도(노조및조정법 제42조의2, 시령 제22의2. 앞의 [118] 2. (4) e) 참고)를 도입하고 다른 한편으로 대체근로를 허용함으로써 공익의 보호와의 균형을 추구하고 있다. 다만 대체근로를 무제한으로 허용할 경우 결과적으로 직권중재의 허용과 다를 바 없이 쟁의권을 실질적으로 제약하게 되므로 대체근로를 파업참가 근로자의 100분의 50으로 제한하였다(노조및조정법 제43조 Ⅳ, 파업참가자수의 산정방법에 관해서는 시령 제22조의4 Ⅰ 참조. 벌칙 제91조).[1]

또한 근로자파견사업을 통한 대체근로도 역시 금지된다(파견법 제16조 Ⅰ). 그러나 필수공익사업에 있어서는 근로자파견법 제16조 1항은 해석론상 제한적으로 적용될 수 있다고 보아야 한다.

c) 판례[2]에 따르면 쟁의행위 기간 중 쟁의행위로 중단된 업무의 수행을 위하여 당해 사업과 관계없는 자를 채용 또는 대체하는 자를 처벌하도록 규정한 노조및조정법 제91조는 사용자에게 채용 또는 대체되는 사람에게는 적용되지 않는다. 여기서 처벌되는 '사용자'는 사업주, 사업의 경영담당자 또는 그 사업의 근로자에 관한 사항에 대하여 사업주를 위하여 행동하는 자를 말한다(노조및조정법 제2조 2호). 즉, 쟁의행위 중에 이른바 투쟁평등원칙을 준수할 사용자에 대해서만 벌칙이 적용된다고 보아야 한다. 이러한 해석은 동 조항의 법문언상으로도 분명하다. 또한 채용 또는 대체되는 행위는 2인 이상의 서로 대향(對向)된 행위의 존재를 필요로 하는 관계에 있으므로 채용 또는 대체되는 사람을 따로 처벌하지 않는 노조및조정법 문언의 내용과 체계, 법 제정 경위 등을 통해 알 수 있는 입법 취지에 비추어 보면, 쟁의행위 기간 중 그 쟁의행위로 중단된 업무의 수행을 위하여 당해 사업과 관계없는 사람을 채용 또는 대체하는 사용자에게 채용 또는 대체되는 사람의 행위에 대하여는 일반적인 형법 총칙상의 공범규정을 적용하여 공동정범, 교사범 또는 방조범으로 처벌할 수 없다. 이 경우에 사용자에게 채용 또는 대체되는 사람들이 정당한 쟁의행위(파업)를 주도한 노동조합과 쟁의참가자들의 쟁의권을 직접 침해하여 쟁의질서에 반하는 범법행위를 하였다고 볼 수 없을 것이다.

독일에서는 파업참가근로자에 의하여 중단된 업무를 사업(장) 내의 다른 근로자가 대체(代替)하여 행하는 근로를 파업근로(Streikarbeit)라고 하는데, 이를 부정적 또는 비난

1) 노조및조정법 시행령 제22조의4 1항에 의하면 동법 제43조 4항 후단의 규정에 의한 "파업참가자의 수"를 산정함에 있어서 "파업참가자"란 노동조합이 주도한 파업에 참가한 자로서 근로의무가 있는 근로시간중 일부 또는 전부의 근로를 제공하지 않은 자를 말하며, 그 수는 1일 단위로 산정된다.

2) 大判 2020. 6. 11, 2016 도 3048.

하는 의미로 '파업파괴자근로'('Streikbrecherarbeit')라는 용어를 사용하기도 한다. 파업근로(대체근로)가 파업근로자에 대하여 파업의 효과를 떨어뜨리는 영향을 미치기 때문이다. 그러나 파업에 참가하지 않은 사업장의 종사근로자가 자유로운 의사에 따라 파업으로 중단된 업무를 수행하는 경우에는 이를 막을 수 없다. 다만 사업장에 종사하는 근로자라 하더라도 그의 의사에 반해서 파업근로의 수행을 강요받지 않는다. 이 경우에 사용자의 업무상 지시권이나 근로자의 충실의무는 원용될 수 없다.[1] 왜냐하면 대체근로(파업근로)의 수행은 파업의 성과에 부정적 영향을 미치고 파업근로자들을 궁지에 빠지게 하므로 파업에 참가하지 않은 근로자에게 이를 요구하는 것은 부당하기(unzumutbar) 때문이다.[2] 노동조합과 파업근로자들이 정당한 파업권의 행사를 통하여 사용자에게 가하는 경제적 압력을 감축시키는 파업근로(대체근로)는 비난의 대상이 되고 있다. 이와 같은 맥락에서 노동조합규약에서 대체근로금지의무를 규정하고 있는 경우에 조합원이 이에 위반하여 대체근로를 수행하였다면 제명처분을 받을 수 있다.[3] 독일 파견근로자법 제11조 5항(2017. 4. 1. 개정)은 사용사업주가 쟁의행위에 직접 관련되어 있는 경우에 파견근로자를 대체인력으로 사용할 수 없다고 규정하고 있다(즉, 파견근로자는 대체근로를 수행할 의무를 부담하지 않는다). 파견사업주는 파견된 사업장에서 파업이 발생한 경우 파견근로자들에게 노무제공을 거부할 권리가 있음을 알려주어야 한다.[4] 특히 문제가 될 수 있는 사안은 파업이 어느 특정 사업장에서 발생한 경우에 파업에 의하여 중단된 업무를 같은 기업에 속하는 다른 사업장으로 이전하여 수행할 수 있느냐 하는 것이다. 해당 사업장들이 동일한 사업주에 의하여 일체적으로 경제적 위험하에 운영되고 있다면 업무의 이전은 사용자의 정당한 방어행위라고 볼 수 있다.[5]

2. 직장폐쇄

(1) 개념과 모습

a) 직장폐쇄는 사용자가 노동쟁의의 상대방인 근로자들에 대하여 노동쟁의를 자기에게 유리하게 이끌어 가기 위하여 또는 자기의 주장을 뒷받침하기 위하여 근로자들의 노무를 집단적으로 거절하거나 근로자들을 사업장으로부터 퇴거하도록 하는 행위이다.

1) Dütz/Thüsing, *ArbR* § 13 Rn. 767; Lieb/Jacobs, *ArbR* Rn. 668.
2) Kissel, *ArbeitskampfR* § 42 Rn. 91; Gamillscheg, *Kollektives ArbR*, Bd. I S. 1197; Dütz/Thüsing, *ArbR* § 13 Rn. 767.
3) Kissel, *ArbeitskampfR* § 42 Rn. 91.
4) Löwisch/Caspers/Klumpp, *ArbR* Rn. 1156.
5) Lieb/Jacobs, *ArbR* Rn. 669.

다시 말하면 직장폐쇄는 사용자가 근로자들의 근로의무 이행을 위한 노무제공의 실행을 집단적으로 거부함으로써 근로자들에게 임금상실이라는 압력을 가하여 근로자들의 집단적 투쟁행위에 맞대응하기 위한 쟁의행위이다. 직장폐쇄는 근로자들의 쟁의행위(주로 파업 또는 태업)에 대항하는 행위로서 업무의 정상적 운영을 (스스로) 저해하는 행위이다(노조및조정법 제2조 ⑥). 직장폐쇄가 성립하기 위해서는 사용자가 노무의 수령을 거부한다는 단순한 통고 또는 선언만으로는 그치지 않고, 현실적으로 공장 또는 사업장의 출입구를 폐쇄함으로써 통념상 그 공장 또는 사업장에의 출입과 노무제공 등이 불가능하다고 판단되는 상태를 갖추는 것이 일반적이지만[1] 사용자의 의사표명이 객관적으로 명확한 때에는 그것으로 족하다고 볼 수 있다. 사용자는 특히 노동조합에 대하여 직장폐쇄의 명확한 의사를 통고하여야 한다. 직장폐쇄의 개념은 정당성 판단 전에 여러 가지 모습으로 존재할 수 있는 사실적 직장폐쇄의 모든 종류들(선제적 직장폐쇄, 공격적 직장폐쇄, 예방적 직장폐쇄, 대항적 직장폐쇄, 방어적 직장폐쇄 등)을 포괄한다. 따라서 사실적 개념으로서의 직장폐쇄는 사용자가 수용할 수 있는 내용의 단체협약 체결을 관철할 목적으로 집단적으로 행하는 행위로서 업무의 정상적 운영을 저해하는 행위를 말한다(노조및조정법 제2조 ⑥ 참조).[2] 직장폐쇄 중에는 정당한 직장폐쇄도 있고 위법한 직장폐쇄도 있다.

b) 사용자는 직장폐쇄를 할 경우 미리 행정관청 및 노동위원회에 각각 신고하여야 한다(노조및조정법 제46조 Ⅱ, 벌칙 제95조 Ⅰ ③). 신고는 직장폐쇄의 성립요건은 아니며, 신고의무 위반이 직장폐쇄 자체의 정당성에 영향을 미치는 것도 아니다.

⑵ 직장폐쇄를 인정하는 근거

a) 헌법 제33조 1항은 사용자에 대하여 단체행동권을 보장하고 있지 않으나 노사간의 분쟁관계에서 사용자의 실력행사를 전혀 인정하지 않는다는 것은 투쟁수단의 형평이라는 관점에서 부당하다.[3] 특히 근로자들이 지명파업·부분파업·파상파업(波狀罷業)·태업을 단행하여 사용자의 직장을 점거한 상태에서 이에 대항하여 사용자가 직장을 폐쇄하는 집단적 투쟁조치를 취할 수 없도록 한다면 이는 형평의 원리상 타당하지 않다.[4] 현행 노조및조정법은 노동조합이 쟁의행위를 개시한 이후에만 사용자가 직장폐쇄를 할 수 있도록 규정하고 있다(노조및조정법 제46조 Ⅰ).

---

1) 사실행위설: 박상필, 「노동법」, 529면; 임종률, 「노동법」, 273면. 의사표시설: 김유성, 「노동법 Ⅱ」, 289면; 이병태, 「노동법」, 310면. 사용자의 의사표명이 명백한 한 사실행위가 수반될 필요가 없다는 견해. 西谷, 「勞働組合法」, 453面.

2) Kissel, *ArbeitskampfR* § 53 Rn. 1.

3) 大判 2000. 5. 26, 98 다 34331.

4) Kissel, *ArbeitskampfR* § 53 Rn. 1.

b) 사용자에게 직장폐쇄를 인정하는 근거는 어디까지나 사용자의 쟁의대항수단을 용인하지 않을 수 없는 노사균형론에서 구해야 할 것이다. 그러나 여기서 문제되는 노사간의 균형관계는 형식적 의미의 평등을 의미하는 것은 아니다. 근로자들에게 헌법상 근로3권을 보장함으로써 「협약자치」를 실현할 수 있도록 한 것은 이러한 제도를 통하여 근로자들의 실질적 교섭 평등을 확보하려는 데 있다. 그렇다고 해서 근로3권 보장이 근로자 측의 쟁의행위에 대하여 사용자의 집단적 대항행위를 불합리하게 제한하거나, 이에 대한 본질적 차별을 주려는 것은 아니다. 마찬가지로, 노사간의 세력의 균형유지와 관련해서 사용자는 과도한 대항행위를 해서는 안 될 것이다. 예컨대 노동조합이 지명파업 내지 부분파업을 단행하여 기업의 조업계속을 불가능한 상태에 빠뜨리면서 파업에 참가하지 않은 근로자들에게는 계속 임금을 지급할 것을 사용자에게 요구해 올 경우에 사용자에게도 이에 대응할 수 있는 집단적 투쟁수단이 인정되어야 한다. 직장폐쇄가 정당성을 인정받기 위한 가장 중요한 요건으로서의 형평성은 노동조합의 일방적 교섭의 우위성에 제동을 거는 데 있다고 보아야 할 것이다.[1] 따라서 경제적으로 우위에 있는 사용자에게 자기의 주장을 일방적으로 관철하기 위한 공격적 의미(예컨대 임금인하·복리후생 감축·근로시간연장 등)의 직장폐쇄를 인정하는 것은 옳지 않다. 마찬가지로 노동조합의 조직력을 약화하기 위한 목적으로 직장폐쇄를 단행하는 것은 정당하지 않다.[2]

(3) 직장폐쇄의 구체적 정당성

직장폐쇄가 노사의 집단적 분쟁관계에서 대항적 수단으로서 정당하게 행사될 수 있다고 함은 위에서 설명하였다. 그리고 직장폐쇄가 쟁의행위의 하나의 종류로서 노사 사이의 단체교섭 내지 단체협약체결을 위한 기능적 투쟁수단이라는 점에서 그 당사자·목적·수단 등에 있어서 쟁의행위의 일반적 정당성기준을 충족해야 한다(노조및조정법 제37조 I 참조). 판례[3]에 따르면 「사용자의 직장폐쇄는 노사간의 교섭태도, 교섭과정, 근로자 측 쟁의행위의 목적과 방법 및 그로 인하여 사용자측이 받는 타격의 정도 등 구체적 사정에 비추어 쟁의행위에 대한 방어 수단으로서 상당성이 인정되는 경우에 한하여 정당한 쟁의행위로 인정될 수 있다」고 한다.

다음에서는 사용자의 대항적 방어수단으로서 인정되는 직장폐쇄의 정당성의 한계를 노조및조정법 제46조의 해석과 관련해서 문제별로 살펴보기로 한다.

a) 대항적 방어수단의 개념과 그 법적 의의 노조및조정법 제46조 1항에 따르면

---

1) 同旨: 大判 2000. 5. 26, 98 다 34331; 大判 2007. 12. 28, 2007 도 5204.

2) 大判 2003. 6. 13, 2003 두 1097; 大判 2016. 5. 24, 2012 다 85335.

3) 大判 2010. 1. 28, 2007 다 76566; 大判 2008. 9. 11, 2008 도 6026; 大判 2007. 12. 28, 2007 도 5204; 大判 2007. 3. 29, 2006 도 9307; 大判 2000. 5. 26, 98 다 34331 등.

「사용자는 노동조합이 쟁의행위를 개시한 이후에만 직장폐쇄를 할 수 있다」고 규정하고 있다. 이 조항은 쟁의행위의 「개념」에 관한 동법 제2조 6호의 규정과는 달리 직장폐쇄의 (대항적) 「정당성」 요건을 정한 규정이다.[1] 따라서 직장폐쇄가 정당한 경우에는 그 효과로서 근로계약의 주된 권리·의무는 정지되어 사용자는 계약상의 임금지급의무를 면하게 된다(민사상의 면책). 그러므로 이 조항이 정한 직장폐쇄의 정당성의 내용을 정확하게 파악한다는 것은 곧 민사상의 면책을 받을 수 있는 직장폐쇄의 한계를 획정하는 것이 된다.[2]

노동조합이 업무의 정상적인 운영을 저해하는 행위로서 쟁의행위(파업, 태업 등)를 하지 않고 있는데 사용자가 먼저 행하는 직장폐쇄를 '선제적(先制的)' 직장폐쇄라고 한다면, 노동조합이 먼저 쟁의행위를 단행한 후에 행하는 직장폐쇄를 '대항적' 직장폐쇄라고 할 수 있다. 따라서 '선제적' 또는 '대항적' 직장폐쇄의 구별은 노동조합의 쟁의행위와의 시간적 선후관계의 차이를 구별하는 개념으로 이해될 수 있다. 그러나 선제적 직장폐쇄의 경우에도 그 직장폐쇄의 수행목적과 모습에 따라서는 방어적일 수 있고, 반대로 대항적 직장폐쇄에 있어서도 공격적일 수 있다.

노조및조정법 제46조 1항은 문언상 노동조합의 쟁의행위가 개시된 이후에 행하여진 직장폐쇄에 대해서만 정당성을 인정하고 있다. 일반적으로는 사용자의 직장폐쇄의 정당성을 노동조합의 쟁의행위 개시 전후를 기준으로 판단하는 것이 옳을 것이다. 왜냐하면 노동조합의 파업 전에 행하는 직장폐쇄는 대체로 공격적이고, 파업 후에 행하는 직장폐쇄는 방어적이기 때문이다. 그러나 구체적으로는 공격적이냐 방어적이냐 하는 것은 반드시 쟁의행위의 개시시점의 전후를 기준으로 판단되는 것은 아니다. 다시 말하면 직장폐쇄의 정당성 여부는 현실적 정황에 비추어 공격적이냐 방어적이냐의 기준에 따라 판단되는 것이 실질적이고 합리적이며, 시간의 선후만을 정당성의 기준으로 삼는 것은 적절하지 않다.[3]

b) **공격적 또는 방어적 직장폐쇄의 구별** 일반적으로 공격적이냐 방어적이냐 하는 것은 쟁의행위의 목적에 의하여 구별되는 것이 보통이다.[4] 예컨대 노동조합이 7%의

---

1) 大判 2000. 5. 26, 98 다 34331(직장폐쇄는 대항적·방어적인 경우에만 정당하다는 취지의 판결).

2) 大判 2016. 5. 24, 2012 다 85335 참고.

3) 대항적 직장폐쇄라 하더라도 노사의 실질적 대등성을 회복할 필요가 있어야 하고, 대항의 필요성은 사용자의 경제적 부담의 정도를 기초로 판단해야 한다는 견해가 있다(西谷, 「勞働組合法」, 455面 이하).

4) 菅野(「勞働法」, 945面 이하) 교수에 의하면 직장폐쇄의 정당성 여부를 판단하는 기준으로 선제적 직장폐쇄와 대항적 직장폐쇄를 구분한다. 선제적 직장폐쇄는 근로자들의 업무저해행위인 파업이 실행되기 이전에 사용자가 먼저 직장폐쇄를 하는 것으로 이때에는 사용자가 그의 주장을 관철하기 위한 압력수단으로 공격적 직장폐쇄를 하는 경우이건, 파업을 예상하여 미리 이를 예방하기 위하여 행

임금인상요구를 관철하기 위하여 파업을 한 경우에 사용자가 3%의 임금인하주장(또는 새로운 교대제 혹은 변형근로시간제의 도입 등)을 관철하기 위해서 직장폐쇄를 단행하고, 노동조합이 파업종료를 선언한 후에도 직장폐쇄를 계속하는 때에는 그 직장폐쇄는 공격적이라고 할 수도 있다.[1] 그러나 노동조합이 7%의 임금인상요구를 하며 파업을 단행한데 맞서서 사용자가 회사의 경영난을 이유로 3% 임금인상의 적절성 또는 임금인상반대의 주장을 관철하기 위하여 직장폐쇄를 하는 것은 방어적인 성질을 갖는다.[2] 노동조합이 태업 등 기타 업무의 정상적인 운영을 실질적으로 저해하는 행위를 하는 한편 근로자들로 하여금 임금을 계속 받도록 하는 상황을 유지하면서 회사의 업무를 마비시키거나 경영에 지장을 초래하는 경우에 사용자가 직장폐쇄를 하는 것도 방어적인 것으로 정당하다.[3] 또한 노동조합이 출하업무에 대하여 시한(時限)파업을 예고 없이 행하고 사용자가 출하를 단념하게 한 후에 시한파업을 푸는 전략을 반복함으로써 수주량이 격감하고 자금회전이 현저히 악화하는 상황에서 사용자가 직장폐쇄를 하는 것은 공격적인 것이 아니라 대항적·방어적인 것이라고 할 수 있다.[4] 그리고 선제적 부분파업에 대하여

하는 예방적 직장폐쇄이건 모두 정당하지 않다고 한다. 다음으로 근로자들이 업무저해행위에 들어간 후에 행하여지는 직장폐쇄를 대항적 직장폐쇄라 하고, 이 중에서 근로자의 업무저해행위에 의한 손해를 경감·방어하기 위한 방어적 직장폐쇄는 정당하지만, 방어의 목적을 넘어 사용자의 주장을 노동조합이 받아들이도록 하기 위한 공격적 직장폐쇄는 정당하지 않다고 한다. 이 견해에 의하면 직장폐쇄는 대항적이면서 방어적인 때에만 정당한 것이 된다(同旨: 임종률, 「노동법」, 275면). 그러나 직장폐쇄도 노사 사이의 실질적 교섭평등의 수단으로 이해되어야 하므로 대항적 방어적 직장폐쇄만이 정당하다고 하는 것은 직장폐쇄의 정당성 범위를 너무 협소하게 보는 견해라고 판단된다.

1) 日本 第一小型ハイヤー事件·最二小判昭 52. 2. 28, 判時 850號, 97面(菅野, 「勞働法」, 946面). 또한 西谷, 「勞働組合法」, 456面 이하 참고. 그러나 노동조합이 파업을 풀고 작업재개를 통보하였으나 사용자가 계속 직장폐쇄를 유지한 것을 정당하다고 판단한 일본판례: 教育社事件·東京地判平 8. 10. 24, 勞判 707號, 50面.

2) Zöllner/Loritz/Hergenröder, *ArbR* § 43 Rn. 32 ff. 참고. 직장폐쇄를 포함하여 쟁의행위에는 단체교섭으로서의 성질이 내재해 있고, 단체교섭은 노동조합과 사용자의 주장이 서로 대립하여 타협을 찾아가는 과정이므로 사용자가 자기가 수용할 수 있는 근로조건의 기준을 관철하기 위하여, 다시 말하면 자기가 수용할 수 없는 기준을 거절하기 위하여 행하는 직장폐쇄는 결국 자기 주장을 관철할 목적을 가지고 대항하는 행위이므로 이를 공격적이라고 하여 적법하지 않다고 한다면, 노사간의 주장의 대립을 타협을 통하여 해결하려는 단체교섭은 존재할 여지가 없게 된다. 따라서 노동조합의 7% 임금인상요구에 맞서서 3%의 임금인상을 내세우며 행하는 직장폐쇄가 위법하다고 볼 수 없다(異見: 임종률, 「노동법」, 276면 주1).

3) 日本 丸島水門事件·最高裁二小判 昭和 50. 4. 25 民集29卷4號 481面(菅野, 「勞働法」, 946面 참고). 이 경우에 근로자들이 임금을 받으면서 태업을 하고 있다면 노동조합의 본격적인 파업이 개시되었다고 볼 수 없고, 이러한 상태에서 사용자가 직장폐쇄를 하였다면 그것은 시간적으로 선제적인 것이지만 대항적 또는 방어적이라고 할 수 있다. 또한 西谷, 「勞働組合法」, 456面 참고.

4) 安威川生コンクリート工業事件·最三小判平18. 4. 18 民集60卷4號 1548面(菅野, 「勞働法」, 946面 참고).

전면적으로 대항적 직장폐쇄를 한 경우에는 그 직장폐쇄에 의하여 노무제공을 거부당하는(즉 사용자의 임금지급의무가 탈락되는) 근로자의 범위가 확대되더라도 직장폐쇄는 방어적일 수 있고, 따라서 정당하다고 보아야 한다. 왜냐하면 부분적 파업으로 인해서 영업이익을 낼 수 없는데도 사용자가 전면직장폐쇄를 할 수 없다고 하면 실질적으로 사용자의 쟁의행위는 금지되는 것과 같기 때문이다(이때에는 노동조합만이 파업전략을 행사할 수 있는 것이 되기 때문이다. 또한 사용자는 파업불참 근로자에 대한 임금을 계속 지급하면서 파업으로 인한 손해를 감수해야 한다면 이는 사용자가 파업수행의 재정을 부분적으로 부담하는 것이 된다).[1] 그러나 이 경우에는 부분파업과 직장폐쇄 사이의 실력행사의 균형성을 고려해야 할 것이다. 예컨대 산업별 노동쟁의와 관련해서 일부기업 또는 특정기업에서 파업이 선제적으로 단행된 경우에 필요 이상으로 전체산업의 모든 기업체에 대하여 직장폐쇄를 하는 것은 그 구체적 상황에 비추어 정당성을 가질 수 없는 경우가 있을 것이다.[2] 끝으로 직장폐쇄가 대항적·방어적으로 행하여진 경우에 노동조합이 직장폐쇄(이 경우에는 직장폐쇄가 전면적인 것이 보통임)에 더 이상 맞서지 아니하고 쟁의행위의 종료를 선언하며 취업을 희망하였으나 사용자가 계속 직장폐쇄를 유지할 수 있느냐 하는 것이 문제된다. 이에 대하여 직장폐쇄의 정당성을 부인하는 견해에 따르면 파업종료선언 후에 직장폐쇄를 계속할 때에는 방어적 성질이 상실된다고 한다.[3]·[4] 그러나 이러한 부정론에 대해서는 의문의 여지가 있다. 왜냐하면 노동조합이 그의 주장을 수정 내지 변경하여 사용자와

---

1) Zöllner/Loritz/Hergenröder, *ArbR* §45 Rn. 98. 부분파업, 특히 지명파업의 결과로 기업의 특정부서 또는 전체사업장의 조업계속이 불가능하게 된 경우에는 사용자가 직장폐쇄를 하지 않더라도 이른바 쟁의행위위험부담의 원칙(Grundsatz des Arbeitskampfrisikos)에 의하여 근로희망자에 대한 임금지급의무가 탈락된다([120] 2. ⑷, [121] 2. ⑵ 참고; Zöllner/Loritz/Hergenröder, *ArbR* §21 Rn. 67 ff. u. §43 Rn. 59).

2) Zöllner/Loritz/Hergenröder, *ArbR* §44 Rn. 98 참고. 독일에서는 대항적 직장폐쇄의 범위를 파업참가근로자의 수와의 상대적 균형을 따져서 그 적법성의 한계를 확정하려는 이른바 산술적 기준(예컨대 파업참가근로자의 비율이 협약관할지역의 1/4 이하일 경우에 사용자는 직장폐쇄에 의하여 25% 정도의 근로자들에 대하여 쟁의행위를 확대할 수 있다는 등)이 판례에 의하여 1980년에 제시되었다. 그러나 이와 같은 판례이론은 법적 안정성을 해친다는 이유에서 강한 비판에 봉착되어 오늘날에는 실질적으로 그 의의가 상실되었다(1980년의 판례 및 이 판례에 대하여 회의(懷疑)를 표명한 다른 판례에 관해서는 Zöllner/Loritz/Hergenröder, *ArbR* §44 Rn. 101 f. 참고).

3) 日本 第一小型ハイヤー事件·最高裁二小判 昭和 52. 2. 28 判時850號 97面; 菅野, 「勞働法」, 946面. 직장폐쇄를 원칙적으로 해제해야 한다는 설: 西谷, 「勞働組合法」, 456面 이하.

4) 노동조합이 쟁의행위를 중단하고 근로자들의 업무복귀를 결정함으로써 사용자측이 현저히 불리한 압력을 받던 사정이 해소되었다고 볼 수 있는데도 사용자가 계속해서 직장폐쇄를 유지하는 것은 방어적 한계를 벗어나 노동조합의 조직력을 약화시키려는 공격적 직장폐쇄에 해당하여 정당성이 인정될 수 없으므로 위법한 직장폐쇄 기간 동안의 임금을 지급해야 한다는 하급심판례(大田高判 2014. 4. 24, 2012 나 6378).

의 협의 가능한 의견의 제시없이 단순히 직장폐쇄로 인한 경제적 압력(사용자에 의한 임금부지급)을 모면하기 위하여 일시적으로 파업종료를 선언하는 경우에도 사용자는 직장폐쇄를 중지해야 한다면 쟁의행위가 노사분쟁의 해결 내지 단체교섭의 활성화를 위한 투쟁조치로서 기능하지 못할 것이기 때문이다. 따라서 파업종료선언 후에 직장폐쇄를 계속하더라도 그것이 당연히 정당성을 상실하는 것이 아니고, 노동조합이 평화적 교섭에 의한 분쟁의 타결가능성을 구체적으로 제시하거나 조업계속을 가능하게 하는 조합원들의 업무복귀가 실질적으로 확실한 상태에 이르러 더 이상 직장폐쇄의 유지가 무의미하게 된 경우에만 위법한 것이라고 판단해야 할 것이다.[1] 노동조합만이 쟁의행위의 개시시점과 그 범위(부분파업 또는 전면파업) 및 그 종료시점을 결정할 수 있는 권한을 가지고 있는 것으로 해석한다면 사용자의 직장폐쇄는 대항적 쟁의행위로서도 기능할 수 없게 될 것이다. 특히 경제적 상황이 열악한 기업에 있어서는 보다 심각한 타격을 받을 수 있을 것이다.[2] 이와는 달리 교섭의 여지가 충분히 있는 상황에서 노동조합이 부분적으로 선제적으로 파업이나 태업을 했다고 해서 사용자가 단기간 내에(예컨대 파업을 개시한지 4시간 만에) 이에 대응하여 (전면)직장폐쇄를 한다거나,[3] 쟁의행위에 참가한 근로자의 수가 소수에 불과하여 업무의 정상운영에 지장이 없음에도 (전면)직장폐쇄를 하는 것[4]은 방어적이라고 할 수 없으며 따라서 정당성이 인정될 수 없을 것이다.

직장폐쇄의 정당성 문제는 노동조합의 쟁의행위 개시 이후라는 형식적 기준에 의해서만 판단될 수 있는 것은 아니며, 직장폐쇄의 대항성·방어성이라는 실질적 기준에 의하여 파업과의 관계에서 상대적·균형적으로 검토되어야 한다. 판례도 종합적 관점을 고려하면서 구체적 사정에 비추어 형평의 견지에서 직장폐쇄의 정당성을 판단하고 있다.[5]

---

1) 同旨: 大判 2016. 5. 24, 2012 다 85335(발레오電裝 사건). 大判 2017. 7. 11, 2013 도 7896 등. 하급심판례(大田地判 1995. 2. 9, 93 가합 566)도 노동조합측의 파업종료 여부만을 가지고 직장폐쇄의 정당성 여부를 판단하고 있지 않다. 즉 법원은 「노동조합이 시한부파업을 종료하고 회사에 대하여 직장복귀의사를 명백히 하면서 협상을 요청하였음에도 불구하고 파업기간에 비하여 지나치게 장기간 직장폐쇄를 유지하면서 조합원에 대해서만 선별적으로 직장폐쇄를 하였으며, 나아가 이들 조합원을 개별적으로 노동조합에서 탈퇴하도록 유도하는 등 직장폐쇄개시 당시의 대항적·방어적 성격을 상실하고 노동조합 파괴를 위한 공격적 행위로 나아가 결국 직장폐쇄의 긴급성과 필요성 및 정도의 상당성을 잃어버림으로써 위법·부당한 직장폐쇄에 이르게 되었다」고 판시하고 있다. 이 판례에서 법원은 직장폐쇄의 위법성과 부당노동행위의 성립을 인정하고 있다. 教育社事件·東京地判平 8. 10. 24, 勞判 707號, 50面. Zöllner/Loritz/Hergenröder, *ArbR* §44 Rn. 98 ff. 참고.

2) Lieb/Jacobs, *ArbR* Rn. 652 f. 참고.

3) 大判 2007. 12. 28, 2007 도 5204; 大判 2000. 5. 26, 98 다 34331(준법투쟁 3일 만에 행한 직장폐쇄).

4) 大判 2002. 9. 24, 2002 도 2243.

5) 大判 2010. 1. 28, 2007 다 76566; 大判 2007. 12. 28, 2007 도 5204; 大判 2007. 3. 29, 2006 도

또한 노동조합의 단순한 파업종료 의사표시만으로 사용자가 정당하게 시작된 직장폐쇄를 중단해야 하는 것은 아니며, 노동조합이 진정한 업무복귀 의사를 표명했는지 또는 위법행위나 사용자에 대한 적대적 행위 등을 종료시켰는지 그리고 그 시기는 언제였는지를 기준으로 직장폐쇄의 정당성 상실 시점을 구체적으로 평가해야 한다. 직장폐쇄가 방어적 목적을 벗어나 노동조합의 조직력을 약화할 의도로 계속되었다면 어느 시점부터 공격적(위법한) 직장폐쇄로 변질되었는지를 구체적으로 가려 판단해야 한다. 그 시점 이후부터 노무를 거부당한 근로자들에게 사용자는 임금지급의무를 부담한다.[1] 판례는 근로자들이 개별적 · 부분적으로 업무 복귀 의사를 밝히는 것만으로는 부족하고, 복귀 의사는 반드시 조합원들의 찬반투표를 거쳐 결정되어야 하는 것은 아니지만 사용자가 경영의 예측가능성과 안정을 이룰 수 있는 정도로 집단적 · 객관적으로 표시되어야 한다고 판시하고 있다.[2] 타당한 견해라고 생각된다. 노동조합이 조합원 대다수의 '근로의사표명서'를 첨부하여 회사에 발송한 것을 비롯하여 수십 차례 같은 내용의 문서를 보냈다면 집단적 파업 철회 의사의 진정성을 의심할 여지가 없는데도 사용자가 직장폐쇄를 계속 유지하면서 노동조합으로 하여금 불법파업을 인정하고 향후 사업 '매각 반대' 등 시위를 하지 않을 것을 요구했다면, 그와 같은 직장폐쇄는 근로자들의 집단적 사업장 복귀 의사가 전달된 때부터 공격적인 것이 될 뿐 아니라 노동조합의 운영에 지배 · 개입할 의사를 가진 부당노동행위(노조및조정법 제81조 ④)에 해당한다고 보아야 한다.[3] 그러나 노동조합이 직장복귀를 선언한 것이 파업으로 인한 임금탈락의 경제적 압박을 일시적으로 회피하기 위한 전략적 조치에 지나지 않고 진정으로 사용자와의 단체교섭 및 단체협약의 체결을 통하여 노사 사이의 분쟁을 해결할 의도를 가지고 있지 않다면, 회사가 이에 맞서 직장폐쇄를 철회하지 않는다고 하여 이를 공격적 직장폐쇄라고 섣불리 단정해서는 안 될 것이다. 적어도 노동조합이 조합원을 직장에 복귀시키면서 투쟁적 상태(파업)를 지양하고 평화적 방법(단체교섭)에 의하여 분쟁을 해결할 의도가 적극적으로 개진(開陳)되어야 하기 때문이다. 이러한 경우의 직장폐쇄를 회사에 유리한 방향으로 협상을 이끌기 위한 목적에서 단행된 공격적 직장폐쇄로만 보는 것은 정당하지 않다.

9307; 大判 2000. 5. 26, 98 다 34331 등.

1) 同旨: 大判 2016. 5. 24, 2012 다 85335(발레오電裝 사건); 大判 2017. 4. 7, 2013 다 101425; 大判 2018. 3. 29, 2014 다 30858.

2) 大判 2017. 4. 7, 2013 다 101425(노동조합이 지방고용노동청에 쟁의행위 철회신고서를 제출하고 다수의 조합원들이 진정으로 근로 복귀 의사를 표명하여 이를 확인할 수 있었음에도 그로부터 20여 일 직장폐쇄를 계속 유지한 것은 방어수단으로서의 정당성을 인정받을 수 없다고 한 사례). 또한 大判 2017. 7. 11, 2013 도 7896; 大判 2018. 3. 29, 2014 다 30858 참고.

3) 大判 2017. 7. 11, 2013 도 7896.

c) 위법한 파업에 대한 직장폐쇄

1) 위법한 파업에 대하여 사용자가 집단적 대항조치로서의 직장폐쇄를 단행할 수 있느냐 하는 것은 의문이 아닐 수 없다.[1] 왜냐하면 집단적 투쟁조치로서의 직장폐쇄도 단체교섭의 기능 내지는 단체협약의 체결을 목적으로 하는 협약자치의 범위 내에서 인정되는 것이므로 협약자치의 범위를 벗어나는 위법한 파업에 대하여 직장폐쇄를 행하는 것은 헌법 제33조 1항의 협약자치제도의 취지에 비추어 허용되지 않는다고 판단되기 때문이다.[2] 위법한 파업(협약체결이 목적이 아닌 정치파업, 동정파업, 노동조합에 의하여 주도되지 않은 파업 등)은 단체교섭의 연장선에서 파악될 수 없으며, 특히 노동조합이 주도하지 않는 비조합원파업은 단체협약의 체결에 이를 수 없는 것이므로,[3] 이른바 이익분쟁으로서 조정의 대상이 될 수도 없다. 따라서 이에 대해서는 사법적(司法的) 구제수단(예컨대 가처분신청·징계처분·해고 등)으로 대응하는 것이 원칙이다. 다만, 현실적으로 파업의 위법성에 대한 판단은 처음부터 명백한 것은 아니다. 특히 노동조합이 주도하는 파업은 쟁의행위의 정당성이 일반적으로 추정되기 때문에 위법파업에 대한 직장폐쇄의 정당성의 문제는 노동조합에 의하여 수행되는 위법한 파업과 노동조합에 의하여 수행되지 않는 비공인파업(wildcat strike)[4] 및 비조합원파업을 구별하여 판단하는 것이 실질적이다.[5] 노동조합이 주도하는 파업으로서 그 파업의 목적이 단체협약의 체결에 있으나 단지 사용된 파업수단이 위법한 경우(노조및조정법 제42조 Ⅰ·Ⅱ, 제38조 Ⅱ 참조)로서 이에 대하여 직장폐쇄를 단행해야 할 필요가 있다고 판단되는 때에는 직장폐쇄의 정당성을 인정해야 할 것이다. 이에 반하여 노동조합이 주도하는 파업이라 하더라도 그 쟁의행위에 의하여 협약체결에 이를 수 없는 위법성이 명백하거나 또는 비조합원파업에 대해서는 원칙적으로 직장폐쇄를 단행할 수 없다고 생각된다. 이 경우에 직장폐쇄를 허용한다

1) Zöllner/Loritz/Hergenröder, *ArbR* § 44 Rn. 107; Scholz/Konzen, *Die Aussperrung im System von Arbeitsverfassung und kollektivem Arbeitsrecht*, 1980, S. 231. 자세히는 Kissel, *ArbeitskampfR* § 53 Rn. 44 ff. 참고.

2) Scholz/Konzen, *a.a.O.*, S. 228; Brox/Rüthers, *Arbeitskampfrecht* Rn. 341 참고. 그러나 독일연방노동법원(BAG)은 사용자가 적법한 파업의 경우보다 위법한 파업의 경우에 더 불리한 입장에 있을 수 없다는 이유로 위법한 파업에 대해서도 적법한 직장폐쇄를 할 수 있다는 태도를 취하고 있다(BAG AP NRn. 6, 24, 43 zu Art. 9 GG *Arbeitskampf*. 마찬가지로 Hueck/Nipperdey, *Lehrbuch*, Bd. Ⅱ/2, S. 953; Nikisch, *ArbR*, Bd. Ⅱ. S. 335). 반대의견: Däubler/Colneric, *Arbeitskampfrecht*, 2. Aufl., 1987, Rn. 1179 f.; Brox/Rüthers, *Arbeitskamfrecht* Rn. 341.

3) 단체협약의 체결과 연계되지 않는 파업은 노동쟁의행위의 요건(노조및조정법 제2조 ⑤·⑥ 참조)을 충족시키는 것으로 볼 수 없다(Seiter, *Streikrecht und Aussperrungsrecht*, 1975, S. 373 f.).

4) 비공식파업이더라도 노동조합이 그 파업을 사후적으로 추인하여 노동조합 주도하에 사용자와의 교섭을 계속 유지한다면 노동조합과 사용자는 쟁의행위의 관계당사자가 될 수 있다.

5) Scholz/Konzen, *a.a.O.*, S. 231; Kissel, *ArbeitskampfR* § 53 Rn. 31 ff., Rn. 44 ff. 참고.

면 쟁의행위와 사실상의 투쟁(예컨대 전쟁)은 동일시되며 협약자치라는 제도적 틀 속에서 쟁의행위를 이해하는 것은 불가능하게 될 것이다.[1)] 직장폐쇄는 파업과 마찬가지로 단체협약의 체결을 목적으로 하면서 일정한 요건을 갖춘 때에 법률에 의하여 인정되는(노조및조정법 제2조 ⑤·⑥, 제37조 Ⅰ, 제46조 등 참조) 효력을 가지는 노동법상의 법적 행위이고, 단순한 사실적 투쟁행위가 아니기 때문이다.[2)]

2) 먼저 위법한 부분파업(단체협약의 체결이 불가능한 경우)에 대하여 사용자가 전면적(방어적) 직장폐쇄를 단행할 수 있는지가 문제된다. 이를 인정한다면 동료 근로자들의 위법한 쟁의행위로 인하여 근로희망자(비조합원 및 근로희망 조합원)가 노무제공을 할 수 없게 되어 임금손실을 입게 되는 것(직장폐쇄의 효과로서 사용자는 임금지급의무를 부담하지 않게 되므로)을 합법적인 것으로 용인해야 하는 부당한 결과가 발생하기 때문이다. 정당한 부분파업에 대하여 전면적 직장폐쇄를 할 경우에는 결과적으로 단체협약이 체결되면 근로희망자들도 새로 체결된 단체협약의 적용혜택을 직·간접적으로 받을 수 있기 때문에 전면적 직장폐쇄는 정당하다고 보아야 할 것이다(쟁의행위법통일의 원칙의 적용. 이에 관해서는 [118] 4. (5) 참고). 위법한 파업의 경우에는 그러한 가능성이 존재하지 않는다. 다만, 현실적으로는 근로희망자들이 부분 파업자들의 배후에서 지원하는 경우도 있을 수 있고 이를 외형적으로 구별하기도 쉽지 않으며, 불법파업자에 대한 법적 제재를 통해서 파업상태를 종식시킬 수 없을 때에는 실제적 이유에서(법적 이유에서가 아님) 직장폐쇄와 함께 직장퇴거명령을 단행할 수밖에 없을 것이다. 다시 말하면 사용자가 법적 구제방법(예컨대 신속하고 효율적인 가처분 명령, 주동자에 대한 조사·격리)을 가지고는 불법파업에 대항할 수 없는 긴급한 경우에만 직장폐쇄를 단행할 수 있다고 보는 것이 타당할 것이다.[3)] 이때에 사용자는 근로를 거부당한 근로희망자에 대해서도 임금지급의무를 면한다고 보아야 한다. 그러나 사법적(司法的) 구제조치가 가능한 한 위법한 부분파업에 대하여 전면적 직장폐쇄를 하는 것은 정당하지 않으며 근로희망자에 대한 임금지급의무를 면할 수 없다고 보아야 한다.[4)] 또한 이 경우에 근로희망자의 노무제공이 사용자의 귀책사유

1) Seiter, *Streikrecht und Aussperrungsrecht*, 1975 S. 375.

2) Kissel, *ArbeitskampfR* §53 Rn. 47 참고.

3) Zöllner/Loritz/Hergenröder, *ArbR* §44 Rn. 107 참고. 異見: Kissel, *ArbeitskampfR* §53 Rn. 41, §55 Rn. 9.

4) 노동조합이 목적의 정당성이 없는 불법파업을 주도하고 있는 경우에는 법원에 대한 가처분청구를 통하여 노동조합의 개입을 배제할 수 있고, 노동조합에 대하여 손해배상을 청구할 수도 있다. 따라서 위법한 파업에 대해서는 원칙적으로 법적구제방법이 우선되어야 한다(Seiter, *Streikrecht und Aussperrungsrecht*, 1975, S. 374).

異見: 중앙노동위원회는 위법한 쟁의행위에 대한 사용자의 「휴업조치」는 사용자의 귀책사유로 인한 것으로 볼 수 없다고 하여 위 쟁의행위와 관련된 기간 동안의 휴업수당을 사용자는 지불할 필요가 없

에 의하여 불능이 된 것이라고 볼 수도 있으므로, 근로자는 반대급부청구권(임금청구권)을 상실하지 않는다고 해석할 수 있다(민법 제538조 I 참조). 어느 경우에나 사용자는 임금지급의무를 면할 수 없다.

3) 비조합원으로 구성된 쟁의단의 파업에 대해서도 기본적으로 위에서 언급한 내용이 그대로 적용된다.[1] 비노조파업에 있어서는 정당한 쟁의행위를 할 수 있는 주체, 즉 노동조합이 존재하지 않기 때문에 단체협약의 체결은 처음부터 거론될 수 없다. 따라서 이는 협약자치의 범위 밖에 있는 실력행사이다. 비조합원쟁의단에게 내부적 압박(Binnendruck)을 가하기 위하여 파업에 참가하지 않은 자에 대해서까지 압력(전면적 직장폐쇄)을 가하는 것(직장폐쇄에 의한 임금지급을 거부함으로써)은 부당한 일이다. 비조합원파업참가자에 대해서도 사법적 구제방법을 사용해야 한다. 다만, 이들이 주도하는 파업이 언제까지 어떤 형태로 실행될 것인지는 이들의 주관적 의사에 의하여 결정된다는 이유에서 이들에 한정해서만 직장폐쇄(선택적 직장폐쇄: selektive Aussperrung)를 단행할 수 있다는 것이 독일의 지배적 견해이다.[2]

4) 우리나라의 일부 학설에 의하면 사용자가 정당한 파업이 발생했을 때보다 오히려 불법파업이 발생하였을 경우에 직장폐쇄 행사에 더 많은 제한을 받는 것은 부당하다고 한다.[3] 이와 같은 견해는 독일 판례와 일부 학설의 견해이기도 하지만,[4] 직장폐쇄라는 쟁의행위를 노동법의 제도적 틀 속에서 이해하는 태도라고는 볼 수 없다. 이때의 직장폐쇄는 협약자치와는 무관한 단순한 사실상의 실력행사에 지나지 않기 때문이다.

(4) 직장폐쇄의 정당성 효과

a) 직장폐쇄가 정당한 경우 사용자는 수령지체의 책임을 부담하지 않으므로 조합원이거나 비조합원임을 막론하고 해당 근로자들에게 임금지급의무가 면제된다. 삭감되는

다고 판정하였다(1991. 10. 14, 91 휴업 1). 그러나 위에서 설명한 바와 같이 단체협약자치의 범위를 이탈하는 위법한 쟁의행위에 대하여 단행되는 직장폐쇄는 원칙적으로 정당성을 가질 수 없다. 따라서 사용자는 근로희망자에 대해 임금지급의무를 면할 수 없다. 또한 사용자의 대항조치는 위법한 쟁의행위에 대한 집단적 투쟁조치이므로 근로기준법 제46조에서의 경영장애로 인한 휴업과는 구별된다. 그러므로 근로기준법상의 개별적 근로관계법의 법리를 여기서 원용하는 것은 옳지 않다.

1) 大判 1997. 4. 22, 95 도 748 참고.

2) Kissel, *ArbeitskampfR* §53 Rn. 47; Konzen, *AcP* 177(1977), 473, 533; *MünchArbR*/Ricken, Bd. Ⅱ, §201 Rn. 9; Wiedemann, RdA 1969, 321, 334 Fn. 120 등 참고.

3) 임종률, 「노동법」, 277면; 도재형, '직장폐쇄의 형사적 쟁점', 「노동법학」(33호), 2010. 3, 173면(필자는 '정당한 쟁의행위는 직장폐쇄에 의한 위협을 받고 위법한 쟁의행위는 직장폐쇄로부터 보호받는다는 모순이 발생한다'고 한다. 이러한 견해는 직장폐쇄를 단순한 실력행위로 보는 데서 비롯되는 것으로 볼 수 있다). 한국노동연구원, 「노사관계법·제도 선진화 방안」, 2003, 67면 이하에서는 쟁의행위의 합법·불법을 불문하고 직장폐쇄의 허용을 제안하고 있다.

4) Kissel, *ArbeitskampfR* §53 Rn. 46 참고.

임금은 정당한 직장폐쇄기간 동안의 소정임금을 말한다. 직장폐쇄가 위법한 경우 사용자는 수령지체책임을 져야 한다(민법 제400조). 민법 제400조는 채권자(사용자)는 채무자의 「이행의 제공이 있는 때로부터」 지체책임이 있다고 규정하고 있으나, 사용자는 직장을 폐쇄함으로써 근로자의 노무제공의 수령거절을 명백히 표시하고 있는 것이므로 근로자에 의한 노무의 현실적 제공은 필요하지 않다. 근로자는 사용자의 수령지체로 그들의 노무제공의 실현이 불가능하게 되었고, 이는 사용자의 귀책사유에 의한 것이므로(민법 제655조, 제400조, 제390조 참조) 사용자는 민법 제538조 1항에 의하여 근로자에게 임금전액을 지급해야 한다.[1] 이 경우에 근로기준법 제46조[2]에 의한 휴업수당을 지급하면 된다는 견해가 있으나 옳지 않다고 생각된다([50] 7. (4)·(5)·(6) b) 참고). 왜냐하면 위법한 직장폐쇄는 사용자가 고의 또는 과실로 근로자들의 노무를 수령하지 않은 채권자지체에 해당하기 때문이다. 사용자의 귀책사유에 의한 휴업(근기법 제46조)은 위법한 직장폐쇄와 그 사실관계 및 법률요건을 달리한다.

b) 근로자들의 직장점거가 그 개시 당시 적법한 것이었다 하더라도 사용자가 이에 대응하여 정당한 직장폐쇄를 하게 되면 사용자의 사업장에 대한 물권적 지배권이 전면적으로 회복되는 결과 사용자는 점거중인 근로자들에 대하여 정당하게 사업장으로부터의 퇴거를 요구할 수 있고 퇴거를 요구받은 이후의 직장점거는 위법하게 된다. 따라서 적법하게 직장폐쇄를 단행한 사용자로부터 퇴거요구를 받고도 불응한 채 직장점거를 계속한 행위는 퇴거불응죄에 해당될 수 있다.[3] 다만, 노조 사무실이 사업장 내에 있고 생산시설과 장소적·구조적으로 분리될 수 없는 관계에 있다면 합리적 대안으로서 노조 사무실 대체 장소를 제공하지 않는 한 노조 사무실의 출입을 제한할 수 없다는 것이 판례의 태도이다.[4] 그러나 사용자의 직장폐쇄가 정당한 쟁의행위로 인정되지 않을 때에는 적법한 쟁의행위로서 사업장을 점거중인 근로자들이 사용자의 퇴거요구를 받고 이에 불응한 채 직장점거를 계속하더라도 퇴거불응죄가 성립하지 않는다([118] 3. (6) 참고).[5]

이 외에 위법한 직장폐쇄시에 근로자는 취업청구권을 상실하지 않는다. 특히 취업 자체가 경력이나 기술습득에 영향을 미치는 연구, 수련 또는 출연에 관련된 것인 때에는

---

1) 大判 2000. 5. 26, 98 다 34331; 大判 2008. 9. 11, 2008 도 6026 참고; 大判 2011. 3. 10, 2010 다 13282(위법한 직장폐쇄를 감행하면서 위장폐업을 한 경우).

2) 근로기준법 제46조가 적용되는 중요한 사례: 경영상의 이유로 인한 휴업(1974. 12. 2, 보로 제667호); 원료부족으로 인한 휴업(1974. 7. 4, 보로 제537호); 작업형편에 따른 휴업(1968. 6. 5, 기준 1455. 9-4513); 판매부진으로 인한 휴업(1968. 11. 30, 기준 1455. 9-11203) 등 참고.

3) 大判 1991. 8. 13, 91 도 1324; 大判 2004. 1. 27, 2003 도 6026; 大判 2005. 6. 9, 2004 도 7218.

4) 大判 2010. 6. 10, 2009 도 12180.

5) 大判 2007. 12. 28, 2007 도 5204; 大判 2007. 3. 29, 2006 도 9307.

취업청구권이 중요한 의의를 가진다([49] 3. (3) 참고).

3. 쟁의행위위험(Arbeitskampfrisiko)부담

정당한 부분파업에 의하여 조업계속이 불가능해지거나 경제적으로 무의미해짐으로써 영업을 중단해야 하는 경우에 파업에 참가하지 않은 근로자에 대한 임금지급을 사용자가 부담해야 할 것인지, 파업에 불참한 근로자들은 임금을 청구할 수 없는 것인지가 문제된다. 부분파업에 의한 조업계속의 불능상태가 사용자나 파업에 참가하지 않은 근로자들의 귀책사유에 의하여 발생한 것이라고 볼 수 없기 때문이다. 이 경우에 양당사자에게 귀책사유 없이 노무제공이 불가능해진 것(사업운영의 불능)이므로 누가 임금지급위험을 부담하는 것이 옳은지가 문제된다. 다시 말하면 쟁의위험의 부담을 누구에게 귀속시키는 것이 집단적 노사관계법(쟁의행위법)상 타당한지가 검토되어야 한다. 부분파업으로 인한 경영장애의 경우에는 일반적인 경영장애(예컨대 경제불황, 원료부족, 쟁의업체의 출현, 수입품의 반입으로 인한 판매부진 등)([50] 7. (2) 참고)와는 달리 임금지급 위험(Lohnzahlungsrisiko)을 근로자(근로희망자)측이 부담해야 한다는 것이 일반적 견해이다.1) 그 이유는 쟁취된 단체협약이 조합원인 근로희망자에게는 법적으로 당연히 적용될 것이고(단체협약의 구속력), 비조합원인 근로희망자에게도 사실상 그 적용이 기대가능하기 때문이다.2) 근로희망자의 임금지급위험을 사용자로 하여금 부담케 한다면, 협약자치(Tarifautonomie)의 기본관념인 쟁의평등의 원칙(노동조합은 소수의 근로자만을 파업에 참가시키고 그들에 대한 파업지원금을 부담하는 데 반하여 사용자에게는 파업에 참가하지 않은 다수 근로자의 임금을 부담하도록 하는 것은 실력행사관계의 형평성에 부합하지 않는다는 원칙)에도 어긋나게 될 것이다.3) 일본의 판례는 파업불참가자의 근로의무의 이행이 불능이 되고 그 원인인 부분파업에 대하여 사용자의 귀책사유가 존재하지 않으므로 일본민법 제536조 2항(우리 민법 제537조 참조)에 의하여 파업불참가자(근로희망자)는 임금청구권을 상실한다고 한다.4) 그러나 이러한 견해는 집단적 쟁의행위법에 기초한 것은 아니다.

그러면 위법한 파업의 경우에도 쟁의위험부담의 원칙에 따라 사용자의 임금지급의

---

1) Kissel, *ArbeitskampfR* §33 Rn. 8 ff.(12); Zöllner/Loritz/Hergenröder, *ArbR* §21 Rn. 67 f.; Löwisch/Caspers/Klumpp, *ArbR* Rn. 1168 ff.; Junker, *Grundkurs ArbR* §9 Rn. 629 ff.; BAG AP NRn. 70, 71 zu Art. 9 GG Arbeitskampf; BAG AP NRn. 2, 3, 4 zu §615 BGB Betriebsrisiko.

2) Kissel, *ArbeitskampfR* §33 Rn. 17(이와 같은 견해를 이익참여설(Partizipationsgedanken)이라고 한다).

3) BAGE 34,331 = BAG AP Nr. 70 zu Art. 9 GG Arbeitskampf; Lieb/Jacobs, *ArbR* Rn. 190; Kissel, *ArbeitskampfR* §33 Rn. 18, §47 Rn. 111; 하경효, 「노동법사례연습」, 453면.

4) ノース·ウエスト航空事件·最二小判 昭和 62. 7. 17, 民集 41巻 5號, 1350面.

무의 면제가 인정될 수 있는가? 예컨대 쟁의목적이 위법한 파업이거나 비공식파업에 있어서는 근로희망자에게 장래에 체결될 협약의 적용혜택을 받을 가능성이 없을 뿐 아니라, 쟁의평등의 원칙도 적용될 수 없으므로 근로희망자는 임금청구권을 상실하지 않는다. 이때 사용자가 지급해야 하는 임금의 손실은 일종의 경영위험(Betriebsrisiko)이라고 볼 수 있으나, 그러한 손해는 사용자가 불법파업을 주도한 노동조합과 그 파업에 참여한 근로자들에게 그 배상을 청구할 수 있는 손해라고 보아야 한다.[1] 따라서 이 경우에 근로희망자는 사용자에 대한 임금청구권을 상실하지 않는다.

[121] Ⅶ. 쟁의행위와 근로계약관계

1. 총 설

a) 쟁의행위는 다수의 개개 근로자가 노무제공을 거부(파업의 경우)하거나, 또는 사용자가 다수근로자의 노무수령을 거부(직장폐쇄의 경우)함으로써 이루어지는 집단적 행위이다. 따라서 쟁의행위는 정상적 업무의 운영을 저해하거나 또는 방해하는 행위이다. 그러나 쟁의행위가 정당성을 가지는 한 쟁의행위로 인하여 발생되는 계약상의 책임은 면제된다(근로계약관계 정지설). 이와 같은 쟁의행위의 민사상 면책은 근로3권의 보장에 의한 효과라고 할 것이며, 노조및조정법 제3조는 근로자의 쟁의행위에 대하여 이를 구체적으로 확인하고 있다([117] 3. ⑶ 참고).

프랑스에서는 헌법전문에 「파업은 이를 규율하는 법률의 범위 내에서 행사할 수 있다」고 하고, 1950년 2월 11일의 법률(단체협약 및 집단적 노동쟁의조정법: La Loi relative aux Conventions Collectives et aux Procedures de Règlement des Conflits Collectifs de Travail) 제4조는 「파업은 근로계약을 파기하지 않는다. 그러나 근로자의 중대한 과실이 있는 경우에는 예외로 한다」고 규정하고 있다.[2] 프랑스에서 이 법률이 제정된 이후부터 파업권의 행사는 원칙적으로 파업참가자와 사용자를 연결시키고 있는 근로계약을 파기시키지 않고, 다만 계약관계를 정지(suspension du contrat)시킬 뿐이라는 이론이 확립되었다. 그러므로 파업기간 중 파업참가자의 노무급부의무와 사용자의 임금지급의무(근로관계의 주된 의무)는 정지하며, 파업이 종료하면 재고용이라는 문제를 제기시키지 않고

1) Kissel, *ArbeitkampfR* §33 Rn. 159, §47 Rn. 111.

2) 현행 프랑스노동법전(Code du travail) 제2511-1(Art. L2511-1)은 「파업권의 행사는 근로계약의 파기를 정당화할 수 없다. 그러나 근로자에게 중과실의 귀책이 있을 때에는 그러하지 아니하다」고 규정하고 있다.

근로관계는 다시 원상태로 회복된다고 한다.[1)]

그러나 파업권이 제도적으로 보장되고 있는 것으로 설명되는 독일에서는[2)] 1950년대 초까지만 하더라도 파업의 집단적인 면과 개별적인 면을 분리하여 판단하여야 한다는 견해가 지배적이었다. 따라서 집단적 행위인 파업 자체가 허용된다 하더라도 개개 근로자의 노무제공거부가 근로계약에 반하는 것이어서는 아니 된다고 하였다. 그리하여 파업에 참가한 개별근로자는 파업 전에 그들의 근로계약관계를 기간을 준수하여 해지하지 않는 한, 집단행위인 파업 자체가 적법하다 하더라도 개개 근로자의 개별적 파업참가행위는 계약위반이 되기 때문에 위법하다고 하였다.[3)] 그러나 1955년을 전후하여 학설과 판례는 정당한 집단적 행위로서의 파업은 사전에 근로계약을 해지하지 않더라도 근로계약에 모순되지 않는다는 이론을 파업권의 제도적 보장과 파업의 본래적인 성격으로부터 끌어 내어 체계적으로 정당화하는 법이론이 시도되었다.

b) 집단적 행위로서 정당한 파업은 근로계약상의 노무제공의 거부(채무불이행)와는 본질적으로 상이한 것이기 때문에 근로계약관계에 모순되지 않는다는 법리구성을 체계적으로 완성한 사람은 Bulla 교수이다.[4)]

그는 쟁의행위를 둘러싸고 집단적 규범과 개별적 규범이 서로 충돌되는 경우에 우선 이에 관한 현행법규가 흠결되어 있어서 실정법상으로는 그 양규범영역의 종합적 처리가 불가능하다는 전제하에, 이러한 법규범의 충돌을 극복하기 위한 두 가지 가능성은 집단적인 규범이거나 개별적인 규범 중 어느 하나만을 적용하는 길뿐이라고 주장한다. 그러므로 통일적인 행위(einheitlicher Akt)로서의 파업이 일단 집단법적 규범에 의하여 용인된 것이라면 다시 개별법적 규범에 의하여 위법한 것이 될 수 없고, 반대로 파업이 근로계

---

1) Rivero et Savatier, *Droit du travail*, p. 286.

2) 단결권을 보장한 독일기본법 제9조 3항은 근로자와 사용자에게 쟁의행위의 자유(Arbeitskampfsfreiheit)를 용인하고 있을 뿐이며, 직접 기본권으로서의 쟁의권을 보장하고 있지는 않다는 것이 일반적 견해였다(*MünchArbR*/Ricken, Bd. Ⅱ, §196 Rn. 1 ff.; Gamillscheg, *Kollektives ArbR*, Bd.§, 936 ff. 참고). 그러나 오늘날에 와서는 쟁의행위(파업 및 직장폐쇄)가 제도적 보장을 받고 있다는 것이 지배적 견해이다. 다시 말하면 근로자, 노동조합 또는 사용자 및 그 단체가 헌법상의 쟁의행위권을 직접 원용할 수는 없으나 쟁의행위권은 협약자치를 실현하기 위한 합리적 수단으로서 헌법(독일기본법 제3조 Ⅲ)에 의하여 제도적으로 보장되어 있다고 한다(Kissel, *ArbeitskampfR* §17 ff.; Waltermann, *ArbR* Rn. 657). 이와 같은 견해는 1991년 연방헌법재판소가 이를 긍정적으로 받아들임으로써 지배적 견해로 정착되었다(BVerfGE 84, 212=AP GG Art. 9 Arbeitskampf Nr. 17 참고).

3) 따라서 근로계약의 해지 없이 쟁의행위에 참가한 근로자는 근로계약을 위반한 것이 되어 이로 인하여 발생된 손해에 대한 배상의무를 부담하는 동시에 즉시해고사유가 인정될 수도 있다고 보았다(Hueck/Nipperdey, *Lehrbuch*, Bd. Ⅱ/2, S. 930 ff. 참고).

4) Bulla, *Das zweiseitig kollektive Wesen des Arbeitskampfes* in: Festschrift für Nipperdey, 1955, S. 163 ff.

약이라는 개별법적 규범에 저촉되는 것이라면 집단법적 규범영역에 있어서도 마찬가지로 위법한 것이 되지 않을 수 없다고 한다. 왜냐하면 동일한 법질서 내에서 동일한 행위가 여기에서는 허용되고, 저기에서는 위법하다고 하는 것은 용납될 수 없기 때문이다.

Bulla 교수에 따르면 파업은 다수 근로자의 의식적인 공동행위로서 이 행위에 의하여 특정한 공동목적이 추구되고 있는 것이기 때문에 개개 파업참가자의 노무거부행위는 개별적인 행태가 아니고 동일한 목적을 추구하는 다른 다수 근로자의 노무거부행위와의 의식적이며 의도적인 협동행위(bewuβtes und gewolltes Zusammenwirken mit Vielzahl ebenso zweckgerichteten Arbeitsniederlegungen)라고 한다. 따라서 개개 근로자들은 공동의식, 다시 말하면 사회적 집단의 연대의식을 가지고 공동의 투쟁목적을 위하여 파업에 참가하는 것이며, 파업은 하나의 집단적 행위로서 본질적으로 개별행위의 산술적 총화(總和)와는 상이할 뿐만 아니라 단순한 복수의 개별행위 이상의 독자적 의의를 가지는 전체행위라고 한다. 즉 파업은 공동적인 「하나」의 집단행동이며, 그 행위의 주체도 어디까지나 집단 자체라고 한다. 왜냐하면 다수인의 전체행위(das Gesamthandeln vieler)가 바로 투쟁상태(Kampfzustand)로서의 집단행위이기 때문이다. 그 결과 파업시에 개개 근로자가 노무제공을 거부한다는 것은 개별행위로서는 독자성이 없으며, 또한 집단행위로부터 분리될 수도 없는 것이라고 한다. 그리하여 파업에 대한 법적 평가도 이와 같은 집단행위에 대해서만 가능하기 때문에 개개 파업참가자의 행위를 계약상의 노무급부의무의 위반으로 보는 것은 파업행위의 본질에 어긋난다고 한다.[1])

이와 같이 근로계약을 해지함이 없이 근로자들이 파업에 참가하는 행위가 근로계약위반이 아니라고 한다면, 파업기간중 그들의 근로관계는 어떠한 상태에 놓이는 것인가? Bulla 교수는 이 문제에 대하여 파업기간중 근로자의 노무가 사실상(de facto) 제공되지 않는다는 점에 착안하여 노무급부에 대한 근로관계의 주된 의무와 권리(근로자의 노무급부의무와 임금청구권, 사용자의 임금지급의무와 노무급부청구권)가 정지한다고 한다. 그러나 근로계약관계 자체는 그대로 존속하는 것이기 때문에 이로부터 파생되는 기타의 종된 권리 · 의무(예컨대 배려의무 또는 보호의무, 성실의무)는 여전히 살아있다는 것이다. 그리고 정지된 주된 의무와 권리는 파업이 종료함으로써 사실상의 노무제공의 중단상태가 해소됨과 동시에 다시 부활한다고 한다. 그러므로 Bulla 교수의 정지설(停止說)에 따르면

1) Nikisch는 개별 근로자가 아닌 집단만이 행위의 주체라는 논리를 지나치게 강조하면 결국 파업이라는 전체행위를 구성하는 개별 근로자의 행위와 그 책임을 부정하게 되는 모순에 봉착한다는 점을 비판하고 있다(*ArbR*, Bd. Ⅱ, S. 161 f.). 우리 노조및조정법 제37조는 쟁의행위의 정당성 판단의 기준이 되는 기본원칙을 집단적 행위를 기초로 규정하고 있으며, 동법 제3조와 제4조는 민사상 및 형사상의 면책을 규정하고 있다.

근로자들은 파업 전에 근로계약관계를 해지할 필요가 없으며, 사용자는 파업에 참가한 자에 대해서 그로 인하여(채무불이행으로 인하여) 발생한 손해배상을 청구한다든가, 또는 계약위반을 이유로 파업에 참가한 근로자를 (즉시)해고할 수 없다는 것이다.

이와 같은 Bulla 교수의 정지설은 1955년 1월 28일 독일 연방노동법원[1]에 의하여 채택된 이래 학계에서도 지배적 견해가 되었다.[2]

노조및조정법 제43조는 파업에 참가한 근로자들의 근로관계가 파업기간 중에도 존속하고 있음을 전제하고 있는 규정이라고 할 수 있다. 우리 판례도 근로관계정지설의 태도를 취하고 있다.[3]

다음에서는 정당한 쟁의행위에 의하여 근로계약관계는 전혀 침해되지 않는다는 전제하에 파업 또는 직장폐쇄의 기간 중과 그 종료 후에 근로관계가 구체적으로 어떤 상태에 놓이는가를 살펴보기로 한다.

2. 파업과 근로관계

(1) 파업참가자의 임금청구권

a) 정당한 파업에 참가하는 기간중 근로자의 노무급부의무는 정지된다. 파업기간 중 근로자는 사실상 노무제공을 하지 않으므로 민법의 일반원칙에 따라 임금지급을 청구할 수 없다. 파업 중의 임금상실은 근로자들이 파업목적을 달성하기 위하여 스스로 치러야 할 자기희생이다.[4] 이것은 근로관계에 내재하는 쌍무계약의 원칙에서 볼 때 당연한 일이다. 태업도 쟁의행위의 일종(노조및조정법 제2조 ⑥)으로서 근로를 불완전하게 제공하는 것이므로 근로제공이 부분적으로 정지되는 것이라고 볼 수 있고 그러한 범위 내에서 무노동 무임금 원칙이 적용되는 것이 타당하다.[5] 현행 노조및조정법도 사용자는

---

1) BAG GS AP Nr. 1 zu Art. 9 GG Arbeitskampf(이 판례에 대한 자세한 설명에 관해서는 Kissel, *ArbeitskampfR* §23 Rn. 14 ff. 참고).

2) Kissel, *ArbeitskampfR* §46 Rn. 1 f.; Zöllner/Loritz/Hergenröder, *ArbR* §45 Rn. 1 f.; Waltermann, *ArbR* Rn. 711 참고. 그러나 Nikisch(*ArbR*, Bd. Ⅱ, S. 160 f.)는 주목할 만한 근거를 가지고 정지설을 비판하고 있다.

3) 大判(전합) 1995. 12. 21, 94 다 26721; 大判 2009. 12. 24, 2007 다 73277; 大判 2010. 7. 15, 2008 다 33399 등. 위법한 쟁의행위에 참가한 근로자는 근로계약상의 노무제공의무를 불이행하였으므로 채무불이행으로 인한 손해배상책임을 부담해야 하는 것이 원칙이고 처음부터 정지설의 적용대상이 되지 않는다. 정당한 쟁의행위에 참가한 근로자에게도 임금이 지급되지 않는데 위법한 쟁의행위에 참가한 근로자에게 임금이 지급되지 않는 것은 당연한 이치이다. 이와 관련하여 정지설의 불합리성을 논하는 것(임종률, 「노동법」, 265면, 주2) 참고)은 타당하지 않다.

4) Kissel, *ArbeitskampfR* §46 Rn. 9.

5) 大判 2013. 11. 28, 2011 다 39946. 태업의 경우에는 노무의 양 또는 질에 있어서의 불완전이행이 문제가 되므로, 이론적으로는 그 대응부분에 관하여 임금을 감액하게 될 뿐이다. 그러나 실제로 그

쟁의행위에 참가하여 근로를 제공하지 아니하는 근로자에게 그 기간중의 임금을 지급할 의무가 없다(제44조 Ⅰ)고 규정함으로써 이를 확인하고 있다.[1] 동시에 동 규정은 노동조합이 쟁의행위기간에 대한 임금의 지급을 요구하며 이를 관철할 목적으로 쟁의행위를 행하는 것을 금지하고 있다(제44조 Ⅱ). 이에 위반한 쟁의행위는 벌칙의 적용을 받는다(제90조)([118] 2. ⑵ 참고). 이와 같이 우리나라에서도 쟁의행위기간 중 사용자의 임금지급의무를 법률의 규정으로 부정하고 있지만,[2] 지급되지 않는 임금의 종류를 둘러싸고 구법시대에 학설과 판례에서 논란이 있었다. 이에 관하여 살펴보면 다음과 같다.

b) 먼저 임금이분설(賃金二分說)에 따르면 근로계약관계는 근로자가 종업원이라는 지위를 설정하는 추상적인 측면과 이 지위에 기하여 소정근로시간에 구체적인 근로를 제공하는 사실적인 측면(이른바 이중적 구조)을 가지고 있다고 하며, 이 각각의 구조에 맞추어 전자에 대응하는 임금을 생활보장적 임금이라 하고 후자에 대응하는 임금을 교환적 임금으로 이해한다. 그리고 쟁의행위로 인하여 근로를 제공할 수 없게 되어 상실되는 임금부분은 원칙적으로 노동력의 제공과 교환관계에 있는 임금에 한정되며, 반면에 종업원의 지위가 존속하는 한 그에 대응하여 지급되는 생활보장적 임금부분은 여전히 그

계산의 기초가 불명확하기 때문에 임금의 일부를 감액하기 위하여 각 근로자의 불완전이행의 내용을 구체적으로 확인하는 것이 쉬운 일이 아니지만, 정상근무에 의한 노무제공과 비교하여 그 비율에 따라 임금이 삭감될 수 있을 것이다. 개별 근로자의 태업시간을 비율로 계산된 금액을 임금에서 공제하는 것이 하나의 방법이다. 그리고 리본 또는 완장을 착용하면서 근무하려는 근로자의 노무제공을 사용자가 거부한 경우에 그 근로자는 임금청구권을 가지는가? 리본 또는 완장을 착용하고 노무를 제공하는 근로자의 행태가 근로계약의 내용에 좇은 이행을 할 수 없을 정도의 것이 아닌 한 사용자는 그 노무제공의 불완전성에 상응하여 노무관리상의 지시권을 행사할 수 있을 뿐이고, 임금지급을 거부할 수는 없을 것이다.

1) 1996년 12월 31일의 노동법개정시에는 쟁의행위기간중의 사용자의 임금지급을 절대적으로 금지하였으나, 1997년 3월 13일의 노동법제정에서는 사용자의 임금지급의무가 없음을 확인하고 있는 데 그치고 있다. 따라서 동 규정은 사용자가 쟁의참가근로자에 대하여 호의적·임의적 급부를 행하는 것까지 막는 것은 아니라고 해석된다. 물론 이때 지급되는 금원은 임금으로서의 성격을 가진다고 볼 수는 없다. 근로의 대가가 아니기 때문이다.

2) 구법하에서 파업기간중 전임간부에 대한 급여지급의 부당성에 관한 판례: 파업기간중 일반근로자들이 무노동 무임금 원칙에 따라 임금을 받지 못하는 마당에 노조전임자들이 자신들의 급여만을 지급받겠다고 하는 것은 일반조합원들에 대한 관계에서도 결코 정당성이 없을 것이다(大判 2003. 9. 2, 2003 다 4815·4822·4839). 일반근로자들의 임금탈락의 효과를 가져오는 파업을 조직·주도한 조합간부 스스로가 급여청구를 하는 것은 청구권의 원인(노무제공에 대한 반대급부청구권)이 다르다 하더라도 청구권을 정지시키는 원인(파업)은 같다고 보아야 할 것이다. 파업기간중 노조전임간부에 대한 단체협약상의 불이익처분금지조항이 있다 하더라도 이를 근거로 파업기간 중 급여를 청구할 수 있는 것은 아니다(위의 판례 참고). 또한 大判 2011. 2. 10, 2010 도 10721 참고. 異見: 김유성, 「노동법 Ⅱ」, 296면. 노조및조정법 제24조 2항은 노조전임자는 전임기간 동안 사용자로부터 어떠한 급여도 받아서는 아니된다고 규정하고 있다.

지급의무가 유지된다고 한다. 이와 같은 임금이분설 중에도 생활보장적 부분에 해당하는 사항을 특정하여 가족수당·주택수당 등이 그에 해당한다고 하거나,1) 임금에 관한 근로계약의 합리적 해석에 따라 생활보장적 부분이 정해진다고 하는 견해가 주장되었다.2)

계약해석설은, 쟁의행위기간 중의 임금공제의 범위는 근로계약 해석의 문제라고 하면서 추상적·일반적 임금이분설을 비판하고 있다. 이 견해에 따르면 쟁의행위기간 중의 노무제공의 중단과 평상시의 결근을 달리 볼 이유가 없으므로, 이 경우에는 단체협약이나 취업규칙 또는 노사관행을 기초로 근로계약상 무노동·무임금의 예외 상황이 존재하는지를 검토해야 한다고 한다.3)

판단컨대 임금의 구조를 이중적으로 이해하고, 그에 따라 지급되는 임금의 성질을 달리 파악하는 임금이분설의 견해는 의제적이어서 수긍하기 어렵다. 생활보장적 임금부분도 근로의 대상으로서의 성격을 갖는다는 점에서는 기타의 임금과 다를 바 없으므로 사실상의 노무제공이 없다면 이 부분도 지급될 수 없기 때문이다. 또한 쟁의행위에 의한 노무제공의 중단과 평상시의 결근이나 지각 등에 의한 노무제공의 중단을 동일시하여 개별적인 계약내용의 해석에 따라 공제범위를 정하여야 한다는 계약해석설의 견해도 타당하지 않다. 이와 같은 견해는 쟁의행위라는 집단법적인 현상을 개별적 계약법상의 채무불이행과 동일한 차원에서 판단함으로써 쟁의행위가 갖는 집단적 노동법의 취지와 목적을 간과하고 있기 때문이다. 저자는 쟁의행위기간 중에는 사용자와 근로자의 주된 급부의무가 정지된다고 판단한다. 그 결과 파업참가자들의 노무제공의무와 사용자의 임금지급의무는 모두 정지된다. 그리고 임금 중에는 근로의 대상이 아닌 임금은 있을 수 없기 때문에 파업기간 동안에 지급되지 아니하는 임금은 임금 전체를 뜻한다고 해야 할 것이다.4) 또한 쟁의행위기간 중에 쟁의참가근로자에게 임금을 전부든 일부든 지급해야

1) 日本 明治生命事件·最高裁二小判 昭和 40. 2. 5民集19巻1號, 52面.

2) 변경 전 대법원의 견해(임금이분설): 大判 1992. 3. 27, 91 다 36307(쟁의행위로 인하여 사용자에게 근로를 제공하지 아니한 근로자는 일반적으로 근로의 대가인 임금을 청구할 수는 없다 할 것이지만, 구체적으로 지급청구권을 갖지 못하는 임금의 범위는 임금 중 사실상 근로를 제공한 데 대하여 받는 교환적 부분과 근로자로서의 지위에 기하여 받는 생활보장적 부분 중에서 전자에 국한된다. 임금 중 교환적 부분과 생활보장적 부분의 구별은 당해 임금의 명목에 관계 없이 단체협약이나 취업규칙 등의 규정에 결근·지각·조퇴 등으로 근로를 제공하지 아니함에 의하여 당해 임금의 감액을 정하고 있는지 여부 또는 이와 같은 규정이 없더라도 종래부터의 관행이 어떠하였는지 등을 살펴 판단하여야 한다). 同旨: 大判 1992. 6. 23, 92 다 11466; 大判 1991. 8. 23, 91 다 3542; 大判 1991. 10. 25, 91 다 25536.

3) 이병태, 「노동법」, 368면. 임금이나 근로관계의 본질론에 비추어 임금을 두 부분으로 나누어 논의하는 것은 적절하지 않다는 견해: 菅野, 「勞働法」, 938面; 日本 三菱重工業事件·最二小判 昭和 56. 9. 18民集35巻6號, 1028面.

4) 대법원은 전원합의체 판결에 의하여 종전의 임금이분설을 버리고 쟁의행위기간중의 근로관계정지

한다면, 이와 같은 상황하에서는 쟁의행위의 대등성이 파괴되어 결국 협약자치제도에 반하는 결과를 가져올 것이다. 원래 근로자의 쟁의행위의 취지는 사용자에 대하여 경제적 손실을 가하면서 근로자측도 그 기간중의 임금상실을 감수함으로써 양당사자의 경제적 감내능력(堪耐能力)에 의한 투쟁을 통하여 집단적 합의(=단체협약)가 도출될 수 있도록 하는 데 있다. 그런데 사용자 측이 업무의 정상적 운영의 저해로 인하여 발생되는 경제적 손실뿐만 아니라 파업참가자에 대한 임금까지 지급하게 된다면 쟁의행위의 대등성과 균형성은 깨지고 말 것이다. 이와 같은 상황하에서는 더 이상 협약자치가 기능할 수 없게 된다. 따라서 파업참가자에 대하여 파업기간 중 사용자의 임금지급의무를 인정하는 것은 쟁의대등성의 관점에서도 타당하지 않다.[1] 이와 같은 해석은 현행법제하에서 그 법적 기초가 더욱 확실하게 되었다고 할 수 있다(노조및조정법 제44조 참조).[2] 다만, 쟁의행위의 투쟁평등성과 균형성에 영향을 미치지 않는 범위에서 파업 후에 사용자가 노사의 협조를 다짐하는 생활지원금을 자진해서 지급하는 것은 별개의 문제라고 생각된다.

론에 따라 판단하고 있다(大判(전합) 1995. 12. 21, 94 다 26721). 이 판결의 요지는 다음과 같다. 「(i) 현행실정법하에서는 '모든 임금은 근로의 대가로서 근로자가 사용자의 지휘를 받으며 근로를 제공하는 것에 대한 보수'를 의미하므로 현실의 근로제공을 전제로 하지 않고 단순히 근로자로서의 지위에 기하여 발생한다는 이른바 생활보장적 임금이란 있을 수 없고, 또한 우리 현행법상 임금을 사실상 근로를 제공한 데 대하여 지급받는 교환적 부분과 근로자로서의 지위에 기하여 받는 생활보장적 부분으로 2분할 아무런 법적 근거도 없다. (ii) 쟁의행위시의 임금지급에 관하여 단체협약이나 취업규칙 등에서 이를 규정하거나 그 지급에 관한 당사자 사이의 약정이나 관행이 있다고 인정되지 아니하는 한, 근로자의 근로제공의무 등의 주된 권리·의무가 정지되어 근로자가 근로제공을 하지 아니한 쟁의행위 기간 동안에는 근로제공의무와 대가관계에 있는 근로자의 주된 권리로서의 임금청구권은 발생하지 않는다고 하여야 하고, 그 지급청구권이 발생하지 아니하는 임금의 범위가 임금 중 이른바 교환적 부분에 국한된다고 할 수 없으며, 사용자가 근로자의 노무제공에 대한 노무지휘권을 행사할 수 있는 평상적인 근로관계를 전제로 하여 단체협약이나 취업규칙 등에서 결근자 등에 관하여 어떤 임금을 지급하도록 규정하고 있거나, 임금 삭감 등을 규정하고 있지 않고 있거나 혹은 어떤 임금을 지급하여 온 관행이 있다고 하여, 근로자의 근로제공의무가 정지됨으로써 사용자가 근로자의 노무제공과 관련하여 아무런 노무지휘권을 행사할 수 없는 쟁의행위의 경우에 이를 유추하여 당사자 사이에 쟁의행위 기간 중 쟁의행위에 참가하여 근로를 제공하지 아니한 근로자에게 그 임금을 지급할 의사가 있다거나 임금을 지급하기로 하는 내용의 근로계약을 체결한 것이라고는 할 수 없다」. 그 밖에도 大判 1996. 2. 9, 94 다 19501; 大判 1996. 10. 25, 96 다 5346; 大判 2013. 11. 28, 2011 다 39946(태업의 경우에도 무노동 무임금이 적용될 수 있다) 참고.

1) Kissel, *ArbeitskampfR* § 46 Rn. 8; Brox/Rüthers, *Arbeitskampfrecht* Rn. 169 ff.; Scholz/Konzen, *Die Aussperrung im System von Arbeitsverfassung und kollektivem Arbeitsrecht* 1980, S. 125 ff.; 하경효, '파업노동자에 대한 쟁의기간중의 임금지급문제', 「노사관계」(제1권 제2호), 1990, 12면 이하 참고.

2) 구 제도하에서 단체협약으로 노조전임자에게 급여를 지급하는 규정을 두었더라도, 파업기간중에는 전임자도 일반조합원과 마찬가지로 급여를 청구할 수 없다는 판례가 있다: 大判 2011. 2. 10, 2010 도 10721.

c) 파업기간 중 사용자에게 변제기에 도달한 임금에 대해서까지 지급거절권이 발생하는 것은 아니기 때문에 파업참가 전에 근로자가 이미 그 청구권을 취득한 임금은 파업기간 중이라도 이를 지급하여야 한다. 그러나 근로자의 근로제공의무가 정지되어 근로자의 임금청구권이 발생하지 아니하는 파업기간 중에 포함된 유급 휴일에 대하여 파업참가근로자는 임금의 지급을 청구할 수 없다.1) 이러한 법리는 파업과 마찬가지로 무노동 무임금 원칙이 적용되는 태업에도 그대로 적용된다([121] 2. ⑷ 참고).2)

⑵ **파업에 참가하지 않은 근로자의 임금청구권**

a) 파업에 참가하지 않은 근로자의 주된 권리와 의무는 자동적으로 정지되지 않으므로 근로희망자는 원칙적으로 취업을 요구할 수 있고, 사용자는 그 근로자를 취업시킬 의무가 있다. 따라서 조업이 가능한 경우 근로희망자의 노무의 제공이 있음에도 사용자가 이를 수령하지 않으면 수령지체에 빠지게 되므로 임금지급의무(반대급부인 임금의 지급의무: 민법 제655조, 제400조, 제538조 Ⅰ 참조)를 면할 수 없다.3)

b) 그러나 부분파업으로 인하여 업무의 정상적 운영이 불가능하게 된 때,4) 다시 말하면 파업불참가자의 노무가 활용불가능하게 된 때에는 임금지급위험을 누가 부담해야 할 것인지가 문제된다([120] 3. 참고). 오늘날의 지배적인 견해에 의하면 적법한 파업시에 근로희망자들은 임금지급위험을 부담해야 한다고 한다.5) 왜냐하면 단체협약의 체결을 목적으로 하는 적법한 쟁의행위는 결국 근로희망자들에게도 유리하게 작용하기 때문이다.6) 다시 말하면 조합원인 근로희망자에게는 쟁취된 단체협약은 법적으로 당연히

1) 大判 2009. 12. 24, 2007 다 73277; 大判 2010. 7. 15, 2008 다 33399.

2) 大判 2013. 11. 28, 2011 다 39946.

3) 同旨: 김유성, 「노동법 Ⅱ」, 307면; 임종률, 「노동법」, 271면.

4) 이러한 경우를 쟁의행위로 인하여 경영장애가 발생한 때라고 한다(Waltermann, *ArbR* Rn. 713 참고).

5) Waltermann, *ArbR* Rn. 712 f.; Zöllner/Loritz/Hergenröder, *ArbR* § 21 Rn. 67; Brox/Rüthers/Henssler, *ArbR* Rn. 394; Junker, *Grundkurs ArbR* § 9 Rn. 629. 일본에서는 쌍무계약상의 채무자부담주의의 원칙(일본 민법 제536조 Ⅰ)에 따라 파업불참가자의 임금청구권을 부인한다(菅野, 「勞働法」, 657面 이하; 西谷, 「勞働組合法」, 464面; ノース·ウエスト航空事件·最二少判昭 62·7·17 民集 41卷5號, 1283面).

6) Zöllner/Loritz/Hergenröder, *ArbR* § 21 Rn. 68; Kissel, *ArbeitskampfR* § 33 Rn. 17; Brox/Rüthers/Henssler, *ArbR* Rn. 394. 異見: 이병태, 「노동법」, 369면; 김유성 「노동법 Ⅱ」, 307면. 근로희망자 중에서도 조합원에 대해서만 임금위험을 부담시키자는 견해(Biedenkopf, *Betriebsrisikolehre als Beispiel richterlicher Rechtsfortbildung*, 1970 S. 23)가 있으나 타당하지 않다. 그리고 비조합원인 근로희망자에 대해서는 휴업수당을 지급해야 한다는 견해(긍정설: 菅野, 「勞働法」, 942面; 西谷, 「勞働組合法」, 464面. 제한적 긍정설: 이병태, 「노동법」, 370면; 임종률, 「노동법」, 271면)가 있으나, 역시 타당하지 않다. 왜냐하면 전자의 경우에 비조합원에 대한 조합원인 근로희망자의 차별문제(단체협약의 유리한 조건을 직접 또는 간접적으로 적용받게 되므로)가 발생할 수 있고, 후자의 경우에서는 집

적용되고, 비조합원인 근로희망자에게도 마치 근로조건 개선지침처럼 작용하여 사실상의 적용이 이루어지기 때문이다. 학설은 이를 이익참여설(Partizipationsgedanken)이라고 한다.[1] 또한 부분파업으로 인하여 사업운용(근로자의 취업)이 불가능하게 된 경우에 근로희망자들의 임금을 사용자에게 부담하도록 한다면 이는 노동조합이 주도한 파업상의 손실 내지 위험을 사용자에게 전가하는 것이 되어 교섭평등의 원칙에 반하게 된다([120] 3. 참고).[2] 그러나 부분파업의 경우에 근로희망자가 임금을 청구할 수 없는 것은 취업이 불가능하다든가 사용자에 의한 그들의 노동력의 이용이 무의미하게 된 경우에 한정되는 것이므로, 사용자가 파업에 의하여 하등의 영향을 받지 않는(노무가 객관적으로 활용 가능한) 부문에서 일하는 근로자들의 노무제공의 수령을 거부하면 사용자의 귀책사유에 의한 이행불능책임(민법 제538조 I 본문. 근로제공의 수령을 지체하면 그 근로제공은 시간의 경과에 의하여 불능이 된다. 따라서 노무제공은 정기행위와 같은 성질을 가진다)을 면할 수 없게 된다.[3] 부분파업시에 파업에 참가하지 않은 근로자가 부분파업으로 인하여 근로를 제공할 수 없게 된 것이 근로기준법 제46조가 정한 사용자의 귀책사유에 의한 것이라고 볼 수는 없다. 따라서 근로자는 휴업수당을 청구할 수 없다([50] 7. (6) 참고).

c) 근로희망자의 노무를 수령하여 조업을 할 수 있는 경우라도 이들에 대하여 임금지급을 적법하게 거부할 수 있으려면, 사용자는 직장폐쇄에 의한 집단적 투쟁조치를 취하지 않으면 안 된다.[4] 그러나 이와 같은 직장폐쇄가 노동조합의 파업에 대하여 과잉적인 대항조치로 판단되면 정당성을 유지하기 어려울 것이다. 그러나 근로희망자들만으로 정상적인 조업을 계속할 수 없는 경우에 사용자는 적법한 직장폐쇄를 할 수 있다.[5] 일본에서는 노동조합이 쟁의행위의 전술(戰術)로서 일부의 조합원만으로 파업을 조직하여 노무를 거부하도록 하는 경우를 「부분파업」이라고 하고, 비조합원인 종업원 일부만으로 파업을 하는 경우를 「일부파업」이라고 한다. 어느 경우에나 사용자가 파업에 불참가한

단적 쟁의행위에서 발생된 문제는 사용자의 귀책사유에 의한 근로기준법상의 휴업의 문제가 아니기 때문이다. 이에 관한 이론적 근거에 관해서는 Zöllner/Loritz/Hergenröder, *ArbR* §21 Rn. 68 ff.

1) Kissel, *ArbeitskampfR* §33 Rn. 17 참고.

2) Waltermann, *ArbR* Rn. 713; Zöllner/Loritz/Hergenröder, *ArbR* §21 Rn. 68 f.

3) 菅野, 「勞働法」, 942面 참고. 파업으로 인한 업무상의 장애가 발생한 경우 임금지급위험에 관한 일반원칙에 관해서는 Brox/Rüthers/Henssler, *ArbR* Rn. 826 ff. 참고.

4) Hueck/Nipperdey, *Lehrbuch*, Bd. Ⅱ/2, S. 945 f. 그러나 일본에서는 비조합원인 파업불참가자에 대해서는 직장폐쇄를 할 수 없다는 견해가 적지 않다(西谷, 「勞働組合法」, 456, 464面; 菅野, 「勞働法」, 946面 참고).

5) Brox/Rüthers/Henssler, *ArbR* Rn. 828; Kissel, *ArbeitskampfR* §52 Rn. 45, 46 참고. 직장폐쇄의 행사보다 쟁의위험론을 원용하여 임금지급의무의 면제를 주장하는 것이 옳다는 견해: Lieb/Jacobs, *ArbR* Rn. 654. Zöllner/Loritz/Hergenröder, *ArbR* §21 Rn. 48 등. 일본에서는 민법상의 위험부담문제로 다루고 있는 것이 대세이다.

근로자들의 노무제공을 수령하여 조업 내지 영업활동을 계속하는 경우에는 파업불참가자에게 임금을 지급하면 되므로 별 문제가 없다. 그러나 파업에 참가하지 않은 근로자들만으로 사용자가 조업을 계속할 수 없는 때에는 불참가근로자가 조합원인지 비조합원인지에 따라 임금청구권의 인정 여부가 법리적으로 다르게 설명되고 있다. 전자의 「부분파업」에서 파업에 불참가한 조합원에 대하여 사용자는 쟁의대항행위로서 직장폐쇄를 단행할 수 있으므로 임금지급의무를 면할 수 있으나, 후자의 「일부파업」에서는 비조합원인 불참가근로자에 대하여 사용자는 쟁의대항행위인 직장폐쇄를 단행할 수 없으나 사용자는 일본민법 제563조 1항(채무자위험부담주의)에 따라 임금지급의무를 면하게 된다.[1] 노동기준법(근로기준법)상의 휴업수당(제26조)청구와 관련해서는 최고재판소판결(위에서 인용한 ノース·ウエスト航空事件)에서 「부분파업」의 경우 파업불참가조합원의 노동조합이 단행한 파업은 사용자의 귀책사유로 발생한 것이 아니므로 휴업수당청구권이 인정되지 않는다고 판단하였다. 이와는 달리 「일부파업」에서는 파업불참가비조합원의 노무가 불능이 되더라도 이들에게 휴업수당청구권이 인정되어야 한다는 것이 학설의 지배적 견해이다.[2] 부분파업시의 임금 또는 휴업수당의 지급 가부에 관해서는 학설상 견해가 나누어지고 있다. 저자는 위에서 설명한 바와 같이 쟁의행위법통일의 원칙에 입각하여 부분파업의 문제를 집단적 노사관계법의 법리에 따라 일관되게 파악하는 태도를 취한다.

(3) 보안·보존작업

노조및조정법 제42조 2항 및 제38조 2항에 따르면 사업장의 안전보호시설의 정상적 유지·운영 및 위험작업 등의 중지는 쟁의행위로 할 수 없으며, 작업시설의 손상이나 원료·제품의 변질 또는 부패를 방지하기 위한 작업(이를 보존작업이라 할 수 있다)은 쟁의행위기간중에도 정상적으로 수행되어야 한다고 규정하고 있다.[3] 원래 쟁의행위는 그 종료 후에 근로자들이 사업장으로 복귀할 것을 전제로 하고 있기 때문에 쟁의행위중이라도 생산활동과 직접 관련이 없는 보안작업과 보존작업은 수행되어야 하는 것이 쟁의행위의 내재적 요청에 부합하며, 이에 기한 쟁의행위의 제한은 과잉침해금지의 원칙에도 합치한다.[4] 보안작업에는 사업장의 경비업무를 포함하여 인명에 대한 위험, 건

1) 遠藤隆久, '争議行爲と賃金·休業手當' 勞働法の爭点」 2014 203面 참고. 결과에 있어서 同旨: 西谷, 「勞働組合法」, 464面; 菅野, 「勞働法」, 942面.

2) 菅野, 「勞働法」, 942面; 西谷, 「勞働組合法」, 464面; 荒木, 「勞働法」, 652面.

3) 노조및조정법 제42조 2항에서 정한 작업을 보안작업이라 하고, 제38조 2항에서 정한 작업을 보존작업이라고 부를 수 있으나 이를 통틀어 보안작업이라고 이해할 수도 있다(Birk 외(김형배 역), 「집단적 노사분쟁의 규율에 관한 법률」, 71면 참고).

4) Löwisch/Caspers/Klumpp, *ArbR* Rn. 1131. 憲裁 2005. 6. 30, 2002 헌바 83은, 노조및조정법 제42조 2항이 사람의 생명·신체의 안전보호를 위한 것이어서 그 입법목적의 정당성이 인정되고 이러

물 · 시설 · 기계의 손상을 방지하거나,[1] 원료 · 제품의 변질 또는 파손을 예방하는 데 필요한 작업[2]이 모두 이에 해당된다 함은 앞에서 이미 설명하였다([118] 4. (4) e) 참고).[3] 또한 근로계약법상 파업기간 중에도 근로계약관계는 여전히 존속하므로 성실의무나 보호의무(배려의무)는 그대로 살아 있다. 따라서 직접 파업행위의 구성부분이 될 수 없는 생산시설이나 안전보호시설의 정상적인 유지를 위한 필수적 근로(보안작업)는 계속되어야 한다. 만약 근로자가 보안 · 보존작업을 거부하면 노조및조정법 제38조 2항 또는 제42조 2항의 규정을 위반하게 되며(벌칙: 노조및조정법 제91조) 또한 근로계약상의 이행의무와 배려의무에도 위배되므로, 사용자는 그 행위의 위법성의 정도에 따라 해당 근로자를 해고할 수도 있다고 생각된다.[4]

(4) **파업기간의 근로일산정**

파업기간 중에도 근로관계는 그대로 존속하고 있으므로 파업기간을 예컨대 상여금 또는 퇴직금청구에 기초가 되는 근로일로 산입할 것이냐에 관해서는 여러 가지 견해가 있다. 그러나 파업이 정당성을 가지는 한 원칙적으로 긍정적인 견해가 타당하다고 생각된다.[5]

파업기간을 휴가청구권의 취득을 위한 근로일로 산입할 것이냐에 관해서도 견해가 대립되어 있으나, 휴가제도의 취지가 근로자로 하여금 과거에 행한 근로에서 오는 신체상 또는 정신상의 피로를 회복하고 미래에 다시 건강한 상태에서 근로할 수 있도록 하는 데 있으므로(이른바 노동재생산을 위한 것) 사실상의 노무제공이 없었던 파업기간을 법률상의 근로일로 산입한다는 것은 의문이 아닐 수 없다.[6] 같은 취지로 판례는 정당한 파업에 참가한 기간은 연차유급휴가를 위한 출근율 산정에 있어서 소정근로일수에서 뺀다.[7] 위법한 파업에 참가한 기간은 결근으로 처리된다. 또한 파업기간 중에 포함된 유급휴일에 대하여 근로자는 임금을 청구할 수 없다고 한다([54] 4. (3) c) 2) 참고).[8]

한 공익의 보호는 사익인 청구인들의 '단체행동권'과 비교할 때 법익균형성도 갖추었으므로 위헌이 아니라고 한다.

1) 大判 2005. 9. 30, 2002 두 7425 참고.

2) 노조및조정법 제38조 2항이 정한 보존작업의 계속은 노동조합이 지도 · 관리 · 통제할 책임과 연계되어 규정되고 있다(제38조 Ⅲ 참조).

3) 보안작업의 범위와 조직에 관해서는 노사당사자가 협의하여 정하는 것이 보통이지만, 합의가 이루어지지 않을 경우에는 사용자가 그 범위와 해당 근로자를 선정할 수 있을 것이다(Zöllner/Loritz/Hergenröder, *ArbR* §44 Rn. 92 참고).

4) 大判 2006. 9. 22, 2005 다 30610 참고. Brox/Rüthers, *Arbeitskampfrecht* Rn. 290 ff.

5) Brox/Rüthers, *Arbeitskampfrecht* Rn. 300 ff. 참고.

6) Brox/Rüthers, *Arbeitskampfrecht* Rn. 304; 박상필, 「해설」, 304면; 1988. 5. 17, 근기 01254-7310. 異見: 임종률, 「노동법」, 270면.

7) 大判 2013. 12. 26, 2011 다 4629.

8) 大判 2009. 12. 24, 2007 다 73277(휴일 및 유급휴일 제도를 규정한 규범적 목적에 비추어 보면,

⑸ 파업종료 후의 근로관계

a) 파업기간 중 근로관계의 주된 권리·의무는 정지하나(앞의 1 참고) 파업이 종료되면 정지되었던 권리·의무가 다시 활성화하기 때문에 사용자는 근로자를 취업시켜야 하고, 단체교섭 또는 단체협약에 의하여 재조정된 임금 기타 근로조건을 부여하여야 한다. 파업에 의하여 근로계약관계는 소멸된 것이 아니므로(노조및조정법 제43조 참조) 파업종료 후에 재고용이라는 문제는 생기기 않는다. 다시 말하면 파업의 종료와 더불어 근로계약관계는 다시 정상화되므로 파업에 참가했던 근로자들의 노무급부의무와 사용자의 임금지급의무는 원상대로 회복된다. 따라서 파업 종료 후에 근로자가 노무제공을 거부하면 채무불이행의 책임을 져야 하고, 사용자가 노무의 수령을 거부하면 수령지체의 책임을 져야 한다.

b) 근로자가 파업에 참가하였다는 것을 이유로 불이익취급을 하면 부당노동행위가 되므로 사용자는 이를 행할 수 없다(노조및조정법 제81조 I ①·⑤ 참조). 그러나 불법한 파업행위를 한 근로자에 대하여 사용자가 해고 기타 불이익을 주는 처분(징계처분 등)을 하더라도 정당한 이유가 인정되는 한 그 효력을 부인할 수 없다([119] 3. 참고).

c) 명백하게 파업이 원인이 된 경영상 또는 경제상의 이유로 인하여 사용자가 파업참가근로자들의 일부를 즉시 재취업시키지 못하는 경우에는 수령지체의 책임을 물을 수 없을 것이다.[1] 왜냐하면 사용자가 근로자를 재취업시킬 의무[2]는 파업의 인과적 상황을

근로의 제공 없이도 근로자에게 임금을 지급하도록 한 유급휴일의 특별규정이 적용되기 위해서는 평상적인 근로관계, 즉 근로자가 근로를 제공하여 왔고, 또한 계속적인 근로제공이 예정되어 있는 상태가 당연히 전제되어 있다고 볼 것이다. 그러므로 개인적인 사정에 의한 휴직 등으로 인하여 근로자의 주된 권리·의무가 정지되어 근로자가 근로 제공을 하지 아니한 휴직기간 동안에는 달리 특별한 사정이 없는 한 근로 제공 의무와 대가관계에 있는 근로자의 주된 권리로서의 임금청구권은 발생하지 않는바, 이러한 경우에는 휴직기간 등에 포함된 유급휴일에 대한 임금청구권 역시 발생하지 않는다고 보아야 한다. 또한 이러한 법리는 휴직 등과 동일하게 근로자의 근로 제공 의무 등의 주된 권리·의무가 정지되어 근로자의 임금청구권이 발생하지 아니하는 쟁의행위인 파업에도 적용된다 할 것이므로, 근로자는 파업기간 중에 포함된 유급휴일에 대한 임금의 지급 역시 구할 수 없다); 大判 2010. 7. 15, 2008 다 33399. 파업의 경우와 마찬가지로 무노동 무임금이 적용되는 태업에서도 태업기간에 상응하는 유급휴일에 대해서 근로자는 임금의 지급을 구할 수 없다(大判 2013. 11. 28, 2011 다 39946).

1) 미국이나 독일에서는 파업기간중 사용자는 대체근로자를 채용하여 사용할 수 있으며, 대체근로자는 반드시 파업기간에 한정하여 임시로 고용되는 것이 아니다. 그러므로 파업참가근로자의 일자리가 대체근로자에 의하여 대치되거나 장기간의 파업으로 기업의 합리화조치로 인하여 일정한 일자리가 없어진 경우에는 해당 근로자는 이른바 재취업청구권을 가질 수 없다(Löwisch/Caspers/Klumpp, *ArbR* Rn. 1135). 그러나 우리나라에서는 노조및조정법 제43조에 의하여 사용자는 대체근로자를 채용할 수 없으므로, 파업참가근로자는 파업종료 후 직장에 복귀할 수 있는 권리를 가진다고 해석된다. 따라서 대체근로자에 의한 대치를 이유로 해당 근로자를 해고하면, 정당한 파업참가를 이유로 한 부당해고가 될 것이다(근기법 제23조 I 참조).

2) Bulla 교수는 재취업의무에 대하여 법률용어인 Pflicht란 용어 대신 Pflichtigkeit란 단어를 사용하고

고려하여 형평의 원칙에 따라 그 존부와 효력발생 시점을 판단해야 하기 때문이다.[1)]

3. 직장폐쇄와 근로관계

정당한 직장폐쇄에 있어서도 사용자의 민사상의 책임이 면제되므로 근로자에 대한 임금지급의무는 파업기간중 근로자의 노무급부의무가 정지하는 것과 마찬가지로 정지한다(노조및조정법 제3조 참조)([121] 2. 참고). 그 이외에 보안·보전작업, 근로계약관계의 존속 및 재취업에 관한 제반원칙은 파업의 경우와 같이 그대로 적용된다.

[122] Ⅷ. 쟁의행위와 제3자의 손해

1. 총 설[2)]

(1) 책임주체와 그 상대방에 관한 문제

쟁의행위는 일정한 사업장에서의 생산활동 또는 경제활동 등의 정상적인 업무를 저해하는 집단적 현상이기 때문에 이로 인하여 사용자와 근로자들에게 경제적 타격(근로자들의 경우에 있어서는 임금이 상실됨을 생각하라)을 주는 것은 말할 것도 없고, 경우에 따라서는 사용자와 거래관계에 있는 제3자뿐만 아니라 일반대중에 대하여도 손해를 주는 때가 있다. 그러므로 쟁의행위로 제3자에게 손해를 줄 때에는 우선 누가 누구에게 어떤 책임을 져야 할 것인가를 구체적으로 문제삼아야 한다. 다시 말하면 쟁의행위의 당사자 중 책임귀속주체가 노동조합(또는 근로자)인가 사용자인가, 제3자는 사용자와 거래관계에 있는 거래상대방인가 또는 일반대중인가, 그리고 책임의 내용은 계약책임인가 불법행위책임인가 등이 문제된다. 따라서 사용자가 제3자인 거래상대방에게 부담해야 할 계약책임과 일반대중에게 부담해야 할 불법행위책임의 인정 여부의 문제와 노동조합(또는 근로자들)이 사용자의 거래상대방, 그리고(또는) 일반대중에게 부담해야 할 불법행위책임의 인정 여부의 문제를 각각 구별해서 고찰해야 한다.

이러한 책임의 문제는 단순히 민법상의 채무불이행 또는 불법행위의 성립요건을 검토하는 것만으로 그치는 것이 아니라, 제3자가 받은 손해가 노동조합이 주도한 파업 또는 태업에 의하여 발생하였는가, 아니면 사용자측의 직장폐쇄에 의하여 발생하였는가,

---

있다(*Das zweiseitig kollektive Wesen des Arbeitskampfes*, Festschrift für Nipperdey, 1955, S. 191).

1) Bulla, *a.a.O.*, S. 191.

2) Kissel, *ArbeitskampfR* §73, §74 참고.

그리고 그 쟁의행위는 정당한 쟁의행위였는가 아니면 위법한 것이었는가를 함께 고찰하여 판단해야 한다.

(2) 책임귀속요건의 문제

이 곳에서는 노동조합이 주도한 파업과 사용자의 직장폐쇄의 경우에, 첫째 사용자가 그의 거래상대방에 대한 채무이행과 관련하여 급부의 지체 또는 불능에 빠졌을 때 사용자의 채무불이행책임을 인정해야 할 것인가, 둘째 사용자는 일반 제3자(일반대중)에 대하여 불법행위책임을 져야 할 것인가, 셋째 노동조합 또는 근로자는 사용자의 거래상대방(노동조합이나 근로자들은 사용자의 거래상대방과 계약관계가 없음을 생각하라)과 일반 제3자에 대하여 불법행위책임을 져야 하는지를 순서대로 살펴보기로 한다. 여기에서 거래상대방에 대한 사용자의 채무불이행책임은 민법 제390조의 「채무자의 고의나 과실」을 전제로 하고, 일반 제3자에 대한 사용자의 불법행위책임과 사용자의 거래상대방이나 일반 제3자에 대한 노동조합(또는 근로자들)의 불법행위책임은 민법 제750조의 「고의 또는 과실로 인한」 행위를 요건으로 한다. 이러한 「고의·과실」은 다른 말로 표현하면 채무자 또는 가해자의 귀책사유를 의미하는 것으로서 채무불이행의 경우이거나 불법행위의 경우이거나 동일한 내용을 가진 책임귀속요건이다. 그러나 이러한 민법상의 책임요소가 갖추어졌다고 하여 제3자에 대한 사용자나 노동조합의 책임을 그대로 긍정해야 할 것인지가 문제된다. 헌법 제33조 1항에 규정된 이른바 근로3권은 단체교섭권을 중심으로 한 노사자치를 보장하고 있으므로 근로3권의 행사 자체에 의하여 필연적으로 발생되는 한도의 손해는 제3자나 일반국민에 의하여 수인(受忍)되지 않으면 안 될 것이기 때문이다. 결국 사용자 또는 노동조합의 제3자에 대한 채무불이행책임 또는 불법행위책임의 문제는 현행법체계상 노사자치가 제3자와의 관계에 있어서 어느 정도까지 보호되고, 어느 한도까지 제한되는 것이 타당한 것인가에 대한 법해석을 거치지 않을 수 없다.

따라서 헌법 제33조에서 보장된 노사자치제도는 계약법과 불법행위법에 투영되어 그 구체적 한계가 밝혀지지 않으면 안 된다. 다시 말하면 협약자치의 실현을 위한 쟁의행위의 행사에 의하여 사용자(기업주)의 거래상대방의 계약상 권리는 어쩔 수 없이 침해되게 마련이다. 즉, 헌법에 의해서 보장된 근로3권을 기초로 행사되는 노사당사자의 기능적 활동이 계약법 또는 불법행위법에 의하여 저지될 수는 없는 일이다.[1] 여기서 노동조합에 대하여 보장된 근로3권의 반사적 효과로서 사용자에게도 단체교섭상의 자유가 주어져 있음을 간과해서는 안 된다. 왜냐하면 사용자는 근로자와의 분쟁에 있어서 근로

1) Brox/Rüthers, *Arbeitskampfrecht* Rn. 384; Löwisch, *Arbeitskampf und Vertragserfüllung*, AcP 1974, 235 참고.

자의 요구를 무조건 받아들임으로써 쟁의행위를 방지할 의무가 있는 것은 아니기 때문이다.[1] 사용자도 협약자치의 당사자로서 근로조건의 개선 및 조절에 관한 사회적 기능을 수행할 권한을 가지고 있는 것으로 이해하지 않으면 안 된다.[2]

노동조합이 쟁의행위를 주도하는 경우에도 헌법이 보장하는 단체행동권을 적법하게 행사하는 한 원칙적으로 제3자(일반 대중)에 대한 불법행위 책임을 부담하지 않는다.

2. 사용자의 거래상대방에게 발생된 손해와 채무불이행책임

파업과 직장폐쇄는 사용자(기업주)의 거래상대방에 대하여 계약상의 불이행으로 인한 손해를 발생케 하는 경우가 적지 않다. 즉 쟁의행위로 인하여 제대로 조업을 못하거나 조업이 불가능한 상태에 있는 사용자는 거래상대방에 대하여 계약상의 채무를 변제기까지 이행할 수 없거나 이행을 전혀 할 수 없게 될 수 있다.[3] 예컨대 사용자는 일정한 완제품, 부품 또는 원료 및 자재를 계약상대방에게 제때에 공급·인도할 수 없게 되거나 전혀 공급할 수 없게 될 수 있다. 또한 사용자는 쟁의행위로 인하여(피케팅에 의한 반출입 저지 또는 조업중단) 거래상대방으로부터 제공되는 원료나 자재를 수령할 수 없게 되는 경우도 발생할 수 있다.[4] 다시 말하면 위의 경우에 사용자의 채무불이행책임과 수령지체책임이 문제된다. 쟁의행위가 사용자의 거래상대방과의 계약관계에 미치는 영향에 대한 법적 판단에 관해서는 그 동안 학설상 여러 가지 견해가 주장되어 왔다. 여기서 논의의 대상은 주로 사용자의 계약상대방에 대한 채무불이행책임, 즉 이행지체 또는 이행불능으로 인한 손해배상책임에 집약되어 있는 것으로 생각된다.

(1) 사용자의 이행의무

a) 정당한 쟁의행위의 결과 사업장의 조업계속이 불가능하게 되어 사용자가 더 이상 생산활동을 할 수 없게 됨으로써 계약상대방에 대한 급부실현이 불가능하게 되거나 지체되는 경우에도 사용자는 계속 이행의무를 부담하는가? 다시 말하면 사용자가 노동조합(쟁의상대방)의 요구를 들어 주거나 사용자 자신이 단행한 직장폐쇄를 포기한다면 계약상의 채무를 제대로 이행할 수 있는 경우에도 사용자는 채무불이행책임을 부담하지 않고 쟁의행위를 계속할 수 있는가? 이 문제는 기본적으로 정당한 쟁의행위의 기간 중에

1) Waltermann, *ArbR* Rn. 729; 同旨: Brox/Rüthers, *Arbeitskampfrecht* Rn. 384.

2) Brox/Rüthers, *Arbeitskampfrecht* Rn. 384.

3) 하경효, '쟁의행위로 인한 사용자의 제3자와의 채권관계에 있어서 급부장애', 「법학논집」(제28호), 고려대 법학연구원, 1992, 169면 이하 참고.

4) 예컨대 건설회사의 건축현장에서 파업이 발생하여 공급될 건축자재를 인도받을 수 없게 되거나, 통조림공장에서 파업으로 인하여 조달될 생선을 받을 수 없게 된 경우가 이에 해당된다. Kissel, *Arbeits-kampfR* § 73 Rn. 1 ff.

도 사용자의 이행의무가 정지되지 않기 때문에 이를 제대로 실현하지 않으면 채무불이행책임을 부담하는가 하는 문제로 귀결된다. 학설은 집단적 노동법상의 쟁의행위가 정당하더라도 계약법상의 급부장애는 별도로 분리해서 판단해야 한다는 분리설(또는 계약법설)과 집단적 노동법 및 계약법에 의한 법적 판단을 분리해서 논의할 수 없다는 통합설(또는 단체법설)로 나누어져 있다.

1) 분리설(Trennungstheorie)에 따르면 쟁의행위(예컨대 직장폐쇄)의 정당성은 집단적 노동법상의 행위에 대해서만 그 효력을 미치는 것이 원칙이고, 그 행위에 의하여 야기된 제3자(사용자의 거래상대방)에 대한 급부장애에 관해서는 어떠한 효력도 미칠 수 없다고 한다.1) 따라서 사용자는 채무자로서 그의 거래상대방인 채권자에게 채무불이행책임을 부담해야 한다. 다만, 개별적인 사정을 고려하여 기대가능성의 관점에 따라 사용자의 책임을 인정하는 것이 적절하다고 한다.2) 종래 우리나라나 일본의 다수설도 사용자의 채무불이행책임을 원칙적으로 긍정하고 있었다. 그 이유로서 i) 쟁의행위는 기업의 내부(노조의 기업별조직을 고려하여)에서 발생된 현상으로서 이로 인하여 발생한 손해를 외부의 제3자에게 감수케 하는 것은 옳지 않다는 견해,3) ii) 쟁의참가근로자는 사용자의 계약상대방(채권자)측에서 보면 이행보조자에 해당하므로 그들의 불이행행위(쟁의행위)에 대하여 사용자(채무자)가 책임을 져야 한다(민법 제391조)는 견해,4) iii) 쟁의행위는 사용자가 노동조합의 요구를 수용하지 않음으로써 발생된 경영내적 원인에 의한 것이라는 견해5)가 제시되었다. 이러한 견해들은 모두 계약법적 관점을 기초로 사용자의 채무불이행책임을 인정하는 것으로서 기본적으로 파업으로 인하여 거래상대방에게 발생된 손해에 대해서 사용자(채무자)의 과책을 인정한다.6)

2) 통합설(Einheitstheorie)은 집단적 노동법과 계약법에 대한 평가를 분리하는 것에 반대한다. 이 견해에 따르면 정당한 쟁의행위의 당사자에 의해서 발생되는 제3자에 대한 채무불이행책임은 면제된다.7) 따라서 이 견해는 정당한 쟁의행위의 당사자에 대하

---

1) Kissel, *ArbeitskampfR* §73 Rn. 5 참고; Bulla, *Rechtsfolgen von Aussperrungsmaßnahmen für Lieferungsverträge*, BB 1963, 755.

2) Esser, *Arbeitskampf und Vertragstreue*, JZ 1963, 489 ff.; Franz Müller, *Das Arbeitsrecht der Gegenwart*, Bd. Ⅳ, 1966, S. 71 ff.; Kissel, *ArbeitskampfR* §73 Rn. 5 ff. 참고.

3) 심태식, 「개론」, 291면; 박상필, 「노동법」, 556면 이하; 이병태, 「노동법」, 360면; 石井, 「勞働法」, 421面.

4) 小丁谷操三, ‘ストライキは不可抗力か’, 「私法」 1號, 22面. 독일 문헌: Brox/Rüthers, *Arbeitskampfrecht* Rn. 386 참고.

5) 沼田, 「要說」, 220面; 淺井清信, ‘爭議行爲と第三者の損害’, 「勞働法大系⑶」, 194面.

6) Kissel, *ArbeitskampfR* §73 Rn. 5 참고.

7) Hueck/Nipperdey, *Lehrbuch*, Bd. Ⅱ/2, S. 954 ff.; Löwisch, *Arbeitskampf und Vertragserfüllung*

여는 그 계약상대방이 이행청구를 할 수 없다는 것을 전제로 하고 있다.[1]

b) 다만 사용자가 쟁의행위로 인하여 발생될 수 있는 공급위험을 명시적 또는 묵시적으로 인수한 경우에는 그 공급해야 할 물건이 일반시장에서 구입할 수 있는 종류물이라 하더라도 상대방에 대하여 채무불이행책임을 부담한다고 보아야 한다.[2]

c) 위의 b)의 경우를 제외하고 사용자는 정당한 쟁의행위의 당사자인 한 파업의 경우에는 물론이고 스스로 직장폐쇄를 단행한 때에도 그의 계약상대방에게 이행할 의무를 부담하지 않는다. 사용자가 채무불이행책임을 면하는 근거는 그가 헌법 제33조 1항에서 보장된 협약자치제도의 당사자로서 노사 사이의 근로조건의 결정과 관련하여 행한 행위가 정당하다는 데서 찾아야 할 것이다.[3] 민법상으로는 이 경우의 쟁의행위로 인한 손해는 양 당사자의 책임 없는 사유로 인한 것으로 보아야 하므로, 채무자인 사용자는 급부의무를 부담하지 않는다고 판단해야 할 것이다. 따라서 제3자는 사용자에게 손해배상을 청구할 수 없다.

(2) 이행지체 및 이행불능책임

a) 사용자가 노동조합의 주장에 맞서서 근로자들의 요구를 수용하지 않음으로써 쟁의행위가 발생하거나 또는 연장되거나,[4] 혹은 사용자 스스로가 직장폐쇄를 단행함으로써 쟁의행위가 확대 또는 장기화하더라도 그 쟁의행위가 정당성을 가지는 한 계약상대방에 대한 사용자의 손해배상책임은 발생하지 않는다.[5] 즉, 사용자는 이행지체 또는 이행불능 책임을 지지 않는다.

b) 그러나 쟁의행위가 위법한 경우에는 쟁의행위가 정당한 경우와는 달리 판단해야 할 것이다. 이때에는 사용자가 위법한 직장폐쇄를 하는 경우와 근로자들이 위법한 파업을 하는 경우를 나누어 판단하여야 한다.

1) 우선 사용자가 위법한 직장폐쇄를 단행함으로써, 예컨대 계약상대방에 대한 제품조달이 지체된 때에는 그와 같은 급부장애를 정당화할 근거가 없기 때문에 사용자

AcP 1974, 223 ff.; Brox/Rüthers, *Arbeitskampfrecht* Rn. 384; Kissel, *ArbeitskampfR* § 73 Rn. 10.

1) Löwisch, AcP 1974, 233 ff.; Brox/Rüthers, *Arbeitskampfrecht* Rn. 384; Kissel, *ArbeitskampfR* § 73 Rn. 10.

2) Kissel, *ArbeitskampfR* § 73 Rn. 35.

3) Hueck/Nipperdey, *Lehrbuch*, Bd. Ⅱ/2, S. 926; Löwisch, AcP 1974, 233 ff.; Brox/Rüthers, *Arbeitskampfrecht* Rn. 384. 또한 西谷, 「勞働組合法」, 467面(헌법이 근로자의 쟁의행위를 기본권으로 보장하고 있는 법제하에서 사회는 그 전체로서 이를 존중해야 하고, 사용자와 거래관계에 있는 제3자도 그 예외는 아니다).
그러나 쟁의행위가 위법인 경우, 예컨대 사용자가 위법하게 직장폐쇄를 한 때에는 사용자의 이행의무는 그대로 존속한다. 이 경우에는 사용자의 과책에 의한 계약침해를 인정해야 할 것이다(Löwisch, AcP 1974, 238; Brox/Rüthers, *Arbeitskampfrecht* Rn. 384).

4) 파업을 방지해야 할 사용자의 의무는 인정될 수 없다(Kissel, *ArbeitskampfR* § 73 Rn. 20).

5) Löwisch, AcP 1974, 235 ff.

는 상대방에게 손해배상책임을 부담해야 한다.1)

2) 위법한 파업으로 인하여 사용자가 계약상대방에게 채무를 제대로 이행할 수 없는 경우에 사용자는 민법 제391조의 규정(이행보조자의 과책에 대한 채무자의 책임)에 따라 채무불이행책임을 부담해야 할 것인가? 구설(舊說)은 이행보조자의 과책에 대한 사용자의 채무불이행책임을 인정하는 것이 일반적이었으나, 오늘날의 지배적 견해는 이행보조자에 대한 사용자의 개입가능성이 없다는 이유에서 민법 제391조의 적용을 배제한다. 파업참가근로자들은 사용자의 의사를 거부하고 쟁의행위에 참가하는 것이므로, 이 경우에는 민법 제391조가 적용되지 않는다고 판단하는 것이 타당할 것이다.2)

c) 그러나 다음과 같은 경우에는 사용자는 그의 계약상대방에 대한 채무불이행책임을 면할 수 없을 것이다. 첫째로 사용자가 거래상대방과 계약을 체결한 후 약정된 이행기까지의 사이에 상당한 사전조치를 강구했었더라면 충분히 채무의 내용을 실현할 수 있었을 경우에는 사용자는 불이행책임을 면할 수 없다. 예컨대 쟁의행위가 사전에 예견되었고 연장근로 등의 대책강구가 가능하고 기대될 수 있었던 경우가 이에 해당한다. 둘째로 사용자가 쟁의행위의 발생 후 적절한 사후조치를 취하지 않은 경우이다. 예컨대 위법한 파업이 발생한 경우에 지체 없이 가처분신청 또는 파업주도자에 대한 징계 등 적절한 법적 대응책을 강구했었더라면 손해를 막을 수 있었던 경우가 이에 해당한다. 셋째로 사용자 스스로가 위법한 쟁의행위의 원인을 제공한 경우이다. 예컨대 평화적인 단체교섭 중에 노동조합간부를 부당하게 해고함으로써 쟁의행위의 발생을 유발한 경우가 이에 해당할 것이다.3) 이와 같은 경우에는 사용자의 귀책사유가 인정될 수 있다.

3. 일반 제3자에 대한 사용자의 불법행위책임4)

(1) 영업의 자유 및 노사자치와 제3자에 대한 불법행위

모든 사기업은 헌법 제15조의 직업선택의 자유뿐만 아니라 헌법 제23조의 재산권보장의 당연한 결과로서 영업의 자유를 향유한다. 이 영업의 자유는 개업의 자유, 영업의 유지·계속의 자유, 폐업의 자유 등을 내용으로 하는 「영업할 자유」와 「영업활동의 자유」를 포함한다. 그러므로 사용자는 영업의 자유 범위 안에서 영업을 일시적으로 감축 또는 정지(停止)시킬 수 있으며, 노사간의 분쟁이 원인이 되어 영업을 감축·정지한다

1) Löwisch, AcP 1974, 237 f.; Brox/Rüthers, *Arbeitskampfrecht* Rn. 386; Kissel, *ArbeitskampfR* §73 Rn. 47.

2) Brox/Rüthers, *Arbeitskampfrecht* Rn. 386; Kissel, *ArbeitskampfR* §73 Rn. 28.

3) Brox/Rüthers, *Arbeitskampfrecht* Rn. 389 ff.; Kissel, *ArbeitskampfR* §73 Rn. 36 ff.

4) Kissel, *ArbeitskampfR* §74 Rn. 1 ff.

하더라도 반드시 제3자의 이익을 고려하여 행동할 의무를 지는 것은 아니다. 즉, 쟁의행위시에 이와 같은 감축·정지를 피지(避止)하거나 적절한 대책을 강구할 의무를 부담하지 않는다. 더욱이 사용자도 헌법 제33조의 반사적 효과로서 단체교섭상의 자유를 향유하므로, 쟁의행위에 의하여 제3자에게 어떤 손해가 발생하더라도 원칙적으로 이에 대한 책임을 지지 않는다. 따라서 사기업의 사용자가 일반 제3자에 대한 불법행위와 관련하여 쟁의행위피지의무 또는 단체교섭에 성실하게 응할 의무를 부담하는 것은 아니다.[1]

⑵ 공익사업과 제3자에 대한 불법행위

노조및조정법 제71조는 정기노선여객운수사업 및 항공운수사업, 수도·전기·가스·석유정제 및 석유공급사업, 공중위생·의료사업 및 혈액공급사업, 은행 및 조폐사업, 방송 및 통신사업을 공익사업으로 정하고 있으며, 이와 같은 공익사업에 대하여는 노동쟁의의 조정에 관하여 특별한 규정을 두고 있다(노조및조정법 제51조, 제71조 이하). 공익사업이란 원래 공중의 일상생활과 밀접한 관련이 있거나 국민경제에 중대한 영향을 미치는 사업을 말한다. 그러므로 공익사업에 관한 현행법상의 규제는 사용자가 향유하는 단체교섭상의 자유와 함께 쟁의행위에 대하여도 상당한 제약을 가하는 것이라고 해석해야 한다(노조및조정법 제42조의2 Ⅱ 참조). 그리고 공익사업에 대하여는 그 밖의 특별법이 사용자의 「영업의 자유」와 관련하여 사업의 개시·수행·휴지·폐지 등에 대하여 규제규정을 두고 있다. 운수업에 있어서의 예를 든다면 여객자동차 운수사업법 제16조 및 제24조 1항, 해운법 제18조 및 제19조, 항공법 제127조 및 제128조, 철도사업법 제15조 등이 그것이다. 말할 것도 없이 이와 같은 사업강제규정의 기본취지는 공중의 이익을 보호하려는 것이므로 기업주(사용자)의 영업의 자유를 제한하는 성질을 가지고 있음은 의심할 여지가 없다.

그러면 이와 같은 공익사업에 있어서 사용주는 그의 사업의 감축 또는 휴지에 의하여 예측되는 제3자에 대한 손해발생을 회피하기 위해서 성실하게 단체교섭에 응해야 하고 쟁의행위시에 사업운행의 확보에 노력할 의무를 지는가, 그리고 이 의무를 게을리하면 제3자에게 불법행위책임을 져야 할 것인가?

위에서 언급한 사업규제규정은 일반대중의 이익보호라는 관점에서 공익질서를 유지·확보하기 위한 것이고, 어떤 개인의 구체적 이익을 보호하기 위한 규정은 아니라고 해석된다. 따라서 이 규정을 위반한 사용자에게는 해당 법률에 의한 벌칙이 과해지는 일은 있어도 그 이외에 피해를 입은 특정 개인에 대하여 불법행위책임까지 부담케 하는

---

1) 同旨: Brox/Rüthers, *Arbeitskampfrecht* Rn. 400. 사용자가 단체교섭에 성실하게 응하지 않고 이를 정당한 이유 없이 거부하면 부당노동행위가 성립됨은 당연한 일이다(노조및조정법 제81조 ③). 다시 말하면 사용자에게 영업의 자유가 보장되었다고 하여 부당노동행위의 성립이 배제되는 것은 아니다.

것은 아니라고 생각된다.

그리고 이상의 규제법규가 개인의 이익을 위한 이른바 「보호법규」("ein den Schutz eines anderen bezweckendes Gesetz" 독일민법 제823조 Ⅱ 참조)가 아니기 때문에 이를 근거로 한 불법행위책임도 물을 수 없다고 생각된다.

이와 같은 결론은 국가·지방자치단체·국공영기업체 및 방위산업에 관한 특별조치법에 의하여 지정된 방위산업체(노조및조정법 제41조 Ⅱ 참조)에 있어서의 쟁의행위의 경우에도 마찬가지라고 판단된다.

4. 노동조합과 조합원의 제3자에 대한 불법행위책임

쟁의행위시에 제3자가 입은 손해에 대한 노동조합과 (또는) 조합원의 불법행위책임을 논함에 있어서는 보통 근로자들의 쟁의행위가 첫째 실질적 정당성을 갖는 경우, 둘째 제한·금지법규에 위반한 경우, 셋째 실질적 정당성을 갖지 못하는 경우로 나누어 고찰하는 것이 보통이다.[1)] 이 곳에서도 이러한 구분에 따르기로 한다.

(1) 쟁의행위가 정당성을 갖는 경우

근로자의 쟁의행위가 정당성을 갖는 한 노동조합과 조합원은 사용자에 대해서뿐만 아니라(노조및조정법 제3조) 제3자에 대하여도 민사상의 책임, 즉 손해배상책임을 지지 않는다는 것은 위에서 설명한 바와 같다. 그리고 이러한 견해를 지지하는 우리나라의 통설은 헌법 제33조에 의한 쟁의행위의 정당성을 그 근거로 들고 있다.[2)] 즉 헌법 제33조 1항에 의하여 보장된 쟁의행위가 정당성을 가지는 한 근로자들의 사용자에 대한 민사상의 책임뿐만 아니라, 제3자에 대한 불법행위책임도 배제되므로 제3자는 그와 같은 쟁의행위에 의하여 받은 손해를 수인하지 않으면 안 된다고 한다.[3)]

이와 같은 기본적 태도에 대해서는 저자도 찬동한다([118] 참고). 그러나 쟁의행위수단의 선택의 자유와 관련하여 문제가 제기될 수 있다. 즉 쟁의행위를 주도하는 노동조합은 사용자에 대한 쟁의행위가 정당성을 가지는 한, 제3자에 대하여도 쟁의행위수단의 선택의 자유를 가지는가 하는 것이 문제된다. 다시 말하면 노동조합은 그 투쟁상대방인 사용자에게 가장 효과적인 타격을 주기 위하여 쟁의행위의 규모와 종류를 선택함에 있어서 제3자가 받게 될 손해를 고려할 책무가 없는가 하는 것이다. 이에 대하여는 쟁의권행사의 원래의 목적이 투쟁상대방인 사용자의 의사결정(임금의 인상 및 기타 근로조건의 개선결정 등)에 압력을 주는 데 있는 것이므로 제3자 또는 일반대중에 대해서는 될 수 있는

1) 심태식, 「개론」, 288면; 김치선, 「강의」, 419면.
2) 심태식, 「개론」, 288면; 김치선, 「강의」, 419면; 박상필, 「노동법」, 551면; 이병태, 「노동법」, 358면.
3) 또한 Kissel, *ArbeitskampfR* §74 Rn. 5 참고.

한 손해를 주지 않도록 배려하는 것이 권리행사의 내재적 요청이라고 하는 견해가 있다. 따라서 특정한 조업만을 계속 중단함으로써 특정한 제3자에게 반복적으로 손해를 가할 때에는 그 제3자에게 불법행위책임을 부담하여야 한다는 것이다.[1] 이 견해는 노동조합에 의한 쟁의권행사가 구체적으로 권리일반에 공통적으로 적용되는 권리남용에 해당되는 행위인 경우에는 불법행위가 성립할 수 있다고 한다.

그러면 이와 같은 권리남용의 법리가 쟁의행위수단의 규모와 태양을 결정하는 기준이 될 수 있을 것인가, 다시 말하면 노동조합은 제3자가 받게 될 손해를 고려하여 쟁의행위수단의 규모와 태양을 결정해야 할 의무를 부담하는가? 이 문제는 구체적 경우에 따라 개별적으로 판단되어야 할 것이지만, 특히 공익사업에서는 중요한 의의를 지니고 있다. 왜냐하면 헌법 제33조 1항에 의하여 보장된 쟁의권이라 하더라도 공공의 이익과 국민경제에 중대한 영향을 미치는 공익사업에서는 근로자의 쟁의권이 제한되기 때문이다(노조및조정법 제71조, 제42조의2, 제51조, 제72조, 제76조 Ⅰ 등 참조). 그러나 이 경우에도 제3자에 대한 노동조합의 침해행위의 직접성이 인정되기는 어려울 뿐 아니라, 쟁의행위에 의하여 침해되는 일반국민의 법익(피침해법익)이 무엇이냐 하는 것도 확실하지 않다. 따라서 공익사업에서도 쟁의권이 남용된 경우에 원칙적으로 벌칙이 적용될 뿐이고, 어느 특정 개인에 대한 불법행위책임의 문제는 발생하지 않을 것이다. 다만, 예컨대 의료사업(의료법 제15조 Ⅰ)에서 쟁의행위의 수단으로 간호 또는 치료행위를 거부함으로써 환자의 생명이나 건강을 직접적으로 침해한 경우에는 불법행위책임이 성립할 수 있을 것이다. 파업이 정당한 경우라도 개별파업참가자의 위법한 행위가 불법행위를 구성할 수 있음은 물론이다.[2]

⑵ 제한 · 금지법규에 위반한 경우

현행 노동관계법에는 쟁의행위를 제한 · 금지하는 여러 가지 규정들이 있다. 통설은 제한 · 금지법규위반의 쟁의행위로 인하여 제3자에게 손해가 발생한 경우에는 노동조합 또는 해당 조합원들이 배상책임을 져야 한다고 한다.[3] 이에 대한 법리구성은 그 법규가 해당 제3자에 대한 보호법규(Schutzgesetz)일 경우에 법규위반의 쟁의행위는 불법행위를 구성하기 때문이다.[4] 예컨대 노조및조정법 제42조 2항(안전보호시설에서의 보안작업의무) 및 제42조의2 2항(필수유지업무)은 보호법규로서의 성질을 갖는다.[5] 따라서 이들 조항위

1) 石井, 「勞働法」, 423面.
2) Kissel, *ArbeitskampfR* §74 Rn. 8.
3) 김치선, 「강의」, 421면, 심태식, 「개론」, 290면; 박상필, 「노동법」, 557면 참고; 이병태, 「노동법」, 358면.
4) 심태식, 「개론」, 290면 참고.
5) 심태식, 「개론」, 290면 참고.

반의 쟁의행위로 인하여 기업 내의 어느 특정근로자 또는 그 위험시설의 인근에 거주하는 주민이 손해를 입었을 경우에는 노동조합 및 (또는) 해당 근로자는 불법행위로 인한 배상책임을 져야 한다.[1] 그러나 필수공익사업에서 위법한 파업을 한 경우에 이로 인하여 제3자인 일반 시민이 피해를 입었다 하더라도 노동조합이나 근로자는 피해자에게 직접 불법행위책임을 부담하지 않는다는 견해가 있다. 왜냐하면 피해자인 제3자는 기대이익을 가질뿐이고, 기대이익은 법적 보호대상이 되지 않기 때문이라고 한다.[2]

(3) 쟁의행위가 정당성을 갖지 못한 경우

쟁의행위가 정당성을 갖지 못한다 하더라도 노동조합과 조합원이 당연히 제3자에 대하여 불법행위책임을 지지는 않는다. 쟁의행위는 원래 기업내부의 노·사 사이에서 발생된 현상으로서 기업 외부와의 대외적 관계에서는 노동조합과 조합원이 외부의 제3자에 대하여 직접적 관계를 가지고 있지 않기 때문이다.[3] 그러나 노동조합이 쟁의행위에 의하여 사용자와 제3자 사이의 계약관계에서 발생한 제3자의 채권을 침해하는 경우에는 제3자의 채권침해에 의한 불법행위가 성립할 수 있다. 다만, 이와 같은 불법행위는 해당 쟁의행위가 제3자의 채권을 침해하려는 쟁의행위주도자의 고의(거래상대방에 대한 해의(害意))에 의한 것이 아니면 인정될 수 없다. 이 이외에 쟁의행위가 직접 제3자에 대하여 위법하게 행하여진 경우에는 노동조합의 불법행위책임은 배제될 수 없다.[4] 예컨대 쟁의행위 중에 원자재를 반입하거나 생산품을 출하하는 제3자에 대하여 직접 저지행위를 한다거나 특정사업장에 대하여 단전파업(斷電罷業)을 하는 것은 불법행위에 해당될 것이다. 다만, 조합원인 근로자들의 위법행위가 노동조합의 지시에 의하여 계획적으로 행하여지고 그 결과 제3자에게 손해가 발생된 경우에는 노동조합과 해당 근로자들이 공동불법행위자로서 연대하여 손해배상책임을 부담하지만,[5] 노동조합의 과실이 없는 경우(쟁의행위를 계획·주도한 조합간부의 위법행위 또는 과책이 없는 경우)에는 근로자들만이 불법행위책임을 부담하게 된다. 쟁의행위가 정당성을 갖지 못한 경우에 직접적으로 손해를 입은 제3자가 존재하는가, 그리고 불법행위책임을 지는 자는 누구인가 하는 문제는 민법 제750조가 정한 요건을 중심으로 구체적으로 판단되어야 한다.

---

1) 이러한 논거는 독일민법 제823조 2항(Die gleiche Verpflichtung trifft denjenigen, welcher gegen ein den Schutz eines anderen bezweckendes Gesetz verstößt …)의 불법행위로 인한 손해배상책임의 원인에 관한 법리와 같다.

2) 西谷, 「勞働組合法」, 468面 참고.

3) 심태식, 「개론」, 289면; 石井, 「勞働法」, 421面; 外尾, 「勞働團體法」, 528面.

4) 이병태, 「노동법」, 358면; 外尾, 「勞働團體法」, 528面.

5) 大判 1994. 3. 25, 93 다 32828·32835 참고.

제6절 노동쟁의의 조정

[123] Ⅰ. 서 설

1. 노동쟁의조정제도의 의의

a) 집단적 노사관계는 단체교섭에 의하여 평화적으로 규율되는 것이 가장 이상적인 것이지만 노사의 이해대립이 언제나 평화적으로 해결될 수 있는 것은 아니므로 진정한 협약자율을 위해서는 힘에 의하여 해결하는 방법이 전제되지 않을 수 없다. 그러나 노사간의 분쟁은 당사자들 자신에게 경제적 손실을 가져올 뿐만 아니라, 국민생활에 대하여도 많은 영향을 미치게 된다. 그리하여 노조및조정법은 노동관계의 공정한 조정을 도모하고 노동쟁의를 예방 또는 원만히 해결함으로써 산업평화의 유지와 국민경제발전에 차질이 없도록 여러 가지 제도를 마련하고 있다(노조및조정법 제1조).

근로3권의 보장 내지 협약자치와 관련하여 노사의 이해관계 대립을 조정하는 방법이 양당사자에게 얼마나 만족스러운 결과를 가져올 수 있는 것이냐 하는 것은 실제로 매우 중요한 문제이다. 그러므로 조정의 절차나 방법이 노사의 이해관계를 충분히 반영한 결과를 가져오는 데에 부적합한 것이라면, 그것은 노사의 자치를 기본원리로 하는 근로3권의 보장정신에 반한다. 왜냐하면 조정제도가 비록 노사간의 산업평화를 유지하기 위한 것이긴 하지만, 그 궁극적 목적은 노사가 다같이 만족할 수 있는 단체협약(집단적 규범계약)을 체결하는 데 있기 때문이다(노조및조정법 제52조 Ⅳ, 제61조 Ⅱ, 제70조 Ⅱ 참조).[1] 따라서 노동쟁의의 조정은 단체협약의 체결을 촉진·유도하기 위한 보조적 행위이며, 조정의 목적은 궁극적으로 단체협약과 관련된 노사간의 노동쟁의를 해결하는 데 있다.[2]

b) 노사관계에서 발생하는 분쟁 내지 불만은 여러 가지가 있다. 그러나 여기서 조정의 대상이 되는 것은 집단적 이익분쟁(kollektive Regelungsstreitigkeiten: Gesamtinteressenstreit)을 말하며,[3] 집단적 권리분쟁(kollektive Rechtsstreitigkeiten: Gesamtrechtsstreit)이라든가 개별적 근로관계에서 발생되는 고충(grievance)은 이에 해당되지 않는다. 집단적 권리분쟁(예컨대 단체협약의 불준수로 인한 분쟁)은 법원에서, 고충처리는 노사협의회(또는 법원)에서 해결(근참법 제26조 이하 참조)되는 것이 원칙이다. 그러므로 사실상의

1) Waltermann, *ArbR* § 32 Rn. 730 ff.

2) Kissel, *ArbeitskampfR* § 68 Rn. 7.

3) Löwisch, *Schlichtungs- und Arbeitskampfrecht*, 1989, Rn. 120; Zöllner/Loritz/Hergenröder, *ArbR* § 46 Rn. 1 f.

집단적 이해관계[1])를 조정하는 조정제도는 형평 및 타협의 원칙과 사회적 사정을 고려하여 합목적적으로 구체적 이해의 대립을 해결하는 제도이다. 이와 같은 조정제도의 성격은 일정한 법률요건을 추상적 법규범에 포섭하여 판결을 내리거나, 일방이 주장하는 「권리」와 이에 「상반」하는 타방의 「권리」 간의 다툼에 대하여 그 시비를 가려 주는 재판과는 다른 것이다.[2])·[3]) 종래의 판례는 권리분쟁도 조정의 대상이 될 수 있다는 태도를 취하고 있었다.[4]) 그러나 저자는 이러한 견해에 찬동하지 않는다.[5]) 다만, 권리분쟁의 해결과 이익분쟁의 조정이 혼합될 경우도 있을 수 있을 것이다. 예컨대 단체협약 내에 노사가 조정기구에 관한 자세한 규정을 두는 경우를 예로 들 수 있다. 단체협약 내의 조정기구에 관한 규정 자체에 대해서 분쟁이 발생된 때에는 이를 권리분쟁으로 보아야 할 것이지만, 그 기구에서 해결할 사항은 사실분쟁이다.

현행 노조및조정법 제2조 5호는 구법(구 노동쟁의조정법 제2조 참조)과 달리 노동쟁의를 「근로조건의 결정에 관한 주장의 불일치」로 규정함으로써 조정의 대상은 집단적 이

1) 예컨대 노동조합이 「30%」의 임금인상을 요구하는 것은 어떤 계약상의 또는 법률상의 청구권을 행사하는 것이 아니라, 그것을 쟁취하려는 사실투쟁에 지나지 않는다. 그러나 일단 사용자가 이를 승낙하고 단체협약을 체결하면 「30%」 인상된 임금에 대하여 조합원들은 청구권(권리)을 갖게 된다. 따라서 사용자가 단체협약상의 임금지급의무를 이행하지 않으면 법에 의한 강제이행이 가능하다.

2) Vgl. Hueck/Nipperdey, *Grundriß*, S. 270 f.; Waltermann, *ArbR* §32 Rn. 731; Söllner, *Schlichten ist kein Richten*, ZfA 1982, 1 ff.

3) 노조및조정법 제69조는 노동위원회의 중재재정에 대하여 행정소송을 제기할 수 있는 길을 터놓고 있으나, 그것은 중재재정이 「위법이거나 월권에 의한 것이라고 인정」되는 경우에 한하며, 중재재정의 실질적 내용에 대하여는 불복할 수 없는 것이다. 중재재정이 단순히 노사 어느 일방에 불리해 부당하거나 불합리한 내용이라는 사유만으로 중재재정에 대한 불복은 허용되지 않는다(大判 2007. 4. 26, 2005 두 12992; 大判 2009. 8. 20, 2008 두 8024).

4) 大判 1990. 5. 15, 90 도 357. 同旨: 大判 1990. 9. 28, 90 도 602; 大判 1991. 3. 27, 90 도 2528. 「구 노동쟁의조정법 제2조(현행 노조및조정법 제2조 ⑤)의 노동쟁의의 정의에서 말하는 근로조건에 관한 '노동관계 당사자 간의 주장'이란 개별적 근로관계와 단체적 근로관계의 어느 것에 관한 주장이라도 포함하는 것이고, 그것은 단체협약이나 근로계약상의 권리의 주장(권리쟁의)뿐만 아니라 그것들에 관한 새로운 합의의 형성을 꾀하기 위한 주장(이익쟁의)도 포함된다」고 하여 권리분쟁도 중재위원회의 중재대상에 포함되는 것으로 판시하고 있다. 또한 손창희 교수는 조정의 대상에는 이익분쟁과 권리분쟁 양자가 모두 포함되며, 개별적 권리분쟁도 법원의 사법판단에만 맡기지 않고 노동조합을 통한 집단분쟁으로 수렴되는 한 그 대상이 될 수 있다고 본다(손창희, '노동쟁의의 범위와 중재재정에 있어서의 「위법·월권」에 관한 소론', 「법학논총」(제7집), 한양대학교, 1990, 22면 이하 참고).

5) 권리분쟁을 조정절차의 대상으로 하는 견해에 대해서는 다음과 같은 이유에서 찬성할 수 없다. 첫째, 권리분쟁은 사법기관에 맡기는 것이 3권분립의 원칙에 부합한다. 둘째, 노동위원회의 구성과 기능은 기본적으로 사법적 판단을 하는 데 적합하지 않다. 셋째, 권리분쟁을 조정의 대상으로 삼을 경우에 법적 안정성이 확보될 수 없다. 법원에 의한 재판절차와 노동쟁의의 조정은 구별해야 한다(Zöllner/Loritz/Hergenröder, *ArbR* §46 Rn. 1 f. 사실분쟁의 조정과 청구권의 법적 분쟁에 대한 재판은 구별해야 한다.

익분쟁일 것을 명백히 하고 있다.[1] 이는 바람직한 입법이라고 판단된다. 판례[2] 또한 「노조및조정법 제2조 5호에서는 노동쟁의를 '노동조합과 사용자 또는 사용자 단체(이하 '노동관계 당사자'라 한다) 간에 임금·근로시간·복지·해고 기타 대우 등 근로조건의 결정에 관한 주장의 불일치로 인하여 발생한 분쟁상태'라고 규정하고 있으므로 근로조건 이외의 사항에 관한 노동관계 당사자 사이의 주장의 불일치로 인한 분쟁상태는 근로조건의 결정에 관한 분쟁이 아니어서 현행법상의 노동쟁의라고 할 수 없고, 특별한 사정이 없는 한 이러한 사항은 중재재정의 대상으로 할 수 없다. … 근로조건 이외의 사항인 근무시간중 조합활동, 조합전임자, 시설 편의제공, 출장취급 등을 중재재정의 대상으로 할 수 없다」고 판시함으로써 같은 태도를 취하고 있다.

c) 노사의 집단적 이해관계의 조정은 노사가 자주적으로 해결하는 것을 이상으로 한다(노조및조정법 제47조 참조). 노사 쌍방이 수긍할 수 있는 합리적인 해결을 모색하기 위해서는 국가의 입법이나 행정기관이 주도적으로 개입하는 것은 바람직하지 않기 때문이다. 현행 노조및조정법상의 조정(調停)과 중재를 담당하는 노동위원회가 이른바 3자구성에 의한 민주적 기관으로서 활동하고 있기는 하지만, 이러한 구성에 의한 조정은 실은 국가의 행정기관에 의하여 노사관계가 피동적으로 조정되는 것을 의미하는 것이기 때문에 노사의 자주적 해결의 정신을 약화시키는 결과를 가져오기 쉽다. 영국에 있어서는 노사의 분쟁을 자주적인 조정기구에 의하여 해결하도록 하는 이른바 임의주의(voluntarism)가 지배하여 왔으며, 심지어 국가적인 견지에서 중대한 분쟁에 대하여도 국가기관에 의한 조정은 최후적 방법으로 활용되어야 한다는 인식이 깊이 뿌리박혀 있다.[3] 그러나 우리나라와 같이 노동운동의 역사가 짧고 노사관계의 건전한 발전이 부진한 상태에서는 모든 것을 원리적으로만 입법화하는 것은 기대하기 어려울 것이다.

d) 현행 노조및조정법은 노동관계 당사자의 자주적 조정의 노력(제47조)과 자주적 해결의 원칙(제48조) 그리고 자주적 조정에 대한 국가 등의 조력책무(제49조)를 규정하고, 또한 제53조 2항에서는 관계 당사자의 일방이 노동위원회에 조정신청을 하기 전이라도 원활한 조정을 위하여 교섭을 주선하는 등 관계 당사자의 자주적인 분쟁 해결을 지원할 수 있다고 규정하고 있다. 그리고 제52조에서는 자주적 해결방식으로서 사적(또

1) 同旨: 中勞委 2001. 6. 8, 2001 조정 34(노동쟁의는 「이익분쟁」을 의미하므로, 근로조건의 결정에 관한 사항이 아닌, 인사·경영권의 본질적 부분에 대한 분쟁은 노동쟁의로 볼 수 없다. 따라서 노동조합에서 「외국인 조종사의 채용과 관리에 관한 협정」을 요구하는 사항은 인사·경영권의 본질적 내용에 대한 분쟁으로서 근로조건의 결정에 관한 사안이라 볼 수 없어 조정대상이 아니다).

2) 大判 2003. 7. 25, 2001 두 4818.

3) Rideout, *Principles of Labour Law*, p. 43 f.

는 임의적) 조정제도를 인정하고 있다. 사적 조정제도는 1987년 11월 28일의 노동관계법 개정시에 새로 채택된 것으로서 노사자치주의에 그 기초를 두고 있다. 그러나 노사 쌍방 사이에 사적 조정절차에 관한 단체협약상의 규정이나 다른 약정이 없는 경우[1]에는 노조및조정법상의 조정절차가 적용된다. 즉 노동쟁의가 발생하면 당사자 일방의 신청에 의하여 노동위원회의 조정(調停)이 행하여진다. 다시 말하면 조정절차는 분쟁당사자의 일방이 노동위원회에 신청하면 지체 없이 개시된다(노조및조정법 제53조 I 참조).

구 노동쟁의조정법에서는 행정관청에 노동쟁의의 발생을 신고하면(제16조) 당사자의 신청 여부에 관계 없이 그 개시가 강제되었으나(제18조, 제22조 참조),[2] 현행 노조및조정법에서는 노동쟁의의 신고제도가 폐지되고 노동위원회에 의한 조정도 당사자의 신청에 의하여 개시되도록 함으로써(제45조, 제53조 참조) 외형상으로는 조정신청주의가 채택되었다. 그러나 조정을 거치지 아니하면 쟁의행위를 개시할 수 없기 때문에(제45조 II 참조) 실질적으로는 조정이 강제된다고 할 수도 있다. 이를 조정전치주의(調整前置主義)라고 한다. 노사간의 집단적 분쟁에 있어서 쟁의행위보다 조정이 우선한다.[3]

e) 중재에는 당사자의 신청을 전제로 하는 임의중재와 노동위원회의 결정에 의한 강제중재가 있는데, 어느 경우를 막론하고 중재재정은 분쟁당사자들을 구속하는 법률상의 효력을 가진다.[4]·[5] 특히 당사자의 신청에 의하지 않은 강제중재가 자주적 해결의 원칙과 거리가 먼 제도임은 더 말할 필요가 없다.[6] 강제조정제도는 헌법 제33조 1항에

---

1) 단체협약상의 규정이 없는 경우라도 단체교섭의 결렬과 함께 협약당사자가 제3의 사적 조정기관에 조정을 의뢰하는 경우에는 노조및조정법 제52조가 적용된다.

2) 조정절차 개시의 강제를 조정강제(Schlichtungszwang)라고 한다(Löwisch/Caspers/Klumpp, *ArbR* Rn. 1102 f. 참고).

3) Löwisch/Caspers/Klumpp, *ArbR* Rn. 1129.

4) 분쟁당사자의 수락 여부에 관계없이 구속력 있는 재정(裁定)을 내릴 수 있는 조정절차를 강제조정(Zwangsschlichtung)이라고 한다(Löwisch/Caspers/Klumpp, *ArbR* Rn. 1103 참고).

5) 강제적(compulsory) 제도와 자주적(voluntary) 제도의 의의에 관하여는 Kahn-Freund, *Labour and the Law*, 1972, p. 93 이하 참고.

6) 독일에서는 강제중재가 민주적·사회적 법치국가의 기본질서에 비추어 원칙적으로 위헌이라고 한다. 공공의 생활에 대하여 중요한(wesentliche öffentliche Bedeutung) 사업 또는 공익(öffentliche Interessen) 사업에서의 집단적 분쟁을 강제조정에 회부할 것을 규정하고 있는 노동쟁의 조정제도에 관한 독일 바덴주법 제12조 2항에 따르면 직권으로 관계 당사자에게 조정절차를 거치도록 강제하고 있다(조정강제: 조정전치주의). 그리고 동법 제18조 1항은 공익을 위하여 필요한 경우에 조정관청은 조정결정에 대하여 구속력을 부여할 수 있다고 규정하고 있다(강제조정). 이와 같은 강제절차는 비록 제한적인 경우에 인정되는 것이지만 강제조정절차임을 부인할 수 없다. 이러한 강제조정의 합헌성에 대하여는 찬반론이 갈리고 있다. 지배적 견해에 따르면 조정결정에 대하여 구속력을 부여할 수 있는 공공의 이익을 어떤 요건하에서 인정할 것인지가 합헌성 여부를 좌우하게 된다고 한다. 따라서 공익

의하여 보장된 협약자치를 침해하는, 또한 국가개입의 한계를 벗어나는 위헌적 제도라는 것이 일반적 견해이다.[1] 그러나 불가피한 공공의 이익의 보호 또는 비상사태의 경우에 협약당사자가 조정강제에 합의하면 예외적으로 인정된다(노조및조정법 제62조, 제70조 참조).[2] 이와 같은 예외로서 노조및조정법은 과거 필수공익사업과 긴급조정의 경우에 강제중재제도를 두었으나 2006년 12월의 법개정으로 필수공익사업에 대한 강제중재는 폐지됨으로써 현행법에서는 긴급조정시에 중앙노동위원회 위원장에 의한 강제중재만이 인정되고 있다(노조및조정법 제79조 참조).

f) 조정(調整)은 근로조건의 결정에 관한 주장의 불일치를 조정하여 분쟁당사자(노동조합과 사용자)가 합의에 이르도록 도와주면서 해결방안을 찾아내는 것을 그 기본적 목적으로 하므로 쟁의행위의 정당성 여부가 조정절차 개시의 전제조건이 되는 것은 아니다. 따라서 쟁의행위 자체가 위법한 요소를 지니고 있더라도 노사간의 분쟁내용이 노동쟁의에 해당되는 것이면 조정·중재 또는 긴급조정의 대상이 될 수 있다. 쟁의행위의 정당성과 노동쟁의의 조정대상성 여부는 구별하여 판단해야 한다. 위법한 쟁의행위라 하여 언제나 조정의 대상이 되지 않는 것은 아니다.

2. 현행 노동쟁의조정제도의 구조

a) 사적 조정 및 중재　　현행법상 조정의 방식에는 노사의 자주적 해결원리에 의한 사적 조정방식과 노조및조정법의 규정에 의한 국가의 조정방식이 있다. 양자의 관계에서 사적 조정에 관한 노사당사자의 합의가 있는 경우에는 그 조정절차가 먼저 적용된다.

노동관계 당사자는 쌍방의 합의 또는 그 밖의 특별한 협정(단체협약 또는 그 밖의 특약)에 의하여 노조및조정법에 규정된 내용이나 절차(이를 사적 조정절차에 대비하여 공적 조

성 인정요건은 엄격한 기준에 따라 판단되어야 한다고 한다. 공익을 안이하게 인정하면 기본법 제9조 3항에 보장된 단결권에 기초한 협약자치를 직접 침해하는 결과를 가져온다고 한다. 다만 중대한 공공의 이익이 현저히 저해될 수 있는 비상한 경우에는 제한적으로 강제조정이 용인되더라도 적법성을 부인하기는 어렵다고 한다. 이 경우에 협약자치는 본질적인 침해를 받지 않으며, 또한 쟁의행위의 적법성도 의문시된다고 한다(Zöllner/Loritz/Hergenröder, *ArbR* §46 Rn. 11 f.). 위에서 설명한 조정강제와 조정전치(調整前置)(노조및조정법 제45조)는 구별해야 한다. 조정전치주의는 노동관계 당사자에게 쟁의행위 전에 조정절차를 거칠 것을 법률로 강제(벌칙 제91조 참조)하는 것이지만, 조정안의 수락 여부는 관계 당사자의 자유의사에 맡겨져 있으므로 강제성을 가지지 않는다. 독일 바덴주법은 조정전치는 강제되고 있으나(조정강제) 강제조정은 공익보호를 위한 예외적인 경우에만 인정된다.

1) 관계 당사자의 수락 여부에 관계없이 효력을 가지는 중재재정은 관계 당사자 쌍방 또는 일방에 의하여 중재를 신청한 때에 이루어지는 것이므로(노조및조정법 제62조 참조) 진정한 의미의 강제중재라고 볼 수 없다. 따라서 현행법상의 중재제도는 협약자치를 침해한다고 볼 수 없다(Waltermann, *ArbR* §32 Rn. 737 참고).

2) Löwisch/Caspers/Klumpp, *ArbR* Rn. 1102 f.

정절차라고도 한다)와 다른 조정 또는 중재방법을 정하고 이에 따라 노동쟁의를 해결할 수 있다(노조및조정법 제52조 Ⅰ). 노사당사자는 조정 또는 중재의 모든 사적 조정절차를 함께 규정할 수도 있고, 그 중에서 하나의 절차만을 둘 수도 있다. 따라서 사적 조정절차는 각 사업장의 특성에 맞추어 여러 가지 형태로 구성될 수 있을 것이다. 예컨대 조정절차는 당사자 일방 또는 쌍방의 신청에 의하여, 또는 단체교섭이 결렬되었을 때에는 자동적으로 개시될 수 있도록 약정할 수 있다.[1] 예컨대 노조및조정법 제45조 1항의 규정에 의하여 당사자의 어느 일방이 노동쟁의의 발생을 상대방에게 통보한 때에 사적 조정절차가 자동적으로 개시될 수 있도록 노사당사자가 미리 합의할 수도 있다. 또한 노조및조정법상의 조정절차가 개시된 이후에도 당사자는 사적 조정에 관하여 합의할 수 있으며, 이를 노동위원회에 신고하면 사적 조정 우선의 원칙에 의하여 노조및조정법에 의한 조정은 일단 중지해야 할 것으로 판단된다(노조및조정법 제52조, 시령 제23조 Ⅱ). 조정절차가 진행되는 도중이더라도 노조및조정법 제54조의 조정기간이 경과하면 노동조합은 쟁의행위를 할 수 있다(제45조 Ⅱ). 노동위원회에 조정신청을 하여 조정절차가 마쳐지거나 조정이 종료(제60조 Ⅱ)되지 아니한 채 조정기간이 종료하면 노동위원회의 조정안의 제시 등이 없더라도 조정절차를 거친 것으로 보아야 한다.[2] 그러나 사적 중재의 경우에 노조및조정법 제63조(중재 시 쟁의행위의 금지)의 규정이 적용되는지에 관하여 명문의 규정이 없으나 중재의 성질에 비추어 동 규정이 적용 또는 유추적용될 수 있다고 생각된다. 따라서 사적 중재의 경우에도 중재회부시부터 15일간은 쟁의행위를 할 수 없다. 다만, 국가에 의한 공적 중재가 사적 중재로 이관된 때(노조및조정법 시령 제23조 Ⅱ 참조)에는 쟁의행위 금지기간은 그때부터 다시 기산되는 것으로 해석되어야 할 것이다.[3] 노동관계 당사자는 사적 조정·중재에 의하여 노동쟁의가 해결되지 아니한 경우에는 국가의 공적 조정·중재를 관할노동위원회에 신청할 수 있다(노조및조정법 시령 제23조 Ⅲ 참조). 이 경우에도 예컨대 노조및조정법 제63조의 쟁의행위금지기간은 중재개시시부터 기산되어야 할 것이다.

조정기관의 구성에 관해서는 단체협약 내에 약정해 놓을 수도 있고, 조정절차의 개시와 더불어 노사가 선임할 수도 있다. 조정기관의 권한에 관해서도 노사가 구체적으로 정할 수 있다. 이에 따라 조정기관은 일정한 제안을 하거나 또는 구속력 있는 재정권한

1) Zöllner/Loritz/Hergenröder, *ArbR* §46 Rn. 4 f.; Löwisch/Caspers/Klumpp, *ArbR* Rn. 1129(일종의 조정전치의 원칙 내지 쟁의행위 최후수단의 원칙을 강조하는 견해).

2) 大判 2008. 9. 11, 2004 도 746.

3) 필수공익사업에 대하여 직권중재가 인정된 구법하에서는 사적 중재가 개시되더라도 그것이 형식적·명목적인 것으로 그치고 실질적으로는 중재절차가 행하여지지 아니한 경우 구법 제62조 3호에 따라 직권중재결정에 의하여 공적 중재절차가 개시될 수 있다고 해석되었으나 동 규정의 삭제 및 필수공익사업에 대한 직권중재제도의 폐지로 이와 같은 해석상의 문제는 더 이상 발생하지 않는다.

(裁定權限)을 가질 수도 있다. 그러므로 각 조정절차의 기간·방법·담당기관 등은 노사가 자유로이 정할 수 있다.

노동관계 당사자는 사적 조정절차에 의하여 노동쟁의를 해결하기로 한 때에는 이를 관할노동위원회에 신고하여야 한다(노조및조정법 제52조 Ⅱ, 시령 제23조 Ⅰ). 그리고 사적 조정절차에 의하여 노동쟁의를 해결하기로 한 때에도 그 조정을 개시한 날로부터 일반사업에 있어서는 10일, 공익사업에 있어서는 15일이 경과하지 아니하고는 쟁의행위를 할 수 없다(노조및조정법 제52조 Ⅲ ①).[1] 사적 조정절차에 의하여 조정 또는 중재가 이루어진 경우에 그 내용은 단체협약과 동일한 효력을 갖는다(노조및조정법 제52조 Ⅳ).

이와 같이 현행 노조및조정법은 당사자의 합의에 의하여 법상의 조정제도와는 다른 조정이나 중재방법을 채택한 경우 이를 공적 조정에 우선시키는 사적 조정 우선의 원칙을 선언하고 있다. 그러나 현실에서는 사적 조정제도가 활성화되고 있지 않다. 다시 말하면 사적 조정절차를 통한 노사의 자주적인 분쟁해결 관행은 정착되지 못하고 있다. 노조및조정법은 사적 조정의 활성화를 위한 법제도적인 개선방안으로 사적 조정인이나 중재인의 자격에 대한 기준과 조정활동에 대한 수수료, 수당, 여비 등의 지급을 위한 법적 근거를 마련하였다(노조및조정법 제52조 Ⅰ·Ⅴ).

사적 조정에 의하여도 노동쟁의가 해결되지 않은 경우 노사 쌍방은 노조및조정법의 조정·중재에 따른 조정을 노동위원회에 신청할 수 있다(동법 시령 제23조 Ⅲ). 다만, 노동쟁의가 필수공익사업에 관한 것이거나 그 규모 또는 성질로 보아서 현저히 국민경제를 해하거나 또는 국민의 일상생활을 위태롭게 할 위험이 현존하는 경우에는 노조및조정법상의 긴급조정에 회부될 수 있다(노조및조정법 제76조 Ⅰ).

당사자 사이에 사적 조정에 관한 합의가 없는 때에는 노조및조정법상 소정의 조정절차가 적용된다. 이 법이 규정하고 있는 조정(調整)의 종류로는 조정(調停)·중재(仲裁) 및 긴급조정(緊急調整)이 있다. 조정은 당사자 일방의 신청이 있는 경우에 노동위원회가 개시할 수 있으며, 일반사업·공익사업의 구별 없이 적용된다.[2] 한편 조정과는 별도로

---

1) 현행 노조및조정법 제52조 3항에 의하면 사적 조정절차에 의하여 노동쟁의를 해결하기로 한 때에는 제45조 2항 및 제54조의 규정이 적용된다고 하고 있다. 여기서 사적 조정절차에 의하여 노동쟁의가 해결되지 않은 가운데 조정기간이 경과한 때에도 노동조합은 쟁의행위를 할 수 있는가 하는 의문이 제기될 수 있다. 자주적 내지 사적 조정절차를 국가에 의한 조정절차보다 우선시키고 있는 현행제도 하에서는 조정기간의 적용에 있어서 양 제도를 차별할 수 없음은 명백한 일이다. 따라서 당사자의 특별한 약정이 없는 한 사적 조정절차가 성과 없이 종료한 경우에는 조정기간의 경과와 더불어 당사자는 언제든지 쟁의행위를 개시할 수 있다. 그러므로 노조및조정법 제52조 3항 1호에 의하여 적용되는 동법 제45조 2항에는 사적 조정절차도 당연히 포함되는 것으로 해석해야 한다.

2) 구 노동쟁의조정법에서는 조정절차의 전단계로서 알선(斡旋)절차를 두어 노동쟁의의 신고가 있으면(구 노쟁법 제16조) 먼저 알선절차가 개시되고, 알선절차로 분쟁이 해결되지 아니할 경우에 이어서

관계 당사자 쌍방의 신청에 의하여 또는 관계 당사자 일방이 단체협약에 의하여 중재를 신청한 때에는 중재절차가 개시될 수 있다. 조정기간 내지 중재기간이 경과하면, 조정 또는 중재가 진행 중이더라도 당사자는 쟁의행위를 할 수 있다(노조및조정법 제45조 Ⅱ). 노동위원회가 행하는 조정에서도 조정안을 제시하기는 하지만, 관계 당사자가 이를 수락하지 않는 한 법률상 아무 구속력을 가지지 않는다. 중재재정이 관계 당사자의 수락 여부를 묻지 않고 구속력을 갖는다는 점을 고려할 때, 국가에 의한 조정기관의 개입의 정도가 낮은 것이 조정(調停)이라고 할 수 있다.

이 외에 공익사업이나 대규모의 사업에 있어서는 고용노동부장관의 결정에 의하여 긴급조정이 개시될 수 있으며, 이때에는 무조건 쟁의행위가 중지되어야 한다(노조및조정법 제76조, 제77조).

b) 조정 및 중재의 효력　조정 및 중재의 어느 경우를 막론하고 이 절차에 의하여 분쟁이 해결되면 조정서 및 중재재정서가 작성되고, 그 내용은 단체협약과 동일한 효력을 가진다(노조및조정법 제52조 Ⅳ, 제61조 Ⅱ, 제70조 Ⅱ). 노사의 집단적 분쟁은 평화적 단체교섭의 실패로 발생하는 것이므로 이에 대한 해결이 단체협약의 성립으로 귀결되는 것은 이론상 당연한 일이다.

c) 조정기간의 기산　사적 조정절차에 있어서는 조정절차의 개시에 의하여(노조및조정법 제52조 Ⅲ ①), 노조및조정법상의 조정절차에 있어서는 당사자 일방의 신청이 있는 날부터(노조및조정법 제54조) 조정기간이 기산된다. 쟁의행위는 사적 또는 공적 조정절차를 거치지 않으면 행할 수 없으나, 법 소정의 조정기간 내에 조정이 종료되지 않는 경우에는 쟁의행위를 행할 수 있다(노조및조정법 제45조 Ⅱ 단서). 따라서 사적 조정절차가 진행되고 있는 중에도 조정기간이 경과하면, 그때부터 노동관계 당사자는 쟁의행위를 개시할 수 있다.[1)]

《사적 조정절차에 있어서 조정기간의 기산에 관한 문제점》

사적 조정절차에 의한 조정기간의 기산일은 조정을 개시한 날이다. 그러나 당사자가 사적 조정절차에 의하여 노동쟁의를 해결하기로 하면서 이를 노동위원회에 신고하지

조정절차가 개시되었다. 그러나 유사한 성격을 가진 알선과 조정이 비교적 단기간의 법정냉각기간 내에 중복적으로 진행됨으로써 사실상 조정기능이 형해화되었다. 이 점을 감안하여 현행 노조및조정법에서는 알선을 조정에 통합하여 조정기능의 효율성을 제고하고자 하였다. 이에 관해서는 다음의 [124] 1. 참고.

1) 노동위원회가 교섭미진을 이유로 조정신청을 거부하는 행정지도를 함으로써 조정절차가 개시될 수 없어 조정절차를 거치지 못하게 된 경우에 단행된 쟁의행위는 위법하다고 볼 수 없다(大判 2001. 6. 26, 2000 도 2871; 大判 2003. 12. 26, 2001 도 1863). [118] 2. ⑶ e) 참고.

아니하고 조정을 개시한 경우, 다시 말해서 노조및조정법 제52조 2항에 의한 신고를 하기 전에 이미 조정을 개시한 경우에도 마찬가지로 조정의 개시와 더불어 조정기간이 기산되는가 하는 점이 문제된다. 생각건대 사적 조정절차에서 노동위원회에의 신고의무를 부과한 취지는 노동쟁의의 발생과 그 해결에 대한 절차의 실효성과 객관성을 확보하려는 데 있다. 즉 분쟁상태를 명확히 하여 평화적 해결의 가능성을 확보하려는 데 있는 것이다. 따라서 사적 조정절차를 개시하기에 앞서 분쟁상태와 조정절차의 내용을 노동위원회에 신고하여야 하며, 신고 후에 조정절차가 개시되면 그 때부터 조정기간이 기산된다. 노동위원회에 대한 신고 없이 사적 조정절차를 개시한 경우에는 조정기간은 노동위원회에 대한 신고가 있는 날로부터 기산된다고 보아야 할 것이다. 이렇게 해석하는 것이 제52조 2항의 신고제도를 둔 취지에 부합할 것이다.

[124] Ⅱ. 조정의 종류와 절차

1. 조 정

조정(調停, mediation)은 노동위원회 내의 조정위원회가 관계 당사자의 의견을 들어 조정안을 작성하여 노사의 수락을 권고하는 형태를 취한다. 권고가 강제적이 아니라는 점에서 조정은 노사의 자주적 해결의 정신을 기초로 하고 있는 것이다.

(1) 조정의 요건과 개시

조정은 노동위원회가 노조및조정법 제53조 1항의 규정에 따라 관계 당사자의 일방이 노동쟁의의 조정을 신청한 때에 지체 없이 개시된다. 이와 같이 현행 노조및조정법은 당사자들의 신청을 전제로 하는 임의개시에 의한 조정을 원칙으로 채택하고 있다. 그러나 노조및조정법 제76조 1항의 규정에 의하여 고용노동부장관이 긴급조정의 결정을 한 때에는 자동적으로 조정절차가 개시된다(노조및조정법 제78조). 이에 대하여는 후술한다(다음의 3. (2)). 노동쟁의가 발생하여 조정신청을 하는 당사자는 이를 상대방에게 서면으로 통보해야 한다(제45조 Ⅰ). 노동위원회는 분쟁의 내용이 노조및조정법상의 조정대상이 아니라고 인정되는 때에는 그 사유와 다른 해결방법을 알려 주어야 한다(시령 제24조 Ⅱ).[1] 법외노조는 조정신청을 할 수 없다(노조및조정법 제7조 Ⅰ). 이 경우에 조정전치의 규정(제45조)은 적용되지 않는다.[2]

1) 행정지도에 관해서는 노동위원회규칙 제153조 참조([118] 2. (3) e) 참고).
2) 大判 2007. 5. 11, 2005 도 8005 참고.

⑵ 조정의 기관과 활동

a) 조정위원회의 구성　조정은 노동위원회 내에 구성된 조정위원회가 담당한다(노조및조정법 제55조 Ⅰ; 시령 제26조). 조정위원회는 조정위원 3인으로 구성되며(노조및조정법 제55조 Ⅱ), 이 위원들은 당해 노동위원회의 위원 중에서 사용자를 대표하는 자, 근로자를 대표하는 자 및 공익을 대표하는 자 각 1인을 당해 노동위원회의 위원장이 지명하되 근로자를 대표하는 조정위원은 사용자가, 사용자를 대표하는 조정위원은 노동조합이 각각 추천하는 노동위원회의 위원 중에서 지명하여야 한다(노조및조정법 제55조 Ⅲ 본문). 다만, 조정위원회의 회의 3일 전까지 관계 당사자가 추천하는 위원의 명단제출이 없을 때에는 당해 위원을 그 노동위원회의 위원장이 따로 지명할 수 있다(노조및조정법 제55조 Ⅲ 단서). 이와 같이 조정위원회의 위원을 상대방 당사자가 추천하는 근로자위원과 사용자위원 중에서 위원장이 지명하도록 한 것은 조정위원회에 대한 노사의 신뢰를 높이고 보다 합리적이고 신속한 분쟁해결을 도모하기 위한 것이다. 그러나 조정위원회의 구성원인 근로자위원과 사용자위원이 불참할 경우 조정위원회가 구성될 수 없게 되는 불합리한 상황이 발생한다. 이 경우에 노동위원회 위원장은 노동위원회의 공익을 대표하는 위원(공익위원) 중에서 3인을 조정위원으로 지명할 수 있다. 다만 관계 당사자 쌍방의 합의로 선정한 노동위원회의 위원이 있는 경우에는 그 위원을 조정위원으로 지명한다(노조및조정법 제55조 Ⅳ). 조정위원회에는 위원장을 두며, 공익을 대표하는 조정위원이 그 위원장이 된다. 공익위원만으로 조정위원회가 구성될 경우 그 위원장은 중재위원회(다음의 2. ⑵ 참고)와 마찬가지로 조정위원 중에서 호선한다(노조및조정법 제56조 Ⅱ). 회의는 구성위원 전원의 출석으로 개의하고, 의결은 출석위원 과반수의 찬성에 의한다(노위법 제17조 Ⅱ).

b) 단독조정　노동위원회는 관계 당사자 쌍방의 신청이 있거나 관계 당사자 쌍방의 동의를 얻은 경우에는 조정위원회에 갈음하여 단독조정인에게 조정을 행하게 할 수 있다(노조및조정법 제57조 Ⅰ). 단독조정인은 당해 노동위원회의 위원 중에서 관계 당사자 쌍방의 합의로 선정된 자를 당해 노동위원회의 위원장이 지명한다(노조및조정법 제57조 Ⅱ). 단독조정인의 활동 등은 조정위원회의 경우와 동일하다.

c) 조정활동　조정위원회 또는 단독조정인의 활동은 분쟁의 현황과 당사자들의 의견을 파악하기 위한 주장의 확인, 조정안의 작성, 수락된 조정안의 유권해석 등으로 크게 구분된다. 당사자의 주장을 확인하기 위하여 조정위원회 또는 단독조정인은 기일을 정하여 관계 당사자 쌍방을 출석하게 하여 주장의 요점을 확인하여야 한다(노조및조정법 제58조). 이 경우에 조정위원회의 위원장과 단독조정인은 업무상 또는 기타의 사정

을 고려하여 관계 당사자와 참고인 이외의 자의 회의출석을 금할 수 있다(노조및조정법 제59조). 조정활동 중에서 가장 중요한 것은 조정안을 작성하여 이를 관계 당사자에게 제시하고 그 수락을 권고하는 것이다(노조및조정법 제60조 Ⅰ 전단). 이때에 조정위원회는 조정안에 이유를 붙여 공표할 수 있으며, 필요한 경우에는 신문 또는 방송에 보도 등 협조를 요청할 수 있다(노조및조정법 제60조 Ⅰ 후단). 이것은 조정안 자체를 당사자들이 수락하지 않으면 법률상 아무 구속력이 없기 때문에 이를 여론에 호소하여 노동쟁의를 해결하기 위한 것이다. 조정위원회 또는 단독조정인은 관계 당사자가 수락을 거부하여 더 이상 조정이 이루어질 여지가 없다고 판단되는 경우에는 조정의 종료를 결정하고, 이를 관계 당사자 쌍방에 통보하여야 한다(노조및조정법 제60조 Ⅱ).

그런데 종래에는 조정활동이 원칙적으로 관계 당사자가 조정신청을 한 이후 한정된 조정기간(노조및조정법 제54조: 일반사업 10일, 공익사업 15일) 동안에만 실시되었다. 따라서 노동분쟁의 예방 및 조정기간의 도과로 인한 조정종료 결정 이후에는 사실상 조정활동이 종료되므로 노사분쟁해결을 위한 효과적이고 계속적인 지원이 필요하다는 의견이 제기되었다. 이와 같은 배경에서 노동위원회의 분쟁조정기능을 강화하기 위하여 조정신청 전이나 조정종료 결정 후에도 관계 당사자가 원하는 경우 적극적으로 분쟁해결지원을 제공할 수 있도록 관련규정을 신설하였다(노조및조정법 제53조 Ⅱ, 제61조의2. 2006. 12. 30 신설). 다만 이와 같은 조정종료 결정 이후의 조정은 법정 조정기간이 도과된 이후에 이루어지는 임의조정이므로 노조및조정법 제45조의 조정전치주의가 적용되지 아니한다(제45조 Ⅱ).

1) **조정안의 해석** 조정안이 관계 당사자 쌍방에 의하여 수락된 후 그 구체적인 해석 또는 이행방법에 관하여 관계 당사자 사이에 의견의 불일치가 있는 경우에도 조정안의 수락은 여전히 효력이 있는 것이므로, 관계 당사자는 조정위원회 또는 단독조정인에 대하여 그 해석 또는 이행방법에 관하여 명확한 견해의 제시를 요청하여야 한다(노조및조정법 제60조 Ⅲ; 시령 제27조).[1] 조정위원회 또는 단독조정인은 그 요청을 받은 날로부터 7일 이내에 명확한 유권적 견해를 제시하여야 한다(노조및조정법 제60조 Ⅳ).

2) **조정신청 전의 조정지원 및 조정종료 후의 조정** 노동위원회는 조정신청 전이라도 교섭을 주선하는 등 관계 당사자의 자주적인 분쟁 해결을 지원할 수 있으며(제53조 Ⅱ), 조정종료 후에도 노동쟁의 해결을 위하여 조정을 할 수 있다(제61조의2). 이와 같은 지원과 조정은 당사자의 신청이 있을 때에는 물론 필요하다고 인정될 때에는 노동

1) 조정서의 해석에 관한 견해는 이미 성립된 조정서에 대해 당사자의 해석이 불일치하는 경우 조정서의 의미를 명확히 확인해주는 것이므로 조정서의 견해 제시과정에서 당사자의 의견은 참고적으로 고려하면 충분하다고 할 것이다(서울行判 2012. 7. 12, 2012 구합 1310).

위원회가 자진해서 제공할 수 있다. 조정에 의한 분쟁 해결을 적극적으로 활성화하기 위한 것이다.

(3) 조정서의 효력

조정안이 관계 당사자에 의하여 수락된 때에는 조정위원 전원 또는 단독조정인은 조정서를 작성하고 관계 당사자와 함께 서명 또는 날인하여야 한다(노조및조정법 제61조 Ⅰ). 이 조정서의 내용은 단체협약과 동일한 효력을 가진다(노조및조정법 제61조 Ⅱ). 그리고 노조및조정법 제60조 4항의 규정에 의하여 조정위원회가 제시한 유권해석과 이행방법에 관한 견해는 중재재정과 동일한 효력을 가지므로(노조및조정법 제61조 Ⅲ), 그러한 한도 내에서 조정서의 사실상의 내용은 확정된다. 중재재정에 대한 불복은 그 재정이 「위법이거나 월권에 의한 것이라고 인정되는 경우에」 한하여 재심신청이나 행정소송의 제기가 가능하기 때문이다(다음의 2. (3) 참고). 조정·중재·긴급조정 등의 궁극적 목적은 단체협약의 체결에 이르는 것이므로 그 결과 근로조건의 개선과 노사관계의 안정이 이루어진다(노조및조정법 제61조 Ⅱ, 제70조 Ⅰ). 근로조건에 관한 조정서의 부분은 법규범과 같이 강행적 효력을 가지며, 관계 당사자(노동조합과 사용자)는 이에 따라 평화의무를 부담하므로 조정서가 단체협약으로서의 효력을 가지는 기간(제32조 Ⅰ, Ⅱ의 유추적용) 중에는 쟁의행위를 할 수 없다.

2. 중 재

중재(arbitration)는 조정(調停)과는 달리 노사의 자주적 해결의 원칙과는 거리가 먼 조정(調整)제도이다. 현행법은 관계 당사자의 신청이 있을 때 그 절차가 개시되는 임의중재를 두고 있는데(긴급조정시에는 중앙노동위원회가 중재회부결정권을 가진다), 중재위원회의 중재재정은 수락 여부를 불문하고 관계 당사자를 구속하는 법률상의 효력을 가진다. 임의중재는 일반사업과 공익사업에 다 같이 적용된다.

이와 같이 중재는 조정방법으로서는 매우 강력한 것이므로 국민의 생활을 위협하는 분쟁 등을 방지 내지 종결한다는 의미에서는 그 의의가 인정될 수 있지만, 근로자의 근로조건 개선을 위한 임금인상과 같은 이익분쟁의 해결방법으로서는 반드시 적절한 것이라고 할 수 없다.

(1) 중재의 요건과 개시

중재는 임의중재가 원칙이다(제62조 참조. 긴급조정시에는 예외: 제79조). 중재는 관계 당사자가 신청한 경우에 개시되지만 일단 중재에 회부되어 중재재정이 내려지면 당연히 관계 당사자를 구속한다. 노조및조정법은 일반사업과 공익사업에 대하여 다같이 관계

당사자의 쌍방이 함께 중재를 신청한 때 또는 관계 당사자 일방이 단체협약에 의하여 중재를 신청한 때 중재절차를 개시할 수 있도록 규정하고 있다(노조및조정법 제62조).[1)]

중재를 하게 된 때에는 지체 없이 이를 서면으로 관계 당사자에게 각각 통지하여야 한다(노조및조정법 시령 제25조). 노동쟁의가 중재에 회부된 때에는 그날부터 15일간은 쟁의행위를 할 수 없다(노조및조정법 제63조). 중재에 회부된 때란 노조및조정법 제62조에 의하여 중재절차가 개시된 때와 노조및조정법 제79조에 의하여 중앙노동위원회 위원장이 중재회부의 결정을 한 때라고 해석된다. 이렇게 해석하는 것이 조정기간의 기산점과도 통일성을 기할 수 있다. 중재기간에는 조정기간은 포함되지 아니하므로 노조및조정법 제53조 및 제54조에 의한 조정기간이 경과하였더라도 중재절차가 개시되면 그 때부터 새로 15일간 쟁의행위를 할 수 없다.

⑵ 중재의 기관과 활동

중재는 중재위원회가 담당한다(노조및조정법 제64조 Ⅰ). 중재위원회는 공익을 대표하는 노동위원회의 위원 중에서 관계 당사자의 합의로 선정한 자에 대하여 당해 노동위원회의 위원장이 지명한 3인의 위원으로 구성된다(노조및조정법 제64조 Ⅱ, Ⅲ 본문, 시령 제28조). 다만, 관계 당사자의 합의가 이루어지지 않은 경우에는 노동위원회의 위원장이 이들 중에서 지명한다(노조및조정법 제64조 Ⅲ 단서). 공익위원만으로 구성케 한 것은 중재재정(仲裁裁定)이 법률상 당사자들을 구속하기 때문에 이해관계의 중립을 지키기 위한 것이라고 이해되며, 공익위원 중에서도 당사자의 합의에 의하여 선정된 자를 임명하는 것은 관계 당사자의 의사를 최대한 반영하기 위해서이다. 그리고 관계 당사자가 지명한 노사대표위원은 중재위원의 동의를 얻어 회의에 출석하여 의견을 진술할 수 있다(노조및조정법 제66조 Ⅱ). 중재위원회의 위원장은 중재위원 중에서 호선되며(노조및조정법 제65조 Ⅱ), 회의는 구성위원의 전원출석과 출석위원 과반수의 찬성으로 의결한다(노위법 제17조 Ⅱ).

중재절차가 개시된 때에는 통상 조정의 단계를 이미 거친 후이기 때문에 사실관계에 대해서는 분쟁해결을 위한 충분한 자료가 준비되어 있는 것이 보통이다(노조및조정법 제53조, 제71조 Ⅱ 및 제58조 참조). 따라서 구 노동쟁의조정법은 관계 당사자의 의견을 직접 청취하는 절차를 마련하지 않고, 간접적으로 관계 당사자가 지명한 노동위원회의 노·사대표위원을 통하여 의견을 진술할 수 있는 기회를 부여하고 있을 뿐이었다(구 노조법

1) 필수공익사업에 대한 「직권중재」는 해당 근로자의 쟁의행위권을 지나치게 제한한다는 비판이 제기되어 왔고, 다른 한편으로는 쟁의행위기간 중 필수유지업무의 도입으로 그 현실적 의미가 감소되었다는 판단 아래 2006년 12월의 개정에서 폐지되었다. 구법하에서 대법원은 필수공익사업에 대한 직권중재가 적법한 제도라고 판시한 바 있다(大判 2003. 12. 26, 2001 도 1863).

제35조). 그러나 관계 당사자가 수긍할 수 있는 공정한 중재재정을 내리기 위해서는 중재위원회가 직접 관계 당사자의 의견과 자료를 제공받을 수 있는 기회가 입법적으로 마련되는 것이 타당하다고 생각된다. 현행법에서는 이 점을 감안하여 중재위원회는 기일을 정하여 관계 당사자 쌍방 또는 일방을 중재위원회에 출석하게 하여 주장의 요점을 확인해야 한다는 규정을 두었다(노조및조정법 제66조 Ⅰ). 중재위원회의 위원장은 회의의 공정한 진행을 위하여 관계 당사자와 참고인 이외의 자의 출석금지를 명할 수 있는 권한을 가진다(노조및조정법 제67조). 관계 당사자가 지명한 노동위원회의 사용자를 대표하는 위원 또는 근로자를 대표하는 위원은 중재위원회의 동의를 얻어 그 회의에 출석하여 의견을 진술할 수 있다(제66조 Ⅱ).

중재에 회부된 때부터 쟁의행위를 할 수 없는 15일이 경과하면 중재재정을 내릴 수 없다고 보아야 할 것인지가 문제될 수 있다. 중재재정을 할 수 있는 시한을 쟁의행위 금지 기간에 맞출 필연적 이유는 없다고 판단된다. 15일이 경과한 후에 단체교섭이 원만히 재개되어 분쟁해결의 가능성이 있는 경우에는 중재재정을 미룰 수 있다고 보아야 할 것이다. 자주적 해결이 존중되어야 하기 때문이다.

(3) 중재재정의 효력 및 확정

중재재정은 서면으로 작성되어야 하며, 그 서면에는 효력발생기일을 명시하여야 한다(노조및조정법 제68조 Ⅰ). 그리고 명문의 규정은 없으나 중재위원회 위원 전원이 서명 또는 날인하여야 한다고 보아야 한다(제61조의 유추적용). 중재재정서는 지체 없이 관계 당사자에게 송달되어야 한다(노조및조정법 시령 제29조 Ⅰ).

효력발생기일을 포함하여 서면으로 작성된 중재재정의 내용은 단체협약과 동일한 효력을 가진다(노조및조정법 제70조 Ⅰ).[1] 중재재정서에 기재된 문언의 객관적 의미가 명확하게 드러나지 않아 해석상의 문제가 발생하는 경우에는 그 문언의 내용과 중재재정이 이루어지게 된 경위, 중재재정절차에서의 당사자의 주장, 그 조항에 의하여 달성하려고 하는 목적 등을 종합적으로 고찰하여 사회정의와 형평의 이념에 맞도록 논리와 경험의 법칙, 그리고 사회일반의 상식과 거래의 통념에 따라 합리적으로 해석하여야 한다.[2]

1) 조정서나 중재재정서가 단체협약과 동일한 효력을 가진다는 것은 모든 국가들의 공통된 입법태도이거나 학설·판례의 입장이다(Gamillscheg, Kollektives *ArbR*, Bd. Ⅰ S. 1308; Birk/Konzen/Löwisch/Raiser/Seiter, *Gesetz zur Regelung kollektiver Arbeitskonflikte*, S. 62 참고).

2) 大判 2009. 8. 20, 2008 두 8024(중재재정서에 불명확하게 기재된 연·월차휴가 보상일수에 대하여, 주40시간제 도입에 맞추어 연·월차휴가제도를 변경한 입법취지에 따라 이를 조정하고자 하는 중재재정의 목적 등에 비추어 볼 때, 중재재정의 효력발생일을 기준으로 감소되는 일수를 산출한 다음 그 효력발생일 이후 연도에도 같은 일수로 보상하도록 한 중재해석은 위법하거나 월권에 의한 것이라고 볼 수 없다고 판단한 사례).

중재재정의 해석 또는 이행방법에 관하여 관계 당사자 사이에 의견의 불일치가 있는 때에는 당해 중재위원회의 해석에 따르며 그 해석은 중재재정과 동일한 효력을 가진다(제68조 Ⅱ). 중재위원회에 의한 해석은 관계 당사자의 일방 또는 쌍방이 요청할 수 있다고 보아야 한다(제60조 Ⅲ 유추적용). 관계 당사자는 중재재정이 위법이거나 월권에 의한 것이라고 인정되는 경우에 한하여 소정기일 내에 중앙노동위원회에 재심을 청구할 수 있고, 중앙노동위원회의 중재재정이나 재심결정에 대하여 같은 이유로 불복하는 경우에는 행정소송을 제기할 수 있다(노조및조정법 제69조). 재심신청이나 행정소송의 제기를 「위법이거나 월권에 의한 것이라고 인정」되는 경우[1]로 한정한 것은 중재재정의 실질적 내용의 타당성(이해관계의 조정의 타당성)에 대해서는 다시 문제삼지 못하도록 하여 분쟁을 조속히 종결(해결)하고자 하는 데 그 취지가 있다. 따라서 중재재정의 내용이 어느 노사 일방에게 불리하거나 불합리하다는 이유만으로 불복이 허용되지 않는다.[2] 중재재정에 대해서 재심신청을 하거나 행정소송을 제기하더라도 재정의 효력에는 아무 영향을 미치지 못하므로 관계 당사자는 여전히 구속된다. 중재재정이나 재심결정이 확정되면 관계 당사자는 이에 따라야 하며(노조및조정법 제69조 Ⅳ), 이를 위반하면 처벌된다(노조및조정법 제90조).

---

1) 대법원은 「'위법' 또는 '월권'이라 함은 중재재정의 절차가 위법하거나 그 내용이 근로기준법 위반 등으로 위법한 경우 또는 당사자 사이에 분쟁의 대상이 되어 있지 않는 사항이나 정당한 이유 없이 당사자 간의 분쟁범위를 벗어나는 부분에 대하여 월권으로 중재재정을 한 경우를 말하고, 중재재정이 단순히 어느 일방에 불리하거나 불합리한 내용이라는 사유만으로는 불복이 허용되지 않는다」고 판시하였다(大判 2007. 4. 26, 2005 두 12992; 大判 2009. 8. 20, 2008 두 8024). 노조및조정법 제68조 2항에 따르면 중재재정의 해석은 중재재정과 동일한 효력을 가지므로, 중재재정의 불복사유에 대한 위법·월권의 법리는 중재재정에도 적용된다(大判 2009. 8. 20, 2008 두 8024). 또한 대법원은 「근로조건 이외의 사항에 관한 근로관계 당사자의 분쟁상태는 현행법상의 노동쟁의라 할 수 없고 특별한 사정이 없는 한 이러한 사항은 중재재정의 대상으로 할 수 없다 할 것인바, 노조전임제는 노동조합에 대한 편의제공의 한 형태로서 사용자가 단체협약 등을 통하여 승인하는 경우에 인정되는 것일 뿐 사용자와 근로자 사이의 근로계약관계에 있어서 근로자의 대우에 관하여 정한 근로조건이라고 할 수 없는 것이고, 단순히 임의적 교섭사항에 불과하여 이에 관한 분쟁 역시 노동쟁의라 할 수 없으므로 중재재정의 대상이 될 수 없다」(大判 1996. 2. 23, 94 누 9177)고 하여 이를 중재재정의 대상으로 본 중노위의 중재재심결정(1993. 10. 25, 93 중재재심 2)은 위법하다고 한다. 또한 「수간호사」를 조합원 범위에 포함시킨 지방노동위원회의 초심 중재재정에 대하여 중앙노동위원회는 「수간호사는 평간호사의 근무평정(勤務評定)을 함은 물론 근무평정결과에 따른 서열결정에 의거, 승진에 영향을 미치는 등 지휘계통에 있는 자로 인정되기에 당연히 사용자의 범위에 포함되어야 하므로, 이 점에 대한 초심 지방노동위원회의 중재재정은 위법 또는 월권이라고 판단된다」고 하는 재심재정을 내렸다. 초심 중재재정은 구 노동조합법 제3조 단서 1호 및 제5조의 해석과 적용을 잘못한(법리오해로 인한) 위법·월권의 재정이라고 할 수 있다(중노위 1989. 7. 25, 중재재심결정서, 89 중재재심 1).

2) 大判 2005. 9. 9, 2003 두 896; 大判 2007. 4. 26, 2005 두 12992; 大判 2009. 8. 20, 2008 두 8024 참고.

중재재정의 효력기간에 관해서는 법에 아무 규정이 없으나 2년을 초과하여 정할 수 없으며, 그 유효기간을 정하지 않은 때에는 2년으로 보아야 한다. 왜냐하면 중재재정서는 단체협약과 동일한 효력을 가지므로 단체협약의 유효기간에 관한 규정(노조및조정법 제32조)이 준용되기 때문이다.[1)]

《강제중재제도에 대한 입법론적 고찰》

근로자들은 노동조합을 통해서 사용자에게 단체교섭을 요구하며, 단체협약을 체결하고, 이에 실패하면 쟁의행위를 단행함으로써 그들의 주장을 관철할 수 있는 근로3권을 보장받고 있다. 즉 근로3권 보장의 의의는 근로자들에게 그들의 요구를 쟁의행위를 통하여 관철하고 노사 사이의 집단적 분쟁을 스스로 해결할 수 있는 권리를 부여하는 데에 있다. 근로3권 중에는 단체교섭권이 그 핵심을 이룬다는 것은 더 말할 것도 없지만, 단체행동권의 뒷받침이 없이는 노사 사이의 평등한 교섭은 실효를 거둘 수 없다. 따라서 단체교섭이 실패하여 노사 사이의 분쟁이 발생하면, 근로자들에게 쟁의행위를 할 수 있는 권리가 주어져야 한다. 이것이 근로3권 보장에 의한 노사자치의 기본원리이다.

그러나 노사간의 집단적 분쟁의 해결을 전적으로 쟁의행위에 의존케 한다면 노사관계 당사자에게는 물론 일반국민에게도 여러 가지 손실과 불편을 주게 되며, 때로는 국민경제와 공공의 이익을 위협하는 결과를 가져온다. 따라서 각국의 입법례는 불필요하고 비합리적인 노동쟁의를 신속하고 합목적적으로 해결하며, 공익을 위협하는 쟁의행위를 제한하는 제도를 채택하고 있다. 즉 쟁의행위에 의한 분쟁해결을 원칙적으로 보장하되 그 쟁의행위가 현저히 불필요·불합리하거나, 공공의 이익을 위협하는 경우에 한하여 국가기관이 강제중재를 행함으로써 쟁의행위를 종결시키고 있다. 여기에 강제조정제도의 의의와 한계가 있다.

원래 조정제도는 노사간의 집단적 분쟁을 해결하는 보조적 수단이므로 공공의 이익을 위협하지 않는 한 노동쟁의에 대하여 필요 이상의 제약을 가해서는 아니 된다. 왜냐하면 노사관계 당사자의 의사와는 상관 없이 조정제도에 의하여 노동쟁의를 제약하면서 노사의 이해대립관계를 종결시키는 것은 근로3권의 행사에 의한 노사자치의 원리를 침해할 뿐만 아니라, 조정제도의 보조적 기능의 한계를 넘는 것이기 때문이다. 선진각국의 입법례[2)]는 국가에 의한 조정절차의 개시와 조정의 효력에 대하여 노사관계 당사자의 의사를 존중하는 임의주의(voluntarism)를 원칙으로 하고 있다.

그러면 강제중재가 적용될 수 있는 정당성의 근거와 그 한계를 어디에서 구할 것인가? 강제중재는 노사자치와의 상관관계에서 이해되어야 하기 때문에 노동쟁의 또는

1) 同旨: 심태식, 「개론」, 260면; 박상필, 「노동법」, 571면.

2) Blanpain, *International Encyclopaedia for Labour Law and Industrial Relations*, 1982~1995, 12 vols. 참고.

쟁의행위가 노사자치의 한계를 넘어 남용될 경우(예컨대 국민의 생존조건 자체를 침해하는 경우 등)에는 강제중재의 적용은 정당하다고 생각된다.[1] 즉 노동쟁의가 추구하는 목적이 극단적인 것인 경우에 강제중재는 정당시된다고 해야 한다.[2]

《필수공익사업과 직권중재》

i) 헌법재판소의 기본태도와 이에 대한 위헌제청결정

헌법재판소[3]는 구 노조및조정법(2006년 12월 30일 개정 전의 법률) 제62조 3호(필수공익사업에 있어서 노동위원회의 위원장은 특별조정위원회의 권고에 의하여 중재회부결정을 할 수 있음)의 합헌성을 인정하고 있었으나 2001년 11월 16일에 서울행정법원[4]은 다시 강제중재제도에 대하여 위헌제청결정을 내렸다. 위 1996년의 헌재의 결정을 살펴보면 합헌의견의 논거로서 i) 우리 노사관계의 역사와 정치, 경제 및 사회적 현실 등 여러 가지 사항을 고려할 때, 강제중재제도는 사회혼란과 일반국민의 피해를 줄이고, 신속하고 원만한 쟁의타결을 위하여 아직까지는 필요한 제도라고 할 것이며 근로자의 단체행동권을 과잉 제한하는 것이라고 단정할 수 없고, 오히려 양제도는 공익사업체의 노동쟁의조정제도로서 상호보완적으로 각자가 그 기능을 하고 있다고 보아야 하며, ii) 법 제4조(구법) 소정의 공익사업은 질서유지나 공공복리를 위하여 노동쟁의가 쟁의행위로 나아가지 아니하고 원만하고 신속히 타결되어야 할 「필요성」이 일반사업에 비하여 현저히 높고, 노사 쌍방의 대립이 격화되어 당사자가 중재신청에 나아가지 아니하는 경우 노사 양측에게 냉각기간을 가지게 하면서 노사분쟁 해결에 전문지식을 가지고 있는 중립적 기관인 노동위원회로 하여금 중재에 회부하도록 하는 것은 목적 수행을 위한 「부득이한 조치」이며, 노동위원회와 중재위원회의 구성이나 운영절차, 대상조치(代償措置)의 존부 등 여러 가지 점을 고려하면 강제중재제도가 도모하는 목적을 달성하기 위한 방법이 「상당성」을 갖추었다고 하지 않을 수 없으므로, 법 제30조 3호(구법)는 과잉금지의 원칙이나 비례의 원칙에 위배되지 아니하므로 헌법에 위반된다고 할 수 없고, iii) 중재회부 후 일정기간 쟁의행위를 금지하는 목적은 당사자 쌍방에게 평화적인 해결을 위한 일종의 냉각기간을 다시 부여하여 격화된 당사자의 대립을 완화시킴으로써 중재에 따른 분쟁타결의 효과를 극대화하자는 데 있으므로 그 정당성이 인정되고, 쟁의행위가 금지되는 기간은 15일이지만 그 기간 내에 중재재정이 내려지지 아니할 경우에는 언제든지 쟁의행위에 돌입할 수 있으므로 쟁의행위금지규정이 단체행동권인 쟁의권 자체를 박탈하는 것은 아닐 뿐만 아니라 그 기간도 불합리하게 장기라고 할 수도 없으며, 중재

1) 특히 Scherer, *Grenzen des Streikrechts in den Arbeitsbereichen der Daseinsvorsorge*, 2000, S. 105 ff. 참고.

2) Scholz, *Koalitionsfreiheit als Verfassungsproblem*, 1971, S. 327.

3) 憲裁 1996. 12. 26, 90 헌바 19·92 헌바 41·94 헌바 49.

4) 서울行判 2001. 11. 16, 2001 구 23542.

재정에 대하여 재심과 행정소송의 불복절차를 경유할 수 있는 등 대상조치도 마련되어 있고, 이익교량의 원칙에 비추어 보더라도 어느 정도의 쟁의행위의 제한은 감수하여야 할 것이라는 점이 제시되고 있다.

이에 대하여 강제중재제도가 위헌[1]이라는 견해는 다음과 같은 근거를 그 논지로 삼고 있다. 근로3권 가운데 가장 중핵적인 권리는 단체행동권이라고 보아야 하는바, 구 헌법과 달리 현행 헌법하에서는 주요방위산업체에 종사하는 근로자가 아닌 공익사업체에 종사하는 근로자에 대한 단체행동권을 박탈할 헌법적 근거가 소멸하였다고 할 것이고, 다만 현행 헌법하에서도 헌법 제37조 2항에 따라 국가안전보장·질서유지 또는 공공복리를 위하여 단체행동권을 제한할 수 있는 여지는 있으나, 이 경우에도 위와 같은 헌법의 개정취지를 존중하여 정당한 단체행동권에 대한 제한은 최후의 수단으로서의 성격을 가져야 하며, 그만큼 그 제한이 정당화되려면 엄격한 요건을 충족시켜야 한다. 공익사업에 있어서의 쟁의행위가 국가경제나 국민의 일상생활에 위해를 가할 우려가 있으므로 이를 제한하는 것이 타당하다고 하더라도, 노동쟁의조정법(구법) 제30조 3호의 강제중재제도가 없어도 노동쟁의조정법(구법) 제40조 이하에 규정된 긴급조정과 이에 따른 강제중재제도에 의하여 공익사업에서의 쟁의행위를 필요한 경우에 봉쇄할 수도 있으므로 공익사업의 쟁의가 바로 국민경제나 국민의 일상생활에 위해를 미칠 가능성은 없으며, 긴급조정을 하여야 할 정도의 심각성이 없는 경우까지 단순히 공익사업이라는 이유만으로 강제중재에 회부하도록 되어 있는 법(구법) 제30조 3호는 공익사업 근로자들의 단체행동권을 필요 이상으로 제한하는 것이다. 그렇다면 법(구법) 제30조 3호는 최소침해의 원칙에 위반된다 할 것이다.

뿐만 아니라 법(구법) 제30조 3호는 관계 당사자가 합의 또는 단체협약에 기한 중재신청을 하지 아니하였고 긴급조정절차를 거친 경우가 아닌데도 불구하고, 단순히 공익사업이라는 이유로 노동위원회의 직권이나 행정관청의 요청에 의한 강제중재에 의하여 근로자의 단체행동권의 행사를 사실상 제한함으로써 일반사업에 종사하는 근로자와 공익사업에 종사하는 근로자를 차별대우하고 있으므로 헌법 제11조 1항에 정한 평등의 원칙에도 위배된다.

이와 관련하여 서울행정법원의 위헌제청의 근거는 다음과 같다. i) 중재회부결정 이후 15일간의 쟁의행위금지는 과잉금지의 원칙에 어긋나고, ii) 쟁의행위금지 기간 동안에 내려진 중재재정서는 단체협약과 동일하므로 단체행동권을 사실상 박탈하는 것이며, iii) 쟁의행위의 사전적 금지는 쟁의행위가 가져올 심각성을 추상적으로 예단하여 행정기관의 일방적 결정에 의해서 쟁의행위를 할 수 있는 기회를 원천적으로 박탈하는 것이므로 과잉금지원칙에 반하며, iv) 대상조치론은 단체행동권의 박탈을 보상할 수 있는

1) 서울行判 2001. 11. 16, 2001 구 23542; 김상호, '필수공익사업 직권중재에 관한 입법론적 고찰', 「노동법학」(제13호), 2001, 113면 이하 참고.

내용이 될 수 없고, v) 현실적 필요성을 합헌의 논거로 내세우는 것은 불합리하다.

저자는 필수적 공익사업에 대한 직권중재제도에 대해서 i) 헌법상의 실제적 조화의 관점(Prinzip praktischer Konkordanz)(일반 국민의 생존급부와 관련된 헌법 제10조와 근로자의 근로3권을 정한 헌법 제33조 1항과의 충돌에 관한 조화적 해석에 의하여 헌법 제10조를 제33조보다 우위에 있는 기본권으로 평가함으로써, 결국 필수공익사업에 있어 직권중재제도를 인정하는 것은 필수공익사업 자체를 보호하려는 것이 아니라 일반국민의 생존급부를 국가가 확보하려는 것으로 이는 헌법에 위배되지 아니함)에서 ii) 새로운 입법을 통한 대상조치론의 실질적 보완(특별조정위원회에 대하여 기업의 지급능력에 관한 정보를 제공받을 수 있는 정보요구권, 조사권 등의 부여)이 마련되는 한 필수공익사업에서의 직권중재는 위헌이라고 할 수 없다는 점을 밝힌 바 있다.[1] 이와는 달리 서울행정법원과 다수의 학자들은 필수적 공익사업의 근로자들의 단체행동권을 행정기관이 사전적으로 봉쇄하는 것은 타당하지 않으며, 이를 긴급조정과 같은 사후적 방법으로 단체행동권의 행사를 제한하는 것이 과잉금지의 원칙에 비추어 타당하다고 한다. 또한 단체행동권의 행사에 있어서 일반사업에 종사하는 근로자들과의 형평성 문제도 제기될 수 있다. 따라서 필수적 공익사업에서의 파업에 대하여 긴급조정제도를 적용하는 것이 타당하다는 주장은 충분한 근거를 가지고 있다.

ii) 2003년 5월 15일의 헌법재판소 결정

위 서울행정법원의 위헌제정에 대하여 헌법재판소[2] 또한 필수공익사업에서의 직권중재는 다음과 같은 이유에서 위헌이 아니라고 판시하고 있다.

「가. 필수공익사업장에서의 노동쟁의로 인하여 국민생활 영위에 필수적인 재화와 용역의 공급이 갑자기 중단된다면 중대한 사회적 혼란이 야기되고 국민의 기초적 일상생활이나 심한 경우 그 생명과 신체에까지 심각한 해악을 초래하며 나아가 국민경제를 현저히 위태롭게 할 수 있다. 이러한 위험상황을 방지하여 공익과 국민경제를 유지할 필요가 발생하는 경우에는 노동위원회의 직권에 의한 중재를 사전에 거치게 하는 것이 극단적으로 치닫는 노동쟁의를 상호 간 감정의 대립으로 더 이상 격화시키지 아니한 채 합리적 방향으로 신속하고 원만하게 타결하도록 하는 효과적 수단이 될 수 있다. 또한 법상 별도로 인정되고 있는 긴급조정과 이에 따른 강제중재의 제도는 단체행동권이 행사되어 파업 등이 진행되고 난 이후에만 발동될 수 있으며 이때에는 이미 국민에 대한 필수서비스가 전면 중단되어 사회기능이 마비되고 난 이후일 것이므로 이미 공익과 국민경제에 대한 중대한 타격이 가하여지고 난 다음의 사후 구제책으로서의 기능을 할 뿐이고 이러한 사후적 제도만으로는 국민생활과 국가경제를 안정시키기에 충분하지 못하

1) 김형배, 「필수적 공익사업과 직권중재제도」, 2002, 90면 이하, 110면 이하 참고.

2) 憲裁 2003. 5. 15, 2001 헌가 31.

다. 따라서 이 사건 법률조항들이 필수공익사업장에서의 노동쟁의를 노동위원회의 직권으로 중재에 회부함으로써 파업에 이르기 전에 노사분쟁을 해결하는 강제중재제도를 채택하고 있는 것은 그 방법상 헌법상 정당한 목적을 추구하기 위하여 필요하고 적합한 수단의 하나가 된다고 할 것이므로 과잉금지 원칙상의 수단의 적합성이 인정된다.

나. 이 사건 법률조항들에 의한 직권중재의 대상은 도시철도를 포함한 철도, 수도, 전기, 가스, 석유정제 및 석유공급, 병원, 한국은행, 통신의 각 사업에 한정되어 있다. 태업, 파업 또는 직장폐쇄 등의 쟁의행위가 이러한 필수공익사업에서 발생하게 되면 비록 그것이 일시적이라 하더라도 그 공급중단으로 커다란 사회적 혼란을 야기함은 물론 국민의 일상생활 심지어는 생명과 신체에까지 심각한 해악을 초래하게 되고 국민경제를 현저히 위태롭게 하므로, 현재의 우리나라의 노사여건하에서는 위와 같은 필수공익사업에 한정하여 쟁의행위에 이르기 이전에 노동쟁의를 신속하고 원만하게 타결하도록 강제중재제도를 인정하는 것은 공익과 국민경제를 유지·보전하기 위한 최소한의 필요한 조치로서 과잉금지의 원칙에 위배되지 아니한다.」

iii) 검토해야 할 문제점

헌법상의 실제적 조화이론에 따르면 필수적 공익사업에 있어서 일반국민의 인간존엄(헌법 제10조)에 관한 기본권과 단체행동권(헌법 제33조 Ⅰ)이 충돌하게 되며 이 경우에 인간의 존엄에 관한 기본권이 우선하게 된다. 그 결과 공익사업에 종사하는 근로자들은 단체행동권을 실제로 행사할 수 없게 된다. 따라서 단체행동권의 제한을 보상할 수 있는 방법이 입법적으로 강구되어야 한다. 이를 위한 대상조치(代償措置)는 적어도 단체행동권을 행사함으로써 근로조건을 개선할 수 있을 만큼의 기능과 실효성이 있는 것이어야 할 것이다. 2003년의 헌법재판소 결정에서 소수의견은 「노동쟁의가 발생하였음에도 근로자의 단체행동권의 행사를 저지시켜둔 상태에서 단체협약과 같은 효력을 가지는 중재재정을 행함에 있어서는 소송절차에 준하여 관계 당사자들을 소환하여 그 의견을 진술할 기회를 부여함이 필요할 뿐만 아니라 나아가 사용자 및 근로자에 대한 정보요구권, 조사권 등을 충분히 행사하여 노사분규의 원인이 된 기초적인 사실관계를 제대로 조사한 다음에 중재재정이 내려져야 절차적 공정성이 확보될 수 있다」고 한다. 이 견해에 따르면 필수적 공익사업에 대한 직권중재 자체가 위헌이기 때문에 단체행동권의 행사가 허용되어야 한다는 것은 아니다. 다만, 쟁의행위의 금지를 보상할 수 있는 실질적 보상조치로서의 절차가 마련되지 않는 한 직권중재제도는 위헌이라고 볼 수 있다는 것이 소수설의 견해라고 생각된다.[1)]

1) 김형배, 「필수적 공익사업과 직권중재제도」, 2002, 90면 이하, 110면 이하 참고.

iv) **필수공익사업에 대한 직권중재의 폐지**

2006년 12월 국회에서 의결된 노사관계 선진화 입법은 직권중재의 유지와 쟁의행위의 제약에 대한 대상조치의 마련이라는 방향을 포기하고 직권중재를 폐지하면서 필수유지업무제도의 도입과 대체근로의 허용을 통하여 쟁의행위를 현실적으로 제약하는 방향으로 관련 규정을 개정하였다. 어떠한 입법방안이 근로3권과 공익보호를 보다 효과적으로 조화할 수 있는지에 관해서는 논란이 있을 수 있다. 중요한 것은 쟁의행위권이 헌법상 보장된 근로자의 권리라 하더라도 일반 국민의 생존배려적 급부를 목적으로 하는 사업에 대해서까지 제한 없이 행사될 수는 없다는 점이다. 따라서 필수유지업무제도와 대체근로의 허용을 통하여 국민의 일상생활에 없어서는 안되는 최소한의 필수적 서비스를 쟁의행위와 관계없이 계속해서 급부할 수 있도록 하는 것은 관련 근로자의 단체행동권에 대한 부당한 제약이라고 볼 수 없다. 필수공익사업에서 쟁의행위를 단행하는 경우에 필수유지업무의 범위, 유지, 운영수준, 필수유지의무협정, 근무근로자의 지명 등에 관해서는 노조및조정법(제42조의2 이하) 및 동 시행령(제22조의2 이하)에 자세하고 복잡한 규정이 마련되어 있다. 국민의 생존배려에 관한 필수공익사업에서 쟁의행위를 제한하는 데 있어 이와 같이 복잡하고 세밀한 규정을 두지 않고서는 노동조합의 자주적인 자제(自制)와 자치가 불가능한 것인지 의문이 아닐 수 없다.

3. 긴급조정

쟁의행위가 공익사업에서 행하여지거나 또는 그 규모와 성질이 특별한 것으로서 현저히 국민경제를 저해하거나 국민의 일상생활을 위태롭게 할 위험이 있는 경우에는 긴급조정이 행하여질 수 있다. 이 절차는 쟁의당사자의 의견을 묻지 아니하고 고용노동부장관의 결정에 의하여 강제적으로 개시되는 것이므로 쟁의행위권에 대한 중대한 제한을 가져온다.

긴급조정제도의 입법취지는 「현저히 국민경제를 해하거나 국민의 일상생활을 위태롭게 할 위험이 있는」(노조및조정법 제76조 I) 쟁의행위의 장기화를 막으려는 데 있으므로 이 제도의 운영에 있어서는 모든 대규모의 쟁의행위가 다 금지되는 일이 없도록 법의 해석 및 적용을 엄격하게 하여야 한다.[1)]

(1) **긴급조정의 요건**

a) 실질적 요건으로는 쟁의행위가 공익사업에 관한 것이거나 그 규모가 크거나 그 성질이 특별한 것이어야 하며, 그 이외에 이와 같은 쟁의행위에 의하여 국민경제를 해하

1) 긴급조정제도는 미국의 Taft-Hartley법(제206조 내지 제210조)의 국가긴급사태(National Emergency)조항을 모방한 것이다(이에 관하여는 김진웅, '미국노동법이 우리나라 노동법에 미친 영향에 관한 연구', 「외국법제의 계수에 관한 연구」(제1권), 고려대 법률행정연구소, 1972, 204면 이하 참고).

거나 국민의 일상생활을 위태롭게 할 위험이 「현존」하여야 한다(노조및조정법 제76조 Ⅰ).

b) 형식적 요건으로 고용노동부장관이 중앙노동위원회 위원장의 의견을 들은 다음 긴급조정의 결정을 내려야 한다(노조및조정법 제76조 Ⅰ·Ⅱ). 이때에 고용노동부장관이 중앙노동위원회의 의견을 듣는다는 것은 법률적으로 중앙노동위원회의 의견에 구속된다는 것이 아니고, 긴급조정을 담당하게 될 노동위원회의 의견을 충분히 존중한다는 의미로 해석된다. 그러므로 고용노동부장관은 사실상 긴급조정에 대한 결정권을 가진다.[1]

그러나 현실적으로 긴급조정의 절차를 개시할 만한 실질적 요건이 구비되어 있지 않음에도 불구하고 고용노동부장관이 긴급조정의 결정을 내린 때에는 행정소송으로 이를 다툴 수 있다.[2] 긴급조정의 결정이 위법인 경우에는 이 결정에 반하여 쟁의행위를 했더라도 법규위반(노조및조정법 제77조 참조)의 쟁의행위라고 할 수 없을 것이다.

⑵ **긴급조정의 절차**

고용노동부장관이 긴급조정의 결정을 한 때에는 지체없이 그 이유를 붙여 이를 공표함과 동시에 중앙노동위원회와 관계 당사자에게 각각 통고하여야 한다(노조및조정법 제76조 Ⅲ). 그리고 긴급조정의 결정의 공표는 신문, 라디오 또는 기타 공중이 신속히 알 수 있는 방법으로 행하여져야 한다(노조및조정법 시령 제32조).

중앙노동위원회는 고용노동부장관의 통고를 받으면 지체없이 조정(調停)을 개시하여야 하며(노조및조정법 제78조), 조정이 성립할 가능성이 없다고 인정되는 경우에는 공익위원의 의견을 들어 그 사건을 중재에 회부할 것인가의 여부를 결정하여야 하며, 그 결정은 제76조 3항에 의한 고용노동부장관의 긴급조정결정통고를 받은 날로부터 15일 이내에 중재회부 여부를 결정하여야 한다(노조및조정법 제79조). 중앙노동위원회는 중재회부의 결정을 한 때에는 지체없이 중재를 행하여야 한다. 이 이외에 관계 당사자의 쌍방이나 일방으로부터 중재신청이 있을 때에도 중재는 지체없이 개시되어야 한다(노조및조정법 제80조). 긴급조정은 공익사업에 관한 것이거나 그 규모가 크거나 그 성질이 특별한 것으로서 현저히 국민경제를 해치거나 국민생활을 위태롭게 할 위험이 있는 노동쟁의에

1) 국내항공회사에서의 노동쟁의에 대하여 고용노동부장관이 내린 긴급조정결정을 재량권을 일탈·남용한 것이 아니어서 정당한 것이라고 한 사례(大判 2010. 4. 8, 2007 도 6754: 「(그 항공)회사가 국내 항공운송에서 차지하는 비율, 항공운송과 선박 등을 이용한 여타 운송과의 역할 차이, 수송차질로 인한 화물처리량 감소로 국내 기업의 항공 수출품의 처리지연과 운송비 부담증가 정도, 결항으로 인한 관광업계의 피해, 그 여파로 인한 국가 및 국내기업 신인도 하락, 국민들의 일정 취소 및 대체교통수단 이용을 위한 시간과 비용부담 증가의 정도 등을 종합하여, 노동부장관(현 고용노동부장관)이 '조종사노조의 쟁의행위가 공익사업에 관한 것이거나 그 규모가 크거나 그 성질이 특별한 것으로서 현저히 국민경제를 해하거나 국민의 일상생활을 위태롭게 할 위험이 현존한다'고 보아 긴급조정을 결정한 것이 재량권을 일탈·남용한 것으로서 위법하다고 볼 수 없다고 판단한 것은 정당하다」).

2) 同旨: 심태식, 「개론」, 265면.

대하여 행하여지는 것이므로, 우선적으로 취급되고 신속히 처리되어야 함은 물론이다(노조및조정법 제51조 참조).

⑶ 긴급조정과 쟁의행위의 금지

긴급조정의 결정이 공표된 때에는 관계 당사자는 즉시 쟁의행위를 중지하여야 하며, 공표일로부터 30일이 경과하지 않으면 쟁의행위를 재개할 수 없다(노조및조정법 제77조; 벌칙 제90조). 이 기간 중에 조정과 중재가 이루어지면 쟁의행위는 할 수 없게 된다.

⑷ 긴급조정의 효과

긴급조정에 의하여 조정안이 관계 당사자에 의하여 수락되거나 또는 중재재정이 내려지면, 그 조정서와 중재재정의 내용은 단체협약과 동일한 효력을 가진다(노조및조정법 제61조 Ⅱ, 제70조 Ⅰ 참조).

[125] Ⅲ. 공익사업에 있어서의 노동쟁의의 조정

1. 공익사업과 노동쟁의의 조정

⑴ 공익사업과 쟁의행위의 제한

노조및조정법 제71조는 공중의 일상생활과 밀접한 관련이 있거나 국민경제에 미치는 영향이 큰 사업으로서 정기노선여객운수사업[1] 및 항공운수사업, 수도·전기·가스·석유정제 및 석유공급사업, 공중위생·의료사업 및 혈액공급사업, 은행 및 조폐사업, 방송 및 통신사업을 공익사업으로 규정하고 있으며(제71조 Ⅰ), 이 중에서도 그 업무의 정지 또는 폐지가 공중의 일상생활을 현저히 위태롭게 하거나 국민경제를 현저히 저해하고 그 업무의 대체가 용이하지 아니한 사업으로서 i) 철도·도시철도사업 및 항공운수사업, ii) 수도·전기·가스·석유정제 및 석유공급사업, iii) 병원사업 및 혈액공급사업, iv) 한국은행사업, v) 통신사업은 필수공익사업으로 규정하고 있다(제71조 Ⅱ). 이들 사업에

---

1) 동 규정상의 정기노선여객운수사업이란 일반운수사업에 해당되는 사업 중 여객운송을 목적으로 철도·궤도에 의하거나 일정한 노선을 정하여 정기적으로 자동차 등을 운행·수송하는 사업을 의미하는 것으로서, 유람을 목적으로 하거나 사업장 등이 전적으로 자기의 업무수행을 위하여 운수사업노선을 정하지 않거나 또는 정기적이 아닌 자동차운수사업 등은 이에 해당되지 않는다. 또한 택시운수업의 경우에 일정한 사업구역 내에서 일반공중의 수요에 의하여 그 사업의 면허조건에 따라 정기적으로 운행된다는 점을 감안하면 공중운수사업으로서의 성격은 가지고 있으나, 택시는 일정한 노선을 정하여 운행하고 있지 않을 뿐만 아니라 여객운송부담비율이나 시장의 독점성 정도에 비추어 실제로 파업으로 인한 국민의 피해가 심각할 정도의 것은 아니라고 할 수 있으므로 정기노선여객운수사업에서는 제외되는 것이 타당하다(1988. 2. 20, 노사 32281-2667).

대해서는 노조및조정법상 쟁의행위 및 조정절차에 대한 특칙이 적용된다(노조및조정법 제1조, 제42조의2 이하, 제43조 Ⅱ·Ⅲ, 제54조, 제76조 Ⅰ).

원래 근로자에게 보장된 단체행동권은 무제한으로 행사될 수 있는 것은 아니다. 경우에 따라서는 쟁의행위가 공공복리 또는 국민의 일상생활에 직접·간접으로 영향을 미칠 수 있기 때문에 쟁의행위권의 행사도 제3자의 기본적 권리의 내용과 본질적으로 모순되지 않는 범위 내에서 보장되어야 한다. 그러므로 특히 국민의 일상생활 및 국민경제와 밀접한 관계를 가지고 있는 사업을 공익사업으로 정하여 쟁의행위를 제약하는 것은 쟁의행위권 자체의 내재적 성격에서 오는 것이라고 할 수 있다. 사람의 생명·신체·건강의 보호를 위한 인간의 존엄에 관한 권리는 근로자의 사익인 단체행동권을 제한할 수 있는 근거가 된다고 보아야 한다.[1]

그러나 이와 같은 제약이 근로3권을 보장한 원래의 취지에 위배되어서는 아니 된다. 따라서 노조및조정법상의 특칙도 이러한 점에 유의하여 검토되어야 한다.

현행 노조및조정법은 공익사업에 대해서 열거주의방식을 채택하고 있다. 다만, 노조및조정법 제71조에 열거된 공익사업에 해당되는 사업이라 하더라도 「공중의 일상생활과 밀접한 관련이 있거나 국민경제에 미치는 영향이 큰 사업」(노조및조정법 제71조)이 아닐 때에는 사업의 실질적 공익성이 결여되기 때문에 조정절차상의 특칙은 적용되지 않는다고 해석해야 한다.[2]

(2) 공익사업에 대한 노동조합 및 노동관계조정법상의 특칙

공익사업에 대해서는 노조및조정법상 대체로 다음의 세 가지 특칙이 마련되어 있다.

a) 공익사업에서는 관계 당사자 일방에 의한 조정신청이 있는 때로부터 15일간 쟁의행위를 할 수 없으므로 일반사업에 있어서보다 조정기간이 5일 더 길다(노조및조정법 제54조 Ⅰ). 공익성을 참작하여 마련된 규정이다.

b) 공익사업에 관한 노동쟁의의 조정은 일반사업의 노동쟁의에서보다 우선적으로 취급되고 신속히 처리되어야 한다(노조및조정법 제51조). 사건의 공익성에 비추어 당연한 일이며, 이와 같은 요청은 공익사업에서의 모든 종류의 조정절차에 해당된다.

그리고 공익사업의 노동쟁의에 관한 조정은 일반사업과는 달리 노동위원회 내의

---

1) 憲裁 2005. 6. 30, 2002 헌바 83.

2) 同旨: 하갑래, 「집단적노동관계법」, 2018, 441면. 독일에서는 공익성의 기준을 생활필수적 생존배려(lebensnotwendige Daseinsvorsorge)에서 구하고 있다(Scherer, *Grenzen des Streikrechts in den Arbeitsbereichen der Daseinsvorsorge*, 2000, S. 36 ff., 94 ff., 105 ff. 참고). 미국과 영국의 입법례에 관해서는 Kahn-Freund, *Labour and the Law*, p. 236 f. 참고.

특별조정위원회가 담당한다(노조및조정법 제72조 Ⅰ).[1] 특별조정위원회는 특별조정위원 3인으로 구성되며(노조및조정법 제72조 Ⅱ), 특별조정위원의 선임은 관할 노동위원회의 공익을 대표하는 위원 중에서 노동조합과 사용자가 순차적으로 배제하고 남은 4인 내지 6인 중에서 노동위원회의 위원장이 지명하는 이른바 교차삭제법에 따라 이루어진다.[2] 다만, 관계 당사자가 합의에 의하여 노동위원회의 공익위원이 아닌 외부인사를 추천하는 경우에는 노동위원회의 위원장은 그 추천된 자를 지명한다(노조및조정법 제72조 Ⅲ). 특별조정위원회의 위원장은 당해 노동위원회의 공익위원인 특별조정위원에서 호선하고, 외부인사만으로 구성된 경우에는 그 중에서 호선한다. 다만, 특별조정위원 중에 공익위원이 1인 포함되어 있는 경우에는 당해 위원이 위원장이 된다(노조및조정법 제73조). 공익사업에서의 조정기간은 15일이며, 당사자의 합의에 의하여 15일을 한도로 조정기간을 연장할 수 있다(노조및조정법 제54조 Ⅰ·Ⅱ).

c) 공익사업에 대해서는 긴급조정(노조및조정법 제76조 Ⅰ)이 인정되고 있다. 긴급조정에 관해서는 앞에서 설명하였다([124] 3. 참고).

---

1) 구 노동쟁의조정법에서는 일반사업과 공익사업을 구별함이 없이 동일한 조정절차를 두고 있었으나, 공익사업에서는 그와 같은 조정이 직권중재회부를 위한 전 단계로서의 요식적인 절차로 인식되어 왔기 때문에 노사의 자주적 해결의 가능성을 촉진하는 데 기여하지 못하였다. 따라서 현행 노조및조정법은 일반조정절차와는 달리 조정위원의 선임에서부터 당사자의 신뢰를 확보할 수 있도록 하는 특별조정위원회를 별도로 구성하여 조정의 실효성을 제고하려고 의도하고 있다.

2) 이와 같은 절차규정(노조및조정법 제72조 Ⅲ 본문)에 위반하여 구성된 특별조정위원회의 중재회부권고결정에 따라 중앙노동위원회의 위원장이 한 중재회부결정은 위법이다(大判 2005. 5. 12, 2005 도 890).

제7절 부당노동행위

[126] Ⅰ. 총 설

1. 부당노동행위제도의 의의

a) 노동조합운동에 의한 집단적 노사관계의 전개를 사용자가 꺼려한다는 것은 노동조합운동의 초기단계에서는 말할 것도 없고, 오늘날과 같이 노동조합주의가 정착된 상황하에서도 그 정도의 차이는 있으나 일반적인 현상이라 할 수 있다. 따라서 사용자는 노동조합의 힘이 강화되는 것에 대처하여 노동조합운동의 약화를 꾀하려고 한다. 사용자에 의한 근로3권(단결권·단체교섭권·단체행동권)의 침해에 대해서는 노동조합이 스스로 방위하여야 할 것이지만, 노동조합의 자주적 방위가 어려운 경우에는 국가기관의 개입에 의하여 사용자의 침해행위를 배제할 것이 요청된다. 뿐만 아니라 근로3권에 의하여 보장된 질서는 그 자체가 객관적으로 준수되어야 할 국가적 차원의 질서라는 점을 고려할 때, 이에 대한 침해가 있는 경우에는 국가기관의 개입에 의한 유지·보호가 필요하다. 그러나 그 개입의 범위와 정도는 노사자치의 균형유지라는 차원에서 상대적으로 결정되는 것이 타당할 것이다.

부당노동행위(unfair labor practice)제도는 이와 같은 취지에서 company union의 장려에 의한 노동조합의 어용화를 방지하기 위하여 1935년 미국의 Wagner법(National Labor Relations Act 제8조)에 의하여 처음으로 입법화된 것이다. 그 후 이 제도는 인도·일본·멕시코·캐나다(Industrial Relations and Disputes Investigation Act 제4조 내지 제6조, 제40조)·우리나라(노조및조정법 제81조 이하) 등에서 채택되고 있다. 그리고 ILO협약 제87호(제11조)는 단결권의 적극적 보호와 조성을 요구하고 있으며, ILO협약 제98호(제1조 내지 제3조)는 부당노동행위제도의 정립을 요청하고 있다. 그러나 1947년 미국의 Taft-Hartley법(National Labor Management Act 제8조 (b))은 근로자측의 부당노동행위를 규정하여 이를 규제하고 있다. 이것은 노사 사이의 힘의 균형을 꾀하기 위한 것이기도 하지만, 오히려 노사 사이의 자유로운 거래의 제약을 배제하려는 데 그 목적을 두고 있다. 그 후 1959년에 Landrum-Griffin법(Labor Management Reporting and Disclosure Act: 노사보고·공개법)이 제정되어 부당노동행위 제도를 수정하였다.

우리나라의 부당노동행위제도는 헌법의 근로3권의 내용을 구체화하여 구제책을 마련한 것으로 이해되고 있으므로, 근로자측의 부당노동행위는 존재할 수 없다고 생각한다.

b) 부당노동행위제도는 근로3권 보장질서의 침해에 대한 구제제도[1]로서의 의의를 가지고 있기 때문에 사용자의 부당노동행위의 성립 여부에 대한 판단이나 그 구제방법은 기존 시민법질서에서의 위법행위에 대한 그것과 구별되는 고유성을 지니고 있다.

우선 근로자의 단결권 등 단결의 활동에 대한 간섭·방해행위로서 사용자의 침해행위의 고유성이 문제된다. 즉 사용자의 침해행위는 근로3권 자체에 대한 위법행위로서 문제되기보다는 오히려 단체교섭에 의하여 근로관계의 내용이 자주적으로 형성되어야 하는 노사관계의 질서, 다시 말하면 근로3권 보장에 기초를 둔 노사관계질서에 반하는 행위로서 문제가 된다. 따라서 부당노동행위의 성립에 대한 판단에 있어서는 사용자의 침해행위가 근로3권 보장에 의한 노사관계질서에 위반하는지를 객관적으로 고찰하여야 하며, 불법행위의 경우와 같이 주관적인 관점에서 그 행위의 권리침해성 여부만을 문제삼을 것은 아니다.

다음으로 부당노동행위에 대한 구제방법에도 고유성이 있다. 즉 부당노동행위에 대한 구제는 시민법질서에서의 「손해배상」과 같은 사후적 구제에 그 목적이 있는 것이 아니고, 정상적인 노사관계의 회복에 그 주안점이 있다. 따라서 부당노동행위에 대한 구제는 기존의 개별적 권리·의무관계에 구속되는 사법적 구제와는 달리 사용자의 반조합적 침해행위를 배제하고 그 재발을 방지하는(장래에 대한 부작위를 명하는) 원상회복적 행정구제를 그 특질로 하고 있다. 그러므로 이러한 구제의 목적과 특질을 살리기 위하여 일종의 행정위원회인 노동위원회가 부당노동행위의 신속하고 탄력 있는 해결을 도모하고 있다.

c) 그러나 부당노동행위제도는 그 운영면에서 여러 가지 어려움을 안고 있다. 그것은 우선 노동위원회가 법원과는 달리 부당노동행위의 처리에 있어서 합리적 판단을 내릴 수 있기는 하지만, 그 반면에 행정기관으로서 노사관계에 개입할 위험성이 있음을 부인할 수 없다. 다음으로 노동위원회가 부당노동행위의 신속하고도 탄력 있는 처리를 위한 사회적 요청에 치우쳐 특히 행정기관으로서의 자유재량권한을 행사하면서 국가의 노

---

1) 부당노동행위 구제제도의 목적을 이해하는 데 있어서는 학설상 그 견해가 갈려 있다. 첫째의 견해는 이 제도를 헌법의 단결권의 보장을 구체화한 제도라고 이해한다(박상필, 「노동법」, 481면; 外尾, 「勞働團體法」, 193面). 둘째의 견해는 부당노동행위는 원활한 단체교섭을 방해하는 사용자의 행위유형이라 하고, 부당노동행위 구제제도는 헌법에 기초한 노동조합법이 원활한 단체교섭을 할 수 있도록 별도로 정책적으로 마련한 제도라고 한다(菅野, 「勞働法」, 949面 이하 참고). 셋째의 견해는 부당노동행위제도는 단결권 등의 보장 그것 자체를 목적으로 하는 것이 아니라, 그 보장에 의하여 확립되어야 할 공정한 노사관계질서의 확보를 목적으로 하는 것이라고 한다. 따라서 이에 대한 구제제도는 그 질서위반행위를 시정하는 절차라고 이해한다(岸井貞男, 「不當勞働行爲法の原理(上)」, 16面; 荒木, 「勞働法」, 671面 이하). 저자는 세 번째 견해에 찬동한다. 다만, 공정한 노사관계질서에 대하여 협약자치를 그 중핵적 개념내용으로 이해하고자 한다.

동정책에 좌우되는 나머지 자칫하면 행정구제에서의 공정성을 잃기 쉽다.

2. 우리나라의 부당노동행위제도

a) 우리나라의 부당노동행위제도는 노조및조정법 제81조 이하에 규정되어 있다. 이는 미국의 Wagner법의 제도를 계수한 것이라고 볼 수 있다. 우리나라에서는 헌법상 근로자의 단결권·단체교섭권 및 단체행동권이 보장되어 있으므로, 이와 같은 근로3권을 보장하고 있지 않은 미국과는 부당노동행위제도에 관한 기본적인 사고방식에 차이가 있다. 즉 미국에서 근로자들의 단결활동이 보장되어 있는 것은 사용자와의 거래에 있어서 교섭상의 균형(balance of bargaining power)을 유지하기 위한 것이지, 헌법상 사회적 기본권을 실현하기 위한 규범적 요청에서 출발한 것은 아니다. 그러므로 사용자의 부당노동행위는 근로자들의 집단적 교섭력의 유지라는 관점에서 노동력의 자유로운 거래의 전제조건이라고 할 수 있는 실질적 평등성을 침해하는 행위로 이해되는 것이다. 그러나 우리나라에서는 근로자들의 근로3권이 헌법상 기본권으로 보장되어 있기 때문에 사용자의 부당노동행위는 근로자에 대한 근로3권 침해행위로 이해된다. 따라서 사용자의 근로3권 침해행위에 대하여는 원칙적으로 사법적(司法的) 구제가 가능하다고 해야 한다.[1] 노동기본권의 침해에 대하여 노동위원회에 의한 고유한 행정구제를 마련한 것이 근로3권 보장의 정신에 부합되는 것이라 하더라도 특별한 제도적 배려라고 말하지 않을 수 없다.[2] 따라서 부당노동행위제도에 의하여 구제되는 대상 내지 범위(행위유형)는 사법구제의 경우보다 넓다.[3]

b) 우리나라는 중소기업의 비중이 높은 산업구조를 가지고 있으며, 노동조합은 기업중심으로 조직되어 있고, 또 노사관계의 성격도 전근대성을 아직 면치 못하고 있기 때문에 미국에서보다 부당노동행위제도의 필요성이 더욱 요청되고 있다. 실제로 우리나라에서의 부당노동행위 사건은 그 수가 매우 높은 실정이다. 다만, 노동위원회 심판사건에서 부당노동행위 구제신청의 인정비율이 부당해고 구제신청의 인정비율에 비해 낮다고 할 수 있다.[4]

---

1) 김치선, 「단결권」, 147면. 비교법적 고찰에 관해서는 外尾, 「勞働團體法」, 192面 참고.

2) 부당노동행위의 구제방법과 관련하여 사법상의 구제가 배제되고 일차적으로 노동위원회가 전속관할을 가진다는 설과 사법상의 구제와 노동위원회의 구제가 병행된다는 설이 있으나, 통설·판례는 후자의 입장에 서 있다(사법구제의 문제에 관하여는 김치선, 「단결권」, 199면 이하 참고).

3) 西谷, 「勞働組合法」, 145面.

4) 2019년도 부당해고 구제신청의 승인은 전체 판정건수 4,491건 중 1,506건으로 33.5%인데 반해, 부당노동행위 구제신청은 770건 중 205건이 인정되어 26.6% 정도이다. 이에 대해서는 중앙노동위원회 인터넷 홈페이지(www.nlrc.go.kr) 참고.

[127] Ⅱ. 부당노동행위의 주체

사용자의 부당노동행위는 금지되어 있다.[1] 그러나 부당노동행위가 금지되는 사용자의 범위 및 구제명령을 받을 사용자에 관해서는 여러 가지 문제가 있다. 이에 관하여 각각 살펴보기로 한다.

1. 부당노동행위 금지의 수규자로서의 사용자

(1) 노조및조정법 제2조 2호의 사용자

1) 노조및조정법 제81조 1항은 「사용자는 …행위를 할 수 없다」고 규정하여 사용자에게 부당노동행위를 하지 않을 부작위의무를 과하고 있으나, 어떠한 범위까지의 자가 사용자에 포함되는지에 관해서는 이 조항에 아무 규정이 없다. 그러나 노조및조정법 제2조 2호에 사용자의 정의규정이 있으므로, 이에 해당하는 자는 모두 부당노동행위금지의 수규자(受規者)로서 사용자의 범위에 속한다고 해석된다. 즉 사업주, 사업의 경영담당자 또는 그 사업의 근로자에 관한 사항에 대하여 사업주를 위하여 행동하는 자([8] 1, [39] 2, [96] 3. 참고)는 모두 부당노동행위 금지의 수규자로서의 사용자에 해당한다. 이와 같이 부당노동행위의 금지와 관련하여 사용자의 범위를 넓게 규정한 것은 근로3권의 보장질서에 위반하는 부당노동행위를 실질적으로 금지하기 위해서이다.

2) 부당노동행위의 부작위의무를 이상과 같이 넓은 범위의 사용자에게 과하는 것은 오늘날 경영조직의 원리상 고용주로서 사용자의 권한이 직제상의 기구를 통하여 이른바 관리층에 의해서 널리 행사되고 있기 때문이다. 그러므로 부당노동행위 금지의 수규자로서의 사용자의 범위를 노조및조정법 제2조 2호의 규정에 근거하여 넓게 책정하는 것은 타당하다고 생각된다. 그러나 사용자와 동일시될 수 없는 자의 행위는 어디까지나 제3자로서의 행위이기 때문에 이러한 제3자의 행위가 사용자의 행위로서 판단되기 위해서는 사업주를 위하여 행동한다고 하는 주관적 요건이 갖추어져야 한다. 부당노동행위를 금지하는 노조및조정법 제81조 1항의 취지에 비추어 「사용자」는 근로자의 자주적 단결활동에 영향을 미침으로써 근로3권의 보장질서를 침해할 수 있는 지위에 있는 자라고 널리 이해하는 것이 적절할 것이다. 다시 말하면 부당노동행위 구제제도와 관련해서 부당노동행위를 해서는 안 될 사용자란 근로자가 노동조합의 조직·운영을 통하여 단체교섭 기타 단체행동을 함으로써 궁극적으로 협약자치를 실현하는 것을 방해하는 자를 말

1) 노사 사이의 자유로운 교섭력의 균형화(balance of bargaining power)를 이념으로 하는 전통적 자유주의 법질서하에서 근로3권이 헌법상 보장되어 있지 않은 미국에서는 노동조합의 부당노동행위도 인정하고 있다.

한다. 그러므로 부당노동행위 금지규정에 의하여 규제를 받는 사용자는 근로3권 보장질서를 침해하는 집단적 노사관계법상의 사용자이다. 사용자의 범위를 「근로계약상의 당사자 내지 이와 동등시할 수 있는 자」와 동일시해서는 안 될 것이다. 그 이유는 근로계약을 중심으로 하는 근로기준법상의 사용자와 집단적 노사관계를 중심으로 하는 사용자는 그 기능과 법률관계를 달리하는 당사자로서 파악되어야 하기 때문이다. 따라서 근로계약상의 고용주만이 노조및조정법상의 사용자가 될 수 있다는 주장은 옳지 않다.

⑵ **사용자 개념의 분열 및 확대**

1) 오늘날 개별적 근로관계에서 사용자의 개념은 근로계약체결 당사자뿐만 아니라 이와 동등시할 수 있는 자로 분열(Aufspaltung)되어 가고 있으며(예컨대 파견근로자를 사용하는 사용자), 다른 한편 집단적 노사관계에 있어서는 근로계약과는 관계없이 근로자집단의 취업조건에 대하여 사실상의 사용자로서 영향력과 지배력을 행사하는 자(예컨대 항운노조조합원들을 집단적으로 사용하는 사용자)는 노조및조정법상의 사용자가 된다는 점에서 사용자의 개념은 확대(Erweiterung)되어 가는 현상을 보이고 있다.

2) 부당노동행위를 행한 사용자는 원칙적으로 현재 근로관계에 있는 사용자이어야 하지만, 가까운 과거에 근로관계에 있었다거나 가까운 장래에 근로관계에 있게 될 자도 사용자가 될 수 있다. 예컨대 이미 해고된 근로자와 사용자 사이에는 근로관계가 없으나 해고된 근로자가 조합원으로 있었던 노동조합이 해고 철회 또는 퇴직조건에 관하여 단체교섭을 요구할 경우에 원칙적으로 사용자는 이를 거부할 수 없다. 부당노동행위로서의 해고 또는 단체교섭거부가 문제될 수 있기 때문이다. 또한 회사합병의 과정에서 흡수회사가 피흡수회사의 근로자들과 노동조합에 대하여 지배·개입 등 부당노동행위를 한 경우에 흡수회사를 사용자로 보아야 할 것이다.[1)]

3) 근로계약상의 사용자는 아니지만 실제로는 이와 유사한 지위에 있는 기업도 부당노동행위를 해서는 안 될 사용자에 해당된다. 예컨대 A회사가 B회사의 모회사로서 주식보유·임원파견·도급관계 등에 의하여 자회사의 근로자의 인사·급여·노무에 대하여 구체적으로 지배력을 행사하고 있는 경우에 모회사는 자회사와 함께 자회사의 근로자에 대하여 단체교섭상의 사용자의 지위에 있는 것이라고 판단해야 한다(1478면 그림 1).[2)]

4) 다음으로 어떤 기업이 다른 기업으로부터 일정한 업무의 도급을 받거나 파견업

1) 菅野, 「勞働法」, 961面; 荒木, 「勞働法」, 674面 참고.

2) 김형배, '근로기준법상의 근로자와 사용자의 개념', 「노동법연구」, 100면. 다만 모회사가 자회사를 주주로서 지배하고 있다 하더라도 주식보유비율이 곧바로 노사관계에 대한 현실적 지배력 행사로 귀결되는 것은 아니므로 실제로 근로자의 근로조건에 대하여 지배력을 미치지 않는 경우에는 사용자의 지위를 인정할 수 없을 것이다. 荒木, 「勞働法」, 677面 참고.

무의 계약을 체결하여 자신의 근로자를 다른 기업에 제공하는 경우에 도급 기업이 해당 근로자(이른바 사외근로자)에 대하여 부당노동행위 금지의 수규자로서 사용자에 해당하느냐 하는 것이 문제된다. 이 사안에서는 두 개의 유형이 구별되어야 한다. 즉 근로자를 다른 기업에 제공하여 노무를 수행하도록 하는 것이 근로자파견법상의 근로자파견계약에 의하여 행해지는 유형(1478면 그림 2)과 수급회사와 도급회사의 업무도급계약의 체결에 의하여 해당 업무가 도급인의 사업장에서 수급인의 지휘 하에 이루어지는 유형(1479면 그림 3)이 그것이다. 후자에 대하여 우리나라에서는 통상 사내도급 또는 사내하도급이라는 용어가 사용되고 있다.[1] 예컨대 건물청소나 관리 또는 시설경비를 목적으로 용역계약을 체결하는 것이 후자의 대표적인 사례이다(양 유형의 구별문제는 다음의 [85] 1. c)를 참고). 파견근로관계는 근로자파견계약에 의하여 원래의 사용자인 파견사업주가 자신의 노무지휘권을 사용사업주에게 위임하여 사용사업주가 파견사업주의 근로자를 사용하는 이른바 삼면적 근로관계의 전형적인 유형이다. 파견근로관계에서는 사용사업주와 파견근로자 사이에 근로계약관계는 존재하지 않지만 근로자파견법이 근로기준법과 산업안전보건법의 일부 조항의 적용과 관련하여 사용사업주를 사용자로 보고 있다는 점(파견법 제34조 및 제35조 참고)을 전제로 사용사업주는 파견근로자가 실제로 노무를 제공함에 있어서 발생하는 구체적인 근로조건에 대하여 구체적인 지배력(지휘·명령)과 영향력을 행사하고 있으며 그러한 한에서 부당노동행위, 특히 단체교섭상의 사용자의 지위에 있다고 볼 수 있다(자세한 것은 [89] 2. (1) 참고)(1479면 그림 4).

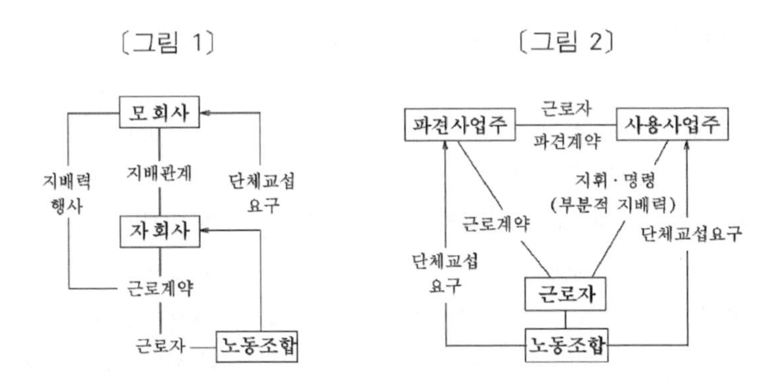

〔그림 1〕 〔그림 2〕

1) 이에 관해서는 하경효 외, '사내하도급 관계와 집단적 노사관계', 「사내하도급과 노동법」, 2007, 235면 이하 참고.

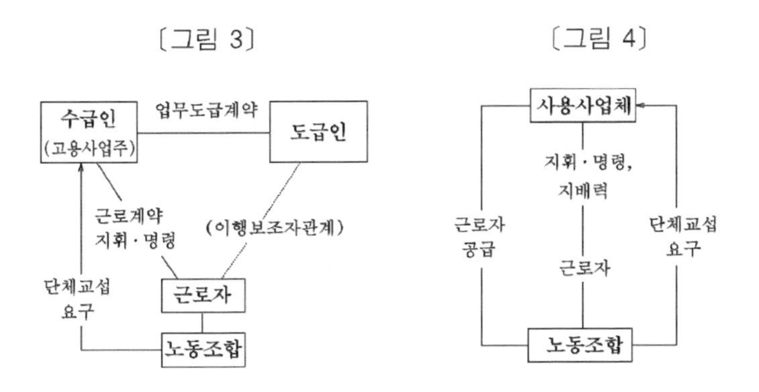

〔그림 3〕 〔그림 4〕

5) 이른바 사내도급관계를 기초로 도급인의 사업장에서 수급인의 지휘·명령을 받으며 노무를 제공하는 수급인 소속의 근로자에 대하여 도급인인 사업주가 부당노동행위금지의 수규자로서 사용자의 지위에 있느냐 하는 문제에 대해서는 논란이 있다. 사내도급관계는 비록 노무제공이 도급인의 사업 내에서 행해지지만 수급인인 회사는 도급인에 대하여 업무처리의 의무를 부담하고 자신의 근로자를 이행보조자로 하여 이를 이행하는 것이기 때문에 구체적인 사용관계는 원래의 사용자인 수급인과 근로자 사이에만 존재하는 것이 원칙이다. 대법원은 「원고용주에게 고용되어 제3자의 사업장에서 제3자의 업무에 종사하는 자를 제3자의 근로자라고 할 수 있으려면 원고용주는 사업주로서의 독자성이 없거나 독립성을 결하여 제3자의 노무대행기관과 동일시할 수 있는 등 그 존재가 형식적·명목적인 것에 지나지 아니하고, 사실상 당해 피고용인은 제3자의 종속적인 관계에 있으며, 실질적으로 임금을 지급하는 자도 제3자이고, 또 근로제공의 상대방도 제3자이어서 당해 피고용인과 제3자간에 묵시적 근로계약관계가 성립되어 있다고 평가될 수 있어야 할 것」이라고 하여 근로자가 제3자에 대하여 그러한 관계에 있지 않는 한 이들에 대한 부당노동행위는 성립할 여지가 없다고 판시한 바 있다.[1] 다시 말하면 업무도급관계가 실질적으로 근로계약관계를 위장 내지 은폐하는 정도에 이를 때 비로소 제3자는 부당노동행위의 주체가 될 수 있다는 입장이다.

한편 대법원은 사내하청업체 소속 근로자로 조직된 노동조합에 대한 원청회사의 지배·개입의 성립과 관련하여 「근로자들의 기본적인 노동조건 등에 관하여 그 근로자들을 고용한 사업주(사내하청업체)로서의 권한과 책임을 일정 부분 담당하고 있다고 볼 정도로 실질적이고 구체적으로 지배·결정할 수 있는 지위에 있는 자(원청회사)가, 노동조합을 조직 또는 운영하는 것을 지배하거나 이에 개입하는 등으로 구 노조및조정법 제

1) 大判 1999. 11. 12, 97 누 19946; 大判 2010. 7. 22, 2008 두 4367 참고.

81조 4호 소정의 행위를 하였다면, 그 시정을 명하는 구제명령을 이행해야 할 사용자에 해당한다」고 판단한 바 있다.[1] 즉, 대법원은 지배·개입의 유형에 대해서는 진정 업무도급관계가 인정되는 경우에도 도급인이 수급인의 근로자에 대하여 부분적으로 부당노동행위상의 사용자의 지위에 있을 수 있음을 인정하고 있다. 다시 말하면 도급인과 수급인의 근로자와의 사이에 (묵시적)근로관계가 성립하지 않더라도 도급인은 부당노동행위 구제명령의 수규자가 될 수 있다. 원칙적으로 진정 업무도급관계에 있는 도급인인 사업주와 수급인 소속의 근로자 사이에는 근로계약관계 또는 법률상의 근로관계가 존재할 수 없으므로 이를 전제로 하는 불이익취급의 문제나 단체교섭관계는 성립할 수 없다(1479면 그림 3).[2] 다만 도급인이 사외근로자의 근로조건에 대하여 사실상의 지시권을 행사하여 지배력 내지 영향력을 미치는 경우에는 그 범위 내에서 근로자에 대하여 단체교섭상의 사용자지위에 있다고 할 수 있다.[3] 그러나 그와 같은 지배력 내지 영향력관계가 발생하기 위해서는 사실상 업무도급관계의 실질이 의문시되어 묵시적 근로관계의 추단이 인정되는 경우가 대부분이라고 할 수 있다.[4]

항운(港運)노사관계에서와 같이 형식적인 근로계약의 체결 없이 노동조합에 의하여 집단적으로 노무를 제공받는 사용사업체의 경우에도 이들 노무공급근로자에 대하여 「사용자」의 지위에 있는 자가 존재하는 것인지의 여부가 문제된다.[5] 이 경우에는 노동

1) 大判 2010. 3. 25, 2007 두 8881; 大判 2014. 2. 13, 2011 다 78804.

2) 왜냐하면 단체교섭은 근로계약관계의 내용인 근로조건의 개선을 목적으로 하는 것이기 때문이다.

3) 日本 朝日放送事件·最高裁三小判 平成 7. 2. 28, 民集 49卷 2號 559面 참고. 이 판례에 따르면 부당노동행위제도의 취지에 비추어 파견관계에 있는 사용사업주가 고용주로부터 근로자의 파견을 받아 자기의 업무에 종사케 하고, 그 근로자의 기본적 근로조건에 관해서 고용주와 부분적이긴 하나 동등시될 수 있을 정도로 현실적·구체적인 지배·결정을 하는 지위에 있는 경우에는 그 한도 내에서 그 사업주(사용자)도 노동조합법상의 「사용자」에 해당하는 것으로 새기는 것이 타당하다고 하고, 이 사건에서 파견근로자를 현실적으로 취업시키고 있는 사용사업체는 파견근로자의 근로조건, 특히 근무시간의 배정, 노무제공의 방식, 그리고 작업환경 등에 관해서는 단체교섭을 거부할 수 없다고 하고 있다. 이에 관해서는 김형배, '항운노동조합의 단체협약능력에 관한 연구(상)', 「판례월보」(제299호), 1995. 8, 27면, 특히 35면 이하 참고. 同旨: 日本 中部日本放送事件·最高裁一小判 昭和 51. 5. 6, 民集 30卷 4號; 阪神觀光事件 最高裁一小判 昭和 62. 2. 26, 勞働判例 492號. 사용사업주의 노조및조정법상의 사용자성에 관해서는 菅野, 「勞働法」, 402面 참고.

4) 大判 2010. 7. 22, 2008 두 4367. 자세한 것은 하경효 외, 「사내하도급과 노동법」, 2007, 235면 이하 참고. 도급인과 수급인의 근로자 사이에 근로자파견관계를 인정한 사례: 大判 2012. 2. 23, 2011 두 7076.

5) 우리 대법원은 개별적 근로관계상의 사용자개념과 집단적 노사관계상의 사용자개념을 동일시하고 있었다(大判 1993. 11. 23, 92 누 13011; 大判 1995. 12. 22, 95 누 3565). 김형배, '항운노동조합의 단체협약체결능력에 관한 연구(상·하)', 「판례월보」(제299·300호), 1995. 8·9 참고. 그러나 다음의 하급심판결은 기본적으로 저자의 견해와 그 취지를 같이 한다고 판단된다: 서울高判 1994. 11. 17,

조합이 사용사업체와 집단적인 노무공급계약을 체결하여 조합원을 공급하는 형식을 취하고 있다. 그러므로 조합원과 하역사용사업체와의 관계를 어떻게 이해하느냐 하는 것이 문제의 관건이 될 것이지만, 이와 더불어 노동조합과 조합원 사이의 관계를 어떻게 파악하느냐도 중요한 판단요인으로 작용한다.

하역근로자들의 하역작업에의 투입이 클로즈드숍 형태를 통해 항운노조에 의해서 결정되긴 하지만 항운노조는 실정법상 노동조합이므로 사용자로 보기 어려운 반면, 비록 역사적으로 항운노조가 노동조합으로 출발하였고 이를 실정법이 수용하였다 하더라도 사실상 작업배치권이나 임금관리 등을 사실상 직접 행하기 때문에 하역근로자에 대해 사용자의 지위를 갖는 것으로 보는 견해가 주장될 수도 있다. 전자의 입장을 취하면 조합원인 하역근로자와 항운노조 사이에는 처음부터 근로계약관계가 존재하지 않으므로 하역업체로의 지시권 양도문제가 발생되지 않는다. 그러나 후자의 입장에서는 사용자인 항운노조가 하역근로자를 조합원이라는 형식을 통해 사실상 고용하여 하역업체에 공급하는 것이 되어 지시권을 항운노조가 행사하는 것으로 파악할 수도 있다. 판례는 초기에는 하역근로자에 대하여 하역회사의 근로기준법상 사용자 지위를 부인하면서도 노조및조정법상 사용자 지위는 인용하다가,[1] 현재는 항운노조를 근로기준법상 사용자로 인정하는 경향을 강하게 보여주고 있다.[2]

그렇다면 하역근로자의 상대방 사용자가 누구인지가 문제이다. 비록 판례가 항운노조를 근로기준법상 사용자의 지위를 갖는 것으로 보고 있더라도 이는 항운노조가 하역작업권을 독점하고 있다는 특수성에 기초하여 인정되고 있는 것에 불과하다. 하역회사와의 관계에서 항운노조는 하역협회와 단체협약체결을 통하여 하역근로자의 실제 근로조건을 결정할 뿐 아니라, 비록 항운노조가 주된 감독권을 행사하더라도 하역업체 또한 하역근로자에 대해서 필요한 구체적 지시를 할 수 있으며, 하역근로자에 대한 근로소득세를 하역회사가 원천징수하고, 하역근로자의 사용자분 사회보험료도 부담하는 점

---

93 구 20339(서울지역 건설일용노동조합사건 판결). 이 사건에서 행정관청은 (일용건설근로자와 근로계약관계를 맺고 있는 건설업체가 없기 때문에) 단체교섭의 상대방이 없다고 하여 동 노동조합의 설립신고를 반려하였으나, 서울고등법원은 직접적인 근로계약관계가 존재하지 않더라도 현재 취업하고 있거나 장차 취업할 건설업체가 바로 사용자이므로 단체교섭의 상대방이 존재한다고 하면서 행정관청의 주장을 배척하고 있다. 이 판결에 따르면 행정관청의 설립신고증의 교부는 당해 노동조합의 단체교섭 및 단체협약체결능력을 인정하는 행정작용이며, 나아가 단체교섭의 상대방은 반드시 현재 직접적인 근로계약관계가 존재해야 하는 당사자에 한정되는 것이 아니라 단지 취업관계가 있거나 장차 그와 같은 취업관계를 맺을 당사자가 발생할 가능성이 있으면 단체교섭의 상대방이 존재하는 것이라고 판단하고 있다.

1) 大判 1986. 12. 23, 85 누 856; 大判 1987. 2. 10, 86 다카 1949; 大判 1997. 9. 5, 97 누 3644; 서울高判 1982. 2. 24, 81 구 257; 서울高判 1985. 10. 15, 84 구 1315.

2) 大判 1996. 3. 8, 94 누 15639; 大判 1997. 11. 14, 97 누 8908; 大判 1997. 12. 12, 97 누 14507; 大邱高判 2004. 1. 9, 2003 나 2094; 서울高判 2007. 5. 9, 2006 누 7548; 釜山高判 2008. 1. 11, 2007 누 1156; 서울高判 2009. 8. 21, 2009 누 5963.

등에 비추어 보면 하역근로자는 하역업체와의 사실상 도급제 일용근로자로서 사용관계에 있다고 볼 여지가 충분하다.[1] 판례 또한 직업안정법상 근로자공급사업과 관련하여서는 사실상 공급사업자가 근로자를 지배하는 관계에 있으면 족하고 이들 사이에 반드시 고용계약이 성립하고 있어야 하는 것은 아니며, 근로자와 노무를 공급받는 자 사이에는 사실상 사용관계가 있어야 한다[2]고 하는 점에 비추어 보더라도 하역회사에 대해 하역근로자와의 집단적 노사관계의 사용종속관계를 인정할 여지도 있을 것이다. 그러나 대법원은 창고업체와 하역근로자 사이에 사용종속관계(근로관계)가 없고, 그 근로자들을 조합원으로 하는 노동조합과 단체교섭을 할 의무가 없으며 이를 거부하였다고 하여 부당노동행위가 성립하는 것은 아니라고 한다.[3]·[4]

한편 항만하역 사업장의 특수성에서 비롯하는 노사관계의 복잡성을 해결하기 위하여 「항만인력공급체제의 개편을 위한 지원특별법」을 제정하여 3자(항만운송사업자, 항운노조, 정부)의 합의를 통해 항만운송사업자가 하역근로자를 직접 상시 고용하는 체계로의 전환을 모색·시행하고 있으나(항만인력법 제4조 참조), 여전히 종래 근로자공급체제가 유지되고 있는 경우가 많다.

2. 구제명령의 수규자로서의 사용자

a) 구제명령의 수규자는 원칙적으로 사업주만이 문제가 된다(노조및조정법 제84조 I). 부당노동행위에 대한 구제는 현실적으로 사업주에게 명령하는 것으로써 충분하고, 이론적으로도 그렇게 해석하는 것에 잘못이 없다. 그러나 법인 또는 단체의 대표자 또는 법인·단체나 개인의 대리인·사용인 그 밖의 종업원이 그 법인·단체 또는 개인의 업무에 관하여 확정된 구제명령에 위반한 때에는 행위자는 처벌되므로(노조및조정법 제89조

1) 大判 1979. 1. 30, 78 다 2089 참조.

2) 大判 2012. 7. 5, 2011 도 13346; 大判 1999. 11. 12, 99 도 3157.

3) 大判 1997. 9. 5, 97 누 3644; 大判 1996. 6. 11, 96 누 1504; 大判 1995. 12. 22, 95 누 3565. 사용사업체와 하역근로자 사이의 근로계약관계를 부인한 판례: 大判 1998. 1. 20, 96 다 56313; 大判 1996. 3. 8, 94 누 15639. 그 이외에 하역근로자에 대한 사용사업체의 퇴직금지급의무를 부정한 판례: 大判 1980. 12. 9, 79 다 2147. 임금의 최우선변제권을 부정한 판례: 大判 1987. 2. 10, 86 다카 1949. 참고논문: 이승욱, '항만근로자의 근로조건결정', 「노동법학」(제15호), 2002, 37면 이하.

4) 아직 설립되지 않은 항만(영일만 신항) 하역 관련 사업장에서 근로자가 되려는 자는 근로계약을 체결하고 있는 근로자가 아니지만, 준공예정일 이전이라도 노무공급이 이루어질 수 있으며 그 취업시기가 특정되어 있지는 않으나 취업 자체는 확실시되므로 단순한 실업자나 구직자와는 구별되며, 또한 항운노동조합과 그 조합원의 관계의 특성상(closed shop 관계) 조합원의 지위에 있는 자에게만 취업의 기회가 주어지므로 이러한 근로자에게 노동조합을 설립할 수 있는 근로3권(단결권)을 보장할 필요성을 부인할 수 없다는 점에서 이들은 노조및조정법상의 근로자(제2조 ① 및 ④ 단서 라목 참조)가 아니라고 할 수 없다(大判 2011. 3. 24, 2007 두 4483; 大判 2004. 2. 27, 2001 두 8568), [98] 2. (2) d) 참고.

②, 제94조 참조), 그러한 한도 내에서 구제명령의 수규자의 범위는 사업주 이외의 자에까지 확대된다고 할 수 있다.

b) 다른 한편 근로계약관계의 당사자(사용자)와 부당노동행위를 하는 당사자는 구별될 수 있기 때문에 구제명령의 수규자는 반드시 근로관계의 당사자인 사용자일 필요는 없을 것이다. 실질적으로 부당노동행위를 할 수 있는 지위와 구제명령을 이행할 수 있는 자이면 근로관계의 사용자인지의 여부와 관계없이 부당노동행위의 주체로서 구제명령의 대상자인 사용자에 해당한다고 볼 수 있다. 판례[1]는 「원청회사가 개별도급계약을 통하여 사내 하청업체 근로자들의 기본적인 근로조건 등에 관하여 고용사업주인 사내 하청업체의 권한과 책임을 일정 부분 담당하고 있다고 볼 정도로 실질적이면서 구체적으로 지배·결정할 수 있는 지위에 있고 사내 하청업체의 사업폐지를 유도하는 행위와 그로 인하여 사내 하청업체 노동조합의 활동을 위축시키거나 침해하는 지배·개입 행위를 하였다면, 원청회사는 노동조합 및 노동관계조정법 제81조 1항 4호에서 정한 부당노동행위의 시정을 명하는 구제명령을 이행할 주체로서의 사용자에 해당한다」고 한다.

c) 위장폐업에 있어서도 사용자의 확장이 생길 수 있다. 「부당노동행위가 되는 위장폐업이란 기업이 진실한 기업폐지의 의사가 없이, 다만 노동조합의 결성 또는 조합활동을 혐오하고 노동조합을 와해시키기 위한 수단으로서 기업을 해산하고 조합원을 전원 해고한 다음 새로운 기업을 설립하는 등의 방법으로 기업의 실체가 존속하면서 조합원을 배제한 채 기업활동을 계속하는 경우」를 말한다.[2] 위장폐업의 경우 구회사와 신설회사는 형식적으로는 법인격을 달리한다. 위장폐업에 의한 해고는 사회통념이나 사회상규상 용인될 수 없으므로 근로기준법 제23조 1항에서 말하는 정당성을 가질 수 없어 무효이고, 근로자는 구회사 내지는 그와 실질적으로 동일성을 유지하고 있는 신설회사에 대하여 계속 근로하였을 경우 그 대가로 받을 수 있는 임금의 지급을 청구할 수 있을 뿐 아니라(민법 제538조 Ⅰ) 신설회사에 대해서는 근로관계의 존속을 주장할 수 있다.[3] 따라

1) 大判 2010. 3. 25, 2007 두 8881. 또한 大判 2014. 2. 13, 2011 다 78804.

2) 大判 2011. 3. 10, 2010 다 13282; 大判 1991. 12. 24, 91 누 2762 등.

3) 大判 2011. 3. 10, 2010 다 13282(위장폐업의 방법으로 부당해고된 근로자가 해고 무효를 주장하면서 사용자에게 민법 제538조 제1항에 의하여 해고 기간 중의 임금 지급을 청구하는 소는 그 실체가 근로계약에 따른 임금청구권의 행사인 반면, 부당해고가 불법행위를 구성한다는 이유로 임금 상당의 손해배상을 청구하는 것은 그 자체로는 근로계약과 무관한 청구로서 양자는 그 법적 근거와 성질을 달리하고, 부당해고로 인하여 근로자에게 손해가 발생하였는지 여부는 부당해고 피해자인 근로자가 부당해고가 없었더라면 향유하거나 취득할 수 있었던 이익이 부당해고로 말미암아 상실되거나 취득할 수 없게 된 것에 따른 불이익이 발생하였는지 여부에 의하여 판단할 것이지, 부당해고가 존재하지 아니하였을 경우에 취득할 수 있는 법률상 권리인 임금청구권을 유효하게 가지고 있느냐 여부에 따라 그 손해의 발생 여부가 좌우되는 것은 아니라는 이유로 위 해고의 불법행위성을 인정하고 사용자

서 이 경우에 사용자의 지위는 새로 설립된 회사에 확장된다고 볼 수 있다.

[128] Ⅲ. 부당노동행위의 종류와 성립요건

1. 서 설

a) 노조및조정법 제81조 1항은 다섯 종류의 부당노동행위를 규정하고 이를 금지하고 있다. 즉 첫째 근로자가 노동조합에 가입하거나 기타 정당한 조합활동을 한 것을 이유로 불이익을 주는 행위(동항 ①), 둘째 근로자가 노동조합에 가입하지 아니하거나 또는 노동조합으로부터 탈퇴할 것을 고용조건으로 하는 이른바 비열계약(卑劣契約)[1](yellow-dog contract)(반조합계약)을 체결하는 행위(동항 ②), 셋째 노동조합과의 단체협약체결 또는 단체교섭을 정당한 이유 없이 거부 또는 해태하는 행위(동항 ③), 넷째 노동조합의 조직 또는 운영에 지배·개입하는 행위와 근로시간 면제한도를 초과하여 급여를 지급하거나 노동조합의 운영비를 원조하는 행위(동항 ④), 다섯째 근로자가 정당한 단체행위에 참가하거나 사용자의 부당노동행위를 신고한 것 등을 이유로 불이익을 주는 행위(동항 ⑤)가 그것이다.

이와 같은 부당노동행위의 유형들 중 단체교섭거부행위(동항 ③)와 지배·개입 및 경비원조행위(동항 ④)는 노동조합 자체에 대한 침해행위인 반면 기타의 불이익취급행위(동항 ① 및 ⑤)와 비열계약은 개개 근로자에 대한 침해행위라는 점에서 그 보호대상이 다르다는 점이 지적되고 있다. 그러나 이와 같은 견해는 반드시 정확한 것은 아니다. 근로3권은 원래 복합적 성격을 가지는 것이므로, 예를 들면 조합활동을 이유로 행하여진 조합간부의 해고는 노조및조정법 제81조 1항 1호의 불이익취급행위가 되는 동시에 동조항 4호의 지배·개입에도 해당된다. 그러므로 노조및조정법이 규정하고 있는 부당노동행위의 종류는 반조합적 행위 내지는 근로3권 보장에 의한 노사관계질서의 위반행위를 그 모습에 따라 유형화해 놓은 것에 불과하다. 부당노동행위를 이와 같이 이해할 때에만 그 제도의 본래적 취지를 살릴 수 있다.

의 손해배상책임을 인정한 사례); 大判 1981. 12. 22, 81 다 626.

1) 비열계약은 yellow-dog contract를 그 의미내용에 따라 번역한 말이다. 원래 yellow-dog란 표현은 contemptible person(비열 또는 비겁한 자)을 의미한다. 즉 yellow-dog contract는 사용자가 근로자를 채용할 때 노동조합에 가입하지 않을 것을 고용조건으로 하는 떳떳하지 못한 계약을 말한다. 일본의 노동법교과서들은 yellow-dog contract를 황견계약으로 번역하고 있는데, 이것은 잘못된 것이다. 왜냐하면 영어를 사용하는 사람들이 yellow-dog라고 하면 비열한 인간을 표상(表象)하게 되는데, 우리가 황견(黃犬)이라고 쓰면 그것은 황색의 개를 의미할 뿐이기 때문이다.

b) 부당노동행위를 그 모습에 따라 유형화해 놓은 노조및조정법 제81조 1항 각 호의 규정 중에서 4호는 포괄규정이라고 해석하는 견해가 있다. 이 견해는 우리나라의 노조및조정법이 미국의 부당노동행위의 법제와는 달리 통칙규정(Wagner법 제8조 (1); Taft-Hartley법 제8조 (a) (1))을 두고 있지 않기 때문에 제4호에 대하여 통칙적 지위를 부여하는 것이 필요하기 때문이라고 한다.[1] 이와는 달리 동법 제81조 1항 각 호의 규정들을 단순히 병렬적 또는 열거적 규정으로 보고, 다만 4호가 다른 규정과는 달리 그 지배·개입이라는 개념에 있어서 다의적이라는 것을 인정하려는 견해가 있다.[2] 4호를 포괄규정이라고 보든 또는 병렬규정이되 그 내용이 보다 함축적인 것이라고 보든 간에 부당노동행위의 구제범위를 넓게 잡고자 하는 취지에서는 큰 차이가 없을 것이다.[3] 실무상 중요한 것은 노동위원회가 각 유형을 형식적으로 준별함이 없이 상호보완적으로 적용하면서 사안의 내용에 적합하게 부당노동행위를 구성하고, 이에 대한 적절한 구제를 내리는 일이다.[4]

2. 불이익취급

노조및조정법 제81조 1항 1호 및 5호는 부당노동행위의 전형적인 불이익취급을 규정하고 있다. 동조 1항 1호와 5호의 그 불이익취급 이유는 각각 다르지만, 불이익취급의 모습은 해고 기타 불이익을 주는 행위이므로 이 곳에서 함께 설명하기로 한다.

불이익취급은 다음과 같은 요건이 갖추어진 때에 인정된다. 첫째 「근로자가 노동조합에 가입 또는 가입하려고 하였거나 노동조합을 조직하려고 하였거나 기타 노동조합의 업무를 위한 정당한 행위를 한 것」(노조및조정법 제81조 I ①) 혹은 「근로자가 정당한 단체행위에 참가한 것 … 또는 노동위원회에 대하여 사용자가 이 조항의 규정에 위반한 것을 신고하거나 그에 관한 증언을 하거나 기타 행정관청에 증거를 제출한 것」(노조및조정법 제81조 I ⑤)을 이유로 하여, 둘째 사용자가 「그 근로자를 해고하거나 그 근로자에게 불이익을 주는 행위」를 하고, 셋째 위의 첫째의 이유로(상당적 인과관계) 둘째의 불이익취급의 결과가 사실상 발생하여야 한다.

(1) 불이익취급의 원인

a) 노동조합에 가입 또는 가입하려고 하였거나 노동조합을 조직하려고 한 것 근로자가 노동조합에 가입 또는 가입하려고 하는 것은[5] 기존노동조합의 조합원이 된 것 또

---

1) 심태식, 「개론」, 219면.
2) 林信雄, 「勞働法」, 273面 이하.
3) 菅野, 「勞働法」, 977面 이하 참고; 荒木, 「勞働法」, 688面 참고.
4) 菅野, 「勞働法」, 932面.
5) 大判 2008. 9. 11, 2007 두 19249(노동조합에 가입하려고 한 근로자에 대하여 사용자가 부당노동행

는 될 것을 의미한다. 가입의 대상이 되는 노동조합은 기존 노조이건 앞으로 탄생할 제2 노조이건 이를 묻지 않는다. 그리고 근로자가 노동조합을 조직하려고 한 것은 새로 노동조합을 결성하려는 것을 의미하며, 여기에는 노동조합의 결성을 위한 준비활동까지를 모두 포함한다.1) 어느 경우를 막론하고 이와 같은 행위가 헌법에 보장된 단결권의 행사임에는 틀림없는 사실이다. 그러나 여기서 말하는 노동조합은 노조및조정법 제2조 4호의 규정에 의한 자주성과 민주성을 갖춘 단체이어야 한다.2) 부당노동행위와 관련하여 노조및조정법 제7조 1항은 「이 법에 의하여 성립된 노동조합이 아니면 … 부당노동행위의 구제를 신청할 수 없다」고 규정하면서, 2항에서는 「… 제81조 1항 1호·2호 및 5호의 규정에 의한 근로자의 보호를 부인하는 취지로 해석되어서는 아니 된다」고 규정하고 있다. 따라서 형식적 요건을 갖추지 않았으나 실질적 요건을 갖춘 노동조합의 조합원인 근로자의 노조 가입 및 조직과 조합활동에 대하여 부당노동행위에 해당하는 차별대우를 할 수 없다. 부당노동행위 구제신청을 할 수 없는 노동조합과 부당노동행위의 보호 대상이 되는 조합원인 근로자는 구별해야 할 것이다.

b) 노동조합의 업무를 위한 정당한 행위를 한 것 이 불이익취급이유는 매우 포괄적으로 표현되어 있기 때문에 무엇이 노동조합의 업무를 위한 행위이며, 그 행위의 정당성을 어떻게 판단할 것이냐에 관해서는 명확한 기준이 있는 것이 아니므로 해석에 맡길 수밖에 없다.

1) 노동조합의 업무를 위한 행위 노동조합의 업무를 위한 행위란 일반적인 조합활동([104] 참고)이라고 이해될 수 있으므로, 노동조합의 조직홍보·단체교섭·쟁의행위(노조및조정법 제81조 ⑤ 참조)는 물론 조합간부의 선거, 조합원의 조합운영상의 행위 등을 모두 포함한다. 즉, 조합원이 노동조합의 결의나 구체적인 지시에 따라서 한 노동조합의 조직적인 활동은 물론 그 행위의 성질상 노동조합의 활동으로 볼 수 있거나 노동조합의 묵시적 수권이나 승인을 받은 것으로 볼 수 있는 것인 때에는 그 조합원의 행위는 노동조합의 업무를 위한 행위로 보아야 한다.3) 그러나 이와 같은 활동에 반드시

위를 하였다면, 노동조합도 자신의 권리를 침해받은 것으로 볼 수 있어 독자적으로 부당노동행위에 대한 구제신청권을 가진다고 한 판결).

1) 大判 1990. 10. 23, 88 누 7729.

2) 자주성을 결한 법외노조에 대한 가입 또는 이와 같은 노동조합을 자주적인 것으로 만들려는 조직행위 또는 준비행위도 부당노동행위제도에 의하여 보호되어야 한다는 견해가 있다(김치선, 「단결권」, 152면). 그러나 자주성을 결한 어용조합에의 가입행위를 자주적 노동조합에의 가입행위와 똑같이 보호할 필요는 없다고 생각된다. 同旨: 菅野, 「勞働法」, 965面. 그러나 자주성을 결한 노조를 자주적 요건을 갖추도록 하는 활동은 부당노동행위제도에 의하여 보호되어야 한다.

3) 大判 2011. 2. 24, 2008 다 29123; 大判 2013. 5. 23, 2012 두 28490(노조 대의원이 회사의 임금체계의 문제점을 지적하는 내용의 문자메시지를 조합원들에게 발송한 행위가 회사의 명예를 훼손하려

조합기관의 결의나 지시가 전제되어야 하는 것은 아니다.[1] 그러한 결의나 지시가 없더라도 조합간부나 조합원에게 보통 기대될 수 있는 행위로서 단결의 목적이나 단결의 강화에 이바지할 수 있는 것이면 조합활동이라고 보아야 한다.[2] 노동조합에 의한 교육이나 단결강화 및 조합원 사이의 상호부조에 관한 것이면(노조및조정법 제1조 참조), 그것이 합창반·독서반·연극반의 활동이더라도 노동조합의 정당한 행위라고 해석해야 할 것이다.[3] 그러나 정치활동이나 정당활동은 조합기관의 결의가 있더라도 단체교섭 또는 기타 조합원 사이의 상호부조와 단결강화에 관련된 조합활동이라고는 할 수 없다. 그러나 노동조합의 행위라고 볼 수 없는 조합원 개인의 행위는 부당노동행위제도에 의한 보호를 받을 수 없다. 예컨대 조합원이 평소의 노동운동에 대한 개인적 소견을 발표한다거나, 노동조합의 조직상의 또는 노동운동상의 공식적인 결정이나 방침에 대하여 반대하였으

는 데 있다고 하기보다는 조합원들의 단결을 도모하여 근로조건의 향상과 복지 증진 등을 도모하기 위한 것으로 보이므로 노동조합의 업무를 위한 정당한 활동 범위에 속하며, 취업규칙 및 인사규정 소정의 징계사유에 해당하는 비위행위라고 할 수 없다는 사례); 大判 2017. 8. 18, 2017 다 227325.

1) 大判 1991. 11. 12, 91 누 4164; 大判 1996. 2. 23, 95 다 13708; 大判 2001. 4. 27, 99 두 11042; 大判 2011. 2. 24, 2008 다 29123.

2) 同旨: 심태식, 「개론」, 211면; 김치선, 「단결권」, 153면. 大判 2011. 2. 24, 2008 다 29123('노동조합의 업무를 위한 정당한 행위'란 일반적으로는 노동조합의 정당한 활동을 가리킨다고 할 것이나, 조합원이 조합의 결의나 구체적인 지시에 따라서 한 노동조합의 조직적인 활동 그 자체가 아닐지라도 그 행위의 성질상 노동조합의 활동으로 볼 수 있거나 노동조합의 묵시적인 수권 혹은 승인을 받았다고 볼 수 있을 때에는 그 조합원의 행위를 노동조합의 업무를 위한 행위로 보아야 한다). 조합원의 반(反)집행부활동이 노동조합의 행위로 인정될 수 있는가 하는 것이 문제될 수 있다. 노동조합의 행위는 조합기관의 명시적인 결의나 지시가 있거나 묵시의 수권 또는 승인이 있는 행위라는 견해(大判 1989. 4. 25, 88 누 1950; 大判 1990. 8. 10, 89 누 8217; 大判 1992. 9. 25, 92 다 18542; 서울行判 2001. 9. 4, 2001 구 17486)에 따르면 현 집행부에 반대하는 조합원의 활동은 보통 조합기관으로부터 명시적·묵시적 승인을 얻을 수 없으므로 조합활동으로 인정될 수 없고, 따라서 이를 이유로 한 사용자의 해고는 부당노동행위가 될 수 없을 것이다. 그러나 노조및조정법 제81조 1호의 취지가 헌법이 보장하고 있는 자주적인 단결권의 옹호에 있으므로 조합원의 행위가 객관적으로 보아서 단결의 목적에 부합하고 단결의 강화에 기여하는 것이라면, 노동조합의 묵시적 수권이나 승인을 받았을 때에는 물론, 설령 조합기관의 수권이나 승인이 없다 할지라도 그 행위는 노동조합의 행위로 보아야 할 것이다(예컨대 조합원의 의사에 반하여 단체협약을 불리하게 체결한 노조위원장에 대한 불신임운동을 주도한 노조의 회계감사를 해고한 것은 부당노동행위라고 본 사례: 大判 1990. 10. 23, 89 누 2837. 同旨: 大判 1995. 6. 13, 95 다 1323; 서울民地判 1991. 5. 23, 90 가합 43839 참고). 반집행부활동의 규약위반성은 노조의 내부적 규율의 문제이므로 사용자는 이에 개입할 수 없고, 사용자와의 관계에서 조합원의 행위가 정당한가 하는 것은 구체적 사정에 따라 판단하여야 한다. 다만, 조합원의 반집행부활동이 노조 자체를 부정하는 것이라면 노동조합의 행위로 볼 수 없을 것이다.

3) 同旨: 菅野, 「勞働法」, 967面 참고. 異見: 김유성, 「노동법 Ⅱ」, 327면. 정치활동은 원칙적으로는 허용되지 아니하나 근로조건의 유지·개선 기타 근로자의 지위에 중대한 영향을 미치는 입법·행정조치를 촉구·반대하는 행위에 한하여는 조합활동에 포함된다고 보는 견해도 있다(임종률, '정당한 조합활동 —판례를 중심으로—', 「성균관법학」(제8호), 1997, 277면 이하).

나 대다수 조합원들에 의하여 수렴되지 않았다고 하여 독자적인 행동을 하는 것은 노동조합의 행위라고 보기 어렵다.

2) **정당성의 문제** 정당한 행위만이 법의 보호를 받는다는 원칙은 부당노동행위제도에서뿐만 아니라 노조및조정법 제3조 및 제4조에 규정된 형사상·민사상의 면책규정에서도 명백하게 전제되어 있다.[1] 다만 민·형사상의 면책이 주어지는 경우의 정당성의 기준과 여기서 말하는 조합활동의 정당성의 기준은 반드시 일치하는 것이 아니다. 그러므로 조합활동의 정당성 문제는 단체교섭 또는 쟁의행위의 정당성([118] 참고)과는 구별되어야 한다. 왜냐하면 부당노동행위제도에 있어서의 정당성 판단은 사용자가 정당하지 않다고 생각한 행위에 대하여 행해진 제재적 조치가 근로3권 보장 질서와 관련하여 구체적으로 타당한 것이냐를 판단하지 않으면 안 되기 때문이다.[2] 다시 말하면 근로자에게 약간의 비리의 여지가 있는 경우라도 이러한 조합활동에 대하여 사용자의 이례적인 제재가 행하여진다면, 제재로서의 타당성을 잃게 되므로 불이익취급이 있다고 판단해야 한다.[3] 정당한 행위에 대한 불이익취급의 성부에 관한 구체적 판단은 실제로는 부당노동행위 의사의 유무와 밀접한 관계가 있다.[4] 부당노동행위의 성립 여부를 판단하는 데 있어서는 근로3권 보장 질서유지에 대한 사용자의 침해행위가 문제되기 때문이다. 약간의 비리나 탈선이 있는 행위라고 하여 이를 노동조합의「정당한」행위가 아니므로 사용자가 과중한 징계처분을 한다거나 해고를 하는 등 불이익취급을 하는 것은 부당노동행위라고 보아야 한다.[5] 노동조합의 행위가 정당성의 범위를 어느 정도 일탈하였

---

1) 정당한 징계사유가 있는 경우에는 사용자에게 반노동조합의사가 추정되더라도 부당노동행위에 해당하지 않는다(大判 2005. 10. 28, 2005 두 10415; 大判 2007. 10. 12, 2007 두 7093).

2)「노동조합활동으로 이루어진 선전방송이나 배포된 문서의 문언에 의하여 타인의 인격·명예 등이 훼손되거나 그렇게 될 염려가 있고, 사실관계의 일부가 허위이거나 과장·왜곡된 점이 있다고 하더라도 그 선전방송이나 문서를 배포한 목적이 타인의 권리나 이익을 침해하려는 것이 아니라 노동조합원들의 단결이나 근로조건의 유지 개선과 근로자의 복지 증진 기타 경제적 지위의 향상을 도모하기 위한 것이고, 그 선전방송이나 문언의 내용이 전체적으로 보아 진실한 것이라면 그와 같은 행위는 노동조합의 정당한 활동 범위에 속하는 것으로 보아야 한다(大判 2017. 8. 18, 2017 다 227325; 大判 2013. 5. 23, 2011 두 28490; 大判 2011. 2. 24, 2008 다 29123 등 참고). 따라서 위와 같은 정당한 행위를 한 것을 징계 사유로 삼은 것은 옳지 않다(大判 2017. 8. 18, 2017 다 227325).

3)「적극적인 노동조합 활동을 하여 온 근로자에 대하여 야간근무 중 2시간 정도 무단이탈한 것을 이유로 한 징계해고는 부당노동행위이다」(大判 1990. 11. 27, 90 누 3683).

4) 판례는 근로자의 노동조합 업무를 위한 정당한 행위를 실질적인 해고사유로 한 것인지의 여부는 사용자가 주장하는 해고사유와 근로자의 노동조합 업무를 위한 정당한 행위의 내용, 해고시기, 회사와 노동조합의 관계 기타 부당노동행위의사의 존재를 추정할 수 있는 사정을 비교·검토하여야 한다고 하여 종합적인 판단을 하고 있다(大判 1992. 2. 28, 91 누 9572; 大判 1993. 12. 10, 93 누 4595; 大判 1994. 12. 13, 94 누 10498; 大判 2006. 9. 8, 2006 도 388; 大判 2008. 1. 24, 2007 도 6861).

5) 西谷,「勞働組合法」, 165面; 盛誠吾,「勞働法總論·勞使関係法」, 226面.

다고 하여 사용자의 불이익취급이 부당노동행위로 성립할 수 없다면 부당노동행위제도의 취지를 살릴 수 없을 것이다.[1] 판례도 기본적으로 이러한 입장을 취하고 있는 것으로 판단된다.[2]

c) 노동위원회에 대하여 부당노동행위의 신고 등을 한 것 　이것은 노조및조정법 제81조 1항 5호에 규정된 정당한 행위를 말하는 것으로 넓은 의미에서는 노동조합의 정당한 행위에 포함된다고 할 수 있다. 이에 대한 사용자의 불이익취급은 일종의 보복적 차별대우이다.[3] 이 조에서 노동위원회에 대한 신고는 부당노동행위에 대한 신고 등을 말하고, 행정관청이란 관할 검사와 감독관을 뜻한다(근기법 제105조 참조).

(2) 사용자의 불이익취급의 모습

a) 불이익취급의 의의 　불이익취급은 해고 기타 불이익을 주는 행위를 말하는 것인데, 이것은 현실적인 행위나 조치로 나타날 때 그 의미가 있다. 불이익취급의 의사를 표시하는 것만으로는 노동조합에 대한 지배·개입은 될 수도 있으나 불이익취급이라는 행위가 있다고는 볼 수 없다.[4] 여기서 불이익취급이라는 것은 상대적인 개념으로서 종래의 통례와 비교해 볼 때 과도한 불이익을 준다든가,[5] 또는 다른 근로자들에게 부여한 이익을 주지 않는 것[6]은 모두 이에 해당된다. 그러나 불이익취급이라는 개념은 근로3권에 의하여 보장된 활동과의 상관관계에서 불이익하면 되는 것이므로, 노동조합간부의 승급의 경우와 같이 사용자의 행위 자체는 불이익한 것이 아니더라도 조합활동에 대해서는 불이익을 주는 때가 있음을 주의하여야 한다.[7] 이 경우에는 노동조합의 간부 또는 열성있는 조합원을 승진시켜 조합원자격을 잃게 하므로 조합활동상 불이익한 것이므로 불이익취급이 성립할 수 있다. 불이익의 종류로는 종업원으로서의 지위의 득실에 관한 것, 인사에 관한 것, 경제적 대우에 관한 것 등이 있다. 어느 경우를 막론하고 불이익취급과 근로3권 보장에 의한 활동 사이에는 인과관계가 있어야 한다. 불이익취급은 사용자의 인사권과 관련하여 경합적으로 이루어지는 경우가 많이 발생한다. 즉 사용자의

---

1) 西谷, 「勞働組合法」, 165面.

2) 大判 2017. 11. 4, 2017 두 52924; 大判 2017. 8. 18, 2017 다 22735; 大判 2013. 5. 23, 2011 두 28490; 大判 2011. 2. 24, 2008 다 29123 등.

3) 노동위원회의 심문절차에 참석하는 회사측 증인은 유급으로 하고, 노동조합측 증인은 무급으로 한다면 동조 5호에 규정된 불이익취급에 해당한다는 일본의 사례가 있다(大阪高判 平成 11. 4. 8 勞判 769號 72面).

4) 大判 2004. 8. 30, 2004 도 3891 참고.

5) 大判 2000. 4. 11, 99 두 2963; 大判 2001. 4. 27, 99 두 11059; 서울高判 1989. 6. 15, 88 구 9444.

6) 서울行判 2005. 9. 15, 2005 구합 7570; 비조합원자녀에게만 장학금을 지급한 사건(삼우택시 부당노동행위사건〈忠北地勞委 1988. 6. 23, 總覽(2), 107면 이하〉).

7) 大判 1992. 10. 27, 92 누 9418 참고. 菅野, 「勞働法」, 971面 참고.

인사권 행사에 의한 근로조건의 변경이라 하더라도 그러한 권리의 행사를 남용하였거나,[1] 법령을 위반한 경우라면 정당한 인사권 행사로 인정되지 않으며, 정당하지 못한 인사권 행사로 인해 근로자에게 불이익처분이 행해졌을 경우에는 부당노동행위가 성립한다고 보아야 한다.

b) 해 고 해고는 법문상 명시되어 있는 것으로서 가장 강력하고 전형적인 불이익취급이다. 해고는 근로자의 의사에 반하여 사용자의 일방적 의사표시로 근로계약관계를 소멸케 하는 것이며, 근로자에게는 직장의 상실을 의미한다. 해고는 근로자의 귀책사유를 구실로 한 해고([71] 2. 참고)이건 징계해고[2]이건 기업의 합리화를 이유로 한 해고나 경력사칭을 이유로 한 해고[3] 또는 위장폐업에 의한 해고[4]이건 이를 불문한다. 의원사직은 근로관계를 합의에 의하여 해지하는 것이므로 해고에 해당하지 않으나 불이익취급을 하기 위하여 위장된 것이면 해고에 해당하는 경우가 있을 것이며, 이때에는 부당노동행위가 성립하게 된다.[5] 이외에 사업양도([67] 1. (3) d) 참고)시에 일부 근로자들의 취업(근로관계의 승계)을 거부하는 것은 사실상의 해고행위로서 이들에 대한 사용자의 차별대우의사가 승계거부의 결정적인 동기로 인정되면 부당노동행위가 성립한다.[6] 또 기간이 정하여져 있는 근로계약(기간제근로계약)에 대해서 사용자가 차별취급의 의사를 가지고 계약갱신을 거부하거나 묵시의 갱신 후에 해고하는 것,[7] 수습 근로자의 노동조합활동을 방해하고 근로관계를 단절할 목적으로 비합리적인 평가기준을 적용하여 본계약

1) 大判 2000. 4. 11, 99 두 2963 참고.

2) 大判 2016. 12. 29, 2015 두 2895; 大判 2002. 2. 22, 2000 두 9984; 大判 2003. 7. 8, 2001 두 5644; 大判 1994. 12. 13, 94 누 10498; 大判 1992. 2. 28, 91 누 9572; 大判 1990. 10. 23, 88 누 7729.

3) 大判 1996. 2. 9, 94 누 9771; 大判 2008. 4. 14, 2007 두 26124.

4) 위장폐업에 의한 부당해고는 사회통념이나 사회상규상 용인될 수 없는 것이어서 불법행위를 구성하고, 이 경우 근로자는 해고가 무효임을 이유로 민법 제538조 1항에 따라 구회사 또는 신설회사에 대하여 부당해고기간중 임금의 지급을 구하거나 선택적으로 해고가 불법행위에 해당함을 이유로 손해배상을 청구할 수 있다. 위장폐업에 의한 부당해고가 불법행위를 구성하는 경우 사용자는 근로자가 입은 정신적 고통에 대한 위자료를 배상할 책임이 있다. 위장폐업에 의한 부당해고는 무효이므로 근로자의 근로관계는 신설회사에서 계속 존속한다(大判 2011. 3. 10, 2010 다 13282; 같은 취지로 大判 1981. 12. 22, 81 다 626; 大判 1988. 4. 25, 87 누 263).

5) 서울高判 1996. 6. 11, 95 구 18682.

6) 大判 1995. 9. 29, 94 다 54245.

7) 大判 2008. 4. 14, 2007 두 26124 등. 아무런 합리적인 이유 없이 직원 전원에 대하여 기간을 1년으로 정한 근로계약서의 작성을 요구하였는바, 이는 실제로는 정당한 노동조합활동을 혐오하여 근로자의 근로계약기간이 종료할 때마다 해당 근로자에게 재계약체결을 위한 개별적인 협의를 요청하고 이에 응하지 않거나 근로자의 성향이 마음에 들지 않는 경우에는 근로계약기간 만료를 이유로 근로계약을 종료하려는 것으로서 이는 노조활동을 위축시킴과 동시에 노동조합의 조직과 운영을 원고의 의도대로 조종하여 근로자의 단결권을 침해하기 위한 것이라고 넉넉히 인정할 수 있어 부당노동행위에 해당한다(서울行判 2002. 12. 12, 2002 구합 9339).

을 거부하는 것[1] 등은 사용자의 부당노동행위로 인정해야 한다.[2] 다만, 파산관재인의 근로계약 해지는 해고만을 목적으로 한 위장파산이나 노동조합의 단결권 등을 방해하기 위한 위장폐업이 아닌 한 원칙적으로 부당노동행위에 해당하지 아니한다.[3]

근로자에 대한 해고가 부당노동행위에 해당하는지의 여부는 그 해고가 실질적으로 노조및조정법 제81조 1항 1호·5호의 요건에 해당하는 것인지 여부에 의하여 판단되어야 한다.[4] 그러므로 해고의 절차가 단체협약이나 취업규칙에 위반하였다는 사유는 해고무효의 이유가 될 수는 있어도 이로 인하여 부당노동행위가 당연히 성립하는 것은 아니다.[5] 그러나 절차위반이 정당한 해고사유 없이 노동조합활동을 배제하기 위한 수단으로 행하여진 경우에는 그 절차위반에 의한 해고도 부당노동행위로 인정된다고 보아야 한다.[6] 근로자에 대한 해고가 부당노동행위에 해당하여 무효가 되는 경우에는 임금 내지 임금에 준하는 손해에 대한 배상청구권이 근로자에게 발생한다.[7]

c) 그 밖의 불이익 해고 이외의 불이익취급으로는 휴직,[8] 배치전환,[9] 전근,[10] 출근정지,[11] 승급정지, 승진 또는 승급상의 차별,[12] 감봉,[13] 복직거부, 임금 또는 수당 등

1) 大判 2008. 12. 11, 2006 두 13220; 大判 2009. 3. 26, 2007 두 25695.

2) 김치선, 「단결권」, 160면; 심태식, 「개론」, 213면.

3) 大判 2004. 2. 27, 2003 두 902.

4) 大判 1999. 3. 26, 98 두 4672; 大判 1996. 12. 20, 95 누 18345; 大判 1997. 7. 8, 96 누 6431. 조합원이라는 이유로 불리하게 인사고과를 하고 그 인사고과가 경영상 이유에 의한 해고 대상자가 된 경우 사용자의 행위가 부당노동행위에 해당되는지 여부의 판단방법: 大判 2009. 3. 26, 2007 두 25695.

5) 大判 1989. 5. 23, 88 누 4508; 大判 1990. 12. 26, 90 누 2116.

6) 大判 1990. 1. 12, 89 누 1193; 大判 1995. 6. 13, 95 다 1323 참고.

7) 大判 2011. 3. 24, 2010 다 21962; 大判 1978. 2. 14, 77 다 1648. 노동위원회의 구제명령의 효력에 관해서는 [128] 2. (5) d) 참고.

8) 서울行判 2003. 12. 9, 2003 구합 10213.

9) 大判 2003. 3. 28, 2002 두 11349; 大判 1995. 11. 7, 95 누 9792; 大判 1995. 3. 14, 94 누 5496; 大判 1994. 12. 23, 94 누 3001; 大判 2000. 4. 11, 99 두 2963.

10) 서울高判 2010. 6. 29, 2009 누 36899. 근로자가 조합활동에 열중하고 있는 것을 싫어하여 지방으로 전출시키는 것이라면, 이는 조합활동에 불이익을 주는 행위로서 부당노동행위가 된다는 일본판례가 있다(東京高判 昭和 34. 4. 28, 勞民集 10卷 2號, 25面). 또한 노조전임자발령 요청 이틀 만에 전보명령을 내렸다 해도 인사방침이 이미 확정된 상태였다면 부당노동행위로 보기 어렵다는 국내 지방법원의 판결도 있다(서울行判 2000. 8. 24, 2000 구 740).

11) 大判 2016. 12. 29, 2015 두 776; 大判 2017. 9. 21, 2017 두 48109(조합원인 근로자가 복직을 요구하는 피케팅과 유인물 배포행위를 하였다는 이유로 사용자로부터 정직의 징계를 받은 사안에서 위 행위가 징계사유에 해당하지 아니하고, 사용자의 징계처분은 조합원에 대한 불이익을 주는 행위(노조및조정법 제81조 ①)이며 또한 노동조합에 대한 지배·개입 행위(제81조 ④)로서 부당노동행위에 해당한다고 본 원심을 심리불속행으로 확정한 판결).

12) 노조전임자에 대한 승격기준을 별도로 정하지 아니한 채 다른 영업사원과 동일하게 판매실적에 따른

의 경제적 차별대우[1] 등이 있다.

이와 같은 불이익취급은 경제상·정신상·생활상 또는 조합활동상의 불이익을 동반하는 것이면 족하다.[2] 그리고 불이익취급은 근로3권 보장활동과의 관계에서 그 구체적인 불이익성이 판단되어야 하는 것이므로, 사용자의 행위 자체는 실질적으로 불이익한 것이 아니더라도 근로3권 보장활동에 불이익하면 부당노동행위가 성립할 수 있음은 이상에서 설명한 바와 같다. 예컨대 사용자가 근로자의 조합활동을 혐오하여 또는 조합활동을 방해하려는 의사로 노동조합의 간부 또는 열성적 조합원을 승진시켜 조합원자격을 잃게 한 경우에는 승진의 시기와 조합활동의 관련성, 업무상 필요성, 능력의 적격성과 인선의 합리성 등의 유무와 당해 근로자의 승진이 조합활동에 미치는 영향 등 제반 사정을 고려하여 부당노동행위로서의 불이익취급의 여부를 판단해야 한다.[3] 따라서 조합원

승격기준만을 적용한 것은 승격배제로서 부당노동행위에 해당한다(大判 2011. 7. 28, 2009 두 9574). 이른바 능력주의 승진제도하에서 조합원이 노동조합에 가입하고 있음을 이유로 비조합원과 비교하여 승진에 있어서 불이익한 취급을 받았다고 하기 위하여는, 특별한 사정이 없는 한 당해 조합원이 비교의 대상으로 된 비조합원과의 사이에 업무능력, 근무성적, 상위직에 대한 적격성 등에 있어서 차이가 없어야 할 것이고, 노조원과 비노조원을 전체적으로 비교하여 보아 승진에 있어서 격차가 있다고 하더라도 그 때문에 바로 부당노동행위에 해당한다고 단정할 수 없다(大判 1998. 2. 10, 96 누 10188).

13) 大判 2016. 12. 29, 2015 두 38917.

1) 특정근로자가 파업에 참가하였거나 노조활동에 적극적이라는 이유로 해당근로자에게 연장근로나 휴일근로를 거부하는 것은 해당근로자에게 경제적 불이익을 주는 행위로서 부당노동행위에 해당할 수 있다(大判 2006. 9. 8, 2006 도 388). 또한 복수노조가 병존하는 경우 회사가 A노동조합의 조합원과 비조합원인 사무직 직원에게는 무분규 격려금을 지급한 반면 B노동조합의 조합원에게는 파업을 하였다는 이유로 이 금원을 지급하지 않은 것은 사용자의 중립의무위반 행위로서 부당노동행위에 해당한다(大田地判 2015. 9. 2, 2014 가합 102474). 그밖에 조합원에게만 승무시간을 통제해 월수입의 불이익을 준 경우(中勞委 2003. 1. 15, 2002 부노 195)라든가, 근로조건이 유리한 야간승무에 비조합원 비율이 높게 배치전환된 경우(中勞委 2000. 10. 17, 2000 부노 69)도 부당노동행위에 해당된다. 반면에 조합원인 근로자를 주간에만 근무시킴으로써 야간 및 연장근무수당을 지급받지 못하게 한 행위는 불이익취급의 부당노동행위에 해당하지 않는다고 한 중노위의 판정례가 있다(中勞委 2011. 5. 6, 2011 부노 39).

2) 서울行判 2005. 9. 15, 2005 구합 7570(담임으로 배정되어 있던 조합원만을 담임배정에서 제외하면서 그 자리에 전원 비조합원으로 대체시킨 점, 당시 원고 학원과 참가인 노동조합은 학교운영 등과 관련하여 분규가 있었고 그로 인하여 감독기관으로부터 특별감사를 받는 등 관계가 악화되어 있었던 점, 조합원들이 담임배정에서 배제됨으로 인하여 발생하는 경제적·신분상의 불이익을 종합하여 보면, 이 사건 담임배정 배제행위는 정당한 노동조합 활동을 이유로 그 근로자에게 불이익을 주는 것으로서 부당노동행위에 해당한다).

3) 大判 1992. 10. 27, 92 누 9418; 大判 1998. 12. 23, 97 누 18035; 大判 2000. 4. 11, 99 두 2963. 이른바 능력주의 승진제도하에서 조합원이 노동조합에 가입하고 있음을 이유로 비조합원과 비교하여 승진에 있어서 불이익한 취급을 받았다고 하기 위하여는, 특별한 사정이 없는 한 당해 조합원이 비교의 대상으로 된 비조합원과의 사이에 업무능력, 근무성적, 상위직에 대한 적격성 등에 있어서 차이가 없어야 할 것이고, 노조원과 비노조원을 전체적으로 비교하여 보아 승진에 있어서 격차가 있다고 하더라도 이로써 바로 부당노동행위에 해당한다고 단정할 수 없다(大判 1998. 2. 10, 96 누 10188). 또

의 승진발령이 당해 근로자의 업무능력을 제대로 평가하여 이루어진 것이 아니라 그의 조합활동을 혐오한 나머지 사용자가 더 이상 당해 근로자로 하여금 조합활동에 관여할 수 없도록 하기 위해서 행한 때에는 이에 불응하는 근로자의 행위는 사용자의 인사명령(지시권)을 위반한 행위라고 할 수 없다. 그러므로 해당 근로자가 승진발령을 받아들이지 않았다는 것을 이유로 사용자가 그 근로자를 해고하는 것은 조합활동을 저지하기 위한 불이익취급이므로 부당노동행위가 성립한다.1) 그러나 당해 근로자에 대한 승진조치가 회사의 정기인사이동의 일환으로서 승진대상자에 대한 합리적인 사정을 거쳐 행하여진 것일 때에는 비록 당해 근로자가 승진거부의사를 밝혔다 하더라도 사용자가 인사질서의 문란을 무릅쓰고 이를 존중하여야 할 의무를 부담하지 않으므로 이를 불이익취급으로 볼 수는 없다.2) 또한 사용자가 단체협약과 인사방침에 따라 정상적인 절차를 거쳐 근로자를 비조합원직으로 승진발령한 경우에 이 승진발령을 조합활동에 대한 방해행위라고 주장하면서 불응한 해당 근로자에 대하여 취업규칙과 단체협약에 의거 해고한 것은 부당노동행위라고 할 수 없다.3)

(3) **부당노동행위의 의사**('이유로'의 의미)

부당노동행위는 근로자가 정당한 조합활동이나 단체행동에 참가한 것 등을 「이유로」(노조및조정법 제81조 I ①, ⑤ 참조) 해고 등 기타 불이익을 주는 것을 말한다. 여기서 「이유로」라는 부당노동행위의 성립요건은 일반적으로 부당노동행위의 의사라고 해석되고 있다. 그러나 부당노동행위 의사의 성질에 대해서는 견해가 나누어지고 있다.

a) 학 설 종래의 주관적 의욕설에 의하면 부당노동행위 의사는 반조합적 의사 또는 동기로 해석되었다.4) 사용자가 해당 근로자의 단결활동 사실을 인식(정당성 유무에 관한 판단 착오는 문제되지 않는다고 한다)하고 있으면서 그 사실을 이유로 불이익한 취급을 하겠다는 의욕을 가지고 그 의욕을 실현하는 것을 부당노동행위의 의사라고 하는 견해도 있다.5) 이에 반하여 객관적 인과관계설은 사용자의 내심의 동기 등을 문제

한 인사고과와 관련하여 「인사고과 평점문제는 인사권의 본질에 관한 인사권자의 주관적인 판단사항으로서 객관적인 평점규정 등에 위배되어 당연무효가 아닌 이상 이를 문제삼을 수가 없으며 인사고과를 기준으로 승진이 이루어진 경우 사용자의 정당한 인사권 행사라고 판단된다」라고 한 중노위 판정이 있다(中勞委 1996. 10. 8, 96 부노 66).

1) 서울高判 1990. 4. 26, 89 구 4101; 김치선, 「단결권」, 157면; 菅野, 「勞働法」, 971面; 山口浩一郎, 「勞働組合法」(第2版), 1996, 89面.

2) 大判 1992. 10. 27, 92 누 9418.

3) 大判 1986. 7. 8, 85 누 170.

4) 박상필, 「노동법」, 492면; 大判 1986. 7. 8, 85 누 170; 大判 1991. 4. 23, 90 누 7685 등 참고.

5) 임종률, 「노동법」, 293면; 菅野, 「勞働法」, 968面; 西谷, 「勞働組合法」, 191面.

삼지 않으면서 정당한 단결활동을 했다는 것과 불이익취급 사이에 객관적인 연관성(인과관계)이 인정되면 부당노동행위가 성립한다고 한다.[1]

b) 「이유로」의 해석 불이익취급이라는 부당노동행위도 어떤 구체적 행위이기 때문에 그 행위에 행위의사가 수반되는 것은 당연한 일이다. 그러나 이와 같은 의사는 사용자의 내심의 상태를 말하는 것이므로 이를 직접 증명하는 것은 불가능할 것이다. 대부분의 경우 사용자는 정당한 단결활동을 「한 것을 이유로」 해당 근로자에게 불이익을 준 것은 아니라고 항변하면서 그 동기의사를 부인하기 때문이다.

사용자의 부당노동행위 의사는 노동위원회에 해당 근로자가 제출한 증거자료라든가 조사·심문과정에서의 관련 자료나 증언과 같은 간접사실들을 통해서 그 존재 여부를 판단하는 도리밖에 없다. 실제로 이러한 사실들을 기초로 사용자의 의사가 추단(推斷: 예컨대 사용자가 근로자에게 비열계약을 체결하도록 한 사실이 있고, 해당 근로자가 노동조합에 가입한 것을 알고 그 근로자를 해고한 경우 사용자의 부당노동행위 의사가 그대로 인정됨) 또는 추정(推定: 근로자가 주장하는 부당노동행위라고 여길 만한 사실의 부존재 또는 사용자의 불이익취급을 정당화하는 사유의 존재를 사용자가 증명하면 추정의 효력이 부인됨)된다.[2] 그러면 부당노동행위를 인정하기에 족한 사용자의 의사기준을 어느 정도의 것으로 보아야 할 것인지가 문제된다. 이는 노동위원회나 법원이 부당노동행위의 성립 여부를 인정하는 데 있어 충분하고 합리적이며 정당한 기준치의 문제로 이해될 수 있을 것이다. 이 경우에 사용자의 의사를 적극적인 반조합적 의도 내지 동기로 한정해서 엄격하게 파악할 것은 아니라고 생각한다. 노조및조정법 제81조 1항 1호 및 5호가 정한 「이유로」라는 것은 사용자의 불이익취급행위가 근로자의 정당한 단결활동이나 쟁의행위 참가 등을 이유로 이루어졌다는 의미의 「연관성」을 말하는 것으로 해석되어야 한다. 사용자가 당해 근로자의 단결활동이나 쟁의행위 등의 사실을 인식(알고 있는 상태)하고 있으면서 이러한 사실과의 관련하에서 불이익한 취급을 한 것이 인정되면 부당노동행위는 성립한다. 따라서 사용자가 정당한 단결활동을 위법한 것으로 인식(오인)하고 행위자를 징계처분한 경우에도 부당노동행위는 성립한다고 보아야 한다.[3] 그러나 사용자가 근로자의 정당한 단결활동에 대한 인식이 없이(알지 못하고) 불이익취급을 한 경우에는 단결활동을 「한 것을 이유로」 한 것은 아니므로 단결활동과 불이익취급 사이의 연관성은 성립할 수 없고, 부당노동행위는 인정되지 않는다. 그러나 사용자는 인식의 부존재에 대하여 증명책임을 부담

1) 김유성, 「노동법Ⅱ」, 333면; 이병태, 「노동법」, 439면.
2) 同旨: 西谷, 「勞働組合法」, 191面 참고.
3) 西谷, 「勞働組合法」, 191面. 이때에는 단순히 위법한 징계처분, 즉 징계사유에 해당하지 않는 징계처분으로 무효인 것으로 볼 수도 있을 것이다.

하고, 그의 주장이 받아들여진다 하더라도 부당해고[1] 또는 부당한 징계처분 내지 인사발령의 문제는 그대로 남을 수 있다.

c) 판례의 태도 판례는 부당노동행위에 해당하는지 여부를 판단할 때에 그 기준으로서 사용자측이 내세우는 불이익취급사유(징계사유 등)와 근로자가 한 노동조합을 위한 정당한 행위의 내용, 해고를 한 시기, 사용자와 노동조합과의 관계, 동종의 사례에 있어서 조합원과 비조합원에 대한 제재의 불균형 여부, 종래 관행과의 부합 여부, 사용자의 조합원에 대한 언동이나 태도, 기타 부당노동행위 의사의 존재를 추정할 수 있는 제반 사정 등을 비교·검토하여야 한다고 한다.[2]

또한 판례는 다음의 경우 부당노동행위의 의사가 있었다고 추정한다. 조합활동과 관련하여 조합결성에 중추적 역할을 한 자[3] 또는 적극적인 조합간부나 조합원에 대하여 불이익취급을 한 경우,[4] 조합원을 조합활동하기 어렵게 하거나 조합원자격을 상실하는 부서로 배치하는 경우,[5] 조합결성대회·조합장선거나 단체교섭·쟁의행위 등과 긴밀한 관련이 있는 시기에 불이익취급이 행하여진 경우,[6] 기업의 합리화로 인한 대량해고시에 조합원 비율이 너무 높은 경우, 노동조합탈퇴서를 사용자가 접수 또는 보관하는 경우, 사용자가 반조합적 언동을 행하였을 경우,[7] 또는 불이익취급 이유가 불분명한 경우[8] 등이 그 예이다. 사용자의 주관적 불이익처분 의사를 어느 경우에나 구체적으로 확인하는 것은 사실상 불가능한 일이므로 부당노동행위 의사 내지 연관성 여부는 관련된 제반 사정을 고려하여 종합적으로 판단하게 마련이다.

d) 불이익취급 원인의 경합

1) 사용자가 근로자에 대하여 해고 기타 불이익취급을 하는 경우에 그것이 근로자의 정당한 근로3권 보장활동을 이유로 행하여진 경우에는 부당노동행위가 성립하지

---

1) 노조및조정법상의 부당노동행위와 근로기준법상의 부당해고는 제도적으로 서로 구별되는 것으로 그 목적과 요건이 다른 것이므로 부당노동행위로서의 해고가 성립하지 않는다고 하여 부당해고가 성립하지 않는 것은 아니다(大判 1998. 5. 8, 97 누 7448).

2) 大判 2000. 4. 11, 99 두 2963; 大判 2016. 3. 24, 2013 두 12331; 大判 1999. 11. 9, 99 두 4273; 大判 1996. 7. 30, 96 누 587 등.

3) 大判 1977. 8. 23, 77 다 220; 大判 1990. 10. 23, 88 누 7729 등.

4) 大判 1990. 10. 23, 89 누 2837; 大判 1991. 2. 22, 90 누 6132 등. 예컨대 비열계약을 체결하거나, 정당한 이유 없이 단체교섭을 거부하는 행위에 대하여 사용자의 부당노동행위 의사를 증명하거나 추정하는 것은 예컨대 노동조합에 대한 지배·개입으로서의 부당노동행위에서보다 상대적으로 용이할 것이다.

5) 大判 2003. 3. 28, 2002 두 11349 등.

6) 大判 2003. 12. 11, 2003 두 11384 등.

7) 大判 1998. 5. 22, 97 누 8076; 大判 2006. 9. 8, 2006 도 388.

8) 大判 1997. 3. 28, 96 누 4220; 大判 1999. 11. 23, 99 다 45246 등.

만, 불이익을 줄 수 있는 정당한 사유가 존재하는 때에는 부당노동행위가 성립하지 않는다.[1] 그러나 진정한 불이익취급 이유를 둘러싸고 근로자와 사용자의 주장은 대립되는 것이 일반적이다.

이 경우에 근로자 또는 사용자가 주장하는 사실 중의 어느 하나가 진실한 이유인지를 판단하는 것이 객관적으로 가능한 경우와 그렇지 않은 경우가 있다. 전자의 경우에는 불이익취급 원인이 사실상 하나밖에 없고 단순히 주장의 대립만이 있는 것이므로 진정한 의미의 원인경합은 후자의 경우에 국한된다고 볼 수 있다. 예컨대, 조합원이 노동조합의 조직활동을 한 것이 이유가 되어 해고를 당하였다고 주장하는 반면, 사용자는 근로자의 근무태도불량 또는 업무지시위반 등을 해고사유로 주장하는 때에는 그 이유들이 각각 불이익취급의 원인이 될 가능성이 있기 때문에 그중 어느 하나를 진정한 사유라고 확인하기 어려운 상황이 발생할 수 있다.

원인경합의 경우에 부당노동행위의 성립 여부에 관한 판단에 있어서 일본의 학설·판례의 견해는 대체로 네 가지로 나누어져 있다. 첫째는 불이익취급 원인의 하나가 부당노동행위에 해당할 수 있는 경우에도 불이익취급을 정당화할 수 있는 별개의 이유(근거)가 존재하는 때에는 부당노동행위는 성립하지 않는다는 견해(부당노동행위부인설)이다. 둘째는 부당노동행위와 불이익취급 사이에 인과관계성이 인정되면 이와 다른 이유가 존재하더라도 부당노동행위가 성립한다는 견해(인과관계설)이다. 첫째의 견해가 경합하는 원인 중의 불이익취급을 정당화하는 이유만을 불이익취급의 「이유로」 고려하는데 반하여, 둘째의 견해는 부당노동행위에 해당하는 불이익취급을 「이유로」 고려한다는 점에서 첫째의 견해와 서로 정반대의 입장에 서 있다. 위의 두 견해는 간명한 것으로 보이지만 경합의 문제를 합리적으로 해결하는 태도는 아니다. 이 견해는 일반적 지지를 받고 있지 않다.[2] 셋째는 경합하는 이유들 중의 어느 것이 불이익취급의 결정적 원인인지를 판단하여 결정해야 한다는 견해이다(결정적 동기설).[3] 넷째로는 경합하는 복수의 원인들을 서로 대비하여 그 경중을 문제삼지 아니하고 조합활동을 중심으로 (조합원 지위 여부에 대하여는 크게 비중을 두지 않으면서) 그 활동이 없었더라면 불이익취급을 하지 않았을 것이라는, 다시 말하면 조합활동과 불이익처분 사이에 상당인과관계가 있는 경우에 부당노동행위의 성립을 인정하는 견해(상당인과관계설)가 있다.[4] 결정적 동기(원인)설은 불

1) 大判 1997. 6. 24, 96 누 16063.

2) 盛誠吾, 「勞働法總論·勞使關係法」, 227面 참고.

3) 결정적 동기설은 주로 일본 판례(최근의 것으로는 東京燒結金屬事件·東京高判 平4.12.12 勞判 662号 6面)에서 원용되는 설이다. 이 설은 결정적 원인설이라고도 한다.

4) 盛誠吾, 앞의 책, 227面 참고.

이익취급 금지사유와 불이익취급의 정당화사유 중에서 어느 것이 결정적(우월적)이였는지를 판정하여 부당노동행위의 성립여부를 인정하려는데 반하여 상당인과관계설은 불이익취급 금지사유(노동조합가입, 조합원으로서의 지위 또는 조합활동 등)가 없었다면 불이익취급이 없었을 것이라는 상당적 인과관계를 기초로 부당노동행위의 성립을 인정하는 설이다. 실제로 불이익취급에 의한 부당노동행위사건에서는 결정적 동기설과 상당인과관계설은 상호보완관계에서 중첩적으로 적용된다고 판단된다[1]고 볼 수 있다. 다시 말하면 결정적 동기(원인)설에 의하여 부당노동행위에 해당하는 원인과 불이익취급을 정당화하는 원인(근거)을 대비·검토하여 불이익취급이 노동조합가입, 조합원으로서의 지위 또는 조합활동 등을 원인으로 하였는지 그리고 이러한 원인과 불이익취급사이에 상당인과관계가 있는지를 살피게 될 것이다. 이 경우에 불이익의 정도, 불이익을 주는 이유의 중대성과 시기가 함께 고려된다.[2]

3) 우리 판례[3]는 「사용자가 근로자를 해고함에 있어서 표면적인 해고사유와는 달리 실질적으로는 근로자가 노동조합 업무를 위한 정당한 행위를 한 것을 이유로 해고한 것이 인정되는 경우에는 부당노동행위라고 보아야 할 것인데, 근로자의 노동조합 업무를 위한 정당한 행위를 실질적인 해고사유로 한 것인지의 여부는 사용자측이 내세우는 해고사유와 근로자가 한 노동조합 업무를 위한 정당한 행위의 내용, 해고를 한 시기, 사용자와 노동조합과의 관계, 동종의 사례에 있어서 조합원과 비조합원에 대한 제재의 불균형 여부, 징계절차의 준수 여부, 징계재량의 남용 여부 기타 부당노동행위 의사의 존재를 추정할 수 있는 제반 사정을 비교·검토하여 종합적으로 판단하여야 할 것」이라고 하며, 다만 「사용자에게 정당한 해고사유가 있어 해고한 경우에 있어서는 사용자가 근로자의 노동조합활동을 못마땅하게 여긴 흔적이 있다거나 반노동조합 의사를 갖고 있는 것으로 추정된다 하여 당해 해고가 부당노동행위에 해당한다고 할 수 없다」고 한다. 즉, 판례는 실질적 원인을 구체적·종합적으로 검토하여 부당노동행위의 성립 여부를 판단하는 태도를 취하면서 해고와 같은 불이익취급을 할 수 있는 정당한 사유가 있을 때에는 비록 사용자가 근로자의 조합활동을 못마땅하게 여기거나 반조합적 의사가 추정되는 등 불이익취급의 동기가 인정(경합)되더라도 부당노동행위는 성립하지 않는다는 입장이다.[4] 결국 부당노동행위의 성립 여부를 판단할 때에는 근로자의 정당한 조합활동이

1) 荒木, 「勞働法」, 685面; 西谷, 「勞働組合法」, 192面 참고.

2) 西谷, 「勞働組合法」, 193面.

3) 大判 2004. 12. 9, 2004 두 7795; 大判 1999. 11. 9, 99 두 4273; 大判 1996. 7. 30, 96 누 587; 大判 2016. 3. 24, 2013 두 13068 등.

4) 大判 2008. 9. 25, 2006 도 7233; 大判 2004. 12. 9, 2004 두 7795; 大判 1999. 9. 3, 99 두 2086;

없었더라면 사용자의 불이익취급이라는 부당노동행위는 없었을 것이라는 실질적 인과관계가 중요시되지만, 사용자에게 근로자의 징계해고 등 불이익취급을 할 수 있는 정당한 사유가 있을 경우에는 반조합적 의사가 추정되더라도 부당노동행위는 성립하지 않게 된다. 또한 판례는 부당노동행위 의사의 존부를 추정할 수 있는 제반 사정의 입증책임을 이를 주장하는 근로자에게 부담시키고 있으므로[1] 부당노동행위의 성립을 인정하는 것은 그만큼 더 어렵게 되기 마련이다. 판례가 부당노동행위의 이유와 불이익취급의 정당한 이유가 실질적으로 대등하게 경합하는 경우에 대해서 직접 판단하고 있는지는 불명확하지만 부정적 태도를 취하는 것으로 보인다.[2]

사용자가 근로자를 해고함에 있어서 표면적으로 내세우는 해고사유와는 달리 실질적으로는 근로자의 정당한 노동조합 활동을 이유로 한 것으로 인정되고 그 밖의 정당한 해고사유로 볼만한 사정이 없는 때에는 그 해고는 부당노동행위라고 보아야 할 것이다.[3] 이때에는 불이익취급 원인의 경합은 인정하기 어렵다. 그러나 사용자가 주장하는 불이익처우의 정당사유가 불이익취급 금지사유와 경합하는 경우 판례는 결정적 동기설과 상당인과관계설에 따라 판단하고 있는 것으로 생각된다. 다만 불이익취급을 할 수 있는 정당한 사유가 있는 때에는 부당노동행위를 부인하는 쪽으로 판단하고 있는 것으로 보인다.

3. 비열계약(反組合契約)

a) 노조및조정법 제81조 1항 2호 본문은 「근로자가 어느 노동조합에 가입하지 아니할 것 또는 탈퇴할 것을 고용조건으로 하거나 특정한 노동조합의 조합원이 될 것을 고용조건으로 하는 행위」를 부당노동행위로서 금지하고 있다. 조합에의 불가입 또는 조합으로부터의 탈퇴를 고용조건으로 하는 약정을 이른바 비열계약 또는 반조합계약[4] (yellow-dog contract)이라고 한다. 비열계약의 체결을 부당노동행위로 규정하고 이를 금지하는 것은 원래 Taft-Hartley법 제8조 a) (3) (Wagner법 제8조 (3))에서 입법화된 것인데, 우리나라의 노동법은 이를 계수한 것이다. 불이익취급이 종업원이 된 자의 근로3권 보장활동을 억압하기 위한 것이라면, 비열계약은 종업원이 되기 전에 단결활동을 봉쇄

大判 1996. 7. 30, 96 누 587; 大判 1993. 12. 10, 93 누 4595 등.

1) 大判 2004. 12. 9, 2004 두 7795.

2) 大判 1996. 7. 30, 96 누 587 등; 이정, '부당노동행위의사와 해고사유의 경합', 「노동판례백선」, 2021, 394면 이하 참고.

3) 大判 1993. 1. 15, 92 누 13035; 大判 1993. 12. 10, 93 누 4595; 大判 1996. 4. 23, 95 누 6151.

4) 판례는 반조합계약이라는 용어를 쓰기도 한다(大決 2002. 10. 25, 2000 카기 183).

하려는 것이다. 비열계약이 불이익취급에 이어 부당노동행위로서 금지되고 있는 것은 양자가 대표적인 반조합적 행위이기 때문이다.[1)]

b) 고용조건으로 규정하고 있는 것은 법문상 조합에 가입하지 않을 것과 조합으로부터 탈퇴할 것을 그 내용으로 하고 있을 뿐이나, 부당노동행위제도는 근로자의 근로3권 보장활동을 저해하는 사용자의 행위를 배제하는 데 그 목적이 있으므로, 조합에 가입하더라도 조합활동을 하지 않을 것 또는 어용조합에의 가입을 고용조건으로 하는 것도 비열계약이라고 보아야 한다.[2)] 이와 같은 반조합적 조건을 고용조건으로 하는 것은 반드시 근로계약체결시에 약정되어야 하는 것은 아니며, 종업원이 된 후에 고용계속의 조건으로 약정하는 것도 마찬가지로 보아야 한다.

c) 비열계약은 헌법 제33조 1항과 노조및조정법 제81조 1항에 위배되므로 사법상 당연히 무효이다(민법 제103조 참조).[3)] 그러나 비열계약의 약정만이 무효이며 근로계약 전체가 무효로 되는 것은 아니다. 비열계약을 근거로 하여 행하여진 해고는 무효이며, 실제에 있어서는 불이익취급으로서의 해고의 경우와 같이 다루어진다.

d) union shop 협정과 부당노동행위

1) 노조및조정법 제81조 1항 2호 단서는 「노동조합이 당해 사업장에 종사하는 근로자의 3분의 2 이상을 대표하고 있을 때에는 근로자가 그 노동조합의 조합원이 될 것을 고용조건으로 하는 단체협약의 체결은 예외로 하며, 이 경우 사용자는 근로자가 당해 노동조합에서 제명된 것 또는 그 노동조합을 탈퇴하여 새로 노동조합을 조직하거나 다른 노동조합에 가입한 것을 이유로 신분상 불이익한 행위를 할 수 없다」고 규정하고 있다.[4)] 이러한 union shop 협정은 노동조합의 발의를 기초로 하여 단결강화를 위해서 이루어지는 것이므로 사용자의 부당노동행위를 규제하려는 데 그 목적이 있는 것이 아

---

1) 사용자를 위해 행동하는 종업원(노조및조정법 제2조 ② 참조)이 노조를 탈퇴하지 않는다는 이유로 한 징계처분은 부당노동행위에 해당하지 않는다(서울行判 2007. 11. 9, 2007 구합 17731).

2) 菅野, 「勞働法」, 972面. 異見: 임종률, 「노동법」, 297면.

3) 심태식, 「개론」, 215면; 김치선, 「단결권」, 167면. 「노동조합에의 가입·탈퇴는 근로자 개개인의 자유의사에 의하여 결정할 수 있는 것이므로 근로자의 단결선택의 자유를 침해하는 것은 허용되지 않는다」(大判 1989. 1. 17, 87 다카 2646). 근로3권의 제3자적 효력에 관해서는 [27] 3. 참고.

4) 2006년 12월에 개정된 동 규정은 2010년 1월 1일부터 기업단위에서 전면적으로 복수노조가 허용된다는 전제하에 개별 근로자에게 단결선택권을 보장하는 것을 고려하여 이루어졌다. 즉, 복수노조하에서도 union shop 제도를 유지하되 그 노동조합을 탈퇴하여 새로운 노동조합을 조직하거나 다른 노조에 가입하는 경우에는 그 근로자에 대하여 해고 등 불이익을 줄 수 없도록 함으로써 단결권의 강화라는 노조의 현실적 요청과 복수노조하에서의 단결선택권의 보장을 조화하려는 데 그 개정 목적이 있었다. 그러나 사업장 단위의 복수노조 설립이 거듭 유예되어 왔으며 노조및조정법 제81조 1항 2호의 개정규정은 부칙(제8158호, 2006. 12. 30) 제1조의 개정(2010. 1. 1)으로 2011년 7월 1일부터 시행되었다.

니다. 사용자가 노동조합과 이러한 union shop 협정을 체결하더라도 이를 부당노동행위로서 논하지 않겠다는 데 그 취지가 있다.[1] 그러나 union shop 협정은 근로자의 단결선택의 자유를 침해할 수도 있기 때문에 노조및조정법 제81조 1항 2호 단서는 당해 사업장에 종사하는 근로자의 3분의 2 이상을 대표하고 있는 경우에만 union shop 협정을 둘 수 있도록 그 요건을 제한하고 있다.[2] 여기서 당해 사업장이란 노동조합의 조직대상으로서의 사업장을 의미하는 것으로 해석해야 한다. 따라서 노동조합이 기업별로 조직되어 있는 경우 그 기업에 업종을 같이하는 여러 개의 사업장이 있는 때에는 원칙적으로 그 전체를 하나의 사업장으로 보아야 한다. 그리고 근로자란 노동조합의 조직대상인 근로자를 말하며, 사업장의 전체종업원을 의미하는 것은 아니다.

2) 복수노조가 허용되지 않던 과거의 법제도하에서는 union shop 협정이 체결되면 근로자의 단결선택의 자유는 원천적으로 제한을 받을 수밖에 없다. 마찬가지로 조직대상을 같이하는 지역노조의 경우에도 조합원이 union shop 협정이 체결된 노동조합에서 탈퇴하여 다른 노동조합에 가입하면 union shop 조항이 적용되어 탈퇴근로자를 사용자가 해고하더라도 부당노동행위에 해당되지 않는다고 하는 것이 판례의 태도[3]였다. 그러나 개정법하에서는 노조및조정법 제81조 1항 2호 단서 후단의 명문에 의하여 union shop 조항의 적용이 배제된다.

복수노조가 허용되고 있는 현행 법제도하에서는 union shop 제도 존치 여부를 재고해야 할 것으로 생각된다. 노조및조정법 제81조 1항 2호 단서에 따른 제한적 조직강제가 구법하에서의 복수노조설립금지와 모순되지 않는 규정이었으나 자주적이고 민주적

---

1) 현행 노조및조정법 제81조 2호 단서의 union shop 제도의 규정취지는 사용자의 금지행위인 부당노동행위의 예외적 조항으로서 사용자가 노동조합에의 가입 및 탈퇴를 고용조건으로 한 근로계약을 체결하더라도 부당노동행위로 논하지 않겠다는 소극적 의미를 가지는 것에 불과하다. 그러나 이에 위반한 근로자가 있을 때에는 사용자가 해당 근로자를 해고해야 할 의무를 노동조합에 대하여 부담하는 것이라고는 할 수 없다. 따라서 단체협약에 union shop 협정을 두고 있다 하더라도 그 자체로서 근로자의 임의탈퇴에 대하여 사용자의 해고의무가 당연히 발생하는 것은 아니다. 다시 말하면 노조를 임의로 탈퇴한 근로자에 대한 사용자의 해고의무를 단체협약 내에 직접 규정한 경우에 한해서만 그 단체협약에 기하여 근로자를 해고할 수 있다고 보아야 한다(大判 1995. 2. 28, 94 다 15363; 서울民地判 1993. 2. 4, 92 가합 64489 참고). 다만, 이 경우에도 사용자가 단체협약상의 해고의무를 이행하지 않는 것은 계약상의 의무를 위반한 것에 지나지 않으며, 부당노동행위에는 해당되지 않는다(中勞委 1995. 11. 27, 95 부노 139 참고).

2) union shop 협정이 근로자 개인의 노동조합에 가입하지 않을 자유나 단결선택의 자유와 충돌하는 측면이 있기는 하지만 조직강제의 일환으로서 노동조합의 조직유지와 강화에 기여하는 측면을 고려하여 일정한 요건하에서 체결된 union shop 협정의 효력을 인정한 것이라 할 것이어서 헌법상의 근로자의 단결권을 침해하는 조항으로 볼 수는 없다: 大決 2002. 10. 25, 2000 카기 183.

3) 大判 2002. 10. 25, 2000 다 23815. 이 판결의 평석에 관해서는 박종희, '복수노조금지하에서 union shop 협정의 효력', 「고려법학」(제40호), 2003, 241면 이하 참고.

이며 근로자의 지지를 받는 새로운 노동조합의 설립을 적극적으로 개방한 현행법상의 복수노조주의 취지에는 어긋난다고 판단하지 않을 수 없다. 따라서 교섭대표노동조합이나 또는 전체 조합원의 과반수로 조직된 노동조합(제29조의2 Ⅳ)이 단일노조로서 당해 사업장에 종사하는 근로자 3분의 2 이상을 대표하고 있는 때에도 그 노동조합의 조합원이 될 것을 고용조건으로 하는 단체협약을 체결하는 것은 복수노조주의의 취지에 어긋날 뿐 아니라 공정대표의무(제29조의4)에도 반한다. 개별교섭을 하기로 한 경우의 특정 노동조합(제29조의2 Ⅰ 단서)이나 공동교섭대표단(제29조의2 Ⅳ·Ⅴ)의 경우에도 union shop 협정은 허용되지 않는다고 보아야 한다. 복수노조주의의 원칙에 반하기 때문이다. 근로자가 가입할 노동조합을 특정하지 아니하고 어느 노동조합에든 가입할 것을 강제하는(의무화하는) 조항(일반적 조직강제)을 사용자와 체결하는 것은 조직권한을 유월하는 무의미한 것이라고 보아야 할 것이다([111] 7. (2) 참고).

3) 복수노조주의를 채택하고 있지 않았던 구법제하에서는 union shop 제도에 대하여 다음과 같은 해석이 행하여졌다([24] 4. (3), [111] 7. (2) 참고). union shop 협정의 의의는 새로 채용되는 근로자를 조합원으로 조직화하고 기존 조합원이 노동조합으로부터 탈퇴하는 것[1])을 방지하려는데 있는 것이므로 사용자가 일정한 기간 내에 노조에 가입하지 않는 자 또는 노동조합으로부터 탈퇴한 자를 해고하는 것이 원칙이다.[2]) 동조 2호 단서 후단은 「사용자는 근로자가 당해 노동조합에서 제명[3])된 〔중략〕 … 것을 이유로 신분상 불이익한 행위를 할 수 없다」고 규정하고 있다([127] 3. 참고). union shop 협정하에서 근로자가 노동조합에서 제명되었음을 이유로 사용자가 신분상 불이익한 조치를 한 경우 부당노동행위에 해당할 수 있다. 노동조합의 통제권은 노동조합 내부에 대해서만 미치는 것인데 노조의 통제권 행사인 제명을 이유로 사용자가 해당 근로자를 해고하는 것은 제명의 대외적 효력을 용인하는 것이되어 부당하고, 그 이면에는 해당 노조에 대한

1) 헌법재판소(憲裁 2005. 11. 24, 2002 헌바 95·96, 2003 헌바 9)는 구 노조및조정법 제81조 2호 단서는 근로자의 단결권을 보장한 헌법 제33조 1항 등에 위반되지 아니하고 평등의 원칙에도 위배되지 않는다고 결정하였다([24] 4. (3) 참고).

2) 노동조합과 사용자 사이에 union shop 협정이 체결되어 있는 경우에 노동조합은 조합원의 자격을 갖춘 근로자의 가입을 함부로 거절할 수 없고, 탈퇴조합원의 재가입에 대한 제약이나 거부는 권리남용 또는 신의칙위반에 해당된다. 예를 들면 노동조합을 탈퇴한 근로자가 상당한 기간 내에 탈퇴의사를 철회하고 재가입노력을 하였으나, 같이 탈퇴한 다른 근로자의 가입을 허용하면서도 당해 근로자의 가입을 거부한 것은 사실상 제명에 다름 아니기 때문에 사용자가 해당 근로자를 해고하였다면 이는 정당한 해고가 아니다(大判 1995. 2. 28, 94 다 15363; 大判 1996. 10. 29, 96 다 28899; 大判 1998. 3. 24, 96 누 16070).

3) 노동조합에 의한 제명은 엄격한 요건하에서 최종적 수단으로서만 인정되어야 한다(大判 2004. 6. 10, 2004 다 11032; 大判 1994. 5. 10, 93 다 21750 참고).

사용자의 지배·개입의 가능성이 인정될 수 있기 때문이다. 한편, 단체협약상 노동조합을 임의로 탈퇴한 근로자에게 불이익처분을 규정하고 있는 경우에도 사용자가 불이익처분을 이행하지 아니한 경우는 단체협약상의 채무불이행으로 인한 책임만을 부담하는 데 불과하며, 부당노동행위에 해당되지는 않는다.[1] 또한 union shop 조항이 체결되어 있는 경우 탈퇴근로자가 다시 가입원을 제출하는 경우에는 그 승인을 거부할 수 없다.[2]

노조및조정법 제81조 1항 2호 단서의 규정에 의하면 union shop 협정을 근거로 신분상의 불이익을 줄 수 있는 경우는 신규로 채용된 근로자가 일정기간 내에 노동조합에 가입하지 않거나 조합원인 근로자가 노동조합을 탈퇴한 경우라고 할 수 있다. 이때에 「신분상 불이익한 행위」가 무엇을 의미하는 것인지에 관해서는 명문의 규정이 없으나 (주로 계약갱신거절·해고뿐만 아니라 휴직·전직·전적을 포함할 수 있음), 학설[3]과 판례[4]는 해고를 뜻하는 것으로 풀이하고 있다. 따라서 노동조합에서 제명된 근로자에 대하여 사용자가 신분상 불이익한 행위, 즉 해고를 할 수 없도록 한 것은 노동조합이 실질적으로 해고에 대한 영향력을 행사하는 것을 막기 위한 것이라고 해석된다. 예컨대 노동조합의 규약위반을 이유로 제명된 근로자를 사용자가 해고해야 한다면 노동조합과 근로자 사이의 내부적 관계에 그쳐야 할 노동조합의 통제권이 사용자의 인사권에까지 확대되어 그 효력을 미치게 될 것이다. 뿐만 아니라 노동조합이 근로자에게 해고라는 불이익을 줄 수 있는 막강한 통제권을 갖는다면 이 통제권은 자칫 비민주적으로 또는 불공정하게 행사될 우려가 없지 않다. 이와 같은 노동조합의 제명행위는 단결권 보호와 무관한 경우가 적지 않을 것이며 노동조합 본연의 통제권 범위를 일탈하게 될 것이다.

4) 하나의 사업장에 복수의 노동조합이 병존하는 경우에 union shop 협정을 체결한 노동조합의 조합원이 당해 노동조합을 탈퇴하여 다른 노동조합에 가입하거나 새로운 노동조합을 조직한 경우에도 그 근로자에게 신분상 불이익을 줄 수 없다(노조및조정법

---

1) 대법원은 「구 노동조합법(1996. 12. 31, 법률 제5244호로 폐지) 제39조 2호 단서 소정의 조항, 이른바 union shop 협정은 노동조합의 단결력을 강화하기 위한 강제의 한 수단으로서 근로자가 대표성을 갖춘 노동조합의 조합원이 될 것을 '고용조건'으로 하고 있는 것이므로 단체협약에 union shop 협정에 따라 근로자는 노동조합의 조합원이어야만 된다는 규정이 있는 경우에는 다른 명문의 규정이 없더라도 사용자는 노동조합에서 탈퇴한 근로자를 해고할 의무가 있으며」, 「단체협약상의 union shop 협정에 의하여 사용자가 노동조합을 탈퇴한 근로자를 해고할 의무는 단체협약상의 채무일 뿐이고, 이러한 채무의 불이행 자체가 바로 노동조합에 대한 지배·개입의 부당노동행위에 해당한다고 단정할 수 없다」고 판시하였다(大判 1998. 3. 24, 96 누 16070(한국전력기술사건)).

2) 大判 1996. 10. 29, 96 다 28899(가입제약은 권리남용 내지 신의칙 위반).

3) 김유성, 「노동법 Ⅱ」, 341면 이하.

4) 大判 1995. 2. 28, 94 다 15363; 大判 1996. 10. 29, 96 다 28899; 大判 2002. 10. 25, 2000 다 23815 참고.

제81조 I ② 단서 후단). 근로자가 복수의 노동조합 중에서 하나의 노동조합을 선택·가입할 수 있는 적극적 단결권은 특정 노동조합의 union shop 조항에 우선할 뿐만 아니라,[1] 사용자의 신분상 불이익행위가 union shop 제도의 목적인 단결권 보호와 아무런 관련이 없는 경우에는 그 처분행위는 효력이 없기 때문이다.

판례[2]에 따르면 union shop 협정이 근로자들의 판단을 강화하는 정당한 목적을 가지고 있더라도 근로자의 노동조합 선택의 자유 및 지배적 노동조합(해당 사업장에 종사하는 근로자의 3분의 2 이상이 조합원으로 가입한 노동조합)이 아닌 소수 노동조합의 단결권을 침해하는 경우에까지 그 효력을 그대로 인정할 수 없다고 한다. 즉 union shop 협정은 어느 노동조합에도 가입하지 아니한 근로자에게만 제한적으로 미친다고 보아야 한다는 것이다. 따라서 신규로 입사한 근로자가 노동조합 선택의 자유를 행사하여 지배적 노동조합이 아닌 소수 노동조합에 이미 가입한 경우에는 union shop 협정의 효력이 해당 근로자에게 미친다고 볼 수 없고, 따라서 사용자가 union shop 협정을 들어 신규 입사 근로자를 해고하는 것은 정당한 이유가 없는 해고로서 무효로 보아야 한다. 복수노조제도 하에서는 어느 노동조합이건 평등한 단결권의 향유주체이므로 조합원 확보를 위한 조직활동, 노동조합 조직의 유지에 있어서 평등한 권리를 가진다. 판례는 어느 노동조합에도 가입하지 아니한 근로자에게는 union shop 조항이 효력을 미친다는 태도를 취하고 있으나, 이를 인정하게 되면 지배적 노동조합에 대하여 조직상의 차별적 이익을 주는 것이 되어 복수노조제도에 반한다. 왜냐하면 소수노조는 union shop 협정 자체를 사용자와 체결할 수 없기 때문이다. 또한 지배적 노동조합과 사용자가 union shop 협정을 체결하는 것은 공정대표의무에도 위배될 수 있다고 생각된다.

5) union shop 협정이 체결되면 그 조항은 새로 채용될 근로자에게 효력이 미칠 뿐 아니라, 그 이전에 입사한 근로자에 대해서도 당연히 효력이 미친다는 견해가 있다.[3] 그러나 위의 union shop 협정에 대하여 일종의 소급효를 인정한다는 것은 정당하지 않다. 사용자와 아무 조건 없이 유효한 근로계약관계를 체결하고 있는 근로자에 대하여 노동조합에 가입하지 않으면 해고된다는 불리한 조건을 노동조합과 사용자가 약정하는 것은 제3자에게 불리한 계약(Vertrag zuungunsten Dritter)으로서 효력이 없다고 보아야 한다.[4]

---

1) 釜山地判 1999. 7. 7, 98 가합 15852. 同旨: 김유성, 「노동법 Ⅱ」, 339면.

2) 大判 2019. 11. 28, 2019 두 47377. 이 판례에 관한 해설: 김린, '유니온숍 협정과 단결선택권', 「노동판례백선」, 2021, 402면 이하; 임상민, '유니온 숍 협정과 부당해고, 부당노동행위', 「노동법포럼」(제31호), 2020. 11, 105면 이하 참고.

3) 임종률, 「노동법」, 79면 이하.

4) 김형배, 「채권각론(계약법)」, 2001, 178면; *MünchKomm*/Gottwald, 3. Aufl., §328 Rn. 144.

근로계약관계에 있지 않은 신규입사자와는 구별하여 판단해야 할 것이다.[1] 노조및조정법 제81조 1항 2호 본문 및 단서의 규정에 따르면 union shop 협정은 새로운 근로자의 채용과 관련해서 노동조합의 가입을 「고용조건」(채용조건)으로 하는 경우에만 적용된다. 따라서 union shop 협정을 소급적으로 적용하는 것은 명문의 규정에 반한다. 결과적으로 closed shop 협정과 다를 바가 없게 될 것이다.

6) 노동조합을 탈퇴한 근로자가 union shop 협정에 따라 해고된 경우 노동조합을 상대로 조합원지위 확인을 구하는 소를 제기하지 아니하고 곧바로 사용자를 상대로 해고무효확인 소송을 제기할 수도 있다는 것이 판례의 태도이다.[2] 동 판례는 해고된 근로자가 조합원지위확인의 소에서 승소하였다 하더라도 바로 해고의 처분이 부정되는 것은 아니라고 한다. 소송당사자와 소 자체가 별개라는 절차법상의 이유뿐만 아니라, 조합원지위의 존부의 판단요건과 사용자의 해고의 유효요건은 실체법상으로 구별될 수 있기 때문일 것이다. 그러나 해고사유가 단순히 노동조합의 탈퇴를 사유로 하는 것이라면, 해고무효확인의 소에서도 해고의 정당한 이유는 인정될 수 없을 것이다. 나아가 동 판례는 탈퇴의사를 철회한 다수 근로자들에 대하여 노동조합이 그 철회의사를 선별적으로 수용하지 않는 것은 근로자의 단결권을 보장한 기본정신에 반하며 실질적으로 노동조합이 일방적인 제명처분을 하는 것과 같으며, union shop 협정에 기한 목적범위를 일탈하는 것이라고 판단하고 있다. 타당한 판시라고 생각된다.

7) 노동조합 가입의 계기가 된 union shop 협정이 부당노동행위로서 무효인 경우(노조및조정법 제81조 1항 ② 단서의 요건을 갖추지 못한 경우)에 근로자가 조합원 자격을 과연 적법하게 취득하였다고 볼 수 있는지 문제될 수 있다. 노동조합 가입행위는 원칙적으로 근로자의 청약과 조합의 승낙이라는 의사의 합치에 의하여 성립하는 계약이라고 할 것이므로, 비조합원들의 자발적인 가입의사가 없음에도 불구하고 무효인 union shop 협정에 의하여 조합원으로 간주된 것에 불과하다면 그러한 사실만으로 조합원의 자격이 취득되었다고는 볼 수 없을 것이다. 그러나 비조합원들이 union shop 협정이 체결된 것을 계기로 또는 union shop 협정과 무관하게 스스로 노동조합에 가입하려는 의사를 가지고 급여에서 조합비를 공제하는 것에 동의하는 방식으로 청약의 의사표시를 하고 노동조합이 이를 승낙하는 등 특별한 사정이 인정된다면, 비록 노동조합 가입의 계기가 된 union shop 협정이 부당노동행위에 해당하여 무효라고 하더라도, 근로자와 노동조합 사이에 노동조합 가입계약이 성립하고 이로써 조합원의 자격이 적법하게 취득되

1) Gamillscheg, *Kollektives ArbR*, Bd. Ⅰ, S. 389 참고.
2) 大判 1995. 2. 28, 94 다 15363.

었다고 보아야 한다.[1])

4. 단체교섭의 거부

a) 노조및조정법 제81조 1항 3호는 「노동조합의 대표자 또는 노동조합으로부터 위임을 받은 자와의 단체협약체결 기타의 단체교섭을 정당한 이유없이 거부하거나 해태하는 행위」를 부당노동행위로서 금지하고 있다.[2]) 사용자는 신의에 따라 성실히 교섭에 임해야 하며(노조및조정법 제30조 Ⅰ) 정당한 이유 없이 교섭을 거부할 수 없으므로(동조 Ⅱ) 이 규정은 성실한 교섭을 하지 않거나 교섭을 거부하는 사용자의 행위를 부당노동행위로서 규제하려는 것이다. 복수노조하에서 교섭창구 단일화가 된 경우에는 교섭대표노동조합이 교섭하고 단체협약을 체결할 수 있는 '노동조합'이다(노조및조정법 제29조의5). 단체교섭은 노동조합의 본래적이고 핵심적인 기능이기 때문에 이와 같은 교섭을 사용자가 거부한다는 것은 노동조합의 존재이유를 무의미하게 하는 것이 된다.[3])

b) 이 조항은 사용자가 노동조합의 대표자 또는 그 밖의 단체교섭담당자([107] 2. 참고)와 단체교섭을 행할 의무를 규정하고 있는 동시에 사용자가 정당한 이유가 있을 때에는 단체교섭을 거부할 수 있음을 전제하고 있다.

단체교섭응낙의무는 사용자가 단체교섭에 성의를 가지고 임할 것을 의미하는 것뿐이며, 교섭사항을 구체적으로 타결해야 할 의무까지를 포함하는 것은 아니다. 그러므로 단체교섭이 순조롭게 이루어지지 못하여 단체협약이 체결되지 못했다고 해서 그것 자체를 단체교섭거부에 의한 부당노동행위라고 할 수는 없다. 그러나 사용자가 노동조합과의 대면을 거부하고 서면에 의해서만 요구사항을 수취하겠다고 하든가, 아니면 노동조합의 요구를 듣기만 하고 아무런 적극적인 대응을 하지 않는 것은 성실교섭의무를 위반한 것으로서 부당노동행위라고 볼 수 있다. 또한 사용자가 노동조합과 교섭타결을 이끌어낼 수 있는 실질적인 권한이 없는 자에게 교섭을 위임하는 것은 사실상 교섭 자체가 무의미해진다는 의미에서 성실교섭의무에 반한다고 볼 수 있을 것이다.[4]) 뿐만 아니라 교섭사항에 관해서는 의견의 일치를 보았음에도 불구하고 이를 서면으로 작성하여 단체

---

1) 大判 2004. 11. 12, 2003 다 264.

2) 大判 2004. 3. 12, 2003 두 11834; 서울高判 2005. 4. 29, 2004 누 8462 참고.

3) 근로자의 단체교섭권을 사법상 가처분의 피보전권리로 인정한 판례: 釜山地判 2000. 2. 11, 2000 카합 53; 水原地判 2006. 3. 16, 2006 카합 5; 光州地判 2010. 10. 13, 2010 카합 1014.

4) 김유성, 「노동법 Ⅱ」, 348면. 청산중의 회사도 노사당사자 간의 문제가 해결되지 아니한 상황에서 회사의 청산을 이유로 단체교섭에 불응한 것은 정당한 교섭거부로 볼 수 없으므로 부당노동행위에 해당된다는 견해가 있다(서울地勞委 1989. 10. 21, 89 부노 230). 그러나 이와 같은 견해는 청산의 목적범위를 넘는 것으로 생각된다.

협약서에 서명·날인할 것(노조및조정법 제31조 I)을 거부하는 행위는 부당노동행위가 된다고 보아야 한다.

노동조합이 복수로 존재하는 사업 또는 사업장에서는 사용자와 단체교섭을 할 수 있으려면 사용자가 개별교섭에 동의하지 않는 이상 교섭창구 단일화 절차를 거쳐야 한다. 따라서 사용자가 교섭대표노동조합을 정하기 위한 교섭창구 단일화 절차를 거부하거나 해태하는 행위도 단체교섭을 거부하거나 해태하는 것으로서 부당노동행위에 해당한다고 보아야 할 것이다.[1] 이와 같은 행위도 노동위원회가 시정을 명하는 구제명령의 대상이 될 수 있다.

노동조합이 쟁의행위를 개시한 경우에는 사용자가 임의로 교섭에 응할 수 있을 뿐이고, 법적으로 단체교섭에 응할 의무를 부담하지 않는다는 견해도 있을 수 있으나, 쟁의행위기간 중이라고 하여 사용자의 성실교섭의무가 경감되거나 면제되지 아니한다고 보아야 할 것이다.[2] 쟁의행위는 단체교섭을 촉진하기 위한 수단에 지나지 않으므로 그 기간 중에 성실교섭의 의무가 감소된다고 볼 수는 없을 것이다. 다만 단체교섭의 교착상태가 계속되는 경우에 새로운 교섭제안(타협안)이나 사정변경이 없다면 단체교섭거부에 정당한 이유가 인정될 수 있을 것이다.

c) 단체교섭을 거부할 수 있는 정당한 이유의 존부에 관해서는 부당노동행위제도가 사용자에게 성실한 단체교섭의무를 부과하고 있는 이상 사용자에게 그와 같은 의무의 이행을 기대할 수 있느냐에 따라 구체적으로 판단해야 한다. 정당한 이유의 존부는 특히 교섭상대방인 노동조합 측과의 관계에서 문제가 되므로 사용자 측 일방의 행위만을 보고 일반적으로 또는 추상적으로 판단할 수는 없다.[3] 다시 말하면 양측의 교섭태도를 종합적으로 판단해야 한다. 즉, 노동조합 측의 교섭권자, 노동조합 측이 요구하는 교섭시간, 교섭장소 및 그의 교섭태도 등을 종합하여 사회통념상 사용자에게 단체교섭의무의 이행을 기대하는 것이 어렵다고 인정되는지 여부에 따라 판단해야 할 것이다.[4] 예를 들면 노동조합이 위임한 교섭담당자의 수가 지나치게 많아서 신중한 협의를 할 수 없는 경우, 단체교섭의 담당자가 조합원총회로부터 협약체결권한을 받지 못한 것을 이유로 하는 경우,[5] 통상적인 근로시간을 비정상적으로 초과하여 교섭을 요구하는 경우, 관행

1) 서울行判 2014. 5. 29, 2013 구합 51725.

2) 大判 2006. 2. 24, 2005 도 8606(파업과 직장폐쇄가 진행되고 있다는 사정이 단체교섭을 거부할 만한 정당한 이유가 될 수는 없다); 外尾, 「勞働團體法」, 282面.

3) 참고판례: 大判 2006. 10. 26, 2004 다 11070.

4) 大判 2009. 12. 10, 2009 도 8239; 大判 2006. 2. 24, 2005 도 8606.

5) 「단체협약 등의 체결권한은 조합원에게 있고, 이는 재적조합원 과반수의 투표와 투표자 과반수의 동의를 얻어야만 효력을 가지며, 위원장이 직권으로 조인한 때에는 불신임사유가 발생한 것으로 보아

적인 단체교섭의 규칙을 무시하는 경우,[1] 장시간에 걸친 협의의 결과 심신이 피로하여 그 이상의 정상적인 협의를 기대할 수 없는 경우, 사용자가 단체교섭의 정당한 상대방이 누구인지를 명확히 알 수 없는 경우[2]에는 사용자는 정당하게 단체교섭을 거부할 수 있다.[3] 그러나 단체협약효력기간의 만료에 대비하여 노동조합이 합리적인 시기에 요구한 단체교섭을 거부한 경우,[4] 조합원이 소수라는 이유로 단체교섭을 거부하는 경우, 교섭담당자인 조합위원장 및 부위원장에 대하여 배치전환 등의 불이익취급을 하는 경우,[5] 단순히 내부사정을 이유로 거부하는 경우, 단체교섭시기에 일방적으로 휴업을 하는 경우 또는 형식적으로는 교섭에 응하지만 실질적으로는 전혀 성의 없는 교섭을 하는 경우[6] 등에 있어서는 부당노동행위로서의 단체교섭의 거부를 인정할 수 있다.

사용자의 단체교섭 거부행위는 노동조합의 단체교섭권 내지 단체교섭청구권에 대한 거부행위이다. 노동조합의 단체교섭청구권은 헌법(제33조 I)과 노조및조정법(제29조, 제81조 I ③)에 근거한 권리이므로 계약상의 권리와는 구별된다. 따라서 단체교섭 거부행위는 단순한 채무불이행이 아니라 근로3권 보장질서의 실현을 위한 공서적(公序的) 권

즉시 총회를 열어 불신임 여부를 묻는 조합원투표를 실시한다」는 내용의 노조규약이 있다면 회사 측으로서는 단체협약 요구안에 대하여 합의를 도출하더라도 노동조합총회에서 그 단체협약안을 받아들이기를 거부하여 단체교섭의 성과를 무효로 돌릴 위험성이 있어 최종적인 결정권한이 확인되지 않은 교섭대표와 성실한 자세로 교섭에 임하는 것을 기대할 수 없을 것이다(大判 2000. 5. 12, 98 도 3299). 따라서 그러한 상황에서 가진 단체교섭이 결렬되었다고 하더라도 이를 이유로 단행한 쟁의행위는 그 목적과 시기, 절차에 있어서 정당한 쟁의행위라고 볼 수 없다(大判(전합) 1993. 4. 27, 91 누 12257).

1) 관행적으로 20여 개의 법인 회사가 일률적으로 10여 년 동안 사용자와 단일교섭을 진행하여 왔음에도 불구하고, 이런 관행을 무시하고 사용자가 법인별로 각각 교섭을 주장하며 단체교섭을 거부하는 것은 부당노동행위라고 판단한 사례가 있다(中勞委 2000. 12. 22, 2000 부해 530, 부노 135).

2) 서울行判 2009. 1. 23, 2008 구합 21973.

3) 산업별노동조합이 해당사업장에 대하여 집단교섭을 요구하였으나 일부 사용자들이 각 회사의 경영상황이 상이하기 때문에 집단교섭에 응할 수 없다고 하여 단체교섭을 거부하는 것은, 사용자측이 각 회사별 근로조건의 차이 등을 이유로 개별교섭을 주장할 수 있는 것으로서 이를 정당한 이유 없는 교섭거부라고는 할 수 없다는 행정해석이 있다(2000. 6. 13, 노조 01254-481). 산업별노동조합을 노동조합의 조직형태로 하는 독일에서도 개별 사업장의 특수성과 산별노조단체협약의 이행능력 격차를 고려하여 기업별 단체협약을 체결할 수 있는 가능성을 열어 놓고 있다(Kissel, *ArbeitskampfR* § 8 Rn. 37 ff.; § 26 Rn. 116 참고)

4) 大判 2006. 2. 24, 2005 도 8606(회사가 노조의 3회에 걸친 단체교섭 요구에 대해 계속하여 거부해 왔고, 노조가 다시 교섭일시를 정하여 단체교섭을 요구한 시점에서는 회사로서는 이미 교섭사항 등의 검토와 준비를 위한 충분한 시간을 가지고 있었다 할 것이므로, 회사가 노조에 위 교섭일시의 변경을 요구할 만한 합리적 이유가 있었다고 보이지 않는다).

5) 中勞委 2006. 11. 7, 2006 부해 401·2006 부노 병합.

6) 서울行判 2007. 11. 2, 2007 구합 21860; 서울行判 2014. 5. 23, 2013 구합 56432(객관적으로 정당한 이유가 없고 불성실한 단체교섭으로 판명되는 경우).

리(구체적으로는 노동조합의 권리)를 위반하는 행위로 보아야 할 것이다. 따라서 사용자의 단체교섭 거부행위는 근로자의 보호를 위하여 마련된 헌법 제33조 1항과 노조및조정법 제29조, 제81조 1항 3호(이른바 보호법규: Schutzgesetz)를 위반한 행위로서 불법행위가 될 수 있을 것이다. 판례는 사용자의 단체교섭 거부행위가 「원인과 목적, 그 과정과 행위태양, 그로 인한 결과 등에 비추어 건전한 사회통념이나 사회상규상 용인될 수 없는 정도에 이른 것으로 인정되는 경우에는 … 부당노동행위로서 단체교섭권을 침해하는 위법한 행위로 평가되어 불법행위의 요건을 충족」하게 되는바, 「노동조합과의 단체교섭을 거부하여서는 아니 된다는 취지의 … 가처분결정을 받고서도 이를 위반하여 노동조합과의 단체교섭을 거부하였다면, 그 단체교섭 거부행위는 건전한 사회통념이나 사회상규상 용인될 수 없는 정도에 이른 행위로서 헌법이 보장하고 있는 노동조합의 단체교섭권을 침해하는 위법한 행위라고 할 것이므로, 그 단체교섭 거부행위는 노동조합에 대하여 불법행위를 구성한다」고 한다.[1)]

정당한 이유 없이 단체교섭을 거부하거나 교섭에 성실하게 응하지 않은 경우에는 설령 사용자가 정당한 이유가 있다고 믿었거나 교섭에 성실히 응했다고 믿었더라도 ―단체교섭거부에서는 그 행위의 성질상 그러한 사용자의 내심은 문제되지 않으므로― 객관적으로 단체교섭거부에 정당한 이유가 없는 한 부당노동행위가 된다.[2)] 다만 단체교섭 거부행위가 노동위원회의 심사 과정에서 긍정적 대응 태도로 변화됨으로써 심사가 종결되기 전에 부당노동행위성이 소멸되거나 크게 완화되는 때에는 노동위원회는 부당노동행위의 성부 또는 구제방법의 판단에 있어서 충분한 고려를 할 필요가 있다.[3)]

5. 지배 · 개입 및 경비원조

⑴ 노조및조정법 제81조 1항 4호의 개정 및 동 2항의 신설과 비판

노조및조정법 제81조 1항 4호 본문은 「사용자가 노동조합을 조직 또는 운영하는 것을 지배하거나 이에 개입하는 행위와 근로시간 면제한도를 초과하여 급여를 지급하거나 노동조합의 운영비를 원조하는 행위」를 부당노동행위라 하여 이를 금지하고 있다(2021. 1. 5 개정). 이 조항은 노동조합의 조직 · 운영에 대한 지배 · 개입과 함께 노동조합의 업무에 종사하는 근로자(노조전임자)에 대한 근로시간 면제한도의 초과지급 및 노동조합의 운영비 원조를 넓은 의미의 지배 · 개입으로 규정한 것이다. 이 조항의 단서에서는

1) 大判 2006. 10. 26, 2004 다 11070.

2) 菅野, 「勞働法」, 974面 이하. 교섭상대방이 단체협약의 당사자가 아니라고 생각하여 사용자가 협약체결을 거부한 경우에 부당노동행위의 성립을 인정한 예: 서울行判 2003. 5. 29, 2003 구합 2687.

3) 菅野, 「勞働法」, 974面.

부당노동행위로 보지 않는 사용자의 지원행위를 규정하고 있다. 제81조 1항 4호 본문은 2021년 1월 5일에 개정된 것인데, 개정 전에는 '노동조합의 전임자에게 급여를 지원'하는 것을 부당노동행위로 규정하고 있었다. 그러나 개정법은 이 부분을 '근로시간 면제한도를 초과하여 지급'하는 내용으로 바꾸어 넣으면서 노동조합의 전임자에 대한 급여라는 문언을 삭제하였고, 근로시간 면제한도 초과지급을 받는 자가 누구인지를 명시하지도 않았다. 이 규정이 노동조합의 전임자가 아닌 일반 근로자에게 사용자가 면제한도 초과지급을 하는 것을 의미하는 것이라면 이 조항은 노동조합에 대한 지배·개입과는 무관한 규정이 되므로 노동조합 전임자에 대한 면제한도 초과지급을 의미하는 것으로 해석될 수밖에 없다. 그렇다면 이 부분의 개정으로 노동조합의 전임자는 사용자로부터 근로시간 면제한도를 초과하지 않는 범위 내에서는 급여를 받더라도 그것이 부당노동행위에 해당하지 않는 것이 된다. 2021년 1월 5일의 개정법은 제24조 1항의 제목 '노동조합의 전임자'를 '근로시간 면제 등'으로 바꾸면서 동 조항을 개정하였다. 즉「근로자는 단체협약으로 정하거나 사용자의 동의가 있는 경우에는 사용자 또는 노동조합으로부터 급여를 받으면서 근로계약 소정의 근로를 제공하지 아니하고 노동조합의 업무에(만이라는 자구 삭제)에 종사할 수 있다」고 개정하였다. 그리고 개정 전 제24조 2항의「제1항의 규정에 의하여 노동조합의 업무에만 종사하는 자(이하 "전임자"라 한다)는 전임기간 동안 사용자로부터 어떠한 급여도 지급받아서는 아니된다」는 규정을 없애고, 개정 전의 제24조 4항의 규정으로 대체하였다. 따라서「제1항에 따라 사용자로부터 급여를 지급받는 근로자(이하 "근로시간면제자"라 한다)는 사업 또는 사업장별로 종사근로자인 조합원 수 등을 고려하여 제24조의2에 따라 개정된 근로시간 면제한도를 초과하지 아니하는 범위에서 임금의 손실 없이 사용자와의 협의·교섭 등…업무와 건전한 노사관계 발전을 위한 노동조합의 유지·관리업무를 할 수 있다」는 규정은 기존의 노조 전임자에게도 적용되게 되었다(제24조 Ⅱ). 그리고 개정법은 개정전의 법 제24조 2항(전임자에 대한 급여금지)과 동조 4항(근로시간면제한도 범위에서의 임금보상과 노동조합 유지·관리업무)을 위반하여 급여 지급을 요구하고 이를 관철할 목적으로 쟁의행위를 하여서는 아니된다는 동조 5항의 규정을 삭제하였다. 또한 노조및조정법상의「전임자」에 관한 규정을 없애면서 개정 전의 제24조 3항의 전임자의 정당한 노동조합 활동의 제한금지 조항을 근로시간 면제를 받으면서 노동조합의 업무에 종사하는 근로자의 노동조합활동의 제한금지 조항으로 바꾸었다. 개정된 노조및조정법은 전임자(專任者)라는 개념 내지 지위를 별도로 규정하지 않으면서 근로시간 면제자에 포함시켜 사용자로부터 급여를 받을 수 있도록 하는 한편 근로시간 면제자의 정당한 노동조합 활동을 제한할 수 없도록 하였다. 이번 법개정으로 주로 노동조합의 업무에 종사하는 근로자(과거의 전임자)들이 일정한 급여를 확보할 수 있게 되어 특히 중소기업에서의 조합활동이 활성화될 수 있을지 모르나, 노동조합의 자주성 확보와 사용자에 의한 부당노동행위 근절[1]을 위하여 오랜 기간의 노사협의를 통해 이루어 놓은 역사적 성과를 충분한 사전 검토와 논의없이 서둘러 걷어낸 것은 유감이라고 아니할 수 없다. 이번의 법개정은 노동법사(勞動法史)의 관점에서나 노동조합의 자존심 유지라는 차원에서도 결코 사회적 지지를 받기 어렵다고 생각한다([101] 3. (6) 《노동조합의 전임자에 관한 노조및조정법 제24조의 개정》 참고).[2]

(2) 지배·개입의 의의

노조및조정법 제81조 1항 4호 본문의 「근로자가 노동조합을 조직 또는 운영하는 것을 지배하거나 이에 개입하는 행위」란 사용자의 지배·개입으로부터 보호되는 근로자의 행위범위를 밝힌 것이며, 「지배하거나 이에 개입하는 행위」란 사용자의 간섭·방해행위의 모습을 규정한 것이다.

a) 우선 노동조합의 조직·운영의 내용이 무엇인지가 문제이다. 이것은 헌법상 단결권행사와 관련된 노동조합의 조직 및 운영만을 가리키는 특정한 활동을 말하는 것이 아님은 위에서 설명한 바와 같다. 노동조합의 조직활동은 준비행위까지도 포함하는 것이며, 또 운영활동도 조합내부의 운영행위에 그치지 않고 노동조합의 유지·존속·확대를 위한 일체의 행위가 이에 포함된다고 보아야 한다.[3]

b) 사용자의 지배·개입행위로부터 보호되는 근로자의 단결활동이 헌법에 의하여 보장된 단결권의 행사를 의미하는 것이라면, 그것은 근로자 개인의 단결권뿐만 아니라 단결체 자체의 단결권([24] 3. 참고)을 기초로 한 활동을 모두 포함하는 것이다. 이와 같은 두 측면에서의 단결활동은 특히 노동조합이 조직된 후 노동조합의 운영과 관련하여 서로 경합 또는 공존하며 문제가 된다.

c) 지배와 개입이라는 사용자의 간섭·방해행위는 근로자 개인 또는 단결체 자체의 활동을 그 대상으로 한다는 점에서 공통성을 가지고 있다. 그러나 양자는 그 간섭·방해의 정도에 있어서 차이가 있다.[4] 지배는 노동조합의 조직·운영 등과 같은 단결활동에 있어서 사용자가 주도적 영향력을 행사함으로써 노동조합의 의사결정을 좌우하는 경우

---

1) 특히 大判 2016. 1. 28, 2012 두 12457; 大判 2016. 1. 28, 2014 다 78362; 大判 2016. 1. 28, 2013 다 72046; 大判 2016. 2. 18, 2014 다 28763 등 참고.

2) 노조전임자제도에 관한 입법과정과 판례·학설과 근로시간면제와의 관계에 관해서는 이 책 제26판(2018) 970면 이하 참고.

3) 이 경우에 사용자의 지배·개입으로부터 보호되는 조합활동은 정당한 것에 한정된다. 김유성, 「노동법 Ⅱ」, 352면. 西谷, 「勞働組合法」, 199面 이하 참고.

4) 김치선, 「단결권」, 171면; 심태식, 「개론」, 220면.

를 말하며, 개입은 이러한 정도에 미치지 못하는 것으로서 예컨대 노동조합의 자율적 운영에 대한 간섭행위, 조합활동에 대한 방해행위와 조합탈퇴 및 분열조장 등을 말한다. 그러나 지배와 개입의 내용이 이와 같이 개념상 구별된다 하더라도 이 양자에 대한 법률상의 효과에는 아무 차이가 없으므로 노동위원회에 의한 구제명령에 있어서도 이 구별이 어떤 기준적 역할을 하는 것은 아니다. 학설·판례는 대체로 양자를 통틀어 「지배·개입」이라는 포괄적 내용으로 이해하고 있다. 다만 실무상 노동위원회는 지배·개입의 구체적 모습에 따라 구제명령을 내리게 될 것이다(노조및조정법 제84조 I 참조).

d) 사용자의 지배·개입의 성립을 인정하기 위해서는 예컨대 노동조합조직의 실패, 노동조합의 해산 또는 약화라는 구체적이고 현실적인 결과 또는 손해가 발생할 것을 필요로 하느냐가 문제이다. 노조및조정법 제81조 1항 4호의 입법취지는 사용자의 개입행위만으로도 부당노동행위의 성립을 인정하려는 것이며, 또한 부당노동행위제도가 민사법에서와 같이 어떤 발생된 손해의 배상을 목적으로 하는 것이 아니라는 점에서 구체적인 결과나 손해의 발생을 요건으로 하지 않는다.[1)]

e) 지배·개입의 부당노동행위가 성립하기 위해서 사용자의 부당노동행위 의사의 존재가 요건이 되는지에 관해서는 견해가 대립한다. 부당노동행위의사가 필요하지 않다는 견해가 있는가 하면,[2)] 「개입」에 대해서는 부당노동행위 의사가 필요하지 않지만 「지배」에 관해서는 사용자의 주관적 요소가 필요하다는 견해가 있다.[3)] 일본에서의 다수설에 따르면 「지배·개입」이라고 평가되는 행위를 하겠다는 의사(인식 또는 의욕)는 성립요건이라고 볼 수 없지만 부당노동행위의 구체적 행위태양인 노조결성을 저지(沮止) 내지 방해하는 행위, 노동조합의 열성적인 간부 등을 회유하여 노조를 약체화하는 행위, 노조의 운영·활동을 방해하는 행위, 노조의 자주적 결정에 간섭하는 행위 등에 대한 주체적 행위(반조합적 행위)의사는 부당노동행위의 성립요건이라고 한다.[4)]

f) 지배·개입행위의 주체가 되는 자로서는 사용자 자신은 물론이고, 회사임원·지배인·지점장·공장장·영업소장 등 상급직제에 있는 자도 사용자와의 사이에 명백한 의

1) 同旨: 김치선, 「단결권」, 173면; 심태식, 「개론」, 220면; 박상필, 「노동법」, 498면; 荒木, 「勞働法」, 687面. 회사의 일련의 행위가 노동조합활동을 방해하려는 의도로 이루어진 것이고, 다만 이로 인해 근로자의 단결권 침해라는 결과가 발생하지 아니하였다고 하더라도 지배·개입으로서의 부당노동행위에 해당한다고 할 것이다(大判 1997. 5. 7, 96 누 2057; 大判 2006. 9. 8, 2006 도 388; 大判 2013. 1. 10, 2011 도 15497).

2) 이병태, 「노동법」, 416면; 石川, 「勞働組合法」, 29面.

3) 有泉亨, 「団結權の侵害とその救濟」, 末川還曆 122面(東京大勞働法硏究會, 注釋勞働組合法(上卷) 1980 449面에서 인용).

4) 菅野, 「勞働法」, 977面; 石井, 「勞働法」, 471面; 外尾, 「勞働団体法」, 222面; 下井, 「勞使關係法」, 251面 등.

사연결이 없더라도 행위주체가 될 수 있다.[1] 그리고 계장 · 주임이라 하더라도 감독적 지위에 있는 자는 사용자의 지시 또는 묵시적 승인이 있는 때에는 지배 · 개입행위의 주체가 될 수 있다(노조및조정법 제2조 ② 참조).

g) 그렇다면 근로계약관계에 있지 아니한 외부의 제3자도 지배 · 개입의 주체가 될 수 있는가? 지배 · 개입은 구체적인 불이익취급이 없거나 단체교섭의 거부행위가 없더라도 노동조합의 자주성을 침해할 수 있는 개연성이 있다면 인정될 수 있는 포괄적 구성요건(Auffangstatbestand)으로 되어 있으므로 노동조합의 조직력을 약화시키거나 의사결정에 개입하여 노동조합의 활동에 영향을 미치는 것과 같은 방해행위는 반드시 근로계약당사자에 의해서만 행해지는 것은 아니다. 판례에 따르면 근로자의 기본적인 근로조건에 관하여 그 근로자를 고용한 사업주로서의 권한과 책임을 일정 부분 담당하고 있다고 볼 정도로 실질적이고 구체적인 지배 · 영향력을 행사하는 지위에 있는 자가 실제로 노동조합의 조직 또는 운영에 대해서 지배 · 개입하는 등으로 노조및조정법 제81조 1항 4호에서 정한 행위를 하였다면 그 행위자는 노동위원회가 시정을 명하는 구제명령을 이행해야 할 사용자에 해당한다. 예컨대 진정한 의미의 도급관계가 인정되는 경우(도급인과 사내하수급인의 근로자들 사이에 묵시적 근로관계나 파견사용관계가 인정되지 않는 경우)에도 도급인이 수급인의 근로자에 대하여 부분적으로 부당노동행위의 주체로서의 사용자 지위에 있을 수 있다는 것이 대법원의 견해이다.[2] 즉, 제3자에 대하여 부당노동행위 주체성이 인정될 수 있으려면 제3자와 노동조합 사이에 적어도 구체적인 지배 · 영향력 관계가 존재하여야 한다. 반면에 지배 · 개입의 목적이 노동조합의 교섭력을 약화시키려는 데 있다고 보면 지배 · 개입의 주체는 적어도 근로조건의 개선을 위한 교섭상의 지위가 인정되는 당사자로 제한될 수밖에 없을 것이다.[3]

h) 노동조합의 조직 · 운영을 지배하거나 이에 개입하는 행위(노조및조정법 제81조 I ④ 본문 전단)에 대해서는 벌칙이 적용된다(제90조: 2년 이하의 징역 또는 2천만원 이하의 벌금). 노조및조정법 제94조(양벌규정)는 「법인 또는 단체의 대표자, 법인 · 단체 또는 개인의 대리인 · 사용자 기타의 종업원이 그 법인 · 단체 또는 개인의 업무에 관하여 벌칙규정 제88조 내지 제93조의 위반행위를 한 때에는 행위자를 벌하는 외에 그 법인 · 단체 또는 개인에 대하여도 각 해당 조의 벌금형을 과한다」고 규정하고 있다. 따라서 회사(법인)의

1) 자세히는 菅野, 「勞働法」, 975面 참고.

2) 大判 2010. 3. 25, 2007 두 8881; 大判 2014. 2. 13, 2011 다 78804. 자세히는 앞의 [127] 1. 참고. 또한 권혁, '부당노동행위에 있어서 원청회사의 사용자성', 「노동판례백선」, 2021, 390면 이하 참고.

3) 판례(大判 1999. 11. 12, 97 누 19946)도 이러한 견해에 기초하고 있는 것으로 판단된다. 자세한 것은 하경효 외, 「사내하도급과 노동법」, 259면 이하 참고.

종업원이 노동조합의 조직·운영에 지배·개입하는 부당노동행위를 한 때에는 그 행위자에 대하여 제90조의 벌칙이 적용되는 외에 법인·단체 또는 개인에게도 같은 조의 벌금형이 과해진다. 그런데 헌법재판소[1]는 (2020. 6. 9. 개정 이전의) 구 노조및조정법 제94조 중 '법인의 대리인·사용인 기타의 종업원이 그 법인의 업무에 관하여 제90조의 위반행위를 한 때에는 그 법인에 대하여도 해당 조의 벌금형을 과한다' 부분 가운데 제81조 1항 4호 본문 전단에 관한 부분(심판대상조항)이 헌법에 위반되는지 여부에 대하여 형벌은 범죄에 대한 제재로서 그 본질은 법질서에 위반하여 부정적으로 평가된 행위에 대한 비난임을 전제하면서 "책임없는 자에게 형벌을 부과할 수 없다"라는 책임주의는 형사법의 기본원리로서, 헌법상 법치국가원리로부터 도출되는 원리이고, 법인의 경우도 자연인과 마찬가지로 책임주의원칙이 적용된다고 판단하였다. 심판대상조항은 법인의 종업원이 노동조합의 조직·운영에 지배·개입하는 부당노동행위를 한 사실이 인정되면 법인은 그 위반행위에 가담 여부나 선임·감독상의 주의의무 위반 등의 처벌요건의 구비 여부에 관계없이 곧바로 형벌을 부과하고 있다. 이처럼 심판대상조항은 종업원 등의 범죄행위에 관하여 비난할 근거가 되는 법인의 의사결정 및 행위구조, 즉 종업원 등이 저지른 행위의 결과에 대한 법인의 독자적인 책임에 관하여 전혀 규정하지 않은 채 단순히 법인이 고용한 종업원 등이 업무에 관하여 범죄행위를 하였다는 이유만으로 형벌을 부과하도록 하고 있으므로 헌법상 법치국가원리로부터 도출되는 책임주의원칙에 위배된다.[2] 따라서 노조및조정법 제94조 중 '법인의 종업원이 그 법인의 업무에 관하여 제90조의 위반행위를 한 때에는 그 법인에 대하여도 해당 조의 벌금형을 과한다'는 부분 가운데 제81조 1항 4호 본문 전단에 관한 부분은 헌법에 위반된다고 결정하였다.[3]·[4] 이에 따라 2020.

---

1) 憲裁 2019. 4. 11, 2017 헌가 30(노동조합 및 노동관계조정법 제94조 위헌제청).

2) 憲裁 2009. 7. 30, 2008 헌가 10; 憲裁 2011. 10. 25, 2010 헌가 80; 憲裁 2015. 1. 29, 2014 헌가 24; 憲裁 2016. 10. 27, 2016 헌가 10 등 참조.

3) 같은 이유로 헌법재판소는 노조및조정법 제81조 1항 1호, 2호 단서 후단, 5호를 위반한 경우에 관한 부분이 책임주의원칙에 위배되어 위헌이라고 판시하였다.

4) 다만 유의해야 할 것은 법인 자체는 자연인이 아니므로 책임능력(Zurechnungsfähigkeit)을 가지고 있지 않다. 따라서 법인에 대하여 벌금형을 과하기 위하여는 책임능력있는 법인의 대표자 또는 법인의 업무에 관하여 위임받은 이사 등이 위반행위를 하여야 한다, 민법 제35조(법인의 불법행위능력) 참조. 同旨: 憲裁 2020. 4. 23, 2019 헌가 25(법인은 기관을 통하여 행위하므로 법인이 대표자를 선임한 이상 그의 행위로 인한 법률효과는 법인에게 귀속되어야 하고, 법인 대표자의 범죄행위에 대하여는 법인이 자신의 행위에 대한 책임을 부담하는 것이다. 법인 대표자의 법규위반행위에 대한 법인의 책임은 법인 자신의 법규위반행위로 평가될 수 있는 행위에 대한 법인의 직접책임이므로, 대표자의 고의에 의한 위반행위에 대하여는 법인이 고의 책임을, 대표자의 과실에 의한 위반행위에 대하여는 법인이 과실 책임을 부담한다. 따라서 심판대상조항(노조및조정법 제94조) 중 법인의 대표자 관련 부분은 법인의 직접책임을 근거로 하여 법인을 처벌하므로 책임주의원칙에 위배되지 않는다).

6. 9. 개정된 노조및조정법은 제94조에 단서를 신설하여 법인·단체 또는 개인이 그 위반행위를 방지하기 위하여 해당 업무에 관하여 상당한 주의와 감독을 게을리하지 아니한 경우에는 처벌을 면하도록 하였다.

(3) 지배·개입의 모습

a) 지배·개입은 불이익취급과 단체교섭거부를 제외하면 근로3권 보장활동에 대한 일체의 간섭·방해행위로서 가장 포괄적이고 광범위한 반조합행위[1]이므로, 그 모습도 여러 가지가 있을 수 있다. 다음과 같은 관점에서 그 성립 여부를 판단해야 한다.

부당노동행위제도의 목적은 근로3권의 보장에 의하여 평등한 노사관계의 유지·형성을 저해하는 사용자의 행위를 배제하려는 것이므로, 이러한 노사관계의 질서를 유지하고 형성해 나가는 모체로서의 노동조합의 조직 및 운영이 자주적으로 행하여져야 한다는 것이 불가결의 전제이다. 따라서 부당노동행위제도에 의하여 보호되지 않으면 안 되는 일차적인 보호법익은 단결활동의 자주성(노조및조정법 제2조 ④ 참조)이라고 말할 수 있다. 그러므로 지배·개입의 성립 여부는 무엇보다도 이와 같은 근로3권 보장에 의한 조합활동의 자주성을 저해하는 것인가를 기준으로 판단하지 않으면 안 된다. 그러나 자주성이 저해되었다는 사실상의 결과발생은 지배·개입의 성립요건이 아니기 때문에 자주성을 저해할 가능성이 있는 행위이면 그 자체로서 부당노동행위가 성립한다.[2] 사용자의 지배·개입의 대표적인 모습을 유형적으로 살펴보면 다음과 같다.

1) 노동조합의 조직과 가입 및 그 준비행위에 대한 지배·개입 예를 들면 근로자가 노동조합의 조직을 위하여 행정관청이나 상급단체, 그리고 다른 회사의 노동조합 등에 가서 조합결성의 방법과 노하우(know-how)에 관하여 교습을 받는 행위나 노동조합의 조직을 위하여 동료 근로자에게 호소하는 행위에 대해서 사용자가 어떤 간섭행위를 한다면, 이는 지배·개입이 된다. 또한 노동조합의 조직이나 가입에 대하여 사용자가 이를 비난한다거나 노동조합의 결성을 인정하지 않겠다는 발언을 하는 경우,[3] 노동조합의 해산을 종용하거나 근로자에게 탈퇴를 종용하는 경우,[4] 노동조합에 가입한 자를 불러 그의 의사를 번복하게 한다거나 또는 다른 노동조합에 가입할 것을 권유·설득하는 경우, 조합의 결성시기를 연기하도록 요구하는 경우 등은 모두 지배·개입의 전형적인

---

1) 불이익취급이나 단체교섭거부에 해당하는 행위도 동시에 지배·개입에 해당할 수 있다. 예를 들면 임금인상이나 승급 등에 있어서 조합원 전체에 대해서 비조합원보다 불리하게 차별한다면, 불이익취급과 함께 지배·개입에 해당한다(菅野, 「勞働法」, 978面).

2) 大判 2013. 1. 10, 2011 도 15497.

3) 大判 1998. 5. 22, 97 누 8076; 서울行判 2006. 6. 23, 2005 구합 21194.

4) 서울高判 1997. 4. 8, 96 구 18184; 서울行判 2003. 12. 9, 2003 구합 10213.

유형이라 할 수 있다.[1] 뿐만 아니라 조합결성대회에 종업원이 참석하는 것을 방해하거나, 대회장 부근에서 이를 감시하는 행위도 지배·개입이 된다.[2] 회사의 휴일에 조합결성대회가 예정되어 있는 상태에서 사용자가 휴일근로를 지시하여 대회개최를 불가능하게 한 경우에도 지배·개입이 문제될 수 있다. 이 경우에 사용자가 해당 휴일에 노동조합의 행사가 예정되어 있음을 알고 있었다면 노동조합의 동의 없이 휴일근로를 지시하는 것은 지배·개입이 될 것이다.

2) **어용적 조직의 결성에 대한 지원행위** 이미 조직된 노동조합에 대항하거나 노동조합의 결성에 대비하여 사전에 어용조합을 결성하도록 하는 경우 또는 그 결성에 대하여 원조나 편의를 제공하는 것은 근로자의 자주적 단결권의 행사를 방해하는 것이므로, 그러한 사용자의 행위는 지배·개입이 된다.[3] 따라서 사용자 또는 그 이익대표자가 중심이 되어 조합결성의 발기인이 되거나 강령과 규약을 준비하고 조합결성대회를 개최하는 등 어용조합 결성에 관여하는 경우, 조합결성에 필요한 자금을 공여하는 경우, 식사나 선물 등 현물을 지원하는 경우 등은 물론이고, 심지어는 근로시간 중에 조합결성대회의 개최를 인정하는 것도 편의제공으로서 지배·개입이 될 수 있다. 판례는 사용자에 의한 노동조합의 조직 또는 운영에 지배·개입하는 행위가 건전한 사회통념이나 사회상규상 용인될 수 없는 정도에 이른 부당노동행위로 인정되는 경우 그 지배·개입행위는 헌법이 보장하고 있는 노동조합의 단결권을 침해하는 위법한 행위로 평가되어 노동조합에 대한 불법행위가 된다고 판시한 바 있다.[4] 또한 판례는 사용자가 노무법인 대표사원의 자문과 조력을 받아 산업별 노동조합 산하 지회의 조직, 운영에 지배·개입하

---

1) 大判 2016. 3. 10, 2013 도 7186(조합원들 사이의 접촉을 차단하는 행위). A노동조합을 탈퇴하고 신설된 B노동조합에 가입하도록 종용하는 행위는 부당노동행위이고, 그로 인해 A노동조합은 조합원이 감소하고 교섭대표노동조합의 지위를 박탈당하는 등 비재산적 손해를 입었다면 당해 부당노동행위는 불법행위를 구성한다(서울西部地判 2015. 10. 15, 2014 가합 38234).

2) 大判 2003. 8. 2, 2001 두 5767. 또한 노동조합대의원 입후보등록용으로 재직증명서의 발급을 신청하였음에도 대표이사가 직인을 소지한 채 부재중이라는 이유로 입후보등록 마감시한까지 재직증명서를 발급하지 아니한 회사의 재직증명서 발급거부행위가 노동조합 대의원선거에 입후보하는 것을 막으려는 의도하에 이루어진 것이라면 노동조합의 운영에 대한 지배·개입으로서 부당노동행위에 해당된다고 한 사례도 있다(大判 1992. 6. 23, 92 누 3496).

3) 大判 2016. 3. 24, 2013 두 12331; 大判 2020. 5. 14, 2020 도 1281(유성기업의 대표자, 간부인 피고인들이 노동조합의 쟁의행위가 일어나자 컨설팅회사와 자문계약을 체결하여 '우호적인 제2노조의 설립을 지원하고 기존 노조를 약화시키는 방안'에 관한 자문을 받고 이를 실행하는 것은 불법적인 부당노동행위에 해당하고, 회사자금으로 컨설팅 비용을 지급하도록 하는 행위는 배임죄에 해당하며, 또한 부당노동행위로 기소되어 재판을 받게 된 피고인들이 회사의 업무집행과 무관하게 개인에 대한 형사사건을 위하여 회사자금으로 변호사 선임비용을 지출한 것은 횡령죄를 구성한다고 보아 원심을 확정한 판결).

4) 大判 2020. 12. 24, 2017 다 51603.

여 기업별 노동조합으로 조직변경하는 조직형태 변경결의를 유발하는 행위를 하였다면 그러한 지배 · 개입행위는 사회통념상 용인될 수 없는 정도에 이른 부당노동행위에 해당하므로 원고인 산업별 노동조합의 단결권을 침해하는 불법행위로서 이로 인한 무형의 손해에 대한 손해배상금 또는 위자료(민법 제751조 I)를 노무법인과 공동으로(민법 제760조 I 참조) 지급하여야 한다고 한다.[1] 그에 따르면 피고들(사용자와 노무법인의 대표사원)의 이와 같은 부당노동행위로 인하여 원고는 노동조합 내 결속력의 저하, 대외적 · 대내적 평가의 저하 등과 같은 무형의 손해를 입었고, 이러한 부당노동행위가 조직형태 변경의 계기가 되어 변경결의를 용이하게 하였으므로 피고들의 불법행위와 원고의 손해 사이에 인과관계가 인정된다.

산별노조의 노동조합 지회 조합원들이 그 노조를 탈퇴하여 새로 설립된 기업별 노동조합에 가입하자, 사용자 측이 임금지급일에 이 조합원들의 임금에서 조합비를 공제하여 기업별 노조에 인도한 행위는 기존의 지회 노동조합의 조직과 활동에 영향을 미치려는 의도에서 이루어진 지배 · 개입의 부당노동행위에 해당한다고 볼 수 있다.[2] 또한 새로 설립된 기업별 노동조합과 단체협약을 체결한 이후 지회 노동조합과 단체교섭을 하는 과정에서는 공무취임인정 여부, 조합비 공제, 인사원칙, 규정의 제정과 개정, 징계절차, 고용안정, 임시적 사원의 채용, 공장 신설로 인한 조합원 이동, 임금체계의 개편, 근무시간 등의 사항에 관하여 기업별 노동조합과 체결한 단체협약과 비교하여 불리한 내용의 단체협약안을 제시하였다면 헌법 제33조와 노조및조정법상의 부당노동행위제도의 취지에 비추어 사용자에게 부과되는 중립의무에 어긋나는 행위로서 지회 노동조합의 운영과 활동을 위축시키려는 의도에서 이루어진 지배 · 개입의 부당노동행위에 해당한다.[3]

3) 노동조합의 내부운영에 대한 간섭 · 방해행위 노동조합의 결성을 방해, 비난, 포기 협박[4]은 물론 노동조합을 어떠한 방침에 따라 운영할 것인가, 어떠한 방법으로 조합의사를 형성하고 결정할 것인가, 또한 상급단체에 가입할 것인가, 가입한다면 어떤 상급단체를 선택할 것인가 등과 같은 노동조합의 내부운영에 관한 문제는 모두 노동조합의 자주적인 결정에 맡겨져야 한다. 따라서 위의 사항들에 대한 사용자의 간섭은 지배 · 개입이 된다. 예컨대 노동조합의 운영이나 분규에 개입하는 행위, 전임자나 조합간

1) 大判 2020. 12. 24, 2017 다 51603.
2) 大判 2018. 9. 13, 2016 도 2446; 大判 2004. 3. 12, 2003 두 11834(사직서를 제출하여 근로관계가 단절되고 조합원 자격을 상실한 자에 대한 조합비 공제를 중단한 행위는 지배 · 개입의 부당노동행위가 아니다).
3) 大判 2018. 9. 13, 2016 도 2446.
4) 大判 1998. 5. 22, 97 누 8076 참고.

부의 조합활동을 막기 위하여 원직복귀명령을 내리는 행위,[1] 조합간부를 매수하는 행위,[2] 사용자의 이익을 대표하는 자를 조합원으로 하는 행위 등이 이에 해당된다고 볼 수 있다. 노조및조정법 제29조의2 1항 단서에 따라 사용자가 교섭창구단일화 절차를 거치지 아니하고 복수의 노동조합과 개별교섭을 하기로 한 경우 사용자는 교섭을 요구한 모든 노동조합과 성실히 교섭하여야 하고, 어느 특정 노동조합이나 그 노동조합의 조합원을 차별적으로 대우하여서는 아니된다(동조 2항. 2021. 1. 5. 신설). 사용자에 의한 차별대우가 해당 노조의 지배·개입으로 판단될 때에는 부당노동행위로 볼 수 있다.[3] 사용자가 노조위원장 등이 노동조합 유인물을 배포하는 행위를 제지하는 것은 정당한 조합활동을 방해하는 것으로서 노조및조정법 제81조 1항 4호에서 정한 부당노동행위에 해당한다.[4]

그 밖에도 사용자가 조합원의 급여로부터 조합비를 일괄공제하여 노동조합에 제공하는 조합비일괄공제제도(check-off system)를 사용자가 일방적으로 폐지하는 행위도 지배·개입이 될 수 있다. 관행적으로 유지되어 온 이 제도를 사용자가 합리적인 이유를 제시하지 않고 일방적으로 폐지하는 것은 지배·개입에 해당된다.[5]

4) **특정 노동조합의 조합원에게만 금품을 지급하는 행위** 노조및조정법 제29조의2 1항 단서에 따라 사용자가 복수의 노동조합과 개별 교섭을 하던 중에 먼저 특정 노동조합과 단체협약을 체결하고 그 단체협약에 따라 해당 노동조합의 조합원에게 '무쟁의 타결 격려금'과 '경영목표 달성 및 성과향상을 위한 격려금'의 금품을 지급하는 행위는 아직 교섭 중인 다른 노동조합의 쟁의행위 여부 결정이나 단체교섭에 영향을 미칠 수 있는 부당노동행위에 해당할 수 있다. 이 경우에 사용자의 행위가 부당노동행위에 해당하는지 여부는 금품을 지급하게 된 배경과 명목, 금품 지급에 부과된 조건, 지급된 금품의 액수, 금품 지급의 시기나 방법, 다른 노동조합과의 교섭 경위와 내용, 다른 노동조합의 조직이나 운영에 미칠 수 있는 영향 등을 종합적으로 판단하여야 한다. 다만 이

1) 大判 1991. 5. 28, 90 누 6392(노조전임자 등에 대하여 그들의 쟁의행위 등 정당한 조합활동을 곤란하게 할 목적으로 원직복귀명령을 내렸다면, 이는 노조의 조직과 운영에 대한 지배·개입하는 행위로 부당노동행위에 해당한다); 大判 2003. 3. 28, 2002 두 11349.

2) 서울高判 2008. 10. 16, 2007 누 31845, 2007 누 31852(병합).

3) 西谷, 「勞働組合法」, 202面 이하 참고.

4) 大判 2016. 12. 29, 2015 두 1151; 大判 2016. 12. 29, 2015 두 1175(삼성에버랜드 사건).

5) 서울行判 2002. 7. 23, 2001 구 51974; 또한 日本 東京高判 昭和 43. 10. 30, 勞民集 19卷 5號, 1360面; 京都地判 昭和 44. 3. 26, 勞民集 20卷 2號, 317面; 東京地判 昭和 61. 1. 29, 勞判 467號, 18面 참고. 마찬가지로 사용자가 산업별 노동조합의 지부에 제공하던 사무실을 폐쇄하는 등 편의시설의 제공을 일방적으로 거절한 경우, 그것이 기업별 노동조합의 설립이 같은 사업장에 설치된 산업별 노동조합의 지부의 유효한 조직변경형태의 결의에 따른 것이라고 오인하였기 때문이라 하여도 부당노동행위에 해당한다(大判 2008. 10. 9, 2007 두 15506).

러한 지배·개입의 부당노동행위의 성립에는 반드시 근로자의 단결권 침해라는 결과발생(예컨대 근로자들의 노동조합 탈퇴 등)을 요건으로 하는 것은 아니다.[1]

5) **공무원의 정상적 복무 지도·감독을 위한 관리 지침** 노동조합의 통합 및 상부단체가입 여부를 결정하기 위한 총투표가 공무집행을 방해하는 형태로 실시되지 않도록 하기 위하여 복무규정 등 위반 사태를 미연에 방지할 목적으로 행정안전부장관이 공무원 복무관리 지침을 정하고 그 지침이 제대로 이행되는지를 확인·조사하는 점검행위는 노동조합의 조직·운영에 대하여 지배·개입하려는 부당노동행위에 해당하지 않는다.[2]

6) 육아휴직 중인 근로자와 해고처분을 받고 노동위원회의 부당노동행위 구제절차가 진행중인 근로자도 노조및조정법상의 근로자로서 유인물 배포 등 조합활동의 주체가 될 수 있으므로 이들의 배포행위를 제지하는 것은 부당노동행위가 될 수 있다.[3] 쟁의행위에 참가했다는 이유로 간부 조합원(특히 노조전임자 등)에게 불이익을 주는 행위(제81조 1항 ⑤ 참고)는 지배·개입형 부당노동행위가 될 수 있다.[4]

b) 사용자의 언론(의견표명)의 자유와 관련해서 지배·개입행위의 정당성이 문제되고 있다. 사용자가 조합운영의 경향이나 노동조합의 강령 또는 운동방침에 대해서 어떤 비판적인 견해를 발표하는 것은 그 자체로서는 그의 언론의 자유(헌법 제21조)에 속하는 것이므로, 그것이 노동운동에 대해서 약간의 영향을 끼쳤다고 하여 당연히 부당노동행위가 되는 것은 아니다.[5] 부당노동행위제도에 의하여 규제의 대상이 되는 사용자의 언

---

1) 大判 2019. 4. 25, 2017 두 33510; 大判 2006. 9. 8, 2006 도 388 등 참조.

2) 大判 2013. 2. 15, 2010 도 11281.

3) 서울行判 2013. 10. 10, 2012 구합 21062.

4) 大判 2016. 3. 24, 2013 두 12331(기존 산별지회 조합원들의 탈퇴를 유도하면서 지회의 무력화를 시도하고, 기업별 노동조합으로의 조직형태 변경이 행하여진 직후에 쟁의행위에 참가한 기존 산별지회의 조합원들을 징계 처분한 것은 노동조합 활동을 이유로 한 부당노동행위로서 노동조합의 조직이나 운영을 지배하거나 그에 개입하려는 의사가 사용자에게 있었던 것으로 추단된다). 大判 1991. 5. 28, 90 누 6392 참고.

5) 판례에 따르면 사용자가 연설, 사내방송, 게시문, 서한 등을 통하여 의견을 표명할 수 있는 언론의 자유를 가지고 있음은 당연하나 그것이 행하여진 상황, 장소, 그 내용, 방법, 노동조합의 운영이나 활동에 미친 영향 등을 종합하여 노동조합의 조직이나 운영을 지배하거나 이에 개입하는 의사가 인정되는 경우에는 노조및조정법 제81조 1항 4호의 부당노동행위가 성립한다고 판단하고 있다(大判 1998. 5. 22, 97 누 8076; 大判 2006. 9. 8, 2006 도 388; 大判 2013. 1. 10, 2011 도 15497). 또한 지배·개입으로서의 부당노동행위 성립에 반드시 근로자의 단결권 침해라는 결과의 발생까지 요하는 것은 아니다(大判 2013. 1. 10, 2011 도 15497). 회사가 노동조합의 소식지에 대응하는 경영소식지를 발간하면서 노동조합의 지침에 의한 야간근무 미실시로 회사에 손해가 발생하였고 노동조합의 불법행위에 대해서는 법과 원칙에 따라 처리할 예정이라는 등의 사용자의 의사를 게재한 것은 부당노동행위로 볼 수 없다고 한 사례(大田地判 2015. 7. 7, 2013 고단 5010).

론은 시민적 자유(자유권적 기본권)로서의 언론의 자유가 아니라 사용자라고 하는 우세한 지위로부터 수반되는 위압적인 언론이라는 견해가 있다. 다시 말하면 강자의 약자에 대한 언론으로서 제한되어야 할 위협성을 지닌 표현행위라는 하급심 판례가 있다.[1] 대법원 판례는 「사용자가 노동조합의 활동에 대하여 단순히 비판적 견해를 표명하거나 근로자를 상대로 집단적인 설명회 등을 개최하여 회사의 경영상황 및 정책방향 등 입장을 설명하고 이해를 구하는 행위 또는 비록 파업이 예정된 상황이라 하더라도 그 파업의 정당성과 적법성 여부 및 파업이 회사나 근로자에 미치는 영향 등을 설명하는 행위는 거기에 징계 등 불이익의 위협 또는 이익제공의 약속 등이 포함되어 있거나 다른 지배·개입의 정황 등 노동조합의 자주성을 해칠 수 있는 요소가 연관되어 있지 않는 한, 사용자에게 노동조합의 조직이나 운영 및 활동을 지배하거나 이에 개입하는 의사가 있다고 가볍게 단정할 것은 아니」[2]라고 판시하고 있다. 판례의 입장에 찬동한다. 사용자가 회사의 운영현황 또는 경영위기에 대비한 타개책을 종업원에게 설명하고 협력을 요청하는 것은 지배·개입에 해당될 수 없다. 사용자와 근로자 사이에는 동일한 사업장의 경영과 운영에 대하여 공통적인 이해를 가지고 있으며 기업의 경제적 위기에 대하여 함께 대처해야 할 협동적 반려(伴侶)관계에 있다는 것을 부인할 수 없다. 따라서 사용자가 일반적 노사관계의 바람직한 방향이나 노동조합의 구체적 활동방침 또는 기업의 경영과 운영에 관하여 그의 솔직한 의견을 발표하는 것은 원칙적으로 노동조합에 대한 부당노동행위로서 지배·개입에 해당한다고 볼 수 없다. 다만 사용자의 의견이 받아들여지지 않는 경우 어떤 보복적 조치를 취하지 않을 수 없다거나 불이익(또는 거꾸로 이익)이 주어진다는 식의 위협적 발언을 한다면 그와 같은 의견발표는 지배·개입이 될 수 있을 것이다.[3]

원래 지배·개입과 관련하여 사용자의 언론의 자유가 문제된 것은 미국의 법제 하에서인데, Taft-Hartley법(제8조 (c))은 가시적 방법(in visual form)으로 사용자가 그의 의견 또는 견해를 발표하는 것은 보복·폭력의 위협 또는 이익의 약속을 포함하지 않는

1) 쟁의행위 찬반투표 결과에 영향을 미칠 의도로 행하여진 사용자의 이메일 발송행위를 노동조합의 운영에 관한 지배·개입이라고 본 사례: 서울行判 2011. 9. 22, 2011 구합 16384.

2) 大判 2013. 1. 10, 2011 도 15497; 大判 2013. 1. 31, 2012 도 3475; 大判 2016. 3. 24, 2015 도 15146(사용자의 의견표명의 자유의 범위를 벗어난 경우로 판시한 사례).

3) 菅野, 「勞働法」, 979面, 山口, 「勞働組合法」, 103面. 보복·위협·강제·이익혜택 등의 요소가 포함되어 있지 않더라도 지배·개입이 될 수 있으나, 사용자의 이익을 침해하는 조합활동에 대한 사용자의 의견발표는 보복·위협 등의 요소가 포함되어 있는 경우에만 지배·개입이 된다는 견해도 있다(西谷, 「勞働組合法」, 202面).

한 부당노동행위가 되지 않는다고 규정하고 있다.[1] 그러나 단결권이 헌법상의 기본권으로서 보장되어 있지 않은 자유주의적 법질서를 가진 미국의 경우와 동일한 차원에서 이 문제를 논의할 이유가 없다. 우리나라에서는 사용자의 발언 또는 의견의 표시라도 사용자의 우월적 지위를 배경으로 지배·개입의 의도를 가지고 행하여진 것이면, 부당노동행위가 성립한다고 보아야 할 것이다.[2] 특히 회사의 사보(社報)나 기관지를 통하여 회사측이 반조합적 기사를 싣는 것은 부당노동행위가 될 수 있다.

(4) 근로시간 면제한도 초과 급여 지원 및 노동조합의 운영비 원조

a) 제81조 1항 4호 규정의 취지 노조및조정법 제81조 1항 4호는 이상에서 설명한 지배·개입 이외에 「근로시간 면제한도를 초과하여 급여를 지원하거나 노동조합의 운영비를 원조하는 행위」를 부당노동행위로 규정하고 이를 금지하고 있다. 이 규정 중 '근로시간 면제한도를 초과하여 급여를 지원'이라는 전단(前段) 부분은 2021년 1월 5일 노조및조정법 개정시에 기존의 '노동조합의 전임자에게 급여를 지원'이라고 규정했던 것을 개정한 것이다. 이에 관해서는 위에서([127] 5. (1)) 입법의도와 내용을 비판적으로 설명하였다. 원래 이 규정은 대항관계에 있는 노동조합이 사용자로부터 조합운영비의 원조를 받게 되면 경제적으로 사용자에게 의존하게 되거나 어용화(자주성 상실)될 우려가 있으므로 이를 방지하고 노동조합의 자주성을 확보하려는 데 그 목적이 있었다.[3]

b) 제81조 1항 4호 단서의 예외규정 이 규정은 동 조항 4호 본문의 급여행위나 노동조합 운영비 원조행위에 해당하지 않는 지원·기부·노조운영비 원조행위에 관하여 정하고 있다. 즉 근로자가 근로시간 중에 제24조 2항에 따른 활동(근로시간 면제한도의 범위 내에서 근로시간 중에 임금의 손실 없이 사용자와의 협의·교섭·고충처리·산업안전 활동 등 노조및조정법 또는 다른 법률에서 정하는 엄무와 건전한 노사관계 발전을 위한 노동조합의 유지·관

1) Cf. Ray/Scharpe/Strassfeld, *Understanding Labor Law*, § 4.03 [F](p. 95); 김치선, 「단결권」, 174면 이하 참고.

2) 日本 新宿郵便局事件·最高裁三小判 昭和 58. 12. 20, 勞働法律旬報 1087. 8號(원칙적으로는 사용자에게도 언론의 자유가 보장되고 있고, 노사 쌍방이 자유로운 논의를 전개하는 것이 정상적인 노사관계의 형성·발전에 기여할 수 있지만, 그것은 어디까지나 공정하고 타당한 형태로 자신의 견해를 표명할 때만 가능한 것이고, 그와 같은 배려가 없으면 노사관계질서에 악영향을 미칠 우려가 크다. 이러한 의미에서 노사간의 대립이 표면화되는 시기에 사용자 또는 그의 이익대표자가 근로자와 개별적으로 접촉하고 노사관계상의 구체적 문제에 대해서까지 발언하는 것은 일반적으로 공정성을 잃은 것이라는 비난을 면할 수 없고, 경우에 따라서는 부당노동행위가 성립할 수도 있다). 그 밖에도 日本 東京地判 昭和 51. 5. 21, 勞判 254號(プリマハム事件) 참고.

3) 大判 2016. 1. 28, 2012 두 12457; 大判 2016. 1. 28, 2013 다 72046; 大判 2016. 2. 18, 2014 다 28763; 大判 2016. 4. 28, 2014 두 11137; 大判 2018. 5. 15, 2018 두 33050 등 참고.

리 업무를 수행하는 활동)을 하는 것을 사용자가 허용하는 것은 무방하며, 또한 근로자의 후생자금 또는 경제상의 불행 그 밖에 재해의 방지와 구제 등을 위한 기금의 기부[1]와 최소한의 규모의 노동조합사무소의 제공[2]·[3] 및 그 밖에 이에 준하여 노동조합의 자주적인 운영 또는 활동을 침해할 위험이 없는 범위에서의 운영비 원조행위는 예외로 한다(즉 부당노동행위로 보지 않는다). 위의 규정(제81조 Ⅰ ④ 단서)에 따른 '노동조합의 자주적 운영 또는 활동을 침해할 위험' 여부를 판단할 때에는 다음 각 호의 사항을 고려하여야 한다(노조및조정법 제81조 Ⅱ; 2020. 6. 9. 신설). 고려할 사항들은 1. 운영비 원조의 목적과 경위, 2. 원조된 운영비 횟수와 기간, 3. 원조된 운영비 금액과 원조방법, 4. 원조된 운영비가 노동조합의 총수입에서 차지하는 비율, 5. 원조된 운영비의 관리방법 및 사용처 등이다. 이 조항은 구 노조및조정법 제81조 4호 본문 후단의 운영비 원조 금지조항이 그 단서 규정에도 불구하고 과도한 제한규정으로서 그 입법목적이 정당하다고 하더라도 헌법상 과잉금지원칙을 위반한 것이어서 헌법에 위반된다고 판단한 2018년 5월 31일의 헌법재판소의 결정(2012헌바90)에 따라 신설된 것이다. 이 헌법재판소 결정이 있은 후 2020년 6월 9일에 노조및조정법 제81조 4호의 단서규정이 개정되었고 이에 따라 제81조 2항이 신설되므로써 법개정 전의 제81조는 제81조 1항이 되었다. 이어서 2021년 1월 5일에는 다시 제81조 1항 4호 본문의 '노동조합의 전임자에게 급여를 지급'하는 행위를 '근로시간 면제한도를 초과하여 급여를 지급'하는 행위로 바꾸고, 이와 관련된 제24조의 '노동조합의 전임자'에 관한 규정을 '근로시간 면제'등의 내용으로 개정하였다(이에 관해서는 [127] 5. (1) 참고). 이러한 법개정에 이르게 된 배경을 이해하기 위해서는 관련 규정에 관한 기존의 대법원 판례를 먼저 살펴보는 것이 적절할 것으로 생각된다(노조및조정법 제81조 Ⅰ ④ 단서).

---

1) 大田地判 2010. 11. 5, 2010 카합 971.

2) 大判 2014. 2. 27, 2011 다 109531(단체협약 조항에서 정한 '사무실의 제공'에 사무실이라는 공간적인 시설과 사회통념상 그 안에 일반적으로 비치되는 책상, 의자, 전기시설 등 부대시설의 제공을 넘어 운영비의 성격을 지닌 전기요금의 지급까지 포함된다고 해석할 수는 없을 뿐만 아니라, 전기요금 지원관행이 기업사회에서 일반적으로 근로관계를 규율하는 규범적인 사실로서 명확히 승인되었다거나 사실상의 제도로서 확립되어 있다고 할 수 있을 정도의 규범의식에 의하여 지지되고 있었다고 보기도 어렵다고 한 사례). 회사 측에 의한 노동조합 사무실에 대한 전기요금 지원이 노동관행으로 확립되어 있는 경우에는 노조및조정법 제81조 4호에 의한 부당노동행위에 해당하지 않는다고 하는 것이 판례의 견해인데 이에 대해서는 의문의 여지가 있다. 노동관행은 법원론(法源論)상 강행법규(노조및조정법 제81조 Ⅰ ④)에 우선할 수 없기 때문이다.

3) 大判 2008. 10. 9, 2007 두 15506(사용자가 산업별 노동조합의 지부에 제공하던 사무실을 폐쇄하는 등 편의시설의 제공을 일방적으로 거절한 경우, 그것이 기업별 노동조합의 설립이 같은 사업장에 설치된 산업별 노동조합의 지부의 유효한 조직형태변경의 결의에 따른 것이라고 오인하였기 때문이라 하여도 산업별 노동조합의 운영에 개입하는 부당노동행위에 해당한다고 한 사례).

c) 종래의 대법원 판례 대법원은 「노조및조정법 제81조 제4호 단서에서 정한 범위를 벗어나서 주기적이나 고정적으로 이루어지는 운영비 원조 행위는 노조전임자 급여 지원 행위와 마찬가지로 노동조합의 자주성을 잃게 할 위험성을 지닌 것으로 동법 제81조 제4호 본문에서 금지하는 부당노동행위로 해석되고, 비록 그 운영비 원조가 노동조합의 적극적인 요구 내지 투쟁으로 얻어진 결과라 하더라도 달리 볼 것은 아니」라고 판시하고 있다.[1] 또한 노조및조정법 제81조의 금지규정은 강행규정이어서 이에 위반한 법률행위(노사의 약정 취업규칙이나 단체협약)는 무효라고 한다.[2] 대법원은 노동조합에 자동차를 무상으로 제공한 행위는 노동조합의 운영비를 원조하는 차원에서 이루어진 것이므로, 그것이 단체협약에 의한 것이든 민법상의 사용대차에 의한 것이든 무효이고,[3] 사용자가 발전기금이라는 명목으로 매월 150만원씩 노동조합의 운영비를 원조하는 차원에서 지급한 돈이 사무국장의 급여, 사무실 임대료, 상근자 중식비, 차량유지비 등으로 사용된 경우에 그 운영비 지원 합의는 노조및조정법 제81조 4호 본문에 위배되어 무효라고 한 원심을 인용하였다.[4]

대법원은 최소한의 규모의 노동조합사무소와 함께 통상 비치되는 책상, 의자, 전기시설 등의 비품과 시설은 사용자가 지원할 수 있으나, 통신비, 전기·수도요금 등 사무실 유지비, 사무용품 등의 지급은 허용되지 않는다는 견해를 취하고 있다.[5]

d) 헌법재판소의 2018년 5월 31일의 결정 헌법재판소[6]는 구 노조및조정법 제81조 4호 본문 후단의 노동조합에 대한 운영비 원조 금지조항이 노동조합의 자주성을 담보하여 궁극적으로 근로3권의 실질적인 행사를 보장하는 것을 그 입법목적으로 하고 있으므로 노동조합의 자주성이 저해되거나 저해될 현저한 위험이 있는 경우에 한하여 운영비지원이 금지된다고 한다. 헌법재판소의 결정에 따르면 운영비 원조 행위로 노동조합의 자주성이 저해되거나 저해될 현저한 위험이 있는지 여부는 그 목적과 경위, 원조된 운영비의 내용, 금액, 원조 방법, 운영비가 노동조합의 총수입에서 차지하는 비율, 운영비 관리 방법 및 사용처 등에 따라 다르게 판단되어야 한다고 한다. 헌법재판소는 대법

1) 大判 2016. 1. 28, 2012 두 12457 등.
2) 大判 2016. 1. 28, 2012 두 12457; 大判 2016. 1. 28, 2013 다 72046.
3) 大判 2016. 1. 28, 2013 다 72046(따라서 노동조합은 사용자에게 자동차를 반환할 의무가 있다).
4) 大判 2016. 2. 18, 2014 다 28763; 大判 2016. 4. 15, 2013 두 11789(업무차량유지비 지원 및 노동조합이 운영하는 매점의 장소, 시설, 수송수단 제공을 사용자가 부담하도록 한 단체협약 규정에 대하여 시정명령을 내린 사안).
5) 大判 2016. 1. 28, 2012 두 15821; 同旨: 大判 2016. 4. 29, 2014 두 15092; 大判 2017. 1. 12, 2011 두 13392 등.
6) 憲裁 2018. 5. 31, 2012 헌바 90.

원의 견해와는 달리 운영비 원조 금지조항이 근로자의 후생자금 또는 경제상의 불행 기타 재액(災厄)의 방지와 구제 등을 위한 기금의 기부와 최소한의 규모의 노동조합사무소의 제공을 제외한 운영비 원조 행위를 일률적으로 부당노동행위로 간주하여 금지하는 것은 규제의 목적과 취지에서 벗어나 노동조합(청구인)의 단체교섭권을 과도하게 제한한다고 한다. 따라서 운영비 원조 금지조항(제81조 4호 본문 후단)은 과잉금지원칙을 위반하여 청구인(노동조합)의 단체교섭권을 침해하므로 헌법에 위배된다는 것이다.

헌법재판소는 운영비 원조 금지조항이 ⅰ) 노동조합의 자주성 보호를 위한 것이라는 점, ⅱ) 노동조합의 자주성을 현저하게 저해할 위험이 없는 한 운영비 원조가 금지될 수 없다는 점, ⅲ) 노동조합이 쟁취한 운영비 원조는 노동조합의 자주성을 저해할 수 없다는 점을 적시하면서, ⅳ) 운영비 원조는 노사협조를 조성·촉진하는데 도움이 되며, ⅴ) 운영비 원조 사항은 단체교섭의 대상이 된다고 한다.1) 헌법재판소의 다수의견에 대해서는 재판관 2명의 유력한 반대의견이 있다.

e) 판례의 태도 개관 　노동조합의 전임자에게 급여를 지원하는 행위는 원칙적으로 노동조합의 운영비를 지원하는 행위와 마찬가지로 부당노동행위에 해당한다. 1997년 노조및조정법이 개정(공식적으로는 제정)되면서 제24조 2항에서 노조전임자에 대한 급여 지급이 금지되고, 동법 제81조 4호 본문에서도 노조전임자에 대한 급여 지원을 부당노동행위의 한 유형으로 명문화 하였다. 다만, 제24조 4항을 신설(2010. 1. 1)하여 동조 「제2항에도 불구하고 단체협약으로 정하거나 사용자의 동의가 있는 경우에는 근로시간면제한도(예컨대 소정근로시간의 한도)를 초과하지 아니하는 범위에서」 노조전임자도(근로자라는 의미에서) 급여 지급을 받을 수 있도록 하였다2)(이에 관한 문제점에 관해서는 [101] 3. (7) c) 참고). 또한 구 노조및조정법 제81조 4호 단서 전단은 이에 맞추어 '근로자가 근로시간

1) 헌법재판소가 이 사건 헌법불합치결정을 하면서 일정 시한(2019. 12. 31.)까지 운영비원조금지조항의 잠정적용을 명한 것은 이 사건 헌법불합치결정으로 인해 '노동조합의 자주성을 저해하거나 저해할 현저한 위험이 있는 운영비원조행위를 부당노동행위로 규제할 수 있는 근거조항' 자체를 사라지게 하는 불합리한 법적 공백상태를 방지하는 데에 있지, 이 사건 헌법불합치결정으로 '노동조합의 자주성을 저해하거나 저해할 현저한 위험이 없는 운영비원조행위를 부당노동행위로 규제하는 부분'까지 존속시키려는 데에 있지 아니하다. 따라서 이 사건 잠정적용명령의 효력은 운영비원조금지조항 중 '노동조합의 자주성을 저해하거나 저해할 현저한 위험이 있는 운영비원조행위를 부당노동행위로 규제하는 부분'에 한정하여 미치고, '노동조합의 자주성을 저해하거나 저해할 현저한 위험이 없는 운영비원조행위를 부당노동행위로 규제하는 부분'에는 그 효력이 미치지 아니한다고 보아야 한다(서울行判 2019. 1. 11, 2018 구합 77166. 잠정적용명령의 효력 범위에 관하여 설시한 大判 2011. 9. 29, 2008 두 18885 등 참조).

2) 憲裁 2014. 5. 29, 2010 헌마 606 참조(노조전임자 급여 지원 행위를 금지하는 대신, 사용자의 노무관리업무를 대행하는 노조전임자 제도의 순기능을 고려하여 일정한 한도 내에서 근로시간 면제 방식으로 노동조합 활동을 보장하려는 데에 그 입법목적이 있다).

중에 제24조 4항에 따른 활동을 하는 것을 사용자가 허용함은 무방하다'고 규정하였다(2010. 1. 1). 판례는 사용자가 노조전임자에게 근로시간면제 한도 내에서 급여를 지급하는 것은 허용되지만 그 범위를 벗어나 과다한 급여를 지급하는 것[1)·2)]은 부당노동행위에 해당한다는 것을 명백히 하고 있다. 단체협약 등 노사간 합의에 의한 경우라도 달리 볼 것은 아니다.[3)] 판례에 따르면 사용자가 노조전임자에게 근로시간면제제도에 의하여 과다한 급여를 지급하는 행위와 노동조합의 운영비를 원조하는 행위는 구 노조및조정법 제81조 4호 본문에 병렬적으로 규정되어 있고, 노조및조정법 제2조 4호 단서 나목은 '경비의 주된 부분을 사용자로부터 원조 받는' 해당 단체를 노동조합으로 보지 않는다고 규정하고 있으므로 노조전임자에게 근로시간면제 한도를 초과하여 급여를 지급하거나 그 밖의 급여를 지급하는 행위는 ―노조전임자 급여지원행위가 노동조합의 자주성을 저해할 위험성이 있는지를 가릴 것 없이― 그 행위 자체로서 부당노동행위의 의사가 인정될 수 있고, 지배·개입의 적극적, 구체적인 의도나 동기까지 필요로 하지 않는다고 한다.[4)] 이와 같은 대법원의 일관된 판단은 옳다고 생각된다.

위에서도 언급한 바와 같이 사용자와의 관계에서 노동조합이 투쟁을 통하여 얻은 노조전임자 급여 또는 노동조합 운영비의 지원은 부당노동행위에 해당하지 않는다는 견해는 더 이상 논란의 대상이 될 수 없다.[5)] 사용자가 부당노동행위를 할 의사가 없었다

1) 급여 지급이 과다하여 부당노동행위에 해당하는지 여부에 관해서는 근로시간 면제자가 일반 근로자로 근로하였다면 해당 사업장에서 동종 혹은 유사업종에 종사하는 동일 또는 유사 직급·호봉의 일반근로자의 통상근로시간과 근로조건 등을 기준으로 받을 수 있는 급여 수준이나 지급 기준을 사회통념상 수긍할 만한 합리적인 범위를 초과할 정도로 과다한지 등의 사정을 살펴서 판단하여야 한다(大判 2016. 4. 28, 2014 두 11137; 大判 2018. 4. 26, 2012 다 8239; 大判 2018. 5. 15, 2018 두 33050).

2) 단체협약 등에 따라 노조전임자가 지급받기로 정한 급여액 중 설령 과다하게 책정된 초과 급여 부분이 있는 경우라고 하더라도 이를 제외한 나머지 급여액은 여전히 (퇴직금을 산정하기 위한) 평균임금 산정에 포함되는 '임금'액이라고 보아야 한다고 하여 동종·유사근로자의 통상 근로시간과 근로조건을 기준으로 할 것은 아니라고 하여 위의 판례와 그 견해를 달리하고 있다(大判 2018. 4. 26, 2012 다 8239).

3) 大判 2016. 4. 28, 2014 두 11137; 大判 2018. 4. 26, 2012 다 8239; 大判 2018. 5. 15, 2018 두 33050.

4) 大判 2016. 4. 28, 2014 두 11137; 大判 2016. 1. 28, 2012 두 12457; 大判 2016. 1. 28, 2014 다 78362; 大判 2016. 2. 18, 2014 다 28763; 大判 2018. 4. 24, 2015 두 44165.

5) 大判 2016. 1. 28, 2012 두 12457; 大判 2016. 1. 28, 2013 다 72046; 大判 2016. 1. 28, 2014 다 78362. 노조전임자나 노조간부에 대한 급여 지급이 투쟁의 결과로 얻어진 것이면 부당노동행위에 해당되지 않는다는 과거의 판례(大判 1991. 5. 28, 90 누 6392)에 대해서는 동의하기 어렵다. 특히 한 하급심판결(仁川地判 2011. 9. 8, 2010 구합 4968)은 「실질적으로 노동조합의 자주성을 상실하게 할 우려가 없고, 사용자 또한 그러한 지배·개입 의도를 갖지 않는 등 해당 노사관계를 둘러싼 여러 사정을 종합하여 고찰할 때 전임자에 대한 급여 지급은 부당노동행위를 구성하지 않는 경우가 충분히 존재」할 수 있다고 하면서, 「만일 전임자에 대한 급여 지급이 이와 같이 자주성을 상실하지 않은 노

고 항변하거나, 노동조합이 스스로 자주성과 독립성을 침해받을 염려가 없다고 주장하는 경우에도 마찬가지이다.[1)] 자기 자신에게 유리하게 영향을 미치는 사정에 관하여 스스로 유리한 주장을 하거나 진술을 하는 것은 증거로서의 효력을 가질 수 없다.

(5) 지배·개입의 의사

사용자의 불이익취급이 부당노동행위로서 평가되기 위해서는 근로자의 노조조직·노조가입 또는 그 밖의 정당한 조합활동 등을 '이유로' 해당 근로자에게 불이익이 주어졌다는 의사추정이 인정되어야 한다. 그러나 「지배·개입」은 그 자체가 부당노동행위라고 평가되는 요소를 포함하고 있으므로 이러한 외형적 행위와 별도로 사용자의 주관적인 지배·개입의사가 증명되어야 할 필요가 없는 경우가 있다.[2)] 그러나 지배·개입의 구체적 태양에 따라 부당노동행위의 성립 여부를 달리 판단해야 할 경우가 있다. 먼저 노동조합을 조직 또는 운영하는 것을 지배하거나 이에 개입하는 행위는 법률에 의하여 직접 금지되는 것이므로 그러한 행위가 있을 때에는 사용자의 반조합적 의사 내지 동기는 더 이상 물을 필요가 없을 것이다. 다만 이때에도 행위의 외형적 태양에 따라 지배·개입의 정도가 다를 수 있으므로 부당노동행위의 성부를 가려서 판단해야 한다. 특히 기업 내에서의 조합활동에 대하여 사용자가 대항조치를 취하는 경우가 있는데 이때에는 단결권과 사용자의 시설관리권·업무지시권 등이 충돌하게 마련이므로 객관적 법익형량을 하면서 사용자의 반조합적 의도를 고려하지 않을 수 없을 것이다. 사용자의 행위가 그 객관적 행태의 성격상 노동조합을 회유하거나 약화시킬 목적을 가진 것으로 평가될 때에는 사용자의 해당 행위와 제반 사정 등의 간접사실을 종합적으로 고려하여 반조합적 의사를 판정해야 할 것이다.[3)] 특히 사용자 측에서 반조합적 의사의 부존재 또는 해당 행위의 정당성을 뒷받침할 수 있는 입증을 하지 않은 경우에는 지배·개입의 성립을 인

동조합의 단결에 터잡은 교섭력을 통해 획득된 것이라면 오히려 기존에 행해지던 전임자 급여 지급을 사용자가 중단하는 것이 지배·개입으로서 부당노동행위를 구성할 수 있는 것이다」고 판시하고 있으나 수긍하기 어렵다.

1) 일본에서는 여전히 노동조합이 획득(쟁취)한 성과는 달리 평가해야 한다면서 부당노동행위 해당 여부의 구체적 판단기준을 제시하는 견해(西谷, 「勞働法」, 584面)가 있는가 하면, 조합활동의 편의를 크게 해치지 않도록 금지의 범위를 좁게 해석할 필요가 있다는 절충적 견해(菅野, 「勞働法」, 985面)도 있다. 후자의 절충적 견해에 따르면 경비원조는 사용자 또는 노동조합의 주관적 의도가 어떠한 것이건 간에 교섭당사자인 노동조합의 자주성과 독립성을 침식하게 된다는 것이 이를 금지하는 입법 취지이므로 실제로 노동조합의 어용화 위험이 없으면 어떠한 원조를 받더라도 문제되지 않는다는 주장은 할 수 없다고 한다(菅野, 앞의 책, 985面; 山口, 「勞働組合法」(第二版), 1996, 100面 참고).

2) 「지배·개입」에 해당하는지의 여부는 노동위원회(행정소송에서는 법원)가 행하는 법적 평가이므로 「지배·개입」이라고 평가되는 행위를 하겠다는 의사(의욕)는 성립 요건이 아니라는 견해(菅野, 「勞働法」, 977面).

3) 西谷, 「勞働組合法」, 198面 이하; 菅野, 「勞働法」, 982面 이하 참고.

정해도 좋을 것이다. 노조간부에 대한 근로시간 면제한도 초과 지급과 노동조합의 자주성을 침해하는 운영비 지원은 — 2021년의 법개정 이전과는 달리 — 그 자체로서 부당노동행위의 의사가 불필요한 것으로 해석할 수 없게 되었으므로 지배 · 개입의 적극적 · 구체적 의도나 동기를 문제삼지 않을 수 없다.[1]

6. 부당노동행위 성립여부의 판단방법 및 증명책임

부당노동행위 성립의 판단방법과 증명책임에 관하여 판례[2]는 다음과 같이 판시하고 있다. 「사용자의 행위가 노조및조정법에 정한 부당노동행위에 해당하는지 여부는 사용자의 부당노동행위 의사의 존재 여부를 추정할 수 있는 모든 사정을 전체적으로 심리 · 검토하여 종합적으로 판단하여야 하고, 부당노동행위에 대한 증명책임은 이를 주장하는 근로자 또는 노동조합에게 있으므로, 필요한 심리를 다하였어도 사용자에게 부당노동행위 의사가 존재하였는지 여부가 분명하지 아니하여 그 존재 여부를 확정할 수 없는 경우에는 그로 인한 위험이나 불이익은 그것을 주장한 근로자 또는 노동조합이 부담할 수밖에 없다. 이와 관련하여 사용자가 근로자에게 징계나 해고 등 기타 불이익한 처분을 하였지만 그에 관하여 심리한 결과 그 처분을 할 만한 정당한 사유가 있는 것으로 밝혀졌다면 사용자의 그와 같은 불이익한 처분이 부당노동행위 의사에 기인하여 이루어진 것이라고 섣불리 단정할 수 없다」.[3]

7. 부당노동행위와 형사처벌

부당노동행위가 행해지면 무엇보다 사용자의 근로3권 침해행위를 제거하여 신속하게 원상회복이 이루어져야 하며, 이를 위해 노동위원회는 사용자에게 구체적인 구제명령을 내리게 된다. 그러나 구제명령에 의하여 원상회복이 이루어지더라도 공서(公序)에 반하는

1) 大判 2016. 4. 28, 2014 두 11137(단체협약 등 노사간 합의에 의한 경우라도 타당한 근거 없이 과다하게 책정된 급여를 근로시간 면제자에게 지급하는 사용자의 행위는 노조및조정법 제81조 4호 단서에서 허용하는 범위를 벗어나는 것으로서 노조전임자 급여지원행위나 노동조합 운영비 원조행위에 해당하는 부당노동행위가 될 수 있다. 여기서 근로시간 면제자에 대한 급여 지급이 과다하여 부당노동행위에 해당하는지는 근로시간 면제자가 받은 급여 수준이나 지급기준이 그가 근로시간 면제자로 지명되지 아니하고 일반근로자로 근로하였다면 해당 사업장에서 동종 혹은 유사업무에 종사하는 동일 또는 유사 직급 · 호봉의 일반근로자의 통상 근로시간과 근로조건 등을 기준으로 받을 수 있는 급여 수준이나 지급기준을 사회통념상 수긍할 만한 합리적인 범위를 초과할 정도로 과다한지 등의 사정을 살펴서 판단하여야 한다).

2) 大判 2007. 11. 15, 2005 두 4120; 大判 2009. 3. 26, 2007 두 25695; 大判 2011. 1. 27, 2008 두 13972. 참고 판례: 大判 2006. 6. 15, 2003 두 5600; 大判 1996. 7. 30, 96 누 387 등.

3) 同旨: 大判 2011. 7. 28, 2009 두 9574.

부당노동행위의 위법성이 해소되는 것이 아니다. 따라서 노조및조정법 제90조는 부당노동행위를 행한 자에 대하여 벌칙(2년 이하의 징역 또는 2천만 원 이하의 벌금)을 적용한다. 동시에 법인 또는 단체의 대표자, 법인·단체 또는 개인의 대리인·사용인 기타의 종업원(이하 '종업원 등'이라 한다)이 부당노동행위를 한 경우에는 그 행위자와 함께 그가 소속된 법인·단체 또는 개인에 대하여도 소정의 벌금형이 부과된다(이른바 양벌규정: 제94조). 다만 헌법재판소[1]는 종업원 등이 부당노동행위 중에서 지배·개입 행위를 한 사실이 인정되면 곧바로 그 법인에게도 소정의 벌금형을 부과하도록 규정하고 있는 부분에 대해서는 위헌이라고 결정하였다(이에 관해서는 앞의 5. (2) h) 참고). 이는 헌법재판소가 면책사유를 정하지 아니한 법인의 양벌규정에 대하여 위헌결정[2]을 한 것과 같은 취지라고 할 수 있다.

[128a] Ⅳ. 부당노동행위에 대한 구제절차

1. 총　　설

사용자는 근로3권 보장질서를 침해하는 부당노동행위를 해서는 안 된다(노조및조정법 제81조). 사용자의 부당노동행위로 인하여 권리를 침해당한 근로자 또는 노동조합은 노동위원회에 그 구제를 신청할 수 있고(동법 제82조 Ⅰ), 노동위원회는 부당노동행위가 성립한다고 판정한 때에는 사용자에게 구제명령을 발하여야 한다(동법 제84조 Ⅰ). 구제명령을 받은 사용자는 그 명령에 따라야 한다(동법 제84조 Ⅲ).

(1) 절차의 특색

부당노동행위제도에 의한 보호대상은 단결체를 결성하고 단체교섭 기타 단결활동을 행하는 동태적인 질서이므로, 부당노동행위에 대한 구제는 개개의 권리·의무관계의 존부와 그 범위를 확정하는 것을 목적으로 하는 사법(司法)절차를 가지고는 적절하게 대응할 수 없다. 물론 단결권침해를 이유로 하여 손해배상을 청구한다든가, 또는 불이익취급에 의하여 침해된 근로계약상의 이익의 구제를 구하는 경우에는 법원에 의한 구제도 가능하며, 특히 근로계약상의 이익구제에 있어서는 원상회복적인 구제(해고무효확인의 소 및 종업원 지위보전의 가처분)도 실효성이 있다. 그러나 그 이상의 것을 법원에 의한 구제로부터 기대할 수는 없다.

---

1) 憲裁 2019. 4. 11, 2017 헌가 30; 憲裁 2020. 4. 23, 2019 헌가 25.

2) 憲裁 2009. 7. 30, 2008 헌가 14.

더욱이 부당노동행위제도의 보호대상이 근로3권 보장에 근거한 유동적 활동인 이상 그 침해에 대한 구제는 신속성을 요하며, 또 근로3권의 권리주체가 재력이 약한 근로자 내지 노동조합이기 때문에 구제절차는 그 성질상 신속성과 함께 간이성 및 경제성을 요구한다. 이와 같이 사법절차에 의하여 적절하고 효과적으로 구제될 수 없는 보호대상을 합목적적으로 구제하기 위하여 제도화된 것이 노동위원회에 의한 부당노동행위 구제절차이다.

구체적으로 사용자에 의하여 근로3권을 침해하는 부당노동행위가 행하여진 경우 그러한 침해행위가 없었을 상태로 돌이켜 놓도록 하면서(이른바 원상회복), 장래에도 그러한 침해행위가 되풀이 되지 않도록 사용자에게 일정한 작위 또는 부작위를 명하는 공법상의 의무를 부과하는 것이 노동위원회에 의한 구제제도의 주된 내용이다. 따라서 노동위원회는 행정위원회가 가지는 재량을 기초로 가장 효율적 조치를 취하여 사용자에게 구제명령을 내릴 수 있다. 구제명령이 확정되었음에도(노조및조정법 제85조 참조) 사용자가 이에 따르지 않는 경우에는 사용자에게 벌칙(노조및조정법 제89조 ②, 제95조 참조)이 적용된다. 이와 같은 행정구제는 기능적으로 볼 때 사법구제와 중복되는 면이 없지 않다. 예컨대 부당노동행위로서 행하여진 해고에 대하여 사법구제(소송)에 의한 근로계약상의 지위확인의 소(訴)를 제기하거나, 행정구제(노동위원회에 의한 구제절차)에 의한 원상회복, 즉 해고 중의 임금소급지급(back pay) 명령에 대하여 임금지급청구소송을 제기하는 것은 그 현실적 기능이 유사하다. 따라서 사용자가 노동위원회의 구제명령에 따라 근로자를 원직에 복귀시킨 때에는 복직된 근로자는 지위확인 소송을 제기할 소의 이익을 가질 수 없다.[1] 이와 같이 양 제도는 상호 조정(調整)적 기능을 가지고 있으나 행정구제절차는 구제제도로서 별개의 특색을 가진다.[2]

(2) 절차의 기본적 틀

노동위원회의 구제절차는 사용자의 부당노동행위에 대하여 근로자 또는 노동조합의 구제신청을 받아 심사한 후 구제명령을 발하는 기본적인 구조를 취하고 있다.[3] 다시 말하면 노동위원회의 구제절차는 전문행정위원회인 노동위원회에서 신청인과 피신청인을 양당사자로 하는 대심절차(對審節次)로서 행하여진다. 노동위원회는 이 절차의 최종단

---

1) 그러나 가처분명령에 의하여 해고자의 지위보전이나 임금지급이 행하여 졌다고 하더라도 이는 잠정적 효력을 가지는데 그치므로 노동위원회는 가처분 명령과 동일한 내용의 구제조치를 내릴 수 있다(西谷, 「勞働組合法」, 208面 및 그 곳에 인용된 판례 참고).

2) 西谷, 「勞働組合法」, 207面 이하 참고. 다만 노동위원회에 의한 원직복귀명령과 임금소급지급명령은 사용자에 대하여 공법상의 의무를 부과하는 효력을 가진다는 점에 유의하여야 한다. 이러한 점에서 벌칙규정은 구제명령을 이행강제하는 기능을 가진다고 볼 수 있다.

3) 서울高判 1976. 9. 29, 74 구 210 참고.

계에서 부당노동행위의 성립 여부를 판정하고, 신청에 대한 기각명령 또는 구제명령을 행정처분으로써 발한다. 그리고 구제명령의 내용에 대해서는 사안에 따라 구제조치의 결정과 관련하여 재량권이 인정된다. 그러나 당사자는 초심 지방노동위원회의 각하결정·구제명령·기각명령에 불복하여 중앙노동위원회에 재심을 신청할 수 있고, 또한 행정소송을 제기할 수도 있다. 따라서 부당노동행위 구제절차의 틀은 초심절차·재심절차·행정소송으로 크게 나눌 수 있다. 초심·재심절차는 신청·조사·심문·의결·명령의 순서로 진행된다(노위칙 제39조 이하 참조). 그러나 그 사이에 신청의 각하, 취하 또는 화해에 의하여 절차가 종료될 수 있다. 노동위원회명령의 취소소송(행정소송)에 있어서는 출소기간(제척기간) 및 재심사에 관한 노조및조정법상의 특별규정(제85조 Ⅱ·Ⅲ·Ⅳ·Ⅴ, 제86조) 외에는 행정소송법의 절차에 따른다. 명령 또는 판결이 확정된 경우에는 이에 위반할 수 없다.

(3) 처벌주의의 병존

1986년 12월 31일에 개정된 구 노동조합법은 1963년의 노동조합법 개정시에 삭제되었던 처벌주의를 부활하여 노동위원회에 의한 부당노동행위구제절차 외에 피해자의 명시적인 의사가 있을 때에는 부당노동행위를 한 자(구 노조법 제39조의 규정에 위반한 자)에 대하여 처벌을 병과할 수 있는 규정을 신설하였다(제46조의2). 그런데 1996년 12월 31일에 개정된 노조및조정법은 「피해자의 명시적 의사」의 요건을 삭제함으로써 피해자의 의사에 관계 없이 부당노동행위를 행한 사용자를 처벌할 수 있도록 처벌요건을 완화하였다(제90조). 처벌주의는 노동위원회에 의한 사후구제절차와는 달리 부당노동행위를 행한 자를 직접 처벌함으로써 부당노동행위를 사전에 예방·억제하는 기능을 가지고 있다. 그에 따르면 근로자나 노동조합은 사용자의 부당노동행위가 있을 경우 관할 지방고용노동관서나 검찰에 직접 진정, 고소 또는 고발을 행할 수 있고, 검사는 원칙적으로 노동위원회의 구제절차에 관계없이 독자적으로 기소 여부를 결정할 수 있다. 노동위원회의 구제절차는 구제명령을 통하여 피해를 원상회복시킴으로써 침해된 권익을 바로잡는 데 그 실익이 있으며, 사용자가 구제명령을 제대로 이행하면 근로자는 큰 불이익을 받지 않는다. 이와 같이 사용자의 자발적 이행이 뒷받침되지 않으면 부당노동행위에 의한 불이익은 실효적으로 원상으로 회복될 수 없다. 사용자가 노동위원회의 구제명령을 제대로 이행하지 않는다거나 악의적 또는 계획적으로 부당노동행위를 계속하는 상황하에서는 부당노동행위 자체에 대한 처벌은 불가피한 일이다. 부당노동행위는 기본적으로 근로3권 보장질서를 침해하는 것으로서, 이를 악의적 또는 계획적으로 행할 때에는 이에 대한 재제로서의 처벌도 정당화될 수 있다.

이와 같이 현행법은 부당노동행위에 대하여 구제제도와 처벌제도를 함께 규정하고 있다. 이 양 제도를 어떤 체계 하에서 이해할 것이냐 하는 것은 매우 중요한 일이라고 생각된다. 현행 노조및조정법은 사용자의 부당노동행위가 있을 때에는 그 권리를 침해 당한 근로자 또는 노동조합이 노동위원회에 구제를 신청하는 절차(노조및조정법 제82조)를 출발점으로 하고 있다. 부당노동행위에 대한 구제신청이 있으면 노동위원회는 지체 없이 조사와 심문을 개시하여 부당노동행위가 성립한다고 판정한 때에는 사용자에게 구제명령을 발하고, 부당노동행위가 성립하지 아니한다고 판정한 때에는 구제신청을 기각하는 결정을 한다(노위칙 제60조). 따라서 부당노동행위 구제제도의 핵심은 근로자 또는 노동조합에 의한 구제신청과 이에 대한 노동위원회의 부당노동행위 성부의 판정이다. 다시 말하면 노동위원회의 판정 여하에 따라 부당노동행위의 구제 여부가 결정된다. 그러므로 현행 노조및조정법이 구제제도와 처벌제도를 함께 규정하고 있다 하더라도 부당노동행위제도의 근간은 노동위원회의 판정과 구제명령에 의하여 이루어지는 것이라고 판단된다. 노조및조정법 제90조의 규정에 의한 처벌은 먼저 노동위원회에 의한 부당노동행위의 성립에 관한 판정을 전제로 과해질 수 있다. 노동위원회에 의하여 부당노동행위가 성립되지 않는다고 판정되었음에도 불구하고 타기관(검찰 등)에 의하여 처벌이 과해지게 된다면, 이는 노동위원회의 전속관할에 속하는 부당노동행위 판정권한과 모순된다고 아니할 수 없다. 노동위원회에 의하여 부당노동행위가 성립한다고 판정된 때에는 원상회복에 대한 구제명령 이외에 피해자(당해 근로자 또는 노동조합)의 처벌 희망의사와 관계없이 노조및조정법 제90조의 벌칙이 적용될 수 있다. 왜냐하면 노동위원회의 구제명령에 의하여 사실상 원상회복이 이루어지더라도 근로3권 보장질서를 침해하는[공서(公序)에 반하는] 부당노동행위의 위법성은 해소(解消)되지 않기 때문이다([127] 7. 참고).

(4) 구제절차와 신청 · 심사 · 입증 · 구제

첫째, 부당노동행위에 대한 구제절차는 관할노동위원회에 신청함으로써 개시된다(노조및조정법 제82조 I, 노위칙 제39조). 신청에 대한 취하가 있으면(노위칙 제74조) 신청이 처음부터 계속하지 않은 것이 된다(신청주의). 둘째, 심사의 대상도 신청의 대상이 된 「부당노동행위를 구성하는 구체적 사실」(노위칙 제39조 ③)에 한정된다. 노동위원회는 구제신청을 하지 않은 사실에 대하여 명령을 내릴 수 없다. 노동위원회는 「신청의 전부나 일부가 이유 있다고 인정한 때에는 … 신청의 전부 또는 일부를 인정하는 구제명령을, 구제신청의 이유가 없다고 인정할 때에는 기각하는 결정을 하여야 한다」(노위칙 제60조 II 참조). 따라서 심사의 대상에 대해서도 신청주의가 채택되고 있다. 셋째, 구제신청서를 접수한 위원장은 지체 없이 당해 사건의 처리를 담당할 조사관을 지정하고, 신청인에게 신청이유를 소명하기 위한 증거의 제출을 요구하며, 피신청인에 대해서도 그 이유를 소명하기 위한 증거의 제출을 요구할 수 있다(노위칙 제46조 Ⅰ). 또한 노동위원회는 「당사자의 주장이 일치하지 아니하는 때에는 당사자와 증인 또는 참고인을 출석시켜 조사할 수 있다」(노위칙 제46조 Ⅲ). 넷째, 부당노동행위를 구성하는 사실에 대한 입증책임은 신청인에게 있다. 그러나 노동위원회는 입증사실의 난이도와 성질, 당사자 사이의 형평성 등을 고려하여 구제제도의 취지에 어긋나지 않는 한도 내에서 입증책임의 경감 또는 부분적 전환을 인정할 수 있을 것이다. 다섯째, 부당노동행위의 구제는 전문적 행정기관에 의한 재량적 시정조치라고 할 수 있다. 따라서 노동위원회는 당사자가 구하는 구제내용에 구속될 필요는 없을 것이다(노조및조정법 제82조 Ⅰ, 노위칙 제60조 참조). 노동위원회는 신청한 구체적 사실을 벗어나 심판할 수는 없으나, 신청한 사실의 범위 내에서는 구제의 내용이나 한도에 관하여 재량권을 갖는다고 할 수 있다.[1]

(5) **부당노동행위사건의 관할**

부당노동행위사건의 심사는 원칙적으로 2심제이다. 초심은 지방노동위원회가, 재심은 중앙노동위원회가 관할권을 가진다. 그리고 특별한 경우에는 특별노동위원회가 초심으로서의 관할권을 가진다.

a) **지방노동위원회의 관할** 부당노동행위가 발생한 사업장의 소재지를 관할하는 지방노동위원회는 초심으로서의 관할권을 가진다(노위법 제3조 Ⅱ 전단).

두 개 이상의 관할구역에 걸친 부당노동행위사건에 대해서는 주된 사업장의 소재지를 관할하는 지방노동위원회에서 관장한다(노위법 제3조 Ⅱ 후단). 다만, 이 경우에 주된 사업장을 정하기 어렵거나 주된 사업장의 소재지를 관할하는 지방노동위원회가 처리하기 곤란한 사정이 있는 경우에는 중앙노동위원회 위원장은 직권으로 또는 관계당사자나 해당 지방노동위원회 위원장의 신청에 따라 지방노동위원회를 지정하여 당해 사건을 처리하게 할 수 있다(노위법 제3조 Ⅴ).

b) **특별노동위원회의 관할** 부당노동행위가 특별노동위원회의 설치목적이 된 특정사항에 관한 것인 때에는 특별노동위원회가 초심으로서의 관할권을 가진다(노위법 제3조 Ⅲ 참조).[2]

---

1) 大判 1999. 5. 11, 98 두 9233 참고.

2) 선원법의 적용을 받는 선원은 원칙적으로 특별노동위원회인 선원노동위원회에 부당해고 구제신청을 해야 한다. 지방노동위원회가 선원법의 적용을 받는 선원의 부당해고 구제신청을 접수한 경우에는 근로기준법에 따른 부당해고 구제신청의 적격이 없다는 이유로 신청을 각하할 것이 아니라 이송에 따른 규정에 따라 관할 선원노동위원회에 사건을 이송해야 한다(大判 2012. 10. 11, 2010 두 18215).

c) 중앙노동위원회의 관할 중앙노동위원회는 지방노동위원회 또는 특별노동위원회가 취급한 사건에 대하여 재심으로서의 관할권을 가진다(노위법 제3조 Ⅰ; 노조및조정법 제85조 Ⅰ).

2. 초심절차

(1) 관 할

부당노동행위가 발생한 사업장의 소재지를 관할하는 지방노동위원회 또는 특정 사항에 관한 특별노동위원회가 초심으로서의 관할권을 가진다(노위법 제3조 Ⅱ · Ⅲ).

(2) 신 청

부당노동행위에 대한 구제절차는 사용자가 부당노동행위 금지규정(노조및조정법 제81조)에 위반한 경우에 그 구제를 필요로 하는 자가 구제신청을 함으로써 개시된다(노조및조정법 제82조 Ⅰ).

a) 신청방법 신청은 신청서를 관할노동위원회에 제출함으로써 행하여진다. 신청서에는 i) 신청인의 성명 · 주소, ii) 피신청인의 성명 · 주소, iii) 부당노동행위를 구성하는 구체적 사실, iv) 청구할 구제의 내용(신청취지),[1] v) 신청일자를 기재하고 신청인이 기명 · 날인해야 한다(노위칙 제39조, 별지 9호).

b) 신 청 인 노조및조정법은 사용자의 부당노동행위로 인하여 그 권리를 침해당한 근로자 또는 노동조합이 노동위원회에 구제신청을 할 수 있다고 규정하고 있다(제82조 Ⅰ). 그러므로 노조및조정법 제81조 1호 · 2호 및 5호(근로자 개인에 대한 부당노동행위)의 경우에는 당해 근로자가, 그리고 동조 3호 및 4호(노동조합에 대한 부당노동행위)의 경우에는 노동조합이 신청인이 될 것이다. 그러나 전자의 경우에 당해 근로자가 소속된 노동조합이,[2] 또는 후자의 경우에 당해 노동조합의 간부가 신청인이 되는 것을 법이 막고 있는 것은 아니라고 생각된다.[3] 왜냐하면 노동위원회에의 신청은 소송에서의 재판과는 달리 심사권한의 발효요건이므로, 당해 부당노동행위의 배제에 관하여 이해관계를

---

1) 구제의 내용이 구체적으로 특정되어 있지 않더라도 구제신청이 있는 것으로 본 사례: 大判 1999. 5. 11, 98 두 9233.

2) 노동조합에 가입하려고 한 근로자에게 불이익을 주는 행위에 대하여 노동조합은 자신의 명의로 그 부당노동행위에 대한 구제신청을 할 수 있는 권리를 가진다(大判 2008. 9. 11, 2007 두 19249).

3) 노동조합의 구제신청권은 권리를 침해당한 근로자 개인의 그것과는 별개의 노동조합 자체의 독자적 권한이라 할 것이고, 근로자 개인의 구제신청권을 대위하거나 대리하는 것은 아니다(大判 1979. 2. 13, 78 다 2275). 노동조합을 조직하려고 하였다는 이유로 근로자에게 행한 부당노동행위에 대하여는 후에 설립된 노동조합도 독자적인 구제신청권을 갖는다(大判 1991. 1. 25, 90 누 4952). 同旨: 荒木, 「勞働法」, 699面.

가진 자는 모두 신청인이 될 수 있다고 넓게 해석해야 하기 때문이다. 뿐만 아니라 부당노동행위제도의 보호대상은 근로3권 보장질서에 의하여 보호되는 제반 권리이므로, 이러한 이해관계자는 권리주체로서 신청인이 될 수 있다고 해야 한다.[1] 그러나 당해 근로자가 다툴 의사를 가지지 않는 불이익취급의 경우(노조및조정법 제81조 I ①·②·⑤의 경우)에 노동조합이 구제신청을 할 수 있느냐 하는 것이 문제된다. 불이익취급은 노동조합에 대한 침해행위라고 볼 수도 있으므로 노동조합이 신청인이 될 수 있다. 다만, 구제의 내용은 노동조합을 대상으로 하는 것에 한정된다. 마찬가지로 노동조합이 어용화되어 지배·개입에 대해서 다툴 의사가 없는 경우에도 조합원 개인이 이를 다툴 수 있다. 노동조합의 결성에 대한 지배·개입에 의하여 조합결성이 이루어지지 않은 경우에 그 결성에 참여한 근로자가 신청인이 될 수 있음은 당연하다.

노동조합이 신청인이 될 경우에는 노동조합의 자격심사가 행하여져야 한다(노조및조정법 제2조 ④, 제7조 I, 제10조 이하 참조).

c) **피신청인** 피신청인은 기업주로서의 사용자만을 말하는가, 아니면 부당노동행위 금지의무를 지는 자를 모두 포함하는가에 대하여 견해의 다툼이 있을 수 있다. 부당노동행위 금지의무를 지는 자를 모두 피신청인으로 생각할 수도 있으나,[2] 법적 당사자와 현실의 행위자는 구별하는 것이 좋을 것이다. 따라서 개인기업에서는 기업주 개인, 법인기업에 있어서는 법인이 법적 당사자로서의 당사자이고, 공장장·영업소장·지점장 등 법인기업의 조직부서의 장은 법적 당사자라고 할 수 없다. 따라서 피신청인은 원칙적으로 법적 당사자로서의 사용자를 말한다. 부당노동행위의 구체적 당사자도 피신청인으로서의 당사자가 될 수 없다.[3]

1) 同旨: 심태식, 「개론」, 224면; 오정근, 「노동법」, 134면; 박상필, 「노동법」, 505면.
2) 박상필, 「노동법」, 505면; 심태식, 「개론」, 224면.
3) 同旨: 菅野, 「勞働法」, 1053面.

《구제절차의 순서》

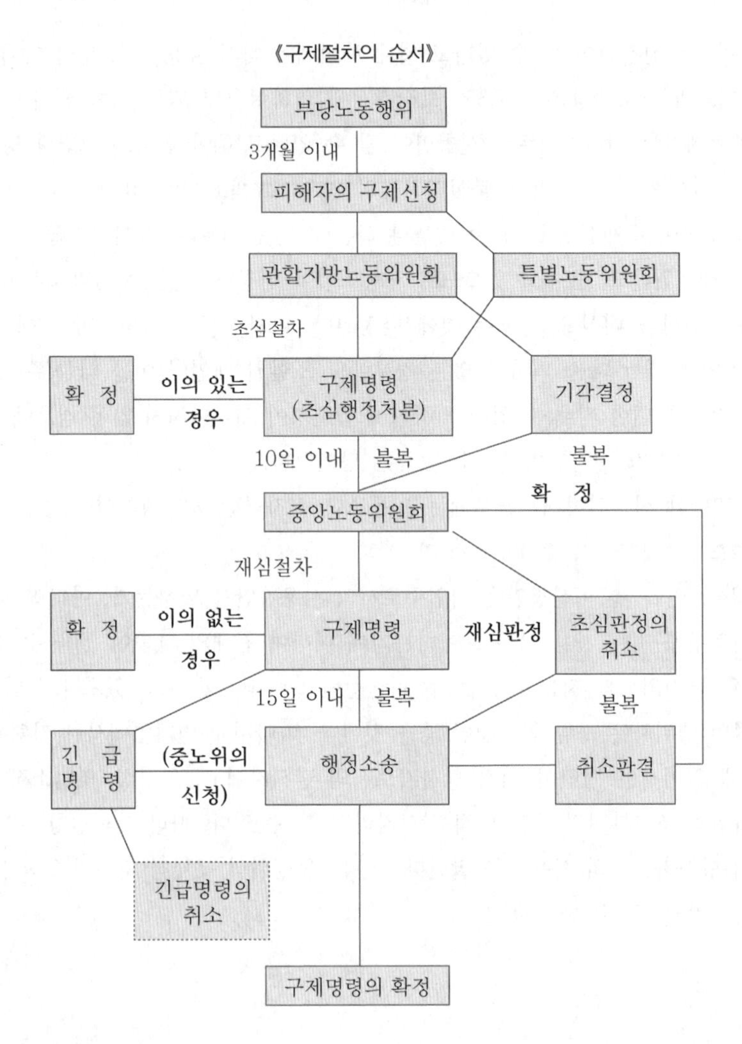

d) 신청기간 구제신청은 부당노동행위가 있은 날(계속하는 행위는 그 종료일)로부터 3개월 이내에 하여야 한다(노조및조정법 제82조 Ⅱ).[1] 이와 같이 제척기간을 설정한

1) 서울高判 1994. 9. 1, 94 구 5580. 여기서 3개월이라는 기간은 제척기간이므로 소멸시효와는 달리 중단제도가 없어 제척기간 내에 권리자에 의한 권리주장 또는 의무자의 승인이 있더라도 그 기간은 갱신되지 아니하고 시효의 정지제도도 적용되지 아니한다(中勞委 1990. 2. 9, 90 부대 11). 단체협약에 징계처분에 대한 재심절차를 규정하고 있는 사업장에서 사용자가 근로자를 징계해고하였다면, 해고의 효력은 언제부터 발생하는가? 다시 말하면 해당 근로자가 노동위원회에 부당해고 구제신청을 할 경우, 사용자가 징계해고처분을 내린 때를 신청기간의 기산점으로 삼아야 하는가, 아니면 단체협약상의 재심절차가 종료된 때를 기산점으로 삼아야 하는가가 문제된다. 이에 대해서 판례는 해고 자체는 사용자의 일방적인 의사표시로 근로관계를 종료시키는 단독행위이고, 단체협약에 징계처분을 받은 자가 재심을 청구할 수 있도록 규정하고 있다 하더라도 재심절차는 근로자에 대한 구제절차에

이유는 상당한 기간이 경과하면 사실관계의 입증이 곤란하고, 구제명령의 실효성이 상실되기 때문이다. 노조및조정법 제82조 2항의 '계속하는 행위'(부당노동행위)에는 1개의 행위가 바로 완결되지 않고 일정기간 계속되는 행위뿐만 아니라 수 개의 행위라도 각 행위 사이에 부당노동행위 의사의 단일성, 행위의 동일성, 시간적 연속성이 인정될 행위도 포함된다.[1] 「계속하는 행위」의 예로는 예고 있는 해고 또는 직장폐쇄와 같이 그 행위가 완결되지 아니하고 일정기간 계속되는 하나의 행위로 볼 수 있는 유형이 있는가 하면,[2] 사용자가 조합원에 대하여 차별적 인사고과 심사 결정을 하고 불리한 호봉 결정, 저임금 지급 등의 복합적 차별행위를 하는 유형도 있다. 후자의 경우에는 임금 격차가 누적되어 온 것이 여러 개의 행위에 의하여 이루어져 왔더라도 하나의 목적을 위하여 행하여진 일체의 행위로서 원칙적으로 「계속하는 행위」로 보아야 할 것이다. 이러한 경우에는 최후의 차별적 심사결정, 임금결정, 임금지급이 있은 날부터 3개월 이내에 행하여진 신청은 적법하고, 누적된 차별적 심사결정과 누적된 임금격차 전체에 대하여 시정명령이 내려질 수 있다고 보아야 한다. 즉, 기간 내에 구제신청이 행하여진 경우에는 「계속하는 행위」의 전체에 대하여 신청을 인정하고 그 부당노동행위 전부에 대하여 구제가 이루어져야 한다.[3]

e) 신청의 취하　　신청인은 명령서 또는 결정서 등이 교부될 때까지 언제든지 신청의 전부 또는 일부를 취하할 수 있다. 취하된 부분에 대해서는 처음부터 사건이 계속되지 않는 것과 같이 된다. 취하는 대부분 화해의 성립에 의하는 경우가 많다.

⑶ 심　　사

a) 의　　의　　심사란 조사와 심문을 말한다. 노동위원회가 구제신청을 받은 때에는 「지체 없이 필요한 조사와 관계당사자의 심문을 하여야 한다」(노조및조정법 제83조 Ⅰ).

b) 조　　사　　조사는 양 당사자의 주장과 입증방법을 명확하게 하여 쟁점을 정리하는 것이며, 심문을 위한 준비절차라고 할 수 있다. 노동위원회위원장은 신청서가 접수된 때에는 지체 없이 당해 사건의 처리를 담당할 조사관을 지정하고, 신청인에게 신청

불과하므로 징계해고는 처분과 동시에 즉시 효력을 발생한다고 한다(大判 1993. 5. 11, 91 누 11698). 따라서 해당 근로자가 징계해고의 사실을 안 때부터(민법 제111조) 신청기간(제척기간)이 기산된다고 보아야 할 것이다. 신청의 기간을 제척기간으로 엄격하게 해석하여 필요한 구제를 거부하는 것은 옳지 않으므로 적어도 탄력적 운용이 요구된다는 견해가 있다(西谷, 「勞働組合法」, 212面).

1) 大判 2014. 5. 29, 2011 두 24040.

2) 예컨대 예고 없이 행해진 해고의 경우에는 그 해고통지가 근로자에게 도달된 때(大判 1992. 12. 24, 92 누 15390), 예고기간이 있는 해고의 경우에는 이를 「계속하는 행위」로 보아 그 예고기간이 종료하는 날을 기산점으로 삼아야 할 것이다. 같은 취지의 판례: 大判 2002. 6. 14, 2001 두 11076. 근로자에 대한 무기정직처분은 「계속하는 행위」로 볼 수 없고, 따라서 처분과 동시에 처분행위가 종료된다고 보아야 한다(大判 1993. 3. 23, 92 누 15406).

3) 西谷, 「勞働法」, 213面 이하.

이유를 소명하기 위한 증거의 제출을 요구하며, 또한 피신청인에게는 신청서의 부본을 송부하여 그에 대한 답변서 및 그 이유의 소명을 위한 증거의 제출을 요구하여야 한다(노위칙 제45조). 노동위원회는 당사자의 주장이 일치하지 아니하는 때에는 당사자 또는 증인의 출석을 요구하여 그의 진술을 듣고 사실의 조사를 할 수 있다(노위칙 제46조 Ⅱ). 노동위원회는 사건을 신속히 처리하여야 하며, 노동위원회는 접수일로부터 60일 이내에 심문회의를 개최하여야 한다(노위칙 제51조). 노동위원회는 조사 및 심문과정에서 언제든지 당사자에게 화해를 권고하거나 주선할 수 있다(노위칙 제69조).

c) 신청의 각하　　일정한 사유가 있을 때에는 심판위원회의 결정으로 신청을 각하한다(노위칙 제60조).

각하사유(노위칙 제60조)로는 i) 관계법령의 규정에 따른 신청기간을 지나서 신청한 경우, ii) 노동위원회 규칙 제41조에 따른 보정요구를 2회 이상 하였음에도 보정을 하지 아니한 경우, iii) 당사자 적격이 없는 경우,[1] iv) 구제신청의 내용이 노동위원회의 구제명령 대상이 아닌 경우, v) 같은 당사자가 같은 취지의 구제신청을 거듭하여 제기하거나 같은 당사자가 같은 취지의 확정된 판정(노위법 제16조에 따른 화해조서를 포함한다)이 있음에도 구제신청을 제기한 경우나 판정이 있은 후 신청을 취하하였다가 다시 제기한 경우, vi) 신청하는 구제의 내용이 법령상이나 사실상 실현할 수 없거나 신청의 이익이 없음이 명백한 경우, vii) 신청인이 2회 이상 출석에 불응하거나[2] 주소불명이나 소재불명으로 2회 이상 출석통지서가 반송되거나 그 밖의 사유로 신청 의사를 포기한 것으로 인정될 경우이다. 이상의 사유 이외에 피신청인적격(사용자)이 결여되는 때에도 각하사유가 된다. 그러나 구제의 이익이 없는 경우에는 신청의 기각사유가 될 것이다.[3] 신청의 각하

1) 노조및조정법 제5조 3항(구 노조및조정법 제2조 4호 단서 라목 단서)에 해당하는 근로자가 신청인 적격을 가지는가 하는 것이 문제될 수 있다. 불이익취급의 경우에는 해고된 자도 신청인적격을 가진다. 그러나 해고된 근로자가 해고의 효력을 다투면서(해고무효확인의 소의 제기) 단체교섭을 요구한 데 대하여 사용자가 해고된 자와의 단체교섭을 할 의무가 없다는 이유로 이를 거부한 경우에 근로자가 부당노동행위구제신청을 낸 사건에서 노동위원회는 당사자(신청인) 부적격판정을 하고 있다(서울地勞委 91 부노 86; 中勞委 91 부노 123). 이 사건에서 유의해야 할 것은 해고를 다투는 근로자가 신청인적격이 없다는 것은 단체교섭을 요구할 수 있는 근로자의 지위에 있지 않았기 때문이고, 해고된 자는 해고를 다투건 다투지 않건 간에 여하한 종류의 부당노동행위사건에 있어서도 신청인적격이 없다는 것은 아니라는 점이다. 노조및조정법(개정 2021. 1. 5) 제23조 1항에 따르면 기업별 노동조합에서는 사업 또는 사업장에 종사하는 조합원이 아니면 임원이 될 수 없으므로 해고된 자는 원칙적으로 노동조합을 대표하여 신청인적격을 가질 수 없다고 보아야 할 것이다.

2) 大判 1990. 2. 27, 89 누 7337.

3) 노동조합을 해체할 의도를 가지고 사업체를 폐업했다 하더라도 현실적으로 해고된 근로자가 복귀할 사업장이 없어진 경우에는 구제의 이익이 없는 것이므로 신청을 기각하여야 한다(大判 1990. 2. 27, 89 누 6501; 大判 1991. 12. 24, 91 누 2762; 서울高判 1993. 2. 18, 91 구 28704; 서울行判

가 사실확정에 의하여 비로소 가능한 때에는 심문종결 후의 의결을 거친 다음에 내려질 수도 있을 것이다(예컨대 모회사의 사용자로서의 지위). 또한, 구제절차·행정소송 진행 중 해고무효확인소송 패소확정판결이 있은 경우 구제신청이익이 인정되지 않는다.1)

d) 심 문 조사가 끝난 때에는 신청의 각하나 취하가 행하여지지 않는 한 「필요한」 심문을 하여야 한다(노조및조정법 제83조 Ⅰ). 부당노동행위의 성립은 반드시 심문을 거쳐서 판정하여야 하며, 조사를 끝낸 것만으로는 구제명령을 내릴 수 없다. 심문절차에서는 공개·당사자대석(對席)·노사위원의 참여·증인심문의 신청 등이 보장되어 있으므로, 절차의 공정성이라는 관점에서 이를 생략하는 것은 허용되지 않는다고 판단된다.

심문은 당사자가 모두 출석한 가운데 행한다. 그러나 당사자 일방이 정당한 이유 없이 출석하지 아니하였을 경우에는 예외로 한다(노위칙 제54조 Ⅱ). 노동위원회위원장은 심문회의시 근로자위원 및 사용자위원 각 1인을 참여하게 하여야 한다(노위칙 제54조 Ⅳ). 당사자는 당해 심판위원회위원장의 승인을 얻어 진술할 수 있으며, 증인을 심문하고 또 반대심문을 할 수 있다(노위칙 제55조 Ⅲ, 제56조 Ⅴ). 당사자는 심문회의 개최일을 통보받기 전까지 증인을 신청할 수 있다(노위칙 제56조 Ⅰ). 증인신청이 있는 경우 노동위원회위원장은 증인채택 여부를 결정하고, 그 결과를 당사자에게 통지하여야 한다(노위칙 제56조 Ⅱ). 심문에 참여한 위원은 당사자 및 증인을 심문할 수 있다(노위칙 제56조 Ⅴ).

e) 화 해 노동위원회규칙 제69조에 따르면 「심판위원회는 사건의 조사 과정이나 심문회의 진행 중에 당사자에게 화해를 권고하거나 주선할 수 있다」고 규정하고 있다. 그리고 화해가 성립한 경우 당해 사건은 종결되며, 심판위원회는 별지 제22호 서식에 의한 화해조서를 작성하여야 한다(노위칙 제71조 Ⅰ). 그러나 실제로는 신청인과 피신청인 사이에서 행하여지는 대부분의 화해는 이러한 조서작성이라는 형식을 취하지 않고 당사자들끼리 화해를 한 다음 신청인이 신청을 취하하는 형태를 취하고 있다. 조서작성에 의한 화해가 현실적으로 행하여지지 않는 이유는 조서의 작성 자체가 부당노동행위의 성립을 인정하는 전제 위에 이른바 판정적 화해가 이루어지는 것이라는 인식이 지배적이기 때문이다(화해조서 서식 참고). 원래 화해는 그것이 조서작성에 의한 것이든 단순한 취하화해이든 간에 당사자 사이의 이해와 양보, 그리고 기타 제3자의 권장에 의한 것이며 심판위원회의 권고만으로 이루어지는 것은 아니다. 화해는 조서화해이든, 취하화해이든 조사·심문·의결 등 어느 단계에서도 행하여질 수 있다.

화해는 당사자와 화해에 관여한 심판위원이 서명이나 날인함으로써 성립되며 화해

2006. 4. 20, 2005 구합 3707).

1) 大判 1992. 7. 28, 92 누 6099.

가 성립된 후 당사자는 이를 번복할 수 없다(노위칙 제71조 Ⅱ).

화해와 관련해서 근로3권 보장질서를 침해한 부당노동행위에 대하여 당사자들의 화해를 권고하는 것은 부당하다는 비판적 견해가 있다. 그러나 우리나라에서 화해의 비율은 2019년도 초심의 경우 약 8.6%, 재심의 경우 3.8%를 점하고 있으므로 사건 해결에 있어서 그 비중이 크다고 볼 수 없다.[1] 화해는 근로자가 본래 받을 수 있는 구제의 전부 또는 일부를 단념하지 않을 수 없게 된다는 문제점을 가지고 있지만, 반면에 신청내용의 틀 속에 얽매이지 않고 노사관계 전체의 해결방안을 찾을 수 있다는 장점을 가지고 있다. 또한 화해는 양 당사자의 약속을 기초로 하는 것이기 때문에 노동위원회에 의한 강제적 명령과는 그 성질을 달리한다. 화해가 침해된 노사자치제도의 회복에 기여할 수 있는 노사의 임의적 절차라는 점을 고려할 때, 반드시 부당노동행위구제제도의 기본취지에 어긋난다고는 볼 수 없을 것이다.

⑷ 판정회의

심판위원회가 심문을 종결한 경우, 판정회의를 개최하여야 한다(노위칙 제59조 Ⅰ). 심판위원회위원장은 판정회의에 앞서 당해 심문회의에 참석한 근로자위원과 사용자위원에게 의견진술의 기회를 주어야 한다(노위칙 제59조 Ⅱ). 심판위원회는 심문회의에서의 새로운 주장에 대한 사실확인이나 증거의 보완 등이 필요하다고 판단되거나 화해만을 위한 회의진행으로 추가적인 사실심문이 필요한 경우에는 추후에 심문회의나 판정회의를 재개할 수 있다(노위칙 제59조 Ⅲ).

⑸ 판 정

a) 명령의 절차 노동위원회가 심문을 종료하고 부당노동행위가 성립한다고 판정한 때에는 사용자에게 구제명령을 발하여야 하며, 부당노동행위가 성립되지 아니한다고 판정한 때에는 그 구제신청을 기각하는 결정을 하여야 한다(노조및조정법 제84조 Ⅰ, 노위칙 제60조 Ⅱ). 판정 및 명령 또는 결정은 서면으로 당해 사용자와 신청인에게 각각 교부하여야 한다(노조및조정법 제84조 Ⅱ). 판정서에는 i) 사건명, ii) 당사자, iii) 판정일, iv) 주문, v) 신청취지, vi) 이유(당사자개요, 구제 신청 경위, 당사자 주장요지, 인정사실, 판단결론), vii) 위원회 명칭과 심판위원 등이 기재되어야 한다(노위칙 제62조 Ⅱ). 노동위원회는 판정서 정본을 당사자에게 송부하여야 한다(노위칙 제62조 Ⅴ). 노동위원회위원장은 판정서가 당사자에게 교부된 후 당사자 표시나 내용의 오기, 누락 등 표현상의 잘못이 명백한 경우에는 사건 당사자의 신청이나 직권으로 당해 심판위원회의 의결을 거쳐 이를 경정할 수 있다(노위칙 제63조 Ⅰ).

1) 중앙노동위위원회통계연보 2019, 18면 참고.

b) 구제명령에 대한 노동위원회의 재량권 구제명령의 내용에 관해서는 법률에 특별한 규정이 없으나 부당노동행위에 의하여 침해된 상태를 회복하는 데 필요하고도 적절한 구체적 조치를 명하여야 한다. 이것은 부당노동행위제도의 취지와 행정구제의 탄력성에 비추어 타당한 요청이다.[1)] 예컨대 불이익취급 중에서 가장 대표적 유형인 해고사건에 있어서는 근로자를 원직 또는 원직에 상당하는 지위에 복직[2)]시키도록 하고, 해고가 없었더라면 지급했어야 할 임금상당액의 소급지급(back pay)[3)]을 명하는 것이 원칙이다.[4)] 그리고 지배·개입사건에 있어서는 지배·개입에 해당하는 행위를 하여서는 아니 된다는 내용의 부작위명령,[5)] 사과문의 게시(post notice)명령 및 그 교부,[6)] 구제명령

---

1) 同旨: 菅野, 「勞働法」, 1067面. 대법원도 노조및조정법 제84조는 노동위원회가 전문적·합목적적 판단에 따라 개개 사건에 적절한 구제조치를 할 수 있도록 하기 위해서 사용자의 부당노동행위가 성립한다고 판정한 때에 사용자에게 구제명령을 발하여야 한다고 규정하고 있을 뿐, 구제명령의 유형 및 내용에 관하여는 특별히 정하고 있지 아니하다는 점을 들어 현실적으로 발생하는 부당노동행위의 유형은 다양하고, 노사관계의 변화에 따라 그 영향도 다각적이어서 그에 대응하는 부당노동행위 구제의 방법과 내용도 유연하고 탄력적일 필요가 있다고 판시하고 있다(大判 2010. 3. 25, 2007 두 8881).

2) 복직된 근로자가 종전의 일과 다소 다른 일을 하게 되더라도 부당한 복직이라고 볼 수 없다(大判 2013. 2. 28, 2010 다 52041).

3) 해고 시로부터 원직복귀까지의 임금상당액의 소급지급에 있어서 피해고자가 그간 다른 직장에서 취업한 경우에는 손익상계(우리 민법에는 명문의 규정이 없으나 이를 인정하는 것이 학설·판례의 태도임. 일본민법 제536조 Ⅱ 단서, 독일민법 제615조Ⅴ, 독일해고제한법 제12조 참조)의 원칙을 적용하여 그가 받은 중간수입을 back pay의 금액에서 공제하여야 한다. 이를 공제하지 않는다면 부당노동행위의 구제는 원상회복적인 목적을 벗어나 사용자에게 징벌을 가하는 결과가 된다는 견해가 있다(日本 最高裁判 昭和 37. 9. 18, 民集 16卷 9號, 1985面). 그러나 이 견해는 비판을 받고 있다. 즉 이러한 구제를 법원에 구한 경우에는 중간소득의 공제를 인정해야 한다 하더라도(美極東空軍山田部隊事件·最高裁二小判 昭和 37. 7. 20, 民集 16卷 6號, 1656面) 노동위원회에 의한 구제의 경우에는 근로계약상의 이익의 구제가 아니라 근로3권의 침해에 대한 구제이므로, 반드시 중간소득의 공제를 하여야 하는 것은 아니라고 한다(西谷, 「勞働組合法」, 219面 이하 참고). 다시 말하면 구제명령의 원상회복의 의미는 사후보정적 또는 손해배상적인 것이 아니라고 한다(石井, 「勞働法」, 481面). back pay에서 중간소득을 공제할 것인가의 여부 및 그 범위에 대해서는 노동위원회가 합리적으로 정할 수 있는 재량권을 가지며, 피해고자의 재취업의 어려움, 그 대우의 열악성, 해고가 당해 노동조합에 미친 제약적 효과 등을 고려하여야 한다는 견해가 있다. 이 견해에 따르면 전액 back pay를 명하는 것이 상당하면 그렇게 명령할 수 있다고 한다(菅野, 「勞働法」, 1069面). 특별한 사정이 없는 한 중간 공제를 할 수 없고 노동위원회의 재량에 맡겨야 한다는 견해: 西谷, 「勞働組合法」, 221面.

4) 다만, 해고기간에 근로자가 교도소에 수감되는 등 근로제공이 사실상 불가능한 상태에 있었던 경우에는 임금상당액의 소급지급이 인정되지 않는다(大判 1994. 10. 25, 94 다 25889).

5) 大判 2010. 3. 25, 2007 두 8881(사용자의 지배·개입 행위가 사실행위로 이루어진 경우 그 행위 자체를 제거 내지 취소하여 원상회복하는 것이 곤란하며 또한 사용자의 행위가 장래에 걸쳐 계속 반복하여 행하여질 가능성이 많기 때문에 사용자의 지배·개입에 해당하는 행위를 금지하는 부작위명령은 적절한 구제방법이 될 수 있다).

6) '사죄광고나 사과문게시'의 구제명령을 하는 것은 양심의 자유 등을 침해하는 위헌적 요소(憲裁 1991. 4. 1, 89 헌마 160)가 있으므로 사용자가 행한 단체교섭 해태 및 거부 행위를 부당노동행위라

의 이행상황에 관한 보고명령, 반조합행위를 반복할 우려가 현존하는 경우에는 장래에 대해서 부작위명령 등을 할 수 있다. 단체교섭거부사건에 있어서는 교섭사항·교섭담당자·교섭시기 등을 특정하여 성실하게 단체교섭을 행할 것을 명할 수 있다. 근로자에 대한 인사고과가 상여금의 지급기준이 되는 사업장에서 사용자가 특정 노동조합의 조합원이라는 이유로 다른 노동조합의 조합원 또는 비조합원보다 불리하게 인사고과를 하여 상여금을 적게 지급받도록 하는 불이익을 주었다면 그러한 행위는 부당노동행위에 해당할 수 있다. 이러한 불이익을 주는 사용자의 행위에 대하여 노동위원회가 이 사건 노동조합 지회에 대한 반조합적 의사를 배제한 상태에서 성과평가를 재실시한 후 그 평가결과에 따라 재산정한 성과금과 기존에 지급한 성과상여금과의 차액을 지급할 것을 명한 구제명령이 불명확하고 사실상 실현이 불가능하여 위법하다는 취지의 사용자의 주장을 받아들이지 않은 원심의 판단이 정당하다는 대법원 판례[1]가 있다. 다양하고 복잡한 모습으로 이루어지는 부당노동행위에 대하여 실효적으로 대응하기 위해서는 그 구제의 방법과 내용도 구체적이고 탄력적일 수밖에 없다. 부당노동행위에 대한 노동위원회의 구제명령은 법원의 판결과 같은 형식을 갖추어야 하는 것은 아니다.

c) 구제명령의 한계 i) 구제명령의 내용이 적법한 것인가 하는 것은 노동위원회가 그 재량권의 범위와 한계 내에서 내용결정을 하였느냐에 따라 판단된다. 그리고 노동위원회의 재량권의 범위와 한계는 부당노동행위제도의 취지와 목적에 비추어 확정되어야 한다. 따라서 결과적으로 구제명령의 적법성은 부당노동행위를 사실상 시정(是正)함으로써 장래의 근로3권 보장질서의 유지를 정상화시키는 데 필요하고 적절한 것이냐에 따라 판단된다. 다시 말하면 구제명령은 사용자에 의한 조합활동 침해행위로 인하여 발생된 상태를 직접 시정함으로써 집단적 노사관계질서의 신속한 회복을 도모하면서 부당노동행위에 의한 피해를 구제하는 것이어야 한다.[2] 구제명령은 부당노동행위를 사실상(구체적으로) 시정하기 위하여 행하여지는 행정상의 조치이기 때문에 그 적법성은 어디까지나 행정처분으로서의 적법성을 갖추면 되는 것이지, 당해 명령이 사법상(私法上) 적법(가능)한 것이냐를 문제삼을 필요는 없다. 그러나 행정처분도 국가의 법체계 내에서 행하여진 것이므로 강행법규(예컨대 근로기준법)에 반할 수 없다. 승급의 차별대우에 관한

고 인정한 재심판정서를 7일간 근로자가 볼 수 있도록 특정 게시판에 게시하라는 명령은 가능하다고 한 중노위의 판정례가 있다(中勞委 2009. 1. 19, 2008 부노 220).

1) 大判 2018. 12. 27, 2017 두 47311(원심판결: 서울高判 2017. 4. 27, 2016 누 67303 참조).

2) 사용자에 의한 근로자의 해고가 부당노동행위로 판정되더라도 그 자리가 폐지된 때에는 원직복귀명령은 내릴 수 없다. 원직에 상당한 자리에 복귀시킬 것을 명할 수 있을 뿐이다(日本 最高裁三小判 昭和 37. 10. 9, 民集 16卷 10號, 2084面 참고).

구제명령에 관해서는 재사정명령(再査定命令)과 차별을 하지 않았더라면 지급될 차액을 지급할 것을 명하는 직접시정명령이 있을 수 있다. 위의 명령은 사안의 성질에 따라 선택적으로 적용할 수 있을 것이다. 승급 또는 승진차별에 있어서 자동적으로 임금의 상승을 가져오는 것인 때에는 승급명령만을 내릴 수 있다. 직위 또는 권한의 상승을 가져오는 것이라 하더라도 연공·연금·학력 등의 객관적 기준에 따라 기계적으로 행하여지는 승급의 경우라면 승급명령을 내릴 수 있다. 그러나 관리상의 요직으로의 승진이 사용자의 경영관리적 의사결정에 의하여 이루어지는 것일 때에는 노동위원회는 구체적 승진명령을 내릴 수 없고 재사정명령을 내리는 것이 타당할 것이다.[1)]

ii) 노동위원회가 내리는 구제명령은 사용자의 구체적 부당노동행위에 대한 구제명령이므로 금지된 행위 유형(노조및조정법 제81조 I 참조)을 특정하여 부작위명령을 내리는 것이 원칙이다. 노동위원회는 청구취지에 부합하는 구제명령을 내려야 하기 때문이다(노조및조정법 제82조 이하 참조). 그러므로 노동위원회가 구제신청의 원인이 된 행위를 특정하지 아니하고 부당노동행위를 일반적 포괄적으로 금지하는 추상적 부작위명령을 내리는 것은 특정사건을 전제로 하는 구제명령으로서 적격성을 결한다고 보아야 한다. 노동위원회가 내리는 명령주문에는 전형적 행위를 예시함으로써 금지된 행위를 특정해야 한다.[2)] 예컨대 「피신청인 회사는 신청인 노동조합의 운영에 영향을 주거나 개입해서는 안된다」고 하는 추상적 명령은 당해 부당노동행위를 사실상 시정함으로써 노사관계의 정상화를 도모하는 구제명령의 실제적 목적을 일탈하여 장래에 대해서 이러한 유형에 속하는 모든 행위에 대하여 제재를 가하는 일반법규를 설정하는 것과 다를 바 없으므로 위법하거나 노동위원회의 구제명령으로 허용될 수 없다고 보아야 한다.[3)]

d) 명령의 효력 구제신청 내용의 전부 또는 일부를 인정한 명령을 하였을 때에는 사용자는 그 명령에 따라야 한다(노조및조정법 제84조 III). 다시 말하면 사용자의 이행의무는 구제명령이 확정될 때에 발생하는 것이 아니다(노조및조정법 제86조: 「중앙노동위원회에의 재심신청이나 행정소송의 제기에 의하여 그 효력이 정지되지 아니한다」). 다만, 사용자

1) 菅野, 「勞働法」, 1071面(승진자의 조합원직의 이탈이 문제되므로 승진명령이 더욱 어렵다는 점을 지적한다) 참고.

2) 구제명령에서는 구체적 행위가 특정되어 있으면 적법하다는 견해: 菅野, 「勞働法」, 1070面. 이곳에 인용된 일본 판례: 第一小型ハイヤー事件—札幌高判昭 47·10·17 勞民23卷 5−6号, 575面; 김유성, 「노동법 II」, 381面.

3) 菅野, 「勞働法」, 1070面; 임종률, 「노동법」, 318면. 또한 서울行判 2016. 7. 22, 2016 비합 1(중앙노동위원회의 구제명령 중 「노동조합의 활동을 위축 또는 약화시키는 행위를 중지할 것을 명한」 부분은 이행명령(노조및조정법 제85조 V 참조)의 대상이 될 수 없다).

가 구제명령을 이행하지 않는 경우에 그 위반을 이유로 직접 벌칙이 적용되지 않으며, 당해 구제명령이 확정된 경우에 한하여(노조및조정법 제85조 Ⅲ) 벌칙이 적용된다(노조및조정법 제89조 ②). 아직 확정되지 아니한 구제명령의 불이행을 이유로 벌칙을 부과하는 것은 타당하지 않기 때문이다.[1] 이와 같이 노동위원회의 구제명령이 확정될 때까지는 사용자의 이행을 확보할 수 있는 수단이 없게 되므로 구제명령의 실효성이 문제된다. 따라서 현행 노조및조정법에서는 중앙노동위원회에 의한 재심판정에 사용자가 불복하여 행정소송을 제기하면, 소송이 진행중이더라도 중앙노동위원회의 신청에 의하여 관할법원이 결정에 의하여 긴급이행명령을 발할 수 있도록 하였다(제85조 Ⅴ, 벌칙 제95조: 이에 관해서는 다음의 4. (2) 참고).

명령서가 당사자에게 교부된 후에 노동위원회는 이를 취소 또는 변경할 수 없다(불가변적 효력). 명령의 취소·변경은 재심절차 또는 행정소송의 제기를 통해서만 가능하다(노조및조정법 제85조 참조). 구제명령은 사법상의 효력에 영향을 미치는 것은 아니다. 예컨대 불이익취급에 있어서의 원직복귀명령은 사용자에게 공법상의 의무를 부과함으로써 피해고자를 사실상 해고 전의 원직에 복귀시키는 것을 명하는 것으로 당해 해고의 사법상의 효력을 무효로 하는 것은 아니다.[2] 그리고 back pay(임금소급지급)명령도 민사소송

---

1) 구 노동조합법 제46조는 구제명령이 확정된 경우뿐만 아니라 초심결정에 불복하여 재심절차가 진행중인 경우에도 동조항에서 정한 벌칙(2년 이하의 징역, 3,000만 원 이하의 벌금)이 적용된다고 규정하였다. 이에 대해서 헌법재판소(1995. 3. 23, 92 헌가 14)는 이를 헌법불합치라고 결정하였다. 헌법재판소의 위헌결정취지는 다음과 같다. 「원래 행정형벌제도는 원칙적으로 행정명령에 대한 의무확보수단으로서 최후적·보충적인 것이어야 한다. 즉 행정명령불이행에 대하여 형벌을 과하는 것은 불가피한 경우에 한하여야 한다. 또한 행정형벌의 취지도 행정상의 의무이행확보라는 행정목적의 실현을 위한 것이므로 그 제재수단도 가능하다면 형벌보다는 행정질서벌로 전환하는 것이 헌법상의 적법절차의 원칙(처벌법규는 절차면에서가 아니라 실체면에서도 합리성과 정당성이 있어야 한다는 원칙)에 부합할 것이다. 노동위원회의 구제명령도 행정명령의 하나로서 비록 이 구제명령이 근로자의 생존권과 관련된 노동기본권에 관한 것이라고 하더라도 이 사건 규정에 의하여 보호하려는 법익은 개별적인 민사적 분쟁에 관한 행정명령인 구제명령의 신속한 이행확보이다. 그런데도 불구하고 구 노동조합법 제46조 중 제42조의 규정에 의한 확정이 되지 아니한 구제명령, 더욱이 재심이나 행정소송의 결과 취소된 구제명령에 있어서까지 그 취소 전에 이행하지 아니하였다 하여 같은 법 제43조 4항의 확정된 구제명령을 위반한 경우와 차별 없이 형벌을 적용하도록 한 것은 국민의 기본권제한방법에 있어서 형평을 잃은 것으로 법률규정의 실체적 내용에 있어 그 합리성과 정당성을 결여하였다고 할 것이다. 따라서 구 노동조합법 제46조 중 "제42조의 규정에 의한 구제명령에 위반하거나"라고 한 부분은 적법절차의 원리에 반하며 과잉금지의 원칙에도 저촉된다」. 이 조항의 위헌성에 관한 근거와 구제명령의 실효성확보에 관한 각국의 입법례의 소개는 김형배, '노동조합법 제46조의 위헌성 여부', 「사법행정」(제402호), 1994. 6 및 「노동법」(신정판), 659, 662면 참고.

2) 大判 1996. 4. 23, 95 다 53102; 大判 2006. 11. 23, 2006 다 49901(노동위원회의 사용자에 대한 구제명령은 사용자에게 이에 복종하여야 할 공법상의 의무를 부담시킬 뿐, 직접 노사간의 사법상의 법률관계를 발생 또는 변경시키는 것은 아니므로, 노동위원회로부터 부당해고라는 구제명령이 있었

법상의 집행권원(채무명의)이 되는 것이 아니다.[1)]

(6) **구제이익**(구제명령의 필요성)

a) 구제신청서에 기재된「부당노동행위를 구성하는 구체적 사실」이 구제신청을 한 뒤에 어떤 사정으로 해소되었다면 노동위원회는 그의 재량으로 구제이익 또는 구제필요성이 없다고 판단하여 신청을 기각할 수 있다. 부당노동행위 구제제도는 사용자의 부당노동행위에 의하여 어지럽혀진 집단적 노사관계질서를 시정함으로써 장래의 노사관계를 정상화하기 위한 제도이다. 그런데 과거에 부당노동행위가 있었다는 것은 인정되지만 그 후 당사자 사이에서 이에 대한 시정이 이루어져 노사관계가 정상화되었거나 시정의 대상이 소멸하였다면 신청인 측에는 구제받을 이익(구제이익) 또는 그 필요성이 더 이상 존재하지 않는다.[2)] 예컨대 불이익취급을 행한 부당노동행위에 있어서 사용자가 불이익처분을 철회하고 원상회복조치를 마친 경우, 불이익취급을 당한 조합원이 퇴직하였거나 구제신청 후 조합원 자격을 상실한 경우, 단체교섭거부 사건에서 사용자가 태도를 바꾸

고 이것이 확정되었다는 사정만으로 새로이 제기된 민사소송에서 사용자가 이를 다투는 것이 신의칙에 반하여 허용될 수 없다고 하기는 어렵다). 同旨: 大判 2011. 3. 24, 2010 다 21962.

그러나 노동위원회의 구제명령과는 달리 부당노동행위금지규정 자체는 헌법이 규정하는 근로3권을 구체적으로 확보하기 위한 것으로 이에 위반할 경우 처벌규정을 두고 있는 한편, 신속한 권리구제를 위하여 행정상의 구제절차까지 규정하고 있음에 비추어 이는 효력규정인 강행법규라 할 것이므로 위 규정에 위반한 법률행위는 사법상으로도 그 효력이 없다(大判 1993. 12. 21, 93 다 11463). 독일 기본법 제9조 3항 2문은 단결권을 제한하거나 방해하려는 약정은 무효이고 그와 같은 목적을 가진 조치는 위법하다고 규정하고 있다.

1) 해고가 지방노동위원회에서 부당노동행위로 판정되어 원직복귀명령과 함께 back pay명령이 내려졌다고 하자. 이 경우에 사용자가 해고근로자를 원직에 복귀시키면서 임금을 소급해서 지급한 후에 초심명령에 불복하여 중앙노동위원회에 재심을 신청하였고 초심명령이 취소·확정되었다면, 사용자에 의한 해고조치는 정당한 것이므로 사용자는 소급하여 지급된 임금상당액(back pay)의 반환을 청구할 수 있다. 여기서 사용자는 초심지방노동위원회에 대해서도 취소된 구제명령을 이유로 임금상당액에 해당하는 금액을 손해배상으로서 청구할 수 있는가 하는 것이 문제된다. 판단컨대 노동위원회가 사건의 심리 또는 법해석을 잘못하여 부당노동행위가 성립한다고 판정하고 구제명령과 back pay명령을 내렸다고 하여 이것이 곧 사용자에 대한 불법행위(민법 제750조 참조)를 구성한다고 볼 수는 없다. 노동위원회의 구제명령이 설령 재심 또는 행정소송에서 취소되더라도 합법적인 권한을 행사한 것이므로 불법을 행한 것이라고는 할 수 없기 때문이다. 따라서 사용자는 노동위원회에 대하여 손해배상책임을 물을 수 없다.

2) 구제신청이익이 없다고 본 사례: 大判 2001. 4. 24, 2000 두 7988; 大判 2012. 6. 28, 2012 두 4036(부당해고구제신청으로 해고의 효력을 다투던 중 근로계약기간 만료 등으로 근로관계가 당연종료되었다면 구제이익은 소멸한다). 구제신청이익이 있다고 본 사례: 大判 2010. 7. 29, 2007 두 18406(근로자를 직위해제한 후 동일한 사유를 이유로 징계처분을 하였다 하더라도 직위해제처분의 효과가 소급하여 소멸하는 것은 아니므로, 근로자에게 법률상 불이익이 있다면 이를 제거하기 위하여 실효된 직위해제처분에 대한 구제를 신청할 이익이 있다); 大判 1993. 4. 27, 92 누 14434(해고근로자가 같은 규모의 회사에 같은 직책으로 채용되어 1년 이상 근무하고 있다는 점만으로 원직복귀의사가 없다고 보기 어려우므로 부당해고구제신청의 이익이 있다).

어 단체교섭에 응한 경우, 지배개입과 관련하여 사용자가 시정조치를 강구하여 결과를 제거한 경우에는 구제의 필요성이 존재하지 않는 것으로 판단된다.

b) 그러나 노동위원회는 부당노동행위의 구제를 요구한 해당 조합원이 더 이상 존재하지 않거나(구제신청 후 조합원 자격의 상실 또는 조합원의 퇴직 등), 사용자가 임의로 시정조치를 행하였다 하더라도 노사관계의 정상화를 한층 더 철저히 하기 위해서 필요하다면 적절한 구제명령을 내릴 수도 있다. 예컨대 사용자가 부당노동행위로 조합원인 근로자 개인의 근로관계상의 권리나 이익을 침해한 경우(쟁의행위에 참가했다는 이유로 인사상의 불이익을 준 경우)에 이는 노동조합의 활동 일반을 제약하거나 억압하는 등 지배개입의 효과를 수반할 수 있다. 따라서 노동조합은 그와 같은 침해 효과가 제거되는 데 대한 고유의 이익을 가질 수 있으며, 이는 조합원 개인의 조합원 자격상실이나 퇴직과 같은 사정에 의하여 소멸되는 것은 아니다.[1] 즉, 사용자의 부당노동행위가 일회성이 아니고, 심문종결 당시에는 어떤 사정으로 해소되었다 하더라도 가까운 장래에 동종 또는 유사의 부당노동행위가 반복될 우려가 있다고 인정될 경우에는 노동위원회는 미리 이를 금지하는 부작위명령을 내릴 수 있을 것이다.

3. 재심절차

지방노동위원회의 각하결정, 구제명령 또는 기각결정에 대해서는 중앙노동위원회에 재심신청을 할 수 있다(노조및조정법 제85조 Ⅰ). 구제명령 또는 기각결정은 중앙노동위원회에의 재심신청에 의하여 그 효력이 정지되지 않으나(동법 제86조), 중앙노동위원회가 재심을 행한 결과로서 명령이나 결정을 취소하거나 변경한 경우에는 그 효력을 상실한다(동법 제85조 Ⅳ 참조).

(1) 재심신청

a) 신청기간 지방노동위원회의 구제명령 또는 기각결정에 불복하는 관계당사자는 그 명령서 또는 결정서의 송달을 받은 날로부터 10일 이내에 중앙노동위원회에 그 재심을 신청할 수 있다(노조및조정법 제85조 Ⅰ).

b) 신청절차 중앙노동위원회에 재심을 신청하고자 할 때에는 노동위원회 규칙 별지 제31호 서식의 구제재심신청서를 작성하여 중앙노동위원회에 제출하여야 한다(노

1) 조합원이 퇴직하였으나 노동조합이 존속하고 있는 상황에서 노동조합의 단결권이나 단체교섭권과 관련된 이익이 침해된 사건에서는 노동조합을 신청인으로 하여 사용자에게 단체교섭응락 등 그 밖의 부당노동행위를 아니 할 것을 내용으로 하는 명령을 내리는 것이 불가능하지도 않으며 상당하지 않다고 할 수도 없으므로 구제이익은 부인될 수 없을 것이다(西谷, 「勞働組合法」, 226面 이하 및 그 곳에 인용된 판례 참고).

위칙 제90조 Ⅰ). 지방노동위원회에 재심신청서가 제출되었을 때에는 지체없이 중앙노동위원회에 송부하여야 하며, 재심신청서가 중앙노동위원회에 직접 제출되었을 때에는 지체 없이 그 사실을 초심의 지방노동위원회에 통지하여야 한다(노위칙 제92조 Ⅰ). 지방노동위원회에 재심신청이 접수된 날을 중앙노동위원회에 재심신청한 날로 본다(노위칙 제90조 Ⅱ).

c) 재심신청의 범위 노동위원회규칙 제89조는 「재심신청은 초심에서 신청한 범위를 넘어서는 아니 되며, 중앙노동위원회의 재심심리와 판정은 당사자가 재심신청한 불복의 범위 안에서 하여야 한다」고 규정하고 있다. 초심인 지방노동위원회에서 각하결정 또는 기각결정을 내린 경우에 초심신청인이 재심신청에서 청구할 수 있는 것은 그 취소 또는 변경이다. 그리고 초심인 지방노동위원회에서 구제명령이 내려진 경우에는 초심신청인이 재심신청에서 청구할 수 있는 것은 구제조치의 추가 또는 변경이다. 뒤의 경우에 초심피신청인이 재심신청에서 구제명령의 취소를 청구할 수 있다. 초심신청인의 취소·변경 또는 추가·변경의 청구와 초심피신청인의 취소청구는 모두 「초심에서 청구한 범위」를 넘지 않는 재심신청이다. 다시 말하면 노동위원회규칙 제89조의 규정은 초심에서 그 구제를 구하지 않은 사실에 관하여 구제를 구할 수 없음을 정한 것이다. 따라서 이 규정은 구제를 청구한 사실의 범위를 넘지 않는 한도 내에서라면 청구한 구제의 내용을 제한하는 것은 아니다. 다시 말하면 중앙노동위원회는 초심에서 청구한 사실의 범위 내에서는 구제의 내용을 변경·추가할 수 있다.

d) 신청의 각하 중앙노동위원회는 재심신청이 요건을 충족하지 못한 경우 재심신청을 각하한다(노위칙 제94조 Ⅰ).

⑵ 재심의 범위

재심은 신청한 불복의 범위 내에서 행하여지므로 재심의 심리와 판정은 당사자가 재심신청한 불복의 범위 안에서 하여야 한다(노위칙 제89조). 다시 말하면 초심신청사실에 관한 것이라 하더라도 재심신청인이 재심청구를 하지 않은 것이면, 초심의 결정 또는 명령의 당부(當否)는 재심의 대상이 되지 않는다. 따라서 이를 취소·변경할 수 없다. 그러나 불복이 있는 범위 내에서는 초심의 구제명령을 전체적으로 재검토할 수 있다.

⑶ 재심절차

재심절차에 있어서도 초심절차에서와 마찬가지로 신청·조사·심문·의결·명령 등의 절차가 행하여진다(노위칙 제90조 이하). 재심신청이 취하되거나 화해가 성립된 때에는 중앙노동위원회는 그 사실을 초심 지방노동위원회에 통지하여야 한다(노위칙 제98조 Ⅰ).

⑷ 재심판정

중앙노동위원회는 재심사의 결과 그 신청이 이유 없다고 인정하는 경우에는 이를 기각하고, 이유 있다고 인정할 때에는 지방노동위원회의 처분을 취소하고 새로운 명령을 내릴 수 있으며, 명령을 변경할 수도 있다. 그러나 초심의 명령을 변경하는 때에는 「불복의 범위 안에서」만 할 수 있다(노위칙 제94조 Ⅰ).

4. 행정소송(취소소송)

⑴ 행정소송의 제기

중앙노동위원회의 재심판정(구제명령 · 기각결정 · 각하결정)은 일종의 행정처분이므로 이에 대하여는 행정소송법상의 취소소송을 제기할 수 있다.

a) 제소기간 중앙노동위원회의 재심판정에 대하여 관계당사자는 그 명령서, 결정서 또는 재심판정서를 송달받은 날로부터 15일 이내에 행정소송을 제기할 수 있다(노조및조정법 제85조 Ⅱ). 이 기간 내에 행정소송을 제기하지 아니한 때에는 그 구제명령, 기각결정 또는 재심판정은 확정된다(동조 Ⅲ).

b) 제소와 명령의 효력 취소소송의 제기는 처분 등의 효력이나 그 집행 또는 절차의 속행에 영향을 주지 아니한다(행소법 제23조 Ⅰ, 노위법 제27조 Ⅱ). 다만, 이 경우에 구제명령 등 처분의 효력은 공정력만을 가지고 있으며 집행력이 없는 것으로 이해되고 있으므로, 노조및조정법 제84조의 규정에 의한 구제명령(미확정된 구제명령)에 위반한 경우에 벌칙을 적용한다는 것은 타당하지 않음은 이미 앞에서 지적한 바 있다([128] 2. ⑸ d) 참고).

c) 당 사 자 사용자 측이 취소소송을 제기한 경우에는 구제명령의 명의인(피신청인)인 사용자가 당사자가 된다. 그러나 구제명령이 공장 · 지점 등 사용자인 법인의 일부조직에 대하여 행하여졌거나, 회사사장 · 공장장 · 지점장 등 경영자 또는 관리자에 대하여 행하여진 경우에는 사용자인 법인에 대하여 행하여진 것으로 보아야 하므로 당해 법인만이 원고적격을 갖는다고 해석해야 한다(행소법 제12조 참조).[1] 근로자 또는 노동조합 측이 제소한 경우에는 당해 명령 또는 결정을 내리게 한 신청인에게 당연히 원고적격이 인정되지만, 또한 당해 부당노동행위의 상대방이면서도 신청인이 아니었던 근로자 또는 노동조합도 원고적격을 가진다고 해석하는 것이 타당할 것이다.

취소소송에 있어서의 피고는 당해 명령 또는 결정을 내린 중앙노동위원회 위원장

1) 大判 1999. 4. 9, 97 누 19731; 大判 2006. 2. 24, 2005 두 5673; 日本 濟生會中央病院事件 · 最高裁 三小判 昭和 60. 7. 19, 民集 39卷 5號, 126面 참고.

이다(노위법 제27조 Ⅰ, 행소법 제13조 참조). 따라서 사용자가 취소소송을 제기한 경우에는 그 상대방인 근로자 또는 노동조합이, 그리고 근로자 또는 노동조합이 소송을 제기한 경우에는 그 상대방인 사용자가 그 소송에 보조참가(민소법 제71조 이하 참조)를 할 수 있다.

(2) 긴급(이행)명령

a) 현행 노조및조정법에 의하면 노동위원회의 구제명령은 명령서를 교부한 날로부터 효력이 발생할 뿐만 아니라, 중앙노동위원회의 재심신청이나 행정소송의 제기에 의하여 그 효력이 정지되지 아니한다(노조및조정법 제86조). 그러나 사용자가 노동위원회의 구제명령을 이행하지 않는 경우에는 제85조 3항에 따라 그 구제명령이 확정되거나, 행정소송을 제기하여 구제명령이 판결에 의하여 확정된 후에만 명령위반을 이유로 벌칙을 적용할 수 있을 뿐이다(노조및조정법 제89조 ②). 노동위원회의 구제명령이 법원에 의하여 확정되기 위해서는 상당히 긴 시간을 요하기 때문에 구제명령의 실질적 실효성이 문제된다. 이를 위하여 현행 노조및조정법 제85조 5항은 「사용자가 (중앙노동위원회의 재심판정에 불복하여) 행정소송을 제기한 경우에 관할법원은 중앙노동위원회의 신청에 의하여 결정으로써 판결이 확정될 때까지 중앙노동위원회의 구제명령의 전부 또는 일부를 이행하도록 명할 수 있다」고 규정하고 있다. 이를 긴급이행명령 또는 긴급명령이라고 부른다.

b) 이 규정에 따르면 법원이 긴급이행명령을 내리기 위해서는 먼저 노동위원회의 구제명령에 대한 재심절차에서 중앙노동위원회의 기각결정이 있고, 사용자가 이 결정에 불복하여 행정소송을 제기하여야 한다. 소정기간 내에 행정소송을 제기하지 아니하면 구제명령은 그대로 확정되기 때문이다.[1] 다음으로 행정소송의 피고가 되는 중앙노동위원회는 관할법원에 대하여 판결이 확정될 때까지 당해 사용자가 구제명령의 전부 또는 일부를 이행하도록 명해 줄 것을 신청해야 한다.

c) 구제명령이 판결에 의하여 확정되어야 그에 대한 불이행을 이유로 당해 사용자를 처벌할 수 있기 때문에(노조및조정법 제89조 ②) 긴급명령제도는 잠정적으로 그 이행을 강제하는 것이다. 따라서 법원이 긴급이행명령을 발하기 위해서는 확정판결시까지 잠정적으로 구제명령의 이행을 강제할 필요성이 존재해야 한다. 다시 말하면 구제명령을 사용자가 바로 이행하지 않는다면 근로3권의 보장을 통한 집단적 노사관계의 정상적인 운영이 실현되기 어렵게 될 사정이 존재하여야 한다. 즉, 사용자의 구제명령 불이행으로 노동조합의 활동이 심각하게 저해되거나 노동조합의 존립이 위태롭게 되어 그 회복이 어렵게 될 우려가 있어 이를 예방할 긴급한 필요가 인정될 때에는 사용자에게 구제명령

1) 구제명령이 내려지더라도 사용자는 이를 이행할 공법상의 의무를 부담할 뿐이고, 근로자와 사용자 사이에 사법상의 법률관계가 형성되거나 변경되지 않으며 민사집행절차에 의한 이행을 강제할 수 없다(大判 2011. 3. 24, 2010 다 21962; 大判 2006. 11. 23, 2006 다 49901 등 참고).

의 이행을 명해야 한다.[1] 다만 문제는 이와 같은 즉시구제의 필요성 외에 법원이 심사의 대상이 되는 구제명령의 위법성을 심사할 수 있는가 하는 점이다. 여기서 구제명령의 적법성심사의 방법과 판단기준을 둘러싸고 견해가 대립된다. 하나의 견해에 따르면 법원은 노동위원회의 구제명령서를 심사하고 거기에 중대하고 명백한 하자가 있는 등의 특단의 사정이 없으면 구제명령은 일단 적법한 것으로 추정된다는 것이고,[2] 다른 하나의 견해는 노동위원회의 심사기록과 증거자료를 검토하여 구제명령의 위법성에 관한 중대한 의심, 즉 본안소송(재심판정의 취소소송)에 있어서 구제명령의 유지가능성에 의심이 있는 경우에는 긴급명령의 결정(구제명령의 잠정적 강제이행)은 타당하지 않다는 것이다.[3] 생각건대 i) 긴급이행명령제도는 본안소송과는 별개의 절차로서 인정되는 것이므로 원고(사용자)의 본안소송에서의 승소가능성은 긴급명령의 인정요건에 영향을 미칠 수 없고, ii) 긴급이행명령의 취지가 노동위원회의 실체적 판단을 존중하여 구제명령의 실효성을 확보하는 데 있으며, iii) 노조및조정법 제85조 5항 후단에서는 긴급명령결정이 내려진 뒤에 구제명령의 위법성혐의가 발견될 경우에는 본안소송에서의 긴급명령의 유지가능성과 관련하여 당사자의 신청이나 직권에 의해서 결정을 취소할 수 있도록 별도의 절차를 두고 있기 때문에 전자의 견해가 타당하다고 판단된다. 그렇게 해석하지 않으면 긴급명령제도의 존재의의가 상실될 수 있다. 추정설을 따르더라도 법적 안정성에 유념해야 할 것이다.

긴급이행명령은 판결이 확정될 때까지 잠정적으로 내려지는 일종의 응급조치이므로 구제명령 중 재심판정서 등을 공개된 장소에 게시하는 것을 명하는 부분은 긴급이행명령의 대상이 될 수 없다는 하급심 판례가 있다.[4]

d) 사용자가 법원의 긴급이행명령에 따르지 않을 경우에는 500만 원 이하의 금액 내에서, 당해 명령이 작위를 명하는 것일 때는 그 명령의 불이행일수 1일에 50만 원 이하의 비율로 산정한 금액을 과태료로 부과한다(노조및조정법 제95조). 법원의 긴급명령결정에 대해서 사용자는 해당 법원에 그 취소를 신청할 수 있다. 관할법원은 당사자의 신

---

1) 서울行判 2016. 7. 22, 2016 비합 1(부당노동행위 구제명령 긴급이행명령신청).

2) 西谷, 「勞働組合法」, 229面 참고.

3) 이에 관해서는 東京大勞働法硏究會, 「注釋 勞働組合法(下)」, 1040面 이하; 菅野, 「勞働法」, 1082面 이하 참고.

4) 서울行判 2016. 7. 22, 2016 비합 1. 이 판결에 의하면 공개게시명령은 사용자에게 회복 불가능한 심리적 효과를 불러오는 조치로서 이행명령의 잠정적 성격에 부합하지 않는다는 것이 그 이유이다. 그러나 구제명령의 핵심적인 구체적 내용을 공개된 장소에 게시하도록 하는 것이 노동조합의 존립 및 활동의 회복을 위해 긴급히 필요한 것으로 판단되는 경우에는 재심판정에 대한 행정소송이 진행 중임을 알리면서 게시명령을 내릴 수 있어야 할 것이다.

청 외에도 직권에 의하여 취소결정을 내릴 수 있다(노조및조정법 제85조 V 후단).

(3) 심리의 범위

취소소송의 소송물은 처분의 위법성일반이므로 노동위원회의 명령 또는 결정의 취소소송에 있어서도 당해 명령 또는 결정을 취소해야 할 위법성이 있는가의 문제 전체가 판단의 대상이 된다. 따라서 취소소송에서 심리의 대상이 되는 것은 i) 노동위원회의 사실인정의 당부, ii) 인정된 사실이 부당노동행위를 성립시키는가의 판단, iii) 구제명령이 내려진 경우에 구제조치 내용의 위법성이며, 경우에 따라서는 iv) 명령·결정에 수반되는 절차의 위법성 주장이 있으면 이에 대한 판단도 포함될 수 있다.

첫째로 사실인정의 당부문제에 있어서는 법원은 노동위원회에 제출된 증거만을 자료로 하여 노동위원회의 사실인정의 합리성을 판단하는 데 그칠 것이 아니라, 노동위원회에 제출되지 않았던 증거를 포함해서 증거조사를 다시 함으로써 독자적인 사실인정을 할 수 있다. 판례는 중앙노동위원회의 부당해고 등 재심판정 취소소송에서의 심리·판단대상에 관하여 '여러 징계사유를 근거로 징계처분이 이루어진 경우 노동위원회가 징계사유로 인정한 것 이외에도 그 징계사유 전부를 심리하여 징계처분이 정당한지를 판단하여야 한다'는 법리를 판시한 바 있다.[1] 따라서 노동위원회에 의한 사실인정의 잘못이 부당노동행위의 성부에 관한 결론에 영향을 미치고 있는 때에는 취소의 이유가 된다. 둘째로 부당노동행위의 성부와 관련해서 부당노동행위의 성립요건으로서의 「정당한 행위」(노조및조정법 제81조 I ①), 「정당한 이유」(동조 I ③), 「지배·개입」(동조 I ④), 「정당한 단체행동」(동조 I ⑤)과 같은 일반개념이 사용되고 있는데, 그 개념의 해석·적용에 있어서 노동위원회의 전문적 판단이 존중되어야 할 것이다. 여기서 노동위원회의 재량, 이른바 「요건재량」이 인정되어야 할 것인가 하는 문제가 제기된다. 부당노동행위를 금지하는 규정은 근로3권 보장질서를 확보하기 위한 것에 그 취지가 있으나, 결과적으로 사용자의 이익에 중대한 영향을 주는 것이므로 행정처분의 발동요건에 관한 해석·적용은 원칙적으로 법률의 해석·적용자인 법원의 심사에 맡겨져야 할 성질의 것이다. 따라서 노동위원회의 「요건재량」은 인정될 수 없다고 생각된다. 그렇다고 하여 부당노동행위의 요건이 독특한 성질의 것이라는 점까지 부인되어서는 아니 되며, 다만 법원이 노동위원회의 판단에 대하여 우월적 지위에서 심사할 수 있음을 의미할 뿐이다.[2] 셋째로 구제명령의 내용 내지 사용자가 취해야 할 조치에 관해서는 노동위원회가 전문적 행정위원회로서 재량권을 가진다. 이에 대해서는 위에서 설명하였다([128] 2. (5) b) 참고).

---

1) 大判 2016. 12. 29, 2015 두 38917(삼성물산 사건); 大判 2016. 12. 29, 2015 두 776(삼성에버랜드 사건).

2) 菅野, 「勞働法」, 1085面 참고.

⑷ 명령의 위법성판단 기준시

행정소송에서는 노동위원회의 명령 또는 결정의 적부를 판단하는 기준시에 관하여 그 행정처분이 내려진 시점을 기준으로 하여야 한다는 처분시설과 판결이 내려지는 시점을 기준으로 하여야 한다는 판결시(구두변론종결시)설이 대립된다. 취소소송은 행정처분의 당부를 심리하는 것을 목적으로 하므로 통상의 행정처분의 경우와 마찬가지로 처분시설이 타당하다.[1] 그러나 중앙노동위원회의 명령이 있은 후에 구제명령의 이행 또는 집행을 불가능하게 하는 사정이 발생한 경우(예컨대 지배·개입을 금지하는 명령이 내려진 후에 당해 노동조합이 소멸되었거나, 원직복귀명령 후에 2차의 유효한 해고가 행하여진 경우)에는 사용자는 그 명령의 취소를 구하는 법률상의 이익을 상실하므로 소는 각하된다.

⑸ 판결 후의 처리

a) 취소판결의 경우 취소판결은 중앙노동위원회를 기속(羈束)한다(행소법 제30조 Ⅰ). 구제신청에서 각하 또는 기각을 한 중앙노동위원회의 처분이 취소된 경우에는 중앙노동위원회는 판결의 취지에 따라 다시 이전의 신청에 대한 처분을 하여야 한다(동조 Ⅱ). 구제신청에 대한 중앙노동위원회의 명령이 절차의 위법을 이유로 취소된 경우에도 또한 같다(동조 Ⅲ). 위의 경우에 중앙노동위원회는 심판위원회를 열어 당해 사건의 심사의 재개를 결정하고, 재결정서(再決定書)를 당사자에게 송부해야 할 것이다. 재개 후의 심사의 범위는 판결에 의하여 취소된 부분에 한정되고 판결이유에 따라야 한다. 중앙노동위원회의 구제명령이 실체상의 이유(부당노동행위가 성립하지 않는다는 이유)에서 취소된 경우에는 취소판결의 확정에 의하여 명령의 효력은 상실된다.

중앙노동위원회의 구제명령이 부적법을 이유로 취소된 경우에는 취소판결의 기속력(동조 Ⅰ)을 이유로 심사가 재개되어야 하고, 판결의 취지에 따른 명령이 내려져야 한다. 초심의 구제명령을 취소함으로써 구제신청을 기각한 중앙노동위원회의 명령이 부당노동행위가 성립한다는 이유로 취소된 경우에도 중앙노동위원회는 재심신청을 기각하는 명령 또는 독자적인 구제명령을 내릴 수 있다.

b) 청구기각판결의 경우 구제명령이 지지를 받은 경우에 그 판결이 확정되면 구제명령도 확정된다. 노조및조정법 제89조는 노동위원회의 명령이 확정판결에 의하여 지지된 경우에는 3년 이하의 징역 또는 3,000만원 이하의 벌금에 처하도록 규정하고 있다.

⑹ 화 해

구제명령의 취소소송 중에도 원고인 사용자는 보조참가인인 근로자 또는 노동조합

1) 同旨: 박상필, 「노동법」, 508면; 菅野, 「勞働法」, 1086面 참고.

과 화해를 할 수 있다. 이 경우에 사용자는 취소소송을 취하하고, 중앙노동위원회는 이에 동의함으로써 취하를 성취시킬 수 있다. 화해는 구제명령의 효력을 좌우하는 것은 아니므로 화해에 따른 소의 취하 후에도 구제명령의 효력은 지속된다고 해석해야 한다.[1] 다만 이 경우 노동위원회는 구제명령의 불이행에 대하여 사실상 추급하지 않는다고 보아야 한다.

[129] V. 부당노동행위에 대한 사법구제

1. 부당노동행위 금지규정의 사법상의 효력

노조및조정법 제81조 1항의 부당노동행위 금지규정은 헌법 제33조가 보장하는 근로3권 보장질서를 구체적으로 확보하기 위한 규정이다. 따라서 이 규정은 기본적으로 노동위원회에 의하여 신축성 있게 행정구제라는 틀 속에서 근로3권 보장질서를 회복·유지하기 위한 행위규범이므로 사법상의 권리·의무규범이라고 말할 수는 없다. 그러나 권리주체인 근로자에 대한 구제를 정한 불이익취급 금지규정(노조및조정법 제81조 I ①·⑤)과 사법상(私法上)의 비열계약 금지규정(동조 I ② 본문)은 행정구제의 근거규정인 동시에 강행규정으로서의 복합적 성질을 가진 것이라고 이해할 수 있다.

그렇다면 노조및조정법상의 부당노동행위 금지규정을 위반한 행위가 행하여진 경우에 그와 같은 행위의 상대방인 근로자 또는 노동조합이 법원에 직접 소를 제기하여 이 규정을 위반한 법률행위의 무효확인, 손해배상·작위·부작위명령 등을 청구할 수 있는가? 부당노동행위 금지규정은 행정구제의 평가기준인 동시에 사법상(司法上)의 재판규범도 될 수 있으므로, 이 규정의 위반행위가 사법상(私法上)의 구제대상으로서 성립될 수 있는 한 사법상(司法上)의 구제를 인정해야 한다고 생각한다.[2] 노조및조정법 제81조 1항 각 호의 규정은 헌법 제33조 1항이 정한 노동3권의 실현을 제한·방해하는 행위에 대하여 사법적(私法的) 강행성을 가지는 것으로 해석해야 한다.[3]

2. 사법구제의 내용

부당노동행위에 해당되는 행위에 대한 사법(司法)구제는 행정구제의 경우와는 달리 사법적 근거가 제시되어야 한다.

1) 菅野,「勞働法」, 1088面.
2) 大判 1991. 7. 12, 90 다 9353; 大判 1992. 5. 22, 91 다 22100.
3) 同旨: 西谷,「勞働組合法」, 206面 참고.

헌법 제33조 1항이 사용자와 집단적 교섭을 할 수 있는 제반권리를 보장한 것이므로, 이 규정은 국가가 아닌 제3자로서의 사용자에 대한 근로자의 권리를 인정한 것이라는 견해가 우리나라의 지배적 견해이다. 따라서 헌법 제33조 1항은 사용자와의 사법관계(私法關係)에 대해서도 강행적 효력을 미칠 수 있다([27] 3. 참고). 그러므로 이 기본권규정을 바탕으로 한 부당노동행위 금지규정(노조및조정법 제81조)에 위반한 행위가 법률행위인 때에는 무효가 되고, 사실행위인 때에는 불법행위로서의 위법성을 띠게 된다. 예컨대 노동조합의 결성, 노조에의 가입, 노조의 운영을 침해하는 행위로서의 차별대우가 법률행위(해고·배치전환·징계처분 등)인 때에는 무효이고, 사실행위(임금인상에서의 차별, 택시·버스회사에서의 배차차별 등)로서의 차별인 때에는 불법행위가 될 수 있다(동조 I ① 참조). 근로자가 정당한 단체행동에 참가한 것을 이유로 한 것에 대하여 그 보복조치로서 불이익처분을 한 경우에도 마찬가지이다(동조 I ⑤ 참조). 또한 노동조합을 탄압하기 위한 지배·개입행위에 의하여 노동조합이 손해를 입은 경우에는 당해 노조에 대한 불법행위가 성립될 수 있다(동조 I ④ 참조).[1)]

사법구제와 관련하여 노동조합은 노조및조정법이 부여하고 있는 단체교섭권 내지 단체교섭을 할 수 있는 법적 지위에 기초해서 사용자에 대하여 당해 지위확인의 소를 제기할 수 있을 것이다.[2)]

3. 사법구제의 독자성

사법(司法)구제는 사법(私法)상의 권리·의무라는 체계의 틀 속에서 행하여지는 것이므로 부당노동행위가 근로자 또는 노동조합의 주관적 권리·의무를 침해하는 경우에 그 침해와 관련해서 구제가 행하여진다. 다시 말하면 행정구제에 있어서는 부당노동행위가 근로3권 보장질서를 침해하는 행위로서 문제가 되며, 이에 대한 구제명령의 내용은 그 질서회복을 위한 구체적 조치로서 나타나지만, 사법구제에 있어서는 부당노동행위가 주

1) 大判 2020. 12. 24, 2017 다 51603(사용자에 의한 노동조합의 조직 또는 운영에 지배·개입하는 행위가 건전한 사회통념상 용인될 수 없는 정도에 이른 부당노동행위는 노동조합의 단결권을 침해하는 위법행위로 평가되어 불법행위를 구성한다. 사용자가 노무법인 대표사원의 자문과 조력을 받아 산업별 노동조합과 산하 지회의 조직, 운영에 지배·개입하여 기업별 노동조합으로 조직변경하는 유발행위를 하였다면 원고인 산업별 노동조합의 단결권을 침해한 것으로 이러한 불법행위로 인한 무형의 손해에 대한 손해배상금 또는 위자료(민법 제751조 I)를 노무법인과 공동으로(민법 제760조 I 참조) 지급하여야 한다. 피고들의 불법행위와 원고가 입은 결속력의 저하, 대외적·대내적 평가의 저하 등과 같은 손해 사이에는 인과관계가 인정된다); 大判 1993. 12. 21, 93 다 11463 참고.

2) 사용자가 '노동조합과의 단체교섭을 거부하여서는 아니 된다'는 취지의 가처분 결정을 받은 후에도 노동조합과의 단체교섭을 거부하는 것은 부당노동행위에 해당한다(大判 2006. 10. 26, 2004 다 11070)([108] 2. d) 참고).

관적 권리·의무에 대한 침해행위로서 문제되기 때문에 그 구제의 내용은 법적 지위의 확인,[1] 임금지급청구나 지위 보전, 불법행위에 의한 손해배상청구권의 발생 등으로 실현되게 된다.[2] 1989년의 근로기준법 개정시에 부당해고된 근로자가 노동위원회에 대해서 구제를 신청할 수 있는 규정이 신설되었다(근기법 제28조). 그러나 이 규정에 의하여 민사소송법에 의한 해고무효확인의 소송이 배제되는 것은 아니다.[3]

⑴ 사법구제에서 문제되는 사용자의 행위

단결권을 침해함으로써 무효가 되는 사용자의 법률행위(조합원에 대한 전직 발령 등)와 부당노동행위가 될 수 있는 범위가 반드시 일치하는 것은 아니다. 또한 사법구제에 의하여 단결권의 보호를 받는 근로자의 단결체가 부당노동행위 구제제도에 의하여 보호를 받는 범위 내에서 언제나 사법적(司法的)으로 보호되는 것도 아니다. 마찬가지로 단결권 등을 침해함으로써 불법행위가 될 수 있는 행위와 부당노동행위가 될 수 있는 범위도 일치하지 않는다. 예컨대 사용자가 단체교섭을 거부할 만한 충분한 이유가 있다고 오신하고 교섭을 거부한 경우에 노동위원회에서는 단체교섭에 응하라는 명령을 내릴 수 있으나, 법원에서는 이러한 행위에 대하여 불법행위의 성립을 인정하지 않을 수 있다(불법행위의 성립요건인 고의·과실이 갖추어져 있지 않은 경우). 단체교섭을 구하는 법적 지위의 확인청구를 할 수 있는 것도 일반적으로 또는 특정한 사항과 관련해서 그러한 지위가 상대방에 의하여 부인되는 경우에 한정되며, 단체교섭이 사실상 또는 불성실하게 회피되고 있는 경우에 인정되는 것은 아니다. 그러나 부당노동행위에 대한 구제는 이와 같은 경우에도 인정될 수 있으므로 보다 신축적으로 활용될 수 있다.

⑵ 구제의 내용

해고가 단결권 등을 침해하는 것이 되어 무효가 될 수 있는 경우에 피해고자인 근로자는 종업원으로서의 지위의 확인(본안소송) 내지 보전(가처분)을 청구할 수 있다. 그러나 근로자는 사실상의 취업을 청구할 수 있는 권리가 없기 때문에 사용자에 대하여 근로자의 직장복귀를 강제시킬 수 없다는 것이 일반적 견해이다.[4] 그러나 부당노동행위로

---

1) 노동조합의 대표자는 그 노동조합 또는 조합원을 위하여 사용자나 사용자단체와 교섭할 권한을 가지고, 사용자 또는 사용자단체는 신의에 따라 성실히 교섭하여야 하며 정당한 이유 없이 교섭을 거부하거나 해태하여서는 아니 되므로 노동조합의 대표자는 사용자 또는 사용자단체에 대하여 단체교섭에 응할 것을 요구할 권리가 있고, 사용자 또는 사용자단체가 그 요구를 거부하는 경우에는 소로써 그 이행을 청구할 수 있다(大判 2012. 8. 17, 2010 다 52010).

2) 大判 2006. 10. 26, 2004 다 11070 참고.

3) 大判 1991. 7. 12, 90 다 9353.

4) 취업청구권이 근로계약 내에 포함되어 있는 것으로 이해하는 저자는 취업청구를 이행의 소로 실현시킬 수 있다고 생각한다([49] 3. ⑶ 참고).

서의 해고를 노동위원회가 구제하는 경우에는 원직복직에 대한 구제명령이 내려지고, 그 구제명령이 확정되면(노조및조정법 제85조 Ⅲ 참조) 이에 대한 강제(벌칙)가 행하여진다(노조및조정법 제89조 참조). 또한 해고기간중의 임금에 관하여 법원이 그 지급을 명하는 경우에는 그 기간 중의 수입을 공제하여야 한다(민법 제538조 Ⅱ 참조). 그러나 노동위원회의 소급지급명령(back pay)에 관한 한 중간공제에 관하여 노동위원회의 재량이 인정될 수 있다고 생각된다([128] 2. ⑸ d) 참고).

이외에 위자료 내지 무형적 손해의 배상을 포함한 손해배상은 사법구제에서의 청구의 대상이 될 수 있으나, 노동위원회에 의한 절차에 있어서는 구제대상이 될 수 없다.

《부당노동행위 구제절차의 문제점》

1. 구제절차의 다원화 문제

현행의 구제절차가 행정절차와 민사절차로 이원적이며 관할기관도 상이하고 사안에 따른 법적 판단이 상이함에 따라 적용상의 일관성을 유지하기 힘들어 법수용성에도 문제가 있다. 또한 노동위원회 구제신청기간은 3개월로 되어 있는 데 반해, 민사소송의 경우 제소기한의 제한이 없기 때문에 권리 확정을 할 수 없어 구제절차에 따른 권리관계가 유동적인 것이 단점으로 지적되고 있다.

2. 구제절차의 신속성 문제

사용자가 중앙노동위원회의 결정에 불복하고 행정소송을 할 경우 사법적 절차의 구제만큼 많은 시간이 소요되므로 인하여 사실상의 5심제로 진행되고 있는 경우가 있는데 이는 신속한 구제를 목적으로 설치된 노동위원회제도 그 자체의 목적에 부합되지 않는다.

3. 구제명령의 실효성 문제

현행 노동위원회제도는 경직적으로 부당해고시 원직복직과 임금지급만을 통한 구제방법을 규정하고 있어 사안에 따른 실제적인 실효성을 확보하는 것이 어렵다. 따라서 구제명령의 실효성 확보를 위하여 원직복직과 back pay라는 도식적인 권리구제 방식에서 벗어나 유연한 조치를 취할 수 있는 제도를 도입하는 방안이 제시되기도 한다.

4. 형사처벌 제도의 문제점

사용자가 부당노동행위(부당해고)를 했다고 하여 형사처벌을 할 수 있도록 벌칙규정을 둔 것(노조및조정법 제90조)은 실질적으로 현실성이 없을 뿐만 아니라 법체계적인 관점과도 부합하지 않는다.[1)] 근로계약이란 본질적으로 민사계약이므로 계약을 이행하

1) 大判 2008. 9. 25, 2006 도 7233 참조.

지 아니한 경우 민사상 채무불이행책임이 문제된다. 이러한 민사상 책임에 대해 형사책임을 지우는 것은 법체계상 옳지 않다. 더욱이 실무상 지방노동위원회의 부당노동행위(부당해고) 판정결과를 이행하지 않는 경우 관련 민원사건처리지침[1]에 의거 검찰에 송치되고 검찰이 기소 여부를 결정하는 형식을 취하고 있어 노동위원회가 종국적인 판단기관이 아님에도 불구하고 형사절차가 개시되는 문제점이 지적되고 있다. 형사입건과 검찰송치는 근로자와 사용자간의 근로관계라는 민사적인 법률관계를 형사사건화하여 사건의 본질과 당사자의 의사를 왜곡시킬 위험성이 있다. 이를 근로3권 보장질서의 유지라는 관점에서 합법시하는 것은 노사관계의 선진화 차원에서 재검토되어야 한다.

5. 노동관계(개별적 근로계약관계 및 집단적노사관계)에 관한 분쟁해결절차의 문제점

근로관계에 관한 분쟁은 근로자와 사용자 사이의 근로계약관계를 중심으로 발생하는 것이 있는가 하면, 근로자들의 노동조합 조직·가입, 조합활동, 단체교섭, 쟁의행위, 노조에 대한 지배·개입 등 근로3권 보장질서의 침해를 중심으로 발생하는 분쟁 등이 있다. 전자의 분쟁 중에서 특히 해고(근기법 제23조 참조)에 관한 분쟁에 대하여는 근로자가 노동위원회에 행정구제를 신청할 수 있고, 구제명령을 받은 사용자가 이행기한까지 이행하지 않으면 이행강제금이 부과된다(근기법 제33조 참조). 또한 해고된 근로자는 사용자를 상대로 법원에 소를 제기하여 해고무효확인을 구할 수 있다. 후자의 분쟁 중에서 근로3권 보장질서의 침해에 의한 부당노동행위 분쟁에 대해서는 근로자 또는 노동조합이 노동위원회에 구제신청을 할 수 있고(노조및조정법 제82조) 구제명령이 확정되면 벌칙이 적용된다(제85조 Ⅲ, 제89 ② 참고). 이 경우에도 부당노동행위가 개별 근로자의 권리나 법익을 침해하는 것인 때(해고, 차별대우, 그 밖의 징계 등)에는 소송을 제기하여 그 분쟁을 사법적(司法的)으로 해결할 수 있다. 이와 같이 근로계약관계에서 발생하는 개별적 계약상의 분쟁(예컨대, 통상해고·징계해고·휴직·정직)이 행정구제의 대상이 되고 있으며, 집단적 노사관계와 관련된 분쟁도 개별 조합원의 권리나 이익과 관련되는 것이면 법원에 의한 사법(司法)구제의 대상이 되기도 한다. 이상의 내용을 현행법상의 분쟁구제제도와 연관해서 정리·요약하면 다음과 같다. 원래 개별적 근로계약관계에서 발생하는 해고 등의 분쟁은 사법(司法)적 구제대상이고, 노동위원회에 의한 행정적 구제는 특별히 근로자의 보호를 위하여 마련된 것이다. 이와 반대로 부당노동행위와 같은 분쟁은 그 성격에 비추어 보면 노동위원회의 구제대상이다. 그러나 부당노동행위 중에서 해고나 불이익처분은 사법구제의 대상이 될 수 있다고 볼 수 있다. 노사분쟁의 해결절차가 이와 같이 공·사법(公·私法)의 영역을 넘나들고 있는 것은 근로자와 사용자간의 분쟁이 기본적으로 개별적 권리분쟁이면서 노동조합의 조직을 통한 분쟁으로 전개되면 집단적 노사분쟁으로 확대되어 이익분쟁 내지 권리분쟁으로 확대되기 때문이다. 근로자와

1) 1997. 5. 20, 근기 68201-663.

사용자 사이의 개별적 권리분쟁(해고·정직·전직 그 밖의 징계 등)에 대하여 노동위원회에 의한 행정구제를 도입한 것도 노사분쟁해결제도를 다원화한 계기가 되었다.

사법구제는 법원의 집행력 있는 판결을 통하여 실현되지만 행정구제는 행정기관의 행정명령을 통해서 사용자에게 공법상의 의무가 부과될 뿐 근로자 측에 집행력을 부여하지 않는다. 사법구제는 엄밀하게 말해서 권리주체의 사법(私法)상의 권리·의무에 관한 법률분쟁을 그 대상으로 하는 반면, 행정구제는 공적질서의 침해에 관한 분쟁을 그 대상으로 한다. 분쟁의 성질과 분쟁의 해결절차가 특히 노동관계분쟁에서 일종의 혼란을 일으키고 있는 것은 법률의 해석에서 두드러지게 나타나고 있다고 생각된다. 이러한 문제점을 해소하기 위해서는 입법론상 관계법령의 보다 정확한 정돈이 필요하고 법원과 노동위원회의 판정기관에 의한 엄격한 법해석이 요청된다.

제8절 공무원과 교원의 집단적 노사관계

[130] Ⅰ. 공무원의 집단적 노사관계

1. 총 설

a) 헌법 제33조 2항은 「공무원인 근로자는 법률이 정하는 자에 한하여 단결권·단체교섭권 및 단체행동권을 가진다」고 규정하고 있다. 공무원이 수행하는 업무의 성질상 근로3권을 가지는 공무원의 범위는 법률로서 별도로 정한다는 취지의 규정이다([27] 2. (1) a)·b) 참고). 종래 국가공무원법 제66조 1항 단서 및 지방공무원법 제58조 1항 단서를 근거로 '사실상 노무에 종사하는 공무원'에게는 근로3권이 주어지고, 그에 따라 이들에게는 노조및조정법이 원칙적으로 직접 적용되고 있다.[1] 그런데 2005년 1월 27일에 '공무원의 노동조합설립 및 운영 등에 관한 법률'(2006년 1월 28일 시행)이 제정되어 6급 이하의 일반공무원, 기능직공무원 및 별정직공무원에게 단결권 및 (제한적) 단체교섭권이 인정되었고, 2021년 1월 5일에는 노동조합의 가입기준 중 공무원의 직급제한을 폐지하고 퇴직공무원, 소방공무원 및 교육공무원의 공무원 노동조합 가입을 허용하는 등 공무원의 단결권 보장 범위를 확대하였다.

공무원노조법은 엄격하게 말하면 헌법 제33조 2항에 따라 근로3권이 주어지는 공무원인 근로자의 범위를 정한 법률은 아니다. 근로3권 중 단결권과 단체교섭권만을 가질 수 있는 공무원의 범위를 정하고 있기 때문이다. 따라서 공무원인 근로자들은 국가공무원법 제66조 1항 단서 및 지방공무원법 제58조 1항 단서에 의하여 근로3권을 가지는 공무원과 공무원노조법에 의하여 단결권과 단체교섭권을 가지는 공무원으로 양분되어 있다(二元體系). 전자의 공무원인 근로자에게는 원칙적으로 노조및조정법이 적용되어 집단적 노사관계법상 실질적으로 일반근로자와 같은 지위에 있으나, 후자의 공무원인 근

---

1) 「헌법 제33조 2항이 노동3권이 보장되는 공무원의 범위를 법률에 의하여 정하도록 유보한 것은 공무원의 국민 전체에 대한 봉사자로서의 지위 및 그 직무상의 공정성 등의 성질을 고려한 합리적인 공무원제도를 보장하고, 공무원제도와 관련한 주권자 등 이해관계인의 권익을 공공복리의 목적 아래 통합 조정하기 위한 것인바, 지방공무원법 제58조 1항이 "공무원은 노동운동 기타 공무 이외의 일을 위한 집단행위를 하여서는 아니 된다. 다만, 사실상 노무에 종사하는 공무원은 그러하지 아니하다"고 규정한 것은 위와 같은 취지에 따라 공무원의 노동3권을 제한한 것으로서 입법권자에게 부여하고 있는 재량권의 범위를 벗어난 것이라고 볼 수 없을 뿐만 아니라 공무원의 노동3권을 본질적으로 침해하였다고도 볼 수 없다」(大判 2006. 2. 10, 2005 도 3490; 憲裁 2005. 10. 27, 2003 헌바 50·2003 헌바 62·2004 헌바 96·2005 헌바 49).

로자들에게는 특별법인 공무원노조법이 적용되어 제한된 범위에서 집단적 노사관계가 성립된다.

b) 교원의 근로3권에 대하여는 헌법상 아무 규정이 없다. 종래 교원에게는 국·공립학교 교원이든 사립학교 교원이든 근로3권이 인정되지 않았다. 국·공립학교의 교원은 교육「공무원」이라는 신분을 가지고 있으므로 국가공무원법 제66조 1항 본문(교원은 동항 단서의 '사실상 노무에 종사하는 공무원'이 아니다)이 적용되어 근로3권을 행사할 수 없었다. 그리고 사립학교 교원에 대해서는 사립학교법 제55조('사립학교 교원의 복무에 관하여는 국·공립학교의 교원에 관한 규정을 준용한다') 및 제58조 1항 4호('집단적으로 수업을 거부하는' 행위를 면직사유로 정함)에 의하여 노동기본권이 인정되지 않았다. 또한 헌법재판소는 교원이 지녀야 할 고도의 자율성과 사회적 책임성을 이유로 교원의 근로3권 제한 또는 금지가 합헌이라는 태도를 취하고 있었다.[1] 교원이 수행하는 교육·학습지도라는 근무의 성질은 일반근로자의 근로와 구별되는 특수성을 지니고 있기 때문이다(자세히는 [27] 2. (1) c) 참고). 그러나 1998년 10월에 노사정위원회에서 교원의 노동조합결성권을 보장하기로 하는 합의가 이루어짐에 따라 1999년 1월 29일 '교원의 노동조합설립 및 운영에 관한 법률'(1999년 7월 1일 시행)이 제정되었다. 이 법에서도 공무원노조법에서와 마찬가지로 교원의 단체행동권(쟁의행위)은 금지된다.

c) 노조및조정법 제5조는 「근로자는 자유로이 노동조합을 조직하거나 이에 가입할 수 있다. 다만, 공무원과 교원에 대하여는 따로 법률로 정한다」고 규정하고 있다. 이 조항 본문은 단결권 행사의 구체적 보장으로서 일반근로자의 노동조합 조직과 가입의 자유를 정한 것이다. 노동조합은 단체교섭과 단체행동의 주체가 되므로(노조및조정법 제29조 Ⅰ, 제37조 Ⅱ 참조) 근로자가 노동조합을 조직하고 이에 가입할 자유를 가진다는 것은 곧 단체교섭과 단체행동을 할 수 있다는 것을 뜻한다. 따라서 노동조합의 조직과 이에 가입하는 자유는 근로3권 행사의 출발점이 된다. 그러나 일반법률인 노조및조정법이 같은 지위에 있는 공무원노조법 및 교원노조법의 내용을 제한할 수 있는지는 의문이다. 공무원노조법 및 교원노조법에서 제한적인 단체교섭권이 인정될 뿐이고 단체행동권이 주어지지 않는 것은 노조및조정법 제5조에 의해서가 아니라, 헌법 제33조 2항에 근거한 것이라고 볼 수밖에 없다. 그렇다면 헌법의 동조항은 근로3권 모두를 보장받는 근로자의 범위뿐만 아니라, 공무원이 보장받을 수 있는 근로3권의 범위도 법률로 정한다는 의미로 새겨야 할 것이다.[2]

1) 憲裁 1991. 7. 22, 89 헌가 106.

2) 헌법재판소는 2017년 9월 28일 청원경찰의 노동3권을 일률적으로 전면 제한하는 것은 헌법에 불합치한다고 결정했다(憲裁 2017. 9. 28, 2015 헌마 653). 즉 청원경찰은 사용자인 청원주와의 고용계약

2. 사실상 노무에 종사하는 공무원(현업공무원)

a) 공무원에게는 원칙적으로 '노동운동'이 금지된다.[1] 다만, '사실상 노무에 종사하는 공무원'(통상 현업공무원이라고도 한다)은 예외로 하고 있다(국공법 제66조 I, 지공법 제58조 I). 여기서 공무원의 노동운동이라는 말의 의미는 매우 애매하고 포괄적인 것이어서 그 한계가 불분명하다. 동 법률의 규율취지상 그 내용은 공무원의 근로3권에 관한 헌법 제33조 2항의 규정과 국가공무원법의 연관하에서 해석되어야 할 것이므로 근로조건 개선을 위한 단결·단체교섭·단체행동 등의 집단적 행위를 뜻하는 것으로 이해되어야 한다.[2]

b) 근로3권을 행사할 수 있는 현업공무원의 범위에 대해서는 국가공무원법 제66조 2항과 지방공무원법 제58조 2항이 규정하고 있다.[3] 과거에는 철도청·전매청·전화국

에 의한 근로자(憲裁 2008. 7. 31, 2004 헌바 9; 憲裁 2010. 2. 25, 2008 헌바 160)임에도 불구하고 청원경찰법 제5조 4항이 국가공무원법 제66조 1항의 노동운동 금지 규정을 준용하고 있는 부분(심판대상 조항)은 헌법에 불합치하므로 입법자는 청원 경찰의 구체적 직무 내용, 근무상의 성격, 근로조건이나 신분 보장 등 여러 조건들을 고려하여 2018년 12월 31일 시한으로 개선 입법이 이루어질 때까지 심판 대상 조항을 잠정적으로 적용한다고 결정하였다.

1) 국가공무원법 제66조 1항 본문에 대하여 헌법재판소는 헌법적합성을 인정하고 있다: 憲裁 1992. 4. 28, 90 헌바 27 내지 34·36 내지 42·44 내지 46, 92 헌바 15(병합); 憲裁 1993. 3. 11, 88 헌마 5; 憲裁 2005. 10. 27, 2003 헌바 50·2003 헌바 62·2004 헌바 96·2005 헌바 49(병합). 또한 대법원도 같은 태도를 취한다: 大判 1990. 4. 10, 90 도 332; 大判 1990. 9. 11, 90 도 1356.

2) 국가공무원법 제66조와 지방공무원법 제58조 1항 본문에서 금지하고 있는 '노동운동'이라 함은, 헌법과 국가공무원법 및 지방공무원법(이하 공무원법)의 관계 그리고 우리 헌법이 근로3권을 집회·결사의 자유와 구분하여 보장하면서도 근로3권에 한하여 공무원에 대한 헌법적 제한규정을 두고 있는 점에 비추어 단결권·단체교섭권·단체행동권을 의미하고, 제한되는 단결권은 종속근로자들이 사용자에 대하여 근로조건의 유지·개선 등을 목적으로 조직한 경제적 결사인 노동조합을 결성하고 그에 가입·활동하는 권리를 의미한다(大判 2005. 4. 15, 2003 도 2960 참고). 이에 비하여 '공무이외의 일을 위한 집단행위'란 공무에 속하지 아니하는 어떤 일을 위하여 공무원들이 하는 모든 집단적 행위를 의미하는 것이 아니라 언론·출판·집회·결사의 자유를 보장하고 있는 헌법 제21조 1항과 공무원법의 입법 취지, 공무원법상의 성실의무와 직무전념의무 등을 종합적으로 고려하여 '공익에 반하는 목적을 위하여 직무전념의무를 해태하는 등의 영향을 가져오는 집단적 행위'를 말한다(大判 2004. 10. 15, 2004 도 5035; 大判 2008. 2. 14, 2007 도 11045; 大判 2008. 3. 14, 2007 도 11044; 大判 2009. 6. 23, 2006 두 16786 등 참고). 同旨: 김유성, 「노동법 II」, 37면; 임종률, 「노동법」, 336면.

3) 국가공무원법 제66조 2항은 현업공무원의 범위를 국회규칙, 대법원규칙, 헌법재판소규칙, 중앙선거관리위원회규칙 또는 대통령령으로 정한다고 규정하고 있다. 특히 행정부의 현업공무원의 범위를 정한 국가공무원 복무규정(대통령령) 제28조는 지식경제부 소속의 현업기관과 국립의료원의 작업현장에서 노무에 종사하는 기능직공무원(기능직공무원의 정원을 대체하여 채용된 일반계약직공무원 및 시간제일반계약직공무원을 포함한다)으로서 다음 각 호의 어느 하나에 해당하지 아니하는 공무원으로 한다고 규정하고 있다. 1. 서무·인사 및 기밀업무에 종사하는 자, 2. 경리 및 물품출납사무에 종사하는 자, 3. 노무자의 감독업무에 종사하는 자, 4. 「보안업무규정」에 의한 보안목표시설의 경비업무

등이 국가의 현업기관에 해당하였으므로 현업종사자의 범위가 비교적 넓었으나, 그 동안 철도청·전매청이 특수법인으로 바뀜으로써 현업공무원의 범위가 대폭 축소되었다. 현재는 과학기술정보통신부 소속 우편집중국·우체국에서 우편물분류, 집배업무를 담당하는 공무원이 이에 해당한다. 우편집중국·우체국에서 근무하는 현업공무원들은 전국우정노동조합(구 체신노조)에 가입하고 있다.

c) 현업공무원은 근로3권을 가지므로 노동조합을 결성하고 이에 가입할 수 있으며, 노동조합은 단체교섭권과 단체행동권을 행사할 수 있다. 그러나 공무원의 보수와 기타 근로조건(수당, 근무시간 기타 복무에 관한 사항 등)은 국회의 의결을 거쳐 법령으로 정하여지므로 실질적으로 교섭의 대상과 협약의 체결범위는 한정되어 있다.

d) 국가나 지방자치단체는 현업공무원이나 그 노동조합에 부당노동행위를 해서는 안 된다. 현업공무원에 대해서는 원칙적으로 노조및조정법이 직접 적용되므로 국가 또는 지방자치단체가 부당노동행위를 한 경우에는 해당 공무원 또는 노동조합은 노동위원회에 구제신청을 할 수 있다고 보아야 한다. 그러나 union shop 조항이나 기타 단결강제조항은 공무원의 신분보장(국공법 제68조 이하 참조)에 저촉되므로 허용될 수 없다(공노조법 제17조 Ⅲ 참조).

노동조합에 가입한 공무원이 전임자(專任者)가 되기 위해서는 소속 장관 또는 지방자치단체장의 허가를 받아야 하며, 그 허가에는 필요한 조건을 붙일 수 있다(국공법 제66조 Ⅲ·Ⅳ, 지공법 제58조 Ⅲ·Ⅳ).

e) 현업공무원의 단체행동에 대해서는 별도의 제한규정이 없으므로 노조및조정법의 적용을 받을 뿐이다. 현업공무원이 근무하는 기관의 업무의 성질이 공익사업 또는 필수공익사업에 해당하는 경우에는 공익사업 등의 조정에 관한 특칙이 적용된다(노조및조정법 제71조 이하 참조).

결론적으로 현업공무원의 집단적 노사관계는 일반근로자의 경우와 크게 다른 것이 없다.

f) 이 외에 현역군인·경찰관리·형무관리와 소방관리인 공무원도 근로3권을 가질 수 없으므로(군인복무규율 제13조, 경찰공무원복무규정 제20조, 국공법 제66조, 국가공무원복무규정 제28조) 쟁의행위를 할 수 없다. 그리고 교육공무원에게는 국가공무원법 제66조가 준용된다(교육공무원법 제53조)([27] 2. ⑴ a) 참고).[1)]

에 종사하는 자, 5. 승용자동차 및 구급차의 운전에 종사하는 자.

1) 사립학교의 교원은 교육공무원이 아니지만, 사립학교법 제55조는 사립학교교원의 복무에 관하여 국공립학교의 교원에 관한 규정을 준용하고 있다(자세한 것은 [27] 2. ⑴ c) 참고).

3. 일반공무원의 집단적 노사관계

(1) 총 설

사실상 노무에 종사하는 공무원이 아닌 일반공무원에 대하여 적용되는 '공무원노조법'은 2006년 1월 28일부터 시행되고 있으며, 제한된 하위직 공무원에 대하여 단결권과 제한적 단체교섭권을 인정하는 데 그치고 있다. 공무원노조법에서 공무원이란 국가공무원법(제2조) 및 지방공무원법(제2조)에서 규정하고 있는 공무원을 말하지만,[1] 사실상 노무에 종사하는 공무원(국공법 제66조 I 단서, 지공법 제58조 I 단서)과 교원노조법의 적용을 받는 교원인 공무원은 제외된다. 또한 실제로 공무를 수행한다 하더라도 그 노무제공자가 국가공무원법 또는 지방공무원법상의 공무원의 지위를 갖지 아니한 경우에는 공무원노조법의 적용대상이 될 수 없다.[2] 그리고 노동조합에 가입할 수 있는 인적 범위는 6급 이하의 공무원에 제한되어 있으며, 이들 조합원들에게는 단결권과 제한적 단체교섭권이 주어져 있을 뿐이다.[3]

(2) 노동조합의 설립과 가입 등

공무원이 노동조합을 설립하고자 하는 경우에는 국회·법원·헌법재판소·선거관리위원회·행정부·특별시·광역시·도·특별자치도·시·군·구(자치구를 말한다) 및 특별시·광역시·도·특별자치도의 교육청을 최소단위로 하고(공노조법 제5조 I), 노동조합을 설립하고자 하는 자는 고용노동부장관에게 설립신고서를 제출하여야 한다(공노조법 제5조 II).[4]

---

1) 헌법 제33조 2항 및 노조및조정법의 특별법으로서의 공무원노조법의 관계를 고려하여 해석하면 노조및조정법 제2조 4호 라목의 '근로자'는 공무원노동조합과 관련하여서는 국가공무원법 제2조나 지방공무원법 제2조에 따른 공무원자격을 유지하고 있는 자에 한정되는 것으로 해석하여야 한다(大決 2011. 2. 24, 2008 마 1753).

2) 집행관 사무소 소속 사무원의 경우, 대법원규칙인 집행관규칙이 사무원의 복무에 관한 사항은 법원공무원에 준하도록 한다고 규정하고 있을 뿐, 집행관법 및 그 밖의 다른 법률에서 사무원에 대하여 공무원의 복무에 관한 규정을 준용한다거나 노동3권을 제한한다는 취지의 규정을 찾아 볼 수 없으며, 집행관법 제8조가 사무원의 수, 자격기준, 수행업무 등에 관한 사항을 대법원규칙에 위임하고 있으나, 이는 사무원의 채용과 관련된 실무적인 사항을 위임한 것에 불과하고 사무원의 기본권 제한에 대한 사항까지 위임한 것으로 볼 것은 아니므로 이들 사무원에 대하여 국가공무원법 제66조 1항이 적용 내지 준용되어 노동3권이 제한된다고 할 수 없다고 한 사례(大決 2011. 2. 24, 2008 마 1753).

3) 면직·파면 또는 해임된 공무원으로서 노조및조정법 제2조 4호 라목에 규정된 근로자가 아닌 자를 조합원으로 가입하게 하여 행한 공무원 노동조합 설립신고가 적법하지 않아 반려되었다면, 그 이후에 노동조합이라는 명칭을 사용하는 것은 허용되지 않으며, 이에 위반하는 행위를 한 자는 처벌된다(노조및조정법 제7조 III, 제93조 ①)(大判 2016. 12. 27, 2014 도 15054; 大判 2014. 4. 10, 2011 두 6998 참고). 공무원노조법 제6조, 제8조 1항 단서, 제10조 1항, 제11조의 위헌 여부에 관한 헌법재판소의 결정(憲裁 2008. 12. 26, 2005 헌마 971·1193, 2006 헌마 198(병합)) 참고.

4) 기존 공무원노동조합이 신설합병 형태로 새로운 공무원노동조합을 설립하는 경우에도 공무원노동

이와 같은 규정은 공무원의 근무조건 결정단위에 상응하는 노동조합의 최소 설립단위를 제한하는 것으로 해석된다. 따라서 행정부의 각 부·처 단위와 읍·면·동을 조직단위로 하는 노동조합은 설립이 금지된다. 노동조합의 조직유형은 원칙적으로 단결권의 향유주체인 공무원인 근로자들이 스스로 선택하여 결정할 사항이라는 점을 감안할 때, 이 법은 조직유형을 강제하고 있는 것이 된다. 그러나 공무원의 근무조건 내지 근로조건이 일정한 조직단위를 중심으로 정하여진다는 국가의 조직체계의 특수성을 감안한다면 합리적 규제는 불가피한 것으로 생각된다.

(3) 노동조합에 가입할 수 있는 공무원의 범위

노동조합에 가입할 수 있는 공무원은 ① 일반직공무원, ② 특정직공무원 중 외무영사직렬·외교정보기술직렬 외무공무원, 소방공무원 및 교육공무원(다만, 교원은 제외한다), ③ 별정직공무원, ④ 위 ① 내지 ③까지의 어느 하나에 해당하는 공무원이었던 사람으로서 노동조합 규약으로 정하는 사람이다(공노조법 제6조 I). 특히 ④에 따르면 면직되거나 해임된 공무원도 노동조합의 규약에서 정한 경우에는 노동조합에 가입할 수 있다(이에 따라 면직, 파면, 해임된 공무원이 노동위원회에 부당노동행위 구제신청을 한 경우 중노위 재심판정 시까지 조합원의 지위를 유지할 수 있도록 한 구 공무원노조법 제6조 3항은 삭제되었다).

그러나 위의 가입범위에 해당하는 자이더라도 그가 종사 또는 수행하는 직무와 관련해서 ① 업무의 주된 내용이 다른 공무원에 대하여 지휘·감독권을 행사하거나 다른 공무원의 업무를 총괄하는 업무에 종사하는 공무원, ② 업무의 주된 내용이 인사·보수 또는 노동관계의 조정·감독 등 노동조합의 조합원 지위를 가지고 수행하기에 적절하지 아니한 업무에 종사하는 공무원, ③ 교정·수사 등 공공의 안녕과 국가안전보장에 관한 업무에 종사하는 공무원은 노동조합에 가입할 수 없으며(공노조법 제6조 II), 그 구체적인 제외범위는 대통령령으로 정한다(공노조법 제6조 IV, 시령 제3조).

(4) 노동조합 활동의 보장과 한계

공무원이 이 법에 의한 노동조합의 조직 및 가입과 노동조합과 관련된 정당한 활동을 한 때에는 노동운동을 금지한 공무원법상의 규정(국공법 제66조 I 본문, 지공법 제58조 I 본문)은 적용되지 않으며(공노조법 제3조 I), 민·형사상의 책임도 발생되지 않는다.[1]

조합의 실체를 갖추어 공무원노조법에 따른 설립신고를 마침으로써 새로운 공무원노동조합으로 설립되는 때(설립신고가 수리되는 때) 비로소 합병의 효력이 발생하여 기존 노조가 소멸하게 된다. 그때까지는 기존 법률관계를 정리·청산하는데 필요한 범위 내에서 기존 노조는 공무원노동조합으로 활동할 수 있다(大判 2016. 12. 27, 2011 두 921; 大判 2017. 8. 18, 2012 두 10017)([105] 1. (2) b) 1) 참고).

1) 그러나 전공련(전국공무원직장협의회총연합)의 노동조합 결성준비행위에 동참한 것은 국가공무원법 제66조에서 금지하는 '노동운동'에 해당한다고 한 사례가 있다(大判 2005. 4. 15, 2003 도 2960).

그러나 공무원이 노동조합의 활동을 할 때에는 다른 법령이 규정하는 공무원의 의무에 반하는 행위를 해서는 안 된다(공노조법 제3조 Ⅱ). 이 규정은 당연한 내용을 정한 주의적 규정이라고 해석된다. 공무원노조법은 공무원의 정치적 중립성을 일관성 있게 유지하기 위하여(국공법 제65조, 지공법 제57조 참조) 노동조합과 조합원의 정치활동을 금지하고 있다(공노조법 제4조).

조합원인 공무원은 임용권자의 동의를 얻어 노동조합의 업무에만 종사할 수 있다[공노조법 제7조 Ⅰ("전임자"(專任者)라 한다)]. 노조전임자에 대해서는 그 기간중 국가공무원법 제71조 또는 지방공무원법 제63조의 규정에 따라 휴직명령을 하여야 한다.[1]·[2] 국가 및 지방자치단체는 전임자에 대하여 그 전임기간 중 보수를 지급하여서는 아니 된다(공노조법 제7조 Ⅲ). 그러나 국가 및 지방자치단체는 공무원이 전임자임을 이유로 승급 그 밖의 신분과 관련하여 불이익한 처우를 해서는 아니 된다(공노조법 제7조 Ⅳ).

(5) 단결강제의 불인정

공무원 노동조합은 조합원의 결속과 확보를 위한 수단으로 union shop 기타 단결강제에 관한 조항의 체결을 정부교섭대표에게 요구할 수 없다(공노조법 제17조 Ⅲ에 따라 노조및조정법 제81조 Ⅰ ② 단서의 부적용). 이는 공무원의 신분보장 규정(국공법 제68조 이하 참조)에 저촉되어 허용될 수 없기 때문이다.

(6) 단체교섭당사자·교섭 및 체결·단체협약

a) 교섭 및 협약체결 권한 노동조합과 '정부교섭대표'는 교섭을 행하고 단체협약을 체결할 권한을 가지는 당사자가 된다. '정부교섭대표'는 국회사무총장·법원행정처장·헌법재판소사무처장·중앙선거관리위원회사무총장·행정안전부장관(행정부를 대표한다)·특별시장·광역시장·도지사·특별자치도지사·시장·군수·구청장(자치구의 구청장을 말한다) 또는 특별시·광역시·도·특별자치도의 교육감에 해당하는 자를 말한다(공노조법 제8조 Ⅰ 참조).

b) 교섭사항 단체교섭 및 단체협약의 대상이 되는 사항은 그 노동조합에 관한 사항 또는 조합원의 보수·복지 그 밖의 근무조건에 관한 사항 등이다(공노조법 제8조 Ⅰ

1) 전임자인 공무원의 국가공무원법상의 의무: 大判 2008. 10. 9, 2006 두 13626(공무원은 누구나 국가공무원법 제56조의 성실의무, 제57조의 복종의무, 제58조의 직장이탈금지의무가 있고, 공무원이 노동조합 전임자가 되어 근로제공의무가 면제된다고 하더라도 이는 노동조합 전임자로서 정당한 노동조합의 활동에 전념하는 것을 보장하기 위한 것에 그 의미가 있으므로, 노동조합 전임자인 공무원이라 하여도 정당한 노동조합활동의 범위를 벗어난 경우까지 국가공무원법에 정한 위 의무들이 전적으로 면제된다고 할 수는 없다).

2) 공무원으로서 노동조합의 전임자로 근무하게 된 경우에도 정당한 이유가 없는 한 근무시간 중 노조사무실 등 지정된 장소를 이탈하지 아니할 의무가 있다(서울高判 2006. 6. 15, 2005 누 14440).

본문).[1] 다만, 법령 등에 의하여 국가 또는 지방자치단체가 그 권한으로 행하는 정책결정에 관한 사항, 임용권의 행사 등 그 기관의 관리·운영에 관한 사항으로서 근무조건과 '직접' 관련되지 아니하는 사항은 교섭대상이 될 수 없다(공노조법 제8조 Ⅰ 단서).[2] 정부대표자는 법령 등에 의하여 스스로 관리하거나 결정할 수 있는 권한을 가진 사항에 대하여 노동조합의 교섭요구가 있는 때에는 정당한 사유가 없는 한 이에 응하여야 한다(공노조법 제8조 Ⅱ). 정부대표자가 이러한 성실교섭의무에 위반하면 부당노동행위[3]가 성립할 수 있을 것이다.

c) 교섭 및 협약체결 권한의 위임 정부교섭대표는 효율적인 교섭을 위하여 필요한 경우 정부교섭대표가 아닌 관계 기관의 장으로 하여금 교섭에 참여하게 할 수 있고, 다른 기관의 장이 관리하거나 결정할 권한을 가진 사항에 대하여는 당해 기관의 장에게 교섭하고 단체협약을 체결할 권한을 위임할 수 있다(공노조법 제8조 Ⅳ). 정부교섭대표 또는 다른 기관의 장이 단체교섭을 하는 경우 소속공무원으로 하여금 교섭하고 단체협약

---

1) 인사교류의 일반적인 기준이나 절차를 정하는 것으로 단위노동조합 소속 (지방)공무원들의 근무조건과 직접 관련되어 있는 사항, 조합활동 보장, 조합전임자의 처우, 시설편의제공, 자료열람 및 정보제공 협조, 노사협의회 구성 등은 노동조합에 관한 사항으로서 교섭대상에 해당한다(大判 2014. 12. 11, 2010 두 5097; 大判 2017. 1. 12, 2011 두 13392).

2) 大判 2017. 1. 12, 2011 두 13392(공무원노동조합의 선출직 임원과 사무국장의 전보인사를 할 때 공무원노동조합과 사전에 협의하도록 정한 단체협약 조항은 조합원의 근무조건과 직접 관련이 있다고 하기는 어려운데다가 사전협의라는 필수적 절차에 의하여 기관의 인사권 행사가 본질적으로 제한될 가능성도 있는 만큼 원천적으로 단체교섭의 대상이 될 수 없다고 하여 원심판결을 파기한 판결); 大判 2014. 12. 11, 2010 두 5097; 憲裁 2013. 6. 27, 2012 헌바 169 등 참조.

3) 중앙노동위원회에 두고 있는 공무원노동관계조정위원회(공노조법 제14조 Ⅰ)는 조정사건만을 관장하며, 또한 노동위원회법 제3조 2호는 「2 이상의 지방노동위원회의 관할 구역에 걸친 노동쟁의의 조정사건」을 그 관장대상으로 규정하고 있다. 이들 규정에 의하면 공무원노조법에 특별규정이 없는 한 이 법상의 부당노동행위도 노조및조정법에 따라 그 구제신청사건은 지방노동위원회가 관장하는 것이 옳을 것이다. 그러나 공무원노동조합의 상대방인 정부대표자가 국회사무총장·법원행정처장·중앙선거관리위원장·행정안전부장관이고 부당노동행위가 단체교섭거부와 같이 전국적 규모의 집단적 성격을 띠는 사건까지도 지방노동위원회가 관장하는 것이 합리적인 것인지는 연구해 보아야 할 사항이라고 생각된다.
공노조법 제8조 1항 단서 '직접' 부분의 위헌소원에 대하여 헌법재판소는 헌법에 위배되지 않는다고 결정하였다(憲裁 2013. 6. 27, 2012 헌바 169). 즉, 헌법재판소는 공무원노조의 비교섭대상으로 국가 또는 지방자치단체의 정책결정에 관한 사항이나 기관의 관리·운영에 관한 사항으로서 근무조건과 직접 관련되지 아니하는 사항을 정하고 있는 「구 공무원의 노동조합 설립 및 운영 등에 관한 법률」 제8조 1항 단서 중 '직접'부분과 현행 「공무원의 노동조합 설립 및 운영 등에 관한 법률」 제8조 1항 단서 중 '직접'부분이 각 단서 규정의 비교섭대상을 '정책결정에 관한 사항과 관리·운영에 관한 사항 중 그 자체가 공무를 제공하는 조건이 되는 사항을 제외한 사항'으로 해석하기에 충분하므로 명확성의 원칙에 위반되지 않고, 위 규정들이 비교섭사항에 대한 해당 행정기관의 책임행정을 달성하고 교섭사항을 둘러싼 혼란 방지를 위한 것이므로 그 입법목적과 수단이 적절하므로 과잉금지원칙에도 위배되지 않아 헌법에 위반되지 아니한다고 하였다.

을 체결하게 할 수 있다(공노조법 제8조 Ⅴ). 합리성과 전문성을 고려한 규정이라고 생각된다.

d) 교섭절차 등 단체교섭의 절차와 단체협약의 효력은 다음과 같다. 노동조합은 노동조합의 대표자와 조합원으로 교섭위원을 구성해야 한다(공노조법 제9조 Ⅰ). 노동조합의 대표자는 교섭하고자 하는 사항에 대하여 권한을 가진 정부교섭대표에게 서면으로 교섭을 요구하여야 한다(공노조법 제9조 Ⅱ). 정부교섭대표는 노동조합으로부터 교섭을 요구받은 때에는 교섭을 요구받은 사실을 공고하여 관련된 노동조합이 교섭에 참여할 수 있도록 하여야 한다(공노조법 제9조 Ⅲ). 정부교섭대표는 교섭을 요구하는 노동조합이 2 이상인 경우에는 당해 노동조합에 대하여 교섭창구를 단일화하도록 요청할 수 있다. 이 경우 교섭창구가 단일화될 때까지 교섭을 거부할 수 있다(공노조법 제9조 Ⅳ). 정부교섭대표는 관련된 노동조합과 단체협약을 체결한 경우 그 유효기간중에는 당해 단체협약의 체결에 참여하지 아니한 노동조합이 교섭을 요구하더라도 이를 거부할 수 있다(공노조법 제9조 Ⅴ).

e) 단체협약의 효력 체결된 단체협약의 내용 중 법령·조례 또는 예산에 의하여 규정되는 내용과 법령 또는 조례에 의한 위임을 받아 규정되는 내용은 단체협약으로서의 효력을 가지지 아니한다(공노조법 제10조 Ⅰ).[1] 따라서 노조및조정법 제33조의 기준적 효력을 가지지 않을 뿐 아니라 그 이행을 소구(訴求)할 수 없다고 보아야 한다. 다만, 정부교섭대표는 단체협약으로서의 효력을 가지지 아니하는 내용에 대하여는 그 내용이 이행될 수 있도록 성실히 노력하여야 한다(공노조법 제10조 Ⅱ). 정부교섭대표의 노력의무는 법률상의 채무로 볼 수는 없다고 생각된다.

⑷ 노동쟁의의 조정과 쟁의행위

a) 단체교섭이 결렬된 경우에는 당사자 일방 또는 쌍방은 중앙노동위원회에 조정(調停)을 신청할 수 있다(공노조법 제12조 Ⅰ). 이 경우 중앙노동위원회는 당사자 일방 또는 쌍방이 조정을 신청한 경우에는 지체 없이 조정을 개시해야 한다. 이 경우 당사자 쌍방은 이에 성실히 임하여야 한다(공노조법 제12조 Ⅱ). 중앙노동위원회는 조정안을 작성하여 이를 관계 당사자에게 제시하고 그 수락을 권고하는 동시에 그 조정안에 이유를 붙여 공표할 수 있다. 이 경우 필요한 때에는 신문 또는 방송에 보도 등 협조를 요청할 수 있다(공노조법 제12조 Ⅲ). 조정은 조정신청이 있는 날부터 30일 이내에 종료하여야 한다. 다만, 당사자 간의 합의가 있는 때에는 30일 이내의 범위에서 연장할 수 있다(공노조법 제12조 Ⅳ). 중앙노동위원회는, i) 단체교섭이 결렬되어 관계 당사자 쌍방이 함께 중재를

1) 憲裁 2008. 12. 26, 2005 헌마 971·1193, 2006 헌마 198(병합) 참조.

신청한 경우, ii) 조정이 이루어지지 아니하여 제14조의 규정에 의한 공무원노동관계조정위원회 전원회의에서 중재회부의 결정을 한 경우에는 지체 없이 중재를 행한다(공노조법 제13조). 위 ii)의 규정에 의하여 강제중재가 인정되고 있다.

관계 당사자는 중앙노동위원회의 중재재정이 위법하거나 월권에 의한 것이라고 인정하는 경우에는 행정소송법 제20조의 규정에도 불구하고 중재재정서를 송달받은 날부터 15일 이내에 중앙노동위원회 위원장을 피고로 하여 행정소송을 제기할 수 있다(공노조법 제16조 Ⅰ).

b) 노동조합과 그 조합원은 파업, 태업 그 밖에 업무의 정상적인 운영을 저해하는 일체의 행위를 해서는 아니 된다(공노조법 제11조).[1] 이에 위반하는 행위를 한 자에 대하여는 무거운 벌칙이 적용된다(공노조법 제18조: 5년 이하의 징역 또는 5천만원 이하의 벌금). 한편 이른바 현업공무원에 대해서는 공무원노조법이 적용되지 아니하고 국가공무원법 및 지방공무원법이 적용되므로 쟁의행위가 금지되지 않는다.

⑸ **노동조합 및 노동관계조정법 규정 중 적용제외**

이 법에 의한 공무원노동조합에 대하여는 노조및조정법상의 일부 규정들이 적용되지 않는다. 그 중요한 것들로는, i) 근로시간 면제에 관한 규정(노조및조정법 제24조), ii) 노조및조정법상의 지역적 구속력에 관한 규정(노조및조정법 제36조), iii) 쟁의행위에 관한 규정(노조및조정법 제37조 이하), iv) 노동쟁의 조정(調整)에 관한 규정(노조및조정법 제51조 내지 제57조), v) union shop에 관한 규정(노조및조정법 제81조 Ⅰ ② 단서) 등이 있다(공노조법 제17조 Ⅲ).

공무원에 대한 부당노동행위에 관해서는 공무원노조법에 아무 특별규정이 없으므로 노조및조정법에 따라 지방노동위원회가 그 구제신청사건을 관장하는 것이 옳을 것이다. 그러나 공무원노동조합의 상대방이 국회사무총장·법원행정처장 등이고 부당노동행위가 그 성격상 전국적 집단성을 띄고 있을 때에는 지방노동위원회가 관장하는 것이 합리적인지는 연구·검토해 보아야 할 것이다.

[131] Ⅱ. 교원의 집단적 노사관계

1. 총 설

「교원의 노동조합설립 및 운영에 관한 법률」(제5727호)은 1999년 1월 29일에 제정

1) 憲裁 2008. 12. 26, 2005 헌마 971·1193, 2006 헌마 198(병합) 참조.

되어 동년 7월 1일부터 시행되었다(동법의 제정배경에 관해서는 [27] 2. (1) c) 참고). 이 법은 교원의 노동운동을 금지하는 국가공무원법(제66조 Ⅰ) 및 사립학교법(제55조)의 규정에도 불구하고 노조및조정법 제5조 1항 단서의 규정에 따라 교원의 노동조합설립에 관한 사항을 정하고 교원에 적용할 노조및조정법에 대한 특례를 규정하는 것(이에 관해서는 [130] 1. c) 참고)을 목적으로 한다(제1조). 이 법에서 정하지 아니한 사항에 관해서는 노조및조정법이 정하는 바에 따른다. 다만, 이 법 제14조 2항이 정하는 경우는 제외된다(교원노조법 제14조 Ⅰ 1문)(다음의 5. 참고).

그러므로 이 법은 교원이 임금·근로조건·후생복지 등 경제적·사회적 지위향상을 위하여 노동조합을 설립하고 단체교섭을 통해서 단체협약을 체결하는 것을 내용으로 하는 교원의 집단적 관계를 규율한다. 그러나 단체교섭 및 단체협약의 체결은 제한적 범위 내에서 인정되고 있으며, 쟁의행위는 금지된다.

2. 노동조합의 설립과 가입 등

1) 노동조합에 가입할 수 있는 사람은 현직에 있는 「교원」과 교원으로 임명되어 근무하였던 사람으로서 노동조합 규약으로 정하는 사람이다(교원노조법 제4조의2 ② 신설 2021. 1. 5.).[1] 이 법에서 교원이란 ① 유아교육법 제20조 1항에 따른 교원, ② 초·중등

1) 憲裁 2015. 5. 28, 2013 헌마 671, 2014 헌가 21(병합): 교원은 초·중등교육법 제19조 1항에서 규정하고 있는 교원을 말하므로(교원노조법 제2조 본문) 현직에 있지 않은 해직된 교원은 원칙적으로 노동조합에 가입할 수 있는 교원이 아니다. 고용노동부장관은 2013년 9월 23일 전교조에 대하여 해직된 교원도 조합원 자격을 유지한다는 내용의 규약을 교원노조법 제2조에 맞게 시정하고 해고된 교원들의 전교조 가입·활동을 금지하면서, 이에 불응시 법외노조통보를 할 것이라는 내용의 시정요구를 하였다. 이에 대하여 청구인들은 교원노조법 제2조, 교원노조법 시행령 제9조 1항 중 노조및조정법 시행령 제9조 2항 및 위 시정요구가 청구인들의 단결권 등 기본권을 침해한다고 주장하면서 헌법소원심판을 청구하였다(2013 헌마 671). 고용노동부장관은 2013년 10월 24일 전교조에 대하여 위 시정요구 불이행을 이유로 법외노조통보를 하였다. 이에 전교조가 위 통보에 대한 취소소송의 항소심에서 교원노조법 제2조에 대하여 위헌법률심판제청을 신청하자, 서울고등법원이 이 사건 위헌법률심판을 제청하였다(2014 헌가 21). 위 문제에 관한 판례의 변화와 시행령 개정에 대해서는 [99] 2. (2) c) 「노조설립 후 결격사유 발생과 '노조아님통보'의 효력」 참고.

헌법재판소는 교원노조법 시행령 제9조 1항 중 노조및조정법 시행령 제9조 2항에 관한 부분 및 고용노동부장관의 시정요구에 대한 심판청구를 각하하고, 나머지 심판청구는 기각하였으며, 교원노조법 제2조는 헌법에 위배되지 아니한다고 결정하였다. 헌법재판소는 교원의 근로조건은 대부분 법령이나 조례 등으로 제정되므로 이와 관련이 없는 교원이 아닌 사람이 교원노조의 조합원 자격에서 배제된다고 하여 단결권의 지나친 침해라 할 수 없으며, 교원이 아닌 사람이 교원노조에 일부 포함되어 있다는 이유로 이미 설립신고를 마치고 활동 중인 노동조합을 법외노조로 할 것인지 여부는 행정당국의 재량 판단에 달려있음을 확인할 수 있고, 자격 없는 조합원이 교원노조의 의사결정 등에 영향을 미치는 것이 입법취지와 목적에 어긋남이 분명할 때 비로소 행정당국은 교원노조에 대하여 법외노조통보를 할 수 있다고 하면서 이 사건 법률조항이 목적 및 수단의 정당성, 침해의 최소성, 법익의 균

교육법 제19조 1항에 따른 교원, ③ 고등교육법 제14조 2항 및 4항에 따른 교원(다만, 강사는 제외된다)을 말한다(교원노조법 제2조 본문 개정 2020. 6. 9.).[1]

2) 위의 교원 중에서 ①과 ②의 교원은 특별시·광역시·도·특별자치도 단위 또는 전국단위에 한하여 노동조합을 설립할 수 있고,[2] ③의 교원은 개별학교 단위, 시·도 단위 또는 전국단위로 노동조합을 설립할 수 있다(교원노조법 제4조 Ⅰ·Ⅱ). 노동조합을 설립하고자 하는 사람은 고용노동부장관에게 설립신고서를 제출하여야 한다(교원노조법 제4조 Ⅲ 개정 2020. 6. 9.). 둘 이상의 특별시·광역시·도 또는 특별자치도에 걸치는 단위노동조합은 시·도 단위의 지부·분회 등에 한정하여 설립신고를 할 수 있다(교원노조법 시령 제2조).

3) 교장·교감도 교원에 포함되므로(초·중등교육법 제19조 Ⅰ) 노동조합에 가입할 수 있는지가 문제된다. 이에 관하여 교원노조법은 아무 규정을 두지 않으므로 이 법 제14조 1항 1문에 따라 노조및조정법 제2조 2호 및 4호 가목을 준용하여 교장·교감은 노동조합에 가입할 수 없는 것으로 해석하는 것이 타당할 것으로 생각된다.[3]

4) 교원의 노동조합은 조합원의 유지와 확보를 위하여 단체교섭 상대방에 대해서 union shop과 같은 단결강제조항의 협약체결을 요구할 수 없다(교원노조법 제14조 Ⅱ).

5) 교원이 노조의 업무에만 종사하는 전임자가 되려면 임용권자의 허가를 받아야 한다(교원노조법 제5조 Ⅰ). 노조전임자는 당해 기간 중 교육공무원법 제44조 및 사립학교법 제59조의 규정에 의한 휴직명령을 받은 것으로 본다(교원노조법 제5조 Ⅱ).[4] 노조전임자는 그 전임기간 중 봉급을 받지 못하지만(교원노조법 제5조 Ⅲ), 그 전임기간 중 전임자임을 이유로 승급 또는 그 밖의 신분상의 불이익을 받지 아니한다(교원노조법 제5조 Ⅳ).[5]

형성의 측면에서 과잉금지원칙에 어긋나지 아니하여 교원노조 및 교원의 단결권을 침해하는 것으로 볼 수 없다고 결정하였다.

1) 헌법재판소는 2018년 8월 30일 교원노동조합의 가입범위를 초·중등교육법 제19조 1항의 교원으로 제한하고 있는 교원노조법 제2조는 대학교원의 단결권을 침해하여 헌법에 합치되지 아니하나, 2020. 3. 31.을 시한으로 입법자의 개선이 이루어질 때까지 잠정적으로 적용되도록 한다고 결정하였다(憲裁 2015 헌가 38). 이에 따라 교원노조법 제2조가 개정되었다.

2) 시·도 단위 이상으로 노조의 설립을 강제하는 것은 교원의 경우 임금·근무조건 등이 법령·예산에 의하여 전국단위에서 획일적으로 결정되며, 국·공립학교 교원의 임용권도 광역시·도 교육감이 갖고 있는 등 교원의 지위의 특수성을 고려하고, 학교단위에서 교원노조를 허용할 경우에는 교원노조의 활동으로 인하여 학습권이 침해될 우려가 있기 때문이다. 교원의 경우에도 공무원과 마찬가지로 단결의 조직유형의 선택이 제한된다([130] 3. ⑵ 참고).

3) 同旨: 2000. 3. 3, 노조 01254-189 참고.

4) 교원이 휴직을 한 후 노조사무실에서 노조전임자로 근무한 것은 '교원'으로서의 직무에 종사한 것으로 보기 어렵다(光州高判 2008. 8. 22, 2008 수 10).

5) 교원의 노동조합 전임자로서의 전임기간이 '지방교육자치에 관한 법률'의 교육위원 후보자의 '교육

6) 노동조합은 일체의 정치활동을 하여서는 아니 된다(교원노조법 제3조). 교육의 정치적 중립을 지키기 위한 취지의 규정으로 해석된다.[1)]

7) 교원노조 관련 판례: 「노조설립 후 결격사유 발생과 '노조아님통보'의 효력」에 관해서는 [99] 2. (2) c) 참고.

3. 단체교섭당사자·교섭대상·단체협약 등

1) 노동조합의 대표자는 단체교섭을 하고 단체협약을 체결할 권한을 가진다(교원노조법 제6조 Ⅰ). 대표자는 노동조합의 규약이 정하는 바에 따라 정해질 것이다(노조및조정법 제11조 ⑧, 교원노조법 제14조 Ⅰ 참조). 교섭위원은 당해 노동조합을 대표하는 자와 그 조합원으로 구성하여야 한다(교원노조법 제6조 Ⅱ). 조합원을 교섭위원에 포함시키는 것은 노동조합의 민주성을 확보하기 위한 것으로 생각된다. 단체교섭의 위임을 규정한 노조및조정법 제29조 3항 및 4항은 적용되지 않으므로(교원노조법 제14조 Ⅱ) 노동조합은 교섭 및 단체협약 체결 권한을 제3자에게 위임할 수 없다. 다만, 조직대상을 같이 하는 복수의 교원노동조합이 단체교섭 이전에 단일한 교섭주체를 구성하기 위하여 위임 등의 형식으로 교섭창구를 단일화하는 것은 협약당사자 간의 교섭권 위임이므로 가능하다고 해석해야 할 것이다.[2)]

2) 노동조합의 교섭상대방은 교육부장관, 시·도 교육감 또는 사립학교를 설립·경

경력'에 포함되는지 여부에 대하여 대법원은 위의 교육경력이란 교원으로서 실제로 그 직무에 종사한 기간을 의미하는 것으로 해석하여 교원노동조합의 전임자로서 근무한 기간을 제외한 것은 '교원의 노동조합설립 및 운영에 관한 법률' 제5조 4항의 "전임자는 그 전임기간 중 전임자임을 이유로 승급 기타 신분상의 불이익을 받지 아니한다"는 규정 또는 근무성적평정을 함에 있어 위와 같은 휴직기간을 재직기간에 포함시켜 평정하고 있는 '교육공무원 승진규정'과 모순·저촉되는 것이라고는 할 수 없다고 하였다(大判 2009. 2. 26, 2008 우 26).

1) 憲裁 2014. 8. 28, 2011 헌가 18, 2011 헌바 32, 2012 헌바 185(병합): 교육을 통해 건전한 인격체로 성장해 가는 과정에 있는 미성숙한 학생들에게 교원의 영향력은 매우 큰 것이어서 교원의 활동이 이 사건 시국선언처럼 교육현장 이외에서의 정치적 표현행위라 하더라도 학생들의 인격 형성에는 지대한 영향을 미칠 수 있는 점, 특히 교원의 정치적 표현행위가 교원노조와 같은 단체의 이름으로 교원의 지위를 전면에 드러낸 채 대규모로 행해지는 경우 그것이 교육현장 및 사회에 미치는 파급력을 고려하지 않을 수 없고, 다양한 가치관을 조화롭게 소화하여 건전한 세계관·인생관을 형성할 능력이 미숙한 학생들에게 오히려 편향된 가치관을 갖게 할 우려가 있는 점, 결국 정치적 표현의 자유에 대한 최대한 보장이라는 명목으로 교원노조에게 일반적인 정치활동을 허용할 경우 교육을 통해 책임감 있고 건전한 인격체로 성장해가야 할 학생들의 교육을 받을 권리는 중대한 침해를 받을 수 있을 뿐만 아니라, 경우에 따라서는 교원 개인의 진정한 의사형성을 왜곡하거나 방해할 우려가 있다는 점 등에 비추어 보면, 이 사건 교원노조법 규정에서 교원노조라는 집단성을 이용하여 행하는 정치활동을 금지하는 것이 지나치게 과도한 제한이라고 보기는 어렵다.

2) 大判 2010. 4. 29, 2007 두 11542.

영하는 자이다. 따라서 이들은 노동조합과 단체교섭을 하고 단체협약을 체결할 권한을 가진다. 교육부장관은 전국단위의 노동조합, 시·도 교육감은 시·도 단위의 노동조합의 교섭당사자가 된다(교원노조법 제2조 Ⅰ, 제6조 Ⅰ ① 참조). 그러나 사립학교의 경우에는 노동조합의 단위에 따라 사립학교를 설립·경영하는 자는 노동조합의 대표자로부터 단체교섭을 요구받은 때에는 전국 또는 시·도 단위로 연합하여 교섭에 응해야 한다(교원노조법 제6조 Ⅰ ① 참조. 시령 제3조 Ⅱ).[1] 따라서 학교단위의 교섭은 허용되지 않는다. 다시 말하면 국·공·사립을 막론하고 이른바 통일교섭만이 허용된다. 그 이유는 국·공립학교의 경우 임금 기타 근무조건이 법률과 예산에 의하여 결정되며, 사립학교에 있어서도 교원의 자격·임용·복무 등에 대해서는 관련 법률(사립학교법 제52조, 제53조의4, 제55조)에 의하여 국·공립학교의 교원에 관한 규정이 적용·준용될 뿐 아니라, 사립학교들은 국가 또는 지방자치단체로부터 보조금을 받고 있으므로(사립학교법 제43조) 학교별 교섭의 필요성이 크지 않기 때문이다.[2]

3) 이와 달리 고등교육법 제14조 2항 및 4항에 따른 교원(강사는 제외된다)으로 조직된 노동조합의 교섭상대방은 교육부장관, 시·도지사, 국·공립학교의 장 또는 사립학교

---

1) 중앙노동위원회는 사립학교 설립·경영자들이 연합교섭단의 구성 자체를 해태(懈怠)하여 교섭을 지연시켜 온 것을 부당노동행위에 해당한다고 판단한 바 있으며(中勞委 2004. 1. 27, 2002 부노 148), 서울행정법원은 그 재심판정의 정당성을 확인하였다(서울行判 2004. 7. 27, 2004 구합 4833). 그에 의하면 교원노조법 제6조 1항 1호는 사립학교 연합체에 독립된 교섭당사자 지위를 인정한 것이 아니라 개별 학교법원이 그 연합체를 통하여 노조와 교섭해야 한다는 교섭의 방식을 정한 것이고 사용자측 교섭당사자는 여전히 사립학교를 설립·경영하는 자이므로 이들이 객관적으로 정당한 이유 없이 지속적으로 단체교섭을 거부 내지 지연한 행위는 실질적인 교섭거부 내지 해태의 부당노동행위에 해당한다고 한다.

2) 사립학교의 설립·경영자들은 교원노조와 개별적으로 단체교섭을 할 수 없고 반드시 연합하여 단체교섭에 응하도록 하는 동조항의 규정이 비례의 원칙에 어긋나게 사립학교의 설립·경영자들의 결사의 자유를 침해한다는 주장이 제기되었다. 이에 헌법재판소는 개별 학교에서의 교원노조를 인정하지 않는 것에 대응하여 개별 학교법인은 단체교섭의 상대방이 될 수 없도록 함으로써 교원노조로 하여금 개별 학교의 운영에 관여하지 못하도록 한 것은 첫째 교원의 근로조건이 각 학교법인별로 크게 다르지 아니한 점, 둘째 교원의 지위를 통일적으로 보장할 필요가 있는 점, 셋째 교원의 노사관계가 일반 노사관계와는 다른 특수성을 지니는 점 등을 모두 고려하여 개별 학교차원의 교섭으로 인한 혼란을 방지하고자 하는 것이라 할 것이므로, 그 입법목적의 정당성 및 방법의 적절성을 인정할 수 있다. 개별 학교법인에게 단체교섭의 상대방이 될 수 있도록 한다면 전국 단위 또는 시·도 단위 교원노조가 모든 개별 학교법인과 단체교섭을 해야 하므로 이는 불필요한 인적·물적 낭비요인이 될 뿐만 아니라, 단체교섭의 결과인 단체협약의 내용이 개별 학교마다 다르다면 각 학교 사이에서 적지 않은 혼란이 야기될 수도 있다. 따라서 위 규정은 사립학교 경영자들의 결사의 자유에 대한 필요·최소한의 제한이라고 할 수 있으므로 침해의 최소성 요건을 충족한다. 그리고 이 규정이 추구하고자 하는 공익은 개별 학교법인이 단체교섭의 상대방이 되지 못함으로 인하여 발생할 수 있는 결사의 자유의 제한보다 크다고 할 것이므로 법익의 균형성도 충족한다고 판단하였다(憲裁 2006. 12. 28, 2004 헌바 67).

설립·경영자(교원노조법 제6조 Ⅰ ②)로서 학교 단위의 교섭을 허용한다. 이는 대학별로 근로조건이 상이하기 때문에 개별교섭의 필요성을 인정한 것으로 생각된다.

4. 교섭사항과 절차

1) 노동조합과의 교섭사항은 조합원의 임금·근무조건·후생복지 등 경제적·사회적 지위향상에 한정된다(교원노조법 제6조 Ⅰ). 교육정책·교육과정·교육기관의 관리 및 운영 등의 사항은 관련법령에 의거하여 행정기관이 권한과 책임을 가지고 결정·집행할 사항이다.

2) 노동조합의 대표자는 교원노조법 제6조 1항에 따라 교육부장관, 시·도지사, 시·도교육감, 국·공립학교의 장 또는 사립학교 설립·경영자(이하 '교섭상대방'이라 한다)와 단체교섭을 하려는 경우에는 교섭사항에 대하여 권한을 가진 자에게 서면으로 교섭을 요구하여야 한다(교원노조법 제6조 Ⅳ. 서면 기재 사항은 시령 제3조 Ⅰ 참조). 교섭상대방은 위와 같이 노동조합으로부터 교섭을 요구받았을 때에는 교섭을 요구받은 사실을 자신의 인터넷 홈페이지 또는 게시판에 공고하여 관련된 노동조합이 교섭에 참여할 수 있도록 하여야 한다(교원노조법 제6조 Ⅴ, 시령 제3조 Ⅲ·Ⅳ·Ⅴ). 또한 교섭상대방은 위의 규정에 따라 교섭을 요구하는 노동조합이 둘 이상인 경우에는 해당 노동조합에 교섭창구를 단일화하도록 요구할 수 있다. 이 경우 교섭창구가 단일화된 때에는 교섭상대방은 교섭에 응하여야 한다(교원노조법 제6조 Ⅵ). 교섭상대방은 위의 절차에 따라 노동조합과 단체협약을 체결한 경우 그 유효기간 중에는 그 단체협약의 체결에 참여하지 아니한 노동조합이 교섭을 요구하여도 이를 거부할 수 있으며(교원노조법 제6조 Ⅶ), 교섭요구기간에 교섭요구를 하지 않은 노동조합의 교섭요구도 거부할 수 있다(시령 제3조 Ⅶ).

노동관계 당사자는 교섭요구 공고가 있는 경우(또는 복수노조가 교섭창구를 단일화하려는 경우에는 시행령 제3조의2에 따라 교섭위원의 선임이 완료된 경우)에는 그 소속원 중에서 지명한 사람에게 교섭 내용, 교섭 일시·장소, 그 밖에 교섭에 필요한 사항에 관하여 협의하도록 하고, 교섭을 시작해야 한다(시령 제3조 Ⅵ).

3) 단체교섭을 하거나 단체협약을 체결하는 경우에는 관계당사자는 국민여론 및 학부모의 의견을 수렴(교원노조법 시령 제4조 참조)하여 성실히 교섭하고 단체협약을 체결하여야 하며, 그 권한을 남용하여서는 아니 된다(교원노조법 제6조 Ⅷ). 이러한 성실교섭의무는 부당노동행위의 성부의 기준이 될 수 있다.[1]

---

1) 부당노동행위와 관련해서는 이 법에 규정되어 있지 않으므로 노조및조정법 제81조에서 제86조가 적용된다(제81조 Ⅰ ② 단서는 적용제외(교노조법 제14조 Ⅱ 참조)).

5. 단체협약의 효력

체결된 단체협약의 내용 중 법령·조례 및 예산에 의하여 규정되는 내용과 법령 또는 조례에 의하여 위임을 받아 규정되는 내용은 단체협약으로서의 효력을 가지지 아니한다(교원노조법 제7조 I). 그러나 교육부장관, 시·도지사, 시·도 교육감, 국·공립학교의 장 및 사립학교 설립·경영자는 위 규정에 따라 단체협약으로서의 효력을 가지지 아니하는 내용에 대하여 그 내용이 제대로 이행될 수 있도록 성실히 노력하여야 한다(교원노조법 제7조 II). 임금이나 그 밖의 근무조건·복지후생 등에 관한 단체협약의 내용이 노동조합의 교섭상대방에게 처분권한이 없는 사항(즉 법령·조례 및 예산에 의하여 규정되는 내용과 법령 또는 조례에 의하여 위임을 받아 규정되는 내용)일 때에는 그 상대방(노동조합)에 대하여 소구 가능한 이행채무를 인정하거나, 그 협약조항에 대하여 강행적 효력(기준적 효력)을 인정할 수는 없다. 따라서 노동조합의 교섭상대방은 그 내용이 실현될 수 있도록 노력할 수밖에 없으며, 이때의 노력의무는 엄격한 의미의 법률상의 채무라고 볼 수 없을 것이다. 다만, 교섭상대방은 협약내용의 실현을 위한 이행결과를 다음 교섭시까지 노동조합에 서면으로 통보하여야 한다(교원노조법 시령 제5조).

6. 노동쟁의의 조정과 쟁의행위

1) 단체교섭이 결렬된 경우에는 당사자 일방 또는 쌍방은 중앙노동위원회에 조정을 신청할 수 있다(교원노조법 제9조 I). 당사자 일방 또는 쌍방이 조정을 신청한 경우에는 중앙노동위원회는 지체없이 조정을 개시하여야 하며, 당사자 쌍방은 이에 성실히 임하여야 한다(교원노조법 제9조 II). 조정은 신청이 있는 날부터 30일 이내에 종료하여야 한다 (교원노조법 제9조 III). 교원노동조합이 시·도별로 비교적 큰 규모로 구성되어 있고, 교원들의 분쟁은 사회적으로 영향을 미치는 공공의 성질을 가지는 것이므로 중앙노동위원회가 조정을 담당하며, 조정기간도 노조및조정법상의 조정기간(노조및조정법 제54조)보다 길게 정해지고 있다.

2) 중앙노동위원회는, i) 단체교섭이 결렬되어 관계당사자 쌍방이 함께 중재를 신청한 경우, ii) 중앙노동위원회가 제시한 조정안을 당사자의 어느 한 쪽이라도 거부한 경우, iii) 중앙노동위원회 위원장이 직권 또는 노동부장관의 요청에 의하여 중재에 회부한다는 결정을 한 경우에 중재를 행한다(교원노조법 제10조). 교육사업의 특수성을 고려하여 직권에 의한 중재를 인정한 것으로 생각된다. 조정이 성립되지 아니하여 분쟁상태가 계속됨으로써 교육기관의 정상적 운영이 저해되는 것을 방지하기 위한 것으로 생각된다.

3) 노동관계 당사자는 중앙노동위원회의 중재재정이 위법하거나 월권에 의한 것이라고 인정되는 경우에는 행정소송법 제20조에도 불구하고 그 중재재정서의 송달을 받은 날부터 15일 이내에 중앙노동위원회 위원장을 피고로 하여 행정소송을 제기할 수 있다(교원노조법 제12조 Ⅰ, 또한 Ⅱ 내지 Ⅳ 참조).

4) 교원의 노동쟁의를 조정·중재하기 위하여 중앙노동위원회에 교원 노동관계 조정위원회를 둔다(교원노조법 제11조 Ⅰ). 위원회는 중앙노동위원회 위원장이 지명하는 조정담당 공익위원 3인으로 구성한다. 다만, 노동관계 당사자가 합의하여 중앙노동위원회의 조정담당 공익위원이 아닌 자를 추천하는 경우에는 그 사람을 지명하여야 한다(교원노조법 제11조 Ⅱ). 위원회의 위원장은 위원회의 위원 중에서 호선한다(교원노조법 제11조 Ⅲ). 교원 노동관계 조정위원회를 별도로 둔 것은 — 공무원노조법에서 공무원 노동관계 조정위원회를 둔 것과 마찬가지로(공노조법 제14조 참조) — 교원의 집단적 노사관계가 가지는 특수성을 감안하여 노동쟁의의 조정을 전담토록 하기 위한 것이다.

5) 노동조합과 그 조합원은 파업, 태업 또는 그 밖의 업무의 정상적인 운영을 저해하는 일체의 쟁의행위를 하여서는 아니 된다(교원노조법 제8조; 벌칙 제15조).[1] 학생의 학습권보호를 위한 제한이라고 할 수 있다.

7. 노동조합및노동관계조정법 중 적용제외

이 법에 의한 교원노동조합에 대하여는 노조및조정법상의 일부 규정들이 적용되지 않는다. 그 중요한 것으로는 i) 노동조합 전임자에 관한 규정(노조및조정법 제24조), ii) 지역적 구속력에 관한 규정(노조및조정법 제36조), iii) 쟁의행위에 관한 규정(노조및조정법 제37조 내지 제46조), iv) 노동쟁의 조정에 관한 규정(노조및조정법 제51조 내지 제57조), v) union shop에 관한 규정(노조및조정법 제81조 Ⅰ ② 단서)등이 있다(교원노조법 제14조 Ⅱ).

1) 교원들이 집단적으로 각급 학교에서 연가를 내고 연가투쟁 집회에 참석하는 것은 교원노조법상 허용되는 정당한 단결권행사(조합활동)의 범위를 벗어나 교원노조법 제8조에 따라 금지되는 쟁의행위에 해당한다고 한 사례가 있다(서울行判 2008. 7. 8, 2007 구합 35753).

제6장 협동적 노사관계법

제6장 협동적 노사관계법

제1절 총 설

[132] Ⅰ. 노사협의제도의 의의

1. 협동적 노사관계의 뜻

a) 일찍이 Kahn-Freund가 적절히 지적하였듯이[1] 사용자가 노동조합을 교섭의 상대자로 승인한 것은 대립적인 노사관계에 대한 안전판적 제도를 인정한 것이라고 할 수 있다. 왜냐하면 사용자에 의한 노동조합의 승인 속에는 노사의 이해관계의 대립을 단체교섭 내지 단체협약의 체결이라는 평화적인 방법에 의하여 해결할 가능성을 제시하고 있기 때문이다. 만약 사용자가 노동조합을 단체교섭의 당사자로 인정하지 아니하고 대립만을 고집한다면, 근로자들의 투쟁은 그대로 계속될 것이며 산업평화는 이루어지기 어렵게 될 것이다.

그러나 단체교섭이 평화적인 교섭으로서의 성격을 가지고 있다고 하더라도 그 배후에는 근로자들이 그들의 근로조건의 향상을 위하여 언제라도 쟁의행위를 할 수 있는 강력한 투쟁력이 보장되고 있다. 근로자들의 조직체인 노동조합이 그 목적활동인 단체교섭을 위하여 존재하듯이 근로자들의 쟁의행위도 단체교섭을 통한 근로자들의 요구를 관철하기 위한 수단으로 보장되어 있다. 그러므로 단체교섭제도는 원래 대립적인 노사관계의 산물이며 노동조합·단체교섭 및 쟁의행위는 서로 불가분적 관계에서 사용자와의 집단적 노사관계를 전개 내지 해결해 나가는 방편이라고 말할 수 있다.

b) 이에 비하여 노사협의제도로 대표되는 근로자참가제도는 노사관계의 중심을 대립적 관계에서 협조적 관계로 옮겨놓는 데 그 취지가 있다. 보통 노사협의제라 하면 근로자들이 경영에 참여함으로써 근로조건에 관해서뿐만 아니라 경영 전반에 관해서 사용자와 협의하는 것을 그 내용으로 한다. 대체로 자본주의 경제체제하에서 노사협의제가 요청되는 이유로는 두 가지 점이 지적되고 있는데, 첫째는 노사관계의 근대화라는 사회구조 개혁의 측면이고, 둘째는 경영합리화에 의한 생산성 향상이다. 전자의 사회구조적

1) Kahn-Freund, *Legal Framework*, p. 52 ff.

측면은 고도의 민주화를, 후자의 생산성 향상은 합리주의사상을 기초로 하고 있다.[1] 그러므로 근로자참가제도는 그 본질상 사용자의 배타적 경영권을 생산활동에 있어서 근로자들이 갖는 기능적 역할과 조화시켜 노사의 협력관계를 수립하면서 근로자가 경영과 자본 그리고 이윤분배에 참여하는 것을 인정하는 제도이다.

단체교섭제도가 노동조합의 단결과 쟁의행위를 통해서 근로자들의 실질적 평등을 유지하기 위하여 마련된 것이라면, 근로자참가제도는 노사가 사회적 반려자라는 이념을 실현하기 위하여 경영 내의 사용자의 배타적 지배를 지양하고 협동과 공동책임의 정신으로 생산과정에서의 대립을 극복하려는 것이다. 대체로 근로자참가제도가 지향하는 협동적 노사관계는 사용자가 경영권의 배타성을 수정하고, 근로자들이 투쟁행위를 지양함으로써 이루어질 수 있는 것이라고 인식되고 있다.

이와 같은 의미에서 근로자참가제도는 단체교섭제도와는 노사관계의 구조적 존재형식을 달리 하고 있다. 따라서 저자는 근로자참가제도를 투쟁적 노사관계와 구별하여 협동적 노사관계로 이해하고 있다.

c) 노사협의제를 단체교섭제도에 대한 노사의 자주적 보완절차로 이해하면서 헌법 제33조는 단체교섭과 노사협의를 포함하는 이른바 노사자치의 발전에 필요한 기본조건을 설정한 것이라는 견해가 있다. 즉 헌법 제33조는 노사자치라는 하부구조를 설정한 것이고 그 구체적인 내용은 다양하게 형성될 수 있다는 것이다.[2] 그러나 단체교섭과 노사협의는 그 형태상 단체적 집단성을 갖는다는 점 외에는 그 사상과 구체적 내용에서 본질적인 차이가 있기 때문에 노사협의제를 단체교섭과 함께 집단적 노사관계법으로 일원화하여 이해하는 것은 많은 이론적 난점이 있다. 이에 관해서는 이미 다른 곳에서 지적하였다([15] 2, 3. 참고).

2. 협동적 노사관계제도의 유형

근로자참가제도 또는 협동적 노사관계제도는 그 구체적 형태가 각국의 사정에 따

---

1) 근로자들의 기업경영 참여가 요청되는 이유로는 다음과 같은 것들이 지적되고 있다. 첫째, 윤리적·도덕적인 면에서 모든 인간은 인간으로서의 존엄과 가치를 가지며, 따라서 작업장에서의 인격의 자유로운 발전을 위해서 근로자는 경영의 의사결정에 참여할 수 있어야 한다. 둘째, 흔히 「산업민주주의(industrial democracy)」라고 표현되는 정책적이고 사회적인 측면에서 근로자와 근로자대표들에게 기업의 운영에 있어서 보다 많은 발언권을 주기 위해서이다. 셋째, 경제적인 측면에서 근로자의 참가를 통하여 노사분쟁이 감소되고 생산성이 향상될 수 있다(J. Schregle, *Workers' Participation in Enterprise in Western Europe*, 「노동법의 제문제」, 김치선박사 화갑기념논문집, 1983, 538면).

2) 박종희, 「현행 노동관계법상 '근로자대표'의 중첩성과 이에 대한 기능조정을 위한 방안」, 한국노동연구원, 1998, 12-16면.

라 다양하게 발전하여 왔으며, 그 유형은 크게 이윤참가(또는 성과참가), 자본참가 그리고 경영상의 의사결정에 대한 근로자대표의 참가를 의미하는 협의의 경영참가 등 세 가지로 구별될 수 있다. 이 제도들의 창설 동기도 나라마다 달라서 예컨대 근로자들의 노동운동에 의한 경우가 있는가 하면 사용자 측의 생산증강 또는 기업방위를 위한 경우도 있으며 국가에 의한 근로자의 기업참가 추진정책에 의하는 경우도 있다. 여기서는 우선 성과참가 내지 이윤참가와 자본참가의 의의 그리고 우리나라에서 발전된 구체적인 제도의 내용을 간단히 검토하고 협의의 경영참가에 관해서는 항목을 바꾸어 설명하기로 한다.

(1) 성과참가 또는 이윤참가와 사내근로복지기금

a) 개별 근로자나 전체 근로자는 통상 수령하는 임금 외에 추가로 성과에 따른 보수를 받게 되는 경우가 있다. 그 보수가 기업의 전체성과에 따라 지급이 결정되는 경우에는 성과참여라고 표현하고 영업성과 내지 생산성평가에 따라 개별 근로자에게 특별보수가 지급되기로 약정된 경우에는 특별히 이를 경영성과급[1] 또는 성과배당금(Provision, Prämie)이라고 부른다.[2] 후자가 개별 계약상의 약정에 따라 개인적 차원에서 업적성과금으로 지급되는 데 비하여 전자는 기업의 영업성과에 따라 집단적으로 모든 근로자에게 추가적인 지급청구권이 발생함을 의미한다는 점에서 집단법적 성격을 지니고 있다. 다만 전자의 경우에는 기업의 상품이나 서비스의 매출성과에 대한 업적보상을 근거로 하는가(성과참가)아니면 기업의 영업이익이 발생한 경우에 한하여 그 이윤의 일부를 분배하는 데 목적이 있는가(이윤참가)로 구별되기도 한다. 일반적으로 근로계약 또는 단체협약이나 노사협정이 성과 또는 이윤참가의 법적 기초가 된다. 이윤참가의 결과로서 근로자에게 분배되는 성과보너스(Tantieme)는 대부분의 경우 전체 기업이나 지점 내지 특정 사업부서가 연간 달성한 순이익에서 일부를 비율방식으로 산정한다.

b) 우리나라의 경우에는 개별 근로자에게 그 기업의 이익을 보수에 준하여 분배하는 이윤참가 또는 성과참가에 대하여 직접 규율하는 법규정은 없다.[3] 이윤 또는 성과금의 분배는 개별 근로계약이나 단체협약 또는 취업규칙에 의하여 규율되는 것이 보통이다. 다만 이윤참가 내지 성과참가의 변형된 형태로서 사내근로복지기금제도가 특별법으

1) 경영성과급의 의의와 법적 성질에 관해서는 박지순·이진규, '경영성과급의 임금성에 관한 연구', 「노동법논총」, 한국비교노동법학회, 2020, 165면 이하 참고.

2) 이는 종업원의 개별적 노무급부의 결과에 따라 직접적으로 그 금액이 결정되는 성과주의 급여제도와 구별된다.

3) 참고로 스위스채무법 제322조의a 1항은 성과참가에 관하여 규율하고 있는데, 그에 의하면 「근로자가 계약에 의하여 이윤 또는 총매출에 대해서 일정 비율의 보수청구권을 갖는 경우에 그 비율의 계산은 법률의 규정 및 일반적으로 승인된 거래관행에 의하여 정해지는 회계연도의 성과를 기준으로 한다」.

로 규율되고 있다. 사내근로복지기금제도는 노사자율에 의해 기금을 조성하고 그로부터 근로자 복지증진을 도모하는 제도로서 기업이 자발적으로 시행하는 것으로, 기업이 임금 기타 근로조건 외에 기업이익의 일부를 기금으로 출연하여 근로자의 복지증진사업에 사용함으로써 근로자의 실질소득을 증대시키고 근로의욕과 노사공동체의식을 고취시키는 것을 그 목적으로 하고 있다.[1] 사내근로복지기금은 원래 1991년 제정된「사내근로복지기금법」에 의하여 규율되고 있었으나, 2010년 6월 8일 종전의 근로자복지기본법이 근로복지기본법으로 전부개정되면서 사내근로복지기금법을 통합함으로써 이제 근로복지기본법에서 규율되고 있다.

c) 사내근로복지기금제도는 한편으로 기업의 자발적 근로자복지제도이면서 동시에 근로자에 대한 성과배분제도의 일종이라고 할 수 있다. 이 기금은 근로자의 주택구입 자금보조, 종업원주식(우리사주) 구입을 위한 자금지원 등과 그 밖에 장학금, 재난구호금지급, 기타 근로자의 생활원조 등 근로자의 생활안정과 복지증진을 위한 사업에 사용된다. 기금의 재원은 기업을 대상으로 사업주가 출연하는 금액 또는 노사가 협의하여 결정하는 금액으로 조성된다. 이 기금은 그 설치가 강제되어 있지 않고 노사협의회에서 합의로 그 설치를 결정할 수 있는 임의적 성격을 가지고 있다(근참법 제21조 ③). 노사의 합의로 사내근로복지기금이 설치되면 그때부터 근로복지기본법 제50조 이하(사내근로복지기금제도)의 적용을 받게 된다. 이 법에 의하면 기금은 기업과는 별개의 독립법인으로 설립되고, 운영기구도 사업체의 경영조직과 별도의 기구 즉 협의회, 이사, 감사 등으로 이루어진다. 조성된 기금은 관련 법령 및 정관 등에 따라 관리·운영되므로 해당 기업의 영업재산과는 완전히 별개로 운영되며, 따라서 기금은 해당 기업의 영업재산이나 운영자금으로 전용되거나 대출될 수 없다. 그 결과 사내근로복지기금은 안정적이고 영속적으로 근로자의 복지를 위하여 사용될 수 있다.

(2) 자본참가와 우리사주제도

a) 이윤참가와 구별되는 제도로 자본참가가 있다. 자본참가는 이윤에 대한 참가뿐만 아니라 적극적으로 기업재산에 대하여 참가하는 것을 의미하며, 종업원주식(Mitarbeiteraktien)제도 또는 우리사주제도 등으로 불리고 있다. 성과참가 또는 이윤참가가 기업의 경제적 성과에 대하여 근로자가 금전 또는 기타의 형태로 채권법적 청구권을 갖는 데 비하여 자본참가의 경우 종업원 또는 근로자는 주주로서 직접·간접으로 기업의 자본에 참여하는 것이다. 따라서 이를 회사법상의 참가(gesellschaftsrechtliche Beteiligung)

1) 근로복지기본법 제50조에 의하면「사내근로복지기금제도는 사업주로 하여금 사업 이익의 일부를 재원으로 사내근로복지기금을 설치하여 효율적으로 관리·운영하게 함으로써 근로자의 생활안정과 복지증진에 이바지하게 함을 목적으로 한다」.

라고 부르기도 한다. 물론 자본참가도 넓은 의미에서는 기업의 성과에 대한 참여를 의미하기 때문에 성과참가의 일종으로 볼 수도 있다. 그렇지만 자본참가의 경우에는 근로자가 성과참가와 같이 임금의 형태로 보상받는 것이 아니라 보유주식에 대한 배당소득이나 주식가치 상승에 따른 자본이득을 통하여 재산형성을 할 수 있고, 근로자는 주주로서 회사의 경영에 직접 내지 간접적으로 참여함으로써 내부감시자의 역할을 수행할 수 있다.

b) 가장 대표적인 자본참가의 유형은 종업원주식제도이다. 우리나라에서는 이 제도가 종업원지주제도라는 명칭으로 도입되었다가 현재는 우리사주제도로 그 이름이 변경되어 시행되고 있다. 우리사주제도는 근로자의 사회경제적 지위향상과 노사협력을 촉진하기 위하여 기업 또는 정부의 정책적 지원을 받아 근로자로 하여금 자신이 속한 회사의 주식(이를 "자사주"라 부른다)을 취득 및 보유하게 하는 제도이다. 우리사주제도는 1968년 11월 「자본시장 육성에 관한 법률」의 제정으로 그 근거가 처음 마련되었다. 즉 동법에서는 상장법인의 유상증자시 신규발행주식의 10%를 근로자에게 우선배정하도록 하고 규정발행주식의 10% 이내에서 종업원에게 우선배정될 수 있도록 한 것이다. 1974년 5월에는 이른바 「종업원지주제도 확대실시방안」이 발표되어 종업원주식보유제도를 비공개법인으로 확대하고 종업원이 취득한 주식의 관리를 위하여 우리사주조합제도를 도입하여 종업원취득주식의 의무예탁제를 실시하였다. 그 후 몇 차례의 개정을 거쳐 1997년 1월 13일 동 법률은 폐지되고 그 주요내용은 증권거래법으로 흡수되었다. 그 후 우리사주제도에 관해서는 2010년 6월 8일 전부개정된 「근로복지기본법」이 주로 규율하고 있다.

c) 근로자는 자신이 속한 회사가 상법상의 주식회사에 해당하면 우리사주조합을 설립할 수 있다. 그 경우에 회사와 사전협의를 거쳐야 한다(근로복지기본법 제33조 Ⅰ). 우리사주조합에 가입할 수 있는 근로자의 범위는 법률로 정한다(동법 제34조). 우리사주조합의 설립 및 운영에 관해서는 민법상의 사단법인에 관한 규정을 준용한다(동법 제33조 Ⅱ 및 제35조). 우리사주조합은 회사 및 주주가 출연한 자사주를 취득하거나 자사주의 취득을 위하여 회사·주주가 출연한 금품 및 조합원이 출연한 금전 그리고 차입금과 조합계정보유주식의 배당금 등의 수익금, 기타 기부금을 재원으로 하여 기금을 조성할 수 있다(동법 제36조). 자사주는 회사가 유상증자할 경우 신주인수권을 우선배정받아 이의 청약을 통하여 취득한다. 이때 상장법인 및 상장예정법인의 우리사주조합원은 모집 또는 매출하는 주식의 20% 범위 내에서 우선배정받을 권리를 갖는다(동법 제38조). 우리사주조합이 취득한 자사주는 각각의 취득방법에 의하여 법 소정의 원칙에 따라 조합원에게 배정한다(동법 제37조 및 시령 제19조). 그 밖에 우리사주조합원은 개인별 계정에 배정된 자

사주를 법 소정의 절차와 요건에 따라 예탁과 인출을 할 수 있으며(동법 제43조, 제44조), 우리사주조합 대표자는 법 소정의 절차와 방법에 따라 주주총회 의안에 대한 의결권을 행사할 수 있다(동법 제46조 및 시령 제28조).

[133] Ⅱ. 경영의 의사결정과 노사협의

a) 이상에서 노사의 협조체제의 유형으로 자본참가 · 이윤참가 · 경영참가가 있음을 지적하였는데, 이곳에서는 근로자가 경영의 의사결정과정에 참여하는 협의의 노사협의 제도를 중심으로 설명한다. 그 이유는 오늘날 산업민주주의라고 하면 종업원인 근로자들이 경영의 의사결정과정에 참여하는 것을 의미하는 것이 일반적 현상이고 우리나라의 근로자참여협력법도 경영참가적 성격을 가진 것이기 때문이다. 우리나라와 같이 사유재산제도와 시장경제체제를 근간으로 하는 자본주의사회에 있어서는 사용자에게 인력수급 · 시설운영 및 이윤보유에 관한 권리가 독점적으로 귀속되어 있다. 그러므로 근로자로 하여금 경영참여를 인정한다는 것은 재산권질서에 대한 수정을 의미하지 않을 수 없다. 이와 같은 관점에서 경영참가적 노사협의제도를 인정하는 기본적 관념은 그 제도의 정당성과 관련하여 대체로 다음과 같은 두 가지 입장이 있다.

첫째로 경영의 의사결정권은 기업의 소유권으로부터 도출된다는 입장이다. 따라서 근로자들에게 경영참여를 인정할 수 있는 이론적 가능성은 먼저 근로자들에게, 예컨대 기업의 주식을 소유하게 함(종업원지주)으로써 경영참가를 위한 정당성의 근거를 마련하여야 한다는 것이다.[1] 둘째는 근로자의 경영참가를 근로자의 기업소유와 관계 없이 인정하려는 태도이다. 즉 근로자들은 기업체 내에서 경영의 필수적 구성요소를 형성하면서 창조적 노동력을 제공하고 있기 때문에 당연히 참여권(발언권)이 인정되어야 한다는 것이다. 다시 말하면 경영이라는 실체는 자본 및 시설과 나란히 근로자의 노동력이 유기적으로 결합함으로써 성립되는 개념이므로, 그 기업의 종업원(근로자)들이 경영에 참가하는 것은 정당하다고 한다.

오늘날 전자의 형태는 사회주의적 노선을 걷는 국가들이 채택하고 있으며, 후자의

---

1) 이와 같은 방법을 채택하고 있는 국가로서는 프랑스 · 나이지리아 등이 있다. 최근에 덴마크의 사회민주당정부는 전종업원의 임금의 일정비율을 투자형식으로 적립하여 근로자들로 하여금 기업의 일부를 소유하게 함으로써 산업의 상당부분을 소유할 수 있도록 하는 방안을 제안하였다. 이와 같은 덴마크의 방안은 이른바 경제적 민주주의=공동소유(economic democracy=co-ownership)를 산업민주주의=공동관리(industrial democracy=co-management)와 결합하려는 시도라고 할 수 있다(Schregle, *op. cit.*, p. 3).

형태는 독일[1]과 노르웨이를 비롯하여 많은 자본주의 형태의 산업국가들이 채택하고 있다. 우리나라에서도 경영참가제도는 기업의 (부분적) 소유를 전제하고 있지 않으므로 후자의 형태에 속하는 것으로 이해되어야 한다. 그러므로 기업의 (부분적) 소유를 전제하지 않은 채 경영참가를 인정한다는 것은 필연적으로 재산권의 제한이라는 문제를 제기하기 때문에, 여기에서 다시 경영참가의 한계라는 문제점에 봉착하게 된다.[2] 이와 같이 근로자의 경영참가에는 일정한 한계가 존재하지만, 구체적으로 그 한계를 정하는 것은 매우 어려운 문제이다. 경영참가제도는 정치·경제·사회의 여러 상황과 현실적인 필요성에 상응하여 발전하여 왔으며, 사용자의 독점적 영역에 대한 근로자의 참가 역시 이에 따라 변천해 온 사실을 생각할 때 경영참가의 한계에 관하여는 그 제도가 성립된 배경과 구체적인 법질서와의 상호관련하에서 이해되어야 한다. 즉, 사유재산권이 인정되는 법체제하에서는 아무리 근로자들의 경영참가가 인정된다 하더라도 기업체의 이윤추구를 위한 최고의사결정에 근로자들이 대등한 지위를 가지고 참가할 수는 없다. 따라서 기업경영에 대해서는 기업주에게 우월적 지위가 보장되지 않으면 안 된다.

근로자(종업원)들의 경영참가에 대한 헌법상의 근거를 찾는다면 인간의 존엄과 가치를 보장한 제10조와 보조적으로 제119조에서 구해야 하지만,[3] 제23조의 재산권보장 조항은 기업주의 경영권에 대한 보다 직접적인 규정이라고 해석된다.

b) 위에서 설명한 바와 같이 노사협의제도는 근로3권(헌법 제33조)에서는 당연히 도출될 수 없는 별개의 제도라고 생각된다. 즉 근로3권은 근로자들이 노동조합에 의한 단체교섭을 통하여 근로의 대가인 임금 또는 기타 근로조건을 유리하게 쟁취하는 것을 보장한 것이며, 기업의 경영·인사·임금 이외의 이윤분배를 요구할 수 있는 권리를 부여하고 있는 것은 아니다. 다시 말하면 기업경영에 관련된 최고의사결정, 종업원의 채용 및 지휘·감독 등은 기업주의 전권사항(專權事項)임을 전제로 하여 근로3권이 보장된 것이다(노조및조정법 제1조 참조). 따라서 노동조합이 당연히 노사협의의 근로자대표가 되어야 하는 것은 아니며, 노사협의사항이 당연히 단체교섭의 대상이 될 수도 없는 것이고, 또

1) Vgl. Zöllner/Loritz/Hergenröder, *ArbR* §8 Rn. 42 ff.

2) 독일의 1976년 5월 4일의 공동결정법(Mitbestimmungsgesetz)이 기업의 사유재산권을 침해하는 위헌법률인가의 논의에 관해서는 BVerfGE 50, 290 참고.

3) 이에 대하여는 다음과 같은 견해가 있다. 즉 근로자의 경영참가의 헌법상의 근거를 어디서 찾느냐 하는 문제는 문제제기 자체가 그다지 실익이 없으며, 헌법상의 노동입법의 지침규정(제32조)이나 근로3권 보장규정(제33조)으로부터 직접 도출되는 것으로는 보기 어렵다는 것이다. 그러므로 경영참가 자체를 노사관계의 집단적 규정방식의 하나라고 보아야 하며, 구태여 그 근거를 찾는다면 노사협의회법의 목적규정과 관련하여 헌법 제119조 1항 및 2항을 들 수 있다고 한다(박원석, '노사협의제의 노동법적 의의', 「중원연구논문집」(제1집), 건국대학교, 1982, 24-25면).

한 노사협의가 결렬되었다고 하여 근로자(종업원)들이 그들의 주장을 관철하기 위해서 쟁의행위를 할 수도 없다. 왜냐하면 노사협의회의 근로자대표는 기업체(경영체)의 종업원대표를 의미하므로 그 기업체에 노동조합이 있건 없건 간에 선출될 수 있으며, 또한 노사협의는 경영 · 인사에 관한 사항을 그 대상으로 하므로 경영에 참가하여 기업주체적 지위에 서게 되는 종업원들이 쟁의행위를 한다는 것은 그것 자체가 모순이기 때문이다. 다만, 근로자의 근로조건과 직접 관련된 경영 · 인사에 관한 사항은 단체교섭의 대상이 될 수 있을 것이다. 따라서 이와 같이 이른바 경영권의 경계에 놓여 있는 사항에 관해서는 헌법 제33조와 노조및조정법이 근로자에게 단체교섭권을 보장한 목적에 따라 단체교섭의 대상 여부를 판단해야 한다([108] 1. 참고).

제2절 우리나라의 노사협의제도

[134] Ⅰ. 연혁과 성격

1. 연 혁

우리나라의 노사협의제도는 노동법 개정의 역사와 그 운명을 같이 해왔다. 즉 우리나라의 노동법이 1963년에 처음으로 크게 개정될 때 노동조합법 제6조 내에 노사협의회제도에 관한 규정이 신설된 후에 1973년과 1974년의 노동조합법 개정시에는 이 규정이 확대·구체화되었고, 1980년 12월 31일의 노동조합법 개정시에는 노사협의회법이 독립된 법률(법률 제3348호)로 제정되었으며, 1987년 11월 28일에는 이 법의 개정이 있었다(법률 제3968호). 그리고 1996년 12월 31일의 개정에서는 종래의 노사협의회법을 「근로자참여 및 협력증진에 관한 법률」로 변경하면서 근로자의 참여범위를 확대하였고(법률 제5247호), 1997년 3월 13일에는 부분적 수정이 이루어지면서 동 법률이 전면개정되었다(법률 제5312호).

1963년에 신설된 노동조합법 제6조는 「사용자와 노동조합은 노사협조를 기하고 산업평화를 유지하기 위하여 노사협의회를 설치하여야 한다」고 규정하고 있었을 뿐이었으나, 1973년에 노동조합법이 개정될 때에는 이 규정은 1항과 2항으로 나누어져 「① 사용자와 노동조합은 상호 협조로써 생산성의 향상을 도모하기 위하여 노사협의회를 설치하여야 한다. ② 노사협의회는 단체협약 또는 취업규칙의 범위 안에서 생산·교육·훈련·작업환경·불만처리·협의회의 운영 등에 관하여 필요한 사항을 협의한다」는 내용으로 구체화되었고, 1974년의 개정시에는 2항의 규정 속에 노사협의회의 협의사항으로 노사분규의 예방이 첨가되었으며, 3항을 신설하여 노사협의회의 운영에 관해서 필요한 사항은 대통령령(시행령)으로 정할 것을 규정함으로써 노사협의회의 설치와 운영을 강화하였다. 그리고 1980년에는 노사협의회법이 노동조합법의 틀로부터 떨어져 나와 독립된 것이다.

이와 같이 노사협의제도가 노동관계법령들의 개정이 있을 때마다 강화·확대된 이유는 노동관계법령들의 개정 사유 및 배경과 관련해서 이해되지 않으면 안 된다([10]~[14]). 즉 1963년, 1973년, 1974년 및 1980년의 노동법 개정의 기본적 동기는 각각 경제성장, 안보우선정책에 따른 안정, 사회불안정의 제거, 정치적 안정의 확보 등에 있었으며 노동법 개정의 내용은 어느 경우를 막론하고 투쟁적 노사관계의 지양(쟁의행위의 제약)을 의도하는 것이었다. 그러나 노사 사이의 대화의 통로 내지 교섭을 차단할 수는 없는 것이었으므로 평화적인 교섭형태로서 이해되는 노사협의제도가 도입·강화된 것이다. 따라서 우리나라의 노사협의회제도는 노동법사적 관점에서 볼 때는 투쟁적 노사관계의 제약에 대한 반대급부로서 생성된 것이라고 할 수 있다. 그 결과 우리나라의 노사협의제도는 그 동안 단체교섭과의 구별이 명확하게 이루어지지 않은 채[1] 이론상·실제상의 문제에 많은 혼란을 야기시켜 왔다. 그리고 1987년 11월 28일의 개정시에는 노사협의회의 자율성을 도모하고 그 기능을 활성화하기 위하여 근로자위원에 대한 결격사유(노협법 제9조),[2] 관계공무원의 협의회에서의 의견진술권(노협법 제18조), 그리고 노사협의회의 해산 및 위원개선명령(노협법 제19조) 등을 삭제하여 행정관청의 개입 범위를 축소하고, 근로자위원의 선출시 사용자의 개입·방해행위를 금지하며(노협법 제10조의2), 노사협의회의 협의사항 및 보고사항(노협법 제20조, 제21조) 등을 보완·확대하였다.

1996년 12월 31일과 1997년 3월 13일의 개정에서는 법률명을 「근로자참여 및 협력증진에 관한 법률」로 변경하면서 다음과 같이 대폭적인 개정을 단행하였다. 첫째, 노사협의회의 근로자위원은 근로자가 직접 선출하는 것을 원칙으로 하되 노동조합이 근로자의 과반수를 대표할 경우에 한하여 노동조합이 근로자위원을 위촉할 수 있도록 하였다(구 근참법 제6조 Ⅱ). 둘째, 노사협의회에서 협의할 수 있는 사항을 확대하며(구 근참법 제19조), 셋째, 노사의 합의에 의해서만 처리할 수 있는 의결사항을 신설하면서(구 근참법 제20조) 당해 사항에 대하여 의결이 성립하지 않거나, 의결된 사항의 해석·이행에 대하여 분쟁이 발생한 경우에는 노동위원회 등의 중재를 받을 수 있도록 하였다(구 근참법 제24조). 넷째, 사용자의 보고사항에 관하여 근로자위원의 자료제출요구권을 신설하였다(구 근참법 제21조). 다섯째, 기존의 중앙노사협의회를 정부대표가 참여하는 중앙노사정협의회로 확대개편하고 주요 노동문제에 관한 노·사·정의 협의기능을 강화하였다(구 근참법 제28조). 그 후 2006년 12월 22일 단행된 이른바 노사관계선진화입법에서는 노사협의회 위원에 대한 편의제공을 확대하기 위하여 노사협의회 위원이 협의회 출석 및 이와

---

1) 예컨대 1963년에 개정된 노동조합법 제33조 4항은 「노사협의회의 대표자는 제1항의 규정에 의한 단체교섭의 대표권을 위임받은 것으로 본다」고 규정함으로써 단체교섭과 노사협의를 확실하게 분리·구별하지 않고 있었다. 그러나 이 조항은 1973년에 노동조합법이 개정될 때에 삭제되었다. 그러나 1973년의 개정 노동조합법 제6조 2항은 「노사협의회는 단체협약 … 의 범위 안에서 생산·교육·훈련·작업환경·불만처리·협의회의 운영 등에 관하여 필요한 사항을 협의한다」고 규정함으로써 여전히 노사협의는 단체교섭의 테두리를 벗어나지 못하고 있었으며, 이 조항은 1980년의 노사협의회법의 제정과 더불어 삭제되었다. 현행 노사협의회법 제5조는 「노동조합의 단체교섭 기타 모든 활동은 이 법에 의하여 영향을 받지 아니한다」고 규정하여 일단 단체교섭과 노사협의를 구별하고 있다.

2) 이하는 당시 법률의 조문임.

직접 관련된 시간에 대하여는 근로한 것으로 보도록 하고, 노사협의회의 근로자 위원이 협의회의 의제에 관련된 자료를 사전에 요구할 수 있도록 하였으며, 노사협의회의 협의사항에 「사업장내 근로자 감시설비의 설치」를 추가하고 「노동쟁의의 예방」을 삭제하였다. 또한 대통령자문기구인 노사정위원회와 그 기능 및 구성이 중복되는 중앙노사정협의회 관련규정을 삭제하여 정부위원회의 합리적 운영과 효율화를 기하였다. 그 밖에 행정기관의 재량권이 남용될 수 있는 규정을 정비하여 행정의 투명성을 제고하도록 하였다. 2007년 12월 27일에는 이른바 "알기 쉬운 법률 만들기"라는 정부입법 프로그램에 따라 근로자참여협력법이 전부개정되었다.

그러나 노사협의회관련 법개정이 현행 제도의 운영과정에서 나타난 일부 미비점을 보완하는 데 그침으로써 노사관계의 선진화라는 목적에 부합하는 실질적인 개선이 이루어졌는지는 의문이다. 이상과 같은 개정으로 기존의 노사협의회법이 안고 있던 문제점이 개선되고 근로자들의 참여가 강화되기는 하였으나, 실질적인 근로자참가제도가 실현되기 위해서는 여전히 해결해야 할 많은 문제와 과제를 남겨 놓고 있다([136] 참고).

2. 성격과 특징

(1) 성 격

노사협의는 근로자(종업원)와 사용자 쌍방이 참여와 협력을 통하여 노사 공동의 이익을 증진함으로써 산업 평화를 도모하고 국민경제 발전에 이바지함을 목적으로 한다(근참법 제1조). 즉 노사협의는 참여와 협력을 바탕으로 하는 노사의 협동적 관계를 수립하기 위한 것이므로 투쟁적 대립관계와는 구별되는 것이며, 참여에 의한 노사공동의 이익을 증진하는 것이어야 한다. 그러므로 근로자와 사용자는 서로 신의를 기초로 하여 성실하게 협의에 임해야 하며(근참법 제2조), 노사협의회는 한편으로는 근로자의 복지증진과 다른 한편으로는 기업의 건전한 발전을 도모해야 한다(근참법 제3조 ①). 이와 같이 노사협의는 근로자와 사용자가 일정한 사항(근참법 제20조)에 관하여 협의하며, 근로자들을 경영에 소극적으로 참여하게 하는 것(근참법 제21조, 제22조)을 의미한다. 여기에 현행법상의 노사협의제도의 기본적 성격이 있다.

이러한 노사협의는 노동조합의 단체교섭과 구별되어야 한다. 그러므로 노사협의가 단체교섭화해서도 안 될 것이며, 단체교섭이 노사협의의 영향을 받아 변질되어서도 아니 된다. 노사협의회의 노사협의와 노동조합의 단체교섭은 독립해서 각자의 기능을 수행하지 않으면 안 된다(근참법 제5조. 자세한 것은 [136] 2. i)를 참고).

(2) 특 징

이상과 같은 성격을 가진 우리나라의 노사협의제도는 다음과 같은 특징을 가지고 있다.

첫째, 법령에 의하여 사업 또는 사업장단위로 그 설치와 운영이 강제되어 있으며(근참법 제4조; 동법 시령 제2조), 둘째, 노사협의의 기능은 경영관리적 내지 경영참가적 성격을 가지고 있고(근참법 제20조, 제21조, 제22조), 셋째, 구 노사협의회법은 노동조합이 조직되어 있는 사업 또는 사업장에는 반드시 노사협의회를 설치하도록 강제함으로써 노동조합의 이원적 기능을 전제하고 있었으나(구 노협법 제6조 Ⅱ; 구법 시령 제2조 Ⅱ), 현행법에서는 근로자의 과반수로 조직된 노동조합이 있는 경우에만 노동조합의 대표자와 그 노동조합이 위촉하는 자로 하여금 근로자대표위원을 구성하도록 함으로써(근참법 제6조 Ⅱ) 부분적으로 노사협의회와 노동조합의 기능적 분리를 시도하였다. 그러나 근로자의 과반수로 조직된 노동조합의 대표자와 노동조합이 위촉하는 자가 근로자위원이 되는 경우에는 종업원대표로서의 의미가 사실상 희석된다. 노조 간부가 근로자위원으로 선출되는 경우에도 마찬가지이다. 넷째, 노사협의회의 조직과 운영에 관해서는 행정지도와 감독을 할 수 있도록 하고 있다(근참법 제11조, 제18조, 제31조, 제33조; 동법 시령 제5조).

요컨대 우리나라의 노사협의제도는 경영관리 내지 경영참가적 성질을 띠고 있으면서 노동조합과도 밀접한 관계에 있다.

[135] Ⅱ. 구 조

1. 목 적

노사협의회는 근로자와 사용자가 참여와 협력을 통하여 노사 공동의 이익을 증진하고 산업 평화를 유지하며, 기업의 건전한 발전을 도모할 것을 목적으로 한다(근참법 제1조, 제3조 ①). 노사협의회는 노동조합과는 달리 임금 기타 근로자의 대우에 관한 사항을 직접적으로 쟁취하는 것을 그 목적으로 하지 않는다.

2. 설 치

a) 노사협의회는 근로조건의 결정권이 있는 사업 또는 사업장단위로[1] 그 설치가 강제된다(근참법 제4조 Ⅰ 본문). 다만, 상시 30인 미만의 근로자를 사용하는 사업 또는 사

1) 행정해석: 근로조건의 결정권이 있는 사업 또는 사업장 단위의 의미에 대해서 근로조건의 결정권이란 당해 사업 또는 사업장의 고유한 경영조직과 방침에 의하여 관계규정 또는 제도상으로 정당하게 부여되고 공신력을 인정할 수 있는 객관적인 권한을 의미한다(1982. 2. 11, 노조 1454-4034).

업장에는 노사협의회를 설치하지 아니할 수 있다(근참법 제4조 I 단서).[1] 상시 30인 이상의 근로자를 사용하는 사업 또는 사업장에 대하여 사용자가 정당한 이유 없이 협의회의 설치를 거부하거나 방해한 때에는 벌칙이 적용된다(근참법 제30조: 1천만원 이하의 벌금).

b) 하나의 사업에 종사하는 근로자가 지역별로 분산되어 있더라도 전체 근로자수가 30인 이상일 때에는 그 주된 사무소에 노사협의회를 설치해야 한다(근참법 시령 제2조). 그러나 이와 같은 설치방법은 노사협의회의 운영에 여러 가지 불편과 어려움을 가져올 수 있으므로, 당사자의 합의에 의하여 사업장별로 별도의 노사협의회를 두는 방안이 모색될 수 있을 것이다.

c) 하나의 사업에 지역을 달리하는 사업장이 있을 경우에는 그 사업장에 대하여도 노사협의회를 설치할 수 있다(근참법 제4조 Ⅱ). 동 규정의 해석과 관련하여 다음과 같은 문제가 있을 수 있다. 즉 하나의 사업에 지역을 달리하는 복수의 사업장을 두고 있는 경우에 그 중 한 사업장의 근로자수가 30인 미만인 경우에도 당해 사업장에 별도의 노사협의회를 설치할 수 있는가 하는 점이다.[2] 생각건대 일반적으로는 근로조건의 결정권이 있는 사업을 중심으로 노사협의회의 설치가 행해지는 것이 보통이지만, 하나의 사업이라 할지라도 지역을 달리하는 여러 개의 사업장이 있는 경우에는 각 사업장의 경영상의 독립성을 전제로 사업장마다 노사협의회를 설치할 수 있을 것이다. 다만, 이때에도 노사협의회를 설치할 수 있기 위해서는 상시 30인 이상의 근로자를 사용하는 사업장이어야 한다고 해석된다(근참법 제4조 I 단서; 시령 제2조 참조).

---

1) 구법에서는 일부의 업종과 상시 50인 미만의 근로자를 사용하는 사업 또는 사업장에 대해서는 노사협의회를 설치하지 않을 수 있되, 노동조합이 조직되어 있는 사업 또는 사업장에서는 업종과 근로자수를 불문하고 노사협의회를 설치하여야 한다고 규정하였다(노협법 제4조 I; 시령 제2조 I·Ⅱ). 그러나 현행법에서는 업종 및 노동조합의 설립 여부와는 관계 없이 상시 30인 이상의 근로자를 사용하는 모든 사업 또는 사업장에는 일률적으로 노사협의회를 설치하도록 함으로써(근참법 제4조 I) 노사협의회의 설치범위를 확대함과 아울러 노동조합의 설립과는 관계 없이 경영 내의 실질적인 종업원대표기구로서의 노사협의회의 성격을 명백히 하였다.

2) 행정해석: 노사협의회가 설치된 사업장이 일시적인 인원감소로 근로자수가 30인 미만이 된 경우라도 상태적으로 보아 사용 근로자수가 30인 이상이면 노사협의회를 계속 운용하여야 하며, 「상태적으로 사용 근로자수 30인 이상」 여부는 그간의 고용추이·향후 고용전망(30인 이상으로 회복 가능성) 등을 고려하여 개별적·구체적으로 판단한다. 다만, 해체와 재구성이 용이하지 아니한 노사협의회의 특성상 사용 근로자수가 30인 이상으로 회복될 가능성이 희박한 경우를 제외하고는 계속 운용하는 것이 타당하다(1998. 1. 6, 노사 68107-2). 또한 「노사협의회는 노동조합과는 그 설립취지를 달리하여 노동조합의 유무·복수노조 여부에 관계없이 근로자수가 30인 이상인 경우에는 이를 설치·운영하여야 하며 기왕에 노사협의회가 설치·운영되었다면 사무직 노조의 설립과 관계없이 기존의 노사협의회를 그대로 활용하면 족하다」라고 하여 다른 직종간의 하나의 협의회 설치를 인정하고 있다(1998. 6. 19, 노사 68107-174).

3. 구 성

(1) 노사동수의 원칙

노사협의회는 근로자와 사용자를 각각 대표하는 같은 수의 위원으로 구성되며, 그 수는 각 3인 이상 10인 이내로 한다(근참법 제6조 Ⅰ). 노사협의회는 노사 양자의 협의체이며, 그 구성에 있어서 근로자위원과 사용자위원을 같은 수로 한 것은 노사대등의 원칙에 입각하여 민주적으로 운영하도록 하기 위해서라고 생각된다.[1] 또한 협의회를 대표하며 회의업무를 총괄하는 의장을 두며, 의장은 위원 중에서 호선한다. 이 경우 근로자위원 1인과 사용자위원 1인을 공동의장으로 할 수 있다(근참법 제7조 Ⅰ·Ⅱ). 노사쌍방은 회의결과의 기록 등과 같은 사무를 담당하는 간사 1인을 각각 둔다(근참법 제7조 Ⅲ).

(2) 위원의 선출

근로자를 대표하는 위원(근로자위원)은 근로자가 직접 선출하는 것을 원칙으로 한다(근참법 제6조 Ⅱ 전단). 다만, 근로자의 과반수로 조직된 노동조합이 있는 사업 또는 사업장에서는 노동조합의 대표자와 그 노동조합이 위촉하는 자[2]로 한다(근참법 제6조 Ⅱ 후단). 그러나 근로자의 과반수로 조직된 노동조합이 없거나 노동조합이 조직되어 있지 않은 경우에는 근로자위원은 근로자의 직접·비밀·무기명투표에 의하여 선출된다(근참법 제6조 Ⅳ; 시령 제3조 Ⅰ 본문). 그러나 사업의 규모와 특수성에 따라 간접선거에 의한 선출이 부득이하다고 인정될 때에는 작업부서별로 근로자 수에 비례하여 근로자위원을 선출할 근로자(위원선거인)를 선출하고, 위원선거인 과반수의 직접·비밀·무기명투표에 의하여 근로자위원을 선출할 수 있다(동법 시령 제3조 Ⅰ 단서).[3] 그러므로 근로자위원은 직

1) 그러나 노사협의회가 동수로 구성되는 것이 노사대등을 위한 필수적 전제요건이라 할 수는 없을 것이다. 왜냐하면 노사대등은 회의의 운영 또는 결정권의 행사 등의 과정에서 실질적으로 관철되어야 하는 것이므로, 형식적인 동수 구성이 곧 노사대등을 보장한다고 볼 수는 없기 때문이다(이영희, '우리나라 노사협의회법의 문제점과 개선방향', 「노사협의회연구」, 한국개발연구원, 1983, 175면 이하 참고).

2) 노동조합으로 하여금 근로자위원을 위촉하게 하는 경우 종업원의 적정 대표의 문제가 발생할 수 있다. 즉, 사업장 내의 과반수 노동조합에게 근로자 위촉권을 부여한 것은 전체 사업장 내의 근로자를 대표할 것이라는 기본적인 전제가 내재되어 있는 것이다. 그런데 이러한 전제가 무너진 경우에는 어떻게 할 것인가가 문제된다. 즉, 노사협의회 구성 당시에는 과반수 노동조합이 어떠한 사정으로 인하여 그러한 위치에서 벗어나게 된 때에 과연 그러한 경우에도 근로자대표의 지위를 유지하는 것이 근로자참여협력법을 제정한 취지와도 부합할 것인가가 문제된다.

3) 근로자위원의 결원으로 보궐위원을 위촉 또는 선출해야 할 경우에 근로자과반수로 구성된 노동조합이 조직되어 있지 아니한 사업 또는 사업장에 있어서는 근로자위원 선출 투표에서 선출되지 못한 자 중에서 다수 득표자순에 의한 차점자를 근로자위원으로 함으로써 별도의 투표를 거치지 아니할 수 있다(근참법 시령 제4조).

접선거방식에 의하여 선출되는 것이 원칙이며, 예외적으로 사업의 특수성에 비추어 부득이하다고 인정될 때에 간접선거에 의하여 선출될 수 있다. 근로자위원으로 입후보하고자 하는 자는 당해 사업 또는 사업장의 근로자로서 근로자 10인 이상의 추천을 받아야 한다(동법 시령 제3조 Ⅱ). 근로자참여협력법상 근로자위원의 선출방법은 극히 개괄적으로 규정되어 있어 종업원의 직접·비밀·무기명투표에 의하여 단순다수제로 선출한다고 정하였을 뿐이다. 여기서 과연 사업장 내의 전체 근로자를 대표하는 근로자위원의 대표성이 보장받을 수 있을지 의문이 든다.[1] 또한 근로자참여협력법상 근로자위원이 근로자들의 투표에 의해 선출되도록 함으로써 선출방법에 의한 정당성이 부여되어 있기는 하나, 선출된 근로자위원의 활동에 대해 근로자의 의견을 반영할 수 있는 방법이 마련되어 있지 않은 점, 근로자위원에 대한 근로자의 통제 방법이 없다는 점 등에서 대표의 정통성이 결여되어 있다는 지적도 있다.[2] 그리고 근로자위원의 임기만료 후 언제까지 선거를 시행해야 하는지, 누구의 관리하에 시행할 것인지, 선거와 관련한 편의제공은 어떻게 이루어져야 하는지 등, 일반적인 선거관리의 제반 사항에 대해서 법률상의 규정이 미비하다고 할 수 있다.

사용자는 근로자위원의 선출에 개입하거나 이를 방해하여서는 아니 되며(근참법 제10조 Ⅰ), 사용자가 이에 위반하는 때에는 고용노동부장관은 시정명령을 내릴 수 있고(근참법 제11조), 이 명령을 사용자가 이행하지 않은 경우에는 벌칙이 과해진다(근참법 제31조: 500만원 이하의 벌금).

또한 사용자는 근로자위원들이 업무를 수행함에 있어서 필요로 하는 장소 사용 등 기본적인 편의를 제공하여야 한다(근참법 제10조 Ⅱ).

사용자를 대표하는 위원(사용자위원)은 당해 사업 또는 사업장의 대표자와 그 대표자가 위촉하는 자로 한다(근참법 제6조 Ⅲ). 이때 사용자위원이 될 수 있는 자의 범위는 근로기준법 제2조 1항 2호의 사용자이다(근참법 제3조 ③ 참고). 노사협의회의 형식화를 방지하고 책임있는 운영과 실효성을 얻기 위하여 마련된 당연한 규정이라 할 수 있다.

(3) 위원의 지위

위원의 임기는 3년으로 하되 연임할 수 있다(근참법 제8조 Ⅰ). 그리고 근로자위원의 결원으로 인하여 보궐위원을 위촉하거나 선출한 경우에 보궐위원의 임기는 전임자의 잔

---

1) 예컨대 100명의 종업원이 있는 사업장에서 근로자위원 5명을 선출하고자 하는 경우 1위가 90명의 지지를 받고 이후 5명, 3명, 1명, 1명의 지지를 받은 경우에 5명과 3명, 1명의 지지를 얻은 자가 근로자를 대표할 수 있는 지위를 확보할 수 있을지 의문이다. 상위의 선출자를 제외하고 순차적으로 추천을 받는 것이 합리적일 것이다.

2) 김훈·이승욱, 「노사협의회의 쟁점과 과제」, 한국노동연구원, 1998, 39면 이하.

임기간으로 한다(근참법 제8조 Ⅱ). 그러나 사업 또는 사업장의 대표자 또는 최고책임자는 사실상 임기에 구애받지 않게 될 것이다.

위원은 비상임·무보수로 한다(근참법 제9조 Ⅰ). 사용자는 협의회위원으로서의 직무수행과 관련하여 근로자위원에게 불이익한 처분을 하여서는 아니 된다(근참법 제9조 Ⅱ).[1] 이는 임금을 비롯한 모든 근로조건에서 객관적으로 형평을 잃는 처분을 받아서는 안 된다는 것을 의미한다. 따라서 노사협의회 위원의 협의회 출석 및 이와 직접 관련된 시간에 대하여는 근로한 것으로 본다(근참법 제9조 Ⅲ).[2] 여기서 "이와 직접 관련된 시간"이란 협의회 출석을 위한 이동 등에 소요되는 시간뿐만 아니라 협의회 의제에 대한 사전 자료검토 및 그가 대표하는 근로자의 의견청취를 위하여 합리적인 범위 내에서 필요로 하는 시간도 포함되는 것으로 해석된다.

4. 운 영

a) 노사협의회는 3개월마다 정기적으로 개최되어야 한다(근참법 제12조 Ⅰ). 특별한 사정이 없는 한 정기적인 노사협의회 개최 의무를 부담하는 것은 원칙적으로 노사협의회의 대표이자 회의 소집 주체인 의장을 말하는데 이때 의장은 근로자참여협력법 제6조에서 정한 사용자를 대표하는 사용자위원이다.[3] 이를 위반한 때에는 벌칙이 적용된다(근참법 제32조: 200만원 이하의 벌금).[4]

---

1) 독일 경영조직법 제78조, 제103조 1항, 제119조 참조. 노사협의회의 운영규정에 「사용자는 근로자위원의 신분에 관한 변동사유가 발생한 경우에 반드시 노사협의회의 합의를 거쳐야 한다」라고 규정되어 있는 경우 징계해고와 같은 인사처분은 근로자의 신분변동 중에서 가장 중대한 사항이므로 당연히 위 운영규정상 신분에 관한 변동사유에 해당한다고 할 것이고, 나아가 위 운영규정에 따른 노사협의회의 합의를 거치지 않은 채 회사가 근로자위원인 근로자에 대하여 행한 징계해고처분은 당해 근로자나 노사협의회 근로자위원 측에서 스스로 이러한 합의절차를 포기하였다는 등의 특별한 사정이 없는 한 원칙적으로 무효이다(大判 1993. 7. 27, 92 다 53316). 그리고 노조법 제24조 2항 및 제81조 4호에서 노조전임자의 급여지원을 금지하고 있으며, 근참법 제9조에서 「노사협의회 위원은 비상임·무보수로 한다」고 명시하고 있으므로 노사협의회 근로자대표인 노동조합의 대표자에게 동 협의회 업무를 전담케 한다는 명분으로 새로이 유급전임을 인정하는 것도 법률상 허용되지 않는다(1997. 6. 25, 노조 01254-575)고 하여 노동조합의 전임자와는 다른 판단을 하고 있다.

2) 독일 경영조직법 제37조 2항(「경영협의회의 위원은 사업의 규모와 종류에 따라 그의 임무를 적법하게 수행하는 데 필요한 경우에는 임금의 감액 없이 자신의 직무를 면제받는다」) 참조.

3) 大判 2008. 12. 24, 2008 도 8280(노사협의회가 약 7개월 동안 개최되지 않은 사안에서, 노사협의회 의장이 아닌 소속 단체의 대표를 노사협의회 개최의무 위반죄로 처벌할 수 없다고 한 사례).

4) 근로자참여협력법 제32조의 규정이 정기총회의 개최를 하지 않은 데 대한 벌칙적용을 사용자에게 국한시키고 있는 것은 타당하다고 생각되지 않는다. 왜냐하면 근로자위원도 정기회의 개최를 방해하거나 이에 응하지 않을 수 있기 때문이다(동법 제2조 참조). 정기회의를 개최하지 않는 것을 마치 사용자의 단체교섭 거부행위와 같은 관념으로 파악하는 것은 잘못이다.

b) 의장은 협의회의 회의를 소집하여 회의를 주재한다. 그리고 의장은 노·사 일방의 대표자가 회의의 목적사항을 문서로 명시하여 회의의 소집을 요구한 때에는 이에 따라야 하고, 회의개최 7일 전에 회의일시·장소·의제 등을 각 위원에게 통보해야 한다(근참법 제13조 Ⅰ·Ⅱ·Ⅲ). 회의는 근로자위원과 사용자위원의 각 과반수의 출석으로 개최하고,[1] 출석위원 3분의 2 이상의 찬성으로 의결한다(근참법 제15조). 회의는 공개를 원칙으로 하되 협의회의 의결에 의하여 비공개로 할 수도 있으며(근참법 제16조), 협의회의 위원은 협의회에서 알게 된 비밀을 누설하여서는 아니 된다(근참법 제17조). 위원의 비밀유지의무는[2] 특히 근로자참여협력법 제22조와 관련하여 매우 중요한 의의를 갖는다. 예컨대 근로자위원이 회사의 기밀에 해당하는 경영방침이나 생산계획을 다른 경쟁회사에 누설함으로써 그가 종사하고 있는 회사에 중대한 손해를 발생케 한 경우에는 사용자가 그 근로자를 해고할 수도 있을 것이다. 독일이나 유럽 각국에서도 근로자대표가 경영참가를 통하여 알게 된 기업의 비밀을 누설하지 않을 의무에 관하여 많은 논의가 행하여져 왔다. 즉 첫째, 지켜야 할 비밀의 범위를 어떻게 정할 것인가, 둘째, 누설의 책임범위가 대내적인가 또는 대외적인가, 셋째, 누설로 인하여 기업경영에 손실을 입히거나 악영향을 미칠 때에만 책임을 물을 것인가 등이 문제이다. 원래 사용자나 경영자가 근로자의 경영참가를 경원시해 온 가장 큰 요인은 정보의 공개로 인하여 경영정책수립 및 집행에 있어서 입게 될 경제적 손실이나 기업의 존폐와도 관련될 수 있는 경쟁회사와의 경쟁관계에 미치게 될 손실 등이었다. 따라서 사용자는 가능하면 기업에 관한 정책적 사항에 대한 비밀을 유지하려 하고, 근로자의 접근을 허용하지 않으려는 것이 일반적이다. 그러나 기업의 존폐와 직접적인 관계가 없는 사항들은 비밀의 범주에 포함시켜서는 안 되며, 대내적이건 대외적이건 고의성이 없는 비밀누설에까지 근로자에게 책임을 묻는 것은 산업민주주의를 지향하는 근본정신에 어긋나는 행위로 보아야 할 것이다. 참여와 협력의 노사관계를 이루기 위한 제도적 장치를 노사협의제라 할 수 있고, 노사협의제의 목적을 이루기 위해 설치·구성되는 기구가 바로 노사협의회이다. 노사협의회가 지향하는 취지

1) 이러한 법적 장치는 회의가 어느 일방당사자에 의하여 운영·지배되는 것을 배제하고자 하는 데 있다. 출석위원이 전체의 과반수를 훨씬 상회하더라도 일방 당사자가 과반수 출석에 미달하면 회의 자체가 성립될 수 없다는 것은 노사협의회가 목표로 하고 있는 노사대등을 실현하는 데 중요한 의미를 부여하고 있다.

2) 노사관계법·제도 선진화 방안(2003. 11)에서는 비밀유지조항은 있으나 벌칙조항은 없었던 현행 근로자참여협력법을 수정하여 노사협의회 위원은 직무상 알게 된 영업상 비밀로서 사용자가 기밀사항이라는 것을 명확히 한 것에 대해서는 퇴임 후에도 이를 준수하여야 하고 직무상 알게 된 근로자의 개인정보에 대하여도 누설을 금지하는 의무를 신설하고 이러한 의무위반에 대해서는 처벌하는 규정을 신설하는 방안을 제시하고 있다.

를 살리기 위하여 특히 사용자의 정보제공의무가 중요시된다. 외국의 경우[1]에도 사용자의 정보제공을 매우 중요하게 인정하고 있으며 현행법에서도 노사협의회 보고사항에 대해서는 사용자가 노사협의회에 대해서 보고·설명하도록 하여 사용자의 일방적인 의무로 설정되어 있고, 제공할 정보의 종류와 대상에 대해서도 구체적으로 특정하고 있다(근참법 제22조의 보고사항; 동법 규칙 제5조의 보고·설명사항). 여기서 더 나아가 노사협의회가 더욱 내실 있고 실질적으로 운영될 수 있도록 근로자위원은 근로자참여협력법 제13조 3항에 의하여 통보된 회의 의제 중 협의사항(근참법 제20조 Ⅰ)과 의결사항(근참법 제21조)에 관련된 자료를 노사협의회 개최 전에 사용자에게 요구할 수 있으며 사용자는 성실히 이에 따라야 한다(근참법 제14조). 다만 근로자위원이 노사협의회와 무관한 정보를 요구할 수 없도록 노사협의회 의제 중에서 협의·의결사항에 대한 정보로 한정하였을 뿐만 아니라 근로자위원이 요구하는 정보가 기업의 경영·영업상의 비밀 또는 개인정보에 해당하는 경우에는 사용자는 이를 제공하지 아니할 수 있도록 예외를 인정하고 있다(동조 단서).

협의회는 회의의 개최일시 및 장소·출석위원·협의내용 및 의결된 사항(근참법 제20조, 제21조, 제22조 참조) 기타 토의사항 등을 기록한 회의록을 작성·비치하고 3년간 보존해야 한다(근참법 제19조; 동법 시령 제6조; 동법 규칙 제4조).

c) 협의회는 그 조직과 운영에 관한 규정(이를 "협의회규정"이라 한다)을 제정하고, 이를 협의회의 설치일로부터 15일 이내에 고용노동부장관에게 제출하여야 한다. 이를 변경한 때에도 또한 같다(근참법 제18조, 과태료: 제33조; 동법 시령 제5조; 동법 규칙 제3조). 협의회규정의 제정을 요구하는 이유는 근로자참여협력법에 규정된 사항을 정하게 하기 위한 것이다.[2]

5. 임　무

a) 노사협의회가 가지는 주된 임무에는 세 가지가 있다. 첫째는 근로자위원과 사용자위원 등이 대등한 지위에서 협의하여 합의에 도달할 수 있는 사항(근참법 제20조)이고,

---

1) ILO 제155호 산업안전보건에 관한 협약(1981) c항은 근로자대표는 사업장에서의 산업안전보건의 보장을 위해 사용자가 실시한 조치에 관하여 적절한 정보를 제공받으며, 영업상의 비밀을 누설하지 아니할 조건으로 자신의 회사 기구와 그러한 정보에 관하여 협의할 수 있다고 규정하고 있다.

2) 노사협의회의 규정에 포함되어야 할 사항은 다음과 같다(근참법 시령 제5조).

(i) 협의회의 위원 수, (ii) 근로자위원의 선출절차 및 후보등록에 관한 사항, (iii) 사용자위원의 자격에 관한 사항, (iv) 법 제9조 3항에 따라 협의회 위원이 근로한 것으로 보는 시간에 관한 사항, (v) 협의회의 회의소집, 회기 그 밖에 협의회의 운영에 관한 사항, (vi) 법 제25조의 규정에 의한 임의중재의 방법·절차 등에 관한 사항, (vii) 고충처리위원수 및 고충처리에 관한 사항.

둘째는 사용자가 반드시 협의회의 의결을 거쳐야만 시행할 수 있는 의결사항이며(근참법 제21조), 셋째는 사용자가 협의회에서 보고·설명하는 사항(근참법 제22조)이다. 첫째는 주로 생산·노무·인사관리에 관한 사항이고, 둘째는 사내복지관련시설 및 노사공동기구의 설치·관리에 관한 사항이며, 셋째는 경영참가적 성질을 가진 사항이다.

b) 우선 노사협의회에서 근로자위원과 사용자위원이 함께 협의할 수 있는 사항은 다음과 같다(근참법 제20조).[1)]

1) 생산성 향상과 성과 배분
2) 근로자의 채용·배치 및 교육훈련
3) 근로자의 고충처리
4) 안전, 보건, 그 밖의 작업환경개선과 근로자의 건강증진
5) 인사·노무관리의 제도개선
6) 경영상 또는 기술상의 사정으로 인한 인력의 배치전환·재훈련·해고 등 고용조정의 일반원칙
7) 작업 및 휴게시간의 운용
8) 임금의 지불방법·체계·구조 등의 제도개선
9) 신기계·기술의 도입 또는 작업공정의 개선
10) 작업수칙의 제정 또는 개정
11) 종업원지주제 기타 근로자의 재산형성에 관한 지원
12) 직무 발명 등과 관련하여 해당 근로자에 대한 보상에 관한 사항
13) 근로자의 복지증진

---

1) 근로자와 사용자 쌍방이 이해와 협조를 통하여 노사 공동의 이익을 증진함으로써 산업평화를 도모하고 국민경제발전에 기여한다는 노사협의회제도의 목적이나 노사협의회의 협의사항에 관한 노사협의회법 제20조의 규정에 비추어 볼 때, 정리해고에 관한 사항이 노사협의회의 협의사항이 될 수 있다(大判 1997. 9. 5, 96 누 8031). 또한 「(노사간에 체결된) 단체협약 제74조에는 노사협의회의 합의사항은 단체협약과 동일한 효력을 갖는다고 규정되어 있으며, … 여러 개의 공장근로자들로 구성된 노동조합의 단체협약 체결에 있어서는 각 공장에 공통적인 사항만을 정하기 때문에 관례적으로 각각의 사업소에서는 그 특유의 사항에 대하여는 노사협의회를 통하여 정해 온 사실을 인정할 수 있다. 구 근로기준법(1996. 12. 31, 법률 제5245호로 개정되기 전의 것)상 퇴직금 산정의 기초가 되는 계속근로연수는 최초 입사일부터 최종 퇴직일까지 통산하여야 할 것인바, … 노사협의회에 따른 합의에 의하여 해외파견 근로자들의 퇴직금 중간 정산의 효력을 인정하고 최종 퇴직시에는 중간 퇴직금 정산일 이후의 기간에 대해서만 퇴직금을 계산하기로 한 것은, 결국 최종 퇴직시 발생하는 퇴직금청구권의 일부를 사전에 포기하게 하는 것으로서 그와 같은 합의사항이 단체협약과 동일한 효력이 있다고 하더라도 강행법규인 근로기준법에 위반되어 무효이며 … 그럼에도 불구하고 위 노사협의회에 따른 합의는 단체협약과 동일한 효력이 인정된다는 이유만으로 위 합의에 의하여 원고들은 근속기간의 통산에 따른 이익을 포기한 것이라고 할 수 없다」(大判 1997. 7. 25, 96 다 22174).

14) 사업장 내 근로자감시설비의 설치
15) 여성근로자의 모성보호 및 일과 가정생활의 양립을 지원하기 위한 사항
16) 「남녀고용평등과 일·가정 양립 지원에 관한 법률」 제2조 제2호에 따른 직장 내 성희롱 및 고객 등에 의한 성희롱 예방에 관한 사항
17) 그 밖의 노사협조에 관한 사항

이와 같은 사항에 관해서는 근로자위원과 사용자위원이 단순히 의견의 교환으로 그치지 아니하고, 근로자참여협력법 제15조의 정족수에 따라 의결함으로써 그 의결내용의 실현을 확보할 수 있다(근참법 제20조 Ⅱ).

c) 사용자가 반드시 협의회의 의결을 거친 이후에야 비로소 시행할 수 있는 사항은 다음과 같다(근참법 제21조).

1) 근로자의 교육훈련 및 능력개발 기본계획의 수립
2) 복지시설의 설치와 관리
3) 사내근로복지기금의 설치
4) 고충처리위원회에서 의결되지 아니한 사항
5) 각종 노사공동위원회의 설치

위의 사항에 대하여 협의회에서 의결되지 아니하면 사업주는 이를 일방적으로 시행할 수 없으며, 의결된 사항에 대해서는 협의회가 이를 신속하게 근로자(종업원)들에게 공지시켜야 한다(근참법 제23조). 그리고 협의회의 의결사항에 대해서는 그 사업 또는 사업장의 모든 근로자와 사용자가 성실히 이행하여야 하며(근참법 제24조), 정당한 이유 없이 협의회에서 의결된 사항을 이행하지 아니할 경우에는 벌금형에 처해진다(근참법 제30조 ②). 의결된 사항의 이행의무자(근참법 제24조)와 의결사항의 불이행에 따른 처벌규정(근참법 제30조)의 수규자는 법문이나 입법취지상 종업원인 전체근로자와 사용자로 해석된다. 따라서 종업원인 개별 근로자가 이행하지 아니하는 경우에는 그 근로자가 처벌을 받게 된다.[1]

---

1) 구법하에서는 합의사항을 불이행한 경우에는 협의회의 쌍방대표를 모두 처벌할 수 있도록 하였다(구 노협법 제31조). 그러므로 구법하에서는 종업원인 개개 근로자가 합의사항을 이행하지 아니하는 경우에는 해당 근로자를 처벌할 수 없었으며, 전체근로자를 대표하는 근로자위원이 개별 근로자의 불이행에 대하여도 처벌되는 것으로 해석되었다. 다만, 이 경우에 근로자위원이 부담하는 벌금의 재원을 어디서 마련하는가 하는 점이 문제되었다. 그러나 현행법은 개개의 불이행자를 처벌규정의 수규자로 하고 있기 때문에, 이와 같은 문제점은 해소된 것으로 판단된다. 구법규정의 문제점에 관해서는 김형배, 「노동법」(제8판), 1996, 678면 참고.

《노사협의회의 의결사항으로서 노사공동위원회의 의미》

근로자참여협력법 제21조 5호는 협의회의 의결사항으로서 각종 노사공동위원회의 설치를 규정하고 있다. 그런데 동 규정에서는 노사공동위원회의 대상을 명확히 하지 않은 채 각종 노사공동위원회의 설치라고만 규정하고 있기 때문에 협의회의 의결사항으로서의 노사공동위원회의 내용이 문제된다. 생각건대 동법에서의 노사공동위원회의 성격과 기능은 원칙적으로 참여와 협력을 통하여 노사의 공동이익의 증진을 도모할 수 있는 목적규정(근참법 제1조 참조)과 동법 제20조 및 제21조의 각종 협의 내지 의결사항과의 상관관계 하에서 이해되어야 한다. 따라서 예컨대 근로자의 교육훈련의 구체적 실행을 위한 공동위원회, 복지시설 및 복지기금의 관리위원회, 생산성향상의 구체적 실현을 위한 공동위원회 등이 그 예에 해당될 것이다.[1] 반면에 징계·해고·인사 등 근로조건과 직접적인 관계를 갖는 노사공동기구의 설치에 관해서는 원칙적으로 단체교섭의 대상사항으로 이해되어야 할 것이다. 이와 같이 노동조합이 조직되어 있는 사업 또는 사업장에서는 근로조건과 밀접한 관련이 있는 사항에 관하여 동 규정을 이유로 노동조합의 단체교섭이 방해받아서는 아니 된다. 왜냐하면 노사협의회는 원칙적으로 경영참여적 기능을 수행하는 것을 그 기본적 임무로 하는 것이므로, 노동조합의 단체교섭 기타 근로조건 개선활동은 이 법에 의하여 영향을 받지 아니하기 때문이다(근참법 제5조). 다만, 예외적으로 노동조합이 조직되어 있지 아니한 사업 또는 사업장에 있어서는 노사협의회가 참여적 기능 이외에 사실상 근로조건에 관한 형성적 기능을 담당할 수 있으므로(근참법 제20조의 협의사항 참고), 이때에는 근로조건과 관련된 노사공동위원회의 설치에 관하여도 의결할 수 있는 것으로 해석된다.

d) 사용자가 정기회의에서 보고·설명해야 할 사항은 다음과 같다(근참법 제22조 I; 동법 규칙 제5조).

1) **경영계획 전반 및 실적에 관한 사항** (i) 단기 및 중·장기 경영계획, (ii) 경영실적과 전망, (iii) 기구개편, (iv) 사업확장·합병·공장이전 및 휴·폐업 등 경영상 중요한 결정사항

2) **분기별 생산계획 및 실적에 관한 사항** (i) 분기별 생산계획 및 실적, (ii) 사업부서별 목표 및 실적, (iii) 신제품개발 및 기술·기법의 도입

---

1) 산업안전보건법 제24조에 의한 산업안전보건위원회는 비록 그 구성이나 임무에 있어서 노사협의회와 유사한 성격을 지니고 있으나(근참법 제20조 I ④) 노사협의회의 의결사항에 속하는 노사공동위원회에 더 이상 포함되지 않는다고 보아야 할 것이다. 산업안전보건위원회는 상시 근로자 100인 이상의 일반사업장(건설업의 경우에는 공사금액이 120억원 이상인 사업장) 또는 50인 이상의 유해·위험사업장에 의무적으로 설치되어야 하며(산안법 시령 제34조) 더 이상 노사협의회로 대체되지 않는다. 즉 산업안전보건위원회는 산업안전보건법에 의한 독립된 기구이다.

3) 인력계획에 관한 사항 (i) 인사방침, (ii) 증원 또는 감원 등 인력수급계획, (iii) 모집과 훈련

4) 기업의 경제적·재정적 상황 (i) 재무구조에 관한 일반현황, (ii) 자산현황과 운용상황, (iii) 부채현황과 상환상황, (iv) 경영수지현황

5) 그 밖의 사항 (i) 사용자가 보고하도록 협의회에서 의결된 사항, (ii) 근로자가 정당하게 보고를 요구한 사항

위의 사항에 대하여 사용자는 성실하게 보고·설명해야 한다. 원래 경영계획·생산계획·인사계획 등은 경영의 최고의사결정자인 기업주의 전권적 사항에 속하는 것이며, 기업주는 이러한 사항에 대해서 아무에게도 설명·보고할 의무를 지지 않는 것이 원칙이다. 이와 같은 사항에 관하여 근로자대표로 하여금 대등한 지위에서 협의·결정할 수 있도록 한다면, 이는 명실공히 공동결정제도라고 할 수 있다. 그러나 우리나라의 근로자참여협력법은 사용자로 하여금 이러한 사항을 근로자대표에게 보고·설명케 함으로써 소극적으로 근로자의 경영참가를 인정하고 있다.[1] 사용자가 이러한 사항들을 정기적으로 보고·설명하는 데서 얻어지는 효과는 노·사 사이의 불신을 해소하고 근로조건을 개선하는 데에 이바지할 수 있다는 점이다. 왜냐하면 기업운영의 중요한 사항들이 공개됨으로써 근로자들은 기업의 실태를 파악할 수 있게 될 뿐만 아니라 그들의 임금 기타 근로조건의 수준이 타당한 것인가 하는 것을 스스로 판단할 수 있기 때문이다. 그러나 이와 같은 효과는 필수적으로 사용자의 성실한 태도를 전제로 한다. 저자는 이상의 경영참가제도야말로 근로자참여협력법의 핵심을 이루는 것이라고 생각하며, 따라서 우리나라에 있어서의 노사협의제도의 성패는 바로 이러한 참가적 성격을 어느 정도까지 현실화시키고 발전시킬 수 있느냐에 달려 있다고 할 것이다.

보고·설명사항과 관련해서 근로자위원은 근로자들의 요구사항을 노사협의회에 보고·설명할 수 있다(근참법 제22조 Ⅱ). 따라서 근로자위원은 사업장과 기업운영 전반에 대한 근로자들의 의견을 수시로 수집·청취하여 그 요구사항을 사용자측에 전달함으로써 노·사 사이의 협조관계유지에 노력하지 않으면 안 된다. 또한 노사협의제도에 있어서 근로자의 경영참가기능을 강화하기 위하여 사용자가 동 규정상의 사항에 대하여 보

1) 異見: 박원석, '노사협의회의 노동법적 의의', 「중원연구논문집」(제1집), 156면. 즉 경영참가는 경영권행사의 제한작용으로 보아야 하므로, 사용자의 보고·설명은 경영참가적 성격을 갖고 있지 않다고 한다.

그러나 경영참가는 그 참가의 정도에 따라 적극적인 경영참가와 소극적인 경영참가로 나눌 수 있다. 전자는 노사의 협의에 있어서 의사의 합치 내지 협력에 의하여 협의사항을 처리하는 것이고, 후자는 사용자의 보고·설명 또는 근로자의 자문 등의 형태로서 사용자가 그 권한을 자의로 행사하는 것을 억제하거나 또는 그 권한의 행사를 원조하는 데 그치는 것이다.

고 및 설명의무를 이행하지 아니하는 경우에 근로자위원은 위 규정상의 보고 및 설명사항에 관한 자료의 제출을 요구할 수 있으며, 사용자는 이에 성실히 응하여야 한다. 사용자가 근로자위원의 자료제출요구에 응하지 아니하는 경우에는 500만 원 이하의 벌금에 처해진다(근참법 제31조).

e) 현행 근로자참여협력법은 의결사항에 관하여 의결이 성립하지 아니하거나 협의회에서 의결된 사항의 해석 또는 이행방법 등에 관하여 당사자 간에 다툼이 있는 경우에 이를 해결하기 위하여 노사협의회의 근로자위원과 사용자위원의 합의에 따라 협의회 내에 임의의 중재기구를 두거나, 노동위원회를 통하거나 또는 제3자에 의한 중재를 받을 수 있도록 하고 있다(근참법 제25조 Ⅰ).[1] 이와 같은 임의중재의 방법과 절차 등에 관해서는 노사협의회규정에서 정하여야 한다(근참법 시령 제5조). 위의 절차에 의하여 중재결정이 있는 때에는 협의회의 의결을 거친 것으로 보며, 근로자와 사용자는 이에 따라야 한다(근참법 제25조 Ⅱ). 이를 위반할 경우에도 마찬가지로 벌칙이 적용된다(근참법 제30조 ③).

6. 고충처리

a) 고충이란 근로자의 근로환경이나 근로조건에 관한 개별적인 불만[2]을 말하는 것으로서 고충처리는 집단적 성질을 가진 노동쟁의와는 구별된다. 기업 내의 고충에 대해서는 원래 노사 사이의 자주적 기구에 의하여 이를 해결하는 것이 노사의 관행이다. 그런데 1980년 제정된 노사협의회법이 별도로 고충처리제도를 독립된 장에서 규율하면서 노사협의회의 주요과제로 법정한 것이다.

b) 상시 30인 이상의 근로자를 사용하는 모든 사업 또는 사업장에는 고충처리위원을 두어야 하며(근참법 제26조), 이를 위반하면 벌칙이 적용된다(근참법 제32조).

고충처리위원은 노사를 대표하는 3인 이내의 위원으로 구성되며, 협의회가 설치되

---

1) 구법에서는 노사협의회의 의결사항에 관한 규정을 두고 있지 아니하였으므로 당사자 간에 의결이 이루어지지 않은 경우에 적극적으로 의결에 이를 수 있도록 하는 중재제도를 두지 않았으며, 협의회에서 일부 사항에 대하여 의결이 이루어진 경우에도 그 해석이나 이행방법 등에 관하여 다툼이 있는 경우에 이를 해결할 수 있는 분쟁해결절차에 관한 규정이 존재하지 않았다. 이와 같은 점에서 구법에 있어서의 노사협의회는 의결기능을 전혀 가지지 못하였다. 그러나 현행법은 의결사항에 대한 중재제도와 분쟁처리절차에 대하여 규정을 둠으로써 구법에 비하여 진일보한 측면이 없지 않다. 다만, 의결사항의 대상이 지나치게 제한되어 있으므로 근로자들의 참가적 기능은 여전히 초보적 단계에 머물고 있다. 이에 관하여는 다음의 [136] 참고.

2) 노사협의회법이 독립된 법률로 제정되기 전인 구 노동조합법 제6조 2항에서는 불만이라는 용어를 사용하였다. 그 후 노사협의회법이 제정되면서 고충이라는 용어를 쓰고 있으나, 이 말은 원래 내적인 괴로운 심정이나 마음을 의미하는 것이지 대외적 관계를 나타내는 것이 아니므로 적당한 표현이 아니다. 영어로는 grievance이다.

어 있는 사업 또는 사업장의 경우에는 협의회가 그 위원 중에서 선임하고, 협의회가 설치되어 있지 않은 사업 또는 사업장의 경우에는 사용자가 위촉한다(근참법 제27조 Ⅰ). 고충처리위원의 임기·신분 및 처우는 노사협의회위원의 경우와 같다(근참법 제27조 Ⅱ, 제8조).

고충처리위원은 근로자로부터 고충사항을 청취한 때에는 10일 이내에 조치사항 기타 처리결과를 당해 근로자에게 통보하여야 한다(근참법 제28조 Ⅰ). 고충처리위원이 처리하기 곤란한 사항에 대하여는 협의회에 부의하여 협의처리한다(근참법 제28조 Ⅱ). 이때 협의회에 부의된 당해 고충사항은 의결사항이므로, 반드시 협의회의 의결을 거쳐 처리되어야 한다(근참법 제21조 ④).

[136] Ⅲ. 노사협의제도의 미비점과 문제점

1. 미 비 점

a) 먼저 지적할 수 있는 것은 근로자참여협력법 제6조와 동법 시행령 제3조가 근로자위원의 선출절차를 규정하고 있지만, 근로자위원 선출절차의 이행주체와 공고 등 근로자의 참여를 위한 절차규정이 미비되어 있다는 점이다. 이와 같은 선출절차와 관련된 법규정의 미비로 근로자들이 자발적으로 협의회를 구성하는 것이 현실적으로 어려울 수밖에 없다. 또한 선거공고, 선거인 명부의 작성, 투표소 마련 등 근로자위원 선출과정에서 사용자의 최소한의 지원이 필요함에도 현행 근로자참여협력법은 근로자위원 선출에 대한 사용자의 개입 또는 방해금지만을 규정하고 있을 뿐이다(근참법 제10조 Ⅰ). 따라서 근로자위원 선출위원회를 구성하여 선출절차를 주관하게 하고 선거인 명부작성 등 사용자의 조력의무를 신설하는 등 선출절차를 법제화할 필요가 있다.

b) 근로자참여협력법 제20조 및 제21조와 관련하여 의결된 사항의 효력에 관하여 아무 규정을 두고 있지 않다는 점이다. 법 제24조에서는 근로자와 사용자의 이행의무를, 법 제30조는 의결된 사항을 불이행한 자에 대한 벌칙적용을 규정하고 있을 뿐이다. 의결된 사항의 문서화와 그 효력 및 이행방법에 관한 규정을 두는 것이 바람직하다.[1] 사용자가 의결절차를 거치지 아니한 사항을 일방적으로 시행하는 것이 과연 법적 효력을 가질 수 있는가라는 문제가 있다. 의결을 이행하지 아니한 것에 대한 벌칙조항도 마련되어 있지 않다. 근로자에게 일정한 참여와 협력을 증진하는 방안을 강구하고자 하는 근로자참여협력법의 전체적인 취지를 감안하여, 의결의 사법상 효과가 명확하게 법정되어

1) 독일 경영조직법 제77조 참조.

있지 않은 이상 의결 자체를 이행하지 않은 행위를 사법상 무효로 보기 어렵다는 견해[1]가 있다. 생각건대, 의결사항을 사용자가 일방적으로 결정·시행하더라도 근로자의 근로조건에 직접적으로 불이익한 영향을 미친다고 볼 수 없는 경우에는 별 문제가 없을 것이다. 그러나 사용자의 일방적인 시행으로 근로자에게 불이익을 초래할 경우 근로계약이나 취업규칙 위반을 이유로 근로자가 재판상 다툴 수 있기 때문에 사용자의 의결절차를 거치지 않은 의결사항의 효력을 일률적으로 부정할 필요는 없을 것이다.

c) 또한 근로자참여협력법 제20조에 규정된 협의사항, 제21조에 규정된 의결사항 및 제22조에 규정된 보고사항을 전체종업원들에게 주지시키고, 건설적인 의견을 들을 수 있는 기회가 마련되는 것이 필요하다. 원래 근로자참여협력법은 노사공동의 이익을 증진하기 위하여 노사 쌍방의 참여와 협력을 도모하는 것을 기본적 목적으로 하는 것이므로 노사대표가 협의·합의한 사항과 사용자대표에 의하여 설명·보고된 사항을 전체 근로자들에게 공지할 수 있는 종업원총회를 정기적으로(예컨대 연 2회 내지 4회) 개최하는 것이 효과적일 것이다. 그런 의미에서 근로자참여협력법 제23조의 규정을 확대·구체화하는 것이 좋다고 생각된다.

2. 문 제 점

a) 근로자참여협력법 제4조 1항 단서가 노사협의회를 설치해야 할 사업 또는 사업장을 상시 근로자수 30인 이상으로 한 것은 중소기업이 주종을 이루고 있는 우리나라의 실정을 감안하거나 외국의 입법례와 비교해 보더라도 타당하다고 볼 수 없다. 따라서 노사협의회를 설치해야 할 사업 또는 사업장의 규모를 낮추어 노사협의제도를 보다 많은 사업장에 확대해야 할 것으로 생각된다.[2]

b) 근로자대표위원과 사용자대표위원을 각 일률적으로 3인 이상 10인 이내로 하는 것(근참법 제6조 Ⅰ)은 노사협의회가 다수결의 원칙에 의하여 운영되는 성격을 가진 기구가 아니므로 별다른 의미가 없다. 오히려 여기서 보다 중요한 것은 근로자들의 의사를

1) 이승욱, '노사협의회 의결사항의 효력', 「노동법학」(제9호), 한국노동법학회, 1999, 281면.

2) 현행법상의 노사협의회 설치범위는 구법에 비하여 크게 확대되었다. 구법에서는 농업·수렵업·임업, 금융·보험·부동산·용역업, 제조업 중 신문발행업, 공사기간이 1년 미만인 건설업에 대해서는 노사협의회설치업종에서 제외하였으며, 노사협의회를 설치해야 할 사업 또는 사업장의 규모도 상시근로자 50인 이상의 사업 또는 사업장으로 하였다(구 노협법 시령 제2조 Ⅰ). 그러나 이와 같은 적용제외업종의 규정은 그 합리적인 근거나 기준이 없을 뿐만 아니라 협의회제도의 보급과 정착을 둔화시키고 있다는 비판이 있었다(김형배, 「노동법」(제8판), 1996, 686면 참고). 현행법에서는 노사협의회 설치사업 또는 사업장의 규모를 상시근로자 30인 이상의 사업 또는 사업장으로 하면서 위와 같은 업종의 제한규정도 삭제하였다(근참법 제4조 Ⅰ).

충분히 반영할 수 있도록 근로자대표의 수를 종업원수에 비례하여 정하는 것과 사업장 내의 각 부서 및 각 직급의 근로자들을 골고루 대표할 수 있는 제도를 마련하는 일이다. 독일에서는 경영협의회(근로자위원만으로 구성되는 단독기관)를 종업원 수 5인 이상 사업장에 의무적으로 설치하며 20인까지 1인의 위원을 두고 21인 이상부터는 종업원 수에 비례하여 위원수도 증원한다. 경영협의회 위원의 선거는 정기선거가 4년마다 실시되며, 특별한 사정이 있는 경우에는 임시선거가 행해진다. 경영협의회의 구성은 원칙적으로 각 개별 조직단위와 직종별로 다양한 근로자에 의하여 이루어지며, 특히 종업원 중에서 소수에 해당하는 특정성을 대표하는 위원이 그 비율에 따라 선출되어야 한다. 예컨대 전체 종업원 중에 여성근로자가 3분의 1에 해당하는 경우에는 경영협의회 위원 중에 그에 비례하여 여성위원이 선출되어야 한다고 규정하고 있다. 또한 18세 미만 연소자와 25세 미만 직업훈련 중인 자, 중장애인에 대하여는 별도로 대표조직이 규정되어 있다.[1] 경영협의회 위원 중에는 종업원 규모에 따라 최소한의 전임자수가 보장되어 있다. 법에 규정된 숫자는 최저기준이므로 그 이상의 전임자수는 「경영협의회」와 사용자간에 교섭을 통하여 정한다.

c) 근로자의 과반수로 조직된 노동조합이 있는 사업 또는 사업장에는 조합원의 비율 여하에 불구하고 근로자위원을 노동조합의 대표자와 그 노동조합이 위촉하는 자로 한 것은 노사협의회의 근로자대표는 종업원 전체의 대표이어야 한다는 원칙에 비추어 타당하지 않다. 현행 노동관계법하에서는 과반수 이상의 근로자를 조직하고 있는 노동조합이 있는 경우에는 동 노동조합에게 모든 집단적 결정의 권한이 인정되고 있다. 따라서 과반수 근로자를 조직하고 있는 노동조합이 있는 경우에는 동조합의 동의는 모든 영역에 걸쳐 유효한 합의요건을 충족시키는 것으로 볼 수도 있을 것이다. 그러나 과반수 근로자로 조직된 노동조합이라 하더라도 경우에 따라서는 조직대상이 아닌 근로자에 대해서까지 대표적 지위를 당연히 가질 수 없는 경우도 있을 수 있다.[2] 또한 복수노조가

---

1) v. Hoyningen-Huene, *BetriebsverfassungsR*, S. 145 ff. 참고; 김훈·이승욱, 「노사협의회의 쟁점과 과제」, 한국노동연구원, 2000, 30-33면 참고.

2) 감원대상이 특정한 직종 또는 직급으로 한정되는 경우에는 그 대상자의 과반수가 노동조합의 조합원이면 노동조합, 그렇지 않으면 그 근로자의 과반수를 대표하는 자와 협의를 해야 할 것이다. 따라서 감축대상이 노조원 자격이 없는 1, 2, 3급 직원에 한정되어 있다면 회사는 인원감축에 있어 1, 2, 3급 직원 전체 또는 각 급수에 해당하는 직원의 과반수를 대표하는 자와 성실한 협의를 거쳐야 하므로 단순히 노동조합과의 협의절차를 거쳤다는 이유만으로 인원감축에 있어 성실한 협의의무를 다하였다고 보기 어렵다(서울地判 2000. 2. 11, 99 가합 55101). 그러나 이에 대하여 대법원은 감원대상에 비노조원이 포함된 경우 노동조합과 협의하였을 뿐 이들과 별도의 협의를 거치지 않았다 하더라도 노사협의회에서의 협의를 거쳐 고용조정에 관한 합의에 이르렀다면 해고의 정당성이 반드시 부인되는 것은 아니라고 한다(大判 2002. 3. 12, 2001 다 67461).

존재하는 경우 과반수노조가 위촉권을 행사하게 되면 소수노조와 비조합원의 협의회 참여기회가 실질적으로 제한됨으로써 협의회는 단순히 과반수노조와 동일시될 수밖에 없다. 또한 복수노조제도의 시행 후에 과반수노조의 지위를 상실하는 노동조합이 늘어남에 따라 근로자위원 위촉권에 대한 노·사 및 노·노간의 분쟁도 늘고 있다. 이와 관련하여 노사관계선진화방안[1]에서는 과반수노조의 존재 여부에 불문하고 모든 근로자위원을 근로자가 직접 선출하도록 하되, 후보자자격을 제한하여 노동조합으로부터 추천을 받거나 근로자 일정 비율 이상의 추천을 받은 자 등으로 제한을 두고 있다. 이는 타당한 견해라고 생각된다. 근로자참여협력법의 근로자대표는 그 사업 또는 사업장의 모든「종업원」을 대표하는 것이므로, 이를 노동조합의 대표와 혼동해서는 안 되기 때문이다. 단체교섭제도와 노사협의제도는 구별되어야 한다. 비조합원과 조합원의 비율을 적절히 반영하거나 복수노조의 경우 조직률에 비례하여 근로자위원을 선출할 수 있는 방법을 강구하는 것이 좋을 것이다.[2]

d) 노사협의회가 설치되어 있지 않은 사업 또는 사업장의 경우에 고충처리위원을 사용자가 위촉하도록 하고 있는 것(근참법 제27조 Ⅰ 후단)은 고충처리의 객관성과 실효성을 기한다는 점에서 타당하다고 할 수 없다.

e) 근로기준법 제93조에 규정된 취업규칙의 필수적 기재사항과 근로자참여협력법 제20조에 규정된 협의사항들이 서로 중복되는 한도 내에서는 이를 제도적으로 일원화하여야 한다. 이에 대한 입법적 조치는 중복되는 사항들을 취업규칙의 규율대상에서 삭제하는 방법으로 취해지는 것이 바람직하다고 생각된다. 왜냐하면 취업규칙의 규율사항은 사용자 일방에 의해서 결정되는 것이며, 노사협의회의 규율사항은 노사의 협의를 통하여 결정되기 때문이다. 다시 말하면 중복되는 사항을 노사협의회의 규율대상으로 일원화하지 않는다면, 노사협의제도의 취지는 살리기 힘들 것으로 생각된다. 다만, 취업규칙을 작성·신고해야 할 사업장의 규모(상시 10인 이상의 종업원을 사용하는 사업장)와 노사협의회를 설치해야 할 사업장의 규모(상시 30인 이상의 종업원을 사용하는 사업 또는 사업장)가

1) 한국노동연구원, 「노사관계법·제도 선진화 방안」, 2003, 30면.

2) 구법은 업종과 사업의 규모에 관계 없이 노동조합이 조직되어 있는 사업 또는 사업장의 경우에는 노사협의회를 설치하도록 규정하였으며(구 노협법 시령 제2조 Ⅱ), 이들 사업장에 대해서는 조직률에 관계 없이 노동조합의 대표자와 그 노동조합이 위촉하는 자를 근로자위원으로 하였다(구 노협법 제6조 Ⅱ). 그러나 이와 같은 구법의 태도는 투쟁적 노사관계를 협조적 방향으로 유도하기 위한 것이라기보다는 오히려 노동조합활동의 약화를 초래할 가능성을 지니고 있으며, 소수의 근로자를 대표하는 노동조합이 전종업원을 경영참가적 차원에서 대표한다는 것은 노사협의회제도의 취지에 부합하지 않는다는 비판이 제기되어 왔다(김형배, 「노동법」(제8판), 1996, 686면 이하 참고). 현행법에서는 이와 같은 문제점을 다소 해소함으로써 구법에 비하여 진일보한 측면을 지니고 있다.

서로 다르기 때문에 현재에 있어서는 중복된 사항을 제도적으로 일원화를 할 수 없으나, 노사협의회를 설치할 수 있는 사업장의 규모에 대하여 취업규칙을 작성·신고해야 할 사업장의 규모와 맞춘다면 제도적인 일원화가 가능할 것이다.

f) 근로자참여협력법은 근로자의 실질적인 참여와 협력을 증진함으로써 노사협의회의 기능과 역할을 확대한다는 취지에서 근로자대표와 사용자대표의 협의사항을 확대하고, 의결사항을 새로 도입하며, 사용자의 보고의무를 강화하는 등 구법에 비하여 개선된 측면을 보여 주고 있다. 그러나 그 구체적인 내용을 들여다 보면, 성과의 배분, 고용조정에 관한 사항, 근로시간 및 휴게시간의 운용, 신기계·기술의 도입 또는 작업공정의 개선, 근로자의 복지증진 등 생산성 향상에 의한 성과의 배분 내지 근로조건에 직접·간접으로 영향을 줄 수 있는 사항에 관해서는 의결사항이 아닌 협의사항으로 분류하고 있고, 근로조건과 직접적인 관련이 적은 일부 사항만을 의결사항에 포함시키고 있을 뿐이다. 따라서 동법은 비록 근로조건과 관련된 협의사항을 대폭 확대하기는 하였으나 이는 단순한 협의에 그치는 것이므로 선언적 효과만이 있을 뿐이고, 근로조건의 실질적 개선과는 유기적으로 연결되지 못하고 있다. 근로자들의 참여와 협력의 구체적 실현을 실질적으로 확대해야 할 것이다.

g) 이 법은 의결사항에 관하여 협의회가 의결을 하지 못하거나, 이미 의결된 사항의 해석 또는 이행방법에 관하여 의견의 불일치가 있는 경우에 이를 해결하기 위한 임의중재제도를 인정하고 있으나, 동 규정이 임의규정(근참법 제25조 I 참조)에 그치고 있을 뿐 아니라 노사의 합의에 의하여만 중재를 신청할 수 있도록 함으로써 그 실효성이 의문시되고 있다. 노사협의회에서 의결되지 않은 사항 또는 의결된 사항에 관한 해석상의 분쟁은 노동쟁의가 아니기 때문에 노조및조정법상의 조정의 대상이 될 수 없다. 따라서 독립적이고 합리적인 노사협의회의 분쟁처리절차가 마련되어야 한다. 실효성이 있는 분쟁처리절차 없이는 노사협의도 그 기능을 다할 수 없기 때문이다.

h) 노사협의회의 실제 운영에 있어서 근로자위원들이 사용자위원과 대등한 지위에서 협의를 할 수 있을 정도로 충분한 지식과 능력을 갖추지 못하고 있다는 것이 우리나라의 일반적 현실이다. 이와 같은 상황 하에서는 제20조 내지 제22조의 규정에 의한 협의 및 의결사항과 보고·설명사항에 대하여 노사 사이에 만족할 만한 의견교환과 이해가 이루어지기 어려울 것이다. 따라서 이에 대하여는 적절한 보완적 검토가 행해지지 않으면 안 된다.

i) 현행법은 노동조합과 노사협의회의 관계 설정에 있어서 주체 및 활동에 있어서의 분리 원칙만 규정하고 있으나 노사협의회와 노동조합 상호 간의 법적 지위에 관해서

는 명확한 규정이 없다.[1] 현재 노사협의회와 노동조합은 현실적으로는 단체교섭제도와 노사협의제가 혼재되어 여러 가지 비합리적이고 비효율적인 문제들이 도출되고 있다. 특히, 우리나라와 같이 단체교섭이 기업 단위로 행하여지는 기업별 조직에서는 노사협의의 당사자와 단체교섭 당사자가 일치하고 대상사항이 중복되는 등 그 경계선을 긋는 것이 어려운 현실이다. 노동조합이 존재하는 경우 노사협의회를 단체교섭의 보조수단으로 인식하여 단체협약의 체결 이후에도 계속적으로 노사협의를 하는 경우가 발생하고 있으며,[2] 노동조합이 없는 경우에는 노동조합 대신 노사협의회가 단체교섭기능을 수행하는 경우가 있는가 하면, 아예 노사협의회조차도 설치되어 있지 않은 경우도 있다. 그리고 노사협의회의 권한(협의, 의결 등)에 해당하는 사항과 단체교섭 대상에 관한 구분이 혼재하고 있으며, 노사협의회에서 의결된 노사협정에 관한 법적 효력과 단체협약과의 관계에 대해서도 아무 규정이 없다. 판례[3]는 이와 관련하여 「노사협의회는 근로자와 사용자 쌍방이 이해와 협조를 통하여 노사 공동의 이익을 증진함으로써 산업평화를 도모할 것을 목적으로 하는 제도로서 노동조합과 그 제도의 취지가 다르므로 비록 회사가 근로조건에 관한 사항을 그 협의사항으로 규정하고 있다 하더라도 근로자들이 노사협의회를 구성하는 근로자위원들을 선출함에 있어 그들에게 근로조건을 불이익하게 변경함에 있어서 근로자들을 대신하여 동의를 할 권한까지 포괄적으로 위임한 것이라고 볼 수 없으며, 그 근로자위원들이 퇴직금규정의 개정에 동의를 함에 있어서 사전에 그들이 대표하는 각 부서별로 근로자들의 의견을 집약 및 취합하여 그들의 의사표시를 대리하여 동의권을 행사하였다고 볼 만한 자료도 없다면, 근로자위원들의 동의를 얻은 것을 근로자들 과반수의 동의를 얻은 것과 동일시할 수 없다」라고 판단하고 있다. 이와 관련하여 또 다른 판례[4]는 「노사협의는 노사간에 상호 협조할 수 있는 사항을 대상으로 하는 것이므로 노사간에 이해가 대립되는 임금 기타 근로조건의 내용, 즉 단체교섭사항을 그 협의대상으로 삼을 수는 없고, 단체협약에서 정하여진 임금 기타 근로조건의 내용을 노사협의로써 임의로 변경하는 것은 허용될 수 없다. 그러나 노사협의회가 단체협약사항을 협의대상으로 할 수 없다는 것은 단체협약에서 정하여진 근로조건의 내용을 노사협의로써 불이익하게 변경하는 것이 금지된다는 의미이고, 그와 달리 단체협약에서 정한 근로

1) 예컨대 독일의 경우, v. Hoyningen-Huene, *BetriebsverfassungsR*, S. 100 ff. 참고.

2) 大判 2005. 3. 11, 2003 다 27429(노동조합과 사용자 사이에 근로조건 기타 노사관계에 관한 합의가 노사협의회의 협의를 거쳐서 성립되었더라도, 당사자 쌍방이 이를 단체협약으로 할 의사로 문서로 작성하여 당사자 쌍방의 대표자가 각 노동조합과 사용자를 대표하여 서명·날인하는 등으로 단체협약의 실질적·형식적 요건을 갖추었다면 이는 단체협약이라고 보아야 할 것이다).

3) 大判 1994. 6. 24, 92 다 28556.

4) 서울地判 1994. 9. 16, 94 가합 40258.

조건을 보다 유리하게 변경하거나 또는 단체협약이 정한 사항의 시행에 관한 구체적인 기준을 정하는 등의 노사협의까지 금지되는 것은 아니다」라고 판단하고 있다. 유리한 조건 우선의 원칙에 반하지 않기 때문이라고 이해된다.

j) 현행법은 근로자를 대표하는 개념으로 근로기준법상의 근로자대표[1]와 집단법상의 노동조합이 존재하고 있으며 입법론적으로는 노사협의회와 노동조합은 준별된다고 하나 근로기준법상의 근로자대표와의 관계는 어떻게 규명되어야 하는지에 대해서는 입법론적으로 아무런 언급이 없다. 즉, 근로기준법상 노사협의회가 이와 같은 근로자대표의 지위를 가질 수 있는지가 문제된다고 할 수 있다. 이에 관해 판례[2]는 「근로자와 사용자 쌍방이 이해와 협조를 통하여 노사 공동의 이익을 증진함으로써 산업평화를 도모하고 국민경제 발전에 기여한다는 노사협의회 제도의 목적이나 노사협의회의 협의사항에 관한 노사협의회법 제20조의 규정에 비추어 볼 때, 정리해고에 관한 사항은 노사협의회의 협의사항이 될 수 있다」라고 하여 노사협의회의 협의를 거친 경우 정리해고의 성실한 협의의 요건을 충족한 것으로 인정하고 있고 또 다른 판례[3]도 「회사가 근로자대표와 노사협의회를 개최하여 유휴인력을 위주로 하여 인원을 감축할 것을 결정하고, … 회사가 근로자들을 해고하기 이전에 노사협의회를 개최하여 인원감축의 규모와 원칙적인 기준을 합의하여 결정하였고, 노사협의회에 참석한 근로자대표들도 회사의 경영상태 악화를 인식하여 전원이 인원감축방안에 찬성하였다면, 비록 회사가 근로자들과의 개별적인 사전 협의를 거치지 아니하였고 근로자들이 사전에 그러한 노사협의회의 개최 사실을 알지 못하였다고 하더라도, 근로자 측과의 성실한 사전협의를 거쳤다고 볼 수 있다」라고 판단하고 있다. 근로자참여협력법상 근로자대표는 사업장의 종업원으로부터 대표성을 부여받고 있다. 이와 같은 대표를 통한 단일화된 행위집단의 형성과 관련해서 집단의 범위는 구성원의 동일성이 유지되는 범위 내에서 긍정될 수 있으며, 이 경우 대표되는 자와 대표하는 자 상호 간의 동질성이 갖추어져야 한다. 이러한 대표의 이론이 현행 노동관계법상 근로자를 대표하는 모든 형태에 다 적용되는 기초적인 전제요건으로 보며, 법체계적으로는 근로기준법에 규정되어 있는 근로자대표의 법리(취업규칙변경 등)가 노사협의회의 근로자위원의 법리로 일원화되는 것이 바람직하다고 본다.[4]

---

1) 근로기준법 제51조, 제52조, 제58조, 제59조, 제62조 등에는 근로자대표와의 협의 내지 서면합의에 관한 규정을 두고 있다.
2) 大判 1997. 9. 5, 96 누 8031.
3) 서울高判 2000. 3. 29, 99 누 5216.
4) 同旨: 박종희, '근로기준법상 근로자대표와 사용자가 체결한 서면합의의 효력', 「안암법학」(제8호), 1998, 323면.

k) 현행 근로자참여협력법에 의하면 노사협의회는 근로조건의 결정권이 있으면서 상시 30인 이상의 근로자를 사용하는 사업 또는 사업장에 대하여 그 설치가 강제된다(근참법 제4조 I; 시령 제2조 I). 다시 말하면 노사협의회의 근로자위원은 원칙적으로 노사협의회의 설치가 강제되는 사업 또는 사업장에 소속되어 있는 근로자에 의하여 선출된다. 그런데 근로자참여협력법은 제3조 2호에서 근로기준법 제2조 1호상의 근로자개념을 준용하고 있다. 따라서 노사협의회의 근로자위원을 선출하거나 근로자위원으로 선출될 수 있는 근로자도 근로기준법상의 근로자와 마찬가지로 「사용종속관계」에 있는 근로자이어야 한다. 이에 의하면 우선 특수형태근로에 종사하는 자는 일반적으로 근로기준법상의 근로자로 인정받지 못하므로(이에 관해서는 [91] 이하 참고) 근로자참여협력법상의 근로자의 지위에 있을 수 없다. 이 점은 근로자대표의 후보자격요건에서 고려되어야 한다. 반면에 근로자파견계약 또는 업무처리도급계약에 의하여 사용사업주의 사업장에서 노무를 제공하는 이른바 사외근로자가 사용사업체에서 노사협의회를 구성함에 있어서 어떤 지위에 놓이는지가 문제된다. 이들의 사용종속적 근로자로서의 지위는 인정되지 않지만 노사협의회가 설치되는 사업 또는 사업장에 대하여 사업소속성이 주어지는가(즉, 종업원의 지위에 있는가) 하는 점이 문제될 수 있다. 이에 대해서는 다음과 같이 판단해야 한다. 먼저 이른바 위장도급에 의한 불법파견의 경우를 제외하고 진정한 의미에서 업무처리도급계약의 형태로 타인의 사업에서 노무를 제공하는 근로자(이른바 사내하도급근로자)는 사용사업장의 종업원에 속하지 않는다. 왜냐하면 이들은 그 사업장의 사용자가 아닌 별도의 계약상대방인 사용자의 지휘·감독하에 타인의 사업장에서 이행보조자로 노무를 제공하는 것일 뿐이기 때문이다. 이에 반해서 근로자파견의 경우에는 사정이 다르다. 현행 근로자파견법은 파견근로자에 대한 실질적인 지휘·감독권한은 사용사업주에게 주어지며, 계약상의 사용자인 파견사업주는 간접적으로만, 사용사업주와 연대하여 사용자의 지위에 있는 것으로 보고 있기 때문이다. 즉, 사용사업주는 자신의 구상과 목표에 따라 파견근로자를 배치하고 지휘할 수 있는 사업상의 조직권한을 보유한다. 이러한 이유에서 노사협의제도가 근로자와 사용자의 근로계약관계를 사업소속성의 불가결한 요건으로 삼는 것이 과연 타당한 것인지 의문이 제기될 수 있다. 파견근로자도 사실상 사용사업주에 편입되어 그의 종업원과 일체적으로 노무를 제공하고 있으므로 노사공동의 이익도모를 목적으로 하는 경영참가제도인 노사협의회의 구성원의 자격을 부여받아야 할 것이다. 물론 파견근로자는 사용사업체에서 파견근로를 수행하고 있는 동안에도 파견사업주와 근로계약관계를 유지하고 있다. 이와 같은 지위의 이중성을 감안하여 노사협의제도에 파견근로자의 지위를 적정하게 반영할 필요가 있을 것이다. 비교법적으로 독일 경영조

직법 제7조 2문 및 독일 근로자파견법 제14조 2항에 의하면 파견근로자는 사용사업주의 경영협의회선거에서 피선거권을 갖지 못하지만 3월 이상 계속해서 사용사업에 투입된 경우에는 선거권을 갖는다고 규정하고 있다. 일정 요건하에서 노사협의회의 근로자위원 선출에 참여할 수 있는 권한이 부여됨으로써 노사협의회에서 파견근로자들도 그들의 이익을 반영할 수 있도록 하는 것은 이른바 「비정규직문제」를 합리적이고 긍정적으로 접근하는 하나의 방법이 될 수 있을 것이다.

제7장 고용의 안정·촉진 및 보험

제7장 고용의 안정·촉진 및 보험

[137] Ⅰ. 총 설

1. 고용과 실업

근로자가 직장(고용의 기회)을 가지고 적정한 근로조건하에서 계속 취업하면서 안정된 생활을 유지하는 것이 노동관계법이 지향하는 이상적 상태이다. 그러나 산업구조의 변화 및 기술·기능의 발달로 인하여 노동인력의 수급관계가 수시로 변함에 따라 근로자가 원하는 대로 한 직장에서 오래도록 일하는 것이 점점 어려워지고 있다. 다시 말하면 새로운 업종이나 기술·기능에 맞는 근로자의 수요가 발생하는가 하면, 다른 한편으로는 직장을 잃는 실업자도 발생하게 된다. 경기침체, 경쟁력 약화 등으로 기업경영이 악화되거나 기업이 도산함에 따라 노동인력의 수요가 감축되기도 한다. 결론적으로 노동시장에서 노동력의 수요·공급은 위에서 언급한 새로운 업종·기술·경기변동·경쟁력과 밀접한 관계에 있으며, 이는 비단 국내의 여건 및 상황변화에 의한 것만이 아니라 국제시장의 사정에도 직접적으로 커다란 영향을 주고 있다. 따라서 오늘날의 경제구조하에서는 종신고용은 기대하기 어렵게 되었다. 현재 취업 중인 근로자들이 언제 직장을 잃게 될지 아무도 확실히 예단하기 어렵게 된 것이다. 다른 한편 새로운 직종과 기술직은 끊임없이 개발되면서 고용의 기회도 계속 창출되고 있다. 이와 같이 노동시장에서는 빠른 산업화의 변화과정 속에서 고용과 실업이 계속적으로 맞물리고 노동의 수요·공급도 그 모습을 달리하면서 변화하고 있다.

2. 고용정책기본법

우리나라에서는 1997년에 고용정책기본법이 제정(2019. 4. 30 개정)되어 노동시장에서의 고용안정, 직업능력개발, 고용촉진, 사업주의 인력확보, 고용조정지원 등에 관한 기본방향을 정하고 있다. 동법 제1조는 「국가가 고용에 관한 정책을 수립·시행하여 국민 개개인이 평생에 걸쳐 직업능력을 개발하고 더 많은 취업기회를 가질 수 있도록 하는 한편, 근로자의 고용안정, 기업의 일자리 창출과 원활한 인력 확보를 지원하고 노동시장의 효율성과 인력수급의 균형을 도모함으로써 국민의 삶의 질 향상과 지속가능한 경제성장 및 고용을 통한 사회통합에 이바지함을 목적으로 한다」고 규정하고 있다.

3. 현행법률의 구조

a) 고용정책기본법은 직업안정법(2018. 4. 17 개정), 직업능력개발법(2020. 3. 31 개정), 고용보험법(2021. 1. 5 개정), 연령차별금지법(2019. 4. 30 개정), 장애인고용촉진법(2020. 6. 9 개정) 등 전문적인 각종 개별법에 공통된 사항을 규정하는 기본법의 성질을 가지고 있다. 직업안정법은 취업을 희망하는 실업자를 그 대상으로 하고 있으며, 직업소개(직업안정법 제8조 이하), 직업지도(직업안정법 제14조 이하), 고용정보의 제공(직업안정법 제16조 이하), 직업소개사업·직업정보제공사업·근로자모집 또는 근로자공급사업(직업안정법 제18조 이하)에 관하여 규정하고 있다. 직업능력개발법은 이미 고용된 자(취업자)와 취업의사를 가진 실업자(직능법에서는 양자를 모두 근로자로 정의하고 있다: 제2조 ④)를 규율대상으로 하면서 국가·지방자치단체 등에 의한 직업능력개발훈련촉진(직능법 제12조 이하), 사업주 등에 의한 직업능력개발사업 지원(직능법 제20조 이하), 직업능력개발훈련시설 및 훈련교사와 훈련기준(직능법 제27조 이하) 등을 그 주요 규율내용으로 하고 있다. 고용보험법은 보험에 가입된 취업근로자를 규율대상으로 하면서 실업의 예방, 고용의 촉진 및 근로자 등의 직업능력의 개발·향상을 도모하고, 근로자 등이 실업한 경우에 생활에 필요한 급여를 실시하여 생활의 안정과 동시에 구직활동을 촉진하는 것을 그 목적으로 하고 있다(고보법 제1조 참조). 동법의 주요골자는 피보험자의 관리(고보법 제13조 이하), 고용안정·직업능력개발사업(고보법 제19조 이하), 실업급여(고보법 제37조 이하) 등이다. 연령차별금지법과 장애인고용촉진법은 고령자 또는 장애인이라는 특수한 노동인력에 대하여 특별한 배려를 함으로써 취업지원·고용촉진을 도모하기 위한 법률이다. 특히 후자의 장애인에 대해서는 직업재활훈련과 지원을 실시하면서 장애인고용의무 및 부담금에 관하여 규정하고 있다. 위의 두 특별법들은 고령자 및 장애인이 노동시장에서 정상적인 취업활동을 할 수 없는 특별보호대상자임을 감안하여 제정된 법률이므로, 고령자 및 장애인의 고용은 일반 노동인력의 수요공급에 중요한 영향을 주는 것은 아니다. 따라서 고령자와 장애인에 대한 법률은 다분히 사회보장적 보호법으로서의 성질을 가지는 것으로 이해될 수 있다.

b) 위의 각 개별 법률 중에서 가장 중요시되는 법률은 고용보험법과 직업능력개발법이라고 생각된다. 고용보험법은 현대산업사회의 노동시장에서 근로자 등의 생활안정

과 직업훈련 및 촉진이라는 관점에서 노동법과 사회보장법을 접목·가교시키는 중요한 역할을 담당한다([6] 3. 이하 참고).[1] 따라서 여기에서는 고용보험법에 관해서만 설명하기로 한다. 직업능력개발법의 기능도 중요시해야 할 연구대상이지만 이곳에서는 이 법률에 대한 설명을 생략한다. 여기서 내용설명을 생략한 법률에 대해서는 해당법률의 규정을 직접 읽어볼 것을 당부한다.[2]

[138] Ⅱ. 고용보험제도의 의의

1. 고용보험제도의 개념과 필요성

a) 고용보험제도란 근로자가 실직한 경우에 생활안정을 위하여 일정기간 동안 일정수준의 실업급여를 지급하는 종래의 전통적인 실업보험사업과 함께 취업희망자에 대한 적극적인 취업알선을 통한 재취업의 촉진과 근로자 등의 직업안정, 그리고 고용구조개선을 지원하는 고용안정사업 및 직업능력개발사업 등 실업의 예방을 위한 적극적이고 종합적인 고용정책관련사업을 하나의 체계 내에서 상호관련적으로 실시하는 제도를 말한다(고보법 제1조 참조).[3] 우리나라에서는 이와 같은 사업(직업능력개발, 실업예방 및 고용기회의 확대 그리고 실업시의 생활보장을 위한 실업급여)들을 체계화한 고용보험법을 1993년 12월에 제정하여 1995년 7월 1일부터 시행하고 있다(1993. 12. 27, 법률 제4644호 제정; 1995. 7. 1 시행, 실업급여는 1996. 7. 1 시행). 그 후 고용보험법은 2021년 1월 5일 일부개정에 이르기까지 빈번하게 개정되었다(2021. 7. 1 시행). 이와 같이 고용보험법의 개정이 자주 이루어지는 것은 산업 전반의 상시적 구조조정 사업개편 등으로 인하여 대량실업 및 고용불안 위험이 심화되고 청년실업의 증대와 고령구직자의 증가 등 노동시장 전반으로 어려움이 가중됨에 따라 취업취약계층을 비롯한 구직자의 생활안정과 취업촉진을 효과적으로 지원하기 위해서이다.

b) 고용보험제도의 도입필요성에 대해서는 다음과 같이 설명되고 있다.[4] 첫째, 그 동안 우리나라는 고도의 경제성장을 누리면서 상대적으로 안정된 고용시장을 유지하여 왔으나, 최근 들어 i) 과학기술의 혁신적 발전과 자동화·정보화가 이루어지고, ii) 1987

1) Zöllner/Loritz/Hergenröder, *ArbR* S. 17 f. 참고.
2) 전광석·박지순·김복기, 「사회보장법」(제6판), 2020 참고.
3) 유길상·이철수, 「고용보험해설」, 1996, 3면.
4) 이에 관해서는 특히 유길상, '고용보험제도의 도입방향', 「숭실대 노사관계논집」(제3·4집), 1993, 133면 이하 참고; 한국노총 편, 「고용관련법 해설」, 1994, 9면 이하 참고.

년 이후 높은 수준의 실질임금상승이 계속되었으며, iii) 국내시장의 전면적인 개방과 더불어 산업의 국제경쟁력 강화가 절대적으로 요청되면서 그 방편으로 산업구조의 조정이 가속화되고 있다. 이에 따라 구조적 불황업종이 발생하고, 수출관련기업의 경영합리화를 통한 경쟁력강화가 중요한 과제로 등장하여 이른바 정리해고를 포함한 고용조정문제가 대두되었다. 따라서 잉여노동력에 대한 전직훈련의 실시를 통하여 노동인력을 합리적으로 배치함으로써 구조조정의 원활화를 촉진해야 할 필요성이 증대되고 있다. 둘째, 인력의 적재적소 배치와 관련하여 기존의 직업훈련이 지나치게 획일적·일률적인 방식으로 진행됨으로써 기업의 경쟁력강화에 기여할 수 없었다는 점이 문제점으로 지적되고 있으며, 각 기업들이 필요로 하는 인력을 스스로 양성할 수 있는 방안을 고용보험제도의 틀 속에서 마련해야 할 필요성이 제기되고 있다. 셋째, 다양한 직업훈련 프로그램과 전직훈련에도 불구하고 직장을 갖지 못한 구직자에 대한 생활안정제도가 퇴직금제도 외에는 거의 전무한 실정이고, 퇴직금제도 또한 근로자의 재취업 등 직업안정기능을 발휘할 수 없는 것이기 때문에 고용보험제도에 의하여 실업급여를 지급함으로써 생활안정을 도모함과 동시에 공공직업안정사업과 연계하여 조기재취업을 촉진함으로써 근로자의 고용기회를 확보해야 할 필요성이 제기되고 있다.

2. 고용보험제도의 노동법상의 지위

a) 고용보험제도는 실업보험제도와는 그 성격 및 차원을 달리하는 제도이다. 즉 실업보험제도에서는 실직한 근로자의 생활안정을 주된 목적으로 하여 실업급여가 지급되지만, 고용보험제도에서는 실직근로자의 생활안정과 함께 재취업을 촉진하는 것을 목적으로 한다. 고용보험제도는 특히 재직자를 위한 고용안정사업 및 직업능력개발사업을 내용으로 함으로써 실업중인 근로자의 생활안정이라는 소극적인 차원을 벗어나 고용증진을 위한 헌법상의 근로의 권리(Recht auf Arbeit)를 구체적으로 실현하는 입법이라고 보아야 할 것이다(이에 관해서는 [19] 이하 참고). 즉 우리 헌법 제32조 1항의 근로의 권리는 국가가 고용증진정책·직업훈련정책·실업대책·임금정책 등을 마련하는 데 있어서 헌법적 방향지표로서 기능하고 있다.[1] 이와 같은 근로의 권리의 내용에 대해서 종래에는 개인의 사적 소유와 경제적 자유에 기초한 자본주의 경제체제의 본질상 실업의 발생은 불가피한 것이고, 따라서 국가는 직업소개 및 실업보험 (또는 수당) 등 사후적이고 보완적인 조치를 통해서 소극적이고 한정된 범위에서만 개입할 수밖에 없다고 파악하였다. 그러나 현대자본주의에서는 산업구조의 변동에 수반하여 기업의 도산과 대량실직사태의 초래,

1) 허영, 「한국헌법론」, 478면.

인원정리·배치전환 등의 경영합리화조치에 의한 심각한 고용불안상태가 지속되면서 인간답게 살 권리에 기초한 적극적인 고용보장정책의 실현이 요청되기에 이른 것이다.[1)]

b) 이와 같은 고용보험제도의 노동법상 지위를 검토할 경우 먼저 고려되어야 할 문제는 사회보장법(Social Security Law: 이를 협의의 사회법(Sozialrecht)과 동일한 개념으로 이해하기도 한다)과의 관계이다. 사회보장법은 헌법상의 생존권적 기본권을 법원리로 하여 구체적으로는 우리 헌법 제34조 1항(모든 국민은 인간다운 생활을 할 권리를 가진다)과 동조 2항(국가는 사회보장·사회복지의 증진에 노력할 의무를 진다)에 그 규범적 근거를 두면서[2)] 근로자를 포함한 전체국민의 생활보장을 위하여 국가가 포괄적인 책임주체로서 기능하는 것인데 반하여, 고용보험법은 특히 헌법 제32조의 근로의 권리를 근거로 하는 영역이다. 따라서 고용보험법상의 실업 또는 실직의 위험이라는 개념은 사회보장법상의 포괄적인 생활위험 내지 생활장애라는 의미로서가 아니라, 근로관계와 연계해서 문제되는 기술·기능의 결여 또는 노동능력의 낙후성이라는 의미를 갖는 것이다. 뿐만 아니라 고용보험제도에서는 사용자를 고용안정사업 및 직업능력개발사업의 책임주체로 설정하고, 국가가 그와 같은 사업을 수행하는 사용자를 지원하도록 함으로써 국가와 사용자를 함께 책임주체로 하고 있다.

고용보험법은 단순히 실업자 내지 추상적 국민 전체가 그 대상이 아니라 근로관계에 있는 근로자를 규율대상으로 파악한다. 따라서 이 법은 1차적으로는 취업중인 근로자의 고용안정을 촉진하며, 부득이 실업이 되더라도 2차적으로 실업급여를 지급하고 재취업을 촉진하는 것을 목적으로 한다.

c) 이와 같이 고용보험법은 사회보장법의 영역에 속하는 것이 아니라 노동법의 영역에 속한다는 점에 대해서는 이견이 없다.[3)] 다만, 고용보험법 (또는 광의의 고용보장관계법)을 종래의 개별적 근로관계법에 속하는 것으로 분류할 수 있는지, 아니면 개별적 근로관계법과는 독립된 새로운 독자적인 노동법의 분야로 이해해야 할 것인지에 대하여는 견해가 갈릴 수 있다. 예컨대 기존의 개별적 근로관계법의 영역은 특히 근로계약관계에 있는 근로자의 보호를 목적으로 하는 데 비하여(헌법 제32조 Ⅲ·Ⅳ·Ⅴ 참조), 고용보험제도는 근로관계의 성립, 유지 또는 실업 중인 자의 생활보장을 그 대상으로 하므로 개별적 근로관계법과는 구별되어야 한다는 견해가 있다.[4)] 고용보험법은 종래의 직업안정법이나 직

1) 이와 관련된 ILO의 주요 협약으로는 「고용정책에 관한 협약」(제122호)(1964) 및 「동 권고」(제122호)가 있다.
2) 김하열, 「헌법강의」, 2018, 663면 이하.
3) 특히 清正 寬, 「雇傭保障法の研究」, 1987, 15面 이하 참고.
4) 片岡曻, 「勞働法(1)」, 1993, 63面 이하; 青木宗也, 「勞働法」, 1976, 43面 이하; 松林和夫, '雇用保

업훈련기본법과는 달리 취업 중인 근로자의 실업을 예방하기 위한 적극적인 고용안정조치 내지 근로자에 대한 전직훈련의 실시 등을 국가와 사용자의 책무로 규정하고 있다. 이와 같은 규정들은 취업중인 근로자와 실업자들의 노동의 기회를 확보·촉진해 주기 위한 법으로서 노동시장과 밀접한 관련을 가진 독자적인 노동법영역이라고 볼 수 있다.

[139] Ⅲ. 고용보험법의 주요 내용

1. 고용보험법의 적용대상

a) 고용보험법은 원칙적으로 모든 사업 또는 사업장에 적용된다. 다만, 사업의 규모 및 산업별 특성 등을 고려하여 대통령령이 정하는 사업은 그 적용에서 제외할 수 있도록 하고 있다(고보법 제8조 Ⅰ; 시령 제2조). 고용보험법 적용제외 사업장은 i) 농업·임업·어업 중 법인이 아닌 자가 상시 4명 이하의 근로자를 사용하는 사업, ii) 보험료징수법 시행령 제2조 1항 2호에 따른 총공사금액이 2천만원 미만인 공사와 iii) 연면적이 100제곱미터 이하인 건축물의 건축 또는 연면적이 200제곱미터 이하인 건축물의 대수선에 관한 공사 그리고 iv) 가구 내 고용활동 및 달리 분류되지 아니한 자가소비 생산활동이다. 다만, ii)와 iii)의 경우에는 고용보험법 제15조 2항 각 호에 해당하는 자가 시공하는 공사는 제외한다(고보법 시령 제2조 Ⅰ).[1] 총공사금액이 2천만원 미만인 건설공사가 설계 변경(사실상의 설계 변경이 있는 경우를 포함한다)으로 인하여 2천만원 이상의 건설공사에 해당하게 되거나, 보험료징수법 제8조 1항 및 2항에 따라 일괄적용을 받게 되는 경우에는 그 때부터 법의 규정의 전부를 적용한다(고보법 시령 제2조 Ⅲ). 위의 어느 하나에 해당하는 사업의 범위에 관하여는 법령에 특별한 규정이 있는 경우를 제외하고 통계법 제22조에 따라 통계청장이 고시하는 산업에 관한 표준분류에 따른다(고보법 시령 제2조 Ⅱ).

b) 고용보험의 적용을 받는 근로자는 원칙적으로 적용사업장의 모든 근로자들을 대상으로 하지만, i) 소정근로시간이 대통령령으로 정한 시간 미만인 사람,[2] ii) 국가공

障法の體系と雇用立法の問題點', 「現代勞働法講座⒀」, 1984, 28面 이하. 菅野 교수는 그의 교과서에서 고용보험법을 비롯한 각종 고용 관련 법령을 「勞働市場の法」으로 분류하여 개별적 근로관계법과 구별하고 있다(「勞働法」, 29面 이하 참고).

1) 고용보험법 제15조 2항 각호의 사업자는 전문시공자로서 지속적인 사업수행이 가능한 자이므로 일시적으로 소규모의 공사를 시행하더라도 그것만으로 고용보험법의 적용에서 배제하는 것은 타당하지 않기 때문이다.

2) 1개월간 소정근로시간이 60시간 미만인 사람 또는 1주간의 소정근로시간이 15시간 미만인 사람을

무원법과 지방공무원법에 따른 공무원,[1] iii) 사립학교교직원 연금법의 적용을 받는 사람, iv) 그 밖에 대통령령으로 정하는 사람[2]에게는 그 적용이 제외된다(고보법 제10조 I). 다만, 65세 이후에 고용(65세 전부터 피보험 자격을 유지하던 사람이 65세 이후에 계속하여 고용된 경우는 제외)되거나 자영업을 개시한 사람에게는 고용보험법 제4장(실업급여) 및 제5장(육아휴직급여 등)의 적용이 제외된다(고보법 제10조 II).

c) 2019. 1. 15. 개정된 고용보험법은 외국인 근로자에 대한 적용에 관하여 새로운 조항을 신설하였다(고보법 제10조의2). 그에 따르면 외국인근로자고용법의 적용을 받는 외국인 근로자에게는 고용보험법을 적용하되, 고용보험법의 제4장(실업급여) 및 제5장(육아휴직 급여 등)은 고용노동부령으로 정하는 바에 따른 신청이 있는 경우에만 적용한다. 즉, 외국인근로자고용법의 적용을 받는 외국인 근로자에 대해서는 원칙적으로 고용안정·직업능력개발사업을 적용한다. 그밖의 외국인 근로자에 대해서는 종전과 마찬가지로 대통령령으로 정하는 바에 따라 이 법의 전부 또는 일부를 적용한다(외국인근로자에 대한 구체적인 법의 적용범위에 관하여는 시령 제3조의3 참조).

d) 고용보험법은 원칙적으로 근로기준법에 따른 근로자에게 적용되지만(고보법 제2조 ①; 징수법 제8조 ②), 그밖에도 i) 예술인(근로자가 아니면서 「예술인복지법」 제2조 2호에 따른 예술인 등 대통령령으로 정하는 사람 중 「예술인 복지법」 제4조의4에 따른 문화예술용역 관련 계약을 체결하고 다른 사람을 사용하지 아니하고 자신이 직접 노무를 제공하는 사람)인 피보험자에 대한 고용보험 특례(제77조의2 이하), ii) 산재보험법 제125조의 특수형태근로종사자와 유사한 개념인 '노무제공자'(근로자가 아니면서 자신이 아닌 다른 사람의 사업을 위하여 자신이 직접 노무를 제공하고 해당 사업주 또는 노무수령자로부터 일정한 대가를 지급받기로 하는 노무제공계약을 체결한 사람 중 대통령령으로 정하는 직종에 종사하는 사람)인 피보험자에 대한 특례(제77조의6 이하) 그리고 iii) 「국민기초생활 보장법」 제15조에 따른 자활급여 수급자에 대한 특례(제113조의2)를 두고 있다.

위의 i)과 ii)에 대해서는 구직급여와 출산전후급여가 적용된다(고보법 제8조 II 참고). iii)의 경우 「국민기초생활 보장법」 제2조 2호에 따른 수급자가 생계급여 수급자인 경우에는 고용보험법 제3장(고용안정·직업능력개발 사업)만을 적용한다.

i)의 경우에는 예술인들을 상대방으로 하여 문화예술용역 관련 계약을 체결한 사업

의미하며 다만, 생업을 목적으로 근로를 제공하는 자 중 3개월 이상 계속하여 근로를 제공하는 자와 1개월 미만 동안 고용된 자(일용근로자)는 제외한다.

1) 다만, 별정직공무원과 임기제공무원(구 계약직공무원)의 경우는 본인의 의사에 따라 고용보험(실업급여에 한한다)에 가입할 수 있다.

2) 「별정우체국법」에 따른 별정우체국 직원이 여기에 해당된다.

에 대하여 고용보험법이 적용되고, ii)의 경우에는 노무제공자와 노무제공계약을 체결한 사업 및 노무제공사업의 사업주가 노무제공플랫폼사업자(노무제공자와 노무제공사업의 사업주에 관련된 자료 및 정보를 수집·관리하여 이를 전자정보 형태로 기록하고 처리하는 노무제공플랫폼을 구축·운영하는 사업자)와 노무제공플랫폼 이용에 대한 계약을 체결하는 경우 노무제공플랫폼사업자는 노무제공자의 피보험자격 신고 등의 의무를 부담한다(고보법 제77조의7). 그리고 iii)의 경우에는 「국민기초생활 보장법」 제15조 1항 4호에 따라 자활을 위한 근로기회를 제공하기 위한 사업을 고용보험법의 적용을 받는 사업으로 본다(고보법 제113조의2 Ⅰ).

e) 근로복지공단은 보험사업에 드는 비용에 충당하기 위하여 보험가입자로부터 고용안정·직업능력개발사업 및 실업급여의 보험료를 징수한다(징수법 제13조 Ⅰ ①). 고용보험가입자인 근로자가 부담하여야 하는 고용보험료는 자기의 보수총액에 1,000분의 30의 범위 안에서 실업급여의 보험료율의 2분의 1을 곱한 금액으로 한다(징수법 제14조 Ⅰ).[1] 사업주가 부담하여야 하는 고용보험료는 그 사업에 종사하는 고용보험가입자인 근로자의 임금총액에 1,000분의 30의 범위 안에서 고용안정·직업능력개발사업의 보험료율을 곱한 금액 및 실업급여의 보험료율의 2분의 1을 곱한 금액을 합한 금액으로 한다(징수법 제13조 Ⅳ, 제14조 Ⅰ). 한편 국가는 매년 보험사업의 관리·운영에 소요되는 비용의 전부 또는 일부를 일반회계에서 부담할 수 있다고만 규정하고 있어, 고용보험사업비에 대해서는 전적으로 노사의 부담에만 의존하고 있다. 그러나 고용보험법이 적극적 고용정책(고용촉진)의 일환으로 실시되는 만큼, 정부가 사업비의 일부도 부담할 수 있도록 입법적 보완이 필요하다고 생각된다. 참고로 일본에서는 관리·운영비는 물론 구직자급여비용의 4분의 1을 비롯하여 상당한 부분을 국가가 부담한다. 고용보험제도는 사회보장제도로서뿐만 아니라 적극적 고용정책으로 실시되는 것이므로 국가는 당연히 고용보험제도실시를 위한 관리·운영비를 전액 부담하여야 함에도 불구하고, 관리·운영비의 부담조차 임의조항으로 규정하고 있는 것은 문제점으로 지적될 수 있다. 그 밖의 보험료의 결정과 징수에 대해서는 보험료징수법에 여러 규정이 있다(징수법 제13조 내지 제23조).

f) 고용보험법은 근로자뿐만 아니라 보험료징수법에 따라 임의가입한 자영업자도 동법에 따른 피보험자로 정의하고(고보법 제2조 ① 나목) 고용보험에 임의가입한 자영업자가 적용받을 수 있는 사업의 범위를 확대하여 종래의 고용안정·직업능력개발사업뿐만 아니라 실업급여에 대해서도 적용될 수 있도록 하였다. 이는 우리나라의 자영업자 비중

1) 고용보험가입자인 근로자가 65세 이후에 고용(65세 전부터 피보험자격을 유지하던 사람이 65세 이후에 계속하여 고용된 경우는 제외한다)되거나 자영업을 개시한 자에 대하여는 고용보험료 중 실업급여의 보험료를 징수하지 아니한다(징수법 제13조 Ⅲ).

이 OECD국가 중 상당히 높은 수준임에도[1] 자영업자의 상당수가 생산성이 낮고 경쟁력이 취약하여 폐업시 실업에 따른 소득지원 등이 필요하다는 취지에서 신설된 규정이다.

보험료징수법 제49조의2에서는 근로자를 사용하지 아니하거나 50명 미만의 근로자를 사용하는 사업주로서 대통령령으로 정하는 요건을 갖춘 자영업자는 근로복지공단의 승인을 받아 자기를 이 법에 따른 근로자로 보아 고용보험에 가입할 수 있고(징수법 제49조의2 Ⅰ), 이에 따라 보험에 가입한 자영업자가 50명 이상의 근로자를 사용하게 된 경우에도 본인이 피보험자격을 유지하려는 경우에는 계속하여 보험에 가입된 것으로 본다는 내용의 자영업자에 대한 특례규정을 신설하였다(징수법 제49조의2 Ⅱ). 그리고 고용보험법 제2조 1호에서는 위 보험료징수법 규정에 따라 고용보험에 가입한 자영업자를 근로자와 함께 고용보험법상의 피보험자로 정의하고 있다.

종래 고용보험법에서도 소득 등을 고려하여 대통령령으로 정하는 자영업자는 보험료징수법에서 정한 바에 따라 자기를 피보험자로 하여 고용보험법의 적용을 받을 수 있도록 하는 특례규정을 두고 있었으나 적용대상인 "대통령령으로 정하는 자영업자"를 근로자로 사용하지 아니하거나 5명 미만의 근로자를 사용하는 사업주로 제한하고 적용범위를 고용보험법 제3장 고용안정·직업능력개발 사업만 해당하는 것으로 보았다(구 고보법 2011. 7. 21 법률 제10894호로 개정되기 전의 것 제113조). 이후 개정된 규정에서는 근로자를 사용하지 아니하거나 50명 미만의 근로자를 사용하는 사업주로 적용대상을 확대하였고 고용보험법 제4장 4절에 자영업자인 피보험자에 대한 실업급여 적용의 특례를 신설하여 실업급여에 대해서도 임의가입할 수 있도록 적용범위를 확대한 것이다.

2. 고용안정·직업능력개발사업

(1) 개 요

고용보험법 제3장(고보법 제19조 내지 제36조)은 고용안정·직업능력개발사업을 규정하고 있는데, 그 주요 내용은 다음과 같다. 고용노동부장관은 국내외 경기의 변동, 산업구조의 변화 기타 경제상의 이유 등으로 인력이 부족하게 되거나 고용기회가 감소하여 고용상태가 불안정하게 되는 경우, 고용보험의 피보험자 및 피보험자였던 자의 실업의 예방, 취업의 촉진, 고용기회의 확대, 직업능력개발·향상의 기회 제공 및 지원, 그 밖의

1) OECD 국가 비임금근로자 비중('19)

	한국	일본	독일	영국	미국
단위(%)	24.6	10.0	9.6	15.6	6.1

출처: OECD「http://stats. oecd.org.」 2020. 6.

고용안정과 사업주에 대한 인력확보를 지원하기 위하여 고용안정·직업능력개발사업을 실시한다(고보법 제19조 Ⅰ). 그 경우 근로자수, 고용안정·직업능력개발을 위하여 취한 조치 및 실적 등이 대통령령이 정하는 기준에 해당하는 기업을 우선적으로 고려하여야 한다(고보법 동조 Ⅱ; 동법 시령 제12조).[1)]

(2) **고용안정사업**

고용노동부장관은 경기의 변동, 산업구조의 변화 등에 따른 사업규모의 축소, 사업의 폐지 또는 전환으로 인하여 고용조정이 불가피하게 된 사업주가 근로자에 대한 휴업, 근로자의 직업전환에 필요한 직업능력개발훈련, 인력재배치 등의 실시 기타 근로자의 고용안정을 위한 조치를 취하는 경우, 당해 사업주에 대한 필요한 지원을 할 수 있다(고보법 제21조 Ⅰ). 고용노동부장관은 위의 고용조정으로 인하여 이직된 근로자를 고용하는 등 고용안정을 위한 조치를 취하는 사업주에 대하여는 필요한 지원을 할 수 있다(고보법 제21조 Ⅱ). 또한 고용노동부장관은 고용기회가 현저히 부족하거나 산업구조의 변동 등으로 고용사정이 급속하게 악화되고 있는 지역으로 사업을 이전하거나 그러한 지역에서 사업을 신설 또는 증설함으로써 당해 지역의 실업의 예방, 재취직의 촉진에 기여한 사업주 기타 당해 지역의 고용기회의 확대에 필요한 조치를 취한 사업주에 대하여도 대통령령이 정하는 바에 따라 필요한 지원을 할 수 있다(고보법 제22조). 고용노동부장관은 고령자 등 노동시장의 통상적인 조건 하에서는 취직이 특히 곤란한 자의 고용을 촉진하기 위하여 이들을 새로이 고용하거나 기타 이들의 고용안정에 필요한 조치를 취하는 사업주에 대하여 대통령령이 정하는 바에 따라 필요한 지원을 할 수 있다(고보법 제23조). 또한 건설근로자 등 고용상태가 불안정한 근로자를 위하여 i) 고용상태의 개선을 위한 사업, ii) 계속고용기회의 부여 등 고용안정을 위한 사업, iii) 그 밖에 대통령령으로 정하는 고용안정사업을 실시하는 사업주에 대하여 필요한 지원을 할 수 있다(고보법 제24조 Ⅰ). 고용노동부장관은 피보험자등의 고용안정 및 취업을 촉진하기 위하여 고용관리 진단 등 고용개선 지원 사업, 피보험자등의 창업을 촉진하기 위한 지원 사업, 그 밖에 피보험자등의 고용안정 및 취업을 촉진하기 위한 사업으로서 대통령령으로 정하는 사업 등을 직접 실시하거나 이를 실시하는 자에게 필요한 비용을 지원 또는 대부할 수 있다(고보법 제25조; 동법 시령 제35조). 또한 고용노동부장관은 피보험자등의 고용안정·고용촉진 및 사업주의 인력 확보를 지원하기 위하여 대통령령으로 정하는 바에 따라 상담시설, 어린이집, 그 밖에 대통령령으로 정하는 고용촉진 시설을 설치·운영하는 자에게 필요한 지원

1) 동 규정은 중소기업에 대한 배려를 위하여 마련된 것으로 중소기업의 범위를 탄력적으로 정하기 위하여 그 구체적 기준을 시행령에서 정하도록 한 것이다. 구체적으로는 동 시행령 제12조에서 정하고 있는 기준에 의한다.

을 할 수 있다(고보법 제26조; 동법 시령 제38조).

다만, 고용노동부장관은 고용안정 지원시 사업주가 다른 법령에 따른 지원금 또는 장려금 등의 금전을 지급받은 경우 등 대통령령으로 정하는 경우에는 그 금액을 빼고 지원할 수 있다(고보법 제26조의2). 최근 일자리 창출을 위한 고용관련 보조금제도가 증가함에 따라 국가 재원의 효율적 운영을 위해 정부·자치단체의 고용관련 장려금·보조금간 중복수급 방지를 위하여 마련된 규정이다. 위 법에서 대통령령으로 정하는 경우란 사업주가 근로자를 새로 고용하거나 고용유지조치를 하여 i) 북한이탈주민의 보호 및 정착지원에 관한 법률에 따라 지원금 등 금전적 지원을 받는 경우, ii) 산재보험법에 따라 지원금 등 금전적 지원을 받는 경우, iii) 장애인고용촉진법에 따라 지원금 등 금전적 지원을 받는 경우, iv) 그 밖에 국가 또는 지방자치단체로부터 금전적 지원을 받는 경우를 말한다(고보법 시령 제40조의2).

《고용보험법 제20조 이하의 고용안정사업의 개요》

1. 고용창출 지원사업(고보법 제20조)

⑴ 의 의

고용환경개선, 근무형태변경 등을 통해 일자리를 늘려 근로자를 새로 고용하는 사업주에 대하여 고용보조금을 지급하는 '고용창출지원사업'이 2011년도부터 시행되었다. 동 사업은 일자리함께하기 지원, 고용환경개선 지원, 전문인력채용 지원, 시간제일자리 창출 지원, 유망창업기업고용 지원 등 5개 세부사업으로 구성되어 있다.

⑵ 고용창출 지원사업의 내용

a) 일자리함께하기 지원사업 사업주가 근로시간 단축, 교대근로 개편, 정기적인 교육훈련·안식휴가부여 등을 통하여 실업자를 고용함으로써 근로자 수가 증가하는 경우 인건비 및 시설비를 지원하는 사업이다(시령 제17조 I ①).

b) 고용환경개선 지원사업 고용보험법상 우선지원대상기업(시령 제12조 참조)의 사업주가 고용환경개선에 필요한 시설을 설치하고 실업자를 고용하여 근로자 수가 증가하는 경우 시설비를 지원하는 사업이다. 지원대상시설은 기숙사, 식당, 통근차량, 교육, 목욕, 체력단련시설 등이다(시령 제17조 I ②).

c) 시간제일자리창출 지원사업 사업주가 직무의 분할, 근무체계 개편 또는 시간제직무 개발 등을 통해 실업자를 무기계약직(상용형) 시간제근로자로 고용하는 경우 인건비를 지원하는 사업이다. 지원대상이 되는 시간제근로자는 소정근로시간이 주 15시간 이상 30시간 이하인 근로계약기간의 정함이 없는 시간제근로자로 한정하고 있다(시령 제17조 I ③).

d) 유망창업기업고용 지원사업 고용보험위원회에서 심의·의결한 성장유망업종, 인력수급 불일치 업종, 국내복귀기업 또는 지역특화산업 등 고용지원이 필요한 업종에 해당하는 기업이 실업자를 고용하는 경우에 인건비를 지원하는 사업이다(시령 제17조 Ⅰ ④).

e) 전문인력채용 지원사업 제조업 및 지식기반서비스업에 해당하는 우선지원 대상기업의 사업주가 경영기획, 고용·인사·노무·능력개발·재무 또는 마케팅업무 등의 분야 관련 전문인력을 고용하는 경우 인건비를 지원하는 사업이다(시령 제17조 Ⅰ ⑤).

f) 세대간 상생 지원사업 사업주가 임금피크제 도입, 임금감액, 임금체계 개편 등 장년 근로자에 대한 근로조건 변경을 통하여 15세 이상 34세 이하 청년을 고용하는 경우 인건비를 지원하는 사업이다(시령 제17조 Ⅰ ⑥).

2. 고용조정 지원제도

⑴ 의 의

경기의 변동, 산업구조의 변화 등에 따른 사업 규모의 축소, 사업의 폐업 또는 전환으로 고용조정이 불가피하게 된 사업주가 근로자에 대한 휴업, 휴직, 직업전환에 필요한 직업능력개발훈련, 인력의 재배치 등을 실시하거나 그 밖에 근로자의 고용안정을 위한 조치를 하면 대통령령으로 정하는 바에 따라 그 사업주에게 필요한 지원을 할 수 있다. 이를 고용유지지원금이라 한다. 이 경우 휴업이나 휴직 등 고용안정을 위한 조치로 근로자의 임금이 대통령령으로 정하는 수준으로 감소할 때에는 대통령령으로 정하는 바에 따라 그 근로자에게도 필요한 지원을 할 수 있다. 또한 위의 고용조정으로 이직된 근로자를 고용하는 등 고용이 불안정하게 된 근로자의 고용안정을 위한 조치를 하는 사업주에게도 필요한 지원을 할 수 있다(고보법 제21조 Ⅰ·Ⅱ).

⑵ 고용조정지원사업의 내용

a) 고용유지지원금의 지급 고용조정이 불가피하게 된 사업주가 그 사업에서 고용하여 피보험자격 취득 후 90일이 지난 피보험자(일용근로자와 해고예고자 및 경영상 이유에 따른 사업주의 권고에 따라 퇴직이 예정된 자는 제외)에게 소정의 고용유지조치를 취하여 그 고용유지조치 기간과 이후 1개월 동안 고용조정으로 피보험자를 이직시키지 아니할 경우에는 고용유지지원금을 지급한다(시령 제19조). 다만, 고용유지지원금을 받으려는 사업주는 소정의 요건을 갖추어 고용유지조치계획을 세우고 그 계획에 따라 고용유지조치를 실시하여야 한다(시령 제20조). 그 밖에 고용유지지원금의 금액과 그 범위는 시행령에서 정한 바에 따른다(시령 제21조).

고용유지지원금이 지급되는 고용유지조치란 근로시간 조정, 교대제 개편 또는 휴업 등을 통하여 1개월 단위의 전체 피보험자 총근로시간이 20%을 초과하여 근로시간을 단축하고 그 단축된 근로시간에 대한 임금을 보전하기 위하여 금품을 지급하는 경우,

고용유지조치 대상자에게 1일 4시간 총 16시간 이상 직업훈련을 실시한 경우, 고용유지조치 대상자에게 1개월 이상 휴직(유·무급 불문)을 실시한 경우이다.

b) 이직예정자 등 재취업지원　고용조정이 불가피하게 된 사업주가 단독이나 공동으로, 해당 사업의 피보험자로서 고용조정, 정년(停年) 또는 근로계약기간이 끝남에 따른 이직예정자나 고용조정, 정년 또는 근로계약기간이 끝나 이직한 자에게 신속한 재취업을 지원하기 위하여 필요한 시설을 직접 갖추거나 그 시설을 갖춘 외부기관에 위탁하여 재취업에 필요한 서비스를 제공하는 경우에는 고용노동부장관이 정하는 바에 따라 그 비용의 일부를 지원할 수 있다(시령 제22조).

3. 고용촉진지원제도

⑴ 지역고용의 촉진

고용기회가 뚜렷이 부족하거나 산업구조의 변화 등으로 고용사정이 급속하게 악화되고 있는 지역으로 사업을 이전하거나 그러한 지역에서 사업을 신설 또는 증설하여 그 지역의 실업 예방과 재취업 촉진에 기여한 사업주, 그 밖에 그 지역의 고용기회 확대에 필요한 조치를 한 사업주에게 대통령령으로 정하는 바에 따라 지역고용촉진 지원금을 지급할 수 있다(고보법 제22조; 시령 제24조).

⑵ 고령자 등 취업취약계층의 지원

고령자 등 노동시장의 통상적인 조건에서는 취업이 특히 곤란한 자의 고용을 촉진하기 위하여 이들을 새로 고용하거나 고용안정에 필요한 조치를 하는 사업주 또는 사업주가 실시하는 고용안정 조치에 해당된 근로자에게 대통령령으로 정하는 바에 따라 필요한 지원을 할 수 있다(고보법 제23조).

a) 고령자 고용연장 지원금　정년을 폐지하거나, 기존에 정한 정년을 60세 이상으로 1년 이상 연장한 사업주나, 정년을 55세 이상으로 정한 사업장의 사업주에게 고용되어 18개월 이상을 계속 근무한 후 정년에 이른 자를 퇴직시키지 아니하거나 정년퇴직 후 3개월 이내에 재고용하고 재고용 전 3개월, 재고용 후 6개월 동안 근로자를 고용조정으로 이직시키지 아니한 사업주에게 고령자 고용연장 지원금을 지급한다(시령 제25조). 다만 상시 사용하는 근로자 수가 300명 이상인 사업의 사업주는 대상에서 제외한다.

b) 고용촉진 장려금　노동시장의 통상적인 조건에서는 취업이 특히 곤란한 사람의 취업촉진을 위하여 고용노동부장관이 고시하는 취업지원 프로그램을 이수한 자, 장애인, 여성가장 등을 피보험자로 고용한 사업주에게 고용촉진 장려금을 지급한다(시령 제26조).

c) 임금피크제 지원금　고용노동부장관은 법 제23조에 따라 i) 사업주가 근로자대표의 동의를 받아 정년을 60세 이상으로 연장하거나 정년을 56세 이상 60세 미만으로 연장하면서 55세 이후부터 일정 나이, 근속시점 또는 임금액을 기준으로 임금을

줄이는 제도를 시행하는 경우, ii) 사업주가 위의 i)에 따른 제도를 시행하거나 다음 iii)에 따라 재고용하면서 주당 소정근로시간을 15시간 이상 30시간 이하로 단축하는 경우, 또는 iii) 정년을 55세 이상으로 정한 사업주가 정년에 이른 사람을 재고용(재고용기간이 1년 미만인 경우는 제외한다)하면서 정년퇴직 이후부터 임금을 줄이는 경우 근로자에게 임금피크제 지원금을 지급한다(시령 제28조 Ⅰ)(지원금 지급조건에 관해서는 시령 제28조 Ⅱ ①, ②, ③ 참조).

d) 출산육아기 고용안정 지원금

1) 피보험자인 근로자에게 남녀고용평등법 제19조에 따른 육아휴직 또는 동법 제19조의2에 따른 육아기 근로시간 단축(육아휴직 등)을 30일(근기법 제74조에 따른 산전후휴가기간 90일과 중복되는 기간은 제외) 이상 허용하고 육아휴직 등이 끝난 후 30일 이상 그 근로자를 피보험자로 계속 고용하는 사업주에게도 출산육아기 고용안정 지원금을 지급한다(고보법 시령 제29조 Ⅰ ②, Ⅲ).

2) 피보험자인 근로자에게 출산전후휴가, 유산·사산휴가 또는 육아휴직 등을 30일 이상 허용하고 대체인력을 고용한 경우로서 소정의 요건을 모두 갖춘 사업주에게 출산육아기 고용안정 지원금을 지급한다(고보법 시령 제29조 Ⅰ ③, Ⅳ).

4. 기타 지원사업

⑴ 건설근로자 등 고용안정 지원

고용노동부장관은 건설근로자 등 고용상태가 불안정한 근로자를 위하여 고용상태의 개선을 위한 사업이나 계속적인 고용기회의 부여 등 고용안정을 위한 사업을 시행하는 사업주 및 사업주 단체에게 대통령령으로 정하는 바에 따라 필요한 지원을 할 수 있다(고보법 제24조).

⑵ 고용안정 및 취업촉진 지원

고용노동부장관은 피보험자 등의 고용안정 및 취업을 촉진하기 위하여 고용관리진단 등 고용개선 지원 사업과 피보험자 등의 창업을 촉진하기 위한 지원사업 그 밖에 피보험자 등의 고용안정 및 취업을 촉진하기 위한 사업으로서 대통령령으로 정하는 사업을 직접 실시하거나 이를 실시하는 자에게 필요한 비용을 지원 또는 대부할 수 있다(고보법 제25조; 시령 제33조 이하).

⑶ 고용촉진시설 지원

고용노동부장관은 피보험자 등의 고용안정·고용촉진 및 사업주의 인력 확보를 지원하기 위하여 대통령령으로 정하는 바에 따라 상담시설, 어린이집, 그 밖에 대통령령으로 정하는 고용촉진 시설을 설치·운영하는 자에게 필요한 지원을 할 수 있다(고보법 제26조; 시령 제38조).

⑶ 직업능력개발사업

고용노동부장관은 피보험자 및 피보험자였던 자나 그 밖에 취업할 의사를 가진 자(이하 "피보험자등")에게 직업생활의 전기간을 통하여 자신의 직업능력을 개발·향상할 수 있는 기회를 제공하거나 지원하기 위하여 직업능력개발 사업을 실시하며, 이 경우에는 근로자의 수와 고용안정·직업능력개발을 위하여 취한 조치 및 실적 등 대통령령으로 정하는 기준에 해당하는 기업을 우선적으로 고려하여야 한다(고보법 제19조 Ⅰ·Ⅱ). 고용노동부장관은 피보험자 등의 직업능력개발 및 향상을 위하여 소정의 직업능력개발훈련을 실시하는 사업주에게 그 훈련에 필요한 비용을 지원할 수 있다(고보법 제27조 Ⅰ; 동법 시령 제41조). 특히 고용노동부장관은 사업주가 기간제근로자, 단시간근로자, 파견근로자, 일용근로자, 고령자 또는 준고령자 등에게 직업능력개발훈련을 실시하는 경우에는 우대지원할 수 있다(고보법 제27조 Ⅱ). 또한 고용노동부장관은 피보험자 등이 직업능력개발훈련을 받거나 그 밖에 직업능력 개발·향상을 위하여 노력하는 경우에는 대통령령으로 정하는 바에 따라 필요한 비용을 지원할 수 있고, 대통령령으로 정하는 저소득 피보험자의 경우에는 생계비를 대부할 수도 있다(고보법 제29조; 동법 시령 제43조 이하, 제47조의2). 그 밖에 고용노동부장관은 피보험자 등의 직업능력 개발·향상을 위하여 필요하다고 인정하면 대통령령으로 정하는 바에 따라 직업능력개발 훈련시설의 설치 및 장비 구입에 필요한 비용의 대부, 그 밖에 고용노동부장관이 정하는 직업능력개발 훈련시설의 설치 및 장비 구입·운영에 필요한 비용을 지원할 수 있다(고보법 제30조; 동법 시령 제48조 이하).

⑷ 부정행위에 따른 지급의 제한

그러나 고용노동부장관은 거짓이나 그 밖의 부정한 방법으로 고용안정·직업능력개발사업의 지원을 받은 자 또는 받으려는 자에게는 해당 지원금 중 지급되지 아니한 금액 또는 지급받으려는 지원금을 지급하지 아니하고, 1년의 범위에서 대통령령으로 정하는 바에 따라 지원금의 지급을 제한하며, 거짓이나 그 밖의 부정한 방법으로 지원받은 금액을 반환하도록 명하여야 한다(고보법 제35조 Ⅰ). 이때, 반환을 명하는 경우에는 이에 추가하여 고용노동부령으로 정하는 기준에 따라 그 거짓이나 그 밖의 부정한 방법으로 지급받은 금액의 5배 이하의 금액을 징수할 수 있다(고보법 제35조 Ⅱ). 위 규정에도 불구하고 거짓이나 그 밖의 부정한 방법으로 직업능력개발사업의 지원을 받은 자 또는 받으려는 자에 대한 지원의 제한, 반환 및 추가징수에 관하여는 직능개발법 제55조 및 제56조를 준용한다(고보법 제35조 Ⅳ). 그 밖에도 고용노동부장관은 고용안정·직업능력개발사업의 지원을 받은 자에게 잘못 지급된 지원금이 있으면 그 지급금의 반환을 명할 수 있으며(고보법 제35조 Ⅲ), 보험료를 체납한 자에 대해서는 고용노동부령으로 정하는 바에 따라 고용안정·직업능력개발사업의 지원을 하지 아니할 수 있다(고보법 제35조 Ⅴ).

3. 실업급여의 지급

근로자가 근로의 기회를 상실하여 「실업」(고보법 제2조 ③ 참조)이라고 하는 보험사고가 발생한 때에는 보험자인 정부는 피보험자인 근로자에게 실업급여를 지급한다. 실업급여는 구직급여와 취업촉진수당으로 크게 구별된다(고보법 제37조 Ⅰ). 후자는 다시 조기재취업수당·직업능력개발수당·광역구직활동비 및 이주비로 세분된다(고보법 동조 Ⅱ).[1)]

(1) 실업급여의 요건

a) 근로자가 실업하고 있는 경우, 법률이 정한 요건을 구비하고 있는 자에게는 고용보험의 실업급여를 지급할 수 있다. 여기서 「실업」이란 근로자(피보험자)가 이직하여 근로의 능력 및 의사를 가지고 있음에도 불구하고 취업하지 못한 상태에 있는 것을 말한다(고보법 제2조 ③). 즉 법률상 실업으로 인정되기 위해서는 i) 이직할 것, ii) 근로의 의사 및 능력이 있을 것, iii) 미취업상태에 있으면서 적극적으로 구직의 노력을 하고 있을 것이라는 세 가지 요건이 갖추어져야 한다. 고용보험법상 실업의 인정을 받기 위해서는 법 제43조의 규정에 의한 수급자격자가 실업한 상태에서 적극적으로 구직의 노력을 하고 있다고 인정되어야 한다(고보법 제2조 ④, 제40조 Ⅰ ④).

b) 고용보험의 보험사고는 실업이지만, 그 계기는 이직이다. 「이직」이란 근로자에 관하여 사업주와의 고용관계, 곧 사용자와의 근로관계인 법률관계가 종료하는 것을 말한다(고보법 제2조 ②). 다만, 고용보험법 제77조의2 1항에 따른 예술인 또는 제77조의6 1항에 따른 노무제공자의 경우에는 문화예술용역 관련 계약 또는 노무제공계약이 종료되는 것을 이직으로 본다. 이직의 원인(계약기간의 만료·사직·정년퇴직·해고)은 이직 사실 인정에 문제가 되지 않으나, 실업급여 수급자격 판단 시에는 이직의 원인으로 인하여 급부자격이 상실되거나 제한을 받을 수 있다. 그리고 실업급여는 일시적으로 실업상태에 놓여 있는 자에게 재취직까지의 생활을 보장하기 위하여 주어지는 것이므로, 수급요건에 근로(재취직)의 의사와 능력을 요구하는 것은 당연하다고 할 수 있다.[2)] 그리고 취업

---

1) 일본 고용보험법에서는 전자를 구직자급여라고 하고, 그 속에 기본수당 외에 기능습득수당·기숙수당 및 상병수당을 포함하고 있는 점에서 차이가 있다.

2) 일본의 행정해석에서는 근로의 의사와 능력의 유무에 대하여 다음과 같은 판단기준을 제시하고 있다. 먼저 「근로의 의사」란 자기의 노동력을 제공하여 취업하려고 하는 적극적인 의사를 말한다. 근로의 의사의 유무는 스스로의 노력에 의한 구직활동을 필요로 하지 않더라도 구직신청을 한 자에 대해서는 일응 근로의 의사가 있는 것으로 추정한다고 하고 있다(行政手引 15301). 그리고 「근로의 능력」이란 고용노동에 종사하여 그 대가로 자기생활을 영위하는 정신적·육체적·환경상의 능력으로서 근

하지 못하고 있는 상태란 직업안정기관이 수급자격자의 구직신청에 따라 최대의 노력을 하였지만 취업시킬 수 없는 상태를 말한다. 그런데 여기서 취업이란 고용관계에 들어가는 것은 물론이고 위임에 의하여 상시 노무를 제공할 지위에 있는 경우라든가 자영업을 개시한 경우 등을 포괄해서 뜻하는 것이며, 실제적인 수입유무를 묻지 않는다.

c) 수급자격은 i) 이직 전 18개월간(이를 "기준기간"이라 한다)에 피보험 단위기간[1]이 통산하여 180일 이상인 사람으로서, ii) 근로의 의사와 능력을 가지고 재취업을 위한 노력을 적극적으로 하고 있어야 하며, iii) 수급자격의 제한사유(고보법 제58조 및 다음의 (3)을 참고)에 해당되지 아니한 자에게 주어진다(고보법 제40조 I ③). 피보험 단위기간은 피보험기간 중 보수지급의 기초가 된 날을 합하여 계산한다(고보법 제41조 I). 이 기간을 계산할 때에는 최후로 피보험자격을 취득한 날 이전에 구직급여를 받은 사실이 있는 경우에는 그 구직급여와 관련된 이직일 이전의 보수지급의 기초가 된 날은 피보험 단위기간에 넣지 않는다(고보법 제41조 II). 구직급여를 지급받으려는 사람은 이직 후 지체없이 직업안정기관에 출석하여 실업을 신고하고, 구직 및 수급자격의 인정을 신청하여야 한다(고보법 제42조).[2] 수급자격의 인정에 관해서는 제43조가 규정하고 있다.

d) 근로의 의사와 능력을 가지고 구직노력을 하고 있음에도 불구하고 취업하지 못하고 있는 상태를 실업으로 보고 있으므로, 수급자는 근로의 의사와 능력 및 구직노력에 대한 확인을 위하여 제42조에 따라 실업의 신고를 한 날부터 계산하기 시작하여 1주부터 4주의 범위에서 직업안정기관의 장이 지정한 날에 출석하여 재취업을 위한 노력을 하였음을 신고하여야 하고, 이를 기초로 직업안정기관의 장으로부터의 실업의 인정을 받아야 한다. 구직급여는 실업의 인정을 받은 날에 대하여 지급한다(고보법 제44조).

(2) 실업급여의 내용

a) 구직급여의 산정 기초가 되는 임금일액(기초일액)은 수급자격의 인정(고보법 제43

로능력의 유무는 직업안정소에서 본인의 체력·지식·기능·경력·생활환경 등을 종합적으로 고려하여 결정된다고 한다(行政手引 15302).

1) 임금지급의 기초가 된 피보험단위기간이란 실제로 근로를 제공하고 그 대가로 금품을 수수한 날과 실제로 근로를 제공하지 않더라도 임금이 지급되는 유급휴일인 날을 의미하는 것이므로 피보험단위기간을 산정함에 있어 임금지급의 기초가 되지 아니한 무급휴일을 제외함이 상당하다(서울行判 2011. 3. 17, 2010 구합 40427).

2) 구직급여청구권은 피보험자가 이직하였다는 사유만으로 당연히 발생하는 것이 아니라, 구직급여를 지급받고자 하는 자가 직업안정법 제9조에 따른 구직신청과 수급자격의 인정신청을 포함한 실업신고를 하고, 이에 대하여 직업안정기관의 장이 수급자격자가 실업한 상태에 있는 날 중에서 실업의 인정을 한 경우에 비로소 발생한다고 할 것이므로, 구직신청을 하지 아니한 자는 고용보험법 제40조 1항에서 정한 구직급여의 수급요건을 갖추었다고 하더라도 구직급여를 청구할 수 없다고 할 것이다(서울行判 2011. 11. 4, 2011 구합 22273).

조 Ⅰ)과 관련된 최종이직일을 기준으로 근로기준법 제2조 1항 6호의 규정에 의하여 산정된 평균임금으로 한다(고보법 제45조 Ⅰ).[1] 이에 대하여 법 제45조 1항 단서는 예외규정을 두고 있다. 위와 같이 산정된 급여기초임금일액이 당해 근로자의 통상임금보다 낮을 경우에는 그 통상임금을 기준으로 한다(고보법 제45조 Ⅱ 본문). 위의 규정에 의하여 기초일액을 산정하는 것이 곤란한 경우와 보험료를 기준보수(징수법 제3조)를 기준으로 납부한 경우에는 기준보수를 기초일액으로 한다(고보법 제45조 Ⅲ 본문). 위 규정에도 불구하고 이들 규정에 의하여 산정된 기초일액이 당해 수급자격자의 이직 전 1일 소정근로시간에 이직일 당시 적용되던 최저임금법에 의한 시간단위에 해당하는 최저임금액을 곱한 금액(이하 "최저기초일액"이라 한다)보다 낮은 경우에는 최저기초일액을 기초일액으로 하여 기초일액의 하한선을 정하고 있다(고보법 제45조 Ⅳ). 아울러 근로자 간의 격차를 줄이고 형평성을 확보하기 위하여 11만원을 기초일액의 상한선으로 정하고 있다(고보법 제45조; 시령 제68조 Ⅰ). 그리고 구직급여일액은 제45조 1항 내지 3항의 경우에는 당해 수급자격자의 기초일액에 100분의 60을 곱한 금액, 제45조 4항의 경우에는 당해 수급자격자의 기초일액에 100분의 80을 곱한 금액(이하 "최저구직급여일액"이라 한다)으로 한다(고보법 제46조 Ⅰ). 이렇게 산정된 구직급여일액이 최저구직급여일액보다 낮은 경우에는 최저구직급여일액을 당해 수급자격자의 구직급여일액으로 한다(고보법 제46조 Ⅱ).

b) 수급자격자는 실업의 인정을 받고자 하는 기간(실업인정대상기간) 중에 고용노동부령으로 정하는 기준에 해당하는 취업을 한 경우에는 그 사실을 직업안정기관의 장에게 신고하여야 하며(고보법 제47조 Ⅰ), 직업안정기관의 장은 필요하다고 인정하는 경우 수급자격자의 실업인정대상기간 중의 취업 사실에 대하여 조사할 수 있다(고보법 제47조 Ⅱ).[2]

c) 구직급여는 이직일 다음 날부터 기산하여 12개월 내에 법률에서 정하고 있는 소정급여일수를 한도로 하여 지급된다(고보법 제48조 Ⅰ). 위의 12개월의 기간 중 임신·출산·육아, 그 밖에 대통령령으로 정하는 사유(고보법 시령 제70조)로 취업할 수 없는 자가 그 사실을 수급기간 중에 직업안정기관에 신고한 경우에는 12개월의 기간에 그 취업할 수 없는 기간을 가산한 기간(4년을 넘을 때에는 4년)에 소정급여일수를 한도로 하여 구직급여를 지급한다(고보법 제48조 Ⅱ). 또한 i) 산재보험법 제40조에 따른 요양급여를 받는

1) 택시운전기사들의 운송수입금에서 사납금을 공제한 나머지 수입금, 즉 초과운송수입금은 택시운전기사의 개인 수입으로 하여 자유 처분으로 맡겨온 경우 근로의 대가로서 임금에 해당하므로 고용보험법상 구직급여의 기준이 되는 평균임금에 포함된다(大判 2019. 7. 25, 2016 두 42289).

2) 기업도산으로 이직을 한 후 구직급여를 신청하였는데 이후 새로운 회사가 도산한 회사를 인수합병하면서 도산된 회사에서 일한 경력을 소급 인정하여 근로조건을 결정하였더라도 이는 실업인정대상기간 중의 근로가 아니라고 본 사례(서울高判 2011. 11. 16, 2011 누 14175).

경우와 ii) 질병 또는 부상으로 3개월 이상의 요양이 필요하여 이직하였고, 이직 기간 동안 취업활동이 곤란하였던 사실이 요양기간과 상병상태를 구체적으로 밝힌 주치의사의 소견과 요양을 위하여 이직하였다는 사업주의 의견을 통하여 확인된 경우에는 해당 최초 요양일에 위의 제2항에 따른 신고를 한 것으로 본다(고보법 제48조 Ⅲ). 대기기간은 수급기간에서 제외된다. 이는 직업안정기관에 대한 실업의 신고일로부터 기산하여 7일간을 말하며, 그 기간에는 구직급여가 지급되지 않는다(고보법 제49조 본문).[1] 이러한 대기기간을 규정한 취지는 근속연수가 1년 이상인 근로자의 경우 실질적으로 1개월 이상의 임금에 상당하는 퇴직금으로 받게 되므로, 대기기간 중 실업급여를 하지 않더라도 생계유지에 큰 지장을 주지 않기 때문이다.[2] 다만, 최종 이직 당시 건설일용근로자였던 사람에 대해서는 실업의 신고일부터 계산하여 구직급여를 지급한다(고보법 제49조 단서).

d) 하나의 수급자격에 의하여 구직급여를 받을 수 있는 날(소정급여일수)은 대기기간이 만료된 다음날부터 기산하여 피보험기간 및 연령에 따라 [별표 1][3]에 정한 일수가 되는 날까지로 한다(고보법 제50조 Ⅰ. 또한 고보법 제50조 Ⅲ 참조).

e) 수급자격자의 연령·경력 등을 고려할 때 재취업을 위한 직업능력개발훈련 등이 특히 필요한 경우에 직업안정기관의 장은 직업능력개발훈련을 받도록 지시할 수 있고, 이 경우에는 당해 직업능력개발훈련 등의 기간 중 실업의 인정을 받은 날에 대해서는

1) 구직급여 지급 시작일은 이직일 또는 실업신고일이 아닌 실업신고일로부터 7일의 대기기간이 지난 날이다(仁川地判 2010. 7. 8, 2010 구합 829).

2) 유길상·이철수, 「고용보험해설」, 1996, 423면 참고. 그런데 퇴직금이란 근로자에게 지급되지 않았던 임금을 퇴직시에 사후적으로 지급하는 임금후불적인 성질을 가지고 있는 것이기 때문에 근로자의 실직시에 적용되는 생활보장을 위한 실업급여제도는 퇴직금제도와 그 성질을 달리한다는 점에서 7일의 대기기간의 설정에 대하여 의문이 제기될 수 있다. 즉 퇴직금의 수령으로 최소한 1주간의 생활보장은 사실상 확보될 수는 있지만, 퇴직금의 법적 성질을 기본적으로 임금후불적인 것으로 파악하는 한 퇴직금제도를 실업급여의 배제근거로 삼는 것은 문제이다. 그러나 실직 후 재취업까지의 기간이 매우 짧은 경우에는 실업급여의 실질적 필요성이 인정될 수 없다는 점을 이유로 보험기금의 합리적 운영을 위하여 대기기간을 둘 수는 있겠으나, 그 기간이 외국에 비해 상대적으로 길다는 점이 문제될 수도 있다(독일의 경우는 대기기간이 없고, 일본의 경우에는 7일의 대기기간이 인정되고 있다).

3) 《구직급여의 소정급여일수(고보법 제50조 Ⅰ 관련)》 (2019. 8. 27 개정)

구분		피보험기간				
		1년 미만	1년 이상 3년 미만	3년 이상 5년 미만	5년 이상 10년 미만	10년 이상
이직일 현재 연령	50세 미만	120일	150일	180일	210일	240일
	50세 이상	120일	180일	210일	240일	270일

비고: 장애인고용촉진법 제2조제1호에 따른 장애인은 50세 이상인 것으로 보아 위 표를 적용한다.

소정급여일수를 초과하여 구직급여가 지급될 수 있다(훈련연장급여: 고보법 제51조). 그리고 직업안정기관의 장은 「취업이 특히 곤란하고 생활이 어려운 수급자격자」로서 대통령령으로 정하는 자에 대하여 소정급여일수를 초과하여 구직급여를 연장지급할 수 있다. 이와 같이 연장지급하는 구직급여는 60일의 범위 내에서 대통령령으로 정하는 기간 동안 지급한다(개별연장급여: 고보법 제52조). 그리고 고용노동부장관은 실업의 급증 등 대통령령으로 정하는 사유가 발생한 경우에는 60일의 범위 내에서 수급자격자가 실업의 인정을 받은 날에 대하여 소정급여일수를 초과하여 구직급여를 연장지급할 수 있다(특별연장급여: 고보법 제53조).

f) 훈련연장급여(고보법 제51조), 개별연장급여(고보법 제52조) 또는 특별연장급여(고보법 제53조)를 지급하는 경우에는 당해 수급자격자의 수급기간은 연장되는 구직급여일수를 더하여 산정한 기간으로 한다(고보법 제54조 I). 그리고 훈련연장급여를 지급하는 경우에는 그 일액은 해당 수급자격자의 구직급여일액의 100분의 100으로 하고, 개별연장급여 또는 특별연장급여의 구직급여일액은 당해 수급자격자의 구직급여일액에 100분의 70을 곱한 금액으로 하며(고보법 제54조 II), 이와 같이 산정된 구직급여일액이 제46조 2항의 규정에 의한 최저구직급여일액보다 낮은 경우에는 최저구직급여일액을 당해 수급자격자의 구직급여일액으로 한다(고보법 제54조 III).

g) 한편, 실업기간은 국민연금 보험료의 납부예외기간에 해당하여 보험료를 납부하지 않는 대신 보험 가입기간으로 인정되지 않고 있음에 따라, 비자발적 실업으로 국민연금 보험료 납부예외 대상이 되는 근로빈곤층의 경우, 은퇴 후 적정한 국민연금도 받지 못하는 문제로 이어짐을 해소하고자, 구직급여 수급기간도 국민연금 가입기간으로 산입될 수 있도록 국민연금에 '실업크레딧' 제도를 도입하고, 이를 신청하는 구직급여 수급자에 대해 고용노동부장관이 국민연금보험료의 100분의 25의 범위에서 지원할 수 있도록 하였다(고보법 제55조의2). 이와 같이 국민연금의 가입기간 추가산입제도는 법률이 정한 소정의 요건을 충족하면 보험료의 납부가 없더라도 가입기간을 추가로 인정하여 노령연금수급권을 취득하게 하거나 노령연금액을 그만큼 늘어나게 하는 제도이다. 이러한 크레딧 제도는 종전 군복무와 출산에 대해서만 인정했으나 앞으로는 실업상태에 있는 구직자에게도 일정기간(1년 이내) 인정하게 된 것이다. 다만, 실업크레딧의 경우는 보험료 면제가 아니라 보험료 지원의 방식으로 운영된다는 점에 특징이 있다.[1]

(3) 구직급여의 제한

a) 결격사유에 의한 경우 　피보험자가 자기의 중대한 귀책사유로 해고되거나

---

1) 전광석·박지순·김복기, 「사회보장법」(제6판), 2020, 95면 참고.

정당한 사유[1] 없는 자기 사정으로 이직한 경우에는 수급자격이 상실된다(고보법 제58조).[2] 먼저 이와 관련하여 중대한 귀책사유의 구체적인 인정기준이 문제될 수 있다. 실업급여의 제한기준은 실업자의 생활구제가 적당하지 않다고 보일 정도로 신뢰관계의 중대한 위반이 존재하는 경우에 한하여 인정되어야 할 것이다. 이러한 중대한 귀책사유로는 형법 또는 직무와 관련된 법률을 위반하여 금고 이상의 형을 선고받거나 사업에 막대한 지장을 초래하거나 재산상 손해를 끼친 경우로서 고용노동부령[3]으로 정하는 기준

---

1) 고용보험법 시행규칙 [별표 2]에서는 다음과 같은 경우를 수급자격이 제한되지 아니하는 정당한 이직 사유로 보고 있다. ① 다음 각 목의 어느 하나에 해당하는 사유가 이직일 전 1년 이내에 2개월 이상 발생한 경우. 가) 실제 근로조건이 채용 시 제시된 근로조건이나 채용 후 일반적으로 적용받던 근로조건보다 낮아지게 된 경우 나) 임금체불이 있는 경우 다) 소정근로에 대하여 지급받은 임금이 「최저임금법」에 따른 최저임금에 미달하게 된 경우 라) 「근로기준법」 제53조에 따른 연장 근로의 제한을 위반한 경우 마) 사업장의 휴업으로 휴업 전 평균임금의 70퍼센트 미만을 지급받은 경우, ② 사업장에서 종교, 성별, 신체장애, 노조활동 등을 이유로 불합리한 차별대우를 받은 경우, ③ 사업장에서 본인의 의사에 반하여 성희롱, 성폭력, 그 밖의 성적인 괴롭힘을 당한 경우, ③의2 「근로기준법」 제76조의2에 따른 직장 내 괴롭힘을 당한 경우, ④ 사업장의 도산·폐업이 확실하거나 대량의 감원이 예정되어 있는 경우, ⑤ 다음 각 목의 어느 하나에 해당하는 사정으로 사업주로부터 퇴직을 권고받거나, 인원감축이 불가피하여 고용조정계획에 따라 실시하는 퇴직 희망자의 모집으로 이직하는 경우. 가) 사업의 양도·인수·합병 나) 일부 사업의 폐지나 업종전환 다) 직제개편에 따른 조직의 폐지·축소 라) 신기술의 도입, 기술혁신 등에 따른 작업형태의 변경 마) 경영의 악화, 인사 적체, 그 밖에 이에 준하는 사유가 발생한 경우, ⑥ 다음 각 목의 어느 하나에 해당하는 사유로 통근이 곤란(통근 시 이용할 수 있는 통상의 교통수단으로는 사업장으로의 왕복에 드는 시간이 3시간 이상인 경우를 말한다)하게 된 경우. 가) 사업장의 이전 나) 지역을 달리하는 사업장으로의 전근 다) 배우자나 부양하여야 할 친족과의 동거를 위한 거소 이전 라) 그 밖에 피할 수 없는 사유로 통근이 곤란한 경우, ⑦ 부모나 동거 친족의 질병·부상 등으로 30일 이상 본인이 간호해야 하는 기간에 기업의 사정상 휴가나 휴직이 허용되지 않아 이직한 경우, ⑧ 「산업안전보건법」 제2조 제2호에 따른 "중대재해"가 발생한 사업장으로서 그 재해와 관련된 고용노동부장관의 안전보건상의 시정명령을 받고도 시정기간까지 시정하지 아니하여 같은 재해 위험에 노출된 경우, ⑨ 체력의 부족, 심신장애, 질병, 부상, 시력·청력·촉각의 감퇴 등으로 피보험자가 주어진 업무를 수행하는 것이 곤란하고, 기업의 사정상 업무종류의 전환이나 휴직이 허용되지 않아 이직한 것이 의사의 소견서, 사업주 의견 등에 근거하여 객관적으로 인정되는 경우, ⑩ 임신, 출산, 만 8세 이하 또는 초등학교 2학년 이하의 자녀(입양한 자녀를 포함한다)의 육아, 「병역법」에 따른 의무복무 등으로 업무를 계속적으로 수행하기 어려운 경우로서 사업주가 휴가나 휴직을 허용하지 않아 이직한 경우, ⑪ 사업주의 사업 내용이 법령의 제정·개정으로 위법하게 되거나 취업 당시와는 달리 법령에서 금지하는 재화 또는 용역을 제조하거나 판매하게 된 경우, ⑫ 정년의 도래나 계약기간의 만료로 회사를 계속 다닐 수 없게 된 경우, ⑬ 그 밖에 피보험자와 사업장 등의 사정에 비추어 그러한 여건에서는 통상의 다른 근로자도 이직했을 것이라는 사실이 객관적으로 인정되는 경우.

2) 노동위원회의 부당해고구제명령에 따라 복직을 하였으나 이후 행정소송에서 장기간의 무단결근을 이유로 한 정당한 해고라고 판결을 받아 다시 해고된 사안에서 근로자의 무단결근은 정당한 사유 없이 근로계약 또는 취업규칙 등을 위반하여 장기간 무단결근한 경우에 해당하여 고용보험 수급자격이 인정될 수 없고, 복직 당시 지급받은 구직급여는 부당이득으로 반환되어야 한다는 사례(大判 2011. 12. 22, 2011 두 25838·25845).

3) 고용보험법 시행규칙 [별표 1의2]에서는 사업에 막대한 지장을 초래하거나 재산상 손해를 끼친 경

에 해당하는 경우, 또는 정당한 사유 없이 근로계약 또는 취업규칙 등을 위반하여 장기간 무단 결근한 경우가 규정되어 있다(고보법 제58조 ① 각 목).

b) 훈련거부 등에 의한 경우 수급자격자가 직업안정기관의 장이 소개하는 직업에 대하여 취업 또는 직업능력개발훈련을 거부한 때에는 그 거부일로부터 구직급여의 지급이 정지된다(고보법 제60조 Ⅰ 본문). 다만, i) 소개된 직업 또는 직업능력개발훈련 등을 받도록 지시된 직종이 수급자격자의 능력에 맞지 아니하는 경우, ii) 취직하거나 직업능력개발훈련 등을 받기 위하여 주거의 이전이 필요하나 그 이전이 곤란한 경우, iii) 소개된 직업의 임금이 같은 지역의 같은 업무 또는 같은 정도의 기능에 대한 통상의 임금수준에 비하여 100분의 20 이상 낮은 경우, iv) 그 밖에 정당한 사유가 있는 경우 등은 그러하지 아니하다(고보법 제60조 Ⅰ 단서). 또한 수급자격자가 정당한 사유 없이 고용노동부장관이 정하는 기준에 따라 직업안정기관의 장이 실시하는 재취직 촉진을 위한 직업지도를 거부한 경우에는 대통령령이 정하는 바에 따라 구직급여의 지급을 정지한다(고보법 제60조 Ⅱ; 시령 제79조). 구직급여의 지급을 정지하는 기간은 1개월의 범위 내에서 고용노동부장관이 고시한다(고보법 제60조 Ⅳ).

c) 부정행위에 의한 경우 거짓이나 그 밖의 부정한 방법으로 실업급여를 받았거나 받고자 한 자는 당해 급여를 받은 날 또는 받고자 한 날로부터 구직급여를 지급하지 아니한다(고보법 제61조 Ⅰ 본문).[1] 그러나 거짓이나 그 밖의 부정한 방법이 실업기간 중의 소득의 신고의무의 불이행 또는 거짓의 신고 등 대통령령이 정하는 사유에 해당하는 경우에는 당해 실업인정대상기간에 한하여 구직급여를 지급하지 않는다. 다만, 2회 이상 위반행위를 한 경우에는 그 날부터 구직급여를 지급하지 않는다(고보법 제61조 Ⅱ).

우를 다음과 같이 규정하고 있다. ① 납품업체로부터 금품이나 향응을 받고 불량품을 납품받아 생산에 차질을 가져온 경우, ② 사업의 기밀이나 그 밖의 정보를 경쟁관계에 있는 다른 사업자 등에게 제공한 경우, ③ 거짓 사실을 날조·유포하거나 불법 집단행동을 주도하여 사업에 막대한 지장을 초래하거나 재산상 손해를 끼친 경우, ④ 직책을 이용하여 공금을 착복·장기유용·횡령하거나 배임한 경우, ⑤ 제품이나 원료 등을 절취하거나 불법 반출한 경우, ⑥ 인사·경리·회계담당 직원이 근로자의 근무상황 실적을 조작하거나 거짓 서류 등을 작성하여 사업에 막대한 지장을 초래하거나 재산상 손해를 끼친 경우, ⑦ 사업장의 기물을 고의로 파손하여 사업에 막대한 지장을 초래하거나 재산상 손해를 끼친 경우, ⑧ 영업용 차량을 사업주의 위임이나 동의 없이 다른 사람에게 대리운전하게 하여 교통사고를 일으킨 경우.

1) 구직급여를 수급받은 자가 형식상 자신의 명의로 된 사업자등록이 있었다고 하더라도 사실상 폐업 상태에 있어서 실질적으로 사업을 영위하지 않아 전혀 소득이 없었던 경우에는 사업자등록사실을 신고하지 않았다고 하더라도 이를 허위 기타 부정한 방법으로 실업급여를 받은 경우에 해당한다고 볼 수 없다(大判 2003. 9. 23, 2002 두 7494).

⑷ 취업촉진수당

구직급여 외에 지급되는 취업촉진수당에는 조기재취업수당·직업능력개발수당·광역구직활동비·이주비 등이 있다.

a) 조기재취업수당은 수급자격자가 안정된 직업에 재취직하거나 스스로 영리를 목적으로 하는 사업을 영위하는 경우로서 대통령령이 정하는 기준에 해당하는 경우에 지급되며(고보법 제64조 Ⅰ),[1] 그 금액은 구직급여의 소정급여일수 중 미지급일수의 비율에 따라 대통령령이 정하는 기준에 의하여 산정된 금액으로 한다(고보법 제64조 Ⅲ).

b) 직업능력개발수당은 수급자격자가 직업안정기관의 장이 지시한 직업능력개발훈련 등을 받는 경우에 그 직업능력개발훈련 등을 받는 기간에 대하여 지급한다(고보법 제65조 Ⅰ). 다만, 수급자격자가 직업안정기관의 장이 소개하는 직업에 대하여 취업 또는 직업능력개발훈련 등을 거부함으로써 구직급여가 지급정지된 기간 동안에는 직업능력개발수당도 지급하지 아니한다(고보법 제65조 Ⅱ).

c) 광역구직활동비는 수급자격자가 직업안정기관의 소개에 따라 광범위한 지역에 걸쳐 구직활동을 하는 경우에 지급되며(고보법 제66조 Ⅰ), 이주비는 수급자격자가 취업하거나 직업안정기관의 장이 지시한 직업능력개발훈련 등을 받기 위하여 그 주거를 이전하는 경우로서 대통령령이 정하는 기준에 따라 직업안정기관의 장이 필요하다고 인정하는 경우에 지급할 수 있다(고보법 제67조 Ⅰ).

⑸ 자영업자에 대한 실업급여의 특례

a) 실업급여와 관련하여 자영업자인 피보험자의 실업급여의 종류는 근로자와 마찬가지로 구직급여와 취업촉진수당이 있으나 보험재정의 안정성을 도모하기 위하여 자영업자의 경우에는 연장급여 및 조기재취업수당은 제외하고 있다(고보법 제69조의2). 구직급여의 수급요건에 대하여 다른 요건은 근로자와 유사하나 근로자의 경우 이직일 이전 18개월간 피보험 단위기간을 180일 이상 갖추도록 한 것에 비해 자영업자인 피보험자는 폐업일 이전 24개월간 피보험 단위기간이 1년 이상을 갖추도록 하여 근로자에 비해 수

---

1) 조기재취업수당은 구직급여 수급자격자가 구직급여를 모두 지급받기 전에 재취직이든 자영업의 영위이든 취업의 형태를 불문하고 안정적으로 재취업하여 소득을 얻을 수 있게 된 경우에는 그에게 소정급여일수분의 구직급여 중 미지급된 부분의 일정 비율에 상당하는 금전을 지급함으로써 실직기간을 최소화시키고 안정된 재취업을 장려하기 위한 것이므로, 수급자격자가 주식회사의 대표이사에 취임하여 안정적으로 재취업하였다면 이 역시 위와 같은 취지에 부합하는 것으로서 조기재취업수당이 지급되는 것으로 봄이 상당하다(大判 2011. 12. 8, 2009 두 19892); 방과후학교 시간강사의 계약 기간 중에 방학기간이 포함되어 있고 그 기간 동안 보수가 지급되지 않더라도 그 기간을 전후로 고용관계의 계속성이 유지되었다면 '재취직한 사업주에게 6개월 이상 계속 고용된 경우'에 해당하므로 조기재취업수당을 지급해야 한다(大判 2018. 4. 24, 2015 두 44165 참조).

혜가능성이 높은 자영업자의 수급요건을 근로자에 비해 엄격하게 정하고 있다(고보법 제69조의3).

자영업자인 피보험자이었던 수급자격자에 대한 구직급여의 기초일액은 폐업일 이전 피보험기간이 3년 이상인 경우 마지막 폐업일 이전 3년의 피보험기간을, 3년 미만인 경우 수급자격과 관련된 피보험기간 동안 본인이 납부한 보험료의 산정기초가 되는 고용산재보험료징수법상 고시된 보수액을 평균하여 산정하도록 정하고 있고(고보법 제69조의4 Ⅰ), 상·하한은 근로자에게 적용되는 최저기초일액인 시간단위에 해당하는 최저임금액과, 최고기초일액인 11만원을 각각 적용하도록 규정하고 있다(고보법 제69조의4 Ⅱ). 그리고 근로자의 경우와 마찬가지로 이에 따라 산정된 기초일액에 100분의 60을 곱한 금액을 구직급여일액으로 보고(고보법 제69조의5), 자영업자인 피보험자의 소정급여일수는 피보험기간에 따라 120일에서 210일로 정하여진다(고보법 제69조의6).

b) 자영업자인 피보험자가 법령위반, 귀책사유 또는 전직 등을 위하여 폐업을 하는 등 고용보험법상의 사유에 해당하는 폐업을 한 경우 수급자격이 제한되며(고보법 제69조의7), 보험료를 체납한 경우 고용보험 임의가입 제도로 운영되는 점을 고려하여 실업급여를 지급하지 아니할 수 있다(고보법 제69조의8).

⑹ 피보험자격의 심사

고용보험법 제17조의 규정에 의한 피보험자격의 취득과 상실에 대한 확인 또는 실업급여 등에 대한 처분에 이의가 있는 자는 고용보험심사관(고보법 제89조)에게 심사를 청구할 수 있고, 그 결정에 이의가 있는 자는 고용보험심사위원회(고보법 제99조)에 재심사를 청구할 수 있다(고보법 제87조 Ⅰ). 고용보험심사위원회는 노사대표 각 1인을 포함한 15인 이내의 위원으로 구성된다(고보법 제99조 Ⅱ).

심사의 청구는 그 확인 또는 처분이 있음을 안 날로부터 90일 이내에, 재심사의 청구는 심사청구에 대한 결정이 있음을 안 날로부터 90일 이내에 각각 청구하여야 한다(고보법 제87조 Ⅱ). 심사청구를 받은 심사관은 30일 이내에 그 청구에 대한 결정을 하여야 한다(고보법 제89조 Ⅱ). 심사 및 재심사의 청구에 관하여 이 법에서 정하고 있지 아니하는 사항에 대하여는 행정심판법의 규정에 의한다(고보법 제104조 Ⅱ).

⑺ 불이익취급금지·실업급여 등의 소멸시효 및 기타

이 법은 피보험자격의 확인청구(고보법 제17조)[1]를 이유로 한 해고 기타 불이익의 취급을 금지하며(고보법 제105조; 벌칙 제116조), 실업급여 등의 소멸시효는 3년으로 규정

1) 피보험자 자격취득신고나 확인에 대한 규정은 피보험자격의 취득 여부 및 취득 시기나 보험료 징수 등에 다툼이 발생할 소지를 미연에 방지할 목적으로 둔 규정이다(서울行判 2011. 5. 4, 2010 구합46241).

하고(고보법 제107조 Ⅰ), 기타 보고 등(고보법 제108조), 조사 등(고보법 제109조), 진찰명령(고보법 제111조), 권한의 위임 및 위탁(고보법 제115조), 벌칙(고보법 제116조 내지 제118조)을 규정하고 있다.

4. 모성보호급여

(1) 의 의

고용보험법은 2001년 8월 14일 개정되어 제5장의2가 신설되고 근로자가 남녀고용평등법 제19조에 의한 육아휴직을 부여받은 경우와 근로기준법 제74조에 의한 출산전후휴가 또는 유산·사산휴가를 부여받은 경우에 고용보험에서 소정의 급여를 지급하도록 규정하였다(고보법 제70조 이하). 현대사회는 이른바 정보화 사회로서 산업구조가 유연화되면서 여성 친화적인 업무가 늘어나고 있으며 국가경쟁력 강화를 위하여도 여성 인력의 활용이 매우 중요하다는 점 그리고 맞벌이 부부가 증가함에 따라 여성을 가계보조자의 지위에서 가계동반자의 지위로 향상시키고 있다는 점을 특징으로 한다. 그렇지만 이와 같은 사회적 변화에도 불구하고 현실은 여전히 여성근로자들이 임신·출산·육아 등의 이유로 직장생활을 영위하기 어려운 형편이다. 이러한 현실을 감안하여 우리 노동법은 근로기준법과 남녀고용평등법에 여성근로자들이 직장생활과 가정생활을 양립시킬 수 있도록 대표적으로 육아휴직제도와 출산전후휴가제도규정을 두고 있으며(육아휴직에 관하여는 [56] 5. (3), 출산전후휴가에 관하여 는 [56] 4. (2) 참고), 그에 따른 경제적 보장대책은 고용보험법이 마련하도록 하고 있다. 이와 같은 고용보험법상의 관련급여를 모성보호급여라고 한다.

(2) 육아휴직급여

a) 육아휴직이란 임신 중인 여성 근로자가 모성을 보호하거나 근로자가 만 8세 이하 또는 초등학교 2학년 이하의 자녀(입양자 포함)를 양육하기 위하여 신청하는 휴직을 말한다(남녀고평법 제19조 Ⅰ).[1] 육아휴직의 기간은 1년 이내의 기간을 한도로 한다(남녀고평법 제19조 Ⅱ).

b) 육아휴직기간에 대하여는 단체협약이나 취업규칙에 특별히 규정하고 있지 않는 한 사용자는 임금지급의무를 부담하지 않는다. 이에 대하여 남녀고용평등법 제20조는 국가가 따로 법률에 의하여 육아휴직자의 생계비용과 사업주의 고용유지비용의 일부를 지원할 수 있도록 하고 있다. 이에 따라 고용보험법 제70조는 출산전후휴가기간과 중복

1) 육아휴직급여의 신청대상이 되는 휴직은 남녀고용평등법에서 정한 육아휴직의 요건을 갖춘 것만 해당하고 사업주가 임의로 부담하는 육아휴직에 대한 급여의 신청은 인정하지 아니한다(서울行判 2008. 4. 29, 2007 구합 48155).

되지 아니하는 30일 이상의 육아휴직을 부여받은 근로자에게 법이 정한 요건을 모두 갖춘 때에는 법 소정의 육아휴직급여를 고용보험에서 지급하도록 하고 있다.

c) 육아휴직급여는 육아휴직 개시일 이전에 피보험단위기간이 180일 이상인 피보험자가 30일 이상의 육아휴직을 부여받은 경우에 육아휴직 시작일부터 3개월까지는 육아휴직 개시일을 기준으로 월 통상임금의 100분의 80에 해당하는 금액(상한액 150만원, 하한액 70만원)을, 육아휴직 4개월째부터 육아휴직 종료일까지는 월 통상임금의 100분의 50에 해당하는 금액(상한액 120만원, 하한액 70만원)을 지급한다. 육아휴직급여의 지급 대상 기간이 1개월을 채우지 못하는 경우에는 일할 계산하여 지급하며, 남녀고평법 제19조의4 1항에 따라 육아휴직을 분할하여 사용하는 경우에는 각각의 육아휴직 사용기간을 합산한 기간을 육아휴직급여의 지급 대상 기간으로 본다(고보법 제70조 Ⅳ; 시령 제95조 Ⅰ부터 Ⅲ까지).[1] 한편, 같은 자녀에 대하여 부모가 순차적으로 육아휴직을 하는 경우 두 번째 육아휴직을 한 피보험자의 최초 3개월의 육아휴직급여는 월 통상임금에 해당하는 금액으로 하여 부모 모두의 육아휴직을 장려하고 일방의 경력 단절을 방지하고자 하고 있다. 이때 월별 상한액은 250만원으로 하고 있다(시령 제95조의2 Ⅰ).

육아휴직급여 지급액의 100분의 75에 해당하는 금액은 육아휴직기간 동안 매월 지급하고, 나머지 금액은 육아휴직 종료 후 해당 사업장에 복직하여 6개월 이상 근무한 경우에 합산하여 일시불로 지급하여, 복직 후 계속근로를 유도하도록 하였다. 다만, 고용노동부령으로 정하는 정당한 사유로 6개월 이상 계속 근무하지 못한 경우에도 그 나머지 금액을 지급한다(시령 제95조 Ⅳ).

d) 고용보험의 피보험자인 근로자가 육아휴직급여기간 중에 회사를 이직하거나 새로이 취업하는 경우 그리고 거짓이나 그 밖의 부정한 방법으로 육아휴직급여를 받았거나 받고자 한 자에 대하여는 당해 급여를 받은 날 또는 받고자 한 날로부터 육아휴직급여를 지급하지 아니한다(고보법 제73조).[2] 부정급여의 일부 또는 전부를 부당이득으로 환수할 수도 있을 것이다(민법 제741조; 고보법 제73조 Ⅰ·Ⅱ·Ⅳ, 제74조). 또한 피보험자가 사업주로부터 육아휴직을 이유로 금품을 지급받은 경우 대통령령이 정하는 바에 따라

1) 육아휴직급여의 신청기간을 정한 고보법 제70조 2항은 육아휴직급여에 관한 법률관계를 조속히 확정시키기 위한 강행규정으로써, 이 신청기간을 경과하여 한 육아휴직급여 신청을 거부한 관할 행정청의 처분은 적법하다(大判 2021. 3. 18, 2018 두 47264).

2) 大判 2017. 8. 23, 2015 두 51651(육아휴직급여 수급자가 대상 자녀를 직접 양육하지 아니하고 부득이 해외(멕시코)에 머물면서 할머니를 통하여 돌보도록 한 것이 고용보험법 제62조 3항, 제74조 1항에 따라 육아휴직급여를 잘못 지급한 것으로 징수하는 이유가 될 수는 있어도, 동법 제62조 1항 및 제73조 3항에 따라 수급자가 '거짓이나 그 밖의 부정한 방법'으로 육아휴직급여를 받은 것이라고 볼 수 없으며 또한 고용보험법 제116조 2항에 따라 형사처벌의 대상이 되지도 않는다고 한 사안).

육아휴직급여가 감액되어 지급된다(고보법 제73조 Ⅲ).

⑶ 육아기 근로시간 단축 급여

a) 사업주는 육아휴직을 신청할 수 있는 근로자가 육아휴직 대신 근로시간의 단축을 신청하는 경우 주당 15시간 이상 35시간 이하의 시간을 정하여 단축근로를 허용하여야 한다(남녀고평법 제19조의2 Ⅰ·Ⅲ). 주로 여성들이 육아를 위하여 취업을 단념하는 사례가 많아 취업상 경력 단절 방지 및 일·가정의 양립 지원을 위해서는 육아기간 중 근로시간 단축제도가 보다 효과적이라고 판단하고 이를 활성화하기 위하여 고용보험법에서는 육아기 근로시간 단축 실시 근로자에게 근로시간 단축에 따른 소득 감소를 보전하는 육아기 근로시간 단축 급여규정을 신설한 것이다.

b) 고용노동부장관은 출산전후휴가기간과 중복되는 기간을 제외한 육아기 근로시간 단축을 30일 이상 실시한 근로자에게 법이 정한 요건을 모두 갖춘 때에는 법 소정의 육아기 근로시간 단축 급여를 고용보험에서 지급하도록 하고 있다(고보법 제73조의2).

c) 육아기 근로시간 단축 급여는 육아기 근로시간 단축을 시작한 날 이전에 피보험단위기간이 180일 이상인 피보험자가 30일 이상의 육아기 근로시간 단축을 실시한 경우에 육아휴직급여액에서 단축된 시간에 해당하는 비율을 곱한 금액[매주 최초 5시간 단축분에 대해서는 육아기 근로시간 단축 개시일을 기준으로 「근로기준법」에 따라 산정한 월 통상임금에 해당하는 금액(200만원을 상한액으로 하고, 50만원을 하한액으로 한다) × {5 / 단축 전 소정근로시간}, 나머지 근로시간 단축분에 대해서는 육아기 근로시간 단축 개시일을 기준으로 「근로기준법」에 따라 산정한 월 통상임금의 100분의 80에 해당하는 금액(150만원을 상한액으로 하고, 50만원을 하한액으로 한다) × {(단축 전 소정근로시간 − 단축 후 소정근로시간 − 5) / 단축 전 소정근로시간}]을 지급한다(고보법 제73조의2 Ⅰ·Ⅲ; 시령 제104조의2).

d) 고용노동부장관은 고용보험법 제74조 2항에 따라 피보험자가 남녀고용평등법 제19조의2에 따른 육아기 근로시간 단축기간 중 매월 단위로 사업주로부터 지급받은 금품(임금과 육아기 근로시간 단축을 이유로 지급받은 금품)과 동법 제73조의2에 따른 육아기 근로시간 단축 급여를 합한 금액이 육아기 근로시간 단축 시작일의 직전 월을 기준으로 한 월 통상임금을 초과한 경우에는 그 초과하는 금액을 육아기 근로시간 단축 급여에서 빼고 지급한다(고보법 시령 제104조의4).

e) 그 밖에 급여의 지급제한 또는 반환명령 등에 관한 육아휴직의 규정은 육아기 근로시간 단축급여 등에도 준용된다(고보법 제74조 Ⅱ).

⑷ 출산전후휴가급여

a) 근로기준법 제74조는 임신 중의 여성에 대하여 출산 전과 출산 후를 통하여 계

속하여 90일, 한 번에 둘 이상 자녀를 임신한 경우에는 120일의 보호휴가를 주되, 반드시 출산 후에 45일, 한 번에 둘 이상 자녀를 임신한 경우에는 60일 이상이 확보되도록 규정하고 있다(근기법 제74조 Ⅰ). 이는 여성근로자가 임신·출산 등으로 인하여 소모된 체력을 회복할 수 있도록 보장된 제도이다. 그런데 근로기준법은 출산전후휴가 중 최초 60일, 한 번에 둘 이상 자녀를 임신한 경우에는 75일에 대하여만 유급으로 규정하고 있으며(근기법 제74조 Ⅳ) 이 기간을 초과한 기간에 대하여는 남녀고용평등법 제18조 및 고용보험법 제75조의 규정에 의하여 고용보험에서 급여가 지급되도록 규정하였다. 출산전후휴가급여에 관한 규정은 유산 또는 사산으로 인한 휴가의 경우에도 적용된다(고보법 제75조).

b) 근로기준법 제74조의 규정에 의하여 출산전후휴가 또는 유산·사산휴가를 사용하는 고용보험의 피보험자인 근로자가 휴가종료일을 기준으로 피보험단위기간이 180일 이상이며, 휴가개시일 이후 1개월부터 휴가종료일 이후 12개월 이내에 신청한 경우에는 출산전후휴가 급여가 지급된다(고보법 제75조).

c) 출산전후휴가(유산·사산휴가 포함) 급여는 무급의 휴가기간에 대해서만 적용된다. 휴가급여의 액수는 고용노동부장관이 매년 고시하는 금액을 상한으로 하되[2020년 고시금액: 총 휴가기간 90일에 대한 통상임금에 해당하는 금액이 600만원(한 번에 둘 이상의 자녀를 임신한 경우에는 120일에 대한 통상임금에 해당하는 금액이 800만원)을 초과하는 경우에는 600만원(한 번에 둘 이상의 자녀를 임신한 경우에는 800만원)] 출산전후휴가 급여 등의 지급기간이 90일(한 번에 둘 이상의 자녀를 임신한 경우의 출산전후휴가급여 지급기간은 120일) 미만인 경우에는 일수로 계산한 금액을 상한으로 하며, 출산전후휴가기간 등의 시작일 당시 적용되던 최저임금법에 따른 시간단위에 해당하는 최저임금액보다 그 근로자의 시간급 통상임금이 낮은 경우에는 시간급 최저임금액을 시간급 통상임금으로 하여 산정된 출산전후휴가 급여 등의 지원기간 중 통상임금에 상당하는 금액을 하한으로 한다(고보법 제76조 Ⅱ; 동법 시령 제101조).

d) 기간제및단시간법 제2조에 따른 기간제근로자 또는 근로자파견법 제2조에 따른 파견근로자가 근로기준법 제74조에 따른 출산전후휴가기간 중 근로계약기간이 끝나는 경우 근로계약 종료일부터 해당 출산전후휴가 종료일까지의 기간에 대한 출산전후휴가 급여 등의 상당하는 금액 전부를 기간제근로자 또는 파견근로자에게 지급한다(고보법 제76조의2 Ⅰ)(2021. 7. 1. 시행).

e) 고용노동부장관은 고용보험법 제77조에 따라 피보험자가 근로기준법 제74조에 따른 보호휴가기간 중 사업주로부터 통상임금에 해당하는 금품을 지급받은 경우로서 사

업주로부터 받은 금품과 고용보험법 제75조에 따른 출산전후휴가 급여 등을 합한 금액이 보호휴가 시작일을 기준으로 한 통상임금을 초과한 경우 그 초과하는 금액을 출산전후휴가 급여 등에서 빼고 지급한다. 다만, 보호휴가기간 중에 통상임금이 인상된 피보험자에게 사업주가 인상된 통상임금과 출산전후휴가 급여 등의 차액을 지급하였을 때에는 그러하지 아니하다(고보법 시령 제104조). 또한 사업주가 출산전후휴가 급여 등의 지급사유와 같은 사유로 그에 상당하는 금품을 근로자에게 미리 지급한 경우로서 그 금품이 출산전후휴가 급여 등을 대체하여 지급한 것으로 인정되면 그 사업주는 지급한 금액(고보법 제76조 Ⅱ에 따른 상한액을 초과할 수 없다)에 대하여 그 근로자의 출산전후휴가 급여 등을 받을 권리를 대위한다(고보법 제75조의2).

f) 그 밖에 급여의 지급제한 또는 반환명령 등에 관한 육아휴직의 규정은 출산전후휴가 등에도 준용된다(고보법 제77조).

판례색인

사항색인

[ㄷ]

[ㅋ]

著者略歷

高麗大學校 法科大學 卒業
同 大學院(法學碩士)
獨逸 Marburg 大學校 法科大學(法學博士)
高麗大學校 法科大學 敎授
司法試驗委員 · 行政考試委員
現　高麗大學校 法科大學 名譽敎授

著書·譯書 및 論文

Das Streikpostenstehen als rechtmäßiges oder rechtswidriges Verhalten gegenüber dem bestreikten Arbeitgeber, 1969
Labor Law in Korea, in: 'Modernization and Its Impact upon Korean Law', Institute of East Asian Studies, University of California-Berkeley, Center for Korean Studies, 1981.
Zur Verletzung von Forderungsrechten durch Dritte, Festschrift für Ernst Wolf, 1985
Gegenwärtige Regelung und Tendenz der Produkthaftung in Korea, RIW 1989
Fehlerbegriff und Haftungsgrund in der Produkthaftung, Festschrift für Kitagawa, 1992
Das deutsche BGB und das koreanische Zivilrecht, Archiv für die civilistische Praxis, Bd. 200(2000), S. 511ff.
Geschäftsherrenhaftung im Spiegel der koreanischen Rechtsprechung Aus rechtsvergleichender Perspektive, Festschrift für Horst Konzen, 2006, S. 413ff.
Entstehung und Entwicklung des koreanischen Arbeitsrechts−unter Berücksichtigung politischer und wirtschaftlicher Aspekte, Festschrift für Rolf Birk, 2008, S. 331ff.
「第 2 版 債權總論」, 博英社, 1998
「新訂版(第 2 版) 債權各論[契約法]」, 博英社, 2001
「事務管理 · 不當利得[債權各論 Ⅱ]」, 博英社, 2003
「民法學硏究」, 博英社, 1989
「新版 民法演習」, 新潮社, 2007
「第八版[增補新版] 勤勞基準法」, 博英社, 2002
「勞動法硏究」, 博英社, 1991
「改訂版 法學方法論」(치펠리우스 著), 三英社, 1993(譯書)
「改訂版 法學入門」(치펠리우스 著), 三英社, 1993(譯書)
「集團的 勞使紛爭의 規律에 관한 法律」(비르크 · 콘젠 · 뢰비쉬 · 라이저 · 자이터 共著), 博英社, 1990(譯書)
「集團的 勞使自治에 관한 法律」, 1992(共著)
「民法要點講義 Ⅰ~Ⅴ」, 新潮社, 1996~1997
「立證責任論」(레오 로젠베르크 著), 博英社, 1995(共譯書)
「第10版 民法學」, 新潮社, 2008
「제10판 노동법강의」, 신조사, 2021(共著)
「제15판 민법학강의」, 신조사, 2016(共著)
「必須的 公益事業과 職權仲裁制度」, 新潮社, 2002
「獨逸債權法의 現代化」, 法文社, 2003(共著)
「근로자개념의 변천과 관련법의 적용」, 한국노동연구원, 2004(共著)